HISTOIRE UNIVERSELLE

DE

L'ÉGLISE CATHOLIQUE

XIII - XIV

HISTOIRE UNIVERSELLE

DE

L'ÉGLISE CATHOLIQUE

PAR

L'ABBÉ ROHRBACHER
DOCTEUR EN THÉOLOGIE DE L'UNIVERSITÉ CATHOLIQUE DE LOUVAIN, ETC., ETC.

NOUVELLE ÉDITION
REVUE, ANNOTÉE, AUGMENTÉE D'UNE VIE DE ROHRBACHER, DE CONSIDÉRATIONS GÉNÉRALES,
DE DISSERTATIONS ET CONTINUÉE JUSQU'EN 1900

Par Monseigneur FÈVRE
PROTONOTAIRE APOSTOLIQUE

Ἀρχὴ πάντων ἐστὶν ἡ καθολικὴ καὶ ἁγία Ἐκκλησία.
S. ÉPIPHANE, l. I, c. v, *Contre les Hérésies.*
Ubi Petrus, ibi Ecclesia.
S. AMBR., *In Psalm.* XL, n. 30.

TOME QUINZIÈME

PONTIFICAT DE LÉON XIII

PARIS
LIBRAIRIE LOUIS VIVÈS
13, RUE DELAMBRE, 13

—

1900

PRÉFACE

En 1872, au moment où nous terminions notre édition de Rohrbacher, nous annoncions, comme devant la continuer, une *Histoire contemporaine de l'Eglise catholique*. Nous venons accomplir notre promesse ; le présent volume forme le complément de Rohrbacher, l'histoire contemporaine de l'Eglise.

Dans notre précédent travail, nous étions parvenus à la mort de Pie IX ; pour le continuer, nous devons écrire les annales du pontificat de Léon XIII.

A cause de la publication antérieure des tables, nous ne pouvons plus, dans cet ouvrage, nous contenter de sommaires brefs. Dans le dessein de donner, à ce travail, toute la clarté nécessaire, nous en avons multiplié les chapitres. Sans abandonner la division par livres et par paragraphes, nous avons pensé qu'en donnant aux paragraphes, une plus précise détermination et à la table particulière du volume tout le développement que réclament les faits, nous aurions, sans changer de méthode, atteint d'utiles améliorations.

A ces perfectionnements de pure forme, nous avons dû ajouter le travail nécessaire pour nous procurer d'exactes informations. Nous avons cherché, pendant des années, dans les livres, dans les revues, parfois dans les journaux, les documents indispensables. L'avenir apportera sans doute, plus tard, par la publication des mémoires et correspondances, d'importantes révélations, qui nous permettront de préciser mieux quelques points de fait. Mais, par l'expérience que nous en avons, nous ne croyons pas que ces révélations, si précieuses soient-elles, puissent changer beaucoup, sur les événements et les personnages, le jugement à intervenir. Le présent n'a pas connu les motifs secrets des actes et les trames cachées qui ont pu amener les faits visibles ; mais il connaît les faits et les actes, et l'on sait à peu près à quoi s'en tenir sur les plus mystérieux personnages de notre temps.

Quant à l'esprit qui inspire et anime nos travaux, tel il était il y a quarante ans, tel il est resté. Les années donnent plus de solidité à la main, plus de maturité au jugement, plus d'assurance à la conviction ; elles donnent même, à la foi, des confirmations expérimentales ; mais la foi ne change pas. Fidèle à nous-même, nous disons, avec Veuillot : « Il n'y a pas d'autre base de la civilisation que l'Evangile, pas d'autre architecte de l'ordre social, que le Vicaire de Jésus-Christ. » Nous ne croyons, à aucun degré, aux idées libérales de conciliation, nous avons vécu dans la pleine certitude de l'ordre surnaturel ; nous avons écrit pour rendre hommage au droit certain et souverain de la Sainte Eglise et du Saint-Siège Apostolique. Les illusions et les séductions dont nous avons vu miroiter, sous les yeux de notre siècle, les idées coupables et les projets impuissants, ne sont à nos yeux que des défauts de foi et de vertu. Nous disons avec don Sarda : « Le libéralisme est un péché » et le catholicisme libéral est *le plus satanique* de tous les libéralismes. Ce n'est pas seulement un énervement ; c'est une trahison.

Pour nous, comme auteur, nous n'avons ni amis, ni ennemis. Défenseur de l'Eglise, nous combattrions notre frère s'il trahissait la vérité, et nous bénirions notre meurtrier, s'il lui rendait hommage. En présence de l'erreur, nous éprouvons une invincible horreur ; nous connaissons trop, par la théologie, l'inanité de ses prétextes, et, par l'histoire, ses terribles résultats, pour ne pas sentir le besoin de la frapper à mort. Selon nous, exister, c'est combattre. Dans ce combat sans trêve ni repos, si nous prenons à partie les personnes, c'est parce qu'on n'a rien fait contre l'erreur, tant qu'on n'a pas abattu ceux qui la soutiennent. Que si parfois un grain de sel nous tombe des lèvres, nous n'avons pas de fiel au cœur. Nous supposer la haine contre quelqu'un, c'est nous méconnaître. A l'homme qui nous a voulu le plus de mal, nous ne souhaitons, comme à notre meilleur ami, que l'abondance des grâces de Dieu. Quant à nous faire réellement du mal, il n'y a que nous qui en ayons le pouvoir et nous tâcherons de n'en pas user.

Autrement, nous ne sommes point un homme de parti, mais un homme d'Eglise. A notre sens, Jésus-Christ est le pontife et le roi de l'humanité régénérée par la grâce du Calvaire. Les princes et les prêtres doivent également, dans des sphères et par des voies différentes, appliquer l'Evangile au salut des hommes et au bonheur des peuples. L'histoire nous a appris que les rois prévariquent aussi bien que les démagogues ; des prêtres même n'ont pas toujours eu l'intelligence parfaite de leur mission sociale ; mais Dieu qui a éprouvé les prêtres et brisé la couronne des rois, cassera aussi facilement la tête des impies sans couronne. Sans attache à personne, sans recherche d'aucun intérêt, nous revendiquons la reconnaissance explicite, pleine et entière, des droits surnaturels de Jésus-Christ et des droits sacrés du Pape son vicaire. Tous les faits, tous les prétendus droits qui se dressent à l'encontre, doivent être écartés par la sagesse des hommes, ou ils seront balayés par les justices de la Providence.

Je ne crois pas à la fin du pouvoir temporel, parce que je ne crois pas à la fin de la Papauté ; je ne crois pas à la fin de la Papauté, parce que je ne crois pas à la fin du monde. Je crois à la fin de la civilisation moderne, dans une prompte et profonde barbarie, conséquence inévitable des principes dont la société a favorisé le développement ; nous en voyons présentement les conséquences finales et les dernières perspectives. Le genre humain ne sera tiré de cette barbarie, savante et lâche, que par la main de l'Eglise, avec les seuls secours de son immuable foi. Ce sera un accroissement du Christianisme et un rajeunissement de la terre. Les catastrophes qui vont se précipiter sur l'Europe emporteront les hérésies et le Vicaire de Jésus-Christ, pontife et roi, sera encore le pasteur du genre humain. On parle beaucoup de progrès ; voilà le seul progrès réel, celui que nous attendons. Nous saurons l'attendre, d'une espérance inébranlable, au milieu de l'écroulement de toutes les constitutions humaines, et quand même les champs seraient jonchés de cadavres, nous l'attendrions encore. L'Eglise rachètera le genre humain de cette nouvelle barbarie où il subira les horreurs de l'esclavage ; elle rallumera l'astre du Christ, la liberté ; elle fera ce grand travail sans verser d'autre sang que le sien, fidèle à son œuvre unique, qui est de donner la vie. L'Eglise est le chef-d'œuvre de Dieu. Dieu ne laissera pas détruire son œuvre de prédilection, scellée du sang de son Fils, par un petit nombre de politiques vils et de soudards ignorants. Sa justice leur abandonne l'empire ; sa miséricorde le leur ôtera. Fût-ce au milieu des abîmes de l'apostasie, par cette faible main de l'Eglise, il ressaisira l'imbécile humanité, il la rendra témoin des merveilles de sa parole. Alors ce miracle de dix-neuf siècles de durée, au milieu de tant d'orages, ne paraîtra plus qu'un essai de la toute-puissance qui veille sur l'Eglise et qui, par elle, se plaît à vaincre le monde. A la force brutale, aux coups précipités de la passion, aux calculs de l'astuce, aux conceptions du délire, sans même que sa main soit visible pour d'indignes regards, Dieu opposera ces dispositions victorieuses qu'il a mises au fond de la nature et qui l'obligent d'accomplir ses desseins. Avec les armes qu'ils ont forgées pour les vaincre, il écrasera ses ennemis, il les ramènera par la pente des routes où ils s'égarent. Ce sera la force des choses qui rétablira l'Eglise dans le domaine agrandi que la force des choses lui a fait ; mais ceux-là seulement que Dieu voudra bénir sauront que la force des choses est la force de Dieu (1).

Le pauvre auteur de ce volume est l'homme de ce ferme espoir. Dans l'obscurité de la plus humble condition, il élève son âme jusqu'à la hauteur de ses espérances, et quoiqu'il ne soit rien, il veut apporter, à l'œuvre divine, son grain de sable. Un grain de sable, c'est bien peu de chose, mais si Dieu le met à sa place, il peut faire crouler de fragiles grandeurs.

C'est dans cette espérance que nous avons toujours combattu ; nous espérons combattre, pour la même cause, jusqu'au dernier soupir.

Naguère, nous combattions dans un évêque une fausse théorie des Concordats. Nous la combattions, parce qu'elle place l'Eglise sur un terrain ennemi, parce qu'elle égalise les deux souveraines puissances, parce qu'elle rabaisse la papauté et nous ramène la question des investitures.

Hier nous appelions les foudres de l'Index sur une méchante traduction des saints Evangiles, traductions approuvées pourtant par plusieurs évêques. Avant-hier, nous osions, le premier parmi les historiens, reprocher à une grande école d'avoir professé pendant deux siècles des opinions fautives, d'avoir déserté les hautes traditions de la science catho-

---

(1) VEUILLOT, *Mélanges*, 2e série, t. VI, p. 526.

lique, d'avoir professé des doctrines complices de tous les malheurs de la France et de l'Église.

Précédemment, au tome XIV° de Rohrbacher, nous avions pris fortement à partie tout le groupe des catholiques libéraux : c'est un point que nous devons expliquer.

Nous défendions donc, il y a quelques années, cette éternelle cause des Papes dans notre édition de Rohrbacher, et, dans le tome XIV de l'*Histoire universelle de l'Église catholique*, nous donnions, contre les catholiques libéraux de France, une foule de monuments accusateurs. Ce travail, bien venu du clergé français, accueilli favorablement par la presse savante, loué même à l'étranger, non seulement en Italie et en Belgique, mais en Allemagne, en Angleterre et jusqu'aux États-Unis, ne fut pas du goût des catholiques libéraux. Faibles sur les thèses positives, très libéraux tant qu'on les laisse dogmatiser en paix, fidèles à la tactique du silence et résolus à ne parler que pour dire qu'ils n'existent point, ils excellaient dès lors aux intrigues et s'ingénièrent à nous ruiner par des procès ou à nous diffamer par des attaques. Dans cette guerre ténébreuse et pleine de perfidies, ils eurent l'appui non seulement des libéraux purs, mais encore des protestants et des révolutionnaires. Cet accord ne nous étonna point : tous ces gens-là font bon ménage ensemble, parce que, sauf les nuances de doctrines, avec plus ou moins de hardiesse dans la déduction des conséquences, ils professent, au fond, les mêmes principes et soutiennent les mêmes intérêts. A part quelques brefs démentis, nous n'avions pas jugé à propos jusqu'ici de nous défendre. Les discussions entre personnes ne sont guère que des querelles ; lorsqu'on les soutient, il s'y mêle volontiers un peu d'aigreur et beaucoup de parti pris ; en les prolongeant, on voit qu'on manque aisément de respect aux autres, à soi-même et à la vérité. En fin de compte, ces pugilats d'amour-propre ne servent qu'aux passions. Nous ajournâmes donc alors une justification qui n'était, du reste, pas nécessaire ; eût-elle été nécessaire, elle devenait inutile. Puisque l'occasion s'en présente, nous dirons ici un mot de ces attaques.

Le triumvirat catholique-libéral essaya d'abord de nous citer devant le tribunal de première instance de la Seine comme prévenu de diffamation. Un ancien ministre, très connu pour la part funeste qu'il avait prise aux affaires de l'Église et de la France, Alfred de Falloux, s'en fut trouver le procureur général, Imgarde de Leffemberg, qui déclara n'avoir point à s'occuper de l'affaire. Le procureur fit toutefois observer au plaignant que cette démarche cadrait mal avec ses principes ; qu'une critique, fort désagréable, il est vrai, n'appelait, en bonne discussion, qu'une défense ; qu'un procès pourrait bien n'être pas suivi de condamnation, et qu'en cas de triomphe du prévenu, outre le tort de se mettre en contradiction avec eux-mêmes, les catholiques libéraux auraient encore le désagrément de mettre plus en relief les accusations dont ils étaient l'objet. Sur quoi, maître Renard, ayant bien médité son cas, jugea prudent de frapper un grand coup en laissant tomber l'affaire.

Le triumvirat, sans prise près de la justice civile (que le droit canon lui interdisait d'invoquer), nous dénonça, par un autre de ses membres, Félix Dupanloup, à l'officialité métropolitaine de Paris, comme coupable, envers un suffragant, nous ne savons pas bien de quel crime. L'archevêque confia l'examen de notre ouvrage à un rédacteur de *L'Univers*, Jules Morel, nommé depuis peu Consulteur de l'Index. L'examinateur lut le volume et en fit rapport au prélat, rapport où, dans une intention bienveillante pour notre personne, il chargeait notre ouvrage, afin d'éviter un coup d'éclat. Cette aimable férocité dont nous remercions l'examinateur, atteignit le but qu'il se proposait ; mais toutefois nous dirons ici que cette conduite, habile peut-être, ne nous paraît pas d'une entière justice. Un juge d'instruction n'est pas un diplomate, c'est un magistrat ; il doit s'enquérir exactement des faits, les présenter tels quels, sans fausses couleurs, même à bonne intention, et ne point charger, même pour innocenter. Bref, l'archevêque de Paris, un peu irrité par les grosses couleurs du rapport, s'abstient toutefois de tout acte extra-judiciaire, et, pour un jugement canonique, se déclara incompétent. En effet, l'archevêque de Paris n'est pas notre juge. Nous relevons de notre évêque, qui est à Langres ; de notre métropolitain, qui est à Lyon ; et du Pape, qui est à Rome. Tout en faisant profession du plus profond respect pour l'épiscopat, nous ne reconnaissons pourtant, à chaque évêque, que le pouvoir qui est inscrit au Corps du droit. Hors de là, il n'y a plus qu'excès de pouvoir, arbitraire pur, passion, choses que nous n'imputons à aucun pasteur et que n'admet en aucun cas la Sainte Église.

Sans espoir de ce côté, le même membre du triumvirat, le grand et implacable Dupanloup, chargea un vicaire général de nous poursuivre devant le tribunal Romain de l'Index. Cette fois la cause était dévolue à ses juges naturels, mais l'équité du tribunal ne pouvait nous inspirer beaucoup d'effroi. Docile aux enseignements et aux avertissements du Saint-Siège, nous avions mis les lecteurs en garde contre les sophismes des libéraux et des conciliateurs ; nous nous étions appliqué à faire comprendre l'affligeante situation de l'Eglise et à renverser les forces de l'ennemi. Nous l'avions fait en soldat d'avant-garde, sans haine, sans crainte, avec le plus pur dévouement. Nous n'avions donc rien à redouter d'une Eglise qui ne tire pas sur ses soldats lorsqu'ils combattent devant l'ennemi. Nous nous doutions dès lors, nous avons appris depuis, que « ce dévouement est rendu plus digne d'éloges par les incessantes sollicitudes, par les fatigues, par les dépenses, par les contradictions que soulève la haine de la vérité, et enfin par cette résolution où nous étions de prévenir les embûches tendues chaque jour au peuple pour les détacher des Papes, non seulement par les ennemis de l'Eglise, mais encore, ce qui est plus dangereux, par des hommes qui, sous prétexte de prudence et de charité, rêvent *d'absurdes et impossibles* conciliations, et qui, croyant avoir reçu du Ciel, pour conduire opportunément et utilement les affaires de l'Eglise, *des lumières plus abondantes* que son Chef suprême, *imposent leurs idées à tous*, comme l'unique voie à suivre pour arriver au rétablissement de l'ordre (1). »

La dénonciation à l'Index aboutit à une lettre où l'on nous priait, en particulier et sans injonction judiciaire, d'adoucir la forme de quelques passages, vingt au plus, par égard pour des personnes qui avaient été au pouvoir et qui étaient susceptibles d'y revenir. Nous adoucîmes ces passages, sauf deux, où il nous fut impossible de deviner en quoi nous avions pu excéder et pour bien marquer que nous adoucissions de notre plein gré. Mais ces adoucissements, il faut le répéter, ne touchaient en rien au fond de l'ouvrage ; ils étaient de pure forme, et en les concédant, nous articulions parfois plus fortement encore notre réprobation de ce qu'un prélat, dignitaire de Nonciature Apostolique, appelle l'*apostasie* des catholiques libéraux.

Dans le dépit causé par ces échecs successifs, nos adversaires répandirent méchamment le bruit que nous étions usurpateur de titres, un de ces aventuriers qui déshonorent les meilleures causes, et que si nous nous disions Protonotaire Apostolique, c'était de notre part un audacieux mensonge. L'attaque nous avait laissé jusque-là assez indifférent ; à cet incident, elle nous fit peine. Nous croyons les catholiques libéraux de plus fière nature et de plus noble caractère. Et quand encore nous serions un usurpateur de titres, est-ce que les faits seraient moins des faits ? Et quand nous ne serions qu'un intrigant misérable, est-ce que nos raisonnements auraient moins de valeur ? Des avocats, sans être des modèles de vertu, soutiennent tous les jours avec de très solides arguments, de très justes causes. Nous pouvions ressembler à ces avocats ; nous avions toutefois sur eux un avantage. Nos papiers étaient en règle. Nos parchemins authentiques prouvèrent qu'il n'y avait, ici, de menteuse, que l'accusation.

Alors le dépit alla jusqu'à la folie. Une démarche fut faite, près du Saint-Siège, pour nous arracher le titre que nous tenions personnellement *motu proprio* du Souverain-Pontife. Démarche étrange, car enfin l'examen de notre ouvrage avait prouvé son innocence, et lorsque l'Eglise venait de prononcer sur la parfaite orthodoxie d'un livre on lui demandait d'en frapper l'auteur. L'Eglise n'est pas assez *libérale* pour se permettre si énorme contradiction ; et le Saint-Siège, que tant d'écrivains aveugles dénoncent comme l'école de la tyrannie, est surtout le refuge des petits et l'abri des faibles. Pie IX rejeta ces indécentes réclamations ; nous fûmes Protonotaire deux fois : une fois par nomination régulière de l'autorité légitime ; une autre fois par confirmation solennelle, après d'ardentes attaques et une solennelle dénonciation (2).

Jusqu'ici l'affaire avait été secrète. A ce point elle entra dans le domaine public : des sycophantes du catholicisme libéral appelèrent à leur secours, contre nous et contre l'Eglise, le député Gambetta et le sénateur Challemel-Lacour. Le Génois de Cahors reçut notre livre, on ne dit pas de qui, mais certainement pas de nous. Par un tour de sa façon, il montra le livre dans les couloirs de l'Assemblée, en découvrit les énormités et se déclara prêt à

---

(1) Lettre du 17 janvier 1878 de S. S. Pie IX aux rédacteurs de l'*Osservatore cattolico* de Milan.

(2) Les libéraux ont réitéré depuis deux fois cette demande au Saint-Siège, toujours avec le même succès. Que nous soyons ou non protonotaire, qu'est-ce que cela peut bien faire à la valeur d'un argument ou à la constatation d'un fait ?

le dénoncer à la tribune. Alors, un compère catholique libéral intervint, apprit au député que le livre en question avait été frappé par l'archevêque de Paris et que, dès lors, il n'y avait pas lieu de s'en prévaloir. Une note toutefois fut rédigée sur l'incident, publiée dans *Paris-Journal*, et reproduite dans tous les journaux affiliés à la secte. Le coup était monté sans aucun sentiment ni de convenance ni de justice ; il visait, ce qui est, en effet, très libéral, à nous diffamer, à nous écraser, sans que la défense nous fût possible. Dans l'impossibilité de nous défendre, nous adressâmes au *Courrier de la Haute-Marne* une lettre de protestation.

L'année suivante, 1876, la tactique révolutionnaire était modifiée. Nous n'étions plus un certain prélat sans mine, rôdant le soir entre chien et loup, mais un grand personnage, parlant avec autorité et daubant d'importance sur tous les gros bonnets du catholicisme libéral. Voici comment s'en exprimait, dans le discours où il accusait d'athéisme les Pères de l'Eglise, le sénateur Challemel-Lacour.

« Lorsqu'on vient, dit-il, nous parler ici de liberté, de droit commun, de respect des institutions, ah ! Messieurs, je crois à la sincérité de votre langage, j'en suis touché ; mais il m'est bien permis de dire, oui, je suis obligé de dire : « Vous êtes désavoués ! Votre esprit de transaction, il est traité de complaisance coupable, de faiblesse inadmissible. Voilà vingt ans qu'on prépare votre condamnation ! Elle est aujourd'hui partout ; dans les encycliques, dans les conciles, dans les livres orthodoxes, dans tout ce qui nous arrive de Rome. C'est contre vous, c'est contre votre esprit de transaction, qu'a été préparé, que sera dirigé l'enseignement de ces Universités dont vous vous faites si généreusement les avocats, avec tant d'imprudence aussi les garants.

» Si quelques personnes s'y trompent, il est certain pour tous ceux qui sont quelque peu au courant des affaires, que cette condamnation n'est point dirigée contre ceux qui se déclarent les fils reconnaissants de la Révolution française ; qu'elle n'est pas dirigée contre les rationalistes, contre les positivistes, contre les radicaux. Non ! elle est dirigée contre ceux qui ne répudient pas d'une manière formelle l'espoir d'une conciliation à quelque degré que ce soit entre les principes modernes et les principes qu'on déclare orthodoxes.

» A cet égard, il n'y a point d'équivoque possible. Eh ! Messieurs, si je voulais, je trouverais des noms. Je n'aurais qu'à ouvrir une histoire de l'Eglise, que j'ai là sous la main, la plus récente, la plus moderne, signée par un homme en crédit à la cour de Rome, par un prélat ; et j'y trouverais ces noms que vous respectez, que je respecte avec vous, qualifiés en termes qui dépassent l'injure et que le Sénat ne supporterait pas (1) ».

Dans les grognements que fit entendre, en 1877, l'ours opportuniste, il y avait ce cri de bête fauve : « Le cléricalisme, voilà l'ennemi ! » A l'appui de ce cri, l'ours, qui est un ours savant, produisait mon livre, *ce livre d'un prélat en grand crédit dans la cour de Rome*, où l'on dénonce le duel irrévocable entre la Révolution et l'Eglise, où l'on frappe d'anathème tous les principes de 89, où l'on raille, amèrement et insolemment, les pensées conciliatrices des catholiques libéraux, etc. En conséquence, maître Martin, qui est aussi grand politique que grand docteur, met deux pieds dans les pantoufles adultères de Louis XIV, deux autres pieds dans les bottes de fer de Napoléon et saute, lui libéral, sur l'Eglise qu'il veut contraindre, en vertu de la liberté, au respect des lois très libérales du Césarisme. Ce fait est la marque de fabrique du libéralisme de l'ours Martin.

Enfin le 2 septembre 1877, le journal protestant le *Temps*, par la plume d'Edmond Schérer, agrafait, à son tour, le tome XIV de Rohrbacher et tombant dessus, *unguibus et rostro*, le dépeçait avec une férocité sans rémittence. Lorsque les chiens de Luther, de Calvin et de Jansénius rencontrent les chiennes de Mirabeau, de Robespierre et de Napoléon, ils les courtisent volontiers. De leur commerce, naissent des critiques littéraires dont la spécialité est de lever la patte contre les ouvrages orthodoxes. De ces aboyeurs, nous avons maintenant une invasion dans la presse. Tous portent au cou la plaque de la république et la lanterne du progrès ; ils représentent la grammaire, la littérature fine, la haute érudition, surtout ils jappent, avec délices, contre la soutane.

Je ne dis pas cela pour le critique un peu lourd du *Temps* ; il m'a envoyé, toutefois, dans une cotonnade peu académique, un gros paquet de fiel génevois. Je lui répondais le 24 septembre, comme j'avais répondu précédemment au *Paris-Journal* ; mais ces lettres n'ont point, que je sache, paru ni dans *Paris-Journal* (2), ni dans le *Temps*. Voilà comme

---

(1) *Journal officiel de la République française*, n° du mercredi 19 juillet 1876, p. 5306.
(2) *Paris-Journal*, par la plume d'Henri de Pène, a, depuis, loué chaudement notre *Histoire apologétique de la Papauté*.

ils sont tous, ces grands libéraux. Leur libéralisme, qui n'est, au fond, que l'impiété, leur permet d'aboyer au clérical et de manger du prêtre ; mais lorsque le prêtre répond à la critique ou réfute la calomnie, ils suppriment sans bruit la réponse. Le fait est triste à constater, mais il est réel. Dans ce dévergondage répugnant où est tombée la presse française, tout prêtre en évidence est l'objet d'infâmes attaques ; il n'obtient presque jamais la loyale réparation d'une réponse légale ; pour obtenir justice, il n'a guère d'autre ressource que le recours aux tribunaux. Je le dis comme je le pense, ce trait de mœurs est lâche ; ce déni de justice est une insigne malhonnêteté.

Je veux remarquer ici un trait bizarre de l'école libérale. D'après la doctrine des libéraux, il est permis de tout dire ; mais d'après leur pratique, dès que vous touchez, du bec de la plume, à leur auguste personne, vous commettez un crime. Parce que nous avons, dans un volume de seize cents colonnes, parlé longuement de leurs prouesses, ils ont voulu nous écraser ; parce que nous avons, dans un article de revue, ramené à la juste mesure l'histoire du cardinal Mathieu, ils ont voulu nous écraser encore ; parce que nous avons parlé de Saint-Sulpice, comme nous croyons qu'il en faut parler, ils ont essayé de nous écraser une troisième fois ; parce que nous avons dit la vérité sur Mgr Darboy, coupable d'avoir voulu provoquer l'abandon de Rome et porter atteinte à la liberté du Concile, ils ont proposé un quatrième écrasement ; parce que nous avons posé de justes bornes au congrès scientifique international, cinquième écrasement, et parce que nous avons traversé une intrigue et empêché l'appel d'un indigne à l'épiscopat, sixième, dernier et définitif écrasement. Nous sommes tué, retué, mis en poussière, soit ; mais enfin est ce ainsi que vous mettez vos actes en harmonie avec vos principes, et s'il est permis de tout dire, pourquoi prenez-vous la massue dès qu'on veut vous dire la vérité ?

Ah ! je la connais, la résolution de cette antinomie. La terrible vérité, c'est que le libéralisme, même catholique et soi-disant orthodoxe, est une déviation de la vérité, et une complicité commençante avec tous les attentats. Ces messieurs sont sympathiques à tous les hommes d'aventure, à tous les bandits de plume ou d'épée ; ils sont hostiles, d'une implacable haine, à tous leurs frères, criminels à leurs yeux, parce qu'ils soupçonnent leur vertu, rejettent leurs doctrines et font avorter les complots de leur ambition. Le dernier mot de ce logogriphe, c'est que le libéralisme est le synonyme d'impuissance et que tous les libéraux, nihilistes par quelque endroit, veulent imputer leur impuissance à leurs censeurs, comme si leurs censeurs étaient des criminels du premier degré.

Il est, toutefois, un reproche dont l'impudence m'indigne. Par une ruse, habile peut-être, mais aussi violente que mal fondée, les adversaires révolutionnaires et catholiques libéraux me représentent comme un homme incapable de respect, parce qu'il est incapable de raison, et qu'il faut écraser comme on écrase un serpent, sans lui répondre. C'est, je crois, Dieu me pardonne, pour se dispenser de répondre, qu'ils agissent de la sorte et se mettent ainsi en contradiction avec leurs théories de libre-échange dans les idées et leurs frivoles vantardises de libéralisme.

J'ai l'honneur d'être l'antagoniste résolu de la Révolution sous toutes ses formes et à tous les degrés. Depuis quarante ans, je lui fais la guerre. Pour soutenir cette guerre, j'ai écrit dans vingt journaux et composé cent ouvrages. Dans ces compositions, j'ai pris à partie certainement quelquefois les personnes et en les attaquant je m'exposais, de plein cœur, aux représailles : je ne m'en repens ni ne m'en plains. Mais je me suis appliqué aussi à préciser les idées, à défendre les principes éternels, à démasquer les erreurs courantes. Or, je m'aperçois que les adversaires songent beaucoup plus à mettre leur personne à couvert et à ménager leur petite fortune, qu'à se justifier des accusations.

Je résumerai ici, le plus brièvement possible, l'ensemble de doctrines et d'objections que nous opposons aux coryphées du gâchis révolutionnaire et des conciliations illicites.

D'abord, nous autres, écrivains catholiques, nous ne mettons pas en cause le Code civil de notre pays et nous ne songeons nullement, comme le répètent, avec autant de méchanceté que d'ignorance, de frivoles discoureurs, nous ne songeons point à revenir à l'ancien régime. L'état des terres, tel qu'il existe sous le régime de la propriété divisée et de la libre concurrence, nous l'acceptons ; l'état des personnes, tel qu'il est établi dans les conditions régulières d'égalité civile et politique, nous l'acceptons encore, et certainement sans regret. Le régime politique, qui assure cet état des terres et des personnes, quelle que soit la forme de gouvernement, république ou monarchie, pourvu qu'il garantisse les biens qu'il doit protéger, nous l'avons accueilli depuis 89 ; nous pourrions même ajouter que ce régime, inauguré en 89, fut l'œuvre collective des nobles et des prêtres ; il ne fut gâté que plus tard par d'aveugles théoriciens et par de criminels législateurs. Que tout y soit pour le mieux dans le meilleur des mondes, nous ne le croyons point : il n'y a pas de bien absolu sur la terre. Que ce régime ait, comme tout autre, besoin du concours de toutes les lumières, de toutes les vertus et de tous les dévouements, cela est hors de doute. Mais, pourvu qu'il respecte dans leur constitution *divine*, les institutions antérieures et supérieures à tout ordre social, le mariage, la famille, la propriété, le pouvoir, la religion et l'Eglise, encore une fois, nous acceptons sans arrière-pensée le régime contemporain quelle que soit d'ailleurs la forme gouvernementale qu'il affecte et quel que puisse être le personnel politique qui l'exploite à son profit. Et si quelqu'un ose encore nous accuser de vouloir ramener l'ancien régime, nous disons, après une telle déclaration, que c'est un sot à mépriser ou un misérable à punir. Nous voudrions même que, contre tout auteur de cette accusation venimeuse, il y eut une peine édictée par la loi. Tant qu'on pourra troubler les esprits et exaspérer les passions avec le fantôme de l'ancien régime, il n'y aura pas de sérieux dans nos controverses, ni d'équité dans nos élections.

Ce point acquis, nous croyons la société française menacée des plus graves *périls*, par les *théories* très fausses de la Révolution et par les *erreurs* très dangereuses du Catholicisme libéral.

La Révolution nie Dieu et affirme l'homme. L'homme, affublé du triple droit de penser, de dire et de faire, ce qu'il juge vrai, bon et utile, l'homme est le Dieu de la terre. Par sa pensée, il fait la vérité ; par sa volonté, il fait le droit ; par ses actes, il incarne la justice. La collectivité des membres d'une même nation est une collection de dieux terrestres qui jouissent, comme tels, d'un droit souverain, et la souveraineté du peuple, au lieu de se borner à désigner les détenteurs du pouvoir et à leur déléguer un mandat, crée bel et bien la vérité, la vertu et la justice sociales. Cette souveraineté absolue, sans limites et sans conditions sur la terre, devrait s'exercer directement, si ce pouvoir direct avait une possibilité d'exercice ; mais, à cause de la fatalité qui s'y oppose, la souveraineté se délègue, d'une manière provisoire, à des mandataires toujours révocables qui jouissent d'ailleurs, par leur majorité, de toutes les prérogatives de la souveraineté absolue de la nation. Les députés, souverains par leur majorité, exercent, sur les institutions sociales, la toute-puissance législative et l'absolutisme du droit national. Pour l'expédition des affaires ils délèguent une vaine présidence à un magistrat qu'ils subalternisent au Corps législatif ; ils sont d'ailleurs, chacun dans sa circonscription électorale, comme autant de rois absolus contrôlant et réduisant tous les délégués du pouvoir central. En deux mots, le peuple est souverain par ses députés, les députés du peuple sont les dieux de la nation. Cela s'appelle le droit divin de la république, et qui le conteste ou l'attaque, coupable du crime de lèse-divinité nationale, est passible de la plus haute peine. Doctrine insensée, scélérate, que les jacobins de 93 traduisaient très exactement par cette sanguinaire formule : « La République ou la mort ! »

Les catholiques libéraux, qui ne diffèrent pas beaucoup des révolutionnaires purs, distinguent dans la Révolution française, certaines choses qu'ils admettent et certaines choses qu'ils rejettent. Ce jugement en partie double, est le point d'où ils tirent, par voie de conséquence, leurs idées très fausses sur la constitution de la société civile et de la société religieuse, sur les rapports de l'Eglise et de l'Etat. La révolution de 89, avec sa déclaration des droits de l'homme, est le point de départ de leur doctrine sociale, un complément naturel de la Révélation, une lumière supérieure qu'ils veulent imposer même à la Chaire Apostolique, sous peine, pour les Papes, de méconnaître ce qu'ils appellent les *idées modernes*, la *société moderne*, le progrès et la civilisation.

L'esprit de la révolution, accepté comme évolution naturelle et légitime de l'ordre social, conduit à régler sur de nouveaux principes les rapports de l'Eglise et de l'Etat. La vie civile reposant sur la théorie vague des droits de l'homme, la vie politique est déterminée en conséquence sur la loi du séparatisme. On est amené à considérer les deux puissances comme réciproquement et absolument indépendantes, la société civile comme complète par elle-même, la société religieuse, comme un aide admissible si l'on veut, pour l'Etat, mais licitement rejettable au gré de la partie civile. Les affaires entre l'Eglise et l'Etat ne peuvent être réglées que par cette *concordance* dont parlait Louis de Marca, si mieux n'aime l'Etat se retrancher et se fortifier derrière son principe de séparation. L'Eglise, il est vrai, est réputée libre dans les régions spirituelles ; mais on les entend d'un manière tellement métaphysique que l'Eglise n'a guère qu'une existence idéale. Quant à l'Etat, maître absolu des biens et des personnes, régentant les biens et les personnes au gré de l'arbitraire humain, il supprime en fait tout l'ordre ecclésiastique. Ici chaque mot a sa valeur, et suivant la manière dont les entendent les catholiques libéraux, ils troublent l'économie providentielle des choses divines et humaines, ils mettent Jésus-Christ à la porte de la société civile et considèrent comme une perfection son exil.

Jésus-Christ évincé de l'ordre social, on constitue la société humaine seulement d'après les doctrines du naturalisme. On prend, dans la société elle-même, les éléments de sa constitution et de sa perfection ; c'est le point de jonction des catholiques libéraux avec les révolutionnaires purs. La nation souveraine parle par la majorité des électeurs ; la majorité des électeurs légifère par la majorité des députés, la majorité des députés agit par les ministres ; les ministres ont pour président fictif un mannequin. Dans cette organisation il n'y a point de place pour Dieu et son Eglise. L'idée d'un suffrage et la désignation des électeurs est le fait du pouvoir ; la majorité des électeurs et la majorité des députés ne représente qu'un chiffre mobile sans moralité ni lumière ; la publication des lois et leur application par les ministres n'est qu'une formalité du machinisme parlementaire. Les élections sont une loterie. Le suffrage universel est inintelligible, inintelligent, brutal, anarchique, impie. Le député est dispensé de raison ; il vote sans phrase. Le détenteur du pouvoir (je n'ose pas dire le prince, puisqu'il n'est qu'un valet) est dispensé de conscience : il exécute les lois les mains liées et en fermant les yeux ; c'est une divinité comme les stupides idoles de l'Orient. Tout l'ensemble suppose l'athéisme, c'est l'Etat sans Dieu.

Les catholiques libéraux avaient autrefois leurs idées sur le 89 de l'Eglise et le parlementarisme des conciles : tout cela a été frappé par le Concile de 1870 ; ils tiennent cependant toujours à ces chimères, mais sans oser le dire. Quant à l'harmonie des choses en ce monde, ils l'espèrent du parallélisme de l'Eglise et de l'Etat, rêve qui juxtapose la société civile et la société religieuse, ne les unissant comme deux cercles que par la ligne externe de leur circonférence. Le tout se couronne de la phrase banale, si elle n'est pas menteuse : la liberté, c'est l'ordre, c'est la paix, c'est le progrès, c'est l'idéal de la perfection.

De ces deux théories, catholiques libéraux et révolutionnaires purs tirent ces conséquences :

1° Il faut supprimer toute loi religieuse, du moins autant qu'elle entrerait dans la législation civile ;

2° Il faut ôter à la religion toute existence publique et indépendante, la réduire à l'état privé et individuel ;

3° Il faut établir seulement des pouvoirs qui règnent, non par la grâce de Dieu, les vérités de la révélation et les lois de l'Evangile, mais selon la volonté bonne ou mauvaise du peuple, au mieux de ses intérêts matériels, et pour la satisfaction décente, si cela se peut, de ses passions ;

4° Il faut que la législation civile n'ait plus de rapport qu'aux intérêts matériels, et que, sous ce rapport, elle ouvre la voie la plus large à la liberté civique, sans se soucier aucunement qu'elle cadre avec aucun principe surnaturel. C'est pourquoi la liberté des cultes est proclamée non pas en ce sens que les cultes soient libres, mais en ce sens que ceux qui n'ont pas de croyances empêchent ceux qui en ont de les suivre publiquement.

Mais une fois établi cet ordre de libertés antichrétiennes, une répression sévère devra peser sur quiconque essaierait d'y porter atteinte. D'après ce principe que l'ordre libéral a le droit d'être défendu par celui que la volonté nationale en a constitué le gardien, le despotisme le plus absolu est légitime pour la protection de la liberté. Le parlementarisme et la révolution disent comme Mahomet : « Crois ou meurs ! »

Jetez un regard sur le monde. Partout où les libéraux prévalent, vous voyez éclater la persécution ; et la persécution est d'autant plus ardente, d'autant plus violente, que le libéralisme est plus complet. Le fond du libéralisme, c'est la haine de Jésus-Christ et la guerre à l'Eglise.

J'ose dire que ces sectaires du libéralisme ne comprennent ni la liberté, ni la morale historique, ni même la probité gouvernementale. Ils ne comprennent pas la liberté puisqu'ils la confondent avec le droit ; ils méconnaissent les principes de la morale et l'expérience de l'histoire, s'ils s'imaginent que les peuples sont plus libres, parce qu'ils ont plus de facilités pour la licence et sont moins défendus contre leurs propres faiblesses. Surtout ils ne sont pas sincères devant le public, puisque, en somme, il ne s'agit pas pour eux d'augmenter la somme des libertés populaires ; mais seulement d'accorder des libertés immorales, ou plus inclinées à la dépravation et de ne sévir plus que contre les choses saintes, de proscrire la religion, d'exterminer l'Eglise.

PRÉFACE

C'est là ce qu'ils entendent sous le mot d'ordre : « Le cléricalisme, voilà l'ennemi ».

Un libéral, catholique ou révolutionnaire, c'est un athée honteux de lui même, qui parfois fait ses Pâques, et qui s'entortille dans la politique pour voiler son athéisme. Un libéral, c'est un despote hypocrite, qui se couvre du voile de la liberté, pour s'ériger personnellement un trône d'absolutisme. Un libéral, c'est par la force des choses et la portée fatale des pratiques de la secte, un ennemi de Dieu et de Jésus-Christ, un persécuteur-né de l'Eglise et du Saint-Siège. Si vous me dites qu'un libéral peut être catholique, je vous dirai que c'est un fou qu'il faut plaindre ou un coupable qu'il faut punir. La Révolution à tous les degrés est athée et doit l'être ; elle veut tuer Dieu, c'est-à-dire ceux qui y croient pour établir ce qu'il lui plaît d'appeler « le bonheur sur la terre ».

Présentement, nous avons au pouvoir, en France, les révolutionnaires d'entre-deux. Les catholiques libéraux leur ont frayé la voie ; ils préparent eux-mêmes la voie aux révolutionnaires du radicalisme niveleur et anthropophage. Personnellement, je les tiens pour peu capables ; mais je suis très assuré qu'ils sont condamnés par leurs erreurs à une irrémédiable impuissance. Faibles par leurs doctrines, plus faibles par leur inexpérience, au milieu d'un peuple désorienté, il est fatal qu'ils recourent à la violence croyant faire de la force : violence qui sera la marque suprême de leur faiblesse, la cause de leur ruine et de la nôtre. Pour l'heure, ils en sont à la guillotine sèche des laïcisations et des confiscations légales. Patience ! ça ira, ça ira ; et, comme disait Maury, ils ne verront pas plus clair.

Quant aux catholiques libéraux définitivement tombés du pouvoir, je ne saurais dire de quelle immense pitié ils ont rempli mon âme. A les entendre, ils n'avaient pris le pouvoir que pour sauver la France, de gens séditieux et affamés, dont, par parenthèse, ils partagent les principaux dogmes politiques. Nous jouissons maintenant de cet étrange salut. La France coulait tout doucement vers le radicalisme légal ; elle y a été précipitée par ses sauveurs, et la voilà réduite à piétiner dans le plus abominable gâchis. A coup sûr, nous ne nions point que Dieu ne puisse tirer de ce désordre affreux quelque bien ; on peut même croire qu'il ne le permet qu'à cette condition. Mais, laissant de côté la part de Dieu, il est certain que la faute des hommes est grande et leur responsabilité terrible. Ce qui éclate le plus c'est leur insuffisance. En même temps qu'ils donnaient contre l'Eglise et le Christianisme, occasion ou prétexte aux plus furieuses colères, ils ne faisaient que s'effacer et renier la cause qu'on les accusait de vouloir servir. Leur christianisme n'avait rien à démêler avec leur politique ; en se défendant du reproche absurde de songer à rétablir l'ancien régime, ils déclaraient ne point vouloir nous ramener aux principes du pouvoir chrétien ; en protestant qu'ils ne voulaient point la guerre avec l'Italie, ils abandonnaient de plus en plus la cause du Pape qui est la cause de Dieu. En un mot, ils n'avaient aucune solidarité avec l'Eglise ; ils se bornaient à défendre le texte de la constitution et les droits du Président, ils se faisaient aussi petits, aussi inoffensifs, aussi nuls que possible, et ils étaient là tout à fait dans la sincérité de leur vertu et dans la mesure de leur mérite réel. Grands enfants, qui ne savent pas que gouverner, c'est oser et que, pour inspirer confiance aux autres, il faut d'abord croire à soi-même, ils abdiquaient pour se ménager un triomphe et ils n'ont rencontré qu'une banqueroute.

Le résultat de leurs finesses incomparables et de leur habileté si vantée — par eux bien entendu — est sous les yeux du monde. La constitution est déchirée impunément par les radicaux ; les catholiques sont traqués comme un cerf aux abois, par une meute altérée de sang. Les prêtres voient s'ouvrir à l'horizon les cellules de Mazas et il ne manque pas de communards pour réclamer leur chair crue. Où sont les ministres dont l'imprévoyance, la maladresse, l'impéritie, l'inertie, la timidité ont réduit à ce néant et à ce péril, le parti des gens de bien ? Oh ! ils sont là, dans la pénombre, se lavant les mains comme Pilate, les uns gravement assis dans leurs riches prébendes, les autres ourdissant, dans la coulisse, de nouvelles trames pour se préparer de petites vengeances. La France, gouvernée par ces enfants éternels, n'avait jamais eu pire gouvernement. En vérité, je vous le dis, ce qui se passe à l'heure présente, c'est la faillite politique, définitive et éclatante, des catholiques libéraux.

Oui, c'est une faillite. Nous les avions vus à la porte du Concile, à peine voilés, clamant leurs vains conseils, parlant du 89 de l'Eglise et voulant escamoter les lumières du Saint-Esprit. Nous les avions entendus, au dedans et au dehors du Concile, tantôt soupirant, tantôt faisant éclater les puériles frayeurs de l'opportunisme. Ces gens d'esprit, ces habiles d'académie, ils auraient voulu mettre le Pape en fourrière et gouverner l'Eglise à sa place. A les entendre, ce n'était pas des Zouaves Pontificaux qu'il fallait au Saint-Siège, mais des diplomates comme eux, des gens rompus aux entortillages constitutionnels et faisant triompher, dans les assises conciliaires, quoi ? les futiles opinions de l'humaine sagesse.

L'Église fut délivrée de leurs obsessions ; les décrets du Vatican furent promulgués au milieu des foudres du Sinaï. C'était le salut d'Israël. Mais la France leur fut livrée, la France anéantie par la guerre, énervée par l'impiété, cependant, la France toujours féconde en ressources et avec son vieux fond de foi, même quand elle est près de périr, toujours prompte à se régénérer. Eh bien ! qu'ont-ils fait de la France ?

La France, dans ses tristesses, réfléchissant profondément sur les causes de ses malheurs, avait nommé des députés catholiques et monarchistes ; elle s'était arrachée elle-même aux griffes de la Révolution. Les catholiques libéraux, au lieu de refaire immédiatement la royauté, s'allièrent à l'un des plus grands malfaiteurs de ce temps-ci pour faire avorter la monarchie. A défaut d'une monarchie constitutionnelle où ils eussent été ce qu'ils n'avaient pu être au Concile, ils formèrent une république à eux, avec une constitution calculée pour assurer leur prépotence. Puis, lorsqu'ils virent cette république leur échapper, ils firent un coup d'état parlementaire pour ressaisir le pouvoir. La France, découragée par leurs finesses et dégoûtée par leurs mensonges, s'est livrée elle-même à cette Révolution qu'elle répudiait il y a bientôt trente ans.

Nous en sommes là. Les faits crèvent les yeux et le rôle de la négation est impossible. Maîtres du pouvoir, les catholiques se sont montrés en France comme en Belgique, sans principes fixes, mous, incertains, timides, maladroits ; ils sont allés dans leur impuissance, jusqu'à cette limite lointaine et indécise qu'on ne peut franchir sans se faire accuser de lâcheté et de trahison ; mais si l'on doit leur épargner ces accusations flétrissantes, personne au monde ne contestera qu'ils aient livré la place qu'ils avaient entrepris de défendre et qu'ils devaient sauver.

Dieu, pour les anéantir, n'a eu besoin que de les laisser à leur sagesse : C'est avec cette meule qu'il les a mis en poussière. Maintenant qu'ils soient tout ce qu'on voudra, des gens bien posés dans le monde, de rusés matois, d'ingénieux académiciens ; nous n'y voulons pas contredire ; mais politiquement ce sont des morts ; moins que cela, des suicidés.

A présent c'est au radicaux à s'user de même. Nous vivons dans des temps singuliers, où la cause de Dieu, en ce monde, n'étant plus servie, comme elle devrait l'être, par les puissances constituées, marche cependant par la déroute successive de ses adversaires. Depuis 89, nous n'avons, en France, guère fait autre chose que d'user des gouvernements. En attendant que viennent le grand Pape et le grand Roi, en attendant que luise l'ère de paix, Dieu fait ses solutions avec les débris d'ennemis usés par leur propre sagesse ; et le bien provisoirement ne paraît plus possible que par l'excès de nos maux.

Dieu protège la France !

HISTOIRE UNIVERSELLE

DE

L'ÉGLISE CATHOLIQUE

LIVRE QUATRE-VINGT-QUATORZIÈME

DEPUIS LA MORT DE PIE IX JUSQU'AU TEMPS PRÉSENT, LA RÉVOLUTION TENUE EN BRIDE PAR CE GRAND PAPE, SE RUE SUR LE MONDE. LE SUCCESSEUR DE PIE IX, LÉON XIII, LA COMBAT PAR L'AFFIRMATION SOLENNELLE DES VRAIES DOCTRINES OU PAR LES TEMPÉRAMENTS DE LA DIPLOMATIE. LE MONDE SE REFUSE AUX TEMPÉRAMENTS DIPLOMATIQUES ET AUX AFFIRMATIONS DOCTRINALES ; PAR LES AVEUGLEMENTS ET LES INIQUITÉS, IL PRÉPARE DE GRANDES CATASTROPHES ET APPELLE UNE COMPLÈTE RÉNOVATION.

Le XIXe siècle aura été un long conflit de doctrines entre l'aveuglement des Etats et la sagesse de l'Eglise. La Révolution française avait confié le gouvernement du monde à la raison séparée de la foi ; elle ne se contenta pas de cette hégémonie. Unie à la société politique, mais distincte d'elle, la société religieuse ne devait, à la raison, ni son origine, ni sa règle suprême ; elle échappait, par sa nature, aux entreprises des réformateurs. Leur idolâtrie pour l'intelligence humaine, devenue une religion d'orgueil, ne souffrait pas d'autre culte ; la profession du christianisme leur parut un acte de rebellion. C'est pourquoi la ruine du sentiment religieux leur sembla nécessaire à la délivrance de la société. Cette raison, qui s'insurgeait contre les pouvoirs absolus, en répudiant toute limite, s'érigeait en absolutisme.

L'Eglise ne tomba pas dans cette intolérance. Tant que la Révolution parut uniquement hostile aux abus de l'ancien régime, Rome garda le silence et le clergé français ne refusa pas son concours. Juge et partie dans la première querelle des Etats généraux, il abandonna la noblesse pour se joindre au tiers, et renonçant à son intérêt de première classe politique, il donna, aux justes réformes, cette première victoire, qui détruisait l'antique société. Non seulement il se résigna aux réformes qui lui enlevaient son rang, il provoqua, par un désintéressement spontané, la suppression de ses privilèges ; il consentit même, pour une grande part, sous l'inspiration du patriotisme, au sacrifice de ses biens. La résistance ne commença que le jour où le pouvoir politique, en édictant la constitution civile du clergé, envahit à la fois la discipline et le dogme ; elle devint plus intraitable à mesure que la fureur déicide inspira plus radicalement les lois de la Terreur. Dès qu'elle espéra la paix, l'Eglise renouvela dans le Concordat, l'abandon de ses privilèges et de ses biens. La rupture avec le promoteur du Concordat ne se produisit que le jour où celui-ci prétendit faire, du Pape, le chapelain de l'Empereur, redevenu César. Et soit que sur les échafauds elle versât son sang ; soit que, dans la France domptée, le clergé sût seul désobéir ; soit que, dans l'Europe vaincue, le Pape osât seul contredire le maître du monde, l'Eglise était le garant du droit et de la liberté. Sans anathèmes contre la société nouvelle, elle se contenta de défendre sa vie contre ceux qui voulaient la tuer et son indépendance contre ceux qui voulaient l'asservir.

Quand de telles épreuves eurent, plus de vingt ans, affermi la constance religieuse, elles avaient épuisé la foi dans les progrès politiques. Les prêtres avaient vu les promesses les plus généreuses préparer les pires réalités ; les rêveurs engendrer des scélérats ; le même peuple qui ne voulait plus de limites à ses droits, supporter un violent despotisme ; et les régimes les plus contraires se transmettre, comme leur unique mot d'ordre, la guerre aux croyances catholiques. Après avoir tendu si longtemps sa voile et n'avoir recueilli que la tempête, la barque de Pierre ne voulait plus rien de la mer toujours trompeuse et ne cherchait que le port.

L'Eglise crut le reconnaître quand les principes et les dynasties ébranlés ou détruits par la révolution furent restaurés après notre défaite. Ces méthodes éprouvées de gouverner et de vivre, c'était, pensait-on, le repos. Epuisée par les antagonismes de doctrines et de peuples, la génération de 89 tombait de lassitude ; et la révolte de la raison survivait à peine chez quelques-uns, comme le dernier accès d'une fièvre prête à s'éteindre dans le sommeil. D'ailleurs, contre la force internationale d'idées révolutionnaires, les gouvernements restaurés avaient la force internationale des traités et des armes. Un grand calme se fit ; l'Eglise y entra ; les dernières années de Pie VII, les pontificats de Léon XII et de Pie VIII y puisèrent quelques consolations.

A leur retour, les anciens pouvoirs n'avaient pas retrouvé les anciens peuples. Les graines emportées par les grands souffles ne retournent pas, quand le vent change, aux arbres dont elles se sont détachées ; telles les idées semées dans le monde. Les idées de liberté, d'égalité avaient disparu, noyées dans le sang des échafauds, écrasées sous la marche furieuse des soldats. Il se trouva que la boue sanglante des batailles avait été, pour elle, engrais et labour. A peine la génération, découragée de la liberté, avait disparu qu'avec la génération nouvelle, verdissait un nouveau printemps de 89. Les souverains qui, en 1815, s'étaient garanti leurs couronnes, eurent assez à faire de défendre chacun la sienne, contre leurs sujets devenus citoyens. La France redevint l'école de la Révolution, et la double victoire qui y substituait à la monarchie traditionnelle, la monarchie élective ; à la royauté élective, la République, ébranla de nouveau, dans le monde, le principe nécessaire de l'autorité.

Au moment où commençaient les crises de 1830 et de 1848, s'ouvraient les longs pontificats de Grégoire XVI et de Pie IX.

Dès son avènement, Grégoire XVI dut prendre parti. Lamennais, au nom des intérêts religieux, demandait à l'Eglise de rompre avec les gouvernements, de s'unir aux peuples et de réduire, jusqu'à ses dernières conséquences, la logique de la liberté. La vigueur, froide et véhémente, du chef, la valeur et l'ardeur des principaux disciples, l'éclat et la sincérité de leur zèle, enthousiasmaient les foules. Grégoire XVI coupa court à ces enthousiasmes. Non qu'il méconnût les faiblesses, les fautes et les desseins suspects des gouvernements ; non qu'il fût insensible au sort des nationalités étouffées et des démocraties prisonnières ; mais il savait par trop de preuves combien les idées généreuses, pour aboutir, ont besoin du concours des circonstances ; il ne voulait pas que la naïveté des honnêtes gens tombât dans les pièges de la démagogie ; il pensait que la véritable pitié pour les hommes, c'était de conserver la société en repos.

Malgré lui, tout continua à se mouvoir, l'opinion et les gouvernements. La plupart, pour n'être pas submergés, prirent la cocarde tricolore, quitte à en éluder les conséquences. Afin de donner le change à cette démocratie qui les menaçait, ils favorisèrent l'esprit d'irréligion et soulevèrent, contre l'Eglise, au moment où elle essayait de les soutenir, la défiance des masses populaires. La démocratie éventa la ruse ; elle refusa, pour des querelles religieuses, d'oublier ses griefs politiques. Par un retour imprévu, l'impopularité des gouvernements rendit l'Eglise populaire ; en se séparant d'elle, ils l'avaient désignée aux sympathies des nations. Les réformateurs d'alors invoquaient l'Evangile et demandaient à l'Eglise de reconnaître, dans leurs théories, ses propres doctrines.

Cette évolution contraire des gouvernements qui abandonnaient la papauté et des peuples qui se recommandaient à sa protection, était, à l'avènement de Pie IX, la grande nouveauté. En France, la république s'annonçait comme la revanche d'une nation religieuse contre une oligarchie sceptique ; en Italie, les revendications nationales invoquaient l'appui du Pape. La démocratie semblait offrir, à l'Eglise, dans la péninsule, la primauté politique, et, dans le monde, le patronage moral que les royautés n'avaient pas voulu subir. Envers cette liberté, une bénédiction pouvait porter ses fruits. Pie IX, qui se sentait aimé, offrit aux peuples le baiser de paix et consacra les libertés politiques en réformant l'Etat pontifical.

A la place des libertés, ce fut la révolution qui entra. Une première fois, en 1849, elle fit, de Rome, le club central de l'Europe et obligea Pie IX à fuir ; une seconde fois, en 1859, elle s'incarna dans les deux souverains de France et de la Sardaigne, pour déposséder le Pape en faisant l'unité de l'Italie. Pie IX, précipité de son trône, n'était plus qu'une voix ; il voulut la faire entendre et rendre témoignage à la plénitude de la vérité.

Jusqu'à nos temps, ce qui, dans les sociétés, avait paru le principal, c'était la société même. Avant tout on maintenait l'unité morale qui seule tient en paix les volontés ; un gouvernement, pour l'armée, la justice et l'administration, pourvoyait aux besoins du corps social ; enfin une production régulière, un travail collectif assurait l'existence matérielle de chaque homme. Ces intérêts étaient confiés à des corps permanents qui protégeaient la population. La tutelle des consciences était confiée à l'Eglise ; le gouvernement, à trois classes subordonnées, dont la royauté formait le couronnement ; le travail, aux ouvriers et aux paysans, groupés eux-mêmes par corps de métier. Chaque corps possédait les privilèges nécessaires à l'exercice de son office public. L'individu n'était point sacrifié, puisque cet ordre avait pour but le bien matériel et moral de tous ; mais les droits des particuliers devaient se subordonner au bien commun. Cette primauté du droit social avait fait la force et la splendeur de la civilisation ; son vice, qui s'accrut avec le temps, était d'imposer, sous prétexte de bien général, des entraves superflues et oppressives à l'indépendance de l'homme.

En voulant supprimer ce vice, la Révolution ne se trompait pas; mais où elle se trompa, ce fut de croire y remédier, en ne voyant, dans l'univers, que l'individu. La religion, l'Eglise, les classes sociales, les corporations de travailleurs : elle enveloppa tout dans une commune ruine. Ce fut son illusion, son châtiment de croire que l'ordre social se créerait tout seul. Et cet ordre aurait trois caractères : la liberté constituerait chaque homme maître de son sort; le plein exercice de cette liberté assurerait l'égalité; et les hommes, dépourvus de toute contrainte, pratiqueraient la fraternité. Or, en admettant que la volonté de l'homme est à elle-même sa règle exclusive, la Révolution émancipait ce que la raison commande de contenir : elle affranchissait l'égoïsme. Que chaque homme, ayant charge de lui seul, veuille étendre sa personnalité par la pensée, par le travail, par le pouvoir, il se heurte à des semblables, il amène des conflits et nul état social n'est plus contraire à la fraternité. L'égalité n'y règne pas davantage; par cela seul que les forces de ces adversaires sont diverses, une minorité, mieux pourvue de qualités ou de vices, est excitée à dépouiller la multitude des faibles, des maladroits ou des malheureux. Et ce qui manque le plus à cet état social, c'est la liberté. Donnée sans limite à l'individu, elle n'est autre chose que le droit reconnu à chacun d'envahir le droit de tous. Si elle s'exerce par des actes, elle autorise les excès contre les personnes et les attentats contre les biens; si elle s'exerce par les idées, elle est le privilège, pour la minorité, de menacer ou de détruire les institutions que presque tous environnent de respect; elle est le droit, pour un simple particulier, d'empêcher la paix du genre humain. Ce n'est pas une forme de société, c'en est l'absence et le retour à l'état sauvage, ou, du moins, un élément de dissolution et une cause de décadence.

L'expérience avait révélé vite la contradiction entre la théorie et les résultats. Au lieu de liberté, d'égalité, de fraternité, d'âge d'or, on n'avait d'abord obtenu que l'anarchie spontanée et les saturnales sanglantes de la vile multitude. Les théoriciens de l'état sauvage ne s'obstinèrent pas moins à considérer le droit social comme une création du droit individuel. En cas de conflit, ils tempérèrent la souveraineté absolue de l'individu par la souveraineté absolue de la nation. Or, la souveraineté du peuple, s'exprimant par le suffrage universel, n'est plus que la souveraineté de la majorité électorale. La minorité est supposée avoir toujours tort et ne plus garder de droits que ceux qu'on veut lui laisser; la majorité elle-même est à la merci de ses représentants et ne conserve que les avantages dont l'égoïsme ne peut pas la dépouiller. Au fond, ce régime crée un gouvernement de minorité; il appartient à une bourgeoisie instruite et riche, parce qu'il assure à l'intelligence et à l'argent la domination du monde et dégage les vainqueurs de tout devoir envers les vaincus.

Alors le peuple est à la merci du bon plaisir, les intérêts permanents de la société sont livrés à l'inconstance des foules. Ce gouvernement ne permet même pas que les lois soient l'expression fugitive, mais fidèle, de la fantaisie publique. L'opinion, maîtresse de tout, est elle-même matière à conquête; les plus habiles, les plus violents, les plus menteurs ont encore chance de séduire, de duper ou de contraindre les plus nombreux. Il y a une manière de jouer du suffrage universel. Alors le peuple se lasse d'une souveraineté nominale où il est dupe et victime; il acclame le pouvoir d'un seul comme le dernier terme d'une réforme commencée par l'émancipation de tous. Et depuis qu'il n'y a plus de limites aux droits de la raison, il n'y a plus de limites à l'exploitation des foules. Et ce mensonge universel aboutit à une servitude que n'a pas connu l'ancien régime, grâce à ses traditions, à ses corps autonomes et aux digues élevées partout contre les envahissements du pouvoir.

En un mot, le régime créé par la révolution est un état social où les mauvais ont une supériorité permanente sur les bons. Maladresse ou combinaison profonde, tout y est organisé pour cette fin. L'absence de principes supérieurs que sauvegarde, contre ses défaillances, la volonté humaine, laisse, dans la brigue du pouvoir et le conflit des autorités, le champ libre entre le bien et le mal. La lutte libre n'est pas à égale chance. Les bons portent avec eux les obstacles de leur foi et les scrupules de leur conscience; la vérité, le devoir, l'honneur, les rendent incapables de certaines besognes et de certains succès. Comment l'emporteraient-ils sur des hommes au cœur léger, capables de tout, pourvu qu'ils montent. Eux seuls sont libres; une force fatale pousse au sommet ce qu'il y a de pire. Une telle conception ne délivre pas le monde; c'est d'elle qu'il faut le délivrer.

Et telle est l'œuvre qu'entreprit le grand Pie IX. Au programme des dissolutions révolutionnaires, il oppose, dans le *Syllabus*, le programme des restaurations catholiques, l'ensemble des affirmations doctrinales qui contredisent l'Islam de la Révolution. Le bien social exige qu'avant tout la religion reprenne sa place. De toutes les religions, la plus certaine dans ses dogmes, la plus pure en morale, la plus civilisatrice est la religion chrétienne; et, des religions chrétiennes, la plus efficace par la solidité de sa hiérarchie, la perfection de sa discipline, la variété de ses œuvres, est l'Eglise catholique. Le Pape réprouve la scission entre l'Eglise et le monde; il veut que les croyances intimes règlent la vie publique; il le veut pour établir la dignité des caractères, la logique dans la conduite du monde, l'unité dans la vie : il proclame que si le catholicisme fait les hommes meilleurs, il rend les plus grands services à la société ; et s'il est utile, l'intérêt, le devoir n'est pas d'ignorer son existence, mais de favoriser son action.

Le *Syllabus* retentit dans le monde comme un grand scandale. Par une singulière interversion des rôles, l'Eglise avait employé la raison à tracer le plan d'un gouvernement humain ; les partisans de la raison s'offensèrent comme s'ils étaient outragés dans leur foi religieuse. Dans leur aveuglement, ils prétendirent que l'Eglise, en posant des bornes à la liberté de l'individu, portait préjudice à la liberté ; qu'en réglant la souveraineté du peuple, elle portait atteinte à l'indépendance des nations ; qu'en réclamant sa place au soleil, elle voulait s'arroger l'omnipotence. La vérité est que l'Eglise affermissait tous les pouvoirs en leur posant de justes bornes ; et l'Etat, en repoussant les bornes, se vouait irrémédiablement aux plus détestables alternatives d'anarchie et de despotisme.

Cette rupture intellectuelle porta le dernier coup à la vieille solidarité entre la puissance politique et la puissance religieuse. Les Etats croyaient se fortifier en rendant public leur désaccord avec l'Eglise ; l'Eglise, certaine que la logique révolutionnaire minait leurs fondements, déclinait toute compromission avec leur imprévoyance et refusait d'être ensevelie sous leurs ruines.

Dans cette condition, n'ayant plus à compter que sur elle-même, l'Eglise sentit le besoin de concentrer son gouvernement et de fortifier son chef. C'était sa croyance que l'infaillibilité avait été promise aux successeurs des apôtres, réunis en concile. C'était une tradition ancienne, non définie comme article de foi, que la même assistance avait été conférée aux successeurs de saint Pierre, quand, en vertu de l'autorité apostolique, ils définissent, même hors d'un concile, les vérités du dogme ou de la morale. Cette tradition emprunta aux circonstances comme une mise en demeure de se formuler dogmatiquement et de se définir. On craignait que la prise de Rome ne laissât plus à l'Eglise un seul asile où elle fût indépendante des pouvoirs humains ; on craignait que les obstacles apportés à la tenue des conciles, ne vinssent à suspendre la vie du catholicisme. Le péril serait écarté, si les Papes, même exilés et captifs, étaient déclarés infaillibles. Un concile fut convoqué, et ce concile, en définissant l'infaillibilité personnelle du Pontife Romain, lui reconnut le droit de vouloir et de parler pour l'Eglise.

Pie IX avait accompli son œuvre ; il avait rompu avec les allures ordinaires d'une méticuleuse prudence et s'était montré d'autant plus net dans ses enseignements qu'ils soulevaient plus d'opposition. L'essentiel n'était pas de rendre la foi facile, mais de la maintenir pure, et il avait coupé toutes les racines de l'erreur, par une orthodoxie tranchante comme le glaive. Sa résistance aux faux dieux du siècle préparait à l'Eglise un éclatant retour d'autorité le jour où les peuples reconnaîtraient sa sagesse et rougiraient de leur injustice. Dès maintenant, la définition de l'infaillibilité donnait, aux Souverains Pontifes, le moyen d'opposer aux difficultés des mesures promptes et définitives ; elle supprimait cet *appel au futur concile*, mot d'ordre de tous les mécontents, dernier abri des rebelles, qui avait entretenu dans l'Eglise l'obéissance sous condition et la révolte à terme.

Pie IX avait dit toute la vérité ; il devait souffrir pour elle. Elevé à un pouvoir que nulle créature n'avait atteint, il fallait que cette souveraineté n'eût rien de commun avec les grandeurs terrestres ; et, pour attester son origine, qu'elle fût accompagnée, sans être amoindrie, par les insultes, les défaites et les désastres. Le lendemain de la définition vaticane éclatait la guerre entre la France et la Prusse. Le pouvoir temporel, constitué définitivement par Pépin et Charlemagne, succombait le jour où nos soldats, rappelés à la frontière de l'Alsace, ne suffisaient plus à la défendre. Bientôt le vainqueur ourdissait contre l'Eglise ce qu'il avait appelé la lutte pour la civilisation et soulevait dans tout l'univers une coalition contre Rome. Un schisme se produit en Allemagne, un autre en Suisse. La France elle-même, la France soi-disant républicaine, mais plutôt impie, se mettait, pour persécuter l'Eglise, à la remorque du Tartare qui venait de l'écraser et de la mettre au pillage. Et l'Eglise, qui a contre elle les attentats des gouvernements, se voit encore dépouillée de l'affection des peuples. De toutes parts les liens semblent se rompre. Les derniers regards de Pie IX voient l'ombre s'étendre sur le tabernacle ; à sa mort, il n'emporte, comme consolation, d'avoir tant perdu, que la conscience de n'avoir rien cédé. La vérité, dite par Pie IX, c'est la charte de l'avenir ; la charge de son successeur sera de la faire reconnaître et d'assurer ses triomphes (1).

---

(1) Cf. *La France chrétienne dans l'histoire*, les deux derniers chapitres.

§ Ier

LA MORT DE PIE IX ET L'ÉLECTION DE LÉON XIII

La mort de Pie IX fut un deuil pour l'Eglise et une grande perte pour l'humanité. Durant son pontificat de trente-deux années, traversé d'ailleurs par de cruelles infortunes, Pie IX avait occupé la chaire de saint Pierre en thaumaturge : il avait frappé victorieusement toutes les erreurs ; il avait donné au monde le *Syllabus*, défini dogmatiquement l'Immaculée Conception de la très sainte Vierge et convoqué un concile œcuménique ; il avait attiré à lui toutes les affaires du monde, civilisé ou barbare ; et, par un contraste étrange, en résistant aux séditions, royales et populaires, conjurées contre lui, il avait assuré, à l'univers, une paix et une prospérité inexplicables. Humainement parlant, il est impossible de comprendre ce phénomène ; on devrait plutôt croire que ces résistances pontificales vont susciter des inquiétudes ; et les catholiques libéraux, habitués à voir à l'envers les choses de l'Eglise, ne manqueront pas de découvrir, pour l'Eglise, une *crise*, terrible, mais terrible seulement pour leur faible foi. La conduite de Pie XI rassure les âmes ; elle inspire partout la confiance ; on sent que tant qu'il tiendra, il contiendra tout ; et proscrit ou triomphant, mais toujours vainqueur, il sert et sauve, dans la réalité, toutes les forces de la civilisation. Lorsqu'il est enfermé dans Rome, on n'espère plus tant voir le triomphe de l'Eglise ; le tableau s'assombrit et les punitions de Dieu ne se font pas attendre. Pendant huit années qu'il survit à la perte de son pouvoir temporel, nombre d'hommes quittent la terre pour aller voir la face irritée de Dieu. Des nations entières sont appelées devant le juge. La France pécheresse commence et ne verra pas de sitôt la fin de ses malheurs. D'autres entendent distinctement la trompette formidable, dont les éclats redoublent, lorsque meurt Pie IX. Dieu, disait Joseph de Maistre, a fait disparaître les Bourbons de France, comme le Père de famille éloigné la mère, lorsqu'il veut punir ses enfants. Que dirait-ce voyant, quand Pie IX meurt, lorsque Dieu semble permettre aux maîtres du monde de voiler même la face de l'Eglise.

Non seulement Pie IX rassurait les âmes et maintenait la paix du monde, il jouissait encore, surtout à Rome et, partout, dans le monde, près des catholiques, d'une inexprimable popularité. On ne connaîtrait pas Pie IX si l'on ignorait le sentiment qu'il inspirait au peuple chrétien. Veuillot, qui savait entendre toutes les grandeurs, va nous initier à ce mystérieux côté du pontificat. En 1870, à propos de la fête commémorative de l'incident de sainte Agnès, il écrivait :

« Il y a dans le monde un souverain qui, durant un quart de siècle, a su garder inviolablement le principe de la souveraineté, qui l'a défendu contre l'erreur du monde, contre la trahison et l'abandon des autres souverains, qui l'a sauvé, qui l'a maintenu en dépit de la défaite, et qui reste *populaire* parce qu'il a *voulu* et *su* rester roi. Il y a dans le monde un peuple qui est demeuré inviolablement fidèle à son roi vaincu et dépouillé, qui lui a voué plus d'amour à mesure que l'iniquité européenne lui infligeait plus de désastres, qui a connu la justice et la majesté de sa cause et ne l'a point trahie, qui, par son noble dédain, a déconcerté les séducteurs, et, par la constance de ses acclamations, a vaincu le mensonge persévérant de la presse, de la tribune et de la diplomatie. Ce souverain, c'est Pie IX, le souverain prêtre ; ce peuple, c'est le sage, pieux et véritablement auguste peuple romain, dont la foi, toujours vivifiée par celle de Pierre, ne peut défaillir.

« Je le dis avec une conviction profonde, parce que je le vois et parce que je le sens ; il y a ici un mystère de construction politique qui n'existe point ailleurs, et *ce peuple de l'Eglise* a reçu de Dieu quelque chose de particulier, une vertu que n'ont pas les autres. Certes, il est facile d'aimer Pie IX, et ce régime politique de l'Etat papal, si libéral, si doux, si vraiment paternel. Mais, ce qui est étrange et miraculeux en tous les temps, et davantage au temps où nous sommes, c'est qu'un peuple soit en majorité patient, juste, reconnaissant, sache se souvenir, sache attendre, sache espérer, connaisse en un mot le bienfait de Dieu. Or, ce sont là les rares mérites, et, pour bien dire, les grâces spéciales du peuple romain. Il possède à un point très élevé le sentiment et l'intelligence de l'honneur que Dieu lui a fait en lui donnant la garde domestique de la papauté. Il n'ignore pas la grandeur de ce rôle, il veut n'en être pas indigne. Sans doute, si vous interrogez un Transtévérin ou un petit marchand de la place Navone, il ne vous fera pas une théorie objective et subjective sur la fonction du peuple romain à l'égard de la papauté, mais vous sentirez en lui l'impérissable instinct de ce glorieux office. L'esprit romain va par là, il monte vers cette hauteur et ne consent pas à descendre. »

A la mort de Pie IX, Louis Veuillot, insistant sur cette juste idée, ajoute :

« Pie IX a régné trente-deux ans, dans les circonstances les plus difficiles, au milieu des conjurations les plus périlleuses ourdies par tous les gouvernements de l'Europe. L'Angleterre, l'Allemagne, la Russie, la France, l'Italie, l'Espagne même, quoique moins que les autres, s'y sont mises tour à tour et souvent toutes à la fois, on sait avec quelle habileté, quelle perfidie et quelle constance impitoyable et diabolique. Il a toujours été si bon, si ferme, si juste, qu'il n'a pas cessé un instant d'être vénéré et chéri de son peuple faible, sans défense et abominablement tenté. Durant son règne de trente-deux ans, ce prêtre sans soldats, sans tribune, sans journaux, sans aristocratie et sans commerce, au milieu de son petit peuple de laboureurs et de prêtres, en butte à des outrages et à une conspiration universelle, non seulement a su faire respecter tout ce qu'il représentait et tout ce qu'il devait défendre, mais il a été le plus populaire des souverains. C'est le seul honneur que puisse invoquer, dans le monde moderne et dans l'histoire, le suffrage universel qu'il ne reconnaissait pas dans la forme actuelle et mensongère que le monde a la prétention de lui donner. Et ce prêtre est mort prisonnier de guerre, lui qui n'a jamais fait la guerre ; mais toujours vainqueur par la hauteur et la sainteté de son âme, en pleine possession de sa royauté, au milieu de son peuple toujours fidèle et toujours roi ; Roi sacré du peuple roi. Il a défendu et conservé, quoi que fasse l'avenir, les deux couronnes placées sous sa tutelle ; et le peuple romain, délégué du grand peuple du Christ, incontestable possesseur du monde, les garde au Christ et au monde sur l'inviolable tombeau de Pie IX, le grand et le saint prêtre du Christ. »

Lorsque le Pape est mort, le pouvoir passe au Sacré-Collège. Le Sacré-Collège célèbre pendant neuf jours les funérailles du Pape défunt, puis entre en conclave, pour procéder à l'élection du nouveau pape. Nous n'avons pas à parler ici de cette procédure. Les hommes y figurent ; ils peuvent s'y agiter, plusieurs Dieu qui les mène.

Six mois avant sa mort, Pie IX disait : « Hé mon Dieu ! la guerre d'Orient aura aussi son utilité pour l'Eglise ; le Pape mourra, et les puissances engagées dans l'inextricable fouillis de la question d'Orient, laisseront toute liberté au conclave. » Ce pronostic devait s'accomplir.

Je cite volontiers Louis Veuillot ; c'est un voyant que Dieu a donné à son Eglise, en des jours de ténèbres ; et, parce qu'il regarde toutes choses à la lumière du ciel, il a toujours la note juste. Voici donc ce qu'il écrit à l'ouverture du conclave : la profondeur de ses doctrines forme la plus belle histoire de cette assemblée :

« L'impertinence humaine s'est toujours targuée d'agir sur les conclaves. Cette vanité lui reste. Il n'y a pas à douter que le monde ne soit encore plein de gens qui se flattent d'exercer leur hauteur et leur profondeur sur la personne et sur les résolutions du Pape futur, avant même qu'il soit connu. Les histoires sont pleines de contes plus ou moins ingénieux sur les résultats qu'auraient obtenus en ce genre les habiletés de la faquinerie politique. La vraie histoire s'en tait, et tout au plus note quelques anecdotes qu'elle ne sait pas et qu'elle ne croit pas. Son bon sens et sa probité n'admettent qu'une chose : c'est que les Papes furent choisis tels que Dieu les a voulus, pour faire son œuvre dans le moment qu'ils devaient la faire. Il y eut des Papes plus ou moins vertueux, plus ou moins animés de zèle : il n'y en eut point de traîtres ; et c'est sans doute qu'il y en ait eu d'absolument mauvais. Plusieurs que l'obscurité des temps a permis de calomnier sont aujourd'hui justifiés avec éclat. Aucun n'a osé ni voulu trahir la vérité ; et s'il plaît de voir des Papes dans l'enfer, un autre crime les y a poussés. Ce crime-là semble avoir été, en leurs personnes, épargné à la fragilité mortelle. C'est le crime des anti-Papes, créatures des rois de la terre ; ils sont connus. L'indéfectible Eglise les a expulsés. Les Papes réguliers ont été fidèles ; et l'ennemi attend encore celui qui portera la tiare sur son front répudié. Lorsqu'on parcourt la liste des Papes, il faut d'abord saluer ce miracle : sur 269, point de traîtres, point de lâches, point d'ineptes, à qui la séduction, le vice et la peur ait fait abandonner le droit de la vérité.

« La foi, l'espérance et la paix sont au dehors et au dedans du Conclave. Le trouble est partout dans le monde : les empires tombent, les tyrannies s'élèvent, la démocratie vient, l'apostasie éclate. Au milieu de tant d'armées et de tant d'embûches, l'enceinte sans gardes où soixante-trois vieillards, soixante-trois prêtres catholiques s'apprêtent à désigner l'un d'entre eux comme chef spirituel du monde qui dit ne vouloir point de chef, reste paisible et inviolée. Cette sécurité n'est-elle pas étrange ? Cependant l'homme est là. Il attend tranquille l'épouvantable fardeau qu'il va porter. Demain l'un de ses électeurs, choisi comme lui par le Pape qui vient de mourir, s'avançant devant son siège, lui dira ces paroles écrasantes : « Reçois la tiare « aux trois couronnes ; tu es le Père des « princes et des rois, le Pasteur de l'univers et « le Vicaire ici-bas de Notre-Seigneur Jésus-« Christ. » O poids de gloire ! ô comble de démence, si ce n'était pas le comble de la vérité ; si dix-neuf cents ans d'histoire n'étaient pas là ! si cet homme ne tenait pas du Ciel le droit d'entendre ces choses, et cet autre homme le droit de les dire, à deux pas de l'autel du Vatican, en face de Rome, de la terre et de Dieu ! Et cela sera dit. Et immédiatement le nouveau Pape prendra possession de ces couronnes, devant Dieu content et les hommes à genoux. Et ce miracle se sera renouvelé deux cent soixante-dix fois en dix-neuf siècles écoulés depuis l'avènement du batelier juif qui fut saint Pierre, apôtre de Jésus-Christ. Néron était empereur alors, et vit cela. Et d'autres sont empereurs et vont le voir.

« Or, il ne faut pas se lasser de le dire, ces hommes du Conclave sont paisibles comme jamais peut-être Conclave ne l'a été. Mais quoi! c'est le Conclave.

« Quoiqu'un tel exemple soit rare dans l'histoire des hommes, cependant notre époque l'aura contemplé, en moins de quarante ans, deux fois. Certes, le monde aura passé ces quarante ans à s'entendre prédire autre chose. Ces quarante ans ont vu tomber Louis-Philippe, Napoléon, la France. Ils ont vu passer une foule de prophètes qui n'avaient rien tant annoncé que la chute des Papes, de leur Conclave et de leur Église. Tout cela reste, tout cela est en paix...

« Pie IX avait été l'artisan sublime de cette magnificence inattendue et immortelle qui fut dans le monde, et, pour toute la durée du monde, une création nouvelle de l'autorité. Gloire à ce grand homme! L'avenir retrouvera partout la trace féconde de son passage qui a devancé les temps. Il prépara le concile par sa prévoyance hardie; il le sanctionna par la fermeté de son âme; il l'appliqua par sa puissante sagesse. Nul Pontife n'a eu davantage ce large et prophétique esprit de l'Église qui sait qu'elle grandira toujours et ne vieillira jamais, que tout lui appartient, qu'elle doit sans cesse ouvrir des chemins dans l'avenir et dans l'immensité, parce que son empire atteindra partout. Elle a pour travail de se donner toute la terre, afin de donner à ce qui est un moment le monde et rien, la possession de Dieu et de l'éternité.

« Pie IX a formé tout le Sacré-Collège. Il l'a muni de toutes les vertus, de tous les services, de toutes les illustrations. On y voit tous les âges, toutes les sciences, tous les peuples. Par les promotions qui ont illustré les dernières années de son pontificat, il y a fait entrer des nations nouvelles, des pays oubliés dans l'Église, et il a ouvert les routes de la royauté spirituelle à des foules devenues ou restées obscures, pour qui le trône suprême semblait demeurer inaccessible. L'Angleterre ressuscitée a ses cardinaux. La Prusse a le sien, un illustre banni, fils d'une nation morte. Les Slaves ont le leur. L'Amérique du Nord, cette catholique née d'hier mais si vivante, cette républicaine orthodoxe si entreprenante et si fière, est entrée pour la première fois dans le Conclave sous la figure savante et vénérée du grand archevêque de New-York; elle entre du même coup dans l'ancienneté et dans les droits de l'Europe, et c'est de quoi faire réfléchir beaucoup de stupides et ambitieux ingrats. Quand le jeune abbé Mastaï, attaché à l'humble nonciature du Chili, visitait l'Amérique il y a cinquante-cinq ans, qui eût dit que, devenu Pêcheur d'hommes, au bout d'un demi-siècle, il jetterait son filet dans ces eaux encore ténébreuses pour y prendre un électeur du Pape qui lui succéderait. Dieu sait que tous les hommes qu'il envoie pour faire ce qu'il veut veulent ce qu'ils font. Pie IX n'a manqué à rien, et, n'ayant désiré que la volonté de Dieu, sa vie n'a été pleine que de grandes et incalculables actions. Et la ruse qui a voulu interrompre ou corrompre ses desseins est ridicule et vaine. Sa vertu lui a donné Dieu, Dieu lui a donné le temps. Jusqu'à sa dernière heure il en a bien usé, et ses œuvres ne périront pas. Parce qu'il eut la patience des saints, qui gardent les commandements et la foi de Jésus, il est de ceux qui se reposent pour l'éternité dans la fécondité croissante de leurs travaux: *Opera illorum sequuntur illos.*

Ces réflexions de Veuillot répondent aux visées de la politique révolutionnaire. Ça a été, de tout temps, l'ambition des hommes de vouloir corriger l'œuvre de Dieu et se substituer aux directions de la Providence. Cette ambition a cherché des succès dans la vie publique encore plus que dans la vie privée. Depuis surtout que la Révolution a pris, dans les conseils de la politique, une place prépondérante, les diplomates n'y voient rien de plus pressé que de contrarier ou d'asservir l'Église. En vain, pour eux, il a été dit: « les portes de l'enfer ne prévaudront pas contre elle. *Non praevalebunt:* » ces habiles se flattent toujours de contredire l'Évangile et d'y réussir. Les portes s'ouvrent, elles se ferment, elles s'entrebâillent, on y cause, on y rit, on y chuchotte surtout beaucoup. On croit avoir besoin de se défendre contre la grâce de Dieu, et si l'on y parvient, c'est pour sa ruine. Déjà David avait prédit que tous ces conjurés contre Dieu et contre son Christ seraient l'objet des moqueries de Jéhovah et que sa main les briserait comme des vases d'argile. Depuis, l'histoire, à chaque siècle, a fait voir les funérailles des persécuteurs; leurs fils n'en continuent pas moins l'œuvre maudite. Dès 1875, Bismarck avait saisi les cabinets des éventualités de la mort du Pape et s'était enquis des moyens d'empêcher le conclave ou de ne pas reconnaître son successeur. Le *Nord*, journal russe de Bruxelles, avait disserté longuement des mérites à requérir du nouveau Pape et des moyens qu'on aurait de résister à ses conseils. La mort du Pape avait fait échanger je ne sais combien de dépêches; en 1877, Victor-Emmanuel était même venu à Rome pour signer le décret relatif aux funérailles de Pie IX, et, terrible leçon de la Providence, c'est lui, Victor-Emmanuel, qui fut enterré. Son fils venait de lui succéder, lorsque, au milieu des embarras de son avènement, mourut Pie IX. Le roi personnellement eût voulu peut-être se montrer bon prince, on n'accueillit pas ses ouvertures; les ministres firent aussi valoir des exigences qui furent écartées. Les cardinaux se réunirent dans la plénitude de leurs droits et de leurs libertés; et, après les pourparlers indispensables, aboutirent promptement. Les cardinaux votent; c'est Dieu qui nomme, et, quand il faut déjouer des complots, Dieu fait vite son œuvre : *Qui habitat in cœlis irridebit eos* (Psal. II).

Le Conclave s'était ouvert le 19. Le premier vote, où les voix s'étaient éparpillées, fut déclaré nul pour vice de forme. Le cardinal Bilio, qui avait obtenu un certain nombre de suffrages, déclara qu'il n'était point candidat et qu'il refusait d'être pape. Le cardinal Pecci, nommé depuis peu camerlingue et qui en avait rempli les fonctions pendant l'interrègne, avec distinction, avait obtenu, à ce vote, 17 voix. Le soir du 19, au second tour, il obtint trente-quatre voix. La nuit porte conseil ; parfois elle renverse les desseins de la veille, plus souvent elle les confirme. Au troisième scrutin, le cardinal Pecci ayant obtenu *quarante-quatre* voix, l'assemblée du conclave, debout tout entière, accède au cardinal Pecci.

A l'interrogation qui lui est faite, le nouvel élu, après avoir prié, répond qu'il accepte ; il déclare vouloir prendre le nom de LÉON, puis il va revêtir les habits de sa dignité ; après quoi, assis sur le trône devant l'autel, il reçoit l'hommage des cardinaux.

A ce moment, le cardinal Guibert demande la bénédiction du Pontife pour lui, pour le diocèse de Paris, pour la France tout entière. Léon XIII la lui donne, ajoutant qu'il aime beaucoup la France, dont il connaît le grand cœur et le dévouement à l'Eglise.

A une heure et demie, le cardinal Caterini apparaissait à la loge extérieure proclame le nouveau Pape. Bientôt la ville entière se précipite vers la basilique, où se presse une foule immense, attendant le Pape qui ne vient pas. Le bruit court alors qu'il paraîtra à l'extérieur de la basilique ; mais, à quatre heures et demie, Léon XIII vient à la loge intérieure, et, d'une voix forte, donne la bénédiction solennelle.

Les acclamations retentissent. Le cri de : *Vive Léon XIII !* est poussé par des milliers de voix, l'émotion est indescriptible.

A la nouvelle de cette prompte élection, Veuillot écrivait :

« Il y a quelques jours, le Pape était mort. Réjouissons-nous, le Pape est vivant ! Dans la monarchie pontificale, la mort apparaît souvent, mais pour apporter une assurance plus parfaite de la perpétuité de la force et de la vie. Il le faut ainsi pour que la Papauté soit toujours jeune sans cesser d'être antique et le Pape toujours vieux sans avoir sujet d'appréhender de périr tout entier à la façon des autres humains. Il ne perd que le trône, et ce trône qui n'est pas à lui et que la mort seule peut lui ravir selon la permission de Dieu ne s'en va pas avec lui ; il le laisse à un successeur qu'il ne connaît pas, mais qui sera légitime comme lui. Vieux, non cassé, il n'est point chassé, il va prendre son repos bien gagné par des œuvres vivantes ; et la chose sainte et unique qu'il a aimée et servie ne sera point mise en péril par sa mort et ne l'a point été par sa vie. Il n'a eu de la vieillesse que les avantages, il n'a attendu et ne connaîtra la mort que pour avoir à son tour le gain de mourir. Telle est la Papauté. Des hommes qui veulent être justes avouent qu'elle est la plus grande des institutions *humaines*. Ils ne disent pas assez : la Papauté est la grande institution de Dieu pour le bien de l'humanité.

« L'humanité est faite pour admirer la vertu, la grandeur et la beauté. La Papauté vit parce qu'elle enfante perpétuellement ces choses absolument nécessaires à la vie du genre humain. Là le genre humain trouve la seule force, le seul enthousiasme, le seul amour dont il ne rougisse pas et dont sa faiblesse ne se lasse pas. Le reste est l'amusement puéril ou mauvais de la sottise et de la méchanceté. La Papauté nourrit les âmes, c'est elle qui parle de Dieu. C'est elle qui sans cesse, par ses œuvres et par ses exemples, dit : *sursum corda*. »

Ces grandes vues ne diminuent pas l'intérêt des détails, elles l'augmentent plutôt. J'en emprunte quelques-unes à la correspondance de l'*Univers* :

Je reviens de Saint-Pierre, et c'est sous le coup d'une indescriptible émotion que je vous écris à la hâte le récit, nécessairement incomplet, de cette grande journée. Ce matin le troisième scrutin avait donné 44 voix à l'Eme cardinal Pecci. C'est à midi, d'après le récit de l'*Osservatore romano*, que fut connu ce résultat. Le cardinal était ainsi désigné de plein droit pour occuper la chaire du prince des apôtres, pour être docteur universel, infaillible, de l'Eglise de Jésus-Christ.

A peine le vote fut-il terminé, que le cardinal di Pietro, sous-doyen du Sacré-Collège, appela et introduisit dans l'enceinte Mgr Martinucci, auquel il prescrivit de prendre ses dispositions pour toutes les cérémonies qui le concernaient. Le préfet des cérémonies fit venir aussitôt les autres cérémoniers, et immédiatement tous les baldaquins qui étaient au-dessus des trônes des cardinaux s'abaissèrent, sauf celui du n° 9 placé du côté de l'Evangile, qui était occupé par l'éminentissime cardinal Pecci.

Les trois chefs d'ordre se présentèrent alors devant le siège de l'élu auquel le cardinal-doyen adressa l'interrogation suivante :

Acceptasne electionem in summum pontificem ?

L'élu répondit aussitôt qu'il ne se croyait pas digne d'une si haute charge, mais que, tous étant d'accord, il s'en remettait à la volonté de Dieu.

Alors le cardinal doyen adressa au Pontife cette autre demande : *Quomodo vis vocari ?*

Le Saint Père répondit qu'il voulait s'appeler Léon XIII, en mémoire de Léon XII, pour lequel il avait toujours eu la plus grande vénération.

En conséquence, Mgr Martinucci, en sa qualité de protonotaire apostolique, dressa l'acte d'acceptation du pontificat suprême, ayant pour témoins, dans cet acte solennel, Mgr Lasagni, secrétaire du Sacré-Collège, et

Mgr Marinelli, évêque de Porphyre. Puis, les trois chefs d'ordre s'étant retirés, Mgr Martinucci appela deux cardinaux diacres, les EEmes Mertel et Consolini, lesquels conduisirent le nouvel élu à la sacristie, où il fut revêtu des habits du Pape, c'est-à-dire de la soutane et des bas blancs, des souliers rouges avec la croix, du rochet, de la mosette, de l'étole et de la calotte blancs.

Le Pape paraissait profondément ému.

Rentrant dans la chapelle, le souverain Pontife donna sur son chemin la bénédiction papale à tous les cardinaux, et, s'étant assis sur la *sedia gestatoria*, déjà placée sur l'estrade de l'autel, il reçut la première *adoration* des cardinaux, qui lui baisèrent la main et furent admis à l'accolade.

Ensuite le cardinal Schwarzemberg, nommé par Sa Sainteté pro-camerlingue, lui mit au doigt l'anneau du pêcheur. Cela fait, tous les autres conclavistes furent admis au baisement du pied.

Sa Sainteté ayant donné de nouveau sa bénédiction au Sacré Collège, quitta la chapelle Sixtine pour rentrer dans sa cellule, où il devait rester jusqu'à la grande bénédiction.

Ces préliminaires avaient pris quelques temps. Aussi il était une heure et quart quand le cardinal Caterini vint, selon l'usage, annoncer au peuple la nouvelle de l'élection. A ce moment, il y avait peu de monde sur la place, car personne n'espérait un résultat si prompt. Mais bientôt la nouvelle court avec la rapidité de la foudre et en un clin d'œil Rome s'agite tout entière. En un moment, la population se répand dans les rues et une foule immense sort de partout, roulant ses flots pressés vers la basilique. Par toutes les voies qui, de la place d'Espagne, aboutissent au Vatican, le long du Corso, vers tous les abords du Panthéon, de la Minerve et de la place Navone, on voit s'avancer une interminable foule de voitures. Bientôt la circulation se trouve absolument interrompue.

A quatre heures, l'immense place Saint-Pierre est littéralement couverte de monde. Mais comment calculer la foule qui remplit la basilique ? En dépit du bruit qu'on faisait courir, et qui retenait les curieux sur la place où ils comptaient qu'apparaîtrait le nouveau Pape, le sûr instinct de la grande majorité des fidèles les avait entraînés dans l'enceinte de la basilique, où ils savaient bien qu'allait venir le souverain Pontife. Bientôt, en effet, tous les regards se tournent au même moment vers les fenêtres de la loge intérieure, qui viennent de s'ouvrir. Sur la corniche de pierre, on voit les cérémoniers placer un voile de pourpre et au-dessus un coussin de même couleur. Plus de doute, le Pape s'approche ; voici Mgr Cataldi, maître des cérémonies pontificales, précédant la croix, et enfin le nouveau Pape, Léon XIII, apparaît dans l'embrasure de la Loggia, suivi du cortège des cardinaux.

A ce moment, un long frémissement s'élève, et le bruit aussitôt étouffé de trente mille poitrines haletantes prêtes à crier, malgré la sainteté du lieu, pour témoigner de la joie qui déborde. Les applaudissements éclatent, unanimes et puissants comme un vrai tonnerre. C'est l'acclamation du peuple chrétien. Peu à peu cependant il se fait une sorte de silence. Le Pape est à genoux. D'une voix qui retentit dans toute la basilique, il récite les prières ordonnées par le rituel ; puis, élevant encore cette voix qui, désormais, commande au monde, il fait descendre sur son peuple, au milieu des larmes de l'assistance prosternée, la première de ses bénédictions.

C'en est trop et l'émotion de la foule ne se peut plus contenir. De nouveaux applaudissements, des cris de : *Vive le Pape ! Vive Léon XIII !* partent à la fois de mille et mille poitrines, éveillant sous les voûtes de la basilique un écho formidable. Non, rien ne saurait rendre la grandeur ni la beauté d'un tel spectacle. Ceux qui furent assez heureux pour le voir ne le peuvent redire ; mais dans leurs âmes quel profond, quel ineffaçable souvenir !

Le Pape s'était retiré presque aussitôt, et, conformément aux instructions qu'il avait reçues, le maréchal gardien du Conclave, prince Chigi, procédait à l'ouverture définitive du Conclave. Après avoir, en présence du doyen des protonotaires apostoliques, constaté la fermeture régulière de la porte extérieure, il procédait à l'ouverture de cette porte, comme il avait fait, pour la porte intérieure, incontinent après l'élection. Par cette porte, le maréchal et Mgr Ricci Paracciani, gouverneur du Conclave, s'avancèrent à la rencontre du Pape lorsque Sa Sainteté revenait de donner la bénédiction. Le maréchal se mit alors à genoux devant le Souverain Pontife, déposant à ses pieds l'expression de ses sentiments de fidélité et son espoir que Dieu conserverait longtemps le Pape à l'amour et à la filiale dévotion du peuple chrétien.

Après cette première cérémonie, Sa Sainteté, pénétrant dans la chapelle Sixtine, entra dans la salle des Paramenti où elle admit au baisement des pieds les prélats et les personnages qui se trouvaient ce jour-là de garde pour le service extérieur du conclave. Après quoi, ayant revêtu ses habits pontificaux, le Saint-Père, précédé de deux notaires apostoliques, ayant à ses côtés les cardinaux-diacres, Mertel et Consolini, et suivi par Mgr Ricci, qui avait repris l'office de majordome, et par messeigneurs l'aumônier et le sacriste, s'avança jusqu'à l'autel de la chapelle Sixtine. Là s'étant mis à genoux et ayant prié quelque temps, il se releva et s'assit sur la *sedia* placée sur l'estrade de l'autel pour recevoir l'adoration des cardinaux.

Enfin, après la récitation des prières faites par le cardinal-doyen *super Pontificem electum*, il donna solennellement la bénédiction apostolique. Enfin, étant descendu de la sedia et ayant fait une nouvelle oraison, à genoux devant l'autel, le Pape retourna à la salle des

Paramenti, où, après avoir déposé les habits sacrés, il daigna admettre de nouveau au baisement des pieds les prélats et les autres personnages survenus pendant cette cérémonie, puis il rentra dans ses appartements.

Pendant ce temps, toutes les cloches de Rome sonnaient à grandes volées, faisant écho à la joie du peuple. A l'heure où j'écris, on entend le long murmure qui, à la suite de la foule revenant du Vatican, traverse les rues et témoigne de l'allégresse générale. Que pourrais-je ajouter de plus !

Un autre correspondant écrit :

« Nous avons un Pape, et Rome est dans la joie.

« Le premier acte de Léon XIII est la confirmation des protestations de Pie IX contre l'usurpation piémontaise. Le Pape a refusé de paraître à la loge d'où l'on donne la bénédiction au peuple réuni sur la place Saint-Pierre ; il n'est pas non plus descendu dans la basilique ; c'est du haut de la loge intérieure qu'il a béni les milliers de fidèles qui remplissaient Saint-Pierre.

« Ce fait, sur lequel les dépêches ne pouvaient appuyer parce que l'administration eût pu les retenir, est l'objet de toutes les remarques ; il prouve que Léon XIII sera, comme Pie IX, le prisonnier du Vatican. En entrant au Conclave, d'où il sort Pape, le cardinal Pecci a sacrifié à l'Église sa liberté.

« Les révolutionnaires seuls pouvaient penser qu'il en serait autrement. Il suffit de passer à Rome pour voir que le Pape est condamné par l'occupation italienne à rester dans son palais.

« Tout le monde s'accorde à reconnaître à Léon XIII une grande fermeté et un grand calme. C'est la conviction générale que nous avons un Pape bienveillant et sévère, un *justicier* ».

La mort du Pape et l'élection de son successeur sont, pour la ville et pour le monde, un grand événement. Le monde, en pensant au chef spirituel que les cardinaux vont lui assigner, s'inquiète justement, tout en mettant sa confiance en Dieu ; lorsqu'il apprend son élection, l'allégresse éclate et les adresses partent pour Rome. A Rome, les réceptions absorbent le nouveau Pape ; les changements de personnel réclament ses préoccupations ; les cérémonies et les fêtes occupent l'avant-scène de la vie publique. Ces fêtes se closent par le couronnement du Pape ; pour Léon XIII, il fut fixé au trois mars. Ce jour-là Veuillot écrivait :

« Aujourd'hui est un jour de grande fête et de grand combat. Le Pape sera couronné au Vatican, portes closes, en prison..... Dans le monde entier les fidèles en prières demanderont à Dieu que ce règne nouveau soit long, soit glorieux, soit triomphant. Les périls sont immenses et sans nombre. Toutes les victoires de la foi catholique semblent les avoir agrandis et multipliés, mais la foi sait aussi qu'elle peut agrandir et multiplier encore plus les victoires ; qu'il en fut ainsi toujours, qu'il en sera ainsi dans tous les temps. Les chrétiens sont toujours jeunes, toujours grands, toujours forts, et tant qu'ils voudront combattre, c'est-à-dire tant qu'ils seront fermes, confiants et fidèles, ils vaincront. Leurs ennemis sont de ce monde, leur force n'en est pas. « Ayez confiance, j'ai vaincu le monde ! »

« L'Évangile qui sera chanté à la messe du couronnement, sous les verroux (mais qu'importe les verroux ! ils sont de ce monde), est celui de la Chaire de Saint-Pierre. Avant la messe on brûlera devant le Saint-Père les étoupes qui l'avertissent de la courte durée des pompes et aussi des souffrances de ce monde : une flamme qui s'allume et passe au même moment, *sic transit gloria mundi !* C'est la gloire cependant, et dans ce lieu c'est la bonne gloire, pleine de vie, de chaleur et d'espérance ; elle vit, elle est pure, elle passe au ciel, où elle ne s'éteindra pas. Ensuite on déposera sur le front du Pontife la tiare rayonnante : « Reçois la tiare aux trois couronnes, et sache que tu es sur la terre le Vicaire de Notre Sauveur Jésus-Christ, à qui soient l'honneur et la gloire dans les siècles de l'éternité. » Et cela ne passera point et le peuple de Jésus-Christ en aura la joie éternelle. »

Le couronnement de Léon XIII ne put avoir lieu dans la loge intérieure de Saint-Pierre. La Révolution ne l'avait pas permis. Des agitateurs, bien vus du gouvernement et travaillant pour son compte, eussent troublé les cérémonies en agitant des drapeaux ou des mouchoirs aux couleurs italiennes et en criant : Conciliation ! le gouvernement lui-même craignait d'autres désordres et en donna officieusement avis. De son propre aveu, la loi des garanties ne garantissait pas même, à Saint-Pierre, la liberté du Pape et la sécurité des fidèles. Le couronnement eut donc lieu à la chapelle Sixtine dans les formes et avec les cérémonies accoutumées. Le cardinal doyen, lui offrant les félicitations du Sacré-Collège, lui souhaita de longues années de règne et le compara au roi David. Dans sa réponse, Léon XIII déclara que le poids des clefs lui paraissait redoutable, surtout aujourd'hui ; pour appuyer sa faiblesse, il comptait sur la protection de la Sainte-Vierge et des saints Apôtres.

Mais il faut entendre les commentaires de Louis Veuillot : « Nous n'avons pu lire sans douleur les récits assombris du couronnement. La liturgie et nos souvenirs nous représentent cette cérémonie, telle qu'elle devait se passer dans le Vatican et dans Rome, délivrée de la barbarie révolutionnaire. De quelle noble fête la sauvagerie politique a privé non seulement les infortunés Romains, mais encore le monde avec eux ! Car, s'il y a dans Rome même des traîtres qui ont voulu proscrire ces pompes non moins secourables à l'esprit que douces et agréables aux yeux, il est vrai, du moins, que tous en déplorent l'absence. Tous les peuples ont besoin de fêtes ; mais ces fêtes-là, si nobles, si intellectuelles, si parlantes et qui étaient les vraies fêtes du monde, touchaient particulièrement le peuple de Rome, le plus heureux de la terre et le plus intelligent. Il sent maintenant combien elles lui étaient nécessaires. Elles formaient l'incomparable ornement de sa glorieuse cité ; elles en étaient la merveille et même la fortune. Rome devenait alors, à tous les yeux et à tous les cœurs, un lieu vraiment unique, vraiment auguste, où chacun voulait venir et se sentait dans les jours les meilleurs de sa vie. L'admiration, l'amour, l'espoir, s'y rassemblaient dans leur plénitude charmante. Là, le cœur le plus aride sentait l'indicible joie de se trouver dévoué à quelque chose de bon, de sérieux et de grand et voyait se former en lui des souvenirs et des désirs qu'il n'oublierait pas. On emportait dans la vie un rayon de l'inaltérable beauté.

« L'aurore, la soie, l'encens, les chants divins, les mémoires héroïques, toutes les grandeurs du ciel et de la terre ruisselaient des temples dans les rues où se répandaient les costumes austères et magnifiques. On voyait que l'humanité peut faire quelque chose pour l'éternité, peut lui consacrer la matière et la vie, et atteindre au-delà de ses bornes mesquines et de ses jours d'un moment. On avait la splendeur de l'impérissable. On se sentait soulevé par delà les horizons et les pauvretés d'ici-bas. On vivait encore de la vie présente, enfermée dans ses cercles étroits ; mais on enjambait, sans même y penser, tout espace et toute vie. Nulle part on n'avait davantage l'heureux sentiment de son infirmité, et, en même temps, nulle part ne s'élargissait autant l'être humain. C'est au sein de cette Rome papale, centre de la chrétienté, qu'on pouvait savourer tout à la fois le quasi-rien de l'homme et la grandeur infinie de ses vocations et de ses fraternités. Tous les dons que Dieu a faits à cette ville unique, la ville choisie où il daigne séjourner et parler, et dont toute la terre est devenue l'écho, se réunissaient et abondaient pendant les fêtes qu'elle donnait au monde.

« Alors apparaissait la vérité de ces grandes paroles de saint Pierre répétées par le Pape Léon : « *Vous êtes la race choisie, l'ordre de* « *Prêtres-Rois, la nation sainte, le peuple con-* « *quis afin que vous publiiez les grandeurs de* « *Celui qui vous a appelés des ténèbres à son* « *admirable lumière.* » Et le Pape saint Léon ajoutait : « *Le signe de la Croix fait autant de* « *Rois de ceux qui ont été régénérés par Jésus-* « *Christ.* »

« Jadis nous avons vu ces fêtes. Aujourd'hui elles sont proscrites. »

A la promotion d'un nouveau pape, tout le monde s'enquiert de sa personne, de ses paroles, de ses actes. Dans les plus simples manifestations chacun veut découvrir la trace des pensées du pontife ou la marque de sa volonté. Le témoignage le plus curieux a recueillir ici, c'est celui des Jésuites ; le voici *in extenso*, extrait de la *Civilta cattolica* :

« Le nouveau Pontife dont l'élection merveilleuse remplit d'allégresse tout le monde chrétien, est né le 2 mars 1810, à Carpinetto, gros bourg du diocèse d'Anagni, dans les Etats de l'Eglise ; son père était le comte Louis Pecci, sa mère s'appelait Anna Prosperi. Il reçut au baptême les deux noms de Vincent et de Joachim. Sa mère le désignait toujours par le premier nom et il n'en eut pour ainsi dire pas d'autre jusqu'à la fin de ses études. Mais, depuis, il prit le second et le conserva constamment.

En 1818, alors qu'il avait huit ans, son père le mit en pension avec son frère aîné Joseph chez les religieux de la compagnie de Jésus, dans leur collège de Viterbe. C'est là que, sous la direction du P. Léonard Garibaldi, homme d'une grande intelligence et d'une nature très sympathique, il fit toutes ses études de grammaire et d'humanités jusqu'en 1824, année où, ayant perdu sa mère, il se rendit à Rome. Là, sous la garde d'un oncle, il s'établit au palais des marquis Muti. Au mois de novembre de la même année, il commença à suivre les cours du collège romain, que le Pape Léon XII venait de confier de nouveau à la compagnie de Jésus. Il y eut pour maîtres les PP. Ferdinand Minini et Joseph Bonvicini, tous deux célèbres par leur éloquence et leurs vertus.

Pendant trois ans il cultiva au collège romain les sciences philosophiques. Parmi les maîtres dont il reçut l'enseignement, il convient de citer le P. Jean-Baptiste Pianciani, savant illustre et neveu du Pape Léon XII, et le P. André Carafa, mathématicien très distingué. Le jeune Pecci donna les preuves d'un remarquable talent, soit dans la partie rationnelle de la philosophie, soit dans les autres parties ; il résulte en effet du palmarès imprimé en 1828 qu'il remporta, cette année, le premier prix de physique et de chimie et le premier accessit de mathématiques.

Se sentant porté à servir Dieu et l'Eglise dans le ministère sacerdotal, après avoir terminé avec le plus grand succès le cours de philosophie, il commença ses études de théologie ; pendant les quatre ans qu'il y consacra, il eut pour maîtres des hommes d'une grande renommée, tels que les Pères Jean Perrone, François Manera, Michel Zecchinelli, Corneille Van Everbrock et le vénérable et savant exégète François-Xavier Patrizzi qui, encore vivant et plus qu'octogénaire, a la consolation de voir son ancien disciple glorieusement élevé sur la chaire de Saint-Pierre.

Or, tandis qu'il étudiait la théologie, il fut prié, bien que très jeune encore, de donner des répétitions de philosophie aux élèves du collège germanique, charge qui ne pouvait être conférée qu'à une personne d'une intelligence remarquable et d'un savoir éprouvé. Le jeune professeur Pecci s'en acquitta à la satisfaction générale. La troisième année de ses études théologiques, c'est-à-dire en 1830, il soutint d'une façon très digne d'éloges une thèse publique de théologie et remporta le premier prix, comme l'indique la note suivante des registres du collège :

« Vincentius Pecci de selectis questionibus
« ex tractatu de Indulgentiis, nec non de sa-
« cramentis Extremæ Unctionis atque Ordinis,
« in aula collegii maxima, publice dispen-
« savit, facta omnibus, in frequenti Præsulum
« aliorumque insignium virorum corona, post
« tres designatos, arguendi protestate. In qua
« disputatione idem adolescens tale ingenii
« sui specimen præbuit ut ad altiora proludere
« visus sit. »

Dans la liste des prix de l'année 1830, avant l'annonce du premier prix obtenu en théologie par le jeune Pecci, on lit ces paroles :

« Inter theologiæ academicos, Vincentius
« Pecci strenue certavit de indulgentiis, in
« aula maxima, coram doctoribus collegii,
« aliisque viris doctrina spectatissimis. Quum
« vero in hac publica exercitatione, academico
« more peracta, industrius adolescens non
« parvam ingenii vim et diligentiam impen-
« derit, placuit ejus nomen honoris causa hic
« recensere. »

L'année suivante, il termina également son cours d'études avec les honneurs des palmes doctorales. Il avait alors vingt-un ans.

Un condisciple de l'abbé Pecci, homme très digne de foi, nous écrit ce qui suit dans une lettre privée : « Je puis attester que, tant qu'il fut à Viterbe, tout le monde admirait sa vive intelligence et plus encore l'exquise bonté de son caractère. L'ayant fréquenté au cours d'humanités où nous étions condisciples, toutes les fois que je le voyais, je me plaisais à contempler son âme pleine de vie et d'intelligence. Pendant ses études à Rome, il ne connut jamais les fréquentations, les conversations, les divertissements et les jeux. Sa table de travail était tout son monde, approfondir les sciences était son bonheur. Dès l'âge de douze ou treize ans, il écrivait le latin en prose et en vers avec une facilité et une élégance merveilleuses pour son âge. »

Entré à l'académie des nobles ecclésiastiques, l'abbé Pecci fréquenta les cours de l'université romaine pour y étudier le droit canonique et civil. Une personne très autorisée, qui l'eut pour compagnon dans ces études, nous assure qu'il se distinguait entre tous par la supériorité de son esprit et la régularité parfaite de sa vie. Lui et le duc Riario Sforza, qui fut depuis cardinal archevêque de Naples, où il est mort en odeur de sainteté, au mois de septembre dernier, étaient les deux étoiles de cette nombreuse assistance.

A cette époque, l'abbé Pecci fut pris en affection par le cardinal Sala, qui l'encouragea de ses sages conseils. Ayant été quelque temps après reçu docteur dans l'un et l'autre droit, Sa Sainteté le Pape Grégoire XVI le nomma prélat domestique et référendaire de la signature, le 16 mars 1837. Le cardinal prince Odescalchi, célèbre par l'humilité avec laquelle il quitta la pourpre pour entrer dans l'institut de Saint-Ignace, qui lui avait déjà conféré les ordres sacrés dans la chapelle de Saint-Stanislas-Kostka à Saint-André du Quirinal, l'ordonna prêtre, le 23 décembre de cette année-là, dans la chapelle du Vicariat. Le Saint-Père envoya alors le jeune prélat gouverner en qualité de délégat apostolique successivement les provinces de Bénévent, de Spolète et de Pérouse.

Dans tous ces postes, il acquit la réputation d'une justice inflexible et d'une insigne modestie. Tout le monde sait qu'il réussit à purger le territoire de Bénévent des brigands qui l'infestaient. On raconte notamment que pendant qu'il gouvernait la province de Pérouse, il arriva un jour ce fait bien rare que toutes les prisons étaient vides. Le 25 septembre 1841, il eut l'honneur et la joie d'accueillir au milieu des fêtes et de l'enthousiasme populaire, dans la ville de Pérouse, le souverain Pontife qui voyageait pour visiter une partie de ses États. Le Pape, voulant récompenser les vertus et les services de Mgr Pecci et lui confier des charges plus importantes, le créa archevêque de Damiette dans le consistoire du 27 janvier 1843, pour l'envoyer comme nonce à Bruxelles auprès du roi Léopold Ier. Le 19 février suivant, il fut consacré à Rome par le cardinal Lambruschini, dans l'église de Saint-Laurent *in Panisperna*. Il n'avait donc que trente-trois ans quand il fut promu à l'épiscopat.

Il arriva à Bruxelles le 6 avril de la même année. Le roi, dès qu'il le connut, le prit en grande estime. Les journaux catholiques de Belgique ont rapporté dans ces derniers jours de nombreux et précieux souvenirs des trois années de sa nonciature dans ce royaume, de son zèle pour l'éducation chrétienne de la jeunesse, de son amour pour les bonnes études, du dévouement avec lequel il favorisa et honora plusieurs belles institutions de charité qui s'y trouvaient établies et qu'il voulut transplanter plus tard dans son diocèse de Pérouse, de l'aimable et noble courtoisie qui lui gagna tous les cœurs. Il visita toutes les grandes villes du royaume et séjourna dans chacune d'elles.

Le 2 juin 1844 il présida à Bruxelles la célèbre procession du centenaire de Notre-Dame de la Chapelle au milieu d'un concours extraordinaire de fidèles. Enfin il prit en une telle affection ce religieux pays que plus tard il fit de son palais épiscopal de Pérouse l'asile de tout citoyen belge qui s'y présentait. Il y accueillait souvent pendant les vacances les élèves du collège belge de Rome, et c'est à ce collège qu'il avait coutume de se loger quand, pour les affaires de son diocèse, il était obligé de se rendre à la métropole du christianisme.

Lorsque le Pape Grégoire XVI rappela Mgr Pecci en Italie pour lui confier le diocèse de Pérouse, le roi Léopold, par un décret du 1er mai 1846, voulut le décorer du grand cordon de son ordre et lui témoigner, par ce titre honorifique, « l'estime et la bienveillance particulière » qu'il avait pour l'illustre prélat.

Le siège de Pérouse lui fut assigné dans le consistoire du 19 janvier 1846 ; il fit son entrée solennelle dans la ville épiscopale le 26 juillet suivant, fête de sainte Anne ; il avait choisi ce jour en souvenir de la comtesse Anna Pecci, sa mère bien-aimée. Il a constamment occupé ce siège pendant trente-deux ans, c'est-à-dire jusqu'au jour de son élévation au suprême pontificat. Sept ans après, dans le consistoire du 19 décembre 1850, le Pape Pie IX le créa et publia cardinal du titre de Saint-Chrysogone. Il est à remarquer que, dans ce même consistoire, l'immortel Pontife prononça son allocution *In Apostolicæ Sedis fastigio* où il rappelait au Sacré-Collège toute longanimité qu'il avait eue envers le gouvernement subalpin, qui ne la reconnaissait qu'en foulant aux pieds les droits les plus sacrés de l'Eglise.

Nous ne pouvons dans ces quelques pages énumérer les actes du long épiscopat du cardinal Pecci, les œuvres de son zèle pour le bien des âmes et pour l'instruction, la piété et la discipline de son clergé. Nous nous contenterons d'indiquer simplement la liste des faits les plus mémorables, telle qu'elle nous est transmise par l'exquise courtoisie de Mgr Laurenzi, évêque d'Amata et auxiliaire de Pérouse, à qui nous l'avons demandée. Nous la publions dans l'ordre chronologique, certains d'être agréables à nos lecteurs. Ce catalogue sommaire parle de lui-même et exprime, mieux que la plume ne pourrait le faire, quelle a été l'activité apostolique du Pape Léon XIII pendant son épiscopat de Pérouse.

1848. Il reconstitue matériellement le collège du séminaire pour le rouvrir sous une forme et une discipline nouvelles.

1849. Il entreprend de refaire le pavé en marbre de sa cathédrale.

Il assiste à une assemblée générale des évêques de l'Ombrie, réunis à Spolète pour discuter sur le bien qu'il y aurait à faire dans leurs diocèses, et il est chargé de la rédaction des actes.

1850. Il publie un mandement pour le carême contre le vice de l'impureté.

Il est établi visiteur apostolique de la congrégation de Saint-Philippe *in Monte Falco*.

Il assiste à l'heureuse découverte du corps de sainte Claire, à Assise.

Il publie une instruction pastorale et diverses dispositions pour la sanctification des fêtes.

1851. Il institue la congrégation des lieux pies avec des statuts et des règlements organiques pour leur administration.

Il rend un décret pour régler la discipline des clercs externes.

Il fonde et ouvre le sanctuaire de *Ponte della Pietra*, près de Pérouse, en l'honneur de l'image miraculeuse de Marie, Mère des miséricordes.

Il institue et préside une nouvelle commission pour les travaux d'architecture et de peinture de son église cathédrale.

1852. Il publie, de concert avec plusieurs de ses collègues, de sages règlements pour la bonne administration du mont-de-piété.

1853. Tout son diocèse célèbre par des fêtes sa nomination de cardinal-prêtre du titre de Saint-Chrysogone.

Il publie un édit avec des dispositions particulières contre le blasphème.

Au début de sa seconde visite apostolique, il publie une homélie, prononcée dans sa cathédrale, contenant des avertissements sur les vices principaux qui dominent dans la société actuelle.

1854. Il revendique devant la congrégation du concile le droit de visite pastorale sur les confréries.

A l'occasion de la disette des vivres, il prend des dispositions charitables pour secourir la détresse publique.

Il publie un mandement pour le jubilé.

Il est nommé visiteur apostolique du noble collège Pie.

1855. En qualité de visiteur apostolique de Panicale, il publie un règlement organique et administratif pour sa réorganisation.

Il appelle et installe les frères de la Miséricorde de Belgique comme directeurs de l'orphelinat masculin, après l'avoir reconstruit et avoir réformé sa discipline.

Il couronne solennellement l'image miraculeuse de Sainte-Marie des Grâces dans la cathédrale de Pérouse.

Il ouvre pour les jeunes filles en danger un asile de préservation et prépose à sa direction les sœurs belges de la Divine-Providence.

Il publie un mandement à l'occasion du solennel anniversaire de la définition du dogme de l'Immaculée Conception et pour remercier Dieu de la cessation du choléra.

1856. Comme chancelier de l'université des études, il prend des dispositions pour régler les admissions et les cours universitaires.

Il publie une nouvelle édition du catéchisme diocésain, et donne à son clergé, par une lettre pastorale, des instructions sur l'enseignement de la doctrine chrétienne.

Il bénit et inaugure le nouvel asile Donini, pour les femmes incurables.

1857. Il ouvre le noble pensionnat de Sainte-Anne dans un édifice construit par ses soins ; il lui donne le nom et le place sous le patronage de Sa Sainteté Pie IX, et y appelle comme institutrices les dames du Sacré-Cœur.

Il rend un édit contre l'abus du magnétisme.

Il reçoit du Pape Pie IX le don d'un calice en or pour sa cathédrale.

Il accueille le Saint-Père Pie IX dans son voyage et l'accompagne, de retour de l'Etrurie jusqu'à Rome.

Il adresse des instructions aux curés, et y joint un manuel de règles pratiques pour l'exercice de leur ministère, en ce qui concerne la discipline extérieure.

1858. Il institue, par une lettre pastorale, ce qu'on appelle les *Jardins de saint Philippe de Néri*, pour catéchiser les petits enfants les jours de fête et les éloigner des jeux mauvais et de la dissipation.

1859. Il inaugure l'Académie scientifique de Saint-Thomas d'Aquin pour favoriser l'étude de la scolastique.

Il obtient pour son diocèse l'office du très saint Cœur de Marie.

1860. Il écrit une lettre pastorale sur le pouvoir temporel du Pape.

Il proteste contre le décret qui supprime les congrégations religieuses.

Il se joint aux évêques de l'Ombrie pour protester contre les dispositions du commissaire général du royaume subalpin.

1861. Il rend un décret indiquant les règles liturgiques à suivre pour les cérémonies extraordinaires du culte.

Il écrit deux lettres à Victor-Emmanuel pour protester contre le *mariage civil* et contre l'expulsion des moines camaldules de Monte Corona.

Il se joint aux évêques de l'Ombrie pour publier une déclaration doctrinale contre le mariage civil et donne par lettre-circulaire des instructions spéciales à son clergé

Il est cité devant le tribunal de Pérouse par trois ecclésiastiques qu'il avait suspendus pour avoir signé une adresse contre le pouvoir temporel du Pape ; il gagne son procès.

1863. Par une lettre pastorale il met en garde le peuple de Pérouse contre les écoles protestantes.

Il publie, de concert avec l'épiscopat de l'Ombrie, un acte solennel sur les mesures du *Regio exequatur*.

Il écrit une lettre pastorale contre l'œuvre de Renan.

1864. Il rend un décret pour régler l'aumône synodale des messes.

Il écrit un lettre pastorale sur les erreurs qui courent contre la religion et la vie chrétienne.

1866. Il prescrit au clergé des règles de conduite pour les temps de troubles politiques.

Il écrit une lettre pastorale sur les prérogatives de l'Eglise catholique.

1868. Il écrit une lettre pastorale sur la *lutte chrétienne*.

1869. Il annonce le Jubilé et publie une instruction pastorale sur le Concile œcuménique du Vatican.

Il institue une œuvre pour racheter les clercs du service militaire.

Il célèbre au milieu des hommages et des fêtes de son clergé et de son peuple le vingt-cinquième anniversaire de son épiscopat.

1871. Il envoie, de concert avec les évêques de l'Ombrie, une adresse à Sa Sainteté Pie IX relativement à l'occupation de Rome.

Il obtient de Sa Sainteté Pie IX des indulgences pour l'insigne relique du saint Anneau.

Il publie une homélie sur les prérogatives du Pontife romain.

Par mandat apostolique, il consacre dans sa cathédrale l'évêque d'Orvieto et l'évêque de Ptolémaïde.

1872. Il consacre solennellement la ville de Pérouse au Sacré-Cœur de Jésus, après avoir publié à ce sujet une lettre pastorale.

Il publie un *Programme normal des études* pour son séminaire épiscopal.

Il écrit un mandement contre la violation des fêtes et le blasphème.

Il règle l'horaire des messes et les instructions catéchistiques dans les églises de la ville pour les jours de fêtes.

1873. Il publie un mandement pour le carême sur les *dangers de perdre la foi*.

Il consacre la ville et le diocèse de Pérouse à la Vierge Immaculée.

Il fonde la pieuse association de Saint-Joachim pour les ecclésiastiques indigents.

Il institue la première communion solennelle dans sa ville épiscopale.

1874. Il publie un mandement pour le carême sur les *tendances du siècle présent contre la religion*.

Il institue pour la seconde fois des missionnaires diocésains pour la prédication.

1875. Il écrit et publie des hymnes latines en l'honneur du patron principal du diocèse, saint Ercolano, évêque et martyr.

Il écrit une lettre pastorale sur l'*Année sainte*.

Il établit et répand le tiers-ordre de saint François d'Assise dans son diocèse, et ayant été nommé protecteur de cette confrérie, à Assise, il y prononce une allocution en prenant possession de sa charge.

1876. Il invite les curés à faire des catéchismes pour les adultes.

Il écrit une lettre pastorale sur l'*Eglise catholique et le dix-neuvième siècle*.

1877. Il écrit une lettre pastorale sur l'Eglise et la civilisation.

Il est nommé camerlingue de la sainte Eglise romaine. Il consacre son évêque auxiliaire dans l'église de Saint-Chrysogome, à Rome.

1878. Il fait restaurer et peindre à ses frais la chapelle de Saint-Onofrio, dans sa cathédrale.

Il écrit et publie dix jours avant d'être nommé Pape une seconde lettre pastorale sur l'Eglise et la civilisation.

Le cardinal Pecci a accompli sept fois la visite pastorale complète de son diocèse et il en avait commencé une huitième quand le Pape Pie IX le créa camerlingue de la sainte Eglise romaine.

Durant son épiscopat, trente-six églises de son diocèse ont été totalement construites à nouveau; six sont en cours de construction; beaucoup ont été restaurées ou agrandies. La cathédrale de Pérouse doit à sa munificence des décorations et des ornements précieux; le séminaire diocésain doit également à sa générosité son entretien presque entier, surtout depuis les lois spoliatrices qui ont confisqué son patrimoine.

Ce résumé succinct de ses actes nous paraît suffire à donner une idée du zèle, de la magnanimité et de l'intelligence de l'homme que Dieu a choisi pour succéder à Pie IX, dans le gouvernement de l'Eglise universelle.

Nous ajouterons qu'il se trouva enveloppé dans trois révolutions : celle de 1848-49, qui dura presque un an; celle de 1859, qui fut passagère et qui se termina par la prise de Pérouse par les troupes pontificales, que la secte a poursuivies depuis de ses calomnies haineuses; et celle qui eut lieu dans l'automne de 1860, par l'invasion des troupes piémontaises. Dans toutes, il eut beaucoup à souffrir; mais dans toutes, il se montra égal à lui-même, ferme, charitable, attentif, prudent; et il sut inspirer aux ennemis eux-mêmes du sacerdoce et de la pourpre le respect de sa personne et de sa dignité.

Dieu qui avait prédestiné le cardinal Pecci au souverain pontificat, a voulu qu'il n'abandonnât son bien-aimé diocèse que peu de mois avant la mort de Pie IX, qui, par une inspiration divine, l'appela auprès de lui pour exercer à Rome l'office de camerlingue de la Sainte-Eglise romaine, dans le consistoire du 21 septembre 1877. Il eut ainsi la charge difficile de préparer en grande partie le conclave de février 1878. C'est en lui que le Sacré-Collège, le Siège apostolique étant devenu vacant, a découvert toutes les qualités nécessaires à un Pape qui devait succéder au glorieux et douloureux pontificat de Pie IX; c'est sur lui, Italien et né dans les états de l'Eglise, sur lui familiarisé avec les affaires diplomatiques et administratives du Saint-Siège; sur lui qui avait résidé comme évêque pendant trente-deux ans dans le même diocèse; sur lui, savant en théologie, en droit, en philosophie, en littérature; sur lui, riche de tant de vertus et de mérites naturels ou acquis; sur lui si éminent, si pieux, si chaud pour la cause du règne de Jésus-Christ dans le monde, que les suffrages des princes électeurs se sont promptement réunis. Aussi le 20 février, après 36 heures de conclave, au troisième scrutin, il fut élu Pape au milieu de l'allégresse de la chrétienté.

Celle-ci, d'un cœur et d'une voix unanime, prie Dieu de le conserver longtemps à son Eglise, de le rendre heureux et prospère et de lui accorder de voir bientôt le triomphe de la vérité et de la justice, qui peut encore tarder, mais non pas manquer.

En Italie, et en particulier à Rome, beaucoup d'ecclésiastiques ont des armes non pas comme marque d'une noblesse actuelle, mais en souvenir des services rendus soit dans l'administration des municipes, soit dans le gouvernement des républiques italiennes. Les Pecci, qui avaient rempli des fonctions à Sienne, berceau de leur famille, avaient donc aussi des armes. Voici à ce propos quelques réflexions d'un noble français :

« Les armoiries du nouveau Pape Léon XIII nous semblent être significatives et renfermer dans leur symbolisme quelques leçons. Sur champ d'*azur* (bleu) se dresse un peuplier (*populus*) de *sinople* (vert); lequel paraît fixé au champ de l'écu par une banderolle d'argent posée *en bande*, c'est-à-dire en travers; comme pour indiquer que le peuple, dont cet arbre est l'emblème, a besoin d'être maintenu par les liens de la religion et des lois.

« La religion est symbolisée par une étoile posée *en chef* et à *dextre*, c'est-à-dire en haut et du côté droit de l'écu lui-même, et par conséquent à la gauche de qui le regarde. N'est-ce pas le *lumen in cælo* annoncé par la prédiction célèbre du prêtre Malachie? Ce qui figure l'empire des lois, ce sont deux fleurs de lys, emblème de tout ce qui est juste et légitime, dont le peuplier est *accosté en pointe*, c'est-à-dire qui sont placées en bas de l'écu, des deux côtés de l'arbre, un peu au-dessus de la *champagne* ou terrain qui supporte ce peuplier. Là lumière de la foi éclairant les peuples du haut du ciel, et les fleurs de lys, emblème des lois, régnant sur la terre; les armes des Pecci ne sont pas pour nous déplaire.

« Obtiendrons-nous, sous le pontificat de Léon XIII, tout ce qui semble ainsi présagé? Ce serait trop heureux : les peuples de ce temps ne le méritent guère. Ils sont trop de l'espèce qui figure sur les armes que nous avons décrites, des peupliers d'Italie à l'aspect grêle et raide. Ces arbres, dont la vie est courte, dont le bois a peu de valeur, dont le cœur est trop souvent rongé par les vers, semblent vouloir menacer le ciel follement de leur pointe aiguë. Mais celui de la maison Pecci est lié d'un lien d'argent et sans aucun nœud; ce qui signifierait, non une servitude, mais une discipline librement acceptée, noble et point gênante, infiniment préférable à l'esclavage des passions révolutionnaires, qui raidissent les peuples contre toute justice et toute vérité, sans leur donner aucune force ni aucune vigueur.

« Permis à chacun de ne voir en ceci qu'un simple jeu d'esprit. Nous ne pouvons nous défendre de la pensée qu'il y a peut-être quelque chose de providentiel dans cette symbolique. Toujours est-il que, dès le premier moment, nous en avons été frappé. »

Telles sont les réflexions de M. de Lausade.

Pour connaître les pensées du nouveau Pape, L'Univers publia son mandement de l'année précédente. Presque jour pour jour, un an avant son exaltation, le cardinal avait publié, à Pérouse, une lettre pastorale, où il traite de la Religion et de la Société et du besoin qu'a celle-ci, pour vivre, d'écouter et de suivre les instructions que lui donne celle-là. Il n'y a point de travail fécond et nourricier, il n'y a point de repos heureux et réparateur, il n'y a point de pain quotidien sur la terre, ni pain éternel, ni pain corporel, s'il n'est d'abord demandé au *Père qui est aux cieux* et ensuite gagné suivant les lois qu'il enseigne par son Église, lesquelles sont à la fois les lois de la bénédiction divine et les lois même de la nature.

L'archevêque de Pérouse expose puissamment cette économie divine, et nous osons dire que, par ce temps d'écrits et de traités de tout genre sur ce qu'on appelle la *question sociale*, nulle part cette matière si importante n'est plus approfondie et plus clairement démontrée. L'évêque philosophe et théologien en sait plus long que tous les professeurs. En quelques mots, il fait l'histoire de la pauvreté bonne et mauvaise et de la bonne et mauvaise richesse ; il dit d'où vient le mal et d'où peut revenir le bien ; il résume avec une admirable concision et une non moins brillante sûreté de doctrines, ce que l'histoire, la philosophie et la théologie n'ont cessé d'enseigner au monde.

Naguère, nous entendions saint Léon le Grand nous dire cette parole savante et magnifique qui contient le secret des ambitions humaines et de la bonté de Dieu : *Le signe de la Croix fait autant de rois de tous ceux qui ont été régénérés en Jésus-Christ.* L'instruction donnée par le cardinal Pecci à son peuple de Pérouse est une démonstration de ce mystère que la science moderne a rendu obscur et impénétrable, et que l'Église avait expliqué depuis si longtemps. Au v⁵ siècle, le même saint Léon, parlant de la Rome païenne devenue moderne à son tour et ne pouvant qu'obscurcir ce qui lui restait des insuffisantes vérités primitives, disait que cette ville, qui avait commandé à presque toutes les nations de l'univers, gémissait néanmoins dans les ténèbres les plus grossières : *Elle se flattait de s'être fait une grande philosophie parce qu'elle n'avait rejeté aucune erreur.* C'est notre condition actuelle. L'archevêque de Pérouse, soulevant le bandeau que l'orgueil nous a mis sur les yeux, nous dit que nous sommes cependant enfants de lumière, et nous presse de reconnaître notre dignité et la vérité.

Puisque, par la grâce de Dieu, cet évêque, si au courant de nos misères, est devenu Pape à la place d'un autre Voyant, espérons que ces constantes miséricordes ne seront pas perdues et que le monde se décidera enfin à écouter et à suivre les guides que la Providence ne se lasse pas de lui envoyer.

Les actes commentent les paroles. A Pérouse, le cardinal avait eu, vis-à-vis du gouvernement italien, une attitude particulièrement nette et ferme, en même temps qu'habile. Jamais il n'avait fait aucune concession, ni de fond, ni de forme, et cependant il avait su éviter les conflits. Sa popularité était si grande, qu'elle imposait une extrême réserve aux fonctionnaires du gouvernement usurpateur. Il se faisait d'ailleurs craindre autant qu'aimer : c'est une double condition nécessaire pour bien gouverner les hommes. Ni grue, ni soliveau, mais une puissance intègre et bonne, douce et inflexible.

Le cardinal Pecci, comme camerlingue, avait montré le même caractère. Le travail énorme qu'il avait fallu s'imposer pour les funérailles de Pie IX et pour la tenue du conclave, il avait su s'en acquitter avec force, décision et exactitude. Il ne faut pas oublier, du reste, que ce membre influent du Sacré-Collège avait eu nécessairement une part prépondérante dans l'acte par lequel les cardinaux avaient protesté contre la présence, à Rome, d'une puissance étrangère et affirmé le droit imprescriptible du pouvoir temporel des Papes. De plus, Léon XIII avait tout de suite confirmé l'acte du cardinal Pecci ; il avait refusé de paraître à la loge extérieure de Saint-Pierre et agi de même le jour du couronnement.

Quant aux processions interminables des Romains au Vatican et aux audiences offertes aux étrangers, un pape, récemment élu, s'y prête sans effort. Un maître de chambre lui annonce les visiteurs, dit leurs mérites, loue leur piété. Le Pape y répond aussitôt par des paroles de tendresse et achève, par une bénédiction, la grâce de sa parole. Les audiences succèdent aux audiences ; le Pape a, pour tous, d'exquises paroles et d'inépuisables bénédictions. Douze cents, quinze cents, deux mille personnes s'agenouillent devant lui en un seul jour ; sa main peut se lasser, son cœur s'ouvre toujours. La fatigue même n'interrompt pas les audiences. Comment voulez-vous qu'un serviteur des serviteurs de Dieu, au début de son règne, se refuse au service, surtout en présence de chères âmes, venues parfois de bien loin ?

Dans ces audiences toutefois, il y eut un trait qui manifesta immédiatement le caractère du Pape. Léon XIII avait des paroles d'encouragement pour toutes les œuvres de charité et d'apologétique ; mais il ne disait rien qui pût prêter aux interprétations politiques. Lorsque les députations se présentent, elles sont accueillies avec une extrême bienveillance ;

chacun de ceux qui les composent entend un mot paternel; mais les discours sont proscrits et l'on n'est pas autorisé à lire des adresses. Le Pape ne fait pas, non plus, imprimer les réponses; on les reproduit seulement par à peu près. Le jour où Léon XIII voudra indiquer la voie qu'il veut suivre, il s'adressera au monde par une encyclique.

Le cardinal Pecci n'avait jamais désespéré de l'avenir temporel, de la foi de la France; c'était sa conviction qu'elle se relèverait de ses mauvaises doctrines comme de ses désastres; il admirait le nombre et la fécondité de ses œuvres; il connaissait sa promptitude à dominer; il aimait son élan, cette *furia francese*, même quand elle nous fait aller un peu loin. Devenu pape, il fit, à ses réceptions, une exception en faveur des universités catholiques de France. Ces universités s'étaient fait représenter aux funérailles du Pape et à l'élection du successeur. Après l'élection de Léon XIII, leurs délégués furent admis en sa présence. Après présentation d'une adresse lue par Mgr Sauvé, de l'Université d'Angers, le Pape répondit :

« Je suis profondément ému des sentiments que vous venez d'exprimer au nom de votre excellent évêque, dont je connais dès longtemps le mérite et les vertus. Les universités catholiques, dont vous êtes les représentants, sont pour l'Eglise une consolation et une espérance. Comment ne pas admirer la générosité des catholiques français qui, en si peu de temps, ont pu fonder des œuvres si merveilleuses ? Entre toutes, l'université de Lille se distingue par la rapidité avec laquelle ont été recueillies les sommes considérables nécessaires à l'organisation de ses cinq facultés. Celles d'Angers, de Paris, de Lyon, de Toulouse marchent dans la même voie et promettent des résultats également heureux.

« C'est ainsi que la France, en dépit de ses malheurs, reste toujours digne d'elle-même, et montre qu'elle n'a pas oublié sa vocation. Personne, plus que le vicaire de Jésus-Christ, n'a de motifs pour compatir aux douleurs de la France, car c'est en elle que le Saint-Siège a toujours trouvé l'un de ses plus vaillants soutiens.

« Aujourd'hui, hélas ! elle a perdu une partie de sa puissance; affaiblie par la division des partis, elle est empêchée de donner libre essor à ses nobles instincts. Et pourtant que n'a-t-elle pas fait pour le Saint-Siège, même après ses désastres ? Elle lui avait déjà donné les rejetons de ses plus illustres familles, la petite armée du Pape étant en grande partie composée des enfants de la France ; et, au moment qu'il n'a plus été possible, pour eux, de servir la cause du Pape avec l'épée, la France a témoigné de mille autres manières son attachement au Saint-Siège ; ce sont les offrandes de la France qui forment toujours une part considérable du Denier de Saint-Pierre.

« Une si grande générosité ne saurait rester sans récompense. Dieu bénira une nation capable de si nobles sacrifices, et l'histoire écrira encore de belles pages sur les *Gesta Dei per Francos*. »

Dans la matinée du 28 mars, parlant pour la première fois au Sacré Collège, le nouveau Pape s'exprime en ces termes :

Vénérables frères,

Dès que Nous fûmes appelé, le mois précédent, par vos suffrages, à prendre le gouvernement de toute l'Eglise et à tenir sur la terre la place du Prince des pasteurs, Jésus-Christ, Nous avons senti notre esprit tout saisi de trouble et d'effroi. D'un côté, en effet, Nous étions effrayé surtout et par l'intime conviction de notre indignité, et par l'impuissance de nos forces à supporter un fardeau d'autant plus lourd que la renommée de notre prédécesseur le Pape Pie IX, d'immortelle mémoire, s'était répandue avec plus d'éclat et d'illustration dans le monde. Car cet insigne pasteur du troupeau catholique, qui a toujours combattu invinciblement pour la vérité et pour la justice, et qui a accompli, d'une manière exemplaire, de si grands travaux pour le gouvernement de la république chrétienne, non-seulement il a illustré le Siège apostolique de l'éclat de ses vertus, mais encore il a tellement rempli toute l'Eglise de son amour et de son admiration que, de même qu'il a surpassé tous les évêques de Rome par la durée de son pontificat, ainsi il a obtenu peut-être plus que les autres de plus grands et de plus constants témoignages de respect public et de vénération. D'un autre côté, Nous étions vivement préoccupé de la condition critique où se trouve presque partout, de notre temps, non seulement la société civile, mais l'Eglise catholique elle-même, et surtout ce Siège apostolique qui, dépouillé par violence de sa souveraineté temporelle, en a été amené à ce point de ne plus pouvoir du tout jouir de l'usage plein, libre et sans opposition de son pouvoir. Mais quoique pour ces raisons, Nous fussions porté à récuser l'honneur qui Nous était conféré, comment pouvions-Nous résister à la volonté divine, si clairement manifestée à Nous par l'accord de vos suffrages et par cette pieuse préoccupation de terminer le plus promptement possible, pour le bien de l'Eglise que vous avez uniquement en vue, l'élection du souverain Pontife?

Aussi avons-Nous cru devoir accepter cette charge du suprême apostolat qui Nous était offerte et obéir à la volonté divine, mettant toute notre confiance en Dieu, et espérant fermement que Celui qui Nous avait conféré l'honneur donnerait aussi la vertu à Notre humilité.

Et maintenant qu'il nous est donné d'adresser pour la première fois de cette place la parole à votre insigne collège, Nous attestons surtout solennellement devant vous, que Nous n'aurons jamais rien de plus à cœur, dans ce ministère du service apostolique, que d'employer, avec la grâce de Dieu, tous nos soins à conserver saintement le dépôt de la foi catholique, à maintenir fidèlement les droits et les intérêts de l'Eglise et du Siège apostolique, à pourvoir au salut de tous, prêt que Nous sommes à n'éviter en toute chose aucun travail, à ne récuser aucune épreuve, et à ne jamais rien faire qui puisse montrer que Nous estimons Notre vie plus que Nous-même.

Dans l'accomplissement des devoirs de notre ministère, Nous avons la confiance que votre conseil et votre sagesse ne Nous manqueront point; Nous désirons ardemment et Nous vous demandons qu'ils ne Nous manquent jamais; et vous ne devez pas prendre seulement cet appel pour un effet de la sollicitude de notre charge, mais nous voulons qu'il soit entendu par vous comme la manifestation solennelle de Notre volonté. Car Nous avons profondément gravé dans l'esprit ce que racontent les saintes lettres que fit Moïse par l'ordre de Dieu, lorsque, effrayé du lourd fardeau de régir tout le peuple, il s'adjoignit soixante-dix des anciens d'Israël pour qu'ils portassent la charge avec lui et le secourussent de leur zèle et de leur conseil dans les soucis du gouvernement de la nation d'Israël. Nous Nous sommes proposé cet exemple, Nous qui sommes, malgré notre indignité, le chef et le recteur de tout le peuple chrétien; en l'ayant devant les yeux, Nous ne pouvons manquer de vous demander, à vous qui tenez dans l'Eglise de Dieu la place des soixante-dix d'Israël, un concours dans Nos travaux et une assistance pour Notre esprit.

Nous savons d'ailleurs, comme Nous l'apprennent les saintes Ecritures, que le salut est là où le conseil abonde; Nous savons, par l'enseignement du concile de Trente, que l'administration de toute l'Eglise s'appuie sur le conseil des cardinaux constitués auprès du souverain Pontife; Nous savons enfin par saint Bernard que les cardinaux sont appelés les assistants et les conseillers du Pontife romain, et c'est pourquoi, Nous qui avons partagé pendant près de vingt-cinq ans l'honneur de votre collège, Nous avons apporté sur ce Siège non-seulement un esprit plein d'affection et de bienveillance pour vous, mais aussi la ferme intention d'avoir pour compagnons et collaborateurs de nos travaux et de nos délibérations, dans l'expédition des affaires de l'Eglise, ceux que Nous avons eus autrefois pour collègues en dignité.

Au reste, Nous ne doutons nullement que, joignant vos efforts aux Nôtres, vous ne travailliez ardemment avec Nous à la protection et au maintien de la religion, à la défense de ce siège apostolique et à l'accroissement de la gloire divine, car vous savez que nous aurons une commune récompense dans le ciel si nous avons en commun travaillé à mener à bien les affaires de l'Eglise. Suppliez donc humblement le Dieu riche en miséricorde, par l'intervention puissante de sa mère immaculée, de saint Joseph, le céleste patron de l'Eglise, et des saints apôtres Pierre et Paul, afin que sa bonté Nous assiste, qu'Il dirige nos pensées et nos actes, qu'Il dispose heureusement le temps de Notre ministère et enfin que cette barque de Pierre qu'Il Nous a confiée à gouverner sur une mer furieuse, Il la conduise, après avoir dompté et apaisé les vents et les flots, jusqu'au port désiré de la tranquillité et de la paix.

Trait caractéristique des temps où nous vivons ! Le premier acte des fidèles pour répondre aux bénédictions du pape, fut l'ouverture d'une collecte, comme don de joyeux avènement. *L'Univers* en prit l'initiative. Louis Veuillot n'était pas seulement le publiciste aux grandes idées, c'était l'homme aux profondes tendresses et aux saintes effusions. Voici son appel à la charité de l'Eglise.

« Un journal a inventé dernièrement, au profit des journaux qui lui ressemblent, que Pie IX, enrichi par le Denier de Saint-Pierre, a laissé trois ou quatre millions de rente à son successeur et une somme de 150,000 francs à sa famille. C'est une imagination qui n'a aucun fondement. Pie IX n'avait rien; il n'a rien laissé ni à son successeur ni à ses héritiers. Ses livres, peu rares, et qui consistaient en hommages d'auteur, assez proprement reliés, ont été donnés à des établissements publics ou appartenant à la Papauté. Le Denier de Saint-Pierre était pour saint Pierre, en argent ou en nature; il l'a donné à mesure qu'il le recevait. Tout le monde sait que le Piémont a ôté à saint Pierre les rentes et le sol, et tout ce qu'il pouvait lui prendre, mais lui a laissé considérablement de pauvres à nourrir. Par les aumônes des catholiques, Pie IX, qui n'a rien voulu accepter de ses spoliateurs impies, — *Pecunia tua tecum in sit perditionem* — a soutenu lui-même avec l'argent multiplié des fidèles les services et les serviteurs qui tombèrent à sa charge : des églises, des prêtres, des missions, des employés nécessaires et d'autres dont il n'avait plus besoin mais que les rapines piémontaises réduisaient à la nécessité. Quelque abondantes qu'aient été les ressources du Denier de Saint-Pierre, elles n'auraient pu suffire sans quelques-uns de ces prodiges que Dieu a coutume de faire en ces rencontres, pour assister si longtemps la générosité de ses ministres. Ainsi l'Eglise, si souvent dépouillée, a pu de tout temps suffire à ces nécessités perpétuellement renaissantes et pressantes. Le *christianisme*, disait Mgr Gerbet, *est une grande aumône faite à une grande misère*. Depuis le Golgotha, cela n'a pas cessé d'être vrai dans tous les sens. Sans la charité de Dieu, l'humanité n'a pas ce qu'il faut pour vivre. Pie IX a été l'un des hommes qui l'ont le mieux su et qui ont les plus hardiment compté sur la charité. Il a donné ce qu'il avait, n'a rien ramassé pour lui-même, et n'a rien légué à son successeur. Des trésors, lui ! Il savait trop ce que la rouille dévore et ce que mange le ver. Il a laissé à son successeur le trésor vide de saint Pierre où il avait tant puisé, sachant bien que saint Pierre le remplira toujours.

« Il appartient à la presse catholique, qui veut être et qui sera de plus en plus la presse de Saint-Pierre, de dire que cette fontaine ne doit pas tarir. Léon XIII, soumis aux exactions qui ont accru les souffrances de Pie IX, n'est pas plus riche et n'a pas beaucoup moins de besoins. Disons-le au monde qui ne veut pas que ces besoins deviennent insupportables.

« Dans quelques jours aura lieu le couronnement de S. S. Léon XIII. Les catholiques doivent lui présenter un don de joyeux avènement qui sera l'annonce et le présage de leur dévouement futur. La souscription pour Pie IX ouverte dans nos bureaux n'est pas fermée et restera permanente. Cette aumône obstinée fournit encore aux catholiques un moyen d'être les faibles soldats de Dieu et de rester au moins sous les armes. Par là, Pie IX a été moins détrôné, et Léon XIII pourra l'être moins longtemps. »

Les fidèles répondirent à cet appel et *L'Univers*, pour sa part, dépassa le million.

L'encyclique *Inscrutabili* notifiant au monde l'avènement de Léon XIII, parut le jour de Pâques, 21 avril. A son début, elle dépeint les maux qui affligent l'humanité. « A peine élevé, dit le Pontife, par un impénétrable dessein de Dieu et sans le mériter, au faîte de la Dignité Apostolique, Nous Nous sommes senti poussé par un vif désir et par une sorte de nécessité à Nous adresser à vous par lettre, non-seulement pour vous manifester les sentiments de Notre profonde affection, mais encore pour remplir auprès de vous les devoirs de la charge que Dieu Nous a confiée en vous encourageant, vous, qui avez été appelés à partager Notre sollicitude, à soutenir avec Nous la lutte des temps actuels pour l'Eglise de Dieu et le salut des âmes.

« Dès les premiers instants, en effet, de Notre Pontificat, ce qui s'offre à Nos regards, c'est le triste spectacle des maux qui accablent de toutes parts le genre humain : Nous voyons cette subversion si étendue des vérités suprêmes qui sont comme les fondements sur lesquels s'appuie l'état de la société humaine ; cette audace des esprits qui ne peuvent supporter aucune autorité légitime ; cette cause perpétuelle de dissensions d'où naissent les querelles intestines et les cruelles et sanglantes guerres ; le mépris des lois qui règlent les mœurs et protègent la justice ; l'insatiable cupidité des choses qui passent et l'oubli des choses éternelles poussés l'un et l'autre jusqu'à cette fureur insensée qui conduit tant de malheureux à oser à chaque instant porter sur eux-mêmes des mains violentes ; Nous voyons encore l'administration inconsidérée, la profusion, la malversation des deniers publics ; comme aussi l'impudence de ceux qui commettent les plus grandes trahisons pour se donner l'apparence de champions de la liberté et de tout droit ; enfin Nous voyons cette sorte de peste meurtrière qui coule intérieurement dans les membres de la société humaine, ne la laisse point reposer et lui présage de nouvelles révolutions et de funestes résultats.

Voici, dans leur texte officiel, les protestations en faveur du pouvoir temporel des Pontifes Romains : « C'est pourquoi, pour maintenir avant tout et du mieux que nous pouvons les droits et la liberté du Saint-Siège, Nous ne cesserons jamais de lutter pour conserver à notre autorité l'obéissance qui lui est due, pour écarter les obstacles qui empêchent la pleine liberté de notre ministère et de notre pouvoir, et pour obtenir le retour à cet état de choses où les desseins de la divine Providence avaient autrefois placé les Pontifes Romains. Et ce n'est ni par esprit d'ambition, ni par désir de domination, que Nous sommes poussé à demander ce retour, mais bien par les devoirs de notre charge et par les engagements religieux du serment qui Nous lie ; Nous y sommes en outre poussé non-seulement par la considération que ce pouvoir temporel Nous est nécessaire pour défendre et conserver la pleine liberté du pouvoir spirituel, mais encore parce qu'il a été pleinement constaté que c'est la cause du bien public et du salut de toute la société humaine dont il s'agit. Il suit de là que, à raison du devoir de notre charge, qui Nous oblige à défendre les droits de la sainte Eglise quand il est question du pouvoir temporel du siège apostolique, Nous ne pouvons Nous dispenser de renouveler et de confirmer dans ces lettres toutes les mêmes déclarations et protestations que notre prédécesseur Pie IX, de sainte mémoire, a plusieurs fois émises et renouvelées tant contre l'occupation du pouvoir temporel que contre la violation des droits de l'Eglise romaine. Nous tournons en même temps notre voix vers les princes et les chefs suprêmes des peuples, et Nous les supplions instamment, par l'auguste nom de Dieu très puissant, de ne pas repousser l'aide que l'Eglise leur offre, dans un moment aussi nécessaire ; d'entourer amicalement, comme de soins unanimes, cette source d'autorité et de salut, et de s'attacher de plus en plus à elle par les liens d'un amour étroit et d'un profond respect. Fasse le Ciel qu'ils re-reconnaissent la vérité de tout ce que Nous avons dit, et qu'ils se persuadent que la doctrine de Jésus-Christ, comme disait saint Augustin, est *le grand salut du pays quand on y conforme ses actes*! puissent-ils comprendre que leur sûreté et la tranquillité aussi bien que la sûreté et leur tranquillité publiques dépendent de la conservation de l'Eglise et de l'obéissance qu'on lui prête. »

« Ainsi, les vérités suprêmes sont niées ; le joug des autorités légitimes partout secoué ; des guerres cruelles ravagent les peuples ; les lois sont méprisées, et les choses éternelles tenues dans un coupable oubli. C'est partout une fureur de cupidité et une série de déprédations publiques commises sous prétexte de patriotisme, de droit et de liberté. De tout cela il faut chercher la cause dans le refus d'obéissance à l'autorité de l'Eglise, qui commande au nom du Dieu vengeur et soutien de cette autorité.

Le souverain Pontife énumère ensuite les attentats contre les évêques et les ministres du culte, les ordres religieux, les écoles et les instituts de charité ; contre le principat civil constitué par Jésus-Christ, pour assurer la liberté spirituelle de son Église et lui faciliter la conduite des peuples vers le salut éternel. Si nous parlons ainsi, ajoute le Pape, ce n'est pas pour augmenter votre tristesse, mais pour vous demander aide, afin de défendre et de venger la dignité du Siège apostolique déchirée par d'odieuses calomnies.

L'Encyclique continue en exaltant, dans un langage sublime, le rôle maternel et civilisateur de l'Église, en redisant ses magnificences, ses bienfaits, son abnégation, tout ce qu'elle a fait pour les sciences et les arts, pour les missions, pour la restauration de la dignité et de la liberté humaines. Le Pape donne pour exemple les royaumes unis sous l'influence de l'Église et qui furent prospères. Au contraire, les peuples orientaux séparés offrent l'exemple de la plus affreuse barbarie. A qui, s'écrie Léon XIII, l'Italie dut-elle d'être grande et Rome d'être glorieuse ? N'est-ce pas aux souverains Pontifes, à saint Léon, à Alexandre III, à Pie V, à Léon X, dont Rome porte inscrite la mémoire en ses plus beaux monuments ?

Il est nécessaire, poursuit le Pape, de conserver la dignité de la chaire romaine et d'affirmer davantage l'union des membres avec la tête, des fils avec le père. C'est pourquoi Nous ne cesserons jamais de revendiquer les droits et d'écarter les obstacles opposés à la liberté de Notre pouvoir, afin de le rétablir dans les conditions où la sagesse divine a établi les Pontifes romains. Nous réclamons cette restitution non par ambition, mais par devoir, car le pouvoir temporel est nécessaire à la plénitude du pouvoir spirituel, au bien et au salut de la société humaine.

Nous renouvelons donc et Nous confirmons les déclarations et les protestations de Pie IX, Notre prédécesseur, tant contre l'occupation de notre pouvoir civil que contre la violation des droits de l'Église. Et au nom auguste de Dieu, Nous adjurons les rois et les princes de revenir à la véritable source de l'autorité, de se rattacher à l'Église par les liens de l'amour, de travailler à faire disparaître les maux dont l'Église et son chef visible sont affligés, afin que leurs peuples marchent dans les voies de la justice et jouissent ainsi de la vraie gloire et de la vraie prospérité.

Voici, du reste, d'après l'*Unita cattolica*, un tableau synoptique de ce document.

L'ENCYCLIQUE EXAMINE

1. Les plaies de la Société.
2. Les causes qui les ont produites.
3. Les remèdes qui peuvent les guérir.
4. Les espérances de la guérison.

LES PLAIES DE LA SOCIÉTÉ SONT :

1. La négation des principes fondamentaux.
2. La rébellion à l'autorité légitime.
3. Le mépris de la morale et de la justice.
4. Les discordes intestines et les guerres.
5. L'avidité des richesses et les suicides.
6. L'hypocrisie de la liberté et du patriotisme.
7. La manie des révolutions toujours renouvelées.

CAUSES DE CES PLAIES

1. Le mépris de Dieu et de l'Église.
2. Les calomnies contre le Pape.
3. Les lois injustes et impies.
4. La guerre à l'épiscopat catholique.
5. La dispersion des ordres religieux.
6. Le vol des biens ecclésiastiques.
7. La sécularisation de la bienfaisance.
8. L'enseignement laïque et athée.
9. La suppression du pouvoir temporel.

LES REMÈDES

1. Les vérités éternelles.
2. Le magistère ecclésiastique.
3. La liberté de l'Église.
4. Le retour à la civilisation chrétienne.
5. Le rétablissement de l'autorité pontificale.
6. L'union des deux pouvoirs.
7. L'éducation religieuse.
8. Le sacrement du mariage.
9. La sanctification de la famille.

LES ESPÉRANCES DE LA GUÉRISON

1. L'union de l'épiscopat.
2. L'amour envers le Pontife romain.
3. Les pèlerinages à Rome.
4. Le denier de Saint-Pierre.
5. La dévotion à Marie et à saint Joseph.

A l'aide de ce tableau les amis du Saint-Siège pourront mieux graver dans leur esprit les grands traits de l'Encyclique.

Bientôt les ennemis auront épuisé leurs colères : ils se tairont, d'abord parce que la prudence l'exige, ensuite parce que des événements viendront qui les rempliront d'effroi et leur montreront comment Léon XIII, à l'égal de Pie IX, est l'homme de Dieu, l'homme des temps, l'homme des *grandes justices* et des *grands apaisements*.

Ainsi débutait le pontificat de Léon XIII. Après le glorieux règne de Pie IX, la miséricorde divine accordait aux vœux de son Église, un Pape qui, par son passé, se trouvait tout préparé pour cette sublime et redoutable mission. Tout aussitôt les commentaires, qui traduisaient à la fois les sollicitudes et la joie du peuple fidèle, allaient chercher dans les armes du nouveau pape le présage de ce que serait son pontificat. On rappelait la prophétie de saint Malachie, d'après laquelle on peut d'avance résumer le règne du Pape Léon XIII dans une lumineuse devise, et, rassemblant ces indications concordantes, on se répétait avec confiance que, dans les ténèbres où nous sommes, le nouveau Chef de l'Eglise apparaîtrait comme le *Lumen in cœlo* dont nous avons tant besoin !

Un an s'est écoulé depuis, et cette confiance doit aujourd'hui s'accroître, car il est vrai que Léon XIII, dans toutes les manifestations de son autorité pontificale, montre le grand souci de porter la lumière dans tout le corps social, pour en éclairer les parties malades et faire voir, du même coup, quels remèdes peuvent et doivent seuls être appliqués à ces maux. Qui n'a présente à l'esprit cette admirable Encyclique dans laquelle, après avoir notifié son avènement aux évêques, ses frères, il jetait sur la société tout entière le coup d'œil du médecin et du père, désignant sans illusion, comme sans faiblesse, les causes des troubles dont le monde est rempli, marquant avec une miséricorde et une tendresse sans égales par quels moyens l'on pourrait seulement retrouver la paix, et à cette occasion faisant de la famille chrétienne, dont le type, hélas ! est si délaissé de nos jours, cet émouvant tableau qui s'offrait comme le modèle à suivre par les individus et les gouvernements ?

Naguère encore, avec quel courage sa grande voix, s'élevant au milieu de l'Europe révolutionnée, ne faisait-elle pas le jour, sur les attentats de la Révolution contre les peuples et contre les trônes victimes à leur tour des attentats contre l'Eglise ? Pendant que rois et peuples, pris comme de vertige au milieu de la tourmente, ne savent même plus à qui crier : « Sauvez-nous, nous périssons », lui, le pilote assuré, serein et calme, parce qu'il a les promesses divines, se tient debout et montre le port, avec la route qui nous y doit conduire. Comment ne le suivrions-nous pas ?

Pour nous y exciter davantage, il faudrait pouvoir énumérer tous les actes de cette année si féconde. Rappelons seulement la sollicitude avec laquelle, dans son premier discours, Léon XIII parlait des Universités catholiques de France à la délégation que présidait Mgr Sauvé ; ses fortes exhortations aux pèlerins espagnols, français, belges, polonais, allemands ; la fière revendication des droits du prince temporel dans son discours aux anciens officiers pontificaux conduits par le général Kanzler ; sa mémorable lettre au cardinal La Valette sur l'instruction religieuse à donner aux enfants de Rome et de la chrétienté ; sa lettre au cardinal Nina où étaient si largement exposées les vues de la politique chrétienne dans ses rapports avec les gouvernements et les peuples ; les conseils fortifiants qu'il adressait en décembre dernier à la société pour les intérêts catholiques, afin de recommander une forte organisation des forces catholiques en vue des luttes à venir ; la solennelle flétrissure qu'il imprimait au nom de Voltaire, dans ce discours du 30 mai où le honteux centenaire était stigmatisé à la face de la chrétienté tout entière ; sa vigoureuse lettre à l'archevêque de Cologne, où était si admirablement exaltée la ferme résistance des catholiques aux persécuteurs, en même temps que l'inaltérable patience des persécutés ; ses hautes leçons de philosophie données aux élèves des séminaires romains dans l'audience du 30 juin, et les encouragements donnés aux beaux-arts dans ses éloges aux membres de l'académie des Arcades, enfin les paternels avis aux femmes chrétiennes dans sa réponse à l'union des pieuses dames romaines, et combien d'autres discours qu'il serait trop long d'énumérer.

Est-ce tout, et pouvons-nous ne pas nous souvenir de la hiérarchie catholique restaurée en Ecosse par un acte qui a été comme la première conquête du nouveau pontificat ?

Pouvons-nous oublier ces missionnaires héroïques portant la bénédiction du Pape aux extrémités de l'Afrique centrale, désignée par lui pour être une terre chrétienne ? Pouvons-nous ne pas songer aux marques singulières d'estime et d'affection pour notre épiscopal dont le prochain consistoire doit nous révéler toute l'étendue ? Mais surtout pouvons-nous omettre le témoignage de reconnaissance que les fidèles doivent au souverain Pontife pour cette grande grâce du jubilé, dont lui-même a dit que c'était comme un don de joyeux avènement pour la solennisation de son anniversaire ? Cet anniversaire, la France catholique a résolu dès longtemps de le fêter avec ardeur, et nous savons que de tous les diocèses de France des adresses de dévouement et de fidélité sont signées dans toutes les congrégations, les associations, les œuvres, afin de porter au père commun les vœux de sa famille tout entière.

Après la grande faveur du jubilé, ces témoignages doivent se multiplier encore et, pour que le Pape, au moment où l'Eglise est partout en butte à la persécution ou aux menaces, sache bien que tous ses enfants l'entourent, l'écoutent et le veulent suivre, on ne saurait trop souhaiter que les particuliers eux-mêmes, ceux du moins qui le pourront, suivant l'exemple des confréries et sociétés religieuses, envoient au Pape, dans une adresse ou dans une dépêche, le cri de leur cœur. Que ceux qui ne l'auraient pas fait encore, ne se laissent pas décourager par le peu de temps qui leur est laissé ! Toute fête a son octave, et à Rome même, c'est pendant une semaine entière que Léon XIII recevra les vœux de ses fils accourus de toutes parts.

Dans ce concours, la presse religieuse ne saurait être la dernière, car si elle est, avant toutes choses, l'humble écho de la voix du Pape et les évêques, pour la propagation des vérités que le Vatican répand sur le monde, il semble qu'elle ait quelque titre à se faire, en certains jours, le porte-voix du peuple catholique acclamant son Père. Puisse-t-elle un jour, dans une société revenue à la pratique des enseignements de l'Eglise, publier le triomphe de la papauté obtenu par l'éclat et la force de cette vérité dont Léon XIII est l'organe infaillible, et que, depuis un an, il n'a cessé de faire luire aux yeux mêmes de ceux qui la repoussent, mais qui ne sauraient toujours la méconnaître !

§ II

LA PERSÉCUTION EN PRUSSE

L'erreur et le péché, frères par nature, ne se présentent jamais en leur propre nom dans le combat contre la vertu et la vérité : ils empruntent, pour tromper, les apparences de ce qui, aux yeux des hommes, est réputé la vérité et le bien, et c'est sous ce faux dehors qu'ils surprennent l'esprit des peuples. Au retour de sa campagne contre la France, Bismarck se mit à persécuter les catholiques d'Allemagne, et, pour abuser la population surprise de cette attaque gratuite, il l'intitula une lutte pour la civilisation, ou mieux pour la culture intellectuelle, qui n'en est que la superficie. De là le *Kulturkampf*. Une telle dénomination procède d'une double hypocrisie. S'intituler défenseurs de la civilisation, cela suppose qu'on a devant soi une puissance hostile ; comme l'attaque se prend à l'Église, source et agent de toute civilisation, son nom seul est un blasphème. Ce flambeau de l'Évangile que Dieu a allumé au milieu des peuples pour les tirer des erreurs et des ombres de la mort ; cette lumière divine qui, pendant vingt siècles, éclaira les hommes et les fit sortir de la barbarie pour les introduire dans les splendeurs de la civilisation chrétienne, c'est cela qu'on veut, au nom de la civilisation, éteindre et étouffer. On appelle ce crime une lutte, un combat ; mais la lutte suppose un antagonisme d'armes et de forces ; ici nous ne voyons ni l'un ni l'autre. D'un côté, le gouvernement prussien avec tout l'attrait de ses forces et toutes les ressources de sa brutalité orgueilleuse ; de l'autre, des catholiques sans armes et sans défense, mais avec leur foi, leur conscience et leur invincible fidélité. D'un côté, une oppression violente exercée par les amendes, les confiscations, la prison, l'exil ; de l'autre une patience invincible à souffrir la persécution pour la justice. Tous nous laissons de côté le faux prétexte et les ironies menteuses, nous ne voyons dans ce *Kulturkampf* que ce que le monde, depuis mille ans, appelle la persécution de la religion catholique. A côté des persécutions que le Christianisme a subies de la part des Césars Romains, des rois Persans, des chefs barbares, des musulmans, des hérétiques et des infidèles de la Chine ou du Tonkin, l'histoire doit placer la persécution prussienne. Et ni la grande puissance militaire de la Prusse, ni l'intelligence allemande ne réussiront, par aucun sophisme, à effacer cette tache de son acte de naissance. Il s'agit, sauf l'effusion du sang, d'une persécution analogue à la persécution de Dioclétien : *Nomine christianorum deleto*.

Rien, dans la législation prussienne, n'autorisait ce retour offensif. Depuis les violences accomplies en 1839 contre les archevêques de Cologne et de Posen, la position des catholiques avait commencé, sous le règne de Frédéric-Guillaume IV, à devenir non seulement tolérable, mais, dès 1848, sous certains points de vue, on pouvait l'envisager comme plus prospère que dans certains états catholiques. La constitution de 1850 avait rendu à l'Église des libertés dont elle n'avait pas joui depuis longtemps. La création d'un département catholique au ministère de l'instruction publique et des cultes, effectuée dans le but d'éclairer le ministre sur les droits et les intérêts de l'Église, témoignent des bonnes dispositions du gouvernement. La valeur de ces dispositions était exagérée par les éloges ; on oubliait que l'application des lois était confiée à la bureaucratie, composée presque exclusivement de protestants et qu'à chaque pas, lorsqu'elle le pouvait, elle disputait à l'Église la jouissance de ses droits. Ce qui était dû sans restriction n'était départi que d'une main avare. Les prédicants protestants, les surintendants surtout ne voyaient pas d'un bon œil cette prospérité de l'Église catholique, à laquelle ils ne pouvaient prétendre, faute de vitalité religieuse et d'indépendance sociale. Aussi favorisaient-ils, par leurs plaintes, les iniquités de la bureaucratie prussienne, de toutes la plus tracassière. Malgré ces misères sans nombre, souvent en désaccord avec les intentions du gouvernement, l'Église se sentait libre et la Prusse s'était acquis, parmi les catholiques, même à Rome, une réputation de justice et d'équité.

Rien non plus, dans les sentiments des catholiques, n'autorisait les vexations. Les catholiques de nationalité allemande, croyant à la légitimité de la guerre contre la France, avaient combattu avec ce même enthousiasme qui enivrait les combattants des autres croyances. La catholique Cologne avait surpassé en sacrifices volontaires des villes protestantes supérieures en population. Les régiments catholiques s'étaient battus avec bravoure. Les prêtres, les religieux, les religieuses avaient, pendant la campagne et sans distinction de culte, prodigué leurs services à l'armée prussienne. Grand nombre d'entre eux avaient été décorés de croix, d'ordres honorifiques, de gages d'estime. Même parmi les catholiques polonais, il n'y avait pas la moindre cause apparente qui pût prêter à la persécution. Chez tous, mais surtout dans l'épiscopat, le gouvernement prussien avait trouvé, à l'heure des épreuves, l'appui le plus assuré et le plus constant. Qu'il suffise de rappeler le cardinal Drepenbrock, le député Ketteler et le général Radowitz. Les dispositions du clergé en Silésie étaient connues pour si profondément patriotiques à l'égard du gouvernement, qu'elles lui valurent, de la part des autres provinces, le titre de clergé *plus prussien que catholique*. Jusqu'à 1870, on eut pu adresser, aux catholiques d'Allemagne, le reproche de s'être trop confiés à un gouvernement protestant, qui leur avait été trop longtemps hostile. Les sentiments des populations si favorables au gouvernement avaient-ils pu changer en une nuit? Est-il admissible, qu'ardent patriote en temps de paix et sur le champ de bataille, ils se soient transformés en ennemis de cette patrie pour laquelle ils avaient prodigué leur or et leur sang?

A l'avènement du roi Guillaume, qui appartenait à la secte des francs-maçons, les catholiques avaient éprouvé quelques craintes; néanmoins, sans favoriser l'Église, comme l'avaient fait ses prédécesseurs, il l'avait laissée en paix durant les premières années. Les relations du gouvernement prussien avec le Saint-Siège étaient même si amicales que, lors du couronnement du roi à Königsberg et même plus tard, Guillaume pouvait dire: « La condition de l'Eglise Catholique dans mes états est si bien réglée, que le chef même de cette Eglise m'en félicite. » Bismarck, de son côté, faisait son possible pour conserver et augmenter la confiance des catholiques. C'est à cette fin qu'il présenta, aux évêchés vacants, de purs ultramontains, comme Lidochowski et Melchore, plus soucieux, disait le *Kirchenblatt* de Berlin, que le chapitre de procurer de bons évêques à l'Eglise. Ces relations amicales durèrent au moins jusqu'à la proclamation de l'Empire à Versailles: « Je considère, disait le roi de Prusse, l'occupation de Rome par les Italiens comme un acte de violence et je ne manquerai pas, une fois la guerre finie, de la prendre, de concert avec d'autres princes, en considération. Quant à Bismarck, le vrai promoteur de l'invasion italienne, l'homme qui, pour faire son jeu, précipita la révolution sur Rome, il dissimula son dessein d'inaugurer à bref délai une persécution contre les catholiques. Quand l'archevêque de Posen se présenta à Versailles, il fut reçu avec toutes les marques de respect et obtint au moins de bonnes paroles. Quelques mois après, revirement complet dans la politique prussienne. Etait-ce le fruit d'un roi insatiable de domination, qui, ébloui par ses succès, ne pouvait, dans son orgueil, rien souffrir d'indépendant ni au dessus, ni à côté de soi? Etait-ce le résultat d'une coalition de francs-maçons et de protestants, la conséquence des principes révolutionnaires, admis depuis 1866, et renfermant en eux-mêmes une logique de conséquences implacables? Etait-ce une superstition, à ce point maîtresse des esprits, que la Prusse, née d'un sacrilège, voulait poursuivre, contre l'Eglise, la politique destructive de Luther? L'avenir expliquera ces problèmes; pour nous, en histoire, nous ne pouvons que vérifier les éléments fournis par les faits.

Or, sans nous arrêter à une foule d'allégations trop dépourvues de sens, le chancelier Bismarck élevait contre l'Eglise pour motiver sa persécution ces trois arguments: 1° La proclamation du dogme de l'infaillibilité du Pape, à laquelle on accrochait ordinairement l'Encyclique de 1864 et le *Syllabus*; 2° l'accusation dont on chargeait l'Eglise, d'agression contre les lois de l'Etat, contre les libertés populaires, contre les conquêtes de la civilisation moderne; 3° la formation d'une fraction parlementaire nommée *centre*, que Bismarck qualifiait de « mobilisation contre l'Etat ». — En ce qui regarde l'infaillibilité, Bismarck, avec l'argent pris au roi de Hanovre, avait constitué un fond de reptiles chargés, par ce noble personnage, de poursuivre de leurs sifflements et de couvrir de leur bave, ce qu'il voudrait faire tomber sous ses coups. Les reptiles se prirent donc à crier de toute leur force à la déification de l'homme, à l'affront fait à la raison humaine, à l'outrage pour la liberté des peuples et l'indépendance des Etats. Ce que peuvent bien signifier, à propos de l'infaillibilité, ces criailleries bêtes, on ne le devine pas; mais cela suffirait pour fanatiser l'imbécile multitude. Bismarck, obligé à plus de décence, écrivait, dans sa dépêche du 14 mai 1872: « Ces décisions (du Concile du Vatican) ont mis entre les mains du Pape la faculté de s'arroger les droits épiscopaux de chaque diocèse et de substituer l'autorité papale à celle des évêques *nationaux*... La juridiction épiscopale à être absorbée par la juridiction papale... Le Pape n'est plus aujourd'hui l'exécuteur de certains cas réservés, mais les droits épiscopaux reposent entièrement entre ses mains... En principe, il occupe la place de chaque évêque particulier, et il ne dépend que de lui de se substituer pratiquement à la place des évêques vis-à-vis des gouvernements... Les évêques ne sont que ses instruments, des employés sans aucune responsabilité individuelle, vis-à-vis des gouvernements ils sont devenus les employés d'un monarque étranger... qui plus est, d'un monarque qui, par son infaillibilité, est entièrement absolu et plus absolu qu'aucun monarque du monde ». En multipliant, sans preuve, ces allégations, Bismarck oublie d'expliquer comment l'anéantissement de l'épiscopat a été voté par les évêques en Concile, ou si la condition de l'épiscopat, comme on doit le croire, réglée par le fondateur de l'Eglise, les reproches des Prussiens retombent sur Jésus-Christ.

L'Église a toujours cru que le Pasteur suprême avait reçu, de Jésus-Christ, le privilège de l'infaillibilité. Comment, demande un historien, celui à qui Jésus-Christ a donné le soin de paître ses agneaux et ses brebis, pour lesquels il a prié afin que sa foi ne défaille point, auquel il a donné le pouvoir de confirmer ses frères dans la foi, comment donc pourrait-il être laissé sans aucun secours surnaturel et sans une protection qui le garantisse de toute erreur? Ne serait-il pas exposé à se perdre avec tout son troupeau, à détruire le royaume de Dieu et à rendre entièrement inutile l'œuvre de la Rédemption. Etait-il possible que le Fils de Dieu exposât le prix de sa mort sur la croix à un sort aussi incertain, à un danger si évident? Il avait la mission de paître tout le troupeau de Jésus-Christ. Mais de quoi? Evidemment de la doctrine de vérité. Comment cela serait-il possible, s'il n'avait l'assurance, à l'abri de tout doute, qu'il sera toujours en possession de cette vérité? Comment Jésus-Christ aurait-il pu lui conférer dans son Eglise l'office du suprême enseignement, s'il ne lui avait pas laissé en même temps le don surnaturel d'enseigner toujours la vérité? Comment aurait-il pu l'autoriser pour jamais à confirmer ses frères dans la foi, s'il ne l'avait pas en même temps favorisé de la grâce de ne jamais faillir dans cette même foi (1) »? On dit que les conciles généraux suffiraient pour préserver l'Eglise de toute erreur et pour conserver intact le dépôt de la foi. Sans doute, les conciles œcuméniques sont aussi des organes infaillibles de la foi. Mais, outre qu'ils ne peuvent être œcuméniques sans le pape, ils ne peuvent pas être toujours assemblés, et, dans le long intervalle de leur session, il faut, à l'Eglise, un pasteur permanent et un confirmateur infaillible qui sache résister à l'erreur et ne laisse jamais les fidèles sans instruction. D'ailleurs l'infaillibilité personnelle du Pape, par sa nature, par son objet et par ses conditions d'exercice, n'offre rien qui puisse porter ombrage aux pouvoirs civils. Que dit, en effet, le décret du Vatican? Cette constitution renferme quatre articles. Le premier traite de l'institution de la Primauté apostolique en la personne de saint Pierre. Il démontre que Notre-Seigneur établit le chef de l'Eglise en la personne de saint Pierre et fit reposer immédiatement sur lui non seulement la primauté en suprématie honoraire, mais de plus le pouvoir de juridiction. Il n'est question ici que du pouvoir spirituel. Le deuxième article définit que cette autorité donnée à saint Pierre dure toujours : 1° parce que saint Pierre a une chaîne non interrompue de successeurs ; 2° parce que c'est dans cette primauté en suprématie que le Pape est successeur et héritier de saint Pierre. Le troisième article définit que la juridiction du Pape est absolue et suprême aussi bien dans l'enseignement des doctrines sur la foi et sur les mœurs que dans la discipline et le gouvernement de l'Eglise ; de plus, que cette juridiction est ordinaire et immédiate et s'étend sur toutes les églises et sur toutes les personnes. Le quatrième article parle de l'infaillibilité de l'enseignement (*magisterium*) ou de la suprême autorité d'enseigner du Pape. Cet article définit, qu'en cette matière, le Sauveur du monde dota saint Pierre et tous ses successeurs, en sa personne, d'un secours surnaturel, afin qu'ils pussent efficacement exercer leur charge. Il ajoute que cette doctrine a été transmise, depuis le commencement du christianisme, par une tradition non interrompue. De plus, le concile constate que ce n'est que quand le Pape enseigne *ex-cathedra*, c'est-à-dire comme docteur suprême de l'Eglise, qu'il reçoit d'en haut ce secours surnaturel qui le préserve de toute erreur. Le Pape parle *ex-cathedra* : 1° Lorsqu'il parle comme docteur suprême ; 2° à l'Eglise tout entière ; 3° pour définir une doctrine ; 4° que toute l'église doit accepter ; 5° qui se rapporte à l'enseignement sur la foi et la morale. Voilà le résumé de tout le décret. La matière de l'Infaillibilité du Pape n'est que la vérité révélée. Tout ce qui est en dehors des vérités révélées n'est pas sujet à ses décrets infaillibles. Tous ses actes et dispositions concernant le gouvernement de l'Eglise, quoiqu'ils obligent ses subordonnés ne sont pas l'objet de l'Infaillibilité. Il est donc ridicule que les ennemis de l'Eglise, pour inspirer l'aversion et provoquer la haine contre sa doctrine, citent comme preuve que le Pape se trompe souvent, la bulle *Dominus ac Redemptor*, par laquelle l'un des Papes supprime la Compagnie de Jésus, tandis qu'un autre plus tard la rétablit. C'est que les Papes non seulement changent leurs ordonnances, mais souvent même le devoir les y oblige. Ce qui était utile et salutaire à l'Eglise il y a trois cents ou mille ans, peut lui être inutile et même nuisible aujourd'hui. L'Esprit Saint qui dirige l'Eglise fait agir les hommes en faveur d'autres hommes, et ceux-ci sont sujets aux changements des temps et des lieux. Dans l'Eglise, deux éléments s'allient : l'élément divin et l'élément humain. Le premier immuable, toujours le même, les vérités révélées ; le second sujet aux changements, comme tout ce qui est créé.

Le second grief de Bismarck contre l'Eglise, ce seraient ses attaques contre l'Allemagne. Il est difficile d'en parler sérieusement, à moins que ce ne soit pour en faire ressortir la contradiction. Dès que le concile avait été annoncé, la diplomatie prussienne avait ourdi un complot pour le faire avorter. Pour dépister la critique on avait donné pour siège à cette conspiration, la Bavière ; on lui avait, pour chefs, assigné, Döllinger et le prince de Hohenlohe. Celui-ci par ses circulaires, celui-là par ses brochures avaient excité, dans les cours et dans les églises, une forte opposition, qui se trouva faible parce qu'elle luttait

___
(1) Janiszewski, *Hist. de la persécution religieuse en Prusse*, p. 24.

contre Dieu. De cette manière, la Prusse excitait, en secret, toutes les passions contre l'Eglise, et, en même temps, au dehors, lle lui montrait plus de bonne volonté que les gouvernements catholiques. Le concile se tint ; ses décrets furent, pour la conspiration allemande, une déroute. Quand la persécution éclata, les organes officiels et semi-officiels de Bismarck ne cessèrent de crier que le gouvernement prussien ne faisait que se défendre contre les agressions de l'Eglise. Un gouvernement qui venait de vaincre l'Autriche et la France, qui disposait d'un million de baïonnettes, avait le front d'alléguer la nécessité de se défendre. Mais contre qui ? Contre l'Eglise désarmée. Si le gouvernement ne peut toujours se justifier, lorsqu'il emploie des manœuvres indignes, des intrigues abjectes ou d'ineptes faussetés à l'égard de ses ennemis, comment pourra-t-il le faire lorsqu'il emploie ces moyens contre ses propres sujets, qui prodiguaient hier, pour sa défense, leurs biens et leur vies ? L'argument était si futile que les gens sérieux n'y voulaient voir qu'un malentendu. Les plus avisés croyaient que le gouvernement se servait de ces moyens d'inquiéter l'Eglise, afin d'obtenir, des autorités ecclésiastiques, quelques concessions de haute valeur. Les crédules étaient confirmés dans leurs illusions puériles, par le soin que prenait le gouvernement d'affirmer *usque ad nunquam*, qu'il ne voulait *en rien* toucher à l'Eglise. Cette menteuse allégation se répétait partout, dans les journaux, dans les cercles, dans les chemins de fer, dans les restaurants. Si les journaux catholiques essayaient d'y contredire, les amendes, la prison, la confiscation leur apprenaient comment il faut parler. Tant et si bien que Bismarck put poursuivre et poursuivit, comme *crimes*, le fait de dire la messe, d'administrer les sacrements, de prêcher, de bénir les saintes huiles ; pendant que, d'autre part, il prétendait ne toucher en rien à l'Eglise. D'après cette logique extravagante, Bismarck aurait pu frapper tous les prêtres et tous les fidèles, anéantir tout le matériel du culte et se vanter encore de respecter l'Eglise. On ne réfute pas de semblables prétentions.

Les catholiques ne pouvaient pas se prendre à de ridicules gluaux. En prévision des dangers que couraient simultanément la religion et l'ordre social, ils avaient formé un parlement impérial, une fraction du centre, pour combattre les libéraux et les radicaux, mais non le gouvernement. Le programme primitif de la fraction était : 1° De défendre comme fondamental, le caractère fédéral de l'Empire allemand (*justitia fundamenta regnorum*) et conséquemment d'empêcher, par tous les moyens possibles, le changement du caractère fédéral de la constitution de l'Empire et de ne rien céder, de l'indépendance des états particuliers que ce qui serait absolument nécessaire à l'intégrité du susdit Empire. 2° De soutenir, autant que possible, le bien-être moral et matériel de toutes les classes de la population, de tâcher de faire garantir par la constitution les libertés civiles et religieuses, et surtout les droits des associations religieuses, contre les violences de la législature. 3° Selon ces principes, la fraction délibérera et décidera sur tous les sujets présentés aux délibérations du Parlement de l'Empire, laissant toutefois à ses membres la liberté de voter contrairement aux décisions prises par la majorité. Le but principal de ce programme était de tenir tête à cette politique sans autre but que la prospérité et l'utilité matérielle, à laquelle le gouvernement sacrifiait tout ce qui jusqu'alors avait été juste et sacré dans les convictions des hommes et des peuples, c'est-à-dire la religion, la morale et le droit. Les partis libéraux s'étaient prosternés de tout temps devant cet idole de l'intérêt et de la prospérité, et sous prétexte du bien public l'exploitaient à leur propre profit. Une pareille politique ne choisit pas les moyens, tous lui sont légitimes pourvu qu'elle réussisse. On met le jeu de bourse, les friponneries et les fourberies criminelles au-dessus des plus graves intérêts et des biens les plus précieux de la société, c'est-à-dire la religion, la justice et la vertu. La seconde tâche, non moins importante, de cette fraction, était de s'opposer à une centralisation absolue, à l'instar de celle de la France. La France vaincue avait transmis à ses vainqueurs toutes les erreurs et les défauts qui avaient amené son abaissement. Cette centralisation est le fruit et la suite d'une monarchie absolue. Le système de centralisation n'est qu'un formalisme vide et abstrait, se renfermant dans un certain nombre de lieux communs sans conviction, sans esprit, sans religion ni morale, qui s'efforce d'extorquer par la violence, partout et toujours, une espèce d'application mécanique de ses principes. Nul homme, jusqu'à l'enfant qui fréquente les écoles, ne peut être citoyen sans être resserré dans son étroit uniforme. Et tout cela doit être une œuvre nationale découlant du pur esprit germanique. Mais comme les lois mécaniques ne sont ni polonaises ni allemandes, de même ce formalisme abstrait ne porte sur lui aucun caractère de nationalité. La preuve la plus évidente de cela et qui mérite une sérieuse réflexion, c'est que les représentants de ce « germanisme pur sang », par opposition au « Romanisme » sont des *Juifs*. C'est une chose étonnante que les libéraux allemands apprennent des Juifs ce qui appartient à l'essence de la nationalité allemande ! Ce système, faux en lui-même, est la source de la plus affreuse tyrannie, car ne reconnaissant d'autre loi que lui-même, il ne peut respecter la loi ni dans les individus ni dans les corporations, ni dans la société ; selon lui, ce n'est plus l'Etat qui est pour les hommes, mais bien les hommes qui sont pour l'Etat. Comment donc peut-il être question d'une liberté quelconque? (1) Qu'y a-t-il de blâmable dans ce programme? Quel sujet donne-t-il d'être qualifié de mobilisation contre l'Etat? Y a-t-il, dans ce plan d'action, une ombre de prétexte pour commencer la persécution contre l'Eglise.

Ce n'est donc pas le décret du Vatican, ce ne sont point les empêchements supposés de la hiérarchie ecclésiastique, ni la formation de la fraction du centre qui furent causes d'une guerre dont le gouvernement devra rougir. L'infaillibilité du Pape était seulement un prétexte favorable, on la saisit. Les deux autres arguments furent jetés au public, pour embrouiller les esprits et confondre les jugements ; autrement personne n'eut compris qu'une persécution religieuse fût possible au XIXᵉ siècle. Les vraies raisons de la persécution furent premièrement les idées répandues en Allemagne et surtout en Prusse sur l'absolutisme de l'Etat. Luther, par haine de la papauté, avait mis l'Eglise à la discrétion du prince ; en subalternisant l'Eglise, le pseudo-réformateur avait exalté l'Etat et posé le principe de son omnipotence, principe qui détruisait successivement toutes les garanties traditionnelles de la liberté sociale. Depuis longtemps, en Prusse, sous tous les régimes, avait prédominé l'idée de la toute puissance de l'Etat. La loi nationale était basée sur ce principe ; il devait en résulter que l'Etat absorberait tous les droits : ce n'était pas l'Etat qui existait pour le peuple, mais le peuple qui existait pour l'Etat. Tant que subsistèrent les convictions et les usages chrétiens, ils adoucirent la rudesse de ce froid mécanisme ; mais à mesure que disparurent les formes et les impressions du christianisme, l'autocratie prit le dessus. Les philosophes systématisèrent les idées prussiennes, de Statolatrie, Fichte fit beaucoup en cette matière ; le panthéisme de Higel perfectionna le système. Ce que la révolution, dans son délire, avait effectué, la philosophie prussienne en fit un code. « Ce panthéisme, dit Mgr Janisrewski, reconnaît pour être suprême, un certain *Absolu*, qui, conformément aux divers systèmes panthéistes, est tantôt idéal et tantôt matériel. Cela est déjà vrai de Spinosa qui renverse par ses principes tout le système chrétien, en niant le Dieu vivant, Seigneur et Créateur de toutes choses. Cette idée absolue, ce suprême *quelque chose* a, dans son système, divers titres ou dénominations, et est, de sa nature, sans raison et sans conaissance. Ainsi l'un des derniers philosophes de cette école, Hartmann, put l'appeler la philosophie de ce qui n'a pas conscience de lui-même ou la philosophie de l'*inconscient*. Ce que le monde chrétien avait jusqu'à présent nommé Dieu, est, dans ce système, une unité idéale, un tout universel, qui n'a effectivement d'existence que dans la tête des philosophes et l'imagination de ses adhérents. Cette création de l'esprit exalté et déréglé de l'homme, à laquelle les inventeurs du système ont bien voulu donner le nom de Dieu, traverse, dans son développement nécessaire et inconscient, toutes les formes de l'être, commençant par les plus basses ; et ne trouvant de lumière que dans l'esprit de l'homme, il se reconnaît lui-même et acquiert la connaissance qu'il est Dieu. C'est donc, pour parler clairement, la déification la plus complète de l'homme, et puisque, dans ce système, l'Etat n'est qu'un idéalisme collectif élevé en puissance, il s'ensuit nécessairement que c'est la déification de l'Etat au suprême degré. Le rapport de l'homme à l'Etat, dès lors, celui de la goutte d'eau à la mer, où elle se perd. Et comme cette unité n'est pas individuelle (dans le système panthéiste), elle ne peut aspirer à aucun droit inviolable ; elle ne peut avoir que les droits et privilèges que lui accordera la déité de l'Etat, qui est toute puissante, et ne peut être soumise à aucune loi, étant absolument elle-même. Il résulte de là qu'il faut, dans le monde, compter autant d'absolus ou de dieux qu'il y a d'Etats, car chacun dans ses limites est absolu. Qu'y a-t-il d'étonnant que, se basant sur ces théories, nous entendions des voix s'élever pour demander une Eglise nationale ? Car si Dieu est renfermé dans les limites d'une nation, d'un Etat, comment l'Eglise, établie pour sa glorification, peut-elle être universelle ? (2) »

Avec ces idées de panthéisme grossier, il est clair que la société se composant d'atomes qui reçoivent tout de l'Etat, la propriété, le mariage, la famille, les conditions de l'existence et les garanties du travail, il n'y a aucune place, dans un tel Etat, pour l'Eglise. L'Eglise ne doit pas seulement être à la merci de la puissance civile, elle doit être supprimée ; ou si les chefs de l'Etat maintiennent un culte quelconque, c'est comme concession à l'imbécile humanité et moyen de river sa chaîne. C'est le retour pur et simple au paganisme, plus que cela, au bestialisme. Que les promoteurs de la persécution ne se soient pas clairement exprimés pour ne pas déshonorer leur œuvre et se déshonorer eux-mêmes, cela se conçoit : l'habileté la plus vulgaire faisait un devoir de cette hypocrisie. D'ailleurs, pour se borner au possible, on ne visait pas à un si radical anéantissement ; on voulait seulement arracher les églises de Prusse au corps de l'Eglise catholique, et remplacer l'Eglise de Jésus-Christ, qui s'étend à toutes les nations de l'univers, par une église nationale renfermée dans les bornes d'un Etat. Et au cas où il fut impossible d'extirper entièrement la vérité chrétienne, on voulut, du moins, si bien la garrotter et l'assujettir, qu'elle ne put plus entraver l'omnipotence de l'Etat.

Une seconde cause de persécution fut l'idée vulgarisée par les savants prussiens, de la mission historique de la Prusse. En quoi con-

---

(1) Janisrewsky, *Hist. de la persécution*, p. 44.
(2) *Hist. de la persécution*, p. 56.

siste cette mission, quelle est son idée propre, sa raison d'être, son but, son plan, nul ne l'a dit et probablement nul ne le sait. C'est plutôt une espèce de dogme incompréhensible que la France a une grande mission à accomplir, non seulement en Allemagne, mais pour toute l'humanité. Cette mission aveugle doit s'accomplir, comme le destin, avec une implacable fatalité. Tout ce qui lui résiste doit être renversé et détruit. Cette mission d'un mysticisme athée s'appelle le Borussianisme : c'est la résurrection d'Attila, de Genséric et de Tamerlan. De telles idées n'ont pu naître que dans des têtes déjà obsédées par les théories de l'Etat absolu ; elles ne constituent que l'application de ces théories à la Prusse. La substance de cette mission est vague et arbitraire. Le politique se figure un grand Etat, un empire universel ; le soldat, une grande armée qui oblige le monde à la paix ; le théologastre, le triomphe du protestantisme sur le catholicisme ; le libéral, une organisation de la société selon ses principes ; et le blond enfant de la Germanie s'imagine trouver enfin le triomphe complet de son orgueil. Mais chacun admet que, dans cette marche de la Prusse, la religion, la morale, le droit, tout enfin doit céder le pas ; car rien n'a le droit de barrer le chemin à l'absolu d'une fatalité historique.

Le doctrinarisme n'entrait pas seul dans cette trame ; la religion jouait aussi son rôle. Toutes les haines séculaires des protestants contre les catholiques furent exploitées avec art et se ruèrent aveuglement à l'assaut. Ces protestants, qui comptent presque autant de sectes que d'individus, ont, du moins, un lien commun, la haine du Pape. Dans la confusion de leurs concepts, ces innombrables sectes du protestantisme se partagent en deux branches, les conservateurs et les libéraux. Les conservateurs se tiennent à la dogmatique de Luther ou de Calvin avec les nuances qu'il leur plaît d'y introduire ; les libéraux rejetant toute dogmatique appuient sur le libre examen, dissolvent par l'acide rationaliste le corps des Ecritures et aboutissent au nihilisme. Les uns aveuglés par la haine, soutiennent un gouvernement qui, faisant la guerre à toute croyance, doit effacer aussi le protestantisme ; les autres, emportés par le fanatisme athée, font à cœur joie la guerre à tout symbole. Les Juifs leur viennent en aide. Toute foi appuyée sur la révélation surnaturelle, toute autorité dans les choses de la religion, leur est odieuse. Aussi de tout temps les hérésies trouvèrent-elles, dans les Juifs, de puissants auxiliaires. Les principes du Borussianisme sont d'ailleurs tirés de Talmud ; là où il est question du peuple choisi, les Juifs prussiens entendent qu'il s'agit de la Prusse. Ce n'est pas un cas accidentel, surtout en Allemagne, où l'utilité est la base de toute politique, que les Juifs y acquièrent une grande importance. Les ennemis du lord sont là dans leur élément.

Quatrièmement, les circonstances politiques ne pouvaient être plus favorables, humainement parlant, pour diriger le coup d'Etat contre l'Eglise, aussi l'on en profita. Il n'y avait aucune crainte de la part de l'Autriche et de la France vaincues ; ni l'une ni l'autre ne pouvait tendre la main aux catholiques, ni même élever la voix en leur faveur. Le Saint-Père était dépouillé de ses Etats et même de sa résidence ; abandonné de tous les gouvernements et courbé sous le poids de l'âge, quel secours pourrait-il porter à ses brebis opprimées ? Tous les évêques allemands et prussiens, à l'exception de deux, se trouvaient dans l'opposition contre le Pape. Cette circonstance, faussement interprétée, faisait croire à une division de l'Eglise, et cela en faveur de l'Allemagne. Enfin, on comptait sur la révolte soulevée contre l'église catholique par les professeurs et autres savants, qui se vantaient que « toute l'intelligence allemande catholique partageait leurs opinions. Pour ceux qui ne possédaient pas de profondes convictions religieuses, et par là ne connaissaient pas la force de la foi ni la puissance invincible de l'Eglise de Jésus-Christ, ce moment-là n'a-t-il pas dû paraître unique pour accomplir leurs rêves les plus chers, pour frapper ce vieil édifice ébranlé et l'anéantir à jamais ? C'était une tentation trop forte pour l'illustre, le hardi et heureux homme d'Etat.

Ces raisons, en effet, et ces circonstances n'auraient pu seules prendre corps : il fallait un agent pour les mettre en œuvre. Le chancelier de fer dut les saisir pour les convertir à ses ennemis. Depuis longtemps, il partageait ce rêve chéri de l'Allemagne, séparer de Rome les catholiques allemands et fonder une église nationale où prendraient place même les protestants. Quelle pensée pouvait être plus en harmonie avec les idées, les sentiments et les vœux de Bismarck, que le projet d'un Etat absolu ? A la vérité, il savait, dans l'occasion, faire taire ses préférences, mais ici la politique s'accordait parfaitement avec ses rêves de jeunesse. Pour nous, catholiques, nous ne pouvons pas comprendre qu'un homme élevé si haut par la victoire, pût se passer au cou l'ingrat carcan des persécuteurs ; pour lui, et rien ne marque mieux la faiblesse de l'homme, quand il crut le moment propice, il se jeta à corps perdu dans l'entreprise. Partout nous le voyons payer de sa personne ; il n'a même pas confiance dans le ministre de son choix. De tous les discours de Bismarck, il est aisé de conclure que c'est lui qui a mis en mouvement toutes les puissances de l'enfer, qui, jusqu'alors, ne grinçaient les dents que dans l'ombre contre l'Eglise. Le chancelier Bismarck, voilà le promoteur effectif, voilà la cause efficiente de la persécution prussienne.

L'empereur Guillaume, qui n'était qu'un soldat, se laissa aisément gagner. Le désir de la domination ne lui était pas étranger ; puis la soif de la gloire, sa sœur naturelle, et, comme l'ambition, fille de l'orgueil. On conta au roi que la nécessité historique, ou, pour parler plus chrétiennement, la Providence l'appelait à accomplir la plus grande des œuvres, une œuvre devant laquelle pâlissaient ses victoires, et le vieux roi se laissa persuader. La pensée qu'il se vengerait sur Rome des prétendus torts faits aux Hohenstaufen, qu'il acquerrait par toute l'Allemagne une popularité sans exemple, et affermirait par là sa dynastie sur le trône, le firent adopter les plans de Bismarck. Si l'ange du Seigneur lui avait montré, à bref délai, l'Allemagne chrétienne hostile à son trône, l'Allemagne révolutionnaire ennemie jurée de sa dynastie, son fils pris d'une tumeur à la gorge, son petit-fils menacé à la poitrine, son arrière petit-fils menacé du trône, sans avoir, pour l'assister, ni Moltke, ni Bismarck, peut-être le vieux roi ont-ils hésité; tout au contraire, il crut prévoir pour ses successeurs un accroissement par la persécution et voulut profiter du moment propice pour briser cet ennemi de l'Allemagne qui ne pourrait jamais être favorable à l'empire protestant : il jeta le dé à la fortune.

Avant de commencer les hostilités, Bismarck essaya d'intimider les catholiques par des menaces dans les journaux à sa dévotion ; il oublia qu'on ne peut, ni faire peur à l'Église ni la surprendre ; et recourant aux artifices de mélodrame, il se représenta comme poussé à bout par les excès du jésuitisme et contraint bien malgré lui, la bonne âme! de se défendre contre ces féroces adversaires. Toujours suivant la rubrique des bons apôtres, il déclara ne vouloir *en rien* (c'était sa formule) toucher à l'Église. Après ces menaces couvertes, il commença l'attaque sur deux points : à Berlin, en supprimant la section catholique du ministère des cultes ; en province, en soutenant, contre l'évêque de Warmie, un prêtre excommunié. La section catholique n'avait que voix consultative ; sauf un membre, elle se composait que de protestants. Quant au ministre, il était toujours protestant, vicaire général du roi pour les affaires ecclésiastiques. Le roi est le pape du protestantisme. L'existence de ce décastère ne devait donc inspirer, aux protestants, aucune crainte ; c'était seulement une marque d'entente cordiale, et comme on voulait la rompre, on ne voulut pas s'en payer l'hypocrisie. Cette suppression écartait jusqu'à l'ombre possible d'une résistance et devait cacher, aux catholiques, les projets du gouvernement ; elle montrait ainsi que le gouvernement n'avait plus aucun souci d'être instruit des intérêts catholiques. Cette section fut donc supprimée simplement sur l'allégation gratuite de son inutilité.

Le second coup portait atteinte à la juridiction d'un évêque et à la foi. Le professeur de religion du Lycée de Braunsberg avait refusé de se soumettre à l'infaillibilité. L'évêque, après les admonitions canoniques, le frappa d'excommunication et présenta, pour cette charge, un autre titulaire. Le gouvernement refusa le second professeur, et maintint l'abbé Wolmann, professeur hérétique, dans la charge d'enseignement catholique. Les parents s'opposèrent à ce que leurs enfants, dans la patrie du libre examen, fussent contraints à un enseignement que réprouvait leur croyance ; le gouvernement menaça d'expulsion immédiate tous les enfants qui ne suivraient pas le cours de l'excommunié. « La conduite du gouvernement, dit Janisrewski, ne fut approuvée que par la presse ministérielle ; les protestants sérieux, quoique hostiles à l'Église catholique, la condamnèrent. Ainsi le premier pas du gouvernement dans la voie de la persécution fut un échec. Violer et fouler ainsi aux pieds, tout à la fois et d'une manière si évidente, tout principe de droit, de justice, de logique et toute la liberté de conscience assurée par la constitution, était un acte compromettant et maladroit aux yeux d'un esprit juste. Depuis lors, aucune marque ne suffit plus pour cacher les machinations du gouvernement, surtout aux yeux des catholiques. Cet avis, énoncé par l'autorité ministérielle, que la reconnaissance ou la non-reconnaissance du dogme de l'Infaillibilité n'influe en rien sur la position d'un habitant du pays vis-à-vis du gouvernement, et encore moins sur celle d'un employé, est simplement une vaine phrase ; car qui doute en Prusse que la créance ou la non-créance de l'Infaillibilité du Pape n'est pas l'objet d'une loi pénale ? Du reste, s'agissait-il ici du citoyen Wolmann ou bien, dans la personne de l'abbé Wolmann, n'y avait-il qu'un employé prussien, tenant son office de professeur de religion catholique du gouvernement seul ? Son caractère officiel vis-à-vis du gouvernement ne reparait-il pas nécessairement sur le fondement de son caractère ecclésiastique, et ne devait-il pas être ruiné de fond en comble, par l'excommunication ?

Il ne s'agissait en réalité dans cette affaire, ni du dogme de l'Infaillibilité, ni d'aucun autre dogme, car il n'appartient pas au gouvernement d'examiner, ni de prononcer sur les dogmes catholiques. La question simple et claire était celle-ci : le gouvernement a-t-il le droit de regarder comme professeur de religion et de maintenir comme tel, un prêtre d'un culte quelconque, quand celui-ci a été canoniquement excommunié par ses supérieurs ecclésiastiques légitimes ? Ni la loi, ni aucune coutume, ni le bon sens, ne peut concéder ce droit à aucun gouvernement, sans violer les principes de la liberté religieuse et de la conscience.

C'est une violence et un despotisme contre lesquels l'Église a combattu 300 ans avec le paganisme seul, sans compter l'hérésie ; pour acheter sa liberté, des millions de martyrs ont sacrifié leur sang et leur vie ; cette violence était d'autant plus déraisonnable en Prusse, que l'excommunication ecclésiastique n'entraînait aucune peine civile. La maladresse avec laquelle le gouvernement s'est emparé de cette affaire, le manque d'habileté et de savoir faire avec lequel il l'a conduite est une preuve évidente de l'impatience avec laquelle il guettait le moindre prétexte, pour commencer la persécution depuis longtemps projetée. Ceci ouvrit les yeux aux catholiques sur les procédés du gouvernement et sur ce qu'ils avaient à en attendre. Dès lors ceux-là seuls, qui voulaient s'illusionner, purent encore être trompés (1). »

Devant une oppression aussi inouïe de consciences, les feuilles protestantes furent réduites à se taire. La haine de la religion et de l'Eglise les privait de bon sens et de justice ; les protestants moins passionnés leur en faisaient même le reproche. A la dernière heure, lorsque le centre préparait une interpellation ces feuilles commencèrent à rougir et finirent par se déclarer contre le gouvernement qui forçait les enfants à suivre les cours de Wolmann. Les discussions à la Chambre forcèrent Bismarck à battre en retraite ; mais le centre fut seul à le combattre ; à sa courte honte, le chancelier révoqua l'obligation d'assister au cours. Le premier acte positif de persécution n'aboutit qu'à un échec.

Bismarck prit alors un détour ; il se servit du ministère bavarois et de son chef, Lutz, patron avéré des vieux catholiques, pour diriger une loi exceptionnelle contre les prédicateurs. Le ministère de la parole est le mandat propre de l'Eglise ; à ce titre, la police de la chaire lui appartient ; et c'est son intérêt de la maintenir dans de justes bornes ; autrement, à faire retentir en chaire les accents de la passion politique, il y aurait tout à perdre et rien à gagner. Aussi les évêques ont-ils dès longtemps réglé la discipline de la prédication et les prêtres fidèles n'ont garde de contrevenir aux injonctions des évêques. Quoique aucun fait ne motivât la présentation de cette loi, le ministre Lutz, à la dernière heure de la session parlementaire, fit noter ce paragraphe : « Un ecclésiastique ou autre desservant de l'Eglise, qui, pendant l'exercice ou à cause de l'exercice de son ministère, en présence d'une multitude, dans une église, ou dans un autre lieu destiné aux réunions du culte, devant plusieurs personnes, a pris les affaires de l'Etat comme thèse de ses discussions, s'il le fait de manière à mettre en danger la tranquillité publique, sera puni par un emprisonnement, ou détention dans une forteresse, qui pourra durer jusqu'à deux ans. » Les paragraphes 130 et 131 du Code pénal, obligatoire pour tout l'Empire, menaçaient déjà de peine toute propagation *malicieuse* et toute *fausse affirmation* de faits, dans *le but* de rendre méprisables les règlements de l'Etat ; ils suffisaient pour tous les autres citoyens, pourquoi pas pour les ecclésiastiques ? « Parce que, répond la loi, on peut miner le respect dû aux règlements du pays, sans inventer ou contourner les faits, et aussi sans dessein d'exposer au mépris ces mêmes règlements ». Ainsi tout citoyen, devant un tribunal, avait, pour délit de fausse nouvelle, le droit de se défendre ; il pouvait prouver qu'il n'avait pas l'intention d'exciter au mépris du gouvernement et que les faits qu'il avançait étaient vrais. A l'ecclésiastique, ce droit était interdit ; il ne pouvait prouver ni que ce qu'il avait dit des institutions du pays était la vérité, ni que la manière dont il s'était exprimé excluait toute intention malicieuse. Voilà en quels termes le conseil fédéral présentait, au parlement de l'empire, la loi Lutz.

Le gouvernement usait de tous les moyens possibles, des souvenirs nationaux, des anniversaires de victoires, de la naissance de l'Empereur, pour faire proclamer en chaire les gloires de l'Empire. Et, par une contradiction grossière, lui qui portait la politique en chaire voulait interdire à la chaire la politique. La conséquence à tirer de là c'est qu'au retour des anniversaires nationaux, les curés catholiques devaient garder le silence. Les prêtres sont hommes, les ministres protestants pouvaient excéder comme les prêtres catholiques : pourquoi la loi les dérobait-elle à ses atteintes ? D'autre part, les socialistes attaquaient sans cesse la constitution et les lois de l'Empire ; et personne ne proposait de loi pour les réprimer : pourquoi contre les catholiques cette exception ? Par le fait de la loi, le clergé ne pourra plus combattre les doctrines révolutionnaires, et c'est une force de moins pour la défense sociale, une prime offerte à la propagande des idées subversives. D'ailleurs le ministère évangélique a pour but de rattacher aux années éternelles les réalités de la vie présente ; il a, pour objet, un devoir de censure contre tous les excès, même des têtes couronnées ; si cette charge glorieuse devient un péril, un Ambroise ou un Chrysostome n'y verra qu'une raison de plus pour parler avec force : apôtre de la vérité, il en sera aussi joyeusement le martyr. Les autres cultes ne sont pas jugés dignes d'attaque, parce qu'ils ont perdu le caractère de religion ; le gouvernement réserve, à l'Eglise, la préférence de ses fureurs. Désormais, il enverra ses commissaires déguisés dans les églises et la prédication ne sera plus pour lui que ce qu'elle était pour les pharisiens, une occasion de prendre Jésus-Christ dans ses discours. Dès que, parmi les ouailles de pasteur, il se trouvera quelque faible esprit et quelque faible cœur, pour se venger des plus justes réprimandes, il n'aura plus qu'à déposer plainte au parquet. Le gouvernement se hâtera d'instrumenter, de grossoyer, de broyer du noir et d'envoyer en prison les vaillants apôtres de la vérité. Malgré toute sa bonne volonté, il ne trouvera à procéder que contre cinq ou six prêtres que le gouvernement aura eu intérêt de punir. Rien ne prouve mieux l'inutilité de la loi et l'iniquité de la persécution.

Le quatrième coup dirigé contre l'Eglise, eut lieu en février 1872, cette fois dans la

---

(1) *Hist. de la persécution*, p. 94.

chambre prussienne ; Bismarck se présenta de sa personne pour exclure l'Eglise de l'école. L'école, pour l'instruction et l'éducation de la jeunesse, ne peut pas être, pour l'Etat, chose indifférente ; il doit toujours y exercer un certain contrôle ; mais il ne peut en exclure ni les parents, ni les prêtres. Les parents doivent aux enfants les soins corporels et spirituels ; l'accomplissement de ce devoir crée un droit sacré, contre lequel tout ce qui se fait constitue un attentat. Les prêtres, chargés par Dieu de procurer le salut des âmes, doivent y pourvoir, par la collation des grâces sacramentelles et par le ministère de la prédication, qui embrasse l'instruction et l'éducation des enfants : exclure les prêtres de l'école, c'est un crime contre Dieu ; c'est aussi un crime contre l'ordre social et politique ; car, communément, les enfants empoisonnés dès le berceau sont de mauvais époux, de mauvais pères et de mauvais citoyens. Depuis 1850, la constitution prussienne garantissait la liberté d'enseignement : d'un côté, le droit d'enseigner par la parole et par la presse ; de l'autre, la faculté de s'instruire dans une école quelconque, sans être forcé de fréquenter les écoles de l'Etat. Dans un pays où coexistent différentes confessions, le gouvernement, pour se montrer impartial et rester juste, devait tenir grand compte des droits sacrés de l'Eglise et des pères de famille. Dans sa conception d'Etat visant au despotisme militaire, Bismarck voulut écraser toute cette économie ; il voulut dresser l'esprit dans l'école comme il dressait les corps dans la caserne. De toutes les tyrannies que les hommes peuvent exercer sur leurs semblables, il n'y en a pas de plus révoltante et qui s'en rend coupable sort de la catégorie des hommes politiques pour entrer dans celle des malfaiteurs.

Quelques doyens et curés du grand duché de Posen, de la Prusse occidentale et de la haute Sibérie, en exerçant leurs fonctions de surveillants des écoles primaires, avaient donné, disait-on, plus d'attention à la langue polonaise et à l'Eglise catholique qu'à la langue allemande. Dans cette circonstance, le gouvernement apercevait un préjudice envers la langue et la nationalité allemandes. Pour empêcher à l'avenir cet abus, le gouvernement proposa que la surveillance des écoles élémentaires, appartenant jusqu'alors aux curés dans les paroisses, et aux doyens dans les décanats leur fût entièrement ôtée et remise entre les mains d'employés de l'Etat, nommés par le gouvernement pour remplir ces fonctions et rétribués par le trésor public. Ce qui parut le plus extraordinaire dans cette loi et ce qui choque à la fois la logique, la justice et la liberté individuelle c'est le règlement qui oblige le clergé de continuer à remplir gratuitement ces fonctions là où le gouvernement ne nomme pas des inspecteurs séculiers, et cela jusqu'à ce que l'on trouve bon de les remplacer. Mais si une nécessité de principe et la sécurité de l'Etat exigeaient l'expulsion du clergé des écoles, comment pourrait-on l'y laisser à l'avenir, et cela tout à fait contre le gré du législateur ? Je dis contre son gré, car cette loi n'était qu'une parcelle détachée de l'article 26 de la loi sur l'éducation, qui alors n'était encore qu'annoncée. La saine raison, le compte qu'il fallait tenir de l'ensemble de la loi projetée n'exigeaient-ils pas qu'on ajournât la présentation d'une petite partie qui faisait préjuger les principes essentiels de l'ensemble ? Les soidisant abus (que nous savons avec certitude n'avoir pas existé) de plusieurs curés et doyens étaient-ils si dangereux pour l'intégrité de la monarchie prussienne, qu'on ne pût pas demeurer dans le *statu quo* jusqu'à la présentation à la diète de toute la loi sur l'éducation ? Mais si le danger était réellement si grand, pourquoi conserver les doyens et curés à leurs postes d'inspecteurs pour un temps illimité ? Comment comprendre cette anomalie ? De plus, les lois existant jusqu'alors n'offraient-elles pas au gouvernement des moyens efficaces pour réprimer ces abus supposés, si vraiment le gouvernement les envisageait de la sorte ? En effet, quiconque connaît un peu la législation prussienne dans cette matière, sait que toutes les écoles étaient sous l'empire d'une espèce de monopole relatif. Le gouvernement ne manquait donc pas de moyens pour empêcher le mal ou ce qu'il regardait comme tel.

Le parti libéral guettait depuis longtemps le moment propice de soumettre absolument les écoles au monopole et de former, avec l'appui de l'Etat, une génération hostile à l'Eglise. L'Etat avait repoussé ces décevantes théories ; Bismarck l'y fit venir. En éloignant l'Eglise de l'école, il limitait l'influence du clergé sur le peuple et se rendait maître absolu de l'enseignement et de l'éducation. Ce qu'était pour le soldat le casque et l'uniforme, l'école devait l'être même pour l'enfant. Aucun établissement d'instruction particulière ne pouvait se maintenir sans être formé sur ce modèle. Cette question scolaire, tranchée si inconsidérément, mettait de côté toutes les traditions nationales, opprimait les consciences et le droit du père de famille, violait tout droit humain et divin ; elle devait donc provoquer une réaction inévitable et peut-être un jour ébranlerait-elle l'Etat. En attendant l'heure des catastrophes Bismarck se précipitait avec l'âpreté de sa rudesse aveugle ; il prenait ses maîtres et ses inspecteurs parmi les serviteurs de la politique et jetait le gant à l'Eglise. Les inspecteurs défendaient aux enfants de saluer à la manière chrétienne ; d'autres jetaient hors de l'école les crucifix et les images saintes ; d'autres attaquaient les saintes Ecritures et les règles les plus élémentaires de la pudeur. De quelle amertume ne doit pas être rempli le cœur du pauvre, quand, de l'argent gagné à la sueur de son front, il doit payer de semblables maîtres et se voir contraint d'envoyer ses enfants à l'école de la corruption. Cette douleur est d'autant plus sensible, qu'auparavant l'inspection de l'école était gratuite et confiée à des personnes compétentes et respectables, sur lesquelles la conscience pouvait se reposer. Le gouvernement qui, autrefois, manquait d'argent pour fonder des écoles dans les paroisses catholiques, prodigue maintenant son or pour payer les nouveaux maîtres et s'applique à déraciner la foi dans les âmes innocentes. On ne saurait trop flétrir cette abominable politique.

La cinquième attaque fut dirigée contre les Jésuites, et, en leur personne, contre l'Eglise même. L'affaire du diocèse de Warmie, la loi Lutz, l'inspection des écoles n'étaient, en comparaison, que des jeux d'enfants ; ici, on veut une loi des suspects, et l'on va à la proscription. Le complot des professeurs de Munich avait le premier poussé contre les Jésuites. Les vieux catholiques, réunis en congrès à Munich et les protestants réunis à Darmstadt, avaient répondu à ces provocations. Les loges maçonniques avaient pris part à l'agitation et les feuilles officielles avaient réchauffé les vieilles calomnies. Les évêques, voyant se former l'orage, protestèrent successivement contre ces accusations. A l'exemple des évêques, le clergé, les congrégations d'ouvriers, les corporations, les sociétés, la noblesse, enfin tout ce qui était resté catholique, adressait des pétitions au Parlement. Le rapporteur de ces pétitions osa être juste : « Les Jésuites, dit-il, étaient loin de faire du prosélytisme et de fomenter la discorde entre les différents cultes. C'est pourquoi leurs travaux ont reçu l'approbation des protestants eux-mêmes. La démocratie seule s'acharne contre eux, parce qu'ils se posent toujours en apôtres du pouvoir, tant ecclésiastique que séculier, et qu'ils arrachent sans ménagement au socialisme le masque trompeur avec lequel il séduit les masses. Les adeptes de la démocratie les appellent des agents vendus au gouvernement et les menacent de pamphlets. Les indifférents qui, depuis vingt ans, n'avaient pas mis le pied dans une église, ont été obligés d'avouer, à leur honte, qu'ils ont vu dans ces hommes une force et une profondeur de foi qu'ils ne croyaient plus possible dans notre siècle. Tous les landrath sont unanimes et ne peuvent assez laver les résultats sanitaires des missions. Ces résultats se montrent non seulement au dehors par l'amélioration des mœurs, l'honnêteté, la cessation de la contrebande, de l'ivrognerie, des danses nocturnes, des délits, etc., mais par le réveil de l'esprit chrétien, par la modestie, l'union dans les ménages, entre les parents et les enfants, les maîtres et les serviteurs, ainsi que dans les rapports domestiques, de la vie de famille et de société ! »

Au témoignage du rapporteur s'ajoutèrent les hommages plus explicites des landrath. La vie et les travaux apostoliques des Jésuites obtenaient la reconnaissance de leurs ennemis. Ces documents dérangèrent un peu les plans de Bismarck. Aussi, quand l'affaire vint en discussion, les libéraux, offusqués par tant de lumières, ne voulurent plus de discussion. Deux orateurs seulement purent se faire entendre en faveur des religieux qu'on voulait proscrire ; quant aux adversaires, ils ne se donnèrent pas la peine de répondre ; l'un d'eux, démasquant les batteries des sectaires, s'écria : « Il n'y a point d'autre moyen ; *écrasez l'infâme.* » L'infâme, c'est Jésus-Christ et tout ce qui le représente ; la grande puissance protestante parle de l'écraser. On statua : « Que toutes les pétitions envoyées au parlement seraient envoyées au chancelier avec les recommandations suivantes : 1° Qu'il tâche d'établir dans les limites de l'Empire une loi publique qui puisse garantir suffisamment la tranquillité religieuse, l'égalité des cultes et protéger les citoyens du pays contre la tyrannie ecclésiastique empiétant sur leurs droits. 2° Qu'il présente en particulier au parlement un projet de loi qui, en vertu de l'article 4, n°s 13 et 16, de la constitution de l'Empire, règle la position légale des ordres religieux, des congrégations et des associations, et dans quelles conditions ces ordres peuvent être admis dans le pays ainsi que leur action, surtout celle de la « Compagnie de Jésus », dangereuse pour l'Empire, et la manière de leur imposer des peines. » Bref, le nouvel empire protestant, libre-penseur et radicalement impie d'Allemagne se croyait dans la nécessité de se défendre par l'extirpation du catholicisme. Après divers tripotages de cuisine parlementaire et toute honte bue, le Riechstag vota, pour le chancelier, une loi portant : 1° L'ordre des Jésuites ainsi que tous les ordres ou congrégations qui lui sont affiliés, sont exclus des frontières de l'Empire. La fondation de nouvelles maisons est défendue. Les maisons existantes doivent être dissoutes dans un temps déterminé par le conseil fédéral, qui ne doit pas cependant dépasser six mois.

2° Les membres de la société de Jésus, ainsi que de tous les ordres ou congrégations qui lui sont affiliés, pourront être chassés des frontières de l'Empire, s'ils sont étrangers ; s'ils sont du pays, on peut leur défendre ou leur assigner un lieu de résidence.

3° Les ordres relatifs à l'exécution de cette loi seront donnés par le conseil fédéral.

La loi était draconienne, son exécution fut encore plus dure. Le conseil fédéral, chargé de l'application, défendit aux Jésuites toute fonction monastique, dans l'église, dans l'école et dans les missions ; et par le mot élastique de *fonctions,* il visait la plupart des actes du ministère sacerdotal. La police se chargea d'exagérer encore les ordonnances du conseil fédéral et défendit aux Jésuites même de dire la messe. Exécuter la loi de cette façon équivalait à expulser tous les Jésuites et par là des citoyens de l'Empire. Au fond,

Bismarck proscrivait l'observance des conseils évangéliques et gênait la liberté des vocations; il empêchait les évêques et les prêtres de s'aider du secours des religieux; il privait les fidèles de ce surcroît d'efforts et de vertu; il frustrait le siècle du bienfait des exemples des cénobites; enfin il restreignait formidablement la liberté de l'Eglise. « En général, dit Mgr Janiszewski, là où l'Eglise a le droit d'exister, elle a le droit d'être telle qu'elle est, c'est-à-dire avec les ordres religieux qui lui appartiennent. Les ordres religieux ne sont pas un fait du hasard, mais une institution appartenant à l'essence de l'Eglise. Là où l'Eglise n'a pas le droit de fonder des ordres religieux, sa liberté est limitée, elle ne peut développer toutes ses forces vitales. Aucun Etat ne peut, sans empiétement, lui refuser ce droit ».

Le but du gouvernement était visible, avant d'attaquer l'Église il avait voulu l'affaiblir; maintenant il allait pénétrer au cœur de la place. Parmi les actes les plus violents de la persécution, nous comptons les lois suivantes, sanctionnées au mois de mai 1871 : 1° De l'éducation du clergé et de la nomination aux postes ecclésiastiques; 2° De l'autorité disciplinaire ecclésiastique; de la formation d'un tribunal royal pour les affaires de l'Eglise; 3° De la limite des droits concernant les peines ecclésiastiques et les moyens disciplinaires; 4° De la sortie de l'Eglise. Au parlement de l'Empire, où dominaient les libéraux, valets ordinaires de tous les pouvoirs persécuteurs, il fallut tout juste quatre jours pour fagoter ces quatre lois de persécution.

La première de ces lois statue d'abord que, pour remplir les fonctions ecclésiastiques en Prusse, il faut être allemand, avoir fait ses études à la prussienne et n'avoir encouru aucun blâme du gouvernement. Pour être admis à remplir ces fonctions, il est indispensable de passer un examen de maturité dans un gymnase allemand, de suivre trois ans les cours de théologie dans une université, et de subir avec succès un examen théologique du gouvernement. Cet examen doit prouver que le candidat possède une instruction suffisante en philosophie, histoire et littérature allemande; pendant qu'il s'y prépare, l'élève n'a pas le droit d'appartenir à un séminaire; les établissements destinés à l'éducation des clercs sont d'ailleurs soumis à la surveillance du gouvernement. Les supérieurs ecclésiastiques, évêques ou administrateurs de diocèses sont obligés, pour nominations aux postes ecclésiastiques, de désigner le poste vacant et de présenter le sujet nommé, au premier président de la province; la nomination n'est valable que par son accueil. Si le supérieur différait de nommer, il serait mis à l'amende; et s'il nomme sans l'agrément civil, il est passif également d'amende. Les étrangers qui, avant la promulgation de la présente loi, occupaient déjà des emplois, doivent, sous peine de perdre emplois et émoluments, se faire naturaliser dans les six mois.

La seconde loi, relative à l'autorité disciplinaire, n'affecte pas une moindre portée. Le pouvoir disciplinaire ecclésiastique ne peut être exercé que par des autorités ecclésiastiques *allemandes* et toujours en forme de procès, les peines corporelles étant exclues. Chacun a le droit d'en appeler aux autorités civiles, contre les arrêts de l'autorité ecclésiastique : 1° Si l'arrêt a été rendu par une autorité « supprimée par les lois du pays ». 2° Si les ordonnances de cette loi n'ont pas été accomplies; 3° Si la peine n'est pas autorisée par la loi; 4° Si l'arrêt a été prononcé : *a)* pour une action ou bien pour une omission à laquelle les lois du pays et les règlements de l'autorité civile obligent; *b)* pour l'accomplissement ou non des droits d'élection et pour des votes; *c)* pour avoir usé du droit à l'appel dans le cas : 1° de privation d'emploi, ou de toute autre peine contre le gré du délinquant, et lorsque cette sentence est évidemment contraire aux lois ou aux principes généraux des lois du pays; 2° dans le cas où, après une suspension téméraire, la procédure serait exposée à durer trop longtemps. Tout ecclésiastique, frappé d'un arrêt, possède le droit d'appel. Non seulement l'inculpé a le droit d'en appeler, mais même si l'intérêt public l'exige, *le premier président a le droit d'en appeler pour lui, et cela même contre sa volonté.* Les ecclésiastiques, qui offensent gravement les lois du pays, se rapportant à leur office ou les ordonnances du même genre, ou qui, laissés dans leur emploi, seraient une cause de trouble pour l'ordre public, peuvent être, à la demande des autorités gouvernementales et par un arrêt judiciaire, destitués de leur charge. Les résultats de la destitution sont l'incapacité de remplir l'emploi, la perte des revenus et la vacance du poste. Pour décider et juger ces sortes d'affaires, il est établi, à Berlin, un tribunal royal, composé de onze membres, à la dévotion du ministre. Ces deux lois forment une sorte de constitution civile du clergé et posent en principe l'anéantissement de l'Eglise. Au lieu de tant d'articles de lois, il eut été plus simple de dire : « Il est défendu, en Prusse, de professer la religion catholique ».

La troisième loi complète la seconde et la quatrième est une porte ouverte à l'apostasie. La discipline ecclésiastique, qui, en droit, appartient à l'évêque, par le fait de son contrôle, est remise à l'autorité civile. L'évêque peut encore infliger des peines, mais elles ne sont exécutoires qu'avec la sanction du gouvernement, et, trait particulièrement ridicule, avec l'assentiment du condamné. Afin d'éviter, au moins en apparence, le reproche que le gouvernement séculier veut s'immiscer dans des affaires essentiellement spirituelles, on changea les termes. Au lieu de dire *appel comme d'abus*, on dit, *recours contre les abus*. La différence entre l'un et l'autre consistait en ce que la juridiction séculière, dans le recours en cassation, n'a pas le droit d'examiner la chose en elle-même, ni dans son application au droit canonique, mais doit veiller officiellement pour empêcher l'empiètement de la discipline ecclésiastique sur la législation civile. Seulement comme la loi civile contredit en tous points la loi canonique, qu'elle soustrait aux évêques l'éducation, la nomination et le gouvernement du clergé, il s'ensuit que son application supprime tout le droit de l'Eglise. L'Eglise continuera, si elle le veut, d'appliquer un droit, à ses risques et périls ; mais l'Etat en détruira, par le recours contre les abus, toutes les applications. L'abus auquel veut remédier Bismarck, c'est la loi de l'Eglise ; la justice qu'il veut sauvegarder, c'est son propre absolutisme. Le gouvernement usurpe le pouvoir suprême de l'Eglise catholique en Prusse. Que faut-il pour organiser l'Eglise territoriale prussienne ? Frédéric-Guillaume avait déjà formé son église évangélique, par la fusion des Calvinistes et des Luthériens. Guillaume veut former une église nationale par la fusion des catholiques avec les évangéliques. La loi de Cortée offre, aux vieux catholiques, une prime d'encouragement. Le tribunal pour les causes ecclésiastiques est à la dévotion du roi et le roi de Prusse c'est, dans le système de Bismarck, aussi le Pape de Prusse.

En résumé, les lois de mai constituaient l'anéantissement complet du pouvoir épiscopal et pontifical, la dissolution de l'organisation de l'Eglise, depuis le fondement de l'édifice jusqu'au faîte. Le Pape était exclu, les évêques ne pouvaient plus rien. L'autorité et la discipline prussiennes remplaçaient la discipline et l'autorité ecclésiastique. C'était miner et dissoudre l'œuvre surnaturelle de l'éducation et du gouvernement du monde ; c'était livrer le pays à la violence. Au fait, il y avait, en Prusse, une constitution qui garantissait, aux diverses communions, la libre confession de leur foi. Les membres du centre avaient prouvé, par des arguments incontestables, que les lois de mai étaient en opposition directe avec la constitution prussienne. Pour des gens sans foi et sans conscience, une feuille de papier pouvait-elle être un obstacle ? Pour les défenseurs de l'Etat absolu, la constitution devait cesser d'être, pour le pouvoir civil, une barrière. Il fut résolu qu'on changerait les articles de la constitution. La commission, chargée d'élaborer ce changement, se mit à l'œuvre et proposa les modifications suivantes aux articles 15 et 18, ainsi conçus :

Art. 15. — L'Eglise protestante et l'Eglise catholique romaine, ainsi que toute association religieuse, administrent et dirigent personnellement leurs affaires, restent dans la possession et la jouissance de leurs legs et fonds destinés aux cérémonies du culte et institutions d'éducation et de bienfaisance.

Art. 18. — Le droit de nomination, de présentation, de choix et de confirmation aux postes ecclésiastiques, en tant qu'il dépend de l'Etat et repose sur le patronage ou autres titres légaux est supprimé.

Pour l'occupation des postes ecclésiastiques dans l'armée et dans les établissements publics, ce règlement ne sera pas adopté. Il sera modifié de la manière suivante.

Art. 15. — L'Eglise protestante et l'Eglise catholique, ainsi que toute association religieuse, administrent et dirigent personnellement leurs affaires, *elles restent cependant soumises aux lois et à la surveillance de l'Etat.*

La même restriction doit être adoptée à toute société religieuse étant en possession et jouissant de ses legs et fonds destinés aux cérémonies et institutions d'éducation et de bienfaisance.

Art. 18. — Cet article a été conservé mot à mot comme l'ancien, seulement on y ajouta cette restriction :

D'ailleurs les lois de l'Etat règlent la conduite à suivre concernant l'éducation, la nomination aux postes et la révocation des ecclésiastiques et desservants de l'Eglise, et établit des limites à l'autorité disciplinaire.

En d'autres termes, la constitution avait garanti l'indépendance de l'Eglise ; les libéraux lui retirent cette garantie. Pourquoi ce changement ? Parce que les libéraux, en édictant la liberté, croyaient déchaîner un fléau contre l'Eglise ; maintenant, après avoir éprouvé la vitalité indestructible de l'Eglise, ils font volte-face et arment l'Etat de toutes les rubriques de la tyrannie, pour que Bismarck, au nom de l'absolutisme royal, puisse écraser l'Eglise et terroriser les consciences. Autrefois, les libéraux ambitionnaient le pouvoir et, pour y atteindre, promettaient la liberté ; ils savaient d'ailleurs que les classes moyennes et encore moins le peuple, n'étaient pas mûres pour leur impiété radicale, et ils se refusaient à dévoiler leurs desseins attentatoires à l'orthodoxie. Aujourd'hui, ils croient les ravages des âmes assez profonds et ils en appellent à l'intelligence allemande pour opprimer l'obscurantisme catholique. Leur conduite criminelle envers l'Eglise, est criminelle aussi contre leurs théories. Le libéralisme aboutit, par l'apostasie, à la banqueroute.

Dans la discussion de cette revision constitutionnelle, un ancien secrétaire d'Etat, Gruner, parla ainsi : « On peut se déclarer contre ces lois pour différents motifs ; mais il y a un point indubitable et sur lequel on ne peut pas se faire d'illusion : si ces projets sont acceptés, alors, Messieurs, *rayez de nos institutions intérieures tout principe de liberté* ; si vous les sanctionnez, alors, au lieu du grand principe de la liberté, vous placez un système de contrôle bureaucratique, une immixtion bureaucratique en toutes choses ; si vous acceptez ces projets, alors, non seulement vous arrêtez le développement de nos rapports avec l'Eglise, mais encore vous retournez en arrière, *jusqu'aux temps du plus complet absolutisme !* » Après un court résumé d'histoire, où il dit combien la conquête de cette liberté a coûté de luttes, comment les plus illustres esprits et les plus grands caractères de tous les pays se sont efforcés de l'introduire dans leurs lois, il témoigne le désir qu'une personne de plus grande autorité que lui avertisse les partis libéraux, et obtienne d'eux qu'ils abandonnent la voie dangereuse où ils se sont engagés dans les deux chambres. Ensuite il continue : « Pour ces raisons (pardon si j'emploie une expression un peu rude), je regarde la conduite du parti libéral comme une espèce *d'apostasie*, voyant qu'il vote le contraire absolu de ses anciennes traditions, et cet éloignement des anciennes traditions est encore plus marquant dans le parti qui s'est le plus rapproché de la gauche, je parle ici du parti des progressistes qui s'est constitué en Prusse en 1861 et s'est partagé, en 1866, en national libéral et en progressiste. Ce parti dit textuellement dans son programme de 1861 : « Dans la loi sur l'instruction et surtout dans les lois concernant le mariage, nous réclamerons l'établissement du mariage civil pour séparer complètement l'Eglise de l'Etat. » Par conséquent, ce parti a adopté pour principe et pour tâche d'amener une complète séparation entre l'Eglise et l'Etat. Je vous demande donc, Messieurs, quelque opinion que vous ayez des projets, n'est-ce pas un fait notoire que ces lois renvoient à un avenir bien éloigné la réalisation de cette idée ? Assurément, pour cette démarche, nous nous éloignons du but que nous nous sommes proposé d'atteindre. C'est tout à fait la même chose que si quelqu'un voulant aller à Paris prenait le chemin de Pétersbourg. » En effet, on ne veut plus de la séparation ; c'est parce qu'elle serait favorable à l'Eglise, funeste au protestantisme et deviendrait, contre le vieux catholicisme, un arrêt de mort. On veut suivre un ordre inverse, mener à mort le catholicisme, galvaniser le cadavre du protestantisme et créer, aux vieux catholiques, des titres frauduleux de hoirie.

L'exécution des lois de mai, c'est-à-dire la persécution de l'Eglise catholique ne pouvait passer sans protestation. Pendant la préparation de ces lois, les évêques, par un memorandum collectif, en avaient dénoncé les excès. Il avait été facile aux prélats de démontrer qu'un évêque dépend du Pape et qu'il est indépendant de droit divin en regard du pouvoir civil. En vertu de son titre d'évêque, il a une triple obligation : garder le dépôt de la foi et de la morale ; former les prêtres et les instituer ; les surveiller dans l'exercice de leurs fonctions. Si des lois s'opposent à l'accomplissement de ces obligations, elles s'élèvent contre l'ordre de Dieu et sont nulles de plein droit. Après la promulgation des lois, les évêques élèvent de nouveau la voix. Dans une lettre pastorale, ils disent : En face des dangers qui menacent prochainement l'Eglise, vous avez uni à votre déclaration la promesse solennelle que, quoi qu'il arrivât, vous resteriez fidèles au Pape, notre commun Pasteur, l'instituteur de tous les chrétiens, à nous, ses évêques légitimes, et que vous partagerez nos luttes et nos souffrances comme vous partagez maintenant notre sollicitude. Ces témoignages spontanés et consolants de notre foi et de notre attachement à l'Eglise, qui nous parviennent de toutes parts, sont notre plus douce consolation dans ces temps orageux. Réunis pour d'importantes délibérations auprès du tombeau de saint Boniface, nous vous envoyons à tous, du fond de nos cœurs, des remerciements sincères pour ces témoignages réitérés de votre fidélité. Nous les garderons comme un souvenir précieux d'une époque douloureuse et à jamais mémorable pour l'Eglise ; nous nous reposons sur ces témoignages, avec une inébranlable confiance comme sur une garantie de votre inviolable fidélité, et nous vous conjurons, pour l'amour de Notre-Seigneur Jésus-Christ, de persévérer, quoi qu'il arrive, dans vos dispositions, afin de confirmer vos promesses par des actes. La grâce de Dieu ne nous fera pas défaut ; car celui qui a commencé son œuvre en vous, l'accomplira jusqu'au jour de Jésus-Christ.

« Les projets en question n'ont pas encore force de lois ; quoiqu'il arrive cependant, *avec la grâce de Dieu nous défendrons unanimement et constamment les principes exprimés dans nos mémoires, ces principes étant non pas les nôtres, mais ceux du Christianisme lui-même et de l'éternelle justice. Nous accomplirons ainsi notre devoir pastoral afin qu'à l'heure de la mort, devant le tribunal du Divin Pasteur qui nous a appelés et a donné sa vie pour ses brebis, nous ne soyons pas rejetés comme des mercenaires.* »

Aussitôt que cette circulaire, signée par tous les évêques de l'Etat prussien, parut dans les diocèses, les chapitres et le clergé s'empressèrent d'exprimer à leur évêque, leur fidélité immuable et leur résolution de tout souffrir pour la foi de Jésus-Christ. L'exemple du clergé fut bientôt suivi par les séculiers ; dans le seul diocèse de Posen-Quesen, il fut envoyé plus de quarante adresses. La chaire ne pouvait plus diriger les fidèles, on eut recours à la presse. Dans les diocèses allemands, la noblesse voulut aussi payer de sa personne. A ces protestations locales vinrent se joindre des protestations venues d'Autriche, de France, de Belgique, d'Angleterre, d'Italie et même d'Amérique. Le gouvernement prussien se voyait l'objet d'une réprobation universelle. Pour parer le coup, il imagina une contre-adresse qui fut rédigée par le roi de Prusse et endossée par le prince de Ratibor. Ratibor avait trempé, avec Stroussberg, dans l'affaire des chemins de fer de Roumanie ; son crédit ne portait pas loin ; les pauvretés de son adresse, la vieille rengaine surtout relative à la nécessité de défendre l'Empire, n'excitèrent que la pitié. Pour obtenir des signatures, il fallut persécuter les fonctionnaires : La signature ou la vie ! telle était la formule. Lorsqu'on eut bien éprouvé la difficulté d'en obtenir, on y renonça. Mais alors on eut recours à un autre subterfuge; on reconnut aux schismatiques de la faction Dœllinger la qualité de catholiques et on leur fit frairie, moyen détourné pour persécuter les catholiques. Ensuite on publia une lettre de Pie IX à Guillaume, et la réponse de Guillaume, aussi peu polie que possible, mais rachetant par l'outrecuidance doctrinale son défaut de politesse. Tous ces artifices avaient pour but de préparer des élections générales. On a beau s'appeler Bismarck, on ne gouverne qu'avec l'opinion, et, après de pareils attentats, il est difficile de garder son estime.

D'autre part, il se trouva des tribunaux pour battre en brèche la nouvelle législation. Le gouvernement alléguait que les prêtres destitués étaient sans titre canonique et que les mariages célébrés par eux étaient nuls. Le tribunal de Proda, dans le grand duché de Posen, déclara valable le titre de ces curés et valides, même au civil, les mariages célébrés par eux. Le gouvernement avait procédé contre les curés qui avaient béni ces mariages en vertu de leur titre canonique ; le tribunal de Tarnovitz, dans la Haute-Sibérie, déclara que ces curés n'avaient commis aucune faute et que toute procédure contre eux était une iniquité. Le tribunal de Cologne rendit un arrêt semblable et, par son jugement, protesta contre les sévices dont était l'objet un grand nombre d'ecclésiastiques. Le ministre des cultes, pris dans ce triple traquenard, crut se venger de ces humiliations, en publiant des instructions plus sévères. Chaque fonction des ecclésiastiques doit être l'objet d'une enquête pénale. Ces ecclésiastiques doivent être tourmentés de peines pécuniaires aussi longtemps qu'il ne se seront pas soumis aux nouvelles lois, et si, en agissant ainsi, on en venait au point que les prêtres ne pouvant plus payer les amendes, devront être jetés en prison, alors même on ne doit pas reculer devant cette éventualité, tant sont dangereuses les suites que peut amener le fonctionnement des prêtres illégalement institués. Ainsi, d'un côté, ces sentences de trois tribunaux tournèrent fort mal pour le gouvernement, mais, de l'autre, plus elles étaient sensibles pour lui et pour les deux corps législatifs, plus elles augmentèrent l'acharnement avec lequel sévissait la persécution.

Ce drame commença, au même moment, dans tout le pays qui s'étend des frontières de la France à celles de Lithuanie, depuis Hildesheim jusqu'aux frontières de l'Autriche. Le gouvernement tourna tous ses efforts de ce côté, si bien qu'on aurait pu croire qu'il n'avait pas autre chose à faire. Une impression douloureuse se faisait généralement sentir. L'épée de Damoclès était suspendue au-dessus de la chaire, les prêtres n'avaient plus aucune fonction dans les écoles, les communautés religieuses étaient expulsées du pays, le gouvernement ne voulait plus comprendre les intérêts de l'Eglise, l'Empereur lui-même avait élevé la voix pour accuser les catholiques ; toute la bureaucratie animée de ce même esprit d'hostilité manifestait sa malveillance à chaque pas, tandis que la presse officielle répandait partout son venin de calomnie et de haine. Tout catholique fidèle portait, pour ainsi dire, écrit sur son front, le nom « d'ennemi de l'Empire » comme au temps du paganisme chaque chrétien, *hostis imperii romani*. Les Polonais ne doutaient nullement qu'ils ne fussent attaqués les premiers. La haine profonde qu'on ressent pour celui qu'on a fait le plus souffrir, envers lequel on a eu le plus de torts, dirigea naturellement les premières attaques contre les Polonais et en particulier contre le grand duché de Posen. De plus, le gouvernement comptait beaucoup sur cette circonstance que l'archevêque Ledochowski ne jouissait pas d'un grand crédit auprès des Polonais, qui constituent la grande majorité de la population catholique du grand-duché. On supposait que le clergé polonais très patriote, bien qu'il lui eût envoyé des adresses et des députations, n'était pas au fond favorablement disposé pour l'archevêque ; on croyait enfin qu'il s'était aliéné les cœurs des prêtres en voulant les maintenir dans une discipline ecclésiastique plus sévère. Le gouvernement espérait donc qu'il lui serait plus facile qu'autre part de briser, dans le duché de Posen, les liens qui unissent l'évêque à son clergé et de faire ainsi une brèche d'une haute importance dans la phalange de la hiérarchie ecclésiastique.

L'attaque commença sur les écoles primaires. Chaque élève recevait l'enseignement religieux dans sa langue maternelle : s'il était polonais, c'était en polonais ; s'il était allemand, c'était en allemand. Le gouvernement prussien ordonna que l'enseignement religieux ne se donnerait plus qu'en allemand ; c'était décider qu'il ne se donnerait pas du tout, car la plupart des enfants n'entendaient pas cette langue. Dès que l'archevêque eut appris le coup cruel dirigé contre la population catholique de ses deux diocèses, il écrivit d'abord au gouvernement, puis au roi, mais sans succès. En présence d'une attaque si injuste et d'un silence si déraisonnable, le prélat ne pouvait se désintéresser du salut des âmes ; il maintint l'ancien droit. « Nous enseignons la religion aux enfants, dit-il, pour la leur faire connaître et non pour leur faciliter par là l'étude de la langue allemande. En user de la sorte, ce serait de notre part une offense sacrilège, commise contre la dignité, la majesté de la foi et la morale chrétienne. Nous enseignons la religion non seulement pour familiariser l'intelligence de l'homme avec les vérités révélées de Dieu et les préceptes de la vie chrétienne, mais avant tout afin d'inculquer à son cœur l'amour de ces vérités et la fidélité à ses préceptes. Il est donc de notre devoir d'enseigner cette doctrine de la manière la plus compréhensible à l'intelligence humaine et la plus accessible aux sentiments du cœur. Cette méthode consiste justement à employer dans l'enseignement de la religion aux enfants, la langue maternelle, dont les nuances les plus délicates sont connues à chacun et ne nécessitent, pour être saisies, aucune tension de l'intelligence. » On ne pouvait mieux dire ; mais il n'y a pire sourd que celui qui ne veut pas entendre. Le gouvernement somma aussitôt les professeurs de déclarer s'ils obéiraient à l'ordonnance du prélat ou à la volonté du gouvernement. Sur leur réponse, on les destitua et on priva à la fois les élèves des collèges polonais de l'enseignement régulier de la religion. D'ailleurs le gouvernement ne permit pas d'enseigner la religion hors des écoles, ni dans les locaux préparés à cet effet et quand l'archevêque transporta cet enseignement dans les églises, la police commença à poursuivre le clergé. De plus, il menaçait d'expulser des collèges les élèves réfractaires à sa tyrannie. En deux mots, le gouvernement supprimait l'instruction religieuse et menaçait de supprimer toute instruction.

Cette guerre à la langue et à la nationalité polonaise ne tarda pas à s'aggraver. Comme prélude, le gouvernement modifia le mode de paiement des traitements ecclésiastiques et, par le nouveau mode, s'appliqua à jeter la division parmi les gens d'église, ainsi qu'à les tenir sous son arbitraire. Pour persécuter à la manière basse de ce temps, le gouvernement crut faire merveille en s'attribuant la faculté de retenir les traitements. Ensuite il se prit aux séminaires. La bulle *De salute animarum* du 16 juillet 1821, avait statué qu'il y aurait un séminaire au moins dans toute ville épiscopale. Sous prétexte d'en inspecter l'enseignement, le gouvernement retint les pensions annuelles et déclara que les séminaristes, instruits sur la théologie, ne seraient plus aptes aux fonctions pastorales. L'autorisation fut ensuite retirée aux séminaire de Posen et de Paderborn ; ils durent être fermés. On agit de la même manière dans les autres diocèses, ou, comme à Paderborn, à défaut d'universités, on formait les prêtres dans les séminaires. C'était un renouvellement de la persécution de Dioclétien. Toutes les autres institutions catholiques partagèrent le sort des séminaires. Les petits séminaires de Guesdouk dans le diocèse de Munster et de Péplin dans le diocèse de Chalus, les pensionnats de Paderborn, de Trèves, de Munster, de Breslau et de Bonn, de Posen près du gymnase Sainte-Marie-Madeleine, ces vrais sanctuaires du travail intellectuel et des bonnes mœurs, furent fermés. Ce que le dévouement, la piété, le zèle, la munificence des évêques et des fidèles catholiques avaient réussi à fonder avec tant d'efforts, mais aussi avec tant d'avantages pour les classes inférieures, la persécution le détruisit d'une main barbare, au nom du progrès. Bismarck, pour anéantir le catholicisme, voulait détruire toutes les sources de la foi, de la science orthodoxe et des bonnes mœurs.

Bismarck conçut aussi ce projet satanique, pour hâter l'achèvement de son entreprise, de corrompre les établissements d'instruction religieuse pour les jeunes filles. Les premières victimes de ce système furent les Dames du Sacré-Cœur de Posen. Le chancelier s'occupa aussi des prêtres démérittants et prit des mesures pour s'attacher ces fléaux du sanctuaire. C'était encore un coup de maître ; pour désoler la sainte Eglise, rien de plus efficace que de s'adjoindre les émules de Judas. Mais le moyen le plus usuel de vexations, ce fut l'agrément requis pour toutes les nominations ecclésiastiques. Les prêtres meurent ; aux défunts, il faut des successeurs ; ces successeurs le gouvernement ne les tenait pour valables que s'il les avait approuvés. Les évêques usèrent de leur droit divin de gouverner l'Eglise. Les ordinations, les nominations furent l'objet d'autant de sévices. Il y a une justice à rendre aux Hohenzollern, c'est qu'ils savent tondre de près. Le gouvernement poursuivait à la fois l'évêque ordonnant et le prêtre ordonné, l'évêque nommant et le prêtre nommé. D'abord il saisissait les traitements, puis les mobiliers et les vendait à l'encan, puis les hommes et les mettait en prison, puis les jetait en exil. L'archevêque de Posen eut jusqu'à 30,000 thalers d'amende ; on lui saisit sa voiture et ses chevaux, puis son mobilier par parties successives, puis sa personne qui fut incarcérée à Ostrow. Par un reste de pudeur, on ne se portait pas à ces attentats en plein midi ; mais entre chien et loup, à l'heure incertaine où les voleurs s'embusquent au coin d'un bois. Des agents de police déguisés, des voitures dissimulées, des coups habilement faits, pour ne pas provoquer des séditions : c'étaient là des agissements de Bismarck. Depuis les empereurs romains personne n'avait su, comme Bismarck, persécuter la sainte Eglise ; son nom doit prendre, dans l'histoire, la succession des anathèmes.

La fermeture de tous les instituts religieux, l'éloignement complet des prêtres des écoles élémentaires, les jeunes générations tant cléricales que séculières menacées de ne pouvoir pas du tout s'instruire dans la religion, les prêtres poursuivis dans leur diocèse, forcés de comparaître et mis en prison, la défense faite même aux enfants d'approcher de leur évêque pour en recevoir la bénédiction, des évêques au cachot, ce n'était pas encore assez pour prouver qu'on ne voulait toucher *en rien* à la religion. Le fin et audacieux Bismarck tenait encore, dans son bissac, un tour de sa façon pour mieux établir qu'il était même un bon ami de l'Eglise ; il voulut, sans le Pape, la doter d'un évêque et fixa son choix sur Hubert Reinkens. Dœllinger, le sot promoteur de toutes ces ignominies, n'eut point voulu aller jusque-là. « Dès que vous opposerez, dit-il, un autel à un autel, un curé à un curé, une commune à une commune, vous

vous précipiterez dans le schisme; vous ne pourrez avoir les privilèges qu'autant que vous remplirez les devoirs ; maintenant, dans la voie nouvelle où vous vous jetez, vos protestations d'appartenir à l'Église catholique ne sont qu'une illusion ; car « vos actions donnent un démenti à vos paroles ». De plus, il est impossible de s'arroger des droits tout à fait opposés les uns aux autres ; c'est pourtant ce que vous faites, en vous disant, d'un côté, membre de l'Église catholique, en vous appropriant ses privilèges, ses fonctions pastorales, ses biens, et d'un autre côté, en vous attribuant le droit d'ériger des communes et des paroisses séparées. Si nous sommes et si nous voulons rester membre de l'Église catholique, nous devons la reconnaître dans sa constitution actuelle, dans sa forme actuelle, et, jusqu'à un certain point, reconnaître même celui qui possède l'autorité suprême. Si nous ne le faisons pas, nous deviendrons les ennemis d'un grand nombre de peuples catholiques. » Dœllinger attribuait, aux uns, plus de logique, aux autres, plus de loyauté, qu'il n'en avait lui-même ; mais il s'abusait. En 1873, au congrès de Cologne, congrès que Dœllinger quitta avec indignation, les vieux catholiques élurent comme évêque, le professeur d'histoire à l'université de Breslau, curé manqué de l'Église cathédrale de Posen. Dans tout le monde catholique, on ne trouva pas un seul évêque pour le sacrer; Reinkens se rendit à Rotterdam, où l'évêque janséniste de Deventer le sacra évêque des vieux catholiques d'Allemagne. Bismarck lui donna la juridiction ; dans le diplôme d'investiture, il est dit que Reinkens s'engage à observer toutes les lois de l'Etat et que, pour les observer, il ne sera pas gêné par ses engagements envers le Saint-Siège. Avant qu'on eut commencé cette comédie sacrilège, le gouvernement avait promis à ses auteurs de doter convenablement leur évêque. L'affaire s'était traitée secrètement ; quand on eut découvert le pot aux roses, les vieux catholiques ne surent pas rougir. Personne, au surplus, ne fut étonné de ce qu'une poignée de sectaires orgueilleux et de présomptueux doctrinaires se fût jetée misérablement dans cette voie du schisme, alléchés par l'appât des avantages matériels et excités par le pouvoir civil. C'est ainsi que procèdent toujours l'hérésie et le schisme, enfants ordinaires des trois premiers péchés capitaux.

Par cette création, Bismarck avait violé la bulle *De Salute animarum* et le concordat prussien ; mais la dernière chose dont il s'occupait c'était d'observer les lois. Pour Bismarck, il n'y avait d'autre raison que la volonté et d'autre loi que son dessein personnel. Mais il est une chose à laquelle il s'est toujours beaucoup exposé et dont il n'a jamais bien su se défendre, c'est le ridicule. « En présence des représentants de l'Etat et de l'Etat tout entier, disait le brave Herman Möllinskrodt, qui allait bientôt mourir, j'accuse le ministre des affaires ecclésiastiques qui ne cesse de répéter que les droits de l'Etat doivent être absolument respectés, je l'accuse, dis-je, lui-même de violer ces droits. La violation consiste dans l'ordre donné par le cabinet, le 19 septembre 1873, concernant l'approbation de l'évêque Reinkens et contresigné par le ministre des affaires ecclésiastiques. Je n'aurais rien à dire si vous le reconnaissiez comme évêque des vieux catholiques et même si vous en nommiez dix ; je ne m'inquiéterais nullement si vous le dotiez plus généreusement que vous n'avez l'habitude de le faire ; mais si vous reconnaissez pour évêque catholique celui qui a été élu par les vieux catholiques, et si vous le placez au rang des évêques de l'Eglise catholique romaine, alors vous violez les lois de la Prusse. » C'était bien un comble de ridicule que de donner pour évêque catholique, un excommunié notoire et d'instituer pasteur une brebis galeuse. Terrible châtiment de la tyrannie ! Bismarck exaltait un Reinkens et faisait célébrer son génie, pendant qu'il mettait en prison un Ledochowski et un Melchen.

En 1874, eurent lieu les élections générales. L'aveugle fanatisme du gouvernement contre l'Eglise le conduisit beaucoup plus loin qu'il ne l'avait désiré lui-même. L'Eglise et l'Etat sont deux sociétés différentes par leur objet, par leur but et par l'ensemble de leur organisation ; mais ce sont deux sociétés, et en sapant par la base la société chrétienne, on ébranle en proportion la société civile. Bismarck persécuteur avait rompu avec les éléments conservateurs de la société prussienne, il s'était jeté dans les passions libérales un peu à corps perdu et, par la force des choses, il devait être entraîné jusqu'au socialisme. Le parti conservateur, sans lequel il est presque impossible de régir un pays qui a une forme de gouvernement monarchique, fut anéanti par ses manœuvres. Des 111 membres de cette fraction (qui comptait encore 129 membres en 1870), il n'en demeura que 11 après les élections ! En échange, les libéraux nationaux gagnèrent 50 voix et le reste passa aux progressistes. Les actes officiels, ainsi que le chancelier, rappelaient sans cesse aux libéraux qu'ils devaient leur triomphe au gouvernement, et le prince de Bismarck dit ouvertement « que c'est grâce à son nom qu'ils ont été élus ». Par là, bon gré, mal gré, ils furent forcés à la reconnaissance. Lorsque la chambre des pairs s'opposa à l'ordination des districts, le gouvernement y introduisit autant d'éléments étrangers qu'il en fallait pour se donner à l'avenir une prépondérance complète. Il expulsa ainsi par force tout conservatisme du corps législatif. C'est donc avec justice que la *Gazette de la Croix* (Kreuzzeitung) fit la remarque suivante : « Encore une victoire comme celle-ci et nous périrons. » Le gouvernement désirait-il un pareil résultat des élections, ou du moins le désirait-il dans de telles conditions ? On pourrait en douter pour beaucoup de motifs.

Ce qui mortifia le plus le gouvernement, ce fut l'accroissement considérable de la fraction du centre ; elle qui se composait jusqu'alors de 52 membres, en compta 89 après les élections. Les arguments du gouvernement et de la majorité des chambres, soutenant que la fraction du centre n'avait pour appui qu'une poignée de catholiques ultramontains « entachés de l'esprit jésuitique » et non pas le peuple catholique en général, durent se taire en présence d'un pareil fait. Ce détour auquel « les catholiques impériaux » avaient surtout recours, parut bientôt, ce qu'il était en effet, un mensonge évident. Il y eut des catholiques qui ne se laissèrent ni subjuguer par la violence, ni séduire par la ruse, ni entraîner par l'exaltation nationale. La publication de la correspondance du Pape avec l'Empereur leur ouvrit au contraire les yeux, resserra leurs rangs et les porta aux plus grands efforts pour faire passer leurs candidats. Depuis ce temps, le gouvernement ne pouvait plus soutenir que le peuple catholique ne partageait pas l'opposition des évêques, et, à partir de cette date, tout l'univers apprit l'assertion contraire était un mensonge. Cette arme lui fut arrachée des mains par les élections et il dut chercher un autre détour. L'adresse du prince de Ratibor, c'est-à-dire des catholiques impériaux, perdit aussi de sa valeur. Néanmoins dans cette nouvelle composition de la chambre, le gouvernement avait toujours une majorité assurée, des instruments souples et dociles à ses vues. Par conséquent, l'accroissement des forces de l'opposition, quoiqu'il lui fût on ne peut plus désagréable, ne renversa pas son œuvre. En effet, n'était-il pas décidé à venir à bout de tout par la violence ?

Déjà les évêques étaient dispersés ; les prêtres remplissaient les prisons ; tous les moyens d'éducation étaient réduits à l'impuissance, les séminaires, collèges, gymnases, orphelinats, salles d'asile même étaient fermés. Avant d'être empêchés de parler, les évêques élevèrent encore la voix : « Le Christ, Fils de Dieu, dirent-ils, n'a pas confié la publication de sa doctrine, la distribution de ses grâces, la direction de la vie religieuse et ecclésiastique aux souverains de ce monde, mais aux apôtres et à leurs successeurs, et, pour conserver l'unité, il mit à leur tête un seul pasteur et évêque suprême dans la personne de saint Pierre, qui vit dans son successeur le Pape ; c'est pourquoi on ne peut être catholique qu'autant qu'on reste en union avec lui. Mais les nouvelles lois politico-ecclésiastiques, considérées aussi bien dans leur ensemble que dans leur rapport avec le principe sur lequel on a basé la relation entre l'Etat et l'Eglise, détruisent l'essence de la constitution de l'Eglise chrétienne. Elles anéantissent, de plus, la parfaite indépendance que l'Eglise a reçue de Dieu, qui lui est indispensable, et cela dans son domaine absolu ; elles la rendent dépendante d'un pouvoir séculier et passager, dépendante des avis et des opinions qui règnent dans les ministères et qui servent de guide à la plupart des partis et à la majorité des corps politiques. Convient-il aux évêques catholiques de contribuer à l'exécution de pareilles lois, leur convient-il de garder le silence ? Comment pouvait-on espérer que les évêques n'opposeraient pas à de pareilles lois qui, du reste, sont en contradiction avec celles qui existaient jusqu'à ce moment, la résistance que leur imposent et leur conscience et leur devoir ? Rien ne montre mieux combien est déplacée l'ingérence de l'autorité séculière dans le gouvernement de l'Eglise, que la nomination faite par elle, en qualité d'évêque catholique, d'un homme qui a renié les principes de l'Eglise catholique. »

Pendant que l'épiscopat protestait, Bismarck préparait une loi pour le bannissement du clergé. Cette loi nous est une preuve frappante des excès monstrueux où l'on est entraîné lorsqu'on persécute l'Eglise et de la contradiction cafarde où s'engaient les libéraux quand ils lèvent le masque. Au nom de la liberté, ils vous mettent en prison, au nom de la liberté de conscience ils proscrivent, au nom du progrès ils marchent à l'extermination de l'Evangile. De par Bismarck, « tout ecclésiastique ou autre desservant de l'Eglise qui, en vertu d'un arrêt de justice, a été démis de son emploi et malgré cela se permet des actes montrant qu'il s'approprie la possession de cet emploi qui lui a été retiré, peut être contraint par la police centrale à habiter certains arrondissements ou localités et l'accès d'autres localités peut lui être interdit. Si cet acte porte un signe évident de l'appropriation de l'emploi ou une preuve manifeste de son exercice, ou s'il agit ouvertement contre les ordonnances de police, dans ce cas, il peut être, par une ordonnance de l'autorité centrale de l'Etat, privé de ses droits de citoyen et expulsé des frontières de l'Empire. Ces règlements concernent aussi les personnes qui, pour avoir accompli des fonctions ecclésiastiques qui leur avaient été confiées malgré les règlements faits à ce sujet, ont déjà été condamnées à une peine ». Il n'y a, dans l'histoire contemporaine, que la loi des suspects, de notre révolution de 93, qui puisse avoir quelque analogie avec cette liberté à la Bismarck. Les ukases russes condamnent tous les coupables, vrais ou supposés, mais elles ne flétrissent et n'outragent pas la vérité comme la loi en question, car ils sont l'expression de la volonté d'un autocrate et ne se couvrent pas des mensonges du libéralisme. En deux mots, tous les prêtres et évêques qui ont été condamnés par arrêt d'un tribunal, pour avoir enfreint les lois de mai, peuvent être internés, externés et bannis ; tout prêtre et évêque qui seront destitués à l'avenir par le tribunal, sont passibles de la même peine. C'est la guillotine sèche.

Une loi si révoltante ne passa pas sans protestation. La position qu'occupèrent dans cette affaire les libéraux, demandant toutes les libertés jusqu'à la licence, est curieuse. La loi elle-même était en contradiction avec leurs principes ; mais le but était l'anéantissement de l'Eglise catholique, objet de leur ardent désir. Ce principe « le but sanctifie les moyens », si injustement imputé aux jésuites, c'est eux qui s'en prévalent maintenant. Ils s'efforcent seulement de le justifier par des sophismes. « Nous désirons, s'écrie un député, une liberté de conscience individuelle, mais non la liberté de l'Eglise ! » C'est une phrase connue déjà que répètent les nihilistes et les partisans de l'État absolu, mais que signifie cette pompeuse parole ? Signifie-t-elle que les progressistes demandent, pour chaque individu, la liberté de confesser une religion selon sa conscience ? Non, car en Prusse et dans toute l'Allemagne, presque dans le monde entier, excepté en Russie et en Asie, il est permis à tout le monde de confesser la religion qu'il veut ; en Prusse, il peut même les désavouer toutes. Si un individu a la liberté de confesser une religion ou de n'en confesser aucune, ou de ne croire à rien, en vertu de quelle logique peut-on lui interdire de confesser une certaine religion, comme la religion chrétienne catholique, qui, sans l'Eglise, ne peut exister dans le monde ? Ceci n'est-il pas aussi une œuvre de la liberté individuelle ? Y a-t-il des lois et peuvent-elles exister, qui forceraient les individus à confesser la religion catholique ? Non. Alors, que signifient ces paroles pompeuses sur la liberté individuelle ? Rien autre si ce n'est ceci : au nom de la liberté, au nom de l'athéisme, au nom de l'irreligion absolue nous supprimons la liberté des consciences, nous refusons la liberté religieuse à ceux qui ont de la religion, à ceux qui confessent une certaine religion et veulent vivre selon ses préceptes. Selon ces principes, tout est permis à un citoyen du pays ; il lui est permis de ne pas croire en Dieu, en Jésus-Christ, en aucune vérité divine, immuable, éternelle ; pour ces négations, il a une liberté illimitée ; mais croire en Dieu, en Jésus-Christ, à la révélation divine, reconnaître les commandements de Dieu et s'y soumettre, cela s'appelle un esclavage dont les progressistes, allemands et autres, veulent délivrer l'humanité.

Auguste Reichensperger, au nom des catholiques, releva ces énormités. Ce que Bismarck recommandait, c'était cela même qui avait été tenté, à Jérusalem, contre les Apôtres, à Rome contre les premiers chrétiens et partout où s'est produit la persécution. « Le projet, dit l'auteur, demande de nous des choses qui, il y a peu d'années, auraient été impossibles, et qui, aujourd'hui encore, doivent amener, sur le front de tout homme aimant la liberté, la rougeur de l'infamie et de l'indignation. Ce projet condamne à l'exil des ecclésiastiques qui, vis-à-vis de certaines lois ou pour mieux dire d'une seule loi, occupent la même position que Luther en face de la diète de Worms... Ce projet repose sur le même principe que la loi contre les jésuites, mais croyez-vous par là sauver l'empire ? Croyez-vous qu'au XIX° siècle il sera plus facile d'accomplir ce qu'on a tenté infructueusement à Jérusalem, à Rome, à Worms ? Croyez-vous que, par la proscription, vous parviendrez à étouffer la voix de la conscience qui arme ces héros de tant de force et de courage qu'ils n'hésitent pas à abandonner une position sociale brillante et à l'échanger contre les murs d'un cachot ? Après une pareille loi, l'on ne peut plus s'attendre qu'à la guillotine ! »

L'épiscopat allemand ne répondit, à ces attentats, que par une résistance passive. La loi n'oblige qu'autant qu'elle est juste ; une loi injuste est une œuvre de violence et la force mise en œuvre pour en obtenir l'observation, n'est qu'une brutalité. En Prusse, comme partout, les lois civiles expirent aux limites du territoire et si, à l'intérieur, elles veulent entreprendre sur le domaine de la conscience, elles sont sans qualité. La conscience est libre de plein droit. Si vous lui imposez une consigne infâme, la désobéissance est un devoir et un honneur. Des conditions prescrites par les lois de mai, les évêques n'en remplirent aucune. Ils ne renoncèrent à aucun des devoirs de leur charge divine, acceptant avec soumission les peines que la fidélité allait appeler sur leur tête. En quittant forcément leurs diocèses pour la prison ou l'exil, ils recommandaient à leurs ouailles de supporter avec résignation les grandes épreuves qui les attendaient et de ne conniver en aucune façon au schisme. Quoique cette conduite fût parfaitement correcte, le gouvernement la blâma avec furie et osa qualifier les évêques de *révolutionnaires*. En face de ces lois qui dépendaient des actes imposés par l'Eglise, les évêques continuaient simplement d'agir comme par le passé, sans égard pour un législateur dont ils ne pouvaient reconnaître la compétence. Quand le gouvernement leur infligeait une peine comme la prison, l'exil, les amendes considérables, ils se soumettaient à la force, la résistance matérielle n'étant ni de leur devoir, ni de leur pouvoir. Notre-Seigneur et les apôtres avaient-ils fait autre chose en proclamant l'Evangile malgré la résistance des lois judaïques ? Les évêques et les catholiques allemands souffraient, à leur exemple, persécution pour la justice ; ils ne cherchèrent ni à renverser le pouvoir, ni même à lui résister : ils se bornèrent à prier pour les persécuteurs, sans poser le cas de résistance à la tyrannie.

La persécution en était arrivée à ce point où l'innocence et le calme de la victime ne font qu'augmenter l'exaspération du bourreau. La déposition des évêques avait été votée le 12 mai 1873. Maintenant il s'agissait d'assurer, dans chaque diocèse, les conséquences de cette déposition, savoir : 1° D'empêcher tout genre de communication entre l'évêque déposé et le clergé de son diocèse, ainsi que d'introduire un administrateur et au besoin un évêque imposé par le gouvernement. 2° De surveiller l'accomplissement des droits de l'Etat pendant l'interrègne, afin que tout s'y passe selon les nouvelles lois. 3° De contraindre le chapitre à choisir un remplaçant pour le siège épiscopal et, en cas de refus, de lui en imposer un, de par l'ordre du gouvernement. Cette éventualité, qui ne pouvait manquer de se présenter dès la première déposition d'évêque, entraînait avec elle la prise de possession, par l'intrus, de tous les revenus du diocèse, des instituts relevant de lui, des donations qui lui ont été faites, ainsi que des revenus de toutes les églises de ce diocèse. Elle autorise les collateurs et les paroissiens à élire eux-mêmes les curés. Ce dernier moyen devait surtout agir sur les masses peu éclairées du peuple, en leur prouvant que les évêques et les prêtres, par leur opposition aux ordres du gouvernement, privaient leurs ouailles des secours de la religion. C'était les pousser ouvertement à la révolte contre l'Eglise. Précédemment Bismarck voulait démoraliser le clergé, maintenant c'est la patience des masses qu'il veut désoler. Une des suites cruelles qui en découlent c'est qu'en abolissant l'épiscopat, on supprime toutes les fonctions saintes, on tarit la source où se retrempe l'Eglise. Là où l'évêque manque, personne ne peut conférer les ordres et au bout de quelque temps, les fidèles ss trouvent privés de sacrements et l'Eglise de toute juridiction spirituelle. Cette juridiction, le gouvernement se l'approprie pour en déverser une part sur les communes ou sur les collateurs de bonne volonté. Agir de la sorte, c'est renverser l'organisation séculaire de l'Eglise; car enfin, qui a institué l'Eglise, Jésus-Christ ou la Commune? Est-ce Jésus-Christ ou la Commune qui a envoyé les Apôtres à toutes les nations? Est-ce des apôtres ou de la Commune que nous devons recevoir la semence du salut éternel? et ne sont-ce pas les apôtres qui ont organisé la première commune chrétienne? Comment donc la Commune, qui est leur création spirituelle, peut-elle leur conférer des droits? Mais Bismarck était le plus fort; il avait, à son gré, une majorité mercenaire; et la force, parlementaire ou militaire, cela dispense de raison et de justice.

L'application de ces lois ne pouvait qu'aggraver la persécution. Les milliers de thalers en amendes et les années de prison ne se comptaient plus. D'après le code prussien, la peine de la prison, pour remplacer les amendes, ne pouvait excéder deux ans. Bismarck fit une loi pour tenir en prison aussi longtemps qu'il lui conviendrait. Si l'on jugeait des événements au point de vue humain, on croirait impossible que tant de rigueurs n'aient pas réduit les persécutés. L'Eglise est faite pour la persécution; elle est douée, pour la subir, d'une force divine de résistance; elle a d'ailleurs tellement l'habitude des iniquités, qu'elle ne s'en étonne ni ne s'en afflige. Le gouvernement ne put ébranler ce roc inébranlable; au contraire, par le fait avéré de son impuissance, il se couvrit de ridicule. Quant aux preuves de son impuissance, vous croiriez qu'une fatalité puérile le poussait à les multiplier. Après l'incarcération de l'archevêque de Posen, il incarcéra ses deux suffragants, sévit contre les chanoines, directeurs et supérieurs de séminaires; un nombre infini de prêtres durent payer par la prison, l'exil, la pauvreté, plusieurs par la perte de leur santé, la fidélité au devoir. Les agents de Bismarck cependant se démenaient pour faire élire des curés d'Etat, par un nombre habituellement risible d'électeurs. Etre sans pasteur était déjà une grande douleur pour les fidèles; combien elle s'augmentait quand, dans leur église déserte, ils voyaient un renégat faire les fonctions sacrilèges. Malgré toutes les exécutions de Bismarck, il restait cependant des prêtres au service des âmes et, dans chaque diocèse, un administrateur inconnu pour veiller à la discipline pendant la persécution. Ce que Bismarck se donna de peine pour découvrir partout cet administrateur mystérieux, on ne le saurait dire. Sur 40 doyens du diocèse de Posen-Guésen, il en saisit 36, sans mettre la main sur celui qu'il voulait prendre. Quant à sa campagne de démoralisation, elle fit un fiasco complet. A Posen, sur 800 prêtres, il eut 2 démissionnaires; dans la Haute-Silésie, sur 1200, 5. Autant dire rien. On ne tient pas une Silésie avec cinq apostats. *Parturient montes, nascetur ridiculus mus.*

On aurait cru que les moyens coercitifs étaient à bout. Mais non; l'année 1875 apporta encore cinq nouvelles lois dans le même sens, savoir: 1° celle de l'administration des deniers de l'Eglise par des agents de Bismarck; 2° celle qui supprimait toutes les dotations de l'Etat en faveur des évêques; 3° celle qui conférait aux associations des vieux catholiques les revenus de l'Eglise; 4° celle contre les couvents et les congrégations religieuses; 5° celle qui supprimait trois paragraphes de la constitution, précédemment remaniés en un sens qui les rendait ridicules: *Et tyranni ejus erunt ridiculi.*

Vains efforts. Après avoir frappé les pasteurs et dispersé les troupeaux, Bismarck n'était pas plus avancé que le premier jour. Cinq ans de persécution n'avaient apporté, ni aux vieux catholiques, ni aux protestants, ni au gouvernement, aucun avantage. Ni menaces, ni flatteries n'avaient pu réduire ou ébranler les catholiques. En revanche, il restait au gouvernement l'odieux de tous ses excès: de grandes brèches dans cette unité allemande conquise à tant de frais; l'absence totale de confiance dans une grande partie de la population; l'ébranlement de tout l'édifice sur lequel repose la sécurité de l'Etat, les lois pour abattre l'Eglise servant à sortir des communions protestantes pour entrer dans le paganisme; une réaction matérialiste et impie dans le sein de l'Allemagne, le socialisme seul bénéficiaire de la persécution. L'Eglise, quoique douloureusement atteinte, comptait sur les promesses du Seigneur. Ce qu'elle avait semé dans les larmes, l'avenir devait le récolter dans l'allégresse. Il est écrit : *Non prævalebunt*. Les portes de l'enfer s'insurgent contre l'Eglise, elles ne pourront jamais l'abattre.

La situation était triste en Allemagne à l'avènement de Léon XIII. C'est la coutume qu'un nouveau Pape signifie aux souverains son avènement. Dans sa lettre au roi de Prusse, Léon XIII introduisait ce paragraphe : « Affligé de ne pas trouver entre le Saint-Siège et Votre Majesté les relations qui existaient naguère si heureusement, nous faisons un appel à la magnanimité de votre cœur, pour obtenir qu'à une grande partie de vos sujets, la paix et la tranquillité de leur conscience soient rendues. » Guillaume répondit : « Me référant au coup d'œil que Votre Sainteté a jeté sur le passé, je puis ajouter que, pendant des siècles, les sentiments chrétiens du peuple allemand ont conservé la paix dans le pays et l'obéissance envers les autorités de ce pays, et qu'ils garantissent que ces biens précieux seront également sauvegardés dans l'avenir. » Cette réponse, contresignée Bismarck, ouvrait la porte aux pourparlers confidentiels. La conversation s'engagea entre le comte Holnstein, écuyer de la cour de Munich et le prélat Aloysi-Mazella, nonce près de cette même cour. Le comte assura que l'Empereur d'Allemagne nourrissait des intentions pacificatrices ; le nonce déclara qu'elles ne pouvaient aboutir que par des changements dans la législation et proposa, comme base de négociation, la bulle *De salute animarum*. Des visites et des correspondances furent échangées entre le nonce et Bismarck, entre le prince impérial et le souverain pontife : elles servirent surtout à accentuer, entre la Curie et l'Empire, la différence de points de vue. Une lettre du cardinal Caterini contre les ecclésiastiques qui acceptaient un traitement de l'Etat et le quatre-vingtième anniversaire de Dollinger vinrent un instant troubler l'opinion et tendre les rapports. Les idées intransigeantes à Rome et en Allemagne se prêtaient d'ailleurs fort peu à un rapprochement. Ces nuages disparurent de l'horizon d'abord par le transport de la négociation de Munich à Vienne et la rencontre du Nonce Jacobini avec Bismarck à Gastein, puis par l'envoi à Rome du diplomate Von Schlœzer, homme très capable et très digne d'entendre la justice. Comme gage de succès, le prince de Bismarck obtenait, du Landtag, le pouvoir de suspendre, selon son bon plaisir, l'application des lois de mai.

L'ensemble de ces lois constituait un réseau à mailles tellement serrées, que l'Eglise, selon les prévisions humaines, aurait dû y périr étouffée ; le Saint-Siège ne pouvait entrer dans la voie des transactions, sans être au préalable fixé sur la nature et la portée des arrangements que le cabinet de Berlin proposait pour mettre fin au Culturkampf. L'empereur admettait l'éventualité d'une revision de ces lois ; mais, comme gage, il exigeait la notification au pouvoir civil, par les évêques, des nominations aux emplois ecclésiastiques. Or, si l'Eglise avait admis ce veto dans toute son étendue, l'Empire allemand eût été le maître de l'Eglise. En janvier 1883, une note de Jacobini, devenu secrétaire d'Etat, et une nouvelle lettre de Léon XIII réclament que les deux pouvoirs marchent *pari passu* vers l'entente, par une simultanéité de concessions. Le représentant de la Prusse voit, dans cette prudente réserve, un défaut de confiance à la magnanimité de l'Empereur. La presse allemande, de son côté, jetait de l'huile sur le feu en critiquant la présence du cardinal Ledochowski au Vatican et le refus du Vatican d'admettre le cardinal Hohenlohé pour archevêque de Cologne. Ces deux obstacles étaient faciles à écarter : il est contraire aux usages qu'un cardinal quitte la Curie pour prendre un archevêché et il y avait beaucoup de raisons pour ne pas déroger à l'usage en faveur d'un Hohenlohé. Quant au cardinal Ledochowski, l'Allemagne n'avait aucun droit d'exiger son extradition et il put, en devenant secrétaire des mémoriaux, quitter le Vatican.

Bismarck, bien qu'il eût passé des années dans les fonctions diplomatiques, n'était rien moins que diplomate ; c'était surtout le chancelier de fer. Discuter avec lui pour obtenir, par la discussion, quelque avantage, c'était perdre son temps. Sa théorie et sa pratique étaient que ce qui est bon à prendre est bon à garder ; en négociant, il ne voulait que prendre encore plus, sans donner jamais rien. D'après lui, dans la circonstance, il fallait seulement relâcher un peu les freins et traiter les personnes avec une moindre rudesse. L'Eglise ne pense pas et n'agit pas ainsi ; elle n'est, sans doute, pas indifférente à la condition des personnes, mais elle se préoccupe avant tout des principes et des droits. C'est, au fait, en cas de différend, le meilleur secret pour promptement aboutir. Le bon sens suffit à nous l'apprendre. Dès que, sur des matières litigieuses, vous avez posé des règles certaines de solutions, les difficultés s'effacent comme par enchantement. D'autre part, pour arriver à une paix solide, il faut désarmer les passions et rapprocher les cœurs. Si les passions disparaissent, si les cœurs s'entendent, les mains ne tardent pas à fraterniser. C'est la morale de l'histoire.

Bismarck, si intraitable dans la discussion, eut, dans l'affaire, une idée de génie. Un différend s'était élevé entre l'Espagne et l'Allemagne, au sujet des îles Carolines et Palaos. Libre de toutes préventions, quand il le voulait, Bismarck jugea cette querelle plutôt d'après la vérité que d'après les opinions et les inclinations d'autrui : il s'en remit à l'arbitrage de Léon XIII. L'histoire nous apprend que cette tâche n'est pas nouvelle pour le Saint-Siège ; mais, bien qu'il ne soit pas de fonction plus conforme à l'esprit et à la nature du pontificat romain, il y avait bien longtemps qu'il n'avait eu à en remplir la charge. D'un bond, Bismarck nous ramène au Moyen Age et à l'arbitrage du Pape sur les nations de la chrétienté. Le Pape tranche le conflit éventuel, et, pour remercier Bismarck de son concours, le nomme chevalier de l'un des ordres pontificaux. Bismarck remercie et, en tête de sa lettre, appelle Léon XIII *Sire*, donnant à entendre que la présence de la royauté italienne à Rome ne compte pas à ses yeux : le jour où il s'occupera de la question, il tranchera dans le vif, il saura se montrer plus grand que Napoléon et que tous les Barberousse d'Allemagne. Après une telle démarche et une si haute déclaration, le conflit entre l'Allemagne et l'Eglise n'était plus qu'une question de temps. Les vœux étaient à l'unisson ; les actes ne tarderont pas à suivre.

Cette paix, virtuellement signée, ne s'établit pourtant qu'avec lenteur. La cause en était la devise de Bismarck : *Donnant, donnant* : il voulait, s'il donnait quelque chose, recevoir quelque chose en retour et ne fonder la paix que sur une réciprocité de bons offices. De prime abord, il proposait quelques restrictions à son code pénal ; les négociateurs pontificaux répondirent que les rigueurs envers les personnes, à les supposer absentes, ne changeraient rien à la situation. Le point capital, c'était de reconnaître l'indépendance de l'Eglise, l'autorité des évêques, la nécessité des séminaires, la formation normale du clergé, le libre gouvernement des paroisses. Quand l'Eglise a été dépouillée de ses prérogatives, il n'y a plus qu'à les lui rendre ; elle n'a rien à donner pour cette restitution, que la promesse d'un concours, d'autant plus bienfaisant pour la société civile, que l'Eglise est plus libre dans la collation de ses bienfaits.

La négociation fut suspendue jusqu'à quatre fois ; quatre fois elle fut reprise. Les concessions, faites graduellement, se traduisirent par une première loi en 1880. De 1880 à 1888, il n'y eut guère d'année où quelque loi nouvelle ne vînt étendre la liberté de l'Eglise, ou plutôt briser l'une après l'autre ses chaînes. Les discussions se poursuivaient sans incident, tantôt entre les négociateurs officiels, tantôt entre les souverains. Un seul trait mérite mention, la demande adressée au Pape de presser, sur le Centre, pour en obtenir le vote du septennat militaire. Ce septennat était une invention de Bismarck, pour se dérober au contrôle du Parlement et obtenir, pour sept ans, son budget de l'armée allemande. On craignait fort que Bismarck, une fois nanti de ce budget pour si long laps de temps, n'en profitât pour faire sentir à la France le poids de ses armes. Le chancelier protestait de ses intentions pacifiques ; mais plus il protestait, moins on le croyait. Le Pape, plus confiant que les autres dans la loyauté de Bismarck, intervint près du Centre allemand, mais seulement dans l'intérêt de l'Eglise, et sans aucune intention d'appuyer une politique d'invasion et de conquête. Le temps a justifié la confiance du Pape ; l'Empereur lui en témoigna sa reconnaissance en offrant au Pape, à l'occasion du jubilé pontifical, une mitre d'or ornée de pierreries.

Depuis 1888, l'Eglise jouit en Allemagne des bienfaits de la politique de Léon XIII. Les évêques sont rentrés de l'exil, les curés ont été remis à la tête des paroisses, les séminaires sont florissants, les congrégations religieuses ont repris leur place dans l'armée catholique. L'archevêque de Cologne, devenu cardinal Melchers, a eu pour successeur Mgr Krémentz ; Mgr Dinder a recueilli, à Posen, la succession du cardinal Ledochowski. Aux mesures personnelles se sont jointes les réparations matérielles ; peu à peu s'effacent les désastres et les ruines de la persécution.

« Aujourd'hui, dit Lefebvre de Behaine, l'Eglise catholique jouit en Allemagne d'une paix profonde, libre dans ses enseignements, dégagée de toutes les entraves qu'elle avait été si sérieusement menacée de subir, il y a vingt-cinq ans, et à l'abri des querelles intestines qui divisent, dans des conditions de plus en plus graves, la communion protestante dans l'empire évangélique. Sans aucun doute, le Centre, le grand parti qui a soutenu la lutte entre les prétentions aveugles de l'Etat dans les Chambres prussiennes et au Reichstag, de 1873 à 1886, a beaucoup contribué à l'œuvre dont bénéficient, à l'heure présente, les évêques et les fidèles demeurés, au jour du danger, fermes dans la foi comme dans leur obéissance au Saint-Siège. Mais si on se reporte par la pensée à tous les événements qui se sont déroulés depuis le jour où Pie IX n'a pas craint de tenir tête à l'hégémonie prussienne triomphante, jusqu'au moment où Léon XIII a pu se flatter d'avoir achevé l'œuvre de réparation qu'il avait entreprise dès le lendemain de son élection, on conclura que la politique du Saint-Siège à l'endroit de l'Allemagne fut tout à fait propice aux droits de la liberté religieuse et aux intérêts de la paix religieuse (1) ».

La critique n'a pas épargné la politique de Léon XIII. Dans une brochure imprimée à Rome, nous lisons : « Bismarck, c'est l'ennemi ; c'est l'auteur responsable de la terrible hécatombe de 1870 ; c'est l'oppresseur de l'Eglise, le geôlier des évêques, le créateur de la rébellion des vieux catholiques. Par ses conseils, Rome a été arrachée au Saint-Père, tandis que les armées de son maître enlevaient au successeur des apôtres ses derniers défenseurs. Lorsque Pie IX, abreuvé d'amertume, expira dans son refuge du Vatican, qui eut le cœur rempli d'une joie sacrilège ?

---

(1) *Léon XIII et le prince de Bismarck*, p. 220.

N'est-ce pas le chancelier de l'Empire allemand ? » L'auteur anonyme de la brochure voudrait que Léon XIII eut dit à Bismarck : « Toi, la main rouge encore de sang catholique ; toi, dont la haine implacable a emprisonné les derniers jours de Pie IX, tu oses demander l'appui du chef des catholiques !... Rends-moi les évêques morts en exil, les prélats incarcérés dont le cachot a abrégé la vie ; rends-moi les âmes que les troubles de l'Eglise et le manque de pasteurs par toi arrachés à leurs sièges ont perdus ; rends-moi les millions de soldats tués par ton ambition sans frein. Confesse le Christ, reconnais tes fautes et peut-être le Seigneur aura pitié de ton âme ».

C'est ainsi que saint Ambroise avait parlé à Théodose ; mais il n'y avait pas Théodose dans Bismarck. Léon XIII se contenta de négocier. Le Pape est le chef de l'Eglise ; il la gouverne l'œil fixé sur le ciel, sans autre souci que le salut des âmes et à la gloire de Dieu. S'il n'est, dans son gouvernement, ni infaillible, ni impeccable, il est, du moins, assisté, et préservé, par l'assistance divine, des pires fautes. Dans le cas présent, sa politique a obtenu un gage de succès et sauvegardé toutes les promesses de l'avenir.

§ III

LA PERSÉCUTION EN SUISSE

Parmi les tyranneaux libérâtres, qui emboîtèrent avec le plus d'empressement, contre l'Eglise et le Saint-Siège, le pas du prince de Bismarck, il faut citer les persécuteurs de Berne et de Genève. La Suisse, qui se disait et qui peut-être se croyait une terre de liberté, va nous offrir l'exemple de la violation du droit, de l'oubli des traités, de l'emportement aveugle et fanatique, à ce point qu'on se demande si les auteurs de pareils sévices méritent encore le titre d'honnêtes gens et si la civilisation qu'ils représentent n'est pas, sous un vernis trompeur ou menteur, le retour pur et simple aux brutalités de la barbarie.

Ce spectacle est d'autant plus instructif que Genève se donnait comme un champ d'expérimentation où toutes les idées pouvaient venir, en pratique, à leurs extrêmes conséquences. Une sorte de prescription lui avait acquis le titre de terre classique de la liberté. De nos jours, on allait à Genève comme au temps de Calvin, non plus pour dogmatiser, mais pour pérorer. Les proscrits politiques, les interprètes de tous genres s'y donnaient rendez-vous, aussi bien que les criminels qui fuyaient la justice de leur pays. La république de Genève était fière de sa réputation d'hospitalité et de liberté : elle croyait posséder au plus haut point l'intelligence pratique de la vie sociale ; elle s'attribuait même volontiers, par la voie des progrès libéraux, une mission d'avant-garde. Il faut voir plus d'ingénuité que d'outrecuidance dans cette parole de l'un de ses enfants : « Genève est le grain de musc qui parfumera l'Europe ».

Mais Genève se glorifiait du titre de Rome protestante, et elle qui reprochait à la vraie Rome, et très à tort, son fanatisme, elle va ressusciter, contre l'Eglise, sans foi aucune et sans bonne foi, tout le vieux fanatisme de Calvin.

En 1535, le protestantisme, maître de Genève, s'était hâté de détruire tous les éléments du culte catholique. La Réforme ne s'était introduite, là comme ailleurs, que par la violence ; elle n'avait pu s'implanter que par des forces étrangères ; elle avait excité, dans la population locale, une très vive répulsion, et le catholicisme n'avait jamais été totalement éteint. Au XVIIe et au XVIIIe siècles, les ambassadeurs de France et de Piémont avaient ouvert, à Genève, leur chapelle privée ; en 1803, l'abbé Vuarin avait ouvert, pour trois mille catholiques, une petite chapelle. Les traités de 1815 reprirent à la France les pays enlevés par les armes de la Révolution. Genève fut rendue aux Genevois ; il y fut ajouté un territoire pris en partie sur la Savoie, en partie sur la France. Le canton de Genève, vingt-deuxième de la Confédération Helvétique, comprenait, après sa reconstitution, environ les deux tiers des habitants protestants, et un tiers de catholiques. Les puissances signataires des traités ne voulurent point livrer ce tiers de catholiques à la merci de la majorité protestante, d'autant plus que, dans la prévision d'un agrandissement de territoire, le gouvernement provisoire de Genève avait déjà fait des lois *éventuelles*, pour restreindre les droits politiques et religieux des catholiques annexés. Il fut donc convenu à Vienne et accepté par les représentants de Genève au Congrès, que :

Art. III, § 1. — La religion catholique sera *maintenue et protégée* de la même manière qu'elle l'est maintenant dans toutes les communes cédées par Sa Majesté le roi de Sardaigne, et qui seront réunies au canton de Genève.

§ 2. — Les paroisses actuelles qui ne se trouveront ni démembrées, ni séparées, par la délimitation des nouvelles frontières, conserveront leurs circonscriptions actuelles, et seront desservies par le même nombre d'ecclésiastiques ; et quant aux portions démembrées, qui seraient trop faibles pour constituer une paroisse, on s'adressera à l'évêque diocésain pour obtenir qu'elles soient annexées à quelque autre paroisse du canton de Genève.

§ 3. — Dans les communes cédées par Sa Majesté, si les habitants protestants n'égalent pas en nombre les habitants catholiques, les maîtres d'école seront toujours catholiques. Il ne sera établi aucun temple protestant, à l'exception de la ville de Carouge qui pourra en avoir un.

§ 4. — Les officiers municipaux seront toujours, au moins pour les deux tiers, catholiques et spécialement sur les trois individus qui occuperont les places de maire et des deux adjoints, il y en aura toujours deux catholiques. En cas que le nombre des protestants vînt, dans quelques communes, à égaler celui des catholiques, l'égalité et l'alternative seront établies tant pour la formation du conseil municipal que pour celle de la mairie. En ce cas cependant, il y aura toujours un maître d'école catholique, quand même on en établirait un protestant.

Il ne sera point touché, soit pour les fonds et revenus, soit pour l'administration, aux donations et fondations pieuses et existantes, et on n'empêchera pas les particuliers d'en faire de nouvelles.

§ 5. — Le gouvernement fournira aux mêmes frais que fournit le gouvernement actuel, pour l'entretien des ecclésiastiques du culte.

§ 6. — L'Eglise catholique, actuellement existante à Genève, y sera maintenue telle qu'elle existe, à la charge de l'Etat, ainsi que les lois éventuelles de la constitution l'avaient déjà décrété ; le curé sera logé et doté convenablement.

§ 7. — Les communes catholiques du canton de Genève continueront à faire partie du diocèse qui régira les provinces du Chablais et du Faucigny, sauf qu'il en soit réglé autrement par le Saint-Siège.

§ 8. — Dans tous les cas, *l'évêque ne sera jamais troublé* dans ses visites pastorales.

§ 9. — Les habitants du territoire cédé sont *pleinement assimilés*, pour les droits civils et politiques, aux Genevois de la ville ; ils les exerceront concurremment avec eux, sauf la réserve des droits de propriété, de cité ou de commune.

§ 10. — Les enfants catholiques seront admis dans les maisons d'éducation publique ; l'enseignement de la religion n'y aura pas lieu *en commun* mais *séparément* et on emploiera à cet effet, pour les catholiques, des ecclésiastiques de leur communion.

§ 11. — Les biens communaux ou propriétés appartenant aux nouvelles communes leur seront conservés, et elles continueront à les administrer, comme par le passé, et à en employer les revenus à leur profit.

§ 12. — Ces nouvelles communes ne seront point sujettes à des charges plus considérables que les anciennes communes.

Ces stipulations du traité de Vienne furent confirmées, en 1816, par le traité de Turin qui maintint les droits des catholiques en leur état, et sauf qu'il en fut réglé autrement par le Saint-Siège, les syndics et conseils de la République acceptèrent les deux traités ; la constitution, en son article 139, leur donna force de loi civile et politique.

Le territoire catholique annexé à Genève faisait alors partie du diocèse de Chambéry ; les délégués genevois au Congrès de Vienne demandèrent qu'il fût détaché de ce diocèse pour être donné à un évêque suisse. La Savoie et le Saint-Siège n'agréaient point cette proposition. En 1819 cependant, sur les instances de l'ambassadeur prussien, Niebuhr, Pie VII, par un bref qui se référait aux stipulations internationales de Turin et de Vienne, réunit, au diocèse de Lausanne, les catholiques de Genève. Le bref fut accepté sans réserve, comme un acte d'autorité pontificale indiscutable, en même temps comme une faveur bienveillante de cette même autorité. Cependant, suivant l'auteur du *Code de procédure genevoise*, le bref n'était ni une *convention*, ni une *capitulation* ; c'était un acte d'autorité du genre de ce que l'on appelle à Genève, dans le langage des lois, *une concession à bien plaire*, c'est-à-dire révocable lorsque des raisons majeures l'exigeaient, le Saint-Siège demeurant seul juge de ces raisons, comme il avait été seul juge des raisons qui l'avaient déterminé à accorder le bref.

En suite du bref, le titre d'évêque de Genève fut transféré de l'archevêque de Chambéry à l'évêque de Lausanne. Lorsque ce dernier prélat fut exilé à Divonne, il nomma l'abbé Dunoyer, curé de Genève, son vicaire général, pour cette partie si importante de son diocèse. En 1863, l'abbé Mermillod succéda au vieil abbé Dunoyer dans sa double charge de curé et de vicaire général de Genève.

A cette époque, la population catholique de Genève avait presque triplé depuis 1815. Le recensement de 1843 accusait, 27,000 catholiques ; celui de 1866, 42,000 ; et celui de 1870, 47,868 (5,229 de plus que les protestants). Cette augmentation rapide du nombre des catholiques, en même temps qu'elle faisait redoubler la haine et les attaques des protestants, rendait, par elle-même, toujours plus nécessaire, la présence d'une autorité ecclésiastique forte et vigilante au milieu de Genève. Quelques hommes influents, comprenant ce nouveau besoin, proposèrent à Mgr Marilley de se faire nommer un évêque auxiliaire pour le canton de Genève. La personne du curé de Genève, Gaspard Mermillod, qui avait rédigé avec un grand succès les *Annales catholiques de Genève*, dont la réputation de zèle et d'éloquence était déjà fort grande, fut naturellement désigné pour cette charge importante. Le 22 septembre 1864,

Pie IX nommait l'abbé Mermillod, évêque d'Hébron, *in partibus infidelium*, auxiliaire de Genève, et le 25, Sa Sainteté lui donnait, de ses propres mains, la consécration épiscopale.

Grande fut la joie du clergé et de la population catholique de Genève, qui firent une touchante réception à leur compatriote et curé, devenu évêque par la grâce de Dieu et l'autorité du Saint-Siège Apostolique. Les protestants eux-mêmes, malgré les excitations haineuses d'une presse inspirée par les pasteurs, voyaient avec une certaine satisfaction un de leurs concitoyens occuper un rang illustre dans la hiérarchie de l'Eglise. Plusieurs lui adressèrent des félicitations. Le jeune et aimable évêque fut invité à des réunions intimes de la société protestante, où l'on admirait sa grâce et son esprit. Il semblait que son élévation à l'épiscopat devenait, entre les deux confessions religieuses, un gage de paix et de conciliation.

En effet, Mgr Mermillod, présenté au conseil d'Etat par Mgr Marilley, démissionnaire en sa faveur, comme évêque administrateur du canton de Genève, fut agréé en cette qualité; il remplit ses fonctions sans aucune entrave depuis la fin de 1864 jusqu'au milieu de 1872, où s'ouvrit la persécution. Nous avons à suivre les événements.

Il ne faut pas croire que les vexations aient attendu, pour se produire, jusqu'à 1872. Le protestantisme, vis-à-vis des sectes dissidentes et des masses libres-penseuses, est naturellement complaisant et inerte ; mais vis-à-vis des catholiques, il est, il a été et il sera toujours essentiellement persécuteur. Depuis 1815, il y avait, entre les déclarations constitutionnelles et la réalité des choses, une contradiction chaque jour grandissante. Les garanties assurées aux catholiques par les traités et les lois étaient foulées aux pieds par le gouvernement, tantôt d'une manière, tantôt d'une autre. Comme les Romains n'avaient rien de plus pressé que d'imposer leurs dieux, leurs idoles et leur culte aux peuples qu'ils venaient de conquérir, afin de mieux les fondre dans l'unité de l'empire; ainsi les Génevois voulurent que le calvinisme prît possession des communes réunies. Quel moyen choisir pour atteindre un tel but?

« Trois moyens se présentaient : Détruire le catholicisme, absorber les catholiques, ou, en la dominant, annuler l'Eglise.

« Le premier moyen aboutissait à la violence ; or, la violence, interdite par les traités, par les idées du temps, par la vigilance ou la réprobation des puissances, n'était dans la volonté de personne ; non pas, comme on l'a si souvent et arbitrairement prétendu, qu'elle fût incompatible avec le protestantisme, mais parce qu'elle était devenue impossible.

« L'absorption des catholiques et leur insensible transformation par les voies d'une incessante pression exempte de rigueurs, entraient dans les mœurs du temps, particulièrement à Genève. Le prosélytisme des ministres, la fortune de l'aristocratie, la supériorité non mise en doute de la population réformée, les mesures habilement prises, prudemment exécutées pour annuler l'influence du clergé, pour l'isoler de ses chefs, pour rendre son influence inefficace, pour l'inféoder à l'Etat ou l'en exclure suivant les circonstances, pour troubler au besoin dans sa source l'éducation ecclésiastique, pour entraver la juridiction de l'évêque et l'exercice de ses droits ; l'action lente, mais corrosive du pouvoir, les faveurs distribuées à la complaisance, l'exclusion prononcée contre les convictions indociles : il y avait là plus qu'il n'en fallait, aux yeux de ce parti qui n'aspirait à rien moins qu'à protestantiser les catholiques, il y avait là, disons-nous, plus qu'il n'en fallait, pour réduire à l'unité la population tout entière.

« Les hommes de ce bord n'auraient assurément pas reculé devant tout cet appareil de persuasion un peu vive, et même, au besoin, devant quelque chose de plus ; et comme il est dans l'habitude du protestantisme auquel appartenaient ces hommes, de n'envisager la religion que comme une formule extérieure, sans esprit et sans vie, acceptée des ancêtres, transmise par la tradition, gardée par le glaive de l'autorité civile, sans racines réelles dans la raison, ni dans le cœur des individus, et, par conséquent, ne tenant pas plus à l'âme qu'un vêtement ne tient au corps, ils se flattaient de ne rencontrer qu'une faible résistance et de voir en peu de temps leur expérience réussir. Il n'est pas douteux qu'en 1816, l'espérance d'absorber ainsi, avec modération, habileté et patience, les catholiques, ne fût au fond de bien des esprits et n'exerçât une influence considérable sur la marche des affaires.

« Toutefois, la pensée la plus générale des hommes d'Etat de Genève se réfugiait, selon nous, dans le troisième moyen, celui de dominer l'Eglise et de l'annuler en la dominant (1). »

Les différentes violations des lois constitutionnelles furent, de 1816 à 1857, les suivantes : 1° annulation du règlement ecclésiastique de surveillance des écoles et attributions de ce pouvoir à une commission mixte ; 2° suppression de la sanction légale donnée aux fêtes religieuses ; 3° introduction du mariage civil dans les communes catholiques ; 4° soumission de la nomination des curés à l'approbation du conseil d'Etat ; 5° destruction du droit des fabriques à posséder, acquérir et aliéner ; 6° attribution de la propriété des églises et cimetières aux municipalités ; 7° sécularisation des cimetières soumis seulement à la police civile ; 8° interdiction des fondations pieuses ; 9° interdiction des communautés religieuses même sous la forme ci-

---

(1) Martin et Fleury, *Vie de M. Vuarin*, t. II, p. 124.

cile d'association ou comme congrégation naturelle de personnes libres ; 10° suppression du culte public à Chêne et à Carouge ; 11° refus aux prêtres d'une indemnité convenable ; 12° opposition mise à la visite pastorale de l'évêque.

A partir de 1857, la direction prise, en Italie, par le gouvernement piémontais fit voir au gouvernement de Genève qu'il n'avait plus à craindre de se voir rappeler le traité de Turin. En 1866, lorsque la victoire de Sadowa eut suffisamment dessiné l'avenir de la révolution en Italie et en Prusse, le gouvernement de Genève, croyant n'avoir plus à craindre les puissances catholiques signataires des traités de Vienne, résolut de mettre fin de son propre chef à ces traités, en ce qui concernait les catholiques de Genève. Il fit donc voter par le peuple une loi qui abolissait l'article 139 de la constitution genevoise et prétendait réduire à néant *en droit*, comme elles l'étaient déjà en grande partie *en fait*, les garanties religieuses des traités de Vienne et de Turin. Cette loi fut votée le 26 août 1868, par 5,110 voix sur 15,323 électeurs inscrits. Les électeurs catholiques n'étant qu'un tiers contre deux tiers protestants, et se trouvant de plus dans l'impossibilité matérielle de prendre part en masse au scrutin à cause de leur éloignement et du temps affreux qui régnait pendant la journée du vote, furent ainsi dépouillés, par leurs concitoyens protestants, des garanties qui avaient été prises précisément contre les usurpations éventuelles de cette majorité protestante.

Ce vote de la loi de 1868, abrogatoire des traités de 1815, est l'acte le plus grave commis par le protestantisme genevois contre les catholiques. Au point de vue religieux, c'est, avec le principe dogmatique du libre examen, avec le principe moral de l'honnêteté, avec le principe social du respect des lois, la contradiction la plus manifeste : le calvinisme produit, en plein XIXe siècle, un fanatisme non moins aveugle et non moins cruel que le fanatisme de l'Islam. Au point de vue politique, le canton de Genève a renversé le rempart qui protégeait son intégrité territoriale ; il a renoncé à des stipulations positives qui le garantissaient contre tout morcellement et toute annexion. Ce canton a soixante ans d'existence : ce n'est pas une prescription tellement longue qu'il puisse déchirer son acte d'origine et se croire invulnérable aux revendications légales de la France et du Piémont. Les paroisses catholiques ne lui ont été concédées que dans des conditions déterminées par des lois : les conditions violées, le rappel de l'acte d'union est de plein droit.

Mais pour pressentir où va nous mener, par la logique de ses passions et le servilisme de sa politique, ce maladroit canton de Genève, il faut jeter un coup d'œil sur son état politique et religieux.

« La forme du gouvernement de Genève, dit l'art. 1er de la Constitution, est une démocratie représentative. » Si telle est la forme, nous pouvons dire que *l'esprit* du gouvernement est une *théocratie protestante*. Le mot est un peu forcé, en ce sens que, dans ses actes, le gouvernement ne s'inquiète nullement de Dieu ; mais il est juste en ce sens que l'idée protestante, orthodoxe ou libérale, chrétienne encore ou tout incrédule, a toujours été l'âme de la politique cantonale, sauf peut-être sous le régime de James Fazy. Cet esprit se manifeste d'abord dans le choix des membres du Conseil d'Etat, pouvoir exécutif, et du Grand Conseil, pouvoir législatif, et plus encore dans la détermination du droit électoral. Dans une république à peu près radicale, d'ailleurs aristocratique par sa composition et mixte pour ses confessions religieuses, il serait naturel de reconnaître, à tout habitant, le droit électoral ; mais là on distingue entre habitant et électeur, et, quel que soit le mouvement de la population, les électeurs sont restés dans la proportion sensiblement constante de *deux* protestants contre *un* catholique. Un instant, les catholiques allaient dépasser le tiers ; mais, de nouvelles lois ayant donné, aux Suisses d'autres cantons établis à Genève, le droit de vote en matière cantonale, il résulte, de ce chef, un accroissement de 3.000 électeurs, presque tous protestants. Par suite, l'assemblée constituante de 1847 se composait de 75 protestants contre 18 catholiques. En 1872, le Grand Conseil comprenait 82 protestants contre 29 catholiques, la plupart catholiques d'origine, mais libres-penseurs de profession. En 1872, il ne resta plus qu'un seul catholique ; il disparut en 1876. Aujourd'hui, sur une population à peu près numériquement égale entre les deux cultes dans la ville de Genève, par suite d'exclusions électorales, de découpages des circonscriptions et de coups d'arrosoirs frauduleux épanchés sur les boîtes à scrutin, le Grand Conseil est tout protestant : il est composé de fonctionnaires de l'Etat, de membres du Consistoire protestant et du Consistoire des schismatiques ; il est beaucoup plus un corps religieux protestant, qu'un corps politique. Genève protestante a donné au monde cet exemple d'imprudence et d'injustice d'un Etat inféodé au libre examen, poussant le libre examen jusqu'à ses dernières conséquences pratiques, et, suivant le mot célèbre de Rousseau, se dispensant de raisons pour valider ses actes.

D'autre part, à Genève, le protestantisme s'identifie avec l'Etat et veut que l'Etat s'identifie avec lui dogmatiquement. En sorte que, aujourd'hui comme au siècle passé, le mot *nationalité genevoise*, pour tout calviniste, est synonyme de protestantisme. Quand nous entendons, à la tribune ou dans la presse, de bonnes gens s'écrier, avec un grand geste d'héroïsme, qu'ils défendent la nationalité genevoise contre les empiètements de l'ultramontanisme, nous savons qu'il s'agit simplement de conserver, au protestantisme, sa suprématie *civile et politique* sur le pays, et, pour assurer cette suprématie, de détruire, au mépris du droit et des traités, la religion catholique. La clef de tous les événements est là, dans ce caractère tout spécial, fanatique et dominateur, du protestantisme genevois, domination et fanatisme, sinon inconnus, du moins peu pratiqués par les protestantismes vaudois, anglais et français.

Avant les dernières lois, les deux autorités du protestantisme genevois étaient la Compagnie des pasteurs et le Consistoire. Jusqu'en 1842, ces deux corps se recrutaient eux-mêmes par voie d'élection et deux conseillers d'Etat siégeaient de droit au Consistoire. La constitution de 1842 donna le droit d'élection de la partie laïque du Consistoire aux membres des conseils municipaux : il fut composé de vingt-quatre laïques ainsi élus et de quinze ministres nommés par la vénérable Compagnie. Le Consistoire et la Compagnie des pasteurs réunis nommaient les ministres des paroisses. La constitution de 1847 opéra une nouvelle transformation. Jusque-là c'était la Compagnie des pasteurs qui, seule, ou unie au Consistoire, avait la haute main dans l'administration de l'Eglise. Les laïques, atteints par le libéralisme incrédule et impie, supportaient avec peine cette autorité. « Nous avons une Eglise-clergé, disaient-ils, il nous faudrait une Eglise-troupeau ». Les ministres, au lieu de conduire les fidèles, subiraient leur impulsion et ne les administreraient plus que suivant leur bon plaisir. Le radicalisme entra dans ces vues. Après de longs débats, il fut résolu :

1° Que l'administration de l'Eglise serait exclusivement dévolue au Consistoire ;

2° Que l'élément laïque du Consistoire aurait la prépondérance absolue ;

3° Que le Consistoire tout entier serait élu par un collège unique de tous les électeurs protestants du canton ;

4° Que les ministres de chaque paroisse seraient élus par les électeurs protestants de la commune.

La Compagnie des pasteurs, en attendant qu'on supprime la consécration, n'avait plus qu'à s'occuper de l'instruction et de la consécration des ministres.

Telle était l'organisation de l'Eglise protestante sur laquelle *devait se calquer* le bouleversement de l'Eglise catholique. C'était une église démocratique, se recrutant par l'élection ; n'ayant plus, pour tabernacle, que l'urne électorale ; et conduisant, avec son arche vide, à l'oubli de toutes les croyances, de toutes les lois, de toutes les vertus. Aussi ne tarda-t-on pas à voir des ministres, comme Couguard et Bungener, exclure le surnaturel et la révélation, dépouiller la Bible de toute inspiration, enlever à Jésus-Christ son caractère divin, rejeter le Dieu créateur et admettre même l'éternité de la matière.

Cette révolution dans le protestantisme était le prélude d'une tentative semblable contre le catholicisme. Le nouveau Consistoire, composé presque exclusivement de laïques, recevait de l'*Alliance libérale*, désormais son organe officiel, le mot d'ordre de « se mettre résolument à l'œuvre pour *harmoniser* les règlements ecclésiastiques avec la *volonté* nationale, en conformité parfaite avec l'esprit des institutions démocratiques et républicaines ». De ce travail d'harmonisation allait sortir, pour le culte catholique, un nouvel essai de *Constitution civile du clergé*.

La victoire de la Prusse sur la France, en 1870, vint précipiter cette entreprise. Le 1er décembre 1872, les vieux catholiques de la Suisse, réunis à Olten, sous la présidence du prussien Reinkens, votaient ces résolutions :

1° Faire tous les efforts possibles pour amener les communes à protester contre l'infaillibilité du Pape et contre le Syllabus ;

2° Faire nommer dans les paroisses des ecclésiastiques protestant contre l'infaillibilité ;

3° Faire des démarches auprès des gouvernements cantonaux pour qu'ils rendent possible la formation d'ecclésiastiques libéraux ;

4° Admettre (ce point est à noter) les évêques étrangers à remplir les fonctions épiscopales en Suisse ;

5° Demander, à l'assemblée fédérale, le renvoi du Nonce Apostolique ;

6° Demander, à la même assemblée, la reprise de la revision fédérale, rejetée le 12 mai 1872, spécialement en ce qui concerne la liberté de la conscience et des cultes.

D'ores et déjà, les protestants et les vieux catholiques de la Suisse étaient, entre les mains de Bismarck, une arme contre l'Eglise, arme à peine voilée, mais maniée d'autant plus vigoureusement, que, s'exerçant sur des choses en apparence médiocres, elle engageait au fond toutes les grandes questions de droit catholique.

Sur ces entrefaites était arrivé, au pouvoir, en 1871, un sieur Carteret, enrichi par l'industrie, fabuliste à ses heures, homme de peu, mais d'autant plus propre aux basses besognes. Ce Lafontaine manqué joignait, à une haine profonde de l'Eglise catholique, une haine personnelle contre le jeune évêque de Genève, qui était, lui, une des gloires contemporaines de la Suisse, et était considéré comme tel par toute la chrétienté. Par une lettre du 30 août, le haineux Myrmidon avait enjoint à Mgr Mermillod de s'abstenir « de tout acte qu'il ferait en qualité de vicaire général ou de fondé de pouvoirs de l'évêque diocésain ». C'était implicitement destituer l'évêque, car l'évêque de Lausanne ne pouvait pas administrer le canton de Genève autrement que par un vicaire général, et si on liait les mains à son grand vicaire, l'Eglise de Genève n'avait plus d'administrateur. Le prélat répondit qu'il transmettait cette lettre à ses supérieurs. Sans attendre leur examen, le petit versificateur posa, le 5 septembre, cette question qui exigeait une réponse immédiate : « M. Mermillod, curé de Genève, entend-il se conformer dès à présent aux prescriptions du conseil d'Etat contenues dans sa lettre du 30 août? » Sans hésiter, Mgr Mermillod dicta cette réponse au chancelier du Conseil d'Etat :

« Mgr Mermillod ne reconnaît pas la compétence du Conseil d'Etat dans une question d'administration ecclésiastique... Il ne peut donc cesser ses fonctions spirituelles que lorsque l'autorité religieuse qui les lui a confiées les lui retirera.

« Jamais, depuis 1815, les vicaires généraux n'ont été agréés ni suspendus par aucun Conseil d'Etat.

« En conséquence, en son honneur et en sa conscience, Mgr Mermillod ne peut obtempérer aux ordres et aux menaces du Conseil d'Etat d'avoir à cesser les fonctions d'évêque auxiliaire et de vicaire général ; c'est pour lui un devoir d'inviolable fidélité aux droits de l'Eglise, qui sont compatibles avec le dévouement à son pays. »

Au lieu d'admirer cette ferme réponse, le rimeur génevois se porta tout de suite aux dernières extrémités. Le 20 septembre, le Conseil d'Etat porta deux ukases, dont l'un destituait Mgr Mermillod de ses fonctions de curé et de vicaire général, lui interdisait tout exercice de ses fonctions et supprimait le traitement de curé de Genève ; l'autre, adressé à tous les curés du canton, leur interdisait toute relation hiérarchique avec leur évêque.

L'épiscopat suisse, réuni en ce moment à l'abbaye de Saint-Maurice en Valais, exprima aussitôt ses vives sympathies à l'évêque persécuté. L'évêque répondit en rappelant les traités, la constitution, les lois, et en énumérant les attentats dont avaient été l'objet : la propriété des églises, la liberté du culte extérieur, la liberté des cimetières chrétiens, le caractère religieux des écoles, la liberté de l'enseignement, la liberté des associations religieuses, les Frères de la Doctrine chrétienne et les Sœurs de charité. Puis venant au fait actuel et aux droits acquis par sept ans de possession, Mgr Mermillod disait :

« A son arrivée au pouvoir, M. le Président du Conseil d'Etat actuel déclara qu'il y venait avec un programme. Je ne sais quelle puissance occulte lui avait donné le mandat impératif de détruire nos établissements religieux, de fermer nos écoles libres et gratuites et d'annuler ma situation. Il révéla ses desseins en séance du Grand Conseil, désignant même le clergé catholique par un mot peu parlementaire que je ne reproduirai pas. Dès lors, nous, catholiques, nous l'avons compris, nous n'avions plus à la tête du pouvoir, comme le réclame un pays mixte, un homme d'Etat indépendant, un magistrat impartial sauvegardant les droits de tous ; mais nous avions devant nous le mandataire d'un parti résolu à comprimer notre vie religieuse, notre développement légitime et pacifique au sein des libertés publiques dont Genève est justement fière. C'est donc la guerre déclarée à l'Eglise et nul ne s'y méprendra. Ma dignité épiscopale sert de prétexte pour masquer des entreprises contre ses droits et son action. »

Un peu plus loin, l'évêque disait encore : « Depuis deux ans, le pouvoir civil ne s'occupe que de multiplier des actes d'hostilité contre nous, alors que notre pays libre et nos terres noblement hospitalières sont un asile ouvert à toutes les infortunes, un champ clos livré à toutes les utopies sociales, un refuge des meurtris de tous les régimes politiques. Le catholicisme seul n'aurait pas ici son droit de cité. Je ne puis donc accepter vos arrêtés, *inexacts* dans les considérants, *illégaux* dans leurs conclusions, et remplaçant l'équité, la loi, le droit par des mesures oppressives. Catholique, prêtre, évêque, j'en appelle donc au Saint-Siège, gardien de vos droits, protecteur des opprimés. Citoyen génevois, j'en appelle au bon sens et à l'impartialité de mes compatriotes. Toujours j'ai voulu servir et honorer Genève, aider à sa prospérité par la création libre des églises, dans les quartiers populeux, par le développement des écoles gratuites et d'œuvres de bienfaisance pour les pauvres, pour les malades et pour les vieillards. Jamais je n'ai méconnu l'autorité des lois et du pouvoir civil dans la sphère qui leur appartient. J'ai observé mon serment dans ce que je dois à l'Etat, et je ne le trahirai pas dans ce que je dois à l'Eglise et à son divin Fondateur. Je ne puis donc déserter la garde du sanctuaire de Dieu, ni le service des âmes dont je suis le pasteur, ni abandonner la défense des droits de la conscience chrétienne. »

Le Conseil d'Etat avait voulu livrer l'évêque en otage à la haine publique; il avait pensé effrayer les catholiques et le clergé par un grand coup. Loin de là, prêtres et fidèles répondirent avec vigueur. Le lendemain du décret, une protestation signée des principaux noms catholiques était affichée dans tout le canton. Le clergé répondait, d'autre part, à l'unanimité, par un refus d'obtempérer aux injonctions injustes et inconstitutionnelles du Conseil d'Etat. L'évêque de Lausanne fit observer, aux questions de Genève, qu'en destituant un curé et un vicaire général, ils avaient gravement méconnu l'autorité de l'Ordinaire et du Souverain Pontife. Enfin Pie IX constatait avec joie qu'au moment où l'on préparait, aux catholiques de Genève, de nouvelles épreuves, ils s'élevaient avec force contre l'injustice. Quant au traitement du curé de Genève, l'*Univers* le trouva promptement par une souscription. « Le fond de l'affaire, disait à ce propos Veuillot, est que la tyrannie du protestantisme révolutionnaire veut supprimer l'exercice du culte catholique ». En effet, il n'y avait pas d'autre chose en question, et, *per nefas*, Carteret ne désespérait pas d'y réussir. Pauvre homme, qui n'ayant pas, comme Bismarck, des millions d'hommes à jeter dans l'arène des combats et des provinces à accaparer, espérait au moins se créer une couronne en enlevant un évêque et en crochetant des portes d'églises.

Le 23 octobre 1872, une affiche appelait les électeurs aux urnes pour le renouvellement du Grand Conseil. Le 10 novembre, jour des élections, une bande d'assommeurs dispersait les électeurs des campagnes, pendant que d'autres, unissant la fraude à la violence, composaient le Grand Conseil uniquement de libres-penseurs. Cependant le Conseil d'Etat nommait une commission consultative pour préparer un projet de loi. Le projet, envoyé au Grand Conseil, fut l'objet de délibérations contradictoires, l'assemblée hésitant à l'adopter et flottant à l'idée d'une séparation de l'Eglise et de l'Etat. Cette idée de séparation, dont les impies se font une arme quand ils croient pouvoir s'en servir, n'est en somme, pour eux, qu'une arme compromettante, et, séparés ou unis par des concordats, tant qu'ils ne nous tyranniseront pas avec la brutalité imbécile du goujat qui met le pied sur une montre ils n'obtiendront sur nous aucun avantage ; encore la brutalité, si elle est justifiée par nos torts, ne pourra que nous ramener au devoir, et si elle se heurte à nos vertus, ne pourra jamais qu'en provoquer, bien malgré elle, le providentiel accroissement. Enfin, après maints débats où les députés ne contestaient que sur le moyen d'étrangler plus sûrement leur victime, le Grand Conseil accoucha de cette loi :

Art. I. — Les curés et les vicaires sont nommés par les citoyens catholiques inscrits sur le rôle des électeurs *cantonaux*. Ils sont révocables.

Art. II. — L'Evêque diocésain *reconnu par l'Etat* peut *seul*, dans *les limites de la loi*, faire acte de juridiction et d'administration épiscopales. Si l'évêque diocésain délègue ses pouvoirs à un mandataire, il ne peut le faire que sous sa responsabilité et ce délégué doit être *agréé* par le Conseil d'Etat. L'assentiment donné par le Conseil d'Etat *peut toujours être retiré*.

Les paroisses catholiques doivent faire partie d'un diocèse suisse. Le siège de l'évêque ne pourra être établi dans le canton de Genève.

Art. III. — La *loi* détermine le *nombre* et la *circonscription des paroisses*, les *formes* et les *conditions* de l'élection des curés et vicaires, le *serment* qu'ils prêtent en entrant en fonction, les *cas* et le *mode* de leur révocation, l'*organisation des conseils* chargés de l'administration temporelle du culte, ainsi que les sanctions législatives qui le concernent.

Cette constitution *civile* du clergé *catholique*, visiblement calquée sur l'œuvre janséniste et schismatique de l'Assemblée Constituante, était complétée par un règlement pour l'élection des curés par la voie du scrutin décidant à la majorité des voix. Etait électeur tout citoyen de Genève, même protestant, se faisant inscrire sur la liste des électeurs catholiques ; pour l'élection, le *quart* des suffrages était requis, mais bientôt on se contenta d'*un seul* suffrage pour imposer un curé à une paroisse qui à l'unanimité, par voie d'abstention, l'aurait rejeté ; un conseil laïque était donné à chaque paroisse pour régler l'ordre des offices et commander le curé ; le curé, entrant en fonction, devait prêter serment à l'organisation du culte catholique de la République ; enfin le sultan Carteret se réservait le droit de suspension. En deux mots, élection des curés par des électeurs raccolés, élection d'un curé même par un électeur, soumission du curé aux fidèles et au sieur Carteret, tyran ecclésiastique de Genève. On ne comprend pas comment des hommes, qui ne doivent pas être ni des fous, ni des misérables, peuvent porter de semblables règlements. Il serait beaucoup plus simple de dire : « Je m'appelle Carteret ; les curés sont mes esclaves ». Alors on aurait le mérite de la franchise, et, sans déguiser autrement sa tyrannie, on s'épargnerait ce vain luxe de stupide législation. Mais pour parler ainsi à des prêtres, avec franchise ou hypocrisie, il faut bien peu les connaître ou beaucoup les mépriser. Vive Dieu ! on verra, à Genève, ce que c'est qu'un prêtre, et ce qu'il peut faire, même écrasé.

Les protestants et les libres-penseurs n'épargnèrent pas, du reste, à ces actes odieux, l'expression publique de leur pitié. A Genève même Ernest Naville et William de la Rive, hommes très avantageusement connus, se firent l'honneur de protester contre cette contrefaçon grossière de l'Eglise catholique. Dans la *Revue des deux Mondes*, le pasteur de Pressensé écrivait : « Il n'est pas admissible qu'un corps délibérant, composé en majorité de protestants, soit appelé à déterminer les conditions de l'autorité catholique. On ne saurait contester que le catholicisme, ainsi remanié, n'est plus ce qu'on a connu jusqu'ici sous ce nom. C'est en réalité, selon la formule du serment, le culte catholique de la République. » « Le Grand Conseil de Genève, ajoutait Renan, fit pour les catholiques une véritable *constitution civile*, réglant l'organisation *intérieure* de l'Eglise, consommant le *schisme* avec Rome, mettant à l'élection les charges ecclésiastiques. Voilà des actes qu'un ami de la liberté *ne peut approuver*. Que dirions-nous si un gouvernement catholique se donnait le droit de pénétrer dans l'intérieur des églises protestantes, d'en modifier de fond en comble l'ordonnance, de toucher à des points que les protestants tiennent pour leur foi. »

La tactique du gouvernement genevois avait toujours été de séparer les catholiques du clergé et de diviser les catholiques entre eux. Si un catholique devenait libre-penseur, hostile à son Eglise, aussitôt les faveurs et même les obséquiosités des hommes du gouvernement lui étaient assurées ; c'était celui-là qu'on félicitait de son patriotisme, de ses lumières et finalement qu'on poussait à une charge rétribuée ou au Grand Conseil. On refusait à la foi persévérante ce qu'on accordait à l'apostasie. Cette fois la tactique n'était pas changée, mais elle ne devait pas trouver sa possibilité d'application. Par une lettre du 14 janvier, fête de saint Hilaire, qui avait autrefois si héroïquement répondu à Constance, le clergé du canton de Genève protesta contre le projet comme « méconnaissant l'immaculée organisation de l'Eglise, rabaissant l'Eglise universelle au rôle d'une mesquine institution locale, soumise à tous les caprices humains ; réduisant les organes du Très-Haut, les aides et coopérateurs de Dieu au rang de fonctionnaires civils, qui, grâce à leur mode d'élection, d'approbation et de révocation, ne seraient, à précisément parler, les délégués ni de Dieu, ni de l'Etat, ni du peuple. » « Mais depuis des siècles, ajoutaient les prêtres persécutés, l'Eglise subit, supporte et use la force. Ni les violences des césars païens, ni celles des despotes théologiens du Bas-Empire, ni les tentatives de Henri et Frédéric d'Allemagne, avides de mettre la main sur les droits et les intérêts sacrés des âmes, n'ont pu détruire, ni modifier l'Eglise de Jésus-Christ. Les persécuteurs ont passé, tandis que l'Eglise n'a rien perdu de sa vivace et inaltérable constitution, de sa foi, de son immortelle et toujours renaissante énergie. »

A la protestation des curés se joignit immédiatement la protestation des maires. « Quand le pouvoir, disaient ces magistrats, au lieu de chercher une solution au conflit actuel par une entente avec l'autorité ecclésiastique, brise l'ancien état de chose et propose au vote d'une assemblée libre, une loi contraire à la constitution et à la liberté des cultes, il entre dans une voie d'intolérance qui nous déshonore aux yeux de l'Europe. Pour mettre fin à ce conflit religieux, il faut en sortir ou par l'article 130 de la Constitution ou en se ralliant franchement au projet de la minorité de la commission, déclarant la séparation de l'Eglise et de l'Etat sur des bases qui respectent les droits acquis. Du reste, nous pouvons vous le déclarer à l'avance, votre loi est impraticable. Bien que nous ne parlions qu'en notre nom personnel, nous connaissons assez l'esprit des communes dont nous sommes les maires, adjoints ou conseillers municipaux, pour vous dire qu'elles n'accepteront jamais des mesures autoritaires. Elles savent que les presbytères et les églises sont des bâtiments municipaux, par conséquent une propriété inviolable et sacrée. Elles doivent en rester maîtresses et en avoir la garde. »

A la protestation des curés et des maires vint se joindre la protestation des fidèles catholiques qui tous, sans exception, s'abstinrent de voter et déclarèrent ne vouloir jamais accepter la loi. De son côté, Mgr Mermillod démontra, par une savante discussion, que le projet de loi était *anti catholique*, parce qu'il blessait le dogme, la constitution et la discipline essentielle de l'Eglise ; *illibéral*, parce qu'il plaçait la conscience sous la main de l'Etat et faisait rétrograder jusqu'au despotisme des césars païens ; *spoliateur*, parce qu'il enlevait aux prêtres les indemnités dues et aux catholiques la jouissance de leur part au budget ; *antinational*, parce qu'il déclinait la constitution cantonale, le pacte fédéral et les titres sacrés du droit des gens ; enfin *manquant de sincérité* dans son nom, dans son but et dans ses motifs, parce qu'il n'était qu'une contrefaçon des mauvais jours de la Révolution française, un emprunt aux théories de Mirabeau et de Robespierre, désignant les prêtres comme des officiers de morale et de culte que le peuple doit élire. Il n'y a là, ni christianisme, ni catholicisme : que son nom véritable soit donné à cette loi : c'est une loi révolutionnaire.

« J'ai besoin, concluait le doux et éloquent prélat, j'ai besoin de vous redire, en terminant, les paroles de saint Ambroise : « Si je suis le seul obstacle à vos desseins, pourquoi faire un décret qui frappe toutes les consciences ? sacrifiez-moi et laissez l'Eglise tranquille. » Je vous l'ai déjà écrit à plusieurs reprises : ma personne n'est rien ; les droits de l'Eglise et de la conscience chrétienne sont tout. Entre l'Eglise et l'Etat, il n'y a de situation légitime que l'accord pacificateur ou la liberté vraie ; sinon, sous l'ironie de la légalité, il ne reste que l'oppression des âmes. »

Dans ces conjonctures, pour ne pas priver de pasteurs les catholiques de Genève et laisser la voie ouverte à la conciliation, Pie IX, remplissant le plus strict devoir de sa charge, avait nommé l'évêque d'Hébron, vicaire apostolique de Genève. Cette disposition, toute de bienveillance et de zèle apostolique, causa, parmi les protestants, un émoi profond et mit au comble la fureur bouillonnante du sieur Carteret. Le dimanche soir à sept heures, cet émule de la Fontaine, imitant des bêtes plus les emportements que la sagesse, convoquait le Conseil d'Etat en séance extraordinaire et proposait de jeter immédiatement Mgr Mermillod en prison. Cette proposition fut repoussée sans discussion par le Conseil d'Etat. On résolut de temporiser et de s'entendre avec la Confédération. Deux membres du Conseil furent délégués à Berne, et il fut convenu que le Conseil d'Etat de Genève sommerait Mgr Mermillod de déclarer, le 14 février avant midi, s'il voulait persister à remplir ses fonctions de vicaire apostolique ou y renoncer, selon l'injonction qui lui en avait été faite par les autorités fédérale et cantonale. Vingt-quatre heures avaient été laissées au prélat pour envoyer sa déclaration.

Le samedi, à midi, la réponse demandée fut déposée à la chancellerie du Conseil d'Etat ; elle débutait par ces mots qui indiquent combien le prélat procédait loyalement dans tous ces démêlés : « Je dois, disait-il, à Dieu et à la sainte Eglise catholique une réponse nette ; je dois à mes concitoyens, catholiques et protestants, de sérieuses et franches explications. » Puis, après l'exposé historique de l'origine et de la marche du conflit ; après avoir démontré que sa dignité de vicaire apostolique ne portait atteinte à aucun des droits de l'Eglise, à aucune loi cantonale et fédérale, il proclamait avec fermeté qu'il resterait fidèle au grand principe qui a été et qui est encore le principe de toutes les libertés civiles et politiques : « Rendre à César ce qui est à César, et à Dieu ce qui est à Dieu. »

Tous les esprits étaient agités de sinistres pressentiments. A la séance du Grand Conseil qui avait lieu ce même jour à deux heures, le rimeur Carteret déclara, en prose de marchand, que des mesures seraient bientôt prises par le gouvernement cantonal et par la confédération. Un financier, dont une entreprise n'avait pas eu grand crédit dans ses annonces et grandes ressources pour ses paiements (cela est dit ainsi par euphémisme), un sieur Vautier s'était rendu à Berne la veille et avait conclu un pacte avec le président Cérésole. L'évêque cependant convoquait le Clergé à Notre-Dame, le 15 février, et lui donnait, pour le cas éventuel d'un emprisonnement, les directions nécessaires. « Je suis prêt à tout, dit-il, pour Dieu, pour les droits de l'Eglise, pour sauvegarder la liberté des catholiques. Si je suis mis au secret, on publiera peut-être des paroles ou des faits, pour faire croire que j'ai fléchi ; n'en croyez rien et détrompez au besoin les populations ; n'admettez que ce qui vous sera certifié par le canal de l'autorité ecclésiastique. » Le prélat désigna, pour le cas d'emprisonnement, ses fondés de pouvoirs qui exerceraient l'autorité ; tous les prêtres renouvelèrent, entre ses mains, les promesses cléricales.

L'heure était solennelle. Le dimanche, l'évêque prêcha sur la parabole du Semeur et présida le soir, à Saint-Germain, la réunion de la Société des domestiques. Ce fut son dernier acte de ministère pastoral. Le lundi, 17 février, à onze heures et demie du matin, le commissaire de police Coulin, aidé d'un agent américain nommé Bastian, vint saisir en son domicile Gaspard Mermillod, citoyen de Genève, évêque catholique, enfant glorieux de la libre Helvétie. Le prélat fut jeté de force dans un fiacre et conduit à la frontière par la route de Fernex. Quatre prêtres eurent à peine la liberté de monter dans une voiture de place ; la police, qui gardait toutes les issues de la cure, les avait retenus prisonniers, pendant que l'évêque dictait, contre cette brutalité infâme des Carteret et des Cérésole, un acte de calme et forte protestation. Le coup de main fut d'ailleurs exécuté avec tant de promptitude que quelques passants seuls s'en aperçurent par hasard. Ce n'est qu'après la consommation de l'attentat que les catholiques en apprirent la douloureuse nouvelle. Le soir, ils se réunirent à Notre-Dame en deuil, pour le chant du *Miserere*: l'église était comble ; le recteur adressa aux fidèles, aussi tristes qu'irrités, quelques paroles de consolation, les exhortant au calme et à la confiance. Les jours suivants les mêmes prières eurent lieu

aux églises de Saint-Germain, de Saint-Joseph et à Carouge, ville natale du nouvel Athanase.

Le décret d'exil venait du Conseil fédéral ; son principal auteur était le fils d'un protestant vaudois, Cérésole, ci-devant bas flagorneur du clergé suisse, aujourd'hui complice lâche des persécuteurs génevois. Un président sérieux, équitable et ferme eût prévenu en grande partie les excès qui déshonorèrent alors la Suisse ; mais avec un homme plein de fatuité et d'égoïsme, on se trouva tout à coup jeté, même au simple point de vue politique, dans des solidarités compromettantes et inextricables. Même au Grand Conseil de Genève plusieurs députés exprimèrent hautement leur indignation. Un naturaliste célèbre par son adhésion à la théorie de l'homme-singe, Vogt, dit entre autres : « J'accorde que le gouvernement veuille défendre le domaine du pouvoir civil contre les empiétements du clergé romain, à condition toutefois de respecter les textes constitutionnels et de ne pas méconnaître les droits imprescriptibles consacrés par ces textes. J'ai fait une étude très approfondie du conflit, mais je n'ai pu arriver à cette déduction que le citoyen suisse, lorsqu'il aura commis un délit quelconque, ne sera pas entendu par ses juges. Si le Conseil fédéral a le droit de renvoyer de son territoire les étrangers qui compromettent la sécurité intérieure, c'est que, bien entendu, la Confédération ne reconnaît pas posséder ce droit pour les nationaux. Dans la circonstance, on n'avait pas le droit d'agir administrativement et d'infliger une peine. Le Conseil fédéral doit veiller à la tranquillité du canton, mais dans la limite des lois, et la première loi à observer, c'est que nul ne peut être distrait de ses juges naturels (1) ».

Aucun député n'osa parler en faveur du décret d'exil. L'attitude du Grand Conseil fait si manifestement improbation que Carteret, l'un des grands coupables, s'écria : « Si vous nous croyez coupables, mettez le Conseil d'Etat en accusation ». Plus tard, un recours fut adressé à l'Assemblée fédérale contre le décret inique de son Conseil exécutif. La Commission reconnut que « ni la constitution fédérale, ni aucune loi fédérale ne contienne un article qui autorise expressément cette mesure d'expulsion contre un citoyen suisse » ; puis, par une contradiction flagrante et par une faiblesse qui rend l'Assemblée complice du Conseil, la majorité protestante accorda, à ce Conseil coupable, un bill d'indemnité. Et, pour mettre le comble à l'injustice, malgré le principe incontestable de la non-rétroactivité de la loi, l'indigne Cérésole voulut faire reviser la Constitution pour consacrer le droit d'exil. O Suisse, patrie de Guillaume Tell, autrefois vengeresse de la liberté et du droit, maintenant courbée sous le joug d'imbéciles petits tyrans qu'on ne sait comment, même pour les flétrir, élever à la dignité de l'histoire.

---

(1) *Mémorial du grand Conseil*, p. 186.

L'abîme invoque l'abîme. Nous allons voir les pauvres tyranneaux de la Suisse, battus sans justification possible sur le terrain du droit, se battre de plus en plus, et de leurs propres mains, sur le terrain des faits.

Dans une lettre encyclique du 21 novembre 1873, adressée à l'épiscopat du monde catholique, Pie IX qui, l'année précédente, avait déjà déploré inutilement les violences des cantons, Pie IX ajoutait : « Après l'expulsion violente de notre vénérable frère Gaspard, évêque d'Hébron, expulsion aussi honorable et glorieuse pour celui qui en a été victime, qu'ignominieuse et déshonorante pour ceux qui l'ont décrétée et exécutée, le gouvernement de Genève a promulgué deux lois tout à fait conformes au projet publiquement annoncé, projet que nous avions désapprouvé. C'est ce même gouvernement qui s'est arrogé le droit de transformer dans le canton la constitution de l'Eglise catholique, de la plier à une forme démocratique en subordonnant l'évêque à l'autorité civile, soit pour l'exercice de sa juridiction et de son administration, soit pour la délégation de ses pouvoirs, en lui interdisant de résider dans ce canton ; en fixant le nombre et la limite des paroisses ; en décrétant l'élection des curés et des vicaires, avec sa forme et ses conditions, les cas et le mode de leur révocation et de leur suspension ; en accordant à des laïcs le droit de les nommer ; en confiant de même à des laïcs l'administration temporelle du culte ; enfin en leur donnant le contrôle et la direction générale des choses ecclésiastiques.

« De plus, il est réglé par ces lois que, sans l'autorisation toujours révocable du gouvernement, les curés et vicaires ne peuvent exercer aucune fonction, accepter aucune dignité supérieure à celles pour lesquelles ils ont été élus par le peuple, et qu'ils seront astreints par le pouvoir civil à un serment, rédigé en termes qui en font une véritable apostasie.

« Il ne peut échapper à personne que de telles lois sont non seulement nulles et de nulle force par défaut absolu de compétence dans les législateurs laïques et protestants pour la plupart, mais encore que leurs prescriptions sont tellement contraires aux dogmes de la foi catholique et à la discipline ecclésiastique établie par le concile de Trente et les constitutions pontificales, que nous sommes obligé de les désapprouver et condamner entièrement.

« C'est pourquoi, au nom du devoir qui incombe à notre charge et en vertu de notre autorité apostolique, nous réprouvons solennellement ces lois et nous les condamnons. Nous déclarons en même temps illicite et tout à fait sacrilège le serment qu'elles prescrivent.

« En conséquence, tous ceux qui, dans le territoire de Genève ou ailleurs, auront été élus conformément aux dispositions établies par ces lois ou, d'une manière équivalente, par les suffrages du peuple et l'institution du pouvoir civil, et oseront remplir les fonctions du ministère ecclésiastique, encourront par le fait même l'excommunication majeure spécialement réservée à ce Saint-Siège, et les autres peines canoniques ; à tel point que les fidèles, conformément à l'avertissement du divin Maître, doivent les fuir tous comme des étrangers et des voleurs, qui ne viennent que pour piller, égorger et détruire ».

Toute la presse européenne avait énergiquement blâmé la conduite du canton de Genève et de la Confédération. Mais le jugement, déjà rendu par l'opinion publique, en passant par la bouche du Souverain Pontife, devenait une autorité accablante. Aussi le président Cérésole, profondément blessé, saisit cette occasion de rompre les relations diplomatiques avec le Saint-Siège. La nonciature fut supprimée par une note du 12 décembre 1873, note dans laquelle le protestant Cérésole disait : « L'Encyclique du 12 novembre renferme et précise, à l'égard des diverses autorités légitimement constituées en Suisse et de certaines décisions que ces autorités ont régulièrement prises, des accusations de la nature la plus directe et la plus grave. Au nombre de ces accusations figurent celle d'avoir violé la foi publique et celle d'avoir, par l'expulsion d'un prêtre du territoire suisse, commis un acte honteux et plein d'ignominie pour ceux qui l'ont ordonné, comme pour ceux qui l'ont exécuté... A dater de ce jour, la Confédération suisse ne peut plus reconnaître le chargé d'affaire du Saint-Siège comme représentant diplomatique accrédité près d'elle ».

Le nonce expulsé, Mgr Agnozzi, avait été nommé représentant du Saint-Siège en Suisse, le 14 mars 1848. Avec les regrets unanimes des catholiques du clergé suisse, il emporta l'estime et les louanges même de ceux qui frappaient le Saint-Siège en sa personne. Ce qui prouve que l'intolérance ne voulait pas plus épargner les personnes *agréables* que les personnes *désagréables*. « Evidemment, disait un journal français, le *Temps*, le langage tenu par Pie IX n'a été que l'*occasion* d'une rupture que les nouvelles lois sur le culte catholique avaient rendue *inévitable* ». « La libre Suisse, ajoutait le *Figaro*, la Suisse qui n'a pas voulu qu'on touchât un cheveu de la tête de Razona, et qui considère comme sacré le citoyen Pilotell, ne veut plus tolérer une représentation permanente de la papauté en Suisse. Tout le monde est libre en Suisse, sauf les catholiques qui veulent prier Dieu comme le priaient leurs pères. » La Suisse devait s'habituer, petit à petit, à ce régime de despotisme à la Bismarck, que la révision, une fois votée, inaugurera définitivement à Berne.

Le 4 janvier 1874, les évêques suisses adressèrent, contre la suppression de la nonciature, une protestation au Conseil fédéral : « Les attaques contre l'Eglise catholique, disaient-ils, sont poussées au point que l'on ose publiquement indiquer la destruction de cette église comme le but final de cette guerre acharnée. La plaie faite à l'Eglise de Genève saignait encore, lorsque votre décision du 12 décembre a frappé d'un coup plus sensible que tous les précédents l'Eglise catholique dans son ensemble... Que cette protestation soit la preuve, pour les générations présentes et futures, qu'aucune puissance de la terre ne saura empêcher l'union dans la foi et dans la charité, que nous sommes décidés à maintenir avec la Chaire de saint Pierre à Rome ». De son côté, Mgr Agnozzi écrivait que « le Saint-Père ne pouvait omettre de dire que la foi publique avait été violée par l'exil de Mgr Mermillod ; et que la rupture était d'autant moins fondée que l'Assemblée fédérale, le 27 novembre 1873, avait décidé, par 69 voix contre 41, le maintien de la nonciature apostolique dans la Confédération ».

Les protestations d'amour ne manquèrent pas non plus à l'évêque proscrit. Le 25 février, premier dimanche après l'exil, plus de trois mille hommes de toutes les communes du canton accouraient à Fernex. Lorsque le prélat parut au milieu d'eux, ce fut un transport inexprimable, des battements de mains, des cris enthousiastes. Après la première explosion de joie, divers orateurs présentèrent successivement des adresses : Un cri immense, sorti de toutes ces poitrines, résuma le discours : « Nous jurons fidélité et obéissance ! » Pour consoler et encourager, l'évêque trouva les plus beaux accents d'énergie et de patriotisme : « Je ne marcherai pas sur le crucifix, s'écria-t-il, pour repasser les frontières de mon pays. Le catholicisme, chassé par l'hérésie, a attendu trois cents ans aux portes de Genève ; je puis rester trois jours à la frontière en attendant que rentrent le droit et la liberté. Ce que je défends, ce n'est pas la liberté de ma personne ; c'est la liberté du foyer domestique, l'éducation chrétienne des familles, toutes les joies et les espérances de la patrie... Rentrez dans vos foyers calmes et paisibles. Je vous bénis, vous porterez mes bénédictions au sein de vos familles. Soyez les messagers de la paix. Qu'on sache qu'il n'y a pas à Genève de meilleurs citoyens que les catholiques (1) ».

Peu de jours après, Pie IX adressait à Mgr Mermillod un Bref, l'exhortant au courage par l'exemple des premiers évêques de l'Eglise, « que le martyre avait l'habitude de suivre comme l'ombre suit le corps ». Deux évêques d'Allemagne, Charles-Joseph Héfélé et Emmanuel de Ketteler, lui écrivirent également et rappelèrent, dans leurs lettres, que quand un évêque lutte pour la liberté de l'Eglise, l'Eglise tout entière y prend part ; qu'alors c'est Jésus-Christ en personne qui combat et qui, dans l'évêque, est combattu ». Henri Plantier, évêque de Nîmes, saluait, dans l'évêque persécuté, un autre Athanase, grand par le caractère, grand par les bienfaits, grand par l'éloquence, tel enfin qu'il le fallait pour accabler de son éclat les obscurs persécuteurs qui l'avaient frappé d'ostracisme. « Les neuf dixièmes du monde catholique, disait à ce propos un vieux ministre protestant, sont convaincus que c'est bien le prêtre catholique et la foi catholique, qui ont été chassés de Genève ». Tel était, en effet, le sentiment catholique. Les visites de Suisse et de France et les messages adressés de toutes les parties de l'Europe ne discontinuaient pas à Fernex, et ce n'étaient pas seulement les catholiques qui envoyaient à l'illustre exilé leurs respectueuses et affectueuses protestations : un grand nombre de chrétiens séparés voulaient se faire l'honneur de décliner toute responsabilité dans l'acte brutal du fanatisme protestant et révolutionnaire contre l'un des hommes les plus connus et les plus justement aimés du monde chrétien. La situation du jeune prélat à Genève, son zèle apostolique, sa participation si active à tant de bonnes œuvres, l'avaient mis en rapport personnel avec quantité de personnages éminents de tous les ordres et de tous les pays. L'aménité de son caractère et son inépuisable charité ne lui avaient pas fait moins d'amis dans les rangs inférieurs de la population. On pourrait dire que sa parole, toujours prête à s'épancher avec éloquence, avait fait descendre plus de pain dans les mains des indigents et jeté plus de vêtements sur les membres nus, que n'en ont fourni depuis plus de cent ans toutes les aumônes et surtout toutes les lois de la république de Genève.

Après le vote des lois schismatiques, après l'expulsion de Mgr Mermillod et de Mgr Agnozzi, au lendemain de la grande manifestation de Fernex, des protestations du clergé, des maires catholiques et des fidèles, manifestations et protestations qui eurent, dans toute la chrétienté, des retentissements si solennels, les francs-maçons de Genève purent se flatter d'avoir supprimé l'Eglise. Plus de nonce, plus d'évêque, plus que de rares prêtres tremblant devant les menaces de l'avenir et des fidèles désorientés par la terreur qu'inspirait le fanatisme du Conseil d'Etat. Si les meneurs de Genève eussent suivi leurs propres inspirations, eux qui ne fléchissaient point le genou devant Dieu et ne professaient le protestantisme que pour marquer leur impiété, ils eussent fait table rase de tout culte. Mais la notion de Dieu est si puissante et si profonds sont les besoins de l'âme humaine, qu'après avoir effacé, par leurs lois, l'organisation du christianisme, ils voulurent conserver certaines apparences, frauder avec les âmes et, si j'ose ainsi dire, faire entrer Dieu dans la complicité de leurs crimes. Une cinquantaine d'apostats écrivirent à l'ex-frère Hyacinthe, devenu Loyson tout court et par surcroît le mari concubinaire d'une Merriman. On incitait ce malheureux à venir perpétrer

---

(1) *L'exil de Mgr Mermillod*, p. 55.

dans Genève les parodies sacrilèges du culte catholique. Ceux qui l'appelaient étaient notoirement libres-penseurs, tous plus ou moins sortis pratiquement du Christianisme ; ils l'appelaient pour en faire l'instrument d'un gouvernement persécuteur : ils voulaient lui donner, dans Genève, contre la foi, une liberté de parole qu'ils venaient d'enlever à un grand évêque. Certes, il n'y avait là ni une ouverture pieuse, ni un acte de liberté, ni aucune possibilité de rencontrer l'honneur. D'ailleurs les amis qu'il avait si cruellement affligés par sa défection, n'avaient pas ménagé, à Loyson, les suprêmes avertissements : « Si vous avez le malheur de céder aux invitations, aux provocations dont les libres-penseurs et les protestants surtout vont vous assaillir, avait écrit Montalembert ; si vous entreprenez de vous justifier en attaquant de plus en plus votre mère l'Église ; si vous devenez un orateur de réunions vulgaires et profanes : vous tomberez dans le néant au dessous de Lamennais lui-même, qui a du moins fini par se retrancher dans le silence ; et tandis que vos amis ne pourront plus que pleurer en silence, vous deviendrez le jouet d'une publicité sans frein et sans entrailles, comme ces gladiateurs captifs, exploités et déshonorés, malgré leur noblesse naturelle, par les caprices de la foule obscène des païens. »

Le malheureux Loyson ne se laissa point arrêter par ses souvenirs et par les perspectives d'un nouvel engagement : il arriva à Genève le 12 mars avec la veuve Merrimant, et le 18 il faisait sa première conférence dans la salle protestante de la Réformation. Jamais foule plus obscène et plus païenne que celle qui vint applaudir la trahison de cet homme vivant lui-même dans l'obscénité d'un prétendu mariage, dont il se faisait gloire devant la société protestante. Son auditoire fut l'assemblage spontané de tous les ennemis de la vertu, qui, pour se consoler de leurs bassesses, étaient avides de contempler un scandale tombé des rangs de la Sainte Église. Loyson parla sur tous les sujets qui pouvaient flatter les vils appétits de la canaille ; il tonna, comme Chatel, contre l'autorité dogmatique et disciplinaire de l'Église, contre l'infaillible monarchie des Pontifes Romains, surtout contre la confession et le célibat, beaux sujets de discours pour le prêtre apostat qui traînait, à sa suite, la femme d'un autre. Tout allait du reste à l'avenant. Invité à dîner de préférence un vendredi, Loyson faisait gras ; il prouvait, entre le gigot et le poulet rôti, la sincérité de sa vertu et les facilités de sa persévérance. A la place de la confession, que le gigot, le poulet et les femmes avaient rendue inutile, l'apostat donnait, à ses fidèles d'un jour, une absolution que ne ratifiait aucun repentir. Le jour de Pâques, le misérable poussa le scandale et le sacrilège jusqu'à célébrer, en français, je ne sais quelle parodie de la messe, dans la salle d'une bibliothèque fondée par Calvin. Les libres-penseurs ajoutèrent, à ce sacrilège, le sacrilège d'une communion sans confession, communion qu'ils firent en toute impiété, uniquement pour protester contre la nécessité du sacrement de pénitence.

Un moine ne fait pas une abbaye et un apostat ne fait pas une église. Un certain Reverchon qui, dans sa jeunesse, avait été vêtu par la charité catholique, se mit à la tête d'une association qui s'appela successivement vieille catholique, catholique libérale, catholique chrétienne et catholique nationale (variantes qui exprimaient bien l'incohérence et la contradiction de ses principes). Cette société aux noms changeants, pour se donner une ombre de clergé, fit appel à tous les transfuges du sacerdoce qui geignaient dans les limbes de la pauvreté, de la luxure et de l'orgueil. Le clergé catholique a, comme tous les corps constitués, des membres qui ne gardent pas la santé constitutionnelle et l'union hiérarchique. A raison même de l'excellence du sacerdoce, de l'étendue de ses devoirs et de la sublimité de ses fonctions, ces membres réfractaires et scissionnaires descendent d'autant plus bas qu'ils tombent de plus haut. Pour cacher leur honte et se dissimuler leur misère, ils se réfugient communément dans les grandes villes, et, pour la France, surtout à Paris, en attendant que, pour quelque accroc au Code civil, l'État leur fournisse, dans les maisons centrales, un logement gratuit et des occupations assorties à leurs beaux élans. Tristes débris, rebuts misérables de tous les diocèses, hommes perdus de réputation, de dettes et de mœurs, ils vivent dans l'ombre et meurent dans la boue. Or, c'est à cette boue que l'association catholique nationale de Genève fit appel pour cimenter cette Église d'État que la bande Carteret, Reverchon, Bard, Vauthier et Congert, venaient de tirer d'une autre fange : création étrange, mélange infâme où l'on entrevoit tout ce qui peut braver le mépris et dépasser même la pitié.

On fit donc insérer dans le *Temps* de Paris, dans la *République française* et dans le *Journal de Genève* des annonces-réclames pour faire sortir ces malheureux des recoins où ils cachaient leur honte. On envoya également des émissaires à Paris pour fouiller les carrefours et en retirer d'anciens défroqués dont on se proposait de faire des curés à la génevoise. On trouva ce qu'on peut trouver dans ces endroits-là. Un journal italien appela cet immortel trafic, « la traite des apostats ». Un protestant bernois, révolté de ces infections qui ne répugnaient pas aux gouvernements de Genève et de Berne, les flétrit dans une brochure. « On ne voulait rien savoir sur l'immoralité de ces empoisonneurs du peuple ; autrement on l'aurait su avant leur installation. Les feuilles ultramontaines publièrent, sur ces aventuriers, des biographies faisant dresser les cheveux sur la tête ; elles s'offraient à fournir devant les tribunaux, la preuve de la vérité de leurs détails. Comme il eut été facile de connaître la vérité sur cette racaille exotique ! Mais personne ne prit le *Pays* au mot. C'eût pourtant été une suprême jouissance pour les actionnaires du Kulturkampf de pouvoir intenter un procès de presse à ce journal. En présence des détails diffamatoires que cette feuille répandait dans le public sur le compte du clergé étranger, c'était *le devoir du gouvernement de forcer ses fonctionnaires à se justifier, et, s'ils ne le voulaient pas, de les congédier.* » Il y avait là, pour les nobles sentiments, un immense naufrage.

Ce qui nous reste à dire du schisme n'est plus que le tableau d'une sorte de brigandage à main armée. Loyson et le club des vieux catholiques ont employé l'été à se dresser une meute ; il faut maintenant ouvrir, contre les catholiques, la chasse à courre. Le 12 octobre 1873, Loyson, Chavard et Hurtault sont nommés pour la cure à trois têtes de Genève : cette élection se fait par une double fraude : par une fraude électorale qui fait couler dans l'urne les bulletins d'électeurs absents ; par une fraude immorale qui remet à des libres-penseurs le choix de curés soi-disant catholiques. Deux jours après, les trois apostats, en échange d'un salaire de 3.000 francs, prêtaient, devant un Conseil d'Etat calviniste, un serment que Pie IX avait déclaré *sacrilège*. Une populace d'une centaine d'individus à figures sinistres les applaudit à leur sortie de l'hôtel de ville. Un instant après, la même populace se ruait sur l'église Saint-Germain dont la porte fut forcée. Un commissaire de police, Coulin, se trouva tout à coup à la tête de cette populace, comme s'il l'eût conduite à l'assaut. Le lieu saint fut profané par des ricanements sacrilèges et des vociférations : c'est ainsi que le catholicisme genevois conquérait ses temples.

Le 7 décembre, Loyson allait inopinément souiller, par une messe sacrilège, l'église de Chêne-Bourg. Le 10, le Conseil d'Etat sommait les curés de Chêne, de Carouge et de Lancy de prêter le serment d'apostasie ; sur leur refus, il installait, à Carouge, Marchal, de Nancy ; à Chêne, Quily, de Tours ; à Lancy, Tacherot, du diocèse d'Aix. Ces installations ne se firent qu'après des élections dérisoires, avec accompagnement de serrures brisées et crochetage des portes. Ces drames misérables, où des maires, des commissaires de police, des gendarmes remplissent des fonctions pareilles montrent jusqu'où permet d'aller le vertueux *clinamen* de Calvin. A Lancy, le drame ce compliqua d'un incident qui met en beau jour la douceur et l'esprit conciliant du fameux Loyson : le curé expulsé de Lancy, l'abbé Berthier, était son ami de séminaire.

Le 22 mars 1874, de nouveaux arrivages permirent d'élire, par les procédés connus, quatre vicaires de Genève : François Pélissier, du diocèse de Nîmes, venu avec quatre enfants ; Jean Cadion, du diocèse de Quimper, prêtre interdit ; Jacques Vergoin, du diocèse de Lyon, et Eugène Méhudin, du diocèse de Chartres. On élut ainsi deux vicaires de Carouge : Gustave Pourret, venu d'Aix avec une mineure à marier ; et Auguste Risse, de Chalons-sur-Marne, qu'il fallut rendre à la police française pour le règlement de ses comptes.

Un incident vint égayer un peu le public. On était peu édifié et peu flatté de la valeur morale des curés du nouveau schisme, on sentait le besoin de se donner un peu de lustre. Tout à coup Loyson, le cœur débordant de joie, annonce qu'ils vont avoir un évêque, un véritable évêque sorti des cachots de l'Inquisition où il avait contracté des infirmités qu'il devait garder jusqu'à la mort, et que devaient suivre bientôt un grand nombre de prêtres de son diocèse. L'évêque arriva ; il se nommait Dominique Panelli, de Naples, archevêque de Lydda, qui pourtant n'est qu'un évêché, mais à Genève, on n'était pas obligé de savoir la géographie ecclésiastique. Le prélat portait bravement la soutane violette et la croix pectorale ; on allait lui faire faire une grande ordination. Information prise, il se trouva que ce Panelli (en français Pani tout court) était un pauvre fou, un toqué ordonné évêque à Constantinople par un évêque russe. On l'éconduisit tout doucement, chevronné d'une sentence pontificale d'excommunication, et, si jamais, sous le chaume genevois, on parle de lui, ce ne sera pas pour s'entretenir de sa gloire.

Le 10 mai, un peu chiffonné de cet esclandre, on élut un Conseil supérieur devant former le Consistoire du schisme. Sur 6.000 électeurs inscrits, 2.000 voix, réunies à coup d'arrosoir, élurent 25 laïques, plus 5 prêtres apostats. Le Consistoire devait régler la religion nouvelle et constituer l'Eglise. Pour la nouvelle église Loyson voulait être pape, mais ses complices ne l'entendirent pas ainsi ; ils ne s'étaient pas révoltés contre leurs évêques pour le plaisir de s'en imposer un de leur choix ; l'un d'eux, Quily, censura même, avec assez d'esprit, les escapades conjugales de Loyson et se fit censurer ; Loyson, ne pouvant pas être pape, se tint d'abord à l'écart comme Coriolan, puis donna sa démission, déclarant tout haut que cette soi-disant réforme de Genève n'était qu'un attentat d'impiété où il n'y avait rien de libéral en politique, rien de catholique en religion. C'est le cas de rappeler l'adage vulgaire : *Experto crede Roberto*. Quant à la religion, dont il fallait pourtant bien s'occuper un peu, les uns voulaient tout garder, les autres supprimer la vierge et les saints, et ne conserver, pour la représentation, que l'Etre suprême, le ci-devant Bon Dieu étant trop vieux pour les naturels de Genève. On ne put s'entendre, et, comme dans le conseil des rats, on se quitta sans rien faire, laissant à sa pourriture naturelle, le soin de consumer ce sot cadavre.

L'évêque de Genève, Gaspard Mermillod, avait lancé, contre tous ces farceurs sinistres, une sentence d'excommunication. « Seigneur, avait dit le prélat, jetez un regard de bonté et de miséricorde sur l'héritage que vous m'avez confié ; rendez la paix à ce troupeau, la liberté à notre ministère ; convertissez les égarés, conservez la foi de nos chères populations. » Les égarés ne se convertirent pas ; mais les populations se levèrent, comme autrefois l'Irlande, sans armes, mais sous l'œil de Dieu et au nom du droit et de la liberté.

En 1873, les maires s'étaient unis contre le schisme et avaient protesté contre ses attentats. La législation municipale avait consacré depuis longtemps une large indépendance ; le maire était nommé, pour quatre ans, par l'élection populaire : le gouvernement, il est vrai, pouvait le révoquer, mais ce cas était presque inconnu. En présence des attaques à la foi, l'union des maires devait amener, pour la résistance à l'oppression, l'union des communes. On se réunit à Compesières et dans plusieurs autres endroits pour bien établir que, contre la persécution, les catholiques n'avaient qu'un cœur et qu'une âme. Carteret avait dit, à propos de ses majorités complaisantes du Conseil d'État : « Nous ne croyons qu'à la majorité qui s'exprime par des votes. » Quand vint le renouvellement des municipalités et l'élection des maires, les candidats catholiques l'emportèrent dans toutes les communes, et on ne réélut, pour maires, que les signataires de protestations et les auteurs d'actes signalés de résistance aux lâchetés de la tyrannie. Pour célébrer ce triomphe électoral, les dames catholiques de Genève offrirent, à l'Union des campagnes, une riche bannière sur laquelle étaient inscrits les mots : *Dieu, droit, patrie et liberté*. Un chant patriotique fut composé, non pas pour électriser les courages, mais pour exprimer leur vaillance. Une grande fête s'organisa pour bénir, le 30 août, la bannière de l'Union. « A onze heures et demie, lisons-nous dans le *Courrier de Genève*, un roulement de tambour annonce que la cérémonie va commencer. Au fond d'une charmante petite prairie, sous une voûte de verdure formée par les branches touffues et entrelacées de quelques gros arbres, s'élève un autel décoré avec grâce et un goût délicat. Cette bannière blanche et brodée d'or qui surmonte l'autel et qui se détache sur le fond vert des arbres, ces lumières qui luisent dans la demi obscurité des branchages, ces fleurs bleues mariées à des fleurs rouges et perdues dans la verdure, tout cela semble donner à l'auguste cérémonie quelque chose de plus mystérieux.

« A l'évangile, M. l'abbé Jacquard, qui célèbre la sainte messe, se tourne vers la foule recueillie et lui adresse quelques paroles pour lui recommander de chanter avec enthousiasme le *Credo*, « ce symbole de la foi catholique qui est toujours debout dans le monde comme un drapeau noirci par la fumée des batailles, « et qui, depuis dix-neuf siècles, entend siffler « les balles de l'hérésie et de l'incrédulité ».

L'Europe admirait ces belles manifestations. L'Union des campagnes resta fidèle à sa devise, jusqu'à épuisement des moyens légaux. Les maires et les adjoints se firent tous destituer, plutôt que de livrer les clefs des églises. Par cette magnifique unité de résistance, le gouvernement fut mis à la lettre au pied du mur ; il n'y avait plus qu'à fusiller ; mais les catholiques ne font point ce métier-là. C'est le gouvernement qui sera réduit à prendre lui-même le fusil et la pioche pour marcher à l'assaut des églises.

Après deux ans d'efforts inouïs, Genève ne possédait encore, en fait de fidèles, que des libres-penseurs sans religion pratique, et, en fait de curés, que des balayures du clergé français. Entre cette fripouille et le gouvernement factieux de Genève s'établit une entente pour voler, aux catholiques, leurs églises. Prendre un enfant de Genève et aller le faire baptiser, par un apostat, dans une église catholique ; prendre un cadavre et le faire enterrer de même avec la connivence d'un membre de la famille, malgré l'opposition de tous les autres : tel fut le plan conçu par le club dirigeant du schisme, agréé par le gouvernement. Et la puissance de corruption d'un gouvernement persécuteur sera assez grande pour susciter des individus qui prêteront, à cette infâme comédie, le berceau de leur enfant ou le cercueil de leur mère.

On commença la campagne par un baptême à Compesières. Un certain Maurice, facteur de poste, prêta son enfant ; l'apostat Marchal, son ministère. On écrivit aux conseils pour faire ouvrir l'église ; les maires Montfalcon et Delétraz répondirent par un refus. L'apostat, le père, le parrain et la marraine arrivent tout de même en voiture. Mais la population avait eu vent de l'affaire ; elle était debout, elle accueillit les envahisseurs avec des huées et une grêle de petits graviers. La police, mise sur pied, sans doute pour recueillir les gagées, arrêta quelques personnes ; mais il fallut déguerpir. On revient à la charge, mot qu'il faut bien prendre à la lettre, car le gouvernement avait mis sur pied des fantassins, des carabiniers, des cavaliers et des gendarmes ; plus des maçons, crocheteurs de portes et autres gens de métiers à petites infamies, à l'usage spécial de Carteret. On arrive ; le village est en deuil ; pas un habitant dans les rues ; les portes et les fenêtres sont fermées. L'église est solidement barricadée ; on lit, sur les scellés, une affiche portant l'article de la constitution genevoise. « La propriété est inviolable et sacrée » ; au faîte flotte un drapeau noir avec l'inscription : « La force prime le droit ». Ne pouvant ni enfoncer, ni crocheter les portes, les gendarmes firent pratiquer une brèche au mur ; c'est par là que s'introduisit, avec sa troupe de vandales, le pauvre Marchal triomphateur. Penser qu'il allait ainsi administrer un sacrement, quelle horreur. Dernier trait où se révèle l'abominable gouvernement, l'expédition avait coûté 2.785 francs, que le sultan Carteret mit à la charge de Compesières. C'est horreur sur horreur.

A Bernex, à Hermance, à Meinier, on fit comme à Compesières, conquête d'église par crochetage de portes et brèches aux murs. Les maires protestèrent et furent destitués ; les curés protestèrent et furent ou vexés ou incarcérés. Les curés de Meinier, Pissot, et d'Hermance, Péry, sujets français, furent, de plus, expulsés du territoire suisse, sans qu'on leur laissât libre le recours à l'ambassadeur de France, et sans que le gouvernement français protestât contre cette violation du droit des gens. Mais alors il n'y avait pas de gouvernement en France, du moins il n'y en avait pas pour protéger les citoyens français à l'étranger.

Des enfants à baptiser, des morts à mettre en terre, on n'en a pas à discrétion. Cependant la passion des imbéciles tyrans de la Suisse les poussait toujours à l'envahissement des églises ; il ne leur manquait, pour cela, que des prétextes. Ils imaginèrent, à cette fin, deux choses : l'inventaire du mobilier des églises, et l'inspection ou la remise des registres de catholicité. En principe, le mobilier des églises appartient à la communauté des fidèles qui en fait les frais ; il sert à son usage pieux, sous l'administration d'un conseil de fabrique et sous la surveillance de l'évêque ; il n'appartient à aucun titre à l'Etat qui n'a point à l'inventorier. Les registres de catholicité pour baptêmes, mariages, sépultures, confréries, premières communions, confirmations, sont des notes d'administration curiale où l'Etat non plus n'a rien à voir. L'Etat était donc sans qualité ; mais pour les tyrans de Genève et d'ailleurs, la qualité juridique est de luxe, la passion sert de raison et les prétextes sont motifs à brigandage. On innocente tout par le fanatisme.

Avec ces deux prétextes de registres à visiter pour les empocher et d'inventaire à dresser en vue de spoliations éventuelles, les schismatiques envahirent successivement les églises et cures de Meyrin, Grand-Saconnex, Corsier, Versoix, Thonex, Collonge-Bellerive, Choulex, Présinge, Collex, Bossy. L'envahissement se faisait d'après une espèce de programme. Une bande de gendarmes, de protestants et de canailles arrivaient dans le village. Le commissaire allait demander les clefs de l'église au maire qui les refusait ; sur quoi un serrurier crochetait la porte et y mettait une autre serrure. On allait de là au presbytère d'où l'on expulsait le curé, et, pour que la chose eût plus de goût, sous couleur de déménager, on cassait les meubles. Les gendarmes couvraient de leur protection ces traits de banditisme. Cependant un apostat quelconque venait empester de son haleine le presbytère et l'église de ses mascarades. Bientôt l'herbe poussait sur le seuil de l'église polluée. Cependant le curé légitime, victime de la force brutale, qui n'avait pas triomphé sans lui arracher les plus énergiques protestations, trouvait abri chez ses paroissiens. Ces pieux fidèles, d'autre part, se réunissaient dans des granges pour les actes du culte public. S'il leur était dur d'être ainsi spoliés, il leur restait la consolation et aussi l'honneur de se retrouver tous après la bataille.

Pour donner des titulaires à ces églises volées, la loi du schisme avait statué qu'il fallait le quart des électeurs, proportion qui livrait déjà la majorité aux caprices de la minorité. Les électeurs catholiques naturellement ne votaient pas ; mais ne pas voter c'est une manière de voter ; l'abstention a sa valeur juridique et son autorité morale de protestation. Malgré l'abstention, Genève et les bicoques fournirent seules le quart requis, surtout avec l'appoint des coups d'arrosoir électoral. Mais dans les villages où les électeurs sont peu nombreux et se connaissent, les tripotages sont difficiles et les fraudes à peu près impossibles. On ne trouva donc pas dans les villages, le quart de moutons complaisants qu'on put faire bêler en faveur des apostats. A bout de ressources, un des séides de Carteret, Reverchon, proposa de supprimer la condition du quart ; la loi fut votée en janvier 1875, et en vertu de cette loi, la population restant fidèle, pour établir un apostat dans une commune, il suffisait d'un électeur. On n'a jamais porté plus loin le cynisme de la tyrannie.

Mais encore fallait-il trouver des apostats. Après une première récolte de fruits véreux, la cueillette de fruits sains n'était pas à espérer. On recourut donc à l'amorce grossière de la tyrannie aux abois, à l'amour des gros traitements. On vota d'abord, au susdit Reverchon, cuisinier très apte à devenir l'hôtelier du schisme, une somme de 10.000 francs ; avec cette somme, il put tenir une auberge cantonale d'abbés en déconfiture. Les journaux annoncèrent que les curés en expectative trouveraient leur botte et ce râtelier ; ils pourraient boire et manger à leur aise en attendant l'investiture d'une église. Cette auberge remplaçait le séminaire ; la ripaille tenait lieu d'inspirations du Saint-Esprit. Faire une église dans ces conditions, ou, du moins, essayer, ce n'est pas seulement grande bassesse ; c'est grande sottise.

En outre ces curés qui entretenaient femme et enfants avaient l'appétit vif et le gosier en feu. On porta leur traitement à 3.000 francs pour les campagnes, et 4.000 pour les villes, plus une indemnité de logement. Avec le clergé catholique, le canton de Genève avait payé, à ses curés, pour moraliser les populations, 47.000 francs ; en moyenne un peu plus de mille francs par ecclésiastique ; avec les intrus répugnants et sinécuristes du schisme, on donna, pour un même nombre d'ecclésiastiques, et à seule fin de scandaliser ou de démoraliser les fidèles, 132.000 francs. On voit que si le schisme ne vaut rien, il coûte cher ; mais on ne voit pas comment des législateurs peuvent rester honnêtes, en galvaudant de la sorte l'argent des contribuables. Cela était contraire à la probité et défendu par la constitution.

L'incamération des églises, du mobilier liturgique et des registres de catholicité ne suffisant pas au gouvernement de Carteret, ce misérable tyran imagina de se faire prêter je ne sais quel serment que tous les curés refusèrent, aux grands applaudissements des populations catholiques. Le gouvernement répondit aux curés catholiques en les destituant et en supprimant le traitement que leur allouait le budget. Le gouvernement était vaincu ; la misérable vengeance qu'il se donnait, par la suppression du traitement, accentuait encore sa défaite. C'étaient la force brutale et la séduction vénale tombant méprisées devant la dignité de la conscience. Les catholiques jouissaient avec fierté de ce spectacle, qui était la revanche morale de l'oppression d'une majorité protestante. De plus, pour soutenir leur clergé, ils se cotisèrent entre eux ; et, quoique relativement pauvres, non seulement ils soutinrent leurs prêtres, mais ils firent les frais de toutes les églises improvisées qu'il fallut, à bref délai, construire en planches ou en briques pour remplacer celles que venait d'enlever le schisme.

Le gouvernement n'avait pas encore épuisé la série des attentats ; il allait se surpasser lui-même en arrachant, aux catholiques, la splendide église de Notre-Dame. Cette église n'était pas, comme les autres églises du canton, une propriété municipale ; elle avait été bâtie sur un terrain donné sans condition par l'Etat, aux frais des catholiques, qui, pour trouver les sommes nécessaires, avaient quêté dans toute l'Europe. Parmi les souscripteurs se trouvaient les personnages les plus élevés de la hiérarchie ecclésiastique, les familles princières d'Italie, de France, d'Autriche, de Bavière et de Saxe, des lords anglais, un grand nombre de membres de l'ancienne noblesse. Le gouvernement ne tint compte de rien ; malgré les protestations des catholiques et des souscripteurs étrangers, il vola cette église. Et, pour pousser jusqu'au bout sa résolution de brigandage politique, il prit, par dessus le marché, le presbytère, propriété privée de l'abbé Mermillod, bâti à ses frais, dont il jouissait depuis l'origine dans toutes les conditions ordinaires des propriétaires genevois. En voyant cette église et ce presbytère volés par le gouvernement, on croit voir, dans un coin, le spectre de Proudhon ricanant : « La propriété, c'est le vol ! »

Ce n'était pas assez. Le canton de Genève possédait des maisons religieuses de Frères et de Sœurs voués à l'éducation chrétienne, au soin des pauvres et des malades ; il y avait aussi des pensions laïques, mais catholiques. Le gouvernement fit main basse sur tous ces établissements. En prévision de ces hauts faits, les religieuses propriétaires avaient vendu leurs maisons à des propriétaires étrangers, par contrats réguliers, passés par devant notaire. Le gouvernement cassa ces contrats et garda pour lui ce qu'il enlevait à ces propriétaires légitimes. C'était l'atteinte brutale à la propriété ; et les violences de l'injustice aboutissaient, en dernière analyse, aux bassesses de la confiscation. On pense bien que ces suppressions de maisons, confiscations de propriétés, expulsions de propriétaires ne se perpétrèrent pas sans résistance, ni sans procès. « Le pouvoir judiciaire, dit Tocqueville, est principalement destiné, dans les démocraties, à être tout à la fois la barrière et la sauvegarde du peuple. » A Genève, on ne trouva pas de juges ; il y avait, pour les tribunaux, mandat impératif du pouvoir politique, de refuser toute justice aux victimes de ces prostitutions gouvernementales. Les magistrats prévariquèrent comme Pilate en se lavant les mains : et les Genevois, plus lâches que les Juifs déicides, ouvrirent leur trésor aux deniers de ces Judas.

Pour finir, le gouvernement de Genève proscrivit toutes les manifestations extérieures du culte ; il défendit non seulement la procession de la Fête-Dieu, mais le convoi même des enterrements qu'il dépouilla de tout signe religieux. Des personnes qui avaient porté un cierge furent mises en prison ; d'autres, pour avoir porté une croix de bois noir sur une fosse, subirent la même peine, plus l'amende que les corsaires genevois n'oublient jamais d'infliger. Le même gouvernement interdit la soutane, interdit la messe aux prêtres étrangers, édicta la promiscuité des cimetières. Les Dioclétiens de Genève purent se croire autorisés à écrire sur un poteau la fameuse déclaration de Dioclétien : *Nomine christianorum deleto*.

A quels résultats sociaux pouvaient aboutir un tel abus, de tels excès, de tels crimes commis par des chefs de gouvernement. Je cède la plume à un protestant de Genève, qui va nous l'expliquer :

« Le nom de justice, dit-il, n'existe plus pour la génération présente, il fait place à celui du progrès... Quelles sont les conséquences sociales de cet oubli, de cette négation des droits immuables de la justice ? Qu'on lise les journaux suisses ! On y verra que les environs de Berne et de Zurich sont hantés par des vagabonds qui se jettent sur les passants, qui sèment l'effroi dans toutes les fermes et ont attaqué l'autre jour, vers minuit, un Bernois dans les rues mêmes de sa ville natale. J'avais eu la pensée de dresser ici la liste des meurtres et des incendies par malveillance commis en Suisse pendant un seul mois. J'y ai renoncé : les étrangers auraient pu croire que notre belle patrie est une nouvelle Calabre.

« Aux incendies, aux meurtres, s'ajoutent

ces vols en grand dont sont victimes nos caisses d'épargne, nos banques et les États.

« Et que dire de cette loi sur le mariage que le peuple vient, à sa honte et pour son malheur, de sanctionner par un vote solennel? Sous un faux prétexte de faux progrès et par une réelle connivence avec le crime, elle autorise ce que toutes les législations interdisent : le mariage après divorce, entre homme et femme adultères?

« Un membre des assemblées fédérales me disait que si les vrais Suisses avaient pu assister aux discussions de cette loi, les cheveux se seraient dressés d'horreur sur leur tête. On a accordé aux jeunes gens de vingt ans la liberté absolue de se marier, dans le but avoué de les soustraire à l'influence de leurs parents, dont on redoute la piété, les préjugés, les idées rétrogrades. On veut que la jeunesse n'écoute que la voix de l'incrédulité et du radicalisme et rompe d'emblée avec tout le passé religieux et politique de la Suisse.

« Ce que sera la troisième génération d'une société, élevée et gouvernée par le despotisme suisse sans la crainte de Dieu, sans la foi à une vie future, pour la terre et ses voluptés, c'est ce que Dieu sait, et il en pleure ; ce que le diable pressent, et il en rit ; ce que les hommes verront et ils en reculeront d'épouvante (1). »

Qu'est devenue cependant cette entreprise schismatique? Loyson, Marchal, Perthuisot, Pellissier et plusieurs autres ont quitté, en le maudissant, le canton de Genève. Les Genevois s'en félicitent, ils ont raison ; mais ils se félicitent aussi de leur succès et là ils se trompent. Ils n'ont rien fait que violer les lois, se mettre au ban de l'Europe, se flétrir de leurs propres mains et vider inutilement leurs coffres. « Toute cette fantasmagorie de déclamations, dit un historien, n'empêche pas l'œuvre de crouler. Le budget, si complaisant soit-il, ne remplace pas la foi ; la religion de l'argent peut garnir les bourses, mais elle laisse vides les églises. Les schismatiques d'Allemagne, d'après leurs rapports officiels lus au dernier synode de Rome, s'attribuent dans toute l'étendue de l'empire le chiffre de 53.640 adhérents, sur 14.800.000 catholiques fidèles. Ceux de la Suisse, dans leur rapport lu à la même époque au synode d'Olten, s'attribuent 70.000 adhérents, sur 1.035.000 catholiques fidèles, et 2.400 prêtres et 1.218 paroisses. Ces chiffres sont notoirement exagérés. C'est une statistique de fantaisie démentie chaque jour par l'évidence des faits (2) ».

« En résumé, dit Pélissier, une apparence de bien dans les paroles, une immense somme de mal dans les actes, voilà le dernier mot de la réforme catholique à Genève. C'est ce que j'appelle une *farce gigantesque*; d'autres l'appelleraient *un crime de lèse conscience*.

« Tout ce que j'ai enduré de souffrances morales, en cet état de choses, Dieu seul le sait. Parfois des voix amies me disaient : « Prenez patience ; dans une œuvre d'une si haute importance, il est fort difficile que le mal soit inséparable du bien ». Et, confiant, j'attendais jusqu'à ce qu'enfin, l'abîme se creusant de plus en plus, la réforme, dont le principal caractère aurait dû être la douceur et la persuasion, a jeté bas le masque et nous est apparue *une vraie guerre* religieuse. Dès lors, je n'ai pas voulu attacher plus longtemps mon nom à cette *œuvre d'hypocrisie, d'oppression et de haine*. »

« Il y a longtemps, dit un autre fondateur de la secte, Bard, que l'on est dans une position critique, quoique l'on ait cru devoir cacher ses impressions... Que tous les Judas s'en aillent... Qu'ils partent, encore une fois, et, s'il leur faut de l'argent, qu'ils nous disent combien ils veulent pour s'en aller ! S'ils veulent s'en aller, qu'on les accélère d'un coup de pied ! Si notre œuvre avait dû périr pour cela, elle aurait déjà succombé ; *il y a deux ans qu'elle est perdue* dans l'opinion publique, mais pas dans la nôtre... C'est à nous qui avons formé l'œuvre de la maintenir, et aux jeunes à nous soutenir. Après de telles désillusions, il doit nous être permis de déverser le trop plein de son cœur. »

Il convient d'entendre encore un dernier témoignage du *Journal de Genève*, autre fondateur de l'œuvre :

« Dans les autres communes de canton, dit-il, où l'on a essayé d'acclimater le culte libéral, le curé officiel siège encore au presbytère, mais cet élu d'une *infime minorité* subit les conséquences de la position déplorable que lui ont faite ses artisans. Il attend, avec douleur s'il est sincère, avec indifférence s'il ne l'est pas, qu'il vienne des ouailles à ses messes et des auditeurs à ses sermons. Mais nulle part il n'a été possible jusqu'ici de signaler *un seul progrès* fait par le culte officiel, *une seule conquête* opérée par lui sur le culte dissident.

« Est-ce entièrement la faute des curés officiels? En vérité, non ; ceux qui les ont placés là, leur ont rendu d'avance toute propagande impossible ; ils les ont faits *impopulaires, odieux* ; ils ont creusé entre eux et ceux qu'ils sont chargés de ramener, un fossé qui *ne se comblera jamais*. Ce fossé infranchissable, c'est le souvenir de l'injustice commise, *de la violence inique* en elle-même, mais plus inique encore, parce qu'elle est *contraire au droit public* d'un pays républicain. »

Depuis le commencement de la persécution, les jeunes enfants du canton de Genève vont, sur le territoire français, recevoir, des mains de leur évêque proscrit, le sacrement de confirmation. Cette cérémonie, touchante en elle-même, l'est doublement lorsqu'elle s'accomplit sur la terre d'exil. Ce sont à la fois des fêtes

(1) Fréd. de Rougemond, *Cri d'alarme*, p. 77. (2) *Histoire de la persécution religieuse à Genève*, p. 602.

et des deuils; on est réjoui de se revoir, on est triste parce qu'il faudra bientôt se séparer. Nous espérons qu'un jour et bientôt ces processions pieuses se convertiront en marches triomphales : ce sera pour ramener, dans son ingrate Genève, l'homme qui la comble de bienfaits et de gloire, son évêque.

Pendant que la persécution sévissait à Genève, elle se déchaînait également dans le Jura bernois.

La contrée connue aujourd'hui sous le nom de *Jura bernois*, et qui a fait partie de l'ancienne Rauracie, formait, avant la Révolution, un petit État dépendant de l'empire d'Allemagne et qu'on appelait la *Principauté de Porrentruy* ou l'*Evêché de Bâle*, avec l'évêque de Bâle pour souverain. Envahie en 1792 par les troupes de la République française, qui obligèrent le prince-évêque à prendre la fuite, elle se constitua d'abord en république à l'ombre de sa puissante voisine, lui fut bientôt réunie sous le nom du *Mont-Terrible*, et enfin, son étendue ne se trouvant pas en rapport avec celle des autres départements, devint une simple sous-préfecture du département du Haut-Rhin. Après avoir partagé pendant plus de vingt ans toutes les vicissitudes de la France, elle en fut détachée après la chute de Napoléon Ier, à l'époque de la première invasion, et, malgré les désirs contraires qu'elle avait manifestés, elle fut cédée par le congrès de Vienne au canton de Berne, sauf quelques portions de territoire données aux cantons de Bâle et Neufchâtel.

Ce fut pour elle, au point de vue religieux surtout, le plus grand des malheurs. Les anciens princes-évêques, auxquels les protestants même ont rendu ce témoignage, que leur *gouvernement, avait été, en général paternel et doux*, s'étaient particulièrement appliqués à y rendre la religion florissante, et leurs soins avaient été couronnés d'un tel succès, qu'un voyageur français, Raoul Rochette, qui la parcourait quelque temps après sa réunion au canton de Berne, pouvait dire en décrivant sa situation sous ce rapport : « La Révolution française a passé sur ce petit pays sans y laisser de trace. »

Il est vrai que, en réunissant les catholiques de l'ancien Evêché à un canton tout protestant, dans lequel ils ne devaient former qu'une très faible minorité, le congrès de Vienne avait compris la nécessité de faire des réserves et d'exiger des garanties pour la sauvegarde de leurs droits tant religieux que civils et politiques. Cette précaution, surtout en ce qui concerne les premiers, devait lui paraître d'autant plus indispensable que les antécédents du gouvernement bernois n'étaient nullement de nature à inspirer une aveugle confiance à cet égard. Dans sa déclaration du 20 mars 1815, le congrès s'exprimait ainsi (art. 4) :

« Les habitants de l'évêché de Bâle et ceux de Vienne réunis aux cantons de Berne et Bâle jouiront à tous égards, sans différence de religion (QUI SERA CONSERVÉE DANS L'ÉTAT PRÉSENT), des mêmes droits civils dont jouissent et pourront jouir les habitants des anciennes parties desdits cantons...

« Les actes respectifs de réunion seront dressés, conformément aux principes ci-dessus énoncés, par des commissions composées d'un nombre égal de députés de chaque partie intéressée...

« Lesdits actes seront garantis par la Confédération suisse...

« En cas que l'évêché de Bâle dût être conservé, le canton de Berne fournira, dans la proportion des autres pays qui à l'avenir seront sous la direction spirituelle de l'évêque, les sommes nécessaires à l'entretien de ce prélat, de son chapitre et de son séminaire. »

A ces dispositions de la Déclaration du 20 mars il faut joindre l'art. 118 du traité du 9 juin suivant, qui est ainsi conçu :

« Les traités, conventions, déclarations, règlements et autres actes particuliers qui se trouvent annexés au présent traité... sont considérés comme parties intégrantes des arrangements du congrès, et auront partant la même force et valeur que s'ils étaient insérés mot à mot dans le traité général.

« Nommément :

« 11. La Déclaration des puissances sur les affaires de la confédération helvétique du 20 mars et l'acte d'accession de la diète du 27 mai 1815. »

Cet acte d'accession porte :

« ART. 1. La diète exprime la gratitude éternelle de la nation suisse envers les hautes puissances qui, par la Déclaration susdite, lui rendent, avec une démarcation plus favorable, d'anciennes frontières importantes, réunissent trois nouveaux cantons à son alliance... Elle témoigne les mêmes sentiments de reconnaissance pour la bienveillance soutenue avec laquelle les augustes souverains se sont occupés de la conciliation des différends qui s'étaient élevés entre les cantons.

« ART. 2. La diète accède, au nom de la confédération suisse, à la Déclaration des puissances réunies au congrès de Vienne, en date du 20 mars 1815, et promet que les stipulations de la transaction insérée dans cet acte seront fidèlement et religieusement observées. »

Tels sont d'un côté les stipulations du congrès de Vienne et de l'autre les engagements pris dès lors par la confédération suisse à l'égard de l'ancien évêché de Bâle, stipulations et engagements dont ni la confédération ni le gouvernement de Berne ne peuvent prétendre être aujourd'hui déliés, d'autant moins que le conseil fédéral, dans une note officielle adressée au chargé d'affaires du Saint-Siège le 11 février 1873, invoque encore l'acte du congrès de Vienne du 20 mars 1815 *comme faisant partie du droit public européen.*

Pour bien saisir toute la portée de la réserve faite par le congrès, que, dans l'ancien évêché de Bâle, la religion serait conservée dans l'état où elle était alors, il importe de savoir quelle était la situation religieuse de ce pays à l'époque dont il s'agit. Or, après avoir fait partie du diocèse de Strasbourg sous le régime français, il avait été rendu à celui de Bâle par un bref de Pie VII en date du 14 septembre 1814, et Mgr de Neveu, alors évêque de Bâle, en avait solennellement repris possession par son mandement du 9 janvier 1815. Le régime du concordat de 1801 et des lois organiques y avait fait place aux prescriptions canoniques qui le régissaient avant la Révolution, et en général, sous le rapport religieux, il était retourné autant que possible à l'état où il se trouvait sous ses princes-évêques.

Les principes posés par le congrès passèrent presque textuellement, avec quelques applications particulières, dans l'*Acte de réunion du ci-devant Evêché de Bâle au canton de Berne*, arrêté à Vienne en novembre 1815 entre les plénipotentiaires du gouvernement de Berne et les délégués de l'Evêché de Bâle nommés par le canton directeur de Zurich. Je me contenterai pour le moment de citer l'article 1 renfermant les garanties générales ; nous y lisons :

« La religion catholique, apostolique et romaine est garantie pour être maintenue dans l'état présent et librement exercée comme culte public dans les communes de l'Evêché de Bâle où elle se trouve actuellement établie. L'*évêque diocésain et les curés jouiront sans entraves de la plénitude de leur juridiction spirituelle* d'après les rapports établis par le droit public entre l'autorité politique et l'autorité religieuse ; ils rempliront de même sans empêchement les fonctions de leur ministère, notamment celles de l'évêque dans les visites pastorales, et tous les catholiques les actes de leur religion. »

La garantie exigée par le congrès fut donnée à ce traité par la confédération suisse quelques mois plus tard, le 18 mai 1816. Depuis, les droits de l'Eglise *catholique romaine* ont encore été expressément garantis par les constitutions cantonales de 1831 et de 1846, et *le libre exercice du culte des confessions chrétiennes reconnues*, par la constitution fédérale de 1848 (1).

Malgré toutes ces garanties, que reste-t-il aujourd'hui de ces droits ? qu'y a-t-il encore debout des traités qui les consacrent ? C'est ce que nous allons rechercher.

L'histoire du Jura catholique, depuis sa réunion au canton de Berne, n'est guère que l'histoire de la violation progressive, par le gouvernement bernois, de toutes les conditions religieuses auxquelles cette réunion avait eu lieu. L'acte d'union n'avait pas laissé aux catholiques la liberté de prosélytisme qu'il avait accordée aux protestants ; de plus, il avait soumis, au *placet* gouvernemental, les actes de l'évêque. C'est grâce à ces deux articles de pure police que seront violés tous les traités, que la liberté fera place à un despotisme dont l'absurdité n'est surpassée que par son infamie.

Jusqu'en 1830, les patriciens de Berne montrèrent aux catholiques assez de bienveillance. Après 1830, les radicaux, ayant renversé les patriciens, dressèrent les *Articles de Baden* en 1836 et vexèrent les catholiques d'une manière continue jusqu'à la guerre du Sonderbund ; mais les réclamations de la France et de l'Autriche ne leur permirent pas de pousser jusqu'au bout la violation des traités. Après 1870, les victoires de la Prusse, l'abaissement de l'Autriche et de la France leur fournirent enfin l'occasion de reprendre la trame de leurs perfidies. Ainsi la guerre était à peine terminée, que les principaux meneurs se réunirent à Langenthal, dans le canton de Berne, où ils dressèrent leurs batteries.

Depuis 1815, le siège de S. Pantale avait vu succéder à François-Xavier de Neveu, Antoine Salzmann et Charles Arnold. Joseph-Antoine Salzmann, théologien profond, homme simple et laborieux, était d'une rare activité dans l'administration et gérait presque tout seul les affaires de son diocèse. A sa mort en 1854, le diocèse de Bâle avait eu pour pasteur Charles Arnold, homme d'une douceur inaltérable et d'une exquise urbanité, dont les suaves et délicates vertus rappelaient le divin pasteur des âmes. En 1862, les chanoines-sénateurs composant le Chapitre de Bâle élisaient Aimable-Jean-Claude-Eugène Lachat, né en 1819 à Montavon, paroisse de Damvant, au district de Porrentruy. Eugène Lachat, orphelin de bonne heure, avait eu, pour premier maître, son frère François Lachat, tour à tour député, publiciste et écrivain, à qui nous devons les traductions de la *Symbolique* de Mœhler et de la *Somme* de saint Thomas, plus la belle et définitive édition de Bossuet, c'est-à-dire trois chefs-d'œuvre. Mais parmi les chefs-d'œuvre de François Lachat, le chef-d'œuvre des chefs-d'œuvre fut son frère Eugène qui, l'instruction primaire reçue, avait étudié à Besançon les humanités, la Théologie à Albano et, ordonné prêtre, avait débuté comme missionnaire en Italie. Successivement supérieur du pèlerinage de Trois-Epis près Colmar, curé de Grandfontaine et Doyen de Délémont, traducteur de l'*Ecole des miracles* du Père Ventura, il s'était concilié partout des sympathies qui se traduisirent par sa présentation pour le siège de Bâle (2). Dans ce nouveau prélat, on distinguait un juste mélange de l'agneau et du lion, la force et la douceur, mais surtout la douceur sym-

---

(1) Nous empruntons cet exposé juridique à une brochure de l'abbé Crélier, *L'Ours devenu pasteur*. (2) *Biographie de Mgr Lachat*, par notre ami Edouard Hornstein, qui fut avec Chavannes, Turberg Vautrey, Belet, Schnurig, Schmiedlin, Migy, Brichet et plusieurs autres notre condisciple au séminaire de Langres.

pathique dont la bonté attirante rend inutile la fermeté. Or, c'est contre cet agneau que va se déchaîner la fureur de l'Ours bernois.

Les radicaux commencèrent la campagne contre l'Eglise par la revision de la constitution fédérale. La constitution de 1848, par laquelle, à la suite de la guerre du Sonderbund, ils avaient remplacé l'ancien pacte, quoique déjà très hostile à l'Eglise, ne l'était pas encore assez à leur gré. En la revisant, ils se proposaient un double but : d'abord, d'achever de mettre l'Eglise dans les fers, pour arriver ensuite à l'éliminer de la Suisse ; ensuite, de concentrer tous les pouvoirs, surtout le pouvoir militaire des autorités fédérales, afin d'ôter absolument, aux cantons catholiques, toute possibilité de résistance. La constitution fédérale ainsi revisée ayant été soumise à l'acceptation du peuple fut rejetée, il est vrai ; mais les auteurs de ce plan, quelque sensible que leur fût cet échec, ne perdirent pas néanmoins courage : ils se mirent immédiatement à l'œuvre et entreprirent une nouvelle revision dans laquelle, profitant de l'expérience et cédant sur d'autres points, ils donnent encore un plus libre essor à leur haine contre l'Eglise catholique.

Mais en reprenant en sous-œuvre la revision de la constitution fédérale, ils n'en attendirent pas le succès pour travailler plus directement à la réalisation du projet qu'ils ont tant à cœur.

Ils avaient remarqué que la majorité leur était acquise dans presque tous les cantons qui composent le diocèse de Bâle : ils voulurent du moins faire là ce qu'ils n'étaient pas encore en position d'exécuter dans la Suisse entière. Ils convoquèrent donc à Soleure une assemblée dite *conférence diocésaine*, parce qu'elle se compose des délégués de ces cantons, qui s'y réunissaient pour traiter des affaires ecclésiastiques, espèce de conciliabule laïque qui, le 19 novembre 1872, trouvait à propos de décréter, et, le 26 du même mois, signifiait à l'évêque de Bâle, Mgr Lachat, ce qui suit :

« Attendu que l'évêque de Bâle, contrairement à la défense portée le 18 août 1870 par la conférence diocésaine, a promulgué et maintient le dogme de l'infaillibilité papale, dogme qui viole les prérogatives du diocèse, les droits des gouvernements, et change fondamentalement la constitution de l'Eglise ;

« Attendu que, par cette promulgation, il a violé le serment qu'il a prêté sur l'Évangile le 30 novembre 1863, *jurant obéissance aux cantons, et promettant de ne prendre part hors de la Suisse à aucun projet et de n'entretenir aucune intelligence ni aucune relation suspecte qui pourraient troubler la paix publique* ;

« Attendu qu'il a effectivement troublé la paix publique, soit en déposant ou en excommuniant de sa propre autorité et contre le droit des curés qui combattaient l'infaillibilité papale, soit en refusant de ratifier les nominations faites par les gouvernements ou par les paroisses et qu'il méconnaît dans ses écrits du 4 et du 9 novembre les principes de la législation des Etats sur ce dernier point de la discipline ;

« Attendu qu'il a établi et maintient un séminaire de sa seule autorité, sans la coopération des Etats et contrairement au concordat du 26 mars et à la bulle du 7 mai 1828 ;

« Attendu qu'il ne s'est point soumis à la demande que le vorort diocésain lui a faite en 1865 et en 1867, au nom des cantons, d'abaisser la taxe des dispenses dans de justes proportions, mais qu'il continue contre sa promesse d'en faire un commerce indigne, comme on le voit par une lettre du chancelier Duret au curé de Starrkirch ;

« A l'unanimité :

« I. Les cantons ne reconnaissent pas le traité porté le 18 juillet 1870, par le concile du Vatican sur l'infaillibilité papale et ne lui accordent aucune autorité légale.

« II. Ils refusent le droit et défendent à l'évêque de frapper de censures les curés qui combattent le dogme de l'infaillibilité papale.

« III. Ils refusent le droit et défendent à l'évêque de déposer les curés sans le concours et le consentement des autorités cantonales.

« IV. L'évêque est sommé de répondre dans le délai de trois semaines, par l'entreprise du vorord diocésain, sur les faits qui lui sont reprochés dans les considérants de ce décret.

« V. L'évêque est sommé de retirer pareillement dans le délai de trois semaines, sans réserves ni conditions, la peine de suspense et d'excommunication contre les curés Egli et Gschwind.

« VI. Il est invité de déposer le chancelier Duret. »

Les délégués qui assistaient à la séance où fut porté ce beau décret étaient ceux des gouvernements de Soleure, Berne, Argovie, Thurgovie et Bâle-campagne. Les gouvernements catholiques et conservateurs de Lucerne et de Zug, sachant de quoi il s'agissait, n'avaient pas voulu s'y faire représenter.

Mgr Lachat ayant refusé, comme il le devait, d'obtempérer à ces sommations aussi injustes qu'insolentes, la conférence, par un nouveau décret en date du 29 janvier 1873, déclara que *l'approbation accordée le 30 novembre 1863 à sa nomination au siège épiscopal de Bâle était retirée*, et qu'ainsi *le siège de l'évêché était vacant ;* interdit à ce prélat l'exercice de ses *fonctions épiscopales*, chargea le gouvernement de Soleure de le mettre à la porte de son palais et invita le chapitre à nommer dans la quinzaine *un administrateur ad interim du diocèse qui agréât aux gouvernements*. En cela elle ne faisait qu'adopter les propositions présentées par le gouvernement de Berne et que le *Bund*, journal semi-officiel, avait déjà publiées deux jours auparavant (le 27 janvier). En même temps elle adressa une proclamation aux catholiques du diocèse pour leur annoncer les mesures qu'elle venait de prendre contre leur évêque, sur qui naturellement elle en faisait retomber toute la responsabilité.

Tous les gouvernements radicaux ratifièrent ces mesures. En conséquence, l'évêque de Bâle, chassé de Bâle par la Réforme en 1527, de Porrentruy par la Révolution en 1793, fut chassé de Soleure par les communards en 1873. Le matin du 16 avril, le prélat avait dit la messe, comme de coutume, dans sa chapelle. A neuf heures, les membres du chapitre cathédral, les sénateurs, plusieurs prêtres de la ville et du Jura, accourus pour faire cortège à leur père, se pressaient autour de Mgr Lachat. Quelques instants après, les délégués du gouvernement de Soleure se présentent; ils signifient à l'évêque l'ordre du conseil exécutif qui l'expulse de sa résidence et qui doit recevoir immédiatement son exécution. L'évêque, d'une voix calme et résolue, déclare à ses persécuteurs qu'il ne quittera que par la force une maison qui est la sienne, par son élection et par les fonctions qu'il exerce; si on le laisse libre, il y restera selon son droit; si on lui fait violence, il cédera à la violence en protestant hautement contre l'injustice et contre l'injure. Le chef de la police, Ackermann, est mandé; il se déclare prêt à employer la force, si le prélat refuse de sortir. Aux ordres de cet agent supérieur de la force publique, Mgr Lachat cède en protestant; il bénit ses prêtres qui l'entourent, il bénit sa famille en larmes dans les corridors de sa maison, et va, dans la cathédrale, épancher d'abord son âme devant le Dieu crucifié pour la cause de qui il souffre persécution. Le soir, l'évêque trouvait un abri sous le toit de la famille de Haller; le lendemain, il se rendait à Altishoffen, près de Lucerne, au centre de la Suisse, à quelques pas de Grutli, berceau de la liberté helvétique.

Avant de se porter à ces criminelles et honteuses violences, le gouvernement de Berne, non content d'avoir déposé matériellement l'évêque, avait voulu l'anéantir hiérarchiquement. Par une circulaire aux préfets, en date du 1er février, sommation était faite à tous les ecclésiastiques du canton, sous les menaces les plus graves, « de rompre dès ce moment toute espèce de relations quelconques avec M. l'évêque Eugène Lachat concernant les affaires du culte », avec interdiction notoire, « d'exécuter à l'avenir aucun ordre, commandement ou mesure émanant de lui ». Par une seconde circulaire, expresse prohibition était faite spécialement de lire le mandement de carême. Il eut été difficile, à l'ours bernois, de se montrer plus naïvement et plus grossièrement despote; car enfin, il s'occupe là de choses qui ne regardent pas les ours, même habillés en législateurs. L'ordre civil et l'ordre religieux sont choses distinctes et, dans une certaine mesure, séparées; les confondre, c'est troubler tout l'ordre de la rédemption; c'est mettre à la merci du pouvoir civil, la foi et la conscience; c'est relever le type augustal des Césars.

Se soumettre à de pareils ordres eût été trahir l'Eglise et se déshonorer. Aussi tout le clergé catholique du Jura, sans aucune exception, protesta-t-il, auprès du gouvernement, contre ces injonctions ainsi que contre la déposition de son évêque, comme violant les droits de l'église et conduisant au schisme. Dans sa réponse, le gouvernement éleva contre les curés jurassiens ces griefs :

1° Par leur protestation, les prêtres du canton de Berne refusent de se soumettre aux injonctions de l'Etat, qui leur a défendu d'avoir une relation officielle avec Mgr Lachat, et leur a notamment interdit *d'exécuter à l'avenir aucun ordre, commandement ou mesure émanant de lui.*

2° La protestation du clergé jurassien, en présence des décisions de la Conférence diocésaine et des ordres du gouvernement de Berne, est un acte de rébellion et de résistance ouverte vis-à-vis de l'autorité civile.

3° La dite protestation dénie à l'Etat toute espèce d'autorité vis-à-vis de l'Eglise catholique, de sa constitution et de ses organes, dénote l'intention de soulever les populations catholiques et constitue le plus grand péril pour la paix confessionnelle et la prospérité publique.

4° La souveraineté de l'Etat, la prospérité publique et la paix confessionnelle ne peuvent dès lors être maintenues et assurées que par une intervention ferme de l'autorité civile.

Les curés jurassiens répondirent :

1° Qu'ils devaient, comme pasteurs des âmes, respect et obéissance à leur évêque; que le pape seul pouvait les dispenser de ce double devoir; que le pouvoir civil, sans autorité dans l'Eglise, n'avait, dans l'Eglise, rien à leur commander;

2° Que, loin d'être rebelles, ils avaient toujours été soumis au for extérieur et dans la sphère civile, supportant toutes les charges de l'Etat; mais que dans l'ordre ecclésiastique et au for intérieur, ils ne pouvaient être ni rebelles, ni même désobéissants à un pouvoir qui était, ici, sans compétence;

3° Que soumis à l'Etat et à l'Eglise, chacun en ce qui les concerne, ils n'avaient rien fait qui put troubler la paix publique et altérer la bonne harmonie entre les deux puissances;

4° Que l'intervention de l'Etat dans les affaires religieuses était une pure tyrannie, et qu'ils n'avaient qu'à se rappeler la règle Apostolique : « Il vaut mieux obéir à Dieu qu'aux hommes ».

C'était à Berne un parti pris d'aller jusqu'au bout. Le conseil exécutif répondit à la protestation du clergé, le 18 mars, par l'arrêté suivant :

I. La demande sera immédiatement formulée auprès de la Cour d'appel et de cassation pour la révocation de tous les curés remplissant des fonctions spirituelles dans le canton de Berne et qui ont signé la protestation précitée.

II. Jusqu'à la décision de la Cour d'appel, les curés dont il s'agit sont tous suspendus dans l'exercice de leurs fonctions publiques.

III. Pour le cas où, dans un délai de 14 jours, à partir du moment où la présente leur aura été notifiée, les curés frappés par la décision ci-dessus déclareraient vouloir se soumettre aux décisions des autorités de l'Etat, le conseil exécutif se réserve de retirer la demande de révocation de la suspension en ce qui concerne ces curés.

IV. La direction des cultes est invitée à soumettre le plus tôt possible des propositions touchant le remplacement des curés dans leurs fonctions civiles et religieuses.

D'après la législation bernoise, le gouvernement n'a pas le droit de révoquer ou de destituer lui-même les fonctionnaires de l'Etat; il ne peut que les suspendre dans leurs fonctions, comme il s'exprime en son français de Berne, et les traduire devant la Cour d'appel, seule autorité compétente pour prononcer la révocation ou la destitution. Cette procédure toutefois n'était pas recevable vis-à-vis des curés, qui ne sont pas fonctionnaires de l'Etat, mais qui relevant, comme tels, exclusivement de l'Eglise, ne peuvent être ni nommés, ni suspendus, ni révoqués par le pouvoir civil. Mais, même en raisonnant dans l'hypothèse de l'ours bernois, on peut encore lui reprocher la violation de sa loi; car, nonobstant le délai suspensif pour l'approbation, et, par conséquent, pour l'application de son décret, il destitua immédiatement et expulsa, sans forme de procès, un professeur du collège de Delémont, l'abbé Borne, par la seule raison qu'il avait signé la protestation du clergé. On voit que, pour l'ours bernois comme pour les autres fauves de la révolution :

Il est avec *la loi* des accommodements.

Le lendemain de son arrêté, le conseil exécutif, qui ne se dissimulait pas le mécontentement qu'allaient soulever des mesures si odieuses, décrétait éventuellement l'occupation militaire du Jura Bernois, nommait le commandant militaire du corps d'occupation, lui adjoignait un commissaire civil et faisait tous les préparatifs de l'expédition. La prudence et le calme que les catholiques surent joindre au courage et à la fermeté semblaient devoir ôter tout prétexte de mettre à exécution ce décret insultant ; mais s'ils prévinrent une occupation générale du pays, ils ne purent empêcher l'occupation plus ou moins longue de plusieurs communes. Les procédés de l'autocratie sont partout les mêmes : on est libéral à Berne, comme on est tolérant à Saint-Pétersbourg.

Le grand conseil, dans sa séance du 26 mars, approuva par 162 voix contre 15 toute la conduite du gouvernement dans les affaires du diocèse, sans tenir le moindre compte ni de la pétition des catholiques, ni des protestations que lui avaient aussi adressées Mgr Lachat et le clergé jurassien.

Le clergé fit encore au gouvernement, contre l'arrêté du 18 mars, de nouvelles réclamations et protestations, qui n'aboutirent qu'à un nouvel ukase en date du 28 avril intitulé : *Ordonnance d'exécution*, déclarant *défendues et interdites à tous les curés suspendus* :

« Toute espèce de fonctions ecclésiastiques dans les bâtiments destinés au service divin public (églises, chapelles, etc.) ; en outre toutes fonctions dans les écoles ou les établissements publics d'instruction, ainsi qu'au sein des autorités des écoles publiques, et enfin toutes autres fonctions publiques, notamment la participation aux processions et aux funérailles en ornements sacerdotaux, la prédication et la catéchisation, etc., pour autant qu'elles ont lieu en public. »

La faculté de dire une *messe basse* est tout ce qui leur était laissé de toutes leurs fonctions sacerdotales et pastorales. A cela près, le culte public était complètement supprimé.

Il est bien vrai que l'ordonnance ajoutait que chaque *conseil de fabrique pouvait, avec l'autorisation de la direction des cultes, charger provisoirement des fonctions ecclésiastiques de la paroisse un prêtre catholique qui n'eût pas été atteint par l'arrêté du 18 mars ;* mais elle y mettait les conditions suivantes :

« Les ecclésiastiques qui, bien que n'ayant pas été suspendus de leurs fonctions, ont néanmoins signé des protestations, ne peuvent être employés que pour le cas où ils déclareront retirer leurs signatures de ces protestations.

» Du reste, toute nomination de cette espèce ne pourra avoir lieu que lorsqu'il aura été prouvé au préalable que l'ecclésiastique que cela concerne est disposé à entrer en fonctions sans avoir reçu l'ordre ou l'assentiment du ci-devant évêque *Eugène Lachat.* »

Or, non seulement il n'y avait pas dans tout le pays un seul prêtre qui remplît ou voulût remplir ces conditions, mais il est clair en outre que, en dépit de la mitre surmontée de la tiare qui ornait déjà la tête de M. le directeur des cultes, celui qui les aurait remplies n'eût jamais été qu'un schismatique et un intrus, sans aucun des pouvoirs nécessaires pour exercer le ministère pastoral, et avec qui il n'eût même pas été permis aux fidèles de rester en communion. On voit donc à quoi se réduisait la gracieuse concession des persécuteurs de l'Eglise dans le Jura. C'était dire à ses enfants : Nous permettons que le culte catholique soit encore pratiqué parmi vous, pourvu que vous renonciez au catholicisme. Nous avons peine à trouver des prêtres apostats, des Judas, pour remplacer vos pasteurs légitimes et fidèles, et c'est là un de nos grands embarras ; mettez-vous vous-mêmes en quête pour vous en procurer et nous aider ainsi à vous précipiter au fond de l'abîme !

Lorsqu'on apprit en Europe que les protestants, qui s'étaient dit gens de liberté et de tolérance, tant qu'ils étaient les plus faibles, devenus les plus forts, s'érigeaient partout en oppresseurs et en persécuteurs, oppresseurs au nom de la liberté, persécuteurs au nom d'un athéisme fanatique, on éprouva moins de surprise que d'indignation. Ce mépris de tout droit, de toute raison, de toute justice, ce cynisme dans ce mépris révolta d'autant plus que les victimes de la persécution étaient plus innocentes. On persécutait parce qu'on voulait persécuter, on proscrivait parce qu'on voulait proscrire ; on ne déshonorait pas seulement le protestantisme par ces excès, on déshonorait l'humanité. On trouvait, dans les tyrans bernois, moins l'homme que la bête, la bête civilisée et corrompue, la pire des bête, l'ours de Berne. Les gardiens de la foi et de l'honneur chrétien élevèrent tous la voix pour flétrir ces abominations et recueillir, pour les victimes, l'obole de la charité. « Les cantons de Soleure, de Berne, d'Argovie, de Bâle et de Thurgovie, disait le cardinal Othmar de Rauscher, archevêque de Vienne, s'arrogèrent le droit de déposer leur évêque s'il n'obtempérait pas à leurs demandes, et déclarèrent les communautés catholiques autorisées à décider des questions religieuses, à choisir leurs curés et à les congédier lorsqu'ils n'auraient plus pour eux la majorité de la communauté. Ces prétentions étaient une atteinte formelle à l'existence même de l'Eglise catholique : c'était renverser sa constitution, attenter à sa foi, et faire dépendre entièrement de l'Etat l'administration de ses intérêts. Les gouvernements de ces cantons forcèrent même les catholiques à reconnaître qu'ils n'avaient fait qu'user de leur droit, et tous ceux que leur devoir obligerait de s'opposer à des mesures qui dépassaient si manifestement les limites du pouvoir de l'Etat, furent traités comme s'ils avaient été coupables de révolte contre l'autorité légitime. Votre Grandeur a été chassée de son siège épiscopal, des amendes ont été imposées, les rapports entre ecclésiastiques interdits, les biens de l'Eglise mis sous le séquestre, les églises fermées. Les ennemis de l'Eglise catholique se sont montrés tels qu'ils sont ; la plus légère apparence de la tolérance la plus nécessaire a disparu ; les jours d'une persécution ouverte sont arrivés. Il ne reste à employer de plus contre les catholiques que les tourments corporels. »

Les treize évêques d'Angleterre écrivaient aux évêques et aux prêtres qui combattent le bon combat dans les Etats confédérés de la Suisse : « Souffrir la haine des hommes sans religion, être continuellement harcelés par les conspirations des sectaires, n'est pas chose nouvelle pour vous ; car depuis trois siècles l'Eglise, dans votre Suisse, a dû souvent, à des époques diverses, repousser avec une invincible fermeté les assauts et les embûches des ennemis de la foi catholique.

» Aujourd'hui encore, les exilés, les transfuges, les proscrits et les vieux routiers de presque toutes les autres nations se sont réfugiés et ont trouvé un asile dans vos vallées hospitalières, au milieu de vos montagnes escarpées.

» Faut-il donc s'étonner si ces ennemis de la vérité et de toute subordination s'élèvent et se déchaînent avec tant de fureur contre vous, ô vigilants Pasteurs de l'Eglise de Dieu, et contre vos ouailles demeurées fidèles ?

» Plusieurs d'entre nous se souviennent d'avoir vu autrefois et salué avec vénération à Rome votre illustre confrère, l'évêque de Lausanne et de Genève, lequel avait été exilé, parce qu'il avait confessé la foi, en soutenant l'autorité de l'Eglise.

» Aujourd'hui nous contemplons l'excellent évêque d'Hébron, marchant comme un fils sur la trace de son père, et condamné également à l'exil pour la défense de la même cause sacrée.

» Même dans le diocèse de Bâle, où, dans des temps plus reculés, les complots ourdis par des hommes pervers contre le Saint-Siège avaient fait verser des larmes et provoqué l'indignation, les fidèles prodiguent aujourd'hui les témoignages d'une filiale vénération à leur invincible évêque, lequel, malgré les spoliations et les vexations réitérées qu'on lui fait subir, combat au premier rang, entouré d'un clergé et d'une population fidèle et courageuse, pour défendre la liberté de l'Eglise.

» Ces ignobles persécutions, exercées contre les pasteurs de Jésus-Christ, sont la honte de la Suisse, mais aussi la gloire de votre Eglise ; car cette odieuse et impuissante conspiration des hérétiques, des incrédules, des démolisseurs, fait briller d'une manière éclatante, aux yeux des nations prévaricatrices, la lumière de la vérité catholique, laquelle peut seule inspirer tant de constance à l'Episcopat, tant d'unité et de fidélité au clergé, et aux ouailles tant d'attachement inviolable à leurs Pasteurs. »

« Les indignités commises et qui se poursuivent à Rome, en Suisse, en Allemagne, contre l'Eglise catholique, formeront, dit l'archevêque de Paris, une page que la postérité jugera sévèrement. Cette humiliation était nécessaire à notre siècle infatué d'orgueil et qui n'a que du mépris pour tout ce qui ne date pas d'hier. Il n'y a point de titres fastueux qu'il ne se soit décernés à lui-même ; il faut lui savoir gré de n'avoir pas encore osé s'appeler le siècle de la vertu. S'il n'était aveuglé par la passion il reconnaîtrait qu'il est dépourvu de toutes les choses qui constituent la véritable grandeur ; il n'est plus en notre puissance de cacher au monde notre abaissement.

» En quels termes pompeux n'a-t-on pas vanté la liberté de conscience. C'était la conquête, l'honneur des temps modernes, l'insigne bienfait acquis sans retour à l'humanité, et voilà que l'on est en train de prouver à la face de l'univers, que ce grand principe de la liberté de conscience n'est qu'un mensonge de plus ajouté à tant d'autres. Il faut que la démonstration s'achève, afin qu'il devienne manifeste, au nom de tous, que la vraie liberté n'a pas d'ennemis plus perfides et plus acharnés que les hommes qui invoquent sans cesse son nom pour la faire servir à leurs passions et à leurs haines.

» Les évêques, les prêtres, les vrais chrétiens savent ce qu'ils ont à faire en présence de ces odieuses et violentes injustices ; Dieu vous donnera la force d'accomplir votre devoir. La prière, la patience, la fermeté, la dignité, le pardon, voilà nos armes pour nous défendre. La vertu des chrétiens a vaincu les ennemis d'autrefois, elle vaincra les modernes ennemis que nous avons devant nous ».

Les victimes protestaient aussi contre la persécution. Le dimanche, 25 mai, fête de S. Grégoire VII, six mille catholiques du Jura bernois se réunissaient sur les confins des districts de Delémont et de Moutier, pour protester publiquement contre les mesures tyranniques dont le clergé était l'objet et aviser aux mesures à prendre, dans ces circonstances, pour sauvegarder la foi. Après avoir entendu plusieurs orateurs, l'assemblée vota, par acclamations et à mains levées, les résolutions suivantes :

1° Protestation de fidélité et de dévouement au Pape, à l'Evêque et au clergé fidèle ;

2° Protestation contre les mesures inconstitutionnelles et illégales dont l'Eglise catholique était devenue l'objet dans le canton de Berne ;

3° Nomination d'un comité chargé de la défense des intérêts religieux des catholiques jurassiens, par toutes les voies légales, soit isolément, soit de concert avec les autres catholiques du diocèse ou de la Suisse.

Ces résolutions votées, le président Keller, avocat de Moutier, proposa d'acclamer Pie IX, « le grand et saint vieillard du Vatican », Mgr Lachat, « le courageux et intrépide défenseur des droits de l'Eglise », et le clergé du Jura, « suspendu, persécuté et malgré tout fidèle à ses devoirs et à sa conscience ». Tous debout, tête nue, s'écrièrent : « Vive Pie IX ! Vive Mgr Lachat ! Vive le clergé du Jura ! » » et ces acclamations, expression des sentiments des soixante mille catholiques du Jura bernois, furent répétées par les échos des montagnes.

En même temps qu'il destituait les curés, afin de se mettre en mesure de dépouiller complètement l'Eglise catholique, quand le moment serait venu, le conseil exécutif enjoignait aux conseils de Fabrique de dresser un inventaire exact des vases, ustensiles et ornements d'église, ainsi que du mobilier appartenant à la paroisse, le chargeant, sous leur responsabilité, de veiller à ce que les objets portés sur ces inventaires ne fussent pas détournés de leur destination, c'est-à-dire, suivant son style, employés à d'autres *besoins* que ceux de la religion et des *besoins* du culte.

En parlant *d'autres besoins que ceux des besoins du culte*, le but du conseil était précisément de *détourner ces objets de leur destination* pour les faire servir aux *besoins* du schisme et de l'hérésie, sans laisser absolument rien aux catholiques de ce qui est nécessaire pour l'exercice de leur culte.

Et c'est ce qui eut lieu.

L'ukase frappait les curés contrevenants d'une amende de 10 à 200 francs, qui devait être doublée en cas de récidive, et dont il déclarait encore passible, en outre, « tout ecclésiastique qui déclarerait publiquement que le mariage conclu devant le fonctionnaire civil » (et non accompagné du mariage religieux) « est seulement un concubinage et que les enfants qui en naissent sont illégitimes ».

Dès lors les rapports de gendarmes et les amendes commencèrent à pleuvoir comme grêle sur les pauvres curés, privés encore du traitement que, aux termes de l'*Acte de réunion* (art. 7), le gouvernement était tenu de leur payer. Heureusement que la charité des catholiques, de ceux de France vint à leur secours.

Enfin, comme il fallait s'y attendre à moins de se faire la plus grossière illusion, et comme chacun s'y attendait en effet, le 15 septembre la Cour d'appel rendit la sentence que lui avait demandée le gouvernement. En vain les curés, dans leur Mémoire de défense, comme l'abbé Crélier l'avait déjà fait dans une circonstance semblable, avaient prouvé sans réplique l'incompétence de la Haute Cour, et, en général, du pouvoir civil dans cette affaire : la Cour d'appel qui, l'année précédente, s'était une première fois déclarée compétente pour révoquer l'abbé Crélier avec un autre curé, persista dans cette prétention qu'elle crut pouvoir encore établir sur tous les misérables arguments dont le curé de Bebaveiler avait démontré dans cette occasion les incohérences, les contradictions et la parfaite nullité. Elle les répéta à peu près mot pour mot d'un bout à l'autre, comme s'ils eussent été irréfutables et péremptoires, sans y ajouter autre chose qu'une assertion insoutenable qui la mettait une fois de plus en contradiction avec elle-même et le prétexte banal des empiétements de l'*Eglise de Rome*, qui, s'ils n'étaient réprimés, n'aboutiraient à rien moins, assurait-elle, qu'au *renversement des lois républicaines et démocratiques que tous nos fonctionnaires ont juré de respecter et de faire observer*. Oui, c'était au moment où l'Etat de Berne, déchirant les traités et foulant aux pieds ses serments, s'emparait ouvertement de toute l'autorité et de tous les droits de l'Eglise catholique, se substituait complètement à elle, et allait même jusqu'à consacrer cette monstrueuse iniquité par une loi, qu'il osait parler de ses prétendus empiétements.

Sa déclaration de compétence faite, la Cour d'appel, statuant sur le fond, rendit à l'unanimité moins une voix l'arrêt que je vais transcrire avec les motifs dont elle l'appuie :

« CONSIDÉRANT, dit-elle :

« 7° Qu'en déclarant, comme ils l'ont fait, que les mesures prises par l'Etat n'ont pour eux aucun caractère et aucune valeur, qu'ils ne reçoivent pas et ne peuvent pas admettre les défenses faites par le gouvernement, qu'ils continueront à recevoir de l'autorité ecclésiastique toutes communications et écrits pour être lus et communiqués, nonobstant les ordres du gouvernement, et qu'ils n'admettront aucune modification à l'organisation extérieure du culte en dehors de l'autorité ecclésiastique, MM. les curés se sont mis en état de résistance ouverte aux lois de l'autorité civile ;

« 8° Qu'ils ont ainsi contrevenu à leurs devoirs de fonctionnaires établis, salariés et assermentés ;

« 9° Que partant ils sont indignes ou incapables d'être maintenus comme curés à la tête des paroisses respectives qu'ils ont jusqu'ici administrées ;

« Par ces motifs,
« Se fondant sur les articles 7 et suivants de la loi du 20 février 1857 ;
« La Cour d'appel et de cassation

« Arrête :

« 1° Les 69 curés nommés en tête des présentes sont révoqués de leurs fonctions curiales.

« 2° Chacun d'eux est déclaré non éligible à une cure du canton aussi longtemps qu'il n'aura pas retiré sa protestation de février 1873.

« 3° Ils sont en outre condamnés solidairement aux frais. »

En suite de cet arrêt, et avant même qu'il eût été notifié aux curés, le conseil exécutif leur faisait signifier par les préfets (la missive de celui de Porrentruy est du 7 octobre) :

1° *Qu'à partir de l'époque où il leur aurait été communiqué, il leur était interdit d'exercer aucune fonction ecclésiastique, même celles qui leur étaient encore permises à teneur de l'ordonnance d'exécution du 28 avril 1873, et qu'il serait procédé avec toutes les rigueurs de la loi contre eux dans le cas où ils n'obtempéreraient pas à cette défense ;*

2° *Qu'ils auraient à quitter le presbytère dans le délai de 14 jours, à partir de celui où l'arrêt leur aurait été communiqué.*

Un peu plus tard, le 28 octobre, le conseil exécutif étendit encore ces mesures aux vicaires catholiques du Jura qui avaient signé la protestation du clergé, c'est-à-dire à tous sans exception, leur défendant *d'exercer aucune fonction pastorale, soit en dedans, soit en dehors de l'Église, dans les communes du Jura,* et leur enjoignant de *quitter les presbytères à la même époque que celle qui avait été fixée aux curés révoqués.*

En même temps, ce gouvernement paternel, *dans l'intérêt,* disait-il, *d'une exécution convenable de l'arrêt de révocation,* mais surtout parce qu'il était à croire qu'à l'époque où cette exécution aurait lieu, les curés révoqués *redoubleraient leurs agitations,* renouvelait au commandant des troupes déjà destinées depuis longtemps à occuper le Jura catholique et au commissaire civil qui devait l'accompagner, l'invitation de se tenir prêts à suivre aussitôt l'appel qu'il pourrait leur adresser.

Cependant, tout le clergé catholique étant ainsi supprimé d'un seul coup dans le Jura, il s'agissait de le remplacer : car on ne pouvait pas songer à laisser tout un pays si religieux sans un simulacre de culte ; et pour remplacer le clergé catholique, il aurait fallu avoir de quoi faire 76 curés intrus, sans compter les vicaires. Comme le chiffre des apostats dont le gouvernement était parvenu à faire l'acquisition en France et ailleurs ne s'élevait pas si haut à beaucoup près, il para comme il put à cet inconvénient par une *ordonnance sur le culte* datée du 6 octobre 1873. Dans ce nouvel ukase, « considérant, dit-il :

« 1° Que par arrêt de la Cour d'appel et de cassation du canton de Berne, en date du 15 septembre dernier, 69 curés catholiques ont été révoqués de leurs fonctions dans les paroisses qu'ils desservaient et qu'ils sont déclarés non rééligibles pour aussi longtemps qu'ils n'auront pas retiré leur protestation du mois de février 1873 ;

« 2° Que dans ces circonstances, et eu égard à la dissolution de fait du ci-devant évêché de Bâle, il est du devoir du gouvernement de pourvoir à la satisfaction des besoins religieux de la population par l'installation de nouveaux curés et d'un culte catholique bien ordonné, reconnu et subventionné par l'État ;

« 3° Qu'à cet effet la nomination et l'installation des nouveaux curés par le gouvernement est le seul *modus vivendi* possible ;

« 4° Que l'étendue minime, ainsi que le chiffre faible de la population d'une partie des paroisses catholiques actuelles, justifie une réduction, soit une fusion provisoire des dites paroisses quant aux fonctions pastorales ;

« 5° Que, du reste, il n'y a pas lieu de préjuger une organisation future et définitive de l'Église catholique dans le canton de Berne. »

Pour ces motifs, il réduit provisoirement les 76 paroisses catholiques du Jura à 28 *arrondissements pastoraux,* dont il donne la circonscription ;

Il statue que « la nomination des curés appelés à desservir ces arrondissements pastoraux a lieu par le conseil exécutif, qui délivre à cet effet à l'ecclésiastique élu un acte spécial de nomination » ;

Que « l'élu sera installé dans ses fonctions, soit présenté à la commune, avec la solennité religieuse convenable, par le préfet ou par un fonctionnaire municipal qu'il aura désigné à cet effet » ;

Que, « à cette occasion, l'élu prêtera, en présence de la commune rassemblée, le serment constitutionnel prescrit pour les autorités et les fonctionnaires de l'État » ;

Que, « en acceptant sa nomination aux fonctions de curé d'un arrondissement pastoral, l'élu prend l'engagement de n'avoir, sans l'assentiment des autorités de l'État, aucun rapport concernant ses fonctions ecclésiastiques avec une autorité épiscopale ou ecclésiastique quelconque, et à ne recevoir aucun ordre de celle-ci » ;

Que, « en ce qui concerne les prestations en nature (logement, bois d'affouage, jardin, etc.), les communes composant l'arrondissement pastoral conservent les obligations qui leur incombent à teneur des bois et de l'usage » ;

Qu' « il sera procédé à teneur des lois contre les conseils de fabrique qui refuseront de reconnaître le curé nouvellement élu et qui entretiendront des rapports officiels avec le curé révoqué par sentence judiciaire. »

C'est ainsi que le Conseil exécutif prétendait remplir le devoir qu'il s'était forgé, en usurpant la houlette pastorale, de pourvoir aux besoins des consciences catholiques. A la place du culte légitime on mettait un culte schismatique ; au lieu des pasteurs, on instituait des loups. On n'espérait pas, au reste, avoir beaucoup de paroissiens, puisque, au lieu de soixante-seize paroisses, on n'instituait que vingt-huit centres pastoraux. On aurait moins de postes à pourvoir et plus d'argent à donner : double avantage pour sortir d'un mauvais pas.

En exécution de la nouvelle ordonnance, à partir du 9 novembre, le gouvernement s'empara des églises, des cures, des biens de fabrique et fit appel, pour occuper les postes de sa création, à toutes les balayures, à toutes les ordures qui traînaient dans les recoins mal famés des diocèses. Le conseiller d'État Bodenheimer recruta un certain nombre de pauvres hères qu'il installa avec fracas. On vit briller là le splendide Portaz, avec la Cantianille, moitié hystérique, moitié folle ; le soi-disant Sorbonnique Pipy, bien nommé pour servir les Bernois ; l'incomparable Deramey, espèce de hanneton mal venu, surtout dans une sacristie. Faute de mieux, on les célébrait à son de trompe, en attendant les déconvenues. Les honneurs qu'on leur fit furent surtout une nouvelle occasion de vexer et d'insulter les catholiques, dont l'argent servait à payer les frairies des apostats.

Les catholiques, outragés si cruellement, s'adressèrent au Conseil fédéral. Le rapporteur, Philippin, se déclara contre leur recours en se fondant sur la supériorité de l'État vis-à-vis de l'Église, sur les innovations du *Syllabus* et sur le caractère de fonctionnaires inhérent au titre de curé. Sutter, du canton d'Argovie, opina dans le même sens. Cheney et Wuilleret de Fribourg défendirent vigoureusement les droits de la Sainte Église. Après avoir traité la question de droit, « ce qu'il y a de scandaleux, ajoutait Wuilleret, c'est que les prêtres apostats sont mis en possession, par le gouvernement soleurois, des bénéfices et des églises, de ces églises qui ont été construites à l'aide des sueurs des vrais catholiques. En Suisse, voici ce qui arrivera, si l'on va plus loin : une imperceptible minorité sera mise en possession des biens et des droits de l'Église catholique, et l'immense majorité des vrais catholiques sera dépouillée de ses biens, de ses droits et de ses libertés. Heureusement que le personnel fait défaut ; la conduite du clergé suisse est admirable ; il mérite tout notre respect et toute notre admiration. Jamais les catholiques suisses ne consentiront à soumettre leurs âmes au pouvoir de l'État. On veut nous séparer de Rome ; arrêtez-vous dans cette voie, car vous vous préparez des humiliations et des échecs. Des potentats plus puissants que ceux de Soleure ont attaqué l'Église : celle-ci est toujours sortie victorieuse des luttes qu'elle a subies. La Suisse a conquis l'admiration de l'Europe parce qu'on voyait vivre en paix, les unes à côté des autres, des populations ayant des langues et des religions différentes. Que deviendra l'honneur de la Suisse, si vous introduisez le despotisme religieux ? Au nom du droit, de la justice, de la liberté et du serment prêté à la constitution fédérale, l'orateur supplie l'assemblée d'admettre le recours de la conférence pastorale de Soleure ».

On ne répondit point à l'avocat des catholiques. Après cinq heures de discussion, temps nécessaire pour trouver des semblants de raison et donner à un déni de justice une forme acceptable, par quatre-vingt-trois voix contre dix-huit, le Conseil fédéral rejeta le recours des catholiques. « En somme, dit l'abbé Crétier, dont nous suivons les indications, le Conseil fédéral déclare ne pouvoir accueillir la réclamation des catholiques parce que, en prenant les mesures dont ils se plaignent, les autorités bernoises n'ont rien fait qui ne fût parfaitement dans leurs droits. *L'arrêt de la Cour d'appel et de cassation révoquant tous les curés du Jura émane d'une autorité judiciaire compétente, il y a chose jugée, et le Conseil fédéral n'a ni pouvoir ni vocation pour revoir un acte de cette nature. Le Conseil exécutif, en interdisant aux curés révoqués de remplir des fonctions ecclésiastiques dans les églises affectées au culte catholique et en prenant d'urgence diverses mesures relatives à la circonscription provisoire des paroisses, à la nomination des nouveaux curés, à la tenue des registres de l'état civil et à la célébration civile des mariages, a agi comme gouvernement cantonal en vertu d'un mandat spécial qui lui a été conféré par le grand conseil. Or, sous l'empire de la constitution fédérale du 12 septembre 1848, ce qui tient à l'organisation des cultes est dans la compétence absolue des cantons. Il est bien vrai que la confédération peut intervenir dans les actes des pouvoirs cantonaux qui sont contraires aux droits garantis par la constitution fédérale, et que l'article 44 de cette constitution garantit dans toute la confédération le* LIBRE EXERCICE DU CULTE DES CONFESSIONS CHRÉTIENNES RECONNUES ; *mais cette garantie est respectée tant que les citoyens ne sont pas contraints à suivre un culte, et tant qu'ils sont libres d'en célébrer un qui leur convient. Comme donc le conseil exécutif de Berne reconnaît expressément aux recourants le droit de célébrer le culte de leur* choix, et que, dans son *office du 8 novembre 1873, il déclare que* LES CURÉS RÉVOQUÉS NE SERONT EMPÊCHÉS EN AUCUNE MANIÈRE DE RÉCLAMER COMME IL LEUR CONVIENT UN CULTE PARTICULIER (*Privatgottesdient*) POURVU QUE L'ORDRE PUBLIC NE SOIT PAS TROUBLÉ, *dès lors la liberté des cultes chrétiens, dans les limites où elle est garantie par la constitution fédérale actuelle, n'est point violée dans la personne des recourants. Quant aux dispositions de l'*ACTE DE RÉUNION *du Jura bernois avec l'ancien canton de Berne, des 14-23 novembre 1815, qu'invoquent une partie des recourants, elles ne peuvent pas, sous l'empire de la constitution fédérale du 12 septembre 1848, créer en faveur des habitants et du clergé catholique du Jura bernois un droit spécial, ni faire exception au droit public de la confédération.*

« Il est plus facile, disait Papinien, de commettre un crime que de le justifier. » Avec la logique molle et la déraison parfaite des magistrats bernois, il est plus facile de le justifier que de le commettre. Les catholiques se plaignent de la violation des traités et du droit qui les protège ; ils dénoncent l'enlèvement de leurs églises, de leurs presbytères et des biens de leur communion ; le conseil leur répond que cet acte de spoliation émane d'une autorité compétente, qu'il y a chose jugée, et qu'on ne viole pas le droit *public* en leur laissant la liberté du culte *privé*. Le Conseil fédéral fait mentir la loi et la conscience avec impudeur. Affirmer que le droit public n'assure pas la liberté du culte public, c'est mentir à l'évidence ; couvrir un attentat du prétexte de la chose jugée, c'est mentir à la probité. L'acte du gouvernement contre les catholiques du Jura était un crime ; pour innocenter ce crime, le grand conseil commettait un nouveau crime, se mettait au ban de la société civilisée et devenait, là où il restait quelque sentiment d'honneur, la risée de l'Europe.

La liberté d'un culte ne consiste pas seulement dans la faculté de se réunir dans une église. « Quand on parle de liberté des cultes dans le droit public, dans les constitutions, dans les lois, même dans le langage vulgaire, dit Mgr Dupanloup, on doit entendre par là, non seulement le cérémonial religieux, qui n'est qu'une partie de la religion, mais la religion elle-même. La religion catholique ne peut donc être appelée libre dans un pays que si tout ce qui la constitue, ce qui est nécessaire à son existence, à sa conservation, à sa transmission, y jouit, sous la protection des lois, d'une vraie liberté (1). » Guizot exprime la même pensée en disant qu'il ne suffit pas de garantir la liberté individuelle des croyants, mais leur liberté *sociale*, c'est-à-dire, la liberté du corps auquel ils appartiennent (2).

N'ayant plus aucun obstacle à craindre, le Conseil exécutif de Berne rendit quelque temps après l'*ordonnance* suivante *concernant le service divin dans les communes de la nouvelle partie du canton* :

« ART. 1. Il est rigoureusement interdit aux curés révoqués, ainsi qu'aux ecclésiastiques, abbés, vicaires ou desservants qui ont signé la protestation du mois de février 1873 et qui n'ont pas jusqu'à présent retiré leur signature ; en un mot, à tous les prêtres catholiques qui n'ont pas reçu une autorisation spéciale de l'Etat, de se livrer à aucun exercice du culte dans les locaux ou bâtiments placés sous la surveillance de l'Etat ou ayant une destination publique.

« Font partie des lieux et locaux ci-dessus désignés notamment ceux qui servent à la célébration du culte (églises ou chapelles), les maisons d'écoles, les bâtiments communaux, etc.

« ART. 2. Sont pareillement interdites auxdits ecclésiastiques toutes fonctions dans les écoles ou établissements d'instruction publique et dans les autorités scolaires.

« ART. 3. Dans les bâtiments et locaux qui n'ont aucune distinction publique, l'exercice du culte est permis aux ecclésiastiques ci-dessus désignés dans les limites compatibles avec les bonnes mœurs (*sic !*) et l'ordre public (art. 80 de la constit. canton.)

« Par exception à la disposition ci-dessus, il leur est toutefois défendu de prendre part en habits sacerdotaux aux convois funèbres et processions qui se font dans les rues.

« Il est spécialement défendu aux régents et régentes des écoles publiques de conduire leurs enfants auprès des ecclésiastiques désignés dans l'art. 1, pour assister au service divin ou à l'instruction religieuse.

« ART. 4. Dans le cas où on abuserait du culte privé ou de toute autre circonstance pour semer la discorde ou susciter des persécutions au sujet des croyances et des opinions religieuses, ou se livrer à des excitations contre les ecclésiastiques reconnus par l'Etat, ou enfin provoquer à la violation des lois et actes de l'autorité, le délinquant, à moins que son délit ne soit passible de peines déjà prévues par la loi, sera puni en vertu de l'art. 5 ci-après.

« De plus, les assemblées ou réunions dans lesquelles ces délits auront été commis pourront être dissoutes par mesure de police.

« ART. 5. Les contraventions aux articles ci-dessus de 1 à 4 inclusivement, à moins qu'elles ne constituent une violation plus grave de la loi, seront punies d'une amende de 100 à 200 francs.

« En cas de récidive, l'amende édictée pour la première contravention sera augmentée dans la proportion de la gravité du nouveau délit.

« ART. 6. Il est spécialement enjoint aux agents et fonctionnaires de la police judiciaire d'exercer des poursuites rigoureuses dans les cas d'usurpation de fonctions (art. 83) et dans tous les cas de troubles apportés à la tranquil-

---

(1) *Lettre à un catholique suisse.* Par. 1872. (2) *L'Eglise et la Société chrétienne*, ch. x.

lité publique (art. 93, 94, 96 et 97 du Code pénal).

« Art. 7. La présente ordonnance, qui abroge celle du 28 avril 1873, entrera immédiatement en vigueur. Elle sera rendue publique par son insertion dans la *Feuille officielle* et par voie d'affiches dans les localités intéressées. »

Dans sa séance du 14 janvier 1874, le grand conseil, adoptant les propositions du Conseil exécutif, approuva à la majorité de 156 voix contre 7, les mesures militaires prises contre les catholiques, et donna au gouvernement par 143 voix contre 21 plein pouvoir *de prendre ultérieurement toutes les mesures utiles au maintien de l'ordre public et de la paix confessionnelle dans le Jura*, c'est-à-dire, d'achever de détruire les catholiques. Un membre du grand conseil proposait l'addition suivante à la dernière décision : *dans les limites de la constitution* ; mais cet amendement fut rejeté, de sorte que les catholiques furent pleinement abandonnés à l'ambition d'un gouvernement qui avait juré leur perte.

Le 30 janvier 1874, nouvel arrêté portant sentence d'exil par interdiction de domicile :

1° Il est interdit jusqu'à nouvel ordre aux curés qui ont été révoqués de leurs fonctions par la sentence judiciaire du 15 septembre 1873, ainsi qu'aux ecclésiastiques catholiques qui ont signé avec eux la protestation du mois de février 1893, de séjourner dans les districts de Courtelary, Delémont, Franchis, Montagnes, Laufon, Moutier, Porrentruy et Bienne.

2° Cette interdiction cessera de sortir son effet du moment que ceux qu'elle atteint déclareront expressément qu'ils veulent respecter l'ordre public et se soumettre aux lois de l'Etat, ainsi qu'aux décisions rendues par les autorités publiques.

3° Les ecclésiastiques qui ne se soumettront pas à la condition posée à l'art. 2 devront quitter les districts indiqués ci-dessus dans le délai de deux jours, à partir du jour où le présent arrêté leur aura été notifié officiellement.

Quatre jours avant ce décret de proscription, un sieur Pritchard, directeur de l'éducation, écrivait aux instituteurs et institutrices du Jura catholique : « Il appert de rapports officiels que les enfants de beaucoup d'écoles sont menés par les instituteurs et les institutrices chez les curés révoqués pour y recevoir l'enseignement religieux, ce qui est sévèrement interdit. D'après la loi, personne ne peut, dans le canton de Berne, se livrer à l'enseignement privé sans avoir reçu à cet effet l'autorisation de la Direction de l'éducation. Dès lors les curés révoqués ne possédant pas, comme on le conçoit, d'autorisation de ce genre, IL LEUR EST CONSÉQUEMMENT DÉFENDU DE SE LIVRER A AUCUN ENSEIGNEMENT QUELCONQUE. »

Ainsi les protestants de Berne avaient enlevé, aux catholiques du Jura, leurs églises, leurs presbytères, leurs biens de fabrique et leurs écoles ; ils avaient défendu aux curés tout acte de culte public, défendu même un acte privé d'instruction primaire ; ils avaient proscrit ces mêmes curés de leurs cantons respectifs et les avaient forcés la plupart à chercher un abri en France. Quelquefois, comme au temps de la Convention, un curé apprenait qu'un de ses paroissiens allait mourir ; aussitôt, soit sur appel du moribond, soit sous l'inspiration de son zèle, il passait, avec un déguisement, la frontière et volait consoler son frère à l'agonie. Mais bien que rien ne soit plus sacré que la mort, bien que rien ne soit plus privé qu'une confession *in extremis* et l'onction qui s'ensuit, vite les gendarmes se mettaient à la poursuite du délinquant et n'avaient de repos qu'après l'avoir mis en prison ou poussé l'épée aux reins jusqu'aux frontières de France. O scélératesse de la liberté moderne ! o scélératesse du protestantisme !

Car, il faut le dire à l'honneur de la religion catholique, cette Eglise à laquelle, protestants, libéraux, libres-penseurs et révolutionnaires reprochent sans fin l'Inquisition et la Saint-Barthélemy, cette Eglise, quand ses enfants étaient au pouvoir, n'a jamais persécuté personne. Mais eux, révolutionnaires athées, libres-penseurs sans doctrines, libéraux et protestants, aussitôt qu'ils sont les maîtres, persécutent sur toute la ligne. La Saint-Barthélemy, ils en multiplient les éditions ; l'Inquisition, l'exécrable Inquisition, c'est ce qu'ils font. On ne peut imaginer contradiction plus lâche, hypocrisie plus profonde, et surtout plus flagrante iniquité.

Il y avait des traités à Berne et l'ours n'était pas libre de les violer, puisque ces traités avaient été signés dans l'assemblée des nations. L'*acte d'union* avait spécifié, pour l'évêque, la plénitude de la juridiction spirituelle ; il avait reconnu le séminaire diocésain et l'évêché, il avait maintenu l'*état existant* et proclamé la liberté des cultes. Mais la liberté des cultes n'est, pour les sectaires, qu'une arme ; ils s'en servent quand ils sont en minorité ; quand ils ont la majorité, ils suppriment la liberté des cultes. Conspirer et tyranniser, c'est tout ce qu'ils savent faire ; rien ne prouve mieux qu'ils n'ont pas la doctrine affranchissante de l'Evangile.

Les catholiques ne se laissèrent point abattre. A Long, dans l'assemblée du Pius-Verein, ils firent également profession de foi et de patriotisme. Soumis, en matière civile, aux autorités légitimes, en matière religieuse obéissant au Pape et aux évêques, ils entendaient concilier leurs droits avec leurs devoirs, l'exercice de leur liberté avec le respect de l'autorité. C'est pourquoi ils protestaient contre le bannissement de leur évêque et de leurs prêtres, contre la fermeture illégale des églises et des écoles, contre toutes les violences de police et de gouvernement, contre les actes d'injustice et de spoliation. —

L'évêque et les prêtres ne défendirent pas avec moins de résolution leur droit méconnu ; ils n'eurent pas plus de succès. En sus de toutes ses grâces, l'ours de Berne était sourd et muet ; il n'entendait pas les réclamations, il ne répondit rien à l'invocation du droit et des traités.

Pour couronner leur abominable mascarade, les schismatiques de Genève et les vieux catholiques de Berne s'entendirent pour se fabriquer un évêque. Mais comment le créer ? d'où le tirer ? de quelle huile oindre cet absurde prélat ? et surtout quelle autorité lui reconnaître ? Car enfin fût-il protestant, il faudrait se garantir contre son influence qui, à un moment donné, pourrait contrarier les scandales des athées. Il fut donc décidé au congrès d'Olten, le 21 septembre 1874 : 1° Que l'évêque serait nommé par un synode ; 2° que ce synode se composerait de délégués laïques envoyés par les communes et qu'il serait la suprême autorité de la nouvelle Église, les apostats en service ayant droit de participer à ses délibérations ; 3° qu'une autorité exécutive, permanente, serait instituée sous le nom de Conseil synodal et composée de neuf membres, cinq laïques et quatre ecclésiastiques, y compris l'évêque ; 4° que l'évêque peut être révoqué par le synode. Tel est tout le mécanisme du schisme : ceux qui votèrent ces décisions n'avaient d'autre autorité que celle qu'ils s'étaient arrogée de leur propre chef ; c'était un gouvernement spontané comme celui de la Commune de Paris.

Après deux ans de tergiversations, le Conseil fédéral ayant déclaré qu'il reconnaîtrait l'évêque élu, le synode, rassemblé à Olten, nomma, le 7 juin 1876, un sieur Herzog. Cet Herzog avait été d'abord curé catholique, puis curé schismatique de Créfeld près Cologne, puis professeur schismatique de théologie à Berne. Enfin, par 197 voix contre 84 données à Schrœter, curé de Reinfelden, Herzog fut élu évêque schismatique ; mais quatre cantons seulement, Soleure, Berne, Argovie et Genève, lui votèrent une prébende.

Après l'élection, il fallait un simulacre de consécration. On ne savait trop où la faire, ni à qui la demander. D'abord on avait cru pouvoir choisir la cathédrale de Soleure, mais l'indignation du peuple y fit renoncer ; ensuite, on voulait aller jusqu'à Bonn, mais on craignit de trop laisser voir ses attaches prussiennes ; enfin, au risque de manquer aux délicatesses dues à Schrœter, on se décida pour Reinfelden. Le prélat consécrateur fut le prussien Hubert Reinkens, l'évêque au cœur tendre, dont les prouesses scandaleuses étaient mieux connues que les doctrines. A propos de cette farce de Reinfelden, nous citons un mot de Bœdeker dans son *Guide* en Suisse : « Reinfelden, dit-il, était autrefois une ville très forte et l'un des *avant-postes de l'empire germanique*. Elle n'appartient à la Suisse que depuis 1801. Sous ses murs se livrèrent plusieurs combats pendant la *guerre religieuse de Trente ans.* » Evidemment Reinfelden rentrait aujourd'hui dans ses anciennes traditions et acquérait un nouveau titre à passer pour « avant-poste de l'empire germanique ».

Après la parodie sacrilège de consécration, il y eut des banquets où l'on essaya de suppléer à la grâce de Dieu par le bon vin. Les protestants, les libres-penseurs, les athées fraternisèrent, le verre à la main, avec Reinkens et Herzog. On s'oignit réciproquement de tous les baumes de l'admiration. Mais ce n'était là qu'un nouveau ridicule ajouté, comme lustre, à des choses plus dignes de pitié que de critique.

Mais quelqu'un troubla la fête. Dès 1873, Pie IX avait flétri ce qui s'était passé à Genève et à Berne. A propos de Berne, le pontife avait dit entre autres : « Là aussi ont été portées touchant les paroisses, ainsi que l'élection et la révocation des curés et des vicaires, des lois qui renversent le gouvernement de l'Église et sa divine constitution, soumettent le ministère ecclésiastique à la puissance séculière et sont tout à fait schismatiques. En conséquence, Nous les réprouvons et condamnons, nommément, celle qui a été condamnée par le gouvernement de Soleure, le 23 décembre 1872, et Nous décrétons qu'elles doivent être tenues perpétuellement pour réprouvées et condamnées. En outre, Notre vénérable Frère Eugène, évêque de Bâle, ayant rejeté avec une juste indignation et une constance apostolique certains qui avaient été arrêtés dans le conciliabule ou, comme ils disent, la *conférence diocésaine,* à laquelle s'étaient rendus les délégués des cinq cantons susdits, et lui avaient été proposés, articles qu'il avait les motifs les plus impérieux de rejeter, puisqu'ils portaient atteinte à l'autorité épiscopale, bouleversaient le gouvernement hiérarchique et favorisaient ouvertement l'hérésie ; il fut pour cette raison déclaré déchu de l'épiscopat, arraché de son palais et violemment jeté en exil. Alors aucun genre de ruse ou de vexation ne fut omis pour entraîner dans le schisme le clergé et le peuple de ces cinq cantons. Tout commerce avec le pasteur exilé fut interdit au clergé, et l'ordre fut donné au Chapitre de la cathédrale de Bâle de se réunir pour procéder à l'élection d'un vicaire capitulaire ou d'un administrateur, comme si le siège épiscopal eût été réellement vacant : indigne attentat, que le Chapitre repoussa courageusement par une protestation rendue publique. Sur ces entrefaites, par décret et sentence des magistrats civils de Berne, il fut d'abord interdit à 69 curés du territoire jurassien de remplir les fonctions de leur ministère, ensuite ils furent révoqués par ce seul motif qu'ils avaient ouvertement déclaré ne reconnaître que Notre vénérable Frère Eugène pour légitime évêque et pasteur, ou ne vouloir pas se séparer honteusement de l'unité catholique. Il en est résulté que tout ce territoire qui avait constamment gardé la foi catholique et avait été réuni au canton de Berne sous cette condition et avec cette convention qu'il jouirait du libre et inviolable exercice de sa religion, a été privé des instructions paroissiales, des solennités du baptême, de celles des mariages et des funérailles; et cela, malgré les plaintes et les réclamations de la multitude, réduite par une souveraine injustice à cette alternative, ou de recevoir des pasteurs schismatiques et hérétiques imposés par l'autorité civile, ou ne se voir privée de tout secours et de tout ministère sacerdotal.

« Certes, nous bénissons Dieu, qui, de cette même grâce par laquelle il soulevait et affermissait autrefois les martyrs, soutient et fortifie aujourd'hui cette portion choisie du troupeau catholique, qui suit virilement son évêque, *élevant un mur pour la maison d'Israël afin de tenir ferme dans le combat au jour du Seigneur*, et qui, ignorante de la peur, marche sur les traces du chef des martyrs, Jésus-Christ lui-même, lorsque, opposant la douceur de l'agneau à la férocité des loups, elle défend sa foi avec ardeur et constance. »

Le 6 décembre 1876, Pie IX, informé des progrès du schisme, lança de nouveau les foudres apostoliques. « Nous sommes informé, dit le Pontife, que les membres de cette secte hérétique et schismatique n'ont pas craint d'ajouter un nouveau scandale à leur inique témérité. Ils ont, en effet, mis en avant un certain Edmond Herzog, Lucernois, apostat notoire déjà excommunié par son Ordinaire légitime. Dans leur conciliabule d'Olten, ils l'ont proclamé leur évêque et ils l'ont ensuite fait sacrer sacrilègement à Rheinfeld, par le faux évêque Joseph-Hubert Reinkens, précédemment retranché par Nous de la communion de l'Église. Nous avons appris de plus, qu'après avoir reçu une telle consécration, ce malheureux Herzog n'a pas craint de publier un écrit, dans lequel il attaque impudemment le Saint-Siège, et où il s'efforce d'exciter le clergé catholique de la Suisse à la rébellion. En outre, quoique privé de toute juridiction et mission légitime, il a eu la témérité de conférer l'Ordre sacerdotal à quelques partisans de sa secte coupable.

» Que le fait criminel d'une élection et d'une consécration de ce genre Vous ait remplis d'amertume, qu'il Vous ait paru indigne et déplorable, Vous, Vénérables Frères, Vous l'avez très bien fait comprendre par Votre sus-mentionnée déclaration. Avec une grande opportunité, Vous y avez examiné et signalé, soit l'absurdité du fondement sur lequel l'impiété et la folie d'hommes pervers ont entrepris d'établir en Suisse une faction hérétique et schismatique dans vos contrées; soit la misérable condition des prêtres qui, bravant les peines et les censures ecclésiastiques et foulant aux pieds la grâce de leur ordination, ont adhéré à cette secte ; soit le crime de celui qui, abusant d'une consécration reçue illégitimement, entre dans le bercail, non par la porte, mais d'un autre côté, comme un voleur et un brigand, afin de porter la division et la ruine dans le troupeau de Jésus-Christ. Nous aussi, comme Vous, avons été rempli d'amertume et profondément affligé en considérant les sacrilèges commis et les très grands scandales donnés, ainsi que l'audace avec laquelle les déserteurs de la vérité et les perturbateurs de l'unité catholique travaillent à la perte des âmes, dont ils auront à rendre compte au Juge suprême. En vain se prévalent-ils d'une faveur et d'un patronage qui sont refusés aux pasteurs légitimes, à l'Évêque de Bâle et au Vicaire Apostolique de Genève, lesquels, le premier séparé d'une grande partie de son troupeau et l'autre condamné à l'exil, sont l'un et l'autre gravement entravés dans l'exercice de leur ministère. Ces impies et très graves attentats, — source féconde des plus funestes conséquences, — commis dans vos contrées ont été, et devaient être, pour Vous et pour tous les chrétiens fidèles, un grand sujet de douleur, tout en faisant à l'Église de Dieu de nouvelles blessures. Nous, en vertu de Notre Autorité Apostolique, Nous les condamnons et réprouvons ouvertement. Considérant d'ailleurs que la charge de Notre Suprême ministère Nous impose l'obligation de défendre la foi catholique et l'unité de l'Église universelle ; à l'exemple de Nos Prédécesseurs, conformément aux prescriptions des saintes lois canoniques, usant du pouvoir que le Ciel Nous a donné, Nous prononçons d'abord que l'élection prétendue épiscopale du prénommé Édouard Herzog, faite contrairement aux dispositions canoniques, a été illicite, vaine et tout à fait nulle, et que Nous la rejetons et détestons ainsi que sa consécration sacrilège. Quant à Édouard Herzog lui-même, à ceux qui ont eu la témérité de l'élire, au pseudo-évêque Hubert Reinkens, consécrateur sacrilège, à ceux qui l'ont assisté et ont coopéré à la cérémonie de la consécration sacrilège, ainsi qu'à tous ceux qui les ont favorisés et aidés, ou qui, d'une manière quelconque, ont pris parti pour eux, par l'Autorité du Dieu Tout-Puissant Nous les excommunions [et anathématisons. Nous déclarons et prononçons qu'ils doivent être regardés comme schismatiques entièrement séparés de la communion de l'Église, Nous statuons et déclarons en outre que Herzog, élu témérairement et contre tout droit, est privé de toute juridiction ecclésiastique ou spirituelle pour la direction des âmes, et que tout exercice de l'ordre épiscopal lui est interdit comme ayant été consacré illicitement. Quant à ceux qui auraient reçu de lui des Ordres ecclésiastiques, ils ont par le fait encouru la suspense et ils seraient immédiatement placés sous le coup de l'irrégularité, s'ils osaient remplir les fonctions attachées à ces Ordres. »

Herzog poursuivit son rôle. L'excommunication tombait sur une âme avilie, où le ressort du bien était brisé, la puissance du remords étouffée déjà dans les sacrilèges précédents. Il essaya de raisonner comme l'ont fait tous les hérétiques contre la sentence qui le frappait, et d'engager ses adeptes à ne point se laisser effrayer. « La sentence du pape, dit-il, dans une lettre, ne change rien à l'ordre de choses que nous avons créé nous-mêmes. Au synode d'Olten, nous avons consommé notre séparation avec l'évêque de Rome. C'est nous-mêmes qui avons supprimé la communion avec le pape... Notre Église décline tout lien avec la sienne. » Par quelle inconséquence peuvent-ils donc se dire encore catholiques, puisqu'ils se proclament totalement séparés de l'Église du pape, hors de laquelle rien n'est catholique ?

Le 27 mai 1877, Herzog vint parodier la confirmation à Genève. On lui ramassa une cohue de gens petits et gros, de cinq à vingt ans, qui consentirent à se prêter à la comédie. Mais là comme au sacre, l'important était le banquet. Il eut lieu à l'hôtel de Belle-Vue. Les délégués du Consistoire protestant, du Conseil d'État, du Grand Conseil et de la ville de Genève y furent invités par le Conseil supérieur du schisme. Reverchon ouvrit la série des toasts ; il salue d'abord « le Consistoire de l'Église protestante, cette Église, dit-il, sœur aînée de la nôtre ». Dès ce jour, les schismatiques n'ont plus été appelés que du nom de *protestants cadets*, que leur chef venait de se donner très justement. Carteret porta le toast à Herzog : « Jamais je n'aurais cru, dit-il, porter dans ma vie santé semblable. Mais comme on dit familièrement : *il y a fagot et fagot* ; je sais aussi qu'il y a évêque et évêque ». Herzog ne comprenait pas même l'injure qu'on lui jetait à la face par de semblables paroles. Mais en échange Carteret promettait de l'argent : « Rassurez-vous, lui dit-il, pour l'accomplissement de votre œuvre ; vous trouverez toujours notre ardent concours. L'État ne peut en effet se désintéresser de votre Église, car aujourd'hui, l'idée libérale dans le catholicisme et le protestantisme n'a pas pour champions des hommes assez riches pour tenir tête à l'ultramontanisme et à l'orthodoxie... » A cette annonce de bonne fortune Herzog s'empressa de répondre avec joie : « Le gouvernement de Genève nous a donné un grand appui ; *sans lui nous serions écrasés*... L'Église protestante nous a facilité notre réforme, il le faut dire, je la remercie ».

Les ministres protestants, nombreux au banquet, épanchèrent à leur tour la joie de leur cœur, en présence de cette « sœur cadette » de leur Église, si fraîchement parée de toutes les générosités du budget. Enfin un des membres de l'aristocratie protestante, Turrettini, vint jeter de nouveau son pavé aux citoyens catholiques : « A ceux-là, dit-il, Genève criera : Arrière ! *Retro Satanas !* »

Toute cette fantasmagorie de déclamations n'empêche pas l'œuvre de crouler. Le budget, si complaisant soit-il, ne remplace pas la foi ; la religion de l'argent peut remplir les bourses, mais elle laisse vides les églises. Les schismatiques d'Allemagne, d'après leurs rapports officiels lus au dernier synode de Bonn, s'attribuent dans toute l'étendue de l'empire, le chiffre de 53.640 adhérents, sur 14.800.000 catholiques fidèles. Ceux de la Suisse, dans leur rapport lu à la même époque au synode d'Olten, s'attribuent 70.000 adhérents, sur 1.035.000 catholiques fidèles, 2.400 prêtres et 1.218 paroisses. Ces chiffres sont notoirement exagérés. C'est une statistique de fantaisie démentie chaque jour par l'évidence des faits.

Telle est encore aujourd'hui (31 décembre 1878) la situation des catholiques à Genève et à Berne. Je l'ai mise en regard des traités et du droit ; chacun peut maintenant juger si elle n'est pas aux antipodes de tout droit, de toute loi et de toute conscience. C'est à peu près un régime de banditisme, coloré d'un titre menteur de légalité et s'efforçant de s'appeler la nouvelle civilisation, le progrès et le droit nouveau. En effet, cela est tout à fait nouveau, et, en même temps, aussi ancien que la déraison et la prévarication. En somme, ces gouvernements mettent tout en œuvre pour faire disparaître au plus tôt, et même pour rendre dès maintenant matériellement impossible jusqu'au culte privé, dont ils n'osent pas ouvertement dénier le libre exercice. Ce n'est pas encore assez ; ils forcent les catholiques de fournir aux intrus, aux épluchures de toutes les chrétientés du monde, les prestations qu'ils fournissaient à leurs légitimes pasteurs, quoique ceux-ci, privés de tout traitement, soient maintenant à la charge exclusive des catholiques. Quant au soi-disant vieux catholicisme, dont ces intrus sont les dignes ministres, ce n'est en réalité qu'un nouveau protestantisme. Mais vains efforts. Le siècle est trop froid pour fournir matière à nouvelles hérésies ; ces scissions ne sont que des chutes de fruits pourris qui tombent au fond des abîmes. L'Église de Jésus-Christ, purifiée en Suisse comme ailleurs, par ces lâches défections, sort plus pure de l'épreuve et marche, pleine de confiance, à de nouveaux triomphes.

A ces lignes, écrites en 1878, s'ajoute un post-scriptum écrit en 1899. Depuis l'avènement de Léon XIII, la Suisse, qui suivait les consignes de Bismarck, s'est désistée de ses violences. Pour rendre plus facile un accommodement, le Souverain Pontife, d'après les usages du Saint-Siège, fit de l'évêque de Bâle, Mgr Lachat, un archevêque et l'envoya dans le Tessin ; en même temps, il revêtit de la pourpre romaine l'évêque de Lausanne et Genève, Mgr Mermillod ; du même coup, il ôtait les prétextes à récriminations et décorait, comme il convient, les deux intrépides champions de la sainte Église. Depuis, la Suisse n'a plus donné de scandale en Europe ; mais, protestante en partie, elle est bien trop libérale pour s'abstenir longtemps de vexations à l'adresse des catholiques. Par le fait de ces vexations, les catholiques sont mis en demeure de se défendre ; ils n'y manquent point et cherchent d'ailleurs, dans les lumières de la foi et dans les pratiques de la vertu chrétienne, la science des solides progrès. — Les faits les plus récents de leur histoire sont sans importance.

§ IV.

LA PERSÉCUTION RELIGIEUSE EN FRANCE

L'avènement de Léon XIII coïncida, pour la France, avec l'avènement au pouvoir du parti républicain révolutionnaire. Léon XIII est un pape pacifique, diplomate, résolu à toutes les concessions, prêt à toutes les bonnes grâces. Mais si, comme chef de l'Eglise, il n'a point une politique intransigeante, il doit, comme docteur, dire toute la vérité, et comme pontife inculquer la loi du devoir, donner le mot d'ordre à l'Eglise militante et aller, s'il le faut, jusqu'à l'effusion du sang. Le parti républicain révolutionnaire se scinde en trois ou quatre factions : l'une se dit opportuniste, c'est-à-dire sage ; l'autre se dit radicale, c'est-à-dire à cheval sur les principes ; la troisième se dit socialiste pour faire entendre qu'elle veut refondre la société ; la dernière, seule franche, se dit anarchiste, c'est-à-dire prête à faire table rase, sans prétendre rien reconstituer. Ces quatre factions ont un principe commun : l'athéisme ; une pratique commune, la guerre à la religion catholique et à l'Eglise Romaine. L'objet propre de leur politique ne vient qu'en seconde ligne ; le premier point de leur action commune, c'est l'éradication du Christianisme et l'établissement d'un ordre social qui nie positivement Dieu. Expulser Jésus-Christ, ils estiment que c'est chose faite depuis Voltaire ; introniser l'athéisme, ils disent que c'est un principe acquis depuis Mirabeau et Napoléon. Eux, les termites de la politique anti-chrétienne, ils croient qu'ils n'ont plus, dût la France en périr, qu'une chose à faire : suivre la consigne des Juifs, des protestants, des francs-maçons, des libres-penseurs ; déchristianiser la France, seul moyen de l'amener, par ses institutions, à l'athéisme. C'est, ici, le plus grave sujet que l'histoire puisse approfondir. Nous avons mis tous nos soins à en mesurer la sinistre grandeur et à en raconter, par le détail, tous les attentats. Les personnes, en cette affaire, sont de peu, presque de rien ; ce qui est tout, c'est ce cyclone, en apparence calme, qui va lentement, mais sûrement, au but que l'impiété rêve d'atteindre dans tous les siècles, et qu'elle se flatte, cette fois, d'emporter.

Le discours de Romans.

Le discours de Romans donna le programme et le signal de la persécution. Ce discours fut prononcé le 18 septembre 1878 par Gambetta. Mac-Mahon était encore au pouvoir ; il menait ou plutôt ses ministres menaient pour lui la campagne électorale contre les 363 députés mis à pied par le président ; Gambetta était le grand chef, le stratégiste, le porte-paroles l'entraîneur et le docteur du parti républicain. Sa prodigieuse fortune et son influence énorme nous obligent à rechercher les antécédents et à caractériser, en quelques mots, le personnage.

Léon Gambetta, né à Cahors en 1837, d'un rouleur italien, d'origine juive, s'était révélé, de bonne heure, comme un enfant intelligent, mais paresseux, négligé et têtu. Une tante pieuse le fit passer par un séminaire. Au temps des humanités, il fut envoyé à Paris et fit ses études de droit, comme tant d'autres, tout de travers. L'école de droit le voyait beaucoup moins que les cafés ; les filles de joie l'intéressaient beaucoup plus que les Pandectes ; mais déjà, entre le cigare et la demi-tasse, au milieu de la fumée des tabagies et du tumulte des estaminets, il s'exerçait au métier de dompteur d'hommes. Avec des harangues creuses, il se fit aisément des admirateurs dans les cafés, et se promit, grâce à leur concours, de se pousser dans la vie publique. L'Empire alors battait son plein ; on ne voyait pas encore qu'il dût bientôt tomber. Gambetta demanda une place de substitut ; Baroche la refusa, par ce motif, hélas ! trop fondé, que le postulant manquait de principes, de mœurs et de tenue. Econduit d'un côté, Gambetta se tourna d'un autre ; il fit risette à l'opposition. Il y avait alors l'opposition purement *politique* des *cinq* ; l'opposition *littéraire* des discours de l'Académie et des pamphlets ; l'opposition *radicale* et intransigeante des révolutionnaires.

Gambetta eut voulu pouvoir brouter le chou impérial et traire la chèvre républicaine ; il lui répugnait, parce qu'il avait de bons instincts, d'aller jusqu'au radicalisme. Mais comme, pour parvenir, il faut un point de départ, le futur tribun se voyait, si nous osons ainsi dire, entre deux selles. Les députés républicains étaient trop grands seigneurs pour qu'on pût les joindre de prime-saut ; les révolutionnaires, comme Delescluze, directeur du *Réveil*, étaient beaucoup trop avancés pour qu'on se jetât dans leurs eaux. Gambetta, ne pouvant parvenir que par les élections, donna des gages et fut choisi d'abord pour défendre Delescluze, dans le procès Baudin. Le procès alla en Cour d'appel ; dans ses deux plaidoiries, le jeune avocat brûla ses vaisseaux : ce fut le début de sa fortune. Jusque-là, Gambetta n'avait pas manqué seulement de principes, de mœurs et de tenue ; il manquait encore de chemise, et, en 1867, quand il voulait se glisser dans le monde, il empruntait un habit. A partir du procès Baudin, Gambetta fut l'avocat du pacte révolutionnaire ; son rôle était d'ailleurs très simple : il négligeait d'étudier ses causes ; plaidait avec une violence funeste à ses clients, mais favorable à son ambition. Tant et si bien que cet homme sans études, sans pratique, sans noviciat pour quoi que ce soit, par le simple fait de déclamations insolentes, se vit le candidat désigné par les révolutionnaires pour représenter, au parlement, le faubourg le plus pourri de la capitale, Belleville.

Pour être élu, Gambetta dut signer le programme que voici :

Affirmation des principes de la démocratie radicale ;

Les délits politiques de tout ordre déférés au jury ;

La liberté de la presse dans toute sa plénitude ;

La liberté de réunion sans entrave et sans piège, avec la faculté de discuter toute matière religieuse, philosophique, politique et sociale ;

L'abrogation de l'article 291 du Code pénal ;

La liberté d'association pleine et entière ;

La suppression du budget des cultes et la séparation des Eglises et de l'Etat ;

L'instruction primaire laïque, gratuite, obligatoire ;

La suppression des gros traitements et des cumuls ;

La modification de notre système d'impôts ;

La suppression des armées permanentes ;

L'abolition des privilèges et monopoles qui sont une prime à l'oisiveté.

« Ce programme, dit un journaliste radical, n'émanait pas du cerveau d'un seul homme : il était l'œuvre collective de citoyens qui, à l'heure du grand réveil de 1869, vinrent trouver un homme et lui dirent : « Voulez-vous nous représenter, acceptez ceci et vous serez notre député ! » L'homme lut, et répondit : J'accepte ! Il ajouta même à sa parole sa signature, et le programme accepté, qui porte un nom dans l'histoire de notre temps, et s'appelle le programme de Belleville, fut affiché sur tous les murs de l'arrondissement, avec ces mots ci-dessous : « Je jure obéissance au présent contrat et fidélité au peuple souverain ! »

Signé : GAMBETTA.

En 1869, Gambetta fut élu député ; en 1870, après le 4 septembre, il devint ministre de l'intérieur ; après le 7 octobre, Paris cerné et le gouvernement bloqué dans Paris, il se vit, à trente-trois ans, seul, le maître absolu de la France. Pendant quatre mois, il fut le ministre de la défaite nationale, le dictateur de l'incapacité, l'homme obstiné d'une politique de folie furieuse. Chance de succès, il n'y en avait aucune, et le peu qui en restait, il ne devait, son ignorance et sa présomption étant données, que les détruire, sans retour possible d'espérance. Mais le rusé compère avait fait un calcul : c'est que si la France était ruinée, et divisée, réduite, anéantie, lui, en revanche, s'imposait à l'admiration des sots, et par une conduite, aussi criminelle que folle, se faisait un trône dans l'opinion.

De ces temps néfastes, nous ne retiendrons que deux faits : l'un, financier ; l'autre, militaire. Pour mener sa campagne, Gambetta n'avait pas le sou : il menaça de faire sauter la Banque de France et négocia l'emprunt Morgan à Londres avec 48 millions de commissions, pour 202 millions de capital prêté : c'était de l'argent à 25 0/0. Gambetta le dépensa en un clin d'œil, et lorsqu'il fallut justifier ses dépenses, les pièces comptables venant de Bordeaux à Paris furent brûlées par un incendie qui dévora le train de chemin de fer et tous les papiers avec. On ne justifia pas mieux les 48 millions de commissions, et de ce chef, Gambetta et ses compagnons eurent mérité d'être pendus.

Au cours de la guerre, Trochu et Ducrot voulaient faire une sortie du côté de l'ouest, percer la ligne d'investissement et relever la fortune de la patrie. On avait posté les hommes, les chevaux, l'artillerie, tout le matériel et les équipages du côté de Saint-Denis, tombeau de nos rois. Il fallut, pour complaire à Gambetta, dans une ville hérissée de barricades, ramener l'armée du côté de Sceaux et attaquer les Prussiens dans des positions inexpugnables. Cependant, toujours par ordre formel de Gambetta et malgré les refus motivés des chefs de corps, il fallut que l'armée de la Loire allât attaquer, à Pithiviers, les forces réunies de l'armée de Metz. L'armée de la Loire fut coupée en deux ; et à Paris et en province, par la faute, disons par le crime de Gambetta et de tous les avocats et les ingénieurs ses complices, furent brisées les seules forces qui pouvaient nous sauver.

Ainsi prit son vol l'aigle de Gambetta ; il avait pattes crochues et n'était pas seulement borgne, mais aveugle.

Député, Gambetta avait reproché, avec une sorte de fureur, à l'Empire, les candidatures officielles et l'ajournement, à cause du plébiscite, de la convocation des Chambres. Dictateur, Gambetta ne se contenta pas de la candidature officielle ; il rendit ses adversaires inéligibles et n'admit de candidats que ses amis ; puis, contraint par le gouvernement de rappeler ce décret absurde, il ne lui suffit pas d'ajourner les Chambres, il renvoya de quatre mois les élections. La candidature officielle admettait encore la concurrence de deux candidats ; Gambetta la rejeta ; l'ajournement ne tuait pas les Chambres, le renvoi des élections les empêchait de naître. Si Napoléon III avait attenté à la souveraineté nationale, Gambetta faisait plus qu'y attenter, il la détruisait sans raison et, qui plus est, sans titre. Ministre, dictateur, il était tout cela, non par élection, mais par coup d'État, par main mise sur le pouvoir. Au 2 décembre, le président était élu par cinq millions de suffrages ; il pouvait se croire autorisé à maintenir son mandat par la force et à user momentanément de la force pour rentrer dans le droit. Au 4 septembre, Gambetta, député de Paris, avait tout simplement pris d'assaut le ministère de l'intérieur et pris de même la dictature de Tours.

Aussi, à la paix, craignit-il d'avoir à passer devant une Cour des comptes ou une Commission militaire : il s'enfuit bravement à Saint-Sébastien. Là, sous le frais ombrage des orangers, il put méditer à loisir, comme César, *de bello gallico*, et se préparer, en franchissant la Bidassoa, à la guerre civile. Son bagage financier et politique était mince ; en six mois, il devint puissant par ses intrigues. Comme beaucoup de gens de sa race, s'il n'avait pas le courage, il avait l'audace : *Si non timent, tument*. Peu à peu la confiance lui revint : l'habileté de son ami, Clément Laurier, venait si facilement à bout des commissions de l'Assemblée. Alors Gambetta reparut, reprit son jeu avec une mise centuplée, nouant des intrigues, renversant ses adversaires et gagnant toujours.

En matière de religion, l'ancien séminariste de Cahors était à cent degrés au-dessous de zéro, sans principe, sans base, flottant à tout vent de doctrine. S'il n'avait pas de croyance positive, il avait au moins une haine profonde contre la religion catholique. La *République française* explique ainsi son programme : « Il appartient à l'État *d'empêcher* tout enseignement qui, en maintenant dans les esprits les *idées religieuses*, méconnaît les besoins de la société contemporaine et empêche de fonder, *sur l'absence de toute croyance*, l'accord des enfants d'une même génération. »

Lui-même s'en explique en ces termes :

« De tous les efforts que peuvent tenter les penseurs, les tribuns, les hommes d'État, il n'en est qu'un seul, entendez-le bien, qui soit véritablement efficace et fécond : c'est le développement de ce capital premier que nous avons reçu de la nature et qui s'appelle *la raison*.

« Oui, notre tâche la plus élevée consiste à développer chez tout homme qui vient au monde, et par ce mot j'embrasse l'espèce entière, à développer l'intelligence qui s'éveille ; ce capital à l'aide duquel on peut conquérir tous les autres et, par conséquent, réaliser la paix sociale sur la terre, sans force ni violence, sans guerre civile, rien que par la victoire du droit et de la justice.

« *Voilà notre religion*, mes amis, la religion de la culture intellectuelle. Ce mot sublime de religion *ne veut pas dire autre chose*, en effet, que le *lien* qui rattache *l'homme à l'homme*, et qui fait que chacun, égal à celui qu'il rencontre en face, salue sa propre dignité dans la dignité d'autrui et fonde le droit sur le respect réciproque de la liberté.

« C'est pour un acte de cette religion que nous sommes ici tous rassemblés dans un esprit de solidarité commune. Nous venons apporter, vous, votre obole, nous, notre parole à cette communion que l'on *peut et doit* nommer les Pâques républicaines de la démocratie. »

Par défaut de religion positive, j'entends de religion qui rattache l'humanité à Dieu, Gambetta ne peut être en religion que rationaliste et athée. Personnellement habile, il battra le duc de Broglie, plus ingénieux à s'emparer du pouvoir qu'à l'exercer ; il battra le maréchal président, si brave quand il marche au canon, si incrédule et si faible quand il croit gouverner. Mais, homme essentiellement négatif, Gambetta ne sera qu'un artisan de destruction, un démolisseur. Thiers, aussi très intelligent, mais sans foi, n'avait su que renverser le trône des Bourbons, des d'Orléans et des Bonaparte ; et, quand il était au pouvoir, ne savait que se renverser lui-même. De même, Gambetta, critique habile, adversaire ardent, prompt à trouver des consignes de combat, des mots à l'emporte-pièce, des mesures d'opposition, une fois au pouvoir, ne sera qu'un grand enfant, craintif, éperdu, sans aucune valeur. Mais déjà il se voit parvenu au pouvoir souverain et dans le discours de Romans il signifie les projets de destruction au regard de l'Église.

Dans ce discours, qui sera le programme de la persécution, Gambetta exprime, à sa manière, l'histoire des derniers événements. Ensuite il pose, comme base d'argumentation, la toute-puissance de l'État : par où l'on voit tout de suite la faiblesse de cet esprit et le tempérament despotique de ce caractère. Voilà un homme prompt à reprocher, soit à la monarchie, soit à l'empire, leur tyrannie, soi-disant exécrable ; et cet homme, qui invective contre la tyrannie d'un souverain, commence par établir l'omnipotence de l'État. D'un souverain en chair et en os, il ne veut pas, parce qu'il sera un despotisme, et le pouvoir personnel qu'il écarte, il le concrète dans une institution qui sera forcément la tyrannie. Dans une série de souverains, même absolus, il s'en trouve de doux et de bons ; c'est même l'ordinaire ; avec une institution tyrannique, quel que soit le titulaire du pouvoir, la machine écrase toujours. Dans la conception de Gambetta, il n'y a plus que l'Etat et l'individu ; les individus, c'est la poussière ; l'Etat, c'est le rouleau de nivellement. Les élections, c'est-à-dire le fait brutal du nombre votant dans un four ou dans une fournaise : voilà la loi et les prophètes. Une fois que le Sinaï démocratique a rendu ses oracles : Genoux, terre ; il n'y a plus qu'à se mettre à plat ventre devant l'idole. Le suffrage universel, fonctionnant dans sa pleine liberté, engendre l'universel esclavage.

Mais il faut entendre le tribun : « J'admire beaucoup, dit-il, l'organisation de notre Etat français. Je ne suis pas pour les abus de la centralisation, mais je gémis souvent de voir attaquer l'Etat qui est la France, qui est le suffrage universel lui-même, et de voir fausser les ressorts les plus précieux et les plus utiles de ce mécanisme gouvernemental qui, en somme, ne doit fonctionner que pour le plus grand bien et pour les progrès de la nation. Oui, je suis un défenseur de l'Etat, et ici je n'emploierai pas le mot centralisation, car le mot a été employé souvent abusivement, je suis un défenseur de la *centralité* nationale et je ne comprendrais pas qu'on introduisît chez nous ces formes et ces doctrines presque anarchiques, qui supposent des mœurs, des traditions et des origines différentes des nôtres. Je suis pour l'unité, pour la *centralité* française, parce que je suis convaincu que ce qui a contribué le plus, depuis la Convention, à la constitution de la nation française que nous connaissons, doit aussi servir à la maintenir et à la faire progresser dans son intégrité morale, sociale et politique. »

Après cette profession de foi à la tyrannie, l'orateur exprime ce qu'il y a à faire pour l'armée et la magistrature. Après sa campagne de 1870, cet avocat improvisé général sait à peu près ce qu'il faut pour désorganiser l'armée et accabler la magistrature. Par corruption, par intrigue, par arbitraire, il veut écarter toute intégrité et toute indépendance. Qu'il n'y ait plus, autour de lui, que des instruments dont sa grossièreté et leur servilisme font la valeur. Les Chambres, les ministres, les généraux, les parquets, les ambassadeurs n'auront d'autre volonté que la sienne : voilà son idéal et il n'a pas été loin d'y parvenir. Avoir un pareil ennemi, pour la religion catholique et l'Eglise Romaine, ce ne peut être qu'un honneur.

Voici maintenant *in extenso* ce qu'il dit de la question religieuse. « Il y a, dit-il, d'autres questions. Ce n'est pas nous qui les créons : nous sommes obligés de les recueillir, de les examiner, de les débattre, et, presque toujours, celles qui sont le plus difficiles à résoudre sont difficiles, non pas à cause des divergences doctrinales et théoriques, mais seulement parce qu'elles sont envenimées par les passions et l'égoïsme des partis qui les exploitent.

« J'en aborde une qui est grosse de passions et de véhémence : c'est la question cléricale, c'est la question des rapports de l'Eglise et de l'Etat. Voilà, certes, une immense question, puisqu'elle tient en suspens toutes les autres, puisque, comme nous l'avons dit — et nous ne faisons, en cela, qu'être l'écho du monde entier — c'est là qu'est le principe de l'hostilité contre la pensée moderne, du conflit que nous avons à régler.

« Que n'a-t-on pas dit à ce sujet? On est descendu dans le domaine inviolable de nos consciences et on a voulu interpréter notre politique à la lueur de notre philosophie. Je n'admets pas plus cette interprétation que je n'admets que, contre un adversaire politique, je puisse m'emparer des sentiments intimes de sa conscience religieuse pour combattre sa thèse politique. Mais j'ai le droit de dénoncer le péril que fait courir à la société française, telle qu'elle est constituée et telle qu'elle veut l'être, l'accroissement de l'esprit non seulement clérical, mais vaticanesque, monastique, congréganiste et syllabiste, qui ne craint pas de livrer l'esprit humain aux superstitions les plus grossières en les masquant sous les combinaisons les plus subtiles et les plus profondes, les combinaisons de l'esprit d'ignorance cherchant à s'élever sur la servitude générale.

« Nous ne pouvons donc nous dispenser de poursuivre la solution ou, au moins, la préparation de la solution des rapports de l'Eglise — je sais bien que, pour être correct, je devrais dire des Eglises — avec l'Etat ; mais si je ne dis pas les Eglises, c'est que, vous l'avez senti, je vais toujours au plus pressé. Or, il faut rendre justice à l'esprit qui anime les autres Eglises, et, s'il y a chez nous un problème clérical, ni les protestants ni les juifs n'y sont pour rien : le conflit est fomenté uniquement par les agents de l'ultramontanisme.

« Prenant les choses, non pas au point de vue du sentiment politique, je n'en ai et n'en reconnais à personne le droit, prenant le problème au point de vue gouvernemental, au point de vue public, au point de vue national, examinant les empiètements et les usurpations incessantes de l'esprit clérical servi par ses 400,000 religieux en dehors de son clergé séculier, j'ai le droit de dire en montrant ces maîtres en l'art de faire des dupes et qui parlent du péril social : Le péril social, le voilà !...

« Et savez-vous quelles réflexions m'a depuis longtemps inspirées cet antagonisme ? Je vais vous le dire sans vous apprendre rien de nouveau, car je me suis déjà expliqué sur ce point dans une autre enceinte. C'est que cet Etat français, dont je vous parlais tout à l'heure, on l'a soumis à un siège dans les règles et que chaque jour on fait une brèche dans cet édifice. Hier c'était la main-morte, aujourd'hui c'est l'éducation. En 1848 c'était l'instruction primaire, en 1850 c'était l'instruction secondaire, en 1876 c'est l'instruction supérieure. Tantôt c'est l'armée, tantôt c'est l'instruction publique, tantôt c'est le recrutement de nos marins. Partout où peut se glisser l'esprit jésuitique, les cléricaux s'infiltrent et visent bientôt à la domination parce que ce ne sont pas gens à abandonner la tâche. Quand l'orage gronde, ils se font petits, et il y a ceci de particulier dans leur histoire que c'est toujours quand la patrie baisse que le jésuitisme monte!

« Eh bien, Messieurs, savez-vous ce que disent les défenseurs de l'ultramontanisme? Ils disent que nous sommes les ennemis de toute religion, de toute indépendance de la conscience, que nous sommes des persécuteurs, que nous avons soif de faire des martyrs et, si je proteste ici, ce n'est pas sans un sentiment de honte d'avoir à relever de pareilles inepties; mais, puisque j'y suis condamné par la bassesse de mes adversaires, je vais m'y résigner.

« Non, nous ne sommes pas les ennemis de la religion, d'aucune religion. Nous sommes, au contraire, les serviteurs de la liberté de conscience, respectueux de toutes les opinions religieuses et philosophiques. Je ne reconnais à personne le droit de choisir, au nom de l'Etat, entre un culte et un autre culte, entre deux formules sur l'origine des mondes ou sur la fin des êtres. Je ne reconnais à personne le droit de me faire ma philosophie ou mon idolâtrie: l'une ou l'autre ne relève que de ma raison ou de ma conscience; j'ai le droit de me servir de ma raison et d'en faire un flambeau pour me guider après des siècles d'ignorance ou de me laisser bercer par les mythes des religions enfantines.

« Après avoir nettement établi mon respect pour les religions, je tiens encore, pour en finir avec la calomnie (on n'en finira jamais, hélas!), à dire que je professe le plus grand respect pour ceux qui en exercent le ministère. Ils ont des devoirs à remplir envers leurs semblables, mais ils en ont aussi à remplir envers l'Etat, et ce que je réclame, c'est l'exécution de ces devoirs. Je demande qu'on leur applique les lois existantes, et ici je m'adresse non pas à ce clergé séculier qui est bien plus opprimé qu'oppresseur, qui est bien plus victime que tyran, qui est bien plus appauvri que renté par les communautés qui l'enserrent et le dominent, et qui, né du peuple, n'en serait pas l'ennemi, s'il était livré à la libre impulsion de sa conscience, mais à cette milice multicolore sans patrie; si, elle a une patrie, mais elle ne repose que sur la dernière des sept collines de Rome, et encore, dans Rome, le pouvoir qui y siège la déclare ennemie et ennemie irréconciliable, car il faut bien répondre, dans la résidence même du pontife, aux anathèmes qui viennent de lui.

« Je dis que le devoir de l'Etat républicain et démocratique est de respecter les religions et de faire respecter leurs ministres, mais leurs ministres se mouvant dans le cercle de la légalité, et si j'avais à émettre une formule, qu'il est peut-être ambitieux de chercher, mais qui rendrait ma pensée, je dirais que, dans la question des rapports du clergé avec l'Etat, il faut appliquer les lois, toutes les lois et supprimer les faveurs.

« Si vous appliquiez les lois, toutes les lois — dont je ne vous ferai pas l'énumération, mais ceux dont je parle les connaissent — l'ordre rentrerait en France et sans persécution, car, encore une fois, nous ne ferions qu'appliquer les traditions du Tiers-Etat français depuis le jour où il a apparu dans notre histoire jusqu'aux dernières lueurs de la République de 1848.

« Ce n'est que depuis l'empire, depuis l'alliance monstrueuse entre ceux qui mitraillaient et ceux qui bénissaient les mitrailleurs, que nous avons assisté à de déplorables défaillances et que l'Etat se trouve sous le joug des cléricaux alors que ce sont eux qui devraient porter le joug de l'Etat.

« Oui, il faut les faire rentrer dans la loi. Il faut surtout, si l'on veut en avoir raison, supprimer les faveurs, car, croyez-le bien, ce sont les complicités de la faveur, des privilèges et des avantages de toute nature qu'ils ont rencontrées pour eux et pour leurs créatures dans les diverses administrations publiques, c'est là ce qui fait *la moitié* de leur force. Quand ils ne pourront plus compter sur le favoritisme gouvernemental, soyez convaincus que leur clientèle se réduira bien vite, et, comme en somme ils ne vivent que de la crédulité publique, plus de crédit, plus de crédulité.

« Enfin, il faut les faire rentrer dans le droit commun, et, pour ne citer qu'un privilège, un seul, mais grave, pour l'indiquer d'un mot, car je n'ai pas le temps de m'appesantir sur la question et l'état de mes forces ne me le permet pas en ce moment, je dirai qu'une nécessité s'imposera aux législateurs qui voudront faire véritablement du service obligatoire une vérité, c'est de ne faire de distinction pour personne et d'exiger que la *vocation* ne se prononce qu'après qu'on a rempli la vraie vocation: le service militaire.

« Voilà une indication encore sommaire, mais cependant précise, je le crois, dans cette question si grave et si délicate.

« Mais il y a bien d'autres questions. Il y a cette immense entreprise, si nécessaire, si populaire, si fertile en résultats, si admirablement reproductrice de tous les trésors qu'on dépense pour elle: je veux parler de l'éducation. Il faut que cette question soit la passion de tous les députés républicains. Il faut que vos sénateurs, que vos députés, que votre pouvoir exécutif, que tous les rouages de l'Etat concourent, rivalisent à faire de ce pays-ci le pays le plus instruit, le plus éclairé, le plus cultivé, le plus artiste du monde.

« Et, pour cela, que faut-il? Il faut refouler

l'ennemi, le cléricalisme, et amener le laïque, le citoyen, le savant, le Français, dans nos établissements d'instruction, lui élever des écoles, créer des professeurs, des maîtres, les doter, ne pas craindre la dépense sur ce chapitre, car c'est une dépense que vous retrouverez dans l'abaissement des sommes que réclame l'entretien des prisons, dans la valeur de votre armée, dans la valeur de vos industries, dans l'augmentation de vos capitaux.

« Mais il faut que les méthodes d'instruction soient changées à la base même de l'enseignement, car il ne suffit pas d'envoyer les enfants à l'école primaire : il faut que les méthodes ouvrent la raison et n'y déposent que des choses saines et sûres ; il faut trouver le procédé pour faire tomber, des sources les plus élevées, le rayon prestigieux de la science dans les cervelles les plus tendres et y déposer le germe des progrès de la raison publique.

« Il faut modifier les méthodes barbares qu'on suit encore dans les écoles primaires. Il faut y enseigner les pages de notre histoire, les principes de nos lois et de nos constitutions. Il faut qu'on y apprenne les droits et les devoirs de l'homme et du citoyen. Il faut que l'on mette, sous des formules parfaitement compréhensibles, les résultats généraux des connaissances humaines. Je ne demande pas qu'on fasse des savants, mais des hommes sensés et des Français.

« Voilà pour l'éducation primaire. Et je parle pour les deux sexes, car je ne distingue pas entre l'homme et la femme. Ce sont deux agents dont l'entente est absolument nécessaire dans la société et, loin de les séparer et de leur donner une éducation différente, donnez-leur les mêmes principes, les mêmes idées ; commencez par unir les esprits si vous voulez rapprocher les cœurs.

« Quant à l'enseignement secondaire, c'est encore là une de nos gloires, mais dont bien des rayons commencent à s'éteindre. Là aussi, les méthodes sont à transformer. Je voudrais que cet enseignement secondaire fût de deux ordres. Je voudrais qu'au-dessus de l'enseignement primaire et avant d'arriver à l'instruction secondaire, il y eût des écoles professionnelles, mais non pas dans le genre de celles qu'on a créées — ce seraient des écoles de métiers, des *mechanic's institutes*, comme on dit ailleurs, dans lesquelles on donnerait à la fois l'éducation de l'esprit et de la main, où l'on acquerrait un capital manuel et où se formeraient des légions d'ouvriers capables de devenir des tâcherons, des entrepreneurs et des capitalistes ; et nous arrivons par là à toucher du doigt que l'éducation est le commencement de la solution des problèmes sociaux qui pèsent sur le monde, solution qui n'appartient à personne, mais qui est parcellaire, quotidienne et qui dépend de la bonne volonté de tous.

« De plus, je voudrais diriger cette instruction secondaire, de manière que l'Etat en fût le maître. Je ne voudrais pas de ces institutions dans lesquelles on tronque l'histoire, où l'on fausse l'esprit français, et où l'on prépare des générations hostiles prêtes à se ruer les unes sur les autres. Il faut donner une éducation française, et des citoyens libres peuvent seuls la donner.

« Reste l'enseignement supérieur, l'enseignement de nos Facultés. Vous savez, Messieurs, quelle dernière épreuve a subie notre Université. En disant qu'il est nécessaire que l'Université aussi reçoive des réformes et des perfectionnements, je ne l'en considère pas moins comme l'asile tutélaire de l'esprit moderne et je demande qu'un gouvernement soucieux de ses droits et de sa mission lui restitue ce qu'on lui a arraché par surprise, la collation des grades et le droit de désigner ceux qui sont ou ne sont pas capables d'enseigner.

« Vous voyez, Messieurs, que nous aurons de quoi remplir nos sept années sans aborder d'autres questions. »

La guerre au clergé, la suppression de la liberté d'enseignement à tous les degrés, les curés sac au dos, une loi militaire calculée pour tuer les vocations ecclésiastiques, voilà, avec la domestication de la magistrature, tout ce que recèle l'esprit de Gambetta. Gambetta n'est, du reste, lui-même, que l'écho des préjugés, des passions et des fureurs de son parti. A l'heure même où Gambetta expose ses vues, en style à peu près parlementaire, d'autres n'y mettent point tant de façons. Louis Blanc, Robespierre rabougri, rappelle que la Convention ne voulait ni président, ni sénat, mais des juges électifs et amovibles. Quant à lui, il voudrait :

Qu'aucun fonctionnaire, pas même le plus haut d'entre eux — et celui-là surtout — ne fût placé, par son inamovibilité, au-dessus de la souveraineté du peuple ;

Que la volonté de la nation eût dans le pouvoir exécutif un instrument toujours ; un obstacle jamais ;

Que l'Etat, tiraillé par deux puissances rivales, ne ressemblât point, selon le mot de Franklin, à un chariot pourvu de deux timons d'égale force manœuvrant dans deux sens opposés ;

Que le mandat parlementaire fût d'assez courte durée pour empêcher les serviteurs du peuple de devenir ses maîtres ;

Que le principe électif dominât dans la composition du jury ;

Que la presse fût absolument libre, comme elle l'est en Angleterre ;

Que le droit d'attenter à la liberté de réunion et d'association n'appartînt à personne, pas même au pouvoir législatif, comme c'est le cas en Amérique ;

Que l'autonomie de la Commune embrassât tout ce qui a un caractère essentiellement communal ;

Que l'Eglise cessât de former un Etat dans l'Etat ;

Que les ministres d'un culte fussent rétribués seulement par ceux qui réclament leur ministère ;

Que l'enseignement, étendu à tous, fût laïque dans les écoles publiques, par respect pour la liberté de conscience ;

Que l'obligation du service militaire fût égale pour tous, et imposée à tous, de telle sorte que personne ne pût y échapper en se faisant prêtre ;

Que le soldat, dont l'unique mission est de défendre la patrie attaquée, ne fût jamais condamné à cette barbare alternative, ou de violer la discipline au péril de sa vie, ou de tourner ses armes contre ses concitoyens.

Un autre parle ainsi :

« Je bois à ces hommes immenses qui ne reculèrent pas devant la mort pour fonder la République :

« A Danton, l'ex-tribun aimé !

« A Robespierre, l'incorruptible !

« A Saint-Just, le jeune homme sévère !

« A Marat, l'ami du peuple !

« A Cambon, le merveilleux financier !

« A Camille Desmoulins, l'immortel et infortuné Camille, l'incarnation de la presse républicaine, à Camille qui eut l'insigne honneur de donner à la nation française la première cocarde.

« Je bois à Carnot, l'organisateur de nos invincibles armées.

« Je bois aux Montagnards et aux Girondins, confondant dans mon admiration et dans mon amour tous ceux de tous les camps qui fondèrent la liberté. »

. . . .

« Citoyennes et citoyens,

« Je bois à la Convention passée et à la Convention future. »

Un troisième s'exprime en ces termes :

« Ici, en cet anniversaire du grand jour où a été proclamée la République,

« Renouvelons ce serment :

« Aux mânes des Volontaires de 92 ;

« Aux morts vénérés de 1871 !

« Nous combattrons jusqu'à la dernière goutte de notre sang pour les droits du peuple, pour la France à jamais républicaine.

« Vive la République. »

Voilà, dans ces trois ou quatre discours, le fond et le tréfond de la pensée républicaine. Les volontaires de 92, les scélérats de 93, la Terreur de 94, des banquets, des discours absurdes, la corruption en permanence, le sang en perspective, le vol sur une grande échelle, les finances au pillage : c'est cela qu'ils appellent un régime de liberté, d'égalité et de fraternité. Quant aux propos féroces qui tombent des lèvres de ces agneaux, si vous voulez savoir à qui ils s'adressent, je vous prie de lire cet extrait du *Gavroche*, journal à caricatures. Ce que les uns disent en phrases entortillées, les autres l'expriment en phrases de guillotine.

CHAROGNE CLÉRICAILLEUSE

Désinfectons la société.

« Assez longtemps ces oiseaux de proie ont tenu l'humanité dans leurs serres : depuis trop de siècles, ils infectent l'air de vapeurs putrédineuses ; forts de l'ignorance des peuples, ils ont régné par la peur du spectre noir ; mais enfin le goupillon a perdu sa puissance magique.

« A la nuit a succédé le jour.

« Ils ont été tués par la lumière, eux qui ne pouvaient vivre que par l'obscurité.

« Le triomphe de la science sur ces accapareurs n'a que trop tardé.

« Et maintenant nous allons commencer une jolie lessive à la potasse, qui ne laissera point la moindre trace de cette crasse dans laquelle la société a vécu jusqu'à nos jours.

« Parbleu : ils s'attendaient bien à ce qui leur est arrivé.

« Un peu plus tôt, un peu plus tard, ils savent qu'ils ont fini de rire. »

Le *Gavroche* termine ainsi :

« *Le jour de la lessive est arrivé.* On va donc anéantir ces noirs ratichons. »

Il faut noter que ces scélérats se croient gens éclairés, savants, et c'est à l'Eglise qu'ils veulent offrir des leçons, mais avec un couteau, genre de pédagogie qui montre à quoi se réduisent leurs lumières et leurs vertus.

Une telle orgie de sophismes, de grossièretés et de menaces, appelait une réponse ; elle fut donnée par l'évêque d'Angers. Charles-Emile Freppel, né à Obernay, en 1827, avait été précédemment chapelain de Sainte-Geneviève et professeur de Sorbonne, savant et orateur également distingué. Evêque en 1870, il prit immédiatement cette attitude militante qu'avaient prise autrefois ou que gardaient encore les Parisis, les Pie, les Plantier et les Dupanloup. Très fondé en doctrine, il n'admettait pour aucune raison et à aucun titre, ces pratiques d'absentéisme qui conviennent aux cœurs timides et aux esprits paresseux ; il se croyait débiteur, non seulement envers son diocèse, mais envers son pays, envers l'humanité, et surtout envers la Sainte Eglise catholique et la Chaire du Prince des Apôtres. D'une grande facilité d'esprit, d'une grande énergie de caractère, d'une parfaite résolution, il se portait, depuis quelques années et sans délai, de sa personne, partout où se dirigeait l'effort de l'ennemi. Déjà, sous l'Empire, Renan le premier avait subi, et pas sans avaries profondes, les assauts de cette intrépide vaillance. Depuis, les conseillers municipaux d'Angers et des professeurs du Collège de

France, avaient reçu, pour leurs incartades, de solennelles et décisives réprimandes. Bientôt appelé au Parlement, il vaudra, à lui tout seul, autant qu'une armée. Maintenant qu'il dégaine contre Gambetta, nous voyons, dans la disproportion des deux adversaires, les résultats différents de l'éducation ecclésiastique. Gambetta, c'est le séminariste fruit sec, devenu homme de vice et de sophisme, démagogue et tribun, parce que, faute de savoir et de vertu, il n'a pu trouver un emploi régulier. Freppel, c'est le séminariste de talent, laborieux et pieux, qui a suivi les voies du travail, et qui, parvenu à sa maturité, se pose en champion de la vérité, du droit et de la justice.

Voici la lettre du nouvel Athanase :

« Vous venez de prononcer à Romans un discours dans lequel vous attaquez le clergé avec une violence qui dépasse toute limite. Vous ne trouverez pas mauvais que l'on vous réponde immédiatement, ne serait-ce que pour montrer à ceux qui auraient pu encore garder quelque illusion sur vos vrais sentiments, à quelles extrémités vous entendez conduire les affaires religieuses en France.

« Il paraît que c'est dans vos paroles qu'il faut chercher le programme de l'avenir. Quelque humiliante que puisse être une telle pensée pour tout Français qui a souci de l'honneur de son pays, il faut bien se résigner à vous lire pour se préparer à vous combattre. Or, ce que vous nous annoncez pour un avenir prochain, comme le résumé de vos projets, c'est, disons le mot, *la persécution*.

« Et quel moment choisissez-vous pour nous déclarer la guerre? Le moment où des espérances de paix se font jour partout ; où les gouvernements, instruits par l'expérience, commencent à comprendre que ce n'est pas trop de toutes les forces morales réunies pour préserver la société moderne des dernières catastrophes. C'est à ce moment-là que vous essayez de refaire une campagne qui n'a réussi *nulle part*, et de choisir la France catholique pour théâtre d'une lutte que les *Etats protestants* eux-mêmes cherchent à éloigner d'eux. Si vous aviez véritablement le sens politique, vous comprendriez à quel point un pareil langage est à l'encontre des idées et des dispositions de l'heure présente. C'est de vous que nous apprenons qu'il existe « une question cléricale, c'est-à-dire la question des rapports de l'Eglise et de l'Etat ». Ne vous en déplaise, cette question n'existe pas ; elle a été souverainement tranchée, au commencement de ce siècle, par un concordat que tous les gouvernements ont respecté, et qui est parmi nous la base de la paix publique. Le jour où vous romprez ce pacte fondamental, vous remettrez toutes choses en question, et vous déchaînerez sur votre pays des malheurs dont, peut-être, ni vous ni moi ne verrons la fin.

« Pour faire accroire à vos complaisants auditeurs qu'il existe « une question cléricale », vous agitez des fantômes. Vous osez parler « d'exploitation de l'ignorance », au lendemain du jour où le *Journal officiel* constatait que nous avons rempli la France de foyers d'instruction, que l'enseignement secondaire compte plus d'élèves dans nos collèges que dans ceux de l'Etat (1). Quelque nombreuses que soient vos occupations, vous avez dû avoir assez de loisir pour apprendre ce que tout le monde sait, que depuis les écoles des Frères jusqu'aux grandes écoles du gouvernement les élèves formés par les soins du clergé et des ordres religieux n'occupent pas un rang inférieur dans les examens publics.

« Quel est donc cet auditoire de Romans où vous avez pu parler de la sorte, sans qu'il s'y soit trouvé un homme assez instruit des choses de son temps pour faire à de telles assertions l'accueil qu'elles méritaient. Mais vous-même, n'avez-vous pas été élève d'un petit séminaire ? Vous étiez-vous jamais aperçu que l'on eût tenté sur votre personne ce que vous appelez « l'exploitation de l'ignorance » ?

« C'est bien à vous qu'il appartient de parler « d'asservissement général », à vous qui, dans votre discours, annoncez l'intention formelle d'écarter des fonctions de la magistrature, de l'administration et de l'armée quiconque ne penserait pas comme vous. Voilà le despotisme que vous vous proposez d'inaugurer en France. Et vous osez prononcer le mot de liberté ! Ce mot n'a aucun sens dans votre bouche.

« Quant au clergé, où voyez-vous la moindre tendance à asservir qui que ce soit? N'êtes-vous pas libres, vous et ceux qui vous suivent, d'aller à la messe ou de ne pas y aller, de faire vos Pâques ou de ne pas les faire, de fréquenter les sacrements ou de vous en abstenir ? Vous en répondrez devant Dieu, voilà tout. Mais de la part des hommes, où apercevez-vous la moindre velléité de vous contraindre à une pratique religieuse ? Et n'est-ce pas vous jouer de la crédulité publique que de *feindre une oppression quelconque*, là où nul ne songe à vous disputer la moindre parcelle de liberté.

« Il m'est impossible, je vous l'avoue, de m'imaginer que vous ayez voulu parler sérieusement, en signalant « les usurpations incessantes auxquelles se livre l'ultramontanisme et l'invasion qu'il fait tous les jours dans le domaine de l'Etat ». A vous entendre, l'on dirait en vérité que les membres du clergé remplissent les conseils municipaux, les conseils généraux, le Sénat et la Chambre des députés. La vérité est que l'élément ecclésiastique n'est représenté *nulle part* ou peu s'en faut. Il y a trente prêtres au Parlement allemand ; un seul évêque siège au Sénat français,

---

(1) *Journal officiel* du 15 septembre 1878 : 76.815 élèves fréquentent les établissements ecclésiastiques, y compris les petits séminaires ; 75.209 les collèges de l'Etat.

pour défendre les intérêts religieux. Jamais, à aucune époque, le clergé ne s'est moins occupé des affaires de l'État; nulle part, chez aucune nation, il n'est plus tenu à l'écart de la chose publique. Et vous venez, devant un auditoire prévenu ou distrait, représenter le clergé de France comme prêt à envahir tout le domaine de l'État! De quel mot voulez-vous que l'on qualifie de tels excès de langage?

« C'est toujours, dites-vous, quand la fortune de la patrie baisse que le jésuitisme monte ». Parole imprudente, et que nul moins que vous n'a le droit de prononcer. Car, personne ne l'oublie, c'est quand la fortune de la France a baissé, que vous êtes monté ; c'est quand la France était à terre, que vous vous êtes fait de ses ruines un piédestal pour vous élever au pouvoir. Alsacien, j'aurais le droit de vous demander compte, au nom de mon pays natal, de ces sanglantes folies qui ont achevé nos malheurs et changé une défaite en catastrophe irrémédiable.

« Mais laissons là ces tristes souvenirs auxquels vous avez associé votre nom, pour envisager l'avenir que vous entendez nous préparer. C'est bien la persécution que vous nous promettez, et à bref délai. Car de quel autre nom appeler la *suppression des ordres religieux, la suppression de la liberté d'enseignement, la suppression des vocations ecclésiastiques*? C'est la persécution ouverte, violente, de quelque apparence de légalité que vous prétendiez la couvrir.

« Dans un langage que vous auriez voulu rendre spirituel et qui n'est qu'inconvenant, vous parlez de « ces milliers de prêtres multicolores qui n'ont pas de patrie ». Ces prêtres sont au service de vos concitoyens ; du matin au soir, ils instruisent les enfants, soignent les malades, consolent les pauvres. Vous n'avez pas plus droit de vous occuper de la couleur de leur habit, qu'ils n'ont l'intention d'examiner celle du vôtre. Ils sont citoyens au même titre que vous ; ils ont, comme vous et vos amis, le droit de se réunir, de vivre ensemble, de prier et de travailler en commun. Leur patrie est la France, et leur nationalité est certaine. Que voulez-vous de plus, et de quel droit mettriez-vous la main entre leur conscience et Dieu ?

« Après la liberté de l'association religieuse, le despotisme dont vous êtes le porte-voix s'apprête, selon vous, à détruire une autre liberté non moins précieuse, celle de l'enseignement. Et cela, dites-vous, sous prétexte « que nous ne devons pas laisser, dans nos écoles, blasphémer notre histoire ». Quoi, c'est vous et le parti violent dont vous êtes le chef, qui vous constituez le gardien et le défenseur de notre histoire nationale ! vous qui datez cette histoire de 89 ou de 93, et qui ne voyez au-delà qu'une série d'horreurs et d'infamies ! vous qui n'êtes occupé qu'à bafouer nos grandeurs et nos gloires séculaires, à insulter nos rois, à dénigrer nos vieilles institutions et à parler de l'ancienne France, de son clergé, de sa noblesse, de sa condition politique et sociale, comme si elle avait présenté, pendant quinze siècles, le spectacle d'une Mongolie ou d'une Tartarie !

« Et c'est sous ce prétexte-là que le despotisme dont vous formulez le programme se prépare à nous enlever le peu de liberté que nous tenons de la loi ! Car c'est un minimum de liberté, que cette participation si subordonnée, si restreinte, si étroite, non pas même à la collation des grades, comme vous l'affirmez à faux, car elle reste tout entière dans la main de l'État, mais à la simple interrogation des étudiants.

« Aussi, quand il vous plaira de remettre ces choses en question, nous revendiquerons à notre tour un droit qui semblait abandonné, et nous demanderons à notre pays s'il est juste, s'il est équitable, s'il est utile que cent huit mille soixante-cinq élèves (1) appartenant à des familles françaises soient soumis aux épreuves du baccalauréat ès-lettres et du baccalauréat ès-sciences, sans qu'un seul de leurs professeurs soit admis à siéger dans les jurys d'examens.

« Mais là où le despotisme dont vous venez de faire entendre les menaces éclate davantage, c'est dans les entraves que vous préparez au recrutement du clergé de France. En assujettissant les élèves du sanctuaire au service des armes, vous voulez tarir la source même du sacerdoce. Car, ne nous parlez pas de l'obligation de servir la patrie : c'est un mot que vous jetez à la foule pour tromper les simples. Il y a bien des manières de servir sa patrie. L'instituteur, le professeur, qui s'épuisent à instruire leurs élèves, le prêtre qui se consume dans les travaux de son ministère, servent leur pays aussi utilement que le soldat. Ce sont là de grands services publics, nécessaires, indispensables et qui valent bien, en fatigues comme en résultats, celui des armes.

« Le plus simple bon sens suffit pour comprendre que les nécessités sociales imposent et justifient de tels équivalents. Mais non, sous prétexte d'égalité, vous visez la religion au cœur. Bien que vos goûts et vos antécédents ne vous aient guère permis d'apprécier ces choses, vous n'êtes pas sans savoir que le régime de la caserne n'est pas une préparation au régime du séminaire, que l'Église demande à ses futurs ministres un ensemble de qualités qui ne s'acquièrent et ne se développent que dans le silence de la prière et du recueillement, et que le jour où de pareilles exigences viendront à s'ajouter aux devoirs et aux sacrifices de la vie sacerdotale, c'en sera fait parmi nous des vocations ecclésiastiques.

« Mais que vous importe, et n'est-ce pas là

---

(1) Chiffre des élèves appartenant aux collèges libres et aux petits séminaires (*Journal officiel* du 15 septembre 1878).

précisément le résultat que vous voulez atteindre ? En tout cas, nous sommes avertis ; et dès ce moment vous nous autorisez à nous tourner vers les catholiques pour leur dire : Voyez ce qui vous attend : ces hommes qui parlent de cléricalisme et d'ultramontanisme pour masquer leurs desseins, c'est *la religion même qu'ils veulent détruire*, en lui enlevant l'une après l'autre toutes ses forces et toutes ses institutions. Vos libertés, ils en feront litière ; vos droits, ils n'aspirent qu'à les supprimer. Ordres religieux, enseignants ou hospitaliers, écoles chrétiennes à tous les degrés, rien n'échappera à leurs mesures d'oppression, dès l'instant qu'ils ne trouveront plus devant eux d'obstacle légal.

« Enfin, pour achever l'œuvre de destruction, ils arrêteront les vocations ecclésiastiques à leur début par l'obligation du service militaire, et, faute de prêtres, le ministère paroissial deviendra impossible. Et toutes les iniquités, ils comptent les opérer jusqu'au bout sous le couvert de la légalité. Eh ! grand Dieu ! y a-t-il eu, dans l'histoire, une seule persécution religieuse qui ne se soit parée de ce nom ? La Convention, elle aussi, se nommait l'ordre légal ; et nos places publiques sont encore là pour rappeler à tous comment elle l'appliquait. Une fois sur la pente de la violence, et dans un pays comme le nôtre, qui peut prévoir où l'on s'arrêtera ? Que tous les catholiques veuillent donc bien réfléchir à la situation qu'on leur annonce, sérieusement, et à temps.

« Peut-être aurez-vous contribué, par vos agressions et vos menaces, à refaire l'union si désirable entre tous ceux qui regardent la religion comme la base première de l'ordre social. En la choisissant pour l'objet principal de vos attaques, vous indiquez à l'avance le vrai terrain sur lequel tous les hommes de bonne foi et de bonne volonté pourront et devront se rencontrer et se donner la main, pour travailler au salut de leur pays. C'est là du moins un service que vous nous aurez rendu par votre discours. »

Si Gambetta eût été homme d'honneur, il eût essayé d'une réponse : il s'en abstint. Ceux qui veulent opprimer, ne discutent pas ; il leur suffit de soulever les passions et de les faire entrer dans leurs desseins. Gambetta se lancera donc les yeux fermés dans la persécution ; il deviendra président de la Chambre des députés, et il ne faudra pas moins de quatre cent mille francs pour préparer les appartements de la nouvelle excellence ; il deviendra président du Conseil et ne subira, dans son court passage aux affaires, que le plus terrible châtiment de l'orgueil, la preuve, faite par lui-même, de son impuissance. Impuissant, mais despote, il donnera, en outre, l'exemple de la gourmandise et de la débauche. A ce Vitellius républicain il faudra le cuisinier Trompette, et des commissionnaires, pour lui préparer des omelettes, devront faire venir des œufs de vanneau du Danemarck. A ce tribun repu et gros comme un tonneau, il faudra des filles. Tant et si bien qu'il crèvera de gras fondu, dans l'accident ridicule d'un révolver, si tant est qu'il ne succombe pas, une balle dans le ventre, digne dénouement de la tragédie grossière de ses amours.

Mais pour l'Église, ce discours, même mis à exécution, ne constitue, dans sa longue vie, qu'un petit incident. Gambetta veut détruire les ordres religieux, fermer les séminaires, mettre le clergé à la caserne. Faisons, dit Veuillot, faisons l'injure au bon sens de croire que ces énormités sont accomplies, voilà le clergé !... et la France n'est point morte. Voilà le clergé éteint ou du moins invisible. Qu'arrivera-t-il alors ? — Qu'il n'y aura rien de fait, sauf un crime imbécile, mais inutile. Quant au résultat qu'on s'était proposé, l'imbécile Commune a fait sauter le Palais de justice, et l'explosion a poussé d'abord une partie de la Commune à Nouméa. Mais elle est revenue. Elle a rebâti son palais, et, par d'autres juges ou par les mêmes, dans les cas par la même loi, elle frappera tous les coupables et tout le crime. Le moment et les hommes importent peu.

Les hommes hurlent, c'est-à-dire attendent ; la loi dure davantage ; la justice est éternelle et venge éternellement l'innocent. Nous savons que les coupables n'en jugent pas ainsi. Ils ont besoin que Dieu paraisse (au moins par moment) coupable et vaincu. Mais Dieu a fait le monde pour le triomphe de sa justice, et la victoire permanente de l'innocence. La première récompense des justes est de n'attendre pas la mort et de voir d'avance des yeux de leur chair la haute fidélité de leur Dieu. Nous croyons au plan de nos ennemis, mais nous ne les craignons pas. Dieu a rendu au clergé une vie abondante et forte. Il voudra se servir de lui pour sauver le monde, parce qu'il est tout puissant, parce que sa miséricorde est éternelle. Qui voudra se mettre en état de sonder ses raisons, les trouvera plus fortes que celles des partis humains, y compris celles de Gambetta. Nous savons tout ce que Gambetta peut dire, mais nous ne le croyons pas plus fort que le clergé fidèle à son droit, c'est-à-dire sous la main de Dieu. Il ne dépend que du clergé de se lancer sous la main de Dieu. Gambetta, ou tel autre, dispose d'une force *inconcevable*, et qui peut s'accroître encore, mais qui cependant, tôt ou tard, par des moyens qu'il ignore comme nous, finira. Le clergé, fidèle à Dieu, par des moyens que nous pouvons ignorer ou connaître, dispose de l'Eucharistie. Dieu peut le réduire à cela, mais il a cela. Cela, c'est le courage invincible et renaissant, c'est la force d'affronter la défaite, la prison, les mauvais traitements, la mort ; c'est la force de vaincre la force, et de lui prêcher la vérité ; c'est la force des vieillards, des enfants, des femmes, et enfin des pusillanimes. La Révolution n'est après tout qu'un travail de la vie. Lorsque Dieu l'impose, il faut bien l'accepter. Si cela a ses dangers, il a aussi ses mérites.

On peut trouver dur d'être insulté, ruiné, comme preuve de la liberté. La révolution promet tout cela. Pour l'amour de Dieu, et pour l'honneur de la vérité tout cela s'appelle *le martyre*. C'est une chose inepte et vaine de le donner. Mais, le souffrir, c'est vaincre. On entend le *Nolite timere*; on voit venir le Libérateur. Il est là. On est enfin délivré de cette bête, et de l'importun fantôme. L'Esprit saint souffle sur leur orgueil, et dit: *Que la lumière soit*. Un craquement soudain se fait entendre. La souveraineté humaine aveuglée doit reprendre sa place secondaire devant l'autorité infaillible.

La science de la vie, ce don royal et paternel du Christ, semble aujourd'hui perdue pour l'humanité. La moitié des hommes ne sont plus que des écoliers qui *veulent tuer* leur maître, pour obéir à un petit nombre de pervers et de fous. Les plus sages sont comme *hébétés*, et cherchent encore le chemin, dont leur conscience conserve un vague souvenir, mais que leur raison affaiblie ne peut plus retrouver. L'Eglise seule ne s'est pas égarée. Elle voit toujours la route sûre et longtemps suivie, qui mène à la justice et à la paix.

Mais quoique ce triomphe de la brutalité humaine, si souvent subi et si vite épuisé, paraisse aussi prochain qu'il sera d'ailleurs méprisable, une espérance semblable à l'espérance de Joseph de Maistre doit consoler nos survivants. Si l'Eglise est encore une fois jetée dans la fournaise, elle en sortira plus belle et plus vivante, plus appauvrie encore, et d'une pauvreté victorieuse, car Dieu semble prendre soin d'appauvrir l'Eglise, pour l'orner davantage d'une des perfections du Christ. La tempête du dernier siècle et celle du siècle présent semblaient ne lui avoir rien laissé. Quelques restes pourront encore périr. Malheur à ceux qui voudront s'en engraisser ! L'Eglise s'en soucie peu, et comprend vite que Dieu la prépare à des œuvres plus grandes. Elle verra que Dieu ne la prépare pas à la perte de ses biens; mais à porter le fardeau de pertes nouvelles, signe prochain d'une nouvelle puissance.

Le traité de Berlin.

Les rapports entre nations se règlent par des traités qui ont force de lois. En 1815, les traités de Vienne avaient rétabli l'équilibre européen; fortement ébranlé par Napoléon, et restauré les traités de Westphalie, en aggravant leurs stipulations hostiles à la France et à l'Eglise. En 1856, après la longue guerre de France contre la Russie, après la victoire de Bomarsund et la prise de Sébastopol, le traité de Paris avait fait échec aux agrandissements de la Russie et ajourné l'accomplissement du pronostic de Napoléon : « Dans 50 ans l'Europe sera cosaque ou républicaine ». En 1870, les victoires de la Prusse contre la France avaient occasionné la rescission du traité de Paris dans ses articles opposés aux envahissements russes; la Prusse, qui prenait à pleines mains, ne pouvait empêcher la Russie d'en faire autant, ou, au moins, de se donner licence d'y procéder, à l'occasion. L'occasion lui avait paru favorable en 1877 et elle avait déclaré la guerre à la Turquie. Après une double campagne en Europe et en Asie, la Russie victorieuse avait dicté, à San-Stephano, un traité qui anéantissait la Turquie comme grande puissance, ne lui laissait en Europe guère que Constantinople et la confinerait bientôt en Asie. Ce traité, pour avoir force de loi internationale, devait être homologué par l'aréopage des grandes puissances. Le prince de Bismarck, par sa force, son crédit et son habileté, obtint qu'un Congrès s'ouvrirait à Berlin, devenue la capitale politique de l'Europe. Les puissances européennes y déléguèrent leurs représentants respectifs; de communes délibérations sortit, après entente, le traité de Berlin, qui fait actuellement loi pour toutes les nations. Nous le ferons brièvement connaître : c'est le premier fait important qui se présente sous le pontificat de Léon XIII.

Ce fut une question de savoir si la France se ferait représenter à Berlin. L'Angleterre, depuis longtemps, soutenait la Porte ottomane, comme la corde soutient le pendu ; au lieu de l'attaquer, comme la Russie, pour la dévaliser, elle trouvait plus commode de la protéger pour la voler à l'abri de cette protection. Au cours de la guerre, on apprit que l'Angleterre, qui appuyait les Turcs, avait reçu d'avance, de la Sublime-Porte, son paiement : le protectorat de l'île de Chypre et un libre passage dans la Turquie d'Asie, vers son empire des Indes... en attendant l'occupation de l'Egypte, de plus en plus pour la protéger. Dans ces conditions, la France n'avait pas grand'chose à faire dans la capitale de son mortel ennemi, où devaient s'entendre d'autres larrons.

« La France, écrivait Louis Veuillot, n'a rien à dire là où elle n'émettrait qu'un avis que l'on pourrait mépriser. Elle ne signe pas des traités où aucun article ne serait écrit de sa main. Elle ne traite pas avec les forts et se borne à ne point reconnaître les traités qu'ils font.

« Elle ne livrera pas sa faiblesse présente, elle ne vendra pas sa force future.

« Elle restera dans son tombeau inexpugnable. Elle y restera comme morte, mais le tombeau sera vivant. Il n'en sortira point d'ambassadeurs, et les ambassadeurs n'y entreront point.

« Elle ne s'occupera de paix que chez elle et pour elle. Elle fera du fer, elle fera du blé, elle fera des hommes. Elle prendra le temps qu'il faut pour dégriser sa populace sur laquelle compte l'ennemi, et qui a pris l'habitude de ne pas compter avec les lois. Elle a l'âme et le cœur, elle se refera l'intelligence et les bras.

« Et alors elle ouvrira ses portes et elle rentrera dans le monde, non pour étudier les choses qui s'y seront faites, non pour se soumettre aux arrangements qu'on aura pris, mais pour voir si la justice règne et si quelque peuple barbare a encore son pied brutal sur quelque troupeau de la famille du Christ. Alors la démocratie chrétienne sera née.

« A présent donc, arrangez-vous, et faites un équilibre européen. Faites des conquêtes, des annexions, des empires, des traités. La France n'en est pas, n'est de rien.

« Nous en reparlerons dans dix ou quinze ans, quand nous aurons ce qu'il nous faut de fer et d'hommes, quand nous aurons enterré dans la chaux vive le cadavre pestilentiel de la Révolution, et quand la race humaine sur le reste de la terre aura besoin du libérateur. »

Aujourd'hui que la Révolution détient la France et paralyse tout ce qui pourrait être tenté pour lui rendre ses forces, qui peut nier que ce programme, publié il y a vingt ans, ne soit encore celui qu'il convient de suivre pour que la France ne livre pas sa faiblesse présente et ne vende pas sa force future ?

La jeune république n'avait ni la tête, ni le cœur à comprendre les observations de Veuillot. Son personnel, composé de parvenus, entrés dans la politique pour y faire fortune, était en train de s'acheter des chemises et de brûler son casier judiciaire. Déjà maîtres de l'influence, les républicains décidèrent qu'ils iraient s'asseoir au conseil des rois, et afin de montrer leur largeur d'esprit, ils choisirent pour représenter la France catholique, au Congrès de Berlin, un Anglais protestant, nommé Waddington, naturalisé depuis peu. Or, ce naturalisé expliquait, aux Chambres françaises, comment, la France voulant la paix, le gouvernement avait compris le rôle de sa diplomatie. On ne devait s'occuper, à Berlin, ni des affaires d'Occident, ni, dit-il, des affaires d'Orient, ni de la question des saints lieux, ni de rien autre que de souscrire aux triomphes de la force et aux fourberies de la ruse : voilà désormais le rôle de la France de saint Louis et de Charlemagne, représentée, dans l'aréopage des nations, par un protestant anglais.

En présentant à la Chambre des députés le programme du gouvernement au Congrès, Waddington ne savait évidemment pas ce qui allait s'y passer. C'est avec une ignorance absolue des négociations engagées entre les puissances, que notre ministre des affaires étrangères définissait le rôle de la France et se faisait donner un vote unanime de confiance pour aller la représenter. Il semblait, d'après ses paroles, que dans les négociations qui avaient précédé le Congrès, le gouvernement français eût rempli l'office de pacificateur entre l'Angleterre et la Russie, qui étaient en train de s'arranger à l'amiable sans que notre naïve diplomatie en sût rien. On devait croire ensuite que les conditions mises par notre gouvernement à la participation de la France au Congrès, avaient été acceptées par les puissances, tandis qu'elles apportaient un programme élaboré en dehors du nôtre. Enfin, il résultait du langage du ministre des affaires étrangères, que la France était en mesure de faire respecter les traités au bas desquels elle avait apposé sa signature, lorsque ces traités, par suite des arrangements pris entre les principales parties contractantes, n'existaient déjà plus. — Nous verrons si les faits répondent à ces fanfaronnades.

Le Congrès alla vite en besogne. L'affaire était entendue d'avance, il n'y avait qu'à passer les écritures. Chaque puissance se fit sa part, la France exceptée : l'anglo-français Waddington suivait la politique qu'il a qualifiée de *politique des mains nettes*. L'Angleterre prend l'île de Chypre et *protège* la Turquie d'Asie. La Russie reprend la Bessarabie, qui la rend maîtresse au nord des Balkans ; son influence est augmentée sur les petits États slaves ; elle prend les clefs de la route des Indes, Batoum et Kars. L'Autriche se charge de l'occupation des pays bosniaques, la Servie s'est étendue jusqu'au Kossovopolje. Le Monténégro a son port sur l'Adriatique et peut naviguer sur le lac de Scutari, la Bojana et le Lim. Les Bulgares ont leur autonomie, avec un prince national. Les Roumains sont dédommagés par la Dobroudscha. La Grèce aura de belles et fertiles provinces. L'Italie ne désespère pas d'obtenir le Trentin. Enfin les Juifs ont obtenu tous les droits civils. Quant à nos plénipotentiaires, ils ont reçu beaucoup de politesses. C'est bien quelque chose, mais on pourra trouver que ce n'est pas suffisant.

La chose, en France, n'alla pas aussi rondement. Le président du Conseil, Dufaure, osa dire que si le traité anglo-turc était présenté au Congrès, le plénipotentiaire français devait se retirer plutôt que de signer un protocole ; Gambetta, plus libre, parce qu'il n'était que simple député, déclara qu'il serait patriotique de demander aux présidents du Sénat et de la Chambre des députés de convoquer les Chambres pour mettre en jugement les plénipotentiaires français.

Le traité de San-Stefano était beaucoup trop lourd pour la Turquie ; à cet égard, l'intervention des puissances le corrige fort à propos et donne, pour l'avenir, des gages de paix. Voici comment s'explique le plénipotentiaire anglais, lord Salisbury :

« Le traité, dit-il, a une longueur inusitée et traite à fond les différentes questions soulevées par le traité de San-Stefano en tant qu'elles touchent aux dispositions du traité de Paris. Les changements qui ont été apportés au traité préliminaire sont considérables et s'appliquent à presque tous les articles de cet instrument. L'effet général de ces changements a été de rendre, avec *une garantie certaine* pour une bonne administration, *de très grands territoires* au gouvernement du sultan, et ils tendent à assurer solidement contre des *attaques extérieures* la stabilité et l'indépendance de son empire. Des dispositions ayant pour but d'assurer une complète égalité de toutes les religions devant la loi ont été établies dans le traité pour les territoires dont il s'occupe. La politique qui a reçu la sanction du Congrès de Berlin est, en général, conforme à celle qui a été défendue par le gouvernement de Sa Majesté depuis la publication du traité de San-Stefano. »

Lord Salisbury explique comment le traité de Berlin rend, à la Turquie, les deux tiers de la Bulgarie ; éloigne la Bulgarie de la mer Egée ; met l'Autriche à sa frontière ; laisse à la Russie les frontières arméniennes ; mais l'Angleterre a pris ses précautions contre cette éventualité. La Turquie a donc une frontière parfaitement défendable ; c'est pour elle une bonne occasion, peut-être la dernière, de garantir, par sa sagesse, son indépendance.

En somme, l'Angleterre est satisfaite et même fière. Entrée au Congrès avec un traité en poche, elle en sort avec la ratification des puissances. S'il suffit d'avoir part aux dépouilles d'un vaincu pour être victorieux et glorieux, dit le journal l'*Univers*, l'Angleterre est en droit de s'enorgueillir ; mais si la politique des pourboires et même les preuves de forces ne doivent pas tout primer, l'Angleterre se réjouit trop. En somme, sa victoire diplomatique, l'annexion de Chypre et son protectorat sur la Turquie d'Asie n'empêchent pas la Russie de garder le gros lot.

D'autre part, ce n'est pas en se rapprochant sur le territoire ottoman que ces deux puissances retarderont la lutte, si redoutable pour l'une et l'autre, qu'elles doivent engager en Asie. Les arrangements qui viennent d'être conclus ne sont, au total, que des préparatifs de guerre. Des deux adversaires, lequel, par ce partage, fortifiera le plus ses moyens d'action ? C'est le point à résoudre. Si l'on est content à Londres, on l'est aussi à Saint-Pétersbourg, et même la satisfaction y paraît à la fois plus contenue et plus confiante. Il en devait être ainsi, car la Russie, par le traité de Berlin, se rapproche considérablement du but qu'elle s'est marqué, tandis que l'Angleterre, par le traité de Constantinople, se borne à prendre une position défensive. Ce rôle n'est ni le plus brillant ni le plus rassurant. L'Angleterre aurait pu faire, il y a vingt-cinq ans, le marché dont elle est si fière aujourd'hui, et elle s'y refusa. Mais alors, elle avait la France, et la Russie n'avait pas la Prusse. Cette différence dans la situation des grandes puissances et l'affaiblissement plus marqué de la Turquie expliquent la volte-face de sa politique.

Quant à la Russie, elle réalise en grande partie son programme : la Roumanie reste, bon gré mal gré, sous sa main ; la Serbie et le Monténégro agrandis lui doivent tout et ne peuvent se soustraire à son action ; ils n'y songent pas, d'ailleurs, car leur ambition, n'étant pas encore satisfaite, les soumet à l'influence russe ; la Bulgarie va former un Etat que le czar aura créé et protégera ; il en sera de même au fond pour la Roumélie, qui puisera dans ses nouvelles institutions le désir d'une pleine indépendance et le moyen d'y parvenir. D'autre part, la Grèce, dont le czar Nicolas disait en 1853 : *Je ne veux pas qu'elle obtienne une extension de territoire qui en ferait un Etat puissant*, n'obtient rien du tout. C'est à peine si on lui permet d'espérer une rectification de frontières. L'Angleterre, qui s'était déclarée sa protectrice et lui avait beaucoup promis, l'a carrément lâchée ; elle lui donne pour consolation l'assurance de ses *sympathies*. Le veto russe a eu son plein et entier effet...

Le traité de Berlin, en même temps qu'il marque la fin de l'empire ottoman, détermine un nouveau classement des puissances européennes. La Prusse, qui n'a rien pris encore, mais qui a fait les parts, domine, sans conteste, la situation ; la Russie est largement payée de ses sacrifices par des acquisitions de territoire et un accroissement d'influence qui lui livrent les populations chrétiennes de l'Orient ; l'Angleterre développe sa prépondérance maritime même dans cette Méditerranée qui devrait nous être soumise, et s'assure des positions importantes pour les prochaines luttes ; l'Autriche obtient que l'on compte avec elle, s'agrandit et gagne du temps. Toutes ces puissances sont donc sorties du Congrès, plus fortes qu'elles n'y étaient entrées.

Et la France ? notre pauvre ministre des affaires étrangères nous avait dit en partant qu'il allait au Congrès pour y exercer une influence décisive. La République entrait dans le concert européen par la grande porte, après avoir posé et imposé ses conditions. Hélas ! quels sourires narquois cette jactance prudhommesque a dû dessiner sur certains visages ! comme le prince de Bismarck, lord Beaconsfield, le comte Andrassy, le prince Gorstchakoff ont dû s'amuser de cette assurance et de l'adhésion unanime dont notre Chambre des députés, obéissant à Gambetta, l'avait récompensée !

Quand notre gouvernement parlait ainsi, se donnait et nous donnait ce ridicule, tout ce qui importait était déjà réglé sans nous et contre nous. L'Autriche avait ses deux provinces, l'Angleterre son île et son protectorat, la Russie prenait la Bessarabie, gardait Kars et Ardahan, s'assurait Batoum ; les parts étaient faites, sauf d'insignifiants détails, aux anciens vassaux ou sujets du sultan. Le Cougrès n'avait qu'un but, celui de faire sanctionner par toutes les puissances, et surtout par la France, ces arrangements qui achevaient de nous écraser. Non seulement nous sommes plus faibles parce que nos voisins, nos rivaux, nos adversaires ont grandi, mais aussi parce que nous avons rendu plus manifeste notre isolement, mieux prouvé notre impuissance et notre impéritie.

Qu'importe aux hommes du jour ! N'ont-ils pas le budget ? Qu'importe aussi au peuple souverain ? N'a-t-il pas la république, des fêtes, l'Exposition et la *Marseillaise* ?

L'Exposition universelle de 1878.

Pendant que les puissances de l'Europe disposaient sans nous de la Turquie, l'Exposition universelle de Paris battait son plein. Depuis deux ans, les républicains s'étaient mis en passe de convoquer, dans la capitale de la France, toutes les nations, et d'affirmer, par ces grandes assises du travail, la vitalité de la république et la prospérité de la patrie. Huit ans après la guerre, après le paiement de cinq milliards et la perte des deux provinces, il ne paraît pas qu'il y eut lieu de se réjouir, ni raison de se pavaner. On eut compris, sans peine, un peu de recueillement, de silence et de modestie ; on eut pensé qu'un peuple, recueilli dans son travail et humble dans ses efforts, méritait plus de considération, et, en tout cas, songeait à s'y créer des titres. Les républicains n'eurent pas cette délicatesse et ne reculèrent pas devant la dépense. La France avait encore assez d'argent pour payer des fêtes ; du moins, ces patriotes, bavards et vaniteux, le pensaient et trouvaient toujours bon le moment de se goberger.

Ce n'est pas qu'en principe, nous soyons l'ennemi de ces expositions périodiques des produits du travail. L'homme est le contremaître de la création, et, à certains égards, il en est le roi. Dieu l'a chargé d'établir sa domination sur la terre ; de la transformer par son travail et son génie ; de contraindre la parcimonieuse nature de contribuer à ses besoins. Que l'homme affirme sa royauté sur le monde, qu'il marque les étapes de son travail et célèbre les progrès des arts ou de l'industrie, il n'y a rien là qui blesse ni la foi, ni la morale. Une seule condition est exigée, c'est que l'homme, en effectuant et en exaltant ses conquêtes, n'en fasse pas un outrage à la vertu ; c'est surtout que, en se rappelant l'honneur de sa royauté, il se rappelle le devoir plus grand, de ramener tout à Dieu en s'y ramenant lui-même. Alors sa royauté, si éclatante soit-elle, n'est plus que l'appoint du pontificat de l'homme sur la terre. Dieu est glorifié dans ses créatures et l'homme se constitue l'agent, intelligent et dévoué, de cette glorification.

Le parti républicain, il faut le dire, ne porta pas si haut ses pensées : il se contenta de vouloir glorifier l'orgueil de l'homme en multipliant ses plaisirs. Dieu et bête, telle était, à ses yeux, la destinée de l'homme ; il croyait le grandir en l'exaltant dans ses passions et en le flattant dans ses bas instincts. En quoi il n'était pas aussi novateur, ni aussi sage qu'il le pensait. Dans le fait, cette civilisation splendide, mais purement matérielle, ou plutôt charnelle, c'est la civilisation de tout peuple qui déserte les traditions de la foi et du culte du vrai Dieu. Dès l'ère patriarcale, les populations, encore croyantes, ne voyaient rien de mieux à faire que de boire, de manger et de se marier : Dieu les ensevelit sous les eaux du déluge. A la vocation d'Abraham, les grands empires de Babylone et de Ninive restent dans la mémoire des peuples comme un gigantesque effort pour offrir à l'homme toutes les délices de la terre : Dieu les jette sous les pieds des barbares. A mesure que la civilisation orientale s'avance vers l'Occident, la Perse, l'Egypte, la Grèce, Rome saisissent l'empire du monde, et ne visent, par leurs agrandissements territoriaux, qu'à accroître le nombre et l'intensité des jouissances : Dieu envoie les anges, ministres de sa justice. Dans l'antiquité, tout tombe, tout périt, par l'effet de cette jouissance dissipatrice, énervante et criminelle, qui tue les vertus et ne laisse plus la force de porter l'épée. Le retour à la barbarie, ou plutôt son établissement, est l'effet nécessaire de ce cycle, quatre ou cinq fois millénaire, d'une civilisation oublieuse de Dieu et de la sainte vocation de l'homme.

A l'extrémité opposée du monde moral, les peuples tombés depuis vingt siècles dans l'idolâtrie et la barbarie ne comprennent pas autrement la vie que les civilisés sans Dieu, et, par le fait de cette erreur néfaste, croupissent éternellement dans le bourbier de leur abjection. Le vice, qui tue les uns, énerve les autres et constitue l'humanité dans l'état du plus vil esclavage.

Les peuples, nés de la dissolution de l'empire Romain et campés sur les ruines de ses provinces, sont baptisés par le Christianisme et substituent à l'idéal charnel des barbares éternels et des civilisés antiques, l'idéal chrétien : la réhabilitation du travail, de la mortification, de la souffrance, du sacrifice sous toutes ses formes. Pendant mille ans et plus, ces peuples offrent le spectacle, nouveau pour le monde, de races qui marchent, paisibles et progressives, à la lumière de la croix. La famille, la commune, la province, la nation, la chrétienté se règlent sur le patron de l'Evangile. L'individu est libre, mais seulement pour le bien ; on ne croit pas nuire à ses prérogatives de liberté et d'indépendance, en l'empêchant de mal faire. L'Eglise catholique est la vraie mère de la civilisation européenne ; son chef, unique et souverain, le Pape infaillible, conduit le vaisseau qui cingle vers l'éternité, portant, à son bord, la fortune des nations régénérées par la grâce de Jésus-Christ.

Depuis trois siècles, l'idéal païen lutte contre l'idéal chrétien et lui dispute l'empire. Divers agents prennent part à cette lutte ; différentes phases marquent ses péripéties. Les républicains, apostats pour la plupart, se rattachent à l'idéal païen et s'efforcent de hâter son triomphe. Par quoi, ils se montrent esprits bouchés et âmes sans pudeur ; car ils reviennent tout simplement aux turpitudes de Babylone et aux chants lascifs de Ninive, prélude ordinaire des catastrophes nationales, dont la plus grossière barbarie est le terme prévu. Il n'y a pas là matière à dithyrambes.

Nous ne ferons pas l'histoire de l'Exposition universelle, du classement des produits, des commissions d'experts, des fêtes et des solennités diverses qui en marquent la durée. Ces choses sont assez connues : Il suffit de rappeler qu'on trouve, dans les musées du Trocadéro, les monuments anciens du travail national et, au Champ de Mars, dans diverses constructions, tout ce qui peut contribuer à la nourriture, au vêtement, à l'habitation, au travail et aux plaisirs de l'homme. Il y a aussi une grande part pour la curiosité. Cet étalage peut prêter matière à des emplois utiles ; il peut aussi fournir un aliment aux sept péchés capitaux.

L'Exposition s'ouvrit le premier mai, avec pompe, sous la pluie et dans la boue. Le cérémonial était bien ordonné ; son exactitude contribuait à faire ressortir le côté faux de la représentation. Quoi de plus misérable et de plus agaçant que la prétention dans l'impuissance ? Or, le programme d'inauguration supposait quelque chose d'achevé ; il promettait l'ordre, tandis que le désordre éclatait partout. Rien n'était terminé : l'Exposition n'était encore qu'un fouillis, dont la foule, la pluie, les chemins en formation et détrempés faisaient un gâchis. Par ce côté, l'Exposition répondait bien à l'ensemble de la situation. Ce vaste champ de foire, où régnait la confusion, c'était l'image du régime. Avec cette différence que l'Exposition finira par s'organiser, tandis que la république montrera, de plus en plus, au dehors, son impuissance, au dedans son étroitesse d'esprit, sa brutalité, cet amour des places, ce mépris du devoir social, cette haine de la religion et de l'Eglise, qui la font aboutir à l'imbécillité et au sang.

On parla beaucoup c'est la coutume des Français, depuis qu'ils se sont condamnés aux petites choses, de prononcer de grands discours. Au simple point de vue de la prudence, il ne paraît pas qu'il y ait tant à se rengorger. L'*Univers* va nous en donner les raisons : « L'Exposition, même si elle réussit, ne donnera à nos gouvernants aucun des profits qu'ils ont la sottise d'en espérer. Le renchérissement de la vie ne rendra pas la république populaire, et les milliers d'ouvriers qu'il faudra mettre sur le pavé, à mesure que les travaux s'achèveront, ne seront pas un élément d'ordre. La république conservatrice qui les a appelés à Paris, dans une pensée de lucre et de fanfaronnade, aura servi par là, une fois de plus, la république sociale ; elle aura reconstitué l'armée de la Commune.

« Croit-on, en effet, que ces ouvriers venus de toutes parts, gratifiés longtemps d'une haute paye et dont on a surexcité les appétits, accepteront sans murmure le salaire amoindri ou le chômage, c'est-à-dire les privations ou la misère ? Non ! non ! ils iront renforcer, une fois de plus, le parti du désordre. Et véritablement, cela est très logique. Pourquoi des hommes condamnés à de rudes travaux, auxquels la presse révolutionnaire dit sans cesse, au nom de la république, que la foi est une sottise, la religion un mensonge, la loi un instrument d'oppression, se résigneraient-ils à souffrir ? Pourquoi ne revendiqueraient-ils pas le droit de jouir quand on leur enseigne que la jouissance doit être le but de la vie ? Du moment où ils ne sont pas chrétiens, s'ils savent réfléchir et conclure, ils appartiennent au socialisme pratique, celui que nous avons vu à l'œuvre en 1848 et 1871.

« L'Exposition ménage d'autres déceptions à la république. Ces commerçants et industriels qui se sont mis en frais de drapeaux et de lampions parce qu'ils comptent faire de gros gains sur les étrangers, verront bientôt qu'il faut en rabattre. Leurs bénéfices, même s'ils atteignent un chiffre raisonnable, resteront de beaucoup au-dessous de leurs espérances. Ceux-là aussi auront mal calculé, et, selon l'usage, c'est au gouvernement qu'ils s'en prendront.

« Cette fois, du moins, ils n'auront pas tort, car l'Exposition est bien l'œuvre du parti républicain, et particulièrement de la fraction qui tient aujourd'hui le pouvoir. C'est de ce côté que l'on a cru, dès 1876, que la France, vaincue dans vingt batailles, démembrée, rançonnée, abaissée, portant tout frais encore les stigmates honteux de la Commune, devait songer à donner des fêtes ; qu'il fallait y convier l'Europe, lui montrer que l'humiliation nous pesait peu, que si nous n'avions plus de gloire il nous restait de l'argent, que pourrions payer encore de grosses rançons, que si notre armée était lente à se relever, nos restaurants, nos théâtres, nos cafés-concerts, tous nos bastringues restaient florissants. Il fallait prouver surtout que si d'autres peuples, après des désastres moins grands que les nôtres et des luttes mieux soutenues, avaient cru nécessaire de se recueillir en vue de la revanche, la France républicaine et libre-penseuse, faisant vite son deuil des provinces perdues et de l'honneur si rudement atteint, acceptait les faits accomplis. Et pour mieux marquer le caractère de la fête, on y invitait platement nos vainqueurs. Quel triomphe s'ils venaient s'amuser à Paris, y jeter à nos cuisiniers, à nos histrions et aux demoiselles quelque chose des milliards que nous achevions de payer ! Comme il serait évident alors que la France voulait la paix à tout prix, que l'on pouvait vider la question d'Orient et toutes les autres questions européennes sans compter avec nous !

« Voilà de quels sentiments, de quels calculs est née l'Exposition. Aujourd'hui, pour relever un peu l'entreprise, on nous dit que c'est la fête du travail et de la paix.

« Le travail, le développement industriel peuvent profiter de ces exhibitions quand elles ne sont pas trop fréquentes et se font avec maturité, dans des conditions d'ordre et de sécurité générale. Ce n'est pas le cas. Nous ne sommes pas dans l'ordre ; la sécurité n'existe nulle part et l'Exposition, pour ceux qui l'ont conçue et qui la dirigent, est surtout une affaire politique. L'industrie et le commerce y feront peu de profit. Quant à la paix, croire que cette prétendue fête du travail lui donne des chances de s'établir et de durer, c'est une sottise. »

Malgré ces très justes et très patriotiques réflexions, les républicains n'en voulaient pas démordre. L'Exposition, disait l'un d'eux, mais c'est *plus beau que si nous avions pris Berlin* ; et si tout n'était pas rose, il n'y avait *rien à craindre du grand peuple de Paris*. Pendant quinze jours, ou, pour mieux dire, pendant six mois, feuilles semi-conservatrices, feuilles boulevardières, feuilles révolutionnaires, s'accordaient à dire que l'Exposition, c'était la revanche de la France. Ce propos prudhommesque et ses corollaires avaient grand crédit. On les entendait partout. De braves gens, faits pour répéter, en les rendant tout à fait bêtes, ces lieux communs, affirmaient que nous étions relevés de toutes nos disgrâces. Les prodigalités de drapeaux leur paraissaient une de ces victoires qui rendent à un peuple son honneur et sa puissance. D'un air capable et profond, ils ajoutaient qu'une telle victoire, sans effusion de sang, vaudrait mieux que dix batailles gagnées et rapporterait plus de profit. Ce qu'ils disaient, ils le croyaient, et comment ne l'eussent-ils pas cru, puisque cela se répétait sur tous les tons, dans un si grand nombre de journaux.

Le très digne frère de Louis Veuillot crut devoir souffler sur ces folles imaginations.

« Cette satisfaction quasi générale, dit-il, cet empressement à crier que la revanche est prise montrent que nous sommes bien bas et que nous pouvons descendre encore. En effet, si l'esprit de parti, l'esprit de lucre, les attaches personnelles expliquent le langage des journaux, le succès qu'il obtient prouve que le développement du matérialisme au point de vue des intérêts et des doctrines étouffe de plus en plus chez nous la dignité, le patriotisme et même le bon sens. Nous devenons un peuple de Prudhommes et de Coquelets se couronnant de lieux communs, faisant la roue comme un oiseau de basse-cour sous l'admiration qu'il s'inspire à lui-même et ne voyant pas combien l'ironie et le dédain sont mêlés aux applaudissements qu'il reçoit.

« Il serait temps de réfléchir un peu et d'en finir avec cette représentation ridicule.

« Même en tenant pour assuré que l'Exposition réussira pleinement et nous fera honneur, il faut bien reconnaître qu'il n'y a pas encore lieu de crier victoire et surtout de clamer que le monde étonné nous admire. Ce que nous avons fait, toute autre nation assez riche, ou assez vaine, ou assez folle pour dépenser soixante ou quatre-vingts millions en constructions provisoires, aurait pu le faire aussi. Les hangars, galeries, allées, jardins, chalets d'opéra et palais de pacotille, qui couvrent nous ne savons combien de kilomètres de terrain, sont, quant à présent, le plus clair de notre apport dans l'entreprise dont la république est si fière. Il n'y a, dans ce prétendu trait de génie, qu'une question d'argent. Des fonds ont été votés, on les a dépensés et d'autres encore. Où est la merveille ? Oui, c'est grâce aux républicains que la France, autrefois si fière, donne au monde le spectacle d'une nation qui paraît confondre l'honneur avec l'argent, qui se déclare grande parce qu'elle reste riche, qui oublie le désastre de ses armes, ses provinces perdues, son effacement politique, pour se glorifier d'avoir construit en deux ans le plus magnifique bazar que jamais on ait vu. Le résultat est digne de nos maîtres, et la joie qu'ils en montrent donne la mesure de leur patriotisme. Mais, grâce à Dieu, la vraie France, celle du fond, celle qui prie, qui travaille et même qui expose, nourrit d'autres sentiments. On le verra lorsque la fièvre républicaine, aujourd'hui à son paroxysme, sera tombée. »

L'Exposition universelle, sauf son défaut d'à-propos et en mettant de côté les rodomontades républicaines, offrait, sous le rapport de l'art, de la science et de l'industrie, un ensemble digne d'attention. Les peintres et les sculpteurs s'y étaient donné rendez-vous ; parmi leurs œuvres, on pouvait admirer les plus belles toiles des musées de France et de l'étranger. Les amateurs de beaux livres et de ce qu'on appelle le *bibelot*, y trouvaient des échantillons des plus beaux types de mobilier, de reliure et d'impression. Les curieux tombaient en pâmoison devant les richesses de la collection du prince de Galles. Les hommes spéciaux avaient, dans les envois du dehors, une belle occasion d'inspecter l'univers sans quitter Paris. Ce panorama plaisait aux esprits réfléchis ou simplement attentifs. Le confort, moyennant finance, ne manquait pas ; on avait pensé aux besoins du peuple. Malgré quelques petites concessions regrettables, on avait écarté de l'Exposition ce vil ramas de prostituées cosmopolites qui sera la honte de l'Exposition de 1889. En 1878, on n'était pas trop pudibond ; on n'était pas, non plus, bravement et lâchement canaille comme au centenaire de la grande Révolution. Depuis, nous avons fait des progrès dans la gangrène : cette peste est la décoration et la soupape du régime.

Le côté par où l'Exposition était absolument intolérable, c'était par parti pris de tourner tout contre le Christianisme. Les républicains, dans la première ardeur de leur prosélytisme, avaient profité de l'occasion pour insinuer, par tous les moyens plausibles, qu'il n'y a pas de Dieu et qu'il n'y a plus qu'à enterrer tous les cultes. Ce dessein impie, l'histoire doit le dévoiler et le répudier.

Une première arme, dont les organisateurs de l'Exposition s'étaient impudemment servis, c'était la *préhistoire*. C'est une science nouvelle ; nous ne lui faisons pas un crime de sa nouveauté. L'homme ignore encore beaucoup de choses ; les siècles passés lui ont laissé beaucoup à découvrir. Ce qu'on appelle recherches préhistoriques n'était cependant pas complètement inconnu avant le XIXᵉ siècle. De tous temps, on avait recueilli des instruments en pierre et en os ; les cabinets des curieux en offraient des échantillons. Mais alors on ne pensait pas à s'appuyer sur ces trouvailles, pour renverser la foi et prolonger outre mesure la durée des siècles : on se contentait d'attribuer ces instruments aux Celtes. De nos jours, ces recherches ont été poussées avec une activité fiévreuse. On a interrogé les diluviums, les cavernes, les monuments mégalithiques : c'est par milliers qu'on a collectionné les silex et les os historiés. Cette ardeur scientifique est louable et mille fois préférable à la tendance d'esprits rêveurs ou maladifs qui se délectent dans les conceptions du roman. Mais si ces recherches ont quelque chose de bon et d'utile, on ne peut admettre que des esprits obstinés s'emparent de ces recherches pour déchirer la Bible et rendre, au genre humain, une authochtonie et une autonomie qui ne peuvent lui appartenir sous aucun prétexte.

L'Exposition s'était donné ce premier tort. Un certain Mortillet, de Saint-Germain-en-Laye, avait amené, au Trocadéro, ses collections, renforcées par d'autres ; il les avait disposées et s'en servait, lui et ses vicaires, pour faire acte de prosélytisme impie. Ce Mortillet, député perdu, s'était révélé comme un fanatique et un tyranneau de bas-lieu, sans respect du droit, de la liberté, ni de rien ; mais il était dans sa première ferveur d'apostolat, ne doutant de rien, parce qu'il ne se doutait pas de grand'chose. Un de nos amis, Barnabé Chauvelot, condisciple de Jean Carnandet, éditeur des Bollandistes ; de Bougaud, l'auteur du *Christianisme des temps présents* ; de Jeannin, le traducteur d'Hettinger : Chauvelot mit à néant cette légende de l'âge de pierre à l'Exposition.

La théorie de l'âge de pierre, d'abord simplement éclatée, puis polie ; la théorie de l'âge de fer et de l'âge de bronze, qui s'ensuivirent, sont des affirmations en l'air, qui contredisent sans preuve la succession traditionnelle des âges, le premier étant invariablement l'âge d'or. Les ouvrages du marquis de Nadaillac, les *Splendeurs de la foi* de l'abbé Moigno et les publications savantes de son secrétaire, l'abbé Dessailly, ont depuis longtemps mis à néant ces fables. L'invention du bathybius, espèce de gélatine devenue par une série de changements d'abord singe, puis homme, mais homme animal, ne peuvent pas se discuter sérieusement. La tradition du genre humain repose sur la Bible ; pour essayer de mettre quelque chose en place, il faudrait d'abord la renverser. On ne s'y essaie même pas ; depuis qu'on en a tenté l'entreprise, on sait à quoi elle peut aboutir. Evolutionisme, série de formations embryologiques soumises à la loi du progrès, série d'âges allant de l'extrême barbarie à l'état de civilisation : tout ce fatras n'a pas pu être prouvé jusqu'à présent et ne le sera jamais. La place de ces choses-là n'est pas au Trocadéro, mais au musée du ridicule ; ou si l'on en forme des musées, qu'on s'abstienne de bâtir, sur ces pointes d'aiguilles, l'ensemble monumental de l'histoire et le point de départ du genre humain.

Une autre arme que les républicains impies voulaient tourner contre le Christianisme, c'était l'étude des monuments de Ninive, de Babylone et de l'antique Egypte. Ce dessein ne datait pas d'eux, il remontait à l'aurore du siècle ; souvent il avait été combattu et même abandonné ; il fut repris. Pendant que la savante Allemagne et la savante Angleterre trouvaient, comme les pays catholiques, dans les hiéroglyphes et les inscriptions cunéiformes, la confirmation de toutes les traditions de l'humanité, des républicains, plus ou moins frottés d'érudition, mais impies, soutenaient que ces mêmes inscriptions et hiéroglyphes confirmaient leur impiété. Il faudrait pourtant en convenir avec loyauté ; si ces monuments prouvent le pour et le contre, ils ne prouvent rien. En mettant, du reste, à part les inductions qu'on en tire, nos saintes Ecritures ont, par elles-mêmes, une valeur, et en leur faveur, des appuis indépendants de ces découvertes. J'invoque ici, en notre faveur, la profession de foi d'un vrai savant, F. de Saulcy.

Cet infatigable explorateur de l'antiquité avait le génie des découvertes. Emule des Sacy, des Burnouf, des Champollion, des Rougé, des Oppert, il a abordé les régions les plus oubliées du temps passé. Dans les antiquités judaïques, babyloniennes, celtibériennes, celtiques, il a planté les jalons de la conquête ; il a doté le Louvre du musée de Terre-Sainte ; il a créé les numismatiques de la Gaule, de l'Espagne ancienne, de la Judée, du Bas-Empire, de la Lorraine, sa chère province ; partout son passage aura laissé des traces ineffaçables et rien n'aura manqué à sa renommée, pas même les mesquines critiques qui ont attristé ses derniers jours.

Nous sommes heureux de détacher de

l'*Histoire des Macchabées*, une note, une des dernières pages qu'il ait écrites ; ce témoignage éclatant d'un grand esprit en faveur de l'authenticité des livres saints réjouit ses amis chrétiens ; tous ceux qui ont eu le bonheur de l'approcher peuvent attester qu'elles sont l'expression fidèle de ses sentiments, et qu'à travers les variations de notre siècle affolé d'orgueil et de scepticisme, le savant qu'on appellera plus tard l'illustre Saulcy, n'a cherché que la *vérité* et lui a rendu au seuil de la tombe un solennel et définitif hommage.

Voici cette note (p. 3) :

Ainsi, Flavius Josèphe, le prêtre juif traître à sa patrie ; Flavius Josèphe, qui vivait au milieu des Romains lorsqu'il écrivit ses *Antiquités judaïques*, sous la protection toute puissante de Vespasien et de ses deux fils, Titus et Domitien, qui, sans aucun doute, ne tenaient guère le judaïsme en honneur ; Flavius Josèphe, au contact de la société païenne qu'il devait éviter de froisser, écrit, sans hésiter, ce qu'il pense de l'authenticité des prophéties invoquées par lui. Il sait bien que parmi ses innombrables lecteurs, tout païens qu'ils sont, il ne s'en trouve pas un seul qui osera révoquer en doute, non pas l'existence des prophètes et de leurs écrits, mais bien la valeur même de ces écrits en tant que *prédictions d'inspiration divine* ; toutes ses assertions sur les prophètes sont donc accueillies et respectées... Et voilà que dix-huit cent ans plus tard, nos contemporains, pour qui la tradition de père en fils est morte, s'évertuent à qui mieux mieux à taxer d'imposture tout ce que contiennent les écrits de ces mêmes prophètes. Pour en venir à leurs fins, *tous les moyens sont bons* ; tantôt ils dédoublent les personnages, tantôt des découvertes de la science moderne ils font litière, quand elles leurs paraissent gênantes. Ainsi, par exemple, le déchiffrement des écritures égyptiennes et assyriennes apporte-t-il des vérifications inattendues des assertions bibliques, ils proclament ce déchiffrement *plus que douteux* ! Ah ! messieurs les négateurs, osez donc vous hasarder à fournir la moindre justification de vos doutes ! vous avez beau jeu, certes ; car les preuves de ces déchiffrements, on les a généralement mises à la portée de tous les esprits. Eh bien ! prenez-les corps à corps, démontrez qu'elles ne sont pas logiques, rigoureuses, mathématiques même, et alors, seulement alors, vous aurez le droit de garder votre ton de persiflage et de dédain ; jusqu'à ce que vous ayez prouvé à votre tour, logiquement, rigoureusement, mathématiquement, que vous êtes dans le vrai, soyez moins superbes, s'il vous plaît !

Il ne suffit plus, en effet, de nier, du haut de son orgueil paresseux, les découvertes d'autrui, parce qu'elles sont longues à étudier, ou qu'elles embarrassent les idées préconçues ; on exige autre chose aujourd'hui ; car si l'on a toujours de la prédilection pour les esprits négateurs, on entend désormais que ceux-ci justifient quelque peu leur droit de nier. Allons donc ! à l'œuvre ! s'il a été possible de faire croire à la réalité des découvertes que vous déclarez fausses, combien il vous sera plus facile d'en démontrer la fausseté ! Essayez donc, et ne vous bornez plus à émettre des doutes que vous ne ressentez pas peut-être ! Toutefois notez bien ceci : je vous défie de démolir, quelque ardeur que vous y mettiez, le noble édifice de ces découvertes qui honorent l'esprit humain. Tant que vous les jugerez sur l'étiquette exclusivement, vous serez peut-être à l'aise ; mais si vous avez l'*honnêteté élémentaire* d'y regarder *de plus près*, je vous le déclare à l'avance, vous sentirez vos doutes offensants fondre comme la neige au soleil. Mais aurez-vous le courage et la loyauté nécessaires pour aborder les études, dont pourtant les longueurs vous sont épargnées par ceux que vous dénigrez à tout hasard ? Là est toute la question. Il est si commode pour certains esprits de s'affranchir d'un travail sérieux et de ne s'en tenir qu'aux appréciations de ce qu'ils appellent la raison ! et puis il est si dur de faire amende honorable, et de désavouer hautement les erreurs les plus monstrueuses, dès qu'on les a commises ! »

Voilà certes un noble et honnête langage ; ces lignes peignent l'homme qui les a écrites. Saulcy, comme je viens de le dire, a cherché toute sa vie la vérité, il l'a trouvée, et n'a jamais craint de revenir sur ses pas lorsqu'il avait fait fausse route.

Mais l'arme qu'on voulait, par l'Exposition, tourner le plus évidemment contre l'Eglise, c'est l'instruction primaire. Cette humble école de village, cette école qui est une création de l'Eglise et une des gloires de la France, cette école où l'on apprend si péniblement à lire, à écrire, à compter : c'est cette école dont on voudra bientôt faire une machine de guerre. En attendant les lois Ferry, on affiche, à l'Exposition, la prétention intolérable de séparer, dans l'âme de l'enfant, les révélations de la foi des enseignements de la science et de constituer par là, dans son âme, une sorte d'état philosophique abstrait, mais surtout indifférent. Ce n'est pas seulement une chimère, c'est une entreprise pleine de périls. Les païens disaient qu'il faut commencer par faire connaître Jupiter : *Ab Jove principium*. Ces mêmes païens voulaient que l'enfance fut traitée avec respect et mise à l'abri des choses honteuses :

Maxima debetur puero reverentia, si quid
Turpe paras, ne tu pueri contempseris annos :

et par là ils témoignaient d'une grande intelligence des besoins de la faible humanité. Nos républicains dégénérés, ou plutôt apostats, n'ont pas de ces délicatesses, ni de ces scrupules. L'enfant, surtout l'enfant baptisé, est, pour eux, une matière à expérience, avec la résolution très arrêtée d'annihiler en lui la vertu du baptême. On préconisera, dans ce but, l'instruction primaire ; au lieu de sanctifier les berceaux, on tentera de les empoisonner. Tentative scélérate, et imbécile même par le côté plausible de raison à cultiver. Dans l'enfance comme dans la vie, tout ce développement de la raison finit, lorsque l'âme est privée d'appui religieux, par aboutir à bien peu de chose. C'est le cas de rappeler le mot de Voltaire que les philosophes ne réussissent pas même à changer l'opinion de ceux qui habitent dans leur rue.

Nous n'avons pas ici à défendre la religion et l'enfance ; mais nous ne pouvons nous empêcher de signaler le double mal que fait, à l'instruction publique, un aveugle dessein.

Le premier mal consiste à croire qu'il suffit de travailler au développement de l'intelligence pour procéder à la formation du caractère et à l'éducation de la volonté. « Cette erreur, dit Antonin Rondelet, semble passée à l'état d'axiome dans tout le corps enseignant. Répandre des lumières, comme on le dit dans un langage un peu trop confiant et un peu trop emphatique, tel paraît être, aux yeux de bien des gens, le but suprême et la fin dernière de l'éducation, en ce qui concerne l'enfance. Être plus instruit voudrait dire être meilleur, et l'intelligence se porterait fort pour la volonté. »

Il faut rappeler ici le vieil apologue d'Ésope, cette histoire de la langue considérée tour à tour comme la pire et la meilleure des choses qui se puissent trouver.

Tout de même, la puissance de l'esprit est une force, et sa culture une richesse, qu'une bonne ou mauvaise éducation peuvent mettre tour à tour au service du bien ou du mal.

Il ne suffit pas que l'intelligence soit exaltée et la mémoire pourvue, pour que la volonté se fortifie et pour que les habitudes morales l'emportent dans la conduite de tous les jours sur l'entraînement précoce des mauvais instincts.

Il faut que l'enfant apprenne à pratiquer l'obéissance avant d'en discerner les motifs, et ces motifs doivent s'appuyer sur les sentiments du cœur avant de se fortifier par les arguments de la raison.

Voilà toute l'économie de l'éducation chrétienne : associer dans l'esprit des enfants l'amour de Dieu et de ses parents avec l'amour du devoir ; apprendre, lorsqu'on est jeune, à remplir ses obligations, pour être agréable à ceux qu'on aime sur la terre, et à Celui dont on est aimé dans le ciel.

A ce point de vue, qui est le véritable point de vue de la formation des âmes, les leçons, les devoirs, les exercices d'école ont sans doute pour résultat intellectuel d'apprendre au petit garçon et à la petite fille, à lire, à écrire et à compter ; mais, en dépit de l'importance que nos docteurs modernes et démocratiques attachent à ce résultat en quelque sorte extérieur, le vrai but n'est pas là, et il y a dans les écoles un résultat plus important à atteindre. Il ne faut pas oublier que, dans ce système d'éducation où l'enfant passe un nombre d'heures si considérable en face de son maître d'école, celui-ci est chargé avant tout d'une besogne à laquelle beaucoup de parents semblent avoir renoncé. Il faut plier et façonner cette âme, haletante après le mal, dès les premières heures de la vie ; il faut obtenir, non pas seulement le silence et l'immobilité que la discipline impose, mais cette soumission intérieure, cet abandon de soi-même à une règle acceptée, qui constitue l'obéissance et commence par la domination d'autrui sur notre âme, la domination qu'il nous sera donné à nous-mêmes d'exercer plus tard.

A ce point de vue, qui est le seul vrai, le seul capable de former les générations, le seul digne de provoquer et de mériter les efforts du maître chrétien, les exercices par lesquels on appelle et on retient l'attention de l'élève sur les matières de l'enseignement, ne sont que des occasions et des prétextes pour occuper cette jeune activité, pour s'emparer d'elle et pour la consacrer tout entière à la vertu. Comme la volonté de l'enfant ne saurait, à l'état naissant, se développer d'une façon utile dans l'ordre social, comme il a besoin, d'autre part, ne fût-ce qu'à un point de vue professionnel, d'un certain nombre de connaissances élémentaires, rien n'est plus sage, rien n'est mieux ordonné que de faire servir l'acquisition de ces connaissances à la discipline et à la formation de la volonté.

C'est la seconde prétention et le second mal de l'instruction primaire de s'imaginer que les modernes pédagogues ont trouvé, pour l'avancement et l'affermissement des esprits, des procédés nouveaux, plus efficaces que les méthodes anciennes. On croit qu'ils préparent, dans les générations actuelles, des intelligences plus fermes, mieux dirigées, mieux pourvues qu'autrefois. C'est une grande présomption et une grande sottise. L'idée que l'humanité a ignoré jusqu'à nous l'économie de l'éducation ; que le temps ne lui a rien appris ; que soixante siècles d'expérience sont stériles, c'est une idée qui ne se discute pas. Nous sommes en présence de la plus présomptueuse et de la plus stupide infatuation.

A cet égard, si l'on s'en rapporte à l'impression des spectacles extérieurs, si l'on se contente de parcourir la mise en scène de l'Exposition universelle, si on y ajoute la lecture des programmes et l'étude des cahiers de devoirs que l'on comptait par centaines et par milliers, au Champ de Mars, il n'est pas extraordinaire qu'on se trouve pris de quelque éblouissement. Il y a là, à ne voir que les programmes, un effet qui ressemble à celui d'un feu d'artifice.

On avait fait des plans fort beaux sur le papier.

Pour moi, dit Antonin Rondelet, lorsque je

pense à ce qu'il faudrait savoir pour enseigner ce qu'on prétend apprendre aux enfants de nos jours, je ne puis m'empêcher de songer au docteur Pancrace de Molière : « Homme de « suffisance, homme de capacité, homme con- « sommé dans toutes les sciences naturelles, « morales et politiques, homme savant, sa- « vantissime, *per omnes modos et casus*, homme « qui possède *superlative* fable, mythologie « et histoire, grammaire, poésie, rhétorique, « didactique et sophistique, mathématique, « arithmétique, optique, onirocritique, phy- « sique et métaphysique, cosmométrie, géo- « métrie, architecture, spéculoire et spécu- « latoire, médecine, astronomie, astrologie, « physionomie, métaposcopie, chiromancie, « géomancie, etc., etc. »

On ne voudrait point faire ici de plaisanterie intempestive, mais, si l'on voulait relever avec quelque rigueur l'énumération de toutes les sciences auxquelles appartiennent les connaissances si diverses qu'on prétend accumuler et faire tenir dans le temps si rapide de l'école, la liste serait sans doute moins comique, mais non pas moins longue. Ajoutez qu'il n'est peut-être pas de jour où le ministère de l'instruction publique, ou bien les directeurs des écoles normales d'instituteurs ne reçoivent des demandes et des sollicitations pour les enseignements les plus baroques.

La première réflexion qu'appelle ce programme d'école primaire, c'est qu'il surcharge les intelligences d'un poids qu'elles ne peuvent pas porter. Aux prises avec l'impossible, le maître, au lieu d'enseigner la théorie des choses, se borne à la mettre sous les yeux par quelque représentation graphique. Par conséquent, l'élève connaît le matériel des opérations, il en ignore le raisonnement. Malgré tout on donne le pas aux sciences et aux lettres; on fait étudier, à l'enfant, le monde extérieur; on néglige la partie littéraire, celle qui initie à la connaissance de l'homme par lui-même et à la réflexion sur les choses de l'âme. L'histoire même qui devrait être une annexe de la morale en action, n'est plus enseignée que comme une science spéculative, sans conséquence morale. D'ailleurs la partie pédagogique, pour la formation des instituteurs, est fort négligée dans les écoles normales; elle n'est guère l'objet que d'un cours de pédagogie historique. D'où il suit que la partie morale de l'éducation élémentaire est très réduite; la culture morale des élèves est presque rien. On parle beaucoup d'examens, de certificats d'études, de diplômes. On ne parle pas de Dieu. Faute de la présence de Dieu et du secours de la foi, la nature humaine reste dans sa déchéance, la volonté dans sa faiblesse, l'instruction elle-même s'affaiblit et l'esprit ne reçoit point de formation. Nous allons à la barbarie par les idées, disait Donoso Cortez, et nous ne gardons la civilisation que par les armes. Les idées fausses ont pour véhicule les écoles et loin que l'instituteur soit pour nous le préparateur de la vic-

toire, il est devenu, au contraire, l'agent le plus néfaste de la décadence.

La fête républicaine du 14 juillet.

L'homme est ici-bas pour travailler; il doit, par suite, se reposer; et, pour se reposer, il a besoin de se réjouir. Tout ce qui dilate le cœur, tout ce qui élève l'âme, repose le corps. Le repos matériel, c'est-à-dire la cessation du travail fatigant, est, sans doute, nécessaire à l'entretien de nos organes; mais si ce repos réparait seul nos forces, il ne répondrait pas suffisamment à nos besoins et à nos destinées. Nous avons une âme immortelle; elle se nourrit d'une nourriture spirituelle et divine. Quand nous cessons de travailler, la sueur au front, pour gagner le pain de chaque jour, il nous reste à cultiver notre esprit et à grandir notre âme. C'est dans ce but qu'il existe partout des jours de saint repos et que l'Église a institué des fêtes. Ces fêtes ne sont pas seulement nécessaires pour manifester publiquement la foi; elles sont encore, pour la civilisation, un bienfait. L'homme n'y trouve pas seulement le repos; il y puise un accroissement d'idées et d'affections; il y gravit tous les échelons de la grandeur morale.

L'Église avait autrefois doté le monde du repos hebdomadaire; au dimanche, elle avait rattaché le cycle admirable des fêtes de Jésus-Christ, de la sainte Vierge et des saints. Noël, la Circoncision, la fête des rois avec son gâteau, le Carême après l'imposition des Cendres, les Rameaux, la Semaine Sainte, Pâques, les Rogations, la Pentecôte, la Fête Dieu, l'Assomption, la Toussaint, la Commémoraison des Morts, réveillaient chaque année d'inoubliables souvenirs, de saintes croyances et des devoirs sacrés. Le simple dimanche avec sa messe, ses vêpres, son chapelet, sa prière du soir, offrait, à toute âme, les plus précieux aliments. Les cérémonies religieuses, les chants sacrés, la voix des cloches vont naturellement bien à l'âme. On sait aujourd'hui, par expérience, que le repos du dimanche, outre qu'il est de précepte divin, répond en quelque sorte aux plus mystérieux besoins de nos corps et de nos âmes. « Le dimanche, dit Chateaubriand, réunissait deux grands avantages; c'était à la fois un jour de repos et de religion. Il faut, sans doute, que l'homme se délasse de ses travaux, mais comme il ne peut être atteint dans ses loisirs par la loi civile, le soustraire en ce moment, à la loi religieuse, c'est le délivrer de tout frein, c'est le replonger dans l'état de nature, c'est lâcher une espèce de sauvage au milieu de la société. Pour prévenir ce danger, les anciens même avaient fait du jour de repos un jour de religion et le christianisme avait consacré cet exemple (1) ».

Les sectaires, soi-disant républicains, qui voulaient mettre la république au service de la franc-maçonnerie et ne visaient à rien moins qu'à effacer de la terre de France, je ne dis pas seulement le christianisme, mais toute religion, songèrent tout d'abord à faire disparaître les fêtes chrétiennes et à les remplacer. Déjà, sous les régimes précédents, on avait profané beaucoup le jour réservé à la gloire de Dieu; sous prétexte de comices agricoles, de sociétés de tir, d'orphéons, de fanfares, d'expositions d'agriculture, d'industrie ou de commerce, à tout propos et hors de propos, on avait essayé de ravir le dimanche à Dieu et de le consacrer soit aux intérêts, soit aux plaisirs. Sous ces gouvernements, ce n'était qu'une faiblesse; sous la République, ce fut un parti pris. Rien ne fut négligé pour éloigner de l'Eglise, même les enfants. Nous verrons bientôt, sur ce sujet, les plus lamentables attentats.

Ce n'est pas tout de vouloir supprimer, il faut remplacer. A la place du dimanche, on se mit en demeure de chercher des fêtes républicaines; et à la place des saints, on se prit à exalter, avec une sorte de piété furieuse, des saints aussi peu respectables que Voltaire, Rousseau, Diderot, Danton. Nous parlons ailleurs de l'apothéose de Voltaire, qui fut continuée par l'apothéose, également stupide et infâme, de Victor Hugo; nous dirons ici quelques mots de la fête du 14 juillet, anniversaire de la prise de la Bastille.

De tous les anniversaires de la Révolution, celui de la prise de la Bastille est le plus célébré. Le serment du jeu de paume ressemble à une comédie, étant donnée la bonté de Louis XVI, si vite dégénérée en faiblesse; le 6 octobre, le 20 juin, le 10 août, le 21 janvier, répugnent à des degrés divers; le 22 septembre, date de la proclamation de la République, est trop voisin des massacres de septembre : on glisse encore dans le sang. Avec le 14 juillet, les panégyristes, même les plus réservés, de la Révolution sont à l'aise; ils oublient quelques meurtres, d'autant plus facilement que le sang versé n'était pas *si pur*, et ils célèbrent à l'envi les glorieux vainqueurs de la Bastille. A les entendre, dès que la nouvelle du renvoi de Necker fut connue, Paris indigné se souleva; une foule héroïque se précipita à l'assaut de la Bastille; la sombre forteresse du despotisme tomba, et cette chute ouvrit l'ère de la liberté. Le peuple fut aussi généreux dans la victoire qu'il avait été vaillant dans la lutte. Telle est la légende.

Dans le choix de cette fête, la première chose qui étonne, c'est son objet, la ruine d'une prison, et encore d'une prison d'Etat. Des prisons, il en faut dans toute société civilisée; la répression et le châtiment du crime font la terreur des méchants et la sécurité des bons. Si l'homme était resté fidèle aux commandements de Dieu, il eût écoulé ses jours dans la paix et dans la liberté; chassé de l'Eden, condamné à gagner son pain par le travail et obligé trop souvent à l'arroser de ses larmes, il subit une condition dont tous les fils d'Adam n'acceptent pas les rigueurs. Les honnêtes gens, sans doute, se résignent à toutes les duretés du sort; les autres voudraient s'en procurer tous les plaisirs, sans les payer personnellement à leur juste prix. Ce qu'ils ne veulent pas se procurer par les voies régulières, ils cherchent à l'arracher aux autres par le crime. De là, la nécessité absolue de prévenir le crime par la police; de le saisir par les gendarmes; de le frapper par la main de justice; et de le faire expier par des peines proportionnelles aux forfaits. La destruction d'une prison ne peut pas réjouir les honnêtes gens, qui ne se savent point exposés à en subir la clôture; elle ne peut réjouir que les coquins. En faire l'objet d'une fête nationale, c'est insulter, dans le pays, l'élite de la population et faire chorus avec la canaille.

La Bastille, au surplus, n'était pas une prison de droit commun; c'était une prison d'Etat. Le roi y enfermait, par lettres de cachet, des coupables de haut rang qu'on ne pouvait punir assez tôt, ni atteindre suffisamment par les procédures ordinaires de la justice. Dans l'ancienne France, il y avait beaucoup de justices spéciales; il y en avait une plus spéciale pour ceux que leur situation ou leur habileté pouvait soustraire à l'action de la magistrature. Dans toute société bien organisée, on ne peut pas négliger ces voies sommaires, expéditives, et, au fond, indulgentes de répression. Il s'en trouve aussi bien dans les sociétés démocratiques, que dans les sociétés d'autrefois, peut-être plus. Les romanciers de l'histoire ont essayé de déconsidérer la Bastille, en racontant l'histoire de tel détenu, enfermé là des années; et, grâce à la mise en scène, ils en ont fait un objet d'horreur. Victor Hugo, dans le *Dernier jour d'un condamné*, a prouvé qu'on peut aisément obtenir de ces effets de terreurs, envers toutes les formes sociales du châtiment. Il serait puéril de s'arrêter à ces grimaces de sensiblerie, recherchées surtout par les gens sans cœur et sans esprit. Pour juger des choses, il faut les envisager en ce qu'elles sont réellement. Or, dans l'ancienne France, la Bastille était une prison aristocratique; le roi vous y envoyait avec toutes les formes de respect; il vous y détenait avec tous les égards dûs à votre rang; et vous en sortiez encore plus facilement que de toute autre prison. Il était, j'en conviens, aisé d'y aller; et l'on cite bien des gens qui doivent à ce voyage une part de leur célébrité; il était plus aisé encore d'en revenir. Nous ne méprisons certes pas les formes de la justice et les

---

(1) *Génie du christianisme*, liv. IV, ch. IV.

garanties protectrices de l'accusé ; mais, encore une fois, la Bastille était plutôt un *sanatorium* qu'une prison, une prévention de haut goût plutôt qu'une condamnation à l'infamie.

Sous Louis XVI, en particulier, la Bastille était bien dégénérée, à peu près inutile, et il avait été question de la démolir. Au moment où elle succomba dans une insurrection, il y avait en tout sept détenus : un fou, mis là sur la demande de sa famille ; deux ou trois banqueroutiers frauduleux et quelques fabricants de fausse monnaie. Il n'y a pas de quoi apitoyer un peuple. On punit encore aujourd'hui les faux monnayeurs et les banqueroutiers ; à défaut de la Bastille, on les enferme parfaitement à Clairvaux ou ailleurs ; et les républicains, comme les autres, trouvent que c'est bien fait.

Oh! si les progrès de la morale publique, si le respect des personnes et des biens étaient en progrès ; si la justice n'avait plus rien à faire ; si les criminels manquaient pour remplir les prisons, nous serions heureux d'en voir diminuer le nombre. Mais telle n'est pas notre perspective. Depuis 89, la criminalité va sans cesse en augmentant et il a fallu, bon gré mal gré, multiplier les prisons. Nous n'avons plus la Bastille avec ce gouverneur qui invitait les détenus à sa table ; mais nous avons, presque à la même place, la grande Roquette pour les condamnés à mort, la petite Roquette pour les jeunes détenus, Mazas avec ses innombrables cellules pour les prisonniers de droit commun et Sainte-Pélagie qui continue, même en république, de recevoir son *quantum* de détenus politiques. Les cent cellules de la Bastille n'existent plus ; les mille cellules de quatre ou cinq prisons les remplacent. Eh bien, dansez maintenant ; mais souvenez-vous que les danseurs, s'ils ne sont pas sages, peuvent se faire mettre au violon ; et il y en a maintenant de toutes les catégories, y compris la relégation chez les Canaques, genre de supplice inconnu de l'ancien régime.

Maintenant, on célèbre une fête pour offrir quelque noble exemple à l'imitation des siècles. Les mystères de Jésus-Christ et de la Sainte-Vierge nous rappellent les vérités de la foi et les devoirs du salut ; les fêtes des saints nous offrent des exemples à imiter et nous provoquent à suivre les traces des héros que nous célébrons. Qu'y a-t-il donc à imiter aujourd'hui, pour la France, dans le 14 juillet 1789 et que nous dit l'histoire sur cette triste journée.

L'histoire, l'impartiale et véridique histoire, nous dit, qu'avant le 14 juillet il existait à Paris, grâce aux immunités du duc d'Orléans, un club immense, le Palais-Royal, qui avait des ramifications dans les dernières classes de la populace. Ce club entretenait une agitation factice. Quand Necker fut renvoyé, le Palais-Royal donna le signal d'une émeute qui, mollement réprimée, ou plutôt laissée libre, aboutit à la journée du 14 juillet.

La Bastille ne fut pas prise, mais rendue, et sa malheureuse garnison, composée de quelques suisses et de quelques invalides, fut en grande partie massacrée, malgré une capitulation en règle.

Voilà ce que dit l'histoire.

Dans son volume sur la Révolution qui a soulevé tant de colères, Taine, avec un rare talent et avec une entière bonne foi, a refait le tableau de ces premières journées de la Révolution, de cette aurore de la liberté, qui présageait la Terreur.

Voici d'abord le Palais-Royal, ce « berceau de la Révolution ».

Le Palais-Royal est un club en plein air, où, toute la journée et jusque bien avant dans la nuit, les agitateurs s'exaltent les uns les autres et poussent la foule aux coups de main. Dans cette enceinte protégée par les privilèges de la maison d'Orléans, la police n'ose entrer, la parole est libre, et le public qui en use semble choisi exprès pour en abuser. C'est le public qui convient à un pareil lieu. Centre de la prostitution, du jeu, de l'oisiveté et des brochures, le Palais-Royal attire à lui toute cette population sans racines qui flotte dans une grande ville, et qui, n'ayant ni métier, ni ménage, ne vit que pour la curiosité ou pour le plaisir : habitués des cafés, coureurs de tripots, aventuriers et déclassés, enfants perdus ou surnuméraires de la littérature, de l'art ou du barreau, clercs de procureurs, étudiants des écoles, badauds, flâneurs, étrangers et habitants d'hôtels garnis. Ils remplissent le jardin et les galeries ; à peine y trouverait-on un seul membre de ce qu'on appelait les six corps, un bourgeois établi et occupé, un homme à qui la pratique des affaires et le souci du ménage donnent du poids et du sérieux. Il n'y a point de place ici pour les abeilles industrieuses et rangées ; c'est le rendez-vous des frelons politiques et littéraires. Ils s'y abattent des quatre coins de Paris, et leur essaim tumultueux, bourdonnant, couvre le sol, comme une ruche répandue.

C'est là qu'on entend Camille Desmoulins dire : « Puisque la bête est dans le piège, qu'on l'assomme... Jamais plus riche proie n'aura été offerte aux vainqueurs. Quarante mille palais, hôtels, châteaux, les deux cinquièmes des biens de la France seront le prix de la valeur. Ceux qui se prétendent conquérants seront conquis à leur tour. La nation sera purgée. » Dès les premiers jours, c'est « le programme de la Terreur ». Là on énumère les ennemis de la patrie dont il faudra purger la nation : « Deux altesses royales (Monsieur et le comte d'Artois), trois altesses sérénissimes (les princes de Conti et de Condé et le duc de Bourbon), etc. Ni le roi, ni la reine ne sont épargnés. On propose « de brûler la maison de M. d'Espreménil, sa femme, ses enfants et sa personne », et cela « passe à l'unanimité ». Un assistant, que révolte cette motion sanguinaire, « est saisi au collet ; on l'oblige à se mettre à genoux, à faire amende honorable, à baiser la terre; on lui inflige le châtiment des enfants, on l'enfonce plusieurs fois dans un des bassins, après quoi on le livre à la populace, qui le roule dans la boue ». Des ecclésiastiques sont fouettés ; une femme qu'on ne trouve pas suffisamment patriote est « troussée et fouettée jusqu'au sang ». Les officiers, les hussards sont insultés et attaqués à coups de pierres; seuls, les gardes françaises, devenus les soldats de l'émeute, trouvent grâce. Un malheureux espion de police est martyrisé. « On a saisi un espion de police, on l'a baigné dans le bassin, on l'a forcé comme on force un cerf, on l'a harassé, on lui jetait des pierres, on lui donnait des coups de canne, on lui a mis un œil hors de l'orbite ; enfin, malgré ses prières et qu'il criait merci, on l'a jeté une seconde fois dans le bassin. Son supplice a duré depuis midi jusqu'à cinq heures et demie, et il y avait bien dix mille bourreaux ». C'est Camille Desmoulins qui parle, et l'on prétend non seulement nous apitoyer sur ce drôle qui s'était constitué le « procureur général de la lanterne », mais encore l'imposer à notre admiration.

Le 12 juillet, à la nouvelle du renvoi de Necker, qui jouait double jeu : trahissant le roi et ménageant le peuple, une émeute a lieu. Camille Desmoulins dénonce la cour, qui médite « une Saint-Barthélemy de patriotes ». Sur ces absurdités, dont l'orateur ne croyait pas un mot, les théâtres sont fermés en signe de deuil ; on promène les bustes du duc d'Orléans et de Necker. Cette procession d'un nouveau genre rencontre sur la place Louis XV, les dragons du prince de Lambesc, qui se tiennent sur la défensive ; la foule commence l'attaque ; on leur jette des chaises, des pierres, des bouteilles ; on leur tire des coups de pistolet ; le prince de Lambesc, assailli par une douzaine d'hommes, se dégage en faisant caracoler son cheval et en « espadonnant avec son sabre ; un homme, qui ne veut pas lâcher le cheval, reçoit à la main « une égratignure, longue de 23 lignes, qui a été pansée et guérie au moyen d'une compresse d'eau-de-vie ». Les dragons tirent en l'air et, en même temps, les gardes françaises, passées à l'émeute, faisaient traîtreusement feu sur un détachement de Royal-Allemand, fidèle à son devoir. Voilà la vérité : « La patience, l'humanité des officiers ont été extrêmes » ; elles sont allées jusqu'à la faiblesse. Du reste, la force de la vérité obligea d'acquitter le baron de Bezenval et le prince de Lambesc. Malgré cela, le lendemain, « un particulier affichait à la pointe du carrefour Bussy un placard manuscrit, portant invitation aux citoyens de se saisir du prince de Lambesc et de l'écarteler sur le champ. »

Du reste, la journée du 12 juillet ne fut pas perdue pour la Révolution ; les boutiques d'armuriers furent pillées, l'hôtel de ville envahi et quelques électeurs (une quinzaine) décidèrent que les districts seraient convoqués et armés. La journée du 13 continua celle du 12 ; les barrières furent incendiées ; des maisons pillées ; des brigands allaient de porte en porte en criant : Des armes et du pain ! Les lazaristes virent leur maison envahie ; la foule se précipita dans les caves, défonça les tonneaux et se mit à boire ; vingt-quatre heures après, on y trouva une trentaine de morts et de mourants, noyés dans le vin. Dans la nuit du 13 au 14, l'orgie continua : « Paris courut risque d'être pillé », dit Bailly. Déjà, en pleine rue, de l'aveu du révolutionnaire Dussault, « des créatures arrachaient aux citoyennes leurs boucles d'oreilles et de souliers » ; les voleurs se donnaient libre carrière. Les bourgeois eurent peur, et 48.000 hommes se formèrent en bataillons et compagnies ; on acheta aux bandits leurs armes ; on en pendit quelques-uns. Les vols s'arrêtèrent, au moins en apparence ; mais l'insurrection continua. Un électeur, Legrand, ne sauva l'hôtel de ville menacé, qu'en menaçant de tout faire sauter. Voilà les préliminaires, voici maintenant la grande journée :

A la Bastille, de dix heures du matin à cinq heures du soir, dit Taine, ils fusillent des murs hauts de quarante pieds, épais de trente, et c'est par hasard qu'un de leurs coups atteint sur les tours un invalide. On les ménage comme des enfants à qui l'on tâche de faire le moins de mal possible : à la première demande, le gouverneur fait retirer les canons des embrasures ; il fait jurer à la garnison de ne point tirer si elle n'est attaquée ; il invite à déjeuner la première députation ; il permet à l'envoyé de l'hôtel de ville de visiter toute la forteresse ; il subit plusieurs décharges sans riposter et laisse emporter le premier pont sans brûler une amorce ; s'il tire enfin, c'est à la dernière extrémité, pour défendre le second pont, et après avoir prévenu les assaillants qu'on va faire feu. Bref, sa longanimité, sa patience sont excessives, conformes à l'humanité (à la sensiblerie) du temps.

Pour eux, ils sont affolés par la sensation nouvelle de l'attaque et de la résistance, par l'odeur de la poudre, par l'entraînement du combat ; ils ne savent que se ruer contre le massif de pierres ; et leurs expédients sont au niveau de leur tactique. Un brasseur imagine d'incendier ce bloc de maçonnerie, en lançant dessus, avec des pompes, de l'huile d'aspic et d'œillette injectée de phosphore. Un jeune charpentier, qui a des notions d'archéologie, propose de construire une catapulte. Quelques-uns croient avoir saisi la fille du gouverneur et veulent la brûler, pour obliger le père à se rendre. D'autres mettent le feu à un avant-corps de bâtiment rempli de paille, et se bouchent ainsi le passage. « La Bastille n'a pas été prise de vive force, disait le brave Elie, l'un des combattants ; elle s'est rendue avant même d'être attaquée », par capitulation, sur la promesse qu'il ne serait fait de mal à personne. La garnison, trop bien garantie, n'avait plus le cœur de tirer sans péril sur des corps vivants, et d'autre part elle était troublée par la vue de la foule immense. Huit ou neuf cents hommes seulement attaquaient, la plupart ouvriers ou boutiquiers du faubourg, tailleurs, charrons, merciers, marchands de vin, mêlés à des gardes françaises. Mais la place de la Bastille et les rues environnantes étaient combles de curieux qui venaient voir le spectacle ; parmi eux, dit un témoin, « bon nombre de femmes élégantes et de fort bon air, qui avaient laissé leurs voitures à quelque distance. » Du haut de leurs parapets, il semblait aux cent vingt hommes de la garnison que Paris tout entier débordait sur eux.

Aussi bien ce sont eux qui baissent le pont-levis, qui introduisent l'ennemi. Tout le monde a perdu la tête, les assiégés comme les assiégeants ; ceux-ci encore davantage, parce qu'ils sont enivrés par la victoire. A peine entrés, ils commencent par tout briser, et les derniers venus fusillent les premiers, au hasard : « Chacun tire sans faire attention ni où, ni sur qui les coups portent ». La toute-puissance subite et la licence de tuer sont un vin trop fort pour la nature humaine ; le vertige vient, l'homme *voit rouge*, et son délire s'achève par la férocité.

Car le propre d'une insurrection populaire, c'est que, personne n'y obéissant à personne, les passions méchantes y sont libres autant que les passions généreuses, et que les héros n'y peuvent contenir les assassins. Elie, qui est entré le premier, Cholat, Hulin, les braves gens qui sont en avant, les gardes françaises qui savent les lois de la guerre, tâchent de tenir leur parole ; mais la foule qui pousse par derrière ne sait qui frapper, et frappe à l'aventure. Elle épargne les Suisses qui ont tiré sur elle et qui, dans leur sarrau bleu, lui semblent des prisonniers. En revanche, elle s'acharne sur les invalides qui lui ont ouvert la porte ; celui qui a empêché le gouverneur de faire sauter la forteresse a le poignet abattu d'un coup de sabre, est percé de deux coups d'épée, pendu, et sa main, qui a sauvé un quartier de Paris, est promenée dans les rues en triomphe. On entraîne les officiers, on en tue cinq, avec trois soldats, en route ou sur place. Pendant les longues heures de la fusillade, l'instinct meurtrier s'est éveillé, et la volonté de tuer, changée en idée fixe, s'est répandue au loin dans la foule qui n'a pas agi. Sa seule clameur suffit à la persuader ; à présent, c'est assez pour elle qu'un cri de haro ; dès que l'un frappe, tous veulent frapper. « Ceux qui n'avaient point d'armes, dit le commandant des trente-deux Suisses, lançaient des pierres contre moi ; les femmes grinçaient des dents et me menaçaient de leurs poings. Déjà deux de mes soldats avaient été assassinés derrière moi... J'arrivai enfin, sous un cri général d'être pendu, jusqu'à quelques centaines de pas de l'hôtel de ville, lorsqu'on apporta devant moi une tête perchée sur une pique, laquelle on me présenta pour la considérer, en me disant que c'était celle de M. de Launay, le gouverneur. »

Celui-ci, en sortant, avait reçu un coup d'épée dans l'épaule droite ; arrivé dans la rue Saint-Antoine, « tout le monde lui arrachait les cheveux et lui donnait des coups. » Sous l'arcade Saint-Jean, il était déjà « très blessé ». Autour de lui, les uns disaient : « Il faut lui couper le cou », les autres : « Il faut le pendre, » les autres : « Il faut l'attacher à la queue d'un cheval ». Alors, désespéré et voulant abréger son supplice, il crie : « Qu'on me donne la mort ! » et, en se débattant, lance un coup de pied dans le bas-ventre d'un des hommes qui le tenaient. A l'instant il est percé de baïonnettes, on le traîne dans le ruisseau, on frappe sur son cadavre en criant : « C'est un galeux et un monstre qui nous a trahis ; la nation demande sa tête pour la montrer au public, » et l'on invite l'homme qui a reçu le coup de pied à la couper lui-même.

Celui-ci, cuisinier sans place, demi badaud qui est « allé à la Bastille pour voir ce qui s'y passait », juge que, puisque tel est l'avis général, l'action est *patriotique* et croit même « mériter une médaille en détruisant un monstre ». Avec un sabre qu'on lui prête, il frappe sur le col nu ; mais le sabre mal affilé ne coupant point, il tire de sa poche un petit couteau à manche noir, et « comme en sa qualité de cuisinier, il sait travailler les viandes », il achève heureusement l'opération. Puis, mettant la tête au bout d'une fourche à trois branches, et accompagné de plus de deux cents personnes armées, « sans compter la populace », il se met en marche, et, rue Saint-Honoré, il fait attacher à la tête deux inscriptions « pour bien indiquer à qui elle était ».

Après de Launay, c'est Flesselles que le « tribunal improvisé » du Palais-Royal a dénoncé et condamné.

M. de Flesselles, prévôt des marchands et président des électeurs à l'hôtel de ville, s'étant montré tiède, le Palais-Royal le déclare traître et l'envoie prendre ; dans le trajet, un jeune homme l'abat d'un coup de pistolet, les autres s'acharnent sur son corps, et sa tête, portée sur une pique, va rejoindre celle de M. de Launay.

Quant au fameux billet, tant reproché au malheureux prévôt des marchands, « nul témoin n'affirme l'avoir vu et, d'après Dussault, il n'aurait eu ni le temps ni le moyen de l'écrire ».

Voilà le 14 juillet dont Malouet a dit, avec raison, que c'était le commencement de la Terreur. Si l'on en pouvait douter, les meurtres de Foulon, de Berthier et d'autres moins connus le prouveraient.

Nous reconnaissons, du reste, que nos radicaux, qui se disent les héritiers et les continuateurs des jacobins, brusquement interrompus dans leur œuvre de régénération sociale par le 9 thermidor, sont conséquents avec leur doctrine quand ils veulent compléter la « fête nationale » du 30 juin par la fête républicaine du 14 juillet.

A ces impies, on peut en opposer un autre, beaucoup plus raisonnable et de plus grande autorité : « Grâces en soient rendues aux Conciles qui ont statué inflexiblement sur l'observation du dimanche, écrivait Proudhon, et plût à Dieu que le respect de ce jour fût aussi sacré pour nous qu'il l'a été pour nos pères... Conservons, restaurons la solennité si éminemment sociale et populaire du dimanche, comme institution *conservatrice des mœurs, source d'esprit public*, lieu de réunion inaccessible aux gendarmes, et garantie d'ordre et de liberté (1) ».

Ce n'est pas avec un 14 juillet quelconque, même paré d'oripeaux qui ne sauraient lui appartenir, qu'on relève et qu'on honore un peuple ; c'est, d'après Proudhon, avec le dimanche catholique, avec le cortège de ses fêtes, avec les lumières pures, les grâces saintes et les joies innocentes qui l'accompagnent. Conclusion d'autant plus évidente qu'on examine avec plus d'attention avec quels rites on célèbre les nouvelles fêtes et glorifie les saints nouveaux. Çà et là, quelques orateurs de quarantième grandeur essaient bien d'expectorer des discours ; mais ces discours, pleins d'emphases et de mensonges, ne peuvent tourner qu'à la confusion des idées et à l'exaltation du vice. C'est d'ailleurs le sens de la fête souligné par toutes ses pratiques. Dans les villes, les théâtres gratis, les bastringues, les pétards, les illuminations et le saucisson à volonté : voilà le menu de la fête. Un saucisson qui n'a pas de fin, voilà la mystique de la révolution. Dans les villages, quelques bouts de chandelles, quelques lampions, la danse pendant la nuit, un tonneau défoncé dans la prairie à la grande joie des ivrognes : c'est toute la liturgie de cette bacchanale. Ce jour-là, tout est permis, et, dans la nuit, en effet, on se permet tout. Quand la canaille se mettra en mesure d'établir des fêtes, je doute qu'elle puisse inventer rien de pire.

Mais encore, à quoi rime une république célébrant 89 ? On nous clame, sur le thyrse, que c'est la fin de la tyrannie, l'installation de la liberté, l'inauguration de tous les bien-êtres, la patente à toutes les licences. Que signifient ces dithyrambes ? Pour un homme instruit, peu de chose. La liberté nous est mesurée à petites doses ; le bien-être est problématique ; la tyrannie est assise à toutes les portes et bien heureux quand elle ne vient pas s'asseoir au foyer ; les licences... il n'était pas nécessaire de les permettre pour qu'on s'autorisât à les prendre.

J'aurais compris le 4 août, jour où l'Assemblée, prise de vertige, biffa d'un trait le régime féodal, plus facile à biffer qu'à détruire. Les gens instruits savent, au surplus, que, depuis l'avènement de Louis XVI, la plupart des réformes de l'Assemblée constituante étaient inscrites dans les édits royaux. Et depuis l'aurore de ce siècle, depuis 1830 surtout, qui peut ignorer avec quelle puissance absorbante s'est rétablie la féodalité dans sa forme la plus basse, j'allais dire la plus vile, celle de l'argent? L'Assemblée, pour qui l'épithète de *constituante* sera une épigramme éternelle, s'est montrée, le 14 juillet et au 4 août, comme elle se montra dans tous le cours de sa durée : enthousiaste, naïve, peu sérieuse, et finalement très funeste. Nous nous agitons, d'une manière stérile, depuis un siècle, sur ses ruines.

Reste la question politique et c'est ici qu'éclate l'énorme ignorance des républicains. A la publication de la correspondance entre Mirabeau et le comte de la Marck, voici ce qu'écrivait Proudhon ; ses réflexions péremptoires montrent, sous leur vrai jour, le sens des événements :

« Cette correspondance de Mirabeau, dit-il, donne le véritable sens de la Révolution française de 1789 à 1792 : elle témoigne en outre plus que les discours du grand orateur, et contient sa justification.

« Il est démontré par les lettres et les notes de Mirabeau et par les réponses qu'elles provoquent, qu'en 1789, et même avant la réunion des Etats Généraux, et plus encore après la prise de la Bastille, la nuit du 4 août et les journées d'octobre, le problème à résoudre était : *Accord de la Monarchie avec la Révolution*.

« Ce n'est pas seulement les Mounier, les Malouet qui le comprennent ainsi ; ce n'est pas seulement Mirabeau, Barnave, les Lameth et jusqu'à Robespierre ; *c'est tout le monde sans exception*.

« Et les événements ont prouvé que la Révolution de 89 à 1848 *ne dépassait pas* ce but.

« Mais comment se fera cet accord ?

« Là, tout le monde se divise : les uns tendent pour cela à réduire la part de la Révolution et à grossir celle de la Royauté ; les autres suivent la tendance contraire ; par dévouement à la Révolution et dévouement au nouvel ordre de choses, ils tendent à annihiler de plus en plus le pouvoir royal.

« Du reste, les factions diverses ne combattent évidemment que pour s'approprier, sous la Monarchie telle qu'elle sera organisée, la plus large part d'influence ; à cet égard, la guerre faite à la Cour par les Lameth et les Lafayette jusqu'à la mort de Mirabeau, et par les Jacobins eux-mêmes, n'est qu'une manière de réduire celle-ci à se placer sous leur protection.

« Au fond, *ceux qui attaquent* la Cour et

---

(1) *De la célébration du dimanche*, tout cet écrit est à méditer aujourd'hui.

menacent la Reine veulent *la même chose* que ceux *qui les flattent* (les partisans de l'ancien régime exceptés) ; la préférence, même apparente, accordée à l'un, devient aussitôt un prétexte de jalousie, qui, par pure hypocrisie, prend aussitôt la forme d'une accusation de trahison.

« Il faut dévoiler ce secret des hommes du temps ; c'est là ce qui explique les accusations réciproques d'orléanisme et de courtisanisme, et toutes ces méfiances qui cachent autant de convoitise que de zèle...

« Pendant un temps, l'idée vola dans l'air de changer de dynastie... Cette idée usée, ils fallut alors, bon gré mal gré, se rabattre sur la dynastie existante ; on ne le fit pas sans y apporter théoriquement quelques modifications. On songea tantôt à remplacer Louis XVI par Monsieur ; tantôt à lui arracher une abdication et à nommer un Conseil de Régence ; tantôt à provoquer un divorce et écarter la Reine pour mieux maîtriser le Roi ; tantôt enfin à gagner la Reine elle-même, et à la réconcilier avec la Révolution...

« Quelques-uns, sans se préoccuper autant du Roi, de la Reine, de la dynastie, songeaient plutôt à former un parti si nombreux, si puissant, qu'il s'imposât de lui-même ; ils voulaient former un gouvernement monarchique qui pût, au besoin, aller sans le monarque ; ceux-là devançaient la coalition de 1848 qui renversa Louis-Philippe.

« L'esprit de Mirabeau paraît avoir flotté, suivant les probabilités qu'il y trouvait, entre ces divers plans ; et c'est là une des causes secrètes qui l'ont fait et le feront encore accuser avec plus d'injustice ; c'est ce qui fera paraître, aux observateurs superficiels, sa conduite politique si souvent immorale.

« Mirabeau ne croit fermement qu'à une chose : LA RÉVOLUTION.

« Mais, en même temps, il aperçoit plus nettement qu'aucun autre *la nécessité*, pour l'époque et pour la chose publique, *de concilier cette Révolution avec une forme de gouvernement monarchique représentatif* ; plus que personne, il sent la nation *entraînée* sur la pente fatale, et la Révolution, *la liberté, tout, en péril*.

« Mirabeau en 89 a vu 93, l'excès de la démagogie, puis le despotisme militaire. Mirabeau, répondant à l'argument pessimiste de la Cour, qui disait que l'excès de l'anarchie ramènerait la France à son Roi, Mirabeau a vu, il le dit en plusieurs endroits, qu'il faudrait *plus de vingt ans* pour épuiser les conséquences du débordement (en effet, de 90 on est allé jusqu'en 1814) ; il a donc conclu, de toute la puissance de sa raison, à la nécessité d'enrayer le char révolutionnaire, en révolutionnant la royauté, en *royalisant* (si cela peut se dire au sens constitutionnel) la Révolution.

« Ses sollicitations auprès de Lafayette, et finalement son attitude avec la Reine, et tout ce qui en a été la suite, sont la conclusion logique de cette conception parfaitement raisonnée, judicieuse et hautement justifiée par la suite.

« Quel est donc le sens de son fameux pacte avec la Cour ?

« Sauver la Révolution de la seule manière qu'elle pouvait l'être (puisque la *Démocratie* et l'*Empire* prévus par Mirabeau étaient deux positions également instables), par sa réconciliation, au moins temporaire, avec la monarchie.

« C'était tellement dans le sens commun, tellement dans la donnée universelle que Mirabeau dut croire que, ses services acceptés, son plan l'était par conséquent aussi. Il fallait plus que de la folie pour vouloir, pour espérer autre chose. Il paraît cependant que la Cour ne fut jamais tellement convaincue sur ce point qu'elle ne s'entretînt de temps en temps des idées de complète contre-révolution. C'est là ce qui empêcha le succès des conseils de Mirabeau et poussa la France aux extrémités.

« Et c'est ici qu'apparaît, dans tout son jour, la grandeur de Mirabeau ; il accuse, réprimande, fouette dans ce sens les hésitations, les faiblesses du prince. Jamais il ne soupçonne qu'on le trahit ; il ne lui vient pas à l'esprit qu'on puisse attendre de lui une chose absurde ; il marche, il avance, frappant sur la contre-révolution à mesure qu'elle se montre (ce qui indigne à chaque fois la Cour) et fournissant chaque jour des conseils qui ne sont jamais suivis...

« Du moment qu'on voulait une monarchie, il ne fallait pas, surtout en France, l'amoindrir. *Bien fous*, disait Mirabeau, *ceux qui croiraient que la France peut se passer de Roi.* » Et 1804 a prouvé combien il avait raison. Il fallait donc enrayer et remonter la pente, chose difficile...

« La position de Mirabeau vis-à-vis de la Cour ainsi exposée, reste à la juger.

« Au point de vue politique, la pensée de conciliation de Mirabeau était-elle juste ?

« *Juste*, on ne saurait le dire, le sort de la monarchie constitutionnelle après trente-trois ans d'existence a prouvé que cette conciliation n'est jamais une vérité.

« Mais ce qui est certain, c'est que tout le monde la voulait, et qu'en 1789, comme en 99, comme en 1814 et 1830, elle était le *nec plus ultra* de ce que la raison publique pouvait comprendre ; d'ailleurs, elle était exigée par la tradition ; c'était une NÉCESSITÉ.

« Nécessité d'autant plus grande et qui donnerait à notre opinion d'autant plus d'apparence, que la démocratie s'est constamment montrée brutale, inhabile, et nous a ramenés toujours au despotisme.

« Toute la question se réduit donc à savoir si Mirabeau, se liant avec la Cour, entamant avec elle des négociations suivies, la conseillant, prenait le bon moyen

« On pourrait demander d'abord ce qu'il y avait de mieux à faire ; d'autant qu'après sa mort, Barnave et autres le tentèrent et que ce fut l'éternelle ambition de Lafayette. Pour traiter avec une dynastie, agir au nom d'une dynastie, encore faut-il s'approcher du dynaste ?

« Mais la question porte plus loin que de simples correspondances ; il s'agit de savoir si, dès lors, la Cour, si le pouvoir exécutif devait être réduit et subalternisé au pouvoir législatif, suivant le principe : *le Roi règne et ne gouverne pas*, ou bien simplement séparé et corrélatif.

« Ici encore, il est impossible de n'être pas de l'avis du grand révolutionnaire. Plus que Lafayette, Thiers et autres, il est dans la vérité constitutionnelle. Comme il le sentait si vivement, la royauté, entièrement subalternisée, n'est plus qu'un rouage inutile, servant à déguiser la dictature honteuse d'un chef de parti, d'une aristocratie. Au fond, le parti *du Roi qui règne et ne gouverne pas* est un parti aristocrate. Mirabeau n'en voulait pas.

« Mirabeau voulait donc, pour sauver la Révolution, relever le *pouvoir exécutif*, sans en faire une dictature comme celle de 93, ni un despotisme militaire comme en 1804, mais une monarchie constitutionnelle, comme fut à peu près la royauté sous les ministères Decazes et Martignac. Mirabeau devait s'approcher du prince régnant, du titulaire de ce pouvoir et chercher à l'entraîner...

« Ceci entendu, il ne reste rien contre Mirabeau qui vaille la peine d'être relaté par l'histoire. Une démocratie ridicule autant qu'injuste s'obstine à souiller sa grande mémoire, une bourgeoisie mesquine et bête l'accuse avec ingratitude ; cela mérite à peine l'honneur de la plus flétrissante réplique.

« Mirabeau, ruiné, persécuté, ayant sacrifié à la Révolution ce qui lui restait de fortune et de vie, donnant à l'accomplissement de son œuvre ses jours et ses nuits, et ayant le droit de supposer que ses pensées autant que ses services étaient accueillis, Mirabeau reçoit une rémunération qui n'est que la garantie de repos et de sécurité dont il a un immense besoin ; cette rémunération, que la Révolution aurait dû lui voter, c'est la monarchie, avec laquelle il s'agit de le réconcilier, qui en attendant la lui offre ! Et Mirabeau est vendu ! Mirabeau est traître !

« Non, non, Mirabeau ne fut point traître, vil encore moins ; sans doute il eut, comme tout honnête homme, la pensée de faire servir sa cause à sa fortune ; jamais, pour sa fortune, il ne déserte sa cause ; jamais il ne sacrifie un *iota* à ses convictions.

« La calomnie organisée contre Mirabeau fut une honte pour le parti révolutionnaire de 89 et une calamité nationale.

« L'excès de travail occasionné à Mirabeau par les négociations avec la Cour fut pour beaucoup dans la maladie qui l'emporta. Mais, par là même, les reproches d'*orgies* sont réduits à peu de chose. Des séances de comité de cinq et six heures, puis les luttes de l'Assemblée, une correspondance effrayante, on ne sait où cet homme a trouvé le temps de faire tant de choses ! »

Le centenaire de Voltaire et de Jeanne d'Arc.

Le 30 mai 1878 était le centenaire de la mort de Voltaire ; c'était aussi l'anniversaire de la mort de Jeanne d'Arc : par une coïncidence étrange, et qui devait être significative, la pure victime et son vil insulteur venaient simultanément se rappeler au souvenir et s'offrir aux hommages de la France. Le 30 mai 1778, Voltaire était mort en réprouvé, agité comme Oreste par les furies, dévorant ses ordures, vomissant le blasphème ; le lendemain, son cadavre, exclu de l'Eglise, avait été ramené à Mesnil-Scellières et inhumé furtivement. C'était aussi un 30 mai que les Anglais avaient brûlé la libératrice de la France, à Rouen, sur la place du Vieux-Marché ; pour la soustraire à la reconnaissance de la patrie et à la vénération de l'Eglise, ils avaient jeté ses restes à la Seine ; mais l'Eglise avait cassé le procès de condamnation ; Dieu avait frappé les misérables juges ; et un temps devait venir où, sous l'inspiration d'En Haut, la chaire apostolique ouvrirait le procès de canonisation de la Pucelle d'Orléans. Le 30 mai 1878 inaugurait donc une sorte d'information préparatoire, sur la question de savoir s'il fallait placer Jeanne d'Arc sur les autels et sceller Voltaire dans son infâme sépulcre.

La République avait été administrée jusque là par des conservateurs ; elle avait encore, pour président, le faible et inexpérimenté Mac-Mahon ; pour ministres, les barres de fer en bois blanc du centre gauche, Bardoux, Marcère et le dernier des jansénistes, Dufaure. Les républicains qui se qualifient modestement de *purs*, comme si le mot *républicain* tout seul n'indiquait pas cette qualité, allaient arriver au pouvoir ; la majorité abusée des électeurs leur promettaient un prochain triomphe ; et, comme c'est l'usage en politique de se faire arme de tout, les républicains purs imaginèrent de se placer sous le patronage historique de l'impur Voltaire. A la vérité, le parti, dans son ensemble, ne se donna pas ce tort, à la fois ridicule et immonde ; mais il se trouva dans le parti quelques imbéciles pour empaumer cette aventure. Celui que le public vit le plus était un chocolatier de Seine-et-Marne, nommé Menier ; industriel, il avait fait fortune ; parce qu'il était député, le bonhomme se crut héritier de l'esprit de Voltaire. Du moins, pour s'essayer à le faire croire, il avait signé quelques livres composés par d'autres et imprimés à ses frais; il avait fondé, à ses frais, un journal, le *Bien public*, rédigé par des oisons dont il était le Numa; et il s'intitula *Président de la Commission pour le Centenaire de Voltaire*. La société des gens de lettres se crut aussi obligée à quelque démonstration en faveur de Voltaire, le roi des beaux esprits de son temps, titre qui permet à ceux qui l'encensent de se croire ses sujets et ses légataires universels. A certains égards, Voltaire appartient aux gens de lettres; par ses mérites, il les surpasse; par ses misères et ses vices, il les surpasse encore; ce n'est pas seulement un type, c'est un proto-type; mais il est difficile de le glorifier.

Mais enfin puisque les lettres et les politiciens font, de Voltaire, leur homme, il faut connaître le patron et juger, par là, des dévots. Voici quelques traits de son caractère :

Voltaire, dit Eugène Veuillot, poussa le mépris de la famille non seulement jusqu'à renier, en s'en moquant, le nom de son père, mais encore jusqu'à flétrir sa mère, qu'il accusait volontiers de mœurs légères. C'était connu; mais que penser du fils qui le rappelait en riant? Il croyait peut-être s'excuser ainsi de son dédain du nom paternel. C'est bien l'homme qui, vieillard, chargeait l'une de ses nièces, Mme de Fontaine, de lui copier des dessins malpropres, afin de le *ragaillardir*. Ne recherchons pas quel fut près de lui le rôle de son autre nièce, Mme Denis, et tenons-nous à ces traits. Peut-on contester qu'ils soient d'un polisson? et n'expliquent-ils pas que le sentiment de la famille soit méconnu, raillé, insulté dans les écrits, dont la révolution fait son catéchisme?

Ce n'est pas sous ces formes seulement que Voltaire traita la famille en ennemie. L'adultère fut l'un des éléments de sa vie et comme son état naturel. Il y introduisit même une bassesse particulière : il acceptait que Saint-Lambert fut à peu près pour lui ce qu'il était lui-même pour le marquis. Du reste, dès sa jeunesse, son libertinage était arrivé à la débauche, au cynisme. N'est-ce pas là aussi le cachet constant de ses écrits? L'obscénité ne fut-elle pas toujours son principal instrument philosophique? Comme mœurs, comme aspiration et habitude de son esprit, il a donné sa mesure dans ce poème sur Jeanne d'Arc, qu'il commença à 30 ans, et qu'octogénaire il retouchait encore. Oui, pendant cinquante ans, ce type du libre-penseur de tous les âges, ce modèle des républicains de nos jours, a vingt fois, cent fois remis sur le métier, pour la rendre plus salissante, cette polissonnerie, son œuvre de prédilection, qu'aucun des prôneurs du centenaire n'a osé défendre, mais que tous, en somme, ont acceptée. Et il devait en être ainsi, puisque la *Pucelle* résume la morale de Voltaire, qui est celle de la libre-pensée.

Si Voltaire a mis carrément dans ses livres la malpropreté de ses mœurs, il n'y a pas mis avec le même cynisme sa ladrerie et sa fourberie. Néanmoins il en perce quelque chose. On y trouve des théories, des appréciations, des traits qui dénoncent l'absence et comme l'ignorance de la probité. Ce qui n'est là qu'indiqué abonde dans sa correspondance et dans les actes les plus authentiques, les plus connus de sa vie privée. Il ne fut pas seulement avare, il fut usurier, il fut déloyal, il fut spéculateur véreux, il fut fripon. Même dans le camp voltairien on ne nie pas l'avarice. Peut-on nier davantage les vilaines spéculations, les actes de déloyauté, de malhonnêteté?

On sait à quels abus, plus étendus encore que ceux que l'on a vus de nos temps, donnaient lieu alors les fournitures militaires et quelles fortunes scandaleuses s'y faisaient. Voltaire se mit dans ces entreprises et y gagna beaucoup d'argent, sans trouver jamais qu'il en eut assez, sans s'inquiéter jamais d'aucune vilenie. Il s'enrichissait; peu lui importait que ce fut en compromettant la vie du soldat et les intérêts de la patrie. De nos jours, il eut été l'associé du citoyen Ferrand, ce fournisseur républicain qu'une justice réactionnaire, le tirant du château où il attendait son ami Gambetta, a fourré sous les verrous.

Voltaire ne s'en tint pas à écrire pour les traitants et à travailler avec eux, tout en les raillant quelquefois. Ce philosophe, cet humanitaire, commandita des négriers, il fut marchand d'esclaves et il y mit du cynisme; il en mettait en tout. Dès sa jeunesse, parlant d'une de ses premières entreprises financières, il l'appelait une *juifrerie*. C'était un brasseur d'affaires, il avait le culte du pot de vin. Toute entreprise qui pouvait donner du gain, fût-elle malpropre ou odieuse, lui allait. Sa devise, qu'il ne craignait pas d'afficher, était ce mot d'une tragédie anglaise : « Mets de l'argent « dans ta poche et moque-toi du reste. » En vertu de cet axiome, il alla jusqu'à la friponnerie. Peut-on qualifier autrement ses affaires avec le président de Brosse et le libraire Jore?

Il fut plus déloyal encore et plus vil dans les relations personnelles que sur les questions d'argent. Quiconque lui portait ombrage, avait contrarié ses vues, blessé son extrême vanité, devenait l'objet de sa haine, était en butte à ses injures constamment ordurières, à ses dénonciations toujours lâches, souvent infâmes. Qui oserait nier cela! Qui ne sait avec quel acharnement, avec quelle bassesse il persécutait de pauvres gens comme les Travenol, des critiques comme Desfontaine et Fréron; des écrivains qu'il jalousait comme Jean-Baptiste Rousseau et ce Jean-Jacques, son émule en vilenies que les gens du centenaire voulurent d'abord lui associer? Il demandait contre eux l'amende, la confiscation, l'exil, la prison, il les déclarait dignes de mort. Et comme il était le courtisan des grands seigneurs, des hommes en place, des lieutenants de police, des maîtresses royales, il obtint souvent que ses adversaires fussent rudement frappés.

On parle cependant du courage avec lequel

ce persécuteur subit la persécution. Quel conte ! Bien qu'il ait été de passage à la Bastille et qu'il ait vécu longtemps à l'étranger, Voltaire n'a pas été persécuté ; il n'a même été puni ni selon les lois de son temps, ni dans la mesure où son pareil le serait de nos jours. Pendant plus de soixante ans, il diffama les particuliers, fit des pamphlets contre les lois, écrivit des livres obscènes et il en fut quitte pour quelques semaines de prison, dans des conditions fort adoucies. Il en coûterait beaucoup plus aujourd'hui.

Ce prétendu persécuté eut des missions, des pensions, des charges de cour ; il fut toujours en crédit près des grands seigneurs les plus influents. La Pompadour, l'une de ses protectrices, le recevait « en roi » ; une autre de ses protectrices, la Du Barry, le traitait en ami, et il était assez bien avec le ministre Dubois pour lui demander d'être employé comme espion. Quand il avait fait quelque coup dont la justice devait connaître, la police, avant de le poursuivre, lui faisait dire de s'éloigner.

On cite ses pamphlets contre les magistrats, la magistrature, les lois, les mœurs, l'Etat, l'Eglise comme des actes de courage. Oublie-t-on qu'il les lançait de loin, à l'abri, sous de faux noms ; qu'il les désavouait, qu'il allait même jusqu'à les attribuer, en les flétrissant, à des écrivains morts ou à des vivants, ses ennemis ? A propos du *Dictionnaire philosophique*, il écrivait à d'Alembert : « Dès qu'il y aura *le moindre danger*, je vous prie *en grâce* de m'avertir afin que *je désavoue l'ouvrage* dans tous les papiers publics. » Il procéda de la sorte pour tous les écrits qui pouvaient le compromettre ; et on prétend le glorifier aujourd'hui du courage qu'il mit à les publier ! Du reste, c'était en tout, selon le mot de son ami d'Argenson, « un poltron avéré ».

Ses célèbres campagnes en l'honneur de Calas, de Sirven, de La Barre le montrent beaucoup plus désireux de faire œuvre de parti, de miner la justice, d'insulter l'Eglise que de venger des innocents et d'adoucir les mœurs. Il choisit le terrain de ses attaques, et s'il proteste avec véhémence contre les procédures barbares communes alors à toute l'Europe, c'est par haine de la protection légale donnée à l'Eglise et non par amour de l'humanité. Ce n'est pas d'Étalonde et La Barre qu'il défend, c'est la liberté du blasphème, c'est le droit de briser les croix qu'il veut conquérir.

D'autres procès où l'on appliqua la torture et qui furent suivis d'exécutions terribles, eurent lieu du temps de Voltaire ; mais comme aucun intérêt religieux n'y était mêlé, s'il en parla, ce fut pour en rire. Jamais homme ne fut plus insensible aux souffrances d'autrui et ne méprisa plus absolument l'humanité. Cet éducateur de nos républicains, en qui V. Hugo reconnaît « l'âme de la Révolution », ayant attrapé des droits seigneuriaux, y tenait beaucoup et traitait fort mal ses paysans. Tout son esprit ne l'empêcha pas d'être une variété comique du bourgeois-gentilhomme. Il avait, d'ailleurs, absolument horreur du peuple ; il le montre dans ses livres ; il l'a écrit à profusion, avec cynisme et brutalité dans ses lettres. S'il adula tous les princes de son temps, il fut particulièrement épris de Frédéric de Prusse et de Catherine de Russie. Leurs vices, leur mépris absolu des pauvres gens et de la vie humaine, leurs attentats, le caractère abominable de leur politique le séduisaient et l'enthousiasmaient. Dans cette absence absolue de sens moral, que le succès avait couronnée, il voyait la grandeur et il admirait.

Par ce côté encore Voltaire est bien le père de nos révolutionnaires et de nos libres-penseurs. On pourrait établir sans peine que la politique du mensonge, de la violence et du sang leur plaît comme elle lui plaisait. Sous les différences de langage et de procédés qu'imposent le temps et les circonstances, nous trouvons chez le maître et les disciples le même culte de la force, le même mépris du droit, qu'il s'agisse des nations ou des individus, le même besoin de s'aplatir devant toute puissance qui s'élève contre l'Eglise.

C'est aussi la même hypocrisie. Voltaire, tout en attaquant sans cesse et par tous les moyens tout le christianisme, prétendait n'en vouloir qu'au *fanatisme*. C'était son mot de passe. Nos républicains, ses continuateurs, bien que leur haine et leurs outrages enveloppent toutes les institutions catholiques, déclarent ne s'en prendre qu'au *cléricalisme* et protestent misérablement de leur respect pour la religion qu'ils veulent détruire.

Ce vice de l'hypocrisie, particulièrement lâche, Voltaire le portait partout. L'athée, qui faisait par intérêt des communions sacrilèges, mentait à ses amis comme à Dieu. Dans toutes ses relations c'était bien l'homme qui écrivait à Thiriot : « Je vous aime et ne vous trompe point », et qui la veille avait écrit à d'Argental, à propos de ce même Thiriot : « Y a-t-il une âme de boue aussi lâche, aussi méprisable ? » L'hypocrisie était ici doublée d'ingratitude. Mais qui ne sait, selon l'expression de sa nièce, Mme Denis, que Voltaire « était le dernier des hommes par le cœur ». Et pourquoi et comment n'aurait-il pas été hypocrite et ingrat, le cynique qui avait érigé le mensonge en système ? Les amis auxquels il écrivait : « Mentez, mentez, je vous le rendrai dans l'occasion », pouvaient-ils s'étonner qu'il leur mentît ?

Voltaire a d'autres droits encore à représenter la libre-pensée triomphante et pouvant établir enfin le régime de son choix. Il ignorait le patriotisme, l'idée de patrie ne lui disait rien. Il n'y avait là, pour lui, qu'un bon vieux mot propre aux effets littéraires. Nos révolutionnaires en sont là. Cependant, sur ce point, entre Voltaire et ses continuateurs, il faut noter une différence. Voltaire ne prétendait pas sacrifier la patrie à l'humanité.

S'il acceptait, après Rosbach; et de notre vainqueur lui-même, le titre de « bon Prussien », s'il se déclarait Suisse et regrettait de n'être pas Russe, c'était tout uniment par bassesse d'esprit, absence de cœur et en vue de ses intérêts. Il ne philosophait pas là-dessus. Nos révolutionnaires se vantent d'agir en penseurs ; s'ils sont internationaux, cosmopolites, s'ils préfèrent l'Europe à la France, c'est par système, c'est pour établir la fraternité des peuples. Leur négation de la patrie est donc plus raisonnée et plus complète. Néanmoins, ici encore, ils relèvent de Voltaire et ont droit comme lui aux remerciements de nos ennemis.

Tous, sans doute, n'en sont pas ou n'en veulent pas être là. Quelques-uns se croient sérieusement patriotes. D'autres affectent de l'être, parce que les masses populaires, maîtresses des élections, conservent l'idée de patrie ; mais au fond, l'esprit national s'éteint chez tous. Ils l'ont prouvé le jour où ils ont pris pour leur représentant le Français qui a le plus insulté, le plus sali, le plus ignoblement renié la France.

Il en devait être ainsi. La haine de l'Eglise et le mépris intéressé de ses lois ont dominé Voltaire. Ils donnent la clef de sa vie et de son œuvre. Les mêmes passions dominent nos révolutionnaires et devaient les faire voltairiens.

Voltaire, pourri lui-même, avait plu beaucoup à la pourriture du XVIIIe siècle ; grand démolisseur, il avait plu davantage encore aux révolutionnaires, grands ravageurs de l'Eglise et de la société civile. Napoléon Ier, qui ne se croyait pas capable de gouverner un peuple qui lisait Frédéric ou Voltaire, avait mis Voltaire en échec ; les Bourbons, restaurés et en partie éclairés sur la cause de leurs infortunes, avaient maintenu la disgrâce de Voltaire ; mais le libéralisme, pour leur faire pièce, avait multiplié les éditions des œuvres du patriarche de Ferney : le Voltaire des Chaumières, c'est-à-dire Voltaire semant dans le peuple les poisons qu'il avait inoculés d'abord à la noblesse, puis à la bourgeoisie, date de cette époque. De cette époque aussi date le portrait de Voltaire buriné par la plume vengeresse du comte J. de Maistre : « Ne me parlez pas de cet homme, je ne puis en soutenir l'idée. Ah ! qu'il nous a fait de mal ! Semblable à cet insecte, le fléau des jardins, qui n'adresse ses morsures qu'à la racine des plantes les plus précieuses, Voltaire, avec son *aiguillon*, ne cesse de piquer les deux racines de la société, les femmes et les jeunes gens ; il les imbibe de ses poisons, qu'il transmet ainsi d'une génération à l'autre. C'est en vain que, pour voiler d'inexprimables attentats, ses stupides admirateurs nous assourdissent de tirades sonores où il a parlé supérieurement des objets les plus vénérés. Ces aveugles volontaires ne voient pas qu'ils achèvent ainsi la condamnation de ce coupable écrivain... Le grand crime de Voltaire est l'abus du talent et la prostitution réfléchie d'un génie créé pour célébrer Dieu et la vertu. Il ne saurait alléguer, comme tant d'autres, la jeunesse, l'inconsidération, l'entraînement des passions et, pour terminer enfin, la faiblesse de notre nature. Rien ne l'absout : sa corruption est d'un genre qui n'appartient qu'à lui ; elle s'enracine dans les dernières fibres de son cœur et se fortifie de toutes les forces de son entendement. Toujours alliée au sacrilège, elle brave Dieu en perdant les hommes. Avec une fureur qui n'a pas d'exemple, cet insolent blasphémateur en vient à se déclarer l'ennemi personnel du Sauveur des hommes ; il ose, du fond de son néant, lui donner un nom ridicule, et cette loi adorable que l'Homme-Dieu apporta, sur la terre, il l'appelle *l'Infâme*. Abandonné de Dieu qui punit en se retirant, il ne connaît plus de frein. D'autres cyniques étonnèrent la vertu ; Voltaire étonne le vice. Il se plonge dans la fange, il s'y roule, il s'en abreuve ; il livre son imagination à l'enthousiasme de l'enfer, qui lui prête toutes ses forces pour le traîner jusqu'aux limites du mal. Il invente des prodiges, des monstres qui font pâlir. Paris le couronna, Sodome l'eût banni. Profanateur effronté de la langue universelle et de ses plus grands noms, le dernier des hommes *après ceux qui l'aiment !* comment vous peindrais-je ce qu'il me fait éprouver ? Quand je vois ce qu'il pouvait faire et ce qu'il a fait, ses inimitables talents ne m'inspirent plus qu'une espèce de rage sainte, qui n'a pas de nom. Suspendu entre l'admiration et l'horreur, quelquefois je voudrais lui faire élever une statue... par la main du bourreau (1) ».

Voltaire était un homme d'esprit : cela est hors de doute et c'est par quoi on veut le sauver. Voltaire était aussi un homme d'un certain bon sens ; son style en porte habituellement le reflet. Surtout c'était le charmeur d'une société légère, et c'est surtout un homme léger. Mais il n'est point ce qu'on appelle un homme instruit ; il n'était fondé ni en histoire, ni en philosophie, ni en théologie, ni en rien de sérieux. Au fond, c'est un plaisant ; et à tout prendre, lorsqu'on a parlé de ses plaisanteries, on a dit à peu près tout ce en quoi il excelle. « Voltaire, dit encore le comte de Maistre, avec ses cent volumes, ne fut jamais que *joli* ; j'excepte la tragédie où la nature de l'ouvrage le forçait à exprimer de nobles sentiments... Dès que Voltaire parle en son nom, il n'est que *joli* ; rien ne peut l'échauffer, pas même la bataille de Fontenoi. Il est *charmant*, dit-on, je le dis aussi, mais j'entends que ce mot soit une critique. Du reste, je ne puis souffrir l'exagération qui le nomme *universel*. Certes, je vois de belles exceptions à cette universalité. Il est nul dans l'ode : et qui pourrait s'en étonner ? l'impiété

---

(1) *Soirées de Saint-Pétersbourg*, t. I, p. 241.

réfléchie avait tué chez lui la flamme divine de l'enthousiasme. Il est encore nul et même jusqu'au ridicule dans le drame lyrique, son oreille ayant été absolument fermée aux beautés harmoniques, comme ses yeux l'étaient à celles de l'art. Dans les genres qui paraissent les plus analogues à son talent naturel, il se traîne : il est médiocre, froid, et souvent, qui le croirait ? lourd et grossier dans la comédie ; car le méchant n'est jamais comique. Par la même raison, il n'a pas su faire un épigramme ; la moindre gorgée de son fiel ne pouvait couvrir moins de cent vers. S'il essaie la satire, il glisse dans le libelle ; il est insupportable dans l'histoire, en dépit de son art, de son élégance et des grâces de son style ; aucune qualité ne peut remplacer celles qui lui manquent et qui sont la vie de l'histoire, la gravité, la bonne foi et la dignité. Quant à son poème épique, je n'ai pas le droit d'en parler : car pour juger un livre il faut l'avoir lu, et pour le lire, il faut être éveillé. Une monotonie assoupissante plane sur la plupart de ses écrits, qui n'ont que deux sujets : la Bible et ses ennemis : il blasphème ou il insulte. Sa plaisanterie si vantée est cependant loin d'être irréprochable : le rire qu'elle excite n'est pas légitime ; c'est une grimace. N'avez-vous jamais remarqué que l'anathème divin fut écrit sur son visage. Voyez ce front abject que la pudeur ne colora jamais ; ces deux cratères éteints où semblent bouillonner encore la luxure et la haine ; cette bouche, je dis mal, ce *rictus* épouvantable, courant d'une oreille à l'autre ; et ces deux lèvres pincées par la cruelle malice, comme un ressort prêt à se détendre pour lancer le blasphème ou le sarcasme (1) ».

Sous Louis-Philippe, Voltaire fut remis en vogue. Le prince qui se vantait, en frappant sur son ventre, d'être le dernier voltairien de son royaume, arracha sainte Geneviève au culte, et permit qu'on mît Voltaire au Panthéon ; son masque fut gravé au frontispice du temple, son cénotaphe placé dans la cave de l'édifice, côte à côte avec Rousseau, sans doute pour que ces deux fils du chien de Diogène pussent se déchirer jusque dans la mort. L'Académie, qui n'a jamais été une force de résistance, mais plutôt la complice ordinaire des faiblesses du pouvoir ou des égarements de l'opinion, pour faire à sa façon la cour au roi-citoyen, mit au concours l'éloge de Voltaire. J'emprunte, sur cet incident, à l'historien de Royer-Collard, à Prosper de Barante, quelques passages où ces deux hommes d'Etat me paraissent refléter exactement les sentiments de l'Académie. Villemain, tout voltairien qu'il était, rapporteur du concours, partagea leurs scrupules et en développa les motifs.

« L'Académie avait d'abord proposé l'éloge de Voltaire ; elle a rétracté en quelque sorte le premier programme : elle a proposé un discours sur Voltaire. En proposant un discours sur Voltaire, au lieu de l'éloge de Voltaire, ce que l'Académie demande, c'est sans doute une appréciation équitable et impartiale, un jugement de Voltaire, ou sur Voltaire ; le sujet est difficile. Voltaire est bien vaste, bien divers, et peu sont capables de l'embrasser tout entier. Voltaire comprend un poète, un historien, je ne dirai pas un philosophe, car il n'a pas une philosophie, mais un esprit universel. Ce n'est pas tout, Voltaire a été mêlé à tout et dans tout, et il n'y a rien où vous ne le rencontriez ; par là il est unique. Si c'est cette gloire qu'on lui assigne, je ne la conteste pas, pourvu qu'on m'accorde qu'éminent presque partout, il n'est *supérieur nulle part ; il lui manque l'attribut essentiel de la supériorité, la grandeur et la dignité.* Je ne définirai pas, je citerai des exemples et des modèles : Homère chez les anciens ; chez les modernes, Corneille, Milton, Bossuet, je vais presque dire Molière. Je ne dirai pas que Voltaire soit petit à côté de ces hommes : mais il n'est pas si grand qu'eux. A l'égard des discours que j'ai entendus, ils ne m'ont pas satisfait ; ils tombent du jugement dans l'éloge, piège inévitable que l'Académie avait elle-même tendu.

« Il y a un autre côté de Voltaire *qu'il semble qu'on n'a point osé considérer en face,* et qui est une partie importante de lui-même, celle à laquelle il attachait sa plus solide gloire : Voltaire a été, dans la seconde partie de sa vie, *l'adversaire ou plutôt l'ennemi persévérant, infatigable du christianisme;* cela ne peut être omis dans l'appréciation de Voltaire. Si le christianisme a été une dégradation, une corruption, s'il a fait l'homme pire qu'il n'était, Voltaire, en l'attaquant, a été un bienfaiteur du genre humain ; *mais si c'est le contraire qui est vrai, le passage de Voltaire sur la terre chrétienne a été une grande calamité* (2) ».

Sous Napoléon III, sainte Geneviève fut rendue au culte, sans qu'on dérangeât ni le masque, ni le cénotaphe de Voltaire : ce retour, dans ces conditions, c'est la marque du régime. Pendant que ce régime était dans sa fleur, le directeur politique du *Siècle*, Louis Havin, le prince des cacographes, put, avec la permission des autorités constituées, ouvrir une souscription pour ériger, dans Paris, une statue à Voltaire. La souscription se fit longuement, sou par sou ; elle produisit une édition de Voltaire sur papier d'almanach, et une statue. Le 14 août 1870, après deux victoires des Prussiens sur le sol français, lorsque l'armée française battait en retraite, et pendant qu'une sédition sauvage éclatait à Belleville, pour achever de montrer où en était la civilisation, cette statue du blasphème fut érigée dans Paris. Après l'abandon de Rome,

---

(1) *Soirées de Saint-Pétersbourg*, t. I, p. 239. — (2) *La vie politique de M. Royer-Collard, ses discours et ses écrits*, par M. de Barante, de l'Académie française. Troisième édition, t. II, p. 530.

on ne pouvait rien faire de mieux pour attirer la foudre. Le gouvernement demandait alors des prières et la fidélité à un régime qui faisait ériger une statue à l'insulteur de Jésus-Christ ; il présentait, d'autre part, un programme de liberté dont les auteurs ne sont bien fixés que sur la nécessité de renverser l'autel, en attendant de lui substituer la guillotine. Et cependant le sang coulait, la France était envahie, le trouble était dans la rue, dans la bataille et dans les conseils. « Mais, dit Louis Veuillot, ces choses abjectes et ineptes, mêlées aux choses tragiques, ces chansons avinées quand le sang le plus généreux arrose la terre, ces hommes d'État qui demandent des prières et qui autorisent le blasphème, ces blasphèmes sous la foudre qui tombe, ces assassins sur le pavé et ces orateurs à la tribune, toute cette révélation de la stupide multitude qui ne veut pas être sauvée. c'est cela qui tient les âmes sous la meule (1) ».

La Providence a parfois des ironies superbes. Cette statue de Voltaire-Havin eut des disgrâces. Pendant la Commune, un boulet plein vint la prendre de travers ou tout droit, comme un bouton dans une boutonnière. Un éclat d'obus avait rayé le bras du fauteuil ; d'autres projectiles avaient traversé la statue à la hauteur des bras. Le *Siècle* promit de boucher les trous avec du ciment. Cette statue avariée par la mitraille, c'est un symbole assez réussi de la gloire des héros et de ses services ; quant au Voltaire assis sur une chaise percée, n'est-ce pas typique pour caractériser les œuvres et la gloire ?

C'est là que la troisième république veut le prendre, pour essayer de le refondre. Le gouvernement s'abstint de prendre part à l'opération ; mais le Conseil municipal de Paris et le Conseil général de la Seine, réceptacles et foyers des impiétés, des folies et des fureurs du socialisme, eurent licence de le remplacer. A la demande du chocolatier de Seine-et-Marne, l'un vota 1.000 fr., l'autre 10.000 fr., pour les fêtes du Centenaire. D'autres conseils, deux cents environ sur trente-six mille communes, trouvèrent bon d'allouer, aux menus plaisirs des Parisiens en goguette, une part des deniers publics. Toute question à part, c'est une singulière façon d'administrer le bien des communes ; que les conseillers municipaux vident leur escarcelle, si cela leur convient, pour offrir, à Voltaire, un encens posthume, cela les regarde ; mais qu'ils gaspillent la caisse pour un tel dessein, cela dépasse leurs attributions ; et le gouvernement, s'il eut eu du cœur, devait annuler toutes ces indignes et illicites allocations. Le gouvernement tantôt approuva, tantôt cassa les délibérations en faveur de Voltaire. Sous le gouvernement du catholique libéral Trochu, dès 1870, les partisans de l'idée révolutionnaire avaient pu outrager la croix, nier le droit religieux, violer effrontément la justice civile et la justice militaire. Sous le gouvernement du catholique libéral, Mac-Mahon, gouvernement formé tout exprès par les catholiques libéraux et à leur usage, on tomba dans la même inepte et funeste tolérance. Selon cette doctrine, la politique est une chose et la religion une autre ; tout homme a le droit de faire l'une ou l'autre de ces choses ; ou de faire l'un et l'autre à part, et même contradictoirement, mais n'a jamais le droit de les unir et de mettre la force au service de la vérité. Les hommes qui croient ainsi ne sont pas de ceux qui sauvent les peuples ; ils sont voués à l'impuissance et ne tombent qu'en victimes sans honneur. Nous les regardons passer, en attendant l'homme qui dira avec l'Eglise : Convertissez-nous, Seigneur, et nous verrons le jour de la délivrance.

Les catholiques sans épithète ne le prirent pas si bonnement. Pendant que les républicains, opportunistes et radicaux, voulaient se donner, pour patron, saint Voltaire, les catholiques ne se dissimulaient pas que le culte du nouveau saint impliquait un progrès dans la dégradation de la France et servait de prélude à une nouvelle persécution contre l'Eglise. On ne canonise pas les saints seulement pour les honorer, mais encore pour les imiter. Se mettre en frais pour l'auteur de la *Pucelle*, c'était comme un attentat à la pudeur de la France, comme le prodrome d'un nouvel assaut à la foi de la vieille patrie, à la foi de saint Louis, de Clovis et de Charlemagne. C'était une attaque, il fallait une défense.

L'Univers sonna la charge ; Dupanloup fit éclater, dans une série de lettres, sa grosse artillerie ; la *Société bibliographique*, création nouvelle qui rendit de précieux services, fit appel à son érudition. Si l'on avait laissé Voltaire dans la paix du tombeau, les catholiques l'eussent laissé dormir dans ses ignominies ; du moment qu'on voulait faire, de ses os, des projectiles, il fallait bien parer les coups. Voltaire fut épluché, et haut la main.

Il faut distinguer, dans Voltaire, l'homme, les œuvres et le rôle. Les œuvres, qui sont nombreuses, nous avons assez parlé ; dans l'homme, il est difficile de trouver matière à statue. A part ses talents dont il a fait mauvais usage, Voltaire est un type de bassesse morale et, par le caractère, le dernier des hommes. Il n'y a en lui, sous ce rapport, rien, absolument rien qu'on puisse honorer et qu'on ne doive flétrir. Des récits fabuleux ont pu embellir ce triste personnage ; des faits, pris à leur source et étudiés sérieusement, ressort un homme dont la vie ne fut qu'un enchaînement de turpitudes. Cet être que Frédéric détrompé reconnut à la fin pour avili, pour chef de cabale, non pas seulement tracassier, mais méchant, — et que son humeur, en effet, selon l'aveu de Chabanon, « rendait injuste, forcené, féroce », Voltaire,

---

(1) *Paris pendant les deux sièges*, t. I, p. 30 ; t. II, p. 456.

en un mot, car c'est tout dire, et il n'y a pas un seul vice que ce nom ne rappelle : — le mauvais fils, le mauvais frère, qui avait, par dédain, abjuré jusqu'au nom de sa famille ; — le mauvais citoyen, qui répudiait formellement sa patrie, qui lui souhaitait des défaites et ne perdait pas une seule occasion de la rabaisser ; — le vaniteux bourgeois gentilhomme qui brigua la clef de chambellan, s'affubla du titre de comte et aurait attaché à l'obtention de celui de marquis « la gloire et le bonheur de sa triste vie » ; — l'ambitieux qui consentait à descendre au rôle d'espion pour un vain espoir d'ambassade, trahissant ainsi l'amitié d'un prince dont il profana plus tard l'intime confiance, par un trait plus inexcusable encore de félonie ; — le courtisan plein de tact malgré tout son esprit, qui, en Prusse, s'attira, de son royal complice, les plus humiliantes avances, et qui, en Lorraine, se fit chasser, c'est le mot, de la cour du plus indulgent des princes ; — l'avare, qu'au jugement de sa propre nièce, *l'amour de l'argent poignardait*, et dont les prétendus bienfaits se bornent à cinq ou six dons médiocres, pitoyablement marqués encore des violences de l'esprit de parti ou des chatouilleux intérêts de la gloriole ; — qui empruntait, par lésine, les habits d'autrui, et qui, ayant trouvé moyen, par mille ruses, de ne jamais payer d'impôts, malgré son opulence, se félicitait de ne contribuer pour aucune part aux charges d'un ordre social dont il recueillait si amplement les avantages ; — le joueur, qui, parvenu à près de quarante ans, risquait encore, sur le hasard des cartes, 12 000 francs en un mois ; — le locataire déloyal, qui, rejetant sur d'honnêtes gens ses propres torts, et se présentant au public comme victime d'une convention qu'il avait proposée lui-même et que d'ailleurs il violait d'une manière flagrante, dégradait une propriété commise à son honneur et commettait de tels dégâts que, pour effacer le scandale, sa famille dut payer 30,000 francs d'indemnité ; — l'escroc qui, bâtonné à Londres, pour fraude envers des libraires, n'en friponna pas moins, en Hollande, la maison Ledet et Desbordes, par un tour digne des galères ; n'en réduisit pas moins, en France, la famille Jore à la misère, par le manque de parole le plus insigne ; et plus tard, largement payé chez le roi, devenu riche d'ailleurs par le gain très louche d'une loterie et la protection des fournisseurs d'armée, ne dédaignait pas d'accroître ses économies par de petites bassesses sordides et par de menus vols, dignes d'un laquais ; — l'intolérant, l'infatigable, le fougueux et lâche persécuteur de Jean-Baptiste exilé, de Jean-Jacques malheureux, de la Baumelle prisonnier, de Maupertuis malade, de Travenol octogénaire ; — le libertin, qui ne respecta rien au monde dans ses débordements orduriers, et qui se plut à salir, sur le front de l'héroïne de la France, le triple voile, sans tache, de la virginité, du patriotisme et du martyre ; — l'hypocrite, dont le mensonge sans fin, ni trêve, était la théorie formelle, comme la pratique journalière, qui passait sa vie à désavouer ses ouvrages ; qui se jouait avec le sacrilège, et trouvait piquant (sans déposer ce jour-là sa plume licencieuse, d'aller insulter l'Homme-Dieu dans le mystère de son amour, en se faisant donner, par bravade, le plus formidable sacrement des chrétiens. Qu'ajouter enfin ? L'homme sans entrailles, l'égoïste sec et poltron, toujours calomniateur des faibles, toujours flagorneur des puissants, qui ne peut pas trouver, dans son âme, un seul mot de douleur pour la Pologne déchirée vive ; loin de là !... qui se fit, au contraire, l'apologiste formel du crime de ses bourreaux, et dont l'adulation d'antichambre, exercée jadis aux pieds de la Pompadour, traînée plus tard aux pieds de la Dubarry, conserva son hommage intarissable pour les deux assassins de cette héroïque nation, le Salomon qui n'aima que ses chiens, la Messaline, qui se souilla de toutes les ordures : eh bien, cet être satanique, dont la conduite, odieuse à tant d'égards, n'eût été tolérée dans aucun pays, par aucun philosophe ; qui fût sorti du tribunal de Marc-Aurèle, d'Aristide ou d'Epictète, comme d'un tribunal de chrétiens ; ce vil personnage, en un mot, que tout honnête homme, de quelque bord, système ou religion qu'il soit, doit clouer, comme un misérable, au pilori de la honte : c'est l'homme que les représentants de la Ville-Lumière, les vachers du conseil municipal voulaient honorer comme un héros.

L'affaire n'alla pas toute seule. Le conseil municipal de Paris entraîna bien, à sa suite, quelques allocations pécuniaires des conseils municipaux de province. La presse révolutionnaire soutint le païen de toutes ses forces ; les gens de plaisir donnèrent leur consentement à la fête. On « se promettait de rigoler un brin ». Mais la France, la vraie France n'était pas encore aussi dégénérée qu'aujourd'hui. Les journaux simplement honnêtes vouèrent, d'un accord unanime, au mépris public, les traits infâmes de la vie d'Arouet. L'*Univers* mena une campagne superbe ; Dupanloup écrivit d'éloquentes lettres. Le *Figaro* lui-même, bien peu digne de cet honneur, accabla Voltaire de citations et s'indigna contre cette pourriture. Bref, quand vint le fameux jour du centenaire, il y eut *fiasco*. Le gouvernement n'osa pas y aller de sa personne ; les quelques conseils municipaux engagés dans l'affaire, ne se replièrent pas précisément en bon ordre ; mais ils ne dansèrent plus que d'une jambe, avec cette espèce d'embarras que cause le ridicule de se réjouir d'un sujet honteux.

Louis Veuillot, parlant pour tous, comme il avait coutume, posa ces conclusions :

« Remercions Dieu. La France ne périra pas. L'acte de foi par lequel elle a répondu aux provocations et aux blasphèmes du centenaire suffit à assurer le salut d'une nation.

« Elle a passé au pied des autels cette journée néfaste du 30 mai. Sur toute la surface de son territoire, dans la dernière église de campagne comme dans nos glorieuses basiliques, la place manquait aux fidèles accourus à la voix de leurs évêques pour prier, pour réparer et pour adorer.

« Qu'importe si, à la même heure, quelques échappés de Genève et de Bade, quelques bateleurs de poésie ou de presse ont réuni dans un cirque ou dans un théâtre deux ou trois mille badauds pour entendre leurs harangues emphatiques et boursouflées, leurs reniements et leurs palinodies !

« Ils ont avec eux l'écume cosmopolite qu'ont fait monter à la surface nos convulsions politiques ; mais de la France, pas un atome ! Ils ont attaché à leur chair la pourriture cadavérique de Voltaire : c'est leur affaire. *Je suis un disciple de Voltaire*, a dit le principal d'entre eux, faisant de ce nom, dont l'infamie est aujourd'hui dévoilée, le programme de la toute puissance à laquelle il aspire. Ils se sont intimement unis à Voltaire, eux, leur parti, leur majorité, leur gouvernement, leur République.

« Si, foudroyés dans leur impiété et dans leur orgueil, ils périssent, nous n'avons pas à les pleurer.

« Ce qui était essentiel a été obtenu. La France catholique, si gravement menacée d'une représentation officielle à ces saturnales, délaissée par ceux qui devaient la défendre, abandonnée à ses propres forces, a retrouvé toute son énergie. Elle a fait reculer le mal. Gloire à Dieu.

« La France ne périra pas ; mais, hélas ! nous craignons fort pour les hommes d'État qui se sont effrayés d'une couronne déposée au lieu où coula le sang de Jeanne d'Arc sous les murs de l'ancien Paris ; qui, sans approuver le centenaire, ont couvert la déroute de ses organisateurs, et qui ont validé des allocations illégales, détournant au profit d'une œuvre d'impiété les ressources des budgets municipaux. »

Veuillot, insistant sur ce sujet, écrivait encore : « Le centenaire est venu très opportunément mûrir l'opinion. On a contemplé le voltairianisme dans la politique, dans la morale, dans la littérature, et Voltaire est mort tout entier. On lui laisse dire, à cause du personnage de Lusignan : *Mon Dieu, j'ai combattu soixante ans pour ta gloire*. Le reste, au ruisseau ! Voltaire y demeure noyé, et c'est la fête du centenaire.

« Cependant, ce projet d'un centenaire n'était pas complètement absurde pour ceux qui l'ont conçu. Croyant que leur opinion peut devenir un culte, ils voulaient copier l'Église, se faire un passé, se donner des saints. Ils se sont dit : Honorons saint Voltaire. Le peuple suivra les musiques, jettera des fleurs, brûlera de l'encens ; peu à peu la religion sera fondée. — Voilà l'idée. Dans un peuple lardé d'académies et bardé de journaux, elle n'est pas trop bête et semble ne réclamer que du temps. On fait obéir les hommes ; mais il faut du temps, et nous ne l'avons plus.

« Le temps de fonder des religions est passé. La religion est faite. Il faut l'embrasser telle qu'elle est, ayant vécu, survécu et répondu à tout. On a Dieu, on a des saints, on a tout ce qu'il faut depuis longtemps. Grands hommes, grandes maximes, grande histoire, la vieille religion fournit tout cela en abondance, le vieux monde sait tout cela par cœur et n'en est point lassé. Comment le faire oublier ? Il faudrait détruire trop de choses et tuer trop de gens. Peut-être qu'on n'a pas assez de couteaux ; Le Tout Nouveau on devrait l'inventer ; c'est très difficile, et ce nouveau-là encore est connu par cœur. Bref, quoique l'idée paraisse bonne, toute la sottise éclate dès qu'il s'agit de faire non plus même une religion, mais un simple saint. Un grand homme ne suffit pas ; un grand esprit est ridicule ; pour faire un saint, il faut premièrement la sainteté. La sainteté est premièrement catholique.

« La fête est finie et ne se renouvellera plus. La France s'est est débarrassée avec le concours du monde chrétien.

« A Paris, pendant la fête, quelques oisons voulant se montrer, et embarrassés de leur figure, ont imaginé de promener dans les boues un drapeau sur lequel ils avaient écrit : *Écrasons l'infâme*. Cette jeunesse croyait que la phrase est de leur grand homme. C'est simplement une consigne que le vainqueur de Rosbach lui a donnée et à laquelle il a obéi. Elle peut être gravée sur la pierre de sa tombe, maintenant scellée. Elle résume son histoire éternelle : il a été infâme, il est écrasé. »

La France catholique tira, de ce scandale, un autre profit, en honorant Jeanne d'Arc. La vierge de Domrémy n'avait jamais été oubliée ; mais il ne semble pas que, libératrice de son pays et martyre de son patriotisme, elle ait reçu, du pays délivré par sa mission et par son sacrifice, une suffisante reconnaissance. En 1850, lorsque nous visitions, humble pèlerin, Domrémy-la-Pucelle, quelle ne fut pas notre surprise de trouver son berceau en tel délabrement et son village natal en si médiocre souci d'honorer sa mémoire. A Orléans, il y avait, sur la place de Martroy, une statue et c'était tout. Ce n'était pas assez. Le centenaire de Voltaire vint heureusement reprocher, aux catholiques français, leur négligence relative et les provoquer à une réparation : *Salutem ex inimicis*.

Un groupe de dames adressa cet appel :

« Le 30 mai est l'anniversaire de la mort de Jeanne d'Arc. Plaignons ceux qui veulent évoquer en ce jour un autre souvenir, et montrons que notre pays n'oublie pas la plus pure de ses gloires.

« Il appartient aux femmes de France de

prendre l'initiative d'un solennel hommage à la mémoire de Jeanne d'Arc, et de repousser ainsi tout ce qui pourrait faire croire que le patriotisme n'est plus la vertu de notre époque.

« Honorer l'héroïque fille du peuple qui a sauvé la fortune de la France, n'est-ce pas témoigner que la foi traditionnelle entretient dans les âmes le culte de la patrie ?

« Qu'une souscription soit ouverte dans toutes nos provinces, *pour élever à Domrémy un monument digne du sentiment national* que personnifie Jeanne d'Arc, et qui puise dans sa mémoire la force d'une immortelle espérance.

« Nous avons la confiance que notre appel sera entendu ; mais, dès à présent, inaugurons notre entreprise en célébrant l'anniversaire du 30 mai. A cette date, que la statue de Jeanne d'Arc, élevée sur une des places de Paris, soit environnée de couronnes et de fleurs.

« Que chaque province, chaque ville, chaque corporation s'associe à cette patriotique démonstration, et fasse déposer ses couronnes au pied de la statue de Jeanne d'Arc.

« Déjà de nombreuses adhésions nous sont parvenues ; mais le temps presse, et pour faciliter la rapide exécution de notre projet, nous signalons les points suivants :

« 1° Les couronnes pourront porter l'indication soit de la province, soit de la ville ou du quartier, soit du groupe qui les enverra ;

« 2° L'expédition des couronnes pouvant présenter quelques difficultés, il suffira de nous transmettre les indications nécessaires avec les souscriptions recueillies. Nous nous chargerons alors de veiller à la confection des couronnes ; toutes les mesures sont prises à cet effet.

« Les communications et les souscriptions seront adressées à Mme Picard, 19, rue des Gravilliers ; les couronnes seront reçues chez Mme la comtesse de Brosses, 11, rue de l'Université.

« A l'œuvre donc ! et que le 30 mai soit le signal d'un généreux élan.

« Le Comité :

« Mesdames,

« La duchesse de Chevreuse, présidente ; E. Picard, secrétaire.

« La vicomtesse d'Aboville ; — Andriveau-Goujon ; — comtesse de Belmont ; — Buisson, dame de la Halle ; — baronne Arthur de Boissieu ; — J. Bouasse, jeune ; — J. de La Bouillerie ; — Boumard ; — comtesse de La Bourdonnaye ; — comtesse de Brosses ; — Cagnet, dame de la Halle ; — comtesse Gaspard de Castries ; — comtesse Albéric de Choiseul ; — E. Colin de Verdière ; — J. Cornudet ; — Amédée Dauchez ; — Delabrierre-Vincent ; — Louis Durouchoux ; — Dumon ; — Falluée, dame de la Halle ; — Gerlier ; — Gilbert ; — Giraut ; — marquise de Gouvello ; — Jeangirard, dame de la Halle ; — Josset ; — Moreau, dame de la Halle ; — Oudot ; — V. Palmé ; — de Pontbriant ; — Roussel ; — marquis R. de Villeneuve-de-Bargemon. »

Voilà pour Domrémy, voici pour Vaucouleurs. Le curé-doyen Raux, traducteur de saint Augustin, éditeur des sermons de saint Thomas et de la collection des actes pontificaux en faveur du *Syllabus*, adresse aux journaux religieux la lettre suivante :

« Entre les localités où Jeanne d'Arc a laissé des souvenirs, on distingue principalement Orléans, Rouen, Domrémy et Vaucouleurs. A Orléans et à Rouen, on a élevé à sa mémoire des monuments dignes d'elle ; à Domrémy, on conserve avec piété la maison où elle est née, l'église où elle a grandi dans l'amour de Dieu et des hommes. Mais à Vaucouleurs on déplore un triste oubli.

« Cette petite ville fut la première qui comprit Jeanne d'Arc ; là elle rencontra de nobles cœurs qui la soutinrent, qui triomphèrent des obstacles élevés devant elle par le représentant du roi de France ; là on se cotisa pour l'équiper, pour l'armer ; là encore des hommes généreux s'exposèrent à tous les périls pour la conduire au dauphin et l'accompagner sur les champs de bataille. C'est donc Vaucouleurs qui a fait les premiers sacrifices pour aider Jeanne à remplir sa mission libératrice.

« En retour, qu'a fait la France pour Vaucouleurs ?

« Rien.

« Pendant le séjour de Jeanne d'Arc dans ses murs, une collégiale établie près du château-fort par les sires de Joinville, seigneur de Vaucouleurs, était desservie par les chanoines réguliers de Saint-Augustin. C'est dans cette église principalement que la vierge de Domrémy assistait chaque jour aux messes du matin et faisait très souvent la sainte communion. Elle descendait ensuite dans la partie souterraine de la chapelle, où on la voyait, dit un témoin oculaire, « à genoux devant la bienheureuse Marie, le visage tantôt abaissé vers la terre, tantôt élevé vers le ciel ».

« Cette église et cette crypte, connues dans le pays sous le nom de chapelle de Jeanne d'Arc, ont servi au culte jusqu'à la Révolution. Depuis cette époque, l'œil attristé ne voit plus là que des ruines. La crypte seule est conservée, bien que mutilée ; l'église est détruite ; il n'en reste que les fondations et quelques colonnes ; assez toutefois pour qu'on puisse la rebâtir, telle qu'elle était quand y priait Jeanne d'Arc.

« En l'honneur de la libératrice de la France et pour qu'elle ait un monument à Vaucouleurs où elle s'est révélée d'abord, ne conviendrait-il pas de reconstruire cette chapelle ; d'y replacer la sainte image devant laquelle elle a tant prié, car on la conserve encore, et de procurer aux visiteurs, toujours affligés de n'avoir sous les yeux que des débris, la douce consolation de joindre pour le salut de la patrie, leurs supplications aux supplications de Jeanne d'Arc. »

Voici maintenant la part des Orléanais : On lit dans les *Annales religieuses d'Orléans* :

MONUMENT EXPIATOIRE
EN L'HONNEUR DE JEANNE D'ARC

Mgr l'évêque d'Orléans, qui avait résolu, depuis plusieurs années déjà, de relever à Orléans le monument expiatoire en l'honneur de Jeanne d'Arc, vient d'ouvrir une souscription publique.

Voici, à cette occasion, l'appel que le comité orléanais vient d'adresser dans toute la France aux rédacteurs des feuilles catholiques :

LETTRE AUX RÉDACTEURS DES JOURNAUX CATHOLIQUES

« Les manifestations qui auront lieu à Paris le 30 mai, soulèvent dans toute la France des protestations qui ne sont nulle part plus légitimes et plus ardentes qu'à Orléans.

« C'est le 30 mai 1431 que des Anglais brûlèrent Jeanne d'Arc, et c'est le 30 mai que des Français choisissent pour fêter à Paris le triomphe de son *insulteur*.

« Les Orléanais se proposent d'offrir une réparation à leur libératrice et de relever le monument *expiatoire* qui existait déjà dans cette ville avant 1793.

« Pour cette œuvre toute patriotique, ils font appel à tous les Français qui mettent encore Jeanne d'Arc avant l'homme qui a essayé de la flétrir.

« Ils vous demandent de prêter à leur *souscription nationale* la publicité de votre journal. »

Dès la vingt-cinquième année du supplice de la vierge de Domrémy, son procès de condamnation était revisé à Rome, à l'instigation du cardinal d'Estouteville, et le Saint-Siège cassait la sentence du tribunal anglo-ecclésiastique de Henri V. Mais Rouen, qui a eu la honte du supplice de Jeanne d'Arc, ne s'est pas encore racheté par l'éclat d'un monument digne de la victime. Mgr de Bonnechose, jugeant que ce n'est pas assez pour l'honneur de son siège épiscopal d'avoir contribué à la réhabilitation de cette pure mémoire, entreprend d'élever à Jeanne d'Arc une statue qui rappelle la grande leçon de la vie de l'héroïque libératrice de la France et qui perpétue la gloire irréprochable de la vierge :

« Une pensée chrétienne et patriotique s'est emparée avec un irrésistible élan de tous les cœurs français.

« Il faut un monument nouveau à Jeanne d'Arc pour réparer des outrages dont on a ravivé le honteux souvenir en glorifiant leur auteur, et pour ranimer au sein des jeunes générations les sentiments de foi et de patriotisme mis en péril par les doctrines du matérialisme et du cosmopolitisme contemporains qui relèvent la tête.

« Ces doctrines funestes, qui ont préparé nos désastres, semblaient vouées à un éternel oubli. Elles ont retrouvé leurs anciennes formules dans la bouche d'orateurs révolutionnaires, que ni nos récents malheurs ni les ruines encore fumantes, ni la mutilation de la France n'ont pu toucher et éclairer.

« C'est l'honneur de la religion chrétienne, qui seule a enseigné aux hommes la charité et la fraternité, d'avoir en même temps sauvegardé et entretenu dans les cœurs le dévouement à la patrie. Quand Bossuet rappelait, dans sa *Politique tirée de l'Ecriture*, que « Jésus-Christ a établi par sa doctrine et par ses exemples l'amour que les citoyens doivent avoir pour leur patrie, que même en offrant ce grand sacrifice, qui devait faire l'expiation de tout l'univers, il voulut que l'amour de la patrie y trouvât sa place, et versa son sang avec un regard particulier pour sa nation ; que quiconque n'aime pas la société civile dont il fait partie, c'est-à-dire l'Etat où il est né, est ennemi de lui-même et de tout le genre humain ; qu'il faut sacrifier à sa patrie, dans le besoin, tout ce qu'on a et sa propre vie » ; Bossuet était l'interprète de la tradition et de l'enseignement catholique.

« Or, Jeanne d'Arc a été *un des types les plus accomplis et les plus sublimes* de ce dévouement à la patrie, *suscité et vivifié par la foi*.

« Il faut que les honneurs rendus à sa mémoire *protestent contre les doctrines* contraires, qui, si elles venaient à prévaloir, entraîneraient la fin de la nationalité française. Il faut qu'ils servent de leçon à la jeunesse qui nous est si chère et sur qui reposent nos espérances.

« Le moment d'élever un nouveau monument à cette héroïne chrétienne ne peut donc être différé davantage.

« Déjà, il y a douze ans, nous écrivions dans une circonstance mémorable :

« Ce fut un de mes vénérables prédéces-
« seurs, le cardinal d'Estouteville, qui mit
« tous ses soins à la revision de son procès et
« qui provoqua sa réhabilitation. En venant
« m'asseoir sur le siège métropolitain de cette
« ville j'aurais été heureux de provoquer à
« mon tour sa glorification. Cette pensée fut
« mienne dès la première année de mon épis-
« copat à Rouen. Je désirais l'érection d'un
« nouveau monument, digne de la France et
« de Jeanne d'Arc ; déjà j'en avais conçu le
« plan, et je me proposais de me concerter à
« ce sujet avec nos premiers magistrats et
« nos premiers concitoyens, lorsque la crise
« commerciale, les malheurs du Saint-Siège
« et l'œuvre toujours inachevée de la flèche

« de notre belle cathédrale suspendirent l'exécution de mes projets. »

« Ce projet nous le reprenons, et, sans en préciser encore les moyens d'exécution, nous réservant d'examiner ultérieurement le côté pratique de la question avec qui de droit, nous vous exhortons dès aujourd'hui à réserver vos offrandes pour le monument qui doit s'élever à Rouen.

« Nous n'avons pas à insister en ce moment sur les motifs qui doivent nous faire préférer le lieu du martyre de Jeanne d'Arc à tout autre théâtre de ses hauts faits, au lieu même de sa naissance. Ces motifs s'imposent d'eux-mêmes à tous les cœurs rouennais. Nous trouvons bien que partout où Jeanne d'Arc a laissé sa glorieuse trace, on en conserve et on en perpétue le souvenir ; mais nous réclamons pour Rouen, qui a reçu ses dernières prières avec son dernier soupir, l'honneur de lui vouer un monument qui atteste dignement notre pieuse et fidèle vénération. »

Une église à Domrémy, une chapelle à Vaucouleurs, un monument expiatoire à Orléans, une statue à Rouen : voilà bien quatre œuvres provoquées par le centenaire de François Arouet. De plus, on parle d'un bienfaiteur qui veut ériger, à Nancy, une statue que 1890 verra inaugurer. D'Amiens, on écrit :

« Nous avons annoncé dans notre numéro d'hier qu'une souscription était ouverte pour déposer une couronne au pied de la statue de Jeanne d'Arc, à Paris, à titre de protestation contre les outrages que Voltaire a déversés sur elle.

« Une couronne est un hommage insuffisant. Un comité s'est formé dans notre ville pour réunir les fonds nécessaires, afin de concourir à l'érection qui doit être faite, à Domrémy, d'un monument digne de notre héroïque vierge.

« Il appartient à toutes les femmes sincèrement catholiques et vraiment françaises de notre cité d'y prendre part. Aussi, le comité n'a-t-il voulu en désigner aucune, faisant, au contraire, appel à toutes les bonnes volontés. »

Des œuvres de cette nature ne peuvent s'accomplir en un jour. Il faut du temps pour recueillir les souscriptions ; il faut du temps pour élever une église ; il faut aussi, quand il s'agit des œuvres de Dieu, compter avec les contradictions de la passion et de l'imbécillité humaines. Les catholiques, par eux-mêmes, sont un peu mous ; les idées du catholicisme libéral les émasculent et les pratiques du bien-être voluptueux les énervent. Quelques coups de fouet, donnés par les agents du gouvernement ou par les sectaires de la libre-pensée, les réveillent de leur torpeur et les obligent au courage.

L'*Univers*, qui joua dans cette affaire le grand rôle qu'il remplit toujours lorsque les intérêts de l'Église sont en jeu, l'*Univers* écrivait à ce propos :

« Les couronnes destinées à Jeanne d'Arc n'ont cessé, jeudi, d'arriver à Paris. Des députations étaient chargées par les villes ou les diverses corporations d'accompagner ces hommages des Français à la mémoire de la vierge de Domrémy, ces protestations des âmes chrétiennes contre les farces sacrilèges préparées en l'honneur de Voltaire par des radicaux oublieux de l'honneur et de la patrie.

« Il y avait, parmi ces couronnes, des objets de grand prix, de véritables objets d'art dont la délicatesse, l'élégance et la richesse témoignaient de la générosité et de l'enthousiasme des cœurs qui avaient voulu manifester leur respect et leur patriotisme. Une liste de ces hommages a dû être dressée, et nous pensons qu'elle sera communiquée à la presse. Aujourd'hui, nous ne voulons nommer personne. Nous citerons seulement la ville de Metz qui a voulu adresser un hommage de deuil à la vierge lorraine. Nous n'entrerons pas dans d'autres détails.

« Nous n'avons pas tout vu d'ailleurs ; nous avons cependant visité d'immenses salons remplis de ces dons spontanés de la piété et du patriotisme. Il y avait dans le nombre beaucoup de couronnes en fleurs naturelles. On a dû les porter à Notre-Dame. Les autres, plus brillantes et plus solides, les fleurs en batiste, en étoffes d'or ou d'argent devront être déposées à Domrémy, comme nous l'avons dit. Le nombre en est beaucoup plus grand que nous n'aurions osé espérer. Il faudrait encore tenir compte de tout ce qui a pu être décommandé. Les fleuristes de Paris rendraient, au besoin, témoignage du tort que leur a fait l'arrêté de M. Gigot. Heureusement, cet arrêté un peu bien pachalique n'a pas empêché de constater l'immense et incomparable popularité de Jeanne d'Arc : à la seule pensée de l'outrage que les républicains voulaient adresser à la vierge de Domrémy en glorifiant son répugnant insulteur, le peuple de France, on peut le dire, s'est soulevé tout entier. »

Le préfet de police dont parle l'*Univers*, se nommait Albert Gigot ; c'était, comme E. de Marcère, un comparse du *Correspondant*, un de ces laïques nouvelle mode que les théories de Dupanloup angariaient dans la promiscuité des doctrines et les fausses pratiques de la tolérance. Gigot s'était essayé à écrire ; une fois qu'il eut attrapé son bureau de tabac, il ne songea plus qu'à opprimer pour le compte de la République et sous le couvert de la liberté. Par ordre du préfet Gigot, agent du ministre Marcère, défense fut faite de déposer des couronnes aux pieds de la statue de Jeanne d'Arc, à Paris et à Orléans ; il fut défendu de manifester à Rouen et à Domrémy. A Rouen, on ne tint aucun compte de la défense ; à Paris, deux agents de police montaient la garde au bas de la statue et interdisaient, au public, tout acte de gratitude ; par contre, la statue de Voltaire n'était pas gardée et elle fut décorée de guirlandes ; à Orléans, des mains pieuses avaient décoré de couronnes la grille qui entoure la statue de Jeanne d'Arc ; les agents de la mairie les enlevèrent. Un ouvrier en fut outré et protesta :

« Quoique je sois un pauvre ouvrier, gagnant mon pain à la sueur de mon front, j'ai du cœur autant qu'un autre. Aussi, je tiens à vous faire connaître l'impression que nous avons éprouvée, mes camarades et moi, lorsque nous avons vu hier la police enlever toutes les couronnes déposées au pied de la statue de Jeanne d'Arc.

« J'ignore si c'est le maire ou le préfet qui a eu cette pensée singulière ; dans tous les cas, celui qui l'a eue a été bien mal inspiré. Ces couronnes ne faisaient de mal à personne, et ceux qui les déposaient ne désobéissaient pas aux lois. Aussi nous n'avons jamais compris quelle avait été la pensée de l'administration. Du reste, le mécontentement était si général, que les agents de police étaient honteux du métier qu'on leur avait confié.

« Depuis quand des hommages rendus à Jeanne d'Arc seraient-ils considérés comme un délit ? Si c'est là le code nouveau de la République, il ne nous plaît pas ; il faut bien que M. le maire le sache. C'est pourquoi je vous ai écrit ces lignes en vous priant de les publier. »

Enfin, et pour caractériser l'interdiction dont les cœurs reconnaissants à Jeanne d'Arc étaient victimes, voici ce qu'écrit le descendant d'un des compagnons d'armes de Jeanne d'Arc :

« Non, ils ne sont ni Français, ni Orléanais, ceux qui ont ainsi mis obstacle à ce pieux et patriotique hommage rendu à celle que nous honorons sans cesse de nos respects et de notre reconnaissance. Non, il n'y avait là rien qui puisse troubler la tranquillité publique, et c'est outrager aux mœurs paisibles de notre cité que de le prétendre. »

Par ces citations, le gouvernement put voir à quel rôle ses complaisances pour les radicaux l'avaient fait descendre. Il avait déjà son châtiment.

A Domrémy, la fête se fit la veille. Le 29 mai, arrivaient des pèlerins et, parmi eux, les élèves du petit séminaire de Pont-à-Mousson. « Vers dix heures, écrit un témoin oculaire, j'aperçus un grand mouvement à la gare de Maxey-Domrémy, puis une longue file d'enfants et de jeunes gens s'avançant sur la route. Ils sont au nombre de trois cents. A l'entrée du village, une véritable procession s'organise : la croix d'abord, puis les élèves en tenue de fête, avec leurs maîtres ; derrière, la fanfare, suivie d'un groupe de chanteurs ; enfin un prêtre vénérable, à cheveux blancs et aux traits remarquablement fins, le supérieur sans doute. Au milieu, trois enfants portent des bouquets et une couronne de roses blanches sur un coussin de velours. La marche lente est d'abord silencieuse, mais bientôt la musique mêle ses accords à un chant patriotique, enlevé avec vigueur par des voix fraîches et jeunes ; je n'en ai pu saisir que le refrain :

Honneur à Jeanne, la vaillante !
Honneur à Jeanne, notre sœur !

« On s'arrête devant la maison de Jeanne, et ces jeunes Lorrains, groupés autour de sa statue, déposent aux pieds de *leur sœur*, avec la couronne, l'hommage d'un pieux souvenir.

« A onze heures, ils se réunissent à l'église pour entendre la messe. Mais tout d'abord le supérieur, dans des paroles élevées, chaleureuses et émues, redit les grandeurs de la Pucelle, et propose pour modèle à ses élèves celle qui, par sa foi, accomplit tant de merveilles, et dont la devise, si noblement remplie par ses œuvres et ses souffrances, doit se graver à jamais dans leur cœur : *Vive labeur* ! L'émotion avait gagné toute l'assistance, et je sentis moi-même grandir dans mon cœur et ma foi et mon ardeur patriotique.

« Au sortir de l'église, les élèves et les maîtres, dispersés par petits groupes sur la pelouse, devant la maison de Jeanne, prirent part à un modeste déjeuner. C'était plaisir de voir l'appétit, l'entrain et la gaieté avec lesquels on y fit honneur. Bientôt l'heure du retour sonna, et après qu'un dernier morceau de musique eut remercié M. le maire, M. le curé et la population tout entière de leur bienveillant accueil, tous repartirent joyeux et contents, laissant de leur passage à Domrémy le meilleur et le plus touchant souvenir. Pour moi, je vais quitter ces lieux, me promettant bien d'y revenir, et espérant que le pèlerinage patriotique de ces enfants sera le prélude de beaucoup d'autres, et que de tous les points de notre beau pays on viendra saluer celle qui sauva Orléans et la France. »

Ces scènes réjouissent l'âme ; mais voici des documents qui l'attristent. Il faut les produire pour que la postérité le sache : sous le maréchal Mac-Mahon, le vaincu des Prussiens à Reichshoffen et à Sedan, qui, cette fois, fut d'accord avec les Prussiens pour glorifier l'ami Voltaire ; sous le gouvernement catholique libéral des comparses du *Correspondant*, voués, par leurs doctrines, à tous les effacements et à toutes les trahisons, on put offrir des fleurs à Voltaire et on dut les refuser à Jeanne d'Arc. En voici la preuve.

Le comité de Jeanne d'Arc.

« En engageant les vrais Français à venir avec calme déposer aux pieds de la vierge de Domrémy des couronnes, hommage discret de souvenir et de patriotisme, le comité de Jeanne d'Arc pouvait s'attendre aux insultes de la démagogie et aux provocations des amis du désordre ; il se sentait assez suivi pour braver celles-là, il entendait ne répondre à celles-ci que par le silence et le recueillement.

« Mais ce qu'il n'aurait jamais osé supposer, c'est que cette démonstration éminemment pacifique pût donner *de l'ombrage* au gouvernement, ni que la police *se crût en droit* de s'y opposer, et cependant le fait est maintenant constant. M. le préfet de police vient de prévenir le comité, qu'en exécution d'une décision du gouvernement, il prenait, dès à présent, les dispositions nécessaires pour empêcher autour de la statue de Jeanne d'Arc, non-seulement tout attroupement tumultueux, ce qui est son droit et même son devoir, mais aussi tout dépôt isolé de fleurs et de couronnes, ce qui montre *ce qu'est devenue la liberté* sous la République.

« A Dieu ne plaise que, pour fêter Jeanne d'Arc, les femmes de France veuillent pousser les Français à entrer en lutte avec l'autorité ! Non ! Nous ne ferons pas appel à la force. Et, comprimant une fois de plus les battements de notre cœur, nous céderons puisqu'il le faut. D'ailleurs si, à Paris, il n'est plus permis d'offrir une couronne à Jeanne d'Arc, le 30 mai, ou aura du moins bientôt *le droit de lui élever un monument* digne d'elle à Domrémy, et nous ne devons pas oublier que c'était le *but réel et durable* de notre entreprise.

« Pour le comité,

« DUCHESSE DE CHEVREUSE. »

Neufchâteau, 1er juin, 1 h. 41, soir.

Cinquante caisses remplies de couronnes viennent d'arriver à Domrémy. Mme la duchesse de Chevreuse et M. le comte de Puiseux ont fait déposer ces couronnes dans l'église et dans la maison de Jeanne d'Arc.

On attend à Domrémy la gendarmerie de Neufchâteau qui, hier, est venue prévenir la municipalité que toute manifestation religieuse était interdite. Le brigadier a même cru devoir s'enquérir auprès de l'adjoint si, dans son sermon de jeudi, M. le curé ne s'était pas livré à des allusions politiques.

Neufchâteau, 1er juin, 7 h. 51 du soir.

M. Gabriel Gautier, sous-préfet de Neufchâteau, vient d'informer Mme la duchesse de Chevreuse qu'il interdira à Domrémy toute manifestation et démonstration en faveur de Jeanne d'Arc. Par contre, il ne comprend pas, aurait-il ajouté, qu'on ait interdit les manifestations en l'honneur de Voltaire (1).

Ainsi, le gouvernement envoyait des gendarmes contre des femmes coupables de vouloir honorer la libératrice de la France ! Qu'ajouter à ce dernier trait, qui couronne toutes les hontes dont le ministre avait voulu se décorer !

En lisant ces documents, il ne faut pourtant pas trop s'attrister. La vie est un combat. Le bien ne s'accomplit que sous la contradiction et dans les épreuves. L'essentiel est de tenir bon. Les catholiques ont résisté assez énergiquement pour faire avorter le centenaire d'Arouet ; ils ont été assez généreux pour poser la première pierre de monuments consacrés à Dieu à l'occasion du centenaire de Jeanne d'Arc. Les fleurs oratoires et autres, offertes à Voltaire, se sont vite flétries ; les églises s'élèvent, les statues décorent les places publiques. Aucune ville n'a voulu rester en retard. Au moment où nous écrivons ces lignes, les évêques de Saint-Dié, de Nancy, de Verdun, d'Orléans, de Rouen et de Paris, poursuivent, après vingt années, ces desseins glorieux ; des orateurs comme Mgr Pagis, Mgr Le Nordez, le P. Coubé célèbrent la libératrice champenoise de la patrie française. C'en est fait ; et si la consécration de ces églises est différée, c'est afin que, la canonisation marchant, elles puissent être consacrées sous le vocable de sainte Jeanne d'Arc. Grâce au Pontife Romain, Dieu protège toujours la France, et Jeanne d'Arc doit, encore une fois, la délivrer.

La réorganisation du Protestantisme.

Trait curieux et significatif ! Au moment où la république, par l'organe de Gambetta, déclarait la guerre à la religion catholique, elle s'occupait à réorganiser le protestantisme en France. La guerre de 1870, en annexant l'Alsace à la Prusse, avait décapité, en deçà du Rhin, la confession luthérienne, dont le consistoire général résidait à Strasbourg. Pour remédier, en France, à cette décapitation, à supposer qu'on le crût nécessaire ou utile, il suffisait de fixer ailleurs l'institution et de lui donner des titulaires. Dès 1872, on y avait pensé, mais le projet de loi dormait dans les bureaux, lorsqu'en 1878 le gouvernement crut le moment venu de l'amener à exécution. Le ministre Bardoux se fit le promoteur de la mesure ; le libre-penseur Eugène Pelletan fut chargé d'en présenter le rapport au Sénat. La loi fut discutée et votée, non pas uniquement pour transplanter une institution, mais pour l'améliorer et l'assortir aux vœux de la Révo-

---

(1) On peut mettre ces âneries en parallèle avec le décret de Charles VII au bailli de Chaumont, pour honorer à jamais la famille de Jeanne d'Arc. La comparaison est instructive.

lution impie, qui voulait monter à l'assaut de la sainte Eglise.

Sous Louis XIV, par la révocation de l'Edit de Nantes, l'organisation française du protestantisme avait été anéantie. A la Révolution, le protestantisme s'était reformé selon ses fantaisies, ses idées et le premier Consul, en 1801, lui donna corps. Par les articles organiques du culte protestant, Bonaparte avait réglé le recrutement des ministres du saint Evangile, leur formation dans les séminaires et leur assujettissement entier à l'Etat. Toutefois, pour le régime intérieur des communautés protestantes, il avait admis des consistoires locaux et des synodes, les uns pour le gouvernement, les autres pour la législation ; mais les uns et les autres étaient des créations de l'Etat, des appartenances de son Conseil et des sujets relevant de ses ministres. Bonaparte ne faisait pas, avec le protestantisme, qui ne peut pas avoir de tête reconnue et d'indépendance réelle, un concordat de puissance à puissance ; il enrégimentait le protestantisme et le faisait marcher sur sa consigne. Sous les gouvernements successifs des Bourbons et des d'Orléans, la main de fer de Bonaparte ne se faisait plus sentir ; les synodes et les consistoires purent se permettre quelques libertés et même, sous Louis-Philippe, se promettre des espérances. Napoléon III les remit dans l'ornière du consulat et les laissa végéter dans l'insignifiance de leur symbolique. C'est là que la troisième république vint les prendre.

Les luthériens en 1802 possédaient des dotations en terre ; ces dotations, ils se les étaient faites, au XVIe siècle, par la trahison et la violence. A l'origine, ces biens avaient été donnés au vrai Dieu et à son unique Eglise. Le roi Dagobert avait été un grand fondateur de monastères en Alsace. Les biens donnés aux Eglises par Charlemagne et ses prédécesseurs, et fécondés par les mains des catholiques, passèrent aux mains des luthériens, quand les détenteurs trahirent leur foi et leur culte en adhérant à l'hérésie ; et quand les détenteurs, restés fidèles, furent massacrés ou expulsés pour avoir refusé de trahir la Sainte Eglise. Louis XIV, en occupant l'Alsace, avait respecté en partie cette dévolution attentatoire à la volonté des donateurs. D'un côté, il rendit à l'évêque la cathédrale de Strasbourg et réintégra le chapitre qui avait résidé près d'un siècle à Molsheim ; il exigea encore quelques institutions, mais, d'autre part, la majeure partie des biens ecclésiastiques restèrent aux mains des protestants.

La révocation de l'édit de Nantes ne changea rien à cet état de choses ; et notre Révolution qui a vendu les biens des hospices et ceux des écoles rurales, qui n'a laissé ni un pan de mur ni un lopin de terre aux mains des catholiques, respecta les possessions protestantes. On n'a jamais pu savoir à quel chiffre s'élevaient les revenus de ces biens ; on ignore les transformations qu'ils ont subies. Une partie, ceux entre autres du monastère de saint Thomas, fondé au VIIe siècle par saint Florent, évêque de Strasbourg, avaient été affectés aux professeurs, aux surveillants des jeux et aux élèves et séminaristes de l'université luthérienne. Sous le règne de Louis XIV, c'était la magistrature de Strasbourg qui disposait de ces prébendes. C'est le nom qu'on donnait aux diverses parts plus ou moins grosses attribuées à chacun des bénéficiers. Depuis la Révolution, on n'a plus su par quelles mains ni à quelles mains étaient attribuées les grosses parts de ces prébendes. Les protestants des deux églises y avaient part, disait-on ; et les uns et les autres ont toujours évité et refusé les éclaircissements.

Quoi qu'il en soit, l'annexion de l'Alsace à l'Allemagne avait frustré de ces biens le protestantisme français. Ce dépouillement fut le prétexte de la loi nouvelle. En bon prince, le ministre Bardoux acheta pour une somme qui dépassa 200.000 francs, un vaste immeuble entre cour et jardin, situé derrière l'Observatoire de Paris, et y fit les arrangements nécessaires à l'installation de la faculté protestante de théologie. C'était à la fois une consolidation et un progrès, dit le *Journal de Genève*, une garantie de durée pour une institution dont les débuts avaient été humbles et pénibles. Cette nouvelle faculté était censément l'ancienne faculté protestante de Strasbourg ; seulement, en s'installant à Paris, elle s'était modifiée et de luthérienne était devenue mixte. On y unissait, on y confondait le double et contradictoire enseignement de Luther et de Calvin. Le *Journal de Genève* assure qu'à la séance de rentrée, l'auditoire était nombreux et qu'on voyait aux premiers rangs les deux présidents des deux consistoires réformé et luthérien de Paris. La séance s'ouvrit par la prière et la lecture de la Bible. Chacun, sans doute, interpréta à son gré la prière et le texte sacré, dont l'église de Luther proclame l'autorité souveraine, que l'orthodoxie de Calvin n'ose plus confesser et que le libéralisme protestant rejette au nom de la liberté.

Mais tout ceci est du passé, et l'avenir surtout intéresse le *Journal de Genève*. Cet avenir s'annonce plein de joie et de splendeur pour la mixture théologique des deux religions. Le nombre des étudiants augmente. Les consistoires de Nîmes et de Lyon, tous deux calvinistes, mais de nuances différentes, celui de Lyon piétiste, je crois, et celui de Nîmes simplement orthodoxe, si je ne me trompe, continuent à la faculté mixte les bourses qu'ils avaient votées. Le consistoire luthérien de Paris accorde aussi une demi-bourse et « la « Normandie semble *enfin* s'intéresser à la « faculté ; l'Eglise réformée du Havre lui a « donné une marque effective de sympathie ». L'Eglise réformée du Havre est libérale, et même, dit-on, très libérale ; on peut deviner la valeur de l'*enfin* du *Journal de Genève*. La discrétion couvre d'ailleurs encore la nature de cette marque effective de sympathie de l'Eglise libérale du Havre.

L'accord des bourses semblerait donc fait ; des bourses de charité, s'entend ; la division entre orthodoxes et libéraux calvinistes, bien que touchant les doctrines sans doute, se signale surtout dans le partage demandé d'une part, et refusé de l'autre, des avantages temporels ou concordataires, comme ils disent pour désigner les deniers prélevés sur tous les citoyens contribuables de la république française. Cette division, « les rivalités et luttes intestines du protestantisme français, dit encore le *Journal de Genève*, paralysent la bonne volonté du gouvernement ». Ainsi deux chaires restent vacantes à la faculté de Paris, parce que le ministre ne sait à qui les livrer ; son cœur hésite entre les orthodoxes et les libéraux. En attendant, ces chaires sont suppléées, nous dit-on : serait-ce par des luthériens ?

Ces rivalités et ces dissensions intestines des réformés ne sont pas près de finir. Le *Journal de Genève*, pour sa part, n'y voit de terme possible que par la puissance de l'Etat. Encore est-ce là un terme problématique. « Si « la paix se fait dans l'Eglise, dit-il, elle s'im- « posera par la force des choses et par la né- « cessité même. Ce ne sera pas, ajoute-t-il, « par la fusion des éléments opposés, mais « par l'organisation de leur juxtaposition et « par l'établissement d'un *modus vivendi* qui « rendra leur voisinage possible et leur coha- « bitation paisible et sans orage ».

A l'occasion de cette translation d'université protestante, le ministre crut devoir apporter quelques modifications aux articles organiques du protestantisme. Au lieu de suivre la tradition de 1802 et de prendre seulement les instructions dont le législateur avait besoin pour « régler » lui-même, lui seul, la loi civile de cette confession protestante, Bardoux prit des mains des pasteurs le texte de la loi nouvelle ; au nom du gouvernement, il approuva ces articles rédigés sans son concours, et le ministre demanda au Sénat de les ratifier purement et simplement. Ces articles, au nombre de 27, dont le premier contient les dispositions générales et dont les autres se divisent en cinq titres, sont précédés d'une déclaration des pasteurs, où ceux-ci, donnant à leur réunion le nom de synode, se posent comme « fidèles aux principes de foi et de liberté du fondateur de leur église » et proclament « l'autorité souveraine des Ecritures en matière de foi ».

Sans parler de la bizarrerie qu'il y a à proposer une telle déclaration à la république française, qui n'a aucune foi, ni souveraine, ni subordonnée, les catholiques auraient pu s'étonner que le gouvernement proclamât l'unique autorité souveraine des Saintes Ecritures. Ils sont loin de répudier cette autorité, et elle est bien une des sources de leur foi ; mais leur catéchisme y ajoute celle aussi certaine et aussi souveraine de la Tradition. Les protestants répudient cette source d'autorité et de vérité. Le législateur français, dans son indifférence et son ignorance de ces questions, serait malvenu d'y prétendre décider quelque chose. On ne voit pas quel intérêt il pourrait avoir à y prendre, à l'instigation des ministres luthériens, un parti offensant à la conscience et à la foi de la grande majorité des Français. Cependant, ce ne sont pas les catholiques qui se sont alarmés. Est-ce parce que la république leur enseigne, de trop de manières, à se désintéresser de ses errements ? Ce sont les protestants, ceux des Eglises réformées, qui se sont soulevés contre l'outrecuidance des pasteurs luthériens et la simplicité de Bardoux à traiter avec ses ministres d'Augsbourg, comme s'ils étaient investis d'une autorité quelconque. C'est au nom des prérogatives du législateur que la réclamation fut faite.

Dans le projet de loi que le ministre avait reçu des mains des pasteurs luthériens les noms de consistoire supérieur et de directoire ont disparu. Le jeu de ces corps est remplacé par le synode général, au-dessous duquel fonctionnent les synodes particuliers. Le synode général se réunit de son propre droit, sans autorisation préalable ; le lieu de ses réunions devra alterner entre Montbéliard et Paris. Le synode ne relève que de soi ; il peut, s'il le veut, convoquer un synode constituant. Tout se règle en dehors de la dépendance de l'Etat, par la seule vertu du suffrage universel et l'unique autorité du synode général.

Nous ne blâmons pas les ministres luthériens d'avoir visé à établir leur puissance souveraine et leur entière liberté. On leur demandait de faire leur loi ; on leur en reconnaissait le droit : ils eussent eu bien tort de ne pas en user. C'est d'ailleurs la juste prétention de tout corps religieux d'être indépendant, comme tel, du pouvoir civil ; c'est, en particulier, pour le protestantisme une exigence imprescriptible, de maintenir, en tout état de cause, son libre examen et le pouvoir constituant en matière de dogme. Ce qu'il y a d'admirable, c'est que ce sont les protestants, — et les protestants libéraux particulièrement, — qui se sont montrés les plus ardents contre cette tentative d'indépendance religieuse. Ils sont fidèles à la tradition schismatique, toujours pliée aux volontés et au pouvoir de César. Le mot de synode surtout les exaspère. Ils voient dans toute assemblée synodale cette grande prostituée dont leurs pères croyaient voir les traits à Rome ; et nous ne pouvons taire leur indignation quand Bardoux, toujours simple, leur avait proposé un nouveau synode pour accommoder leurs différends de calvinistes.

Le calviniste républicain Pelletan, nommé, au Sénat, rapporteur de la loi Bardoux, accueillit, contre les prétentions luthériennes, les réclamations de ses coreligionnaires et les observations des légistes. A aucun prix, il ne pouvait laisser les pasteurs luthériens dans cette chaire d'autorité, dont ils s'étaient fait cadeau. De prime abord, il retrancha, du projet, le caractère concordataire qu'avait accepté Bardoux et maintint que le protestantisme, comme le judaïsme, n'avait d'autre roi que César, toujours auguste et toujours pontife. Ensuite il raya, du frontispice de la loi, cette profession de foi par laquelle les pasteurs luthériens proclamaient les sources de la vérité et s'en déclaraient possesseurs. La nouvelle loi ne définira rien, elle ne portera pas d'anathème. Cette loi est une simple loi civile que le Sénat discutera, que la Chambre des députés amendera et où le ministre des cultes consent à laisser faire telles radiations que le législateur trouvera nécessaires. C'est assez que la loi française respecte la fausse autorité des pasteurs; c'était trop de demander à nos législateurs d'en contresigner les doctrines.

Dans l'ensemble, la loi, qui veut remplacer le consistoire supérieur et le directoire organique, ne dit mot de ces deux corps. Elle conserve le nom de consistoire pour l'appliquer seulement aux consistoires locaux définis par les articles organiques; et elle confie les attributions des deux corps *à un synode général*, à des synodes particuliers et des commissions synodales. Le conseil d'Etat serait-il d'avis que le silence de la loi nouvelle sur les deux corps, que ce silence supprime, implique pour le ministre des cultes et les pasteurs protestants la liberté de reconstituer, par voie d'élection et de nomination, le directoire et le consistoire supérieur, et d'appeler ces deux corps ressuscités par une vertu ministérielle quelconque au partage des attributions dévolues, selon le texte de la loi nouvelle, aux synodes généraux et particuliers qu'elle *veut instituer?*

Voilà cependant comment le conseil d'Etat a autorisé Jules Simon à interpréter les articles organiques. Leur silence à l'égard du synode général est prohibitif. Tout le contexte de la loi, tous les documents qui l'entourent, tous les précédents qui en ont amené la rédaction établissent cette prohibition : elle est de bon sens d'ailleurs. Portalis a compris qu'un synode protestant ne pouvait avoir aucune autorité. L'autorité n'est pas un privilège qui se confère par un texte de loi. Il faut encore, pour constituer une autorité, que le texte de la loi soit conforme au droit naturel ou au droit divin, qui sont l'un et l'autre de même origine, et vivent au fond des consciences. Si le synode protestant n'est pas de droit naturel, comment serait-il de droit divin? Au lieu d'être un instrument de paix, de lumière et d'autorité au sein de ces Eglises, qui croient chercher la vérité dans ce qu'elles appellent la liberté, le synode ne peut être entre leurs mains qu'un instrument de division, de désordre et de guerre.

Portalis l'avait compris. Les ministres des cultes qui se sont succédés depuis Jules Simon jusqu'à Bardoux ont eu le même sentiment, et ils ont énergiquement refusé de porter aux Chambres le travail du synode de 1872. Ce synode luthérien de 1872 avait fait peu de bruit; celui des réformés a eu un autre lustre, et les divisions où il a jeté les Eglises calvinistes, les schismes qu'il a révélés ou déchaînés de toutes parts dans leur sein, ont démontré la sagesse de Portalis. Ces prétendues Eglises de la liberté n'ont pas la force de se gouverner elles-mêmes. Elles n'en ont pas la mission. Elles le sentent bien : dès l'origine, elles se sont mises à la dévotion des Etats. La tutelle de l'Etat seule les fait vivre; l'Etat seul a la force de déterminer virtuellement la foi que ces manières d'Eglises doivent prêcher et de décider de leur discipline. Elles n'ont point de puissance, en effet, parce qu'elles n'ont point de vie. Elles peuvent parler de liberté; elles ne sauraient la défendre ni la mettre en pratique, parce qu'elles n'ont pas d'autorité.

Quand le projet de loi vint en discussion, Chesnelong, sénateur catholique, protesta contre le principe de cette législation qui fait l'Etat maître des Eglises, et réclama l'autonomie de l'Eglise catholique. Le rapporteur avait dit que l'Etat ne saurait *copartager* sa souveraineté et traiter avec une Eglise pour ainsi dire *de puissance à puissance*. En quoi il se trompait grossièrement, car il ne s'agit pas dans l'espèce de partager la souveraineté civile, mais de reconnaître la souveraineté de l'Eglise, qui jouit, en effet, de cette souveraineté, par le droit divin de sa fondation. Chesnelong répondit :

« Je proteste contre une semblable théorie, qui n'est pas autre chose que la subordination de l'Eglise à l'Etat.

« La Commission, contre son intention sans doute, nous ferait rétrograder de dix-huit siècles, jusqu'à cette époque où Dieu et César étaient confondus dans une même autocratie. Cette théorie aurait pour résultat de détruire la plus précieuse des libertés : la liberté des âmes. Je sais très bien ce que l'on objecte; M. le rapporteur dit : Nous ne touchons pas au dogme, qui ne nous regarde pas, mais seulement à la discipline, et cela nous regarde.

« En 1790, on a fait la Constitution civile du clergé, et nous avons eu les proscriptions et les tyrannies, provoquées par la résistance des convictions religieuses blessées. La discipline touche donc au dogme par beaucoup de points.

« Vous avez le droit, d'après le concordat, de désigner des évêques, mais ils ne peuvent entrer en fonction que lorsqu'ils ont reçu l'institution canonique du Pape. Mais vous n'avez pas le droit, et vous n'auriez pas le droit même par une loi, de nommer des évêques qui n'auraient pas reçu cette institution canonique. Ces évêques auraient un titre usurpé; pas un catholique ne voudrait les reconnaître et nous n'accepterions pas leur autorité, nous n'accepterions pas leur bénédiction.

« Vous pouvez nous demander notre vie ou la vie de nos enfants pour défendre l'ordre et le pays. Vous pouvez nous demander notre argent pour faire face aux dépenses publiques; vous pouvez édicter des lois, nous devons les respecter. Vous pouvez même prendre des dispositions contre les manifestations extérieures du culte : nous nous soumettrons, mais nos âmes sont à nous et à Dieu.

« Nos âmes sont à Dieu et à nous ; nous ne les livrerons jamais à personne.

« Je proteste contre le principe du rapport de la Commission, au nom de la liberté des âmes, au nom de notre droit légal actuel, au nom de la liberté des cultes. Notre droit public, c'est le droit concordataire, qui est méconnu par la Commission.

« Récemment, M. le ministre de l'intérieur disait à cette tribune que certains catholiques reniaient le concordat. Ce concordat, nous le revendiquons, au contraire, et je proteste contre le principe de la commission au nom du droit légal, au nom du droit éternel.

« Vous pouvez protester contre mes paroles ; elles devraient cependant être respectées comme l'expression des sentiments de nos consciences. »

Un sénateur, Hervé de Saisy, émit l'avis de laisser les protestants faire leurs affaires ; le synode luthérien n'attacha, à cette réclamation, aucune importance ; par une lettre au rapporteur, il fit savoir qu'il acceptait la loi telle que, amendée par le Sénat. Un décret de Napoléon III avait introduit, dans la constitution des corps administratifs des sectes protestantes, l'élément électif, le suffrage universel. La loi de 1878, réclamée par un synode de 1872, fit prévaloir, sur les corps consistoriaux, l'élément synodal, la doctrine mise en discussion, livrée au principe anarchique du libre-examen. C'est le côté caractéristique de la loi. A la vérité, l'État se réserve de brider les synodes au moment où il les institue, et par là il se met en contradiction avec son propre principe de neutralité et avec le principe protestant du libre-examen. Mais le texte de la loi doit l'emporter sur les réserves de la politique ; d'ailleurs, l'entraînement révolutionnaire du libre-penseur, prévu par la passion républicaine, est, depuis longtemps, le vice inhérent du protestantisme, sa force constitutive et dissolvante, ce par quoi il est religion positive et machine de guerre contre le catholicisme.

Cette réinstitution du protestantisme devait favoriser les menées des dissidents ; ils multiplient et développent leurs entreprises, cherchant toujours à éloigner les âmes de l'Église ; et s'aidant de la misère qui sévit dans les faubourgs de Paris, ils y tendent leurs filets pour attirer la population au prêche. La propagande se fait doucement, au nom de l'humanité, et tout en protestant de toutes ses forces qu'elle reste étrangère et indifférente à toute influence religieuse.

Au fond, cette sympathie d'un parti athée, qui a juré haine à mort contre toute religion et tout culte, cette sympathie pour le protestantisme, qui, au fond, est une religion telle quelle, étonne de prime abord. Mais lorsqu'on y réfléchit, on voit que cette sympathie, manifestée par des actes législatifs, sert, à la fois, à couvrir d'un voile et à favoriser les agissements des persécuteurs. C'est le point qu'il importe, ici, d'expliquer.

Les républicains veulent bien persécuter : la haine du catholicisme est le grand mobile de leur politique : mais ils ne veulent pas assumer l'odieux de la persécution. Prendre place en histoire, après Néron, Domitien et Robespierre, cela ne sourit à personne. Pour cacher leur jeu, ils se montrent donc grands protecteurs des sectes protestantes. Malgré le poids qui entraîne le protestantisme vers l'incrédulité, il compte, dans son sein, des âmes honnêtes, religieuses, naturellement chrétiennes ; ces âmes, par instinct, par éducation ont besoin de croire, conservent des lambeaux de foi, valent mieux que leurs principes et réagissent contre avec énergie. Ces âmes enlèvent, au protestantisme, un air trop visible d'incrédulité. De plus, dans les sectes protestantes, alors que les croyances positives s'affaiblissent, il reste une couleur, une marque, quelque chose qui dissimule le vide de la foi, il reste une forme religieuse, un culte, des temples, des cérémonies, des prières, une chaire, une parole, un ministre, des formulaires, des symboles pour l'enfant, pour l'adulte, pour le mort : c'est un second avantage sur l'incrédulité qui n'a rien pour satisfaire le besoin religieux de l'humanité. Enfin, à quelques extrémités qu'aboutisse le libre-examen du sectateur de Calvin ou de Luther, il garde un livre et un nom, le livre de la Bible et le nom de Jésus-Christ. Sans la Bible, le protestantisme s'évanouirait comme une ombre insaisissable ; avec elle, il prend corps, du moins en apparence. Ce livre, c'est un fait matériel, un code ; on peut en faire une lettre morte, un symbole vague et impuissant ; mais il reste comme trésor de la foi. Le nom du Christ n'est pas un moins précieux talisman, mais on en prend ce qu'on veut. Le Christ est Dieu, il est homme ; c'est un prophète, un philosophe, un socialiste, un révolutionnaire, tout ce que vous voudrez. Mais, d'après le synode de Lausanne, on reste protestant dès qu'on se réclame du Christ. Par ces apparences, souvent trompeuses, le protestantisme peut donc couvrir d'un certain dehors de religiosité ces sectaires athées qui montent à l'assaut de toute religion ; ils se disent favorables au protestantisme pour ne pas trahir les desseins de leur radicalisme impie. Cela suffit pour les innocenter aux yeux des imbéciles.

Du reste, en se disant protestants, ils ne perdent rien de leur puissance destructive. Dans leur hardi projet de favoriser tous les mauvais instincts de l'humaine espèce, ils veulent anéantir Dieu et son Christ. Or, le protestantisme leur paraît, pour ce projet, une excellente machine. Par son principe de libre-examen, le protestantisme se confond avec la libre-pensée; il est moins répugnant, mais pas moins subversif. En revêtant l'individu de toutes les prérogatives de la souveraineté doctrinale, il ouvre la voie à l'illuminisme, au rationalisme, au scepticisme, et doit, tôt ou tard, les passions et le faible esprit de l'homme aidant, s'engouffrer dans ces abîmes. Parmi les protestants, il se trouvera bien quelques esprits droits, qui voudront poser des limites et qui se diront orthodoxes. Mais, dans la masse, il se rencontrera de soi-disant libéraux, pour abaisser toutes les barrières et se précipiter bride abattue. Le protestantisme, d'après Vinet, n'est pas une religion, mais le *lien* d'une religion. Ce lieu a été envahi par des milliers de sectes; maintenant il devient un désert. Les patriarches du protestantisme avaient déclaré que la Bible, œuvre de Dieu, est aussi l'œuvre des hommes; que les écrivains sacrés ont mêlé, à la révélation, des erreurs inévitables; et que le rôle de la raison, désormais adulte et clairvoyante, est de dégager la vérité de cet alliage impur. Dès lors, ils sont toujours protestants, ceux qui rejettent les faits merveilleux de l'Ecriture et les miracles de Jésus-Christ; ou qu'ils permettent de les expliquer par le magnétisme ou par les forces occultes de la nature; ou bien, lorsqu'à la suite de Strauss, ils refusent aux livres saints toute authenticité véritable, et ne veulent reconnaître en eux que des récits légendaires, élaborés par l'imagination des premiers croyants. Le *Lien*, journal protestant (3 décembre 1859), affirme qu'on peut hautement et honorablement se dire non seulement rationaliste, mais unitaire, déiste, panthéiste, sans tomber sous l'anathème. Gaberel, ministre à Genève, démontre que Rousseau, violent ennemi du Christianisme, est un bon protestant. Un autre ministre, Chennevière, nie la Trinité, la divinité de Jésus-Christ, le péché originel, la grâce, l'éternité des peines, et continue son ministère. Un troisième, Pécaut, déclare que le Christianisme est démoli par la critique et par la science, et que si le protestantisme, religion de progrès et d'avenir, veut subsister encore, il ne doit plus reconnaître que l'unité de Dieu et la fraternité humaine.

Les deux Coquerel professent hautement *l'horreur du dogme*. Schérer soutient qu'il n'y a pas de vérité absolue; qu'il n'y a que des opinions changeantes; que la vérité, mobile comme les opinions, n'est qu'un devenir perpétuel, ou bien que, repliée dans une obscurité inaccessible, elle se dérobe aux étreintes de l'intelligence. Enfin Réville, ministre de l'Eglise wallonne à Rotterdam, proclame l'indifférence entre la transcendance et l'immanence de Dieu; que Dieu soit ou qu'il n'y ait que la nature, qu'est-ce que cela peut bien lui faire? Bref, il n'y a aucune erreur qui ne puisse être protestante, et que le protestantisme ne puisse abriter sous son drapeau.

Ainsi le protestantisme ménage, d'un côté, le sens divin; de l'autre, il donne satisfaction à tous les appétits de la révolte.

Les ennemis du Christ l'ont enfin compris. De là, conspiration ouvertement avouée, de la part des plus ardents incrédules, de laisser de côté, pour le moment du moins, une impuissante philosophie, et de travailler à protestantiser le peuple. Le Christ est sur une rive, disent-ils; le protestantisme est un *pont* pour passer doucement le peuple sur l'autre rive, loin du Christ et loin de Dieu. Le protestantisme devient donc la ressource suprême de l'incrédulité et par là même de la révolution. C'est ce qui en fait le danger religieux et social: les républicains, tout obtus qu'ils soient, l'ont tenté. Le protestantisme, comme religion, est mort; comme principe de révolte et amorce de passions, il est immortel et garde, dans nos convulsions actuelles, une puissance formidable. Il serait puéril et funeste de fermer les yeux sur un si grave danger. Il y a *péril protestant*, a dit un auteur, et à la question par quoi ils remplaceraient l'Eglise dont ils annoncent hautement la destruction, l'un des plus vils adversaires du Christianisme, impie fieffé, a répondu: Par le protestantisme.

L'amnistie.

Avant d'admettre, comme fête nationale, le 14 juillet, la république avait imaginé de fêter le 30 juin. Pour faire couler le petit bleu et sauter la gourgandine, 30 juin ou 14 juillet, cela revient au même. Louis Veuillot écrivait à ce propos, le 17 juin 1878:

« Les gens qui gouvernent la république française imposent des fêtes. C'est leur plus ancienne idée, d'être marchands de plaisir. Dès l'abord ils ont dit que leur machine serait la république athénienne. Si le fameux M. Wallon avait mieux compris leur humeur, sa Constitution aurait été plantée de mâts de cocagne. Mais parce que, au contraire, ils y manquent absolument, voilà que cette pauvre Constitution est totalement labourée. Ceux qui ont pris le terrain veulent y planter du plaisir, espérant qu'il leur donnera des rentes. Déjà il leur en donne, mais pas assez. C'est pourquoi ils décrètent ces fêtes, toujours plus neuves, et qui leur promettent des produits dignes d'assouvir Gargantua. L'imagination sèche de M. Wallon ne pouvait s'élever à ces conceptions magnifiques. La France elle-même ne s'y accoutume pas. Elle ne veut pas savoir qu'elle est une France toute nouvelle, toute régénérée, épouvantablement enrichie de ses conseillers municipaux. Elle s'obstine dans son ancienne chétiveté d'avant Sedan. Mais cela ne suffit pas. Il faut maintenant être républicain et savoir prodiguer la dépense.

« C'est ce qu'on est en train de lui apprendre. Bon gré mal gré elle apprendra. Déjà elle ne peut plus nier qu'elle a maintenant de bons maîtres.

« Il a donc été décrété que le gouvernement devait *organiser* une fête publique *pour la population de Paris et pour ses hôtes*. Quelle fête? A propos de quoi? En l'honneur de quel saint? Aux frais de qui? On en demande trop long. Ce sera une fête organique, puisqu'elle sera organisée; elle sera payée, et qui voulez-vous qui la paye, si ce n'est vous qui en avez payé et qui en payerez bien d'autres? Après cela, que vous importe le reste? Quant à l'époque, vous la connaîtrez plus tard. Pour le moment, nous savons seulement que la chose est sûre comme une invalidation de député.

« Dans *l'Ours et le Pacha*, une vieille comédie du temps monarchique, Shahabaham le pacha, annonçant la fête publique, dit à ses invités : « Or, ça, puisque nous nous amusons, le premier qui ne s'amuse pas, je lui fais couper la tête ! »

« Ainsi parle M. de Marcère. Il est dans son rôle et dans son droit. Ce fonctionnaire sait qu'il est difficile de faire célébrer une fête nouvelle, de la faire payer, et en même temps d'obtenir une marque de sympathie pour le gouvernement; car il veut tout cela. Nous devons à la fois nous réjouir de la fête, la rendre plus grandiose, fournir le calicot et les arbustes, les lampions, la foule et crier : « Vive *Chose* ! qui nous met en liesse par ses grâces et ses bontés ». En conséquence, M. de Marcère espère que notre concours ne manquera pas au gouvernement organisateur. Shahabaham n'a besoin que d'un mot pour exprimer cette pensée compliquée et délicate : « Le premier qui ne s'amuse pas, je lui fais couper la tête ! » Le turc est une belle langue et M. de Marcère l'a traduit bien. »

La fête s'était célébrée le 30 juin ; rien n'y avait manqué de ce que les hommes peuvent offrir. Les illuminations, les drapeaux, les fanfares, les retraites sonnées, la *Marseillaise* avaient tenu la foule en haleine pendant dix-huit heures. Les discours n'avaient pas manqué ; en France, c'est toujours ce qui manque le moins. Le bouquet spirituel de la fête c'avaient été les ribottes, les danses et ce qui vient après. Les incidents grotesques n'avaient pas fait défaut. Entre autres avait sévi la manie d'arborer les trois couleurs. Des particuliers et surtout des particulières s'étaient mis au blanc, au bleu et au rouge, comme de vulgaires charlatans. Quelques-unes, pour s'épargner le ridicule, avaient laissé l'honneur du tricolore à leurs chiens ; des chats jaloux se mirent de la partie. Le tricolore avait tout envahi ; on remarqua, et l'histoire ne doit pas oublier que les mieux réussis, en tricolore, c'étaient les serins. Peut-être est-ce la morale de l'histoire.

Louis Veuillot avait présenté quelques réflexions sur les ridicules de cette initiative ; Eugène Veuillot en fit d'autres sur l'objet de la fête : « S'amuser dit-il, a toujours été la loi de la république. Sous la Terreur, au divertissement permanent de l'échafaud, de la fusillade, des noyades, si cher aux bons républicains, on joignait des fêtes publiques avec lampions, drapeaux, fleurs, feux d'artifice, etc. On en fit autant sous le Directoire, et cette tradition revit aujourd'hui dans toute sa splendeur. Il n'en peut être autrement. La république a toujours eu besoin de tromper les populations, de les étourdir, de les griser ; ce besoin est aujourd'hui plus grand que jamais. Si le peuple restait de sang-froid, il jugerait son gouvernement ; il comparerait le passé au présent, il songerait à l'avenir ; son patriotisme ou tout au moins son amour-propre national pourrait se réveiller, et qu'adviendrait-il alors de la république ?

« Par exemple, ne faut-il pas qu'on l'amuse, ce peuple souverain, pour lui cacher ou lui faire accepter la situation présente du pays ?

« Un congrès est réuni à Berlin ; quel rôle y joue la France ? Tout s'y passe en dehors d'elle. Les communications officieuses elles-mêmes, bien qu'habilement tournées et voilées, établissent que les questions importantes sont décidées dans ces conciliabules où nos plénipotentiaires ne sont pas admis. La Russie, l'Angleterre, l'Autriche, s'arrangent ensemble sous la présidence de la Prusse et quand elles sont d'accord tout est dit.

« Ces conquêtes, ces partages, cette coalition vont annuler définitivement la France. Qu'importe à la république : elle s'amuse ! Le règlement de la question d'Orient l'empêchera-t-elle d'être le premier gouvernement du monde pour les fêtes, les expositions et le nombre des fonctionnaires? d'avoir la plus grosse dette nationale, le plus lourd budget? Une nation éclairée, progressive et riche, qui a tant de républicains à faire vivre, peut-elle désirer mieux ?

« Il semble, en effet, que cela suffise aux aspirations de Paris, du gouvernement et du parti révolutionnaire. Mais si tout en s'amusant, puisqu'il faut s'amuser, on pouvait réfléchir, peut-être verrait-on que ce brillant programme n'est pas complètement garanti.

« La richesse d'une nation ne saurait durer longtemps, quand ses rivales grandissent et qu'elle diminue. Déjà notre situation industrielle est mauvaise. Beaucoup de nos usines ralentissent considérablement leurs travaux ; les faillites sont nombreuses, les grèves ne prouvent pas la prospérité, et même à Paris, où l'on donne tant de fêtes, la misère est grande. Tandis que la république s'amuse, quarante-cinq mille familles inscrites sur les registres des bureaux de bienfaisance réclament du pain. Combien y en a-t-il qui, n'ayant ni recours, ni droit à la charité officielle, meurent de faim ? Cent mille par an.

« Si nos républicains, aujourd'hui bien placés, bien rentés et tout à fait en joie, connaissaient un peu mieux l'organisation générale des affaires extérieures et leur contre-coup sur les affaires intérieures, ils sauraient que les décisions de Berlin pèseront beaucoup sur notre situation commerciale, industrielle, financière. Ce n'est pas le Turc, le Bulgare, le Grec, l'Arménien que l'Angleterre songe à sauver dans le conflit oriental, c'est sa richesse. Nous y laisserons la nôtre si nous sortons du congrès joués et amoindris. Que nos républicains, s'ils ne s'inquiètent pas de l'honneur, songent au moins aux intérêts. L'avenir de ce gros budget qui les engraisse y est engagé.

« Mais la république ne sait pas prévoir les malheurs de si loin. Elle gorge ses fidèles, elle s'amuse et se promet d'écraser les cléricaux. Cela suffit à la satisfaire. Il est douteux que cela suffise à lui donner la considération et la durée. Nous l'en avertissons, et si nos avertissements ne sont pas entendus, nous pourrons nous en consoler. »

Cette fête, qui masquait mal notre exclusion des affaires de l'Europe, découvrait à l'intérieur un autre péril, l'amnistie. Les *Débats* et la *Lanterne*, les académiciens et les juifs avaient fait écho aux complaisances de compte rendu officiel de la fête. La *Lanterne* avait ajouté cette note : « Maintenant, après cette journée inénarrable, qui osera protester contre l'amnistie ? Par moment, au milieu de sa joie, le peuple se prenait à penser aux absents et criait : *Vive l'amnistie !* Devant cette pression de l'opinion publique, qui donc essayera d'empêcher la réconciliation de tous les Français ? » Le gouvernement n'y songeait pas ; et s'il eût pu l'obtenir à ce prix-là, il eût été bien injuste de le refuser.

Le propre de Dieu, c'est d'être miséricordieux et compatissant ; sa toute-puissance se manifeste surtout par le pardon. Mais le pardon, mais l'indulgence ne s'accordent pas au pécheur non repentant ; pour obtenir l'absolution, il faut se repentir, se confesser et satisfaire à la justice. Dans ces conditions, rien n'est plus beau et surtout rien n'est plus juste que la grâce qui absout ou l'amnistie qui veut effacer, du crime, jusqu'au souvenir. Un particulier ne se montre pas ainsi indulgent, sans montrer quelque grandeur ; un peuple qui, sorti d'une révolution, veut en effacer les traces par sa magnanimité, ne compromet pas non plus sa situation, mais la confirme. La France était-elle dans ce cas ?

La France sortait à peine des horreurs de la Commune. Paris avait été livré au pillage, puis aux flammes, par la partie avancée du parti républicain. Sous couleur de défendre la Commune, on avait brûlé l'hôtel-de-ville ;

sous couleur de défendre la république, on l'avait souillée par toutes sortes de forfaits, et, par le plus grand de tous, par un attentat contre la capitale du pays, et cela en présence de l'ennemi victorieux, de l'ennemi deux fois triomphant et par les armes et par l'émeute. Cette incomparable ville de Paris qu'on avait accusé le Prussien de mutiler, c'est le Français qui ne se bornait plus à la mutiler, mais voulait l'ensevelir sous une de ces catastrophes gigantesques, matière future d'une lamentable épopée. Je pourrais laisser aux historiens latins la tâche de rappeler ces lugubres souvenirs. « Tous ceux, dit Suétone, qui s'étaient signalés par leurs infamies et leur audace turbulente, tous ceux qui avaient honteusement dissipé leur patrimoine, tous ceux que leurs désordres ou leurs attentats avaient chassés de leur patrie étaient venus affluer dans la capitale comme dans un cloaque. Ils excitèrent un soulèvement. » — « La capitale, dans son ensemble, continue Tacite, présentait un spectacle hideux et terrible : ici des combats et des blessures, là, des bains et des tavernes ; plus loin des prostituées et des souteneurs auprès des monceaux de cadavres et des ruisseaux de sang ; en un mot, tous les excès qu'enfante la corruption pendant la paix, tous les crimes qui désolent un pays de conquête, pour former dans la même ville un tableau de fureurs et de débauches. Il régnait une sécurité barbare ; les plaisirs ne furent pas interrompus un seul instant. Il semblait que tant d'horreurs fussent un surcroît de divertissements... Le peuple restait spectateur du combat ; et comme s'il eût été donné pour son plaisir, il soutenait tantôt les uns, tantôt les autres par ses acclamations. Voyait-il faiblir un parti, il demandait à grands cris qu'on arrachât des boutiques et des maisons ceux qui s'y étaient réfugiés et qu'on les égorgeât ; il augmentait sa part de butin. Car le soldat, tout entier au carnage, abandonnait les dépouilles. Jamais la capitale ne fut en proie à plus d'angoisses et de frayeurs. On se tient en garde même contre ses plus proches parents. On ne s'aborde, on ne se parle plus : on évite ceux que l'on connaît, comme ceux que l'on ne connaît pas. On craint tout, jusqu'aux objets muets et inanimés ; le toit, les murs dont on est environné, on les parcourt des yeux en tremblant (1) ».

« Dans les jours qui suivirent, continue Tite-Live, et pendant longtemps la ville fut livrée aux égorgeurs ; chacun d'eux eut le droit de choisir sa victime. Les ennemis périrent les premiers ; ensuite, ils frappèrent tous ceux dont le rang excitait l'envie ou dont la fortune permettait le pillage d'un riche mobilier. » — « Bientôt, ajoute Tacite, la licence accélérant son cours, on va fouiller dans les maisons ; on en arrache ceux qui s'y cachaient. Rien ne peut être fermé ; les vainqueurs s'y opposent ; de là, les visites domiciliaires à

---

(1) Suétone, *in Othon*. N° 8. — Tacite, *Annales*, liv. IV, art. 69.

force ouverte et, si l'on résiste, la mort. D'infâmes serviteurs dénonçaient leurs maîtres pour leurs richesses ; quelques-uns étaient signalés par leurs propres amis. Nous eussions dit des limiers ; ils flairaient, ils éventaient si bien ce qu'il y avait de caché. De là vint la disette du numéraire. Mais bientôt la cupidité engendra la barbarie. Tout homme riche fut un coupable, d'autant plus criminel qu'il avait plus d'argent ; la victime fut le salaire de ses bourreaux. On oublia la honte du crime pour calculer le profit. Mais rien n'était aussi vexatoire que l'inquisition dirigée contre les fortunes ; de tous côtés, on dénonçait ; et tout homme riche était saisi comme une proie (1) ».

Telle est, en abrégé, l'histoire de la Commune. Cette progression du crime ne put suivre, jusqu'au bout, la fureur de ses attentats ; le canon de la république dut y mettre fin. Après quoi, les Conseils de guerre frappèrent ceux qu'avaient épargnés la mitraille, clouèrent les uns au poteau d'exécution, jetèrent les autres dans les cachots ou en exil. L'armée de la Commune, décimée, condamnée et proscrite, voyait donc une partie de ses soldats sous la main de la justice ; l'autre dans les lieux de relégation lointaine ; la dernière, celle qui s'était dérobée par la fuite, réfugiée chez les nations voisines, d'où ils lançaient d'incessantes menaces. C'est dans ces conditions que le faible gouvernement du soldat, vainqueur de la Commune, osa parler de grâce et se vit bientôt acculé à l'amnistie. Triste condition des peuples, dont les chefs, au lieu de les conduire, se laissent conduire et viennent à des actes législatifs, non sous la pression, mais sous l'oppression des factieux. Le gouvernement, en effet, ne pouvait recueillir, du retour des communards, qu'un surcroît de difficultés ; les partis acharnés à sa ruine espéraient bien, au contraire, y trouver du renfort. Les proscrits n'avaient que l'avant-garde de leur armée ; s'ils n'avaient pas pris part à leurs crimes, ils professaient toutes leurs doctrines et partageaient toutes leurs espérances. L'amnistie, c'était une victoire sur le gouvernement qui avait la faiblesse de l'accorder.

Le ministre anglo-français Waddington présenta, aux Chambres, un projet d'amnistie. Le texte portait :

« Art. 1er. — L'amnistie est accordée à tous les condamnés pour faits relatifs aux insurrections de 1871, à tous les condamnés pour *crimes* ou *délits* relatifs à des *faits politiques*, qui ont été ou seront libérés, ou qui ont été ou seront graciés par le président de la République dans le délai de trois mois après la promulgation de la présente loi. »

Les radicaux présentèrent, au projet, un amendement portant amnistie de tous les condamnés pour crimes et délits *politiques*, ainsi que pour les *délits de presse* depuis la dernière amnistie de 1870 ; l'amnistie s'étendrait aux crimes ou délits qualifiés de *droit commun*, lorsqu'ils auront une connexité avec les événements de 1870.

Le projet du gouvernement portait des réserves ; l'amendement des radicaux amnistiait indistinctement tous les crimes de la Commune. Politiquement, ni l'un, ni l'autre, n'avait sa raison d'être. Dès le commencement avait été instituée une commission des grâces et tous ceux qu'une ombre de résipiscence ou quelque motif d'indulgence venait à lui signaler, avaient reçu immédiatement le prix de leur vertu. Maintenant, il s'agissait d'abaisser toutes les barrières devant les scélérats ; seulement les uns le voulaient faire avec l'hypocrisie de la sagesse ; les autres, avec le cynisme d'une complicité qui se glorifie de ses excès, ou plutôt qui les atténue en les glorifiant.

La discussion fut ce que sont ordinairement les discussions parlementaires où les passions sont en jeu et où l'on parle surtout pour être entendu dehors. Le gouvernement allégua sa force, qui lui permettait de jouer avec la tempête ; sa générosité, qui l'inclinait au pardon ; son habileté, qui savait distinguer entre fagot et fagot ; et surtout l'assurance, dont il se vantait, bien à tort, de vaincre la rébellion en l'accablant de bienfaits. L'opposition de gauche déclama ses raisons pour pousser l'amnistie jusqu'au bout ; l'opposition de droite se réclama du péril social.

Louis Blanc dit « que la politique de l'oubli peut trouver d'ardents adversaires au lendemain du combat ; mais quand le temps a passé sur de douloureux événements, on ne comprendrait pas qu'une nation se montrât inexorable et que la clémence fût marchandée.

« Le système du projet de loi ministériel tend à maintenir l'arbitraire dans le pardon, à subordonner le droit d'amnistie au droit de grâce, à dépouiller le souverain au profit de ses mandataires.

« La grâce est une prérogative dérobée à la souveraineté nationale, c'est la clémence des rois, tandis que la clémence des républiques c'est l'amnistie. L'amnistie doit être plénière. La procédure de grâce qu'on veut appliquer laisserait en dehors de la clémence 1,300 ou 1,400 condamnés, sans parler des commutations. On recherche le triste avantage d'être implacable à l'égard de certains condamnés dont on appréhende le retour.

« C'est une insulte à l'égard de la république et du suffrage universel. Craint-on de voir se ranimer les cendres de la guerre civile ? Mais la république n'est plus menacée, la nation est assurée de faire pacifiquement triompher sa volonté. — Voilà ce que les rapatriés retrouveront en France. Ils écriront ; mais pourquoi les en empêcher ?

« C'est en se préoccupant sincèrement des intérêts du peuple que la république se rendra

---

(1) Tite-Live, *Supplément*, liv. LXXXVIII, n° 18 ; — Tacite, *Histoire*, liv. II, n° 84.

invulnérable. Plus sera restreint le nombre des exclus, plus on leur donnera de l'importance dans l'opinion publique. Napoléon disait après Marengo que tout lui avait réussi parce qu'il était une amnistie vivante, et cependant il pouvait croire après la paix d'Amiens qu'il n'avait pas besoin de ce moyen de gouvernement. »

Le sénateur Clément, de l'Indre, examinant la situation des individus condamnés à la suite de l'insurrection de la Commune, constate qu'après 10,000 condamnations prononcées par les conseils de guerre, il ne reste plus qu'un détenu sur huit et en même temps on ne compte plus que 2,400 contumax réfugiés à l'étranger. On voit donc que le pardon a été aussi large que possible.

De plus, il y avait une commission des grâces qui amnistiait généreusement tous les condamnés ayant des titres à l'indulgence.

L'amnistie partielle fut votée. Alors le sénateur de la Gironde, Carayon-Latour, par une ironie qui portait un coup droit, déposa cette proposition de réparation due aux soldats de l'ordre, tombés victimes de la Commune :

« Art. 1er. — Une pension annuelle est accordée à la veuve, ou à son défaut aux enfants mineurs, et à défaut de la veuve et des enfants mineurs, au père, et encore à son défaut, à la mère de tout sergent de ville ou soldat qui aura été tué pendant l'insurrection de la Commune de Paris en 1871, ou qui sera mort de ses blessures.

« Art. 2. — Le taux de cette pension sera égal, pour les familles des sergents de ville, au quart des appointements qui étaient attribués à la fonction du titulaire au moment de sa mort, et pour les familles des soldats, au montant de la retraite qui est accordée par la loi à ces derniers, suivant leur grade, pour infirmités contractées au service.

« Cette pension se cumulera avec la pension réglementaire à laquelle auront pu donner droit les lois du 11 avril 1831, du 26 avril 1855 et du 25 juin 1861. »

Après la chute de Mac-Mahon, les républicains, plus libres de leurs sentiments et de leurs mouvements, réclamèrent l'amnistie totale. Cette fois, il n'est plus possible de s'y méprendre ; les opportunistes et les radicaux, parvenus au pouvoir, ouvrent la porte au socialisme. Les chefs de la Commune, la plupart soustraits aux poursuites de la justice, vont revenir de Suisse, de Belgique ou d'Angleterre. Légalement, ils seront ce qu'ils étaient avant les crimes de la Commune, et, redevenus de libres citoyens, ils pourront poursuivre, par des voies autorisées, l'accomplissement de leur funeste dessein.

L'année précédente, le garde des sceaux déclarait qu'on ne pouvait amnistier ceux qui avaient volé, incendié Paris, assassiné les otages, ceux qui continuent à exhaler leurs haines et leurs colères ; il ajoutait que l'amnistie ne serait plus réclamée que par des amnistieurs de profession, et, répondant à un illustre poète, il lui disait que sa conscience condamnait ces crimes mêmes pour lesquels il demandait l'amnistie.

L'année suivante, Charles de Freycinet, l'homme toujours funeste, proposait l'amnistie sans réserve. A ce propos, Victor Hugo parla encore, selon sa coutume, en poète ; il s'étonna des vainqueurs jugeant les vaincus ; il s'apitoya sur les femmes qui tendent les bras, sur les mères qui pleurent ; il déclara que la prise de la Bastille, c'était l'écroulement de toutes les tyrannies, la terre tirée de la nuit, la destruction de l'édifice du mal ; il conclut que toute action humaine est une action divine et réclama la clémence. Jules Simon lui répondit ; il écarta le fait d'un vœu populaire et en déclina, en tout cas, l'autorité. Sans doute, il n'accepta pas qu'on pût reprocher d'être impitoyable. « Cependant, dit-il, en général, je ne suis pas partisan de l'amnistie ; je trouve que les grâces sont l'ornement et comme la fleur des réjouissances publiques : mais je ne veux pas de l'amnistie. Je dis cela en passant.

« Il y a en France des condamnés qui n'ont été condamnés que d'une faute légère, vous ne pensez pas à ceux-là. Mais ils vont revenir des condamnés de la Commune, parmi lesquels se trouvent des assassins et des incendiaires ; vous savez ce qu'ont fait les incendiaires, qui ont brûlé la bibliothèque du Louvre, qui ont failli brûler la Bibliothèque nationale, un crime de lèse-nation, de lèse-humanité.

« Oh ! je fais appel à l'indignation de mon collègue Victor Hugo. Eh bien ! ces gens-là seront jurés, seront éligibles, peut-être sénateurs ; les assassins du général Lecomte pourront venir s'asseoir à côté des vieux compagnons d'armes de cet infortuné. C'est l'oubli contre la France, c'est l'oubli contre la république ; je ne m'y associerai jamais.

« Si les coupables donnaient des preuves de repentir, je pourrais consentir à l'amnistie, mais ils ne veulent pas d'oubli ; ils déclarent qu'ils reviendront avec leur haine. Tant qu'il n'y aura que vous pour prononcer ce mot d'oubli, je dirai que c'est, sinon une faiblesse, au moins une défaillance de votre part.

« Je ne puis accorder des droits politiques à ceux qui regrettent le fusil, la torche, et qui veulent faire encore des revendications. Ils se déclarent ennemis du pays, ils le sont. Qu'ils méritent la réhabilitation, on la leur accordera. »

L'amnistie fut votée ; elle fut accordée plénière ; et, trait qui peint le gouverneur, elle fut légalement ouverte, au moment où ce même Freycinet, qui amnistiait les scélérats et, en les amnistiant, se mettait au dessous d'eux, jetait en exil les religieux français de divers ordres, en vertu des décrets du 29 mars. Voici ce qu'écrivait, à ce propos, Eug. Veuillot.

« Les incendiaires et assassins réfugiés à Londres et à Genève pourront donc rentrer assez vite pour concourir à l'expulsion, par la force, des religieux qui leur ont échappé en 1871. Si une petite émeute était nécessaire pour donner à l'œuvre de la république modérée plus de montant, les chefs du mouvement auraient là, sous la main, un personnel expérimenté et sûr, ayant fait ses preuves. En effet, parmi les citoyens qui vont rentrer, plus d'un a vu et pratiqué comme pillard ou bourreau les maisons religieuses que l'autorité gouvernementale veut forcer, vider et fermer ; plus d'un a joué son rôle dans les exécutions communardes et sait comment les jésuites, les dominicains et autres cléricaux tombent sous le plomb républicain.

« Ce sera une vraie fête, un vrai triomphe pour ces hommes de progrès et de pétrole de reprendre possession de leur Paris au moment où la république opportuniste, frappant les religieux dans leurs droits, leur propriété, leur liberté, s'associe en un point capital aux doctrines de la Commune. Ils y verront l'amnistie des actes comme des personnes. Et si quelque gambettiste leur reproche d'avoir tué, ils pourront, en invoquant les décrets, répondre comme un opportuniste d'autrefois : « Le sang répandu était-il donc si pur ! »

Les communards revinrent de l'exil. En rentrant dans la patrie, rapportèrent-ils des idées de paix, des résolutions de travail, de soumission à l'autorité ?

Les sociétés, bouleversées par les révolutions, ne se remettent pas d'elles-même dans leur assiette ; il est nécessaire, pour les y remettre, d'une maîtresse main. Encore se ressentent-elles par après et longtemps, de ces renversements brutaux de la hiérarchie civile et de l'inégalité providentielle des conditions humaines. Deux effets de ces convulsions subsistent : d'une part, le manque de respect qui s'en va des esprits, le respect des choses religieuses et des personnes de tout rang ; de l'autre, l'envie, qui gagne de proche en proche et dissimule, sous des dénonciations pompeuses, la bassesse de son origine. L'envie, c'est toujours cette antique Erynnis, qui se ronge les seins et répand au dehors ses fureurs. Le socialisme n'est qu'un des vocables de l'envie : *Jampridem mutavimus vocabula rerum*, dit Tacite.

Les communards ne permirent pas qu'on se méprît sur leurs sentiments. Au débotté, ils fondèrent des journaux où ils ne se bornèrent pas à exhaler leur haine ; ils déduisirent longuement et motivèrent leur programme de revendication. On vit paraître *La Bataille*, qui était à recommencer, ayant avorté en 1871 ; *Ni Dieu ni Maître*, pour bien faire entendre d'où viennent les idées révolutionnaires et où elles vont ; et, pour n'en pas citer d'autres, la *Commune libre*. Ce dernier journal ne réclame pas seulement l'autonomie de la Commune, comme l'entendaient les bandits de 1871 ; il ajoute : « la constitution de la république française en régions confédérées », le suffrage universel nommant directement à toutes les fonctions, même à celles qui réclament des connaissances spéciales, et les autres insanités qu'on a pu rencontrer déjà disséminées dans les diverses résolutions du gouvernement de la Commune, mais qui sont ici rassemblées en tas. Il va sans dire que, tout en proclamant « le droit absolu d'association et de réunion », les auteurs du programme retirent immédiatement ce droit aux associations religieuses. Au moins l'illogisme ici n'est pas doublé d'hypocrisie, car c'est avec une netteté brutale que la *Commune libre* déclare la guerre à la religion et à toutes les institutions sociales. Qu'on en juge par cette citation :

Déchéance de toutes les familles ayant régné et *vente de leurs biens au profit de la classe ouvrière*.

Liberté de la presse sans censure.

Suppression du cautionnement des journaux et de l'impôt sur le papier.

Abolition du serment.

Liberté complète de la parole et des manifestations de toute espèce.

Suppression du budget des cultes.

Séparation de la commune et de l'Eglise.

Point de religion reconnue par l'Etat ni par la commune.

Liberté aux prêtres, religieux et religieuses de tout ordre et de toute nature, de se marier sans autorisation préalable.

Expulsion des jésuites et de tout ordre religieux quelconque qui s'occuperait directement ou indirectement de politique.

Interdiction d'enseigner au clergé régulier ou séculier. Rappel de la loi sur la collation des grades.

Abolition des universités catholiques.

Retour aux communes des biens de mainmorte et de tous les monuments publics (*y compris ceux du culte*).

Amovibilité de la magistrature.

Revision des codes.

Réforme du système pénitentiaire.

Abolition de la procédure ordinaire ; les parties admises à se défendre elles-mêmes.

Institution du jury dans toutes les causes judiciaires.

Abolition de la peine de mort.

Gratuité de la justice.

Le divorce.

Abolition de la prostitution légale.

La recherche de la paternité admise, sauf quelques cas à spécifier.

Instruction gratuite, obligatoire et *laïque*.

Enseignement professionnel.

Liberté de l'enseignement, — *excepté pour le clergé*. Création d'universités régionales.

Service militaire actif réduit à deux ans ; suppression du volontariat ; armement des citoyens jusqu'à quarante-cinq ans. — Créations d'armées régionales.

Aucune exemption du service militaire, sinon pour infirmités ; et, dans ce cas, les exempts devant fournir dans d'autres emplois publics l'équivalent de ce service.

Si nous désirons être mieux instruits des

dispositions des communards, un de leurs journaux, le *Travailleur*, répondant à *l'Union nationale*, va nous édifier : « Oui, les « communards » sont des martyrs, des héros !

« Oui, dès aujourd'hui, et non « demain » ils ont droit, de par leur long martyre, à tous les emplois, à tous les honneurs ; et, vivants ou morts, je vous en donne l'assurance, ces honneurs et ces emplois ne leur feront point défaut.

« Prenez-en votre parti, ma vieille... *Nationale*, si vous ne voulez donner à votre visage ratatiné les teintes *prairiales* de votre vertugadin de satin vert-pomme,

« Oui, après l'ignominie, les honneurs ; après le supplice, l'apothéose ; après les gémonies, le Panthéon !...

« Nos apôtres ne valent-ils pas les vôtres ? Certes, beaucoup plus !

« Nos saints ne valent-ils pas vos saints, et nos martyrs vos martyrs ?

« Vous faites grand bruit, à toutes les occasions, de quelques otages dont, au reste, on vous offrait la vie au prix de la vie d'un seul des nôtres — ce que vous refusâtes.

« Et nos quarante mille frères fusillés ?... Et leurs femmes, leurs enfants massacrés, fusillés ?...

« Quel châtiment serait assez grand pour ce forfait inouï.

« Mais, rassurez-vous, vieux trembleurs. Prenez garde à la cholérine, *réacs* de mon cœur.

« Nous ne vous souhaitons, bien que nous soyons vos maîtres, que les angoisses du remords.

« Malheureusement, vos cœurs de dévots sont inaccessibles à ce morne sentiment d'expiation.

« A vous donc les ténèbres du remords ! A nous la joie du devoir accompli.

« Oui, aux nôtres l'apothéose ! Mais quel temple sera assez grand pour les recevoir, ces légions de saints, de martyrs ? Et quelle montagne assez haute pour que leurs noms rayonnent jusqu'aux extrémités du monde ?

« Cette montagne, vous l'avez déjà nommée. Elle leur appartient. Elle porte leur titre : la *Montagne des Martyrs* : « Montmartre ».

« C'est là que, sur les assises de votre stupide création, s'élèvera le Panthéon des martyrs de la... *Commune*. »

De la franc-maçonnerie comme puissance initiatrice de la persécution religieuse en France.

L'historien de l'Eglise au temps présent, s'il veut comprendre les faits qui s'accomplissent sous ses yeux, doit en rechercher les causes. Ces causes sont, les unes apparentes, les autres cachées : les causes apparentes se trouvent dans les discours publics des orateurs et dans le mouvement de la vie politique ; les causes cachées sont toujours dans les doctrines, et de nos jours, dans cette conspiration révolutionnaire, que mènent de concert le maçonnisme et la juiverie. Avant d'être des hommes politiques, nos députés, sénateurs, ministres, présidents, sont des sectaires ; avant d'agir comme citoyens, pour le bien commun de leur pays, ils agissent comme sectaires pour l'accomplissement des desseins de la secte ; la part de pouvoir qui leur est dévolue par le suffrage universel pour la prospérité du pays, ils l'emploient d'abord pour leur bien propre, puis pour le bien commun des sectaires, et, dans les deux cas, ils font la guerre à Dieu et à l'Evangile, c'est-à-dire à la France chrétienne, au profit de l'étranger. Notre histoire a ses dessous, et, pour les pénétrer, il suffit de prêter les oreilles. Longtemps conspirateurs, réduits aux secrets des Loges, les francs-maçons se murmuraient à l'oreille leurs honteuses consignes ; maîtres aujourd'hui par la force et la ruse, ils parlent haut, en triomphateurs. C'est d'eux-mêmes que nous allons recevoir le programme de la campagne contre la vieille organisation chrétienne de la France, autrement dit, contre Jésus-Christ et son Eglise.

Assez longtemps, lorsqu'on reprochait, aux francs-maçons, leur conspiration contre l'ordre social et religieux, ils juraient leurs grands dieux qu'étrangers à la politique, ils s'occupaient exclusivement de philanthropie. A les entendre, les conspirations maçonniques et républicaines n'existaient que dans le cerveau des réactionnaires, comme Gargantua dans celui de Rabelais et Croquemitaine dans l'esprit des enfants. Ces protestations sont convaincues d'hypocrisies. Nous serions trois fois stupides si, voyant d'un côté les actes, de l'autre, les discours, nous nous refusions à l'évidence même. Les discours prononcés dans les Loges par les frères Brisson, Jules Ferry, Albert Ferry, Le Royer, Floquet, Andrieux, Clémenceau, Emmanuel Arago, de Hérédia, Caubet, Paul Bert, Anatole de la Farge, Gambetta, etc., ne laissent aucun doute. Si nous les rapprochons des discours des francs-maçons italiens, démolisseurs de la Papauté, ce rapprochement produira encore de nouvelles lumières, et donnera, sur le sens des événements politiques, le dernier mot de leurs auteurs mêmes.

Dans l'Encyclique aux Italiens du 15 octobre 1890, Léon XIII dit : « L'idée maîtresse qui, par cela même qu'elle touche à la religion, préside au gouvernement de la chose publique en Italie, est *la réalisation* du programme maçonnique. » La confirmation de cette parole du Pape, nous l'empruntons au *Courrier de Bruxelles*.

I

LES LOGES BELGES ET GARIBALDI

« Le *Bulletin* du G∴ Orient d'Italie, tome II, page 525, publie l'adresse de félicitations suivante que la Loge belge des *Amis du commerce et de la Persévérance*, d'Anvers, a envoyée à Joseph Garibaldi Souverain grand Inspecteur. En voici les extraits principaux.

« *Très Cher et Très illustre*
     F∴ J. Garibaldi.

« Grâces à vous l'Italie a levé son véritable
« étendard qui est celui de la *guerre à la Pa-*
« *pauté et de la destruction, dans son siège même,*
« de cette Eglise universelle dont chaque
« peuple s'émancipe au jour où il acquiert la
« connaissance de soi-même. Quand vous au-
« rez vaincu l'antique autocratie, ce jour-là
« même disparaîtra le trône déraciné et sa
« puissance définitivement abattue. Dans les
« combats que vous livrerez encore, sachez
« que nous sommes pour vous et que par vous
« nous vaincrons. Par ordre de la Loge : *Les*
« *amis du Commerce et de la Persévérance*, à
« l'Orient d'Anvers.

« Le Secrétaire   « Le Vénérable.
 « Huilster   « Victor Leynen. »

II

LA MAÇONNERIE ITALIENNE ET LA MAÇONNERIE BELGE

« Le G∴ Orient d'Italie (Document de septembre 1884) écrit :

« *Au grand Orient de Belgique.*

  « *Très Illustres Frères,*

«... En Italie, qui a eu le bonheur d'accom-
« plir le plus grand fait de l'histoire hu-
« maine : c'est-à-dire l'abaissement du pou-
« voir temporel des Papes, *nous tenons*
« *hardiment tête à l'infâme,* qui maudit notre
« formule sacrée : Liberté, Egalité, Frater-
« nité.

« Fiers de *notre œuvre* et certains de nos
« destinées, nous envoyons nos vœux et nos
« pensées à nos frères qui, dans les divers Etats
« et avec un égal courage, combattent, au-
« jourd'hui, le *combat suprême* qui, dans notre
« pays, est terminé par la défaite de nos enne-
« mis.

« Et c'est avec le plus vif intérêt que les
« F∴ d'Italie fixent aujourd'hui leur regard
« sur leurs bien-aimés frères de Belgique qui,
« en ce moment, quoique vaincus dans la
« dernière lutte politique, par leurs adver-
« saires, persévèrent, avec une foi inébran-
« lable, dans la pensée d'un triomphe inéluc-
« table et imminent.

« Persistez donc, et, de même qu'en Italie,
« la phalange réactionnaire a été annihilée
« pour toujours, de même elle sera complè-
« tement anéantie en Belgique... »

III

LE SUPRÊME CONSEIL DE BELGIQUE

« Au très illustre Fr∴ P. Varlet 83∴,
« grand représentant du Suprême Conseil de
« Belgique, à Rome.

« Bruxelles, 14 décembre 1889.

« *Très cher et Très Illustre Fr∴.*

« Le Suprême Conseil de Belgique dans sa
« séance du 29 novembre 1889, vous a voté
« des remerciements spéciaux pour avoir si
« bien interprété ses intentions, en faisant ins-
« crire le nom du Suprême Conseil de Bel-
« gique *parmi les corps maçonniques représen-*
« *tés à l'inauguration du monument en l'honneur*
« *de Giordano Bruno.*

« Par ordre du Suprême Conseil,
   « G. Jotterand. »

(*Rivista della Massoneria Italiana,* vol. XXI, pag. 19.)

IV

LA CONSPIRATION MAÇONNIQUE CONTRE LA PAPAUTÉ

« N'oubliez pas, chers frères, que notre su-
« blime G∴ Maître Garibaldi nous a laissé
« un legs sacré, un devoir à remplir à tout
« prix : *l'abolition de la loi des garanties et du*
« *garanti; l'abolition de la Papauté.* » (*Rivista della Massoneria Italiana* », t. XIII, pag. 228).

« Extrait du Rapport Officiel, du 16 janvier 1885, à l'Assemblée Constitutionnelle de la Maçonnerie italienne :

« La franc-maçonnerie italienne, sur la-
« quelle le monde entier tient les yeux fixés
« dans l'expectative du mot d'ordre de l'ave-
« nir, ne doit pas faire défaut à l'attente et doit
« se montrer digne de la *Sainte et sublime mis-*
« *sion* qui lui a été confiée par tous les *Maçons*
« *de la terre* réunis dans une admirable et ho-

« mogène unité. » (*Revista della Massoneria Italiana*, t. XVI, page 6.)

« La franc-maçonnerie italienne a deux grandes missions à accomplir : elle doit donner l'unité nationale à l'Italie et l'*unité morale au monde entier*, c'est-à-dire se substituer à la Papauté après l'avoir détruite.

« Elle est admirablement propre à cette « double mission, comme le prouve la véhé- « mence furieuse de l'anathème *Humanum ge- « nus* du Vatican. » (*Rivista della Massoneria italiana*, t. XVI, p. 133.)

« La Maçonnerie... forme, par la cohésion « de sa solidarité, une phalange compacte « destinée à disperser les hordes mercenaires « du Vatican.

« La Maçonnerie italienne... a donné des « grands Maîtres qui peuvent montrer sur « leurs membres les cicatrices des chaînes « portées avec impassibilité pour obtenir *que « le pouvoir temporel des Papes soit anéanti « pour toujours*. » (*Rivista de la Maçoneria italiana*, t. XII, page 339.)

« La Papauté maudit la Maçonnerie qu'elle « regarde comme l'inspiratrice... comme le « véhicule le plus osé de la Révolution. Elle « a raison, parce que tout ce qu'elle dit est « vrai. C'est à la Maçonnerie, sinon comme « organisation, du moins comme esprit vivi- « ficateur, *que l'on doit tout, absolument tout « ce qui s'est accompli, depuis 1859 jusqu'à nos « jours*... pour secouer le joug moral du Va- « tican. » (*Rivista*, t. XVIII, p. 114.)

(« *Déclaration* du Fr∴ M. Bacci, directeur de la *Rivista*, le 11 février 1890.)

« En présence de la statue de Giordano « Bruno, le Fr∴ Bovio déclara de Rome au « monde entier que la *Papauté était morte* et « qu'une ère nouvelle commençait. » (*Rivista*, t. XXI, pag. 15.)

« Sciara Colonna souffleta le pape Boni- « face VIII, à Anagni, mais plus cuisant « a été le soufflet donné à la Papauté par la « main de bronze de Giordano Bruno. » (*Rivista*, t. XX, p. 130.)

« Déclaration du F∴ Cucurcillo à Rome, le 15 novembre 1898. » (*Rivista*, t. XIX, p. 210.)

« Le pouvoir temporel du Pape est déjà un « *cadavre putréfié*, mais la Papauté veut l'unir « indissolublement au pouvoir spirituel et à la « vie du catholicisme.

« Laissons ce cadavre et ce vivant dans leur « embrassement mortel et nous *hâterons le « jour du triomphe si ardemment désiré*.

« La Maçonnerie italienne est la première « sinon la seule association italienne qui soit « provoquée à un duel à mort par le Vatican. « Par ses liens de solidarité avec les quinze « millions de combattants de l'armée maçon- « nique, la Maçonnerie italienne se déclare « prête pour la lutte et se sent armée puis- « samment. » (*Rivista*, t. X, p. 310.)

« *Tant que la Papauté ne sera pas expulsée « de Rome*, la franc-maçonnerie ne pourra « pas proclamer son vrai triomphe ». (*Rivista*, t. XIX, pag. 217.)

« *Déclaration* officielle du Grand Maître de la Maçonnerie italienne, faite le premier de février 1882, dans le discours d'ouverture de l'assemblée législative de la Maçonnerie italienne. » (*Rivista*, t. XIII, p. 1888.)

« La Maçonnerie italienne combat et com- « battra sans trêve son ennemi éternel, la « Papauté. »

(*Déclaration* du F∴ Bacci, du 11 février 1890 : *Rivista*, XXI, p. 15.)

« La Maçonnerie italienne en face de la Pa- « pauté qui brandit la croix... et qui prétend « être la barrière de la révolution et la garan- « tie de la paix universelle, lui dit :

« *Oui ! nous voulons la révolution.*

« A l'Eglise de se défendre, si elle le peut. »

V

L'ACTION MAÇONNIQUE SUR LES LOIS

« Déclaration du G∴ Maître Adriano « Lemmi, le 2 de mars 1890. » (*Rivista*, t. XXI, p. 2.)

« La Maçonnerie ne sert pas les gouverne- « ments ni ne s'impose à eux, parce qu'elle a « le pouvoir *de créer et de diriger l'opinion « publique*. Et c'est ainsi que, la force irrésis- « tible de *notre incessante propagande*, l'Italie « a vu ses lois modifiées et que *la réforme des « œuvres pies* s'est accomplie malgré la perfi- « die et le cri de protestation des évêques. »

« Déclaration du F∴ Bacci, en février 1890. » (*Rivista*, t. XXI, p. 15.)

« Notre triomphe est démontré... par la po- « litique religieuse actuelle qui est basée sur « la *formule négative* : « L'Eglise libre dans « l'Etat libre », *par les lois qui sont rédigées, « approuvées et promulguées par nos frères, « pour enlever à l'église le monopole* des œuvres « pies. »

VI

CONFISCATION DES BIENS ECCLÉSIASTIQUES

« Résolutions adoptées par la Maçonnerie italienne en vue de l'anéantissement de la Papauté, au congrès maçonnique de Milan, du 28 septembre au 3 octobre 1881, approuvées par l'assemblée constituante de la Maçonnerie italienne, du 2 juin 1882. (*Rivista*, t. XII, pp. 37-195).

« L'action maçonnique doit s'essayer avec « *la transformation des œuvres pies.*

« 8. Que la Maçonnerie italienne *organise « secrètement les forces libérales* du pays.

« 9. Que la Maçonnerie italienne obtienne du gouvernement italien :

« A. *La régularisation* du patrimoine ecclé-

« siastique, dont la propriété appartient à
« l'Etat. (Thèse soutenue en Belgique par le
« Fr∴ Mesdach de Ter Kiele, avocat général à la Cour de Cassation) *et dont l'administration appartient aux pouvoirs civils.*

« B. L'observance rigoureuse des lois qui
« suppriment les corporations religieuses.

« C. La promulgation de la loi sur les biens
« des corporations religieuses.

« D. *L'abolition dans les écoles de toute action religieuse.*

« Pour atténuer l'influence malfaisante du
« clergé et des associations cléricales, il n'y a
« qu'un seul moyen efficace à employer : « *il
« faut les dépouiller de tous leurs biens; il faut
« les appauvrir complètement.* » (*Rivista*, t. X,
p. 310.)

« La famille maçonnique *doit descendre sur
« le terrain de la politique* pour faire valoir son
« *influence et celle de ses membres, afin d'obte-
« nir du gouvernement italien,* l'abolition de
« ces institutions qui, sous prétexte de culte, ne
« sont que des associations de malfaiteurs... Que
« le gouvernement s'empare enfin de cet im-
« mense patrimoine ecclésiastique qui s'est accu-
« mulé autour des chapitres des cathédrales et
« des églises. » (*Rivista*, t. XX, p. II.)

VII

LE SATANISME MAÇONNIQUE DÉVOILÉ

« L'édifice social qui croule a besoin d'une
« pierre angulaire. C'est LUI qui la posera et
« cette pierre sera sur la terre *et non dans les
« cieux.* Saluez le *génie rénovateur*, et vous
« tous qui souffrez, levez haut vos fronts,
« frères bien-aimés, parce que c'est LUI qui
« arrive, SATAN LE GRAND. » (*Rivista*, t. XI,
p. 265.) *Vexilla regis prodeunt inferni*, a dit
le Pape.

« Eh bien, oui ! oui ! les étendards du roi de
« l'enfer s'avancent, et il n'y aura plus un
« homme qui ait la conscience d'être tel, qui
« n'aille s'enrôler sous ses étendards, sous
« *les étendards de la Maçonnerie*. Oui ! oui ! les
« étendards du roi de l'enfer s'avancent parce
« que la *Maçonnerie...* a le devoir de com-
« battre, aujourd'hui plus énergiquement que
« jamais, toutes les menées de la réaction
« cléricale. » (*Rivista*, t. XV, p. 357.)

« Discours du F∴ Jottrand, prononcé le
28 de janvier 1887 (Bulletin du Suprême Conseil, N° 30, p. 31).

« Quand nous verrons régner en Maître,
« sous les voûtes de nos temples, *le Père de
« tous les sectaires passés, présents et futurs,* il
« pourra dire avec son ricanement légen-
« daire :

« Très chers et illustres frères, faites-moi
« la faveur de *reconnaître en moi* :

« *Le terme final du progrès maçonnique ; le
« parfait sublime Maçon de la fin du* XIXᵉ *siècle.*

« *La Maçonnerie doit pouvoir devenir un* Etat
« *dans l'Etat, de telle sorte que les rênes de
« la chose publique se trouvant dans les mains
« des francs-maçons, ceux-ci puissent réaliser
« les vœux de leurs frères.* » (*Rivista*, t. X,
p. 4).

VIII

LA MAÇONNERIE MAITRESSE DE L'ÉTAT

« La Maçonnerie italienne a reçu de l'Ita-
« lie la fonction très honorable de *sentinelle
« du Vatican*; mais quelque flatteuse que
« puisse être cette mission de *surveiller les
« mouvements de l'ennemi,* cela ne suffit pas à
« son activité.

« La Maçonnerie éprouve le besoin, *elle sent
« la nécessité de changer en celle d'assaillant sa
« fonction d'observateur!* » (*Rivista*, t. XV, p.
124.)

« *Déclarations du grand Maître de la Franc-
« Maçonnerie italienne au F∴ Crispi, ministre
« du roi Humbert.* » (*Rivista*, t. XVI, p. 371.)

« Par communiqué officiel, en date du
« 17 février 1886 à Son Excellence le Prési-
« dent du Conseil des ministres dans le
« royaume d'Italie, le grand Maître de la Ma-
« çonnerie lui dit :

« Au nom des francs-maçons italiens, je
« demande au gouvernement qu'en présence
« des graves indices de conspiration cléricale,
« dénoncée par presque toute la presse (*ma-
« çonnique comme il est bien entendu*), il soit
« fait, sans retard, pleine lumière ou *justice
« complète* (!)

« En attendant, il est déclaré que les Loges
« maçonniques ne cesseront jamais de main-
« tenir vive et vigilante la conscience pu-
« blique contre les menées du Vatican.

« *Le grand Maître de la Maçonnerie-ita-
lienne.*

« ADRIANO LEMMI. »

IX

ADHÉSION DU MINISTRE CRISPI A LA POLITIQUE DE LA MAÇONNERIE ITALIENNE.

« *Au grand Maître de la Maçonnerie ita-
« lienne Adriano Lemmi,*

« *Rome, 2 mars* 1890.

« Très Honorable et Très Puissant F∴ Je
« vous envoie mon salut fraternel. Que le Gr∴
« Architecte de l'Univers vous protège pour
« le bien de la Patrie et de l'humanité.

« FRANÇOIS CRISPI 33∴ »

(Extrait de la *Rivista della Massonneria italiana*, tome XX, p. 4.)

« Qu'ils méditent bien tout ceci ceux qui ne connaissent pas encore ce qu'est et ce que veut la Maçonnerie, Maîtresse de l'Italie, et qui, dans les prochaines élections politiques du 23 novembre, veut envoyer 400 de ses Maçons au parlement pour écorcher totalement les Italiens. »

Ce coup d'œil jeté sur les agissements de la franc-maçonnerie italienne, il faut venir aux gestes de la franc-maçonnerie française. Sous l'Empire, elle avait conspiré, selon sa coutume ; au 4 septembre 1870, comme au 24 février 1848, elle avait poussé ses adeptes au pouvoir souverain ; plus tard, elle avait inspiré la Commune, et, parmi les horreurs d'un règne d'environ deux mois, avait mis en avant tous les points de son programme ; pendant le septennat infirme de Mac-Mahon, plus audacieuse encore, elle avait agité le pays ; sous la république des vrais républicains, tous plus ou moins francs-maçons, c'est elle qui tient les rênes du gouvernement, qui commande les projets de loi et qui marche, à peu près sans voile, à la destruction du christianisme. Avant d'énumérer et de caractériser les actes, il faut donc recueillir les paroles.

Pour l'intelligence des textes, une observation préalable s'impose. La franc-maçonnerie, il ne faut pas l'oublier, est une société *secrète* ; elle n'est pas secrète seulement par la tenue de ses assemblées, interdites aux profanes, c'est-à-dire à qui n'est pas maçon ; elle l'est encore par le langage conventionnel et dissimulé dont elle se sert dans ses discours. Ce n'est pas elle qui appelle un chat un chat et le franc-maçon un brigand. Au contraire, le franc-maçon est l'enfant de la lumière ; il ne combat que les ténèbres ; il ne revendique que les immunités nécessaires de l'esprit ; il ne préconise que les conquêtes de la raison et les progrès de la science. S'il combat la superstition, il ne vous dit pas que la superstition pour lui c'est l'Evangile ; s'il déclare la guerre aux trois infâmes, il ne dit pas que ces trois infâmes sont, les papes, les évêques et les prêtres ; s'il prend pour formule : Dieu et mon droit, il ne vous dit pas que les initiales de sa formule latine signifient destruction, matérialisation et règne par la force. En écartant ces ruses de l'hypocrisie, ce qui reste, c'est que l'homme est dieu ; ce qu'on appelle, par un reste de préjugé, sa passion, n'est que le légitime exercice de son activité divine. Ce que les vieilles superstitions appellent la trinité, c'est l'homme complet en trois termes : le mâle, la femelle et le produit. Ce qu'elles appellent l'éternelle génération du Verbe dans le sein de la divinité, ce n'est que l'acte générateur de l'homme dans le sein de la femme, perpétuant ainsi jusqu'à l'éternité l'œuvre divine de la génération humaine.

« Arrière donc, dit le Maçon, prêtres, pasteurs, derviches et faquirs ; arrière surtout vieux papes, dont la main pèse, comme la main d'un spectre pendant le cauchemar, sur le cœur de l'humanité, endormie dans les ténèbres que vous accumulez par scélératesse et que vous prolongez par intérêt. Place à l'aurore qui se lève à l'Orient et fuyez devant le soleil de la Maçonnerie. Arrière aussi, despotes et tyrans, qui faites peser sur les peuples le joug abominable de vos lois, de vos magistrats, de votre police et de votre armée. Et vous, aristocrates, estimez-vous que la nation se borne à raser vos châteaux, à brûler vos archives et à se partager vos biens. La république démocratique sociale, c'est le régime de l'avenir ; c'est l'âge d'or où l'homme goûtera les joies éternelles que les théologiens de l'obscurantisme prêtent à la divinité.

En 1876, lorsque Broglie et quelques conservateurs teintés de catholicisme libéral avaient entrepris, pour empêcher l'avènement des opportunistes, une espèce de coup de force, qu'ils ne soutinrent par aucune mesure, les adversaires leur reprochèrent de vouloir établir le *gouvernement des curés*, reproche qu'ils repoussèrent, mais dont ils ne méritaient pas l'honneur. Broglie et consorts vaincus, c'est aux curés que la franc-maçonnerie voulut s'en prendre pour se venger des craintes qu'elle avait conçues et pour assurer son triomphe. A partir de 1878, retentissent, dans les Loges, les appels à la lutte contre l'Eglise. Le franc-maçon pose, comme principe souverain, sa liberté personnelle. Dès qu'une autorité se présente, il se croit en cas de légitime défense et veut l'anéantir. Dieu étant la plus gênante des autorités, est le premier objet de haine du franc-maçon. Le prêtre catholique est pour lui un ennemi avéré. La liberté franc-maçonne exige l'anéantissement de l'Eglise ; l'égalité réclame la suppression de tout envoyé de Dieu, et c'est seulement quand on aura pilé le Pape dans un mortier, qu'il faudra croire la fraternité triomphante.

Au convent de 1878, dans le discours officiel du Grand-Orient de France, le f. Jean dit : « Les ennemis qui nous barrent la route ne sont pas encore complètement vaincus ; et il ne sera pas de trop de tous nos moyens d'action pour résister aux attaques qu'en ce moment même leurs chefs méditent de diriger contre nous. Nous avons inscrit sur notre bannière : instruction et tolérance ; on peut lire sur la leur : ignorance et fanatisme. La lutte est aujourd'hui entre les deux drapeaux. »

Plus loin, Jean ajoute : « Si, dans les grands centres, on n'a plus à redouter l'envahissante cohorte du cléricalisme, il reste quelque chose à faire dans les campagnes, où, l'ignorance aidant, la superstition exerce encore un grand empire. Il faut donc compléter l'affranchissement et c'est aux Loges de province qu'incombe cette lourde tâche. »

En 1875, le chef de la bande, Gambetta, avait dit à la *Clémente amitié* : « Au moment où le spectre de la réaction menace d'inquiéter la France, au moment où les passions ultramontaines et les idées rétrogrades livrent assaut à la société moderne : c'est dans le sein d'une société laborieuse, progressive, libre et fraternelle, comme l'est la franc-maçonnerie, que nous trouvons des consolations et des encouragements pour lutter contre les *outrages grossiers* faits à nos *lois physiques*, sans cesse violées par les ridicules exagérations et les prétentions sans bornes de l'Eglise. Le fanatisme, l'ignorantisme, l'obscurantisme se déchainent violemment contre nous. Il faut soutenir vigoureusement le combat. » — L'Eglise commande la chasteté ; Gambetta appelle cela un outrage grossier aux lois physiques ; et il mourra, lui, Gambetta, pour avoir outragé grossièrement ces lois physiques, au mépris de la vertu.

En 1884, Desmons, député du Gard, installant la *Parfaite Union du Nord*, s'exprime plus longuement et dévoile, d'une manière plus explicite, la haine satanique de la franc-maçonnerie contre l'Eglise. « Vous naissez, dit-il, à un moment où la lutte entre la franc-maçonnerie et son ennemi séculaire est particulièrement acharnée. Dans l'univers entier la presse cléricale est déchainée contre la secte diabolique. L'anathème et l'excommunication ne suffisent plus ; des ligues anti-maçonniques se constituent... La lutte engagée est une lutte sans trêve ni merci ; il faut que partout où apparait l'*homme noir*, apparaisse le franc-maçon ; il faut que partout où il élève la croix en signe de domination, nous élevions notre drapeau en signe de liberté.

« L'œuvre ténébreuse des fils de Loyola est habile. Chaque jour, par de nouveaux efforts, ils cherchent à envelopper plus étroitement le monde. Une puissante hiérarchie, les richesses, une discipline implacable, des connaissances étendues, une habileté consommée, ont fait de l'ordre des Jésuites une puissance redoutable et lui ont permis de se substituer à l'Eglise elle-même. Léon XIII continue la série des papes fainéants sous les jésuites du palais. »

Ce que dit là des jésuites, le protestant du Gard, forme, pour tous ses congénères, une sorte de lieu commun. Donnons la parole aux frères :

« Toi, Léon, s'écrie le Gr∴ M∴ Lemmi dans la *Revista della Massoneria Italiana*, tu bénis les jésuites et tu maudis les francs-maçons. Tu nous maudis à cause de nos crimes et de nos trahisons. A cause de quels crimes et trahisons ? Tu n'en désignes pas et tu n'en connais peut-être même pas, malgré ton infaillibilité. Ces crimes, je veux te les confesser. Nous luttons et nous lutterons éternellement pour la délivrance de l'humanité de cette obéissance de cadavre que les jésuites veulent lui imposer. »

Et ailleurs (t. XVII, p. 234 et 291) Lemmi précise encore davantage : « Tout ce que les francs-maçons veulent pour le bien et pour la cause de la liberté, les jésuites le veulent pour le mal et pour l'asservissement. C'est pourquoi le premier devoir des francs-maçons est de s'opposer partout à l'alliance des jésuites avec la réaction et de la détruire là où elle existe. Pour atteindre ce but, nous devons nous emparer de l'opinion publique et du gouvernement des peuples.

« Vis-à-vis des tendances du cléricalisme, le gouvernement a le devoir absolu d'intervenir d'office. *Plus de tolérance ! Liberté pour tous, les jésuites seuls exceptés !* »

A côté du cri de rage du F∴ italien, écoutez la diatribe non moins cynique d'un F∴ allemand.

« La franc-maçonnerie, écrit le F∴ Eimer dans la *Freimaurerzeitung*, se trouve dans l'opposition de principes la plus vive avec le jésuitisme. Ce que chacun d'eux poursuit pour l'homme et pour l'humanité, est en opposition flagrante. Les jésuites eux-mêmes, esclaves d'un supérieur qui joue le rôle d'un Dieu omnipotent et omniscient, veulent, selon leur guise, manier et exploiter les hommes comme des esclaves sans volonté, veulent, au moyen de leurs fables biscornues qui s'étendent jusque dans l'autre vie, au moyen de haine, anathème et bûchers, les réduire à des instruments aveugles et immoraux de leur tyrannie cléricale : tandis que les francs-maçons travaillent sans relâche à leur propre perfection et à l'élévation des autres, que de l'esclavage et de l'ignorance ils veulent élever à la plus haute dignité humaine. *C'est pourquoi le jésuite, dans son action absolutiste, rencontrera toujours et nécessairement l'action contraire de l'homme libre,* QUI NE RECONNAIT AUCUNE AUTORITÉ, et tout aussi nécessairement le franc-maçon trouvera partout où il voudra réaliser des idées humanitaires un adversaire dans l'ennemi mortel de ses idées, dans le jésuite. »

Le protestant du Gard, après l'invective obligée contre les jésuites, montre l'action du clergé sur le peuple, sur la bourgeoisie, sur la noblesse, sur les femmes, sur les enfants ; il parle des coopérateurs du clergé, frères enseignants, société de Saint-Vincent-de-Paul, des œuvres des dames patronnesses, etc. A son avis, l'Etat et la commune ne peuvent pas leur résister. » C'est à nous à intervenir, dit-il, c'est nous qui devons faire le recrutement de nos écoles. C'est à nos Loges qu'il appartient de lutter pied à pied contre la propagande cléricale, en étudiant les moyens de développer nos œuvres laïques d'enseignement. »

Le député insiste sur la nécessité de combattre le cléricalisme, nom de guerre du Christianisme. « Guerre pour guerre, coup pour coup, dit-il. Quand le guichet de la caisse nationale sera fermé au prêtre, quand le fidèle payera son culte suivant l'usage qu'il en fera, on verra bien sans doute pendant quelques années une agitation de surface. Mais laissez tomber ce feu de paille. Montrez la loi, toute la loi, à ces agitateurs. Demandez l'impôt du sang avec les autres impôts, et soyez convaincus qu'avant dix ans, le proverbe sera vrai : « Plus d'argent, plus de curés ! » Et alors, s'il reste des ministres du culte. gallicans et patriotes, ils enseigneront une saine morale, une morale laïque, l'amour de son prochain avec l'amour de la patrie. »

Voilà, faite par ce député franc-maçon, l'annonce de la suppression du budget des cultes et de la loi mettant le sac au dos des curés.

Quelques années auparavant, Emmanuel Arago avait dit : « Aujourd'hui la légion noire se dresse devant nous plus arrogante que jamais ; elle veut combattre, par tous les moyens possibles, la Maçonnerie ; dressons-nous devant cet ennemi qui veut ramener le monde aux jours de la superstition et faire revivre un passé que nous avons toujours combattu. »

L'Eglise est aujourd'hui ce qu'elle était hier, ce qu'elle sera demain ; elle reste fidèle au mandat qu'elle a reçu de Jésus-Christ. La Maçonnerie entend lui opposer le mandat de corruption naturaliste qu'elle s'est donné ; elle veut l'éradication de l'Evangile.

« Détruisez tout ce qui reste de foi dans les âmes et d'autorité dans les sociétés, voilà la vraie mission que s'arroge la franc-maçonnerie ». Ainsi parle l'ex-33° Adrien Leroux. Le frère Gounard, grand Orient du Conseil supérieur, dans un discours prononcé le 27 décembre 1884, explique cette mission par ses visées sur l'histoire. « Pendant de longs siècles d'enfance morale, l'homme n'a connu, n'a suivi qu'une impulsion, celle du bien personnel, de l'égoïsme. Deux formes de l'égoïsme, deux puissances s'imposent au respect, à la docilité, au culte des groupes humains. Ces deux puissances sont la force et la ruse. Dans la tribu primitive, la force fait le chef, la ruse fait le sorcier. De ces deux puissances, l'une revendique les corps, l'autre les âmes ; l'une s'appelant *pouvoir temporel*, l'autre *pouvoir spirituel*. L'histoire nous les montre parfois s'entre-dévorant ; plus souvent ces deux puissances se liguent pour s'assurer la proie commune, tantôt réunies sur une tête unique, tantôt formant l'alliance des deux glaives. A une heure aussi, surgit dans l'âme humaine, se dégageant des limbes de l'animalité, un sentiment longtemps inconnu, la pitié, qui ouvre des horizons nouveaux à l'homme. Dès l'heure où se révèle la pitié, un autel nouveau s'élève contre l'autel primitif, l'esprit maçonnique a soufflé sur le monde. Formuler le programme de la chevalerie naissante, discipliner ses efforts, tel dut être le but de la Maçonnerie en s'organisant. A quelles dates, en quels lieux, sous quelles constitutions apparurent et travaillèrent nos ancêtres ? Problème insoluble ; pour notre œuvre, le mystère fut toujours une nécessité ; des archives régulières auraient trahi la sainte conspiration. » De telles idées, pour résumer l'histoire du genre humain, peuvent passer, à bon droit, pour des actes de grossière ignorance, de stupides niaiseries. Mais le mot propre y est : pour qualifier la franc-maçonnerie, il l'appelle la sainte conspiration qui doit anéantir la force et la ruse, le pouvoir temporel et le pouvoir spirituel, pour inaugurer le règne de la pitié.

En novembre 1883, Lanessan, député de Paris, à l'inauguration de la Loge l'*Etoile* de la Haute-Marne, dit : « Le rôle de la franc-maçonnerie est de travailler d'abord à l'instruction mutuelle de ses membres, et ensuite à la propagation des connaissances, qui, en faisant disparaître les croyances et les superstitions, *supprimeront la puissance du prêtre* beaucoup plus sûrement que toutes les mesures de rigueur dont il *pourrait* être l'objet. »

Le 23 février 1878, Albert Joly, membre du Conseil de l'Ordre, député de Seine-et-Oise, parle à la Loge de Saint-Germain. « Au 4 septembre, dit-il, la République est arrivée et, comme ses principes sont les principes de liberté et de solidarité professés dans nos Loges, on s'est dit alors qu'avec la République la Maçonnerie n'avait plus aucune raison d'être, qu'on était arrivé à l'idéal de ses aspirations. Mais lorsque vous voyez se déchaîner la colère de tous les ennemis du progrès, des partisans du cléricalisme, de tous ceux qui cherchent à entraver la marche de la république et que, ni la liberté de penser, ni la liberté de conscience n'arrêtent ; lorsque vous les voyez s'acharner contre la Maçonnerie, regardez-les comme les meilleurs juges de ce qu'elle peut faire. La Maçonnerie a donc sa raison d'être, et il est nécessaire que tous les hommes distingués qui pourraient maintenir ces principes et la Maçonnerie elle-même à la tête du progrès, fassent partie de cette institution. » Un peu plus loin, Albert Joly dit encore : « Pourquoi et par qui les trois dynasties qui voudraient se disputer la France, sont-elles unies ? Par le cléricalisme. C'est lui avec son organisation puissante qui les a réunies et ces trois dynasties se donnent la main pour courber la France sous le joug de l'Internationale noire. » La conclusion n'est pas difficile à deviner.

Le 10 juin 1883, Charles Brun, sénateur du Var, installant une Loge à Nice, prend pour thème les travaux de la Loge et conclut ainsi : « La République a pour ennemis jurés les despotes et les fanatiques ; elle *seule* représente les *vrais* principes ; sa devise est la nôtre ; en combattant pour sa défense, nous combattons le bon combat. »

La guerre à l'Eglise sous prétexte de défense de la République, identifiée avec la Maçonnerie, voilà la mission que la Maçonnerie se donne par la voix de ses hérauts. Quelle est maintenant la philosophie ? La franc-maçonnerie se définit elle-même une institution philosophique et déclare qu'elle a pour objet la recherche de la vérité. Y a-t-il donc une philosophie maçonnique ? Non, certes, si l'on entend par là un système particulier de philosophie créé par les Loges. Oui, si l'on veut dire que les Loges ont adopté et propagent certaines doctrines philosophiques. En fait et pour l'ordinaire, les francs-maçons ne sont rien moins que philosophes; ce sont des gens sans culture intellectuelle, des gobeurs qui se fourrent sans discernement des noms de philosophes dans la tête et qui les déclament dans une espèce de sarabande. Le 8 juillet 1875, Littré, qu'il ne faut pas confondre avec les grands ignorants, fut reçu à la Clémente Amitié; pour son discours de réception, il exposa le positivisme d'Auguste Comte, théorie qui déclare incognoscibles Dieu et l'âme et se borne aux sciences ayant pour objet la matière. Par ces oublis, le positivisme n'est donc que le matérialisme. Or, à l'anniversaire de la réception de Littré, Jules Ferry, qui n'est en philosophie que comme un hanneton dans un tambour, déclara qu'il y avait affinité intime, secrète, entre la Maçonnerie et le positivisme. « Et si le positivisme a fait son entrée dans la Maçonnerie, c'est que la Maçonnerie était depuis longtemps positiviste sans le savoir. »

Avec des théories où Dieu et l'âme n'ont pas de place, on devine ce que devient la conclusion pratique de la philosophie. Dans le matérialisme, il n'y a pas de morale, l'idée de devoir et l'obligation de vertu n'a rien de commun avec la pure matière. Un membre du Conseil de l'Ordre, le frère Fleury, dans la Loge des Philanthropes ou des Filous en troupe, disait : « La morale n'a pas pour base les révélations; elle ne s'appuie ni sur les prescriptions dogmatiques, ni sur les légendes bibliques; elle n'est ni mystérieuse, ni divine. La morale est essentiellement terrestre et laïque; son indépendance est complète à l'égard de la divinité. Tout homme la possède en lui; elle est sa règle de conduite; elle le guide vers la sagesse. Pour l'enseigner, point n'est besoin de la lumière du Sinaï ni des ténèbres du Golgotha. » — Il est difficile de rencontrer une plus aveugle passion et une plus grande incohérence d'idées. En admettant que l'homme n'ait pas besoin qu'on lui enseigne la morale, il a besoin qu'on l'aide à la pratiquer; s'il n'a pas besoin de secours extérieur, s'il trouve en lui une pleine suffisance, tout ce que l'homme fait est moral, ou plutôt il n'y a pas de morale.

Au chapitre V de la brochure intitulée : *Religion et raison*, ce pauvre fou déclare ne plus vouloir ni religion, ni églises, ni prêtres; mais il faut entendre ses raisons : « La république s'est implantée dans les cœurs par la force des choses; elle a cependant des ennemis et, au premier rang, il faut placer l'Eglise et la religion. L'Eglise, appuyée par un clergé audacieux, ne se soutient que grâce à la crédulité des ignorants, aux miracles et aux pèlerinages, au culte idolâtre d'une divinité mystique. La religion, appuyée par une entité mystérieuse, porte chaque jour des défis à la raison humaine : ici, des abîmes que l'esprit ne peut sonder; là, des dogmes que les ténèbres recouvrent d'une ombre impénétrable; ailleurs, l'Immaculée-Conception jetée à la face de toutes les mères, comme pour leur reprocher d'avoir accompli un devoir naturel; plus près encore, l'infaillibilité papale qui défend aux hommes de posséder la vérité, et, au dessus de tout cela, le Syllabus, déclaration des droits de la religion, qui brave impunément liberté, science et raison. Partout enfin, l'Eglise et la religion jettent le gant à l'humanité. Il y a là un orgueil insensé auquel l'homme ne peut se soumettre; cet orgueil mène à la démence et la démence est voisine de l'agonie; or, plus les dogmes seront orgueilleux, plus près ils seront de la tombe.

« L'Eglise, avec le fanatisme et la superstition pour bases, ne peut comprendre la réalité, elle ne l'envisage point. L'Eglise, par la direction des sentiments, veut conquérir les cœurs; il y a péril social. La religion met la main sur les générations présentes et les générations futures; par son enseignement et ses doctrines, elle asseoit l'humanité, au profit de qui? Du Christ, dit-on, être imaginaire. N'est-ce pas plutôt au profit de son représentant réel effectif, le Pape, dont la domination absolue, exclusive, se fait sentir jusque dans ses ramifications les plus infimes. En vertu du droit d'infaillibilité, le Pape seul possède la vérité, et l'Eglise envisageant cette vérité, elle ne peut donc faire cause commune avec l'erreur; donc la papauté doit gouverner la terre et l'Eglise diriger les consciences.

« Pour s'en convaincre, il n'y a qu'à suivre les étapes de cette prétention au gouvernement du monde... Aujourd'hui l'Eglise, pour introniser sa foi, ne peut plus élever de bûchers, le bras séculier lui fait défaut, mais il lui reste l'enfant, et c'est par son éducation qu'elle veut lui apprendre que l'homme ne peut se diriger seul dans la vie, elle lui offre le prêtre et Dieu (1). » — Nous avons ici l'annonce de l'école neutre et des lois Ferry ou Ferrand; mais qu'a cela de commun avec la morale philosophique ?

A l'inauguration du temple lyonnais, Le Royer, président du Sénat, démontre la supériorité de la raison sur la foi et proclame que la foi a vécu, parce qu'elle s'appuie sur le dogme de la déchéance. Le député Bancel établit l'identité des principes de la Révolution française et de la Maçonnerie. Le sénateur, Laurent Pichat, tire, pour ses funérailles, la conclusion :

Point de cierges rangés au chœur, en promenoir!
Pas de prêtres autour d'un catafalque noir!
Sur les murs de l'église en deuil, pas de croix blan-
[ches!
Pas de ces chants latins, rien sur mes quatre
[planches!

Cette philosophie qui a pour objet prétendu la recherche, et pour objet réel, la fuite de la

---

(1) *La Franc-Maçonnerie, sous la 3e république*, t. I, p. 92.

vérité, ne put aboutir qu'à la négation universelle, en religion à l'athéisme.

Autrefois, quand les papes et les souverains frappaient les docteurs maçonniques comme coupables d'impiété et de révolte, les Loges criaient à la calomnie. Pour se justifier, les Maçons protestaient de leur amour et de leur respect pour le grand architecte de l'univers, ils l'invoquaient pieusement et chantaient en Loge, comme on chante à l'église, des psaumes et des *oremus*. Au fond, le diable n'y perdait rien ; tout cet affichage de dévotion ne s'adressait qu'au Dieu inconscient du panthéisme, ou à l'humanité, personnification du grand Tout. Dans la réalité, ils ne reconnaissaient, les francs-maçons, pas d'autre Dieu que l'homme, non pas l'homme individuel, dans sa passagère existence, mais l'homme dans l'évolution historique de son espèce. Jusqu'à ces derniers temps, les Maçons se disaient encore volontiers spiritualistes, autant du moins que cela était bon pour engluer des niais. Dans ces derniers temps, maîtres de la situation, ces sectaires ont mis de côté le masque de l'hypocrisie. Une question a été posée solennellement aux Loges françaises, à savoir, si, dans le sein de ces assemblées, on continuerait d'invoquer le dieu du déisme, le grand architecte de l'Univers. Sur un rapport du protestant Desmons, il fut déclaré que non. Le rapporteur fit savoir que cette suppression de Dieu avait déjà été effectuée à Buenos-Ayres, en Hongrie, en Italie ; que l'invocation de Dieu, en France, avait été introduite en 1849 et qu'il n'y avait pas de raison pour y tenir. La suppression de Dieu ne devait d'ailleurs exciter aucun trouble ; au contraire, elle ouvrait toutes grandes les portes de la franc-maçonnerie à ceux que pourrait offusquer le nom de Dieu. Par où l'on voit que la Maçonnerie n'est que l'égout collecteur de l'athéisme. La suppression fut en effet votée, mais sans tumulte, et les Loges d'autres pays firent schisme avec le Grand-Orient de France.

Cette suppression de Dieu fit du bruit ; elle fut remise à l'ordre du jour. Au cours de la discussion, il fut dit que la profession de foi ne regardait pas plus la Maçonnerie que n'importe quelle société savante et qu'elle n'avait pas à faire de déclaration dogmatique. Cet argument porte à faux. Une société qui s'occupe de géologie, d'archéologie, d'agriculture ou de beaux-arts n'a pas besoin de *credo* en tête de ses statuts ; mais une société qui s'occupe de régler entre eux les rapports des hommes ne peut pas s'en désintéresser, par cette très simple raison que ces rapports se règlent tout différemment suivant qu'il y a un Dieu ou qu'il n'y en a pas. S'il y a un Dieu, l'homme, sa créature de prédilection, est un être sacré pour ses semblables et consacré à Dieu ; s'il n'y en a point, l'homme n'est qu'un animal comme les autres, et sa morale n'est pas autre que celle des animaux. L'homme est pour l'homme un loup. — En vain, l'on dira que la Maçonnerie tenant pour l'animalité humaine, veut la régler et la brider. C'est un beau désir, mais où sont les moyens ? Ce n'est pas avec de vaines formules qu'on décide l'homme à vaincre ses passions. Non moins vainement, on pourrait prétendre qu'on écarte Dieu par respect pour la liberté de conscience. Dieu écarté, la conscience disparaît, ou si le nom reste, ce n'est qu'une ombre. L'homme sans Dieu est un être sans conscience, s'il est logique ; et s'il suit son raisonnement jusqu'au bout, pour se satisfaire, il boira du sang. — Nous verrons, au surplus, bientôt quel cas fait la Maçonnerie de la conscience catholique.

Le maire de Valence, vénérable de l'*Humanité de la Drôme*, un nommé Bélat, crut devoir justifier cette éradication de Dieu. « Cette modification, dit-il, n'a été une mesure d'hostilité contre aucune religion, un acte d'agression contre aucune croyance théologique. Ce n'est point une innovation perturbatrice des conditions de tolérance, de respect qui nous a animés envers la foi spiritualiste ; ce n'est que l'*affirmation de la liberté de conscience dans ses conséquences logiques*. Et en cela, nous avons été d'accord avec nos principes, avec les faits ; il n'y avait pas de milieu en ceci : il fallait *ou supprimer le dogme ou le subir*. Tous nos *instincts* d'égalité, de liberté, de fraternité nous criaient qu'il ne fallait pas le subir. » Le bonhomme ne fait pas étalage d'impiété ; mais il laisse trop voir son ignorance. Nier Dieu pour affirmer la liberté de conscience, c'est une absurdité, la conscience n'étant que l'impression de Dieu dans nos âmes ; s'il n'y a pas de Dieu, la notion de conscience est détruite et sa liberté, ou ce qu'on décore de ce nom menteur, n'est plus que la servitude de l'âme sous le joug des sens : c'est le bestialisme. Sans doute, il faut supprimer un dogme ou le subir ; du moment que vous l'avez supprimé, vous n'en faites plus profession ; mais tout ce que ce nom porte de lumière, de grâce et d'espérance est entraîné dans une même ruine. C'est à des *instincts* qu'on en appelle pour nier Dieu ; en effet, il n'y a que des instincts qui pouvaient donner ce conseil ; la raison n'est pour rien dans cette négation impie ; et, ici comme partout, vous ne voyez dans la franc-maçonnerie que faiblesse d'esprit.

La *République maçonnique*, opérant sur le même sujet, vit, dans la négation de Dieu, une transformation. En mettant Dieu à la porte des Loges, on pourrait d'autant mieux s'y réunir pour festoyer, jouer la comédie, parler charabia et surtout conspirer. C'est tout simple. Un autre, nommé le père Saint-Léger, nom prédestiné à la légèreté philosophique, ouvrant sa petite bouche, demande : « Qu'est-ce que l'esprit ? je n'en sais rien. Qu'est-ce que la matière ? j'ignore. Où est Dieu ? Comme chacun de nous le possède en lui, je l'appelle : la raison. Donc, comme nous sommes doués de raison et d'une raison majeure, nous n'avons aucunement besoin qu'un pape, un évêque, un curé, un confesseur, viennent se placer entre Dieu et nous, et, sous prétexte d'éclairer notre conscience, l'empêche d'en recevoir les rayons de la lumière qui nous vient d'en haut. » Une triple et chaleureuse batterie est tirée en l'honneur de ce Maçon ; mais ces applaudissements n'expliquent rien. Un homme qui ne sait ce qu'est l'esprit, ce qu'est la matière, et qui confond Dieu avec la raison, ne peut rien recevoir d'en haut ; il n'emprunte ses illuminations qu'aux ténèbres d'en bas. C'est un obscurantiste.

D'autres, mieux avisés, un Yves Guyot, un Dreyfus, félicitent Bradlaugh, l'athée anglais, d'avoir, par haine de Dieu, refusé le serment. Un autre, le frère Gaston, sans y aller par quatre chemins, met sur le titre d'un livre : *Dieu ! voilà l'ennemi !* « Car *évidemment*, dit-il, Dieu n'ayant d'existence que dans l'imagination (admirez cette logique !), Dieu est un ennemi. Il est hostile à la nature de l'homme ; l'humanité peut logiquement le rendre responsable des malheurs sans nombre qui l'assiègent. A ce titre, elle peut et doit le maudire. » On ne comprend pas bien qu'un Dieu imaginaire puisse produire tant de maux et s'attirer tant d'anathèmes. La *République maçonnique* recommande, au surplus, fortement, ce vil ramas d'inepties, au troupeau de ses lecteurs : ces fortes têtes ne goûtent pas Bacon, Descartes ou Lebnitz ; Gaston leur suffit. Bien obligés ! et ces gens-là reprochent aux catholiques leur servilisme.

Ainsi, d'après les francs-maçons, le premier devoir des hommes c'est, envers Dieu, la guerre. Quelle morale peut-on tirer de cet athéisme ? Tout simplement la morale de l'intérêt et du plaisir, la morale des instincts ; une morale sans base, sans garantie, sans obligation ; une morale indépendante, humaine, que chacun se fait à sa guise, et dont la pratique consiste surtout en récriminations contre l'Église catholique. Depuis que les francs-maçons tiennent nos maîtres, la presse a été envahie par ce style canaille qui ne sait qu'outrager ce qu'il ne sait pas comprendre. C'est de cette époque que date le nommé Dieu ou le ci-devant Dieu, le bondieusardisme et autres fleurs littéraires, écloses au soleil de l'imbécillité, seule divinité reconnue et adorée par les francs-maçons. Il est difficile de produire ces ordures ; nous en citerons toutefois quelques échantillons.

En 1886, Paul Bert, alors résident général au Tonkin, établit un parallèle entre la morale franc-maçonne et la morale du clergé : « Et que sont donc, dit-il, nos détracteurs ? Ce sentiment qu'on nomme le patriotisme leur est interdit, car ils doivent *obéir aveuglément*(?) à un *maître étranger* (?), à un homme qui, quoique de même nature que les autres, se prétend infaillible et leur patrie à eux *se borne au palais* qu'habite cette espèce de demi-dieu. Et ils nous accusent d'être les ennemis de la famille, eux qui renoncent complètement à cette famille, à ses joies, à ses affections les plus douces ; des hommes qui *ne vivent que pour eux* et pour leur association ; des hommes qui *font serment* (?) de *tout* sacrifier, *tout* pour l'espèce de demi-dieu dont je parlais tout à l'heure. Et nous sommes accusés d'être les ennemis de la société par ceux qui prêchent l'abaissement et le renoncement chez les autres, abaissement et renoncement qui sont la source de leur richesse, de leur élévation et de leur puissance. » Il suffit de constater ces notions fantastiques ; les réfuter serait les prendre au sérieux ; l'absurde ne se réfute pas.

Un autre, Decaudin-Labesse, une des grandes trompettes de la franc-maçonnerie, établit que la morale chrétienne est immorale. Les dix commandements de Dieu, pour ce Chrysostôme inattendu, c'est la propre formule de l'immoralité. Et la cause de cet oracle vous ne la devinez pas ? Oyez : « Toute société doit être fondée sur la justice et la liberté. Toute religion basée sur la révélation détruit fatalement la justice et la liberté. » — Mais comment cela ? — « Admettre la révélation, c'est admettre la grâce et la prédestination, c'est nier le libre arbitre, nier le droit humain, c'est *enlever à l'homme la liberté d'agir suivant sa conscience*. Admettre que le sentiment de la justice ne naît dans le cœur de l'homme que sous l'influence de la grâce, c'est tuer la morale, puisque c'est en nier l'unité et nier l'innéité de la justice. » — Mais, grand docteur, si la justice est innée, comment peut-on nous l'enlever, et puisque la grâce suppose le libre arbitre, comment peut-elle le détruire ?

Un autre, Camille Pelletan, député des Bouches-du-Rhône, s'égare au détriment des pèlerinages. Selon ce profond théologien, les pèlerinages doivent déplaire à Dieu, parce qu'ils font de la mauvaise musique et parce qu'ils cornent aux oreilles du Père Éternel, des cris désapprouvés par la Constitution. On n'est pas plus profond.

La *République maçonnique*, brochant sur le tout, se moque de Lourdes et de la Salette. La Salette est attribuée aux fourberies de Mlle La Merlière ; quant à l'eau de Lourdes, on lui attribue facétieusement la *vertu naturelle* de guérir, par absorption de trois verres, les constipations les plus invétérées, les rhumatismes, les entorses, les cors aux pieds, les scrofules, les vices du sang, les maladies secrètes, les dartres, le choléra. Croyez cela et buvez de l'eau. — C'est plaisant, mais c'est une imputation bête. Ce n'est pas à l'eau de Lourdes qu'on attribue des vertus curatives analogues à la vertu connue des eaux de Vichy, de Vals ou de Sauerbrunn ; c'est à l'intercession de la Sainte Vierge, et, sur ce terrain, la facétie n'est pas de mise.

Cependant Floquet, en 1884, proteste contre l'Encyclique ; Clémenceau, Lafont, Songeon, Filassier, Fromage, protestent contre l'Église votive de Montmartre ; pour conclure, la Ré-

publique maçonnique estime le moment venu de substituer les Maçons aux congrégations religieuses dans la direction des œuvres de bienfaisance. Les Maçons vivront aux dépens de la charité catholique ; les pauvres se brosseront le ventre ; les religieux et religieuses seront frappés de proscription ; et : *Vive la République !*

Telle morale, tel culte. Mais ici les francs-maçons se fourrent le doigt dans l'œil jusqu'au coude. Satan, dit Tertullien, est le singe de Dieu ; eux, qui se targuent d'être libres-penseurs, de faire table rase de toute pratique pieuse, ils viennent, dans leur pratique, tout bonnement à contrefaire l'Eglise catholique. Le baptême, la première communion, le mariage, les funérailles, ils ont copié toutes ces cérémonies ; seulement ce rituel qui, dans l'Eglise, marque les effets des sacrements, le respect qu'ils méritent et les obligations qu'ils imposent, chez eux ne marque plus que l'intention de singer l'Eglise d'une façon grotesque, comme si de ridicules simulacres pouvaient attacher leur propre vice à d'augustes cérémonies. On ne rend pas ridicule tout ce qu'on ridiculise ; en ridiculisant les choses saintes, c'est soi-même qu'on couvre de ridicule ; et, de plus, on découvre la légèreté de son caractère ainsi que les défauts de sa vertu.

Voici comment se passe le baptême franc-maçon. Un poupon, tout habillé de blanc et ceint d'une large écharpe tricolore, est présenté au maire. Les parents, qui sont des gens pieux à rebours, demandent, au maire, le baptême civil ; le maire baptise, non pas avec de l'eau, mais avec des phrases en l'air. On chante un cantique civil, bien entendu, et on revient à la maison en jetant des dragées à la marmaille. — Le *Bulletin de la Grande Loge* ne crut pas devoir admettre ces simagrées. « Si la libre-pensée, dit-il, devait à son tour élever des autels, baptiser, confesser, marier, administrer, en un mot refaire un culte et constituer une nouvelle religion, mieux vaudrait s'en tenir à ce que nous avons et renoncer à tout jamais à la liberté de conscience. Entre deux erreurs, il n'est pas besoin de choisir, il faut garder celle que l'on a. »

Dans une autre Loge, à la place du baptême à l'écharpe tricolore, on substitua une imitation, sacrilège et bouffonne, de baptême catholique. Au lieu de baptiser dans l'eau, on baptisait avec du vin. On devenait enfant de la secte en se faisant asperger avec le jus de la treille. Pendant que l'enfant le recevait en aspersion, le parrain, la marraine et les assistants, dévots à Bacchus, le prenaient par ingestion. Histoire de boire un coup et de faire acte de religion nouvelle, en buvant chopine. Ce nouveau rite paraît tout à fait conforme à la nature maçonne ; d'après ce rituel, on se sanctifiera en buvant. Les Loges seront bientôt des repaires de saints, selon Falstaf et Sancho Pança, saints jusque-là inconnus au calendrier.

Dans la Loge l'*Indépendance*, le baptême s'appelle l'adoption. Le parrain et la marraine se déclarent prêts à devenir les tuteurs naturels de l'enfant, si les parents viennent à lui manquer ; ils lui procureront une éducation conforme à la saine morale, et, plus tard, lui laisseront la liberté d'embrasser telle religion qui lui conviendra. Le vénérable souligne ce que ces généralités signifient : « Nous ne voulons pas de cette éducation cléricale, où l'enfant apprend à aimer l'Eglise avant sa famille, Rome avant la patrie, la théocratie avant la république. Nous ne voulons pas de cette éducation qui fausse l'intelligence, vicie les sentiments nobles, atrophie le cœur et *dispose singulièrement le cerveau au fanatisme* religieux, la pire des passions. Nous ne voulons pas, pour nos enfants, et surtout pour nos petites filles, de cet enseignement dont le premier chapitre commence dans le coin obscur du confessionnal, et dont l'épilogue malheureusement, hélas ! se déroule trop souvent sur les bancs de la Cour d'assise ou de la police correctionnelle. » On voit en quoi consistera, pour l'enfant, la liberté de choisir son culte, et s'il prend parti, on peut croire qu'il arrivera plus vite au bagne, à supposer, ce qu'il faudrait prouver, que l'Eglise soit l'école des mauvaises mœurs.

La franc-maçonnerie n'a pas de première communion ; le baptême sous l'espèce du vin, peut en tenir place. Au mariage, elle n'a pas davantage la prétention d'administrer un sacrement. C'est, dit le vénérable de la Loge de Boulogne-sur-Seine, « que le mariage religieux n'est qu'une comédie de pure convenance, qui se joue le plus souvent par respect humain, hypocritement et avec ostentation, dans le but d'attirer les curieux, pour briller, lorsqu'on est assez riche pour payer largement tous les décors d'une mise en scène qui ne laisse rien de durable au souvenir des époux ; — tandis que la franc-maçonnerie remplace avantageusement les moméries inutiles du prêtre, en enseignant la pure morale, l'amour du bien, du vrai et du juste, en leur apprenant que la pratique de la vertu seule sanctifiera leur union ». Les idées franc-maçonnes sur le mariage chrétien n'ont pas besoin de se discuter ici ; mais il ne suffit pas d'inculquer, aux époux, des principes de sagesse, pour qu'ils se fassent un devoir de les observer, la franc-maçonnerie oublie que pour rendre l'homme vertueux, la parole ne suffit pas ; il faut des secours extérieurs qui nous prémunissent contre nos faiblesses, nous relèvent de nos chutes et nous élèvent aux difficiles sommets de la perfection.

Les francs-maçons, confondant les accessoires avec le principal, veulent au mariage, purement civil, la musique, la danse et les bons fricotages. Des mairies, ils veulent faire des cathédrales civiles, avec annexe des tables d'hôtes. Un des leurs a répondu à ces émules de Gargantua :

« Si vous considérez le mariage comme un sacrement, autrement comme une union éternelle bénie des cieux, avec toutes sortes de personnages surnaturels qui planent au-dessus, votre musique devient superbe ; elle emporte votre rêve dans les colonnes, au delà des voûtes, dans je ne sais quel empyrée où foisonnent les mystères. Mais le jour où le mariage n'est plus qu'un contrat par lequel un homme et une femme s'engagent à vivre ensemble, à faire des enfants et à joindre le produit de la ferme de l'un aux fruits du travail de l'autre, je vous demande un peu s'il y a là matière à chanter.

« Je ne vois pas de raisons pour faire de la musique à ce contrat-là plutôt qu'à tout autre : et cela est tout aussi bouffon que si je faisais venir un ténor chez le notaire pour y célébrer une vente de bois.

« Un tas de gens, prenant le cadre pour le tableau, cherchent ainsi naïvement à remplacer ce qu'ils ont détruit. Impossible de leur faire comprendre qu'on ne remplace une religion que par une autre. Or, ils n'en veulent plus d'aucune sorte ; donc, ils ne peuvent garder ce qui la constitue. La divinité n'est pas une simple affaire de manteau.

« Il y a dans l'humanité des sentiments qui peuvent donner lieu à des spectacles émouvants. Le sentiment de patrie, par exemple. C'est pourquoi nos cœurs peuvent tressaillir dans de grandes fêtes militaires ou patriotiques, à une remise de drapeaux au 14 juillet, etc. La musique alors nous saisit. Mais la musique qui salue M. Lucien au moment où il va entrer dans la chambre de Mlle Antoinette, ne saurait être qu'une musique d'opérette.

« Il est déjà assez plaisant qu'on me convoque à cette aventure, qui m'est totalement indifférente, sans me forcer encore à des épithalames.

« Il y a des choses dont il faut prendre son parti. Le mariage dépourvu de tout caractère sacré est un arrangement comme un autre. La loi n'y met sa sanction dans un simple but d'organisation, afin de se reconnaître dans les enfants, et afin que la justice préside aux héritages. Cela est sérieux, non imposant. C'est, en réalité, une pure formalité administrative.

« Nous sommes extraordinaires. Nous voulons et nous ne voulons pas. Nous admettons la chose, non les conséquences de la chose. Nous chassons Dieu du ciel ; nous ne voulons plus d'âme ni d'autre vie ; nous bafouons les prêtres et les cultes ; nous ne croyons qu'à la matière, force inconsciente. Puis, quand tout cela est convenu, quand l'édifice est renversé, quand il n'y a plus rien, nous conservons avec le plus grand soin toutes les poésies et toutes les morales qu'ont enfantées les croyances que nous avons tuées ; et nous disons très sérieusement : « Ah ! non, il faudrait aviser à garder tout cela. »

« Calino n'était pas plus stupide le jour où, démolissant les murs de sa maison, il parut tout étonné que le toit lui tombât sur la tête. »

Au décès des siens, la franc-maçonnerie conduit ses défunts de la maison mortuaire au champ du repos, sans passer par l'Eglise. Au mariage, elle offre, en perspective, le divorce ; à l'agonie, elle n'offre aucune consolation, et ne vous promet que le néant : c'est pire que l'enfer. En revanche, elle débite, sur la fosse, force discours. Là, en présence de ce cadavre, qui demain n'aura plus de nom dans aucune langue, elle exalte avec emphase les souvenirs d'un passé qui n'est plus. Ces emphases et ces poses sur un cercueil, cette idée de parader en louant un mort, choque toutes les délicatesses. Mais que dire, quand on enterre l'homme de peu, le vulgaire épicier ou le marchand de pommes de terre frites ? C'est la mort sans phrase, mais dans sa simplicité, quelle horreur et surtout quel contre-sens. Rien pour assister dans les affres du trépas ; rien pour nous réjouir en entrant dans l'éternité.

La stratégie maçonnique concentre ses efforts sur l'instruction populaire. Ce qu'il faut à la secte, ce n'est pas le paysan d'autrefois, peu frotté d'instruction, mais austère et noble, portant sur son front le rayonnement de l'honneur et dans son regard la fierté du courage. Ce qu'il lui faut, c'est que le fils de ce paysan devienne un électeur obtus et d'autant plus fidèle ; et, pour le rendre tel, on se servira de l'école, des journaux et de la caserne. Dans ce but, la franc-maçonnerie célèbre très fort les bienfaits de 89 en faveur de l'instruction et promet d'assigner, aux femmes, dans la société moderne, un grand rôle. Puis, pour devenir plus pratique, elle considère l'instruction primaire comme la panacée universelle. L'alphabet a des vertus nutritives ; le livre de lecture, c'est la révélation nouvelle. Avec les éléments des connaissances humaines, on veut guérir tous les maux de l'humanité. De l'éducation, vous n'en entendez plus parler. La morale naturelle, instinctive, doit suffire à la règle des mœurs ; cette règle, on la connaîtra assez par la physique ou par l'astronomie. Comment la cosmographie, la chimie, la physique peuvent enseigner à l'homme ses droits et ses devoirs, ce n'est peut-être pas facile à saisir. Depuis quand la grammaire enseigne-t-elle le respect des parents et des faibles ? Depuis quand apprend-on à devenir humble par la géographie, chaste par l'arithmétique, laborieux par la géologie, économe par la mécanique. Ce qui met le comble à l'absurdité, c'est qu'on obtiendra toutes ces vertus par l'instruction élémentaire. Encore que l'instruction supérieure développe seulement les facultés, mais sans les rectifier ni les soutenir moralement, on pourrait au moins prétendre que l'enseignement supérieur initié à la connaissance des causes et amène à la notion des destinées. Avec l'infirmité d'esprit qui la caractérise, la franc-maçonnerie se préoccupe fort peu d'objections ; elle s'en va à l'aveugle à son œuvre scolaire, imaginée surtout comme une œuvre anti-chrétienne, excellente surtout pour détruire.

Dès 1866, les Tirard, Delattre, Georges Conlon, Rouxelle avaient posé la question des droits et devoirs du père en matière d'instruction. Suivant eux, le père devait simplement s'occuper de l'évolution des facultés de l'enfant, sans lui imposer un objet. Comment cela peut-il se faire, on ne le voit pas bien. Que l'instruction soit religieuse ou anti-religieuse, elle dispose également de l'enfant, mais en sens contraire ; que si elle supprime la religion sans la remplacer, faire le vide est une manière de religion, c'est la religion du néant, celle qui, dit-on, assure l'indépendance d'esprit, mais qui, dans la réalité, ne fait que des esclaves. Les francs-maçons tombèrent d'accord que le père devait enseigner la morale et laisser à l'enfant le choix de sa religion.

En 1883, le frère Galopin réclame le concours des femmes pour forcer les bastilles du cléricalisme. « Il est de toute nécessité, dit-il, que la femme cesse ses visites à l'Eglise et qu'elle ne subisse pas plus longtemps l'influence du prêtre, dont les efforts constants tendent à fausser son intelligence pour la plus grande gloire de Dieu et la prospérité de la caisse. *Il faut que la femme nous appartienne entièrement* et par l'esprit et par le cœur. Plus de baptême ; plus de confession ; plus de communion ; plus de mariage religieux, plus d'eau bénite à la mort : Voilà les bastilles à prendre. » A celui-là, nous ne saurions reprocher l'hypocrisie. La suppression pratique du catholicisme par les femmes, voilà l'objectif de la secte.

En 1884, le pasteur protestant, Jules Steeg, député de la Gironde, oppose, à l'esprit sacerdotal, l'esprit laïque. « Lorsque l'élément laïque sera partout installé, nous aurons de vrais citoyens, qui ne peuvent être ainsi que formés par des hommes comprenant les charges qui incombent à la nature humaine. » Des hommes qui ne connaissent pas les charges qui incombent à leur nature, on se demande s'il y en a et où ils résident ; mais sous ce charabia vous devinez la pensée : Plus de prêtres nulle part, c'est une autre façon de se débarrasser du christianisme. »

En 1877, chez les Trinosophes de Bercy, Camille Pelletan revient à l'éternel féminisme et veut apprendre à la femme où est le serpent qu'elle doit écraser. Ce serpent, c'est l'Evangile de Jésus-Christ ; mais, si vous l'ôtez, pour cette fois, la femme sera reconquise par le serpent. En exemple, je puis citer, Maria Devaismes, reçue franc-maçonne par les libres-penseurs du Pecq : c'est une furie, et jamais Tisiphone n'a balancé sur sa tête une plus belle collection de vipères. Louise Michel ne paraît pas, non plus, un répertoire de belle humeur.

En 1879, à l'Orient de Paris, un certain Fleury déclame longuement contre les dangers de l'éducation religieuse. « C'est l'Eglise qu'il faut supprimer, dit-il ; c'est son influence pernicieuse qu'il faut faire disparaître de l'école et de la famille : rallions-nous donc à la laïcité la plus absolue en matière d'enseignement. Trois choses sont nécessaires : 1° donner aux enfants une forte éducation, basée sur une morale dégagée de toute idée religieuse ; 2° détruire l'influence *démoralisatrice* du clergé dans l'enseignement ; 3° choisir des maîtres laïques capables de former des citoyens civils, sachant discerner le bien d'avec le mal, le juste d'avec l'injuste, des travailleurs infatigables, pour le triomphe d'une morale et d'une vérité humaines. » Si ce déclamateur s'imagine que le prêtre n'a pas le discernement du juste et du bien, il est superflu de le lui prouver. Des adversaires de cette force ne méritent que le dédain.

A partir de cette époque tous les francs-maçons se ruent contre l'enseignement chrétien. En 1883, Floquet, savant comme un âne, ose flétrir les gouvernements monarchiques, qui n'ont *rien fait* pour l'instruction du peuple. Gatineau, député de l'Eure, proclame que la Révolution est la première institutrice du peuple français ; Georges Martin, dit Baton, ajoute qu'elle est la première protectrice des orphelins. Saint Vincent de Paul passe à l'état d'être mythique. Hérédia, Tiersot, Nadaud, Thulié, et autres grandes lumières du XIX° siècle, font appel à toutes les Loges pour faire revendiquer partout l'instruction gratuite, obligatoire et laïque. Le franc-maçon Ferry, qui empaume ce projet ; Naquet, Leroyer et Floquet, qui le soutiennent, doivent leurs emplois et leur célébrité à la reconnaissance de la Maçonnerie.

Voici comment s'en exprime la Loge de Toulouse. « Au F∴ Jules Ferry, ministre de l'instruction publique. La franc-maçonnerie toulousaine nous délègue pour vous apporter l'expression des sentiments qu'elle professe à l'égard d'un ministre de la république qui soutient, avec un courage persistant, une lutte difficile, contre les éternels ennemis de l'ordre civil. La franc-maçonnerie ne saurait oublier que le ministre de l'instruction publique est un de ses fils les plus distingués. Elle vous soutiendra dans la lutte que vous avez entreprise, par tous les moyens qui sont en son pouvoir ; car elle comprend que, puisqu'on ne croit pas devoir appliquer aux jésuites une loi non abrogée, il est urgent, du moins, d'arracher à leurs étreintes la jeunesse française. Veuillez dire au gouvernement que, pour cette question, la franc-maçonnerie est avec lui. » La franc-maçonnerie écrit comme une vache espagnole ; mais elle ne dissimule pas beaucoup ses sentiments.

De ces extraits, il résulte que la franc-maçonnerie est, contre la religion révélée et contre l'Eglise, en état de conspiration permanente. Des textes plus explicites encore confirment cette conclusion.

Le maire de Valence, dans un convent solennel, célébrant la Maçonnerie, s'exalte jusqu'à dire : « Où trouverez-vous, pour des hommes faits, une pareille école de progrès, une semblable diffusion de lumière ? Sera-ce dans l'enseignement religieux? Les temples catholiques, protestants ou israélites, mais c'est *contre eux précisément*, c'est *contre l'œuvre sacerdotale de tous les temps et de tous les pays* que la franc-maçonnerie s'est fondée ; c'est contre eux qu'elle livre ces combats séculaires qui ont fait gagner au progrès, réfugié sous nos bannières, tout cet espace de champ et de soleil où il se déploie et s'étend aujourd'hui. Emprisonner, pétrifier l'esprit humain dans un enseignement dogmatique immuable ; le subordonner à une caste sacerdotale, voilà le résultat contre lequel s'indigne et s'élève la franc-maçonnerie. La franc-maçonnerie, elle, n'a pas de *croyances* et de systèmes officiels (1) ». On ne peut pas dire plus crûment que la Maçonnerie est ridiculement hostile à l'Eglise et à la religion, et ces gens s'exclament lorsqu'on leur reproche d'être les ennemis du Christianisme. C'est le comble de la déraison, de l'hypocrisie ou de la naïveté.

Colfavru, parlant à l'Orient de Versailles en 1884, est tout aussi décidé et plus chaud encore : « Oui, dit-il, nos adversaires, les implacables ennemis de la raison et de la conscience humaine, ont raison de dénoncer notre institution comme une puissance qui *menace* et *poursuit* leur abominable domination ; nous sommes, en effet, les disciples de ce libérateur qu'on appelle la science (il faut dire libératrice) et qui, le front couronné de lumière, va, dans les horribles ténèbres d'ignorance et de fanatisme, porter la bonne nouvelle, la vérité. C'est là notre devise, qui excite jusqu'au vertige les haines cléricales, et qui détermine chaque jour ces appels furieux à la persécution, ces débordements de calomnies et d'injures, auxquels nous nous sommes trop longtemps bornés de ne répondre que par le dédain. La franc-maçonnerie aura à combattre tant que le dernier soldat du cléricalisme ne sera pas désarmé. »

A propos de l'installation d'une nouvelle Loge, Delattre s'écrie à son tour : « C'est l'avant-garde qui a pour tâche de secouer les vieilles tapisseries des superstitions et de faire envoler les préjugés ».

Vingt autres, Margaine, Dutailly, Achard, Faure, Beauquier, Rochefort sassent et ressassent les mêmes anathèmes contre Jésus-Christ et son Evangile. L'un d'eux et pas le moins pervers, Félix Pyat, fils d'un prêtre jureur, tout en faisant chorus à ce débordement de passions, fait pourtant observer que la Maçonnerie n'est qu'une petite église, une chapelle basse, mesquine, sombre, jalouse, aristocratique comme l'ancien paganisme. Quelques traits de bon sens échappent à cet énergumène. « Le Christianisme, dit-il, admet du moins les faibles, la femme et l'enfant. La franc-maçonnerie les exclut... *moitié, trois quarts du genre humain*.

« Le Christianisme appelle *tout le monde*, baptise le premier venu. La Maçonnerie n'appelle personne, elle éprouve qui s'offre... elle excepte... *elle ne veut que le fort*.

« Le Christianisme n'a ni juifs, ni gentils, ne reconnaît que des frères. La Maçonnerie ne reconnaît que l'élu.

« Le Christianisme veut le secours au prochain, même samaritain. La Maçonnerie le réserve au Maçon.

« Le Christianisme veut l'épée au fourreau et la lumière sur le boisseau... le sermon sur la montagne, le verbe prêché au peuple. La Maçonnerie veut le temple clos, portes et fenêtres bouchées et gardées.

« Quand l'esprit unitaire de la race sémitique substitua l'idée chrétienne au polythéisme païen, il y avait autant d'ennemis que d'hommes, autant d'hommes que de dieux ! Variété, haine et luttes d'individus, de castes, de races. Le Christianisme trouva, à la porte de chaque temple, des profanes, des parias, des exclus. Chaque peuple avait son dieu propre, excluant tout autre peuple de son rite ; l'étranger était maudit.

« Le Christianisme, et ce fut là son progrès, son succès, dit alors : « Il n'y a point d'étrangers, ni Grecs, ni Romains. Il n'y a que des hommes en Dieu. Il élargit le temple. »

Félix Pyat a compris. Le Christianisme est catholique ; la franc-maçonnerie est une secte fermée, qui ne vit que de haine et ne travaille qu'à la destruction. Autrement, elle n'a ni symbole, ni culte, ni prêtres ; ses adeptes sont des conjurés, et le fait que des politiciens soient francs-maçons, cela veut dire que ces sectaires mettent la puissance publique au service de leur imbécile fanatisme.

Les faits vont en fournir de trop tristes exemples. — En attendant, l'histoire doit s'étonner du cynisme de ces gens-là dans la contradiction. Francs-maçons, ils constituent une société secrète qui tombe sous le coup de la loi ; hommes politiques, ils amnistient naturellement leur délit de société secrète, et, en même temps, ils frappent de mort les associations, non pas secrètes, mais autorisées ou non, en tout cas légales, qui, par motif de religion, se dévouent au bien de la pauvre humanité. Deux poids et deux mesures, ou plutôt contradiction cynique et politique criminelle qui doit bien, un jour, succomber sous les représailles de la foi et de la conscience, de la probité et de l'honneur.

Comment le judaïsme se joint à la franc-maçonnerie pour persécuter l'Eglise catholique.

« Le monde, dit le premier ministre de la Grande-Bretagne, Benjamin Disraëli, le

---

(1) *La Franc-Maçonnerie sous la troisième République*, t. II, p. 61.

monde est gouverné par de tout autres personnages que ne se l'imaginent ceux dont l'œil ne plonge pas dans les coulisses... Cette diplomatie mystérieuse de la Russie, qui est la terreur de l'Europe occidentale, est organisée par les Juifs et ils en sont les principaux agents... Cette puissante révolution qui, actuellement même, se prépare et se brasse en Allemagne, où elle sera de fait une réforme plus considérable que la première, et dont l'Angleterre sait encore si peu de chose, se développe tout entière sous les auspices du juif. » Ce que Disraëli assure de l'Allemagne et de la Russie, est encore plus vrai de la France. La franc-maçonnerie fournit les soldats de la Révolution anti-chrétienne ; le judaïsme fournit les chefs et les plans de campagne. Vers la fin de l'empire, les chefs de cette conspiration judéo-maçonne ourdissaient déjà leurs complots ; depuis sa chute, ils poussent le mouvement à toute extrémité et la destruction à tous les attentats. Nous connaîtrons exactement les dessous de l'histoire si nous parvenons à comprendre ce qu'est le judaïsme moderne, en quoi il diffère du mosaïsme, quelles sont ses sources d'enseignement et ses doctrines, par quels principes il motive ses attaques contre l'ordre chrétien, avec quelles armes il les accomplit, vers quel avenir il pousse les peuples européens dépouillés de l'Evangile. Il n'y a pas, dans l'état présent, de plus grave question.

Cette question embrasse, au surplus, l'ensemble de l'histoire. Après le déluge, quand les familles patriarcales se corrompent, quand les empires naissants se précipitent dans l'idolâtrie, Dieu se choisit, parmi tous les peuples, un peuple qu'il charge de garder le symbole primitif de l'humanité et de préparer l'avènement du Messie. Quand paraît le Sauveur des hommes, les juifs charnels le méconnaissent et le crucifient ; en punition de ce déicide, ils sont frappés momentanément de réprobation et les Gentils entrent dans l'Eglise pour occuper la place offerte aux aveugles enfants de la Synagogue. Tant que durera cette réprobation des juifs, les juifs seront les ennemis acharnés des peuples chrétiens ; ils travaillent à les résoudre, à les tromper et à les abattre. A la fin, ils croiront au Dieu qu'ils ont crucifié. En attendant cette révolution des destinées humaines, le fils de Sem, le juif, est envers les autres fils de Noé, à l'état de perpétuel conflit. Ce combat forme un des grands aspects de l'histoire.

Le rêve du Sémite, dit Edouard Drumont, sa pensée fixe a été constamment de réduire l'Aryen en servage, de le mettre à la glèbe. Il a essayé d'arriver à ce but par la guerre. Annibal, qui campa sous les murs de Rome, fut bien près de réussir. Abdérame, qui, maître de l'Espagne, arriva jusqu'à Poitiers, put espérer que l'Europe allait lui appartenir. Mahomet, qui prit Constantinople, et encore plus ses successeurs, purent caresser le même rêve. Aujourd'hui, le sémitisme se croit sûr de la victoire. Ce n'est plus le Carthaginois ou le Sarrazin qui conduit le mouvement, c'est le juif ; il a remplacé la violence par la ruse. A l'invasion bruyante a succédé l'envahissement silencieux, progressif, lent. Plus de hordes armées, annonçant leur arrivée par des cris. Rien de brutal ; mais une sorte de prise de possession douce, une manière insinuante de chasser les indigènes de leurs maisons, de leurs emplois, une façon moelleuse de les dépouiller de leurs biens d'abord, puis de leurs traditions, de leurs mœurs et enfin de leur religion. Ce dernier point, je crois, sera la pierre d'achoppement (1).

Qu'est-ce que le judaïsme ? — Les chrétiens croient généralement que la Bible contient la règle de foi des juifs et que les juifs sont les fidèles de l'Ancien Testament. Les Juifs n'ont pas négligé d'accréditer cette erreur. Plusieurs petits ouvrages ont été rédigés à cette fin ; le plus adroit est celui du rabbin Léon de Modène, *Cérémonies et coutumes* qui s'observent aujourd'hui chez les juifs ; une traduction en a été faite à Paris, en 1674, par Richard Simon. On y cite souvent l'Ecriture Sainte ; on insiste habilement sur le côté biblique du judaïsme, sur les prières ostensibles, sans en révéler la gnose, toujours connue des fidèles ; on appuie sur les pratiques de la bienfaisance judaïque, sur la poésie des usages de la Synagogue. Les chrétiens, même savants, s'y sont laissés prendre. Richard Simon, quoique prêtre, et peu naïf, s'étonne que les chrétiens et les juifs n'aient pas toujours vécu dans les rapports de la plus intime parenté. La religion des juifs, dit-il, a les mêmes principes que la religion chrétienne, presque les mêmes prières, la même fête hebdomadaire en mémoire du repos de Dieu et tant de rubriques semblables dans les offices et tant de rapports dans les bénédictions ! Simon observe encore que les juifs sont très recueillis au service divin, très charitables envers les pauvres, très pénitents ; qu'ils pratiquent généreusement le pardon des injures, qu'ils font l'examen de conscience avec une édifiante rigueur. Simon va jusqu'à regretter que les *grandes usures* qu'on leur permettait dans l'intérêt public, les aient rendus si puissants qu'on ait été *obligé* de les *détruire*.

Léon de Modène a eu d'autres imitateurs et ceux-ci ne se sont pas fait faute de dire nettement que le christianisme n'est qu'une secte du mosaïsme, auquel il a emprunté sa morale, en la chargeant de superstitions. Le rédacteur de l'*Almanach israélite* pour 1859, nous paraît aussi naïf que Richard Simon, sauf qu'il n'attribue qu'au fanatisme du Moyen-Age, les anciennes disgrâces des juifs. Après avoir donné un précis de la religion juive qu'il paraît réduire à une sorte de théophilantropie : « On vient de voir,

---

(2) *La France juive*, t. 1, p. 7.

dit-il, ce qui constitue la croyance des juifs. A part ce qui concerne les mystères et le Messie, qui, pour les juifs, n'est pas venu, *en quoi* cette croyance *diffère-t-elle de celle des chrétiens*? Et lorsque la croyance est *à peu près identique*, pourquoi la fraternité ne réunirait-elle pas les enfants d'un même père? La morale des juifs est celle que le christianisme leur a empruntée.. »

Si le rédacteur de l'*Almanach* veut considérer que, pour les chrétiens, le Messie est venu, accomplissant et complétant la loi de Moïse, en l'enlevant de la pierre où elle était tracée, pour l'inscrire, radieuse et immortelle, dans les cœurs, il avouera que la croyance des juifs et des chrétiens n'est pas *à peu près identique*. Quant à la morale, les chrétiens ne l'ont pas empruntée des juifs : on n'emprunte pas ce que l'on possède. La morale des livres Saints, *conservés* non *possédés* par la Synagogue ancienne, était, dès l'origine, le bien propre de l'Eglise. L'épouse du Christ l'a reçue des mains divines et communiquée à ses enfants avec toutes les lumières dont le Sauveur l'a revêtue, lumières que la Synagogue, jadis aveugle et infidèle, et maintenant répudiée, ne vit et ne goûta jamais. Loin donc que le Christianisme soit une pièce détachée du mosaïsme, il est *le mosaïsme lui-même*, mais *ramené* à sa pureté et, en même temps, *complété*, suivant les promesses divines, par l'avénement du Messie. C'est la même Eglise. « Nous pouvons, depuis notre souverain Pontife, dit Bossuet, remonter sans interruption jusqu'à saint Pierre, établi par Jésus-Christ, d'où, en reprenant les Pontifes de la loi, on va jusqu'à Aaron et Moïse, et de là jusqu'aux patriarches, jusqu'à l'origine du monde. » « Et le judaïsme actuel, ajoute Louis Veuillot, loin d'être le judaïsme biblique ou la religion de Moïse, n'est, à son origine, qu'une hérésie de cette religion véritable, l'hérésie *pharisaïque*, laquelle s'entêtant et s'enfonçant de plus en plus dans ses orgueilleuses ténèbres, a fini, comme toutes les hérésies, par devenir une *négation radicale* de la vérité dont elle s'est emparée. Elle se nomme quelquefois le mosaïsme, elle n'y a aucun droit ; on le nomme le judaïsme et ce n'est pas encore son nom ; elle doit porter un nom plus nouveau, celui du code relativement moderne où s'entasse l'amas confus de ses opinions souvent incompréhensibles et contradictoires ; c'est le *thalmudisme* (1) ».

Les juifs actuels sont les schismatiques et les hérétiques de l'ancienne loi. Leurs ancêtres, race dure, au cœur incirconcis dans toute la durée de leur carrière nationale, n'ont guère fait que protester contre la loi de Moïse. Au désert ils regrettaient les oignons d'Egypte et adoraient le veau d'or, le seul Dieu qu'ils aient conservé. Au temps des juges et des rois vous les voyez sans cesse en révolte contre l'autorité de Dieu et contre sa loi sainte. Les mauvaises mœurs les attirent, l'idolâtrie les entraîne ; ils désertent le temple ou n'y apportent qu'un hommage impur ; ils montent aux hauts lieux et se cachent, pour leurs orgies, dans des bois soi-disant sacrés. En vain les pontifes élèvent la voix ; en vain les prophètes font retentir les anathèmes. Jérusalem tue les prophètes et lapide les envoyés de Dieu. D'un coup de sifflet, Jéhovah fait venir, contre la nation prévaricatrice et la race apostate, les exécuteurs de ses vengeances. La famine, la peste, la guerre, la transportation à Babylone ne guérissent pas ceux que la vertu n'a pu garder, ceux que la vérité n'a pu retenir. Quand vient l'ange du Nouveau Testament, ils le tuent, et réclament que son sang retombe sur eux de génération en génération. Cette race maudite voit détruire son temple, exterminer ou disperser ses enfants : elle s'aveugle et s'obstine de plus en plus. Désormais, comme les protestants, ils protestent contre la parole de Dieu en prétendant l'interpréter, et leur protestation s'étendant à la loi de Moïse aussi bien qu'à la loi de Jésus-Christ, n'aboutit logiquement qu'à une négation. En fait, les juifs nient Moïse comme ils nient Jésus-Christ, ils auraient trouvé Jésus-Christ s'ils étaient restés fidèles à Moïse ; c'est parce qu'ils ont corrompu, altéré, défiguré l'ancienne alliance, qu'ils se sont refusés à contracter la nouvelle. Les juifs sont traîtres à Dieu ; leur perfidie les a rendus complices de ses pires ennemis, et ils ont eux-mêmes, parmi ces ennemis de Dieu, une place de choix.

Pour découvrir les erreurs du judaïsme, il est nécessaire de connaître les sources de son enseignement. Nous les trouvons dans le Thalmud. Voici, pour nous orienter, les dénominations en usage chez les juifs. *Thora* désigne la loi, écrite ou orale ; *Mikra* indique le canon des Saintes Ecritures. La tradition se partage en deux branches : le Thalmud et la Cabbale. Le Thalmud est la tradition *exotérique* : elle fixe le sens de la loi, en détermine les ordonnances, conserve les préceptes non-exprimés ou énoncés implicitement : c'est le côté purement pratique de la loi. La Cabbale est la tradition *mystérieuse*, la partie spéculative et occulte de la théologie judaïque ; elle traite de Dieu, des esprits et du monde visible, d'après les idées théoriques et mystiques de l'Ancien Testament. En d'autres termes, c'est la physique et la métaphysique sacrée de la Synagogue.

La suite des traditions orales des juifs remonte jusqu'à Moïse. Les saints Pères en parlent en ce sens ; c'est d'ailleurs la seule manière d'expliquer certaines obligations des juifs et le silence des Ecritures sur l'immortalité de l'âme. Avant d'être confiées à l'écriture, ces traditions furent conservées d'abord par un pouvoir spirituel, je veux dire par les

(1) *Mélanges*, 2ᵉ série, t. V, p. 211.

Anciens et les prophètes, assistés d'une Synode, qui prit plus tard le nom de Sanhédrin. aux prophètes succédèrent les thanaïstes : le Siméon du *Nunc dimittis* fut l'un des derniers ; puis les Rabbins, Rabbi et Rabboni, au nombre de sept, tous revêtus de la dignité de Naci ou grands chefs de la Synagogue : Rabbins et Thanaïtes étaient également assistés d'un consistoire. Après la révolte de Barcochébas, Rabbi Juda, malgré la défense de la loi, rédigea le texte officiel de la tradition judaïque : c'est la Mischna ou Deuterose. Ce recueil comprend : 1° les explications et développements oraux attribués à Moïse ; 2° les ordonnances ajoutées oralement sur le Sinaï ; 3° les constitutions trouvées par les docteurs au moyen de la conjecture ou de l'argumentation ; 4° les décrets émanés des prophètes ; 5° les règles de conduite pour la vie civile. R. Juda avait omis quelques détails qu'il communiquait de vive voix. Après sa mort, ses disciples complétèrent son œuvre : de là les Beraïtot, les Mehhillot et le fameux Zohar de Siméon-ben-Johhaï.

Quelque temps après la mort de R. Juda, commencent les Emoraïm, commentateurs de la Mischna. On leur doit : 1° la Ghemara de Jérusalem, composée en 279, par R. Yohhanan, à l'usage des juifs de Palestine ; 2° la Ghemara de Babylone, composée en 427 par R. Asschi, pour expliquer les controverses énoncées dans la Mischna, résoudre les cas douteux, enregistrer les nouvelles constitutions et donner enfin des explications allégoriques de plusieurs passages des Ecritures. Ces deux Ghemares unies à la Mischna, constituent le Thalmud (1) ; elles n'ont pas été rédigées avec le même discernement : on y trouve beaucoup de choses confuses, incohérentes, peu sérieuses et, pour ne rien dire de plus, énormes.

Aux Emoraïm succédèrent les Seburaïm et les Gaonim : ces docteurs n'exposent plus que des opinions. Cependant les juifs, arrêtés par les dialectes syriaques, les termes étrangers, le style obscur et les formes d'argumentation du Thalmud, éprouvaient le besoin d'abrégés et de nouveaux commentaires. De là, l'abrégé du Thalmud d'Isaac le fezzan ; il donne les décisions pratiques ; la Glose de Salomon Yarrhi : c'est la plus estimée et la plus répandue ; le Dictionnaire thalmudique de Nathan, au IX° siècle ; l'abrégé du Thalmud et le commentaire de la Mischna de Maymonides, au XIII° siècle ; la Somme Thalmudique de Jacob, au XIII° siècle ; et les aphorismes de Karo, au XIV° siècle.

Au Thalmud, il faut, pour avoir le corps complet des traditions judaïques, joindre la Cabbale. Par ce mot, on entend parfois le Pentateuque, parfois le Thalmud, mais plus communément la tradition mystérieuse de la Synagogue. Dans ce dernier sens, son objet se distingue essentiellement du Thalmud ; son existence en est attestée par la nation juive, par les Père de l'Eglise et par des savants comme Bonfrère, Buddée, Pic de la Mirandole et Sixte de Sienne. L'opinion commune est qu'elle fut révélée à Moïse et transmise oralement, sans qu'il fut permis de l'écrire. Esdras voyant que les malheurs de sa nation l'exposaient à périr, la consigna en soixante-dix volumes en partie perdus. Les Pharisiens écrivirent la nouvelle Cabbale : ils l'ont remplie de rêveries fantastiques, de vaines subtilités et même de théories panthéistes ou manichéennes. Par l'examen du style, par des appréciations critiques et par ce principe qu'une vérité actuellement niée par les juifs et clairement enseignée dans la Cabbale, appartient à l'ancien texte, on peut, sous le fatras pharisaïque, découvrir l'ancienne cabbale. Pic de la Mirandole partit de ces données pour établir les vérités chrétiennes par la science secrète des hébreux. Sa thèse a paru assez solide pour convertir Ricci, Léon l'hébreu, Galatinus, Carret, Rittangel et Prosper Ruggiéri.

Des traditions, consignées dans le Thalmud et la Cabbale, il appert que la loi judaïque contient 613 préceptes : 248 affirmatifs, 365 négatifs. Nous devons en relater les dispositions et en étudier l'esprit.

Pour préciser plus scrupuleusement cette question, les juifs d'Europe se distinguent *géographiquement* en juifs de Portugal et en juifs de Pologne : les juifs du Portugal, reste des juifs dispersés dans l'antiquité sur les rives de la Méditerranée, se disent étrangers à la génération qui crucifia le Christ ; les juifs de Pologne sont les juifs maudits et dispersés depuis la prise de Jérusalem par Titus. Parmi ces juifs de la dispersion, deux sectes seulement se tiennent à la Bible ; ce sont : 1° Les Samaritains ou Samaréens dont il n'y a plus que quelques restes dispersés dans le Levant : ils reçoivent seulement les cinq livres écrits par Moïse ; 2° les Karaïtes (d'un mot hébreu qui signifie : texte de la loi écrite), à peine plus nombreux que les Samaritains, et dont l'origine semble remonter à l'époque de l'introduction du Thalmud : ils s'en tiennent aux livres de la Bible qui sont le canon juif, et sans rejeter absolument la tradition, ils refusent de la croire inspirée. Le reste, la masse de la nation juive, est rabbaniste. Rabbaniste et thalmudiste, c'est tout un, là du moins où il reste de la foi.

Léon de Modène, malgré sa prudence cauteleuse, va nous dire ce qu'il faut penser du

---

(1) Le Thalmud a été étudié à fond ; en latin par Raymond Martini, par Buxtorf dans son *Lexicon chaldaicum*, Basle, 1629 ; et par Bartolucci, dans la *Bibliotheca magna*, Rome. 1675 ; en allemand, par Liesenmenger dans le *Judaïsme dévoilé*, Kœnigsberg, 1711 ; en italien, par Guilio Morosini, dans *Ira della fede*, Rome, 1783 ; et en français par Chiarini, dans la *Théorie du judaïsme*, Paris et Genève, 1830. Moyennant ces clefs on peut pénétrer dans les ténèbres très épaisses de la synagogue moderne.

Thalmud. « Et parce que, dit-il, *la base de tous les préceptes*, cérémonies et coutumes des juifs *vient du Thamuld*, il est bon de découvrir son origine, et de dire par ordre ce qu'il contient. J'ai remarqué que les juifs ont reçu la loi écrite de Moïse et la *loi orale des rabbins*, qui est l'exposition de la première, avec le *ramas de toutes les autres constitutions*. Tant que le Temple a subsisté, les juifs ne pouvaient rien mettre par écrit de cette seconde loi ; mais environ six vingt ans après la destruction du Temple, le rabbin Juda, voyant que la dispersion des juifs faisait oublier cette loi de bouche, écrivit tous les sentiments, constitutions et traditions des rabbins jusqu'à son temps ; il divisa la Mischna en six parties : la première traite de l'agriculture et des semences ; la deuxième des jours de fête ; la troisième des mariages et de ce qui concerne les femmes ; la quatrième des procès et des différends qui naissent des dommages et de toutes sortes d'affaires civiles ; la cinquième des sacrifices ; la sixième des puretés et impuretés. Mais comme ce livre était fort succinct et peu intelligible, cela donna lieu à beaucoup de disputes, qui, venant à s'augmenter, firent naître l'envie à deux rabbins qui étaient à Babylone de recueillir toutes les expositions, disputes et additions qui avaient été faites pendant 350 ans sur la Mischna : à quoi ils ajoutèrent plusieurs récits, sentences et dits notables qui étaient venus à leur connaissance, mettant la Mischna comme le texte, et le reste en forme d'explications, dont ils formèrent le livre qu'on appelle *Thalmud de Babylone*... Il y a eu des Papes qui ont défendu le Thalmud et d'autres qui l'ont souffert ; à présent, il est défendu, particulièrement en Italie, où il n'est ni lu, ni vu. »

L'adroit rabbin sait se taire et parler à propos. Nous l'avons cité pour mettre hors de doute l'origine toute humaine et rabbinique du Thalmud et prouver, aux ignorants, que le judaïsme thalmudique ne peut passer pour un culte *divinement révélé*. Ce n'est pas davantage un culte *politiquement consacré*, attendu que la loi française n'a nullement entendu consacrer le thalmudisme et tout au contraire.

Mais si Léon de Modène avoue que *tous les préceptes*, cérémonies et coutumes des juifs *viennent* du Thalmud et en *tirent leur autorité*, il se garde d'avouer que la loi écrite a *complètement disparu* sous l'amas des prétendues révélations de la loi orale ; comme le texte de la Mischna elle-même, tel qu'il a été rédigé par Juda le saint, a disparu sous la *Gemara*, s'éloignant toujours plus du mosaïsme. Léon n'avoue pas que la Bible n'est étudiée que peu, et jamais sans les commentaires thalmudiques, où le texte sacré devient ce que veulent les rabbins ; en sorte que c'est encore le Thalmud, et le Thalmud seul que Léon voit dans le peu que l'on étudie de la Bible. Surtout il n'avoue pas, il ne donne pas même à entendre que la Gemara, complément de la Mischna, est un véritable code d'insociabilité et de haine contre les non-juifs. Suivant la définition thalmudique, la Gemara est la liqueur aromatique, la Mischna est le vin, et la Mikra n'est que de l'eau. Cette eau pure a reçu toutes les couleurs et toutes les saveurs qu'a voulu lui donner le rabbinisme en délire ; elle a changé de figure, de nature et d'esprit ; sous la multitude des interprétations, mille fois interprétées à leur tour, des commentaires commentés eux-mêmes à l'infini. La somme de ces gloses, de ces légendes, de ces monstrueuses conceptions, forme le vrai Thalmud de Babylone. Véritable océan, dont le lit, primitivement creusé par la tradition pharisaïque, a reçu comme révélations également sacrées, tout ce que les rabbins d'Orient et d'Occident ont pu rêver sous l'aiguillon de la haine, durant onze siècles d'ignominie.

Au dire des savants les plus experts, Buxtorf entre autres, on trouve, dans le Thalmud, des choses ingénieuses, brillantes, savantes, sages, même utiles ; mais on ne peut l'ouvrir sans y reconnaître l'esprit enfiellé des premiers inspirateurs et rédacteurs, de ces pharisiens qui attribuaient à Beelzébut les miracles du Sauveur et voulaient tuer l'aveugle-né parce que Jésus-Christ l'avait fait voir clair. Jésus, flétrissant leur morale injuste, leur reproche d'avoir abandonné la loi de Moïse, pour suivre les traditions corrompues de leurs pères ; il leur reproche encore l'hypocrisie, l'avarice et des observances minutieuses. Interprétation pharisaïque de la Loi au profit des passions humaines, raffinements ridicules dans les pratiques extérieures, orgueil sans bornes envers Dieu et les hommes, haine sans borne contre le Christ et les chrétiens : tel est, en abrégé, l'esprit du Thalmud.

Durant tout le Moyen Age, la synagogue et la nation juive n'ont pas eu d'autres livres. La plupart des rabbins proscrivaient même l'enseignement des langues grecque et latine, comparant celui qui s'y livrait à celui qui élève un cochon ; et, quant à la langue sainte, elle était à peine moins dédaignée. « Peu de juifs, dit Léon de Modène, au commencement du XVIIe siècle, sauraient faire un discours en hébreu, qu'ils appellent langue sainte ; ils ne sont plus versés dans le chaldéen. Ils parlent la langue du pays qu'ils habitent, se contentent entre eux d'entremêler quelques paroles hébraïques corrompues. Les doctes qui possèdent l'Ecriture sont rares ; il n'y a guère que les rabbins qui sachent faire, avec esprit, un discours de suite en langue hébraïque. » Aujourd'hui, les rabbins eux-mêmes ne sont plus si clercs. En Pologne et en Russie, où ils passent leur vie à pâlir sur le Thalmud, ils ne savent plus l'hébreu ; en France, pour l'étude de l'hébreu, les chrétiens sont plus zélés que les juifs. Mais en France et ailleurs, lorsque les juifs étaient savants et connaissaient la Bible, ils l'étudiaient dans le Thalmud. En discutant avec les chrétiens, ils citaient le texte sacré, mais gardaient pour eux l'interprétation thalmudique et n'en croyaient nulle autre.

« Les juifs, dit Chiarini, qui étudient la Bible, en se servant de quelques-uns des commentateurs qui ont, à leurs yeux, la réputation d'être aussi savants que pieux *thalmudistes*, font un cours assez étendu de *doctrine thalmudique*, et aussi propre que le Thalmud à leur faire perdre le bon sens et à leur *corrompre le cœur* au nom de l'Éternel. » Chiarini cite en preuve une quarantaine de passages où les commentaires thalmudiques respirent tout le fanatisme judaïque du Moyen-Âge.

Lorsqu'on objecte aux Juifs, l'exécrable esprit du Thalmud, ils répondent avec Cohen : « C'est un recueil de dissertations, de conversations, où, à côté de choses très morales, il y a des inepties et des bizarreries ; et c'est à tort que vous confondez des légendes qui se trouvent ailleurs avec le Thalmud, qui, croyez-le bien, n'exerce depuis fort longtemps *aucune influence* sur nos coreligionnaires. À moins donc d'avoir intérêt à les rendre odieux, comment peut-on ressasser sur cette collection tout ce qui, à des époques diverses, a été mis à sa charge ? Elle n'a plus qu'un intérêt *purement archéologique*. » Voilà un reniement du Thalmud et une négation de son influence tout à fait catégoriques. Cependant il ne faut pas trop se presser d'y croire, et lorsqu'il s'agit du Thalmud, se méfier des sous-entendus judaïques. À la vérité, il y a, parmi les Juifs, les orthodoxes et les progressistes : les progressistes sont rationalistes, aussi ennemis du Thalmud que de la Bible ; les orthodoxes seuls suivent la Mischna et la Gemara. Les rationalistes eux-mêmes ne sont pas étrangers à l'esprit du Thalmud ; et Cohen lui-même, l'un des éclairants du parti des éclairés, va nous en fournir la preuve.

En 1844, ce Cohen entreprenait une traduction du Thalmud et du Schoul'han Arouch. « Nos livres dogmatiques fondamentaux, dit-il dans son prospectus, sont beaucoup moins connus que ceux des habitants de l'extrémité asiatique. Ils sont inconnus non seulement à ceux du dehors, mais à nous autres qui vivons dans l'intérieur. En effet, les livres de Moïse, l'Ancien Testament, contiennent bien la base primitive de notre culte ; mais sur cette base s'est élevé l'immense édifice de la législation thalmudique renfermée dans la Gemara et résumée dans le Schoul'han Arouch, code religieux. Hormis les gens de profession, hormis les rabbins, qui de nous connaît ces ouvrages autrement que de nom ? Ce sont pourtant ces *ouvrages qui règlent la vie religieuse* du juif, depuis la première aspiration, jusqu'au dernier soupir. À cela on répond que la Gemara dérive de la Bible que tout le monde peut consulter ; soit, mais il faut considérer que cette dérivation est tellement compliquée, *tellement éloignée*, que la connaissance de l'une ne peut donner *aucune idée* de l'autre. Aussi, ceux qui se flattent, au moyen de la Bible, de connaître notre religion, sont dans une erreur complète ; ils n'en connaissent pas les points les *plus importants*, les *principaux développements*. — Cette erreur est pourtant la cause du peu d'intérêt que le monde chrétien attache à l'étude du Thalmud ; car ce monde pense que la Bible suffit pour étudier la loi judaïque ; mais on ne veut pas comprendre que la loi de Moïse et la loi de Thalmud *sont deux*, qui ont bien quelques points en commun, mais qui *diffèrent* RADICALEMENT dans l'ensemble... Je sais bien qu'on nous désigne quelquefois sous le nom de sectateurs de Moïse ; mais cette appellation est fautive et ne nous *convient nullement*, car nous sommes *essentiellement rabbinistes* : tel est notre vrai nom de secte : je parle de ce qui est et n'ai pas à m'occuper de ce qui devrait être » (1).

L'autorité du Thalmud est beaucoup moins grande en France que dans les autres pays, par exemple en Pologne et en Russie, où elle règne absolument ; mais chez nous, méprise-t-on le Thalmud autant qu'il le ferait croire tel ou tel juif ? L'*Almanach israélite*, publié à Paris pour 1850, dit que « le Thalmud sert de *règles* non seulement à tout ce qui a rapport aux cérémonies, mais même à ce qui concerne les affaires *civiles et criminelles*, dont les rabbins avaient autrefois la juridiction ». L'*Almanach israélite* dit aussi le contraire ; mais c'est par effet de duplicité judaïque, et pour tromper le chrétien.

Cette question intéresse l'histoire autant que la société. On ne peut l'éclairer sans en éclairer beaucoup d'autres. Les juifs civilisés, profitant à l'excès des avantages que refuse la masse de leurs frères, accusent de barbarie les vieilles lois chrétiennes, si sévères, disent-ils, et même atroces pour eux. Non seulement ingrats, mais furieusement hostiles envers l'Église, constante protectrice de leur nation, ils gardent tous cette haine, signe de race encore visible, quand la plupart des autres sont effacés. Mais pendant qu'ils déclament contre le Moyen Âge, nous avons sous les yeux, en divers pays d'Europe et d'Asie, le juif du Moyen Âge. En 1840, le procès de Damas nous montrait, en Orient, le juif tel que le dépeignent les traditions inutilement accusées de mensonge ; nous le voyons tel en Algérie ; tel il est encore en Russie et en Pologne, plus esclave de ses coutumes et de ses superstitions que de la haine et de l'horreur séculaires qu'elles ont attirées sur lui. Le juif campe, il fait un peuple à part, adonné aux basses industries, rongeant par l'usure les fruits de la terre qu'il ne cultive jamais, servile lorsqu'on le foule, ingrat lorsqu'on l'a relevé, insolent dès qu'il se croit fort. Voilà le juif du Moyen Âge ; il explique trop les

---

(1) *Annales de philosophie chrétienne*, t. XXVIII, p. 161.

duretés et les recrudescences d'aversion du Moyen Age.

« Sans excuser, dit Louis Veuillot, des excès que la raison trouve à blâmer parmi tous les peuples et dans tous les temps, le véritable philosophe n'accusera pas d'animosité gratuite contre les juifs, des hommes qui les surpassaient de beaucoup en lumières et en humanité. On peut comprendre comment, malgré la charité obstinée des papes, les enfants d'Israël ont souvent fatigué la patience des rois et des peuples chrétiens. Ainsi déjà, avant la dispersion, leurs ancêtres avaient souvent fatigué la clémence de Dieu. Saint Louis, non par un acte de bon plaisir, mais d'accord avec ses barons, leur fut sévère : saint Louis prenait-il plaisir à opprimer des innocents? Philippe le Bel les traita plus durement encore : est-ce que Philippe le Bel obéissait au fanatisme religieux? L'infatigable bienveillance des Papes s'est communiquée à beaucoup de souverains catholiques; elle n'a rencontré chez les juifs qu'une infatigable ingratitude. La philanthropie moderne échoue après la religion : en élevant un certain nombre de juifs à la puissance et à l'incrédulité, elle se voit contrainte d'en laisser le plus grand nombre dans leur primitive sordide barbarie. Il y a quelque chose en ce peuple qui déconcerte la haine, la faveur et jusqu'à la charité » (1).

Le judaïsme, ou plutôt le thalmudisme, dit encore Veuillot (p. 213), produit des traditions pharisaïques, n'a jamais été et n'est encore qu'une secte anti-chrétienne. Autrement nous osons dire que l'histoire des Juifs, depuis leur dispersion, serait un mystère inexplicable. L'on ne comprendrait, ni de la part de Dieu ni de la part des hommes, les longues malédictions dont ils traînent encore le poids, ni de leur part cette épaisseur d'entêtement que rien ne brise, que rien n'amollit, et qui ne peut se dissoudre que dans les eaux corrosives de l'incrédulité. Ayant conservé non plus seulement la lettre muette et obscurcie, mais aussi le respect intelligent des livres sacrés, comment auraient-ils vécu tant de siècles parmi les chrétiens qui révèrent ces mêmes livres, sans qu'une fusion ardemment désirée par l'Église, alors toute-puissante, s'accomplît enfin? Comment auraient-ils encouru la haine des chrétiens? et si l'on veut que cette haine soit allumée contre eux sans qu'ils l'aient méritée, comment auraient-ils ressenti des sentiments semblables, jusqu'à en remplir encore leurs écrits dogmatiques, à l'époque même où dans toute l'Europe, les ressentiments chrétiens tombaient, laissant les savants préparer l'émancipation que devaient bientôt décréter les politiques. Les chrétiens, par diverses voies, ont fait bien des pas vers les juifs ; les juifs n'en ont pas fait un seul vers les chrétiens, quoique pratiquant, disent-ils, la même morale, et adressant au même Dieu les mêmes prières.

La raison de ce fait, c'est que le fond du Thalmud, son principe essentiel, sa passion permanente, c'est la *haine* du juif contre tous les peuples non juifs, et spécialement contre les chrétiens. Un rabbin de bonne humeur l'a expliquée, cette haine foncière, par ce calembour, qui est devenu un dogme : « Que signifie Har-Sinaï ? Une montagne (Har) d'où la haine (Sina) est descendue contre les peuples du monde. » En effet, observe Chiarini, tout le bien que le législateur ordonne, et tout le mal qu'il défend en se servant des expressions : ton *prochain*, ton *frère*, ton *compagnon*, on doit l'entendre, selon le Thalmud, ordonné ou défendu en faveur des juifs seulement ; car les non-juifs ne sont ni compagnons, ni prochain, ni frères des juifs : « Cela est dit de ton frère, pour excepter les autres. » L'expression qu'emploie ici le Thalmud est générale : en la traduisant par *excipit alios*, Buxtorf ajoute : *Id est gentes christianas*.

Voici quelques traits empruntés à Chiarini, qui montre comme le Thalmud souffle la haine. Chiarini observe que, voulant citer seulement ce qui est obligatoire, il se contente de rapporter les opinions rabbiniques les plus modérées ; opinions sur lesquelles ont beaucoup renchéri les auteurs de livres juifs non obligatoires, ou les rabbins postérieurs, comme on peut le voir dans Raymond-Martin, Bartholoni, Morosini, Eisenmenger, Buxtorf et autres.

Les juifs, suivant l'auteur de Yalkout-Reoubéni, doivent être appelés *hommes*, car c'est du premier homme que descendent leurs âmes ; mais les idolâtres, c'est-à-dire les non-juifs, dont les âmes dérivent de l'esprit immonde, « doivent être nommés animaux et ce ne sont proprement que des cochons ».

Abel, disent les thalmudistes, est fils légitime d'Adam et d'Eve, et Caïn est bâtard d'Eve et du diable. C'est pourquoi on trouve dans le Yalkout : « Toutes les âmes descendent du côté de Caïn et d'Abel, les bonnes du côté d'Abel, les mauvaises du côté de Caïn. » Or, les juifs seuls descendent en droite ligne d'Adam, d'Abel, d'Abraham, de Moïse, etc., et les autres peuples, particulièrement les chrétiens, ont pour premier auteur le diable, Caïn, Esaü et Jésus-Christ.

« La peau et la chair, dit le même livre, ne sont que l'habit de l'homme ; mais l'âme qui est dans le corps, mérite seule le titre d'homme. Or, les idolâtres (non-juifs) ne peuvent pas prétendre à ce titre ; car ils tiennent leurs âmes de l'esprit immonde, tandis que les juifs tiennent la leur du Saint-Esprit. »

Les juifs, comparés aux non-juifs, sont au moins des *fils de rois* et un non-juif qui maltraite un juif, *maltraite Dieu même* ; et comme il commet un crime de lèse-majesté, il *mérite la mort*.

Dieu, en choisissant le peuple juif, l'a constitué maître de tous les autres. Rabbi Abon-

---

(1) *Mélanges*, II série, t. V, p. 204.

hou a dit : Il est écrit dans la Bible : « Dieu s'est levé et a mesuré la terre ; il a regardé et *abandonné les peuples à la discrétion des juifs*. » C'est ainsi, remarque Chiarini sur ce texte du Bava-Khamma, que le Talmud explique les paroles d'Habacuc, III, 6 et qu'il en étend la force même sur les peuples qui observent les préceptes de Noé. La portée de ce même passage a été reconnue par les juifs eux-mêmes, qui l'ont retranché tout entier de l'édition du Thalmud faite à Vienne. Mais ce qui est retranché du livre, n'est pas pour cela retranché de la loi et des cœurs.

Selon le Thalmud, c'est une grande chose que la circoncision. Dieu n'a créé le monde que pour mettre ce précepte en pratique, et il est égal en dignité à tous les autres pris ensemble. Tout homme incirconcis est donc abominable aux yeux des juifs ; mais toutefois le plus abominable fut Nabuchodonosor. Les rabbins en donnent une raison que nous ne pouvons indiquer. Il y a de fortes gaietés dans le Thalmud.

En présence de ces textes, qui découvrent la source de l'orgueil judaïque, les juifs font volontiers étalage de leur charité. Sans nier ce qu'ils pratiquent en France à cet égard, il faut noter que, pour les thalmudistes, cette charité est recommandée seulement entre les juifs. Envers les autres, elle est conseillée, mais à titre politique et suivant l'occasion. L'humanité d'ailleurs peut bien parfois prendre le dessus et mettre de côté l'inspiration de la haine. Mais quelques juifs charitables ne sont pas la nation juive et leurs charités particulières ne changent en rien le sens de la loi, ni l'impression des mœurs. Un vrai thalmudiste, en pays de Thalmud, peut consciencieusement nuire à un akkoum, c'est-à-dire à un idolâtre, à un chrétien, et, dans l'interprétation usuelle, à tout non-juif. Pourquoi le peut-il ? Voici un exemple des tortures que la glose thalmudique inflige à la loi de Moïse. Le juif peut nuire à un non-juif, parce qu'il est écrit : « N'opprime pas ton compagnon ». Or, un akkoum n'est pas le compagnon des juifs. De là, cette règle générale : Partout où Moïse dit *son compagnon*, il ne parle pas des idolâtres et des non-juifs. Les paroles du Deutéronome : *Non inibis cum eis fœdus* doivent s'entendre des sept peuples cananités seulement ; mais les autres qui suivent : *Nec misereberis eorum :* doivent s'entendre de tous les peuples non-juifs. « Le précepte d'extirper Amalek, dit le grand Maimonide, est obligatoire à jamais. »

Du reste, suivant Chiarini, les juifs, dans leur appétit de haine, se haïssent mutuellement. Les savants haïssent tellement les ignorants, qu'ils disent hyperboliquement : « Qu'il est permis d'écorcher un idiot comme un poisson, en commençant l'opération par le dos. Les rabbinistes haïssent en aveugles les Caraïtes qui s'en tiennent à la loi écrite, et les *Charidim*, sectateurs de la Kabbale ; ils en sont haïs de même. Les juifs allemands et les juifs polonais se détestent et traitent de barbares les juifs d'Italie. A travers toutes ces haines, ils s'entendent contre les chrétiens, déguisés sous le nom d'idolâtres, par crainte des investigations de la censure politique ou religieuse. La haine va jusqu'à l'horreur. Le *Schoul'han Arouch* défend aux juifs tout le vin d'un vase qu'un akkoum « aurait seulement touché d'un de ses doigts. »

Il serait facile de multiplier ces traits qui éclairent d'une manière vive la physionomie des populations juives au Moyen Age et dans les diverses contrées où la civilisation moderne n'a pu les atteindre. Partout où vous voyez un caractère pénible et fâcheux, un caractère de barbarie, vous pouvez signaler un effet du Thalmud et vous convaincre que le Thalmud est le véritable obstacle à l'entrée des juifs dans la famille des peuples. Le Thalmud voue les juifs à l'isolement, aux soupçons, à la haine ; il les cloue à leurs superstitions, à leurs misères, à leurs trafics souvent odieux. C'est le Thalmud qui les empêche d'avoir une patrie sur la terre où ils séjournent.

Les juifs français parlent souvent de leurs sentiments prtriotiques, ils y mettent même un peu d'ostentation. S'ils sont sincères, c'est la preuve qu'ils ne sont plus juifs, ou du moins qu'ils ne sont pas thalmudistes. Pour les vrais juifs, la vraie patrie, c'est la Palestine. Ecoutons le Thalmud : « L'air de la terre d'Israël suffit pour rendre l'homme savant. Sa fécondité est si grande que l'espace du sol d'un séa rend cinquante mille cors (le cor contient trente fois le séa). Sa sainteté est si efficace, que quiconque demeure hors de ses limites est comme s'il n'avait point de Dieu. Toute autre terre est profane et immorale, pleine de mauvaise odeur et d'idolâtrie et n'a pas même une étincelle de la majesté divine. » La résurrection ne peut avoir lieu qu'en Palestine. Par conséquent « Dieu ouvre à côté des tombeaux des juifs morts dans la captivité, de longues cavernes à travers lesquelles leurs cadavres roulent comme autant de tonneaux. » Comment aimeraient-ils ces terres de la captivité, lorsqu'ils se consolent d'y vivre par la pensée qu'au moins Dieu n'y laissera pas leurs ossements ! « Quiconque placé cent florins dans le commerce aura de la viande et du vin ; mais celui qui les emploie à l'agriculture n'aura que du sel et des herbes. » Cette prescription ne peut faire des agriculteurs. Celle-ci, par où nous terminons explique un caractère encore plus marqué : « Ecorche un cadavre sur la place publique et gagne quelque chose ; ne dis jamais : Je suis un grand prêtre, je suis un homme de qualité, cette occupation ne me convient pas. » Comment mieux expliquer l'amour et la rage du petit gain ?

Les citations que nous venons de produire sont empruntées au Bava-Bathva, au Kethouvoth, au Yevamoth et au Zohar, traités importants du Thalmud. Dans l'ensemble, le Thalmud est le code de la barbarie, un livre que ne devrait supporter aucun peuple chrétien.

Les citations qui précèdent, en effet, ne sont pas encore le Thalmud en son plein, mais seulement des rayons détachés de son centre et des livres pénétrés de son esprit. « Le vice capital du Thalmud, de ses extraits, de ses commentaires, dit Chiarini, ainsi que de ses commentaires de la Bible, c'est d'avoir pris l'histoire pour la loi, où les actions des hommes pour la volonté de Dieu. Ainsi, par exemple, la restriction mentale, le mensonge, la fraude, le meurtre même dont l'histoire ne manque pas d'accuser les ancêtres des juifs, se trouvent élevés au rang des lois et sont érigés en règles de conduite aussi souvent que ces crimes ont été commis contre des non-juifs. »

Nous ne contestons pas les vertus particulières et nous ne prétendons point évaluer le niveau des mœurs privées, sur les mesures que fournit cet enseignement. Chez les juifs, comme chez les autres hommes, la nature soutient la raison et l'empêche de trop extravaguer quant à la conduite; mais l'enseignement est détestable, et l'histoire atteste trop ses effets. C'est par là que la race juive est restée imperméable aux autres peuples et a formé, parmi toutes les nations, une nation distincte et hostile, admirablement insensible aux vexations, mais non moins merveilleusement insensible aux bienfaits.

Le Thalmud ordonne aux juifs de se faire bien venir des peuples, pour éviter leur haine et inspirer d'eux une bonne opinion dont ils sauront tirer profit. Les juifs prodiguent les prières et les bénédictions aux souverains sous lesquels ils vivent. Seulement, il y a une glose. Les juifs doivent aller à la rencontre des rois non-juifs, non pour leur rendre le même honneur qu'aux rois israélites, mais uniquement pour apprendre à distinguer la gloire des premiers de celle des seconds. Les deux rabbins qui comparent les royaumes du ciel à ceux de la terre, parlent ainsi, le premier, pour flatter un roi non-juif, et il se rétracte dès qu'il est sorti de sa présence; le second, uniquement pour prouver qu'autour d'un roi terrestre, il règne le même silence qu'autour du roi des cieux. Enfin la maxime souvent répétée d'être fidèles aux lois du pays, a donné lieu à de longues discussions, qui l'ont expliquée pour les cas où ces lois ne se trouvent point en collision avec les lois thalmudiques et où le mépris qu'on en ferait pourrait compromettre la Synagogue.

Les juifs français n'avaient pas besoin des conseils thalmudiques pour afficher leur reconnaissance envers Napoléon Ier. Pour eux, c'était un libérateur, presque un messie. Sans doute, les bienfaits de l'empereur n'engageaient pas tous les juifs du monde; mais enfin, puisqu'il y a une nationalité juive, on pouvait croire que les juifs des autres pays seraient au moins bienveillants. En 1812, quand l'hosanna judaïque retentissait encore dans les synagogues de France, les juifs de Pologne massacraient les Français à Vilna. « Les Lithuaniens, que nous abandonnions, dit l'historien de la grande armée, après les avoir tant compromis, recueillirent et secourûrent quelques-uns de nos soldats; mais les juifs, que nous avions protégés, repoussèrent les autres. Ils firent plus : la vue de tant de douleurs irrita leur cupidité. Toutefois, si leur infâme avarice, spéculant sur nos misères, se fût contentée de vendre, au poids de l'or, de faibles secours, l'histoire dédaignerait à salir ses pages de ce détail dégoûtant; mais qu'ils aient attiré nos malheureux blessés dans leurs demeures pour les dépouiller, et qu'ensuite, à la vue des Russes, ils aient précipité, par les portes et les fenêtres de leurs maisons, ces victimes nues et mourantes; que là, ils les aient laissées mourir de faim et de froid; que même ces vils barbares se soient fait un mérite aux yeux des Russes de les y torturer : des crimes si horribles doivent être dénoncés aux siècles présents et à venir » (1).

L'usure est comme la haine, un dogme thalmudique. Au Deutéronome (XXIII) il est écrit : « *Non fœnerabis fratri tuo, sed alieno* : Tu ne prêteras pas à ton frère, mais à l'étranger. » L'étranger, c'est l'incirconcis. L'interprétation rabbinique a tiré de là, non la permission du prêt à intérêts mais le *précepte de l'usure*. Les rabbins ont même levé la défense mosaïque qui protège le frère contre le frère, tant l'usure leur paraît une chose bonne et favorable au peuple de Dieu. Deux juifs, pourvu qu'ils soient doctes, peuvent se prendre vingt pour cent. Car, connaissant à fond la loi, ils doivent savoir que l'usure est défendue; donc, ils ne sauraient percevoir ce léger intérêt de vingt pour cent qu'à titre de don gracieux offert, par Abel endetté, à Caïn qui l'oblige.

Quant à l'étranger, c'est-à-dire l'incirconcis le précepte est positif et d'une largeur infinie dans la pratique. On le trouve dans le livre *Siphri*, antérieur aux deux Thalmud, et que nul docteur n'oserait contredire. Mais, au contraire, les docteurs ont exagéré sur le Thalmud et sur le Siphri, et la rage de l'usure s'est accrue à mesure que s'accroissaient les plaintes, les exécrations et les répressions dont elle était l'objet. Quelques novateurs, en très petit nombre, ont osé ne pas condamner le prêt gratuit, même à l'égard des non-juifs. Cette doctrine n'a obtenu aucune considération. Les observateurs et commentateurs thalmudistes l'ont emporté d'un consentement unanime.

Dans le Pirké-Thosephath ou Décisions additionnelles et doctrinales du traité *Avoda-Zora*, on trouve ces paroles qui regardent le goïm : « Il est absolument défendu de leur prêter sans usure. »

Maïmonide, traité *Yad Chazaka*, s'exprime sans ambages : « Tu ne prendrais point d'usure de ton frère, dit-il; cela est donc dé-

___
(1) Ségur, *Hist. de Napoléon en 1812*, II, liv. XII.

fendu à l'égard de ton frère, mais pas défendu pour le reste du monde... Il est dit dans le *Siphri* que les paroles *alieno fœnerabis* renferme un précepte *affirmatif* ; et les autres : *Fratri tuo non fœnerabis*, un précepte négatif. » Chiarini ajoute : « Les juifs d'aujourd'hui nous prouvent que cette doctrine n'a pas vieilli chez eux ; car dans l'*Extrait des préceptes*, qu'ils lisent chaque année pendant la Pentecôte, nous trouvons ces paroles : « Il est de précepte que l'on prête à l'étranger (non juif), lorsqu'il est forcé d'emprunter. » Chiarini parle des juifs de Pologne. Nous ne savons si l'*Extrait des préceptes* est le même dans les Synagogues de France, mais nous nous rappelons que dernièrement, à l'occasion d'un procès entre juifs orthodoxes, le procureur impérial reprocha aux orthodoxes de vouloir entretenir les fidèles dans leurs vieilles habitudes de négoce envers l'incirconcis.

Cet énoncé suffit. L'histoire est là pour prouver avec quel zèle les juifs ont mis en pratique le précepte de l'usure. Les contradictions de quelques docteurs sur ce point ont été, de tout temps et en tout pays, régularisées par l'usage. C'est un ancien caractère des juifs de ne garder parfaitement la loi, même celle du Thalmud, qu'autant qu'elle s'accorde avec leurs intérêts ou avec leurs passions. Sans scrupule, ils ont fait l'usure, quelle que fut la loi qui la défendit, quelque péril qu'il y eut à la faire. Une des choses qui étonne le plus dans leur histoire, c'est l'audace avec laquelle ils ont tout bravé pour conquérir ce lucre odieux. De nos jours, il n'est pas rare de rencontrer des israélites d'ailleurs parfaitement vertueux, qui, parvenus à la plus belle vieillesse et ayant prêté toute leur vie, rendent leur âme à Dieu sans avoir à se reprocher d'avoir prêté au-dessus de quinze pour cent.

Toujours beaucoup chicanés sur ce chapitre, ils se sont toujours faiblement défendus, tantôt en alléguant les doctrines modérées des rabbins, écrites comme à dessein pour leur fournir cette excuse ; tantôt en invoquant les circonstances atténuantes. L'intérêt qu'ils tirent de l'argent, disent-ils, est une compensation des impôts dont on les accable. Sans doute, dans les pays où ils ne paient rien au-delà des taxes exigées de tout le monde, le dix, le quinze et le vingt pour cent, leur viennent en déduction des impôts dont ils furent accablés jadis. Ils ont dit aussi que, dans l'état de servitude et d'ilotisme où ils étaient réduits, force leur était bien de faire l'usure quoique défendue, et que cela était pour eux de droit naturel.

Il y a deux raisons à cette pratique obstinée. La première, c'est que l'usure est d'un meilleur rapport que toute autre industrie ; la seconde, c'est qu'elle est la forme la plus commode du combat contre les non-juifs. Il faut autant que possible, disent les rabbins, diminuer la fortune des *nochrim*. L'usure est une forme de la guerre sainte.

Nous ne voudrions pas jurer que, dans certaines extrémités du judaïsme, elle n'est point considérée comme un acte religieux. Les rabbins ont professé et les rabbinistes ont adopté d'étranges maximes. Ils affirment, entre autres, que, pour l'expiation des péchés, il suffit de certaines pratiques extérieures et de l'exercice des cérémonies légales. Par l'observation d'une seule de ces pratiques, on peut mériter la félicité à venir. En multipliant les préceptes, Dieu a donc multiplié les occasions de parvenir à la félicité éternelle ; les préceptes étant sans nombre, dit Maïmonide, il est impossible qu'un juif n'en pratique pas quelques-unes pendant sa vie. En admettant que le précepte de l'usure ne soit pas du nombre de ceux qui ouvrent le paradis, on se demande encore ce que les thalmudistes prétendent avoir gardé de la morale que les chrétiens leur auraient empruntée. Le rabbin de Venise, faisant un livre destiné à être lu des goïms, exhibe la plus pure morale. Le Thalmud ne parle pas ainsi : Est-il permis à un homme de bien d'agir en trompeur ? Sans doute : avec l'innocent, soyez innocent, et luttez d'impiété avec l'impie » (Bava Bathra, 123-1.) Maxime du rabbi Samuel : « L'erreur du goï est permise ». Et le rabbin daigne éclaircir sa maxime, en achetant lui-même d'un goï une pièce d'or, lorsque le goï croit lui vendre une pièce de fer, et en la payant seulement trois florins au lieu de quatre qu'il avait promis. (Bava Kamma, 113-2.)

La haine du chrétien, le mépris du chrétien, l'art de tromper le chrétien, l'espoir de dominer, d'écraser, d'anéantir le chrétien : c'est là l'esprit du Thalmud, qui est devenu beaucoup trop l'esprit du judaïsme.

Il y a, dans le *Thepilla*, livre de prières, une prière contre les *minim*. Lorsque les Héthéens, Amorrhéens, Jébuséens et autres goïms font des enquêtes, on leur dit que le *nim* est l'hérétique et l'apostat de la Synagogue. Mais Roschi appelle de ce nom les disciples de l'*Homme en question*, les disciples de Jésus. Dans le traité *Enavin*, les chrétiens sont confondus avec les apostats, parce qu'ils ont été autrefois juifs. Voici cette prière contre nous, chrétiens, telle qu'elle se trouve amendée et mitigée dans le *Thepilla* actuellement en usage : « Que tout délateur soit privé d'espérance ! que tous les hérétiques périssent en un instant ; oui, que les uns et les autres soient exterminés sur le champ. Pour les superbes, déracinez-les, o mon Dieu ! brisez-les, extirpez-les à l'instant ; oui, humiliez-les soudain de nos jours. Béni soit Dieu qui humilie les ennemis et soumet les superbes ». Telle est la requête que les juifs thalmudistes, lorsqu'ils ont de la piété, présentent à Dieu, trois fois par jour, en faveur de leurs compatriotes de tous les pays. Ce qu'ils demandent, c'est l'extermination.

La haine du chrétien, l'usure contre le chrétien dérivent de ce principe, que le chrétien est une espèce inférieure et que les goïms ne sont pas moins susceptibles de recevoir le lien conjugal. De ce principe, ils tirent les conséquences suivantes : 1° Le mariage entre juif et goya, ou entre goï et juive, est nul. 2° Les fruits d'une telle union sont *manzerim*, bâtards et privés de la capacité de s'allier à des enfants d'Israël. 3° Tout ce qui naît de juif et de goya doit être considéré simplement comme géniture de la mère, cela ne regarde pas le père. 4° La cohabitation, dite matrimoniale, de tous les goïms indistinctement, n'est autre chose qu'un concubinage de deux individus absolument libres, mais brutes. 5° Un juif qui aurait des relations coupables avec une goya mariée selon la loi des goïms, ne commettrait nullement le péché d'adultère.

La raison de ces décisions stupides et criminelles, est bien simple : les goïms n'appartiennent pas à l'espèce humaine ; ce sont des bêtes et quelles bêtes ! Les docteurs de la Synagogue enseignent en propres termes, que le goï ne vaut pas le chien : « Le chien, disent-ils, est plus estimé ». On concède au goï le rang de l'âne et du pourceau.

Ces décisions et ces raisons paraissent incroyables ; il faut en déduire les preuves.

Moïse Maïmonide, le grand aigle de la Synagogue, dans son traité du mariage, c. IV, § 15, écrit : « Si quelqu'un (juif) épouse une goza, cela n'est pas un mariage. Cette femme est donc, après ce mariage contracté, comme avant ce mariage. De même, si un goï épouse une fille d'Israël, leur mariage n'est point un mariage. »

Schoul'an Arouch, 3° partie, c. XLIV, § 8 : « Si quelqu'un épouse une goya, c'est chose nulle, car les goïms ne sont pas capables de contracter mariage. Que si un goï épouse une israélite, c'est pareillement chose nulle. »

Ces décisions sont basées sur un grand nombre de textes du Thalmud. Nous n'avons que l'embarras du choix.

Thalmud, traité Kiddusch in fol. 66, verso : « Quiconque n'est apte ni à donner ni à recevoir le lien conjugal, son enfant suit sa condition. Tel est l'enfant du *nochrith*. Commentaire de Maïmonide sur ce texte mischnique : « Jéhovah dit au sujet de la *goya* : Tu ne donneras pas la fille de l'infidèle à ton fils, car l'infidèle détournerait ton fils de derrière moi (Deut. VII, 4). De ce texte résulte ceci : ton fils né d'une israélite est appelé ton fils, tandis que le fils né d'une *goya* n'est pas censé ton fils, mais seulement le fils de la *goya*. » Cette explication est tirée du même traité du Thalmud, où il est enseigné que la défense de s'allier avec les nations de Chanaan, doit s'entendre de tous les non-juifs, le texte donnant pour motif : la peur que l'israélite ne soit détourné du culte de Jéhovah.

Thalmud, traité *Sota* : « Il n'y a ni veuvage, ni divorce pour le goï. » Glose de Salomon Yarrhi : « Les goïms sont censés des bêtes, et puisque le mariage ne saurait avoir prise sur eux, ils n'ont ni veuvage, ni divorce. »

Thalmud, traité *Yebamoth* : « La femme d'un *nochri* ne peut devenir ni veuve, ni divorcée. » Glose : « L'esclave et le nochri ne sont point susceptibles de l'état de mariage ; car il est écrit : Demeurez ici avec l'âne (Gen. XXII) ; ce qui veut dire *peuple assimilé* à l'âne. » Cette singulière explication repose sur un tour de rabbins dont il y a plus d'un exemple ; ils changent le mot hébreu *im* en *am* et, au moyen de ce tour, *avec l'âne* se change en *peuple âne*.

Voyez encore *Yebamoth*, fol. 69, recto, et *Kiduschin*, fol. 75, verso. On lit dans le commentaire de Ralbag : « Tout enfant d'une femme non apte en aucune façon à contracter la qualité d'épouse (la goya par exemple), c'est ce qu'on appelle Mamzet (bâtard). »

Que les juifs fanatiques regardent tous les chrétiens comme bâtards, c'est ce que Eisenmenger, dans son *Judaïsme dévoilé*, 1re partie, p. 682, prouve par un grand nombre d'exemples auxquels on pourrait encore beaucoup ajouter. Du reste, ce titre de *bâtards* n'est donné aux chrétiens que relativement, car les juifs ne les considèrent même pas comme hommes. Traité *Yebamoth*, fol. 61, recto : « C'est vous (juifs) qui êtes appelés hommes, mais les *Nochrim* ne sont pas appelés hommes. » Traité *Cheri'huth*, fol. 6, verso : « C'est vous qui êtes appelés hommes, mais les goïms ne sont pas des hommes. » Traité *Baba Metsia*, fol. 114, verso : « C'est vous qui êtes appelés hommes, mais les goïms ne sont pas appelés hommes. » Le Zohar, ce fameux livre cabalistique, en si grande vénération dans la Synagogue, donne trois fois la même interprétation ; en voici une : « Vous êtes hommes ; vous êtes produits par l'arbre de vie. Les autres nations proviennent de l'arbre du bien et du mal, du permis et du défendu : c'est pourquoi elles sont de la nature de la brute. » (*Zohar*, 3° p., p. 98).

Le grand *Yalkout Reoubini* ou Recueil de Rabi Roben, livre usuel, développe cette donnée (fol. 10, recto) par l'enseignement suivant attribué au prophète Elie : Israël est appelé *homme*, « parce que son âme lui est descendue de l'homme céleste ; mais les akoums, dont l'âme provient de l'esprit immonde, sont appelés pourceaux. Et par conséquent la personne de l'akoum est un corps et une âme de pourceau ».

Le célèbre Abarbanel écrit dans son commentaire sur Osée, c. IV : « La nation élue (Israël) obtient la vie éternelle ; je veux dire que ceux qui en sont ne meurent pas éternellement, l'âme avec le corps, comme le cheval, le mulet et les autres bêtes, et comme les autres nations, lesquelles sont assimilées à l'âne ; mais tout Israël a part à la vie future. »

Il est donc certain que, d'après le code religieux de la Synagogue actuelle, il n'est pas plus possible d'unir conjugalement un juif à une chrétienne et réciproquement, que de marier ensemble des juifs et des chiens, et encore, dans l'ordre de la dignité des créatures, le chrétien est-il au-dessous du chien.

La haine du chrétien, le refus d'union conjugale avec les chrétiens et la guerre à la propriété des chrétiens par l'usure sont trois crimes permanents des juifs. Sous beaucoup d'autres rapports, le juif est au dessous des exigences de la civilisation. En ce qui regarde, par exemple, la femme et l'enfant, la femme juive est esclave de son mari ; c'est un morceau de viande dont il use à son gré. Le concubinage et le divorce sont permis ; la fustigation de la femme est permise à plus forte raison ; la femme juive est tellement rien, qu'elle ne peut même s'instruire de sa religion. Dans les écoles juives on enseigne aux enfants des obscénités qui révoltent la conscience. La conscience du juif est tellement à l'envers que non seulement les autres hommes sont des bêtes à ses yeux, mais lui ne se reconnaît, envers eux, aucune obligation de conscience, et, s'il en a contracté, il se fait donner, par ses pareils, autorisation de parjure. Dans les procès entre juifs et non-juifs, le juge doit toujours donner gain de cause au juif : c'est l'injonction formelle du Thalmud. Les objets trouvés par un juif ne doivent jamais être rendus aux chrétiens : ce serait se rendre indigne du pardon de Dieu. Le vol et la prostitution sont l'objet des prédilections judaïques. Il existe même, en Russie, un gouvernement occulte des juifs, le Kahal, qui considère les propriétaires chrétiens comme de simples possesseurs et adjuge leurs biens à des juifs, chargés expressément de s'en emparer par tous moyens imprévus à la loi et insaisissables à la justice. A l'usure antique, crime traditionnel de sa race, le juif ajoute aujourd'hui l'agiotage sur les fonds étrangers et sur les matières premières. Quand un emprunt d'Etat est édicté, les juifs le soumissionnent sans concurrence et l'exploitent avec impudeur. A défaut d'emprunts, ils créent des affaires fictives et pompent avec audace les capitaux chrétiens : le Honduras et le Panama offrent d'assez beaux échantillons de ce brigandage. Par une spéculation qui est plutôt une conjuration, ils achètent les blés, les cafés, les sucres, les produits chimiques, les métaux de tout l'univers et ne les revendent qu'à des prix trop onéreux, sans proportion avec le service rendu.

Au point de vue moral et économique le juif est donc à l'état flagrant et permanent de conspiration ; au point de vue social, c'est encore pis. Ce trait caractéristique du juif, c'est de demeurer étranger dans tous les pays qu'il habite et de ne pas adopter la patrie qui lui donne asile. S'il se fait naturaliser quelque part, ce n'est que pour jouir des droits que lui confère le titre de citoyen, nullement pour en assumer les devoirs et les charges. « Les juifs, disait Portalis, ne sont pas simplement une secte, *mais un peuple*. Ce peuple avait autrefois son territoire et son gouvernement ; il a été dispersé sans être dissous : il erre sur tout le globe pour y chercher *une retraite et non une patrie* ; il existe chez toutes les nations sans se confondre avec elles, il ne croit vivre que sur une terre étrangère. La religion n'est ordinairement relative qu'aux choses qui intéressent la conscience : chez les juifs, la religion embrasse tout ce qui fonde et régit la société. De là, les juifs forment partout une nation dans la nation ; ils ne sont ni Français, ni Allemands, ni Anglais, ni Prussiens : *ils sont Juifs* ».

Au demeurant, sur le fond essentiel des croyances religieuses, les juifs du Thalmud professent les plus bizarres idées. Sur Dieu, sur les anges, les démons, les hommes, il est impossible de concevoir comment, des gens qui ne sont pas bons, peuvent extravaguer à ce point. Le Thalmud dit : « Le jour a douze heures : durant les trois premières, Dieu est ami et il étudie la loi ; durant les trois autres, il juge ; durant les trois suivantes, il nourrit le monde entier et durant les trois dernières, il est ami et joue avec le Léviathan, roi des poissons. » Et la nuit, ajoute Menachen, il étudie le Thalmud. A sa haute école viennent les anges et les démons. Le Léviathan est un poisson long de mille lieues : Dieu a castré le mâle et salé la femelle réservée aux repas des justes dans le paradis. Depuis la ruine du Temple, Dieu ne joue plus, ne danse plus, il pleure, car il a gravement péché ; ses larmes sont la cause des tremblements de terre. Dieu commet d'ailleurs parfois des fautes d'étourderie et d'improbité ; c'est même lui qui est la cause de tous les péchés, puisqu'il a créé la mauvaise nature de l'homme. Parmi les anges, les uns sont immortels, les autres meurent. A chaque parole que Dieu prononce, il crée un ange ; il leur confie différentes fonctions parmi les créatures inférieures. Dieu crée aussi des diables, mais il ne leur a pas donné de corps ; cependant les diables sont composés d'eau, de terre et de matière lunaire. Adam et Eve, par suite des rapports avec des diablesses et des diables, ont enfanté aussi des démons. Tout ce monde cornu a également ses fonctions, et parfois bien étranges. C'est là dessus que le Thalmud fonde la magie.

Toutes les âmes des hommes ont été créées pendant les six jours de la création. Dieu les tient en réserve et n'en lâche une que quand une mère va mettre un enfant au monde. Dieu a créé six cent mille âmes de juifs ; de plus, chaque juif reçoit une seconde âme qui fait naître l'appétit. Les âmes juives sont de la substance de Dieu et plus agréables à Dieu que toutes les âmes des autres peuples de la terre. Les âmes des autres viennent du diable et les rendent semblables à des animaux. Après la mort, l'âme d'un juif passe dans un autre ; l'âme des juifs impies passe dans des animaux ou des végétaux.

Le paradis est rempli des plus suaves

odeurs. Outre la femelle du Léviathan, les justes mangent du bœuf, des œufs et des oies grasses. Leur breuvage est un vin exquis conservé du sixième jour de la création. Il n'y a de bienheureux que les juifs; les incirconcis vont en enfer, soixante fois plus grand que le paradis.

Les juifs attendent le Messie ; leur plus grand désir est de voir arriver son règne. Quand le Messie viendra, la terre produira des gâteaux et des habits de laine. Le Messie fera, des juifs, les dominateurs des nations. En attendant, partout où les juifs s'introduisent, ils doivent s'établir dominateurs de leurs maîtres ; s'ils ne dominent pas, c'est, pour eux, la captivité. Pour l'anéantissement des peuples étrangers, éclatera une longue guerre ; les deux tiers des peuples y laisseront la vie. Ici et là, les juifs sont à l'état de guerre continuelle contre tous les peuples. Leur triomphe mettra dans leurs mains toutes les richesses de l'univers. Les autres peuples embrasseront la foi juive ; à l'exception des chrétiens, qui seront exterminés, comme fils du diable. Le vrai Messie sera celui qui donnera toute la terre aux enfants d'Israël.

Par la corruption du dogme et de la morale le juif du Thalmud est l'ennemi et le fléau de la société chrétienne. Le nœud vital de ses traditions et de ses espérances, c'est qu'il attend la venue d'un triomphateur et en espère la domination universelle.

Voyons ce que dit, à ce sujet, la souveraine autorité des juifs, le Thalmud : « Le Messie rendra aux juifs l'autorité suprême. » — « Tous les peuples le serviront et tous les royaumes lui seront assujettis. Alors chaque juif aura 2 800 esclaves. En ce temps-là tous les peuples accepteront la croyance juive. Les chrétiens seuls n'auront point part à cette grâce; ils seront tous exterminés (1). » — Et qu'on ne se figure pas que cette doctrine soit restée à l'état de lettre morte. Aucun dogme n'a été aussi universellement conservé dans la synagogue ; aucune n'a été défendu avec une plus inflexible opiniâtreté. Au XV° siècle, le docte Abarbanel annonça, dans ses commentaires, « le règne du Messie, époque glorieuse, pendant laquelle s'accomplira l'*extermination* des chrétiens et des Gentils ». Vers le même temps, le savant allemand Reuschlin, en parlant des juifs, s'exprime en ces termes : « Ils attendent avec impatience le bruit des armes, les guerres, le ravage des provinces et la ruine des royaumes. Leur espoir est celui d'un triomphe semblable à celui de Moïse sur les Chananéens, et qui serait le prélude d'un glorieux retour à Jérusalem, rétabli dans son antique splendeur. Ces idées sont l'âme des commentaires rabbiniques sur les prophètes. Elles ont été traditionnellement transmises et inculquées dans les esprits de cette nation ; et ainsi se sont préparés de tous temps les Israélites à cet événement, terme des aspirations de la race juive. » Drach, le célèbre rabbin converti, ne s'exprimait pas différemment en 1859. « Les sages et les maîtres de la Synagogue terminent ordinairement, de nos jours, par la pensée de ce triomphateur futur, les discours qu'ils tiennent dans leurs assemblées ; ils excitent leurs coreligionnaires à l'observance fidèle de de la loi, en soutenant leur espérance de voir l'avènement du Messie et de jouir de tous les biens promis à Israël. Or, un de ces biens est le moment désiré du massacre des chrétiens, et de l'extinction complète de la secte des Nazaréens (2). » Ce langage est claire et précis ; bien naïf serait qui n'y voudrait voir que des figures de rhétorique.

Certains juifs modernisés, vivant au milieu de nos sociétés chrétiennes, ont fait semblant de repousser cette croyance, parce qu'ils voyaient, nous assure leur coreligionnaire Rabbinovicz, « dans les passages qui parlent du retour des juifs dans le pays de leurs ancêtres et du rétablissement du royaume de David... *un obstacle à l'émancipation* ». Qu'on ne s'y trompe donc pas. L'abandon n'est qu'extérieur, et l'espérance, bien que revêtue souvent d'une forme hypocrite, n'en est pas moins vivace et indomptable. C'est ainsi qu'en 1860, un juif allemand, nommé Stanno, publiait à Amsterdam un livre dans lequel il annonçait au monde que « le royaume de la liberté universelle serait fondé par les juifs » : Cette liberté, voici comment l'explique un juif de Francfort : « Rome qui, il y a dix-huit cent ans, a foulé aux pieds le peuple juif doit tomber par *les forces réunies de ce même peuple*, qui, par là, répandra la lumière sur le monde entier et rendra à l'humanité un service éminent. »

En 1860, un autre juif adressait, à un journal de Berlin, une longue épître, pour démontrer que « désormais les juifs doivent prendre la place de la noblesse chrétienne » et que « Dieu a dispersé les juifs sur la terre entière, afin qu'ils soient comme un ferment pour tous les peuples et comme les élus *destinés à régner* un jour sur tous les peuples. » Crémieux, le coryphée de sa race, à notre époque, s'écriait de son côté, en 1861, sur le mode dithyrambique : « Israël ne finira pas ! Cette petite peuplade, c'est la grandeur de Dieu... Un messianisme des nouveaux jours doit éclore et se développer. Une Jérusalem de nouvel ordre, saintement assise entre l'Orient et l'Occident, doit *se substituer* à la double cité des Césars et des Papes. » Dans un autre élan d'enthousiasme, le même Crémieux s'écriait encore : « Courage, mes amis, redoublez d'ardeur ; quand on a si vite et si bien conquis le présent, que l'avenir est beau ! »

---

(1) Cf. *Exposé du Thalmud* par le Dr Rohling. L'auteur s'est engagé à payer 1 000 thalers à quiconque prouvera la fausseté d'une seule de ses citations. (2) Abarbanel, sur Jérémie, ch. xxx ; Buxtorf, Synag. Jud., ch. xxxv ; *L'Eglise et la synagogue* p. 18.

Pour donner corps à ces rêves de domination universelle, les juifs fondèrent, en 1860, l'*Alliance israélite*. Coquerel l'avait essayée et n'avait recruté que des protestants ; Cohen y réussit mieux en appelant à lui des juifs. A son avis, entre juifs, un trait d'union est tout trouvé : *Éclairés* et *Orthodoxes* peuvent se mettre d'accord en face du chrétien, surtout en face du catholique, pour resserrer le lien confraternel de l'israélisme du monde entier. L'objet de l'alliance était de suppléer à la tiédeur des consistoires, et de multiplier les auxiliaires pour la lutte contre l'intolérance. Plus que tout autre, le rabbin était à même de connaître les manœuvres *conversionnistes* et d'indiquer les moyens de les déjouer. L'alliance était universelle, tous les israélites étaient appelés à y concourir, à désigner les mandataires pour centraliser les efforts. Quant au but, c'est, dit Cohen, « la défense de l'honneur et de la liberté, partout où l'un est outragé, l'autre opprimée ou méconnue : c'est la double mission qu'elle aura également dans les pays justes et tolérants, comme dans les pays injustes et fanatiques. » Le champ était vaste : l'Alliance devait aider les hommes progressifs d'Israël, habiles à parer leur visage des sourires engageants du libéralisme, à se concilier les masses naïves ; elle rapprochait les juifs des chrétiens et façonnait ceux-ci à associer fraternellement leurs sympathies et leurs haines à celles des fils de Jacob.

En inaugurant l'alliance, le président Crémieux assimilait son rôle à celui de Jésus qui s'était substitué d'autorité aux dieux établis. « L'alliance israélite, dit-il, ne s'adresse pas à notre culte seul ; elle veut *pénétrer toutes les religions* comme elle pénètre toutes les contrées. Que de nations disparaissent ici-bas ! que de religions s'évanouissent à leur tour ! La religion d'Israël ne périra pas ; cette religion, c'est l'unité de Dieu.

« La voilà, cette loi, qui sera un jour *la loi de l'univers* ! Sa morale devient la morale de tous les peuples. La religion juive est la mère des religions qui répandent la civilisation. Aussi à mesure que la philosophie *émancipe l'esprit* humain, les aversions religieuses contre le peuple juif s'effacent.

« Eh bien ! Continuons cette mission glorieuse, que les hommes éclairés, *sans distinction de culte*, s'unissent dans cette association israélite universelle, dont le but est si noble, si largement civilisateur.

« Détruire chez les juifs les préjugés dont ils se sont imbus dans la persécution, qui engendre l'ignorance ; fonder au nord, au midi, au levant, au couchant, des écoles nombreuses ; mettre en rapport avec les autorités de tous les pays ces populations juives, si délaissées, quand elles ne sont pas traitées en ennemies ; à la première nouvelle des attaques contre un culte, d'une violence excitée par des haines religieuses, nous lever comme un seul homme, et réclamer l'appui de tous ; faire entendre notre voix dans le cabinet des ministres et jusqu'aux oreilles des princes, quelle que soit la religion qui est méconnue, persécutée et atteinte, fut-ce même par des mesures écrites dans des lois encore en vigueur, mais repoussées par les lumières de notre siècle ; donner une main amie à tous ces hommes qui, nés dans une autre religion que la nôtre, nous tendent leur main fraternelle, que *toutes les religions dont la morale est la base, dont Dieu le sommet, sont sœurs et doivent être amies entre elles ;* faire ainsi *tomber les barrières* qui séparent ce qui doit se réunir un jour : voilà la grande mission de notre alliance israélite universelle.

« Marchons fermes et résolus dans la voie qui nous est tracée. J'appelle à notre association nos frères de tous les cultes ; qu'ils viennent à nous ! avec quel empressement nous irons à eux. On nous tend une main fraternelle. On nous *demande pardon* du passé ! le moment est venu de fonder sur une base indestructible, une immortelle association. »

Sous le lyrisme cauteleux de ce discours, la pensée du juif se détache assez pour donner à réfléchir au chrétien. Toutes les nations doivent disparaître comme nations ; *seul*, le peuple juif doit rester debout. Toutes les religions doivent s'évanouir à leur tour ; *seule*, la religion juive doit demeurer. Et alors la loi du Thalmud sera la loi de l'univers. Alors un messianisme des temps nouveaux apparaîtra et une nouvelle Jérusalem prendra la place de Rome détrônée.

En attendant, afin de préparer ces destinées, glorieuses pour Israël, mais fort peu rassurantes pour les chrétiens, on convie tous les hommes à tendre une main fraternelle, et à reconnaître que toutes les religions dont la morale est la base, Dieu le sommet, sont sœurs et amies. On exclut, sans plus de cérémonie, le surnaturel et la révélation, base du Christianisme.

Et qu'on le remarque bien ! De la part des juifs, il ne s'agit pas de faire la moindre concession, ni de transformer le Thalmud ou de le corriger. Les juifs comptent le garder tel qu'il est ; ils demandent tout simplement, aux chrétiens, de renier leur foi et d'embrasser le judaïsme. En outre, pour les crimes dont ils ont affligé la société chrétienne, ils ne jugent pas à propos d'implorer leur pardon ; ils se targuent, au contraire, et pas sans insolence, de se montrer magnanimes, en accordant, aux chrétiens, un pardon qu'on est censé demander.

En résumé, ce discours peut se traduire ainsi : les juifs doivent imposer un jour leur foi à tous les peuples et régner sur eux, excepté sur les chrétiens qui doivent disparaître n'importe comment. Pour se dérober à ces représailles, il faut se réfugier dans l'alliance, assez généreuse, pour ouvrir ses portes ; mais pour obtenir cette grâce, la première condition, c'est l'apostasie.

Voilà le but. Pour l'atteindre, les juifs ont déployé une quantité énorme d'astuce, d'audace et de perversité. L'organisation de la franc-maçonnerie par le juif et la puissance redoutable qui en résulte, ont été mises en relief par un vaillant auteur de nos jours :

« Tout d'abord, dit-il, les juifs ont voulu assurer, en les masquant le plus possible, l'élaboration paisible de leurs grands projets. La Maçonnerie fut partagée en deux groupes, en apparence étrangers. Au premier, nommé Maçonnerie symbolique, ils donnèrent un caractère extérieurement inoffensif et un peu grotesque. Ce groupe devait rester société secrète, tout en cherchant discrètement à se montrer selon les circonstances et à attirer des prosélytes. Les juifs ont réussi à faire reconnaître cette Maçonnerie comme société d'utilité publique. Depuis lors, elle n'est plus, à proprement parler, société secrète, mais elle est devenue, comme ils disent, *une société fermée, ayant un secret.*

« Ils ont travaillé à rattacher à ce groupe tout ce qui existe dans le monde d'éléments hostiles à la religion et à l'Eglise catholique. Sous leur impulsion, cette Maçonnerie s'est incorporé autant qu'elle a pu les protestants, les jansénistes, les hérétiques, les révoltés de toute sorte et les incroyants de toute espèce. Elle a appelé à elle les ambitieux qui veulent parvenir aux honneurs et au pouvoir, les déclassés et les *fruits secs* de toutes les carrières qui cherchent une position sociale, les hommes de plaisir et les viveurs, avides de jouissances matérielles, les commerçants et les industriels qui désirent réussir en affaires, les littérateurs et les savants jaloux de se faire une renommée. Elle n'a point dédaigné le sexe faible : elle attire la femme et s'empare de l'enfant. A tous elle promet l'objet de leurs vœux, et grâce à l'influence et à l'or du juif, elle le leur donne au moins dans une certaine mesure, et à des conditions qui d'abord paraissent, mais qui, à un moment donné, se présentent inflexibles et redoutables.

« Les juifs tendent à englober dans ce groupe non seulement les dupes et les niais, nombre et matière à impôt, mais surtout les hommes intelligents et importants de chaque nation, pour les avoir sous la main. Et à ceux-là, il n'est rien qu'ils ne promettent et qu'ils ne donnent. Plus les événements se déroulent, plus ce dessein de la Maçonnerie apparaît évident... C'est dans cette Maçonnerie extérieure que les hauts chefs d'Israël étudient les hommes, les tournent, devinent leurs penchants et leurs tendances, s'emparent de leur volonté, de leur intelligence et de leur liberté, et en disposent. Et quand ils sont mûrs, ils les dirigent vers la Maçonnerie secrète, c'est-à-dire vers la Maçonnerie supérieure.

« Le second groupe maçonnique comprend les hauts grades, qui se réunissent dans les arrière-loges. C'est là la véritable Maçonnerie. C'est là que les juifs admettent les hommes préparés et sûrs auxquels ils infiltrent, s'ils ne l'ont pas déjà au cœur, la haine du catholicisme et de toute croyance religieuse. Ils les imprègnent des idées modernes, conformes à leurs desseins ; ils les chargent de les propager, de les défendre et de les exécuter. A ceux-là ils révèlent successivement, en les faisant passer par les degrés divers et les rites de l'initiation, une partie de leur plan et de leur but. Les hautes Loges, composées uniquement de juifs, sont les seules qui connaissent toute la pensée d'Israël.

« Dans ce second groupe, sur une indication partie des chefs supérieurs, se conçoivent et s'élaborent ces projets destructeurs de toute religion, de la papauté, de l'autorité, de la morale, de la famille, de tout enseignement religieux, de la patrie, de la propriété, de la société, auxquels la franc-maçonnerie travaille avec tant de rage dans notre siècle. Puis, après que l'approbation d'en haut a été donnée aux plans et projets mûrement discutés, un mot d'ordre est transmis aux Loges symboliques, qui, par leurs mille voix, aidées de celles de la presse, secondent l'opinion, la préparent, la forment, et rendent possible ou plus facile l'exécution du dessein arrêté.

« C'est par ces hautes Loges, et quelquefois, selon l'occurrence, par les Loges extérieures, que s'établissent les sociétés secrètes, membres militants et violents de la franc-maçonnerie. Là elle réunit et enrégimente les bras dont elle a besoin pour exécuter les destructions physiques. Ces sociétés, Carbonarisme, Internationale, Nihilisme ou autres, paraissent avoir leur vie et leur direction propre et séparées de la franc-maçonnerie. Mais, en fait, elles sont secrètement menées par des juifs des hautes Loges, qui ont toutes facilités pour les renier, et les combattre au besoin, si elles succombent dans leurs entreprises.

« La Maçonnerie juive est donc comme une espèce d'organisme vivant, aux proportions gigantesques, qui enlace et enserre la société chrétienne d'un bout du monde à l'autre. Cet organisme est constitué dans une unité merveilleuse, puisque toutes les Loges supérieures et inférieures dépendent du centre national, appelé Grand Orient, et que tous les grands Orients en relations obligées les uns avec les autres, sont rattachés à un centre suprême, l'*Orient des Orients*, par un lien de dépendance absolue. Ce centre, c'est la haute et *unique Loge* qui réunit les premiers chefs et les principaux d'Israël, et qui dirige, comme moteur souverain, la Maçonnerie et les sociétés occultes de tous les degrés et de toutes les formes. Cet immense réseau dont chaque maille est un homme, se maintient dans sa formidable unité, appuyée sur le secret obligatoire et sur les serments multipliés, par la crainte de la répression violente du poignard et du poison, et par l'appui irrésistible de l'or judaïque.

« Toutefois, dans cette armée innombrable, il se produit bien, de temps à autre, en haut comme en bas, des divisions, des déchirements, des schismes ; mais le juif ne s'en tourmente pas. Tous les rites maçonniques, quels qu'ils soient, toutes les formes des sociétés secrètes, unies ou divisées, tous les membres des unes et des autres, quelles que puissent être leurs idées, leurs rivalités et leurs ambitions particulières, il les pousse, selon ses plans, vers le même objectif : *destruction totale de l'idée et de la société chrétienne.*

« Tous les chemins et tous les moyens lui sont bons. Plus les peuples se divisent et se heurtent entre eux, plus les nations s'affaiblissent, s'épuisent, se désagrègent, plus il y a de bouleversements et de catastrophes, plus le juif se réjouit et trouve que son œuvre avance. Nous avons ses aveux : il s'applique à détruire et à renverser, pour élever sa domination sur les ruines.

« Quant à ces grandes questions politiques de formes gouvernementales, de dynasties, de rivalités qui passionnent les hommes, elles sont fort secondaires pour Israël. Il n'a de préférences que pour les hommes et les choses qui favorisent ses plans et mènent à son but. Mais il repoussera impitoyablement et combattra à outrance, avec toutes les forces dont il dispose, telle dynastie, telle institution, telle classe, tel prince, et même telle individualité plus humble, qui, reniant les idées modernes et se posant en adversaire de la Révolution, formerait par là même un obstacle ou un retard à l'accomplissement de ses vœux.

« On ne pouvait imaginer une centralisation plus puissante et une situation plus forte que celle de la Maçonnerie judaïque, l'organisation de l'empire romain n'était ni plus savante, ni plus solide (1). »

En 1868, le P. Ratisbonne, ci-devant juif, s'exprimait ainsi : « Naturellement habiles, ingénieux et possédés *par l'instinct de la domination,* les juifs ont *envahi graduellement toutes les avenues* qui conduisent aux richesses, aux dignités, au pouvoir. Leur esprit s'est à peu près infiltré dans la civilisation moderne. Ils dirigent *la bourse, la presse, le théâtre, la littérature,* les administrations, les grandes voies de communication sur terre et sur mer ; et, par l'ascendant de leur fortune et de leur génie, ils *tiennent enserrée,* à l'heure qu'il est, comme dans un réseau, *toute la société chrétienne.* »

Déjà, en 1847, le colonel Cerberr, président de consistoire, avait écrit : « Les juifs remplissent, proportion gardée et grâce à leur insistance, *plus d'emplois* que les autres communions, catholique et protestante. Leur désastreuse influence se fait sentir *surtout dans les affaires qui pèsent le plus sur la fortune du pays.* Il n'est point d'entreprise dont les juifs n'aient leur large part, *point d'emprunt public* qu'ils n'accaparent, *point de désastre* qu'ils n'aient préparé et dont ils profitent ; ils sont donc mal mal venus à se plaindre, ainsi qu'ils le font toujours, eux qui ont *toutes les faveurs* et qui font *tous les bénéfices* (2). »

Ainsi donc, au sujet des juifs, il faut se défaire absolument de cette idée, que ce sont les fidèles de l'ancien Testament, les aînés des chrétiens dans l'adoration du vrai Dieu. « Israël, s'écriait un jour le P. Félix, est aujourd'hui sans religion, sans patrie, sans prêtre, sans sacerdoce, sans autel, sans sacrifice. » — « Cette religion, disait Chaix d'Est-Ange, n'a *plus rien* de sacerdotal ; les rabbins ne sont pas des prêtres, mais des docteurs, et, depuis la dispersion, la science a remplacé le sacerdoce. » Les Juifs n'avaient qu'un temple où Dieu permettait les grandes cérémonies du culte : ce temple est détruit, et sa tribu sacerdotale de Lévi a disparu. Il est donc naturel et nécessaire que le peuple juif, partout où ses essaims se sont abattus, n'ait plus en guise de temple unique que de simples lieux de réunion et de prière ; en guise de loi, que des traditions étrangères à toute origine divine ; en guise de prêtres, que des consulteurs officieux ou redevables à la loi des nations étrangères, d'un titre officiel ; en un mot, que des rabbins, c'est-à-dire que des docteurs dont, sauf quelques rares exceptions, dit Drach, « l'ignorance est prodigieuse ».

« Les rabbins, dit un autre juif, ne sont point comme les curés et les pasteurs des communions chrétiennes, les ministres nécessaires de notre culte. L'office des prières, au sein de nos temples, ne s'effectue point par leur organe. Leur pouvoir ne peut rien pour le salut de nos âmes. Leurs fonctions sacerdotales se bornent à la célébration du mariage ; et leurs attributions, à la prononciation, en chaire, d'un très petit nombre d'oraisons. Ils sont docteurs de la loi et passent pour avoir une profonde connaissance du Thalmud. Ils sont canoniquement investis du pouvoir de conférer, à un laïque quelconque, le diplôme du rabbinat. Mais ce diplôme est compatible avec toutes les professions et nous comptons, parmi nous, des rabbins au barreau, des rabbins en boutique, et des rabbins marchands forains. Ils ne possèdent les éléments d'aucune science utile et ignorent, la plupart, jusqu'à l'usage de la langue nationale... Leur attachement fanatique à des pratiques absurdes, dont le temps et la raison ont fait justice, est un titre à leur considération mutuelle et à la vénération des orthodoxes. Leur présomption est aussi excessive que leur ignorance est profonde. Si on invoque leurs lumières sur les questions religieuses, ils opposent les mystères ; si on les presse, ils crient à l'irréligion ; si on insiste, ils se fâchent. Ils ont la fatuité du pouvoir et la volonté de l'intolérance » (3).

C'est particulièrement à l'endroit de leurs fonctions spirituelles que les rabbins « sont

---

(1) Saint-André, *Francs-maçons et juifs,* p. 680. — (2) *Question juive,* p. 3 ; — *Les Juifs,* p. 9. — (3) Singer, *Des consistoires en France,* p. 32.

faibles et nuls, dit un autre, car leur office n'égale point l'importance du saint ministère des prêtres chrétiens. Ce n'est point eux qui font résonner les temples de cantiques et de prières ; ils ne font point retentir, du haut de la chaire, de sublimes vérités ; ils ne vont point dans les familles porter l'espérance et la consolation ; ils ne recherchent point la misère pour la secourir, les larmes pour les sécher ; ils ne guérissent pas les plaies du cœur, les maladies de l'âme ; ils ne célèbrent point d'ineffables mystères ; ils ne sont point les confidents des consciences ulcérées; ils n'ont point reçu du ciel le don de pardon et de miséricorde ; ils ne sont obligés ni au dévouement aveugle, ni à la chasteté sévère ; ils ne font point vœu de pauvreté... Or, nous le demandons en toute conscience et en toute vérité, quelle puissance peut avoir une religion enseignée par de tels ministres ? Certes, tant que les Israélites auront pour interprètes de leur religion, leurs tanneurs, leurs colporteurs, leurs escompteurs, voire même leurs usuriers, car beaucoup exercent ces nobles et libérales fonctions, jamais ils ne se trouveront à la hauteur de leur époque... Il est vrai que déjà nous avons parmi nous des hommes éclairés et dignes de leur sainte mission ; mais ils se réduisent à trois ou quatre (1) ».

Voilà qui est entendu. Les juifs ne sont point les fidèles de l'Ancien Testament ; ils n'ont ni temple, ni prêtres; mais seulement de pauvres brocanteurs pour rabbins. Or, cette race, religieusement si dépourvue, s'est attachée au Thalmud; le Thalmud est son code civil et religieux; les juifs puisent toutes les corruptions de la doctrine et de la morale ; et conséquents avec le Thalmud, ils pratiquent la haine du chrétien, l'usure, et, pour dire le mot propre, une sorte de brigandage, imprévu à la loi et insaisissable à la justice. Grâce à ces pratiques, ils ont tout envahi ; ils ont accaparé l'or, la dette publique des nations, les chemins de fer et canaux, les théâtres et la presse, des services publics et surtout le commerce interlope. Dans cette situation puissante, ils font une guerre à mort aux chrétiens et à la civilisation de l'Evangile.

Aujourd'hui encore, ils pratiquent l'assassinat liturgique. Les juifs ont toujours éprouvé, pour le sang, un attrait voluptueux. La Bible leur reproche, en maints passages, de se livrer aux pratiques idolâtriques des Chananéens, qui, non seulement immolaient les victimes humaines, mais encore mangeaient leur chair et buvaient leur sang. Depuis qu'ils ont crucifié Jésus-Christ et que son sang est retombé sur leur tête, ils s'acharnent à exterminer ses disciples. Innombrables sont les assassinats des chrétiens, surtout parmi les enfants, à l'effet de se procurer le sang nécessaire aux abominables pratiques de la Synagogue. Les témoignages les plus authentiques abondent pour le prouver : pour le nier, il faut l'obstination la plus aveugle et le parti-pris le plus absolu (2) : Trois motifs expliquent ces homicides sacrés : 1° la haine implacable que les Juifs nourrissent contre les chrétiens et qui rend méritoire l'assassinat de ses ennemis ; 2° les œuvres de superstition et de magie familières aux juifs et pour lesquels ce sang est nécessaire ; 3° la crainte éprouvée par les rabbins que Jésus ne soit le véritable Messie, auquel cas ils espèrent se sauver en s'aspergeant de sang chrétien.

Nous avons parlé de la haine des juifs. Pour ce qui regarde leurs superstitions, personne n'ignore que Dieu a couvert les juifs de gale, d'ulcères et de maux caractéristiques, pour lesquels ils sont convaincus que de s'oindre du sang d'un chrétien, c'est un remède efficace. D'après d'autres, ce sang a la vertu merveilleuse d'arrêter les hémorrhagies, de ranimer l'affection des époux, de délivrer les femmes des incommodités de leur sexe, de faciliter les couches, enfin de préserver de la mauvaise odeur que tout juif exhale. A la circoncision d'un enfant, le rabbin mêle, dans un peu de vin, une goutte du sang de l'enfant et un peu de poudre provenant de sang chrétien. Le soir d'un mariage, après le jeûne sévère des futurs conjoints, le rabbin présente, à chacun d'eux, un œuf cuit, dans lequel il y a un peu de poudre de sang chrétien. A la mort d'un juif, le rabbin met également, dans un œuf cuit, quelques gouttes de sang chrétien et répand cet œuf sur le corps du défunt. D'après leur bizarre interprétation, si les pratiques de la synagogue sont inefficaces, ce sang chrétien servira à racheter les juifs par la vertu de Jésus-Christ.

Le jour anniversaire de la ruine de Jérusalem, les juifs se mettent sur le front de la cendre de toile trempée de sang chrétien et mangent un œuf salé de cette cendre. Au retour de la Pâque, chaque juif mange un pain azyme, préparé avec le sang d'un chrétien. A l'époque de la fête du Pourim, les juifs s'ingéniaient à tuer un chrétien, en mémoire de leur oppresseur Aman. S'ils réussissent, le rabbin pétrit, avec ce sang, des pains de forme triangulaire et les distribue à ses amis.

Si le juif hait le chrétien comme individu, il exècre à plus forte raison les chrétiens comme communion religieuse. Pour caractériser ses rapports avec l'Église, il faut distinguer deux périodes. La première, dans laquelle le juif est crasseux, répugnant, usurier, ennemi marqué de la société chrétienne, et, pour ce motif, soigneusement tenu à l'écart. Dans cet état, qui dura en France jusqu'à la Révolution de 89, le juif est vil, rampant, ne demandant qu'à jouir des mêmes droits que les Français natifs, possesseurs du sol et dont les ancêtres ont formé la patrie. Alors le juif est

---

(1) Cerfberr, *Les Juifs, leur histoire, leurs auteurs*, p. 55. — (2) Cf. Henri Desportes, *Le mystère du sang* : ce livre est à lire.

plaignant. S'il n'était pas satisfait de sa condition, il n'aurait qu'à s'en aller à Jérusalem, la patrie de son cœur. Personne ne le retient et, s'il ne décampe pas, c'est qu'il se trouve bien, même quand il se dit mal.

La seconde période est celle qui suit l'émancipation. Si, par malheur, on lui a accordé celle qu'il demandait, comme une grâce insigne, il devient superbe, arrogant, despote. Son instinct haineux et brutal se réveille; la situation qu'il considérait, pour lui, comme une disgrâce, il veut l'imposer aux autres, suivant le droit interprété à la manière judaïque.

Naguère, il réclamait un peu de liberté; maintenant il n'en veut que pour lui et veut tout refuser aux autres. Naguère, il demandait à être traité en égal de tout le monde; maintenant, il ne se contente plus du droit commun; il exige, pour lui, des privilèges. Naguère, il réclamait son entrée dans la nation à titre de frère; maintenant il veut traiter en ennemis ceux dont il implorait la pitié.

C'est ce qui est arrivé en France. En proclamant les *Droits de l'homme*, les chefs de la Révolution s'imaginaient peut-être inaugurer une ère de renaissance, et ne se doutaient certainement pas que ce seraient des étrangers, des juifs, qui en recueilleraient exclusivement les bienfaits, au préjudice des vrais enfants de la patrie. C'est, du reste, une opinion très plausible que les juifs étaient dans l'affaire, et s'ils en escomptèrent le bénéfice, ce fut à d'autant meilleur escient qu'ils avaient conspiré dans ce dessein. Les frères Lémann, juifs convertis, ont publié, sur l'entrée des juifs dans la société française, et sur la prépondérance juive, des ouvrages qui font autorité. Sous Napoléon, pour confirmer leur entrée et assurer leur prépondérance, ils rusèrent avec le despote et en obtinrent la plénitude de leur état-civil. C'est de là que date leur fortune. Nous n'avons pas à entrer ici dans le détail des prouesses judaïques contre la fortune de la France; mais nous pouvons citer un exemple, l'exemple de Rothschild. En 1812, le chef de la maison française possédait un million. Le soir de la bataille de Waterloo, il gagna Londres de vitesse et fit, sur les fonds anglais, d'un seul coup, une râfle de vingt millions. Sous la Restauration, il géra, en partie double, le compte de liquidation; il avait pris à son compte les créances des autres peuples et fournissait, à Louis XVIII, l'argent pour payer. Créancier et prêteur, il fournissait l'argent qu'il réclamait et réclamait l'argent qu'il prêtait. Sous Louis-Philippe, Rothschild fut, en réalité, le premier ministre du règne. En 1847, il avait pris à son compte un emprunt du gouvernement; en 1848, il refusa de payer les 170 millions qu'il devait encore et devait, à ce titre, être incarcéré comme failli frauduleux; ses compères juifs, Goudchaux et Crémieux, le sauvèrent. Sous l'Empire, il fut pincé par les juifs de Bordeaux, qui firent donner les écus en transformant nos vieilles villes. Rothschild rentra en scène pour préparer le drame sanglant de 1870. Ce Rothschild, à sa mort, possédait au moins trois milliards. Son million de 1812, s'il eût fructifié honnêtement, sans perte, à intérêt composé, de 1812 à sa mort, eût produit cent trente-sept millions. Le dit Rothschild possédait trois milliards, il s'ensuit que deux milliards huit cent soixante millions ont été gagnés on ne sait comment et doivent rentrer au trésor. Une lessive semblable exercée sur toutes les fortunes juives amènerait des restitutions proportionnelles. Autrefois, les rois mettaient ces gens-là au gibet de Monfaucon; aujourd'hui, il suffirait de les vider et de les expulser. Retirer l'état-civil aux juifs, régler honnêtement leurs comptes et les envoyer en Palestine : c'est la consigne de la Providence.

L'action des juifs en France se décompte en deux points : d'un côté, ils accaparent la fortune du pays et ramènent au servage le peuple chrétien; de l'autre, pour river la chaîne au cou des serfs baptisés, ils oppriment la religion et poussent à la supprimer. Leur tactique est d'ailleurs percée à jour. D'un côté, ils célèbrent sur le thyrse la liberté et l'égalité des cultes, comme droits primitifs de l'homme; de l'autre, ils poussent l'impudeur et le cynisme jusqu'à édicter, au nom de la liberté des cultes, contre la religion catholique, les mesures les plus oppressives. La théorie des droits de l'homme, la formule des principes modernes, c'est le moyen de renverser la sainte Église.

En 1869, au synode de Bonn, la motion suivante fut adoptée avec une acclamation par tous les représentants de la juiverie européenne : « Le synode reconnaît que le développement et la réalisation des principes modernes sont les plus sûres garanties du présent et de l'avenir du judaïsme et de ses membres. Ils sont les conditions les plus énergiquement vitales pour l'existence expansive et le plus haut développement du Judaïsme. »

En 1876, au Chili, voici, d'après le *Monde maçonnique*, leur programme :

Article I. — En outre des commissions actuelles, il y aura, dans la grande Loge, des comités de travaux.

Art. II. — Ces comités seront intitulés : section d'instruction, section de bienfaisance et section de fraternité maçonnique.

Art. III. — La section d'instruction s'occupera : 1° de fonder des écoles laïques; 2° de donner son concours à toutes les sociétés qui ont pour objet de donner l'instruction gratuite aux pauvres; 3° d'aider au progrès de toutes les institutions scientifiques, littéraires et artistiques qui existent dans le pays; 4° de fonder des confréries pour la propagation des connaissances tendant à faciliter le progrès de l'humanité.

Art. IV. — La section de bienfaisance s'occupera : 1° d'aider à la fondation d'hôpitaux, etc.; 2° de donner son appui direct ou indirect à toutes les institutions de cette nature, dans lesquelles on ne poursuit pas un but *égoïste ou sectaire* (c'est-à-dire catholique).

Art. V. — La section de propagande devra : 1° défendre et faire connaître par la presse les véritables idées de la franc-maçonnerie ; 2° travailler à introduire dans les institutions publiques les principes de liberté, d'égalité et de fraternité, et spécialement à amener la séparation de l'Eglise et de l'Etat, à faire établir le mariage civil, à combattre les privilèges, à séculariser la bienfaisance... ; 3° protéger et soutenir les victimes de l'intolérance religieuse... 4° s'occuper en général de tout ce qui peut faire de l'humanité une famille.

Voilà, en un texte officiel, l'euphémisme de mots équivoques, le programme de l'action judaïque, pas seulement pour le Chili, mais pour tous les peuples. Nous allons en voir l'application à la France.

Le principal engin que les juifs employèrent de tout temps pour déraciner la foi des cœurs chrétiens, fut la création d'écoles impies. C'est par ces écoles, au Moyen Age, qu'ils avaient préparé le manichéisme dans l'Albigeois ; c'est par ce moyen, de nos jours, qu'ils ont formé, en Belgique, en Hollande, en Autriche et en Italie, le dessein de la Révolution anti-chrétienne. En France, où Napoléon avait eu le tort de créer le monopole universitaire, où les régimes suivants n'avaient que trop maintenu l'institution rationaliste du despote, les catholiques avaient réclamé avec force, puis obtenu en partie, la liberté de l'enseignement. En 1867, avec le concours du ministre Duruy, Jean Macé fondait la Ligue de l'enseignement. Sous prétexte de propager l'enseignement populaire, il se proposait : 1° de mettre sous la main de l'Etat, l'enseignement public à tous les degrés ; 2° d'en éliminer absolument l'idée surnaturelle et religieuse ; 3° d'enlever à tous les citoyens la possibilité de faire donner, à leurs enfants, un enseignement autre que celui de l'Etat. Dans le fait, ce n'était point une ligue pour l'enseignement, mais une ligue contre la religion. L'enseignement, c'était le masque ; l'irréligion, l'anti-christianisme, c'était le but. Mais le masque devait faire des dupes et préparer des complices.

En 1870, on mettait en avant la devise : « L'instruction gratuite, obligatoire et laïque. » C'était la pierre d'attente des lois Ferry, des manuels à la Paul Bert, de l'expurgation des classiques français pour en faire disparaître jusqu'au nom de Dieu. A ce propos, un rabbin de Bruxelles, Aristide Astruc, publiait une brochure intitulée : *L'enseignement chez les juifs* ; dans cet écrit le rabbin prouvait que la formule nouvelle d'enseignement et le détail des lois Ferry, c'était tout simplement la mise en pratique de la formule nouvelle adoptée depuis longtemps chez les juifs.

Jusqu'à ces derniers temps, l'enseignement secondaire des jeunes filles était confié aux congrégations religieuses ; elles s'acquittaient de leur tâche avec le plus noble dévouement. Leurs élèves étaient, dans la famille, le plus ferme boulevard de la foi chrétienne. Le juif Camille Sée proposa une loi pour l'établissement des lycées de filles ; cette loi constituait un nouvel attentat judaïque. « La société, dit à ce propos un démocrate, est-elle donc trop riche de vertus pour la convier au cynisme ? Est-ce que le peuple n'a pas assez de ses maux, pour appeler ses filles au déshonneur et ses épouses à l'adultère ? »

Une autre loi persécutrice fut la loi du juif Naquet pour le divorce. La Synagogue admet le divorce ; l'Eglise ne l'admet pas et la société chrétienne l'avait banni de son code. Les juifs, en demandant l'état-civil, avaient réclamé le droit de garder le divorce ; ils ont obtenu depuis le droit de nous l'imposer comme une loi. Eux qui n'admettent pas le mariage civil, ils veulent que le mariage civil, inventé par eux pour nous exclusivement, se mette au service du divorce judaïque.

Dans la guerre qu'ils ont déclarée à l'Eglise, le juif attaque sur tous les points à la fois. La suppression du budget des cultes, la séparation de l'Eglise et de l'Etat, l'abolition du Concordat, voilà un de ses principaux objectifs. Le juif Dreyfus est le promoteur fanatique de ces différentes mesures.

La haine que le juif éprouve contre le crucifix n'a d'égale que celle qu'il ressent contre le Christ lui-même. Dans les tribunaux, dans les écoles, sur nos places publiques, on voyait partout le signe sacré de la Rédemption. Le juif Hérold, les juifs Schnerb et Hendlé font la guerre à cette image ; ils l'arrachent des écoles de Paris ; ils la poursuivent dans les départements, et un jour le peuple chrétien de France a pu voir passer, dans des tombereaux, les débris mutilés du Sauveur des hommes. L'hérésie imbécile des Iconoclastes a, pour derniers représentants, les juifs.

Dans l'expulsion des religieux, dans la laïcisation des hôpitaux, dans la défense des processions, il faut voir la main du juif. Encore un peu, et, pour ménager la juiverie, on défendra de prêcher la passion et de célébrer les offices de la semaine sainte.

Le but que poursuivent les juifs, ce n'est pas seulement la résolution du pacte de Charlemagne ; c'est la suppression de toute société chrétienne, c'est la mise hors la loi du Christ et de l'Evangile ; c'est l'acheminement à la domination judaïque et à l'esclavage du chrétien.

...Bella, horrida bella
Et multo Europam spumantem sanguine cerno.

L'article 7.

« Bonaparte passait à Turin. Un jour qu'il parcourait le palais de l'Université fondée en 1771 par Charles-Emmanuel III, il se fit représenter les statuts qui régissaient cette institution. Il y vit quelque chose de grand et de fort qui le frappa. Cette grave autorité qui, sous le nom de *Magistrat de la Réforme*, gouvernait tout le corps enseignant ; ce corps lui-même uni par des doctrines communes et librement soumis à des obligations purement civiles qui le consacraient à l'instruction de la jeunesse comme à l'un des principaux services de l'Etat ; ce corps sans cesse renouvelé par un pensionnat normal qui devait transmettre d'âge en âge les saines traditions et les méthodes éprouvées : tranquille sur le présent, par la garantie que lui donnait sa juridiction spéciale ; tranquille sur l'avenir par la garantie d'honorables retraites ; cet ordre de professeurs tous choisis parmi des agrégés nommés au concours ; cette noble confiance de la puissance souveraine qui donnait au conseil chargé de la direction générale un droit permanent de législation intérieure et de continuel perfectionnement ; tout ce plan d'éducation établi sur la base antique et impérissable de la foi chrétienne, tout cela lui plut, et il en garda la mémoire jusqu'au sein de ses triomphes en Italie et en Allemagne. Rassasié enfin de gloire militaire et songeant aux générations futures, après avoir solidement établi l'administration civile, après avoir relevé les autels et promulgué le Code Napoléon, après avoir, par différentes lois, substitué les Lycées aux écoles centrales, régénéré les écoles de Médecine et créé les écoles de Droit, il voulut fonder aussi pour la France un système entier d'instruction et d'éducation publiques. Il se souvint de l'Université de Turin, et l'agrandissant, comme tout ce qu'il touchait, dans la double proportion de son empire et de son génie, il fit l'*Université impériale*.

« Hâtons-nous d'ajouter qu'en cela même Bonaparte répondait aux vœux que la France avait exprimés à l'époque mémorable de la première année du XIXᵉ siècle. Les conseils généraux de départements venaient de s'assembler. Les Français, lassés de tant de vaines théories essayées à leurs dépens sur tous les points de la machine politique, aspiraient au repos, voulaient de l'unité partout et faisaient effort vers la monarchie. Au milieu de la ruine universelle des institutions, les conseils généraux, jetant un douloureux regard sur l'état déplorable de l'éducation, avaient retracé avec une juste reconnaissance les services rendus par les anciennes corporations enseignantes ; ils avaient gémi profondément sur le terrible naufrage qui avait tout englouti, corps et biens ; mais en même temps, ils ne s'étaient point bornés à des regrets stériles ; ils n'avaient point oublié que nos meilleures institutions d'autrefois laissaient à désirer quelque chose, et ils avaient tracé d'une main ferme l'esquisse d'un plan vaste et uniforme qui assurerait à la France le bienfait toujours souhaité, souvent promis d'une éducation vraiment française (1) ».

Objet le plus ancien et le plus constant des méditations de Napoléon Iᵉʳ, l'Université fut la dernière création de l'Empire. Par les Constitutions de l'Empire, Bonaparte avait mis la nation dans sa main : administration, magistrature, armée, finances, travaux publics, diplomatie, il tenait tout à sa discrétion. Par le Concordat, il avait rétabli le culte public ; mais, en même temps, par les Articles Organiques, il avait mis l'Eglise en état de siège. Par l'Université, l'Empereur ne se contenta pas de tout réduire, dans le présent, sous sa puissance, il voulut encore hypothéquer l'avenir. Du reste, il ne se portait pas à ce dessein par une pensée impie, mais seulement par une volonté de domination. Lui qui ne se croyait pas capable de gouverner un peuple qui lisait Frédéric ou Voltaire, songeait beaucoup moins encore à livrer la religion aux sophistes et à jeter la société, comme une proie, à tous les dissolvants du rationalisme. Dans sa pensée, l'Université devait être religieuse ; il la voulait célibataire, avec un costume à part, copié sur les costumes d'Eglise, mais il la voulait laïque. L'homme fit pire. L'homme qui fit en toutes choses violence au temps ne compta pas les années pour fonder solidement cette institution, œuvre privilégiée de sa pensée.

C'est le 10 mai 1806, seulement, qu'il fit connaître son projet à la France, dans une loi en trois articles.

Art. 1ᵉʳ. — Il sera formé, sous le nom d'*Université impériale*, un corps chargé exclusivement de l'enseignement et de l'éducation publics dans tout l'empire.

Art. 2. — Les membres du corps enseignant contracteront des obligations civiles, spéciales et temporaires.

Art. 3. — L'organisation du corps enseignant sera présentée en forme de loi au corps législatif à sa session de 1810.

Malgré cette disposition, et sans attendre le terme fixé, l'empereur crut devoir procéder, par un simple décret, à l'organisation annoncée. Le décret du 17 mars 1808 qui a force de loi (décision du Conseil royal de l'Univer-

---

(1) Ambroise Rendu, *Code universitaire*, préface. L'analyse des procès verbaux de l'an IX (1801) a été publié en l'an X par le ministre Chaptal.

sité du 4 mai 1830) et qui a été modifié seulement dans quelques-uns de ses articles par des décrets ou ordonnances ultérieures, est toujours, avec celui du 15 novembre 1811, le règlement fondamental de la matière. Il fut rendu après une discussion au Conseil d'Etat qui n'occupa pas moins de vingt-trois séances.

Le titre premier de la loi du 17 mars 1808 débute ainsi :

Art. 1er. — L'enseignement public dans tout l'Empire est confié *exclusivement* à l'Université.

Art. 2. — *Aucune école*, aucun établissement quelconque d'instruction ne peut être fondé hors de l'Université impériale et sans l'autorisation de son chef.

Art. 3. — Nul ne peut ouvrir d'école, ni enseigner publiquement, sans être *membre de l'Université* impériale et gradué par l'une de ses Facultés. Néanmoins, l'*instruction dans les séminaires* dépend des archevêques et évêques, chacun dans son diocèse. Ils en nomment et révoquent les directeurs et professeurs. Ils sont seulement tenus de se conformer aux règlements pour les séminaires par nous approuvés. . . . .

. . . .

L'Université impériale sera régie et gouvernée par le Grand Maître qui sera nommé et révocable par nous.

Puis le législateur organise le grand état-major de l'Université :

Le chancelier et le trésorier viendront immédiatement après le Grand Maître et présideront le Conseil supérieur en son absence. Ils auront chacun un traitement de 15.000 fr.

Il y aura dix conseillers à vie, à 10.000 fr., choisis : six parmi les inspecteurs généraux, quatre parmi les recteurs.

Vingt conseillers ordinaires pris parmi les inspecteurs, doyens et professeurs de Faculté, à 6.000 francs.

Les inspecteurs généraux et recteurs auront 6.000 fr. Les frais de tournée seront payés à part.

Un secrétaire général, choisi parmi les conseillers ordinaires et nommé par le Grand Maître, rédigera les procès-verbaux des séances du Conseil qui s'assemblera deux fois par semaine et plus souvent si le Grand Maître le trouve nécessaire.

Fontanes, président du Corps législatif, est nommé Grand Maître de l'Université.

Villaret, évêque de Casal (Piémont), est nommé chancelier ; Delambre, secrétaire perpétuel de la première classe de l'Institut, est nommé trésorier de ladite Université.

Quant à la dotation de l'Université, elle se composait de 400.000 livres de rentes inscrites sur le Grand Livre, appliquées déjà à l'instruction publique;

De toutes les rétributions payées pour collation des grades dans les Facultés de théologie, des lettres et des sciences ;

Du prélèvement au profit du trésor de l'Université de un dixième sur les droits perçus dans les écoles de droit et de médecine pour les examens et les réceptions. Les neuf autres dixièmes continuaient à être appliqués aux dépenses de ces Facultés ;

Du droit de un vingtième prélevé au profit de l'Université dans toutes les écoles de l'Empire sur la rétribution payée par chaque élève pour son instruction.

Dans le courant de cette même année 1808, Napoléon voulut imprimer un caractère imposant aux fonctions du Grand Maître. Le 17 septembre, parut au *Moniteur* le décret suivant daté de Saint-Cloud :

Napoléon, empereur des Français, roi d'Italie et protecteur de la Confédération du Rhin,

Notre Conseil d'Etat entendu,

Nous avons décrété et décrétons ce qui suit :

TITRE Ier

Art. 1er. — Le Grand Maître de l'Université prêtera serment entre nos mains.

Il nous sera présenté par le prince archi-chancelier, dans la chapelle impériale, avec le même cérémonial que les archevêques.

La formule du serment sera ainsi conçue :

« Sire, je jure devant Dieu et Votre Majesté de remplir tous les devoirs qui me sont imposés, de ne me servir de l'autorité qu'elle me confie, que pour former des citoyens attachés à leur religion, à leur prince, à leur patrie, à leurs parents ; de favoriser par tous les moyens qui sont en mon pouvoir les progrès des lumières, des bonnes études et des bonnes mœurs, d'en perpétuer les traditions pour la gloire de votre dynastie, le bonheur des enfants et le repos des pères de famille. »

Le premier Grand Maître, Fontanes, tenait, par sa naissance et son éducation, au XVIIIe siècle : il avait vécu dans l'intimité de d'Alembert; il était lié avec La Harpe, Joubert, Fiévée, Lacretelle, Garat, Daunou, Chénier, Rœderer, Benjamin Constant ; il fut, pour Chateaubriand, un ami de la première heure. Au fond, c'était un catholique, mais un catholique métis et un épicurien. Dans la région de l'esprit pur, cet émigré portait, pour le choix des hommes, la même tolérance que l'Empereur : il fit entrer, dans l'Université, des prêtres apostats, des régicides, des émigrés ralliés comme lui au gouvernement. A l'assassinat du duc d'Enghien, il avait pourtant dû refuser sa parole à la justification du crime.

Les premiers conseillers à vie de l'Université nommés par Napoléon, furent : Beausset, ancien évêque d'Alais, futur historien de Bossuet et de Fénélon ; Emery, supérieur de Saint-Sulpice, qui ne trouva pas mal de figurer là ; Nougarède de Fayet, ancien conseiller à la Cour des aides ; Delamalle, ancien avocat au parlement de Paris ; Louis de Bonald, l'auteur de la *Législation primitive* ; Desrenaudes, ancien grand vicaire de l'évêque d'Autun, Talleyrand ; les savants Cuvier, Jussieu, Legendre, et Guéroult, proviseur du Lycée Charlemagne, bientôt Directeur de l'Ecole Normale.

Dans les discussions au Conseil d'Etat, qui avait précédé la création de l'Université, Napoléon avait dit :

— Je veux constituer, en France, l'ordre civil ; il n'y a eu jusqu'à présent dans le monde que deux pouvoirs, le militaire et l'ecclésiastique ; l'ordre civil sera fortifié par la création d'un corps enseignant.

C'est en se rapportant sans doute à cette création qu'il disait à Sainte-Hélène :

— J'ai eu l'ambition d'établir, de consacrer enfin l'*empire de la raison* et le plein exercice, l'entière jouissance de toutes les facultés humaines.

En 1815, les Bourbons avaient bouleversé l'ordre établi par Napoléon ; mais, après Waterloo, ils ne remirent pas leur décret en vigueur. La première brèche faite à l'établissement impérial, fut la loi du 15 mars 1850. En son titre trois, elle portait :

Tout Français âgé de 25 ans au moins, et n'ayant encouru aucune des incapacités comprises dans l'article 26 de la précédente loi, peut former un établissement d'instruction secondaire, sous la condition de faire au recteur de l'Académie, où il se propose de s'établir, les déclarations prescrites par l'article 27 et, en outre, de déposer entre ses mains les pièces suivantes dont il lui sera donné récépissé.

1° Un certificat de stage, constatant qu'il a rempli pendant cinq ans, au moins, les fonctions de professeur ou de surveillant dans un établissement d'instruction secondaire, public ou libre ;

2° Soit le diplôme de bachelier, soit un brevet de capacité délivré par un jury d'examen ;

3° Le plan du local et l'indication de l'objet de l'enseignement.

Le ministre, sur la proposition du Conseil académique et l'avis conforme du Conseil supérieur, peut accorder les dispenses de stage.

La loi de 1850 avait établi une certaine liberté de l'enseignement primaire et de l'enseignement secondaire ; une loi de 1875, votée par l'Assemblée nationale, accorda la liberté de l'enseignement supérieur et permit la fondation d'Universités libres. Cette liberté n'était pas accordée à tous les degrés, sans restriction ; mais on pouvait espérer du temps de l'expérience, des progrès de l'esprit public, une liberté plus entière, partant plus féconde. C'était la pensée du siècle et, en apparence, le vœu de tous les partis, qu'on fondât l'avenir sur le droit commun et le droit commun sur la libre initiative des individus, l'Etat se réservant seulement le contrôle. Les constitutions de 1830, de 1848, de 1852, de 1871, avaient successivement garanti, implicitement ou formellement, cette liberté organique de l'enseignement. Il paraissait non seulement naturel, mais nécessaire, que, reconnaissant la souveraineté nationale et la libre-pensée, on accordât les libertés qui ne sont que la mise en action de ces principes. Les libérâtres républicains ne pensèrent pas ainsi. Au nom de leur libre pensée personnelle, ils entendirent fonder, à leur profit, une tyrannie, casser les précédentes constitutions, révoquer les lois organiques de liberté, et, par une courbe rentrante, rétablir, au profit de l'athéisme et de la franc-maçonnerie, le monopole de l'Université, l'autocratie d'un César à une ou plusieurs têtes.

L'homme qui assuma cette odieuse tâche fut un avocat franc-maçon, Jules Ferry. Jules-François-Camille Ferry, né à Saint-Dié en 1832, avait marqué, dans sa jeunesse, par sa piété. Avocat en 1854, il se jeta dans la politique, collabora aux journaux de l'opposition et se signala au public par les *Comptes fantastiques d'Haussman*. Candidat en 1869, il se porta comme l'homme des destructions nécessaires, et, par là, ce sot personnage entendait la destruction de la magistrature, la destruction de l'armée et la destruction du clergé, opinions criminelles et encore plus folles qu'il devait désavouer et contredire, quand il sera devenu un homme de gouvernement. Député d'opposition irréconciliable, secrétaire du gouvernement provisoire au 4 septembre 1870, il prit part à cette sédition devant l'ennemi et eut sa part au gâteau. C'était d'ailleurs un homme de caractère fort inférieur, une sorte de gamin politique, se donnant comme républicain et établissant la république en un tour de main, comme s'était établi le coup d'Etat et comme voudra s'établir la Commune. Sur l'interpellation de Norbert Billard, Directeur du *Journal officiel* de l'Empire, que les triomphateurs du 4 septembre feraient sans doute un appel au peuple : « Ah ! répliqua Jules Ferry, nous nous en garderons bien. » En principe, on se dit partisan du suffrage universel, mais uniquement pour se hisser au pouvoir ou pour en faire ratifier la prise ; une fois maîtres, on n'a plus besoin du peuple que pour le tromper, l'exploiter, le spolier et l'avilir. Précédemment, comme parle Tacite, on était opprimé par le crime ; désormais on sera opprimé par les lois. Dès lors, ce ne sera pas seulement sur l'universalité des citoyens, mais sur tel ordre ou sur tel particulier que rouleront les délibérations des ministres. Enfin, plus la république sera corrompue, plus elle aura de lois : *In corruptissima republica, plurimæ leges* (1).

Préfet de la Seine, Ferry fit manger aux Parisiens, pendant le siège, le plus exécrable

---

(1) Tacite, *Annales*, Liv. V, art. 239.

pain qui se puisse imaginer : j'en ai vu des échantillons. Député des Vosges après la paix, il fut envoyé ministre de France à Athènes, pays où nul n'était plus mal à sa place que ce cacographe. De retour à la chute de Thiers, il fut un fougueux adversaire du 16 mai. Entre temps, Ferry s'était marié, et, pour se recommander au parti par le scandale, n'avait voulu, pour son mariage, aucune consécration religieuse. Après les élections où le ministre Broglie-Fourtou fut battu, la Chambre valida toutes les élections républicaines et exclut de la Chambre 86 conservateurs.

Le ministère Dufaure, débordé et découragé, se retira. Le cabinet Waddington, qui fit si pauvre figure au congrès de Berlin, tâcha de satisfaire les convoitises et les rancunes des gauches, en destituant les fonctionnaires de l'ordre moral. Les élections sénatoriales transportèrent à gauche la majorité du Sénat ; les 363 députés, réélus après le 16 mai, purent accomplir, sans opposition, le programme de Gambetta, la guerre au cléricalisme, entendant, par là, la situation faite à l'Eglise en France, depuis la révolution. En janvier 1879, la vraie république régnant, Jules Ferry, ministre de l'instruction publique, accepta gaiement la charge de déchristianiser la nation. Le 15 mars, ce sectaire franc-maçon déposait deux projets de loi qui devaient transformer notre système d'instruction publique et le soumettre absolument à l'Etat ; l'un était contre la liberté de l'enseignement supérieur ; l'autre, pour la constitution des conseils universitaires ; dans les deux, on retirait, autant qu'on le pouvait, toutes les concessions précédemment faites à l'initiative privée et à la sainte Eglise.

Voici les dispositions du projet de loi relatif à la liberté de l'enseignement supérieur :

Art. 1er. — Les examens et épreuves pratiques qui déterminent la collation des grades ne peuvent être subis que *devant les établissements* d'enseignement supérieur *de l'Etat*.

Art. 2. — Les élèves des établissements publics et libres d'enseignement supérieur sont soumis *aux mêmes règles d'études*, notamment en ce qui concerne les conditions d'âge, de grades, d'inscriptions, de travaux pratiques, de stage dans les hôpitaux et les officines, les délais obligatoires entre chaque examen et les droits à percevoir au compte du Trésor public.

Art. 3. — Les élèves des établissements libres d'enseignement supérieur prennent leurs inscriptions, aux dates fixées par les règlements, *dans les Facultés de l'Etat*.

Les inscriptions sont gratuites pour les élèves libres.

Un règlement délibéré en Conseil supérieur de l'instruction publique, après avis du ministre des finances déterminera le tarif des nouveaux droits d'examen.

Art. 4. — La loi reconnaît deux espèces d'écoles d'enseignement supérieur :

1° Les écoles ou groupes d'écoles fondées ou entretenues par les communes ou l'Etat, et qui prennent le nom d'universités, de Facultés ou d'écoles publiques ;

2° Les écoles fondées ou entretenues par des particuliers ou des associations et ne peuvent prendre d'autre nom que celui d'écoles libres.

Art. 5. — Les titres ou grades d'agrégé, de docteur, de licencié, de bachelier, etc., ne peuvent être attribués qu'aux personnes qui les ont obtenus après les concours ou les examens réglementaires subis *devant les Facultés de l'Etat*.

Art. 6. — L'ouverture des cours isolés est soumise sans autre réserve aux formalités prévues par l'article 3 de la loi du 12 juillet 1875.

Art. 7. — Nul n'est admis à participer à l'enseignement public ou libre, ni à diriger un établissement d'enseignement de quelque ordre que ce soit, *s'il appartient à une congrégation non autorisée*.

Art. 8. — Aucun établissement d'enseignement libre, aucune association formée en vue de l'enseignement *ne peut être reconnue d'utilité publique* qu'en vertu d'une loi.

Art. 9. — Toute infraction aux articles 4, 5 et 7 de la présente loi sera, suivant les cas, *passible des pénalités* prévues par l'article 19 de la loi du 12 juillet 1875.

Art. 10. — Sont abrogées les dispositions des lois, décrets, ordonnances et règlements contraires à la présente loi, notamment l'avant-dernier paragraphe de l'article 2 et les articles 13, 14, 15 et 22 de la loi du 12 juillet 1875.

Voici maintenant les principales dispositions du projet de loi sur le conseil supérieur de l'instruction publique et les conseils académiques :

TITRE Ier

Du conseil supérieur de l'instruction publique.

Art. 1er. — Le conseil supérieur de l'instruction publique se compose de cinquante membres appartenant à l'enseignement. Il est présidé par le ministre.

Art. 2. — Le Conseil se réunit en assemblée générale deux fois par an. Le ministre peut le convoquer en session extraordinaire. Vingt de ses membres forment une section permanente.

Art. 3. — Les membres du conseil supérieur sont désignés de la manière suivante :

1° Quinze membres nommés par décret du président de la République en conseil des ministres, et choisis parmi les inspecteurs généraux, les recteurs, les professeurs en exercice de l'enseignement supérieur public ;

2° Les trois directeurs des enseignements supérieur, secondaire et primaire au ministère de l'instruction publique ;

3° Le vice-recteur de l'académie de Paris ;
4° Le directeur de l'école normale supérieure.

Ces vingt membres forment la section permanente.

5° Un professeur du collège de France élu par ses collègues ;
6° Un professeur de Muséum élu par ses collègues.
7° Cinq professeurs des Facultés de l'Etat et des écoles supérieures de pharmacie, élus au scrutin de liste à raison d'un pour chaque ordre d'enseignement par l'ensemble des professeurs, chargés de cours, agrégés et maîtres de conférences pourvus du grade de docteur ;
8° Un directeur de l'école des hautes études élu par le personnel enseignant de l'école ;
9° Un professeur de l'école des langues orientales vivantes élu par ses collègues ;
10° Un professeur de l'école des chartes élu par ses collègues ;
11° Un professeur de l'école polytechnique élu par les professeurs, examinateurs et répétiteurs ;
12° Un professeur de l'école des Beaux-Arts, élu par ses collègues ;
13° Un professeur de l'école centrale des arts et manufactures élu par ses collègues ;
14° Un professeur de l'enseignement agronomique élu par le personnel enseignant de l'institut agronomique et des écoles d'agriculture.
15° Six proviseurs ou professeurs titulaires de l'enseignement secondaire public, élus au scrutin de liste par les professeurs en exercice dans les lycées et collèges, pourvus du titre d'agrégé ou du grade de docteur ;
16° Six membres de l'enseignement primaire élus au scrutin de liste par les inspecteurs primaires, directeurs et maîtres adjoints des écoles normales primaires.
17° Quatre membres de l'enseignement libre nommés par le président de la République, sur la proposition du ministre.

Art. 4. — Tous les membres du conseil sont nommés pour six ans. Ils sont indéfiniment rééligibles.

Art. 5. — (Cet article règle les attributions de la section permanente.) Les articles 6 et 7 règlent les attributions du conseil en assemblée générale.

TITRE II

Des conseils académiques.

Art. 8. — Il y a au chef-lieu de chaque académie un conseil académique composé :
1° Du recteur, président ;
2° Des inspecteurs d'académie ;
3° Des doyens des facultés, des directeurs des écoles supérieures de pharmacie de l'Etat, et des directeurs des écoles de plein exercice et préparatoires ;
4° De trois membres élus au scrutin de liste par les professeurs titulaires, suppléants, chargés de cours et maîtres de conférences de ces facultés et écoles pourvus du grade de docteur ;
5° De deux proviseurs nommés par le ministre ;
6° De trois professeurs ou principaux agrégés ou docteurs, élus au scrutin de liste par les professeurs en exercice dans les lycées et collèges du ressort académique, agrégés ou docteurs ;
7° De quatre membres choisis par le ministre dans les conseils généraux ou municipaux qui concourent aux dépenses de l'enseignement supérieur et secondaire.

Art. 9. — Le conseil académique se réunit deux fois par an en session ordinaire. Il peut être convoqué extraordinairement par le ministre.

Art. 11. — Les membres du conseil académique, nommés par le ministre ou élus, le sont pour deux ans. Leur mandat est indéfiniment renouvelable.

Art. 12. — Sont et demeurent abrogées toutes les dispositions des lois, décrets, ordonnances et règlements contraires à la présente loi.

L'usage du parlementarisme veut que le ministre présente, à l'appui de ses projets de lois, un exposé des motifs. A l'appui de ses deux propositions, voici quelques extraits plus significatifs du rapport de Jules Ferry. Au lieu de la liberté de l'enseignement supérieur, il ne laisse subsister les Universités libres qu'à l'état d'écoles, mais leur retire toute prérogative de corps indépendant, soumis d'ailleurs, dans les points essentiels, à l'Etat ; ces écoles sont à la merci des Facultés d'Etat et ne sont plus libres que pour l'existence. Au lieu d'établir et d'agrandir la liberté, le despote aux petits pieds la supprime. De plus, et c'est le point le plus énorme, il porte, contre une catégorie de citoyens, un décret de proscription :

« L'article 7, dit-il, est un des plus importants de la loi nouvelle. Nous ne voulons en atténuer ni le caractère ni la portée. C'est de propos délibéré et après mûre réflexion que le gouvernement, au moment où il cherche à reconstituer le patrimoine de l'Etat dans les choses de l'enseignement, vous propose de reconnaître et d'appliquer un des principes les plus anciens et les plus constants de notre droit public, et de prendre, au nom de la République, une mesure devant laquelle la monarchie traditionnelle ne reculait pas, il y a cinquante ans.

« Il ne saurait s'élever de doute sur la situation légale des congrégations religieuses non autorisées dans notre pays. Elles sont dans un état de perpétuelle et imprescriptible contravention. Parmi les documents judiciaires, parlementaires, législatifs, administratifs qui ont fixé sur ce point la jurisprudence nationale, particulièrement dans la période comprise entre 1825 à 1830, l'embarras est de faire un choix. Mais la doctrine est unanime, précise, concordante. « C'est une erreur de croire, « — lit-on dans le rapport adressé au roi « Charles X, le 28 mai 1828, par la commis- « sion nommée pour constater l'état des écoles « secondaires ecclésiastiques, — que les lois, « ainsi que les anciennes maximes de la mo- « narchie, qui veulent qu'aucune autre reli- « gion ne puisse s'introduire en France sans « la permission expresse de la puissance sou- « veraine, ont eu seulement en vue la capacité « relative à la propriété à sa disposition. Elles « ont eu d'abord en vue les règles par les- « quelles il s'agissait de lier d'une manière « continue et permanente, pour tous les ins- « tants de leur vie, des habitants du royaume. « Ainsi la permission ne pouvait-elle et ne « pourrait-elle dans aucun cas être accordée « que d'après l'examen des statuts. Ceux qui « se réunissent pour vivre sous des statuts qui « n'ont point été communiqués au gouverne- « ment, qui n'ont point été approuvés dans la « forme prescrite, sont donc en contravention « aux lois. »

« Tel est le principe général. M. le comte de Portalis disait pareillement : « Qu'une association religieuse se manifeste au dehors, si elle dirige publiquement des maisons d'éducation et d'enseignement ; que cette manière de se manifester doit attirer plus qu'aucune autre l'attention du gouvernement du roi, car l'Etat a plus d'intérêt à connaître et à autoriser ceux qui se présentent pour former des sujets fidèles et de bons citoyens, que ceux qui ne réclament que le droit de posséder, d'acheter et de vendre. » (Rapport de M. le comte Portalis sur la pétition de M. de Montlozier, dans la séance de la Chambre des Pairs du 18 janvier 1827). Quant à la situation spéciale de l'ordre des Jésuites, la commission de 1828 rappelait : « Que des édits solennels avaient « aboli cet institut, et que lorsque le roi « Louis XVI voulut en tempérer l'exécution « relativement aux individus qui en avaient « fait partie, il ordonna (en 1777) expressé- « ment qu'à aucun titre ils ne puissent s'im- « miscer dans l'instruction publique. Ainsi « l'ordre des jésuites a été prohibé, et bien « loin que des actes postérieurs aient révoqué « cette prohibition, la législation subséquente « l'a confirmée. » Plus énergiquement encore, M. Portalis disait, dans le rapport précité : « En résumé, les lois spéciales de Louis XV « et de Louis XVI ont aboli, en France, la « Société de Jésus ; des lois générales de 1789, « 1792, 1802 ont atteint et supprimé en « France toutes les associations religieuses « d'hommes. »

« Un décret de 1804 et deux lois de 1817 et « de 1825 établissent en principe que de sem- « blables établissements ne pourront se for- « mer de nouveau dans le royaume, qu'avec « une autorisation de la puissance publique, « et, aux termes de la loi de 1825, cette auto- « risation doit être donnée par une loi.

« Il est avéré qu'il existe, malgré ces lois et « sans autorisation légale, une congrégation « religieuse d'hommes. Si elle est reconnue « utile, elle doit être autorisée. Ce qui ne doit « pas être possible, c'est qu'un établissement, « même utile, existe de fait lorsqu'il ne peut « avoir aucune existence légale, et que loin « d'être protégé par la puissance des lois, il « la nie par leur impuissance. Ce n'est pas la « sévérité des lois que votre commission ré- « clame, c'est le maintien de l'ordre légal. »

« Pénétré de ces principes, le célèbre jurisconsulte contresignait, comme garde des sceaux, l'ordonnance du 21 janvier 1828, qui faisait rentrer sous le régime de l'université les écoles secondaires ecclésiastiques dirigées par des membres de la société de Jésus, et qui interdisait formellement soit la direction, soit l'enseignement dans les collèges et les petits séminaires à toute personne appartenant « à une congrégation religieuse non légale- « ment établie en France ».

« Tel est le droit public des Français. Tel il était consacré sous la restauration ; tel encore on le proclamait sous le gouvernement de juillet, dans la célèbre discussion de 1845.

« Le législateur de 1850, mis en demeure de se conformer à cette antique tradition, invoqua, pour s'y dérober, le principe général de la liberté d'association, solennellement inscrit dans la constitution de 1848. Le silence de la loi de 1850, la complicité du gouvernement impérial, les défaillances des régimes précaires, hésitants ou contestés qui vinrent après, ont abouti à la résurrection officielle et universelle des ordres prohibés. La récente statistique de l'enseignement secondaire a pu décrire les grandeurs croissantes de la plus célèbre et de la plus prohibée des congrégations non reconnues, de la société de Jésus, qui ne rencontre plus de rivalité sérieuse dans les établissements ecclésiastiques concurrents, et qui est la maîtresse, dès à présent, des facultés libres de théologie. C'est le cas de répéter, avec M. Portalis, et dans une situation infiniment plus compromise : « Il est « avéré qu'il existe, malgré les lois et sans au- « torisation légale, une congrégation reli- « gieuse d'hommes. »

« Mais, dit-on, les membres de cette association religieuse, sans autorisation légale, ont en eux-mêmes une double personnalité ; ils sont jésuites, mais ils sont citoyens. C'est comme citoyens, non comme jésuites, qu'ils enseignent, isolés ou réunis, sous la protection de la liberté générale et dans les limites du droit commun. L'association à laquelle ils se rattachent, ne demandant rien à l'Etat, est pour l'Etat comme si elle n'existait pas, et les pouvoirs publics n'ont vis-à-vis d'elle qu'un droit : l'ignorer.

« Ce sophisme, qui est la négation catégorique de toutes les lois portées sur la matière, n'avait pas trouvé créance auprès de nos devanciers de 1828, qui répondaient excellemment :

« On prétend vainement qu'il ne s'agit que de prêtres isolés, observant pour leur régime intérieur la règle particulière à l'institut de saint Ignace. La base des statuts de cet ordre est l'obéissance absolue et hiérarchique de tous ceux qui reconnaissent s'y soumettre, en aboutissant jusqu'au général, qui réside hors du royaume. Se ranger sous ces statuts, en observer les prescriptions, accepter la qualification de membre de l'ordre, c'est s'associer, *même extérieurement*, à une congrégation religieuse. Il est vrai que cette congrégation ne se présente pas comme une corporation ; qu'elle ne possède ni n'acquiert, à ce titre ; mais elle ne pourrait le faire que si l'autorité compétente lui avait déjà donné l'existence civile... »

« Ce qui était vrai il y a cinquante ans, n'a pas cessé de l'être, car c'est le droit. Bien plus, la distinction entre la congrégation qui enseigne et la congrégation qui possède s'efface, de nos jours, car, interdite comme congrégation, rien n'empêcherait la société prohibée de se constituer comme association légale, « dans un dessein d'enseignement supérieur », selon les termes de la loi du 12 juillet 1875. D'où il suit qu'il faut choisir : ou reconnaître aux congrégations non autorisées une plénitude d'action et d'indépendance qui fait défaut même aux congrégations reconnues, ou traiter les groupes isolés et les individus disséminés qui s'y rattachent comme les membres d'un grand corps, qui n'ont pas besoin d'être juxtaposés pour vivre, et sur lesquels pèsent toutes les incapacités dont le corps lui-même est frappé par nos lois.

« C'est le but de notre article 7. Il renoue une tradition trop longtemps interrompue. Il ne crée pas une législation nouvelle, il dégage et précise une doctrine manifestement obscurcie par les lois de 1850 et de 1875. En ajoutant aux incapacités d'enseigner, prévues par les articles 8 et 9, de cette dernière loi, une incapacité de plus, il ne fait rien que de conforme à la pratique des législations les plus libérales, qui cherchent toutes dans la personne de celui qui enseigne les garanties de l'enseignement. La liberté d'enseigner n'existe pas pour les étrangers : pourquoi serait-elle reconnue aux affiliés d'un ordre essentiellement étranger, par le caractère de ses doctrines, la nature et le but de ses statuts, la résidence et l'autorité de ses chefs ? Telle est la portée de la disposition nouvelle que nous avons jugé opportun d'introduire dans la loi, et qui s'appliquerait, dans son esprit comme dans ses termes, à tous les degrés de l'enseignement. »

La seule observation à émettre ici, c'est que le persécuteur républicain, pour s'autoriser aux sévices, fait planche sur les antécédents des Bourbons. Portalis, au nom du gallicanisme parlementaire, Frayssinous et Feutrier, au nom du gallicanisme épiscopal, s'étaient inclinés devant l'absolutisme royal et avaient poussé Charles X à entreprendre sur la discipline extérieure de l'Eglise ; au nom du libéralisme, un ministre de rencontre se couvre du même absolutisme et rouvre l'ère de la persécution. Que les royalistes s'instruisent à cette école ; qu'ils sachent que leurs fautes, d'ailleurs justement punies, servent d'excuses à de nouveaux crimes. Qu'ils apprennent surtout à ne pas recommencer !

Au sujet des conseils universitaires, Ferry expose sans vergogne ses prétentions.

« Le conseil supérieur de l'instruction publique est la clef de la voûte de l'édifice si savamment élaboré par le législateur de 1860. Remaniée, fortifiée, aggravée par l'Assemblée nationale en 1873, cette institution nous paraît, dans sa composition actuelle, incompatible avec une direction libérale et progressive de l'enseignement public. La conception qui lui sert de base, est, à nos yeux, aussi fausse que dangereuse ; le rapporteur de la loi l'exposait ainsi : « Le conseil supérieur, disait-il, ne sera pas le conseil de l'université, chargé accessoirement de surveiller, au nom de l'Etat, les écoles libres ; puisque l'université ne doit plus être qu'une institution entretenue par le gouvernement pour stimuler la concurrence ; il ne sera pas davantage l'organe des intérêts qu'il fut le défenseur des droits de l'Etat, car ces intérêts et ces droits auront pour défenseur naturel le ministre. Si l'on veut donner une idée précise et juste de cette institution, il faut dire qu'elle représentera les droits et les intérêts de la société tout entière. »

« Ce programme clairement posé fut résolûment accompli ; les représentants de l'enseignement public furent, autant que possible, éliminés du conseil supérieur, tandis que les portes s'ouvraient toutes grandes aux représentants et aux tuteurs attitrés des enseignements rivaux. Sous prétexte d'influences sociales et de représentation des intérêts moraux, la majorité fut attribuée dans ce conseil d'enseignement aux éléments étrangers à l'enseignement. Quant aux droits de l'Etat, dont l'université avait été si longtemps le glorieux dépositaire, voici la situation singulière qui fut expressément consacrée : tandis que les écoles libres s'administrent comme il leur convient, enseignant comme il leur plaît à l'abri de leurs clôtures, et peuvent, sans contrôle aucun, se multiplier à l'infini, l'Etat enseignant ne put créer une faculté, ouvrir un lycée, fonder un collège, sans le congé du conseil supérieur ; il ne fut plus maître, ni du choix de ses livres, ni de la discipline de ses professeurs.

« En un mot, l'université était mise en surveillance, sous la haute police de ses rivaux, de ses détracteurs et de ses ennemis.

« Le gouvernement se fait une idée toute différente et du rôle du conseil supérieur et des droits de l'Etat enseignant.

« Le conseil supérieur ne doit être, selon

nous, qu'un conseil d'études : sa mission est, par-dessus tout, pédagogique ; c'est le grand comité de perfectionnement de l'enseignement national.

« La première condition pour y prendre place est d'avoir une compétence, d'appartenir à l'enseignement. Nous excluons par là tous les éléments incompétents systématiquement accumulés par le législateur de 1850 et par celui de 1873.

« Quant à l'État enseignant, nous le voulons maître chez lui : nous ne le concevons sujet de personne, ni surveillé par d'autres que par lui-même. Le conseil supérieur est *un des rouages de l'autorité publique*; nous n'admettons pas que les uns y siègent comme *représentants de l'État*, les autres *comme représentants de la société*. Cette distinction, chère aux auteurs de la loi de 1850, est la négation du régime démocratique et représentatif sous lequel nous vivons. Soit qu'il s'agisse de la fortune publique ou de l'organisation militaire, des autorités qui rendent la justice ou de celles qui président à l'enseignement, la société n'a pas *d'autre organe reconnu*, pas d'autre *représentation régulière et compétente*, que l'ensemble des pouvoirs publics émanés directement ou indirectement de la volonté nationale, et cet ensemble *s'appelle l'État*. »

Le Ferry qui portait et motivait ainsi des décrets de proscription avait dit à la tribune en 1876 : « Quant à moi, dans l'assemblée de 1875, j'ai voté le principe de la liberté d'enseignement. Je ne regrette pas mon vote, et si la liberté de l'enseignement était atteinte, le jour où elle le serait, je monterais à la tribune pour la défendre. » Le même Ferry, en 1879, dans un discours à Epinal, s'étonnait que la liberté de l'enseignement eût été admise en France ; il en attribuait l'admission à une espèce d'aberration mentale, à peu près comme un cas de folie : il ignorait, sans doute, que quatre constitutions politiques en avaient admis le principe. Mais si vous lui objectiez son changement d'opinion, il réclamait pour lui le droit aux opinions *successives*, le droit de dire blanc et noir successivement sur le même sujet, la facilité et l'agrément de changer son esprit de *posture*, c'était son langage. Mais le Vosgien ajoutait carrément : « Ce que nous visons, ce sont uniquement les congrégations non autorisées, et parmi elles, je le déclare bien haut, une congrégation qui, non seulement n'est pas autorisée, mais qui est prohibée par toute notre histoire, la Compagnie de Jésus. Oui, c'est à elle que nous voulons *arracher l'âme* de la jeunesse française. »

Mais encore, avant de suivre sa passion, le bon sens conseille-t-il de s'enquérir de la possibilité matérielle avant de subir les écarts. Combien y a-t-il de congrégations enseignantes *non autorisées* qui disparaîtraient, si l'article 7 des projets Ferry était malheureusement voté ?

16 congrégations d'hommes.
120 congrégations de femmes.

Nous ne nous occupons ici que des congrégations d'hommes, parce que ce sont celles-ci surtout que vise le ministre de l'instruction publique.

La raison de ce privilège dans la haine des radicaux, c'est que les élèves des congrégations d'hommes seront un jour des électeurs qui ne manqueraient pas de renvoyer des ministères et des préfectures Jules Ferry et ses amis.

En cette année 1878-79, les élèves de congrégations non autorisées sont au nombre de

VINGT MILLE DEUX CENT TRENTE-CINQ

Et, depuis un quart de siècle, il n'y a pas eu moins de 178.438 élèves qui ont reçu l'éducation intellectuelle et morale dans ces saintes maisons ; 178.438 élèves qui sont devenus à leur tour des pères de famille et qui veulent donner à leurs enfants cette instruction qu'ils sont si heureux d'avoir eux-mêmes reçue.

Quand on considère ce chiffre énorme de *vingt mille* écoliers élevés actuellement par les congrégations religieuses, on se demande quelle dose de légèreté il a fallu au ministre pour aventurer un projet comme le sien.

Ferry possède-t-il des lycées en nombre suffisant pour recevoir cette armée d'écoliers ? Non.

A-t-il les 60 ou 80 millions nécessaires pour en commencer les constructions ? Non.

Mais encore, possédât-il tout cela, où sont les mille cinq cents professeurs, surveillants ou administrateurs, capables de remplacer du jour au lendemain ceux que la réussite de ses projets chasserait de leurs écoles actuelles ?

A-t-il ce vaste personnel sous sa main ?
Qu'il réponde...

Donc, il va manquer 1.500 professeurs.
Nos 81 lycées et nos 252 collèges communaux peuvent-ils céder 1.500 professeurs ?

Y a-t-il 1.500 professeurs *à la suite* ?

Jules Ferry sait-il où il les prendra ?

Michel Bréal, de l'Institut, ne semble pas le savoir, car il écrit, avant l'apparition du projet Ferry, dans la *Revue des Deux-Mondes* du 15 décembre 1878 :

« Dans les collèges communaux, sur 1.707 maîtres délivrant l'instruction classique (c'est-à-dire enseignant le grec et le latin), 746 n'ont pas d'autre grade que celui de bachelier ès-lettres. »

Et un autre publiciste qui ne signe pas, mais qui semble aussi fort au courant, étendant ces calculs, écrit dans le *Correspondant* du 25 janvier 1879, que dans les maisons de l'Université, déduction faite des maîtres d'études, sur 2.902 fonctionnaires, il en est :

1.342 qui ne sont que bacheliers,
862 qui ne possèdent qu'un titre inférieur à celui-ci (instituteurs brevetés de Cluny);
117 qui sont dépourvus de tout grade et de tout brevet.

Mais il y a l'Ecole normale ?

Sans doute, il y a l'Ecole normale ?
Seulement, Michel Bréal écrit (toujours avant l'apparition du projet Ferry) :

« Sur 348 élèves sortis depuis dix ans de l'Ecole normale, 4 seulement sont placés dans les collèges communaux de province ».

Quel en est le motif ?

Peut-être celui qui faisait qu'Edmond About, envoyé au sortir de l'Ecole normale comme professeur de rhétorique à Alençon, refusait en disant : « Point d'Alençon ! »

En tout cas, trois cent quarante-huit élèves en dix ans, cela fait trente-cinq par an, et, pour arriver à mille cinq cents, en supposant que les lycées et collèges n'en perdent pas un seul, nos vingt mille élèves ne seraient pas nantis avant cinquante ans.

Après l'exécution des ordonnances de 1828, le célèbre abbé Liautard, qui avait fondé le collège Stanislas et exerça une si grande influence sous la Restauration, écrivait ces lignes :

« Il eût fallu fonder au moins dix collèges royaux pour y loger, nourrir, instruire dans les sciences et la vertu ces trois mille élèves que l'on voulait absolument arracher de la tutelle des Révérends Pères. Mais, pour cela, l'argent était le premier moyen d'action, et 24 millions ne sont pas tout d'abord sous la main. La confiance des familles était ensuite la difficulté de la réalisation ; or, la confiance (pour l'Université) existait-elle ? Non, sans doute. *Par économie même on eût sagement fait de laisser vivre en paix les établissements des Jésuites.* Il eût été prudent et sage de les conserver. »

Aujourd'hui il ne s'agit plus de trois mille jeunes gens. Il s'agit, nos informations sont puisées aux sources les plus sûres,

il s'agit de . . . 20.235 jeunes gens
et de . . . . 41.174 jeunes filles
répartis en . . . 641 établissements

d'instruction. Parmi ces élèves, 9.513 jouissent de bourses totales ou partielles, auxquelles les religieux et religieuses qui les donnent consacrent annuellement, entendez bien,

1.186.076 francs, je dis :

Un million cent quatre-vingt-six mille soixante-seize francs.

* * *

Ayant en main « l'état des Congrégations, Communautés et Associations religieuses, autorisées ou non autorisées, dressé en exécution de l'article 12 de la loi du 28 décembre 1876 » et distribué aux sénateurs et députés, un comité a écrit aux supérieurs de toutes les Congrégations et Communautés d'hommes et de femmes, désignées sur cet état comme enseignantes non autorisées, c'est-à-dire aux supérieurs de 191 Congrégations de femmes et de 28 Congrégations d'hommes, en tout 219.

176 supérieurs de Congrégations de femmes, 27 supérieurs de Congrégations d'hommes, soit en tout 203 jusqu'à présent ont répondu. Sur ce nombre, 120 parmi les femmes, 16 parmi les hommes dirigent des Congrégations enseignantes non autorisées. Ce sont ces 136 réponses qui ont fourni les éléments des calculs dont le résultat suit :

1° NOMBRE DES CONGRÉGATIONS ENSEIGNANTES NON AUTORISÉES

Femmes 120
Hommes 16
Total 136

2° NOMBRE DE LEURS ÉTABLISSEMENTS

Femmes 555
Hommes 81
Total 636

3° NOMBRE DE LEURS MEMBRES EMPLOYÉS A L'ENSEIGNEMENT

Femmes 4.857
Hommes 1.550
Total 6.413

4° NOMBRE DE LEURS ÉLÈVES EN 1878-79

Femmes 40.784
Hommes 20.235
Total 61.019

5° NOMBRE DE LEURS ÉLÈVES DEPUIS LA FONDATION

Femmes 486.527
Hommes 178.438
Total 664.954

6° NOMBRE D'ÉLÈVES JOUISSANT DE BOURSES TOTALES OU PARTIELLES

Femmes 6.008
Hommes 3.426
Total 9.434

7° SOMME CONSACRÉE CHAQUE ANNÉE A CES BOURSES

Femmes 418.681
Hommes 765.005
Total 1.183.776

Pour mettre des noms propres sous ces chiffres, il faut dire que le taureau châtré des Vosges voulait encorner les Jésuites dans leurs collèges de Vaugirard, de Saint-Ignace et de Sainte-Geneviève ; les Dominicains dans leurs collèges d'Oullins, de Sorèze, de Saint-Brieuc, d'Arcueil et d'Arcachon ; les Bénédictins anglais de Douai ; les Maristes ; l'Assomption de Nîmes, Picpus ; les Eudistes ; Saint-Bertin d'Arras ; Sainte-Marie de Tinchebray ; le Sacré-Cœur d'Issoudun ; les Oratoriens de Juilly et de Saint-Lô ; les Oblats de Saint-Hilaire ; les prêtres de l'Immaculée-Conception de Rennes ;

les Oblats de Saint-François de Sales et les Bénédictins suisses de Delle.

Tout ce qui honore le plus l'espèce humaine et la race française, c'est cela que voulait détruire ce Ferry.

Il y a 25 ans, le P. Monsabré annonçait qu'on verrait, *ce qui s'est déjà vu, couchés dans la poussière et empourprés du sang du martyre le froc blanc du frère prêcheur près de la robe noire du jésuite.*

Moins de cinq ans après, trois pères dominicains suivent comme aumôniers l'armée du Nord, tous trois sont blessés, et le gouvernement de la République ne croit pas faire acte de cléricalisme en attachant la croix de la Légion d'honneur sur la poitrine des pères Jouin et Mercier.

Pendant ce temps-là, les pères du couvent de la rue Jean-de-Beauvais et de l'école Albert-le-Grand, transformant leur maison en ambulance, vont sur les champs de bataille administrer les mourants et relever les blessés. C'est pendant l'exercice de ce glorieux ministère que mourut le père Antoine Brougnon, victime de son zèle et de sa charité.

Les jésuites donnent les mêmes exemples. Plus de soixante d'entre eux marchent avec nos soldats comme aumôniers ; plus de cent de leurs frères suivent comme infirmiers volontaires. Le père Tailhan, blessé à Buzenval, était cité à l'ordre du jour de l'armée. Le père Tanguy est deux fois blessé à Champigny et au Bourget. Le père Arnold trouve la mort dans l'explosion de la citadelle de Laon.

A Belfort, les PP. de Damas et de Renneville sont blessés sur les remparts par la mitraille ennemie. Aux combats sous Orléans, le P. de Rochemontex reçoit un coup de sabre pendant qu'il secourait un blessé. Nous ne dirons rien de l'héroïque conduite des PP. Pontier, Laboré, Vautier... Il faudrait les citer tous.

Plus de soixante jésuites se consacrèrent au service de nos prisonniers en Allemagne. Toutes les maisons de la compagnie de Jésus devinrent des ambulances, Vaugirard et Sainte-Geneviève reçurent à la fois deux cents blessés. A Saint-Clément de Metz on soigna cinq cents blessés. Cinq cent quinze malades et blessés furent accueillis à Saint-Michel de Laval. Deux cent soixante et onze à Saint-Acheul et à Moutiers. A Poitiers, à Dôle, à Saint-Étienne, à Bordeaux, à Mongré, les jésuites, malgré les persécutions dont ils étaient alors victimes, accueillirent et logèrent nos soldats. Le gouvernement de la République ne crut pas faire œuvre de cléricalisme en attachant la croix de la Légion d'honneur sur la poitrine des PP. Escalle et Couplet.

Quand vint la Commune, cette ère aujourd'hui si vantée d'héroïsme et de vertus civiques, les grands patriotes dont la France révolutionnaire acclame aujourd'hui les noms, massacrèrent les pères Olivaint, Clerc, Ducoudray, Caubert et de Bengy, et, comme pour réaliser la phrase du père Monsabré, ils ajoutèrent à l'holocauste les pères Captier, Cottrault, Bourard, Chataignéret et Delhome, dominicains, et huit de leurs employés.

On vit alors, « couchés dans la poussière et empourprés du sang du martyre, le froc blanc du frère prêcheur et la robe noire du jésuite. »

Et ce sont les frères de ces martyrs que le gouvernement voudrait frapper d'interdit comme *étrangers* ! Ce sont les frères de ces héros que l'on prétend traiter en suspects, lorsque, par un sentiment logique révolutionnaire, on légifère en faveur des *égarés* de la Commune à qui l'on donnera demain des couronnes ! Devons-nous à jamais désespérer de la justice et du bon sens de nos gouvernants ?

Les propositions de Ferry suivirent, à la Chambre des députés et au Sénat, la filière commune de la procédure. A la Chambre des députés, une commission d'examen fut nommée ; elle se composait d'illustres inconnus, la plupart ineptes, mais préférés à d'autres pour cette basse besogne, à cause de leur ineptie et de leur fanatisme. Le rapporteur nommé fut le badois Spuller, ami de Gambetta, esprit subalterne et parfaitement incapable de comprendre cette grande question de la liberté d'enseignement. Au lieu de l'envisager dans ses précédents historiques, dans ses fondements juridiques et dans ses titres politiques, il se contenta, comme Ferry, d'invoquer aveuglément, sottement, les excès antérieurs qui pouvaient servir de prétexte à la persécution.

Nous pourrions examiner ce document en esprit critique, au point de vue du métier ; nous devrions alors en relever les erreurs de citation et de statistique, les textes faussés ou forcés, les bévues, les ignorances, parfois risibles ou ridicules. De cet examen, il ressortirait que ce journaliste républicain, devenu député et plusieurs fois ministre, ne possède pas des connaissances à la hauteur de sa fortune. Si le suffrage universel en a fait une puissance, l'étude n'en a pas fait un savant, le travail n'en a même pas fait un homme instruit. Devant une faculté, des professeurs capables trouveraient, dans ses élucubrations, d'incontestables titres au bonnet d'âne.

Mais supposant ce qui n'est pas, admettant que ce rapport est irréprochable dans sa facture, nous devons établir que le rapporteur a commis, sur le terrain des principes, des erreurs gravement coupables et politiquement aussi criminelles qu'elles sont sottes. Ce Spuller, député et ministre, n'est point un homme politique, c'est un servant de petite presse devenu le valet de la tyrannie et mettant à son service tous les cynismes de l'ignorance.

Le principe qu'il entend poser, c'est le pouvoir absolu de l'Etat sur l'enseignement, et l'argument qu'il invoque à l'appui de sa thèse, c'est la démonstration par l'histoire. Or l'histoire, loin de lui fournir des preuves, fournit magnifiquement la preuve du contraire. Depuis les invasions jusqu'à l'an mil, l'enseignement public en France est à peu près exclusivement *monastique*. C'est, en histoire, un lieu commun, que les moines ont conservé les chefs-d'œuvre de l'antiquité ; qu'ils ont fondé les écoles, écrit les livres et qu'ils tiennent, dans l'histoire littéraire de nos cinq premiers siècles, la place d'honneur. — De l'an mil à l'an 1500, les moines continuent d'enseigner dans leurs monastères et partagent, avec les séculiers, les chaires à tous les degrés de l'enseignement. A la vérité, il y eut, entre les séculiers et les réguliers, des contestations ; mais les réguliers l'emportèrent au nom du bon sens, au nom du droit et surtout par l'éclat du génie. Cette seconde période de l'enseignement public est plus que semi-monastique. — Dans la troisième période, des laïques entrent à leur tour dans l'enseignement, mais n'affichent jamais l'absurde prétention d'empêcher les autres d'enseigner et de leur interdire ce qu'eux-mêmes se croient permis. La tradition historique de la France, c'est que, depuis Clovis jusqu'à nos jours, les moines ont toujours enseigné et que la prétention de les exclure, à tous les degrés, de l'enseignement, n'est qu'une prétention en l'air, répudiée absolument par l'histoire.

L'argument de Spuller tombe, ou plutôt se retourne contre son outrecuidante ignorance.

Le principe du pouvoir absolu de l'Etat sur l'enseignement public, s'il était admis, impliquerait nécessairement la négation de la liberté d'enseignement et le rétablissement du monopole. Le Champion de l'Etat, que personne n'attaque, veut-il nous ramener aux galères de l'Université impériale ? — Non, dit-il, en citant Ferry ; oui, dit l'ensemble du rapport ; oui, disent les textes cités qui signifient quelque chose ; oui, disent les arguments ébauchés çà et là au cours du rapport. La claire-vue, la nécessité ou le courage ont manqué au rapporteur ; il ne veut, dans les conséquences, que restreindre la liberté ; par ses prémisses, il la nie radicalement et détruit son droit à l'existence. Ce républicain est le théoricien du despotisme, non pas de ce despotisme vulgaire qui courbe les volontés sous les caprices d'un despote, mais de ce despotisme à jamais exécrable et inconcevable dans un républicain, qui veut atteindre le libre arbitre de l'homme jusque dans le sanctuaire impénétrable de la pensée. Le droit romain avait des *capite minuti* ; c'est la tête que veut prendre Spuller, pour la mouler à l'effigie de l'Etat ; c'est l'esclavage dans sa pire horreur que ce malfaiteur veut instituer. — Dans une société régulière, une telle prétention devrait être regardée comme un crime de lèse nation et conduire son auteur à Clairvaux ou à Bicêtre.

Qu'est-ce que l'Etat pour lequel Spuller réclame ? Ici, l'ensemble des institutions qui nous régissent ; là, le gouvernement ; plus loin, la révolution ; ailleurs, et la chose est à noter, c'est une puissance civile, laïque et politique, capable de tenir tête aux prétentions de l'autorité spirituelle (p. 45), comme si l'hostilité contre l'Eglise faisait l'essence même de l'Etat. En fin de compte, il faut avouer, avec Etienne Vacherot, que l'Etat, c'est le parti victorieux ; les autres sont des vaincus et traités comme tels. Mais comme les partis se suivent et ne se ressemblent pas, c'est cette idole changeante qui voudrait s'identifier le pays et le façonner à son image.

Spuller, en son style péremptoire, conclut de ces notions confuses, que « l'Etat est, par excellence, l'instituteur public de la nation ». A l'appui de cette conclusion, il ne cite ni maximes de droit, ni apophtegmes, ni raisons, ni raisonnements, mais seulement des textes. Ces textes, il les emprunte tous sans exception, à cette période de notre histoire où le pouvoir royal, dégénéré en absolutisme, ramenait à lui tous les pouvoirs, subalternisait toutes les classes et confisquait toutes les libertés des provinces. L'ancien régime, que le régime nouveau doit remplacer, c'est là le répertoire de son érudition ; les déviations et les dégradations de notre tradition nationale, c'est cela que cet ignorant appelle la tradition française. L'absolutisme du roi, il le personnifie dans un ministre et ce naïf ou impudent sectaire s'imagine qu'il est un représentant de la liberté.

Ainsi donc c'est par des textes, c'est par des opinions d'auteurs particuliers qu'un législateur ose établir un principe aussi énorme que le pouvoir absolu de l'Etat sur l'enseignement. Avant lui, les législateurs n'y avaient pas songé ; c'est à lui que commence ce nouveau droit, assis sur des opinions. Aucune loi ne peut lui offrir de précédents ; mais il a des textes ; derrière ces textes, disparaît sa modestie. Où les raisons manquent, les autorités sont commodes ; encore faudrait-il qu'elles valussent quelque chose.

Ainsi donc autorités nulles ou appliquées à faux, pas d'argumentation nette, pas de notions définies, pas même de thèse précise et franche : Voilà toute la partie fondamentale, la base logique du rapport. Et cependant une doctrine capitale circule d'un bout à l'autre : omnipotence de l'Etat, omnipotence essentielle, absolue, illimitée. Dogme qui s'impose comme s'il n'avait point à se justifier. Dogme qui fait de toute ingérence privée en matière d'éducation, soit une concession gracieuse de l'Etat, seul maître et propriétaire, soit un empiétement, une usurpation, voire même, contre la nation, un fait de guerre.

Par là, se trouve renversée la situation ; rien n'est plus vrai de ce qui semblait l'être. L'Etat n'est plus agresseur ; depuis 1830, c'est un innocent qui veut garder son bien, et depuis 1850, c'est une victime. L'Etat ne menace point une liberté érigée en droit constitutionnel et garantie par lui-même; il revendique un droit qui lui a été ravi par astuce et veut rentrer dans son domaine.

A ces insinuations frivoles et méchantes, il faut opposer la majesté du droit et les notions élémentaires de la vie sociale.

« Il y a, dit le comte de Rambourg, des droits naturels préexistants à toute loi. Or, l'enseignement est de droit naturel comme la religion, la propriété et la liberté, sans laquelle ces droits naturels ne pourraient s'exercer. Tout homme peut repousser par la force les atteintes portées à l'exercice de ses droits naturels. Mais comme dans toute société bien organisée nul n'a le droit de se faire justice soi-même, les gouvernements ont été fondés et existent non point pour octroyer un droit naturel préexistant, mais justement pour suppléer aux individus dans leur incompétence et leur rendre justice lorsqu'il y a violation de leurs droits naturels. L'on peut dire alors que l'Etat, personnifié par les pouvoirs publics, est l'organisation collective du droit individuel de légitime défense. Aussi ce droit de défense commune, dont l'Etat a le dépôt, ne doit pas, entre les mains de ceux qui le représentent, changer de nature et s'exercer au détriment des droits naturels qu'il a charge et mission de défendre pour les individus, en leur lieu et place. Quelles que soient les lois faites pour donner une apparence de légitimation à l'usurpation des droits individuels par l'Etat, elles n'en constituent pas moins une violation de la justice. Les individus opprimés ainsi par l'abus de la force collective mise au service de la spoliation légale, passent de l'état de citoyens à celui d'esclaves ou de proscrits.

« Esclavage des maîtres, qui ne sont pas libres d'enseigner comme ils le veulent, et comme le voudraient les pères de famille; proscription des ordres religieux non autorisés ou non diplômés, c'est une conséquence forcée de l'usurpation de l'Etat dans l'enseignement.

« L'Etat, qui représente la collectivité des forces individuelles, n'est pas cet être abstrait et irresponsable que, dans la société moderne, on présente à l'adoration muette et au fétichisme du suffrage universel. Non, il se présente en chair et en os, sous la figure de nos gouvernants, et c'est pour eux qu'il faut tracer les limites qu'ils ne doivent pas franchir, à moins de violation flagrante des droits individuels des autres. Cette violation ne leur est pas plus permise comme citoyens dans la vie privée que comme ministres responsables dans la vie publique. Le mot « Etat », dont ils se couvrent, n'a de mystère que pour les simples. Dans la disposition générale des esprits, tels que les ont façonnés les sophistes, on est trop disposé à confondre la société avec le gouvernement et à attribuer à ce dernier ce qui appartient exclusivement à la société. De là les amas de préjugés qui se dressent devant la question si simple de la liberté d'enseignement, et aussi la difficulté de faire comprendre combien il est absurde d'invoquer sans cesse à ce sujet et de vouloir réserver les prétendus droits de l'Etat.

« L'Etat n'est pas dans la situation des associations libres pouvant se créer des ressources disponibles et spéciales pour l'enseignement. Pour usurper le droit d'enseignement, il n'a pas d'autres ressources que le trésor public, dont il est le percepteur par l'impôt et le détenteur à cette seule fin de payer les services publics, c'est-à-dire ceux que les individus ne peuvent se rendre à eux-mêmes ou aux autres, soit directement soit par voie d'échange. L'enseignement n'est pas un service public, ce n'est qu'un service privé, puisqu'il peut être rendu par voie d'échange libre. Un grand danger menace la société, quand l'Etat s'ingère dans les services privés comme celui de l'enseignement. Il ouvre la porte aux revendications du socialisme, qui veut substituer l'Etat aux individus dans l'échange des services privés. Il n'y a pas de raison, en effet, de refuser à l'Etat le droit de distribuer aux affamés la nourriture corporelle quand on lui octroie le droit de donner à tous les degrés la nourriture intellectuelle. Le socialisme, par le fait même de ses prétentions funestes, tend à éteindre le foyer de l'activité humaine dans tous ses emplois. Sous les emblèmes d'une fraternité de parade, il nous précipiterait du communisme dans le sauvagisme, dernière étape de la décrépitude humaine. Le socialisme, pour être dissimulé lorsque l'enseignement est donné par l'Etat, n'en est pas moins réel dans ce service, qu'il infecte de sa pernicieuse influence.

« Aussi, l'enseignement par l'Etat, œuvre socialiste au premier chef, est-il favorable au développement des lumières dans l'humanité, comme on le prétend? Ici la raison s'accorde avec la foi pour le nier. »

A ces notions de droit, qu'ignore ou tait le sophiste badois, à défaut de raisonnements, le rapporteur oppose l'histoire, les textes; les textes, laborieusement accumulés pour éblouir, pour lasser peut-être; l'histoire des derniers siècles, compulsée et arrangée au bénéfice d'une thèse: la liberté d'enseignement devient, par cet artifice, chose récente, l'idée même n'est que d'hier.

« Il ne s'agit pas de savoir, dit Spuller, si les principes et maximes de droit public, qui ont été, de tout temps (?), opposés aux prétentions envahissantes de l'ultramontanisme, sont plus ou moins *tombés en désuétude*; mais de savoir si ces principes et ces maximes sont conformes à la raison politique, qui est la même dans tous les temps et pour toutes les formes du gouvernement » (p. 43). Autrement, pour le français, il ne s'agit pas de précédents historiques, c'est affaire de raison politique et de principes immuables. Et, pour se mettre grossièrement en contradiction avec lui-même, le rapporteur déserte la métaphysique du droit pour se confiner dans l'empyrisme révolutionnaire de l'absolutisme. Les précédents sont tout pour lui ; mais que prouvent-ils ?

On a peine à établir que l'ancien régime n'avait pas, sur la liberté d'enseignement, nos idées actuelles. Avait-il davantage l'idée du monopole, l'idée d'un enseignement d'Etat, distribué par l'Etat lui-même, par l'Etat seul, au nom d'un droit inhérent à lui-même et à lui seul ? Etait-ce avant le XVᵉ siècle, alors que les écoles et les universités ne relevaient que de l'Eglise ? Etait-ce plus tard, alors que l'Etat se comportait, dans l'enseignement public, comme allié de l'Eglise et gardien armé de l'orthodoxie ? La surintendance exercée alors par l'Etat sur la police des écoles publiques a-t-elle rien de commun avec le rôle de pédagogue universel et suprême qu'on veut lui octroyer aujourd'hui ?

Entre la situation actuelle et l'ancien régime, il n'y a pas d'analogie ; ce sont deux états radicalement contraires et irréductibles. Et quand, par impossible, on prouverait leur identité, on aurait un précédent, mais on n'aurait pas établi qu'il fait loi. On pourra toujours demander, au sophiste législateur, comment, répudiant tout de l'ancien régime, il veut pourtant lui emprunter le monopole ? et comment le monopole de l'Etat étant un legs de l'ancien régime, la loi de 1850, qui y fait brèche, fut « une victoire de l'esprit de l'ancien régime en lutte avec la Révolution française » (p. 28). Accordez-vous avec vous-même, s'il se peut.

Quant à la Révolution française, soi-disant vaincue en 1850, qu'a-t-elle donc fait en matière d'enseignement ? D'après Cousin, d'après Villemain, plaidant *per fas et nefas* pour le monopole, la Révolution a été soucieuse de fortifier l'Etat ; mais, du même coup, elle a créé la liberté individuelle. Il faudrait pourtant s'entendre : si elle a fortifié le monopole, elle n'a pu créer la liberté individuelle ; et si elle a créé la liberté individuelle, elle n'a pu fortifier le monopole. On ne peut pas honnêtement et ridiculement patauger dans ce galimatias. La vérité, c'est que la Révolution a détruit les écoles de la France, et qu'elle n'a rien mis en place des écoles, que de stériles décrets.

Malheureux avec l'ancien régime, maladroit avec la Révolution française, le rapporteur tombe, à propos de Napoléon, dans une contradiction nouvelle. « Nous n'avons *rien* à emprunter, dit-il, pour notre démocratie républicaine, au despotisme césarien du premier empire » (p. 17). Et deux pages plus loin, il lui emprunte, non pas la religion comme base de l'enseignement, mais l'œuvre la plus effrayante du despotisme impérial, le monopole embrigadant les générations sous le joug de l'Université et formant les âmes à l'effigie du régime victorieux. L'œuvre du despote est conforme aux vues de la Révolution.

Sur la Restauration, le rapporteur néglige d'emboîter le pas de Ferry ; copiste de Napoléon, il lui répugne d'imiter Charles X et de se couvrir des ordonnances de 1828. Le comte Portalis, pour Ferry, était un maître ; pour Spuller, ce n'est pas un ministre à citer.

Spuller rappelle que, sous la monarchie de juillet, les promesses de la Charte restèrent à l'état de promesse. Mais Guizot déclare que la seule politique *complète et hardie* eût été alors de tenir la promesse officielle et de laisser faire la liberté. De ces paroles, il est difficile de tirer un argument en faveur du monopole universitaire, condamné par Guizot, favorable, on le sait, en 1850 et en 1875, à la liberté d'enseignement.

Quant aux pages consacrées à la loi de 1850, on peut s'indigner ou sourire. L'ancien régime faisait retour, la réaction triomphante, la France affolée, Thiers frappé d'aliénation mentale... En vérité, l'odieux se perd ici dans le ridicule ; et nous n'avons qu'à retourner contre le rapporteur ses propres paroles. Oui, vraiment, l'histoire, telle qu'il la compose, *confond la raison* (p. 34). Mais que Thiers vienne ici lui répondre.

Lors de la discussion de la loi de 1850 sur l'instruction publique, Thiers rencontrait devant lui les mêmes adversaires et les mêmes contradicteurs que la liberté d'enseignement rencontre aujourd'hui. Il leur disait :

Quand vous venez me parler de l'enseignement du clergé, et que je vous réponds que l'enseignement du clergé ne se donnera que dans les petits séminaires, pas ailleurs, vous répliquez : « Les jésuites rentreront ! » Eh bien, je vous demande AU NOM DE VOS PRINCIPES, *comment vous ferez pour empêcher que les jésuites entrent dans l'enseignement.* Comment ferez-vous ? Ah ! si vous vouliez me remplacer dans ce que vous appelez le monde détruit que vous méprisez tant, si vous veniez lui emprunter la liberté limitée qu'il croyait, lui, la bonne, je le comprendrais. Mais vous, qui le déclarez méprisable, abominable, à jamais renversé, vous venez prendre un de ses petits moyens, un de ses petits ombrages, une de ses petites jalousies, et vous dites : Nous ne voulons pas des jésuites !

A gauche. — Mais non ! (*Rires bruyants à droite*).

M. Thiers — Je le savais bien ; ce n'est pas vainement que j'ai adressé la question. Je sais bien que quand on a la main sur la vérité il n'y a qu'à la presser pour la faire jaillir. Je savais bien que, la question posée nettement, il vous serait bien impossible de dire autre chose que non. Eh bien, oui, c'est vrai, *vous ne pouvez pas, avec vos principes, ni arrêter le clergé ni interdire les jésuites.*

Voix nombreuses à gauche. — Non ! non !

Un membre. — A la loi des associations.

Un autre membre. — Qu'on nous rende le droit de réunion !

M. Thiers. — On me dit, je m'y attendais bien, que nous aurons à examiner ce point lors de la loi sur les associations, on devra traiter des associations laïques et des associations religieuses, et voilà pourquoi nous n'en avons pas parlé, et on ne peut pas nous dire, que, par un silence perfide, nous avons cherché à introduire les jésuites en France. Soit, c'est une question d'association religieuse que vous vous réserverez pour le moment où vous discuterez la loi sur les associations.

Seulement, je me permettrai de vous dire que je vous attends à ce jour-là pour savoir *comment vous vous y prendrez pour interdire les jésuites*, VOUS ! VOUS ! (*Vive approbation et hilarité sur les bancs de la majorité*).

L'argumentation si logique, si pressante de Thiers a conservé aujourd'hui toute sa force. Comment ferez-vous, dirons-nous, à notre tour, aux membres de la majorité, pour vous montrer moins libéraux que ceux qui vous ont précédés ? Comment ferez-vous, vous qui avez toujours le mot de liberté à la bouche, qui l'écrivez sur les murailles, pour apporter à la liberté d'enseignement des entraves que ceux qui vous ont précédés et que vous traitez de réactionnaires ne lui ont pas imposées ?

Mais où sont les principes, les raisonnements, les preuves du rapporteur ? Où est, en matière d'enseignement, la délimitation motivée des droits de l'Etat ? On ne voit rien de tel. Et cependant, de l'aveu du rapporteur, il s'agissait avant tout de dégager « la raison politique, qui est la même pour tous les temps et pour toutes les formes de gouvernement » (p. 43). On a prétendu résoudre une question, et, sans même la poser, on la déclare résolue. Logique léonine, dont nous n'avons pas la bonhomie de nous payer.

L'Etat est omnipotent sur l'instruction publique, omnipotent jusqu'au monopole, jusqu'à la confiscation de toute liberté d'enseignement. Telle est la thèse, thèse, il est vrai, désavouée et présentée cependant comme indéniable. Et que fait-on pour l'établir ? On ébauche un raisonnement, on emprunte une similitude, et c'est toute la démonstration.

L'instruction publique est, pour l'Etat, d'un haut intérêt... *Donc*, en matière d'instruction publique, l'Etat doit être omnipotent. Voilà ce que le rapporteur trouve dans la plupart de ses textes, voilà ce qu'il en tire même quand on ne les y trouve pas. Ainsi donc, un fait : intérêt que doit prendre l'Etat à l'instruction publique ; une conclusion : omnipotence résultant de cet intérêt.

Le fait est incontestable, mais la conclusion est fausse. Cette conclusion suppose que l'Etat possède, sur tout ce qui l'intéresse, une omnipotence absolue. Or, il n'en est rien ou nous tombons dans le pur socialisme, puisque nous confisquons par là toute liberté. Trouvez donc dans la vie privée, trouvez dans la vie de famille, un élément où l'Etat ne soit pas plus ou moins intéressé, un élément sur lequel il n'ait dès lors un souverain domaine. Est-ce que la gestion même des fortunes privées est pour lui sans importance ? Dès lors voilà, de par le principe, toutes les fortunes privées mises en interdit ou en tutelle. — Est-ce que, avant l'éducation morale des citoyens, les conditions même de leur éducation physique n'intéressent pas gravement l'Etat ? Dès lors, nous revenons aux théories d'Aristote : l'Etat réglemente de plein droit la propagation de l'espèce, il n'y a plus de famille, il n'y a plus, en surveillance ou en régie, que des haras humains.

Si vous écartez ces excès, le rapport tombe. Spuller se prévaut ensuite d'une similitude. D'après Royer-Collard, ici absurde, l'Université a le monopole de l'éducation, *à peu près* comme les tribunaux ont le monopole de la justice ou l'armée celui de la force publique (p. 18). Le rapporteur badois s'empare de cette assimilation ; il n'a pas même, comme Royer-Collard, la pudeur d'atténuer *à peu près* l'énormité de son dire.

Non, certes, le monopole de l'éducation ne ressemble point, même *à beaucoup près*, au monopole de la justice ou à celui de la force publique et voici une différence entre mille. La justice et la force publique ne préexistent pas à l'Etat, elles en sont parties intégrantes et nécessaires. L'Etat commence précisément à l'heure où les particuliers, cessant de se faire justice par la force, constituent une justice sociale avec une force à l'appui. L'Etat possède, par nature, le monopole de la justice et de la force publique, parce que la force publique et la justice sociale sont l'Etat même, la société protégeant le droit des individus. L'éducation se trouve-t-elle dans une condition analogue ? Est-ce que la famille ne préexiste point à l'état et avec elle la mission éducatrice et tous les droits qui s'y rattachent.

Dans le rapport, comme dans toutes les thèses radicales, la famille est mise à néant. Toutefois, entre la justice sociale, la force publique et l'éducation, il y a une parité oubliée par Royer-Collard, et à laquelle il convient de prendre garde. Dans un temps de division comme le nôtre, qu'est-ce que l'Etat ? Qu'est-ce que la réalité concrète, pratique, active, que ce nom désigne ? Ce n'est plus la société, c'est le parti triomphant, et l'on sait la durée moyenne du règne des partis. Cela étant, quel ami de la société, de la liberté sociale, ne s'effraie pas de voir, aux mains d'un parti et à sa direction, les deux grandes forces sociales, la magistrature et l'armée ? Par la même raison et à plus forte raison, qui ne s'effraiera de voir l'éducation de la jeunesse aux mains et sous le joug de cet Etat, qui n'est plus la société, mais un parti ? L'Etat réel, le parti régnant, c'était hier la monarchie ; c'est aujourd'hui la république. Donc hier l'éducation publique aura dû faire des monarchistes de telle ou telle couleur ; aujourd'hui, elle doit faire des républicains de telle ou telle nuance ; quand la laissera-t-on faire des Français ?

Rien ne reste donc de la similitude invoquée en faveur du monopole, rien ne reste des gauches essais de raisonnement où l'on s'évertue ; rien que le principe socialiste : omnipotence de l'État sur tout ce qui l'intéresse, confiscation de toute activité individuelle ou collective, parce que la direction de cette activité importe à l'État.

Que revendique-t-on en sa faveur ? Le droit d'intervenir en ce qui le touche et de sauvegarder son véritable intérêt ? — Qui le lui conteste ? — Le droit de connaître de l'éducation par le contrôle exercé et par les garanties exigées ? — Qui le lui dénie ? N'est-il point consacré, ce droit, par les lois de 1830 et de 1875 ? Est-on sincère en revendiquant ce qu'on n'a pas cessé de posséder ?

Il y a, ici, un jeu d'hypocrisie. Ce qu'on veut, c'est le monopole ; et le principe, pour le revendiquer, c'est la tyrannie d'État, c'est le socialisme.

Pour réussir à ce jeu, on affecte l'épouvante, et l'on veut faire des doctrines catholiques et de la sainte Église, un épouvantail.

L'épouvantail, c'est l'ultramontanisme triomphant par l'action continue de l'enseignement catholique libre ; ce sont les encycliques des Papes devenant à bref délai le code universel de la société ; c'est l'Église et la Papauté, usant de la liberté d'enseignement, pour ressaisir le monopole auquel elle proteste ne pouvoir renoncer.

Et l'on met en scène un jésuite, le P. Marquigny, déjà honoré, en 1875, des dénonciations de Challemel-Lacour et de J. Ferry. Ce jésuite a osé dire : « Le régime parfait de l'instruction publique, le régime qui répondrait à l'état normal de la société, ce serait que l'Église possédât seule, en fait comme en droit, la direction de l'enseignement à tous les degrés ; ce serait que la surveillance universelle des écoles primaires, secondaires ou supérieures, fût confiée à l'Église, de façon que le dogme et la morale n'eussent rien à souffrir nulle part, ni dans l'enseignement de la religion, ni dans l'enseignement des choses profanes. Il faut bien qu'on le sache, l'Église ne consentira jamais à renier ou à dissimuler son droit souverain de diriger l'éducation entière des enfants, de tous ceux qui lui appartiennent par le baptême. »

Cet enseignement du P. Marquigny est conforme, non seulement à la vraie doctrine, mais au droit. Les enfants baptisés appartiennent à l'Église, c'est son droit propre de les élever selon leur baptême et de les instruire conformément à leur foi. Les lui arracher, c'est un attentat et un rapt criminel et si l'Église en avait la force, elle ferait respecter son droit. Du reste, le P. Marquigny ne va pas jusque-là ; il se contente de poser un idéal. Aux yeux du croyant, « l'état normal de la société » est nécessairement celui où tout le monde serait catholique de cœur et de profession. Or, si jamais cette unanimité reparaissait, qui se plaindrait, je vous prie, que l'Église possédât seule, en fait et en droit, la surveillance de l'enseignement à tous les degrés. Une fois tout le monde ramené à cette conviction que l'Église est la dépositaire infaillible de la vérité qui pénètre tout, qui éclaire tout, qui domine tout, quel mécontent lui imputerait le monopole qu'elle ne réclame point, mais la surintendance de l'éducation universelle. Il n'y a, ici, ni confiscation, ni violence. L'Église n'aurait qu'à étendre la main ; tous, par acte de foi libre, s'empresseraient de lui offrir le sceptre des intelligences.

L'Église ne peut douter d'elle-même, de la vérité et de son droit. L'Église ne peut perdre ni le sens de cet état normal, qui serait la foi partout régnante ; ni l'espoir efficace de le rétablir un jour dans le monde : *Unum ovile, unus pastor*. Mais comment le rétablir ? Par la confiscation de la liberté des résistances ? Non, mais par la persuasion. Veut-on la formule claire, précise, pratique, de ses prétentions ? La voici telle que l'entend tout catholique, telle que doit l'entendre tout homme de bonne foi. L'Église use de la liberté commune non pour la confisquer un jour, mais pour ramener tous les hommes à vouloir en user comme elle. Si nous en étions là, si tout le monde était revenu au catholicisme, qui se plaindrait de voir l'Église et l'État refaire, d'un commun accord, le pacte social chrétien ?

Si ce retour est possible, étant volontaire, il ne blessera personne ; s'il est impossible, pourquoi affecter la peur ?

Dans les conditions de la société présente, l'Église ne possède qu'une force morale et persuasive. L'Église, certes, ne met pas sur le même pied le vrai et le faux. Le chaos des doctrines n'est pas un état normal, l'état normal, c'est l'unanimité dans la vérité première, dans la vérité religieuse et morale. L'Église a conscience de l'offrir ; on n'obtiendra pas d'elle qu'elle s'en taise et qu'elle se renie. Les catholiques usent du droit commun, devenu le droit de la société moderne, pour se maintenir et s'étendre. Mais ce n'est point pour en sortir quand la force aura passé du côté de l'Église ; c'est pour amener le monde à en user comme l'Église. Et si la persuasion rend le monde catholique, il en sera du droit commun et de l'Église, ce que décidera la foi renaissante. Voilà toutes les menaces pour l'avenir ; voilà toute la contre-révolution.

Par contre, ce n'est ni donner le change ni le prendre, que de signifier que le *vrai péril* de la situation, c'est le despotisme de l'État sans frein, ni mesure ; c'est l'infaillibilité de l'État s'imposant par la force à toutes les intelligences. Ce qu'on reproche à l'Église de vouloir faire et qu'elle pourrait très légitimement, c'est cela qu'on fait pour l'État et sans titre. C'est le seul côté sérieux, c'est la conclusion naïve et hardie du rapport.

Plus de champ libre aux opinions : désormais l'Etat professe l'intolérance doctrinale et intime tout le vrai dont il est en possession. L'Etat a droit de « s'assurer des hommes élevés en conformité avec sa propre notion constitutive. » Ce droit, « est-ce pour nous le moment de l'abandonner, quand nous avons de bonnes raisons de penser que notre conviction est meilleure que celle de nos devanciers et que nos principes sociaux sont enfin les vrais. La vérité renoncerait donc au privilège que l'erreur de bonne foi s'est toujours attribué ? » (p. 43.)

Vous entendez ce langage. On fait, aux libéraux, peur de l'Eglise ; on la montre toujours jalouse d'imposer ce qu'elle croit vrai, toujours jalouse de ressaisir, pour l'imposer, la force coercitive d'autrefois. Et cette intolérance c'est à l'Etat qu'on la transporte.

Un publiciste d'un certain renom, Charles Renouvier, distingue, sur les rapports de l'Eglise et de l'Etat, trois hypothèses :

Ou l'Etat ferme les yeux sur l'instruction publique, il tolère un individualisme absolu, une indépendance doctrinale qui peut lui devenir funeste ;

Ou l'Etat, incompétent par lui-même en matière de religion et de doctrine, s'inspire d'une autorité étrangère, de l'Eglise, par exemple, dont il accepte et impose la doctrine ;

Ou l'Etat connaît de la morale et de la religion ; et, possédant la loi morale et la règle des bonnes mœurs, il est capable de les enseigner et d'en surveiller partout l'enseignement.

En trois mots : ou l'indifférence de l'Etat, ou l'Eglise réglant l'Etat, ou l'Etat voulant se constituer en Eglise. Or, de ces trois hypothèses, le rapporteur rejette la première ; il rejette encore plus la seconde ; il ne lui reste que la troisième. L'Etat connaissant par lui-même de la religion et de la morale ; l'Etat enseignant lui-même et de par lui-même la morale et la religion de l'Etat ; la religion laïque et civile de Rousseau, réclamant le privilège auquel ne peut renoncer la vérité, c'est-à-dire le monopole avec la force coercitive à l'appui.

On ne veut pas de l'Eglise, on ne veut pas du libre chaos des doctrines ; reste une morale et une religion d'Etat ; mais pour les imposer, il faut les faire. Eh bien, faites-les.

Vous dites maintenant : « L'Etat, c'est nous. » Positivistes, matérialistes, darwinistes, nihilistes, hégéliens, sceptiques ou sectaires, votez un symbole religieux et moral, imposez ce programme aux lycées, pour écarter l'inconvénient de l'individualisme doctrinal et l'inconvénient, plus grave à vos yeux, d'une inspiration reçue de l'Eglise. Sous bénéfice d'inventaire, nous acceptons votre principe et vous attendons à la pratique.

Nous vous défions même de vous entendre sur un seul point de dogme positif et de morale obligatoire. Votre symbole n'aura qu'un article, la négation du christianisme, si ce n'est la négation de l'âme et de Dieu. Le cléricalisme déclaré ennemi, voilà toute votre religion. En désaccord sur tout, vous n'avez qu'un lien, la haine du Dieu de l'Evangile.

En matière de doctrines, dans une société divisée comme la nôtre, l'Etat ne peut que laisser faire la liberté ou se précipiter dans le despotisme. L'Etat, maître souverain de tout ce qui l'intéresse, c'est l'Etat omniarque du socialisme. C'est un triomphe pour la liberté et la justice que de forcer leurs adversaires à se découvrir et à se livrer de la sorte.

Les projets Ferry et surtout l'article 7 excitèrent, en France et en Europe, la surprise, le mécontentement et la colère. Eh quoi ! disait-on, est-ce bien à ces hommes, qui se sont posés en partisans de toutes les libertés civiles et politiques, à venir ainsi, avec une naïveté imbécile ou avec une tyrannie impudente, porter atteinte aux droits de la famille et de l'Eglise. L'Etat, sous les régimes précédents, n'a rien perdu ; ce qu'on veut lui attribuer ne lui appartient pas ; et s'il lui est conféré, c'est la constitution d'un despotisme gigantesque, tel que Napoléon lui-même, si entendu en despotisme, ne l'avait pas su concevoir. L'esclavage des âmes proclamé comme l'Etat régulier de la civilisation ; l'asservissement de l'homme à l'homme, dans sa pensée et dans son cœur, conçu par des hommes qui se disent libres-penseurs et qui sont trop souvent libres-faiseurs.

Les premiers qui protestèrent, ce furent les conseils généraux. Les conseils généraux sont les états des communes de France ; ils connaissent de tous leurs intérêts et ne jugèrent pas à propos de se désintéresser des projets Ferry. Leur conduite ne fut pas uniforme ; chaque assemblée agit selon ses idées, ses sentiments et ses dispositions. *Tot capita, tot sensus.* Vingt-six conseils généraux, considérant la question comme politique, s'abstinrent ; quinze, avec l'approbation des préfets, donnèrent un vote favorable aux projets Ferry ; trois ou quatre adoptèrent l'ordre du jour ou votèrent la question préalable dans le même sens ; mais sept votèrent la question préalable ou l'ordre du jour dans un sentiment hostile aux projets et trente-trois, malgré l'opposition des préfets, condamnèrent absolument les propositions du ministre. Le ministère et ses agents n'avaient rien négligé pour étouffer l'éclat de ces protestations ; ils avaient particulièrement défendu aux conseillers généraux qui étaient maires ou fonctionnaires révocables, d'opiner contre le gouvernement. Malgré tout, il reste avéré que la majorité des conseils généraux se déclarèrent contre les projets Ferry.

Aux votes des conseils généraux s'ajoutèrent les pétitions. « Pétitionnez et vous serez écoutés, disait Cormenin ; nous n'écartons que les propositions inconvenantes, intempestives, dangereuses ou extravagantes, les sollicitations ridicules et les plaintes injustes. » Certes, le vaste pétitionnement qui, pendant plusieurs mois, se poursuivit dans la

France entière, n'avait pour but rien d'intempestif, car il s'agissait de conjurer un péril imminent ; — rien de dangereux, car il réclamait le maintien des lois existantes ; — surtout rien d'extravagant, de ridicule ou d'injuste... Donc, pétitionnez et vous serez écoutés. Hélas ! nous avons lieu de craindre que Spuller ne soit ici moins libéral que M. de Cormenin. Comment croire à l'impartialité d'un rapporteur qui, sans la moindre preuve à l'appui de l'accusation qu'il porte, ose écrire les lignes suivantes : « Il devient trop évident que ces pétitions sont l'œuvre d'un parti qui s'agite, qui fomente des passions politiques sous le couvert d'intérêts religieux ».

Ce qui est fort remarquable, au contraire, c'est que les pétitions n'émanent d'aucun parti ; c'est que les opinions les plus opposées s'y rencontrent sur le terrain commun des grands intérêts religieux et sociaux ; c'est que les républicains ont signé pêle-mêle avec les monarchistes de toutes nuances, les protestants et les juifs avec les catholiques.

Aussi bien, l'histoire de cette solennelle manifestation de l'opinion publique sera faite en son temps ; l'on dira en détail les mesquines et odieuses persécutions auxquelles les agents du pouvoir ont eu recours pour l'entraver, le refus de légalisation opposés par les maires, les destitutions d'humbles fonctionnaires, de gardes champêtres coupables d'avoir exprimé une opinion contraire à celle de Ferry... Pour le moment, il suffit de savoir que le pétitionnement en faveur de la liberté d'enseignement et de la liberté religieuse compte DIX-HUIT CENT MILLE signatures : chiffre imposant, surtout si l'on considère qu'il fût atteint *en moins de trois mois*, malgré mille obstacles. Un petit nombre de ces pétitions sont adressées à la Chambre des députés, toutes les autres au Sénat. Nous n'avons point à rechercher les motifs de ce choix ; au besoin, on en trouverait l'explication dans le rapport lui-même. Il déclare, en effet, que la commission avait pris son parti d'avance : « Résolue à adopter le projet de loi du gouvernement, elle a considéré les pétitions dirigées contre ce projet de loi comme une œuvre de critique et de polémique qu'il appartient à la Chambre d'écarter par l'ordre du jour pur et simple. » — Ce sans-façon qu'on pouvait prévoir, n'était pas pour inspirer confiance aux pétitionnaires.

Le rapporteur, qui fait fi des pétitions catholiques, juge à propos de décerner des louanges à la « Ligue de l'enseignement », qui naguère aurait, dit-on, recueilli plus de treize cent mille signatures, pour réclamer l'obligation, la gratuité et la *laïcité* de l'enseignement primaire. A ses yeux, cette pétition est *formidable*. Pourquoi deux poids et deux mesures ? Il y a erreur de fait et d'appréciation. Nous avons sous les yeux un document officiel qui constate ce qui suit :

1° La pétition de la Ligue d'enseignement réclamait seulement la gratuité et l'obligation, sans parler de *laïcité*. L'autre formule, unissant les trois mots, provenait de quelques journaux radicaux. Or, on a additionné pêle-mêle toutes les signatures, sans tenir compte de cette différence.

2° Le pétitionnement dont il s'agit fut organisé en 1870, et obtint, à cette époque, 266.480 signatures.

Repris après la guerre, il se poursuivit jusqu'en 1873 ; au bout de ces trois années, il donna les résultats suivants :

Pour l'instruction *obligatoire*. . . . 113.693
Pour l'instruction *obligatoire et gratuite*. 419.151
Pour l'instruction obligatoire, gratuite et *laïque* 407.031
Total. 939.875

On a donc tort de confondre ces chiffres. Parmi les pétitionnaires réclamant *l'obligation*, on trouve des ecclésiastiques qui, évidemment, n'entendaient point prendre part à la manifestation *laïque*, c'est-à-dire anti-religieuse et maçonnique, organisée par Jean Macé.

3° De quel droit additionne-t-on le pétitionnement de l'année 1870 et celui des années 1871-1873, puisqu'il est plus que probable que les mêmes personnes ont, en grand nombre, apposé leurs signatures à cette double liste ?

4° Et puis, pourquoi Spuller, qui s'extasie devant *la pétition formidable* des adversaires de l'enseignement religieux, ne dit-il rien du pétitionnement catholique, commencé seulement en 1872, et qui, à la même date, avril 1873, donnait ce résultat :

Instruction morale et religieuse . . 1.001.388
   »   libre. . . . 7.912
Total 1.009.300

5° Enfin, il est de notoriété publique que les pétitions anti-catholiques étaient à la disposition du public dans maints cafés et débits de vin. — Ah ! s'il s'était agi d'une protestation contre les projets de loi Ferry, comme l'autorité se fût empressée d'y mettre ordre !

Voilà bien des faits, et dans le rapport, autant d'erreurs que de faits. Et cependant les manifestations de l'opinion publique sont chose sacro-sainte, dit-on, pour les républicains. Au fond, mépriserait-on l'idole qu'on feint d'adorer ?

Les évêques, à leur tour, élevèrent la voix ; ils furent unanimes dans leur protestation. Les uns, unis à leur métropolitain, présentèrent une protestation collective ; les autres, par des lettres séparées, adhérèrent aux protestations de leurs collègues ou parlèrent en leur nom ; trois composèrent des ouvrages de plus longue haleine : l'évêque d'Autun et l'évêque de Montpellier pour traiter la question à fond ; l'évêque de Grenoble, pour soutenir particulièrement la cause des congrégations religieuses : ce dernier eut l'honneur d'être particulièrement molesté par le gouvernement. Ces opuscules et ces lettres sont autant de monuments de sagesse politique, d'intelligence de la situation, de connaissance du droit et parfois d'éloquence. Mais nul ne surpassa et tous n'égalèrent pas l'éloquent évêque d'Angers, l'Athanase de notre temps. J'ai le regret de ne pouvoir rapporter ici ses observations sur la constitution du conseil supérieur et ses critiques du rapport de Spuller. Ces documents, au surplus, se trouvent dans la plupart des bibliothèques.

Pour ne pas trop multiplier les citations, nous procédons par voie d'analyse. Les griefs de l'épiscopat peuvent se ranger sous trois chefs :

1° Le projet de loi porte atteinte à des droits acquis ; il témoigne d'un funeste esprit d'instabilité dans la législation qui peut ruiner dans le pays le respect dont doivent être entourées la loi et l'autorité ; enfin, il rallume une guerre que l'on croyait éteinte, qui a duré près de cinquante ans et qui s'est terminée par des transactions honorables entre les deux parties, entre l'Etat et l'Eglise

2° Le projet de loi ne porte pas seulement atteinte au principe de l'enseignement supérieur, mais à la liberté même de la conscience, par l'article 7 qui interdit l'enseignement dans les écoles publiques et privées aux personnes affiliées à des congrégations religieuses non autorisées ;

3° Enfin le projet de loi annonce l'intention manifeste d'imposer à toute la nation, par les voies légales, un enseignement irrégulier pour arriver à *décatholiciser* la France.

Voilà de graves accusations. Sont-elles fondées ? Certainement.

Les simples citoyens de toutes les opinions avaient protesté contre les projets Ferry ; la majorité des conseils généraux avait fait entendre également des protestations ; les évêques avaient protesté après les pères de famille et leurs ayants-cause. Une voix restait à entendre pour constituer, en France, l'unanimité morale des honnêtes gens et ne plus laisser au gouvernement que la canaille ; cette voix était celle des jurisconsultes. Ces hommes de lois, magistrats de profession, professeurs de faculté ne purent, en présence de ces attentats prémédités, garder le silence. Un mémorandum de l'Université catholique de Lyon et des observations de la *Revue des Institutions catholiques*, observations et mémorandum que signèrent plus de cent avocats, docteurs, professeurs, jurisconsultes, unanimes dans leur protestation patriotique contre la tyrannie des Ferry, des Paul Bert et autres gens de rien qui voulaient asservir la vieille France. — Nos discussions précédentes offrent le résumé de ces documents.

Un trait à noter, c'est que cet article 7 et toutes les lois persécutrices de laïcisation scolaires, étaient inspirées au gouvernement par les huguenots. Paul Bert et Jules Ferry n'étaient que les valets politiques des pasteurs, plus ou moins défroqués, Pécaut, Steeg et Buisson. Le Pécaut avait écrit : « L'œuvre de sécularisation morale, que les sociétés catholiques n'ont pas accomplie au XVIe siècle, par voie de réforme ecclésiastique ou religieuse, les sociétés catholiques tentent de la faire par voie de réforme scolaire ». De son côté le Prussien Steeg disait : « Je me sens plus que jamais, à travers tout cela et en tout cela, *pasteur protestant* ». Quant au cynique Buisson, c'est lui qui a écrit ces infâmes propos : « Un uniforme est une livrée et toute livrée est ignominieuse, celle du prêtre et celle du soldat, celle du magistrat et celle du laquais ! » et il veut, pour faire faire un pas à l'opinion, qu'on apprenne par cœur cette maxime aux enfants. C'est la suprême ignominie, exprimée d'ailleurs en patois de Neufchâtel, patrie de Marat.

La France n'exprima pas seule son horreur pour les projets Ferry ; l'Angleterre, cette patrie du droit et de la liberté, fit aussi connaître ses sentiments de réprobation. L'auteur de la *Réforme sociale*, Frédéric Le Play, avait interrogé plusieurs amis d'outre-Manche. Saint-Georges Mivart, aux applaudissements de lord Gladstone et de lord Roseberry, lui envoya cette réponse :

ÉTAT DES IDÉES ET DES INSTITUTIONS SUR LA LIBERTÉ D'ENSEIGNEMENT EN ANGLETERRE

I. — Tous les habitants de l'Angleterre, nationaux ou étrangers, sont libres d'ouvrir une école à leurs frais, d'enseigner ou de s'associer pour l'enseignement, à leur gré, pourvu qu'ils ne commettent aucune offense contre la morale publique, au sens ordinaire de ce terme.

II. — L'adoption d'une loi qui priverait des individus ou des catégories d'individus de leur liberté à cet égard, serait regardée comme un acte absolument tyrannique. Aucune mesure de ce genre n'aurait chance d'être votée par le Parlement.

III. — Chaque père de famille a le droit de faire instruire ses enfants dans l'école de son choix, de subventionner et d'employer une école de son propre culte (*strictly denominational school*), dont les maîtres sont librement choisis.

IV. — L'abolition de cette liberté serait considérée comme une oppression intolérable. Le gouvernement respecte scrupuleusement la liberté des écoles ainsi fondées. Il s'interdit toute immixtion dans leurs affaires. Il accorde, en Angleterre, à celles qui se soumettent à l'inspection publique, de larges subsides, tout en leur laissant la plus complète liberté religieuse. Ainsi toutes les communions religieuses, même les plus petites, qui ont en propre des écoles inspectées par le gouvernement, sont libres de nommer ou de révoquer les maîtres et choisir les livres qui seront employés pour l'instruction religieuse. En outre, chacune est libre aussi de former son personnel de maîtres et de maîtresses dans ses propres écoles normales, auxquelles la subvention de l'Etat est accordée, en proportion des résultats obtenus et parfois jusqu'à concurrence de la moitié de la dépense totale.

V. — Il règne en Angleterre diverses opinions sur l'organisation des universités et la collation des grades. Cependant il est un point sur lequel il ne s'élève aucun doute : si de grandes dépenses avaient été faites sous l'autorité d'une loi récente, et qu'au bout de deux ou trois ans seulement cette loi fût abrogée de manière à détruire en fait les capitaux employés, les opinions les plus différentes s'accorderaient pour condamner un tel acte et pour lui opposer une protestation énergique.

VI. — L'attachement au *self-government* est tel en Angleterre qu'il serait impossible d'y introduire le système de Napoléon Ier, qui confiait à un corps gouvernemental et central la direction de l'enseignement dans le pays tout entier. Le retour à un pareil système, après qu'il a été abandonné, serait considéré comme un pas rétrograde, en quelque pays qu'il se produise.

VII. — Selon l'opinion générale, l'émulation est un stimulant salutaire pour le développement de l'activité sociale; et ce stimulant n'est pas moins efficace dans l'enseignement que dans toute autre branche. A ce même point de vue. on considérerait un corps protégé contre toute concurrence comme en danger de mal remplir sa mission et comme exposé plus qu'un autre à la décadence.

Ces consultations posent, devant l'histoire, la question générale des droits parallèles de la famille, de l'Eglise et de l'Etat ; il est utile de les déterminer avec la dernière précision.

En principe de droit, l'éducation des enfants appartient aux parents, sous la haute direction de l'Eglise, et non de l'Etat. L'éducation est une fonction domestique et religieuse, non point une charge politique ou gouvernementale. Le rôle de l'Etat doit se borner à protéger les droits des parents et de l'Eglise ; à aider les parents et l'Eglise dans l'accomplissement de leurs devoirs. Voilà une vérité élémentaire, qui doit sauter aux yeux de tous les chrétiens ; c'est, on peut le dire, la tradition du genre humain ; l'Etat enseignant, c'est un système moderne et révolutionnaire.

Le seul mot : Instruction publique, comme appartenance d'Etat, est un mot maçonnique, anti-social, qui devrait déchirer les oreilles de tout catholique. Un département de l'instruction publique, fondé, organisé, dirigé, contrôlé par l'Etat, est une monstruosité, une usurpation, une violation flagrante du droit naturel. C'est pire, cent fois pire que ne serait un département de l'alimentation publique ; car l'Etat a bien moins le droit d'intervenir dans la formation morale et intellectuelle de l'enfance, que dans son développement corporel et physique. Si l'Etat voulait réglementer la nourriture et le vêtement des enfants, sous prétexte qu'il a besoin d'enfants forts et robustes, les parents se révolteraient et diraient à l'Etat : « Vous sortez de votre rôle, vous empiétez sur notre terrain. » Mais, par un aveuglement étrange, ces mêmes parents, qui repousseraient, avec indignation, toute intervention de l'Etat dans les soins matériels qu'il faut donner à l'enfance, acceptent peu à peu, sans la moindre protestation, l'ingérence de l'Etat dans la formation morale et intellectuelle de l'enfance. Pourtant c'est dans la formation de l'âme de leurs enfants, bien plus que de leur corps, que les parents ont des droits sacrés à défendre et des devoirs inaliénables à remplir. Voilà pour la famille.

Quels sont, en matière d'éducation, les droits de l'Eglise ? L'Eglise a reçu, de son divin fondateur, le droit d'enseigner chez tous les peuples, à plus forte raison chez les peuples qui lui appartiennent par le baptême et par la foi : 1° la doctrine chrétienne dans les chaires et dans les écoles. Les ministres et les rois n'ont point à lui demander compte de ses ordres ; ils doivent laisser passer ses envoyés ; la raison même leur fait un devoir de les entendre ; 2° par voie de déduction et indirectement l'Eglise a le droit d'enseigner les sciences qui se rattachent à la doctrine chrétienne. Toutes les sciences humaines lui reviennent, au moins en ce sens qu'elles n'ont pas le droit de déroger à l'Evangile, encore moins d'y contredire. De plus, ces sciences entrent positivement dans son domaine, en ce sens que rien n'empêche les gens d'Eglise de les cultiver ; que les gens d'Eglise les ont cultivées dans tous les temps et pas sans succès ; et que ces sciences contribuent à l'éducation de l'homme, charge qui appartient certainement à l'Eglise. C'est pourquoi le président de Thou écrivait : « L'instruction de la jeunesse fait partie de la juridiction ecclésiastique » ; et autrefois on ne pouvait ouvrir aucune école sans la permission de l'évêque ; — 3° enfin l'Eglise a le droit de contrôler, au point de vue moral et religieux, l'enseignement des écoles qui ne relèvent point d'elle immédiatement.

L'histoire n'a qu'un cri pour confirmer ces lois. Toutes nos universités eurent pour fondateurs des papes et des évêques. Un légat du Saint-Siège avait même dressé les statuts de l'université de Paris, la plus célèbre de toutes. « Les Papes, dit son historien, Crévier, étaient ses souverains législateurs, et sous leur autorité, elle faisait elle-même ses règlements. » Les *Mémoires du clergé*, t. I, p. 1642, en rendent parfaitement raison : « Le but principal de l'éducation n'est pas seulement d'instruire les hommes ; son objet est de les élever, de les former à la religion et à la vertu ; sans cela les lumières mêmes deviennent dangereuses ; les connaissances ne sont qu'un écueil et pour celui qui les possède et pour ceux à qui il les communique. Ce rapport essentiel des écoles à la foi et aux mœurs est le principe du droit qu'ont les évêques de veiller à l'éducation. Ce droit est fondé sur celui de prêcher, de s'instruire, qu'ils ont reçu de Dieu. »

Quels sont maintenant les droits de l'État ?

1° D'abord, sous peine de contradiction, l'État n'a pas le droit d'empêcher l'Église et les familles de fonder des écoles, des collèges et des Universités ; 2° sur ces établissements, l'État n'a d'autre droit que de veiller au bon ordre et au maintien de la tranquillité publique ; 3° l'État n'a pas le droit d'imposer ses doctrines, ses programmes et son contrôle prépondérant ou exclusif pour la collation des grades ; 4° au cas où il plaît à l'État de fonder des collèges et des écoles, il ne peut empêcher l'Église d'y donner l'enseignement catholique ; 5° et sans vouloir déterminer ce que peut ou ce que ne peut pas l'État dans ces matières, il fait mieux de s'abstenir d'être maître d'école.

L'enseignement n'est pas un service public, vu que les particuliers peuvent se le rendre à eux-mêmes et que cette usurpation de l'État sur les services privés est un danger social, un commencement de communisme. L'enseignement officiel est d'ailleurs une entreprise contre la liberté et la conscience de ceux qui dépendent de l'État. Soustraire l'enseignement au contrôle de l'Église, c'est le vouer aux mauvaises doctrines, aux mauvaises mœurs, aux études faibles. Elever un enfant, c'est presque civiliser un barbare. Il n'y a que Dieu, la religion et l'Église qui puissent y suffire.

Après ces explications, nous n'avons pas à nous arrêter beaucoup aux discussions parlementaires. Les deux premières lois du citoyen Ferry suivirent la procédure ordinaire, d'abord à la Chambre, puis au Sénat. A la Chambre, les partisans de l'article 7 donnèrent à la discussion une tournure étrange et, disons le mot, absurde. Pour prouver l'incompatibilité des congrégations non autorisées avec la société moderne, Ferry, « le premier des menteurs et le dernier des lâches », et le cynique Paul Bert firent une diversion à travers la littérature ecclésiastique. L'abbé Moullet, auteur peu connu ; Humbert, l'auteur des *Pensées chrétiennes* ; le P. Gury, auteur d'un abrégé de théologie ; Marotte, vicaire général de Verdun, auteur d'un cours élémentaire d'enseignement religieux pour les maisons d'éducation ; le P. Gazeau, l'abbé Courval, prêtre séculier, et Joseph Chantrel, laïque, auteurs d'un cours d'histoire contemporaine, furent mis au pillage avec l'intention de prouver qu'ils n'étaient pas les admirateurs de la révolution. Au point de vue logique, c'était insensé ; au point de vue moral, c'était misérable ; mais d'autant mieux approprié aux talents des persécuteurs et aux vertus des députés sous-vétérinaires. Ces indécences furent relevées à la Chambre et hors de la Chambre, avec autant de facilité que de succès, mais sans prise sur l'étroit cerveau des 363, devenus, par les invalidations, 385. Cette question d'enseignement, la première dans toute société civilisée, passait par-dessus ces têtes bassées et, comme dit le proverbe, le râtelier était trop haut pour la bête.

Ces stupides ignorances et ces imbéciles excès provoquèrent, entre républicains, une scission. La clique de Gambetta et de Ferry, la clique des néo-jacobins, donna carte blanche contre la liberté ; les républicains libéraux, ennemis nés de toute dictature, considérant que la république n'est recevable que comme proclamation de la liberté individuelle et sociale, se refusèrent à suivre l'impulsion du Vitellius opportuniste. Ce gros homme, qui faisait revenir, pour ses omelettes, du Danemarck, des œufs de vanneau et qui prenait, dans le ruisseau, ses idées, se croyait déjà maître de la France, et, pour inaugurer son règne, commençait par ligaturer les têtes. Personne ne s'étonnera que les catholiques et les conservateurs, les Ferdinand Boyer, les Mackau, les Dufournel, les Bourgeois, les Lucien Brun, les Chesnelong, les Gaslonde, etc., aient défendu la liberté. Mais on admirera justement que des républicains soient venus à cette conception de société où l'État n'est rien que le mandataire de la nation et ne peut pas avoir contre ses mandataires des droits que ceux-ci n'ont pas et n'ont pu, par conséquent, lui conférer. Des républicains soi-disant, un Ferry, un Spuller, un Paul Bert disant : « L'État, c'est nous ! » et en vertu de leur autocratie prononçant des révocations d'édits de Nantes, édictant des restrictions du droit civique, se poussant à la proscription, c'est-à-dire commettant des crimes politiques, punissables comme tous les crimes, c'est cela qui donne une fière idée de leur esprit et de leur vertu.

Le premier des républicains qui aient protesté contre ces attentats prémédités, c'est Thiers. « Pour moi, disait Thiers, toucher à une question religieuse est la plus grande faute qu'un gouvernement puisse commettre. Il était impossible de créer l'unité italienne sans renverser le gouvernement temporel du Saint-Siège. Eh bien ! pour moi, affliger quelque nombre que ce soit de consciences religieuses est une faute qu'un gouvernement n'a pas le droit de commettre.

« Le plus haut degré de philosophie n'est pas de penser de telle ou telle façon ; l'esprit humain est libre, heureusement ! Le plus haut degré de philosophie, c'est de respecter la conscience religieuse d'autrui sous quelque forme qu'elle se présente, quelque caractère qu'elle revête.

« Quant à moi, désoler les catholiques, désoler les protestants, est une faute égale. Les protestants ne veulent pas qu'une seule communion chrétienne puisse dominer les autres :

c'est leur croyance et c'est leur droit. Les catholiques croient qu'une seule communion, dans le christianisme, doit dominer les autres, pour maintenir ce grand et noble phénomène religieux, l'unité de croyances; ils le croient et ils ont raison, c'est leur droit; et tout gouvernement qui veut entreprendre sur la conscience d'une partie quelconque de la nation est un gouvernement impie, aux yeux même de la philosophie ».

Un jeune député du Jura, Etienne Lamy, tablant sur ces déclarations, prononça un discours qu'il faudrait insérer tout entier dans ces *Annales*. Ce discours honore également la raison et la sagesse de l'orateur ; il a quelques titres à la reconnaissance de l'Eglise. Dans un sentiment prophétique l'orateur prédisait le temps où l'Église spoliée exciterait, contre ses adversaires, un soulèvement de pitié; et où les ennemis de l'Eglise, succombant à l'injustice de leurs violences, entraîneraient, dans leur disgrâce, la ruine de la république.

Les discours contre l'article 7 étaient d'ailleurs inutiles ; le siège de la Chambre des députés n'admettait pas changement de stratégie. Le 16 mai lui avait fait peur, elle voulait se venger du 16 mai ; et, par une logique qui ne peut appartenir qu'à une assemblée, pour punir les Broglie, les Fourtou, les Mac-Mahon, de leur impuissance, on voulait frapper les jésuites. L'article 7 fut voté, comme les autres, avec quelques modifications qui ne touchaient pas au principe sectaire et despotique de la loi. Jules Ferry put se frotter les mains.

Au Sénat, l'affaire n'alla pas aussi rondement. Le Sénat n'avait pas à tirer, contre le 16 mai, des représailles; il comptait des hommes de talent et d'expérience, des hommes mûris par les années, parfois par les épreuves ; il ne pouvait pas accepter aisément la solidarité des attentats que le gouvernement préméditait. Une commission fut nommée qui représentait toutes les nuances d'opinions du Sénat ; elle examina longuement les projets Ferry et nomma, pour son rapporteur, Jules Simon. Jules Simon était un disciple de Cousin, philosophe devenu homme politique, sincère dans ses convictions et peu disposé à subir une politique dont les passions faisaient tous les frais. Dans son rapport, Jules Simon, au lieu d'épouser un parti se borna à rapporter toutes les résolutions soutenues par les membres de la commission; il présenta d'abord les opinions des partisans du projet de loi, puis les opinions des adversaires catholiques, enfin les opinions de ceux qui, comme lui, sans être ni adversaires absolus ni partisans aveugles des projets, admettaient certaines choses et en rejettaient certaines autres. Des critiques pour ou contre les jurys mixtes, le nom d'université, les inscriptions, les droits d'examen sont ici de médiocre importance. Le point capital, c'est l'article 7, proclamé légitime par les Bertauld, les Ronjat et autres légistes de la haute assemblée; mais déclaré inadmissible par les Voisins-Lavernière, les Béranger, les Dufaure, et autres, légistes aussi, mais esprits plus ouverts et cœurs plus élevés que ces autres, attachés au râtelier de la république et payant, par la servilité de leurs opinions rétrogrades, la botte de foin.

Quand le rapport vient en discussion au Sénat, Voisins-Lavernière, en réponse au fanatique et servile Pelletan, posa, selon nous, le vrai point du débat, le principe de droit auquel tout doit se subordonner, la règle de morale qui doit sauvegarder tous les intérêts et tous les droits.

Dans l'ancienne société française, le pouvoir existait comme une création antérieure et supérieure à la nation ; et le pouvoir s'incarnait dans le roi. Du roi, par voie de concession gracieuse, émanaient tous les privilèges de la noblesse, du clergé et du tiers, toutes les chartes des provinces et les libertés des corporations. Ces concessions, le roi pouvait à son gré, les étendre, les restreindre, les retirer ou les retenir. Son bon plaisir était la source de tous les droits sociaux, entendant par là, non pas son caprice déraisonnable ou sa fantaisie d'un jour, mais sa prérogative royale de souverain. En 1789, cet ordre fut renversé, ce qui était en haut fut placé en bas ; ce qui était en bas fut placé en haut ; et le droit, au lieu d'émaner d'un pouvoir, fut déclaré inhérent à chaque citoyen, à chaque homme individuellement pris. De là, cette fameuse déclaration des droits de l'homme et du citoyen, papier dont on peut discuter les propositions dogmatiques, les contester même, mais dont le principe est toute la révolution. L'homme a ses droits, inaliénables et sacrés ; il entre en société et acquiert le titre de citoyen ; citoyen, il confie à des mandataires la charge, non pas de lui accorder des grâces, mais de lui *maintenir* ses droits naturels et inamissibles. Le citoyen est la base de tout, dans l'ordre nouveau ; il ne peut pas accorder à ses représentants des prérogatives qu'il n'a pas lui-même ; il ne leur concède que ce qu'il a, et encore avec des restrictions et sous condition. L'ensemble des citoyens, c'est la société ; l'ensemble des délégués des citoyens, pour gouverner, administrer, juger ou défendre la société, c'est l'Etat. Mais l'Etat, mandataire délégué, renfermé dans sa catégorie de services, limité à sa fonction, sans qualité aucune pour entreprendre sur les droits de l'homme et du citoyen. Tel est le principe de la société nouvelle ; y porter atteinte, par un article 7 quelconque, c'est un acte de haute imbécillité ou un crime de lèse nation.

C'est en ce sens qu'opine très sagement, selon nous, et très fortement contre les républicains, valets de César, le sénateur Voisins-Lavernière. « Quel est donc, dit-il, cet Etat qui revendique des droits inaliénables ? A-t-il une force intrinsèque, une puissance qu'il tienne de son essence même et dont il puisse disposer à son gré? Est-il quelque chose d'*absolu et de préexistant* à la société? Je ne le suppose pas, car les constitutions et les lois qui sont les organes de l'Etat et dans lesquelles il se meut, et les assemblées qui les font, et les ministres qui veillent à leur exécution, et la forme du gouvernement sont essentiellement mobiles et changeants.

Cet état de droit divin auquel vous attribuez des prérogatives souveraines, cet état n'existe pas; vous le créez pour les besoins de la cause. Vous croyez défendre des droits naturels, et, en réalité, c'est à vos tendances autoritaires que vous obéissez. Demandez-nous au nom de la société, si vous la croyez menacée dans ses intérêts intellectuels et moraux, des garanties dont nous aurons à vérifier l'opportunité et la justice, mais ne revendiquez plus au nom de l'Etat abstrait des droits dont il n'a pu être dépouillé, puisqu'ils ne lui appartiennent pas.

L'Etat n'a que des droits consentis par la société qui, elle-même, obéit à des lois consenties par les citoyens; et le Gouvernement qui représente l'Etat, qui en est la forme concrète, n'est que le gardien et l'exécuteur du pacte social et politique; il ne doit prendre à la liberté de chacun que la part qui lui a été concédée pour assurer la liberté de tous et contribuer à la force et à la prospérité du pays. En dehors de ces attributions conservatrices et protectrices, l'Etat n'est rien, n'a droit à rien, et tout ce qu'il s'attribue au delà n'est qu'usurpation.

Pour devenir citoyens, nous avons tous aliéné une part de notre liberté ou nous l'avons disciplinée pour ne pas nuire à la liberté des autres.

Mais nous n'avons jamais dû consentir à sacrifier à la société ni à l'Etat des droits naturels, inséparables de notre personnalité morale, ce serait un suicide; et la famille, qui est la véritable unité sociale et qui, je le suppose, a présidé la société et l'Etat, n'a pu aliéner le premier de ses droits, qui est en même temps son premier devoir, le droit sacré d'élever l'enfant dans ses principes, dans ses croyances et par les maîtres de son choix, le droit de cultiver son intelligence et son cœur qui est identique à la liberté de l'aimer. Je dis que ce sacrifice impie n'est pas admissible, et que s'il a été imposé par la force, ce n'est pas au Gouvernement républicain à sanctionner cette violence et cette iniquité.

Comment! il a fallu un demi-siècle et trois périodes de libéralisme sincère pour réaliser la liberté de l'enseignement à tous les degrés, et c'est lorsque la République est triomphante, lorsqu'après neuf années de tâtonnements et de luttes elle a trouvé son unité et sa stabilité dans l'harmonie des pouvoirs publics, alors que la loi de 1875 n'a produit aucun résultat regrettable, c'est alors que vous voulez revenir en arrière et détruire cette liberté si laborieusement conquise! Vous reculez jusqu'aux procédés du premier empire et de la Restauration. Et pour justifier cette invasion sur la liberté de l'enseignement au nom de prétendus intérêts de la République, vous êtes forcés d'emprunter vos arguments à la monarchie absolue et à l'empire autoritaire, comme s'ils ne juraient pas avec nos principes démocratiques!

Moins respectueux pour les errements du passé, mais aussi dévoués que vous à nos institutions, nous les libéraux de la république, nous combattons votre loi au nom des principes que nous avons toujours défendus. Il est vrai que ces principes ne sont plus aujourd'hui en grande faveur; on n'épargne à ceux qui les défendent ni les railleries ni l'outrage.

M. *le général Robert.* — Ni les menaces.

M. *de Voisins-Lavernière.* — Mais qu'importe, si, en restant fidèles à leur passé, en obéissant à leur conscience, ils servent les intérêts du pays et de la République mieux que ceux-là qui les accusent de les trahir.

Sur la question de droit positif, le jurisconsulte Bérenger, répondant au procureur général Bertauld, qui, dans son heureuse candeur, avait qualifié les lois Ferry *de lois des suspects*, déclare que si le droit d'enseigner est refusé par le droit ancien et par le droit nouveau, il était bien inutile de demander une nouvelle loi.

L'article 7 fut rejeté par le Sénat; l'arme dont Jules Ferry voulait armer le gouvernement fut brisée. Si le gouvernement eût été politiquement honnête, il eut considéré le rejet de cet article comme faisant droit et réglant la situation. Une telle sagesse ne pouvait convenir ni à ses idées, ni à ses passions, ni à ses fureurs impies. Après le rejet de l'article 7, nous arrivons à un coup d'Etat.

Les décrets du 29 mars.

L'article 7 fut rejeté le 15 mars au Sénat; le lendemain, un homme à tout faire proposa à la Chambre des députés une motion demandant l'application des lois existantes; cette motion fut votée, et le gouvernement fut, comme il le souhaitait, mis en demeure de proscrire. Autrefois, la Restauration avait proscrit les républicains, pour crime de régicide; aujourd'hui les républicains vont proscrire des hommes dont le seul crime est d'être consacrés à Dieu et de vivre selon les saintes exigences de cette consécration.

La Révolution, qui, dans son fond, est satanique, a deux adversaires, Dieu et les rois chrétiens; deux haines, celle de la religion et celle de l'autorité; elle poursuit deux buts:

isoler l'homme, en supprimant la prière, puis, sur la terre, ainsi séparée du ciel, développer les mauvais penchants, favoriser sans frein les mauvaises passions.

Mais, de ces deux haines, celle de la religion est la plus forte, et, de ces deux buts, celui qu'elle poursuit avec le plus d'acharnement c'est la guerre à Dieu. Fille d'un siècle athée, elle jeta, dès son début, le masque qui cachait Satan. Le chaos a sa logique ; l'esprit du mal laisse deviner, par l'ordre selon lequel il procède pour détruire, quelles sont ses aspirations les plus dévorantes. L'encyclopédie a précédé la déclaration des droits de l'homme ; le 2 septembre a précédé le 21 janvier. Le sang des prêtres coule avant que ne tombe la tête du roi. La porte des couvents se ferme avant celle des Tuileries ; le serment constitutionnel et sacrilège rend l'exercice du culte impossible avant que la Convention ne décrète l'abolition de la royauté.

Si la haine du christianisme est la plus vive, elle est aussi la plus durable. L'ordre matériel se rétablit ; l'attentat spirituel persiste longtemps encore. Les droits de l'autorité humaine sont vengés ; mais des atteintes portées soit aux principes, soit aux consciences, soit à la liberté des serviteurs de Dieu, il reste toujours quelque chose. Les révolutions se multiplient, les gouvernements se succèdent, les meilleurs gardent une trace de la lèpre qui leur a été transmise par leurs aînés : on dirait une de ces maladies héréditaires que se lèguent les générations. 1790 a signifié aux communautés religieuses qu'il ne les connaissait plus ; 1792 les a proscrites, et, en dépit de la couronne de César qui déjà descendait sur le front du premier consul, le décret de messidor an XII a ratifié ceux de 1790 et 1792, tous ensemble. Ce servage est-il enfin aboli ? Les communautés non reconnues peuvent-elles, au moins, comme toute réunion de citoyens, constituer une société de fait, représentée dans la vie civile par la signature personnelle des membres qui la composent ? Notre législation est-elle enfin purifiée, par le progrès des mœurs et des lois, de ce venin de l'absolutisme monarchique et révolutionnaire, dont n'avaient pas su se débarrasser entièrement nos divers gouvernements depuis la révolution. C'est là une des grandes questions posée par la troisième république.

Dans son ensemble et depuis son origine, le parti républicain, qui n'est en France qu'un parti, même lorsqu'il est au gouvernement, se partage en trois fractions : les *libéraux*, qui veulent la république comme forme de gouvernement, mais qui entendent la maintenir dans la catégorie des gouvernements honnêtes ; les *radicaux*, pour qui la république et le suffrage universel ne sont que des instruments pour se créer une autocratie ; les *socialistes*, pour qui la république n'est pas seulement une arme d'autocratie, mais un moyen de résoudre la propriété traditionnelle en une sorte de communisme. Les libéraux sont tombés du pouvoir avec Mac-Mahon et ne sont guère moins odieux, aux autres républicains, que les conservateurs. Pour le moment, le pouvoir est entre les mains des opportunistes, sorte de radicaux d'accord avec les autres quant aux principes, mais ils croient devoir, pour le moment, admettre, dans leur application, les tempéraments de leur sagesse ; de plus, ils admettent, au profit de Gambetta, une sorte de dictature d'opinion, dont ils acceptent, sans titre connu, l'autorité souveraine. La présidence de la république est confiée à l'avocat Jules Grévy, que les républicains qualifient d'austère, mais par antiphrase seulement ; car il n'a jamais, dans ses mœurs, observé que le contraire de l'austérité ; durant sa courte présidence, il ne laissera voir qu'une mine de fesse-mathieu, se servant du pouvoir souverain pour ne rien faire, qu'empiler des gros sous et grâcier les assassins ; et bientôt les républicains le chasseront honteusement pour avoir laissé faire, à son gendre Wilson, des trafics de croix d'honneur, qu'un honnête homme n'eût pas dû permettre. Les ministres de Grévy sont, pour le moment, avec l'exécrable Ferry et le visionnaire Freycinet, Jules Cazot et Charles Lepère, tous deux avocats de quatre-vingt-douzième grandeur, l'un à Nîmes, l'autre à Auxerre. Jules Cazot, pour prix de sa criminelle complicité, recevra, sans titre d'ailleurs, la première présidence de la cour des comptes, qu'il devra quitter pour une autre complicité, autrement criminelle, dans une affaire de raill-way. L'autre, Charles Lepère, est auteur d'une chanson où il se peint lui-même :

Ah ! c'en est fait ; il faut plier bagage
Et dire adieu pour toujours à Paris !
Je suis trop vieux, j'ai les mœurs d'un autre âge,
Du vieux quartier je suis le seul débris.
Dernier rameau d'une tige brisée,
La raviver je l'essaierais en vain.
Des vieux gouapeurs la race est trépassée,
Car il n'est plus le vieux quartier latin.

Le vieux gouapeur, dans les autres couplets, parle de son béret rouge, de son brûle-gueule et, se recommandant de la république, s'en va plaider, à Auxerre, les questions de mur mitoyen. A travers la fumée de sa pipe, il ne paraît guère se douter qu'il sera ministre un jour et pourra, comme Sylla ou Marius, signer des proscriptions. Le voici maintenant qui libelle, au président Grévy, protestataire contre les ordonnances de 1830, deux ordonnances, où il proteste que notre droit public proscrit les jésuites et n'admet les autres congrégations que moyennant une autorisation préalable. En conséquence, les jésuites sont invités à se dissoudre ; faute de quoi, dans un délai imparti, on les dispersera par la force. Quant aux autres ordres, ils sont invités à se pourvoir d'autorisation ; sur leur demande, on verra si l'on veut les admettre au bénéfice de la vie publique, ou si l'on ne préfère pas les traiter comme de simples jésuites.

Quant au droit qui autorise ces attentats, il a été libellé par Ulpien : *Quidquid principi placuit legis habet vigorem* ; et mieux encore dans le vers de Virgile : *Sic volo, sic jubeo, sit pro ratione voluntas.*

Le premier sentiment qu'éveille la lecture de ces décrets, c'est l'horreur pour la lâcheté qui se porte à de tels attentats. Hier, le président du conseil, Freycinet, disait, à la tribune du Sénat, qu'il n'y a pas un cabinet assez passionné, assez aveugle, pour opérer par la violence et sans ménagements pour les sentiments des populations ; aujourd'hui, parce que le Sénat ne s'est pas laissé prendre à ces hypocrisies, ce même Freycinet propose froidement ces mesures violentes et passionnées qu'il répudiait hier. Hier, le *Temps*, journal protestant du protestant Freycinet, écrivait : « La vérité est qu'au milieu de ce chaos de dispositions depuis longtemps inappliquées et tombées en une sorte de désuétude, il *n'y a plus place que pour l'arbitraire*. Quand on ne se trouve pas en présence de lois certaines, ne permettant pas des interprétations contradictoires, s'imposant également aux tribunaux et aux citoyens, sans contestation possible, *on ne vit plus sous le régime de la loi*, on vit sous le régime de l'arbitraire ». Aujourd'hui le *Temps*, journal protestant du protestant Freycinet, qui n'a pas assez d'horreur pour la révocation de l'Edit de Nantes, dit *ore rotundo* : « Il est *incontestable* que le gouvernement, en rappelant les congrégations non-autorisées à l'observation des dispositions légales dont l'autorité ne saurait être contestée (c'est la question), obéit à un sentiment public très accusé ». Le *Temps* s'oublie, avec cette triste palinodie, jusqu'à faire entendre, à l'adresse des catholiques, de plus cruelles menaces. L'histoire a le droit de les mépriser, et le devoir de flétrir cette politique de brigandage.

Le second fait qui frappe l'attention, c'est la dualité des décrets de proscription. « Le gouvernement, dit le journal le *Monde*, a évidemment conçu l'espoir que l'Eglise de France se diviserait dans la question des congrégations. Séparer le clergé séculier du clergé régulier, diviser même les congrégations en frappant les jésuites brutalement, sans pitié ni merci, tandis que l'on fait entrevoir aux autres congrégations une fallacieuse autorisation, d'ailleurs incertaine et arbitraire, c'est toute la politique du gouvernement, politique connue et divulguée par la presse officieuse, mais qui s'étale avec impudence dans le rapport de MM. Cazot et Lepère, et dans les décrets au bas desquels figure dignement le nom de M. Grévy.

« Eh bien, cette politique misérable en sera pour ses frais, ce calcul odieux sera trompé, ce piège grossier ne prendra personne.

« Nous croyons pouvoir annoncer, en effet, et nous le faisons avec une confiance qui ne sera point trompée, que tous les catholiques, clergé et fidèles, seront unanimes dans leurs protestations contre les iniques décrets du 29 mars : on nous trouvera tous rangés derrière nos évêques et nos prêtres pour la grande lutte à laquelle on nous a si follement provoqués. Le clergé séculier restera fraternellement uni au clergé régulier, et l'on ne verra point, parmi les congrégations, aucune d'elles séparer sa cause de celle des jésuites. A quel titre, d'ailleurs, frappe-t-on les unes plus que les autres ? Aucune ne demande une situation privilégiée : toutes réclament également la liberté et la protection que doivent les lois à tous les bons citoyens.

« La prétention de contraindre les congrégations, sauf les jésuites, qui sont mis hors la loi, à solliciter la reconnaissance légale, serait, dans des circonstances ordinaires, une prétention exorbitante : depuis quand impose-t-on une faveur à qui ne la demande point ?

« Dans les circonstances actuelles, cette prétention est absolument intolérable et odieuse. On ne veut pas reconnaître une congrégation, soit ; on n'en trouvera pas une seule, nous en avons la certitude, qui consente à être reconnue, et toutes affronteront ensemble, s'il le faut, l'iniquité qui prévaut aujourd'hui, mais qui demain sera châtiée. »

Le troisième fait à noter, c'est le peu de cas que ces républicains font des lois. Au moment où ils rappellent à l'observation des lois existantes, qui n'existent pas, ils violent, eux, très solennellement, une loi d'hier. Le Sénat vient de rejeter l'article 7 ; en rejetant cet article, il l'a empêché de devenir une loi du contraire ; c'est-à-dire qu'il l'a maintenu la situation légale des ordres religieux, telle qu'elle existait d'après nos chartes depuis 1830, et d'après nos lois organiques, depuis 1830. Le gouvernement, en rappelant les lois de l'ancien régime, de la révolution et de l'empire, dont il presse l'exécution par la force, viole les lois postérieures et se met lui-même hors la loi. Eux qui voulaient naguère mettre en jugement les ministres du 16 mai, dont l'acte excessif peut-être et maladroit sans doute, était au moins strictement légal, ils se mettent en passe, le jour où la France honnête aura repris possession de son gouvernement, d'être appelés devant le juge et peut-être envoyés au bagne.

Mais le trait qui éclate le plus audacieusement dans ces décrets, c'est la haine. La haine des ordres religieux en général et des jésuites en particulier, — haine qui honore particulièrement ces instituts, — ressort de tous les actes du gouvernement. Ce qui ressort toutefois encore plus de ces actes, c'est l'inintelligence, l'ineptie, la stupidité d'hommes absolument étrangers à la question qu'ils tranchent avec une espèce de fureur. Le dirai-je ? Les défenseurs des ordres religieux ne sont guère sortis eux-mêmes de la lice tracée par l'ennemi. La question est plus haute et plus vaste et plus profonde. Il ne s'agit pas seulement de légalité ; il s'agit des premiers besoins de l'homme et de la société, des plus hautes aspirations du genre humain et de la perfection possible ici-bas. Quelle est l'origine, quel est le génie, quel est le caractère des institutions monastiques ? Ceux qui aiment à descendre au cœur des questions importantes, découvrent ici les plus vastes horizons.

Satan est l'ennemi de tout bien ; ses suppôts le sont également. La haine qu'ils portent aux ordres religieux n'est pas nouvelle. Il y a, tout le long des siècles chrétiens, un flot de mauvais propos contre les moines. De nos jours, ce flot est devenu un océan souvent agité par la tempête. Mais enfin la tempête ne prouve rien ; et quand elle brise un vaisseau contre les rochers, il est toujours vrai de dire qu'elle dilapide follement les richesses et sacrifie non moins follement les existences humaines. Il en est de même de tous ces assauts révolutionnaires contre toutes les institutions monastiques. La révolution et le libéralisme les ont, plus ou moins, détruit partout, et cela au grand détriment de l'humaine espèce. Mais on peut toujours leur opposer le mot d'un ancien : Frappe, mais écoute.

Qu'est-ce que vous haïssez dans les ordres religieux ? Est-ce le vœu dans son principe ? Est-ce le vœu dans son application à la pratique de la pauvreté, de la chasteté et de l'obéissance ? Est-ce le triple vœu dans les résultats qu'il produit au sein de la société ? Une haine sans objet et sans motif est un crime. Où sont vos motifs et quel est l'objet sérieux de vos déclamations ?

Voici ce qu'écrit sur le vœu un grand et éloquent esprit, ravi trop tôt à l'affection de l'Eglise, Gabriel de Belcastel : « Si j'envisage, dit-il, le vœu monastique en général, j'y trouve cinq idées, cinq traits dominants, qui forment la physionomie propre de l'état religieux.

Idée de promesse..
Idée de religion.
Idée de règle.
Idée de sacrifice.
Idée de recherche d'un bien meilleur.

« Laquelle, je vous le demande, trouvez-vous contraire à l'ordre public et au but de l'éducation ? Laquelle ne porte pas en soi une force sociale ? Est-ce que chacune séparément, et toutes réunies, ne sont pas empreintes de la plus pure, de la plus haute moralité ? Est-ce qu'elles ne sont pas des leçons en acte ? Est-ce que la croix, arborée par les instituts chrétiens au faîte de leurs maisons comme sur le cœur de leurs membres, n'est pas le permanent symbole de ces grandes idées en même temps que de toute vertu nécessaire au genre humain ? »

Si le vœu, par lui-même, renferme une telle puissance, que sera-ce lorsqu'il se particularise dans des obligations plus sacrées que toutes les autres, dans les trois célèbres vœux d'obéissance, de pauvreté et de chasteté ? Le péché a fait, à l'homme, trois blessures mortelles ; il l'a rendu orgueilleux, lubrique et cupide ; en brisant les barrières qui l'enfermaient dans l'ordre, il l'a livré à tous les entraînements de la chair et de l'esprit. Pour ramener l'homme à l'ordre divin, il faut combattre la cupidité par l'esprit de pauvreté ; la sensualité, par l'esprit de chasteté ; l'orgueil, par l'esprit d'obéissance. Cette triple obligation incombe à toute créature humaine, et tous, tant que nous sommes, nous ne suivons la voie de notre destinée terrestre et ne relevons de ses ruines notre dignité, qu'autant que nous réagissons par toutes les forces de l'esprit, contre toutes les infirmités de la chair. Le moine qui s'engage dans ce combat, par vœu, brise, d'un coup, tous les obstacles à la perfection et au salut. Le moine est une âme héroïque ; et ses trois vœux brillent, comme trois diamants, à la couronne morale de l'humanité. Le moine est un homme, il peut prévariquer et, suivant l'adage, la corruption du meilleur est la pire des corruptions. Mais l'on ne juge des institutions monastiques, ni d'aucune institution, par les misères qui les déparent. La misère est l'apanage de l'humanité. Le mérite des institutions ressort de la quantité de misère à laquelle les institutions apportent un remède efficace. A ce titre, et pour les moines et pour leurs contemporains, aucune institution ne peut soutenir la comparaison avec l'ordre monastique. Les ennemis du monachisme sont les ennemis du genre humain.

L'état religieux en germe, caché mais impérissable dans la parole et dans les actes de Jésus-Christ, perce déjà dans les communautés volontaires groupées autour des premiers apôtres. Il est en pleine sève dès les premiers siècles du christianisme. Il jette au cœur du Moyen Age sa floraison la plus splendide et ses plus vastes rameaux. Ses manifestations varient ; mais il est un dans son principe vital : l'état de perfection chrétienne.

Contemplatif en Orient, on le voit déployer sur les rives occidentales toutes les formes et toutes les puissances de l'action. Là, il médite les vérités éternelles, et par son aspiration sans trêve à l'éternité, il rappelle aux vivants que le soleil créé n'est que la pâle image d'un autre soleil sans ombre et sans déclin. Là, il défriche le sol. Là, il consume ses veilles dans l'étude et sauve de l'oubli les chefs-d'œuvre du génie antique. Là, il enfante à la loi civilisatrice de Jésus-Christ d'innombrables multitudes. Là, il est le bouclier de l'Europe contre l'invasion musulmane, et, maintenant la croix debout dans les îles qui regardent l'Asie, empêche la Méditerranée de devenir un lac barbare.

Là, il forme des générations viriles à toutes les générosités du patriotisme comme à tous les élans du courage, ou prépare la femme forte de l'Evangile aux devoirs austères du foyer.

Là, il soigne les malades et nourrit les pauvres.

Là, il délivre les captifs et se charge de leurs chaînes.

Là, il élargit le champ de la science et trace les plus belles pages de la métaphysique humaine et divine qui aient éclairé les sommets de la pensée humaine.

Là, il monte la garde au pied du tabernacle où réside, en présence réelle, le Dieu rédempteur de l'humanité. De siècle en siècle, sans jamais abandonner le poste de l'adoration, il est l'éternel holocauste et la prière vivante pour tous ceux qui ne prient pas.

Là, il s'immole et fait pénitence pour les irréfléchis qui passent leurs jours à oublier qu'ils ont un terme. Ils affirment, au prix de leurs veillées solitaires et parfois sanglantes, cette admirable solidarité chrétienne, la seule qui ne soit pas un rêve, parce qu'elle repose sur l'unité du genre humain dans la personne de l'homme-Dieu.

Ainsi l'État religieux se développe à travers les âges, image vivante, et grandissant toujours, du divin Maître lui-même, qui fut successivement enfant dénué, fils soumis, ouvrier obscur, docteur public, prédicateur des peuples, sauveur des âmes et des corps malades, réparateur universel du mal moral, modèle suprême, par sa mort, de filiale obéissance. La vie des ordres religieux, ou, pour mieux dire, de ce grand état de la religion qui est le père de tous les ordres passés, présents et à venir, se mêle intimement à la vie de l'Église et remplit de l'éclat de ses œuvres ses surnaturelles annales. A travers les persécutions ou les honneurs, les respects ou les haines dont les pouvoirs civils l'ont chargé tour à tour ; à travers les défections intérieures, les fragilités et les passions dont, comme toute race où le limon de l'homme est entré, elle porte l'inévitable poids, il marche depuis quinze siècles sans défaillir. Aux heures de crise, il trouve toujours en soi, pour se régénérer, le ferment immortel de la sève divine, et des ouvriers prédestinés pour en raviver les instituts ou les ordres tentés de s'affaisser. Mieux que le phénix antique, il sort de l'épreuve du feu, où tout ce qui est périssable est réduit en cendres, rajeuni et transfiguré. — Dans la grande armée de l'Église militante, on reconnaît sa trace à un sillon de gloire ; légion d'élite sous l'autorité directe et vénérée du Chef souverain du catholicisme, il marche à la conquête des âmes à Jésus-Christ, sur toutes les plages, sous les rayons de tous les cieux du globe. Et si l'on se demande aujourd'hui encore où se recrute l'apostolat catholique, bien simple sera la réponse. Sur dix évangélisateurs du milliard d'infidèles qui attend l'héritage de la parole divine, neuf appartiennent aux congrégations.

Et voilà la grandiose institution à qui, au nom de l'État français changeant de principe et de chef dix fois en quatre-vingts ans, un Parlement qui disparaîtra demain ose jeter l'outrage en passant !

Entre les insulteurs et les insultés, quel écrasant contraste !

Je ne ferai certes pas l'injure aux ancêtres féconds de ces prospérités glorieuses que l'on nomme des ordres, à ces géants de la foi, du dévouement et du génie que l'on appelle saint Benoît, saint Bernard, saint Dominique, saint François, saint Ignace, saint Thomas d'Aquin, saint François Xavier, saint Vincent de Paul, l'injure de les mesurer aux pygmées qui se dressent entre les cailloux du chemin des siècles pour siffler ces augustes mémoires. Mais lorsque, les yeux encore humides par l'admiration dont vous saisit le simple récit des actes et des œuvres de ces hommes, après avoir salué le tombeau de l'apôtre des Indes, lu trois pages du docteur Angélique ou vu se pencher au chevet d'un malade la sœur de charité, on retombe de la sphère lumineuse où cette contemplation vous emporte pour se heurter à une phrase des rhéteurs du jour, on ne sait qu'admirer davantage, ou de l'ignorance incompréhensible des révolutionnaires, ou de leur audace, ou de leur malice, ou de la profondeur des justices de Dieu qui change en bêtes ceux qui refusent d'adorer son Christ.

« Lorsqu'on veut tuer son chien, dit le proverbe populaire, on dit qu'il a la gale. » Nos républicains n'ont pas oublié cette maxime ; et, pour accabler les ordres religieux, les folliculaires à gages ont multiplié les accusations. Leurs principaux griefs sont que ces ordres entreprennent sur la puissance publique, qu'ils corrompent les mœurs et qu'ils asservissent le clergé.

Le reproche d'asservir le pouvoir est au moins singulier sur les lèvres d'un pouvoir qui proscrit. Tuer les gens pour se soustraire à leur prépotence, est encore plus une contradiction qu'un excès ; s'ils étaient si forts, ils sauraient au moins se défendre. Au lieu de se laisser égorger, ils écraseraient les tyrans. Leur mort sans murmure, si elle ne prouve pas leur vertu, atteste, au moins, leur faiblesse. Mais encore, avant de sceller leur tombe, faut-il convenir qu'ils n'ont pas, sur le pouvoir civil, une autre doctrine que l'Église ; ils ne sont pas hérétiques, innovateurs, mais fidèles représentants des vérités traditionnelles. Or, le grand docteur de notre temps va nous apprendre si l'Église fait litière des droits du gouvernement.

« Ni la puissance paternelle, dit-il, ni la puissance civile n'ont rien à redouter de la puissance ecclésiastique pour le respect et le maintien de leurs véritables droits. Ces droits, c'est précisément la puissance ecclésiastique qui les affirme le plus haut, qui proclame à la face du monde entier, et qui les consacre par sa propre autorité. Oui, la puissance civile, elle aussi, est souveraine dans son ordre ; et tant qu'elle se renferme dans le cercle des choses temporelles et séculières, qu'elle ne se met pas en opposition avec les divins préceptes, et qu'elle ne porte aucune atteinte aux droits de la conscience ni aux lois de la morale, les pouvoirs de l'Église n'ont pas à y intervenir. Ni la puissance ecclésiastique ne dérive de la puissance civile, ni la puissance civile ne découle de la puissance ecclésiastique : elles émanent toutes deux de la même source, qui est Dieu, l'une en vertu des lois établies avec la création elle-même, l'autre par l'institution directe et immédiate du Fils de Dieu.

Sans doute, Celui à qui toute puissance a été donnée dans le ciel et sur la terre, Notre-Seigneur Jésus-Christ, le roi des rois et le pontife des pontifes, aurait pu concentrer dans les mêmes mains le sacerdoce et l'empire ; mais il n'a pas voulu imposer ce double fardeau à des épaules humaines. Dans le plan de la Providence, ces deux souverainetés ne devaient se réunir que sur un point, au faîte de la hiérarchie ecclésiastique, et cela précisément pour qu'on ne pût les confondre nulle part. Pontife et roi tout ensemble, le Vicaire de Jésus-Christ devait puiser dans cette condition exceptionnelle et unique assez de liberté et d'indépendance pour se faire écouter facilement des uns et des autres, pour imposer aux princes le respect des droits de l'Eglise et aux évêques le respect des droits de l'Etat. Car c'est par le respect réciproque des droits de l'Etat et de l'Eglise et par l'accomplissement de leurs devoirs respectifs que doit se réaliser le plan providentiel ; et la vraie formule du rapport des deux puissances me paraît être celle-ci : distinction et harmonie partout ; séparation et hostilité nulle part. Aussi bien la puissance ecclésiastique et la puissance civile doivent-elles concourir finalement au même but, qui est le développement du règne de Dieu sur la terre comme préparation du règne de Dieu dans le ciel. A l'Etat, le maniement et la gestion des affaires temporelles et séculières ; à l'Eglise, la direction et le soin des choses spirituelles et religieuses. L'un maintient l'ordre et la sécurité, afin que, suivant la parole de l'apôtre, nous menions une vie paisible et tranquille : *Ut quietam et tranquillam vitam agamus*, l'autre nous apprend à traverser les biens de ce monde, l'œil fixé sur les biens de l'éternité : *Ut sic transeamus per bona temporalia ut non amittamus æterna*. Le salut des âmes est la fin directe et immédiate de la mission de l'Eglise ; mais, par les vertus qu'elle inspire et les vices qu'elle étouffe, l'Eglise coopère avec l'Etat à la prospérité temporelle des individus et des peuples. Cette prospérité temporelle est la fin directe et immédiate de la mission de l'Etat ; mais, par la liberté qu'il assure aux intérêts spirituels et par la protection dont il les couvre, l'Etat coopère avec l'Eglise au salut des âmes.

Bref, comme l'écrivait le pape Léon le Grand, chacune de ces deux puissances fait les affaires de l'autre, en faisant les siennes propres. L'Eglise rend à l'Etat, en force et en autorité morale, ce qu'elle en reçoit d'aide et de garantie pour le libre exercice de son propre ministère. Et c'est, par ce mutuel accord, fallût-il pour l'obtenir des sacrifices ou des concessions réciproques, c'est, dis-je, par un tel concert, par une telle assistance de part et d'autre, que l'Eglise et l'Etat doivent contribuer, pour leur part respective, à réaliser ici-bas le plan de la divine Providence (1).

Aux hommes qui reprochent aux jésuites d'avoir une morale relâchée, un éloquent écrivain répond :

Leur morale est relâchée ! — Vraiment ? Il faut toute l'effronterie d'un siècle qui ne sait pas rougir, pour répéter cette bouffonnerie, qui avait au moins quelque tenue dans la bouche des Jansénistes et des austères partisans de l'école de Port-Royal.

La morale des Jésuites est relâchée ? Qui parle ainsi ? Hélas ! des hommes au moins bien équivoques dans leurs croyances et leur conduite privée ; des impies et des libertins qui ne croient point en Dieu et qui se vantent de n'avoir aucune morale ; des publicistes à la large conscience ; des gens mal mariés, mal enrichis, mal famés et peu estimés. Eh ! mon Dieu, il n'y a qu'une réponse à faire à tout ce monde de vertueux et de rigoristes qui se scandalisent si fort des enseignements de Sanchez, de de Lugo, de Suarez et d'Escobar lui-même, qu'ils ne connaissent pas et dont ils seraient bien embarrassés de nommer les ouvrages. Pratiquez-la ; nous ne vous en demandons pas davantage pour vous admettre aux sacrements dont vous vous souciez peu, et pour vous tenir honnêtes gens, beaucoup plus que vous ne l'êtes en pratiquant la morale des clubs, des jeux de Bourse, des unions libres, des négations de tout ordre et de toute espèce qui figurent dans les décalogues que vos Moïse fulminent tous les jours du haut des Sinaï de Montmartre et de Belleville.

Sur la question de la prétendue subordination du clergé séculier et de l'épiscopat lui-même au clergé régulier, Mgr l'évêque de Rodez peut répondre en invoquant sa propre expérience :

« Quant à nous, depuis bientôt dix ans que nous sommes, malgré notre indignité, placé à la tête d'un vaste diocèse, et qui avons des religieux et des jésuites en particulier dans notre territoire, nous déclarons hautement que nous n'avons jamais senti la pointe de cette épée qui est partout, selon une parole fameuse, et que ces envahisseurs, ces meneurs de toutes choses et de toutes personnes ne nous ont jamais demandé l'avancement d'un vicaire, ni le déplacement d'un bedeau ou d'un sacristain. Nous les avons constamment trouvés pleins de réserve, de tact, de convenance, se tenant merveilleusement à leur place, ne la quittant que lorsqu'on les y invitait, et y rentrant aussi modestement et aussi promptement qu'ils en étaient sortis.

Aussi, loin de craindre ce vasselage et

---

(1) Freppel, *OEuvres oratoires*, t. III. Discours prononcé le 10 septembre 1873, à Amiens.

cette dépendance, nous avons fait les plus grands efforts pour multiplier dans notre diocèse les réguliers, que nous y avons trouvés trop peu nombreux, pour les besoins du clergé et des âmes. Nous avons successivement appelé les Capucins, les Prémontrés, les Trappistes ; nous sollicitons la venue de plusieurs autres de ces respectables familles, et, en regardant nos mains et nos épaules, nous n'avons pas aperçu jusqu'ici la trace de ces chaînes qu'on les dit si habiles à forger ; nous n'avons pu constater au contraire que des services rendus, un respect constant pour notre personne et la plus grande docilité à nos moindres conseils. Et voilà ce que sont pour les prêtres et pour les évêques ces apôtres volontaires dont on veut faire une puissance invincible à laquelle rien ne résiste, et une espèce de sainte vehme à laquelle on n'échappe pas impunément, quand on a l'audace de ne pas courber son front sous le joug qu'elle veut imposer. »

L'éminent apologiste entend la question qui lui est faite :

« Mais enfin, d'où viennent donc tant de préjugés, de haines, de défaveurs, à l'égard des religieux, et en particulier de ceux que vous prenez un soin spécial à défendre ? »

Et il répond :

« Je vais vous le dire. Les religieux sont des natures élevées, des caractères énergiques, des prêtres sans concessions dans les doctrines, dans les actes, dans la dépense d'eux-mêmes. Hommes de grandes ardeurs et de complet sacrifice, ils ont tout porté en eux au sommet, l'idée catholique et l'idée sacerdotale à la fois. Décidés à se renoncer, à se dépouiller, à se sacrifier, ils ne veulent pas faire les choses à moitié : Ce sont, si je puis parler de la sorte, les intransigeants de la vérité et les radicaux du dévouement et de la vertu. Troupe d'élite de l'Eglise, ils tiennent haut son drapeau et font face à l'ennemi plus vigoureusement que tous autres ; d'où vient que ceux qui l'attaquent, sous quelque forme que ce puisse être, se trouvent immédiatement en lutte avec ces défenseurs intrépides qui n'ont rien à ménager que la charité, et qui apparaissent alors beaucoup plus redoutables que ne peuvent l'être les membres du clergé séculier. C'est dans leur excellence qu'il faut en général chercher la cause des haines et des calomnies qui les poursuivent. Plus un obstacle est fort, plus il faut frapper contre lui pour le vaincre (1) ».

Sur le terrain politique, on ramène la situation des ordres religieux à une question de droit. Or, on distingue trois sortes de droits : le droit divin, le droit naturel et le droit positif. Au regard du droit divin, le suprême domaine de Dieu sur sa créature exige un retour ; la consécration monastique par laquelle l'homme se donne tout entier à Dieu reconnaît magnifiquement ce souverain domaine de Dieu. Le code de perfection que l'on appelle les conseils évangéliques et qui est, pris en lui-même et dans ses conséquences, toute la vie religieuse, a été donné par Jésus-Christ lui-même. Si le Fils de Dieu l'a donné, c'est pour que quelqu'un se sente le courage de le pratiquer, et ce quelqu'un se rencontre, personne n'a le droit de l'arrêter, ni de l'empêcher dans le libre choix de son idéale perfection.

Les Ordres religieux peuvent aussi invoquer, en leur faveur, le droit naturel. La liberté individuelle ne peut être restreinte qu'autant qu'il est nécessaire pour assurer le bien général à la liberté d'autrui. Tout chrétien a le droit de renoncer aux biens temporels, non quant à l'usage, mais quant à la propriété. Tout chrétien a le droit de renoncer au mariage, pourvu qu'il remplisse les obligations morales du célibat. Tout chrétien a le droit de se prémunir contre les faiblesses et les incertitudes de sa volonté, de se lier par vœux, de s'associer à d'autres, de s'assujettir à d'autres, plus éclairés et plus vertueux, dont les ordres ne peuvent que contribuer à son bien. En certaines circonstances, il peut se produire des obstacles à l'entrée en religion, mais il n'y a pas de devoir qui puisse l'empêcher toute la durée de la vie. Les religieux peuvent encore invoquer la liberté naturelle d'association, de réunions paisibles sans armes dans un but moral et scientifique, et placer leurs prières et leurs enseignements sous l'égide de la liberté de pensée et de parole, justement entendue.

Au droit naturel et au droit divin s'ajoute encore, en corroboration de la cause des religieux, le droit de l'Eglise et l'autorité de ses saints canons. La société chrétienne se compose de trois éléments : les laïques, les clercs et les religieux.

Or, si les religieux font partie de la société spirituelle de l'Eglise au même titre que les clercs et les laïques, il ne doit être permis à personne de supprimer une de ses divisions intégrantes, et de troubler sa hiérarchie ou de la méconnaître, sans se mettre du coup hors la loi de cette société et sans s'exposer à être traité comme un rebelle ou comme un intrus.

Voilà pourquoi la cause des religieux est si vigoureusement défendue par le clergé séculier, évêques et prêtres, aux yeux de qui des ennemis aussi ignorants que malintentionnés voudraient les faire passer pour des dominateurs ou des rivaux embarrassants.

A ceux-là donc qui s'étonneraient de voir le peuple chrétien et le pastorat qui le dirige unir leur cause à celle des religieux, nous dirons : « Prenez-vous-en à l'œuvre même de Jésus-Christ et à celui qui est ici-bas son Vicaire. Nous sommes une Eglise fondée sur l'autorité, nous ne pouvons pas abandonner, au gré des caprices d'aujourd'hui et des pas-

---

(1) Mgr Bourret, *Des principales raisons d'être des Ordres religieux*, Paris, 1879.

sions de demain, une partie du manteau dont il a couvert son épouse ; nous ne pouvons sacrifier ce qu'il y a de plus beau et de plus éclatant dans le diadème dont il l'a couronnée. Il nous a transmis son patrimoine ainsi composé ; nous devons le conserver et le cultiver tel qu'il l'a voulu, jusqu'au jour des comptes suprêmes. Toutes les coupures que vous ferez à sa tunique mystique seront pour vous autant de blessures qui vous feront expier cruellement ces tentatives coupables. *Non possumus* : Nous ne pouvons pas. Nous ne pouvons pas plus vous accorder le tout que la partie ; nous ne pouvons pas plus sacrifier l'arbre tout entier que vous abandonner sa ramure. Nous ne pouvons pas proscrire la famille entière, et nous ne pouvons pas davantage faire des sélections dans la proscription. »

« Il serait difficile, dit le protestant Hurter, de rejeter, par des arguments incontestables, cette forme particulière de l'existence chrétienne et de la détacher du Christianisme, comme une excroissance maladive (1). »

Le droit positif est contenu dans les constitutions, les lois, les codes ; or, les législateurs les plus dignes de ce grand nom, n'ont pas manqué de louer les institutions monastiques. Constantin, dans ses œuvres, Justinien, dans ses *Novelles*, Charlemagne dans ses Capitulaires, nos plus grands rois dans leurs ordonnances, ont multiplié les approbations. A cet égard, le sentiment des souverains était si formel, qu'ils ont fait entrer les monastères dans l'économie de la société civile et dans la hiérarchie féodale du gouvernement. L'histoire n'a qu'un cri pour célébrer les résultats de l'influence monastique dans l'ordre civil. Une tradition de quinze siècles vaut un peu mieux que quelques arrêts de parlements jansénistes et quelques articles de journalistes sans science ni conscience.

En ramenant la question de droit positif au droit récent de la France, nous demanderons à ceux qu'irrite la présence des religieux : Est-il juste, dans un pays où la liberté individuelle est un principe, de poursuivre un genre de vie qui ne fait de mal à personne, et qui est tellement propre à l'humanité, que les chances les plus dures ne l'empêchent pas de se reproduire ? Est-il juste, dans un pays où la propriété et le domicile sont sacrés, d'arracher de chez eux, par la violence, des gens qui vivent en paix sans offenser qui que ce soit ? Est-il juste, dans un pays où la liberté de conscience a été achetée par le sang, de proscrire toute une race d'hommes, parce qu'ils font un acte de foi qu'on appelle vœu ? Est-il juste, dans un pays où l'idée de la fraternité universelle domine tous les esprits généreux, de réprouver de petites républiques, où l'on se consacre à la pauvreté et à la chasteté, par un amour immense d'égalité avec les petits ? Est-il juste,

dans un pays où l'élection et la loi sont la base de l'obéissance civile, de flétrir des corps constitués par une élection plus large et une loi plus protectrice ? Est-il juste, dans un pays où tout le monde est admissible aux fonctions sociales et libre dans le choix de sa profession, de mettre en interdit des citoyens qui n'ont d'autre tort que d'apporter, dans la concurrence générale, un plus grand esprit de sacrifice ? Tout cela est-il juste et le faire n'est-ce pas créer parmi nous une classe de parias ?

A ces demandes, il n'y a qu'une réponse et la voici : « Il est vrai, tout ce que vous nous reprochez est le comble de l'injustice et une contradiction manifeste. Mais nous sommes les ennemis de votre doctrine religieuse ; elle est trop puissante pour que nous la combattions à armes égales. Vous puisez dans votre foi une si grande abnégation de vous-même, que nous autres, gens du monde, mariés, ambitieux, incapables d'avenir parce que le présent nous étouffe, nous ne pouvons vous disputer l'ascendant. Il faut pourtant vous vaincre, puisque nous vous haïssons. Nous n'emploierons pas contre vous le fer ni le feu ; mais nous vous mettrons hors la loi par la loi ; nous ferons considérer votre dévouement comme un privilège dangereux dont il faut purger l'État par l'ostracisme : vous serez hors de la liberté commune, parce que, avec vos vertus, vous êtes hors de l'égalité.

Un pareil sentiment ne peut guère s'afficher. Des cyniques, comme Paul Bert, des fous furieux, comme Madier de Montjau, pourraient seuls accorder aux autres le droit commun et le refuser aux catholiques. Les rusés du parti, aussi méchants que les autres, veulent arriver au même but en dissimulant la grossièreté de leur passion impie. Le biais inventé pour atteindre ce but, c'est le recours aux lois de l'ancien régime, de la révolution et de l'empire. Tous ces régimes ont été abattus, les républicains ont pris la place avec la prétention d'être plus fidèles à la liberté. Une fois les maîtres emportés par leur colère, ils se portent, avec une absence totale de pudeur, à tous les excès des régimes déchus ; et la seule chose qui les distingue, c'est qu'ils les surpassent tous par la violence de leur despotisme et le cynisme de leurs apostasies.

La question qui se présente ici, c'est de savoir si, réellement, l'ancien régime, la révolution et l'empire autorisent ces attentats, et si, brigandage à part, on peut légalement dissoudre les congrégations religieuses, au besoin par la force.

Les jurisconsultes distinguent ici deux propositions, savoir : s'il est permis à plusieurs personnes d'habiter sous le même toit, et si, cette cohabitation étant permise, nos lois permettent de la violer en certains cas.

Les jurisconsultes qui distinguent ces deux

---

(1) Hurter, *Institutions du Moyen Age*, t. II, p. 84.

propositions, les envisagent en droit politique et en droit civil et les résolvent, suivant les sphères où ils les étudient, d'une façon contradictoire.

En droit politique, les jurisconsultes admettent communément que la raison d'Etat, la raison de salut public dont le gouvernement est seul juge, peut, le cas échéant, l'autoriser à peu près à tout ce qu'il peut vouloir. D'après l'adage : *Salus populi suprema lex esto*, ils donnent un blanc-seing aux caprices et aux fantaisies de la dictature. Sans doute, il est bien difficile de refuser, à un gouvernement, en cas de péril suprême, le droit de sauver le pays ; et l'on peut croire que si vous lui refusez cette latitude, il saura bien la prendre, quitte plus tard à se faire absoudre. Mais, d'un autre côté, on ne peut oublier que cette latitude fait belle marge aux coups d'Etat et ouvre large carrière aux gouvernements d'aventure, à ces soi-disant sauveurs qui ne sauvent rien et qui ne se sauvent pas eux-mêmes, bien qu'ils se sauvent quelquefois. De plus, il faut dire que si, sous les gouvernements d'ancien régime, la raison d'Etat avait sa valeur ; et si sous tous les gouvernements, la dictature peut avoir sa légitimité d'occasion, dans nos sociétés contractuelles, le mandataire ne peut pas avoir plus de droits que le mandant. Le citoyen n'a pas le droit de prévenir un attentat en le commettant lui-même ; il ne peut pas conférer ce droit au gouvernement. Et, pour citer ici un mot de Gambetta, l'oracle de la république, « la raison d'Etat c'est, dans cette hypothèse, toujours la préface d'un crime ».

Nous ne croyons donc pas qu'en république, même politiquement, le gouvernement ait le droit préventif d'empêcher ou de punir le libre exercice du droit civique. La seule chose qu'il puisse, c'est poursuivre les délits, s'il y en a, en se conformant aux lois et suivant les règles de la procédure ; c'est d'appeler le délinquant devant le juge en observant strictement les formes judiciaires. *Forum et jus*, voilà la devise du gouvernement comme des simples particuliers, s'ils veulent rester honnêtes et ne pas se faire justice à eux-mêmes.

La grande raison qui motive cette opinion, c'est que si vous donnez carte blanche au gouvernement, vous faites litière du droit civil, toutes les fois que le gouvernement se croit un intérêt quelconque à le violer. Il n'y a plus de lois que celles qu'on veut bien respecter. C'est, au surplus, l'aboutissement actuel de la république. Les lois sont de vieilles guitares ; on les observe, si cela plaît ; on les viole, si l'on y trouve son avantage. Nous voici revenus à l'adage de la plus vile tyrannie : *Quidquid principi placuit legis habet vigorem*.

En droit civil, les jurisconsultes sont beaucoup plus sévères à l'égard des gouvernements. Et c'est en quoi l'accord de leurs opinions est beaucoup plus difficile à concevoir.

Du moment qu'ils abaissent les barrières en politique, on ne conçoit pas aisément comment ils sauvegardent l'ordre civil ; et, puisque l'ordre civil doit être respecté du pouvoir, on ne voit plus comment il peut avoir, en politique, patente pour les licences de la dictature. Il faut refuser ceci, si l'on veut sauver cela. Or, il est certain, absolument certain que l'ordre civil est sacré ; que le gouvernement est institué pour sa défense ; qu'il ne peut dès lors avoir congé de le ravager. Nous sommes donc civilement couverts par la majesté du droit.

En 1845, Thiers, pour complaire à la révolution, avait demandé l'application, aux jésuites, des soi-disant lois existantes. Alors, comme aujourd'hui, il était aisé d'obtenir la complaisante adhésion des Chambres ; mais, pas plus alors qu'aujourd'hui, il n'était possible de faire fléchir la loi devant les passions. Berryer et Vatismesnil donnèrent, sur la question, une consultation judiciaire, consultation à laquelle adhérèrent la plupart des barreaux de France, notamment le barreau de Caen, qui motiva superbement son adhésion. De nos jours, la même chose s'est faite. Un avocat, appelé depuis à l'Académie française, Edmond Rousse, a pris une consultation sur le droit qui protège les congrégations religieuses ; les barreaux de France ont adhéré, et le savant professeur Demolombe a motivé son adhésion comme l'avait fait autrefois le barreau de Caen. C'est dans ces quatre consultations que nous avons à prendre la réfutation des décrets. Réfutation presque inutile ; car si l'on met d'un côté, Berryer, Vatismesnil, Edmond Rousse, Demolombe et les barreaux de France ; de l'autre, Grévy, Lepère, Cazot, Freycinet et Ferry : cela signifie, d'un côté, la vraie science du droit ; de l'autre, des malfaiteurs politiques qui veulent innocenter leurs crimes.

Nous donnons ici, en résumé, la consultation délibérée par le barreau de Caen en 1845 :

Le droit de cohabitation n'est pas interdit aux religieux, mais seulement aux personnes unies pour une œuvre politique. La loi civile ne reconnaît pas le vœu de religion ; mais elle ne l'empêche pas et n'a, du reste, aucune qualité pour l'interdire. Les personnes qui ont émis de tels vœux, sont parfaitement libres de vivre en communauté, si cela leur plaît. Notre régime moderne est un régime de liberté. Pour interdire, au nom de la loi, la cohabitation aux religieux, il faut déchirer toutes nos constitutions.

Lors même qu'il existerait des lois qui prohiberaient la vie en commun des personnes liées par une règle religieuse, l'autorité n'aurait pas le droit de procéder à la dissolution par voie administrative.

J'emprunte à la consultation Berryer-Vatismesnil, la démonstration irréfragable de cette seconde proposition :

« Le ministère a laissé pressentir qu'il procéderait par voie administrative à l'exécution de ce qu'il appelle les lois du royaume. Les soussignés avouent que cette déclaration les a frappés d'étonnement.

« Le ministère exprime l'opinion que les lois dont nous avons parlé sont en vigueur. Cette opinion est contraire à la nôtre ; mais enfin nous comprenons que le ministère agisse dans le sens de celle qu'il déclare être la sienne. Il croit que les lois existent et il y a lieu de pourvoir à leur exécution ; soit ; mais comment et par quelle voie ? Voilà ce qu'il faut examiner. M. le garde des sceaux donne son adhésion au système qui consiste à employer l'action de la haute police administrative. Nous osons dire que cette solution n'a pas été suffisamment mûrie dans les conseils de la couronne ; que, lorsqu'elle le sera plus attentivement, il sera difficile qu'on y persiste et qu'en tout cas, si l'on y persistait, on encourrait une grave responsabilité.

« L'une des bases de notre droit public intérieur, c'est la séparation établie entre le pouvoir administratif et le pouvoir judiciaire. La ligne de démarcation entre ces deux autorités a été tracée par l'Assemblée constituante, en ces termes :

« L'art. 13 du titre II de la loi du 24 août 1870, qui contient cette disposition, ajoute :

« Les juges ne pourront, à peine de forfaiture, troubler, de quelque manière que ce soit, les opérations des corps administratifs. »

Or, sous ce régime de séparation, si les associations sont licites, on ne peut agir contre elles ni judiciairement, ni administrativement. Si elles sont illicites, il n'appartient qu'aux tribunaux de statuer et d'ordonner la dissolution. Si l'administration peut intervenir, ce n'est que dans le cas d'un jugement de condamnation, à la suite de ce jugement, et pour concourir, avec le ministère public, à son exécution. Le système contraire conduirait à un arbitraire effrayant et sans exemple dans notre législation.

L'avocat Edmond Rousse, par une consultation supplémentaire, rappela ces consultations antérieures et les confirma. Les réflexions de Rousse sont d'une grande force ; à notre grand regret nous ne pouvons les rapporter ici.

Après la réponse du mémoire Berryer-Vatismesnil, nous donnons presque en entier l'adhésion du savant Demolombe :

Le jurisconsulte uniquement préoccupé de la recherche du droit en vigueur, en matière de communautés religieuses, le seul que le pouvoir ou les particuliers puissent légalement appliquer, doit d'abord *écarter tous les délits*, ordonnances et arrêts antérieurs à la loi des 13-19 février 1790 et à la Constitution des 3-14 septembre 1791.

Privilèges et incapacités de l'ancien régime, faveurs et restrictions, *tout a disparu* pour faire place à un ordre de choses nouveau.

Sous une législation où la loi religieuse était la loi de l'État, où les vœux solennels entraînaient la mort civile, où le droit de la corporation, personne civile et établissement de mainmorte, absorbait les droits et jusqu'à l'individualité de ses membres, on comprend que le roi, évêque du dehors, pût mettre des conditions au concours du bras séculier, et interdire la formation d'une communauté religieuse.

Mais le jour où la loi constitutionnelle du pays eut proclamé qu'elle ne reconnaîtrait plus les vœux monastiques solennels, le jour où les Ordres religieux furent supprimés comme corporations, ce jour-là, toute la législation fondée sur la reconnaissance des vœux s'écroula tout entière.

C'est donc aux lois modernes qu'il faut uniquement s'attacher.

Le jurisconsulte qui doit négliger les lois de l'ancien régime ne doit pas se préoccuper davantage des décrets du 29 mars 1880.

Ces décrets *n'ont pas pu avoir et n'ont pas*, en effet, la prétention de modifier la législation en vigueur.

Une pareille proposition serait injurieuse, et notre respect même pour l'autorité dont ils émanent nous fait un devoir de ne pas nous y arrêter.

Tout ce qu'on peut dire, c'est que ces décrets, *impuissants* s'ils visent des lois inapplicables, accusent par leur caractère exceptionnel une situation évidemment insolite, qui commande à tous un plus sérieux examen de la légalité alléguée, et impose au pouvoir exécutif *une plus impérieuse obligation* de faire appel à l'autorité judiciaire avant de recourir à la force.

Les lois surannées et les décrets récents mis à l'écart, il faut d'abord se demander quel est le droit commun de tous les Français ; il faut rechercher ensuite s'il existe des lois d'exception privant un Français du droit commun, parce qu'il aura émis des vœux religieux.

Dans l'état de la législation actuelle, d'après les principes du droit privé et du droit public, voici d'une manière générale le droit commun de tous les Français :

Tout Français majeur est libre d'aller et de venir où il veut.

Tout Français majeur est libre de résider où il veut et avec qui il veut.

Tout Français majeur est libre de choisir le genre de vie qu'il veut.

Tout Français majeur est libre de disposer de sa propriété comme il veut.

Chacun professe sa religion avec une égale liberté.

L'enseignement est libre à tous les degrés.

La charité est libre dans toutes ses manifestations.

Voici maintenant les garanties du droit commun de tous les Français :

Nul ne peut être empêché de faire ce qui n'est pas défendu par la loi.

La propriété est sacrée. Nul ne doit être

inquiété pour ses opinions, même religieuses.

Nul ne peut être accusé, arrêté, ni détenu que dans les cas déterminés par la loi, et suivant les formes qu'elle a prescrites.

Nul ne peut être puni qu'en vertu d'une loi établie et légalement appliquée.

Nul ne peut être saisi que pour être conduit devant le magistrat.

Nul ne peut être, sous aucun prétexte, distrait des juges qui lui sont assignés par la loi.

En un mot, il n'y a pas en France d'autorité supérieure à celle de la loi.

Tel est le patrimoine commun de tous les Français! Et ce patrimoine leur appartient non par concession, mais en propre, parce qu'ils sont Français; et il appartient à tous, parce que tous sont égaux en droits, et qu'il n'y a plus pour aucun individu ni privilège, ni exception au droit commun de tous les Français.

Voici maintenant le droit commun en matière d'association, ayant pour objet la vie commune au même domicile.

Le droit commun, c'est la liberté naturelle de vivre d'une vie commune au même domicile.

Cette liberté n'est restreinte par aucune loi pénale, ni aucune loi de police.

Et d'abord, la liberté naturelle de vivre en commun dans le même domicile n'a été restreinte par aucune loi pénale.

Nous ne disons pas assez :

Il y a un texte de loi qui suppose expressément et confirme, par là même, le droit naturel de la liberté de la vie commune dans un domicile commun :

C'est l'article 291 du Code pénal.

La section VII du titre Ier du livre III du Code pénal de 1810 est intitulée : « Les associations ou réunions illicites ».

Cette section, en déterminant les associations illicites, reconnaît forcément comme licites, au point de vue de la loi pénale, toutes les associations qu'elle n'atteint pas.

Or, l'article 291 n'interdit, sous peine d'amende, que les associations qui présentent ce triple caractère :

1° D'être composées de plus de vingt personnes ;

2° D'avoir pour but de se réunir tous les jours, ou à certains jours marqués, pour s'occuper d'objets religieux, littéraires, politiques ou autres ;

3° D'être formées sans autorisation du gouvernement ou en dehors des conditions qu'il a plu à l'autorité publique d'imposer.

Il est évident que, pour se réunir tous les jours, « ou à certains jours marqués, » les membres d'une association doivent avoir des domiciles séparés.

Donc, l'association qui a pour but la vie en commun, non-seulement ne tombe pas sous le coup de l'article 291, mais est reconnue licite par l'article 291 lui-même ; n'était même pas nécessaire que le § 2 de l'article 291 expliquât que dans le nombre de personnes indiqué par cet article ne sont pas comprises celles des domiciliées « dans la maison où l'association se réunit » ; toutefois cette explication est décisive, et l'on se demande comment il serait possible de trouver des coupables dans une association dont aucun membre ne pourrait figurer au nombre des délinquants.

Aussi a-t-il toujours été reconnu par les jurisconsultes que l'article 291 ne pouvait atteindre ni une famille, si nombreuse qu'elle soit, dont tous les membres habitent sous le même toit, ni un atelier d'ouvriers, si nombreux qu'ils soient, qui vivent d'une vie commune, ni aucun groupe d'individus, qu'aucun lien de parenté ne rattache les uns aux autres, mais que rapproche seulement la conformité des goûts ou des besoins, et qui partagent, par économie ou pour toute autre cause, la même vie dans un même domicile.

Une association domiciliée, par suite ostensible et permanente, n'a pas été considérée comme un danger pour la société.

La loi du 10 avril 1834 n'a rien innové quant à l'immunité du domicile commun.

En déclarant « les dispositions de l'article 291 du Code pénal applicables aux associations de plus de vingt personnes, alors même que les associations seraient partagées en sections d'un nombre moindre et qu'elles ne se réuniraient pas tous les jours ou à des jours marqués », l'article 1er de la loi du 10 avril 1834 n'a pas eu pour but ou pour résultat de porter atteinte à la liberté de la vie en commun ; mais il a voulu déjouer les fraudes du sectionnement des associations et de l'irrégularité calculée de leurs réunions.

Les sections d'associés supposent toujours et nécessairement des associés non domiciliés dans une même maison, puisque les personnes domiciliées dans une même maison ne comptent pas dans le nombre exigé pour l'existence du délit, et la loi de 1834 n'a pas substitué le nombre des sections au nombre des associés. L'existence même d'une direction commune entre ces sections, qui, si la société était secrète, constituerait un délit spécial, ne pourrait, en l'absence de ce caractère, tomber sous le coup de l'article 291 complété par la loi de 1834.

L'article 291 complété par la loi de 1834 n'atteint pas, en effet, toute espèce d'association, mais seulement les associations ayant pour objet de se réunir.

Donc, pas de loi pénale frappant la vie commune au domicile commun.

Pas davantage de loi de police.

Demolombe conclut ainsi :

« En résumé, la liberté individuelle, l'inviolabilité du domicile, le respect de la propriété sont placés, en vertu du droit public français, sous la sauvegarde des lois et des tribunaux, en dehors et au-dessus de l'atteinte du pouvoir exécutif.

« Il faut un jugement de condamnation, en

vertu d'un texte de loi pénale, pour que la surveillance de la haute police puisse s'exercer sur un Français.

« Il faut perdre la qualité de Français ou ne l'avoir jamais acquise, pour être placé sous le droit de haute police qui permet d'expulser l'étranger du territoire français.

« Il faudrait un texte de loi formel, et ce texte n'existe pas, pour mettre hors la loi commune des Français dont les droits individuels n'ont subi aucune atteinte.

« Ce qui trompe les esprits prévenus ou superficiels, c'est la confusion entre les règles du droit civil et les règles du droit pénal.

« En droit civil, les communautés religieuses non autorisées à domicile commun ou à domiciles séparés, n'ont pas d'existence légale.

« Elles ne peuvent ni recevoir, ni acquérir, ni posséder, ni ester en justice ; elles ne sont pas !

« Au point de vue purement civil, tous les textes de la loi que nous avons examinés au point de vue pénal, et qui déclarent les communautés supprimées comme personnes civiles, sont restés en vigueur et reçoivent journellement leur application.

« Mais si le droit civil, distinguant la personnalité d'une association de la personnalité des individus qui la composent, refuse absolument de reconnaître l'être collectif, il ne s'ensuit pas que la loi pénale, qui ne peut atteindre que les personnes des associés pour les punir, ait action sur les membres d'une association non reconnue.

« Entre l'existence légale qui confère le privilège de la personnalité civile à l'être collectif et la prohibition pénale qui constitue les personnes associées en état de délit, il y a toute la distance qui sépare une loi en faveur d'une peine.

« Les membres de communautés religieuses ne peuvent encourir de peines, parce qu'ils ne réclament pas de faveur.

« Ils sont libres de se contenter du droit commun.

« Tel est l'état du droit en vigueur.

« Que si le régime de droit commun, si conforme pourtant à l'esprit de nos institutions, à l'état de nos mœurs, aux principes de liberté et d'égalité qui forment la base de notre droit public et privé et qui sont l'expression des tendances les plus accentuées de notre caractère national, constitue, en matière d'association religieuse, un danger pour les familles et l'Etat, qu'on propose une loi au Parlement.

« Le pouvoir arbitraire est le moins sûr gardien de la sûreté publique ; il est aussi funeste aux gouvernants qui l'exercent qu'aux particuliers qui le subissent.

« Une loi et des juges ! *Forum et jus.*

« C'était la devise du plus illustre avocat des temps modernes. C'est aussi la devise des véritables amis du droit et de la liberté.

« Délibéré à Caen, le 28 juin 1880.

« DEMOLOMBE. »

Le savant Demolombe ne fut pas le seul à donner son adhésion. En présence des violences préméditées par le gouvernement, Jules Dufaure avait déposé, au Sénat, un projet de loi réglant, d'après les principes de l'équité, le droit naturel d'association. D'autres proposaient d'exclure du droit commun les associations religieuses et de leur imposer des conditions particulières et des restrictions d'une sévérité exceptionnelle. Rien ne découvre mieux le fond du cœur de ces apostats. Des jurisconsultes appartenant à tous les barreaux de France s'assemblèrent pour étudier, au point de vue juridique, les questions relatives à la liberté religieuse et aux droits respectifs de l'Eglise et de l'Etat en matière d'association. Après avoir constaté qu'une législation exceptionnelle pour les ordres religieux serait en contradiction avec les principes les plus certains du droit naturel et avec la doctrine catholique, ces jurisconsultes l'examinèrent au point de vue exclusif du droit français et résumèrent leurs délibérations dans les résolutions suivantes :

« 1° Il n'existe aujourd'hui aucune loi qui interdise de prononcer des vœux religieux ; aucune loi qui refuse à ceux qui ont prononcé ces vœux le droit de vivre d'une vie commune au même domicile.

« 2° La question, en tout cas, ne pourrait être tranchée que par l'autorité judiciaire.

« 3° Toute disposition législative qui aurait pour résultat de placer hors du droit commun, de frapper d'une peine, ou d'une charge fiscale, ou d'une incapacité quelconque, un citoyen français pour le motif qu'il serait lié par des engagements de pure conscience, serait injuste et tyrannique. Elle violerait les principes essentiels de notre droit public, la liberté de conscience, le libre exercice de la religion catholique, l'égalité devant la loi. C'est le devoir des jurisconsultes de protester contre cette scandaleuse violation du droit. C'est le devoir des citoyens de combattre par tous les moyens légitimes une tentative dont la réalisation serait une honte et une calamité pour la nation qui l'aurait tolérée.

« Le président de la réunion,

« LUCIEN BRUN, sénateur. »

La consultation de M. Rousse, qui rapportait les consultations de 1845, tant celle de Paris que celle de Caen, fut présentée aux avocats du barreau de Paris. Voici la liste exacte de ceux qui la revêtirent de leur signature :

BARREAU DE PARIS. — *Cour de cassation.* — MM. A. Bellaigue, docteur en droit, président de l'Ordre ; A. Bosviel, ancien président de l'Ordre ; Stanislas Brugnon, docteur en droit ; R. de Saint-Malo ; Sabatier ; Gabriel Aiguillon ; de Valroger, docteur en droit ; Félix Bonnet, docteur en droit ; Paul Besson ; Paul Guyot ; M. Panhard ; Massenat-Desroche, docteur en droit ; F. Housset, docteur en droit ; Paul Debron, docteur en droit.

Cour d'appel de Paris. — MM. Jules Nicolet, bâtonnier ; Cresson, membre du conseil, ancien préfet de police ; Oscar Falateuf, membre du conseil ; Champetier de Ribes, ancien membre du conseil ; Lachaud, ancien membre du conseil ; C. Rivolet, ancien membre du conseil ; Léronne, ancien membre du conseil ; Boisseau ; R. de Belleval ; Benoist, ancien avocat général à la Cour de cassation ; de Bigot de Granrier ; Ch. Bosviel, docteur en droit ; Bouchet, Georges Berryer, Blot Lequesne, J. Chenal ; Chopin d'Arnouville, ancien avocat général à la Cour de Paris ; R. Costè, L. Denormandie, Laverdy, Digard, Delamarre, docteur en droit ; Da, Dupuy, Demonjay, Deffes, Desportes de la Fosse (Fernand), Léon Deven, Didio, Eugène Dupuy ; Paul Darnerin, docteur en droit ; Octave Falateuf ; Fourchy, ancien avocat général à la Cour de Paris ; Hubert Valleroux ; H. Hémar, ancien avocat général à la Cour de Paris ; Johanet ; Jourdan ; Jamet, docteur en droit ; La Salle, Lamarzelle, docteur en droit ; Lacroix, Edm. Langlois, Nogent Saint-Laurent, Ch. de Neuvrezé, Louis Nouguier, Perrot de Chaumeux, Pougnet ; Perrin, docteur en droit ; Pinchon, Quignard ; Robinet de Cléry, ancien avocat général à la Cour de cassation ; Richer ; Raveton, Louis de Royer, Paul de Royer, Romain de Sèze, docteur en droit ; Sagot, Lesage, docteur en droit, Thiroux ; Terrat, docteur en droit ; Alb. Thiéblin, docteur en droit ; Félix Tournier, Varin.

Voici maintenant l'adhésion du barreau et de la Faculté catholique de Lille :

« Notre étude s'est exclusivement renfermée dans l'examen des textes législatifs. Consultés comme avocats sur les lois de notre pays, nous avons consciencieusement recherché le véritable sens de leurs dispositions, et l'usage que l'on pourrait faire aujourd'hui de leurs prescriptions et de leurs défenses.

« Nous ne perdons pas de vue cependant la grandeur et l'importance de la cause que nous défendons. Il s'agit de savoir si, en France, des citoyens seront mis hors la loi pour avoir, dans le secret de leur conscience, contracté des engagements dont Dieu seul peut leur demander compte.

« S'il sera permis à la police d'envahir leur domicile, non point pour rechercher des crimes ou des délits, mais parce que, dans ce sanctuaire de la vie privée, ils se livrent en commun à la prière ou à l'étude.

« Si l'on pourra créer indirectement une incapacité que le Sénat, dans la plénitude de ses pouvoirs constitutionnels, a refusé, après de solennels débats, d'inscrire dans nos lois sur l'enseignement.

« En un mot, le libre exercice de la religion, la liberté d'enseignement, la liberté individuelle et l'inviolabilité du domicile sont également menacés. Nous ne pouvions garder le silence ; c'eût été déserter le premier des devoirs de notre profession : celui dont l'accomplissement a toujours fait l'honneur du barreau français, et que la loi elle-même nous impose, en nous prescrivant d'exercer librement notre ministère pour la défense de la justice et de la liberté.

« Délibéré à Lille, le 15 juin 1880.

« A. Rouzé de l'Aulnoit, bâtonnier. — H. D. Bayart, ancien bâtonnier. — Gustave Théry. — L. Philippe. — E. Vanlaer, professeur de droit. — E. Delemer. — Reuflet. — E. Dubrulle. — E. Defontaine. — Eug. Chon. — Louis Selosse, professeur de droit. — Dolez. — Villaret. — Edm. Ory, professeur de droit. — C. Groussau, professeur de droit. — P. Chesnelong. — A. Trolley de Prevaux, professeur de droit. »

D'autre part, l'adhésion des professeurs à la faculté libre de droit de Lille est ainsi conçue :

« Les soussignés, professeurs à la faculté libre de droit de Lille, adhèrent pleinement aux moyens développés et aux conclusions posées dans la consultation de Me Rousse, du barreau de Paris, et dans celle qu'ont rédigée les avocats du barreau de Lille.

« En leur âme et conscience, au nom de la science qu'ils enseignent, ils déclarent qu'aucune loi en vigueur ne défend à des citoyens français de former les associations dites congrégations religieuses, et que l'autorisation ou reconnaissance n'est pas nécessaire à ces associations, lorsqu'elles n'ambitionnent pas les privilèges de la personnalité civile. Avec la certitude que donne l'étude approfondie des textes et documents de première main, ils affirment que de toutes les lois invoquées contre les congrégations, la plupart n'ont jamais eu le sens et la portée qu'on essaye de leur attribuer après coup, — et que le reste a été surabondamment abrogé par le Code pénal, — par les chartes et constitutions où nos gouvernements successifs ont répudié l'arbitraire et les procédés tyranniques de la Convention et du premier empire, — par les lois sur la liberté de l'enseignement.

Ils proclament que tous les principes de la science du droit, qui protesteraient contre ces lois si elles étaient réellement existantes et en réclameraient la prompte abrogation, protestent bien plus haut encore contre l'exécution violente, sans le concours des tribunaux, de dispositions non seulement contestées, non seulement obscures et douteuses, mais évidemment abolies et tombées même en oubli.

« Ils attestent qu'aucun jurisconsulte digne de ce nom ne pourrait soutenir, dans une dissertation réfléchie, que les prétendues lois existantes existent encore ; ils tiennent pour assuré que les quelques auteurs qui ont émis, sans la justifier, la croyance à leur existence, n'avaient point étudié sérieusement une question dépourvue jusqu'à ce jour de tout intérêt pratique, et ont reproduit de bonne foi, mais sans contrôle, l'opinion superficielle et bruyante de publicistes non jurisconsultes.

« Lille, le 21 juin 1880.

« Vicomte G. de Vareilles-Sommières. — C. Arthaud. — E. Delachenal. — H. Lamache. — T. Rothe. — G. de Gérard. — A. Béchaux. »

Les consultations de Caen et de Paris, confirmées par la consultation de Mᵉ Rousse, sur l'illégalité des décrets, furent confirmées par l'adhésion pure et simple d'un grand nombre de magistrats français; elles furent, en plus, réprouvées par un très grand nombre de procureurs, de substituts et de juges qui, plutôt que de coopérer à l'exécution de ces décrets, donnèrent leur démission. Il a été publié plusieurs volumes sur la conduite de la magistrature au regard des décrets; rien ne peut faire plus d'honneur à nos cours et tribunaux. C'est à ce propos que l'oligarchie opportuniste, sous prétexte d'épurer la magistrature, voudra la reconstituer, c'est-à-dire lui inoculer le virus de sa propre dépravation.

Ces adhésions ne furent pas les seules; nous citons ici, sur les jésuites, l'opinion personnelle d'Emile Ollivier :

« Il est, dit-il, d'une souveraine iniquité d'invoquer contre l'existence des jésuites les arrêts du Parlement de 1762, 1764 et 1767 et les édits de Louis XV et de Louis XVI ; la Révolution a abrogé ces arrêts et ces édits ; depuis 1789, les jésuites sont replacés au même titre que les autres ordres religieux dans la législation générale ; aucun droit exceptionnel ne les régit plus. La haine arrivée au degré où l'évidence même disparaît, ou bien la poursuite malsaine de la popularité, a seule obscurci parfois cette vérité juridique dans l'esprit de quelques hommes sérieux.

Le mobile de M. Thiers, dans son célèbre discours de 1845, a été le désir de la popularité et non la haine. Ce discours, applaudi dans le temps, abonde en inexactitudes et prouve peu la perspicacité dont son auteur aimait tant à se vanter, puisque, dans les jésuites, M. Thiers poursuivait alors les représentants de cette liberté de l'enseignement secondaire que, peu d'années après, dans une pensée de réaction, il a aidé les amis des jésuites à établir, surtout dans l'intérêt des jésuites. Voilà pour le droit : en effet, quoi qu'on pense des théories des jésuites, rien dans leur conduite présente ne justifierait l'emploi des moyens coercitifs, que la loi commune donne au gouvernement contre les congrégations religieuses.

Paisibles, réguliers, absorbés par leur collège et leurs œuvres spirituelles, ils ne troublent ni nos diocèses, ni nos cités, et si on peut toujours en faire des victimes, on ne saurait, à moins d'abdiquer le sentiment du juste, les transformer en coupables. On peut trouver qu'ils occupent trop de place, qu'ils tirent sans discrétion les choses à eux : à cela les lois et les arrêts de prescription ne peuvent rien ; une importance toute d'opinion ne peut être renversée que par une action en sens inverse de l'esprit public, l'Etat n'a pas à s'en mêler. Au surplus, la plupart des attaques contre eux ne sont pas sérieuses. Beaucoup qui, par calcul, par poltronnerie, par respect humain, n'oseraient se prononcer ouvertement contre le catholicisme, et qui cependant tiennent à se mettre à la mode et à se donner l'air du libre-penseur, s'en tirent à bon marché en criant au jésuite! La plupart de ceux dont les attaques sont sérieuses détestent en eux moins un institut particulier que l'avant-garde militante du catholicisme. Aussi, partout où ils ont été supprimés, les autres ordres n'ont pas tardé à être atteints et les prêtres eux-mêmes à être menacés. Le plaisant, car il en existe à tout sujet, est que plus d'un, parmi ceux qui leur reprochent avec une superbe assurance de compromettre la religion, serait embarrassé de réciter son *Credo*.

Ollivier parle de Thiers; voici, de Thiers, un fragment de lettre à un ami de Rouen :

« Quant au clergé et à l'enseignement, voici ce que je pense.

« Je n'ai jamais été l'ennemi de l'Eglise, bien au contraire. On peut lire dans le livre du Concordat, contenu dans l'*Histoire du Consulat*, à quel point je suis partisan de l'établissement catholique. Je l'étais, je le suis plus que jamais, dans l'état de désorganisation et de démoralisation où se trouve la société française. Je regarde la religion catholique comme le salut des âmes, et j'en défendrai l'existence matérielle de toutes mes forces. Sans salaire, le clergé est perdu, il sera réduit à tendre la main, il sera avili ou détruit. Je dis cela depuis deux mois à tous mes amis. Ce serait faire rétrograder la France jusqu'à l'Irlande.

« Quant à la liberté d'enseignement, je la désire aujourd'hui que l'université se trouve aux mains de vrais phalanstériens qui ne veulent pas des saines et solides études classiques, et qui veulent nous donner une jeunesse sachant un peu de mathématiques, de mécanique et pas davantage.

« Sur ces deux points je me suis prononcé de la manière la plus sincère et la plus énergique, et ce n'est point par complaisance, je n'en ai jamais eu, je n'en aurai jamais pour personne, c'est par conviction. Il faut raffermir l'ordre social ébranlé. L'Eglise est à mes yeux la partie la plus essentielle de cet ordre ébranlé et à moitié détruit. »

Je ne crois pas, aujourd'hui que les auteurs de la Commune ont repris leurs droits civils en France, que Blanqui, le coryphée de 1848, s'apprête à forcer de haute lutte les portes de la Chambre, que l'ordre social ait moins besoin de l'appui de l'Eglise catholique qu'à la date où Thiers écrivait cette lettre.

On objecte aussi beaucoup Napoléon 1ᵉʳ, singulier modèle pour les républicains. Or, voici ce qu'il faisait écrire, même avant la conclusion du Concordat :

« Le ministre de l'intérieur,

« Considérant que les lois des 14 octobre 1790 et 18 août 1792, en supprimant les corporations, *avaient conservé aux membres des établissements de charité la faculté de continuer les actes de leur bienfaisance*, et que ce n'est *qu'au mépris de ces lois* que ces institutions ont été complètement désorganisées ;

« Considérant que les secours nécessaires aux malades ne peuvent être assidûment administrés que par des personnes vouées par état au service des hospices et dirigées par *l'enthousiasme de la charité* ;

« Considérant que parmi tous les hospices de la république ceux-là sont administrés avec le plus de soin, d'intelligence et d'économie *qui ont rappelé dans leur sein les anciens élèves de cette institution sublime* dont le seul but était de former à la pratique de tous les actes d'une charité sans bornes ;

« Considérant qu'il n'existe plus de cette précieuse association, que quelques individus qui vieillissent, et nous font craindre l'anéantissement d'une *institution* dont s'honore l'humanité ;

« Considérant que les soins et les vertus nécessaires au service des pauvres doivent être inspirés par l'exemple et enseignés par les leçons d'une pratique journalière ; arrête :

« Art. 1er. — La citoyenne Delau, ci-devant supérieure des filles de la Charité, est autorisée à former des élèves pour le service des hospices ;

« Art. 2. — La maison hospitalière des orphelines, rue du Vieux-Colombier, est mise à cet effet à sa disposition ;

« Art. 3. — Elle s'adjoindra les personnes qu'elle croira utiles au succès de son institution, et elle fera choix des élèves qu'elle jugera propres à en remplir le but.

« Art. 4. — Le gouvernement payera une pension de 300 fr. pour chacun des élèves dont les parents seront reconnus dans un état d'indigence absolue.

« Art. 5. — Tous les élèves seront assujettis aux règlements de discipline intérieure de la maison.

« Art. 6. — Les fonds nécessaires pour subvenir aux besoins de l'institution seront pris sur les dépenses générales des hospices. Ils ne pourront pas excéder la somme annuelle de 12.000 fr.

« Paris, 1er nivôse, an IX.

« Signé : CHAPTAL (1) ».

Voici un dernier appel au bon sens et la justice, contre la violation de la liberté individuelle par les décrets du 29 mars.

Tout l'échafaudage des décrets du 29 mars

(1) *Moniteur*, du 1er nivôse, an IX.

repose sur ce sophisme placé en tête du rapport :

« C'est un principe de notre droit public qu'une congrégation religieuse ne peut pas exister en France, si elle n'est pas autorisée. »

Le bon sens répond :

Oui, si les membres de la congrégation veulent jouir, en cette qualité, des privilèges que le gouvernement accorde aux congrégations autorisées.

Non, mille fois non, si les membres de cette congrégation veulent se contenter du droit commun, qui autorise tout Français à demeurer où il veut, à s'habiller comme il l'entend, et à suivre le régime qui lui convient le mieux.

C'est absolument comme si on portait le décret suivant :

Art. 1er. — Tous les Français devront, dans l'intervalle de trois mois, se faire autoriser à porter leur nom et leur habit, à demeurer dans leur maison et à mener le genre de vie qu'ils ont adopté.

Art. 2. — Cette autorisation sera refusée à tous ceux dont le nom, l'habit ou le régime n'auront pas l'avantage de plaire à la majorité de la Chambre des députés.

Art. 3. — Tous ceux qui, dans trois mois, n'auront pas obtenu cette autorisation, seront expulsés de leur demeure.

Quel est celui qui oserait, en vertu de ce décret, aussi illégal que tyrannique, essayer de m'arracher de mon domicile ?

Armé du Code pénal, j'arrêterais à la porte de ma demeure l'exécuteur de la loi qui en serait devenu le violateur, et je lui dirais :

« Gardez-vous de franchir le seuil de mon domicile ; car, si vous attentez à ma liberté, il y a pour vous un an de prison et 500 fr. d'amende (art. 184), outre les dommages intérêts et la dégradation civique (art. 114-117) et, pour le ministre qui vous envoie, il y a le bannissement (art. 115). »

Le 29 juin prochain, ce cas de violation illégale de domicile doit se réaliser pour plus de 100.000 Français.

Le lendemain, si dès maintenant la France ne proteste pas, un nouveau décret peut le renouveler pour 100.000 autres.

Ce que le radicalisme fait aujourd'hui contre les religieux, le socialisme s'apprête à le faire demain, avec la même justice, contre les bourgeois et les propriétaires.

Tous les droits se tiennent, et celui qui laisse violer aujourd'hui ceux de son voisin consent à ce que ses propres droits soient violés demain.

Il n'y a donc pas un moment à perdre : il faut que tous les bons Français s'unissent, pour former, contre la tyrannie jacobine :

La ligue du droit et de la liberté.

La proscription des Jésuites.

« La patrie n'est point ici-bas », dit Lamennais. Nous possédons cependant ici-bas, pour le jour de la vie présente, une patrie éphémère, image de l'éternelle patrie, et bien que cette image soit fugitive, simple particulier, nous lui devons tous les biens ; humble citoyen, nous en attendons le respect de tous nos droits. La patrie, c'est d'abord le petit coin qui nous a vu naître ; la terre et le ciel du village natal, le soleil, l'arbre, la vigne, la rivière, les chemins, les champs, les bois du petit village, tout cela fait partie de nous-même. La maison de nos parents, l'école, l'église, le cimetière nous touchent de plus près encore. Outre cette petite patrie, nous en avons une plus grande, le territoire qu'habite notre nation. La grande patrie, ce n'est pas seulement la terre qui nous porte, le sol que nous foulons, le lien qui nous unit à des contemporains vivant avec nous, dans le même pays et sous les mêmes lois, associés aux mêmes épreuves, solidaires des mêmes destinées. La patrie, c'est aussi la France de nos pères et la France de nos arrière-neveux ; la France que nos pères ont grandie, que nos descendants ont mission de restaurer : c'est la traînée de gloire dont elle a laissé, à tous les horizons, la trace éclatante ; c'est le souvenir de son prestige, la tradition de sa grandeur, l'espoir de son relèvement. A tous d'y concourir, par des efforts communs, parfois divergents, toujours sincères et dévoués, pour la loi du travail et avec l'exception du talent.

Puisque Dieu a mis au cœur de l'homme ce que les Latins appelaient *caritas patrii soli*, ce sentiment d'amour profond dont Ovide a célébré la mystérieuse puissance, quel crime n'est-ce pas que de frapper un de ses frères de la peine de l'exil, surtout un frère innocent. Deux mots ont suffi à Horace pour dépeindre la misère des exilés. Princes ou bourgeois, prêtres ou laïcs, le rang et la condition n'y changent rien. L'exil est, de toutes les blessures, la plus cruelle au cœur, la blessure toujours et partout saignante. L'exilé, c'est l'enfant qu'on arrache des bras de sa mère ; il ne cesse d'appeler, de sa voix plaintive, celle de qui il tient son souffle de vie. Rien n'apaise ses cris ; rien ne trompe sa douleur. Encore que le même soleil qu'il voyait s'élever sur les champs de son pays n'ait pas cessé de luire sur la terre étrangère ; encore que les matins succèdent aux matins avec la même et charmante continuité : ce n'est pas le jour, ce n'est pas le soleil qui dilatait son âme. L'image de la patrie absente, plus belle depuis qu'il l'a quittée, ne lui permet pas de trouver, aux rives étrangères, le moindre charme. Comme les Israélites captifs à Babylone, il suspend aux saules ses cithares ; il ne sait plus que gémir et pleurer ; les *Tristes* d'Ovide, pour monotones qu'elles soient, parfois trop semblables à des lamentations de femmes, rendent pourtant très bien le cruel souci de la patrie perdue. Dans tous les temps, chez tous les peuples, la peine de l'exil a toujours été la plus dure, la plus remplie d'amertume.

Telle est cependant la peine que les républicains francs-maçons vont infliger aux religieux, et tout d'abord aux jésuites. Sans jugement, sans aucune forme de justice, par de simples décrets, comme en peut signer le Csar et comme a dû en signer Tamerlan, ces républicains s'érigent en tyranneaux odieux et prennent place dans l'histoire, à côté des plus exécrables despotes. Il y a, dans la tyrannie, quelque chose de plus vil que la scélératesse sanguinaire, même des bourreaux de 93 ; c'est la lâcheté imbécile poussant à ses fins basses en s'en faisant gloire.

La persécution va donc commencer. Depuis trois mois, les jurisconsultes ont parlé au nom du droit ; les pères de famille ont réclamé au nom de leurs plus chers intérêts. Les protestations et les résistances ont exaspéré les mauvais desseins. La république a ramassé toutes ses forces ; elle a étouffé les répugnances des uns, imposé silence aux inquiétudes des autres ; elle va maintenant trancher le débat. Les fonctionnaires de la république, sous la haute direction du préfet de police Andrieux, vont crocheter les portes, violer le domicile des prêtres sans défense, et expulser de leurs maisons des religieux qui ont pu échapper aux rigueurs de la Commune.

L'œuvre est d'ailleurs digne de toutes ces puissances. Des hommes désarmés, qui travaillent, qui veillent et qui prient, sont arrachés de la cellule où ils ont placé leur domicile de citoyens. Après les hommes, la ruse ira chercher quelques pauvres femmes, émues, effrayées, désespérées de ne pouvoir garder jusqu'à la mort l'asile qu'elles ont librement choisi : on les chassera des écoles et des hôpitaux ; on les arrachera même au chevet de ces malades dont elles soignaient si délicatement les infirmités et enchantaient les douleurs. Ce sont là les victoires et les gloires de la république.

Si, dans cette affaire, tout n'était absolument odieux, il y aurait quelque chose de grotesque ; c'est ce délit d'affiliation imputé comme crime à des religieux, par des hommes qui sont, eux, affiliés à la franc-maçonnerie. Ces Maçons peuvent, sans doute, exhiber le brevet d'utilité publique que leur a délivré l'empereur Napoléon III. Bon billet vraiment ! Les Maçons ne se mangent entre eux que par intervalle. Mais, indépendamment du droit divin, naturel et imprescriptible de Dieu, de son Christ, de son Eglise et de la conscience humaine, le Concordat est bien une déclaration d'utilité publique pour la religion catholique dont, en fait et en droit, l'état religieux fait partie intégrante.

L'affiliation maçonnique sépare les citoyens d'un pays en deux groupes absolument tranchés: *Maçons et profanes*. Pour les Maçons, les profanes sont quelque chose comme les giaours ou les chiens de chrétiens pour les sectateurs de l'islam. La corporation maçonnique est bien réellement un Etat dans l'Etat. Tandis que les religieux, unis par une commune pensée d'abnégation et de charité, se dévouent, bien au delà des limites du devoir, à instruire, à secourir, à soigner dans leurs maladies les laïques, et même les laïques leurs ennemis, et constituent ainsi un corps d'élite au service de la multitude; la corporation maçonnique, formée d'individualités égoïstes qui se groupent pour conquérir la jouissance, la fortune et les places, exploite au profit des siens la multitude qu'elle méprise. L'emblème de la vie religieuse, c'est « la croix », ou la mort subie par charité. L'emblème de la Maçonnerie, c'est « le poignard », ou la mort donnée pour assurer le règne de l'égoïsme des affiliés, se déclarant orgueilleusement la seule portion de l'humanité digne de compter.

On connaît la formule d'affiliation du religieux à son ordre. Il promet de vivre pauvrement et chastement; il jure d'obéir à son supérieur, en tant que représentant de Dieu, c'est-à-dire relativement aux œuvres de piété et de charité qui lui seront enjointes. Ce serment généreux soutient son courage dans la vie de sacrifice et de dévouement qu'il a librement choisie.

On ne connaît pas assez la formule d'affiliation maçonnique. Avec des variantes légères, avec un masque de religiosité quand la chose paraît opportune, avec un caractère d'athéisme plus prononcé quand l'hypocrisie est devenue, sous le rapport religieux, superflue, elle aussi est au fond la même dans tous les rites.

Notre société, a écrit Weishaupt, le vrai fondateur de la Maçonnerie moderne (laquelle ne fait qu'un avec la Révolution), exige de ses membres le sacrifice de leur liberté, non pas sur toutes choses, mais absolument sur tout ce qui peut être un moyen d'arriver à son but. Or, la présomption est toujours pour la bonté des moyens prescrits et toujours en faveur des ordres donnés par les supérieurs: ils sont plus clairvoyants sur cet objet, ils les connaissent mieux, et c'est pour cela seul qu'ils sont constitués supérieurs; ils sont faits pour vous conduire dans le labyrinthe des erreurs, des ténèbres; et là, l'obéissance n'est pas seulement un devoir, elle est un objet et un motif de reconnaissance.

Dans l'illuminisme, l'initiateur satanique doit poser au postulant les questions suivantes, exigeant une réponse affirmative et signée:

Donnez-vous à notre ordre ou société droit de vie et de mort? Etes-vous disposé à donner en toute occasion aux membres de notre ordre la préférence sur les autres hommes? — Vous engagez-vous à une obéissance absolue, sans réserve? L'initiateur explique au récipiendaire que « les choses commandées par l'ordre cessent d'être injustes, dès qu'elles deviennent un moyen d'arriver au bonheur et d'obtenir le but général ».

Suit la profession satanique. Elle est généralement un peu longue. Nous y cueillons les passages suivants:

« Je voue un éternel silence, une fidélité absolue et l'obéissance inviolable à tous les supérieurs et statuts de l'Ordre. Dans ce qui est l'objet de ce même ordre, je renonce pleinement à mes propres vues et à mon propre jugement.

« Je promets, dit le franc-maçon du rit écossais, d'aider l'ordre de mes conseils et actions, sans égard pour mon intérêt personnel (phrase sonore), comme aussi de voir mes amis et mes ennemis dans ceux de l'Ordre, et de suivre à leur égard la conduite que l'ordre m'aura tracée (phrase significative, qui explique la discipline des 363 et beaucoup d'autres faits). Si je manque à ma parole, qu'on me brûle les lèvres avec un fer rouge, qu'on me coupe la main, qu'on m'arrache la langue, qu'on me tranche la gorge, que mon cadavre soit pendu dans une Loge pour être la flétrissure de mon infidélité et l'effroi des autres; qu'on le brûle ensuite et qu'on en jette les cendres au vent, afin qu'il n'en reste plus aucune trace de la mémoire de ma trahison. »

Et ainsi, en substance, tous les autres serments des affiliés. Tous ont cette odeur de charnier. Que la secte s'adjuge sur ses affiliés un pouvoir absolu et le droit de vie et de mort, bien qu'en France actuellement elle estime prudent de ne pas assassiner, c'est ce que savent tous ceux qui ont pris la peine de l'étudier. Qu'elle dispose souverainement des élections, c'est ce qui ressort avec évidence d'élections totalement incompréhensibles sans son intervention. Que, malgré la division profonde qui sépare aujourd'hui les affamés des repus, l'entente existe sur le terrain de l'impiété brutale et de la persécution des catholiques, c'est ce que le vote du 3 mai démontre avec éclat.

Voilà les hommes qui se préparent à disperser et à traquer, après les avoir dispersés, les religieux français, au nom de la loi de 1834, constituant le délit d'association!

Le ministre de la justice, Jules Cazot, l'homme du chemin de fer d'Alais, envoyait une circulaire aux procureurs généraux, pour l'exécution des décrets du 29 mars; il faut lire ce document qui sue la tyrannie. Les républicains ont porté un ukase, ils entendent l'exécuter comme en Russie.

Des arrêtés préfectoraux prescriront, dès le 30 juin, l'évacuation des établissements des jésuites par les soins de l'autorité publique.

La force armée prêtera main forte aux agents chargés de l'exécution. Les préfets et les procureurs devront assister à cette opération peu glorieuse. S'il se produit des actes de résistance, il faudra les constater et les déférer aux tribunaux. Si l'on tente de paralyser l'action administrative par des procédures dilatoires sous forme de référés, d'actions civiles ou même de poursuites correctionnelles, il ne faudra pas en tenir compte. L'action administrative ne saurait être paralysée par les résistances de fait individuelles ou collectives. S'il se produit des actions judiciaires, le tribunal des conflits, présidé par Cazot, auteur de cette circulaire, est là pour les étrangler. Les lois de haute police administrative doivent recevoir leur pleine et entière exécution.

C'est sur les jésuites que va tomber le premier éclat des fureurs républicaines. Au sujet des jésuites, les impies manquent absolument d'intelligence. Pour eux, le mot *jésuite* est un mot fermé, dont ils ne soupçonnent même pas le mystère. Sur ce grand nom, ils répandent des couleurs absurdes et déloyales, ils accumulent les niaiseries et les horreurs ; puis ils disent : voilà les jésuites ! Non, non ; ce que vous montrez là ce n'est qu'une caricature ; les jésuites sont ce qu'ils sont, mais vous n'avez pas le droit de prétendre les peindre avec des mensonges.

En présence du protestantisme, né sous un ciel orageux, sous un berceau plein de menaces, l'intrépide Ignace de Loyola forma une compagnie de soldats, dont il fut le général. A ces soldats, dressés pour la bataille, il n'inspira pas les observances du monachisme cloîtré ; il leur donna la petite tenue du soldat en campagne. Mais s'il les débarrassa extérieurement de l'appareil des armes, il les voulut intérieurement forts. Par sa science supérieure, par sa vertu héroïque, par sa bravoure, un jésuite est un homme de fer. De pauvres sots leur reprochent le *Compelle intrare* et le *Perinde ac cadaver*, qu'on trouve d'ailleurs dans l'Evangile : ce sont les consignes de tous les régiments ; à toute armée, il faut une exacte discipline. La preuve qu'Ignace ne s'est pas trompé, c'est que ses fils sont partout, aux avant-postes, depuis trois siècles ; c'est que, tantôt libres, tantôt proscrits, parfois triomphants, parfois martyrs, ils sont toujours au feu ; et, pour s'en défaire, il n'y a qu'un moyen : les assassiner.

Calvin, bon républicain, avait prévu cette nécessité : « Quant aux jésuites, dit-il, il faut les tuer, ou s'il ne se peut commodément, il faut les écraser par la calomnie : *Necandi sunt aut, si fieri nequit, calumniis opprimendi.* » Depuis lors, tous les ennemis de la vérité et de la vertu ont été les ennemis féroces des jésuites ; les honnêtes gens les aiment. A leur égard il n'y a pas de milieu ; ou on les aime avec ardeur ou on les hait avec fureur, mais au point de vouloir les exterminer. Puisqu'on va les conduire à l'abattoir, il faut, au moins, les couronner de fleurs.

En 1603, le président de Harlay voulait empêcher le rappel des jésuites et avait vomi contre eux tout ce qu'on répète depuis, en l'assaisonnant aux goûts du temps. Henri IV lui répondit par une apologie complète de l'Ordre, apologie que rapportent Mathieu, Dupleix et Montholon. « A Poissy, dit-il, on reconnut non leur ambition, mais leur suffisance, et m'étonne *sur quoi* vous fondez l'opinion d'ambition en des personnes *qui refusent les dignités* et prélatures quand elles leur sont offertes. — La Sorbonne les a condamnés ; mais c'est comme vous, devant que de les connaître ; et si l'ancienne Sorbonne n'a point voulu, par jalousie, les connaître, la nouvelle y a fait ses études et *s'en loue*. S'ils n'ont été en France jusqu'à présent, Dieu me réserve cette gloire, que je tiens à grâce de les y établir. — L'Université les a contre-pointés ; mais ça été ou parce qu'ils *faisaient mieux* que les autres, témoin l'affluence des écoliers qu'ils avaient en leurs collèges ; ou parce qu'ils s'étaient incorporés dans l'Université... Et si on y apprend mieux qu'ailleurs, d'où vient que, par leur absence, votre Université est rendue toute déserte, et qu'on les va chercher, nonobstant tous nos arrêts, à Douay et hors de mon royaume... Quant aux biens que vous dites qu'ils avaient, c'est une calomnie ou une imposture ; et sais-tu bien que, par la réunion faite à mon domaine, on n'a su entretenir à Bourges et à Lyon que sept ou huit régents, au lieu qu'ils y étaient de trente à quarante... Le vœu d'obéissance qu'ils font au pape, n'est que quand il voudra les envoyer à la conversion des infidèles ; et, de fait, c'est par eux que *Dieu a converti les Indes* et si l'Espagnol s'en est servi, pourquoi ne s'en servira pas la France... Ils entrent comme ils peuvent ; mais il faut ajouter que leur patience est grande et que moi je l'admire, car, avec patience et bonne vie, ils viennent à bout de toutes choses... Touchant l'opinion qu'ils ont du pape, je sais qu'ils le respectent fort ; aussi fais-je, moi, et crois que quand on voudrait faire le procès aux opinions, il le faudrait faire à celle de l'Eglise catholique... quant à la doctrine d'enseigner à tuer les rois, une chose me fait croire qu'il n'en est rien, c'est que depuis trente ans en ça qu'ils enseignent la jeunesse en France, plus de cinquante mille écoliers sont sortis de leurs collèges et l'on n'en trouve pas un seul qui soutienne leur avoir ouï tenir un tel langage, ni autre approchant de ce qu'on leur reproche... Et quand ainsi serait qu'un jésuite aurait poussé Châtel, faut-il que tous les apôtres pâtissent pour un Judas ? »

Le grand Frédéric disait qu'il ne connaissait point de meilleurs prêtres et de meilleurs professeurs. « Les jésuites, ajoutait-il, ont fait leurs preuves quant à leur talent d'éducation. » Catherine II pensait de même et refusa, comme Frédéric, de publier, dans ses Etats, le bref de dissolution.

Après les rois, citons quelques philosophes.

Bacon écrit dans le *De augmentis scientiarum* : « Je ne puis voir l'application et le talent de ces maîtres, pour cultiver l'esprit et les moyens de la jeunesse, que je ne me souvienne du mot d'Agésilas à Pharnabaze : « Etant ce que vous êtes, pourquoi faut-il que vous ne soyez pas à nous ? » — « Je suis persuadé, écrivait Leibnitz, que très souvent on calomnie les jésuites et qu'on leur prête des opinions qui ne leur sont même pas venues dans la pensée... Il est trop certain qu'il y a dans leur société beaucoup de sujets qui sont les plus honnêtes gens du monde ; il est vrai qu'on en compte aussi quelques-uns d'un caractère bouillant, qui, à quelque prix que ce soit, et même par des moyens peu convenables, travaillent à l'agrandissement de leur Ordre. Mais ce dernier mal est commun et si on l'a observé plus particulièrement chez les jésuites, c'est qu'eux-mêmes sont plus observés que les autres. » — Le 7 février 1746, Voltaire écrivait : « Pendant sept années que j'ai vécu dans la maison des jésuites, qu'ai-je vu chez eux ? la vie la plus laborieuse et la plus frugale, toutes les heures partagées entre les soins qu'ils nous donnaient et les exercices de leur profession austère. J'en atteste des milliers d'hommes élevés comme moi. » Montesquieu parlant du Paraguay, dit : « On a voulu en faire un crime à la société, qui regarde le plaisir de commander comme le seul bien de la vie ; mais il sera toujours beau de gouverner les hommes en les rendant heureux » Buffon, Haller, Raynal ne tiennent pas un autre langage : « Les jésuites seuls, conclut Robertson, se sont établis en Amérique, dans des vues d'humanité ».

Je pourrais citer encore d'Alembert, Lalande, Lally-Tollendal, Lacretelle, Jean de Muller, Schlosser, Schœll, Ranke, Macaulay. Les jugements de ces protestants et de ces philosophes sont naturellement confirmés par Bossuet, Fénelon, Joseph de Maistre, Bonald Chateaubriand, Lamennais. « Dès leur naissance, dit Balmès, les jésuites ont eu de nombreux ennemis ; jamais ils n'ont vu cesser la persécution ; nous dirons mieux, ils n'ont jamais vu cesser l'acharnement avec lequel on les a poursuivis... Combien d'hommes, parmi nous, s'alarment de la fondation d'un collège de jésuites, plus qu'ils ne sauraient s'alarmer d'une irruption de cosaques ! Il y a donc, dans cet Institut, quelque chose de bien singulier, de bien extraordinaire, puisqu'il excite à un si haut point l'attention publique, puisque son seul nom déconcerte ses ennemis. On se méprise fort à leur égard, si on les craint ; parfois on veut tenter de jeter sur eux le ridicule ; mais dès que cette arme est employée contre eux, on sent que celui qui les manie n'a point assez de calme pour s'en servir avec succès. En vain, veut-il affecter le mépris ; à travers l'affectation, chacun sent percer le trouble et l'inquiétude. On comprend aussitôt que celui qui attaque ne se croit point en face d'adversaires insignifiants, sa bile s'exalte, ses traits se contractent, ses paroles, trempées d'une amertume terrible, tombent de sa bouche comme les gouttes d'une coupe empoisonnée (1) ». Et l'on peut ajouter que si l'ennemi des jésuites a, en mains, quelques parcelles de pouvoir, il s'en servira pour étrangler les jésuites. C'est le spectacle que vont nous donner les faux républicains de France, courant sur les traces de toutes les tyrannies.

Nous venons de rapporter les éloges des jésuites, émanés de bouches, la plupart indifférentes ou ennemies. Pour mieux savoir ce que les néo-jacobins vont détruire, il faut dire ce que faisaient, en France, les jésuites et ce qu'ils étaient. Quels sont donc ces hommes si étranges, ces pauvres volontaires au milieu d'une société raffinée à l'excès ? Nous allons citer quelques noms propres :

Le P. Turquand, officier d'artillerie, sorti de l'Ecole polytechnique.

Le P. de Plas, ancien capitaine de vaisseau, commandeur de la légion d'honneur ;

Le P. de Benazé, ingénieur des constructions navales, décoré à vingt-sept ans ;

Les PP. D'Esclaibes et de Bussy, ingénieurs des mines ;

Les PP. Jules de Lajudié et Perron, capitaines d'état-major ;

Le P. de Montfort, capitaine du génie, décoré ;

Les PP. Henri de Saux, Escoffier officiers de chasseurs ; les PP. Saussier et Bernier, enseignes de vaisseaux ;

Les PP. Grange, sous-lieutenant d'infanterie ; Mauduit, capitaine, et Wibaux, lieutenant aux volontaires de l'Ouest ;

La liste serait longue des anciens élèves de Saint-Cyr, de l'Ecole polytechnique et de l'Ecole des Mines qui se sont réfugiés dans la Compagnie.

Si vous voulez des savants de premier ordre, voici de quoi satisfaire les plus difficiles des radicaux : le P. Joubert, le célèbre professeur de mathématiques, doyen de la Faculté des sciences de l'Institut catholique de Paris, sorti avec le n° 1 de l'Ecole normale supérieure ; les PP. Olivaint, Verdière, Chartier, Le Gouis, Pharon, élèves distingués de la même école.

Ce n'est pas tout ; il y a encore des jésuites décorés de la Légion d'honneur : le P. Paraléon, officier de la Légion, pour avoir servi comme aumônier, en Crimée en Afrique et en Italie ; les PP. Gloriot et Ferrand, chevaliers pour leurs services en Crimée : Brumault, pour son orphelinat près d'Alger ; Guzzy, pour ses services à la prison de Tours ; Coupler, comme recteur du collège de Saint-Clément à Metz ; Martin, pour ses travaux

---

(1) *Esprit des Lois*, livre IV. — *Le Catholicisme et le protestantisme comparés*, t. II. Voir encore *L'Eglise et les jésuites*, par Alex. de Saint-Chéron, *passim*.

d'archéologie ; Secchi, pour son météorographe ; Quenille, comme aumônier. Inutile de dire que ces légionnaires ne portent pas habituellement, par humilité, leurs insignes ; ils n'en ornent leur boutonnière que quand la nécessité en fait un devoir.

Depuis 1848, les jésuites avaient accepté la pénible charge d'aumôniers dans les bagnes et dans notre colonie homicide de Cayenne. A Madagascar, ils travaillaient sous notre protectorat ; dans les autres missions, ils accréditaient le nom de la France. En France, en dehors de leurs noviciats et de leurs résidences, ils s'occupaient particulièrement de l'instruction et de l'éducation de la jeunesse ; ceux d'entre eux que les collèges n'absorbaient pas, se dévouaient aux œuvres diocésaines sous la direction des évêques. On ne peut pas dire que, dans ces différentes fonctions, les jésuites se montraient intolérants ou seulement partisans spéculatifs de l'intransigeance doctrinale. On leur reprocherait plutôt, selon nous, de se montrer trop coulants, trop accommodants, trop décidés à la conciliation. Non qu'ils le fassent à mauvaise enseigne, mais seulement pour s'attempérer aux misères du siècle et pour ne pas l'irriter par trop de rigueur. Si cependant cette indulgence n'est point blâmable, on ne peut pas dire qu'elle ait porté de bien beaux fruits ; depuis 1850, les jésuites ont élevé une grande partie de la jeunesse française. La noblesse a-t-elle pris, à leur école, un peu de vigueur et de résolution ; la bourgeoisie a-t-elle appris à se bien tenir, et parmi leurs élèves n'ont-ils pas à compter des persécuteurs ? Cet insuccès relatif n'est pas la faute de leur enseignement, ni, bien moins encore, de leur direction ; mais peut-être ne réagissent-ils pas assez contre la mollesse du siècle. *Quid ?*

Les jésuites avaient donc, en 1880, sous leur direction, vingt-huit collèges. Ces collèges, bâtis à grands frais, avaient été construits avec de l'argent emprunté. D'emblée, ils étaient arrivés à un succès bien propre à exciter la jalousie de l'Université ; et ils auraient pu, comme on dit dans le monde de la finance, amortir leur dette. Mais, chez les jésuites, on n'a pas l'habitude d'amasser ; on paie ses dettes, comme on peut, et si les collèges rapportent beaucoup d'argent, on le convertit en bourses pour les élèves pauvres, mais remarquablement capables. Les jésuites sont d'ailleurs gens charitables ; il fait bon vivre à l'ombre de leurs établissements. Malgré leur prospérité, ces établissements n'amassent donc pas de pécule. Du reste, en 1870, les collèges des jésuites avaient dû se convertir en ambulances. Pendant la Commune, ils avaient été livrés à un pillage en règle, parfaitement radical. Après, il fallut assainir, réparer, construire... et emprunter. En 1880, le collège Sainte-Geneviève payait, au Crédit foncier, des annuités pour plus de 50.000 frs. « Nos dettes payées, disait un jésuite, nous abaisserons graduellement le prix des pensions ; il finira par être si minime que cela ressemblera beaucoup à la gratuité. *On le sait et c'est peut-être la raison de bien des choses.* »

Il ne faut pas s'étonner de la prospérité des établissements tenus par les jésuites. Les jésuites excellent également à recruter des élèves et à choisir des professeurs. Chez eux, la spécialité des talents est subordonnée à la spécialité des fonctions. Indépendamment des études supérieures, qu'ils font tous, dès qu'ils ont découvert leur vocation scientifique, ils la suivent, et s'y trouvent, non seulement encouragés, mais contraints. Les jésuites n'ont communément à payer ni professeurs, ni surveillants, ni directeurs. Un jésuite coûte mille francs par an en province ; un peu plus à Paris, nourriture, entretien, vêtement. Quand il passe d'une maison à une autre, il emporte son crucifix, son bréviaire, son chapelet, la chemise et l'habit qu'il a sur lui, ses manuscrits s'il en a et c'est tout. En arrivant à destination, il trouvera un trousseau plus ou moins à sa taille.

Voici le tableau statistique des écoles tenues par les jésuites depuis 1850 :

	DATE de FONDATION	NOMBRE DES ÉLÈVES	
		Depuis la fondation	En 78-79
Alger	1872	200	500
Amiens	1850	596	4 000
Avignon	1850	400	3 500
Bordeaux	1850	550	3 500
Boulogne	1871	350	950
Brest	1872	230	400
Dijon	1873	192	289
Dôle	1850	473	2 500
Iseure	1852	450	2 500
Le Mans	1870	475	1 366
Lille	1872	512	1 200
Lyon	1871	550	1 400
Marseille	1873	226	350
Mongré	1851	300	2 000
Montauban	1850	450	2 500
Montpellier		226	250
Oran	1851	175	900
Paris { Ste-Geneviève (rue des Postes)	1854	400	4 367
Paris { Saint-Ignace (rue de Madrid)	1874	720	800
Vaugirard	1852	670	4 500
Poitiers	1856	390	3 000
Reims	1874	260	300
Saint-Affrique	1850	450	2 500
Saint-Etienne	1850	300	2 000
Sarlat	1850	325	2 500
Tou- { Immaculée-C.	1872	209	500
louse { Sainte-Marie	1850	550	4 900
Tours	1872	235	400
Vannes	1850	489	4 587
TOTAL		11 144	58 459

Bacheliers depuis dix ans . . . 6,878.

Il convient de dire un mot des collèges de Paris, puisque c'est là que va se déployer d'abord la fureur imbécile des républicains.

L'école de Vaugirard est un collège de plein exercice. On y suit la vieille tradition classique, mais on admet toutes les additions utiles, toutes les transformations nécessaires. On travaille ferme à Vaugirard, mais on y est gai et l'on s'y amuse. Les jeux, les amusements occupent, en effet, dans l'éducation des jésuites, une place importante. Les Pères s'intéressent autant à la cour de récréation qu'à la salle d'étude. Les surveillants ne sont pas ces souffre-douleurs des collèges et des lycées, mais des hommes graves, distingués, qu'on emploie là ou ailleurs, que leur importe. Les surveillants entraînent les enfants aux jeux avec la même ardeur qu'ils déploient pour les stimuler au travail. Tantôt on s'occupe aux opérations de sauvetage; tantôt on fait la guerre avec des échasses, tantôt on s'exerce à l'escrime; plus tard, on se retrouve dans les cercles ouverts par les jésuites. Une fois l'an, on va en pèlerinage à Chartres. A la gare, on se met en ligne; les vingt-quatre tambours de l'école, les clairons, la fanfare, sonnent la marche et la jeune troupe gagne l'antique cathédrale, au milieu d'une haie d'habitants surpris et charmés. — Les études, sous la vigoureuse impulsion du P. Olivaint, devinrent très florissantes à Vaugirard. Saint-Marc Girardin, Patin, Egger, Wallon, laissèrent rarement passer une session d'examen sans féliciter quelques-uns des élèves présentés au baccalauréat. Emile Saisset, l'année qui précéda sa mort, couvrit d'éloges un de ces élèves des jésuites et voulut confier aux Pères son propre neveu. Le doyen de la Faculté des lettres, Victor Leclerc, transmettait souvent ses félicitations au P. Olivaint. « Allez chez les jésuites, disait Legouvé; vous les trouverez retroussant leur soutane pour courir avec leurs élèves : il faut leur prendre l'éducation des jambes. »

C'est une tradition séculaire que les Pères continuent. En 1711, Voltaire faisait sa rhétorique sous les PP. Porée et Lejay : « Rien, dit-il, n'effacera dans mon cœur la mémoire du P. Porée. Jamais homme ne rendit l'étude et la vertu plus aimables. Les heures de ses leçons étaient, pour nous, des heures délicieuses ». Ce qui achève l'éloge de Vaugirard, c'est que ses élèves ont payé grandement leur dette à la patrie. Un des derniers, mort malheureusement à la fleur de l'âge, est le célèbre explorateur de l'Afrique centrale, Victor de Compiègne. Voici la liste des élèves tués à l'ennemi en 1870 seulement :

Jean de Castries, 4 octobre 1870; Raoul de Cepay, 1er septembre 1870; Romain Destailleurs, 31 août; Pierre de Lagrange, 2 décembre; Alphonse de Lamandé, 9 novembre; Arthur Moisant, 21 octobre; Gaston de Romance, à Laon, 9 septembre; Fernand de la Rousserie, 2 décembre; Frédéric de Rouzat, tué à Metz, au mois d'août; Robert Wetch; Charles Gébran de Pontourny, 2 février; Paul Odelin, tué par les insurgés, le 2 mars 1871; Fernand Saint-Raymond, blessé mortellement à Héricourt; Maurice Lemercier, tué le 6 janvier 1871...

Le collège Sainte-Geneviève continue Vaugirard : c'est une école supérieure, une école préparatoire à toutes les spécialités des hautes études. On en parla beaucoup sous l'empire et depuis. Tous les ans, les journaux républicains donnaient, avec un soin jaloux, le nombre de ses élèves admis aux principales écoles du gouvernement. Le chiffre, chaque année croissant, de ces admissions, était signalé, aux patriotes des brasseries à femmes, comme une menace pour la société française : il fallait, c'était leur conclusion, fermer Sainte-Geneviève pour sauver les écoles de l'Etat et les intérêts de la liberté (lisez tyrannie). Lorsque la Commune se fit exécutrice des basses œuvres de la basse presse, elle fusilla les jésuites. En présence de leur belle collection d'instruments de physique, les envahisseurs sentirent quelque chose que ne leur avaient pas dit les journaux et les orateurs de clubs; à travers les fumées du vin, ces communards se crurent devant le sanctuaire de la science et se bornèrent à en sceller la porte. Autant ils en firent devant cette bibliothèque de 80.000 volumes, égale à celle des jésuites de Poitiers. Cette pensée qui avait frappé les communards, n'arrêtera pas les Omars stupides de la république. Cette école Sainte-Geneviève est un exemple frappant de ce que peut la concurrence tant prônée par tous les amis de la liberté d'enseignement. Pour les écoles rivales de Saint-Louis, de Louis-le-Grand, de Sainte-Barbe, c'est un stimulant précieux, comme sont, au surplus, les autres collèges des jésuites, pour l'enseignement secondaire de l'Université.

Voici le tableau édifiant des résultats obtenus à l'école Sainte-Geneviève, depuis vingt-cinq ans.

Années	Ecole Centrale	Polytechnique	Saint-Cyr
1854—55	»	»	4
55—56	3	»	4
56—57	2	1	8
57—58	1	3	10
58—59	2	4	15
59—60	4	10	26
60—61	5	9	27
61—62	6	10	42
62—63	7	8	30
63—64	8	13	51
64—65	14	11	64
65—66	16	18	55
66—67	11	13	53
67—68	22	27	52
68—69	9	19	59
69—70	19	25	81
70—71	3	15	Pas de liste
71—72	16	31	64
72—73	14	35	71
73—74	22	35	99
74—75	18	39	81
75—76	27	37	81
76—77	31	30	93
77—78	17	32	62

En ajoutant les élèves reçus aux diverses Ecoles forestière, navale, Ecole des mines, on arrive au chiffre de 2.283.

Les jésuites possèdent encore, à Toulouse, une Ecole préparatoire.

Depuis 1871, date de sa fondation, elle a fait admettre :

A l'Ecole polytechnique . . . . 13 élèv.
A Saint-Cyr . . . . 107 —
A l'Ecole centrale . . . . . 16 —
A l'Ecole des mines. . . . . 3 —
A l'Ecole forestière. . . . . 1 —

avec le n° 1.

Leur école de Metz a été fermée en 1872. Elle avait fourni en quelques années :

22 Elèves à l'Ecole polytechnique ;
104 — à Saint-Cyr ;
15 — à l'Ecole centrale ;
11 — à l'Ecole forestière.

Des succès aussi ascendants devaient ameuter l'envie. Ce n'est pas douteux. Tout homme vraiment désintéressé en conviendra : il est plus facile aux professeurs de l'Université de faire fermer les collèges des jésuites, que d'entrer avec eux en concurrence et de les écraser par l'ascendant du mérite, par l'éclat incontesté du succès.

De trois établissements d'instruction que dirigent les jésuites dans la capitale, le plus hardi, c'est l'externat de Saint-Ignace, rue de Madrid. — Depuis de nombreuses années, les opulentes familles qui peuplent ce quartier réclamaient un collège. En 1874, les obstacles, qui se dressaient devant cette fondation, tombèrent les uns après les autres et bientôt on vit la jeunesse se diriger vers la nouvelle école. Les commencements furent ceux d'une ruche d'abeilles ; les cellules se construisirent, non pas toutes à la fois, mais au fur et à mesure des besoins. Suivant leurs habitudes de prudence, les jésuites ne voulurent avoir que des élèves à eux, afin de donner, à leur établissement, comme fondement principal, une parfaite unité d'esprit. Au lieu de se présenter armés de toutes pièces, d'ouvrir toutes les classes que comporte un établissement secondaire, ils se contentèrent des premières, se réservant, à chaque nouvelle année, d'en ouvrir une de plus. Au bout de cinq ans, ce collège comptait 700 élèves.

Ce qui lui donne un caractère particulier, c'est qu'il appartient à une société de propriétaires, qui l'ont fondé de leurs capitaux. Le nom même du collège est un souvenir parisien. Saint Ignace fit ses études à Paris, au collège Sainte-Barbe, et son Ordre prit naissance à Montmartre. Il y avait bien quelque hardiesse à inscrire sur son drapeau un nom que l'impiété s'est efforcée, sans y parvenir, de couvrir de boue et d'étouffer sous l'insulte. Des feuilles, peu cléricales, firent toutefois honneur, aux jésuites, d'avoir proclamé loyalement le nom de leur glorieux fondateur.

Le collège de Saint-Clément, à Metz, était une vieille abbaye située dans un quartier déshérité et que le ministère de la Guerre rétrocéda à la ville. Grâce au concours de la population et de généreux amis, les jésuites, qui avaient ouvert, dès octobre 1852, un collège libre à Metz, purent l'acquérir. Ils rendirent au culte une église monumentale, et à l'art, une des plus splendides constructions du règne de Louis XIII. Leurs cours préparatoires aux écoles du Gouvernement devinrent bientôt célèbres dans la région de l'Est. En 1860, le collège comptait 400 élèves ; 480 en 1866 ; 500 en 1871, après les désastres.

Pendant le siège à jamais néfaste de Metz, les jésuites s'étaient prodigués auprès des blessés, des malades, des mourants, et le Père-recteur recevait la croix de la Légion d'honneur, tandis que son prédécesseur dans la direction de l'école parcourait l'Allemagne dans tous les sens, apportant des secours, des consolations à nos soldats prisonniers.

Dans sa courte existence, l'école a fourni un nombreux contingent de braves et savants officiers. Trente de ses enfants sont tombés pour la patrie française. En 1872, elle était au plus haut point de sa popularité. Aussi l'émotion fut grande dans la ville, quand on y apprit la menace d'expulsion qui pesait sur les religieux.

Dans une adresse au gouverneur général d'Alsace-Lorraine, l'administration municipale déclarait : « Se préoccuper à juste titre
« d'une question qui tient profondément au
« cœur de ses habitants, et touche aux plus
« graves intérêts de la cité.

« L'école Saint-Clément, depuis 20 ans
« qu'elle existe, n'a cessé d'être pour la ville
« de Metz un foyer de civilisation, une source
« toujours croissante de richesses matérielles,
« un précieux secours offert aux familles pour
« l'éducation de la jeunesse.

« La célébrité que lui ont value ses succès,
« lui attire, chaque année, une moyenne de
« 500 élèves, dont plus de 300 pensionnaires.

« On peut évaluer à un million l'argent que
« chaque année l'école met en circulation
« dans la ville, sans parler des sommes considérables dépensées par les familles que cet
« établissement attire.

« *L'administration municipale de Metz a*
« *l'intime et douloureux pressentiment que le*
« *départ des PP. Jésuites et la fermeture de*
« *l'école Saint-Clément achèveront de ruiner le*
« *commerce, précipiteront l'émigration des familles les plus aisées, et contribueront à réduire sous peu, cette ville autrefois florissante,*
« *à l'état de désert et de dénûment* ».

On sait jusqu'à quel point *l'intime et douloureux pressentiment* s'est réalisé.

Les mères de famille, de leur côté, écrivirent une grande supplique à l'impératrice d'Allemagne.

Tout fut inutile.

La dernière distribution des prix de l'école eut lieu le dimanche, 4 août 1872, au milieu d'une émotion indescriptible.

La vieille bourgeoisie de Metz s'y était rendue en foule. Aussi la parole du R. P. Stumpf, recteur du collège, fut-elle écoutée avidement par nos infortunés compatriotes. Cette année-là, la dernière, on eût dit que les douleurs et les angoisses avaient donné une trempe plus mâle à tous ces jeunes gens; les succès avaient plu sur l'école; elle disparaissait dans son triomphe. Sur quatre candidats à l'école polytechnique, trois avaient été reçus; elle comptait 56 bacheliers ès-sciences et ès-lettres de plus, dont sept avec la mention honorable. Enfin, au concours pour Saint-Cyr, 13 étaient déclarés admissibles « prêts, disait l'orateur, à y remplacer les « vingt-six jeunes officiers sortis de Saint-« Clément qui ont si vaillamment fait leur « devoir dans la dernière guerre, dont plu-« sieurs portent à vingt ans la croix de la « Légion d'honneur, ou de nobles cicatrices ».

Les jésuites durent aussi quitter l'Alsace : Bismarck les proscrit comme trop amis de la France, et l'odieux Freycinet les proscrit comme ennemis. A Strasbourg, où ils n'avaient qu'une simple résidence, le peuple se montra ingénieux dans les marques de sympathie qu'il leur prodigua, lorsqu'il connut l'arrêt de proscription définitif. Edmond About était alors détenu à Saverne par les Prussiens. Dans son livre *Alsace*, il a raconté comment il fit la connaissance de l'aumônier de sa prison.

« Le voyant instruit de toutes choses, dit-il, « j'ai profité de ses services pour m'éclairer « sur la persécution des catholiques en « Alsace. Les détails qu'il m'a donnés sur « l'expulsion des jésuites fait le plus grand « honneur aux victimes et à leurs amis. A « l'heure de l'exécution, une multitude « d'hommes, de femmes et d'enfants en « prière remplissent la chapelle. L'agent des « hautes œuvres prussiennes fut un instant « troublé par ce spectacle et offrit d'ajourner « la partie à une meilleure occasion. Ce fut le « Père-directeur qui congédia l'assemblée, « prêtant l'appui de sa parole à cette autorité « qui le frappait.

« On obéit, mais le lendemain et tous les « jours suivants, la façade du petit couvent « de la rue des Juifs fut décorée de fleurs et « de rubans tricolores par des mains in-« connues. Le jésuitisme était devenu, grâce « aux Prussiens, une forme de patriotisme, à « tel point qu'un éminent avocat de Stras-« bourg, M⁰ Masse, m'a dit dans ma prison : « Je suis juif ; vivent les jésuites ! »

Lors de la dernière guerre, 1.093 élèves des jésuites étaient sous les drapeaux ; 86 furent tués à l'ennemi ; 184 décorés (1). Après la guerre, les jésuites avaient été les premiers à rebâtir, mérite aussi grand en 1871 que de convertir, en 1870, les collèges en ambulances. En 1880, l'émulation est grande partout. L'émulation est une chose reconnue nécessaire dans le corps enseignant. Les jésuites ont des professeurs de premier ordre. Leur maison de la rue Lhomond, à Paris, est une école supérieure et une école normale. Les bancs les plus élevés de la classe de mathématiques spéciales ou de physique, sont presque toujours occupés par de jeunes Pères ; ils suivent les cours faits par les hommes les plus remarquables ; bientôt ils s'en iront répandre partout les plus récentes découvertes de la science et les meilleures méthodes de l'enseignement.

Et c'est cet Ordre déclaré *pieux* par le Concile de Trente, loué par Paul III en 1540 ; par Jules III, en 1550 ; par Grégoire XIII, en 1584 ; par Grégoire XIV, en 1597 ; par Paul V, en 1606, et par tous les papes qui l'ont enrichi des plus glorieux privilèges ; — célébré au xviii⁰ siècle par Christophe de Beaumont et par l'assemblée du clergé de France ; — justement admiré par les rois et par les républiques ; — préconisé même par les philosophes, les protestants et les impies, à plus forte raison par tous les catholiques de bonne marque : c'est cet Ordre que les républicains vont frapper, au moment où ils amnistient les communards. La politique insensée de ces radicaux veut qu'on fasse grâce à des gens coupables du crime d'insurrection devant l'ennemi et de lèse-nation ; elle veut, en même temps, qu'on s'arme des plus imbéciles rigueurs contre les hommes auxquels on ne peut reprocher rien que leurs bienfaits. On pense, malgré soi, à l'Auvergnat qui met le pied sur une montre, en disant avec une stupide grimace : « Je t'empêcherai bien de marquer l'heure ».

A cette heure de haine sauvage contre les jésuites, il serait intéressant de dresser la liste des hommes éminents qui sont sortis de leurs écoles. La nomenclature serait si longue que nous ne voulons pas l'entreprendre. Parlons du moins de l'un des fondateurs de la République de 1848, Lamartine, et rappelons ce qu'il pensait des maîtres de sa jeunesse. Bien longtemps après qu'il eut dans des vers, *Adieux au collège de Belley*, témoigné la reconnaissance qu'il leur portait, alors qu'il eut bu à toutes les coupes enivrantes de la poésie, de l'éloquence, de la politique, du pouvoir, de la gloire sous toutes les formes, en 1857, il conservait encore un souvenir plein de gratitude pour ses anciens professeurs, et écrivait ces lignes :

« Je sortais d'une autre maison d'éducation « toute vénale, dans un sombre et sordide

---

(1) Cf. Olivaint, *Conseils aux jeunes gens*; Didierjean, *Les élèves des jésuites*; Chauveau, *Souvenirs de l'école Sainte-Geneviève* et *Au service du pays*, six volumes.

« faubourg de Lyon. Les maîtres y étaient
« froids comme des geôliers, les enfants aigris
« et méchants comme des captifs. Tout y
« était contrainte et terreur, violence ou ré-
« volte. J'y avais pris l'horreur de ces ber-
« cails d'enfants. Le mal du pays, ou plutôt
« le mal du foyer natal me dévorait. Je m'at-
« tendais, hélas! à retrouver les mêmes sup-
« plices au collège de Belley. Je fus agréable-
« ment surpris d'y trouver dans les maîtres et
« dans les disciples une physionomie toute
« différente.

« Les maîtres me reçurent des mains de ma
« mère avec une bonté indulgente qui me
« prédisposa moi-même au respect ; les éco-
« liers, au lieu d'abuser de leur nombre et de
« leur supériorité contre les nouveaux venus,
« m'accueillirent avec toute la prévenance et
« toute la délicatesse qu'on doit à un hôte
« étranger et triste de son isolement parmi
« eux ; ils m'abordèrent timidement et cor-
« dialement ; ils m'initièrent doucement aux
« règles, aux habitudes, aux plaisirs de la
« maison ; ils semblèrent partager, pour les
« adoucir, les regrets et les larmes que me
« coûtait la séparation d'avec ma mère. En
« peu de jours, j'eus le choix des consolations
« et des amis. A cet accueil des maîtres et des
« élèves mon cœur aigri ne résista pas ; je
« sentis ma fibre irritée se détendre et s'as-
« souplir avec une heureuse émulation. La
« discipline volontaire et toute paternelle de
« la maison, un autre régime, firent de moi
« un autre enfant. » (*Cours familier de littérature*; t. IV, p. 378).

Et voilà les maîtres, et voilà le système
d'éducation, si différents de ceux des *maisons
vénales*, qu'il s'agit de proscrire! Est-ce que
Lamartine était sorti abruti du collège de
Belley? Est-ce qu'il en avait apporté des
idées étroites et rétrogrades? Est-ce que ce
début l'empêcha d'être un grand poète, un
grand orateur et, dans quelques circonstances, un grand citoyen? Ce point de départ ne l'a
même pas empêché, hélas! de créer la République de 1848. De cette révolution, l'*Histoire
des Girondins* fut la préface. On a comparé
Lamartine à un pompier qui mettrait le feu
pour avoir le plaisir de l'éteindre. Malheureusement, l'incendie n'était pas vaincu, il a
longtemps couvé, et nous le voyons flamber
de nouveau. Combien de seaux d'eau Lamartine apporterait, s'il vivait encore ? Que
penserait-il des insanités nouvelles ? Il disait
dans une de ses lettres que la République de
1848, par ses excès, appellerait la répression
du despotisme. Que penserait-il des aberrations bien plus grandes encore de sa sœur cadette ? Ne verrait-il pas le châtiment plus imminent que jamais ? — Poète et prophète
étaient synonymes chez les anciens.

Notre foi et notre patriotisme répugnent
également à ce qui nous reste à raconter. Il
faut pourtant y venir, et inscrire, au passif
des républicains, des indignités et des contresens qui révoltent plus que les crimes de 93.

Voici donc, d'après des témoins oculaires,
l'exécution du décret d'absolutisme royal
fulminé par les républicains contre les jésuites.

Les trois principaux exécuteurs sont un
sieur Constans, ministre de l'intérieur, vénérable honoraire des loges maçonniques de
Toulouse ; un sieur Andrieux, préfet de police, chevalier Kadosch, membre du conseil
des 33 ; et un sieur Caubet, vice-président du
Conseil suprême du Grand-Orient. Ces trois
sectaires sont membres d'une société secrète
non autorisée, et ils poursuivent les jésuites
pour défaut d'autorisation. Les lois ou soidisant lois qu'ils appliquent, ils les ont personnellement violées. Ce sont des criminels
qui punissent, dans des innocents, leur propre
crime : *Adversus hostem æterna auctoritas esto*.

Voici maintenant, d'après l'*Univers*, le récit
circonstancié de l'exécution des jésuites :

L'ordre règne à la rue de Sèvres.

Cinq cents sergents de ville ont procédé
avant-hier matin à l'expulsion d'une vingtaine de jésuites sous le commandement de
M. Andrieux, préfet de police.

M. le préfet de police était ganté de gris
perle, comme pour une fête, ou à la manière
d'un général qui va livrer bataille.

L'œuvre d'iniquité, de violence et de sacrilège est consommée. Nous allons en rapporter
les divers incidents.

A l'intérieur.

Comme le bruit s'en était répandu la
veille dans l'après-midi, l'application des décrets devait commencer par une exécution
nocturne.

A neuf heures moins un quart, dernière
limite de l'heure légale, deux commissaires
de police, escortés de trois agents, se présentent à la maison des RR. PP. jésuites de
la rue de Sèvres, en vertu d'un arrêté du
préfet de police ordonnant la fermeture de la
chapelle. L'arrêté est notifié au Père Pilot, supérieur de la maison.

Un grand nombre de personnes, parmi lesquelles beaucoup de sénateurs et de députés,
s'étaient proposées de venir passer la nuit
chez les Pères jésuites ; mais sur l'avis de la
perquisition qui devait avoir lieu nuitamment
et dans la crainte d'être chassés sur le champ,
les jésuites avaient contremandé la veillée.
Cependant M. Ernoul et quelques amis se
trouvaient présents au moment de l'arrivée
du commissaire de police.

La foule attendait à la porte. Des mots
d'ordre avaient été envoyés dans les quartiers
de Belleville et de Ménilmontant pour pro-

voquer des manifestations hostiles aux jésuites. Au milieu de la canaille qui applaudissait à l'exécution des décrets, se trouvaient des groupes nombreux d'amis des jésuites, protestant hautement au nom du droit et de la liberté.

Sur l'exhibition de l'arrêté du préfet de police, le R. P. Pitot dut laisser pénétrer les commissaires avec leurs aides, mais en protestant contre la violence qui lui était faite. Au moment où les scellés allaient être mis sur la chapelle, M. Ernoul fit remarquer que le Saint-Sacrement y était et demanda qu'il fût permis de le transporter dans une chapelle voisine, assurant dans ce cas que la tranquillité de la rue ne serait pas troublée. M. Clément, commissaire de police, répondit qu'il n'avait aucun ordre à ce sujet, qu'il exécutait simplement un mandat dont il était chargé.

L'opération de la mise des scellés commença alors. Sur ces entrefaites, plusieurs sénateurs et députés de la droite avaient été avertis de la présence de la police. MM. Chesnelong, Keller, Tailhand, Kolb-Bernard, de la Bassetière et plusieurs autres, au nombre d'une vingtaine environ, arrivèrent successivement.

M. Chesnelong, ne sachant pas ce qui s'était passé, fit observer aux commissaires de police que le Saint-Sacrement était resté dans la chapelle, et leur représenta la gravité de l'acte qu'ils allaient commettre ; les commissaires s'en référèrent de nouveau à leurs instructions. M. Chesnelong renouvela une dernière fois son observation au moment où on allait mettre les scellés sur la dernière porte.

La chapelle fut fermée et le Saint-Sacrement, par la plus abominable des profanations, est aujourd'hui sous les scellés.

La nuit s'est passée en conférences et en prières. A partir de minuit, les Pères jésuites ont célébré à tour de rôle la sainte messe dans la chapelle intérieure de leur maison.

Voici les pièces dont les commissaires de police ont laissé copie au R. P. Pitot.

« L'an mil huit cent quatre-vingt.

« Le mardi vingt-neuf juin, à huit heures quarante-cinq minutes du soir.

« Nous, Julien Clément et Jean-Marie Constantin Dulac, commissaires de police de la ville de Paris, chargés des délégations spéciales et judiciaires.

« Nous sommes transportés rue de Sèvres, numéros 33 et 35.

« Où étant,

« Après avoir décliné nos qualités et fait connaître le motif de notre visite, nous avons, en parlant à M. Henri Pitot, supérieur, notifié le présent arrêté, dont nous lui avons laissé copie.

« Ledit sieur Pitot a déclaré protester contre cet arrêté.

« *Les commissaires de police* :

« DULAC, CLÉMENT. »

« Nous, député, préfet de police,

« Vu le décret du 30 septembre 1807, art. 8 et 9 ;

« Vu le décret du 22 décembre 1812, art. 1, 5 et 8 ;

« Vu l'article 294 du Code pénal ;

« Considérant que, malgré les prescriptions des textes ci-dessus visés, il existe à Paris, rue de Sèvres, 33-35, une chapelle non-autorisée dépendante de l'établissement occupé par l'association non autorisée, dite de Jésus.

« Arrêtons :

« Art. 1ᵉʳ. — La chapelle établie à Paris, rue de Sèvres, nᵒˢ 33 et 35, est fermée, à partir de la date du présent arrêté.

« Art. 2. — Les scellés seront apposés sur toutes les portes de ladite chapelle, soit qu'elles donnent accès sur la voie publique, soit qu'elles établissent une communication avec les bâtiments occupés par la Société non autorisée, dite de Jésus.

« Art. 3. — Les commissaires de police de la ville de Paris et tous les agents de la force publique sont chargés de l'exécution du présent arrêté.

« Fait à Paris, le 29 juin 1880.

« Le député, préfet de police.

« ANDRIEUX. »

Le matin, à quatre heures moins le quart, les mêmes commissaires se sont présentés à la maison des RR. PP. jésuites de la rue de Sèvres, munis d'un arrêté ordonnant l'évacuation de la maison. La porte extérieure était ouverte. En pénétrant, les agents de M. Andrieux se trouvèrent en face de M. le baron de Ravignan, sénateur, président du conseil d'administration de la société civile, à laquelle appartient la maison de la rue de Sèvres. L'honorable sénateur fit connaître ses titres et qualités en déclarant que le Père Pitot, supérieur de la maison, était administrateur de la société, que pour lui il entendait être respecté dans sa propriété, et qu'il protestait contre la violation, ajoutant que la porte ne serait pas ouverte, et qu'il faudrait employer la force pour entrer. Après sa noble et ferme protestation, l'honorable sénateur, très ému de cette scène de violence, ne put retenir ses larmes.

Le R. P. Pitot déclara, de son côté, que ses frères les religieux et lui étaient là dans leur domicile, que nul ne pouvait légalement les en chasser, qu'il protestait aussi, et que ses frères et lui ne sortiraient de la maison que chassés par la force.

Là-dessus, les commissaires de police firent entrer les agents municipaux. Sommation d'ouvrir ayant été faite et renouvelée sans résultat, les commissaires durent requérir un serrurier pour ouvrir la porte. M. de Ravignan protesta de nouveau contre l'acte qui allait s'accomplir, se réservant d'agir en vertu de ses droits contre ceux qui avaient donné les ordres et ceux qui les exécutaient, et par trois fois il somma le serrurier de ne pas se rendre complice de la violation de son domicile. Celui-ci, tout interdit, ne répondit pas. La serrure fut forcée, après trois quarts d'heure de travail.

Des sénateurs, des députés étaient présents pour servir de témoins, ainsi que plusieurs avocats, avoués et huissiers.

Le préfet de police avait pénétré à la suite des commissaires dans l'intérieur de la maison, pour présider à l'expulsion. Le R. P. Pitot ayant refusé à M. Andrieux de le seconder ni directement ni indirectement dans ses perquisitions, celui-ci dut se livrer à la chasse aux jésuites à travers les longs corridors de la maison.

Chaque Père était enfermé dans sa cellule en attendant l'expulsion.

Le premier dont la chambre a été violée est le R. P. Marin. Sur son refus d'obtempérer à l'injonction de sortir, le commissaire le fit empoigner par ses agents. La même scène s'est reproduite dans chaque chambre. Chacun des Pères a refusé de sortir et le même ordre d'expulsion a été donné. Nous devons constater la répugnance de la plupart des agents de police à exécuter les ordres brutaux du préfet et de ses commissaires. Plusieurs avaient les larmes aux yeux.

L'expulsion du Père Hus, vieillard de 78 ans, ancien supérieur de la mission de New-York et de Cayenne, a donné lieu à une scène des plus touchantes. Enfermé chez lui, il refusa d'ouvrir. Le serrurier dut encore enfoncer cette porte.

M. de Ravignan, qui suivait avec les témoins et les amis des jésuites, protesta de nouveau en donnant encore lecture des articles du Code pénal qui garantissent les particuliers contre les abus de pouvoir des fonctionnaires. Traqué dans sa chambre, le Père Hus refusa de sortir, disant qu'il était vieux et infirme.

Là-dessus, M. Clément ordonna de le faire sortir par force ; deux amis le prennent par le bras pour l'aider à se lever : « Non, Messieurs, leur dit-il, ils me sortiront de force. » Les agents l'enlèvent sur sa chaise pour le porter dehors. Le R. P. supérieur s'avance alors et dit aux commissaires : « Comment traiter ainsi un vieillard qui a passé sa vie à soigner les forçats de Cayenne et qui y a contracté ses infirmités ? » Puis il se jette à ses genoux pour lui demander sa bénédiction. Le Père Hus s'excuse ; le Père supérieur insiste. Tous les assistants se jettent alors à genoux, et le Père Hus le bénit ; emporté sur sa chaise, il leur dit à trois reprises : Adieu !

Le R. P. Lefebvre avait été respecté pendant la Commune et laissé à la maison. « Comment, dit-il aux commissaires, voudriez-vous faire plus que les communards ! »

Quand les agents entrèrent chez le R. P. Chambellan, provincial de la province de Paris, le bon et doux religieux se leva avec son calme et son sourire habituels. En le voyant sortir de cet air si tranquille, les assistants étaient profondément émus ; l'un d'eux, M. de Kerdrel, éclata en sanglots.

En quittant le préfet de police, le Père supérieur était rentré chez lui. Sa chambre fut envahie à la seconde. Le R. P. Pitot s'est réclamé de nouveau de sa qualité d'administrateur de la propriété, et a fait observer qu'aux termes mêmes de l'arrêté d'évacuation, il devait être maintenu dans la maison. Le commissaire a répondu à ce moment que le Père Pitot devait sortir à toute force, mais ensuite il consentit à ajourner son expulsion, sur le désir exprimé par le vénérable religieux d'être le dernier chassé comme supérieur de la maison.

M. Chesnelong a fait observer alors que l'expulsion du R. P. Pitot, outre qu'elle était un outrage à la liberté individuelle du religieux, constituait aussi un attentat contre le droit du propriétaire.

Les perquisitions ont duré jusqu'à neuf heures environ. Par décision du préfet de police, trois Pères ont été autorisés à rester dans la maison à titre de gardiens avec trois frères coadjuteurs ; ce sont : les RR. Pitot et Lefebvre, et le Père Soimié, que son grand âge et ses infirmités empêchaient de marcher.

Dans la rue.

Dans la rue, la manifestation était, à vrai dire, commencée depuis plusieurs jours.

La veille, dès une heure, la foule se pressait à la chapelle de la rue de Sèvres pour entendre le dernier entretien que devait donner le Père Lefebvre, à quatre heures, puis le Salut du Saint-Sacrement. A trois heures et demie, la foule, refluant dans la cour intérieure, les parloirs, la rue de Sèvres, cherchait vainement à pénétrer dans l'intérieur de la chapelle entièrement remplie ; elle s'étend maintenant des deux côtés de la rue, entre la rue du Bac et la rue de La Chaise. La file des équipages va plus loin encore.

A quatre heures, le Père Lefèvre monte en chaire et, comme si rien ne se passait d'extraordinaire, fait les exercices ordinaires de l'association de la bonne mort. Vers la fin pourtant de son allocution, il parle en quelques mots de ce qui va s'accomplir et, au milieu de l'émotion générale : « Priez, mes frères, priez pour cette pauvre Compagnie qui va être dispersée de nouveau et qui compte parmi vous, je le sais, tant d'amis qui ne l'oublieront pas. De notre côté, soyez sûrs que, de loin comme de près, nos prières nous associeront à vous ».

On chante ensuite le salut, et nous ne saurions dire avec quel accent, lorsque s'élève le chant du *Cor Jesu*, la foule en chœur s'écrie : *Miserere nobis*. A la bénédiction du Saint-Sacrement beaucoup de personnes pleuraient.

Cependant le dernier chant, chant d'adieu a retenti, et la chapelle lentement se vide. Comme si chacun avait la certitude de n'y plus pouvoir entrer de longtemps, chacun retarde le moment de la quitter ; aussi le défilé ne dure pas moins de trois quarts d'heure. Au sortir, un courant nouveau se forme. Il se dit qu'une protestation est déposée dans les parloirs, et que l'on est admis à la signer. Tous aussitôt de s'y précipiter. Mais ce n'est pas une petite besogne d'enfermer une telle foule dans des parloirs dont les dégagements ne sont pas faciles. Pendant plus d'une heure, le vestibule de la résidence est à la lettre comme pris d'assaut.

Nous ne nommons personne, car, s'il fallait les nommer toutes, nos colonnes n'y suffiraient pas. Disons seulement qu'on a remarqué M. le duc et Mme la duchesse d'Alençon et la princesse Blanche d'Orléans.

A l'intérieur même des cloîtres, trois cents hommes environ se sont donné rendez-vous. En leur nom, M. le comte des Cars est prié de voir les Pères et de leur témoigner l'affection de tous. Mais les Pères sont déjà rentrés dans leurs cellules. Ils n'en sortiront plus que demain.

Ceci se passait avant six heures, et il n'est pas besoin d'insister sur l'impression causée au loin dans tout le quartier par cette imposante manifestation. Aussi les frères et amis voulurent essayer, le soir, d'y opposer la leur. De neuf à onze heures, pendant qu'un certain nombre de personnes étaient rassemblées devant les magasins du Bon Marché pour entendre les airs de sa fanfare, des bandes plus ou moins avinées battaient le pavé de long en large, poussant par intervalles, et d'une voix rauque, les cris : *A bas les jésuites ! Enlevez-les !* et d'autres expressions ordurières dont nous ne salirons pas notre plume, mais qui montrent à quelle plèbe on avait affaire. Il est vrai que ces cris ont été bientôt étouffés par les cris de : *Vivent les jésuites !* poussés par les amis des religieux survenus en grand nombre. A onze heures, la foule était repoussée de partout par une escorte d'agents, qui voulaient ainsi dégager le terrain pour la besogne policière du lendemain. Ils avaient compté sans l'énergique dévouement des catholiques.

Dès trois heures, le matin, on voyait arriver en groupes serrés des jeunes gens, anciens élèves des Pères ; puis des hommes de toute condition et des dames en assez grand nombre. A quatre heures moins un quart, une première escouade de sergents de ville apparaît dans la rue, bientôt suivie du commissaire de police en écharpe. Evidemment l'heure approche et l'attentat va se consommer ; aussi l'émotion redouble ; elle éclate lorsqu'à quatre heures on voit apparaître aux fenêtres d'un étage supérieur deux Pères jésuites inspectant avec calme la rue, d'où leur monte l'écho de la manifestation : *Vivent les jésuites ! Vivent les jésuites !* Ce même cri s'élève de toutes parts. En même temps les chapeaux et les mouchoirs s'agitent, c'est la première des manifestations, qu'on ne comptera bientôt plus.

Cependant les commentaires vont leur train sur ce qui se passe à l'intérieur. Nous le racontons ailleurs et l'on verra que l'émotion de la foule n'avait que trop de raisons de se manifester. Voici d'ailleurs que les sergents de ville débouchent à nouveau de toutes les rues. En un moment, on en voit entrer plus de cent à l'intérieur de la maison des Pères. Au dehors, leur nombre n'est pas moins de quatre à cinq cents. Ils sont commandés par plusieurs officiers de paix sous la direction de M. Caubet, chef de la police municipale. Vainement ils essayent de repousser la foule ; le nombre des manifestants est tel qu'on ne le pourrait faire sans des violences auxquelles les agents ne semblent pas se résigner encore.

Un peu après quatre heures, un incident se produit qui jette une émotion nouvelle dans tous les groupes : à l'indignation générale on voit arriver M. Camille Pelletan, rédacteur de la *Justice*, et M. Mayer, de la *Lanterne*. Après n'avoir cessé d'insulter les Pères dans leurs misérables feuilles, ces messieurs ont évidemment voulu se donner le spectacle de les voir chassés et peut-être l'amusement de les insulter encore. Tant d'impudence révolte, et on le fait sentir aux nouveaux venus, qui cherchent manifestement à jeter le trouble dans les rangs de la foule indignée. Mais ce n'est pas assez. Voici que M. Camille Pelletan émet la prétention d'entrer chez les jésuites, en donnant le prétexte qu'il est leur ami. Cette ruse policière est vertement relevée par M. Récamier, aux applaudissements de la foule, et M. Pelletan s'éloigne en grommelant. M. Mayer, lui, vocifère de telle sorte que les agents se mettent en devoir de l'emmener. Mais cette arrestation n'avait rien de sérieux, car presque aussitôt on le voit reparaître et recommencer ses frasques. Bientôt M. Camille Pelletan, piqué de se manifester à son tour, s'exprime de telle façon sur le compte des jésuites qu'il se fait administrer une verte correction par l'un des assistants. Il consent alors à se taire pour le moment.

Notons à ce propos un incident qui a son côté comique. M. de Lorgeril, sénateur, était présent. Tout à coup il est pris à partie par un personnage qui le somme de s'interposer pour obtenir que M. Camille Pelletan, fils d'un sénateur, puisse avoir l'entrée des jésuites. Inutile de dire que M. de Lorgeril ne jugea pas à propos de déférer à cette ridicule sommation.

Mais voici qu'on signale un jésuite, c'est le R. P. Mirebeau, venu ce matin de la résidence de Clamart, et qui demande à rentrer rue de

Sèvres. On le lui interdit, et il poursuivait sa route quand tout à coup il se trouve arrêté par la foule. Les femmes et les hommes s'agenouillent, réclamant la bénédiction du persécuté, qui la donne. Puis tous se relèvent, et les cris recommencent : *Vivent les jésuites !* Parmi ceux qui le poussent avec le plus de force, nous remarquons M. le sénateur Hervé de Saisy.

Il est près de cinq heures. La foule, de nouveau refoulée, revient incessamment, elle s'élance comme d'un bond vers la porte des jésuites, quand elle la voit s'ouvrir pour livrer passage au R. P. Marin, qui paraît escorté de M. de Ravignan. A ce moment les cris redoublent : *Vivent les jésuites !* et de nouveau la foule s'agenouille pour recevoir la bénédiction du jésuite persécuté.

Il faut renoncer à peindre l'émotion de ce spectacle qui se renouvelle à mesure que l'on voit paraître un jésuite expulsé à son tour et escorté par quelques-uns des amis dévoués qui avaient veillé avec eux, en attendant les actes de violence devant lesquels n'ont pas reculé les persécuteurs. Toutes les vingt minutes à peu près, la porte s'ouvre, livrant ainsi passage successivement au Père Matignon qu'accompagne M. Chesnelong, au Père Foulogne qu'accompagne M. de Kerdrel, au Père de Bouix assisté de M. de Kermenguy, au Père Gide avec M. de la Bassetière, au Père Martinow avec M. Descottes, au Père Hubin avec M. Ernoul, au Père de Guilhermy accompagné de son frère, ancien colonel d'artillerie de marine, au Père Hus emmené par des agents, au Père Chambellan, provincial, au Père Forbes avec M. de Ravignan. Notons, à propos du Père Hus, qu'il a été jadis aumônier à la Nouvelle-Calédonie. Aujourd'hui les Nouméens reviennent, et c'est lui qu'on expulse.

Notons encore à propos du Père Forbes un incident qui a paru singulièrement embarrasser M. le préfet Andrieux. Car M. le préfet de police, ne voulant laisser à personne le triste honneur de présider la vilaine besogne commandée à ses policiers, était arrivé à six heures et quart, ganté de frais, les moustaches frisées, l'air souriant comme s'il allait à quelque bal. En effet, M. le franc-maçon Andrieux est pressé de rentrer en grâce auprès des radicaux, qui le malmènent quelque peu depuis quelque temps, et, comment pourrait-il mieux s'y prendre qu'en mettant personnellement la main à l'expulsion des jésuites ?

Sa présence étant signalée, le R. P. Forbes déclare qu'il ne sortira pas avant d'avoir protesté devant lui contre la violence qui lui est faite. En effet, le R. P. Forbes est sujet anglais, et il signifie à M. Andrieux qu'il entend se réclamer du consulat d'Angleterre, auquel il compte demander protection. Visiblement embarrassé, M. Andrieux tortille sa moustache : mais il ne se croit pas autorisé à laisser le R. P. Forbes, rue de Sèvres, jusqu'au résultat connu de sa réclamation. Cette réponse, constatée par devant témoins, le R. P. Forbes s'éloigne dans une voiture, salué par les cris répétés de : *Vivent les jésuites !* Il va droit au consulat d'Angleterre.

Pour ne pas interrompre ce récit, nous avons dû négliger quelques incidents caractéristiques, qui ont amené diverses arrestations dont il nous faut parler. Nous les groupons ici.

Il n'est pas douteux que les policiers du gouvernement avaient cru que les choses se passeraient rue de Sèvres le plus facilement et le plus tranquillement du monde. Exaspérés par le nombre des manifestants et leur constance à acclamer les jésuites, ils ont voulu tout d'abord repousser la foule loin de la maison où ils opéraient leurs basses œuvres. Mais ce n'était pas chose facile, et ce n'est qu'à grand'peine, que les quatre à cinq cents agents de service y sont enfin parvenus.

Mais, près de la porte, il restait un certain nombre de journalistes et quelques-uns des plus fidèles amis des jésuites, qui tenaient à rester là comme témoins. Parmi eux M. de Baudry-d'Asson, ayant voulu entrer à l'intérieur, se vit repousser violemment et, malgré sa qualité de député, bourré de coups par les agents, qui l'emmenèrent un moment, mais pour le relâcher bientôt. Néanmoins, il était manifeste que ce dernier petit groupe de témoins était de trop pour M. Andrieux ; exaspéré sans nul doute par quelques dures vérités qu'il dut entendre de M. le marquis de Coriolis, il donna tout d'abord l'ordre de son arrestation.

Puis, comme nous l'interpellions directement afin de savoir s'il donnait positivement l'ordre de faire évacuer tout le monde, sans excepter les journalistes chargés de renseigner leurs lecteurs, il réitéra sèchement cet ordre. Alors un agent, pressé de faire du zèle sous les yeux de son chef, nous saisit brutalement et nous poussant avec violence : « Allons, allons ! le grand chef (*sic*) a parlé : filez, et plus vite que ça. » Pendant que la foule indignée protestait, notre jeune collaborateur, M. Pierre Veuillot, ne put s'empêcher de faire remarquer tout haut la brutalité de l'agent. Sur quoi, dénoncé par un mouchard, il fut appréhendé sur l'heure et conduit au poste de police voisin, où ses amis tinrent à l'accompagner. Hâtons-nous d'ajouter qu'il était relâché deux heures après.

D'autres arrestations, dont nous ignorons les causes exactes, mais qui ne devaient pas s'appuyer sur des prétextes plus sérieux, ont été faites. Vers huit heures, notre excellent confrère de l'*Union*, M. de Mayol de Lupé, qui accompagnait Mme de Lupé, a été également arrêté. Il a été relâché depuis. Signalons encore l'arrestation de MM. de Beaurepaire, de Dreuil, etc., coupables, sans nul doute, d'avoir trop vivement manifesté leurs sentiments à la fois en faveur des jésuites et contre les décrets. Ils ont tous été relâchés.

Dernier incident. Vers sept heures, l'omnibus, qui vient tous les jours chercher dans le quartier Saint-Germain les jeunes élèves du collège de la rue de Madrid, traversait la foule amassée rue de Sèvres et aux environs. A peine signalé, il est accueilli par les cris de : *Vivent les jésuites !* et des bravos redoublés auxquels répondaient de leurs petites mains les chers enfants qui font de si bonne heure l'apprentissage de la persécution.

A neuf heures, la sinistre besogne était terminée et le serrurier administratif, poursuivi par les huées d'une foule sympathique aux jésuites, franchissait le seuil de la maison violée. Nous savons quels ont pu être les sentiments des persécuteurs. Quant aux victimes, un mot nous servira pour témoigner du calme avec lequel elles ont vu venir la violence et la persécution. Le bon Père Millériot n'avait pu, grâce aux mesures dont tous ses frères étaient l'objet, sortir à l'heure ordinaire de Saint-Sulpice, où l'on sait avec quel zèle il exerce depuis longues années son fécond ministère. « Avec tout cela, dit-il, ces gens-là me feront arriver vingt minutes trop tard à mon confessionnal ». Ce trait dit tout. Il nous dispense d'ajouter aucune réflexion à ce triste récit.

L'exécution des décrets se poursuivit en province, comme elle s'était effectuée à Paris. Voici, d'après un témoin oculaire, comment la chose se passa près d'Amiens : « Le 30 juin, Saint-Acheul a vu s'opérer l'expulsion des religieux de la Compagnie de Jésus. Avant de raconter ce haut fait, digne de nos gouvernants, qu'on nous permette, à l'honneur de l'excellente population d'Amiens, de dire un mot de la manifestation religieuse dont la chapelle de Saint-Acheul fut le théâtre dans la journée du 29.

« Dès le matin, le modeste sanctuaire devenait trop étroit pour contenir la foule des fidèles qui y venaient prier, hélas ! pour la dernière fois. A sept heures, un pèlerinage composé exclusivement d'hommes, remplit la chapelle, débordant de toutes parts, occupant les tribunes et toutes les places réservées à la communauté. C'était une solennelle protestation contre l'iniquité du lendemain : aussi avait-on tenté par de sourdes manœuvres d'empêcher cette manifestation. On parlait d'émeutes, de violences. De fait, quelques meneurs avaient, paraît-il, essayé de soulever les ouvriers, mais le peuple d'Amiens a trop de bon sens pour se laisser entraîner à de tels excès. Les catholiques vinrent nombreux à Saint-Acheul et, toute la journée, une foule compacte envahit la chapelle.

« Le soir, quelques amis dévoués passèrent la nuit sous le toit des religieux menacés, prêts à protester avec eux, et, au besoin, à les défendre. Le 30, dès le lever du soleil, le Père recteur dit sa dernière messe et le sanctuaire n'abrita plus l'hôte divin que tant de générations étaient venues adorer. A 6 h. 1/2 du matin, un mouvement se fait dans la foule, qui se presse à la porte du couvent. C'est le commissaire central, accompagné de deux commissaires et d'un inspecteur de police et d'agents munis d'instruments d'effraction.

« L'agent du gouvernement, suivi de ses collègues, est introduit dans un parloir extérieur où il attend le Père recteur que l'on est allé prévenir. La foule, anxieuse, garde un profond silence ; tous les yeux sont mouillés de larmes ; la chapelle, dépouillée de ses ornements, reçoit les instantes et dernières supplications de ceux qui invoquent, en face de la tyrannie brutale, le Dieu des persécutés. Au loin, des agents de la police gardent les chemins, et l'on dit que l'armée se tient prête à donner main forte aux hommes de la préfecture.

« Le Père recteur apparaît. Une majestueuse sérénité se reflète sur ses traits vénérables. Le fils de saint Ignace domine de toute sa grandeur les exécuteurs des œuvres préfectorales.

« Des amis dévoués entourent le saint religieux et tiennent à honneur de lui servir de témoins et de gardes du corps dans cette lutte suprême de la justice désarmée contre la violence et l'arbitraire : Ce sont MM. Levoir, de Badts de Cugnac, comte de Nicolaï, vicomte de Dampierre, Dubos, Amédée Jourdain, Souïf, Eugène Poujol, etc. L'agent de la police, visiblement troublé et balbutiant je ne sais quelle excuse, donne lecture de l'arrêté, signé Spuller (l'homme est digne de l'ouvrage) qui dissout la *société dite de Jésus* et la chasse de son domicile. « Veuillez, dit le Père recteur, me laisser une copie de cet arrêté. » Le commissaire répond qu'il ne peut délivrer aucune copie des actes qu'il est chargé de notifier et qu'il ne peut recevoir aucune protestation. Dans ce cas, répond le Père recteur, je proteste contre l'arrêté et les décrets dont je ne reconnais pas la légalité : je fais toutes mes réserves quant à la revendication de mes droits de citoyen violés. Et il rédige, séance tenante, une protestation signée par les témoins présents. Se levant alors, le recteur déclare qu'il proteste de nouveau et qu'il ne sortira de son domicile que si violence lui est faite. L'agent s'avance alors et porte une main tremblante sur le religieux. Mais il demande au Père recteur de vouloir bien faire évacuer la maison. « Jamais, Monsieur, répond le Père ; vous pouvez employer contre mes frères et mes enfants la violence que vous venez d'exercer contre moi. Je n'ai pas à me prêter à vos desseins. » Le commissaire s'avance alors vers la porte du parloir, qui est fermée. Sur le refus qui lui est fait de la lui ouvrir, l'aide des serruriers est requise pour l'effraction.

« Le commissaire donne alors lecture d'un second document, ou plutôt d'instructions confidentielles dont il refuse de donner copie et dont il ne veut pas faire connaître l'auteur. Ces instructions anonymes portent en substance que toute communauté, tout collège coupable d'avoir donné asile à un religieux proscrit sera fermé sur-le-champ, que tout citoyen ayant recueilli une *agrégation* de proscrits sera poursuivi. Interpellé sur la signification de ce mot *agrégation*, M. le commissaire refuse d'abord de s'expliquer, puis finit par dire que *deux* religieux ne forment pas une agrégation, mais que *trois* en font une. Cette distinction arbitraire, imaginée par un casuiste dont M. le commissaire refuse obstinément de donner le nom, donne la mesure de ce que peuvent en pareille matière les persécuteurs ingénieux. En ce moment, un des témoins, père d'un novice de Saint-Acheul, s'avance et lit la protestation suivante :

« Au nom du droit naturel, qui reconnaît à tout homme le droit de choisir l'état de vie qui leur convient, et d'en observer les obligations :

« Au nom des pères et des mères de famille, qui, ainsi que moi, ont autorisé leurs fils à entrer et demeurer dans cet asile de piété et de vertu, de s'y préparer en paix à servir Dieu, l'Église et la France, dans les labeurs de l'enseignement et de l'apostolat chrétiens ;

« Devant Dieu qui m'entend et nous jugera ;

« Devant vous, Messieurs, représentants actuels de l'autorité civile :

« Je proteste hautement contre la violence qui m'est faite en la personne de mon fils, et je déclare ne m'y soumettre que parce que Dieu, qui le permet, le veut ainsi.

« Comte Ch. de Nicolay. »

« Les ouvriers réquisitionnés ouvrent alors la porte avec effraction, malgré les protestations du recteur, qui invoque l'inviolabilité de son domicile, et des administrateurs de la société civile de Saint-Acheul, qui réclament au nom du droit de propriété.

« L'agent ministériel parcourt alors la maison, expulsant par la violence prêtres et novices. Sommés individuellement d'avoir à se dissoudre et à quitter le noviciat, tous protestent énergiquement et attendent l'emploi de la force pour céder aux injonctions.

« Les novices anglais, allemands, suédois, italiens, déclarent qu'ils en référeront à leurs ambassadeurs respectifs, de la violence qui leur est faite. Le commissaire parcourt alors toutes les chambres, expulsant les vieillards, les infirmes, les malades ; seul, un frère gravement atteint d'un mal aigu trouve grâce et sera toléré quelques jours sous le toit où il espérait mourir et qu'il devra quitter bientôt peut-être pour toujours, lui vieillard infirme depuis plus de trente ans. Le Père Jenessaux est saisi au moment où il descend de l'autel et jeté hors de sa chambre.

« Tout va finir... Le Père recteur, qui a demandé de rester le dernier et de voir partir ses enfants qui se jettent en pleurant dans ses bras, le Père recteur, seul comme un capitaine sur le pont d'un navire en perdition, jette un dernier regard, dit un dernier adieu à ces murs qui l'ont abrité, et franchit le seuil... Les sanglots éclatent, toutes les têtes se découvrent, toutes les mains se tendent... L'iniquité est consommée. Il est neuf heures du matin. Tout n'est pas fini cependant. Il reste à fermer cette chapelle que tant de générations ont visitée... Les scellés sont apposés aux portes de l'édifice. C'est ainsi que les Juifs ont scellé la pierre du tombeau. Juste Dieu, vous ressusciterez !

« Nous ne dirons rien de l'attitude touchante et indignée de la foule. Les agents de M. Spuller ont pu, s'ils l'ont voulu, le renseigner à cet égard. Le peuple a compris que si l'on chasse de leurs demeures des hommes dont le dévouement à leurs semblables est le seul crime..., on ne proscrit pas le souvenir de leurs vertus. Parlez, pauvres, qui, si souvent, avez reçu ici la charité ; parlez, blessés de notre dernière guerre qui avez abrité ici vos souffrances soulagées ; parlez, affligés qui avez trouvé ici la consolation, et dites à tous ce que cachaient d'amour vrai, d'humilité, de pureté, de dévouement ces demeures désormais vides, mais où retentit une grande voix qui demande justice aux hommes et à Dieu. »

Voici maintenant l'exécution pour Angers ; je la donne toujours d'après le récit d'un témoin oculaire : « Je veux vous donner tout de suite des détails sur l'expulsion violente, *manu militari*, des Pères et des novices de la Compagnie de Jésus, de leur maison d'Angers.

« Hier, Monseigneur était revenu comme la veille, pour passer la nuit au milieu des Pères, plusieurs catholiques de la ville avaient tenu à honneur de se trouver là, prêts à être les témoins de la violence, et pour voir s'il était nécessaire d'accompagner les Pères, les recueillir et au besoin les protéger contre les injures qui pouvaient les attendre. Vous dire l'impression de ces premières heures de la soirée est vraiment impossible ; Monseigneur entouré, poussé, escorté par tous ces hommes, dont le cœur battait à l'unisson du sien ; ces corridors à peine éclairés, les pensées qui se présentaient en foule à l'esprit, tout cela donnait à la fois des impressions consolantes et bien tristes. Les Pères et les novices retirés dans leurs cellules, observant la règle jusqu'au bout, se livraient au sommeil ; quand je dis au sommeil je ne crois pas me tromper, car le cœur du juste, inaccessible à la crainte, et éprouvé par la tristesse, sait bien où puiser la paix. Les *novices du dehors*, après la récitation des prières communes, tâchèrent aussi de dormir un peu partout, et à trois heures du matin chacun était debout, attendant le moment où les exécuteurs des décrets viendraient arracher par la violence, et au nom de la loi interprétée administrativement, les paisibles habitants du noviciat. Les messes se succédaient dans la chapelle, interdite au public depuis la veille, et à 4 heures nous recevions la dernière bénédiction de la dernière messe, dite dans le lieu sacré, où, depuis quarante ans, les bons Pères offraient le saint sacrifice.

« Dans la nuit, l'adoration nocturne à la chapelle des Pères de l'Adoration avait réuni un grand nombre d'hommes, et après la messe, dite à deux heures, la plupart étaient venus grossir le bataillon fidèle réuni déjà au Jésu.

« Dès quatre heures, Monseigneur était prêt à recevoir les violateurs du domicile de ses hôtes. Chacun, rangé à la suite de Sa Grandeur, ne voulait rien perdre de la protestation qu'il allait faire entendre à l'entrée des intrus. On attendit deux heures ; déjà un détachement de pontonniers s'était formé en cercle sur la place devant la grande porte de la maison, des gendarmes les accompagnaient ; à six heures précises, les commissaires en chef de la ville, escortés de nombreux agents de police, sonnèrent et demandèrent à entrer au nom de la loi ; la grande porte qui donne sur une petite cour leur est ouverte, et devant eux une autre porte qui donne accès dans l'intérieur leur est interdite. Ils l'ouvrent avec violence, un serrurier ayant fait sauter les planches et les verrous. Là, ils se trouvent en présence du Père recteur, qui proteste avec fermeté contre cette violation du domicile de citoyens paisibles ; à son tour, M. de la Bouillerie lit une ferme protestation au nom des pères des novices, lésés dans leurs droits, dans leur autorité paternelle et la liberté de leurs enfants. On arrive alors à la seconde porte, celle de clôture, qui est brisée à son tour par les coups répétés du ciseau et du marteau administratifs. C'est alors que les commissaires de police se trouvent arrêtés par Monseigneur, qui leur lit avec un accent énergique et d'une voix vibrante la protestation suivante :

« Nous, Charles-Émile Freppel, par la grâce de Dieu et l'autorité du Saint-Siège apostolique, évêque d'Angers, au nom des intérêts spirituels dont la garde nous est confiée, et en vertu de notre autorité épiscopale.

« Nous protestons contre l'acte qui s'accomplit en ce moment sous nos yeux, savoir l'expulsion de la société de Jésus, approuvée par le Saint-Siège, déclarée un pieux Institut par le saint concile de Trente, et canoniquement établie dans notre ville épiscopale par notre vénéré prédécesseur, Mgr Angebault.

« Nous déclarons maintenir, en ce qui nous concerne, ladite société dans tous les droits qu'elle possède à Angers, en vertu des lois canoniques.

« Nous protestons, en outre, contre la fermeture d'une chapelle construite il y a quarante ans, au vu et au su de l'autorité civile, sans la moindre réclamation de sa part, fréquentée depuis lors par un nombreux public, et jugée par nous indispensable pour les intérêts spirituels des habitants du faubourg Saint-Michel, en raison de l'éloignement de l'Église Saint-Serge, située à l'une des extrémités de la paroisse.

« Fait à Angers, le 30 juin 1880.

« † Ch.-Émile, év. d'Angers. »

« Ces nobles paroles, si calmes, si précises dans leur concision, n'arrêtent pas les agents de M. le préfet. Sans doute ce haut fonctionnaire et son digne associé, M. le procureur général, qui connaissaient la présence de Monseigneur, n'ont pas osé venir eux-mêmes recevoir en pleine figure cette vigoureuse apostrophe. Parole admirable, mais où l'on sent encore la mansuétude du père, qui veut épargner à ses fils ingrats la menace et le rappel de ces censures terribles pour un chrétien, et qui atteignent, sans qu'ils s'en occupent beaucoup, hélas ! les violateurs de la liberté de l'Église. Le pauvre commissaire, un peu ému, balbutie *qu'il accepte les termes de la protestation*, pour les reporter à son chef sans doute.

« Puis Monseigneur, suivi de tous, se retire dans les jardins, où le commissaire le suit quelques instants après et le prie au *nom de la loi* de sortir de la maison avec tous ceux qui l'entourent. Monseigneur proteste avec énergie, et pour éviter quelque scène violente, se retire suivi par tout le monde. Alors la dernière protestation s'accomplit, c'est la plus poignante : j'ai eu l'honneur d'en être le témoin, et enfermé là avec les Pères, je n'en oublierai jamais la tristesse, non plus que la dignité, la résignation sublime des victimes. Tous, leur petit sac à la main, comprimant par un effort surhumain les pensées déchirantes qui les oppressent, ils attendaient avec calme le moment où on allait encore les sommer d'ouvrir au nom de la loi.

« Bientôt un coup frappé à la porte annonce la présence du commissaire et de ses aides ; il demande qu'on lui ouvre, le Père Kervennic lui répond qu'il peut forcer la clôture, qui restera fermée. Alors retentit un violent coup de marteau, un ciseau poussé d'une main vigoureuse apparaît bientôt par une ouverture béante, et la porte avec son chambranle arraché tombe et laisse apparaître le commissaire et son écharpe. Le Père recteur s'avance et, protestant encore une fois au nom de la liberté de conscience garantie (!) par la loi de l'inviolabilité du domicile, déclare que lui et les Pères ne céderont qu'à la violence. On le prend par le bras et un agent le conduit jusqu'à la porte extérieure ; ainsi pour chaque Père, et les Frères qui les accompagnent : tous sont expulsés, même les malades, et j'ai eu le bonheur de conduire moi-même le dernier Père, infirme, auquel la prévoyante police avait réservé une voiture qui l'a conduit dans une maison de santé. Je dois dire à la louange des agents qu'ils se sont acquittés avec politesse de leur triste mission. Pauvres gens, la plupart maudissaient sans doute le triste métier qui leur était imposé ; mais, quand on refuse de servir les rancunes de Marianne, elle casse ses gens aux gages, et il faut bien vivre, même en république.

« Pendant que se passait cette dernière scène, Monseigneur retournait à pied à sa résidence d'été, située à près de 2 kilomètres de la demeure des Pères. Ce retour a été un triomphe ; une foule énorme d'hommes et de femmes de tous les rangs, de toutes les conditions, a tenu à escorter Sa Grandeur, qu'elle saluait de ses acclamations et des cris de : Vive la liberté ! Vivent les jésuites ! cris tellement forts qu'ils couvraient les voix éhontées d'une troupe de voyous, voulant essayer les airs nationaux du jour, et auxquels leurs gosiers donnent une si particulière saveur. Monseigneur bénissait la foule qui s'inclinait pieusement sur son passage, et des larmes de bonheur coulaient sur ses joues quand il est arrivé à l'Esvière.

« Voilà donc le premier acte accompli de ces odieuses mesures, qui contristent si profondément les cœurs des catholiques, et cela se passe dans ce beau pays de France, qui s'appela jadis la fille aînée de l'Église, et peut-être que ce soir ou demain l'iniquité va achever son œuvre, et, en attendant de nouvelles violences, chasser encore les congrégations non autorisées. Hélas ! comment sera lavée cette souillure ? *Cor Jesu sacratissimum, miserere nobis !* »

Nous voici maintenant à La Louvesc, dans l'Ardèche : c'est une vieille résidence des jésuites en France : Le 29 au soir, on apprit que le préfet de l'Ardèche, le sous-préfet de Tournon et le procureur de Privas, étaient à Sautillieu, chef-lieu de canton, avec plusieurs brigades de gendarmerie. Il faut, à cause des rampes, trois heures pour franchir les 14 kilomètres qui séparent La Louvesc de son chef-lieu. Néanmoins, à cinq heures du matin, sinon plus tôt, on voyait le 30, à l'entrée du village, trente hommes de gendarmerie à cheval, un capitaine, un lieutenant et une voiture contenant les autorités administratives en habit officiel. Le commissaire de police d'Annonay venait à la même heure frapper à la porte des révérends Pères, gardiens sur ces montagnes du tombeau de saint François Régis.

Le supérieur n'avait pas fini la messe, et le commissaire a dû attendre avec plus ou moins de patience son retour de l'église. Ce commissaire était pressé : il eût voulu agir tout de suite, faire sans bruit sortir les religieux et mettre rapidement les scellés partout. Le supérieur s'est opposé à toute cette véhémence. Il était chez lui ; il y habitait en vertu d'un bail authentique, et il a demandé au commissaire communication écrite des ordres dont il était porteur. Après cette première tentative, le commissaire s'est rendu auprès du préfet et du sous-préfet. Ces messieurs stationnaient sur la place dans leur voiture, dont ils n'ont pas osé sortir. Au retour de cette conférence, le commissaire était accompagné du capitaine de gendarmerie ; et celui-ci a porté la parole. Le commissaire l'a interrompu pour faire remarquer que le Père supérieur avait titre de curé, et qu'il avait, ainsi que ses vicaires, la faculté de demeurer à la maison. Les autres Pères attachés à la maison en qualité de missionnaires désignés par Mgr de Viviers pouvaient-ils rester aussi ? On l'a espéré un instant ; mais, après une nouvelle conférence du commissaire avec le préfet, leur titre de jésuites a fini par déterminer leur expulsion. Sur le refus du Père supérieur d'ouvrir ses portes, on a mandé un serrurier.

A l'intérieur, il y avait un grand nombre de prêtres et de laïques venus des environs ; les premiers, pour protester de leur affection pour ceux qu'on prétend leur être antipathiques. Les seconds, pour protester contre la violence qui allait se consommer. Ils l'ont subie les premiers. Le capitaine les a tous fait jeter à la porte. Aussitôt, de la foule, rassemblée devant la maison, est sorti un cri unanime de : Vivent les jésuites ! A ce cri, répété et prolongé, se joignaient des pleurs et des sanglots. Le serrurier ayant crocheté la porte d'entrée et successivement celles des chambres des Pères dont l'expulsion était demandée, ceux-ci ont été à leur tour conduits de force hors de leur maison. Restaient deux ou trois pauvres frères servants, que leurs humbles fonctions auraient dû préserver de toute violence et que le commissaire, dans son ignorance, allait oublier. Le capitaine de gendarmerie, en sa qualité, dit-on, d'ancien élève des jésuites, a fait mettre la main sur eux, et ils ont également été jetés à la porte. Les acclamations de la foule les ont salués avec autant de sympathie que les Pères.

La triste besogne était terminée. Commissaire et capitaine sont sortis emportant les cris de malédiction de tout le peuple. Le serrurier a dû, à son tour, franchir les rangs serrés de la foule. Les huées, les interpellations et les signes de mépris l'ont longuement poursuivi. Le flot s'est porté sur la place où, comme je vous l'ai dit, stationnaient dans leurs voitures les tristes dignitaires de l'administration et de la magistrature venus pour présider et soutenir ces basses œuvres de police. De toutes parts, les cris ont retenti autour de la voiture, cris de toute sorte qui attestaient l'attachement des habitants pour les Pères et leur indignation contre ceux qui n'ont pas reculé devant l'exécution de cette iniquité. La manifestation n'a cessé que lorsque le cortège a été loin du village. Les habitants, en effet, l'ont poursuivi longtemps de leurs huées. En somme, c'est un vrai triomphe pour les Pères de La Louvesc et une preuve manifeste des bons sentiments de la population.

Après le départ du cortège, entendant une femme parler en patois, je lui demandai ce qu'elle voulait dire. Elle et toutes ses compagnes de s'écrier, en désignant le serrurier : c'est une c... ! (Le patois en ses mots pique l'honnêteté.) Mais, ajoutaient avec triomphe ces bonnes femmes : Il n'est pas de La Louvesc. Ce sentiment d'honneur pour le clocher m'a fait plaisir. Non ! Il n'y a pas eu un traître à La Louvesc. Il faut en féliciter la chrétienne population de cette petite paroisse de nos montagnes.

Marseille

A Marseille comme à Paris, la manifestation en faveur des jésuites a commencé dès la veille, à l'occasion du salut donné dans leur chapelle. C'est à grand'peine qu'on a pu faire évacuer l'église. Tous les assistants pleuraient.

Le 30 à 4 heures du matin, dit le *Citoyen*, il n'y avait dans la rue que quelques agents de police. A 4 h. 30, 12 gendarmes à cheval défilent sur le boulevard Dugommier et disparaissent dans la direction de la gare.

Vers 5 heures, M. Bastide, commissaire central, et le commissaire du quartier, se sont présentés par la porte de la rue Thubaneau. Ils ont été reçus au parloir par MM. Aicard, Hornbostel, avocats, et Louis Teissère, avoué, constituant le conseil judiciaire des Pères jésuites. M. Aicard a lu au commissaire central l'acte constitutif de la société civile de la Mission de France, et a protesté au nom des propriétaires de cet immeuble.

Les commissaires sont ensuite entrés dans la maison. M. Bastide a notifié au Père Poncet, supérieur, l'arrêté du préfet, en date du jour, 30 juin, par lequel, en vertu des décrets du 29 mars, la société de Jésus était dissoute et les Pères de la Mission de France devaient immédiatement quitter la maison. Cet arrêté préfectoral ordonnait aussi la mise des scellés sur les portes de l'église.

Le Père Poncet, après avoir entendu la lecture de cet arrêté, dont copie lui a été remise, a protesté devant témoins d'une manière calme et énergique, comme citoyen, co-propriétaire, prêtre et religieux, contre la dissolution et expulsion de la communauté des jésuites, ainsi que sur la mise des scellés sur l'église ; elle était, a-t-il dit, même avant l'arrivée des jésuites à Marseille, chapelle de secours, nécessaire au culte, et l'intention de Monseigneur l'évêque est de lui continuer cette destination.

Le R. P. supérieur a dit encore qu'il ne cédait que devant la force, se réservant tous les droits de poursuite judiciaire. Les autres Pères ont, de leur côté, protesté contre ces mesures spoliatrices. Le Père de Lachaud a protesté vivement contre son expulsion. Il a dit qu'il était sans asile, et qu'en sa qualité d'ancien aumônier militaire, il méritait les égards dus à tout citoyen libre.

Le commissaire central, en langage d'ailleurs convenable, a répondu qu'il ferait mention de ces protestations dans son procès-verbal. Il a autorisé le Père Poncet et le Père Dorgues, en qualité de co-propriétaires, d'être les gardiens de la maison.

C'est avec peine qu'on leur a accordé qu'un domestique pût demeurer avec eux.

Alors les scellés ont été apposés sur les portes de l'église, et les Pères et Frères jésuites sont sortis en passant par la maison de M. Massabo.

Le départ des Pères a été un triomphe. Deux ou trois cents jeunes gens étaient accourus au hasard, guidés par les pressentiments de l'affection. Ils ont occupé la partie de la rue Thubaneau qui se trouve près de la Mission de France. Quelques républicains venus là pour insulter les jésuites ont bientôt compris qu'ils n'étaient pas en nombre et sont demeurés suffisamment tranquilles.

A mesure que les jésuites sortaient de la maison où ils étaient et montaient en voiture, c'étaient des applaudissements frénétiques et des vivats enthousiastes : « Vivent les jésuites ! A bas les despotes ! Vive la liberté pour tous ! » Et l'on se pressait autour des portières pour saluer les Pères, pour leur serrer la main et la leur baiser. Puis, quand une voiture s'éloignait, c'étaient des cris de : Au revoir ! à bientôt ! à bientôt ! et au frémissement qui faisait palpiter tous les cœurs, on sentait que ce n'était pas là un cri banal jeté en l'air, mais une promesse et un serment.

Honneur à cette jeunesse chrétienne venue là pour protester et de son dévouement aux jésuites et de son indignation contre les persécuteurs.

Paray

Paray, 1er juillet 1880.

Nous sommes donc sous le régime du bon plaisir. Le gouvernement ne protège plus le citoyen dans sa personne ni dans ses biens. La république a inauguré hier à Paray-le-Monial comme à Paris le règne de la violence : huit ou dix citoyens ont été expulsés de chez eux. En Angleterre, ils auraient brûlé la cervelle du premier commissaire qui aurait manifesté l'intention d'en expulser un seul, et les juges leur eussent donné raison, si même on les avait conduits devant les juges. Ma maison, c'est ma forteresse, aurait dit le dernier des citoyens de la libre Angleterre... Oui... mais nous ne sommes pas en Angleterre. Nous sommes en France, nous sommes en république, et au lieu de faire exécuter les lois, c'est le gouvernement qui les viole impudemment et impunément.

Nous n'avons donc pas résisté à la force. Si nous pouvons nous faire rendre justice, si nous pouvons obtenir que nos amis soient réintégrés chez eux ; si le héros qui commandait hier des soldats français pour appréhender au collet des citoyens libres et désarmés peut être flétri par la justice de mon pays... nous aurons eu raison... Tant qu'un seul citoyen français, fût-il religieux de n'importe quel ordre, peut être mis au milieu de la rue lorsqu'il a une maison à lui, le droit est violé, la sécurité n'existe plus pour personne, et quant à moi, je ferme ma porte à double tour et je serre les cordons de ma bourse. Les Pères jésuites expulsés de chez eux étaient interrogés dans leur chapelle par un commissaire, M. Blanc : — Qui êtes-vous? leur disait-il. Et ils répondaient : Jésuites français.

Le R. P. Ginhac, supérieur, eut l'honneur d'être expulsé le premier de chez lui. Jésuite français, au 4 septembre il avait été mis en prison comme espion prussien. Le R. P. Pailloux, jésuite français : les alguazils de Lyon, à l'époque du 4 septembre, l'eussent reconnu ; ils l'avaient mis en prison pendant six semaines ou deux mois. Il était déjà jésuite français à cette époque, voilà son tort, et c'est parce qu'il n'a pas cessé de l'être qu'on l'a chassé hier de son domicile ; s'il n'avait pas des amies à Paray ou de l'argent dans sa poche, il serait dans la rue. M. le commissaire le ramasserait alors comme vagabond et, après l'avoir mis dehors, on le mettrait dedans. Ce religieux a les cheveux blancs. Il a voyagé dans le monde entier. C'est un architecte distingué, c'est un savant ; de plus, c'est un saint religieux. Il n'aura plus le droit de vivre chez lui, et maintenant qu'il n'a plus de jardin, il est obligé pour prendre l'air de dire son bréviaire dans la rue ; un gendarme garde la porte de son parc afin que ce jésuite français ne puisse pas avoir la tentation d'y rentrer. Le R. P. Perraudin a été le troisième expulsé ; il a pourtant évité la prison en 1870, celui-là. Mais il a été obligé de se sauver de chez lui, il s'est déguisé. Interpellé à Saint-Germain-des-Fossés par un commissaire qui veut savoir qui il est, le P. Perraudin répond : homme de lettres... On le laisse passer. Si, comme hier, il eût répondu jésuite français, c'était un homme perdu.

Le R. P. Flandrin a été le quatrième expulsé. Au 4 septembre, à Clermont, M. Bardoux faisait fonction, de maire. Il vint à 8 heures du soir demander le Père et lui dit avec courtoisie : « Je ne suis pas votre ami, mais je tiens à remplir mon devoir de maire ; soyez sans inquiétudes, toutes mes mesures sont prises pour protéger les maisons religieuses. Si quelque chose survient plus tard, e serai toujours disposé à vous protéger. »

Le révérend Père remercia vivement. Hier, il s'est déclaré jésuite français : aussitôt on l'a mis à la porte.

Ce n'est pas précisément la république aimable et rêvée par Jules Simon et ses amis. Il est vrai que ce bon Père, pendant la guerre, avait organisé une ambulance pour soigner nos malheureux blessés. Il peut se faire que le gendarme qui lui a mis la main dessus ait été soigné par lui.

La suite à demain.

Incident. Un jeune homme qui fumait une cigarette et qui, d'après le portrait qu'en ont fait les témoins, doit être le chef de cabinet du préfet de Mâcon, a répondu à une dame qui s'écriait : « Il n'y a donc plus de droit ! *Non, Madame, il n'y a pas de droit.* » Mais comme ce propos trop naïf, même pour un adolescent, soulevait dans la foule des protestations indignées, le jeune fonctionnaire crut devoir s'expliquer : « Je veux dire, ajouta-t-il, qu'on n'a plus le droit... d'entrer.

A Quimper, dans la catholique Bretagne, l'exécution a été racontée ainsi, toujours par un témoin oculaire :

3 h. 30 matin. — Cent cinquante à deux cents personnes sur la place Neuve ; petit groupe de messieurs au coin de l'enclos du Sacré-Cœur. D'un bout de la maison des jésuites un soldat de planton ; cinq sergents de ville. Devant la porte de la cour un autre soldat de planton et un sergent de ville tenant un cahier ; un monsieur en négligé, revêtu d'une écharpe tricolore un peu sale. Un autre monsieur avec un chapeau à haute forme et redingote noire (c'est le commissaire de Brest), deux ouvriers serruriers, l'un très jeune (dix-huit ans environ) ; ils ont une boîte remplie d'outils. Tous deux viennent de Brest ; on n'a pas trouvé à Quimper (gloire à Dieu !) un ouvrier qui consentît à faire pareille besogne.

3 h. 45. — Un sergent de ville apporte un papier qu'il remet au commissaire. Celui-ci, avec le monsieur en écharpe, va sonner à la petite porte de la cour, en disant : « Messieurs, c'est la dernière fois que nous sonnons ; si vous n'ouvrez pas à l'instant, nous ouvrirons *de bon gré* (textuel) ou de force ». Pas de réponse. Les ouvriers font un essai sur la petite porte ; elle résiste. Ils vont à la grande porte du jardin, qui résiste également. Le commissaire et l'individu en écharpe délibèrent sans se presser. Je suis à dix pas et je prends mes notes.

3 h. 53. — On fait des efforts plus violents, la porte fait bonne contenance.

3 h. 55. — La cloche de la communauté sonne ; on emploie les pinces pour écarter les deux battants. Un sergent de ville vient apporter des lunettes au commissaire de Brest. Les cinq sergents de ville vont en face de la porte, émus, pas gais non plus. La foule stationne toujours au bas de la route et sur la place. J'aperçois plusieurs prêtres ; la vilaine besogne n'avance pas.

4 h. 5 — On démolit quelques planches du bas de la porte ; cela fait un certain bruit de cercueil. Sensation sur plusieurs points. On emploie le maillet et le ciseau, et enfin le jeune ouvrier réussit à passer entre les deux battants et ouvre la porte à ses compagnons. Tous entrent par le jardin, sauf le soldat de planton et un sergent de ville. A une fenêtre du deuxième étage, on aperçoit un Frère avec qui on parlemente. Je reste à regarder, le sergent de ville me dit: On ne stationne pas ! Je recommence à marcher. Le jeune ouvrier vient chercher d'autres outils pour enfoncer les portes intérieures. La foule augmente; beaucoup de monde du peuple; la haute société est aussi très bien représentée. Calme parfait.

4 h. 25. — M. de Kerangall, directeur de l'*Impartial*, qui a passé la nuit à la communauté en compagnie de plusieurs catholiques de Quimper, sort, conduit par deux hommes ; il harangue le soldat et le sergent de ville, déclare qu'il va rentrer et se retourne vers la porte. On l'empêche de rentrer ; il reste près de la porte.

4 h. 30. — M. de Chamaillard sort et va rejoindre M. de Kerangall. Deux sergents de ville sortent et descendent vers la gendarmerie, située près de là, pour chercher du renfort. On voit sortir alors M. Salaun, libraire, puis un autre monsieur, avec M. l'abbé Rossi. Arrivent cinq gendarmes réquisitionnés par le sergent de ville ; ils entrent dans la maison.

4 h. 45. — On ouvre la petite porte de la cour. Le R. P. supérieur sort, conduit par un pauvre sergent de ville, qui le tient légèrement par le bras. Il va s'agenouiller sur le seuil de la porte de la chapelle. Tout le monde se met à genoux ou pleure. Le révérend Père se relève et va rejoindre la foule qui l'entoure affectueusement.

4 h. 52. — Un deuxième Père sort. Le sergent de ville qui a conduit le Père supérieur va l'embrasser. Bravos enthousiastes, sanglots... Tout le monde s'agenouille pour implorer la bénédiction du Père. Le sergent de ville pleure comme un enfant.

4 h. 55. — Le P. Delaizir (quatre-vingt-six ans) sort ; je vais l'embrasser. Un policier l'accompagne très poliment jusqu'au bas. On s'agenouille, plusieurs embrassent le Père, tout le monde est découvert.

5 heures. — Il y a environ 1.000 personnes. Le Père de Saint-Alouarn (soixante-seize ans) sort, va s'agenouiller sur le seuil de la chapelle, baise la pierre, est embrassé par tous les membres de sa famille et ses nombreux amis. Quatre gendarmes dans la foule ; pas le moindre désordre.

5 h. 10. — Le Père Forestier sort, le chapelet à la main, va lire l'écriteau apposé sur la porte de la chapelle. On s'agenouille, on demande sa bénédiction, on l'embrasse.

5 h. 18. — Le Père de Kersusec sort avec bagages et parapluie ; il s'agenouille sur le seuil de la chapelle, est entouré et embrassé.

5 h. 23. — Le Père Monjarret sort, s'agenouille, est embrassé et félicité; on lui demande sa bénédiction.

La foule augmente ; il y a de 1.500 à 2.000 personnes.

5. h. 30. — Le Père Bleuzen sort radieux ; je l'embrasse avec respect ; il va s'agenouiller, et tous, à genoux, demandent sa bénédiction.

5 h. 38. — Un vieux Frère (le Frère Lecornec) sort avec son parapluie ; il s'agenouille. On s'avance pour l'embrasser et lui prendre les mains.

5 h. 45. — Un second Frère sort. Un sergent de ville va, tout ému, lui demander une poignée de main. Applaudissements. Un gendarme défend d'applaudir pour n'être pas obligé, dit-il, de disperser la foule.

6 heures. — Les cinq gendarmes sortent.

6 h. 6. — L'homme au chapeau haut sort et traverse la foule, qui se détourne avec dégoût. La vue de cet homme qui a accompli une si odieuse mission soulève le cœur.

Placard apposé sur la porte de la chapelle : « Chapelle interdite par acte de l'autorité. — Arrêté préfectoral, 30 juin 1880. »

Toute la foule conduit triomphalement les révérends Pères à la cathédrale, où les attend Mgr l'évêque, qui les accueille avec la respectueuse affection due à ceux qui souffrent persécution pour la justice. Tous les Pères disent la sainte messe en même temps ; la cathédrale est pleine comme aux jours des grandes fêtes. On donne la sainte communion à deux autels à la fois.

Credat posteritas! L'exécution des jésuites eut lieu de même ou à peu près à Avignon, à Béziers, au Puy, à Poitiers, à Toulouse, à Montpellier, à Poyanne, à Dôle, à Besançon, à Nîmes, à Troyes, à Pau, à Laval, à Annonay, à Lons-le-Saulnier, à Lyon, à Bordeaux, à Nancy, à Clermont-Ferrand, à Lille, à Douai, à Limoges, à Rouen, à Bastia, partout où plus de deux jésuites étaient réunis, au nom de Jésus-Christ, sous la protection de la loi française. Partout les préfets, sous-préfets, procureurs de haut et de bas étages, gendarmes, commissaires, en compagnie de serruriers, de charpentiers, de maçons, forcèrent les portes, crochetèrent les serrures, violèrent la liberté des professions, foulèrent aux pieds l'inviolable droit du domicile, et, pour marquer le droit de la force brutale, mirent la main sur les jésuites, les jetèrent dans la rue, sans se préoccuper de savoir s'ils avaient des ressources et trouveraient un domicile. Si ces jésuites avaient pris part aux attentats de la Commune, ils auraient été amnistiés ; mais ils avaient été assassinés par la Commune et les républicains, dignes émules des communards, les expulsaient. *Credat posteritas !*

Ces jésuites si riches, si puissants, si astucieux, qui enseignent le crime, — je parle le langage de leurs ennemis, — ils se laissent appréhender au corps comme des agneaux, qu'on mène à la boucherie. Pas un acte, pas une velléité de résistance. La loi les protège, ils se bornent à se couvrir de la loi et à mettre leur espoir dans les tribunaux. La balle d'un révolver qui eut cassé la tête d'un préfet ou d'un procureur eut dépassé le *moderamen inculpata tutelæ* et violé le principe qu'on ne rend pas justice à soi-même, mais elle eut mis plus en relief ce fait, que : le gouvernement résolvant, le premier, le pacte social, nous retournons à Nemrod. Du moment que celui qui devait protéger ne protège plus, qu'il agit contre la loi, qu'il s'autorise d'un décret sans base et d'une violence sans motif, pour persécuter l'innocence, la loi n'a plus cours et nous rentrons dans l'état sauvage. — Dans l'état sauvage, chacun se ramasse sous ses armes, il se protège lui-même et si quelqu'un l'attaque, il le tue. C'est la loi de la barbarie, il est vrai ; mais ce qui s'appelle un gouvernement, parce qu'il en tient la place sans en exercer les fonctions, se mettant lui-même hors la loi, on lui oppose très justement la loi de violence qu'il édicte lui-même. Aucun jésuite ne donna cet exemple de vertu civique : ils se contentèrent de mettre leur espoir dans la pitié de la France et dans le réveil de sa probité. *Credat posteritas!*

Dans l'exécution des décrets contre les jésuites, le fanatisme du gouvernement fut tel qu'il poursuivit la Compagnie jusqu'aux colonies, et en particulier à Madagascar. A Madagascar les jésuites avaient sauvé l'influence française, très menacée par les Anglais. Les ministres, en présence de ce service patriotique, avaient sursis à l'exécution ; un changement de ministère laissa libre cours au fanatisme persécuteur. « Comment se fait-il, demande le Père Lavaissière (1), que la logique d'autrefois ne soit plus la logique d'aujourd'hui ? La dépêche ministérielle, d'accord en cela avec mes renseignements particuliers, nous montre la députation coloniale exerçant une pression sur le ministère, afin d'obtenir à Saint-Denis l'exécution des décrets du 29 mars. Je ne suis nullement étonné que notre député et notre sénateur, protestants eux-mêmes ou soi-disant protestants, et à qui l'on reproche d'ailleurs d'autres actes compromettants les véritables intérêts du pays, se soient unis aux protestants anglais de Madagascar pour faire la guerre à la mission catholique et à l'influence française sur cette grande terre. Nos missionnaires, sans doute, et le consul de France, commissaire du gouvernement à Madagascar, avaient trop peu d'obstacles à surmonter pour ne pas leur créer de nouveaux embarras. Nos représentants sont donc allés de l'avant.

« Mais qui leur a donné ce mandat ? Est-ce la Colonie elle-même ? Non. Cette île si catholique, qui accueillit si généreusement les premiers missionnaires de Madagascar, fut le berceau de la mission et se montra toujours sympathique pour ceux que nos représentants poursuivent de leur autorité ; cette île catholique de la Réunion n'a jamais donné pareil mandat à son député et à son sénateur. Cette île intelligente, qui a su toujours comprendre ce que Madagascar peut être dans l'avenir pour ses enfants obligés de s'expatrier, cette île intelligente n'a point donné à ses représentants l'ordre de combattre sur la grande terre l'influence française au profit de l'influence anglaise. Qui donc a excité contre nous MM. Laserve et de Mahy ? M. le ministre, dans sa dépêche aussi bien que mes informations venant de France, parle de requêtes adressées à la députation coloniale afin d'urger l'exécution des décrets.

« Que les auteurs cachés de cette requête anti-catholique et anti-française me permettent de leur dire que c'est principalement sur eux que retombe la responsabilité de la mesure prise aujourd'hui contre la mission de Madagascar. Nous connaissons les fausses raisons alléguées par eux afin d'obtenir la fermeture. Nous avons le droit de les appeler nos premiers et principaux persécuteurs.

« Loin de moi, néanmoins, la pensée de vouloir les traiter en ennemis. Notre premier chef et maître nous ordonne d'aimer nos ennemis et de prier pour nos persécuteurs. J'ai voulu seulement, par cette protestation, mettre la vérité dans tout son jour, et donner à chacun sa vraie part de responsabilité. J'ai voulu, de plus, réserver nos droits pour l'avenir ! Malgré tous les abandons, toutes les persécutions ouvertes ou cachées, nous espérons combattre à Madagascar pour l'Eglise et la France, et voir bientôt l'aurore de ce jour si ardemment désiré où la justice, dégagée de ses entraves actuelles, reviendra régner dans notre patrie et nous restituer nos droits. »

Cette exécution des décrets révolta la probité de tous les peuples. En France, un industriel fit observer que les décrets entraîneraient des conséquences désastreuses. « On a beaucoup parlé, dit-il, des décrets du 29 mars. Je ne crois pas que jusqu'à présent on ait parlé de leurs conséquences dans l'avenir au point de vue de l'intérêt matériel des arts et des industries qui vivent de la construction et de la décoration des églises, chapelles et établissement religieux.

« Je dois dire tout d'abord que, comme catholique, je suis navré de ce qui vient de se passer. Et, comme père de famille, artiste et chef d'atelier, aussi bien que comme contribuable, je proteste aussi contre des actes qui m'atteignent dans mes intérêts, et je ne suis pas le seul en France. Si l'on considère que, depuis l'architecte qui donne les plans, jusqu'aux artistes qui décorent l'édifice, et le joaillier et l'orfèvre qui l'enrichissent en partie, si l'on considère, dis-je, quelle quantité de métiers ou d'industries seront frappés après les religieux, on est effrayé du désastre matériel. Et

---

(1) Le Père Lavaissière est auteur d'une *Histoire de Madagascar* en 2 volumes.

on ose nous dire que nous vivons sous une ère de prospérité, et que l'on protège les arts et l'industrie. Étrange dérision ! mais j'aime à croire que nos gouvernants n'ont pas pensé à tout ce peuple de travailleurs ; ils ont pensé ne frapper que les religieux et la religion, et ils nous ruinent, nous patrons, et affameront nos ouvriers, dont la nomenclature serait trop longue. »

Au Canada, des assemblées protestèrent contre le fanatisme des républicains. En Angleterre, l'Union catholique, sous la présidence du duc de Norfolk, éleva la voix pour rendre hommage aux jésuites : Aux État-Unis, l'union nationale de la jeunesse catholique publia les déclarations suivantes :

Attendu que nous avons reçu d'Europe la nouvelle que la noble Société connue sous le nom de Compagnie de Jésus a, par son dévouement à l'Église catholique, déchaîné sur elle la haine et la persécution des ennemis de notre foi ;

Attendu que son dévouement à la science et à l'éducation, dans le monde entier et dans tous les temps, sont des titres à l'estime de l'humanité en général, et à la protection spéciale des associations qui ont pour but d'élever l'homme au-dessus de lui-même ;

Nous déclarons ce qui suit : En notre qualité d'enfants de l'Église, nous nous unissons de cœur aux membres de la Compagnie de Jésus en France, qui maintenant souffrent persécution pour la justice, et en vertu de nos droits de catholiques et de citoyens des Etats-Unis, nous stigmatisons la conduite du ministère français comme un outrage commis au nom de la morale et de la liberté.

Comme catholiques, nous flétrissons leur attaque contre l'éducation catholique ; comme citoyens d'une république, nous flétrissons l'intolérance et le fanatisme qui les animent, et nous prions la presse de cette grande République d'élever sa puissante voix contre des actes qui empoisonneront les générations à venir, en leur donnant une fausse idée de la liberté et de la religion, et leur enseigneront l'intolérance, l'impiété et l'athéisme.

En résumé, l'exécution des décrets concilia, aux victimes, les sympathies des honnêtes gens de tout l'univers, elle assura, au gouvernement, l'estime de la canaille des deux mondes ; il en était digne sous plus d'un rapport et devait plus tard s'y créer de nouveaux titres. Mais déjà l'iniquité criait vengeance. Pendant que les jésuites, proscrits, en France, établissaient, en Angleterre, leurs collèges, et en Belgique, leurs noviciats, Rochefort le lanternier rentrait à Paris et le socialisme se préparait à faire entendre ses revendications. Le châtiment vient d'un pied boiteux, comme dit le poète, mais il vient toujours.

L'expulsion des congrégations non autorisées.

Les congrégations, autres que les jésuites, ne rendaient pas, à la France, de moindres services. Un grand nombre de ces congrégations vaquaient à l'enseignement de la jeunesse. A leur tête brillaient les Dominicains rétablis, depuis quarante ans, par le Père Lacordaire. A cette date on se passionnait encore pour tout ce qui était beau, pour tout ce qui relevait le génie français. On tressait des couronnes à toutes les gloires. L'envieuse démocratie n'imposait pas alors, comme aujourd'hui, à la société, ses haines et son odieux niveau. Qu'un moine ouvrît à l'éloquence des voies nouvelles et hardies, on allait l'entendre ; on frémissait sous sa parole lyrique, pittoresque, modernisée, parfois romantique. Jeunes et vieux, artistes et bourgeois, étudiants et maîtres, se pressaient autour de la chaire de Notre-Dame, qui, jamais, sans doute, n'avait vu un pareil auditoire. La popularité suivit cette gloire. En 1848, le Père Lacordaire fut élu à l'Assemblée nationale ; en 1867, il fut reçu à l'Académie française. Après le coup d'État, on apprit que, ne se trouvant plus assez de liberté dans la chaire chrétienne, le grand orateur allait se consacrer à l'enseignement de la jeunesse. Pendant que les aînés de sa famille monastique, réunis dans leurs couvents de Nancy, Flavigny, Paris, etc., portaient partout les échos de son éloquence, lui, redevenu maître d'école, ouvrait des collèges à Oullins et à Sorèze. Depuis sa mort, par l'expansion naturelle des forces vives, le tiers-ordre de Saint-Dominique avait ouvert les écoles de Saint-Brieuc et d'Arcachon, cette dernière pour la marine et d'après les plus hautes pensées.

« Il est, en effet, incontestable, dirent à ce propos les Dominicains, que la vie nationale tend de plus en plus à déserter l'intérieur pour se concentrer au dedans. Cette modification de nos mœurs produit :

« A l'intérieur, le fonctionnarisme et la bureaucratie à outrance, une centralisation excessive, le rétrécissement des horizons ouverts à la jeunesse, l'ignorance regrettable de ce qui se passe à l'étranger, un entassement dangereux d'ambitions et d'activités inassouvies, une tendance à faire plus de politique que d'affaires, plus de bruit que de besogne, plus de consommateurs que de producteurs.

« Cette même cause produit à l'extérieur : le délaissement de nos colonies, la décadence de notre marine marchande, la paralysie de notre commerce à l'étranger et un lent effacement de notre pavillon et de notre influence dans le monde entier. Cet état de choses est grave : il nuit d'une façon sérieuse à l'honneur et à la prospérité de notre pays. Pour y remédier, il faut faciliter aux jeunes gens l'entrée des carrières commerciales maritimes et les attirer vers la mer, qui est en définitive le champ le plus vaste et le plus fécond de l'activité des peuples.

« Dans ce but, nous pensons qu'il faut créer une *Ecole centrale maritime* qui soit à l'Ecole navale ce que l'Ecole centrale des arts et manufactures est à l'Ecole polytechnique. L'Ecole centrale maritime est le corollaire nécessaire et logique de l'Ecole des arts et manufactures; celle-ci a contribué, pour une large part, à la *production nationale*. »

Les Bénédictins anglais étaient établis à Douai, depuis 1818, en vertu d'une ordonnance royale ; les Bénédictins suisses, proscrits de leur patrie par le radicalisme, avaient trouvé, à Delle, sur la terre hospitalière de France, un abri qu'ils croyaient devoir être respecté. Les Maristes, fondés en 1836, par Grégoire XVI, avaient été établis d'abord à Belley, puis à Lyon et à Paris ; ils dirigeaient sans bruit les collèges de Saint-Chamond dans la Loire, de Montluçon, de Riom, de la Seyne, de Toulon, plus une maison à Londres, deux collèges en Irlande et un en Amérique ; ils dirigeaient encore les séminaires de Saint-Brieuc, de Nevers, de Moulins et d'Agen ; enfin, ils avaient, à l'étranger, de nombreux missionnaires ; ils évangélisaient surtout les îles de l'Océanie.

« Depuis 1840, dit l'un d'eux, nos Pères, alors que les relations entre l'Europe et ces pays sauvages étaient les moins suivies, se sont hardiment lancés à l'aventure pour y créer la civilisation. Ils partaient, certains de n'y rencontrer que des déceptions, que des mécomptes, la mort, mais ils partaient sans hésiter, fiers de leur mission, soutenus par la foi, heureux, quel que fût le sort qui les attendait, d'aller, au nom du monde civilisé, accomplir un devoir d'apôtre et de martyr. Je ne pourrais vous citer les noms de tous ceux qui ont succombé dans l'accomplissement de ce rude labeur. Mais il en est parmi les nôtres dont la mort, sans cesse honorée parmi nous, est invoquée comme un exemple. Tel Mgr Epalle, massacré en débarquant dans l'archipel Salomon, vers 1847. Dans le même archipel, vers 1850, trois de nos religieux ont également trouvé la mort ; mort horrible, s'il en fut, car ces trois malheureux, tombés aux mains d'une population d'antropophages, y furent littéralement mangés. Dans la Nouvelle-Calédonie, deux autres ont disparu vers la même année : Dieu sait à quels cruels raffinements de supplices ils ont dû succomber.

« Croire que le découragement se soit emparé des nôtres après de tels précédents, serait une erreur. Au contraire, ainsi que ces guerriers qui sentent leur courage augmenter aux sensations de leurs blessures, nos soldats de la foi puisent une énergie nouvelle dans la mort de leurs devanciers. Je vous citerai, par exemple, ce qui est arrivé à la suite de la fin tragique du Père Chanel, massacré dans l'île de Futuna, par le chef de la tribu. En mourant, le Père Chanel laissait un de ses confrères plus jeune que lui aux mains des barbares. « Courage, mon enfant, lui dit-il en expirant, continuez notre œuvre, si Dieu le permet. » Eh bien ! savez-vous ce qui est arrivé ? Quelques années après la mort du Père Chanel, l'île entière était catholique, civilisée ; et, lorsque longtemps plus tard, ce même chef qui, d'un coup de sa hache d'armes, avait tué le Père Chanel, mourut à son tour, ce nouveau chrétien demanda que son corps fût déposé à la place où il avait immolé le martyr de la civilisation. Oui, il voulut faire amende honorable, racheter son passé par cet acte d'humilité et de soumission aux idées catholiques, donner à la population de l'île le témoignage de son profond repentir, racheter, pour ainsi dire, à la suprême minute de la mort, les années de barbarie dans lesquelles il avait longtemps vécu.

« Je pourrais, continue le Père X..., vous citer d'autres exemples de succès, obtenus au prix d'abnégations de toutes sortes : mais il faudrait se répéter à l'infini ; je veux cependant vous donner une idée exacte, détaillée, des sacrifices d'un autre genre que s'imposent nos Pères missionnaires. Au moment de leur départ, ils ignorent, bien entendu, comment ils seront accueillis, si la population qu'ils vont catéchiser se montrera hospitalière ou hostile. Ils font donc leurs préparatifs en vue de cette incertitude, c'est-à-dire qu'ils s'expatrient avec l'idée de se tirer d'affaire tout seuls. Ils sont pourvus d'un trousseau aussi complet que le leur permettent les fonds de la Société ; ils emportent les objets nécessaires pour dire la messe, et les voilà partis à la grâce de Dieu. Le plus souvent, en arrivant, ils sont obligés de construire eux-mêmes, de leurs mains, la petite église où ils diront la messe et où ils appelleront ceux qui voudront les entendre, être instruits. Quelques fois encore, le pillage des bagages est la première épreuve du missionnaire ; il est alors abandonné, dépouillé, privé de toutes ressources, obligé de se résigner à la nourriture, parfois ignoble, des naturels.

« Quant aux communications, on ne saurait en espérer ; nous avons tels membres de notre Ordre qui, depuis quatre ans, sont restés sans avoir la bonne fortune de se trouver en présence d'un Européen. Un des nôtres, ainsi abandonné depuis plus de quatre ans, a été trouvé par le premier navire que le hasard fit aborder dans l'île, vêtu d'une sorte de soutane faite avec des lambeaux de toile à voile ; c'était son unique vêtement. Eh bien ! qu'un jour un des enfants de la tribu se rende à l'école, qu'un des hommes du village prête son attention aux paroles du prêtre, le vol, les souffrances, les tortures endurées, sont oubliés aussitôt, et ce premier succès, si minime qu'il soit, est la récompense la plus chère, la seule désirée d'ailleurs, par tous ces soldats volontaires qui forment, pour ainsi dire, l'avant-garde de la grande armée de la civilisation. »

Semblable est la mission et la destinée des religieux de Picpus. En 1870, cinq des leurs, aumôniers volontaires de l'armée, avaient été décorés de la Légion d'honneur; cinq autres, en 1871, avaient été assassinés par les communards. Etablis à Paris dès 1660, ils avaient comblé de bienfaits le faubourg Saint-Antoine et obtenu, en récompense, les haines de la populace ; mais leur zèle ne se ralentit pas pour si peu. Dès 1836 la communauté sort de France et s'installe à Valparaiso, à Santiago du Chili, où elle fonde deux collèges aujourd'hui en pleine prospérité. De là, elle envoie des missionnaires dans la plupart des îles de l'Océanie orientale.

L'archipel de Gambier a été civilisé par eux. Aux îles de Pâques et de Pomoutou, absolument sauvages, ils ont opéré des prodiges de dévouement chrétien. Et ce n'est pas à former des chrétiens que s'est borné le rôle des patients évangélistes, ils ont encore fait des hommes de tous ces êtres déshérités. Par eux, les cannibales ont renoncé à leurs hideuses pratiques, ils ont appris à se vêtir, à labourer le sol, à bâtir des cases, à utiliser toutes les ressources de leur sol fertile.

Pendant que les missionnaires de Picpus étendaient leur salutaire influence jusqu'aux confins de l'Océanie, leurs frères de Valparaiso secondaient de tous leurs efforts le commerce français au Chili, agrandissaient nos possessions et aidaient le drapeau national à acquérir un prestige qu'il n'a point perdu là-bas. L'amiral du Petit-Thouars, en remettant à l'évêque (picputien) des Marquises la croix de la Légion d'honneur, le remerciait, au nom de la France, de l'appui qu'il n'a cessé de prêter aux représentants de la mère-patrie. L'amiral Fourichon, décorant Mgr Doumerc, évêque et supérieur de la maison de Valparaiso, lui tenait un même langage. « Merci, lui disait-il, pour l'accueil si large et si français que vous avez toujours fait à nos marins, et pour les éclatants services que vous avez rendus à notre pays ! »

Les Eudistes, fondés par Jean Eudes, frère de l'historien Mezeray, dirigent les cinq collèges de Saint-Martin de Rennes, de Saint-Sauveur de Redon, de Saint-François-Xavier de Besançon, de Saint-Jean à Versailles et le petit séminaire de Valognes. Les Pères de l'Assomption dirigent, à Nîmes, un collège libre, fondé de toutes pièces par l'abbé d'Alzon. La congrégation de Sainte-Marie de Tinchebray, après avoir ressuscité cet établissement, dirige deux écoles communales et douze maisons dans l'Orne et le Calvados. La congrégation du Sacré-Cœur d'Issoudun dirige plusieurs établissements, dessert plusieurs églises et prêche l'Evangile dans la Nouvelle-Guinée. Les Oratoriens, rétablis par l'abbé Pététot, enseignent à Saint-Lô et à Juilly ; ils tiennent, à Paris, l'école Massillon. Les Oblats de Saint-Hilaire remplissent les fonctions de prêtres auxiliaires et dirigent le grand séminaire de Poitiers. Les Oblats de Saint-François de Sales, fondés à Troyes, par l'abbé Brisson, occupent quatre collèges établis par leurs soins et évangélisent le sud de l'Afrique. Les prêtres de l'Immaculée-Conception de Rennes, outre leur rôle de missionnaires diocésains, enseignent à Rennes, à Vitré, à Saint-Malo et à Saint-Méen.

En dehors de leur dévouement à l'instruction publique, les religieux des congrégations non-autorisées, placés comme citoyens sous la sauvegarde du droit commun, s'ils ne jouissaient pas des avantages attachés à l'autorisation légale, ne s'appliquaient pas moins au service du pays. On ne peut pas citer une misère qu'ils n'aient soulagée, une vertu qu'ils n'aient honorée, et un point de la France qu'ils n'aient comblé de grâces. Si la France est la fille aînée de l'Eglise, c'est surtout parce que les serviteurs de Jésus-Christ ont été les principaux agents de sa prospérité nationale. Même depuis la Révolution, cette armée indestructible des meilleurs serviteurs du peuple, a reformé ses bataillons ; les anciens et les nouveaux Ordres rivalisent de zèle, sans qu'on puisse exactement savoir lequel contribue le plus largement au bien du pays.

« Quel serait, demande le cardinal Guibert, dans une lettre au ministre de l'intérieur, le résultat de la dissolution des congrégations qui ne sont pas légalement reconnues ? En France, vous allez atteindre plus de trois cents orphelinats et un bon nombre d'asiles et d'hospices, par conséquent ôter à des milliers d'enfants et de vieillards les soins dévoués qui les sauvent de l'abandon et de la misère. La plupart de ces établissements sont des fondations privées : vous ne pourrez donc pas procéder d'office au remplacement du personnel dirigeant. Les mesures prises contre les religieuses frapperont l'enfance et la vieillesse délaissées. Est-ce là ce que réclame l'intérêt de la république ? »

« En France encore, vous allez enlever à des milliers d'écoles libres ou communales les maîtres et les maîtresses qui les dirigent. Etes-vous prêt à leur substituer sans délai de nouveaux instituteurs dans les écoles publiques ? Etes-vous maîtres de leur en substituer dans les écoles libres ? Et si l'instruction populaire se trouve tout d'un coup dépossédée d'un tiers ou d'un quart du personnel enseignant qu'elle occupe, si ce triste résultat se produit surtout dans les pays pauvres, dans les contrées montagneuses où les populations dispersées n'ont d'autres ressources d'éducation que les humbles écoles de hameau, n'allez-vous pas creuser un vide irréparable, ou du moins qui ne pourra être comblé qu'après de longues années ? En interrompant ainsi l'œuvre de l'enseignement là où elle est plus difficile, aurez-vous bien mérité du peuple, aurez-vous bien servi la cause de la civilisation et du progrès ?

« La charité, l'enseignement ne sont pas le seul bienfait dont notre pays soit redevable aux congrégations. L'apostolat est aussi un service, et, pour qui connaît et honore la nature morale de l'homme, c'est le plus grand des services. Or, le clergé séculier ne suffit pas à cette tâche ; les réguliers lui apportent un concours dont la religion ne saurait se passer. Pasteur de l'Église de Paris, il doit m'être permis de constater ce qui se produira dans mon diocèse.

« Qu'on ferme les églises des religieux : dans la plupart de nos paroisses, qui comptent 40, 50, 60.000 habitants, les églises paroissiales deviennent manifestement insuffisantes ; séparées par de trop longues distances, elles ne répondent plus aux besoins spirituels de cette immense capitale. Qu'on éloigne les religieux eux-mêmes, et un grand nombre de fidèles manqueront des moyens nécessaires pour l'accomplissement de leurs devoirs de chrétiens.

« Qu'on oblige les religieux de nationalité étrangère à quitter notre sol, et, dans la seule ville de Paris, 60.000 Allemands regretteront l'absence des Jésuites et des Rédemptoristes, 30.000 Italiens demanderont en vain le ministère des Barnabites, toute la colonie anglaise déplorera l'éloignement des Passionnistes, et cette population d'étrangers, qui se compose en partie de pauvres ouvriers, s'étonnera que la France, hospitalière pour leurs intérêts et leurs personnes, se montre à ce point intolérante pour leur religion et leur conscience. Leur étonnement redoublera quand ils se souviendront que nos prêtres français sont bien accueillis partout et qu'ils ouvrent en paix des chapelles dans tous les pays du monde pour les besoins de nos nationaux ; ils se demanderont comment les égards que les nations se doivent les unes aux autres n'ont pu les protéger, en France, contre l'ostracisme imposé par d'étroites passions politiques.

« Voilà ce que produira chez nous la suppression des religieux. Que dire maintenant des pays étrangers et des missions lointaines ? Aura-t-on accru le prestige de la France en Orient, quand les fils de saint François cesseront de garder les Lieux-Saints, ou du moins qu'il n'y aura plus de religieux français dans leurs rangs ? Nos nationaux seront-ils plus fiers de leur patrie quand, aux extrémités du monde, ils ne verront plus le drapeau de la France flotter que sur de rares comptoirs, là où jusqu'ici le nom français se faisait connaître par des entreprises de dévouement et de sublime charité ? Quand on aura fermé les noviciats, il n'y aura plus que deux ou trois congrégations autorisées pour suffire à l'immense tâche de l'évangélisation. Les Dominicains ne pourront plus envoyer de recrues à ceux de leurs frères qui prennent part aux missions de la Chine, qui entretiennent à Mossoul un centre de civilisation chrétienne et française, qui, dans les Antilles anglaises, obtiennent d'un gouvernement protestant des témoignages publics d'admiration et de reconnaissance.

« Les Franciscains des diverses branches ne pourront plus alimenter, avec le commissariat de Terre-Sainte, les missions de Chine, d'Aden, des Seychelles, d'Abyssinie, de Mésopotamie, d'Arménie. Les Oblats, cette famille toute française, n'auront plus d'apôtres à envoyer, soit dans les glaces du Nord, au secours des pauvres Esquimaux, soit sous les feux du Tropique, aux noirs de Natal et du pays cafre, ou aux races mêlées qui peuplent la grande île de Ceylan. Les Maristes, autre société d'origine française, qui ont civilisé un grand nombre d'îles de l'Océanie, peuplées d'anthropophages, où plusieurs de leurs missionnaires sont morts martyrs de leur zèle, verront leur sainte entreprise languir d'abord et périr ensuite, parce qu'on aura supprimé les maisons qui préparaient les ouvriers évangéliques. — Qui remplacera ces foyers de civilisation que les passions irréligieuses de quelques Français auront éteints ? Qui nous rendra l'honneur et les bienfaits dont une proscription sans motif aura dépouillé notre patrie ? »

On ne pouvait mieux dire ; l'archevêque parlait le langage de la foi, de la sagesse et de la haute politique : il eût dû être entendu. Mais il y avait ces fameuses lois existantes qui n'existent plus : les unes, les lois de l'absolutisme monarchique, supprimées par la Révolution ; les autres, les lois de l'absolutisme révolutionnaire, détruites par les chartes constitutionnelles et les lois organiques ; les dernières, relatives à l'autorisation des congrégations religieuses, si clairement exprimées qu'il fallait être un âne cube pour se dérober à ces explications. Les premiers jurisconsultes de la France avaient parlé ; 1.800 avocats avaient adhéré à leurs savantes et décisives consultations ; deux cents magistrats étaient descendus de leur siège pour ne pas prêter, contre les jésuites, leurs mains à l'arbitraire ; les tribunaux acceptaient les demandes des jésuites en référé, et Freycinet et Ferry avaient déclaré, à la tribune, que les tribunaux civils prononceraient sur la cause. L'unanimité morale était acquise aux consultations Rousse et Demolombe. La plaisanterie, qui ne perd jamais ses droits en France, avait tourné en ridicule, et très justement, cette prétention grossière, lâche et criminelle des républicains, d'opérer au nom de l'absolutisme monarchique. J'en cite ici deux échantillons :

Deux lois existantes.

TRIBUNAL CIVIL DE...

Audience des référés du 20 avril 188...

L'huissier de service appelle l'affaire : Docteur X... contre le préfet de police.

Le docteur X... se plaint de ce que la veille 19, à une heure du matin, alors qu'il était absent pour une opération, des agents de la force publique ont pénétré dans son domicile, forcé l'entrée de son cabinet, brisé diverses fioles et emporté plusieurs tubes de vaccin. Il demande à être réintégré dans la possession de son vaccin pour l'inoculer à des clients qui, dans la crainte d'une épidémie de variole, le pressent de leur faire la piqûre préservatrice.

M. l'avocat de la République oppose l'incompétence. Par décret du 18 mars dernier, l'arrêt du Parlement interdisant l'inoculation a été remis en vigueur. Un mois a été laissé aux intéressés pour se conformer à cette loi existante ; et M. le docteur X... est mal venu à se plaindre que, par mesure de haute police, une fois minuit passé, dans la nuit du 18 au 19, la force publique ait fait exécuter l'arrêté si patriotique du Parlement. La peur de la variole, ajoute le ministère publique, est un fantôme créé par la réaction.

L'huissier de service appelle : Dame Z... contre le préfet de police.

La dame Z... expose que, hier 19, à deux heures du matin, le sieur Z..., son mari, se purgeait avec de l'émétique, lorsque quatre gardiens de la paix ont enfoncé la porte, ont forcé le malade à rendre violemment sa purgation, si bien qu'il a éprouvé une secousse qui met ses jours en danger. La dame Z... demande que son mari puisse se traiter à sa guise.

M. l'avocat de la République oppose l'incompétence. Par décret du 18 mars dernier, l'arrêt tout récent du Parlement, datant de trois siècles à peine, qui proscrit l'antimoine, a été remis en vigueur. Or, l'émétique contient en forte dose cet ingrédient non autorisé. Que l'antimoine se fasse autoriser, mais en attendant, la mesure dont se plaint la dame Z... est une mesure de haute police, que l'administration continuera de faire exécuter avec prudence et fermeté.

Un gouvernement n'affronte pas volontiers le ridicule ; il s'expose moins encore à violer la loi dont il est le représentant, l'interprète et le vengeur. Le gouvernement républicain était d'autant plus mal venu à se donner ce double tort, que pour en encourir l'odieux, il fallait ignorer absolument les éléments du droit représentatif et se recommander sans vergogne de l'absolutisme monarchique du pur césarisme. A moins de se composer exclusivement d'hommes d'aventures, de politiciens sans conscience et de bandits, le gouvernement de la république ne pouvait pas s'enfoncer plus avant dans l'arbitraire. L'exécution des jésuites avait pu plaire aux imbéciles et aux misérables ; mais elle ne pouvait que soulever de dégoût et d'horreur la conscience publique. Aussi bien, quels que soient les jésuites et en admettant par hypothèse qu'ils soient tout ce que disent leurs ennemis, les jésuites sont des citoyens français, et, dans l'espèce, ils ne se couvrent que de leurs droits de citoyens ; ils ne réclament que le droit de propriété, l'inviolabilité du domicile, la liberté des professions et l'exercice de tous les droits civiques garantis par la constitution. Et quand je dis constitution, je n'entends pas telle ou telle constitution, mais toutes les constitutions qui tablent sur 89, reconnaissent la souveraineté du peuple et proclament les libertés modernes. Les jésuites donc ne s'appuyaient que sur cette constitution séculaire, sur la déclaration des droits de l'homme et sur la souveraineté civique. Si le gouvernement qui les proscrivait avait le droit de les proscrire, c'est qu'il a ce droit contre tout le monde, et s'il a ce droit de proscription, il est difficile de comprendre comment il a fait, de la prise de la Bastille, une fête nationale. Qu'est-ce qu'une lettre de cachet en comparaison des décrets du 29 mars, qui, sauf l'assassinat, rappellent les fureurs de 93, la loi des suspects, les proscriptions de Sylla et de Marius ?

Le président du Conseil, Freycinet, sentit le vice, absolument idiot, de cette situation et voulut s'y dérober. Freycinet n'était pas un aigle ; il avait été comparé à la souris blanche, toujours rongeuse, mais gentille, facile à prendre dans une souricière et susceptible de tomber sous la dent d'un chat. C'était plutôt un homme en caoutchouc silicaté, souple, mais faible et plus aisé à casser que cassant ; du reste, comme tous les protestants, de conscience légère, sauf quand l'emporte la fanatisme ; prédestiné à servir toutes les passions qu'il avait combattues et réservé sans doute à succomber un jour sous leurs assauts. Dans un discours prononcé à Montauban le 18 août, Freycinet avait protesté de son respect pour la religion ; c'est le cliché habituel de l'hypocrisie ; il avait déclaré que le gouvernement, pour montrer sa force, venait de dissoudre le plus puissant des ordres religieux et de gagner, rue de Sèvres, sa bataille de Marengo. « Quant aux autres congrégations, ajoutait-il, le décret spécial qui les vise n'a pas fixé la date de leur dissolution ; il nous a laissés maîtres de choisir notre heure. Nous nous réglerons, à leur égard, sur les nécessités que fera naître leur attitude, et, sans rien abandonner des droits de l'État, il dépendra d'elles de se priver de la loi nouvelle que nous préparons et qui déterminera, d'une manière générale, les conditions de toutes les associations laïques aussi bien que religieuses. »

Les décrets du 29 mars avaient ouvert, aux congrégations non autorisées, une perspective: celle de se faire autoriser et d'échapper, par là, à la proscription. Cette ouverture était, comme les présents grecs, un objet de méfiance. D'abord la reconnaissance officielle est facultative en droit ; elle n'est point obligatoire ; et les congrégations pouvaient renoncer à une situation privilégiée, toujours révocable, mal d'accord avec un régime d'égalité et se tenir à leur situation de droit commun. Dans ce cas, la congrégation n'a pas de droits collectifs, mais chacun de ses membres jouit, au regard de la loi, de la plénitude de son droit individuel. La congrégation n'est pas prohibée, mais elle n'existe pas aux yeux de la loi ; la loi ne connaît que ses membres et les respecte tels quels. Indépendamment des latitudes de l'autorisation officielle et des avantages de sa non-obtention, le gouvernement inspirait peu de confiance et l'on pouvait, à bon escient, suspecter ses avances. D'autant mieux qu'il avait déclaré ne vouloir accorder l'autorisation que par une loi, et vouloir encore refuser cette autorisation à tous les Ordres dont le général habite Rome. Des congrégations non-autorisées, les unes, assurées de ne rien obtenir de la Chambre des sous-vétérinaires ; les autres, assurées de ne rien obtenir, quoi qu'elles fassent, se tenaient donc par la main. Aucune ne répondait aux avances du gouvernement ; toutes se tenaient prudemment sur la défensive ; non pas, comme on l'a dit méchamment et sottement, dans l'attitude de belligérants, attitude inadmissible dans toutes les congrégations religieuses, plus inadmissible encore pour les congrégations de femmes, mais simplement en se tenant dans les termes de la législation et dans la pleine possession du droit civique.

La montagne ne vient pas à moi, disait Mahomet, j'irai à la montagne. Le président du conseil, Freycinet, ouvrit, à Rome, une négociation pour amener, par le Saint-Siège, les congrégations religieuses à la demande d'une autorisation. L'affaire fut discutée entre l'ambassadeur de France et le cardinal secrétaire d'État. De l'aveu des deux gouvernements, un protocole de déclaration fut libellé ; en voici le texte :

« A l'occasion des décrets du 29 mars, une partie de la presse a dirigé de vives attaques contre les congrégations non-autorisées, les représentant comme des foyers d'opposition au gouvernement de la république. — Le prétexte de ces accusations était le silence observé par ces congrégations qui, en effet, n'ont pas demandé jusqu'ici l'autorisation que le second décret les mettait en demeure de solliciter. — Le motif de leur abstention était cependant tout autre que celui qu'on leur prête, et les répugnances politiques n'y avaient aucune part. Convaincus que l'autorisation qui, dans l'état actuel de la législation française, confère le privilège de la personnalité civile, est *une faveur* et non *une obligation*, elles n'ont pas cru se mettre en opposition avec les lois, en continuant à vivre sous un régime commun à tous les citoyens. — Ce n'est pas qu'elles méconnaissent les avantages attachés à l'existence légale ; mais elles ne pensaient pas qu'il leur convînt de rechercher ces avantages dans des circonstances qui auraient fait interpréter une pareille démarche comme une condamnation de leur passé, et comme l'aveu d'une illégalité dont elles ne se sentaient pas coupables. — Pour faire cesser tout malentendu, les congrégations dont il s'agit ne font pas difficulté de protester de leur respect et de leur soumission à l'égard des institutions actuelles du pays. — La dépendance qu'elles professent envers l'Église, de qui elles tiennent l'existence, ne les constitue pas dans un état d'indépendance à l'endroit de la puissance séculière. Telle n'a jamais été leur prétention, ainsi que leur constitution respective et leur histoire en font foi. — Le but moral et spirituel qu'elles poursuivent ne leur permet pas de se lier exclusivement à aucun régime politique ou d'en exclure aucun. Elles n'ont d'autre drapeau que celui de la charité chrétienne et elles croiraient le compromettre en le mettant au service de causes changeantes et d'intérêts humains. — Elles rejettent donc toute solidarité avec les partis et les passions politiques. Elles ne s'occupent des choses qui regardent le gouvernement politique que pour enseigner par la parole et par l'exemple, l'obéissance et le respect qui sont dus à l'autorité dont Dieu est la source. — Tels sont les principes qui ont inspiré jusqu'à ce jour leurs pensées et leurs actes : elles sont résolues à ne jamais s'en départir. — Aussi ne peuvent-elles s'empêcher de nourrir l'espoir que le gouvernement accueillera avec bienveillance les déclarations sincères et loyales dont elles prennent ici l'initiative et que, pleinement rassuré sur les sentiments qui les animent, il les laissera continuer librement les œuvres de prières, d'instruction et de charité auxquelles elles ont dévoué leur vie. »

Cette déclaration fut envoyée aux évêques par les cardinaux Guibert et de Bonnechose. Voici la lettre d'envoi :

« Le conflit soulevé par les décrets du 29 mars paraît entrer dans une voie d'apaisement. Le gouvernement avait été blessé du refus qu'avaient fait les congrégations de solliciter l'autorisation. Il avait attribué cette attitude à des motifs politiques ; et, dans ces derniers temps, il a laissé voir qu'une Déclaration qui désavouerait de leur part de semblables intentions lui donnerait une satisfaction suffisante.

« Une haute autorité qu'il est inutile de nommer ici, mais à laquelle vous et nous,

nous devons la plus entière déférence, autorise les congrégations à signer et à présenter au gouvernement la Déclaration dont nous joignons ici le modèle. Le sens de ce document est connu à l'avance de ceux à qui il doit être adressé ; et tout fait espérer qu'il les affermira dans les dispositions bienveillantes qui paraissent les animer en ce moment.

« Nous avons été chargés de vous faire connaître la décision ci-dessus mentionnée, en vous priant d'envoyer le modèle de déclaration aux supérieurs et aux supérieures des communautés non reconnues établies dans votre diocèse, pourvu qu'elles n'aient pas en dehors du diocèse de supérieurs majeurs (généraux ou provinciaux), car, dans ce cas, l'adhésion de ses supérieurs majeurs suffirait pour tout l'institut.

« Vous voudrez bien engager les supérieurs (hommes et femmes) à signer le document dont il s'agit et à vous le retourner le plus tôt possible, car il y a des motifs sérieux de se hâter. Vous aurez la bonté d'envoyer les exemplaires signés à l'archevêque de Paris, qui les transmettra à qui de droit.

« Toute cette affaire demande une grande discrétion ; aucune communication ne doit en être donnée à la presse. »

La Déclaration transmise, par les évêques, aux congrégations religieuses, fut signée dans tous les diocèses, par la presque unanimité des congrégations. Nous en avons fait le relevé pour 57 diocèses ; nous avons trouvé 52 congrégations d'hommes et 224 congrégations de femmes, signataires de la Déclaration proposée par le gouvernement, agréée par les évêques, ratifiée par le souverain pontife. Par le fait, c'est un concordat entre les parties intéressées, approuvé par toutes les puissances.

Un journal de Bordeaux, la *Guyenne*, publia indiscrètement la Déclaration. Ce document fut aussitôt l'objet de vives polémiques. Parmi les ennemis de l'Eglise, les uns approuvaient, satisfaits de voir le gouvernement sorti par là des difficultés où il s'était jeté par imprudence ; les autres, craignant de voir s'apaiser ou s'interrompre la guerre à l'Eglise, criaient que la Déclaration n'était pas acceptable et qu'il fallait pousser la campagne jusqu'au bout. Aux autres points de vue, les uns prétendaient que les congrégations voulaient se sauver en trompant le gouvernement ; les autres, que le gouvernement, en suggérant la formule de Déclaration, tendait un piège aux congrégations religieuses. Un sénateur catholique, Numa Baragnon, homme d'ailleurs estimable et brave, blâme cette Déclaration proposée pourtant par les évêques et autorisée par le Pape. « En signant une Déclaration quelconque, disait-il, vous vous reconnaissez pour un être moral qu'on interroge sur ses intentions, ses tendances, auquel, en un mot, on pose des questions qu'un citoyen a le droit de ne pas entendre... Vous sacrifiez un grand principe, le principe de la liberté individuelle, le droit sacré de la liberté et de la propriété individuelle. » Les congrégations religieuses en se déclarant étrangères aux partis et aux factions constataient simplement un fait et n'énonçaient pas de doctrine. Le but des Religieux n'est point de détruire l'Etat, mais, au contraire, de le consolider par la saine doctrine, le bon exemple et la réversibilité des mérites. En suivant le conseil du sénateur méridional, les religieux auraient fait acte d'adhésion au libéralisme et plutôt trahi que sauvé leur situation, les principes de 89, seule sauvegarde invoquée, étant la chose du monde dont s'occupent le moins ceux qui les professent. Les proscripteurs agissaient comme successeurs de Louis XIV et de Napoléon ; ils invoquaient l'absolutisme de l'Etat, devant quoi la Déclaration des droits de l'homme n'est rien, qu'un chiffon de papier, une erreur et un crime. Peut-être les proscripteurs tourneraient-ils le dos à leurs propres principes : cela serait facile à démontrer, mais qu'importe un principe à qui suit ses passions. Du reste, sur ce terrain de l'athéisme révolutionnaire, est-ce qu'il y a des principes ? L'homme sans Dieu, dit Aparicio Guizarto, est une brute sans doctrine, qui vit de sang et d'iniquité.

La publication de la Déclaration mit la puce à l'oreille des républicains. Un vieux maniaque d'impiété, Guichard, écrivit à Devès, président de la gauche républicaine, pour lui demander la convocation du parti, sinon la convocation des Chambres : « Le ministère se méprend, dit-il, quand il croit que l'exécution des lois sur les congrégations est une question à discuter ; c'est une question jugée depuis longtemps, et récemment par l'ordre du jour du 4 mai 1877, par les élections du 14 octobre 1877, par le dernier ordre du jour de la Chambre à raison duquel ont été rendus les décrets du 29 mars dernier. A ce jugement ont adhéré tous les ministères républicains arrivés au pouvoir depuis les élections de février 1876, et surtout le ministère actuel, qui n'a succédé au ministère Waddington que parce qu'il promettait d'apporter plus de fermeté dans l'exécution des lois.

« Les dispositions de la loi sont incontestables. Le ministère s'est engagé à les exécuter. Il n'y a donc plus lieu de délibérer, mais d'agir et de se conformer sans équivoque à la loi, à la volonté nationale, aux engagements pris à la face du pays. »

Le député Devès ne crut pas nécessaire la convocation du parti ; mais la majorité qui avait applaudi aux décrets, se remua si bien, que le ministre Freycinet donna sa démission le 15 septembre, et, en l'absence des Chambres, par un procédé extra-parlementaire, fut constitué le ministère Ferry-Constans. « Le premier des menteurs et le dernier des lâches », uni à l'ancien associé de Puyg, dont l'auteur de la *Dernière bataille* a écrit la légende assez peu sainte : ces deux hommes parurent tout à fait propres à la violation des droits civiques et à la perpétration d'attentats prévus par le Code pénal. Dès le 18 septembre, Constans répondit aux signataires de la Déclaration :

« J'ai reçu la Déclaration que vous m'avez adressée le 31 août, relativement à l'application immédiate du second des décrets du 29 mars.

« Pour faire cesser, dites-vous, tout malentendu et pour répondre aux accusations de la presse qui représente les congrégations non autorisées des deux sexes comme des foyers d'opposition au gouvernement de la république, » vous me déclarez, tant en votre nom qu'au nom du conseil et des membres de votre société, que « votre abstention n'a eu nullement le motif qu'on lui prête, et que les répugnances politiques n'y ont aucune part. »

« Vous protestez de votre respect et de votre soumission à l'égard des institutions actuelles du pays. Vous répudiez la prétention de vous constituer à l'état d'indépendance vis-à-vis de la puissance séculière.

« Vous terminez en affirmant que vous êtes résolu à ne jamais vous départir de cette ligne de conduite, et en exprimant l'espoir que le Gouvernement accueillera avec bienveillance la déclaration sincère et loyale dont vous prenez l'initiative, et qu'il vous laissera continuer librement les œuvres de prière, d'instruction et de charité auxquelles vous avez dévoué votre vie.

« Le Gouvernement ne peut voir qu'avec satisfaction tous les citoyens, à quelque classe qu'ils appartiennent, témoigner publiquement de leur respect et de leur obéissance aux institutions du pays. Il prend volontiers acte de la résolution que les congrégations manifestent de rejeter toute solidarité avec les passions et avec les partis politiques.

« Quant à l'espoir qu'elles expriment de voir le Gouvernement user de son pouvoir en les laissant continuer leur œuvre, je ne puis que vous faire observer que le second des décrets du 29 mars a eu précisément pour but de mettre un terme à l'état de tolérance dont vous demandez le maintien et de lui substituer le retour à la légalité. »

Cette lettre, insoutenable en droit, ne pouvait permettre aucune illusion. Le second décret n'avait pas le caractère impératif du premier ; il laissait une porte ouverte à la conciliation ; l'homme illustré depuis par le jeu des trente-six bêtes, la ceinture de Norodom et le saucisson hors ligne, fermait cette porte et prenait l'attitude, qui ne réussit pas longtemps, de Risque-Tout. Les journaux, au courant des intrigues politiques, avaient, depuis longtemps, laissé entrevoir cette extrémité. Le cardinal Guibert, qui était lui-même religieux de l'Ordre des Oblats, bien placé pour tout savoir, n'avait rien négligé pour conjurer la crise. Le 13 août, il écrivait, au président du Conseil, une lettre qui ne fut expédiée que le 6 septembre ; il s'adressa ensuite au président de la république et au ministre Constans. En vain le Pape avait loué publiquement ces actes de l'archevêque ; ni président, ni ministre n'en tinrent aucun compte. En relatant cette aveugle obstination, l'histoire ne peut que protester contre les orgies de la force brutale.

Le gouvernement ne devait tenir aucun compte de ces actes ; il allait passer, encore une fois, le Rubicon de l'absolutisme, attentat absurde dans un gouvernement qui se réclame de 89, acte contradictoire dans un gouvernement républicain. Toutefois, il faut lui rendre cette justice ; ce gouvernement de crocheteurs hésitait, et s'il était aussi peu sensible au droit qu'à la conscience, il sentait vaguement qu'il jouait son va-tout. De là des lenteurs.

Sur le fond de la question, c'est-à-dire sur le droit des religieux d'habiter en commun une maison qui leur appartient, religieux qui n'ont pas l'autorisation officielle, voici, après Chaptal précité, une réponse du comte d'Argout au Père Rauzan, 31 octobre 1833.

« J'ai lu avec toute l'attention qu'elle méritait la lettre que vous m'avez fait l'honneur de m'écrire le 11 de ce mois.

« Je ne puis qu'approuver les sentiments qui y sont exprimés et l'intention que vous manifestez de vous abstenir de tout ce qui concerne la politique ; mais je n'ai point saisi d'une manière aussi précise l'*objet de l'autorisation que vous paraissez réclamer.*

« S'il est question du *rétablissement* de la congrégation des Missions de France, dont vous étiez le supérieur sous le dernier gouvernement, je n'hésite pas à vous déclarer, qu'il me serait *impossible* de vous donner aucune espérance à cet égard.

« L'ordonnance du 25 septembre 1830 a rapporté, et avec raison, comme illégale celle du 25 septembre 1816, qui avait reconnu *l'existence à cette congrégation.* La question est ainsi jugée définitivement.

« *S'il ne s'agit que de la simple réunion, entièrement libre, de quelques prêtres vivant en commun, le Gouvernement n'a point à s'en occuper*, et dans le cas où il s'y commettrait des actes susceptibles de compromettre la sûreté de l'Etat ou de la paix publique, ces actes rentreraient sous l'empire de la législation *commune à tous les citoyens...* Quant au choix du lieu de votre résidence *commune*, c'est à votre prudence qu'il appartient de vous le désigner, et c'est à l'autorité locale qu'appartiendra ensuite le soin *de veiller à ce que vous y jouissiez de toute la sécurité que les lois garantissent à tous les Français, sans distinction de croyances ni de profession.* »

Quoique notre esprit ait horreur de ces souvenirs, il nous faut venir à l'exécution des décrets contre les congrégations religieuses non autorisées. Ces congrégations formaient le grand nombre, trois ou quatre au plus étaient autorisées : les Sulpiciens, les Lazaristes, la congrégation du Saint-Esprit et la congrégation des Missions étrangères. Les autres ne l'étaient pas, non par aucune répugnance à le faire, mais parce que, instruites par les malheurs de la Révolution, elles préféraient, au régime du privilège, le droit commun. Or, parmi les congrégations non autorisées, sept ne furent pas dispersées. Voici les raisons qu'en donne la *Semaine religieuse de Paris* :

Les décrets n'ont pas été appliqués à Paris aux sept congrégations suivantes : les prêtres du très Saint-Sacrement, les Passionnistes, les prêtres de la Miséricorde, les Pères de l'Oratoire, les Eudistes et les frères de Saint-Jean de Dieu.

Cette exception s'explique diversement : parmi les prêtres du très Saint-Sacrement, on compte beaucoup d'espagnols et le marquis de Molins aurait, paraît-il, pris ses nationaux sous sa haute protection. Il en serait de même des Passionnistes anglais, dont lord Lyons aurait pris la défense.

Les prêtres de la Miséricorde, les Oratoriens et les Eudistes ne font pas de vœux, ont leur supérieur en France, et sont soumis à la juridiction de l'ordinaire. Ce sont des congrégations purement séculières. De là l'exception faite en leur faveur.

Enfin les frères de Saint-Jean de Dieu n'ont d'autres maisons que des hôpitaux, et le gouvernement n'a pas voulu fermer des établissements d'une aussi incontestable utilité.

Une chose bizarre cependant, c'est que les décrets ont été appliqués aux religieux de ces mêmes congrégations existant dans les départements ; il n'y a eu d'exception que pour les frères de Saint-Jean de Dieu, qu'on a respectés partout.

Cette note signale avec raison la bizarrerie de ce fait, que certaines des congrégations dont il est ici question ont été exécutées en province, bien que ne l'étant pas à Paris. Il en résulte que les associations de province, objet de cette mesure, ont un droit particulier à être réintégrées, en même temps que le gouvernement, de son propre aveu, est tenu plus étroitement à des réparations pour dommages causés.

Nous assistons maintenant aux exécutions.

On écrit de Solesmes, 6 novembre :

Dès quatre heures, ce matin, des groupes de gendarmes se cachent sur les routes, les troupes arrivent, tous les chemins sont fermés. Mme la duchesse de Chevreuse et d'autres personnes de Sablé, empêchées de passer, profitent de l'obscurité pour prendre des chemins détournés, et pénètrent, par dessus les murs, dans les jardins du monastère du côté de la rivière. Devant la porte principale de nombreuses troupes sont massées, on y distingue de l'artillerie et la gendarmerie à cheval et à pied.

A cinq heures le tocsin commence à sonner, l'abbaye de Sainte-Cécile y répond. Il ne cessera qu'à quatre heures du soir.

Le clocher est fortement barricadé, cinq des plus jeunes Pères s'en sont chargés.

A six heures les femmes reçoivent l'ordre de rentrer dans l'église, qu'on barricade ensuite. Le Père abbé se tient dans le parloir sur la cour à la fenêtre grillée, entouré de cinquante hommes environ. Cent cinquante avaient couché dans le couvent. L'avocat des Pères et quelques religieux sont auprès de lui.

Avant six heures, les crocheteurs s'attaquent à la petite porte ; ils s'y acharnent pendant près de deux heures. Elle est enfin brisée. Le sous-préfet de La Flèche, deux commissaires de police, le garde-champêtre de Sablé, des gendarmes entrent dans la cour de l'abbaye ; ils parlementent avec le Père abbé, qui leur adresse une magnifique protestation terminée par l'excommunication. L'avocat des Pères proteste à son tour et lit d'une voix calme et vibrante la loi et le Code pénal. De l'intérieur de l'église, on entend ce colloque émouvant.

Le Père abbé rentre alors dans l'église un peu avant huit heures ; il est en cappa magna et en rochet, calme et digne ; une cinquantaine de Pères sont dans leurs stalles, une dizaine de prêtres séculiers, nombre de messieurs amis et parents des Pères ou hôtes de l'abbaye, et les ouvriers de la fabrique de marbre de M. Landeau, qui ont montré un zèle admirable et un dévouement sans bornes. Vingt dames sont dans la nef, avec quelques enfants de huit à douze ans.

Depuis huit heures du matin, et sans doute à jeun, jusqu'à deux heures de l'après-midi, les religieux n'ont presque pas cessé de chanter. A ce moment, le Père abbé entonne les petites heures, puis le rosaire. On prie avec ferveur, on chante le *Parce Domine*, le psaume LXIII, l'hymne des vêpres de la Toussaint.

Alertes, angoisses ; les hommes barricadent les portes intérieures de l'église. On croit les entendre arriver par celle du chœur du côté du cimetière. Aussitôt, on amoncelle les chaises, les tables ; impossible qu'ils puissent entrer. La balustrade du chœur est fermée et scellée.

Au dehors, sitôt le colloque terminé, les crocheteurs brisent la première porte de la clôture et parcourent le monastère. Quinze Pères sont enfermés dans leurs cellules avec leurs témoins. Les crocheteurs font sauter les portes de plusieurs, qu'ils trouvent vides. A chaque Père trouvé dans sa cellule, le commissaire lit l'ordre d'expulsion ; puis, au refus de sortir, quatre gendarmes, souvent six, sont requis pour emporter chacun d'eux. Ils se couchent par terre, résistent avec énergie ; on les emporte comme des civières jusque dehors sur la place, où ils sont acclamés par la population. De l'église nous entendons les cris : « Vivent les Bénédictins ! Vivent les moines ! Vive la liberté ! A bas les crocheteurs ! A bas les décrets ! »

Le Père du Coëtlosquet, ancien zouave pontifical, fait une protestation magnifique et énumère devant les agents de la force étonnés ses services à la patrie et les batailles dans lesquelles il s'est trouvé, au siège de Metz et dans l'armée de la Loire ; qu'il est Alsacien, qu'il a opté pour la France, et qu'on vient contre toute loi et contre toute justice l'expulser de chez lui ; que de plus il est moine et qu'il a le droit de vivre en communauté avec ses frères et de chanter les louanges de Dieu.

Le Père Sarlat, ancien capitaine de vaisseau, porte ses trois décorations sur sa poitrine : il est officier de la Légion d'honneur. Les gendarmes hésitent à le prendre, il se laisse emporter comme les autres, et contraint la troupe de lui présenter les armes.

Tour à tour chacun des Pères chassé de sa cellule subit les mêmes violences. Deux reçoivent les embrassements des gendarmes, qui auront été probablement mal notés.

Le crochetage des cellules avait commencé à huit heures. Vers onze heures, nous voyons entrer dans l'église le Père Boutanie Cellérier : il vient de la part des envahisseurs apporter des propositions inacceptables, que le révérendissime Père abbé repousse.

Nouvelle alerte. A midi, on entend les coups de hache dans la porte du chœur ; les hommes renforcent les barricades. Les crocheteurs essayent d'un autre côté, puis enfin reviennent à cette porte et s'y acharnent. Soudain on aperçoit le sous-préfet, suivi des deux commissaires, entrer dans le grand orgue ; à cette vue, les hommes s'élancent, grimpent ; on leur passe des chaises, et, au nez de ces misérables qu'ils refoulent, ils barricadent la petite porte. Ils sont obligés de se retirer.

Le Père abbé entonne le *Te Deum*, l'émotion est indicible, les Pères chantent de toute leur voix et de toute leur âme : c'était splendide. Succèdent les litanies des saints, des hymnes, des psaumes, accompagnés de l'orgue, les coups de hache retentissent et semblent répondre aux chants des moines ; les coups redoublaient, la porte allait voler en éclats ; mais la barricade opposait une nouvelle résistance. La hache enfin fait une ouverture ; mais ils sont déçus et ne peuvent passer. Ils enfoncent violemment un arbre en guise de bélier pour renverser les obstacles, la barricade s'ébranle, les hommes la soutiennent, la consolident, et ils parviennent à tirer à eux la poutre.

Les assaillants sont obligés de recommencer leur manœuvre, et, cette fois, ils brisent tout, font tout voler en éclats et arrachent les chaises, les prie-Dieu, les tables, qu'ils jettent pêle-mêle dans le jardin. On continue à leur résister ; l'opération paraît longue, elle est douloureuse, cruelle pour les assistants affligés et indignés.

Enfin, ils sont dans le chœur, les chants cessent. Un Père s'avance, et avec une énergie admirable, une émotion indicible, leur déclare qu'étant excommuniés ils n'ont pas le droit d'entrer dans l'église, qu'ils violent le lieu saint, qu'ils commettent un double attentat, contre Dieu d'abord, puis contre les moines, qu'ils viennent attaquer jusque dans leur demeure, etc. Il leur parle de leur baptême, de leur première communion.

Les deux commissaires, surtout l'un à vilaine figure, nommé Samson (nom fâcheux dans la profession), ne veulent rien entendre et somment d'abord toutes les personnes laïques de se retirer. On proteste, tous les hommes se groupent dans le chœur ; des gendarmes ont suivi les commissaires ; mais cela ne leur suffit pas, on fait entrer une compagnie d'artilleurs. Les commissaires se dirigent vers le Père abbé pour lui faire de nouvelles sommations ; le Père abbé, à son tour, leur lit une nouvelle protestation avec une noblesse et une dignité admirables ; après quoi ils commencent leurs exécutions.

On prend violemment le Père qui leur avait parlé tout d'abord, il se couche à terre et se crampone ; six gendarmes le saisissent par la tête et les jambes et le portent dehors. On fait de même à tous les hommes qui, eux aussi, résistent énergiquement ; on traîne aussi les enfants. Au tour des femmes ; on leur enjoint de se retirer. Sur leur refus, on donne l'ordre aux gendarmes de les saisir. Toutes résistent, s'indignent, protestent avec force, se cramponnent à la balustrade, qui avait été crochetée elle aussi. Une femme qui se défend avec énergie est blessée à la main par les baïonnettes des soldats.

La femme d'un général de la contrée est prise par quatre gendarmes, qui la poussent violemment, puis la lâchent ; alors elle rentre dans la nef. On la reprend, elle saisit la balustrade, les gendarmes lui forcent la main, elle a le poignet foulé. Trois gendarmes la reconnaissent, se retirent, ne voulant pas mettre la main sur elle ; un quatrième, un cinquième se présentent ; alors elle leur dit : « Quoi ! vous osez porter la main sur la femme d'un général ? — Quand vous seriez reine de France, cela ne nous arrêterait pas. »

Une jeune femme entre autres leur a tenu tête énergiquement en leur disant : « Vaillants soldats, vous n'avez pas honte de montrer tant de valeur contre des femmes et des moines ; je souhaite que vous soyez aussi terribles devant l'ennemi. »

Elle en avait déjà arrêté plusieurs en leur disant : Vous n'allez pas faire cette honteuse besogne.

Une autre leur dit : Vous n'avez donc ni mère, ni sœur, pour agir ainsi.

Chacune fit sa protestation et résista de son mieux. Il faut encore noter cette parole d'une autre dame, qui, voyant entrer le commissaire Samson, s'écria : « Oh ! le monstre, ce n'est pas une femme qui l'a mis au monde. » Cette parole, contre partie de celle de l'Evangile, est acclamée.

Admirable aussi de résistance indignée a été Mme la duchesse de Chevreuse.

Quand les femmes sont sorties sur la place,

la foule les a acclamées par des cris de : « Vivent les femmes qui défendent les moines ! Vive Mᵐᵉ la duchesse de Chevreuse ! »

Quand tous les laïques ont été expulsés, et les prêtres séculiers, qui ont tous montré la même énergie et la même résistance et désirant solidariser leur cause avec celle des religieux, il ne restait plus que les moines dans leurs stalles, et au petit orgue du chœur le Père Legeay, organiste, avec deux jeunes hommes, anciens zouaves pontificaux, qui ont tout vu jusqu'à la fin.

Les commissaires et les gendarmes surtout, visiblement embarrassés, restent près d'un quart d'heure sans oser porter la main sur aucun Père. Les moines, sans s'occuper d'eux, avaient entonné le *Miserere* et chantaient comme à leur ordinaire, ou plutôt avec une force et une émotion indicibles. Après le *Miserere* et le *Parce Domine*, tous, les bras en croix, chantent leur *Suspice*, formule de leur oblation le jour de leur profession. Rien ne peut rendre ce moment sublime !

Les gendarmes et les commissaires atterrés ne savaient plus que faire. Enfin ils se décident à s'approcher d'un Père et le prient timidement de se retirer ; le Père refuse : alors les gendarmes l'empoignent, il est porté par les quatre membres jusque sur la place, où la foule l'acclame, lui jette des fleurs, des couronnes de lauriers, on lui demande sa bénédiction, on crie à tue-tête : « Vivent les Bénédictins ! Vivent les Pères ! Vive la liberté ! A bas les décrets ! A bas les crocheteurs ! » La population s'est montrée sympathique et toute dévouée, beaucoup pleuraient, on a vu pleurer des artilleurs ; la troupe paraissait visiblement molestée de servir à une pareille ignominie.

Tous les Pères, qu'on apportait ainsi un à un, étaient vivement émus ; plusieurs étaient pâles, les yeux humides ; tous avaient fait une énergique résistance.

Les uns se cramponnaient à leurs stalles, d'autres s'accrochaient en passant à ce qui se trouvait sur leur chemin. Cela arrêtait le transport, les gendarmes étaient épuisés, la sueur ruisselait sur leurs fronts, ils étaient obligés de se relayer.

Un jeune Père dans les mains des gendarmes se cramponne à la dernière porte, et ne veut pas sortir de sa chère abbaye ; il est jeté à terre, et sa tête se serait brisée sur une pierre de taille qui obstrue l'entrée si une dame ne l'avait soutenue de ses mains secourables.

Beaucoup baisaient la porte du monastère lorsque les gendarmes les abandonnaient par terre, d'autres entonnaient un verset d'un psaume.

Enfin tous les Pères et les Frères sont expulsés, le Père abbé restait seul à sa place. Les gendarmes, fort embarrassés, s'approchent timidement et respectueusement le prient de se retirer. Le Père abbé répond qu'il ne sortira pas autrement que ses frères ; les gendarmes insistent, le Père abbé reste immobile. L'attente, les demandes chapeau bas durent bien un quart d'heure ; enfin il faut bien qu'ils se décident à mettre la main sur le révérendissime, qui se laisse porter comme les autres.

Mais les émotions qu'il a éprouvées et concentrées, le déchirement de son cœur de voir le sanctuaire profané, le monastère violé, ses moines chassés sous ses yeux, tout cela est trop fort, il s'évanouit dans ces mains criminelles, et l'on est obligé de le porter sur un lit.

Pendant ce temps, l'on se préoccupait de ce qu'allait devenir le très Saint-Sacrement ; on parle de le porter à la paroisse. L'officier d'artillerie s'approche, et voulant réparer, sans doute, par un acte de foi, l'iniquité de sa coopération sacrilège, il vient dire que l'on porte le Saint-Sacrement ostensiblement à la paroisse, il fera rendre les honneurs militaires par sa troupe.

Rien n'a été émouvant comme cet instant solennel. Le R. P. Fontane, très ému, arrive portant entre ses mains la sainte réserve escortée des deux seuls témoins qui étaient restés jusqu'à la fin, tenant les lumières. Arrivé à la petite porte mutilée, et par laquelle avaient passé un à un tous ces dignes religieux, confesseurs de la foi, il s'arrête sur le seuil et donne la bénédiction à toute la foule prosternée ; les clairons sonnent aux champs, l'officier commande : Genou terre ! et le cortège, composé des moines et de toutes les personnes expulsées, se dirige vers l'église de la paroisse contiguë à l'abbaye, chantant une hymne au Saint-Sacrement.

Après la bénédiction, on revient à la porte de l'abbaye, attendant avec anxiété le révérend Père abbé. On l'aperçoit enfin, soutenu par deux moines. Accueilli par une acclamation de vivats enthousiastes, on lui demande sa bénédiction. Il est couvert de fleurs et de couronnes jusqu'à la maison qui lui donne maintenant asile.

Restait à sortir le sous-préfet que la voiture attendait. Il se montre, enfin, à la porte ; mais il se retire soudainement sous les huées et les imprécations qui l'accablent : « A bas le crocheteur ! A bas le lâche ! » Une heure se passe avant qu'il ose reparaître et l'on se décide à faire avancer un bataillon pour protéger sa sortie.

Rien ne peut rendre la recrudescence de cris indignés qui sortent de toutes les poitrines. Une jeune dame lui jette de la terre dans sa voiture en lui disant : « Tiens, lâche ! voilà mes fleurs ! »

Non loin de là, un homme du peuple, en pleurant, s'écrie : « Et maintenant les pauvres vont crever de faim ; eh bien ! l'on m'arrêtera si l'on veut, mais je crierai tout haut : Vive la religion ! Vivent les moines ! A bas la République ! »

Telle est aujourd'hui cette abbaye célèbre

où s'opéra la réforme des Bénédictins de France par l'illustre dom Guéranger. Telle est cette citadelle de la foi, de la liturgie, de la science et de la prière. Contrée bénie, te voilà maintenant abandonnée ! Qu'auras-tu pour remplacer ces cérémonies qu'on venait admirer de tous les pays du monde, ces cloches qui donnaient, avec tant d'autres attraits, un si grand charme à ces contrées et à ce moutier, les voilà maintenant muettes. Et les pauvres de la contrée qui ne manquèrent jamais de rien, que vont-ils devenir ?

Non ! tout votre passé, toutes vos œuvres, défunt béni et chers enfants de saint Benoît, ne seront pas effacés comme le proposent quelques polissons parvenus pour la honte de la France et peut-être pour son châtiment ; nous en prenons à témoin ce qui se passe sous nos yeux. Vos enfants reviendront prier sur votre tombe, ils retrouveront leurs chères cellules et continueront bientôt, c'est certain, à répandre ici et partout la rosée fortifiante de leurs prières, de leurs sacrifices, de leurs vertus et de leur savoir.

« Les Bénédictins de Solesmes, dit un protestant anglais dans une lettre au *Pall-Mall-Gazette* sont, de tous les religieux, ceux qui recherchent le moins une influence envahissante, si l'on peut parler ainsi. Ils doivent leur existence, après Dieu, à l'énergie et à la piété de dom Guéranger, le restaurateur de l'abbaye, qui leur a appris à se dévouer presque exclusivement à la prière et à l'étude ; et si l'on excepte les pèlerinages locaux auxquels ils prêtent le secours de leur ministère, ils sont rarement, pour ne pas dire jamais, envoyés en mission. Ils pratiquent l'hospitalité et font beaucoup de bien aux pauvres du voisinage. Toutes les fois que j'ai eu l'honneur d'être leur hôte, j'ai été frappé du respect que leur témoignent les habitants de la commune.

« Et qu'on ne dise pas que les moines ont été la première cause du malheur qui leur est arrivé, qu'ils ont rejeté les propositions qu'on leur offrait, et au prix desquelles ils auraient conservé la paix. Il n'est pas douteux qu'ils eurent raison d'agir comme ils l'ont fait. D'abord, aurait-il été bien généreux de leur part, lorsque leurs frères en religion étaient expulsés sur toute la surface du pays, de chercher leur propre salut dans un compromis ? Lorsque je m'y trouvais, il y a un mois, tous les Pères exprimaient le profond intérêt qu'ils prenaient à la conservation des Ordres, dont ils étaient bien résolus de partager l'injuste sort.

« Enfin, ces propositions contenaient certainement des conditions qu'ils ne pouvaient pas honorablement accepter. Enfin, le gouvernement français, tout le monde le sait, se propose d'extirper la religion, et cette offre de conditions n'était qu'une moquerie au moyen de laquelle il espérait rendre les religieux qui s'y seraient laissés prendre méprisables à leurs concitoyens, lorsque le moment serait venu pour lui de mettre à exécution ses intentions hostiles.

« Il n'est pas non plus étonnant que les moines aient fait un effort désespéré pour la conservation de leur abbaye bien-aimée, plus chère pour eux que la vie elle-même ; car l'église garde les restes de leur vénéré Père dom Guéranger ; dans son enceinte ils ont, pendant de longues années, mené une vie d'incessante piété ; à ses autels ils ont, chaque jour, célébré le culte solennel ; dans son chœur ils ont régulièrement fait entendre le chant sacré de la prière et de la louange. Rappelons-nous que dans l'expulsion des Bénédictins de Solesmes nous avons un acte arbitraire de violence commis contre un vénérable abbé et ses pieux fils, dont quelques-uns ont servi leur patrie dans la carrière des armes avant d'embrasser la vie religieuse, pendant que d'autres ont non-seulement honoré leur propre pays, mais ont été utiles au monde entier par les résultats de leurs études et de leurs recherches ; tous, du reste, par leur vie pacifique et pieuse, par leur bienveillance et leur hospitalité, ont répandu un parfum de sainteté. »

Après Solesmes, la première restauration monastique de notre siècle en France, nous dirons un mot d'Issoudun, siège des prêtres du Sacré-Cœur. Cette œuvre, bénie de Dieu, dont la naissance fut humble, dont l'extension tient du prodige, ne devait pas échapper aux haines de la république. Un motif de plus la recommandait à son respect : cette œuvre conquérait pour la France quelques îles de l'Océanie ; elle ajoutait à nos colonies un surcroît de puissance, gratuitement, sans qu'il en coûtât un sou au gouvernement de la république. Expulsion des prêtres du Sacré-Cœur : Périssent les colonies plutôt qu'un principe.

Une autre œuvre merveilleuse de notre temps, c'est la fondation, au diocèse de Sens, des Bénédictins de la Pierre-qui-Vire. Là aussi devait s'exercer la fureur de la république. Le Père Muard, dans ce siècle mou et corrompu, avait voulu offrir, à Dieu, comme compensation, un surcroît de pénitence ; il avait fait de la vie monastique un perpétuel crucifiement. Dehors les Bénédictins crucifiés !

Nous devons noter ici que le procureur Bazin et le substitut Moreau, refusèrent, au Préfet, leur concours. Le préfet trouva, pour crocheteur, un nommé Julien, nom dès longtemps prédestiné à l'apostasie. Deux commissaires, deux agents, des gendarmes, des soldats complètent le cortège. On arrive au petit jour. Sommation, refus d'obtempérer, crochetage, expulsion. La congrégation est dispersée et la république triomphe. Le marquis de Chastellux, propriétaire du fond, maintient ses droits contre les crocheteurs ; il prend toutes les mesures de justice pour sauver son droit et réserver les gages de l'avenir.

Parmi ces religieux expulsés, il y en a dont le sort inquiète particulièrement, ce sont les Trappistes, ces religieux si admirables et si admirés, que les crimes de la Révolution ont fait parcourir le monde, une croix à la main, et qui l'ont parcouru au milieu d'un peuple à genoux. Depuis le rétablissement de l'Ordre, ils ont été protégés de tous les gouvernements ; ils ont donné, au pauvre peuple, l'exemple de leurs vertus, surtout l'exemple d'une pauvreté extrême, préférée à l'opulence possible. Du reste, dans leurs maisons, ils pratiquent toutes les lois de l'agriculture, ils connaissent l'aménagement des terres, des eaux et des bois, ils savent choisir les meilleures races de bétail et les meilleures espèces de graines ; ils entendent l'art des amendements et des assolements ; ils se prêtent prudemment à tous les progrès de la mécanique agricole. Ces moines sont, dans tous les sens du mot, les bienfaiteurs du peuple. Dehors les moines de Rancé ; la république n'a pas besoin de Trappistes.

Un autre Ordre intéresse particulièrement la conscience chrétienne, c'est l'Ordre des Chartreux. Le *Courrier du Dauphiné*, dans un article manifestement officiel, expose ses conditions d'existence et plaide pour son maintien. La Grande Chartreuse fut donc épargnée parce qu'elle payait un million d'impôts à l'Etat ; elle eut accepté sa disgrâce sans mot dire ; ses livres étaient déjà partis ; son établissement de distillation allait s'ouvrir en Suisse ou en Angleterre. Les bons apôtres qui piétinaient la France, sous couleur de la gouverner, n'accordèrent pas, aux frères et amis, la faculté d'altérer, impunément, la liqueur de la Grande Chartreuse. La gourmandise française sauvegarda le cloître de saint Bruno.

On se demande ce que devenaient, au milieu de ces orgies d'absolutisme et de ces hécatombes d'innocents, les fils spirituels de Lacordaire. La première république n'avait pas besoin de savants : elle envoya à l'échafaud Lavoisier ; la troisième république n'avait pas besoin d'orateurs : elle proscrivit les Dominicains comme les autres. A Nancy, à Flavigny, à Langres, partout où les Dominicains avaient une maison, même cortège de magistrats, de préfets, de gendarmes et de crocheteurs pour forcer les serrures, briser les portes, expulser ces valeureux apôtres de la sainte parole.

Le nom des Dominicains fait naturellement penser aux disciples de saint François d'Assise. Les Franciscains se recommandent aussi par des bienfaits ; ils se dévouent même particulièrement au bien des masses populaires et devraient obtenir, d'une république soi-disant démocratique, un plus solide respect. La troisième république n'a pas besoin de religieux pour moraliser et assister le peuple ; elle expulse de partout les Franciscains.

Voici, pour finir, l'expulsion des Capucins d'Angers ; nous en citons le procès-verbal, parce que, outre sa vertu apostolique, il contient des actes pour la juste revendication du droit de l'Eglise.

Le couvent des R. P. Capucins, si aimés de nos classes ouvrières, a été cerné dès cinq heures et demie du matin par la troupe de ligne, par la gendarmerie à cheval et à pied et par un fort détachement de dragons. Dès le début de cette mémorable bataille des forces de la garnison et de la police contre une douzaine de religieux, la foule sympathique qui entoure le couvent, où près de quatre cents catholiques ont passé la nuit ou se sont introduits, semble avoir deviné le mot d'ordre donné par M. Assiot, qui consistait à empêcher toute manifestation en faveur de l'évêque d'Angers et des religieux expulsés, en isolant entièrement le couvent et en refoulant les courageux manifestants dans toutes les directions, aussi loin que possible. Ce plan a été déjoué par l'enthousiasme et l'intelligente persistance de la population, accourue pour soutenir, en faveur des victimes de la persécution, l'honneur de la cité. Le sentiment du devoir animait ces hommes, ces femmes, ces ouvriers généreux, qui ont déjoué la manœuvre des troupes en tournant la force publique elle-même et en se ralliant de nouveau dans les rues des Champs-Saint-Martin, du faubourg Saint-Laud, aux cris de : « Vive la liberté ! Vivent les Capucins ! »

Un commissaire de police, ceint de son écharpe, a paru... hélas ! accablé de sifflets et de huées, ne sachant où courir, il s'est réfugié dans l'appel à la force ; après les trois sommations des tambours du général Farre, la gendarmerie, la ligne et les dragons ont chargé cette immense masse compacte, qui se reformait encore sur la place de l'Académie aux cris de : « Vivent les Capucins ! Vive la liberté ! »

Pendant ce temps, le crochetage, présidé par M. Richard, commissaire central, escorté des commissaires de quartier et des agents, s'exécutait avec tout l'appareil d'une prise d'assaut.

Mgr Freppel, venu le mercredi soir au couvent, y a couché avec ses deux vicaires généraux et son secrétaire, des amis des Pères en nombre considérable. Le nombre des catholiques présents entourant les Pères peut être évalué à quatre cents, dont une grande partie en prières dans la chapelle.

A six heures vingt minutes, le commissaire central a sonné à la porte de fer du couvent.

Le R. P. gardien a répondu à travers la grille. Il a protesté noblement et énergiquement contre les actes de violence qu'on exerçait à l'égard de religieux paisibles. M. le commissaire central a lu l'arrêté de M. Assiot.

Mgr Chesneau, vicaire général, a lu au nom de Mgr l'évêque d'Angers la protestation suivante :

« Nous, Charles-Emile Freppel, par la grâce de Dieu et l'autorité du Saint-Siège apostolique, évêque d'Angers.

« Avons protesté et protestons par les présentes contre l'expulsion et la dispersion violente de l'Ordre des Pères Capucins, approuvé par le Saint-Siège et canoniquement établi dans notre ville épiscopale par notre vénéré prédécesseur, Mgr Angebault. Nous déclarons en outre maintenir ledit Ordre dans tous les droits et privilèges qu'il possède à Angers en vertu des lois canoniques.

« Nous rappelons en même temps que la peine de l'excommunication est portée par les lois canoniques, contre tous ceux qui mettraient la main sur les religieux pour les expulser violemment de leur maison conventuelle, et contre ceux qui en auraient donné l'ordre.

« Fait à Angers, le 4 novembre 1880.

« † Charles-Emile,
« Evêque d'Angers. »

Après cette lecture et la protestation de MM. les membres du conseil des Pères, M. le commissaire central hausse les épaules et, ne voulant plus rien entendre, fait procéder au crochetage. Pendant ce temps, le Père gardien et le Père Ludovic se retirent dans la chapelle, dont les portes sont barricadées.

Le crochetage commence par le brisement de la grille, ce qui donne passage au cortège des exécuteurs en tunique et en blouse, payés, ainsi que M. Assiot, leur maître, par les deniers des contribuables catholiques.

L'armée des assaillants se précipite sur la porte d'entrée du couvent, blindée à l'intérieur par des moellons et des poutres. L'opération est longue. Après l'œuvre achevée, une sommation est faite aux personnes massées dans les couloirs et dans le jardin, et qui sont expulsées par la police et les gendarmes.

Parmi ces personnes, quelques-unes ont accompagné Mgr Freppel dans une chambre du couvent. Sa Grandeur attend les commissaires qui, une fois la chapelle débarrassée de la présence des fidèles, montent à l'assaut des cellules, et font d'abord voler en éclats la porte de la chambre où les attend le courageux prélat. Le commissaire de police, à la vue de Mgr Freppel, reste interdit ; il se retire incontinent pour prendre de nouvelles instructions ; il revient au bout d'un quart d'heure, précédé de M. le commissaire central, M. Richard.

Mgr l'évêque se lève alors et dit avec une grande dignité :

— Monsieur le commissaire, vous avez dû entendre la protestation de mon vicaire général ?

— Je n'ai rien entendu, répond le commissaire. J'ai ordre d'expulser tout le monde, et de ne rien écouter des protestations qui pourraient se produire.

— Eh bien ! reprend Monseigneur, n'osez pas mettre la main sur moi : je suis évêque de ce diocèse et sachez que l'excommunication majeure vous atteindrait aussi bien que ceux de vos agents qui se prêteraient à cette violence !...

Le commissaire ne veut rien entendre ; alors M. le baron Le Guay se lève et, s'adressant au commissaire, proteste contre cette violation du domicile, et il ajoute que Monseigneur et lui, en leur qualité de député et de sénateur, sont inviolables, maintenant que le décret pour la convocation des Chambres a été publié.

Le R. P. gardien, ainsi que M. Gavouyère, conseil des Pères, protestent à leur tour.

Le commissaire n'écoute pas. Alors Monseigneur se lève de nouveau, et, avec une autorité imposante, il renouvelle la défense de le toucher ; puis Sa Grandeur sort de la chambre, cédant à la violence qui lui est faite, et les autres personnes présentes sont expulsées par les agents et descendent au rez-de-chaussée du couvent aux cris répétés de : « Vive la liberté ! Vivent les Capucins ! Vive l'honneur !... » Nous doutons que les exécuteurs des basses œuvres républicaines aient bien compris ce dernier cri, pourtant si français et si opportun.

Pendant ce temps, la chapelle avait, avons-nous dit, été témoin des mêmes scènes de violences ; au moment où les commissaires y ont pénétré, un des vicaires généraux de Monseigneur a lu la protestation suivante :

« Nous, Charles-Emile Freppel, par la grâce de Dieu et l'autorité du Saint-Siège apostolique, évêque d'Angers,

« Avons protesté et protestons par les présentes contre la fermeture de la chapelle des Pères Capucins, chapelle publique à l'usage des fidèles de notre ville épiscopale, bâtie aux frais des catholiques de notre diocèse, autorisée et solennellement bénite par notre prédécesseur, de vénérée mémoire, Mgr Angebault, au su et au vu du pouvoir civil, qui depuis quinze ans n'a jamais été à ce sujet la moindre réclamation. Malgré cette fermeture violente, nous déclarons conserver à la dite chapelle son caractère et ses privilèges, la regardant comme un lieu saint et sacré, qu'il n'est au pouvoir de personne d'enlever à sa destination sans notre consentement, et dans lequel, par suite, les saints Mystères pourront continuer à être célébrés comme par le passé.

« Fait à Angers, le 4 novembre 1880.

« † Charles-Emile,
« Evêque d'Angers. »

Mgr l'évêque d'Angers sort le premier du couvent, accompagné de la foule énorme des expulsés ; il traverse la cour Saint-Laud et se dirige vers la place de l'Académie.

Ici se place un incident incroyable : la rue était barrée par l'infanterie de ligne ; les soldats se rangent pour laisser passer Mgr Freppel et ferment les rangs immédiatement pour couper les personnes de sa suite. Aux protestations indignées qui s'élèvent aussitôt, les soldats répondent en croisant la baïonnette, et la pointe de leur sabre vient frôler les assistants. Certains soldats, plus excités, voulaient passer de la menace à l'effet, et MM. Le Guay et Carriol, sans parler des autres, ont pu croire qu'ils allaient être les victimes de cette consigne odieuse.

Enfin le commissaire donne ordre d'ouvrir les rangs, et nous pouvons rejoindre Monseigneur qui n'était pas resté isolé pendant ce temps, et se trouvait au milieu d'une foule immense qui l'acclamait, poussant de longs vivats en son honneur et demandant sa bénédiction.

Alors le cortège, se grossissant de plusieurs milliers de personnes qui l'attendaient sur les places de l'Académie et du Château, se dirige vers la cathédrale. Les acclamations redoublent; des couronnes de fleurs et des bouquets sont jetés de toutes parts du seuil des portes et des fenêtres pendant tout le parcours de la rue Toussaint. C'est une ovation splendide, indescriptible, qui troublera longtemps le sommeil de M. Assiot. Les mouchoirs s'agitent; les cris, un seul et formidable cri de : « Vive Monseigneur ! Vivent les Capucins ! Vive la liberté ! » retentit continuellement, jeté par des milliers de poitrines.

Pas la moindre opposition, pas le moindre contraste, pas le plus petit mot de *Marseillaise*... Les gendarmes et les dragons chargés d'empêcher cette manifestation suivent la foule, ayant l'air d'escorter les catholiques.

Monseigneur ému et heureux entre enfin dans sa cathédrale au milieu d'une foule énorme, à laquelle l'émotion arrache des pleurs.

Aussitôt le chant du *Parce Domine*... remplit la vaste nef...

Monseigneur adresse ensuite quelques paroles émues aux fidèles; au milieu des immenses tristesses qui l'accablent, il est heureux de cette courageuse protestation, qui restera comme un grand acte dans les fastes de la cité catholique.

Monseigneur donne, du haut des marches de l'autel, à la foule assemblée la bénédiction apostolique.

Et tous les manifestants, fortifiés, reviennent auprès des Capucins et des autres congrégations qu'on expulse.

Il était alors environ neuf heures. Au couvent, les Pères expulsés de leurs cellules sont sortis, partagés en deux groupes, accompagnés d'un certain nombre d'amis et suivis également des cris sympathiques de la foule, qui assistait respectueuse au passage de ces nobles victimes de la tyrannie républicaine. Ici encore, la troupe a vainement tenté d'arrêter les manifestants, hommes et femmes, qui, revenant de faire cortège à Mgr l'évêque, se dirigeaient vers les Capucins.

Nous n'avons pas à faire ici l'éloge bien mérité de MM. les membres du conseil des Pères, MM. Gavouyère et Perrin, et de bien d'autres, qui n'ont cessé depuis quinze jours d'entourer de soins et de soutenir de leur généreuse assistance les Pères de nos congrégations proscrites.

Combien M. Assiot va maudire cette journée si belle pour nous ! Lui dont la seule préoccupation, traduite hier par un sous-commissaire, était que Mgr Freppel n'eût pas une ovation pareille à celle du 30 juin...

Cette manifestation marquera dans les souvenirs de nos généreuses populations.

Nous apprenons que le Père gardien, le Père Chrysostome et le Père Ludovic, propriétaire, sont demeurés au couvent, ainsi qu'un Père belge, dont le sort sera ultérieurement fixé.

Les Pères du Saint-Sacrement ont été expulsés à dix heures, les Oblats à midi, les Dominicains à une heure de l'après-midi.

Nous n'avons pas encore de détails complets sur ces diverses expéditions armées, accomplies par les mêmes hommes et les mêmes moyens.

Les Dominicains sont sortis de leur couvent par la rue d'Orléans. Comme chez les Capucins, une foule compacte et enthousiasmée les accompagnait. Ils ont parcouru la rue d'Orléans, le boulevard des Lices, la rue des Lices, la rue Saint-Aubin et sont entrés dans la cathédrale. Le cortège les a suivis dans la salle synodale de l'évêché. Mgr Freppel, accompagné des Pères Capucins expulsés ce matin, est venu les recevoir; il les a bénis; il a félicité leurs courageux défenseurs.

Le prieur des Dominicains a fait à Monseigneur le récit dont voici la substance : A l'arrivée des crocheteurs, nous avons lu une protestation; les portes ont été brisées, chaque cellule a été enfoncée. Le commissaire a déclaré qu'il laisserait trois Pères et avec eux deux Frères convers pour garder les scellés. Les Pères ont demandé si on avait l'intention de leur faire garder des scellés apposés sur leur domicile; le commissaire a répondu qu'il entendait seulement dire par là qu'on ne devait pas enlever les scellés apposés.

A l'entrée de la cathédrale, un groupe d'insulteurs jetait des pierres sur les Dominicains et sur les personnes qui les conduisaient à l'église; mais ils ont été chassés à coups de canne par un certain nombre de catholiques irrités de voir la police ne s'occuper que des religieux.

Maintenant, pour donner une idée des exploits de la société républicaine Grévy, Ferry, Constans et Cie, nous procédons par voie de dépêches télégraphiques :

Saint-Maximin, 30 octobre,
5 h. 20 du soir.

Les Dominicains de Saint-Maximin ont été chassés après une énergique protestation du Père prieur, le R. P. de Pascal.

Les Dominicains ont opposé une forte résistance, qui a duré pendant une heure.

Après une tentative d'escalade, qui a été abandonnée, les crocheteurs ont enfoncé la porte. On a enfoncé de même la porte de chaque cellule.

Le capitaine de gendarmerie qui commandait l'exécution s'est distingué par une révoltante brutalité.

Au sortir du couvent, les Pères Dominicains ont été accueillis par des acclamations enthousiastes. On leur a jeté des fleurs et des couronnes.

Ils sont tous en sûreté, ayant été recueillis par des amis.

L'*Agence Havas* nous communique les dépêches suivantes ; naturellement un peu gazées :

Mâcon, 30 octobre.

Le préfet vient de partir de Mâcon pour Cuisery, pour procéder à l'expulsion des Pères camilliens de Notre-Dame de la Chaux.

L'arrêté de dissolution a été notifié ce matin au Père Tezza, qui était resté seul. Tous les autres Pères camilliens étaient partis depuis deux jours.

Le Père Tezza, étranger, a été l'objet d'un arrêté d'expulsion. Quarante-huit heures lui ont été accordées pour quitter la France.

Cinquante personnes environ, étrangères à la congrégation, étaient réunies dans la chapelle ; les femmes en majorité. Elles ont dû être expulsées par le commissaire de police.

Mirecourt, 11 h. 30.

Les chanoines de Saint-Jean de Latran, résidant à Mattincourt (Vosges) ont été expulsés ce matin.

Ils ont refusé d'ouvrir. On a dû forcer l'entrée. Trois religieux italiens avaient quitté l'établissement la veille. Les autres ont fait une protestation.

L'abbé Froin, locataire, et le président du conseil de fabrique ont été laissés à la garde de l'immeuble.

M. Buffet, ancien président du conseil des ministres, qui s'était introduit dans l'établissement, a été expulsé par les agents.

L'abbé Froin a notifié aux autorités qu'ils encouraient les peines de l'Eglise.

Une foule assez nombreuse assistait à l'exécution. Un détachement de gendarmerie assurait le maintien de l'ordre.

Bordeaux, 30 octobre.

Ce matin, à dix heures, la porte de la chapelle des Dominicains, rue de Lhote, a été fermée intérieurement après la messe. Une foule nombreuse encombre les abords du couvent. La circulation dans la rue est impossible depuis deux heures.

On s'attend à l'exécution des décrets.

Plusieurs prêtres ayant été introduits dans l'intérieur du couvent, il y a eu une manifestation et des cris de : « Vivent les décrets ! » auxquels on a répondu par des cris de : « Vive la liberté ! »

Toulouse, 30 octobre, 6 h. soir.

Pendant toute la journée, les personnes rassemblées aux abords du couvent des Capucins ont attendu l'exécution des décrets. Mais leur attente a été déçue. Aucune mesure n'a été prise.

Nîmes, 30 octobre, 1 h. 30 du soir.

Trois récollets se trouvaient dans l'établissement. Un a été expulsé, les deux autres ont été laissés pour garder l'établissement.

Lorsqu'on a fermé la chapelle, quelques personnes ont protesté.

Le récollet expulsé a été acclamé à la sortie par des cris de : « Vivent les jésuites ! »

Un jeune homme qui a crié : « Vive la république ! Vive la loi ! » a reçu un coup de poing.

A midi tout était terminé.

Bordeaux, 30 octobre, 10 h. du soir.

La police a dispersé la foule rassemblée devant le couvent des Dominicains. Le calme est rétabli dans la rue Lhote, dont les issues sont gardées par la police.

Avignon, 30 octobre, soir.

L'une des femmes arrêtées hier vient d'être condamnée à huit jours de prison pour avoir souffleté un gendarme.

Le *Gaulois* publie les dépêches suivantes :

Toulouse, 30 octobre.

Hier, le Père supérieur des Maristes recevait une dépêche lui annonçant que l'expulsion devait avoir lieu aujourd'hui ; aussitôt, MM. Gay et Noble, avocats des Pères, ont été appelés ; toute la nuit, ils sont restés auprès des Pères, ainsi que bon nombre de personnes qui ne laissent pas un instant les Maristes seuls, afin de se trouver là au moment de l'application des décrets.

M. Loth, procureur de la République, qui était en permission, a été brusquement rappelé. M. le préfet du Var est revenu de Paris à peu près en même temps. Tout, en un mot, faisait supposer une application prochaine des décrets à partir de ce moment.

L'attente n'a pas été trop longue, car à six heures, ce matin, le couvent des Maristes était entouré par la gendarmerie et la police. Pour éviter les troubles du 30 juin, l'accès de la rue du Bon-Pasteur avait été interdit.

Une quinzaine de dames venues à cinq heures pour prier dans la chapelle sont parties, sur l'invitation des Pères.

Le commissaire central a pénétré dans l'immeuble, accompagné d'agents de police, et a notifié aux Pères le décret de dispersion et de fermeture de la chapelle, sur laquelle les scellés ont été apposés.

Entouré de nombreux amis et fidèles, le supérieur a refusé de signer le procès-verbal. M° Noble, avocat, a donné lecture de la protestation signée par tous les Maristes, se basant sur ce qu'ils sont devenus prêtres diocésains : ils sont restés pour la garde de l'immeuble.

Le préfet du Var est arrivé cette nuit.

Il paraît que, contrairement à ce qu'on prévoyait, les collège des Maristes à la Seyne et à Toulon seront aussi fermés ; Mgr Terris, évêque de Fréjus et de Toulon, étant allé trouver M. Rey, préfet du Var, pour lui annoncer que les Maristes étaient devenus prêtres diocésains, après avoir été relevés de leurs vœux, il lui a été répondu que ce procédé, employé pour éviter l'exécution, était quelque peu jésuitique, qu'il en ferait part au ministre et qu'il agirait d'après ses ordres.

Carpentras, 30 octobre.

L'expulsion brutale, selon la formule usitée, des Dominicains a occasionné une manifestation catholique des plus imposantes.

L'opération de serrurerie a duré deux heures.

Des scènes violentes se sont produites au dehors, à la suite desquelles plusieurs arrestations ont été opérées : le sous-préfet s'étant porté jusqu'à souffleter (!) un avocat, qui lui a demandé réparation par les armes.

Le prieur des Dominicains est un ancien substitut.

Les Prémontrés, qui occupent l'abbaye de Saint-Michel, de Frigolet, entre Tarascon et Avignon, ont été également chassés dans la matinée.

Tous les villages voisins, Barbentane, son excellent maire en tête, M. Veray ; Boulbou, Graveson, se sont portés en masse au monastère, acclamant ces religieux qui, depuis un temps immémorial, sont les bienfaiteurs de la contrée.

Marseille, 30 octobre.

Après les trois congrégations expulsées hier, c'était aujourd'hui le tour des Oblats.

Au Calvaire, la porte a été enfoncée ; le Père Augier, provincial de l'Ordre, a formulé une éloquente protestation :

« Vous venez faire au milieu de nous une triste besogne ; vous attentez à nos droits de chrétiens, de propriétaires et de citoyens français. Vous nous parlez de lois. Où sont-elles, les lois divines et humaines qui nous condamnent ?

« La prière en commun est-elle un crime ? L'étude dans le silence de nos cellules est-elle un crime ? Le dévouement et l'amour des pauvres sont-ils des crimes ?

« Nous protestons, au nom de la France catholique et honnête, qui n'est pas habituée à de pareils exploits.

« Nous vous plaignons aussi, car vous n'êtes à l'abri, pour l'avenir, ni de la justice humaine, ni de la justice de Dieu !

« Couverts du masque de la liberté, vous employez la force pour nous chasser de ces demeures à jamais aimées ; mais nous reviendrons un jour, bientôt peut-être, ramenés par le droit outragé et par la conscience humaine indignée. »

Un autre religieux, le Père Bartet, s'écrie :

« Vous me chassez ; pourtant j'ai servi mon pays comme aumônier militaire. J'ai relevé bien des blessés sur les champs de bataille : à Reischoffen, à Nancy, à Toul, etc. Je suis parent du général Berthaut, qui aime la France autant que moi, et qui, lui, n'a jamais déshonoré l'armée. »

Après l'expulsion des huit Pères, les scellés ont été apposés sur la chapelle, malgré l'observation du supérieur, que cette chapelle était une annexe de l'église Saint-Laurent. Le préfet a passé outre.

Même cérémonie sur la colline de Notre-Dame-de-la-Garde, où les cinq Pères desservant la chapelle ont été mis dehors, après les effractions d'usage.

Enfin, cette après-midi, les sept Pères du Saint-Sacrement de la rue Nau ont été également expulsés.

Est-ce bien fini, cette fois ?

Arles, 30 octobre.

Les Pères du Sacré-Cœur ont été expulsés ce matin, après que les portes d'entrée et celles des cellules ont été enfoncées.

Quatre Pères seulement occupaient le couvent.

L'autorité a fait camper, pendant toute la nuit, des détachements d'infanterie et de cavalerie sur différents points de la ville, afin de préserver les bâtiments des communautés fermées.

Boulogne-sur-Mer, 30 octobre.

Rien de nouveau, jusqu'ici, pour les congrégations.

Une foule sympathique, 1,500 personnes, reste constamment auprès du couvent des Rédemptoristes. Malgré la surveillance de la police, de nombreux bouquets et de nombreuses couronnes de fleurs ont été attachés aux grilles. Plus de soixante notables ont passé la nuit dans le couvent et y veillent continuellement.

Nantes, 30 octobre.

Aujourd'hui, le commission administrative du conseil général de la Loire-Inférieure a visité le couvent des Capucins.

Sur le parcours des délégués ont retenti les cris de : « Vive le conseil général ! »

Ensuite Mgr l'évêque s'est transporté au monastère. Sa Grandeur a été saluée par les cris de : « Vive Monseigneur ! »

Immense et sympathique est le concours de la foule auprès des Pères menacés : les femmes suspendent des couronnes de fleurs aux portes de la chapelle. Les dames de la halle ont envoyé de superbes bouquets.

L'émotion est grande parmi nos concitoyens. On ignore encore le jour fixé pour l'exécution.

Nîmes, 30 octobre.

A midi, le Frère Pascal est expulsé, donnant le bras à MM. Bouet père et Marson, avocats. Une ovation enthousiaste leur est faite : des fleurs, des couronnes sont jetées sur leur passage, et un cortège nombreux les accompagne à l'archevêché et de là chez M. de Bernis, membre du conseil général pour Nîmes.

Les Pères Odoric et Bénigne ont été constitués gardiens de l'immeuble. Lorsqu'ils ont paru à la porte, les assistants se sont prosternés et ont arraché leurs robes pour s'en partager les lambeaux comme reliques. C'était un véritable triomphe et un spectacle d'une majesté imposante.

Mortagne, 4 novembre, soir.

Les missionnaires de Saint-Laurent-sur-Sèvres ont été expulsés ce matin par M. de Girardin, préfet de la Vendée.

Grenoble, 5 novembre, 11 h. 40.

L'expulsion des Capucins de Meylan, commencée hier vers onze heures, n'était pas encore terminée à 6 heures du soir.

Magnifique protestation des catholiques.

L'huissier même des Pères a été expulsé.

Il proteste et porte plainte au premier président de la cour.

M. le marquis de Monteynard, après avoir été expulsé malgré son énergique réclamation, a été mis en prison. M. Sisteron, avocat, a été arrêté. Les gendarmes sont repartis ce matin pour terminer l'expulsion.

Le même jour, sont expulsés les Olivétains de Parmence et les Oblats de Notre-Dame de l'Osier. Les uns et les autres ont fait une très belle protestation.

St-Pierre-lès-Calais, 5 novembre, 10 h.

Ce matin à six heures, les Capucins de Saint-Pierre-lès-Calais ont été expulsés. M. Garé, commissaire de police de Saint-Pierre, accompagné de nombreux agents et de plusieurs brigades de gendarmerie, a accompli cette opération.

Protestations énergiques de la part des religieux, en présence de M. Dollet, curé de Saint-Pierre, et de plusieurs ecclésiastiques. Deux religieux ont été laissés pour garder l'immeuble : le Père Philippe et le Père Agathange.

Aubigny (Cher), 5 novembre.

Les révérends Pères barnabites de Saint-Liguori ont été expulsés ce matin. La porte extérieure a été défoncée par des ouvriers étrangers, après un seul coup de sonnette et sans sommation.

Le commissaire central a donné lecture au Père supérieur de l'arrêté du préfet en présence du sous-préfet et de plusieurs des nombreux gendarmes requis.

Le sous-ordre de M. Constans a refusé d'entendre la protestation du Père supérieur.

Les amis des Pères avaient été, au préalable, expulsés brutalement.

Des recherches policières ont eu lieu partout dans la maison.

La porte du grenier a été enfoncée.

Un seul Père, d'origine française, un vieillard malade, a été laissé avec un domestique.

L'opération, commencée à 6 h. 40 matin, a duré une heure.

Les Pères ont été l'objet d'une belle manifestation de la part d'une nombreuse et sympathique population. Pas de cris hostiles.

Clermont-Ferrand, 5 novembre, 2 h. 25.

Les Capucins du boulevard du Taureau ont été expulsés ce matin.

Des troupes, de la gendarmerie et une nombreuse police cernaient le couvent.

L'entrée a été refusée à Mgr l'évêque qui reste devant la chapelle et récite le chapelet, malgré le froid et la neige.

Une foule énorme et sympathique acclame l'évêque et les Capucins.

Elle hue la police et les serruriers.

Les Pères sont jetés avec violence en dehors du couvent avec trente-cinq témoins, après deux heures de résistance.

Le Père Henri a fait une magnifique protestation.

Les Capucins, couverts de fleurs et suivis d'une foule émue, ont été conduits par Monseigneur à l'évêché.

L'expulsion du noviciat des Pères africains établis dans la banlieue de Clermont a eu lieu ensuite.

Arras, 12 h.

Pères du Saint-Sacrement expulsés ce matin, porte extérieure crochetée, commissaire reçu par Monseigneur entouré des membres de l'adoration nocturne qui avait passé nuit en prières devant le Saint-Sacrement exposé.

Excommunication prononcée. Saint-Sacrement retiré de la Chapelle et transporté dans une chambre intérieure par l'évêque au chant du *Parce* entonné par les assistants. Scellés apposés ; plusieurs témoins violemment expulsés.

Un Père hollandais, sommé de quitter le

territoire dans les vingt-quatre heures, le vicaire général, embrassant ce Père, dit : « Allez, mon Père, dire à l'étranger que nous portons en France le deuil de la justice et de la liberté. »

Foule tenue à l'écart. Les rues interceptées par gendarmerie. Foule généralement sympathique. Serrurier étranger hué.

Les Pères de la Miséricorde et les Assomptionnistes de l'orphelinat du Père Halluin, enfermés chez eux, attendent les crocheteurs.

Boulogne, 1 h.

Police, gendarmerie et bataillon de ligne arrivés à six heures chez les Rédemptoristes.

Religieux expulsés conduits triomphalement chez des amis. Manifestation splendide dans les rues. Population indignée. Rixes nombreuses...

Trois députés, avocats, avoué, notaire, huissier, expulsés par violence. Un religieux infirme poussé dans la rue s'est évanoui.

Poitiers, 5 novembre, 3 h. 25, soir.

Les Bénédictins de l'abbaye de Ligugé, près de Poitiers, ont été expulsés ce matin à sept heures.

Dix-huit Pères et cinq Frères ont été mis dehors.

Les abords ont été interceptés par la force armée, avant le jour, pour éloigner la population sympathique.

La surprise a été complète. Trente laïques à peine ont eu le temps d'accourir.

Il y avait là deux brigades de gendarmes à cheval, une brigade de gendarmes à pied, six agents de police, six crocheteurs, dont quelques-uns, dit-on, sont des prisonniers.

Trois portes ont été enfoncées successivement.

Les crocheteurs, entrés dans le couvent, ont fait des recherches inutiles dans tout le couvent.

Les Pères et amis ont été trouvés en dernier lieu réunis dans la salle capitulaire.

Au premier coup de pic dans la porte fermée, l'abbé entonne un psaume.

Il proteste ensuite énergiquement contre la présence du commissaire, et lit une lettre de Mgr Gay excommuniant les crocheteurs.

M. Saintois, avocat, proteste à son tour.

Les religieux sont expulsés un à un. L'un d'entre eux porte la croix d'officier de la Légion d'honneur reçue à Mentana et la médaille de Crimée. Les gendarmes lui présentent les armes.

On refuse de laisser plus de deux moines avec le curé et le vicaire de la paroisse au monastère.

Les bestiaux sont abandonnés sans personne pour les garder.

La population, très surprise et très sympathique, est refoulée au loin et montre une vive consternation.

Pau, 6 novembre, 10 h. 55.

L'attentat est accompli chez les Pères franciscains.

Le crime a duré quatre heures.

Le comité ayant refusé de sortir, le commissaire de police a ordonné aux gendarmes de faire feu.

Les membres du comité se sont couchés ; les gendarmes ont refusé de tirer.

Les portes des cellules ont été enfoncées ; des scènes émouvantes se sont produites.

A dix heures, les Pères sont sortis, conduits en triomphe par plus de 3,000 personnes chez M. Marianne, négociant.

Cris mille fois répétés de : « Vivent les Pères ! A bas les décrets ! Vive la liberté ! A bas la République ! »

Quelques braillards, payés à l'heure, crient : « Vivent les décrets ! » mais ils ne trouvent guère d'écho.

Trois Pères se montrent au balcon, aux acclamations de la foule émue.

Détails suivent par lettre.

Arras, 5 novembre, 4 h. 5 soir.

L'expulsion des Pères de la Miséricorde, commencée à une heure moins le quart, a duré près de deux heures.

Grand déploiement de forces d'infanterie et de génie, commandées par un chef de bataillon.

Manifestations sympathiques envers les Pères reçus dans une maison voisine.

Le clergé de la ville est mêlé à la foule.

Après le départ des troupes, une bande de voyous est venue manifester devant le *Pas-de-Calais*, dont les bureaux sont voisins de la maison des Pères.

La porte du journal a été défendue intrépidement par les rédacteurs rangés sur le trottoir.

Bientôt la gendarmerie est intervenue, sabre au poing ; elle a fait évacuer les voyous.

Les abords de la maison des Pères sont surveillés par la gendarmerie.

Actuellement, l'orphelinat Halluin est entouré par une foule immense.

On craint des désordres sérieux, tant le Père Halluin est populaire.

Disons à l'honneur des serruriers de la ville, qu'aucun d'eux n'a voulu se charger de cette triste besogne.

Il a fallu mander un ouvrier de Montreuil qui a été hué par la foule.

Flavigny, 5 novembre, 4 h. 10 s.

L'expulsion des Dominicains, commencée à 9 heures, a été terminée à deux heures.

Elle a été opérée brutalement.

La population a été admirable.

Une ovation touchante a été faite aux Pères.

Mlle de Saint-Jean a été brutalement arrêtée par la gendarmerie.

Apt, 5 novembre, 6 h. 55 s.

Les Oblats de Notre-Dame de Lumière ont été expulsés vendredi soir.

La foule a fait une ovation magnifique aux Pères.

Des huées formidables ont accueilli les exécuteurs.

L'*Agence Havas* nous communique, avec les euphémismes ordinaires, les dépêches suivantes :

Montauban, 5 novembre.

Ce matin, à neuf heures, M. Marchand, commissaire central, a expulsé les Grégoriens.

En arrivant à l'établissement, le commissaire a frappé trois fois. Les personnes qui se trouvaient là ont poussé quelques cris.

Le commissaire a fait alors forcer la porte d'entrée, puis la porte des cellules.

Un notaire et un avocat ont alors rédigé une protestation.

Dans l'intérieur du couvent, avec une trentaine de catholiques, étaient réunis quelques prêtres parmi lesquels l'abbé Daux, attaché à l'évêché, qui a excommunié le commissaire central et sa suite.

Le commissaire a fait sortir les laïques, et a signifié aux Pères l'arrêté qui les expulse de France.

Limoges, 5 novembre.

Ce matin, à onze heures, a eu lieu l'expulsion des Franciscains, dont l'établissement est situé près du cimetière.

Les portes et les fenêtres, qui étaient barricadées, ont été enfoncées par le commissaire central.

La Roche-sur-Yon, 5 novembre.

Les décrets ont été appliqués ce matin, de 6 à 8 heures. La troupe maintenait la foule qui était peu nombreuse, mais dans laquelle se trouvaient beaucoup de femmes. Après la sommation légale, les portes ont été enfoncées.

Les religieux sont sortis et ont été recueillis par le docteur Gouraud.

Les scellés ont été mis à la porte de la chapelle. Un ouvrier du cercle catholique a été arrêté.

Nice, 5 novembre.

Les Capucins de Saint-Barthélemy et de Cimiez (près Nice) et les Oblats qui résident dans le diocèse de Nice, viennent d'être avertis de nouveau que l'exécution des décrets ne s'appliquera pas à eux.

La Palisse (Allier), 5 novembre.

La congrégation des Pères du Sacré-Cœur établie à Saint-Gérand-Lepuy a été dissoute ce matin. Il a fallu enfoncer la porte. Trois Pères sont restés comme propriétaires et un frère servant comme domestique. Dix Pères sont partis. Les scellés ont été mis sur la chapelle. A l'intérieur avec les Pères, six laïques ont protesté et, parmi eux, M. Desmaroux, fils, maire de Saussat.

Thonon, 5 novembre, 8 h. soir.

L'expulsion des Capucins de Thonon, commencée à midi, a été terminée à trois heures et demie. Le sous-préfet a fait enfoncer les dix-huit portes du couvent.

Treize Pères se trouvaient dans la maison. Deux Capucins malades et le Père gardien y ont été laissés.

L'évacuation de la chapelle a été rendue plus longue par la présence d'un grand nombre de femmes.

Boulogne, 5 novembre, 6 h. soir.

La foule s'amasse aux environs du couvent des Passionistes.

On parle de manifestations et de rixes sans importance.

A deux heures arrivent les autorités.

Les portes sont enfoncées.

A cinq heures, la dispersion des Passionistes est accomplie.

La Roche (Haute-Savoie), 5 novembre.

Les Capucins de La Roche sont laissés dans leur couvent, parce que leurs droits ont été réservés par le traité d'annexion.

Bordeaux, 5 novembre, soir.

Lorsque le commissaire central s'est présenté au couvent des Bénédictins, le prieur lui a demandé s'il avait un mandat d'arrêt. Sur la réponse du commissaire qu'un tel mandat n'est pas nécessaire, le prieur a refusé d'ouvrir.

Les serruriers ont alors enfoncé la porte extérieure du couvent, puis une autre porte intérieure.

Trois Pères, trois laïques et un prêtre ont été expulsés.

Un Père est resté pour garder l'immeuble.

Annecy, 5 novembre.

Ce matin, à sept heures et demie, le commissaire central, accompagné d'agents de police et de 12 gendarmes, s'est présenté chez les Capucins. Pendant la nuit, les portes avaient été blindées et barricadées avec toutes sortes de matériaux. Après avoir forcé la porte d'entrée, on a dû enfoncer celles de 40 cellules. Les Pères ont protesté, l'un d'eux a lu au commissaire la formule d'excommunication. Deux religieux ont été laissés pour garder l'immeuble.

Un Père s'est fait porter hors du couvent. La foule au dehors criait : Vivent les décrets ! A bas les Capucins !

Fontainebleau, 5 novembre.

La communauté des Rédemptoristes d'Avon a été dissoute ce matin.

Clermont-Ferrand, 5 novembre.

L'application des décrets aux Missionnaires africains est terminée à Chamalières.

Auch, 5 novembre.

L'application des décrets a été faite ce matin aux Pères Olivétains d'Ordan Larroque.
Les scellés ont été apposés sur les portes de la chapelle.
Un seul religieux a été laissé comme gardien du couvent.

Nice, 5 novembre.

A 6 heures et demie du matin, le commissaire central, accompagné de sergents de ville, s'est rendu dans la maison occupée par les Pères africains, rue de France, et a procédé à leur expulsion. Le Père directeur a protesté et chaque Père s'est enfermé dans sa cellule. Le commissaire a dû faire ouvrir par le serrurier la porte principale et celle de chaque cellule. Deux Pères ont présenté des certificats prouvant qu'ils étaient les mandataires des propriétaires. Le commissaire a laissés pour garder la propriété jusqu'à nouvel ordre. Deux autres se sont rendus au palais de la princesse Christine, où ils ont reçu l'hospitalité. Un cinquième a quitté la ville.
MM. Bernard, ancien substitut du procureur de la République à Nice, et Rouquier, avocat, assistaient les religieux et ont protesté avec le Père directeur. Les scellés ont été posés.

Argentan, 5 novembre.

Les Rédemptoristes sont dispersés.
Il y avait seulement trois congréganistes. Le supérieur reste seul comme propriétaire.

Belfort, 5 novembre.

Aujourd'hui, à huit heures du matin, a eu lieu l'expulsion des Rédemptoristes de Pérouse, par le capitaine de gendarmerie.

Saint-Brieuc, 5 novembre.

Les décrets ont été exécutés ce matin à six heures contre les Maristes. Les portes furent brisées par les sapeurs de l'armée, l'expulsion fut faite par les gendarmes. Grand déploiement de troupes autour du couvent. Les généraux de Frettay et Marguisan et M. de Belizal, député, ont protesté énergiquement.

Saint-Brieuc, 5 novembre.

Une manifestation très bruyante a eu lieu sur la place de la Préfecture, lorsque les Pères Maristes, expulsés et escortés d'environ deux cents personnes, appartenant pour la plupart à l'aristocratie du pays, sont arrivés à l'évêché. La troupe a fait évacuer.
Mille femmes environ, faisant partie de toutes les classes de la société, agitaient des rameaux en criant : « Vivent les Pères ! A bas les décrets ! »
Il y a eu plusieurs arrestations, notamment celles de MM. Boullanger, ancien président du tribunal de commerce ; le vicomte Robert de Saint-Vincent, chef de bataillon du génie, domicilié au château de Forges par Limours.
Grande animation dans la ville.

Gordes (Vaucluse), 5 novembre.

Il a été procédé à la dissolution des Cisterciens. Le préfet assistait à l'opération, ainsi que le sous-préfet et le procureur. Quatorze novices ont été expulsés. Un octogénaire malade a été laissé dans le couvent, ainsi que le supérieur et deux Pères, comme propriétaires.

Valence, 5 novembre.

L'expulsion des Capucins de Crest a commencé à 6 heures. Une foule énorme se pressait autour. Deux cents hommes d'infanterie assuraient l'ordre.
On a été obligé d'enfoncer la porte de chaque cellule.
A deux heures, tout était terminé.
Les Pères ont été reçus dans une maison particulière.

Ces procès-verbaux et ces dépêches donnent une idée suffisante des méfaits de la république. Nous ne dirons rien des expulsions faites à Paris, rien d'une foule d'autres expulsions faites en province. Un seul acte nous reste à inscrire ici, le siège de Frigolet.
Muse, chante la colère de Grévy, qui n'était pas fils de Jupiter, et les exploits du vidangeur Constans, qui n'était pas un Hercule. Dis-nous combien de préfets, de sous-préfets, de procureurs, de gendarmes, de commissaires et d'agents de police ils ont mis en branle pour violer la liberté des professions, l'inviolabilité du domicile, le droit de propriété, la liberté de conscience et le libre exercice de la religion catholique. N'oublie pas d'ajouter que ces républicains, disciples de Vitellius et serfs de Gambetta, ont perpétré ces crimes en violant le droit moderne et en se couvrant, les insensés ! du droit césarien de l'ancien régime. Mais quand tu aurais cent bouches et cent langues, tu ne saurais

suffire à ces exploits héroïques. Qu'un seul fait reste aux accents de ta lyre. Fait, il est vrai, moins grand que le siège de Troie, la ruine de Babylone ou de Ninive, la prise de Jérusalem, de Numance ou de Saragosse, mais assez grand encore pour les nouvelles gloires. Je parle du siège de Frigolet, près Tarascon, patrie du grand Tartarin, un pygmée en comparaison des héros de la troisième république.

On avait vu, jusque-là, des hommes puissants par la force et par le génie des armes. Dès le premier temps, Nemrod était grand devant le Seigneur ; Nabuchodonosor, Sennachérib, Sésostris, Cyrus, Alexandre et César avaient illustré les temps antiques ; il s'était trouvé des poètes à la hauteur de ces événements, et, sans parler de Jérémie, Homère avait chanté les deuils de Priam et les lamentations d'Hécube. Trois siècles après le sacrifice du Calvaire, Constantin avait arboré le labarum. Genséric, Attila, Clovis, Théodoric et Charlemagne avaient rempli les temps barbares du bruit de leurs conquêtes. Mahomet, Gengiskhan, Timourlenk avaient réveillé les échos assoupis de l'Orient. Louis XIV, Napoléon, Bismarck de nos jours, avaient porté des coups d'épée dignes des anciens. Le sang n'avait pas cessé de couler depuis Abel, et, chose étrange, il avait glorifié plus ou moins ceux qui le répandaient. Mais la troisième république devait nous éblouir encore davantage... par le siège de Frigolet.

Frigolet, près Tarascon, patrie de Tartarin, l'homme dont la république fut jalouse, est une montagne élevée, inaccessible de tous côtés, sauf par un étroit passage, qu'il est facile d'obstruer avec des tablettes de chocolat et de fortifier avec des fruits de carton. Il y avait là une vieille abbaye, que les Prémontrés approprièrent, pour être plus loin des hommes et plus près de Dieu. Là, élevés comme les paratonnerres de l'ordre moral, ils priaient pour la France et servaient les pauvres. La république des Grévy, Ferry, Constans ne put supporter plus longtemps une telle abomination. Dans ses conseils, il fut résolu qu'on fermerait, au besoin par la force, cet asile de la prière et de la charité. Mais le style télégraphique peut seul répondre à la magnificence d'une telle entreprise.

Le monastère des Prémontrés, en pleine montagne, à dix kilomètres de Tarascon, a été cerné aujourd'hui dès neuf heures du matin. Présents : préfet des Bouches-du-Rhône. Sous-préfet d'Arles. Généraux Billot et Guyon-Vernier. De plus, cavalerie nombreuse, 26° dragons. Infanterie, 141° de ligne. Gendarmerie, 5 brigades : Rognac, Arles, Château-Renard, Saint-Rémy, Tarascon. Total : plus de 2.000 hommes ayant des vivres pour trois jours.

Blocus complet du monastère par lignes de fantassins et cavaliers. Réservé campée sur les montagnes. Sentinelles partout, baïonnettes au fusil.

Dans le monastère, 2.000 hommes dans les cours et les cloîtres. Campagnes soulevées. Groupes de vieillards, femmes et enfants, arrivant de toutes parts ; en tout 4 à 5.000 personnes. Toutes les portes fermées. Vive agitation.

Il est dix heures. Sommation officielle de l'arrêté préfectoral par le commissaire et un piquet de quinze gendarmes. Protestations immenses, clameur universelle. Huées de la multitude. Orateurs haranguant la foule. P. Hermann, Chauffard, Mistral Bernard, conseil de la Congrégation. Refus d'ouvrir. Siège et investissement commence. Tactique de l'attaque : réduire la place par la famine.

Des parlementaires envoyés pour demander vivres nécessaires aux assiégés, et d'abord 100 kil. de pain. Le commandant décline la compétence et adresse un télégramme au général Vernier. 4 h. 1/2, réponse n'arrive pas. Monastère a farine et vivres pour huit jours. Cavalerie et infanterie bivouaquent dans la plaine. Peuple provençal assiégé avec les religieux passera la nuit. Risée universelle des multitudes contre l'autorité, officiers, gendarmes et soldats, qui haussent les épaules ou qui pleurent.

Voici maintenant, d'après l'*Union de Vaucluse*, l'explication de cet éloquent logogriphe :

Dans la ferme appelée le « Mas de Lallemand », le général Guyon-Vernier, frère ou tout au moins cousin-germain d'un Père jésuite, avait établi son quartier. C'est de là qu'il donnait ses ordres et ses commandements.

La cavalerie chevauchait dans les terres d'alentour, barrant impitoyablement le passage à qui s'avisait de monter à l'abbaye ou d'en descendre.

Les religieux n'ont pas cessé un seul instant d'accomplir leurs saints exercices, les offices du chœur ont été célébrés jusqu'au bout comme de coutume, et il était très pittoresque d'entendre, d'un côté, les accords majestueux de l'orgue, et, de l'autre, les accents stridents du clairon.

Les villages voisins étaient accourus en masse ; ils se tenaient sur les hauteurs qui dominent l'abbaye. On a compté jusqu'à 7.000 personnes ainsi groupées, chantant les cantiques si populaires dans la contrée : « *Prouvençau et Catouli*...Sauvez Rome et la France », acclamant avec enthousiasme la religion, l'Eglise, les Prémontrés, ou huant les agents du gouvernement aussitôt qu'on les apercevait.

C'est ainsi que, samedi, M. Poubelle, préfet des Bouches-du-Rhône, a été l'objet d'une manifestation particulièrement significative. On a jeté toute espèce de projectiles sur sa voiture, on en a frappé la capote à coups de canne, et, faisant allusion aux sentiments religieux de Mme Poubelle, qui plus d'une fois s'est exprimée contre les décrets, la foule a crié à plusieurs reprises autour de lui: « Vive

Mme Poubelle ! A bas le préfet ! Hue ! Hue ! » Il a été ainsi poursuivi par 300 personnes pendant plus d'un kilomètre.

Dimanche, plus de 10.000 âmes se sont trouvées réunies aux environs du monastère, aussi près qu'on pouvait s'en approcher. Dans les rangs pressés de la foule, on remarquait nos braves félibres Mistral, Roumanille et Mathieu. Dans la plupart des groupes, l'exaspération était portée à son comble ; on apercevait des armes sous les blouses des braves paysans. Des mères conduisaient leurs petits enfants sur le théâtre de l'événement et d'une voix indignée, en leur montrant ce déploiement burlesque et odieux de la force armée, elles leur disaient comment la république entend la liberté et le respect des droits.

Il a fallu l'arrivée de M. Rigaud, le premier président de la cour d'Aix, pour faire cesser ce ridicule état de choses. Saisi de la plainte des religieux, il a été très énergique auprès du préfet Poubelle et du général Guyon-Vernier, s'étonnant qu'on crût pouvoir accompagner l'exécution des décrets de séquestration et d'attentats à la liberté individuelle de la nature de ceux qui se produisaient.

Dans les sphères administratives des Bouches-du-Rhône, on s'imaginait que le monastère était un véritable arsenal. On dit même que tel personnage avait pris pour des bouches à feu les gargouilles en fonte qui sont au mur des tours de l'église.

Tout a été du dernier grotesque dans cette équipée républicaine, qui fera dans notre histoire le digne pendant du célèbre *Siège de Caderousse*.

Intimidés par l'énergie de M. le premier président Rigaud, qui, aux termes de la loi, avait vis-à-vis de lui le caractère d'un juge d'instruction, le préfet Poubelle s'est hâté de réunir un dernier conseil de guerre, dont faisait partie son sous-préfet Dugat, ancien bandagiste-herniaire, et le général Guyon-Vernier. Il fut décidé que, pour éviter les rigueurs de la loi correctionnelle, dont la présence du premier président les menaçait, le crochetage aurait lieu le lendemain au point du jour.

C'est donc lundi matin, entre six heures et sept heures, que, sur le refus opposé par les religieux à la sommation d'ouvrir leurs portes, quatre serruriers et six maçons, amenés de Marseille et d'Arles (ceux de Tarascon ont tous refusé leurs concours) par M. Poubelle, ont enfoncé la porte qui met le réfectoire en communication directe avec le chemin.

Les crocheteurs étaient sous la conduite du citoyen Roudier-Carron, ancien jardinier, nommé depuis commissaire de police. Il a fait preuve de la plus complète ignorance de ses fonctions, que M. Hyacinthe Chauffard, l'un des conseils de la communauté, maître des requêtes démissionnaire au conseil d'Etat, a été plusieurs fois obligé de lui rappeler.

Les RR. PP. Prémontrés étaient réunis dans la salle capitulaire sous la présidence du T. R. P. Edmond, qui, du haut de son siège abbatial, a prononcé des protestations légales et notifié l'excommunication majeure. Scène émouvante, qui reportait les assistants à ces siècles de foi où l'Église, par l'organe de ses pontifes et de ses prêtres, opposait solennellement ses anathèmes et ses censures aux puissances du siècle, coupables d'empiéter sur ses droits imprescriptibles. Tous les assistants étaient émus ; les gendarmes eux-mêmes pleuraient.

Les exécuteurs des hautes œuvres de la franc-maçonnerie se sont hâtés de remplir de point en point le programme de M. Constans. Après avoir expulsé violemment les témoins, puis les religieux, ils ont apposé leurs illégaux scellés sur les portes extérieures de la splendide église abbatiale, qui est condamnée à rester désormais muette et silencieuse.

Les droits des propriétaires ont été respectés. Le T. R. P. abbé, les RR. PP. Herman, Louis de Gonzague et deux autres ont été laissés au monastère, avec les domestiques chargés d'en entretenir les bâtiments ou d'en cultiver les terres. Les crocheteurs n'ont pas touché à l'habitation des religieuses, à l'hôtellerie et au logement des pensionnaires.

Les religieux, au nombre de 37, sont immédiatement montés dans les voitures que des amis tenaient à leur disposition, et se sont mis en route pour Tarascon. La gendarmerie n'a cessé de les escorter étroitement comme de dangereux malfaiteurs. Mais la cavalerie les avait précédés dans cette ville. Cinq escadrons de dragons en occupaient militairement les abords et les principales rues, de peur qu'une démonstration publique n'éclatât sur le passage des nobles bannis.

Ceux-ci ont pourtant pu pénétrer dans la principale des églises, celle de Sainte-Marthe, où la population se pressait pour les acclamer et les couvrir de fleurs. Le vénérable M. Bondon, curé de la paroisse, s'est avancé à leur rencontre jusque sur le seuil du saint lieu et, avec cette autorité que lui donnent ses 82 ans, il a souhaité la bienvenue aux proscrits dans une allocution émouvante. Le R. P. prieur lui a répondu, les larmes dans la voix et dans les yeux, et l'assistance s'est retirée après le chant solennel du *Miserere* et du *Parce Domine*, pour se retrouver, à quatre heures du soir, sous les mêmes voûtes auprès du tombeau même de la glorieuse hôtesse du Sauveur.

Cette seconde manifestation de foi et de piété ne l'a pas cédé à la première. Mgr l'archevêque d'Aix, qui était arrivé le matin même à Tarascon, et que la force armée avait cerné dans le couvent de la Visitation pour l'empêcher de recevoir lui-même les religieux à Sainte-Marthe, l'a présidée. Sa Grandeur a adressé d'abord la parole aux fidèles et leur a lu du haut de la chaire l'Évangile des Béatitudes.

Puis elle a donné la bénédiction solennelle du Saint-Sacrement, à l'issue de laquelle les religieux se sont rendus, sous une véritable pluie de couronnes, de verdure et de fleurs, et au milieu des acclamations les plus enthousiastes, dans les divers asiles que la piété et le dévouement leur ont préparés.

Le préfet des Bouches-du-Rhône était parti avant cette manifestation, poursuivi des huées populaires qui lui demandaient des nouvelles de Mme Poubelle. Il était accompagné du général Guyon-Vernier et de M. Bessat, procureur général à la cour d'Aix, qui a recueilli sa bonne part de l'indignation générale.

La population se disposait à aller saluer M. le premier président Rigaud à son départ de la gare. Cette manifestation sympathique a été contremandée pour respecter le caractère du magistrat et l'indépendance de ses décisions futures.

Les bataillons du 141°, qui depuis jeudi faisaient le siège de l'abbaye, sont rentrés à Avignon presque incognito, trempés jusqu'aux os par la pluie, crottés jusqu'au genou par la boue, et avec des allures qui ne ressemblaient guère à celles de triomphateurs.

On se demande si le gouvernement ne fera pas frapper, pour leur mettre sur la poitrine, une médaille commémorative de cette brillante expédition, et s'il ne fera pas graver en lettres d'or sur les plis de leur drapeau, comme sur ceux de l'étendard du 26° dragons, ces mots : Blocus des Prémontrés.

Le lundi 8, au matin, au moment où, sur l'ordre de M. le premier président de la cour d'appel d'Aix, le préfet de Marseille se vit forcé d'ordonner la levée du siège par l'assaut et la prise de vive force du monastère, tous les religieux, toujours instruits d'avance des moindres opérations du dehors, quittèrent les murs, les tours et postes de défense pour se retirer dans leurs cellules respectives, accompagnés chacun des témoins suivants, destinés à faire un jour la preuve de l'attentat contre la violation de propriété, du domicile et de la liberté individuelle :

1° Le R. P. Edmond, abbé du monastère et supérieur général de la congrégation. Témoins, M. Chauffard, maître des requêtes honoraire au conseil d'État, avocat du barreau de Paris ; M. de Cadillan, ancien député ; M. le comte Hélion de Barrême, de Nice ; M. le comte Terray, de Barbantane ; M. Brun, de Tarascon, officier en retraite ; Me Camman, notaire, et Mes Drujon, avocat, et Leloup, avoué.

2° Père Louis de Gonzague, secrétaire intime. M. l'abbé Eysséris, aumônier militaire, et Me Lagrange, notaire à Tarascon.

3° Père Hermann, secrétaire général. Témoins, M. l'abbé Gaspard, vicaire de Tarascon ; M. Veray, statuaire, à Barbantane.

4° R. P. Romain, prieur, appartements du scolasticat. Témoins, M. l'abbé Ripert, curé de Saint-Jacques de Tarascon ; M. le comte de Barrême, MM. Pons.

5° R. P. Alexis, sous-prieur, dans sa classe. Témoins, M. l'abbé Bondon, doyen de Saint-Rémy ; M. de Cadillan fils.

6° Père Auguste, au noviciat. Témoins, M. l'abbé Grivet, vicaire à Tarascon ; M. Mistral-Bernard, de Saint-Rémy.

7° Père Stanislas, chantre et cellerier, économe. Témoins, M. Saint-René-Tallandier, ancien sous-préfet ; M. Bain, pharmacien ; M. Morand, négociant.

8° Père Désiré, bibliothécaire, retiré à la bibliothèque. Témoins, M. l'abbé de Tamisier, aumônier ; Chausse, propriétaire.

9°-10° Pères Ambroise et Ignace, au noviciat des convers. Témoins, M. Montagnier, avoué à Tarascon ; M. de Roux fils.

11°-12° Père Norbert, professeur ; Père Jean-Baptiste, sacristain, à l'atelier de reliure. Témoins, M. Tardieu et M. Ch. de Roux, de Tarascon.

13° Père Gabriel, professeur de rhétorique. Témoins, M. le docteur Perraud, de Maillarme ; M. Meyer, ébéniste, à Barbantane.

14° Père René, prédicateur, missionnaire, professeur. Témoins, M. Pascal, président du tribunal de commerce ; M. Cacchia, vicaire à Tarascon.

15°-16° Père Charles, Père Richard, directeur de la maîtrise. Témoins, MM. Lagrange, imprimeur, et Saladin, banquier à Tarascon.

16° Frère Jean-Marie, vestiaire, à la lingerie. Témoins, M. Celse, peintre ; M. Baptiste Drujon, à Tarascon.

18° Père Adrien, professeur et infirmier. Témoins, M. Abeau, curé de Boulbon ; M. Sérignan, vicaire de Saint-Cramas.

19°-20° Frère Hugues, Frère Ephrem, sacristin. Témoins, MM. Jean et Claudius Bonnet, de Tarascon.

Tous les autres religieux, retirés chacun à son poste, dans son office ou son emploi.

Députation en permanence : à la grille de fer du grand portail ; le R. P. Hermann, MM. Chauffard, de Terray, de Barrême, de Cadillan, Drujon, Leloup, Boulet, menuisier ; Forcadier, serrurier.

Tous les Frères portiers consignés aux diverses conciergeries.

En récapitulant les hautes œuvres de la société Constans-Grévy, il se trouve que les exécuteurs des décrets ont expulsé :

2.464 Jésuites.
32 Barnabites.
406 Capucins.
4 Camaldules.
176 Carmes.
239 Bénédictins.
80 Basiliens.
18 Bernardins.
27 Chanoines de Latran.
75 Cisterciens.
91 Pères de Saint-Bertin.
38 Pères réguliers de Saint-Sauveur.
12 Pères de Saint-Thomas.
45 Pères des Enfants de Marie.
153 Eudistes.

168 Pères de Saint-Jean de Dieu.
30 Pères du Refuge de Saint-Joseph.
41 Frères de Saint-Pierre-ès-Liens.
53 Pères des hospices des Missions.
58 Pères missionnaires.
240 Oblats.
68 Pères de l'Assomption.
170 Pères de la Compagnie de Marie.
20 Pères de Saint-Irénée.
3 Prêtres dits de la Sainte-Face.
51 Pères de l'Immaculée-Conception.
25 Religieux de Saint-Edme.
8 Missionnaires de Saint-François de Sales.
126 Rédemptoristes.
204 Dominicains.
409 Franciscains.
4 Pères minimes.
31 Passionnistes.
10 Camilliens.
9 Pères de la Doctrine chrétienne.
11 Pères Somasques.
11 Trinitaires.

Total : 5.643 religieux expulsés.
261 propriétés violées !

Le récit de ces coups de force n'en a jamais, hélas ! empêché le retour. Mais, recueilli par l'histoire, il en prépare le jugement. D'un côté, il montre un gouvernement violateur de tous les principes, oublieux de sa parole d'honneur, adversaire implacable de toute religion, usant et abusant de toutes les armes, pour asseoir sa domination, de gré ou de force, dans les âmes ; de l'autre, d'humbles religieux, expulsés de leurs domiciles, empêchés de suivre leurs règles, d'observer leurs vœux, de pratiquer les conseils de l'Evangile et de combler de bienfaits le peuple de France ; mais religieux couverts de leurs droits, protégés par la conscience populaire, défendus par les tribunaux, qu'il faudra dessaisir, pour achever l'œuvre de brigandage. A ce tableau, l'histoire ne saurait se tromper, ni défaillir : elle doit venger l'honnêteté publique et imprimer sa flétrissure au front des persécuteurs. En flétrissant les bourreaux, elle glorifie les victimes, défenseurs du droit qu'on leur applique et vengeurs de la société moderne que déshonorent de faux frères, ses indignes représentants.

Un journal protestant de New-York publie l'article suivant, sur l'accueil que les Etats-Unis réservent aux Congrégations expulsées de France :

« On dit que des prêtres, des religieux, des instituteurs congréganistes, connus sous le nom de Frères, viendront sous peu de France, d'où la persécution les veut chasser. Disons-le tout d'abord : ils seraient les bienvenus. L'invasion des ouvriers chinois a pu émouvoir quelque peu la Californie ; celle des mormons voués à la polygamie a obligé le congrès à voter des lois répressives contre un état de choses contraire à notre constitution sociale ; mais l'arrivée d'une partie du clergé régulier français dans notre pays ne peut que nous être particulièrement agréable.

« Nous avons reçu en 1793 les prêtres qui fuyaient la plus abominable des persécutions, et certes nous ne serons pas moins hospitaliers en 1880. L'arrivée des Frères enseignants nous cause une vive satisfaction ; sans doute, nos écoles sont fort bien dirigées, mais les exigences croissantes des professeurs qui les tiennent augmenteront sans doute encore, et la concurrence nous serait très profitable.

« Des hommes portant un humble vêtement, qui n'ont d'autre but que d'élever la jeunesse, que les préoccupations de famille ne peuvent rendre exigeants, et qui sont satisfaits avec un traitement de 200 dollars par an seraient pour nous une trouvaille heureuse.

« De plus, dans nos immenses territoires du Far-West, il se trouve un grand nombre de tribus insoumises qu'il vaudrait mieux convertir que de les exterminer. »

Cette justice rendue par des protestants, ces sympathies publiques exprimées par des sectateurs de Luther ou de Calvin, cela montre ce qu'il faut penser des apostats qui font, en France, au catholicisme, une guerre d'extermination. La politique seule ne serait jamais assez insensée pour se porter à d'aussi abominables excès. Pour les expliquer, il faut recourir aux passions des sectaires, aux fureurs du fanatisme athée, à la froide haine de la franc-maçonnerie, plus que cela, à la haute imbécillité de républicains indignes d'un tel nom, et que la justice française, nous l'espérons, saura bien retrouver un jour.

En attendant, les catholiques de France, en butte à la persécution qui s'obstine à les atteindre, suivant une consigne, *lentement mais sûrement*, ont des devoirs à remplir, savoir : assister leurs frères proscrits, les défendre, s'ils ne peuvent les venger, en tout cas, leur faire rendre justice. « L'opinion publique, dit éloquemment l'un d'eux, jugera tout cela ; la question est ouverte. Je n'ai pu faire de la situation qu'un court tableau, mais nous suivrons le développement des luttes qui vont s'ouvrir pour le bon droit et la bonne cause. La bataille aura ses péripéties ; mais viendra le jour du triomphe, car l'avenir est bien à nous. La date même qu'ils ont choisie pour nous frapper est la plus rassurante qu'on puisse trouver dans l'histoire du monde chrétien.

C'est le 29 juin, jour où Néron a fait crucifier saint Pierre la tête en bas ! Si jamais on a cru avoir détruit le catholicisme, c'est bien ce jour-là ; on pouvait se dire : « C'en est fini des chrétiens ; leur premier Pape est mort déshonoré »... et cependant, après des siècles écoulés, nous fêtons le 29 juin ! C'est une fête pour le monde catholique ; car c'est à cette date que l'Eglise catholique jetait ses racines définitives sur le monde, en l'arrosant du sang de son Pontife, pour le couvrir successivement de ses rameaux.

De la persécution est sortie vivante, non-seulement l'Eglise, mais la société actuelle ; car il y a du chrétien chez tous les modernes et si ceux mêmes qui nous méconnaissent ont en eux quelque chose de bon, c'est le christianisme qui le leur a donné !

On peut donc fermer nos couvents comme on a crucifié saint Pierre, nous n'attendrons pas dix-huit siècles pour les voir se rouvrir, et nous pouvons répéter dès maintenant ces beaux vers faits d'hier, que d'anciens élèves des jésuites disaient il y a quelques jours devant leurs maîtres vénérés :

Combien de jours mauvais aurons-nous traversés ?
Qu'importe ! Nous vaincrons : c'est en savoir assez.
L'avenir, c'est la paix que la bataille enfante...
Ce sont nos fils, un jour, peuplant ce même lieu,
C'est la France à genoux, c'est la foi triomphante,
L'infaillible avenir, c'est le règne de Dieu.

Les religieux expulsés et la justice républicaine.

Le gouvernement, ou du moins ce qui en usurpe le nom, vient d'expulser violemment les religieux de leur domicile. En les expulsant, les persécuteurs se flattent de dissoudre les congrégations religieuses ; en quoi ils se trompent. L'Ordre religieux existe par les vœux et par l'approbation de l'Eglise, deux choses hors des atteintes du pouvoir civil et soustraites à sa compétence. Dans l'impossibilité juridique et effective, de dissoudre les congrégations, les néo-jacobins, sous l'aspiration de la franc-maçonnerie, leur interdisent, par la force, la vie commune, avec l'espoir, sinon de les dissoudre, du moins de les corrompre. Mais, en leur interdisant la vie commune, en portant à leur vertu un défi, le gouvernement porte atteinte à une liberté qui est de droit commun non-seulement pour les Français, mais pour tous les hommes. De plus, en les expulsant de leur domicile, il fait brèche à la liberté de leur profession, à leur droit de propriété, à l'inviolabilité de leur domicile, à la pratique de leur foi et de leur culte ; et il le fait en vertu d'un droit, prétendu souverain, d'un droit d'ancien régime, d'une prérogative monarchique, antérieure et supérieure à la nation, diamétralement contradictoire à la déclaration des droits de l'homme et du citoyen. On demande si ce prétendu droit, exercé par le gouvernement contre les citoyens, auxquels il ne reproche aucun tort, aucune faute, aucun délit, n'est pas en opposition formelle avec la conception de toute société, et notamment de la société moderne dont il se dit le représentant. On demande si ces actes de proscription, au lieu d'être des actes du gouvernement, ne sont pas des attentats contraires aux chartes constitutionnelles, aux lois organiques, à la jurisprudence des tribunaux, à tous les droits naturels, positifs, humains et divins. En un mot, on demande si ces actes ne sont pas des crimes qui font encourir la colère de Dieu et doivent mener d'abord leurs auteurs aux galères.

C'est une question grave et de première importance pour les peuples. Les doctrines de la révolution affectent un singulier destin. D'un côté, elles s'expriment en beau langage ; elles prennent pour devise, la liberté, l'égalité et la fraternité ; elles parlent de progrès continu, de diffusion des lumières, de multiplication du bien-être. A entendre ceux qui les prônent, le jour où ces idées obtiendront la libre pratique, il n'y aura plus de nuage au ciel ni de lacune à la prospérité du genre humain. C'est le retour au paradis terrestre. Puis lorsque vous voyez prévaloir les prôneurs de ces doctrines humanitaires, la réalité ne répond nullement aux promesses, ou plutôt elle contredit avec une espèce de brutalité cynique. Au nom de la liberté, on vous enchaîne ; au nom de l'égalité, on vous opprime ; au nom de la fraternité, on vous tue. Le progrès consiste à rejeter l'Evangile et à retourner aux dégradations du paganisme. La diffusion des lumières consiste à s'arroger le monopole et à fermer les écoles rivales. Le bien-être, d'après le nouveau modèle, c'est d'accabler le peuple d'impôts et de mettre le budget au pillage. Que l'agriculture, l'industrie, le commerce s'en tirent s'ils le peuvent ; tout est bien pourvu que les tribuns se gobergent ; et périsse la France plutôt que la franc-maçonnerie.

Ces mensonges ne méritent pas d'être relevés par la critique ; mais ces horreurs appellent un châtiment. A la première révolution, les républicains se mangeaient les uns les autres, et en ce point ils avaient raison ; sous la troisième, ils essaient de faire, de la fortune politique, un immense râtelier, toujours plein de foin, où les ânes n'ont plus besoin de se battre. Mais enfin la France ne peut pas continuer longtemps d'être la proie de cette orgie et il faut bien espérer que la réparation aura son jour. Tant que la justice populaire n'aura pas lavé, avec du plomb, la tête de tous ces proclamateurs déclamatoires et violateurs effrontés de la Déclaration des droits de l'homme et du citoyen, il sera impossible d'y croire et difficile de la faire respecter.

Quant à la pieuse justice, due à l'infortune des victimes, il ne lui manqua rien dès le premier jour. A l'apparition de l'article 7, tous les évêques avaient rendu hommage au talent, au savoir et aux services des ordres religieux ; à la publication des décrets, tous avaient protesté contre l'injustice ; après l'expulsion des congrégations non-autorisées, les évêques continuèrent à témoigner, aux religieux, une égale confiance et une plus vive sympathie. *Res sacra miser*, disaient les anciens ; un malheureux est un être sacré pour tout homme qui n'est pas le dernier des hommes ; mais quand ce malheureux est un innocent plein de mérites, frappé par l'injustice et la violence, il a tous les titres à la plus pieuse vénération. Ces religieux que Voltaire dirait être l'*élite de l'humanité*, ne pouvaient, par la persécution, que grandir dans la pieuse estime de l'Église.

Voici ce que répondait notre père en Dieu, Mgr Parisis, à ces libérâtres qui affectaient de distinguer entre les Ordres religieux et l'Église :

« Les orateurs qui sont venus à cette tribune attaquer les jésuites ont presque toujours commencé par les distinguer, ou plutôt par les séparer de l'Église elle-même. Ils ont soutenu qu'ils étaient dans l'Église un corps à part, indépendant, s'imposant aux pasteurs légitimes, les dominant, les compromettant, sous prétexte de les aider et de les servir. Je rends justice aux intentions qu'ont eues les orateurs en mettant ainsi la religion à part.

« Mais il faut que je les prévienne qu'ils se sont trompés, qu'on ne peut ainsi séparer les jésuites de l'Église elle-même.

« Assurément l'Église pourrait, à la rigueur, vivre sans eux, mais eux ne peuvent vivre que par elle et par sa volonté formelle. C'est l'Église qui les a produits ; c'est l'Église qui les conserve dans son sein. La société dont je parle, il faut qu'on le sache, n'enseigne que ce qu'enseigne l'Église catholique. Elle ne fait que ce que l'Église lui commande, et nulle part, dans le monde, aucune société n'a donné des preuves plus éclatantes d'une obéissance prompte, entière, silencieuse, quelquefois héroïque, aux moindres volontés de l'Église. On veut proscrire les jésuites. Leur cause est la nôtre, nous nous déclarons solidaires. »

Après la dispersion des jésuites, le cardinal Régnier, archevêque de Cambrai, disait dans une allocution synodale : « Et maintenant, quelle est leur position en notre diocèse ? — Séparés les uns des autres et jouissant isolément de cette hospitalité que prêtres et laïques ont été heureux de leur offrir, ils conservent *en entier leurs pouvoirs* spirituels pour l'exercice du saint ministère, notamment pour la prédication de l'Évangile en toutes nos paroisses, et pour la continuation des œuvres de religion et de charité confiées à leur zèle.

« Ils ne peuvent plus se lever au son de la même cloche, ni prier et méditer ensemble les vérités éternelles dans le même sanctuaire, ni entendre la même lecture de piété pendant la courte durée de leurs repas ; mais voilà tout ce qu'on a pu leur ôter au prix de tant de bruit, de tant de froissements, de tant de violences, et en faisant au cœur du clergé et des fidèles de si douloureuses blessures.

« Nous ne pouvons assez remercier ces vaillants ouvriers évangéliques de ce que, dans l'intérêt de votre ministère pastoral, ils se sont résignés à la situation anormale qu'ils subissent et qui, nous l'espérons, ne sera que passagère.

« Leurs chapelles sont fermées ; mais ce n'était point dans leur intérêt, c'était seulement à leur charge qu'elles étaient ouvertes. Elles donnaient satisfaction à des besoins religieux qui ne seront pas longtemps méconnus ou dédaignés, nous l'espérons. On ne fera pas à ces lieux de prière, d'instruction religieuse et de moralisation populaire de plus dures conditions qu'aux cabarets. »

Après la dispersion des autres congrégations, le cardinal Guibert adressa, à tous les religieux persécutés, une lettre apostolique : c'est une page qui se teinte comme d'un reflet des catacombes. Guibert avait été, à Viviers, gallican, très hostile à l'*Univers*, au point d'avoir écrit, contre ce journal, une page que Pie IX voulut réprouver ; à Tours, il avait donné dans ses rêveries de l'ontologisme ; dans toute sa carrière il avait été un peu embarrassé par ces idées de conciliation, émanation funeste de son berceau clérical. Bientôt son panégyriste le louera de ce qu'a blâmé Pie IX et célébrera en lui des actes qui pourraient nous autoriser à des représailles. Mais Guibert était un religieux Oblat et, dans ce religieux, il y avait une âme d'apôtre. Nous publions le préambule de sa lettre.

« Une grande affliction est venue vous visiter. Cette vie commune, embrassée pour le service de Dieu et du prochain, cette vie de sacrifices que vous aviez préférée aux joies de la famille et aux satisfactions du bien-être, vous a été rendue impossible. La douleur que vous en ressentez est partagée par tous ceux qui vous aiment, qui estiment la sainteté de l'état religieux et savent apprécier les services qu'il rend à l'Église ; c'est-à-dire par tous les vrais catholiques. Si, au milieu du concert unanime de leurs condoléances et de leurs regrets, il est des voix qui doivent s'élever au-dessus des autres, ce sont celles des premiers pasteurs, qui sont mieux à même de mesurer le vide que va laisser, dans l'ensemble des travaux apostoliques, l'interruption de votre ministère.

« Plus que tout autre évêque, dans cette immense capitale, j'avais besoin du concours de votre zèle, de votre science, de vos talents. La vive peine que m'inspirent vos malheurs à cause de l'affection que je sens pour vos personnes, s'accroît encore par la pensée du dommage qu'éprouveront tant d'âmes confiées à mes soins, que vous conduisiez dans les voies de la vertu et de la piété chrétienne.

« Cependant, mes bien-aimés Pères, la tristesse qui nous est commune ne doit pas ressembler *aux tristesses de ceux qui sont sans es-*

pérance. Loin de là, notre confiance s'élève et se fortifie dans les tribulations.

« Nous attendons de la divine bonté qu'elle couronnera un jour les mérites acquis dans la souffrance ; et nous avons pour vous un espoir plus prochain, fondé sur l'expérience et la raison, qui nous apprennent combien sont mobiles les opinions et les passions des hommes, combien sont contraires à l'esprit public de notre temps les violences dont vous êtes les victimes. »

Le clergé de second ordre et les pieux fidèles ne manifestèrent pas leurs sympathies avec moins d'empressement que les évêques. Au jour du péril, tous les religieux furent assistés par des amis qui les réconfortaient, par des témoins qui se prêtaient à la constatation de leurs droits, et par des magistrats qui volaient à leur défense. Les sympathies les plus respectueuses et les plus dévouées les accueillaient à la sortie de leurs modestes asiles et, de toutes parts, on leur offrait avec empressement une affectueuse hospitalité. Des personnes riches leur offrirent même des maisons complètes, des châteaux où ils pourraient momentanément s'abriter, non-seulement à l'étranger, mais en France. Il appartenait aux hommes dont la mission spéciale est d'étudier les lois, d'apprécier la légalité des moyens employés pour contraindre ces vénérables et paisibles religieux à quitter leurs pauvres cellules et à se disperser. Un comité de défense fut formé ; il organisa d'abord le pétitionnement contre l'article 7 ; puis veilla, avec autant de science que de fermeté, à la revendication des droits violés par la république. D'autre part, on ouvrit une souscription pour les religieux spoliés et expulsés, auxquels le gouvernement, méprisant la plus élémentaire justice, enlevait la jouissance de leurs propriétés et la liberté même de continuer les travaux dont ils vivaient. Cet appel à la charité était d'autant plus nécessaire que, l'œuvre si bien conduite du comité pour la défense religieuse devant conserver son caractère propre, ne pouvait répondre aux besoins si grands, si pressants que multipliait l'exécution du dernier décret. De là le *denier des expulsés*, souscription que patronnèrent tous les journaux honnêtes, mais nul avec plus de succès que l'*Univers*. En voyant le souci des chrétiens d'assister leurs frères, on pouvait dire comme au temps de Julien l'Apostat : « Voyez comme ils s'aiment ! » Les fidèles, si accablés de toutes parts, consacrèrent, à ce denier, des millions. Ce denier réfute péremptoirement la soi-disant hostilité du peuple contre les ordres religieux, vainement alléguée par les calomniateurs et les persécuteurs de l'Église.

Les évêques et les fidèles ne se contentèrent pas d'assister les religieux proscrits ; les évêques voulurent, de plus, poser des actes conservatoires des droits de l'Église. Nous citerons, pour tout l'épiscopat, les actes solennels de plusieurs prélats :

Protestation de Mgr Paulinier, archevêque de Besançon :

« Monsieur le commissaire,

« Je laisse à M. de Longeville, en sa qualité de citoyen français et de propriétaire, et aux révérends Pères capucins, en leur qualité de citoyens français, le soin de faire valoir leurs droits devant les tribunaux civils, et j'espère que ces droits seront un jour reconnus, à moins que la justice ne doive à tout jamais être bannie de la France.

« Mais je suis ici, moi, comme archevêque ; ces religieux sont placés sous ma juridiction, ils sont mes prêtres, je leur dois ma protection ; je proteste donc sur le seuil de ce cloître violé contre l'expulsion sacrilège de prêtres qui n'ont jamais manqué à aucun devoir et ne sont connus du peuple que par leurs bienfaits. Vous assumez devant Dieu, par leur expulsion, une responsabilité immense.

« Si vous persistiez à achever votre œuvre, je n'ai qu'un mot à ajouter ; c'est celui que Notre-Seigneur Jésus-Christ, notre maître à tous, disait à un homme que dix-huit siècles ont flétri : *Faites vite ce que vous faites* pour ne pas prolonger davantage une douloureuse agonie. »

Protestation de Mgr Dabert, évêque de Périgueux.

« Nicolas-Joseph Dabert, par la miséricorde divine et la grâce du Saint-Siège apostolique, évêque de Périgueux et de Sarlat.

« Représentant les droits et les intérêts spirituels et temporels de notre diocèse.

« En présence des nombreux fidèles réunis dans ce sanctuaire, nous faisons du haut de l'autel, dans toute l'énergie de notre conscience, les protestations suivantes :

« Nous protestons de violence contre les effractions et l'invasion de cet établissement qui nous appartient en la qualité ci-dessus, et qui est la demeure légale des révérends Pères capucins, comme étant eux-mêmes nos missionnaires diocésains.

« Nous protestons de violence contre la fermeture par les mêmes agents de ce sanctuaire qui nous sert de chapelle épiscopale.

« Nous protestons de violence contre l'expulsion par les mêmes agents de nos vénérables missionnaires, auxiliaires nécessaires de notre clergé paroissial.

« Et après les attentats commis sous nos yeux, nous déclarons réserver, tant contre ceux qui les ont ordonnés que contre ceux qui les ont perpétrés, tout droit de poursuite au civil et au criminel, conformément aux lois de notre pays.

« En outre, selon la teneur de la Bulle *Apostolicæ sedis*, en date du 12 octobre 1869, par laquelle le pape Pie IX, de sainte mémoire, promulgue à nouveau le Canon du deuxième concile de Latran sur le *Privilège des clercs*, nous déclarons soumise, *par le seul fait*, à une excommunication réservée au souverain Pontife toute personne qui, par une inspiration diabolique, aura porté les mains avec violence sur les clercs et sur les religieux présents dans cette maison ou dans cette chapelle.

« Périgueux, le 4 novembre 1880.

« † Nicolas-Joseph

« *Evêque de Périgueux et de Sarlat.* »

Un évêque, Mgr de Cabrières, ne se contenta pas de protestations écrites, de lettres écrites aux préfets ou aux commissaires, il paya de sa personne. Le prélat, revêtu du rochet et du camail, se transporta à la préfecture de Montpellier et là, sans autre préambule, déclara que sa visite avait pour but une double communication. Voici le sens exact de ses paroles :

« Monsieur le préfet, je viens remplir auprès de vous un bien douloureux devoir. Le couvent des Carmes a été, ce matin, forcé par votre ordre, et leur clôture a été violée. Ces religieux sont citoyens français ; et comme tels, ils ont des droits à défendre, des satisfactions à réclamer. Je n'ai pas à entrer dans ces revendications : ils ne manqueront pas de les faire valoir par eux-mêmes. Mais comme religieux, ils sont placés sous ma protection, et je dois défendre les privilèges que l'Eglise leur a de tout temps accordés. Je crois donc devoir protester devant vous contre la violence dont ils ont été l'objet, et contre celles qui atteindraient les autres religieux de mon diocèse.

« De plus, monsieur le préfet, vous êtes, je le sais, chrétien et catholique. J'ai l'obligation douloureuse de vous rappeler qu'il y a des peines spirituelles portées contre ceux qui commettent des actes pareils.

« Voilà, monsieur le préfet, ce que j'avais à vous dire ; et ma visite n'ayant pas d'autre but, je me retire. »

Sa Grandeur, raconte un témoin autorisé, s'est levée aussitôt et s'est retirée.

Deux jurisconsultes avaient proclamé le droit des religieux ; deux mille avocats avaient souscrit les consultations Rousse et Demolombe ; dix-huit cent mille citoyens, pères de familles la plupart, s'étaient adressés aux Chambres, pour réclamer le droit inamissible de faire élever leurs enfants par des maîtres de leur choix. Au Sénat, lorsque ces pétitions furent rapportées, un transfuge, Fouchet de Careil, ci-devant, petit décrotteur d'articles au *Correspondant*, déclara qu'il fallait ne tenir aucun compte des pétitions. Les Buffet, les Chesnelong, les Lucien Brun protestèrent contre ce mépris du droit de pétition, droit qui devait être sacré en république. Le sénateur Bocher, moins acquis à l'Eglise, s'éleva avec force contre la conduite du gouvernement. « Il n'y a plus de discours à faire, dit-il, plus de preuves à fournir, plus d'arguments à donner. Peut-être reste-t-il encore, pour certains d'entre nous, un devoir à remplir : celui de faire entendre dans ce grave débat, la protestation de leur raison, le cri de leur conscience.

« Ce cri, d'un ami sincère et désintéressé de la liberté, a failli s'échapper hier vingt fois de mes lèvres. Je ne le retiens pas davantage. La liberté, je l'ai servie autrefois, quand elle était le gouvernement de mon pays.

« Elle m'a plu quand elle n'était plus que la cause des vaincus, je l'ai suivie, je l'ai défendue, obscurément, mais sincèrement avec vous, derrière vous. Aujourd'hui que vous semblez l'abandonner, je lui demeure fidèle.

« J'ai vécu trop longtemps pour n'avoir pas déjà vu bien des excès commis au nom des lois. D'autres décrets, en 1852, ont été une grande injustice, une grande faute.

« Ils s'appuyaient aussi sur les lois existantes. Mais ils étaient l'œuvre d'un seul. Cette œuvre de la dictature aurait été impossible même sous l'Empire, dès qu'il a rendu la voix à une assemblée.

« Aujourd'hui, devant une violation semblable du droit, j'éprouve la révolte des mêmes sentiments qu'en 1853. Et c'est au nom du droit offensé, de la liberté blessée que je viens la défendre ici. »

Après ce début, l'orateur présentait l'historique des faits, l'article 7, son rejet par le Sénat, le mépris de son autorité constitutionnelle, les deux décrets, l'expulsion des jésuites, le projet d'arracher par cette expulsion les enfants aux maîtres choisis par leurs parents. Ensuite il constatait, par un éloquent exposé, qu'aucun régime, pas même la république jusque-là, n'avait appliqué ces fameuses lois existantes. Après quoi, il s'élevait contre la violation odieuse, abominable, du droit des enfants et des parents ; reprochait aux républicains leur opposition criminelle à l'esprit de liberté et de tolérance. Enfin il flagellait le parti-pris d'établir l'unité dans l'éducation et conjurait de n'en pas détruire l'âme, qui est la liberté. « Vous voulez, dit-il, que nos enfants aiment la république ; il faut commencer par la faire aimer des parents. Que votre république, à laquelle je ne demande pas d'être aimable, ne soit, du moins, pas haïssable ; qu'elle ne froisse pas les consciences dans ce pays de justice et d'honneur. Prenez garde ! C'est vous qui avez jeté l'inquiétude dans les esprits. Ne restez pas sur une pente dangereuse. Songez à l'honneur de votre nom. N'y laissez pas imprimer une tache qui ne s'effacerait jamais. »

Après le rejet des pétitions, l'éminent jurisconsulte, Jules Dufaure, présenta, en faveur du droit d'association, un projet de loi, que les républicains eussent acclamé, s'ils avaient été autre chose que la lâche tyrannie. Dans son exposé des motifs, Dufaure disait :

« Le droit de s'associer, aussi bien que le droit de manifester sa pensée par la voie de la presse, de professer librement sa religion, d'enseigner, de travailler, appartient à tout le monde : il ne pouvait entrer dans notre pensée de l'interdire à personne ; nous vous proposons une loi d'égalité en même temps que de liberté.

« Nous n'ignorons pas cependant que l'on a cherché des motifs de restriction dans la nature des travaux auxquels l'association doit se consacrer, du but qu'elle doit poursuivre. En 1872, dans l'Assemblée nationale, en pleine République, on proposait de refuser la liberté aux associations politiques : leur objet, disait-on, est le même que celui du gouvernement ; elles ne peuvent avoir d'autre but que de le gêner, l'attaquer, le suppléer ou le supplanter ; leur résultat inévitable est un trouble profond et continu de l'ordre public.

« D'autres orateurs, par contre, disputaient la liberté aux associations religieuses ; elles s'attaquent moins, disait-on, au pouvoir qu'à la société telle qu'elle s'est fondée depuis près d'un siècle ; elles s'attaquent à ses idées, à ses mœurs, à ses tendances, elles nous ramèneraient peu à peu, par la plus étonnante des révolutions, à un régime dont la France s'est séparée pour toujours. — Je crois absolument chimériques les craintes des adversaires du droit d'association. Je partage les idées qu'exprimait si bien le savant rapporteur de 1872 :
« A notre sens, la société laïque est assez
« forte pour n'avoir rien à craindre de cor-
« porations religieuses qui ne seront pour
« elles que des associations soumises au droit
« commun. Qu'on ne nous objecte pas que
« nous favorisons outre mesure l'établisse-
« ment des Ordres religieux en France ; nous
« préférons à la tolérance complaisante qui
« ferme les yeux, le droit commun qui, sans
« faiblesse, sans partialité, assujettit toutes
« les associations à ses règles et à une sur-
« veillance continue. Nous ne voulons pas de
« privilège pour les congrégations, nous n'en
« voulons pas contre elles. Nous essayons
« d'asseoir leur liberté sur les libertés pu-
« bliques ; accoutumons-nous à respecter la
« liberté en autrui, principalement parce que
« c'est le devoir et aussi parce que c'est le
« moyen d'assurer notre propre liberté. »

(*Annales de l'Assemblée nationale*, t. VI, Annexes; p. 176.)

Ces sociétés de toute nature, ainsi établies, vivront au milieu de nous, sous l'œil vigilant de l'autorité qui les connaîtra, abandonnées chacune à l'œuvre pour laquelle elle a été formée.

Quel que soit le but de leurs travaux, et il suffit de jeter les yeux autour de nous pour voir quelle grande variété de services l'association peut rendre à un pays, elles n'ont pas par elles-mêmes, par la seule volonté de leurs membres, une personnalité civile. Elles se composent d'individus juxtaposés, conservant tous leurs droits personnels, et pour que l'association prenne un corps, une existence juridique, il faut un acte de reconnaissance émanant d'une autorité supérieure.

A la Chambre des députés, Emile Keller, répondant au juif Naquet, signala le point de départ de la persécution, dans le projet d'embrigader les enfants dans les écoles de l'Etat, soi-disant pour procurer l'unité morale de la patrie ; il montra les jurisconsultes opposés à cet attentat contre la liberté d'enseignement, les magistrats démissionnaires pour ne pas conniver à leur exécution ; les commissaires de police eux-mêmes honteux du rôle ignoble qu'on leur fait jouer ; il célèbre la soumission exemplaire des religieux se conciliant avec l'entière revendication du droit ; il flétrit cette presse dévergondée qui pousse, contre les religieux, à des attentats plus criminels encore; il s'indigne du triste ministère imposé à l'armée, remplacée, pourtant, plus d'une fois par les pompiers ; il s'élève contre l'injure faite aux étrangers, expulsés sans pudeur du sol hospitalier de la France. « Les persécutés, dit-il, viennent de recevoir du clergé anglican un éclatant témoignage de sympathie et voici ce que le plus grand journal du monde, le *Times*, dit de l'exécution des décrets :

« Les actes d'aujourd'hui ont virtuellement terminé, à l'égard de Paris, les scènes *scandaleuses* appelées l'exécution des décrets. Les détails ne manqueront pas de soulever l'indignation. Sauf les temps révolutionnaires proprement dit, *jamais* le gouvernement d'un grand pays ne *s'était abaissé* à une pareille entreprise et le ministre de la justice présidant le tribunal des conflits, jugeant en faveur de sa propre cause, est le comble de ces *atroces* sottises qui, depuis des mois, ont stupéfié le monde entier: — Pour apprécier avec calme les dispositions dont il s'agit, il convient de tenir compte des opinions opposées, et il est bien aisé de voir de quel côté se trouvent les gens que respectent la France et de quel côté se trouvent ceux qu'elle redoute et dont elle se défie. — Les bandes chargées d'applaudir aux décrets et de tuer les victimes sont généralement composées d'individus dont le pays a *horreur*, d'individus qui sont les champions de toutes les révolutions, et qui *bouleverseraient demain la société* de fond en comble, si la protection d'une armée vigilante manquait à la France. — Tous les esprits sensés, tous les hommes réfléchis et sincères, sans distinction de partis, de classes ou de croyances religieuses, assistent consternés *à ce viol* de la liberté. »

« Toutes ces violences, conclut l'orateur, ces violations de domicile, de la liberté individuelle, de la liberté religieuse, cet outrage à la magistrature à laquelle on refuse de rester la gardienne de nos droits, de nos biens, de nos libertés, tout cela fait pour arriver à réaliser le plan que je vous signalais : pour arracher la jeunesse à la foi de nos pères. En vérité, combien êtes-vous pour tenter cette entreprise. En 1872, il y avait 80.000 libres penseurs, déclarés tels ou récemment. J'admets que depuis cette époque votre talent et votre éloquence ont fait beaucoup de prosélytes.

« Il faut y ajouter la triste et toujours nombreuse séquelle des hypocrites affamés de places que tous les gouvernements traînent à leur suite.

« Eh bien, ajoutez tout ce que vous voudrez, je vous mets au défi de faire une statistique religieuse de la France, et vous-mêmes, vous y avez renoncé, car, après celle de 1872, on n'a plus osé en faire de peur d'y trouver un éclatant démenti à votre prétention de former la France à votre image.

« Messieurs du gouvernement, la Chambre va vous rendre sa confiance, vous en êtes certains, et vous pourrez tout à l'heure, comme on le disait, monter au Capitole, tout fiers de la victoire que vous avez remportée sur 6.000 citoyens français sans autres armes que leur droit et leur conscience. Oui, Messieurs, soyez fiers de votre victoire, car vous avez couvert la France de honte et de ridicule et vous avez déshonoré la République. »

Dans la suite de ce discours, le vaillant et éloquent Keller avait signalé ces quatre cents magistrats, nommés par le gouvernement et descendus de leur siège plutôt que de tremper la main dans l'exécution des décrets. Deux mille avocats avaient adhéré aux consultations juridiques des Rousse et des Demolombe; deux millions de pétitionnaires avaient protesté ; on ne peut pas, sans déraison, croire que les évêques et les catholiques n'aient pas tous énergiquement protesté contre ces attentats ; voici maintenant les exécuteurs qui se refusent, les agents de police, les commissaires, les substituts et les procureurs qui déposent l'écharpe ou quittent leur siège plutôt que d'encourir, dans leur conscience et devant le public, le remords et le reproche d'avoir levé la main contre l'élite de l'humanité.

Nous glanons, dans les feuilles publiques, la liste, forcément incomplète, des magistrats démissionnaires.

COUR DE CASSATION

1 avocat général.

M. Lacointa.

COUR D'APPEL

2 procureurs généraux.

MM. Francisque Rive, à Douai ; Clappier, à Grenoble.

15 avocats généraux.

MM. d'Herbelot, à Paris ; Dupuy, à Aix ; Detourbet et Baile, à Amiens ; Huart, à Besançon ; De Vimeux et Dubiège, à Bourges ; Grévin, Maseaux et Pierron, à Douai ; Debanne, à Lyon ; Dubron, à Nîmes ; Toinet, à Poitiers ; Eparvier et de Villosanges de Douhet, à Riom ; Saulnier de la Pinelais, Rennes ; Belin, id. ; Mareschal, à Chambéry ; Gautier de la Ferrière, à Rouen ; Soret de Boisbrunet, à Caen.

14 substituts du procureur général.

MM. Pagès, Dubois, Boucher de la Rupelle et de Raynal, à Paris ; Gourdez, à Aix ; Noyelle, à Amiens ; Colas de la Noue, à Angers ; Texier de la Chassagne, à Limoges ; Boubée, à Lyon ; De Bibal, à Montpellier ; Mathieu de Vienne, à Nancy ; Gardelle, à Pau ; de Lomas, à Caen ; Legoux, à Dijon ; Coizard, à Montpellier ; Foucqueteau, à Orléans ; Bailly, à Chambéry.

TRIBUNAUX

Procureurs de la République.

MM. Dumont, à Angers ; De Vuillermoz, à Besançon ; Darbois, à Boulogne-sur-Mer ; Charvet, à Digne ; Bouvier, à Brignoles ; De la Gorce, à Douai ; Nivet, à Draguignan ; Beck, à Hazebrouck ; D'Avout, à Lons-le-Saulnier ; Bienvenue, à Loudéac ; D'Auferville, à Lyon ; Le Boucher, à Nantes ; Barbier, à Orthez ; Griveau, au Puy ; Bernet-Rollandé, à Riom ; Barbette, à Rouen ; Mazas, à Trévoux ; Vial, à Troyes ; De Froidefond de Farges, à Versailles ; Raynaud, à Villefranche (Rhône) ; du Périer de Larsan, Angoulême ; Sever-Pagès, à Die ; Coqueret, à Caen ; Deschamps, à Bayeux ; Vigneaux, à Narbonne ; Bazire, à Avallon ; Guèse, à Lavaur ; Puget, à Ploërmel ; Chevallier, à Tours ; Toussaint, à Mâcon ; Baile, à Bagnères-de-Bigorre ; Lorenchet de Montjamont, à Langres ; Perrin, à Autun ; Serville, à Saint-Julien ; de Casabianca, à Carpentras ; Colas des Francs, à Loches ; Malassis-Cussonnière, à Mortagne ; Marion de Rogé, à Saint-Nazaire ; Pellerin, au Havre.

Substituts du procureur de la République.

MM. Angot des Rotours, Bonnet, Brugnon, Boudet, Charpentier, Louchet, Chaulin, de la Fuye et Proust, à Paris ; Fabre à Aix ; Courbette, aux Andelys ; de Richebourg, à Bourges ; Roger, à Bourges ; Gréan, à Montreuil ; Hardouin, à Amiens ; Privat et Lambert, à Angers ; Cottineau, à Belfort ; Delile-Manière, à Blaye ; de la Taille, à Blois ; Dempière et Desmythères, à Boulogne ; Chomel, à Bourg ; Roger (Octave), à Bourges ; Mongins de Roquefort, à Castellane ; Bidault des Chaumes, à Clamecy ; Roux et Tallon, à Clermont-Ferrand ; Du Bosq, à Cognac ; Allard, à Douai ; Caron de Fromentel, à Hazebrouck ; Monteage, à Laval ; Toussaint, Boyer-Chammard et Bidard, à Lille ; Chaisemartin, à Limoges ; Ledemé, à Lodève ; Cüjeana, à Lons-le-Saunier ; de Combes, de Lagrevol, Lagrange, Laurens et Millevoye, à Lyon ; Privat, au Mans ; Delalande, à Marvejols ; Dazeste de la Chavanne, à Montbrison ; De Champs, à Montluçon ; Bernard, à Nice ; Grousset, à Nîmes ; Lesourd et Rousselet, à Orléans ; Pastoureau de Labraudiène, à Périgueux ; Tribes et Barcilon, à Privas ; Boutillier du Rétail, à Romorantin ; Oursel, à Rouen ; Rigal, à Tournon ; Savoye, à Trévoux ; Bourgeois et Dubarle, à Troyes ; de Bletterie, à Tulle ; Rudelle et de Royer, à Versailles ; Rieusec, à Villefranche (Rhône) ; Salesse, à Grenoble ; Vanel, à Bayeux ; Duffour, à Narbonne ; Berthaud, à Valence ; Reboud, à Valence ; Desserteaux, à Dijon ; Testard, à Fontenay-le-Comte ; Reyne, à la Roche-sur-Yon ; de Warenghien, au Havre ; Marc, au Havre ; Delamarche, à Louhans ; Dupasquier, à Annecy.

Substituts.

MM. Monroë dit Roë, Annecy ; Eyssette, Apt ; de Lacvivier, Nogent-sur-Seine ; Colas, à Mâcon ; Boissonnet, à Arras ; Routier, à Saint-Pol ; de la Gorce, à Saint-Omer ; Vernet, à Carpentras ; Cuniac, à Chaumont ; Deschodt, à Montmédy.

On annonce aussi la démission de tous les membres du parquet d'Orthez.

Substituts

MM. Le Montier, à Cholet ; Joyau, à Vitré ; de Bionneau d'Eyragues, à Argentan ; Butel, à Mortagne.

La magistrature assise fournit aussi quelques honorables démissionnaires, savoir :

6 présidents et juges.

MM. Arnaud, juge au Blanc ; de Laloge, juge suppléant à Château-Chinon ; Mage, juge à Gourdon ; Sebeaux, juge suppléant à Laval ; Ferrier, président à Narbonne ; Marty, juge à Saint-Pons.

Juges suppléants.

MM. Courbon, à Saint-Etienne ; Tirant de Bury, à Vouziers ; de Coussemaker, à Dunkerque ; de Sallèles, à Lille ; Scossa, à Hazebrouck ; Rabuty, à Saint-Julien ; M. Choquet, Vervins.

Suppléants de juges de paix.

M. Richard, Combourg ; Bérard, le Havre.

Des juges d'instruction refusèrent leur service ; des magistrats nommés pour remplacer les démissionnaires refusèrent la nomination. La clique républicaine, qui se portait à ces attentats, pouvait abuser impunément du mandat populaire ; mais elle ne put se flatter d'avoir, pour elle, la magistrature, et, pour aller jusqu'au bout, il lui fallut chercher des gens à tout faire, sorte de valets qu'offre une civilisation mûre pour toutes les ignominies. Quant aux démissionnaires, ils montrèrent, par leur acte de démission, une vraie grandeur d'âme ; plusieurs de leurs lettres sont des chefs-d'œuvre.

L'*Univers* fit, sur ces démissions, quelques réflexions qu'il faut rappeler ici. Dans cette guerre contre l'Eglise, il y avait bien des victimes, mais involontaires et même forcées. Nos magistrats, eux, s'immolent volontairement. Par choix, ils ont fait litière de tous les intérêts ; ils ont renoncé à leur charge ; ils ont sacrifié leur avenir et leur fortune. Dans un temps où vous voyez tant de fonctionnaires âpres à la curée, ils ont été des modèles d'abnégation ; en un siècle d'indifférence, ils ont fait acte de la plus généreuse bravoure. N'oublions pas que les hommes qui ont fait cela étaient attachés à la justice ; ils ont eu horreur de la violation des lois divines et humaines ; ils n'ont pas voulu s'en rendre complices contre les serviteurs de Dieu. C'est un exemple glorieux ; il faut l'imiter et suivre toujours le droit chemin.

Les religieux, dépouillés, expulsés et proscrits par la république ne manquèrent pas de protester contre ses attentats et de revendiquer leurs droits méconnus. Qu'ils fussent ou ne fussent pas religieux, cela ne regardait que leur for intérieur ; l'Etat ne sanctionnait pas leurs vœux, mais il n'avait ni qualité, ni puissance pour les interdire. Au regard de la loi civile, les religieux n'étaient que des citoyens, placés sous la protection d'une loi commune et le premier devoir du gouvernement était de les faire respecter. Puisque le gouvernement intervertissait l'ordre de ses devoirs et persécutait ceux qu'il avait le devoir de couvrir de sa protection, les religieux devaient se couvrir de leur droit civique et poursuivre, devant les tribunaux, les persécuteurs. Au point de vue du droit naturel, il y a des choses qu'on ne fait pas. Un gouvernement, par exemple, à moins d'être atteint d'aliénation mentale ou d'être dépourvu de la plus élémentaire pudeur, ne crochète pas des serrures et n'enfonce pas des portes à coups de hache. Ces sortes d'exploits ne se conçoivent que de la part de Cartouche, de Mandrin et de leurs disciples ; et, s'ils se conçoivent, même chez les brigands, ils ne sauraient s'admettre. Que les agents du pouvoir, contre des malfaiteurs, en cas de résistance, fassent respecter la loi au besoin par la force, c'est l'ordre ordinaire ; mais qu'en l'absence de loi, sous un régime qui se dit libéral, contre des citoyens qui ne sont ni condamnés ni prévenus, le gouvernement méprise les formes judiciaires et se porte lui-même aux attentats qu'il est chargé de punir, c'est grand'pitié. En vain, on allègue les lois ; il n'y a point de loi qui permette l'infamie. D'ailleurs ces prétendues lois, épaves déshonorées et répudiées de l'absolutisme césarien, sont deux fois abattues, et par le grand fait de 89 qui a changé l'assiette de l'ordre social, et par toutes les chartes constitutionnelles qui ont sanctionné et appliqué les principes de 89. La liberté possède, le droit est imprescriptible, la propriété est sacrée, le domicile inviolable, la foi et la conscience ont leurs immunités. Tout ce qui se dit et se fait à l'encontre est nul de soi.

Que les auteurs et complices de ces attentats contre les religieux, soient, en leur particulier, d'honnêtes gens, des époux fidèles, de bons pères de familles, de respectables citoyens : nous n'entendons, ni ici ni ailleurs, en aucune façon, y contredire. Qu'ils soient égarés par des préjugés, cela est certain ; que leurs bonnes intentions les abusent, cela est trop visible ; et il faut leur accorder le bénéfice des circonstances atténuantes. Mais, lorsque, mandataires élus de libres citoyens, chargés par ces électeurs de garantir tous leurs droits, dans l'incapacité absolue de recevoir mandat d'exercer des sévices contre des innocents, ils se portent à des actes de brutalité, et, disons le mot propre, de brigandage, ils ne sont plus couverts par leur mandat politique. Tout acte qui dépasse les limites de la loi, est interdit au pouvoir, et si le détenteur du pouvoir, dans une république, se porte à des violences, ce n'est plus qu'un coupable de droit commun, d'autant plus coupable qu'il aura chargé contradictoire à ses actes. Ce sera, je l'espère, l'étonnement de la postérité, que les républicains français de 1880 aient pu se croire autorisés à des actes qu'ils ont réprouvés dans les rois, qu'ils poursuivaient naguère dans l'empereur Napoléon et que, prôneurs de toutes les libertés, revendicateurs ardents de tous les droits, ils aient, renégats de 89, violé tous les droits et foulé sous leurs sandales toutes les libertés.

Ces humbles religieux, qu'ils avaient cru pouvoir dédaigner, surent le leur apprendre. Nous donnons ici, comme type, deux protestations de religieux expulsés. Voici la protestation du Père Fouillier, assistant du supérieur des Oblats de Marie : « Messieurs, vous vous attendez certainement à une énergique protestation de ma part. Oui, je proteste contre l'acte violent et arbitraire par lequel vous attentez à ma liberté et à mes droits de propriétaire et de citoyen français.

« Vous écrivez une page d'histoire, et vous vous y donnez un bien triste rôle. Quel héritage vous préparez à vos enfants ! Je les plains. Car n'auront-ils pas à rougir de la part que vous prenez à cette grande iniquité !

« Quel mal vous faisons-nous ? Quel crime avons-nous commis pour justifier ce déploiement de la force armée et ce brutal envahissement de notre demeure ? Interrogez les habitants des quartiers qui nous entourent. Tous vous diront que nous assistons les pauvres, que nous visitons les malades, que nous exerçons un ministère d'utilité publique, que nous sommes les hommes les plus paisibles, les plus inoffensifs, les plus empressés à toute œuvre de dévouement et de charité. J'en prends à témoin ces messieurs qui me font le grand honneur de m'assister de leurs sympathies dans cette douloureuse circonstance. Je leur en serai reconnaissant toute ma vie.

« Est-ce parce que nous ne gênons la liberté de personne, que vous confisquez la nôtre ?

« Si j'avais été un émeutier, un incendiaire ou un assassin, vous m'offririez une amnistie. Si je revenais de Nouméa, vous me porteriez en triomphe, ou tout au moins vous me couvririez de votre protection. Je n'ai fait de mal à personne, je n'ai pas cessé de servir mon pays, et vous me proscrivez. Vous m'arrachez de mon domicile, et vous me jetez dans la rue.

« Je proteste contre cette criminelle application des lois dites existantes, dont l'existence est contestée par la magistrature française.

« Je proteste contre cette odieuse persécution que l'Eglise réprouve, et dont les auteurs, quels qu'ils soient, tombent *ipso facto* sous le coup de l'excommunication majeure.

« Je proteste enfin contre un attentat qui viole en ma personne les libertés nécessaires de tous les citoyens, et qui, parce qu'il ébranle les bases de notre état social et de la paix publique, ne reçoit que les applaudissements de la canaille et soulève l'indignation de tous les chrétiens et de tous les honnêtes gens de la France et du monde entier.

« Je ne sortirai d'ici que par la violence ».

Voici la protestation que le R. P. Chocarne, prieur des Dominicains, faisait entendre lors de l'expulsion des Pères du faubourg Saint-Honoré :

« Au nom du droit et de la justice, au nom de la liberté de conscience, au nom du droit de propriété et de l'inviolabilité du domicile, je proteste contre la violence qui nous est faite ; je proteste, plus humilié pour mon pays du rôle imposé aux agents de l'autorité publique qu'indigné du sort que nous subissons ; je proteste en mon nom comme propriétaire de cet immeuble, et au nom de ceux de mes collègues qui en sont propriétaires avec moi ; je proteste contre la violation de mon domicile et du leur ; j'en appelle à la justice de mon pays, et, si elle reste debout comme elle y est résolue, avant longtemps le droit sera vengé, et les attentats qui s'accomplissent aujourd'hui n'échapperont pas aux sévérités de la loi.

« Je demande que la présente protestation soit insérée au procès-verbal.

« P. Bernard Chocarne,

« Provincial des Dominicains. »

Voilà donc les tribunaux saisis. Les hommes qui ont fait la chasse aux religieux, en attendant qu'ils se mettent à l'affût des prêtres et des autres citoyens, se sont livrés passionnément à la violence. La perquisition domiciliaire, le crochetage des serrures, la proscription sans phrase ont été leurs armes de prédilection. A ce despotisme républicain se mêle d'ailleurs une forte dose de couardise. Qu'on demande à un Ferry ou à un Constans quelconque pourquoi il se montre partisan de l'application intégrale, immédiate et brutale des décrets du 29 mars. Jamais il n'aura l'idée ni surtout le courage d'invoquer l'autorité de ses convictions personnelles : *C'est l'opinion publique qui me force la main ; moi je ne fais qu'obéir comme un simple domestique.* Telle sera la réponse de ces étincelants paladins.

Le procédé manque essentiellement de dignité ; mais il est commode. Il offre ce double avantage de justifier les excès sans engager aucune responsabilité. Si demain le président du conseil arrache à la fermeté bien connue du président un décret qui ferme les églises et qui partage les biens du clergé entre les diverses loges maçonniques de l'ancien et du nouveau monde, rien ne lui sera plus facile que de représenter cette iniquité monstrueuse comme un corollaire nécessaire des élections. Néron, lui aussi, cédait à la pression de l'opinion publique, quand, faisant violence à sa douceur naturelle, il se résignait à enduire les chrétiens de poix pour les faire servir à l'illumination des jardins impériaux.

Mais enfin, des juges, des juges ! voilà ce que demandent les proscrits. *Forum et jus*, l'ouverture des prétoires, l'égalité devant la justice, c'est la formule propre de la société moderne. Les expulsés s'adressent maintenant aux tribunaux, les uns pour obtenir la réintégration de leur propriété ou de leur domicile, les autres pour porter plainte au criminel, contre les agents d'exécution. C'est le quart d'heure de Rabelais.

Le vidangeur Constans, à propos d'instance au criminel, à fins civiles, formée contre le préfet de la Gironde, adressait un mémoire à son complice Cazot : voici ses conclusions :

« On ne saurait contester que, si des poursuites devaient être ordonnées, elles devraient l'être contre les ministres, auteurs principaux, et que les agents d'exécution ne pouvaient figurer qu'à titre de complices.

« Dès lors, les faits ne relèvent à aucun point de vue de la juridicion criminelle ordinaire.

« C'est à la Chambre des députés seule qu'aux termes de nos lois constitutionnelles il appartient de mettre en accusation les ministres pour crimes commis dans l'exercice de leurs fonctions et dans des matières de gouvernement et de politique générale.

« C'est au Sénat seul qu'il appartient de les juger.

« D'autre part, en admettant qu'à raison de l'exécution de ces mesures de haute police et de gouvernement, des dommages-intérêts puissent être réclamés, en admettant qu'une responsabilité puisse être encourue pour l'exécution d'actes décidés par le gouvernement avec l'assentiment du Parlement, ce ne peut être que la responsabilité *civile* de l'Etat. Or, en vertu du principe de l'Etat débiteur, c'est à la juridiction administrative seule du conseil d'Etat qu'il appartenait de statuer sur la demande. »

Au seuil du grand procès qui va se juger, le gouvernement a donc estimé nécessaire de faire un dernier appel aux juges dont il déclare si haut, d'autre part, qu'il connaît par avance la décision, qui n'est peut-être pas aussi sûre qu'on l'espère dans les conciliabules gouvernementaux ? En tout cas, cette nouvelle intervention de Constans paraîtra une souveraine inconvenance à l'endroit des juges sur lesquels on veut ainsi exercer une sorte d'intimidation.

Tout citoyen est responsable de ses actes ; le fonctionnaire, qui ne perd pas sa qualité de citoyen, n'en décline pas non plus la responsabilité. S'il obéit à un ordre, il remplit son devoir hiérarchique ; mais si l'ordre est injuste, il accomplit, en obéissant, une injustice. Quand la consigne est infâme, la désobéissance est un devoir et un honneur : c'est un axiome de morale élémentaire, longtemps préconisé par les publicistes de la Démocratie. Imaginer des fonctionnaires innocents quand ils commettent des crimes de droit commun, quand ils souillent leurs mains d'attentats qu'ils doivent réprimer dans les vulgaires criminels, c'est une conception qui blesse le bon sens et révolte la probité. Si l'on admettait cette conception fausse, ce serait mettre aux mains du pouvoir des agents irresponsables, des gens prêts à tout, des suppôts de tyrannie, des scélérats vainement affublés d'innocence. Que des républicains se soient arrêtés à cette conception, c'est une honte pour leur parti, et, dans une situation violente, un méfait de plus.

Les défenseurs officieux du gouvernement des crocheteurs, en dépit de tous les sophismes, éprouvaient de singuliers embarras. Les moyens employés répugnaient à tout le monde, et si le trouble des consciences laissait indifférents les persécuteurs, les désordres de la rue et les amorces offerts au socialisme les inquiétaient. Ces portes tumultueusement brisées marquaient, d'une manière trop sensible, la violation de tous les droits, la suspension des garanties légales dues à tous les citoyens. Le *Journal des Débats* lui-même se demandait si le gouvernement triompherait des difficultés où il se débattait. Et cependant ces libéraux d'hier, subitement convertis à l'omnipotence du pouvoir exécutif, concluaient, malgré leurs angoisses, en s'écriant : « Le président de la République a contresigné les décrets ; les ministres les ont rendus dans la plénitude de leur droit. Les décrets doivent être obéis ».

Les décrets, œuvre impolitique et violente, doivent être obéis, *s'ils sont conformes à la loi.* Sont-ils conformes à la loi ? Toute la question est là.

Un des fonctionnaires les plus considérables du gouvernement, Bertauld, procureur général près la cour de cassation, ne le pensait pas lorsqu'il écrivait en 1843 :

« *Aucune de nos lois actuelles n'autorise à chasser des religieux de leur habitation commune*.

« Des poursuites administratives tendant à leur expulsion seraient en tout cas *illicites* et vaines.

« Certainement elles deviendraient insuffisantes et ridicules, pour peu qu'on leur opposât d'obstination ou d'adresse.

« C'en est assez : espérons qu'en France le droit de cohabitation religieuse sera respecté comme il l'est par tous les peuples libres.

« *C'est le vœu de la loi ;* la justice, l'honneur du pays, l'intérêt social bien compris ne permettent pas de le méconnaître. »

Les jésuites, expulsés les premiers, furent les premiers à en appeler à la justice. Citoyens d'un pays libre, ou qui se dit tel, ils acceptaient et revendiquaient les immunités et les garanties constitutionnelles, conséquences indiscutables de l'état actuel des sociétés humaines, et particulièrement de la France. Ce que valent aux yeux du dogme les principes de liberté et d'égalité, soi-disant conquêtes de 89, ils n'avaient pas à s'en expliquer devant un tribunal ; mais la protection que leur assuraient ces principes érigés en lois, ils en espéraient le bénéfice. Les règles du droit assuraient ce recours et l'opinion exigeait cette garantie. Quelque dût être le verdict des magistrats, le public l'aurait certainement accepté, prêt à soutenir ou à abandonner la cause des congrégations, si les tribunaux avaient prononcé en un sens ou dans l'autre. D'où aurait pu d'ailleurs provenir l'hésitation du gouvernement à soumettre ses actes à l'appréciation de l'autorité judiciaire ? Avait-il à craindre d'être jugé par une magistrature hostile ? En admettant cette crainte, une telle raison n'aurait pas paru suffisante à un gouvernement sage dans ses entreprises et soucieux des droits de chacun. Mais c'eut été mal connaître le corps judiciaire, que de le croire, envers le gouvernement, animé d'un sentiment d'hostilité systématique. L'examen de la jurisprudence depuis le premier empire, apprend, au contraire, que la magistrature assise est toujours disposée à étendre, plutôt qu'à diminuer, les droits du gouvernement. Cette tendance est bien connue de tous ceux qui ont été mêlés aux affaires où l'administration est partie ; et souvent les libéraux se sont élevés contre la trop grande place que les décisions de la justice laissent à l'arbitraire de l'Etat, quand l'Etat comparait devant les tribunaux.

Cette disposition pouvait-elle se modifier par ce fait que le gouvernement avait accompli, à la fois, un plus grand nombre d'actes politiques ? Au contraire, plus les mesures prises par l'Etat étaient importantes par le nombre et la gravité, quelque atteinte qu'elles portassent aux droits individuels, plus la magistrature, fidèle à sa tradition, hésiterait à les condamner. Le temps est loin où les parlements tenaient tête aux officiers du Roy et au roi lui-même. Aujourd'hui, plutôt que d'arrêter, par ses décisions, l'exécution d'une vaste entreprise, plutôt que d'entrer en lutte avec l'administration, il n'était pas douteux que les tribunaux chercheraient, dans les actes soumis à leur examen, jusqu'aux moindres apparences de légalité ; cette légalité reconnue, ils se seraient aussitôt retirés par des déclarations d'incompétence, afin de laisser le pouvoir exécutif se mouvoir, avec sa pleine indépendance, dans sa sphère d'action légitime. Nous verrons bientôt le gouvernement afficher, envers la magistrature, la plus étrange suspicion.

L'affaire des jésuites, rue de Sèvres, vint, en référé, à l'audience du 7 juillet 1880. M⁰ Oscar Falateuf parla ainsi : « M. le procureur général Dupin a dit : « Prendre à la justice une ques-
« tion de propriété privée pour la livrer à un
« pouvoir discrétionnaire quelconque, c'est
« l'attaquer sur le terrain où toutes les pro-
« priétés sont solidaires, c'est dire que le
« droit n'existe plus, car là où il n'y a plus de
« juges, il n'y a plus de droit. »

« Je ne saurais donner une formule plus exacte du débat qui s'ouvre aujourd'hui devant vous. Une question de propriété vous est soumise ; un double déclinatoire prétend vous l'enlever. Faut-il conclure qu'il n'y a plus de juges, qu'il n'y a plus de droit ?

« Pour apprécier ce débat dans son ensemble et caractériser le déclinatoire présenté, le tribunal me permettra de lui rappeler très rapidement les circonstances dans lesquelles est née la question si grave dont il est aujourd'hui saisi. »

Après ce début, l'orateur fit l'historique du procès et présenta l'exposé de l'affaire : « En ce moment, vous êtes saisis de deux référés, l'un au nom de M. l'abbé de Guilhermy, qui se dit, qui est copropriétaire de l'immeuble dans lequel a eu lieu l'exécution du 30 juin 1880 ; il demande, en vertu des titres de propriété dont il est porteur, à être réintégré dans son immeuble où il est d'ailleurs domicilié.

« Le second référé est introduit au nom de M. le baron de Ravignan, président de la société civile dite de Saint-Germain, lequel soutient, en ce qui concerne plus spécialement la chapelle, que cette salle faisant partie de l'ensemble des immeubles sociaux doit être remise à sa disposition, et que les scellés apposés sur ses portes doivent disparaître. M. de Ravignan ajoute qu'il prend l'engagement, dont il demande acte, de ne faire exercer dans la chapelle en question aucune cérémonie du culte.

« A cette double demande il est répondu par deux déclinatoires, l'un au nom de M. le préfet de police, défendeur à l'instance en référé, l'autre au nom de M. le préfet de la Seine, intervenant dans l'instance.

« Les deux déclinatoires tendent le premier à vous dessaisir vous et toute autre juridiction, d'une manière immédiate, irrévocable, sur la demande de M. de Guilhermy ; le second, à renvoyer la connaissance du référé au conseil d'État, qui serait seul compétent pour statuer à cet égard.

« Un tel système est au moins étrange. Le gouvernement ne nous avait-il pas fait d'autres promesses ? Vous vous rappelez la séance du Sénat du 25 juin 1880, à l'occasion de la discussion des pétitions relatives aux décrets ; M. de Freycinet, à la tribune du Sénat, parlait ainsi :

« Que peut répondre un cabinet dont la
« fonction est précisément d'appliquer la loi
« lorsqu'un des grands pouvoirs de l'État
« vient lui dire : Il y a des lois qui som-
« meillent, appliquez-les. »

« Et M. Buffet lui ayant dit : « Mais elles n'existent pas. » — « Si elles n'existent pas,
« répliqua alors M. de Freycinet, les tribu-
« naux le diront, et alors vos inquiétudes
« doivent être calmées. »

« C'était un bon avis ! Mais nous savons, hélas, par expérience que les déclarations de M. le président du conseil ne sont pas toujours suivies d'effet. L'amnistie n'est-elle pas là pour nous instruire ? ne nous a-t-elle pas montré comment, au mois de février 1880, il peut penser d'une façon et au mois de juillet agir d'une autre ? qui sait ce que dans six mois il dira des décrets ?

« Jusque-là, nous aurons raison de ne pas calmer nos inquiétudes.

« Cependant, M. de Freycinet, élevé sans doute à l'école des hommes d'État, a dû savoir que ce n'est pas la première fois que semblable question était posée. En 1845, M. Thiers, qu'il a été de mode d'admirer pendant un temps, mais qui aujourd'hui semble mort depuis un siècle, à en juger par le chemin parcouru en quatre années, M. Thiers disait : « Ce n'est pas à moi qu'il faut faire des objections contre la loi des associations, puisque je n'en demande pas l'application. » Et il ajoutait : « Si un préfet, agissant au nom du gouvernement, signifie que cette loi est exécutable, on l'exécute. Si on s'y refuse, on va devant les tribunaux qui décident si le gouvernement a allégué à propos une loi de l'État. »

« Conséquemment, soit en 1880, soit en 1845, ceux qui avaient le droit de porter la parole devant le pays affirmaient votre compétence absolue ; aujourd'hui, il en est autrement, et les conclusions qui sont prises tendent à mettre M. de Guilhermy hors de toute enceinte de justice. »

Après avoir prouvé que Guilhermy est vraiment propriétaire, qu'il a été expulsé violemment de son domicile et qu'il demande à y rentrer, l'avocat ajoute que le tribunal est compétent, et pour le prouver il cite Berryer plaidant pour les d'Orléans en 1832 : « Il faut, s'écriait Berryer, quitter vos sièges, car vous n'avez plus d'attributions, si ceci n'est pas d'une manière absolue, exclusive, essentielle dans vos attributions seules. Est-ce que j'ai besoin de venir apporter à cette barre des textes justificatifs de cette proposition que, s'agissant de propriété privée... vous êtes nos juges et nos seuls juges ; il n'y a personne au monde, si haut placé qu'il soit, qui ait le droit, je ne dis pas de s'approprier, mais de partager ces fonctions avec vous. »

Et plus loin : « Les principes du droit public, le Code Napoléon, les décrets impériaux, les ordonnances royales de toutes époques, la jurisprudence sous toutes les formes, proclament en cette matière votre compétence absolue, exclusive, sans partage... Vous avez un monopole, entendez-vous bien, ou il faut rayer ces lois, ces décrets, ces ordonnances. Propriété, possession, hérédité, prescription, nullité de titres, tout cela veut dire : compétence judiciaire. Elle est là ; elle n'est pas ailleurs. »

Si cela est vrai, et qui pourrait le contester ? voyons par quel phénomène vous pourriez être dépossédés de votre juridiction.

On veut déposséder les magistrats en alléguant les lois existantes et en donnant aux attentats d'expulsion le nom d'actes de haute police. Nous n'avons plus à établir la nullité des lois prétendues existantes ; l'autre point nous touche de plus près. On entend par là les actes que la constitution et les lois réservent à la puissance souveraine, sans autre contrôle que celui des grands corps politiques et de l'opinion. Par exemple, la convocation des électeurs, les convocations des Chambres, les relations diplomatiques des traités de paix et déclarations de guerre, la disposition de la force publique, l'exercice du droit de grâce : ce sont là des actes de haute police. Mais dès là qu'il s'agit de droit privé, de propriété, de domicile, de liberté individuelle, de droit civil, cela retombe sous la compétence des tribunaux. Ou il n'y a plus ni juges ni justice, mais seulement arbitraire, retour à l'état sauvage, car l'arbitraire n'est pas autre chose.

Les tribunaux, malgré les déclinatoires des préfets, se prononcèrent pour la compétence. Voici le texte de l'ordonnance du juge de référé d'Angers dans l'affaire des Pères jésuites :

Attendu qu'il est certain en fait et d'ailleurs non méconnu, qu'à la suite de l'expulsion des jésuites des immeubles dont il s'agit, les scellés ont été apposés sur lesdits immeubles, d'ordre de M. le préfet, qui déclare entendre couvrir ses agents ;

Attendu que s'il existe des lois pouvant permettre la dissolution des congrégations religieuses non autorisées, ces lois intéressent la liberté individuelle et sont, par suite, de droit, pour leur application, *du domaine des tribunaux* ordinaires ; qu'aucune disposition légale n'attribue *exceptionnellement*, à cet égard, juridiction, ni surtout pouvoir à l'autorité administrative ;

Que l'exécution de ces lois *ne saurait en tous cas* être assurée au moyen d'une atteinte au droit de propriété ;

Que la confiscation est abolie ;

Que la propriété, droit absolu et sacré comme celui de vivre, dont il est la conséquence nécessaire, affirmé par l'Assemblée nationale dans la constitution de 1791, par la Convention dans la Déclaration des droits de l'homme le 24 juin 1793, déclarée inviolable par la charte de 1830 et par la constitution républicaine de 1848, est mise par la loi sous la sauvegarde du juge de droit commun ;

Qu'il importe peu que celui qui la revendique soit ou paraisse être membre d'une congrégation non autorisée, *la qualité de membre d'une pareille congrégation n'effaçant pas son individualité civile et laissant subsister tous ses droits parce qu'il laisse subsister toutes ses obligations* ;

Attendu que le droit de propriété et le droit de jouir de la chose qui en est l'objet sont identiques, et que le juge de l'un est le juge de l'autre ;

Attendu que Charles Le Bèle produit un titre de propriété s'appliquant aux immeubles placés administrativement sous les scellés ;

Par ces motifs,

Nous déclarons compétent, etc.

Voici le jugement de Lyon :

Attendu que les demandeurs réclament la *possibilité de rentrer dans leur domicile* et d'en sortir quand bon leur semblera, sauf à être cités devant la juridiction répressive dans le cas où ils commettraient des délits ; que leur instance en référé porte sur une mesure provisoire tendant à faire respecter leur domicile dont ils ont été irrégulièrement et illégalement évincés ;

Attendu que les tribunaux *seuls sont compétents* pour sauvegarder la liberté individuelle de tous les citoyens ;

Attendu que le déclinatoire repose sur un acte de haute police ; mais que, dans ce cas, si certains actes de cette nature peuvent atteindre les citoyens, il *faut qu'ils* soient basés sur *une loi spéciale* donnant à l'administration les pouvoirs nécessaires pour l'exécution d'une pareille mesure ; que dans le déclinatoire proposé aucun texte de loi de cette nature n'a été cité ;

Attendu que le préfet du Rhône vise bien le décret de messidor an XII pour arriver à la dissolution de l'association des jésuites, mais que ce décret *n'autorise pas* l'administration à procéder par voie de simple arrêté de police et à le faire exécuter *manu militari* ; que le décret de messidor *n'a pas enlevé* aux magistrats ni au ministère public la poursuite des délits et des crimes ;

Que, si la loi pénale contient des moyens de répression, *rien ne permet d'en substituer* d'autres à ceux qu'elle a prescrits, et surtout *à procéder* par voies *extraordinaires* disparues depuis longtemps de nos Codes ;

Attendu que le déclinatoire du préfet *n'a pas de bases* dans la législation actuelle ;

Par ces motifs, etc.

Du 5 juillet au 5 novembre, cinquante-deux décisions judiciaires s'étaient prononcées pour la compétence des tribunaux, sur la question de propriété et de domicile, et six décisions seulement s'étaient prononcées pour l'incompétence. Le gouvernement sentit le coup, et dans son mémoire à Cazot, le vidangeur ministre voulut se débarrasser de ces jugements. Selon lui, les faits justifiaient le conflit ; mais les faits allégués étaient faux et pour renverser la conclusion du ministre, il suffit de rétablir la vérité.

Dans toutes les affaires où les tribunaux s'étaient déclarés compétents, pour juger la cause des religieux, le gouvernement éleva le conflit. Qu'est-ce que le conflit ? Le gouvernement avait-il le droit de suspendre le cours de la justice, parce qu'il craignait sa condamnation ? Non, incontestablement. Il est facile de le démontrer.

Trois pouvoirs sont nécessaires au fonctionnement de la société :

Le pouvoir législatif, qui fait la loi ;

Le pouvoir exécutif, qui veille à son exécution ;

Le pouvoir judiciaire, qui décide si les actions des citoyens sont ou non conformes à la loi, et détermine au besoin son véritable sens.

Telle est l'organisation sociale de tous les pays vraiment libres : *les droits des citoyens sont placés sous la sauvegarde des tribunaux.*

Tout désaccord entre l'administration et un citoyen sur le sens ou l'application de la loi est, donc, en principe, de la compétence du pouvoir judiciaire. S'il en était autrement, l'administration deviendrait omnipotente. Disposant de la force et seule juge de la légalité de ses actes, elle serait même au-dessus du législateur, puisqu'elle pourrait violer impunément la loi.

Ces principes si simples ne sont point admis en France.

Cette doctrine est confirmée par un savant jurisconsulte. « Si, dit Anatole de Ségur, suivant la théorie de nos ministres, tout acte ordonné par eux, accompli par un administrateur en fonctions, est un acte administratif, il est bien évident qu'il n'y a plus de garantie pour aucun droit, et que la liberté, la vie même des citoyens sont à la merci du pouvoir exécutif. Voici, en effet, comment les choses se passent. Un décret ordonne la saisie de ma maison, mon expulsion de chez moi, mon arrestation. Je proteste contre ces violences, j'en appelle aux tribunaux. Aussitôt le préfet élève le conflit, arrête l'action de la justice et porte la question de compétence devant le tribunal des conflits. Si ce tribunal décide que l'acte dont je me plains est un acte administratif, les tribunaux ordinaires deviennent incompétents pour statuer sur ma plainte. Il ne me reste que le recours pour excès de pouvoir devant le conseil d'État, recours qui n'est même pas recevable si l'acte incriminé a le caractère d'un acte de gouvernement. On est, dès lors, sous le régime du bon plaisir, des lettres de cachet, de la confiscation, le régime du despotisme dans toute sa beauté classique. »

Outre les objections qui s'élevaient contre le tribunal des conflits, une autre chose préoccupait justement. Le ministre de la justice, l'admirateur de Danton, Cazot, était, de droit, président de ce tribunal des conflits. Devait-on le voir siéger dans le procès des Jésuites et départager le tribunal, pour assurer le triomphe de l'administration dont il était membre? Une telle monstruosité, si elle devait se produire, révolterait la conscience publique. Heureusement Cazot est récusable.

« La partie à laquelle un juge est suspect, dit Domat (Lois civiles, II, 171), pour des causes justes et bien prouvées, peut le récuser, c'est-à-dire l'empêcher de prendre connaissance de la contestation. »

Pothier (Proc. civ. part. I, ch. 2, § 2), nous donne la raison du droit de récusation.

« Comme rien, dit-il, n'est davantage requis dans un juge que le désintéressement, le juge est récusable toutes les fois qu'il se trouve avoir quelque avantage indirect à la décision de l'affaire portée devant lui. » — L'intérêt du juge n'est pas nécessairement un intérêt pécuniaire; ce peut être un intérêt d'honneur ou d'amour-propre. Ces sentiments sont souvent même beaucoup plus puissants que le simple intérêt d'argent.

Le droit de récusation est donc, pour tout plaideur et devant tout tribunal, *un droit que l'équité lui confère indépendamment de toute loi positive.*

Si le législateur s'en occupe en traçant pour certaines juridictions la procédure à suivre, ce n'est pas pour créer le droit; la conscience seule suffit à le proclamer; c'est uniquement pour en régler l'usage devant ces juridictions et préciser les cas dans lesquels le juge sera réputé intéressé.

Donc, lorsque les lois relatives à une juridiction spéciale, le tribunal des conflits, par exemple, ne parlent pas de la récusation, *il n'en faut point conclure* que le droit de récusation *n'existe pas* devant cette juridiction, et qu'un juge des conflits a, par suite, le droit de prononcer dans sa propre cause; il faut dire uniquement que la matière est alors régie, soit par les règles de *l'équité naturelle*, soit par les principes *du Code* de procédure civile. On peut, en effet, considérer ce Code, dans tout ce qui n'est point de pure forme, comme l'expression des principes généraux de notre droit français en matière de procédure.

Le franc-maçon Cazot ne l'entendit pas ainsi. Le tribunal des conflits se réunit pour la première fois le 5 novembre. Ce tribunal se composait du citoyen Cazot et de plusieurs autres qui refusèrent sa récusation. L'avocat plaidant, Me Sabatier, s'éleva contre le scandale du proscripteur s'érigeant en juge. A la fin de sa harangue, il s'écria : « Messieurs, la statue de la Liberté est voilée aujourd'hui ; nous saurons attendre qu'on la découvre de nouveau. Rappelez-vous les paroles de Bossuet : « Il y a des lois dans les empires contre lesquelles tout ce qui se fait est nul de droit. »

« On peut toujours revenir contre. L'action contre la violence et l'iniquité est immortelle et imprescriptible. »

« Ainsi, dit Jules Auffray, les règles les plus essentielles à la bonne administration de la justice, telle que la récusation, ne lient plus nécessairement le juge, lorsque, édictées par toutes les juridictions de l'ordre judiciaire ou administratif, inscrites au fond de la conscience du magistrat et s'imposant en quelque sorte à sa pudeur, elles n'ont pas cependant été rappelées d'une façon expresse, lors de l'institution d'un tribunal ; et le tribunal où ces règles cessent d'être applicables, est celui qui, définitivement et sans recours, donne ou enlève les juges aux parties. C'est dans cette sphère abaissée, où le témoignage même de la conscience ne peut plus remplacer la lettre des lois, que la justice exercera désormais son rôle jadis si sublime ; c'est aux cas de récusation, matériellement écrits dans la loi, que se mesureront désormais la dignité et la conscience, autrefois si délicate, des magistrats (1). » Et quand les voix se partagent, on voit venir le citoyen Cazot, le tripoteur d'Alais, étalant sur sa toge de magistrat le tablier blanc, livrée de la franc-maçonnerie, et ce personnage hideux, que son affiliation à une société secrète tachée du sang des jésuites devrait exclure de toute magistrature, ce Maçon travesti en ministre de la justice et gardien des sceaux arrachés à l'intègre Dufaure, décidera que la liberté individuelle, l'inviolabilité du domicile, le droit de propriété, le droit d'association, la liberté de conscience et de culte, sont choses livrées, sans défense possible, au caprice administratif, et que les tribunaux n'ont à connaître que des murs mitoyens et du tapage nocturne. La haine du catholicisme a poussé jusque-là les sectaires de la franc-maçonnerie ; ils ont lancé la bande des crocheteurs sur les maisons des religieux, et, sans avoir en main ce mandat de justice qui seul justifie l'invasion violente du domicile, ils ont jeté 6.000 prêtres dans la rue. Un officier de police saisit au collet un citoyen français... pour le conduire devant le juge? — Non, pour l'expulser de son domicile... et cet attentat n'a pas de juge, ni de châtiment.

Sur la question de compétence, en effet, le

---

(1) *Les expulsés devant les tribunaux*, préface, p. IX.

gouvernement prétendait puiser dans les lois existantes le droit de dissoudre les congrégations religieuses, par mesure gouvernementale ou tout au moins administrative. Le principe de la séparation des pouvoirs devait recevoir son application et l'acte attaqué, administratif ou gouvernemental, échappait à la connaissance de l'autorité judiciaire. Les religieux répondaient que les lois invoquées n'existaient plus ; puisqu'à les supposer existantes, elles ne renfermaient, ni pour le gouvernement, ni pour l'autorité judiciaire le droit de dissoudre les congrégations non autorisées ; qu'en tout cas elles ne donnaient pas au gouvernement le droit de procéder par mesure de haute police ou par voie administrative ; qu'on était en présence de propriétés et de domiciles qu'aucun texte de lois ne distinguait des propriétés et domiciles des autres citoyens, d'associations régies par la loi commune ; que, dès lors, le principe de la séparation des pouvoirs était sans application, et que la compétence restait, selon le droit commun, à l'autorité judiciaire.

Un double examen s'imposait donc au tribunal des conflits. Pour appliquer le principe de la séparation des pouvoirs, il faut des lois précises. Les lois invoquées existaient-elles et que disaient-elles ? En second lieu, il faut que ces lois attribuent compétence à l'autorité administrative. A les supposer existantes, ces lois attribuaient-elles compétence à l'autorité administrative, le droit d'agir en dehors des tribunaux ? Laisser l'une des deux questions et, à plus forte raison, les deux questions non-résolues ; tenir pour bonne, sans l'examiner, la prétention de l'un des adversaires, c'était abandonner même la solution de la difficulté de compétence.

Le tribunal des conflits *n'examina aucune* de ces deux questions. Comme point de départ, il admit la prétention du gouvernement et affirma que toutes les mesures administratives avaient été prises en vertu des lois ; puis, sans discuter ces lois ni leur sens, il déclara que si l'on soutenait la non-existence de ces lois, c'était aux réclamants à faire juger cet excès de pouvoir par le Conseil d'État, que la réorganisation scandaleuse de 1879 avait mis à l'unisson du gouvernement. En d'autres temps, on renvoyait les religieux de Caïphe à Pilate.

Le lendemain du jour où le tribunal des conflits rendit cet arrêt, deux membres de ce tribunal, C. Tardif et V. Lavenay, anciens conseillers d'État, s'en retirèrent par un acte de démission. Il faut honorer ici leur probité et louer leur courage : c'est le seul moyen qu'ait l'histoire de dire ce qu'elle pense des autres conseillers. Quant aux considérants de leur arrêt, ils sont au-dessous de rien ; il est impossible de trouver une plus pitoyable inintelligence de la loi française et du droit public.

Quelques semaines après, le 22 décembre, ce tribunal des conflits achevait la défaite des religieux et du droit, par la décision rendue dans les affaires criminelles. Aux plaintes poussées devant les magistrats instructeurs contre les agents d'exécution, pour *crime* déterminé, les préfets avaient encore opposé déclinatoires et conflits. Cette fois, les plaignants se croyaient assurés de triompher, au moins sur la question de compétence. L'article 1er de l'ordonnance de 1828 porte, en effet, que le conflit ne pourra jamais être élevé en matière criminelle. Les poursuites auraient d'ailleurs abouti à peu de chose ; si l'opinion publique blâmait l'exécution des décrets, elle aurait difficilement rendu responsables des exécuteurs d'ordre subalterne. Et comme, à la pensée de voir ses administrateurs traduits en cour d'assises, le gouvernement disait que ce serait un scandale : « Ce serait le salut, peut-être », répartit le bâtonnier des avocats au Conseil d'État. Mais ici encore le tribunal des conflits, par des subtilités qui étonnent, déclara l'incompétence de l'autorité judiciaire. Le gouvernement de la république atteignait ainsi son but : 6.000 citoyens, rangés dans une catégorie spéciale, lui étaient livrés, pieds et poings liés.

Sous quelque sophisme qu'on la dissimulât, telle était la situation brutale créée aux religieux. L'ancien régime avait eu ses lettres de cachet et l'évocation de certaines causes devant le Conseil du roi : on reculait jusque-là et même beaucoup plus loin. On ne disait plus seulement : Si le roi veut, si veut la loi ; mais bien : *Quidquid principi placuit, legis habet vigorem*. Le droit public moderne était biffé par l'arrêt d'un tribunal qui rendait des services. L'ancien régime n'était pas seulement rajeuni, mais aggravé. Le fonctionnaire français était déclaré capable de tout et impunissable. La démocratie n'avait même pas un Papinien pour lui dire : « Il est plus facile de commettre un crime que de le justifier. »

Mais enfin, il y a dans la loi française des peines pour tous les crimes ; la prescription ne peut pas courir tant que la revendication est impossible ; les victimes ont réservé tous leurs droits et il faut bien espérer qu'un jour les exécuteurs des hautes œuvres de la franc-maçonnerie trouveront *forum et jus*, et, qui sait peut-être, au bout, le bagne.

En attendant que le glaive de la loi frappe ces têtes coupables, le glaive de l'Église les atteint et le bras de Dieu les attend. Dieu est patient parce qu'il est éternel, mais sa patience a des limites ; tôt ou tard elle s'épuise, et un jour vient où elle frappe les persécuteurs. Depuis Antiochus jusqu'à Bismarck, je n'en vois aucun qu'elle ait épargné, même en ce monde ; le livre de la mort des persécuteurs s'augmentera de nouveaux chapitres.

D'autre part, l'Église est une société visible et parfaite. A ce titre, elle possède un pouvoir et une législation. A l'appui de cette législation, elle exerce une puissance coercitive. Cette puissance coercitive est de plein droit contre les enfants de la sainte Eglise, Aucun ne saurait s'y soustraire par la rebellion. De toutes les peines canoniques, la plus grave est l'excommunication majeure : c'est la peine qu'encourent les auteurs d'attentats contre les biens ecclésiastiques et contre les personnes consacrées à Dieu. A l'exemple de prédécesseurs plus puissants qu'eux, les persécuteurs d'aujourd'hui rient peut-être de foudres qu'ils croient impuissantes. Un jour, ils verront s'appesantir sur eux le bras redoutable de Celui qui n'aime rien tant que la liberté de son Eglise.

Les lois Ferry.

La guerre infâme faite par les néo-jacobins aux congrégations religieuses visait surtout les écoles congréganistes : les sectaires de la franc-maçonnerie voulaient fermer ces écoles en dispersant les maîtres. Abattre les cloîtres était déjà, pour ces impies, un assez beau triomphe ; mais fermer les écoles catholiques, c'était, à leurs yeux, la plus enviable des victoires. Le moyen qu'ils employèrent pour atteindre ce but, après la guerre aux congrégations religieuses, ce furent les lois sur l'enseignement public ; l'homme qui endossa, devant l'histoire, la responsabilité de cet attentat légal, ce fut Jules Ferry. Nous connaissons déjà ce personnage ; nous le caractériserons mieux en citant quelques traits.

Le 26 mai 1871, pendant que Paris brûlait, Thiers avait nommé Ferry préfet de la Seine. « Debout sur cette ruine incomparable, écrit Veuillot, M. Thiers, entouré de MM. Jules Favre, Jules Simon et Ernest Picard, se baisse, ramasse quelque chose et nous le présente... C'est Jules Ferry, dont il fait un préfet de la Seine.

« Il nous annonce tranquillement qu'il n'a pu trouver que cela, et, tranquillement encore, que c'est quelque chose.

« C'est quelque chose, en effet. C'est dans tout le gouvernement de la Défense nationale ce qu'il y avait de plus décrié. Car, à les prendre avec indulgence, les uns étaient simplement impudents, les autres simplement ridicules. M. Jules Ferry était déjà l'impudence la plus ridicule et le ridicule le plus impudent, et il est sans comparaison celui qui s'est rendu le plus odieux à tout le monde, et qui a le plus insulté tout le monde.

« Comme Rochefort a peut-être l'honneur d'être le gredin pur, M. Jules Ferry a peut-être l'honneur d'être le pur faquin. Il est si bien mélangé *d'incapacité en tout genre*, de cuistrerie, de fatuité, de platitude civique, littéraire, oratoire ! Des rues noires de son quartier électoral à l'hôtel de ville, de l'hôtel de ville à Montmartre, il s'est sali le ventre sur tant de pieds sales, il a tant paru, disparu, reparu, qu'il est devenu une chose à part. Il a sa personnalité, son visage et son odeur. On aimerait mieux Tirard, qui d'ailleurs l'accompagne, et Mottu, qui, d'ailleurs, n'est pas loin.

« Il a, de ses mains, armé Montmartre, et décoré Belleville d'un drapeau particulier. Il a, de ses mains aussi, pétri le pain du siège que nous avons tous mangé, après l'avoir attendu chaque jour de longues heures sous la pluie et la neige à la porte des boulangers, incapable même d'organiser la distribution de ce pain-là ! Pour lui, il se faisait apporter du pain blanc, et il a su également très bien toucher ses appointements de préfet de la Seine, pendant le règne de la Commune.

« M. Thiers n'a pu trouver que ça, et c'est ça qu'il installe dans Paris quand Paris brûle ! »

En 1869, Ferry écrivait dans sa profession de foi électorale :

« Ce n'est pas assez de décréter les libertés, il faut les faire vivre. La France n'aura pas la liberté tant qu'elle vivra dans les liens de la centralisation administrative, ce legs fait par le Bas-Empire à l'ancien régime, qui le transmit au consulat.

« La France n'aura pas la liberté tant qu'il existera un clergé d'Etat, une Eglise ou des Eglises officielles ; l'alliance de l'Etat et de l'Eglise n'est bonne ni à l'Etat ni à l'Eglise..., etc.

« Aussi faut-il vouloir par-dessus tout la décentralisation administrative, la séparation absolue de l'Etat et de l'Eglise, la réforme des institutions judiciaires par un large développement du jury, la transformation des armées permanentes. Ce sont là les destructions nécessaires. »

On demandait si Jules Ferry se servirait du pouvoir centralisateur que lui donnait sa situation de ministre de l'instruction publique pour introduire, dans le programme des écoles gouvernementales, ses idées d'il y a dix ans sur les *destructions nécessaires* de l'administration, du clergé, de l'armée et de la magistrature. »

Le 8 juillet 1875 Jules Ferry était reçu franc-maçon avec Littré. Or, à sa réception, Ferry prononça un discours *sur l'abolition des cultes*, qui, disait-il, sont, *dans tous les pays, un obstacle aux idées démocratiques*. Le même Ferry, à l'époque où nous en sommes, déclare qu'il serait *insensé* s'il faisait la guerre au culte catholique et à la religion. Vouloir abolir les cultes et dire insensé de faire la guerre au catholicisme, c'est une contradiction manifeste et une grossière hypocrisie.

En 1879, lorsque Ferry présenta ses premiers projets sur les conseils académiques et contre l'enseignement supérieur, l'*Impartial des Vosges* dressa un tableau synoptique des convictions *sincères* et des protestations *loyales* de Ferry au sujet de la liberté d'enseignement.

Projet de loi présenté par M. J. Ferry le 15 mars 1879.

Art. 3. — Les élèves des établissements libres d'enseignement supérieur *prennent leurs inscriptions aux dates fixées par les règlements* dans les facultés de l'Etat.

Art. 7. — Nul n'est admis à participer à l'enseignement public ou libre, ni à diriger un établissement d'enseignement, de quelque ordre qu'il soit, s'il appartient à une *congrégation religieuse non autorisée.*

Il faut se souvenir que, en 1849 et en 1850, la bourgeoisie française ne sut pas garder son sang-froid comme elle a fait depuis, après les désastres et les calamités de 1870 et 1871. Alors l'effarement fut général, et le courant de l'affolement si puissant, qu'il emporta M. Thiers lui-même... De cet effarement est sortie la loi sur l'enseignement primaire et secondaire, et dès lors la porte fut ouverte aux congrégations religieuses. (Discours du banquet à Epinal du 23 avril 1879.)

Discours prononcé par M. J. Ferry à l'Assemblée nationale en 1875 et 1876.

Mon honorable ami M. Bardoux et moi, nous ne demandons pas simplement le *statu quo.* Il est trop évident que si, tout en maintenant aux facultés de l'Etat la collation des grades, *nous voulions obliger les élèves des facultés libres, que nous avons constituées et reconnues, à subir toutes les règles d'inscription,* d'assiduité et de stage *qui existent aujourd'hui,* nous ferions une œuvre contradictoire et de mauvaise foi.

Aussi notre amendement porte : « *Les candidats aux grades des facultés de l'Etat sont dispensés de l'inscription et de l'assiduité aux cours, s'ils justifient de conditions équivalentes dans les facultés libres.* » (Séance du 12 juin 1875.)

Quant à la diffusion de l'enseignement supérieur, j'admets qu'elle ne doit pas être un monopole de l'État, parce que les particuliers, les *associations* peuvent remplir cette fonction aussi bien et souvent mieux que l'Etat lui-même... (Séance du 12 juin 1875.)

Alors que vous venez de *faire une très grande chose, que j'ai faite avec vous,* alors que vous venez de proclamer la liberté de l'enseignement non-seulement pour les individus, mais pour *les associations...* (Séance du 12 juin 1875.)

Le monopole existait dans l'enseignement secondaire. La Constitution de 1848 est faite. Cette Constitution, votée par *une grande majorité républicaine, honnête et libérale,* a placé dans sa nouvelle Déclaration des Droits la liberté de l'Enseignement, et c'est l'Assemblée de 1850 qui l'a réalisée ; *elle le fait,* à mon avis, *d'une manière insuffisante.* (!!)

Et c'est la République de 1875 qui vous a donné la liberté de l'enseignement et qui a supprimé le dernier vestige du monopole universitaire.

Quant à moi, dans *l'Assemblée de 1875, j'ai voté le principe de la liberté d'enseignement. Je ne regrette pas mon vote, et si la liberté de l'enseignement était atteinte, le jour où elle le serait, je monterais à la tribune pour la défendre.*

!!!
Voilà l'homme !

L'*Impartial des Vosges,* auquel nous empruntons cet instructif tableau, confirme, pour égayer un sujet bien triste, le fait que Jules Ferry s'est, au sein du conseil général des Vosges, voté à lui-même des encouragements en prenant part au scrutin de cette assemblée contre la liberté de l'enseignement.

Cette feuille ajoute avec raison :

« Cette indélicatesse ridicule est en outre une grosse maladresse, car elle établit le droit des conseils généraux à émettre des vœux sur la liberté de l'enseignement, droit qui a été contesté par presque tous les préfets de la République Française dans les conseils généraux où la majorité n'était point acquise d'avance aux projets de M. J. Ferry. »

Le *Moniteur universel* dit à propos de l'attitude de Ferry à Epinal :

« Le mercredi 23 avril, à la suite d'un banquet, M. J. Ferry prononçait à Epinal un discours qui a été publié dans l'*Officiel* du 27. Il y affirmait : 1° que les congrégations non autorisées « pullulent sans loi et contre les lois », ce qui est faux, puisque, d'une part, la loi de 1850 leur permet d'enseigner, « même aux jésuites », dit M. Thiers, et que, d'autre part, les lois ne confondent pas les congrégations non autorisées avec les congrégations prohibées, comme le fait M. Jules Ferry, mais disposent seulement que les congrégations non autorisées n'ont ni les privilèges ni les charges qu'apporte avec elle l'autorisation.

« M. J. Ferry affirmait encore : 2° que l'inspection n'a jamais eu lieu dans les collèges des jésuites, ce qui est faux, car elle s'est faite régulièrement chaque année dans ces collèges ainsi que dans tous les autres, comme en fait foi le cahier signé par l'inspecteur, depuis vingt-cinq ans ; 3° que la Compagnie de Jésus a été prohibée par toute notre histoire, ce qui est encore une erreur à laquelle on pourrait opposer, comme première réponse, celle du duc de Fitz James à la Chambre des pairs en 1828 : « En vain me dit-on que l'Ordre a été trente fois expulsé des pays où ils avaient formé des établissements. Cette étrange charge tant répétée prouve incontestablement une chose, c'est qu'ils ont été rappelés au moins vingt-neuf fois. La question reste donc la même. Elle consiste à savoir si c'est leur expulsion ou leur rappel qu'il faut attribuer à l'intrigue. »

« Enfin, M. Jules Ferry terminait par cette incroyable allégation : « Oui, dix ans encore de ce laisser-aller, et vous verriez ce beau système des libertés d'enseignement qu'on préconise, couronné par une dernière liberté, la liberté de la guerre civile. Reculer à cette heure devant les congrégations prohibées, c'est leur céder la place à jamais, c'est sceller sur la société moderne la pierre du tombeau. »

A la même date, Norbert Billard, ancien directeur du *Journal officiel,* adressait au *Figaro* une lettre où il accuse Ferry de mauvaise éducation, d'hypocrisie politique et le montre en flagrant délit de mensonge. Paul de Cassagnac résume le tout dans cette phrase typique : « Le premier des menteurs et le dernier des lâches ».

Ferry, dans ses attaques contre l'Eglise, n'était pas seul. Outre qu'il possédait les sympathies de deux groupes républicains et qu'il était poussé par de gros bonnets universitaires, il recevait encore l'impulsion des juifs et des protestants. La République est une monarchie dont Rothschild est le souverain ; les ministres sont des employés de la Synagogue. Par ses alliances, Ferry appartient au protestantisme, et, quand il s'est marié, pour complaire à la libre-pensée, il s'est borné au mariage civil, qui n'est qu'un concubinage légal. La réflexion qui s'impose, c'est que ces protestants et ces juifs, qui reprochent tant, à l'Eglise, ses prétendues persécutions, dès qu'ils peuvent disposer du pouvoir, se font proscripteurs. Un autre fait, c'est que tous ces proscripteurs s'entendent à faire fortune. Depuis qu'ils sont aux affaires, ils ont augmenté de 50 millions le budget des serviteurs de l'Etat et pris partout les plus grosses sinécures. Sorbonne, Collège de France, Faculté des sciences et des lettres, ils ont tout pris, et pourvu que vous soyez protestants, vous pouvez prétendre à tout, si, à défaut de mérite, vous avez des alliances.

La loi de 1850, conçue et promulguée par une majorité foncièrement conservatrice, avait eu un double objet : placer, à côté de l'enseignement universitaire, un enseignement libre et faire, dans toutes les écoles, une œuvre de moralisation. L'éclat du socialisme en 1848, les circulaires de Ledru-Rollin, les prêches de Louis Blanc au Luxembourg, les livres de Proudhon, de Pierre Leroux et de Considérant, les clubs et les émeutes avaient mis à nu les plaies morales de la France. On avait vu jusqu'à quel point étaient portés le désarroi des esprits, la cautérisation des consciences et l'effervescence des passions. Mille projets niveleurs étaient éclos simultanément des cerveaux affolés ou détraqués. Pour nous servir d'une expression de Thiers, ce qu'en d'autres temps, par respect pour soi-même, on se fût abstenu de légitimer, il fallait se voir obligé de le défendre. Dans son effarement, l'esprit public se demanda qui avait mis ainsi les cerveaux à l'envers. La réponse fut que l'Université, au lieu d'être une mère sainte : *Alma mater*, n'était qu'une marâtre, une empoisonneuse de la patrie. Pendant les 18 ans du règne de Louis-Philippe, elle avait, seule, enseigné la jeunesse ; ses nourrissons, aujourd'hui adultes, étaient libres-penseurs, révolutionnaires ; et cette jeunesse, longtemps adulée, comme l'espoir de l'avenir, ne paraissait qu'un océan tumultueux où pouvait sombrer le vaisseau qui portait la fortune de la France. Leibnitz avait dit : « J'ai toujours cru qu'on réformerait le genre humain en réformant l'éducation » ; sur cette consigne, on voulut reformer l'éducation pour sauver le pays. De là, la loi de 1850.

Si le parti conservateur conçut et exécuta sagement son œuvre de restauration et de réaction, nous ne le croyons pas. Au lieu de maintenir l'Université, il fallait la supprimer ; au lieu de s'appuyer sur le principe de l'Etat enseignant, il fallait faire de l'école un établissement paroissial et municipal ; au lieu de revêtir l'instituteur du caractère de fonctionnaire et de le faire descendre au rôle d'agent politique, il fallait tout simplement le charger du mandat des pères de famille, et le tenir sous leur contrôle. Des gens d'esprit prétendirent qu'on ne pouvait opposer ainsi radicalisme à radicalisme, et qu'il serait mieux de se tenir dans les moyens termes. D'un côté, on garda l'Université, tout en la chargeant d'anathèmes, mais parce qu'on l'avait grondée, on crut qu'elle deviendrait sage ; de l'autre, au lieu d'affranchir l'enseignement, de lui donner sa liberté naturelle et chrétienne, on plaça l'enseignement libre sous le contrôle de l'Université. On introduisit bien, dans les conseils académiques, un élément étranger à l'enseignement ; mais pour les méthodes, la collation des grades, la surveillance et l'examen, les rivaux de l'Université furent disciplinés et jugés par leurs adversaires. L'Empire effaçait, en 1854, de la loi de 1830, les dispositions qui l'avaient fait adopter et fit davantage sentir, sur les écoles, la main de l'Etat. Bientôt l'esprit de dissolution prit le dessus, favorisé par les événements politiques et par la complicité secrète du gouvernement. En 1870, il fut, ce gouvernement, abattu par ceux qu'il avait nourris, et les hommes qui s'étaient fait des doctrines avec ses pourritures, allaient montrer comment ils voulaient continuer l'Empire en aggravant et son despotisme et ses bassesses.

Pour ouvrir la carrière à ses méfaits, le gouvernement républicain poussa des maires à violer la loi de 1850 et à rendre, par leurs excès, nécessaire l'intervention des hommes politiques. Ici, on contestait au clergé la surveillance des écoles ; là, on proscrivait l'enseignement religieux ; ailleurs, on bannissait de l'école même les insignes sacrés de la religion. Nous croyons bon de remettre sous les yeux de nos lecteurs le règlement officiel qui régissait légalement les écoles, soit congréganistes, soit laïques. Les curés sont les surveillants naturels et autorisés des classes ; ils trouvent dans ces dispositions la mesure de leurs droits et de leur devoir.

Voici le texte du règlement approuvé par le conseil supérieur de l'instruction publique sur l'enseignement religieux dans les écoles primaires :

Article premier. — Le principal devoir de l'instituteur est de donner aux enfants une éducation religieuse, et de graver *profondément* dans les âmes le sentiment de leurs devoirs envers Dieu, envers leurs parents, envers les autres hommes et envers eux-mêmes.

Art. 2. — Il doit instruire *par ses exemples* comme par ses leçons. Il ne se bornera donc pas à recommander et à faire accomplir les devoirs que la religion prescrit, il ne manquera pas de les accomplir lui-même.

Art. 3. — Il se montrera plein de respect et de déférence pour les autorités en général, et en particulier pour celles qui sont préposées à l'instruction publique. Or, le curé, d'après les articles 18 et 44 de la loi organique, fait partie des autorités préposées à l'enseignement.

Art. 5. — Il veillera avec une constante sollicitude sur tout ce qui intéresse l'*esprit* et le *cœur*, les *mœurs* et la *santé* des enfants.

Art. 11. — Sur une partie du mur approprié à cet effet, ou sur des tableaux appendus aux murs, seront tracées des maximes religieuses et morales.

Art. 13. — L'enseignement dans les écoles primaires publiques comprend *nécessairement* l'instruction morale et religieuse.

Art. 17. — Dans la première division, l'enseignement comprendra la récitation des prières et du catéchisme.

Dans la deuxième division, il aura pour objet la récitation du catéchisme et de l'histoire de l'Ancien Testament.

Dans la troisième division, il embrassera les matières de la division précédente avec plus de développement, l'histoire abrégée du Nouveau Testament.

Art. 20. — Un Christ sera placé dans la classe, en vue des élèves.

Art. 21. — Les classes seront toujours précédées et suivies d'une prière. Celle du matin commencera par la prière du matin contenue dans le catéchisme du diocèse, et celle de l'après-midi se terminera par la prière du soir du même catéchisme. A la fin de la classe du matin, on récitera la prière : *Sainte Mère de Dieu, nous nous mettons sous votre protection*, etc. ; au commencement de la classe du soir, on dira la prière : *Venez, Esprit-Saint*, etc.

Art. 22. — L'instituteur conduira les enfants aux offices les dimanches et fêtes conservées, à la place qui leur aura été assignée par le curé ; il est tenu de les y surveiller.

Art. 23. — Toutes les fois que la présence des élèves sera nécessaire à l'église pour les catéchismes, et principalement à l'époque de la première communion, l'instituteur devra les y conduire et les y veiller.

Art. 24. — L'instituteur veillera *particulièrement* à la bonne tenue des élèves pendant les prières et exercices de religion, et il les portera au recueillement par son exemple.

Art. 25. — On ne se servira pour l'enseignement religieux que des livres approuvés par l'autorité ecclésiastique.

Art. 26. — L'enseignement religieux comprend la lecture du catéchisme et les éléments d'histoire sainte.

On y joindra chaque jour une partie de l'évangile du dimanche, qui sera récité en entier le samedi.

Il y aura une leçon de catéchisme chaque jour, même pour les enfants qui ont fait leur première communion.

Les leçons d'instruction religieuse seront réglées *sur les indications* du curé de la paroisse.

Art. 27. — La lecture du latin est spécialement recommandée ; on se servira pour cette lecture du psautier ou autres livres en usage pour les offices publics du diocèse.

Art. 35. — L'instituteur s'étudiera à donner aux élèves un extérieur décent et honnête, et à leur faire contracter des habitudes de politesse ; il leur recommandera de saluer les personnes respectables par leur âge et leur rang dans la société ; il leur interdira *sévèrement* toute querelle et toute parole inconvenante.

Art. 43. — L'instituteur ne pourra intervertir les jours de classe, ni s'absenter, même pour un jour, sans y avoir été autorisé par l'inspecteur d'arrondissement, et sans en avoir informé les *autorités locales*, dont le *curé* fait légalement partie (art. 18 et 44 de la loi organique).

Art. 44. — Toutes les dispositions qui précèdent sont applicables aux écoles de filles.

Art. 45. — Les dispositions relatives à l'enseignement et aux exercices religieux ne sont applicables *qu'aux enfants* qui appartiennent au culte catholique.

L'enseignement catholique était obligatoire, mais il n'était pas imposé aux enfants des confessions dissidentes. Les juifs et les protestants obtenaient, pour leur foi, une égale protection. Le respect de la conscience n'était pas entendu dans ce sens négatif, qui consiste à violer la conscience de ceux qui en ont une et à respecter la conscience de ceux qui n'en ont point. De plus, la loi avait assuré la gratuité de l'enseignement primaire aux enfants de familles pauvres. Chaque année on dressait un état des enfants dont les familles étaient réputées incapables de payer les frais d'école. Cette liste était dressée avec une certaine largeur d'esprit ; on aimait mieux offrir la gratuité à des gens capables de payer, que de fermer, à un enfant pauvre, la porte de l'école : la situation faite par la loi n'était pas parfaite, mais elle était bonne et on pouvait utilement s'y tenir.

Les républicains résolurent de modifier cette assiette de la gratuité et se proposèrent, par cette amorce grossière, d'abuser les populations et de faire aboutir le surplus de leurs tyranniques desseins. Jules Ferry présenta donc, sous couleur de gratuité, une proposition qui peut se ramener à deux points : 1° l'école est gratuite pour tous les enfants sans distinction ; 2° les frais d'école, au lieu d'être payés par les parents solvables, seront couverts par un impôt que paieront également tous les citoyens français. Précédemment l'école était gratuite pour les enfants pauvres ; en le devenant pour tout le monde, elle ne devait plus l'être pour personne.

Les républicains appuyèrent en masse cette

gratuité hypocrite et onéreuse ; les conservateurs la repoussèrent, non point par hostilité pour la mesure, mais dans l'intérêt des pauvres. Que la lumière soit à la portée de tous les yeux, comme l'air est à la portée de toutes les poitrines, évidemment c'est un bien ; mais la question n'est pas là. L'évêque d'Angers venait d'entrer à la Chambre ; il prononça contre la gratuité absolue un de ces discours qui appartiennent à la postérité.

Voici l'argumentation de notre Démosthène en soutane. Au point de vue *financier*, le système de la gratuité absolue est un leurre et une fiction : une fiction, parce qu'il faut toujours qu'on paie, et dès que la rétribution scolaire se paie par l'impôt, ce n'est pas *gratuit* ; un leurre, parce que, dans la gratuité relative, on déchargeait absolument les pauvres, tandis que, avec la gratuité absolue, on fait payer aux pauvres leur quote-part d'impôt scolaire, et on décharge les riches, qui précédemment payaient l'écolage de leur progéniture, de toute dépense spéciale en dehors des impôts. La gratuité absolue constitue une aggravation pour les familles indigentes, au profit des riches.

Au point de vue *pédagogique* et moral, le système de la gratuité absolue est plus nuisible qu'utile aux progrès de l'instruction primaire ; il favorise la négligence des parents, des élèves et des maîtres. Une instruction qui ne coûte rien n'inspire aucune sollicitude ; elle pique l'émulation en proportion des sacrifices qu'il faut s'imposer pour l'atteindre. Lorsque les parents se saignent pour envoyer les enfants à l'école, ils tiennent d'autant plus aux progrès de l'enfant. C'est avec des sacrifices que se produit le vrai progrès, et non en abdiquant toute rigidité morale.

Au point de vue politique et social, la gratuité de l'instruction primaire implique la gratuité de l'instruction secondaire et de l'instruction supérieure. L'État enseignant pour rien amène l'État à vêtir et à nourrir ses élèves. En principe, c'est le socialisme ; en fait, c'est la rupture de l'équilibre dans le fonctionnement des services de la société.

Le système de la gratuité relative répond à tous les besoins et protège suffisamment tous les intérêts : il maintient, pour les familles riches, l'obligation naturelle et morale de payer la rétribution scolaire ; il procure aux familles moins aisées le bénéfice d'une instruction qui n'a rien d'humiliant pour personne.

Si l'on veut étendre à un plus grand nombre le bénéfice de la gratuité vraie, il suffit de favoriser l'enseignement libre et d'appeler les fondations à l'école. Alors on aura, sans charge pour l'État, tout ce qu'on peut désirer pour l'instruction. Dans le cas contraire, on charge l'État, les départements, les communes de frais d'écoles et les particuliers d'impôts. Le budget devient pléthorique ; c'est le vampire qui suce toutes les moelles de la société en défaillance.

Un sénateur d'Ille-et-Vilaine, Jouin, appuya sur cette considération dont l'évêque d'Angers avait posé le principe : savoir, que l'État, par la gratuité, faisait acte de despotisme. « La question, pour vous, dit-il, n'est pas une question d'argent. Ce que vous voulez, c'est que l'État paie tout pour être maître de tout.

« Aux écoles communales, aux écoles municipales, on veut substituer des écoles dirigées par l'État.

« Voilà le projet, projet qui se relie à celui de la laïcisation et de l'obligation.

« Aujourd'hui quelle est la situation ? La commune est maîtresse chez elle. Elle a son école laïque ou congréganiste, à son choix ; elle la paye et elle exerce sur son école toute souveraineté.

« Je suis un partisan de la loi de 1850 qui a établi les vrais principes de liberté en matière d'enseignement, et non pas un partisan de la méthode de l'empire, qui consistait à supprimer cette liberté par des moyens détournés, pour y substituer son bon plaisir.

« Oui, je le répète, vous voulez transformer l'école communale en école de l'État ; vous voulez que l'instituteur ne relève que de l'administration, de ses supérieurs hiérarchiques.

« *M. le ministre.* — Mais c'est la loi. Les instituteurs ne devront relever que de leurs supérieurs hiérarchiques.

« *M. Jouin.* — Non, monsieur le ministre, ce n'est pas la loi de 1850. L'instituteur n'a point le droit de dire à la commune :

« Je ne vous connais pas ; je ne relève que de mes supérieurs, qui sont à Paris, au ministère. » Non, l'instituteur dépend, avant tout, du conseil municipal.

« Je vous ai cité l'exemple de Paris ; je pourrais vous citer celui de mon pays, de Rennes, où le conseil municipal a fait dans le personnel scolaire les changements qu'il a voulus.

« Vous voulez, je le dis encore, réaliser le problème de l'école d'État. »

La gratuité fut votée. Le gouvernement transporta, du budget des communes, au budget de l'État, le traitement des instituteurs et fit main mise sur toutes les écoles municipales ; il dépouilla les pères de familles et les conseillers municipaux de leurs prérogatives dans le choix, le contrôle et la rétribution des maîtres d'école. Les écoles, ayant en concurrence des écoles libres, étaient, à peu près partout, suffisantes pour le chiffre d'élèves. Le gouvernement, s'engageant à payer les maîtres, voulut attirer à eux tous les élèves ; dans ce dessein, il recourut à l'amorce vulgaire des charlatans politiques ; il fit agrandir partout les écoles et bâtir, autant qu'il le put, des palais scolaires. Le budget de l'instruction publique monta d'une trentaine de millions à cent vingt-cinq millions et contribua, pour une grande part, à l'augmentation des impôts. La Ligue de l'enseignement, pour couvrir le jeu des ministres républicains, essaya de chauffer l'opinion; le sou des écoles fut sollicité partout pour faire voter les gogos avec des pièces de cinq centimes, en faveur de cette gratuité absurde et onéreuse. La presse républicaine, dépourvue de toute vergogne, applaudit à outrance. On promettait aux instituteurs qu'ils allaient devenir de petits princes; en attendant, on essayait d'en faire des anti-curés. Le Pactole de la gratuité, roulant sa poudre d'or, c'est par quoi les républicains commençaient la régénération de la France.

La loi sur la gratuité fut bientôt suivie d'une loi sur l'obligation. Cette loi comprenait, outre divers détails d'application, deux points nouveaux, d'une exceptionnelle gravité : l'exclusion de l'enseignement religieux, et l'obligation légale d'envoyer les enfants à l'école.

Pour masquer ou colorer d'un prétexte l'exclusion de l'enseignement religieux, le ministre Ferry avait dressé un tableau des matières d'études, obligatoires dans les écoles; il avait chargé le tableau de matières inaccessibles à la plupart des enfants, et d'ailleurs inutiles. Les villageois n'ont pas besoin de savoir autre chose que lire, écrire et compter; ce dont ils ont le plus besoin, c'est de recevoir une bonne éducation. Espérer en faire des savants, c'est une folie. L'esprit des enfants est comme une bouteille à étroit orifice; si vous voulez faire entrer un tonneau dans une bouteille, c'est le trait d'un homme atteint d'aliénation mentale; si vous voulez l'y faire entrer simultanément, la bouteille recevra à peine quelques gouttes et restera vide. Le fait est que le plus grand nombre des villageois, même avec une instruction très restreinte, ne savent même pas lire et écrire; compter, ils s'en tirent mieux, parce que l'instinct et la passion suppléent aux faiblesses de l'esprit. Pourvu qu'ils soient honnêtes, laborieux, sobres, économes, fussent-ils médiocrement instruits, ils sont braves gens et gens braves; mais ces vertus, c'est la religion qui les inspire. Au contraire, si vous réussissez à faire croire au villageois qu'il est savant, quoiqu'il ne sache rien; et si, d'autre part, vous ne soutenez pas, par la grâce de Dieu, sa faible vertu, vous en faites un orgueilleux sans mœurs et de votre écolier, plus ou moins frotté de pédagogie, il ne restera rien qu'une brute paresseuse, gourmande, rebelle, têtue, tout ce qu'on peut imaginer à la fois de plus misérable et de plus vil.

Le ministre Ferry, organe de la franc-maçonnerie, ne déclare pas moins que l'instruction religieuse ne sera plus donnée dans les écoles publiques. Dans les écoles normales, les écoles primaires, les salles d'asile relevant de l'État, il sera interdit de parler de religion; quand on nommera une école de l'État, on désignera une école sans Dieu. Pour quelques milliers de libres-penseurs, des millions de chrétiens seront froissés dans leur sentiment le plus intime, dans leur sentiment religieux. Sous le masque trompeur de la liberté de conscience, on viole toutes les consciences chrétiennes. Bientôt, comme dans l'*Ile d'utopie* de Morus, pour ne heurter aucune conscience, il faudra réduire le culte à zéro.

En présence d'une si monstrueuse innovation, la stupéfaction vous gagne. Le genre humain est religieux, il a toujours élevé religieusement sa progéniture; faire autrement serait une scélératesse. Même depuis la révolution, les hommes politiques n'ont pas dérogé, en France, à la tradition du genre humain. Voici la démonstration qu'en fait un sénateur, savant jurisconsulte, Oscar de Vallée :

« On veut, dit-il, séculariser l'école, cette école qui doit inculquer des sentiments élevés aux enfants, tout en leur donnant des connaissances élémentaires.

« Vous ferez disparaître de cette école l'enseignement religieux, les livres religieux de toutes les communions, la Bible, le catéchisme, l'histoire sainte qui est un livre d'instruction, les évangiles, qui contiennent la plus belle morale que l'univers ait connue, les évangiles, dont un grand poète qui siège à gauche dans cette enceinte, a dit : « Ensemencez les villages d'évangiles. »

« Voilà ce que vous supprimez, en même temps que la prière, qui s'élève dans le monde entier; la prière que nous devons faire, aux termes de la Constitution, à la reprise de nos travaux; la prière que les magistrats prononcent en reprenant leur œuvre sainte; la prière enfin qui est inscrite dans nos institutions.

« Vous supprimez la parole de celui qui a dit :

« Laissez venir à moi les petits enfants. » Et que mettez-vous à la place? Vous y mettez ce que vous appelez la « bonne morale des bonnes vieilles gens », la morale de Béranger, et la morale civique qui consiste à apprendre à des enfants de six à douze ans à être républicains.

« Voilà ce que vous voulez faire. »

Le ministre s'était récrié contre l'idée qu'on pût le considérer comme le plagiaire de la Convention, le contre-maître de la franc-maçonnerie et l'ennemi de l'Église. Le sénateur Chesnelong lui réplique : « Je ne juge pas vos intentions; je parle de vos actes et je déclare que votre politique est une politique anti-religieuse. Est-ce que, depuis votre entrée au ministère, vous ne suivez point peu à peu, méthodiquement, tout un plan de campagne contre la religion? Est-ce que vous n'avez pas commencé par chasser les évêques du conseil supérieur de l'Instruction publique?

« Est-ce que vous n'avez pas poursuivi ce que vous appelez la laïcisation des écoles publiques en mettant dehors nos frères de la doctrine chrétienne?

« N'est-ce pas votre ministre de la guerre, qui a provoqué la suppression des aumôniers militaires?

« N'est-ce pas vous qui êtes l'auteur de ce fameux article 7 que le Sénat, à son grand honneur, eut le courage de repousser ?

« N'est-ce pas vous qui vous êtes fait l'exécuteur des décrets du 29 mars, vous qui êtes resté au Ministère, alors que quelques-uns de vos collègues, plus scrupuleux, donnèrent leur démission pour ne pas prendre part à une telle mesure.

« N'est-ce pas vous qui avez fait violer par vos agents le domicile de ces religieux que vous avez expulsés par la force.

« Et n'avez-vous pas, ensuite, inventé une procédure particulière pour soustraire ces mêmes agents aux justes revendications de citoyens lésés dans leurs droits, méconnaissant et violant ainsi toutes les règles et tous les principes de la justice et du droit ?

« Et, tout récemment, n'est-ce pas vous qui avez fait inscrire dans une de vos lois ce pouvoir disciplinaire qui vous donne le droit exorbitant de frapper d'interdit, sous prétexte d'immoralité, les directeurs d'écoles libres et de fermer leurs établissements ?

« Enfin, le crucifix, cet emblème de paix et de sacrifice, vous avez été jusqu'à le laisser arracher des écoles publiques : et lorsque le Sénat, par un vote, vous a blâmé d'avoir laissé jeter dans le même tombereau ces emblèmes de foi et les livres d'instruction religieuse, avez-vous désavoué M. le préfet de la Seine, l'exécuteur de ces odieuses mesures ? Est-ce qu'il ne continue pas à siéger aux Tuileries ?

« Vous le voyez donc bien, j'ai le droit de vous dire que vous êtes l'ennemi de la religion.

« A la Chambre des Députés, où vous dites avoir fait entendre un langage modéré, n'avez-vous pas encore laissé voter une loi qui empêche le recrutement du sacerdoce.

« Oui, vous êtes un ennemi pour nous, et un ennemi d'autant plus dangereux que vous vous dites modéré.

« Oui, nous préférons à de tels adversaires des ennemis franchement déclarés, qui veulent supprimer radicalement et partout la religion.

« Vous, sous de feintes apparences de modération, vous voulez graduellement, méthodiquement, arriver au même résultat, c'est-à-dire à un complet affaiblissement moral de la France.

« Il faut dire la chose comme elle est : c'est l'irréligion qui s'installe dans l'école, et ce que vous avez déjà fait ne peut laisser de doute sur ce que vous ferez. »

Cette mercuriale tombait d'aplomb sur l'homme qui, reçu franc-maçon, avait parlé de la destruction des cultes et s'était marié comme un cheval de haras. Du reste, ce sinistre personnage n'était que l'agent général, non seulement de la franc-maçonnerie, mais de l'impiété contemporaine. A ses yeux, tous les impies étaient des savants, et les plus fieffés coquins d'impiété devenaient des oracles. Dans son parti, on osait traiter ainsi le Christ et sa doctrine : « Une espèce de toqué, suivi de douze pisciculteurs abrutis, qui s'en vient débiter des calembours, faire tourner des chapeaux et des tables, introduire des catins dans le temple et raconte que sa mère a eu commerce avec des pigeons domestiques... Le mal qu'a fait à l'humanité ce philosophe de village, les crimes qu'ont commis sous son couvert tous les monstres à face humaine qu'il a endoctrinés du haut de sa potence, tout cela aurait pu nous être épargné (1) ».

Quelque douloureux qu'il soit de transcrire ces blasphèmes, il faut les faire connaître pour découvrir le but poursuivi par ce législateur. Au Sénat, le président de la commission chargée d'étudier cette loi de coercition, dans un banquet anti-clérical, outrage ainsi la Bible : « Mais avec quels livres font-ils l'éducation morale de leurs élèves ? Avec ce qu'ils appellent l'Ecriture Sainte, qui contient l'histoire des relations incestueuses de Loth et de ses deux filles, ou celle de Thamar se prostituant, moyennant salaire, à Jacob, en plein jour, au coin d'un bois. A la vérité, par compensation, pour préparer l'instruction scientifique de la jeunesse, l'Ecriture Sainte lui apprend que le monde a été créé en six jours de 24 heures et que Jonas (sic) put arrêter le cours du soleil, afin d'avoir le temps de massacrer quelques ennemis de plus. » Le toast après boire est à l'avenant : « A la libre-pensée, à l'union fraternelle des libres-penseurs ; à l'extinction de toutes les superstitions religieuses qui énervent l'esprit humain et le dépravent. »

Ces stupides impiétés trouvèrent, dans les assemblées, des interprètes. A la Chambre des députés, le rapporteur fut Paul Bert, un fanatique naïf, mais résolu, dont le choix seul indiquait les vœux des sous-vétérinaires. Dans l'Yonne, Paul Bert avait parlé de combattre, par le sulfure de carbone, et, au besoin, par quelque produit plus destructif, le phylloxéra noir ; dans son rapport et dans ses discours, il posa audacieusement un antagonisme, réel seulement par l'ignorance, entre la science et la foi, entre l'école et l'Eglise. Bientôt ministre, toujours audacieux, mais naïf, il aurait occasion de manipuler tous ses sulfures. Membre de l'Institut, il revêtira de sa signature un manuel civique où l'on enseigne que l'idée de patrie date, parmi nous, de 1789 ; qu'avant 89, il n'y avait pas de France ; que l'ancienne monarchie ne présentait que des hontes et des scandales ; que les nobles étaient de lâches exploiteurs ; que les paysans ne mangeaient que de l'herbe, quand ils ne se mangeaient pas entre eux. Livre qui classe son auteur parmi les maniaques prédestinés à Bicêtre, et qui honore beaucoup l'Institut de France, surtout à l'étranger.

---

(1) Voltaire, 26 novembre 1888. On sent, dans cet article, la haine scélérate du Juif.

Au Sénat, deux faux ouvriers devenus sénateurs, Corbon et Tolain, avec la suffisance habituelle de l'ignorance, essayèrent de formuler, en dogmatisme républicain, les idées saugrenues de Paul Bert. Corbon répudia hautement le dogme chrétien; bafoua l'idée de l'homme placé sous l'œil de Dieu et susceptible, suivant ses œuvres, de châtiments ou de récompenses éternels; il se moqua de l'homme voyageur, affligé d'un péché originel, qu'il expie par le travail, destiné sur cette terre à ramasser des trésors pour le ciel; il déclara qu'une telle morale n'était propre qu'à produire des hommes mous et des moines paresseux; que la morale révolutionnaire, opposée à la morale chrétienne et destinée à la remplacer, ne rachetait pas l'homme par Jésus-Christ, mais par le travail et par la science, par les conquêtes progressives de l'esprit sur la matière. — Tolain affirma que, dans sa pensée, il n'admettait pour instituteur que l'homme affranchi de toute autorité religieuse, l'enseignement de l'école ayant pour but cet affranchissement. — Tolain et Corbon avaient persiflé la piété comme oisive, crasseuse, étrangère à toute idée de travail.

Le sénateur Chesnelong répondit à ces insanités avec autant de vérité que d'éloquence :
« Quel est le travail que, selon vous, l'Eglise n'a pas honoré? Est-ce le travail manuel?

« Vous avez donc oublié que le Christ, quand il passa sur la terre, était ouvrier, fils d'ouvrier; que le travail manuel a été transfiguré dans l'atelier de Nazareth où par la condition de l'ouvrier, jusque-là si abaissée es si dédaignée, s'est relevée alors dans un honneur qui depuis n'a pas été contesté.

« Vous avez oublié cette œuvre colossale des moines du Moyen Age défrichant de leurs mains le sol dévasté ou abandonné. Vous avez oublié les trappistes qui continuent encore parmi nous la tradition du travail manuel consacré par la religion.

« Est-ce le travail intellectuel que, d'après vous, l'Eglise n'a pas honoré? Mais vous oubliez donc cette admirable série de grands penseurs, de grands philosophes, de grands savants, de grands poètes, de grands artistes dont l'Eglise a inspiré, fécondé, agrandi le génie? Notre liste est longue et glorieuse; vous nous montrerez la vôtre quand vous voudrez, et nous comparerons.

« Vous avez oublié ces grands ordres que l'Eglise a fondés pour se vouer, en vue de servir l'humanité, à un travail opiniâtre, persévérant : les uns, comme les bénédictins, au travail de l'étude; les autres, comme les dominicains et les franciscains, au travail de la prédication; les autres, comme les jésuites et d'autres ordres, au travail de l'enseignement.

« Vous avez oublié cette civilisation que l'Eglise a enfantée dans le travail et à laquelle nous devons toutes les richesses intellectuelles et morales que nous possédons.

« Ah! oui, cela est vrai, l'Eglise dit au travail intellectuel et au travail manuel : Vous êtes grands, mais votre grandeur ne suffit pas à l'homme. Il y a un autre travail qui vous est supérieur et qui s'impose à tous : c'est le travail de l'âme agissant sur elle-même sous le regard de Dieu, se vouant au bien par une sorte de servitude volontaire et libre et lui élevant, dans la conscience soumise, un autel respecté.

« Ce travail produit la vertu, et lorsque la vertu s'élève à ces sommets où l'égoïsme humain ne se montre plus, où le pur amour, l'amour désintéressé de Dieu et des hommes, est l'unique mobile de l'âme transfigurée, alors l'Eglise sacre la vertu, elle l'appelle sainteté et elle l'offre aux hommages des hommes.

« Voilà, voilà la conception de l'Eglise sur le travail. Cette doctrine a quelque grandeur.

« Et puis vous avez parlé de la morale chrétienne et de la morale moderne.

« La morale chrétienne, selon vous, a fait son temps, et vous lui adressez deux reproches; d'abord, dites-vous, c'est une morale terroriste; vous avez oublié cette parole de Chateaubriand : « Quelle est belle et quelle est consolante cette religion qui fait une vertu de l'espérance. »

« En outre, pour les catholiques, selon vous, cette morale est trop facile parce qu'elle met le pardon à côté de la faiblesse; comme si l'homme n'avait pas besoin du secours de Dieu pour s'affermir dans le bien, et de la miséricorde de Dieu pour se relever de ses défaillances!

« Ensuite, quant à la morale moderne, vous revendiquez la liberté humaine, la responsabilité humaine, la légitimité de la sanction de cette responsabilité, vous affirmez que cette sanction existe ici-bas. Existe-t-elle aussi ailleurs? il vous paraît raisonnable de le croire : mais vous déclarez n'en rien savoir.

« Quant au Dieu personnel et vivant que nous adorons, vous ne l'affirmez pas; vous ne le niez pas; vous le cherchez; et après avoir ainsi défini la morale moderne, vous dites qu'elle est le spiritualisme !

« Je n'ai pas qualité pour défendre la doctrine spiritualiste; je suis un chrétien qui croit simplement et fermement, je ne suis pas un philosophe. Mais je doute que l'illustre auteur du *Devoir* qui me fait l'honneur de m'écouter ait reconnu la doctrine spiritualiste dans les lambeaux défigurés que vous en avez apportés à cette tribune. Si elle n'était que cela, elle n'aurait pas, à coup sûr, obtenu, à bien des époques, l'adhésion de tant de nobles esprits. »

Les catholiques n'avaient certes pas l'absurde prétention que la classe fût consacrée à un perpétuel enseignement religieux; d'ailleurs l'instituteur n'a point compétence pour expliquer le catéchisme, ce soin appartient au prêtre. Mais ils voulaient que l'instituteur pût, pour la prière, le catéchisme et l'histoire sainte, remplacer le prêtre et le père : c'est ce que lui demandait la loi de 1850. De plus, on demandait que l'atmosphère de l'école fût religieuse ; que chaque fois que l'instituteur en avait l'occasion, il inculquât à ses élèves des idées morales. Or, cette occasion est fréquente, et il ne convient pas que l'instituteur s'en abstienne, sous le fallacieux prétexte que ce n'est pas l'heure de l'instruction religieuse ou que l'instruction religieuse appartient exclusivement au curé.

A ces justes observations, les impies répondaient qu'ils n'en voulaient point à la religion, mais qu'ils l'écartaient par respect pour la liberté de conscience. Mais si telle avait été réellement leur seule pensée, la loi de 1850 y avait pourvu, en déclarant obligatoire l'instruction morale et religieuse, mais en ajoutant : « Le vœu des pères de famille sera toujours consulté et suivi en ce qui concerne la participation des enfants à l'instruction religieuse. » La loi confondait donc l'hypocrisie républicaine ; mais ces impies croyaient avoir assez masqué leur jeu en disant qu'ils ne voulaient l'école ni impie, ni religieuse, mais *neutre* : c'était leur mot. Une école, qui n'est qu'une puissance d'affirmation, ils voulaient qu'elle fût neutre, pour eux synonyme de négative, et, par là, synonyme de rien. L'exclusion du catéchisme catholique implique, en effet, l'admission d'un autre catéchisme, résolvant, par opposition à l'Évangile, tous les problèmes que la vie et la mort posent à l'âme de l'homme sur la terre. Si la neutralité était possible, elle entraînerait au moins l'oubli de l'âme et mènerait au matérialisme, doctrine destructive de toute éducation, car si l'homme n'est qu'un animal, il n'a que des instincts et n'est pas susceptible de se développer par les leçons d'un maître.

A la Chambre et au Sénat, les catholiques déchirèrent victorieusement ces toiles de l'araignée opportuniste. L'évêque d'Angers, qu'on trouve sur la brèche toutes les fois qu'il y a une cause juste à défendre, réclama, par un amendement, le maintien, en matière religieuse, de la loi de 1850. A l'appui de sa demande, il fonda un argument de droit sur le total des écoles pour la France : catholiques, 69 381 ; protestantes, 1 535 ; israélites, 43. A ces écoles, dit-il, que vous-mêmes qualifiez de catholiques, il faut des maîtres catholiques comme elles, ou bien vous blesseriez tous les droits.

« J'ajoute que vous blesseriez le caractère de l'instituteur, car, pour peu que cet homme ait de loyauté, d'honneur, de délicatesse, — et il en a, — il ne consentira jamais à faire l'éducation d'enfants appartenant à un culte différent du sien. C'est pour lui une question d'honnêteté, et je dirai même de décence.

« Donc, de deux choses l'une, ou l'instituteur n'est pas catholique, et alors sa place n'est pas à la tête d'une école que vous appelez de ce nom ; ou il est catholique, et dans ce cas, en quoi sa conscience sera-t-elle gênée s'il fait pour les enfants de son école, ce que père de famille, il ne manque pas de faire à l'égard des siens propres, c'est-à-dire s'il leur apprend à prier, à réciter le catéchisme et à lire l'Évangile ?

« Ne prononcez donc pas ces grands mots qui n'ont aucune application dans le cas présent, ne venez pas nous parler de liberté religieuse blessée, soit dans la personne du maître, soit dans celle des élèves. Tous les droits sont sauvegardés ; celui de la majorité par l'enseignement religieux ; celui de la minorité par la dispense et par l'abstention...

« Permettez-moi d'insister sur ce point, car là est le nœud de la question. C'est le seul point qui, du moins en dehors de cette enceinte, pourrait faire illusion à quelques esprits peu familiers avec la tenue et la marche d'une école.

« On se figure que le silence de l'instituteur sur la religion équivaut de sa part à un acte de neutralité : c'est là une pure chimère.

« Ne pas parler de Dieu à l'enfant pendant sept ans, alors qu'on l'instruit six heures par jour, c'est lui faire accroire positivement que Dieu n'existe pas, ou qu'on n'a nul besoin de s'occuper de lui.

« Expliquer à l'enfant les devoirs de l'homme envers lui-même et envers ses semblables, et garder un silence profond sur les devoirs de l'homme envers Dieu, c'est lui insinuer clairement que ces devoirs n'existent pas, ou qu'ils n'ont aucune importance. Avec la finesse d'observation naturelle à son âge, et que vous lui avez reconnue l'autre jour, non sans raison, l'enfant se dira que son maître ne croit pas en Dieu et il fera de même, ou il doutera.

« Votre école neutre ne produira donc que des sceptiques et des indifférents ; voilà pourquoi notre conscience nous fait un devoir de la repousser de toutes nos forces.

« L'instituteur se renfermera dans une abstention complète à l'égard des matières religieuses ! Mais sur ce point capital, l'abstention est impossible ; car suivant que l'on croit ou que l'on ne croit pas à l'existence de Dieu et à l'immortalité de l'âme, la pensée et la vie humaine prennent un tout autre cours.

« En pareil cas, et de la part d'un instituteur, le silence équivaut à la négation. »

L'évêque d'Angers soutenait son amendement avec une forte logique ; le sénateur catholique Chesnelong l'appuya avec non moins de raison et de vigueur : « Qu'est-ce donc que le projet de loi, demande-t-il ? Si je l'examine dans son titre, il semble n'avoir pour objet que d'établir l'obligation de l'enseignement. Si je l'examine dans son texte, je vois aussi qu'il a pour but d'exclure la religion de l'enseignement.

« Si je pénètre dans son esprit, je vois que tout y est combiné de manière à rendre obligatoire une école officielle où la religion n'aura pas sa place.

« Je ne crois pas que jamais question plus

grave ait été soumise aux délibérations d'une Assemblée. Il s'agit d'accomplir une véritable révolution dans l'enseignement; de le mettre en antagonisme avec la foi générale de la France; de le découronner de la plus noble partie de sa tâche, en séparant l'enseignement religieux de la culture intellectuelle; de le retourner contre son but en le faisant servir à une vaste entreprise officielle de déchristianisation du pays; enfin de recourir à l'obligation pour avoir raison des résistances que pourraient opposer la conscience et la tendresse paternelles.

« Ce qui caractérise, en effet, le projet de loi, c'est que la religion et la liberté y sont frappées du même coup; c'est que la laïcité et l'obligation y sont étroitement liées; la laïcité y est d'autant plus inacceptable qu'elle s'impose par l'obligation, l'obligation d'autant plus oppressive qu'elle est escortée de la laïcité.

« Jusqu'ici, l'école était confessionnelle, désormais elle sera neutre. Plus d'instruction religieuse, ainsi le veut la liberté; mais nous garderons l'instruction morale, et même cette instruction morale sera une instruction civique.

« Enseigner la religion, ce n'est pas l'affaire de l'État, qui n'a pas compétence pour cela, et les écoles publiques sont des écoles de l'État. C'est l'affaire des familles et des ministres des cultes; ceux-ci auront à leur disposition un jour par semaine indépendamment du dimanche, pour donner cette instruction.

« Avec ce système, d'après le rapport, tout sera à sa place. L'école sera neutre, les familles seront libres, la religion aura ses jours et ses temples. Tout sera pour le mieux sous la loi la plus libérale possible.

« Tant d'optimisme m'étonne, et je ne puis le partager à aucun degré. A mon avis, avec ce système, l'école sera *irréligieuse*, les familles seront *opprimées* et la religion n'aura plus dans l'éducation la place à laquelle elle a droit et qu'il importerait de lui maintenir, dans l'intérêt des familles comme dans l'intérêt de la société. »

Voilà pour le fait, voici pour le droit. La religion n'est pas éliminable; exclue d'un côté, elle revient de l'autre; il faut se prononcer pour ou contre. La neutralité est une fable. « Derrière tout enseignement, continue l'éloquent sénateur, il y a une doctrine qui s'affirme. Elle est bonne ou elle est mauvaise; elle est salutaire ou malfaisante. Mais elle se produit; elle passe de l'esprit du maître dans l'esprit des élèves. Et elle touche nécessairement à la religion parce que la religion touche elle-même à tous les problèmes de la vie humaine et à toutes les conditions de la nature humaine.

« Vous voulez chasser la religion de l'enseignement; elle y reviendra par la géographie, par l'histoire, par la grammaire elle-même, car la religion a existé de tout temps; elle se trouve en tous lieux; elle a pénétré jusqu'à l'essence même du langage.

« Vous voulez chasser la religion de la morale? Elle y reviendra par les éléments les plus essentiels de toute doctrine morale, car sur tous, la religion a donné des réponses qui ont l'éclat, l'honneur, la force de la civilisation chrétienne! Vous ne pouvez ni supprimer des problèmes qui se posent et qui s'imposent, ni supprimer les solutions que la doctrine chrétienne a données à ces problèmes. Vous pouvez encore une fois les affirmer ou les nier, les glorifier ou les attaquer; vous ne pouvez ni les passer sous silence, ni les couvrir d'un voile que la curiosité de l'enfant suffirait à déchirer.

« Quand l'enfant voit le soleil et quand il demande quel est cet astre, on peut lui mal répondre; on ne peut pas lui dire que c'est une inutilité.

« Quand l'enfant voit le christianisme, quand il le sent autour de lui et quand il demande ce qu'il est et d'où il vient, on peut lui mal répondre; on ne peut pas lui dire qu'il n'est qu'un assemblage d'hypothèses métaphysiques et d'histoires légendaires qui ne méritent pas d'attirer l'attention.

« Donc l'école laïque, par cela seul qu'elle ne sera pas chrétienne, sera nécessairement, par la force des choses, une école antichrétienne. »

Un peu plus loin, arguant contre l'opportunisme qui retient encore le droit naturel, l'orateur dit que le radicalisme, plus logique, ne gardera même pas cette religion naturelle, qui n'est, à ses yeux, qu'une hypothèse métaphysique. « Ils entreront, dit-il, par la brèche que vous faites aujourd'hui! Vous éliminez la déchéance et la rédemption, ils élimineront la création. Vous éliminez Notre-Seigneur Jésus-Christ, ils élimineront Dieu. Vous éliminez l'action du surnaturel sur les âmes, ils élimineront l'âme elle-même.

« Mais éliminer Dieu, c'est l'athéisme; éliminer l'âme, c'est le matérialisme. Je ne vous prête pas ces doctrines. Je dis qu'elles frappent à la porte et que vous la leur ouvrez; je dis qu'étant donné le principe de votre projet de loi, elles ont contre vous l'avantage de la logique. Je dis qu'avec votre morale dégagée de toute affirmation religieuse, vos écoles antichrétiennes seront bien réellement, et avant longtemps, des écoles sans Dieu. »

Le Sénat et la Chambre rejetèrent également l'instruction religieuse et la morale religieuse; ils proscrivirent le catéchisme et l'Évangile; ils défendirent, aux prêtres, de pénétrer dans les écoles; ils défendirent, aux instituteurs, d'enseigner le catéchisme même en dehors des heures de classe. Et, pour que le caractère impie de la loi fût bien accusé, le sénateur Jules Simon avait fait admettre, en première lecture, que l'instituteur enseignerait les devoirs envers Dieu et envers la patrie; en dernière lecture, le gouvernement fit rejeter cet amendement. Point de Dieu dans les écoles de la République.

En présence de cet amendement, Ferry

avait dit : « Je proteste contre cette prétention ; on ne vote pas Dieu dans les Assemblées.

« Car si on pouvait le voter et le fortifier, cela supposerait qu'on peut l'abolir ou le diminuer en ne le votant pas.

« Les Assemblées ne sont pas faites pour formuler des *credo*.

« J'oppose à cela une fin de non-recevoir absolue tirée de la nature de notre société, de l'esprit de notre France qui sépare le domaine de la conscience du domaine du pouvoir terrestre.

« Ce qui importe à la république, c'est de légiférer clairement ; ce qui importe au Sénat pour conserver la force nécessaire à un des piliers fondamentaux de notre organisation républicaine, pour répondre à ses détracteurs, c'est d'être ferme sur les principes, et je lui demande de ne pas se laisser confisquer, par des moyens plus ou moins détournés, la grande conquête des progrès modernes. »

En présence de ces pauvretés, il n'y eût eu qu'à hausser les épaules. Mais le franc-maçon qui avait parlé de détruire les cultes posait la première pierre de son œuvre destructive : pour dissimuler son dessein, il avait avoué qu'il voulait maintenir la *bonne vieille morale* de nos pères et non point celles des philosophes, tous plus ou moins obligés d'y revenir. Jules Simon table sur cet aveu :

« C'est qu'il y a quelque part une force supérieure à tous les efforts que les hommes peuvent tenter contre cette morale, une force qui les contient et qui les dirige et empêche qu'ils ne s'égarent.

« Ce n'est pas seulement parce qu'il en a besoin, que l'enfant obéit à son père, que l'homme considère la propriété comme sacrée, la famille comme respectable, la tombe comme inviolable ; non, ce n'est pas seulement parce qu'il en a besoin, c'est parce que celui qui a créé le monde et qui en a fait l'homme l'habitant et le roi, a voulu que ces éternels principes, sur lesquels repose la morale universelle, ne pussent être ébranlés même par les efforts du génie.

« C'est là ce qui fait la force de cette bonne vieille morale, qui est bien celle de nos pères et qui est le patrimoine le plus précieux que le Créateur ait accordé à sa créature.

« Oui, il est possible de parler de Dieu à l'enfant sans lui parler des théories des philosophes. Il est possible qu'il y ait là pour lui un doux enseignement pareil à celui qu'il reçoit de sa mère ou de son père, et quelle que soit leur simplicité ou leur ignorance sur tout le reste.

« C'est cet enseignement-là que nous voulons que le maître donne à l'enfant, et pour cela il n'est pas besoin que le maître soit un métaphysicien, qu'il agite les doctrines de Spencer ni celles d'Adam Smith. Nous ne lui demandons pas cela, nous ne lui demandons pas non plus, grand Dieu, de connaître celles de Spinosa. Il n'aura nul besoin d'en parler.

« Cet enseignement que je réclame, non point par un excès de sentimentalité, mais parce que je le crois indispensable, je suis convaincu que l'instituteur saura le donner. Il imitera simplement le premier professeur de morale qu'ait entendu l'enfant, cette pauvre femme ignorante qui nous traiterait de sophistes si elle lisait nos écrits, mais qui jamais ne s'est trompée dans son instinct maternel, en enseignant à son fils ces premières notions de la morale et qui lui a donné l'amour des grandes vérités éternelles comme elle lui a donné son lait.

« C'est dans cette mesure que nous demandons que l'on parle à l'enfant de ses devoirs, et il ne s'agit nullement de l'exposé des grandes théories qui ne seraient pas à sa portée. »

A la fin de son discours, répondant au reproche d'avoir cédé à une pensée politique, le philosophe répliquait au ministre :

« Personne ne vous accuse et ne vous accusera jamais de ne pas enseigner les devoirs envers nos semblables ; on vous accuse de ne pas enseigner les devoirs envers Dieu. Il y a des personnes qui craignent que cet enseignement ne soit contrarié ou par les inférieurs ou par les supérieurs.

« C'est cette pensée, c'est cette peur qui a inspiré le désir d'être assuré que le nom de Dieu serait prononcé et fréquemment dans les écoles. Vous le voulez, je pense. Si vous le voulez, dites-le.

« Vous vous êtes écrié, dans un élan de fierté : je n'accepte pas ces soupçons, je ne veux pas être suspect. Mais votre discours l'est : il a trompé votre pensée, il est contraire sur ce point à ce que vous faites, et aussi je ne crains rien de vous à cet égard.

« Mais ne peut-il pas se trouver que des inspecteurs, des recteurs, prenant votre discours trop à la lettre, ne disent aux instituteurs : L'école est neutre, gardez-vous de parler de Dieu, d'enseigner les devoirs envers Dieu.

« Je ne crois pas à de tels errements de vous ni de vos successeurs ; mais tout le monde n'est pas tenu à la même confiance.

« Au nom du corps universitaire, je veux détruire cette hypothèse redoutable, je dirai déshonorante pour l'Université. Je veux cela comme universitaire, je le veux comme républicain.

« C'est au nom de la liberté, au nom de la dignité d'un enseignement que j'ai pendant cinquante ans professé, et qui a toujours été religieux, que je demande que, dans une loi française d'enseignement obligatoire, le Sénat, je ne dirai pas courageusement, mais hautement, fasse acte de respect religieux.

« Cela n'aura pas pour conséquence d'affaiblir, d'énerver les autres devoirs ; mais tout le monde sera averti que les pères de la patrie veulent que, dans l'école primaire, le nom de Dieu soit honoré et les devoirs envers Dieu enseignés, de façon à ce que les

Pères et les maîtres soient rassurés et réconfortés.

« Pour moi, c'est avec plaisir que je fais à la tribune cet acte de respect et d'adoration envers la Divinité, et que j'en saisis l'occasion. C'est ma satisfaction, mon orgueil à moi. Libre à ceux qui craindraient de faire acte de foi en Dieu, comme moi, au milieu de leurs concitoyens, de ne pas m'imiter ».

En première lecture, le Sénat avait adopté l'amendement ; en dernière lecture, le ministre, de plus en plus aveuglé par la fureur anti-chrétienne, s'éleva contre cette proclamation des droits de Dieu et de la patrie. Ce fanatisme découvre les desseins sataniques de l'impiété. S'il ne s'était agi que de faire passer le catéchisme de l'école à l'Eglise, on n'eut jamais étalé tant de rage. « Que voulais-je, demande Jules Simon, quand je vous disais : Mettez le nom de Dieu dans la loi, je vous le demande au nom de la République et de la France ? Je ne voulais pas transformer le maître d'école en professeur de morale, non ! ce que nous lui demandions, c'était d'enseigner la morale par ses actions, par ses préceptes, et non pas en théorie.

« Je veux que cet enseignement accompagne l'enfant depuis l'heure où il met le pied dans l'école jusqu'à l'instant où, après sa tâche terminée, il retourne le soir dans sa famille.

« Je ne voulais pas qu'il y eût de différence entre la famille que l'enfant quitte le matin et qu'il retrouve le soir, et la famille au milieu de laquelle il passe sa journée. Je disais au maître d'école : Faites comme moi : je ne suis pas un professeur de philosophie ; je prêche d'exemple à mon enfant, je tâche de me conduire devant lui en honnête homme, je ne perds pas mon temps à lui faire de la théorie.

« Voilà ce que j'entendais dire, quand j'ai demandé au Sénat d'inscrire en tête de la loi l'enseignement des devoirs envers Dieu, que le Sénat, à son honneur, y a généreusement inscrit.

« A l'appui de cette demande, il invoque le congrès des instituteurs, — ces hauts fonctionnaires tiennent maintenant des congrès, que le ministre appelle les Etats généraux de l'enseignement. Puis il répond aux objections. Entre autres, on lui a demandé quel Dieu il voulait servir. « Une pareille attaque, dit-il, vise toutes nos lois, toutes nos constitutions. Ouvrez le code, vous y trouvez Dieu à chaque page : lisez le passage qui concerne le jury, vous y trouvez la formule du serment ; pénétrez dans le sanctuaire de la justice, le premier objet qui frappe votre vue est un emblème religieux. Dieu y est tellement, qu'à cette heure la Chambre est saisie d'une opposition qui tend à l'en arracher. Et le président des assises ? Le premier mot qu'il dit aux jurés, c'est le nom de Dieu, et lorsque le jury revient, le chef du jury dit : Devant Dieu et devant les hommes.

« Voilà ce que nous trouvons dans une loi : est-ce que vous demandez quel est ce Dieu ? Ce Dieu, c'est le Dieu que reconnaissent toutes les religions et toutes les philosophies. C'est Descartes que vous retrouvez dans la loi et Descartes, ce sont toutes nos constitutions.

« La constitution de 93 — vous avancez sur celle-là, Messieurs, — dit : En présence de Dieu ; celle de l'an III est identique. En 1848, on disait : En présence de Dieu et du peuple français. Ces mots ne parurent pas satisfaisants aux républicains ; ils déposèrent plusieurs amendements. J'en étais de ceux-là et j'en suis encore. Ma vie a été consacrée à ces doctrines. Nous eûmes dans l'Assemblée une séance solennelle dans laquelle le président de la République prêta le serment que nous lui avions imposé ; Armand Marrast était au fauteuil, et il prit Dieu et les hommes à témoin du serment.

« *Voix à gauche.* — Cela a bien réussi.

« *M. Jules Simon.* — Vous dites qu'il y a des parjures. L'objection ne vaut rien ; c'est parce que l'on sait qu'il y a des parjures qu'on en appelle à Dieu...

« Je vous laisse à cette interruption et je vous prie d'en porter le poids ».

Autrefois Jules Simon croyait à la suffisance du devoir philosophique et à la puissance de la religion naturelle ; maintenant il invoque la loi pour la sauver contre l'invasion de l'athéisme.

Raoul Rigault se moquait du nommé Dieu ; Ferry et sa bande l'excluent ; or, l'exclure, c'est y croire et dire : Nous n'en voulons pas. Un tel propos a dû exciter de grandes allégresses, mais, je pense, pas ailleurs que dans les bagnes.

A la place de l'enseignement religieux, les républicains inaugurèrent la morale civique. Par là, Ferry entendait une description du mécanisme administratif de la France ; mais d'autres ne voyaient, dans ce cours de civisme, qu'un moyen d'inoculer, aux enfants, les idées de leur parti et de se préparer des électeurs. Paul Bert, lui, le vivisecteur, le tourmenteur de chiens, y vit surtout le moyen de gagner 1.000 francs, en brochant à la hâte un manuel, dont il confia, sans doute, la rédaction à sa cuisinière. Paul Bert était le cynique de la troisième république ; il promettait d'en être le Marat. Son livre est un monument d'ignorance et l'opprobre de l'humanité : il vise surtout à inoculer aux enfants l'impiété à l'état de gangrène. Cet être embarrassant devait périr au Tonkin ; quand l'animal fut crevé, — car l'animal crève, l'homme seul meurt, — les républicains bombardèrent de pensions sa femelle et ses petits. Ces républicains sont des impies, mais ils savent, aux dépens du pauvre monde, s'assurer de riches prébendes.

Quand les républicains eurent obtenu la neutralité malveillante, impie, et, disons le mot, scélérate, de l'école primaire, ils en vinrent à l'obligation légale ; ils inscrivent dans la loi, sous peine d'amende et de prison, l'obligation pour le père de famille rural d'envoyer les enfants à l'école sans Dieu. Cette nouvelle exigence ne s'obtint pas, non plus, sans résistance. Ce sera l'honneur des conservateurs français d'avoir percé à jour les complots républicains et d'avoir combattu avec une certaine vaillance pour les faire avorter. Personne, dans ces luttes, ne montra plus de clairvoyance et de résolution que l'évêque d'Angers, le Thucion de tous ces pleutres d'Université, de franc-maçonnerie et de pis encore, qui s'essayaient à garrotter la France chrétienne. Ces mâtins qui aboyaient, depuis un siècle, contre Louis XIV et la Révocation de l'Édit de Nantes, contre la Saint-Barthélemy et l'Inquisition, une fois débarrassés de leurs colliers, révoquaient aussi l'Édit de Nantes et rétablissaient, pour l'école primaire, l'Inquisition. Jamais plus stupide imbécillité n'a infecté un peuple et déshonoré l'histoire.

Sur l'inutilité d'un tel dessein, l'évêque d'Angers a dit tout ce qui se peut dire : « Et d'abord, dit l'orateur, je voudrais dissiper une équivoque contenue dans ce mot obligatoire et qui ne contribue pas peu à faire illusion à bon nombre d'esprits.

« Il existe en effet une très grande différence entre l'obligation *morale* et la contrainte juridique et *légale*. Autant j'admets la première en matière d'enseignement et d'éducation, autant je repousse la seconde. Que le père et la mère de famille soient tenus en conscience, sous peine de négligence grave, de procurer à leurs enfants une instruction convenable, proportionnée à leurs ressources, en rapport avec leur position dans la société... C'est là une vérité sur laquelle il ne saurait y avoir parmi nous aucune contestation.

« Cette obligation, fondée sur le droit naturel et divin, personne ne la conteste. La loi civile, d'accord avec la loi chrétienne, la reconnaît et la proclame.

« Que, d'autre part, la Commune, l'État, l'Église, emploient tous les moyens d'*encouragement* et de *persuasion* qui sont en leur pouvoir pour cette obligation *facile*, en mettant l'instruction à la portée de tous, et en ôtant, par là même, tout prétexte, soit à l'indifférence des uns, soit au mauvais vouloir des autres, rien de mieux : c'est la guerre à l'ignorance sous sa vraie, sous sa meilleure forme, celle qui sait concilier l'autorité avec la liberté. Mais si l'État moderne, qui fait profession de n'avoir pas de doctrine, au lieu de faire appel à l'idée du devoir, au sentiment de la responsabilité morale, vient à user de moyens coercitifs pour dire aux pères de famille : Vous enverrez vos enfants de tel âge à tel âge, dans telle école que je leur indiquerai, — car il en sera ainsi dans l'immense majorité des cas, — pour y apprendre, dans la mesure qui me convient, telle doctrine, à l'exclusion de telle autre, et cela, sous peine d'amende et d'emprisonnement !... Oh ! alors, ce n'est plus l'obligation au sens moral que vous décrétez, mais la contrainte, mais la *coaction*, ce qui, de la part de l'État moderne, équivaut, en matière d'enseignement et d'éducation, à l'*oppression* et à la tyrannie.

« Or, telle me paraît être précisément l'idée du projet de loi soumis à vos délibérations ; voilà pourquoi je le repousse de toutes mes forces.

« Je le repousse parce que, loin d'être motivé par une nécessité quelconque, il est inutile au but que nous voulons tous atteindre, je veux dire l'extension et le développement de l'instruction primaire ».

En effet, cette loi d'obligation juridique n'a pas fait aller un enfant de plus à l'école primaire. Aujourd'hui, 1899, les inspecteurs, depuis des années, ne pressent plus l'obligation de cette loi, surtout pour les pauvres, parce qu'il est impossible de les contraindre, et, le put on, il faudrait les nourrir. Cette loi n'a servi qu'à vexer quelques braves gens.

L'obligation n'est pas seulement inutile, comme vient de l'établir l'évêque d'Angers, elle est encore attentatoire aux droits du père de famille, et c'est ce que va démontrer éloquemment le sénateur Chesnelong. L'obligation légale, c'est l'école obligatoire et l'école obligatoire, c'est l'école officielle ; et l'école officielle est impie. Donc, c'est l'impiété obligatoire.

« Qu'est-ce donc que votre obligation, demande l'orateur. Il ne s'agit pas du devoir moral du père de faire instruire son enfant. Non il ne s'agit pas de cela ; il s'agit de la transformation de ce devoir moral en contrainte légale.

« L'obligation morale du père, qui donc la conteste ?

« Ce n'est pas nous ; nous estimons, au contraire, que le devoir du père va beaucoup plus loin que vous ne le dites. Le père doit veiller non seulement sur l'instruction de son enfant, mais aussi sur son éducation ; il doit non seulement le faire initier aux éléments des connaissances humaines, mais encore et surtout le faire munir de toutes les forces morales qui peuvent élever son âme, rehausser son cœur, diriger sa volonté dans les voies du bien. Il doit donc, suivant sa foi, lui faire donner un enseignement religieux qui forme dans son enfant l'intégrité du caractère moral, et par conséquent écarter de lui tout enseignement où il courrait le risque de perdre, avec sa foi religieuse, les énergies morales dont elle est la source.

« Voilà le devoir du père dans toute son étendue. Et à ce devoir correspond un droit corrélatif, le droit primordial, naturel, imprescriptible de choisir librement le maître de son enfant.

« Qu'en résulte-t-il ? c'est que, — et le véritable état de la question est là, — l'obligation ne peut passer dans la loi qu'à condition de ne pas contraindre le père, soit à faire élever son enfant dans des principes qu'il juge funestes, soit à confier son enfant à des maîtres qui n'auraient pas sa confiance.

« Et, c'est parce qu'il est très difficile, peut-être même impossible, dans quelque pays et sous quelque régime que ce soit, d'agir par voie d'obligation légale vis-à-vis du père, sans empiéter soit sur une partie de son devoir, en ne lui donnant pas pour l'éducation de son fils les satisfactions que réclame sa conscience, soit sur son droit en ne lui donnant pas, pour le choix des maîtres, toutes les garanties que réclame sa liberté, c'est à cause de cette difficulté de la conciliation entre l'obligation légale et le respect des devoirs et des droits du père de famille que, pour mon compte, je repousse en principe l'obligation.

« Il me semble que nous sommes ici dans un domaine qui touche de trop près à l'autorité paternelle et aux droits de la conscience pour que la contrainte légale puisse y trouver sa place.

« Je comprends toutefois que, dans certaines conditions, les inconvénients de l'obligation puissent être diminués.

« Ainsi par exemple, quand l'unité religieuse et morale existe dans un pays, quand l'Église, l'école, la société, les familles sont absolument d'accord sur les principes d'éducation à donner aux enfants; quand l'école, en même temps qu'elle a l'attache de l'État, est l'auxiliaire de la religion et la continuation de la famille, dont elle achève l'œuvre sans la défigurer, je comprends l'obligation. Je ne la demanderais pas, mais je la comprendrais. La liberté des consciences n'aurait rien à craindre, en effet, dans ce bienheureux pays en possession de l'unité où, à l'église, à l'école, dans les familles, partout les consciences rendraient le même son.

« Mais hélas! nous n'en sommes pas là, l'unité des esprits n'existe pas dans notre pays; nous sommes divisés, profondément divisés. Nous n'avons pas l'accord de l'État, de la religion et des familles. L'État fait la guerre à la religion; il fait cette guerre précisément sur le terrain de l'enseignement, et c'est l'obligation de l'enseignement que vous demandez. Dans de telles conditions, elle serait la contrainte au service de la passion antireligieuse. Je vous la refuse ».

La loi sur l'obligation, c'est l'école officielle obligatoire, ou la prison. Par là se trouve atteinte, non-seulement la sainte liberté du père de famille, mais la liberté d'enseignement, qui fait partie du droit public de la France. C'est l'argument sur lequel appuie un ancien ministre du 16 mai, Fourtou:
« N'assistons-nous pas sans cesse, dit-il, à une campagne violente entreprise contre l'enseignement libre à tous les degrés.

« Sous prétexte de faire revivre contre les congrégations des dispositions surannées, n'a-t-on pas exclu de l'enseignement libre des maîtres appartenant à ces congrégations, et cela malgré le vote du Sénat contre l'art. 7?

« L'arbitraire de ces exclusions a encore été aggravé par des mesures récentes, par la loi que vous avez faite sur les brevets de capacité, et par l'abrogation de l'art. 20 de la loi du 28 juillet 1872, qui tend à tarir encore davantage la source du recrutement de l'enseignement libre?

« Que deviendront les écoles dépendant de cet enseignement en face d'écoles publiques qui seules recevront les subventions du gouvernement, et auxquelles aucune rétribution ne sera payée par les enfants?

« Mais en supposant que l'enseignement libre triomphe de ces obstacles, la nouvelle législation ne suffira-t-elle pas à lui faire une existence inquiète, troublée, précaire?

« Ce ne sont pas là simplement des craintes que j'exprime, ce sont des faits que je signale. Il ne s'agit pas de l'avenir, mais du présent, ou d'un passé qui date d'hier.

« N'avons-nous pas vu hier retirer aux Frères de Ploërmel une subvention de 3.000 fr.; à ceux de la doctrine chrétienne une subvention de 10.000 fr.; au cercle des ouvriers de Montparnasse une subvention de 500 fr. et prendre d'autres mesures analogues?

« L'anéantissement de l'enseignement libre, à tous les degrés n'est-ce pas la politique du gouvernement?

« Et les auteurs du projet de loi, ils ne s'en cachent pas, eux, du moins dans leurs épanchements intimes.

« M. Paul Bert disait à la Chambre des députés: « Voyons d'abord l'obligation en elle-même. Nous ne vous demandons point de voter la scolarisation obligatoire, bien que l'obligation de l'enseignement doive, en fait, entraîner l'immense majorité des pères de famille à envoyer leurs enfants à l'école publique ».

« Lorsque l'honorable M. Keller lui répondit: « Mais n'est-ce point là la scolarisation obligatoire? » M. Paul Bert répondit: « Peut-être pour plus tard, mais pas encore. »

« Eh bien, je vous demande, moi, la liberté de fait, et non pas cette liberté de droit qui n'est qu'une hypocrisie dans une loi forcément oppressive.

« Mais, lors même que l'école libre serait détruite, s'il restait dans vos écoles publiques des maîtres congréganistes à côté des maîtres laïques, il y aurait encore une certaine liberté pour les pères de famille, qui pourraient faire donner à leurs enfants une instruction selon leurs désirs.

« Or, vous détruisez le personnel congréganiste; partout vous laïcisez, à Paris comme en province; les conseils municipaux et les préfets ont le mot d'ordre.

« Rien qu'à Paris, vous avez actuellement plus de 130 écoles publiques laïcisées.

« Il est vrai que, répondant à l'honorable M. Chesnelong, dans une des dernières discussions du Sénat sur l'enseignement primaire, M. le ministre de l'instruction publique disait que ce serait une iniquité que de ne pas tenir compte du vœu des pères de famille. Mais, pendant ce temps-là, M. le préfet de la Seine continuait, sans être désapprouvé, son œuvre de laïcisation.

« Dans les villes où les ressources sont plus grandes, il y a encore quelques écoles libres. Mais dans les campagnes, il n'y en a plus, et les enfants du peuple sont forcément soumis à l'enseignement des écoles publiques, c'est-à-dire laïques.

« Cependant, la liberté et l'obligation de l'enseignement ont entre elles un lien si étroit, que M. Bardoux déclarait à la Chambre des députés qu'il ne pouvait pas y avoir d'obligation sans la liberté pour le père de famille de faire instruire ses enfants comme bon lui semblerait.

« Ne pourriez-vous donc point concilier ces deux choses? »

La loi sur l'obligation n'est pas seulement une loi inutile, une loi attentatoire au droit du père de famille et à la liberté d'enseignement, c'est surtout une loi attentatoire au droit de l'Eglise et à son divin mandat. L'Eglise seule possède, en vertu de sa divine institution, le *Compelle intrare*; si l'Etat le lui arrache pour le retourner contre elle, l'Etat commet un grand crime. Par le fait l'Etat veut abattre l'Eglise et se mettre à sa place dans la formation intellectuelle du genre humain. C'était, dès le commencement, la passion des révolutionnaires; c'était, en 1870, la passion des communards; la loi Ferry, fidèle à cette tradition scélérate, est un coup de force, en faveur de l'erreur franc-maçonne, contre l'enseignement chrétien. Un député catholique, Ferdinand Boyer, va fournir la preuve de cette allégation.

Au lendemain du 4 septembre, un maire de Paris, dont le nom devait acquérir une triste célébrité sous la Commune, pénétrait dans les écoles primaires, arrachait les crucifix, brisait les statuettes de la sainte Vierge et des saints, proscrivait tous les emblèmes religieux, chassait les frères et les sœurs, et installait ce qu'on a appelé depuis la laïcité complète.

Cet exemple fut suivi dans quelques grandes villes, et, pour n'en citer qu'une, Lyon, la ville catholique, vit ses écoles laïcisées; elle eut sa « fête des écoles », dont, suivant le programme, « la politique ni la religion ne de- « vaient ternir la pureté ».

Dans les clubs, dans la presse, dans les réunions électorales, le mot d'ordre fut partout le même : on demandait l'instruction gratuite, obligatoire et laïque.

Il faut en convenir, cette trilogie, comme on l'a nommée, cette trilogie progressive était conforme à la note révolutionnaire, car, ainsi que l'ont fait remarquer tous les historiens, la révolution est avant tout antireligieuse. Je ne veux citer que deux juges aussi compétents qu'impartiaux : Alexis de Tocqueville et Proudhon.

Tocqueville a marqué le caractère vrai de la Révolution dans ces lignes :

« Une des premières démarches de la Révolution française a été de s'attaquer à l'Eglise, et parmi les passions qui sont nées de cette révolution, la première allumée et la dernière éteinte a été la passion antireligieuse. »

De son côté, Proudhon dans son livre *De la Révolution au XIXe siècle*, a écrit : « Il faut que le catholicisme s'y résigne, l'œuvre suprême de la Révolution au XIXe siècle, c'est de l'abroger. »

Joseph de Maistre avait depuis longtemps reconnu, dans son caractère antireligieux, le vice originel de la Révolution française. Et s'il fallait une preuve de plus, je la rencontrerais dans un grand journal du matin, sous la plume d'un homme de lettres distingué, que l'amnistie a rendu à Paris. Il écrivait, il y a quelques jours, à propos des explications fournies par M. de Freycinet devant le Sénat : « Entre l'Eglise et la société moderne, il y a une guerre à mort. Nulle transaction n'est possible ; ceci tuera cela, ou cela tuera ceci. »

Ces indications sont confirmées par tous ceux qui ont étudié la Révolution, et vous voyez les événements se produire dans les mêmes conditions, à toutes les époques révolutionnaires. Ces tristes scènes, on peut bien dire ces scandales, atteignirent leur apogée sous la Commune, et si vous preniez la peine, de feuilleter le *Journal officiel de la Commune*, vous trouveriez cette adresse, dont le caractère d'actualité ne vous échappera pas, dans laquelle vous rencontrez les éléments du projet qui est en discussion et que je combats.

En remontant plus haut, la pratique de l'obligation scolaire n'a jamais été mise en pratique que par un parti qui voulait s'emparer de la direction des esprits. N'est-ce point Luther qui, le premier, formula le principe de l'obligation et mit aux mains de la puissance corporelle un droit de contrainte à l'égard des parents. « Déplorable est partout, disait-il, la condition des églises ; les paysans ne savent rien, n'apprennent rien ; ils ne prient pas, ils ne se confessent pas, ils ne communient pas ; toute religion semble s'être évanouie, et, s'ils foulent aux pieds les préceptes du Pape, ils méprisent en même temps les nôtres. » Le moine de Wittemberg avait aussi exprimé ses idées sur l'enseignement : « J'affirme que l'autorité a le devoir de forcer ceux qui lui sont soumis, à envoyer les enfants à l'école. Hé quoi ! si l'on peut, en temps de guerre obliger les citoyens à porter l'épieu et l'arquebuse, combien plus peut-on et doit-on *les contraindre* à instruire leurs enfants, quand il s'agit d'une guerre bien plus rude à soutenir, la guerre avec le mauvais esprit qui rôde autour de nous, cherchant à dépeupler l'Etat d'âmes vertueuses. C'est pourquoi je veille autant que je puis veiller, à ce que *tout enfant en âge* d'aller à l'école, y soit envoyé par le magistrat. » En 1560-65, les états généraux d'Orléans et les conseils de Flandre retournèrent, contre le protestantisme, l'arme de Luther. La révolution devait mettre l'obligation au service d'une autre espèce d'intolérance, plus violente et plus tyrannique, l'intolérance impie. Tout d'abord, Talleyrand, à la Constituante, et Condorcet à la Législative, avaient reculé devant l'enseignement obligatoire. La Convention fut moins scrupuleuse ; elle céda lorsqu'elle eut voté le maximum et la loi des suspects, mis la terreur à l'ordre du jour. Ce ne fut que lorsque le Comité de salut public eut mis la main sur le Comité de l'Instruction, que fut adopté le décret du 19 décembre 1793, qui consacre l'obligation et frappe de peines les pères récalcitrants. C'est de là qu'elle est passée à la Commune et de la Commune par la franc-maçonnerie, à Jules Ferry, qui n'est pas seulement le premier des menteurs et le dernier des lâches, selon la formule, mais le plus grand, le plus abominable corrupteur de la nation. La place de cet homme est, à côté de Judas, au fond des enfers, et pour avoir ainsi posé, contre le pied des enfants, la pierre du scandale, il vaudrait mieux pour lui qu'il ne fut pas né. C'est la sentence du Christ.

L'histoire doit ajouter ici deux observations. Les républicains, pour dissimuler leurs féroces appétits du despotisme, arguent que l'obligation existe dans beaucoup de pays. En effet, on a été obligé de l'établir dans les pays protestants, mais sans l'impiété qui déshonore la loi française. De là, il suit que les protestants, qu'on vante comme partisans du progrès des lumières, ont si peu cette qualité, que, pour leur faire accomplir, envers leurs enfants, le devoir sacré de l'instruction, il faut la contrainte. Les catholiques, plus zélés pour l'éducation des enfants, avaient échappé jusqu'ici à cet opprobre. C'est quand la libre pensée a fait brèche à la foi et aux vieilles mœurs, que les républicains sont obligés de mettre la force au service de l'école. La France compte quinze siècles de gloire intellectuelle ; c'est spontanément qu'elle en a conquis les lauriers.

La seconde observation, c'est que les républicains, en recourant, pour l'instruction primaire, à la contrainte légale, justifient tout le passé de l'Eglise. L'instruction primaire, en somme, en comparaison du principe de la foi et de la règle des mœurs, n'a qu'une médiocre importance. Pour les paysans, qu'ils soient plus ou moins lettrés, cela importe fort peu à leurs intérêts ; ils suppléent, du reste, parfois fort avantageusement, par le talent naturel et par l'instinct, à ce que l'école ne peut leur offrir. Mais la foi a besoin d'être prêchée ; mais la loi a besoin d'être intimée ; l'autorité a son juste rôle pour les servir. Si donc, pour aussi peu de chose que la lecture, l'écriture et le calcul, on a pu recourir à la contrainte légale, combien plus a-t-on le droit d'y recourir pour le Symbole des Apôtres et les commandements de Dieu. Les républicains ne justifient pas seulement la révocation de l'Edit de Nantes, mais ils ont rétabli l'Inquisition. Je sais bien que la conscience publique a été plus forte que leur brutalité.

Après vingt années d'application de ces lois, l'expérience en révèle l'inanité et en dénonce les périls. L'instruction n'a fait aucun progrès réel ; elle a plutôt reculé. La moralité publique en a reçu un coup terrible. La criminalité a augmenté avec les écoles et parmi les criminels, la palme appartient aux jeunes gens. On a multiplié les élèves ; on les a bourrés de science et il faut agrandir les prisons. C'est diamétralement le contraire de ce qu'on avait promis : vous viderez les prisons, si vous ouvrez des écoles neutres. On a fondé des écoles neutres et elles ont été des pépinières de voleurs et d'assassins.

Les écoles libres devant les Conseils de l'Université.

La loi de 1850 avait créé des conseils académiques et un conseil supérieur de l'instruction publique. Ces conseils n'étaient pas exclusivement composés de professeurs, les évêques, les magistrats de l'ordre administratif, les autorités sociales y représentaient les forces vives de la nation. Il n'y avait plus de conseil de l'Université, mais des conseils chargés de juger toutes les affaires d'enseignement. L'introduction d'un élément étranger au corps universitaire avait paru urgente ; elle faisait tomber les défiances qu'on eut pu concevoir vis-à-vis d'un conseil de professeurs publics, jugeant en dernier ressort leurs rivaux, les membres de l'enseignement libres. Jules Ferry, par une loi du 27 février 1880, avait bouleversé de fond en comble, l'économie de ces conseils ; il avait composé les conseils uniquement d'universitaires ; il avait porté de 40 à 59, le nombre des membres du Conseil supérieur ; mais en augmentant le nombre des juges, il n'augmentait ni leur capacité, ni surtout leur impartialité. Un conseil composé de membres tous dépendants du ministre, n'était pas et ne pouvait pas être un tribunal ; à moins que ce ne fut un tribunal de muets, un conseil vehmique, vouant à la mort tous ceux qui étaient livrés à son servilisme. Pour obtenir un tel conseil, Ferry n'avait rien eu à dire aux sous-vétérinaires de la Chambre des députés ; la majorité de cette Chambre, pour qui l'épithète de basse n'était pas un vain mot, était au courant du complot formé contre l'enseignement libre, et ne demandait qu'à fournir des articles pour l'étrangler. Mais, au Sénat, l'affaire n'avait pas passé si aisément ; et, pour obtenir sa machine à lacets, « le premier des menteurs et le derniers des lâches » dut déclarer que son Conseil serait *avant tout pédagogique;* que son pouvoir ne pourrait jamais aller jusqu'à supprimer l'enseignement libre et à prononcer, directement ou indirectement, la fermeture d'une école.

« Que vous disions-nous lors de la discussion de la loi relative aux conseils académiques, demandait plus tard le sénateur Bocher ? Nous vous disions que ces Conseils ne seraient pas *indépendants,* car on les composait en grande partie de fonctionnaires, de professeurs, d'instituteurs qui dépendent de vous.

Nous soutenions que ces conseils n'auraient pas la *compétence,* car vous en avez fait sortir ceux qui représentent la science juridique, la connaissance des lois et des magistrats.

« Nous ajoutions enfin qu'elles n'auraient pas l'*impartialité* nécessaire.

« Que répondiez-vous alors : Oh! les Conseils académiques sont des Conseils d'enseignement et de pédagogie ; ils n'ont à s'occuper que de programme, d'examen, de concours.

« Quelquefois, sans doute, ils auront à prononcer sur des points de droit ; mais c'est si rare, et à l'appui de votre observation, vous citiez quelques cas très rares où les Conseils académiques avaient eu à résoudre des questions légales ; à quoi l'honorable M. Paris s'écriait : Oui, mais c'est le passé, et il avait raison.

« Et sur la compétence, que nous disait l'honorable M. Barthélémy Saint-Hilaire, qui était alors rapporteur du projet de loi ? « On parle de la compétence qu'avaient les magistrats, les membres de la Cour de cassation dans le Conseil supérieur ?

« Mais quand s'agira-t-il de questions de droit, tout exceptionnellement, ou *plutôt jamais.* Les Conseils académiques, le Conseil supérieur n'ont à s'occuper que de questions scolaires, que de discipline. »

« Et quand on insista sur les garanties que donnait la présence des magistrats dans le Conseil supérieur, le Ministre insista en disant qu'il n'avait pas à se prononcer sur les points de droit et que les Conseils académiques ne seraient *jamais* appelés à faire fermer des écoles.

« Vous savez ce qu'étaient les Conseils académiques et vous savez ce qu'ils sont maintenant !

« Jamais ils ne devraient avoir à prononcer sur des questions de droit, et ils ont eu à décider sur des questions de droit et sur les points les plus contestés sur le droit d'association ; ils n'auraient jamais à fermer les écoles, et l'on a interdit des directeurs d'école, ce qui équivaut à la fermeture des établissements scolaires. »

Cette opposition entre les promesses et les actes va nous mettre en présence d'un des plus honteux exploits de la persécution. Les Conseils académiques et le Conseil supérieur vont être appelés à tuer, *per fas et nefas,* ces établissements scolaires que visaient les persécuteurs, mais qu'ils n'avaient pu atteindre.

Les décrets du 29 mars avaient été exécutés par la force et obéis plus peut-être qu'ils n'auraient dû l'être. J'aurais compris un tantinet de rébellion, au moins pour faire appeler devant les tribunaux cette cause de moines que le gouvernement avait voulu leur soustraire. Les congrégations ne s'étaient point reformées derrière les commissaires de police ; pas une main n'avait brûlé ce scellé attentatoire à la propriété et à toutes les conséquences de son droit. Les 701 jésuites professant dans les 28 établissements qui existaient avant les décrets, 496, c'est-à-dire plus des deux tiers avaient quitté les établissements ; les uns étaient allés à l'étranger dans des établissements du même ordre que les gouvernements laissent vivre en paix ; les autres étaient restés en France et s'étaient soumis à la juridiction de l'ordinaire : beaucoup aussi, qui avaient contracté l'habitude de l'enseignement, avaient cherché des ressources dans l'enseignement privé. C'en était fait des écoles, des jésuites, ces écoles que l'Université ne pouvant les vaincre par la concurrence du mérite, avait, sur l'inspiration des Poncin, des Dumont, des Bersot, des Berthelot et autres fanatiques, abattues par le bras d'un ostrogoth devenu le ministre des passions universitaires.

En présence de ces ruines, des pères de famille, préoccupés des travaux, des études, de la carrière de leurs enfants, avaient songé à trouver un moyen d'empêcher que les dons généreux, qui avaient contribué à la fondation de ces maisons d'enseignement libre, ne fussent frappés de stérilité. D'autre part, les créanciers s'inquiétaient de ce qu'allait devenir leur gage, eux qui avaient jeté leur argent, et de ce qu'allait devenir leur garantie, car cette garantie ne reposait pas seulement sur les immeubles, mais aussi sur la prospérité de ces écoles. Il s'était donc formé dans un grand nombre de villes, des sociétés civiles ; ces sociétés étaient, les unes, exclusivement laïques ; les autres laïques et ecclésiastiques ; elles avaient acheté ou loué les établissements placés sous la surveillance d'un conseil d'administration ; puis elles avaient choisi des directeurs, les uns pris dans ces conseils, les autres nommés par les évêques ; enfin, pour parer aux susceptibilités de l'arbitraire le plus inquisiteur, elles avaient dressé leurs statuts sur le modèle des sociétés civiles de Sainte-Barbe et de l'École Monge.

Ces directeurs étaient des directeurs sérieux, les uns ecclésiastiques séculiers : d'autres, anciens maîtres de pensions laïques ou membres de l'Université en retraite ; ils n'étaient pas et ne pouvaient pas être des prête-noms ; pas plus que n'étaient des prête-noms les sociétés qui avaient acheté les établissements des jésuites. On avait fait tout le possible pour que la persécution, à tous ses dommages, n'ajoutât pas de plus cruelles pertes ; on l'avait fait avec autant de loyauté que de bravoure. On était arrivé ainsi à constituer un personnel de professeurs, ce qui n'était point facile, car il y avait 500 professeurs à remplacer. A la rentrée des classes, on put rouvrir les établissements que l'Université voulait détruire avec une population scolaire un peu diminuée, mais suffisante.

Le personnel était ainsi divisé : avant l'exécution des décrets, il y avait 953 professeurs ; après, il n'y en a plus que 831. Sur ce nombre, 205 appartiennent à l'ancienne congrégation des jésuites, et 625 sont laïques ou font partie du clergé séculier. Plus des deux tiers des professeurs congréganistes avaient disparu ; et lorsqu'on sait combien le recrutement des professeurs est difficile, il faut s'étonner qu'on ait pu si promptement combler le vide qu'ouvait le départ des jésuites. On ne saurait en tout cas sérieusement prétendre que ce professorat des jésuites équivalut à la reconstitution de la Compagnie.

La congrégation des jésuites était dispersée, mais on ne peut pas sérieusement prétendre que les ci-devant jésuites, individuellement pris, n'avaient pas le droit de gagner leur vie par le travail et n'avaient pas, ceux du moins qui n'avaient pas d'autres aptitudes, le droit de gagner leur vie par l'enseignement.

A la date du 31 août, qui marquait la suite, en ce qui concerne la liberté de l'enseignement, de l'application des décrets, le *Moniteur* rappelait opportunément des souvenirs qu'il est bon de ne pas oublier :

« Ce qu'il y a de plus inouï, dit-il, c'est la façon dont cette affaire a été engagée, conduite et résolue. Il y a un an, on reconnaissait devant les Chambres que les lois existantes ne permettaient pas au gouvernement de dépouiller les jésuites du droit d'enseigner, et qu'il fallait consacrer cette interdiction par une disposition de loi spéciale : c'était l'objet clair et précis du fameux article 7. Le ministre actuel de l'instruction publique, inventeur et défenseur de cet article, en exposait il y a quatre mois les mérites, l'intérêt et la nécessité absolue devant la Chambre des députés. Or, parmi les arguments invoqués par cet avocat intarissable, par ce sophiste sans scrupules, le plus péremptoire était ainsi conçu : « Si vous repoussez l'article 7, les jésuites jouiront à tout jamais de la liberté d'enseignement. » On refuserait de nous croire, si nous ne citions pas textuellement les paroles de M. Jules Ferry :

« Si vous ne votez pas l'article 7, disait-il à la tribune du palais Bourbon le 27 juin 1879, qu'auriez-vous fait, messieurs ? *Vous aurez consacré à tout jamais dans ce pays-ci le libre enseignement par les jésuites*, et on pourra dire un jour, ceux qui feront notre histoire : Cette corporation, cette illustre et redoutable corporation qui avait agité le dix-huitième siècle, qui avait été chassée de tous les Etats de l'Europe, etc... eh bien ! *ces jésuites ont été rappelés, et ils ont trouvé dans le Parlement français, en l'an de grâce 1879, la consécration solennelle qui leur manquait* (1). »

Ainsi, le 27 juin 1879, aux yeux du gouvernement, dans sa pensée, dans sa conviction, l'article 7 écarté, les jésuites obtenaient du Parlement, *ipso facto*, la consécration solennelle du droit d'enseigner. Depuis, l'article 7 a été repoussé, et c'est le même gouvernement qui, non content de dissoudre les congrégations de jésuites par un décret en date du 29 mars, y a ajouté pour ces religieux l'obligation incroyable de fermer leurs établissements scolaires avant le 31 août ! Révons-nous ? Et M. Ferry est toujours ministre de l'instruction publique, et le ministère supporte ce membre desséché ? Nous le demandons, quelle confiance les bons citoyens doivent-ils à un gouvernement qui fait si peu de cas de sa propre parole, qui respecte si peu ses engagements ? Il n'y a certainement pas dans le cours si accidenté de notre histoire parlementaire un cas pareil à celui de M. Ferry, et il est vraiment à regretter que sa conduite ne puisse être déférée à un jury d'honneur.

En admettant qu'on se permit, par une contradiction sans pudeur, de dénier aux jésuites, comme corps, le droit de garder leurs collèges, on ne pouvait pas dénier aux jésuites, comme individu, le droit d'être professeur, comme ils ont, sans doute possible, le droit d'être prédicateurs, confesseurs, administrateurs de paroisses, toutes fonctions afférentes, non à leur qualité de jésuites, mais à leur caractère de prêtres. Or, c'est ce qu'entreprit « le premier des menteurs et le dernier des lâches. » Après l'exécution des décrets, ce franc-maçon s'aperçut que les néo-jacobins s'étaient déshonorés sans profit. On n'avait pas atteint le but visé. « Quel était ce but ? demandait le sénateur Batbie, dans la séance du 15 mars 1881. Jamais on n'avait cru que les forces alors déployées l'eussent été pour empêcher des religieux de vivre de la vie commune et de prière qui était leur vocation. Non ! ce qu'on voulait atteindre, c'était un but secret, un but qu'on n'avouait pas, un but qu'on ne pouvait avouer encore ; on voulait frapper des établissements florissants dont l'esprit déplaisait.

« La force n'étant pas suffisante pour atteindre ce but, on a cherché d'autres moyens : quels moyens ?

« La période militaire de l'exécution des décrets était close ; les temps héroïques étaient terminés.

« C'est alors que s'est ouvert la période des légistes et quels légistes ?

« Il y a au Palais de justice des jurisconsultes éprouvés, des magistrats inamovibles, habitués à rendre la justice après des plai-

---

(1) *Journal officiel* pour 1879, p. 5729, première colonne.

doieries publiques, des magistrats qu'on peut récuser dans les cas déterminées par la loi ; des magistrats d'une compétence incontestable sur les questions de droit qui pourraient s'élever.

« L'honorable M. Lamy demandait comment les décrets seraient exécutés. M. le Garde des Sceaux lui répondit alors que le décret de messidor an XII avait prononcé la dissolution des congrégations non autorisées. C'est ce qu'il appelait la partie administrative de la question : la partie qui pouvait être exécutée par arrêtés préfectoraux et au besoin *manu militari*.

« Mais, ajoutait-il, maintenant est-ce qu'il n'y a pas la sanction judiciaire ; est-ce qu'il n'y a pas l'article 291 du Code pénal, que je crois applicable aux congrégations non autorisées.

« Cette déclaration de M. le Ministre établissait évidemment la compétence des tribunaux correctionnels.

« Ils n'ont cependant pas été saisis et je m'en étonne, puisque ceux qui ne les ont pas saisis se sont si hautement proclamés en toute circonstance partisans de la justice de droit commun.

« On a préféré s'adresser aux conseils académiques placés sous l'autorité directe du Ministre et des auteurs.

« Permettez-moi de vous dire que vous leur avez fait un présent funeste en les saisissant au lieu de vous adresser à la juridiction de droit commun.

« Que sont ces autorités universitaires ? des autorités paisibles dont la tâche est de stimuler les efforts, de provoquer l'émulation et qui ne sévissent qu'à la dernière extrémité.

« Eh bien ! vous les avez appelés à une mission peu généreuse ; vous les avez appelés à combattre des émules, des rivaux, autrement que par l'émulation de l'étude et de la science. »

Les collèges, abandonnés forcément par les jésuites, avaient donc été recueillis par d'autres et poursuivaient, sous une autre administration, leur œuvre d'enseignement. Dans le Jura, l'école de Notre-Dame du Mont-Roland avait, pour directeur, l'abbé Queslin, ancien chef d'institution à Lons-le-Saulnier ; à Bordeaux, l'école libre de Tivoli avait été confiée, par la société civile dont elle dépendait, à M. Fauré, ancien membre de l'Université ; au Mans, l'école libre de Sainte-Marie voyait à sa tête l'abbé Boullay, prêtre séculier, pendant vingt-quatre ans principal du collège libre de Saint-Calais ; à Amiens, le chanoine Crampon, ancien professeur de Saint-Ricquier, savant exégète, était agréé par le conseil d'administration, comme chef de l'école libre de la Providence ; à Boulogne-sur-Mer, l'abbé Labitte, ancien directeur d'école à Aire-sur-la-Lys, avait mis son savoir au service de l'école libre de Mgr Halfrenigue ; à Lille, le Père Pillon, jésuite, était resté à la tête de l'école libre Saint-Joseph ; à Poitiers, l'abbé Thibault dirigeait une école également placée sous le patronage de l'époux de la Sainte Vierge ; à Vannes, l'abbé La Clanche gouvernait, d'une main ferme, le collège Saint-François Xavier ; à Toulouse, Charles Villars, officier d'Académie, directeur pendant trente ans de l'école Henri IV, brillait à la tête de l'école Sainte-Marie ; à Tours, le Père Labrosse, de la compagnie de Jésus, était depuis un laps de temps, directeur de l'école Saint-Grégoire de Tours. Ce dernier fut appelé successivement devant le tribunal de première instance, en cour d'appel et en cour de cassation, comme coupable d'avoir ouvert, sans déclaration préalable, un établissement d'instruction publique ; mais, comme il était cité devant ses juges naturels, il obtint, à tous les degrés une sentence d'acquittement. Quant aux autres, cités devant les conseils académiques et appelant devant le conseil supérieur, ils furent tous plus ou moins condamnés à l'interdiction. L'Université de France, jugeant ses rivaux de l'enseignement libre, se déclara partout contre la liberté ; il y a plus, elle voulut flétrir ses émules comme *immoraux*, oubliant qu'une sentence excessive ne peut porter préjudice, dans l'estime public, qu'au juge qui en reçoit le ricochet, habituellement peu glorieux.

Nous n'entrerons pas dans le détail de tous ces procès ; mais nous disons un mot de cette étrange procédure, sans appuyer sur l'indignité du juge.

Et d'abord quelle législation invoquait l'Université ?

En créant sur les établissements et sur le personnel de l'enseignement libre, un pouvoir disciplinaire, l'intention du législateur avait été d'en concilier l'exercice avec la jouissance *sérieuse* d'une liberté *réelle*. Ce Code disciplinaire est renfermé tout entier en deux articles de la loi de 1850, dont voici les termes :

Art. 67. — En cas de désordre grave dans le régime intérieur d'un établissement libre d'instruction secondaire, le chef de cet établissement peut être appelé devant le conseil académique et soumis à la réprimande avec ou sans publicité. La réprimande ne donne lieu à aucun recours.

Art. 68. — Tout chef d'établissement libre d'instruction secondaire, toute personne attachée à l'enseignement ou à la surveillance d'une maison d'éducation, peut, sur la plainte du ministère public du recteur, être traduit, pour cause d'inconduite et d'immoralité devant le conseil académique et être interdit de sa profession, à temps ou à toujours, sans préjudice des peines encourues pour crimes et délits prévus par le Code pénal. Appel de la décision rendue peut toujours avoir lieu, dans les quinze jours de la notification, devant le conseil supérieur. L'appel ne sera pas suspensif.

Dans un rapport sur la loi du 15 mars 1850, le comte Beugnot marque clairement le caractère de ces dispositions. « Nous avons peu de choses à ajouter, dit-il, sur les *faits* qui donneront lieu à des poursuites contre le chef d'un établissement secondaire. L'article 63 (devenu plus tard l'article 68) le rend, ainsi que toute personne attachée à l'enseignement ou à la surveillance dans cette maison, justiciable du conseil académique, en cas d'inconduite ou d'immoralité. Ce délit *n'est pas personnel et ne se rapporte pas à l'établissement;* mais tout désordre grave dans le régime intérieur d'un établissement expose le chef à des poursuites. L'intérêt des mœurs et du bon ordre exige que le sens des mots *désordres graves dans le régime intérieur d'un établissement* ne soit pas restreint dans l'application et que le conseil académique dont l'équité nous rassure, montre une juste sévérité contre tout acte qui constituerait un cas de désordre grave dans le sens *moral*, comme dans le sens *matériel.* »

S'il y a désordre grave dans la tenue d'un établissement, quelle que soit la nature de ce désordre, le directeur, présumé négligent, est déclaré responsable; il est passible d'une simple réprimande, avec ou sans publicité. La répression édictée par l'article 67 se borne donc à un avertissement donné soit au chef de l'établissement, soit aux familles : elle consiste dans une administration relative à la manière dont il est fait usage du droit d'enseigner, mais elle n'entraîne aucune privation de l'exercice de ce droit.

L'article 68, au contraire, a en vue la faute *personnelle*; qu'il s'agisse du directeur, des professeurs ou des surveillants, il réprime l'*inconduite* ou l'*immoralité* de l'individu.

Fixer le sens de ces expressions, c'est déterminer les pouvoirs des conseils académiques. Pour y parvenir, est-il besoin d'une définition savante de l'inconduite ou de l'immoralité ? Cette définition est inutile. La loi, qui commande à *tous*, parle le langage *de tous;* elle emploie des termes dont l'intelligence, à raison de leur clarté, n'exige pas de périlleux commentaires. Tel est bien le caractère des mots *inconduite*, *immoralité*. Chacun les comprend : l'idée qu'ils éveillent est simple, nette, pourvu toutefois qu'une interrogation intempestive ne vienne troubler cette perception sûre et immédiate de l'esprit.

Cependant, à l'aide de quelques indications générales, on peut essayer de pénétrer plus avant dans la pensée de la loi, de saisir ce qu'elle veut atteindre de répréhensible chez le maître libre, pourquoi et comment elle veut l'atteindre.

Par *inconduite* ne faut-il pas entendre le déréglement des mœurs, les désordres de tous genres dans les habitudes de la vie. Par *immoralité*, ne faut-il pas entendre un acte d'une nature particulière et d'une certaine gravité ? Dans la langue usuelle, cette qualification ne s'applique assurément pas à toute faute, à toute défaillance. Quand on parle de l'immoralité d'un homme, on veut désigner en lui un état de diminution, de déchéance morale, provenant soit d'un affaiblissement de la notion du bien et du mal, soit d'un coupable usage de son libre arbitre.

« Mais, dit M. de Bellomayre, qu'il s'agisse d'apprécier la moralité d'un homme ou d'un acte, il faut prendre pour règle unique de cette appréciation la loi naturelle, dont les principes éternels sont gravés au fond de la conscience de tous, et non les passions ou les intérêts politiques, également contingents et variables. De là, ce critérium presque infaillible de la moralité des actes humains ; demandez-vous si la divulgation des faits, dont vous cherchez à déterminer le caractère, peut enlever à leur auteur l'estime des honnêtes gens ; il y a *immoralité*, si la considération de l'homme peut être atteinte par cette révélation : au contraire, si sa bonne renommée, si sa *respectabilité* demeure intacte, il ne saurait être question d'immoralité.

« Eviter l'inconduite, fuir l'immoralité est le devoir de tout homme, sans distinction, et chacun, sauf l'application des rigueurs de la loi pénale, ne relève, pour l'accomplissement de cette obligation, que de sa conscience, sans avoir de compte à rendre à la puissance publique. Il en est autrement de celui qui, dans une mesure quelconque, participe à l'éducation de la jeunesse. A son égard, le précepte n'est pas plus impérieux, mais il est pourvu d'une sanction légale. L'Etat intervient alors dans un intérêt supérieur d'ordre public, et il exige, comme protecteur des mœurs de la jeunesse, de tous ceux qui concourent à l'œuvre sainte de sa formation, une *intégrité* de vie, non pas idéale, mais raisonnable et moyenne.

« Il doit être l'objet des recherches du juge : qu'il scrute l'homme tout entier, sa vie privée, ses actes publics, ses paroles, ses discours, ses écrits ; puis, cet examen terminé, s'il peut dire honnêtement : « Cet homme est immoral, son contact est dangereux pour la jeunesse : » alors, mais alors seulement, qu'il le flétrisse en le dépouillant d'une liberté dont il est indigne. Que le juge soit *sévère*, j'y consens, mais à la condition qu'en même temps, il soit *sincère*. Tel est le pouvoir que l'article 68 de la loi de 1850 confie au juge de la discipline, pouvoir immense, redoutable, dans les véritables limites sont dans le bon sens, la bonne foi, la conscience de celui qui l'exerce (1). »

Cette opinion de M. de Bellomayre nous paraît juste, sauf en un point. L'ancien conseiller d'Etat pense que l'*immoralité* doit être le résultat d'une recherche étendue, comparative, quelque chose comme une instruction secrète. A notre humble avis, l'immoralité secrète d'un homme n'a rien à voir dans l'affaire ; la culpabilité devant Dieu et devant la conscience, ne relève pas du juge. Pour qu'il y ait immoralité punissable, il faut que l'im-

(1) *La liberté d'enseignement et l'Université*, p. 14.

moralité soit, sinon flagrante, du moins facilement évidente, et nécessairement scandaleuse. Si elle ne nuit qu'à son auteur, elle ne tombe pas sous la compétence du juge ; pour qu'elle puisse être frappée, il faut qu'elle cause, aux enfants, un tort réel et sérieux. Des peccadilles même visibles, même ridicules ne constituent pas l'immoralité prévue par la loi. Autrement pour élever des enfants, il faudrait des anges.

Cette signification de l'article 68 ressort de cette prescription même : il établit une peine d'une seule nature et d'un caractère déshonorant, il ordonne l'exécution immédiate de la sentence. Pourquoi tant de rigueur et de rapidité dans le châtiment, si ce n'est parce que la loi veut frapper uniquement l'homme dont la dépravation doit corrompre sur l'heure l'âme des enfants confiés à sa garde et qu'il faut *sur l'heure* arracher de ses mains.

Le ministre de l'instruction publique qui, le premier, eut à pourvoir à l'exécution de la loi du 15 mars, l'entendait bien ainsi lorsque, dans la grande instruction du 27 août 1850, il écrivait aux recteurs : « En vous appelant à dénoncer et à poursuivre l'inconduite de toute personne vouée à l'instruction publique, la loi a rendu hommage à cette grande vérité, que l'exemple du maître est inséparable de ses principes et que la moralité de la vie est une partie intégrante du sacerdoce de l'enseignement. »

Une longue jurisprudence avait consacré cette interprétation. La loi du 28 juin 1833 punissait déjà l'acte d'immoralité et on ne comprendrait pas que, en tout état de cause, cette acte ne soit pas puni. En 1851, dans l'affaire Meunier, la Cour de cassation avait déclaré que cet article de loi devait s'entendre dans *son sens naturel*, et à raison de faits d'immoralité *reconnus constants*. En 1874, sous l'empire de la loi de 1850, le rapporteur de l'affaire Beaurieux, disait qu'il s'agit d'actes qui présentent des *caractères évidents* d'immoralité. Le juge, toutes les fois qu'il sévit, déclare ou que les faits constituent *une grave atteinte aux mœurs*, comme dans l'affaire Archer, ou qu'ils *sont contraires à la probité même*, comme dans l'affaire Montet.

Continuer à entendre l'article 68 et le mot *immoralité* dans le *sens naturel*, ne pouvait nuire à la liberté de l'enseignement libre, au contraire. Sous le règne de Ferry, cette interprétation devait être abandonnée. C'est pendant l'automne de 1880, qu'une nouvelle doctrine a surgi ; nous n'avons pas à en rechercher le père ; mais, en appliquant l'adage : *Is fecit cui prodest*, il ne serait pas difficile à découvrir. Désormais, d'après les hauts jurisconsultes des conciles académiques, pour le maître libre, la simple violation d'un *devoir professionnel quelconque*, constituera un *acte d'immoralité*. Cette interprétation nouvelle de l'article 68 de la loi de 1850 est proposée et imposée par un juge *nouveau* ; une immoralité particulière, l'immoralité *professionnelle*, est une absurdité ; les casuites universitaires l'inaugurèrent pour étrangler leurs rivaux de l'enseignement libre. La probité, la conscience, l'honneur de l'Université de France, sous le règne de Ferry, s'est élevé jusque là. Des conseils académiques qui, par pudeur, eussent dû se récuser ; qui, par leur constitution, ne se trouvaient point dans les cas prévus par la loi de 1850 ; qui, dans la plupart de leurs membres, manquaient même du savoir-faire nécessaire à tout juge d'instruction, et du savoir nécessaire à tout juge : ce sont ces conseils qui appellent, à leur barre, des directeurs de collèges, moralement supérieurs à tous leurs juges sans exception, pour les condamner comme immoraux et les frapper de la peine de l'interdiction.

Sous l'empire de Napoléon III, les républicains, aujourd'hui au pouvoir, avaient eu à soutenir plusieurs procès pour délit d'association prohibée, délit exactement semblable à celui qu'ils vont reprocher injustement aux chefs d'écoles libres. Sous l'empire ils avaient réclamé et obtenu toutes les garanties légales : les trois degrés de juridiction, les témoins, les plaidoiries. Tous avaient parlé et les juges étaient tenus de préciser les faits établissant et caractérisant le but commun. Les républicains avaient épuisé toutes les juridictions et les juges avaient toujours été tenus de faire comprendre la condamnation. Aujourd'hui, sous la république, qui est un gouvernement libéral, il n'y a plus rien de pareil. Il n'y a ni publicité, ni témoins, ni garanties. Les intéressés seront admis à consulter un dossier, mais seulement la veille des débats et que trouveront-ils dans le dossier ? Un rapport seulement. Et pour se préparer à répondre, ils n'auront que la nuit ; puis, tout à coup, le huis-clos, le jugement, la condamnation, exécutoire nonobstant appel. Entre les deux procédures, la situation est la même, mais la différence est grande. En comparaison, l'Empire était un régime libéral. Et ce sont les tribuns qui réclamaient à grands cris la liberté, ce sont eux qui procèdent comme on procédait jadis à Byzance. Et l'Université, maîtresse de la situation, étrangle ainsi, avec des nœuds coulants, ses adversaires ! Un jour, lorsque, par une justice nécessaire au salut de la France, on devra sévir contre l'Université, on n'aura, pour étouffer sa voix, qu'à lui dire : *Patere legem quam ipsa fecisti*.

Le sénateur Balbie va maintenant nous exposer comment procédèrent, sous l'inspiration de Ferry, contre les écoles libres, les conseils académiques :

« A Paris, il y a rue de Madrid un externat considérable qui a 800 élèves. On a sommé le directeur de renvoyer tous les professeurs congréganistes. Ces professeurs n'habitent pas l'établissement, mais vous direz que c'était toujours la congrégation qui était derrière.

« Rue de Vaugirard, on a fait la même sommation, et à Montpellier de même.

« Mais il y a trois collèges dont la situation est particulièrement intéressante. Je veux parler du collège du Mans, du collège de Poitiers, du collège d'Amiens.

« Au Mans, le recteur a adressé au directeur une lettre dans laquelle il lui intimait l'ordre d'avoir à renvoyer tous les professeurs congréganistes, tous sans exception.

« A Poitiers il y a une situation particulière. L'abbé Thibaud avait été suspendu par le Conseil académique. Il s'est pourvu devant le Conseil supérieur qui a renvoyé à une session prochaine pour supplément d'instruction, toutes choses restant en état.

« L'abbé Thibaut était donc convaincu qu'il pouvait être rassuré jusqu'à la session prochaine. Le recteur a intimé l'ordre à l'abbé Thibaut, même avant la session prochaine, d'éliminer de son personnel tous les professeurs congréganistes ; ils étaient au nombre de 19.

« L'abbé Thibaut a répondu : sur les 19, il y en a 9 qu'il m'est possible de renvoyer, et je vais les remplacer, pour vous prouver que je ne veux pas me mettre en lutte avec M. le Ministre ; mais, pour les 10 autres, je ne puis faire la même concession, parce que je suis lié envers eux par des contrats, et que je m'exposerais à leur payer des indemnités, et que l'établissement n'est pas en mesure de s'imposer de pareils sacrifices.

« Neuf furent donc remplacés. Mais, malgré cela, la sommation fut maintenue, et l'on fit remarquer au directeur que le Ministre de l'Intérieur, à défaut du Ministre de l'Instruction publique, pouvait intervenir et dissoudre de nouveau la congrégation reconstituée par la présence des professeurs appartenant à la société de Jésus.

« L'abbé Thibaut est donc toujours sous les coups de cette menace, et à Pâques, il n'est pas sûr qu'elle ne soit pas exécutée.

« A Amiens, la situation est plus caractéristique encore. Le collège de la Providence est sous la direction de l'abbé Crampon. Il avait, parmi ses professeurs, 20 jésuites tous logés hors de l'établissement.

« L'abbé Crampon ayant été traduit pour ce fait devant le Conseil académique de Douai fut suspendu. Mais s'étant pourvu devant le Conseil supérieur, il a été acquitté parce qu'il a déclaré qu'il n'avait pas l'intention d'entrer en lutte contre le Ministre de l'Instruction publique, et qu'il renverrait un certain nombre de professeurs jésuites. Il en a, en effet, renvoyé 17.

« L'abbé Crampon croyait donc être en règle vis-à-vis de l'Université.

« Mais voici qu'une dépêche du Ministre de l'Instruction publique, transmise par l'Inspecteur de l'Académie d'Amiens, déclare à l'abbé Crampon que son établissement est à l'état d'infraction à la loi ; qu'il favorise la reconstitution d'une congrégation dissoute ; qu'en vérité le Conseil supérieur, tenant compte de son honorabilité, de ses aptitudes pédagogiques et de l'autorité morale qui peut lui permettre de devenir un directeur sérieux, n'a pas cru devoir lui faire application de l'article 68 de la loi du 15 mars 1850, mais que ce n'est pas là toutefois un acquittement au sens propre du mot, mais plutôt une mise en demeure, et que, s'il n'en tenait aucun compte, il s'exposerait à perdre le bénéfice des circonstances très atténuantes admises par le Conseil supérieur, parce que son acquittement n'a été que conditionnel.

« L'abbé Crampon fit remarquer que, depuis la décision du Conseil académique de Douai, la situation de son établissement s'était modifiée, qu'il avait renvoyé 17 jésuites.

« Cependant, à la date du 23 février 1881, il reçoit une nouvelle sommation d'avoir à se séparer de tous les maîtres jésuites qu'il avait encore et dont la présence constituait la reconstitution d'une congrégation dissoute.

« A Bordeaux, la question a été posée d'une façon plus nette encore.

« Le 4 février 1881, le directeur de l'établissement de Tivoli reçut une sommation l'invitant à se séparer de ses professeurs jésuites.

« Le directeur répondit que les 18 pères qui enseignaient dans son établissement seraient réduits à 14 et que, d'ici à Pâques, il s'efforcerait de réduire encore ce nombre.

« Cependant le Ministre lui déclara que c'était insuffisant et lui demandait de prendre l'engagement de les renvoyer tous et de fixer le délai dans lequel il s'engageait à les remplacer.

« L'autorité s'est impatientée ; elle n'a pas voulu accorder de délai et, le 5 mars, le collège a été fermé. 600 élèves ont été mis dans la rue.

« Vous me dites que c'est parce que le directeur l'a bien voulu. Permettez-moi de vous faire observer, M. le Ministre, que le Conseil académique avait prononcé l'exécution provisoire, et comme chacun sait ce que parler veut dire, l'établissement de Tivoli a voulu prévenir l'exécution provisoire.

« Il y a eu ordre d'évacuation. Bref, nous nous trouvons en présence d'un système général qui consiste à enlever, pour la rentrée de Pâques, les élèves à certains maîtres.

« *A gauche.* — C'est la loi.

« *M. Batbie.* — Vous prétendez que c'est la loi. C'est précisément ce que nous allons examiner et mon interpellation n'a pas d'autre but que de vous démontrer que ce n'est pas la loi.

« Je ne critiquerai pas les décisions déjà prises par les Conseils académiques auxquels je veux accorder le respect de la chose jugée. Je ne m'occuperai que des décisions à intervenir et je dis que ces décisions sont contraires à la loi du 15 mars 1850, qui a été interprétée par le rejet d'un amendement de M. Bourzat en 1850 et par le rejet de l'article 7 de la loi sur l'enseignement.

« M. le Ministre de l'Instruction publique a

eu à répondre, à la Chambre des Députés, à M. Madier de Montjau qui considérait l'article 7 comme insuffisant et dangereux.

« Le Ministre a défendu cet article en disant qu'il n'était pas inutile, puisque les congrégations non autorisées se prévalaient de la loi de 1850, et qu'il n'était pas dangereux, puisque précisément on atteignait à la fois les congrégations comme associations et les membres de ces congrégations comme professeurs.

« M. Paul Bert émettait la même opinion. L'ordonnance de 1828 a supprimé les congrégations non autorisées, disait-il ; mais la loi de 1850 leur a rendu la faculté d'enseigner, et c'est pour leur enlever cette faculté que nous avons fait l'article 7.

« Eh bien ! l'article 7 n'ayant pas été adopté par le Sénat, il me semble qu'aux termes des déclarations du Ministre et de M. Paul Bert, les congrégations non autorisées ont conservé le droit d'enseigner.

« On me dira peut-être que le droit individuel d'enseigner n'est pas contesté, et qu'on ne met en cause que le droit collectif. Mais, un professeur ne peut pas enseigner tout à la fois les sciences, les lettres, l'histoire, la philosophie, les langues mortes et les langues vivantes.

« Pour avoir des élèves, il faut que les professeurs se réunissent pour enseigner. Où voulez-vous que les congréganistes se réunissent ? On a prononcé leur dissolution. Peuvent-ils s'adresser aux lycées, pour y professer ? Je ne crois pas.

« On leur répondrait tout au moins que les places sont prises. Peuvent-ils s'adresser aux établissements laïques ? Pas davantage. Du reste ces établissements envoient leurs élèves dans les lycées et ils se bornent aux répétitions et à la surveillance.

« Ces professeurs ne peuvent guère espérer être employés que dans les anciens établissements où précédemment ils avaient leurs positions. C'est donc comme si l'on disait aux membres de l'enseignement libre : vous enseignerez, mais les établissements qui voudront vous recevoir vous seront interdits.

« Mais examinons cet article 68 de la loi de 1850 dont vous prétendez faire application, et qui interdit l'enseignement pour cause d'inconduite et d'immoralité. Vous n'y croyez pas.

« C'est ainsi que, pour le chef de l'institution de la Providence, à Amiens, vous avez vous-même rendu justice, dans une dépêche, à sa haute valeur morale, et vous le menacez de le frapper pour inconduite et immoralité.

« Je dis que le Ministre ne croit pas à l'immoralité des professeurs qu'il frappe pour ce fait. Si cette immoralité existait, même à l'état de soupçon, croit-on que les pères de famille ne seraient pas les premiers inquiets, eux qui veillent si scrupuleusement à l'application de ce principe : *Maxima debetur puero reverentia*?

« Une seule chose inquiète les familles, ce sont les poursuites dont vous menacez les maîtres de leurs enfants.

« Si vous croyez à l'immoralité que vous alléguez, ce ne sont pas les chefs d'établissement que vous devriez poursuivre, ce sont les congréganistes eux-mêmes, comme reformant les congrégations que vous avez dissoutes. Ce sont eux les auteurs principaux.

« Les directeurs des établissements seraient tout au plus leurs complices. Mais vous les frappez parce que vous voulez fermer leurs établissements. Vous frappez ceux-ci à la tête dans la personne de leurs directeurs eux-mêmes.

« Ce qui prouve que M. le Ministre lui-même ne croit pas au grief qu'il invoque, c'est la réponse qu'il faisait dans la séance du 30 janvier 1880 à l'honorable M. Bocher.

« M. le Ministre disait, en résumé, qu'alors même qu'il jugerait certaines doctrines périlleuses, menaçantes pour l'ordre constitutionnel du pays, il ne possédait aucun moyen sérieux d'y mettre un terme.

« Quant aux pénalités prévues pour les cas d'inconduite et d'immoralité, il s'agit là, ajoutait M. le Ministre, de questions telles que ces mots ne peuvent les atteindre.

« Le 16 février 1880, dans la discussion relative à la loi sur le Conseil supérieur, M. le Ministre disait encore qu'alors même que ce Conseil voudrait atteindre la liberté d'enseignement en se servant de voies détournées, il n'y saurait réussir ; car, pour fermer les établissements libres, ajoutait M. le Ministre, il faudrait des arrêts de justice.

« J'avais donc raison de dire que M. le Ministre ne croit pas à la valeur de cette accusation d'inconduite et d'immoralité.

« Il est vrai que souvent ce mot d'immoralité a été employé dans des circonstances singulières. Je ne vois pas M. le Garde des Sceaux à son banc, j'aurais pu lui rappeler qu'il fut un temps où l'on appelait le parti des amis de Danton le parti des immoraux.

« Je terminerai par une dernière considération. Pour bien le mettre en relief, je prierai le Sénat d'y prêter la plus sérieuse attention et je prierai M. le Ministre de se mettre, pour y répondre, autant que possible en dehors des divisions de parti, afin que sa réponse ait toute la netteté désirable ; cette question a, en effet, une grande importance pratique.

« Vous savez combien il a été difficile de remplacer les 500 professeurs qui ont dû quitter les établissements libres : vouloir exiger le renvoi de 205 autres professeurs, c'est, vous ne l'ignorez pas, exiger la fermeture même des établissements où ils enseignent.

« Croyez-vous qu'il soit bon d'interrompre les cours commencés par leurs élèves ?

« Et quand cette population scolaire aura quitté les établissements libres, serez-vous en mesure de la recevoir ?

« Avant l'exécution des décrets, il y avait dans les 28 établissements dont il s'agit, 11.000 élèves ; il n'y en a plus que 9.000. Mais, ces 9.000 élèves, êtes-vous en mesure de les recevoir?

« Pouvez-vous recevoir, par exemple, au lycée Fontanes, les 800 élèves de la rue de Madrid ; au lycée de Bordeaux les 600 élèves de l'école Tivoli ?

« Etes-vous en mesure? La vérité, à cet égard, a été dite dans un rapport du vice-recteur de l'Académie de Paris qui constate qu'il n'y a même pas l'espace suffisant pour accomplir les dédoublements de classes prescrits par le nouveau programme d'études.

« On a dû recourir à toute sortes d'expédients ; à Fontanes, on a dû louer plusieurs boutiques, rue de Rome, prendre l'appartement du censeur, le cabinet du proviseur.

« A Louis-le-Grand, on a dû construire des baraquements ; à Saint-Louis, prendre des mesures analogues. On a pu établir ainsi 38 classes nouvelles. Mais, je le répète, où mettrez-vous 9.000 nouveaux élèves.

« Je crois qu'il y aurait là une mesure cruelle, tellement cruelle que je ne puis croire que M. le Ministre persévère dans cette voie.

« On risquerait ainsi d'exposer des jeunes gens qui touchent à la limite d'âge, à échouer au seuil de leur carrière.

« *A droite*. — C'est ce qu'on veut.

« *M. Batbie*. — Attendez du moins que vous soyez prêts pour les recevoir.

« Je vous demande si vous avez la place suffisante pour recevoir cette nouvelle clientèle dans vos lycées.

« Eh bien ! non, vous ne l'avez pas. Non, vous n'êtes pas prêts à les recevoir.

« Je termine par une observation.

« Ces jeunes gens dont vous allez arrêter les études, que vous allez mettre dans la rue, sans avenir, un jour vous les retrouverez désœuvrés, sans carrière, mangeant le pain des déclassés.

« J'espère, monsieur le Ministre, que vous ne voudrez pas vous préparer de pareils reproches et de pareils regrets. »

Pour édifier nos lecteurs, nous empruntons, à une correspondance, le récit du jugement de Père Pillon :

Le conseil académique de Douai, composé de 32 membres, présidé par P. Foncin, recteur de l'académie de Douai, s'est réuni samedi à deux heures de l'après-midi dans cette ville, pour délibérer sur les conclusions du rapport de Daniel de Folleville, relatif au procès du R. P. Pillon recteur de l'école secondaire libre de Saint-Joseph à Lille.

Au fond de la salle, derrière la tête du président, trônait un buste de la République. Pour les conseils académiques, le fac-similé de Marianne tient probablement lieu de Christ qui préside aux délibérations des tribunaux ordinaires. Les conseillers étaient groupés en deux rangs autour d'une table, devant laquelle s'est assis le R. P. Pillon, assisté de ses deux avocats, Me Gustave Théry, bâtonnier du barreau de Lille, et Me Pierre Chesnelong, fils l'un et l'autre de deux membres de la droite sénatoriale.

La parole ayant été donnée, sans autre préambule, à la défense, Me Théry a immédiatement donné lecture d'un déclinatoire d'incompétence ainsi conçu :

« Attendu que le sieur A. Pillon est poursuivi devant le conseil académique pour divers griefs, et, notamment, pour le grief suivant relevé sous le n° 3 : « N'avoir pas, le 31 août 1880, date de la dispersion des membres enseignants de la société de Jésus, déjà dissoute elle-même le 30 juin 1880, fait une nouvelle déclaration, conformément à la loi du 15 mars 1850, article 60 ; »

« Qu'il résulte donc de la prévention même et de l'assignation, qui vise d'ailleurs l'article 60 de la loi du 15 mars 1850 et se réfère au rapport, que le sieur A. Pillon aurait, en octobre 1880, ouvert un établissement d'enseignement secondaire sans avoir fait les déclarations voulues ;

« Attendu qu'il résulte de cette assignation même que le conseil académique est incompétent *ratione materiæ* pour s'occuper du sieur A. Pillon.

« Qu'en effet, la compétence disciplinaire du conseil ne s'exerce que sur ceux qui sont régulièrement membres de l'enseignement ;

« Qu'au contraire la loi du 15 mars 1850 attribue formellement, dans son article 66, compétence absolue aux tribunaux de police correctionnelle pour connaître du délit d'ouverture d'établissements d'enseignement secondaire sans accomplissement des formalités prescrites par la loi ;

« Que si, comme le prétend la prévention, le sieur A. Pillon n'est pas un chef d'établissement régulier, aucun de ses agissements ne relève du conseil académique ;

« Pour ces motifs,

« Plaise au conseil se déclarer incompétent pour connaître des faits dont il est saisi.

« Renvoyer la cause et les parties devant qui de droit. »

Me Théry a ensuite développé, de la manière la plus ferme et la plus claire, ces conclusions, que je vous avais fait pressentir dans une lettre précédente, en affirmant l'incompétence du conseil académique.

Mais ces conclusions déroutèrent ces juges improvisés ; ils hésitèrent longtemps, soit qu'ils ignorassent la procédure à suivre en pareil cas, soit qu'ils vissent l'inconvénient d'une décision sur la question de la compétence ; s'ils la tranchaient négativement, ils lâchaient l'occasion de tuer un collège libre ; s'ils la résolvaient affirmativement, ils commettaient une sorte de forfaiture, qui leur vaudrait peut-être une semonce de M. Ferry, ou tout au moins de M. Zévort, son factotum...

Bref, le sieur Foncin, invoquant le caractère

exceptionnel (?) de la juridiction académique, insista auprès de Me Théry pour obtenir qu'il plaidât au fond. Me Théry s'y refusa, déclarant exiger un jugement sur la question de compétence. Le recteur y consentit enfin ; le conseil se retira pour délibérer, et à la reprise de la séance, le recteur prononça un jugement *non motivé*, par lequel le conseil, à l'unanimité, repoussant les conclusions du prévenu, se déclarait compétent.

Dès lors, de deux choses l'une : ou ce jugement de compétence était exécutoire nonobstant appel, et alors Me Théry consentait à plaider au fond, ou il ne l'était pas, et alors Me Théry, après en avoir appelé au conseil supérieur, quittait la salle pour attendre la décision d'appel.

C'est cette seconde hypothèse qui se réalisa, le jugement de compétence *ne contenant pas un mot relatif* à l'exécution provisoire. Me Théry s'autorisa de ce silence pour se retirer ainsi que le Père Pillon et Me Chesnelong, après avoir déposé au secrétariat de l'académie une déclaration d'appel dont il lui fut donné récépissé, et l'avoir communiquée au conseil sur la demande du sieur Foncin.

Ce qui se fit ensuite au conseil académique, les 32 conseillers sont seuls à le savoir. A la vérité, il ne devait plus *rien s'y faire*, puisque l'appel est *toujours suspensif* de la procédure et que l'exécution provisoire, nonobstant appel, d'un jugement *ne se présume jamais*. Il s'y fit pourtant quelque chose, car, le soir, le conseil du R. P. Pillon reçut communication d'une dépêche annonçant que le conseil avait rendu un jugement sur la question de fond, avait reconnu le Père Pillon coupable de quatre chefs d'accusation, et l'avait, par défaut, condamné à un an de suspension, avec exécution provisoire entraînant la fermeture de l'école Saint-Joseph sous les trois jours !...

Qui expliquera ce mystère ? La lecture du jugement, quand il aura été signifié au R. P. Pillon, fera en partie la lumière. Dès maintenant on peut supposer que le conseil, chargé d'exécuter l'école Saint-Joseph, aura trouvé insuffisante pour son mandat la décision de compétence, et, abandonnant celui des six griefs qui avait motivé les conclusions d'incompétence opposées par le prévenu, aura apprécié au fond les cinq autres ; celui qui concernait le « Père Wantz et le Père Trioen » aura probablement paru trop grotesque, et, les quatres autres auront été reconnus exacts : c'est ainsi qu'on aura statué en l'absence du prévenu, et alors que celui-ci s'était très légitimement retiré après avoir formé un appel qui, incontestablement, dessaisissait ses juges.

De tout cela il résulte que la délibération du conseil est contraire à toutes les règles du droit, et que la sentence rendue est radicalement nulle. Dès lors, le Père Pillon a le droit de ne pas s'y conformer. Et s'il en use, et que l'on *crochette* l'école Saint-Joseph pour obtenir l'exécution des illégalités académiques, qui élèvera le conflit pour dérober les exécuteurs à la répression judiciaire ?... Vous voyez combien la question est curieuse en même temps que grave.

Quoi qu'il en soit, l'indignation est ici à son comble. Ce soir, les pères et les mères de famille dont les enfants sont confiés au glorieux condamné d'hier, l'*immoral* Père Pillon, se réunissent de nouveau salle Ozanam pour concerter la défense de leurs intérêts.

Quand l'*Echo du Nord* publia le soi-disant jugement de compétence du fanatique peu rusé Foncin, le *Propagateur du Nord* lui répondit : « Nous ne pouvons pas croire à l'exactitude de ce document. Il nous paraît qu'il ne peut émaner que de l'imagination d'un journaliste, attendu qu'il ne ressemble en rien au jugement *en trois mots* — et non motivé — rendu à l'audience par M. le recteur Foncin. »

« Ce qui confirme les dires du *Propagateur*, ajoute l'*Univers*, c'est que le R. P. Pillon, ayant enfin reçu notification des deux décisions du conseil académique de Douai, l'une sur la compétence, l'autre sur le fond (cette dernière par défaut), proteste contre les énonciations du premier de ces jugements comme mentionnant l'exécution provisoire, qui n'a pas été prononcée à l'audience.

« En conséquence, le R. P. Pillon est résolu à *s'inscrire en faux* contre le dit jugement, si l'on prétend exécuter contre lui la décision sur le fond, au mépris de son appel sur la compétence. »

Pour que mes lecteurs n'en ignorent, nous donnons, comme échantillon de la judiciaire académique, le jugement rendu contre le Directeur de Tivoli :

« Le conseil académique, ouï le rapport de la commission de discipline, ouï M. Girard, conseil de M. Faure, en ses observations ;

« Vu la loi du 15 mars 1850, art. 68 ;

« Vu la loi du 27 février 1880, art. 11 ;

« Vu le décret du 26 février 1880, art 5, 8 et 9.

« Considérant qu'il résulte des faits constatés qu'à l'expiration du délai accordé aux congrégations dissoutes pour abandonner leurs établissements d'instruction, l'école Saint-Joseph de Tivoli s'est rouverte *sous le couvert* d'une société *civile*, avec un directeur *nouveau*, sans que le caractère essentiel de cet établissement d'instruction ait changé ;

« Qu'à la date du 18 octobre, 24 jésuites figuraient dans le personnel ;

« Qu'un noviciat de la compagnie de Jésus, dit l'école apostolique, y était maintenu sous la direction de deux pères jésuites, habitant la maison ;

« Que depuis ledit noviciat *a été licencié* et le nombre des jésuites professeurs ramené de 24 à 18, puis de 18 à quinze ;

« Considérant que, malgré ces modifications de détail, la congrégation a continué de donner l'enseignement à Tivoli dans des conditions qui caractérisent, *non pas l'exercice* d'un droit individuel, mais la persistance de l'action commune et du but commun ;

« Qu'en effet, si les membres de la congrégation dissoute avaient cessé de manger et de coucher dans l'établissement, il n'en reste pas moins qu'ils faisaient acte de congrégation en y donnant l'enseignement ;

« Que, dès lors, lesdites modifications doivent être considérées, non comme un commencement d'exécution de la loi, mais comme des précautions prises en vue d'assurer le maintien dans l'établissement de la congrégation dissoute ;

« Considérant que M. Faure, directeur de l'établissement, a toléré ou n'a pu empêcher ces faits ; qu'au surplus, invité à prendre l'engagement de licencier le personnel appartenant à la congrégation dissoute, et à fixer lui-même la date du licenciement, ledit sieur Faure s'est refusé à le faire, manifestant ainsi son intention de ne pas obéir à la loi ;

« Considérant que ces faits tombent sous l'application de l'article 68 de la loi du 15 mars 1850 ;

« Que le sens de cet article est fixé par la jurisprudence des tribunaux, des conseils départementaux, des conseils académiques et du conseil supérieur de l'instruction publique ;

« Par ces motifs,

« Faisant application au sieur Faure de l'article 68 de la loi du 15 mars 1850 et de l'article 4 de la loi du 27 février 1880 ;

« Le conseil,

« A une majorité supérieure aux deux tiers des voix, condamne M. Faure à la peine de l'interdiction de sa profession pendant trois mois ;

« Ordonne,

« A un majorité supérieure aux deux tiers des voix, l'exécution provisoire de la présente décision, nonobstant appel. »

Bordeaux, le 5 mars 1881.

La *Guienne*, de Bordeaux, va maintenant nous édifier sur l'exécution. Les externes avaient été remis à leurs parents ; quant aux internes, les parents avaient été avertis de les retirer ; le préfet soupçonne quelque anguille sous roche et ce malin sut tendre son cordeau pour la prendre. « Les oies du Capitole, dit la *Guienne*, viennent encore une fois de sauver la ville.

« Ce matin, à cinq heures et demie, un commissaire de police, accompagné d'une cinquantaine d'agents, a cerné le collège de Tivoli. Admirablement renseigné, comme toujours, M. le préfet Doniol, averti par son rusé commissaire central que des omnibus circulaient en ville, avait pensé que le collège se rouvrirait. Aussitôt il avait donné des ordres pour tendre une souricière, sans se donner le temps de réfléchir sur ceux qui pourraient bien être pris à ce piège.

« Un homme intelligent, apprenant que des omnibus traversaient quelques rues de Bordeaux à cette heure matinale, se serait dit qu'évidemment ces voitures allaient à la gare porter les élèves expulsés de leur collège. Mais un homme fort comme M. Doniol voit les choses d'une autre façon. Il a cru que les susdits élèves venaient du chemin de fer et rentraient au collège. On trouverait difficilement un homme plus fin.

« Les agents de la police commandés pour cette équipée, quoique fixés depuis longtemps, ont dû certainement faire des réflexions assez désavantageuses pour leur patron.

« A neuf heures, il ne restait plus de la bande qu'une dizaine d'agents, moitié en civil, moitié en uniforme, surveillant les personnes qui entraient au collège ou en sortaient.

« Les consuls veillent : citoyens, dormez en paix. »

A Toulouse, le jugement fut à peu près le même et l'exécution plus brutale encore. Le lendemain de la rentrée, l'inspecteur pénètre au collège Sainte-Marie, au milieu du brouhaha de la rentrée et demande à visiter la chambre à coucher du directeur : refus, premier grief. Le surlendemain, il revint demander la liste des professeurs et surveillants. Cinq jours après, *ecce iterum* ; le Crispin universitaire se plaint que sur la liste des professeurs et surveillants, on ne trouve ni le comptable, ni le portier, ni le cuisinier. Le lendemain de cette dernière visite, 14 octobre, à 8 heures du matin, au moment où les professeurs viennent de monter dans leurs chaires et où les surveillants ne sont pas encore sortis de la maison, la gendarmerie à cheval cerne l'école ; deux commissaires de police, assistés d'une quarantaine d'agents et flanqués de l'inspecteur d'Académie, un nommé Taumaire (il ne lui manque que la particule, à mettre, mais pas avant son nom) font irruption dans l'intérieur de l'établissement ; puis, au milieu de l'émotion générale, ils arrachent les professeurs à leurs chaires, ils chassent le portier de sa loge et le cuisinier de ses fourneaux : voilà ce qu'on appelle aujourd'hui, dans le pays du vidangeur Constans, l'application des lois de l'État.

Dans un pays libre et sous un gouvernement honnête, tous ceux qui, sans acte préalable de justice, même universitaire, avaient pris part à ces actes d'absurde violence, auraient été envoyés en police correctionnelle. Il n'en fut pas ainsi. Le 19, le directeur est cité devant le conseil académique ; le 20, réunion extraordinaire et instruction rapide ; le 21, communication du dossier ; le 23, condamnation et exécution. Le soir même, les externes sont congédiés ; le lendemain, les internes remis à leurs parents. C'est à croire que la France est devenue un pays sauvage.

Mais quant à la prétention du gouvernement de vouloir discréditer, déshonorer, ruiner cette école, il ne semble pas qu'il ait pu faire mieux pour trahir son hypocrisie, et, disons le mot propre, sa lâcheté.

La *République française*, journal de Gambetta, applaudit très fort à ces stupides attentats, et à ce total défaut de formes pour en voiler l'odieux. Que l'Université se couvrît de honte, cela était bien égal aux scribes de l'opportunisme. Ce que voulait Gambetta, ce que poursuivait sa meute d'aboyeurs cyniques et d'exécuteurs sans vergogne, c'était l'extinction du cléricalisme. Pour arriver au but, tous les moyens étaient bons : souveraineté du but, disait Barbès. Les conseils académiques peuvent se rendre dix mille fois absurdes, tant pis, pourvu que l'œuvre s'achève et que se ferment les collèges où s'enseigne la religion. Les journaux honnêtes du parti ne le prirent pas si gaiement. « Nous avouons avoir hésité longtemps, dit la *Presse*, à croire qu'un tribunal administratif, composé d'hommes sérieux, instruits, présidé par le recteur, *ait pu dire de pareilles billevesées, et aller même jusqu'à violer les règles de compétence*. On dirait qu'aucun homme de loi, aucun jurisconsulte n'prit part à cette sentence *absolument inouïe*. Ce qui est certain, c'est qu'un professeur de droit s'est prudemment fait excuser de ne pas prendre part aux délibérations du conseil académique. *Il a eu peur de se déshonorer* et de perdre sa réputation auprès de ses collègues de la faculté et de ses élèves. »

« Lorsque nous annoncions, dit le *Parlement*, la décision rendue pour établir par une *voie détournée* contre les membres des congrégations, l'incapacité personnelle d'enseigner, nous n'en connaissions pas le texte. La *République française* en fait l'aveu. Tout jésuite, dit-elle, est incapable d'enseigner en tant que jésuite. Tout le monde sait pourtant que cela n'est pas vrai ; que la législation de 1850 a expressément refusé de frapper les membres des congrégations d'une incapacité de ce genre, et que le Sénat s'est prononcé dans le même sens en rejetant l'article 7.

« En prenant la thèse la plus favorable aux prétentions du gouvernement, en supposant la légalité des décrets, on ne pourra reconnaître au gouvernement d'autre droit que celui de dissoudre les congrégations, de disperser leurs membres, de les poursuivre correctionnellement pour association illicite. Mais un jésuite, alors même qu'il prend cette qualité, conserve tous ses droits personnels, y compris celui d'enseigner. Décider le contraire, *c'est violer ouvertement la loi* ; c'est un acte de pur arbitraire qui ne peut être trop sévèrement qualifié.

« C'est violer ouvertement la loi. » Nous en arrivons en effet là maintenant. Jusqu'ici nos maîtres violaient la loi sans le moindre scrupule, mais ils ne l'avouaient point et cherchaient de leur mieux à conserver les apparences de la légalité. Maintenant ils jettent le masque.

Les mêmes sentences furent rendues contre quatorze ou quinze directeurs des nouveaux collèges. Ces mêmes sentences leur imputaient communément, avec quelques peccadilles, deux torts graves : le premier, de n'être pas des hommes de paille ; le second, d'avoir reconstitué chez eux une congrégation dissoute. Le premier grief était seulement présumé, non prouvé, et la peine infligée prouvait tout simplement qu'on n'y croyait pas. Une interdiction de deux ou trois mois ne supprimait pas les condamnés ; après l'expiration de leur peine, ils devaient revenir à la direction de leur collège et les faire marcher comme ils marchent encore, à la joie des familles et au grand mécontentement de l'Université. Le second grief est absurde : des professeurs qui habitent en ville, qui prennent leurs repas et leur repos dans des domiciles séparés, qui ne viennent au collège que pour faire leurs classes, choses essentiellement personnelles : on ne fera jamais croire à personne que c'est ressusciter la vie commune. A ce prix, tous les collèges et les lycées seraient des congrégations non autorisées et susceptibles de semblables poursuites. Outre que ce grief est absurde, il est contraire à tous les droits. Les jésuites ont le droit d'enseigner depuis 1850 au moins ; leur droit a été confirmé par le rejet de l'article 7 et les frustrer de ce droit, c'est commettre un délit, délit dont se rendirent coupables quinze conseils académiques et quinze fois le conseil supérieur.

Ferry, par un raffinement de cafarderie, affichait dans ses jugements ces deux tiers de voix hostiles aux jésuites. Pour une condamnation par son conseil, il avait, en effet, requis ces deux tiers, sans doute pour faire croire à sa probité. Mais « le premier des menteurs et le dernier des lâches » avait eu soin de fourrer, dans ce conseil, trois quarts des juges à sa discrétion. Or qui a le juge a la sentence. L'Université a si bien senti le vice de cette composition d'un tribunal, qu'elle y a renoncé ; aujourd'hui elle élit par scrutin ces juges, et ces juges ne font plus ce que faisaient les juges de Ferry.

Ces excès révoltèrent Emile de Girardin. Le vieux publiciste, en villégiature à Royat, écoutait, selon son habitude, toutes les voix de l'opinion et en disait le jugement. Voici ce qu'il écrivit : « Si le cléricalisme était l'ennemi, les coups qu'une main maladroite lui a portés, loin de l'abattre, n'ont réussi qu'à le rendre plus puissant.

« La lutte à outrance est engagée.

« C'est manifeste.

« Où s'arrêtera-t-elle, en dehors d'excès de pouvoir sans fin, si elle n'arbore pas résolument le drapeau de la séparation des Églises et de l'État, séparation opérée telle qu'elle peut être accomplie, sans violence et en tenant équitablement compte de ce qu'il est de convention d'appeler « les droits acquis » ?

« C'est ce que je me demande avec angoisse, en prêtant ici l'oreille à tout ce que j'entends dire.

« Les esprits, en sens contraires, sont plus surexcités que je ne le pensais en m'éloignant de Paris.

« Non, non, ce n'est pas le cléricalisme qui est l'ennemi.

« Ce qui est l'ennemi, c'est l'arbitraire.

« Et cet ennemi, il n'y a que la liberté qui puisse le vaincre ; il n'y a que la liberté qui puisse le tuer.

« Malheureusement, très malheureusement, au lieu de viser et de frapper l'arbitraire, c'est la liberté que M. Ferry a dangereusement blessée.

« Oui, dangereusement blessée, car le règne de la liberté c'est le règne de la raison, et où les passions sont déchaînées, sa voix ne s'entend plus.

« Or, est-il possible de dire que M. Ferry ne les a pas déchaînées, et qu'en les déchaînant il n'a pas faussé le programme du conseil académique de Toulouse contre le directeur de l'école Sainte-Marie : nous n'avions pas encore sous les yeux le texte même de la sentence. Réduits aux suppositions, nous recherchions vainement l'article de loi sur lequel le conseil avait pu se fonder pour interdire M. Villars pendant trois mois de l'exercice de sa profession. Il ne pouvait venir à l'esprit de personne que le conseil académique eût considéré comme des actes d'*immoralité* ou d'*inconduite* les faits reprochés à M. Villars. Et pourtant c'est la vérité. Il nous est permis de dire que cette décision a causé dans le public une surprise profonde et soulevé un juste sentiment de réprobation. On ne peut admettre qu'un tribunal, si académique qu'il soit, se joue ainsi de la langue et donne aux expressions fort claires de la loi un sens qu'elles ne peuvent comporter. »

Le *Parlement* montre ensuite dans quelles contradictions a fait tomber son désir de rendre un service le conseil de Toulouse. Ainsi, l'un des principaux griefs, celui sur lequel repose tout l'édifice des considérants et du jugement, est que M. Villars n'est qu'un directeur *fictif*. Alors, dit très justement le *Parlement*, il fallait laisser M. Villars parfaitement tranquille et poursuivre le directeur réel. M. Villars serait d'une inconduite et d'une immoralité tout à fait notoires, que cela ne ferait rien du tout, puisqu'il n'est rien de tout lui-même dans l'établissement supprimé.

Nous ne voyons pas ce qu'on pourrait répondre à cet argument plein de logique. On n'y répondra d'ailleurs point.

« Ensuite, poursuit le *Parlement*, vous êtes vraiment bien audacieux. Vous taxez d'immoralité la résistance légale à des décrets, à des arrêtés, à des mesures de haute police, dont la force obligatoire est contestée et n'a *jusqu'à présent* été reconnue *par aucune* juridiction !

« C'est une immoralité flagrante sans doute que de croire, avec tant de jurisconsultes, à l'illégalité radicale des mesures qui ont été prises en exécution des décrets du 29 mars. Immoral M. Demolombe, immoral M. Rousse, immoraux les deux cents magistrats qui ont dépouillé leurs robes plutôt que de s'associer à des actes qui, dans leur conscience, leur paraissent une violation flagrante du droit. Hommes d'inconduite, tous ceux qui ne partagent pas les opinions de M. Jules Ferry. Le jour où M. Cazot a contresigné les décrets du 29 mars, il promulguait tout bonnement les lois de la morale éternelle. »

Et le *Parlement* conclut en ces termes :

« Non, ni en droit, ni en fait, la décision du conseil académique de Toulouse ne se peut justifier. Elle n'est qu'une mesure *arbitraire* pour celui qui la subit ? »

Nous avons dit après les décrets, et nous répétons après ces jugements de conseils académiques, que tous ceux qui se portent à ces excès contre les clercs encourent l'excommunication. Voilà donc les recteurs, inspecteurs, professeurs atteints comme le président de la république, ses ministres et ses fonctionnaires. Nous devons dire qu'après ces attentats contre la justice et aussi contre la liberté stricte, l'Université de France, n'est plus, par ses chefs, qu'une corporation d'excommuniés. La liste complète de ceux qu'atteignent les censures figure dans les journaux ; par charité, nous nous abstenons de la reproduire.

Nous sommes donc désormais dans la république des excommuniés. Ferry, Constans, Andrieux, Freycinet, Grévy et toute la liste de leurs valets, ce sont des chrétiens bannis de l'Eglise, exclus de la communion des fidèles, placés sous l'anathème de la réprobation. Excommuniés déjà comme francs-maçons la plupart, ils sont excommuniés en outre comme persécuteurs. Or, le livre de la mort des persécuteurs s'écrit toujours. Anges de la mort, écrivez sur vos dyptiques les noms de Grévy, Gambetta, Ferry, Paul Bert, Thévenet, Burdeau et autres voués à l'anathème. En attendant la France éprouve la vérité de la maxime des Saintes Écritures : Le règne des impies, c'est la ruine : *Regnantibus impiis ruinæ hominum.*

La justice divine n'empêche pas la tristesse. On n'est pas moins triste de voir abattre ces grands ordres, nés de la foi, s'épanouissant sous la loi de justice et de liberté. La liberté telle qu'elle fleurit à Rome et du temps de nos rois jusqu'au XVIIe siècle, la liberté franche, loyale, incontestée, sous le contrôle de l'autorité spirituelle ; la liberté enfin avec des faveurs pour ceux qui rendent, à l'Etat, de plus grands services : voilà par quoi avaient prospéré longtemps les ordres monastiques.

Oui, la liberté, pour ces élans généreux qui, du fond de l'âme s'élèvent jusqu'au ciel, et que ceux-là seuls insultent qui sont impuissants à les comprendre. La faveur pour ces légions de vierges et de prêtres qui, depuis quinze siècles, consolent les douleurs, veillent au chevet des mourants, défrichent les solitudes, agrandissent le champ de la science et sauvent les âmes.

Qu'on ne dise pas : la faveur est l'ennemie de la justice ; au contraire, elle en est l'amie, lorsqu'elle devient une nécessaire récompense. Or, que devons-nous aux ordres religieux ? Qui donc nous a civilisés, lorsque le flot des barbares, inondant la Gaule, nous apportait, avec sa vie plus jeune, la fange de tous les vices ? Qui donc a donné, au monde, le premier exemple de cette égalité, que le paganisme ignorait et dont souvent l'illusion seule nous reste ? Qui donc a conduit à la charrue les peuples adoucis et le Sicambre sur les sillons ? Qui conserve encore aujourd'hui, dans le monde, cette flamme sacrée du sacrifice et de l'abnégation, qu'éteignent partout les souffles glacés de l'égoïsme ? Les moines.

Théodose et Justinien les protégèrent. Le glaive baptisé de nos rois s'étendit aussi sur les monastères pour les défendre. La marche d'une civilisation défiante soumit la vie religieuse au contrôle du pouvoir civil ; puis elle gêna ses développements ; des républicains, qui ignorent le premier mot du droit moderne, en lui appliquant des édits royaux, viennent de les étouffer provisoirement. Après ces attentats, nous n'espérons pas moins que les congrégations proscrites sauront se relever et se mouvoir sans entraves dans la sphère élargie du droit commun. Le droit commun, nous ne demandons pas autre chose, mais nous le demandons comme un droit.

A ceux qui s'effraient, nous montrons comme garant de l'avenir, un passé de quinze siècles. A ceux qui doutent, nous rappelons les imprescriptibles prérogatives de la conscience et la sublimité de cette vie si héroïque dans sa simplicité. Enfin, à ceux qui gardent la haine dans un repli de leur cœur, nous adressons un défi : ils auront beau faire, s'armer de la loi et du glaive, étouffer dans le silence ou persécuter sur l'échafaud, il y a quelque chose de plus fort que la colère, de plus durable que la puissance, c'est la voix de Dieu dans le cœur de l'homme. Les chênes et les moines sont éternels.

L'enseignement secondaire des jeunes filles.

En histoire, pour bien comprendre les choses, il faut procéder par synthèse. La connaissance analytique des faits est certainement indispensable ; mais pour les comprendre, il faut les voir dans leur ensemble. Le 21 décembre 1880 est édictée une loi qui organise l'enseignement des jeunes filles. « Si raisonnable, si justifiée, si urgente qu'elle fût, dit un de ses admirateurs, la loi sur l'enseignement secondaire des jeunes filles n'est point née d'un de ces *grands mouvements* d'opinion qui triomphent rapidement de tous les obstacles ou qui les *suppriment ;* elle n'a point eu *l'appui passionné* des masses du suffrage universel ; la Chambre ne l'a point acceptée *d'enthousiasme* ; le Sénat l'a accueillie avec *froideur* ; le gouvernement n'a mis tout d'abord à la soutenir, aucune *ardeur* particulière ; les bureaux du ministère de l'instruction publique paraissent n'avoir jamais accepté qu'avec une *certaine inquiétude* cette extension de pouvoirs et ce surcroît de responsabilité. La presse républicaine elle-même n'a point fait de bien grands efforts, pour *frayer les voies* à une création si utile, à une loi *si républicaine.* » (Lire Camille Sée, préface.)

Un peu plus loin, le panégyriste ajoute : « Chose curieuse ! ceux au profit de qui elle est faite ont mis assez longtemps à en *saisir la portée ;* ce sont ses ennemis qui l'ont d'abord le *mieux comprise*, et la violence hâtive de leurs attaques aurait dû suffire à nous éclairer sur la nécessité d'une loi qui leur avait, du premier coup, paru si *redoutable.* A peine le principe et l'économie générale de cette loi étaient-ils connus que la presse réactionnaire et cléricale se mettait en campagne et multipliait contre les *lycées de filles*, contre les *casernes de demoiselles*, contre les *gynécées*, des articles indignés et railleurs. » (P. 2.)

En d'autres termes, cette loi avait été machinée dans les antres de la conspiration judéo-maçonnique ; elle tombait comme une brique détachée de la voûte du ciel ; mais elle ne trompa point la clairvoyance catholique.

Les femmes sont la moitié du genre humain. Les hommes sont la tête, les femmes sont le cœur de la société. Les hommes font les lois, les femmes font les mœurs et en façonnant les mœurs, elles gouvernent le monde, comme les anges, dit Ozanam, sans se montrer.

Une loi qui modifie profondément la manière d'être des femmes, doit donc avoir, dans la suite, des contre-coups profonds et inattendus. Si l'on considère que cette loi paraît en même temps que d'autres lois contre les congrégations religieuses, contre les écoles catholiques, contre l'indissolubilité du mariage, contre les immunités de l'Eglise, il est clair qu'elle vise au même but, à la déchristianisation de la France.

« Pour détruire le christianisme, dit M. de Maistre, il faudrait enfermer les femmes. » En rendant cet oracle, le voyant suppose les femmes fidèles à la foi catholique ; restant catholiques, elles ne permettraient pas de détruire l'Eglise. Mais sans enfermer les femmes, il y a un moyen de les rendre propices à l'éviction de l'Evangile, c'est de les corrompre. Faites des cœurs vicieux, disait un franc-maçon d'arrière-loge, et vous aurez vaincu Jésus-Christ.

Le moyen de corrompre les femmes, ce n'est pas de leur offrir brutalement l'appât grossier du vice : cette offre révolterait leur probité et surtout leur délicatesse ; c'est de faire appel à leur curiosité, c'est de leur faire croire, comme le serpent tentateur, qu'elles doivent, par la science, atteindre aux prérogatives de la divinité. Pour devenir semblables à Dieu, par la science, il n'y a rien à quoi on ne puisse amener les femmes. En présence d'un tel dessein, il serait surprenant que les catholiques n'aient pas poussé le cri d'alarme, surtout dans un pays resté catholique comme la France.

Le promoteur de la nouvelle loi fut un juif. Le juif Naquet, qu'on verra parmi les panamistes, avait poussé la loi sur le divorce ; le juif Camille Sée prit l'initiative de la loi pour l'enseignement secondaire des filles ; et quand ce ne sont pas les juifs qui attachent leur nom aux lois anti-chrétiennes, ce sont toujours les juifs qui assurent leur triomphe.

Chose bonne à noter. La révolution de 89, si ardente à démolir l'Eglise, n'avait pas touché à l'éducation des femmes. Talleyrand à la Constituante, Condorcet à la Législative, Lakanal à la Convention avaient soulevé tous les faux principes qui prendront corps dans l'Université impériale, comme pour démontrer que les impies sont toujours les ennemis de la liberté ; ils n'avaient parlé des jeunes filles que pour proposer de les faire instruire dans les mêmes écoles que les garçons ; mais ce dessein, même à leurs yeux, était un paralogisme, qui n'amena aucune conséquence.

Il ne suffit pas, en effet, d'être un impie, pour établir l'égalité entre l'homme et la femme ; il faut s'aveugler jusqu'à l'absurde et faire violence à la nature. Un homme et une femme ne sont pas deux êtres semblables, seulement analogues ; ils ne sont pas deux, mais doivent, par le mariage, se réduire à l'unité. L'unité c'est le couple conjugal. L'appareil du sexe, qui distingue l'homme de la femme, constitue un tempérament physiologique différent, et la différence d'organisme physiologique se répercute dans les dons naturels du cœur et de l'esprit. L'homme et la femme ont également un cœur et un esprit ; mais chez l'un et chez l'autre, ces deux puissances se différencient par l'usage. Les aptitudes ne sont pas les mêmes ; elles n'ont ni le même objet, ni la même force et ne doivent pas se former à la même école. Le plus grand malheur qui puisse arriver à un homme, c'est d'être femme ; et le plus grand malheur qui puisse arriver à une femme, c'est d'être homme.

Pour donner de la tête dans ces lubies, il faut venir jusqu'à Napoléon III et à son ministre Victor Duruy. Ces deux rêveurs imaginèrent, vers 1867, de faire apprendre aux femmes les mêmes choses qu'aux hommes et de donner, aux jeunes filles, pour professeurs, de vieux garçons. L'entreprise fit du bruit ; elle excita l'unanime opposition des évêques. A cause même de cette opposition, l'Empire s'entêta ; il fit établir des cours du soir dans vingt ou trente villes, surtout à Paris ; mais dès que l'opposition tomba, les cours cessèrent et ce beau feu pour la haute science du sexe qui n'a pas de barbe ne tarda pas à s'éteindre.

C'est en 1880 que le juif Sée le rallume comme élément de l'incendie qui doit dévorer la civilisation chrétienne. Pour justifier son initiative, il procède à une grande enquête. Les Etats-Unis, la Suisse, l'Allemagne, l'Italie, la Russie, la Hollande, l'Angleterre, l'Autriche, la Suède, la Norvège, la Grèce défilent sous les yeux du lecteur ; elles montrent, partout florissantes, de grandes écoles de filles. Il n'y a sous le ciel qu'un peuple barbare, c'est la douce et gentille France.

Il faut être un quintuple juif ou un âne cube pour argumenter de la sorte. Dès les temps mérovingiens, les femmes chrétiennes et françaises travaillaient à la conversion des peuples barbares ; elles rayonnèrent au moyen âge d'un vif éclat ; elles inspirèrent par leurs vertus le culte de la chevalerie ; et jusqu'à la révolution, elles maintinrent la France à la tête des peuples. La plus grande entreprise qui se soit faite au monde en faveur des ténèbres, la révolution, vint détruire cette œuvre ; mais dès l'aurore de ce siècle, elle fut rétabli sur nouveaux frais par d'humbles femmes, et depuis, dans tous les diocèses, il y a des congrégations religieuses qui se vouent à l'instruction des filles. Parmi nous, ce sont les vierges qui forment les femmes, et quoi qu'en disent tous les saligauds du réformisme, on ne peut, en essayant de les former autrement, soi-disant par la science, que les corrompre. Un dilemme s'impose : une école catholique, est, en tout cas, l'école religieuse, ou la porcherie de Cempuis. Quelles que puissent être l'hypocrisie du procédé ou la convenance des formes, vous n'ôterez la religion de l'école qu'au profit de la prostitution.

Le juif Sée ouvrit donc une proposition de loi pour l'enseignement secondaire des filles ; il fut chargé du rapport. Dans son rapport, pour motiver sa proposition, il argua d'abord du reproche d'ignorance, qui, pris dans sa généralité, est un outrage ; il prit texte ensuite de l'opposition qui existe malheureusement entre l'enseignement des hommes et l'enseignement des femmes et l'incompatibilité d'humeur que cela produit dans le mariage. Ici on distingue : pour qu'il y ait accord dans la vie conjugale, l'identité de l'instruction n'est nullement nécessaire ; des différences de qualité et de quantité ne se résolvent pas nécessairement en conflit, et des dissonances peuvent se résoudre très bien en harmonie. Le sens qu'on dissimule dans le rapport est que les lycées, faisant perdre la foi aux hommes, il faut faire des lycées analogues pour détruire la croyance des femmes, et quand femmes et hommes seront impies, alors les époux n'auront plus que des jours tissés d'or et de soie. Conclusion mal fondée ; car l'incroyance, engendrant les mauvaises mœurs, des mariages impies ne peuvent promettre que deux choses : la multiplication des divorces et le pullulement des bâtards, idéal de civilisation qui ne fera pas de la terre un Eldorado.

Le moyen proposé, c'est la science. Nous ne sommes, à aucun prix, l'ennemi de la haute science ; nous en sommes, au contraire, le fervent adepte. Mais étant donnée la différence des sexes, des esprits et des vocations, nous n'admettons la haute science pour les femmes que dans l'ordre de la religion et du devoir. Nous ne voyons pas bien que le mariage doive fleurir davantage, parce que l'homme et la femme pourront s'entretenir des logarithmes à sept chiffres, calculés jusqu'à 128.000 ; ceci soit dit sans préjudice pour les logarithmes. Que l'homme reçoive toute l'instruction afférente à sa tâche d'homme, il faut l'exiger ; que la femme reçoive toute l'instruction afférente à sa tâche de femme, il faut le souhaiter. L'Eglise n'a jamais recommandé la paresse à personne ; et elle n'est pas, que je sache, une école d'ignorance. A chaque siècle de son histoire, il y a des livres spéciaux pour l'instruction des femmes, et, dans les monuments de la patrologie, si l'on voulait citer tous les monuments qui s'y rapportent, on n'en finirait pas. Les traités de Rollin, de Fleury, de Fénelon font encore figure. Aucun d'eux n'a recommandé la négligence ; et si les ruines amoncelées par la révolution n'ont pas toutes disparu, rien n'empêche d'y travailler. Qu'on écoute Fénelon, le grand maître de l'éducation des princes et aujourd'hui nous le sommes tous :

« Le monde, dit-il, n'est point un fantôme ; c'est l'assemblage de toutes les familles ; et qui est-ce qui fait les polices avec un soin plus exact que les femmes qui, outre leur autorité naturelle et leur assiduité dans leur maison, ont encore l'avantage d'être nées soigneuses, attentives aux détails, industrieuses, insinuantes et persuasives ? Mais les hommes peuvent-ils espérer pour eux-mêmes quelque douceur dans la vie, si leur plus étroite société, qui est celle du mariage, se tourne en amertume ? Mais les enfants qui feront dans la suite tout le genre humain, que deviendront-ils, si les mères les gâtent dès les premières années. »

Le député Sée ne trouve pas Fénelon assez exigeant. Ce juif qui en remonte à Fénelon oublie qui il est et ne connaît pas l'archevêque de Cambrai. Pour nous ce dissentiment suffit pour prouver que la loi Sée est à l'envers du sens commun.

L'autre grand argument du juif, c'est que, pour fonder des demoiselles en science, il ne faut s'occuper que de science et écarter la religion, non par une proscription positive, mais en la mettant poliment à la porte. On enseignera la langue française, au moins une langue vivante, les littératures anciennes et modernes, la géographie et la cosmographie, l'histoire de France et l'histoire générale, l'arithmétique, la géométrie, la chimie, la physique et l'histoire naturelle, l'hygiène, l'économie domestique, les travaux à aiguille, les éléments du droit, le dessin, la musique et la gymnastique. On omet la cranioscopie, la chiromancie, l'oneirocritique, la spéculoire et la spéculatoire. Et l'on se demande, avec Jules Simon, si les jeunes filles qui auront tant de choses à apprendre, auront le temps d'apprendre à être des femmes, mais il faut bien tenir que la religion est en dehors du programme d'études. On n'étudiera, dans les lycées de filles, ni les vérités de la foi, ni les devoirs du salut, ni les pratiques du culte, ni les espérances immortelles. La foi, la conscience, les péchés et les vertus, l'honneur, ce sont là de bons vieux mots, un peu lourds, dit Renan, mais qu'on allège en n'en tenant pas compte.

Deux choses caractérisent donc la loi Sée : une application à la science qui ne cadre pas du tout avec les aptitudes intellectuelles et morales des jeunes filles ; une application qui, par le surmenage, tue la maternité ; un oubli de la religion qui dépouille la femme de ses plus belles qualités et la voue à cette corruption néfaste, abominable chez les hommes, scélérate chez les femmes.

On se demande si de pareils desseins devraient se délibérer ailleurs que dans les maisons de fous, et s'appliquer ailleurs que dans des maisons de débauche. C'est un fait certain que, dans l'antiquité et au XVIIIᵉ siècle, les seules femmes qui aient étudié d'après des programmes similaires, étaient, non pas des vierges, mais des femmes folles, des femmes publiques.

Le rapport Camille Sée vint en délibération à la Chambre le 15 décembre 1879. La discussion fut courte. Un membre de la droite, Perrochel, déclara que les conservateurs en seconde délibération, combattraient ce projet, qui était à leurs yeux « la suite des entreprises faites contre Dieu et contre la religion ». Un orateur de gauche se borna à modifier légèrement le texte du projet de loi.

La seconde délibération s'ouvrit le 19 janvier 1880. L'intrépide alsacien, Emile Keller ouvrit le feu. A ses yeux, il y a un plan d'ensemble dans les lois de l'enseignement. Ce plan a pour but de séparer l'Eglise de l'Ecole, la religion de l'éducation ; de rétablir et d'agrandir le monopole universitaire ; de faire de l'université, régnant sur l'enseignement primaire comme sur l'enseignement secondaire, le clergé laïque d'une nouvelle religion d'Etat, le clergé laïque de la libre-pensée.

A l'appui de ce dessein, le motif qu'on allègue, la dépression, l'ignorance des femmes françaises est faux. Ce sont les femmes chrétiennes qui ont fait de la France la première nation du monde, en attendant que les libres-penseurs en fassent la dernière des nations.

On tombe dans cette erreur de parti pris : au libéralisme de 89 on veut substituer le jacobinisme de 93. Le libéralisme voulait maintenir la paix publique, protéger le droit des citoyens, assurer la liberté d'opinion, la liberté religieuse et la liberté d'enseignement ; le jacobinisme veut imposer à la France un joug oligarchique et supprimer, par la ruse ou la violence, les libertés garanties par le libéralisme.

Dans ce but, on veut des internats, strictetement fermés aux ministres du culte. Là, on domestiquera les jeunes filles avec une morale d'Etat, séparée de tout dogme. Et comme ces lycées n'auront pas la confiance des familles, on compte les peupler avec des bourses, aux frais des contribuables.

En résumé, on veut enlever les femmes à l'Eglise et les donner à la science. Tel est en substance le discours du député Keller.

Le rapporteur de la loi répondit au député d'Alsace. Sa réponse est une seconde édition du rapport ; elle accentue un peu plus ses erreurs et ses passions anti-chrétiennes. La grande erreur est d'affirmer la parfaite suffisance de la jeune fille pour l'enseignement secondaire ; la passion, c'est de prétendre, à l'encontre de Fénelon, de Cousin et de Dupanloup, lui, Camille Sée, que les couvents ne sont même pas de bonnes écoles primaires, mais sont simplement des cages pour seriner les gamines et mettre en échec la république. — Dans sa grande généralité, la femme doit être épouse, mère et ménagère ; elle doit être cela, et, en général, pas autre chose. Or, pour la préparer à cette dure vie, il faut, une instruction afférente à l'accomplissement parfait de ses devoirs, beaucoup de religion et de très fortes vertus. La haute instruction ne donne pas ces vertus ; elle empêche plutôt d'accomplir ces devoirs, et si la religion manque, on n'aura plus, suivant un jeu de mots du comte de Maistre, que la femme infemme. La preuve en est faite aujourd'hui et elle s'affirme par trois grands faits : le nombre des jeunes filles déclassées : s'il y a quinze places à prendre, on a six mille candidats ; la multiplicité des divorces et la baisse épouvantable de la natalité. Les lois d'enseignement et d'éducation publiques vont à la destruction matérielle et morale de la France. Sous couleur de sauver la république, on perd la patrie.

Le bouquet spirituel du rapport, c'est que la France est une nation catholique, et que, pour déraciner sa foi, il faut déchristianiser les femmes. C'est fait pour les hommes : à leur tour maintenant !

Le député Bourgeois répondit au rapporteur en réclamant pour les femmes la simplicité. Il est bon, sans doute, qu'une femme ait des clartés de tout. On distingue entre une femme de bon sens et une femme savante, qui est aisément une précieuse ridicule. L'instruction suffisante doit suffire ; l'instruction superflue n'est pas nécessaire, et non seulement elle n'est pas utile, mais nuisible et d'ailleurs impossible. Montaigne, Molière et Fénelon sont là-dessus du même avis et ce trio, dit J. de Maistre, est infaillible. Quand il s'agit de la femme, il faut revenir à son prototype divin, tracé dans les divines Ecritures : c'est la femme forte, et non pas la femme instruite ; c'est la femme travailleuse et non pas la femme liseuse ; c'est la femme d'action qui sait tout faire, tout diriger, tout commander ; et non pas la femme savante, qui sait discourir, mais dont les mains sont inhabiles au gouvernement de la maison.

Un trait de cette discussion à retenir, c'est qu'en dehors des orateurs, il y eut une interrupteur très décidé : il se nommait Deschanel, homme de peu moralement et historien des courtisanes grecques.

Un autre trait plus significatif, c'est que, devant la motion des conjurés juifs et francs-maçons, le gouvernement recula et celui qui recula fut Jules Ferry. Jules Ferry recula, sur le chapitre du régime des lycées de filles ; il repoussa l'internat pour trois motifs : à cause des dépenses énormes que devait entraîner la création de ces lycées ; à cause de l'énorme difficulté de créer le personnel de femmes chargées de l'administration des lycées ; à cause du péril grave que fait naître la faute d'une femme, responsabilité dangereuse que l'Université ne voulut pas offrir et refusa même d'accepter.

L'équité nous oblige d'ajouter que, malgré la vulgarité de la Chambre, personne n'y soutint le régime de la promiscuité des sexes. On voulait bien que les filles fussent instruites et élevées comme les garçons, mais pas ensemble. L'internat est un foyer de contagion, et qui y échappe perd au moins la pureté de l'esprit, la fleur de la jeunesse ! Ce beau projet d'éducation commune digne de Sodome fut accueilli par l'assemblée la moins respectable de France, le conseil municipal de Paris ; il alla échouer, sous la direction d'un sieur Robin, à la porcherie de Cempuis.

Au Sénat, la discussion fut plus sérieuse qu'à la Chambre. Le premier orateur entendu, le comte Desbassayns de Richemont appuya sur le faux allégué d'ignorance. « Nous prétendons, nous, dit-il, qu'un enseignement élevé est donné en France aux jeunes filles sur une vaste échelle ; nous prétendons que cet enseignement est d'accord avec le bon sens et l'expérience, varié dans ses formes, proportionné aux situations et aux ressources. Que si parfois des perfectionnements sont désirables, ce qui peut se dire de toutes choses en ce monde, sans en excepter l'Université, — à peu près partout le progrès est sensible et continu. Aucun besoin public ne justifie les nouvelles charges et les nouveaux devoirs qu'on veut imposer à l'Etat ». Cette preuve est fournie par les détails du discours ; elle avait été déjà faite en 1868 par Dupanloup contre Duruy ; elle repose sur ce fait inébranlable que, grâce à ses femmes chrétiennes, la France a été, pendant quinze siècles, la tête de colonne de la civilisation. Prétendre le contraire, pour les besoins de la cause, c'est un acte d'ignorance ou de mauvaise foi.

La prétention de former la femme par la science fut également repoussée par l'orateur. « Nous voulons, dit-il, l'instruction et l'éducation ; mais nous ne voulons à aucun prix que l'instruction soit la reine et l'éducation la servante. C'est pour cela que nous demandons pour la jeune fille, obligée de quitter l'égide paternelle, une institution qui la remplace, où des dévouements toujours présents, toujours vivants, la suivent partout, cultivant son âme au moins autant que son esprit et lui apprenant à mettre l'abnégation dans sa vie au moins autant que l'agrément dans ses discours. »

Le sénateur Chesnelong démasqua le complot ourdi par la conspiration judéo-maçonnique. En présence des divers cultes reconnus, l'État devrait rester neutre. Pour plaire aux athées, il veut se servir du budget pour organiser des écoles d'où la religion sera bannie ; il veut que l'école publique devienne comme une forteresse où l'incroyance s'embarquera pour tenir la religion en échec, au mépris du vœu des familles. Or un gouvernement n'a pas le droit de tourner contre la majesté de la religion un enseignement dont il assume la responsabilité. Par là il fait plus que violer la liberté de conscience, il la supprime. Crime d'autant moins excusable, que l'enseignement religieux est plus nécessaire aujourd'hui. Plus l'homme grandit, plus il doit croire. Or, à l'heure actuelle il y a tendance à tout mettre dans cette vie. En donnant à l'homme pour but la vie terrestre on aggrave toutes ses misères par la négation qui est au bout. De là, les commotions, les bouleversements et les menaces du socialisme.

A ce coup droit, les cafards de l'opportunisme se récrient et clament que leur programme comporte l'enseignement de la morale. Mais on en retranche les devoirs envers Dieu. Or en retranchant les devoirs envers Dieu on supprime la vie future et la culture de l'âme. Dès lors, il n'y a plus de morale, ou si l'on en parle, c'est en l'air, et sans aucune sanction que de gendarme. Le prince des cafards, le ministre Ferry, ne voit dans cette déduction qu'un audacieux paradoxe. Ce saint homme de chat joint les mains, regarde le ciel, atteste qu'il ne veut enseigner que la morale de nos pères, mais en la dégageant de toute religion et de toute philosophie. Ferry n'est ni un pontife officiant ni un maître Jacques enseignant, et il s'en doute.

A quoi répond le duc de Broglie, discuteur émérite ; et pour confondre les âneries prétentieuses de Jocrisse, devenu homme d'État, il n'a que l'embarras du choix. La morale n'est pas, ne peut pas être une science indépendante ; elle est, elle doit être l'application à notre vie de la règle des mœurs. Une règle suppose un réglant et une application doit partir de principes ; autrement ce n'est qu'une chose insignifiante, pâle et vide. Le principe fondamental de la morale, c'est ou l'obligation divine, ou l'intérêt ou le plaisir. L'agent de l'ordre moral, c'est ou la liberté ou le serf arbitre. La sanction de la morale, c'est ou Dieu ou rien. La récompense de la morale, c'est ou la vie future ou le néant. Est-ce qu'il peut exister un enseignement moral qui n'affronte pas ces alternatives et qui s'engage même à les ignorer ? Un enseignement moral dans ces conditions d'ignorance, c'est un enseignement en l'air ; ce n'est plus la morale de nos pères, c'est du galimatias double.

Si Dieu n'existe pas, il est naturel qu'on en fasse abstraction ; s'il existe, en faire abstraction, c'est un monstre d'erreur. N'en parler pas aux enfants, c'est leur interdire la prière et leur défendre la pensée. Une telle abstraction est contraire au dogme de tous les peuples fidèles, au sentiment religieux et au devoir. Les croyances ne se découvrent qu'à genoux ; un peuple qui cesse de prier n'a plus de religion.

Malgré ces objections irréfutables et cette sage, patriote et pieuse opposition, la loi pour l'enseignement secondaire des filles fut votée par les deux Chambres. Voilà vingt ans qu'on la pratique. Vous chercherez vainement les Maintenon et les Sévigné dont elle a doté la démocratie. Sans religion nous n'avions plus d'hommes, nous n'aurons bientôt plus de femmes et il n'y aura plus de France. Les sectaires qui gouvernent la France pour le profit de l'étranger appellent cette loi et d'autres semblables des lois intangibles. La vérité, c'est que ces lois impies sont des attentats à la sécurité de la France. Étrange phénomène en histoire ! un peuple trahi par ses législateurs, moralement démoli, matériellement ruiné, qui se précipite sur le penchant de la décadence.

En 1898, cette question revenait sur l'eau. Une religieuse de Notre-Dame, sœur Marie du Sacré-Cœur publiait bravement un volume intitulé : *Les Religieuses enseignantes et les nécessités de l'apostolat*. Ce volume s'ouvrait par un avant-propos de l'abbé Naudet et une préface de l'abbé Frémont, deux voltigeurs d'avant-garde, tous deux chaudement sympathiques à cette entreprise. L'autoresse, sans barguigner, déclarait *coram populo* : 1° Que les religieuses enseignantes n'étaient, en général, par la hauteur de leur vocation, pas capables de lutter avantageusement contre les lycées laïques de filles ; 2° qu'il devait s'en suivre fatalement la désertion des écoles de couvent ; 3° que le moyen de se relever de cette disgrâce, c'était de fonder une école normale pour former les professeurs des maisons religieuses ; 4° que cette école normale, par ses professeurs, relèverait le niveau des études féminines et rendrait les femmes plus aptes à remplir heureusement leur apostolat dans le monde. C'était, à défaut d'hommes, le salut de la France par les femmes.

Une religieuse, posant une telle question, devait provoquer une controverse. A toute échéance, elle avait pris ses précautions. Avant de publier, elle avait soumis son manuscrit à quelques prélats. Les évêques de la Rochelle, d'Agen, de Perpignan, du Puy, sans délivrer des approbations canoniques, avaient exprimé des sympathies encourageantes ; les archevêques de Besançon et d'Avignon s'étaient portés comme répondants pour l'auteur ; l'évêque de Laval avait donné l'*Imprimatur*. « L'auteur, dit Mgr Sueur, expose une vérité qui devient de jour en jour plus évidente à quiconque veut ouvrir les yeux. Elle constate un fait qu'il faut savoir reconnaître ; d'ailleurs il serait inutile et même dangereux de le dissimuler, car ce n'est pas en dissimulant le mal qu'on parvient à le guérir. Ce fait, c'est que, sous le rapport de l'instruction, nos maisons religieuses de femmes vouées à l'enseignement, sont dans un état d'infériorité qu'on ne peut nier. Si nous voulons que nos communautés enseignantes conservent la confiance des familles, qu'elles gardent le prestige dont elles ont joui jusqu'à présent, qu'elles soient vraiment bien en état de remplir auprès de leurs élèves la grande mission de l'apostolat qui leur appartient, il faut que nos maîtresses soient savantes ; il faut qu'elles se présentent aux familles avec des diplômes qui soient, non seulement la constatation de leur science mais encore de leur aptitude et de leur expérience dans l'art d'enseigner ; il faut qu'elles soient initiées aux nouvelles méthodes. Nous n'avons pas le droit de rester en arrière ; nous devons, au contraire, tendre à prendre le premier rang ; agir autrement serait trahir la cause de Jésus-Christ et de son Eglise ; car ce serait mettre les élèves de nos maisons religieuses dans une sorte de nécessité de nous abandonner, pour aller chercher ailleurs une instruction qu'elles ne trouveraient plus chez nous suffisante. Mais le devoir des communautés enseignantes est de donner cette instruction suffisante, en donnant en même temps l'instruction religieuse et en formant en même temps leurs élèves à la vraie piété. C'est ce que démontre très nettement l'auteur de la brochure. Ce devoir, nos communautés sont-elles dans des conditions à pouvoir le remplir parfaitement et comme le demande l'état actuel des choses ? Non, il faut bien le reconnaître ; il est donc nécessaire de prendre une mesure. Cette mesure, c'est la création d'un Institut, sorte d'école normale libre, pour la formation des maîtresses de nos maisons religieuses de femmes. »

L'ouvrage et les approbations avaient le double défaut de trop généraliser, de ne pas distinguer les situations, de ne pas rendre aux personnes une exacte justice et surtout de traiter sur la place publique, des questions délicates, qui eussent dû se régler en famille. Après cela, il faut reconnaître que les gens d'Eglise sont difficiles à émouvoir ; quelquefois, pour obliger leur attention, le mieux est de tirer, dans la rue, un coup de pistolet. Mais, par exemple, si la balle ricoche, les personnes qu'elle atteint peuvent se défendre. On demande et l'on donne aisément ces immunités.

L'évêque de Nancy, Mgr Turinaz, répondit dans une note au *Correspondant* et par une lettre à une supérieure de communauté. Voici le résumé, fait par le prélat lui-même, de ses très justes observations :

« 1° Il est absolument inexact que les congrégations enseignantes de femmes voient le nombre de leurs membres et des élèves de leurs pensionnats et de leurs écoles diminuer : c'est le contraire qui est vrai. Les statistiques établissent, en particulier, que, malgré tous les avantages présents et futurs offerts aux élèves des établissements laïques et toutes les influences mises à leur service et l'obligation imposée aux fonctionnaires de leur confier leurs enfants, les élèves des établissements congréganistes sont plus nombreuses que jamais, et dans un grand nombre de localités les élèves des écoles qui leur font concurrence sont réduites à des chiffres dérisoires. Prétendre le contraire, c'est braver l'évidence. Si les lycées de filles ont relativement plus de succès, ils le doivent aux bourses et aux demi-bourses, à toutes les faveurs accordées ou promises.

« 2° Il est absolument inexact que les religieuses soient, surtout depuis un bon nombre d'années, au-dessous de leur mission d'enseigner. Les congrégations qui ont des progrès à réaliser à ce point de vue peuvent obtenir les résultats par les moyens que d'autres ont employés jusqu'à ce jour, sans recourir à la fondation d'une école normale dans des conditions que présente ce projet. Il existe d'ailleurs, à Paris, un institut normal catholique de jeunes filles, rue Jacob, 39, qui a été loué par notre Saint-Père le Pape et approuvé par un bon nombre d'évêques.

« 3° Il est absolument inexact que le clergé et les catholiques doivent favoriser le développement excessif que l'on tend à donner de plus en plus à l'instruction des jeunes filles, et en particulier aux jeunes filles de la classe moyenne et de la classe ouvrière. On arrivera ainsi à supprimer les vraies maîtresses de maison et les vraies mères de famille, pour faire des déclassées exposées à tous les périls. »

Le projet de la sœur d'Issoire-Cavaillon encourait un autre reproche, c'était de faire chorus avec l'ennemi de l'Eglise ; c'était de répéter, pour les confirmer, les accusations du juif Sée et de prêter le flanc aux attaques. Alors que le persécuteur veut détruire les congrégations religieuses, il ne faut pas, par des critiques même justes, légitimer d'avance les excès de la proscription. De ce chef, la religieuse méritait un blâme. D'autant plus qu'en poussant à la haute instruction, elle ne tenait compte ni de la situation et du besoin des familles, ni des exigences de la vie réelle, ni des devoirs des maîtresses de maison et des mères de famille, surtout dans la classe pauvre. Que la démocratie s'étende et s'élève, nous ne demandons pas mieux. En attendant, il ne faut pas multiplier les brevets outre mesure, ni exposer les brevetées à toutes sortes d'égarements et de périls.

Un magistrat, dans le *Bulletin de la société d'Education*, appuya les observations de l'évêque de Nancy. Après avoir discuté fort sagement les divers articles du projet, le magistrat d'Herbelot conclut aussitôt :

« En résumé, le mal constaté se réduit, nous ne voulons pas dire à rien, parce que nous tenons à être absolument équitable, mais à peu de chose. Il eût été meilleur de le dénoncer avec plus de réserve, avec moins de fracas, et de lui chercher un remède plus raisonnable, plus pratique ; il eût été meilleur surtout de modérer des accusations qui, partant d'une religieuse pour aller atteindre d'autres religieuses, eussent dû être tout particulièrement justifiées au fond et mesurées dans la forme.

« Nous ne disons pas qu'il n'y a rien à faire. La revision des programmes peut être utile et aussi la revision des livres mis entre les mains des élèves de nos couvents et qui, parfois, sont rédigés d'après des données scientifiques ou historiques non seulement démodées, mais encore reconnues inexactes. Surtout, il faut éviter de faire travailler la mémoire au lieu de l'intelligence, ne pas régler les études uniquement en vue des examens, se défier des programmes trop gonflés et ne pas oublier qu'un maître disait à de jeunes professeurs : « Quand on a tant de choses à enseigner, on ne peut plus rien apprendre. »

Une autre femme, une comtesse, publiait, en même temps, un ouvrage intitulé : *La nouvelle formation de la femme dans les classes cultivées*. Cette femme du monde était naturellement beaucoup moins prudente que la religieuse ; elle n'allait à rien moins qu'à opérer, dans nos mœurs, une révolution. Par exemple elle propose de faire lire aux jeunes filles des extraits des œuvres de Musset, Balzac, Sand, Renan, Michelet, pour former leur style ; elle pense qu'il est bon d'abattre, ou au moins d'abaisser la haute muraille qui sépare la vie de la jeune fille de la vie d'une femme mariée ; elle va jusqu'à parler de la dynamique de l'amour et de l'éducation des sens. L'exercice normal des sens, dit-elle, n'est pas un péché, c'est une fonction. Pourvu que la fonction s'exerce légitimement, selon les règles établies par Dieu, la morale est obéie. Mais, pour que la loi triomphe, il faut qu'elle soit connue et nous avons le devoir de la faire connaître avec sincérité. Cela est vrai, mais exige, avant le mariage, une réserve absolue ; et, après, doit réserver au confessionnal, l'éducation de la conscience. Cette dame parle même avec un certain lyrisme : « Oui, s'écrie-t-elle, oui, chères institutrices, ne blasphémez jamais l'amour humain. Instruites et adroites, chaque fois que vous en rencontrerez le reflet chez les hommes ou dans la poésie, ou dans les arts, souvenez-vous qu'il émane du ciel et offrez-lui l'encens de vos cœurs. » Autant dire tout de suite que les religieuses devront se marier. Sous prétexte de réforme, nous aurons les institutrices fin-de-siècle et les religieuses fin-de-cloître.

Ces ouvrages eussent pu amener d'ardentes controverses ; le Pape les interdit et confia à une congrégation religieuse l'examen de la question. La congrégation, après mûr examen, notifia sa décision : elle portait un blâme pour les indiscrétions commises et laissait la porte ouverte à toutes les améliorations possibles. On ne peut jamais dire que tout est pour le mieux dans le meilleur des mondes. Bien moins encore peut-on blâmer le projet d'instruire plus fortement les maîtres et de porter plus haut les esprits. La lumière, sagement départie, ne peut faire de mal à personne. Que les congrégations, en présence des menaces de l'avenir, se replient sur elles-mêmes et s'appliquent à sauver la France, par les femmes, personne n'y saurait contredire. On peut même dire que telle est la consigne de la Providence ; et les honnêtes gens ne peuvent souhaiter que sa fidèle observation, avec un juste mélange d'intelligence et de bravoure.

Les attentats contre le temporel du culte.

Un grand évêque qui s'est illustré par la défense de l'Eglise, Mgr Parisis, disait : La note caractéristique de l'impiété contemporaine, dans ses assauts contre la religion, c'est qu'elle attaque de préférence le temporel des cultes. Autrefois il se produisait des hérésies et des schismes. Les esprits faux et emportés se ruaient contre les articles du symbole et s'efforçaient d'y introduire les profanes nouveautés de leurs discours et les oppositions d'une science mal nommée. Les pouvoirs ambitieux, non contents de pourvoir aux intérêts de la société civile, voulaient entreprendre sur les prérogatives nécessaires des Pontifes. Aujourd'hui on est protestant, juif ou incrédule ; on se dit libre-penseur ou franc-maçon ; on écarte toutes les vérités de la foi, mais on s'abstient de les discuter ou de les contredire, dans la crainte très légitime de se faire battre par les apologistes du Christianisme. On aime mieux triompher sans victoire que d'engager une bataille qui pourrait aboutir à une défaite. Les détenteurs de l'autorité politique sont toujours jaloux des dépositaires de l'autorité du Pape et des évêques ; mais ils ne se disent plus ni évêques du dehors ni protecteurs des saints canons. Athées ils se disent et athées ils se montrent en pratique. Mais il est un droit dont ils veulent surtout s'armer, c'est le *jus cavendi*, le droit de se défendre contre les empiétements du cléricalisme et de maintenir intactes les attributions de la société civile. Sur ce prétexte, ils se croient fondés et inattaquables, et pour repousser des entreprises qui n'existent pas, ils entreprennent, eux, surtout contre le matériel liturgique et le temporel des cultes. Les athées s'érigent en marguilliers et en sacristains ; le grain de poussière qui sert de point d'appui à la religion, ils entendent l'usurper ; l'obole du fidèle pour contribuer, par les offrandes, à la pratique chrétienne, ils entendent en gérer l'exercice… comme Judas, pour vendre le Christ.

Déjà, au nom de son autorité souveraine sur les associations, la République a dispersé les congrégations religieuses ; déjà elle a attenté à la liberté de l'enseignement, créé l'école sans Dieu, autorisé des manuels d'une morale impie et empoisonné les berceaux ; déjà elle a jeté les clercs à la caserne et attaché le sac au dos des curés. Son dessein est de réduire l'Eglise au rôle de servante, et, par la main-mise sur les oblations des fidèles, de créer un réel esclavage.

Une église doit se considérer sous deux aspects : dans son ministère spirituel, objet propre de sa mission ; et dans son organisation temporelle, dans l'élément matériel, nécessaire au service des âmes. Dans la véritable Eglise, l'ordre premier spirituel se dérobe, par sa nature, à la compétence et aux envahissements du pouvoir civil ; mais l'ordre temporel peut tomber sous ses empiétements. C'est ce que se propose un décret de loi, rendu le 27 mars 1893, sous la signature de Carnot, qui expiera bientôt sous le poignard ce crime contre l'Eglise.

Ce décret vise deux choses : il veut dessaisir les curés et les évêques du maniement et du contrôle des deniers de l'Eglise ; il veut en saisir le percepteur des finances d'Etat, les conseils de commune et de préfecture, la Cour des comptes, finalement les agents de l'Etat.

L'idée de soumettre le temporel du culte aux conseils municipaux et aux percepteurs n'est pas nouvelle. Ce dessein s'est produit, depuis le Concordat de 1801, dans toutes les crises de l'Eglise et a été caressé par le pouvoir comme un acte décisif de persécution. C'est en 1809, au moment où il s'empare de Rome et fait Pie VII prisonnier, que Napoléon édicte le décret du 30 décembre ; c'est à l'époque des ordonnances de 1828 que l'imprudent Frayssinous parle d'aggraver le décret de 1809 ; c'est en 1844, au milieu des controverses pour la liberté d'enseignement, que la monarchie de juillet court sur les brisées de la Restauration ; c'est en 1849, au milieu des agitations socialistes, que la seconde République remet à flot le même projet ; c'est en 1865, au moment où il s'achemine à la suppression du pouvoir temporel des Papes, que le second Empire veut mettre la main sur le temporel du culte. Cette main-mise paraissait, à tous les pouvoirs enfiévrés par la lutte, le moyen d'en finir avec l'Eglise. En couronnant son esclavage, ces pouvoirs aveugles se flattaient de supprimer tout conflit religieux et d'assurer, par la subordination de l'Eglise, une invariable paix.

Il est remarquable que si, depuis un siècle, les régimes successifs ont ourdi, contre l'Eglise, la même trame, aucun, sauf Napoléon, n'a poursuivi ce dessein jusqu'au bout. Tous ont reculé devant ces trois raisons : que, laïciser l'administration des églises, c'est entreprendre sur le pouvoir des évêques, c'est tarir les sources de la charité, c'est ruiner le culte public : triple attentat dont ils s'abstinrent, non par piété, mais par un reste de pudeur. Ces raisons ne paraissent pas toucher l'infatuation et l'insolence de l'opportunisme.

La République juive et franc-maçonne qui opprime et exploite la France depuis vingt ans vient à cette entreprise. Les biens ecclésiastiques dont son décret incamère la gestion sont les oblations des fidèles. Ces oblations sont des offrandes volontaires, faites à l'autel ou hors de l'autel, par dévotion, pour l'administration des sacrements ou pour quelque cause pieuse. Les savants les considèrent comme des sacrifices que les fidèles offrent à Dieu, comme des marques de reconnaissance pour les prêtres, ou comme des inspirations de charité pour les pauvres. En dehors de toute considération mystique, au simple point de vue du droit, ces offrandes ne sont pas l'acquit d'une dette de justice commerciale, l'effet d'un contrat, quelque chose qui tombe sous la compétence du magistrat civil ; ce sont des oblations faites spontanément, dans un but déterminé, au prêtre que la confiance du fidèle charge d'en assurer le surnaturel emploi. La personne qui donne, la personne qui reçoit, le prêtre qui sert d'intermédiaire, l'objet donné, le but constant ; cela ne relève point de l'Etat. C'est en principe un acte de religion, moral dans sa substance, matériel dans sa forme, mais qui appartient strictement au culte. Cet acte religieux se rattache, dans ses profondeurs, aux grands mystères de la vie, aux grands devoirs de l'âme, à la pratique parfaite de l'Evangile. L'idée de faire intervenir l'Etat dans ces délicatesses religieuses n'est pas recevable ; c'est une prétention mal fondée et un attentat sans exemple.

Le fidèle qui fait une oblation n'est point, par cette oblation, sujet de l'Etat ; le prêtre, qui reçoit l'oblation, est obligé, par le droit naturel, de se faire une loi de la volonté du donateur. Le prêtre trouve, dans son caractère, dans sa foi, dans sa conscience, dans l'autorité et le contrôle de l'épiscopat, des règles fixes pour l'emploi de ces offrandes. Le fidèle ne réclame pas l'intervention de l'Etat, le prêtre ne doit pas l'accepter. L'Etat n'a pas plus à administrer les deniers de l'Eglise, que l'Eglise ne doit administrer les deniers de l'Etat.

L'Evangile et les actes des Apôtres nous offrent cette doctrine de liberté et cette pratique d'allégeance. Les collectes des fidèles sont administrées par les évêques, distribuées par les diacres. D'après tous les auteurs versés dans la connaissance de l'histoire, notamment d'après Thomassin, la gestion des biens ecclésiastiques était, *tout entière*, aux évêques et aux autres ministres de l'Eglise. Un régaliste ardent, Fevret, dans son traité *De l'abus* (I, p. 411), est obligé d'en convenir. Ce régime dura 1.000 ans et plus.

Dans les temps modernes, le Saint-Siège, lorsqu'il passe des concordats avec les pouvoirs rationalistes et les gouvernements sécularisés, maintient toujours ce principe nécessaire, garant de son autonomie.

Le pape peut subordonner la nomination des évêques à l'élection du souverain, s'il est catholique, à son agrément, s'il ne l'est pas ; il n'abdique jamais son droit d'administrer librement les biens de l'Eglise. Le Concordat de 1801 porte, en son premier article : « La religion catholique, apostolique, romaine, sera librement exercée en France. » Le libre exercice de la religion comprend la liberté du gouvernement de l'Eglise et la libre administration de ses biens. Au cours des négociations concordataires, Bernier avait présenté, à la signature de Consalvi, un protocole où il était dit que le culte serait public, *en se conformant aux règlements de police*, c'est-à-dire aux dispositions que croirait devoir prendre le gouvernement. Consalvi rejeta ce protocole, et, par ce rejet, il fut bien entendu que le libre exercice de la religion et la publicité du culte seraient hors de conteste ; et que les règlements de police que le gouvernement jugerait nécessaires, ne pourraient s'appliquer que hors des temples, pour le maintien de l'ordre, et sur l'initiative seule du gouvernement. Si le Saint-Siège avait admis le protocole de Bernier, il retombait dans le régime de persécution que le Concordat devait détruire. Le Concordat refuse absolument, au pouvoir civil, le droit d'édicter le règlement du 27 mars 1893.

Ce décret est un excès de pouvoir ; le législateur doit se tenir à la porte de l'église, il n'a pas le droit d'y entrer ; il peut protéger le prêtre, il n'a pas le droit de l'opprimer. S'il entre dans le sanctuaire, il ne fait plus acte de pouvoir régulier, mais d'envahissement néfaste ; il n'est plus qu'un tyran absurde, un persécuteur criminel, qui tombe sous les anathèmes de l'Eglise.

Le curé était autrefois seul chargé de l'administration des biens paroissiaux. Au xive siècle, en France, il fut adjoint, au curé, deux ou trois catholiques notables qui devaient lui servir, l'un de secrétaire, l'autre de trésorier, tous de conseil. S'il n'eut tenu qu'à Portalis, jamais l'Empereur n'eut mis la main sur cette organisation séculaire. Toutefois, Napoléon, tout fou d'orgueil qu'il fut, s'il porta son décret du 30 décembre 1809, respecta pourtant la situation du curé et l'incontestable autorité de l'évêque. Le décret est l'œuvre du pouvoir civil ; mais il respecte l'administration et l'autonomie de l'Eglise ; il fait plus, il les garantit, et s'il est irrégulier par ses origines, il ne l'est pas dans ses stipulations.

Chaque fois qu'on voulut en aggraver les rigueurs, on s'aperçut que ce serait tout bouleverser, et qu'en voulant étendre l'autorité de l'Etat sur l'Eglise, on créerait des difficultés inextricables. Il ne manque pas d'esprits bornés qui croient tout simple de verser des offrandes dans la caisse municipale, de soumettre les budgets aux conseils municipaux, de faire apurer les comptes par les conseils de préfecture. « Chacun comprend, disait à ce propos le grand évêque de Langres, — je parle de Mgr Parisis, — que ces menaces, si elles s'accomplissaient, ce serait *la ruine* de l'Eglise (1). »

Cette ruine des églises par l'intrusion des conseils municipaux et la remise de leur caisse au percepteur, c'est, en substance, le décret du 27 mars.

D'abord ce décret diminue beaucoup, s'il ne détruit pas complètement, l'indispensable autorité du pasteur des âmes dans la gérance des oblations. « On ne peut pas, disait Portalis, méconnaître les droits du curé, sans méconnaître *tous les principes* et les *notions même les plus simples.* » Or, ici, on ligature si bien le curé, qu'il ne peut plus disposer de cinq centimes, et pourquoi ? parce qu'on suppose qu'il peut consacrer un sou à des œuvres pour le moins désagréables au radicalisme. Or, s'il est un fait éclatant comme le soleil, un fait proclamé par l'histoire, c'est que les prêtres et les évêques, avec les aumônes des fidèles, ne se sont pas bornés à l'entretien des temples, des écoles, des hospices, et d'une foule d'œuvres patriotiques ; ils ont encore doté de monuments admirables toutes les contrées de l'Europe. C'est à eux, en particulier, que la France doit ses cloîtres magnifiques et sa rayonnante tunique d'églises. Même en ce siècle, après toutes les destructions révolutionnaires et malgré la diminution de l'esprit de foi, les curés de France ont continué, avec un succès inouï, ce prodigieux travail. Depuis 1830, la France a été littéralement transformée par le sou des curés et des fidèles. Il n'y a pas un seul diocèse où l'on ne puisse citer des centaines d'églises, bâties ou restaurées, d'après toutes les règles

---

(1) Mgr Parisis, *De la liberté de l'Eglise*, p. 101.

et suivant les exigences de l'art chrétien. Il n'y a pas une église, où, à défaut de restauration ou de reconstruction, le curé n'ait refondu les cloches, posé des orgues, acheté des vases sacrés, des statues de saints, des croix, des bannières, même avec une telle profusion que les modernes Judas n'ont pas manqué de crier au scandale. Pour achever la démonstration, il suffit de porter les yeux sur les sommets de Montmartre. Là, en plein Paris, comme couronnement de toutes les merveilles, le clergé de France bâtit au Sacré-Cœur un temple monumental; et il le bâtit sans rien demander à personne; comme il a bâti et fondé les écoles, les ouvroirs, les orphelinats, et, en dernier lieu, les Universités catholiques.

Injuste, ingrat, indigne envers le curé, le décret n'est pas moins injuste envers les conseils de fabrique. Les fabriciens sont subordonnés aux conseils municipaux et aux conseils de préfecture, tous infaillibles et impeccables; eux, ils n'ont que la peine, sans rétribution, et, pour honorer leur vertu, pour encourager leur zèle, on leur promet l'amende et la prison. Pour quelques centaines de francs, dont l'emploi est réglé, approuvé, appuyé de pièces justificatives, par des autorités régulières, ce déploiement de la puissance civile est bien étrange. C'est le comble de l'illogisme, de la déraison et de l'impiété. Cette superposition de trois conseils sur le menu objet entraîne l'inutilité au moins de deux. La superposition des conseils civils a pour objet la suppression du conseil de fabrique, l'abolition de l'autorité des évêques, la main mise sur les biens ecclésiastiques, l'anéantissement du culte.

Avec cet enchevêtrement de pouvoirs, les budgets courent risque de n'être jamais votés. Avec l'esprit qui règne dans les sphères politiques, il y a d'ailleurs indécence à soumettre à des impies le pain et le vin du sacrifice, la veilleuse du Saint-Sacrement, la cire de l'autel, l'encens des cérémonies, les vases sacrés et les ornements, l'entretien des sacristies et des églises. S'ils sont protestants, juifs, francs-maçons, libres penseurs ou seulement indifférents, ils ne peuvent pas être justes; leur impiété, leur conscience et leur foi, s'ils en ont une, leur défendent même de coopérer aux actes du culte catholique. Les églises sont livrées aux ennemis de Dieu et de son Christ; les prêtres, pour la partie matérielle de leur fonction, sont à la merci du persécuteur.

La générosité des fidèles n'est pas grande, surtout dans les campagnes. S'ils prévoient que leur argent sera pris par l'Etat, ils tireront les cordons de leur bourse; les petites églises mourront de faim.

Ce qui frappe le plus, dans cette machine, c'est l'impossibilité de son fonctionnement. Quand les trésoriers sauront qu'ils encourent une responsabilité pécuniaire, qui peut leur créer des embarras et leur amener une condamnation; quand ils sauront que le produit des quêtes à l'église doit être versé, avec une attestation signée, dans la caisse du percepteur; quand ils sauront qu'au percepteur est dévolu le soin de louer les troncs; quand ils sauront que le curé ne peut plus disposer d'une quête extraordinaire pour l'achat d'une statue, d'un ornement, d'un reliquaire; quand ils sauront que le curé est obligé d'exiger même des plus pauvres, le casuel, qui doit être contrôlé et encaissé par le percepteur; quand ils sauront que la pauvre veuve qui balaie l'église, la pauvre sœur qui blanchit le linge, le pauvre vieux chantre, le vieux sonneur sont obligés de faire huit ou dix kilomètres pour toucher leur solde chez le percepteur; quand ils sauront que sur les revenus de Fabrique, déjà si insuffisants, le percepteur doit opérer une retenue à son avantage; quand ils sauront que si les recettes dépassent les dépenses, l'excédent doit être versé dans les caisses de l'Etat; quand ils sauront tout cela, leur bon sens ne manquera pas de se révolter; ils trouveront tous ces règlements odieux, tyranniques, injustes, inadmissibles et ils tiendront à honneur de ne pas prêter la main à leur exécution.

Dans cette critique du décret, je laisse de côté les points secondaires. Je ne dis rien de la multiplication des paperasses inutiles et désobligeantes, par où s'accuse le bysantinisme français: rien de ce curé obligé, chaque dimanche, après la messe, de délivrer un reçu à la petite fille qui vient de quêter; rien de ce percepteur obligé d'appeler les fabriciens pour lever les trois sous du tronc; rien de ce vin que le curé doit prendre à l'auberge, pour qu'il ne soit pas trop clérical. Il y a des choses qu'il faut laisser à leur ineffable ridicule.

Voilà sept ans que ce décret a été rendu. Son acceptation par le clergé a été très diverse; plusieurs évêques n'en ont tenu aucun compte; plusieurs l'ont accepté dans la plénitude de ses exigences; la plupart ne l'ont admis que sous bénéfice d'inventaire, avec espoir de revision ultérieure. A l'user, on y a découvert maintes parties faibles et même des prétentions contradictoires. A entendre les fagotteurs du décret, il ne doit point aggraver le décret du 30 décembre 1809, et il en change, il en détruit même complètement l'économie. On a voulu, par un décret complémentaire, par des circulaires explicatives, par des avis du conseil d'Etat et des sentences de tribunaux, former une jurisprudence établie, sans y réussir. On reste dans l'incertitude sur beaucoup de points; on ne parvient pas à déterminer le rôle du trésorier de fabrique; on ne trouve pas de juridiction compétente, pour terminer les conflits en matière fabricienne. L'Eglise peut opposer une victorieuse inertie; elle peut revenir à l'état original du curé, seul administrateur des deniers du culte; elle peut tout, l'Eglise, quand il s'agit de résister au despotisme. L'Etat, en présence de l'opposition ecclésiastique, s'irrite, s'exaspère et se porte à la dernière raison de la tyrannie, aux violences.

Par exemple, tout récemment, il notifiait à l'évêque de Montpellier que la négligence ou le retard de quelques trésoriers à déposer leur compte allait amener la suppression légale d'une dizaine de paroisses. Cette notification découvre le jeu de l'ennemi. Le décret ne vise pas seulement à mettre la main sur les oblations des fidèles ; il doit aboutir, sur le constat d'irrégularités dont l'Etat est juge, à l'anéantissement des curés, au retour de la France à l'état de mission apostolique, où le missionnaire, à lui seul, est toute l'Eglise. Cette rigueur, l'Eglise peut la braver, et peut-être serait-ce son salut.

Un décret du 18 juin 1898 aggravait encore les dispositions du décret de 1893. Le 2 septembre de la même année, les sept cardinaux adressèrent, au ministre, une lettre collective ; les signataires de cette lettre demandaient à être entendus et disaient que la législation des fabriques devant subir des modifications, cette réforme ne devait se produire qu'à la suite d'un travail réfléchi et concerté à qui de droit. Le ministre Sarrien répondit aux cardinaux. Dans sa réponse, il relève d'abord la forme collective de cette lettre qui suppose le concert prohibé entre les chefs de diocèse. Suivant l'expression de Dupin, ce serait un concile par correspondance. Cette prétention du ministre dépouille d'abord les évêques de la part de droit et de devoir qu'ils sont appelés à prendre au gouvernement de l'Eglise universelle. Ensuite cette prétention viole ouvertement le concordat qui proclame le libre exercice du culte catholique ; il met, à cette liberté, un obstacle arbitraire. Enfin ce n'est que par un paralogisme ridicule, qu'on peut appuyer cette prétention sur les articles organiques. Ces articles, en effet, prohibent les conseils provinciaux, les synodes diocésains et en général les assemblées délibérantes. Or, une simple lettre, rédigée par un seul, signée par plusieurs, ne revêt aucun des caractères d'une assemblée, d'un synode ou d'un concile. Assimiler une lettre à un concile, ou à un synode, c'est une grande faiblesse d'esprit ou un cruel outrage à la raison.

Sur le fond des choses, l'Eglise enseigne que les comptes et budgets sont une matière, sinon exclusivement ecclésiastique, du moins *mixte* ; suivant l'expression de Portalis, le temporel du culte « tient de très près aux choses spirituelles ». En 1837, en discutant la loi municipale, le gouvernement de Louis-Philippe déclarait que les modifications relatives à la gestion des fabriques ne seraient édictées que de concert avec l'épiscopat. Un ministre du second empire disait Napoléon d'accord avec Louis-Philippe : « L'Etat, déclarait-il, doit à l'Eglise de la laisser régler librement l'administration de ses intérêts temporels. Les fabriques ne doivent, pour leurs règlements et leur administration, relever que des évêques. En 1880, les ministres Freycinet, Ferry, Cazot, Lepère, — des cléricaux peu forcenés, — avaient nommé une commission de législation pour les fabriques et y avaient appelé plusieurs prélats. Paul Bert lui-même voulait que les autorités diocésaines fussent entendues. »

En 1893, même lorsqu'il fut question d'édicter sur les fabriques une nouvelle législation, le gouvernement avait consulté le consistoire central des juifs et le synode général des protestants de la confession d'Augsbourg ; il n'avait pas consulté les évêques, administrateurs-nés des biens de l'Eglise. Aujourd'hui les cardinaux demandent à être entendus ; le ministre répond par un refus de les entendre. Et pourtant les catholiques forment la presque totalité de la nation française.

Et pourquoi le ministre refuse-t-il d'entendre les évêques ? Parce que le temporel du culte n'est pas une matière mixte, parce qu'il est du ressort exclusif de l'autorité civile et que le ministre d'Etat est seul compétent pour trancher la question. Cette doctrine ministérielle de la toute-puissance de l'Etat sur le matériel du culte est la propre doctrine du popisme russe ; c'est la théorie de Pierre le Grand admise par des gens qui se croient libéraux, qui se disent démocrates et qui ne sont que les pâles copistes de la plus âpre tyrannie.

Pierre le Grand était certainement le type le plus cru du despotisme ; mais Pierre Legrand était plus raisonnable et plus libéral que ces hypocrites démocrates. Pierre, il est vrai, soumettait la gestion des biens ecclésiastiques au bon plaisir de l'autorité civile, mais Pierre confiait cette tâche à des conseils, à un saint synode dirigeant, et dans ces conseils et dans ce synode, il appelait des archimandrites et des potopopes. Ici, rien de pareil. C'est une Chambre, atteinte de prétrophobie, qui vote sur ce sujet sans l'instruire ; c'est un conseil d'Etat où il y a de tout, excepté des prêtres, qui libelle un décret. Au fond, ce sont les protestants, les juifs, les francs-maçons, les libres-penseurs qui prennent dans l'administration des biens d'Eglise, la place des prêtres et des évêques. Or, cette substitution et cette nouvelle administration, c'est une injustice et un sacrilège. Les évêques ne doivent pas subir ce joug, ou s'ils se résignent à le subir, c'est à Dieu à venger sa cause : *Exsurgat Deus et dissipentur inimici ejus.*

Ces lois et règlements contre les deniers des fabriques, avaient été précédés, en 1884, d'une loi dite d'accroissement contre les congrégations religieuses. Précédemment la république avait prononcé et exécuté la dissolution des congrégations ; mais en l'effectuant, elle avait violé ses propres principes sur la liberté des professions, sur l'inviolabilité des domiciles, et sur ce droit constitutionnel de l'homme et du citoyen qui ont faculté d'aller et de venir, de s'associer, de vivre à leur guise, sans que personne ait droit de s'y opposer. De plus, ces expulsions n'avaient abouti à rien, puisque l'État, ne pouvant confisquer les immeubles, était bien obligé de les laisser à quelqu'un, et ce quelqu'un, sous différents noms, c'était toujours le religieux, assez habile pour défendre ses immunités sans prêter le flanc aux attaques, ou, s'il y prêtait, par sa résistance il pouvait aisément lasser, voir déshonorer la tyrannie. La majorité républicaine de la Chambre le comprit et, comme elle est foncièrement impie — l'impiété est canaille, dit M. de Maistre, — elle cherchait un moyen de s'emparer de ces biens des religieux, que ses précédents excès laissaient intacts. Un membre de cette majorité, Henri Brisson, esprit faible et passionné, mais franc-maçon militant, s'attela à cette infâme besogne. Avec l'aide de quelques subalternes, il fabriqua un projet tendant à plumer la poule sans la faire crier et voici comment il s'y prit.

Les congrégations religieuses paient tous les impôts qui frappent les autres citoyens, savoir : 1° les impôts directs ; 2° les impôts indirects ; 3° l'impôt de quatre pour cent sur les *revenus* et rentes de toutes sortes servies par les sociétés financières ou par tout autre emprunteur public ; 4° tous les droits de mutation pour les contrats qu'elles peuvent conclure, vente, achats, échanges, legs ; 5° la taxe de *main-morte* qui frappe les biens des sociétés civiles ou religieuses. Cette dernière taxe a pour but de remplacer les droits de mutation par décès auxquels échappent ces biens dont le propriétaire ne meurt pas et de compenser, au bénéfice de l'Etat, la diminution des droits de mutation entre vifs, auxquels ils sont moins exposés que les simples citoyens.

Outre ces impôts communs, en 1884, Brisson imagina et la Chambre approuva que les congrégations religieuses fussent assujetties à deux nouveaux impôts qui ne frappent aucune autre classe de citoyens, savoir :

1° Un nouvel impôt sur le revenu. A l'impôt de 4 0/0 sur le revenu que paient déjà les congrégations, la loi du 29 décembre 1884 ajoute un nouvel impôt de 4 0/0 sur le revenu présumable, déterminé à raison de 5 0/0 de la valeur *brute* des biens meubles et immeubles possédés ou *occupés* par elles. Les congrégations seules sont soumises à cet impôt, non les communes, ni les cercles, ni autre société ou association. Cet impôt ne tombe pas sur un revenu réel, mais sur un revenu fictif, calculé non sur le revenu que peuvent donner les biens soumis à cet impôt, mais sur la valeur *brute* de ces biens. Et cela quand même le revenu des biens qui donnent un revenu serait inférieur à cinq, comme sont les rentes d'Etat. Quand même ces biens seraient grevés des charges qui absorberaient les revenus. Quand même les biens ainsi taxés ne seraient susceptibles de produire aucun revenu.

2° Un nouvel impôt, dit *droit d'accroissement*, établi sur cette hypothèse qu'à chaque décès d'un membre, ce décès accroît le revenu de la communauté, héritière supposée du défunt. Or, cette hypothèse est fausse, puisque la communauté possédant, comme l'indique son titre, ses biens en commun, n'hérite de rien au décès d'un membre. De plus, ce droit de succession est réglé par la taxe des biens de main-morte, et, par suite, ici on le fait payer deux fois. Enfin ce droit de succession, estimé 11 fr. 25 0/0, doit être payé à chacun des bureaux d'enregistrement sur le ressort desquels sont situés les biens de la congrégation ; et au cas où la quote part successible était inférieure à vingt francs, elle doit payer comme si elle atteignait ce chiffre.

Ce droit d'accroissement aboutissait, en pratique, à des énormités. Outre que c'était un impôt d'exception contraire à l'égalité constitutionnelle des citoyens devant l'impôt, il faisait payer dix et cent fois plus de droit que la société n'en acquérait, à supposer qu'elle en acquît. Par exemple, pour une succession estimée 54 centimes, un huissier de Paris avait décerné une contrainte commandant de payer 229 fr. 50 centimes, soit 425 fois la valeur de l'héritage. En d'autres termes, ce droit d'accroissement était un impôt deux fois absurde et plus qu'un vol, car le voleur ne nous prend que notre bien, et ici l'Etat voulait prendre aux congrégations même ce qu'elles n'avaient pas.

En 1895, le protestant Ribot imagina donc de remplacer le droit d'accroissement par le droit *d'abonnement*. Ce ne serait plus un droit fixe, payable à chaque décès, mais une taxe à forfait, payable chaque année, sans déclaration de décès, sans calcul d'héritage, sur la simple base de l'estimation déjà exigée pour l'impôt 4 0/0 sur le revenu. Ce droit d'abonnement était fixé à 30 centimes 0/0 pour les congrégations non autorisées et à 40 pour les congrégations autorisées. De plus, il était dit que ce droit d'abonnement ne serait pas applicable aux biens consacrés aux œuvres charitables. Si cette clause avait été appliquée, elle eût rendu la loi inutile, mais elle restait à la discrétion du gouvernement, c'était un privilège concessible seulement par décret rendu en conseil d'Etat, et qui fut, en fait, très restreint.

Ce droit d'abonnement était beaucoup plus facile à percevoir que le droit d'accroissement ; il n'aboutissait pas aux mêmes énormités ; il n'exposait pas à la résistance des congrégations, aux procès, aux jugements défavorables des tribunaux. Du moins, le gouvernement l'espérait. Cet impôt était d'ailleurs injuste, illégal et inconstitutionnel. *Injuste* : 1° parce qu'il imposait aux congrégations un impôt qui n'atteint pas les autres citoyens ; 2° parce qu'il frappe une matière qui n'existe pas ; 3° parce qu'il oblige à payer deux fois pour le même objet. *Illégal*, parce qu'il ne tient pas compte de la situation légale des congrégations religieuses, situation que des lois de finance ne peuvent pas abroger. *Inconstitutionnel*, parce que, en faisant payer aux congrégations des impôts que ne paient pas les autres citoyens, il viole ce principe séculaire que tous les citoyens sont égaux devant la loi.

On dit, pour dissimuler l'injustice, que les sociétés autres que les congrégations religieuses paient également le droit de 4 0/0 sur le revenu et le droit d'accroissement. Or, cette allégation est doublement fausse. L'impôt sur le revenu n'est appliqué aux sociétés civiles, qu'autant qu'il y a un revenu *réel, constaté* par le conseil d'administration ; s'il n'y a pas de revenu, il *n'y a pas* d'impôt, tandis que l'impôt frappe les congrégations, même et surtout quand elles ne tirent de leurs biens aucun revenu. De plus, l'impôt d'accroissement n'est payable pour les associations civiles qu'autant que les associés ont un droit personnel sur les valeurs communes et sont appelés au partage lors de la dissolution de l'entreprise. Or, les congrégations religieuses non seulement n'ont pas de droit d'adjonction et de réversion ; mais elles l'excluent formellement. Donc elles ne devraient pas, légalement, payer ce droit d'abonnement.

Nous avons dit que ce droit d'abonnement frappe une matière non imposable. Ce jugement n'est pas applicable aux titres de rente et aux obligations de chemin de fer ; mais il s'applique parfaitement aux propriétés immobilières, aux bâtiments, mobilier, linge, vêtements. Les bâtiments *possédés* servent au logement des congréganistes et à leurs œuvres ; les bâtiments *occupés* ont à payer un droit d'impôt et des frais d'entretien ; ni les uns ni les autres ne produisent un revenu imposable. Les cours, préaux, lieux de promenade sont dans le même cas. Le mobilier, linge, hardes, qui a jamais pu supposer que cela produisait un revenu. Ce droit d'abonnement repose sur le vide.

Nous avons dit que ce droit faisait payer deux fois le même impôt. Le droit d'accroissement se confond, en effet, avec l'impôt des biens de main-morte ; et le second impôt sur le revenu se confond avec le premier. De plus, ces deux impôts sont majorés quant au montant et reçoivent encore une multiplication de taux ; le second est plus fort que le premier et les deux s'appliquent aussi bien aux meubles qu'aux immeubles.

Quand ces lois iniques furent édictées, les catholiques de France demandèrent au Pape s'ils devaient obéir. Le Pape ne se prononça pas explicitement pour la résistance ; il se borna à dire que chaque congrégation devait examiner son cas et se décider suivant qu'elle pourrait, oui ou non, payer l'impôt. Mais, pas là même que le Pape n'ordonnait pas l'obéissance, c'est qu'à ses yeux la loi était injuste. Or une loi injuste est une loi nulle. De plus, il est manifeste qu'en présence d'une loi inique et nulle, la conduite des congrégations devait être uniforme ; autrement la capitulation des uns servirait, au gouvernement persécuteur, pour accabler les autres. Dans cette incertitude, les évêques eussent dû trancher le litige ; mais, comme il arrive ordinairement en pareil cas, la plupart des évêques s'en tinrent à l'absentéisme du Pape. Plusieurs toutefois appuyèrent fortement la résistance ; un seul, Fuzet, évêque de Beauvais, fit bande à part et déclara qu'il fallait payer. Sur les répliques que lui fit l'archevêque de Reims, le prélat riposta qu'il était trop tard ; qu'il fallait résister dès le commencement ; et qu'ayant capitulé jusque-là devant les lois de persécution, les évêques devaient capituler encore. Autrement on disait qu'ils s'étaient montrés mous quand il s'agissait des lois scolaires et militaires et qu'ils ne se montraient revêches que pour la vile monnaie.

L'affaire resta longtemps en balance. Des plumes subalternes soutenaient victorieusement la polémique ; l'opinion se prononçait pour la résistance. Il ne paraissait pas qu'on pût décemment capituler, c'est-à-dire amnistier la violation du droit certain et souverain ; livrer sans mot dire des biens qui sont le patrimoine des pauvres et que le fisc, par sa loi, doit à la longue anéantir. Enfin on apprit que cinq congrégations autorisées s'inclinaient devant la loi de spoliation : Saint-Sulpice, les Missions étrangères, le Saint-Esprit, les Lazaristes et les frères de La Salle. Ces congrégations avaient, sans doute, des raisons particulières pour obéir à une loi injuste ; mais, par le fait, elles fournissaient la petite pierre sur quoi va s'appuyer le levier de l'Etat pour ébranler toutes les autres maisons religieuses.

Les congrégations religieuses d'hommes, la plupart, et presque toutes les congrégations religieuses de femmes embrassèrent le sage et glorieux parti de la résistance. Nous disons *presque toutes*, car plusieurs furent obligées par leur évêque de céder à la loi, ou du moins tellement pressées, qu'elles durent fléchir. Parmi elles, il faut citer celles du diocèse de Rodez, que le cardinal Bourret intimida. De ce accusé par un journal, l'évêque nia le fait ; mais, information prise, il fut reconnu que l'intimidation était certaine. Le cardinal avait détruit la liberté laissée par le Pape ; il en mourut de chagrin, fin honorable mais triste pour un tel homme.

Depuis lors, le fisc impitoyable poursuit son œuvre de destruction. Pour l'accomplir, il saisit tantôt une vache, tantôt un cheval ou un mulet avec sa voiture, une maison, un champ, une rente. Le fisc saisit toujours et vend à la barre du tribunal, ou sur la place publique, l'objet saisi. Presque chaque semaine, les journaux religieux signalent quelque vente. Ainsi est détruite, pièce à pièce, lentement, sans bruit, l'œuvre charitable qu'avaient créée, depuis un siècle, les catholiques de France. Cette œuvre dont l'histoire doit louer l'inépuisable générosité, la magnifique ordonnance et le courageux dévouement, est unique en son genre; rien n'en approche au sein des autres nations. On la met à néant sans qu'aucune protestation vienne flétrir cette abominable destruction. Tout au plus parfois quelque religieuse élève la voix pour en appeler aux populations; sa voix a de l'écho dans le cœur des pauvres, elle en a peu dans l'Eglise. Deux religieux, — je dis deux, il faut citer leurs noms, — le Père Stanislas, capucin, et le Père Ange Le Doré, supérieur des Eudistes, l'un avec l'habileté d'un stratégiste, l'autre, avec l'éloquence d'un Basile de Césarée, ont dénoncé à Dieu et aux hommes ces abominations. Un temps vient où l'augmentation continue des pauvres deviendra une des angoisses de la politique; et où l'on entendra, entre ciel et terre la grande voix: *Propter gemitum pauperum nunc exurgam, dicit Dominus.*

La résistance à la persécution.

A la fin du XIe siècle, il y eut vingt ans si gnalés par la trahison et l'abdication de toutes les autorités. Plus personne ne prenait en main la cause de Dieu. On conciliait, on négociait, on maquignonnait... et le monde mourait lentement, misérablement, lâchement.

Du moins, à ce moment honteux, il y eut de nobles cœurs qui se révoltèrent contre cette lâcheté misérable, protestèrent avec énergie et amenèrent à la fin une salutaire réaction. J'ai cru utile de rechercher et de consigner ici ces protestations généreuses. J'espère que plusieurs ne les entendront pas sans un frémissement et se diront enfin : *Exarsi ad imitandum.*

« Je ne crains, disait saint Anselme, ni l'exil, ni la pauvreté, ni les tourments, ni la mort. Mon cœur est préparé à tout endurer, avec le secours de Dieu, pour ne point désobéir au Siège Apostolique et pour conserver la liberté de ma mère, l'Eglise du Christ. Je ne m'inquiète que de *remplir mon devoir* et de *respecter l'autorité* du pontife romain. » Quelles belles paroles et vraiment dignes d'un docteur de l'Eglise!

Dans une lettre au pape Urbain II, Uldaric de Saint-Michel écrivait : « Tout ce que vous aimez, nous l'aimons; tout ce que vous rejetez, nous le rejetons; tout ce que vous souffrez pour le Christ, nous le souffrons avec vous. Vous avez peu d'amis en ce pays; *la peur du tyran fait aller à sa communion tous ceux qui vous obéissaient.* Mais nous savons que vous avez la parole de vie, et, avec vous, nous ne redoutons ni de vivre durement ici-bas, ni de mourir glorieusement. »

« L'Eglise rachetée par le sang de Jésus-Christ et constituée en liberté, écrivait le pape Gélase II, ne peut plus *redevenir esclave.* Si l'Eglise ne peut plus élire un prélat, sans le *consentement de l'Empereur* (l'Empereur, c'était hier le chimiste athée, Berthelot), elle n'est plus que sa servante et la *mort du Christ est mise à néant.* Si le prélat élu est investi par la crosse et l'anneau qui appartiennent à l'autel, c'est une usurpation des droits de Dieu. Si le prélat *soumet ses mains consacrées* par le corps et le sang de Notre-Seigneur aux mains d'un laïque, *il déroge à son ordre et à son onction sacrée.* » Paroles vraiment dignes d'un pape et qui figurent au corps du droit canon; j'espère bien que c'est pour toujours.

Domnizo fait dire par saint Pierre au pape Pascal II : « O pape Pascal, sache veiller à la liberté de l'Eglise et fonder ta volonté sur le crucifié qui est mort pour son épouse et qui te l'a confiée pour que tu la maintiennes digne de son époux; sache mourir, ô pontife, plutôt que de la laisser violer par l'ennemi ou séduire par de faux amants. Le seigneur Christ sait que si tu *résistes à* outrance, *nul ne prévaudra* contre la liberté de l'Eglise. »

Le pape Pascal II écrit à l'empereur Henri V : « L'Eglise ne veut rien s'arroger de tes droits, elle qui, comme une mère, *fait don* à chacun de ce qui lui appartient. Elle ne prétend rien enlever à la gloire de l'Empire. Nous ne voulons, en effet, que servir Dieu dans sa justice. Rentre donc en toi-même et n'accorde pas confiance à la superbe. Tu as des soldats pour te défendre; mais l'Eglise a pour défenseur le roi des rois, qui l'a rachetée de son sang; elle a, de plus, les apôtres Pierre et Paul qui sont ses seigneurs et ses patrons. Abandonne donc ce qui n'est pas de ton office *afin de le mieux remplir.* Que l'Eglise obtienne ce qui est au Christ et que César garde ce qui est à César. »

Le Pape qui avait écrit en ces termes à Henri V était bien digne de recevoir cette lettre signée du grand nom de Geoffroy de Vendôme : « L'Eglise vit par la foi, l'autorité et la liberté; sans elles, elle languit, elle meurt. La foi est son fondement; la charité, sa parure; la liberté, son bouclier. Mais, quand elle se laisse corrompre par des présents, quand elle se soumet à la puissance séculière, elle perd en même temps, la foi, la charité et la liberté : elle passe, non sans raison, pour morte.

Le même Geoffroy de Vendôme écrivait à Calixte II : « Quand l'Eglise est soumise à la puissance séculière, *de reine qu'elle était elle devient esclave;* elle perd cette charte de liberté que le seigneur Christ a dictée du haut de sa croix et signée de son sang. »

Le Pape qui avait reçu cette lettre sut la comprendre; il délivra l'Eglise par le Concordat de Worms en 1122. Il y avait vingt ans que l'Eglise était sous le pressoir; vingt ans que les plus vaillants champions livraient, pour la cause de Dieu, la grande bataille.

L'Eglise en France est à un de ces tournants de l'histoire ; il faut, pour sa délivrance, un grand combat. Des voix isolées nous y appellent ; il faut que tous les cœurs chrétiens répondent.

Il n'est que temps d'entendre ces nobles voix de la tradition. Les Anselme, les Geoffroy de Vendôme, les Udalric de Saint-Michel, les Gelase, les Pascal, les Callixte sont de bons maîtres et de sages docteurs.

Si nous nous dérobions plus longtemps à ces appels de la bravoure apostolique, il faudrait rappeler, pour notre honte, le mot de Cicéron à Atticus : « Voyez de quelle mort ignoble nous périssons : *Ecce quam vili morte perimus !* »

C'est un devoir pour tout chrétien et pour tout Français, de défendre l'Eglise contre le persécuteur.

C'est un devoir, pour l'humble fidèle, soldat de Jésus-Christ, de suivre le drapeau de l'Eglise militante et de faire face à l'ennemi.

C'est un devoir pour le prêtre de conduire les fidèles à la bataille et de défendre comme un vaillant capitaine les justes droits du sanctuaire.

C'est un devoir pour tout évêque, successeur des apôtres, d'affronter toutes les puissances du siècle et de leur résister sans pouvoir jamais être vaincu.

C'est un devoir pour les Français, fils aînés de l'Eglise, de se souvenir du pacte de Clovis et de Charlemagne. Et puisque Léon XIII les exhorte depuis longtemps à s'unir, à concerter leurs forces et à combattre comme l'ont fait depuis les Irlandais et les Allemands, il n'est pas nécessaire d'être chrétien, il suffit d'être Français pour courir aux armes et sus à l'ennemi.

On ne peut guère contester ce double devoir ; mais, dans l'état de marasme, de défaillance où nous sommes tombés, on cherche toutes sortes de motifs, toutes sortes de prétextes, toutes sortes d'excuses pour rester dans l'inertie.

On dit entre autres : A quoi bon ? Et quels profits si enviables nous doit procurer la résistance ?

Ce n'est pas d'aujourd'hui qu'il y a de faibles chrétiens. Dans toutes les persécutions, il s'est trouvé des héros ; il s'est rencontré aussi des âmes molles qui prétendaient ne différer avec leurs frères que sur le choix des moyens, mais devoir arriver avec eux au but.

De faibles chrétiens disaient cela en 1792, et voici ce que leur répond Maury :

« Mais, dites-vous, je n'ai voulu composer que sur le choix des moyens. C'est la *question*. Est-ce donc un simple moyen et un moyen légitime de composition, ou bien n'est-ce pas sacrifier les principes que de promettre fidélité à l'action des lois les plus contraires à l'Evangile, à la discipline générale de l'Eglise, qui consacrent le parjure et le brigandage ? Avec de pareils moyens de rétablir le culte, ne favorise-t-on pas les ennemis, et, par une conséquence nécessaire, n'anéantit-on pas la religion ? Pourquoi donc torturer les consciences par la crainte d'une si horrible et si inutile complicité ? Etait-ce être intraitable et fanatique que d'être effrayé et arrêté par de si terribles dangers ? Etait-ce rejeter toutes les voies de conciliation que de ne vouloir pas s'agréger ainsi aux clubs révolutionnaires ! Enfin, céder ainsi notre honneur et nos devoirs, n'était-ce composer que sur le moyen ?

« Je vous ai demandé à quoi avait servi la conciliation. Vour rétorquez l'argument contre moi et vous me demandez à quoi ont servi les plus fortes oppositions !

« Certes, elles n'ont pas suffi, je l'avoue, pour opérer une contre-révolution ; nous ne nous la sommes jamais promise de notre seule résistance. On n'a pas pu l'exiger de nous ; et il serait inutile de raisonner contre ceux qui prétendaient soumettre à cette épreuve la vérité de nos principes pour lui rendre hommage ; mais si ce n'est pas là ce qu'on attend de nous, pour savoir si nous avons raison, je vais vous répondre. »

Qu'on veuille bien peser, au poids du sanctuaire, toutes les paroles du grand orateur de la Constituante :

« Nos oppositions ont servi à nous sauver de toutes ces *capitulations absurdes ou infâmes* qui nous auraient déshonorés gratuitement ; elles ont servi à faire reculer honteusement et visiblement tous ces *perfides hypocrites* que nous avons chassés de porte en porte toutes les fois qu'ils *ont feint de se rapprocher* de nous pour nous *tromper*, nous *opprimer* et nous *avilir*. Elles ont servi à sauver notre honneur avec lequel, tôt ou tard, *on sauve tout*. Elles ont servi à retenir ou à mettre dans nos intérêts l'opinion publique qui se serait totalement séparée de nous, si nous avions altéré l'intégrité de nos principes ; si nous nous étions lassés de porter partout nos désastres, en témoignage de la vérité dont nous étions les martyrs, si nous avions cessé de combattre pour cesser de souffrir, si nous avions été les dupes intéressées des accommodements les plus absurdes et les plus infâmes. Elles ont servi à nous conserver debout au milieu des ruines qui nous environnaient et nous accablaient sans pouvoir nous abattre. Enfin, elles ont servi à mûrir le catholicisme renaissant au fond de tous les cœurs, à nous reconquérir l'estime, la pitié, l'amour de tous les Français, à nous conserver notre ère politique ; car nous serions anéantis depuis longtemps et la religion aurait péri en France, avec nous, si, par notre fermeté, notre courage, notre patience, notre invincible fidélité à nos devoirs, nous n'avions donné à nos concitoyens le temps de se souvenir de nous après s'être soustraits à l'oppression, de s'intéresser à notre sort et de rappeler avec nous la religion qui semblait anéantie et qui, heureusement associée à notre sort, n'a plus été pour les Français qu'une émigrée vers laquelle tous ont été entraînés par admiration, par pitié, par intérêt et par amour. Voilà à quoi ont servi nos oppositions. »

Les réflexions de Maury reviennent ici fort à propos. Si ce n'est pas un hommage au passé, c'est un programme d'avenir.

Nous devons tous nous faire à l'idée que pour nous sauver, pour sauver notre religion, il faut une grande bataille.

La bataille une fois engagée, nous sommes certains de la victoire.

La victime du Calvaire a vaincu par la croix : tous ceux qui s'associent à son sacrifice héritent de sa force et partagent ses triomphes. *Sine sanguinis effusione, non fit remissio.*

Entre les premières années du XI° siècle et la fin du siècle XIX°, il y a une certaine similitude. C'est la même déshérence des pouvoirs publics, c'est la même faiblesse qui les énerve, le même aveuglement qui les égare, les mêmes passions qui les condamnent à aller misérablement à l'encontre de leur but. Ou l'on ne fait rien, lorsqu'il faudrait agir ; ou, si l'on fait quelque chose, c'est pour ruiner moralement la société et matériellement les populations. Vous diriez un vaisseau désemparé qui va inconsciemment se briser sur les écueils ou s'engouffrer dans les abîmes.

L'Eglise catholique possède, en dépit de toute contestation, son plein droit d'institution divine. En présence de ce droit, l'Etat, par le Concordat, est l'allié de l'Eglise ; par sa constitution politique, il lui est étranger ; par son inféodation à la Franc-Maçonnerie, il est son ennemi. Comme étranger, il se croit en droit de lui opposer l'indifférence ; comme allié, il lui impose des chaînes ; comme ennemi, il lui fait porter le poids de la persécution. Par la combinaison perfide et la complication inextricable de ses titres, l'Etat français peut trouver, dans son organisation, le moyen de faire quelque bien à l'Eglise et le moyen aussi de lui faire beaucoup de mal.

L'Eglise doit craindre que sa foi, sa morale, sa discipline, son culte, sa hiérarchie souffrent notablement de ce despotisme persécuteur et que son œuvre essentielle de sanctification des âmes ne soit mise en péril. L'Eglise demande qu'on la laisse opérer elle-même son œuvre de salut, sans aucune faveur mondaine, sans intervention séculière ; mais dans le libre et pacifique usage des moyens d'action qu'elle a reçus de Dieu, que la constitution ordonne de respecter. L'Eglise ne demande ni faveurs, ni honneurs, ni privilèges, ni richesses, ni dons quelconques ; elle ne demande que sa liberté de droit divin. Et à quel titre réclame-t-elle cette liberté ? Est-ce à titre de privilège ? Non ; l'Eglise sait très bien que la constitution ne lui accorde rien de plus qu'aux autres cultes ; mais elle reconnaît sa liberté. L'Eglise veut donc travailler au salut des âmes, parce qu'elle le doit devant Dieu ; elle veut y travailler librement, parce que cette liberté lui est due devant les hommes.

Le gouvernement donne le change à l'opinion, en alléguant que l'Eglise veut tout envahir. L'Eglise ne veut rien prendre à personne, ni aux particuliers, ni à l'Etat ; l'Eglise demande seulement que tout soit soumis à la loi du Christ et aux clefs de Pierre, tout, dit Bossuet, rois et peuples, pasteurs et troupeaux. Mais, par une étrange contradiction, ces hommes qui nous accusent de cupidité, nous promettent, si nous voulons les laisser faire, tous les bienfaits matériels de leur bonne grâce. L'Eglise ne dédaigne certainement pas l'appui matériel, dans la mesure où il est nécessaire à son action spirituelle, et pour tous les avantages à elle conférés, elle garde une vive reconnaissance. Mais l'Eglise ne veut ni prêtres ambitieux, ni évêques serviles, ni clergés mondains. Dans ce siècle où tout s'obtient par l'intrigue, si nous consentions à ce que l'homme de Dieu devint semblable au peuple et cherchât à capter les faveurs du gouvernement, c'est alors qu'il faudrait nous accuser d'ambition. Ce qu'il faut à la France, ce sont des prêtres qui travaillent au salut des âmes et des évêques qui veillent à la sanctification des peuples. Quand le gouvernement livre, à toutes les fureurs de l'opinion, un clergé qui ne réclame que le libre exercice de son ministère, il ment à ses lois et outrage Dieu dans son Eglise.

La série d'attentats dont souffre l'Eglise obligeait à la résistance. Le premier fait que l'histoire doit constater avec tristesse c'est que la résistance n'a pas été proportionnelle à l'attaque ; elle n'a pas été immédiate, universelle, ardente, persévérante, comme elle devait l'être. Ce serait une exagération de dire que tout le monde a trahi ; c'en serait une autre de dire que tout le monde a fait tout son devoir. Parmi les évêques, plusieurs ont paru complices du gouvernement persécuteur ; plusieurs, sans conniver aux attentats, ont paru peu soucieux de défendre les intérêts de l'Eglise. On a allégué, pour excuser l'inertie, la volonté du Pape qui veut la paix à tout prix ; le pacte de conciliation qui conseille de ménager l'Etat, par crainte de pire ; l'inutilité ou l'impossibilité de former un parti de combat et une résolution de martyre. On est allé jusqu'à dire que les fidèles n'avaient aucune qualité pour défendre la mère Eglise et que les prêtres étaient, dans les questions politico-sociales, d'une notoire incompétence. Ce sont là autant d'erreurs et de faux prétextes, que nous n'avons pas à réfuter ici. Mais nous avons une réfutation plus positive, les faits.

Le premier défenseur de nos églises, c'est le Pape. Léon XIII a écrit, d'une plume savante, une série d'Encycliques, où il expose, dans leur principe et dans leur ensemble, les lois de la vie individuelle et de la vie sociale. A chaque aberration de la libre pensée, à chaque attentat du gouvernement, le Pontife a opposé, avec un ferme esprit, les oracles de la doctrine catholique. Dans ces actes pontificaux, il n'y a pas un mot qui implique la moindre solidarité avec la révolution, ni la moindre concession au libéralisme. Dans l'exposition des doctrines orthodoxes, Léon XIII parle comme Pie IX ; dans la réfutation des doctrines hétérodoxes, il est même parfois plus expressif que l'auteur du *Syllabus*. L'ensemble des Encycliques de Léon XIII, c'est la constitution d'un peuple chrétien, c'est la charte de l'avenir. Et s'il s'était trouvé, dans nos rangs, un apologiste intelligent et résolu, un Pie par exemple, il lui eut suffi de faire valoir les Encycliques, de leur donner bec et ongles, pour jeter l'effroi parmi les adversaires d'Israël.

Un fait certain, éclatant, c'est que, dans les écrits du Pape, il n'y a pas ombre de résignation au triomphe du mal. Le Pape est le suprême hiérarque, le conducteur du peuple fidèle ; dès qu'il ouvre la bouche c'est pour tracer un directoire. Des idées d'effacement, des projets d'abdication, un vicaire de Jésus-Christ ne connaît pas de tels desseins.

Parmi les Encycliques de Léon XIII, il en est plusieurs où il pousse expressément à la bataille. Dans l'Encyclique *Sapientiæ christianæ*, il enseigne que les chrétiens sont une race née pour le combat ; que ne pas combattre pour la vérité et la justice, c'est trahir et se déshonorer. Dans l'Encyclique aux Français, il dénonce le dessein diabolique de déchristianiser la France, de supprimer légalement l'exercice du culte catholique ; et s'il distingue entre la forme toujours acceptable du gouvernement et une législation antichrétienne, c'est pour prêcher, contre cette législation désastreuse, non pas seulement une bataille, mais une croisade, mais une campagne qui doit se poursuivre jusqu'au parfait triomphe. Et si nous vivions dans ces temps d'une foi qui soulève les montagnes, tous, à l'appel du clairon apostolique, se seraient levés et auraient dit : Puisque le Pape le veut, Dieu le veut.

Je ne vois nulle part ce pacte de conciliation qu'on nous oppose, dont l'auteur est inconnu, dont on ignore les articles, et qui serait, paraît-il, d'autant plus sacré qu'il se dérobe davantage. Je ne serais pas si éloigné de le considérer comme une ruse de guerre, comme une fraude de l'ennemi. Jusqu'à plus ample informé, personne ne doit se croire tenu d'y obéir. Et il faut croire que si, parmi nous, s'était levé un Athanase et un Chrysostome, le Pontife Romain n'aurait pas cru certainement devoir l'arrêter.

De la nature même des choses et de l'ordre des lois saintes résulte, pour le prêtre, l'obligation de s'occuper des questions politico-sociales, afin de les conformer aux divines prescriptions de l'Evangile. L'histoire, dans son ensemble organique, prouve que le clergé a toujours pris part aux questions politico-sociales. Cette même doctrine découle de l'enseignement de l'Eglise, de la pratique ordinaire des Pontifes Romains et des évêques orthodoxes. Les objections élevées à l'encontre sont vaines. L'Eglise est militante ; son salut, c'est le combat.

En France, au milieu de cette série effroyable d'attentats, il est certain que plusieurs évêques se sont montrés peu braves ; mais il est certain aussi que d'autres, les Gouthe-Soulard, les Trégaro, les Fava, les Cotton, les Isoard, les Cabrières, et le plus grand de tous, Freppel, ont tenu tête, avec une vaillance intrépide, à l'ennemi du nom chrétien. C'est le devoir strict de l'histoire d'honorer ces champions de la sainte Eglise.

François-Xavier Gouthe-Soulard, né en 1820, dans un petit village de la Loire, prêtre vers 1845, avait été successivement professeur à l'Institut des Minimes, vicaire à Saint-Nizier de Lyon, précepteur dans une famille, curé-fondateur de la paroisse Saint-Vincent-de-Paul, vicaire général de Lyon, curé de Vaise. Ce curé de Vaise avait une tête et un cœur ; et, le plus étonnant, c'est qu'il avait toujours su s'en servir. Les opportunistes, soupçonnant que ce libéral, peut-être un peu frondeur, entrerait dans leur jeu, voulurent, sans transition, le bombarder archevêque. A cette date, Jules Ferry venait d'édicter ces fameuses lois scolaires, si nuisibles à la foi et aux mœurs chrétiennes. « L'étude de la religion, disait Diderot, est si essentielle à la jeunesse, qu'elle doit être sa première leçon, la leçon de tous les jours. » Et, conséquent avec lui-même, Diderot faisait le catéchisme à sa fille, ne pouvant trouver rien de mieux pour en former une femme. Or le livre que Diderot avait déclaré l'unique fondement de l'éducation chrétienne était banni sans pitié de l'école primaire. On le laissait encore dans les lycées et collèges, comme enseigne trompeuse, pour attirer les familles chrétiennes ; mais, de l'école primaire, il était tellement expulsé, qu'on en bannit même le Crucifix, jusque-là qu'un maire, pour plaire au gouvernement, jeta le Crucifix de l'école dans les latrines.

Ce curé, très aimé des ouvriers de Lyon, que les opportunistes voulurent pour évêque, une fois nommé archevêque d'Aix, était l'homme que Dieu voulait opposer, comme un mur d'airain, aux lois scolaires ou plutôt à leur impiété. Xavier Gouthe-Soulard fut l'archevêque des écoles chrétiennes. A ses yeux l'école est le sanctuaire où doit se former l'homme, le chrétien et le Français. L'homme n'est complet que par le chrétien ; plus il est chrétien, plus il est homme. A ce point de vue élevé et juste, Gouthe-Soulard, dans ses discours sur les écoles, examine toutes les questions de scolarité : droits de l'Eglise, droits des familles, devoirs des enfants, des parents et de l'Etat. Dans ces discours, ce prélat n'est pas un grand savant qui roule de gros arguments. C'est un homme d'un imperturbable bon sens, d'un esprit aimable, qui trouve, avec humour, le mot décisif et l'applique avec tant de grâce, qu'il emporte le morceau. Ses discours sont pleins de maximes qui se gravent sans effort dans l'esprit de l'auditeur. En vengeant les droits sacrés de l'éducation, il a, presque sans y penser, composé l'un des classiques du presbytère contemporain.

C'est de lui qu'est cette parole qui fit hurler tous les francs-maçons, dont elle découvrait la trame : « Nous ne sommes pas en république ; nous sommes en franc-maçonnerie. »

Malheur aux peuples gouvernés par des hommes qui tremblent pour leur fortune. Les eunuques de l'opportunisme gouvernemental avaient été souvent blessés des discours de l'archevêque ; l'occasion de s'en venger leur fut offerte en 1891. A cette date, les pèlerinages d'ouvriers affluaient à Rome. Ces pèlerinages donnaient corps à la question sociale et la portaient au seul tribunal qui peut la résoudre. Ces pèlerinages pouvaient servir de préface invisible à une croisade pour la délivrance de la papauté. Les Piémontais de Rome et les opportunistes de France ne pouvaient les voir que d'un mauvais œil. Or, au cours d'un pèlerinage, une main inconnue avait écrit sur un registre déposé à l'église Sainte-Marie des Martyrs, ces mots : Vive le Pape ! Ecrire vive le Pape ! sur un registre déposé dans une église, ne paraît pas un crime ; ce fut l'étincelle qui mit le feu aux poudres. La canaille se rua sur les pèlerins ; ils durent quitter Rome prématurément. Quand les pèlerinages furent suspendus, notre ministre des cultes crut devoir mander aux évêques qu'ils eussent désormais à s'abstenir de conduire leurs ouailles aux pieds du Père commun des fidèles.

On avait crié à Rome : A bas le Pape ! A bas la France ! Le gouvernement de ceux qui viennent de reculer à Fachoda avait offert, au gouvernement italien, des excuses. L'archevêque d'Aix, blessé des outrages adressés à sa religion et à sa patrie, indigné de la couardise du gouvernement, répondit au ministre Fallières.

Cette réponse eut un immense retentissement. La France, indignée, y trouva la juste expression de son mécontentement ; en l'honneur de l'archevêque éclata une vigoureuse acclamation. Fouetté comme il le méritait, le ministre n'avait pas assez d'esprit pour dévorer sa honte ; il regimba avec la maladresse ordinaire des parvenus. Par exploit d'huissier, le prélat fut cité, à la requête du gouvernement, devant la Cour d'appel de Paris. La lettre du prélat avait été lue ; après la citation, elle fut dévorée et rapporta, à son auteur, les plus glorieux témoignages.

Le nombre des prêtres qui s'unissent aux évêques, pour acclamer le vaillant champion, est si grand, que leurs adresses réunies forment un volume. La foi, la piété, la conscience, le patriotisme, l'honneur épuisent, dans ces adresses, toutes les formules de la sympathie, du respect, de la vénération, de l'enthousiasme. On célèbre le nouvel Athanase ; on le compare au Christ qui va comparaître devant le Sanhédrin ; on lui rend grâces de cet héroïsme qui va mettre en échec la franc-maçonnerie, faire appel à la générosité de la France et inaugurer la série des combats. Quand cinquante évêques, des milliers de prêtres et des millions de fidèles iront au prétoire avec l'archevêque d'Aix, ce sera le salut... si toutefois nous marchons sur les traces du glorieux confesseur.

A l'audience de la Cour, l'archevêque était accusé d'avoir manqué de respect au gouvernement ; il déclina spirituellement l'accusation. « Le respect s'en va de partout, dit-il ; mais il restera toujours dans le cœur des évêques et dans l'Eglise catholique, qui en est l'impérissable école : vous en avez si grand besoin ; on vous en donne si peu ! Il n'y a rien à vous faire perdre. » La question n'était pas là : Xavier Gouthe-Soulard était accusé, parce qu'il avait défendu sa religion outragée dans son premier représentant, et son pays outragé dans ses compatriotes, ses amis, ses diocésains, par le cri : Vive Sedan ! mort aux Français ! L'archevêque eût l'honneur d'être condamné ; le gouvernement en eut l'opprobre. Le Pape fut informé des résultats du procès par ce télégramme : « Veuillez dire au Saint-Père qu'aujourd'hui, les juges, Jésus-Christ, la Papauté, les libertés de l'Eglise ont été victorieusement défendues. J'ai eu l'honneur d'être condamné à l'amende. » Cette condamnation est plus qu'un honneur, c'est l'immortalité. Notre temps ne lègue plus à la postérité que les noms de ses victimes.

Un autre prélat que l'histoire doit honorer, c'est l'évêque d'Annecy. Louis-Romain-Ernest Isoard était né en 1820, à Saint-Quentin : il avait été élevé d'abord par sa famille, puis par des prêtres et était venu plus tard à Paris. Directeur à l'école des Carmes, prédicateur, auditeur de Rote, il avait écrit une dizaine d'ouvrages de bonne marque, lorsqu'il fut nommé à l'évêché d'Annecy. En le nommant, le gouvernement était sûr d'avoir appelé à l'épiscopat un homme de talent et de caractère ; mais il ne croyait pas s'être donné un adversaire d'une si intègre probité et d'une si implacable clairvoyance. Une fois évêque, il ne se produit pas, dans la vie publique, une déviation qu'il ne signale, pas un attentat qu'il ne marque d'une flétrissure. Louis Isoard est le vengeur de l'Eglise et le fouet qui atteint au vif l'opportunisme.

A la première apparition des lois scolaires, il se plaint : 1° de ce qu'un inspecteur des écoles peut, comme fonctionnaire, insulter librement à nos croyances ; 2° qu'il peut prescrire, aux instituteurs, un enseignement contraire à la foi ; 3° qu'en fait les instituteurs sont contraints d'adopter un langage impie ; 4° que les enfants sont obligés de recevoir un enseignement qui doit leur enlever la foi chrétienne.

A la mise à l'index des premiers manuels de morale civique, il écrit : Celui-là commet un péché grave qui achète ou qui garde un de ces ouvrages ; 2° celui-là commet un péché grave, qui les fait lire ; 3° les parents et les maîtres ont pour devoir d'empêcher que ces livres soient étudiés et lus par les enfants.

A la même occasion, il écrit au président du Conseil que l'opposition aux manuels n'a rien de politique ; elle est l'effet d'une condamnation religieuse, juste en elle-même et strictement obligatoire.

Le 23 juin 1884, il adhère aux protestations de trois cardinaux contre les lois attentatoires aux droits essentiels de l'Eglise.

Le 23 juin 1885, il s'élève contre la suppression administrative des indemnités ecclésiastiques. Ces indemnités, fondées sur les confiscations de 1790, constituent une propriété comme les rentes de tous les prêteurs du trésor ; les supprimer, c'est voler, c'est rouvrir l'ère des violences.

Le 15 février 1889, à propos d'une communication russe du ministre des cultes, il répond que ce ministre n'est point le chef hiérarchique des évêques et qu'il n'exerce sur eux aucun pouvoir disciplinaire.

Le 15 novembre 1890, à propos du toast d'Alger, il déduit les raisons de l'impossibilité d'une restauration monarchique. En même temps, il déclare ne point se soumettre aux triomphateurs du jour : 1° parce qu'ils sont injustes ; 2° parce qu'ils n'ontaucun titre à la domination. « Vous n'êtes point la république ; vous n'êtes point la France ; vous n'êtes pas des maîtres et nous ne sommes pas des sujets. Nous ne vous demandons rien, que justice. »

Le 25 février 1891, il proteste contre les procédures, saisies et ventes d'effets mobiliers en exécution de la loi d'accroissement, loi qui fait double emploi avec la main-morte.

Le 27 avril de la même année, il met à néant les paralogismes d'un discours de Jules Ferry.

En septembre, à des jeunes gens soucieux de défendre l'Eglise, il écrit, pour louer leur dévouement, sans doute ; mais aussi pour leur dire qu'ils ne doivent pas opérer sous le drapeau des partis politiques ; mais qu'ils doivent agir comme croisés et ligueurs, pour Dieu et pour son Eglise.

En octobre, il s'adresse au président de la République, pour réclamer la stricte observation du Concordat, instrument de paix devenu, aux mains des partis, une arme de guerre civile.

En décembre, il démontre, au protestant Freycinet, que la prétention de ramener le clergé au droit commun, n'est, ni plus ni moins, que la suppression du Concordat.

Le 20 janvier 1894 et le 17 mars suivant, il dénonce la nouvelle législation des Fabriques. Ces décrets ne sont, à ses yeux, qu'un plan très étudié pour enlever, par fragments, à la religion catholique, ce qui la maintient dans sa constitution divine et la rabaisser au niveau des conceptions humaines et des relations communes de la loi civile.

Par un autre acte, l'évêque d'Annecy proteste contre cette loi d'abonnement, qui n'est qu'une œuvre de confiscation, hypocrite, comme tout ce qui se fait aujourd'hui en politique, mais d'autant plus dangereuse.

En réunissant en volumes ses œuvres pastorales, Mgr Isoard déclare, dans une préface, que le but de l'opportunisme n'est pas seulement d'anéantir la religion catholique et l'Eglise Romaine, mais de détruire toute idée et tout sentiment religieux. « Le mal dont souffre actuellement la religion catholique, en France, c'est la difficulté d'être. Difficulté, pour l'individu, de devenir chrétien : 1° parce que, dans les écoles, la religion n'est pas enseignée ; 2° parce qu'elle est représentée, par les règlements, comme inutile ; 3° parce que les prêtres et les parents ne savent où trouver le temps d'apprendre le catéchisme ; 4° parce que la religion est raillée, outragée par un certain nombre de membres du corps enseignant. Difficulté plus grande pour conserver la foi : 1° parce que les signes qui la rappellent disparaissent ; 2° parce que, à leur place, on élève d'autres signes hostiles à la religion ; 3° parce que la plupart des actes officiels contiennent quelque chose d'attentatoire à la religion ; 4° parce que le soldat, l'employé, le fonctionnaire sont dans la rigoureuse obligation de cacher leurs sentiments religieux. — Les sociétés que forment les catholiques, la paroisse, l'école, les congrégations religieuses, le diocèse, sont atteints de la même difficulté d'être. Les résultats se constatent avec une précision mathématique. Ces résultats sont les effets d'un plan de campagne, dont les opérations sont masquées avec le plus grand soin... » Et il énumère les artifices de ce plan de persécution, les actes de ces destructeurs du christianisme, qui, d'ailleurs, se défendent de toute hostilité et jurent que le jour n'est pas plus pur que le fond de leur cœur.

La préface du premier volume découvrait ce plan de destruction ; la préface du second s'élève contre l'inertie des catholiques pour la défense de leurs autels. La force des catholiques est essentiellement en eux-mêmes ; elle réside dans la vigueur et l'étendue de l'esprit chrétien qui anime le clergé et les fidèles. Si nous avons subi tant de défaites, c'est que l'esprit chrétien est trop faible chez le grand nombre. Trop mous pour nous raidir contre la persécution, nous voulons, en la subissant, nous faire accepter. De là, notre attitude habituelle ; de là les méthodes préférées pour les essais de résistance et les tentatives de libération. Attitude timide et embarrassée de l'homme qui bat en retraite, qui n'a derrière lui ni défense naturelle, ni place forte et qui se demande jusqu'où il faudra reculer. Méthode d'attempération, d'amoindrissement, de sourdine, s'appliquant à tout : exercices de religion, direction de conscience, procédés de gouvernement. Etre de son temps, se faire accepter de ses concitoyens, tout est là, dit-on. Or, cette formule ne signifie pas autre chose que l'effacement de nos personnes, la diminution de notre rôle, le rétrécissement de tous nos droits. En d'autres termes, c'est la capitulation devant l'ennemi. Ou si ce n'est pas la capitulation formelle, la trahison toute crue, c'est, du moins, l'oubli tristement significatif des règles de la vie chrétienne dans notre conduite privée, dans nos actes publics, et même dans la célébration de notre culte.

Nous avons donc rencontré, à Annecy, un évêque. Cet évêque a suivi, d'un regard attentif, tous les mouvements de l'erreur ; il a déterminé, avec une clairvoyance rare, la portée de ses attentats ; il s'est élevé, comme un mur d'airain, contre toutes ses entreprises ; et, parlant à leur personne, il a dit leur fait à tous les persécuteurs d'aujourd'hui. Depuis l'humble inspecteur des écoles, jusqu'au président de la République, en gravissant tous les degrés de la hiérarchie, il a dénoncé, à tous ces hommes funestes, le sens fatal et la criminalité évidente de leurs actes. Calme comme il sied à l'intelligence, intrépide comme il sied à la foi, il remplit depuis vingt ans la fonction du prophète en Israël. C'est un des hommes de Dieu, à qui, pour sauver Israël, il ne manque qu'une chose, la prison et l'échafaud.

Un autre évêque appelle l'attention de l'histoire, c'est l'évêque de Grenoble. Amand-Joseph Fava, né dans le Pas-de-Calais, en 1826, avait suivi, aux missions des colonies françaises, Florian Desprez. Fidèle à la loi du travail, il était devenu, par l'exception du talent, vicaire général, puis évêque. Le gouvernement, satisfait de ses services, le transférait, en 1875, à Grenoble. Il se trouva que, dans ses missions, Amand-Joseph avait étudié à fond la franc-maçonnerie, société très triomphante sous la république, très menaçante pour l'Eglise. Egalement distingué comme orateur et comme publiciste, pénétré de très hautes idées sur la politique, l'évêque de Grenoble ne se contenta pas de gouverner son diocèse ; il écrivit, entre autres, deux ouvrages capitaux, sur le *secret* de la franc-maçonnerie et sur le règne temporel de Jésus-Christ, rédempteur des âmes et roi des nations. Dans l'ardeur de sa conviction, il ne se borna pas au travail spéculatif du livre ; il voulut mettre la force au service de l'idée ; il conçut le salutaire dessein d'une croisade à l'intérieur, en dressa le plan de combat, écrivit des livres pieux, pour donner, à ses soldats, la ferveur des martyrs. Toujours missionnaire, il porta, aux quatre coins de la France, la flamme de ses discours, et montra, à la France éplorée, l'image d'un évêque qui eût été un thaumaturge s'il eût obtenu le concours efficace, je ne dis pas des fidèles et des prêtres, armés pour toutes les résistances et prêts à tous les combats, mais le concours des évêques, trop divisés par la politique, trop séparés par les intérêts personnels pour former désormais un concert favorable à l'Eglise.

Un prêtre de Grenoble, curé de la cathédrale, devenu évêque de Valence, Charles-François Cotton, né en 1826, eut son jour de célébrité. Esprit ferme, caractère généreux, prélat très fidèle, il gouvernait fort sagement son diocèse, lorsque l'article 7, pour l'interdiction de l'enseignement public aux religieux, lui valut une lettre de rappel, puis une lettre de réprimande. Indigné du sans façon insultant qui le traitait comme un valet mitré, il commenta avec éloquence le *Pecunia tua tecum sit in perditionem*. On osait le menacer de supprimer son traitement ; il répondit avec indignation, flétrit ces ennemis de Dieu qui sont des voleurs, des persécuteurs de l'Eglise, qui visent surtout à emplir leurs poches : impies dépourvus, qui rachètent le défaut d'esprit par l'avidité féroce qui les tourmente et les déshonore. La lettre de l'évêque de Valence n'était pas du coton à se mettre dans les oreilles ; c'était bel et bien un coup de cravache appliqué en plein visage au régime franc-maçon. En pareille occurrence, un homme d'esprit ensaque le soufflet et en passe la douleur au chapitre des profits et pertes. Les vidangeurs, devenus ministres, n'imitèrent pas cette réserve ; ils firent, à Charles Cotton, un procès devant la Cour d'appel de Paris : instruction judiciaire, comparution, plaidoierie, jugement : tout ce qu'il fallait pour que la fameuse phrase de Valence fût lue dans tout l'univers et pour que la condamnation servît, au digne évêque, de piédestal.

D'autres évêques marquèrent leur épiscopat par des actes qui déplurent au gouvernement persécuteur et honorèrent d'autant plus ces intrépides prélats. Eugène Rougerie, pris pour le siège de Pamiers, parce que son zèle à étudier les étoiles l'avait fait croire perdu dans la lune, tandis qu'il se montra très entendu aux intérêts de l'Eglise ; Abel Germain, de Coutances, sut faire entendre avec éloquence les revendications du droit ; Etienne Lelong, de Nevers, et Frédéric Bonnet, de Viviers, sans bruit, firent valoir une froide intransigeance qui exaspéra plus d'une fois les ministres ; Henri Dénéchau, de Tulle, et Narcisse Baptifolier, de Mende, atteignirent le même but par l'esprit de leurs protestations. Celui qui les surpassa tous, fut François Trégaro, évêque de Séez. Ancien aumônier en chef de la flotte, il joignait, à la ténacité de la race bretonne, la rondeur militaire. Le gouvernement avait cru que, habitué au régime autoritaire du bord, il apporterait, dans l'épiscopat, la souplesse complaisante qui encaisse les disgrâces en souriant ; c'était une grande erreur. On a dit que François Trégaro, évêque, conduisit ses prêtres tambour battant et fut assez malheureux pour désorganiser ce petit séminaire de Séez que la France admirait depuis cinquante ans. Si le fait est vrai, il faut en plaindre l'évêque, assez mal inspiré pour de pareilles ruines. Mais où il faut l'admirer sans réserve, c'est, dans les lettres de protestations qu'il écrivit pour combattre et au besoin flétrir les attentats et les impiétés de l'opportunisme... Sous Louis-Philippe, Monnyer de Prilly et Clausel de Montals avaient attaqué fortement l'éclectisme de Cousin et criblé de flèches épistolaires les projets ministériels contre la liberté d'enseignement. Sous la troisième république, François Trégaro assuma la même fonction et la remplit aux applaudissements des gens de biens. Évêque depuis 1882, il ne se produisit pas, depuis, ni un acte officiel, ni un discours, sans que l'évêque de Séez, par quelques mots brefs et décisifs, le coulât bas. En présence des énormités, il faut une réfutation ; si la réfutation se fait trop attendre, elle court le risque de paraître quand l'acte qui la motive sera oublié. Il la faut prompte, solide, en quelque façon, à l'emporte-pièce. Trégaro possédait ce talent et cette vertu. Avec une lettre de cinquante ou cent lignes au plus, il déduisait vigoureusement les raisons qui détruisent les actes qu'il combat. Les raisons ne sont pas seulement solides, elles sont énergiquement dites et sans dépasser les limites de la politesse, elles vont, dans le combat contre l'erreur, jusqu'où peut aller la vigueur apostolique. Plusieurs de ces lettres sont des chefs-d'œuvre ; elles excitaient les applaudissements du peuple chrétien, plusieurs méritent l'admiration de la postérité. Je m'étonne que, dans ce siècle, où il se fait parfois des choses inutiles ou peu importantes, il ne se soit rencontré personne, à Séez ou ailleurs, pour publier ces lettres, le plus beau monument qui se puisse ériger à la mémoire de l'auteur.

Un évêque qui s'éleva plus haut fut Charles-François Turinaz, savoisien comme Joseph de Maistre, prêtre formé dans les écoles de Rome, professeur de dogme au grand séminaire de Chambéry, nommé à trente-cinq ans évêque de Tarentaise, transféré à Nancy depuis 1882. Orateur et écrivain, cet évêque a sa place à l'Académie et dans la collection des Pères. Non qu'il ne puisse, comme ceux qui écrivent beaucoup, être parfois contesté, mais on ne lui conteste ni le savoir, ni le talent, ni l'éloquence, ni surtout le courage. Évêque dans des temps troublés, il s'est souvent porté aux avant-postes de l'armée d'Israël ; il eut pu être un Athanase, si l'épiscopat, enchevêtré dans les articles organiques, n'était pas, fût-il un Hercule, chargé de chaînes. Le gouvernement persécuteur, qu'il a réfuté plus d'une fois victorieusement, pour écarter ses coups, dit qu'il a peu de suite dans les idées, des convictions flottantes et quelque ambition politique. L'exemple du cardinal Pie montre qu'un évêque n'a pas besoin d'entrer, comme Freppel, à la Chambre des députés, ou, comme Dupanloup, au Sénat, pour être une colonne de l'Église, et se transformer, contre l'erreur, en catapulte. Tout évêque, au surplus, joint, à son titre ecclésiastique, ses prérogatives de citoyen français et peut, par son droit constitutionnel, atteindre, sans mandat, à toutes les puissances du discours. Les droits de la vérité n'ont d'ailleurs pas de limites : le devoir de la servir n'en a que dans la défaillance de nos vertus. L'histoire de Rohrbacher devait prononcer avec honneur le nom de l'évêque de Nancy.

Un autre nom que la justice ne permet pas d'oublier est François-Marie-Anatole Roverié de Cabrières, évêque de Montpellier, né à Beaucaire en 1830. Fils spirituel du Père d'Alzon, collaborateur d'Augustin Plantier, écrivain et orateur, comme Turinaz et Freppel, il a eu, plus d'une fois, l'honneur de dire, dans sa plénitude, le mot de circonstance qui exprime la vérité et venge le droit. Orateur né en un temps où l'on ne parle plus, il a su parler avec cette force et cette mesure et cet entrain qui marque l'inamissible souveraineté de la parole.

Charles-Émile Freppel naquit le premier juin 1827, à Obernai, Alsace. Le père était greffier de la justice de paix ; le fils, après ses études au séminaire de Strasbourg, très jeune encore, fut nommé professeur. Après avoir dirigé deux ans le collège de Saint-Arbogast, il fut envoyé en disgrâce, comme vicaire, dans une humble paroisse. Vers 1855, l'archevêque de Paris ayant fondé, à Sainte-Geneviève, un collège de chapelains qui devaient se recruter par le concours, Freppel, qui avait déjà donné, dans la *Revue catholique de l'Alsace*, la marque d'un ferme esprit, fut reçu chapelain et nommé par après doyen de la collégiale. Presque simultanément, l'abbé Freppel fut nommé professeur d'éloquence sacrée à la faculté de théologie de Paris. C'était un prêtre, non pas parvenu, mais arrivé aux postes que lui assignaient ses mérites ; il devait, sans tarder, les illustrer par des œuvres du plus solide éclat et se créer des titres à de nouvelles ascensions. La note caractéristique de cet ecclésiastique éminent, c'est une grande netteté de conception, une résolution égale à sa lucidité d'idées et la facilité de traduire en œuvres ses résolutions et ses idées. Une fois qu'il est entré dans la lice, les œuvres naissent, en quelque sorte, sous ses pas ; à peu près comme les pierres de Deucalion devenaient des hommes. Du passage de Freppel à Sainte-Geneviève, il est resté un précieux volume de conférences sur la divinité de Jésus-Christ, volume qui n'est lui-même qu'un fragment du cours complet d'instructions adressées, par l'ancien vicaire, aux fidèles de sa paroisse. En 1862, le doyen de Sainte-Geneviève prêche le Carême à la chapelle des Tuileries ; de là, un second volume de sermons sur la vie chrétienne, dont il explique le développement religieux et les pieuses phases. Les années suivantes, il prend à partie, dans l'*Univers*, l'auteur de la *Vie de*

Jésus et des *Apôtres* ; l'un des premiers et l'un des plus forts, il découd Renan avec une abondance d'érudition, une force de logique, une solidité d'argument et de style, qui excitèrent les applaudissements de tous les lecteurs instruits. A propos de l'édition populaire de la *Vie de Jésus*, il fit rire la galerie aux dépens de l'auteur ; à propos des *Apôtres*, il joua un autre bon tour au mauvais farceur qui devait écrire ce livre : il lui indiqua les ouvrages allemands où il puiserait toutes ses idées fausses ; il aurait pu lui indiquer aussi les ouvrages où il en aurait trouvé la réfutation. Après Renan, ce fut le tour d'Havet et de Derenbourg : ce dernier avait soutenu que les Hébreux n'avaient pas cru à l'immortalité de l'âme ; Freppel lui répond. Quant à Havet, c'était un savant éditeur de Pascal, qui, sans préparation et sans connaissances spéciales, se flattait d'abattre le christianisme : Freppel le remet gentiment à sa place, mais non sans lui administrer, sur les doigts, des coups de férule. Havet ne fut que plus pressé de faire voir qu'il n'y avait rien compris, et se mit à creuser la fosse où il a, depuis, trouvé place.

En Sorbonne, après avoir, pendant deux années, parlé de saint Augustin et de Bossuet, cette partie du cours a paru dans la *Tribune sacrée* : l'abbé Freppel prit, à l'origine, aux Pères Apostoliques, la matière de son enseignement et le poursuivit, sur ce thème, pendant dix volumes : c'est le monument spécial du professeur. Après les Pères Apostoliques, il étudia successivement saint Justin, saint Irénée, saint Cyprien, Clément d'Alexandrie, Tertullien et Origène ; il le fit d'après une méthode propre, avec des vues très larges, une grande science, des comparaisons et des applications : nous devons en dire un mot.

Avant lui, la Patrologie avait été étudiée sous différentes formes. Depuis saint Jérôme, Gennade et saint Isidore, jusqu'à Bellarmin et à Philippe Labbe, pour étudier les Pères et écrivains ecclésiastiques, on s'était contenté d'une courte notice et d'une appréciation sommaire. Aux xviie et xviiie siècles, dom Ceillier et Ellies Dupuis, entre plusieurs autres, avaient beaucoup agrandi le cadre d'études, mais sans trop sortir du moule primitif. Sur chaque auteur, ils donnent, fort au long, sa biographie, le compte-rendu analytique de tous ses ouvrages, puis des dissertations critiques sur tel ou tel point d'histoire, de doctrine ou de controverse. Parmi les modernes, sans mettre si grandes voiles au vent, Mœhler et Alzog en Allemagne, Villemain et l'abbé Piot, en France, avaient repris, les uns, le moule traditionnel, les autres, suivi un classement par ordre de matière, qui paraît préparer mieux à l'étude de la Patrologie. Freppel, par une heureuse innovation, admet toutes les formes et toutes les méthodes ; non content de mettre à profit les avantages de ses devanciers, il agrandit encore son champ d'études et porte plus haut sa pensée ; par là, il surpasse, et de beaucoup, tous les écrivains qui ont consacré leurs veilles à l'histoire littéraire de l'Eglise. Dans ses leçons les notices biographiques sont au complet ; les analyses d'ouvrages ne vous laissent presque plus rien à apprendre ; mais la doctrine chrétienne, la philosophie, l'histoire, l'art, la légende, la poésie, la politique, l'économie sociale, la critique ne posent pas un problème qu'il n'aborde, ne soulèvent pas une question qu'il ne s'applique à la résoudre. Le tout est exposé dans un beau langage, avec une science rare, çà et là des échappées d'éloquence, qui font penser que les plus illustres professeurs de l'antique Sorbonne ont trouvé, dans Freppel, un rival.

Un tel dessein n'offre qu'un inconvénient, c'est qu'il dépasse les forces d'un homme. Sans doute, le professeur, si longues années qu'il pût se promettre, ne pouvait pas sérieusement espérer qu'il conduirait l'étude des Pères au moins jusqu'à saint Bernard. Mais quand une telle carrière est ouverte, il n'est pas nécessaire d'être l'égal du maître, pour y descendre. Il suffit que l'architecte ait tracé le plan d'un édifice ; de plus humbles ouvriers préparent ensuite les matériaux et exécutent son dessein. Par le fait, le professeur a taillé de la besogne à tout le clergé de France. La chaire de Sorbonne a été renversée depuis par des mains ignorantes ; mais rien n'empêche les religieux dans leurs cellules isolées, les curés dans leurs presbytères, de s'atteler, chacun pour sa part, à un ou plusieurs Pères de l'Eglise, et à en exposer savamment les œuvres. La force est aux sources ; en étudiant les Pères, on se fait un esprit plus ferme, un cœur plus généreux, une âme plus résolue. Je croirais volontiers que Freppel, en étudiant les Pères, s'est fait à lui-même ce tempérament d'orateur et de lutteur, qui lui permet de faire face, presque à lui seul, à tous les besoins de l'Eglise, et de réaliser, sous nos yeux, le type d'un autre Athanase.

En 1869, Freppel avait été appelé, à Rome, comme théologien du Pape, pour élaborer les matières du Concile ; sur ces entrefaites, il fut promu à l'épiscopat et sacré dans la capitale du monde chrétien. Si bien que ce concile qu'il avait préparé comme consulteur, il devait y coopérer comme Père de l'Eglise : aucune mission ne pouvait mieux convenir à ses antécédents. Les gallicans brûlaient alors leur avant-dernière cartouche ; sous couleur d'inopportunité, ils voulaient empêcher la définition de l'infaillibilité, qu'ils admettaient, criaient-ils, mais qu'ils n'admettaient réellement pas du tout. En homme expert au métier des armes, Freppel publia d'abord une brochure, où il prouvait, par des extraits des derniers conciles provinciaux célébrés en France, que la doctrine de l'infaillibilité était désormais la vraie doctrine gallicane, et qu'à moins d'avoir deux poids et deux mesures, les réfractaires devaient y passer. Ensuite, il parut à l'ambon, et, avec sa dextérité décisive, fit mordre la poussière à maints arguments, jusque-là très fiers, mais qui n'avaient plus qu'à mourir. Après le Concile, Mgr Freppel vient prendre possession de son siège d'Angers ; si bien que nous avons à l'étudier maintenant comme pasteur des âmes.

L'installation eut lieu au lendemain de la déclaration de guerre. Pour sa prise de possession, l'évêque s'était rappelé à lui-même ses devoirs ; il eut à les remplir immédiatement d'une manière cruelle pour ses affections. Alsacien, il vit son pays natal tombé aux mains du Prussien orgueilleux ; Français, il vit la grande patrie accablée d'une façon ruineuse et humiliante ; il ne se contenta pas de prier pour le relèvement de nos armes, il quêta pour les blessés et les prisonniers, envoya ses séminaristes à l'armée et fit travailler ses religieuses pour le service des soldats. Après quoi, remontant des désastres aux causes, il dénonça les ravages de la presse, la profanation du dimanche, l'insuffisance de l'éducation publique, la mauvaise entente des devoirs de citoyen. Dénoncer le mal ne suffit pas ; il fallait y porter remède. L'évêque appuya le grand mouvement des pèlerinages, rappela les instituteurs à leurs devoirs, publia un catéchisme pour les enfants, recommanda les cercles catholiques, fit l'éloge des ordres religieux, réorganisa les séminaires, et couronna toutes ses œuvres par le rétablissement de l'université d'Angers. N'eût-il relevé que cet établissement, cela suffirait à sa gloire ; il le fit en homme expert, qui, maître lui-même dans toutes les parties de la doctrine, était plus capable de recréer une si importante institution. En parcourant les œuvres pastorales de Mgr Freppel, on chercherait vainement une question intéressant son université, qu'il n'ait traitée d'une façon à la fois simple, élevée et juste. Les instructions, lettres pastorales, circulaires, réunies en volumes, formeraient le manuel de l'Université catholique. Toutefois, ce qu'il faut plus admirer, dans cette initiative, ce n'est pas tant la science de l'ensemble et des détails, que l'initiative elle-même. Suivant les traditions de l'Église, l'évêque d'Angers, pour guérir les âmes et affermir les institutions, vise aux têtes ; c'est par l'instruction profonde, c'est par le haut enseignement, qu'il veut défendre l'Église et sauver la patrie. Que les impies en belle humeur s'ingénient, dans leurs stupides caricatures, à coiffer de l'éteignoir les gens d'Église ; il n'y a encore que ces gens d'Église pour créer des écoles ; et ceux qui se disent partisans des lumières ne se montrent généralement tels, qu'en fermant les écoles catholiques ou en les volant pour y introduire des maîtres de perversité. L'Église, même persécutée, n'a rien plus à cœur que ses écoles. Au moment où l'évêque d'Angers relève l'Université de sa ville épiscopale, Toulouse, Lille, Lyon et Paris constituent des universités analogues. Le citoyen catholique paie sa part d'impôt pour des instituts d'État, auxquels il n'enverra pas ses enfants ; il paie encore pour des établissements libres où ses enfants trouveront une instruction en harmonie avec leurs croyances et une éducation qui assure le respect de leur foi. Ce n'est pas là le trait d'ennemis des lumières.

Dès lors l'évêque d'Angers n'est plus seulement préoccupé des intérêts de son diocèse ; il est appelé partout où l'on a besoin d'une grande parole. Déjà, lorsqu'il était doyen de Sainte-Geneviève et professeur de Sorbonne, il ne se renfermait pas strictement dans ses devoirs professionnels ; il prêchait à Paris et en province, tantôt le panégyrique d'un saint, tantôt l'éloge funèbre d'un mort de marque ; tantôt une fête religieuse. A cette date, Pie, Plantier, Dupanloup battaient leur plein ; Freppel fut plus d'une fois leur égal dans les premiers rôles. Non qu'il eut la grande doctrine de Pie, la parole électrique de Plantier, la rhétorique échauffée, monotone, parfois déclamatoire de Dupanloup ; classique dans les formes, sobre dans les détails, très fondé sur l'histoire et sur le droit, Freppel emprunte le plus souvent ses idées à ces deux ordres de considération. La netteté de ses pensées supplée aux entraînements du discours ; la force de la parole remplace la puissance pénétrante de l'onction. Vous l'écoutez ; il n'y a rien à reprendre ; son discours vous remplit de satisfaction ; toujours il convainc, parfois il ébranle. S'il a un défaut, c'est d'être invariablement parfait. Vous lui souhaiteriez des défaillances, pour être plus sensible à ses grandeurs. Mais non ; sa réflexion, concentrée dans son cerveau, vous saisit de prime-abord et vous maintient habituellement à la même élévation. Ce n'est pas Bossuet, dont il n'a pas le coup d'œil ni le coup d'aile ; mais il y a en lui, avec une très exacte doctrine, un zèle prudent et l'intrépidité d'Athanase.

Une fois évêque, on l'appelle partout. C'est lui qui prononce l'éloge funèbre de Fruchaud, de Fournier, de Colet, de Brossais Saint-Marc ; c'est lui qui inaugure le monument de Lamoricière et salue la tombe de Courbet ; c'est lui qui prêche les vertus de Liberman, de Grignon de Montfort, de l'abbé de la Salle ; c'est lui qui rehausse du prestige de son éloquence le monument d'Urbain II, le pape des croisades. En un mot, Freppel est l'orateur des grandes circonstances. Non pas qu'il soit seul ; mais Besson, écrivain disert, n'a pas sa fermeté de principes et de paroles ; mais Perraud, esprit moins facile et trop peu contenu, jusqu'à s'oublier pour piquer en chaire des gens qui pourraient le piquer de leurs réponses, ne peut pas entrer, avec Freppel, en comparaison. C'est Freppel qui est l'orateur catholique, le porte-drapeau de l'Évangile interprété selon les plus pures doctrines.

En dehors de ses discours et de ses œuvres pastorales, Freppel s'était essayé de bonne heure à la controverse. C'était, on peut le dire, son goût spécial et son particulier talent de se livrer aux combats de la plume. Les succès qu'il remporta dans ces joutes le firent rechercher pour la députation. Élu en 1880, par le département du Finistère, il arriva à la Chambre juste pour protester contre la proscription des Jésuites, qu'il stigmatisa avec la plus fière énergie. Depuis lors, toujours sur la brèche, il n'a pas laissé passer un acte de déraison sans le dénoncer, ni une iniquité sans la flétrir. La dispersion des ordres religieux par les tyrans républicains, la laïcisation des écoles, des cimetières et des hôpitaux par les francs-maçons, la guerre à l'Église dans toutes les appartenances sociales de son ministère par un ramas de législateurs incongrus, ont eu, dans l'évêque d'Angers, un intrépide adversaire. L'orateur que vous admiriez dans la chaire sainte, vous l'admiriez, s'il se peut, davantage encore à la tribune. Questions de politique pure ou d'économie politique, questions de droit, d'histoire ou de philosophie, questions surtout de droit ecclésiastique, il sait tout ; il excelle à tout ramener à quelques chefs et à vaincre l'adversaire par l'évidence triomphale de ses démonstrations. Si la raison, la conscience, la loyauté, l'honneur, avaient, en république, quelque crédit, nul doute que l'évêque d'Angers n'eut rendu, à son pays, les plus éminents services. La force de ses discours ne fit que mieux voir l'indignité de ses collègues ; ils s'opiniâtrent depuis vingt ans à tous les actes de la plus aveugle et de la plus stérile violence. La fortune politique gaspillée, l'armée soumise aux expérimentations folles, les affaires réduites à néant, l'impôt grossi sans mesure et sans terme, la banqueroute de l'argent et des mœurs, la chute lamentable de la France, son indépendance en péril : ce sont là les exploits de ces sectaires imbéciles, plus dignes d'être soudoyés par la Prusse que d'être élus par la France. Du moins, l'évêque d'Angers a mis, dans toutes leurs extravagances, la hache de Phocion. Dût-il, comme Phocion, boire la ciguë, s'exiler comme Démosthènes, tomber, comme Cicéron, sous le couteau des sicaires républicains, il n'aura pas moins soutenu, de sa puissante main, la société sur l'abime. Et dans le service de l'État, comme au service de l'Église, il n'y aura personne au-dessus de Freppel, personne, j'entends, pour mieux suivre les inspirations de la foi et les conseils du patriotisme.

Depuis la mort de Freppel, cette arène de combats apostoliques, ouverte par Lammenais où tant d'évêques avaient porté des coups de lance enchantée, n'a plus vu de champions mitrés défendre l'Église. Ni les anciens attentats, ni les nouveaux n'ont suscité aucun dévouement. Une douleur muette, quelques regrets platoniques, de longs gémissements, une silencieuse prière : *Domine, usquequo !* c'est tout ce que l'histoire peut constater. Non pas qu'on soit resté inerte, mais on n'a rien fait qui éclate, rien surtout qui abatte l'ennemi.

Dans les rangs du clergé secondaire, deux prêtres du diocèse de Langres, dégaînèrent pro *Deo* et pro *patria*. L'un, François Perriot, supérieur du grand séminaire, auteur d'un cours classique de théologie en sept volumes, directeur de l'*Ami du clergé*, la première revue paroissiale du monde catholique, président du congrès d'Arezzo sur le chant grégorien, avait commenté magnifiquement, dans l'*Univers*, quatre ou cinq des grandes Encycliques de Léon XIII : il fut destitué. L'autre, Justin Fèvre, resté par choix au dernier rang, avait publié dix brochures contre le gouvernement persécuteur, prêché la guerre sainte, posé sa candidature à la députation : il fut proscrit. Silence aux défenseurs de l'Église !

Parmi les fidèles, il s'éleva, dans l'ordre politique, quelques braves soldats. Au Sénat français, Chesnelong et Lucien Brun ; à la Chambre des députés, le comte Albert de Mun, ancien capitaine de cavalerie, fondateur des cercles catholiques d'ouvriers, défendirent, avec autant d'éloquence que de raison, les intérêts catholiques. Dans la presse, un nouveau journal, la *Vérité*, prit la place de l'*Univers*, devenu feuille diplomatique, et eut, pour toute politique, la consigne du pape : la défense de la religion avant tout, la politique bornée à cette défense, la France et l'Église sauvées par d'intrépides combats. Dans d'autres journaux, Paul de Cassagnac, au nom du principe d'autorité, Edouard Drumont, comme adversaire de la conspiration judéo-maçonnique, portèrent des coups à l'ennemi de Dieu. Je ne sais pourquoi, cependant, il n'y eût pas, parmi les catholiques, unanimité d'efforts, union et concert pour la croisade. On eut dit que l'anarchie intellectuelle avait pénétré aussi dans l'Église. Pourtant l'Église est une armée rangée en bataille ; la persécution est l'élément propre de sa vitalité, et la guerre sainte est toujours le gage le plus efficace de ses triomphes.

On ne peut pas admettre que l'Église abdique. On doit donc croire que cette inertie relative, quand tant et de si impérieux motifs eussent dû nous mettre l'épée au poing, avait sa raison d'être. Peut-être espérait-on que le bien sortirait de l'excès du mal, peut-être, confiant à la vitalité divine de l'Église, se disait-on que Dieu suffit pour défendre sa cause. D'aucuns murmuraient que Léon XIII ne voulait à l'Église d'autres défenseurs que lui-même ; mais alors pourquoi ce brave Pape eut-il écrit tant d'Encycliques, dont la vertu ne peut sortir son effet qu'à condition que le marteau de la polémique les enfonce dans les têtes dures et dans les cœurs récalcitrants ? Je crois plutôt que ce défaut d'action provenait du défaut d'entente parmi les évêques. La puissance de l'épiscopat est telle que, dans toutes les grandes crises de l'Église, il a suffi d'un seul évêque, pour tout sauver. Que serait-ce si quatre-vingt-six évêques élevaient simultanément la voix et revendiquaient les droits de l'Église.

Depuis vingt ans, les églises de France sont en butte à la persécution. Cette persécution ne vise pas seulement à la déchristianisation du pays; elle vise au triomphe social de l'athéisme, entreprise plus destructive que ne le fut le paganisme lui-même. Non pas qu'on veuille mettre l'homme à la place de Dieu renversé ; on veut seulement établir une forme de société qui renie positivement Dieu et affranchisse les passions de l'homme. Dans ce dessein, aussi criminel qu'absurde, on ne redoute pas les juifs, les protestants, encore moins les libres-penseurs : ce sont eux plutôt qui s'attellent, en leur qualité d'onagres, à cette ingrate besogne. Or, elle ne peut aboutir qu'avec la complicité du sacerdoce catholique. Pour prévenir sa résistance, on préconise un type de prêtre dont Jésus-Christ n'est pas le modèle ; un prêtre sans idées précises, sans vertu formelle, bon vivant, patriote énervé surtout, dont le grand mérite est de bien dire du gouvernement et de ne pas défendre l'Eglise. Pour ôter aux prêtres toute velléité de combat, le gouvernement choisit pour évêques, non pas les prêtres vraiment distingués, tous inamovibles par en bas, mais les hommes qu'il suppose sans hostilité aux lois de persécution et capables de brider les prêtres ardents pour le combat. Enfin, dans la crainte que, parmi ces évêques triés sur le volet, il ne surgisse quelque vaillant champion, il leur impose civilement des vicaires généraux et des secrétaires dont la promesse d'une mitre fait les crampons des évêques, les garants de leur invariable soumission au gouvernement persécuteur. Par suite de ce complot, déjà vieux, de quatre lustres, l'Eglise, en France, est victime d'une double persécution : la persécution *législative et gouvernementale* dont le pouvoir civil est l'agent, servi par des nuées de fonctionnaires mamelucks et, dans quelques diocèses, la persécution *grand-vicariale* d'un jeune chancelier ordinairement étranger ou grand vicaire à échine souple, spécialement chargé par le gouvernement de la désorganisation d'un diocèse. Dieu protège la France !

§ V.

LE PONTIFICAT DE LÉON XIII

Après avoir parlé de l'avènement de Léon XIII ; de la persécution de l'Eglise en Allemagne, en Suisse et en France, nous devons venir à l'histoire positive du Pontife Romain, pour savoir comment le Pape a fait face à la persécution et comment, dans d'autres contrées, il a pourvu au gouvernement de l'Eglise.

La mission de l'Eglise à travers les âges, c'est d'être en butte à la persécution ; c'est de recevoir des coups pour enfanter par ses blessures ; c'est d'être toujours victime, pour rester reine et pour devenir mère. — Le xix⁰ siècle, à l'avènement de Léon XIII, ne contredit pas ces traditions. Pie IX a été un pape intransigeant, et il a vu s'élever contre lui toutes les passions ; Léon XIII est un pape conciliant et il verra sans cesse les passions se dérober à ses enseignements, se soustraire à ses coups et tromper ses vœux de paix. Mais un pape n'en est pas à compter ses succès ; pour être le digne vicaire du Dieu de l'Evangile, mort sur la croix du Calvaire, il lui est nécessaire et il lui suffit de dire la vérité au monde, de soutenir le droit par ses actes et d'appeler ses enfants, les enfants de la sainte mère Eglise, à défendre, chacun dans sa sphère, et pour le bien de sa patrie, les lumières et les grâces de la Rédemption. Le pontificat de Léon XIII va nous montrer le successeur de Pie IX intrépidement fidèle à toutes les obligations du souverain pontificat.

A l'avènement de Léon XIII, la persécution sévit en Suisse et en Allemagne ; elle se montre sournoise, mais implacable en Italie ; en France, elle entreprend, contre l'Eglise, la plus monstrueuse campagne ; en Espagne, au Brésil, elle incite les gouvernements à déroger ; en Angleterre et en Amérique, où fleurit l'ancienne et la nouvelle liberté, les partis se poussent aux excès que s'interdisent les gouvernements. Nous allons voir comment Léon XIII fait honneur à la situation d'abord par ses enseignements, puis par ses actes.

Les enseignements de Léon XIII.

Tout pape est un docteur. Personnellement il peut n'être pas un homme doué de talents supérieurs ; par ses antécédents, il peut avoir été trop distrait par les affaires pour se préoccuper fortement des doctrines ; mais une fois qu'il a ceint la tiare pontificale, il doit enseigner la ville et le monde. Gardien du dépôt de la révélation divine, il en doit répandre partout les rayons ; vengeur de cette même révélation, il doit en préciser si bien les enseignements que jamais les témérités de l'orthodoxie ou les audaces de l'impiété ne puissent en atteindre la pureté ou en usurper la place. Mais quand un pape distingué sous le rapport du talent a trouvé des loisirs pour accroître sans cesse le trésor de ses connaissances, s'il se voit transporté de la vie cachée à la vie éclatante du souverain pontificat, il tire, de son trésor, les *choses anciennes et les choses nouvelles* ; il fait valoir les doctrines traditionnelles et les applique heureusement soit aux préoccupations des hommes, soit aux transformations des choses. Comme pape, il est un maître ; comme savant, il est docteur : il enseigne avec la double force de l'autorité et de la vérité.

Telle avait été et telle devait être la destinée de Léon XIII. Pendant de longues années, exilé en quelque façon à Pérouse, il n'avait trouvé, dans l'administration de son diocèse, qu'un petit champ d'expérience. Les nombreux loisirs de la vie épiscopale avaient fourni, à son âme active et soucieuse, le temps d'étudier longuement et à fond ; la nécessité de diriger les écoles et les séminaires l'avaient amené à dresser des programmes d'études et à en approfondir l'étendue. Curieux d'ailleurs et désireux d'agrandir sans cesse les horizons de sa pensée, il avait cherché dans les études solitaires et dans les conférences académiques les moyens de se créer, dans son âme, un royaume de lumière. On le disait savant, mais on le disait aussi spéculatif et plus rêveur qu'expérimenté. C'était pour colorer son espèce de disgrâce, qui n'était, au fond, qu'une bénédiction, puisqu'elle lui permettait les livres et l'amenait *incognito* à la plus haute mission d'enseignement. Pour enterrer Pecci tout vivant, on prêtait même à Pie IX un mot qu'on n'a pas répété depuis : « Si Pecci devient pape, ce sera un malheur pour l'Eglise. » Le fait est que Pecci, homme d'études, une fois devenu Léon XIII, se mit à enseigner le monde, si l'on peut ainsi parler, comme s'il n'avait fait que cela toute sa vie. Sans précipitation, il rédigea et publia des Encycliques, brefs et lettres apostoliques, dont l'ensemble forme un cours de doctrines orthodoxes, appliquées aux besoins du xx⁰ siècle. Nous devons en faire ressortir l'opportunité et mettre brièvement en relief les divers enseignements du savant Pontife.

La première question qui attira et retint longtemps, pour ne pas dire toujours, l'attention du pontife, ce fut la question des doctrines à faire enseigner dans les écoles. Des écoles, ces doctrines passent dans la société et la gouvernent. Les principes enseignés à une époque règlent le droit social ; la corruption de la doctrine cause la corruption de la société. A l'origine des aberrations modernes, Luther avait rompu avec la scolastique, honni Aristote, brûlé la Somme de saint Thomas avec les Bulles de Léon X. Les philosophes, venus depuis, avaient répudié, comme Luther, la scolastique. Bacon l'avait abandonnée parce qu'il croyait qu'elle ne procédait pas de la science expérimentale et il n'avait fait qu'ouvrir la porte au matérialisme. Descartes l'avait proscrite, parce qu'il croyait meilleur de s'appuyer sur le témoignage de la conscience et il n'avait que préparé la voie aux modernes rationalistes. Le trait commun des écoles modernes de philosophie, c'est d'ailleurs la prétention d'abattre l'autorité dogmatique de l'Eglise et de se substituer à l'Etat pour régenter les peuples. Après la mise au jour des nouveaux systèmes, Fénelon et Leibnitz avaient prévu qu'ils amèneraient, dans le monde chrétien, d'épouvantables bouleversements, sinon une irrémédiable ruine. Depuis 89, après ces dix ans de guerre civile et ces quinze ans de guerres étrangères, on n'avait plus pu méconnaître la cause néfaste de tous nos malheurs, et l'on s'était appliqué, timidement d'abord, puis plus résolument, à la correction des livres. Lamennais avait donné une poussée violente pour amener les esprits à Rome ; le cardinal Gousset, dom Guéranger, Rohrbacher et plusieurs autres avec les doctrines romaines, avaient préconisé les docteurs de la scolastique. A partir de 1850, il s'était produit dans les séminaires diocésains, au moins dans ceux où ne régnait pas Saint-Sulpice, un retour général vers l'Ange de l'école, saint Thomas d'Aquin. Dans le cours du pontificat de Pie IX, c'était un fait acquis qu'il fallait abandonner les systèmes de Descartes et de Malebranche, pour revenir à la méthode, aux principes et aux doctrines de la scolastique. A différentes reprises, Pie IX, déplorant le bouleversement des idées, avait recommandé de revenir aux doctrines qui avaient *si longtemps orné les écoles* et en particulier aux doctrines de saint Thomas *dans la lecture et l'intelligence duquel on trouverait un remède très apte aux maux présents.* La Congrégation du Concile, approuvant un décret du concile de Poitiers sous le grand cardinal Pie, avait écrit : « L'enseignement de philosophie donné selon la méthode scolastique et accommodé aux principes de saint Thomas est appelé à produire les meilleurs fruits. Au lieu de philosophie superficielle et à peine ébauchée qui est le partage de tant d'esprits, les jeunes étudiants acquerront par ces exercices une promptitude et une force merveilleuse pour pénétrer dans la profondeur intime de la vérité, pour atteindre la solidité de la doctrine, pour démêler et réfuter les erreurs, et ils contracteront par là une aptitude plus grande aux fortes études théologiques ».

Le retour à la scolastique était donc, à l'avènement de Léon XIII, pour une grande majorité des séminaires, même en France, un fait acquis. Léon XIII, dont la vie avait été en grande partie consacrée à l'étude des scolastiques, fit cette cause sienne et voulut lui imprimer, dans tous les sens, un mouvement triomphal. Par des actes successifs, il donna une Encyclique en 1879 pour recommander particulièrement saint Thomas ; il fonda, à Rome, une Académie de saint Thomas ; il décréta une édition nouvelle des œuvres de saint Thomas ; il donna saint Thomas pour patron aux écoles de théologie. Lui-même, dans ses Encycliques et ses autres actes doctrinaux, s'inspira généralement des doctrines de saint Thomas. Ce qui ressort de ces actes, c'est la répudiation des philosophies modernes, comme systèmes et comme principes ; c'est l'invitation, sinon l'ordre, de revenir aux principes de la scolastique et de s'attacher spécialement à l'Ange de l'école, auquel il est bon d'adjoindre Albert le Grand, Alexandre de Halès, Duns Scot et les grands théologiens.

Nous n'avons rien à dire contre ces actes pontificaux ; au contraire, nous en sommes le partisan très décidé, n'ayant fait, nous-mêmes, nos études que sur saint Thomas. Mais nous croyons qu'il y a, ici, quelques erreurs à rectifier et quelques excès à prévenir.

Chaque ordre religieux a ses engouements et ses légendes. Les Franciscains avaient la légende de saint François comme vivant dans son tombeau ; les Jésuites avaient, dit-on, une thèse de Suarez sur les mille excellences de saint Ignace ; les Dominicains ont, sur saint Thomas, des affirmations que l'histoire ne peut pas ratifier.

Par exemple, les Dominicains affirment et beaucoup d'historiens répètent après eux que la Somme de saint Thomas reposait sur une table avec la Bible, au sein du concile de Trente. Le Concile ne l'aurait pu faire qu'en blessant Duns Scot, notamment sur la pénitence et l'Immaculée-Conception. Or, jamais aucun théologien, aucun docteur, pas même saint Augustin n'a présidé ainsi les conciles généraux ; aucune parole humaine ne saurait garantir la parole infaillible de l'Eglise. Dans les conciles, à Trente comme ailleurs, il n'y a sur l'autel que le livre des Evangiles, pour le serment : la parole de Dieu est la seule source authentique des paroles de l'Eglise : le cérémonial de l'Eglise est formel sur ce point. Les relations du concile de Trente sont muettes sur cette particularité ; elles insinuent même clairement le contraire. Les théologiens du concile de Trente estimaient beaucoup saint Thomas. Ce fait historique fut la base d'une amplification oratoire, où Antoine d'Aubermont, prêchant à Louvain, en 1650, présente la croix debout au milieu du concile, ayant, à droite, l'Evangile, à gauche la Somme. Cette imagination poétique fut prise à la lettre par Gonet dans son *Clypeus thomisticus*, sur la seule autorité de sa tradition domestique, et, plus tard, avec le concours d'un clerc napolitain, qui n'en savait pas plus que Gonet. Les théologiens de Salamanque confirmèrent le propos de Gonet, propos que répètent Noël-Alexandre, Goudin, Touron, Rohrbacher, Bareille ; mais, jusqu'à plus ample informé, le fait manque de preuve.

Les Dominicains prêtent à un pape l'idée que saint Thomas a fait autant de miracles qu'il a écrit d'articles, parole absurde si vous la prenez à la lettre. Au cours du procès de canonisation de l'Ange de l'école, on objectait qu'il avait fait jusque-là peu de miracles. Le Pape repartit : Qu'à cela ne tienne, car Thomas n'a pu professer sans miracle : *sine miraculo*, une si puissante doctrine. Gerson rappelant cette réponse, la traduit en disant que le frère Thomas a fait autant de miracles qu'il a déterminé de questions, sans dire quelles sont ces questions ni leur nombre. Les Thomistes de Salamanque, trouvant sans doute Gerson trop mesquin, dirent, en travestissant la pensée du Chancelier, que saint Thomas avait fait autant de miracles qu'il avait écrit d'articles. Si nous supposons 2 000 articles, nous voilà avec 2 000 miracles.

Le Bréviaire parle de la vision de saint Thomas, à qui le Christ dit : *Bene scripsisti de me ; quam mercedem recipies? — Nil, nisi te, Domine.* C'est une légende pieuse, et pour tous les auteurs une belle leçon.

Ici se présente une question d'influence. Au dernier siècle, on reprochait aux Pères de l'Eglise, notamment à saint Augustin, d'avoir copié Platon ; depuis on a beaucoup reproché aux scolastiques d'avoir mis Aristote au pillage et d'avoir subi la dictature de son génie. On ne sait pas assez généralement, dit un professeur napolitain, Salvatore Talamo, que « les scolastiques n'ont voulu, en mettant à profit la philosophie païenne, ni professer aucune philosophie particulière, ni s'affilier à aucune secte philosophique : ils ne se sont soumis qu'à la vérité seule, et c'est là une noble et heureuse servitude ». « La doctrine sacrée, dit avec raison le Docteur Angélique, se sert des doctrines des philosophes, non parce qu'ils les ont enseignées, mais parce qu'elles sont d'accord avec la vérité », et un des disciples de saint Thomas, Gilles de Rome, ajoute : « Pour nous, nous n'ajoutons foi aux philosophes, qu'autant qu'ils ont parlé raisonnablement » (1). Comme le Père Baltus a vengé les Pères, accusés de platonisme, de même, Talamo a vengé les scolastiques accusés d'aristotélisme. Nous n'entendons pas ébranler cette thèse.

On ne peut pas nier cependant qu'il n'y ait, dans les entassements volumineux du Moyen Age, un pêle-mêle indescriptible, où l'on trouve tout : dogmes et opinions, erreurs et vérités. On ne peut pas nier davantage que le style de la scolastique soit loin d'être correct et concis, c'est-à-dire classique. On ne peut guère contester non plus que la scolastique ait trop écouté Aristote et n'ait pas cédé parfois à la tentation de l'innocenter. Aristote était païen et, comme tout bon idolâtre, il professe le panthéisme. Jésus-Christ a posé les trois dogmes fondamentaux de la philosophie chrétienne : le mystère d'un seul Dieu en trois personnes, la vérité de la création et le dogme de l'Incarnation : Aristote n'avait pu les connaître. Les Pères, dociles disciples du Christ, professent tous sa doctrine, et s'écartent avec soin du philosophisme grec. Au fur et à mesure que se multiplient les ouvrages des Pères, on en collige les sentences, et jusqu'au XIIe siècle, le Maître des sentences, Pierre Lombard, ne s'écarte pas de la voie traditionnelle ; il classe, codifie, systématise et commente les sentences des Pères. Après lui, Alexandre de Halès et Albert le Grand, sans s'écarter de la voie traditionnelle, font plus de part à l'argument de raison. Les docteurs suivent généralement saint Augustin ; mais ils n'ignorent ni Platon ni Aristote. Au XIIIe siècle, les œuvres d'Aristote sont connues plus complètement, et par les Arabes, Averroès et Avicènes, arrive un flot de commentaires. Les docteurs de Paris et les Pontifes de Rome ne sont pas sans résister à l'invasion ; mais les professeurs de l'Ordre de Saint-Dominique, plus dévoués à la science pure qu'attachés à la méthode traditionnelle, finissent par l'emporter en philosophie. Sans doute, ils baptisent Aristote, ils cherchent à le purifier ; ils paraissent avoir parfois trop cédé à cette tendance.

On trouve, par exemple, dans saint Thomas, sur le ciel et les astres, des théories ab-

---

(1) *L'Aristotélisme de la scolastique*, p. 97 ; — *Super Boetium de Trinitate*, quest. II, art. 2 ; — *In secund. sentent.* Dist. I, part. 11, art. 11.

solument fautives; on y trouve aussi des principes favorables aux erreurs de l'hétérogénie et du transformisme; il y aurait un changement d'espèce même dans l'embryon de l'homme qui aurait successivement trois formes d'âme. La matière première, pure puissance ou simple possibilité, fait le fond fragile de la physique de saint Thomas, ainsi que de ses livres sur la génération et la corruption. Par une étrange contradiction, saint Thomas tire de cette matière première, qui n'est réellement rien à ses yeux, le principe d'individuation et la personnalité même, complément et perfection de l'être. En vertu de cette théorie, il confond, dans les anges, l'espèce avec l'individualité, au lieu de voir dans les neuf chœurs et les trois hiérarchies ce qui répond aux espèces et aux genres. Dieu, que saint Thomas définit excellemment l'*actus purus*, agit sur les créatures inférieures par les supérieures; des chérubins et des séraphins, son action se communique aux autres anges, puis à l'homme, enfin à la nature; mais ceci paraît un roman ou donne le vertige. Dans cette question de l'influx divin, il y a cette célèbre *prémotion physique*, avec laquelle on ne s'explique plus guère la liberté de l'homme. En logique, la distinction des dix prédicaments paraît bien étrange, assez vieille et bonne à réformer. En théorie, saint Thomas oppose la création à l'éternité du monde, rêvée par Aristote; mais il croit à la *possibilité* d'un monde éternel et ne croit pas démontré que ce monde éternel ne soit pas *infini* : doctrine qui rend difficile à concevoir la différence entre le Fils de Dieu et la créature et qui mène logiquement au panthéisme. En admettant cette hypothèse, les arguments de saint Thomas pour prouver l'existence de Dieu croulent par terre; car leur valeur provient de l'axiome : *Non proceditur in infinitum*, et si la créature infinie est possible, cet axiome est sans valeur.

En tout cas, cette théorie a été, pour l'Ordre des Dominicains, une pierre de scandale. Saint Thomas avait défini la création par le mot impropre d'*émanation*, et croyait à la possibilité de la créature éternelle. Maître Eckart, provincial de Dominicains saxons et le plus fort aristotélicien de son temps, conclut comme réel ce que saint Thomas admet seulement comme possible. D'après lui, aussitôt que Dieu a été, il a créé le monde; autrement dit, le monde est infini et éternel. Eckart en conclut le plus horrible panthéisme : il fut condamné par Jean XXII. Ses confrères, Thomas Campanella et Jordan Bruno tombèrent comme lui dans cette erreur monstrueuse qui fait de la créature une portion de la Divinité.

On a relevé, dans saint Thomas, une erreur contre un canon dogmatique du Concile de Nicée et l'ignorance de la tradition des Pères pour la consécration du calice. Il n'est pas inutile de rappeler que saint Thomas combattit, comme une erreur, l'Immaculée-Conception : ce fut encore, pour les Dominicains, une pierre d'achoppement. Cette opinion fut la cause d'un long et vif débat entre les Franciscains et les Dominicains. En 1535, Barthélemy de Spina publiait son traité de la corruption *universelle* du genre humain, où il enseigne que l'Immaculée-Conception est une hérésie. Vincent Bandelli et Jean de Montéson soutiennent qu'elle est expressément contre la foi. A l'appui de ces affirmations, certains thomistes invoquaient de fausses révélations de la B. Dorothée de Prusse, le faux miracle d'un enfant sorti d'une cuisse d'homme et même une fausse bulle que l'un d'eux avait fabriquée. En 1509, ces thomistes, opposés à l'Immaculée-Conception, ces docteurs que le peuple appelait *Maculistes* à cause de la tache qu'ils infligeaient à la Sainte Vierge, provoquaient, à Berne, un grand combat. La conclusion fut que quatre Dominicains furent brûlés vifs, dans cette capitale de la Suisse.

Sous le bénéfice de ces réflexions, l'histoire ne peut qu'applaudir à l'éloge de saint Thomas. « Entre tous les docteurs de la scolastique, dit Léon XIII, brille d'un éclat sans pareil, leur prince et maître à tous, Thomas d'Aquin, lequel, ainsi que le remarque Cajetan, *pour avoir profondément vénéré les saints docteurs qui l'ont précédé, a hérité en quelque sorte de l'intelligence de tous* (1). Thomas recueillit leurs doctrines, comme les membres dispersés d'un même corps; il les réunit, les classa dans un ordre admirable et les enrichit tellement qu'on le considère lui-même, à juste titre, comme le défenseur spécial et l'honneur de l'Église. — D'un esprit docile et pénétrant, d'une mémoire facile et sûre, d'une intégrité parfaite de mœurs, n'ayant d'autre amour que celui de la vérité, très riche de science tant divine qu'humaine, justement comparé au soleil, il réchauffa la terre par le rayonnement de ses vertus et la remplit de la splendeur de sa doctrine. Il n'est aucune partie de la philosophie qu'il n'ait traitée avec autant de pénétration que de solidité : les lois du raisonnement, Dieu et les substances incorporelles, l'homme et les autres créatures sensibles, les actes humains et leurs principes, font tour à tour l'objet des thèses qu'il soutient, et dans lesquelles rien ne manque, ni l'abondante moisson des recherches, ni l'harmonieuse ordonnance des parties, ni l'excellente méthode de procéder, ni la solidité des principes ou la force des arguments, ni la clarté du style ou la propriété de l'expression, ni la profondeur et la souplesse avec lesquelles il résout les points les plus obscurs.

« Ajoutons à cela que l'angélique docteur a considéré les conclusions philosophiques dans les raisons et les principes mêmes des choses : or, l'étendue de ces prémisses, et les vérités innombrables qu'elles contiennent en germe, fournissent aux maîtres des âges postérieurs

---

(1) In 2. 2. q. 148. a. 4, in finem.

une ample matière à des développements fructueux, qui se produiront en temps opportun. En employant, comme il le fait, ce même procédé dans la réfutation des erreurs, le grand docteur est arrivé à ce double résultat, de repousser à lui seul toutes les erreurs des temps antérieurs, et de fournir des armes invincibles pour dissiper celles qui ne manqueront pas de surgir dans l'avenir. — De plus, en même temps qu'il distingue parfaitement, ainsi qu'il convient, la raison d'avec la foi, il les unit toutes deux par les liens d'une mutuelle amitié : il conserve ainsi à chacune ses droits, il sauvegarde sa dignité, de telle sorte que la raison, portée sur les ailes de Thomas jusqu'au faîte de la nature humaine, ne peut guère monter plus haut, et que la foi peut à peine espérer de la raison des secours plus nombreux ou plus puissants que ceux que Thomas lui fournit.

« Il ne faut donc pas s'étonner que, surtout dans les siècles précédents, des hommes très doctes et du grand renom en théologie comme en philosophie, après avoir recherché avec une incroyable avidité les œuvres immortelles du grand docteur, se soient livrés tout entiers, Nous ne dirons pas à cultiver son angélique sagesse, mais à s'en nourrir et à s'en pénétrer. — On sait que presque tous les fondateurs et législateurs des ordres religieux ont ordonné à leurs confrères d'étudier la doctrine de saint Thomas et de s'y tenir religieusement, et qu'ils ont pourvu d'avance à ce qu'il ne fût permis à aucun d'eux de s'écarter impunément, ne fût-ce que sur le moindre point, des vestiges d'un si grand homme. Sans parler de la famille dominicaine, qui revendique cet illustre maître comme une gloire qui lui appartient en propre, les Bénédictins, les Carmes, les Augustins, la société de Jésus, et plusieurs autres ordres religieux sont soumis à cette loi, ainsi qu'en témoignent leurs statuts respectifs.

« Et ici c'est vraiment avec volupté que l'esprit s'envole vers ces écoles et ces académies célèbres et jadis florissantes, de Paris, de Salamanque, d'Alcala, de Douai, de Toulouse, de Louvain, de Padoue, de Bologne, de Naples, de Coïmbre, et d'autres en grand nombre. Personne n'ignore que la gloire de ces académies crût, en quelque sorte, avec l'âge, et que les consultations qu'on leur demandait, dans les affaires les plus importantes, jouiraient partout d'une grande autorité. Or, on sait aussi que, dans ces nobles asiles de la sagesse humaine, Thomas régnait en prince, comme dans son propre empire, et que tous les esprits, tant des maîtres que des auditeurs, se reposaient uniquement et dans une admirable concorde, sur l'enseignement et l'autorité du docteur angélique.

« Il y a plus encore : les Pontifes romains, nos prédécesseurs, ont honoré la sagesse de Thomas d'Aquin de singuliers éloges, et des attestations les plus amples. Clément VI (1), Nicolas V (2), Benoît XIII (3), d'autres encore témoignent de l'éclat que son admirable doctrine donne à l'Eglise universelle. Saint Pie V (4) reconnaît que cette même doctrine dissipe les hérésies, après les avoir confondues et réfutées, et que chaque jour elle délivre le monde entier d'erreurs pestilentielles ; d'autres avec Clément XI (5) affirment que des biens abondants ont découlé de ses écrits sur l'Eglise universelle, et qu'on lui doit à lui-même les honneurs et le culte que l'Eglise rend à ses plus grands docteurs, Grégoire, Ambroise, Augustin et Jérôme ; d'autres enfin ne crurent pas trop faire en proposant saint Thomas aux académies et aux grandes écoles comme un modèle et un maître qu'elles pouvaient suivre d'un pas assuré. Et, à ce propos, les paroles du bienheureux Urbain V à l'académie de Toulouse méritent d'être rappelées ici : « Nous voulons, et, par la teneur
« des présentes, Nous vous enjoignons de
« suivre la doctrine du bienheureux Thomas
« comme étant véridique et catholique, et de
« vous appliquer, de toutes vos forces, à la dé-
« velopper (6) ». A l'exemple d'Urbain V, Innocent XII (7) impose les mêmes prescriptions à l'université de Louvain, et Benoît XIV (8) au collège dionysien de Grenade. Pour mettre le comble à ces jugements des Pontifes suprêmes sur saint Thomas d'Aquin, Nous ajouterons ce témoignage d'Innocent VI : « La
« doctrine de saint Thomas a sur toutes les
« autres, la canonique exceptée, la propriété
« des termes, la mesure dans l'expression, la
« vérité des propositions, de telle sorte que
« ceux qui la tiennent ne sont jamais surpris
« hors du sentier de la vérité, et que qui-
« conque la combat a toujours été suspect
« d'erreur (9). »

« A leur tour les conciles œcuméniques, dans lesquels brille la fleur de sagesse cueillie de toute la terre, se sont appliqués en tout temps à rendre à Thomas d'Aquin des hommages spéciaux. Dans les conciles de Lyon, de Vienne, de Florence, du Vatican, on eût cru voir Thomas prendre part, présider même, en quelque sorte, aux délibérations et aux décrets des Pères, et combattre, avec une vigueur indomptable et avec le plus heureux succès, les erreurs des Grecs, des hérétiques et des rationalistes.

« Enfin une dernière palme semble avoir été réservée à cet homme incomparable : il a su arracher aux ennemis — eux-mêmes — du nom catholique le tribut de leurs hommages, de leurs éloges, de leur admiration. On sait, en effet, que, parmi les chefs des partis héré-

---

(1) Bulla In ordine. — (2) Breve ad Fratr. ort. Præd. 1451. — (3) Bulla Pretiosus. — (4) Bulla Mirabilis. — (5) Bulla Verbo Dei. — (6) Const. V, data die 3, aug. 1368. ad. cancell. Univ. Tolos. —(7) Litt. in forma Brev. die 6 febr. 1694. — (8) Litt. in forma Brev. die 21, ang. 1752. — (9) Serm. de S. Thoma.

tiques, il y en eut qui déclarèrent hautement, qu'une fois la doctrine de saint Thomas d'Aquin supprimée, ils se faisaient forts d'*engager une lutte victorieuse* avec tous les docteurs catholiques, *et d'anéantir l'Eglise* (1). — L'espérance était vaine, mais le témoignage ne l'est point.

« Les choses étant ainsi, vénérables frères, toutes les fois que nos regards se portent sur la bonté, la force et l'indéniable utilité de cette *discipline philosophique*, tant aimée de nos pères, Nous jugeons que ç'a été une témérité de n'avoir continué, ni en tous temps, ni en tous lieux, à lui rendre l'honneur qu'elle mérite : d'autant plus que la philosophie scolastique a en sa faveur un *long usage* et le *jugement d'hommes éminents*, et, ce qui est capital, le *suffrage* de l'Eglise. A la place de la doctrine ancienne, une façon de nouvelle méthode de philosophie s'est introduite çà et là, laquelle n'a point porté les fruits désirables et salutaires que l'Eglise et la société civile elle-même eussent souhaités. Sous l'impulsion des novateurs du XVIᵉ siècle, on se prit à philosopher *sans aucun égard pour la foi*, avec pleine licence de part et d'autre de laisser aller sa pensée selon son caprice et son génie. Il en résulta tout naturellement que les systèmes de philosophie se multiplièrent outre mesure, et que des opinions diverses, contradictoires, se firent jour, même sur les objets les plus importants des connaissances humaines. De la multitude des opinions on arrive facilement aux hésitations et au doute : du doute à l'erreur, il n'est personne qui ne le voie, la distance est courte et le chemin facile.

« Les hommes se laissant volontiers entraîner par l'exemple, cette passion de la nouveauté parut avoir envahi, en certains pays, l'esprit des philosophes catholiques eux-mêmes, lesquels, dédaignant le patrimoine de la sagesse antique, aimèrent mieux édifier à neuf qu'accroître et perfectionner le vieil édifice, projet certes peu prudent, et qui ne s'exécuta qu'au grand détriment des sciences. En effet, ces systèmes multiples, appuyés uniquement sur l'autorité et l'arbitraire de chaque maître particulier, n'ont qu'une base mobile, et par conséquent, au lieu de cette science sûre, stable et robuste, comme était l'ancienne, ne peuvent produire qu'une philosophie branlante et sans consistance. Si donc il arrive parfois à une philosophie de cette sorte de se trouver à peine en forces pour résister aux assauts de l'ennemi, elle ne doit imputer qu'à elle-même la cause et la faute de sa faiblesse.

« Ce que disant, Nous n'entendons certes pas *improuver* ces savants ingénieux, qui emploient à la culture de la philosophie *leur industrie, leur érudition*, ainsi que *les richesses* des inventions nouvelles. Nous comprenons parfaitement que *tous ces éléments concourent au progrès de la science*. Mais il faut se garder avec le plus grand soin de faire de cette industrie et de cette érudition le seul ou même le principal objet de son application. — On doit *en juger de même pour la théologie :* il est bon de lui apporter le secours et la lumière d'une érudition variée ; mais il est absolument nécessaire de la traiter à la manière grave des scolastiques, afin que, grâce aux forces réunies de la révélation et de la raison, elle ne cesse d'être le *boulevard inexpugnable de la foi.* »

Ces dernières paroles du Pontife indiquent un écueil à éviter. Léon XIII recommande fortement les principes et la méthode de saint Thomas ; il recommande aussi, en général, les doctrines, mais il ne les impose pas ; et les opinions personnelles de saint Thomas, *vulgo* le thomisme, il n'en prononce même pas le nom. Or, les libéraux français, race qui fait tout servilement pour arriver à la domination en vue de flatter Léon XIII, se sont mis aussitôt à clamer : Tout saint Thomas, rien que saint Thomas, il n'y a plus que saint Thomas ; et conséquents avec leur enthousiasme de fraîche date, ils se sont tous convertis en exégètes de saint Thomas. Le Pape recommande saint Thomas, il n'exclut personne et ne défend pas de philosopher. Or, se cloîtrer aveuglément, comme nos pauvres libéraux, dans saint Thomas, c'est supprimer la philosophie, c'est ressusciter le thomisme, c'est rendre impossible l'accord de la philosophie chrétienne avec la science.

D'abord, si toute saine doctrine est dans saint Thomas, personne n'a plus besoin de cette application de la raison à la philosophie, pour se rendre compte des premiers principes des choses et des lois de la pensée. Nous n'avons plus à philosopher, mais à écouter. Nous n'avons plus rien à chercher, mais seulement à expliquer saint Thomas. Saint Thomas est le Koran de la philosophie, l'Evangile de tous les penseurs. La philosophie perd cette noble indépendance dont elle a besoin, pour n'être pas confondue avec la théologie et l'exégèse. Des libéraux nous offrent ce servilisme. Il est superflu de protester contre cette abdication de la pensée et cette déroute de la raison philosophique. Mais je veux opposer à cette trahison les fières paroles d'un grand philosophe du Moyen Age, d'un maître du Sacré Palais, Durand de Saint-Pourçain, de l'ordre de saint Dominique : « Compellere seu inducere aliquem ne doceat vel scribat dissona ab iis quæ determinatus doctor scripsit, est talem doctorem præferre sacris Doctoribus, præcludere viam inquisitioni veritatis et præstare impedimentum sciendi et lumen rationis non solum occultare sub modio sed comprimere violenter. » Cela n'est-il pas topique ; mais ce n'est pas tout : « Omnis homo dimittens rationem propter auctoritatem humanam incidit in *insipientiam bestialem* et comparatus est jumentis insipientibus et similis factus est illis. »

(1) Beza-Bucerus.

D'après Durand, s'asservir strictement à un docteur déterminé, c'est le préférer aux Pères de l'Eglise, c'est fermer la voie à la recherche de la vérité, c'est mettre un obstacle à la connaissance, c'est comprimer violemment la raison, c'est tomber dans la stupidité des bêtes. Durand aurait pu ajouter que c'est s'assujettir à toutes les opinions d'un homme, dont la raison est toujours faible par quelque endroit. Ainsi saint Thomas a des opinions faibles et difficiles à soutenir : 1° en cosmologie et hylomorphisme, sur la matière et la forme, sur le mouvement et les propriétés des corps ; 2° en psychologie, sur l'âme des bêtes, sur la spiritualité de l'âme humaine et sur le libre arbitre ; 3° en théodicée, sur l'éternité du monde, sur l'Immaculée Conception et sur les accidents absolus dans l'Eucharistie. Ces opinions, souvent aggravées par les commentateurs de saint Thomas, ne peuvent que fausser la voie de la philosophie et rendre absolument impossible cette fameuse conciliation tant rêvée, tant désirée, entre la philosophie et la science. Nous ne comprendrions pas qu'on fît de la philosophie et de la théologie sans saint Thomas ; nous ne comprenons pas qu'on en fasse en tout et partout avec saint Thomas seul. Même dans saint Thomas, il y a à prendre et à laisser.

La promulgation de l'Encyclique de Léon XIII, disons-nous avec Weddingen, n'en est pas moins un grand acte religieux : c'est un événement intellectuel et social, auquel les circonstances donnent une importance qui doit grandir avec les années. La philosophie séparée l'a reconnu avec une bonne foi qui l'honore : le chef de l'Eglise, en mettant en relief les mérites de saint Thomas et de son œuvre dans les recherches de haute spéculation, a rendu justice à un maître, dont le rationalisme lui-même ne conteste pas la supériorité ; on va jusqu'à avouer que l'Encyclique aura pour résultat l'amélioration des études philosophiques au sein des écoles de théologie. On ajoute, il est vrai, que tout cet effort ne les sauvera pas de l'irrémédiable décadence. N'acceptons-nous pas le fait de la révélation ? N'avons-nous pas foi à la parole surnaturelle commandant l'adhésion de l'esprit, à titre d'autorité, malgré l'obscurité impénétrable des mystères ? La croyance, nous dit-on, est opposée au libre examen ; or, le libre examen, n'est-il pas l'âme de la philosophie ? On consent bien à ne pas demander à l'Eglise de mettre la métaphysique au-dessus du symbole et le droit individuel au-dessus de la tradition. Mais si l'on ne blâme pas cette procédure, on la déplore. Dans la subordination de la raison au dogme, on s'obstine à montrer l'incurable infirmité, la faiblesse congénitale de la science chrétienne : l'Encyclique, affirme-t-on, toutes les Encycliques du monde ne porteront pas remède à ce mal essentiel. A l'avenir le soin de répondre ; mais nous n'admettons pas que la raison philosophique décline ou se fourvoie, en écartant Dieu, Jésus-Christ et son Eglise (1).

Après avoir donné ses soins à la restauration de la philosophie, Léon XIII se préoccupa de l'étude de l'histoire. Cette science a fait, de nos jours, au point de vue des investigations et de l'exactitude, de sérieux progrès ; mais des événements considérables, l'envahissement de Rome, par exemple, ont fait dévier l'esprit public, excité les passions et faussé l'orientation de l'histoire. Le docte Pontife part de là pour dénoncer les périls que crée la haine de la papauté et du pouvoir temporel des Papes. Les enseignements qui ressortent de cette conspiration embrassent un plus vaste espace ; ils s'adressent à toute la chrétienté, et spécialement aux pays où la lutte du bien et du mal est arrivée à son paroxysme. Sous prétexte d'indépendance de la raison et de libre examen, on pousse au chaos les restes de la civilisation chrétienne. Partout où cette lutte est engagée, la science a un rôle à remplir. Le passé contient les germes du présent ; l'étude de ses annales doit faire revivre les principes de ce qui n'est plus et fonder l'avenir sur les vertus du passé.

Ce projet d'études historiques fut l'objet d'une lettre adressée, en 1883, aux cardinaux de Luca, Pitra et Hergenroether. De Luca avait publié, en Italie, les *Annales des sciences religieuses* ; c'était, comme Parocchi, un journaliste devenu cardinal. Pitra, l'auteur du *Spicilège* de Solesmes, du *Droit canon des Grecs* et des *Analecta*, était le prince de l'érudition contemporaine. Hergenroether, l'historien de *Photius* et de l'Eglise catholique, était également un savant de premier ordre : il avait, comme de Luca et Pitra, déversé, dans des revues militantes, les effluves de son haut savoir. Les destinataires de la lettre pontificale l'avaient justifiée d'avance par leurs œuvres et pouvaient lui faire produire des fruits par leur exemple.

Le chroniqueur de la *Revue des questions historiques* fait, à ce propos, des réflexions que nous pouvons reproduire en les abrégeant. L'école fondée, il y a trois siècles, au profit du protestantisme par les Centuriateurs de Magdebourg, compte aujourd'hui en Europe, et particulièrement en France, de nombreux disciples, plus dangereux et plus pervers encore. On peut distinguer, parmi ces adeptes de la science hostile à l'Eglise trois catégories. Il y a les *violents*, qui font à l'Eglise une guerre ouverte, à qui aucune affirmation, aucune négation ne répugne, pourvu qu'elle serve l'impiété de la haine. A ceux-là, toute arme leur est bonne, mais ils ne peuvent obtenir que des succès momentanés, et encore près des ignorants, des demi-savants et des naïfs ; les simples, pourvu qu'ils soient honnêtes, ne

---

(1) *L'Encyclique sur la restauration de la philosophie*, p. 35.

se laissent pas prendre à cette glu. Il y a aussi les *habiles*, qui s'adressent à un public plus éclairé et apportent au service de leur passion, avec une science distinguée, une tactique savante. Ceux-ci savent choisir leurs armes ; ils mettent en œuvre, avec une dextérité remarquable, des connaissances réelles ; ils pratiquent, au service des fausses doctrines, la vraie méthode de la science et savent couvrir leurs batteries d'une apparence spécieuse d'impartialité. Il y a enfin ceux qui, *étrangers à la foi catholique*, s'imaginent être vraiment neutres, parce qu'ils obéissent, sans le savoir, aux préjugés de leur secte.

A la qualité de l'adversaire, il faut proportionner ses attaques. Aux violents, il faut rendre guerre pour guerre, et, tout en s'appuyant sur une science de bon aloi, s'armer des ressources de la polémique, et, si on le peut, écraser l'ennemi. Aux habiles il faut opposer l'habileté et, avec une science égale, sinon supérieure, découvrir l'erreur et flétrir la fraude. Mais, pour manier des armes d'une trempe supérieure, il faut user de discernement, suivre les règles de la critique, recourir aux sources et beaucoup travailler. Quant aux neutres de bonne foi, c'est à force d'honnêteté et de véracité, qu'on peut les amener à la plénitude de la vérité.

Mais en dehors et au dessus de la lutte active, il y a la science pure, profonde et toujours victorieuse, parce qu'elle est la science. C'est toujours là qu'il faut en revenir. De petits livres de propagande populaire, de bons manuels classiques ont leur utilité ; mais il faut qu'ils procèdent d'une science à l'épreuve. Cette science, il faut l'acquérir ; des études telles quelles ne suffisent pas. L'histoire n'est pas un champ que l'intelligence et la volonté, seules, puissent suffire à cultiver. Le zèle ne dispense pas de critique et ne remplace pas l'érudition. C'est donc avec une haute raison que le Pape nous convie à des recherches laborieuses et persévérantes, en ouvrant les archives et la bibliothèque du Vatican. Et comme, pour s'y livrer avec fruit, il faut des études préparatoires, le pontife ne se contente pas d'exhorter, il fonde une école des chartes ; il appelle la jeunesse à courir sur les traces des Muratori et des Baronius. Quant à la philosophie de l'histoire, le Pape renvoie à la *Cité de Dieu* de saint Augustin.

« Et plût à Dieu, conclut Léon XIII, qu'une foule de travailleurs se sentissent ardents à la recherche de la vérité ! ils tireraient de cette recherche des enseignements dignes de mémoire. Toute l'histoire crie qu'il y a un Dieu, modérateur par sa Providence suprême du mouvement varié et perpétuel des choses humaines, et qui, en dépit des efforts des hommes, fait tout concourir à l'action de l'Eglise. L'histoire encore proclame que, malgré les combats et les assauts violents, le Pontificat romain est toujours resté victorieux, et que ses adversaires, déçus dans leurs espérances, n'ont fait que provoquer leur perte. L'histoire non moins évidemment atteste ce qui a été divinement prévu dès l'origine de Rome, c'est qu'elle donnerait aux successeurs du bienheureux Pierre une demeure et un trône, pour gouverner d'ici, comme d'un centre, indépendant de toute puissance, l'universelle république de la chrétienté. Nul n'a osé s'opposer à ce plan divin de la Providence que, tôt ou tard, il n'ait vu sa vaine entreprise échouer. »

Si Léon XIII se préoccupa surtout de la philosophie et de l'histoire, il ne négligea pas de recommander les lettres et les arts ; de pourvoir à la fondation de nouveaux séminaires, pour compléter, à cet égard, l'œuvre de Pie IX ; et particulièrement de former une école de diplomatie pontificale, appuyée, avant tout, sur les plus saines doctrines. D'autre part, le Pontife n'oubliait point que l'Eglise n'est pas exclusivement une école, ou, si elle est une école, c'est surtout l'école de la vertu. C'est pourquoi, le 3 décembre 1880, il recommandait spécialement, à la ville et au monde, trois œuvres françaises : la Propagation de la foi, la Sainte Enfance et l'Œuvre des écoles d'Orient. Le Pape explique son dessein avec une grande hauteur de vue et la précision d'une sagesse parfaite.

« La cité sainte de Dieu, qui est l'Eglise, dit-il, n'étant limitée par aucune frontière, a reçu de son fondateur une telle force que chaque jour *elle élargit l'enceinte de sa tente et elle étend les pavillons de ses tabernacles* (1). Or, bien que ces accroissements des nations chrétiennes soient dus principalement au souffle intérieur et au secours de l'Esprit-Saint, extérieurement toutefois ils s'opèrent par le travail des hommes et à la façon humaine.

« En effet, il convient à la sagesse de Dieu que toutes choses soient ordonnées et menées à leur fin par le moyen qui se rapporte à la nature de chacune d'elles. Mais ce n'est point par le moyen d'une seule espèce d'hommes ou d'œuvres que se fait accession de nouveaux citoyens à la Jérusalem terrestre. Car tout d'abord ceux-là sont au premier rang qui prêchent la parole de Dieu, et c'est ce que Jésus-Christ nous a enseigné par ses exemples et ses préceptes. C'est aussi ce sur quoi insistait l'apôtre saint Paul en ces termes : *Comment croira-t-on à celui qu'on n'aura pas entendu ? Et comment entendra-t-on sans quelqu'un qui prêche ? Donc la foi vient de l'audition et l'audition s'obtient par la parole de Jésus-Christ* (2). Mais cette fonction appartient à ceux qui ont été consacrés régulièrement à cet effet.

« Or, ceux-ci reçoivent une grande aide et un grand secours de ceux qui ont coutume soit de leur fournir les ressources tirées des choses

---

(1) Is. LIV, 2. — (2) Rom. X, 14, 17.

extérieures, soit de leur obtenir les grâces célestes par des prières adressées à Dieu. C'est pourquoi l'Evangile loue les femmes qui *donnaient de leurs biens* (1) à Jésus-Christ prêchant le royaume de Dieu, et saint Paul atteste qu'à ceux qui annoncent l'Evangile, il a été accordé par la volonté de Dieu qu'ils vivent de l'Evangile (2). Semblablement, nous savons que Jésus-Christ, parlant à ses disciples et à ses auditeurs, leur a donné cet ordre : *Priez le maître de la moisson d'envoyer des ouvriers à sa moisson* (3), et que ses premiers disciples, à la suite des apôtres, avaient accoutumé de s'adresser à Dieu en ces termes : *Accordez à vos serviteurs de publier votre parole en toute confiance* (4).

« Ces deux sortes de secours qui consistent à donner et à prier ont cela de particulier, qu'étant très utiles pour étendre plus au loin les frontières du royaume des cieux, ils peuvent facilement être procurés par tous les hommes de quelque rang qu'ils soient. En effet, quel est l'homme de si petite fortune qui ne puisse donner une faible obole, et quel est l'homme, si occupé de grandes affaires qu'on le suppose, qui ne puisse quelquefois prier Dieu pour les messagers du saint Evangile ! Or, les hommes apostoliques ont toujours eu coutume de fournir ces sortes de secours, et spécialement les Pontifes romains, à qui incombe surtout le souci de la propagation de la foi. Néanmoins, les moyens de se procurer ces secours n'ont pas toujours été les mêmes, mais ils ont été divers et variés, selon la variété des lieux et la diversité des temps.

« A notre époque, comme on se plaît à poursuivre les entreprises difficiles en associant les conseils et les forces de plusieurs, nous avons vu partout se fonder des sociétés ; quelques-unes se sont même fondées à cette fin de servir à propager la religion dans certaines contrées. Mais celle qui brille entre toutes les autres, c'est la pieuse association qui s'est fondée en France à Lyon, il y a près de soixante ans, et qui s'est appelée du nom de la Propagation de la foi. Tout d'abord elle eut pour but de venir en aide à certaines missions en Amérique ; mais bientôt, comme le grain de sénevé, elle crût et devint un grand arbre, dont les branches portent au loin le feuillage, si bien qu'elle étend son action bienfaisante à toutes les missions sur tous les points de la terre. Cette illustre institution a été promptement approuvée par les pasteurs de l'Eglise et honorée par eux d'abondants témoignages d'éloges. Les Pontifes romains Pie VII, Léon XII, Pie VIII, nos prédécesseurs, la recommandèrent vivement et l'enrichirent d'indulgences.

« Elle fut favorisée avec beaucoup plus de sollicitude encore et embrassée avec une charité vraiment paternelle par Grégoire XVI qui, dans sa lettre encyclique publiée le 15 août de la quarantième année de ce siècle, a porté sur cette institution le jugement que voici : « C'est une œuvre assurément très grande et « sainte, que Nous estimons très digne de « l'admiration et de l'amour de tous les bons, « celle qui est soutenue, accrue, fortifiée par « les modiques offrandes et les prières quoti- « diennes adressées à Dieu par chacun des « fidèles ; celle qui a été fondée pour subvenir « aux ouvriers apostoliques, pour exercer en- « vers les néophytes les œuvres de la charité « chrétienne et pour délivrer les fidèles de « l'assaut des persécutions. Et il faut croire « que ce n'est pas sans une disposition parti- « culière de la Providence qu'en ces derniers « temps elle ait été d'un si grand avantage et « d'une si grande utilité pour l'Eglise. En « effet, lorsque l'ennemi infernal assaille « l'épouse bien-aimée du Christ par des ma- « chinations de toutes sortes, il ne pouvait « rien lui arriver de plus opportun que de « voir les chrétiens fidèles s'enflammer du désir « de propager la vérité catholique, joindre « les efforts de leur zèle et de leurs ressources « pour s'efforcer de gagner tout le monde à « Jésus-Christ. »

« Après avoir ainsi parlé, Grégoire XVI exhortait les évêques à travailler avec soin, chacun dans son diocèse, pour qu'une institution si salutaire prît chaque jour de nouveaux accroissements.

« Pie IX, de glorieuse mémoire, ne s'écarta pas des traces de son prédécesseur ; car il ne laissa échapper aucune occasion de favoriser une société si méritante et d'augmenter encore plus sa prospérité. En effet, par son autorité, de plus amples privilèges d'indulgences pontificales furent conférés à ses membres ; la piété des chrétiens fut excitée à venir au secours de cette œuvre, et les principaux de ses membres, dont on avait constaté les mérites singuliers, furent revêtus de diverses marques d'honneur ; enfin, certaines institutions, qui s'étaient adjointes à elle pour la seconder, furent hautement louées et exaltées par le même souverain Pontife.

« Dans le même temps, l'émulation de la piété fit que deux autres sociétés se fondèrent, dont l'une s'appela de la *Sainte Enfance de Jésus* et l'autre des *Ecoles d'Orient*. La première se proposait de prendre et d'amener aux habitudes chrétiennes les malheureux enfants que leurs parents, poussés par la paresse ou la misère, exposent inhumainement, surtout dans les pays chinois, où cette coutume barbare est plus en usage. Ce sont ces enfants que recueille avec tendresse la charité des fidèles, qu'elle rachète parfois et qu'elle s'occupe de laver dans les eaux de la régénération chrétienne, afin qu'ils s'élèvent avec l'aide de Dieu pour l'espoir de l'Eglise, ou tout au moins que, s'ils viennent à mourir, le moyen leur soit donné d'acquérir le bonheur éternel.

---

(1) Luc. VIII, 3. — (2) I Cor. IX, 14. — (3) Math., IX, 38. Luc, X, 2. — (4) Act., IV, 29.

« L'autre société que nous avons rappelée s'occupe des adolescents et s'efforce par tous les moyens de leur inculquer la saine doctrine, en même temps, qu'elle veille à écarter d'eux les périls de la fausse science à laquelle ils sont souvent exposés en raison de leur imprudente curiosité d'apprendre.

« Du reste, l'une et l'autre société viennent au secours de la société plus ancienne qui a le nom de Propagation de la foi, et, unies avec elle par un pacte amical, elles conspirent au même but en s'appuyant aussi sur l'aumône et les prières des nations chrétiennes ; car toutes ont pour objet de faire que, par la diffusion des lumières de l'Evangile, le plus grand nombre possible de ceux qui sont en dehors de l'Eglise soient amenés à la connaissance de Dieu et l'adorent, avec Celui qu'Il a envoyé, Jésus-Christ. C'est donc à raison que notre prédécesseur Pie IX, ainsi que nous l'avons indiqué, a loué dans des lettres apostoliques ces deux institutions et leur a libéralement octroyé de saintes indulgences.

« Ces trois sociétés ayant donc fleuri avec la faveur si marquée des Souverains Pontifes et n'ayant jamais cessé de poursuivre chacune son œuvre avec un zèle sans rivalité, on les a vues produire d'abondants fruits de salut, aider puissamment notre congrégation de la foi à soutenir la charge des missions, et prospérer au point de donner pour l'avenir l'heureux espoir d'une plus ample moisson. Mais les orages nombreux et véhéments qui ont été déchaînés contre l'Eglise dans les contrées depuis longtemps éclairées par la lumière évangélique ont causé du dommage aux œuvres mêmes destinées à civiliser les nations barbares. Beaucoup de causes, en effet, sont venues diminuer le nombre et la générosité des associés. Et certes, quand tant d'idées perverses sont répandues dans le peuple, qui aiguisent l'appétit du bonheur terrestre et bannissent l'espérance des biens célestes, qu'attendre de ceux qui ne se servent de leur esprit que pour désirer, et de leur corps que pour se procurer le plaisir ? Ces hommes-là font-ils, par l'effusion de leurs prières, que Dieu, touché dans sa miséricorde, amène par sa grâce victorieuse à la divine lumière de l'Evangile les peuples assis dans les ténèbres ? Subviennent-ils aux prêtres qui travaillent et combattent pour la foi ? Le malheur des temps est venu aussi diminuer les dispositions généreuses des gens pieux eux-mêmes, soit que l'étendue de l'iniquité ait refroidi la charité de beaucoup, soit que la gêne domestique, les perturbations politiques, sans compter la crainte de temps plus mauvais encore, aient rendu la plupart d'entre eux plus âpres à l'épargne et plus parcimonieux pour l'aumône.

« Par contre, de nombreuses et lourdes nécessités pèsent et pressent sur les missions apostoliques, la provision d'ouvriers évangéliques allant chaque jour en diminuant ; et il ne s'en trouve pas d'aussi nombreux et d'aussi zélés pour remplacer ceux que la mort a enlevés, que la vieillesse a accablés, que le travail a brisés. Car nous voyons les familles religieuses, d'où sortaient un grand nombre de missionnaires, dissoutes par des lois iniques, les clercs arrachés de l'autel et astreints au service militaire, les biens de l'un et de l'autre clergé partout mis en vente et condamnés.

« En outre, de nouvelles routes ayant été ouvertes, par suite d'une exploration plus étendue des lieux et des peuples, vers des contrées tenues jusque-là pour impraticables, des expéditions multiples de soldats du Christ se sont formées et de nouvelles stations ont été établies ; et ainsi on manque maintenant de beaucoup d'ouvriers pour se dévouer à ces missions et apporter un concours opportun. — Nous passons sous silence les difficultés et les obstacles nés des contradictions. Souvent, en effet, des hommes fallacieux, des semeurs d'erreurs se donnent pour des apôtres du Christ, et abondamment pourvus des ressources humaines, entravent le ministère des prêtres catholiques, ou viennent après ceux qui sont partis, ou élèvent chaire contre chaire, croyant avoir assez fait en rendant douteuse la voie du salut à ceux qui entendent annoncer la parole de Dieu autrement par les uns et les autres. Plût à Dieu qu'ils ne réussissent point dans leurs artifices! Mais combien il est regrettable que tels et tels qui ont en dégoût de pareils maîtres ou qui ne les ont jamais connus et qui aspirent après la pure lumière de la vérité, n'aient souvent pas un homme pour les instruire de la saine doctrine et les amener dans le sein de l'Eglise! Petits enfants, ils demandent du pain, et il n'y a personne pour leur en donner ; les pays sont comme une moisson blanchissante, et cette moisson est riche ; mais les ouvriers sont peu nombreux et ils le deviendront peut-être encore moins.

« Puisqu'il en est ainsi, vénérables frères, Nous estimons qu'il est de notre charge de stimuler le pieux zèle et la charité des chrétiens, pour qu'ils s'efforcent, soit par leurs prières, soit par leurs aumônes, d'aider l'œuvre des missions et de favoriser la propagation de la foi. Les biens qu'on se propose, les fruits à recueillir montrent l'importance de cette sainte entreprise. Elle a, en effet, pour objet direct la gloire de nom de Dieu et l'extension du règne de Jésus-Christ sur la terre ; elle est aussi un bienfait inappréciable pour ceux qui sont tirés de la fange des vices et des ombres de la mort ; car non seulement ils deviennent aptes au salut éternel, mais ils sont amenés de la barbarie et d'un état de mœurs sauvage à la plénitude de la civilisation. De plus, elle est pour tous ceux qui y participent, grandement utile et fructueuse, puisqu'elle leur assure les richesses spirituelles, leur fournit un sujet de mérite et leur donne pour ainsi dire Dieu comme débiteur. »

En même temps qu'il recommandait les œuvres, Léon XIII n'oubliait pas d'ordonner la prière. En 1881, en 1886 et en 1899 il accordait l'indulgence plénière du jubilé. En 1882, à l'occasion du septième centenaire de saint François d'Assise, il exaltait, par une lettre encyclique, le tiers-ordre des Franciscains. Dès son enfance Joachim Pecci avait été prévenu, pour saint François, d'une dévotion particulière ; l'ayant aimé, il l'avait compris, et sachant qu'il avait été, de son temps, une des colonnes de la chrétienté, il espérait que, de nos jours, son culte pourrait remédier à la pénurie de nos vertus. « Comme son esprit, dit-il, parlant de saint François, est pleinement et évidemment chrétien, et admirablement approprié à tous les temps et à tous les lieux, personne ne saurait douter que l'institution franciscaine ne rende de grands services à notre époque. D'autant plus que le caractère de notre temps se rattache, pour plusieurs raisons, au caractère même de cet institut. Comme au XIIe siècle, la divine charité s'est beaucoup affaiblie de nos jours, et il y a, soit par ignorance, soit par négligence, un grand relâchement dans l'accomplissement du devoir chrétien. Beaucoup, emportés par un courant semblable des esprits et par des préoccupations du même genre, passent leur vie à la recherche avide du bien-être et du plaisir. Enervés par le luxe, ils dissipent leur bien et convoitent celui d'autrui ; ils exaltent la fraternité, mais ils en parlent plus qu'ils ne la pratiquent ; l'égoïsme les absorbe et la vraie charité pour les petits et les pauvres diminue chaque jour. — En ce temps-là l'erreur multiple des Albigeois, en excitant les foules contre le pouvoir de l'Eglise, avait troublé l'Etat en même temps qu'il ouvrait la voie à un certain socialisme. — De même aujourd'hui, les fauteurs et les propagateurs du Naturalisme se multiplient : ceux-ci nient qu'il faille être soumis à l'Eglise, et, par une connaissance nécessaire, ils vont jusqu'à méconnaître la puissance civile elle-même ; ils approuvent la violence et la sédition dans le peuple ; ils mettent en avant le partage des biens ; ils flattent les convoitises des prolétaires ; ils ébranlent les fondements de l'ordre civil et domestique. »

Par ces motifs, Léon XIII recommandait le Tiers-Ordre de saint François, et, pour assurer l'effet de ces recommandations, il édicta une constitution pour réformer la règle de ce Tiers-Ordre. Il ne pouvait cependant échapper à la perspicacité du Pontife, qu'un Tiers-Ordre, si répandu soit-il, n'est pas accessible à la grande masse du peuple chrétien. C'est pourquoi, en vue de concentrer la piété catholique sur un seul objet, Léon XIII écrivit une encyclique en faveur du Rosaire. En préconisant Celle qui seule a exterminé toutes les hérésies, le Pape restait fidèle à sa pensée : il voulait, par là, défendre les droits de l'Eglise, prévoir et repousser les dangers qui l'assaillent. La sainte Vierge était, pour sa piété, la Vierge des combats. L'Eglise, avec le Rosaire, avait repoussé autrefois les Albigeois et les Turcs ; elle avait fait remonter Pie VII sur son trône. Léon XIII ne voulait pas se borner à écrire des encycliques ; il voulait encore pousser les chrétiens fidèles au combat pour l'Eglise, et pour que la victoire couronnât ses efforts, il voulait que la bannière de Marie ombrageât, de ses plis, ses soldats.

Ce ne sont là, en quelque façon, que les prémices de l'apostolat pontifical. Dès son avènement, Léon XIII avait esquissé comme un programme d'enseignement *ex cathedra* ; au mois de décembre 1878, première année de son pontificat, il lançait une encyclique sur les erreurs modernes ; non pas les erreurs philosophiques et historiques qu'il devait combattre autrement, mais ces erreurs qui se font chair et os, puis descendent dans la rue, un fusil ou une torche à la main, pour mettre à sac le pouvoir public sous prétexte de le réformer. « Vous comprenez sans peine, dit-il, que Nous parlons de la secte de ces hommes qui s'appellent diversement et de noms presque barbares, *socialistes, communistes et nihilistes*, et qui, répandus par toute la terre, et liés étroitement entre eux par un pacte inique, ne demandent plus désormais leurs forces aux ténèbres de réunions occultes, mais, se produisant au jour publiquement et en toute confiance, s'efforcent de mener à bout le dessein, par eux inauguré depuis longtemps, de bouleverser les fondements de la société civile. Ce sont eux, assurément, qui, selon que l'atteste la parole divine, *souillent toute chair, méprisent toute domination et blasphèment toute majesté* (1).

« En effet, ils ne laissent entier ou intact rien de ce qui a été sagement décrété par les lois divines et humaines pour la sécurité et l'honneur de la vie. Pendant qu'ils blâment l'obéissance rendue aux puissances supérieures qui tiennent de Dieu le droit de commander et auxquelles, selon l'enseignement de l'Apôtre, toute âme doit être soumise, ils prêchent la parfaite égalité de tous les hommes pour ce qui regarde leurs droits et leurs devoirs. Ils déshonorent l'union naturelle de l'homme et de la femme, qui était sacrée aux yeux mêmes des nations barbares ; et le lien de cette union, qui resserre principalement la société domestique, ils l'affaiblissent ou bien l'exposent aux entreprises de la débauche.

« Enfin, séduits par la cupidité des biens présents, *qui est la source de tous les maux et dont le désir a fait errer plusieurs dans la foi* (2), ils attaquent le droit de propriété sanctionné par le droit naturel et, par un attentat monstrueux, pendant qu'ils affectent de prendre souci des besoins de tous les hommes et prétendent satisfaire tous leurs désirs, ils s'efforcent de ravir, pour en faire la propriété commune, tout ce qui a été acquis à chacun, ou bien par le titre d'un légitime héritage, ou bien par le tra-

---

(1) Jud. Epist. v, 8. — (2) I Tim., VI, 10.

vail intellectuel ou manuel, ou bien par l'économie. De plus, ces opinions monstrueuses, ils les publient dans leurs réunions, ils les glissent dans des brochures, et, par la nuée des journaux, ils les répandent dans la foule. Aussi la majesté respectable et le pouvoir des rois sont devenus, chez le peuple révolté, l'objet d'une si grande hostilité que d'abominables traîtres, impatients de tout frein et animés d'une audace impie, ont tourné plusieurs fois, en peu de temps, leurs armes contre les chefs des gouvernements eux-mêmes.

« Or, cette audace d'hommes perfides qui menace chaque jour de ruines plus graves la société civile, et qui excite dans tous les esprits l'inquiétude et le trouble, tire sa cause et son origine de ces doctrines empoisonnées qui, répandues en ces derniers temps parmi les peuples comme des semences de vices, ont donné, en leur temps, des fruits si pernicieux. En effet, vous savez très bien que la guerre cruelle qui, depuis le xvi° siècle, a été déclarée contre la foi catholique par ces novateurs, visait à ce but d'écarter tout l'ordre surnaturel, afin que l'accès fût ouvert aux inventions ou plutôt aux délires de la seule raison.

« Tirant hypocritement son nom de la raison, cette erreur qui flatte et excite la soif de grandir, naturelle au cœur de l'homme, et qui lâche les rênes à tous les genres de passions, a spontanément étendu ses ravages non pas seulement dans les esprits d'un grand nombre d'hommes, mais dans la société civile elle-même. Alors, par une impiété toute nouvelle et que les païens eux-mêmes n'ont pas connue, on a vu se constituer des gouvernements, sans qu'on tînt nul compte de Dieu et de l'ordre établi par Lui ; on a proclamé que l'autorité publique ne prenait pas de Dieu le principe, la majesté, la force de commander, mais de la multitude du peuple, laquelle, se croyant dégagée de toute sanction divine, n'a plus souffert d'être soumise à d'autres lois que celles qu'elle aurait portées elle-même, conformément à son caprice.

« Puis, après qu'on eût combattu et rejeté, comme contraires à la raison les vérités surnaturelles de la foi, l'Auteur même de la Rédemption du genre humain est contraint, par degrés et peu à peu, de s'exiler des études, dans les universités, les lycées et les collèges, ainsi que de toutes les habitudes publiques de la vie humaine. Enfin, après avoir livré à l'oubli les récompenses et les peines de l'éternelle vie future, le désir ardent du bonheur a été renfermé dans l'espace du temps présent. Avec la diffusion au loin et au large de ces doctrines, avec la grande licence de penser et d'agir qui a été ainsi enfantée de toutes parts, faut-il s'étonner que les hommes de condition inférieure, ceux qui habitent une pauvre demeure ou un pauvre atelier soient envieux de s'élever jusqu'aux palais et à la fortune de ceux qui sont plus riches ; faut-il s'étonner qu'il n'y ait plus aucune tranquillité pour la vie publique ou privée et que le genre humain soit presque arrivé aux extrémités de l'abîme ? »

Pour réfuter ces erreurs, le Pape établit les principes chrétiens de l'ordre social, l'ordre de la famille et le droit de propriété. Le Pape conclut :

« Pour vous, qui connaissez l'origine et la nature des maux accumulés sur le monde, appliquez-vous de toute l'ardeur et de toute la force de votre esprit à faire pénétrer et à inculquer profondément dans toutes les âmes la doctrine catholique. Faites en sorte que, dès leurs plus tendres années, tous s'accoutument à avoir pour Dieu un amour de fils et à vénérer son nom, à se montrer déférents pour la majesté des princes et des lois, à s'abstenir de toutes convoitises et à garder fidèlement l'ordre que Dieu a établi soit dans la société civile soit dans la société domestique. Il faut encore que vous ayez soin que les enfants de l'Eglise catholique ne s'enrôlent point dans la secte exécrable et ne la servent en aucune manière, mais au contraire qu'ils montrent, par leurs belles actions et leur manière honnête de se comporter en toutes choses, combien stable et heureuse serait la société humaine, si tous ses membres se distinguaient par la régularité de leur conduite et par leurs vertus. Enfin, comme les sectateurs du socialisme se recrutent surtout parmi les hommes qui exercent les diverses industries ou qui louent leur travail et qui, impatients de leur condition ouvrière, sont plus facilement entraînés par l'appât des richesses et la promesse des biens, il nous paraît opportun d'encourager les sociétés d'ouvriers et d'artisans qui, instituées sous le patronage de la religion, savent rendre tous leurs membres contents de leur sort et résignés au travail et les portent à mener une vie paisible et tranquille. »

Ces conseils du Pape répondent aux besoins de la situation. Une question qui, dans le cours des siècles, a maintes fois préoccupé les esprits, réveille de nouveau l'attention universelle. Cette question, c'est la question sociale. La politique est descendue au second plan ; non pas qu'elle ait perdu de son importance ; mais avant de savoir comment on sera, il faut d'abord savoir si l'on sera. Etre ou n'être pas, telle est la question de la classe ouvrière ; ou, pour parler comme Sieyès : Qu'est-ce que le quatrième état ? — Rien. — Que doit-il être ? — Tout. — Que demande-t-il ? — Etre quelque chose. Ce problème, posé en France depuis 89, agité depuis 1830, résolu diversement par les utopistes, descendu sur le terrain de la pratique par l'Internationale, demande sa solution. Sous le nom du socialisme, les ouvriers poursuivent la réalisation d'un état social qui, au sein de toutes les nations civilisées, leur assure la liberté et le bien-être. Le socialisme n'est pas seulement une puissance redoutable ; c'est surtout une puissance *internationale*. En soi, le socialisme est, avant tout, une négation, la négation la plus catégorique, la plus entière. Nous ne comprenons pas la société sans la religion, sans la famille, sans la propriété. Il y a là pour nous, si l'on peut employer cette expression, un triple dogme social. Or, en fait de religion, le socialisme dit froidement qu'il est athée ou panthéiste ; il nie le Dieu réel et personnel, par conséquent, nie l'âme, la vie future, et borne au présent, à la terre, la destinée de l'homme. Le socialisme parle encore de la famille ; mais il en chasse Dieu ; il ne veut plus de l'union consacrée par l'Eglise ; il méconnaît les droits du père sur l'éducation des enfants, travestit et désorganise la vie du foyer domestique.

« La négation la plus précise du socialisme, dit Sarda, c'est la négation de la *propriété privée*, de la propriété individuelle, du sol, du capital, de la machine, des mines, en un mot de tous les instruments de travail. Cette propriété, il la combat sans merci ; il lui oppose tous les abus du passé et du présent ; elle est la grande coupable dont la condamnation doit être irrévocablement prononcée. Le socialisme veut la remplacer par la propriété *collective*, qui doit être celle de tous, tout en n'étant celle de personne : il veut la livrer à l'Etat ou à la société. Mais cet Etat auquel il veut la livrer, n'est pas l'Etat tel qu'il existe. Demandez au socialisme qu'il définisse son Etat, sa société ; il ne l'a jamais fait, il ne peut pas le faire.

« Il est absolument vrai que le socialisme ne sait pas ce qu'il veut ; mais il sait très bien ce qu'il veut détruire et cela lui suffit. Il est, comme l'enfer, une puissance de destruction et de mort. Oui, il faut qu'on le sache bien ; cette puissance de négation ne se contente pas de nier ; elle veut renverser et détruire. Elle est âpre à la curée comme ne l'a été nulle autre révolution. Elle est ardente à l'œuvre, comme la haine. Il n'est pas un seul des moyens actuels de la propagande dont le socialisme n'ait appris à se servir. La presse, l'association, la réunion, le plaisir, le travail collectif, le socialisme se sert de tout. La propagande spécial est la propagande quotidienne, incessante, de l'usine et de l'atelier (1). »

L'Eglise seule peut combattre victorieusement le socialisme ; elle le combat effectivement par les vertus qu'elle prêche, par la hiérarchie sacrée qu'elle oppose à son invasion et par les profondes doctrines de l'Evangile qu'elle veut substituer aux aberrations du siècle. Léon XIII se plut à répéter souvent combien le monde était redevable à Jésus-Christ, et avec quelle résolution, lui, pape, voulait départir au monde les grâces de Jésus-Christ. En 1880, au début de l'Encyclique *Arcanum*, le pontife esquissa ce magnifique programme : « Le mystérieux dessein de la sagesse divine, que Jésus-Christ, le Sauveur des hommes, devait accomplir sur cette terre, était que le monde, atteint de décadence, fût restauré divinement par Lui et en Lui. C'est ce que l'apôtre saint Paul exprimait par une grande et magnifique parole, lorsqu'il écrivait aux Ephésiens : *Le secret de sa volonté... c'est de restaurer dans le Christ toutes les choses qui sont au ciel et sur la terre.* Et, en effet, lorsque le Christ Notre-Seigneur voulut accomplir la mission qu'il avait reçue de son Père, il imprima aussitôt à toutes choses une forme et un aspect nouveaux, et il répara ce que le temps avait fait déchoir. Il guérit les blessures dont la nature humaine souffrait par suite de la faute de notre premier père ; il rétablit en grâce avec Dieu l'homme, devenu par nature enfant de la colère ; il conduisit à la lumière de la vérité les esprits fatigués par de longues erreurs ; il fit renaître à toutes les vertus des cœurs usés par toute sorte de vices ; et après avoir rendu aux hommes l'héritage du bonheur éternel, il leur donna l'espérance certaine que leur corps même, mortel et périssable, participerait un jour à l'immortalité et à la gloire du ciel. Et afin que ces insignes bienfaits eussent sur la terre une durée égale à celle du genre humain, il institua l'Eglise dispensatrice de ses dons, et il pourvut à l'avenir en lui donnant la mission de remettre l'ordre dans la société humaine là où il serait troublé et de relever ce qui viendrait à s'affaisser.

« Bien que cette restauration divine, dont nous avons parlé, eût pour objet principal et direct les hommes constitués dans l'ordre surnaturel de la grâce, néanmoins ses fruits précieux et salutaires profitèrent largement aussi à l'ordre naturel. C'est pourquoi les hommes pris individuellement, aussi bien que le genre humain tout entier, en reçurent un notable perfectionnement ; car l'ordre de choses fondé par le Christ une fois établi, chaque homme put heureusement contracter la pensée et l'habitude de se confier en la providence paternelle de Dieu, et s'appuyer sur l'espérance du secours d'En-Haut, avec la certitude de n'être point déçu ; de là naissent le courage, la modération, la constance, l'égalité et la paix de l'âme, et enfin beaucoup d'éminentes vertus et de belles actions. — Quant à la société domestique et à la société civile, il est merveilleux de voir à quel point elles gagnèrent en dignité, en stabilité, en honneur. L'autorité des princes devint plus équitable et plus sainte ; la soumission des peuples plus volontaire et plus facile ; l'union des citoyens plus étroite ; le droit de propriété mieux garanti. La religion chrétienne sut veiller et pourvoir si complètement à tout ce qui est utile aux hommes vivant en société, qu'il semble, au témoignage de saint Augustin, qu'elle n'aurait pu faire davantage pour rendre la vie agréable et heureuse, lors même qu'elle n'aurait eu d'autre but que de procurer et d'accroître les avantages et les biens de cette vie mortelle. »

---

(1) Don Sarda y Salvany, *Le mal social*, t. III, p. 68.

Au lieu de traiter un sujet si vaste, Léon XIII parle d'abord de la société domestique, dont le mariage est la source et la base. De ce mariage, il marque la constitution divine, surtout l'unité et la perpétuité ; il expose très soigneusement combien le péché a porté d'atteintes à la constitution divine de la famille ; et explique comment Jésus-Christ a ramené le mariage à son institution divine. Jésus-Christ a nommément réprouvé la pluralité des femmes, le divorce, l'adultère ; il a élevé le mariage à la dignité de sacrement ; il a voulu que les époux trouvent, dans le devoir conjugal, leur sanctification et vivent dans une parfaite charité. « Le Christ, continue le Pontife, ayant donc ainsi, avec tant de perfection, renouvelé et relevé le mariage, en remit et confia à l'Eglise toute la discipline. Et ce pouvoir sur les mariages des chrétiens, l'Eglise l'a exercé en tous temps et en tous lieux, et elle l'a fait de façon à montrer que ce pouvoir lui appartenait en propre et qu'il ne tirait point son origine d'une concession des hommes, mais qu'il lui avait été divinement accordé par la volonté de son Fondateur. — Combien de vigilance et de soins l'Eglise a déployés pour la sainteté du mariage et pour maintenir intact son véritable caractère, c'est là un fait trop connu pour qu'il soit besoin de l'établir. Nous savons, en effet, que le Concile de Jérusalem flétrit les amours dissolues et libres ; que saint Paul condamna, par son autorité, comme coupable d'inceste un citoyen de Corinthe ; que l'Eglise a toujours repoussé et rejeté avec la même énergie les tentatives de tous ceux qui ont attaqué le mariage chrétien, tels que les Gnostiques, les Manichéens, les Montanistes, dans les premiers temps du Christianisme, et de nos jours les Mormons, les Saint-Simoniens, les Phalanstériens, les Communistes.

« Ainsi encore, le droit de mariage a été équitablement établi et rendu égal pour tous par la suppression de l'ancienne distinction entre les esclaves et les hommes libres ; l'égalité des droits a été reconnue entre l'homme et la femme ; car, ainsi que le disait saint Jérôme, *parmi nous, ce qui n'est pas permis aux femmes est également interdit aux hommes, et, dans une même condition, ils subissent le même joug*, et ces mêmes droits, par le fait de la réciprocité de l'affection et des devoirs, se sont trouvés solidement confirmés ; la dignité de la femme a été affirmée et revendiquée ; il a été défendu au mari de punir de mort sa femme adultère et de violer la foi jurée en se livrant à l'impudicité et aux passions.

« C'est aussi un fait important que l'Eglise ait limité, autant qu'il fallait, le pouvoir du père de famille, pour que la juste liberté des fils et des filles qui veulent se marier ne fût en rien diminuée ; qu'elle ait déclaré la nullité des mariages entre les parents et alliés à certains degrés, afin que l'amour surnaturel des époux se répandit dans un plus vaste champ ; qu'elle ait veillé à écarter du mariage autant qu'elle le pouvait, l'erreur, la violence et la fraude ; qu'elle ait voulu que fussent maintenues intactes la sainte pudeur de la couche nuptiale, la sûreté des personnes, l'honneur des mariages et la fidélité aux serments. Enfin, elle a entouré cette institution divine de tant de lois fortes et prévoyantes, qu'il ne peut y avoir aucun juge équitable qui ne comprenne que, même en cette question du mariage, le meilleur gardien et le plus ferme vengeur de la société a été l'Eglise, dont la sagesse a triomphé du cours des temps, de l'injustice des hommes et des innombrables vicissitudes publiques. »

Ce mariage ainsi purifié et sanctifié par l'Eglise, les hommes, des chrétiens, veulent de nouveau le corrompre ; et, pour le dégrader, ils ne trouvent rien de plus expéditif que de l'arracher à la discipline de l'Eglise. Léon XIII écrit là-dessus une page qui devrait être gravée en lettres d'or sur les murs de tous les parlements des deux mondes : « Or, comme la source et l'origine de la famille et de toute la société humaine se trouvent dans le mariage, ces hommes ne peuvent souffrir qu'il soit soumis à la juridiction de l'Eglise ; ils font plus ; ils s'efforcent de le dépouiller de tout caractère de sainteté et de le faire entrer dans la petite sphère des institutions humaines qui sont régies et administrées par le droit civil des peuples. D'où il devait résulter nécessairement qu'ils attribueraient aux chefs d'Etat tout droit sur le mariage, en refusant de reconnaître à l'Eglise aucun droit et en prétendant que si parfois l'Eglise a exercé quelque pouvoir de ce genre, c'était une concession des princes ou une usurpation. Mais il est temps, disent-ils, que ceux qui sont à la tête de l'Etat reprennent énergiquement possession de leurs droits et s'appliquent à régler par leur propre volonté tout ce qui regarde le mariage. De là l'origine de ce qu'on appelle le *mariage civil* ; de là ces lois promulguées sur les causes qui forment empêchement aux mariages ; de là ces sentences judiciaires sur les contrats conjugaux, pour décider s'ils sont valides ou non. Enfin, nous voyons qu'en cette matière tout pouvoir de régler et de juger a été si soigneusement enlevé à l'Eglise, qu'on ne tient plus aucun compte de son autorité divine, ni des lois si sages sous l'empire desquelles ont vécu pendant si longtemps les peuples qui ont reçu avec le Christianisme la lumière de la civilisation.

« Cependant les philosophes *naturalistes* et tous ceux qui professent un culte absolu pour le Dieu-Etat, et qui, par ces mauvaises doctrines, s'efforcent de semer le trouble chez tous les peuples, ne peuvent échapper au reproche de fausseté. En effet, puisque Dieu lui-même a institué le mariage, et puisque le mariage a été dès le principe comme une image de l'Incarnation du Verbe, il s'ensuit qu'il y a dans le mariage quelque chose de sacré et de religieux, non point surajouté, mais inné, qui ne lui vient pas des hommes, mais de la nature elle-même. C'est pour cela qu'Innocent III et Honorius III, Nos prédécesseurs, ont pu affirmer sans témérité et avec raison que le *Sacrement du mariage existe parmi les fidèles et parmi les infidèles*. Nous en attestons les monuments de l'antiquité, les usages et les institutions des peuples qui ont été les plus civilisés et qui ont été renommés par la connaissance la plus parfaite du droit et de l'équité : dans l'esprit de tous ces peuples, par suite d'une disposition habituelle et antérieure, chaque fois qu'ils pensaient au mariage, l'idée s'en présentait toujours sous la forme d'une institution liée à la religion et aux choses saintes. Aussi, parmi eux, les mariages ne se célébraient guère sans des cérémonies religieuses, l'autorité des Pontifes et le ministère des prêtres. Tant avaient de force sur les esprits, même dépourvus de la doctrine céleste, la nature des choses, le souvenir des origines, la conscience du genre humain ! — Le mariage étant donc sacré par son essence, par sa nature, par lui-même, il est raisonnable qu'il soit réglé et gouverné non point par le pouvoir des princes, mais par l'autorité divine de l'Eglise, qui seule a le magistère des choses sacrées.

« Il faut considérer ensuite la dignité du Sacrement, qui, en venant s'ajouter au mariage des chrétiens, l'a rendu noble entre tous. Mais de par la volonté du Christ, c'est l'Eglise seule qui peut et doit décider et ordonner tout ce qui regarde les sacrements, à tel point qu'il est absurde de vouloir lui enlever même une parcelle de ce pouvoir pour la transférer à la puissance civile.

« Enfin, le témoignage de l'histoire est ici d'un grand poids et d'une grande force, car il nous démontre, de la façon la plus évidente, que ce pouvoir législatif et judiciaire dont nous parlons a été librement et constamment exercé par l'Eglise, même dans les temps où il serait ridicule et absurde de supposer que les chefs d'Etat eussent accordé en cela à l'Eglise leur assentiment ou leur participation. En effet, quelle supposition incroyable et insensée que d'imaginer que le Christ Notre-Seigneur eût reçu du procureur de la province ou du prince des juifs une délégation de pouvoir pour condamner l'usage invétéré de la polygamie et de la répudiation ; ou que saint Paul, en proclamant que les divorces et les mariages incestueux n'étaient point permis, ait agi par concession ou par délégation tacite de Tibère, de Caligula, de Néron ! Il sera impossible de persuader à un homme sain d'esprit que tant de lois de l'Eglise sur la sainteté et la stabilité du lien conjugal, sur les mariages entre esclaves et personnes libres, aient été promulguées avec l'assentiment des empereurs romains, très hostiles au nom chrétien, et qui n'avaient rien de plus à cœur que d'étouffer par la violence et par les supplices la religion naissante du Christ ; surtout, si l'on considère que ce droit exercé par l'Eglise était parfois tellement en désaccord avec le droit civil, que Ignace Martyr, Justin, Athénagore et Tertullien dénonçaient publiquement, comme illicites et adultères, certains mariages, qui étaient cependant favorisés par les lois impériales.

« Après que le pouvoir suprême fut tombé entre les mains d'empereurs chrétiens, les Pontifes et les Evêques réunis dans les Conciles, continuèrent, avec la même liberté et avec la même conscience de leur droit, à prescrire et à défendre, au sujet du mariage, ce qu'ils jugeaient utile et opportun, quelque désaccord qu'il parût y avoir entre leurs décrets et les lois civiles. Personne n'ignore combien de décisions qui souvent s'écartaient beaucoup des lois impériales furent prises par les pasteurs de l'Eglise au sujet des empêchements de mariage résultant des vœux, de la différence du culte, de la parenté, de certains crimes, de l'honnêteté publique, dans les Conciles de Grenade, d'Arles, de Chalcédoine, dans le deuxième Concile de Milève et bien d'autres.

« Les princes, loin de s'attribuer aucun pouvoir sur les mariages chrétiens, reconnurent plutôt et déclarèrent que ce pouvoir tout entier appartient à l'Eglise. En effet, Honorius, Théodose le jeune, Justinien, n'hésitèrent pas à avouer qu'en ce qui concerne le mariage, il ne leur était permis que d'être les gardiens et les défenseurs des sacrés canons. Et s'ils publièrent quelques édits relatifs aux empêchements du mariage, ils n'hésitèrent pas à déclarer qu'ils agissaient avec la permission et l'autorisation de l'Eglise, dont ils avaient coutume d'invoquer et d'accepter respectueusement le jugement dans les controverses touchant la légitimité des naissances, les divorces, et enfin tout ce qui se rapporte au lien conjugal. C'est donc à bon droit que le Concile de Trente a défini qu'il est au pouvoir de l'Eglise *d'établir les empêchements dirimants du mariage, et que les causes matrimoniales appartiennent aux juges ecclésiastiques*.

« Et que personne ne se laisse émouvoir par la distinction ou séparation que les légistes régaliens proclament avec tant d'ardeur, entre le contrat de mariage et le sacrement, dans le but de réserver le sacrement à l'Eglise et de livrer le contrat au pouvoir et à l'arbitraire des princes. Cette distinction, qui est plutôt une séparation, ne peut, en effet, être admise, puisqu'il est reconnu que dans le mariage chrétien le contrat ne peut être séparé du sacrement, et que, par conséquent, il ne saurait y avoir dans le mariage de contrat vrai et légitime sans qu'il y ait, par cela même, sacrement. Car le Christ, Notre-Seigneur, a élevé le mariage à la dignité de sacrement, et le mariage, c'est le contrat même, s'il est fait selon le droit.

« En outre, le mariage est un sacrement précisément parce qu'il est un signe sacré qui produit la grâce et qui est l'image de l'union

mystique du Christ avec l'Eglise. Mais la forme et l'image de cette union consistent précisément dans le lien intime qui unit entre eux l'homme et la femme, et qui n'est autre chose que le mariage même. D'où il résulte que parmi les chrétiens tout mariage légitime est sacrement en lui-même et par lui-même, et que rien n'est plus éloigné de la vérité que de considérer le sacrement comme un ornement surajouté, ou comme une propriété extrinsèque que la volonté de l'homme peut, en conséquence, disjoindre et séparer du contrat.
— Ainsi, ni le raisonnement ni les témoignages historiques ne montrent que le pouvoir sur les mariages des chrétiens soit attribué justement aux chefs d'Etat. Et si, dans cette matière, le droit d'autrui a été violé, personne, certainement, ne pourrait dire que c'est l'Eglise qui l'a violé. »

Le mariage civil, lorsqu'il est inscrit dans la loi, diminue dans l'esprit des fidèles l'estime du sacrement ; il abaisse, devant les passions, la barrière sacrée et énerve le frein des mœurs ; bientôt il amène le divorce, et, avec le divorce, ces mauvaises mœurs qui ont ébranlé l'empire romain, déshonoré l'Allemagne et l'Angleterre protestante, avachi la France révolutionnaire. D'où le Pape conclut que les princes doivent, dans l'intérêt de leur peuple, s'accorder avec l'Eglise sur ce point comme sur tous les autres ; et que les évêques doivent s'appliquer de toutes leurs forces à maintenir l'intégrité du sacrement qui fait et garde les époux, les pères et les mères, les enfants, et, par contre-coup, contribue puissamment à l'ordre civil.

L'année suivante, 1881, le Pontife revenait sur le même sujet, la christianisation de l'ordre social, en parlant du pouvoir civil. Après avoir esquissé l'ordre divin de la société domestique, il était juste d'exposer l'ordre divin de la société publique. Léon XIII commence par établir la solidarité qui rattache l'ordre civil, l'ordre religieux et l'ébranlement que tout attentat contre l'Eglise produit dans l'Etat : « Cette guerre longue et acharnée, dit-il, dirigée contre la divine autorité de l'Eglise, a abouti là où elle tendait, c'est-à-dire à mettre en péril toute la société humaine et nommément le principat civil sur lequel repose principalement le salut public. — C'est surtout à notre époque que l'on voit se produire ce résultat. Les passions populaires rejettent en effet aujourd'hui, avec plus d'audace qu'auparavant, toute force quelconque d'autorité, et de tous côtés la licence est telle, les séditions et les troubles sont si fréquents, que non seulement l'obéissance est souvent refusée à ceux qui gèrent la chose publique, mais qu'une garantie suffisante de leur sécurité ne paraît même plus leur être laissée. On a longtemps travaillé à les rendre un objet de mépris et de haine pour la multitude et, les flammes de la haine ainsi excitée ayant enfin fait éruption, on a attenté plusieurs fois, à des intervalles assez rapprochés, à la vie des souverains, soit par des embûches secrètes, soit par des attaques ouvertes. Récemment, toute l'Europe a frémi d'horreur au meurtre abominable d'un très puissant empereur, et pendant que les esprits sont encore stupéfaits devant la grandeur du crime, des hommes perdus ne craignent pas de lancer et de répandre des intimidations et des menaces contre les autres princes de l'Europe.

« Ces périls d'ordre général, qui sont sous nos yeux, Nous causent de graves inquiétudes, car Nous voyons la sécurité des princes et la tranquillité des empires, ainsi que le salut des peuples, mis en péril pour ainsi dire d'heure en heure. Or, cependant, la divine vertu de la religion chrétienne a produit d'excellents principes de stabilité et d'ordre pour la chose publique, à mesure qu'elle a pénétré dans les mœurs et les institutions des Etats. La juste et sage mesure des droits et devoirs chez les princes et chez les peuples n'est pas le moindre ni le dernier des fruits de cette vertu. Car il y a dans les préceptes et les exemples de Notre-Seigneur Jésus-Christ une force merveilleuse pour contenir dans le devoir tant ceux qui obéissent que ceux qui commandent, et pour maintenir entre eux cette union qui est tout à fait conforme à la nature et cette sorte de concert des volontés d'où naît le cours tranquille et à l'abri de toute perturbation des affaires publiques. »

Le comte de Maistre, en son livre *Du Pape*, jugeant, avec sa profondeur ordinaire, cette question, ramène le problème social à deux termes : D'un côté, l'homme est déchu, il a besoin d'être contenu, réprimé, gouverné ; de l'autre, puisqu'il est déchu, où trouver l'homme fort et juste, capable de gouverner saintement et sagement les autres ? Si vous laissez l'homme au désordre de ses passions, c'est l'anarchie ; si vous laissez le chef d'Etat à la licence de ses mœurs, c'est le despotisme ; dans les deux cas : c'est le bouleversement de la société. L'Eglise seule peut résoudre ce problème, d'un côté, en sanctifiant l'homme, de l'autre, en réglant et limitant le pouvoir de l'homme sur l'homme. L'Eglise fait l'un par la divine pharmacie des sacrements ; elle fait l'autre, par l'action des Pontifes Romains. De là cette société chrétienne, ce saint empire romain qui ont assuré, pendant mille ans et plus, la prospérité du genre humain et l'honneur de la civilisation. Mais depuis que Luther a rouvert le puits de l'abîme, les peuples sont devenus moins modérés, et le monde s'est trouvé jeté dans les alternatives, également révolutionnaires, du despotisme et de l'anarchie. Bientôt s'est déchaîné le fléau de la guerre : la guerre de Trente ans a fait de l'Allemagne un champ de carnage ; les guerres du XVIIe et du XIXe siècle ont ensanglanté l'Europe ; la révolution a livré les pays civilisés aux furies infernales. Pendant cette tempête, les Pontifes Romains ont offert aux princes les lumières de la religion et aux peuples les grâces de l'Eglise. Là est le salut.

« Nous agissons ainsi, conclut Léon XIII, pour que les princes comprennent que le même secours, supérieur à tout, leur est toujours offert : et Nous les exhortons énergiquement dans le Seigneur, à protéger la religion, et, ce qui est l'intérêt même de l'Etat, à permettre que l'Eglise jouisse d'une liberté dont elle ne peut être privée sans injustice et sans que tous en souffrent. Assurément l'Eglise du Christ ne peut être suspecte aux princes ni odieuse aux peuples. Elle invite les princes à suivre la justice et à ne jamais s'écarter de leur devoir ; et par beaucoup de raisons, elle fortifie et soutient leur autorité. Elle reconnaît et déclare que tout ce qui est d'ordre civil est sous leur puissance et leur suprême autorité ; dans les choses dont le jugement, pour des causes diverses, appartient au pouvoir religieux et au pouvoir civil, elle veut qu'il existe un accord par le bienfait duquel de funestes confusions soient épargnées aux deux pouvoirs. Quant à ce qui concerne les peuples, l'Eglise est née pour le salut de tous les hommes et elle les aime tous comme une mère. C'est elle qui, guidée par la charité, inspire la douceur aux âmes, l'humanité aux mœurs, l'équité aux lois ; elle n'a jamais été hostile à une honnête liberté, elle est habituée à détester les dominations tyranniques. Cette habitude de faire le bien, qui est dans l'Eglise, saint Augustin l'exprime très bien en peu de mots : *L'Eglise enseigne aux rois à veiller sur les peuples et à tous les peuples à se soumettre aux rois, montrant ainsi que tout n'est pas à tous, mais que la charité est pour tous et que l'injustice n'est due à personne.* »

Trois ans plus tard, 1884, le Pontife, de plus en plus alarmé sur les progrès de la révolution et de la guerre contre l'Eglise, élevait encore la voix : cette fois il se prenait à la franc-maçonnerie. Dans l'Encyclique *Quod apostolici*, déjà Léon XIII avait frappé les erreurs modernes du naturalisme, du socialisme et du communisme, en tant qu'elles constituent des doctrines fausses et funestes ; ici, par l'Encyclique *Humanum genus*, il attaque ces mêmes erreurs dans leur principe commun d'action destructive. Suivant sa coutume, il le prend de haut et rattache son dessein à la grande lutte, en ce monde, du bien et du mal. « Depuis que, dit-il, par la jalousie du démon, le genre humain s'est misérablement séparé de Dieu, auquel il était redevable de son appel à l'existence et des dons surnaturels, il s'est partagé en deux camps ennemis, lesquels ne cessent pas de combattre, l'un pour la vérité et pour la vertu, l'autre pour tout ce qui est contraire à la vertu et à la vérité. Le premier est le royaume de Dieu sur la terre, à savoir la véritable Eglise de Jésus-Christ, le second est le royaume de Satan. » A ce royaume de Satan se rattache la franc-maçonnerie, depuis longtemps condamnée par le Saint-Siège. Une nouvelle condamnation paraît nécessaire : 1° parce que la franc-maçonnerie est devenue l'égout collecteur de toutes les erreurs passées ; 2° parce qu'elle est armée en guerre pour détruire l'Eglise catholique, et avec l'Eglise, toutes les institutions domestiques et civiles, nées au souffle de sa vertu. Léon XIII ne se propose donc pas, comme Clément XII, Benoît XIV, Pie VI et ses successeurs, de découvrir le but ténébreux de la franc-maçonnerie, dénoncer son esprit, divulguer son secret, flétrir ses rites grotesques ; il veut exposer son programme de destruction et protester simultanément contre tous ses attentats.

L'histoire doit admirer ici sans réserve la perspicacité du Pontife. On sait, en effet, par l'ouvrage de Crétineau-Joly, *L'Eglise Romaine et la Révolution*, par quelles trames sataniques la franc-maçonnerie de 1814 à 1848 s'est acheminée à son but. Depuis 1848, elle agit au grand jour, comme conseil des gouvernements, parfois comme dépositaire de la puissance publique. En 1848, lord Palmerston, grand-maître de la franc-maçonnerie, abat momentanément le pouvoir temporel des Papes ; en 1870, Bismarck, bras droit des Loges, abat momentanément la France, fille aînée de l'Eglise. Précédemment, Napoléon III, carbonaro devenu empereur, a repris en sous-œuvre l'œuvre néfaste de Palmerston ; depuis, Gambetta, héritier du pouvoir et des illusions de Napoléon III, sous le nom de cléricalisme, déclare à l'Eglise une guerre à mort. Cette guerre se fait avec des idées fausses et des principes pervers : c'est ce vil ramas d'impostures criminelles qu'analyse l'encyclique contre les francs-maçons. Exécution d'autant plus nécessaire que la franc-maçonnerie excelle à cacher son jeu : elle se dit amie des lettres, des sciences et de la philosophie ; elle se targue de n'être qu'une entreprise humanitaire ; elle se vante de ne toucher jamais, au grand jamais, ni à la politique ni à la religion. Mais elle s'enveloppe de ténèbres ; elle lie ses adeptes par serment et les oblige à des devoirs inconnus ; puis, un beau jour, elle leur met en main un poignard ; mais pour l'ordinaire, elle se borne à les armer d'une pioche, ou simplement à en faire des termites, acharnés à la destruction de l'ordre chrétien.

Maintenant si l'on voit à l'œuvre cette secte exécrable, elle pose en principe l'autonomie et l'hégémonie de la raison, elle exclut par là même le magistère de l'Eglise et implique le principe néfaste d'une liberté licencieuse. Par suite, les francs-maçons excluent des lois aussi bien que de l'administration la très salutaire influence de la religion catholique ; ils aboutissent logiquement à la prétention de constituer l'Etat sans entrer en dehors des institutions et contre les préceptes de l'Eglise. L'Etat franc-maçon est, par nature, anti-chrétien ; et, par état, persécuteur ; en dernière analyse, c'est l'athéisme déguisé sous un nom d'emprunt.

La grande machine dont la franc-maçonnerie se sert pour expulser Dieu et son Eglise, c'est la séparation de l'Eglise et de l'Etat, la constitution de l'Etat athée, la laïcisation de tous les services, la déformation de l'esprit public par les lois scolaires, la corruption des mœurs comme résultat de toutes ces mesures. Nous reviendrons, ci-après, sur ces sujets et sur l'action propre de la franc-maçonnerie. Provisoirement, pour conjurer ces périls, le Pape recommande la guerre à la secte maçonne, le tiers-ordre de saint François, le rétablissement des corporations, la société de Saint-Vincent de Paul, et, en général, toutes les œuvres de zèle...

Si Pergama dextrâ
Defendi possint, etiam hac defensa fuissent.

Le mal qui dévore notre siècle s'attache surtout aux institutions sociales. Au XVIᵉ siècle, Luther s'était pris surtout à l'ordre intellectuel, moral et religieux ; il avait renversé l'économie de la religion et de l'Eglise. D'autres après lui avaient tiré les conséquences de ces erreurs et les avaient appliquées à l'ordre civil et politique. De ce vil ramas d'erreurs, s'était formé le cyclone révolutionnaire. Depuis lors, sous le nom de libéralisme, il paraît se modérer, mais ne réclame pas moins la licence d'exercer ses ravages. Le libéralisme, c'est la révolution endiguée et apprivoisée ; c'est le mal perpétré, non plus par des scélérats, mais par des honnêtes gens et même par des gens d'Eglise. Le nouvel Islam s'étend à tout et doit être combattu partout. Ainsi le Pontife, nous venons de le voir, avait d'abord replacé les lettres, l'histoire, les études philosophiques et théologiques au rang qui leur convient, c'est-à-dire au premier rang. Ensuite, il avait défendu le mariage contre le sensualisme, la société contre le socialisme et l'anarchie ; mais il s'était borné au principe même du pouvoir. Maintenant le Pontife théologien est homme de gouvernement, veut fixer les rapports de l'Eglise et de l'Etat, puis régler la condition de l'homme dans ces deux sociétés : c'est, en 1885 et 1888, l'objet des deux Encycliques *Immortale Dei* et *Libertas*.

Ces deux Encycliques eurent un immense retentissement. Les précédentes Encycliques avaient attiré la juste attention du monde chrétien ; celles-ci provoquèrent un enthousiasme universel et, chose étrange, parmi les applaudisseurs figuraient surtout ceux dont elles combattaient les aberrations. Sous Pie IX, les libéraux étaient très hostiles au Pape, et s'ils cachaient leur hostilité avec un certain art, ils ne laissaient pas non plus que de la montrer. Sous Léon XIII, ils changèrent de front ; ils louèrent beaucoup le Pape comme diplomate, entendant cela d'une diplomatie de prudence humaine, qui est déjà une dilution de libéralisme ; ils exaltèrent ainsi beaucoup la résolution du Pape d'interdire toute controverse dans l'Eglise, comme si toute erreur venait de disparaître par enchantement, et comme si, en admettant la persistance de l'erreur, on pouvait, en conscience, s'abstenir de la condamner. On eut pu appeler cette suspension d'armes, la paix *léonine*, car elle dérogeait, entendue ainsi, au droit et au devoir ; elle favorisait surtout l'erreur libérale ; et comme la paix *clémentine* avait été autrefois, pour les jansénistes, un avantage ; de même, la paix *léonine*, pratiquée comme le voulaient les libéraux, ne pouvait que favoriser le libéralisme. L'Encyclique *Immortale Dei* parut, aux libéraux de France, l'occasion de manifester bruyamment leurs sympathies ; ils la commentèrent avec des applaudissements formidables. Dans leurs commentaires, ils visaient surtout à innocenter l'hypothèse pour faire passer la thèse. Parce que le Pape avait dit que, dans certaines circonstances, pour éviter un plus grand mal ou procurer un plus grand bien, on peut admettre les libertés modernes, la promiscuité sociale de l'erreur et du vice, ils en concluaient que cette tolérance est une admission sans réserve et que Léon XIII avait amnistié le libéralisme. C'était un jeu d'enfants, et d'enfants ou peu clairvoyants ou peu honnêtes, mais certainement obstinés dans l'erreur.

Emile Ollivier, Meignan, Hugonin, d'Hulst et plusieurs autres abondèrent plus ou moins dans ce sens laxiste de l'Encyclique : selon eux, c'était un triomphe, et le monde entier devait se trouver libéral. François Perriot, supérieur du grand séminaire de Langres, et Justin Fèvre, prêtre du même diocèse, l'un au nom de la stricte théologie, l'autre, au nom de l'histoire, répondirent à ces commentateurs latitudinaires. Selon ces derniers, l'Encyclique *Immortale Dei*, au lieu de conduire le libéralisme au Capitole, le précipitait du haut de la roche tarpéienne, en confirmant les vrais principes de l'ordre social ; et l'Encyclique *Libertas*, en déterminant les vraies conditions de la liberté, proscrivait absolument le libéralisme de principe, et ne le tolérait en fait, que comme un moindre mal ou comme de la préparation à un plus grand bien.

Après ces deux Encycliques connexes et décisives, actes de l'autorité souveraine du Pape, obligatoires en conscience pour les chrétiens, restait la question *pratique* : Que faut-il faire ? L'Encyclique *Sapientiæ christianæ* y répondait le 10 janvier 1890. Cette encyclique est un programme d'action, écrit, non pas avec la colère d'un Archiloque ou l'enthousiasme d'un Tyrtée, mais avec la sagesse d'un théologien, revêtu du pouvoir d'enseignement du Rédempteur des âmes. Voici l'exhortation, j'allais dire la thèse du Pape.

Le progrès matériel ne suffit ni au simple particulier, ni à la famille, ni à la société publique. Les malheurs actuels nous pressent de nous exercer à la vie chrétienne, de pratiquer le vrai patriotisme et d'aimer l'Eglise. Dans cette belle pratique, il faut obéir à Dieu plutôt qu'aux hommes. Or, pour lutter contre le naturalisme, fléau de notre temps, il faut s'armer d'abord d'une foi éclairée et ferme ; ensuite il faut s'unir et *combattre* sous la direction du Souverain Pontife, qui a mission d'éclairer les esprits et de régler les volontés. Nous distinguons l'autorité de l'Etat et l'autorité de l'Eglise ; celle-ci est d'un ordre supérieur. La vie chrétienne, la charité, l'union, la prière rendront sans doute efficace notre action sociale ; mais, de plus, il faut agir et ne pas se confiner dans l'inertie sous prétexte de prudence. Les pères de famille nommément sont particulièrement obligés à la lutte, pour donner à leurs enfants une éducation chrétienne. Maintenant écoutez et gravez dans vos âmes ces belles paroles :

« Si les lois de l'Etat sont en contradiction ouverte avec la loi divine, si elles renferment des dispositions préjudiciables à l'Eglise, ou des prescriptions contraires aux devoirs imposés par la religion ; si elles violent dans le Pontife Suprême l'autorité de Jésus-Christ : dans tous ces cas, il y a *obligation* de résister et obéir serait *un crime* dont les conséquences retomberaient sur l'Etat lui-même.

« Reculer devant l'ennemi et garder le silence, lorsque de toutes parts s'élèvent de telles clameurs contre la vérité, c'est le fait d'un homme sans caractère ou qui doute de la vérité de sa croyance. Dans les deux cas, une telle conduite est honteuse et elle fait injure à Dieu ; elle est incompatible avec le salut ; elle n'est avantageuse qu'aux seuls ennemis de la foi ; car rien n'enhardit autant l'audace des méchants que la faiblesse des bons.

« L'Eglise, société parfaite, très supérieure à toute autre société, a reçu de son auteur le mandat de combattre pour le salut du genre humain comme *une armée rangée en bataille*.

« Accomplir ses devoirs ne saurait être une obligation gênante ; par contre, refuser de combattre pour Jésus-Christ, c'est combattre contre lui. Nous ne nous exposerons jamais à ce que, dans le combat, notre autorité, nos conseils, nos soins puissent, en quoi que ce soit, faire défaut au peuple chrétien ; et il n'est pas douteux que, dans toute la durée de cette lutte, Dieu n'assiste d'un secours particulier et le troupeau et les pasteurs. »

La consigne du Pape était, spécialement pour la France, un mot d'ordre de combat ; il ne fallait remettre l'épée au fourreau qu'après la victoire. Cette conclusion n'appelait aucune détermination nouvelle ; le Pape voulut cependant la déterminer encore avec plus d'évidence. Ce fut, en 1892, l'objet d'une encyclique spéciale à la France. Par un acte de sa puissance souveraine, le Pape signale un vaste complot, formé par certains hommes, d'anéantir le christianisme en France. Ces hommes se poussent à ces excès sous prétexte d'hostilité de l'Eglise à la République et de tentative de l'Eglise de vouloir établir, en France, sa domination politique. Ce double mensonge succombe devant ce double fait : Que l'Eglise accepte toutes les formes de gouvernement sans préférence de fait pour aucun ; qu'elle accepte ici la monarchie, là la démocratie ou l'aristocratie ; et qu'elle ordonne à ses enfants d'obéir à tous les gouvernements de fait, pourvu qu'ils ne soient pas intrinsèquement mauvais. En conséquence, au nom de la religion et pour le bien de la paix, le Pape n'ordonne point aux Français d'abdiquer, en politique, leurs convictions ou leurs préférences personnelles, mais il ordonne, au for extérieur, de se rallier à la République et de se soumettre à ses lois dans tout ce qui n'est pas contraire aux lois de l'Eglise et à l'honneur de Dieu. Quant aux lois anti-chrétiennes, Léon XIII ordonne de les combattre.

En principe, dans sa généralité, la consigne de Léon XIII, parfaitement assortie à toutes les espérances de l'Eglise, se résume, en pratique, à trois points :

1° Acceptation du régime en vigueur, du gouvernement de fait, quant à la forme de l'Etat, acceptation qui existe d'ailleurs parmi nous, depuis un siècle, au milieu de toutes les vicissitudes et transformations du pouvoir.

2° Résistance énergique à la législation athée, à la laïcisation des institutions sociales, spécialement aux actes de persécution, et combat de tous, depuis l'humble fidèle jusqu'à l'évêque, contre toutes les lois qui visent à la déchristianisation de la France.

3° Union de tous, clergé et fidèles, à l'épiscopat, mais *pour le combat*, mais pour la croisade à l'intérieur que prêche Léon XIII ; par conséquent, insuffisance de la défense de l'Eglise, si elle ne s'effectue que par la pratique d'une charité paresseuse, destructive de la vérité ou incapable de la défendre.

Voilà, en trois mots, ce que le Pape dit *Urbi et orbi* ; voilà le mot d'ordre pontifical, qu'il résulte implicitement de toutes les encycliques, formellement de l'Encyclique *Sapientiæ christianæ*, solennellement de l'Encyclique aux Français et de plusieurs lettres à des particuliers. Sur ces trois points, la négation est impossible ; la distinction, l'équivoque ou la réserve seraient malvenues. Le programme du Pape contient trois règles de conduite ; il les impose avec une autorité certaine et souveraine ; tous doivent s'y soumettre. En accepter une part, en diminuer une autre, aggraver le devoir de la soumission, diminuer le devoir de la résistance, c'est distinguer où le Pape ne distingue pas ; c'est tomber, au regard du Pontife, dans une espèce de protestantisme social qui énerve les catholiques et ne profite qu'à l'ennemi du nom chrétien.

Un des actes mémorables de Léon XIII, ce fut donc l'Encyclique aux Français, écrite dans notre langue par le Pape lui-même. Ce changement de style n'était pas une dérogation aux usages, puisque, depuis trois siècles, le français est la langue de la diplomatie ; du moins c'était une bonne grâce envers la France, puisque le Pape lui-même, qui jusque-là ne s'était servi que du latin ou de l'italien, sanctionnait, par son exemple, l'emploi diplomatique de la langue française. Cet acte de courtoisie avait, du reste, une plus haute portée.

La République était gouvernée par un parti impie jusqu'à la moelle ; pour tous, opportunistes ou radicaux, la violence contre le catholicisme était, sinon la mesure, du moins la marque de la foi démocratique. Les royalistes s'étaient faits les champions de l'Eglise ; ils rappelaient les jours heureux dont l'Eglise avait joui sous la monarchie et affirmaient que la monarchie seule pourrait les ramener. Le clergé, uni par devoir aux défenseurs de la religion, paraissait lui-même le défenseur de la royauté. En attaquant la religion, le gouvernement paraissait donc protéger la république contre la monarchie.

Léon XIII voulut dissiper cette confusion. Les partis monarchiques, loin de rien ajouter à la force de l'Eglise, compromettaient plutôt ses intérêts et se préoccupaient surtout de mettre leurs espérances politiques sous la protection de la première puissance morale du monde. La République était un gouvernement de fait et un régime accepté par la majorité de la nation. Cette même majorité républicaine portait à l'Eglise un respect tempéré de préjugés, affaibli par l'indifférence, profond encore, mais l'attitude des catholiques blessait cette majorité dans son attachement aux institutions républicaines. Le jour où les sectaires ne pourraient plus dénoncer l'hostilité des catholiques contre la République, ils n'obtiendraient plus du pays licence de continuer la guerre impie. Le Pape en conclut que, sans improuver la foi et les espérances des monarchistes, il fallait, dans l'intérêt de l'Eglise, rompre la solidarité de l'Eglise avec la monarchie. Les catholiques français ne pouvaient pas, d'eux-mêmes, effectuer cette rupture : au moment où le gouvernement tenait le clérical pour un ennemi et identifiait l'irréligion avec la république, les catholiques ne pouvaient abandonner leurs défenseurs et se livrer aux ennemis de leurs croyances. C'eut été capituler et trahir. Une seule autorité était capable de dissiper cette fausse apparence, de tracer impérieusement le devoir, d'apaiser les scrupules et d'entraîner la soumission : c'était la papauté. Voilà pourquoi Léon XIII écrivit cette encyclique fameuse où il imposa plus qu'il ne conseilla aux catholiques le devoir de respecter les institutions agréées du pays.

La volonté du Pape, intimée avec éclat, s'affirmait avec une autorité égale. S'il rompait les anciens liens, ce n'était pas pour en former de nouveaux et porter le droit divin de la monarchie à la république. Léon XIII avait libéré l'Eglise d'une solidarité compromettante avec un régime, non pour l'inféoder à un autre, mais pour assurer son indépendance. A l'heure où les pouvoirs devenaient mobiles et changeants, l'Eglise ne devait s'associer ni à leurs victoires ni à leurs défaites. L'Encyclique portait la déclaration solennelle que l'Eglise ne gardait pas de fidélité aux formes de gouvernement abandonnées, qu'elle n'avait pas d'hostilité aux formes choisies par le pays. L'Eglise n'attachait pas sa destinée éternelle aux vicissitudes éphémères des pouvoirs politiques. Sûre de leur survivre, elle leur promettait la paix, elle ne leur assurait pas l'avenir.

Moins encore Léon XIII voulait-il aucun accommodement avec les persécuteurs, aucune transaction avec les mesures hostiles à l'Eglise. En distinguant entre la constitution et des lois de circonstances, il insinuait plutôt qu'il fallait combattre ces lois injustes et violentes, attentatoires au droit divin de la religion et aux stipulations pacifiques du Concordat. Le Pape connaissait la passion des sectaires au pouvoir ; il ne s'adressait point à eux. Mais sous un régime d'opinion, le suffrage universel confère ou enlève le pouvoir ; le Pape demandait donc aux catholiques de mettre à profit les ressources offertes par ce régime de ne pas décharger leurs coups sur des formes acceptables et acceptées ; mais de rendre ces coups plus efficaces en les faisant tomber sur les actes de persécution. Le Pape ne commandait pas de jeter bas les armes, mais de rectifier le tir et d'accepter le régime pour remplacer au gouvernement les ennemis de la foi.

Aucune clarté d'enseignement ne suffit à faire disparaître les obscurités que caressent les partis. Jamais paroles plus nettes ne furent plus mal comprises. Les monarchistes parurent croire que se résoudre à la république, c'était cesser toute lutte contre ses chefs, ou, du moins, contre leurs excès. Les sectaires, s'autorisant de cette attitude, affectaient de louer le Pontife, comme s'il eût, en acceptant la république, déclaré intangibles les lois de persécution. Ces confusions portèrent le trouble dans les consciences ; les directions pontificales, mal comprises, furent mal appliquées. La parole du Pape subit des commentaires qui l'exagéraient ou l'atténuaient, de façon à en diminuer malheureusement la vertu. Malgré tout, si l'union des catholiques ne produisit pas une unanimité d'action, si les sectaires déclarèrent intangibles leurs lois les plus violentes, la puissance du persécuteur fut atteinte à son point de départ. Le bon sens de la multitude, rassuré par la parole de Léon XIII, ne craint plus que l'Eglise ne soit un instrument de révolution politique et aspire à la paix religieuse. Le temps fera le reste. Cette dure matière qu'on appelle l'esprit public ne se laisse pas aisément pénétrer par un rayon de lumière. Les grandes évolutions de la pensée ne s'accomplissent qu'avec lenteur, surtout lorsqu'elles ont les masses pour véhicule. Le jour où les uns et les autres jugeront l'initiative et l'enseignement de Léon XIII avec des sentiments justes, les républicains sectaires y trouveront une défaite, les catholiques une victoire.

L'Encyclique aux Français appuie sur un point qu'il faut signaler ; elle trace le programme d'une politique nouvelle envers la démocratie. La démocratie est la résultante séculaire de la prédication de l'Evangile aux pauvres; elle n'a rien qui puisse effrayer l'Eglise; elle ne peut produire d'heureux fruits que par son concours. Politiquement, l'Eglise ne songe plus à s'attacher à la fortune des gouvernements et à obtenir d'eux, par grâce, accès auprès des peuples. L'Eglise va au peuple sans permission de personne, elle n'espère qu'en sa force de persuader, elle ne travaille à se concilier que l'opinion et, par l'opinion, à conquérir le gouvernement. A cette espérance se mesure l'étendue des desseins de Léon XIII. L'Encyclique aux Français est l'acte d'intervention le plus hardi que, depuis le Moyen Age, l'Eglise ait tenté dans les affaires du monde.

Les dépositaires de la puissance publique n'ont plus le droit de lui opposer les traditions et les principes de l'Etat : les traditions, ils les ont détruites; les principes, elle les invoque. Son ambition est inattaquable, puisqu'elle ne demande ni privilège, ni faveurs, ni traités; elle se fie à la volonté nationale, leur loi, à l'indépendance de l'homme, leur dogme.

« Par le plus impérieux des retours, dit Etienne Lamy, moins de trente ans après le *Syllabus*, l'Eglise, poursuivie comme l'adversaire irréconciliable des libertés humaines, a trouvé droit d'asile dans ces libertés; et c'est à la France, destructrice de la société ancienne, qu'un pape a dédié un acte solennel de concorde avec la société nouvelle. L'Eglise a ainsi commenté ses doctrines, qu'on ne voulait pas comprendre, par sa conduite. Elle a déclaré légitime le choix des gouvernements par les peuples; elle s'est montrée résolue à pratiquer les libertés privées et publiques. Elle le pouvait sans contradiction ni hypocrisie, parce qu'elle leur ajoute, en les pratiquant, tout ce qui, sans elle, leur manque et les fait vicieuses. Elle, en effet, a la connaissance des devoirs qui limitent les droits; elle, dans les conflits de l'intérêt individuel et de l'intérêt social, est un arbitre, parce qu'elle possède des certitudes sur les destinées de l'homme et du monde (1). »

Si quelque partisan du passé objectait l'alliance séculaire et les bienfaits historiques de la monarchie, il suffirait, pour résoudre l'objection, d'alléguer les changements des temps; pour les écarter, il suffit de mettre les choses au point. Héritiers de ces seigneurs féodaux, qui accueillaient les pèlerins et les rançonnaient, les rois ne donnaient pas leur protection à l'Eglise, mais la lui vendaient. Non seulement ils prélevaient sur ses biens une part croissante avec le désordre des finances et l'avidité des cours; mais ils soumettaient les doctrines à la censure et refusaient de recevoir les actes, même simplement doctrinaux, qu'ils tenaient pour une menace ou pour une gêne. Tuteurs de la pensée publique, ils estimaient que la religion tombait sous leur police. Il suffisait qu'un roi se tournât contre l'Eglise pour lui enlever une nation; les schismes et les hérésies ont été presque partout et toujours, œuvres de princes. L'Eglise, pour accomplir l'essentiel de son ministère, était donc obligée de subir les conditions des souverains; comme la royauté la plus attachée à l'Eglise, mais la plus jalouse de son autorité, était celle de France, l'ensemble des sûretés prises par elle contre la puissance de l'Eglise, était appelé par les rois des *libertés* et par Rome des *servitudes*. Si la vieille alliance entre l'Eglise et l'Etat pouvait renaître, la royauté redeviendrait ce qu'elle n'a jamais cessé d'être, une personne interposée, avec ses intérêts, ses traditions et ses maximes, entre l'enseignement de l'Eglise et la foi des fidèles; elle restaurerait le régime tout ensemble tutélaire et ennemi, qui assurait à l'Eglise la vie, mais en nouant sa croissance et en gênant, parfois tyranniquement, son action.

L'avènement de la démocratie républicaine émancipe l'Eglise non moins que les nations. Le gouvernement n'a plus le droit de se croire une puissance supérieure au peuple; il n'est plus que la volonté collective de la nation. A lieu d'imposer sans discussion son autorité, il doit recevoir, des électeurs, sa propre orientation et son devoir est de protéger tous leurs droits. Sans doute la souveraineté populaire peut, par ses mandataires, se montrer aussi injuste, aussi tracassière que la monarchie; mais ses iniquités sont des crises, non des traditions. La mobilité qui est l'essence du régime, l'indépendance de parole, d'écrits et d'actions qui accompagne cet état social, laisse à l'Eglise le moyen de plaider sa cause, de convaincre l'adversaire et de faire fléchir le gouvernement. Les relations de l'Eglise avec les pouvoirs établis ne sont donc plus que des rencontres passagères. Que le pouvoir la poursuive de faveurs ou de menaces, elles sont fragiles comme lui et trop peu sûres pour que l'Eglise leur sacrifie sa discipline. Ce n'est pas avec eux qu'elle doit s'entendre; c'est près des peuples qu'elle doit établir son crédit, si elle veut obtenir justice et respect des gouvernements.

C'est sur ces idées que Léon XIII régla ses rapports avec la France et avec les autres gouvernements : il noua des relations avec tous, d'attaches avec aucun. Sans préférence marquée pour les vieilles monarchies, peut-être avec une tendance plus favorable à la souveraineté des peuples, il s'appliqua, avec une réserve impartiale et une invariable générosité, à sauver partout les immunités du peuple chrétien. Par l'ensemble de ses actes et de ses enseignements, sans abandonner le droit divin de la sainte Eglise, c'est sur la liberté des peuples qu'il s'est appuyé; c'est en encou-

(1) *La France chrétienne dans l'histoire*, p. 680.

rageant les catholiques à employer de préférence, au profit de leur foi, leurs droits de citoyen, garantis d'ailleurs par le Concordat, qu'il a obligé, dans le monde entier, les gouvernements les plus orgueilleux à compter avec la Chaire du prince des Apôtres. Le droit de l'Eglise reste entier ; le droit des citoyens, hautement proclamé, revendiqué fièrement, c'est la courbe rentrante qui ramène les affaires de l'Eglise à la grande unité du plan divin.

Après l'Encyclique aux Français, un des grands actes de Léon XIII ce fut l'Encyclique *Rerum novarum* sur la condition des ouvriers. L'importante affaire, en effet, n'est pas de politiquer mais de vivre. La première question sociale, c'est la question du pain. C'est la question de tous les temps. Pendant quinze siècles, elle avait été résolue par la charité publique ; en 1789, il existait vingt milliards de biens charitables. La révolution n'en fit qu'une bouchée ; elle jeta ces vingt milliards dans le gouffre, toujours vide, de ses sept banqueroutes. Il y eut toujours des pauvres en France : il n'y eut plus rien pour soulager leur misère.

Le principe du libéralisme personnel, seul *Credo* de la révolution, est d'ailleurs impuissant à résoudre ces problèmes et ne peut qu'exaspérer les passions. Les formules banales d'égalité et de paix sont impuissantes, je ne dis pas à contenir, mais à concilier les égoïsmes qui veulent, les uns, tout prendre, les autres, ne rien céder. La seule autorité que reconnaissent les réformateurs de 1789, la raison dit aux prolétaires que tous les hommes ont un droit égal à la richesse, qu'un partage inique enlève aux uns le nécessaire en donnant aux autres le superflu ; que, par suite, la liquidation sociale est nécessaire. La même raison dit aux détenteurs de la richesse que cette richesse est le fruit de leur travail, de leur talent, de leur habileté et qu'ils ne doivent rien à la maladresse ou à la fainéantise d'autrui. Si intolérable que soit, pour les déshérités, le dénuement, si funeste que soit, pour les privilégiés, la dépossession, se considérant comme maîtres absolus de leur destinée, ils doivent aboutir à une lutte impitoyable, où les uns laisseront mourir de faim les multitudes, autour de leurs greniers pleins et clos, où les autres mettraient à sac la fortune publique, sur l'espoir, si douteux soit-il, d'améliorer leur sort.

L'Eglise seule est prête à exercer, entre ces égoïsmes, une médiation nécessaire, car, pour parer au péril de guerre sociale, elle n'a eu qu'à redire, au monde, les vieilles doctrines de ses livres sacrés. Dans l'Encyclique *Rerum novarum*, Léon XIII, sans souci de plaire, sans crainte de blesser, a présenté, aux classes en conflit, une théorie complète et juste des droits respectifs du travail et du capital. Nulle richesse ne se donne à l'homme sans un labeur ; ce labeur la multiplie ; ce qui est créé par un effort appartient à celui qui a fait l'effort ; le fondement de la propriété, c'est le travail. La propriété doit être individuelle comme l'effort. Les différences innées et ineffaçables de force physique, intellectuelle et morale, donnant à l'effort de chacun une efficacité inégale, vouent les hommes à l'inégalité des fortunes. L'espoir de niveler, malgré la nature, les conditions, est une chimère ; qui voudrait la poursuivre anéantirait le travail, l'émulation et la richesse même.

Si Léon XIII répudie le socialisme, il enseigne que les hommes maintenus, par la loi de nature, au dernier rang, y sont placés pour vivre. Ce n'est pas une vie conforme à la dignité humaine, que le sort fait à un grand nombre de prolétaires par une industrie sans foi et sans cœur. Le plus humble coopère à une grande œuvre ; la vigueur ou l'adresse de l'ouvrier, seuls avantages que l'industrie compte et paie, sont la moindre fonction de sa personne. Par la famille, il doit perpétuer la nation ; dans le cours de sa vie, il doit cultiver son être intelligent et moral. Ce n'est plus une condition régulière, s'il est condamné pour gagner son pain à un travail homicide ; s'il n'a pas le loisir de vivre au foyer avec les siens ; si enfin, après avoir été machine par le travail, il ne goûte jamais, dans le repos, sa dignité d'homme.

Cette condition inique où sont réduits un trop grand nombre de prolétaires ne peut être changée sans une diminution de travail et un accroissement de salaire. Léon XIII rappelle, à ceux qu'il défend contre l'expropriation violente, les devoirs de la propriété. Les biens de la terre existent pour l'utilité commune de la race humaine. Leur inégale répartition fait des pauvres et des riches : ce n'est pas pour que les uns meurent de faim et les autres de pléthore ; c'est parce que l'appropriation individuelle est le meilleur moyen de conserver et d'accroître la richesse générale. Mais la remise en des mains diverses et en fractions différentes, de cette richesse, n'éteint pas le droit initial de tout homme à en subsister. Les pauvres sont les créanciers des riches ; les riches sont les intendants des pauvres. Le superflu de leur temps et de leurs ressources leur a été prêté pour compléter la part de ceux à qui manquent les ressources et les loisirs. Là est le devoir strict du riche, non dans la limite que se trace à elle-même sa générosité ; mais dans la limite précise où son superflu est nécessaire à l'entretien du pauvre. Ce compte a été ouvert par la Providence, afin que nul ne s'isolât dans le culte exclusif de soi-même, afin que les hommes se sentissent nécessaires les uns aux autres, que ces rapports d'aide et de gratitude fissent d'eux les membres d'une même famille.

En traçant ces devoirs, Léon XIII en montrait la source dans une communauté d'origine et dans une destinée future où tous les sacrifices doivent recevoir leur récompense. Ainsi la vertu de l'Evangile, ainsi la sagesse de l'Eglise s'opposaient aux prétentions des philosophes.

Des croyances, proclamées superflues, permettent seules de proposer aux hommes des résignations ou des dépouillements, sans qu'ils se croient dupes ; et, en rattachant la société humaine à une doctrine plus haute, on assure à la fois sa prospérité et sa réforme.

Quand, en face des foules menaçantes, des intérêts effrayés, de la société impuissante, de la civilisation aux abois, l'Eglise énonce cette doctrine et exerce ce magistère, les ironies, les dédains et les insultes ne sont plus de mise. Les ouvriers même les plus prévenus écoutent avec respect cette voix, où ils reconnaissent l'accent de la tendresse désintéressée et trouvent le bienfait des espoirs raisonnables. Les classes riches et sceptiques, séparées de l'Eglise par l'égoïsme et la volupté, mais inquiètes pour leurs biens, abandonnent quelque chose pour que ce sacrifice leur assure la possession du reste, et comprennent parfois que la foi seule peut obtenir des pauvres le respect d'un état social où, réussit-on à diminuer la misère, la vie restera rude au plus grand nombre. Les intérêts eux-mêmes ramènent à l'Eglise ; jamais les incertitudes, les angoisses, les désenchantements du monde ne lui ont fait un plus haut pouvoir. L'Eglise est devenue la première personne publique, un siècle après cette révolution qui prétendait la reléguer dans les temples et la cacher, comme un secret ridicule, au fond le plus obscur des consciences.

En attendant que l'Encyclique *Rerum novarum* soit la charte économique d'une société nouvelle, chaque année des pèlerinages ouvriers s'acheminent vers Rome. Sous la direction des Harmel, des André, ils portent au Père commun des fidèles la reconnaissance des travailleurs. C'est par des pèlerinages qu'ont commencé les croisades. Qui sait ? le gouvernement usurpateur en a déjà laissé voir la crainte : peut-être ces pèlerinages sont la préparation d'un grand mouvement qui délivrera l'Europe de son paupérisme et rendra Rome au Pape.

Après l'Encyclique sur la condition des ouvriers, nous n'avons plus qu'à mentionner et à expliquer la seconde Encyclique aux Français, relative à la formation du sacerdoce.

De toutes les fonctions qui peuvent appartenir à l'homme vivant en société, la plus élevée par son origine, la plus noble par son objet, la plus importante par son but, c'est le sacerdoce. Les autres dignités viennent des hommes, s'appliquent aux intérêts périssables et se bornent à l'horizon du temps. Le sacerdoce, création surnaturelle de Dieu, incarnation continuée de Jésus-Christ, a les âmes pour objet, l'éternité pour but. Le type du sacerdoce, c'est l'Homme-Dieu ; le premier qui en esquissa les traits divins, c'est saint Paul. Les Athanase, les Basile, les Chrysostome et les Grégoire en dessinèrent la figure par des coups de crayons immortels et valables pour tous les siècles. A chaque siècle, les mouvements des nations et les évolutions de l'erreur essaient d'altérer le type invariable du prêtre ; ils veulent l'approprier aux temps, aux circonstances et surtout aux passions des hommes. Entreprise qui se couvre de prétextes plausibles, qui n'est, au fond, qu'un sacrilège attentat.

Le grand moyen pour conjurer cette entreprise, c'est la formation du prêtre ; et le secret pour y réussir, c'est de former le prêtre à la fonction de rédempteur des âmes. Le code de cette fonction est rédigé en articles définitifs. La difficulté et le mérite de son enseignement, c'est de l'interpréter sans l'altérer ; c'est de l'imposer comme règle invariable, et pourtant appropriée aux caractères des temps, aux conditions des lieux, aux légitimes exigences des personnes.

Les dogmes sacrés de la religion, révélés de Dieu, principes immuables et formes invariables de la vérité, ne peuvent être sujets au changement. Mais la forme sous laquelle on peut les présenter *dans leurs rapports* avec la nature, avec l'homme, avec la société, sont changeants ; et de là vient que la doctrine de l'Eglise a été enseignée de différentes manières, suivant les temps et les circonstances. Cette variété a deux causes principales : l'état des peuples qu'il faut enseigner et le genre d'ennemis contre lesquels il faut combattre. Les apôtres et leurs premiers successeurs, qui convertirent le monde, tenaient un autre langage que les missionnaires qui convertirent les barbares du Nord, au ve siècle. Les jésuites prêchaient leurs néophytes du Paraguay dans un style qui n'était pas celui de Massillon et de Bourdaloue ; et les discours de Bossuet ne ressemblent pas aux conférences de Lacordaire.

Dans la polémique contre les ennemis de l'Eglise, se produit la même variété. Il y a une différence profonde entre les premières et les dernières hérésies ; qui voudrait établir un parallèle entre Nestorius et Eutychès, et Luther, Voltaire ou Proudhon, se heurterait à des impossibilités. La même différence existe entre les œuvres des défenseurs de l'Eglise. Les écrits de Tertullien ne ressemblent pas aux écrits de saint Augustin ; les écrits de saint Jérôme ne ressemblent pas aux écrits de saint Thomas ; les écrits de Suarez ne ressemblent pas aux controverses de Bellarmin ; Bellarmin diffère de Bossuet et les apologistes des siècles précédents diffèrent des apologistes de notre siècle.

« Selon les différences qu'on observe dans l'état intellectuel et moral des peuples, dit Balmès, il faut leur parler un langage différent. Ce qui n'offre pas de difficulté pour l'homme civilisé, en présente d'insurmontables pour le barbare ; ce qui est aisé pour le savant, est impossible à l'homme grossier. A cet égard, les peuples civilisés eux-mêmes peuvent être distribués sur une échelle fort étendue ; et suivant le degré de développement intellectuel et moral auquel ils sont parvenus, il faut leur présenter les mêmes idées sous des formes diverses et parler à leur cœur un langage différent. Ne voyons-nous pas la preuve de cette vérité jusque dans le sein de la même population ? n'éprouvons-nous pas, à chaque instant, qu'un discours parfaitement convenable pour un auditoire choisi est tout à fait disproportionné à la généralité du peuple. Des expressions qui répugnent à l'un sont aimées par un autre ; et des traits qui arrachent à celui-ci des larmes abondantes laisseront froid celui-là, ou même ne lui inspireront que le sourire et le mépris (1). »

C'était un des grand soucis du pape Léon XIII de pourvoir supérieurement à la fonction du sacerdoce. Le 4 août 1879, il avait traité, en maître, de la philosophie chrétienne, dans l'Encyclique *Æterni Patris*. A son point de départ, il avait posé, comme principes, le magistère doctrinal de l'Eglise et la subordination de la philosophie à la foi. L'homme écoute les enseignements de Dieu et se sert de la lumière de ces enseignements pour pénétrer les mystères accessibles à sa raison. Cette raison, raisonnablement soumise à la foi, rend à la foi d'éminents services. D'abord elle est une institution préparatoire à la foi et à la doctrine de l'Evangile. Prélude de la foi, elle en est aussi l'auxiliaire, en ce sens que la théologie sacrée doit recevoir d'elle la nature, la forme et les caractères d'une science. Enfin il appartient aux sciences philosophiques de protéger religieusement les vérités divinement révélées et de résister à l'audace de ceux qui les attaquent.

Ce rôle de la philosophie dans l'Eglise une fois déterminé, Léon XIII cherche, dans l'exemple et la pratique des Pères, la méthode de la formation sacerdotale. Paul le premier avait appris de David à tuer Goliath avec son propre fer. Après lui, Justin, Quadrat, Aristide, Hermias, Athénagore, et, le plus grand des apologistes, Tertullien, s'étaient campés sur le terrain de la foi pour s'approprier toutes les ressources et toutes les forces de la philosophie. Clément d'Alexandrie, et le plus grand des Pères, Augustin, s'arment d'une foi souveraine et d'une doctrine philosophique non moins grande, pour combattre toutes les erreurs. Plus tard Damascène, Boèce, Anselme, marchent sur les traces d'Augustin. Enfin les docteurs du Moyen-Age recueillent les riches moissons de doctrines répandues dans les œuvres des Pères, et par la philosophie chrétienne, en font comme un seul trésor, à l'usage des générations futures. Le plus grand des scolastiques, saint Thomas, reste comme le point culminant, le plus haut sommet de cette philosophie subordonnée, plutôt que soumise, à la foi.

Le principe qui se dégage de cette pratique des Pères et des scolastiques, c'est, suivant le mot de saint Augustin: *Credo ut intelligam*, je crois pour comprendre ; et cet autre mot de saint Anselme : *Fides quærens intellectum* : la raison, informée par la foi, cherchant, autant qu'elle peut l'atteindre, l'intelligence de toutes choses. La foi est le point de départ de la philosophie ; la croyance surnaturelle est l'âme de l'intelligence. La puissance créatrice de cette âme, c'est l'Eglise, et l'Eglise, c'est Rome, et Rome, c'est le Pape. Pendant plus de trente ans, avec toute l'énergie dont il était capable, Pie IX a fait, du Collège Romain, l'*alma mater* des écoles théologiques du monde entier. La création du séminaire français à Rome n'avait pas d'autre raison d'être que de créer le séminaire modèle des séminaires de France, sous la protection immédiate de l'Eglise Romaine.

Léon XIII continue Pie IX. Avec une sûreté de coup d'œil, une profondeur de pensées, une netteté d'expression qui n'appartiennent qu'au vicaire de Jésus-Christ, le pontife établit que le mal moral et le mal social ont leur source dans les idées fausses. L'Encyclique *Æterni Patris* rattache directement la question sociale à la restauration de la philosophie. Pour entreprendre logiquement, solidement, la restauration sociale, il faut réorganiser les études sur l'ancien type catholique. Nous périssons pour avoir innové ; nous ne pouvons nous sauver sans revenir aux institutions scolaires, ébranlées en France par le protestantisme, le jansénisme, le gallicanisme, le libéralisme et le rationalisme, mais conservées dans l'Eglise, surtout à Rome, et contre lesquelles il n'y a pas de prescription possible.

D'où vient la déviation, en France, des écoles de théologie ? Du système de Descartes, du doute méthodique et de la raison humaine posée comme base exclusive de tout l'édifice de nos connaissances. Descartes, il est vrai, avait épargné le *Credo* catholique, mais dépouillé de ce vaste commentaire traditionnel, de cette belle philosophie dont les siècles chrétiens l'avaient entouré. Cette grande doctrine, cette langue, cette méthode de la scolastique, qui avaient pour elle la sanction du temps, le prestige des siècles de foi, le témoignage de splendides travaux, la vénérable autorité des saints, que l'Eglise reconnait comme ses docteurs, qu'elle honore comme les maîtres de la vertu et de la science : cette méthode fut déclarée étroite, ridicule, surannée, insuffisante au progrès, incapable d'être à la hauteur des intelligences. En conséquence de ce divorce, la foi ne devait plus troubler la raison dans ses ténèbres, ni lui ôter son doute, ni contrôler ses recherches. La raison de son côté, devait se cantonner sur son terrain propre et s'occuper exclusivement de ses propres affaires. La théologie ne devait plus raisonner ; la philosophie, plus s'assujettir à la révélation. Plus de cette alliance intime et féconde de la raison et de la foi ; plus de cette contemplation rationnelle du dogme chrétien ; mais dans toutes les sphères, principe et pratique du séparatisme ;

---

(1) Balmès, *Mélanges*, t. I, p. 149.

anathème au Moyen Age, à sa grande science, à son symbolisme, à toutes les merveilles de la civilisation chrétienne.

Désormais le doute est à la base de toutes les connaissances ; la raison indépendante est seule à la recherche de la vérité ; elle refait sa méthode d'études ; elle bâtit des systèmes, tous faux par quelques endroits. La vérité est diminuée ; les ténèbres envahissent les intelligences ; l'incertitude est partout. A la vérité, dans l'Eglise pour répondre à Luther, on recourt aux recherches de l'érudition et aux luttes de l'apologétique. Le Concile de Trente couronne glorieusement cette période. Notre XVIIe siècle, à son début, y trouve la cause de ses grandeurs ; Thomassin, Petau, Mabillon, sont encore les fruits glorieux des anciennes méthodes. Malheureusement, le siècle, si grand par certains côtés, est en proie, sous d'autres rapports, aux pires erreurs ; le doute cartésien, le césarisme politique, le gallicanisme, le quiétisme, le scepticisme et surtout le laïcisme, s'y rencontrent comme à une source empoisonnée. Par une remarquable fortune, la France possède alors des génies dans tous les genres et les lettres y trouvent un de leurs grands siècles. Dans tous ces grands hommes, il y a quelques lacunes et quelques ombres. Bref, le XVIIe siècle, dégagé à peine des corruptions du XVIe siècle, tombe sans transition dans la putréfaction du XVIIIe et dans les folies orgiaques de 1789. Nous en sommes aujourd'hui au matérialisme athée, servi par les aveugles fureurs du pire fanatisme.

Il s'agit de sortir de là et d'en sortir par la vertu de Jésus-Christ. Nous ne devons rien concéder à l'erreur ; ce n'est qu'en l'écrasant que nous verrons lever le soleil et blanchir nos moissons. Le moyen, c'est de revenir à Rome, c'est de demander au Pape la tradition scolaire de la chrétienté ; c'est d'imbiber nos prêtres de toutes les grâces de l'Evangile et de les former de telle façon, que, pour convertir, sanctifier et gouverner le monde, ils aient, par la foi, surnaturellement comprise et prêchée, la vertu divine du Christ-Rédempteur.

C'est à quoi veut pourvoir Léon XIII par son Encyclique du 8 septembre 1899, aux évêques et au clergé de France. Léon XIII aime à honorer le mérite ; il commence par louer les *Gesta Dei per Francos*, et comme les gestes des Francs sont dus à l'enseignement et au ministère sacré des prêtres, il tire, de la sublimité de ce ministère, l'obligation de proportionner sa formation à sa grandeur. Si l'on veut y réussir, il faut travailler de bonne heure. Le Pape constate que les curés des paroisses rurales s'appliquent à discerner et à instruire les enfants qui, après leur première communion, offrent des dispositions à la piété et des aptitudes au travail intellectuel. Des écoles presbytérales, les enfants passent dans les petits séminaires, très salutaire institution, justement comparée à ces pépinières où sont cultivées les plantes qui réclament des soins spéciaux. Les maîtres qui leur enseignent la grammaire, les éléments des lettres, des sciences et des arts, doivent sans doute s'y appliquer avec intelligence et zèle ; mais surtout ils doivent étudier leur vocation et la préserver des malignes influences. Une fois en possession de la langue latine et de la langue grecque, les jeunes gens passent au grand séminaire pour s'y préparer, par la piété et par l'étude, aux ordres sacrés. Pour la philosophie, Léon XIII réclame un cours de deux ans : il est impossible de rendre, à la raison, un plus bel hommage. Mais le Pape ne veut pas que cette science des causes premières et des fins dernières « se mette à la remorque d'une philosophie (Cartésiens, écoutez ceci) qui, sous le spécieux prétexte d'affranchir la raison humaine de toute idée préconçue et de toute illusion, lui dénie le droit de rien affirmer au-delà de ses propres opérations, sacrifiant ainsi à un subjectivisme radical toutes les certitudes que la métaphysique traditionnelle, consacrée par l'autorité des plus vigoureux esprits, donnait comme nécessaires fondements à la démonstration de l'existence de Dieu, de l'immortalité de l'âme et de la réalité objective du monde extérieur ».

En passant, le Pape recommande les sciences physiques et naturelles, non pas dans leurs applications presque innombrables à l'industrie humaine ; mais dans leur grand principe et leurs conclusions sommaires, afin de pouvoir résoudre les objections que les incrédules tirent de ces sciences contre les révélations. Ensuite, il vient à la théologie qu'il célèbre dans les termes pompeux de Sixte-Quint. Comme textes classiques, il recommande le catéchisme du Concile de Trente, spécialement utile pour la prédication, la confession, la direction et la confusion des incrédules. Quant à la *Somme théologique* de saint Thomas, il ne se borne pas à la recommander, il *veut* que les professeurs aient soin d'en expliquer la méthode et les principaux articles relatifs à la foi catholique. En d'autres termes, le cours classique de théologie, c'est la *Somme* de saint Thomas.

Au sujet des Saintes Ecritures, le Pape rappelle son Encyclique contre les témérités ridicules de Maurice d'Hulst. Léon XIII recommande de mettre les jeunes clercs spécialement en garde « contre les tendances inquiétantes qui cherchent à s'introduire dans l'explication de la Bible, et qui ne tarderaient pas à en ruiner l'inspiration et le caractère surnaturel ». Sous le spécieux prétexte d'enlever à l'adversaire des arguments contre l'authenticité des Saints Livres, des écrivains catholiques ont cru habile de prendre ces arguments à leur compte. Etrange et périlleuse tactique : faire, de ses propres mains, des brèches dans les murailles de la cité, qu'ils avaient mission de défendre.

Aux Saintes Ecritures, il faut joindre l'histoire, miroir où resplendit la vie de l'Eglise à travers les siècles. Pour l'étude de l'histoire, le Pape appuie sur trois choses : les faits dogmatiques à mettre en première ligne, l'élément humain à ne pas négliger et la véracité, loi absolue de l'historien. Dût-on se faire couper en quatre, il faut, en histoire, comme partout, dire la vérité.

Pour achever le cycle des études, Léon XIII mentionne le droit canon. Cette science se rattache par des liens très intimes à la théologie, dont elle montre les *applications pratiques* au gouvernement de l'Eglise, à la dispensation des choses saintes, aux droits et devoirs des prêtres, à l'usage des biens temporels dont l'Eglise a besoin pour l'accomplissement de sa mission. Le Pape cite en preuve le concile de Bourges, tenu au Puy par notre àmé et féal Amable de la Tour d'Auvergne, prince archevêque. Une église sans droit canon est une église mutilée, sans bras pour agir ; de là les nombreuses erreurs contre les droits des Pontifes Romains et les attentats contre les prérogatives que l'Eglise tient de sa propre constitution.

Ainsi, par le fait de son enseignement propre, le Pape ne veut pas que les petits séminaires adoptent les programmes des lycées. Alors même que les humanités seraient proscrites de l'enseignement officiel, elles devraient être maintenues dans les établissements ecclésiastiques, devenus, au sein d'une nouvelle barbarie, l'asile des belles lettres. Le Pape ne veut pas davantage que les grands séminaires sortent du cadre traditionnel ; il s'en tient à la discipline traditionnelle qui nous a donné Mabillon, Petau et Thomassin. Le Pape répudie Descartes et Kant, tous deux prohibés par l'Eglise ; il s'en tient à la philosophie scolastique et à la *Somme* de saint Thomas. Bien entendu, il ne veut pas enfermer la philosophie dans un cercle de Popilius, dans une lettre morte ; il admet parfaitement l'accession des nouvelles découvertes, des sciences nouvelles ; mais la théologie doit être l'enseignement nécessaire et rester, comme reine des sciences, sur son inébranlable trône.

Pour achever la constitution des grands séminaires, Léon XIII rappelle les paroles de Paul à Timothée : « Gardez le dépôt ; évitez les profanes nouveautés de paroles et les objections qui se couvrent du faux nom de sciences ; car tous ceux qui en ont fait profession ont erré dans la foi. » (1 *Tim.*, VI, 20).

Après avoir parlé des séminaires, le Pontife vient aux prêtres employés au ministère paroissial. L'éloge qu'il en fait est magnifique et frappant de vérité. Ces braves curés de paroisse vont au peuple, aux ouvriers, aux pauvres. Pour les moraliser et leur rendre le sort moins dur, ils provoquent des réunions et des congrès ; fondent des patronages, des cercles, des caisses rurales, des bureaux d'assistance et de placements. Dans un si difficile labeur, ils ne reculent pas devant les sacrifices de temps et d'argent. De plus ils, écrivent des livres et des articles de journaux. Par là ils donnent des preuves non équivoques de bon vouloir, d'intelligence ou de dévouement au salut des âmes ainsi qu'au bien de l'ordre social. Ce sont de braves cœurs que ces curés de France ; c'est actuellement, sous tous rapports, l'élite de la nation française.

En vue de donner à leur zèle la direction voulue, Léon XIII recommande de ne pas trop croire à son esprit et de ne pas en référer qu'à ses propres inspirations. Dans l'Eglise, il y a un ordre hiérarchique établi par Dieu ; il faut le respecter en actions comme en paroles ; il faut se soumettre aux évêques soumis eux-mêmes au Pape, non pas seulement en paroles, mais en actes et par une parfaite fidélité de vertu. Agir autrement, c'est manquer aux serments de l'ordination et renverser l'ordre de Dieu.

Les prêtres doivent donc sortir de la sacristie, non pas pour aller dans la rue et dans les réunions tumultueuses ; mais d'abord pour aller dans l'église remplir les devoirs du ministère ; puis pour aller aux enfants, aux pauvres, aux malades, aux ouvriers. En brisant les entraves du particularisme français, il ne faut pas traiter de surannés, d'incompatibles avec le ministère dans le temps où nous vivons, les principes de discipline et les règles de conduite enseignés dans les grands séminaires. On doit s'abstenir de toutes les innovations périlleuses de langage, d'allures et de relations. A plus forte raison doit-on se tenir en garde contre ces prétendus chroniqueurs de journaux, qui accablent d'éloges compromettants les plus humbles curés et se sont fait une spécialité de diffamation envers l'épiscopat. L'attitude ramassée que recommandait le Concile de Trente, est aussi préconisée par Léon XIII.

L'Eglise est une armée ; la force d'une armée, c'est la discipline ; le gage de la victoire, c'est l'obéissance rigoureuse à ceux qui ont le droit et la charge de commander.

Les temps sont mauvais. « Bien que les difficultés et les périls se multiplient de jour en jour, le prêtre pieux et fervent ne doit pas pour cela se décourager ; il ne doit pas abandonner ses devoirs, ni même s'arrêter dans l'accomplissement de la mission spirituelle qu'il a reçue pour le bien, pour le salut de l'humanité et pour le maintien de cette religion dont il est le héraut et le ministre. C'est surtout dans les difficultés, dans les épreuves que la vertu s'affirme et se fortifie ; c'est dans les plus grands malheurs, au milieu des transformations politiques et des bouleversements sociaux, que l'action bienfaisante et civilisatrice de son ministère se manifeste avec plus d'éclat. »

Pour inspirer au prêtre français la bravoure simple et héroïque, exigée dans ces circonstances, le Pape rappelle les exhortations qu'il adressait, en 1866, au clergé de Pérouse. « En toutes choses, donnez le bon exemple par vos œuvres, par votre doctrine, par l'intégrité de votre vie, par la gravité de votre conduite. Nous voudrions que chaque membre du clergé méditât ces maximes et y conformât sa conduite. »

La gravité, l'intégrité, le dévouement sont de pure spiritualité sacerdotale; ils doivent seulement s'élever à la hauteur des circonstances et se décupler en présence des menaces de l'avenir. Un mirage de terreur s'élève à l'horizon; la persécution va aggraver ses fureurs; elle ne peut amener que de graves bouleversements. Mais qui donc avait osé dire, parmi nous, que le Pape nous recommandait l'inertie d'une benoîte charité et fondait une chevalerie pour se croiser les bras. Qu'ils entendent ce que le Pape entend par doctrine :

« En présence des efforts combinés de l'incrédulité et de l'hérésie, pour consommer la ruine de la foi catholique, ce serait *un vrai crime* pour le clergé de rester *hésitant et inactif*. Au milieu d'un si grand débordement d'erreurs, d'un tel conflit d'opinions, il ne peut faillir à sa mission qui est de *défendre* le *dogme* attaqué, la *morale* travestie et la *justice* si souvent méconnue. C'est *à lui* qu'il appartient de s'opposer comme *une barrière* à l'erreur *envahissante* et à l'hérésie qui se dissimule; *à lui* de surveiller les *agissements* des fauteurs d'impiété qui s'attaquent à la foi et à l'honneur de cette contrée catholique; *à lui* de *démasquer* leurs ruses et de signaler leurs embûches; *à lui* de prémunir les simples, de fortifier les timides, d'ouvrir les yeux aux aveugles. Une érudition *superficielle*, une science *vulgaire* ne suffisent point pour cela : il faut des études solides, approfondies et *continuelles*, en un mot, un ensemble de connaissances doctrinales capables de lutter avec la subtilité et la singulière astuce de nos modernes contradicteurs. »

Le Pape attend de ce ministère laborieux, souvent pénible, mais éclairé, charitable, infatigable, d'incroyables prodiges de résurrection.

Les actes de Léon XIII

Le Pape, dit M. de Maistre, est l'évêque de Rome, le métropolitain de la Romagne, le primat d'Italie, le patriarche d'Occident, le chef de l'Eglise universelle. Comme chef de l'Eglise, il n'a pas seulement charge de gouverner en monarque; il est docteur infaillible, pasteur suprême et père de l'humanité. Pour tout dire d'un mot, le Pape, légitime successeur de saint Pierre, est le Vicaire de Jésus-Christ, Rédempteur des âmes et Roi des nations. Les paroles d'un Pape méritent une très haute considération; ses actes exigent un irréfragable respect, j'entends ses actes comme Pape. Mais il faut dire qu'entre les paroles et les actes il y a une notable disproportion. Une parole, c'est une lumière pure; avec le concours des mots, une pensée se joue des obstacles et s'affirme dans sa pleine puissance. Un acte, fût-il du Pape comme Pape, s'inspire des règles de la prudence, tient compte des milieux et s'attempère aux circonstances. Bien qu'on distingue justement, parmi les successeurs de saint Pierre, deux types : le Pape intransigeant et le Pape diplomate : le Pape diplomate doit être aussi intransigeant et le Pape intransigeant ne peut pas dédaigner toute diplomatie. Pour apprécier les actes d'un Pape, il faut donc se remparer de discernement, qualité nécessaire, mais vertu difficile. Tout homme est enclin à la défaveur, d'autant qu'il manque plus d'intelligence; et puis, un proverbe, avec la meilleure volonté du monde, il y a loin de la coupe aux lèvres. La seule chose que la probité puisse exiger de l'historien, c'est donc, avec le respect exigible envers la souveraine puissance, une scrupuleuse sincérité. Tout le monde se trompe, excepté ceux qui n'agissent pas, et encore en s'abstenant se trompent-ils toujours.

Lorsqu'il s'agit d'histoire contemporaine, le difficile est moins de dire que de savoir et de donner à sa parole une justesse absolue. Quand il s'agit d'un Pape, le plus difficile, c'est d'éviter l'adulation et ne décerner d'autres louanges que celles de la justice.

Nous venons de rendre compte des paroles du Pape; nous avons maintenant à dresser, de ses actes, une table sommaire.

Le Pape, Vicaire de Jésus-Christ, garde en dépôt les grâces de l'Evangile et l'autorité de la Croix. Par le fait de son ministère religieux, il conserve l'autorité de tout pouvoir, la liberté des peuples, l'honneur des puissances chrétiennes et l'avenir du monde. Léon XIII était investi de ce glorieux mandat près d'un siècle après l'éclat de la Révolution. La Révolution avait promis la liberté, l'égalité et la fraternité, mais ne les avait gravées qu'en caractères de sang. Chaque fois que cette devise reparaît au front des édifices, l'échafaud sort de terre et la guerre civile soulève le pavé des capitales.

A l'avènement du nouveau Pape, la Révolution avait ramené un peu partout l'esclavage de l'Eglise. En Italie même, elle avait mis la main sur les propriétés ecclésiastiques et ravi Rome à la chrétienté. Léon XIII fut élu dans une prison; c'est du fond d'un cachot qu'il devait gouverner la ville et le monde.

La parole de Dieu n'est pas liée. Le Pape, dont les paroles sont aussi des actes et en portent expressément le nom, même captif, avait su, nous ne l'oublions pas, gouverner le monde par la parole apostolique. Nous avons à rechercher maintenant s'il l'a gouverné aussi efficacement par lui-même, avec le concours de ses nonces, et la coopération plus ou moins docile de la chrétienté.

La première question que dut se poser Léon XIII était de savoir si, pour assurer la liberté de son gouvernement, il quitterait Rome. Pie IX avait résolu la question négativement ; Léon XIII s'en tint à cette solution : Volonté du Pape, volonté de Dieu. Ce séjour, dans une captivité de Babylone, est un malheur destiné sans doute à écarter de plus grands maux. Dans une situation si douloureuse, avec les nombreux personnel de la Cour pontificale et la multitude considérable des relations du Saint-Siège, il paraît difficile que le secret des correspondances ne soit pas violé ; difficile qu'il ne s'établisse pas entre le gouvernement italien et des prélats, même haut placés, des compromis fâcheux ; difficile que le gouvernement intrus ne cherche pas à amener à ses intérêts le gouvernement central de l'Eglise. On ne peut pas soupçonner la probité du Pape ; il est le digne successeur des Pontifes qui, en prison ou en exil, n'ont pas laissé fléchir leur vertu. On ne doit pas davantage soupçonner la probité de ses serviteurs, il vaut mieux croire que leur foi, leur piété, leur courage grandissent avec les épreuves de l'Eglise. Mais le temps a des secrets pour tout corrompre. On doit finir par trouver des complaisances ; on doit chercher à italianiser graduellement la Cour pontificale ; on peut par là éveiller la susceptibilité du peuple chrétien, et qui sait ? sans le vouloir, sans le savoir, préparer des schismes aussi redoutables que celui d'Avignon. Même en écartant ces éventualités, et sans les admettre même à l'état d'hypothèse, il est clair que ces circonstances sont, pour le gouvernement pontifical, autant d'obstacles.

La première question que dut se poser le peuple chrétien était de savoir si Léon XIII maintiendrait en faveur du pouvoir temporel les déclarations et les anathèmes de son immortel prédécesseur. On murmurait que certains personnages lui suggéraient des conseils de mollesse ; on savait qu'un certain nombre de Romains voulaient la conciliation. La première fois qu'il parla au peuple chrétien, le Pontife ne laissa aucun doute sur la fermeté de sa résolution.

« Pour maintenir avant tout et du mieux que nous pouvons le droit et la liberté du Saint-Siège, nous ne cesserons jamais, dit-il, de lutter pour conserver à notre autorité l'obéissance qui lui est due ; pour écarter les obstacles qui empêchent la pleine liberté de notre ministère et de notre pouvoir, et pour obtenir le retour de cet état de choses où les desseins de la Providence avaient autrefois placé le Pontife romain. Et ce n'est ni par esprit d'ambition, ni par désir de domination que nous sommes poussé à demander ce retour, mais bien par le devoir de notre charge et par les engagements religieux du serment qui nous lie ; nous y sommes en outre non seulement poussé par la considération que ce pouvoir temporel nous est nécessaire pour *défendre* et pour *conserver* la *pleine liberté* du pouvoir spirituel, mais encore parce qu'il a été pleinement constaté que c'est la *cause du bien public* et le salut de la société humaine. »
Après quoi le Pontife renouvelait les protestations de Pie IX, et, tant qu'il vivra, il les renouvellera avec la même vigueur.

« Un Pape, dit le P. Brandi, dans sa *Politique des Papes*, p. 21, est nécessairement souverain ou sujet, car il n'y a point de moyen terme, dans la société humaine, entre sujet et souverain. Un Pape, sujet d'un gouvernement quelconque, sera continuellement exposé à subir, dans des vues et des intérêts politiques, ses sollicitations et ses pressions, ou au moins son influence. Et quoiqu'un Pape puisse y résister par sa force d'âme et par l'assistance divine, il ne pourra cependant pas *en persuader les peuples*, ni préserver de ces influences ses serviteurs et ses ministres. C'est donc un empêchement très grave à l'exercice de son apostolat qui est d'accomplir, « avec abondance de fruits, sa mission bienfaisante dans le monde ». — Que pour l'exercice de l'apostolat, confié au Pape par le Christ, il doive être indépendant, c'est-à-dire soustrait à toute juridiction politique, c'est un dogme de foi, car c'est un dogme que le royaume du Christ, l'Eglise, ne tire pas son origine de ce monde. Si donc le Pape n'est souverain, mais sujet ou prisonnier d'un gouvernement, comment peut-on garantir devant les hommes son indépendance et la pleine liberté qui lui est nécessaire pour l'exercice de son ministère apostolique envers toutes les nations ? Dans ce cas, au lieu d'être libre, il est soumis au pouvoir d'un autre, qui pourra, selon son bon plaisir et selon les circonstances, varier les conditions de son existence. »

Le P. Brandi confirme nos *observations* et *justifie* la haute politique de Léon XIII. Léon XIII, en revendiquant son pouvoir temporel avec toutes les solennités du droit et la conviction du devoir, ne plaide pas sa cause, mais défend les intérêts de l'Eglise, les intérêts des âmes et de la civilisation. Il faut que le Pape soit, à Rome, pontife et roi. S'il est confiné dans sa prison, le monde sera livré aux esprits infernaux ; il ne restera pas, dans le monde, pierre sur pierre. Pour sa destruction et pour sa ruine, l'Europe seule tient sous les armes, avec les engins les plus meurtriers, vingt millions d'hommes.

Malgré sa captivité, malgré l'embarras et la disgrâce forcée de sa réclusion, Léon XIII, d'un esprit laborieux et ferme, ne se contente pas de gouverner l'Eglise, il l'administre par le menu détail. Par lui-même et par ses nonces, il est présent à tout et veut tout régler. Aucun Pape n'a mieux réalisé son titre de pasteur ordinaire et immédiat de tous les diocèses. A cause de la multitude de ses actes, il serait impossible ici d'en dresser même un tableau sommaire. Ce serait d'ailleurs inutile et insuffisant. Pie IX était tout en dehors : ses pensées, ses paroles, ses actes, tout le monde pouvait le connaître et en parler exactement. Léon XIII est ce qu'il a été toujours : tout en dedans ; il ne livre rien à la curiosité, il laisse ses actes de gouvernement dans les archives de l'Eglise : la postérité seule pourra en discourir. Dans ces conditions, écrire l'histoire de Léon XIII avec des journaux, des revues ou des livres, cela n'en vaut pas la peine. La seule chose possible et utile, c'est de dresser une nomenclature un peu sèche des actes dont la matérialité seule est connue, dont les péripéties nous échappent et sur quoi il faut s'interdire le roman.

Le Pape est d'abord évêque de Rome. Rome n'a pas seulement le siège de Saint-Pierre ; la Rome chrétienne est une création de la munificence pontificale. Malgré sa pauvreté extrême, Léon XIII n'oublie pas cette tradition : il reconstruit, agrandit et décore la basilique de Saint-Jean de Latran ; il institue, dans l'Eglise de Saint-Clément, la chapelle des saints Cyrille et Méthodius ; il bâtit, derrière le Vatican, un lazaret. Carpineto, Anagni, Segni, Pérouse reçoivent des témoignages de sa générosité. Mais, avant de s'occuper du matériel liturgique, un Pape doit s'occuper des âmes. Au lendemain de son avènement, Léon XIII se rappelle que le catéchisme est proscrit dans les écoles, il fait ouvrir des écoles chrétiennes et organise, pour l'instruction des enfants, une œuvre d'évangélisation laïque. En même temps, il établit le service religieux dans le quartier de l'Esquilin et institue, pour le choix des évêques italiens, une commission de cardinaux. D'autre part, il se rappelle que le peuple-roi n'est pas un peuple de mendiants, et qu'un grand nombre de Romains habitués depuis le haut Empire à vivre de frumentations, ont besoin de secours que le territoire leur refuse, et dont les impôts détruisent encore la maigre contribution. Des aumônes, sagement distribuées, assistent l'incurable misère du petit peuple. Heureusement pour Rome, la présence du Pape appelle les pèlerinages et provoque des congrès. Dans les congrès, le Pape fait entendre la bonne doctrine ; par les pèlerinages, sans parler des avantages spirituels, il fait tomber, sur la cité sainte, une manne périodique. Sans le Pape, Rome crèverait de faim ; et sous le règne des suppôts de Garibaldi, dont le roi piémontais n'est que l'hypocrite décoration, elle languirait dans les ombres de la mort. A la lettre, Léon XIII, de ses mains tremblantes, soutient Rome sur le bord de l'abîme et qui la réclame et qui pourrait, un jour, la dévorer.

Chef de l'Eglise universelle, le Pape veille au salut de toutes les nations, et spécialement à la défense de la fille aînée de l'Eglise, la France. Pendant son règne, la France est alternativement livrée aux opportunistes et aux radicaux, tous, à degrés divers, ennemis acharnés de l'Eglise, et divisés seulement entre eux par l'art de lui nuire avec plus ou moins d'habileté et de promptitude. Les sectaires, pour dévorer leur règne d'un moment, mettent la France au pillage. Le souci d'emplir leurs poches ne leur fait pas oublier l'Eglise, qu'ils appellent, sous le nom de cléricalisme, leur ennemie. La proscription des ordres religieux, la neutralité des écoles, l'envoi des prêtres à la caserne, la main-mise sur les oblations des fidèles et sur les biens des congrégations sont les plus saillants de leurs attentats. On ne peut pas croire qu'un Pape approuve ces énormités, mais, Pape essentiellement pacificateur, Léon XIII s'abstient, à tort peut-être, de protester en consistoire, et se borne aux réclamations diplomatiques, fatalement stériles près de pareils hommes. Du reste, il n'empêche nullement les catholiques de France, clergé et fidèles, de défendre leurs intérêts, et vous pouvez croire que si, parmi nos évêques, il s'était trouvé un Chrysostome ou un Thomas de Cantorbéry, Léon XIII n'eût pas manqué d'applaudir à sa bravoure et de baiser ses plaies.

Pour mettre le persécuteur plus dans son tort et vaincre le mal par le bien, Léon XIII ne se borne pas à s'abstenir d'agiter l'opinion ; il veut encore la résolution de tous les partis politiques, le ralliement à la forme républicaine et toute la politique réduite à la défense de l'Eglise. La défense de l'Eglise, par la revendication de son droit divin, subsiste éternellement, et chacun est libre de s'y dévouer ; la défense de l'Eglise sur le terrain politique, comme ont fait O'Connell en Irlande, et Windthorst en Allemagne ; la constitution d'un parti catholique dont la bannière de l'Eglise est le drapeau, l'union, l'organisation, l'action catholique, voilà le mot d'ordre de Léon XIII.

La parole de Léon XIII fut exprimée d'abord par un toast à Alger, puis par une Encyclique, puis par des lettres au comte de Mun, aux évêques de Grenoble et d'Orléans. La multiplicité de ces expressions prouve qu'elle était peu ou mal comprise. La première base de la paix sociale, disait en substance le Pontife, c'est la religion. L'histoire le prouve, en particulier, pour la France : ou elle est un Etat très chrétien, ou elle n'est qu'une pachalick en délire. La religion étant menacée de ruine, il faut la défendre ; il ne s'agit point par là de ménager à l'Eglise une domination politique de l'Etat, mais tout simplement d'indiquer aux catholiques la conduite à tenir envers le Gouvernement. Toute forme de gouvernement est bonne en elle-même, pourvu qu'elle tende au bien commun. Il faut bien distinguer le pouvoir constitué de la législation. En France, la législation est mauvaise ; il faut donc entrer dans la République pour l'améliorer.

Ce programme déplut beaucoup aux opportunistes, dont il menaçait l'assiette au beurre ; il ne déplut guère moins aux monarchistes purs, aux gallicans racornis et aux libéraux, parce qu'il niait leur principe d'erreur et affirmait la suprématie du Pape sur les nations. L'Encyclique aux Français ne sera pas moins un des grands événements du siècle, c'est le gage de salut et une promesse d'avenir.

Envers les trois royaumes unis de la Grande-Bretagne, le premier acte de Léon XIII, dès son avènement, est le rétablissement de la hiérarchie catholique en Ecosse. Le pays qui avait donné autrefois les Malcolm, les David et les Marguerite avait été violemment jeté par Knox dans le fanatisme presbytérien. Il n'était plus resté que de rares catholiques gardés sous main par les missionnaires, puis augmentés successivement par l'apostolat et par l'infiltration irlandaise. Pie IX, qui avait rendu la hiérarchie canonique à l'Angleterre, voulait la rendre à l'Ecosse. Léon XIII n'eut qu'à sanctionner ce dessein. Par l'Encyclique *Ex supremo*, il raviva, selon les prescriptions du droit, la hiérarchie et maintint aux évêques les privilèges des vicaires apostoliques.

Le rétablissement de la hiérarchie soulevait une question. Pendant la persécution qui avait sévi trois siècles, en Angleterre et en Ecosse, le catholicisme n'avait été soutenu, dans l'île des Saints, que par des missionnaires qui volaient, au prix de leur vie, au salut des âmes immortelles. Les Bénédictins et les Jésuites, habitués à toutes les proscriptions, s'étaient dévoués à ce ministère, parce qu'il menait communément à la potence. Dans une condition si précaire et si glorieuse, chaque missionnaire était revêtu de tous les pouvoirs de l'Eglise. Dans un temps de paix et de liberté, après le rétablissement de la hiérarchie, il n'y avait plus de raison aux privilèges extraordinaires des ordres religieux. Il fallait, au contraire, coordonner leur situation avec le pouvoir des évêques. La constitution *Romani pontificis* aplanit toutes les divergences, résolut toutes les questions soumises par les deux partis à l'arbitrage pontifical et détermina, avec une parfaite discrétion, les droits et devoirs réciproques.

La catholique Irlande, qui n'avait pas plié la tête sous le joug de la Réforme, offrait de plus terribles difficultés. Dans l'impossibilité de la pervertir, Cromwell avait voulu la changer en désert, il avait exterminé ou transporté la population et livré la terre aux landlords protestants. Ces landlords donnent leurs terres à ferme aux pauvres, dans les conditions dures : quand la récolte manque, le peuple meurt de faim ; quand elle abonde, le landlord, pour retrouver tous les revenus de sa ferme, expulse le fermier. Un fait suffit pour juger de la situation : bien que cette race soit prolifique, la race irlandaise, depuis Cromwell, a diminué de moitié. Un peuple aussi pauvre sur une terre d'ailleurs féconde, qui est sa terre natale ; un peuple traité avec une si criante injustice, encore qu'il soit croyant et pieux, est livré, par sa misère, à toutes les excitations de la presse, à toutes les provocations des sociétés secrètes. Ce peuple sensible et inflammable et d'ailleurs traité sans justice ; il se révolte : on le tue ; j'allais dire on l'assassine. En présence de ces agitations incessantes et de ces répressions sanglantes, une part de l'Irlande se porte aux représailles du talion ; elle assassine aussi ses bourreaux ; l'autre, celle qui écoute ses prêtres et ses évêques, forme une ligue nationale de réparation et de délivrance. D'un côté, elle veut porter remède aux iniquités des landlords, de l'autre elle réclame, pour l'Irlande, le *Self-government* et le *Home-rule*. En d'autres termes, elle veut, pour l'Irlande, une administration nationale, un parlement national, sans porter d'ailleurs aux prérogatives de la couronne aucun préjudice. Cette juste demande est admise par les libéraux d'Angleterre. On ne voit pas, en fait, pourquoi l'Angleterre refuserait à l'Irlande un régime qu'elle accorde à toutes ses autres colonies, et comment ce peuple, si prompt à censurer partout les iniquités des gouvernements, persisterait à se rendre coupable d'un si grand crime.

En présence d'une situation si compliquée et si malheureuse, Léon XIII écrivit un premier Bref en 1882, un second en 1883. Dans le premier, il montre un grand attendrissement sur la misérable condition de l'Irlande ; il condamne les actes de violence auxquels plusieurs se portent pour obtenir justice ; il loue les évêques de leur zèle à retirer le peuple des voies mauvaises, à le ramener par des avertissements opportuns à la modération et à la justice, enfin il adresse à l'Irlande la parole du Sauveur : « Cherchez d'abord le royaume de Dieu et sa justice, et le reste vous sera donné par surcroît. » En d'autres termes, le Pape réprouve les desseins criminels, mais il trouve juste la cause de l'Irlande et appuie ses légitimes revendications.

Dans le second Bref, voyant les délits croître avec l'aggravation des lois répressives, il sent la nécessité de mettre l'Irlande en garde contre les sociétés secrètes, surtout contre les *Fénians* et les dynamitards, dont le fanatisme ose poursuivre la ruine de la puissance anglaise. En véritable homme d'Etat, le Pape préfère une action collective du clergé et du peuple qui maintienne dans de justes limites la revendication légale et procure à l'Irlande un parlement national. La pensée du Pape fut comprise ; elle calma la fureur des ressentiments. Ce n'est pas un résultat complet, mais il permet de concevoir des espérances pour l'avenir de l'île catholique. Aux trois royaumes, Léon XIII fait entendre aujourd'hui la voix qui rappelle à l'unité.

Le pays qui appelait le plus la sollicitude du Pape, c'était l'Allemagne. Un homme que ses exploits ont fait illustre, dont les vertus méritent les galères, venait d'abattre la supériorité de la France et de créer un empire protestant de Prusse. Pour inaugurer cet empire, ce sauvage n'imagina rien de mieux qu'une persécution à fond contre l'Eglise catholique. Par une série de lois, publiées chaque année au mois de mai, il détruisit tous les titres d'existence légale de l'Eglise et fit autant de crimes des actes de son plus nécessaire exercice. Dans un pays où Luther avait fait une révolution, soi-disant pour affranchir les moines et les prêtres, les moines étaient proscrits et les prêtres mis en prison pour avoir dit la messe ou administré un mourant. Les seize millions de catholiques allemands se trouvaient ainsi privés de culte et réduits à toutes les servitudes dont la Révolution a généralisé un peu partout l'ignominie. De tels actes formaient pour le socialisme un appoint, un encouragement et une justification. A deux reprises, des assassins avaient tiré sur l'empereur ; Bismarck lui-même avait eu son apprenti assassin. Les protestations de Pie IX avaient répondu à ces lois de combat et à ces actes de persécution ; ses anathèmes n'avaient qu'exaspéré davantage le persécuteur. Léon XIII le prit de biais par son Encyclique contre le socialisme.

Cette Encyclique, vrai chef-d'œuvre de science politique, expose la négation de la vérité révélée et de l'ordre surnaturel. Cette négation affranchit l'homme, stimule son naturel désir de s'élever au-dessus des autres, abaisse les barrières devant les passions, découronne le pouvoir civil, livre la société à l'anarchie. Le mal connu, la guérison est facile. Il faut que les peuples et les rois reviennent à l'Eglise vengeresse de la vérité, de la morale et de la justice, par conséquent promotrice et gardienne du vrai bien social. L'empereur et le chancelier de fer comprirent qu'en persécutant l'Eglise, ils doublaient les forces de l'ennemi et l'aidaient à atteindre ses fins perverses. Léon XIII ouvrit là-dessus une négociation pacifique et intervint dans les conseils du Centre au Reichstag. Les obstacles à la paix furent écartés. Les lois de mai disparurent graduellement, et si les catholiques allemands ne récupérèrent pas tous leurs droits, ils furent traités avec une plus intelligente justice.

Bismarck lui-même, sur les conseils d'un prêtre dont la vertu ne justifie pas suffisamment la fortune, hâta l'œuvre de paix en invoquant la médiation du Pape. La médiation des Papes est une conséquence de leur pouvoir suprême : « Au Moyen Age, dit Ancillon, la papauté a peut-être sauvé l'Europe de la barbarie. » Voigt, Hurter, Novalis, protestants comme Ancillon, confessaient plus explicitement la même chose. Voltaire affirmait que les intérêts des peuples exigent qu'il soit posé des limites à la puissance des souverains. Fénelon et Leibnitz, sous les inspirations du génie, avaient réclamé l'établissement d'un tribunal international dont le Pontife romain serait le président. Bismarck, de son plein mouvement, au milieu des embarras de sa politique, vint à confirmer ces réclamations du génie.

L'Espagne possédait, au milieu du grand Océan, les îles Carolines et Palaos ; elle les avait découvertes et évangélisées ; puis, ruinée par la guerre de la succession d'Espagne après Philippe V, elle avait négligé leur gouvernement. La Prusse, devenue empire, voulait devenir un empire colonial ; croyant les Carolines abandonnées, sans plus de façon elle s'y installa. La plantation du drapeau prussien sur l'île de Yap mit le feu aux poudres. L'Espagne se souvint de Charles-Quint et de Philippe II, du temps où le soleil ne se couchait pas sur ses terres, elle parla de guerre. Bismarck était visiblement dans son tort ; s'il y eût trouvé plus grand profit, la force eût encore primé le droit, mais après avoir volé deux provinces, il voulut se donner le lustre de respecter un moulin. Léon XIII, invoqué comme arbitre, proclama l'antique droit de l'Espagne et garantit aux Allemands la liberté de s'établir sur les terres de l'archipel, d'en cultiver le sol, d'en développer l'industrie et le commerce dans les mêmes conditions que les sujets espagnols, et d'y établir une station navale. Alphonse XII et Guillaume Ier acceptèrent cet arbitrage ; par reconnaissance, l'empereur offrit au Pape une croix pectorale ornée de brillants, et Bismarck lui écrivit une lettre où il l'appelle *Sire*, titre qui nie implicitement la légitimité du royaume d'Italie.

L'Eglise, selon saint Augustin, n'est pas diminuée par la persécution, elle est plutôt augmentée ; elle s'augmente également par la résistance et par le sacrifice. Bismarck, parlant du Fabius pontifical, avait dit : « Léon XIII est un des hommes politiques les plus considérables des temps modernes » ; mais il retenait toujours : « L'eau, disait Windthorst, s'est quelquefois retirée, le flot est toujours impétueux ». Enfin, le 9 mai 1886 la législation anti-catholique fut détruite : l'Eglise sortit triomphante d'une injuste persécution. Il faut ajouter que si Léon XIII remporta la victoire, Pie IX l'avait préparée par l'intrépidité de sa résistance.

Léon XIII avait, en Russie, un autre champ d'action. Dans ce vaste empire, les catholiques étaient loin de jouir des avantages qu'accordent tous les peuples civilisés. A l'occasion de l'anniversaire du couronnement du czar, Léon XIII avait chargé l'internonce de Vienne de porter ses félicitations à Saint-Pétersbourg. L'accueil fait à l'internonce fut assez encourageant. Le Pape crut opportun d'écrire à Alexandre II pour lui représenter qu'au milieu des révolutions politiques et des convulsions sociales, la liberté rendue à l'Eglise ferait naître certainement la paix et produirait la fidélité. Alexandre, touché des paroles du Pontife, envoya ses deux fils, Serge et Paul, à Rome, pour renouer les relations entre Rome et Saint-Pétersbourg. La mort tragique de l'empereur, assassiné par les nihilistes, ne permit pas à ses bonnes dispositions d'aboutir.

Léon XIII, pour arriver au but, prit un détour. Les pays slaves avaient été évangélisés par saints Cyrille et Methodius. Ces apôtres avaient même créé l'alphabet du pays slave et inauguré sa littérature par une traduction des livres saints. Leur millénaire revenait en 1880. Léon XIII voulut le célébrer par une Encyclique. Cet acte obtint, dans les pays slaves, un retentissement prodigieux. Ce millénaire fut glorifié avec une solennité extraordinaire. D'Autriche, de Hongrie, de Bulgarie, de Serbie, vinrent à Rome de nombreux pèlerinages. L'épiscopat de ces contrées répondit magnifiquement aux avances du Pape. Sur ces entrefaites, Léon XIII rétablit la hiérarchie catholique dans la Bosnie et l'Herzégovine. Par la grâce de Dieu, Alexandre III, le Taciturne, vint à comprendre qu'il ne pouvait plus tenir les peuples dans l'isolement et les catholiques sous la persécution. Un chargé d'affaires fut envoyé à Rome pour établir peu à peu la paix. Aujourd'hui, par la volonté de Nicolas II, il existe à Rome une ambassade russe. Si l'on nous disait qu'un cardinal russe chantera bientôt la messe à Saint-Pétersbourg, nous dirions : Pourquoi pas?

Nous ne disons rien ici de l'Autriche et de l'Italie. L'Autriche est un empire à deux têtes qui n'a ni cœur ni cervelle : il viole la discipline catholique pour plaire à Calvin ; par défaut de foi et de vertu, il se divise et se décompose. François-Joseph est le dernier des souverains. Quant à l'Italie, qui laisse insulter le cadavre de Pie IX et vole les biens de la propagande, ce n'est pas un gouvernement, c'est un ramas de soudards garibaldiens qui emplissent leurs poches et qui mettent la couronne à l'encan de la banqueroute. Humbert premier et dernier n'est que le croque-mort de l'Italie, parce qu'il est le geôlier de Léon XIII.

L'Orient avec sa vaste étendue n'attirait pas moins l'attention du Pape que les pays slaves. En Orient, il y a l'Eglise Grecque, l'Eglise Arménienne, l'Eglise Syro-Chaldaïque et l'Eglise Copte. En faveur de l'Eglise grecque, Léon XIII agrandit de moitié le collège de Saint-Athanase, doubla le nombre de ses élèves et y fit enseigner cette liturgie dont les Grecs sont si jaloux ; ce collège est, pour Athènes, une pépinière d'apôtres. En Arménie Léon XIII mit fin au schisme de Kupélian, créa cardinal le patriarche arménien Hassoun, établit à Rome un collège arménien, et envoya en Arménie des jésuites et des frères de la doctrine chrétienne pour fonder un collège et des écoles populaires. Au regard des Syro-Chaldaïques, le Pape approuva leur patriarche Abolionan, il lui envoya des dominicains pour établir un collège où accourut la jeunesse de la Mésopotamie. Joyeuses sont les nouvelles qui parviennent en Europe de cet établissement qui ramène le christianisme au pays des anciens patriarches. Aujourd'hui même, le Pontife adresse un appel aux Coptes d'Egypte et à toutes les Eglises d'Orient pour les faire revenir à l'unité. Hier, il avait envoyé un légat à Jérusalem, pour célébrer, en Terre-Sainte, le Congrès eucharistique et hâter le jour où, en Orient, il n'y aura plus qu'un troupeau et qu'un pasteur.

En Perse, Léon XIII protège les lazaristes et, par quelques décorations habilement distribuées, se fait bien venir de la cour. Aux Indes, il met fin au schisme de Goa ; il s'applaudit de la liberté que l'Angleterre accorde aux missions. En Chine, il défend les missionnaires contre le fanatisme violent des foules et maintient, près des Fils du Ciel, le protectorat de la France dans l'Extrême-Orient. Au Japon, il soutient, près du Mikado, la sainte cause de l'Eglise. Dans la récente guerre entre le Japon et la Chine, grâce à Léon XIII, si les missions ont beaucoup souffert des rebelles, elles ont été respectées des troupes régulières.

Dans l'Amérique du Nord, un grand peuple est en train de se former. L'esprit religieux, l'esprit conservateur, à peine distincts en principe, s'y concilient, en fait, avec l'esprit de travail et une grande force d'initiative. Pour mettre à profit ces grandes qualités, il faut, près du berceau de la République fédérale, une puissante action de l'Eglise. Léon XIII, pour lui en assurer les bénéfices, appelle à Rome plusieurs évêques d'Amérique et détermine avec eux les matières d'un prochain concile. En 1884, il convoque, par la bulle *Rei catholicæ incrementum*, le concile national de Baltimore. Quatre-vingt-trois évêques se réunissent sous la présidence de l'archevêque Gibbons ; ils portent les décrets les plus favorables au salut des âmes et à la prospérité de la République. Le plus important de leurs décrets se réfère à la fondation d'une Université catholique à Washington. Rien, en effet, ne contribue plus à l'agrandissement d'un jeune peuple que des études supérieures, où s'y joignent la pleine liberté d'action du clergé tant séculier que régulier ; par ces deux seules causes, ce peuple doit parvenir promptement à la vraie grandeur. Afin d'assurer encore mieux la fécondité de ces deux puissances, Léon XIII unit plus fortement l'Amérique au Saint-Siège, par la création d'une nonciature et l'envoi comme nonce du canoniste Satolli.

Dans une lettre pastorale collective qui serait à citer tout entière, les Pères de Baltimore touchent au point qui intéresse le plus la civilisation : « Affirmer, disent-ils, que l'Eglise catholique soit hostile à la grande République parce qu'elle enseigne que toute autorité vient de Dieu, parce que derrière les événements qui préparent la fondation de la République, elle voit la Providence de Dieu qui la guide, et derrière l'autorité des lois, elle trouve l'autorité de Dieu qui les rectifie :

c'est une accusation assurément étrange et absurde, et nous nous étonnons de l'entendre exprimer même par des personnes de médiocre intelligence. Nous croyons que les héros de la patrie ont été les instruments du Dieu des nations et tous nous levons des regards reconnaissants et respectueux vers Dieu, et vers les instruments qu'il a choisis pour établir, sur notre sol, la patrie de la liberté. Il ne serait pas moins déraisonnable de croire que le libre esprit des institutions américaines soit incompatible avec la parfaite docilité due à la doctrine du Christ. L'esprit de la liberté américaine n'est pas l'esprit de licence et d'anarchie ; il est essentiellement formé de l'amour de l'ordre, du respect de l'autorité légitime et de l'obéissance aux justes lois. Dans le cœur de l'amant le plus passionné de la liberté américaine, il n'y a rien qui puisse empêcher sa soumission à l'autorité divine et à l'autorité que le Seigneur a conférée à son Eglise. » Paroles d'or que nous voudrions voir gravées au fronton de tous les Parlements, foyers ordinaires de toutes les passions politiques, qui ne sont, à bien prendre, que les plus vulgaires passions.

Dans le noir continent d'Afrique, le Pape maintient les anciennes missions d'Egypte, d'Abyssinie et du Sénégal ; il ouvre aux Pères Blancs les missions du Soudan, du Sahara et des grands lacs ; il confie la mission du Cap aux Oblats de Saint-François-de-Sales ; il favorise de toutes ses forces les croisades anti-esclavagistes. Rien ne sera négligé pour que les fils d'Ismaël soient soustraits à l'anathème et inclinent enfin leur front devant la Croix.

Même zèle pour les innombrables îles de l'Océanie. Léon XIII donne un cardinal à l'Australie. Quant aux peuplades sauvages, souvent cannibales, des Archipels, son cœur s'émeut sur leur sort. Parmi les nations chrétiennes, il y a de petites sociétés de missionnaires qui vivent un peu à l'étroit. Vous demandez à quoi elles servent ; c'est pour que le Vicaire de Jésus-Christ leur ouvre tous les horizons d'un apostolat qui n'a pas pu s'exercer depuis deux mille ans.

Enfin, pour toutes les missions, Léon XIII favorise hautement l'œuvre de la Propagation de la foi ; grâce à lui, sous nos yeux s'accomplit enfin la parole du psalmiste : « La voix des apôtres a retenti dans tout l'Univers. » Pour nous : *Sistimus hic tandem nobis ubi defuit orbis.*

Une biographie, pour être complète, exige le portrait du personnage, quelques détails sur sa vie intime, et, autant que le respect le permet, quelques appréciations sur son œuvre. La Sainte Ecriture nous défend de louer l'homme encore vivant ; elle ne défend pas de lui rendre justice, et elle prescrit de l'honorer.

Léon XIII est de stature plutôt grande, de corpulence délicate, de carnation blanc-rosée. Dès sa jeunesse il était maigre, mais sa fibre, bien que délicate, peut résister aux graves infirmités, aux occupations sérieuses et continues, aux cruelles anxiétés de l'âme. On voit, dans cette force, une spéciale assistance de la divine grâce. Le regard du Pape exprime l'énergie, la douceur, une grande intelligence et une parfaite pénétration. La maigreur des joues et le menton quelque peu allongé donnent comme perspective plus d'ampleur au front où se devine l'étendue de la connaissance. Les cheveux sont très blancs, clairs sur la partie supérieure du front, plus drus sur le reste de la tête. Même sans connaître la phrénologie de Gall, on voit tout de suite qu'on est en présence d'un esprit supérieur. Les yeux châtain-clair sont vivaces et scintillants ; ils dénotent la vivacité et la promptitude de l'âme. La tenue du Pontife est grave, quelquefois vacillante, par effet de l'âge qui incline vers la décrépitude. Le son de la voix a une inflexion légèrement nasale ; il est toutefois robuste et sonore. C'est même une voix belle à entendre dans la mâle vibration du discours, surtout du discours latin où la parole a une spéciale caractéristique, celle de la prononciation la plus pure et la plus distinguée.

Le Pape Léon XIII n'a rien changé à la simplicité de sa vie antérieure. Le Pape se lève de grand matin et se fait toujours réveiller à heure fixe ; ensuite, il se recueille un peu dans son oratoire, il consacre une demi-heure à l'oraison mentale, à la méditation de la vérité évangélique ou des mystères de la foi. Avec l'assistance de son chapelain, il récite les premières heures canoniales et se prépare à la célébration de la sainte Messe. La sainte Messe terminée, il descend de l'autel et assiste à une messe d'actions de grâces.

Si quelques fidèles ont eu la bonne fortune d'entendre la Messe du Saint-Père, le Pape s'asseoit sur un siège et reçoit ces heureux visiteurs. L'un après l'autre, ils plient le genou devant ce vénérable vieillard, en reçoivent des paroles de réconfort et une bénédiction. La plupart se retirent émus, parfois les yeux mouillés de larmes.

Avant de se livrer aux fatigues quotidiennes, le Pape entre, près de la chapelle, dans une salle très simple, où il prend son déjeuner ordinaire. La collation se compose d'une tasse de café et d'une petite *pagnotte*.

Après le déjeuner, le Pape se retire dans son bureau particulier, où l'attendent les secrétaires, pour lui présenter la correspondance du jour. Cette correspondance est habituellement chargée, et très digne d'attention. Le Pape lui consacre quelque temps. Ensuite, il reçoit les rapports des diverses congrégations de cardinaux. Toutes les questions importantes, compliquées, incertaines, traitées d'abord par les congrégations, sont soumises au Pape, qui prononce, sur chacune d'elles, un jugement rapide et lumineux.

Léon XIII ne supporte pas la négligence, le défaut d'ordre, de régularité et d'exactitude. C'est un esprit éminemment pratique et qui ne craint pas d'examiner les particularités les plus minutieuses. Son entourage est souvent étonné de la merveilleuse mémoire des faits les moins importants, mémoire dont il donne tous les jours la preuve.

Après les congrégations vient le tour du secrétaire d'Etat : Sa Sainteté s'occupe avec lui des difficiles et délicates relations avec les gouvernements étrangers. Les luttes âpres et quotidiennes que le Saint-Siège doit soutenir non seulement avec les cours non-catholiques, mais avec celles qui se disent catholiques, montrent quel vaste champ est réservé au Pape dans la politique et la diplomatie.

Presque chaque jour, le Pape reçoit, tantôt des ambassadeurs, tantôt des évêques, tantôt des pèlerins, des membres de confréries, de comités et de congrès.

Au milieu du jour, dans la saison douce, il va se promener au jardin du Vatican. Pendant l'été, il choisit, pour sa promenade, les heures du soir.

Le repas du Saint-Père est très frugal ; les viandes les plus simples, quelques fruits, un peu de vin mêlé d'eau forment le dîner et le souper. Dans ses repas, selon l'usage constant des Papes, Léon XIII est toujours seul.

Le soir, après le souper, le Pape récite le bréviaire avec son chapelain et fait les autres prières. Après les prières, le vénérable Pontife se retire et se repose. Sa chambre à coucher est de la simplicité la plus sévère. Le temps qu'il consacre à son repos est à peine suffisant pour rétablir ses forces ; avec son immense labeur intellectuel, son corps est soumis à une dure épreuve.

On dit que le Pape a coutume d'enlever quelques heures à son court repos. Ses merveilleuses encycliques, ses allocutions consistoriales, ses bulles les plus importantes ont été composées pendant les heures silencieuses de la nuit. Plus d'une fois, le camérier, entrant le matin, trouva Léon XIII la tête appuyée sur la table : le Pape avait été surpris par le sommeil et par la fatigue.

Cette humble vie explique les grandeurs du Pontificat. Trente-deux ans à Pérouse, petite ville de 15.000 âmes, ne paraissaient pas destiner le cardinal Pecci à une action si éclatante. Dans ce bourg juché sur une montagne, en plein milieu des Apennins, le prélat avait su entendre tout ce qui se disait dans l'Eglise et dans le monde, tout voir de ce qui se faisait, tout méditer de ce qu'il pensait. Cardinal, s'il ambitionna la tiare, on l'ignore, mais il y préludait par ses actes d'évêque. Parmi ces actes, on cite une homélie sur la civilisation, des lettres pastorales sur la sanctification du dimanche et le pouvoir temporel des Papes, un mandement sur le blasphème, un avertissement contre les écoles protestantes, les règles de la vie chrétienne, un discours sur les prérogatives du Pape, la consécration du diocèse au Sacré-Cœur et à la Sainte Vierge, des lettres sur la divinité de Jésus-Christ, sur les erreurs courantes contre la religion et la vie chrétienne, sur la conduite du clergé dans les temps présents, sur les prérogatives de l'Eglise et les erreurs qui y portent atteinte, sur la lutte chrétienne, sur le concile œcuménique du Vatican, sur l'Eglise catholique au XIXe siècle, enfin sur l'Eglise et la civilisation. Ces actes épiscopaux sont bien d'un homme qui prélude, sous la direction divine, aux plus grandes choses.

On peut juger l'épiscopat de Pérouse, on ne peut pas juger encore le Pontificat de Léon XIII : l'œil ne voit pas ce qui le touche ; pour apprécier un monument, il faut l'éloignement sous une certaine perspective ; pour apprécier une œuvre historique, il est indispensable d'attendre les révélations du temps. Nous avons sous les yeux les actes du Pape : ces actes sont autant de grâces qui produisent leur effet ; les bienfaits qui en découleront un jour sont encore le secret de l'avenir.

Mais si l'on ne peut juger le Pontificat, on peut juger le Pontife. Pour le juger en toute vérité, il faut avant tout se rappeler que le Pape est le vicaire de Jésus-Christ. « Je vis, disait saint Paul, mais ce n'est pas moi qui vis, c'est Jésus-Christ qui vit en moi. » Ce que le grand apôtre disait de la vie mystique du chrétien et de la vie apostolique du converti de Damas, doit se dire à plus forte raison du Pontife romain. Le Pontife romain est le docteur, le pasteur, le chef spirituel et le père de l'Humanité rachetée par Jésus-Christ : il enseigne au nom et avec l'assistance permanente de Jésus-Christ ; il conduit son troupeau dans les pâturages de la vérité, de la vertu et de la justice, mais avec l'autorité et l'assistance de Jésus-Christ ; il aime les agneaux et les brebis, il gouverne les petits et les mères, avec le cœur et l'âme de Jésus-Christ. L'appréciation d'un Pape exige d'abord qu'on se mette à genoux et qu'on rende grâces au divin Rédempteur.

Ensuite, il faut nous souvenir que le Vicaire de Jésus-Christ est prisonnier. Depuis vingt-cinq ans, le blocus du Vatican se resserre sans bruit et sans arrêt. Le Pape de l'Eglise catholique peut à peine gérer sa charge d'évêque de Rome. Là est le nœud de la question et le secret des actes. Or, il ne paraît pas qu'aucun secours puisse, aujourd'hui, lui venir de l'Europe. Léon XIII a fait appel en vain aux cours et aux cabinets ; en vain, il a montré que s'ils ne veulent pas être écrasés sous des ruines menaçantes, ils doivent consolider la clef de voûte du vieil édifice européen. Personne n'a eu l'air de comprendre. Les monarchies sont enveloppées dans le vaste complot qui trame la perte de l'Eglise, et l'Eglise est la victime qu'ils offrent en holocauste, dans l'espoir de se sauver.

Et, cependant, le Pape n'est pas seulement pontife, il est roi. Et ce qui le fait tel, ce n'est pas cette loi ridicule de garanties que rien ne garantit, mais qui confesse ce qu'elle veut nier ; c'est bien l'histoire et la tradition.

Ce qui fait du Pape un roi, c'est le consentement de deux cents millions d'hommes, c'est l'acte de vingt peuples qui entretiennent près de sa personne des ambassadeurs, c'est l'attention d'autres peuples qui ne reconnaissent pas sa principauté religieuse et se désintéressent des questions confessionnelles, et qui pourtant lui envoient des plénipotentiaires. Ce qui confirme sa royauté enfin, c'est ce quelque chose de plus puissant que tout, le témoignage universel, l'oracle de l'univers. A la vérité, quelques centaines d'Italiens, disciples de Garibaldi, devenus serviteurs de Cornélius Herz, ont cru réduire le Pape au titre civique, et le pouvoir menacer d'un renvoi en police correctionnelle. Cette conception saugrenue prouve qu'ils n'ont pas lu ou qu'ils ne savent pas comprendre l'histoire.

La création de ce royaume d'Italie qui nie la royauté du Pape n'est d'ailleurs qu'un anachronisme et un scandale. C'est l'effet d'un complot de bourgeois francs-maçons et impies, jaloux de substituer l'élément civil à l'élément religieux, et de garder leur puissance en se déchargeant de vertu. Les conspirateurs n'ont songé qu'à faire fortune. Au lieu de mettre la terre aux mains du peuple, ils l'ont gardée pour eux. Les fonds ecclésiastiques, indignement volés ou politiquement gaspillés, n'ont été achetés que par la classe moyenne. Dans un pays essentiellement agricole, le paysan n'a pas même l'espoir de devenir propriétaire. Les séditions fréquentes indiquent la gêne des classes ouvrières. Quant à l'aristocratie, qui entretenait avec l'ouvrier et le laboureur des rapports aimables, elle a été frappée au cœur par la loi de succession. Une bourgeoisie égoïste et rapace grossit les fermages, rogne les salaires et met l'Italie à la besace.

La situation de l'Europe n'est pas meilleure et pose d'autres problèmes. L'Europe est en train de passer de la monarchie à la démocratie, de la propriété exclusive au travail affranchi, du régime bourgeois au règne du quatrième Etat. Au fond de cette Europe, il y a une barbarie et un paganisme nouveaux. Des théories infâmes poussent hardiment au crime ; des passions féroces ne demandent pas mieux que de le commettre, au nom du progrès.

Des incertitudes pèsent sur les esprits, une grande confusion règne dans les choses. C'est à cette heure, sous le ciel le plus beau qu'on ait vu, qu'une étoile jette soudain un éclat tel que toutes les nations en paraissent illuminées. A la lueur discrète de cette étoile, les hommes semblent se distinguer dans la nuit et se diriger sur le chemin tortueux où ils marchent. A sa lumière, ils comptent leurs forces, les ramassent, en forment une puissance collective. On commence à parler d'équité indulgente là où il n'était question que d'implacable justice ; on supplée à la révolte par la patience ; on invoque des devoirs là où l'on ne jurait que par des droits. On met enfin un peu d'esprit de conciliation à cette loi irritante des pauvres et des riches qui groupera toujours toute société. Et l'étoile qui éclaire cette scène, c'est l'étoile de Léon XIII, qui appelle les peuples, à la délivrance d'abord, puis à l'exaltation de la papauté ; institution divine qui adoucira les maux des peuples en corrigeant le code par l'Evangile.

Léon XIII, dit un publiciste français, est un pontife de la plus haute vertu, de l'esprit le plus éclairé, de l'expérience la plus complète, de la prudence la plus consommée. En la considérant sans esprit de parti, sa conduite a été constamment marquée au coin de la sagesse. Elle n'a pas toujours eu le succès qu'elle méritait pour ses intentions loyales, pour ses sages conseils, pour ses promesses heureuses. Mais sa magnanimité n'a pas craint d'affronter cet échec prévu !... D'une doctrine profonde, il ne laissera pas péricliter le dépôt confié à sa garde. Hommes de peu de foi, rassurez-vous, ce n'est pas parce qu'il est sobre de paroles qu'il sacrifiera les intérêts de l'Eglise.

Pendant qu'il supporte, avec l'héroïque valeur du martyr, les tribulations qui l'enveloppent, Léon XIII attend de Dieu sa délivrance : Léon XIII manifeste au monde entier son énergie et sa sagesse. Près des gouvernements européens, il poursuit les négociations qui doivent assurer la paix de l'Eglise. En Orient, il prépare les voies pour ramener à l'unité catholique des millions d'hommes que le schisme grec a privés pendant des siècles de la communion avec le Siège de Pierre. En Occident, il travaille également à réparer les brèches ouvertes par l'hérésie et le schisme. Ailleurs, il presse l'exploration des pays inconnus, jusqu'ici peu accessibles aux missions catholiques. Sa voix autorisée s'est fait souvent entendre à tout l'univers ; elle conseille avec une sage éloquence ; elle montre du doigt, dans les plus importantes questions de philosophie, la voie de la vérité ; elle enseigne les moyens d'améliorer la vie humaine dans toutes ses manifestations individuelles, domestiques et sociales ; elle indique le chemin à suivre pour tous les enfants de la sainte Eglise, afin que toute chair puisse contempler le salut qui vient de Dieu. *Lumen in cœlo* . .

. . . .

L'histoire de l'Eglise, écrite par un prêtre français, doit rendre grâces au Pontife des services rendus à sa patrie et, en particulier, de sa sollicitude à lui conserver le protectorat de l'Eglise.

La France exerce son protectorat sur les catholiques du Levant ; du Levant proprement dit, ce protectorat s'est étendu à tous les pays d'Orient, y compris la Chine et, comme conséquence, à tous les pays de missions apostoliques. Quelle est la nature de ce fait ? correspond-il au droit ? et, s'il y correspond, dans quelle mesure le fait a-t-il créé le droit ? dans quelle mesure le droit a-t-il créé le fait ? Telle est la question.

Une place de guerre dont les bastions faisaient face à l'Islam : ainsi concevait-on l'Europe avant François Ier. Entre cette forteresse et le sultan, François Ier baissa le pont-levis. A la table de la diplomatie, le sultan, intrus jusque-là, eut le roi très chrétien pour introducteur. C'était une impiété, presque une apostasie. Mais en vertu d'une mystérieuse destinée, il arrive à la France de servir l'Eglise, non seulement par ses actes de piété, mais aussi par les conséquences inattendues de ses actes d'irréligion. Entre la Croix et le Croissant, François Ier avait passé contrat. Il résultait de ce contrat que le Croissant tolérerait la Croix et que le roi de France garantirait cette tolérance. C'est parce qu'il était entré en coquetteries avec la Porte, qu'il put être auprès d'elle le premier avocat du Christ, le grand protecteur des chrétiens.

Ce protectorat fut reconnu par les fidèles en souvenir de saint Louis et des services que la race franque avait rendus au Moyen Age ; il fut reconnu par les infidèles en échange des services que nous lui rendions au XVIe siècle. Cet état de choses fut réglé par une série d'actes qui s'appellent *capitulations*. En vertu de ces concessions, il est licite aux Français voyageant en Orient d'observer leur religion ; même faveur est accordée aux sujets du Pape et des rois d'Angleterre. La visite des Saints-Lieux est permise, sans nulle entrave, « aux sujets de l'empereur de France et à ceux des princes ses amis, alliés et confédérés, sous l'aveu et protection du dit empereur ». Cette même protection couvre les religieux du Saint-Sépulcre, les jésuites, les capucins de Galata, les Eglises que la nation française possède à Smyrne, à Saïd, à Alexandrie, dans les autres échelles, et, d'une façon générale, « les évêques et les religieux dépendants de l'empereur de France ». Une autre capitulation englobe dans cette catégorie les capucins et missionnaires de toutes nations en pays barbaresques, notamment à Tunis et à Tripoli.

Des textes peuvent fonder un droit ; c'est en s'exerçant que ce droit se justifie. C'est en vertu des capitulations que Soliman rend aux chrétiens un sanctuaire de Jérusalem transformé en mosquée ; qu'un autre sultan fait sortir, en 1559, quelques pèlerins de prison ; qu'un ambassadeur de Henri IV rouvre l'Eglise Saint-François de Péra, sauve le Saint-Sépulcre de la profanation et les religieux de l'esclavage, protège les évêchés de l'archipel, défend et assiste constamment toutes les églises et tous les chrétiens ; que le premier consul Bonaparte prend sous sa protection tous les hospices et tous les chrétiens de Syrie, d'Arménie et spécialement toutes les caravanes qui visitent les Saints Lieux ; et que Napoléon III réclame cette même protection que les Bourbons avaient fait reconnaître par des firmans. Cet exercice actif et constant de notre patronage, ajoute, à la force massive des traités, la force vivante de la tradition.

La tradition ne confirme pas seulement les textes ; elle les complète et y supplée. Il semble que, d'après les capitulations, les seuls clients de la France en Orient, soient les catholiques des nations occidentales, colons ou pèlerins du catholicisme sur les terres du sultan. Pourtant, en vertu des précédents historiques, non des traités, les sujets catholiques du sultan se sont aussi groupés lentement sous notre protection. La Porte reconnut gracieusement cette prérogative, elle est inscrite en histoire et repose sur des antécédents historiques. Les Maronites, par exemple, sont placés, depuis saint Louis, sous le protectorat de la France.

En somme, depuis le XVIe siècle, le double rôle de la France en Orient, c'est d'être la protectrice exclusive des marchands et des pèlerins. La France n'est pas restée seule maîtresse du commerce oriental ; les autres nations de l'Europe ont envoyé, en Orient, des ambassadeurs et des consuls. En même temps et par un mouvement contraire, l'importance et la clientèle du protectorat religieux sont allées en augmentant et les Français apparaissent, aux yeux des Orientaux, comme les défenseurs naturels des catholiques de toute nation, même de la nation turque.

L'Autriche, il est vrai, a fait insérer dans les traités de Passarowitz, de Belgrade et de Sistova, des clauses par lesquelles le sultan garantit le libre exercice du catholicisme en Orient. Mais ce droit ne crée aucune tradition et ne s'appuie sur aucune ; c'est la simple répétition du droit concédé à la France, droit auquel ces traités ne portent aucune atteinte.

On a prétendu parfois que le traité de Berlin avait prononcé notre déchéance. Or, avant le Congrès, il avait été expressément réservé, par notre ambassadeur, « que l'Egypte, la Syrie et les Saints Lieux resteraient hors de discussion ». Dans sa rédaction primitive, l'article 62 du traité reconnaissait nos droits « aux Lieux Saints et ailleurs » ; la rédaction définitive du même article porte : « Les droits acquis à la France sont expressément réservés ; et il est bien entendu qu'aucune atteinte ne saurait être portée au *statu quo* dans les Lieux Saints ».

Ce discret assaut que livraient, à notre protectorat, des casuistes de chancelleries, méritait une représaille. En 1878, nous obtenions, de la Propagande, un premier témoignage ; en 1888, une circulaire plus explicite, de la même congrégation, atteste solennellement nos droits.

Depuis un demi-siècle, la Propagande est devenue une sorte de puissance internationale. Immédiatement, elle commande à tous les délégués apostoliques : elle reçoit leurs rapports fréquents, les examine, y répond, et, le cas échéant, les oblige à consulter. Au Pape, ils ne doivent pas seulement l'adhésion de la foi, mais encore, dans le gouvernement de leur Eglise, une obéissance scrupuleuse. Sous Pie IX, la Propagande s'est augmentée d'un secrétaire pour les affaires orientales. Ainsi fortifiée et centralisée, la Propagande règle la conduite des missions des catholiques dans tous les pays de missions, c'est-à-dire dans les trois quarts de l'univers. Un Etat, soucieux de son expansion, doit compter avec la Propagande.

Les capitulations suffirent longtemps à garantir notre influence et nos droits. Mais la papauté est une grosse pièce sur l'échiquier du monde; et les Etats ont plus besoin d'elle qu'elle n'a besoin d'eux. Supposez que la Propagande ordonne aux chrétiens d'Europe établis en Orient de recourir, en cas de besoin, aux ambassadeurs et consuls, représentants divers de leur nationalité : immédiatement notre protectorat chancelle. L'Italie et l'Allemagne nourrissaient de telles prétentions et peut-être en avaient déjà libellé la formule. La troisième république vit le péril et eut le mérite de le conjurer.

Le cardinal Siméoni était alors préfet de la Propagande. Le 22 mai 1888, la circulaire *Aspera rerum conditio* vint répondre aux vœux de notre diplomatie. Il y a, dans le Levant, des missionnaires italiens; la circulaire ordonne à ceux-ci comme aux autres, de se conduire envers les représentants du Quirinal, de telle sorte qu'ils ne puissent être soupçonnés de dispositions favorables ou de connivence à l'égard du nouvel ordre de choses existant à Rome; elle défend, en particulier, d'inviter les consuls italiens dans les cérémonies religieuses et de leur rendre les honneurs dans les Eglises; s'ils y viennent spontanément, elle ne permet aux délégués apostoliques d'accepter pour leurs écoles et pour leurs œuvres, des subsides des consuls italiens, que si ceux-ci ne réclament, en échange de ces subsides, aucun droit de surveillance ou de tutelle.

« Car on sait, dit textuellement la circulaire, que, depuis des siècles, le protectorat de la nation française a été établi dans les pays d'Orient, et qu'il a été confirmé par des traités conclus entre les gouvernements. Aussi l'on ne doit faire, à cet égard, absolument aucune innovation : la protection de cette nation, partout où elle est en vigueur, doit être *religieusement maintenue*, et les missionnaires doivent en être informés, afin que, s'ils ont besoin d'aide, ils recourent aux consuls et autres agents de la nation française. De même, dans ces lieux de missions où le protectorat de la nation autrichienne a été mis en vigueur, il faut le maintenir sans changement. »

« C'est donc, à l'heure actuelle, conclut Georges Goyau, un précepte de discipline, une obligation de conscience pour les délégués apostoliques en Orient, à quelques pays qu'ils appartiennent, de considérer nos consuls comme leurs protecteurs naturels. Ces délégués apostoliques et leurs fidèles pouvaient être soumis à deux statuts fort différents : ou bien vivre sous la tutelle exclusive de la France, comme les marchands, jadis, commerçaient exclusivement sous notre bannière; ou bien se grouper, suivant leurs nationalités, autour de leurs différents consuls, comme les marchands, aujourd'hui, commercent chacun sous la bannière de leurs Etats respectifs. Au moment même où l'on contestait nos droits par de malicieuses interprétations du traité de Berlin, la Propagande les a reconnus; elle en impose la stricte observance à ses subordonnés ecclésiastiques; et notre influence doit rester, dans l'avenir, ce qu'elle fut dans le passé. Tout délégué de la Propagande a deux patries dans les terres de sa Hautesse : son pays d'origine et une seconde patrie désignée par la sacrée Congrégation, la France. C'est sur toute une région que notre protectorat est ratifié : plus les chrétientés s'y multiplieront, plus s'accroîtra notre clientèle. La France, à ce titre, doit souhaiter une Eglise conquérante, comme l'Eglise doit souhaiter une France respectée (1). »

Deux faits militent à l'appui de ces considérations : le premier c'est que la France, à elle seule, fournit la presque totalité des subsides nécessaires à l'entretien des missions; le second, c'est que la France est toujours *alma parens virûm* et qu'elle fournit à elle seule la presque totalité des missionnaires. Les missions sont en quelque sorte son ouvrage; il est juste qu'elles restent sous sa protection dans la mesure, au moins, où elles sont son œuvre. C'est la conclusion du bon sens, d'accord avec le droit.

En résumé, notre protectorat est l'œuvre commune de trois Frances dissemblables, l'œuvre de saint Louis, des Valois, des Bourbons et de la troisième République : A chacune des étapes de notre protectorat oriental, quelque chose est créé, mais rien n'est perdu. Par-dessus les générations successives, qui font le geste de briser l'unité de notre histoire, il semble que veille un économe invisible, qui, pour leur profit et pour sa gloire, la maintient souverainement.

Lorsqu'il s'agit d'un Pape, et surtout d'un Pape vivant, une histoire ne serait pas complète, si elle négligeait la critique. Dans le monde tel que la Révolution le fait, depuis trois siècles, l'histoire n'est pas seulement une conjuration contre la vérité, mais le monde est à l'état de révolte ouverte et de complot permanent. Un Pape a simplement, devant sa face, cette masse d'infidèles dont il doit percer les ténèbres, guérir les vices et surnaturaliser les vertus; et une masse de fidèles dont il doit garder la vertu et la foi. Par là même qu'il est docteur et chef de l'Eglise il voit se dresser, contre son pouvoir, trois sortes d'adversaires : les impies, décorés aujourd'hui du nom de libres penseurs, qui

---

(1) *La France chrétienne dans l'histoire*, p. 598.

n'admettent ni religion, ni Dieu ; les hérétiques qui n'admettent pas d'Eglise, et les schismatiques qui n'admettent pas le Pape. Nous avons, sur notre table, des écrits anglais, allemands et russes, dont les auteurs masqués essaient d'accabler le Pape de leurs critiques : il faudrait un volume pour leur répondre. Nous ne répondrons, ici, qu'à un prétendu Russe, qui pourrait bien être français, puisqu'il s'appelle Wasili. Qu'il s'appelle Pierre ou Paul, qu'il soit un homme ou une femme, son déguisement ne relève pas la qualité de sa marchandise.

A première vue, il est difficile de croire à sa véracité. Une partialité maladroite inspire ses jugements sur les deux cours du Vatican et du Quirinal. S'il parle du roi, de la reine, des dames d'honneur ou des chambellans, il ne sait à quelles expressions recourir pour célébrer leurs grâces. Les chambellans sont des gentilshommes de la plus belle eau ; les dames d'honneur réunissent toutes les magnificences ; la reine n'est plus une femme, c'est une déesse ; le roi concentre en sa personne tous les traits honorables des hommes qui ont brillé sur la terre. Devant le sire Humbert, il faut tomber en extase. La plume qui se complait à ces profusions d'encens est, paraît-il, une plume républicaine, peu difficile sur la qualité des encensoirs, et parfaitement assortie au rôle de la valetaille littéraire. Ce ne sont pas là des jugements, mais des prostrations.

S'il parle du Vatican, Vasili quitte l'encensoir et prend le fouet. Page 68 : « Bien moins spirituel que Voltaire (qu'en sait-il ?), Léon XIII paraît beaucoup plus fort en politique et en bien d'autres choses. » Page 69 : « Les mains sont plus froides que le gros saphir qu'elles offrent au baiser de l'adorateur. » Page 71 : « Léon XIII est un tripoteur d'argent. » Page 75 : « Léon XIII est vaniteux. » Page 68 : « Léon XIII n'est pas savant. » Page 83 : « Léon XIII est entier et tyrannique. » Page 112 : « Léon XIII n'est pas pieux. » Page 115 : « La politique, c'est le grand souci de Léon XIII. » Page 96 : « Fondre peu à peu le Saint-Siège dans la monarchie italienne, sans que les autres peuples catholiques s'en détachent, tel est le plan, telle est l'œuvre à longue portée. » J'en passe, mais pas de meilleur.

En prenant toutes ces allégations au pied de la lettre, que s'ensuit-il ? que Léon XIII est un homme, et non pas un Dieu comme Humbert. Vous vous en doutiez, sans doute ; il n'est pas donné à tout le monde de gravir les sommets de l'Olympe. Mais, même en supposant que Léon XIII paie son tribut à l'humanité, — ce que je crois volontiers, car l'infirmité est la condition première du mérite, — qu'est-ce que cela prouve en soi et qu'est-ce que cela fait contre son pouvoir ? Absolument rien.

Le temps n'est pas venu d'écrire l'histoire de Léon XIII ; quand il viendra, je ne pense pas que les historiens aient à écrire en se voilant la face. En attendant, aucun homme sensé n'admettra que le Pape, heureusement régnant, fasse mauvaise figure. Prisonnier au Vatican, en ce sens qu'il ne lui est pas possible d'en sortir, par la seule force de sa pensée et de sa volonté, il a su exercer sa souveraine puissance et en faire respecter l'exercice. La caractéristique du Pape, c'est qu'il est une volonté ; un homme qui, par sa volonté forte, s'affirme, agit et triomphe. Qu'on le critique tant qu'on voudra, on ne critique que ceux qu'on honore ; la critique même est un hommage. Si le Pape n'était pas la souveraine puissance de l'Eglise, vous n'auriez pas souci d'écrire contre lui des volumes.

Trois traits ressortent, dès aujourd'hui, du pontificat de Léon XIII. Le premier, c'est qu'il ne veut pas de disputes entre catholiques, et il ne veut pas de disputes, parce qu'il veut l'action. La controverse sert à la clarification des idées, et, au besoin, à la défense des principes. Le Pape n'entend certainement pas ôter à l'Eglise, son caractère d'Eglise militante ; lui-même, son chef, est homme de combat ; il l'a dit expressément dans son épitaphe ; mais il combat à sa manière et ne veut point d'*impedimenta*. Dites tout ce qu'il vous plaira ; écrivez tout ce que vous voudrez : nous ne vivons pas en un temps où l'on puisse supprimer le flot des écritures : mais, si vous écrivez, ne faites rien qui énerve l'action pontificale. Une digue n'a jamais nui à personne ; en canalisant les eaux, elle leur donne plus de force et en augmente l'utilité.

Le second trait du pontificat actuel, c'est le rappel aux études supérieures et la préconisation de la philosophie de saint Thomas. C'est là, disons-le hardiment, un trait de génie et notre meilleur titre à l'espérance. Depuis longtemps, nous avions perdu, en France particulièrement, le sens des hautes études. Même dans nos Eglises, nous avions des docteurs qui opinaient en faveur de la médiocrité. L'enseignement ecclésiastique devait être médiocre, parce que médiocres sont la plupart des intelligences et médiocres aussi sont la plupart des postes dévolus aux jeunes prêtres. Avec ce système, nous avions suivi la pente d'une décadence intellectuelle, et comme les idées règlent le monde, nous avons suivi, en toutes choses, une décadence analogue à la vulgarité de nos idées. Des écoles abaissées était sorti, comme un fléau, le marasme national. Disette de principes, absence d'hommes : tel était le bilan final de nos médiocres doctrines. Le Pape, qui a mission de paître les agneaux et les brebis, de confirmer ses frères, de porter sur sa poitrine le môle de l'Eglise et de rattacher la fortune des peuples à la prospérité de la Chaire Apostolique, le Pape, dédaignant toutes ces poussières d'écoles en ruines, nous ramène à la grande école de la scolastique. La langue de la précision, la logique du raisonnement, la doctrine traditionnelle des écoles philosophiques de saint Augustin à saint Thomas : voilà ce que le Pape conseille là où il ne peut que conseiller, voilà ce qu'il commande, là où il exerce le commandement. Par là, le Pape nous relève de tous nos abaissements; il pose, par le retour aux saines doctrines, le principe fécond de toutes les grandeurs.

Le troisième, ou plutôt le premier trait de Léon XIII, c'est qu'il est homme d'action. Réduit personnellement aux conditions où il est plus difficile d'agir, il agit ; il agit sans cesse et partout ; de sa fenêtre du Vatican, il voit le monde et sa plume et sa parole envoient partout des oracles. D'amicales relations avec toutes les puissances de terre, un concordat avec la Russie, la paix avec l'Allemagne, la paix partout, sauf en Italie et en France : n'est-ce rien qu'un tel résultat ?

Léon XIII ne voit se dresser contre lui, ou plutôt contre sa puissance, ni un hérétique, ni un schismatique, ni un rebelle quelconque. Le monde entier adresse, au Vatican, pour les noces d'or, les plus tendres et les plus expressifs hommages : encore une fois, n'est-ce là rien, et, devant ce concert magnifique, que signifie le petit piaulement du comte Vasili ?

Léon XIII, sans doute, est un homme et je crois bien, entre nous, qu'il ne l'ignore pas. Nous n'adorons point Léon XIII ; nous le respectons, nous lui obéissons, nous l'honorons. Le Pape a des droits, nous avons des devoirs, nous nous appliquons à les accomplir. Telle est l'économie de l'Evangile et tel l'ordre de l'Eglise.

Après cela, qu'on vienne nous dire que le Pape n'a qu'un but : trahir l'Eglise, la vendre à César : nous trouvons ces allégations encore plus sottes qu'invraisemblables ; nous croyons à la Sainte Eglise catholique ; et aux lumières de cette foi s'ajoute l'agrément d'y puiser quelque esprit et un peu de fierté.

Le conteur Vasili revient sur le dernier conclave. Trois noms émergèrent du scrutin : Bilio, Pecci et Franchi. Bilio refusa, Franchi accéda, Pecci eut la majorité des voix et, sur la demande du cardinal Donnet, on ne dépouilla même pas le scrutin jusqu'au bout, tous les cardinaux acclamant Léon XIII. Une élection unanime empêche toute objection, et si l'on veut censurer, il faut convenir qu'on attaque tout le sacré Collège.

Après avoir fort maltraité le Pape, le comte vient aux cardinaux. Ce grand esprit parle du nez de l'un, du ventre de l'autre : il paraît que les cardinaux ont un nez et des entrailles ; il est probable qu'ils ont aussi des yeux et des oreilles ; je ne serais pas surpris d'apprendre qu'ils ont une bouche, des bras et des jambes. L'émotion m'empêche d'en dire davantage. Je constate seulement pour le châtiment du censeur, que tel est l'objet de ce discours ; et il s'agit d'un sacré Collège où l'on voit briller Pitra, le plus savant homme de l'Europe ; Hergenrœther, le grand historien ; Mazella, le grand théologien ; Zigliara, le grand philosophe, et une foule d'autres placés par leurs mérites au-dessus de la louange.

Ce comte a ainsi un mot contre les évêques ; lui, fin latiniste, il trouve que leur latin ne brilla pas au Concile. Le comte devrait savoir : 1° que les matières du Concile étaient indiquées aux évêques depuis trois ans et qu'ils pouvaient les étudier à loisir ; 2° qu'ils reçurent, de plus, en arrivant à Rome, les études des théologiens du Saint-Siège ; 3° que, pour les observations qu'ils jugèrent utiles de présenter, ils devaient les écrire, puis les lire, non les improviser, chose trop peu réfléchie pour être recevable en pareille rencontre. Si quelque prélat, deux ou trois fois, se fiant à sa prestesse d'esprit, réussit moins bien à s'exprimer, il faut dire que cela n'arriva qu'aux prélats chers à la république.

D'après la savante théologie de Vasili, l'Eglise a été d'abord démocratique, puis aristocratique, enfin monarchique. Vasili a emprunté cela à Guizot, qui l'avait emprunté aux protestants. C'est avec cette invention fragile, que les protestants colorent leur révolte contre Rome ; pour un Russe, la distraction est un peu forte ; lorsqu'on défère aux décisions dogmatiques du czar, on est malvenu à se récrier contre l'autocratie des Papes. S'il s'agissait, sous la peau de Vasili, d'un catholique masqué, je le renverrais au catéchisme ; il apprendrait, en sa qualité d'enfant de la Sainte Eglise, que l'évêque de Rome est le successeur de saint Pierre, chef souverain et unique du fidèle troupeau de Jésus-Christ. Autrement nous n'avons pas marge ici pour réfuter cette affirmation, d'ailleurs sans preuve.

D'après la savante histoire de Vasili, on donne, à Rome, des diplômes à qui en veut, pourvu qu'on paie bien. Docteur en théologie, docteur en l'un et l'autre droit, docteur en quoi vous voudrez, venez, je vous prie, mais passez d'abord à la caisse. J'apprendrai à Vasili que les examens à Rome sont sérieux et qu'ils ne peuvent être parfois suppléés que par des titres plus sérieux encore. Les frais d'examen pour le doctorat sont, à Rome, de 167 francs ; et à Paris, pour les lettres, ils atteignent 1 560 francs et pour la médecine, 1 860. Et à Paris, comme à Rome, ils ne valent que par l'usage qu'on en sait faire ; autrement ce sont des peaux d'ânes, je veux dire des titres qui supposent le savoir, mais qui ne peuvent pas le donner.

D'après la savante économie de Vasili, la main-mise de l'Etat italien sur les biens de la Propagande ne serait qu'une substitution de rentes en argent aux revenus en matières, et, par le fait, une heureuse opération pour la Propagande, l'Italie s'entendant à demi mot avec la Papauté. C'est une erreur grosse comme le mont Blanc. La conversion des biens de la Propagande a rapporté d'abord au fisc, six millions ; les douze millions restant rapportent, à 5 0/0, 600 000 francs. Auparavant les biens de la Propagande rapportaient 720 000 francs. Perte sèche, 120 000 fr.; l'Etat italien se réserve de convertir graduellement cette dette, c'est-à-dire de confisquer insensiblement ces biens, plaisante manière de protéger l'œuvre des missions. Article premier, nous prenons : voilà le plus clair de la politique italienne au regard de l'Eglise.

Le conteur a encore d'autres apercevances sur la robe rouge des cardinaux qu'il croit remisée au fond d'une armoire et produite rarement en public ; sur le pouvoir des cardinaux qu'il assimile faussement aux vicaires capitulaires ; et sur leur revenu dont il tronque la quotité. On lui voit beaucoup d'autres erreurs sur des noms d'hommes, sur des noms de rues, sur des particularités connues à Rome, comme le loup blanc, et sur lesquelles, lui, diplomate incomparable, il bronche comme une vieille mule. On ne peut pas tout savoir ; et si le conteur a vu Rome avec une lunette d'approche, peut-être le jour où il coiffait le bonnet de Nostradamus le ciel était-il couvert de nuages. S'il avait pris, à Rome, un autre bonnet, pour le coût de 167 francs, sans doute qu'il n'affirmerait point tant de sottises avec la grotesque suffisance d'un écolier mal appris.

Enfin le diplomate donne le coup de pied aux Jésuites : c'est le coup de pied de la mule. Dans le passé, les Jésuites ont Tolet, Suarez, Bellarmin et Baronius ; dans le présent, en philosophie, Rothenflue, Tongiorgi, Liberatore ; en théologie, Franzelin, Mazella, Péronne, Gury et Ballerini. Je souhaite, à tous les rivaux des Jésuites, une si prodigieuse pauvreté, et à tous leurs censeurs de pareils maîtres.

Quand il arrive à la prélature, le Vasili passe au rouge foncé ; il ne décolère plus. Camériers, prélats domestiques, protonotaires, il abat tout avec les flèches de son dédain ; les pavots de Tarquin n'ont pas dû subir un pire massacre. Nous lui disons avec Thémistocle : « Frappe ; mais écoute ».

Les protonotaires sont les notaires du Saint-Siège. Quiconque a visité les archives de l'Eglise Romaine sait que ce n'est pas une sinécure ; et quiconque a parcouru seulement quelques archives religieuses d'autres contrées, sait que les travaux des protonotaires, répandus dans le monde entier, attestent l'énormité de leurs labeurs. La supériorité du collège des protonotaires est de notoriété publique ; je rougirais de les défendre.

Les auditeurs de rote sont des prélats constituant un tribunal, étudiant et jugeant des procès. Aux membres italiens de ce tribunal, s'adjoignent des juges envoyés par les Etats réputés catholiques. Chaque Etat ne choisit pas ce qu'il a de moins bien et l'on doit croire que Rome ne se laisse pas écraser par la concurrence du mérite. Si la suppression momentanée du pouvoir temporel laisse, à la rote, des loisirs, le Pape, en la rattachant à la Congrégation des rites, offre à ces laborieux ouvriers un supplément d'occupation.

Les camériers ne sont pas des valets de chambre, ce sont des chambellans, service connu dans toutes les cours et qui ne laisse pas place au mépris, j'entends au mépris des gens qui ont reçu de l'éducation.

Les chanoines des grandes basiliques ne reçoivent pas, par an, 12 000 francs, mais 6 000 ; ils sont, comme tous les chanoines, obligés à l'assistance au chœur ; s'ils manquent sans motif légitime, il y a un pointeur et les censures peuvent les atteindre. Rire des chanoines, cela se fait volontiers depuis Boileau ; on n'en rit pas toujours avec autant d'esprit, mais toujours avec autant d'injustice.

Quant aux prélats honoraires, ils sont décorés, pour leurs travaux, comme les chevaliers de la Légion d'honneur. La République vient de nous faire voir que la Légion d'honneur peut vendre ses croix, ou, du moins, que d'aucuns peuvent se les faire payer. A Rome, les décorations ne sont ni à acheter, ni à vendre. Quand vous rencontrez un prélat, cherchez un peu dans sa vie, et peut-être trouverez-vous dans cette existence obscure des travaux que la modestie peut voiler, mais que l'équité ne peut pas méconnaître.

La même réflexion s'applique aux camériers de cape et d'épée ; ce sont des jeunes gens de bonne famille, qui doivent prouver, par leurs vertus, les traditions de leurs ancêtres et former, pour les Pontifes romains, une garde d'honneur. Je cherche ce qu'on peut blâmer dans une telle institution.

Le conteur croit que les chanteurs de la chapelle Sixtine n'existent plus : ce trait marque un défaut absolu d'exacte information.

Il est superflu de pousser plus loin. L'auteur, quel qu'il soit, de la *Société de Rome*, est un de ces écrivains satiriques, coureurs de ruelles et happeurs de nouvelles, qui cherchent moins la vérité des informations que l'agrément du lecteur. Pourvu qu'ils disent des choses nouvelles, imprévues, grosses en proportions, fortes en couleurs, amusantes surtout, ils croient que tout est bien. Pour distraire un peu les badauds, cela peut suffire ; mais qu'on instruise par là les hommes sérieux, il faut bien se garder de le croire. S'il fallait relever toutes les étourderies du conteur masqué, il faudrait un livre. Ce livre pourra s'écrire plus tard ; pour l'heure, il ne serait ni juste, ni digne de le tenter. L'histoire ne s'écrit pas sur le vif, mais sur le mort et d'après les lois de la perspective.

En attendant, nous empruntons au comte Vasili, p. 267, un mot qui met à néant toutes ses critiques : « A observer l'ensemble, on doit convenir que le Saint-Siège demeure encore la plus auguste, la plus vaste, la plus puissante peut-être des institutions. Faite de ces matériaux humains, de ce limon terrestre (que fécondent la grâce et la force d'en haut), elle domine par la force de l'institution, par les éléments immuables et séculaires qu'elle garde et entretient par tradition, les sociétés laïques perpétuellement changeantes, renouvelées et instables. » *Virtute firmata Dei.*

La question la plus importante, pour un pape, n'est pas sa justification contre les imputations vaines de critiques ignares, c'est la question de savoir ce qui lui reste de liberté et s'il exerce encore une souveraineté réelle.

A la conférence interparlementaire de la paix tenue récemment à Christiania, le délégué italien, sénateur Pierantoni, a voulu excuser son gouvernement d'avoir exclu le Souverain Pontife du Congrès de La Haye. Il n'a rien trouvé de mieux que de déclarer en présence des 300 représentants de dix-huit nations que la souveraineté reconnue au Pape par la loi des garanties, est purement et simplement honoraire, sans avoir rien de réel et d'effectif.

Il y a là une thèse dont les prétentions blessent le sentiment catholique, l'histoire et le droit : réfutée cent fois, elle ne cesse point d'être rééditée par certains libéraux italiens ; il ne faut donc point cesser de protester contre ces affirmations, ne serait-ce que pour empêcher la prescription de s'établir.

C'est ce qu'a pensé très justement la *Civilta cattolica* (1), qu'on trouve toujours au premier rang quand il s'agit de défendre les droits imprescriptibles du Saint-Siège apostolique.

Elle démontre que la souveraineté du Pape est encore, à l'heure présente, une souveraineté réelle et effective. Cette démonstration est d'autant plus intéressante qu'elle s'appuie sur des arguments de droit international empruntés aux jurisconsultes italiens eux-mêmes et qu'elle rappelle des détails historiques très curieux qui passèrent fatalement inaperçus en France, surtout à l'époque où ils survinrent. Cette question de la souveraineté pontificale a été si violemment soulevée en ces derniers temps, qu'il semble utile d'insister sur sa nature, à la suite de la *Civilta cattolica.*

Dans son *Traité de droit international public*, l'avocat italien et libéral Fiore (2) reconnaît lui-même que la souveraineté du Pape est antérieure à la loi des garanties.

« Parmi toutes les sociétés religieuses, « dit-il, dans l'état actuel des choses, la so- « ciété internationale ne peut reconnaître « comme personne morale que la seule « Eglise catholique romaine. Il ne peut être « permis à aucun pouvoir constitué de violer « les droits internationaux de l'Eglise. »

En conséquence, l'inviolabilité, l'irresponsabilité, l'exemption de toute juridiction ordinaire, qui appartiennent à toute personne représentant l'État, et qui lui sont attribuées en tant qu'elle exerce le suprême pouvoir, doivent être également attribuées au Pape, puisqu'il représente, comme chef de l'Eglise, le suprême pouvoir ecclésiastique.

Aussi l'auteur conclut avec raison que l'article 1er de la loi des garanties, en proclamant la personne du Pape inviolable, n'a fait que reconnaître un droit préexistant, sans le créer. « Le législateur a proclamé ce qui dérivait des principes de la justice, c'est-à-dire que l'inviolabilité appartient au chef de l'Eglise, au même titre qu'au chef de l'Etat. L'Italie n'aurait pu faire autrement sans violer le respect dû aux principes de la justice et à la liberté de religion. En particulier, on ne peut soutenir que le droit de légation ait été concédé au Pape par la loi des garanties, ou que l'Italie aurait eu le droit de diminuer ou de refuser cette faculté. »

Ces considérations prouvent bien que le Pape possède une souveraineté véritable, ayant des conséquences réelles et effectives, et cela par la nature même de l'institution pontificale, abstraction faite de toute loi du gouvernement italien ou d'un autre gouvernement. C'est un principe fondamental de cette discussion.

L'avocat Fiore recule devant cette conclusion logique de son système ; il ne veut, lui aussi, reconnaître au Pape qu'une souveraineté tout honoraire. Il prétend que le plébiscite romain du 2 octobre 1870 a mis le Pape dans la même position que l'ancien duc de Modène ou que l'ancien roi de Naples.

On peut suivre les libéraux italiens sur ce nouveau terrain, les battre avec leurs propres armes, à la condition d'appliquer dans la discussion les principes universellement reconnus par tous les jurisconsultes qui se sont occupés de droit international, en faisant toutes les réserves sur leur vraie justice. La tâche est d'ailleurs facile, grâce à l'excellent ouvrage du marquis d'Olivart, membre de l'Institut de droit international, professeur à l'Université de Madrid, qui, en 1895, a publié l'*Aspect international de la question romaine.*

Il faut partir d'un fait évident : c'est que, entre le Pape et le gouvernement italien, dure toujours l'état de guerre, ouvert par l'assaut de la Porta Pia, le 30 septembre 1870.

A cette date, les deux pouvoirs étaient aussi souverains l'un que l'autre.

Depuis l'ouverture des hostilités, il n'y a eu d'autre acte entre ces deux souverains que la capitulation militaire signée le même jour par le général Kanzler et le général Cadorna.

Aux termes de cette capitulation, les troupes piémontaises occupaient Rome jusqu'au Tibre ; la cité Léonine, le château Saint-Ange et le Vatican étaient formellement exclus de cette occupation de par la volonté formelle du gouvernement italien.

---

(1) *Civiltà cattolica*, n° du 7 octobre 1899. — (2) *Traité de droit international*, publié par l'avocat P. Fiore, professeur à l'Université de Naples, membre de l'Institut de droit international, Turin, 1887.

Cette volonté était en effet tellement arrêtée chez le gouvernement de Florence qu'il fallut des circonstances pour l'amener audelà du Tibre. C'est le général Kanzler qui, dès le 21 septembre, écrivit à Cadorna, au nom du Pape, pour lui demander d'assurer l'ordre public dans la cité Léonine. Cadorna, ayant pris les ordres du cabinet de Florence, reçut cette réponse : « Déclarez explicitement que les troupes italiennes seront retirées de la cité Léonine, à la moindre requête, tout comme elles y ont été envoyées ». D'après la même ligne de conduite, le gouvernement se refusa à laisser plébisciter la cité Léonine, malgré les instances de Cadorna ; ce général y suppléa de lui-même, il trouva la combinaison, et fit préparer aux habitants de la cité Léonine une urne en dehors de son enceinte.

Ces détails historiques prouvent à l'évidence que le Pape était toujours considéré par le nouveau gouvernement lui-même comme le maître non seulement du Vatican, mais du château Saint-Ange et de la cité Léonine.

Depuis la capitulation militaire du 20 septembre, aucun acte n'est venu changer la situation respective des deux puissances. Il n'y a jamais eu de traité de paix. Elles sont donc toujours belligérantes quoique en état de trêve, et il faut appliquer à cette situation les règles internationales du droit de la guerre, pour l'état d'armistice.

Or, pendant l'armistice, aucune puissance n'a le droit d'étendre ses possessions au-delà des limites qu'elle occupe effectivement. Il s'ensuit que, dans l'intérieur des possessions qu'il n'a jamais quittées, le Pape est souverain aussi pleinement et aussi effectivement qu'avant le 20 septembre, aussi pleinement et aussi effectivement que le souverain italien qui continue de l'entourer de ses forces ennemies.

Les italianissimes prétendent que le Pape a été effectivement dépossédé de toute souveraineté temporelle, par l'occupation de la principale partie de ses Etats ; l'occupation matérielle de la plus grande partie de Rome aurait entraîné l'expropriation morale de tout le reste.

C'est un principe inouï dans le droit international, qui dit au contraire très expressément que, dans l'état de guerre, le vainqueur possède seulement ce qu'il occupe par la force. La situation ne change, les possessions du vainqueur ne s'accroissent que si le vaincu disparait de lui-même, ou cède ses droits dans un traité, ou est absolument réduit à l'impuissance. Rien de tel ne s'est produit pour le Pape. Le Vatican, au moins, est toujours resté sous la pleine souveraineté du Pape, qui continue d'y posséder les caractères nécessaires à un Etat proprement dit, c'est-à-dire un territoire, des sujets, une autorité. Le Pape ne s'est pas enfui comme le duc de Modène ou le roi de Naples. Le gouvernement italien n'a pas encore osé pousser l'occupation jusqu'au bout. Donc à raisonner d'après les principes du droit actuel, reconnus par les adversaires eux-mêmes et quelle que soit d'ailleurs leur vraie valeur, il faut affirmer que le Pape est aussi bien souverain que le tzar ou l'empereur d'Allemagne.

Les italianissimes ont un dernier subterfuge pour dénier au Pape la souveraineté effective. Le plébiscite du 5 octobre 1870, disent-ils, a changé la situation. Par ce plébiscite, les Romains ont affirmé leur volonté de se soustraire au domaine du Souverain Pontife pour entrer dans le nouveau royaume d'Italie.

L'argument est subtil, reconnaissons-le, surtout si l'on acceptait les principes révolutionnaires de l'appel au peuple.

Toutefois la réponse se trouve dans ce qui a été dit plus haut. Tout au plus, l'argument aurait-il quelque valeur pour la cité Léonine, et encore on a vu dans quelles conditions s'y est fait le plébiscite.

Mais pour le Vatican, la situation est claire.

Avant le 20 septembre, il y avait là un souverain véritable. Les malheurs de la guerre lui ont enlevé une partie, la très grande partie de ses Etats. Depuis lors, il y a une trêve sans occupation nouvelle. En quoi et comment, durant cette trêve, sa souveraineté aurait-elle pu subir la moindre atteinte sur la portion de territoire qui n'a jamais été occupée que par lui ?

Le droit international permettrait même d'aller plus loin, et d'étendre cette souveraineté effective à tout ce qui est resté en dehors de la capitulation militaire du 20 septembre.

C'est une règle élémentaire, en effet, que durant l'état d'armistice sont nuls de plein droit tous les changements politiques de quelque importance faits par l'envahisseur dans le pays envahi ; en particulier, *durant la trêve*, l'envahisseur ne peut accepter la soumission, même spontanée, de ceux qui se trouvent dans le territoire ennemi. Cette accession de nouveaux sujets serait en effet un acte véritable d'hostilité, incompatible avec l'état d'armistice. On pensera ce qu'on voudra de cette argumentation qui s'appliquerait à la cité Léonine, non comprise de par la volonté même du vainqueur dans la capitulation du 20 septembre.

Peut-être son occupation lente a-t-elle été un coup de force nouveau, une nouvelle guerre, une violence de plus dans la série des actes injustes qui ont blessé les droits séculaires de mille générations passées et de 300 millions de catholiques dont la vie religieuse exige pour leur chef une indépendance honorable.

Mais il est indiscutable que le gouvernement italien serait bien mal venu à déclarer ou à agir comme s'il pensait que le souverain du Vatican n'est pas un souverain effectif et réel aussi bien que tous les chefs d'Etat de l'heure présente.

Que l'Etat pontifical soit présentement réduit à sa plus simple expression, ce n'est peut-être point vraiment pour le grand bonheur de la patrie italienne.

Mais au chef de cet Etat, l'Italie reconnaît elle-même la juridiction intérieure, et le droit d'avoir et de recevoir des ambassadeurs.

Son attitude lors du congrès de la Haye a été en contradiction avec ses propres lois et avec celles du monde civilisé; nous ne parlons pas maintenant des principes supérieurs.

On ne remporte pas deux fois impunément des victoires sur le bon sens et la conscience humaine.

Après avoir prouvé contre l'Etat usurpateur la souveraineté du Pape, il faut voir le cas qu'il en fait sur un terrain où rien ne l'empêche, mais où tout l'oblige à la reconnaître.

L'humanité repose premièrement sur la loi du travail et sur la loi de la famille. C'est l'ordre de Dieu que tout homme mange son pain à la sueur de son front, et que tout homme croisse et multiplie pour occuper la terre. En travaillant, il ne pourvoit pas seulement à son entretien, il s'assure un morceau de pain pour les vieux jours; en s'unissant à la femme par le mariage, il veut susciter des enfants qu'il formera à son image et qui tireront plus tard, par héritage, profit de ses économies. Or, les peuples de l'Europe, par l'extension de leur empire et par l'augmentation progressive de leurs armements, arrivent à dévorer le plus clair des profits du travail et à vouer le genre humain à l'extermination. Tout le monde soldat et des impôts excessifs pour nourrir et armer cette soldatesque, voilà, aujourd'hui, l'aboutissement de la civilisation.

L'empereur de Russie, mû par un sentiment de charité chrétienne, a proposé, aux peuples d'Europe, non pas de désarmer, ce qui est impossible, mais de diminuer les armements, mais de ramener l'armée, au sein de chaque peuple, à un chiffre proportionnel à son étendue, à sa population et à la régularité de l'ordre intérieur. Une conférence s'est tenue à la Haye, pour aviser aux moyens pratiques d'accomplissement de la proposition du csar. Sur les instances de l'Italie, qui est le péché et la plaie de l'Europe, le Pape a été exclu de cette conférence. Il appartient à l'histoire de protester contre cette exclusion.

S'il doit s'établir, en Europe, un tribunal d'arbitrage international, pour prévenir au moins les guerres injustes, « le Saint-Siège, dit un jurisconsulte, devrait avoir dans cette assemblée son représentant. En général, l'exclusion du Saint-Siège de toute réunion instituée dans un but pacifique, nous paraît un oubli singulier du passé et une méconnaissance singulière aussi du rôle bienfaisant que remplit aujourd'hui encore la Papauté. Le Pape, chef de la plus grande des communautés chrétiennes, pourrait avoir, par son délégué, la présidence de ce tribunal ».

A la Haye, toutes les sociétés indépendantes de l'Europe, les Etats-Unis d'Amérique la Perse, la Chine, le Japon étaient représentés. L'objet primitif de la conférence était, au moins, d'arrêter les armements, sinon de les réduire. Ce programme ne tarda pas à s'élargir. A l'ouverture de la session, on y voyait figurer la question de l'arbitrage entre les nations, l'extension de la Convention de Genève aux guerres maritimes, la codification de certaine partie du droit des gens, relative aux prisonniers, la prohibition éventuelle de certains engins de guerre considérés comme trop meurtriers ou suspects de perfidie, bateaux sous-marins, balles dumdum, etc. Réaliser un certain progrès dans la civilisation de la guerre, assurer autant que possible le maintien de la paix, voilà un double objet, plus moral que politique. La conférence, s'inspirant de la conscience générale de l'humanité, devait sauvegarder les intérêts de la haute civilisation.

Sous le rapport religieux, les populations intéressées aux décisions de la conférence se ramènent à quelques groupes : catholicisme, protestantisme, judaïsme, popisme, mahométisme, bouddhisme. Le judaïsme et le protestantisme ne pouvaient pas aspirer à une représentation, parce qu'ils n'ont ni organisation générale, ni chef attitré et ne forment pas un corps moral. Le Tzar, le Mikado, le Sultan, le Fils du ciel et le schah de Perse, détenteurs des deux puissances, représentaient aussi bien leur religion que leur empire. Les Chinois, les Turcs, les Persans, les Japonais sont admis à défendre leurs intérêts religieux; le Pontife suprême de la religion, le chef incontesté de trois cents millions de catholiques, le démiurge de la civilisation occidentale, n'a pas sa place dans la conférence de l'Europe. Pourquoi ?

On va dire qu'en 1870, le Pape a perdu son pouvoir temporel ; que dès lors il n'a pas d'intérêt direct à l'allégement des charges militaires. Pas d'intérêt militaire, pas de voix au chapitre. Mais, pour peu qu'on réfléchisse au rôle et à la mission historique de la papauté, on ne peut accepter ce raisonnement. Même quand la question serait purement politique, le Pape aurait sa place dans les assises humanitaires de la chrétienté. A qui fera-t-on croire qu'avant les annexions piémontaises, c'est à titre de souverain temporel que le Pape était appelé dans les conseils de l'Europe ? N'était-ce pas surtout à raison de sa souveraineté spirituelle sur deux cent millions d'âmes ? Poser la question, c'est la résoudre. Sans doute, la papauté, dépouillée même du patrimoine de saint Pierre, n'a pas d'intérêt direct dans la question du militarisme. Mais son passé, son caractère, sa raison d'être font qu'elle a un intérêt moral plus considérable que toutes les souverainetés temporelles. Jamais peut-être l'activité internationale du Saint-Siège n'a été plus considérable et plus féconde que dans ces dernières années. Comment oublier le rôle pacificateur de Léon XIII dans l'affaire des Carolines, la croisade anti-esclavagiste entreprise par l'Eglise aboutissant à l'acte de Bruxelles, l'initiative prise pour obtenir en Abyssinie la libération des prisonniers italiens, la pacification des esprits en France et en Allemagne, l'appel aux dissidents anglais à l'unité romaine, les efforts pour conjurer la guerre entre les Etats-Unis et l'Espagne. La question même de la réduction des armements avait été posée, au Concile du Vatican, par des évêques d'Europe et d'Arménie. Prétendre que l'Eglise abandonne sa mission civilisatrice et se désintéresse de l'ordre moral, ce n'est plus raisonner.

L'intervention du Pape à titre d'ordre moral étant admise, peut-on motiver son exclusion par la perte de la souveraineté? Non. Avant 1870, le Pape possédait une double souveraineté : la souveraineté spirituelle, celle qui s'applique à l'ordre moral, il la possède toujours dans sa plénitude; la principauté temporelle, il la possède encore en droit, et même en fait elle lui est reconnue par la loi des garanties.

L'objection tirée de l'admission des autres communions, n'est pas plus recevable. D'une part, plusieurs sont admis; d'autre part, deux ne sont pas admissibles.

L'histoire confirme ces conclusions en faveur du Pape. Ce n'est pas comme souverain, mais comme pontife que le pape Alexandre III, au troisième Concile de Latran, proclame le respect dû aux habitants paisibles du pays ennemi et à leurs biens; qu'Innocent III proscrit l'usage de l'arbalète et approuve l'Ordre des Trinitaires; qu'Honorius III et Grégoire IX approuvent l'Ordre de la Merci; que Pie II, Léon X et Paul III élèvent la voix contre la traite des Ethiopiens et des Indiens; que d'autres papes avaient introduit précédemment la paix et la trêve de Dieu; que d'autres, depuis, sont intervenus dans nombre de causes capitales pour l'intérêt des princes et des peuples.

On ne voit point de motif pour exclure le Pape d'une conférence pacifique. Au contraire, une assemblée de cette nature, un tribunal d'arbitrage, une sorte d'amphictyonie entre les nations, ne peut avoir membre plus autorisé et chef plus en crédit que le représentant de Celui qui, depuis dix-neuf siècles, a donné, en ce monde, la paix aux hommes de bonne volonté.

§ VI

L'ÉGLISE EN AMÉRIQUE

L'Amérique est la sixième partie du monde. Géographiquement, elle va, pour ainsi dire, d'un pôle à l'autre, n'ayant, à son extrémité nord, au-delà, que le Groënland ; et au-delà de son extrémité sud que les îles Poweler et la terre de la Trinité. Pour parler avec plus d'exactitude, l'Amérique va du détroit de Behring et de la mer de Baffin, au détroit de Magellan et au cap Horn. A un point de son extension en longueur, elle se coupe, pour ainsi dire, en deux et forme deux continents : l'Amérique du Nord et l'Amérique du Sud, soudées l'une à l'autre par le fameux détroit de Panama.

Ce mot, qui vient se placer sous notre plume, rappelle un des plus tristes faits de l'ère contemporaine. Quoique notre esprit ait horreur de s'en souvenir, il faut dire un mot de la plus grande escroquerie dont il soit fait mention dans l'histoire.

Notre siècle utilitaire et polytechnique s'était promis de refaire l'ouvrage du Créateur. Pour abréger les distances ou les supprimer, il avait appliqué, aux transports, la vapeur et l'électricité. Mais enfin le monde était resté dans sa vieille ossature ; et si les distances étaient raccourcies, elles existaient toujours ; elles se trouvaient même considérablement augmentées par certains obstacles que le génie et l'argent espèrent vaincre. Ces obstacles c'étaient l'isthme de Suez, l'isthme de Panama et la presqu'île de Malacca. L'ingénieur français, F. de Lesseps, malgré l'opposition de l'Angleterre, avait creusé un canal qui relie maintenant la Méditerranée à la mer Rouge et dispense, pour aller aux Indes, de doubler le cap de Bonne-Espérance. Œuvre colossale que la judaïque et carthaginoise Angleterre s'empressa d'escamoter en rachetant les actions données au khédive et en étendant sa griffe sur l'Egypte. L'enthousiasme français monté, par le succès, au diapason le plus élevé, crut se sauver des suites du mauvais tour joué par l'Angleterre, en perçant, sous la direction du grand Français, avec l'argent français, l'isthme de Panama. Les études avaient été mal faites, les informations mal prises, les travaux mal dirigés. On ensevelit cinq cents millions pour le creusage d'un canal qui ne fut pas creusé, et lorsqu'il fallut renoncer à cette folle entreprise, on apprit que, pour faire mousser l'affaire, on avait dépensé un milliard. Un milliard, dix fois cent millions de francs, avaient été volés par des juifs nommés Reinach, Cornélius Herz et autres ; et ce milliard volé avait été distribué à des députés et sénateurs français. Les mandataires du peuple français, membres des deux assemblées qui forment, avec le président, le gouvernement de la République, avaient été nantis par le juif Arton, de ce milliard ; moyennant quoi, ces concussionnaires, ces voleurs avaient voté tout ce qu'on avait voulu pour extorquer aux pauvres les pièces de cent sous gardées dans un bas de laine. Mais enfin voler n'est pas tout, il y a des juges, et l'on peut être obligé à restitution.

La France finit par apprendre que le Panama n'était qu'une escroquerie. Un député, un haut justicier, Jules Delahaye (que son nom soit inscrit sur les tablettes de l'histoire !) fit connaître, du haut de la tribune, à la France et au monde ces prouesses inouïes du brigandage. Alors il fallut savoir si, à Paris comme à Berlin, il y avait des juges. Des juges, il n'était pas difficile d'en trouver ; la difficulté, pour obtenir d'eux un verdict de restitution, c'est que les juges étaient à la merci des voleurs. On décréta une enquête, on nomma une commission, on fit des rapports, puis après des procès en revendication du bien public. La justice trouva des corrupteurs, mais pas de corrompus, sauf un qui se confessa concussionnaire de 375 000 francs : c'était le seul honnête homme de la bande ; il fut condamné à je ne sais combien d'années de prison ; ses complices mirent une espèce de cruauté à lui faire expier son crime ; lui-même eut le double mérite de ne pas les accuser et de comprendre la leçon que lui donnait l'épreuve. Les autres bénéficièrent du *non-lieu* ; et les petits voleurs, envoyés en Cour d'assises, furent acquittés par le jury, bien qu'ils fussent convaincus d'avoir volé, au bas mot, une cinquantaine de mille francs ; ils furent acquittés parce que le jury savait bien qu'on ne lui livrait que les voleraux et que le gouvernement épargnait les grands voleurs.

En ce monde, tout finit par se savoir. Le procureur général, Quesnay de Beaurepaire, qui avait fait acte de partisan contre le général Boulanger, avait été récompensé de sa faiblesse par un siège de président à la Cour de cassation. Mais il savait que l'impunité n'avait été assurée aux voleurs que par la complicité du ministre de la justice : il sacrifia sa haute présidence et livra le secret. Le gouvernement avait traîné les choses en longueur de manière à atteindre le terme de la prescription. Le ministre de la justice, Emile Loubet, petit avocat de Montélimar, devenu dépositaire des sceaux de France, avait reçu à temps l'acte de poursuite du procureur général contre les cent quatre voleurs ; il le garda dans sa poche et leur assura, de cette façon, l'impunité. Ce Loubet, poisseux comme le nougat de son pays, avait été accusé d'avoir fait fortune, comme ministre de l'intérieur, en jouant à la Bourse par un homme de paille et en profitant des secrets d'Etat qu'il connaissait comme ministre. Comme ministre de la justice, il s'assura la présidence de la République en couvrant les voleurs du Panama. De sorte qu'au moment où j'écris, la République a pour président un homme accusé de vol par abus de confiance et de protection de grands voleurs ; de ce accusé, et provoqué à poursuite devant la cour d'assises où la preuve est de droit, il s'est abstenu de poursuivre ; en sorte que, négligeant de faire la preuve de son innocence, il a autorisé le doute, presque la conviction de sa culpabilité. Je doute que Rome fut pire au temps des Séjan et des Tigellin ; je regrette de n'avoir pas la plume de Tacite ou le fer de Juvénal pour élever, par mes flétrissures, l'opprobre à la hauteur du crime.

Au fait, depuis que Panama 1er est président nous avons eu, pour ministre, un Bourgeois qui a ouvert la descente de la courtille opportuniste. Aujourd'hui, en plein radicalisme, nous voyons, au ministère, toutes les extrémités de l'opinion : le seize mai et l'opportunisme ; le radicalisme et le collectivisme, sans compter un appoint de toutes les turpitudes humaines : le renégat Waldeck-Rousseau donne la main au semi-juif collectiviste Millerand-Cahen ; l'escroc Monis fait un avant deux avec Gallifet le fusilleur de prolétaires ; le révoqué Lanessan est le collègue de son *révocateur*, Delcassé, le héros de Fachoda. Si la France vient à finir dans une telle aventure, il faudra ériger, sur les rochers du Panama, l'inscription commémorative de sa mort. C'est en manquant de respect au bien d'autrui, c'est en dérogeant aux obligations morales du pouvoir, que les peuples finissent, ou s'ils ne finissent pas tout d'un coup, ils ne traînent plus qu'une vie sans honneur, parce qu'elle est sans vertu.

L'Amérique du Sud

La grande escroquerie du Panama forme l'introduction naturelle à l'histoire des républiques de l'Amérique du Sud.

Ces républiques sont nées d'hier. Depuis la conquête, l'Amérique du Sud était gouvernée par l'Espagne. La Cour de Madrid envoyait des gouverneurs qu'elle ne pouvait pas contrôler. Les hiérarchies de fonctionnaires exploitaient, à leur profit, la situation. Les Indiens étaient refoulés dans les montagnes ; les enfants nés des Espagnols et des indigènes étaient traités de haut par les hidalgos castillans. L'Eglise seule, en travaillant au salut des âmes, assurait l'obéissance des populations, et ouvrait aux âmes d'élite, dans les couvents, un abri sûr. Dans une dissertation nous avons expliqué comment les reproches adressés par les incrédules au clergé d'Amérique, manquaient de base et allaient au rebours de la vérité. Le grand fait qui domine cette situation, c'est que, après trois siècles, le clergé survit à toutes les vicissitudes, résiste à toutes les épreuves et reste en possession, comme si les églises d'Amérique voguaient sous un ciel toujours calme, sur un océan inconnu des tempêtes.

L'esprit de la Révolution française avait traversé les mers et fasciné les peuples par ses promesses. De 1818 à 1825, Bolivar s'était levé et avait appelé l'Amérique du Sud aux bienfaits de la Révolution. En pareil cas, la recette de succès n'est pas difficile à trouver. Critiquer le régime présent est toujours facile ; il y a partout des abus qu'on peut grossir et exploiter ; les beautés de l'avenir forment un tableau en sens inversé. Quoiqu'il soit insensé de promettre le paradis sur la terre, rien n'est plus commun que d'y croire. Bolivar tabla sur ces deux tableaux, enflamma les imaginations ; la Cour de Madrid dut retirer ses gouverneurs et l'Amérique du Sud, sans grande effusion de sang, se trouva constituée en République.

Les principales républiques de l'Amérique du Sud sont : la Colombie, les deux Pérou, le Chili, la Patagonie, le Paraguay et l'Uruguay, le Brésil et la Guyane.

La Providence a été, pour ce continent, prodigue de ses biens. Dans les entrailles de la terre elle a enfoui des trésors, des monceaux d'or et d'argent ; à la surface du sol elle accorde les grâces de la température. Une flore et une faune riche embellissent le pays. Les forêts ne manquent pas. Les montagnes des Andes, avec leurs contours, dessinent les territoires. Il semble que les peuples, au milieu de ces prodigalités de la Providence, n'auraient, pour être heureux, qu'à se laisser vivre. Mais telle est l'ingratitude de l'homme que, cherchant le bonheur partout, par sa faute, il ne peut le rencontrer nulle part. Non pas que les Américains du Sud soient plus malheureux que les autres peuples. Parmi eux, les gens raisonnables, qui goûtent honnêtement, pacifiquement, les biens de ce monde, ne font pas défaut ; ils ont même, sur les Américains du Nord, cet avantage, qu'ils ne sont pas dévorés par l'exécrable soif de l'or. Au contraire, un grand nombre d'entre eux fait plutôt profession de dédaigner l'opulence et cherche, dans le détachement de la vie religieuse, avec la paix de l'âme, l'attente des biens éternels. L'Amérique du Sud est le paradis des âmes pieuses, un pays aimé du Christ.

Dans ce paradis, la vie active manque un peu. La race espagnole, si robuste, si valeureuse, transportée sur ces rivages, a laissé détendre un peu ses ressorts. Ce sont nos religieux et religieuses de France qui vont à leur aide. Vous les trouvez dans toutes les villes, à la hauteur de tous les dévouements. La meilleure preuve de la catholicité de la France, c'est que ses religieuses et ses religieux se rencontrent sur tous les points de l'univers.

Le fléau de toutes ces républiques, c'est la lèpre du libéralisme et la fièvre chaude avec éruptions révolutionnaires : La république est, sans doute, un gouvernement idéal. La souveraineté du peuple, le suffrage universel, les charges confiées aux plus capables, tous égaux, tous libres, tous frères : cela suppose une félicité qui vous fait pleurer de tendresse. Si la République doit prospérer, c'est, paraît-il, au sein de ces deux ou trois millions d'âmes, distribuées en petites provinces, à qui rien ne manque, que de savoir se contenter. Jean-Jacques Rousseau, qui connaissait l'espèce humaine, après avoir esquissé la théorie de la République, ne la reconnaît praticable que pour un petit peuple et la dit réservée à un peuple d'anges. Vous seriez tenté de croire que cet idéal a pris pied dans les républiques du Sud Américain.

Depuis 1820, date sommaire de la soi-disant libération, ces républiques ont dressé leurs constitutions, fort belles, sur le papier. Un président, des ministres, deux Chambres, un Conseil d'État, une magistrature, une administration, une armée, où tous les officiers sont généraux : voilà, en gros, le mécanisme de la liberté. Ce personnel, invariablement libéral, entend la liberté dans le sens de ses attributions propres. Chaque chef veut posséder toutes les prérogatives du pouvoir, et, par conséquent, frustre les autres des douceurs de la liberté. Alors un prétendant fait souffler par les journaux, que le président est un dictateur. Les journaux le répètent pendant six mois, et, à force de le répéter, le font croire. Un beau matin, le prétendant forme un *pronunciamiento*, c'est-à-dire qu'il se déclare président de la république et marche, avec sa petite armée, contre le président légal. Le président légal se défend contre le président rebelle. On se tire des coups de fusils, jusqu'à ce que le sort des armes décide. Après la victoire, le vainqueur fait fusiller les vaincus et voilà la liberté rétablie... jusqu'à ce qu'un autre la rétablisse par les mêmes procédés, à coups de fusils et par des exécutions militaires. La liberté, dans l'Amérique du Sud, c'est une série interminable de coups de force où la constitution ne sert qu'à fabriquer des cartouches.

Ces révolutions périodiques offrent une seule variante. Au lieu de se battre entre eux, les républicains d'un pays cherchent querelle aux voisins, soit pour disputer un lambeau de terre, comme cela se fit naguère entre le Pérou et le Chili ; soit pour s'escamoter réciproquement leur république, comme cela se pratique assez volontiers entre les quatre ou cinq républiques, voisines de Guatémala. Pour dire exactement leurs frontières, il faudrait citer le journal du matin, avec assurance que demain contredira aujourd'hui.

La conséquence qui résulte de cet état d'anarchie, c'est que ces républiques sont dévorées par des sauveurs. Le libérateur est un article de mince valeur, s'il s'estimait à son prix ; mais il se cote très haut à la Bourse des révolutions. Après la guerre, il faut payer les frais. Le libérateur se récompense de sa bravoure en s'allouant de gros honoraires. Tant et si bien que ces républiques, où l'économie des finances serait si facile, sont accablées d'impôts ; et que ces peuples, sans cesse affranchis, succombent sous le poids des charges et sont littéralement mangés par les libérateurs. La liberté pour eux, c'est la servitude dans la misère.

Un seul pays eût pu faire exception à ces misères, c'était l'empire du Brésil, sous la maison de Bragance. Malheureusement l'Empereur, don Pedro d'Alcantara, était un esprit mal équilibré, étroit, emprisonné dans les formules du libéralisme, peu propre à son métier d'empereur. Lui-même n'attachait à son titre aucune prérogative sacrée du pouvoir, et, pour établir son inutilité, au lieu de gouverner l'empire, s'en absentait. C'était un Juif errant couronné ; il venait assez volontiers en France, suivait les cours du collège de France ou de la Sorbonne, assistait aux séances académiques et se faisait oindre, par nos savants, de tous les onguents de l'admiration. Don Pedro était même membre de l'Institut et n'en était pas plus fier. Ses sujets le voyant inutile, — de quoi Pedro était aussi convaincu, — le supprimèrent et voilà comme quoi l'Empire du Brésil devint une République.

Avant sa chute, don Pedro avait à son actif un mérite et un crime. Le mérite, c'est d'avoir supprimé l'esclavage au Brésil. Jusqu'à lui, la race noire avait eu la charge des travaux serviles ; elle s'en acquittait bien ; un publiciste a même fait un gros livre pour prouver que cet esclavage était, pour les noirs, une condition de bonheur, pour l'Etat, un élément de prospérité. Il y avait dans ce livre quelque chose de vrai. Moralement toutefois on ne peut pas accepter l'esclavage comme institution permanente, parce qu'il constitue, envers l'esclave, la suprême injustice. L'empereur était donc d'avis de le supprimer ; il laissa, pendant un de ses voyages de circumnavigation scientifique, sa fille, la comtesse d'Eu, opérer cette importante réforme. On croyait que c'était, pour la princesse, un prélude de joyeux avènement ; ce fut, pour la régente, son seul acte de gouvernement, son père ayant trouvé spirituel de se faire supprimer. Léon XIII envoya ses félicitations à la princesse ; l'affranchissement des esclaves est une des grandes œuvres de la religion et l'honneur particulier de la Sainte Eglise. C'est dans son sein et dans son sein seulement, que les hommes sont et se sentent vraiment frères.

Le crime de don Pedro, c'est qu'il avait laissé toute licence à la franc-maçonnerie. Ces francs-maçons étaient d'une espèce particulière. Au lieu de se cuirasser d'irréligion, comme les nôtres, ils étaient bons chrétiens, allaient à la messe, offraient le pain bénit et se poussaient dans les confréries. Ce n'étaient pas des loups rôdant sur les frontières, pour happer les brebis et les agneaux ; c'étaient des renards, introduits dans la place, pour s'y goberger à leur aise. Ces renards faisaient nommer des curés et des évêques de leur bord ; ils étaient, par eux, les maîtres des biens et du personnel des Eglises ; ils avaient, grâce à ce système d'hypocrisie, ligaturé le Brésil. De Rome on s'aperçut de cette corruption ; Pie IX voulut y remédier, en appelant, aux sièges épiscopaux, des hommes fondés, en doctrine et en vertu, naturellement hostiles à la franc-maçonnerie. On vit alors se reproduire au Brésil les énormités qui avaient déshonoré l'Autriche sous Joseph II. Ces fervents chrétiens francs-maçons cherchèrent querelle aux évêques ; ces membres dévots de confréries appelèrent les évêques devant les tribunaux ; et, comme les juges étaient aussi francs-maçons que les plaignants, ils condamnèrent aux galères deux évêques, et, par cette iniquité scandaleuse, bridèrent les autres. Le libéralisme de don Pedro consistait surtout à être aveugle et sourd ; et, en outre, d'une grande susceptibilité d'épiderme. Les évêques allèrent aux galères ; l'Empereur ne leur fit point grâce de la peine ; il se piqua même de leur faire expier jusqu'au bout leur fidélité à l'Eglise, estimant que le plus beau fleuron des peuples civilisés, c'est l'égalité devant la loi. — La conséquence fut que les francs-maçons chassèrent don Pedro ; mais il n'en conta rien à l'impérial Dumollet, pour subir ce châtiment qui lui assurait la liberté de ses voyages.

Pendant que l'Empereur du Brésil faisait litière de l'autorité chrétienne, un républicain essayait de la restaurer. Garcia Moreno, d'origine espagnole, avocat dans la république de l'Equateur, fut appelé, par les suffrages de ses concitoyens, à la présidence de la république. Président, il osa légiférer et commander avec cette sainte hardiesse, dont parle Bossuet. Nous n'avons pas, en ce siècle, manqué d'hommes de mérite ; mais ces hommes n'ont pas eu le courage de leurs convictions, ou plutôt avaient des convictions contradictoires qui énervaient leur action publique. Guizot et Metternich, par exemple, n'étaient certainement pas des esprits vulgaires ; ils eussent été de grands chefs, s'ils n'avaient pas, dans leur esprit, été empêtrés par les systèmes. Je ne vois, en ce siècle, que deux ou trois hommes qui sont allés jusqu'au bout de leurs croyances catholiques : Veuillot dans la presse ; Valdégamas, dans la diplomatie, et Garcia Moreno dans le gouvernement. Je n'oublie pas le comte de Maistre qui eut tous ces mérites à la fois. Or, il y a dans la foi catholique, appliquée au gouvernement des peuples, une telle lumière, une si grande force et une si particulière abondance de bienfaits, que tous ces hommes ont été grands et que Garcia Moreno, dans une vie d'ailleurs courte, sur un étroit théâtre, paraît s'élever jusqu'à la hauteur de conception d'un Charlemagne.

Ce simple avocat de Quito entreprit de reconstruire l'Equateur sur le type d'une société chrétienne. L'Equateur avait été manipulé, déchiré, ruiné, par les libéraux, pour qui la liberté est le droit de tout faire, hors le bien. C'était un pays perdu, livré aux appétits des brutes élégantes qui le gouvernaient au nom de la franc-maçonnerie. Garcia Moreno prit le contrepied de ces malfaiteurs politiques. Sa devise était : Liberté pour tout, excepté pour le mal et pour les malfaiteurs. En d'autres termes, Moreno voulait la pleine liberté du bien, sans aucune liberté du mal, sans aucune licence à ceux qui le perpètrent. D'abord simple ministre, il avait donné la preuve d'une grande justesse de coup d'œil et d'une extraordinaire énergie. A deux reprises, président de la République, il esquissa et poursuivit, dans un laps de temps très court, son projet de restauration. Travaux publics, agriculture et commerce, instruction publique, écoles à tous les degrés d'enseignement, ordres religieux appelés aux luttes de la concurrence, concordat avec le Saint-Siège, nomination de bons évêques, et, avec l'accomplissement simultané de si grandes œuvres, une remarquable économie dans les finances et une diminution sensible de la dette nationale : voilà quelle fut, en moins de huit années, l'entreprise de Garcia Moreno. Au milieu du monde agité par les convulsions du volcan révolutionnaire, au milieu des peuples mis au pillage par les sept péchés capitaux, Moreno démontra la possibilité d'une restauration catholique et ne fut pas loin d'y atteindre.

On comprend qu'une telle entreprise venant assurer le bonheur d'un peuple, au milieu d'un monde livré au banditisme libéral, cela ne pouvait se supporter longtemps. Un monde où l'on ne peut pas enseigner librement l'erreur, pratiquer ouvertement le libertinage, opprimer librement la vertu et la vérité, est un monde contraire aux principes de 89. Un homme qui ose renverser cet ordre, prendre le contrepied de la déclaration idolâtrique des droits de l'homme et du citoyen, doit disparaître. Un jour, Garcia Moreno, avant de se rendre à sa chambre, était entré dans une église. Pendant qu'il puisait, dans la prière, les hautes inspirations de la politique, des conjurés sortaient des cafés de la place, cachant, sous leurs vêtements, des revolvers et des poignards. A la sortie de Garcia Moreno, ils l'accostèrent et l'assassinèrent lâchement. En tombant, criblé de blessures, reconnaissant les scélérats qui le frappaient, Moreno prononça ces paroles qui résument sa politique et assurent la délivrance des peuples : « Dieu ne meurt pas » !

Il y a un Dieu. Ce Dieu habite les hauteurs des cieux. Un complot séculaire veut abattre de son trône le roi immortel des siècles. En notre siècle, ce sont les libéraux et les francs-maçons, des fous et des scélérats, qui ont pris la suite du complot contre le Christ. Jésus-Christ se rira et se moquera d'eux. Le psalmiste ne dit pas que le roi des nations descendra du ciel pour écraser ses ennemis sous le poids de sa colère ; il se contentera de les tourner en dérision et, pour les vaincre, il ne lui faut qu'un sifflet. Le coup de sifflet fera lever la tête aux peuples abusés par le mensonge. Lorsqu'ils auront compris les grandes confusions du libéralisme, ils se fieront, pour leur salut dans le temps, à la maternité de l'Eglise.

L'aurore de cette grâce libératrice vient de se lever sur l'Amérique du Sud. Nous en signalons les prodromes et indiquons le fait considérable qui devient la pierre d'attente de l'avenir.

Au Mexique, qui fait partie de l'Amérique latine, c'est un plein renouveau, une saison de fleurs, qui prépare la récolte des fruits. La hiérarchie comprend six archevêchés et vingt-deux évêchés ; elle a, pour conseil, un homme de Dieu, le vaillant Avérardi, le digne représentant du Saint-Siège. La basse Californie, abandonnée depuis longtemps, a reçu des missionnaires. La Congrégation de saint Joseph a porté le flambeau de la foi jusque dans les montagnes, chez les païens Yaquis. La guerre aux communautés religieuses a pris fin. Les Jésuites, les Franciscains, les Dominicains, les Augustins, les Lazaristes, les Maristes, les Carmes, se partagent les œuvres de zèle. Les Dames du Sacré-Cœur, les Ursulines, les sœurs du Verbe Incarné et de l'Immaculée Conception, les Capucines et les Carmélites se livrent à l'éducation des jeunes filles. Le Mexique a quatre facultés de théologie : ce haut enseignement est toujours, pour l'Eglise, le gage assuré de tous les succès. L'enseignement primaire préoccupe vivement les catholiques. Les Mexicains aiment à faire, pour l'entretien et la construction des Eglises, des sacrifices d'argent. La vierge de Guadaloupe est toujours le drapeau de la nationalité et de l'indépendance, le labarum de la patrie. Toutes les grandes œuvres catholiques, nées en France, ont pris racine au Mexique. L'enseignement du catéchisme au foyer et à l'école se donne dans les meilleures conditions. La presse catholique, considérablement développée et améliorée, continue, près des masses populaires, l'œuvre du catéchisme. Chaque archevêque vient de célébrer son concile provincial. C'est par les conciles surtout que Jésus-Christ est à la tête de l'épiscopat ; c'est par les conciles qu'il maintient la pure lumière et excite l'ardeur du feu sacré. Un pays où se célèbrent régulièrement les conciles provinciaux, est un pays où personne ne s'endort, où tout le monde travaille, où les âmes doivent rayonner de tout l'éclat des vertus chrétiennes.

A l'Equateur, l'œuvre de résurrection de Garcia Moreno a été entravée par l'assassinat. Les hommes qui jouent du revolver et du poignard, indiquent assez de quelle politique ils sont les agents. La pauvre république est la proie de la franc-maçonnerie ; cela signifie qu'elle est livrée au brigandage.

Le Paraguay, opprimé jusqu'en 1840 par Francia, respira vingt ans sous Antonio Lopez et retomba, en 1862, sous son fils, dans les plus terribles aventures. Ce malheureux soutenait, contre le Pérou, une guerre où périt presque toute la population mâle de la république ; pour comble, il était encouragé, dans ses fureurs, par l'évêque Palacios. En 1879, l'évêque Jean Aponte et le délégué apostolique, Di Pietro, signaient une convention pour le rappel des Lazaristes. Un collège fut ouvert, ainsi que des écoles pour les jeunes filles ; plus tard devaient s'ouvrir les orphelinats de don Bosco. Le premier bienfait qui résulta de ces réformes, ce fut la nomination, à l'épiscopat, d'un élève des Lazaristes, Mgr Bogarin. Ce prélat visita huit fois un diocèse en dépit des plus terribles obstacles et des plus énormes fatigues : il restait dix jours dans chaque paroisse : il confirma 120 000 chrétiens, donna 70 000 communions et autorisa 4 000 mariages. Ces détails font connaître le triste état du pays.

Sur ces entrefaites, le gouvernement, pour entraver l'action de l'Eglise et démoraliser les masses, édicta une loi sur le mariage civil, loi qui fut publiée sans discussion contradictoire, comme s'il s'était agi d'une ordonnance de police sur la circulation des chiens. En présence de l'outrage, l'évêque poussa un cri de protestation patriotique et religieuse : avec l'appui de la presse et du peuple, il réussit à suspendre l'application de cette loi. Les petits esprits d'Amérique sont à ce point en retard qu'ils espèrent encore quelque chose du mariage civil. Si le mariage civil n'empêche pas le mariage religieux, il ne peut rien contre l'Eglise; s'il l'empêche, on demande de quel droit un gouvernement peut tenter la suppression d'un sacrement, et quel fruit il peut espérer pour les mœurs en réduisant le mariage à un contrat, bientôt à la rupture du divorce, autant dire à la chiennerie. Les populations sont chrétiennes, peut-être pas assez ferventes, mais il semble bien que le droit de la conscience exige, du gouvernement, au moins le respect.

Dans l'Uruguay, l'évêque Vera, mort en 1881, eut pour successeur Mgr Yérégui. Le dictateur Santos avait aussi publié une loi sur le mariage civil et exigé qu'on ne baptisât les enfants que sur le vu du certificat de ce mariage. Le clergé se laissa mettre à l'amende et envoyer en prison; mais il baptisa les enfants sans s'occuper du mariage civil. Le même Santos, nom assez mal choisi, défendit de prononcer, avant quarante ans, des vœux de religion: le vœu n'était pas visible à l'œil nu, on se demande comment il pouvait constater la violation de sa loi. L'ajournement des vœux perpétuels offre d'ailleurs un moyen facile de l'éluder. Dix communautés d'hommes et plus de dix communautés de femmes ne fleurirent pas moins dans l'Uruguay. Empêcher la vie religieuse dans ces contrées, autant dire qu'on empêchera le soleil de se lever.

A Mgr Yérégui, mort en 1891, succéda Mgr Soler, prélat du plus haut mérite, qui obtint l'érection de Montévideo en archevêché avec deux suffragants et établit diverses sociétés laïques, Conférences de saint Vincent de Paul, Cercles catholiques d'ouvriers, voire un grand club catholique dont le vaillant archevêque est l'inspirateur, pour faire prospérer, dans son troupeau, le règne de Jésus-Christ.

Dans la République Argentine, les libéraux, pour faire produire au mariage civil, ses effets corrupteurs, ont imaginé de charger de ce contrat un personnage éloigné des parties: il faut faire parfois 200 kilomètres pour le rencontrer. L'indifférence des peuples d'un côté, de l'autre l'imbécillité méchante du gouvernement et le tour est fait. A l'une de nos expositions, cette république avait bâti une chambre en pierres d'argent; je l'engage à s'en servir pour élever un temple au bon sens et à la bonne foi.

Au Pérou, au Chili, au Brésil, l'Eglise est relativement en paix. Les prêtres de don Bosco évangélisent les provinces occidentales, particulièrement la Patagonie, qui sort, par eux, de son état sauvage.

Ce qui énerve l'Amérique du Sud, c'est un libéralisme rétrograde qui a l'écrevisse pour symbole: ce qui énerve l'Eglise en Amérique, c'est le défaut d'ardeur et de cohésion. En 1892, l'Amérique célébrait, aux applaudissements du monde entier, le quatrième centenaire de sa découverte par Christophe Colomb. Cette solennité suggéra au Pape Léon XIII une de ces grandes pensées que suggère volontiers la sollicitude de toutes les Eglises: la pensée de réunir à Rome, en concile, tous les évêques de l'Amérique latine. « Nous nous sommes préoccupé, écrit le pontife, avec attention, du moyen par lequel nous pourrions pourvoir aux communs intérêts de l'Amérique latine, qui représentent plus de la moitié du nouveau monde. Nous avons pensé qu'il serait excellent, à cet effet, d'aviser à ce que, évêques de ces contrées, vous puissiez vous réunir et vous consulter ensemble, sur votre civilisation et par notre autorité. Nous étions persuadé, en effet, que, par la mise en commun de vos conseils et des lumières de votre prudence, il serait pourvu à ce que, parmi ces peuples, unis par l'affinité de race, l'unité de la discipline ecclésiastique fût assurée, en même temps que la sainteté des mœurs, comme il convient à la profession catholique, et qu'ainsi par les efforts réunis de tous les bons, l'Eglise pût jouir publiquement de la publicité voulue. A la réalisation de ce dessein catholique contribuait grandement le fait que, vous-mêmes, requis de votre avis, y aviez donné votre plein assentiment. »

Sur cent quatre archevêques et évêques qui composent les divers Etats de l'Amérique latine, cinquante-trois entreprirent le long voyage de Rome, afin de pourvoir, d'un commun accord, au bien de leurs ouailles et d'éliminer les abus auxquels ils sont unanimes à reconnaître la nécessité de porter remède. Ce Concile devait donc aborder les plus graves questions de doctrine et d'enseignement, de morale et de discipline, de droit canonique et de liturgie, d'organisation et d'action catholique. L'Assemblée s'ouvrit le 28 mai, jour de la Trinité, sous la présidence du cardinal Di Pietro, préfet de la Congrégation du Concile, avec toutes les formalités et solennités du droit. La messe d'ouverture fut déjà, par elle-même, un grand acte. Les évêques en chape, par derrière leurs secrétaires; sur un second rang, les membres inférieurs du Concile, huit consulteurs, douze notaires; enfin, au centre, les élèves du collège américain, espoirs des troupeaux respectifs des pasteurs présents. Le tout sous la présidence d'un cardinal qui représente le Souverain Pontife.

Le Concile poursuivit tranquillement et laborieusement ses travaux jusqu'au 9 juillet. Contraste saisissant à ce qui se passait de l'autre côté du Tibre, à Montecitorio. Ici, des chambres tapageuses, des partis obstructionnistes, un groupe qui réclame une Assemblée constituante, la foule qui acclame comme si l'unité révolutionnaire et la monarchie usurpatrice n'étaient plus que les ulcères de l'Italie; au Concile, un Sénat d'évêques, sous la présidence du Vicaire de Jésus-Christ, qui poursuit l'œuvre immortelle de la Rédemption. La population romaine, qui a le sens des choses de l'Eglise, offrit, aux évêques américains, des fêtes littéraires et des fêtes d'Eglise; elle leur témoigna, par ailleurs, ces délicatesses que la foi et la piété savent dues aux évêques et qui ne s'expriment nulle part aussi bien qu'à Rome. Le Pape, selon nous, eut tort de ne pas nommer cardinal un de ces évêques d'Amérique, et même pourquoi pas deux? ils représentent bien autre chose que ces cardinaux de curie, célèbres sans doute à Rome, mais inconnus de tout l'univers ; et d'ailleurs rien n'empêche de pourvoir les titulaires de curie, sans négliger si peu gracieusement les cent quatre évêques d'Amérique, qui ne sont, certes pas, une quantité négligeable ; et puisque nous, en France, nous avons sur quatre-vingt-six évêques, sept cardinaux, pourquoi l'Amérique latine n'en aurait-elle pas huit ? L'Italie, qui tient l'Eglise en servitude, qui a installé, à côté du roi usurpateur et peut-être au-dessus de son trône, la grande maîtrise de la franc-maçonnerie, qui parle de purger le monde du poison de l'Evangile, a perdu ses droits de préférence au Sacré-Collège. Des peuples, mieux gouvernés ou plutôt moins mal, et plus chrétiens, devront, dans les desseins de Dieu, prendre la place de ceux qui, comblés de toutes les préférences, n'ont su les posséder, je ne dis pas les trahir, mais au moins les défendre sans succès. Je n'ose pas rappeler le *Movebo candelabrum* ; l'esprit se trouble et se confond à la pensée que l'Italie puisse manquer à l'Eglise ; mais enfin si elle peuplait un peu plus les prisons et un peu moins les antichambres, serait-elle diminuée par la seule chose qui puisse ajouter à sa grandeur?

Les actes du Concile plénier de l'Amérique latine n'ont pas été publiés encore. On dit qu'ils contiennent onze cents décrets. Leur recueil sera l'un des monuments du droit nouveau, appliqué à notre siècle et aux peuples lointains du Nouveau-Monde. Nul doute qu'ils ne soient d'un secours efficace pour « l'accroissement de la foi catholique, le bien du clergé et du peuple américain ». Non pas seulement pour le profit spirituel, mais aussi, par une influence nécessaire un contrecoup heureux, pour le profit temporel des peuples. Est-ce que cette réunion, en une seule assemblée, de tous les évêques de l'Amérique, ne constitue pas une fédération religieuse, un parlement spirituel ? et, pour établir les Etats-Unis de l'Amérique du Sud, est-ce qu'il faut autre chose qu'un Congrès copié sur le Concile et acceptant ses canons comme règles internationales du bien public ? Mesure de prudence et de haut patriotisme pour défendre l'Amérique du Sud contre les griffes crochues et les longues dents du pantagruélisme anglo-saxon.

La résolution de Léon XIII offre d'autres espérances. Les Conciles sont interdits dans la plupart des Etats de l'Europe et pourtant la célébration des Conciles est l'agent par excellence du salut des peuples chrétiens. C'est par les Conciles que les évêques s'élèvent au-dessus d'eux-mêmes et augmentent leur individualité de tous les appoints dont l'accroît la collectivité épiscopale ; c'est par les Conciles que les évêques, devenus pères et docteurs de l'Eglise, enseignent avec une autorité plus haute et une tendresse plus persuasive ; c'est par les Conciles qu'ils règlent et stimulent le zèle des prêtres, qu'ils éclairent la foi et raniment la conscience des fidèles. Voilà, par exemple, cinquante ans, qu'il ne s'est tenu, en France, des Conciles provinciaux. La plupart des nouveaux évêques ne tiennent même pas de synode. Nos églises ne sont plus des églises, selon l'étymologie du mot qui en fait des officines d'appel ; ce sont des synagogues, où l'on conduit à la baguette, qui n'est pas toujours une verge fleurie, le troupeau confié au pasteur. La vitalité de nos églises baisse, leur force diminue. Pourquoi le Pape n'appellerait-il pas nos évêques à Rome, pour la tenue d'un Concile national, au prochain hiver ; et pour décider, par Concile, toutes les questions posées, depuis un demi-siècle, par les événements ? Le Concile œcuménique paraît moins nécessaire depuis la définition dogmatique de l'infaillibilité pontificale ; le Concile national paraît d'une nécessité plus urgente pour distribuer mieux, dans le corps épiscopal, et, par suite, dans tout le corps de l'Eglise, la lumière et la grâce de Jésus-Christ. Où d'ailleurs ce Concile peut-il se tenir plus aisément qu'à Rome, près de la chaire de Pierre, près de la tombe du Prince des Apôtres, là où la Fille aînée de l'Eglise peut reprendre les leçons de son berceau et puiser, à leur source, tous les oracles du salut ?

L'Eglise dans l'Amérique du Nord.

L'histoire de l'Eglise catholique dans l'Amérique du Nord, ne commence qu'à sa découverte. Au Xe siècle, cette immense région avait été visitée par les Suédois et les Norwégiens ; l'absence de relations avait bientôt relégué ce fait parmi les légendes. Au XVe siècle, un Dieppois, Jean Cousin, emporté par le gulf-stream, était allé jusqu'au Brésil ; l'accident qui devait l'immortaliser n'eut, faute de ressources, aucune suite. C'est à Christophe Colomb, son contemporain, qu'il faut déférer l'honneur de cette découverte qui a fait entrer dans l'histoire, les deux Amériques. Dans quatre voyages successifs, cet homme, aussi éminent par la piété que par le génie, découvrit les Antilles et le continent. Vasco de Gama trouva la route orientale des Indes. Alvarez Cabral découvrit le Mexique, conquis bientôt par l'héroïque Fernand Cortez, Ferdinand Magellan atteignit le détroit qui porte son nom,

Ponce de Léon, Narvaez, Soto, Melender prirent la Floride et par là il faut entendre une grande partie du Nord Américain. Balboa et Cabrillo visitèrent l'Océan Pacifique. Espéjo explora le nouveau Mexique, Pizarre conquit le Pérou. A la fin du XVIᵉ siècle, l'Espagne possédait, dans les deux Amériques, d'immenses possessions.

La fortune des Espagnols excita l'émulation de la France. Au nom de François Iᵉʳ, le Vénitien Verazzani visita une partie de l'Amérique du Nord et lui donna le nom de Nouvelle-France. Jacques Cartier découvrit le Saint-Laurent et entra en relation avec les sauvages. De Monts, directeur d'une Compagnie, fonda la première colonie française et prit possession de l'Acadie. Champlain explora les rives du Saint-Laurent et posa les fondements de Québec. La conquête pacifique de l'intérieur par des voyageurs et des missionnaires commença dès lors et ne s'arrêta plus. La France allait remplir, dans ces lointaines régions, son rôle de peuple apostolique : *Gesta Dei per Francos.*

L'Amérique avait été habitée d'abord par une race préhistorique, les constructeurs de monts ; elle l'était alors par des peuplades que Colomb nomma les Indiens, parce qu'il les croyait asiatiques. Ces indigènes étaient sauvages ou plutôt nomades ; ils formaient des tribus et rattachaient les tribus par les liens d'une confédération. L'ethnographie partage en six races : les Esquimaux ou mangeurs de chair crue, les Algonquins, les Hurons-Iroquois, les Cherokées, les Mobilians et les Dakotas. Chaque race avait sa langue propre, langue gutturale, dure et polysyllabique. Leurs facultés intellectuelles étaient peu développées ; ils n'avaient pas d'écriture conventionnelle ; ils passaient leurs traités avec des colliers de coquillages formant ceinture et avec le calumet de la paix. Comme presque tous les jeunes peuples, les Indiens avaient des sentiments courageux et généreux ; mais, pour se venger, ils se portaient volontiers aux plus grands excès. Scalper son ennemi mort, tuer par d'horribles supplices son prisonnier, pour eux c'étaient des fêtes ; mais s'ils savaient tuer, ils savaient mourir. Dans l'usage commun, leur vêtement était rudimentaire, leur nourriture simple, leur vie rude. Le mariage était un trafic ; la famille habitait son wigwam mobile ; un sachem était à la tête du village. De tribu à tribu, ils étaient presque toujours en guerre, et s'estimaient au nombre de chevelures qu'ils avaient enlevées. Chaque tribu avait son emblème qui servait à la désigner ; avec des raquettes aux pieds, et leurs vaisseaux d'écorce, ces sauvages, vêtus de peaux de bête, armés de l'arc et des flèches, se transportaient rapidement d'un point à un autre. Les Indiens croyaient à l'existence de l'être infini, mais leur conception ne s'élevait pas à une généralisation soutenue et reconnaissaient à l'infini une forme saisissable et le multipliaient. Les uns adoraient le soleil, d'autres la lune, la terre et, s'ils croyaient à un Dieu, auteur du bien, ils avaient l'air de croire à un autre, producteur du mal. Les pratiques religieuses étaient bizarres et bruyantes. Tel était l'homme rouge de la forêt : l'Eglise seule pouvait le convertir, et, s'il refusait cette grâce, il verrait la civilisation le refouler, à la fin l'anéantir.

Après les Espagnols et les Français, l'Amérique vit aborder sur ses rivages, les Anglais, les Hollandais et les Suédois ; les Anglais prévalurent. Avant que le gouvernement britannique s'intéressât aux émigrations de ses sujets, l'Amérique du Nord fut le déversoir de ses guerres civiles. Indépendants, Puritains, Baptistes, Quakers cherchèrent successivement un refuge au delà des mers et fondèrent les colonies de Plymouth, du Massachusets, de la Pensylvanie, de la Virginie, du Maryland, des deux Carolines, le Connecticut, le New-Hampshire, le Rode-Island, le Delaware, le New-Jersey, la Géorgie. Aucune loi politique, ni religieuse, ne reliait l'une à l'autre les colonies. Leur origine était commune ; il y avait certaines analogies pour la fondation des villes, des églises, des écoles et de la milice ; mais elles étaient séparées physiquement par de grands espaces, moralement par de vives oppositions de créance. Le lien qui les rattachait à la même patrie, n'était guère mieux déterminé ; ici, il y avait une charte royale ; là, on jouissait d'une liberté plus grande ; mais, nulle part on n'était très gêné par les lois, ni soucieux d'en provoquer l'extension. Ces colonies, nées des guerres religieuses et civiles, avaient dans leur berceau le poison de la révolte ; elles devaient s'en imprégner jusqu'au jour où, rebelles à l'Angleterre, elles devaient constituer les Etats-Unis.

Les rapports des colonies avec les indigènes dépendaient absolument des circonstances. Les Indiens furent d'abord très étonnés de se voir des voisins étrangers, n'ayant rien de commun avec leurs manières de vivre. Dans leur étonnement, ils visitèrent les colons anglais, reçurent des présents et contractèrent amitié. De leur côté, les colons s'appliquaient à entretenir, avec les sauvages, des relations de stricte justice. Lorsque les Indiens virent occuper leurs forêts ; lorsqu'ils se virent refoulés eux et leur gibier, ils commencèrent à concevoir des sentiments moins pacifiques. De part et d'autre, il y eut des actes offensifs. En vain les puritains cherchèrent à christianiser les Indiens. Les guerres éclatèrent : les sauvages essayèrent de ruiner les établissements des colonies, les fermes, les villages ; les colons répondirent, à ces surprises ou à ces attaques, par le fer et feu, parfois par l'extermination, toujours en accusant davantage leur volonté de s'étendre. D'autres guerres entre l'Angleterre et la France, sous le roi Guillaume, la reine Anne et Georges II, établirent, entre les Indiens et les Européens, des solidarités de combats, des fortunes de guerre, qui effectuèrent quelques rapprochements. Ces guerres aboutirent à la célèbre guerre franco-canadienne, qui dura de 1754 à 1763 et amena, en Amérique, la prépondérance exclusive de l'Angleterre. Après s'être servi de l'Angleterre pour se séparer de la France, les colonies se servirent de la France pour se séparer de l'Angleterre, en 1776 ; et si le Canada ne les suit point dans la défection, c'est dans l'espoir de revenir un jour à la mère patrie.

Trois nations contribuèrent à introduire le catholicisme dans l'Amérique du Nord : l'Espagne, la France et l'Angleterre. L'action de l'Espagne s'exerça surtout par les Dominicains, les Franciscains et les Jésuites ; elle obtint d'abord de grands succès dans la Floride, le Nouveau-Mexique et la Californie ; mais les œuvres qu'elle avait fondées périrent partout. L'action de la France protégée par le gouvernement et secondée par toutes les classes de la population, s'étendit des bouches du Saint-Laurent aux rives de l'Océan pacifique et du golfe du Mexique à la baie d'Hudson ; c'est-à-dire qu'elle embrassa le continent américain presque tout entier ; elle ne fut jamais interrompue ; et non seulement elle eut pour résultat d'asseoir dans les plaines du Canada une nation catholique ; mais encore c'est sur les fondements qu'elle a posés aux bords des grands lacs, dans la vallée du Mississipi, au pied des Montagnes Rocheuses, que repose principalement le majestueux édifice de l'Église aux Etats-Unis. C'est pour échapper à l'oppression qui pesait sur les catholiques dans la Grande-Bretagne, qu'une colonie s'établit, en 1620, au Maryland, sous la conduite de lord Baltimore. Quelques Jésuites l'accompagnaient ; mais la liberté de conscience qu'elle avait prétendu importer en Amérique, lui fut ravie bientôt. Les protestants avaient réclamé la liberté pour eux ; c'était pour faire peser leur oppression sur les autres. L'Angleterre, loin de laisser libre le catholicisme en Amérique, le combattit et le persécuta ; elle réussit à le comprimer dans la partie espagnole, à le faire reculer dans la partie française. On put craindre qu'elle ne l'effaçât tout à fait des contrées qu'il avait conquises par la foi de ses apôtres et le sang de ses martyrs.

La révolte des Etats-Unis contre l'Angleterre mit fin à la persécution. La proscription des Jésuites en Europe, la proscription du clergé catholique en France, eurent, pour contrecoup, le départ des proscrits en Amérique. Jusque-là, indigènes et colons n'avaient eu que de rares apôtres, des missions sans cohérence et sans suite. A partir de 1792, il se produisit un mouvement d'action, d'où procède, à proprement parler, l'installation de l'Église catholique dans l'Amérique du Nord. Une autre cause qui avait retardé l'avancement de l'Évangile, c'est que les convertis relevaient, les uns de l'Espagne, les autres de la France, le plus grand nombre de l'Angleterre ; sauf au Canada, il n'y avait, nulle part, de hiérarchie sacrée indigène. En 1789, Pie VI, appelant à l'honneur ceux qui avaient été à la peine, nommait un évêque pour les Etats-Unis ; le choix du Pontife tomba sur le Père Caroll, jésuite, qui fut sacré évêque de Baltimore.

Nous n'avons point à faire l'éloge de cet évêque ; ses œuvres le louent assez. « Aux vertus et qualités d'un bon prêtre, dit l'historien américain Campbell, le docteur Caroll joignait un ferme patriotisme d'Américain natif ; l'amabilité, la grâce d'un galant homme et les connaissances d'un savant accompli. Son activité dans le travail pour l'avancement de la religion et de l'éducation, n'avait d'égal que son activité et son zèle pour le soulagement des pauvres et la consolation des affligés. Ainsi était-il universellement aimé. Dans les relations sociales, il ne connaissait pas de différence de croyances ; et il comptait, parmi ses meilleurs amis, des hommes célèbres par leur attachement à des doctrines et à des formes de foi entièrement séparées de la sienne ».

Dans un petit écrit qu'il a laissé sur les premiers temps de son épiscopat, Mgr Caroll nous apprend qu'il y avait alors dix-neuf prêtres dans le Maryland, cinq dans la Pensylvanie ; que quatre, très âgés et très infirmes, n'étaient capables d'aucun service ; que la santé de tous avait d'ailleurs souffert, dans les fatigues du ministère, de rudes atteintes ; enfin que les 24 500 âmes qui composaient, à ce qu'on croyait, la population catholique des Etats-Unis se partageaient de la manière suivante : 16 000 pour le Maryland, 7 000 pour la Pensylvanie, 1 500 pour les autres provinces ; mais il ajoute que, plus tard, cette estimation fut reconnue trop basse, et que, de plus, on n'y avait pas compris les Canadiens-Français, tant à l'ouest de l'Ohio que sur les rives du Mississipi.

Quel que fût le zèle des prêtres, le champ était trop vaste pour leur petit nombre ; et si on compare la faible phalange des pasteurs avec l'innombrable multitude des fidèles et des infidèles, dispersés dans d'immenses espaces, on comprend combien l'Amérique avait besoin d'évêques et de missionnaires. Dieu lui vint en aide. Depuis 1765, les Jésuites avaient demandé asile au nouveau monde. En 1790, le Père Emery, supérieur général de Saint-Sulpice, prévoyant les malheurs qui allaient frapper la France, conçut le noble et généreux projet de transporter, en Amérique, des rejetons de son séminaire. L'année suivante, cinq prêtres sulpiciens et cinq séminaristes débarquaient à Baltimore et y fondaient un séminaire pour l'Amérique. De 1791 à 1799, vingt-trois prêtres français vinrent prendre rang dans le clergé des Etats-Unis. C'était bien peu pour une si grande moisson ; mais la médiocrité du nombre était rachetée par la générosité de la vertu, et d'ailleurs, parmi ces âmes dévouées, Dieu sut trouver des thaumaturges.

« Quoique le diocèse de Baltimore, dit C. Moreau, fût constitué et qu'il eût pour le gouverner un évêque titulaire, les Etats-Unis n'en continuaient pas moins d'être, sous quelques rapports, un pays de mission. C'était la même insuffisance de ministres de l'Evangile ; la même nécessité d'en jeter, pour ainsi parler, plusieurs en avant, au milieu de contrées presque inconnues, peu habitées, et de les y tenir dans l'isolement de leurs confrères, loin de toute direction et de toute assistance spirituelle ; la même difficulté de réunir les fidèles et de les organiser en congrégations ; c'était surtout la même pauvreté de l'Eglise. Il y avait sans doute un peuple catholique, mais ce peuple était dispersé. Il fallait aller à la recherche des uns, qui vivaient dans l'éloignement, et découvrir les autres qu'on ne connaissait plus. Il fallait ramener ceux-ci, qui étaient égarés ; et reconquérir ceux-là sur l'ignorance, sur l'indifférence, sur la dissipation : et tout cela sans s'inquiéter des distances, sans se laisser effrayer par les fatigues ou par les obstacles, sans être arrêté par la considération des contradictions et des oppositions qui nécessairement exciteraient les sectes dissidentes. En même temps, il fallait tâcher d'éclairer les hérétiques et les idolâtres, qui ne marchaient pas à la lumière de la foi ; car il entrait dans les desseins de Dieu que l'Eglise américaine s'ouvrît à tous les hommes de bonne volonté. Pour cette œuvre immense, le clergé, comme les premiers missionnaires d'Amérique, n'avait rien, pas même des temples ; il ne possédait rien que sa science, sa charité et la croix de Jésus-Christ (1) ».

L'alliance des Américains avec la France avait fait baisser le diapason du fanatisme. L'Américain n'est d'ailleurs pas hostile, en principe, à la religion : il croit en Dieu et se persuade qu'on peut le servir également bien dans toutes les communions. De plus, il est chercheur, obstiné dans ses recherches, ami de la parole publique. Si des pensées calmes régnaient sur les hauteurs, le fanatisme n'avait point abdiqué ; il continuait de dominer dans les classes inférieures, sous la garde de l'intérêt et surtout de l'ignorance. Les ministres de toutes les sectes, divisés entre eux, mais unis contre le catholicisme, n'avaient pas cessé de dénoncer, aux populations crédules, la *nouvelle Babylone maudite dans l'Apocalypse*. La religion catholique, c'était toujours le papisme ; la papauté, c'était la bête à sept têtes ; les prêtres n'étaient que des imposteurs et les fidèles, un vil ramas de bêtes corrompues. On cite, de ces folies, des exemples grotesques.

Les Sulpiciens, établis à Baltimore, avaient pour chef, Charles Bagot, né à Tours en 1734 ; Charles Bagot avait, pour assistants principaux, Jean Tessier et Antoine Garnier. La maison de Paris leur avait remis 30 000 francs, provenant d'une personne charitable, qui était fort probablement le Père Emery ; la maison de Montréal leur en remit à peu près autant. Avec ces subsides, ils achetèrent, hors de la ville, une taverne et quelques acres de terre. Dans la pénurie d'élèves, ils prirent à ferme la terre de Bohémia, et y réunirent tous les éléments d'une grande exploitation. Ensuite, ils lancèrent leurs prêtres et séminaristes disponibles, comme missionnaires, à travers cette masse de peuplades à convertir. A mesure que les élèves se présentèrent, ils rappelèrent leurs professeurs. Après avoir fondé, sur de larges bases, leur grand séminaire, ils fondèrent le collège de Sainte-Marie, sorte de pépinière morale, destinée au recrutement du grand séminaire de Baltimore. Dès 1791, Mgr Caroll avait posé lui-même les fondements du grand collège de Georgetown, qui fut confié aux Jésuites. L'histoire doit louer sans réserve ces institutions et ces beaux dévouements. Les services de l'enseignement sont presque toujours obscurs ; ils ne donnent guère la renommée et la gloire ; ceux qui s'y vouent avec simplicité, sans aucun retour sur eux-mêmes, ne voulant qu'accomplir la volonté de Dieu, ne peuvent recevoir que de Dieu leur récompense.

Parmi les prêtres qui contribuèrent alors, par leur vertu, à la propagation du catholicisme en Amérique, il faut citer le bon Moranvillé et l'abbé Matignon.

Jean-François Moranvillé était né à Cogny, près d'Amiens, en 1760. Prêtre en 1784, il fut envoyé à Cayenne pour évangéliser les nègres. La persécution révolutionnaire, sensible jusque là, le contraignit de chercher un abri en Amérique. D'abord employé à Saint-Pierre de Baltimore, il ne contribua pas peu à la restauration du chant et à l'éclat des cérémonies. Curé à Saint-Patrick, il commença par s'établir au milieu de ses paroissiens. Dès qu'il fut en possession de sa cure, il se fit un devoir de chanter la grand'messe et de prêcher régulièrement ; il indiqua les heures qu'il passerait au confessionnal ; il appela ses enfants au catéchisme ; il visita ses paroissiens ; en un mot, il s'appliqua de toutes ses forces, en esprit de charité, aux fonctions du saint ministère. On ne tarda pas à s'apercevoir de l'influence salutaire du bon curé. L'église se trouva bientôt trop étroite ; il fallut en construire une nouvelle. C'était, eu égard au défaut de ressources et à l'étendue de l'entreprise, une œuvre effrayante : Moranvillé trouva le moyen de bâtir la nouvelle église depuis les fondements jusqu'à la croix du clocher. Le bon curé ne mit pas moins de soins à l'orner qu'à la construire ; bientôt cette église fut la plus belle de l'Amérique. On y célébrait de splendides offices ; les bons prédicateurs venaient tous s'y faire entendre. Bon catéchiste autant que bon prédicateur, Moranvillé savait également préparer les enfants à la première

---

(1) *Les prêtres français émigrés aux Etats-Unis*, p. 89.

communion et maintenir les adultes à la table sainte. Ce fut lui qui, après les Sulpiciens et à leur exemple, eut l'audace d'introduire, à Baltimore, la grande procession de la Fête-Dieu. Baltimore n'avait jusque-là aucun établissement pour l'éducation des filles : ni l'Etat, ni la ville n'avaient ouvert une seule école : Moranvillé en fonda une en 1815 et y admit les jeunes filles de toutes les dénominations chrétiennes. Son assistance pieuse fut également assurée aux Trappistes, exilés de France ; il les logea dans sa propre maison. Pauvre dans son intérieur, le digne pasteur n'était pas moins hospitalier et charitable ; il n'ouvrait pas seulement volontiers sa table et sa bourse ; il prodiguait, à tous, les dons et les bonnes grâces. Sa distraction la plus ordinaire, c'était, sa messe dite, de se promener dans l'enclos de son église, ou de visiter les pauvres et les malades. Quand le choléra se précipita sur la ville, « il sembla, dit Bernard Campbell, s'être élevé au-dessus de ce qu'il est donné à la nature de montrer de courage et d'énergie ». Moranvillé, c'était le bon curé, dans toute la force du terme. Quand il eut donné sa vie pour ses brebis et sentit sa fin approcher, il revint en France et y mourut, en 1825, quelques mois après son retour.

A côté du bon Moranvillé, il faut placer Matignon. Né à Paris en 1753, prêtre en 1778, docteur de Sorbonne en 1785, il était, en 1789, professeur de théologie au collège de Navarre. La Révolution le fit s'exiler en Angleterre ; l'esprit de foi et de piété le conduisit jusqu'en Amérique. Mgr Caroll le fixa à Boston. A proprement parler, il n'y avait pas de paroisse, mais une circonscription presque aussi grande que la France. Le jeune apôtre apprit d'abord l'anglais et vaqua aux principales fonctions du ministère. Sa situation était difficile : il savait tout ce que la secte puritaine nourrissait de préjugés contre l'Eglise de Jésus-Christ ; il ne craignit pas, cependant, d'exposer librement la doctrine de l'Evangile. Son auditoire s'accrut ; les conversions commencèrent. Matignon resta, pendant quatre ans, chargé seul de la mission de Massachusets ; ces quatre années furent consacrées à d'incessants voyages, et à la prédication en quelque sorte dans chaque famille, car il n'y avait pas d'église. En 1796, lui vint l'abbé de Cheverus, auxiliaire que la Providence lui envoyait pour partager ses travaux. Tous deux parcoururent, au prix de grandes fatigues, cette immense mission. Dans les intervalles des visites qu'ils faisaient aux Indiens, ils se retrouvaient à Boston. Il y avait, entre les deux missionnaires, une communauté si entière de sentiments et de vues qu'il est impossible de faire la part de l'un et de l'autre, dans le gouvernement des congrégations catholiques qu'ils dirigeaient ensemble. C'était une seule pensée et une seule action.

En 1803, la Congrégation s'était augmentée au point qu'il devint nécessaire de construire une nouvelle église. Les souscriptions affluèrent, même de la part des protestants ; l'église fut consacrée à la Sainte-Croix. Cinq ans plus tard, en 1808, l'église américaine avait grandi ; les progrès du catholicisme demandaient une hiérarchie plus puissante. New-York, Philadelphie, Bardstown furent choisis avec Boston pour être les chefs-lieux de nouvelles circonscriptions diocésaines ; Baltimore fut élevé au rang d'archevêché, siège du primat des Etats-Unis. Matignon était désigné par tous pour le siège de Boston ; il s'opposa seul à ce que son nom fût placé sous les yeux du Souverain Pontife et céda la place à Cheverus. L'un descendit au second rang, l'autre monta au premier, sans que la confiance réciproque de ces deux âmes fût altérée en rien. Tous deux rendirent également service à leur église, l'évêque, par son dévouement, le prêtre, par son exemple d'abnégation, bien fait pour confondre tous les préjugés des sectes. Matignon vécut encore dix ans sous l'épiscopat de son compagnon de prosélytisme ; il mourut en 1818. « De ses prédécesseurs dans la mission, dit le *Catholic Magazine*, les uns avaient manqué de prudence dans leur zèle, les autres avaient méconnu le génie du peuple au milieu duquel ils vivaient ; et tous étaient tombés dans des erreurs de politique que le sage et pieux Matignon racheta lentement et sûrement. » Matignon était d'ailleurs un homme instruit et éloquent. « Les zélés et savants missionnaires, dit l'historien protestant de Boston, ne bâtirent pas d'édifices, mais ils élevèrent les vrais disciples de Jésus-Christ dans l'opinion publique ; ils les établirent solidement dans un état d'estime et de considération qu'ils n'avaient pas connu auparavant. Ils apaisèrent les haines et ébranlèrent les prétentions des dissidents sincères. »

Dans les provinces de l'Ouest, sur les rives du Mississipi, parmi les tribus illinoises, aux bords des grands lacs, la civilisation était toute française, par conséquent catholique. En 1796, les deux péninsules qui composent l'Etat du Michigan avaient été cédées à l'Union par l'Angleterre. Mgr Caroll y envoya l'abbé Richard. Gabriel Richard, né à Saintes en 1767, avait fait ses études à Angers et entrait, en 1789, dans la Compagnie de Saint-Sulpice. Emery le fit partir en Amérique avec l'abbé Maréchal, depuis évêque. Supérieur de la mission du Michigan, Richard avait deux ou trois compagnons, six chapelles et douze paroisses. Une première visite des chrétientés lui fit comprendre qu'il lui serait impossible de prêcher, même une fois l'an, la parole de Dieu, à chacune des Congrégations dont il avait la charge. Les distances étaient trop grandes, les routes trop difficiles, parfois la saison trop dure. Richard établit une imprimerie, publia d'abord un journal, puis, vu la difficulté de le répandre, remplaça cette feuille périodique par des ouvrages de piété, d'édification et de controverse. Plusieurs conversions consolèrent la foi du pieux Richard ; il y eut également, parmi les chrétiens, des retours marqués à la pratique ; les Indiens se montraient empressés à redire la prière qu'ils avaient apprise des Jésuites. En 1812, l'abbé Richard, fait prisonnier par les Anglais, fut envoyé dans le Bas Canada où il continua ses travaux apostoliques ; pendant son absence, la mission du Michigan eut beaucoup à souffrir. A son retour, Richard dut s'établir le trésorier et le pourvoyeur des pauvres ; il dut littéralement mettre la main à la charrue. Depuis 1805, il n'y avait plus de chapelle au Détroit ; Richard s'ingénia et travailla si bien, qu'il construisit, en 1819, l'église destinée à servir plus tard de cathédrale. En 1820, il découvrit l'endroit où était mort, en 1675, le Père Marquette, lui rendit les honneurs funèbres et entra en relation avec les sauvages de Chicago. En 1823, il fut élu député, élection qui lui permit de payer ses dettes et d'exercer, sur la législature, la plus heureuse influence. Richard profita de son crédit pour faire entreprendre, dans le Michigan, de grands travaux d'utilité publique. En 1826, non réélu, l'abbé Richard reprit ses travaux apostoliques, donna un missionnaire aux Ottawas, un autre aux Potowatomies. Quelque argent lui fut envoyé de France, mais les besoins surpassaient de beaucoup les ressources. Richard avait fondé un couvent pour l'éducation des filles, il songeait à fonder un collège et un établissement pour les sourds-muets. En 1832, tout semblait sourire au pieux missionnaire. A la demande de plusieurs pères de famille, il avait commencé une suite de sermons sur le dogme catholique ; toutes ses œuvres marchaient, son collège allait s'ouvrir ; toutes les générations venaient à lui en même temps. Soudain parut le choléra : Richard se dévoua pour le salut de ses ouailles ; mais épuisé de fatigue, il fut atteint lui-même et succomba. Pendant 41 ans, il avait travaillé à la mission du Kentucky et du Michigan ; il était question de lui pour l'épiscopat ; s'il ne fut pas évêque du Michigan, il en fut le martyr.

Pendant que les missionnaires semaient la parole de Dieu, les bons chrétiens se multipliaient. Pour encourager les uns et fortifier les autres, le Saint-Siège crut devoir créer de nouveaux diocèses. Outre l'évêché fondé au Détroit, un siège épiscopal avait été fondé, en 1821, à Cincinnati ; en 1827, à Saint-Louis du Missouri ; en 1834, à Vincennes ; en 1837, à Nashville et à Dubuque ; en 1843, à Chicago, à Little-Rock et à Milwankie ; en 1847, à Cléveland. Parmi les titulaires de ces sièges il en est un qui doit attirer l'attention spéciale de l'histoire, c'est l'évêque de Bardstown. Benoît-Joseph Flaget était né en 1765, à Contournat, paroisse Saint-Julien, près Billom, en Auvergne. Au terme des études classiques, il était entré dans la société de Saint-Sulpice et avait professé quelque temps la théologie. A la Révolution, il était parti en Amérique et professait la philosophie à Sainte-Marie de Baltimore, lorsqu'il fut, en 1808, nommé évêque. Pendant deux ans, il opposa, à cette nomination, une vive résistance ; il fit même le voyage de France, avec l'espoir de faire agréer ses refus. La volonté du Pape était expresse ; il fallut se rendre. Le P. Emery fit, au prélat, comme cadeau de joyeux avènement, un étui d'aiguilles et une *Cuisinière bourgeoise*, l'un pour relever un peu le menu de ses repas ; l'autre, pour raccommoder ses habits. On ne peut rien imaginer de plus gaiement apostolique ; le plus gai du cadeau, c'est qu'il n'était pas inutile. L'évêque repartit avec trois prêtres, un diacre et un sous-diacre ; plus Simon Bruté, futur évêque de Vincennes. Après son sacre, Mgr Flaget se rendit à pied dans son diocèse, éloigné de trois cents lieues. A Pittsburg, il acheta un bateau et s'y installa avec ses compagnons. A Louisville il trouva un carrosse pour lui, des chevaux pour ses compagnons, des chariots pour ses bagages. Enfin, il arriva dans sa ville épiscopale, se vouant à tous les anges qui y résident ; priant Dieu de le faire mourir mille fois, si, dans ce nouveau diocèse, il ne devait pas être l'instrument de sa gloire. A cette époque, la population catholique du Kentucky se composait d'environ six mille âmes formant trente Congrégations ; elle possédait six églises et six prêtres pour les desservir. L'évêque, n'ayant pas de résidence, se fixa provisoirement à Saint-Etienne ; son palais était formé de deux cabanes, où il y avait un lit, six chaises, deux tables et des planches en guise de bibliothèque. Le vicaire général couchait au grenier. Le Kentucky n'avait pas une seule école catholique ; dès 1811 Mgr Flaget en fonda une sous la protection de saint Thomas. L'année suivante, un de ses prêtres, savant et humble, Nérinckx, jetait, dans le village de Lorette, les premiers fondements d'une communauté de femmes, les *Amantes de Marie au pied de la croix*, consacrée à l'éducation des filles et au soin des orphelines. En 1813, une seconde communauté de femmes se fondait à Nazareth, pour joindre, à l'éducation des jeunes filles, l'assistance des pauvres et des malades : ce sont les *Sœurs de charité de Nazareth*, suivant la règle de saint Vincent de Paul. Cependant Mgr Flaget faisait la visite de son vaste diocèse ; elle dura cinq ans, laps de temps pendant lequel l'évêque ne passa jamais quatre jours de suite sous le même toit. Le prélat allait tantôt à pied, tantôt à cheval, pauvre, mais fervent comme un véritable apôtre de Jésus-Christ. En 1819, il consacrait l'église de Sainte-Anne au Détroit et sacrait son coadjuteur, Mgr David. En même temps, il bâtissait une cathédrale et un grand bâtiment de briques qui devait être palais épiscopal, maison curiale et séminaire diocésain ; plus un bâtiment plus petit pour le collège Saint-Joseph. En 1825, la législature du Kentucky érigea ce collège en personne civile, lui accordant, avec le droit de posséder, la faculté de conférer les grades.

A cette même date, l'évêque s'établit, avec ses prêtres, sous le régime de la vie commune. En 1829, les deux communautés de Nazareth et de Lorette furent incorporées comme le collège Saint-Joseph. Une troisième communauté de femmes avait été fondée, les Tertiaires de Saint-Dominique, consacrées à l'enseignement. On établit aussi quelques écoles dans les campagnes. Vers 1829 fut fondée, sous le nom de Frères de la Mission, une société de laïques, pour soulager les missionnaires dans l'administration temporelle des églises; elle fut assujettie à une règle extraite de la règle de Saint-Benoît. Le succès de toutes ces œuvres provenait de deux choses : d'une bonne administration et d'un fidèle travail. Le prélat méditait longuement toutes ses œuvres ; il n'entreprenait aucune fondation sans savoir comment il pourrait en couvrir les frais ; et si, contre ses prévisions, les ressources venaient à lui manquer, il s'arrêtait toujours à propos. Le travail des mains était la loi générale du clergé et des écoles. Tout le monde travaillait : prêtres, professeurs, séminaristes, écoliers. Ces derniers employaient une moitié de leur temps à cultiver la terre pour gagner leur nourriture, et l'autre moitié, à lire, à écrire, à s'instruire sur la doctrine chrétienne. Les séminaristes ne donnaient à la culture des champs ou aux travaux de métier, que l'heure des récréations ; ce temps suffisait pour préparer les matériaux de construction. L'évêque tirait d'ailleurs un excellent parti de ces bons ouvriers, qui n'attendaient leur salaire que de Dieu.

En 1826, Mgr Flaget fit faire à ses diocésains, avec beaucoup de succès, le jubilé de Léon XII. En 1833, le choléra s'abattit sur le Kentucky ; les prêtres catholiques assistèrent, avec le zèle le plus héroïque, les pestiférés ; l'évêque faillit succomber au fléau. Sa santé en resta affaiblie ; l'évêque songeait à se démettre, pour que son coadjuteur, devenu titulaire, pût se donner un coadjuteur plus jeune. Le coadjuteur, informé de cette résolution prétendit, avec la plus louable émulation, que c'était au coadjuteur à se démettre et non au titulaire ; les deux prélats aspiraient autant l'un que l'autre à descendre. Le coadjuteur fut remplacé par Mgr Chabrat. Cependant Mgr Flaget voyant trois nouveaux évêchés érigés dans le Missouri, le Michigan et l'Indiana, et trois évêques dans le Kentucky, fit, en 1835, le voyage *ad limina*. Rome le reçut comme elle reçoit les apôtres, avec un profond respect. Le Pape voyant cet évêque si pauvrement vêtu, lui fit cadeau d'un costume complet ; jamais le pauvre Bennet de Contournat ne s'était vu à pareille fête : il s'en exprime avec la naïve amabilité d'une belle âme. Grégoire XVI avait laissé voir au pieux prélat le désir qu'il entreprit, en Europe, une mission en faveur de la propagation de la foi. De 1837 à 1839, l'évêque de Bardstown parcourut trente-quatre diocèses de France, le comté de Nice, la province de Gênes, le Piémont et la Savoie, prêchant avec un zèle infatigable dans les cathédrales, les séminaires, les communautés, et recevant partout d'abondantes aumônes. A son retour, il laissa, à Mgr Chabrat, l'administration du diocèse. Bientôt, il dut s'occuper de transférer son siège de Bardstown à Louisville ; la cérémonie s'effectua, après les préparatifs nécessaires, avec une grande solennité. Sur ces entrefaites, arrivaient à Louisville, les religieuses du Bon Pasteur d'Angers ; pour les nourrir, il fallut prendre le panier du mendiant et aller chaque semaine le faire remplir sur le marché. Le second coadjuteur étant devenu aveugle, il fallut en sacrer un troisième. Ce fut Mgr Spalding, dont il suffit de prononcer le nom. Mgr Flaget put encore, en 1849, poser la première pierre de sa cathédrale ; il mourut à 85 ans, le 11 février 1850. En mourant il laissait, dans ses régions, dix sièges à la fondation desquels il avait eu grande part. Le diocèse de Bardstown et Louisville comptait deux séminaires, trois collèges, un asile pour les orphelins, plusieurs écoles, deux maisons de jésuites, un couvent de dominicains et un de trappistes, un établissement de frères ouvriers de la mission, douze communautés de femmes, un clergé nombreux et de nombreuses paroisses. Flaget est un des Pères de l'Eglise en Amérique, presque un thaumaturge.

L'Eglise américaine s'étendait, en même temps, sur la rive gauche du Mississipi. De 1815 à 1848, quatre évêchés furent créés dans les limites de l'ancienne Louisiane : à Mobile, dans l'Alabama, en 1826 ; à Saint-Louis, dans le Missouri, en 1827 ; à Natchez, dans le Mississipi, en 1837 ; à Little-Rock, dans l'Arkansas, en 1843 ; plus tard, en 1848, un encore à Galveston, dans le Texas. Les quatre premiers sont des démembrements du diocèse d'Orléans, dont le véritable fondateur était Mgr Dubourg. Guillaume-Valentin Dubourg était né à Saint-Domingue, en 1766. Après ses études à Saint-Sulpice de Paris, il fonda l'école préparatoire d'Issy en 1791, et en 1792, émigra, en Espagne. En 1795, il était président du collège de Georgetown et fondait, en 1799, le collège de Sainte-Marie, à Baltimore. C'est dans la direction de cet établissement que la confiance de Mgr Caroll vint le prendre pour la création d'un grand diocèse dans la Louisiane, acquise depuis peu aux Etats-Unis. Il y avait, à la Nouvelle-Orléans, des préventions contre les prêtres français, préventions nées de la différence des caractères, peut-être d'un certain esprit d'indépendance, probablement aussi de l'opposition des Espagnols aux maximes gallicanes et au rigorisme. A son arrivée, l'abbé Dubourg essuya des résistances. Pie VII l'appela à Rome et le nomma évêque de la Nouvelle-Orléans. D'Italie, Mgr Dubourg vint en France où il recueillit des fonds, des coopérateurs de son ministère, plus une pacotille d'outils et d'instruments de labourage : Dubourg était né fondateur, homme fort entendu aux affaires. Le roi Louis XVIII lui prêta un bâtiment pour le transporter, avec sa smalah, en Amérique. Pendant la traversée, Dubourg se conduisit en homme apostolique. Au débarquement, il se mit en route pour Pittsbourg, sur l'Ohio, par le Maryland et la Pensylvanie ; le voyage, en grande partie à pied, fut des plus fatigants. De Pittsbourg, il gagna Louisville par bateau et prit possession de son siège à Saint-Louis. C'était une ville à peu près française, entourée de Congrégations de même origine. Le peuple était excellent, pratiquement catholique, éloigné de tout ce qui pouvait porter atteinte à sa foi ou à ses mœurs. On posa, en 1818, la première pierre de la cathédrale. Peu après, l'évêque, avec le concours du prêtre Rosati, créait une ferme, qui devait lui servir de collège et de séminaire ; les élèves tenaient le livre d'une main, les outils de l'autre. En 1819, le prélat ouvrait une école, qui, dix ans plus tard, devenait collège des Jésuites et, depuis, s'est constituée en université. Dès 1820, il avait établi des frères de la Doctrine chrétienne à Sainte-Geneviève, des Dames du Sacré-Cœur à Florissant, et avec les ouvriers qu'il avait ramenés de Milan, il avait organisé deux Congrégations d'hommes, l'une consacrée aux arts mécaniques, l'autre à l'agriculture. En 1829, il s'occupait de la création d'une mission spéciale pour les sauvages au nord et à l'ouest du Missouri ; le gouvernement américain lui alloua, pour cette œuvre, un subside en argent. A cette époque, les Jésuites du Maryland se voyaient contraints de dissoudre leur noviciat ; Dubourg les établit dans une ferme qu'il avait achetée au confluent du Missouri et du Mississipi. On voit que Valentin Dubourg était un digne émule de Benoît Flaget.

L'évêque, au surplus, payait de sa personne. S'il n'avait pas tous les métiers de Maître Jacques, il joignait, à la direction de son clergé, tous les offices du ministère pastoral ; il confessait, catéchisait, prêchait surtout, et avec un succès particulier près des protestants. A la Nouvelle-Orléans, Mgr Dubourg avait envoyé son vicaire général Portier, et par lui, fondé deux collèges, l'un en ville, l'autre à Apelousas. C'est en fondant partout des collèges et des séminaires, que ces génies constituants de l'Amérique en font la conquête et assurent l'avenir : ainsi agissent les apôtres que les imbéciles coiffent d'un éteignoir, comme si l'obscurantisme n'était la vertu exclusive des sots ; et l'éteignoir, leur coiffure. En 1823, le prélat put établir sa résidence dans sa ville épiscopale ; les Ursulines lui cédèrent leur maison et s'établirent dans les environs de la ville. Un vénérable prêtre donna à l'évêque une propriété de mille hectares, pour établir une maison d'orphelins. La Fourche vit aussi venir, du Missouri, une colonie des Amantes de Marie, qui s'occupèrent des orphelines sans rien demander pour leur entretien. Les Dames du Sacré-Cœur vinrent aussi s'établir à Saint-Michel. Le clergé s'était augmenté de soixante membres. Tout cela ne s'était pas fait sans luttes, sans épreuves. La plus cruelle fut qu'un quêteur chargé de recueillir, en Europe, des aumônes pour la mission, se les appropria et causa ainsi, à l'évêque, un tort grave, en même temps qu'il porta atteinte à sa considération. Le prélat crut qu'il ne se relèverait pas de cet échec ; il avait laissé Mgr Rozati à Saint-Louis ; il fit sacrer Mgr Portier pour son coadjuteur et donna sa démission pour rentrer en France. Selon nous, c'était une faute ; un homme juste se relève de toutes les disgrâces ; quand cet homme juste est un apôtre, il doit laisser ses os aux églises qu'il a fondées ; c'est, après la mort, une prolongation de force apostolique.

A côté de Mgr Dubourg, il faut placer Mgr Dubois. Jean Dubois était né à Paris en 1664, il fit ses études sous l'abbé Proyart à Louis-le-Grand ; il comptait, parmi ses professeurs, l'abbé Delille ; et parmi ses condisciples Mac-Carthy, Legris-Duval, Liautard, Camille Desmoulins et Robespierre. Prêtre en 1786, il passa en Amérique en 1791, et fut chargé, en 1794, des congrégations du Maryland, dont Fredericktown était le centre. C'est lui qui bâtit la première église. Quatorze années durant, il resta au milieu de ces chrétientés, passant d'une station à une autre, pour remplir partout les divers devoirs du ministère. En 1807, il fondait, sur une montagne, une église et concevait le projet d'y joindre une école. L'année précédente, le Sulpicien Nagot avait fondé, à Pigeon-Hill, un collège, pour le recrutement de Sainte-Marie à Baltimore. Par suite d'arrangement, il fut convenu que Dubois entrerait chez les Sulpiciens, et que les élèves des Sulpiciens iraient à son collège du Mont Sainte-Marie. Dubois, pour agrandir son collège, dut acheter des cantons de la forêt voisine et se lancer dans les constructions. Dubois y réussit magnifiquement grâce à la combinaison habituelle des missionnaires, qui consistait à faire travailler leurs élèves. Les progrès intellectuels et moraux du collège ne furent pas moins rapides et éclatants. Les protestants demandèrent même à y être admis, moyennant dispense des exercices de religion ; c'était là une concession insensée, qui fut révoquée plus tard. Dubois fut d'ailleurs quelquefois imprudent dans ses libéralités ; mais s'il s'exposait, c'était pour le bien, et Dieu sut bien le tirer d'affaires. L'incendie, vers 1824, en dévora une partie ; l'abbé Dubois se remit à construire et prit possession de son collège en 1826. En 1830, ce grand collège devait recevoir, de la législature, le bienfait de l'incorporation civile. Mais, dès 1826, Dubois, qui avait acquis tant de droit au repos, était nommé évêque de New-York.

Ce diocèse, créé en 1808, n'avait jamais été administré par le premier titulaire et trop peu par le second ; le troisième évêque eut tout à faire. Sacré en 1826, Mgr Dubois dut commencer par la visite de son diocèse ; c'était une opération difficile que de visiter, en évêque, ces catholiques dispersés parmi les protestants. La visite dura deux ans ; elle l'obligea à faire mille lieues ; on ne saurait en compter ni les fatigues, ni les services, ni les mérites. Le troupeau de l'évêque comprenait cent cinquante mille âmes. Le diocèse n'avait pas de séminaire, pas d'autres établissements. L'administration, rendue difficile par le mélange des deux communions, était plus difficile encore par le fait des *Trustées*. Ces *Trustées* étaient des laïques formant un conseil d'administration pour le temporel du culte ; en gérant les intérêts temporels, ils s'étaient immiscés dans les affaires spirituelles et avaient fini par prendre la place des évêques. Parce qu'ils tenaient la bourse, ces *trustées* s'imaginaient qu'ils pouvaient ceindre la mitre, en effigie seulement, et manier la crosse. Tel est l'ordinaire aboutissement des concessions de l'Eglise ; lorsqu'elle accorde quelque chose sur le temporel, elle se prépare de loin une guerre des investitures. Sans doute, il est bon d'admettre les laïques dans la discussion des comptes et budget du culte, mais il est nécessaire de les tenir toujours dans les limites du droit et sous l'autorité décisive des évêques.

L'évêque de New-York résista aux Trustées et les fit capituler. Le diocèse n'avait pas de séminaire, les églises étaient en mauvais état ; vers 1829, le prélat partit pour l'Europe. Au retour, il ramenait dix-huit coopérateurs et avait pu réunir quelques fonds. Au retour, il acheta une terre et se mit à construire : ses bâtisses, encore inachevées, furent dévorées par les flammes. L'évêque n'ouvrit pas moins un collège et un séminaire ; de plus, il se mit à restaurer, à bâtir des églises et à créer des paroisses. Mgr Dubois sentait sa santé s'affaiblir ; il se choisit, pour coadjuteur, John Hughes, curé de Saint-Jean à Philadelphie et le sacra en 1838. Ce fut en quelque sorte le dernier acte de son épiscopat ; atteint de paralysie, il ne fit plus que végéter jusqu'à sa mort en 1842. En mourant, il laissait à New-York, 58 prêtres, 54 églises, 49 stations, où le Saint Sacrifice était offert, où les sacrements étaient administrés à des époques fixes. Le nombre des catholiques s'était augmenté de 50 000.

Nous devons citer encore ici M. de Cheverus. Jean-Louis-Anne-Madeleine Lefebvre de Cheverus était né à Mayenne en 1768, d'une famille ancienne dans la magistrature. Docile aux leçons d'une bonne mère, le jeune Cheverus montra, dès le plus bas âge, cette douceur de mœurs et cette aménité de caractère qui le distinguèrent dans la suite. Au sortir d'une enfance chrétienne et même déjà pieuse il fit ses études au collège Louis-le-Grand et la théologie à Saint-Magloire. En 1790, lorsque déjà grondait l'ouragan révolutionnaire, il fut promu au sacerdoce. Vicaire de Mayenne, il fut, pour refus de serment à la constitution civile, obligé de résigner ses fonctions ; pour sauver sa tête, il se réfugia bientôt en Angleterre. En Angleterre, il apprit l'anglais, donna des leçons, secourut ses compatriotes et obtint, du vicaire apostolique, le droit d'exercer les fonctions du saint ministère. Sur ces entrefaites, lui parvint une lettre de l'abbé Matignon, qui le détermina à partir pour l'Amérique. Au départ, il avait renoncé à tout son patrimoine ; à l'arrivée à Boston, il fut reçu, par son ancien ami, comme un ange du ciel. Cette mission embrassait toute la Nouvelle-Angleterre et les tribus sauvages de Penobscot et de Passamaquoddy, c'est-à-dire un territoire de cent quatre-vingts lieues en longueur et cent en largeur, où les catholiques étaient disséminés, sans possibilité de les réunir. Il fallait donc que les missionnaires se répandissent dans tout le pays et allassent évangéliser les familles l'une après l'autre. Tout le pays était habité par des colonies anglaises ; les protestants, rendus fous par des préjugés d'enfance, regardaient le catholicisme comme un ramas impur d'idolâtrie et de corruption. Les prêtres étaient considérés tout simplement comme des canailles. Les ombrages des esprits rendaient impossible presque toute œuvre de prosélytisme. Un ancien ministre converti, Thayer, pour s'y être commis, avait dû changer de résidence. Les deux amis, Matignon et Cheverus, se bornèrent d'abord à prêcher d'exemple. A une union que la religion peut seule rendre si parfaite, ils joignirent une vie pauvre et pleine de privations, mais honorable et supportée avec dignité, tout employée à la prière, à l'étude et aux travaux du ministère. Un spectacle si beau ne pouvait manquer de frapper d'étonnement les habitants de Boston ; mais rien n'est tenace comme un préjugé inspiré par la haine. Au lieu de se rendre, les protestants épiaient les deux prêtres, pour les prendre en faute et les convaincre d'hypocrisie. Un ministre, aussi convaincu de leur vertu que de leur bonne foi, voulut essayer de les convertir. « Ces hommes sont si savants, finit-il par dire, qu'il n'y a pas moyen d'argumenter contre eux ; leur vie est si pure et si évangélique, qu'il n'y a rien à leur reprocher. Je crains bien que par l'influence de tant de vertus, jointes à tant de science, ils ne nous donnent ici beaucoup d'embarras. »

Ce changement d'opinion permit à Cheverus de monter en chaire ; il prêcha avec tant de succès que les protestants même voulurent l'entendre. La confiance étendit les rapports ; beaucoup d'âmes se placèrent d'elles-mêmes sous la direction du missionnaire ; plusieurs même lui commirent la garde de leurs intérêts. Ces affaires ne détournaient Cheverus, ni de ses devoirs, ni de ses études, qu'il mena toujours grandement. L'évêque de Baltimore informé de ses mérites, voulut lui confier la cure de Sainte-Marie de

Philadelphie ; le missionnaire refusa et partit pour l'état du Maine où il bâtit une église, à Newcastle. De là, poussant plus loin, il apprit, d'une sauvagesse, la langue des sauvages et pénétra dans leurs forêts pour les évangéliser. C'était là une rude tâche : parcourir ces forêts sans chemin, sans vivres, sans rien de ce qui peut soutenir l'existence ; s'immoler tous les jours, laisser une partie de soi-même à toutes les épines et recevoir en retour, pour tout casuel, de la vermine : tout cela pour gagner des âmes à Jésus-Christ. Après avoir passé trois mois au milieu de ces sauvages du Penobscot et du Passamaquoddy, qui l'aimaient comme un bon père, Cheverus revint à Boston en 1798. Le dévouement qu'il montra pendant la fièvre jaune lui gagna définitivement tous les cœurs. Alors il se mit à construire une église ; mais n'en éleva, par prudence, les murs qu'au fur et à mesure de ses ressources. Quand elle fut terminée, Mgr Caroll en fit la consécration avec magnificence. Les parents de Cheverus le pressaient de rentrer en France ; sur les conseils de cet évêque, il n'y consentit point. A cette date, il assistait deux Irlandais condamnés à mort ; dissipait les préventions des protestants et convertissait Elisabeth Seton à la religion catholique. En 1808, il fut sacré évêque de Boston. Cette promotion ne changea rien à la vie simple et modeste du prêtre-apôtre ; elle ne fit qu'agrandir le cercle de ses opérations et accroître son autorité. Dès lors, il fut, plus que jamais, le prêtre vraiment catholique, c'est-à-dire universel : il prêchait partout, même dans des temples protestants, il tenait des conférences avec les ministres, il écrivait dans les journaux, exerçait la charité envers les colons et convertissait les prédestinés de Dieu. L'archevêque de Baltimore eut voulu l'avoir pour coadjuteur ; Mgr de Cheverus demanda à ne jamais quitter sa chère église de Boston. Bien qu'il fût plein d'affection pour les ordres religieux, notamment pour les Jésuites, cependant il formait des prêtres pour l'aider dans son ministère. En même temps, il établissait un couvent d'Ursulines, accueillait les Trappistes exilés et rendait les derniers honneurs à l'abbé Matignon. A tant de travaux, sa santé ne put suffire : il tomba malade et devait succomber bientôt aux rigueurs du climat. La volonté expresse du roi Louis XVIII qui l'appelait, l'affaiblissement de sa santé, les raisons puisées dans la situation présente du clergé français, le décidèrent à rentrer en France. Avant de partir, il voulut exécuter lui-même son testament : il donna, au diocèse, la maison épiscopale et le couvent des Ursulines ; il laissa aux évêques sa bibliothèque ; enfin il distribua tout ce qui lui appartenait à ses ecclésiastiques, à ses amis et aux indigents. Pauvre il était venu, pauvre il voulut repartir ; il n'emporta d'Amérique rien que la malle avec laquelle il était venu vingt-sept ans auparavant. Son départ fut un deuil ; des Américains traversèrent l'océan pour le voir. En France, Mgr de Cheverus fut évêque de Montauban et archevêque de Bordeaux : c'est un évêque légendaire. On cite de lui des traits d'esprit qui amusent et des actes de charité qui font verser des larmes. De tels hommes honorent grandement la religion catholique.

« La métropole de la Nouvelle Angleterre, dit Channing, a vu l'exemple des vertus chrétiennes dans un évêque catholique. Qui de nos docteurs religieux oserait se comparer au dévoué Cheverus. Cet homme, bon par essence, a vécu au milieu de nous, consacrant les jours, les nuits et son cœur tout entier au service d'une population pauvre et grossière, évitant la société des grands et des riches pour se rendre l'ami de l'ignorant et du faible, abandonnant pour les plus humbles chaumières les cercles les plus brillants qu'il aurait ornés par son esprit, supportant avec la tendresse d'un père les fardeaux et les chagrins de ceux qui étaient confiés à ses soins apostoliques, sans jamais donner le moindre indice qu'il estimât au-dessous de lui ces humbles fonctions, bravant enfin, pour exercer sa bienfaisance, le soleil le plus brûlant, les tempêtes les plus violentes, comme si son ardente charité l'eût défendu contre la rigueur des éléments... Comment, après cela, pourrions-nous fermer nos cœurs à l'évidence du pouvoir qu'a la religion catholique de former des hommes vertueux et éminents en mérites ? Il est temps que plus grande justice soit rendue à cette société ancienne et si largement étendue. L'Eglise catholique a produit les plus grands hommes qui aient jamais existé, et c'est une garantie suffisante qu'elle renferme tous les éléments d'une félicité éternelle ».

Après tous ces noms glorieux, nous citerons encore un nom d'un moindre éclat, mais d'un incontestable mérite. Simon-Gabriel Bruté de Rémur était né à Rennes en 1779. Formé au bien par une mère chez qui la piété n'excluait pas l'énergie, l'enfant dut compléter, à l'école du malheur, cette éducation virile. Ce fut dans un état voisin de la gêne, au milieu des transes et des dangers, pendant les mauvais jours de la Convention et du Directoire, que le jeune Breton acheva, comme il put, ses humanités et commença l'étude de la médecine. A Paris, où il venait d'obtenir, en 1803, le grade de docteur, le prix Corvisart et la direction d'un des premiers hôpitaux, sa vocation ecclésiastique se décida soudain. Peut-être les prières des prêtres fugitifs et persécutés, qu'il avait accueillis souvent à Rennes, lui valurent-elles cette grâce. Entré au séminaire de Saint-Sulpice l'année même de son doctorat, ordonné prêtre en 1808, Gabriel Bruté fut aussitôt rappelé à Rennes par son évêque et chargé d'enseigner la théologie au grand Séminaire. En remplissant ses fonctions avec dévouement et savoir, il portait ses regards plus loin. Les Etats-Unis manquaient de prêtres catholiques : la moisson était abondante; les ouvriers trop peu nombreux. En 1810, rompant les liens qui l'attachaient à la patrie, le professeur passa en Amérique. Longtemps président du collège de Sainte-Marie à Baltimore, il fut, en 1834, nommé évêque de Vincennes. C'était l'année où Lamennais se séparait définitivement de l'Eglise; Bruté, qui était son ami, ne négligea rien pour le retenir. Le titre de son siège épiscopal, Vincennes, lui rappelait la France. Cette ville doit son nom au chevalier de Vincennes, commandant d'un détachement français, envoyé au Canada. Après la perte de nos colonies, Vincennes devint possession anglaise, mais pour un quart de siècle seulement; la guerre de l'indépendance lui permet de se détacher du Canada et d'abriter son sort sous les plis du pavillon étoilé. Dans son palais épiscopal, — une chambre et un cabinet, — Mgr Bruté ne connut ni l'abondance ni le repos. Evêque du diocèse et pasteur de la paroisse, directeur d'un collège et professeur de théologie, il devait trouver encore le temps de visiter les Indiens en courses dans les bois. Rudes courses, où l'évêque partageait souvent, avec les prêtres et avec ses ouailles, son pain, ses vêtements et ses derniers dollars. La vie s'use promptement à ces labeurs ; Mgr Bruté mourut en 1839, en murmurant : « Je vais au ciel ».

Pendant que les prêtres émigrés de France travaillaient à l'édification de l'Eglise américaine, dans les missions, les paroisses et les diocèses, dans les collèges et les séminaires, tous dus à leur création, une femme jetait à Baltimore les fondements d'un institut, qui prit en peu de temps des accroissements considérables et couvrit de ses établissements le territoire des Etats-Unis. Cette femme, c'est Henriette Seton, et institut, le couvent de Saint-Joseph, aujourd'hui des sœurs de charité. Miss Harriet Bayle, fille d'un médecin distingué de New-York, veuve de William Seton, avait été convertie au catholicisme par l'abbé de Cheverus. Toute sa sollicitude avait été d'élever ses enfants, deux fils et trois filles, dans la religion qu'elle avait eu le bonheur d'embrasser. La famille de son mari fit une forte opposition ; pour conserver son indépendance, Harriet dut céder sa fortune. Bientôt elle ouvrait un pensionnat de jeunes filles ; le succès ne répondit pas à ses espérances. Dans sa détresse, la pauvre femme songeait à se retirer, avec ses filles, dans un couvent de Montréal. Une entrevue avec l'abbé Dubourg lui fit comprendre que le théâtre prédestiné de ses efforts devait être aux Etats-Unis. Pendant une année, elle attendit, dans le silence et la prière, l'heure de Dieu. Vers le commencement de 1808, il fut entendu, avec son directeur, qu'elle s'établirait dans le voisinage du collège de Sainte-Marie à Baltimore. On loua une petite maison de briques rouges à deux étages. L'abbé Babad, ce prêtre qui a écrit, sur l'histoire naturelle, de si ingénieuses observations, fut directeur de la maison naissante; une demoiselle Cécilia O'Conway en fut la première recrue. Un converti, le prêtre Cooper, originaire d'Emmitsbourg, décida que la congrégation s'établirait définitivement dans sa ville natale. Une demoiselle de New-York vint s'adjoindre aux deux associés ; et le 1er juin 1809, elles prirent des règles et un habit. Les règles n'étaient que provisoires ; néanmoins Henriette Seton fit, pour trois ans, les trois vœux monastiques. Les religieuses furent désignées sous le titre de sœurs de Saint-Joseph.

Cependant les travaux de la petite maison du Mont Sainte-Marie étaient à terme. Les trois membres de la congrégation, les trois filles et les deux belles-sœurs de la fondatrice, plus quelques dames de Baltimore s'y réunirent. La communauté grandit rapidement. Le nombre des religieuses et des novices s'accrut ; celui des élèves devint considérable. Il n'y avait encore, aux Etats-Unis, que trois couvents de femmes : celui des Ursulines, fondé à la Nouvelle-Orléans, en 1727; celui des Carmélites de la réforme de Sainte-Thérèse, fondé en 1790, par Ch. Nérinckx, dans le Maryland ; enfin le couvent des filles de la Visitation, établi en 1798, à Georgetown dans la Colombie. Les évêques devaient prendre, à la fondation nouvelle, un vif intérêt. Sous leur inspiration positive, il fut décidé qu'on prendrait les règles des filles de la Charité ; Mgr Flaget, venu en France, dut en rapporter le texte authentique ; trois religieuses venues de France, devaient, mais ne purent l'accompagner pour introduire, en Amérique, cette intelligence traditionnelle et pratique des règles, qui peut seule élucider les textes. La communauté adopta ces règles en 1812. Dès ce moment, la maison d'Emmitsbourg ne fut plus seulement une école, mais un ordre religieux croissant et multipliant par la bénédiction divine. Le premier essaim du nouvel Ordre fut pour l'orphelinat de Philadelphie ; la fièvre jaune avait fait, dans cette ville, de nombreuses victimes ; pour l'éducation des enfants, les religieuses seules pouvaient remplacer les mères. Des filles de Mme Seton furent envoyées, en 1815, à Baltimore, pour prendre soin de l'infirmerie et de la lingerie du collège ; en 1817, à New-York, pour visiter les pauvres et diriger les maisons d'orphelins. En 1826, elles avaient des écoles libres, des asiles pour les orphelins, des pensionnats, des hôpitaux dans les états de la Pensylvanie, de New-York, de l'Ohio, de Delaware, du Massachusets, de la Virginie, du Missouri, de la Louisiane et dans le district de Columbia. On ne comptait pas moins de vingt-trois établissements dans les villes les plus populeuses de la confédération.

En 1826, la petite maison qui avait dû être agrandie, en 1869, pour abriter la communauté naissante, avait reçu des accroissements considérables. Ce n'était plus un établissement provisoire ; c'était un magnifique couvent, un chef d'ordre. On y trouvait une résidence pour les sœurs, un noviciat pour les aspirantes, un pensionnat pour les jeunes filles, une école pour les enfants pauvres, et un asile pour les orphelins. Une magnifique ferme complétait l'ensemble de ces constructions, que couronnait la coupole de la chapelle. La maison avait été successivement dirigée par les abbés David, Dubois et Deluol, aucune corporation d'hommes ou de femmes n'avait été appelée, en Amérique, à des destinées si hautes. En peu d'années, l'institut avait fourni, aux principales cités de l'Union, les institutrices des dix-neuf écoles, les servantes de huit hôpitaux et de seize asiles d'orphelins; il avait répandu, dans toutes les classes par ses prières, par son action, par son exemple, avec l'amour des pauvres, la science de la charité; il avait arraché la jeunesse à l'ignorance, à la dissipation qui l'accompagne, à la corruption qui la suit; il avait préparé des mères pour les familles, et, par elles, des citoyens pour l'Etat. Son influence avait pénétré partout où le catholicisme avait pu asseoir ses salutaires institutions.

Au milieu de toutes ses prospérités, la communauté songeait à se rattacher à la maison Mère des sœurs de charité en France. L'Union lui paraissait comme le dernier mot de la vocation de Mme Seton. En 1836, on avait sondé le terrain et prévu les difficultés. On ne pensait pas en France de même qu'en Amérique : c'était une congrégation déjà nombreuse qui demandait l'union, et on ne possédait sur elle que des renseignements peu étendus. Que devait-on espérer de sa bonne volonté ou redouter de ses prétentions? N'avait-elle pas, dans sa liberté, admis des usages, toléré des coutumes, souffert des habitudes dont ne saurait s'accommoder la communauté française? C'étaient les mêmes statuts et les mêmes règlements, sans doute; mais des tempéraments inopportuns, sans convenance, sans utilité, et non sans danger peut-être, pouvaient avoir été introduits dans la pratique. Les religieuses américaines possédaient la lettre; elles pouvaient n'avoir pas l'esprit. Les mœurs des Etats-Unis d'ailleurs n'étaient pas les nôtres. Il y avait, dans ce pays, une indépendance de caractère et de conduite à laquelle nous n'étions pas accoutumés, qui pouvait troubler les âmes saintes. Bref, l'affaire, pour le moment, ne put aboutir. Au lieu d'en parler aux hommes, on crut meilleur de s'adresser à Dieu. Dieu aplanit les obstacles et rapprocha les cœurs; l'unité fut établie pleinement en 1850. Les sœurs de la charité en Amérique ne sont qu'une province de la congrégation française de saint Vincent de Paul. Les Eglises d'Amérique, qui doivent tant au clergé français, depuis la Révolution, continuent de nous rester unies par le lien des filles de la charité. C'est un trait d'union que Dieu ne se lasse pas de bénir.

En 1889, l'Amérique célébrait le centenaire de l'établissement et de la hiérarchie catholique. Au bout d'un siècle, les choses ont bien changé. Là où s'exerçait la juridiction d'un seul évêque, l'Eglise compte aujourd'hui treize provinces ecclésiastiques partagées entre quatre-vingt-trois évêques. Plus de sept mille prêtres instruisent et dirigent plus de huit millions de fidèles. Sur une population de 70 à 80 millions d'âmes, on compterait dix millions de catholiques. Ces églises ont des séminaires, des écoles, des congrégations religieuses. Comme gage d'avenir, l'épiscopat américain fonde, en 1889, l'Université de Washington. Les enfants de la génération présente y apprennent à fortifier le pays par leur nombre, à l'éclairer par leur sagesse, à le défendre par leur bravoure.

Ce grand exemple du catholicisme américain, s'épanouissant au soleil de la liberté, a souvent servi, à nos libéraux, d'argument pour leur thèse de l'Eglise libre dans l'Etat libre. Il n'y a aucune comparaison à établir entre un pays neuf, où des agglomérations se sont formées d'émigrants de toutes les confessions religieuses, et de vieux peuples où il y a des situations acquises et des longues traditions. La république américaine, il est vrai, ne reconnaît aucun culte, n'en subventionne aucun; mais, en revanche, elle n'est ni libre penseuse, ni athée. Malgré ses habitudes d'indifférence, elle est restée, sinon chrétienne, du moins sympathique à la religion. En dépit de son industrialisme, elle respecte la loi du dimanche; elle ouvre ses congrès par la prière; elle consacre, chaque année, un jour à l'action de grâce, et, dans les temps d'épreuves, un jour à la pénitence nationale. L'Américain croit en Dieu, et, sauf exception, n'est ni fanatique, ni impie. L'esprit général est bon; le mauvais esprit se réfugie dans les sociétés secrètes. C'est de là que sortira le fléau de l'Amérique du Nord.

Mais il ne faut pas voir qu'un côté des choses, ni attribuer ces progrès au système politique, ni même trop croire à la prospérité de l'Eglise aux Etats-Unis. L'épiscopat, sans doute, est digne des plus grands éloges; le clergé séculier et régulier est exemplaire; les fidèles sont pleins de bon vouloir et résolus à l'activité morale. Il ne faut pas oublier toutefois que, depuis un siècle, l'Amérique a reçu quarante millions d'émigrants, dont la moitié au moins était catholique. Ces vingt millions se sont, pour moitié au moins, noyés et perdus dans l'indifférence ou l'apostasie.

Ces déplorables pertes d'âmes ont pour causes : 1° L'affluence des catholiques dans des régions où manquaient les moyens de remplir les devoirs religieux; 2° le manque d'établissements scolaires pour les enfants; 3° le manque d'établissements de charité pour les pauvres et les malades; 4° l'absence d'un clergé nombreux et de paroisses constituées; 5° le défaut d'entente entre les émigrants de même race, de même langue et de même culte; 6° l'activité des sociétés protestantes, outes appliquées à corrompre les catholiques ; 7° l'esprit d'indifférence et de libre examen qui résulte de la vie nationale et des principes de la constitution.

Trois races constituent la population des Etats-Unis : 1° la race *rouge*, qui comptait autrefois dix millions d'âmes, refoulée, exterminée, corrompue depuis un siècle et réduite aujourd'hui à 300 000 ; 2° la race *noire*, qui a pu atteindre le même nombre de millions, mais qui se maintient mieux numériquement, malgré la disgrâce des mœurs et sa propre paresse ; 3° la race *blanche*, formée primitivement d'un apport de réfugiés anglais, d'aventuriers espagnols et de colons français ; maintenant surélevée par une émigration colossale, composée spécialement d'Irlandais, d'Allemands et de Canadiens.

Ce peuple de 80 millions d'âmes, sauf la période de son émancipation, n'a pas d'histoire. Partagés en petits Etats qui s'administrent très librement et reliés par la charte fédérale, ces Etats se sont développés sous un régime de travail de concurrence et de *self-government*. L'Américain croit ne relever que de lui-même et tenir son sort dans le creux de sa main. Cette grande masse, formée d'unités énergiques, a certainement, en perspective, un grand avenir. Cet avenir peut ne pas répondre à son ambition, si l'on examine de plus près les idées, les mœurs, les institutions et les passions du peuple américain. Les éléments de dissolution disputent, à l'avenir, ses chances de succès.

L'Amérique a prêté, parmi nous, à une grande divergence d'appréciation. La diversité des sentiments peut se ramener à deux écoles : l'école de Tocqueville, toute à l'admiration ; l'école de Claudio Jannet qui voit, dans cette grande machine, des symptômes de ruine prochaine. Le centralisme, la constitution d'une grande armée, l'esprit d'invasion et de conquête, la rapacité des politiciens, l'ambition des généraux, peuvent, avec la complicité des mœurs et la dissolution du libre examen, exiger le renforcement du pouvoir central et la transformation de la république en empire.

On entend par *américanisme* l'ensemble des erreurs, des préjugés et des tendances, spécialement reçus aux Etats-Unis. Le tréfond de l'américanisme, c'est un *orgueil extraordinaire* qu'ont un certain nombre d'habitants de ce pays pour leur constitution, leurs lois, leurs écoles, leurs progrès matériels et surtout pour leurs travers. Cet orgueil se prévaut surtout de l'abondance des richesses, de la prodigalité des plaisirs sensuels, et de l'art avec lequel, par des machines, on peut, sans travailler beaucoup, et même sans travailler, se livrer à tous les plaisirs.

Il est impossible qu'une erreur soit de mode dans un pays, sans que les catholiques, en plus ou moins grand nombre, laissent entamer leur foi ou leurs mœurs. Les catholiques américanisant sont libéraux, moins par leurs idées rationalistes sur la constitution des Etats, que par leur conduite latitudinaire dans la pratique de la vie. Ainsi, en matière de foi, ils en réfèrent plus au libre examen qu'à l'autorité de l'Eglise ; en matière de conscience, ils sont indifférents, donnent plus d'attention aux plaisirs qu'aux intérêts spirituels, s'intéressent à la construction de temples protestants, amnistient le divorce et sont grands partisans de la neutralité scolaire. L'école nationale est, pour eux, le palladium de la liberté et le gage de l'empire. Sur cette pente dangereuse, on arrive promptement à la perte de la foi. Par suite, il y a, en Amérique, aujourd'hui, quarante millions d'hommes étrangers à la pratique de tout culte. C'est un fait nouveau en histoire, et qui laisse bien loin derrière lui toutes les grandes perversités dénoncées par les prophètes, frappées ensuite par la justice de Dieu.

La neutralité de l'Etat en matière de religion est une erreur grave, contraire à l'ordre divin qui place Jésus-Christ et l'Eglise à la tête de l'humanité. La neutralité de l'école est une pratique abominable qui met du poison impie dans les berceaux et doit ramener les mœurs du paganisme. Des catholiques éclairés et sincères ne peuvent, sur ces deux points, en aucune façon, s'abuser, mais, en règle générale, l'erreur, pour tromper, ne s'affirme pas catégoriquement ; elle s'enveloppe de formules trompeuses, elle biaise dans ses discours et louvoie dans sa conduite. En Amérique, les erreurs de l'américanisme se firent jour dans la vie du Père Hecker et vinrent en France par le véhicule d'une traduction.

Isaac Thomas Hecker avait été protestant ; il se convertit, se fit prêtre, s'essaya chez les Rédemptoristes à la vie religieuse, et, comme il s'était fait mettre à la porte, il s'institua fondateur d'un Ordre qui ne pourrait pas l'exclure de son sein. Hecker avait fondé l'Ordre des Paulistes, petite société qui ne compta jamais beaucoup de membres, mais qui, par une innovation heureuse, sous le patronage du grand Paul, prétendait fournir, à la presse, de vaillants soldats. La plume est l'épée des temps modernes ; c'est par la plume que se soutiennent les combats des esprits, les luttes des anges : c'est avec cette arme qu'il faut faire prévaloir la vérité.

Hecker avait été sans doute un brave homme, un peu excentrique, mais, en somme, louable. Lorsqu'il fut mort, un de ses disciples, suivant la coutume, écrivit sa vie, et, toujours suivant la coutume, fit d'Hecker un thaumaturge. Cette vie de Hecker fut traduite de l'anglais en français, par un littérateur parisien, et grâce à cette traduction, le thaumaturge devint un type, non plus de perfection, mais d'hérésie.

La traduction de la vie de Hecker se présentait d'ailleurs dans toutes les conditions qui pouvaient en assurer le crédit. L'archevêque de Saint-Paul en avait écrit la préface sur la diatonique de l'éducation ; un cardinal américain avait donné une lettre laudative. Le traducteur français, avec son galoubet, avait capté les louanges de la presse libérale. Hecker devenait le grand homme de l'Amérique, le héros du XIXe siècle.

Mais quelqu'un troubla la fête. Le P. Maignen saisit l'ouvrage avec de fortes pinces et de son scalpel le disséqua dans le journal catholique de Paris, *La Vérité*. De la déduction et de l'analyse des ingrédients, résulta, d'une façon terrible, la preuve d'erreur. Un Jésuite, le P. Delattre, vint à la rescousse et sabra la vie de Hecker. Un prêtre de Cambrai, élevant plus haut les esprits, montra que cette vie offrait la synthèse accommodatice des erreurs de notre temps et constituait un corps d'erreurs. Jusque-là, le catholicisme libéral s'était borné à altérer l'ordre des institutions ; ici, il entrait dans le vif de la vie pratique et jetait le chrétien à l'abîme de toutes les corruptions.

On n'affirme pas de telles choses dans l'Eglise sans mettre en mouvement les pouvoirs. La vie de Hecker avait été, au moins, tolérée à Paris et parvenait à sa 5e édition. La critique de la vie de Hecker, par Maignen, devenue un volume, avait obtenu *l'imprimatur* à Rome. A Rome, la question fut examinée de plus près. Par une lettre du Pape au cardinal Gibbons, l'américanisme particulier du P. Hecker, ou plutôt de son biographe et de son traducteur, fut frappé de condamnation.

Le point de départ de Hecker est celui de tous les hérésiarques : ils supposent le christianisme défectueux, imparfait par quelque endroit, et, pour ramener les errants au giron de l'Eglise, ils proposent d'en élargir l'accès. L'Eglise doit s'adapter au temps, à la civilisation ; elle doit faire des concessions aux idées et aux tendances des peuples modernes.

Si l'on examine sur quoi doivent porter le changement, c'est : 1° sur la doctrine ; 2° sur la discipline.

Sur la doctrine, ces novateurs, dit Léon XIII, « soutiennent qu'il est opportun, pour mieux attirer les dissidents, de *laisser dans l'ombre* certains éléments de la doctrine, comme étant de moindre importance ou de les *atténuer* de telle sorte qu'ils ne conservent plus le sens approuvé constamment par l'Eglise ». Or, le Concile du Vatican a expressément condamné cette proposition dans les *Hermésiens* d'Allemagne. « La doctrine de la foi que Dieu a révélée, dit le Concile du Vatican, n'est pas, à l'instar d'une conception philosophique, proposée aux intelligences comme une chose perfectible, mais comme un dépôt divin, confié à l'épouse du Christ, pour le garder fidèlement et l'interpréter infailliblement. Le sens des dogmes sacrés, une fois déclaré, par notre sainte mère l'Eglise, doit être perpétuellement conservé, et il ne faut pas s'en écarter, sous prétexte ou sous couleur de l'entendre d'une manière plus profonde. »

Quant au silence à garder sur certains dogmes, il contredit formellement les paroles de Jésus-Christ et la mission des apôtres : *Docentes servare omnia*.

Si le dogme doit se conserver sans atténuation, ni changements, la discipline doit se prêter au temps et aux circonstances. Encore cette adaptation ne doit-elle pas se faire par autorité privée, mais par l'autorité ecclésiastique. Le besoin d'innovation est le signe de l'erreur ; l'esprit de tradition et d'autorité, est le caractère de l'Eglise.

Les américanistes, par exemple, admettent sans doute l'autorité de la Bible et son interprétation par l'Eglise ; mais ils disent que, dans cette interprétation, l'Eglise doit restreindre sa vigilance et relâcher de sa rigueur, pour permettre aux fidèles une plus large mesure d'inspiration et de vertu active. A l'appui de cette prétention, ils disent que la définition de l'infaillibilité pontificale permet au Pape, sans dommage pour son autorité, de donner à peu près carte blanche aux fidèles, ou du moins peu de latitude aux âmes ouvertes à l'afflux du Saint-Esprit.

Le chrétien, d'après la doctrine de l'Eglise, doit être éclairé intérieurement par l'Esprit-Saint, extérieurement, par le magistère de l'Eglise. Les protestants rejettent ce magistère et n'admettent que l'illumination intérieure. Les disciples d'Hecker ne rejettent sans doute pas le magistère de l'Eglise ; mais ils disent que l'Esprit divin se répand plus abondamment qu'autrefois dans l'âme des fidèles, qu'il les instruit directement, les pousse par un instinct secret et que l'Eglise peut, sans péril, les abandonner à cette impulsion d'en Haut.

Les hommes de notre siècle, infectés de naturalisme, considèrent l'ordre surnaturel comme une chimère et n'exaltent que les vertus de la nature. Les disciples de Hecker ne nient pas certainement l'ordre de grâce ; mais ils tiennent les vertus infuses pour des vertus passives, peut-être bonnes au Moyen Age, de moindre utilité aujourd'hui. C'est pourquoi ils préconisent de préférence les vertus naturelles et considèrent comme un ouvrage de mince valeur, l'*Imitation de Jésus-Christ*, le plus beau, le meilleur livre qui soit sorti de la main des hommes.

Les protestants et les rationalistes ont toujours eu en haine la vie religieuse. Les Américains disent que les vœux sont tout à fait contraires au caractère de notre époque en tant qu'ils resserrent les limites de la liberté humaine ; qu'ils conviennent plus aux âmes faibles qu'aux âmes fortes ; et que, loin de contribuer à la perfection chrétienne et au bien de l'humanité, ils sont plutôt un obstacle au progrès général.

En particulier, ils reprochent, aux Jésuites, leur esprit d'envahissement, et aux ordres contemplatifs, leur inutilité ; mais ils louent fort, chez les Sulpiciens, l'absence de vœu, une forme plus libérale de la vie commune. L'esprit catholique admet toutes ces formes d'activité ; mais il loue plus spécialement les mérites de la contemplation et l'esprit militaire des Jésuites. Au simple point de vue humain, on devrait plutôt dire que plus l'activité publique est répandue, plus elle a besoin de trouver, dans les institutions monastiques, un contrepoids.

Pour venir à leur thèse de conversion universelle, les disciples de Hecker préfèrent, aux prédications et aux conférences, les entretiens privés et le journalisme. Chaque chose a son utilité propre ; il ne faut rien exclure ; mais, en tout, il faut se tenir aux principes chrétiens et à l'autorité de l'Eglise.

Le grand tort des américanistes, c'est de vouloir donner au christianisme un caractère local, une vie nationale. L'Eglise romaine leur paraît bonne pour les races latines ; mais, pour les races anglo-saxonnes, il faut une église américaine, une église fondée sur le *self-government*, le libre examen, la libre initiative, le travail courageux et la plénitude d'expansion des forces humaines. Si l'on prend au sérieux ces emphases, leur dernier mot, c'est le schisme.

Par sa lettre du 22 janvier 1899, Léon XIII condamna toutes ces erreurs. « De tout ce que nous avons dit, conclut le Pontife, il apparaît que Nous ne pouvons approuver ces opinions, dont l'ensemble est désigné par plusieurs sous le nom d'*américanisme*. — Que, par ce mot, on veuille signifier certains dons de l'esprit qui honorent les populations de l'Amérique, comme d'autres honorent d'autres nations, ou bien encore, que l'on désigne la Constitution de vos Etats, les lois et les mœurs en vigueur parmi vous, il n'y a rien là, assurément, qui puisse Nous le faire rejeter ; mais si l'on emploie ce mot, non seulement pour désigner les doctrines ci-dessus mentionnées, mais encore pour les rehausser, est-il permis de douter que Nos Véritables Frères les évêques d'Amérique seront les premiers, avant tous les autres, à le répudier et à le condamner, comme souverainement injurieux pour eux-mêmes et pour toute leur nation ?

Cela fait supposer qu'il en est chez vous qui imaginent et désirent pour l'Amérique une Eglise autre que celle qui est répandue par toute la terre.

Il n'y a qu'une Eglise par l'unité de la doctrine comme par l'unité de gouvernement, c'est l'Eglise catholique, et parce que Dieu a établi son centre et son fondement sur la chaire du bienheureux Pierre, elle est, à bon droit, appelée Romaine, car *là où est Pierre, là est l'Eglise*. C'est pourquoi quiconque veut être appelé catholique, celui-là doit sincèrement s'appliquer les paroles de Jérôme à Damase :

« Pour moi, ne suivant d'autre chef que le Christ, je me tiens attaché à la communion de Votre Béatitude, c'est-à-dire à la chaire de Pierre ; je sais que sur cette pierre est bâtie l'Eglise ; quiconque ne recueille pas avec Nous, dissipe. »

L'Eglise en Amérique a donc, comme partout, des périls à conjurer. Mais si, dans son sein, l'erreur a des partisans, il ne faut pas croire que le clergé et les fidèles se laissent prendre à la séduction. Il y a des meneurs, il y a des dupes, mais il y a des gens de bon sens et de bonne foi qui savent servir Dieu dans la simplicité du cœur. L'épiscopat, attentif au bien de l'Eglise, a célébré plusieurs conciles, avec la majesté du droit et la clairvoyance d'un zèle vraiment apostolique. La discipline, gardienne des vertus, aide au progrès des mœurs. Symptôme des plus encourageants, parmi les évêques d'Amérique, il en est un, dont la cause de béatification est introduite en Cour de Rome ; c'est Jean-Népomucène Neumann, évêque de Philadelphie.

Jean-Népomucène Neumann appartint, comme le Père Hecker, à l'ordre du Très-Saint Rédempteur. De huit ans plus âgé que le fondateur des Paulistes, il entra dans l'Ordre cinq ans avant lui. Le Père Neumann et le Père Hecker vécurent tous deux sous la même règle et dans la direction des mêmes supérieurs, en Amérique, pendant deux années. Tous deux quittèrent l'Ordre des Rédemptoristes, mais par des voies très différentes.

Jean-Népomucène Neumann ne sortit pas de son Ordre pour obéir à une « mission providentielle » et se livrer plus librement à l'apostolat ; il y entra, au contraire, après avoir exercé pendant plusieurs années le ministère apostolique, avec un zèle et un succès que les plus ardents missionnaires n'ont certainement pas dépassés. Il lui sembla que sa vie serait plus méritoire devant Dieu et son action plus salutaire encore pour ses frères, s'il se consacrait entièrement à Notre-Seigneur Jésus-Christ par la profession religieuse ; seule, l'obéissance put le contraindre à renoncer un jour à cette vie de communauté qu'il avait embrassée avec tant de ferveur.

Elevé à l'épiscopat malgré lui, il ne se consola d'être appelé à un tel honneur que sur l'assurance donnée par Pie IX qu'il resterait rédemptoriste autant qu'un évêque peut l'être.

A l'encontre du Père Hecker, Neumann était un savant. Il avait acquis, par l'étude, des connaissances botaniques, astronomiques, médicales, qui lui furent souvent utiles dans sa vie de missionnaire. Il était en même temps polyglotte distingué ; il étudia, non seulement toutes les langues que parlaient les immigrants, mais encore leurs divers dialectes. On raconte même qu'une vieille Irlandaise, qui n'avait jamais pu trouver, en Amérique, un prêtre de sa nation capable de la confesser en patois, s'écria après avoir vu Mgr Neumann : « Enfin ! nous avons donc un évêque irlandais ! »

Mgr Neumann était né en Bohême à Prachatitz. On ne croyait pas alors qu'il fût nécessaire d'être né en Irlande pour être un « vrai Américain ».

L'apostolat de Jean-Népomucène Neumann avait été merveilleusement fécond avant son entrée chez les Rédemptoristes. Il ne le fut pas moins durant ses douze années de vie religieuse (1840-1852.)

Le Père Neumann bâtit une église à Pittsbourg, et fut ensuite recteur et vice-provincial à Baltimore.

Évêque, il construisit la belle cathédrale de Philadelphie ; il rédigea un petit et un grand catéchisme, qui furent approuvés par le concile de Baltimore en 1852. Son diocèse comptait alors 300 000 catholiques ; Mgr Neumann était trop pauvre pour avoir un secrétaire.

« Je suis encore seul, écrivait-il, pour entretenir toute la correspondance avec mes prêtres, donner les dispenses, répondre à toutes les difficultés, grandes et petites que, soit les prêtres, soit les laïques viennent m'exposer. »

Malgré son isolement et ses modiques ressources, l'évêque de Philadelphie accomplit de grandes œuvres. Il parcourait sans cesse son immense diocèse et chacune de ses visites pastorales était une véritable mission. On savait que l'évêque confessait chacun en sa langue, aussi tout le monde allait à lui et pas un prêtre en Amérique, dit son historien, ne passait autant de temps au confessionnal.

Quelques chiffres achèveront de montrer l'activité du missionnaire. Durant les cinq premières années de son épiscopat, plus de cinquante églises furent construites dans son diocèse.

Mgr Corrigan, archevêque de New-York, citait récemment à ses prêtres, réunis en synode, l'exemple du vénérable Jean-Népomucène Neumann, pour les encourager à fonder des écoles.

Il disait :

« Bien que nous élevions chrétiennement près de soixante mille enfants, il reste encore trente-sept paroisses en ville et cinquante-cinq à la campagne, qui sont dépourvues d'écoles. Plusieurs néanmoins auraient les ressources suffisantes pour en établir. Notre zèle à cet égard s'animera par la lecture des lettres du Saint-Père à l'épiscopat canadien et à l'épiscopat allemand. Vous y remarquerez le principe essentiel que la religion est appelée à envelopper l'éducation tout entière, et que généralement l'enseignement religieux donné en dehors des heures de classe ne suffit pas. La vie du vénérable Neumann, évêque de Philadelphie, nous fournit là-dessus un bel exemple : dans l'année qui suivit son intronisation, il ne fonda pas moins de quatre-vingts écoles paroissiales. A son arrivée, il n'en avait trouvé que deux dans tout le diocèse. »

Comme conclusion, se pose la question : Comment faut-il juger les Etats-Unis ? A cette question, il y a deux réponses traditionnelles : la réponse de Tocqueville sur la démocratie en Amérique, tout à l'admiration, quelque chose comme la république de Salente dans Télémaque, l'homme qui fait tout par lui-même et pour une bonne fin ; la réponse de Claudio Jannet qui découvre, dans ce bel édifice, des lézardes et des pronostics d'une ruine prochaine. La première réponse a été récemment reprise en sous-œuvre par notre académicien Brunetière ; elle a été réfutée savamment par notre ami Tardivel, rédacteur-propriétaire de la *Vérité* de Québec, dans un livre intitulé : *Rêve et réalité*. Nous reproduisons ici notre compte-rendu de ce livre, en forme de lettre à l'auteur, lettre publiée dans le n° du 10 février de la *Vérité* de Québec :

« Le comte de Maistre écrivant au vicomte de Bonald, au sujet de son compte-rendu d'un ouvrage de la baronne de Staël, sur la Révolution française, lui disait : Vous l'avez traitée en grande dame. Vous n'avez pas pu traiter Brunetière en dame, puisque c'est un monsieur ; mais vous avez fait mieux, vous l'avez traité en prince. Brunetière, vous ne vous êtes pas trompé dans le choix de votre antagoniste, Brunetière est, en effet, un des dauphins de notre littérature. Par une maîtresse critique, il a pris position dans les lettres ; sur un sujet aussi rabattu que le xviie siècle, il a su introduire des classifications qui sont devenues bientôt choses jugées ; il a conquis encore davantage l'esprit public par son admiration pour Bossuet, dont la grandeur légitime en effet toutes les admirations. Après avoir conduit ses études littéraires jusqu'à notre temps, toujours d'après la même méthode, il a porté son regard par delà nos frontières et s'est mis à rendre des oracles. La consécration de ses mérites par l'Académie augmentait encore son juste prestige. On l'a donc entendu, non seulement à Paris et en province, mais à Rome, à Londres, à New-York ; et partout l'académicien a rencontré de chaudes ovations. Sa probité, véritablement exemplaire, sa critique et sa remarquable clairvoyance justifient ses triomphes ; mais son crédit n'a-t-il pas d'autres causes ?

« A mon humble avis, deux causes font la fortune de Brunetière. D'abord, il est libéral, un libéral honnête, sans contredit, mais enfin il est absolument dans les idées latitudinaires du libéralisme ; il croit au règne pacifique et simultané de la vérité et de l'erreur, et, en effet, lorsqu'on est honnête, mais pas encore chrétien, on doit y croire. L'illusion, de la meilleure foi du monde, est toujours illusion, et bien que Brunetière présente les idées libérales dans une forme brillante, la splendeur de la coupe qui les contient n'en empêche pas du tout le poison. Au contraire, le poison est d'autant mieux venu qu'il est plus habilement dilué et beaucoup de gens se grisent de Brunetière, comme les Chinois se grisent d'opium.

« Une autre cause des succès de Brunetière, c'est qu'il traite, avec un profond respect, la religion catholique et l'Eglise Romaine. Par le temps qui court, ce n'est pas précisément une exception ; beaucoup d'autres pratiquent noblement cette même vertu ; mais c'est au moins une singularité qui atteste quelque courage, étant donné que le torrent contraire entraîne une foule de gens sans réflexion. Le bruit s'est même répandu que Brunetière était en marche vers la vérité totale et qu'il ne tarderait guère à faire acte, explicite et solennel, d'adhésion, je veux dire de soumission, au Christianisme. Une telle conduite, un tel propos revêtent un homme de toute la considération qu'il témoigne et encourage les espérances qu'il inspire. D'ailleurs, vous n'ignorez pas que, parmi nous, nombre de catholiques, nombre même de prêtres se désaltèrent volontiers aux sources du libéralisme. On est très opposé à l'anarchie et au socialisme, qui impliquent le renversement de la société civile et politique ; mais on ne l'est pas aux idées libérales, comme si elles n'étaient pas les idées-mères du socialisme et de l'anarchie. La séduction est d'autant plus forte, que le libéralisme, décapité par la mort de ses chefs et écrasé, comme doctrine, par le Concile du Vatican, s'est réfugié dans la théorie du conciliatorisme. Pendant que la persécution bat les remparts de la cité sainte et se flatte de la détruire, les soldats, chargés de la défendre, sourient à l'ennemi et lui tendent la main. C'est la nouvelle manière d'imiter les Chrysostôme, les Basile et les Athanase, qui, eux, se faisaient tuer ou proscrire plutôt que d'entrer en composition avec l'ennemi de Dieu.

« J'appuie là-dessus, parce que le libéralisme qui n'est plus, doctrinalement parlant, qu'une bête morte, se promet une résurrection et un renouveau de succès par un mouvement que je me permets de vous signaler. Vous savez que le gallicanisme de Bossuet était tout *politique* : il exaltait le roi dans la société civile et abaissait le Pape dans l'Eglise. Vous savez que le libéralisme de Dupanloup, qui n'est qu'une transformation du gallicanisme de Bossuet, est aussi tout *politique*, et aboutit, en se dissimulant et en se prêtant aux changements de situation, aux mêmes erreurs. Ce caractère politique des erreurs de Bossuet et de Dupanloup ne créait pas, pour l'Eglise, un péril aussi grave que les erreurs, par exemple, de Jansénius. Jansénius, lui, empoisonnait les sources de la vie chrétienne et renversait la morale d'ordre surnaturel pour emprisonner les âmes dans le fatalisme de la grâce nécessitante ; — tandis que les aberrations, d'ailleurs très graves, de Dupanloup et de Bossuet, passaient, si vous me permettez ce familier langage, par-dessus la tête. Or, ce qui manquait au particularisme français pour devenir le pire fléau, essaie de nous venir maintenant d'Amérique. Le mariage du Père Hecker avec Dupanloup, — deux cadavres, — dont des esprits sans portée célébraient naguère les fiançailles, ce n'est pas autre chose que la préparation complète d'une grande hérésie. Je n'oublie pas l'acte glorieux de Léon XIII ; je parle ici selon l'ordre logique des idées et je dénonce le péril d'une très grave erreur. J'entends l'erreur qui marie le libéralisme *politique* avec le libéralisme *moral*; l'erreur qui met Luther en eau sucrée et déclare Pélage orthodoxe ; l'erreur qui fusionne l'américanisme avec le libéralisme catholique et constitue, je le répète, le plus grand danger auquel puissent être exposées les âmes, si mal défendues, de nos contemporains.

« Notre académicien Brunetière est dans ce *connubium*; il y est, avec ses mérites, son prestige et ses succès ; il y est peut-être de bonne foi et sans savoir ce qu'il fait ; et, il y est si bien qu'il s'est mis à célébrer, sur le thyrse, l'américanisme. L'Amérique du Nord est l'idéal de la civilisation ; les Etats-Unis, voilà le type sur lequel doivent se reformer les vieux peuples de l'Occident. Ainsi vaticine Brunetière, comme un barde celtique, comme l'orphée des derniers jours :

Sacra ferens magna virtutis amore sacerdos.

« Tout cela a-t-il le sens commun, et malgré l'ampleur des formes, malgré l'accent de conviction, y pouvons-nous croire ? Déjà le comte de Maistre s'impatientait des éloges décernés à la jeune Amérique : « Eh ! laissez-moi donc avec cet enfant au maillot ; laissez-le grandir ; dans cent ans, il sera encore temps d'en parler ». Depuis un siècle, l'enfant au maillot est devenu, par l'immigration, un grand peuple, ou plutôt un peuple très nombreux ; mais son accroissement numérique en fait-il une lumière pour initier les nations et leur révéler les grâces de l'Evangile ?

« Brunetière, sans sourciller, après une rapide promenade en Amérique, répond oui. Brunetière allègue, à l'appui de ses affirmations : 1° que le catholicisme est parvenu, aux Etats-Unis, à se soustraire aux haines politiques ; 2° que l'esprit du siècle lui est devenu très favorable ; 3° qu'il a fait tout à coup de grandes conquêtes. — Ainsi voilà un peuple formé de toutes les inutilités, de toutes les impossibilités, de toutes les balayures de l'univers, et ce peuple, par le fait de son accroissement prodigieux, de la juxtaposition égoïste des individus, est devenu un peuple modèle. — A première vue, on n'y peut croire ; ce n'est pas ainsi que la religion, la philosophie et l'histoire expliquent l'enfantement et la prospérité des nations.

« A l'affirmation de Brunetière, vous opposez votre négation. Vous dites à Brunetière que ses dires sont des rêves, et, à ces rêves, vous opposez la réalité.

« La réalité, c'est que les beautés de l'Eglise, en Amérique, viennent, là comme partout, de la grâce de Jésus-Christ, des lumières de l'Evangile, de la sainteté de l'Eglise, des travaux héroïques des missionnaires ; de l'œuvre des religieuses enseignantes, hospitalières et contemplatives ; de l'action de l'épiscopat et du sacerdoce ; et de la sanctification des fidèles par la communauté de la paroisse.

« La réalité, c'est qu'en dehors de l'esprit du Christianisme, l'esprit particulier de l'Amérique, l'*idée américaine* est un résidu de théories et de pratiques désordonnées des passions, un ensemble des infractions et des négations de l'ordre social, la résultante des faiblesses de l'homme et de la malice de Satan. Ces idées-là découlent des principes du paganisme, du protestantisme, du matérialisme et de l'anarchie.

« La réalité, c'est que, depuis le commencement des treize colonies, jusqu'à la guerre de l'indépendance, les catholiques, dans cette partie de l'Amérique, n'ont connu que la persécution à la fois violente et légale ; que depuis la guerre de l'indépendance, en 1836, 46 et 56 le fanatisme a suscité des émeutes sanglantes ; qu'à Boston, le couvent de Charlestown a été livré aux flammes ; et que si d'autres coups de scélératesse collective n'ont pas atteint les catholiques, c'est parce que d'autres événements y ont mis obstacle ou parce que les catholiques se sont effacés pour ne pas s'exposer aux fureurs des sectes protestantes.

« La réalité, c'est que si l'Eglise est théoriquement libre, en vertu de la constitution, comme le sont d'ailleurs toutes les sectes, les catholiques sont l'objet, dans la presse, d'un dénigrement constant et universel ; et que l'Eglise, au regard de l'Etat, est toujours en butte à la persécution administrative. Un catholique ne peut pas être président de la république. Les catholiques, malgré la supériorité du talent et de l'intelligence, entrent en petit nombre dans les chambres et arrivent rarement aux positions élevées. Le droit de pratiquer la religion catholique est refusé dans toutes les institutions d'Etat. Même à l'armée, on refuse des aumôniers aux soldats catholiques. Les sauvages catholiques sont livrés aux pasteurs protestants. Du haut en bas de l'échelle, c'est l'hostilité.

« La réalité, c'est que l'ostracisme administratif et politique des catholiques n'est point racheté par l'esprit religieux du gouvernement. La république américaine est une création de l'homme ; elle ne connaît que le Dieu des francs-maçons ; son gouvernement est aussi athée que le plus athée des gouvernements ; le peuple honore Dieu du bout des lèvres, non du cœur ; si parfois l'on indique un jour de pénitence, et, chaque année, un jour d'action de grâces, ce n'est qu'une occasion pour manger et boire et se réjouir comme de vrais païens.

« La réalité, c'est que l'Amérique est l'*habitat* du naturalisme maçonnique ; que trente-cinq millions de ses enfants ne pratiquent aucun culte ; que quatre millions appartiennent aux sociétés secrètes ; que les sectes protestantes y sont en poussière ; et que l'état général de la nation justifie cet arrêt de l'Université d'Helmstadt : *Protestantimus paganismo deterior*.

« La réalité, c'est que l'école, aux Etats-Unis, est neutre, c'est-à-dire sans Dieu, c'est-à-dire des pépinières d'impies, de libertins, de voleurs et qu'elles deviennent ainsi le vestibule des bagnes.

« La réalité, c'est que toutes les nationalités du monde se retrouvent dans le caravansérail des Etats-Unis, qu'elles n'y fusionnent pas ou qu'elles n'y fusionnent qu'au détriment de la foi.

« La réalité, c'est que, si les catholiques sont arrivés, de 40 000 au chiffre de dix millions, ce n'est point en vertu de la promiscuité des doctrines, — car les conversions sont rares, — mais en vertu de l'immigration européenne et de l'annexion d'une partie du Mexique, presque en entier catholique.

« La réalité, c'est que si l'Eglise catholique atteint le chiffre de dix millions, elle a subi des pertes énormes par l'effet désastreux de l'ambiance mentale, des écoles publiques, des sociétés secrètes, des mariages mixtes, du manque de prêtres et de l'éparpillement des catholiques dans d'immenses territoires.

« La conclusion, c'est que la séparation de l'Eglise et de l'Etat, l'indifférentisme gouvernemental, le libéralisme à tous les degrés, ne constituent pas l'idéal d'une société, ni l'idéal d'un gouvernement ; que les Etats-Unis sont moins en prospérité qu'en décadence ; qu'ils viennent, en particulier par la guerre à l'Espagne, de se révéler comme une nation scélérate, qui va glisser sur la pente des grandes armées, de lourds impôts, emportée par l'esprit de tyrannie, d'invasion et de conquête.

« Tout cela, vous l'avez prouvé, non par des discussions, mais par des faits. Au lieu d'entrer dans la lice ouverte par Tocqueville et Claudio Jannet ; au lieu de livrer bataille sur le terrain de la métaphysique sociale, vous vous êtes campé sur le terrain de l'histoire et vous avez synthétisé les conclusions de la statistique. Le nombre d'auteurs et d'ouvrages, cités par vous, est innombrable. Publiciste catholique et ancien citoyen américain, vous parlez avec une compétence au-dessus de toute exception. Votre livre, qui met à néant les préjugés de Brunetière et de beaucoup d'autres, est un service rendu à l'Eglise et au monde chrétien. Vous pouvez jouir de ce succès en esprit de foi. »

Le dernier mot, c'est qu'avec de bons évêques, de bons prêtres, de fervents religieux et de fidèles chrétiens, l'Eglise, en Amérique, comme partout, saura se déprendre du libéralisme, résister aux sociétés secrètes et contribuer pour la meilleure part à la prospérité des Etats-Unis.

Le puritain Bancroft, le démocrate Frédéric Nolte et le libéral Laboulaye, dans leurs histoires d'Amérique, ne disent rien ou trop de choses de l'Eglise, comme si l'Eglise n'était pas le premier agent de la vie des peuples. L'âme des peuples est le premier élément de leur prospérité ; et si cette âme cherche d'abord le royaume de Dieu, tout le reste lui sera donné par surcroît. Le passé est le miroir de l'avenir ; un peuple qui veut voguer vers les astres propices, doit s'embarquer sur le vaisseau de la tradition.

L'Eglise, qu'Isaïe appelle la montagne de la maison de Dieu, à laquelle toutes les nations accourent comme à leur confluent, n'a donc rien à craindre, ni de la faveur passagère des idées libérales, ni de la conspiration permanente des sociétés secrètes. L'Eglise est l'école de l'espérance et non du désespoir ; elle n'abdique jamais sa clairvoyance et, par conséquent, sait voir le mal ; elle abdique encore moins sa charité et telle est la force de son amour et de sa foi, qu'elle est toujours assurée, même quand elle perd des manches, de gagner la dernière victoire.

Les espérances qu'elle peut avoir aux Etats-Unis lui viennent de la dissolution du protestantisme et du mouvement qui ramène vers Rome les protestants d'Amérique. Sur ces deux points je cite des autorités protestantes.

En ce qui concerne la dissolution du protestantisme, voici les paroles du docteur Percival dans le *Nineteenth Century* : « Je ne demande pas, dit-il, à mes lecteurs, de me croire sur parole ; j'en appelle à leur propre expérience. Où sont ceux qui croient encore à la justification par la foi seule, enseignée par Luther ? Il n'y en a pas. Quel est le disciple de Luther qui conseillerait aujourd'hui de pécher le plus possible, sous prétexte que plus il y a de péché plus il y a surabondance de grâce ? Quel est, de nos jours, l'homme qui croit à la doctrine de Calvin sur la damnation ? On croit aussi peu à la plupart de ces dogmes qu'aux fables de la mythologie.

« Et, quant au puritanisme, cette puissance qui, à un certain moment, a renversé le trône et l'autel, et qui a établi une tyrannie religieuse dans la Nouvelle-Angleterre, qu'en reste-t-il aujourd'hui ? Une espèce de sabatisme pâle, émasculé, et qui disparaît rapidement ?

« Même le protestantisme orthodoxe d'autrefois est sur son déclin en Amérique. Alors que la loi de la Pensylvanie, l'état de William Penn lui-même, punit d'amende ceux qui outragent la Sainte Ecriture, ou en parlent mal, beaucoup de ministres protestants de Philadelphie croient que le meilleur moyen d'intéresser ceux auxquels ils prêchent le dimanche, est de démontrer que la Bible n'est qu'une parole humaine qui fourmille d'erreurs, d'immoralités et d'absurdités.

« On peut dire, sans exagération, que le Protestantisme se désagrège rapidement, et, comme doctrine, perd toute espèce de prise sur les hommes. Il a pourtant été, à son origine, une institution d'enseigner tout autant que le catholicisme. Car, par un manque de logique qui saute aux yeux, en même temps qu'ils proclamaient le principe du libre examen, les chefs protestants considéraient comme criminels ceux qui, dans l'exercice de leur libre arbitre, n'arrivaient pas aux mêmes conclusions qu'eux. C'est ainsi que Luther déclara à Calvin ou à Zwingle (je ne me souviens plus lequel des deux) qu'il irait en enfer parce qu'il ne s'accordait pas avec lui sur la Cène, et que Calvin fit brûler Servet qui ne partageait pas sa manière de voir sur l'Incarnation.

« Quel est celui qui, de nos jours, tient pour la Confession de Westminster ou celle d'Augsbourg, ou pour le livre de Concordance ? Et, en dehors d'une poignée de *tractarians* surannés, qui se croit tenu encore d'accepter les 39 articles de l'Eglise d'Angleterre ? Un évêque américain dont le diocèse, situé dans la partie la plus sauvage de la Nouvelle-Angleterre, et qui ne renferme que vingt-sept ministres, vient d'envoyer à un journal ecclésiastique une lettre dans laquelle il soutient que le clergé n'est pas obligé de croire à ce que disent les prières que contient le livre officiel de prières dédié au Dieu de Vérité. Ce brave évêque est, en cela, d'accord avec le professeur rationaliste allemand Harnack, lequel prétend que les ministres luthériens qui enseignent le Symbole des Apôtres n'y croient point.

« Ce n'est donc pas trop s'avancer que de dire que le Protestantisme, comme corps de doctrines religieuses positives, se meurt, et que ceux qui sont chargés de l'enseigner ne peuvent continuer de le faire qu'au moyen d'une casuistique qu'ils trouveraient malhonnête et déshonorante chez d'autres, et que tout le monde trouve telle chez eux.

« Un tel état de choses, c'est évident, ne peut durer longtemps. Il conduit inévitablement, au point de vue de la doctrine, à l'incrédulité et, au point de vue de l'organisation ecclésiastique, à la décadence et à la mort ».

Dans cette dissolution du protestantisme, un étrange phénomène se produit, un retour aux doctrines et aux pratiques de l'Eglise romaine. Suivant le docteur Harnack, le protestantisme croyant et orthodoxe *se catholicise*. Suivant lui, la notion de l'Eglise considérée comme une institution ayant le pouvoir de diriger les consciences et de contrôler les intelligences, cette notion, si antiprotestante, gagne tous les jours du terrain. Si elle continue de se répandre, elle amènera le renversement complet du Protestantisme.

« Je crois sincèrement que c'est la voie que Dieu a choisie pour ramener les peuples au Catholicisme ».

Le docteur Sedgwick, dans l'*Atlantic-Montley*, dit, d'autre part : « La vieille hostilité contre l'Eglise de Rome disparaît rapidement. Les luttes d'autrefois, entre protestants et catholiques, ont fait place à une entente entre eux pour sauvegarder les lois de la morale. Les diverses Eglises sentent le besoin de se rapprocher et de se concerter, pour combattre l'incrédulité, la luxure et l'amour effréné du gain. Laissant de côté pour le moment leurs croyances particulières, elles s'associent pour faire prévaloir la dignité du travail, la beauté du désintéressement et la sainteté du mariage, ainsi que pour encourager toutes les aspirations élevées. Toutes les Eglises commencent à s'accorder pour regarder la religion comme le boulevard de l'esprit contre la chair. On comprend partout que les riches, les pauvres, les savants, les ignorants doivent s'unir pour sauver la civilisation, et que la citadelle qui servira le mieux à la défendre, c'est une Eglise unie. Même des sectes qui étaient autrefois si violemment protestantes, comme les Méthodistes et les Baptistes, sont de nos jours de moins en moins hostiles à l'Eglise de Rome. Les Presbytériens paraissent vouloir se réconcilier avec les Episcopaliens : ils construisent des Eglises qui ressemblent à la *Magdelen Tower*, et y mettent des vitraux coloriés, en même temps qu'ils sont moins durs pour ceux qu'ils appellent hérétiques.

« L'Eglise Episcopalienne, qui se rapproche plus que toutes les autres du Siège de Rome, fait une œuvre méritoire, en dissipant les préjugés qui existent contre l'Eglise Catholique, et en préparant les voies à une entente définitive. Chaque nouveau plan d'union qu'elle forme est un acheminement vers Rome.

« Les incrédules eux-mêmes ont bien changé d'attitude : les passions de leur jeunesse se sont calmées, et leur enthousiasme pour les grands principes de liberté intellectuelle et morale est sur le déclin.

« Lorsque je constate avec quelle facilité le peuple américain fait le sacrifice de son indépendance devant les *trusts* et les grandes corporations, je ne vois pas pourquoi son esprit d'indépendance serait une pierre d'achoppement à l'autorité de l'Eglise catholique : quand on a avalé un chameau, il n'y a pas de raison pour n'en pas avaler un autre. Ajoutons que le reproche qu'on fait à l'Eglise, de manquer du sens moderne, est plus que contrebalancé par la fermeté et la force de résistance que sa longue vie lui a données.

« Les dogmes de l'Eglise ne peuvent, non plus, constituer un obstacle à son succès : il n'est pas plus difficile à un homme étranger aux croyances chrétiennes, d'accepter les dogmes qui lui sont propres, que ceux qu'elle a en commun avec les sectes protestantes. La chute primitive, la rédemption, la divinité du Christ, la Trinité, le Symbole des Apôtres, sont plus difficiles à admettre que l'autorité des Saints Pères, l'Immaculée Conception et l'Infaillibilité du Pape. Accepter les uns et répudier les autres, c'est avaler un éléphant sans sourciller et faire la grimace devant un puceron. »

Notre Américain conclut ainsi : « Le danger de l'intolérance et de la rapacité cléricales est une chose du passé : ce qui est à redouter, de nos jours, c'est celui d'une oligarchie soustraite à toute influence religieuse. Je ne vois donc aucune raison pour que l'Eglise n'ait pas les sympathies de tous ceux qui n'ont pas de parti pris.

« Elle va disposer d'une grande force : la marée montante de la réaction contre le matérialisme moderne s'avance rapidement, et, sous diverses dénominations bizarres, comme celles de *Healers, Faith-Curers, Christian Scientists*, il y a toute une armée de gens doués d'un grand enthousiasme. L'Eglise va ouvrir ses bras à ces centaines de mille hommes, qui veulent se rapprocher de Dieu, et qui se servent d'expressions nouvelles et étranges pour indiquer de vieilles aspirations vers le surnaturel et la foi chrétienne. Autrefois, l'Eglise aurait été leur refuge, et ils auraient augmenté sa puissance. De nos jours, le prochain Pape, à l'imitation de son prédécesseur d'autrefois, qui avait vu dans un rêve saint François étançonner les murs de Saint-Jean de Latran, pourra voir dans tous ces nombreux enthousiastes un nouveau champ d'action pour l'Eglise ».

L'Eglise au Canada

Pour parler avec précision, il faut distinguer entre le Canada et la province de Québec. Le Canada est un pays en grande majorité protestant ; la province de Québec est un centre de forces catholiques, groupées, par la divine Providence, pour soutenir, dans ces contrées septentrionales, la cause de la Sainte Eglise de Jésus-Christ et organiser l'apostolat. Le *Dominion* du Canada, ou confédération canadienne, formé en 1867, comprend sept provinces : Québec et Ontario, au centre ; la Nouvelle-Ecosse, le Nouveau Brunswick et l'Ile du Prince Edouard, à l'est ; le Manitoba au nord-est ; et la Colombie anglaise, sur les côtes du Pacifique. Il y a, de plus, au nord de Québec et d'Ontario, entre le Manitoba et la Colombie, de vastes territoires qui ne sont pas encore érigés en provinces ; c'est là que se trouvent les véritables sauvages du Canada, et non dans la banlieue de Québec ou de Montréal. Cet immense pays, dont l'étendue égale presque celle de l'Europe (5 470 392 milles carrés) est baigné par trois océans : l'Atlantique, le Pacifique et l'Arctique ; il porte aujourd'hui le nom de Canada. Sa population est d'environ cinq millions, dont un tiers est catholique. Le gouvernement *fédéral* du Canada siège à Ottawa, province d'Ontario. A lui sont confiées les affaires *générales* de la Confédération. Le lien qui unit le Canada à l'Angleterre est purement spéculatif ; il se réduit à la nomination du gouverneur général ; une fois élu, ce gouverneur n'est plus que le chef *constitutionnel* du cabinet, un roi qui *règne et ne gouverne pas*, comme disait Thiers.

La plus populeuse, la plus riche province du pays, est l'Ontario, capitale Toronto. L'immense majorité est protestante; on y compte toutefois environ cent mille Canadiens français, et un nombre considérable de catholiques irlandais. La province de Québec, la deuxième en population, est aux six septième française et catholique; elle renferme aussi un certain nombre de catholiques venus d'Irlande. La population protestante de cette province se trouve surtout dans les villes et dans les cantons de l'est, qui confinent aux Etats-Unis. Dans la vallée du Saint-Laurent, berceau de la race française, la population est pour ainsi dire exclusivement catholique. Cette race fait même de rapides, mais pacifiques conquêtes, dans les cantons de l'est qui seront bientôt aussi français que le reste de la province; et du côté d'Ontario, que les catholiques envahissent, à la grande consternation des protestants. La force d'expansion de la race canadienne française est à peu près sans exemple dans l'histoire. En 1763, lors de la cession du pays à l'Angleterre, ils n'étaient que 60 ou 70 000; on en compte aujourd'hui, un million dans la province de Québec, non loin d'un million en dehors de cette province. Car, à part les nombreux groupes français d'Ontario et de Manitoba, plusieurs centaines de mille Canadiens sont émigrés aux Etats-Unis. — Dans les provinces de l'Est, Nouvelle-Ecosse, Nouveau Brunswick, Ile du prince Edouard, dont la majorité est protestante, il existe de nombreux groupes d'Acadiens, cousins-germains des Canadiens français. On connaît l'histoire émouvante de l'Acadie, enlevée à la France par l'Angleterre, avant Québec. La population de la province de Manitoba est mixte; par le fait de l'immigration européenne, l'élément anglais et protestant y domine; cependant les groupes français y sont nombreux et importants. Il existe ainsi, dans cette province, comme dans les territoires adjacents, de nombreux groupes de *métis*, franco-sauvages et quelques métis écossais. Ce sont les descendants des anciens *coureurs des bois*, qui épousèrent des femmes sauvages. Les territoires de l'ouest, entre le Manitoba et la Colombie se peuplent, par l'immigration anglaise, allemande, scandinave; l'élément catholique et français n'a rien à y gagner. La population de la Colombie anglaise est presque exclusivement anglaise et sauvage; peu de catholiques, encore moins de Français. Les vastes territoires du nord des provinces de Québec, d'Ontario et du Manitoba forment le bassin de la baie d'Hudson; ils sont exclusivement peuplés de tribus sauvages, qui vivent de chasse et de pêche. En fait d'établissements de *blancs*, on n'y trouve que quelques *postes* ou comptoirs de la Compagnie de la baie d'Hudson, association anglaise qui fait un immense commerce de fourrures et qui, possédant le monopole, exploite d'une manière indigne les pauvres sauvages. Sur les côtes du Labrador, se trouvent les Esquimaux, peuple tout à fait distinct des autres sauvages, et que la légende dit nés de loups de mer qui n'ont pas su retrouver l'Océan. Enfin, à l'entrée du golfe Saint-Laurent se trouve l'île de Terre-Neuve; sa population est mixte, en majorité protestante; elle dépend directement de l'Angleterre, il est question toutefois de la faire entrer dans le *Dominion*.

A ce rapide aperçu géographique et ethnographique sur le Canada, il faut joindre un mot sur l'état de l'Eglise en ce pays. Le Canada fut d'abord évangélisé par les Récollets et les Jésuites; plus tard les Sulpiciens vinrent s'établirent à Montréal. Le premier diocèse fut créé à Québec en 1674. Aujourd'hui, en vertu des brefs pontificaux, le Canada compte six métropoles ecclésiastiques, savoir: Québec, Halifax, Toronto, Saint-Boniface, Montréal et Ottawa. La province ecclésiastique de Québec compte quatre diocèses suffragants et une préfecture apostolique: Trois-Rivières, Rimouski, Chicoutimi, Nicolet et la préfecture du golfe Saint-Laurent. Le seul diocèse de Québec possède, d'après le *Canada ecclésiastique* de 1888, 320 000 âmes, 352 prêtres, 14 communautés religieuses, 53 couvents, 14 hôpitaux ou asiles, 180 églises, 157 paroisses, deux collèges, un séminaire et une université. La province ecclésiastique de Montréal, érigée en 1887, n'a que deux suffragants, Sainte-Hyacinthe et Sherbrooke. La province ecclésiastique d'Ottawa n'a, pour suffragant, que le vicariat apostolique de Pontiac. La province ecclésiastique de Toronto compte quatre suffragants; Kingston, Hamilton, London et Peterboro. La province ecclésiastique d'Halifax a également dans sa circonscription métropolitaine quatre diocèses suffragants: Charlottetown, Saint-Jean, Antigonish et Chatam. La province ecclésiastique de Saint-Boniface, a, pour suffragants, Saint-Albert et les deux préfectures d'Athabaska-Mackensie et de la Colombie anglaise. Le diocèse de Vancouver, érigé en 1847, relève de la province ecclésiastique d'Orégon, aux Etats-Unis. Ainsi le Canada ecclésiastique se trouve constitué hiérarchiquement et forme une des grandes provinces de l'Eglise. Vingt-deux évêques, cinq archevêques et un cardinal y représentent la majesté et la paternité de Jésus-Christ.

C'est, pour une église, une autre marque de vitalité, qu'elle possède, en dehors de ses prêtres et de ses évêques, des communautés religieuses, fondées sur le principe du renoncement et de l'obéissance, pour mieux faire valoir les grâces de l'Evangile. Le recrutement de ces communautés marque la foi du peuple et honore sa vertu; leur action rend, au peuple, en bienfaits, tout ce qu'il a reçu en dévouements. Le Canada offre, sous ce rapport, de grands motifs d'espérance. La fécondité de la race franco-canadienne multiplie les sujets; tous les ordres s'y recrutent aisément et s'y développent pour le bien du pays. La plus en vue est la Congrégation des Oblats de Marie Immaculée, fondée à Marseille en 1816, par l'abbé de Mazenod, depuis évêque, pour joindre, aux missions diocésaines, l'évangélisation des sauvages. Au Canada, le siège de la maison provinciale est à Montréal ; le *juniorat* à Ottawa ; le *scolasticat* à Archville ; et le *noviciat* à Lachine. Les Oblats possèdent des établissements dans plusieurs diocèses et se dévouent avec un admirable zèle, à la conversion des sauvages, Esquimaux compris. Les Jésuites, longtemps établis au Canada, s'y étaient maintenus jusqu'en 1800 ; ils y ont repris pied en 1842 et reçu récemment la reconnaissance civile ; ils possèdent des résidences dans sept diocèses, le collège de Sainte-Marie à Montréal et un noviciat à Sault-au-Recollet. Les Sulpiciens régissent les séminaires de Montréal et quatre paroisses de la même ville ; ils sont riches et en crédit. La Congrégation de Sainte-Croix, fondée, au Mans, en 1820, par Dujarié, appelée au Canada par Mgr Bourget, comme la plupart des autres Congrégations, dirige des académies, collèges classiques et collège de commerce. Les Dominicains, les Franciscains, les Rédemptoristes, les Trappistes de Citeaux, les Carmes déchaussés, les Pères de la Résurrection fondés à Rome en 1842 par Sémé-nanko et les prêtres de Saint-Basile établis par Mgr d'Abian en 1822, possèdent aussi des maisons et des missions. L'institut des Frères des écoles chrétiennes a une administration provinciale pour l'Amérique et beaucoup d'écoles au Canada ; elles sont fort bien tenues et se recommandent autant par le zèle des frères que par leur haute capacité. Les catéchistes de Saint-Viateur, fondé en 1828, à Vourly, près Lyon, par Joseph Querbes, très répandus dans le diocèse de Montréal surtout, unissent le service des autels à l'enseignement de la doctrine chrétienne. Les Frères de la Charité de Saint-Vincent de Paul, fondés par le chanoine belge Triest en 1809 ; les Frères du Sacré-Cœur, fondés à Lyon, en 1821, par le Père Coindre ; les Frères de Saint-Vincent de Paul, fondés à Paris, en 1845, par Le Prévost ; les Petits Frères de Marie, fondés en 1817 à Lavalla (France), par l'abbé Champagnat ; les Frères de l'Institution chrétienne, fondés en 1816 par Jean de Lamennais ; et les Frères de la Congrégation de Marie, rivalisent de zèle pour la tenue des écoles, des hospices et des établissements qui ne prospèrent que par la charité.

Les communautés de femmes sont encore plus nombreuses que les communautés d'hommes. Les Ursulines, fondée à Québec, en 1636, par la vénérable Marie de l'Incarnation, remplissent trois monastères et dirigent plusieurs pensionnats. La Congrégation de Notre-Dame, fondée à Montréal en 1657, par la vénérable Marguerite Bourgeois, possède de nombreux pensionnats, des académies et des écoles, dans quinze diocèses. Les religieuses hospitalières de Saint-Joseph, fondées en 1643 par Le Royer de la Dauversière, pour le soin des malades, tiennent des hôpitaux, des orphelinats et des externats. Les sœurs de l'hôpital général de Montréal, fondées à Montréal en 1694 par les frères Charon, dirigent des refuges, des asiles et des hôpitaux. Les Filles de la Charité de l'Hôtel-Dieu de Sainte-Hyacinthe, fondées en 1840, par Edouard Crevier, s'appliquent aux mêmes œuvres. Les religieuses du Sacré-Cœur de Jésus, fondées à Paris en 1808, par la vénérable Mère Barat, vaquent à l'éducation des filles dans quatre diocèses. Les sœurs de charité de la Providence, fondées à Montréal en 1843, par Mgr Bourget et par la veuve Gaurelin, pour le soulagement des pauvres et des malades, des orphelins et des vieillards, tiennent des dispensaires et font des visites à domicile. Les sœurs des saints noms de Jésus et Marie, fondées en 1843, par Eulalie Durocher, Henriette Céré et Mélodie Dufresne, instruisent les jeunes filles dans de nombreux pensionnats. Les religieuses du Bon Pasteur d'Angers, fondées en 1641 par le Père Eudes, élevées, en 1835, par Grégoire XVI, sous l'inspiration de la vénérable sœur Sainte-Euphrasie Pelletier, à la dignité de grand ordre, tiennent des refuges au Canada et dans les deux Amériques. Les sœurs grises de la Croix, fondées à Ottawa, en 1846, par la mère Bruyère, gèrent, dans plusieurs diocèses, des écoles, des hospices et des pensionnats. Les sœurs Marianistes de Sainte-Croix, fondées au Mans, en 1837, par le Père Moreau, introduites au Canada par l'abbé Saint-Germain, aujourd'hui indépendantes de la maison française, tiennent aussi beaucoup d'établissements. Les religieuses de l'abbaye de Lorette, fondées à Munich en 1650, ont une maison mère à Toronto. Les sœurs de la Miséricorde, fondées à Montréal par Mgr Bourget, en 1848, tiennent des hospices de maternité. Les sœurs de la charité et les sœurs du Cœur immaculé de Marie, fondées par Mgr Turgeon, archevêque de Québec, exercent leur zèle dans les hospices et les orphelinats. Les sœurs de Sainte-Aimée, fondées en 1850 par Mgr Bourget, s'occupent de l'instruction des jeunes filles. Les sœurs de la Congrégation de Saint-Joseph, fondées à Lyon en 1550, introduites à Toronto par Mgr Charbonnel, joignent à l'instruction des jeunes filles, le service des malades. Les sœurs de Saint-Joseph à Hamilton ; les sœurs de l'Assomption à Nicolet ; les sœurs de la Présentation à Sainte-Hyacinthe ; les religieuses de Marie à Sillery, près Québec ; les sœurs de la Providence à Kingston ; les sœurs adoratrices vaquent aux mêmes œuvres ou s'appliquent à la contemplation. Pour compléter cette édifiante nomenclature et rendre, à ces héroïques sœurs, nos justes hommages, il faut citer encore l'Institut de Notre-Dame du Refuge, les Filles du Cœur immaculé de Marie, les sœurs de la Charité, les sœurs des écoles de Notre-Dame, le Carmel, les sœurs des petites écoles de Rimouski, les sœurs de Saint-Joseph, les sœurs de la Sagesse, les fidèles compagnes de

Jésus, les sœurs du Précieux Sang, les sœurs grises de Nicolet. On ne trouverait pas facilement, ni une vertu, ni une bonne œuvre qui n'ait, au Canada, parmi les vierges de Jésus-Christ, de dignes représentants.

Dans la confédération canadienne, il y a avec le gouvernement fédéral, pour chaque province, une législation particulière ; ils légifèrent et administrent pour toutes les questions d'intérêt local, questions d'éducation, de droit municipal, de droit civil. En droit et en fait, les provinces jouissent d'une très grande autonomie, bien qu'elles aient lieu de se plaindre des tendances centralisatrices du gouvernement fédéral, surtout lorsque le parti tory est au pouvoir. Le gouvernement central possède, de par la constitution de 1867, le droit de *désavouer* la législature provinciale. Cependant, malgré tout, avec une sage direction, des idées plus saines, une meilleure entente et une plus solide fermeté, dans la province de Québec du Bas Canada, les catholiques pourraient se gouverner plus catholiquement, surtout en matière d'éducation. Le grand péril qui les menace ne vient pas tant de la politique partout fort corrompue, que d'un certain laisser faire inexplicable, d'un certain libéralisme pratique, inadmissible sur le terrain social et religieux. Autrefois, il y avait, parmi les évêques, certaines luttes, utiles à l'orthodoxie ; aujourd'hui, là où l'on a fait silence, on croit avoir établi la paix et fondé l'unité sans souci de la vérité. Maintenant il n'y a plus de controverses, mais il n'y a plus de direction, ou plutôt il y a lutte contre les catholiques sans épithètes. Les journaux libéraux de toutes nuances, font tout ce qu'ils veulent, inondent le pays de feuilletons malsains, exploitent l'autorité épiscopale au profit des passions politiques et poussent le Canada vers l'indifférentisme, c'est-à-dire vers le culte exclusif de la matière. Contre eux, jamais un acte de répression épiscopale. Mais, pendant que ces feuilles libérales corrompent l'esprit, le cœur et les mœurs du pays, si une feuille catholique, ultramontaine, fait résolument opposition, en s'appuyant sur la plus stricte orthodoxie, à elle les menaces, les lacets et à la fin l'étranglement. Les publicistes catholiques purs, sont aujourd'hui partout d'une grande importance ; ils ont, surtout au Canada, une haute mission à remplir. Dieu veuille que les évêques les secondent et descendent eux-mêmes dans la lice, pour rallier, aux bannières cléricales, toutes les forces d'Israël.

A mesure que les évêques s'effacent, les partis politiques s'affirment et s'accentuent. Au Canada, par le fait de la juxtaposition des catholiques et des sectes protestantes, il y a pour tous les catholiques qui ne restent pas sous les armes, tentation de latitudinarisme et pente vers l'indifférence. Il serait donc à désirer que catholiques et protestants formassent des partis tranchés, mais il n'y paraît point, au moins sous les couleurs de la théologie. La présence de la franc-maçonnerie, société secrète, toujours acharnée contre toute religion positive, mais habile à voiler son serment d'Annibal contre Rome, devrait inculquer également, aux catholiques, un très vif esprit de prosélytisme ; mais ils ne paraissent guère s'enflammer d'ardeur contre la libre-pensée, s'imaginant très à tort que l'hypocrisie est un titre à l'indulgence. Les partis s'assignent plutôt un objet politique et économique ; c'est par le côté où ils l'envisagent qu'ils séparent leurs vues et opposent leurs programmes. On distingue trois partis : les *rouges*, les *bleus* et les *blancs*. Les rouges ressemblent aux radicaux de France et forment l'aile gauche du parti libéral ; tous ne sont pas francs-maçons, mais sont généralement imbus de l'esprit maçonnique. L'aile droite de ce même parti se compose de libéraux modérés, dans le genre de Mercier, naguère premier ministre de la province de Québec. Entre ces deux ailes, il y a des libéraux de toutes les nuances ; tous, même un certain nombre de rouges, se disent aussi catholiques que le Pape, mais pas plus ; ils laissent cette qualité aux catholiques purs. Le parti bleu, puissante et malfaisante organisation, se compose des tories des provinces protestantes et des soi-disant conservateurs de la province de Québec. Parmi les tories, il y a un grand nombre d'orangistes et de francs-maçons ; le grand chef de ce parti, sir John Macdonald, était un franc-maçon très en vue. Les bleus de la province de Québec ne sont conservateurs que de nom, imbus qu'ils sont d'idées libérales, bien qu'ils professent une grande horreur du libéralisme, quand ce sont les rouges qui le pratiquent. Eux aussi se disent tous catholiques, plus catholiques que les rouges, contre qui ils exploitent la religion, mais à qui ils s'unissent dans l'occasion pour accabler les catholiques purs. Les soi-disant conservateurs de Québec et leurs alliés tories étaient récemment au pouvoir fédéral à Ottawa. A Québec, le pouvoir provincial naguère était aux mains d'Honoré Mercier, autrefois bleu, plus tard rouge, enfin nationaliste. D'un côté, il était soutenu par tous les libéraux, même par les rouges de la *Patrie*, dont le directeur Beaugrand s'est dit lui-même franc-maçon très avancé ; de l'autre, par un certain nombre de conservateurs nationaux, séparés des bleus pour diverses raisons, principalement à cause de l'atroce pendaison de Louis Riel. L'*Etendard* de Montréal et la *Justice* de Québec, sont les principaux organes de ce parti. Parmi ces conservateurs nationaux, il y a de vrais ultramontains, comme le sénateur Trudel de l'*Etendard* ; mais il y en a d'autres qui ne le sont pas du tout. Voilà pourquoi les catholiques purs, comme J. P. Tardivel, directeur de la *Vérité*, bien qu'ils éprouvent des sympathies pour ce groupe, à cause de ses principes et de son personnel, se gardent bien de s'y inféoder. Pour eux, ils se réservent ; ils font profession de n'attendre le salut social que de Jésus-Christ et pas de l'habileté des hommes sans principes et de l'amalgame des idées ; ils espèrent qu'un jour prochain permettra d'organiser un groupe carrément et exclusivement ultramontain, catholique et pontifical. Ce sera le parti *blanc*, le parti du centre, ou, pour garder la couleur locale, le parti castor, franc canadien et franc catholique, sans adultération ni mélange.

L'opposition, à Québec, se compose exclusivement de *bleus* et de quelques tories anglais des cantons de l'Est ; elle remue ciel et terre pour reprendre le pouvoir. Jusqu'ici du moins les catholiques purs préfèrent le régime Mercier, tempéré par l'élément conservateur national, à ces hypocrites qui se disent catholiques, mais qui ont pour alliés sir John et ses orangistes. Au moins, Mercier a donné la reconnaissance civile des Jésuites, chose que les bleus n'eussent jamais voulu faire. A Ottawa, l'opposition se compose, comme le parti ministériel à Québec, de libéraux et de conservateurs nationaux, fournis par Québec, auxquels sont alliés les *réformistes* ou *wighs* des provinces anglaises. En somme, le parti réformiste, surtout dans Ontario, vaut mieux aujourd'hui que le parti tory, il est moins fanatique, combat un peu l'orangisme et offre, aux catholiques, plus de garanties. Une alliance purement politique des catholiques avec ce parti peut se justifier ; mais l'union étroite des bleus québécquois avec les tories orangistes d'Ontario est un crime contre nature. Cette alliance monstrueuse, les catholiques ne pourront jamais l'accepter, même pour plaire à leur ancien chef. On peut les bouder, les dénoncer même, peut-être les écraser : ils ne céderont pas. On aura beau dire et laisser dire que ces catholiques intransigeants sont en révolte contre l'autorité épiscopale ; ils aiment mieux souffrir cette injustice que de trahir leurs convictions antilibérales, et ils espèrent que Rome mettra fin à cette épreuve en enseignant que toute concession au libéralisme est, envers l'Eglise et la patrie, une double trahison.

Dans tout le Dominion, il y a au-delà de 27 000 francs-maçons actifs ; c'est plus qu'en France. Dans la province de Québec, on en compte environ 2 700. Il y a, relativement, peu de Canadiens français affiliés aux loges ; cependant le nombre en est plus considérable que ne veulent l'admettre les optimistes libéraux. Mais le point sur lequel les ultramontains et les optimistes sont aux antipodes, c'est quand ils croient à l'innocence de la bête franc-maçonne. Les optimistes prétendent que la franc-maçonnerie protestante et anglaise (celle qui a formé Voltaire), est peu nuisible et qu'il n'y a pas lieu de s'en occuper parce que peu de catholiques y ont donné leur nom. Quelques-uns vont même jusqu'à dire qu'il n'y a, pour un protestant, aucun mal à s'affilier aux loges, parce que le protestantisme ne condamne pas la franc-maçonnerie. A ces insanités, nous répondrons, en nous appuyant sur Léon XIII, que la franc-maçonnerie est *une ;* qu'il y a beaucoup à craindre de la franc-maçonnerie, quelle que soit la secte à laquelle on a appartenu avant d'y entrer. Pourquoi un protestant ou un juif, déjà imbu de la haine du catholicisme, ne serait-il pas aussi dangereux, devenu franc-maçon, qu'un catholique qui renonce à son baptême pour s'enrôler sous les bannières de Satan ? L'ex-catholique, ayant abusé de plus grandes grâces, ira peut-être quelquefois plus loin ; très souvent aussi il sera retenu par des souvenirs de jeunesse, des relations de famille et des restes d'éducation chrétienne. Une chose certaine, c'est que presque tous les Canadiens français qui se font agréger à la secte maudite, y entrent plus par curiosité que par haine de l'Eglise. On ne voit pas dans les hauts grades, signe que la franc-maçonnerie ne les considère pas comme fervents, ni même comme sûrs. Les hauts grades sont exclusivement anglais. Il suffit d'ouvrir les yeux pour voir que la franc-maçonnerie exerce une influence prépondérante dans la politique, surtout à Ottawa, dans le haut commerce, les chemins de fer, la finance les industries, etc. (1). — Il faut tenir compte aussi de la secte fanatique des orangistes, qui compte de nombreux adeptes dans toutes les provinces, surtout à Ontario. Ces sectaires se vantent d'atteindre le chiffre de 250 000 ; ils sont Légion. — Enfin il faut compter les *unions ouvrières*, la chevalerie du travail, organisées maçonniquement et menées peut-être à leur aise par la franc-maçonnerie. Un grand nombre de Canadiens français sont enrôlés dans ces corporations. Certains écrivains catholiques de France paraissent avoir un faible pour ces unions, qu'ils assimilent peut-être aux cercles catholiques d'ouvriers. C'est une profonde erreur. La chevalerie du travail et les unions ouvrières sont affiliées à celles des Etats-Unis ; c'est l'Internationale de l'Amérique ; ce sont des sociétés occultes et dangereuses. On a pu dire le contraire, mais sans titre, sur des illusions que la réalité ne manquera pas de confondre.

En somme, un protestantisme inerte et matérialisé, un catholicisme qui s'efface, un libéralisme qui s'affirme et une franc-maçonnerie qui conspire : telle est, en quatre mots, la situation religieuse du Canada. C'est la peste à l'état latent, la maladie à l'état chronique, la mort en perspective, avec cette triste confiance qui dissimule le mal et cet aveuglement qui ne veut pas apercevoir le tombeau. Mais Dieu a fait les nations guérissables et l'histoire, qui sonde leurs plaies, sert, par sa clairvoyance et son intégrité, les desseins de la Providence.

Le Canada a été longtemps une colonie

---

(1) *Mémoire sur la franc-maçonnerie au Canada*, par le Docteur Boulet.

française; depuis 1763, il appartient à l'Angleterre. La destinée d'un homme est en germe dans son berceau; la destinée d'un peuple s'explique, pour une grande part, en étudiant ses origines. Lorsque le Canada était rattaché à la France, le gallicanisme et le jansénisme sévissaient dans la mère-patrie et obtenaient dans la colonie ce respect qu'augmentent les distances. Le gallicanisme régnait donc dans l'enseignement théologique, tant au séminaire de Québec qu'au séminaire de Saint-Sulpice à Montréal; ces deux maisons, comme tous les établissements qui s'abusent, prétendaient à une sorte d'infaillibilité doctrinale et faisaient, en tout cas, autorité. Les études classiques, faites rapidement à cause d'un pressant besoin de prêtres, étaient, en outre, fort mal organisées. On étudiait exclusivement les auteurs païens dans les raffinements d'élégance qui couvrent une grossière brutalité; on n'avait, de l'histoire, qu'une teinture superficielle et mal orientée; en philosophie, on suivait les rationalistes modernes, en les mitigeant, et en théologie, on laissait, aux novateurs, le dé de l'enseignement. Avec une science théologique incomplète et fausse, avec des connaissances moins qu'élémentaires en Écriture sainte et en histoire ecclésiastique sans aucune notion de droit canonique et de liturgie, on devenait prêtre et curé. Les idées funestes de la formation cléricale laissaient, sans qu'on y prît garde, l'erreur vulgaire pénétrer à la racine des institutions et la vicier. L'Église et l'État étaient également atteints par le poison. Les lois et l'enseignement en ont gardé jusqu'ici une impression générale. Ainsi, par exemple, les légistes canadiens ont cru et croient encore que l'autorité civile peut introduire ou faire disparaître des empêchements dirimants du mariage, se prononcer sur la validité de ce sacrement et, conséquemment, décréter le divorce. Des légistes canadiens ont cru et croient encore que le pouvoir séculier peut et doit s'immiscer dans l'administration des biens ecclésiastiques, les taxer, déterminer et fixer les limites au-delà desquelles il n'est plus permis aux communautés religieuses de posséder. Des légistes canadiens ont cru et croient encore que les marguilliers ou fabriciens tiennent leurs attributions de l'autorité civile et que les paroisses, canoniquement érigées, sont comme si elles n'existaient pas, tant que l'autorité civile n'a pas reconnu leur existence. Des légistes canadiens ont cru et croient encore que le pouvoir civil a le droit de condamner le prêtre, qui refuse les sacrements à un indigne, comme coupable de diffamation; de le forcer à donner la sépulture ecclésiastique à celui que les lois de l'Église privent de cet honneur; enfin de déclarer, après avoir examiné ses paroles dans une enquête, si, dans la chaire, il a rempli convenablement ou non son ministère sacré.

Au Canada, comme en France, le gallicanisme parlementaire qui met l'Église à la merci du prince, s'appuyait sur le gallicanisme épiscopal des quatre articles. Des hommes, pieux du reste et d'une vie irréprochable, avaient caressé toute leur vie des aberrations puisées sur les bancs de l'école. Un Jérôme Demers, longtemps supérieur du séminaire de Québec, s'élevait hautement contre l'infaillibilité du Pape. Un de ses successeurs, premier recteur de l'Université-Laval, Louis Casault, estimait que pour garder le respect de la religion, il ne fallait donner, aux élèves, l'enseignement religieux qu'une fois par semaine. De là, l'idée fausse et funeste que la religion peut être, sans préjudice, absente de l'étude des sciences, des lettres, des arts, du droit et de la médecine. Le fait qui caractérise le mieux, dans l'église du Canada, la prépondérance gallicane, c'est que les évêques regardaient leur autorité comme à peu près absolue. La loi canonique, c'était leur volonté, le pur arbitraire. A telle enseigne que des prêtres, ayant appelé à Rome, cet acte canonique fut qualifié, par l'archevêque, de *fanfaronnade ridicule;* aux yeux du prélat, suivre le droit pontifical, c'était un acte irrégulier qui appelait l'interdiction. Sur cette pente, on n'est pas loin du schisme.

Lorsque le Canada avait été cédé à l'Angleterre, le libre exercice de la religion catholique avait été solennellement garanti par le traité. En 1774, l'*acte de Québec* avait garanti de nouveau, aux Canadiens français, la libre pratique de leur culte. Malgré ces garanties, des efforts continus avaient été faits par les Anglais pour gêner les catholiques dans l'exercice de leur liberté religieuse et l'usage de leurs droits. L'autorité ecclésiastique, trop disposée déjà, par la profession des erreurs gallicanes, à céder au pouvoir civil, fut loin, au milieu d'embarras croissants de chercher à s'en défaire. Au contraire, elle s'y cramponnait comme au seul moyen de résoudre à l'amiable les difficultés qu'il soulevait chaque jour. Les Canadiens surent néanmoins opposer, aux prétentions de l'Angleterre, une résistance opiniâtre, et, grâce à cette résistance, ils triomphèrent. Leur succès prouve jusqu'à l'évidence que si, dans la suite et surtout à l'époque actuelle, on eut résisté sur toute la ligne avec énergie et persévérance, on eut, à la fin, remporté une complète victoire.

L'abîme invoque l'abîme. L'esprit humain, que ses passions et sa logique entraînent, ne reste pas longtemps dans la même erreur. A la France janséniste et gallicane succéda la France impie et révolutionnaire. Le Canada, qui avait gardé ses relations avec la France, la suivit dans ses nouvelles aberrations. Un certain nombre de personnages marquants se laissèrent pénétrer par les idées de la révolution, prélude ordinaire des mouvements insurrectionnels. Le principal auteur de ces mouvements fut Louis-Joseph Papineau, véritable tribun dont la parole exerçait un incontestable empire sur les masses. Après avoir mis le Canada en feu, il se sauva en France en 1837. Là il se lia d'amitié avec les hommes des partis impies ; puis, quand la tempête fut calmée, il revint au Canada avec sa cargaison de poisons français. Les idées de Papineau trouvèrent aisément des organes dans la presse. Qu'il suffise de citer l'*Avenir*, le *Défricheur*, le *Pays*, le *National* de Québec, la *Lanterne*, le *Journal de Sainte-Hyacinthe*, le *Constitutionnel*, le *National* de Montréal et le *Bien Public*. Dans ces journaux, comme dans le *Journal de Québec*, l'*Événement*, la *Tribune*, la *Patrie*, la *Concorde*, la *Gazette de Sorel*, l'*Union de Sainte-Hyacinthe* et l'*Electeur*, qui se publient encore aujourd'hui, les principes que l'on faisait valoir en les commentant, n'étaient autres que les principes de 89 et la *Déclaration des droits de l'homme et du citoyen*. Cette déclaration des droits de l'homme a surtout pour but d'écarter les droits de Dieu et de son Eglise ; si elle exalte l'homme, c'est pour l'affranchir de Dieu, le livrer à la confusion de ses idées, aux faiblesses de sa volonté et aux emportements de ses passions. On la fait accepter en disant aux hommes que c'est un moyen de remédier aux abus, de prévenir les excès du pouvoir et d'assurer, avec la liberté sociale, les jouissances du bien-être. Ce n'est là toutefois qu'une hypocrite dissimulation, et sous couleur de progrès, ce qu'on fournit, c'est la mise à néant du Christianisme. Le dernier mot de 89, c'est le retour aux principes, aux mœurs et à la dégradation des temps païens.

Les libéraux travaillent, depuis trois siècles avec la prudence du serpent, à cet infernal projet. Pour qu'on ne se défie pas d'eux, ils disaient, dès le temps de Luther, qu'il s'agissait simplement du respect de la foi et des consciences. En 89, ils ne voulaient encore que le retour aux soi-disant beaux siècles du Christianisme naissant. Aujourd'hui, suivant l'état des pays, ils s'avancent plus ou moins, ici radicaux, ailleurs opportunistes, partout hypocrites et puissants seulement pour démolir. Dans les pays catholiques, comme le Bas-Canada, lorsqu'ils se sentent serrés de près ou qu'ils s'aperçoivent que leurs tendances inspirent de graves inquiétudes, ils se disent catholiques. Lorsqu'ils se flattent d'aller au but par ce moyen, ils n'hésitent même pas à signer des professions de foi, qu'ils font passer sous les yeux des Congrégations romaines. Par là, ils veulent faire croire à Rome qu'on les calomnie et qu'on les persécute au Canada, par esprit de parti. Quand ils espèrent réussir, ils ne reculent devant l'emploi d'aucun moyen ; mais, comme l'iniquité se ment à elle-même, ils se démasquent de temps à autre et font étalage de leurs sentiments. C'est ce qui arrive chaque fois qu'ils croient avoir assez bien préparé les esprits à recevoir le poison de leurs doctrines.

Au fond, ils veulent, comme les radicaux français dont ils sont les hypocrites complices la séparation de l'Eglise et de l'Etat, et, sous ce mot d'ordre, c'est l'omnipotence de l'Etat qu'ils préconisent. Dans ce noir dessein, ils cherchent à semer partout la défiance envers le clergé qu'ils représentent comme affamé de richesses et de domination ; ils soutiennent que toute loi, lorsqu'elle exprime la volonté d'une majorité parlementaire, est juste et obligatoire, fût-elle en contradiction avec le droit naturel, le droit ecclésiastique ou civil ; ils refusent, à l'Eglise et au Pape, le droit d'intervenir dans les questions politiques, parce que, disent-ils, la religion est tout à fait étrangère à ces questions ; ils réclament la liberté de conscience, la liberté de la presse, et l'entière liberté de l'action politique ; ils travaillent de toutes leurs forces à séculariser l'éducation, à laïciser l'enseignement, c'est-à-dire à nier radicalement le ministère de l'Eglise ; ils enseignent d'un autre côté que le Pape, les évêques et les prêtres ont exercé un empire tyrannique sur les nations ; qu'ils les ont tenues pendant des siècles dans l'ignorance et l'abrutissement ; ils disent enfin que le vrai progrès consiste surtout à se débarrasser de cette humiliante servitude et à éliminer l'Eglise. Tels sont, à l'heure présente, les principes des libéraux avancés du Canada ; et toutes ces abominations, répandues dans plusieurs journaux, se trouvent condensées dans la *Grande guerre ecclésiastique* de Dessaules, publiée en 1873. Tous les libéraux avaient encouragé l'auteur ; tous ont applaudi à ce factum scélérat.

Ainsi, la confédération des provinces du Canada permettait, aux pays catholiques, de se gouverner absolument d'après les principes de l'Evangile et les lois de l'Eglise ; mais, la tradition d'erreur gallicane pénétrée dans les institutions et transformée en libéralisme pour corrompre les esprits, s'appliquait à introduire, dans les pays catholiques, la révolution. Si nous écrivions une histoire ecclésiastique du Canada, nous essaierions de suivre le chassé-croisé des intrigues électorales ou parlementaires qui se mena pour la possession du pouvoir suprême. Ici nous nous bornons à dire que le catholicisme libéral, d'un côté, de l'autre, la franc-maçonnerie, furent les deux forces qui s'appliquent à pervertir le Canada chrétien. Pour la franc-maçonnerie la connaissance, même élémentaire de ses programmes ne permet pas le doute. Quant au catholicisme libéral, il suffit de dire que le libéralisme, c'est l'éviction de Dieu, de Jésus-Christ et du Saint-Siège, non pas des convictions et des consciences individuelles, mais de l'ordre civil et politique de la société humaine. La conception du catholicisme qui vise à transiger avec cette erreur, n'est qu'une folie ou une trahison. Et quand ces idées de fausse conciliation sont admises dans des têtes sacerdotales, elles ne sont pas moins explicables et ne deviennent que plus subversives.

Nous devons énumérer brièvement les faits d'où ressort cet immense péril.

Un grand évêque avait été donné au Canada. Ignace Bourget, né en 1799, à la Pointe-Lévis, de parents d'origine française, était devenu, au sortir du séminaire de Québec, professeur, puis secrétaire de l'évêque de Montréal, son coadjuteur en 1837 et en 1840 son successeur. Pieux, charitable, dévoué, il avait, dans l'âme d'un saint, le cœur d'un héros. Une marque particulière de sa grandeur personnelle, c'est qu'il sut douter des principes de son instruction gallicane, qu'il dissipa les ténèbres de son ignorance relative, et, parvenu à la pleine lumière des doctrines romaines, il ne cessa plus de lutter pour leur triomphe. C'est lui qui battit en brèche le vieux gallicanisme ; c'est lui qui fit comprendre la nécessité inéluctable d'une stricte union avec la chaire de Pierre ; c'est lui qui commença la guerre contre le libéralisme, non au profit d'un parti politique, mais pour le bien de l'Eglise et le salut des âmes ; c'est lui enfin qui, dans sa lutte pour le retour aux traditions, aux doctrines et aux pratiques romaines, travailla à conserver, par la religion, la nationalité canadienne-française. Et s'il y a encore des catholiques purs, des intransigeants d'orthodoxie, dans la province de Québec, surtout parmi le clergé, c'est à Mgr Bourget, évêque de Montréal, et à Mgr Laflèche, évêque de Trois-Rivières, son disciple et son bras droit qu'est dû ce bienfait. C'est là le *pusillus grex*, qui, pour n'avoir bien fléchi le genou devant le Baal du libéralisme, doit reconquérir un jour le Canada à la très pure foi de l'Eglise, mère et maîtresse de toutes les Eglises.

Or, Mgr Bourget, pour dissiper les ténèbres de l'ignorance et arracher la jeunesse à l'abîme d'une double corruption, avait conçu l'idée de créer une Université catholique. En conséquence, il demanda au séminaire de Québec, établissement le plus ancien et le plus riche du pays, après Saint-Sulpice de Montréal, de se charger de cette fondation. L'évêque de Montréal désirait surtout que l'Université fût sous le contrôle de l'épiscopat et même sous sa direction. Les prêtres du séminaire de Québec voulaient bien une Université, mais autonome, ne recevant, des évêques, que des grâces et des services. Habiles à dissimuler, ces messieurs se dirent prêts à fonder une Université, si les évêques voulaient bien obtenir, du Pape et de l'Etat anglais, une charte de fondation. Les évêques signèrent, mais en signant s'aperçurent qu'ils ne compteraient pour rien dans l'organisation de la future Université. Pour les consoler, on leur dit qu'on avait arrangé les choses de la sorte, pour éviter les lenteurs, mais que les évêques seraient représentés, au conseil universitaire, par l'archevêque de Québec. Le séminaire avait ainsi obtenu le concours des évêques de la province, mais sans leur rien concéder. Rome et Londres accordèrent l'autorisation. L'Université-Laval fut fondée en 1852. Ce qui montre combien peu les fondateurs avaient juste l'idée de l'œuvre éminemment catholique qu'ils entreprenaient, c'est que tout d'abord spontanément, sans provocation d'aucune sorte, ils invitèrent des protestants, des francs-maçons à occuper des chaires de professeur dans la dite Université. Ensuite, voulant perfectionner de jeunes ecclésiastiques dans l'étude des sciences et des lettres, afin d'en faire des maîtres habiles, ils les envoyèrent étudier à une mauvaise école de Paris, à l'école des Carmes, qui était à la remorque de l'Université rationaliste de la France. Singulière aberration de gens qui, voulant constituer une université catholique, envoient leurs futurs professeurs se former, non pas dans une haute école de théologie canonique, mais dans une école littéraire, mais en Sorbonne et au Collège de France. Un peu plus tard, il est vrai, le séminaire de Québec envoya d'autres ecclésiastiques à Rome ; mais, au séminaire français, ces ecclésiastiques se laissèrent circonvenir par un certain abbé Maynard, envoyé là tout exprès par la faction Dupanloup pour gangréner les élèves de libéralisme et faire avorter la pensée de Pie IX ; et quand ils revinrent de Rome avec le bonnet de docteur, s'ils avaient le prestige en plus, ils ne valaient pas beaucoup mieux, pour les doctrines, que les élèves de l'école des Carmes. Les cours s'organisèrent donc à l'Université-Laval, fondée par le séminaire de Québec, en dehors de l'épiscopat canadien, comme ils se seraient organisés dans une Université rationaliste. Médecine, droit, sciences, arts, lettres, philosophie, tout fut enseigné au simple point de vue de la matière et par l'organe de la raison pure. Descartes régnait en philosophie ; Pothier, malgré ses erreurs et ses crimes, était l'oracle du droit ; Béchard, Auerchill, Watson, Niemayer étaient recommandés aux étudiants en médecine. On avait bien quelques exercices religieux ; mais l'esprit, vraiment fondateur et rénovateur de la stricte orthodoxie, était étranger à l'établissement. Le catholicisme pur était remplacé par le libéralisme, c'est-à-dire par l'espoir et par l'esprit de conciliation avec toutes les défaillances et les égarements de la pensée humaine. *Hinc prima mali labes.*

Vers l'automne de 1861 arriva, au séminaire de Québec, un prêtre français, originaire de Metz, l'abbé Stremler. Stremler avait fait ses études théologiques en France, les avait complétées à Rome et avait été employé trois ans à la Congrégation du Concile de Trente. Pendant quelque temps, il avait été le collaborateur de l'abbé Bouix, le rénovateur du droit canon ; il avait même composé un traité des *peines ecclésiastiques*, qui est une autorité dans l'école. Après Dieu, Stremler n'aimait rien tant que l'Eglise romaine. Professeur de théologie, il s'appliqua à faire aimer Dieu, le Saint-Siège et la vérité qu'il enseigne. Malgré sa profonde humilité, il ne tarda pas à être connu et apprécié comme il méritait de l'être. Tous les séminaristes lui portaient la plus haute estime ; les prêtres le consultaient comme un oracle. L'archevêque lui-même, Baillargeon, avait confiance en lui et le consultait dans l'occasion. Stremler pouvait être le réformateur des pauvretés canadiennes, et le bienfaiteur du pays ; il ne fut que la victime de petits intrigants. Les petits esprits, lorsqu'ils trouvent à s'accréditer, exercent souvent un crédit en raison inverse de leur savoir; ils sont impuissants par l'intelligence, mais ils ont la force du diable, l'envie, qui trouve aisément, dans toutes les bassesses, autant de complices. Les petits esprits de Québec ignoraient beaucoup de choses et savaient mal la plupart de celles qu'ils avaient étudiées. Comme ils ne pouvaient se résigner à se croire dans l'ignorance et dans l'erreur, ils accusèrent Stremler d'être un brouillon, un propagateur d'idées nouvelles et glapirent leurs plaintes à l'oreille des supérieurs. Un prêtre, qui devait finir dans la plus abjecte dégradation, se fit l'agent de cette conspiration, bien digne de sa vertu. Elzéar Taschereau, qui avait été préparé par Stremler à ses examens de droit canonique, se prêta à cette machination ; il prétendit qu'en professant les idées romaines relativement à l'éducation de la jeunesse cléricale, au libéralisme, à la philosophie, Stremler attaquait l'enseignement de la maison et minait l'autorité de ses directeurs. On mit Stremler à la porte et avec lui un autre prêtre, imbus des doctrines romaines et coupables d'avoir dit que, en comparaison avec nos saints, les grands hommes du paganisme n'étaient que des pygmées, de vils esclaves des trois concupiscences. Comprenne qui pourra une Université qui se croit catholique et qui proscrit deux prêtres, pour crime de doctrines romaines, quand elle compte, parmi ses professeurs, des libéraux notoires, des protestants et des francs-maçons. Il y avait quelque chose de pourri au Canada.

Au temps où Stremler et Vézina furent chassés, il y avait, au séminaire de Québec, plusieurs prêtres convaincus de la nécessité d'une réforme chrétienne de l'enseignement. Ces prêtres publièrent, au Canada, des extraits des écrits de Gaume, Vervorst et autres. L'un d'eux, sous un pseudonyme, composa même trois brochures où il exposait, d'une manière plus synthétique, les idées de réforme. Ces brochures, bien accueillies partout, déplurent particulièrement à Québec. Des hommes rompus aux intrigues et peu scrupuleux en matière de probité, se décidèrent à faire condamner ces brochures par le Saint-Office. On prit, pour cela, un biais. Un fagotteur libéral résuma cinq propositions qui, suivant lui, représentaient parfaitement les idées du partisan canadien de Mgr Gaume. Cette intrigue fut nouée et menée dans le plus grand silence ; le Saint-Office condamna les cinq propositions, mais sans avoir sous les yeux les brochures, sans même connaître leur existence, car, dans ce cas, il se fût sagement abstenu. Sur quoi l'évêque de Québec publia une circulaire mandant que le Saint-Office condamnait les idées réformistes de Mgr Gaume et qu'il n'était pas permis de les soutenir. De la part du prélat, ce n'était pas un mensonge, mais c'était une erreur absolue. Une brochure du même auteur répondit que cette allégation était fausse et démasqua toutes les machinations maladroites et malhonnêtes employées pour surprendre une condamnation du Saint-Office. Une seconde circulaire de l'évêque, rédigée par son vicaire général, ordonna de brûler la brochure dans trois jours sous peine d'excommunication *ipso facto* pour les laïques et de suspense *ipso facto* pour les prêtres ; elle défendait, sous les mêmes peines, de rien écrire et même de rien lire sur la question, fussent des ouvrages venus de l'étranger, s'ils n'avaient l'approbation de l'Ordinaire ; elle enjoignait de plus, à l'auteur anonyme, de se faire connaître et de se rétracter publiquement. L'auteur inconnu avait un mois pour se conformer à ces ordonnances ; ce laps de temps expiré, il devenait, suivant sa condition, excommunié ou suspens. L'auteur, après avoir consulté, ne bouge pas ; les condamnations qui le frappaient dans l'ombre étaient évidemment nulles et même ridicules, pour ne rien dire de plus. Pour toute réponse, il dénonça à Rome l'acte de l'évêque ; l'évêque demandait en même temps à Rome l'approbation de sa circulaire. Rome refusa son approbation à cette brutalité et par ce refus l'affaire était finie. Mais des ecclésiastiques vétilleux comme il s'en trouve partout, braves gens à courte vue, conseillèrent à l'auteur anonyme d'écrire à Rome pour s'informer, huit ans après, s'il n'aurait pas réellement encouru les censures portées par l'évêque. L'auteur écrivit, mais trop brièvement. Le Saint-Office, pour supplément d'information, écrivit à l'archevêque de Québec. L'archevêque, sans rien dire du refus d'approbation de Rome, ni des brochures en question, ni de rien, répondit sommairement que l'auteur, pour avoir attaqué le Saint-Siège et l'autorité épiscopale, avait été l'objet d'une juste condamnation. En conséquence, le cardinal Caterini écrivit que le prêtre Alexis Pelletier avait été légitimement censuré, qu'il s'était rendu coupable en ne respectant pas les censures, qu'il avait encouru l'irrégularité et qu'il ne pouvait être absous qu'en reconnaissant publiquement ses torts et en s'abstenant d'écrire désormais sur la question des classiques. L'archevêque écrivit à l'évêque de Montréal pour lui intimer cette condamnation et en requérir d'office la mise en œuvre. L'évêque de Montréal répondit que c'était affaire finie depuis longtemps. L'archevêque répliqua que l'évêque ne pouvait pas régler l'affaire et insista pour que la condamnation fût rendue publique. Le Saint-Office n'était pas allé si loin ; l'archevêque excédait encore une fois. Cependant Alexis Pelletier rendit publique sa condamnation et remplit, près de l'évêque de Montréal, les autres conditions posées. Mgr Philippi, évêque d'Aquila, et Mgr Gaume, qui connaissaient toutes les brochures de Pelletier, le félicitèrent d'avoir accepté humblement cette condamnation, « quoique mal fondée et extorquée par le mensonge ». Dans cette affaire, il n'y a, en effet, de condamnable que l'archevêque de Québec.

En 1862-65, la question d'une nouvelle Université à Montréal passionna beaucoup les esprits. Mgr Bourget avait été trompé dans ses espérances sur l'Université-Laval. Cette Université n'était pas l'établissement catholique que le prélat avait conçu ; elle mettait, à l'affiliation des séminaires et collèges, des conditions trop onéreuses ; elle imposait ses programmes, ses méthodes, ses livres et réalisait pratiquement, en matière d'esprit, un despotisme inadmissible partout. Mgr Bourget demanda la permission de fonder une seconde Université à Montréal. Pour faire avorter cette demande, le séminaire de Québec allégua qu'il avait fondé l'Université-Laval à la demande des évêques ; qu'il l'avait fondée à grands frais et que la création d'une seconde Université serait sa ruine. Ces raisons n'avaient d'existence que sur le papier. Les évêques n'avaient pas demandé une Université civilement protestante et catholique seulement en religion. Si le séminaire de Québec s'était engagé dans de fortes dépenses, c'était de son propre mouvement et sous sa propre responsabilité. Une seconde Université ne lui causerait aucun tort, puisque les élèves de Montréal n'allaient pas à Québec. La question se résumait à ce point : Que Québec voulait garder le monopole intellectuel, asservir le Canada à ses idées libérales et rejeter la concurrence redoutable des doctrines romaines. La preuve, c'est qu'il excluait de son sein les professeurs catholiques, un Stremler, un Aubry, un Vézina ; mais quand on lui demandait d'exclure les professeurs francs-maçons, libéraux ou protestants, — trois mots pour dire la même chose, — alors il se retranchait derrière son impuissance. Et cependant, il réussit à se faire croire à Rome ; mais s'il put surprendre l'approbation du Saint-Siège, au Canada, on jugea sa conduite comme un insolent défi à tous ceux qui censuraient ses doctrines.

Vers le même temps s'agitait, à Montréal, la question du démembrement de la paroisse Notre-Dame. « Messieurs les Sulpiciens, dit une brochure anonyme, avaient toujours été curés de Montréal, où ils s'arrogeaient une autorité quasi-épiscopale. Ils avaient toujours été aussi fort enclins à se soustraire à la juridiction des évêques, et, par leur esprit d'insubordination, ils avaient causé les plus grands déboires, en particulier à Mgr Plessis, évêque de Québec, et à Mgr Lartigue, premier évêque de Montréal. Destinés par état à former des ecclésiastiques, ils tenaient à vivre d'une vie commune et régulière, à habiter la même maison, par conséquent, et ils tenaient en même temps à rester curés de la paroisse de Montréal. Vu les circonstances et vu leur condition, bien desservir cette immense paroisse était devenu pour eux impossible, d'une impossibilité physique. Nombre de personnes n'assistaient plus à la messe depuis longtemps et ne fréquentaient plus les sacrements. Dans plus d'un quartier de la ville tout était à l'abandon ». Mgr Bourget, qui était un saint évêque, souffrait de cet état de choses ; il voulut y remédier. Pour l'empêcher de réussir, les Sulpiciens entassèrent difficultés sur difficultés ; ils plaidèrent même contre lui à Rome et usèrent, là comme au pays, dit-on, de moyens peu honnêtes. En agissant sous mains, ils en vinrent jusqu'à faire intervenir les laïques et même le pouvoir civil, afin de frapper d'impuissance la juridiction de l'Ordinaire. Le Saint-Siège ne se contenta pas d'autoriser Mgr Bourget ; le cardinal Barnabo lui enjoignit même de démembrer la paroisse sulpicienne de Notre-Dame. De sa seule autorité religieuse, le prélat créa des paroisses *canoniques*. Ces paroisses étaient reconnues par le pouvoir civil, comme vraiment ecclésiastiques ; mais elles n'étaient pas regardées comme telles pour certaines fins civiles et politiques. Les bons messieurs de Saint-Sulpice se prévalurent de cette restriction et mirent tout en œuvre pour en exagérer la portée et les inconvénients. Jusque-là, entre le séminaire de Québec et le séminaire de Montréal, il y avait eu antipathie ; alors il y eut alliance pour se prêter main forte contre l'évêque, les uns, au profit de leur paroisse féodale, les autres, au profit de leur Université libérale. L'archevêque de Québec se fit l'agent de cette alliance d'autant plus volontiers qu'il avait, contre le saint évêque de Montréal, des griefs personnels. Mgr Bourget tenait beaucoup à se mettre en tout d'accord avec les prescriptions de Rome. Or, en ce qui concerne la liturgie sacrée et la discipline ecclésiastique, il y avait beaucoup de réformes à opérer dans la province. L'évêque de Montréal se mit courageusement à l'œuvre ; le premier il créa un chapitre et tint des synodes diocésains. Comme on était, à Québec, fort attaché aux vieux usages gallicans, on traita Mgr Bourget de brouillon et de novateur. Cependant un concile provincial fut célébré à Québec en 1850, preuve que Québec se permettait aussi de pieuses et nécessaires innovations. Toutefois l'alliance entre les libéraux de Québec et les Sulpiciens de Montréal tint bon pour mettre, en général, obstacle au progrès des doctrines romaines et, en particulier, pour contrecarrer l'influence des Jésuites.

Dans l'été et dans l'automne de 1869, à l'approche du Concile, les gallicans et les libéraux s'affirmèrent avec plus d'audace. Le *Nouveau Monde* de *Montréal* et le *Journal de Trois-Rivières* combattaient le bon combat; la coterie les dénigra par d'incessantes calomnies. A Québec, les journaux vraiment catholiques ne pouvaient parler catholiquement sans s'exposer aux semonces et aux menaces. Une ci-devant victime, que l'histoire doit combler d'honneur, Alexis Pelletier, osa, dans la *Gazette des campagnes*, écrire qu'il fallait se défier de Mgr Dupanloup, parce que sa conduite présentait quelque chose de fort louche. Là-dessus la presse libérale jeta les hauts cris. Le vicaire général de Québec écrivit aux directeurs du collège de Sainte-Anne, pour leur enjoindre, sous peine d'être regardés comme indignes de former les élèves du sanctuaire, de désavouer la *Gazette des campagnes*. Les directeurs du collège ne crurent pas devoir tenir compte de cette injonction; Alexis Pelletier porta plainte à Rome. Au même moment, le journal libéral de Québec publiait, avec les plus grands éloges, le manifeste du *Correspondant* de Paris. Cette fois le vicaire général de Québec ne souffla mot; l'intrépide Pelletier combattit le manifeste du *Correspondant* et s'attira, par sa bravoure, les grossièretés des scribes les plus vils du Canada. Nous adressons, à travers les continents les mers, nos félicitations au vaillant champion de la Chaire Apostolique.

Pendant que Pelletier combattait gallicans et libéraux conjurés contre l'infaillibilité pontificale, un autre soldat de la sainte Église, Joseph Martel, combattait, dans le *Courrier du Canada*, les dangers de l'éducation officielle. Avec une logique digne de sa cause, il montrait les vices de la loi canadienne, sa tendance à la sécularisation de l'enseignement, l'empiètement sur le pouvoir épiscopal par le fait d'inspecteurs laïques, souverains dans les écoles. Les tenants de l'administration civile et les prêtres qui faisaient chorus avec eux, se ruèrent sur le pauvre Martel; mais lui, fidèle à son nom, continuait de marteler le système schismatique et hérétique de l'État théologien, enseignant sans titre sa théologie plus ou moins civile. En désespoir de cause, les adversaires recoururent au truc qui leur avait réussi à Rome, contre Pelletier, près du Saint-Office. D'après ce procédé, où la probité n'a rien à voir, une consultation fut rédigée pour le professeur De Angelis. De Angelis n'était pas un esprit très sûr; il donna sa réponse dans le sens de la question posée. De retour du Concile, l'archevêque, pour clore les discussions, publia cette réponse. Or, la dite réponse avait été tronquée, par conséquent falsifiée, dans les parties les plus importantes. De cette façon elle devenait contraire aux principes de Martel, tandis que, dans son texte authentique, elle lui était favorable. Défense n'en fut pas moins faite, à Martel, d'écrire contre le système du rationalisme universitaire en usage au Canada; de plus, Alexis Pelletier fut exclu du collège de Sainte-Anne; et cinq autres prêtres du même établissement furent requis de donner leur démission. Ces cinq prêtres la refusèrent; menacés de suspense, ils en appelèrent à Rome. Le clergé de Québec, qui voyait avec peine ces excès et ces violences, supplia l'archevêque de cesser ses injustes et déshonorantes poursuites. L'archevêque y consentit, et, pour donner marque de bonne volonté, de ce requis, les professeurs désavouèrent les écrits d'Alexis Pelletier, mais seulement pour ce qui avait pu *raisonnablement* contrister l'archevêque.

Une année auparavant, plusieurs prêtres du diocèse de Québec avaient demandé à Rome, en prévision de la mort de Mgr Baillargeon, qu'on ne lui donnât pas, pour successeur, le vicaire général Taschereau. A leur sens, l'élection de ce prêtre eut été la plus terrible épreuve de l'Église au Canada. Malheureusement, ces prêtres avaient négligé les formalités requises pour avoir un évêque de leur choix; l'ecclésiastique qu'ils redoutaient fut nommé. Un de ses premiers actes fut du plus triste augure. En vue des élections prochaines, des laïques pieux avaient rédigé un court programme; ils pressaient les électeurs de ne donner leurs votes qu'aux candidats qui promettraient sincèrement de respecter les droits et les lois de l'Église, et s'engageraient, s'ils étaient élus, à réformer les lois existantes, qui seraient en désaccord avec les lois divine et canoniques. Ce programme, dû à la spontanéité de sentiments chrétiens, reçut le nom de *programme catholique*. Les évêques de Montréal et de Trois-Rivières approuvèrent et louèrent hautement ce programme; le jeune archevêque, par une circulaire, défendit à son clergé d'en parler, parce qu'il n'avait pas été dressé de concert avec l'épiscopat. Raison puérile, car les laïques ont, comme les prêtres, le devoir de confesser leur foi, même en politique; et, s'ils la confessent on ne comprend plus des prêtres qui voudraient les en empêcher. Par cet acte, Mgr Taschereau accusait publiquement deux de ses collègues et faisait la courte échelle aux libéraux. Les feuilles libérales ne manquèrent pas de célébrer l'archevêque et lancèrent, avec une espèce de furie, pendant plus d'un mois, contre deux évêques, de sacrilèges anathèmes. Bien qu'un de ces journaux se publiât à sa porte, l'archevêque le laissa dire et parut même l'encourager. Or, le programme était vraiment catholique, digne d'un peuple chrétien, très capable de défendre sa foi, et très propre à déranger les plans des impies. Un peu plus tard cependant, l'archevêque demanda, à Rome, de le blâmer; Rome s'y refusa et laissa seulement à l'archevêque juge de l'opportunité de l'application. Malgré ce refus, l'archevêque osa dire que Rome avait condamné le programme catholique, à peu près comme Rome a condamné Mgr Gaume.

Au printemps de 1872, un professeur de l'Université-Laval donna des leçons publiques sur le libéralisme. Le choix du sujet n'avait pas été sans dessein. Les gens instruits furent invités chaudement à venir entendre ces conférences. Par une tactique habile, mais dépourvue d'intelligence, le professeur réduisit le libéralisme condamné à l'indifférentisme et conclut en faveur du catholicisme libéral. Deux grands vicaires prononcèrent des discours analogues, et ce que l'un avait avancé au nom d'une science qu'il n'avait pas, les autres le soutinrent au nom d'une autorité dont ils méconnaissaient les obligations. D'après ces singuliers orateurs, il n'y avait, au Canada, ni gallicanisme, ni libéralisme, et, en tout cas, le catholicisme libéral était l'apanage des esprits distingués, au Canada comme ailleurs. Nous laissons de côté les questions de probité et de bonne foi ; nous ne contestons pas la droiture des intentions ; mais ces discours et ces conférences sont autant de crocs-en-jambe à la pure doctrine. Le libéralisme en soi est une erreur qui exclut, de la société civile, Dieu, Jésus-Christ, l'Eglise et le Saint-Siège ; le libéralisme catholique est le défaut de sens ou le défaut de vertu de certaines gens qui croient que la religion et l'Eglise peuvent s'accommoder d'une doctrine, d'un parti, d'une secte qui conspirent contre elles et veulent les anéantir. Non, il n'y a point d'accord possible entre Jésus-Christ et Bélial. Les ouvertures de conciliation avec l'ennemi du nom chrétien sont des trahisons.

Sur ces entrefaites, furent célébrées les noces d'or de Mgr Bourget ; le prédicateur de la fête fut le Père Braun, jésuite. Le Père Braun avait passé au moins vingt ans dans la ville de Québec, se dévouant toujours avec le plus grand zèle et prêchant partout la plus saine doctrine. Parce qu'il était regardé comme le chef des Romains, il était odieux aux libéraux, et, depuis deux ans, avait été appelé à Montréal. A Québec, prêchant sur le mariage, il avait combattu Pothier, janséniste appelant, et flétri l'erreur, disons l'hérésie, des régalistes. A Montréal, il s'éleva contre le gallicanisme et le libéralisme ; il rappela à ses auditeurs qu'il fallait accepter le *Syllabus* et se conduire en conséquence. Un véritable cri de haro retentit dans toute la presse canadienne, surtout à Québec. On ne se lassa pas de dire que ce discours était une folie, une injure atroce pour l'archevêque, et l'archevêque parut lui-même le croire. S'élever contre l'erreur n'est jamais une folie ; il n'y a d'insensé ici que l'acte contraire de silencieuse paresse, qui donne libre passage à toutes les erreurs.

Quelques jours après les noces d'or, nos bons messieurs de Saint-Sulpice s'ingéniaient à contrecarrer leur évêque dans l'exercice de sa juridiction. Le prélat avait prescrit des registres de catholicité ; les Sulpiciens s'appuyaient sur la loi civile pour refuser l'emploi des registres commandés par l'évêque de Montréal. Pour prolonger leur résistance, ils en appelèrent à Mgr Taschereau contre Mgr Bourget. L'archevêque admit l'appel, et, par la voie des journaux, cita son suffragant à comparaître par devant son tribunal. Ce procédé, dont il n'y avait pas d'exemple, affligea les chrétiens et réjouit les impies. La cause était majeure et ne relevait que du Pape. Si l'archevêque de Québec avait le droit de juger ses collègues, il serait le primat du Canada.

La question d'une Université à Montréal revint alors sur le tapis. Les catholiques de Montréal regardaient l'Université-Laval comme un foyer de doctrines malsaines et dangereuses. On savait plusieurs chaires occupées, dans cette soi-disant Université catholique, par des libéraux, des protestants et des francs-maçons. Il était impossible d'admettre que ces professeurs, soit comme professeurs, soit comme patrons, n'entraînassent pas quelques-uns de leurs élèves. Plusieurs même de ces élèves avaient été sollicités à entrer dans la franc-maçonnerie. Les journaux agitaient ces questions, Rome s'en occupa et commanda, aux journaux, l'impartialité. Cependant le parlement de Québec était disposé à adopter une loi reconnaissant les droits imprescriptibles de l'Eglise dans la formation des nouvelles paroisses. Des prêtres de l'archevêché de Québec, pour nuire à l'évêque de Montréal, l'en détournèrent. Si cette loi eût été adoptée, Saint-Sulpice eût été dépourvu de tout prétexte pour faire la guerre à cet évêque. Or, aux yeux des libéraux et des gallicans racornis, il valait mieux sacrifier les droits de l'Eglise, que de les voir reconnus légalement, si cette reconnaissance devait donner gain de cause à Mgr Bourget.

Ce fut à cette époque que parut la *Comédie infernale*. L'auteur avait pour but de démasquer les Sulpiciens récalcitrants à l'autorité de l'évêque. Nos bons messieurs travaillaient dans l'ombre à réserver son autorité aux yeux des fidèles ; ils posaient en victimes d'un arbitraire odieux et disaient que l'évêque voulait s'enrichir de leurs dépouilles. Ces propos couraient les salons, les bureaux et même les rues. Un jeune laïque, Alphonse Villeneuve, entreprit de mettre un terme à ces malversations. Sans autre conseiller que lui-même, il crut pouvoir, pour se faire lire, donner à son travail la forme d'une *Comédie*, où les démons figurent comme promoteurs et les gallicans libéraux du Canada comme suppôts de l'enfer. Cette comédie est littérairement fort bien faite ; elle est un peu longue pour un étranger peu au courant des affaires canadiennes ; mais on sent qu'elle dit vrai ; si la forme prête à critique, le fond est absolument inattaquable, comme l'ont prouvé, au surplus, un *Intermède* de cette comédie et trois opuscules de pièces justificatives. Et lorsque, en présence d'un écrit aussi agressif, lesté de preuves si accablantes, on ne peut qu'incidenter sur les formes, il n'y a plus qu'à rentrer sous terre.

En mai 1873, fut célébré le cinquième concile de la province de Québec ; en automne, le pouvoir passa au parlement fédéral, des mains des conservateurs aux mains des libéraux. Immédiatement, la question des écoles de Manitoba et du Nouveau Brunswick fût résolue contrairement à tout droit, grâce à l'inqualifiable lâcheté des libéraux.

Dans l'été de 1875, à propos d'une élection politique, le clan libéral fit rage. Les évêques de la province, au Concile de Québec, avaient signalé la présence de *quelques libéraux* ; à la vue de ces scandales, ils voulurent se concerter pour y porter remède. De leurs délibérations sortit une lettre collective, exposé magnifique des doctrines politico-religieuses. Cette lettre disait très bien quelle est la constitution de l'Église, ses droits, ses pouvoirs, sa supériorité sur l'Etat, puis elle condamnait carrément les doctrines libérales. Pie IX approuva cette lettre, loua le zèle des évêques et les félicita de s'être ainsi élevés contre l'erreur, au nom de la vérité catholique. Cette lettre était, pour le libéralisme, le coup de mort ; mais les libéraux, il faut leur rendre cette justice, excellent à se soustraire aux coups et même à se faire, du couperet de la guillotine, une arme offensive. Les libéraux, laïques et prêtres, se concertèrent alors pour tromper Rome et lui extorquer un acte qui ferait tomber la malencontreuse lettre des évêques canadiens. L'affaire fut conduite à Rome, par un porte-paquet du libéralisme, esprit borné et faux, rompu aux intrigues. Au Canada, elle put s'attirer le concours officieux de Mgr Linch, évêque de Toronto, et de Mgr Persico, évêque de Savannah, aux Etats-Unis. De ces deux évêques, l'un n'entendait rien aux manigances libérales ; l'autre jugeait, d'après les Etats-Unis, du Canada. Sur ces informations inexactes, la Propagande fut amenée à croire que les évêques canadiens s'occupaient trop de politique. L'archevêque de Québec publia une circulaire où il édulcorait, désavouait presque la précédente pastorale des évêques du Canada. Les libéraux s'en réjouirent ; mais il y eut dès lors scission dans l'épiscopat.

Pendant que le mal allait ainsi croissant, un vénérable vieillard, qui avait eu la sainte ambition de rendre le flambeau de la vérité catholique d'autant plus lumineux dans le Nouveau-Monde qu'il s'affaiblissait davantage dans l'ancien, menaçait de s'éteindre, à la grande joie de tous ceux qui n'aimaient pas la vérité entière ou qui n'ont pas le courage d'en porter l'honneur. Cet homme était Mgr Bourget ; les libéraux l'appelaient une *nuisance publique*, parce qu'il les tenait en échec et contrariait vaillamment leurs perfides desseins. Il fallait le frapper d'impuissance ou s'en débarrasser à tout prix. On commença par représenter ce saint évêque, qui voyait si bien et qui aimait tant la vérité, comme un esprit remuant et brouillon, comme un imprudent qui gâtait toutes les affaires, comme un perpétuel obstacle au règne de la paix. Ces lâches calomnies parvinrent jusqu'à Rome où l'on réussit à les ancrer dans certains esprits. Oh Dieu ! ayez pitié de votre Eglise !

Vous figurez-vous un Parisis, un Gousset, un Guéranger, un Pie dénoncés à Rome comme des espèces de fous qui poussent tout à l'extrême ; on fit cela pour leur disciple Bourget et il se trouva, dans Rome, quelqu'un pour y croire. O Jésus ! regardez la face de votre Eglise !

Ce plan réussit. Mgr Bourget, se voyant poursuivi de toutes parts et ne pouvant plus se faire entendre à Rome, donna sa démission ; elle fut acceptée avec empressement. D'autres évêques furent l'objet, pour crime d'orthodoxie intransigeante, de semblables dénonciations. On les présentait comme d'innocents passereaux, fascinés par l'astucieux serpent de Montréal. On s'était dit : « Frappons le chef et nous aurons raison de ceux qui marchent à sa suite. La démission acceptée de Mgr Bourget suffit pour frapper de terreur ceux qui eussent voulu imiter sa pieuse et patriotique bravoure. Depuis lors, le vaisseau qui porte la fortune du Canada s'enfonce dans les marais de l'indifférentisme. On a la paix à bord, mais dans les illusions et les défaillances. La vertu privée est sans nerf, la vertu publique n'a plus d'objet. L'histoire doit, au calomniateur du saint évêque de Montréal, un pilori ; et à Mgr Bourget une couronne de pierres précieuses.

Désormais les libéraux vont mettre facilement à exécution leurs funestes théories. Par mille et une malhonnêtetés, on était parvenu à se débarrasser de l'importante lettre des évêques du Canada. Un professeur de l'Université-Laval, nommé Langelier, avec cet art perfide qu'ont tous les esprits faux, poussa plus avant les attaques anti-chrétiennes de libéralisme. La loi canadienne, comme la loi électorale de tout pays, défendait l'influence indue. Ce professeur entreprit de faire décréter, par sentence judiciaire, que l'influence indue doit s'entendre de l'influence du prêtre comme tel, agissant dans l'intégrité de son ministère. Les candidats peuvent répandre au sein des populations, les principes les plus dissolvants ; ils peuvent multiplier les mensonges et les calomnies ; il leur est permis d'invectiver, contre l'autorité du Pape, des évêques et des prêtres ; mais il n'est pas permis aux prêtres de prémunir les fidèles contre la perfidie de leur enseignement et contre la perversité de leurs actes. C'est l'application de la séparation de l'Église et de l'Etat. Sur le terrain civil, tout est permis aux civils et les cléricaux n'ont pas le droit de s'y montrer. Doctrines et pratiques, ici tout en faux, tout est criminel. Jésus-Christ a envoyé ses apôtres pour enseigner les nations. La conversion des individus est certainement l'objet de la prédication apostolique ; mais la constitution chrétienne des Etats doit en être la conséquence ; et lorsque cette constitution est établie, c'est le droit et le devoir de l'Eglise de maintenir dans la foi et dans l'ordre chrétien, l'âme des fidèles et les institutions des peuples. Le prêtre qui, dans une élection, intime les vérités de foi et les devoirs du salut, remplit fort à propos et utilement son devoir. Refuser donc au prêtre le droit d'enseigner qu'il peut y avoir péché grave à suivre telle opinion politico-religieuse, c'est lui refuser le droit d'enseigner qu'il tient de Jésus-Christ. Déclarer que le prêtre qui a rempli fidèlement son devoir sacerdotal est justiciable des tribunaux civils, c'est faire acte de persécution. Confesser que la seule loi civile peut diriger avec autorité les citoyens dans les affaires publiques, c'est faire acte d'hérétique et d'apostat. Soumettre à la loi civile la loi ecclésiastique et la loi divine, c'est n'être plus qu'un païen et un publicain.

Or, ces insanités criminelles furent, dit-on, mais le fait n'est pas sûr, soutenues par le professeur Langelier et non désavouées par le recteur de l'Université-Laval. De plus, elles dictèrent la sentence des tribunaux ; trois élections furent successivement cassées pour le fait d'ingérence indue des prêtres canadiens. L'approbation canonique de l'Université-Laval intervenant sur ces entrefaites, il fut dit que Pie IX approuvait ces malversations. L'évêque de Rimousky, Mgr Langevin, ayant protesté contre ces attentats fut audacieusement et impunément traîné sur claie, par les feuilles libérales, et exécuté en effigie. Le frère de l'archevêque de Québec intervint, dans ces tristes affaires, pour soutenir les prétentions impies du libéralisme. Quant à l'archevêque, nous devons l'en louer hautement, il n'hésita pas à condamner son frère et à signer une déclaration, portant que les évêques protestaient contre la sentence des tribunaux.

Les choses étaient dans cette triste condition, lorsqu'on apprit, dans l'hiver de 1877, que Mgr Conroy, évêque d'Ardagh, en Irlande, arrivait au Canada, comme délégué du Saint-Siège. Quelque compliquées que fussent les affaires du Canada, un délégué apostolique, zélé et intelligent, pouvait les régler facilement et avec sagesse. Le délégué n'avait qu'à affirmer les renseignements de Pie IX sur le libéralisme et à flétrir avec énergie tout ce qui avait été dit, écrit et fait, au Canada, en opposition à ces enseignements. Il n'était même pas nécessaire de désigner les personnes et les partis ; il suffisait d'affirmer hardiment la vérité et le droit, puis d'ajouter : *Pax vobis !* La paix, une paix féconde, eût été rendue au Canada.

Il en fut tout autrement. Le délégué apostolique se promena d'abord agréablement sans prendre aucune information ; il ne parut viser qu'à une chose : faire croire que sa mission devait obtenir de grands résultats. Bientôt il fit voir patte *blanche*, ou plutôt patte *libérale*, ce qui est tout le contraire de la blancheur. D'abord, il fit savoir son peu de sympathie pour les écrivains ecclésiastiques qui avaient soutenu les doctrines romaines ; il déclara même qu'il ne donnerait pas la main au prêtre Alphonse Villeneuve, qui s'était ruiné, lui et sa famille, pour la défense des enseignements de Pie IX. A Québec, il reçut les plaintes des professeurs libéraux Langelier et Flynn, et, sans exiger de rétraction, il abonda dans leur sens réprouvé. A Montréal, il n'écouta les défenseurs de la cause catholique que pour essayer de les réfuter et de les convertir au libéralisme. A son avis, les libéraux canadiens n'avaient pas dressé de programme hostile à l'Eglise ; c'étaient des agneaux dont les ultramontains avaient eu le tort de méconnaître l'innocence. En conséquence, Mgr Conroy blâme les ultramontains d'avoir engagé la lutte ; ils auraient dû plutôt tourner leur ardeur contre les protestants. Or, les protestants, à Québec, ne sont pas à craindre ; au contraire, les libéraux sont la peste du pays. Les prêtres, angariés dans leur parti, par là même qu'ils professent des idées dangereuses et travaillent à les répandre, doivent être vigoureusement combattus, parce qu'ils produisent un scandale propre à séduire les âmes. Pie IX avait dit, en parlant des catholiques libéraux que « s'ils croient que les ennemis de l'Eglise, fatigués par une longue lutte, désirent un compromis, alors ils se lèvent, aiguillonnés par la prudence de la chair, s'en prennent aux combattants catholiques, accusent leurs efforts d'imprudence, et leur imposent silence, afin qu'il n'y ait point d'obstacle à la fausse paix qu'ils cherchent ardemment ». Mgr Conroy, comme s'il se fût donné la tâche de faire le contraire, blâma Mgr Bourget sans examiner ses actes ; blâma les écrivains catholiques et voulut les empêcher d'écrire, prohibition absolument contraire à toutes les recommandations de Pie IX. En même temps, cet évêque irlandais faisait signer aux évêques du Canada une lettre par laquelle on paraissait laisser tomber la lettre du 11 septembre 1875, lettre par laquelle les évêques canadiens avaient prévenu les fidèles contre les embûches du libéralisme. Pour couronner son œuvre, Mgr Conroy s'abstint de régler les difficultés pendantes entre l'évêque de Montréal et Saint-Sulpice. Par contre, opinant à faux dans le sens du monopole, toujours stérile, parce qu'il tue toute concurrence, il se hâta d'organiser à Montréal une succursale de l'Université-Laval. Mgr Conroy avait été vain, il se perdit à la fin dans l'opinion du clergé et de tous les hommes bien pensants ; et, réserve faite de ses intentions, il est permis de dire qu'il ne passa au Canada que comme un complice du libéralisme, ou comme un étourdi, en tout cas, comme un fléau.

Deux autres choses préoccupaient les catholiques : le Conseil de l'Instruction publique et les biens des Jésuites.

Les catholiques ne blâmaient certes pas le gouvernement de sa sollicitude pour les écoles. Les dépenses faites pour l'instruction publique obtenaient plutôt leur reconnaissance. Mais ils remarquaient avec peine d'abord la tendance de l'Université-Laval à se constituer un monopole étranger, sinon contraire, à toutes les traditions de l'Eglise. En matière d'enseignement, l'Eglise s'est toujours plu à multiplier les centres, à faire jouir d'indépendance les foyers de lumière et à susciter, par la concurrence, les efforts les plus généraux. Le monopole, au contraire, est communément une création hostile à l'Eglise, un piège contre la liberté, une arme aux mains de la tyrannie. On ne conçoit pas que ce qui a été mauvais partout ailleurs devienne bon au Canada. D'autant que la tendance du gouvernement est précisément en faveur de la laïcisation des écoles, c'est-à-dire de la pensée franc-maçonne la plus terriblement efficace contre l'enseignement de l'Eglise. Les surintendants Meilleur, Chauveau, Ouimet suivent successivement cette pensée de laïcisation; ils osent se croire catholiques, quand ils agissent en plagiaires des Duruy et des Ferry et de tous les plus enragés rationalistes. Au Canada, il est vrai, il y a des prêtres à la tête des écoles normales qui forment les instituteurs laïques; et les évêques ont place au conseil supérieur de l'institution publique. Or, on a pu remarquer, en France, que tous ces prêtres, engagés dans les établissements universitaires, étaient plutôt des prêtres qui se pervertissaient, que des prêtres qui exerçaient un utile apostolat, interdit d'ailleurs par la loi. Ces prêtres étaient plutôt des transfuges; ils coloraient, comme font encore les aumôniers, aux yeux des populations, sans défiance, les lycées d'un vernis qui dissimule leur corruption. Quant à la place des évêques au conseil supérieur, elle leur est donnée par l'Etat; elle pourra être retirée de même. L'évêque est, de droit divin, le surintendant de l'instruction publique; son devoir est de la surveiller, de la contrôler, de la diriger, au besoin, de la contenir. En consentant à le faire au nom de l'Etat, il ne paraît plus le faire au nom de l'Eglise, et si la roue de fortune tourne dans le sens révolutionnaire, il sera dépouillé par l'Etat de son pouvoir essentiel d'évêque, ou, du moins, l'Etat en gênera l'exercice. L'expérience prouve qu'il vaut mieux, pour l'évêque, garder son droit apostolique et l'exercer que de l'engager et le compromettre dans des conseils supérieurs, où il n'est plus que l'égal de ses sujets, à la fin leur victime.

La question des biens des Jésuites se réfère aux biens possédés par la Compagnie à l'époque de sa suppression, biens dont le gouvernement a aujourd'hui la libre disposition avec le plein consentement de la couronne qui les avait confisqués. Ces biens s'élèvent, au minimum, à cinq millions de dollars ou vingt millions de francs. Comme les titres authentiques, tous conservés et même souvent consignés dans des actes officiels, en font foi, presque tous ces biens ont été autrefois achetés par les Jésuites ou reçus en reconnaissance pour services rendus. Une faible partie seulement avait été donnée pour les écoles des missions, c'est-à-dire pour l'instruction élémentaire, et surtout pour l'instruction religieuse. Les Jésuites étaient spécialement autorisés, par bref pontifical, à réclamer ces biens au nom du Saint-Siège, depuis quatorze ans, spécialement par suite de l'opposition de l'archevêque de Québec, sur qui s'est appuyé le gouvernement pour ajourner cette restitution à des temps indéfinis. Aujourd'hui, l'Université-Laval travaille, avec l'archevêque, à obtenir ces biens des Jésuites pour son caravansérail universitaire. Ce trait peint bien l'Université-Laval et montre ce qu'il faut entendre et espérer de consciences qui ne comprennent même pas l'axiome de droit : *Res clamat Domino*.

La question universitaire, l'influence indue, les biens des Jésuites, la laïcisation des écoles, la diffusion du libéralisme sont encore à l'ordre du jour. La conclusion à tirer de ce qui précède, c'est que le Saint-Siège doit intervenir au Canada et régler toutes les affaires, surtout en condamnant les erreurs qui créent d'insolubles difficultés. Les partis n'y font rien; que l'erreur soit condamnée indistinctement : là est le salut de la société canadienne.

Que toutes les erreurs libérales, signalées par Pie IX, soient condamnées au Canada;

Que les principes de la réforme chrétienne de l'enseignement soient mis en vigueur;

Que l'autorité religieuse soit affirmée hautement à propos de la visite des écoles, du choix des livres et de tout ce qui concerne l'enseignement de la religion;

Que les biens des Jésuites soient restitués à leurs légitimes propriétaires;

Que Montréal ait son Université indépendante et que Laval soit définitivement et sans retour une Université catholique, par son principe, par son esprit et par son personnel;

Que l'autorité des évêques s'exerce selon les règles lumineuses et vivifiantes du droit canon;

Que l'autorité civile soit subordonnée à l'autorité religieuse, comme la fin de l'Etat doit être subordonnée à la fin de l'Eglise.

Alors l'Eglise étendra ses conquêtes au Canada; autrement elle perdra, par l'effet dissolvant du libéralisme, toute vertu privée et publique, parce que le libéralisme n'est autre que le protestantisme social, spécialement formé par le démon, pour la destruction des peuples chrétiens.

. . . .

En relisant ces pages pour les envoyer à l'imprimerie, nous déclarons qu'elles sont écrites depuis douze ans. Nous avions composé ce chapitre après plusieurs conversations avec des Canadiens, fortune rare en France et qui nous parut offrir, à l'exactitude de ces informations, toute garantie. Nous sommes sûr d'avoir reproduit exactement les communications de nos interlocuteurs; nous n'avons, comme gage de la vérité de leurs paroles, que l'honorabilité de leurs personnes; mais nous y croyons si fort que nous n'hésitons pas à rendre publiques ces pages.

D'autre part, nous avons lu, dans un ouvrage sur les Laurentides, que les Canadiens, ces dignes fils des Normands, sont les plus grands chicaneurs du monde. Ces pages en fournissent une nouvelle preuve ; les Canadiens sont divisés entre eux et se ruent à de mutuelles funérailles. Le pays est jeune encore ; les passions y sont vieilles. Nous savons d'ailleurs que l'historien ne doit rien dire de faux, et ne doit rien taire de vrai. Nous ignorons moins encore qu'à cette distance, il est facile de s'abuser ; la sagesse des nations nous a appris qu'il y a péril à mettre la main entre l'écorce et l'arbre. Malgré tout, notre notre devise est : *En avant toujours.*

Douze ans, c'est presque ce que Tacite appelle le *grand espace d'une vie mortelle;* le comte de Maistre nous dit, à l'encontre, qu'une vie d'homme, ce n'est, dans la vie d'un peuple, qu'une minute. Dans ces douze années, dans cette minute nous avons à signaler la situation du pays, les mouvements d'opinion, le changement de personnages et les quelques faits qui fournissent matière à chronique.

Le Canada, cédé par la France à l'Angleterre, était un pays catholique tombé sous un gouvernement hérétique et schismatique. L'acte de cession avait stipulé en faveur des droits de la créance et des prérogatives de l'Eglise ; en retour, les indigènes devaient se conduire en loyaux sujets de l'Angleterre. Le gouvernement britannique ne fit pas, de son fanatisme, un objet d'exploitation ; les Canadiens ne manquèrent pas davantage au respect du drapeau qui les abritait. « La loyauté des évêques et des prêtres canadiens-français, s'écrie Mgr Bégin, elle est écrite en lettres d'or, en traits de feu, dans les fastes de l'histoire, et tous les souverains, tous leurs représentants qui se sont succédés ici depuis la cession du Canada à l'Angleterre, — même ceux d'entre ces derniers contre lesquels il a fallu lutter légalement pour la défense des droits les plus légitimes, — tous leur ont rendu le plus légitime et le plus cordial témoignage. » En preuve, l'archevêque de Québec cite les évêques Briand, Denaut, Plessis, Panet, Sinay, Taché, Lartigue et Baillargeon. Et pour prévenir toute contestation de cet argument, la *Semaine religieuse* de David Gosselin cite les dates, les actes épiscopaux et les textes, magnifiques témoignages de la loyauté des Canadiens français. Pour conclure, le prélat rappelle que lui-même, dans la chaire de la cathédrale de Reims, au centenaire de Clovis, a dit : « Tout en conservant de l'affection pour notre ancienne mère patrie, nous sommes heureux de vivre à l'ombre du drapeau britannique ; nous habitons une des contrées les plus libres de la terre. »

Cette fidèle allégeance ne permit, au peuple anglais, contre les Canadiens, aucune persécution violente, ni religieuse, ni politique ; mais la juxtaposition des vaincus et des vainqueurs, par suite de l'opposition de leurs croyances, ne pouvait pas s'effectuer sans heurt. Le peuple canadien venait de naître, par la prédication et le martyre des missionnaires catholiques ; il s'était formé par l'apport d'un élément français, qui s'était infiltré dans l'élément sauvage, pour le subordonner et l'assimiler. A la cession en 1763, l'administration française disparaissant, il ne restait plus, au Bas-Canada, que la population française, distribuée en paroisses, gouvernée par ses curés. L'administration anglaise devait respecter et respecta cet état de choses ; par le fait, elle introduisait avec elle un nouvel élément, l'élément protestant. Dès lors, il y eut, dans la province de Québec, à côté des catholiques, tous travailleurs, des protestants : le crédit du gouvernement et leur condition personnelle constituait, avec les catholiques, un état de nécessaire rivalité. Quand la foi est vive, qu'elle sait vaincre les passions, elle peut rendre cet ordre pacifique ; à la longue, il est difficile qu'il ne se produise pas quelque dissentiment.

Après les troubles de 1837, l'idée vint, au gouvernement, pour faire perdre à la province de Québec son caractère catholique et français, de l'*unir* politiquement à la province protestante et fanatique d'Ontario. « L'union n'ayant pas produit tout le résultat qu'on en attendait, et l'antagonisme allant toujours croissant, dit Laverdière, on imagina un nouveau système de gouvernement, qui put laisser, à chaque province, le maniement direct de ses propres affaires et assurer à toutes les avantages que procure toujours l'union des forces. » Au contraire de l'union, cette confédération avait été consentie par les chefs canadiens français. Mais les Anglais se promettaient de trouver, dans cette machine, un moyen de prendre, aux Québecquois, leur religion, leur langue et leur autonomie provinciale, ou du moins un instrument pour y pratiquer de larges brèches. Si Québec eût été aussi près que Dublin, il fût devenu la capitale d'une seconde Irlande. L'éloignement et la forme fédérative, peut-être aussi le progrès des idées et l'expérience, amenèrent une politique coloniale plus large, et, dans le bon sens du mot, plus libérale. Relativement il en résulta d'abord quelque avantage pour la religion et les libertés du Bas-Canada. Mais il y a, au fond des choses, un dessein hostile ; et si avant que ce complot soit enfoui, il doit toujours se manifester quelque part et à certain délai. Peut-être n'est-il pas téméraire de croire que le voisinage de la grande république est pour quelque chose dans les conseils de la sagesse du gouvernement métropolitain. S'il plaisait, en effet, aux populations, d'appeler l'Amérique à leur secours, et s'il plaisait aux Américains de s'annexer le Dominion anglais jusqu'à la baie d'Hudson, il serait difficile à l'Angleterre d'empêcher cette déchirure de son empire.

Mais, à défaut de la persécution positive, les Canadiens n'ont su que trop épuiser leurs forces dans les divisions. Les idées libérales et les préjugés gallicans y prédisposaient le clergé ; les partis, avec leurs ténèbres et leur égoïsme, y précipitèrent les laïques. Dans un pays où les populations sont foncièrement catholiques, on vit des partis écarter l'idée de former, avec la province de Québec, un état indépendant et mettre, à son expansion, de ridicules obstacles. La fortune de l'avenir, par exemple, est dans l'accroissement de la population, et la natalité de la race justifie, sous ce rapport, toutes les espérances. Un appoint sérieux eut pu advenir par la colonisation et l'exploitation de la forêt. Or, la forêt fut livrée à de gros marchands de bois, qui l'exploitent au mieux de leurs intérêts, sans doute, mais qui l'exploitent au détriment de l'État et en créant, à la colonisation, les plus malheureux obstacles. Un prêtre s'était rencontré, qui possédait, pour ce patriotique travail, quelque génie. On le bombarda député ministre, bien qu'il ne fût ni l'un ni l'autre ; l'Église lui décerna la prélature ; mais Mgr Labelle ne fut pas qu'un heureux accident.

Depuis trente ans, au Bas Canada, l'esprit de parti se met au-dessus de tout. Dieu, la religion, l'Église passent bien après le parti. C'est une véritable idolâtrie. Je me demande comment des hommes qui sont, en leur privé, bons chrétiens, peuvent ne pas voir qu'il y a, dans leur fait, un équivalent d'apostasie. Les commandements de Dieu et de l'Église règlent, sans contredit, notre conduite privée ; ils ne laissent pas l'ordre public à l'omnipotence des nations. Il y a un Christ social ; un Évangile social ; une Église sociale, et ce n'est pas seulement un idéal qui doit miroiter sous nos yeux, c'est une réalité qui s'est incarnée, pendant mille ans et plus, dans la civilisation des temps chrétiens. Vous devez concourir librement à cette réincarnation de l'Évangile, sur les rives du Saint-Laurent. La race française a été transportée dans vos froides régions, pour pénétrer, comme un coin de fer, dans le protestantisme anglo-saxon et pour faire s'irradier le christianisme jusqu'à la baie d'Hudson. Si vous abdiquez cette mission providentielle, le métropolitain ou le voisin vous ramasseront un jour comme une chose sans raison d'être, appoint sortable de quelque grande puissance.

Cet épouvantable scandale des partis canadiens provient d'idées fausses. Les idées fausses du gallicanisme épiscopal et parlementaire, devenues programme du libéralisme, favorisent absolument cette doctrine funeste de séparation. Des chrétiens se croient, comme citoyens, en droit d'abonder en ce sens, de se dire bleus ou rouges sans savoir si ces couleurs se concilient avec le *Credo*. On les laisse dire et faire sans susciter, au nom de la religion, aucun obstacle. Or, un théologien a publié, en latin, trois volumes où il expose que l'Église réprouve cette promiscuité sacrilège et énumère les moyens de lui créer des obstacles.

Dans une Église fermée, il peut se produire une stagnation d'idées vieilles. Ce péril ne paraît pas à craindre, pour le Canada, depuis que ses fils ont pris le chemin de Rome, les uns, pour y verser du sang, les autres pour en rapporter des semences de résurrection ou plutôt de surélévation. Je me suis demandé si la divine Providence n'avait pas dirigé, de ce côté là, dom Benoit, l'auteur de quatre volumes contre le libéralisme, pour lui assigner, sur les rives du Saint-Laurent, une œuvre d'apostolat.

Pour le salut du pays, il faut demander, à Dieu, la résolution des vieux partis. Ces partis, également libéraux, avec des nuances diverses et un dosage différent, sont plus ou moins des partis du mort. Espérer s'en saisir est une illusion ; croire qu'on peut les désinfecter, est une autre vaine créance. Le virus du poison, même à dose infinitésimale, est toujours là ; il emprunte aux circonstances plus ou moins d'âcreté, il est toujours nuisible et certainement inéliminable.

Des publicistes ont émis l'idée de la formation d'un nouveau parti, nationaliste par son objet, catholique par sa foi, faisant sa politique par le service de la religion et la soumission à l'Église. On croit à cette nécessité ; on s'y dérobe en parlant des obstacles. Nous périssons, mais il n'y a rien à faire. C'est du pur fatalisme. Montalembert et Veuillot étaient, à eux deux, le parti catholique, et ils ont fini par entraîner la masse. Aide-toi, le ciel t'aidera.

Au Canada, deux faits réjouissent l'âme chrétienne : la restitution des biens des Jésuites et l'envoi d'un nonce apostolique.

Après l'anéantissement des Jésuites par Clément XIV, le décret de dissolution n'avait pas été publié partout et sa publication était une condition *sine qua non* de son application concrète. En Prusse et en Russie, par exemple, le grand Frédéric et Catherine la Grande, aussi grands tous les deux par leurs vices que par leurs vertus, avaient eu pourtant l'esprit de garder la graine de Jésuites pour, plus tard, en ensemencer l'univers. Au Canada, l'Angleterre, fanatisée par le *No popery*, avait laissé en paix les Jésuites. Les Jésuites continuèrent leur ministère dans les écoles et dans les paroisses ; comme ils n'avaient plus la facilité de se recruter, ils finirent par s'éteindre. Leurs biens ne furent pas volés, comme ailleurs ; mais ils tombèrent en déshérence. Le gouvernement eut pu les tenir comme biens d'aubaine libre et se les attribuer ; il se contenta de les garder pour les Jésuites à venir. C'était justice : exemple de probité, je ne dis pas rare, mais unique au monde ; et c'est un grand honneur pour le Canada, que, pour des biens de Jésuites, il ne se soit trouvé, ni dans les conseils, ni au gouvernement, personne pour conseiller ou perpétrer ce vol, espèce de péché mignon de tous les gouvernements d'Europe et d'Amérique.

Les Jésuites, longtemps absents, finirent par reprendre le chemin du Canada. Leurs biens étaient encore là : ils les avaient acquis, comme tout le monde, par achat, contre argent ; ou par une libre attribution, mais comme prix de services rendus ; ou, enfin, comme don pur, conféré en esprit de foi. Suivant une formule qui m'est suggérée par un mot spirituel d'Alphonse Karr, les biens des Jésuites sont les biens des Jésuites ; ils appartiennent aux Jésuites et à personne autre ; et personne, ni particulier, ni corporation, ni gouvernement ne peut, à peine de vol, se les attribuer licitement. Le bien d'autrui, s'il est abandonné sur la grande route, exerce, vous le devinez, sur le commun, une grande puissance de séduction. L'Université, et je ne sais quelle autre corporation, couvait des yeux les biens des Jésuites, et volontiers eut étendu sur eux sa griffe, sauf à la laisser empêtrée dans cette laine, ce qui, d'ailleurs, eut été un profit. Au Canada, comme partout, il ne manque pas de braves gens, incapables de voler un mouchoir ou un porte-monnaie, mais qui, voyant partie prenante pour les biens des Jésuites, branlaient la tête avec un air de profondeur et disaient que c'était là une affaire de haute importance et d'une particulière difficulté. La difficulté n'était pas de les rendre, puisque les Jésuites étaient là et réclamaient leur bien ; la difficulté était de les prendre, de tondre les Jésuites sans les faire crier.

L'affaire se lanternait depuis longtemps ; elle allait de Caïphe à Pilate, sans se tirer d'épaisseur, lorsque Honoré Mercier devint premier ministre de la province de Québec. Mercier était un homme de talent, un bon chrétien ; il avait été libéral, il était devenu nationaliste ; sauf un faible, commun à beaucoup d'autres, il était quelqu'un. En sa qualité d'avocat, il parlait fort bien ; dans un voyage qu'il fit en France, fêté par les catholiques de marque, il parla dans toutes ces fêtes, non seulement sans faire de faute, mais en disant juste ce qu'il fallait dire. Ce n'était pas un moulin à paroles, comme Laurier, dont l'abondance oratoire n'a d'égale que la faiblesse de caractère. Mercier, ai-je dit, avait aussi sa faiblesse qui consistait à subir le joug du libéralisme et de s'en faire comme un titre à la distinction. Or, le libéralisme ne dit pas précisément que rien n'est légitime ; il dit, au contraire, que tout est légitime, le mal comme le bien, et lorsqu'un esprit se heurte à cette promiscuité, il ne sait plus ni quoi penser, ni que faire. Dans son esprit, se rencontrent des lumières contradictoires ; dans son cœur, des sentiments opposés ; comme conclusion, il s'abstient d'agir ou, s'il agit, c'est mollement. C'est par là que le libéralisme est le fléau et comme l'anathème contre les grandes âmes.

Mercier avait commencé par faire rendre, aux Jésuites canadiens, la personnalité civile ; après leur avoir conféré l'habilité juridique, il voulut rendre leurs biens. C'est ici qu'il rencontra, autour de lui, un amoncellement de toiles d'araignées ; plus il en abattait, plus il s'en formait ; il courait risque d'être suffoqué par la poussière, lié dans les toiles et dévoré par les filles d'Arachné. En habile homme, le premier ministre se dirigea vers la ville éternelle ; il oubliait que Rome est le centre de répercussion de tous les bruits du monde. A la vérité, Lamartine dit que tous ces bruits viennent à Rome, pour y mourir ; c'est le contraire de la vérité ; ils y viennent pour y prendre une vie qu'ils ne méritent point et, grâce aux complicités, parfois ils triomphent du droit ou causent à la justice des torts provisoires. Mercier était homme à ne point redouter ces faiblesses.

Je trouve dans mes papiers et je reproduis textuellement une note où le lecteur retrouvera aisément le caractère de cette négociation.

Note sur la visite que fit le R. P. Turgeon, recteur du collège Sainte-Marie, à l'hon. H. Mercier, premier ministre, à son retour de Rome, le 17 mars 1888.

Après les félicitations d'usage, M. Mercier nous parla de sa visite à Rome. Il avait d'abord rencontré plusieurs cardinaux et causé longuement et souvent avec le Père Lopinto. Il obtint facilement une audience du S. Père, qui le reçut avec des marques non équivoques de bienveillance. Le S. Père félicita M. Mercier d'avoir obtenu la reconnaissance civile aux Jésuites du Canada, en lui disant qu'il avait été un exemple aux gouvernements, surtout dans leurs relations avec les ordres religieux. Le S. Père regrette le différend qui existe entre le premier et le cardinal Taschereau, mais S. S. espère qu'il n'y aura aucune suite.

M. Mercier avait entamé la question des « Biens », quand le S. Père dit que cela regardait la Propagande. Après un moment de silence, le S. Père reprend : Que feriez-vous dans cette question? — Ce que voudra le Saint-Siège. — Ah ! ainsi vous seriez prêt à donner ces biens à ceux que le Saint-Siège indiquerait. — Oui, S. Père, mais à une condition. A ce mot le Pape se sentit piqué visiblement. — Mais à quelle condition ? — S. Père, vous la trouverez bien juste quand vous la connaîtrez : à la condition que le gouvernement recevra une quittance signée par les Jésuites, maintenant reconnus civilement et seuls propriétaires de ces biens, comme successeurs des anciens Jésuites. Le Pape, montrant par là qu'il est homme d'Etat, lui répondit que la condition était en effet juste et raisonnable. Seriez-vous prêt, vous, monsieur le ministre, à régler cette question? — Oui, quand le S. Père voudra. J'ajouterai que cette question doit être réglée au plus tôt, et je me sens la force de la régler, et je ne sais si mes prédécesseurs pouvaient en dire autant. Dans tous les cas, j'ai pour les Jésuites un dévouement que d'autres n'ont pas, car ce sont mes maîtres, mes professeurs et je les aime. De plus, j'arrive cette année avec un surplus considérable, et jamais le gouvernement n'aura eu une meilleure chance de rembourser cette somme. T. S. Père, permettez-moi cependant de faire remarquer à Votre Sainteté que je suis ici le débiteur du Saint-Siège ; ce n'est pas à moi à presser le Saint-Siège à exiger le paiement. Si le Saint-Siège m'autorise à garder l'argent en sûreté de conscience, je ne m'y oppose pas. Mon seul but dans la démarche que je fais en ce moment, est d'accomplir un acte de justice. — Donnez ces arguments au cardinal Siméoni. — Je l'ai déjà fait, S. Père. Je demande encore à Votre Sainteté de n'avoir pas à agir avec des étrangers dans cette question, mais avec des Pères Canadiens. Le pays craindra moins que l'argent restitué ne passe dans des mains étrangères. Enfin, si la question se règle, Votre Majesté voudra bien ne pas attendre le moment des élections générales.

M. Mercier demande alors au S. Père l'autorisation de vendre le terrain du vieux collège des Jésuites à Québec, et d'en laisser le prix en dépôt pour être distribué ensuite selon les vues du Saint-Siège. Le Pape répondit que c'était une affaire de chancellerie.

A propos des Biens, est venue la question de l'Université et des degrés. M. Mercier déclara formellement au S. Père que jamais la paix n'existerait sans que Montréal eût son Université, parce que, même si les laïques finissaient par se soumettre, le clergé ne se soumettrait pas ; et encore aujourd'hui la masse des curés est opposée. — Mais Mgr Fabre s'est rallié à Laval. — Oui, S. Père, mais pas les prêtres.

Si les Jésuites ne donnent pas les degrés, ils seront considérés comme inférieurs aux autres collèges.

Le Pape accorde plusieurs faveurs à la famille du premier ministre.

Après cette audience, le cardinal Rampolla dit au Père Lopinto que le Pape en était enchanté. « Si nous avions des hommes comme cela en Europe, ajouta le cardinal Rampolla ! Pourquoi vos Pères ne forment-ils pas des défenseurs comme celui-ci ? »

M. Mercier dut quitter Rome sans le document l'autorisant à vendre le terrain de Québec. A Paris, il reçut une dépêche du cardinal Siméoni lui annonçant l'envoi de cet écrit à Montréal et, en effet, le R. P. Turgeon, à qui il avait été adressé, put le lui remettre le 17 mars.

Le commandeur Rossignani avait accompagné M. Mercier jusqu'à Paris et de retour à Rome lui adressa cette dépêche : « Mes félicitations au sujet de la question Biens des Jésuites. »

Le Père Turgeon fit connaître à M. Mercier la dépêche suivante reçue de Rome au collège Sainte-Marie avant l'arrivée de M. Mercier : « Annoncez vite, présentez bill Mercier ; Pape pas opposé. — Lettre bientôt ». En voici l'explication. Le Père Lopinto avait parlé de la nécessité des degrés pour le collège Sainte-Marie. Mais M. Mercier déclara au cardinal Masella ne pas vouloir recommencer la lutte de l'an dernier sans un écrit du Saint-Siège l'autorisant formellement. « Car, dit-il, j'ai été à deux doigts de ma perte l'an dernier, comme homme politique et comme catholique. Si le cardinal Taschereau m'avait excommunié, ce n'est pas vous, Éminence, qui m'auriez tiré d'embarras. Vous auriez dit : pauvre homme, il s'est laissé prendre. Mais avec un écrit du Pape, comme je n'aurai plus à combattre contre le cardinal Taschereau et les Évêques, je suis prêt. »

Le Père Turgeon comprit qu'il fallait attendre, en effet, l'écrit du Saint-Siège pour agir. Le Père Lopinto a été informé qu'on ne ferait rien avant de recevoir le document pontifical qui est attendu d'un jour à l'autre.

J'oubliais deux petits détails : au cours de la conversation, le cardinal Masella avoua à Mercier qu'il était impossible d'affilier le collège Sainte-Marie à Laval et que les degrés étaient nécessaires à ce collège. Comme motif de presser l'arrangement et d'avoir une quittance des Jésuites, Mercier cita le fait qu'aujourd'hui on demande au gouvernement pour Laval une allocation annuelle de vingt-cinq à trente mille piastres dans le but évident d'empêcher la restitution.

P. S. Une dépêche reçue de Rome annonce que la question des degrés pour les Jésuites est remise à plus tard ! Laval triomphe à moitié.

De retour au Canada, Mercier rendit leurs biens aux Jésuites, mais pas comme il l'aurait voulu, absolument. On fit une cote plus ou moins bien taillée et l'affaire disparut de la politique.

Je suis heureux de rendre ici hommage à Honoré Mercier et aux Jésuites. Les Jésuites sont, sans doute, des hommes, mais ce sont de grands serviteurs de Dieu. A mon avis, ce sont les meilleurs soldats de la sainte Église et Dalembert ne se trompait pas lorsqu'il les appelait les premiers grenadiers du Pape. Très forts par le savoir, très laborieux dans la vie commune, très vertueux en leur privé, très désintéressés même, quoi qu'on leur reproche une tendance à l'accaparement des biens et à la domination sur les personnes, ils tiennent, ce semble, la tête des Ordres religieux et ce n'est diminuer personne que de les saluer au premier rang. Quant à Honoré Mercier, mort trop jeune, je veux rappeler ici qu'il me provoquait à écrire l'histoire du Canada et qu'il voulut me fournir quelques moyens d'affermir mes convictions d'historien. Je suis peut-être l'homme de France qui possède, sur l'histoire contemporaine du Canada, le plus de documents inédits ; mais *Venit nox, cum jam nemo operatur.*

Le second événement joyeux du Canada contemporain, c'est l'envoi d'un nonce. Le 2 octobre 1899, débarquait, à Québec, Mgr Diomède Falconio, de l'Ordre des Franciscains, archevêque de Larisse. Précédemment le Saint-Siège avait envoyé, au Canada, des visiteurs apostoliques, Mgr Conroy, Mgr Persico, et le Père Smeulders ; mais ces délégations, trop rapides, faites par des étrangers, sur un terrain inconnu, n'avaient pu que créer, dans leur esprit, des incertitudes et n'aboutir, en fait, qu'à de médiocres résultats. Une nonciature permanente offre d'autres ressources. Un nonce à demeure, acquiert une espèce de naturalisation ; il connaît, avec le temps, l'esprit et les mœurs du pays ; il voit naître les difficultés et peut les prévenir ; s'il ne peut les enrayer, par la connaissance qu'il a des actes et des personnes, il peut plus facilement les résoudre. S'il n'a pas la dextérité suffisante pour prévenir ou résoudre les difficultés, il peut en référer à la secrétairerie d'État. Étant connu que les Canadiens aiment à contester, ils pourront, au lieu de s'embarquer pour Rome, s'adresser au juge de Rome, présent dans leur capitale, Ottawa. Ce sera une économie d'argent et de mauvaise humeur, au profit de la paix publique.

Que personne ne conçoive de doute sur l'aptitude d'un Franciscain à traiter des affaires politiques ou religieuses. L'homme le plus apte à traiter les affaires, disait, par une espèce de paradoxe Donoso Cortes, c'est l'homme le plus étranger au monde. Si j'avais à choisir un ambassadeur, je le prendrais parmi les religieux ; de préférence parmi les religieux cloîtrés ; et, de préférence, entre tous les cloîtrés, je choisirais les plus contemplatifs. C'est en regardant le ciel qu'on acquiert l'intelligence des choses de la terre ; et si, pour régler les affaires de ce monde, on ne regarde que la terre, c'est, d'après saint Augustin, souffler sur la poussière pour s'aveugler.

Une œuvre particulière appelle, au Canada, les sympathies de l'Église, l'œuvre des Acadiens. En 1713, Louis XIV, par le traité d'Utrecht, avait cédé l'Acadie à l'Angleterre. Le traité de cession réservait, pour les Acadiens, les droits réels, personnels et religieux ; non seulement les Anglais ne devaient point molester leurs nouveaux sujets, mais devaient les protéger en tout bien, tout honneur. Les Anglais, pour qui le droit des gens n'existe pas, ne tinrent aucun compte du traité d'Utrecht. En 1755, ils déclaraient la guerre à la France, pour lui prendre le Canada. Les Acadiens, qui étaient français de sang ou de cœur, refusèrent de se battre contre leur ancienne patrie. Alors trois Anglais, Laurence, Murray et Winslow conçurent contre les Acadiens le plus criminel complot dont parle l'histoire. D'abord, pour un vain prétexte, ils leurs enlevèrent leurs armes ; ensuite, ils expulsèrent leurs prêtres ; enfin, soi-disant pour notifier les ordres du roi d'Angleterre, ils les réunirent en divers endroits, les cernèrent avec leurs soldats, les chargèrent par mer sur des vaisseaux et les expédièrent par mer sur les côtes de l'Amérique du Nord, en les dispersant jusqu'à la Géorgie, pour qu'il eur fut impossible de se retrouver. Cet enlèvement de huit mille Acadiens se fit avec le concours de toutes les plus épouvantables brutalités. On ne les enleva point par familles ; mais on expédia les jeunes gens d'un côté, les jeunes filles de l'autre, les mères en un endroit, les pères dans un autre. Leur dernier regard sur l'Acadie leur permit de voir brûler leurs granges, leurs maisons et leurs églises. Dire les malheurs de ce peuple dispersé, jeté en exil, dépasse la mesure de nos forces ; flétrir les scélératesses de l'Angleterre est inutile.

Un certain nombre d'Acadiens avaient échappé aux Verrès anglais ; ils se réfugièrent au Canada. Du fond de leur exil, un certain nombre avaient repris les chemins du Nord. Après un siècle et demi, à travers de terribles vicissitudes, ils commencent à sortir de leur isolement. Grâce à l'influence de son clergé, grâce à la facilité des communications et aux progrès de l'éducation chez cette race héroïque, elle émerge de son obscurité, aussi vigoureuse, aussi croyante, aussi française qu'étaient ses pères avant le drame de 1755. La voix de ses enfants se fait entendre dans la chaire de vérité, au Sénat, à la Chambre des communes, aux parlements provinciaux et sur le banc judiciaire. La terre d'Évangeline, dont le poète américain, Longfellow, a immortalisé le souvenir, ne doit plus rester sous l'anathème : tout fait prévoir que son épreuve touche à sa fin et qu'elle va reprendre le cours de son ancienne prospérité.

Cette renaissance des Acadiens peut être une source de dangers, si la religion n'en règle pas la marche. L'instruction fait naître des besoins variés et des habitudes nouvelles. C'est à ces époques de transformation que les traditions salutaires, les autorités sociales, les doctrines morales et religieuses importent le plus à la renaissance des races proscrites. La religion et la langue française sont tellement unies au Canada, qu'on ne peut en détruire la solidarité, sans travailler pour le protestantisme. Pour écarter tout malheur, pour hâter la résurrection de l'Acadie, il faut souhaiter, aux Acadiens, des chefs habiles et incorruptibles, un clergé national, instruit et dévoué, qui dirige ses ouailles avec force et douceur vers le but à atteindre. Le plus sûr, c'est de leur donner des évêques de leur sang et de leur race. On les verra alors progresser rapidement, marcher à la conquête du sol, former de nouvelles paroisses et propager dans les provinces maritimes la véritable civilisation, celle qui assure les idées sages, les bonnes mœurs et les justes progrès.

C'est à la mère Église qu'il appartient de donner, aux Acadiens, ces évêques de leur sang et de leur race ; c'est à elle, c'est à sa sagesse et à sa bonté qu'il appartient d'effacer de l'histoire les restes du plus grand crime de l'Angleterre (1).

---

(1) Cf. Casgrain, *Un Pèlerinage au pays d'Evangeline*, 1 vol. in-12, Paris, 1889.

Au moment où nous ajoutons ce post-scriptum, deux choses doivent tomber sous l'anathème de l'histoire : l'affaire des écoles de Manitoba et l'envoi au Cap d'un contingent militaire contre le Transvaal.

C'est une stipulation de droit naturel et de droit écrit que les catholiques et les protestants soient soumis à un égal traitement social et politique. Egalité pour tous, aucun privilège pour personne : telle est la formule du bon sens, de la probité et de l'honneur. Or, vers 1890, un gouvernement libéral succédant, au Manitoba, à un gouvernement conservateur, son chef, Greenvay, n'eut rien de plus chaud que de supprimer le droit scolaire des catholiques, d'interdire l'enseignement de la religion et de la langue française dans les écoles, et d'obliger les catholiques à envoyer leurs enfants dans les écoles protestantes. Que si les catholiques voulaient des écoles catholiques, le gouvernement Greenvay leur refusait tout subside financier; dans ce cas les catholiques devaient contribuer, par leurs impôts, à l'entretien des écoles protestantes, et, de plus payer un impôt nouveau pour l'entretien de leurs écoles. C'était une iniquité scélérate; mais, au point de vue protestant, c'était un rude coup pour supprimer au Manitoba l'élément français et l'élément catholique. En présence d'une iniquité si révoltante, le devoir du gouvernement fédéral, alors conservateur, était de faire casser la loi manitobaine et de la remplacer par une loi de justice. On ne peut pas dire que Charles Tupper ne fit rien ; à Ottawa et à Londres, il posa quelques actes de procédure; mais quand il fallut conclure, il montra lenteur, nonchalance, indécision telles qu'il tomba du pouvoir sans avoir rien terminé. C'est le fait ordinaire du parlementarisme : l'art d'étrangler sans bruit et de trahir en désertant.

Aux élections générales, sir Wilfrid Laurier, Adonis libéral, avait promis, pour abattre Tupper, que s'il était élu avec une majorité, il s'empresserait de régler cette question d'écoles. Les électeurs donnèrent à Laurier la majorité parlementaire et Laurier devint premier ministre fédéral du Dominion. Laurier est un catholique pratiquant, un orateur, mais un libéral et une âme faible, joignant à l'habileté parolière je ne sais quelle impuissance. Laurier avait promis, Laurier devait tenir sa parole : c'est l'évidence même. Au lieu d'aller tout droit, il prit un grand détour et parla de recourir à Rome dans l'espoir d'obtenir, par un artifice quelconque, de Rome une réponse favorable à son inertie. Léon XIII n'est pas un Grégoire VII, c'est un diplomate ; il faut être malin pour le surprendre. Léon XIII répondit en forme solennelle par acte public et mit dans cet acte ce que dictait le bon sens. Les réparations jusqu'ici offertes aux Manitobains sont bonnes, mais insuffisantes ; il faut leur rendre une réparation entière. Le devoir de Laurier était d'agir ; il ne fit rien. Les électeurs manitobains ont, depuis, abattu Greenvay et mis à sa place un Mac Donald ; les difficultés diminuent donc et l'obstacle disparaît. Laurier continue de ne rien faire. Une loi provinciale dépouille, depuis dix ans, les catholiques du Manitoba d'un droit que leur assure le pacte fédéral ; le premier ministre a le pouvoir et le devoir de réparer cette violente injustice ; il n'use pas de son pouvoir, il manque à son devoir ; il devient solidaire du crime qui laisse prévaloir l'iniquité. C'est un grand crime ; je ne demande pas qui peut en absoudre sa conscience ; je crois savoir que les crimes des princes sont réservés au Pape ; mais j'ose dire que protéger ainsi la violation du pacte fédéral, c'est détruire implicitement le Dominion établi pour maintenir partout un ordre de justice. Si le fait inique continue de posséder : *Teneo quia teneo* : l'histoire ne doit à Laurier, si catholique soit-il, qu'un pilori, avec l'inscription : *Au complice de la destruction des écoles catholiques de Manitoba !*

L'Angleterre est un pays qu'un humoriste dit avoir été peuplé par les dix tribus d'Israël transportées à Babylone et réfugiées au retour dans ces îles lointaines. Ce peuple au poil roux, enfermé dans son île, a trouvé, depuis deux siècles, le moyen de s'emparer d'un tiers du monde et de se faire, en Europe, une prééminence. C'est un peuple protestant par sa religion, juif par sa politique, un peuple de flibustiers, de pirates, de voleurs, d'assassins, pour qui il n'y a, en dehors du succès, ni probité, ni justice, ni respect quelconque de l'indépendance des peuples. Un publiciste français a pu écrire l'histoire *criminelle* de la Grande-Bretagne ; s'il en faisait une nouvelle édition, il pourrait citer, en pièces justificatives, le règne de la gracieuse Victoria, tout plein de sang et de crimes contre les nations. Pour ne citer, en preuves, qu'un fait, c'est Palmerston qui, vexé des mariages espagnols, se flattait en relevant les basques de son habit, de mettre, avec cent millions, le feu à l'Europe. En 1846, il mit le feu en combattant le Sonderbund, alluma la révolution en Suisse, puis en France, puis en toute l'Europe et profita, pendant dix ans, de cet incendie, pour exercer son métier de *pick-poket* international. En 1859, le même Palmerston, lord Brulot, dit Margotti, vexé du rétablissement de l'Empire français, se mit, comme chef européen des hordes francs-maçonnes, à pousser le mouvement unitaire de l'Italie. Par ce coup de maître, lui, le grand aristocrate, tendant la main à Mazzini et à Garibaldi ; il créait, à la frontière de France, un état ennemi ; il posait la pierre d'attente de l'unité allemande ; il préludait à la destruction en Europe de la prépondérance française ; et, par la destruction du pouvoir temporel des Pontifes Romains, il mettait l'Europe dans une situation révolutionnaire ; il provoquait partout le branle-bas, pour tout détruire. L'Anglais est l'ennemi du genre humain, le grand écumeur des mers, le grand voleur de territoires qu'il annexe chaque jour à son grand empire. C'est l'empire du monde conquis, non par la force des armes, mais par escroquerie, dans un guet-apens.

A l'extrémité de l'Afrique, l'Angleterre possédait une petite colonie, le Cap. A côté du Cap se trouvait l'état vassal de Natal, l'état libre d'Orange et la république du Transvaal. Ces petits états s'étaient formés de réfugiés européens, Hollandais pour la plupart. En Afrique, c'est l'équivalent de la formation, en Amérique, d'un État dont la première population se composait d'Anglais proscrits pour cause de religion. Ce protestantisme, qui se vante d'avoir introduit, en Europe, la liberté de conscience, a prouvé son libéralisme en chassant d'Angleterre des sectaires qui ont formé le noyau des États-Unis, et en chassant de Hollande, après le synode de Dordrecht, d'autres sectaires qui ont formé le Transvaal. Ces réfugiés s'étaient établis d'abord au Cap, au milieu des indigènes, avec l'espoir de trouver sous le sceptre anglican, une liberté que leur refusait le fanatisme de Calvin. Déçus dans leur espérance, ils se retirèrent plus au Nord; ils formèrent une république indépendante, composée de fermiers, occupés de la culture de leurs champs et de la lecture de la Bible, mais très jaloux de leur liberté. La chose alla bien jusqu'à la découverte d'une perle dans les fumiers du Transvaal. Un beau jour, on s'assura que le sol du Transvaal contenait d'abondantes mines d'or, et, *horresco referens*, des mines de diamants. Dans notre siècle matérialisé, ces pépites d'or produisent un grand ébranlement de peuples. En Californie, en Australie, au Klondike canadien, ils avaient attiré des nuées d'exploiteurs; au Transvaal, ce fut, pour l'Angleterre, l'occasion d'un nouveau crime.

Depuis que la libre frappe de l'argent est interdite par le droit public et que l'or est l'unique étalon monétaire, le possesseur de l'or, en vertu des lois du brigandage financier, devient, par coup de bourses, le maître du monde. Les mines d'or du Transvaal fascinèrent la cupidité anglaise; les Anglais résolurent de s'en emparer. Sans déclaration de guerre, le flibustier Jameson, à la tête d'une bande de brigands, envahit le Transvaal; il était poussé par un autre flibustier, Cécil Rhodes, et était certain de la complicité du ministre Chamberlain, c'est-à-dire de l'Angleterre. Jameson espérait surprendre les Transvaaliens à leurs charrues et escamoter la République avant que les fermiers eussent le temps de charger leurs fusils. La fortune ne répondit pas aux espérance de Jameson; il fut battu et fait prisonnier, mais traité avec une évangélique douceur, lorsqu'on eut dû lui loger douze balles dans la tête. Après l'échec de Jameson, Chamberlain leva le masque et, au lieu de protester contre l'envahissement, le prit à son compte. Pour couvrir de prétextes son projet d'invasion, il intervint en faveur des uitlanders, c'est-à-dire des Européens attirés au Transvaal par la soif sacrilège de l'or; il réclama pour eux des droits politiques que ces aventuriers ne réclamaient pas; il allégua, contrairement aux traités, pour motiver son intervention, que le Transvaal dépendait de l'Angleterre. A l'appui de cette allégation fausse, il prépara une démonstration militaire, qui n'était que le prélude d'une nouvelle invasion. Ainsi procède la foi punique des Carthaginois d'Angleterre.

Le président de la République du Transvaal, Paul Kruger, était un fin matois. Répondre aux ruses de Chamberlain, n'était, pour lui, qu'un jeu. Quand il vit que cette diplomatie n'était qu'un voile jeté sur un complot, il déclara la guerre à la Grande-Bretagne. Mémorable exemple et qui excite l'admiration! Un peuple de trois cent mille âmes qui, fort de son droit et de sa raison, déclare la guerre à un empire de trois cents millions d'habitants! Les Anglais en firent des gorges chaudes, ils espéraient bien, dans une promenade de trois semaines, mettre, dans une cage d'osier, l'oncle Paul et l'envoyer, avec son patriotisme sénile, dans l'île qui fut le tombeau de Napoléon. Le sort des combats ne justifia pas ces jactances. Les Boers, à cause de leur petit nombre, ne peuvent pas affronter, en rase campagne une grande armée. Au lieu de former de grands corps de troupes, ils se distribuent en commandos d'une centaine d'hommes; ils n'opèrent que par coups de mains et ne forment de grandes masses que par l'union de leurs commandos sous l'autorité supérieure d'un généralissime. Grâce à cette tactique, le général en chef des Boërs, Joubert, assisté du colonel français, Villebois-Mareuil, qui fut tué glorieusement, envahit les territoires anglais, mit le siège autour des trois villes de Kimberley, Ladysmith et Mafeking, et, pendant plusieurs mois, infligea, à l'orgueil anglais, les plus cruelles déceptions. L'Angleterre, irritée, se prit à rassembler des soldats et envoya, pour les commander, ses deux grands hommes de guerre, lord Roberts et le sirdar Kitchéner, le vainqueur des derviches. Roberts, avec 40 000 hommes, put battre et prendre les 3 000 hommes de Kronge et débloquer Ladysmith et Kimberley. Ces faciles triomphes n'avancent pas beaucoup les affaires. Une fois parvenu à Blœmfontein, capitale de l'État d'Orange, lord Roberts se vit harcelé de nouveau par les commandos boërs; ses communications furent coupées un peu partout; et il dut comprendre qu'avec des mercenaires de pacotille et de stupides généraux, pour réduire le Transvaal, il lui faut encore deux cent mille hommes. La patrie était en danger.

Le gouvernement anglais, mis dans cet affreux pétrin par des coupeurs de bourses, appela au secours ses colonies. Aux sollicitations de Chamberlain, Laurier, sans consulter le Parlement, envoya au Cap mille Canadiens, s'engagea à les entretenir, et laissa le protocole ouvert pour un second millier de soldats, destinés aux boucheries australes. Un député, Bourassa, pour protester contre cette cynique violation de la loi fédérale, donna sa démission et fut réélu à l'unanimité. La majorité des députés fédéraux ne partagea pas sa clairvoyance et n'imita pas son patriotisme : elle amnistia Laurier. Légalement, Laurier se trouve hors de cause ; moralement, il relève de la conscience publique et succombe sous le verdict de l'histoire.

Politiquement les provinces du Dominion sont autonomes ou à peu près ; le lien fédéral a pour but de les fortifier et non de les amoindrir, bien moins encore de les mettre au pillage. Le titre de colonies leur vaut la présence d'un lord lieutenant, représentant de la reine ; mais pas un homme n'est obligé d'entrer dans l'armée anglaise, et pas un centime n'est contraint d'entrer dans les coffres de sa trésorerie. S'il plaît aux Anglais de s'engager dans des guerres, ils doivent les soutenir avec leur argent et avec leurs soldats. Or, voilà un homme qui, de son autorité privée, sacrifie l'indépendance de son pays et le réduit à la condition d'annexe de l'Empire anglais ; voilà un homme qui impose à son pays, libre jusque-là, le satanique impôt du sang ; voilà un homme qui détourne les finances, consacrées au service du pays, au profit d'une expédition scélérate dans l'objectif de dérober des mines d'or et de supprimer l'indépendance de deux républiques. L'accession d'une poignée de députés ne change rien à la perpétration d'un pareil crime et n'en diminue pas l'horreur. On y voit l'avilissement des pouvoirs, ce n'est qu'une circonstance aggravante. Aucun code n'a prévu cet attentat, il ne relève que de l'histoire et des justices de Dieu.

L'homme sur qui retombe l'initiative de ce forfait s'appelait Laurier ; il faut désormais lui donner un nom vengeur et l'appeler *cyprès*. Les mères cultiveront cet arbuste dans les cimetières canadiens avec une croix voilée, portant un nom dont le titulaire est tombé, noblement d'ailleurs, mais pour une exécrable cause. Quand les enfants demanderont pourquoi des cadavres ne reposent pas aux pieds de ces croix, on leur répondra, en mettant la main sur la bouche : Que ces Canadiens, dont le nom est ici, ont été tués en Afrique pour soutenir les brigandages de Chamberlain. Au Cap, on ne pourra pas mettre l'inscription des Thermopyles. Si quelqu'un juge à propos d'en modifier la teneur, il pourra écrire : Passant, va dire à Québec et à Montréal que nous sommes morts ici pour consacrer des flibusteries anglaises et concourir à l'anéantissement de deux petits peuples, à peine aussi populeux que la province de Québec. J'espère que Wilfrid Cyprès saura se soustraire au suprême opprobre, qui serait de mourir dans la peau d'un lord, membre de la pairie d'Angleterre. En tous cas, Dante met les traîtres, au fond de l'enfer, à côté de Judas.

Au point de vue matériel, la situation du Canada est superbe ; elle est *maritime et continentale* ; ouverte sur trois mers qui forment des limites naturelles ; ouverte aussi vers les États-Unis, *limitée* pourtant par les montagnes et les grands lacs, comme instituée dans un cadre définitif. Le Canada ne paraît appelé ni à se restreindre, ni à s'étendre ; c'est une nation complète dès le commencement ; c'est un pays qui doit être le siège de l'idée, le ministère du Dieu fait homme, un peuple apôtre, voué au prosélytisme.

Le caractère national du Dominion n'existe qu'à l'état d'éléments juxtaposés qui attendent leur fusion. Dans le Bas-Canada, qui, selon nous, doit former et forme déjà un peuple à part, le caractère national existe : il est français. Français, cela veut dire ardent et contenu, patriote et cosmopolite, très propre à l'apostolat. Naguère la *Revue du mouvement catholique*, qui se publie à Trois-Rivières, ouvrait le projet d'un séminaire des missions étrangères, au Canada. Le correspondant de la *Revue* voyait, dans cet établissement, pour les peuples infidèles, un surcroît d'évangélisation ; pour le Canada, une grâce de Dieu. Ce séminaire peut trouver son champ d'action au Canada même et opérer sur les masses protestantes. Le protestantisme, comme religion, est fini, s'il a jamais existé comme corps de doctrine. Ce n'est plus qu'un préjugé, une passion ou un intérêt ; mais ce sont trois faiblesses qui ne peuvent tenir contre l'évidence de la vérité catholique, prêchée par d'intrépides apôtres. Au moment où j'écris, un Pauliste en fournit la preuve à Montréal. La fusion des races au Canada, fusion par la religion, c'est un gage certain de grandeur nationale.

La langue française est parfaitement adaptée au caractère national du Bas-Canada. C'est la première formée des langues modernes, très en avance sur l'anglais et l'allemand. Déjà très répandue au Moyen Age, universelle au XVIIIe siècle, adoptée de nos jours par la diplomatie, elle justifie sa prééminence par sa structure. « Le français, dit Proudhon, est la forme la plus parfaite qu'ait revêtue le Verbe humain. » Des expressions nettement définies ; une grammaire d'une sévère correction, la limpidité du diamant ; une phrase qui, sans exclure l'inversion, va du sujet à l'objet, image vivante de la souveraineté de l'esprit ; un vers qui se coupe, se rime et se découple ; une logique d'une irréfragable justesse ; une prose savante, une poésie riche d'images et de philosophie ; une langue servie par un esprit calme et profond ; un langage fait pour l'exercice d'une sorte de magistrature internationale, brave au combat, ardent à la conquête, un idiome enfin comme il en faut pour remplir une mission.

La religion chrétienne, représentée par l'Église catholique, est le dogme, la morale et le culte traditionnel du Bas-Canada ; il ne lui reste plus qu'à pénétrer et vivifier ces institutions, ou plutôt à les délivrer de l'obsession libérale. « L'Église croit au Dieu, dit encore Proudhon ; elle y croit mieux qu'aucune autre secte ; elle est la plus pure, la plus complète, la plus éclatante manifestation de l'essence divine, et il n'y a qu'elle qui sache adorer. Or, comme ni la raison, ni le cœur de l'homme n'ont pu s'affranchir de la pensée de Dieu, qui est le propre de l'Église, l'Église est indestructible... Et comme, au point de vue religieux, le catholicisme latin est resté, et de beaucoup, ce qu'il y a de plus rationnel et de plus complet, l'Église de Rome, malgré tant et de si formidables défections, est la seule légitime. » Ailleurs Proudhon observe que tout ce qui s'est opposé à Rome ou s'en est séparé, n'a pu subsister. Je sais bien que de petits sectaires rêvent de supprimer, au Canada, le français et la religion catholique : on ne supprime ni une religion, ni une langue : s'il s'agit de la langue française et de la religion catholique, ceux qui veulent les supprimer ne peuvent être que de petits esprits, des cœurs bas, des ouvriers de ténèbres et des agents de corruption.

Il ne faut pas dédaigner l'élément matériel. L'élément matériel de prospérité se crée par le travail, se façonne par l'industrie, se distribue par le commerce. Les Canadiens ont d'abord cultivé les rives du grand fleuve, le Saint-Laurent ; puis, par une initiative hardie, ils ont créé des chemins de fer, notamment ce grand tronc, qui serait partout une merveille, plus étonnante encore chez un peuple jeune. En ce moment ils établissent un grand port à Montréal et une ligne de paquebots franco-canadienne pour relier le Canada à la mère-patrie, qui est toujours le centre du monde. Que le Canada perce de chemins sa grande forêt, jusqu'à la baie d'Hudson ; que de nouvelles paroisses et de nouveaux diocèses se créent partout ; que les catholiques de Bas-Canada se déclarent solidaires des catholiques des autres provinces et favorisent les œuvres d'évangélisation, et l'histoire verra un jour la Nouvelle-France, une France américaine, inaugurer les fastes d'une nouvelle civilisation. L'espace est ouvert, le sol fertile ; ce qui manque le moins, c'est le bon vouloir. On a sous la main l'instrument de toutes les splendeurs, la religion divine, autrement Dieu opérant par la main des hommes : *Gesta Dei per Francos*.

Les Canadiens ne se sont pas bornés à l'élément matériel ; ils ont aussi les ailes qui élèvent l'homme au-dessus de la motte de terre. La culture des champs a favorisé la vigueur de la race et la force de sa vertu. La culture de l'âme garantit la vertu contre les défaillances ; elle fait monter l'esprit vers les hauteurs de la pensée et les informations de la science. Il n'y a pas de civilisation sans ces fleurs et ces fruits de l'âme. Lorsque Dieu nous gouverne par son église, les âmes éclairées par son enseignement, réglées par lui, vivifiées par ses grâces, restituées dans une certaine mesure à la primitive innocence, irradient spontanément par toutes les splendeurs de leur nature spirituelle et enfantent des siècles littéraires. La Grèce et Rome avaient puisé cette force dans leurs traditions ; la France, l'Italie, l'Espagne, avant-courrières dans cette arène, de tous les autres peuples d'Europe, l'ont puisée dans leur foi. Le protestantisme, que des docteurs obtus présentent comme le foyer des lumières, est précisément la cause de leur éclosion tardive dans tous les pays qu'il a couverts de son éteignoir.

Le Canada possède deux Universités et beaucoup de collèges pour tous les degrés d'enseignement. On m'écrit que c'est assez pour le moment ; qu'on ne pourrait faire plus sans rompre l'équilibre nécessaire entre les carrières libérales et les carrières laborieuses. On prétend même qu'il y a une certaine prépondérance au profit de la culture intellectuelle ; j'aime mieux cet excès que l'excès contraire. L'esprit n'a jamais rien gâté, ou, s'il y gâte quelque chose, ce n'est pas l'esprit qu'on a, c'est celui qu'on n'a pas. J'ai demandé quelle était la valeur morale et intellectuelle des prêtres consacrés à l'enseignement universitaire ; on m'a répondu qu'ils étaient tous des saints et de vrais maîtres dans leur partie. Je le constate avec joie et j'en bénis Dieu. Que faut-il penser aujourd'hui : 1° de la présence de professeurs de différentes religions ; 2° de l'infection des idées libérales ? ces deux questions sont restées sans réponse ; ce silence m'inquiète. J'ai vécu dans le temps où le libéralisme était considéré dans l'Église comme une impiété ; j'ai vécu ensuite dans le temps où, pour un prêtre, se dire libéral, c'était se croire plus malin que les autres ; je dois à mon âge de vivre au temps où l'on voit, en Europe, le libéralisme revenu à son vomissement révolutionnaire, corrompant, ravageant toutes les sphères de la pensée et de l'action. Pour le salut présent et futur du Canada, il faut l'élimination absolue, l'éradication, même violente, du virus libéral, sous ses différentes formes de dilution.

Le Canada possède un Institut historique, une société royale de sciences et lettres, et, je suppose, dans ses provinces, des sociétés savantes pour faire valoir tous les talents et coordonner, au profit du bien public, tous les bons vouloirs. Ces sociétés, même les plus humbles, ont leur double utilité : elles créent des musées, elles créent des bibliothèques, elles utilisent les loisirs de toutes les professions libérales, elles permettent à toutes les initiatives individuelles de se produire en meilleures conditions. Par le fait, il en résulte une certaine élévation d'esprit public ; c'est la préparation lointaine à l'éclosion du génie. Du sublime au ridicule, il est vrai qu'il n'y a qu'un pas ; et, dans ces sociétés, on est parfois un peu naïf ; mais l'amour-propre ne fait pas mourir ; Fourrier prétend même que ce défaut ressemble, par divers côtés, à la vertu.

L'Institut historique doit être une des forces du Canada. L'histoire est partout le témoin des temps et la maîtresse de la vérité ; au Canada, elle offre l'avantage de ne pas remonter au delà de trois siècles ; de n'avoir point été ravagée par des guerres et des révolutions ; et d'évoluer dans un cadre magnifique où se posent d'eux-mêmes tous les grands problèmes de la science. Aussi ne m'étonnai-je point que le Canada ait déjà beaucoup produit. En histoire, il a une école anglaise où brillent avec plus ou moins d'éclat, Masers, Smith, Christie, Vatson, Dent, Miles, Withrow, Mac-Cullen, Parckman et Georges Stewart. Le Canada a aussi une école française. L'abbé Verreau s'est consacré au service des archives ; l'abbé Bois, à la publication des *Relations des Jésuites*, rapports annuels sur les missions des Jésuites au Canada. Par une inspiration originale, mais qui ne manque pas de valeur morale, ni même d'importance historique, Mgr Tanguay a dressé la généalogie des familles du Canada et l'obituaire du clergé canadien, travail de Bénédictin qu'il doit synthétiser dans un grand dictionnaire. Bibaud, Garneau, Ferland, Faillon, Benjamin Sulte, avec des mérites respectifs et des développements inégaux, ont écrit l'histoire du Canada : dès aujourd'hui, le Canada a plus d'historiens que n'en eurent la Grèce et Rome. Viger s'est fait une réputation d'antiquaire ; Faribault s'est donné le mérite d'un habile chercheur dans les archives de France. L'abbé Cauchon de Laverdière a réédité les voyages de Champlain et écrit, pour les écoles, un précieux précis de l'histoire du Canada.

En décernant, comme il convient, à ces ouvrages, une juste louange, nous émettrons un vœu, le vœu que l'Institut historique du Canada, déclaré institution nationale, avec l'appui financier du gouvernement, commence tout de suite une série d'ouvrages dont il trouve l'exemple dans la mère patrie : 1° Le *Bullaire du Canada* ; 2° le *Recueil des Conciles et synodes du Canada* ; 3° le *Recueil des actes épiscopaux du Canada* ; 4° les *Annales religieuses ecclésiastiques et civiles du Canada* ; 5° le *Recueil des historiens du Canada* en commençant à Sagard et Marc Lescarbot ; 6° Le *Canada christianisé* ou *Histoire des diocèses et des abbayes* ; 7° Les *actes des saints au Canada* ; 8° *L'histoire littéraire du Canada*. Pour le moment on ne peut que commencer, mais il faut commencer et cela est relativement facile ; les siècles futurs continueront ces ouvrages. Ces colonnes de livres honorent plus un peuple que les colonnes de bronze érigées avec des canons pris dans les batailles. D'ailleurs le développement progressif des écoles, de la littérature et des travaux historiques sert d'appoint décisif à l'accroissement continu d'une nation ; il lui fournit un idéal, un principe d'impulsion, une règle et un but.

La société royale de sciences et lettres nous offre la réunion des Canadiens, distingués par leurs talents, qui s'occupent d'études ou qui sont réputés capables de s'en occuper. Nous distinguons l'abbé Casgrain, historien de l'Hôtel-Dieu de Québec, d'un voyage au pays d'Evangéline et de plusieurs publications marquées au bon coin ; — Paul de Cazes, rédacteur de notes très précises et très utiles sur quelques points de géographie et d'histoire ; Faucher de Saint-Maurice, recommandable comme conteur de ses voyages ; Lemoine, auteur d'*Esquisses et biographies*, où il s'est occupé surtout de bibliographies historiques ; Joseph Tassé, auteur des légendes canadiennes ; le juge Routhier, esprit de premier ordre, auteur de conférences, de poésies et, je crois, de voyages ; Louis Fréchette, poète, plus digne d'estime s'il en usait moins librement avec les vers d'autrui et retenait un peu plus ses compliments aux actrices ; Pamphile Lemay, auteur des *Vengeances*, choses permises en vers, mais pas autrement. Au-dessus de ces habiles vérificateurs, il faut placer un poète qui eut quelque génie poétique ; il s'appelait Crémase.

Nous devons noter encore : L'abbé Charland, auteur d'études d'histoire littéraire ; Louis Turcotte, auteur du *Canada sous l'Union* ; Dionne, auteur d'études historiques sur Cartier, Champlain et leur époque ; Gosselin, historien de Montmorency-Laval ; Tétu, historien des évêques de Québec ; Ernest Gagnon, Arthur Buies, Choinard, auteur de plusieurs ouvrages ; Apollinaire Gingras, le chantre au foyer du presbytère ; Ernest Taché, historien légendaire des coureurs des bois ; Bernier, historien du Manitoba ; le Père Grenier, collecteur de documents relatifs à l'Instruction publique, et le Père de Rochemonteix, auteur, après Parckman, de l'histoire des Jésuites au Canada.

Nous devons un souvenir personnel à Anselme Trudel, avocat, sénateur et directeur de *l'Etendard*, et à Jules-Paul Tardivel, rédacteur propriétaire de la *Vérité* : tous deux indépendants des partis et intransigeants sur ces questions de politique qui se font, trop souvent, de marchandages et de compromissions. Honneur aux esprits droits et intègres qui ne veulent servir qu'au triomphe de la vérité sociale !

Nous devons aussi un alinéa spécial à Lefebvre de Bellefeuille et à Lareau, annotateurs du *Code civil canadien*. Ce sont les deux seuls jurisconsultes à nous connus, le Cujas et le Pothier du Canada. Nous lui souhaitons des Toullier, des Troplong, des Rogron, des Pardessus, des Beudant. Les hommes de droit sont les soutiens de la chose publique, les défenseurs de la liberté. C'est d'ailleurs par l'étude profonde et la stricte observance du droit, que se prépare la grandeur des nations.

Nous ajoutons encore un souvenir pour Victor Huard, auteur d'un voyage sur les côtes de Labrador et l'île d'Anticosti, plus connu comme naturaliste. L'étude de la géologie, de la minéralogie, de la géographie descriptive, de la botanique et des diverses parties de l'histoire naturelle, nous paraissent une importante province de la science. Le Canada doit susciter un Buffon, un Daubenton, un Cuvier, un Geoffroy Saint-Hilaire, un Flourens et d'autres dignes interprètes de la science de la nature.

A propos des sociétés historiques et littéraires, comme dans les Universités, nous signalons une lacune. En dehors de l'enseignement classique, nous ne voyons pas de grands ouvrages consacrés à la philosophie et à la théologie. La philosophie est la discipline nécessaire de l'esprit humain, et, après la théologie, le plus digne souci que puisse se prescrire la pensée. La théologie est la reine des sciences ; son étude profonde n'est pas seulement nécessaire au noviciat du sacerdoce ; elle est encore une préparation nécessaire à la grande science du gouvernement. Guizot attribue la fortune historique de la France à ce fait qu'elle avait le sang théologique et que ce sang a produit toutes les plus belles évolutions de son histoire. Le prince de Talleyrand, sur ses vieux jours, attribuait la capacité diplomatique à l'étude préalable de la théologie. Proudhon avait dit : Chose singulière ! au fond de toutes les questions politiques, il y a une question de théologie : le marquis de Valdégamas s'étonne de l'étonnement de Proudhon. L'origine divine de l'homme, sa nature, sa chute, les races humaines, les langues, les empires, la destinée des peuples, la rédemption par Jésus-Christ sont autant de faits dont l'influence théologique se perpétue à travers les âges. Qui les ignore, ou veut les ignorer se condamne à l'aveuglement, à l'impéritie, aux aberrations, à l'impuissance.

Ces hommages rendus à la science ne nous font pas oublier que le meilleur service rendu à la science et au gouvernement, c'est l'enseignement de la religion et la propagation de l'Evangile. Nous n'avons pas à rappeler ici, même en abrégé, l'évangélisation du Canada depuis Champlain. Le seul fait qui se rapporte à l'époque présente, c'est l'évangélisation du nord-ouest. De longue date, on ne connaissait, de ce pays, que la côte de la baie d'Hudson. En 1733, un Français, La Vérandrye, découvrit la Rivière-Rouge, les lacs et les forêts qui se trouvent dans ces froides régions. Sous ses auspices, des Canadiens fondèrent la Compagnie française du Nord-Ouest en concurrence à la compagnie anglaise de la baie d'Hudson. Ces deux compagnies se disputèrent le commerce des fourrures, mais s'occupèrent peu du salut des âmes. En 1820, la compagnie française fit venir quelques missionnaires ; en 1822, l'un de ces missionnaires, Joseph Provencher, fut nommé évêque de Saint-Boniface et gouverna cette mission jusqu'en 1853 ; son successeur, Alexandre Taché, fit ériger cet évêché en métropole, et eut pour suffragants. Justin Grandin, évêque de Saint-Albert, et Henri Faraud, évêque d'Athabaska-Mackensie. Taché, Faraud et le Père Petitot ont raconté les travaux des missionnaires de la Rivière-Rouge ; leur vie n'est guère qu'un martyre, qui doit réitérer, chaque année, par plusieurs douzaines, les travaux d'Hercule, plus glorieux que les travaux du héros mythologique. Un missionnaire, G. Dugas, a publié la vie de Mgr Provencher, l'histoire de l'Ouest canadien, sa découverte, son exploitation et l'histoire d'un coureur des bois, Charbonneau-Dugas, est l'Hérodote de la Rivière-Rouge.

Le Canada est à peu près conquis par l'apostolat depuis Vaucouver jusqu'aux Laurentides, il y a, partout, des églises établies ou des missions. Pour mener à terme l'œuvre des missions apostoliques, le plus puissant moyen d'action, ce sont les ordres religieux. Ces ordres religieux ont défriché l'ancien Monde ; ils doivent défricher le nouveau. Les gouvernements civils de chaque province peuvent appeler des colons dans la partie de forêts qui avoisine leurs frontières ; mais la conquête par cette voie est longue, souvent contrariée, et, il faut croire, peu amorçante. Quand je pense que un million cinq cent mille Canadiens, au lieu de perforer leur forêt, ont préféré s'enfuir aux Etats-Unis, ce serait à désespérer de l'avenir. L'avenir du Canada est dans le défrichement depuis la vallée du Saint-Laurent jusqu'à la baie d'Hudson. Je rends grâce au Père Paradis, au Père Lacombe et aux autres religieux qui s'attèlent à cette œuvre cyclopéenne. Je voudrais voir cinquante monastères s'élever simultanément dans l'épaisseur de la forêt et se renouer entre eux comme les postes militaires de l'ancienne Rome. C'est là, dis-je, pour l'avenir du Canada, la consigne de la Providence ; ce sont là ces tarières puissantes qui transpercent la vieille barbarie et préparent partout l'épanouissement des fleurs du Christ.

Cette conquête monastique doit s'effectuer sous les auspices de l'épiscopat et sous son impulsion directe. L'épiscopat canadien est essentiellement apostolique ; il est né d'une mission ; son berceau est plein du sang des martyrs ; et rien ne lui appartient plus que d'achever l'ouvrage de ses pères et de ses premiers apôtres. Depuis peu nous avons vu se renouveler et s'étendre l'épiscopat canadien ; nous l'avons vu s'accroître d'un nouvel élément, l'élément romain, apostolique par essence. Plusieurs prélats ont étudié à Rome et puisé l'esprit romain au tombeau du plus grand des conquérants, saint Pierre ; tous l'ont puisé dans l'esprit général, renouvelé depuis le concile du Vatican. Les Bégin, les Bruchesi, les Langevin, les Labrecque, les Cloutier, les Aymard sont à l'avant-garde de l'apostolat et n'en négligeront pas les consignes.

Mais ce n'est pas d'aujourd'hui que l'Eglise a des forêts à percer. Les forêts de la Gaule, la forêt des Ardennes, la forêt pyrénéenne, les forêts du Nord, les forêts du Midi, c'est l'Église qui a traversé toutes ces épaisseurs pour sauver les âmes. Sa hache et sa bêche sont passées partout, ouvrant partout des chemins, créant partout des monastères qui deviendront des cités. Saint Éloi et saint Ouen ont abattu les restants de forêts impénétrables ; saint Amand et saint Lambert ont poussé plus haut ; saint Boniface apparait au centre de l'Europe, saint Willibrord au nord, saint Colomban au midi, les saints Cyrille et Methodius à l'ouest. C'est partout la même méthode.

Or partout, à la tête des moines, les chefs des colonnes apostoliques sont des évêques régionnaires. Jésus-Christ avait chargé ses apôtres de convertir le monde ; l'Église continue au Canada cette mission première. Ces évêques régionnaires n'ont pas de diocèse limité, ils ont un diocèse à créer. Quatre évêques nommés avec un siège à créer dans la forêt ; un essaim de moines formant le corps d'armée de l'évêque : j'aimerais mieux cela qu'un décret rendu en chambre et une amélioration quelconque dans l'exploitation des bois. Ces Hanschaire, ces Willibrord lancés dans la grande forêt, ce seraient les hommes qui achèveraient l'œuvre du Canada, comme les évêques d'Occident ont créé partout les ruches nationales. Je ne dis pas qu'ils réussiraient du premier coup ; il peut même se faire qu'ils échouent ; mais partout, pour fonder plus solidement des églises, il faut des apôtres et des confesseurs ; et pour sceller des autels, il faut le sang et les reliques des martyrs.

D'un côté donc la forêt à conquérir ; de l'autre, une autre forêt, une forêt humaine à gagner pour le Christ : « Le peuple canadien français, a dit éloquemment l'un de ses enfants, n'est pas un peuple vulgaire qui puisse trouver sa suprême satisfaction dans les jouissances matérielles, dans les plaisirs grossiers, dans les raffinements du sensualisme. Le dollar n'est pas son dieu ; il a une autre morale que celle de l'utile ; la jouissance de la matière n'est pas l'idéal de ses aspirations. Sur cette terre d'Amérique, dévorée par la soif de l'or, nous entendons représenter autre chose que le capital. Aujourd'hui l'Amérique, avec ses nations qui se forment, avec son mélange étonnant de religion, de langues, de races, de peuples, voilà l'immense fournaise où tous les éléments se confondent et se heurtent, jusqu'au jour où la main de Dieu en fera jaillir l'œuvre conçue par sa sagesse. Au milieu de ce pêle-mêle de la vie américaine, au milieu de la lutte ardente des intérêts, des cupidités, des convoitises, des passions, soyons les soldats de la foi catholique, les défenseurs du juste, les propagateurs du vrai, les apôtres du beau et du bien. Tout en faisant la part du commerce et de l'industrie, nous devons conserver sur ce jeune continent, envahi par le mercantilisme et l'agiotage, un coin de terre où l'art puisse s'épanouir librement, où l'inspiration chrétienne puisse animer de son souffle puissant, la philosophie, le passé, l'éloquence, l'histoire, la musique, toutes les grandes créations de l'intelligence. Au milieu des conflits obscurs de la vie américaine, nous devons concourir au grand dessein de la Providence. Dans l'antagonisme des races, nous devons introduire le principe divin de l'unité. Voilà notre mission. Dirigeons nos efforts vers ce noble but. Si notre courage se sent faiblir, si le lourd fardeau des réalités nous écrase, si le préjugé, l'ignorance, la haine essaient de nous arrêter, souvenons-nous de cette belle parole d'un orateur français : L'avenir est aux hommes de foi, l'avenir est aux peuples capables de persévérance !

§ VII

LES MISSIONS POUR LA PROPAGATION DE LA FOI

Les missions entreprises pour la propagation de la foi forment l'un des chapitres les plus importants de l'histoire.

Nous avons à nous occuper ici de l'histoire des missions depuis vingt ou trente ans. Avant d'entrer dans ce récit, nous dirons brièvement ce qu'il faut entendre par *Missions*, ce qu'est la *Propagation de la foi*, ce que doit être la vocation du missionnaire et quelle est sa vie ; nous rappellerons brièvement aussi les bienfaits des anciennes missions et nous jetterons un coup d'œil rétrospectif sur leurs développements à travers les siècles, particulièrement en France ou par la France ; enfin nous tâcherons de dresser un état général des missions, actuellement établies, où les apôtres du xive siècle sèment la parole qu'ils arrosent de leur sang. Après avoir pris notre orientation morale et dressé la carte historique de nos pérégrinations, nous nous appliquerons à en parcourir la carrière. Dans le cours de ce long voyage, nous n'aurons garde d'oublier les soi-disant missions protestantes ; nous en dirons les travaux et nous en rechercherons les résultats. Ce périple de circumnavigation accompli, nous reviendrons au point de départ, pour apprendre de Fénelon quels retours sur nous-mêmes, peuple du vieux monde, doit suggérer et commander l'histoire des missions catholiques. Aucun sujet, disons-nous, n'est plus digne de préoccuper la raison intelligente et plus capable d'animer, d'enflammer le patriotisme.

S'il est un spectacle au monde qui doive attirer l'attention et causer à l'homme qui réfléchit une admiration profonde, c'est sans contredit la fécondité de cette simple parole adressée à ses apôtres par Jésus-Christ ressuscité : *Allez, enseignez toutes les nations, les baptisant au nom du Père, du Fils et du Saint-Esprit; et voici que je suis avec vous jusqu'à la consommation des siècles.*

Parole étonnante en vérité! Mais parole dont les événements ont démontré la divine origine.

Voyez les philosophes de la Gentilité : les Socrate, les Platon, les Zénon, les Épictète. Certes, ils ont dit des choses magnifiques, ils ont révélé à leurs contemporains des vérités admirables, mêlées d'erreurs, il est vrai, mais grandes cependant, conquises d'ailleurs sur l'ignorance par la réflexion du génie et arrachées comme pièce à pièce aux ténèbres et à la confusion des esprits. Un instant ils ont enseigné quelques disciples choisis ; on les a cru immortels parce qu'ils parlaient d'immortalité ; tout-puissants, parce qu'ils avaient ravi à la création une partie de ses mystères. Et cependant, il n'est venu à aucun d'eux la pensée de dire à ses disciples : « Allez, je vous envoie, je suis avec vous. Voici l'univers, changez-le. » L'eussent-ils dit, cette parole, qu'elle n'en serait pas moins morte avant eux. Ils ont vécu, ils n'ont pas régné ; ils ont enseigné, ils n'ont pas régénéré.

Mais un jour, sur les rives d'un petit fleuve de la Palestine, un homme parut. On disait de lui des choses merveilleuses. Les anges avaient annoncé sa venue, des rois avaient visité son berceau, et des bergers, les préférés de sa tendresse, avaient appris, par ses vagissements, les secrets de la vie. Mais il était pauvre, il fut méprisé ; il prêchait une grande doctrine, il fut traité d'imposteur ; il apprit aux hommes la pratique du bien, les hommes le battirent de verges, le vouèrent à l'infamie, le clouèrent à une croix... Et voilà que cet homme méprisé, accusé d'imposture, voué à l'infamie, crucifié, se lève victorieux de sa couche funèbre et dit en maître à de pauvres ignorants, à des bateliers sans savoir, sans force, sans expérience et sans appui humain : « Allez, enseignez ». Et ces bateliers partent pieds nus, les reins ceints d'une corde, un bâton à la main, une croix sur la poitrine. Trois siècles plus tard, les apôtres et leurs successeurs avaient été égorgés, mais les dieux... les dieux du Capitole étaient ensevelis dans la poussière et la croix du Nazaréen dominait le monde.

Et voilà justement ce qu'il faut entendre par mission. Avoir une mission, ou, ce qui revient au même, être missionnaire, c'est être envoyé par Jésus-Christ ou par son vicaire, c'est être le dépositaire de son autorité et le héraut de sa doctrine, c'est s'en aller pieds nus, la croix dans le cœur, prêcher, mourir... et convertir.

Ceci se comprendra mieux par opposition.

A côté du missionnaire catholique, nous avons le placeur de Bibles du protestantisme. Le mot de *missionnaire* étant précisément synonyme de *celui d'envoyé*, le protestant, agissant hors de l'unité catholique, est obligé de dire : *Je suis un envoyé, non envoyé*. Quand même il aurait été approuvé par un évêque hérétique ou par un patriarche schismatique, la difficulté subsisterait toujours ; ceux-ci n'étant pas *envoyés*, n'ont pas le droit d'*envoyer*. Les sectes ont beau faire des essais de mission, leurs prétendus ouvriers évangéliques, séparés du chef de l'Eglise, ressemblent, dit le comte de Maistre, à ces animaux que l'art instruit à marcher sur deux pieds et à contrefaire quelques attitudes humaines. Jusqu'à un certain point, ils peuvent réussir ; on les admire même à cause de la difficulté vaincue ; cependant on s'aperçoit que tout est forcé, et qu'ils ne demandent qu'à tomber sur leurs quatre pieds.

Quand de tels hommes n'auraient contre eux que leurs divisions, il n'en faudrait pas davantage pour les frapper d'impuissance. *Anglicans, luthériens, calvinistes, méthodistes, baptistes, moraves, puritains, quakers*, ce sont ces sectaires, ennemis les uns des autres, qui convertiraient les infidèles ! Saint Paul a dit : *Comment entendront-ils si on ne leur parle?* On peut demander avec autant de raison : *Comment les croira-t-on s'ils ne s'entendent pas?* Obstacle invincible qui avait frappé le grand esprit de Leibnitz, puisqu'il disait avec une noble simplicité : « Notre peu d'union ne nous permet pas d'entreprendre les grandes conversions. »

Je sais que, pour échapper à la difficulté, les Anglais, peuple pratique, ont imaginé un expédient. « Le missionnaire, disent-ils, doit posséder un esprit vraiment catholique. Ce n'est point le calvinisme, ce n'est point l'arminianisme ; c'est le christianisme qu'il doit enseigner. Qu'il soit donc persuadé que le succès de son ministère ne repose nullement sur les points de séparation, mais sur ceux qui réunissent l'assentiment de tous les hommes religieux. »

A merveille, mais tous les dogmes ont été niés par quelque dissident. De quel droit l'un se préférerait-il à l'autre ? C'est du reste trop présumer de l'esprit de secte, qui n'est que l'esprit de division, que d'attendre de lui des principes de conciliation. A le supposer capable de ce sacrifice, il ne toucherait point encore au but. Lorsque lord Macartney partit pour sa célèbre ambassade, le cardinal Borgia préfet de la Propagande, pria le noble lord de recommander à Pékin les missions catholiques. L'ambassadeur s'acquitta de la commission ; mais quel ne fut pas son étonnement d'entendre le ministre du Fils du Ciel lui répondre : « L'Empereur s'étonne fort de voir les Anglais protéger au fond de l'Asie une religion que leurs pères ont abandonnée en Europe. » Du reste, les prédicateurs protestants, au lieu de s'élever jusqu'à l'esprit chrétien, trouvent beaucoup plus commode de débiter à leurs auditeurs, que le christianisme est la plus belle chose du monde, qu'il a été malheureusement corrompu par le papisme, mais que le papisme ne doit avoir qu'un temps, attendu qu'il soumet à des lois trop sévères l'esprit et le cœur de l'homme, et que la religion la plus pure, la plus facile, la plus agréable, c'est, sans contredit, le protestantisme. Le mandarin qui entend ces belles assertions, ou se trouve protestant sans le savoir, ou prend le prédicateur pour un fou.

Il faut d'ailleurs distinguer entre les infidèles civilisés et les infidèles sauvages ou barbares. On peut dire à ceux-ci tout ce qu'on veut ; mais, par bonheur, l'erreur n'ose guère leur parler. Quant aux autres, il en est tout autrement ; mais le fait que je viens de citer prouve qu'ils en savent assez pour nous distinguer. S'il y a parmi eux des esprits capables de se rendre aux vérités du christianisme, ils ne nous auront pas entendu longtemps avant de nous accorder l'avantage sur les sectaires. Le bon sens non prévenu s'aperçoit bien vite que l'Eglise une et invariable est d'un côté, et de l'autre l'hérésie aux mille têtes.

Une autre raison, qui annule ce faux ministère évangélique, c'est la conduite morale de ses organes. Ils ne s'élèvent jamais au-dessus de *la probité*, faible et misérable instrument pour tout effort qui exige la sainteté. Le missionnaire, qui ne s'est pas refusé par un vœu sacré au plus vif des penchants, demeurera toujours au dessous de ses fonctions et finira par être ridicule ou coupable. On sait le résultat des missions anglaises à Taïti dans les premières années de ce siècle : chaque apôtre, devenu libertin, ne fit pas difficulté de l'avouer, et le scandale en retentit dans toute l'Europe.

Au milieu des nations barbares, loin de tout supérieur et de tout appui qu'il pourrait trouver dans l'opinion publique, seul avec son cœur et ses passions, que fera le missionnaire d'un homme, cet homme fût-il un grand roi ? Ce que firent ses confrères à Taïti. Le meilleur de ces gens-là, après avoir reçu sa mission de l'autorité civile, s'empresse de se retirer dans une maison commode avec sa femme et ses enfants, et se borne à prêcher philosophiquement à des sujets sous le canon de son souverain. Quant aux véritables travaux apostoliques, jamais ils n'oseront y toucher du bout du doigt.

L'immense supériorité de nos missionnaires est si bien connue qu'elle a pu alarmer l'ancienne Compagnie des Indes. Quelques prêtres français, jetés dans ces contrées par le tourbillon révolutionnaire, lui avaient fait peur ; elle craignait qu'en faisant des chrétiens, ils ne fissent des Français. Sans doute la Compagnie des Indes disait comme nous : *Que votre royaume arrive*, mais toujours avec le correctif : *et que le nôtre subsiste*.

Dans le sentiment instinctif de leur impuissance, les protestants ont formé des sociétés de propagande, ouvert des listes de souscription et lancé des commis-voyageurs pour la diffusion de la lumière évangélique. Une telle initiative honore certainement leur cœur, elle n'honore pas autant leur esprit. Eux, dont le devoir est de lire l'Ecriture Sainte, n'y voient point les préceptes du Seigneur lorsqu'il envoya prêcher ses apôtres. Ils ne comprennent ni le grand mystère de l'Evangile, ni la miraculeuse puissance de la croix. Aussi nous apprennent-ils chaque année, avec une précieuse naïveté, les sommes fabuleuses qu'ils ont recueillies et le nombre d'exemplaires de Bibles qu'ils ont lancé dans le monde ; mais toujours ils oublient de nous dire combien ils ont enfanté de nouveaux chrétiens. Si l'on donnait au Pape, pour être consacré aux dépenses des missions, l'argent que ces sociétés perdent pour fournir des cornets aux Chinois et de la tapisserie aux insulaires du Grand Océan, il aurait fait aujourd'hui plus de chrétiens que les bibles protestantes n'ont de pages.

En suivant cette discussion, je ne me suis point éloigné de mon sujet, je n'ai fait que le côtoyer pour en mieux découvrir les splendides horizons. Je voudrais y rentrer afin d'en goûter les charmes, mais l'impuissance de l'erreur a suffisamment rendu hommage à la vérité. Je conclus donc par une proposition qui résume la science des docteurs et le pieux sentiment des saints :

Avoir une mission, ce n'est pas être envoyé par la reine d'Angleterre ni même par le roi de Prusse, — car alors on travaille pour le roi de Prusse, comme nous disons de ce côté-ci du Rhin ; — c'est être l'envoyé de Jésus-Christ et savoir mourir.

En 1882, une humble fille de Lyon, Pauline Jarricot, dans le pieux désir de venir en aide à quelques missionnaires de sa connaissance, commença de recueillir des aumônes. Elle les demanda surtout aux ouvriers et aux pauvres gens de la ville, et, pour leur faciliter cette bonne œuvre, elle fixa au plus modeste chiffre la contribution de chaque semaine. Dieu bénit sa pensée, le peuple y répondit. Au bout de quelques années, la pauvreté populaire fit annuellement une rente de plusieurs millions à la prédication de l'Evangile chez les nations infidèles; le nombre des missionnaires s'accrut dans une proportion supérieure à celle des ressources ; et bientôt leurs récits permirent de créer un recueil qui est maintenant, en Europe, le journal le plus lu, je veux dire les *Annales*, vrais *Acta martyrum* du XIXᵉ siècle.

Telle fut l'origine de la *Propagation de la Foi*. Ses commencements furent humbles, selon la destinée de tout ce qui porte en soi des conditions de grandeur et des promesses d'avenir. Le grain de sénevé, germant sur une terre engraissée du sang des martyrs, couvre maintenant la terre de son ombre. Ce n'est plus l'œuvre d'une église particulière, mais l'œuvre catholique par excellence, adoptée, proclamée, préconisée comme telle par l'auguste Chef de la Chrétienté. De la France, comme d'un foyer toujours fécond, sa flamme céleste a gagné la Suisse, la Belgique, l'Allemagne, les deux Péninsules, la Grande-Bretagne, les contrées infidèles comme les contrées catholiques, et elle ne s'arrêtera plus que le sol ne manque à son activité.

L'objet de cette œuvre est d'aider l'Eglise dans sa grande mission de propager l'Evangile. L'Eglise enfante les apôtres, la *Propagation de la Foi* les soutient ; l'une leur inspire le zèle qui les fait partir, l'autre leur assure le pain qui les fait vivre ; celle-là leur indique le champ qu'ils doivent défricher, celle-ci leur facilite les moyens d'en prendre possession et d'en féconder le sol. Il leur faut un navire pour aller le chercher au-delà des mers ; il leur faut une croix pour subjuguer les peuples ; il faut, quand ils ont des néophytes, un sanctuaire pour les abriter ; il faut des vases sacrés pour accomplir les saints mystères et préparer les fidèles à la confession de la foi ; il faut enfin des écoles pour recueillir les enfants, des hospices pour les malades, des asiles pour les vierges, des séminaires pour préparer des successeurs aux missionnaires ; et c'est la *Propagation de la Foi* qui fournit le moyen d'élever ces établissements et de se procurer ces ressources. C'est comme une intendance religieuse pour couvrir les frais des missions, un budget pour pourvoir aux besoins du missionnaire, donner des armes à son zèle, des éléments à ses fondations, un autel à son sacerdoce, une tombe à sa dépouille.

Entre tant de gloires incomparables dont brille cette incomparable association, l'une des plus éclatantes est la sublime simplicité de ses moyens ; c'est d'être accessible non seulement à toutes les fortunes, mais même à toutes les indigences, et d'arriver par le néant à de grands résultats. Les richesses de la Propagation lui viennent des offrandes des associés, et ces offrandes ne se composent que d'un sou par semaine, encore se contente-t-elle de moins pour ceux qui ne peuvent atteindre ce modeste niveau. Si une obole est au-dessus de vos forces, donnez-en la vingtième partie, et la Propagation la recueillera avec respect. « Chaque pleur de cette rosée, dit l'éloquent évêque de Nîmes, a pour elle un prix auguste et sacré, parce qu'elle y voit la sève du cœur et pour ainsi dire le sang de la charité. Au fond de ces petites gouttes d'eau, il y a pour elle comme un monde infini de mérite et de nobles sentiments qui les élève à toute la grandeur d'un vaste flot. Isolées, chacune d'elle n'est rien ; rassemblées elles se fécondent par leur rapprochement ; elles prennent, en se confondant, la profondeur d'un abîme et la puissance d'enfanter des merveilles. »

Outre l'aumône de cinq centimes par semaine, l'œuvre qui cherche avant tout la grâce de Dieu et le salut de ses membres, impose à chaque associé une courte prière (le *Pater* et l'*Ave*), pour demander que le royaume de Jésus-Christ s'étende par toute la terre, avec une invocation à saint François-Xavier, l'apôtre des Indes et le modèle de tous les apôtres.

En retour, l'œuvre offre à ses associés, dans les *Annales de la Propagation de la Foi*, la lecture la plus précieuse qui se puisse faire. Ce recueil fait suite aux *Lettres édifiantes* des Pères jésuites, aux *Légendes du Moyen Age* et aux *Actes des apôtres* ; il se compose de lettres écrites par les missionnaires. Ceux qui y tiennent la plume ne sont pas des écrivains commodément assis au coin de leur feu et rédigeant tout à l'aise des souvenirs plus ou moins exacts, des impressions de voyage plus ou moins authentiques. Ce sont des hommes d'action dressant comme un bulletin de combat au milieu de la poussière et du bruit de la bataille. Apôtres épars sur tous les points de l'univers, ils rendent compte à leurs amis des cinq parties du monde des œuvres accomplies à l'aide de leurs offrandes. Dans leurs récits, tout instruit, console, édifie, transporte l'âme. Chaque mission ayant son caractère propre, on y trouve tour à tour des descriptions attachantes, des anecdotes pleines d'intérêt, des peintures de mœurs, de savantes dissertations, des plans d'amélioration ou de réforme. Ce qui ajoute encore au charme de la variété, c'est qu'il y a entre le missionnaire et l'associé une espèce d'identité de personne. Nous traversons avec lui les vastes plaines de l'Océan ; avec lui nous descendons sur les plages infidèles. Nous le suivons dans les immenses forêts qu'il doit parcourir ; nous le voyons franchir des marais impraticables, gravir des roches escarpées, remonter des fleuves impétueux, affronter des nations cruelles, superstitieuses et jalouses ; nous le suivons enfin dans toutes ses courses apostoliques, et si nous n'avons pas toujours la joie de voir le sauvage s'attacher à l'apôtre nous voyons toujours l'apôtre s'attacher au sauvage, se faire tout à lui et le gagner enfin à Dieu et à l'Église.

De plus, l'Église, qui est la plus grande école de reconnaissance qui soit au monde, a enrichi d'indulgence la *Propagation de la Foi*. Indulgences plénières à gagner trente fois dans le cours de l'année. Indulgences partielles : de trois cents jours deux fois l'an ; et de cent jours chaque fois qu'un associé accomplit, en faveur des missions, une œuvre quelconque de piété ou de charité. Faveur de l'autel privilégié pour toute messe dite au nom d'un associé en faveur d'un membre défunt ; même privilège personnel, cinq fois par semaine, aux prêtres qui sont collecteurs des aumônes de mille associés.

Ainsi, la *Propagation de la Foi* est une des œuvres les plus méritoires. Chaque vertu, sans doute, a son auréole, chaque victoire sa couronne et chaque bonne œuvre son mérite particulier. Mais le propre de cette association est de conférer à ses membres toutes les spécialités de mérites, comme le but de son institution est d'embrasser toutes les diversités de dévouements. Nous disons tous les mérites, sans excepter ceux qui semblent appartenir exclusivement à des vocations d'élite, telles que la transmission de la vérité par la prédication de l'apostolat. Ce n'est pas que l'associé ait besoin de passer les mers et d'unir sa voix à la voix de nos apôtres. Non ; des liens qu'il n'est pas en son pouvoir de rompre l'attachent à sa famille et à sa patrie. Mais il est un autre apostolat que celui de la parole, c'est l'apostolat de la charité. Du moment qu'il s'est associé à la *Propagation de la Foi*, sa prière et son aumône lui donnent droit à tous les fruits, à tous les mérites, à toutes les gloires de l'œuvre elle-même, mérites des apôtres, mérites des confesseurs, mérites des martyrs. Membres de cette archiconfrérie, nous catéchisons, nous prêchons, nous baptisons par toutes ces bouches et toutes ces mains, instruments de notre zèle ; nous triomphons par tous ces courages que soutient notre charité ; nous avons part à tout ce qu'ils entreprennent, à tout ce qu'ils souffrent, à tout ce qu'ils immolent pour la gloire de Dieu et le salut des hommes.

La communion des saints triomphe surtout par la mort. Si donc nous participons aux travaux des missionnaires, à combien plus forte raison participerons-nous à leurs suffrages lorsqu'ils seront arrivés à l'éternelle patrie ! « Ecrivez, disait le martyr Gagelin à celui de ses frères qui allait devenir le témoin de son sacrifice, écrivez à tous les membres de la *Propagation de la Foi*, que dans le ciel je ne les oublierai pas. » Le saint évêque de Sozopolis s'écriait à sa dernière heure : « Après quarante-six ans de missions, attaqué maintenant d'une maladie grave, Dieu va m'appeler à lui. Si je trouve grâce, ainsi que j'en nourris l'espérance au fond de mon cœur, je bénirai encore votre charité, ô mes très chers frères en Jésus-Christ, et je solliciterai pour vous les plus abondantes bénédictions. »

Tant de peuples qui ont reçu par nous les biens de la vie présente et les promesses de la vie future, tant d'âmes qui auront été sauvées par nos soins, nos prières, le fruit de nos aumônes, n'intercéderont-ils pas pour nous près du souverain rémunérateur ?

Enfin ces bienfaits répandus sur tant de nations étrangères ne vaudront-ils pas à la nôtre la confirmation de la grâce, principe de toutes ses grandeurs ? Nous donnons, on nous donnera ; ces chrétientés que nous formons en Océanie, ces églises que nous bâtissons en Afrique nous mériteront la confirmation de cette foi que nous leur procurons. Les miracles appellent les miracles ; un verre d'eau froide aura sa récompense. Notre générosité nous sera donc comptée ; elle nous aura valu de rester les enfants de prédilection, les fils aînés de cette grande famille dont Dieu voudra bien toujours se montrer le sauveur et le père.

Bénie sois-tu, œuvre admirable de la *Propagation de la Foi* ! œuvre éminemment catholique, puisque tu embrasses, comme but ou comme instruments, tous les enfants de la grande famille humaine; œuvre facile, puisque tu n'exiges de nous qu'une légère mise de fonds; œuvre féconde, puisque tu enveloppes l'univers dans un immense réseau de charité; œuvre méritoire, puisque tu nous associes à tous les mérites des convertisseurs et des convertis; enfin œuvre profondément opportune, puisque, au milieu de la lutte qui s'agrandit chaque jour entre la vérité chrétienne et les contradictions du philosophisme, tu sauvegardes chez tous les peuples le présent, malgré ses infirmités, l'avenir avec toutes ses espérances.

C'était une parole bien simple que celle-ci : « Allez et enseignez toutes les nations ». Et cependant c'était une parole bien extraordinaire, puisqu'elle était dite à des gens qui ne savaient rien ; et eussent-ils su quelque chose, c'eût été encore une étonnante hardiesse que de leur confier l'enseignement des peuples ; car, pour enseigner tous les peuples, il faut que la doctrine, ainsi commise à des lèvres mortelles, se suscite à jamais des apôtres qui sachent vivre comme Jésus-Christ et trouver un bénéfice dans la mort. Autrement le monde ne recueillera pas les fruits de leur ministère, parce que le monde ne va pas de lui-même à la vérité, heureux lorsqu'il la reçoit des mains qui la lui portent, et ne répond point au plus généreux des sacrifices par la plus lâche des persécutions.

Cette parole créatrice a toujours donné des apôtres à l'Eglise. Rome tombant de pourriture, l'Occident ébranlé par les invasions, les vieux empires d'Asie, les jeunes républiques d'Amérique, les îles récemment découvertes de l'Océanie ont vu arriver des missionnaires à l'heure marquée par la Providence. Avant de s'élancer à la conquête des âmes, ces jeunes apôtres s'étaient initiés à leur dur ministère sous la direction de quelques vieux combattants de la foi, dans quelque maison visitée par l'esprit du cénacle. Aujourd'hui même, par un dessein dont Dieu garde le secret, ces maisons bénies, ces séminaires d'apôtres pullulent en Europe. Il y en a à Rome, à Naples, à Milan, à Vienne, à Louvain, à Marseille et jusqu'à Paris. Oui, Paris, l'enfer des anges et le paradis des démons, Paris renferme aussi des collèges d'apôtres. Dans le pêle-mêle de ces maisons où le blasphème seul se souvient de Dieu, au milieu de ces écoles d'affaires, d'ambition et de plaisir, il y a deux maisons de missionnaires, deux écoles d'apostolat catholique où l'art que l'on apprend est de mourir pour le nom, pour la gloire et l'amour de Dieu.

Ces deux missions sont le séminaire du Saint-Esprit et le séminaire des Missions Etrangères ; l'un, où se forme le clergé du nouveau monde, l'autre, où se réunissent les jeunes prêtres qui doivent évangéliser le Thibet, la Tartarie, la Mandchourie, le Japon, la Chine, le Tonking et les îles de l'Océan Pacifique. Le régime intérieur de ces maisons est à peu près celui de nos séminaires. Vie commune, travaux théologiques, discipline, tout se ressemble, sauf que la discipline doit préparer à une vie plus pénible et que l'instruction doit faire connaître la science de convertir, d'instruire et de moraliser les infidèles. Du reste, il y a là des souvenirs et des maîtres qui vont droit au but. Les directeurs de l'établissement sont d'anciens missionnaires qui ont acquis l'expérience au poste du dévouement et qui souvent portent dans leur corps les meurtrissures éloquentes de la persécution. Les cellules habitées par les clercs ont abrité des hommes dont le nom appartient au martyrologe. A côté de l'humble chapelle où s'immole chaque jour l'Agneau qui efface les péchés du monde, vous voyez les glaives qui les ont frappés, les chaînes qu'ils ont portées, les cordes et les fouets qui ont déchiré leur chair, les linges teints de leur sang, quelques restes de leurs haillons, quelques débris de leurs ossements sacrés qui attendent le jugement de l'Eglise pour monter sur les autels. Un jour, ces martyrs seront les patrons de la communauté dont ils furent les enfants ; aujourd'hui, leurs restes reposent sous la garde de la vénération publique. Toutes les lèvres baisent ces pieux trésors, et dans tous les cœurs ils allument un feu qui ne sait pas s'éteindre.

La vie propre de l'apôtre ne commence qu'à son départ du séminaire. Le jour du départ est, pour les vieux maîtres et les jeunes condisciples, un jour de fête, fête de joie et de deuil, où la crainte et l'espérance s'unissent dans de saints embrassements, comme il sied à des hérauts de l'Evangile.

Aujourd'hui donc, c'est fête au séminaire des missions étrangères. Quelques jeunes prêtres partiront demain, et l'on fait ce soir la cérémonie des adieux. A cette fête, on admet les amis et les parents qui peuvent la subir.

La cérémonie commence à la chute du jour. La communauté entoure une statue de la Sainte Vierge élevée dans le jardin sous un humble dôme de treillage. On chante le *Magnificat* et l'*Ave Maris stella*. Tous les chrétiens qui ont le bonheur de mêler les paroles et les chants de l'Eglise aux actions de leur vie savent quel sens profond et touchant ces accents inspirés reçoivent toujours de la circonstance où l'on est et quelle lumière ils portent dans l'âme. En ce moment solennel, ils révèlent de particuliers enseignements. Le *Magnificat* est le chant anticipé du triomphe, le salut au Dieu qui va ouvrir à son Fils incarné la porte de nouveaux royaumes. L'*Ave Maris stella* est le cri de l'humilité sacerdotale, l'accent de la confiance qui, à la veille de l'épreuve, invoque celle qui a fait luire là lumière sur les peuples assis dans les ténèbres. Merveilleuse inspiration, c'est par deux prières à la douce Marie que commence le chant du départ.

Les jeunes missionnaires quittent ce jardin, ce lieu de délassement et de repos, où ils ont passé quelques courtes années dans l'apprentissage d'une vie qui n'aura plus ni repos ni délassement. Ils se rendent à la chapelle. L'étroite enceinte est remplie. Pas de pompe, pas d'ornements à l'autel ; une pauvreté toute apostolique. Point de splendeur non plus dans l'assistance ! Les parents et les amis des missionnaires n'appartiennent guère au grand monde. On y voit des soldats, des domestiques, des gens de travail et de petite condition, des frères de la doctrine chrétienne, quelques prêtres. Quelquefois un évêque, hôte passager de la maison qu'il aime, apporte là ses vœux et ses bénédictions.

On fait la prière et les exercices du soir suivant la coutume. Cette prière est la prière des chrétiens pieux, prière simple et sublime, éclatante ici de soudaines clartés. Invocation au Saint-Esprit, mise en présence de Dieu, examen de conscience, actes de contrition ; prière pour le Pape, pour les princes, pour les parents, les amis, les ennemis ; prière pour les pauvres, les orphelins, les malades, les agonisants, pour les prisonniers, les voyageurs, pour les vivants et pour les morts... O noblesse de la vie chrétienne !

Après la prière, le directeur de semaine indique le point de méditation sur l'Evangile du lendemain. Par une de ces rencontres qu'explique l'admirable fécondité de l'Evangile, la lecture tombe sur quelque grande leçon, sur quelque scène saisissante, sur quelque parabole pleine d'à-propos. C'est le conseil du renoncement, la béatitude des larmes, le bonheur de souffrir persécution pour la justice ; c'est le Sauveur qui appelle les ouvriers pour la moisson, c'est le père de famille qui envoie à sa vigne des hommes de peine ou qui invite les pauvres au banquet des noces ; c'est Jésus choisissant ses apôtres, leur donnant le précepte ou l'évangile du ministère apostolique, et les jetant, d'un souffle, sur tous les chemins du monde. Il n'y a pas une page des saints livres qui n'ajoute à l'émotion d'un tel jour et au grandiose d'une telle situation.

La prière terminée, le supérieur adresse aux missionnaires qui vont partir une courte allocution ; il leur dit la tâche qu'ils auront à remplir, les ennemis qu'ils auront à vaincre. Quels ennemis ? Le monde, l'enfer et eux-mêmes : l'enfer, à qui ils veulent arracher le monde ; le monde, qui ne veut pas être délivré ; eux-mêmes, qui ne peuvent triompher de l'enfer et du monde que par une continuelle victoire sur la vanité des pensées humaines, sur l'excès des fatigues, sur le désir du repos, sur les besoins du corps et sur les vœux du cœur. La sagesse humaine les traitera de fous, et ils le sont en effet : *stulti propter Christum* ; l'enfer leur tendra des pièges ; le monde les regardera comme des séditieux. Vous serez repoussés, battus de verges, emprisonnés, vous serez mis en croix... mais ayez confiance, Jésus a remporté la grande victoire. Heureux ceux qui partageront les opprobres du divin Maître et qui, comme lui, attachés sur l'instrument de supplice, pourront prier comme lui pour leurs bourreaux.

Il y a des hommes qui peuvent tenir un pareil langage et d'autres qui peuvent l'entendre ! et ce ne sont pas des formes de rhéthorique arrangées à plaisir, c'est la vérité toute simple et toute pure ! Ils sont là ; ils iront ainsi, ils souffriront et mourront ainsi, et l'unique sentiment qui soit dans leurs cœurs est un sentiment d'immense et joyeuse reconnaissance pour *Celui* qui les appelle à cette vie et qui leur promet cette mort.

Les missionnaires se placent ensuite debout devant l'autel. Ils sont là, victimes heureuses et pures ; le chœur chante ces belles paroles qui appartiennent à la fois à la loi ancienne et à la loi nouvelle, et que saint Paul, l'apôtre des nations, a prises des prophètes Isaïe et Nahum : *Quam speciosi pedes evangelizantium pacem, evangelizantium bona !* Et, pendant ce chant, les missionnaires d'abord et tous les assistants viennent baiser à genoux ces pieds heureux qui porteront au loin la bonne nouvelle et la paix du Seigneur.

Une cérémonie si touchante par elle-même est féconde en incidents qui dépassent tout ce que la vie peut offrir de contraste et tout ce que le cœur peut contenir de sentiments. Louis Veuillot, à qui nous empruntons le fond de ce passage, va le clore par le récit d'un de ces incidents :

« J'assistais un soir, dit le grand écrivain, à pareille cérémonie. C'était, je me le rappelle, en plein carnaval. Non loin de la maison des missionnaires, j'avais vu les masques se presser à la porte d'un bal public. Au milieu du bruit des équipages, la rue retentissait de cris avinés. Ce soir-là, ils étaient sept qui devaient partir. Les clameurs de la rue ajoutaient, s'il est possible, au sentiment de vénération avec lequel nos lèvres se posaient sur ces pieds où la boue allait devenir une parure plus brillante et plus précieuse que l'or. Tout à coup, un vieillard mêlé aux assistants s'avança, marchant avec peine. L'un des directeurs de la communauté, revenu des missions où il avait répandu son sang, le soutenait. Une indicible émotion, à laquelle les jeunes missionnaires n'échappèrent point, courut dans la chapelle et fit faiblir les voix. C'était une sorte d'anxiété que chacun ressentait, quoique chacun n'en connût pas la cause. Le vieillard s'avança lentement. Arrivé à l'autel, il baisa successivement les pieds des quatre premiers missionnaires. Le cinquième, comme par un mouvement instinctif, s'inclina, étendant les mains pour l'empêcher de se mettre à genoux devant lui. Cependant le vieillard s'agenouilla ou plutôt se prosterna ; il imprima ses lèvres sur les pieds du jeune homme qui pâlissait ; il y pressa son front et ses cheveux blancs, et enfin il laissa échapper un soupir, un seul, mais qui retentit dans tous les cœurs et que je ne me rappelle jamais sans me sentir pâlir comme je vis en ce moment pâlir son fils. Et ce fils était le second que cet Abraham sacrifié donnait ainsi à Dieu, et il ne lui en restait point d'autre...

« On aida le vieillard à se relever ; il baisa encore les pieds des deux missionnaires qui suivaient son cher enfant, et il revint à sa place, pendant que le chœur, un moment interrompu, chantait le psaume *Laudate, pueri, Dominum.* »

Voici la grandeur, la force et le sublime du catholicisme.

La vie des missionnaires est de mourir pour le nom, pour la gloire et pour l'amour de Dieu.

Je dis mourir, et je dis peu ; car il ne s'agit pas de donner une fois sa vie, ni même de l'exposer pour un temps aux chances d'une guerre qui doit finir. Ce que le missionnaire apprend, c'est l'art de mourir à tout, et tous les jours, et toujours ! Il fait une guerre sans trêve contre un adversaire immortel, qui ne sera vaincu momentanément que par des miracles, qui ne sera enchaîné et dompté définitivement que par la force de Dieu.

Pour s'engager dans ce combat, il faut que le missionnaire se dépouille de tout. Il meurt d'abord à sa famille selon la chair : il la quitte, il ne lui appartient plus, et, selon toute apparence, il ne la reverra plus. Il meurt ensuite à ses frères selon l'esprit, parmi lesquels il s'est engagé pour prendre une part de leurs travaux ; il quittera aussi cette seconde maison paternelle, et probablement pour n'y plus rentrer. Il meurt, encore à la patrie : il ira sur une terre lointaine, où ni les cieux, ni le sol, ni la langue, ni les usages ne lui rappelleront la terre natale ; où l'homme même, bien souvent, n'a plus rien des hommes qu'il a connus, sauf leurs vices les plus grossiers et les misères les plus accablantes.

Et quand ces trois séparations sont accomplies, quand ces morts sont consommées, il y en a une autre encore où le missionnaire doit arriver et qui ne s'opérera pas d'un coup, mais qui sera de tous les instants, jusqu'à la dernière heure de son dernier jour, il devra mourir à lui-même, non seulement à toutes les délicatesses et à tous les besoins du corps, mais à toutes les nécessités ordinaires du cœur et de l'âme. Le missionnaire, la plupart du temps, n'a pas de demeure fixe, pas d'asile passager, pas une pierre où reposer sa tête, il n'a pas d'ami, pas de confident, pas de secours spirituel permanent et facile. Il court à travers de vastes espaces. Quelques chrétiens cachés sur un territoire immense, voilà sa paroisse et son troupeau. Il en fait la visite incessante à travers des périls incessants. Trois sortes d'ennemis l'entourent sans relâche : le climat, les bêtes féroces, et les plus cruels de tous, les hommes. Si Dieu lui impose, au milieu de tant d'amertumes, la cruelle épreuve d'une longue vie, il vieillira dans ce dénûment terrible ; et, chaque jour, l'amertume des ans comblera et fera déborder le vase de ses douleurs. Il n'aura plus cette vigueur du corps et ces ardeurs premières de l'âme qui donnent un charme à la fatigue, un attrait au danger, une saveur même au pain de l'exil.

— Il se traînera sur les chemins arrosés des sueurs de sa jeunesse, et qui n'ont pas fleuri. Il portera dans son âme ce deuil qui fut le fiel et l'absinthe aux lèvres de l'homme-Dieu, le deuil du père qui a enfanté des fils ingrats ! Contemplant ce peuple toujours infidèle ; énumérant en ses souvenirs les lâchetés, les obstinations, les refus, les ignorances coupables, les perversités renaissantes, hélas ! les apostasies, et, pour tout dire, le sang de Jésus devenu presque infécond par l'effet de la malice humaine, il baissera la tête, et il entendra dans son cœur un écho de l'éternel gémissement des envoyés de Dieu : *Curavimus Babylonem, et non est sanata !* Ainsi s'achèveront ses jours, fanés presque dès leur aurore : *Dies mei sicut umbra declinaverunt, et ego sicut fœnum arui.* Ainsi il attendra que son pied se heurte à la pierre où il doit tomber, que sa vie s'accroche à la ronce où elle doit rester suspendue, une masure, une cachette au fond des bois, un fossé sur la route. Car le cimetière même, cet asile dans la terre consacrée, le missionnaire ne l'a pas toujours ; trouvant à mourir jusque dans la mort, il se dépouille aussi du tombeau.

Telle est la vie du missionnaire. Suivant la nature, elle est incompréhensible, et c'est trop peu de l'appeler une lente et formidable mort. Qui nous expliquera pourquoi il se trouve toujours des hommes pour se consumer dans cet obscur et sanglant travail ; des hommes qui désirent cette vie, qui la cherchent, qui l'ont rêvée enfants, et qui, cachant à leur mère ce grand dessein, mais le nourrissant toujours, obtiennent des hommes à force de volonté, de Dieu à force de prières, qu'il soit accompli ? Ah ! c'est le secret du ciel et le plus noble mystère de l'âme humaine. Jusqu'à la fin il y aura des hommes de sacrifice, illuminés d'une clarté divine, qui, les yeux tournés vers Jésus, sauront parfaitement ce que la foule des autres peut à peine comprendre. *In lumine tuo videbimus lumen.* A la lumière de Dieu, ils devinent les joies de cette vie d'immolation pour Dieu ; ils y aspirent, ils les goûtent, ils veulent s'en assouvir, et le monde n'a point de chaînes de fleurs qui les empêchent de courir à ces nobles fers.

Au lendemain du Golgotha, lorsque les Juifs lapidaient le premier confesseur, lui, le visage rayonnant, il s'écriait : « Je vois les cieux ouverts, et le fils de l'homme qui est debout à la droite de Dieu ! » Eh bien, il ne faut pas chercher davantage. Aujourd'hui comme il y a dix-huit siècles, l'attrait de la vie apostolique est là ; c'est la vie qui ressemble le plus à celle de l'Homme-Dieu, et, dès lors, celle où il se communique davantage.

Comment les hommes peuvent-ils abandonner famille, patrie, rompre leur cœur, renoncer à toute ambition, abandonner toute gloire humaine, chercher le long martyre d'une vie dont les prisons, les tortures et les bourreaux paraissent les moindres et les plus supportables accidents? C'est qu'à travers les mille angoisses de cette vie, ils courent à la conquête des âmes ; c'est que, quelle que soit l'aridité du sol, la bonne semence n'y est jamais complètement stérile ; c'est enfin qu'ils emportent leur Christ sur la poitrine et qu'ils le voient dans les cieux. Du fond des cachots, du haut des bûchers, du milieu des prétoires et des tortures, au sein des vastes solitudes, dans les ombres de la nuit parmi les périls de la mer, voilà leur consolation et leur force : *Ecce video cœlos apertos, et filium hominis stantem à dextris Dei* (Louis Veuillot).

Pour connaître les services rendus au monde par les missions, il faudrait copier les livres de Chateaubriand, de J. de Maistre, de Balmès et de tous les auteurs qui ont parlé de l'influence du christianisme sur l'ordre social. Les missions, en effet, sont pour l'Eglise le moyen d'action extérieure, et tous les bienfaits qu'elles répandent ne sont autres que les fruits de la religion conquérant des peuples sauvages, barbares ou civilisés, mais infidèles. Prendre la question à ce point de vue ne peut être mon fait ; je dois, pour suivre mon plan et rester pratique, dresser une simple nomenclature des effets immédiats que suppose ou que produit le zèle des missionnaires.

J'étonnerai peut-être mes lecteurs ; mais, à mon gré, le premier *bienfait* des missions ce sont les *maux* qu'ont à souffrir ceux qui portent le fardeau de l'apostolat. Notre plus grand bien, à nous chrétiens, c'est la croix de Jésus-Christ, c'est cette triomphante mort qui nous a rendu la vie, et avec la vie les moyens d'en entretenir le feu sacré. Après les souffrances du Sauveur, il n'y a rien de plus précieux que les nôtres ; or, la vie des missionnaires n'est qu'un tissu d'épreuves. Ces vaillants apôtres qui portent à tous les hommes la science du bonheur par la soumission à Dieu, il leur faut opérer les plus douloureuses séparations, traîner l'existence la plus dure, finir ou par un cruel martyre ou par une mort plus épouvantable de délaissement. Un but si élevé, un dévouement si pur, une vie si mortifiée, une mort si méritoire sont un grand exemple et une source de grâces, exemple dont la bravoure simple provoque partout une émulation féconde, grâces qui, par les canaux de la communion des saints, couvrent la terre d'une rosée de bénédictions.

A cette émulation d'héroïsme et à ces grâces de solidarité, s'ajoutent de merveilleuses transformations. Les peuples que visitent les missionnaires sont : ou des sauvages, vieillis dans l'enfance comme les insulaires de l'Océanie ; ou d'incultes barbares comme les habitants des régions polaires du Haut Canada, du Thibet et de la Mongolie ; ou des civilisés décrépits comme les Chinois et les Japonais ; ou des peuples non corrompus encore jusqu'à la moelle, mais en danger de retomber, par le schisme ou l'hérésie, dans la barbarie primitive. Les missionnaires retiennent ces derniers peuples sur le penchant de la décadence et peuvent les ramener, par la diffusion de la vraie foi, à l'honneur de leur première dignité. Quant aux autres, s'ils n'y trouvent, à leur arrivée, qu'une religion grossière, des mœurs ignobles, des instincts cruels et un oubli complet des principes de tout ordre, ils savent y opérer des merveilles d'ennoblissement. Quand le missionnaire a pu trouver un gîte, soit qu'il reste caché dans une cabane, soit qu'il exerce son ministère au grand jour, du moment qu'il peut faire entendre sa parole, sa voix, comme la lyre enchantée du demi-dieu, accomplit aussitôt des prodiges de transfiguration. De saines croyances, une religion douce et pure, remplacent les superstitions stupides et souvent atroces ; des vertus virginales éclosent de la boue. On voit la déloyauté s'enfuir cédant le sceptre à la droiture ; plus de haines traditionnelles ni de familles à familles, ni de tribus à tribus ; les guerres s'assoupissent ; les sanglants trophées destinés soit à en rappeler les triomphes, soit à en perpétuer les fureurs, disparaissent devant la croix élevée comme un symbole de paix. Pacifiques au dehors, les petites sociétés deviennent plus régulières au dedans. Sans abdiquer totalement leur forme primitive, elles y combinent dans de plus justes bornes l'obéissance et le pouvoir. Avec un ordre plus calme et plus exact, les mœurs nomades s'affaiblissent, la propriété s'organise, le travail s'établit tantôt autour d'une chapelle agreste, tantôt à l'ombre d'un monastère. Voilà le germe d'une civilisation qui commence, et là, comme dans la vieille Europe, c'est l'apostolat qui la fonde au nom de l'Eglise et par sa toute-puissante charité.

Peut-être dira-t-on que ces conquêtes sont trop rapides pour être durables, et que les conversions opérées même par saint François Xavier n'ont pas résisté à l'épreuve du temps. Sans doute, un simple passage ne suffit pas pour asseoir l'Evangile et l'œuvre de la mission exige une continuité du ministère, autant du moins que le comportent les nécessités de la mission. D'autre part il est prouvé, par les témoignages les plus certains, que telles sont bien les transformations opérées par les missionnaires, malgré l'insuffisance de leurs ressources ; seulement, pour écarter de l'esprit tout doute relativement à la solidité de leurs conquêtes, il faut distinguer entre les contrées qu'ils évangélisent. Dans les pays d'une certaine culture, en Chine, par exemple, à moins d'une vie de thaumaturge, il n'y a pas de mouvement général, les conversions sont individuelles, isolées, si l'on veut, mais elles ne sont que plus solides, elles ne produisent que de plus fortes vertus, et, par l'influence nécessaire de ces vertus, elles sont comme le ferment qui met en mouvement toute la masse. C'est ce qui est arrivé dans l'empire romain à l'époque des persécutions ; ces conversions isolées, au jour de l'indépendance, décidèrent la conversion de l'empire. Ce fait peut nous amener à la connaissance d'une loi providentielle. Dieu demanderait pour la foi, dans ces sortes de sociétés, une période de luttes pour préparer les triomphes, soit pour cacher le miracle de sa victoire, soit pour vaincre la toute-puissance du monde par la faiblesse de la croix. Au reste, les retards nécessaires à sa conquête n'en doivent pas plus faire méconnaître les origines obscures qu'elles ne peuvent diminuer l'évidence du miracle.

Dans les contrées sauvages ou barbares, dans les pays où l'homme est resté plus enfant, où une longue et meurtrière décadence n'a pas inoculé aux âmes le virus de l'opiniâtreté dans la malice, l'on arrive plus promptement au mouvement général de retour. D'enfant qu'il était, le néophyte devient bientôt jeune homme avec sa plénitude de sève, et homme fait avec la puissante énergie de l'âge viril ; c'est ce qui arriva pour les barbares du IVe siècle. Hier, coureurs d'aventures et auteurs empressés de brigandages ; aujourd'hui chevaliers ; — hier esclaves de vices impétueux et portés aux plus grands excès ; aujourd'hui moines de Saint-Benoît ou de Saint-Colomban. Ces beaux exemples se reproduisent souvent, non seulement chez les Peaux-Rouges, mais même chez les Océaniens, malgré la mollesse de leur climat. Le missionnaire, après avoir fait sa mission, monte sur sa pirogue pour aller dans d'autres îles ou chausse le mocassin pour suivre une bande partant à la chasse de l'original. Deux mois, quatre mois, six mois, un an après, il revient à ses néophytes. « Et vos serments, où en sont-ils ? » Père, les oiseaux des forêts s'en sont allés chassés par l'hiver, les feuilles des grands arbres ont été plus d'une fois arrachées par la tempête, les flots des rivières ont couru se précipiter dans les grandes eaux, et nos serments sont restés inébranlables ! Nous ne nous en sommes pas écartés même de l'épaisseur d'un brin de paille. Est-ce qu'on peut manquer de parole au Grand-Esprit. » « Telle est, dit l'éloquent évêque de Nîmes, l'incorruptibilité de ces consciences nouvellement régénérées : leur droiture, leur délicatesse et leur vénération pour le devoir vont si loin qu'elles ne soupçonnent pas la possibilité d'une transgression. Le martyre leur paraît mille fois plus naturel qu'une infidélité quelconque et ils l'affrontent sans peur. Quand, après de longues absences, le prêtre qui les a lavés dans le sang de l'agneau, leur demande si, depuis, leur tunique a contracté quelque tache, cette question les étonne, tant le péché leur semble impossible, et si jamais on venait à leur parler de nos tiédeurs, de nos lâchetés et de nos crimes, ce récit serait pour leur foi vierge encore le plus monstrueux des scandales. »

De tels chrétiens ont l'intelligence du prêtre. Le missionnaire est à leurs yeux le ministre de Dieu, le vicaire de Jésus-Christ, l'organe du Saint-Esprit : l'homme a disparu. La respectueuse tendresse dont il est l'objet s'étend bientôt sur le pays qui l'a vu naître, sur la nation qui produit de tels hommes et les soutient dans de telles entreprises. La foi crée dans les cœurs reconnaissants une sensibilité naturelle. Ces barbares, qui n'avaient vécu jusqu'à leur conversion que d'égoïsme et de haine, embrassent maintenant le monde dans leur charité. En retour des sacrifices que nous faisons pour eux et des vœux que nous formons pour leur bonheur, ils nous envoient des lettres où s'exhale la gratitude la plus attendrie et les plus onctueuses bénédictions. On se croirait revenu à ces premiers temps du catholicisme, où toutes les églises se saluaient, à travers les espaces, dans l'unité d'un saint embrassement.

A cette communion d'amour s'ajoute une communion d'idées dont les missionnaires sont les instruments. Dans leurs moments de loisir, ils traduisent les livres de la mère-patrie ou composent des écrits comme l'*Histoire des Antilles* de Dutertre, l'*Histoire de la Nouvelle-France* de Charlevoix, la *Mission du Maduré* du Père Bertrand, ou le *Mémoire* du Père Brouillon sur la mission du Kiang-nan. L'*Histoire de la Corée* du Père Dallet, l'*Histoire générale des missions étrangères*, du Père Launay, un savant écrit sur le Brahmanisme de Mgr Laouënan. S'ils ne composent des ouvrages de longue haleine, ils écrivent du moins des lettres avec la maturité de l'expérience et l'autorité du savoir. Un missionnaire est nécessairement un excellent voyageur ; obligé de parler la langue des peuples auxquels il prêche l'Evangile, de se conformer à leurs usages, de vivre longtemps avec toutes les classes de la société, n'eût-il reçu en partage aucun génie, il parvient encore à recueillir une foule de faits précieux. Ce moissonneur d'observations fait ses gerbes d'autant plus grosses qu'avant le départ, il a fait provision de connaissances nécessaires au pays qu'il doit évangéliser. L'amour du sol natal le pousse à transmettre à ses compatriotes le bénéfice de ses découvertes. Acclimatation de plantes ou d'animaux, science agricole, procédés industriels, descriptions géographiques, recherches historiques : tout est son ressort. De manière que le propagateur de la foi et le héraut des biens célestes se trouve être, par dévouement, plus que par devoir, le propagateur des biens terrestres et le héraut de la science sociale.

J'ajoute, avec l'infaillible pressentiment de la foi, que les missionnaires, par l'ensemble de leurs travaux et par le succès qui les couronne, occupent les avant-postes du progrès et préparent au monde un brillant avenir. En ce moment l'univers s'ébranle ; une attente curieuse et inquiète tient les nations en éveil. Un nouvel ordre d'événements, salué par tous les vœux catholiques, commence à paraître. Sans doute le temps est encore éloigné où les peuples, devenus étrangers par la division des langues, seront ramenés à l'unité du même langage dans l'unité d'une même croyance. Mais, refuser de reconnaître que les temps accélèrent leur marche, que les distances tombent, que les peuples se rapprochent, c'est s'aveugler volontairement. Or, pour que ce travail de rapprochement arrive à un heureux terme, il faut qu'il s'effectue sans profit pour les passions, sous le patronage de la vérité et dans l'intérêt bien entendu des peuples. Si la vérité ne présidait pas à ce grand événement, si les passions y trouvaient leur triomphe, les peuples ne se rapprocheraient que pour se dominer, peut-être même pour s'entre-détruire. Le prêtre qui déroule dans les missions le drapeau de la foi travaille donc à la fusion des peuples. Les dogmes dont il est l'interprète, les préceptes dont il est le défenseur, les mœurs dont il est le représentant sont autant de conditions indispensables au mélange des races, l'espoir des nations. « Lève-toi, Jérusalem, et reçois la lumière ; quitte les vêtements de deuil, romps les chaînes de la longue captivité, le jour de la délivrance approche, car la lumière t'arrive et la gloire du Seigneur a brillé sur ta tête. »

Nous ne nous piquons pas du don de prophétie ; mais on peut se tenir assuré que jamais des banquiers, des soldats, des savants, dépêchés aux pays lointains avec les instruments et les plans d'une académie, ne feront ce que fait si bien un simple prêtre avec son bréviaire et son crucifix.

L'histoire des missions catholiques se partage en quatre grandes périodes : mission des apôtres et de leurs successeurs avant la chute de l'empire romain, missions des évêques régionnaires aux temps barbares, missions des Franciscains et des Dominicains au Moyen Age, missions des Jésuites et de la congrégation des missions étrangères dans les temps modernes.

Au sortir du cénacle, les apôtres, pleins d'un feu céleste, s'élancent à la conquête du monde. Entreprise étonnante par le choix du but, par l'infirmité des moyens et par la grandeur des résultats. Pierre, après avoir prêché aux Juifs et parcouru l'Asie mineure, vient, sous l'impulsion de la Providence, placer à Rome, dans la Rome d'Auguste et de Néron, le siège de la principauté pontificale. André, son frère, évangélise la Sogdiane et la Scythie. Taddée le zélé visite la Samarie, la Syrie, la Lybie, la Mésopotamie et la Perse. Jean, fils de Zébédée, s'établit à Éphèse, confesse la foi à Rome et écrit, dans son exil de Pathmos, les révélations des derniers temps. Jacques, frère de Jean, arrose le premier, de son sang, la semence apostolique, et mérite, pour avoir bu au calice, de s'asseoir à la droite du Fils. Jacques, frère de Jude, imite de bonne heure son homonyme dans la confession du martyre. Mathias se dirige vers la Cappadoce, le Pont-Euxin et la Colchide. Thomas et Barthélemy pénètrent jusqu'aux Indes, peut-être jusqu'en Chine. Simon parcourt l'Égypte, la Mauritanie et la Perse. Philippe se fixe en Phrygie.

Paul, le grand Paul, l'apôtre par excellence, prêche à Jérusalem, à Antioche, à Éphèse, à Milet, à Athènes, à Corinthe, à Rome et passe en Espagne. Chaque apôtre sur son passage ordonne des prêtres et des évêques, constitue des églises qui deviennent le foyer d'autant de nouvelles missions, et arrose de son sang les paroles qu'il a semées. A la fin du premier siècle de l'ère chrétienne, l'Évangile compte des disciples au milieu des glaces du Nord, sous les feux de l'Afrique et jusqu'aux extrémités de l'Orient. En sorte qu'on en est à se demander, et c'est la pensée de Bossuet, si les apôtres n'ont pas travaillé sous terre pour avoir pu, en si peu de temps et sans qu'on sache comment, établir tant d'Églises.

Dans ce premier feu d'apostolat, la dispersion des apôtres, les fatigues de leur ministère, la grande difficulté des communications n'avaient pas permis aux apôtres de rattacher leurs missions à la chaire centrale de l'Église. Avant d'organiser la subordination hiérarchique, il fallait enseigner les nations, baptiser et notifier les préceptes du Christ. La conversion opérée, les rapports de soumission s'établissent, et Pierre est le directeur des autres apôtres. Malgré même les persécutions, Clément envoie saint Denis aux peuples de la Gaule ; Eleuthère dépêche des missionnaires aux Bretons ; et Célestin charge Patrice et Pallade d'aller planter la croix jusqu'en Écosse, jusqu'en Irlande.

La conversion des empereurs romains ouvrit à la foule la porte des basiliques chrétiennes. Dès longtemps le sang des martyrs avait agi profondément sur les convictions réfléchies. Lorsque vint le jour de la liberté, les esprits cédèrent facilement. Mais si les esprits étaient changés, les cœurs ne l'étaient point. Le Paganisme avait déposé dans ces âmes qu'il infectait depuis des siècles un limon vénéneux impropre à la végétation des vertus. Même sous les Césars chrétiens, l'œil attristé des évêques voyait se perpétuer des abominations sans nombre. Dieu appela les tribus de la Germanie et jeta dans toutes les provinces de l'empire vingt peuples nouveaux, ariens pour la plupart, tous barbares, dont le mélange avec les Romains dégénérés offrit aux missionnaires des éléments de restauration. C'est à la conversion de ces peuples que s'appliqua le zèle trop peu connu des missionnaires mérovingiens. Tâche immense ; car il fallait amortir le choc des invasions, convertir les nouveaux venus, opérer la fusion des races, créer la société chrétienne et préparer enfin, par le présent, un avenir pacifiquement progressif. Tout le monde sait avec quelle merveilleuse promptitude et quelle sagesse profonde ils y réussirent. Ce qui ajoute à leur gloire, c'est que, dans l'humilité de leur dévouement, eux qui constituaient l'Europe, ne songèrent même pas à donner leur nom à la postérité. Cette humilité n'est plus de notre âge ; dans les siècles d'avortement il y a une disproportion habituelle entre l'infinité des œuvres et l'éclat de leur renommée. Si l'histoire doit abaisser les pygmées qui se hissent sur un vain piédestal, elle doit aussi, pour être juste, glorifier, selon ses moyens, les géants qui se cachent, et les thaumaturges qui ont passé en faisant le bien.

Au moment même où les Papes ont à se défendre contre les incursions d'Alaric, de Genséric ou de Totila, l'*universelle sollicitude* qui les transporte les pousse à envoyer partout des apôtres. Déjà, dans le ve siècle, ils envoient saint Séverin dans le Norique ; d'autres ouvriers parcourent les Espagnes, comme l'atteste la fameuse lettre à Décentius, et le pape Hormisdas a la joie de convertir par son vicaire apostolique, saint Rémi, Clovis et les Francs. Au vi^e siècle, saint Grégoire le Grand envoie saint Augustin en Angleterre. Au viie siècle, pendant que l'Eglise est menacée, d'un côté par les divisions religieuses de l'Orient, de l'autre, par le sabre des Sarrasins, le pape Honorius dépêche de nouveaux apôtres aux Iles Britanniques ; le pape Martin fait travailler les célèbres missionnaires Heudelin, Amand, Landoald, Valentin, à la conversion des Flamands, des Carinthiens, des Esclavons et de toutes les peuplades disséminées sur les rives du Danube ; le Pape Conon consacre saint Kilian d'Irlande, apôtre de la Franconie ; et le pape Sergius institue saint Willibrord apôtre des Frisons. Eluff de Werden se transporte en Saxe au viiie siècle ; saint Corbinien, en Bavière, et saint Boniface remplissent l'Allemagne de leurs travaux. Le ixe siècle semble se distinguer de tous les autres, comme si la Providence avait voulu, par de grandes conquêtes, consoler l'Eglise des malheurs qui étaient sur le point de l'affliger. Saint Siffroy est envoyé aux Suédois ; saint Anschaire, surnommé l'apôtre du Nord, prêche aux Suédois, aux Vandales et aux Esclavons ; Remberg de Brême, les frères Cyrille et Méthodius, aux Bulgares, aux Khasars, aux Moraves, aux Bohémiens, à l'immense famille des Slaves. Dans les deux siècles suivants, Jean XIII tourna ses regards vers les Sarmathes ; Silvestre II convertit Etienne de Hongrie ; Jean XVIII réussit à faire connaître l'Evangile aux Prussiens et aux Russes ; enfin Innocent IV eut la joie d'unir la Lithuanie à l'Eglise. Tous ces missionnaires pourraient dire en chœur :
Hic tantem stetimus, nobis ubi defuit orbis.

Lorsque l'Europe eut embrassé la foi, les Papes jetèrent les yeux sur l'Asie. Dans les steppes de cette immense partie du monde, dans la Tartarie et la Mongolie, erraient des peuples puissants ; à côté, dans l'Inde en Chine, végétaient de grands empires, dans une immobilité séculaire. La foi avait pénétré de bonne heure dans ces contrées. L'inscription de Singan-fou atteste qu'il y avait, au viie siècle, dans l'empire du milieu, des chrétientés florissantes. La légende du prêtre Jean nous montre, au xe siècle, un empire chrétien dans la Tartarie. Les invasions des Mongols, la conquête de l'Asie par leurs intrépides chefs, les dispositions bienveillantes de plusieurs khakans tartares offrirent des facilités très encourageantes pour les missions. Des communications s'établirent entre les descendants de Sem et ceux de Japhet ; on fit de part et d'autre de nombreuses tentatives d'alliance et de fusion. Vingt ambassades furent envoyées par les Tartares en Italie, en Espagne, en France, en Angleterre. De leur côté, les princes chrétiens, les Papes surtout, firent partir pour les Etats du grand khan des légations et des missionnaires. Les ordres de Saint-François et de Saint-Dominique, alors dans leur première ferveur, furent chargés de ces pieuses expéditions. Jean de Plan-Carpin, Rubruck, Marco-Polo, Odéric de Frioul et Monté-Corvino (qui fut Archevêque de Péking et compta sept Evêques dans sa suffragance), en assurèrent le succès. Les chrétientés fondées dans la haute Asie, au prix d'immenses sacrifices, ne jetèrent cependant pas des racines profondes. Les révolutions de la Chine et l'invasion de Tamerlan précipitèrent leur ruine. Les nombreuses tentatives de propagande religieuse eurent d'ailleurs des résultats, qui, peut-être, n'ont pas été assez remarqués. Les travaux des missionnaires laissèrent dans l'extrême Orient de curieux souvenirs de la prédication catholique, et contribuèrent à préparer les développements de la civilisation européenne, ne serait-ce que par les progrès de la géographie, par l'introduction de l'imprimerie, de la boussole et de la poudre à canon.

Ces progrès et ces découvertes tombèrent au milieu d'un mouvement d'effervescence qui agitait l'Europe. Les temps d'agitation ont cela de singulier qu'ils excitent toutes les passions, bonnes ou mauvaises : celles-ci pour les pousser aux excès, celles-là pour leur préparer des triomphes. Les mauvaises passions qui fermentaient depuis longtemps en Occident trouvèrent une issue dans la Renaissance et dans le protestantisme ; les bonnes s'exercèrent au-dedans à résister contre ce double mal ; au dehors, elles coururent les aventures, et, dans leurs courses, elles trouvèrent la route de l'Inde et de l'Amérique. Les divisions qui désolaient l'Eglise et les magnifiques découvertes qui sollicitaient son zèle touchèrent le cœur de Dieu. La compagnie de Jésus, fondée par saint Ignace, se leva pour combattre l'ennemi et prêcher l'Evangile. Le séminaire des Missions Etrangères, fondé par la duchesse d'Aiguillon, ajouta de nouveaux bataillons à l'armée convertissante des Jésuites. Les collèges établis à Rome, notamment le collège de la Propagande, donnèrent aussi des recrues. En sorte que les missionnaires purent suivre partout les hardis navigateurs qui agrandissaient le monde.

Tout a été dit depuis longtemps sur ces missions, et d'ailleurs il me serait impossible de m'étendre en ce moment sur ce grand sujet. Je citerai seulement un fait et une autorité.

Le fait, c'est que les voyages de saint François-Xavier, arrangés de suite, auraient fait trois fois le tour du globe, et il mourut à quarante-six ans; et il n'employa que dix ans à l'exécution de ces prodigieux travaux : c'est le temps qu'employa César pour dévaster et asservir les Gaules. L'autorité est celle de Montesquieu, témoin peu suspect, qui nous dit : *Les Jésuites seuls ont guéri, dans les missions, une des plus grandes plaies de l'humanité.*

Ce coup d'œil rétrospectif sur l'histoire des missions nous fait voir comment le zèle de ses Apôtres rend hommage à l'Église. En présence du monde païen à convertir, du monde barbare à civiliser, de l'Asie et de l'Amérique à ébranler ou à changer par la prédication de l'Évangile, non seulement elle n'a point failli à sa tâche, mais elle l'a remplie autant que le permettaient les difficultés des temps et l'éternel obstacle de l'infirmité humaine. *Gesta Dei per Apostolos.*

Les missions sont catholiques comme l'Eglise : elles embrassent tous les temps et tous les lieux. Les missionnaires sont partout. « Les mers, les orages, les glaces du pôle, les feux du tropique, rien ne les arrête, dit Châteaubriand ; ils vivent avec l'Esquimau dans son outre de peau de vache marine ; ils se nourrissent d'huile de baleine avec le Groënlandais ; avec le Tartare ou l'Iroquois, ils parcourent la solitude ; ils montent sur le dromadaire de l'Arabe, ou suivent le Cafre errant dans ses déserts embrasés ; le Chinois, le Japonais, l'Indien sont devenus leurs néophytes ; il n'est point d'île ou d'écueil dans l'Océan qui ait pu échapper à leur zèle et comme autrefois les royaumes manquaient à l'ambition d'Alexandre, la terre manque à leur charité (1). »

On compte autant de missions qu'il y a de parties du monde : missions d'Europe, missions d'Asie, missions d'Afrique, missions d'Amérique, missions d'Océanie. Les missions d'Europe comprennent la Grèce, la Turquie, les principautés danubiennes, l'Ecosse, les contrées du Nord et les pays plus voisins du pôle arctique. Les missions d'Asie commencent de l'autre côté du Bosphore, se continuent par la Perse, le Thibet, l'Hindoustan, la presqu'île en deçà et au-delà du Gange, Siam, le Cambodge, l'empire annamite, la Chine, la Mandchourie, la Corée et le Japon. Les missions d'Afrique renferment la côte de Maroc, les deux Guinées, le Cap, le Mozambique, le Zanguebar, l'Abyssinie et l'Egypte. L'Amérique, pourvue d'églises régulièrement constituées là où florissaient autrefois les plus brillantes missions, n'a guère de missions qu'au nord et au sud de ses deux presqu'îles. Enfin l'Océanie, avec ses innombrables groupes d'îles, est partagée en quatre vicariats apostoliques.

Chaque mission a son caractère propre et son genre de souffrances particulier. Les missions du Nord, d'Islande, des îles Féroé, de la Laponie, de la baie d'Hudson et autres pays circonvoisins ont à vaincre tous les obstacles que suscite l'ingratitude de la nature. Durant les quelques jours d'été, le ciel, il est vrai, s'éclaircit, et, la nuit venue, il s'illumine des magnificences de l'aurore boréale. Des colonnes et des gerbes de feu, des globes éblouissants et mille autres figures capricieuses parcourent l'horizon, changeant à chaque instant de forme et donnant un aspect aussi étrange que varié à cette scène grandiose. Mais ce pâle soleil d'été s'éclipse bientôt devant les épaisses brumes et les froids glacés de l'hiver. Un manteau de neige durcie couvre le sol, à l'horizon des montagnes de glace éternelle, à peine quelques mousses au creux des rochers, des populations mortes comme leur climat, un trou en terre pour demeure, et la nuit, la grande nuit, qui règne sans interruption durant des mois entiers. Le missionnaire, les raquettes aux pieds, le corps enveloppé de lourdes peaux, s'en va chercher, au prix d'énormes fatigues, les rares familles de son petit troupeau ; il franchit, pour trouver une âme, des espaces immenses, jusqu'à ce que, mourant de faim ou de froid, il s'ensevelisse sous un pli de neige pour devenir plus tard la proie des ours blancs.

Les missions du Sud, missions d'Australie, des îles Sandwich, des îles Marquises, Gambier, Tahiti, abondent, au contraire, en richesses naturelles. Les ressources surpassent les désirs. Une végétation perpétuelle orne la terre ; il n'y a qu'à fouiller le sol pour trouver le taro, l'igname, la patate ; si vous levez la main, vous détachez un régime de banane, vous cueillez le coco ou le fruit de l'arbre à pain. A peine une légère culture à ces régions paradisiaques et la récolte sera de mille pour un. Mais plus la terre est féconde, plus l'homme, à peine élevé au niveau de l'enfance, s'est laissé envahir par les superstitions et corrompre par ses mauvais penchants. Sensuel jusque dans son âme, il ne sait plus que boire, manger, pêcher, chanter, se battre et se vautrer dans l'ordure avec le sans-façon d'une bête. Le missionnaire déposé sur sa plage sera accueilli avec curiosité, environné de prévenances et mangé lorsqu'on le jugera suffisamment gras. S'il échappe au couteau, le voilà dans la nécessité d'apprendre la langue des naturels sans grammaire, sans dictionnaire, sans maître. Le bâton d'une main, le calepin de l'autre, il s'en va donc par monts et par vaux, interrogeant ceux qu'il rencontre et faisant la recherche des mots comme d'autres courent à la recherche des perles. Le soir, rentré dans sa case, il met en ordre ses notes volantes ou attire les insulaires par les chants, les rites solennels et toutes les démonstrations de la foi sans discussion. Lorsqu'il possède la

---

(1) *Génie du Christianisme*, livre VIe, chap. 1er.

langue de manière à être compris, il commence à parler à la foule de ses curieux visiteurs. Les uns, âmes droites comme il y en a heureusement partout, s'inclinent bientôt devant la croix ; d'autres enfin, âmes basses et méchantes, ne viennent guère à la case que pour voler ou pour troubler les réunions. Dès qu'un petit troupeau est formé, le missionnaire s'arme de la hache pour traverser les bois, monte dans la pirogue ou dans le baleinier, pour aller chercher d'autres tribus. Mêmes épreuves, mêmes combats, et pas toujours mêmes succès. Lorsque plusieurs générations de missionnaires se sont consumées à la tâche, lorsqu'il y a dans les peuplades d'une même île ou d'un groupe d'îles un certain nombre de chrétiens, on bâtit, sur une éminence, avec les plus grands arbres des montagnes, la première église. Autour de l'église viennent, comme par enchantement, se dresser des maisons. Un village se forme dont les habitants commencent à s'appliquer au travail, dont les jeunes gens étudient à l'école du missionnaire tandis que les jeunes filles se réunissent sous la direction d'une prêtresse convertie, en attendant la cornette blanche qui viendra d'Europe. Peu à peu les mœurs s'épurent, les bonnes habitudes se contractent, l'ordre s'affermit, et, grâce à une ferveur chaque jour plus éclairée, cette île, où les hommes se mangeaient il y a quelque vingt-cinq ans, est maintenant le lieu du monde où l'on goûte le plus de bonheur.

Les missions d'Afrique offrent toutes les difficultés réunies des missions du Nord et du Sud, avec ce surcroît que la nature y est plus ingrate et que les hommes y sont plus méchants. Sous ce climat d'airain, les hommes ont dans les veines moins du sang que du feu ; leurs passions sont plus vives, leur corruption est plus féroce. Les aventuriers qui visitent ces parages n'ayant d'autre religion que celle des affaires, s'y dépravent plus profondément et donnent à croire aux indigènes qu'ils n'ont que faire d'un changement de religion. Le ciel meurtrier de la Ligne, les chaleurs tropicales déciment les missionnaires et suspendent souvent leurs travaux. Le mahométisme est là avec son fanatisme ignare et sanguinaire qui ferme toutes les voies au prosélytisme. Les femmes sont cloîtrées et leur clôture enlève à l'apôtre l'instrument des grandes et durables conversions. Enfin la vie nomade du désert oblige à suivre les tribus dans leurs courses. Malgré tous ces obstacles, l'Église n'a pas fait moins de conquêtes sur les rives orientales du Monomotapa, de Quiloa, et sur les rives occidentales du Congo, Angola, Benguela et Loango. Aujourd'hui même se forme à Lyon une société apostolique dont le but est d'évangéliser l'Afrique et de pénétrer jusque dans l'État de Dahomey. Dieu bénisse cette courageuse entreprise!

Les missions du Levant présentent un spectacle profondément religieux et philosophique. Combien elle est puissante cette voix chrétienne qui s'élève des déserts et des cités de la Palestine. Vous voyez Jérusalem qui respire encore la grandeur de Jehovah et les épouvantements de la mort ; Bethléem, Nazareth, Sichem, Joppet, le Liban, le Jourdain, la mer Morte. Chaque nom renferme un mystère, chaque grotte déclare l'avenir ; chaque sommet retentit des accents d'un prophète. Dieu même a parlé sur ces bords ; les torrents desséchés, les rochers fendus, les tombeaux entr'ouverts attestent le prodige ; les sables de la plaine et les pierres des montagnes paraissent encore muets de terreur et l'on dirait qu'ils n'osent rompre le silence depuis qu'ils ont entendu la voix de l'Éternel.

Quelle autre voix pleine d'enseignements fatidiques s'élève des tombeaux d'Argos et des ruines de Sparte, des tumultes de Constantinople, des débris de Memphis, de Thèbes ou de Ninive! Dans les îles de Naxos et de Salamine, dit encore Chateaubriand, dans les îles d'où partaient les brillantes théories qui charmaient les Grecs, un pauvre prêtre catholique, déguisé en Turc, se jette dans un esquif, aborde à quelque méchant réduit pratiqué sous des tronçons de colonne, console sur la paille le descendant des vainqueurs de Xercès, distribue des aumônes au nom de Jésus-Christ, et faisant le bien comme on fait le mal, en se cachant dans l'ombre, retourne secrètement à son désert.

Le savant qui va mesurer les restes de l'antiquité dans les solitudes de l'Europe et de l'Asie a sans doute des droits à notre admiration ; mais nous voyons une chose plus belle et plus admirable : c'est quelque Bossuet inconnu, expliquant les anathèmes des prophètes sur les débris de Palmyre ou de Babylone.

Aux Indes, en Chine et dans les contrées limitrophes, nous voyons des empires dont les mœurs usent depuis trois mille ans le temps, les révolutions et les conquêtes. La nature, suivant les degrés de latitude et d'autres circonstances, y est tour à tour féconde et stérile. L'art n'a guère à y étudier que des ruines. La foi y trouve des peuples, autrefois civilisés, aujourd'hui complètement déchus de leurs vertus antiques. A défaut de vertus, l'homme se distingue par des vices. L'enfant de ces peuples vieillis est donc fourbe, faible, cupide, voluptueux, égoïste. A le bien considérer on se prend à douter s'il est susceptible de régénération. Si rien n'est répugnant comme ces peuples bas, rien n'est fécond comme la parole, rien n'est puissant comme la croix de Jésus-Christ. Ces contrées, où l'Église a si peu de conquêtes à attendre, sont justement celles que la sueur des apôtres aime le mieux arroser. L'étendue de leur territoire, le chiffre énorme de la population, l'espérance d'entraîner le pays si l'on en convertissait les chefs, l'espoir d'amener du même coup à la foi les états voisins sont autant de motifs qui expliquent le zèle des missionnaires. Jusqu'ici, malgré les fatigues des apôtres, le sang des martyrs et le mérite particulier des Jésuites, la fréquence des persécutions n'avait permis de remporter qu'un succès partiel. Ces vieux empires paraissaient vouloir rester debout comme d'inattaquables pyramides. Aujourd'hui le prestige grandissant de l'Europe en Asie, la facilité des communications, le bénéfice des traités de commerce, les brèches faites aux vieilles coutumes, permettent à l'Eglise de plus grandes et de plus solides victoires.

En Amérique nous n'avons plus qu'à saluer les missions de la Californie, du Texas, du Kansas et de la Guyane. Là on rencontre, au milieu des naturels du pays, les chercheurs d'or, les dupes de l'utopie et les déportés de la guerre civile ; là aussi il fallait des missionnaires et ils n'ont pas manqué au rendez-vous des infortunes. Ou je me trompe fort ou il y a dans ce contraste un grand enseignement. Un missionnaire secourant les aventuriers sur les bords du Sacramento et dans les forêts de l'Icarie ; un prêtre consolant Billaud-Varenne dans sa case de Synnamary ; une sœur de charité assistant Collot d'Herbois au lit de mort !

Qu'ils sont beaux les pieds de ceux qui évangélisent la paix ! mais quelle est difficile la tâche de convertir les hommes !

Les missions apostoliques exigent deux choses : un personnel d'apôtres et des ressources matérielles pour leur entretien et, par là, il ne faut pas entendre seulement le vivre et le couvert, mais l'argent nécessaire pour bâtir des églises, ouvrir des écoles, créer en un mot tous les établissements que comportent les éléments de la civilisation chrétienne. Nous devons ici nous enquérir de ces deux choses.

Le personnel français des missions catholiques comprend : 1° La société des missions étrangères, fondée en 1663, qui dessert aujourd'hui 28 missions, dirigée par 33 archevêques ou évêques, gérée par environ 1 200 missionnaires. Les missions dont elle est chargée sont : Trois diocèses de l'Inde, l'Indo-Chine, la Birmanie, Siam, huit provinces de Chine, la Corée et le Japon. 2° La Compagnie de Jésus a deux missions en Chine, une au Maduré, les missions du Liban et de Syrie, des établissements en Arménie et en Egypte, les îles Maurice, la Réunion et Madagascar : elle emploie, dans ces missions, 750 Pères. 3° La Congrégation de Saint-Lazare, fortifiée par les sœurs de Saint-Vincent de Paul et par les Frères des écoles chrétiennes, a répandu l'idiome français en Orient. L'action des Lazaristes s'étend de Constantinople à la Chine, où ils ont six vicariats et une procure. Ces religieux ont encore des établissements en Perse, en Algérie, à Madagascar et dans l'Amérique du Sud : ils ont 500 missionnaires au service de la propagation de la foi. 4° Les Augustins de l'Assomption ont établi en Orient des séminaires et des écoles ; ils ont institué le pèlerinage de pénitence en Terre-Sainte et sauvé en Palestine l'honneur du drapeau français ; ils ont des missions en Amérique ; 220 religieux sont consacrés à ces œuvres apostoliques. 5° L'Institut des Frères des Ecoles chrétiennes, auxiliaires précieux de l'éducation nationale, entretiennent des écoles dans le Levant, aux Indes, en Cochinchine, en Algérie, en Tunisie, à la Réunion, à l'île Maurice, à Madagascar et dans les deux Amériques : 820 frères dirigent ces écoles. 6° Les Capucins ont 160 religieux français aux Indes, en Mésopotamie, en Arabie, en Abyssinie, au Brésil et aux îles Seychelles. 7° Les Dominicains mettent 80 religieux dans les missions de Mésopotamie et du Kurdistan, en Amérique, à la Trinidad, à Buenos-Ayres ; ils ont fondé une école biblique à Jérusalem. 8° Les missionnaires de Saint-François de Sales, dont la maison-mère est à Annecy, emploient 60 religieux dans les deux diocèses de Vizagapatour et de Nagpour. 9° Les Carmes déchaussés ont 14 religieux au Mont-Carmel, à Bagdad et au Malabar. 10° Les Frères de Marie, outre leurs établissements en Espagne, en Allemagne et en Suisse, envoient 80 missionnaires au Japon, en Syrie, en Océanie, en Afrique et aux Etats-Unis. 11° Les Petits Frères de Marie, dont la maison-mère est au diocèse de Lyon, ont, hors d'Europe, 360 Frères répandus dans les cinq parties du monde. 12° Les Oblats de Saint-François de Sales, dont la maison-mère est à Troyes comptent 25 religieux en Grèce, à l'Equateur et dans la préfecture Apostolique du fleuve Orange. 13° Les Franciscains de la Custodie de Terre-Sainte ont 95 missionnaires, la plupart dans le Levant, plusieurs en Chine. 14° La Congrégation du Saint-Esprit et du Saint-Cœur de Marie a son principal champ d'action en Afrique, dans les îles voisines, un peu dans les Antilles et en Amérique ; elle y emploie 430 missionnaires. 15° Les Pères blancs de Notre-Dame d'Afrique, dont la Maison-Carrée d'Alger est le centre, évangélisent quatre grands vicariats du centre de l'Afrique : ils comptent déjà de nombreux martyrs. 16° La société des missions d'Afrique dont le foyer est à Lyon, a 130 missionnaires pour évangéliser six grands vicariats. 17° Les Oblats de Marie-Immaculée, fondés par l'abbé de Mazenod, ont plusieurs milliers répartis dans plusieurs diocèses et dans six grands vicariats de missions. 18° Les Maristes de Lyon, au nombre de 320, détiennent actuellement plusieurs missions en Amérique et en Océanie. 19° Les Pères de Picpus ont leurs principaux établissements en Amérique et en Océanie. 20° La Compagnie de Marie compte 46 religieux à Haïti et au Canada. 21° Les Frères de Saint-Gabriel, outre leurs collèges en France, dirigent encore onze grands établissements au Canada. 22° Les Rédemptoristes ont environ 100 religieux aux missions. 23° Les Prêtres auxiliaires de Bétharram, destinés aux pays basques, ont envoyé 80 missionnaires dans la république argentine et à Montévidéo. 24° Les Frères de Ploërmel, qui sont environ 2000, ont envoyé 272 des leurs au-delà de l'Océan, au Sénégal, Haïti, Cayenne, la Guadeloupe et le Canada. 25° Les Frères de l'instruction chrétienne du Sacré-Cœur ont 346 Frères dans les missions, spécialement aux Etats-Unis. 26° La société des missionnaires du Sacré-Cœur d'Issoudun a fondé les missions des îles Gilbert, de la Nouvelle Guinée et de la Nouvelle Poméranie. 27° La Compagnie des prêtres de Saint-Sulpice a 57 prêtres aux Etats-Unis, spécialement à Boston, New-York et Baltimore, et 71 au Canada, spécialement à Montréal. 28° Les Passionistes gèrent les missions de Bulgarie et de Valachie. 29° La Congrégation de Sainte-Croix de Neuilly-sur-Seine a 500 prêtres aux Etats-Unis et au Canada. 30° Les Prêtres de la Miséricorde exercent à New-Yorck et Brooklyn. 31° Les Enfants de Marie-Immaculée ont envoyé quelques prêtres aux missions de Sainte-Lucie et de la Dominique. 32° Les Frères de Notre-Dame de l'Annonciation ont 60 religieux aux colonies. 33° Les Frères de la Sainte Famille, employés en France comme professeurs et comme sacristains ont environ 40 religieux dans l'Amérique du Sud. 34° Les Bénédictins de la Pierre-qui-Vire ont envoyé 25 religieux aux territoires indiens de l'Amérique du Nord. 35° Les Pères de Notre-Dame de Sion gouvernent, à Jérusalem, une petite communauté et un orphelinat. 36° Les Pères de la Salette, outre leur école apostolique de Grenoble, ont cinq religieux à Madagascar. 37° Les Trappistes, promenés par la persécution dans tout l'univers, ont 24 maisons en France et 34 dans les autres parties du monde. 38° La Congrégation des prêtres du Saint-Sacrement a une mission au Canada.

En chiffres ronds, la France a 7700 religieux dans les missions et 8000 sœurs. « Savez vous, écrivait un évêque, quels sont les meilleurs apôtres de ma mission ? Ce sont nos religieux. En pays hérétique, comme en pays féticihiste, la charité industrieuse de ces anges produit les plus grandes merveilles. » Tandis que les missionnaires prêchent l'Evangile en paroles, les religieux montrent l'Evangile en action. A côté de l'église, elles desservent une école, un orphelinat, un dispensaire, une crèche, un hôpital ; elles achèvent par la douceur, le dévouement et les immolations, l'œuvre commencée par la parole apostolique. Dans l'impossibilité de célébrer autrement leurs œuvres, nous devons en dresser la nomenclature : aucun argument ne peut rendre un plus significatif hommage à leur vertu.

1° Les Filles de la charité de Saint-Vincent de Paul tiennent la tête, elles sont environ 1500 en Egypte, en Turquie, en Syrie, en Palestine, en Perse, en Chine, en Algérie, à Madagascar, à la Martinique et dans l'Amérique du Sud. 2° Les sœurs de Saint-Joseph de Cluny ont environ 1200 religieuses, à la Réunion, au Sénégal, aux Antilles, à Cayenne, à Pondichéry. 3° Les sœurs de Saint-Paul de Chartres, au nombre de 410, servent les missions dans la Guyane, la Martinique, la Guadeloupe, le Tonkin, la Cochinchine et l'Annam. 4° Les Carmélites françaises, qui comptent en France 78 maisons indépendantes, ont joint, à la contemplation, la vie très active des missions en Palestine, aux Indes, en Chine, en Afrique et en Amérique ; elles sont 250 à cette œuvre de missions. 5° Les petites sœurs des pauvres, aujourd'hui 5000, ont 440 de leurs sœurs dans les cinq parties du monde. 6° Les Oblates de l'Assomption sont, au nombre de 300, dans les missions de Bulgarie, de Turquie d'Europe et de Turquie d'Asie. 7° Les Dominicaines de la Présentation de la Sainte Vierge sont, au nombre de 100, à Bagdad, à Mossoul et dans la Colombie. 8° Les Dames de Saint-Maur sont, au nombre de 150, dans les missions de l'Extrême-Orient, Japon compris. 9° Les sœurs de Saint-Joseph de l'Apparition, consacrées presque exclusivement aux missions, au nombre de 450, exercent à Tripoli, en Grèce, dans les îles de la mer Egée, en Bulgarie, en Roumélie, en Palestine, en Birmanie et en Australie. 10° Les sœurs de Notre-Dame de la Délivrande, récemment fondées près Grenoble, ont envoyé déjà 200 religieuses en Egypte et aux Antilles. 11° Les sœurs de Saint-Joseph de Tarbes ont 120 sœurs dans 20 établissements aux Indes et dans l'Amérique du Sud. 12° Les sœurs de Saint-Joseph de Savoie ont 140 religieuses en Algérie, en Amérique du Sud et aux Indes orientales. 13° Les Dames de Sion sont consacrées, par leur titre même, aux missions de Constantinople, de l'Egypte et de la Palestine ; elles atteignent le chiffre de 360 à 400 religieuses. 14° Les sœurs de la Sainte Famille de Bordeaux, congrégation divisée en sept branches, ont environ 230 religieuses à Ceylan, dans le Nord et dans le Sud de l'Afrique. 15° Les sœurs de la Sagesse, de Saint-Laurent sur Sèvres, sont près 200 dans leurs nombreux établissements du Canada et de Haïti. 16° Les sœurs de la Doctrine chrétienne, dites Watelottes, ont 400 religieuses dans nos établissements de l'Afrique du Nord. 17° Les religieuses trinitaires, au nombre de 400, occupent également dans notre Algérie. 18° Les religieuses de Notre-Dame des missions sont répandues, environ 200, en Australie, aux Indes et au Manitoba. 19° Les sœurs de Notre-Dame d'Afrique exercent dans les trois diocèses de l'Algérie et en Tunisie. 20° Les sœurs de Jésus-Marie sont environ une centaine aux Indes, quelques-unes au Canada. 21° Les Franciscaines missionnaires de Marie, au nombre de 150, se trouvent en Chine, en Mongolie, en Birmanie, en Afrique et au Canada. 22° Les dames de Nazareth, environ 83, occupées en Palestine. 23° Les religieuses de Picpus ont leurs établissements dans l'Amérique du Sud et aux îles Sandwich. 24° Les religieuses du Bon Pasteur d'Angers ont essaimé, depuis cinquante ans, dans le monde entier; elles consacrent la pénitence par l'apostolat. 25° La Congrégation de l'Immaculée-Conception a 44 sœurs en Sénégambie. 26° Les sœurs Franciscaines de Calais, outre leurs œuvres insignes, sont à Constantinople et en Abyssinie. 27° Les religieuses de Saint-Joseph de Chambéry ont une centaine de religieuses dispersées aux États-Unis, au Brésil, en Suède, en Norwège, en Danemarck, en Russie et en Islande. 28° Les sœurs de Saint-Joseph de Lyon comptent une trentaine de sœurs en Orient. 29° Les Marianistes de Sainte-Croix ont une quarantaine de religieuses à New-York. 30° Les Clarisses ont envoyé une colonie en Palestine. 31° Les sœurs du Tiers-Ordre de Saint-François ont une vingtaine de religieuses en Mésopotamie. 32° Les sœurs de Saint-Joseph d'Annecy tiennent les écoles dans les diocèses de Vizagapatour et de Nagpour. 33° Les sœurs de Portieux ont environ cinquante sœurs au Cambodge, en Cochinchine et en Mandchourie. 34° Les Franciscaines de la Propagation de la foi ont 123 religieuses dans les missions africaines. 35° Les sœurs de Notre-Dame des sept douleurs ont, pour le soin des malades, huit religieuses en Égypte. 36° Les Dames auxiliaires du Purgatoire ont 60 religieuses à Nankin et à Shangaï. 37° Les religieuses de la Mère de Dieu ont une cinquantaine de religieuses au Caire et à Alexandrie. 38° Les sœurs de Saint-Joseph de Viviers envoient 40 religieuses en Algérie. 39° Les religieuses de Notre-Dame de la Merci sont 30 à Saint-Eugène près d'Alger. 40° Les Filles du Sacré-Cœur d'Issoudun occupent les missions des prêtres de la même congrégation. 41° Les Dominicaines de Sainte-Catherine de Sienne ont 30 religieuses aux Antilles. 42° Les religieuses de Marie Réparatrice ont aussi 38 religieuses à l'île Maurice et à la Réunion. — 43° Les Dames de la Sainte Union aussi 30 religieuses aux Antilles. 44° Les Ursulines de Montigny sur Vingeanne ont 25 religieuses au diocèse de Naxos en Grèce. 45° Les sœurs de l'Instruction du Saint-Enfant Jésus de Chaufailles ont envoyé 30 religieuses au Japon. 46° Les Bénédictines du Calvaire sont installées au Mont des Oliviers. 47° Les sœurs de Bon Secours, fondées à Troyes par l'abbé Millet, pour le soulagement des malades, vont jusqu'en Algérie et en Tunisie. 48° Les catéchistes de Marie-Immaculée ont 13 religieuses aux Indes, diocèse de Dacca. 49° Les Filles de la Croix d'Annecy ont 40 religieuses dans les diocèses de Bombay, de Pounée et de Calcutta. 50° Les sœurs de la Compassion de Marseille ont quelques religieuses à Corfou. 51° Les Dames de l'Assomption ont 55 religieuses dans Nicaragua et San-Salvador. 52° Les sœurs de Charité de Jésus et Marie ont un essaim fixé à Cachemire. 53° Les Ursulines du prieuré d'Auch ont environ 80 religieuses au diocèse grec de Ténos-Micône, au Texas et à la Louisiane. 54° Les Dames de Saint-Michel de Caen ont huit maisons et 200 religieuses en Amérique. 55° Les sœurs de la Charité d'Annecy ont une maison à Malte. 56° Les Filles de la Providence de Saint-Brieuc ont deux écoles au Canada. 57° Les sœurs des petites écoles, de Paramé, ont un établissement au Canada. 58° Les religieuses de Lourdes ont une maison à Constantinople. 59° Les sœurs de la Présentation de Viviers comptent 19 maisons au Canada et 6 aux États-Unis. 60° Les petites sœurs de l'Assomption ont une maison à New-York. 61° Les Dames du Sacré-Cœur ont de nombreux établissements, en Algérie, en Amérique et en Océanie. 62° Le Tiers-Ordre de Marie a environ 100 religieuses dans la Nouvelle-Calédonie, aux îles Fidji et au diocèse de Wellington.

Les congrégations religieuses dont nous venons de dresser la table sommaire ont toutes, en France, d'autres ministères à remplir ; dans les missions, elles déversent, si j'ose ainsi parler, le trop plein de leur vigueur apostolique. A l'étranger, en Italie, en Allemagne, en Angleterre, il y a aussi des œuvres consacrées aux missions, nous n'en parlons pas ici.

L'argent est le nerf de la guerre, il est aussi le nerf de l'apostolat. Le budget des missions en France est fourni par la Propagation de la foi, par la Sainte Enfance, par l'œuvre des écoles d'Orient, par les collectes du vendredi saint, par l'œuvre des missions d'Afrique et par la société anti-esclavagiste. La Propagation de la foi vogue vers huit millions ; la Sainte Enfance chiffre, en 1899, 3 615 845 fr. L'œuvre des écoles d'Orient, exercice de 1898, porte 317 390 francs. L'œuvre des missions d'Afrique opère par adoption de missions et de missionnaires, faites individuellement par des personnes riches. Nous n'en connaissons pas le total. Les adoptions d'une année peuvent représenter 50 000 francs. La société anti-esclavagiste, d'abord montée au paroxysme de l'enthousiasme, paraît s'être un peu refroidie ; elle recueille par an quelque chose comme 120 000 francs, y compris la quête de l'Epiphanie. La collecte du Vendredi Saint forme, pour la France, 120 000 francs, et pour l'Europe et l'Amérique, 300 000. Pour sa contribution personnelle, la France fournit aux missions plus de six millions par an, et n'en réserve pas un centime pour le service de ses diocèses.

L'argent n'est pas tout. « Cinq sous et Thérèse, disait la Voyante d'Avila, ce n'est rien ; cinq sous, Thérèse et Dieu, ah ! voilà qui compte. » Ce propos ne s'applique nulle part aussi bien qu'aux missions. S'il suffisait d'avoir des millions pour convertir les païens, il y a beau temps que les sociétés bibliques auraient achevé ce bel ouvrage. Or, il y a encore, au monde, neuf cents millions de païens. Mais l'argent, stérile par lui-même, permet de former des missionnaires, de les envoyer au loin avec des frères et des sœurs, de construire des Eglises, des chapelles, des orphelinats, des écoles, des hôpitaux ; de vêtir les enfants et de nourrir les infirmes et les vieillards, de procurer des médicaments aux malades. Avec des sommes modestes, nos missionnaires font des merveilles ; avec beaucoup d'argent, les missions protestantes ne font rien. Voilà pourquoi les œuvres qui mettent beaucoup d'argent aux mains des missionnaires doivent exciter sans cesse la charité catholique. Il faut nous rappeler le grand principe : Jésus-Christ seul convertit les âmes et sauve le monde ; seul il est sauveur, et il ne l'est que dans l'Eglise Romaine. C'est à nous de l'assister par nos offrandes et de nous ouvrir le ciel en l'ouvrant aux autres.

Nous commençons notre périple par les missions d'Afrique. C'est une des cinq parties du monde qui s'ouvre, de nos jours, aux apôtres de l'Evangile. Un grand espace s'offre à nos regards ; nous ne pouvons ici qu'en dresser la carte géographique, en l'expliquant par quelques notes d'histoire.

En suivant la même route que Vasco de Gama, nous commençons par l'Afrique *occidentale*, du Maroc au cap de Bonne-Espérance. C'est un grand malheur pour cette grande côte d'avoir été évangélisée par les Portugais qui l'abandonnèrent et, par la persécution de Pombal, ruinèrent absolument les missions. En 1842, Grégoire XVI érigeait le vicariat apostolique des deux Guinées. Ce vicariat, qui n'exista jamais que sur le papier, produisit, par ses démembrements successifs, toutes les missions de l'Afrique occidentale. La première en date, la mission du Sénégal et de la Sénégambie, sous les Bessieux, les Kobès et les Duret, s'est pourvue, depuis 1840, de prêtres, de frères et de religieuses ; elle a créé des stations apostoliques ; elle a bâti des Eglises, des chapelles, des écoles, deux orphelinats, quatre pharmacies et un séminaire. Sur une population musulmane de 3 200 000, elle ne compte que 12 800 catholiques.

La mission de Sierra-Leone, qui s'étend du Rio-Nunez au fleuve Cavalles, compte environ trois millions d'habitants, sur lesquels 30 000 protestants et 2 000 catholiques. Cette mission a dix missionnaires, six églises et six écoles ; elle ne compte guère que des victimes, notamment Marion de Brésillac, le fondateur des missions africaines de Lyon.

La mission de la Côte des esclaves comprend une préfecture de ce nom, puis les préfectures de Togo, du Dahomey, du Niger supérieur et le vicariat apostolique du Bessin. Chaque préfecture a son préfet, ses prêtres, des catéchistes, des religieuses, des stations, des églises, des écoles : ce sont autant de tarières pour percer le continent noir. Il est difficile d'en chiffrer la population.

La mission du golfe de Guinée comprend la préfecture du Niger inférieur et la préfecture du Cameroun allemand : environ 6 000 000 habitants et seulement 8 000 catholiques. Ces contrées ont été visitées par Victor de Compiègne et par de Brazza ; elles commencent seulement à s'ouvrir aux bienfaits de la civilisation chrétienne.

Les missions du Congo s'étendent sur une longueur de 600 lieues du fleuve Zaïre au fleuve Orange et de la côte aux déserts du centre de l'Afrique. La population s'élève de 25 à 26 000 000 d'habitants. A la suite du congrès de Berlin, le Saint-Siège, toujours désireux de se prêter aux vœux raisonnables des puissances, a réglé ainsi l'apostolat de ces contrées : deux vicariats français du Congo inférieur et de l'Oubanghi ; deux vicariats du Congo belge, l'un confié aux missionnaires du Scheutz-les-Bruxelles, l'autre aux Jésuites ; le vicariat du Congo supérieur au Tanganika confié aux missionnaires d'Alger. Avec l'évêché de Loanda, cela fait sept juridictions distinctes dans l'ancienne mission du Congo, si fort admirée de Montesquieu. Sauf le Congo méridional, où il y a 250 000 catholiques, les autres préfectures ne sont que des camps apostoliques, armés contre l'Islam et contre l'esclavage pris dans tous les sens que comporte ce mot plein d'opprobre.

Les missions de la Cimbébasie, s'étendent du fleuve Cunéas au fleuve Orange : c'est le pays des Hottentots, très travaillé par les missions protestantes d'Angleterre. Quatre régions se partagent ces vastes contrées : l'Ovampo, le Damara, le Namaqua et les déserts de Kalahari. La population est de 130 000, sur quoi 1 200 catholiques ; c'est peu, mais c'est un coin dans un vieux tronc. Un voyageur luthérien écrit : « Si je n'étais pas un philosophe, je voudrais être un catholique. Après ce que j'ai vu en Afrique, j'éprouve la plus vive admiration pour les missionnaires catholiques : ils font un bien immense. Quant aux missionnaires protestants du Congo, ils préparent admirablement le terrain pour les renégats de l'avenir ». Ces prédicants du libre examen sont aussi les fourriers des pirateries et hauts brigandages de la Grande-Bretagne.

La mission du Cap comprend quatre vicariats : le Cap oriental, le Cap occidental, le Cap central et la préfecture du fleuve Orange. Ces quatre missions ont deux vicaires apostoliques, un prélat, 52 missionnaires, 39 églises, 59 écoles, 13 190 catholiques. Ce sont des chrétientés encore au berceau.

Les missions du sud-est de l'Afrique comprennent les deux vicariats de Natal et de l'Etat libre d'Orange, les préfectures du Transvaal et du Basutoland. En 1890, ces quatre missions avaient 54 missionnaires, 58 églises, 65 écoles, 18 000 catholiques. En ce moment, la guerre du Transvaal y produit un mouvement dont l'Eglise recueillera quelque profit.

Les missions de la côte *orientale* se divisent en trois groupes : les missions du Zambèze et du Mozambique, les missions du Zanguebar et les missions d'Ethiopie.

La préfecture du Zambèze a un chef de mission, 18 missionnaires, 28 frères et sœurs, 9 stations, 8 églises, un séminaire, un collège, des écoles élémentaires et un orphelinat. Les missions du Zanguebar ont deux préfectures : l'une, pour le Zanguebar septentrional, l'autre, pour le Zanguebar méridional. La première a plusieurs millions d'habitants, 300 000 musulmans et seulement 2 500 catholiques, desservis comme le sont les catholiques, dans toutes ces missions ; la seconde, qui vient de recevoir le baptême du sang, a le même chiffre de fidèles enfants de l'Eglise.

L'Ethiopie, évangélisée par l'eunuque de la reine de Caudace, convertie par saint Frumence, tombée plus tard dans l'hérésie d'Eutychès et le schisme de Dioscore, n'est plus guère chrétienne que de nom, puisqu'elle unit à quelques ressouvenirs des pratiques religieuses, des mœurs à peu près païennes. Ce pays est partagé, sous le rapport religieux, entre le vicariat apostolique de l'Abyssinie, laissé aux Lazaristes ; le vicariat des Gallas, confié aux Capucins, et la préfecture apostolique de l'Erythrée desservie tour à tour par des Français et par des Italiens. La population totale du vicariat d'Abyssinie est de 3 000 000 d'habitants, sur quoi 30 000 catholiques ; la population du Choa est de 15 000 000, sur quoi 5 000 catholiques. Les deux vicaires apostoliques de l'Abyssinie sont assistés d'une trentaine de prêtres missionnaires et d'autant de prêtres indigènes ; ils ont, comme dans toutes les missions d'Afrique, des stations, quelques églises, quelques écoles et un hôpital à Obock.

L'Egypte, la vieille terre des Pharaons, qui a donné à l'Eglise tant de docteurs et de si grands anachorètes, tombée dans le monophysisme et conquise par Omar, ne s'est réveillée qu'à l'expédition d'Egypte par Bonaparte. Méhémet-Ali lui fit emboîter le pas de la civilisation et Ismaïl-Pacha s'illustra par le percement de l'Isthme de Suez. Depuis, la scélérate politique de l'Angleterre a mis la main sur la vallée du Nil, arraché ses sources aux derviches, enlevé une partie du centre de l'Afrique aux Portugais et le sud aux républiques indépendantes. Au point de vue religieux, l'Egypte comprend un vicariat apostolique des Latins, deux préfectures pour la haute et la basse Egypte, un vicariat apostolique des Cophtes, et un vicariat pour les rites unis, arménien, grec-melchite, syriaque, maronite, chaldéen. Les missionnaires, les communautés religieuses d'hommes et de femmes s'y trouvent en nombre suffisant pour servir environ cent mille catholiques.

L'Algérie conquise par Charles X en 1830, augmentée de la Tunisie par la troisième République, a été très contrariée, dans son développement religieux, par la politique du libéralisme, plus sympathique au fond à l'Islam qu'à l'Eglise. Grâce à ses évêques et à son clergé, non seulement le christianisme n'a pas succombé, mais s'est étendu petit à petit dans l'Afrique du Nord. Aujourd'hui, l'Eglise compte, en Algérie, un archevêché à Alger, un à Carthage, un évêque à Constantine, un à Oran. L'Algérie est desservie par 450 prêtres ; elle a 310 églises et chapelles ; 200 écoles ; des séminaires et a environ 430 000 catholiques. Au regard des 3 000 000 d'Arabes, le prosélytisme direct est frappé d'interdiction ; les conquêtes de l'Evangile ne peuvent s'effectuer que par la foi et les vertus des chrétiens.

L'archidiocèse de Carthage a cinquante ou soixante missionnaires, des communautés religieuses d'hommes et de femmes, des œuvres d'instruction publique et de charité chrétienne. Sur une population de 2 000 000, elle a 35 000 catholiques, 45 000 juifs ; le reste est musulman. L'Angleterre, avec l'arrière-pensée d'arracher, à la France, le littoral nord de l'Afrique, a jeté, çà et là, un certain nombre de prédicants et de sectaires, qui, sous prétexte d'écoles, préparent les voies aux attentats criminels de la moderne Carthage. Nous voulons croire que l'œuvre des Dupuch et des Pavy ne périra pas ; et que la France, démembrée par la guerre, ramenée au traité de Cateau-Cambrésis, ne se laissera pas mutiler de ses colonies.

Après ce voyage de circumnavigation de l'Afrique, nous devons parler des exploits de David Livingstone et de la découverte de l'intérieur du continent noir.

C'est sur le continent africain que les entreprises des voyageurs modernes se sont portées de préférence et qu'elles ont produit le plus de résultats. Là se trouvait, en effet, le champ le plus vaste à parcourir et le plus inconnu. Tandis qu'en Amérique l'exploration suivait immédiatement la découverte et en deux siècles s'achevait presque entière ; tandis qu'en Australie la colonisation, une fois implantée, prenait un essor prodigieux, nos connaissances sur l'Afrique restaient à peu de choses près stationnaires. Si l'on excepte la partie septentrionale, qui, grâce à son voisinage de l'Europe, fut, dès la plus haute antiquité, peuplée et reconnue sur une assez grande profondeur, nous en étions encore, pour tout le reste, aux notions recueillies au XVIe siècle par les Portugais. Loin de s'accroître, ces notions s'étaient même si bien obscurcies avec le temps, que les géographes, désespérant d'élucider ces renseignements confus, quoique non toujours erronés, finirent par enlever des cartes la plupart de ceux qui concernaient l'intérieur du continent. En dehors des côtes et de l'embouchure des fleuves, l'ignorance, on peut le dire, était complète.

Les causes qui l'ont entretenue sont multiples, mais toutes, de près ou de loin, procèdent de deux faits primordiaux et naturels qui sont encore le grand obstacle des voyageurs. Nous voulons parler de la configuration physique du continent et de son climat. De même qu'ils ont entravé depuis des siècles les progrès des peuplades indigènes, de même ils ont arrêté plus tard le développement de la colonisation ; en la décourageant, ils ont empêché pendant longtemps ces explorations hardies qui toujours, et partout, l'ont précédée, et auxquelles, à défaut de l'amour de la science, la nécessité servait de stimulant dans les régions plus favorisées.

Les continents les plus accessibles sont ceux qui pénètrent de tous côtés des mers intérieures ou des golfes profonds, ou que sillonnent des fleuves puissants et facilement navigables. Or, ces deux conditions, si développées en Europe, l'Afrique est de tous les continents celui qui les possède le moins. Elle forme un hexagone irrégulier et compact, dont le diamètre, sauf dans la pointe australe, possède partout une immense étendue. Nulle part des côtes, à peine découpées, ne présentent ces déchirures profondes qui sont autant de voies ouvertes au commerce et à la civilisation. Elle est arrosée, il est vrai, par un certain nombre de fleuves importants. Mais tous ces cours d'eau, sans exception, sont, à une distance plus ou moins grande des embouchures, semés d'obstacles naturels à peu près infranchissables, et dont l'existence s'explique d'elle-même lorsqu'on connaît la configuration du continent.

L'intérieur de l'Afrique est un immense plateau dont les bords, parallèles aux côtes, se relèvent pour former une région montagneuse d'altitude très variable suivant les régions, mais représentant une chaîne à peu près continue. Au-dessous et autour de cette chaîne se trouve la zone maritime qui constitue les côtes. Cette zone, réduite quelquefois à une simple, à une mince bande de terrain, et possédant ailleurs une étendue de près de 300 milles, est formée en certains endroits par une rampe élevée qui surgit tout à coup près de la plage et qu'une région basse sépare ensuite du rebord du plateau central. Plus souvent elle présente l'aspect d'un plan incliné qui, des bords de la mer, s'élève par une pente douce jusqu'aux premiers escarpements de la montagne. Aussi certains explorateurs, Livingstone entre autres, ont-ils comparé le continent africain, surtout dans ses parties équatoriale et australe, où cette configuration est le plus nettement dessinée, tantôt à une assiette renversée, tantôt à un chapeau de feutre mou dont le fond aurait été légèrement déprimé. Cette dernière comparaison est en certaines régions la plus exacte, le plateau intérieur offrant parfois à son centre une dépression très manifeste. C'est dans cette partie centrale que prennent naissance tous les grands fleuves de l'Afrique. Pour atteindre la mer, ils sont obligés de traverser la chaîne côtière qui limite la zone maritime.

Dans cette traversée, qui s'effectue par des déchirures plus ou moins profondes, ils présentent des cataractes ou tout au moins des rapides, qui sont les obstacles à la navigation que nous signalions plus haut — obstacles toujours infranchissables, sauf peut-être au moment des grandes eaux.

Inabordable par les fleuves, le chemin le plus facile et presque toujours le premier suivi, défendu en outre par la chaîne côtière qui le borde, le plateau central de l'intérieur de l'Afrique est, on le voit, d'un accès plus facile. La zone maritime était la seule qu'on pût parcourir en remontant les cours d'eau; mais ce qu'on en découvrait n'était pas de nature à encourager les explorateurs à pousser plus avant. Généralement marécageuse et malsaine, surtout dans le voisinage des fleuves où des terrains d'alluvion la constituent, elle était un foyer de fièvres pestilentielles et les établissements qu'on y forme n'ont presque nulle part prospéré. Se basant d'ailleurs sur des reconnaissances poussées en quelques points de l'intérieur, on considérait le plateau central comme un désert aride et désolé qui n'offrait nulle perspective favorable au commerce et à la colonisation.

On comprend qu'en face de pareilles apparences, on se soit, pendant des siècles, détourné de l'Afrique et dirigé vers des côtes plus lointaines, mais moins inhospitalières. Pour affronter ces dangers, les uns imaginaires, les autres trop réels, il fallait unir à la curiosité désintéressée du savant l'infatigable courage du soldat et l'honneur de les vaincre était réservé à notre siècle qui a fourni tant d'hommes possédant à un égal degré ces deux qualités éminentes.

Nulle part ces dangers ne se présentaient plus formidables que dans la région équatoriale du continent. Cette région comprise entre les deux tropiques, mais dont nous avons surtout en vue la partie la plus centrale, celle qui s'étend au 10e degré de latitude N. au 10e degré de latitude S. — cette région est bornée au nord par le Soudan, la Nubie et l'Abyssinie; — à l'est, par cette pointe que le continent projette en face de l'Arabie, pointe qui forme le golfe d'Aden et constitue le pays des Somalis, puis par la côte du Zanguebar; — au sud par le bassin du Zambèze, un grand fleuve qui coule d'Occident en Orient, et se jette dans l'océan Indien ; — enfin à l'ouest par l'Océan Atlantique et le golfe de Guinée. Elle était de toutes les plus inconnue, et en même temps celle qui sollicitait le plus vivement la curiosité. En ce point central de l'Afrique se trouvaient, on n'en pouvait douter, la grande ligne de partage des eaux et par conséquent les sources des principaux fleuves du continent, celles, si longtemps cherchées, du Nil, qui coule vers le Nord, celles du Zambèze, le plus grand affluent de l'Océan Indien, celles enfin de très puissants cours d'eau ; le Niger qui s'y rattache au moins par son principal affluent le Bénué ; l'Ogawaï ou Ogooué qui débouche au sud des établissements français du Gabon, et le Zaïre ou Congo, le plus méridional des trois. Là se trouvaient encore, s'il fallait en croire la tradition et les rapports oraux des indigènes et des Arabes dont les caravanes parcourent l'intérieur, de grands lacs placés sur le trajet où à la source de ses fleuves et de leurs affluents.

L'appât de pareilles découvertes était plus

que suffisant pour exciter le zèle des explorateurs, et par tous les côtés à la fois ; avec une ardeur que n'ont pu refroidir ni les échecs, ni les fatigues, ni les dangers, ni les obstacles, ils ont abordé ces mystérieuses contrées où les attirait le prestige de l'inconnu. Disons-le tout de suite, leur attente n'a pas été déçue ; elle a même été sur beaucoup de points dépassée, de grands lacs, véritables mers, ont été découverts ; le cours des grands fleuves a été remonté, sinon jusqu'aux sources, du moins jusque dans leur voisinage, et le moment est proche peut-être où, grâce à Livingstone, le voile qui en couvre l'origine sera définitivement soulevé. Enfin, au lieu de ces déserts arides et brûlants qu'on s'attendait à rencontrer, on a trouvé dans beaucoup de régions un pays bien arrosé, un sol fécond, de vastes forêts, de belles vallées herbeuses habitées par une population considérable, et, sous l'Équateur même, une région montagneuse dont les plateaux élevés sont une des contrées les plus salubres du globe.

Les voies principales que les voyageurs pouvaient suivre, sont donc : au nord, les vallées du Nil et de ses affluents ; à l'est, la route habituellement suivie par les caravanes qui, de l'île du Zanzibar et de la côte qui lui fait face, se rendent à Kazeh et au lac Tanganika ; au sud, le cours du Zambèze et de ses affluents septentrionaux ; à l'ouest, les vallées du Niger, de Ogowaï et du Zaïre. Nous rendrons compte successivement des tentatives faites par ces différentes voies ; mais nous devons parler d'abord du voyageur dont le nom résume toutes les explorations dans l'intérieur de l'Afrique, David Livingstone.

David Livingstone naquit vers 1815, à Blantyre, en Écosse. Fils d'un marchand de thé, il fut placé, dès l'âge de dix ans, comme ouvrier dans une filature de coton. Malgré les pressantes occupations du métier, il continua seul les études, à peine ébauchées, de sa première enfance ; puis il alla suivre, à Glasgow, les cours de langues anciennes, de médecine et de théologie. Dès qu'il eut reçu du collège, des médecins de cette ville, le grade de licencié, il se fit agréer de la Société des missions de Londres, avec l'intention d'aller prêcher l'Évangile en Chine. La guerre de 1840, qui venait d'éclater, empêcha l'exécution de ce dessein. Livingstone s'embarqua donc immédiatement pour l'Afrique méridionale, résida quelque temps au Cap, afin de s'y familiariser avec les idiomes de l'intérieur et se retira, en 1843, dans la belle vallée de Mabotsa. Cette région devint le théâtre de ses travaux religieux. Bientôt il épousa la fille du révérend Moffat et vécut le plus souvent au milieu des Béchuanas, s'accommodant à leurs mœurs et partageant même les fatigues de leurs expéditions guerrières.

Les occupations apostoliques, l'étude de la langue et des mœurs retinrent Livingstone à son poste pendant plusieurs années. Une sécheresse exceptionnelle et divers autres accidents ayant fait péricliter son établissement religieux, il s'avança de nouveau dans l'intérieur des terres, afin d'y chercher une situation plus favorable. Cette recherche fut sans résultat. Mais les pays qu'avait parcourus le missionnaire étaient loin de répondre à l'idée qu'on s'en faisait alors. Comme toutes les choses lointaines et inconnues, l'intérieur de l'Afrique prêtait aux suppositions les plus bizarres. L'imagination, qui revêt de si brillantes couleurs nos espérances et nos rêves, donne aussi, par un effet opposé, l'aspect le plus sombre et le plus fantastique aux objets qui excitent en nous une vague appréhension. D'après les livres des voyageurs et les rapports des trafiquants, Livingstone s'était représenté l'Afrique centrale comme un vaste marécage, où fourmillent les monstres hideux, hippopotames, alligators, reptiles de tous genres, insectes de toute forme et de toute grosseur. De ces plaines torrides devaient s'échapper des miasmes infects, engendrant la fièvre, la petite vérole et les maladies inflammatoires, qui ne tardent pas à faire de l'homme le plus robuste un cadavre ambulant, incapable d'observer et d'agir. Le premier aspect du pays dissipa peu à peu ces prévisions. Les renseignements recueillis chemin faisant promettaient, au voyageur qui oserait s'aventurer dans ces régions, de brillantes découvertes. Le missionnaire devait d'ailleurs n'être pas moins heureux que l'explorateur. Dès lors, Livingstone ne résista plus et se consacra tout entier à sa nouvelle tâche.

Le 1er juin 1849, Livingstone se mettait en route pour sa première expédition, et découvrait entre le 22e et le 20e degré de latitude, le lac N'gami et les salines Nchocotsa et Ntoué-Ntoué. Un autre voyage, qui devait durer près de cinq ans, le conduisit d'abord sur les rives du Zambèze, entre le 18e et le 17e degré de latitude. Le Zambèze est le fleuve le plus considérable de l'Afrique australe ; sa source, encore inconnue, paraît se trouver dans l'Afrique équatoriale ; il coule d'abord du nord au sud, au centre même du continent, puis, faisant un coude vers l'Est, il suit désormais cette direction et débouche dans l'Océan indien, en face de Madagascar. A cette époque, on n'en connaissait guère que les parties basses. Le fait seul de l'avoir atteint à l'endroit où il fait coude, endroit très éloigné de son embouchure, était donc un résultat d'une haute valeur, car il fixait sa situation à l'intérieur et donnait une idée de son étendue. Non content de cette découverte, Livingstone remonta le Zambèze et se dirigeant vers le nord-est il constata qu'un peu plus haut, il est formé par deux branches : l'une venant du nord et appelée par les habitants du pays Liambaïe, paraît être le corps du fleuve ; l'autre, la Liba, descend du nord-ouest et n'est qu'un affluent. Puis, côtoyant cette dernière, il atteignit le lac Dilolo et reconnut que, dans la vaste plaine où il est situé, s'opère d'une façon presque insensible la séparation des eaux qui, au nord, descendent vers le bassin du Zaïre, et, au sud, vers celui du Zambèze. Enfin, en mai 1854, il atteignit la colonie portugaise de Saint-Paul de Loanda sur les bords de l'Atlantique, et s'y reposa quelque temps. Alors reprenant la route qu'il avait déjà suivie, il revint à Linyanti, son point de départ sur les bords du Zambèze; puis, de cet endroit, il descendit le cours du fleuve jusqu'à son embouchure. En juillet 1856 il arrivait à Quilimane, comptoir portugais sur la côte de Mozambique, après avoir traversé l'Afrique centrale de l'ouest à l'est, et, pendant tout ce trajet, ayant parcouru des contrées totalement inexplorées, sauf dans le voisinage des côtes.

La lacune qu'il venait de combler était immense. « En suivant le Zambèze, dit Ernest Faligan, depuis son confluent avec la Liba jusqu'à l'Océan Indien, il avait fixé, dans toute cette étendue, la situation de l'embouchure des affluents. Il avait reconnu le cours de la Liba et la ligne de partage des eaux entre les bassins du Zambèze et du Zaïre. Ce qui était plus important encore, et bien plus inattendu, car son voyage était la première exploration dans l'intérieur de cette partie du continent, il avait démontré que le plateau central de l'Afrique, dans la zone australe, n'est point, comme on l'avait supposé, un désert aride et inhabitable. Presque partout ce plateau forme une contrée d'une admirable fertilité arrosée par de nombreux cours d'eau et occupée par une population nombreuse, avec laquelle il serait possible de se créer des relations qui ouvriraient un champ immense au commerce et à l'activité des nations civilisées.

Au cours d'un voyage de Livingstone, on le crut perdu. Un journal américain envoya l'un de ses rédacteurs, Stanley, à la recherche de l'explorateur. Stanley partit, traversa l'Afrique à son tour et retrouva Livingstone. Speke, Baker, Burton, Cameroun, Brazza et vingt autres explorateurs marchèrent intrépides sur les traces de Livingstone et de Stanley. L'Europe chrétienne, réunie à Bruxelles et à Berlin, s'est partagé ce vaste monde pour l'ouvrir au christianisme, au commerce et à la civilisation.

Nous, Français, qui avions, depuis longtemps, un pied en Algérie et un autre au Sénégal, ne nous sommes pas trop laissés distancer par les Anglais et les Américains. Notre gouvernement, pour pénétrer l'Afrique du nord au sud et de l'ouest à l'est, envoya, plus d'une fois, des missions militaires et scientifiques. Plus d'une fut exterminée par les Touaregs, entre autres, celles de Flatters et de Morès, ce dernier assassiné, peut-être avec la connivence d'indigènes Français. D'autres, celle du colonel Monteil, ont mieux réussi. Une qui a éclipsé toutes les autres, commandée par le capitaine Marchand, a traversé l'Afrique de la Guinée à Fachoda, frontière de l'Abyssinie, et n'a trouvé, au terme de ses fatigues, qu'un ordre de notre abominable gouvernement, pour amener le drapeau français devant le léopard anglais et laisser passer le sirdar Kitchener. Le capitaine Bornier a pris Tombouctou en violant la consigne d'un gouvernement lâche et traître à la France; il a relié l'Algérie au Soudan et au Sahara et créé, à la France, un empire. Désormais, cette Afrique qui figurait, sur nos cartes, comme pays inconnus, n'a, pour nous, presque plus de secrets. L'Église catholique n'avait pas attendu les explorateurs et les diplomates pour se préoccuper des intérêts spirituels de ces contrées. Dès la première moitié de ce siècle, elle avait créé le vicariat apostolique du Soudan, et quand Stanley eut révélé la région des grands lacs, la Propagande les engloba dans une nouvelle mission.

De 1846 à 1861, le vicariat apostolique du Soudan était administré par quelques missionnaires autrichiens, assistés de quelques jésuites. De 1861 à 1872, cette mission passa aux Franciscains sous la direction du Vicaire Apostolique des Latins d'Égypte. De 1872 à nos jours, elle est confiée au séminaire africain de Vérone et à quelques religieux de Saint-Camille de Lellis. Cette mission comprend un vicaire apostolique, douze missionnaires, des frères, des sœurs, dont le quartier général est au Caire. Cette mission et les suivantes n'ont pas, à proprement parler, de population catholique: elles ont des écoles, des orphelinats, des hôpitaux, des dispensaires, pour former un noyau de population chrétienne; elles se heurtent partout aux négriers qui enlèvent les sujets pour les vendre sur les marchés d'esclaves et à l'Angleterre, dont la politique scélérate fait tout servilement pour dominer le monde.

La mission des grands lacs révélés par Livingstone et Stanley se divise en cinq vicariats: Vicariat du Victoria Nyanza, vicariat du Tanganika oriental, vicariat du Tanganika occidental, vicariat de l'Ounyaniembé, vicariat du Nyassa.

En 1878, une double expédition, composée de dix missionnaires, cinq pour chaque mission, s'organisait à Zanzibar pour se rendre au Victoria Nyanza et au Tanganika. Le 19 juin, la caravane apostolique partait de Bagamoyo, sous la direction des Pères Livinhac et Pascal. C'était un voyage de 300 lieues à poursuivre au milieu des solitudes, à peine explorées, de l'Afrique orientale, en traînant à sa suite 500 noirs pour porter les bagages et les marchandises destinées aux échanges, dans ces pays où la monnaie n'a pas cours. A chaque pas, lutter contre l'indiscipline des porteurs et déjouer les ruses des tribus pillardes; chaque soir, disputer avec les roitelets du pays; subir, de jour, un soleil de feu, la nuit, une humidité glaciale; traverser les marécages, affronter les fièvres, en mourir parfois: tel fut leur lot.

de souffrances quotidiennes. Le supérieur de la mission de Tanganika en mourut après trois mois d'horribles fatigues ; les quatre autres Pères arrivèrent en janvier 1879. Le père Livinhac n'arriva qu'en juin dans l'Ouganda, pays du roi Mtésa, dont Stanley avait espéré faire un Constantin noir, mais qui ne sut que tromper tout le monde. Bientôt deux nouvelles caravanes vinrent lui prêter du renfort, et alors le Père Livinhac commença à racheter des enfants de l'esclavage et à baptiser des adultes catéchumènes. A Mtésa succéda Mouanga, d'abord très favorable à nos missionnaires, pour s'en faire une arme contre les négriers et un rempart contre les Anglais. L'Ouganda reproduisit alors les merveilles du Japon, converti en foule ; il l'imita aussi en subissant les persécutions du versatile Mouanga, protecteur devenu persécuteur des chrétiens. Cent martyrs arrosent de leur sang la semence apostolique et là, comme ailleurs, ce sang fit germer de plus nombreux chrétiens. Alors les négriers firent tomber Mouanga et mirent à sa place Karéma avec l'espoir de constituer l'Ouganda en royaume musulman. Avec l'appui des chrétiens, Mouanga remonta sur le trône. Alors intervint l'Angleterre, la première puissance musulmane du monde. En 1892, au nom de la Compagnie East-African, compagnie de flibustiers pour enlever le bien d'autrui, un lieutenant Lutgard, le modèle de Jameson du Transvaal, avec l'aide des canons Maxim, se donna mission d'établir, dans l'Ouganda, le protectorat de l'Angleterre. Lutgard détruisit les stations, brûla les chapelles, mitrailla les chrétiens, adjugea aux protestants les 4/7 du pays et relégua les catholiques sur les terres ingrates du Buddhu. Lutgard n'a pas été pendu ; je m'étonne que les Anglais n'en fassent pas leur premier ministre. Mais Dieu, plus fort que les flibustiers anglais, saura défendre l'Ouganda contre les fureurs de l'Islam et contre les scélératesses de l'hérésie. L'Eglise, pour éviter le retour de pareils massacres, a divisé l'Ouganda en trois vicariats du Nil supérieur, du Victoria Nianza septentrional et du Victoria méridional.

La mission du Tanganika oriental a vu les négriers lui assassiner deux prêtres et s'emparer des enfants qu'ils formaient à la religion ; elle a vu aussi le sacre de l'évêque Charbonnier, couleur voulue aux pays. Aux difficultés du début a succédé la période de l'affermissement. Cette mission a maintenant sept missionnaires, deux frères, douze églises, deux orphelinats, deux hôpitaux, six mille catholiques.

Le Tanganika occidental est à peu près dans la même condition ; il n'a que 1500 catholiques, mais de nombreux catéchumènes.

Le vicariat de l'Ounyaniembé et du lac Nyassa ne sont encore que des linéaments de missions : quelques missionnaires, quelques stations, quelques écoles où l'on élève des enfants rachetés de l'esclavage. Ces enfants sont l'espoir du troupeau à venir.

Le grand obstacle aux succès du prosélytisme apostolique, c'est l'esclavage et la traite. On ne peut guère avoir des catéchumènes qu'en les rachetant ; et, pendant qu'on les instruit, il se peut faire qu'une escouade de négriers tombe sur le village, enlève tout ce qu'elle trouve et emmène ses prisonniers liés deux à deux. Ceux qui ne peuvent pas supporter les fatigues du voyage ont la tête cassée et marquent de leurs ossements la route de la caravane ; les autres sont vendus. La société anti-esclavagiste lutte contre ces horreurs ; nous espérons qu'elle saura les vaincre.

Après avoir visité l'établissement de Kipalala, le major Wissemann, quoique protestant écrivait : « Il faut croire que le système des prêtres catholiques est le meilleur, car les résultats obtenus parlent en leur faveur ». Wissemann, pour confondre les calomnies d'un journal, ajoute : « Au point de vue de la civilisation de l'Afrique, la mission catholique est, sans nul doute, de beaucoup supérieure. La discipline de l'Eglise catholique est, selon moi, la cause principale du succès des missions. Les missionnaires catholiques partent sans espoir de retour ; ils ne sont que très rarement rapatriés pour raison de santé ; en outre, les cérémonies de l'Eglise romaine impressionnent beaucoup plus vivement des sauvages que la simplicité du culte évangélique. Voilà qui contribue puissamment à faire réussir les missions romaines. » Le major protestant ignore que les missionnaires catholiques ont, en plus, la grâce de Jésus-Christ ; et que Jésus-Christ seul est le grand convertisseur d'âmes.

Parmi les hommes de notre temps qui firent un certain bruit et inaugurèrent de grandes œuvres, il faut citer le cardinal Lavigerie. Charles-Martial Allemand Lavigerie, né au pays basque en 1825, avait terminé ses études au séminaire de Paris. Successivement professeur d'histoire ecclésiastique en Sorbonne, directeur de l'Œuvre des Ecoles d'Orient, auditeur de Rote, évêque de Nancy, il recueillait, en 1866, la succession de Mgr Pavy, au siège d'Alger. L'héritage était difficile ; mais l'héritier jeune, habitué à la parole, habile à créer des ressources, plein d'énergie pour grouper les volontés : ce Gascon pouvait, sans témérité, se prendre au sérieux. Dès le début, les circonstances le mirent à l'épreuve. En 1867, une famine cruelle sévissait sur l'Algérie ; l'évêque recueillit les orphelins par milliers, provoqua d'abondantes aumônes pour les nourrir, et, plus tard, pour les établir, fonda des villages chrétiens. Ces fondations mirent le prélat aux prises avec le gouvernement. Jusque-là, il était interdit au clergé catholique de travailler à la conversion des Arabes. Cette interdiction avait le double tort d'empêcher l'expansion du Christianisme par l'apostolat et de retarder, en Algérie, la fusion des races. La bureaucratie voulut mettre obstacle aux créations bienfaisantes du prélat; l'évêque, par l'éclat de sa protestation, mit cet obstacle en poussière. C'était l'aurore d'une ère nouvelle.

Pour tirer parti de la liberté conquise, Mgr Lavigerie fonda la société des missionnaires d'Alger. Trois séminaristes se présentaient à l'archevêque pour l'apostolat africain; l'évêque les accepta : ce fut le noyau de la nouvelle milice. D'abord elle fut employée à l'évangélisation de la Kabylie. A cette date, l'Afrique, dont l'Europe n'avait connu jusqu'ici que les rivages, parcourue en tout sens par de hardis explorateurs, invitait les peuples civilisés à se partager son étendue, et appelait l'Eglise à l'évangélisation de ses races dégénérées. Au Maroc, en Tunisie, jusqu'en Egypte, les débris d'une nation autrefois chrétienne, mêlés à ceux des invasions des barbares; au-delà, sur la surface de ces continents immenses, la plus affreuse barbarie, l'ignorance, le meurtre, l'anthropophagie, l'universel esclavage.

L'évêque se trouva une âme à la hauteur de ces entreprises. Faire de la terre algérienne le berceau d'une nation grande, généreuse, chrétienne, d'une autre France; répandre autour de nous avec cette initiative ardente qui est le don de notre race et de notre foi, les vraies lumières d'une civilisation dont l'Evangile est la source et la loi ; les porter au-delà du désert avec les flottes terrestres qui la traversent et qui iront un jour jusqu'au centre du continent noir ; relier ainsi l'Afrique du nord et l'Afrique centrale à la vie des peuples chrétiens : telle lui parut, dans les desseins de Dieu, dans les espérances de la patrie et de l'Eglise, l'œuvre indiquée par la Providence.

L'évêque, nommé par le Saint-Siège, délégué apostolique du Sahara occidental, lança ses Pères blancs à la conquête de l'Afrique. Plusieurs fois dans le cours des années 1875, 1878, 1881, des groupes de ces apôtres intrépides furent assassinés en traversant le désert. Au lieu de décourager ces candidats, les tragiques aventures ne firent que multiplier le nombre de ceux qui s'enrôlent dans cette milice. D'occupation réelle, proportionnée à l'immense étendue de ces territoires, il ne pouvait être pratiquement question. Mais, à l'aide de postes armés, établis de distance en distance, sous le protectorat de quelque nation européenne, ce n'était pas une chimère irréalisable. Munies de cartes, dressées par les explorateurs, les chancelleries s'étaient appliquées à ce travail. Le compas à la main, il avait été réglé que tant de degrés de longitude ou de latitude, formeraient l'apanage ou la zone d'influence de tel ou tel pays. Les apôtres de Jésus-Christ n'ont pas à se préoccuper des arrangements des chancelleries. Leur apostolat enveloppe dans son universalité géographique toutes les régions du globe, comme son universalité chronologique s'étend à tous les instants de la durée. Ainsi firent les Pères blancs, rattachés, par Léon XIII, au centre de l'Afrique, à quatre foyers de missions. Si le Pape l'eut permis, l'évêque se fût mis lui-même à la tête de ses soldats, pour combattre avec eux et mourir au premier rang.

En 1881, la France étudiait son protectorat sur la Tunisie. Depuis six ans, l'évêque l'y avait précédée par ses missionnaires. Nommé archevêque de Carthage, administrateur apostolique de la Tunisie, primat de l'Afrique, bientôt cardinal, Mgr Lavigerie bâtit une basilique dédiée à saint Cyprien et à saint Louis; créa pour la jeunesse un asile d'étude et de piété; appela les Carmélites et les Franciscaines pour féconder, par leurs œuvres, ce coin de terre immortalisé par les larmes de sainte Monique.

En 1888, Léon XIII félicitait les évêques du Brésil de la suppression de l'esclavage américain ; le pontife n'eut garde d'oublier l'Afrique. C'est là, en effet, que la chasse à l'homme, organisée avec une habileté infernale, pratiquée avec une cruauté sans nom, fait chaque année quatre cent mille victimes, dont la moitié à peine atteint les marchés où elle sera vendue. Léon XIII chargea le primat d'Afrique de prêcher, en Europe, une croisade anti-esclavagiste. Le cardinal se dit que, pour sauver l'Afrique intérieure, il fallait soulever la colère du monde. On le vit, cet homme apostolique, à Rome, à Paris, à Londres, à Bruxelles, à Milan, à Naples, pour porter partout le mouvement dont le branle était parti du Vatican. Non seulement il parle, mais il agit; il crée des comités et des bulletins ; il écrit aux souverains ; il encourage et groupe les hommes de bonne volonté. On l'écoute, on s'enthousiasme, on s'inscrit pour de généreux sacrifices.

En 1892 mourait le cardinal Lavigerie, homme de puissante initiative, dans la postérité tirera de grandes œuvres. Le bronze et le marbre perpétuent la mémoire de l'intrépide soldat, de l'apôtre à l'âme de feu, de l'infatigable défenseur du continent noir.

Les îles qui entourent l'Afrique du côté de l'Occident, les Açores, Madère, les Canaries, les îles du Calvaire, Fernando-Fo sont, pour la plus grande partie, catholiques. A l'Orient les îles de la Réunion et Maurice sont également catholiques en grande partie. La perle du grand Océan, Madagascar avec les îles malgaches, Sainte-Marie, Nossibé et Mayotte, sont aujourd'hui terres françaises, conquises par le général Duchesne, pacifiées par le général Galliéni. Cette mission, que la France avait inaugurée dès le temps de Louis XIV, nous avait été longtemps disputée par les anglicans, les méthodistes, les quakers et les luthériens de Norwège. En 1896, elle a été partagée entre les trois vicariats du sud, du centre et du nord : le premier confié aux Lazaristes ; le second, aux Jésuites ; le troisième à la Congrégation du Saint-Esprit ; sous le gouvernement des évêques Cazet, Crouzet et Corbet. Les grandes tribus des Betsiléos, des Sakalaves et même des Hovas pourraient, sans l'opposition protestante, facilement se convertir ; mais l'acharnement des hérétiques oblige à d'incessants combats. Ce n'est pas, autrement, pour une mission, une nécessité trop regrettable. D'autant que les missions catholiques, soutenues par un vaillant personnel de prêtres, de frères et de religieux, possèdent des églises, des écoles, un séminaire, des collèges, une infirmerie, deux léproseries, plusieurs dispensaires et même un observatoire. Madagascar, conquis à la France par les armes, sera conservé par la bravoure des missionnaires, pourvu que le gouvernement, aveugle comme il ne l'est que trop, ne fasse pas de l'anticléricalisme un article d'exportation.

En quittant Madagascar, nous saluons, aux îles Seychelles, le diocèse de Victoria et nous entrons dans le grand océan pour en visiter rapidement les divers archipels.

Les îles malaises de l'Océanie se partagent en quatre groupes : colonies hollandaises, colonies anglaises, colonies portugaises et colonies ci-devant espagnoles.

Les colonies hollandaises comprennent Sumatra, Java, une partie de Bornéo, les Célèbes, les Moluques, une partie de la Nouvelle-Guinée et du Timor. Leur capitale est Batavia, dans l'île de Java. Ces îles comptent 25 000 000 d'habitants, et 50 000 catholiques. Ce vicariat a 50 missionnaires, des églises, des chapelles et des écoles. « Unis comme la phalange macédonienne, dit un protestant, les catholiques remportent victoires sur victoires. »

Les quatre territoires soumis à l'influence anglaise forment une préfecture où, sur 550 000 habitants, il y a environ 1 000 catholiques.

L'île portugaise de Timor a 2 000 catholiques. Les Philippines, plus heureuses, comptent 5 502 000 catholiques ; elles viennent d'être arrachées à l'Espagne par l'Amérique ; mais se défendent courageusement pour garder leur indépendance.

En 1800, l'Australie, la Tasmanie, et la Nouvelle-Zélande n'avaient pas un seul catholique. On y trouvait à peine un millier de colons et un million et demi d'indigènes. L'Australie commença par être la terre de l'or ; en quatre-vingts ans, elle en produisit sept milliards. Vers 1836, l'Angleterre y déporta ses convicts et les laissa, après avoir satisfait à la justice, se débrouiller comme ils l'entendraient. Aujourd'hui, l'Australie est la plus grande île du monde, ou un continent presque aussi vaste que l'Europe. Politiquement, elle est partagée en cinq districts : la Nouvelle-Galles du Sud, capitale Sydney ; Victoria, capitale Melbourne ; le Queensland, capitale Brisbane ; l'Australie occidentale, capitale Perth ; l'Australie septentrionale, capitale Palmerston. Le chiffre de sa population atteint trois millions. En 1874, l'Australie fut divisée en deux provinces ecclésiastiques : Sydney et Melbourne. L'archevêque de Sydney, Moran, est cardinal ; ce prélat a inauguré son cardinalat par un concile national. Il était impossible de mieux célébrer le premier cinquantenaire de l'Australie. C'est un nouvel empire qui se forme aux antipodes. Le Père Louvet, dans les *missions catholiques*, lui prédit cent millions d'habitants. Actuellement, l'archevêque de Sydney a sept suffragants ; l'archevêque de Melbourne, quatre ; l'archevêque d'Adélaïde, quatre, plus l'abbaye de la Nouvelle-Nurcie ; l'archevêque de Brisbane, un et deux vicariats apostoliques ; l'archevêque de Wellington, trois ; l'archevêque d'Hobart-town n'a pas encore de suffragant. Au total, 6 archevêques, 16 évêques, un administrateur apostolique, 1 000 prêtres, 1 500 églises et 800 000 catholiques. Que l'Australie appelle les moines et elle verra le salut qui vient de Dieu.

Les îles de l'Océanie, auxquelles Isaïe avait prédit, avec la précision qui le distingue, qu'elles formeraient un peuple de frères ; qu'elles produiraient des prêtres et des lévites ; qu'elles offriraient des présents au Dieu de la Crèche ; ces îles n'ont été découvertes qu'à la fin du dernier siècle et au commencement du nôtre. Bougainville, Cook, La Pérouse et plusieurs autres ont acquis, par ces découvertes, un nom immortel. Les îles de l'Océanie n'entrèrent dans la hiérarchie catholique qu'en 1830. On en fit d'abord une dépendance de la Réunion, puis trois vicariats. Aujourd'hui trois vicariats sont confiés aux Picpussiens ; quatre aux Maristes ; trois aux missionnaires d'Issoudun ; deux missions aux Capucins. Total, quatre congrégations, dix vicariats et deux missions.

Les Picpussiens ont les vicariats apostoliques de Sandwich, de Taïti et des îles Marquises.

Le groupe des huit îles Sandwich ne vit arriver qu'en 1870 les missionnaires protestants. Les Méthodistes firent peser sur les naturels du pays et sur leur embryon de gouvernement le plus exécrable despotisme : la reine était à leur merci ; les naturels traités en bêtes de somme. En 1836, quand arrivèrent les missionnaires catholiques, les protestants les expulsèrent. En 1836, le commandant Laplace, outré de ces abominations, fit mettre en liberté les catéchumènes qui avaient été emprisonnés, exigea la liberté du culte catholique, la cession d'un terrain pour construire une cathédrale à Howolulu et une caution de cent mille francs. Alors commencèrent les conversions, sous l'impulsion de Mgr Rouchouze et du Père Maigret, qui devint bientôt évêque. La corruption protestante avait amené la dépopulation de ces îles ; la lèpre y faisait ses ravages. Les lépreux étaient isolés et abandonnés de tout service. Alors le Père Damien Deveuster se consacra à leur évangélisation. Au bout de quelques années, il mourait aussi de la lèpre. Ce dévouement héroïque, couronné d'une glorieuse mort, excita l'admiration du monde entier et appela sur la mission un surcroît de grâce. Aujourd'hui cette mission comprend, sous l'autorité du vicaire apostolique, 24 missionnaires, 92 églises et chapelles, 25 écoles, et sur une population totale de 70 000 habitants, 28 000 catholiques.

Le vicariat de Tahiti comprend les îles de la Société, l'archipel des Paumotous, les îles Gambier, Tubuai, l'île de Cook et l'île de Pâques ; au total, environ 600 îles. Le nom de Tahiti rappelle le fameux Pritchard, méthodiste qui était, en même temps, ministre protestant, pharmacien et consul d'Albion. Ce consul se mit en guerre avec les catholiques ; comme il faisait des boulettes, ses victimes lui cassèrent quelques fioles. D'où, conflit entre la France et l'Angleterre. L'affaire fut réglée par une indemnité et le protectorat de la France, en tenant les méthodistes en échec, favorisa la mission catholique. Ce vicariat a 20 missionnaires, 13 frères, 18 sœurs, des catéchistes, des religieuses indigènes, 47 églises, autant d'écoles, et sur une population de 50 000 habitants, 7 000 catholiques.

Le vicariat des huit îles Marquises, dont la principale est Nuka-Hiva, offre, comme les autres vicariats voisins, outre les obstacles moraux à toute conversion, l'opposition des Méthodistes, le mauvais esprit des déportés et une abominable corruption de mœurs. Sur une population de 5 000, il y a 3 000 catholiques. Et au total, pour toutes les missions des Picpussiens, 32 évêques, 53 missionnaires, 188 églises, 77 écoles, 37 000 catholiques.

Les missions de la société de Marie comprennent les vicariats de l'Océanie centrale, des Navigateurs, de la Nouvelle-Calédonie et des îles Fidji.

Le vicariat de l'Océanie centrale ne comprend plus que les îles Wallis, Futuna, Vaveau, Hapaï et l'archipel de Tonga. C'est à Tonga qu'est le centre du méthodisme, nous ne disons pas le foyer, en tant que le protestantisme n'en a pas ; mais c'est dans ces îles qu'on peut le mieux voir ce qu'il peut produire. En Europe, les protestants sont assujettis au milieu ambiant, s'ils se laissaient voir ce qu'ils sont, en effet, ils exciteraient une répulsion universelle et une véritable horreur. Dans la Mélanésie, la Micronésie, la Polynésie, là, ils sont chez eux, soustraits aux argus de la critique, et parfaitement libres de se laisser aller au libre essor de leurs passions. C'est là qu'on trouve les Pritchard, là qu'on voit les Dutron-Bonnier, les mormons, les bandits, les intrigants, opérant à leur aise sous l'égide, avec l'autorité ou l'excuse du libre examen ; c'est là qu'ils dominent les roitelets insulaires, qu'ils exploitent les foules et justifient la décision du congrès d'Helmstadt : *Protestantismus paganismo deterior* : Le Protestantisme est presque le Paganisme.

C'est dans ce vicariat de l'Océanie centrale que le Père Chanel reçut la couronne du martyre ; c'est le saint Étienne de l'Océanie. Pierre Chanel était né en 1803, à la Potière, hameau de la paroisse de Cuet, diocèse de Belley. Dans sa première jeunesse, il lisait les *Lettres édifiantes*. Un jour, s'étant fait, par mégarde, une coupure à la main, il écrivit, avec son sang, cette résolution : « Aimer la Sainte Vierge et la faire aimer. » Prêtre en 1827, il fut successivement vicaire, curé, puis membre de la Société de Marie. Après cinq ans passées dans la Société de Marie comme professeur, directeur spirituel et supérieur au petit séminaire de Belley, que dirigeaient alors les Pères Maristes, le serviteur de Dieu vit exaucer ses vœux les plus ardents. Le 29 avril 1836, parut le bref de Grégoire XVI qui approuvait les règles de la Société de Marie et lui confiait les missions de l'Océanie occidentale. Plusieurs fois, le Père Chanel s'était offert pour le premier départ de missionnaires ; il eut bientôt l'assurance qu'il en ferait partie. « Ah ! la bonne nouvelle que j'ai à vous donner, écrivit-il alors à l'un de ses amis. J'ai manifesté mes vieux désirs, et mon cœur ne cesse de battre de joie depuis que mon nom est inscrit pour le premier départ de missionnaires ». Ce fut après un long et pénible voyage, au milieu d'horribles tempêtes qui étaient comme le présage des épreuves par lesquelles le serviteur de Dieu allait passer, qu'il aborda, le 27 juin 1837, aux îles Gambier et Taïti. Là, malgré les menaces et les persécutions du roi de Vavao, il fonda avec ses compagnons la mission de Wallis. Puis il se dirigea vers l'île de Futuna, où il arriva le 8 novembre. C'était le champ que le Dieu des apôtres et des martyrs avait assigné à son zèle.

Il y apprit la langue des insulaires et se voua avec une admirable ardeur à leur conversion, en ayant soin surtout de prêcher d'exemple par les actes de la plus tendre charité envers les pauvres et les malades. Une terrible guerre ayant éclaté parmi les diverses tribus de cette île, il fut contraint de s'éloigner de sa résidence pour revenir à sa première mission de Wallis. En avril 1838, il put de nouveau se rendre à Futuna et y baptiser un grand nombre d'infidèles. Il y exerça ainsi pendant trois ans le plus fécond apostolat, au milieu de souffrances et de privations de tous genres et aux prix de cruelles épreuves, qui devaient aboutir à une persécution des plus féroces où il devait cueillir la palme du martyr.

C'était surtout le roi Niuliki, auprès duquel il résidait, que le Père Chanel cherchait à instruire et à convaincre, persuadé que, le chef étant chrétien, la conversion du peuple serait facile. Mais Niuliki, roi du pays, en était en même temps le souverain pontife, et sa royauté était même une conséquence de son pontificat ; c'est-à-dire que, suivant l'usage de ces tribus barbares, celui seul que choisissait leur grande divinité pour résidence ou tabernacle, était de fait le roi de Futuna. Niuliki devait donc tenir beaucoup à conserver la religion du pays, dont il était le premier ministre, et à laquelle il attribuait toute son autorité et son influence. Aussi, lorsqu'il vit que la parole du missionnaire ébranlait les esprits, il se refroidit à son égard, cessa peu à peu de lui envoyer des vivres et alla se fixer dans un autre village. Le Père Chanel fut alors obligé de cultiver la terre avec ses deux compagnons ; ils en étaient réduits à cette extrémité, lorsque leur arrivèrent le Père Chevron et le Père Attale, au mois de mai 1840. Les nouveaux venus se mirent aussi au travail et, à force de peines, ils se firent une plantation assez considérable pour fournir à leur nourriture. Mais on se mit à leur voler leurs fruits, dans le but de les prendre par la famine et de les obliger à quitter le pays, s'ils ne voulaient mourir de faim.

Dans cette dure situation, le Père Chanel ne laissait pas de visiter les principaux chefs de l'île et de leur enseigner les vérités de la religion. Sa voix finit par être écoutée. Plusieurs jeunes gens se convertirent. Ils se réunissaient le dimanche dans la case du missionnaire, où ils recevaient ses instructions et faisaient leurs prières. Ces réunions et le nombre toujours croissant des catéchumènes excitaient l'indignation des naturels de l'île, qui allaient répétant partout ce cri sinistre : « Que la nouvelle religion soit combattue, qu'elle soit frappée de mort ! » Ces manifestations hostiles éclatèrent surtout à l'occasion de la conversion de Meitala, fils de Niuliki. De ce jour, la mort des missionnaires fut résolue entre le roi et son ministre, Musumusu, un des Futuniens les plus acharnés contre le christianisme. Le Père Chanel n'ignorait pas que tôt ou tard il lui faudrait sceller de son sang la prédication évangélique. Un jour qu'il y avait grande réunion dans le village, un de ses compagnons vint lui apprendre qu'on voulait le massacrer : « Vous savez », répondit-il, « ce qu'on lit dans la vie d'un saint : Si l'on venait vous annoncer, lui demandait-on, que vous allez mourir dans une heure, que feriez-vous ? — Je continuerais à faire ce que je fais, répondit le saint. — Eh bien ! reprit le Père Chanel, faisons de même ». Et il continua à cultiver son jardin.

Néanmoins, l'orage dissipé pour cette fois ne tarda pas à se reformer et devint plus menaçant que jamais. Le 28 avril, à la pointe du jour, sous la conduite de Musumusu, une horde sauvage, armée de lances, de massues, de haches et de casse-têtes, se rend à Avaui, où étaient les catéchumènes, les surprend dans le sommeil, en blesse un grand nombre et disperse les autres. Puis les infidèles courent assouvir leur haine contre celui qu'ils appelaient l'auteur de la religion. Musumusu aborda le premier le Père Chanel ; il le trouva dans son jardin, occupé à nourrir des poules. La Providence permit qu'il fût tout à fait seul en ce moment-là ; il avait envoyé ses catéchistes sur la côte occidentale de Futuna, baptiser les petits enfants qu'ils trouveraient en danger de mort.

Le Père Chanel, voyant arriver Musumusu, laisse son occupation, et, sans méfiance aucune, va à sa rencontre. Pendant que le bon Père s'entretenait avec ce perfide, les séides de ce dernier pénètrent dans l'intérieur de la maison, et jettent par la fenêtre une brassée de linge. Le peuple, qui attendait hors de l'enclos, ramassa le linge avec impétuosité. Ce fut un signal de mort. Musumusu cria : « Pourquoi tarde-t-on à tuer l'homme ? » Alors les sauvages, ayant à leur tête deux amis de Musumusu, qui se nommaient l'un Filitika et l'autre Umutauli, envahissent le jardin. Umutauli décharge un grand coup de massue sur la tête du Père ; pour parer le coup son bras est cassé et retombe. En même temps l'héroïque martyr recule de deux ou trois pas. Filitika la repousse alors avec violence, en disant à ceux qui l'entourent : « Frappez promptement, qu'il meure ! » Aussitôt Umutauli décharge un coup de massue sur la tempe gauche du Père et lui fait une forte contusion. Le sang jaillit avec abondance. En ce moment le Père Chanel s'écria plusieurs fois : « Très bien ! » Il regardait ses blessures et sa mort comme un bien pour lui, faisant à Dieu le sacrifice de sa vie et buvant le calice de ses souffrances avec une généreuse résignation. Tous les témoins de son martyre attestent qu'il ne lui est échappé aucun cri, aucune plainte, aucune larme, aucun soupir ; il a toujours conservé son égalité d'âme, et il est mort comme un agneau, à l'exemple de son divin Maître.

La rage des insulaires contre le vénérable missionnaire ne connut plus de bornes. Celui-ci enfonce sa pique sous l'aisselle du bras droit ; celui-là le terrasse et le traîne sur du gravier, le frappant avec son casse-tête ; un autre, voyant que le patient vivait encore, lui porte en présence de Niuliki, venu sur ces entrefaites, un coup d'herminette (sorte de hache) sur la tempe. L'instrument s'enfonce dans le crâne. Il en sort un peu de cervelle. Ce fut le coup de grâce. Le martyr pousse un cri et rend son âme à Dieu. Cela se passait le 28 avril 1841.

A l'instant même où expirait le protomartyr de l'Océanie, le ciel, bien que serein jusque-là, se couvrit de ténèbres et l'on entendit dans l'air un bruit épouvantable, comme un violent coup de tonnerre. Les meurtriers eux-mêmes en furent remplis d'effroi et s'enfuirent précipitamment.

Ce prodige, confirmé bientôt après par de nombreuses conversions, a été dûment constaté dans les actes du procès apostolique de béatification ; et à la cérémonie solennelle du 17 novembre 1889, on en voyait la représentation sur l'une des bannières qui ornaient la salle de la *Loggia*.

Le sang du Père Chanel fut, pour le pays, la grande grâce du salut. Aujourd'hui ce vicariat possède 14 missionnaires, des prêtres indigènes, 60 sœurs, un séminaire, deux collèges, 9 pensionnats, 44 écoles, et, sur une population de 36 000 habitants, 9 000 catholiques.

Le vicariat apostolique des navigateurs comprend Samoa, Savaï, Upolu et les îles To Kelan. C'est là qu'ont travaillé les évêques Bataillon et Elloy; ils ont eu aussi à batailler contre les protestants, toujours empressés à s'emparer du pouvoir, pour favoriser tous les vices. On trouve, dans ce vicariat, 18 missionnaires, 67 catéchistes, des sœurs, des écoles et des pensionnats. Sur une population de 35 000 habitants, il y a 6 000 catholiques.

Le vicariat de la Nouvelle-Calédonie comprend la Nouvelle-Calédonie et quelques îles adjacentes, Loyalty et les îles Hébrides. C'est là qu'on envoie actuellement les déportés : ce n'est pas une semence de bons chrétiens. La cruauté des Canaques a tenu prudemment les protestants à l'écart ; pas de protestants là où il faut mettre la tête ; mais, pour empêcher le progrès de l'Evangile, il suffit des administrateurs français, républicains, opportunistes ou radicaux, tous aussi impies que les communards, parfois plus. Ces missions datent de 1844 ; elles ont un monastère de trappistes : des monastères, voilà le moyen de pénétrer cette masse séculaire de ténèbres. Ce vicariat possède 45 missionnaires, 64 églises et chapelles, 35 écoles, et, sur une population de 170 000 âmes, 29 000 catholiques, 10 000 indigènes et 18 500 Européens.

Les îles Fidji ont un vicaire apostolique, 22 missionnaires, des frères, des sœurs, des églises, des écoles et 11 000 catholiques. Au total, pour la Société de Marie, 3 évêques, 92 missionnaires, 200 églises, 150 écoles et 83 000 catholiques.

Les missions des prêtres du Sacré-Cœur d'Issoudun comprennent les vicariats de la Mélanésie, de la Nouvelle-Guinée, de la Nouvelle-Poméranie et de la Micronésie. Ces îles sont très insalubres et peuplées d'anthropophages. Au début on n'y trouve que des cadavres de missionnaires assassinés et mangés ou morts de faim et de fièvre : je cite les Epalle, les Colomb et les Verius. On y trouve aujourd'hui l'archevêque Navarre, l'évêque Alain de Boismenu, 34 prêtres, 38 frères, 25 sœurs, 30 chapelles, 10 000 catholiques. *Salvete, flores martyrum.*

La mission des Capucins espagnols comprend les îles Carolines, au nombre de 600. La population se compose d'environ 40 000 sauvages, durs et cruels, mais pas anthropophages. Cette mission ne fait que commencer ; elle ne prête pas encore matière à la statistique.

En résumé, les missions de l'Océanie comptent 3 500 000 païens, 300 000 protestants et 100 000 catholiques. Si quelqu'un voulait inférer, de ces chiffres, l'infériorité convertissante de l'Eglise catholique, il se tromperait de tout au tout. Au début, les foules se précipitent aux riches temples de l'hérésie et il faut si peu de chose pour être protestant, que le protestantisme compte autant de sectateurs que de réceptionnaires de ses bibles altérées. Les prêtres catholiques groupent péniblement quelques pauvres dans quelque chétive cabane. Laissez passer un demi-siècle ; la victoire est passée d'un autre côté. Les prédicants ont lassé la patience des insulaires. Le règne des missionnaires, premiers ministres ou conseillers des princes, est passé sans retour. Le commerce lui-même, sous le contrôle jaloux des vicariats étrangers, a perdu les riches monopoles et l'occasion des grandes fortunes. Il ne reste plus, au ministre protestant, que l'apostolat et c'est de quoi il se soucie peu ou se sent incapable. Alors les temples de l'hérésie se vident ou se convertissent en églises. Le petit troupeau catholique a grandi ; l'Eglise a établi ses cadres et augmenté le nombre de ses missionnaires. Les îles, comme l'a prédit Isaïe, entendent la parole de Jésus-Christ ; et la grâce de Jésus-Christ y opère ses merveilleuses transformations.

« Il n'est pas douteux, écrit l'Américain Hop King, dans son ouvrage sur les îles Hawaï, que l'Eglise catholique romaine, avec ses portes ouvertes, ses bancs libres, sa messe et ses vêpres quotidiennes, son corps enseignant, ses religieuses qui vont visiter les malades et les pauvres, son système de sacrements, son culte parlant à l'esprit et au cœur par les yeux et par les oreilles, il n'est pas douteux, dis-je, que, par tous ces moyens, l'Eglise romaine ne s'attache fortement les facultés, encore inertes, des indigènes. » — « La religion catholique, conclut un autre protestant, est destinée à dominer dans la plupart des îles de l'Océanie. » Dominer n'est pas le mot propre ; il ne convient qu'au protestant, pas du tout à l'Eglise qui se borne à enseigner et choisit toujours ce qu'il y a de plus faible pour confondre et abattre toutes les forces de la résistance.

En Orient, les missions font peu de bruit, mais elles se poursuivent avec le plus louable zèle, et sauvegardent, au cœur du mahométisme, le protectorat catholique de la France. Nous avons fait connaître les congrégations qui s'y dévouent ; nous avons la bonne fortune, pour parler de leurs œuvres, de citer le décisif témoignage d'un ci-devant proscripteur. Les professeurs du collège Saint-Etienne de Châlons, au cours d'un voyage de vacances, visitèrent, à Constantinople, l'ambassadeur Constans. Sur le sol natal, les Français se disputent volontiers ; au loin, ils sont tous frères. L'ambassadeur dit, à nos compatriotes, qu'il comprenait toute la grandeur de sa mission ; il ajouta :

Nous avons de redoutables adversaires à combattre, des rivaux qui veulent miner notre influence et, peu à peu, nous supplanter.

Les protestants dépensent beaucoup d'argent, mais sans grand succès, car leur culte froid et austère ne plaît pas aux populations de ce pays, avides de démonstrations extérieures.

Ce sont les schismatiques, les Russes surtout, dont les menées sont les plus redoutables pour nous. En Syrie, il y a trois ans, ils n'élevaient dans leurs écoles que 9 000 enfants ; en ce court espace de temps ils en ont gagné 6 000 de plus. Si ce progrès continue, dans dix ans, ils auront peut-être porté un coup mortel à notre protectorat.

Heureusement, nous avons de l'avance.

Dans les écoles dirigées par les religieux français ou par les Latins que nous patronons, nous élevons 36 000 enfants, mais nous demeurons à peu près stationnaires. Ce n'est pas que nos religieux et religieuses soient inférieurs à leur tâche, mais nos ressources sont trop restreintes ; nous n'avons que 700 000 fr. à dépenser pour patronner et soutenir tant d'œuvres, tandis que les autres nations, la Russie en particulier, dépensent *des millions* pour favoriser leurs coreligionnaires.

Heureusement, nos religieux, ajoute M. Constans, sont désintéressés et courageux *jusqu'à l'héroïsme*.

Vous êtes peut-être surpris, nous disait-il encore, de m'entendre parler de la sorte, mais je rends hommage à la vérité. Je vous dis en toute simplicité et franchise ce que j'ai vu et entendu, ce que j'ai constaté par moi-même.

En Orient, les religieux et les religieuses nous rendent *d'immenses services*; la France se doit à elle-même de les aider et de les protéger ; le jour où elle les abandonnerait, c'en serait fait *de son prestige dans tout l'Orient*.

Les Pères jésuites en particulier (je suis peut-être peu autorisé à faire leur éloge) exercent en Syrie une action puissante. Ils ont une université très florissante à Beyrouth ; autour de Beyrouth et dans tout le Liban, ils ont fondé plus de 130 écoles qu'ils dirigent ou inspectent, et qui leur assurent dans le pays une immense influence. Qu'ils délaissent ces œuvres, et le crédit de la France sera, dans tout ce pays, *complètement ruiné*.

— Monsieur l'ambassadeur, lui disait alors finement un de nos compagnons de voyage, vous avez donc appris à les estimer ?

— Eh oui, répondit Constans, je les ai vus à l'œuvre, et je suis heureux de rendre hommage à leur activité et à leur patriotisme.

Quant à nos religieuses, elles font merveille aussi ; elles ont sur les musulmans une influence extraordinaire. Ah ! si nous avions des ressources plus abondantes ! Tout le crédit qui nous a été alloué est à peu près dépensé aujourd'hui, et nous avons encore beaucoup à faire. Vous avez sans doute rencontré deux Petites Sœurs de l'Assomption en venant me rendre visite ; d'ici j'entends leur requête : elles viennent me demander 400 francs pour une école qu'elles ont récemment construite. Le moyen de les leur refuser ! Il faudra les prendre sur les sommes destinées à l'entretien de l'ambassade : les jardins seront un peu moins bien entretenus, et ces braves filles pourront continuer à se dévouer et à faire aimer la France.

Tout ce que je vous dis, ajoutait Constans, je l'ai écrit au Saint-Père en lui demandant de nous faire allouer quelques crédits supplémentaires sur les ressources de la Propagande. Je l'ai dit également à Mgr Bonetti, le délégué apostolique, avec qui j'entretiens les meilleures relations. Il est italien de race, mais aussi français de cœur que vous et moi.

Vous voyez, nous disait en terminant l'ambassadeur, combien important et délicat est le rôle de la France dans ce pays ! Nous aurons beaucoup à faire pour lutter contre toutes les influences rivales, mais tant que je serai là, je consacrerai à cette œuvre toute mon intelligence et toute mon énergie.

En regard de ce témoignage décisif et particulièrement éloquent dans la bouche du personnage qui l'exprime, que l'on place les actes dirigés en France, par une persécution incessante, contre ces mêmes congrégations religieuses, et qu'on dise s'il est un mot assez fort pour qualifier comme elles le méritent l'ineptie et l'iniquité gouvernementales.

Ces missions d'Orient possèdent, dans la péninsule des Balkans, 640 000 catholiques. Relativement, c'est peu, mais l'avenir est plein d'espérances. Léon XIII pousse vigoureusement à l'union des rites orientaux tombés dans le schisme. Pour préparer cette union, les cadres de l'épiscopat ont reçu un particulier développement. Depuis moins d'un siècle, l'Eglise romaine a rétabli la hiérarchie dans la Bosnie, l'Herzégovine et la Roumanie ; elle a créé les trois sièges archiépiscopaux de Sérajewo, de Bucharest et de Scutari ; rétabli les sièges épiscopaux de Banjalukos, de Trébigne, de Mestar, de Tassy, de Candie ; érigé, pour les Bulgares unis, les deux vicariats apostoliques de Thrace et de Macédoine. En même temps, les ordres religieux se sont multipliés dans tous ces pays ; les églises, les écoles se sont élevées de toutes parts. Malgré l'exiguité de ses ressources, le catholicisme peut lutter avec succès contre l'or de l'Angleterre et les entraînements politiques de la Russie.

En Asie, l'Eglise catholique a sept rites unis : le rite grec divisé en cinq groupes ; le rite arménien qui a un pied en Europe ; le rite maronite dans le Liban et la Syrie ; le rite syriaque en Syrie et en Mésopotamie ; le rite chaldéen dans la Mésopotamie, le Kurdistan, la Perse jusqu'aux Indes ; le rite copte en Egypte ; le rite abyssin en Abyssinie. Chaque rite a ses patriarches, ses archevêques, ses évêques ; cela entraîne une grande complication de hiérarchie, pour les amours-propres un péril grave, et, pour les conquêtes de la foi, moins d'émulations qu'on ne pourrait croire. Dans tous ces rites, l'Eglise ne compte que 660 000 fidèles ; tandis qu'il reste, en Orient, 2 000 000 de Grecs schismatiques, 500 000 d'Arméniens grégoriens, 800 000 Jacobites et 100 000 Nestoriens. Mais il n'y a rien à craindre de ces foules et de ces patriarches schismatiques ; ces Eglises gardent la rigidité de leurs formes, comme si elles étaient des cadavres. En Asie, comme en Europe, le danger redoutable c'est le péril russe. Si le Czar signait ses ukases à Constantinople, ce serait, dans le monde, un grand événement.

Ces éventualités remettent sous nos yeux, la lutte entre l'Orient et l'Occident, lutte qui a commencé avec le genre humain et qui remplit l'histoire de ses vicissitudes. Cette lutte touche aux entrailles de l'humanité ; elle procède d'une conception différente des destinées humaines. En général, l'Asiatique est mou, esclave de la matière, esclave du pouvoir civil, esclave même de Dieu par son fatalisme. Au contraire, la race audacieuse de Japhet a vaincu la matière, conquis la liberté et rendu à la divinité un culte qui grandit l'homme sans diminuer Dieu. Les fils de Japhet ont voulu vaincre les fils de Sem ; les fils de Jésus ont voulu asservir les fils de Japhet. Entre eux, la guerre s'est maintenue durant le cours de tous les âges ; elle a eu, pour théâtre, toutes les zones et toutes les régions. Les lointains conquérants de Babylone et de Ninive guerroyaient déjà contre les dépositaires de la vérité. La guerre entre la Grèce et Troie, entre la Macédoine et la Perse est un double épisode de cette lutte. Les guerres entre Rome, Carthage et Mithridate s'y rattachent. Les croisades les continuent ; les invasions des Turcs, des Tartares, de Gengi-Kan, de Tamerlan, d'Houlagou et Kublaï nous en présentent un aspect contraire. Hier la guerre éclatait entre Constantinople et Saint-Pétersbourg ; demain Saint-Pétersbourg et Constantinople, devenues capitales du même empire, mettront aux prises les Cosaques avec les républicains. D'un côté, le fanatisme et le despotisme ; de l'autre, les périls de la liberté et ses promesses souvent trahies : c'est l'avant-dernier acte de ce grand drame qui doit finir avec la consommation des temps.

L'Inde, avec ses 250 000 000 d'habitants a subi, depuis cent ans, des changements notables. En 1700, elle n'avait que sept évêques, vingt-deux missionnaires et 300 000 catholiques. Aujourd'hui, 1900, on y trouve un Délégat apostolique résidant à Kandy ; huit archevêchés, savoir : Goa, Agra, Calcutta, Bombay, Madras, Pondichéry, Vérapoli, Colombo ; et vingt évêchés, savoir : Daman, Cochin, San-Thomé de Méliapour, Dacca, Krisnagar, Allahabad, Lahore, Hyderabad, Poona, Mangalore, Magpore, Vizagapatam, Maduré, Mysore, Coïmbatour, Jaffna, Kandy, Gallé, Trinquemalé. En plus, nous mentionnons les quatre préfectures apostoliques, savoir : Cashmire, Assam, Rajpoutana, Bethah ; et trois vicariats apostoliques, Trichur, Ernaculum, Canganachery, habités par les chrétiens syriaques. Au total, trente-cinq circonscriptions ecclésiastiques.

Le personnel du clergé comprend : 800 prêtres portugais, 800 missionnaires et 800 prêtres indigènes. Des frères et des sœurs viennent au secours de ces prêtres. Le total des religieux et des religieuses dépasse 3 000. Cette petite armée, sous la triple bannière de la pauvreté, de la chasteté et de l'obéissance, fait, sur le paganisme, d'incessantes conquêtes. Sous le gouvernement britannique, elle n'a pas à craindre la persécution. Le principal obstacle à la conversion des âmes, c'est le mahométisme avec sa morale facile et le fanatisme obtus qui ferme l'oreille à la parole de vie. La rapacité du fisc maintient les races autochtones dans une condition peu aisée. La masse du peuple, pauvre et ignorant, reste rivée à son métier, à son champ, à ses usages, vêtue de haillons, contente de quelques grains de riz, souple devant le vainqueur, qu'elle n'aime pas, et lui payant, malgré sa misère, de forts impôts. Dès que la sécheresse compromet la récolte du riz, c'est la famine ; et la famine est une grande puissance de conversion. Or, sur cinquante ans, il y a bien vingt-cinq famines, locales ou générales. Sous l'impulsion de ce fléau, les missionnaires font de riches moissons.

Dans les classes élevées, le cours du temps amène des changements de mœurs. Le Bramine, au lieu de se tenir dans les sphères éthérées de la contemplation, descend dans les sphères sociales : il est magistrat, avocat, médecin ; il embrasse les carrières libérales qui mènent aux fonctions et à la fortune. Les classes supérieures suivent les brahmes dans leur transformation ; elles entrent dans les maisons de commerce, dans les administrations, dans les chemins de fer. Les préjugés et les séparations sont toujours vivaces, les vieilles superstitions se pratiquent sous toutes les formes. Les Anglais ont ouvert beaucoup de collèges ; ces collèges battent en brèche les coutumes nationales ; mais ils ne détruisent les veilles croyances qu'au profit du scepticisme. En dehors de l'Église, on ne croit à rien. La science est le dissolvant de l'erreur ; elle ne peut rien contre l'or ou de la vérité.

Le nombre des catholiques, dans l'Inde, était, en 1800, de 475 000 ; il s'élève aujourd'hui à 1 800 000. Les catholiques appartiennent en majorité aux classes pauvres ; cependant on compte, parmi eux, un certain nombre de familles importantes par leur fortune ou par leur emploi. En général, les catholiques sont plus nombreux au Sud qu'au Nord ; la différence provient du mahométisme, beaucoup plus répandu dans les pays d'Agra et de Lahore. On disait autrefois, l'herbe ne pousse plus là où est passée une armée musulmane ; l'herbe repousse, mais les musulmans se convertissent peu. Le seul phénomène qui puisse entamer ces vieilles croûtes, c'est la diffusion de l'instruction publique.

Depuis quarante ans, l'extension des études a pris, aux Indes, des proportions considérables. Le comte de Maistre, dans les *Soirées de Saint-Pétersbourg*, en avait salué les débuts et prédit les effets ; nous marchons vers le plein midi. Les grades universitaires sont devenus une condition essentielle à l'impétration des charges publiques. L'Indien s'est jeté aux écoles tête baissée, non par amour de la science, pour la formation intellectuelle et morale de la jeunesse, mais pour obtenir des richesses et des honneurs. Un tel sentiment ne peut pas élever bien haut des âmes déjà énervées; mais il est difficile d'entraver ce mouvement. L'Eglise signerait, dans l'Inde, son arrêt de mort, si elle voulait s'opposer aux aspirations les plus vives du pays. Son devoir est de faire concourir, avec un tact merveilleux, au progrès de son œuvre, les événements qu'il faut accepter, si l'on veut en escompter les bénéfices. On peut déplorer les excès, on doit prévenir les écarts, il faut aborder franchement les obstacles.

Établir des écoles catholiques, capables d'attirer les enfants païens, est une des œuvres principales que doit se proposer l'Eglise aux Indes. Autrement ils iront aux écoles protestantes et n'y trouveront que la dissolution du libre examen, plus active chez eux que chez les Européens. Pour répondre à ces besoins, les missionnaires ont fondé de grands et nombreux collèges à Trichinopoli, à Bombay, à Cuddalore, à Bengalore et à Colombo. Sept ou huit mille jeunes gens étudient; ils doivent, par une entrée successive dans la société des hommes, mettre dans cette vieille pâte un levain catholique. A côté de ces collèges, s'élèvent des imprimeries d'où sortent une quantité de bons livres. Enfin les œuvres de charité complètent les œuvres de science et d'éducation. Une centaine d'hôpitaux servent de refuges aux vieillards; 102 orphelinats où s'élèvent 6 000 enfants, offrent à la société des recrues capables d'entendre les maîtres sortis des collèges et de profiter de leurs leçons.

L'histoire des missions de l'Extrême-Orient n'est guère qu'un martyrologe. La Cochinchine et le Tonkin continuent les Catacombes. Si nous en écrivions l'histoire détaillée, ce travail fournirait autant de pages à mettre à la suite des *Acta sincera martyrum*; nous ne pouvons dresser que la table sommaire de ce livre d'or de l'Eglise annamite. En un seul jour, Grégoire XVI déclara vénérables soixante-dix de ces martyrs. Deux remontent jusqu'à 1798, Emmanuel Trieu et Jean Dat. Le premier, né de parents chrétiens et d'une noble famille, suivait la carrière des armes, quand la grâce d'en haut l'appela au sacerdoce. Dans la persécution de Canh-Thinh, il fut arrêté, détenu pendant quarante jours, flagellé trois fois et décapité le 17 septembre. Jean Dat était un catéchiste qui venait d'être ordonné prêtre, lorsqu'il fut mis à mort le 28 octobre, à l'âge de trente-quatre ans. L'Annam goûta ensuite les douceurs relatives d'une longue paix.

En Chine, de 1814 à 1840, la persécution décima plusieurs fois les populations chrétiennes. Pierre Ou était un catéchiste plein de foi et de charité. Pendant qu'il s'appliquait à faire briller aux yeux des infidèles l'admirable lumière de l'Evangile, il fut jeté en prison. Dieu lui avait fait connaître, par révélation, le jugement rendu à Pékin; il se prépara à mourir et mourut, à la fin de 1814, en prédestiné. Augustin Chau était un prêtre de soixante-dix ans. Soixante coups de bâton et quatre-vingts soufflets le meurtrirent pour l'amener à l'apostasie; il mourut laissant, à ses bourreaux, l'exemple d'une parfaite confiance en la bonté de Dieu. Chu Yung n'était qu'un pauvre mendiant; pour l'amener à l'apostasie, on le priva de nourriture: il mourut de faim. Gabriel Taurin Dufresse, né au diocèse de Clermont, était arrivé en Chine dès 1777 et avait déjà été emprisonné pour la foi en 1785; rendu à la liberté par l'exil, il revint à sa mission de Su-Tchuen et fut sacré évêque en 1800. En 1803, il était vicaire apostolique et dressait plusieurs règlements qui ont été étendus aux autres missions; il fut arrêté en 1815 et traité d'abord avec assez de douceur; comme Paul, il prêchait au prétoire et jusque dans sa prison; il n'en fut pas moins condamné à mort et décapité. Joseph Yuen, prêtre chinois, consomma son sacrifice en 1817; Paul Lieou, jeune prêtre, en 1818; Thaddée Lieou fut condamné en 1821, comme son homonyme, à la strangulation. Lieou Oven-Ven, intrépide vieillard, avait déjà subi l'exil pour la foi, lorsqu'apprenant l'arrestation de son fils et de sa bru, il se dénonça lui-même et fut étranglé. Joachim Ho fut martyrisé au Koui-Tcheou; et Jean Triora, religieux franciscain de l'Etroite Observance, fut arrêté dans le Hou-Kouang, détenu pendant six mois, cruellement tourmenté et mis à mort en 1816.

François Clet, missionnaire lazariste, évangélisait la Chine depuis 1792; poursuivi dans le Hou-Kouang, il se réfugia dans le Ho-Nan et fut arrêté le 6 juin 1818. Les mandarins le traitèrent avec la plus cruelle barbarie; il reçut, à différentes reprises, trente soufflets appliqués avec une semelle de cuir; une autre fois, on le contraignit de rester à genoux trois ou quatre heures de suite sur des chaînes de fer; assisté d'un prêtre chinois et muni du pain des forts, il consomma glorieusement le sacrifice de sa vie. Un autre lazariste, Jean-Gabriel Perboyre, était arrivé en Chine en 1836; il exerçait, depuis quatre ans, le saint ministère, lorsqu'il fut arrêté le 15 septembre 1839. Traîné de ville en ville, souffrant beaucoup de sa faible santé et d'une hernie, il fut soumis à de longs interrogatoires, invité à fouler le crucifix aux pieds et à adorer les idoles, tourmenté avec cet art cruel que possèdent si largement tous les persécuteurs, à la fin étranglé. Le bourreau, pour le faire souffrir davantage, le laissa plusieurs fois revenir à lui et lui tordit le cou. Perboyre consomma son sacrifice le 11 septembre 1840.

Pendant que la Chine tuait ses prophètes, l'Annam se précipitait dans la persécution, l'une des plus furieuses qui aient éclaté dans ces parages propices à toutes les fureurs. La dynastie régnante avait dû, à l'évêque d'Adran, sa couronne ; et Gia-long, tant qu'il vécut, ne manqua pas trop au devoir de la reconnaissance. En 1820, Minh-Mang, un de ses fils, lui succéda ; sa politique fut d'exclure les Européens et d'exterminer les chrétiens ; mais tant qu'il y eut, en Cochinchine, des obligés de la France, il sut prudemment s'abstenir. Ce prince ne leva le masque qu'en 1833 ; à cette date, il publia un édit dont la violence devait inonder son royaume du sang des fidèles et faire gagner la palme du martyre aux généreux serviteurs de Dieu. Le premier sur cette liste de victimes fut Pierre Tuy, prêtre déjà sexagénaire, aussi remarquable par son zèle que par ses vertus. Livré aux mandarins en juin 1833, il fut traité, à cause de son âge, avec moins de rigueur que d'autres. Exempt par la loi de la peine de mort, il fut condamné par le roi à avoir la tête tranchée : « Je n'aurais pas, dit-il, osé espérer une si douce et si précieuse grâce ». On le décapita le 11 octobre.

Jean-Charles Cornay était né à Loudun en 1809. Du séminaire des missions étrangères, il partit, en 1831, à destination de Chine ; mais les circonstances lui imposèrent la liberté du choix et il opta pour le Tonkin. L'insalubrité du climat le mit promptement à bas ; il eut permission de revenir en France pour réparer ses forces ; aux douceurs de la famille et aux commodités de la patrie, il préféra, restant au Tonkin, les souffrances et la croix. Le 20 juin 1837, il fut arrêté, chargé d'une grosse cangue, puis enfermé dans une cage. Là, il l'employait son temps à la prière, à la méditation, au chant des hymnes et des cantiques. On lui laissa quelques livres ; il put écrire la relation de sa captivité et profita de cette permission pour entretenir une correspondance. Un jour qu'on lui présentait quelques objets de religion, il en prit occasion pour expliquer les mystères de Jésus-Christ. Trois fois interrogé, il fut soumis aux plus cruels traitements ; son sang coulait en abondance, sa chair volait en lambeaux. Enfin il fut condamné à mort et exécuté le 20 septembre 1837. Durant le trajet de la forteresse au lieu du supplice, il fut attentivement des prières ; on remarquait avec un attendrissement mêlé de surprise le calme de son âme, la sérénité de son visage, une douce joie répandue sur tous ses traits. Les bourreaux fixèrent avec des piquets sa tête, ses pieds et ses mains. On lui coupa la tête et les quatre membres, qui furent ensuite exposés et précipités, comme cela se pratiquait en Angleterre sous Elisabeth.

Le supplice de Cornay précéda seulement de quelques semaines celui du catéchiste François-Xavier Cân, né en 1803. Cân avait longtemps étudié les livres de religion ; il fut pris, interrogé, battu. Pour sa justification, il exposa les commandements de Dieu et, par sa touchante parole, attendrit son juge. Païens et chrétiens voulaient le sauver, on se fut contenté d'un semblant d'apostasie ; l'intrépide athlète ne se laissa prendre ni à l'attrait des richesses, ni à l'habileté des gens d'affaires ni aux larmes de sa mère éplorée. « Quel amour pour sa religion ! » s'écria le mandarin. Le roi lui-même voulait sauver Cân ; Cân ne fut pas davantage la dupe d'une manœuvre miséricordieusement perfide. Les obsessions continuèrent jusqu'au lieu du supplice. Cân résista, vit d'un regard intrépide mourir avant lui plusieurs condamnés et fut étranglé, avec des raffinements de barbarie. Le ciel rend en gloire ce que la terre inflige d'ignominie et de cruautés.

A peine un héros avait-il succombé que de nouveaux martyrs avaient à livrer les derniers combats. Pierre-Ursule Dumoulin Borie était né à Cors, diocèse de Tulle, en 1808. Prêtre avec dispense d'âge en 1830, il arrivait en Cochinchine le 15 mai 1832. Au bout de trois mois d'études, il put exercer le saint ministère ; il obtint les plus consolants succès dans les provinces de Nghi-An et de Bô-Chinh. D'une activité intrépide, il ne reculait devant aucun obstacle, et, pour échapper à la persécution, changeait tous les jours de domicile. En 1836, malgré les redoublements de la persécution, il visita toutes les chrétientés de son immense district. Borie avait conçu le hardi projet de se présenter lui-même devant Minh-Mang. Dénoncé, il avait essayé de fuir par mer ; ramené par la tempête, il s'était couché dans une espèce de tanière ; mais se voyant traqué de plus près, il se leva dans sa grande taille et fit fuir les soldats. Conduit au chef-lieu de la province, il y trouva deux prêtres tonkinois, Pierre Khoa et Vincent Dieus. Pendant de longs interrogatoires, suivis des plus cruelles tortures, leur courage ne fléchit pas un seul instant. La sentence de mort fut exécutée le 24 novembre 1838. Borie marchait à grands pas, et, plus occupé de ses dignes compagnons que de lui-même, il se retournait de temps en temps pour voir s'ils pouvaient le suivre. Les deux confesseurs furent étranglés en quelques minutes. Le soldat qui devait trancher la tête de Borie, depuis peu évêque d'Acanthe, s'était énivré pour s'enhardir ; sa main mal assurée ne put abattre la tête d'un seul coup ; ce fut après d'horribles mutilations, répétées jusqu'à sept fois et souffertes avec le plus héroïque courage, que fut accomplie l'œuvre de sang. En 1839, lorsqu'on exhuma le corps de l'évêque d'Acanthe, il était sain, entier, exempt de corruption. Les ossements et la cangue du martyr se trouvent, avec beaucoup d'autres, à la chapelle des martyrs, du séminaire des missions étrangères.

Jacques Nâm, un vieillard Antoine Dich et Michel Mi, son gendre, suivirent de près Mgr Borie. La foule leur témoigna les sympathies les plus vives ; les mandarins durent prendre des précautions. Paul Mi, Pierre Duong et Pierre Truat, catéchistes dans la force de l'âge, avaient été arrêtés avec le Père Cornay ; après une longue détention et les plus cruelles souffrances ils furent exécutés en décembre 1838. Paul Khoan, Pierre Hieû et Jean-Baptiste Thanh, un vieux prêtre et deux catéchistes, arrêtés en 1838, ne furent martyrisés qu'en 1840; Minh-Mang voulait que ses mandarins eussent tout le temps nécessaire pour énerver les confesseurs et les amener à fouler la croix. Pierre Thi et André Lac, tous deux prêtres âgés, les avaient devancés de quelques mois au céleste *natalitium*. Luc Loan, prêtre octogénaire, avait été saisi en 1840 par un mandarin qui voulait se faire payer cher sa restitution; les chrétiens ne pouvant fournir la forte somme exigée par ce misérable, le vieillard fut livré aux juges. Aux sollicitations d'apostasie, il eut pu répondre comme Polycarpe : « Il y a quatre-vingts ans que je sers Jésus-Christ; je n'ai jamais reçu de lui que des bienfaits, comment pourrais-je consentir à l'outrager? » On le reconduisit en prison, où il faillit mourir; l'humble vieillard ne se consolait pas que la mort put lui faire éviter le glaive. Dieu lui rendit la santé et lui donna la couronne du martyre. La persécution commençait à inspirer du dégoût même à ses agents; cependant le gouverneur de la province de Nam-Dinh fit encore arrêter Joseph Tghi, curé du district; Paul Ngàn, son vicaire; et plusieurs autres personnes, même des païens : c'était une rafle. On dut faire un triage; cinq personnes sur onze furent retenues; elles furent martyrisées le 6 novembre 1840. Leurs noms closent la liste des martyrs du Tonkin occidental.

La persécution, décrétée en 1833 par Minh-Mang, n'avait pas sévi au Tonkin oriental, avant 1838. Un prêtre indigène, Joseph Vien, qui évangélisait la province du Nord, envoyait à cette date six lettres qui furent interceptées et formèrent, contre les destinataires, une indication de saisie. Les deux premiers pris furent Ignace Delgado et Dominique Hénarès, évêques. Delgado était né en 1763, à Villa-Félice, en Aragon; il était au Tonkin depuis 1790; élevé à la dignité épiscopale en 1794, il administrait, depuis plus de 40 ans, les chrétientés tonkinoises, lorsqu'il fut arrêté en 1838, à l'âge de 75 ans. La prison, les interrogatoires réitérés, les privations, les tourments hâtèrent la mort du prélat; le roi ne put décapiter que son cadavre. Dominique Hénarès, né à Vaëno en Andalousie, appartenait, comme Delgado, à l'Ordre de Saint-Dominique et était, depuis 1800, son coadjuteur; il fut arrêté un peu après, avec son catéchiste François Chieu. Les juges multiplièrent inutilement près d'eux les longs interrogatoires, les questions captieuses et les tentations d'apostasie; les deux confesseurs furent exécutés le 12 juin 1838. Joseph Fernandez et Pierre Tuan, l'un Espagnol, l'autre Tonkinois, tous deux prêtres, recevaient, à Nam-Dinh, le 16 juillet suivant, la couronne du martyre! Vincent Yen, dominicain, était un vieillard que son juge eut voulu arracher à la mort; le roi ordonna son exécution. Joseph Uyên, profès du tiers ordre de Saint-Dominique, arrêté, comme tant d'autres, mourut par suite des mauvais traitements et du sang qu'il perdit par la bouche de ses blessures. Bernard Dué, vieillard de 83 ans, saisi d'un saint enthousiasme à la vue de tous ces martyrs, se dénonça lui-même; il fallut le porter au lieu du supplice; il fut exécuté le 1er août avec le Père Hanh. Joseph Vieu, l'auteur des lettres interceptées qui avaient déchaîné cette persécution, fut dénoncé par un chrétien et mis à mort le 21 août. Le Père Pierre Tu et son catéchiste Dominique Uy, le catéchiste François Man, François Canh du tiers ordre, les fidèles Thomas Dé et Augustin Moi gémissaient depuis trois mois dans les prisons ou plutôt se réjouissaient de souffrir pour le nom de Jésus-Christ. Un seul, Moi, fut cruellement traité; tous résistèrent aux sollicitations; deux furent condamnés à mort, les autres à l'exil; le roi modifia la condamnation en infligeant à tous la peine de mort; ils la subirent, les uns en septembre, les autres en décembre 1838. Dominique Moi fut également immolé, mais à une date inconnue. Dominique Huy, Nicolas Thé et Dominique Dat étaient des soldats; aux injonctions d'apostasie, ils avaient répondu comme saint Maurice et ses compagnons; le mandarin leur fit prendre un narcotique qui les rendit fou et en obtint facilement un acte d'apostasie. Remis en liberté, les trois soldats, revenus de leur ivresse, se firent de nouveau mettre en prison; le mandarin les chassa comme fous : il avait cru valable leur folie narcotique; il rejeta leur retour au sens chrétien. Ces trois braves allèrent alors trouver le roi; le roi, furieux, les fit mettre à mort. Thomas Du et Dominique Doan étaient deux bons prêtres; ils eussent pu se délivrer avec un peu d'argent; ils préférèrent les plus horribles tourments et furent décapités, à Nam-Dinh, le 26 novembre 1839. Joseph Hieu, prêtre tonkinois, sommé vingt-sept fois d'apostasier, répondit : « Je suis chrétien; à Dieu ne plaise que je me souille d'un pareil crime; la mort me sera douce, pour conserver la pureté de ma croyance. » On le mit à mort, et pour empêcher les chrétiens de recueillir son sang, les bourreaux en firent une boue, que d'ailleurs les chrétiens recueillirent. Thomas Toan, catéchiste, était un vieillard de 74 ans, qui avait eu le malheur d'apostasier; il racheta cette apostasie par la plus cruelle expiation et cueillit enfin la palme du martyre. Dominique Trach, religieux de l'Ordre de Saint-Dominique, clôt cette liste du Tonkin occidental, le 10 avril 1840. A l'invitation de fouler la croix, il avait répondu : « C'est là l'image de la croix sur laquelle est mort mon Sauveur; c'est l'emblème de la foi et de la religion que vous devez tous professer; pour moi, je l'adore et j'aime mieux mourir que de profaner un seul instant ce signe vénérable de ma croyance ».

Si nous descendons maintenant en Cochinchine, nous aurons à compléter notre martyrologe. Le premier missionnaire qui donne son sang est Isidore-François Gagelin, né en 1799 à Montpereux, diocèse de Besançon. Gagelin était arrivé en Cochinchine en 1821 ; il administrait en 1833, la province de Quang-Ngaï. Quand parut l'édit de persécution, cet excellent missionnaire se livra lui-même, ne pouvant supposer que la politique annamite put faire la guerre ni à la France, ni à l'Eglise. Son illusion ne dura pas longtemps ; il fut jeté en prison et y resta plusieurs mois, réconforté par les visites des Pères Jaccard et Odorico. Enfin, il fut condamné à mort et exécuté le 17 octobre. L'exécution ne troubla pas la paix de son âme ; c'était un saint avant qu'il ne reçut la couronne du martyr. Son édifiante vie a été écrite par Mgr Jacquenet, évêque d'Amiens.

Paul Boï-Duong était capitaine des gardes du roi, lorsqu'il fut arrêté avec six autres soldats. Paul était une âme d'élite, saintement avide de confesser sa foi, qu'il prêcha à ses juges et à ses bourreaux. A son gré, on ne le tourmentait pas assez et quand on lui parlait d'apostasie, il s'étonnait qu'on osât lui faire une si vile proposition. Condamné à mort, il devait être exécuté sur les ruines d'une église ; il demanda qu'on lui tranchât la tête à la place de l'autel. André Trông était un jeune homme de 17 ans, une sorte de Tobie annamite ; il fut décapité le 28 novembre 1835.

Joseph Marchand, compatriote d'Isidore Gagelin, était né, en 1803, à Passavant et était entré en mission l'an 1830. A la persécution, il ne quitta pas son poste et dut se cacher tantôt dans les forêts, tantôt dans des cavernes. Une rébellion éclata en Cochinchine ; le chef des rebelles voulut s'adjoindre le Père Marchand, pour accréditer sa révolte. Le Père refusa d'entrer dans cette conspiration, mais dut se réfugier à Saïgon, ville prise par les rebelles. Quand la ville fut rendue, Marchand tomba au pouvoir de Minh-Mang et condamné à mort. Ce qu'on lui fit souffrir dépasse toute croyance. On lui dépeça la chair des jambes alternativement avec des tenailles froides et avec des tenailles rougies au feu. En le conduisant au supplice, les bourreaux réitérèrent ces mêmes actes de barbaries. On l'attache sur une espèce de croix ; deux exécuteurs lui tranchent, à coups de couteaux, les seins, les fesses et ce qui restait des jambes. Marchand meurt ; le bourreau lui coupe la tête. Le tronc est ensuite coupé à coups de hache en long et en large. Les restes sanglants du martyr furent jetés à la mer ; sa tête fut promenée dans la province. Mgr Jacquenet a écrit la vie et les actes du martyr Joseph Marchand.

François Jaccard, né en 1799 en Savoie, avait fait ses études à Chambéry et n'était parvenu qu'en 1826 en Cochinchine. La réputation de son savoir le fit choisir, par le roi, pour son traducteur de livres européens ; à cette fonction, Jaccard joignait naturellement toutes les charges de la mission. En 1833, il fut arrêté avec le Père Odorico, qui succomba d'épuisement l'année suivante. Détenu dans une prison, relégué dans une forteresse, il devait continuer de traduire et continuait de prêcher. En 1838, on lui adjoignit Thomas Thien, jeune homme d'un courage à toute épreuve. Les interrogatoires insolents, les coups de bâton leur furent prodigués, comme à tant d'autres. Les mandarins les condamnèrent à périr par le glaive ; le roi commua la peine en celle de la strangulation. Les deux martyrs confessèrent Jésus-Christ le 21 septembre 1838.

Antoine Nam était le premier catéchiste de tout un district ; il exerçait la médecine. Emprisonné en 1838 avec l'évêque d'Acanthe, il fut réservé, avec Pierre Tu, pour périr plus tard. Les violences dont il fut l'objet firent éclater son courage. On le condamna à mort, avec sursis d'exécution jusqu'en 1840. Le 10 juillet, lorsqu'il arriva au lieu où avaient été martyrisés les compagnons de Mgr Borie, il demanda en grâce de mourir à la même place. Le mandarin y consentit et permit à ses proches de venir lui dire l'adieu suprême. Ses enfants, ses petits enfants, ses amis se précipitent vers lui, l'entourent, se jettent à ses pieds et les arrosent de leurs larmes : « Séchez vos pleurs, dit-il, réjouissez-vous et prenez part à mon allégresse ; et maintenant ne me saluez plus ; gardez la paix entre vous, aimez-vous les uns les autres et glorifiez Notre-Seigneur Jésus-Christ ». Aussitôt le mandarin lui ordonne d'étendre ses bras en forme de croix : « C'est ainsi, répond-il, que mon Sauveur fut autrefois attaché sur le Calvaire ». Quelques minutes après, Nam avait rejoint la phalange des martyrs.

Simon Hoai-Hoa était un médecin catholique ; il fut arrêté, le 15 avril, avec le provicaire de la Cochinchine. Ce provicaire était Gilly-Joseph-Louis de la Motte, né dans le diocèse de Coutances en 1799 et arrivé en Cochinchine en 1832. Le médecin et le provicaire furent, après les interrogatoires, horriblement meurtris et déchirés en lambeaux. De la Motte mourut en prison le 10 octobre, des suites de la torture ; Simon fut longtemps sollicité de fouler le crucifix : « J'obéirai volontiers au roi, dit-il, en souffrant la mort, jamais en abjurant ma foi ». Les mandarins ne pouvant espérer le pervertir le livrèrent au bourreau. Simon avait soixante-cinq ans lorsqu'il mérita la double couronne de la vertu et du martyre (1).

Outre ces confesseurs de la foi, dont nous venons de dresser l'imposante nomenclature, beaucoup d'autres périrent, pour l'amour de Jésus-Christ, dans les supplices ou par suite

---

(1) Rousseau, *Notice sur les 70 serviteurs de Dieu mis à mort pour la foi*, et *Vie de Mgr Borie*.

de mauvais traitements, les uns dans leurs demeures, les autres en prison ou en exil. Nous ne les nommons pas ici parce que l'Eglise ne les a pas encore déclarés vénérables. Leur souvenir d'ailleurs et l'héroïsme de ceux que doit béatifier la Sainte Eglise, suffirent amplement pour montrer que l'Eglise, dans tous les temps et chez tous les peuples, a des témoins qui se font égorger. Chrétiens, nous devons être les émules de ces héros, et si notre vie ne nous appelle pas à verser notre sang pour la foi, du moins nos vertus doivent être à la hauteur d'un si beau sacrifice.

En proscrivant les Européens et en tuant les missionnaires, Minh-Mang commettait une double faute, il s'isolait de l'Occident et fermait à ses Etats la porte de la civilisation. De plus, il commettait un double crime, contre la France, dont il méconnaissait le protectorat, contre l'Eglise, dont il méconnaissait la mission divine. En 1841, le Néron annamite mourut d'une chute de cheval. Son fils, Thieu-tri, aussitôt qu'il eut obtenu l'investiture de l'empereur de Chine, par peur ou par humanité, se montra moins violent que son père, mais persécuta aussi les chrétiens. Cinq missionnaires français, captifs à Hué, furent délivrés en mars 1843, par l'intervention du capitaine Lévêque, commandant de la corvette l'*Héroïne*. En 1843, les réclamations du contre-amiral Cécille firent rendre la liberté à Mgr Lefebvre, évêque d'Isauropolis. Ce prélat, quelque temps après, rentrant en Cochinchine avec le Père Duclos, fut pris de nouveau à l'entrée de la rivière de Saïgon : Duclos mourut en prison ; Mgr Lefebvre revint à Singapour. En 1847, dans les premiers mois de l'année, Lapierre et Rigault de Genouilly, pour traverser une conspiration, détruisirent, dans la baie de Touranne, la flotte annamite. Pour se venger, le roi publia un nouvel édit qui condamnait à mort tous les Européens ; on revêtait des mannequins de l'uniforme français et le prince les faisait fusiller. Afin de mieux marquer sa rage, il brisait, dans son palais, tous les objets précieux d'origine française. Thieu-tri mourut le 4 novembre 1847.

Tu-Duc succéda à Thien-tri. C'était un tout jeune homme qu'on croyait doux ; l'empereur de Chine lui donna l'investiture. Sous l'inspiration des grands mandarins, la persécution contre les chrétiens commença aussitôt. Augustin Schœffler fut décapité le 1er mai 1851 ; Jean-Louis Bonnard, le 1er mai 1852. Les têtes des missionnaires étaient à prix, pour trois mille francs ; ceux qui leur donnaient asile devaient subir la peine capitale. Cet état de violences qui ne faisait qu'augmenter tous les jours, finit par attirer l'attention du gouvernement français. Au mois de septembre 1856, le commandant Lelieur arriva, porteur d'une lettre où étaient mentionnées les demandes du gouvernement français. Après avoir subi des avaries de toute nature, ce brave officier dut recourir aux armes ; il prit les forts qui dominent Touranne, noya les poudres qui étaient en dépôt et encloua soixante canons. Le consul général de Montigny, arrivé plus tard, ne put rien obtenir ; il rendit toutefois les Annamites responsables du sang chrétien qu'ils pourraient verser.

Après son départ, les Annamites se moquaient des Français, disant qu'ils aboyaient comme des chiens et fuyaient comme des chèvres. La persécution contre les chrétiens redoubla de fureur. Mgr Joseph-Marie Diaz, évêque espagnol, fut décapité le 20 juillet 1857 et Mgr Melchior-Garcia Sampedro, vicaire apostolique du Tonkin central, subit avec d'horribles tortures la même peine au mois d'août 1858. Le catéchiste Van, les prêtres Tru, Huong, Dat Khang, Huan et Hien, plus un grand nombre de fidèles furent victimes de la haine du gouvernement cochinchinois. Les communautés furent dispersées, des maisons abattues, les collèges fermés, puis brûlés. En présence de ces attentats, les forces espagnoles et françaises furent envoyées pour les punir. Le 1er septembre 1858, le vice-amiral Rigault de Genouilly s'empara de Touranne et eut le tort de ne pas prendre Hué, seul moyen de finir promptement la campagne. Le 17 février 1859, l'armée française s'empara de Saïgon, capitale de la Basse Cochinchine, ville importante pour le commerce. On aurait pu agir aussi au Tonkin, pour favoriser la dynastie des Lée qui, depuis longtemps, agitait le pays, on ne sut pas ou on ne voulut pas profiter des circonstances. En 1860, par une faute impardonnable, on évacuait même Touranne, évacuation qui fit espérer à Tu-Duc que les barbares d'Occident, à l'esprit léger, sans suite dans les desseins, vaincus par l'inclémence du climat, finiraient par retourner chez eux. Provisoirement, ces mouvements d'avance et de recul ne firent qu'aggraver la persécution. Plusieurs missionnaires furent mis à mort : Néron, décapité en 1860 ; Théophane Vénard, en 1861 ; Mgr Hermosilla, Mgr Berrio-Ochoa, le Père Almato, tous les trois également décapités le 1er novembre 1861. Au milieu des incertitudes de la politique, Dieu continuait à recruter des martyrs.

Une nouvelle campagne était entreprise contre la Chine. Cependant, la petite garnison de Saïgon se défendait bravement contre les Cochinchinois. Le meilleur général de Tu-Duc avait construit le camp de Ki-hoa et, de là, fatiguait inutilement, par de fréquentes attaques, les troupes franco-espagnoles. La paix signée à Pékin en 1860, l'amiral Charner organise ses forces pour châtier le gouvernement annamite. Dans les journées du 24 et du 25 février, il prend avec 3 000 hommes le camp de Ki-hoa, défendu par 20 000 hommes ; le 12 avril, il s'empare de Mi-Tho et cède le commandement au contre-amiral Bonard. Le 15 décembre, Bonard enlève la citadelle de Bien-Hoâ et se rend maître d'un matériel considérable. En janvier 1862, nos soldats expulsent l'ennemi de Bâ-Ria, dernier poste fortifié du côté de Binh-Thuan. Tu-Duc avait parqué dans des enclos les chrétiens indigènes ; quand il se vit battu sans possibilité de reprendre offensive, il mit le feu aux retraites des chrétiens et en fit périr un nombre considérable. Barbarie inutile ! les Français, maîtres de trois provinces, voyaient se former au sud-ouest de Saïgon un centre de résistance. Bonard attaqua le 25 mai et prit le lendemain la citadelle de Vinh-Long. Enfin le 5 juin 1862 fut conclu avec la France un traité qui lui cédait les trois provinces de Saïgon, Bien-hoa et Mi-Tho ; concédait l'ouverture de trois ports et stipulait une indemnité de 20 000 000.

L'amiral La Grandière, par sa persévérance, son esprit d'ordre et d'économie fit accepter, à Paris, la Cochinchine comme colonie à conserver. Après lui, le contre-amiral Roze, le contre-amiral Ohier, le général Faron, les contre-amiraux Cornulier-Lucinières et Dupré s'appliquèrent à organiser la colonie et à la défendre contre la révolte. L'agitation dura longtemps ; elle tenait à des causes locales et à ce sentiment profond qui fait regarder, à un peuple, comme le mal suprême, la perte de son indépendance. Ce pays, couvert en grande partie de bois et de broussailles, traversé par des rivières considérables, coupé en tous sens par une multitude d'arroyos, est la terre promise de la piraterie et du brigandage. Près de ce peuple sans foi et sans bonne foi, le traité de 1862 était devenu lettre morte. L'explorateur Dupuis, qui avait découvert le Fleuve Rouge, comme moyen de communication avec les provinces méridionales de la Chine, ne put s'entendre avec les grands mandarins de Ha-noi. Le lieutenant Garnier, pour se garantir contre leur fourberie, prit, sans coup férir, les chefs-lieux des trois ou quatre provinces circonvoisines, et, pour assurer sa sécurité, prit la citadelle de Ké-cho. Les chrétiens, confiants dans sa fortune, s'offrirent comme auxiliaires. Malheureusement, l'intrépide Garnier fut tué dans une sortie ; le lieutenant Philastre restitua ce qu'il avait enlevé à l'ennemi ; et les malheureux indigènes, victimes de leur confiance en nous, furent livrés à toutes les horreurs de la guerre civile. Enfin, le 15 mars 1874, fut conclu un traité solennel. Ce traité plaçait l'Annam sous la protection de la France ; la liberté était donnée aux chrétiens et aux missionnaires ; trois ports et le fleuve du Tonkin étaient ouverts au commerce de l'Europe. Cette ère de persécution se couronnait par un traité qui ouvrait tous les horizons de l'espérance (1).

En Chine, depuis 1840, le développement des missions avait été aussi rapide qu'en Annam, et les persécutions, quoique moins violentes, y avaient fait plus d'un martyr. La mission du Su-tchuen perdit, en 1840, la province du Yu-Nan, et, en 1846, celle du Kouy-Tcheou, qui formèrent deux vicariats apostoliques ; en 1860, elle fut elle-même divisée en trois, sous les dénominations de Satchuen oriental, occidental et méridional. Les deux provinces du Kouang-Tong et du Kouang-Si, formèrent, en 1856, une préfecture sous la direction de Mgr Guillemin ; le Kouang-Si fut séparé en 1878 et confié à Mgr Foucard. La Corée fut donnée à la société des missions étrangères en 1831 ; la Mandchourie en 1838, le Japon en 1843, le Thibet en 1846. Pour pénétrer dans ces immenses contrées, confesser et prêcher, le missionnaire devait surmonter bien des obstacles, braver bien des périls, déployer une vigilance de tous les instants. Parfois la vigilance de la haine surpassait celle de l'amour ; les prêtres payaient de leur tête l'honneur d'enseigner le nom de Jésus-Christ. En Corée, Mgr Imbert écrivait à ses deux missionnaires, Mauban et Chastan : « Dans les cas extrêmes le bon pasteur donne sa vie pour ses brebis ; si donc vous n'êtes pas encore partis, venez avec le préfet Sou-Kié-Huong, chargé de nous arrêter, mais qu'aucun chrétien ne vous suive ». Le 21 septembre 1839, tous les trois obtenaient la couronne du martyre. En Mandchourie, le Père de la Brunière était assassiné en 1846 ; Joseph Biet, de Langres, noyé en 1855. Au Thibet, Krick et Bourry tombaient, en 1854, sous le couteau des sauvages michemis, pendant que le Père Renou était ramené jusqu'à Canton. Le Japon continuait à fermer ses portes ; Mgr Forcade en était réduit à se cacher, avec l'abbé Mahon, dans les îles Liéon-Kiéou. Le 24 février 1856, le Père Chapdelaine était arrêté au Kouang-Si. Au soldat, qui lui ordonnait de le suivre : « J'achève ma prière, répondit-il doucement ; va dire à ton maître que dans un moment je suis à lui ». Cinq jours après il était décapité. Ce n'était pas seulement aux missionnaires que l'on s'attaquait ; les prêtres indigènes, les catéchistes, les religieux, les simples chrétiens avaient à supporter les mêmes combats, à subir les mêmes épreuves. De 1830 à 1860, plus de 80 000 chrétiens furent emprisonnés, exilés ou mis à mort.

Mais lorsque l'Empereur de Chine, les souverains du Japon, les suzerains de la Corée et de l'Annam eurent proscrit le catholicisme, Dieu se souvint de ses serviteurs. En 1857, la France et l'Espagne s'étaient unis pour prendre Tourane et retenir Saïgon ; en 1858 et 1860, la France et l'Angleterre marchèrent contre la Chine. Le général Cousin-Montauban battit les Chinois à Palikao, prit Pékin, brûla le Palais d'été du Fils du Ciel et dicta, à la Chine vaincue, un traité de paix. Le négociateur pour la France avait oublié, dans son protocole, les missionnaires ; c'est Mgr Anouilh qui fit insérer la clause protectrice de l'Evangile. En vertu du traité de Pékin, les missionnaires obtinrent la liberté ; les gouvernements de l'Extrême-Orient la promirent. Mais s'il y a un pays où promettre et tenir sont deux, c'est là

---

(1) Bouillevaux, *L'Annam et le Cambodge*, p. 409 et seq.

Les résultats du traité de Pékin furent d'abord très importants : dès lors, les représentants des puissances européennes eurent le droit de résider dans le sanctuaire même de l'empire ; les missionnaires purent voyager librement dans les provinces, y prêcher publiquement, traiter avec les mandarins, recourir à eux dans les affaires concernant la religion, acheter des terrains, construire des églises, en un mot jouir d'une assez grande liberté. Ce furent surtout les provinces de l'intérieur qui gagnèrent à ce changement : au Kouéyg-tcheou, les conversions étaient si nombreuses que l'évêque, Mgr Faurie, déclarait n'y pouvoir suffire ; au Petché-Ly, Mgr Anouilh obtenait la résidence impériale de Tching-tin-fou, pour y établir séminaire, église, orphelinat, écoles ; à Canton, Mgr Guillemin construisait une vaste église sur les ruines du prétoire du vice-roi ; les villes de Shang-Haï, Ningpo, Pékin voyaient des églises s'élever dans leurs murs. Partout on construisait des chapelles ou des résidences.

Au milieu de ses succès, le gouvernement chinois et ses sujets travaillaient à rendre vaines les stipulations des traités. Des pamphlets ameutaient les passions populaires ; des avis confidentiels dirigeaient les mandarins pour provoquer les foules et amnistier les criminels. La persécution recommença en 1862, au Kouéyg-Tcheou. Le 17 février, le général Tien fit égorger quatre néophytes et un missionnaire français, le Père Néel.

La même année, l'empereur Hien-Foug, celui-là même qui s'était enfui lâchement de Pékin, à l'arrivée des troupes anglo-françaises, mourait de chagrin et de débauche ; son fils Tong-tché lui succéda, le prince Kong et les deux impératrices, l'épouse légitime du défunt et la mère du nouvel empereur, furent chargés de la régence. Trois ans plus tard, une nouvelle persécution s'élevait dans la province du Su-tchuen ; un missionnaire français, le Père Mabileau, fut mis à mort dans la ville de Yéou-iang ; son procès porte qu'il reçut de la part des forcenés, soudoyés par les mandarins, 240 blessures.

Le 2 janvier 1869, le Père Rigaut était massacré dans la même ville avec 42 chrétiens, dont deux enfants et trois femmes. Puis on pilla et incendia l'église, la résidence, le catéchuménat. De là, les meurtriers, au nombre de quelques centaines, se répandirent dans la campagne, tuèrent environ 50 chrétiens, détruisirent les chapelles. Pour tant de crimes, il n'y eut que deux condamnations dont l'une avait une autre cause. Les mandarins, instigateurs de ces attentats, trouvaient aisément des prétextes pour innocenter leurs auteurs.

Quelque temps après un Français mourait au Kouéy-Tcheou des suites de ses blessures. Enfin le 21 juin 1870, deux prêtres, dix sœurs de charité, le consul de France Fontanier, son chancelier Simon, un interprète et sa femme, un commerçant et sa femme, trois russes, en tout 21 victimes, étaient massacrés à Tientsin ! En 1873, le Père Hue recevait encore la couronne du martyre. « En présence de ces faits, dit un missionnaire, n'est-il pas permis de dire que les Chinois méconnaissent la foi des traités et qu'il est nécessaire de faire contre eux des expéditions périodiques, comme les coupes réglées dans les forêts ? N'est-il pas aussi permis de conclure que la religion n'a jamais joui, en Chine, d'une complète liberté et que, si les concessions n'y sont pas plus nombreuses, si l'immense filet dont, pour ainsi dire, chaque maille est occupée par un missionnaire ne produit pas une pêche plus abondante, cela tient à ce manque de vraie liberté, à l'opposition continuelle des mandarins qui jouent un double rôle. Obligés officiellement de protéger les chrétiens d'après les traités, ils donnent secrètement des ordres pour les molester ; ils voient, dans les missionnaires, des explorateurs, des agents secrets, ne peuvent comprendre que des hommes se dévouent par un intérêt purement religieux, soupçonnent bon gré mal gré une cause politique et se hâtent de dénoncer les traités, dès que l'occasion leur semble favorable, comme celle des derniers malheurs de la France (1). »

De la Chine, nous passons à la presqu'île de Corée, peuplée de dix millions d'habitants. Son histoire est un long martyrologe. Depuis la première apparition des missionnaires à la fin du XVIe siècle, jusqu'au martyre de Mgr Imbert et des 200 chrétiens qui moururent avec lui, il n'y a guère qu'à compter des victimes, la plupart indigènes, dont la liste serait trop longue à rapporter ici (2). Après le martyre de Mgr Imbert, il y eut, en 1846, une nouvelle persécution ; André Kim, Charles Hieu et quatre femmes scellèrent la foi de leur sang. Cependant la guerre de l'opium en 1842 avait fait brèche aux frontières de la Chine et ouvert cinq ports au commerce. La Propagande voulut faire servir, aux intérêts de la religion, les conquêtes effectuées dans un autre but. Des missionnaires furent envoyés avec ordre de pénétrer en Corée. Joseph Ferréol, né en 1808, au diocèse d'Avignon ; Ambroise Maistre, né la même année en Savoie ; Antoine Daveluy, né à Amiens en 1818, furent les principaux membres de cette caravane. Maistre fut dix ans avant de pouvoir pénétrer en Corée. Mgr Ferréol, devenu vicaire apostolique, mourut de fatigue après dix ans d'apostolat ; c'est le sort ordinaire des missionnaires en ce pays : les missionnaires Janson, Maistre, Joanno, Landre le partagèrent avec l'évêque. De nouvelles recrues vinrent prendre la place des soldats tombés au champ d'honneur ; le principal fut Mgr Berneux. Simon-François Berneux était né en 1814, à Château-du-Loir, diocèse du Mans.

---

(1) *Les missions catholiques*, année 1868, 186. — (2) Ch. Dallet, *Hist. de l'Église de Corée*, t. I, passim.

Au terme de ses études, il avait été précepteur, puis professeur de philosophie. Entre en 1839 aux missions étrangères, il fut envoyé au Tonkin et jeté dans la prison de Thieu-tri. Délivré par le commandant Lévêque, il était ramené de force en France, lorsqu'il obtint, à force d'instance, de revenir dans les missions. Missionnaire pendant dix ans au Leao-tong, il était coadjuteur de Mgr Vérolles, lorsque Pie IX le nomma vicaire apostolique de la Corée. En 1856, il entrait dans sa nouvelle mission avec Alexandre Petitnicolas, né en 1828, à Coinches, diocèse de Saint-Dié, et Antoine Pourthié, né en 1830 à Valence-en-Albigeois. Pour se mettre en garde contre les assauts de la persécution, il sacrait, comme coadjuteur, Mgr Daveluy, évêque d'Acônes. Le Père Féron rejoignait inopinément ces bons ouvriers du Seigneur. En 1860, les Pères Ridel et Calais venaient grossir la petite phalange; un peu plus tard, arrivait le Père Aumaître. En 1865, cette légion de futurs martyrs se complétait par l'arrivée de Just Ranfer de Brétenières, né à Chalon-sur-Saône en 1838, de Louis Beaulieu, né à Langon au diocèse de Bordeaux, Henri Dorié, né à Saint-Hilaire de Talmont, au diocèse de Luçon, et de Martin-Luc Huis, à Guyonvelle, au diocèse de Langres. La mission de Corée paraissait constituée cette fois pour longtemps.

Dieu devait en disposer autrement. Les missionnaires de Corée vaquaient à leurs pénibles fonctions, administraient leur districts respectifs, s'épuisaient par l'inclémence de climat, l'insuffisance de la nourriture et l'excès de travaux, lorsque mourut le roi Tchiel-tsong, jeune encore, mais épuisé de débauche. La reine Tcho s'empara du sceau royal et nomma roi Miong-pok-i en 1864. On ne savait trop ce qu'il fallait attendre du nouveau régime : les uns espéraient; d'autres, plus perspicaces, concevaient des craintes. Le roi et son père étaient des hommes violents; ils commencèrent cependant par dissimuler. En 1866, les chrétiens Xavier et Jean furent étranglés dans leurs prisons. Les Russes approchaient des frontières de Corée, de nobles Coréens conseillaient l'alliance avec la France et proposaient la liberté de la religion catholique. Le régent parlait d'avoir une entrevue avec Mgr Berneux pour négocier. Les ministres s'y opposèrent et firent prévaloir le principe de haine aux Européens. Mgr Berneux fut arrêté; avec lui, quelques jours après, les Pères de Brétenières, Beaulieu et Dorié. Devant les juges, ils expliquèrent pourquoi ils étaient venus en Corée et leur ferme résolution de mourir pour Dieu. On fit subir à l'évêque, entre autres tortures, la bastonnade sur les jambes et la poncture des bâtons sur tout le corps, principalement sur les côtes. Les os des jambes furent aussitôt dégarnis de chair; le reste du corps n'était qu'une plaie. C'est la coutume du pays d'enduire ces plaies horribles de papier huilé, afin de réserver le patient pour le dernier supplice. Tous furent condamnés à mort et exécutés le 8 mars, à Sai-Namto. Dès le matin, une foule énorme s'était rassemblée à la porte de la prison. Les uns regardaient curieusement; d'autres proféraient des insultes. « Ne riez pas et ne vous moquez pas, dit Mgr Berneux; vous devriez plutôt pleurer. Nous étions venus pour vous procurer le bonheur éternel, et maintenant, qui vous montrera le chemin du ciel? Oh! que vous êtes à plaindre! » Les confesseurs furent placés sur une longue chaise en bois, portée par deux hommes. Les jambes allongées et les bras étendus étaient liés solidement à la chaise; la tête, légèrement renversée, était fixée par les cheveux. Au-dessus, une inscription les disait rebelles, désobéissants, condamnés à mort, après avoir subi divers supplices. On les conduisit sur une grande plage, le long du fleuve. On dépose les victimes à terre, au pied d'un grand mât sur lequel flotte un étendard blanc, puis on les détache de leurs chaises et on les dépouille de leurs vêtements, excepté un caleçon. Mgr Berneux est appelé le premier. Ses bras sont liés fortement derrière le dos; un bourreau replie l'une contre l'autre les deux extrémités de chaque oreille et les traverse de haut en bas avec une flèche. Deux autres bourreaux aspergent d'eau le visage et le saupoudrent de chaux vive; puis, passant deux morceaux de bois sous les bras, soulèvent l'évêque et le montrent aux spectateurs en lui faisant faire huit fois le tour de la place, rétrécissant chaque fois le cercle, de manière qu'au huitième tour, ils se trouvent au milieu du terrain. Le prélat est alors placé à genoux, la tête inclinée en avant, retenue par les cheveux liés à une corde que tient un soldat. Six bourreaux exécutent, autour de la victime, une danse sauvage, poussent des cris horribles, brandissent leurs sabres et frappent comme ils peuvent. Au troisième coup, la tête tombe. On la ramasse et la place sur une table entre deux bâtonnets et on la porte au mandarin pour qu'il puisse constater l'identité de la personne. On répéta trois fois les mêmes cérémonies pour les Pères Bretenières, Beaulieu et Dorié. Les corps restèrent exposés trois jours entiers; après quoi les païens de Sai-Namto les enterrèrent dans une même fosse. Six mois plus tard les corps des martyrs devaient recevoir la sépulture chrétienne.

Au même moment, Jean Nam et Thomas Hong étaient exécutés à Nei-Ko-ri. Pierre Tsong et son associé imprimeur, Joseph Im, saisis un peu plus tard, étaient décapités. Mathieu Ni, sans partager leur supplice, partagea leur martyre. Le jour même de l'exécution de Mgr Berneux et de ses compagnons, martyrs, étaient arrêtés ensemble, au séminaire de Pai-rong, les Pères Pourthié et Petitnicolas. A leur arrivée dans la capitale ils furent soumis, comme les autres missionnaires, aux mêmes interrogatoires et aux mêmes tortures. Pourthié, malade, ne pouvait qu'à peine parler ; Petitnicolas porta la parole devant les juges, avec l'intrépidité que donne le mépris de la mort ; pour l'en punir, les juges doublèrent en sa faveur les tortures. Leur exécution eut lieu le 11 mars ; la tête de Pourthié tomba au premier coup ; celle de Petitnicolas, au troisième seulement. Marc Tien et Alexis On partagèrent, avec eux, la couronne du martyre.

Le 11 mars, Mgr Daveluy fut arrêté ; le lendemain, le Père Thuis se livra, sur l'ordre de son évêque ; quelques jours après le Père Aumaître, sur un ordre semblable, se livra également. On ne lia point les confesseurs pour les conduire à la capitale ; une corde rouge, au lieu de les lier comme grands criminels, était simplement passée sur leurs épaules ; un bonnet à larges bords couvrait leur tête. Au grand étonnement des païens accourus pour les voir passer, la joie éclatait sur leurs visages. On n'a aucun détail sur leurs interrogatoires et leurs tortures ; on sait seulement que Mgr Daveluy, très fort sur la langue coréenne, fit de fréquentes et solides apologies de la religion chrétienne. La condamnation à mort ne fut pas exécutée immédiatement parce que le roi était malade et devait bientôt se marier. L'exécution n'eut lieu que le vendredi saint, à 25 lieues de Séoul. On avait adjoint aux trois missionnaires, Nicolas Fong, serviteur de Mgr Daveluy, et Joseph Nak-Sio, catéchiste. Les cinq martyrs furent conduits à Sou-rieng, à cheval. Au dernier moment, le mandarin exigea que Mgr Daveluy vint le saluer à la manière basse des Orientaux ; l'évêque refusa et se borna au salut français. L'évêque d'Acônes fut décapité le premier. Le prix d'exécution n'avait pas été réglé avec les bourreaux. Après avoir frappé un premier coup, qui fit une plaie mortelle, le bourreau refusa de continuer, si l'on ne fixait son salaire. Le marché fut long ; après quoi, deux nouveaux coups de sabre abattirent la tête de l'évêque. Aumaitre, Huin et les deux Coréens furent décapités pareillement. Les corps restèrent exposés trois jours : ni les chiens, ni les corbeaux n'y touchèrent ; les païens les ensevelirent dans le sable au lieu de l'exécution. En septembre 1866, on apprenait, au séminaire de Meudon, que neuf confrères venaient de recevoir le martyre. Une illumination fut improvisée sur les grands érables qui protègent la statue de la sainte Vierge. Les élèves chantèrent le *Te Deum* ; c'était un chant de circonstance : *Te martyrum candidatus laudat exercitus !*

Le 15 février, la plupart des missionnaires comptaient encore sur l'octroi prochain de la liberté religieuse ; à la fin de mars, la chrétienté était noyée dans le sang de ses pasteurs et de ses fidèles. Il ne restait plus que trois missionnaires, les Pères Calais, Féron et Ridel. L'un fut envoyé en Chine ; peu après les deux autres quittèrent ce pays qui tuait ses prophètes. Une expédition française qui vint en vue de Séoul, sous la direction du contre-amiral Rose, resta sans autre effet que d'irriter les barbares Coréens et rendre pire le sort des convertis. Les chrétiens sont proscrits en masse, comme rebelles, traîtres à leur pays et partisans des étrangers, leurs biens sont confisqués ; leurs familles sont dispersées ; les chrétientés tombent en ruines. En 1870, on estimait à 10 000 le nombre des chrétiens égorgés en Corée. Le régent tenait sa parole ; il voulait anéantir tout vestige du christianisme. Mais il y a un Dieu au ciel, vivant toujours et toujours *interpellant* pour l'humanité rachetée ; et il y a un Pape à Rome qui ne se lasse pas d'envoyer des missionnaires. Ce sang à répandre, c'est une semence ; ces tombes sont des berceaux ; des autels s'élèveront bientôt pour recueillir ces ossements des martyrs.

Au Japon, l'histoire de la mission se ramène à une vie d'évêque. Bernard-Taddée Petitjean, né à Blanzy, en 1829, avait été successivement professeur, curé et aumônier, lorsqu'il se décida, en 1859, à partir pour les missions. A son arrivée à Hong-Kong, il fut envoyé aux îles Lieou-Kieou, près du Père Furet, après le départ pour le Japon des Pères Girard, Monicou, Mermet. Le Japon était fermé depuis longtemps ; il ne s'ouvrait qu'aux Hollandais pour le commerce, encore ces protestants, avant d'être admis au négoce, devaient fouler aux pieds la croix. En 1854, il avait signé un traité avec les Etats-Unis ; en 1858, avec la France. L'art. 4 de ce dernier traité est ainsi conçu : « Les sujets français au Japon auront le droit d'exercer leur religion, et, à cet effet, ils pourront élever, dans le terrain destiné à leur résidence, les édifices convenables à leur culte, comme églises, chapelles, cimetières, etc., etc. Le gouvernement japonais a déjà aboli dans l'empire l'usage des pratiques injurieuses au christianisme. » En 1863, Petitjean fut appelé à Yokohama, puis à Nangasaki, avec son compagnon. Ces deux missionnaires commencèrent la construction d'une chapelle, sous l'invocation des martyrs japonais ; c'était la pierre d'attente de la résurrection de leur église. La chapelle fut inaugurée solennellement le 19 février 1865. Le missionnaire se demandait s'il ne restait rien de cette admirable chrétienté fondée par la parole et les miracles de saint François-Xavier. Le 17 mars 1865, une quinzaine de personnes viennent à la porte de la nouvelle église. Etaient-ce des curieux ou des fils des premiers chrétiens ? Le Père Petitjean, poussé par son bon ange, va ouvrir la porte et s'agenouille à l'intérieur. Aussitôt trois femmes s'agenouillent près de lui et la main sur la poitrine lui disent à voix basse : « Notre cœur, à nous tous qui sommes ici, ne diffère point du vôtre. Chez nous, presque tout le monde nous ressemble ». A peine ces Japonais se sont-ils ouverts au missionnaire, qu'ils se laissent aller à une pleine confiance. On parle longuement de Dieu, de Jésus-Christ, de la sainte Vierge, de saint Joseph, lorsqu'arrivent d'autres gens du même village. Les 13 et 14 avril, 1 500 personnes visitent l'Eglise de Nangasaki. Les premiers jours du mois, les missionnaires apprennent l'existence de 2 500 chrétiens disséminés dans le voisinage. Le 10, les chrétiens viennent en si grand nombre qu'il faut fermer les portes de l'église pour ne pas s'exposer aux rigueurs. Le 15 arrivent les députés d'une île peu éloignée. Leur catéchiste apprend au missionnaire qu'il existe des chrétiens dispersés dans tout le Japon ; il cite un point où sont groupés plus de mille familles chrétiennes. Ensuite, il s'enquit du grand chef actuel de la religion, Pie IX, et, pour s'assurer si ces missionnaires sont bien les successeurs des anciens, il demande s'ils ont des enfants. Sur une réponse négative, il s'écrie : « Merci, merci ! ils sont vierges ! » Le 8 juin, 25 chrétientés étaient connues des missionnaires. Ainsi, en l'absence de tout secours extérieur, sans autre sacrement que le baptême, par l'action de Dieu et la transmission fidèle des traditions domestiques, une étincelle de foi s'était conservée sous l'empire le plus despotique. Il n'y avait qu'à souffler sur cette étincelle pour en rallumer la flamme.

Ces événements réjouirent tous les cœurs chrétiens et dilatèrent particulièrement le cœur de Pie IX. En mai 1866 le Père Petitjean fut nommé évêque de Myriophyte, nom d'heureux augure, et sacré à Hong-Kong. De retour de sa mission, le prélat se mit à l'œuvre et déjà plusieurs milliers de chrétiens avaient été préparés à la réception des sacrements, lorsque parurent, en avril et juin 1867, deux édits de Taïcoun, ordonnant la persécution. Au mois de novembre, cent chrétiens furent enlevés de l'île de Firando et plongés dans l'eau glacée comme les martyrs de Sébaste. D'octobre 1869 à janvier 1870, 4 500 chrétiens furent enlevés d'Ourakanis et des îles Goto. Toutes les familles furent divisées : les hommes transportés isolément ; les femmes et les filles vendues en esclavage ; les enfants foulés aux pieds jusqu'à la mort. La vallée d'Ourakanis fut changée en désert. Les chrétiens résistèrent courageusement à la persécution et se montrèrent dignes des anciens martyrs.

L'orage ne se dissipa qu'en 1873. Mgr Petitjean, usant de la tolérance, s'empressa d'organiser la mission, d'ouvrir partout des écoles, de bâtir des églises et d'installer des prêtres. La tâche était rude. La Propagation de la Foi envoya d'abondants secours ; le séminaire des missions étrangères envoya de nombreux ouvriers. Les religieuses de Saint-Maur et du Saint-Enfant Jésus de Chaufailles accoururent au secours des missionnaires. Vers la fin de 1875, Mgr Petitjean vint en Europe pour demander le partage du Japon, entre deux vicariats. Le Japon méridional lui échut en partage. A son retour il se fixa à Osaca, seconde ville de l'empire, et y bâtit la plus belle église du Japon. Puis la Providence le ramena à Nangasaki, où il devait mourir le 7 octobre 1884. Avant de mourir, il avait imposé les mains aux premiers prêtres de l'église ressuscitée du Japon. A son entrée au Japon, en 1863, Mgr Petitjean n'avait trouvé que quatre missionnaires, célébrant la sainte messe dans une chambre de leur demeure ; il n'y avait, ni évêque, ni église, ni séminaire ; on n'y connaissait même pas de chrétiens. A sa mort, l'empire était divisé en deux vicariats apostoliques, comprenant 30 000 chrétiens ; chaque année 1 200 adultes recevaient le baptême ; il y avait 2 évêques, 23 missionnaires, 3 prêtres indigènes, 252 catéchistes, 84 chapelles, 2 séminaires avec 79 élèves et 65 écoles comptant 2 330 élèves.

Les missions de la Mongolie, confiée aux missionnaires belges, et du Thibet, confiée aux missions étrangères, ne nous retiendront pas longtemps. Dans ces vastes, froids et stériles déserts, les populations sont nomades, comme les Arabes de l'Algérie. Dans leurs courses incessantes, elles ne peuvent pas être facilement ni suivies, ni atteintes par les apôtres de Jésus-Christ. Les missionnaires ont des postes fixes ; ils voyagent aussi nécessairement, comme on le voit par le voyage du Père Huc à H'Lassa ; mais ils se heurtent sans cesse à l'ignorance, aux passions et au fanatisme qui les protège. L'histoire de ces missions, c'est un nécrologe ; il s'y trouve des pages consacrées au martyre. Au Thibet, le Père Durand est tué en 1865 ; le Père Brieux, en 1878 ; et, au moment où nous écrivons ces lignes, l'Europe apprend l'entière destruction de la mission du Thibet, administrée par Mgr Biet, évêque de Diana. Dans les pays où les Européens pénètrent, les païens peuvent encore se porter aux violences contre les personnes ; mais ils sont contenus par les consuls et quelquefois punis à leur réquisition. Dans les pays éloignés, quand les passions s'exaspèrent, les contrôles et les freins, trop éloignés, ne peuvent ni prévenir le mal, ni le punir. Les réclamations vont leur train diplomatique, mais avec des administrations prévenues et des juges souvent complices des criminels, il est rare qu'on les découvre, plus rare encore qu'on les frappe. On donne des semblants de satisfaction, quitte bientôt à recommencer.

En quittant ces lointaines contrées, nous saluons encore une fois l'Aunam, et cette fois nous assistons à la plus effroyable boucherie de chrétiens. La République française, pour masquer son impuissance, s'essaie à la politique coloniale, prend Tunis en passant, manque maladroitement Madagascar et s'en va consumer le plus clair de ses forces au Tong-King. En principe, cette politique coloniale n'est pas condamnable. Avec sa mission providentielle, ses antécédents historiques et sa situation dans le monde, la France est appelée à prendre une large part au mouvement qui doit porter l'ancien monde au secours du nouveau, non pour l'exploiter, mais pour le sauver. C'est la gloire de Richelieu et de Louis XIV de l'avoir compris. À quel point le génie expansif de notre race est apte à s'assimiler les peuples d'origine étrangère, le Canada, la Louisiane, Bourbon, Maurice, les Antilles, vingt autres contrées, en témoignent à l'envi sur la surface du globe. A une époque où, pour compter en Europe, il faudra désormais compter dans le reste du monde, devant l'Amérique qui menace et la Chine qui se révèle, il devient nécessaire de prolonger la patrie sous d'autres latitudes, d'y porter sa langue, son influence et sa religion. A cette œuvre cependant il faut une heure propice, des résolutions arrêtées, un but défini, de la suite dans les desseins. Or, la république des Ferry et des Paul Bert n'était pas à la hauteur d'un pareil dessein. Par l'insuffisance des moyens, par défaut de but et de persévérance, elle ne mena que mollement son entreprise. Sauf Courbet qui dicta la paix à Hué, frappa le Tong-King de terreur et tint en respect la Chine, nos soldats ne paraissent avoir été envoyés dans l'Extrême-Orient que pour y mourir sans gloire et déchaîner la tempête. Les lettrés tonkinois, rendus furieux par la guerre de France et mal contenus par nos troupes, firent tomber leur colère sur les missionnaires et les chrétiens indigènes. En Cochinchine, le Père Abounrel avait été massacré en 1872. De 1883 à 1885, nous voyons périr, le Père Terrasse au Yu-nan; Béchet, au Tong-King occidental; Gélot, Rival, Manissol, Séguret, Antoine, Tamet, au Laos; Sutre et Gras, au Tong-King méridional; Guyomard au Cambodge; Poirier, Garin, Macé, Guégan, Châtelet, Dupont, Irribarne, en Cochinchine orientale. 40 000 chrétiens furent massacrés en même temps. Les villages brûlés, les récoltes anéanties témoignent de la fureur des lettrés et de l'insuffisance de notre action. Le passé avait vu des persécutions violentes; à nos jours, qui vantent la liberté et la paix sous l'égide de la France, il était réservé de voir cette extermination de toute une population catholique, cet anéantissement d'une église.

C'est l'ordre de l'Évangile; nous ne voyons des crucifiements que pour assister aux résurrections. Aujourd'hui, 1er juin 1900, la Cochinchine et le Tong-King ont 10 vicaires apostoliques, 1 coadjuteur, 270 missionnaires, 400 prêtres indigènes, 3 000 églises; 2 000 écoles et 800 000 catholiques. En Birmanie, 50 000 catholiques; à Siam, 23 000; en Malaisie, 20 000. Quant à la Chine sur une population de 450 000 000 d'habitants, elle a 40 évêques, 800 missionnaires, 400 prêtres indigènes et 600 000 catholiques, peut-être un peu plus, mais sans atteindre 700 000.

Certains tableaux sont coupés en deux; en bas, vous voyez ce qui se passe sur la terre; en haut, vous admirez ce qui se passe au ciel. L'histoire des missions ne se comprend que sous cette double perspective. En Indo-Chine, en Corée, au Japon, nous voyons des massacres; en Chine une persécution continue; en résumé, un fond de désespérance. Levez les yeux. Le pape Léon XIII vient de canoniser, en mai 1900, une soixantaine de victimes tombées dans ces missions; ceux que le glaive a frappés, réduits à la pire impuissance, sont maintenant des toutes-puissances au ciel, et des toutes-puissances protectrices des missions. Le sang des martyrs n'est plus seulement une semence de chrétiens; c'est un ciment avec lequel on édifie de grandes chrétientés. Nous constatons parfois avec tristesse la ruine irrévocable de la chrétienté qui florissait en Europe au Moyen Age. D'un regard synthétique, embrassez le monde envahi par l'apostolat catholique; c'est la construction d'une nouvelle chrétienté aussi vaste que le monde; la croix radieuse est définitivement plantée sur le globe.

Ces transformations, ce que Bacon, déjà préoccupé de ces idées, appelait *instauratio magna*, cela ne s'effectue pas sans de grands ébranlements. La Chine s'était cloîtrée dans son nationalisme; le Japon s'était ouvert à l'internationalisme; il avait envoyé des jeunes gens étudier en Europe; il s'était créé une armée; il s'était donné des formes politiques et jusqu'à un budget d'état. A propos de rien, la guerre éclate. Les 40 000 000 du Japon, grâce à leur organisation européenne, battent à plates coutures les 450 000 000 de Chinois. Le Japon victorieux s'avance par la Corée et comme si le partage de la Chine commençait, la Russie prend la Mantchourie, l'Allemagne s'installe à Kiao-Tcheou; l'Angleterre étend ses grandes tentacules un peu partout; et la France, installée au Tong-King peut étendre son installation jusqu'aux provinces méridionales de la Chine. Qu'il y ait partage, c'est peu probable; la coalition des égoïsmes peut être, pour la Chine, une bonne fortune, et le Japon, au lieu de la désorganiser, peut la soutenir. Or, comme les formes politiques ne changent rien aux mœurs des nations, mais plutôt les dissolvent avec une funeste énergie, il faut prendre vie et esprit là où seulement on les trouve, dans l'Évangile et dans l'Église. Ici intervient un coup d'État de la Providence.

Le 15 mars 1899, un décret impérial de Kouang-Stu, empereur, règle ainsi les relations entre les autorités chinoises et le clergé catholique. En voici le texte:

Que l'on se conforme à ce qui a été décidé.

Respect à ceci!

Des églises de la religion catholique, dont la propagation a été autorisée depuis longtemps par le Gouvernement Impérial, étant construites maintenant dans toutes les provinces de la Chine, nous sommes désireux de voir le peuple et les chrétiens vivre en paix et, afin de rendre la protection plus facile, il a été convenu que les Autorités locales échangeront des visites avec les Missionnaires dans les conditions indiquées aux articles ci-dessous :

1° Dans les différents degrés de la hiérarchie ecclésiastique, les Evêques étant en rang et en dignité les égaux des Vice-Rois et des Gouverneurs, il conviendra de les autoriser à demander à voir les Vice-Rois et Gouverneurs.

Dans le cas où un Evêque serait appelé pour affaires de son pays, ou s'il venait à mourir, le Prêtre chargé de remplacer l'Evêque sera autorisé à demander à voir le Vice-roi et le Gouverneur.

Les Vicaires généraux et les Archiprêtres seront autorisés à demander à voir les Trésoriers et Juges provinciaux et les Intendants.

Les autres prêtres seront autorisés à demander à voir les Préfets de 1re et de 2e classe, les Préfets indépendants, les Sous-Préfets et les autres fonctionnaires.

Les Vice-Rois, Gouverneurs, Trésoriers et Juges provinciaux, les Intendants, les Préfets de 1re et de 2e classe, les Préfets indépendants, les Sous-Préfets et les autres fonctionnaires répondront naturellement, selon leur rang, par les mêmes politesses.

2° Les Evêques dresseront une liste des Prêtres qu'ils chargeront spécialement de traiter les affaires et d'avoir des relations avec les autorités, en indiquant leur nom et le lieu où se trouve la mission. Ils adresseront cette liste au Vice-Roi ou au Gouverneur, qui ordonnera à ses subordonnés de les recevoir conformément à ce règlement.

(Les Prêtres qui demanderont à voir les autorités locales ou qui seront spécialement désignés pour traiter les affaires devront être Européens. Cependant, lorsqu'un Prêtre européen ne connaîtra pas suffisamment la langue chinoise, il pourra momentanément inviter un Prêtre chinois à l'accompagner et à lui prêter son concours comme interprète).

3° Il sera inutile que les Evêques qui résident en dehors des villes, se rendent de loin à la capitale provinciale pour demander à être reçus par le Vice-Roi ou le Gouverneur, lorsqu'ils n'auront pas d'affaires.

Quand un nouveau Vice-Roi ou un Gouverneur arrivera à son poste, ou quand un Evêque sera changé et arrivera pour la première fois, ou bien encore à l'occasion des félicitations pour la nouvelle année et les fêtes principales, les Evêques seront autorisés à écrire des lettres privées aux Vice-Rois et aux Gouverneurs et à leur envoyer leur carte. Les Vice-Rois et Gouverneurs leur répondront par la même politesse.

Les autres Prêtres qui seront déplacés ou qui arriveront, pour la première fois, pourront, selon leur dignité, demander à voir les Trésoriers et Juges provinciaux, les Intendants, Préfets de 1re et de 2e classe, Préfets indépendants, Sous-Préfets et les autres fonctionnaires, lorsqu'ils seront pourvus d'une lettre de leur Evêque.

4° Lorsqu'une affaire de mission, grave ou importante, surviendra dans une des provinces quelle qu'elle soit, l'Evêque et les Missionnaires de lieu devront demander l'intervention du Ministre ou des Consuls de la Puissance à laquelle le Pape a confié le protectorat religieux. Ces derniers règleront et termineront l'affaire, soit avec le Tsong-li Yamen, soit avec les autorités locales. Afin d'éviter de nombreuses démarches, l'Evêque et les Missionnaires pourront également s'adresser d'abord aux autorités locales avec qui ils négocieront l'affaire et la termineront.

Lorsqu'un Evêque ou un Missionnaire viendra voir un Mandarin pour affaire, celui-ci devra la négocier sans retard d'une façon conciliante et rechercher une solution.

5° Les autorités locales devront avertir en temps opportun les habitants du lieu et les exhorter vivement à l'union avec les chrétiens ; ils ne doivent pas nourrir de haine et causer de trouble.

Les Evêques et les Prêtres exhorteront également les chrétiens à s'appliquer à faire le bien afin de maintenir la bonne renommée de la religion catholique, et faire en sorte que le peuple soit content et reconnaissant.

Lorsqu'un procès aura lieu entre le peuple et les chrétiens, les autorités locales devront le juger et le régler avec équité ; les Missionnaires ne pourront pas s'y immiscer et donner leur protection avec partialité, afin que le peuple et les chrétiens vivent en paix.

Pour traduction conforme :

Le 1er Interprète de la Légation de France,

H. LEDUC.

Ce décret est, pour la Chine, l'édit de Milan ; mais comme, après l'acte libérateur de Constantin, on vit Julien l'Apostat tenter la résurrection du paganisme ; Constance et Valérien persécuter les chrétiens comme s'ils eussent été les émules de Néron ; de même, après cet édit, la Chine peut revoir des persécutions. Une nation de 450 000 000 ne se change pas avec une feuille de papier ; il faut de plus longs efforts pour transformer un peuple. Mais enfin l'édit est inséré au Code chinois ; il a force de loi. Les puissances européennes ne manqueront pas d'en exiger le maintien et d'en punir les violations. C'est affaire aux missionnaires d'activer le mouvement de conversion et de hâter les temps, pour conjurer les jours de perdition.

L'évêque de Péking, Favier, fait ressortir, dans ses lettres, l'importance de ce grand événement ; l'évêque a raison, son autorité donne à son opinion un plus grand poids. Depuis, cependant, la persécution, causée peut-être par l'édit impérial, s'est rallumée au Su-Tchuen, au Hou-pé, au Tche-Kiang et au Chang-Tong. Des bandes de brigands se forment quelque part ; elles sont favorisées par les passions populaires. A l'improviste, elles tombent sur une mission, pillent, tuent, incendient. Mais ce n'est point là un acte couvert d'une ombre de législation ; même pour la loi chinoise, c'est un crime, et un crime impuissant. La violence n'est pas un signe de force, c'est un manque de faiblesse. L'Eglise reste ; elle a son Concordat avec la Chine ; ce Concordat a été stipulé entre le ministre des affaires étrangères du Céleste Empire et le représentant de la France, le ministre Pichon. Ce décret règle l'ordre des relations officielles ; c'est un gage de paix, une promesse de bienveillance. Mais, en Chine, comme ailleurs, promettre et tenir sont deux.

Un tel acte ne se produit pas sans provoquer des contre-coups. A l'intérieur et à l'extérieur, il ne manque pas d'intrigants pour entraver les bonnes lois. Ces intrigues ont été assez fortes pour amener Kouang-ssu à se démettre, à céder la place à un enfant de neuf ans, sous la régence de l'impératrice-mère. C'est un grave événement, dont il serait téméraire d'escompter les bénéfices. Nous donnons, sur le fait, l'appréciation de deux missionnaires.

« La principale cause de l'abdication, dit l'un, c'est que l'on voyait en lui un réformateur trop ardent de la Chine à l'européenne. ce qui déplaisait souverainement au conseil de l'empire et à l'impératrice-mère.

« En outre, on croyait dans les hautes sphères chinoises qu'il s'était fait chrétien (quoique non encore baptisé) et on en voyait la preuve dans l'édit de reconnaissance du catholicisme, qu'il avait pressé l'impératrice-mère de signer.

« Je crois cette opinion dénuée de fondement ; car depuis, il a continué à signer les actes relatifs au culte de Confucius et au polythéisme.

« Quoi qu'il en soit, l'édit de reconnaissance du catholicisme est inséré officiellement dans le Recueil de lois chinoises ; ce à quoi aucune autorité en Chine ne pourra désormais s'opposer, du moins officiellement et publiquement. Cet édit a force de loi maintenant.

« Mais c'est ici qu'a été l'écueil pour le jeune souverain.

« D'après l'ancien système, l'empereur ne peut exercer sa suprématie religieuse qu'en ce qui concerne le culte de l'Etat, le culte dit de Confucius, et à l'exclusion de tous les autres. Et, sous ce rapport, il est réellement dépendant du grand Conseil des Rites, chargés de conserver les traditions et les usages religieux de l'antiquité. Professant lui-même, comme étant d'origine tartare, la religion bouddhique, il ne peut même lui rendre qu'un culte privé, à côté du culte de Confucius.

« C'est pourquoi, après qu'il eût signé l'Edit de reconnaissance du catholicisme, où l'on a vu un abus de pouvoir de sa part, on a cherché des prétextes pour le forcer à signer son abdication.

« Entre autres prétextes, on invoqua la loi constitutionnelle à laquelle fait allusion l'acte d'abdication et qui contient cette clause : « Si un jeune empereur, après cinq ans de mariage, n'a pas de fils, il devra abdiquer son sceptre ».

« En Chine, l'hérédité du pouvoir par droit de primogéniture n'existe pas. L'empereur régnant choisit son successeur, ou bien parmi ses enfants mâles, en arrêtant d'ordinaire son choix sur celui qui lui paraît réunir le plus de qualités nécessaires pour faire un bon souverain, ou bien, à défaut de ceux-ci, il choisit parmi ses neveux les plus méritants.

« Cette faculté qu'a l'empereur de choisir son successeur corrige, jusqu'à un certain point, ce que l'hérédité du pouvoir aurait d'aveuglement fatal, par l'exercice, très restreint sans doute, mais enfin quelquefois utile, de la volonté et de la raison souveraine ».

« L'empereur de Chine, écrit un autre missionnaire, a donné sa démission ou plutôt on l'a forcé à abdiquer. L'impératrice reste au timon des affaires et a fait nommer empereur un enfant de neuf ans. Il s'appellera Pou-Tsium. C'est le fils d'un prince mantchou.

« L'abdication de l'empereur a eu lieu à la suite d'un grand conseil de famille tenu à Pékin, où tous les membres de la famille impériale et les grands dignitaires étaient présents.

« Il paraît évident que la dynastie mantchoue trouve que Koang-ssu, ne gouvernait pas selon les idées traditionnelles. On l'aura forcé moralement à se retirer ; car le gouvernement chinois n'est pas monarchique à proprement dire, mais plutôt aristocratique, ce qui fait sa force.

« La religion chrétienne n'a rien à craindre momentanément. Koang-ssu qui était novateur, était dirigé par une coterie protestante sous laquelle se cachait l'influence anglaise. Il avait lancé tout d'un coup toutes les réformes, ce qui était excessif et imprudent. Pour aller si vite, il lui eût fallu une armée et lui-même aurait dû être un Pierre le Grand.

« Il faut en cette déchéance voir la protection de Dieu sur nous ; car aux mains des protestants le pouvoir nous eût été bientôt défavorable, au moins indirectement. Or, en favorisant les protestants avant tout, sans même nous persécuter, c'était autoriser une persécution dont les protestants, avec leur audace, eussent été les instigateurs, chacun dans sa région.

« Les idées rétrogrades de la dynastie ne peuvent nous être contraires maintenant. Elle a bien assez de craintes du côté des gouvernements européens et elle n'ira pas leur donner l'occasion de justes représailles. Quant à l'œuvre du progrès, un peu trop précipitamment poursuivie par l'ex-empereur, elle suivra peu à peu sa marche ascendante ; elle est suffisamment engagée avec les télégraphes, les chemins de fer, les arsenaux, les écoles locales de langues, l'armée même, dont une partie est déjà munie de fusils nouveaux, etc. Cette marche un peu lente est bien préférable. »

Au siècle dernier, un millier de prêtres suffisaient aux missions ; actuellement 13 500 prêtres, 4 500 frères y sont employés, et ce n'est qu'une partie de ce que le mode nouveau d'apostolat a créé. Du moment où la charité en devenait la base, les femmes ont réclamé leur part, la meilleure part, et ce que les siècles anciens n'avaient pas vu, nous le voyons aujourd'hui, où 40 000 Européens, 10 000 indigènes, sont occupés en pays infidèles à soulager les misères.

Mais pour une telle entreprise, il faut des ressources, et la catholicité n'a plus les biensfonds créés par la piété des siècles antérieurs. Comment cet immense apostolat sera-t-il soutenu ? Par l'obole des pauvres, par l'œuvre de la Propagation de la foi qui donne 6 à 7 000 000 par an, par l'œuvre de la Sainte-Enfance, qui donne la moitié, soit environ 10 000 000 fournis par l'obole de 8 000 000 de personnes.

10 000 000, c'est bien peu, comparativement aux 100 000 000 ou 150 000 000 peut-être de l'Angleterre, et, avec 10 000 000, l'apostolat catholique couvre le monde entier, il réussit là où les pasteurs ont désespéré. En Birmanie et au Siam, le nombre des catholiques est de 10 000 à 40 000 ; au Japon, où tout avait été détruit par la persécution, il est de 400 000 ; en Annam, il est passé de 320 000 à 700 000 ; en Chine, de 200 000 à 600 000 ; dans l'Inde, où le protestantisme était fortement établi, où, jusqu'en 1887, le Portugal fit une guerre acharnée aux missionnaires, le nombre des catholiques s'élève quand même de 256 000 à 2 000 000, etc.

L'apostolat catholique en Asie-Mineure, aux Lieux-Saints, s'exerce par tous les ordres religieux à la fois ; en Afrique, le chiffre des catholiques passe de 15 000 à 1 000 000.

Sur toute la surface du globe, les missions catholiques sont organisées, mais le catholicisme n'a pas borné son action aux pays infidèles : il a pris l'offensive contre l'orthodoxie russe et le protestantisme, et si l'on peut prévoir ce que l'on gagnera du côté de l'orthodoxie, on peut enregistrer ce qui a été gagné sur le protestantisme.

Dans l'Allemagne protestante, le chiffre des catholiques a passé, en ce siècle, de 6 000 000 à 13 000 000 ; dans la Hollande, de 350 000 à 1 500 000 ; en Angleterre, de 120 000 à 2 000 000 ; en Amérique, de 40 000 à 10 000 000.

Dans cette œuvre, ce qui frappe, c'est que l'apostolat est allé se dégageant de plus en plus des pouvoirs humains pour ne recourir qu'aux moyens qu'on pourrait appeler divins.

Mais ne croyez pas qu'on puisse oublier la part de la France dans cet admirable apostolat. Elle donne à elle seule les trois quarts des prêtres, religieux et religieuses de cette grande armée de la civilisation, et ainsi tout ce qui se fait au monde pour l'extension de l'idée religieuse se fait en même temps pour la grandeur de l'idée française.

Quels que soient les gouvernements, la race française reste elle-même, et, par la diffusion de son apostolat, elle est à la tête de l'action civilisatrice.

D'autres peuvent exporter plus de marchandises que nous, nuls n'exportent autant de dévouements, de sacrifices, d'abnégations et de vertus.

Conservons cette force, aidons à cet apostolat et, en y aidant, nous servirons notre foi et notre patrie, et nous continuerons ainsi ce qui fut l'œuvre d'autrefois, les choses de Dieu par la France.

Fénelon, prêchant aux missions étrangères, émettait, au sujet de leurs conquêtes, des idées de pessimisme : la foi répandue chez les nations assises à l'ombre de la mort, c'était le pronostic à redouter des ténèbres venant réoccuper nos rivages. Le protestant Macaulay, faisant écho à Fénelon, nous présente un dessinateur des antipodes venant esquisser les ruines de saint Paul et une arche écroulée du pont de Londres. Ces idées, revêtues d'un style pittoresque, prêtent à l'éloquence ; elles ne sont même qu'une traduction des paroles du prophète annonçant la translation du chandelier divin. J'accorde encore qu'elles répondent à une espèce de loi historique des évolutions de la vérité, partie de Palestine, se dirigeant vers l'Europe, puis traversant les mers et ne nous laissant plus qu'une pénombre, à ce qu'on dit. Pour moi, j'écarte résolument ces sinistres présages. Macaulay et Fénelon sont de grands esprits ; mais ils se trompent en se plaçant à un point de vue trop étroit et en négligeant les conditions du problème.

Je vois des missionnaires à la cour de Charlemagne : l'épée du grand empereur ouvre les portes, ils s'élancent à la conquête morale des peuples. L'affranchissement des communes a eu ses missionnaires. Pierre l'Ermite, saint Bernard, les prédicateurs des croisades, sont des missionnaires. La plupart des missions actuelles ont été établies par Colbert, Louvois et Louis XIV. Napoléon s'y intéressait. Ces grands noms résument l'histoire de France au point de vue apostolique ; les grands souvenirs de nos aïeux sont un noble héritage confié à la piété filiale de tous les siècles ; les bienfaits et la gloire qui en résultent n'admettent pas qu'on les répudie. Châteaubriand et Louis Veuillot ont parlé des travaux scientifiques et littéraires rapportés des missions en France. D'autres ont dit les avantages industriels et commerciaux dont les missions sont la source. « Un mouchoir blanc, écrivait en 1801 l'auteur du *Génie du Christianisme*, suffisait pour passer en sûreté à travers les hordes ennemies et recevoir partout l'hospitalité. C'étaient les Jésuites qui avaient dirigé l'industrie des colons vers la culture et découvert de nouveaux objets de commerce. En naturalisant sur notre sol des insectes, des oiseaux et des arbres étrangers, ils ont ajouté des richesses à nos manufactures, des délicatesses à nos tables, des remèdes à nos maladies et des ombrages à nos bois.

Mais ces points de vue sont secondaires. En nous plaçant sur les hauteurs, nous voyons la France toujours dévorée de la flamme apostolique. C'est nous, encore nous, toujours nous, qui donnons, pour les missions, non pas l'or, mais nos sous de cuivre en assez grand nombre pour former des millions, preuve que dans les plus humbles villages on sait faire acte de prosélytisme. C'est nous qui tirons, de notre sang, des fils qui parcourent le monde l'Évangile à la main. Cette double marque de fidélité est l'antithèse de la réprobation. Je n'ignore pas qu'il y a, dans les multitudes, des masses énormes de péchés ; et dans les classes dirigeantes, et dans le gouvernement, un esprit diabolique de perversité révolutionnaire ; mais dix justes eussent sauvé Sodome, nous ne sommes pas Sodome, et nous avons plus de dix justes. Mais dans cette France démoralisée, dit-on, il se fait encore de grandes œuvres de salut. La lumière, pour éclairer les peuples païens, nous laissera assez de rayons pour diriger nos pas, assez de vertus pour nous relever de la décadence, assez de courage pour rendre la France à la grandeur de ses destinées.

Après avoir parlé des missions catholiques, nous dirons un mot des missions protestantes. Dans une dissertation lue à l'Académie de la religion catholique, le cardinal Wiseman avait dénoncé leur impuissance. Deux auteurs, Marshall et le Père Ragey, en ont fait le sujet de plusieurs volumes. Nous n'avons ici qu'à résumer les conclusions de l'histoire.

Avant le siècle dernier, les sectes protestantes n'avaient pas de missions sérieusement organisées. Les sociétés destinées à les fonder n'ont été établies elles-mêmes qu'en 1701 en Angleterre et au Danemark en 1706. Comme les missions ne reçurent une organisation effective que longtemps après la fondation des sociétés établies pour le placement des Bibles, il semble assez raisonnable qu'un controversiste protestant refuse de chercher le mérite de la cause qu'il défend dans les succès pratiques obtenus pendant le XVIII° siècle. Ce n'est qu'au XIX° siècle qu'on peut porter le débat sur ce terrain. La stérilité complète et prolongée des sectes protestantes est un fait reconnu, et ce fait fournit un puissant argument contre la prétention qu'elles affichent de succéder à la mission évangélique des apôtres, à qui le divin Maître avait dit : « Allez, enseignez toutes les nations. » Mais, il faut l'avouer aussi, une fois l'œuvre des missions sérieusement entreprise, les agences protestantes se sont rapidement multipliées, et quand on voit l'activité qu'elles déploient, le terrain immense qu'elles occupent, on est forcé de reconnaître que ces églises, aujourd'hui pleinement constituées, donnent des preuves de vitalité supérieures à la faiblesse et à l'impuissance qu'elles montrèrent durant la période de lutte qui les conduisit graduellement à leur maturité.

En ce qui concerne les travaux des missionnaires du siècle dernier et du premier quart du siècle présent, le cardinal Wiseman laissait peu de chose à désirer. Il n'est pas le seul, toutefois, qui ait étudié ce sujet pour en tirer des conclusions pratiques et en faire sortir les arguments qui peuvent en découler. On n'oubliera jamais le formidable exposé du système des missions protestantes par Sydney Smith, ni les aveux plus pénibles, et par là même plus accablants, arrachés aux *Quarterly Reviewers*. Irréprochable pour le temps où il avait paru, le travail du cardinal avait cessé de l'être par suite des rapides changements sociaux, religieux et politiques, accomplis durant les vingt-cinq ans qui se sont écoulés depuis la publication des *Moorfields Lectures*. Le vaste champ que l'Océanie et la Polynésie offrent au zèle des missionnaires s'est étendu et a été complètement bouleversé depuis 1833 ; les rapports qui nous arrivent de ces missions plus récentes, et les sources d'informations relatives aux missions plus anciennes et plus solidement établies, ont été mieux systématisés et sont devenus d'un accès plus facile. Cette observation s'applique surtout aux renseignements qui émanent de sources indépendantes, aux observations de détail fournies par les voyageurs, aux jugements réfléchis des historiens, sans compter une foule d'autres matériaux de toute sorte propres à faire connaître l'exacte vérité : tout cela s'est accru d'une manière prodigieuse, grâce à la facilité des communications, à la liberté de la presse et à l'intérêt général qui s'attache aujourd'hui aux travaux de cette nature.

Le moment était donc venu où l'on pouvait appliquer de nouveau et avec plus de certitude d'aboutir à de solides résultats, le critérium dont nous avons parlé. C'est la tâche que Marshall s'est proposée. Son ouvrage, nous n'hésitons pas à le dire, est un des plus grands services rendus dans ce siècle, non seulement à la controverse moderne, mais encore à l'histoire de la religion, à la solution des grands problèmes moraux et sociaux qui intéressent l'humanité, et à l'histoire générale du progrès de la civilisation, surtout dans les contrées les moins connues de la terre. Cependant, Marshall ne s'est point renfermé dans l'étude exclusive de la partie plus moderne de son sujet. Il ne s'est pas contenté de prendre la question au point où l'avaient laissée le cardinal Wiseman et les autres écrivains. Résumant l'histoire entière des nombreuses missions entreprises par les différentes sociétés chrétiennes depuis la réforme jusqu'à nos jours, il a recueilli, avec l'exactitude d'un historien impartial, tous les résultats spéciaux obtenus dans chaque cas particulier ; il les a réunis pour nous en donner un aperçu général. Il les considère dans leur influence sur la doctrine, les mœurs, l'éducation, l'ordre social, le progrès matériel à la civilisation. Les autorités sur lesquelles il s'appuie ont été choisies avec discernement, et lorsqu'il lui arrive, ce qui est rare, de citer des auteurs catholiques, il a toujours soin de le dire. Toutes les fois qu'il l'a pu, il a emprunté ses renseignements aux missionnaires protestants eux-mêmes, à ceux-là surtout qui se sont plus particulièrement signalés par leur hostilité envers le catholicisme. Son travail s'étend jusqu'aux dates les plus rapprochées de nous, car il cite des rapports officiels, des témoignages individuels qui ne remontent qu'à l'année dernière. Le titre de son livre est donc pleinement justifié ; c'est bien une histoire complète des « missions chrétiennes, de leurs agents, de leurs méthodes et de leurs résultats ».

Marshall s'est proposé d'établir l'origine divine de la religion catholique par une preuve aussi facile à comprendre qu'il est impossible d'en contester la force. Il fait ressortir la merveilleuse fécondité de l'enseignement catholique dans tous les temps, sous tous les climats, malgré la diversité des races, des usages et des préjugés nationaux, et il a trouvé une preuve positive, qu'il fortifie par un argument négatif : avoir accompli, dit-il, l'ordre donné par Jésus-Christ « d'enseigner toutes les nations », ne suffit pas pour démontrer le caractère divin des communautés protestantes. Il s'appuie à peu près exclusivement sur des témoins protestants, appartenant à toutes les classes de la société et à toutes les croyances ; ce sont des Anglais et des Américains, des Allemands et des Français, des Suédois et des Hollandais, des historiens et des naturalistes, des fonctionnaires civils et des militaires, des touristes et des commerçants, des chapelains et des missionnaires. Laïques et membres du clergé, monarchiques et républicains, ces auteurs qui appartiennent aux opinions religieuses les plus opposées, et qui s'expriment sur les questions religieuses avec une entière liberté, tout en se montrant constamment hostiles au catholicisme, sont unanimes sur un seul point ; et cette prodigieuse unanimité d'une masse de témoins indépendants les uns des autres, fait qu'il est également impossible de dénaturer leur verdict, et de mettre en doute leur crédulité. Marshall a donc parfaitement raison lorsqu'il dit « qu'on doit les regarder comme des témoins dont la divine providence s'est servie, à leur insu et sans leur consentement, pour faire connaître à l'univers un fait que la coalition des préjugés et des passions évidentes aurait sans cela dérobé à sa connaissance ».

Tout, dans cet ouvrage, est comparaison et contraste. Marshall divise la terre en huit grands districts où s'exerce l'activité des missionnaires ; il les suit pas à pas dans ce vaste champ ; il marche alternativement sur les traces des envoyés de chaque église ; il compare leurs ressources respectives, les facilités qu'ils trouvent pour l'accomplissement de leur entreprise, leur caractère personnel et leur conduite, les motifs qui paraissent les faire agir, les diverses méthodes qu'ils emploient et les succès qu'ils obtiennent.

On ne peut voir sans étonnement les énormes ressources dont les diverses missions protestantes ont joui pendant la première moitié de ce siècle, l'accroissement qu'elles prennent chaque année. Le *Times* (19 avril 1860) porte à *deux millions de livres sterling* les sommes annuelles perçues par les sociétés anglaises pour l'œuvre des missions ; et, d'après les calculs les plus exacts et les plus modérés, il paraît hors de doute que les dépenses des missions entreprises par les Anglais et les Américains, sans parler de celles des protestants du continent, ont atteint dans le siècle présent le chiffre de *quarante millions de francs*.

Ces fonds ont été consacrés en grande partie à payer les employés, à entretenir les missionnaires, leurs femmes et leurs familles ; mais on a aussi employé des sommes considérables à l'impression et à la distribution des Bibles, de livres de prières et d'autres ouvrages religieux, publiés dans les langues parlées par les diverses races répandues sur le globe.

De tels faits ont, sans contredit, une grande signification ; ils attestent le zèle et la bonne foi de ceux qui donnent avec tant de libéralité en faveur de ce qu'ils regardent comme une œuvre religieuse et divine ; il faut bien reconnaître que si Jésus-Christ s'était contenté d'exhorter ses disciples à donner généreusement pour la conversion du monde, les communautés protestantes de nos jours ne sauraient être accusées d'être restées sourdes à son appel. Mais l'apostolicité d'une religion ne se prouve pas par les sommes distribuées en faveur de la prédication de l'Évangile ; elle se révèle par le succès pratique de ses efforts pour instruire les nations. Ce qui importe surtout, c'est moins le nombre des livres sterling qui entrent dans le tronc des missions que celui des âmes qu'on fait entrer au bercail du divin Pasteur. Pour tout homme sensé qui étudie les résultats des missions, la libéralité avec laquelle on met tant de ressources à la disposition des missionnaires, l'apostolat, loin de constituer un mérite, ne fait qu'augmenter la responsabilité personnelle ; et ce qui facilite, humainement parlant, l'exécution de l'entreprise, ne sert qu'à rendre l'insuccès plus éclatant et plus complet.

La Chine, l'Inde, l'île de Ceylan, les Antipodes, l'Océanie, l'Afrique, le Levant et l'Amérique, sont les huit districts auxquels s'étendent les recherches de Marshall. Ne pouvant examiner dans tous ses détails ce livre admirable, nous nous contenterons de donner quelques extraits de ses chapitres les plus importants, comme spécimen de la manière dont l'auteur traite son sujet ; et quant au contenu général de l'ouvrage, nous nous bornerons à en indiquer sommairement les résultats généraux.

Le chapitre consacré aux missions de Chine est du plus grand intérêt, il traite, dans deux sections distinctes, des missions catholiques et de celles des différentes sociétés protestantes. C'est un tableau pittoresque et frappant ; jamais écrivain n'a aussi bien apprécié, non-seulement le caractère des grands hommes qui inaugurèrent cette œuvre — Ricci, Adam Schaal, Verbiest, et la longue série des frères qui leur succédèrent — mais encore l'attitude qu'ils prirent en face de cette race extraordinaire, et l'influence que seuls, parmi tous les étrangers qui visitèrent la Chine, ils parvinrent à exercer. Marshall décrit exactement les alternatives de faveur et de persécution qu'ils traversèrent. Mais ce qui nous intéresse particulièrement, c'est le résultat, et pardessus tout la durée de ces missions et la vitalité singulière dont elles ont donné tant de preuves.

A la fin de la grande persécution qui, un moment, sembla devoir aboutir à l'extirpation totale du christianisme en Chine, les Pères jésuites avaient sous leur direction plus de 120 000 chrétiens, les lazaristes 80 000, les missionnaires de la Propagande environ 30 000, et les dominicains environ 20 000 ; ce qui faisait un total de plus de 250 000 convertis dans le Ton-King seulement. La persécution continua après leur départ et, à part quelques apostasies, la grande majorité supporta courageusement l'épreuve. Les écrivains protestants, tout en montrant plus de sympathie pour les païens oppresseurs que pour les chrétiens dont ils faisaient leurs victimes, avouent eux-mêmes qu'un siècle plus tard, il y avait en Cochinchine environ 370 000 chrétiens. Leur nombre s'était donc accru de plus de 100 000, malgré l'exil et le martyre. Ces chiffres mêmes ne donnent pas une idée exacte des résultats prodigieux et presque incroyables de cette terrible mission. En 1857 Mgr Retord, l'illustre vicaire apostolique du Ton-King occidental, qui a lui-même bravé la mort sous toutes ses formes, et dont la conservation n'est pas le fait le moins extraordinaire de cette histoire, annonça à l'Europe que les chrétiens annamites étaient au nombre de 530 000, dont 403 000 avaient reçu l'année précédente l'un ou l'autre sacrement.

Cette vitalité merveilleuse survécut, dans ces missions, à la retraite de la grande société qui lui avait rendu tant de services. « Depuis Ricci jusqu'à nos jours les chrétiens de Chine ont toujours été les mêmes. Ne pouvant tout dire, nous n'avons raconté que les incidents les plus remarquables de la lutte qu'ils soutinrent. Quelques-uns apostasièrent au milieu des tourments, mais d'autres s'empressèrent de saisir la palme dont ils s'étaient montrés indignes. En 1805, après un abandon de plus de quarante ans, sir Georges Staunton portait à 200 000 le nombre des chrétiens de la Chine proprement dite. En 1840 le commodore Read disait : « Il n'y a pas en ce moment moins de 583 000 personnes converties au catholicisme ». En 1859, la Cochinchine seule en avait 530 000, sans compter les 40 000 de la ville de Pékin, les 80 000 du diocèse de Nankin, les 100 000 de la province du Su-Tchuen, les 60 000 du district de Schang-Haï, les 40 000 du diocèse de Fukien, les 16 000 de la Corée, les 10 000 de la Mongolie, les 9 000 du Thibet. Si l'on y ajoute la même proportion pour les autres provinces du Nord et de l'Est, et le chiffre moins considérable des catholiques de la Tartarie et de la Mantchourie, on aura un total qui dépassera probablement un million. Malgré l'effusion continuelle du sang des martyrs, le nombre des pasteurs comme celui des disciples allait toujours croissant. En 1859, il y avait 51 évêques et 624 prêtres, dont 428 indigènes. Il y avait aussi 18 collèges ecclésiastiques. Enfin, les femmes chinoises qui ont embrassé la vie religieuse dans l'Ordre de Saint-Dominique sont en si grand nombre, qu'une persécution spéciale fut dirigée, il y a quelques années, contre les Chinoises *du tiers ordre*, auquel étaient agrégées des familles entières. » (Ier vol., p. 222-224.)

Il en est de même dans toutes les parties de ce vaste empire. En 1844, dans le seul vicariat du Ton-King occidental, 1 237 adultes furent reçus dans le sein de l'Eglise ; en 1845, il y en eut 1 328 ; en 1846, 1 308, ce qui porte à près de 4 000, pour une seule province, le nombre des personnes qui embrassèrent spontanément la cause des chrétiens et acceptèrent les terribles supplices qu'elle entraînait. De 1820 à 1858, le nombre total des convertis s'éleva, au Ton-King, à 140 000, progrès d'autant plus merveilleux qu'il s'était accompli dans l'espace de trente-huit ans d'une persécution atroce et presque continue ; dans la seule année 1854, il y eut 5 370 conversions d'adultes. Enfin voici la statistique sommaire et presque incroyable de l'état de l'Eglise annamite en 1858. Malgré l'immolation continuelle des martyrs, il y avait : 14 évêques, sans compter plus de 30 dans la Chine proprement dite ; 60 missionnaires européens, 240 prêtres indigènes, 900 étudiants ecclésiastiques, 650 catéchistes, 1 600 religieuses indigènes et 530 000 chrétiens. « Nos frères annamites, dit l'annaliste de cette merveilleuse mission, pensent à bon droit répéter aujourd'hui ce que Tertullien disait autrefois aux persécuteurs : « Nous nous multiplions à mesure que vous nous décimez ». Les descendants des premiers convertis, de ceux qui, les premiers, subirent l'influence des saintes prédications et des exemples encore plus saints des premiers apôtres, sont encore fidèles à la loi qu'embrassèrent leurs pères. Le révérend

Milne, un des écrivains protestants les plus modernes qui se sont occupés de la Chine, constatait à regret, en 1858, qu'une partie des descendants de Sem étaient alors catholiques. Trois siècles de persécutions sans relâche n'ont pu déraciner les églises fondées par Ricci ; et l'insuccès a été tel, que le même écrivain, avec une répugnance qu'il ne dissimule pas, est obligé de reconnaître que les catholiques sont aujourd'hui au nombre d'environ 70 000 dans la seule province que Ricci évangélisa le premier. Le baron de Van Haxthausen, autre témoin qui ne saurait non plus être suspecté, assure que dans la capitale, à Pékin, qui est le grand centre des influences ennemies, il y a encore plus de 40 000 catholiques, et que dans les districts plus septentrionaux de la Chine, le catholicisme fait tous les jours de nouveaux progrès. (*Etudes sur la Russie*, t. 1er, p. 441).

La constance avec laquelle ces simples enfants de l'Eglise ont persévéré dans la foi durant les longues années de persécution qu'il leur a fallu subir, est le plus beau témoignage de leur moralité comme de la sincérité de leurs convictions. Aujourd'hui encore, ils montrent la même ferveur et la même simplicité ; c'est un fait amplement prouvé par les aveux qui échappent, malgré eux, aux émissaires du système rival. Minturn, dans la relation d'un voyage de New-York à Delhi publié en 1858, admire « la ferveur avec laquelle une nombreuse Congrégation de Chinois chantait les répons dans la cathédrale catholique de Sang-Haï (p. 33) ». Oliphant, visitant la cathédrale de Tonkadoo, fut également frappé de voir un si grand nombre de femmes chinoises converties assister au service divin et montrer, par leur maintien pieux, la sincérité de leur conversion. Smith aussi, missionnaire lui-même, tout en refusant de reconnaître les sentiments qui inspirent les faits qu'il rapporte, rend le témoignage le plus complet à la fidélité avec laquelle la plupart des chrétiens chinois observent chaque jour toutes les pratiques ordinaires de la dévotion catholique.

Smith, dit Marshall, se trouve quelquefois en relation immédiate avec les Chinois chrétiens, et il ne manque jamais de nous rendre compte de l'impression que font sur lui ces sortes d'entrevues. Il se trouvait un jour dans un bateau qui naviguait sur le Min ; l'équipage, qui ignorait probablement sa qualité, « monta à bord, et aussitôt chacun de se signer à plusieurs reprises au front, sur les joues et sur la poitrine, ainsi qu'il est d'usage chez les catholiques ». Evidemment, ces gens-là étaient sincères dans leur religion, car ils ne rougissaient pas de la croix du Christ. Cette réflexion, bien naturelle, ne vint pas à l'esprit de Smith. Bientôt après, rencontrant une centaine de villageois, il remarque qu'ils professent presque tous la religion catholique. Un de ses compagnons profite de la circonstance pour leur faire accroire que la Mère de Dieu n'est qu'une femme mortelle comme nous tous. Cette observation, ajoute-t-il, parut les émouvoir un peu, et ils se mirent à regarder en face avec un air d'incrédulité et de défiance. Cependant, ces regards significatifs ne furent pas une leçon pour Smith et ses compagnons, qui ignoraient peut-être que les Turcs eux-mêmes reprochent aux protestants leur irrévérence envers celle que les mahométans honorent aussi comme la Mère de Jésus-Christ.

Smith eut d'autres aventures non moins instructives. « Je visitais, dit-il, une jonque coréenne, dont l'équipage se composait de catholiques. Cette jonque, qui avait traversé l'immensité de la mer Jaune, non par intérêt, mais par un motif de religion, avait pour capitaine un homme qui avait perdu son père et son grand-père par le martyre. Mais cette mort tragique n'avait découragé ni le capitaine ni son équipage chrétien, car Smith nous apprend « qu'ils avaient entrepris ce long et périlleux voyage uniquement pour obtenir pour la Corée un évêque qu'ils devaient emmener sur leur jonque ». Ils avaient été plusieurs mois à l'ancre tout près de la douane, et avaient répondu par les défaites que leur esprit pouvait leur suggérer aux questions indiscrètes des officiers, sans regretter le temps, sans se préoccuper du danger auquel ils s'exposaient si on venait à les reconnaître, ils attendaient patiemment que Dieu leur envoyât un évêque. A ces chrétiens sans peur, Smith offrit quelques-uns de ses livres, sans songer qu'il était en présence d'une société de confesseurs pour qui la religion était la plus grande affaire de la vie ; à peine une heure s'était-elle passée, et déjà l'on était renseigné sur la nature de ces livres. « Ils revinrent à moi, dit l'écrivain protestant, et me rendirent tous mes livres, refusant d'accepter le présent que je leur avais fait. » On est heureux d'apprendre par le témoignage de Smith « qu'à la fin ils atteignirent le but de leur visite et emmenèrent avec eux un évêque et trois prêtres. Déjà l'évêque avait été missionnaire pendant sept ans dans une paroisse de l'intérieur, et maintenant, escorté par les sept enfants des martyrs, il s'en allait répandre son sang partout où Dieu exigerait de lui ce sacrifice. » (T. 1er, p. 275-77).

Portons ailleurs nos regards, et voyons le contraste qui existe entre les missions catholiques et les missions du protestantisme dans la Chine. Nous passerons rapidement sur les portraits des premiers missionnaires protestants en Chine, et toutefois Morrison, Medhurot, Gutzlaff, Tomlin et Smith, seraient un curieux pendant aux tableaux de Ricci et de Schaal, que nous avons vus au début de la prédication angélique dans le Céleste-Empire. Les résultats de leurs prédications nous intéressent davantage. Ces résultats nous ne pouvons mieux les faire connaître que par quelques extraits empruntés aux relations des missionnaires eux-mêmes. Morrison, dans son journal des années 1813 et 1814, nous parle à plusieurs reprises du chagrin qu'il éprouve en voyant « que personne n'a l'air de sentir la force de la vérité » ; que son ministère est visiblement inutile ; que ses travaux ne s'étendent pas au delà de l'étroite enceinte de sa propre maison. Cette situation pénible dura jusqu'en 1820.

« En 1821, (car la situation ne change pas avec le temps), le Dʳ Morrison était vivement préoccupé du faible résultat de ses travaux. En 1822 (c'est encore lui qui nous l'apprend), la vérité divine a fait impression sur la conscience de quelques indigènes. » En 1832, après dix ans de frais énormes, dix personnes seulement ont été baptisées ; et malgré ce que Morrison appelle « l'incertitude de leurs dispositions », la mission les a prises à sa charge, et les a employées dans une imprimerie, mais évidemment sans aucune assurance de leur fidélité ; car, peu d'années après, le révérend Howard Malcolm, envoyé pour visiter les missions protestantes en Orient, dit naïvement dans le rapport qu'il adresse à ses supérieurs : « Il n'existe à Canton ni Chinois converti ni service dans la langue du pays, ni distribution de traités ». Le Dʳ Wells Williams, missionnaire américain, confirme cette assertion ; il reconnaît, en 1839, « que l'avenir était aussi obscur au moment de sa mort que lorsqu'il débarqua » ; et Morrison lui-même nous apprend que « les imprimeurs baptisés étaient d'une moralité si douteuse, qu'ils se livraient ordinairement au vol, et que, dans une circonstance, ils enlevèrent plusieurs casses de caractères typographiques ». (Tome Iᵉʳ, p. 240-241.)

Cette peinture morale des Chinois convertis au protestantisme n'est que trop générale, malheureusement.

Medhurst nous donne des renseignements sur les convertis protestants et il les dépeint avec sa sincérité ordinaire. Il raconte le trait suivant, au sujet d'un des premiers baptisés. « Lorsqu'on lui apprit, dit-il, qu'on ne donnait de l'argent que pour payer un ouvrage acheté ou des marchandises livrées, il devint indifférent, et maintenant nous craignons qu'il ne soit revenu à ses premières erreurs. » Parlant d'un autre individu, il nous dit « qu'il était indécis au point d'adorer Jéhova, tout en continuant d'adorer les idoles du pays ». Ce converti avait sans doute adopté l'universalité des cultes pratiquée autrefois chez les Romains, et il était parfaitement disposé à recevoir toute espèce de dieux nouveaux, pourvu qu'on ne lui demandât pas de renoncer aux anciens.

Voici ce que Medhurst nous apprend d'un certain Chin, autre converti : « C'est un fumeur d'opium. Huit ou dix dollars par mois lui sembleront à peine suffisants ». Voilà donc, paraît-il, la récompense qu'on accordait à un converti. « Un jour, comme il était dans le malheur, il promit de se faire chrétien et brisa son idole, mais une fois relevé, il lâcha de nouveau la bride à ses mauvaises habitudes. » (Tome 1ᵉʳ, p. 244-5.)

De tels convertis sont gens de bien médiocre valeur, et pourtant il ne paraît pas qu'il soit facile de continuer ce genre de recrutement.

« Les tentatives des sociétés protestantes pour évangéliser la Chine ont abouti à un insuccès manifeste », dit l'auteur des *Bampton-Lectures* pour 1843. Et, en 1855, Wingrove Cooke ajoute : « Si quelqu'un dit que les missionnaires protestants font avec les Chinois des chrétiens sincères, ou *il se fait illusion ou c'est un trompeur*.

Le contraste des résultats n'a pas manqué de frapper les protestants eux-mêmes.

Depuis 1824 déjà, il y avait à Malacca seulement 3 000 catholiques, et à Singapour, comme nous l'apprend le commodore Wilkes, les catholiques, qui y sont arrivés depuis si peu de temps, ont déjà fait une centaine de prosélytes, tandis que les protestants n'ont eu aucun succès. Et Malcolm ajoute que « à Singapour, où l'on a fait les plus grands efforts, pas un seul Malais n'a encore été converti à la religion protestante ; tandis que les missionnaires catholiques, qui ont deux églises dans cette ville, ont fait parmi les Malais, les Chinois et autres, un grand nombre de conversions et réunissent tous les dimanches dans leurs églises une foule considérable d'hommes de toutes les religions ». Quelle peut être la raison de cette différence ? La seule que Malcolm puisse trouver, c'est que « les missionnaires papistes sont en général des hommes de mœurs pures et qui vivent d'une manière plus humble ». Quelques années plus tard, en 1856, les catholiques, qui n'étaient jadis qu'une poignée, sont au nombre de 7 000, et, dans cette seule année, 414 païens sont convertis et reçoivent le baptême. A son tour, le comte de Windsor nous apprend « que les travaux des missionnaires anglais ont complètement échoué ». Il signale aussi ce fait habituel « qu'ils sont invariablement restés près des grands établissements des Européens, et qu'on a rarement entendu parler de leurs travaux, si l'on excepte ce qu'en disent les publications *qui viennent d'Angleterre* ». Walter Gibson, parlant de la ville de Batavia, en 1856, dit « que le clergé catholique était le seul qui fît des visites de compassion et de charité ». Cependant tous ces témoins sont de zélés protestants. Enfin, quand Papin visita le défunt collège de Malacca, un des missionnaires protestants lui avoua franchement « que les dépenses énormes faites pour sa construction étaient autant d'argent jeté à la mer, et que tout ce qu'on en avait dit en Europe n'était que charlatanisme ».

Revenons à Medhurst. Dans une lettre à Morrison, lequel ne faisait point mystère de l'insuccès complet qu'il éprouvait lui-même, il lui adressa cette question : *Pourquoi ne réus-*

sissons-nous pas à faire des conversions? Il ne paraît pas que la véritable réponse lui soit venue à l'esprit : *la triste désunion* qui règne parmi les missionnaires protestants est la seule explication qu'il découvre. (Tome Ier, p. 247-8).

Mais le contraste tient à des causes plus profondes, Marshall les fait très bien connaître dans ce beau passage que nous mettons sous les yeux du lecteur :

« Nous avons décrit dans tous ses détails le contraste que présente les missions de Chine au point de vue des agents, de la méthode et des résultats. Durant trois siècles, nous avons vu les missionnaires de l'Eglise catholique, libres ou enchaînés, au cours de leur vie aussi bien que dans l'héroïsme de leur mort, confesser partout Celui dont la grâce les avait faits ce qu'ils étaient. Nous avons vu aussi les enfants spirituels qu'ils avaient engendrés dans chaque province de cet empire, depuis les déserts de la Tartarie jusqu'au golfe de Siam, se montrer dignes de leurs pères dans la foi. Les annales du christianisme ne racontent pas de plus courageux exploits, l'histoire de ces combats n'a pas de plus nobles triomphes. Saint Pierre aurait embrassé de tels apôtres comme ses frères ; saint Paul aurait dit à de tels disciples : *Vous êtes notre gloire et notre joie.*

D'un autre côté nous avons vu les missionnaires d'une autre religion arriver en foule dans les ports de la Chine, « curieux de savoir ce qui se passe dans le lointain, à l'intérieur du pays » ; mais jamais nous les avons rencontrés au Sutchuen, au Tonkin, en Mongolie, en Tartarie, au Thibet. Ils ont passé cinquante ans, et dépensé des sommes inouïes à multiplier, sans aucun danger, des livres que personne ne pouvait lire ni comprendre ; par leur genre de vie, ils ont scandalisé les païens eux-mêmes autant que leurs proches amis, à le point que les païens les appelaient *des démons prédicateurs de mensonges*, et que leurs amis ne les nommaient que pour rire et se moquer d'eux ; ils ont réuni quelques disciples, mais en hésitant à les recevoir, et en rougissant de les reconnaître ; car ces disciples recevaient leurs gages sans les remercier, et les volaient sans remords ; ils ont publié sciemment des récits mensongers de conversions ; ils n'ont réussi qu'à affermir davantage les païens dans leurs erreurs, à leur rendre le christianisme odieux et ridicule, et à entraver l'œuvre apostolique d'hommes qu'ils insultaient sans les connaître et dont, malgré eux, ils reconnaissaient l'héroïsme, sans se risquer une seule fois à l'imiter. Durant deux générations entières, ils ont vu ces hommes magnifiques se précipiter vers le champ de bataille sans oser prendre part au combat. Ils étaient sans vocation pour cette guerre apostolique, et ils le savaient. Ils avaient l'air de dire : « Cette manière d'agir ne convient pas à des hommes comme nous ». Aussi, quand le sang eut commencé à couler, et que le moment fut venu de confesser le nom de Jésus, ils tournèrent la tête et s'enfuirent. Et tandis que la fournaise « brûlait sept fois plus que de coutume » et que les vaillants « marchaient au milieu des flammes, louant Dieu et bénissant le Seigneur, tandis que des femmes et des enfants, hier encore idolâtres, s'écriaient avec force au milieu de leurs tourments : « Montrez-leur que vous êtes le Seigneur et le seul Dieu, » ces hommes se hâtaient de regagner leurs demeures, et tapis dans quelque endroit retiré, ils dardaient de là les traits acérés de leur plume contre la foi que les martyrs signaient en ce moment même de leur sang, et contre les apôtres qui la leur avaient annoncée ». (Tome Ier, p. 318-20).

Marshall décrit avec plus de vigueur encore le contraste qui existe dans l'Inde. Il nous dépeint saint François Xavier, qui laissa comme le plus beau monument de sa carrière apostolique 200 000 chrétiens le long des côtes de la péninsule ; Nobili, qui, dans la province de Maduré, convertit environ 100 000 idolâtres, presque tous de la caste des Brahmines, de Britto, qui, dans l'espace de quinze mois, baptisa de sa propre main 8 000 infidèles ; François Laynez, qui, dans la seule année 1700, baptisa 4 000 convertis, tous instruits par lui-même ; puis leurs saints et dévoués compagnons, Borghèse, Diaz, Rodriguez et Péreira. Les portraits de ces grands hommes sont les plus intéressants morceaux de biographie religieuse que nous ayons jamais vus.

Dans l'Inde, plus encore qu'en Chine, ce qui caractérise surtout les missions catholiques, c'est leur permanence dans des circonstances qui présentent une analogie frappante avec ce que nous avons déjà vu en Chine. Dans l'Inde comme en Chine, la suppression des Jésuites arrêta un instant le progrès d'une grande partie des missions. Selon l'observation éloquente de Marshall, « une fois encore l'Indou se trouve seul avec ses idoles, et personne n'était là pour lui dire qu'il était dans les bras de la mort ». Dans l'Inde aussi, les quelques fidèles survivants étaient environnés de difficultés auxquelles la chair et le sang n'auraient jamais pu résister. D'un côté, les Indous les insultaient comme des gens tombés dans l'abjection ; de l'autre, les farouches mahométans, qui déjà avaient exercé sur eux les vexations dont ils accablèrent autrefois leurs pères, se jetaient sur eux avec un redoublement de fureur depuis la disparition de leurs défenseurs. En 1784, 30 000 chrétiens du Kanara furent mis à mort simultanément, et ce ne fut pas là le seul exemple. Outre ces ennemis mortels et le fléau non moins terrible d'une inondation de Mahrattes, ils étaient entourés de sectaires de toute dénomination et de toute croyance, alors plus audacieux que jamais ; c'étaient des Syriens, des Danois, des Hollandais et des Anglais, qui tous leur tendaient des pièges. Et personne n'était là pour les avertir, les guider, leur venir en aide. « Pendant près de soixante ans, de 1760 à 1820, dit un de ceux qui les haïssaient à cause de leur foi, c'est à peine si on pensait aux missions catholiques et au grand nombre de leurs conversions. Les vieux missionnaires mouraient successivement, et il n'en venait point d'Europe pour les remplacer. »

Et cependant, durant ce long intervalle de silence et d'oubli, le bon grain semé par ces saints laboureurs avait toujours conservé sa vitalité. Dieu avait résolu, ce semble, de justifier ses serviteurs par une providence spéciale et vraiment merveilleuse, à la face de l'univers entier, s'il avait laissé tomber leur œuvre dans une situation qui présageait une ruine inévitable, c'était afin de montrer que ni le démon, ni la persécution, ni l'artifice, ni l'oubli, ne pouvaient éteindre leur vie. Lorsque, après soixante ans de silence et de désolation, les hommes tournèrent leurs regards de ce côté, ils trouvèrent une multitude vivante, là où ils s'attendaient à ne compter que des cadavres. Quelques-uns, sans doute, avaient apostasié, d'autres n'avaient retenu que les vérités capitales de la Trinité et de l'Incarnation ; cependant, chose vraiment prodigieuse, *il en restait encore plus d'un million*, qui, après un siècle d'abandon absolu, demeuraient invinciblement attachés à la foi de leurs pères et s'inclinaient avec un respect mêlé d'amour quand on prononçait devant eux le nom des apôtres qu'ils avaient perdus. Tel est le remarquable résultat d'une épreuve sans exemple dans l'histoire du christianisme, et qui, tombée sur d'autres chrétiens si fiers de leur science et de leur civilisation, aurait pu produire de tous autres résultats. Après avoir donné une idée de leur condition actuelle, et entendu le témoignage de leurs propres ennemis, demandons à ces derniers quels ont été leurs efforts pour la conversion de l'Inde, et jusqu'à quel point ils ont réussi.

Le tableau suivant sur la situation des missions catholiques dans l'Inde en 1857, comprend les vingt vicariats apostoliques qui partagent maintenant le territoire ; il servira à montrer que la durée, caractère distinctif de ces missions, comme des églises de Chine leurs voisines, n'est pas le privilège exclusif d'une ou deux localités, mais qu'il se remarque également dans tout le reste du pays. On verra que la mission de Maduré, fondée par Nobili, compte encore 150 000 catholiques, tandis que celle de Verapoly, cultivée par un si grand nombre de Jésuites, en compte *environ deux cent trente mille*.

1857

Vicariats	Évêques	Catholiques
1. Madras	Mgrs J. Fenelly	44 480
2. Bombay	» Anast. Hartman, » Ignace Persico	17 100
3. Bengale oriental	» Thomas Oliffe	13 000
4. Bengale occident.		15 000
5. Pondichéry	» Clém. Bonnand	100 046
6. Madura	» A. Canoz, J. J.	150 000
7. Hyderabad	» Daniel Murphy	4 000
8. Vizagapatam	» T. E. Neyret	7 130
9. Mangalore	» Michel Antony	30 480
10. Verapoly	T.R.P. R. Ludovico, » Bernardino	228 006
11. Quilon	Adm. P. Bernardino	56 000
12. Mysore	T. R. E. L. Charbonneaux	17 110
13. Coimbatore	Adm. C. Bonnand	17 200
14. Agra	T.R.P. C. Carli	20 100
15. Patna	» A. Zubler	3 400
16. Ava et Pégu	» J. B. Bigandet	5 320
17. Presqu'île de Malacca	» A. Bancho	5 400
18. Siam	» J.B. Pallegoix	4 900
19. Jafna	» J. Bettachini	65 500
20. Colombo	» Cajetano Antonio	90 900

Ces chiffres, de beaucoup inférieurs à ceux d'aujourd'hui, nous apprennent qu'il y a encore dans les missions de l'Inde près d'un million de catholiques ; si nous y ajoutons les chrétiens attachés au schisme de Goa, qui se disent catholiques, et dont la réconciliation graduelle est facile à prévoir, nous aurons près de *douze cent mille* témoins vivants qui proclament les travaux et les triomphes des missionnaires catholiques. (Tome 1er, p. 383-86).

Les missionnaires protestants eux-mêmes attestent que cette statistique n'est point surfaite et que la même vitalité se remarque dans les autres missions catholiques de l'Inde. L'évêque Middleton signale comme un fait curieux, la présence de l'Eglise romaine dans toute l'Asie. « Tout protestant que nous sommes, dit-il, il y aurait un aveuglément fanatique à ne pas reconnaître que l'Eglise de Rome, bien qu'elle ait pu exagérer ses succès, a fait des merveilles en Orient ». Tharton, un des auteurs les plus exacts sur la statistique de l'Inde, porte à 313 262 la population du district de Goa, et « sur ce nombre, dit-il, les deux tiers professent la religion catholique ». Un témoin non moins impartial fait observer au sujet de la même province, « que les catholiques ont fait bon nombre de conversions, parmi les indigènes, qu'ils ont contribué puissamment à les civiliser, et dissiper en grande partie les ténèbres du paganisme ». Le Dr Francis Buchanan parle des classes que les protestants s'attachent le plus à décrier, et de plusieurs milliers de chrétiens qu'il visita à Tulava, restes de la persécution de Tippoo, qui détruisit toute leur église.

« Ces pauvres gens, dit-il, n'ont aucun des vices généralement attribués à la race portugaise et leur supériorité industrielle est plus volontiers reconnue par leurs voisins indous que par eux-mêmes ».

Si nous regardons l'autre côté du tableau, au lieu des Xavier qui se dévouent et se sacrifient, des de Brittos qui donnent leur sang et leur vie, nous trouvons une race d'aventuriers sordides et mondains dont Mammon est l'unique Dieu et dont la politique corrompue et cupide est le seul but de leur présence parmi les Indous. A partir du moment où les Portugais furent supplantés dans l'Inde par les gouvernements protestants qui leur succédèrent, l'action, l'influence, l'autorité du gouvernement fut entièrement dirigée contre le progrès du christianisme chez les païens. *An Indian Retrospect. By the Dean of carlisle*, p. 6). Hugh Murray établit une comparaison très peu flatteuse entre la marche suivie dans l'Inde par les Danois, les Hollandais et les Anglais, et la conduite de leurs prédécesseurs catholiques. Mais, en ce qui regarde les Anglais, cette comparaison est encore loin de la hideuse réalité. Pendant deux cents ans, ce fut une maxime reçue parmi les Anglais de tous les rangs, qu'on ne devait tolérer aucune tentative ayant pour but la conversion des Indous ou des Mahométans. « Le grand principe du gouvernement britannique, disait lord William Bentinck, c'est la stricte neutralité. » Pour s'y conformer, « la compagnie des Indes Orientales refusait de recevoir aucun missionnaire sur les navires qu'elle expédiait en Chine ou dans l'Inde » ; En vain quelques individus essayèrent de s'introduire subrepticement dans ce pays prohibé. « Deux missionnaires ayant débarqué sur les bords du Hoogly, furent immédiatement renvoyés en Europe sur le vaisseau qui les avait portés » ; c'était là un avertissement sérieux à l'adresse de ceux qui seraient tentés de les imiter. En 1812, les missionnaires américains furent transportés de Calcutta à Bombay, et mis en prison. S'étant enfuis sur un caboteur du pays, ils furent poursuivis, repris et enfermés dans la forteresse. « Il y avait, dit un écrivain, une battue organisée contre les missionnaires du Bengale, et l'on n'en vit pas moins de cinq, tant Anglais qu'Américains, expulsés de la contrée par ordres formels d'un gouvernement inflexible. » Cette politique si vigoureuse fut imperturbablement suivie tant qu'elle fut possible. « Avant 1813, aucun missionnaire ne put obtenir la permission de s'embarquer sur un navire anglais. »

On trouva encore moyen de perfectionner ce régime de répression. « Des règlements administratifs datés de 1814 exclurent les chrétiens indigènes de toute fonction publique ayant un caractère honorable. Ainsi un Cipaye fut renvoyé de l'armée pour avoir embrassé le christianisme. » Dans un meeting tenu le 13 avril 1813, par la *Church missionary Society*, diverses résolutions furent prises, dont la septième était ainsi conçue : « La société a vu avec peine les entraves auxquelles le christianisme est exposé par suite de la mesure qui exclut les indigènes convertis des positions officielles dans l'Inde, tandis qu'elles sont facilement accordées aux Indous et aux Mahométans ». Ces étranges mesures ont été approuvées jusqu'à ce jour par les hommes d'Etat les plus éminents que l'Angleterre ait envoyés dans l'Inde. « Je crois, disait sir John Malcolm, que le gouvernement anglais de ces contrées ne devrait jamais chercher, ni directement ni indirectement, à propager la religion chrétienne. » Voici ce qu'on lit dans un document officiel signé par l'illustre lord Macaulay : « Nous nous abstenons, et j'ai la confiance que nous nous abstiendrons toujours, de donner aucun encouragement public à ceux qui s'engagent dans l'entreprise de convertir les indigènes au christianisme ». En 1823, un directeur de la Compagnie des Indes Orientales, et ce n'est pas le moins connu, nous dit encore : « Il me paraît absolument nécessaire qu'on évite avec soin de se mêler de la religion des Hindous ». Tout récemment, en 1859, lord Ellenborough donnait ce conseil à la Chambre des lords : « On ne saurait adopter une mesure plus propre à calmer l'esprit des indigènes et à nous restituer leur confiance, que de retirer tout secours du gouvernement aux écoles qui sont en rapport avec les missionnaires ». Quand le même pair accusa lord Canning d'avoir souscrit pour une société de mission, lord Landdown, malgré ses sympathies personnelles pour le vice-roi des Indes, fit observer que, si ce fait était prouvé, le gouverneur général de l'Inde ne méritait pas de conserver plus longtemps son poste ». En même temps Kinnaird annonçait à la Chambre des communes que les naturels du pays, considérant l'édit de la reine qui interdit toute immixtion dans leur religion comme un blâme infligé à ceux qui avaient agi autrement, insistaient auprès du gouvernement local, disant « que les missionnaires allaient contre l'édit de la reine en prolongeant leur séjour dans l'Inde, et que dès lors l'autorité avait le devoir de les expulser immédiatement ». (Tome 1er, p. 412-14).

Pour achever de déshonorer notre gouvernement aux yeux de la chrétienté contemporaine, on fit de cette honteuse protection du paganisme une source de revenus. « Le culte dégoûtant et sanguinaire de Jaggernaut, dit Howitt, fut non seulement pratiqué, mais autorisé et favorisé par le gouvernement anglais. Un impôt fut levé sur tous les pèlerins qui se rendaient aux temples de l'Orissa et du Bengale, et des fonctionnaires anglais et des gentilshommes anglais devinrent les surintendants et les régisseurs de ce culte hideux et des recettes qu'on en retirerait ». Il paraît qu'ils devinrent habiles à multiplier ces sources de revenus ; car un missionnaire protestant nous apprend qu'on levait aussi une contribution sur ceux « qui aspiraient au privilège de se noyer dans le Gange », et que cette mesure « pouvait rapporter 250.000 roupies » ! Ce gentleman ne peut guère être accusé d'exagération, quand il ajoute que de tels procédés « assimilaient les chrétiens de profession aux idolâtres ».

Russel avait donc raison de s'écrier : « Pour un peuple chrétien, nous faisions dans l'Inde des choses vraiment étranges ! » En 1852, un écrivain de la *Revue de Calcutta* dit que jusqu'à ce moment « les représentants du gouvernement en résidence à Nagpore et à Barada prennent part aux fêtes païennes. Dans la présidence de Madras, le mal se fait sur une échelle plus vaste encore. Jusqu'en 1841, plus de 400 000 livres sterling provenant des temples païens, passèrent aux mains du gouvernement de Madras, et le revenu annuel était de 17 000 livres sterling ». Aussi, un écrivain anglo-indien, faisant allusion à ces faits et à ce qu'il appelle « l'extravagance démesurée de notre gouvernement », déclare, en 1857, que « si les cipayes ne s'étaient pas révoltés, les injustices auraient peut-être été toujours en croissant dans l'Inde, jusqu'à ce que Dieu ne pût plus nous supporter ; alors, nous aurions été chassés de l'Inde, pour servir de risée et d'exemple aux nations ».

Dans un tel état de choses, toute entreprise de missions qui ne venait pas d'en haut devait être condamnée à s'éteindre. L'Inde fut pour les missionnaires protestants comme si elle n'eût pas existé. « Aucun clergyman ne consentit à y aller », dit le Dr Close » ; tous les missionnaires secourus par la *Société de la doctrine chrétienne*, et il aurait pu ajouter que ce qu'on appelle la *Société de la propagation de l'Évangile*, étaient luthériens et étrangers. Il nous faut maintenant entendre ces émissaires étrangers, raillant sur ce fait leurs patrons anglicans, et s'en servant pour justifier leurs attaques contre une église dont ils étaient les ministres reconnus ! « Pendant longtemps, dit le Dr Close, il fut impossible de faire partir un seul missionnaire. On envoya à Calcutta, en 1789, un ecclésiastique anglais, qui déserta bientôt après son arrivée. » C'était décourageant. « En 1797, on en envoya un autre, un Allemand, qui déserta aussi. » Cependant, il était urgent de prendre des mesures efficaces, car jusqu'à cette époque, dit Kaye, « la religion protestante avait fait peu de progrès dans l'Inde. Il y avait bien de temps en temps quelques conversions, mais elles prenaient une fausse direction ». Quelques Anglais se firent catholiques, comme le fils de sir Heneage Finch, d'autres devinrent mahométans.

« Le gouvernement s'alarma tellement des progrès du romanisme, dit un chapelain anglican de l'Inde, qu'il fut décidé qu'on appliquerait à ses adhérents le statut pénal publié par Élisabeth, XXIIIe *statut*, ch. I. John da Gloria, prêtre portugais, ayant baptisé Mathen, fils du lieutenant Torpe déjà décédé, fut arrêté comme coupable de haute trahison pour avoir travaillé à réconcilier une personne avec le Pape. »

Au siècle dernier, les missionnaires protestants, qui étaient des luthériens, ne firent aucun semblant d'efforts, quoique l'Angleterre entretînt toujours un établissement ecclésiastique considérable et coûteux en faveur des résidants britanniques. Le portrait que Marshall trace de quelques-uns de ceux que le vulgaire regarde comme ayant travaillé avec succès dans la mission de l'Inde, dissipera toute illusion. Dans ce portrait sévère, mais impartial, car c'est le protestantisme qui a fourni tous les originaux, l'auteur a arraché le laurier qui couronnait le front des héros protestants. Kiernander et Schwartz étaient « connus pour leur immoralité ». Les succès de Martyn, lui-même l'avoue, se bornaient à une vieille femme « qui, pensait-il, était sérieusement convaincue, » et Héber confesse que « les exemples de conversions réelles sont, jusqu'à ce moment, très rares » ; pourtant il y en a « assez pour faire voir qu'elles ne sont pas impossibles ». (Fuller's, *And for christian missions*, app. p. 3. — *Indian Journal*, II, 203).

Dans l'appréciation de résultats aussi misérables, il est impossible de perdre de vue les ressources dont les missions protestantes dans l'Inde ont dû jouir dans le passé, et jouissent encore en ce moment.

Outre les facilités qui résultent de leurs relations avec le pouvoir, outre les motifs qui agissent avec force sur les naturels du pays et les disposent à recevoir les instructions de leurs maîtres et patrons, il faut aussi tenir compte des immenses ressources matérielles dont elles disposent. Construire des églises, fonder des collèges et des écoles, doter des orphelinats, rémunérer les catéchistes et les professeurs en leur allouant des traitements considérables, attirer une race sordide et appauvrie en lui assurant des moyens de subsistance, tout cela était aussi facile aux protestants qu'impossible aux missionnaires catholiques. *Vingt-deux* sociétés évangéliques, anglaises, américaines ou allemandes fournissent, dit-on, le magnifique subside annuel de 187 000 livres sterling, somme qui a atteint des proportions beaucoup plus considérables. Il y a vingt ans, les chapelains, beaucoup moins nombreux qu'aujourd'hui, « s'élevaient à quatre-vingt-dix, et coûtaient à la compagnie une somme annuelle de 88 000 livres sterling. » Nous avons vu que, dans la province de Maduré, 62 missionnaires catholiques dépensaient seulement 1 500 livres, de sorte que chaque missionnaire protestant coûtait quarante fois plus qu'un missionnaire catholique. Les seuls frais de voyage des missionnaires protestants avaient coûté 260 000 livres sterling jusqu'en 1839. En 1831, l'établissement anglican, à lui seul, coûta 112 000 livres et l'année suivante, un écrivain presbytérien annonçait avec une jactance plus conforme à la vérité qu'à la discrétion, que les dépenses annuelles des missions protestantes dans l'Inde seulement « surpassaient à peu près d'un cinquième ce que coûtent chaque année les missions papales dans toutes les parties du monde. » En 1850, le gouvernement dépensa 107 855 livres pour l'église établie anglo-indienne, bien que les protestants nous disent que son clergé « serait tout aussi bien en Angleterre que dans l'Inde », en ce qui concerne les intérêts naturels du pays, tandis qu'on donne aux catholiques de l'Inde la somme de 5 467 livres, soit 24 livres de moins qu'il n'en fut accordé dans le courant de la même année, à un seul personnage, l'évêque protestant de Calcutta » (Tome 1er, p. 506-8).

Malgré ces brillantes ressources, Marshall a recueilli les aveux sincères d'un insuccès complet et sans espoir; ces aveux, empruntés aux rapports officiels les plus récents, regardent chaque région de l'Inde, le Bengale, Madras, Bombay, Tranquebar, Tanjore, Tinnevelly, Bénarès, Travanevre et une infinité d'autres stations au nord, au sud, à l'ouest et au centre de l'Inde. « Vous n'avez fait aucun progrès, ni auprès des Indous, ni auprès des Mahométans », disait en 1858 sire James Brooke dans un meeting de la Société de la propagation de l'Evangile, « vous en êtes encore au même point que le jour où, pour la première fois, vous mîtes le pied dans l'Inde ». « On dirait, s'écrie Clarkson, missionnaire lui-même, qu'on a fermé toutes les portes et tous les canaux qui pouvaient, offrir un passage aux torrents de l'Evangile. Quant aux soi-disant convertis, Irvingt d'accord avec une centaine d'écrivains anglo-indiens, assure que « le relâchement de leurs mœurs va jusqu'à choquer les sentiments des païens leurs compatriotes ». L'abondance des matériaux fournis à Marshall par les auteurs protestants fait bien ressortir la différence des résultats obtenus par les deux systèmes rivaux. Quels hommes étaient les premiers prédicateurs du catholicisme dans l'Inde, quels furent leur dévouement, leur désintéressement, leur piété, leur détachement absolu de la terre, de ses plaisirs, de ses honneurs, de ses biens, les témoins les moins suspects nous l'ont fait voir en détail. Quant aux protestants, nous n'avons qu'à ouvrir les pages que l'auteur emprunte aux autorités les plus irrécusables, pour trouver la raison manifeste de leur insuccès. Côte à côte avec l'humble Xaxier nous trouvons « un froid et superbe formaliste, très passionné pour les saluts militaires, et disputant bravement la préséance ». (Kay's, *Christianty in India*, 301, en parlant de l'évêque Middleton). Si nous nous éloignons des ouvriers infatigables de la mission de Kanara ou du Maduré, nous trouvons le Dr Judson confortablement assis dans sa pagode, et criant aux passants (*Theory and practice of caste*, p. 150). « Hé ! que celui qui a soif vienne boire de l'eau ! vous qui n'avez point d'argent, venez, achetez et mangez » ! La cause à laquelle ils se dévouent est évidemment la même que celle de ces hommes qui déclarent franchement, comme l'évêque Cotton (Première allocution, *primary charge*, citée par Overland Bombay, *Times*, novembre 26, 1859), que « l'ascétisme ne fait point partie du système de l'Evangile », et dont les expériences de missionnaires se bornent aux alarmes d'une épouse qui, comme celle de l'évêque lord Middleton, tremble en voyant s'agiter leur petit chien qu'elle tient sur ses genoux, et dont le mari est vivement impressionné par cette scène ».

Voici une autre leçon. Le traitement annuel des missionnaires catholiques s'élève à vingt livres, d'après le protestant Malcolm, qui rend hommage à la pureté de leurs mœurs et à l'humilité de leur vie. Or, voici un inventaire protestant. « Owen, le dernier chapelain général, mourut l'année dernière, en 1852, dit lord Teignmouth, laissant une fortune de 100 000 livres sterling. Je donne ce chiffre comme positif, d'après l'autorité de quelqu'un qui se rendit à Doctorscommons et se procura une copie de son testament ». Et ce cas, bien qu'excessif, n'était pas isolé. « Il semblerait, dit un écrivain qui nous a déjà fourni des renseignements importants, que les chapelains de la compagnie, à la fin du dernier siècle, fussent une race de monnayeurs » (*A money-making race of men*). Il y a dans le journal de Kiernander, l'ancien missionnaire danois, une note curieuse, conçue en ces termes : « Le révérend Blanchard se dispose à partir pour l'Angleterre sur un vaisseau américain, dans une quinzaine de jours, avec cinq *lakhs* de roupies (environ 1 500 000 francs) ; Owen avec deux *lakhs* et demi (750 000 francs) ; Johnson avec trois *lakhs* et demi (1 050 000 francs) ; une moyenne annuelle de 2 500 livres sterling d'économie » ! En présence de tels faits, les résultats attestés par les partisans les plus enthousiastes n'ont plus rien qui nous étonne. »

« Le christianisme, dit un homme qui fut longtemps associé aux missionnaires protestants, fait peu de progrès, ou même n'en fait aucun. Chaque fois que j'en avais l'occasion, j'avais coutume de demander aux missionnaires combien d'Indous ou de Mahométans ils avaient convertis pendant la durée de leur mission, et l'on me répondait généralement *un*, et quelquefois *aucun*.

« Un ministre qui a passé trente ans dans l'Inde à prêcher l'évangile aux infidèles, dit Peschier, président de la société des missions à Genève, déclare qu'il n'a pas opéré une seule conversion.

« Le Dr Bryce, ministre presbytérien, s'écriait dans un sermon prêché à Calcutta : Hélas ! on peut se demander si jusqu'à ce jour le missionnaire chrétien a pu se glorifier *d'un seul prosélyte* gagné à sa croyance, avec l'espoir fondé qu'il aurait à se réjouir de sa conquête. Un autre témoin observe que c'est là l'opinion d'un savant et pieux ecclésiastique, exprimée en présence d'une congrégation qui avait tous les moyens de s'assurer de son exactitude ».

A mesure que nous avançons vers l'époque actuelle, les mêmes témoignages se reproduisent sans la plus légère variation. Nous ne connaissons pas, disait en 1838 le Dr Ruschemberger, plus de trois ou quatre exemples remarquables de conversions au christianisme opérées par les missionnaires. La plupart des gens dont se compose la congrégation, dit le Dr Brown, ne sont chrétiens que de nom. Et c'est ainsi qu'ils s'expriment tous jusqu'à la fin.

« En 1843, le comte de Warren nous assure que l'influence des missions anglaises est d'une nullité absolue ; elles ne comptent pas d'autres prosélytes que les orphelins achetés par les missionnaires, et qui, une fois devenus grands, *retournent tous à la religion de leurs compatriotes*. Mais il faut avouer aussi que les disciples du Christ ne montrent guère plus de charité et d'humilité que ceux de Brahma ou de Mahomet. »

« On doit admettre, disait Campbell en 1852, que l'entreprise de christianiser les naturels du pays *a complètement échoué* ; nous avons fait des impies, mais fort peu de chrétiens sincères, et avec le système actuel, il est probable que nous ne ferons pas mieux. »

En 1856, Walter Gibson nous rapporte cet aveu secret que lui fit un missionnaire américain : « Les millions et les centaines de millions s'en vont en Orient, sans que la domination et les lumières des Européens y exercent *la plus légère influence.* »

« De Valbezen, qui a l'air d'affecter en religion une froide impartialité que certains Français confondent avec la grandeur d'esprit, nous dit en 1857 : La prédication des missionnaires protestants n'a pas fait la moindre impression. Si quelque changement s'est opéré dans le gouvernement de l'Inde, il y a fort peu de leurs convertis qui ne soient disposés à retomber dans les grossières erreurs de leur première religion. »

En 1858, nous recueillons les témoignages suivants : « Les convertis, dit Minturn, sont en petit nombre et appartiennent pour la plupart aux classes les plus dégradées. » — « Pour les naturels convertis au christianisme, écrit à la même époque Malcolm Qudlow, je ne les ai pas même comptés parmi les éléments nettement chrétiens, *tant ils sont généralement sans influence*. Sir James Brooke résume toute l'histoire, quand il dit aux sociétés des missions d'Angleterre : « Vous n'avez fait aucun progrès sur les Mahométans et les Indous ; vous êtes encore au même point que *le jour de votre arrivée dans l'Inde*. »

En 1859, le capitaine Evans Bell doutait « que les missionnaires fissent jamais aucun bien » ; et Qudlow ajoute : « Nous devons enregistrer un *accroissement* de défiance et d'aversion pour le christianisme chez les Indous et les Musulmans. » Tout récemment, en 1860, Russell est venu clore à propos la série des dépositions, par cette grave annonce, que, *réduits au désespoir*, bien des chrétiens dans l'Inde en sont venus jusqu'à désirer et à supplier qu'on leur permette de convertir les Indiens par le glaive. » (Tome 1er p. 520-27.)

Nous serions entraîné trop loin si nous voulions continuer cette analyse et passer en revue avec Marshall les autres districts dont il trace l'histoire. L'étude de chacune de ces contrées est précédée d'un chapitre renfermant un choix de témoignages éloquents sur la stérilité des efforts du protestantisme. L'ouvrage si connu de sir James Emerson Tennent sur Ceylan ne nous donne pas une haute idée de l'avenir des missions dans cette île et cependant il ne laisse pas entrevoir la nullité des résultats avoués par les missionnaires eux-mêmes. « La plupart des Singhalais, que je désigne comme appartenant de nom à la religion réformée, dit le révérend W. Harvard, missionnaire wesleyen, ne sont guère chrétiens que par le baptême. » La plupart vivent comme s'ils n'avaient point d'âme, ajoute le révérend James Selkirk, missionnaire anglican. « La mission a trompé notre attente presque partout, » disait en 1854 le Dr Brown, « tous les comptes rendus s'accordent à nous donner des renseignements défavorables », ajoute en 1856 le révérend Tupper. Pridham va plus loin encore, et déplore amèrement l'état du christianisme, « qui s'en va à la dérive. »

« Sir Emerson Tennent, suppose-t-il que le Père Joseph Vaz, par exemple, réduit à fuir au milieu des marais et des bois de Ceylan, ait converti 30 000 idolâtres *par la pompe des spectacles* ? Saint François Xavier, dont tout l'appareil ecclésiastique se bornait à une clochette et un catéchiste, convertit-il 700 000 âmes *par la magnificence du cérémonial* ? Fut-ce par les splendeurs d'un rituel imposant que le vénérable Jean de Britto gagna ses dizaines de mille âmes dans les forêts de Marava ? Est-ce avec de tels accessoires que les apôtres martyrs de Chine et de Corée, dont les églises étaient des huttes et les vêtements des haillons, remportèrent leurs triomphes ! Fut-ce *la pompe des spectacles* qui, dans l'Amérique du Sud, arracha au culte des démons 1 500 000 Indiens ? Fut-ce le *rituel* qui fit adorer le saint nom de Jésus sur les bords du lac Huron, de l'Ohio et du Mississipi, et, à une époque plus récente, dans les plaines de l'Orégon et les vallées des Montagnes Rocheuses. Est-ce, *par la magnificence du cérémonial* que les Franciscains renouvellent en ce moment leurs anciennes victoires, comme les Lazaristes en Syrie, les Jésuites dans la Colombie, les Maristes dans les îles du Pacifique ? Que penser d'une cause qui déguise ainsi son éternelle humiliation, et qui voudrait excuser ses perpétuelles mésaventures par un prétexte dont elle connaît la fausseté, en attribuant les conquêtes qu'elle poursuit vainement à des moyens impossibles, et qui, d'ailleurs, eussent été entièrement inefficaces ?

« L'unique explication que l'on ose donner des triomphes obtenus par les missionnaires catholiques, et attestés en tout lieu par les protestants eux-mêmes, à qui ils sont pourtant refusés, mérite d'être étudiée plus à fond. Examinons-là une fois pour toutes. C'est le *seul* argument des protestants, et encore est-il en désaccord non seulement avec les faits historiques, mais avec la pratique universelle des hommes soit païens, soit chrétiens, et avec les instincts de leur nature. Et d'abord, il contredit les faits.

« Il n'y a pas, dans toute l'histoire des missions, un seul exemple de païens attirés à la religion catholique par la simple influence des rites. L'ignorance volontaire, ou une effronterie incurable, peuvent seules attribuer à une pareille cause la conversion de l'Inde ou de la Chine. Dans tous les pays où les missions sont maintenant en progrès, la pauvreté des évangiles catholiques est devenue proverbiale. On dit que dans les îles du Pacifique il y a des missionnaires catholiques qui manquent des choses les plus nécessaires à la vie, et il y a tel évêque qui a pour trône l'épine dorsale d'une baleine. De nos jours encore, en Amérique, ils n'ont pas toujours de quoi manger, et dans certaines provinces, comme le Texas, l'Orégon et la Californie, leur nourriture est habituellement très grossière. Dans l'Amérique du Sud, ils partagent volontiers le genre de vie du pauvre Indien, qui les honore en dépit, et peut-être à cause de leur pauvreté apostolique, et leur obéit, comme ses ancêtres obéissaient à leurs prêtres, avec un respect mêlé d'amour. Un protestant américain, visitant naguère la vallée du fleuve des Amazones, rencontra dans ces solitudes lointaines des missionnaires catholiques, qu'il représente, avec une noble enthousiasme, comme le véritable idéal des prédicateurs apostoliques. Etonné, dit-il, de la *pauvreté* de l'église, je résolus, si jamais je rentrais dans mon pays, de faire un appel à la générosité des catholiques des Etats-Unis. Et ceci est confirmé par un officier anglais qui traversa aussi ces régions lointaines, où il trouva des missionnaires catholiques *traités avec le plus grand respect et la plus grande déférence*, même par les indigènes qui *n'avaient quelque déférence que pour le Padre;* les églises qu'il vit depuis les Andes jusqu'à Para, ne lui semblent guère meilleures *que de vastes granges.* Et l'on voudrait nous faire accroire que l'Eglise n'attire les âmes à Dieu que par les fascinations d'un *pompeux cérémonial.* » (T. II, p. 63-5.)

Le passage suivant, que nous ne pouvons résister au plaisir de citer, donne la raison philosophique de cette préférence instinctive.

« Cette explication populaire est en opposition, non seulement avec les faits admis et proclamés par les témoins les plus compétents, mais encore avec le phénomène le plus notoire de la vie païenne. Bien qu'il ait élevé une multitude de temples somptueux, décorés avec toute l'habileté que comportent ses connaissances artistiques, le païen n'a jamais eu l'idée de chercher dans un cérémonial imposant l'équivalent d'un culte plus efficace et plus intellectuel. Malgré sa dégradation, il conserve partout les traditions primitives *du sacrifice, de la prière et de la mortification*. L'Indou lui-même couvrirait de mépris l'imposture d'une vaine parade ecclésiastique. Si nous pouvons nous en rapporter à des écrivains protestants, il adore des idoles, mais seulement comme les symboles de la Toute-Puissance. Sir William Hooker affirme qu'en général le dévot bouddhiste « n'attache pas une importance réelle à l'idole même. Son culte est la démonologie, mais c'est toujours un culte. Bien différent des protestants, il comprend et admet le souverain domaine du Créateur sur sa créature, l'obligation et l'efficacité de la pénitence pour une race déchue, le *sacrifice* comme essence du culte. Aussi est-il plus facile à convertir que les enfants de Luther et de Calvin, qui ont perdu ces premières notions. Les disciples de Bouddha et de Confucius, de Brahma et de Mahomet, malgré leur pénurie spirituelle, ont du dégoût pour la pompe et le cérémonial, nourriture insipide qui ne saurait apaiser la faim de leurs âmes. Et ils ont montré, dans plus d'un pays, qu'ils savent bien faire la différence entre les solennités rituelles qui voilent et symbolisent les augustes mystères de l'autel chrétien, et ces formes glaciales du protestantisme qui ne symbolisent rien, et qui sont le triste accompagnement d'une religion qui a raison de fuir le cérémonial, parce qu'elle n'a rien à cacher ni à révéler, parce qu'elle commence et finit avec l'homme, parce qu'elle n'a pas de mystères plus profonds que les accents variables de la voix humaine. Aussi le païen se hâte-t-il de quitter le service protestant pour se livrer à l'adoration de ses propres divinités; il s'est bien vite aperçu qu'il n'y a pas même là un semblant de *culte*. C'est à peine s'il a compris que cette froide cérémonie où il a vu un homme lisant un livre à d'autres hommes, souvent sans obtenir de grandes marques d'intérêt, avait la prétention d'être un service religieux. Il n'y a vu qu'une ennuyeuse et insignifiante formalité. Mais en entrant dans l'oratoire catholique le plus modeste, il a reconnu, à première vue, qu'il y avait là des hommes qui offraient *un culte*. Dans les deux cas il a été bien servi par son instinct. » (Tome II, p. 65-7.)

Aux Antipodes, le caractère des missions n'a pas été le même que dans d'autres régions. Ce terrain étant entièrement neuf, l'insuccès ne peut être attribué à l'influence ni aux intrigues des premiers occupants. Mais à la honte des missionnaires protestants des antipodes, le seul usage qu'ils aient fait de la priorité d'occupation a été de prévenir et de devancer par l'étendue et la rapacité de leurs spéculations, la tourbe des aventuriers du commerce qui ont trafiqué de l'ignorance et de la simplicité des malheureux indigènes. Marsden, le fondateur de la mission de la Nouvelle-Zélande, acheta deux cents acres de choix pour douze haches ! Les disciples ne tardèrent pas à le surpasser. Une pieuse association de cinq vignerons acheta, en 1819, une étendue de *treize mille acres* pour quarante-huit haches ! Dans d'autres circonstances, quelques colliers, quelques couvertures, un fusil, un peu de poudre et de plomb, suffisent à l'acquisition de terrains qui, dans le langage des missionnaires, se mesuraient par mille exemples monstrueux de cupidité et de friponnerie consommée, qui entraient dans le plan gigantesque d'un industriel rusé, qu'on appelait Shepherd, et qui achetait pour deux chemises de toile et un pot de fer, une étendue considérable de terres de première qualité.

Il ne faut pas s'étonner si on finit par réclamer l'intervention du gouvernement. Une commission fut nommée pour procéder à l'examen de ces transactions. Nous n'osons pas rappeler tous les détails; mais il vaut la peine de noter quelques-unes des réclamations formulées par les missionnaires. Parmi ceux dont les demandes furent enregistrées jusqu'à l'année 1841 étaient le révérend J. Mathews, pour 2 503 acres ; le révérend R. Mathews, pour 3 000 acres ; le révérend T. Aithen, pour 7 670 acres ; le révérend W. Williams, pour 890 ; M. Tlarke, 19 000 ; M. Davis, 6 000 ; M. Fairburn, 20 000 ; M. Kemp, 18 000 ; M. King, 10 300 ; M. Shepherd, 11 860 ; et enfin, car nous ne pouvons pas tout énumérer le révérend H. Williams, d'abord pour 11 000, et plus tard, d'après le Dr Thompson, pour 22 000 acres.

Mais tout cela n'est rien encore, comparativement. Le révérend Richard Taylor, qui ne parut dans la colonie qu'en 1858, réclamait 50 000 acres ! M. Bidwill remarquait, en 1841, que plusieurs missionnaires réclamaient des étendues de terrains de 100 000 à 600 000 acres dans différentes parties du pays. En 1845, M. Hawes disait à la Chambre des communes que ces trafiquants de terrains « étaient aussi devenus, au moins quelques-uns plus ou moins négociants ». Aujourd'hui leur rôle est tellement connu, que M. Charles Buller, écrivant officiellement à lord Stanley, ne craignait pas de dire que ces hommes n'oseraient pas même défendre leur propre conduite. « Les missionnaires, dit-il, ne sont pas en état d'affronter la discussion publique de leurs actes antérieurs ; ils accepteraient sans réplique toutes les conditions qui pourraient leur être offertes. » Ils étaient devenus un objet de risée et un point passés en proverbe.

Mais plût à Dieu que là se bornassent les accusations ! Un témoin non suspect, le Dr Laing, déclare que depuis la réforme, l'histoire des missions protestantes ne nous offre rien qui, pour l'incapacité et le manque de dignité morale, puisse être comparé avec l'ensemble de leur conduite. Voici une révélation étonnante qui servira de pièce justificative : « Le premier chef de la mission de la Nouvelle Zélande fut renvoyé pour cause d'adultère le second pour cause d'ivrognerie, et le troisième pour un crime encore plus énorme que les deux autres. » (*New Zéland*, in 1839, By. J. D. Laing, D. D., p. 30.). De telles révélations nous préparent au résultat avéré que ce témoin si peu suspect, le Dr Laing, rappelle longtemps après, sans faire autre chose que servir d'écho au verdict unanime de tous ceux qui ont écrit sur ce sujet. Parlant de l'Australie, le Dr Laing disait en 1852 : « Il n'y a pas un seul cas bien authentique de conversion de noir indigène au christianisme, » et M. Minturn, en 1858, ajoutait avec un sentiment de tristesse : « Tous les efforts des missionnaires ont échoué auprès d'eux. » M. Fox, parlant de la Nouvelle-Zélande disait : « Pour la plupart des naturels, le christianisme n'est qu'un nom, il n'a pas d'influence pratique ; » en 1859, le Dr Thompson répète encore que ce n'est « qu'une grossière alliance du paganisme et de la croix ». M. Wakefield, dont le triste récit est confirmé par une multitude d'autres témoins, ajoute que les naturels convertis « sont visiblement inférieurs aux païens non convertis, sous le rapport moral ». Un autre protestant déclare, d'après le sentiment répandu dans la colonie, « qu'ils sont vagabonds voleurs et menteurs, et qu'ils se distinguent en cela des naturels non convertis ».

La situation des missions protestantes en Océanie n'est pas plus brillante. A Taïti, en 1840, M. Bennett « vit des scènes de dissolution et de débauche qui auraient fait rougir les plus ignobles banbourgs de Londres. » (*Narrative of a Whaling voyage*, I, p. 81.) A Raïatea, où M. Williams, chef de la mission résida pendant plusieurs années, « la chasteté, dit M. Benneth était inconnue, soit dans le célibat, soit dans la vie conjugale ; les membres les plus fervents de l'Église n'avaient aucun respect pour cette vertu. Les effets les plus déplorables de la débauche, ajoute-t-il, se montraient de toutes parts ». Et nous devons dire ici que ce même écrivain parle dans les termes les plus magnifiques de la modestie et des autres vertus qui distinguent les convertis catholiques de la même classe.

L'échec des missions protestantes en Océanie est universellement attesté. Déjà en 1832, un écrivain du *Journal asiatique* disait que « la présence des missionnaires avait fait plus de mal que de bien ». M. Pridham, dix-sept ans plus tard, annonçait qu'ils n'avaient fait qu'ajouter une nouvelle plaie aux maux qu'ils étaient venus guérir. » En 1851, le révérend M. Hines reconnaissait l'immoralité et l'indifférence des disciples des missionnaires aux îles Sandwich, « depuis la hutte du dernier serviteur jusqu'au palais royal ». M. Herman Melville, vers la même époque, déplorait « leur extrême mépris de toute décence ». Le commodore Wilkes s'aperçut que leurs catéchismes eux-mêmes « ignoraient la plupart des devoirs imposés au chrétien; et le capitaine Laplace se plaignait qu'ils n'eussent réussi qu'à rendre les naturels sales, brutaux, fourbes et menteurs ».

Le chapitre de Marshall sur les missions d'Afrique est aussi extrêmement intéressant. Quelques citations empruntées à leurs propres historiens, peuvent aider à résumer les résultats obtenus dans les différentes parties de ce vaste continent, avec les sommes énormes et une organisation gigantesque. M. Tracy compte dans l'Afrique occidentale, indépendamment de Sierra-Léone et de Gorée, dix-huit essais de missions protestantes et autant d'échecs. M. Brodie Cruickshank, parlant des convertis de la Côte-d'Or, dit « qu'à peu d'exceptions près, ils retombent tous dans l'immoralité » et M. Duncan déclare franchement, au sujet de ceux de Dahomey, que l'éducation donnée par les missionnaires « n'est pour eux qu'un moyen de se perfectionner en scélératesse ». Quant aux Cafres de l'Afrique méridionale, le major Dundas disait, en 1835, à la Chambre des communes : « Je crois que les missionnaires ont difficilement réussi à faire un seul chrétien. » Vingt-trois ans plus tard, en 1858, le révérend M. Calderwood avouait, lui aussi, « qu'on pouvait dire que les Cafres avaient repoussé l'Evangile ». En 1852, M. Cole affirme que « sur cent Hottentots chrétiens de nom, quatre-vingt-dix-neuf n'ont point une idée exacte de la vie future ». M. Moodies, sir James Alexander, le colonel Napier, M. Bunbury, le capitaine Aitchison, et plusieurs autres, assurent, d'après leurs observations personnelles, comme un fait notoire, « que les Hottentots qui ont résidé pendant quelque temps au siège de la mission sont en général les plus paresseux et les plus méprisables de leur nation ! » Quant à des conversions faites au nord et à l'est de l'Afrique, *il n'en a jamais été dit mot !*

Nous avons à peine besoin de nous arrêter aux missions du Levant. Sir Adolphe Hade, après plusieurs années d'observations personnelles, nous apprend en 1854 : « Qu'on ne saurait trop signaler leur stérilité complète. » Selon le Dr Hawes, « celles de Grèce ont compris la nécessité de se retirer et de renoncer à une grande partie du champ qu'elles avaient entrepris de cultiver ». Cela veut dire, comme nous le verrons, que les missionnaires ont été expulsés par les habitants du pays. S'il faut en croire lord Castelreagh l'évêque de Jérusalem « n'a guère d'autre congrégation que celle de ces chapelains, de son docteur et de leurs familles ». M. Williams, missionnaire lui-même se lamente sur « les graves erreurs dogmatiques et sur la conduite scandaleuse de tous les membres instruits » de cette congrégation. Le Dr Souhtgate, évêque protestant d'Amérique, reconnaît naïvement que les seuls convertis protestants qu'on trouve en Turquie et dans le Levant, sont « des infidèles et des radicaux qui ne méritent aucune sympathie du public chrétien ». Le Dr Wagner déclare, après un examen attentif, que « les établissements entretenus à grands frais en Arménie n'ont fait aucune conversion ! »

Les missions d'Amérique mériteraient d'être étudiées à part. M. Marshall, dans le chapitre ravissant qu'il a consacré, nous a donné un recueil très complet et très étendu de faits empruntés à toute sorte d'écrivains anciens et modernes. Il traite séparément les missions du Nord et les missions du Sud, et, sans jamais perdre de vue le passé historique des deux continents ni la condition ethnologique de chacun d'eux dans le temps présent, il examine les résultats produits par le système particulier dont on y a fait l'application. « Les races du Sud ont reçu des missionnaires de la croix, leur religion et leur civilisation ; les tribus du nord, condamnées à une destruction rapide, ont été abandonnées à des docteurs d'une autre école et à des prophètes d'une autre foi. Or, voici les résultats de ce partage inégal. Dans le Sud, l'Eglise a tout réuni, malgré les différences de race, l'ignorance et la férocité des sauvages, les folies et les crimes de quelques-uns de ses enfants, et elle en a fait une seule famille dans le Nord, les héritiers primitifs ont été chassés et exterminés, sans pitié et sans remords, et dans le désert créé par elles, les sectes ont construit un pandémonium de tumulte et de désordre où il y a tant de division et de discorde que les esprits malins pourraient s'y réunir de toutes les *régions arides* de la terre, et s'imaginer qu'ils ont enfin trouvé leur véritable demeure. »

La condition sociale et religieuse de ces deux groupes principaux des races aborigènes offre aujourd'hui un contraste en rapport avec les conquérants de l'ancien monde qui ont pris en main leurs destinées, et dès le début M. Marshall nous présente trois grands faits qu'il établit selon sa méthode habituelle avec des témoignages protestants.

« Le contraste que nous allons décrire, dit-il, est signalé avec loyauté et franchise par des hommes qui en ont étudié tous les aspects. » « Il y a dans l'Amérique du Sud plus d'un million et demi de chrétiens appartenant aux races aborigènes pures », dit l'auteur de l'*Histoire naturelle de l'homme*. « L'histoire des tentatives faites pour convertir les Indiens de l'Amérique du Nord, dit l'annaliste des missions protestantes, n'est qu'une succession d'échecs. » Voilà, dans son aperçu le plus large, le premier grand fait qui frappera nos regards, et il faut reconnaître avec un grand ethnologue anglais, qu'il fait honneur à l'église catholique, et qu'il répand une ombre épaisse sur l'histoire du protestantisme.

Un second fait tout aussi frappant, qui a excité l'attention d'une multitude d'écrivains et toute nation, est ainsi décrit par un voyageur prévenu, qui a vécu parmi les tribus des régions équinoxiales : « Bien loin de diminuer, leur nombre s'est considérablement accru. Un accroissement du même genre a lieu *généralement* parmi la population indienne de cette partie de l'Amérique intertropicale. La population indienne *dans les missions* augmente constamment ». Dans le voisinage des Etats-Unis, au contraire, le nombre des Indiens diminue rapidement. Aux Etats-Unis, à mesure que la civilisation avance, les Indiens sont constamment rejetés de son giron.

« Voici, enfin, une troisième particularité du prodigieux contraste que nous examinons : Les innombrables tribus indigènes, qui ont été converties au christianisme entre le trentième parallèle de latitude septentrionale et le trente-cinquième de latitude méridionale, sur une étendue de plus de 4 000 de longueur et d'environ 3 000 de largeur, n'ont jamais quitté la foi catholique, et, comme nous l'apprendrons des écrivains protestants, elles y sont encore aussi obstinément attachées que jamais ; tandis que, dans les immenses territoires des Etats-Unis, où l'on n'a fait que corrompre ou détruire les Indiens, de soi-disant chrétiens de la race anglo-saxonne se sont divisés et subdivisés en un tel chaos de sectes discordantes, que l'histoire du monde ne nous offre rien de semblable : c'est ce qu'avouent leurs chefs eux-mêmes avec un sentiment de tristesse trop tardif. Dans le monde occidental, dit un ministre protestant, la religion n'est trop souvent qu'une source de disputes, au lieu d'être un lien d'union et de paix. » Déjà, à la fin du XVIIe siècle, le gouverneur anglais de New-York disait que cette province fourmillait d'hommes « de toutes sortes d'opinions, et d'une infinité d'autres qui n'en avaient aucune ». Cent ans plus tard, un ecclésiastique anglais dit que les habitants de son district appartiennent à presque toutes les religions et à toutes les sectes, mais que la plupart n'ont aucune religion. (Tome III, p. 3-5.)

Les résultats des deux systèmes sont décrits avec beaucoup de clarté et de précision, et prouvés par des témoignages d'une valeur incontestable pour les esprits les plus prévenus, dans le long et intéressant chapitre consacré aux missions de l'Amérique du Nord et de l'Amérique du Sud. Qu'il nous suffise de rappeler un fait étonnant signalé par Judge Halb de Cincinnati. « Tandis qu'on exterminait ou vendait comme esclaves les Péquods et autres tribus du nord, les sauvages plus fortunés du Mississipi écoutaient les pieux conseils des missionnaires catholiques. Ils pratiquaient, par choix, une bonté expansive, à une époque où les protestants, placés dans la même situation, étaient altérés de sang et de rapines. »

« Les missions de campagne des Jésuites, disait en 1857 M. Law Olmsted, sont pour nous un exemple. Notre devoir de voisin en ce qui concerne les Lipans, tribu de la frontière du Texas, est certainement plus impérieux que par rapport aux Feejees ; et si leur conversion à la décadence devait procurer moins de gloire, les frais seraient certainement en proportion. Tout récemment, M. Melville, qui est aussi un de leurs compatriotes, parle de l'orgueil avec lequel on proclama que le paganisme est presque entièrement éteint aux Etats-Unis, et proteste ainsi contre cette jactance hypocrite et impie : « La ruche anglo-saxonne a extirpé le paganisme de la plus grande partie du continent septentrional de l'Amérique, mais *avec lui elle a aussi extirpé la plus grande partie de la race rouge.* »

Il est rare qu'on ose révoquer en doute les faits généraux ; mais on a quelquefois essayé d'expliquer le résultat par un principe indépendant des influences religieuses. On attribue l'insuccès comparatif des missionnaires protestants dans le nord au caractère féroce et intraitable des naturels de ces régions, et l'on veut que le succès des missionnaires espagnols et autres au centre et au sud de l'Amérique, soit dû, non pas à l'influence de la religion qu'ils prêchaient, mais au naturel doux et traitable des tribus pacifiques de ces heureuses contrées. Nous devons produire ici une autre série de témoins protestants qui nous diront en détail leurs observations personnelles sur le succès comparatif des catholiques et des protestants, *travaillant les uns et les autres dans le même champ*, dans le *continent du Nord*, et s'adressant aux mêmes tribus hautaines et guerrières qui, maintenant, hélas ! disparaissent rapidement dans cette partie de l'Amérique devant la perfidie et l'avarice des professeurs du christianisme protestant :

« Il y a juste un siècle que le révérend John Ogilvie, agent des missions anglicanes en Amérique, s'adressait ainsi à ses patrons : « Je trouve des personnes de toutes les nations qui ont été instruites par les prêtres du Canada et se montrent de zélés catholiques, tenant beaucoup aux cérémonies et aux particularités de cette Eglise. Combien ne devrions-nous pas rougir de notre froideur et de notre honteuse indifférence à propager notre excellente religion. Les Indiens eux-mêmes ne manquent pas de faire des réflexions très justes sur notre négligence ». D'autres témoins signalent invariablement le même fait jusqu'à ce jour. Sir Georges Simpson raconte que « les Chippeways allèrent à sa rencontre à Fort-William, et lui représentèrent que, *étant tous catholiques*, ils désireraient avoir un prêtre au milieu d'eux ». Comme les chrétiens indigènes de l'Indoustan, de Chine et du Paraguay, ils avaient conservé leur foi, bien que séparés depuis plus d'*un demi siècle* de ceux qui la leur avaient annoncée. Tout le monde sait que le cardinal de Chéverus réussit à se concilier en Amérique, par son caractère, une admiration si grande, que l'Etat du Massachusets lui vota un subside, et que le premier souscripteur pour son église de Boston fût John Adams, président des Etats-Unis. On raconte que, lorsque ce prélat visita le Pénobscot, il trouva une tribu indienne qui, n'ayant pas vu un prêtre depuis cinquante ans, était cependant pleine de zèle pour le catholicisme, observait soigneusement le dimanche *et n'avait pas oublié le catéchisme!* En 1831, l'évêque Fenwick trouva une tribu tout entière de *Passamaquoddies*, qui était demeurée ferme dans la foi, et qui était un monument vivant des travaux apostoliques des Jésuites. Le bien-aimé disciple des premiers missionnaires, Buckingham, voyageur anglais, parle ainsi des *Hurons*: « Ce sont de fidèles catholiques, et l'on dit qu'ils remplissent leurs devoirs religieux de la manière la plus exemplaire, et qu'ils ont mieux profité de leur commerce avec les blancs que la généralité des tribus indiennes qui se trouvèrent d'abord en contact avec les protestants. » Le même écrivain s'exprime ainsi au sujet des Indiens des environs de Montréal. « Ils sont *toujours* sobres, chose rare parmi les Indiens des deux sexes. » Cette différence, dit-il, avec franchise, est due à l'influence du christianisme, car les Indiens *Caghnawaga sont catholiques*. Les missionnaires protestants, après avoir vainement essayé de pervertir les *Abenakis*, dont les pères entendirent, il y a cent cinquante ans, la voix de Sébastien Rasles, avouaient avec douleur, en 1841, qu'ils ne pouvaient rien contre « l'influence prédominante du sacerdoce romain. » Voici ce que le Dr Morse, ministre protestant, disait dans un rapport au gouvernement des Etats-Unis, au sujet des Indiens de l'*Arbre croche*, qui fut le siège d'une mission de Jésuites pendant soixante ans ou même davantage: « Par leur culture, leurs dehors et leur moralité, ces Indiens sont les plus avancés de tous ceux que j'ai visités. » (P. 280-2.)

Mais cette partie du sujet est si féconde, les détails qui l'enrichissent sont si intéressants et pittoresques, qu'il faut nous arrêter ici à notre grand regret. En présence des échantillons que nous avons donnés de l'ouvrage de Marshall, ce serait faire un compliment peu flatteur au goût et au jugement de nos lecteurs que de les retenir plus longtemps pour le leur recommander. Nous n'hésitons pas à lui prédire un succès et une popularité qu'une œuvre aussi volumineuse atteint rarement. Amis ou ennemis, tous porteront le même jugement sur le talent et l'impartialité qui s'y révèlent. Les protestants les plus prévenus reconnaîtront sa portée, et verront avec intérêt les documents complets et si variés qu'il renferme; les catholiques l'accepteront avec reconnaissance comme le plus frappant témoignage qui ait été rendu dans ce siècle à leur église, comme l'argumentation la plus concluante qui ait jamais été employée pour dévoiler l'impuissance extrême du protestantisme, et pour montrer « qu'il a violé partout les promesses qu'il avait faites à un monde crédule, puisqu'il n'a produit, de l'aveu de ses propres défenseurs, qu'un stérile fanatisme dans quelques-uns, une sombre incrédulité dans le grand nombre, et qu'il a honteusement échoué dans son entreprise. Au lieu d'initier les païens aux vertus du christianisme, il n'a réussi qu'à leur inspirer la haine et le mépris de la religion de Jésus, et s'est vu dans l'impuissance de maintenir, même parmi ses propres disciples, les vérités les plus fondamentales ».

Après avoir constaté l'insuccès à peu près absolu des missions protestantes, nous devons, pour mettre au point cet important paragraphe, mentionner brièvement trois choses: l'exposition des Missions à Paris, le mouvement d'union en Orient et la grande révolution de la Chine.

Les missions figurent à l'Exposition universelle de Paris. Ce n'est pas la première fois qu'elles participent à ces solennités. La Propagation de la foi prit part à l'Exposition de 1855; le jury lui décerna une médaille de première classe. A Chicago, elle était représentée par ses publications en diverses langues, par des cartes et des graphiques. A Lyon, on admirait son musée; à Paris, vous voyez réunies les pièces justificatives de son héroïque histoire. Ce qui est raconté depuis deux siècles par les historiens, est rendu tangible ici par les monuments. Le Père Piolet a dressé et publié le rapport de cette exposition; pour expliquer la synthèse des objets réunis, il a donné une histoire sommaire des missions catholiques.

Le directeur de l'Œuvre des écoles d'Orient constate, pour le millième fois, la résolution des nestoriens et des monophysites de se réunir à l'Eglise catholique. Bien peu de chose les sépare de nous; l'acceptation de notre *Credo* ne peut rien coûter à la science, encore moins à la vertu. On peut s'étonner qu'étant ce qu'ils sont, ils ne soient pas des nôtres. Leur malheureuse légèreté d'esprit a toujours déçu nos espérances et parfois abusé de nos sacrifices. Le Pape ne se lasse pas de les appeler au giron de l'Eglise; les âmes pieuses ne se lassent pas de faire au ciel une sainte violence. Nous voulons espérer que les frères de tant de larmes ne voudront pas périr; et que nos yeux réjouis pourront voir une approximation vers l'unité du pasteur et du troupeau.

Le grand événement de cette fin de siècle, c'est la révolution en Chine. Depuis deux siècles, la Chine était pénétrée par nos missionnaires; depuis cinquante ans, elle paraissait venir lentement au concert avec les nations civilisées. Les traités avaient ouvert les ports au commerce; ils avaient pris les missionnaires sous leur protection; le Fils du Ciel paraissait aller lui-même au devant du progrès. Tout à coup, sans qu'on sache pourquoi, cet empereur disparaît; une impératrice douairière, pour garder entre ses mains le gouvernement, choisit un enfant comme empereur. D'autre part, une révolte nationale, dite des Boxers, qui s'appellent eux-mêmes les Grands Couteaux, rejette au second plan le gouvernement officiel et lève une armée d'un million d'hommes pour l'extermination des étrangers. Les étrangers, pour les Chinois, ce sont tous les peuples du monde. Dans leur orgueil, les Chinois s'imaginent qu'ils n'ont rien à apprendre et rien à recevoir d'aucun peuple. Dès lors, ils veulent s'isoler dans leur orgueil et s'éterniser dans leur civilisation nationale. Qu'un peuple ait ou n'ait pas le droit de s'isoler ainsi, nous n'avons pas à examiner ici cette question. Mais, pour s'isoler, les Chinois détruisent nos missions, tuent nos missionnaires, tuent même leurs compatriotes convertis à la foi chrétienne. De plus, outrés sans doute des périls qu'ils voient créer contre leur indépendance nationale ; blessés de voir les Russes à Port-Arthur ; les Allemands à Kiao-Tcheou, les Anglais un peu partout, ils ont commis le crime dont il n'y avait pas eu d'exemple depuis l'assassinat des plénipotentiaires français au congrès de Rastadt. Pour signifier aux puissances européennes leur décret d'expulsion, ils ont assassiné, à Péking, tous les représentants de ces puissances. Le prince de la révolte, l'empereur de fait, est un certain Tuan, nom bien choisi pour un tel rôle. Il n'est pas impossible, du reste, qu'avec ce peuple fourbe et cruel, le gouvernement régulier joue la comédie de la révolution, pour coopérer à tous les crimes de la révolte et s'assurer les bénéfices de l'impunité. L'Anglais Seymour, au nom des puissances, avait essayé de gagner Péking par la force ; il n'a pu y réussir. Pour empêcher de nouveaux efforts, les Chinois ont rompu les digues de leurs canaux et détruit les chemins de fer. Les puissances européennes, prises au dépourvu, n'ont pu, jusqu'à présent, pour se défendre, que mitrailler Tien-Tsin. Leurs flottes, embossées à Takou, ne peuvent que former un blocus et par l'embargo sur le riz, réduire par la famine les provinces du nord. Pour le moment, l'objectif de leur politique, c'est la réunion d'une armée de cent mille hommes, qui ne pourront guère entrer en ligne qu'au mois d'octobre. Cent mille hommes de troupes européennes, contre un million de soldats chinois, contre un Etat de 450 millions d'âmes défendant leur indépendance, est-ce un gage assuré de victoire ? N'est-ce pas plutôt le prélude d'une guerre d'extermination, ou une moitié de l'humanité armée contre l'autre, ne fera plus de la terre que l'autel des holocaustes, et répètera, sous nos yeux, ces grandes tueries, qui ont fait, à différentes époques, l'horreur de l'histoire.

L'incertitude des événements ne permet aucun détail. Quant aux mouvements diplomatiques d'un Li-Hung-Chang et de plusieurs autres, ils inspirent trop peu de confiance pour qu'on en fasse mention.

Mais, vive Dieu ! ces grands ébranlements des peuples ne peuvent profiter qu'à l'Eglise. Déjà nous avons à constater un supplément de martyrologe. Dans la Mandchourie méridionale, l'évêque Guillon, le missionnaire Emonet et deux religieuses, ont été assassinés à Monkden. Il paraît impossible que l'évêque de Péking et son coadjuteur aient échappé au massacre des plénipotentiaires. D'autres évêques et missionnaires partis à temps pour se réfugier dans les consulats, sont-ils à l'abri des égorgeurs ! Dans ce grand ébranlement de la Chine, il paraît impossible qu'il n'y ait pas, sans parler des victimes de la guerre, d'autres victimes réservées au martyre.

LIVRE QUATRE-VINGT-QUINZIÈME

L'ÉGLISE COMME GARDIENNE DE LA VÉRITÉ ET DES BONNES MŒURS RESTE FIDÈLE A SES DOGMES, A SES LOIS ET A SES TRADITIONS ; LA RÉVOLUTION VEUT L'AMENER A UN RÉGIME DE LIBRE PENSÉE ET DE LIBÉRALISME ; GRAND DUEL ENTRE LA RÉVOLUTION ET L'ÉGLISE.

L'Eglise, société de Dieu avec les hommes et des hommes avec Dieu, a, par l'intervention de Jésus-Christ, son histoire propre, rayonnante de grandeur. Cette histoire se présente à nos regards, sous deux aspects. L'Eglise a sa vie interne et sa vie externe. Au dehors, elle évolue à travers les siècles ; les nations lui ont été données en héritage. Sous l'autorité de son vieux pape, avec le concours de ses évêques, elle s'applique à faire entrer les nations dans l'héritage du Christ. L'histoire doit dire comment les nations entrent dans cet héritage ou s'en séparent, et, par la ligne droite ou la ligne courbe, contribuent au grand œuvre de Dieu à travers les âges. Or, depuis 1789, il y a changement d'orientation des pouvoirs publics ; la passion révolutionnaire veut éliminer l'Eglise ; l'Eglise résiste à cette expulsion tantôt rusée, tantôt violente. Depuis un siècle, l'histoire se résume en un duel tragique entre la Révolution et l'Eglise.

L'histoire de l'Eglise est surtout l'histoire des idées, des mœurs et des évolutions du droit. Nous n'avons plus, ici, à nous occuper de l'histoire externe de l'Eglise et des mouvements des peuples ; elle est suffisamment connue, par l'histoire des pontifes romains et par les événements généraux survenus dans la chrétienté. Notre devoir est plutôt d'étudier les hommes et les œuvres d'ordre intellectuel et d'ordre moral. Les lettres, les arts, les écoles philosophiques, la théologie, la renaissance des ordres religieux, la résurrection des conciles provinciaux, le rétablissement de l'unité liturgique, la conquête de la liberté d'enseignement, les hommes qui ont préparé ou effectué ces conquêtes, les saints personnages qui sont venus accroître ces bienfaits : tel est l'objet de ce livre (1).

La convenance, l'utilité, je dirai à certains égards la nécessité de ces études historiques est, pour ces derniers temps, hors de conteste. Leur obscurité relative ne doit décourager personne ; elle devrait plutôt enflammer notre courage. Nous avons vécu avec les hommes de notre époque, nous avons étudié leurs livres. Nous serions bien étrangers à notre pays si nous ne connaissions pas ces hommes et ces œuvres ; nous serions bien infirmes si, vivant si près de ces hommes, nous ne pouvions exercer sur leurs idées et leurs sentiments, le triage qui doit séparer la paille du bon grain. La cognée est à la racine de l'arbre, disait le Sauveur ; tout arbre qui ne produit pas de bons fruits, sera coupé et jeté au feu. La hache de la critique doit s'exercer, dans le même but, au milieu des préjugés contemporains. L'histoire est le jugement de Dieu en première instance ; la critique, appliquée aux hommes et aux œuvres, doit exercer les justices de l'Eglise.

L'acte divin qui domine tout, les idées et les faits, les hommes et les institutions, c'est la vocation providentielle de la France. La France est née d'un acte de foi sur un champ de bataille ; le peuple français est le premier-né de l'Eglise romaine ; la société française, depuis sa fondation, constitue un Etat chrétien, type et agent de la civilisation des autres peuples. Le symbole de la foi, les préceptes de Dieu, l'autorité surnaturelle de l'Eglise, l'action bienfaisante de la Papauté, c'est le premier élément divin, c'est l'agent constitutionnel de la société française, c'est la force qui transformera peu à peu les autres peuples de l'Europe.

Au moment où Clovis se convertit, il décide, par sa conversion, la déroute de l'arianisme en Occident et amène les autres nations aux pieds du vicaire de Jésus-Christ. Lorsque Charlemagne déploie, sur la mosaïque des peuples européens, son manteau impérial, il substitue à la force militaire, jusque-là prépondérante, la force morale, religieuse et civile ; il constate et assure la conversion des peuples au Christianisme. Bientôt Pierre l'Ermite prêche la croisade ; à sa voix l'Europe va en Asie, pour la conquérir à l'Evangile, se délivrer elle-même des divisions féodales et se confirmer dans ses principes. Pendant mille ans, les peuples d'Europe ont fourni des sociétés chrétiennes, dont l'Evangile était la

---

(1) Nous en avons publié déjà une partie au tome précédent.

loi commune, dont l'Eglise était la mère, dont Jésus-Christ était le roi commun, le *roi immortel des siècles*, dit la Liturgie.

La parole apostolique a retenti, par la France, jusqu'aux extrémités du monde, lorsqu'un moine saxon arbore l'étendard de la révolte, substitue le libre examen à l'autorité de l'Eglise et veut arracher le monde à l'autorité du Pape, c'est-à-dire à la grâce de Jésus-Christ. L'Allemagne, l'Angleterre, la Suisse, les peuples scandinaves cèdent en partie à la séduction de Luther. Depuis cinq siècles, la Russie, encore barbare, s'est laissée surprendre au schisme de Photius. Photius et Luther menacent de devenir les maîtres du monde et de le ramener aux corruptions du paganisme. La France, fidèle à Dieu et à Pierre, vicaire de Jésus-Christ, défend la chrétienté contre Satan et garde les sages principes de la civilisation chrétienne. Si la France, oublieuse de sa vocation et des grandeurs qui en glorifient l'accomplissement, se laisse entraîner par l'erreur et par les hypocrisies du mensonge, les évêques et les pontifes romains, qui l'ont faite comme les abeilles font la ruche, savent démêler et dénoncer l'erreur, dévoiler et combattre l'hérésie, répudier le schisme et maintenir la France dans les lignes de sa fondation. La France est toujours chrétienne. Que si parfois, elle défaille dans ses mœurs, tout les attentats qui, pour justifier le désordre, récusent ou altèrent la foi révélée, sont en même temps qu'une apostasie, un aveuglement et une trahison.

C'est à la lumière de la foi que nous avons jugé les événements ; c'est à la lumière de la foi que nous allons juger les doctrines et apprécier les œuvres. Nous considérons d'abord l'Eglise comme gardienne et vengeresse de la vérité.

« Les nombres gouvernent le monde, » disait Pythagore. La Sainte Ecriture, plus savante que le philosophe, nous apprend que le monde physique a été créé selon la triple loi du nombre, du poids et de la mesure : *Omnia in mensura, numero et pondere*. Cette loi, applicable au monde matériel, au *Cosmos*, ne peut s'appliquer au monde des esprits que par sa transformation en idées métaphysiques. L'essence, la nature, la substance des êtres ; l'unité, la vérité, la bonté, comme qualités essentielles des êtres ; leurs relations qui doivent se résoudre en dissonances ou en harmonies ; voilà les idées spéculatives, que les philosophes coordonnent en systèmes. Les philosophes, comme législateurs des idées, sont donc les premiers moteurs du monde des intelligences. Leurs idées, en s'emparant des générations deviennent des programmes de gouvernement et fournissent la matière de l'histoire. Pour s'orienter dans le monde des idées, dans le royaume de la vérité, il faut prendre comme points de repère, les théories des philosophes, mais contrôlées par le jugement de la sainte Eglise.

Depuis les invasions des barbares, les peuples de l'Europe constituent la chrétienté ; ils s'instruisent aux écoles chrétiennes ; ils suivent les docteurs chrétiens, spécialement saint Augustin et saint Thomas, dont les œuvres offrent le résumé dogmatique et méthodique de la Patrologie. A partir de Luther, le libre examen prend la place de l'autorité. Ce ne sont plus les Pères de l'Eglise qui enseignent et dirigent les peuples ; ce sont des hommes qui, de leur propre mouvement, s'intitulent philosophes et se constituent arbitres des destinées du genre humain. Les Papes, ils les ont mis de côté ; l'Eglise, ils refusent de l'entendre ; les traditions scolaires de la chrétienté, ils les couvrent d'anathèmes. La raison, comme ils l'entendent, mais la raison seule, voilà pour eux, l'agent exclusif de la philosophie et l'oracle de l'humanité.

L'homme est un être enseigné. S'il n'écoute plus l'Eglise, il écoutera les païens du rationalisme et les publicains de la politique. A la vie assurée, calme, lumineuse, féconde, qu'il menait jusqu'à présent, va succéder une vie incertaine, agitée, obscure, qui prend pour des révélations les éclairs qui sillonnent les obscurités. La chrétienté avait été le paradis terrestre des peuples baptisés ; l'ère de la philosophie nous introduit dans le monde de l'anarchie et de toutes les passions révolutionnaires, où il n'y a plus d'ordre stable, mais les ombres de la mort et une horreur qui se promet l'éternité : *Ubi umbra mortis et nullus ordo, sed sempiternus horror*.

La période de l'histoire où les peuples, délivrés, croient-ils, de l'Eglise, se remettent à la direction des philosophes, commence à Bacon et à Descartes.

Quand nous disons *Ecoles philosophiques*, il ne faut pas entendre de pacifiques athénées où se discutent paisiblement et surtout sérieusement les grands problèmes de la pensée. Non, ce sont, pour nous servir de l'expression du premier novateur, des *cavernes* où des insensés adorent des idoles. Pape, église, religion, ils ont mis cela de côté ; ils récusent la tradition du genre humain et posent en législateurs de l'univers. Or, sur ce point de départ, d'impiété et de folie, ils admettent, en dogme, la suprématie absolue de la raison humaine ; en morale, le sensualisme ; en politique, le césarisme ; en art, la glorification de la chair ; et, en tout, le contrepied de l'Evangile. Ce n'est pas ce qu'ils disent tous formellement ; mais, par divers systèmes, ils veulent tous aboutir à ces effroyables résultats. L'histoire des trois derniers siècles est le musée de toutes les abominations.

François Bacon de Verulam, Chancelier d'Angleterre, qui ouvre cette période, est lui-même un prototype de bassesse morale : il fut condamné, pour ses crimes, par un tribunal régulier, qui ne put lui accorder grâce ; il récuse tous les antécédents, il prétend créer un nouvel organe, substituer au syllogisme l'induction, et à l'abstraction, l'expérience. Bacon reproche aux scolastiques d'avoir énervé les sciences par leurs questions minutieuses ; comment auraient-ils pu énerver ce qui n'existait pas ? En attendant le jour de leur éclosion, ils rendaient l'esprit humain fin, délié, pénétrant, ami de l'analyse, des définitions claires et de l'ordre dans les idées. Les scolastiques étaient ce qu'ils devaient être et faisaient ce qu'ils devaient entreprendre, et Bacon reproche aux scolastiques d'avoir préféré le syllogisme à l'induction. L'induction et le syllogisme sont deux procédés analogues de l'esprit humain : l'un raisonne en remontant de l'effet à la cause ; l'autre, en descendant de la cause aux effets ; celui-ci convient mieux à la théologie ; celui-là, mieux aux sciences. On le savait avant Bacon ; avant lui, l'Europe était un grand théâtre d'expériences. Copernic avait écrit sur les révolutions du globe. Galilée en voyant osciller la lampe d'une église, Newton en voyant tomber une pomme, Black en voyant une goutte d'eau se détacher d'un glaçon, concevaient des idées qui devaient amener une révolution dans les sciences. La conquête du verre, l'invention du microscope et du télescope venaient au secours du génie formé par la scolastique. La grande erreur de Bacon, c'est d'avoir écarté la religion et d'en avoir séparé la science. L'esprit devient plus pur, plus lumineux, plus fort, plus pénétrant, à mesure qu'il s'approche de Dieu ; son union à Dieu fait sa perfection. La science a son prix, mais à sa place, dans la limite de ses utilités et, à condition qu'elle respecte l'ordre social. Si, au lieu d'éclairer, elle allume l'incendie, cette science devient le pire des fléaux.

Le grand vice de Bacon, c'est que, sous couleur d'expérience, il prend les sensations pour matière unique des connaissances humaines. Par là, il est l'introducteur de la psychologie matérialiste qui réduit l'homme au rôle de tube digestif. Gassendi applique ce principe à la cosmologie des atomes crochus et en tire l'épicuréisme. Hobbes l'applique à la morale et en tire le bestialisme et le despotisme de Leviathan. Locke et Condillac l'appliquent à la logique et ne voient dans l'idée que le résultat de l'impression des sens. Helvétius, d'Holbach, tous les pourceaux du XVIIIe siècle sont les derniers représentants de cette triste école. Bacon n'est pas le promoteur de la science, il est le patriarche de l'incrédulité.

Descartes, né en Touraine en 1596, ne se borne pas à écarter la tradition ; il condamne la raison au doute absolu et l'oblige à reconstituer, par sa pensée, la seule chose, dont elle ne peut pas douter, la science des causes, la conduite des hommes et la pratique des arts. Sans scruter ses intentions, on reconnaissait qu'il admettait la religion de son prince et de sa nourrice ; il est évident que Descartes ne peut pas sortir de son doute, même artificiel, puisqu'il le pose comme principe premier et inéluctable ; et s'il ne sort avec sa raison, il est clair qu'il ne peut aboutir qu'au rationalisme. Les idées personnelles de Descartes n'ont retenu personne ; sa révolte contre l'Ecole est devenue la révolte contre l'Eglise, le christianisme et le Christ. De ses théories sont nés l'idéalisme de Malebranche et de Berclay, l'athéisme de Spinosa, le scepticisme de Bayle, l'anéantissement de la raison, la ruine de la philosophie.

Bacon et Descartes ont été jusqu'à nos jours les deux grands corrupteurs de la France et de l'Europe. En pesant les choses avec les balances de l'histoire, il faut croire aux propos de d'Alembert dans le *Discours préliminaire* de l'Encyclopédie. Bacon et Descartes sont, pour ce soi-disant philosophe, les deux hommes qui ont montré aux bons esprits (à lui par exemple) à secouer le joug de la scolastique, de l'opinion, de l'autorité, et par cette *révolte* dont *nous recueillons les fruits*, ils ont rendu, à la philosophie, un service plus essentiel peut-être que tous ceux qu'elle doit à leurs illustres prédécesseurs. On peut les regarder comme les chefs des *conjurés* qui ont eu le courage de s'élever *les premiers* contre une puissance *despotique et arbitraire* (l'Eglise), et qui, en préparant une révolution éclatante, ont fondé un gouvernement plus justicier et plus heureux. Avant eux, il y avait eu des adorateurs d'Aristote et de Platon, des hérétiques et des libertins ; eux, ils ont jeté les bases, non pas de la philosophie, mais du philosophisme, et, comme l'a dit Ad. Franck, on peut déduire 89 et 93 du *Cogito ergo sum*.

L'abîme invoque l'abîme. A l'influence, en somme pernicieuse, de Bacon et de Descartes, s'est ajoutée de nos jours l'influence de Kant. Sans exagérer l'importance de ce philosophe et tout en reconnaissant que la pensée contemporaine contient quelques éléments de la philosophie antérieure, force est de reconnaître qu'à l'exception de la pensée chrétienne, les principales tendances de notre époque, procèdent de Kant. Kant est regardé comme le grand initiateur ; sa doctrine est le point de départ du mouvement philosophique et social pendant la seconde période du XIXe siècle.

Kant, comme Descartes avait fait de la psychologie, la base de la philosophie. Mais Descartes après s'être enfermé dans sa pensée créatrice, s'empresse d'en sortir, pour s'attacher, par la notion de Dieu, à la réalité d'un monde extérieur. Kant, au contraire, critique la raison pure, de manière à détruire le rapport de ses spéculations avec la réalité. Puis, par une inconséquence ridicule, il attribue, à la raison pratique qui devrait prendre pour base les idées de la raison pure, une autorité qu'il refuse à la spéculation. De là, attribuant aux sensations, la faculté de créer des idées, mais dans les seules limites de la sensation même, on arrive, par la donnée des idées et des phénomènes, à un monde de pure apparence. Sous une phraséologie qui veut paraître profonde, et qui est souvent grotesque, Kant, c'est le prophète de nihilisme.

Après Kant, on voit paraître, par voie de genèse, de combinaison ou d'opposition, quatre principaux systèmes :

1° Le panthéisme germanique représenté par Fichte, Schelling, Hegel, Krause, Schopenhauer.

2° L'éclectisme français, représenté par Cousin et son école.

3° Le positivisme, représenté par Comte, Littré, Darwin, Buchner, Moleschott, etc.

4° La philosophie chrétienne avec ses divers représentants.

Le panthéisme germanique procède de Kant par voie de filiation directe : l'idéalisme de Kant enfante l'autothéisme de Fichte, la sophistique de Hégel, le pessimisme de Schopenhauer et d'autres théories congénères. L'éclectisme français en procède par voie de combinaison entre l'élément germanique et la psychologie cartésienne. Les rapports entre le positivisme matérialiste et le mouvement Kantien, sont d'abord une réaction contre les exagérations idéalistes, puis une filiation des germes évolutionnistes que renferment les théories de Kant et de ses successeurs. La philosophie chrétienne n'en procède que par voie d'opposition ; elle est une réaction contre tous les systèmes d'erreurs et une protestation contre la grande hérésie du rationalisme.

Ces quatre écoles principales embrassent des écoles secondaires, sans compter les écoles composites, résultat de l'action et de la réaction des systèmes. Ainsi le panthéisme germanique se décompose en idéalisme transcendantal et en idéalisme expérimental. Le positivisme se partage entre le panthéisme psychologique, le darwinisme et le matérialisme pur. Parmi les écoles nées des débris de divers systèmes, on peut citer celle d'Herbart. Mais par suite des circonstances de temps, de lieux et de personnes, la mêlée de ces systèmes a produit une foule de livres répandus en Europe et en Amérique. D'ailleurs la facilité des relations et la propagande rapides des idées ne laissent pas que d'engendrer une certaine confusion. Pour ramener à une méthode simple et claire le nombre prodigieux des écoles et des systèmes, nous tâcherons de combiner l'élément doctrinal avec les divisions géographiques. De la sorte nous pourrons mieux juger le mouvement intellectuel produit dans chaque nation et arriver, par l'analyse, à une synthèse d'une irrécusable clarté.

Nous commençons par l'Italie.

L'Italie apparaît, au poète, comme la terre de bons fruits et la mère des héros. A l'époque où Virgile lui décernait cette louange, elle la méritait. Partie de la chaumière d'Évandre, à travers ses rois, ses tribuns et ses dictateurs, Rome était devenue la capitale de l'univers. Mais cette puissance eut son déclin. Les Goths et les Vandales livrèrent Rome à leurs barbares soldats. Cette chute définitive du monde ancien servit, dans les desseins de la Providence, à transformer Rome. La cité qui avait commandé l'univers par les armes, fut appelée à le régir par la doctrine de vérité. Sous le gouvernement de son vieux Pape, il n'y eut plus d'empire avec des faisceaux et des consuls ou des empereurs ; il n'y eut qu'une sainte mère Eglise qui enfanta et garda, mille ans et plus, la fédération évangélique des peuples chrétiens. De nos jours, Rome est revenue au mirage du haut empire ; elle a voulu d'abord commander à l'Italie une ; elle se prépare à reconquérir le monde. Entreprise ridicule qui la mène à tenir en échec la puissance des pontifes romains et à perdre le peu de vitalité qui lui reste. Ce n'est pas avec des soldats de carton et des pistolets en chocolat, toutes caisses vides, qu'on refait l'empire d'Auguste.

L'Italie n'en est pas venue à ce renversement de sa condition chrétienne, sans avoir été abusée par des sophistes. Victor-Emmanuel et Cavour, les deux fantoches de cette tragi-comédie, avaient eu, pour fourriers de mauvais philosophes et, par suite, pour complices, toutes les imbéciles passions des hommes, surtout l'aveuglement. Il faut voir cela de près pour savoir ce que cela vaut.

Au demeurant, cette éclipse momentanée du sens chrétien en Italie ne nous fait oublier ni ses gloires, ni ses espérances. L'Italie a trop été nourrie par l'Eglise, pour n'être pas la terre de bon sens et pour ne pas préparer de nouvelles moissons de gloire. Son sang, sa tête, son cœur, tout est catholique en elle ; elle verra passer les mirages et ressuscitera fidèle à ses grands souvenirs, peut-être pour les surpasser encore.

Ce qui constitue, à proprement parler, l'Italie doctrinale, ce sont ses théologiens et ses collèges. Pour la transition entre le XVIII° et le XIX° siècle, elle avait eu un homme digne de mémoire, Vico. Vico représente trois choses : 1° l'opposition au cartésianisme, 2° une métaphysique de bon sens, 3° une philosophie morale, sociale et historique. Dans les idées de Vico, il y a du mélange et quelques erreurs ; mais il y a des idées d'avenir, qu'ont fait valoir de nos jours Ferrari et Michelet. Si bien que Vico peu connu de son temps, se trouve de nos jours, non pas un oracle, mais un poteau indicateur des secrets desseins de la Providence.

Après Vico, nous tombons dans le sensualisme, et, ce qui pis est philosophiquement, dans le servilisme. En dehors des conceptions chrétiennes, nous voyons se dessiner trois ombres d'écoles : une école sensualiste, une école allemande et une école spiritualiste. C'est chose étonnante, comme l'esprit humain, naturellement orgueilleux, se plaît aux ornières et se pare de loques, signes accusateurs de son néant.

Après Vico, la première école italienne est cette pauvreté qui se traîne derrière Locke et Condillac, dans l'ornière sensualiste. Ses représentants, je ne dis pas ses coryphées, sont le Père Soave et Gioja. Les sens et l'empirisme dans l'ordre spéculatif, l'utilitarisme dans l'ordre pratique : voilà le résumé de leur philosophie. Par une initiative à noter, car elle a eu un singulier retentissement, ils appellent à leur aide, la statistique, dans ses rapports avec la morale, l'économie sociale et la politique. Romagnesi, qui appartient à cette école, s'en distingue en deux points : c'est que, sans sortir du cercle des sensations, il admet l'intelligence, comme faculté de juger, et qu'il se rapproche du spiritualisme dans son *Introduction à l'étude du droit public*.

L'autre école, positiviste et hégelienne, école métis, compte parmi ses suffragants, Joseph Ferrari, Ausonio Franchi, Mazzarella, Villari, Arvigo, Trezza, Siciliani. Ces hommes sont à peine des philosophes ; ce sont plutôt des sectaires qui se rattachent tantôt au positivisme anglais, tantôt à l'illuminisme allemand, toujours à la révolution italienne. Vera et Spaventa sont à la tête de l'hégélianisme ; Delzio et Settembrini marchent sur leurs traces. Ces hommes, pour se donner une mine, je ne dis pas une figure, modifient plus ou moins la logomachie de Hegel, mais sont des copistes. Tous ces soi-disant philosophes sont tout simplement des ânes attachés au *caroccio* de Garibaldi et des Piémontais. Je ne relève pas leurs impiétés : l'histoire n'est pas un ramasse-crottes de l'esprit humain.

L'école spiritualiste, de beaucoup la plus importante des écoles d'Italie, avait débuté, au commencement de ce siècle, par deux géants, le cardinal Gerdil et Joseph de Maistre. Gerdil, mort en 1802, attaque, dans ses nombreux écrits, avec une grande force, les principes philosophiques, politiques et sociaux du sensualisme et de l'Encyclopédie. Sur le terrain de la philosophie, il représente une sorte d'éclectisme chrétien, armé en guerre contre le rationalisme. Dans ses idées, on discerne une certaine tendance vers l'ontologisme de Malebranche. — Le comte de Maistre, mort en 1821, est moins un philosophe qu'un homme de génie, d'une spontanéité très originale. L'idée mère de ses ouvrages, trop connus pour qu'on en dresse la nomenclature, c'est la restauration du principe divin ; c'est, si j'ose ainsi dire, la *réincarnation* de Dieu et du principe catholique romain, dans toutes les sphères de l'activité humaine. En traits immortels, il anathématise l'impiété du siècle. « Bien qu'il y ait toujours eu des impies, dit-il, jamais il n'y avait eu, avant le XVIII° siècle, et dans le sens du Christianisme, une insurrection contre Dieu ; jamais surtout on n'avait vu une conspiration sacrilège de tous les talents contre leur auteur, et c'est là précisément ce que nous avons vu de nos jours. Par un prestige inconcevable, l'impiété s'est fait aimer de ceux même dont elle était l'ennemie mortelle. » En conséquence, le comte de Maistre poursuit la restauration du christianisme dans l'ordre religieux, dans l'ordre moral, social, politique, scientifique et philosophique. Cet homme est un des sauveurs de la société, si la société voulait faire son salut. *Qui habet aures audiendi, audiat.*

Après Joseph de Maistre, Pascal Galuppi, mort en 1846, continue la tradition du spiritualisme italien. Galuppi est l'émule de Victor Cousin ; il lui est toutefois supérieur en deux manières : 1° il n'admet aucune compromission avec le panthéisme allemand et la sophistique de Hégel ; 2° il professe un spiritualisme chrétien, en harmonie avec le dogme catholique, tandis que le spiritualisme de Cousin reste en dehors de l'Eglise, et, s'il se prétend orthodoxe, ne saurait atteindre à la véritable orthodoxie. Autrement, Galuppi fait reposer la philosophie sur la connaissance scientifique de soi-même. A ce point de vue, Galuppi représente, dans le spiritualisme italien, la psychologie, Rosmini, l'idéologie, et Gioberti, l'ontologisme.

Ici se produit une scission. Sous l'influence des événements, une fraction des spiritualistes italiens s'éprend des rêves de Mazzini. Sa philosophie se meut en dehors des idées, des aspirations, des intérêts, des doctrines et de la discipline de l'Eglise. Les représentants de cette école sont Louis Ferri, Bonatelli, Cantoni, Paoli, Bertinaria ; le plus connu est Mamiani. Dans ses écrits, il combat avec ardeur les théories positivistes, matérialistes, darwinistes ; le fond de sa métaphysique est l'idéalisme platonicien, accentué dans le sens de l'ontologisme. Au regard de l'Eglise, il a un livre sur la renaissance catholique, qui pourrait s'intituler aussi bien : *Destruction du catholicisme*. Le fond de ses idées sur le pouvoir temporel des Papes, sur les rapports entre l'Eglise et l'Etat, sur la discipline et la hiérarchie ecclésiastique, sont radicalement hostiles. Par transformation de l'Eglise, il entend l'asservissement de l'Eglise à l'Etat, sa mise au service de la civilisation moderne.

Ces idées révolutionnaires, jetées en Italie par les soldats du jacobinisme et de Napoléon n'auraient pas pris racine dans le sol italien, si, dès le temps de Gioia et de Romagnesi, elles n'avaient pas conclu à la confiscation des propriétés ecclésiastiques, à l'abolition des immunités et des privilèges de l'Eglise. On appelait cela libéralisme et sécularisation. Si ces idées ont fini par prévaloir, si elles ont produit de monstrueuses violations de la justice et du droit, si elles menacent l'équilibre des Etats et la sécurité de l'Europe, c'est qu'elles ont été préparées, prônées, propagée de nos jours par des philosophes de haut renom, Rosmini et Gioberti.

Antoine Rosmini-Serbati, né à Roveredo en 1797, mort en 1855, était un saint et savant prêtre : il avait fondé une nouvelle congrégation religieuse : c'est surtout, en notre siècle, un des plus illustres représentants de la philosophie chrétienne. Ce philosophe est en même temps un critique de premier ordre. Son *Nouvel Essai sur l'origine des idées* est un monument de critique consciencieuse et élévée. Sa philosophie proprement dite est un mélange de saint Augustin et de saint Thomas; mais elle apparaît revêtue d'idées nouvelles, de pensées critiques et de théories originales. L'idéalisme de Platon, modifié dans un sens chrétien, paraît la théorie dominante et le caractère fondamental de son système. Le cardinal Gonzalez, dans son *Histoire de la philosophie*, a consacré vingt pages aux compte-rendu des théories de Rosmini : nous ne pouvons qu'y renvoyer.

L'esprit révolutionnaire qui soufflait sur l'Italie en 1848, s'empara de Rosmini et lui dicta d'abord les *cinq plaies de l'Eglise*, ensuite la *constitution de la justice sociale*. L'objet de ces deux écrits est de découvrir et de signaler, de nos jours, les maux qui affligent et affaiblissent l'Eglise, et de proposer des remèdes propres à les guérir.

Les cinq plaies de l'Eglise, d'après Rosmini, sont : 1° Le manque de communication entre le clergé et le peuple, à cause de l'emploi du latin dans la liturgie; 2° le manque d'union entre les évêques, par défaut de conciles; 3° le manque d'instruction dans le clergé inférieur; 4° la nomination des évêques par le pouvoir civil; 5° le manque d'indépendance sacerdotale à cause du budget des cultes.

Dans la *constitution de la justice sociale*, les articles relatifs à l'Eglise, s'inspirent des *cinq plaies*. Après avoir dit que les droits qui viennent de la nature et de la raison, sont inviolables, Rosmini demande : 1° Que l'Etat garantisse à l'Eglise sa complète liberté d'action; 2° qu'il ne mette aucun obstacle, ni à la célébration des conciles, ni aux rapports des évêques avec le Saint-Siège; 3° que l'élection des évêques soit faite par le clergé et le peuple avec ratification du Pape; 4° que la presse soit libre, mais que la loi réprime ses abus, et que l'Eglise garde son droit de censure, sans que l'Etat revête les peines ecclésiastiques d'une sanction pénale; 5° que l'Eglise, ses administrations, ses corporations paient leurs impôts proportionnellement et concourent aux élections suivant leurs revenus. De plus, Rosmini défend le pouvoir temporel; il proclame, non seulement le droit, mais la nécessité pour l'Eglise d'avoir des administrations indépendantes et de posséder des biens en terres.

« Est-il nécessaire, demanda Gonzalez, de faire observer que le philosophe de Roveredo est plus perspicace en découvrant les maux qu'en indiquant les remèdes. L'usage de latin dans la liturgie n'est pas exempt de certains inconvénients, mais l'usage contraire en offrirait de plus graves. C'est à coup sûr un grand mal que le manque d'une instruction supérieure et plus universelle dans le clergé, mais l'on ne remédiera à ce mal qu'en rendant à l'Eglise et aux Evêques leurs biens. Il est malheureux que le pouvoir civil intervienne dans l'élection des évêques ; mais le mal serait encore plus grand, si ce privilège était attribué au peuple, à en juger par ce que nous voyons dans les élections politiques et administratives. — Ce qu'il faut à l'Eglise pour lutter contre le mal et pour en triompher, ce ne sont ni des liturgies en langues vulgaires, ni des élections populaires d'évêques, ni d'autres mesures qui ont une saveur du synode de Pistoie. Ce qu'il faut et ce qui suffit, pour qu'elle puisse pleinement accomplir sa mission, c'est que l'Etat garantisse sa liberté d'action, et les droits qu'elle tient de l'Evangile et des conciles ; c'est qu'on lui rende ses biens et leur libre administration (1). » — L'Eglise, en effet, forte de la force de Dieu, pourvu qu'elle puisse user de l'élément temporel et agir librement selon ses lois, trouve dans sa foi, sa piété, sa discipline, un levier suffisant pour soulever le monde.

Dans ces derniers temps, une lutte très vive s'était engagée entre les thomistes et les partisans de Rosmini. La philosophie de Rosmini déférée une première fois à l'Index, en était sortie exempte de toute note fâcheuse. Tout récemment, quarante propositions extraites des ouvrages posthumes de Rosmini ont été frappées de condamnation par l'Index.

Vincent Gioberti né à Turin en 1801, mort à Paris en 1852, prêtre comme Rosmini, sut moins bien garder la modération et l'austérité propres au caractère sacerdotal. Entraîné par la passion politique, italien *exagéré*, dit César Balbo, il tomba dans des erreurs qui méritèrent justement les censures de l'Eglise. Néanmoins Gioberti, en tant que philosophe, subordonne toujours l'idée philosophique à l'idée religieuse. « La philosophie, dit-il, n'est pas possible, si elle n'est fondée sur la religion et dirigée par elle. » Son système est d'ailleurs essentiellement ontologiste. Le problème fondamental de la philosophie est de rechercher et de connaître la nature de la relation qui existe entre l'infini et le fini, le réel et l'idéal. Or, le premier être, la première réalité, origine et raison de toutes les autres, c'est Dieu. Dieu tire du néant les substances finies. Cette formule n'est pas l'expression d'une réflexion ou d'un raisonnement, mais d'un acte intuitif, d'une intuition immédiate et spontanée, qui nous fait voir l'être nécessaire, les existences créées et la création qui leur sert de lien. A l'intuition primitive de cette formule succède la réflexion, l'acte de la raison subjective, qui déroule peu à peu le contenu de la première intuition. C'est en cela que consiste la philosophie. Gioberti, nous le répétons, soumet cette science à l'autorité dogmatique de l'Eglise ; cependant on découvre dans ses écrits quelques propositions entachées de panthéisme et de rationalisme. Par exemple quand il dit que dans le premier acte d'intuition, la raison de l'homme est véritablement, non substantiellement, la raison de Dieu.

---

(1) *Histoire de la philosophie*, t. IV, p. 326.

Dans son ouvrage posthume, intitulé la *Réforme catholique de l'Eglise*, Gioberti se porte aux plus grands excès. Parmi les maux dont souffre l'Eglise, ce philosophe compte : le pouvoir temporel des Papes ; l'excessive dépendance des prêtres à l'égard des évêques et des évêques à l'égard du Pape, le jésuitisme, c'est-à-dire la prédominance des ordres religieux dans la science, dans le culte et dans la discipline ; le célibat ecclésiastique dans quelques climats ; l'état d'oisiveté d'une partie du clergé ; enfin l'inutilité de quelques institutions.

Comme remèdes à ces maux, Gioberti propose : l'abolition du pouvoir temporel ; la division des prêtres en deux classes, les savants et les ânes qui laboureront les terres de l'Eglise ; la réforme de l'enseignement théologique par la suppression de la scolastique ; l'abolition de certaines pratiques du droit canon et du culte qui font perdre beaucoup de temps ; l'abolition des jésuites ; la suppression des ordres monastiques inutiles et la réforme des chapitres cathédraux ; l'élévation, à l'épiscopat, d'hommes remarquables par le talent et le savoir ; la liberté et des garanties pour le clergé au regard des évêques ; l'institution de deux catégories de prêtres, les uns célibataires, les autres mariés.

Ce programme, il n'est pas besoin de le dire, fut admis par tous les impies qui rêvaient la conquête de l'Italie au profit des idées révolutionnaires. Bertani, Mamiani s'en firent des trophées. Cavour lui emprunta la formule : l'Eglise libre dans l'Etat libre ; ou plutôt l'Eglise libérale dans l'Etat païen : c'est-à-dire l'Eglise non-catholique, réduite à l'état de confession humaine et de hiérarchie civile, dans une société rationaliste, soumise au gouvernement des athées. Les ouvrages de Gioberti sont tous à l'Index.

A l'autre extrémité de la péninsule, l'histoire salue en Sicile, une école spiritualiste d'une irréprochable pureté. Pendant que Condillac enseigne à Parme, Miceli enseigne à Montréal et fonde une école dont l'orthodoxie catholique est l'élément fondamental, mais où les nuances et les variétés ne manquent pas. Autour du chef, se distinguent Rivarola, mort en 1822 et Zerbo mort en 1835. Plus près de nous, Tédeschi professeur à Catane, mort en 1858. Mancini et D'Acquisto, morts tous deux en 1868. Les deux premiers s'inspirent beaucoup de Victor Cousin, mais ramené à une stricte orthodoxie. D'Acquisto, plus original, a écrit de nombreux et grands ouvrages, tous dignes de la plus haute recommandation. La substance de son enseignement, c'est le spiritualisme des Pères et des Docteurs, mais accomodé aux nécessités de l'époque et à la situation des esprits.

Le nom de Cajetan Sanseverino est le premier qui se présente à l'esprit, lorsqu'on parle de la philosophie de saint Thomas et de sa restauration en Italie. Nul n'a plus contribué au mouvement philosophique, soit par la savante revue *Scienza et Fede* soit par le grand ouvrage *Philosophia christiana cum antiqua et nova comparata*. Ce monument, interrompu par la mort de l'auteur, suffirait à sa gloire ; d'autant plus que ce qui y manque, a été suppléé par un autre ouvrage de l'auteur. Le style est peut-être un peu âpre ; le critérium trop rigoureusement scolastique. A part quelques légers défauts, c'est un ouvrage solide, consciencieux, grandiose. Ce traité justifie d'abord son titre : *Philosophia :* il pose les problèmes dans toute leur plénitude, et, après les avoir discutés avec une grande abondance d'érudition, il les résout dans le sens de la philosophie chrétienne. *Cum antiqua et nova comparata* n'est pas moins noblement justifié : opinions, théories, sentences des philosophes de l'antiquité, des Pères de l'Eglise, des Docteurs du moyen âge, de tous les scolastiques de marque, enfin des philosophes modernes, depuis Bacon et Descartes, jusqu'à Schopenhauer et Hartmann : tout cela se trouve exposé, discuté, réfuté ou défendu, avec une précision de doctrines et une abondance de citations, qui révèlent une lecture immense, à peine concevable dans une vie d'homme.

Sanseverino a fait école comme Gioberti et Rosmini, mais plus heureusement. Grâce à la *Scienza et Fede*, et à la *Civilta cattolica*, grâce aussi à des académies de saint Thomas, s'est produit un mouvement philosophique d'une grande ampleur. Les ouvrages à citer seraient innombrables ; les noms à inscrire dans les fastes de l'histoire, sont entre autres : le Père Cornoldi, voué à la conciliation de la science avec la scolastique ; le Père Taparelli d'Azeglio connu par ses *Institutions philosophiques du droit naturel ;* le Père Liberatore, dont le nom a l'autorité des anciens ; le cardinal Zigliara qui a expliqué saint Thomas comme saint Thomas s'expliquerait lui-même ; Signorello, Prisco, Battaglini, Tongiorgi, Gatti, moins illustres, non moins méritants ; enfin Augusto Conti, auteur, entre autres, d'une excellente histoire de la philosophie.

La restauration de la philosophie de saint Thomas ne s'effectue pas ici d'après le servilisme de la lettre, et en faisant des œuvres de saint Thomas une prison. Cette école italienne n'est pas une école fermée au progrès. A côté des problèmes fondamentaux, toujours nouveaux, toujours anciens, elle pose, discute et résout les problèmes amenés par le travail des esprits et le mouvement du siècle. A coup sûr, cette restauration est beaucoup plus une philosophie nationale, par exemple que l'animisme de Manciani, importé du dehors. Même en faisant abstraction du point de vue catholique, et en se bornant au philosophique pur, on trouverait difficilement un nom plus illustre, une philosophie qui réfléchisse avec plus d'étendue et de profondeur le génie italien, que la philosophie de saint Thomas.

En quittant Naples, nous montons à Rome.

Rome siège de Pierre, est la capitale de l'Eglise ; c'est aussi la capitale du haut enseignement, des pures doctrines et des grands travaux. Par le fait seul du gouvernement de l'Eglise il faut, à Rome, une bouche qui suffise à l'univers. Pour la formation typique du clergé, il faut une abondance de doctrines et une réunion de professeurs qui réponde aux besoins de l'Eglise catholique. L'esprit italien, nulle part plus parfait qu'à Rome, se prête à ces exigences et les surpasse par ses qualités. Esprit fait de simplicité, de rectitude, de candeur et de prudence, de profondeur et de patience, l'esprit romain a su, dans tous les siècles, illustrer le siège du souverain pontificat. L'érudition, l'histoire, la philosophie, la théologie, le droit le sollicitent ; il sait où il faut s'arrêter dans cette étendue, comment il faut s'élever vers les hauteurs. De notre temps, comme dans tous les temps, nous avons vu à Rome des théologiens de premier ordre, des historiens très érudits, des canonistes très entendus, et le difficile, pour un historien, est de savoir se borner.

En histoire, nous mentionnons Del Signore, Palma et Tizzani ; dans le haut enseignement nous ne dirons rien de Mazella, de Buceroni, de Franzelin ; nous parlerons seulement de Perrone ; et, au-dessus de tous, l'équité nous oblige de placer le Père Ventura.

Le prince des théologiens contemporains, Jean Perrone, naquit à Chieri, près Turin en 1794. Au sortir du collège de sa ville natale, il suivit les cours de l'Université de Turin et se fit recevoir docteur. Entré au noviciat des Jésuites, il fut envoyé, l'année suivante, comme professeur, à Orvieto. Après sept ans de séjour, il était rappelé à Rome, pour l'enseignement des élèves de la Compagnie. En 1823, Léon XII rendait aux Jésuites le Collège Romain ; le Père Perrone reçut l'ordre de monter dans la chaire qu'avaient illustrée Bellarmin et Suarez. En 1830, nous le trouvons recteur à Ferrare. En 1833, il reprend l'enseignement de la théologie dans cette chaire du Collège romain, qu'il ne doit plus quitter que proscrit par les démagogues, ou obligé par obéissance de se consacrer à quelque autre œuvre. En 1848, il visitait l'Angleterre. De retour à Rome deux ans après, il était en 1853, après trente-sept ans de professorat, nommé recteur du collège Romain.

En dehors de ses cours, le Père Perrone avait quelque fonction à remplir dans sa compagnie ; il était directeur de la Congrégation de la Sainte Vierge, consulteur de plusieurs congrégations, reviseur des conciles provinciaux, correcteur des livres des églises orientales, membre de la commission de l'Immaculée-Conception, membre de plusieurs académies, examinateur du clergé et des évêques. C'est dire que Grégoire XVI et Pie IX l'avaient en haute estime et l'employèrent plusieurs fois aux plus épineuses missions.

En dehors de cette vie active, le P. Perrone avait su trouver des loisirs, non seulement pour étudier, mais pour écrire. En 1833, il publiait ses *Prælectiones theologicæ* en neuf volumes ; en 1845, il en publiait un compendium en quatre volumes et une synopse en un volume ; en 1847, il donnait au public sa dissertation sur la définibilité de l'Immaculée-Conception ; en 1853, le *Protestantisme et la règle de foi*, 3 vol ; et un volume analogue sur le *Protestant et la Bible*. En dehors de ces ouvrages de longue haleine, le Père Perrone a composé différents opuscules et dissertations sur la symbolique de Mœhler, sur les doctrines d'Hermès, sur l'histoire d'Innocent III par Hurter, sur une dissertation de Lambruschini, la Théologie de Scavini et la lecture de la Bible en langue vulgaire par Malou. Chassay, un de ses biographes, estime qu'en 1854, les ouvrages théologiques de Perrone avaient eu soixante éditions ; et il ne compte pas les ouvrages reproduits séparément, non plus que les traductions en français, en allemand, en anglais et en arménien.

En relatant ces succès, il faut noter que les ouvrages théologiques sont des ouvrages où l'éloquence est mise de côté ; où l'on ne cherche pas à émouvoir les foules ; où l'on n'est fort que par la puissance de la vérité, définie exactement, précisée avec bonheur, prouvée avec force, présentée enfin de telle manière, qu'elle doit emporter les convictions, comme d'assaut. Nous ne pensons mal d'aucun mérite de l'esprit ; mais il nous semble que le plus haut mérite est celui qui consiste à se dépouiller volontairement de toutes les ressources humaines de succès et de n'accréditer la puissance de la vérité que par la puissance de l'esprit.

Le Père Perrone ne fut pas créé cardinal, mais rendit d'autant plus de services à l'Eglise. Les dignités sont faites pour les petites gens qui, sans cela, ne seraient rien et que l'histoire oublie volontiers ; les hommes de qualités rayonnent par leur propre mérite et s'accréditent par leur propre puissance ; honorés ou disgraciés, ils poursuivent leur tâche devant Dieu ; et quand ils entrent dans la voie de toute chair, il est écrit que leurs œuvres les suivent pour les glorifier devant les hommes et les recommander à la miséricorde de Dieu. L'humilité de condition du Père Perrone ne l'empêche pas de prendre place dans la glorieuse lignée des théologiens.

Joachim Ventura naquit à Palerme en 1792. Le baron de Raulica, son père, le fit instruire par des prêtres, dont son précoce esprit eut bientôt épuisé toute la science. Comme il désirait embrasser la vie religieuse, sa mère le conduisit chez les Jésuites, où il resta quelques années et enseigna même la rhétorique. Soit que son âme ardente ne se pliât pas à l'obéissance absolue, soit que le souvenir du cardinal Tommasi, cher à la noblesse sicilienne, l'entraînât ailleurs, à 17 ans, Ventura entrait chez les Théatins. L'année suivante, il était ordonné prêtre et envoyé à Naples ; là, son éloquence dans la défense des ordres religieux le fit nommer membre du Conseil royal de l'instruction publique; distinction rare à cause de la jalousie des Napolitains contre les Siciliens. Procureur de sa congrégation, le Père Ventura fut envoyé à Rome. En 1825, Léon XII le chargeait de prononcer l'éloge funèbre de Pie VII. C'était un sujet scabreux, par suite du sacre de Napoléon. La Restauration se rappelait avec colère ce sacre qui avait légitimé le pouvoir de l'empereur. Pie VII ne l'avait pas fait sans avoir beaucoup consulté, beaucoup prié et longtemps réfléchi ; s'il s'était décidé, c'était pour le bien de l'Eglise. Ventura saisit, avec autant d'esprit que de grâce, ce biais : il montra que ce sacre, conféré uniquement dans l'intérêt du royaume de Dieu, procurait par surcroît le bien de tous les royaumes. En effet, après une révolution qui avait ébranlé tous les trônes, le sacre les raffermissait tous, en intéressant au maintien de la monarchie, le plus terrible soldat de la Révolution. Sans doute, pour le salut de tous les princes, l'un d'entre eux avait été sacrifié momentanément ; mais les rois n'ont pas été établis pour le malheur des peuples et pour la destruction de l'Eglise. Ventura ne se contenta pas de le déclarer avec une sainte hardiesse ; il en fournit la démonstration. Cet éloge funèbre eut un effet immense : il eut plus de vingt éditions et fut lu dans toutes les langues de l'Europe. Les gallicans toutefois ne l'approuvèrent point ; l'orateur dut, toute sa vie, se désintéresser de cette approbation.

Léon XII avait nommé Ventura professeur de droit public à la Sapience. Le jeune professeur s'attaqua immédiatement aux erreurs des philosophes et des légistes qui avaient perdu les vieilles monarchies. Dans son noble cœur, il estimait que le plus utile et le plus glorieux talent de l'homme, après les fonctions sacrées, c'est de dire toute la vérité et de la dégager des nuages dont les passions des hommes ne cessent de l'envelopper. A ce labeur, il avait d'autant plus de mérite, qu'il avait été élevé dans les principes de Locke, de Condillac ; il y tenait avec une opiniâtreté, qui était l'un des traits de son caractère. Alors, par une heureuse disposition de la Providence, les ouvrages des Bonald et des J. de Maistre tombèrent entre ses mains. Ventura comprit tout de suite que là était la vérité ; il ne se contenta pas de se nourrir de ces ouvrages ; il les traduisit en italien et fit traduire l'*Essai sur l'indifférence* de Lamennais. Dès lors Ventura eut trouvé sa voie ; il ne la quittera plus. S'il étudia toute la tradition française depuis Descartes, il ne s'y laissa pas prendre. Son esprit resta, si j'ose ainsi dire, fait de deux parties : la première empruntée à la scolastique de saint Thomas et aux Pères de l'Eglise, dont il possédait à fond tous les enseignements ; la seconde prise dans les ouvrages de Bonald, Lamennais, de Maistre, les restaurateurs contemporains de l'idée catholique romaine. C'est ainsi que Dieu faisait, de Joachim Ventura, une nouvelle puissance au service de la vérité.

Le Père Ventura n'avait d'autre ambition que de servir l'Eglise. Une négociation d'un concordat qu'il avait heureusement conduite avec le duc de Modène, le fit demander pour archevêque de cette ville ; il refusa de quitter Rome, où il faisait, à la jeunesse et dans le peuple, le plus grand bien. Son Ordre l'en récompensa en le nommant général le 25 février 1830. Après ces trois années de généralat, Ventura ne se dévoua qu'avec plus d'ardeur à la prédication et à l'enseignement. Les temps étaient changés. Grégoire XVI n'avait pas, en Ventura, la même confiance que Léon XII et Pie VIII. A quelqu'un qui lui demandait quel était le premier savant de Rome, Grégoire avait répondu : « C'est le Père Ventura. Nous avons sans doute des théologiens, des apologistes, des publicistes, des philosophes, des orateurs, des hommes de lettres : il n'y a que le père Ventura qui soit, en même temps, à lui seul, tout cela. » Mais il estimait le savant plus apte à l'enseignement qu'au gouvernement, et il y a, dans cette présomption, quelque chose de vrai. Après avoir employé toutes les forces de son esprit à résoudre les problèmes de la philosophie, à pénétrer les secrets de l'histoire, à sonder les mystères de la théologie et de l'Ecriture Sainte, il est rare qu'on ait, pour les affaires, beaucoup d'aptitudes et de goût. Le Père Ventura se contenta donc d'instruire le peuple de Rome et de lui enseigner les choses qu'il sait si bien comprendre. Chaque fois qu'il devait monter en chaire, l'église de Saint-André était pleine. Par l'ensemble de ses discours, il avait pris, sur le peuple romain, une grande autorité et avait conquis le titre de Bossuet italien. Parole vraie, si vous l'entendez d'un Bossuet populaire, d'un Chrysostome de petites gens, tandis que l'aigle de Meaux était surtout l'orateur des princes ; aussi quand la grosse cloche de sa cathédrale annonçait le sermon de l'Evêque, les pauvres disaient : Ce n'est pas pour nous aujourd'hui.

L'avènement de Pie IX fit cesser la disgrâce de Ventura et le mit même en grand crédit, lorsque ce pape résolut de donner à son peuple autant de libertés qu'en comportaient ses devoirs. Pie IX n'était pas le maître de changer la constitution de l'Eglise ; mais il avait établi un gouvernement consultatif, qui laissait aux députés et à la presse la faculté suffisante d'exposer les vœux, les besoins et les intérêts des masses populaires. C'était assez pour être libre ; nulle oppression ne pouvait subsister avec tant de lumière. Alors il y eut une heure de grande espérance. Ventura avait eu sa part à ce généreux dessein, qui eût fait sa gloire s'il eût réussi. Le nom de Pie IX fut acclamé, dans tout l'univers, avec un merveilleux enthousiasme ; le Père Ventura eut part à cette ovation. Chargé de prononcer l'éloge funèbre d'O'Connell, il parla comme un apôtre de la démocratie et comme un prophète des grandes lois de la civilisation. Sa parole provoqua un applaudissement universel, et Lacordaire, son émule, ne put atteindre à sa gloire. La révolution ne souffrit pas longtemps cette ère de prospérité : ce n'est pas la liberté qu'elle voulait, mais la ruine de l'autorité. Pie IX dut quitter Rome : Ventura ne le suivit pas à Gaëte. Bien plus, emporté par le désir de concilier l'Eglise avec la démocratie et de rendre, au Saint-Siège, son ancienne influence sur les peuples, il prononça l'éloge funèbre des morts de Vienne et donna, au peuple, le jour de Pâques, la bénédiction pontificale. Voici ce qu'il en dit dans son testament : « Afin que mes confrères n'aient pas à rougir de moi à cause des événements de 1849, auxquels j'ai paru prendre part, je dois déclarer que je n'ai rien fait dans ces circonstances difficiles, en opposition aux sentiments de dévotion envers le Saint-Siège, à la sainteté de mon caractère et à la dignité de ma personne... J'ai toujours voulu les vrais avantages du Saint-Siège, du pape, du peuple romain et de mon pays, auxquels j'ai toujours été sincèrement et profondément dévoué. »

C'était une heureuse faute. S'il fût resté à Rome, le cardinal Ventura n'eût pu faire, dans les congrégations, que ce qu'un autre peut faire aussi bien, peut-être mieux. Tandis que quittant Rome, pour des motifs que nous n'avons pas à apprécier, il venait accomplir, en France, une mission certes très utile à l'Eglise. Pendant les douze ans qui lui restaient encore à vivre, le Père Ventura fut, en effet, un des chefs du mouvement catholique. A Paris, et par là il montra la sincérité de ses sentiments, il refusa de s'unir aux applaudissements de ses écarts en 1849 et prouva par le fait qu'il ne confondait pas le libéralisme avec la liberté.

Là ne se bornèrent pas ses efforts ; il se porta de sa personne, avec une grande sûreté de doctrine et une intrépide vaillance, à tous les points où la bravoure et la conviction pouvaient rendre des services. D'abord, dans l'état d'anarchie où était tombée la France de 1850, le Père Ventura se présenta, à la jeunesse et aux hommes d'âge mûr, comme un maître en philosophie. Dès 1827, il avait publié avec une dédicace à Châteaubriand, un gros volume intitulé : *De methodo philosophandi*. En France, il publia un opuscule sur l'origine des idées et sur le fondement de la certitude, un ouvrage contre les sémi-pélagiens de la philosophie moderne et trois volumes sur la philosophie catholique. Dans Ventura philosophe, il y a deux hommes, l'homme de la philosophie scolastique, le disciple enthousiaste de saint Thomas, le défenseur énergique de sa doctrine ; il y a, en même temps, l'homme d'un traditionalisme modéré, le traducteur du *Pape* et de la *Législation primitive*, l'admirateur de leurs théories sur l'origine de langage dans ses rapports avec l'origine des idées et de la science. Le traditionalisme se comprend comme interprétation adéquate des faits de l'histoire ; il s'admet comme réaction contre le voltairianisme et contre l'individualisme rationaliste qui tend à prévaloir dans toutes les sphères de la vie humaine. Mais, par exemple, le Père Ventura distingue entre la philosophie *démonstrative* et la philosophie *inquisitive* ; il n'admet que la première et rejette la seconde ; il va un peu loin quand il soutient que la recherche est païenne, protestante, pernicieuse et fausse. Tout au plus peut-on défendre cette thèse dans le sens relatif ; mais elle n'est pas vraie au sens absolu et universel ; elle dépasse la pensée du philosophe, emporté par la véhémence de son caractère et l'impétuosité de son style. Malgré quelques phrases un peu risquées, le Père Ventura n'a pas moins confirmé la foi par ses discours et fortifié la pensée philosophique par ses ouvrages.

Où le philosophe fut mieux inspiré, c'est, en 1854, lorsque se séparèrent les deux écoles de l'*Univers* et du *Correspondant*. L'Empire s'était fondé pour enrayer la pensée révolutionnaire et sauver la France du socialisme. Des catholiques qui avaient rendu à l'Eglise des services, Montalembert et Lacordaire notamment, s'en séparèrent sous ce prétexte qu'il avait détruit la liberté ; l'*Univers* resta fidèle à l'Empire, tant que l'Empire resta fidèle à l'Eglise. Là où des théologiens d'une science médiocre, ne voyaient qu'une désertion, le Père Ventura vit un devoir. Il n'est pas permis d'avilir le pouvoir même lorsqu'il n'est pas légitime, à plus forte raison lorsqu'il n'y a pas de doute sur sa légitimité. Le pouvoir vient de Dieu, qui se sert des hommes pour gouverner le monde et veut qu'on leur obéisse tant qu'ils ne commandent rien de contraire à sa loi. Après le coup d'Etat, le devoir n'était pas douteux ; Rome ne le laissa pas ignorer. Qu'eussent gagné les catholiques à suivre Montalembert ? A voir l'Empire couler tout de suite dans la révolution et à priver nos églises de vingt ans de paix, où elles se préparent aux luttes qu'il faut soutenir aujourd'hui.

Le nom du Père Ventura, la franchise de sa parole, la singularité même de sa position furent, pour l'*Univers*, une grande force. Certes, s'il eût eu quelque fiel dans le cœur, il se fût bien gardé d'appuyer ses adversaires et de mécontenter ses amis, pour défendre une opinion appuyée par le Saint-Siège dont la victoire assurait la prolongation de son exil. De tels sentiments n'entraient pas dans son âme ; l'exil ne lui rendait que plus chère la sainte Eglise romaine. C'est pourquoi il suivit hautement la voie qu'il jugeait plus utile à l'Eglise ; il prêcha aux Tuileries une station de Carême et quand il publia ses conférences sur le *Pouvoir politique chrétien*, il pria Veuillot d'en écrire l'introduction. C'est ainsi qu'une division, qui devait être funeste, motiva la publication du *Syllabus*. Comme Gerbet,

Ventura eut le courage d'appuyer le retour aux saines doctrines de la politique chrétienne.

Après le renouvellement de l'enseignement philosophique, Ventura soutint la campagne de l'*Univers*, en faveur des classiques chrétiens. Lui-même avait publié, à Rome, pour les collèges, une petite bibliothèque contenant les ouvrages les plus élégants des Pères de l'Eglise ; et, dès 1844, avait composé un ouvrage latin sur la nécessité de rendre plus chrétienne l'éducation de la jeunesse. Gaume avait posé cette question de réforme par un livre sur le *Ver rongeur* des sociétés modernes, contre le paganisme insufflé par l'emploi exclusif des classiques païens. En conséquence, il avait proposé l'emploi simultané des chefs-d'œuvre païens et chrétiens, et réclamé, pour les païens, qu'ils fussent sincèrement expurgés, et chrétiennement expliqués. Une question posée en ces termes n'eût pas même dû être discutée ; elle eût dû plutôt être étendue des lettres aux sciences et à l'histoire. On ne voit pas, en effet, qu'aucun dommage puisse résulter d'une éducation foncièrement chrétienne, au moins pour des chrétiens. L'*Univers* appuya cette notion. Un homme qui s'était arrogé, en France, à peu près sans titre, une dictature d'opinion, Dupanloup, tomba à bras raccourcis sur les sauvages qui rêvaient de christianiser l'enseignement et pour joindre l'exemple au précepte, fit représenter Philoctète en grec par les élèves de son petit-séminaire. Les catholiques romains naturellement n'étaient pas de cet avis ; les bons évêques, notamment le cardinal Gousset, abondaient dans le sens de Gaume. Le Père Ventura ne fut pas d'un autre avis, et, après une effroyable tempête, Pie IX donna gain de cause à Gaume qu'il éleva même à la prélature. La passion des catholiques libéraux fit avorter l'Encyclique du Pape. Et depuis la société française se précipite de plus en plus vers le gouffre du paganisme.

La question subsiste toujours, non seulement pour les petits, mais surtout pour les grands-séminaires. On ne comprend pas que les Pères de l'Eglise soient, pour nous, des étrangers et même des inconnus. Des gens qui ne connaissent pas leurs pères, deviennent facilement des bâtards. Il ne suffit pas de rendre classiques les Pères jusqu'à la rhétorique et de les connaître en gros par quelques notions d'histoire littéraire ; il faut les rendre classiques pour les étudiants en théologie ; il faut initier à leur connaissance par un bon cours de patrologie ; il faut pousser même les élèves à l'adoption d'un Père qu'ils étudieront toute leur vie. De la sorte, la lecture, l'étude continue et approfondie des Pères donne aux idées une particulière rectitude, aux esprits une plus sainte vigueur, aux âmes une plus apostolique résolution de sainteté.

Dans cette pensée, le Père Ventura ne se contenta pas de ses ouvrages philosophiques ; il voulut encore, dans ses discours, montrer au clergé ce qu'on gagne à l'étude des Pères.

En particulier, il donna une impulsion très vive, un mouvement de retour vers saint Thomas d'Aquin, son auteur de prédilection. Le Père Ventura montra quelles richesses on trouvait dans saint Thomas, le plus étonnant génie, avec saint Augustin et après saint Paul ; il en révéla beaucoup dans ses homélies et ses conférences ; il sut mettre en lumières les pensées admirables que leur profondeur même tenait cachées ; il fit voir enfin que, pour la philosophie, la théologie, l'interprétation d'une partie des Ecritures, c'est le maître, c'est le docteur des docteurs, que nul n'a dépassé, ni même égalé. Mais, malgré sa clarté et sa précision, sa langue se rapprochant de celle des Anges, est quelquefois d'une simplicité si sublime qu'elle n'est pas facilement comprise. Tous ceux qui ont étudié saint Thomas, savent combien il faut le lire, le relire, le méditer pour le pénétrer. Par sa trop vive clarté, sa lumière intellectuelle, comme celle des Esprits, échappe à nos faibles yeux. Dans les dernières années de Grégoire XVI, il y avait, à Rome, un dominicain espagnol qui commentait saint Thomas par les écrits des Pères, et décomposait en quelque sorte cette grande lumière pour la mettre à portée des esprits communs. Après l'avoir entendu, il fallait confesser qu'en lisant la *Somme*, on avait à peine saisi la surface, et que, sans commentaire, la substance même reste cachée.

Le Père Ventura parut dans les chaires de Paris lorsque le Père Lacordaire en descendait : Dieu l'avait choisi pour continuer l'œuvre des conférences. Un dominicain et un jésuite, par leur éloquence, avaient attiré les esprits dans les voies de la vérité ; le théatin les dirigea d'une main plus savante et les conduisit jusqu'à la connaissance du Verbe de Dieu, sans quoi il n'y a pas de chrétien parfait. Ses prédécesseurs avaient converti et sauvé beaucoup d'âmes ; mais ils les nourrissaient du lait de la doctrine et non du pain substantiel de la vérité : ils proportionnaient, comme saint Paul, leurs discours à la capacité de leur auditoire. Combien ils durent se réjouir lorsque la génération qu'ils avaient formée, se trouva capable de goûter les leçons du Père Ventura. Avec quelle admiration les catholiques l'entendirent exposer si clairement les questions de philosophie et de théologie nécessaires à l'intelligence des Saintes Ecritures. « J'ai entendu, disait Berryer, saint Paul parlant à l'Aréopage et remuant, avec son accent d'étranger, tous les esprits et tous les cœurs. » Jugement d'autant plus remarquable que le Père Ventura n'avait pas cet élan, cette passion, qui rendaient si puissante la parole de Lacordaire et de Berryer ; mais il éclairait, il échauffait, il transportait par l'intensité même de la lumière. On était ravi de se sentir élevé au-dessus des régions ordinaires de la pensée humaine et comme illuminé des clartés de la parole divine. Quelles beautés, quels enseignements, quelle sagesse! et aussi quelle autorité! Ventura ne disait rien qui ne fût dans la tradition ; c'est là qu'il trouvait des explications si belles, si neuves, si hardies et en même temps si vraies, si anciennes, si touchantes, qu'elles avaient dû être comme inspirées par l'Esprit-Saint.

Nul orateur français depuis Bossuet, n'avait eu une connaissance si approfondie de l'Ecriture et des Pères. Il y a deux manières de prêcher : l'une selon la *science*, l'autre selon la *sagesse* : c'est la doctrine de saint Paul. Le dernier siècle avait rendu plus nécessaire le discours selon la science ; le Père Ventura nous ramena le discours selon la sagesse de Jésus-Christ. Pour mieux faire connaître le divin Maître, il n'ouvrait pas seulement les Ecritures ; il invoquait les Papes, les Evêques, les conciles, les grands docteurs, qui nous initient à tous les secrets de la révélation. C'est ainsi que Notre-Seigneur continue de se révéler dans tous les siècles.

Ce fut l'œuvre du Père Ventura de faire revivre chez nous ce genre traditionnel de prédication. Ce qu'avait commencé sa parole, il l'achevait par ses écrits. Nous avons cité déjà ses écrits philosophiques et le pouvoir politique chrétien ; nous devons citer maintenant l'Ecole des miracles, les conférences sur les paraboles de l'Evangile, sur les femmes de l'Evangile, sur la passion du Christ, le volume sur Marie, mère de Dieu, mère des hommes, et surtout les quatre volumes de conférences sur la raison philosophique et la raison catholique. Lorsque ses discours n'avaient pas épuisé un sujet, il les appuyait d'un livre, d'un traité de philosophie et d'histoire, c'est ainsi qu'il écrivit un volume sur la question du pouvoir, deux sur la femme catholique et un sur la sainte Vierge. En l'entendant, il semble qu'on entendait tous les échos de la tradition, toutes les voix des Pères et des conciles, toutes les déclarations des Papes, l'Orient et l'Occident unis ensemble. Avant tout, sur les Ecritures, il représentait Cornélius et saint Thomas. Lorsqu'il mourut, en 1861, Pie IX lui envoya sa bénédiction. L'évêque de Versailles, après lui avoir administré les derniers sacrements, le salua comme un Père de l'Eglise. A quoi Ventura, embrassant l'évêque, répondit : J'embrasse l'Eglise sur mon lit de mort : il l'embrassait comme une indestructible vitalité dont il avait été l'un des agents les plus illustres.

Pendant les épreuves contemporaines de l'Eglise, après le Pape, défenseur nécessaire de ses prérogatives, les plus en évidence figurent les hommes qui, avec la plume du journalisme, combattent le bon combat. L'Italie, si fertile en esprits ingénieux, si distinguée par son esprit théologique, n'a produit pourtant que deux journalistes de marque, Giacomo Margotti et David Albertario. Sous Pie IX, durant ce long assaut que dut soutenir l'intrépide Pontife, l'homme qui collabora le plus efficacement à sa résistance fut le rédacteur en chef de l'*Unita cattolica*. Margotti, par la sûreté du coup d'œil et par la décision de sa parole, était une puissance ; sa plume valait plus qu'une armée. Savant autant que publiciste, il publia, outre son journal, les *Victoires de l'Eglise* sous le Pontificat de Pie IX, puis *Rome et Londres*, parallèle où, mettant en comparaison la capitale de l'Eglise avec la moderne Carthage, il prouve que Londres, même sous le rapport du bien-être matériel, le cède à Rome. Son successeur dans l'arène, David Albertario était né à Filighera, en 1846, d'une très honorable famille d'industriels. Un oncle l'initia aux éléments des lettres ; à dix ans, il suivait les cours du collège de Pavie. En 1864, il vint à Rome, suivit pendant quatre ans les cours de l'Université grégorienne et en sortit docteur. Prêtre en 1869, il entra tout de suite à la rédaction de l'*Osservatore cattolico*. A partir de ce jour, la biographie de don Albertario, c'est l'histoire de l'*Osservatore*, histoire pleine de luttes, de douleurs et d'espérance. Comme la milice de presse n'est pas encore classée parmi les services d'Eglise, Albertario fut, en supplément, professeur titulaire de dogme et d'éloquence sacrée au grand-séminaire de Pavie. En suivant cette voie progressive, qui est la voie de tout homme d'action, Albertario, non content de sa collaboration à l'*Osservatore*, fonda le *Popolo Cattolico*, journal populaire et le *Léonard de Vinci*, revue d'art chrétien. Malgré l'écrasant labeur de cette triple rédaction, Albertario trouvait encore le temps de conquérir une réputation d'orateur, qui égale, si elle ne surpasse sa renommée d'écrivain. Orateur, il ne se contenta pas de la chaire sacrée, il alla dans les assemblées laïques et y soutint avec force la cause des classes laborieuses. L'œuvre de ce brave soldat ne s'impose pas à l'attention par de majestueux volumes ; c'est comme une masse énorme, faite de petits éléments : articles de journaux et de revues, opuscules de combat, sermons, conférences, coups de feu quotidiens, voués à l'oubli, mais honorés par leur dévouement toujours, quelquefois, par la victoire.

L'Italie traversait alors une période terrible de son histoire. Les partisans de Rosmini mettaient en désarroi les têtes ecclésiastiques ; Cavour, avec son unité, favorisait toutes les passions. Comme tous les ennemis de l'Eglise, Cavour aimait à avoir des complices dans le haut clergé ; il en avait mis un sur le siège de Milan et cet ami de Cavour considérait l'*Osservatore* comme une peste. Qu'un prêtre journaliste ait des ennemis parmi les adversaires de presse qui reçoivent ses coups et parmi les fonctionnaires du régime qu'il combat, cela se comprend ; mais qu'il ait des adversaires et des ennemis parmi les prêtres et les évêques dont il défend la cause, cela ne se comprend plus, mais s'explique suffisamment par la lâcheté humaine.

Albertario eut donc des ennemis dont le nombre et l'animosité attestent sa haute valeur. Il n'en est pas moins triste de le voir obligé de se défendre.

Pendant que ce brave combattait aux avant-postes, exposé à recevoir une balle en pleine poitrine, ils eut des *bravi* qui s'appliquèrent à l'abattre en lui portant, entre les épaules, des coups de couteau. D'abord on lui reprocha de manquer de douceur envers ses adversaires, reproche insensé qui, du miel de saint François de. Sales fait un vinaigre pour aigrir les apologistes. Ensuite, il fut menacé de suspense *a divinis*, parce qu'il soutenait l'opportunité de la définition dogmatique de l'Immaculée-Conception, menace fâcheuse pour la mémoire de l'Ordinaire, au moins depuis la définition du concile. En dernier lieu, il fut accusé d'avoir dit la messe une fois après avoir pris une tasse de café ; et, pour que le coup portât plus sûrement, il fut incriminé dans ses mœurs. C'est l'accusation qui se porte de préférence contre tout prêtre qu'on veut assassiner, sans tacher ses mains de sang. David dut soutenir, pour sa justification, deux procès : deux procès dont il sortit victorieux, mais qui lui coûtèrent l'un 20 000, l'autre 60 000 francs. En sorte que si ce prêtre calomnié n'eût pas eu 80 000 francs dans sa poche, il eût dû, quoique innocent, porter les stigmates de la calomnie.

J'avoue qu'à sa place, j'aurais méprisé ces viles morsures, justiciables certainement de l'implacable mépris des gens honnêtes. Oui, j'ai dit la messe après avoir mangé un bœuf, et ce qu'il y a de plus fort, c'est que je l'ai mangé sans boire. Oui, j'ai abominablement forniqué, et si vous piochez dans mon jardin, vous trouverez vingt squelettes d'enfants, fruits clandestins de mon libertinage. Mais laissez-moi passer et permettez que je continue d'aller chaque matin à l'ennemi.

En présence de ce juste mépris, l'autorité devrait prendre elle-même, spontanément ou sur requête, la défense de ses prêtres. Quand un soldat porte bravement le mousquet ou le drapeau devant l'ennemi, il n'est pas possible du conseil de guerre ; ses chefs se font l'honneur de le couvrir. Justice expéditive et économique, d'autant mieux venue, que les trois quarts et demi du temps, ces accusations, venues de haine imbécile ou maladroite, ne tiennent pas debout ; et fussent-elles plus compliquées, plus habiles, il y a dans la connaissance des hommes et dans le coup d'œil de la probité, un moyen prompt et décisif d'en découvrir la fraude. Mais qu'il faille dépenser de si grandes sommes, pour garder la réputation d'honneur, dont on est le possesseur incontestable ; qu'il faille payer si cher la sentence d'un tribunal qui vous rendra une justice strictement due, c'est là une évidente infirmité et un désordre certain. Pour revendiquer ainsi son honneur, il faut, ce semble, je ne dis pas y avoir manqué dans une certaine mesure, mais il faut en douter et laisser voir qu'on en doute. Et quand le tribunal vous a rendu justice, l'opinion veut douter à son tour de l'équité du jugement, de l'innocence du bénéficiaire. Que si c'est là, pour les établissements humains, une infirmité nécessaire, il faut abandonner ces réflexions. Mais, pour nous, nous voulons croire qu'il y a lieu à modifier une procédure qui aboutit à de pareils résultats.

Malgré le gain de ses deux procès, don Albertario n'en était pas mieux avec l'archevêque de Milan. Les subalternes qui circonvenaient ce pauvre prélat, en obtinrent même, contre le vaillant journaliste, la défense de prêcher et même, un instant, la suspense *a divinis*. C'est le second volume de mon histoire. Du moins, ce pauvre victimé sortit encore de ces épreuves, et parce que le pape Léon XIII voulut le soutenir comme l'avait soutenu Pie IX et parce que, à son jubilé sacerdotal, évêques, prêtres, professeurs, journalistes, simples catholiques, hommes d'État, tous se réunirent dans un concert d'éloges qui dépasse toute imagination.

Les problèmes posés par la démocratie chrétienne, poussée à l'exaspération par la misère, amènent, dans l'Italie du nord, des soulèvements populaires et des émeutes à main armée. Le gouvernement de l'Italie usé, cause fatale de cet apauvrissement graduel du pays, déclare l'état de siège et incarcère don Albertario, comme l'un des complices de ces désordres. L'imputation était insensée ; on ne cause pas de désordres en disant bravement la vérité ; on les prévient. Albertario est condamné à trois ans de prison, pêle-mêle avec des démocrates, des radicaux, des révolutionnaires et des voleurs. Grand honneur pour la magistrature italienne et plus grand honneur pour le défenseur de l'Église. Il ne manque plus rien à sa gloire.

Albertario est une noble figure qui appelle l'attention de l'histoire. Italien, ami de la France, dévoué à l'Église, il s'est mêlé, comme publiciste, à tous les combats de notre temps. Après don Margotti, don Albertario est l'homme dont l'œuvre est grande comme la valeur. On le compare à Louis Veuillot. Comme Veuillot, il a la vigueur, l'ardente conviction, l'infatigable activité, la largeur d'esprit qui embrassent simultanément tous les sujets. Comme Veuillot, il a construit son édifice, au milieu des contradictions ; il a délayé son mortier avec des larmes, combattu même par ceux qui auraient dû être naturellement ses protecteurs ; attaqué dans sa foi, ses convictions et ses mœurs ; finalement, comme les pires malfaiteurs, traîné au bagne. Un écrivain qui souffre persécution pour la justice est assuré que son œuvre est bonne, qu'elle porte des fruits, et que, ne pouvant ni l'entraver, ni la détruire, on s'en prend à l'homme lui-même. Les épreuves de la vertu confirment, du reste, les exploits de la pensée ; et tous les adversaires de tels hommes ne peuvent qu'ajouter un rayon de plus à leur auréole.

L'Espagne est un pays qui a dû, pour reconquérir son unité, soutenir une croisade de huit siècles ; elle s'est personnifiée dans le Cid Campéador, le héros de toutes les prouesses. L'esprit de foi a donné, à l'Espagne, une parfaite rectitude de jugement, une impitoyable intransigeance ; la continuité des combats a mis, dans son sang, une inépuisable ardeur. A ce titre, l'Espagne tient une grande place dans l'histoire des lettres, des arts et de la théologie, comme dans l'histoire politique des temps modernes. Dans les temps anciens, elle avait déjà produit Lucain, les deux Sénèques et plusieurs autres ; depuis, on lui doit Raymond Lulle, Raymond de Sébonde, Molina, et Suarez, en qui, dit Bossuet, *on entend toute l'école*. De nos jours, la patrie de Murillo, de Zurbaran et de Vélasquez, de Caldéron, de Lopez de Véga et d'Alonzo de Ercilla est bien tombée ; mais elle est restée savante et brave. Si les commotions politiques et les discordes civiles n'avaient pas épuisé ses forces, elle trouverait, dans son génie, un renouveau de grandeur.

A l'époque présente, pour mieux apprécier le mérite des docteurs espagnols, il ne faut pas les croire plus isolés qu'ils ne le sont du mouvement général des idées en Europe. Au XVIIIᵉ siècle, le sensualisme de Locke et de Condillac avait eu, en Espagne, des échos fidèles, jusque dans les ordres religieux ; et, en ce siècle, Pereira, Perez Jovellanos ne s'étaient pas élevés beaucoup plus haut que leurs devanciers. Cette faiblesse philosophique fut justement combattue par les Pères Vidal et Alvarado. Leurs réfutations n'empêchèrent pas le rationalisme de pénétrer en Espagne ; moins par l'action de la France, que par l'influence plus lointaine, mais plus efficace, de Krause et de Hégel. Castellar et Py y Margall sont les seuls écrivains de cette sorte dont le nom ait franchi les Pyrénées. Au reste leur succès fut fortement combattu par la *Summa philosophica* de Roselli, les écrits d'Alreida et de Zévallos. C'est alors que parut le grand philosophe de l'Espagne contemporaine, Balmès.

Jacques-Lucien Balmès était né en 1810 à Vich en Catalogne. Enfant, il était d'une santé débile et d'une extraordinaire puissance d'esprit. Au terme de ses études, il fut ordonné prêtre et attaché, comme professeur de mathématiques, au collège de sa ville natale. Le jeune homme qui, à Vich et à l'Université de Cervera, avait étudié profondément la *Somme* de saint Thomas et agité dans son esprit tant de problèmes, ne pouvait pas rester longtemps confiné dans les humbles horizons de l'enseignement classique. Déjà atteint du mal qui devait l'enlever jeune, il se sentait impatient d'agir sur un plus grand théâtre. L'état de l'Espagne le provoquait d'ailleurs à sortir de son obscurité et son génie ne pouvait pas rester sous le boisseau : C'était le temps de la mort de Ferdinand VII ; la minorité d'Isabelle, la régence de Christine mettaient tout sens dessus dessous en Espagne. La soi-disant régence d'Espartero avait remis aux mains d'un ennemi de l'Eglise, le timon des affaires. Les évêques étaient proscrits, les congrégations religieuses spoliées. Balmès écrivit une petite brochure des *Observations* sur l'importance politique, sociale et religieuse des institutions monastiques. Cet écrit, un peu jeune est, du reste, tellement fort, qu'il valut, à Balmès, une sentence d'exil. Le régent et ses satellites commettaient des crimes sans excuse possible ; ils crurent s'innocenter en frappant leur censeur de proscription. C'est ainsi qu'opèrent les brutes au pouvoir. Tout briser, tout tuer ; on verra après ; mais on ne verra rien que l'imbécillité ou la chute des persécuteurs.

Déjà Balmès, établi à Barcelone, sous la direction du sage et savant Roca y Cornet, avait débuté, avec son ami Ferrer y Sobinana, dans la revue périodique intitulée : La *Religion*. Après la chute d'Espartero, Balmès vint se fixer à Madrid ; nature essentiellement militante, il avait écrit dans deux revues intitulées la *Civilisation* et la *société*; il fonda à Madrid *El Pensiamento de la Nacion* et se présenta à sa patrie comme formant, à lui seul, une puissance de vérité. Les articles que publia Balmès dans divers recueils, ont été réunis sous le titre de *Mélanges religieux, philosophiques, politiques et littéraires*. C'est là qu'on le retrouve tout entier avec la fécondité de ses aperçus, l'élévation constante de sa pensée, la rectitude de son jugement et l'ardeur de son patriotisme. N'eût-il écrit que ces articles, Balmès serait déjà un de ces hommes que leur mérite tire de la foule et classe parmi les patriciens de la pensée.

Cette guerre d'escarmouches mena Balmès à considérer les périls que courait sa patrie par l'invasion de la philosophie allemande et les complots du protestantisme anglais. Dans le sentiment vrai du péril, il voulut joindre, à la guerre de broussailles, la guerre plus décisive des grandes publications, élevées comme des remparts, contre les assauts de l'ennemi. On doit à son zèle patriotique et pieux : 1° *Corso de filosofia elemental* en plusieurs volumes ; 2° *Lettres à un sceptique*, 1841 ; 3° *El criterio*, in-8°, 1843 ; 4° *Filosophia fondamental*, 4 vol. in-8°, 1846 ; 5° *El protestantismo comparado con el catholicismo en sus relationes con la civilisation*, 3 vol. in-8°, 1848 ; 6° un opuscule sur l'art d'enseigner la religion aux enfants : 7° une étude sur *Pie IX pontife et souverain*. — Dans deux rapides voyages, Balmès avait visité l'Angleterre et la France ; il mourut le 9 juillet 1848, encore dans la fleur de l'âge.

Le cours de philosophie à l'usage des écoles publié en Espagne, dès 1837, a été réédité en Allemagne ; nous regrettons qu'il ne l'ait pas été en France, où nous manquons encore d'un bon cours de philosophie. *El criterio* n'est qu'un manuel de logique pratique, entremêlé, comme la Logique de Port-Royal, de réflexions d'un grand intérêt. Des pensées ingénieuses, parfois profondes, presque toujours dictées par un parfait bon sens, y sont développées dans un style élégant, un peu diffus. L'auteur y suit le mouvement de sa pensée, sans s'attacher à l'ordre didactique. Un chapitre sur le choix d'une carrière se place entre une théorie de l'attention et des considérations métaphysiques sur la possibilité et l'existence. Ces questions ne sont pas généralement approfondies dans leurs principes et si quelques pages affectent un caractère spéculatif, elles ne servent qu'à relier entre eux, les conseils et les réflexions pratiques auxquels l'ouvrage emprunte tout son prix.

Les quatorze lettres à un sceptique complètent le *Critérium*, mais seulement pour une classe de lecteurs. Le scepticisme qui met les âmes en dehors de la vérité et leur en ôte même le souci, était alors moins la maladie de l'Espagne, que le fléau de l'Allemagne et de la France. Balmès oppose, à cette maladie de l'âme, les arguments de religion, de philosophie et de morale ; il parle de la pluralité des cultes, de l'éternité des peines, du sang des martyrs, du traitement évangélique des passions, de l'amour de soi, de l'humilité chrétienne, de l'influence des sentiments religieux, du progrès et de la tolérance, du panthéisme allemand, de l'éclectisme écossais et de la philosophie de l'avenir. C'est une discussion de jeunes gens ou plutôt de jeunes esprits, pleins d'ardeurs et d'espérances, mise en échec par une erreur qu'il s'agit d'écarter. Balmès s'y montre fidèle à lui-même, précis et éloquent.

La *Philosophie fondamentale* n'est pas une philosophie dans le sens ordinaire du mot ; c'est un ensemble de discussions sur les points capitaux de la philosophie. Au lieu de s'ingénier à la construction de l'un de ces systèmes gigantesques qui s'élèvent, qui tombent avec une égale rapidité, l'auteur nous déclare que, dans l'ordre intellectuel humain, la science de l'absolu n'existe pas. Le premier de ses quatre volumes est consacré à la certitude, question mise en vogue par Lamennais. Balmès ne se borne pas à répondre au philosophe français ; il étudie et discute successivement les théories de Platon, de saint Thomas, Descartes, Malebranche, Leibnitz, Dugald-Stewart, Cousin, Kant, Fichte, Schelling, Hégel et met chacun à sa place. Dans les autres volumes, il étudie les sensations, l'idée, l'étendue et l'espace, l'unité et le nombre, le temps, l'infini, la substance, la nécessité, la causalité, questions qui le ramènent à la grande erreur du temps, le panthéisme. Ces questions, Balmès les traite l'une après l'autre, avec une grande clairvoyance, surtout au point de vue du bon sens. « Je ne me flatte pas, dit-il, de fonder une philosophie ; j'ai voulu examiner seulement les questions fondamentales de la philosophie ; trop heureux si je contribue, pour une faible part, à élargir le cercle des saines études, à prévenir un péril grave, l'introduction dans nos écoles d'une science chargée d'erreurs, et les conséquences désastreuses de ces erreurs. »

« Balmès, dit le cardinal Gonzalez, n'a pas l'originalité qui a uniquement en vue d'inventer quelque système nouveau. Mais, en revanche, Balmès possède l'originalité propre à la science, qui l'éclaire, la développe et la complète ; l'originalité qui jette une vive lumière sur la vérité, qui la défend contre les attaques de ses ennemis, qui conserve et augmente le patrimoine intellectuel du genre humain : sur le terrain vraiment philosophique, dans les sciences métaphysiques, il n'y a pas d'autre originalité, surtout après que l'idée chrétienne est devenue à la fois la base et le plus haut sommet de l'idée humaine. A ce point de vue, Balmès est le type du philosophe chrétien. La base essentielle de sa philosophie est la philosophie de saint Thomas qui donne la solution la plus synthétique et la plus compréhensive des problèmes fondamentaux de la philosophie. Mais sur cette base une, sûre et ferme, on peut élever des édifices qui offrent une variété considérable, dans leur ensemble, dans leur organisme, dans la beauté et dans les rapports de leurs parties. Dans l'édifice élevé par Balmès, à côté de l'élément thomiste, on distingue le psychologisme cartésien, l'harmonisme dynamique de Leibnitz et l'empirisme idéologique de l'école écossaise (1). »

Le *protestantisme comparé au catholicisme* est une réfutation de l'*Histoire de la civilisation* de Guizot. Guizot, disciple de Calvin, avait écrit cette histoire au point de vue étroit et faux de son dogmatisme ; il avait été conduit, sur le rôle de l'Église catholique, à des erreurs nombreuses et graves ; il avait même fait assez peu de cas des directions de la Providence. L'histoire pour lui s'expliquait par les formes du gouvernement, comme elle s'expliquait pour Cousin, par les idées et pour Thierry, par les races. Leur conclusion commune, c'est l'éviction de l'Église et son remplacement par le rationalisme, instrument fatal de toutes les dissolutions et funeste acheminement vers les dernières catastrophes.

Balmès s'empare de ce fait complexe de la civilisation en Europe ; il en discute les causes ; en discerne les éléments et en constate les grands résultats. Par l'analyse exacte des faits d'histoire, par la lumière qu'il répand sur ces faits, il met à nu l'inanité des prétentions protestantes ; il dénonce, au contraire, le protestantisme, comme l'élément générateur du libéralisme, du socialisme, et tous les monstres d'erreurs qui menacent de dévorer les peuples européens. Bossuet, avant lui, avait attaqué le protestantisme sur ses variations doctrinales, et le prenant au collet, lui avait dit : Tu changes, donc tu es l'erreur. Mœhler avait attaqué cette même erreur sur

---

(1) *Histoire de la philosophie*, t. IV, p. 472.

le chef de ses doctrines positives et prouvé qu'elles impliquent la négation du péché originel et de la rédemption, en d'autres termes, la négation du christianisme. Balmès laissant de côté l'œuvre de salut éternel par la religion, se borne à considérer le protestantisme dans ses rapports avec notre existence ici-bas. Toutes les objections basées sur l'intérêt social, sont débattues et réfutées avec autant de vigueur que d'éloquence. Dans cette sphère des intérêts, Balmès a su être l'égal de Bossuet et de Mœhler. Cette trilogie épuise en quelque sorte la controverse contre le protestantisme. Le protestantisme à l'origine était une révolte contre la monarchie des Papes, et, sans le Pape, il entendait revenir à un catholicisme plus pur. Depuis, le libre examen a dévoré le corps des divines Ecritures ; il n'a su qu'aligner une série de zéros sans unité qui leur donne quelque valeur. Ce n'est plus une religion, ce n'est même plus un lieu pour en faire une. C'est plutôt une impiété qui vient se foudre dans le grand courant révolutionnaire, et qui, annihilée comme dogme et comme communion, n'est plus qu'un agent de dissolution nationale.

Balmès a pris rang, dans nos idées et dans notre estime, à la suite des grands défenseurs de l'Eglise, Joseph de Maistre, Louis de Bonald, Lamennais. S'il est mort jeune, la place qu'il a prise à côté de ces grands penseurs n'en est que plus belle et plus honorable. Sans doute, il ne possède pas la force d'intuition, ces mots heureux et puissants, cette invariable rigueur de principes qui distinguent le premier ; il n'égale pas le second dans la profondeur de son induction, dans la marche lumineuse et féconde de sa logique ; il est évidemment en dessous du troisième quant à la vigueur de la pensée, l'entrain du raisonnement et la magnificence de style ; mais il possède toutes ces différentes qualités à un degré tellement élevé, que cet ensemble fait de lui l'un des esprits les plus éminents de notre siècle. Il a, de plus, une lucidité d'expression tellement transparente, un ordre si parfait dans l'exposition de ses idées, dans le développement de la discussion, une si grande habileté pour résumer les doctrines qu'il examine, un tact si sûr pour les juger qu'on serait tenté de le placer au-dessus de ceux qui lui furent réellement supérieurs sous d'autres rapports.

Balmès est un de ces maîtres dont le poète a dit : *Qui quasi cursores vitaï lampada tradunt.*

En 1809 naissait, dans l'Estramadure, un enfant qui reçut au baptême le nom de Juan, et qui fut Donoso Cortès, marquis de Valdegamas. A seize ans, il avait terminé ses études littéraires ; à dix-neuf, il sortait de l'école de droit. Successivement professeur, homme politique, ambassadeur d'Espagne à Berlin et à Paris, il mourait en 1853. Cette vie hélas ! si courte, fut remplie d'événements et illustrée par d'incessants ouvrages. Dès l'âge de vingt ans, il opinait en public comme conseiller de la couronne et faisait brèche chaque fois dans l'opinion publique. Dans ses motions premières toutefois, s'il était catholique, il suivait inconsciemment l'impulsion du rationalisme et, selon la mesure où il tombait dans cette erreur, se condamnait à l'impuissance. Un jour vint où, veuf de sa femme et son enfant morte, seul au monde, il s'éleva dans la foi pure jusqu'à en faire la règle souveraine de toutes ses pensées et de ses actes. Alors il rendit des oracles. En 1849, encore inconnu, il devint par son discours sur la dictature, non seulement une célébrité, mais une autorité. En 1850, par un discours sur la situation générale de l'Europe, il s'installait dans la gloire par le plein droit du génie. Bientôt il écrivait, pour la *Bibliothèque nouvelle* de Louis Veuillot, son *Essai sur le catholicisme, le libéralisme et le socialisme*, ouvrage qui fut lu de l'Europe entière. Entre-temps, on s'enquérait de ses précédents ouvrages, de ses correspondances diplomatiques, discours de circonstances, articles de journaux, lettres. Lorsqu'un homme s'est imposé ainsi à l'opinion, de lui, on veut tout connaître. Preuve que le genre humain, si faible soit-il, garde le sentiment de sa destinée et se sent obligé envers la vérité de Dieu.

On a publié, en Espagne, les œuvres complètes de Cortès ; on a publié en France trois volumes extraits de ces œuvres complètes. Ces trois volumes ne comprennent guère que les écrits de Cortès depuis ce qu'il appelait sa conversion : c'est la substance de son génie.

« Cet illustre philosophe espagnol, dit le cardinal Gonzalez, n'est pas un philosophe dans le sens rigoureux du mot ; c'est plutôt un écrivain qui, grâce à l'originalité native et à la force immense de son talent, communique une saveur philosophique aux problèmes religieux, sociaux et théologiques qu'il discute et qu'il renouvelle. Son ouvrage capital, à ce point de vue, est l'*Essai sur le catholicisme*, dont la tendance nettement traditionaliste, avec des nuances de scepticisme, contraste avec la direction indépendante, mais modérée, de la *Philosophie fondamentale* par Balmès.

« Donoso Cortès est le J. De Maistre espagnol, qui veut ramener l'Europe et le monde à Dieu, dont ils se séparent de plus en plus et qui tombent d'abîme en abîme ; qui veut que l'Eglise catholique occupe de nouveau le trône de l'Europe et constitue l'axe central du monde ; qui veut que le principe surnaturel et divin pénètre toutes les parties de la société, informe et vivifie l'homme individuel et social dans toutes les sphères. Mais le marquis de Valdégamas, qui est supérieur à De Maistre par la magnificence de son style, par l'élévation de certaines idées, par la profondeur de la pensée, par les éclairs que jette son génie, exagère et dénature l'importance du critère théologique, au point de tomber dans le traditionalisme et d'ouvrir la porte au scepticisme.

« Pour Donoso Cortès, la théologie est non

seulement la première, la plus noble des sciences ; mais elle est la science universelle, la science qui « contient et embrasse toutes les autres ». Pour l'illustre publiciste, l'entendement humain est faillible, à tel point qu'il ne peut jamais être certain de la vérité, et, bien plus, que « l'incertitude est d'une manière essentielle dans tous les hommes, qu'on les considère associés ou isolés ».

Les paroles de Donoso Cortès sur l'universalité et l'omnipotence de la théologie, désirent s'entendre *cum grano salis*. Ce que dit l'orateur de l'infirmité rationnelle de l'homme et de l'indispensable nécessité de la foi, n'est pas plus répréhensible. Une congrégation romaine a même défendu l'*Essai sur le catholicisme* contre les bavures d'une imbécile critique, et une Revue de Modène a expliqué en quel sens il faut prendre ce que censure Gonzalez. Le cardinal, au surplus, ne contredit pas ces réserves:

« Pour juger avec équité le marquis de Valdégamas, dit-il, il ne faut pas s'en tenir aux règles générales de la critique, d'après lesquelles le sens réel d'une phrase doit être déterminé, eu égard aux antécédents et aux conséquents. Il faut, en outre, ne pas perdre de vue que Donoso Cortès est de la race des écrivains dont la parole va quelquefois plus loin que la pensée, entraînés qu'ils sont vers les formules et les thèses absolues. Après tout, qui sait si, dans cent ans ou même dans quelques années, les hommes de bonne volonté ne regretteront pas que les peuples de l'Europe et les gouvernements n'aient pas conformé leur marche aux règles de l'auteur. Qui sait si ce que nous regardons comme des exagérations, comme des thèses paradoxales de Donoso Cortès, ne sera pas regardé un jour comme des prévisions conformes aux mouvements de l'histoire, comme l'expression authentique des véritables nécessités politiques, sociales et religieuses de notre époque?

« Quoi qu'il en soit, le nom de Donoso Cortès restera toujours comme celui d'un type achevé de noblesse castillane, de bonne foi, de science profonde et de piété chrétienne (1). »

Après Balmès et Donoso Cortès se produit, en Espagne, un travail intellectuel d'une particulière étendue et d'une singulière grandeur. Nous nous bornons à citer : en philosophie, Orty y Lara, Campoamos, Pidal, Monescillo, Camara, Comellay, Fajarnès, Catalina, Nieto ; en politique et en histoire, Canovas del Castillo, Menendez y Pelayo, Vincent La Fuente, Garcia Rodrigo, Riano, Bravo, Téjado, François d'Aguilar, Rivas ; en droit, Carramolino, Alonzo Martinez, Hinojoza, Rodriguez y Cépeda ; en théologie, les Pères Sanchez et Mendive.

L'Espagne, toujours vaillante, si savante et si sage au dernier Concile, avait donné, à l'Eglise, dans la première moitié de ce siècle, Balmès, le prince des philosophes contemporains, et Donoso Cortès, le prince des docteurs en politique. Dans la seconde moitié du XIXe siècle, elle a fourni, à la défense de la religion, d'autres soldats, et, parmi eux, d'abord un voltigeur d'avant-gardon, Sarda y Salvany. Don Félix Sarda y Salvany naquit à Sabadelle, près de Barcelone, d'une famille de fabricants intelligents et honnêtes. Fils unique, il montra de bonne heure, pour l'état ecclésiastique, une vocation très décidée. Entré au séminaire de Barcelone sous la direction des Jésuites, il fut cultivé avec zèle, dans son entendement et dans son cœur, pour l'esprit sacerdotal. Retiré ensuite au pays natal, loin du bruit de la capitale de la Catalogne, qui eût pu nuire à son salut, il y resta constamment prodiguant à ses compatriotes tous les biens et soutenant cet apostolat de la plume qui exerce, en Espagne, pour la propagande catholique, une si forte influence. Peut-on imaginer une biographie plus simple? Et, dans une vie si simple, peut-on trouver une série d'œuvres plus brillantes que n'en a fourni ce vaillant prêtre ? Depuis son retour au foyer, sans avoir visité autre ville que la capitale du monde chrétien, il s'est illustré par le nombre et la qualité de ses publications. A partir de 1867, presque au moment de sa sortie du séminaire, voyant la révolution livrer, à l'Eglise, une guerre cruelle, il entra en campagne et, avec des articles périodiques, des feuilles volantes, des opuscules, lui rendit coup pour coup. La forme qu'il affecta spécialement fut la forme populaire. Directeur de la *Revista popular* de Barcelone, il donnait d'abord en articles ses études, puis les réunissait en volumes de cinquante ou soixante pages. De cette sorte, il composa une encyclopédie populaire qui offre des leçons de théologie morale, de piété et de prosélytisme. Parmi ses leçons de théologie populaire nous pouvons citer : La Bible et le peuple, Jeûnes et abstinences, Le mariage civil, Le concile, Le purgatoire, Le culte de saint Joseph, Le culte de la sainte Vierge, Le culte de l'invocation des saints, Le mystère de l'Immaculée-Conception, Le protestantisme; Effets canoniques du mariage civil, La chaire et le confessionnal, Le *Pater noster*, Les peines de l'enfer, La gloire du ciel. Parmi les œuvres morales, nous mentionnons : Au sermon ! A une dame... et à beaucoup d'autres, Café et billard, Maison et casino, Le sacerdoce domestique, Le clergé et le peuple, L'esprit paroissial, Riches et pauvres, Minuties catholiques. Parmi ses œuvres de piété nous distinguons : Bref exercice pour honorer chaque jour du mois consacré à saint Joseph, Petit mois de mai, Dévot exercice de réparation pour les trois jours de carnaval, Pieuse neuvaine à la très sainte Vierge du Salut, Pieuse neuvaine à la sainte Vierge dans sa glorieuse Assomption, Pieux octavaire au doux enfant de Belen dans le très saint Sacrement, La voix

---

(1) *Histoire de la philosophie*, t. IV, p. 476.

du carême, Montserrat, Le mois de juin consacré au Sacré Cœur, Octavaire à Jésus ressuscité. Enfin, parmi ses écrits de combat contre la grande erreur du XIXᵉ siècle, le libéralisme, don Sarda a dressé de nombreuses batteries; entre autres : Caractères de la lutte actuelle, Choses du jour relatives aux catholiques libéraux et à certains scrupules, L'Apostolat séculier ou manuel du propagandiste catholique, Le laïcisme catholique, Le mal social et son remède efficace, La dynamite sociale, Massonisme et catholicisme, Manuel de l'apostolat de la presse, Les mauvais journaux, Tout le problème, La secte catholique libérale, La main noire ou les petits poulets de la dernière couvée libérale. Dans tous ces écrits, sous une forme populaire, don Sarda expose, avec autant de profondeur que d'exactitude, l'intégrité de la doctrine catholique. Soldat de l'Eglise militante, zouave consacré à la défense du Saint-Siège, il continue dans ses écrits, cette croisade de huit siècles, qu'ont soutenue, avec tant d'héroïsme, le fils des héros de Cavadonga. C'est un Ségur espagnol, qui donne de grands coups d'épée sans s'amuser à les envelopper d'un sourire.

Le nom de Sarda n'avait pas passé la frontière, lorsque, en 1884, le rédacteur de la *Revista popular* publia *Le libéralisme est un péché*. Dès longtemps, le libéralisme avait été un crime; il était devenu, pour certains catholiques, une grossière illusion; Sarda y Salvany montra qu'il est, contre la foi, un péché grave. Son livre fut dénoncé à l'Index par Don Pazos, chanoine de Vich, auteur d'un ouvrage intitulé: *Le procès de l'intégrisme*. *Le procès de l'intégrisme* fut mis à l'Index et le *libéralisme est un péché* sortit indemne, honoré des suffrages de l'Eglise; depuis, il a passé, en traduction, les Pyrénées et la mer; il s'est répandu dans tout le monde chrétien. C'est, comme les précédents, un livre de combat, mais avec plus de développements et plus de fondement sur la théologie pure. Au point de vue de l'exactitude, les théologiens y ont relevé quelques fautes, comme, par exemple, d'avoir classé le libéralisme, dans le prédicament philosophique de l'athéisme. Pour le combat toutefois, c'est une machine excellente, une catapulte qui lance ses projectiles à bonne adresse et fait mouche partout où elle frappe. Don Sarda y Salvany a pris, par cet écrit, une place à la suite des plus vaillants lutteurs de son pays; il n'atteint pas à la hauteur de Cortès et de Balmès, mais il sert la même cause avec une égale décision et une même vaillance.

De l'Espagne nous montons en Angleterre.

L'Angleterre, autrefois l'île des Saints, ne donnait plus à l'Eglise, depuis Henri VIII, d'autres saints que les martyrs. Pendant trois siècles, son martyrologe est toute son histoire. Jusqu'au XIXᵉ siècle, la Grande-Bretagne n'est plus, au point de vue catholique, qu'un pays de missions, soumis à un vicaire apostolique.

C'est en 1850 qu'elle se rattache à la hiérarchie catholique et rentre dans l'histoire par les hommes de doctrine que lui départ la divine Providence. Le premier à tous égards est le cardinal Wiseman.

Au commencement de ce siècle, le comte de Maistre prédisait l'apparition d'un génie encyclopédique, aussi familier avec les vérités découvertes par la science qu'avec les vérités enseignées par la religion et chargé par Dieu de faire admirer leur harmonie. « Attendez, disait-il, l'homme de génie qui va paraître et qui, fort de l'affinité naturelle de la science et de la religion, les réunira dans une admirable lumière, pour mettre un terme aux mauvais siècles d'incrédulité que traverse le genre humain ». Jusqu'à ce jour, il nous semble que peu d'hommes ont aussi bien répondu que Wiseman au pronostic de J. de Maistre. Quel autre a pu embrasser avec autant de pénétration un plus grand nombre de sciences? Quel autre a su exposer avec plus de clarté, de méthode et d'agrément, le fruit de ses persévérantes recherches? On peut lui appliquer ce qu'il a dit lui-même de Leibnitz, dont il a suivi les études comparées avec plus d'esprit chrétien et un art plus parfait d'écrire : « Un seul rayon, en traversant son génie, était réfracté en mille nuances variées, toutes claires, toutes brillantes, toutes fondues les unes dans les autres, par des gradations presque imperceptibles, non pas d'ombre, mais de lumière. Dans ses écrits, nous suivons ce rayon multiforme jouant à travers toute l'étendue de la science; et si nous remontons jusqu'à sa source, nous découvrons que toutes les variétés émanaient d'un seul principe, d'un courant vif et lumineux de pensées philosophiques ». La gloire de Wiseman est d'avoir poursuivi à lui seul cette harmonie des sciences et de la religion, que le Père Gratry n'attendait que d'une ligue de penseurs; et si cette gloire appartient à l'Eglise catholique, elle doit surtout rayonner sur l'Angleterre! Ce cardinal, disait Pie IX, a été, pour l'Angleterre, l'homme de la Providence.

Nicolas Wiseman naquit en 1802, à Séville, d'une famille irlandaise. James, son père, avait une maison de commerce à Waterford, et une à Séville; miss Strange, sa mère, descendante d'une famille ruinée par Cromwell, possédait encore quelques débris de sa grande fortune. Dès son enfance, Nicolas fut témoin des magnificences du culte et des ardeurs de la foi; il y puisa ce goût des cérémonies et cette puissance de conviction qui préparaient sa mission future. A cinq ans, il revint en Angleterre et y reçut, dès lors, une éducation essentiellement anglaise, gage certain de ses succès pour l'avenir. Après deux années passées dans une pension de Waterford, il entrait, en 1810, au collège de Saint-Cuthbert, près Durham, et y passa huit années; il eut entre autres, pour professeur, l'historien Lingard ; sous la direction de bons maîtres il s'y fit ce tempérament de virilité et d'énergie qui le caractérisera toujours.

En 1818, Nicolas Wiseman partait avec cinq autres jeunes gens pour Rome ; il devait, au collège anglais, désert depuis longtemps, suivre les grands cours de théologie, avec l'espoir d'en rapporter un jour, à sa patrie, la lumière. Docteur au terme de ses études, prêtre en 1825, il fut, en 1827, nommé professeur de langues orientales à l'Université de Rome et chargé, par Léon XII, de prêcher depuis l'Avent jusqu'à Pâques ces nombreux Anglais qui viennent passer l'hiver dans la ville sainte. La prédication n'empêcha pas, du reste, l'ardent professeur de poursuivre ses études. En 1828, il en fournit la preuve en publiant ses *Horæ syriacæ*. C'est un recueil de dissertations savantes. La première est dirigée contre un théologien anglican, Thomas Horne. Ce théologien prétendait que la langue syriaque n'a pas de terme pour dire *représenter, symboliser*. Si donc Jésus-Christ a dit : Ceci est mon corps, c'est parce qu'il n'avait pas de mot pour dire : Ceci représente, signifie ou symbolise mon corps. Wiseman montre que cette allégation irait à nier la divinité de Jésus-Christ ; il découvre sa fausseté en produisant quarante mots syriens qui signifient la même idée de représentation, et en prouvant que les controversistes syriaques basent précisément leur argumentation eucharistique sur l'autorité du mot *est* et l'absence des quarante autres mots qui eussent pu exprimer l'hérésie protestante. — La seconde dissertation contient l'histoire des versions syriaques du texte sacré et en particulier de celle qui est connue sous le nom de *Peschito*. L'auteur décrit ensuite, pour la première fois, la version dite Carcapheusienne et donne un choix de notes inscrites à la marge du codex. Une étude sur un fragment syriaque, relatif à la chronologie égyptienne, termine cet ouvrage. Cet essai est écrit avec une logique, un ordre, une science et une convenance qu'on trouve rarement réunis dans un auteur de 26 ans.

Peu après, Léon XII nommait Wiseman supérieur du séminaire anglais ; en cette qualité, il célébrait, l'année suivante, sous Pie VIII, l'émancipation des catholiques en Angleterre. L'année suivante, il était élu membre de l'Académie de la religion catholique ; pour son entrée, il fit une lecture sur la stérilité des missions protestantes. En 1835, sur la proposition du cardinal Weld, il prononçait, devant un auditoire d'élite, ses conférences sur les rapports entre la science et la religion révélée. Ces discours, publiés l'année suivante et traduits en plusieurs langues, rendirent leur auteur célèbre dans toute l'Europe.

A cette date, la doctrine catholique n'était plus attaquée par la moquerie voltairienne, qui ne prouvait rien et qu'on n'aurait pu employer sans honte ; on l'attaquait sérieusement, au nom des sciences. Des sciences nouvelles venaient de naître ou de se transformer. On interrogeait la géologie, l'ethnographie, la linguistique ; les sciences physiques, l'astronomie, la chronologie, l'histoire. On cherchait de tous côtés des objections contre la vérité de la sainte Écriture et contre le dogme chrétien. Réfuter à l'aide d'une science plus complète les objections posées par une science incomplète : tel est le but de Wiseman. Les révolutions du globe, les évolutions des langues et des races, les faits de l'archéologie et de l'histoire, les zodiaques de l'Egypte, les Védas de l'Inde, les Kings de la Chine, le Zend-Avesta : tout cela lui est connu et prouve, par son témoignage, l'absolue véracité de la Bible.

Depuis 1836, les diverses sciences dont Wiseman démontre, avec tant d'autorité, l'harmonie avec la religion, ne sont pas restées stationnaires. Plusieurs ont renouvelé leur méthode et abandonné leurs premières hypothèses, établi de nouvelles théories. Il peut se faire que les conférences de Wiseman ne soient plus à la hauteur de la science actuelle ; du moins son principe général est toujours certain et ses conclusions sont toujours vraies. Il lui restera toujours l'honneur d'avoir ouvert vivement la route et indiqué la méthode qu'il faut suivre pour éclairer la science par la théologie et défendre la théologie par la science. Puisse l'exemple qu'il a donné avec tant d'éclat lui susciter de nombreux imitateurs.

« Ce n'est point, dit-il, par des raisonnements abstraits que nous convaincrons le genre humain de notre amour pour le progrès des sciences ; c'est en marchant hardiment à la rencontre de la science ou plutôt en l'accompagnant dans sa marche progressive, en la traitant toujours comme une amie et une alliée, en la faisant servir à la défense de notre cause. Quand même il n'aurait pas reçu en partage les talents nécessaires pour ajouter à la masse de preuves déjà connues, chacun peut faire servir ses études littéraires à ses progrès religieux et à l'affermissement de ses plus saintes convictions. Car si le nombre est petit de ceux qui sont destinés par la divine Providence à briller dans l'Église comme des lampes ardentes, qu'on ne doit point cacher sous le boisseau, chacun a cependant une lampe virginale à entretenir, une faible mais précieuse lumière, à tenir toujours allumée dans son âme, en l'alimentant sans cesse par une huile nouvelle, afin qu'elle puisse lui servir dans le rude sentier qu'il doit suivre et qu'il ne se trouve pas dépourvu au moment de l'épreuve ».

Ces conférences montrent de quelles hautes sciences étaient nourris les élèves du collège anglais et quels missionnaires ils devaient former pour la conversion de leur patrie. Sur ces entrefaites, le directeur de la chapelle royale de Sardaigne à Londres, obligé de faire un voyage en Italie, pria Wiseman de le suppléer pendant son absence. Heureux de cette première occasion d'évangéliser ses compatriotes, Wiseman prêcha chaque dimanche, avec un tel succès, que le vicaire apostolique du district de Londres lui demanda une station pour Sainte-Marie de Moorfield. Le docteur accepta et consacra ses premières conférences à l'étude de la question fondamentale, qui, une fois résolue, sert à résoudre toutes les autres. Quelle est la règle de foi légitime? est-ce la règle de foi catholique ou la règle de foi protestante? Faut-il admettre comme fondement des croyances chrétiennes une autorité vivante établie par le Sauveur dans l'Eglise et préservée par lui de toute erreur? Peut-on n'admettre d'autre autorité suprême infaillible, en fait de doctrine religieuse, que la parole de Dieu écrite? Pour répondre à ces questions, l'orateur interroge l'ancien et le nouveau Testament. Non content d'assertions vagues, il analyse une série de textes, les décomposant par mots et par phrases et les vérifiant au moyen d'autres passages. La conclusion est que Jésus-Christ a réellement constitué une société qui a ses lois et son gouvernement, un corps compact qui possède en soi l'unité, qui est formé de tous les éléments constitutifs d'un corps social, qui contient en lui une autorité qui s'exerce et des sujets qui s'y soumettent. Ce corps a reçu le pouvoir et la mission de rassembler sous son empire le genre humain tout entier. Le sauveur a promis d'enseigner par son organe jusqu'à la fin des siècles et de lui prêter une assistance si efficace, que toutes les doctrines transmises par lui à ses apôtres et à leurs successeurs s'y conserveront jusqu'à la fin des temps. L'Eglise est l'instrument formé de Dieu pour répandre l'Evangile sur la terre. Afin de maintenir l'unité dans son Eglise, Jésus-Christ a établi un centre unique, un chef suprême, son représentant et son vicaire sur la terre. C'est le Pape de Rome.

Après avoir prouvé que l'enseignement de l'Eglise, parlant au monde par Jésus-Christ, son auteur, est la seule règle de foi, l'orateur examine quelques points de doctrine spécialement défigurés par les protestants: le sacrement de pénitence, la satisfaction et le purgatoire, les indulgences, l'invocation des saints, l'honneur rendu à leurs images et à leurs reliques, enfin la transsubstantiation. Le grand monde fut surpris par ces conférences. On y allait comme en Bourdaloue, un peu malgré soi, mais on entendait avec plaisir. Les protestants surent gré à Wiseman d'avoir apporté dans ses discussions tant d'urbanité. De vieux préjugés se dissipèrent. Les gens du monde se firent, de l'Eglise Romaine, une idée plus juste. Plusieurs personnes distinguées par leur éducation se convertirent. Les catholiques de Londres, fiers du jeune orateur, lui offrirent une médaille d'or en signe d'admiration.

Ces conférences de Moorfield furent bientôt livrées à l'impression: elles prouvèrent que leur auteur avait étudié la théologie et la controverse avec autant de succès que la linguistique et la géologie. La fortune du livre décupla le succès des prédications du docteur. En même temps, Wiseman publiait huit dissertations sur la présence réelle de Jésus-Christ dans l'Eucharistie, prouvée par les Ecritures. Ces dissertations n'étaient qu'une partie de l'enseignement donné au collège anglais. Quelles solides études faisaient les jeunes clercs, placés à un tel foyer de science! Pourrait-on citer en France un seul séminaire où la formation sacerdotale soit effectuée avec autant d'étendue et de profondeur. « Ces conférences, disait l'auteur, montrent clairement quelles sont nos idées par rapport à l'étendue qu'il convient de donner à l'éducation ecclésiastique ; ces leçons mettront en lumière le système suivi par nous dans toutes les branches de la controverse théologique. Ce qui est fait, dans ces dissertations, pour le dogme de l'Eucharistie, se fait également pour les preuves du christianisme, pour l'autorité de l'Eglise, la pénitence, la messe et tous les autres points de la controverse moderne. L'étude de l'Ecriture et de la science qui lui sert d'introduction ont été l'objet d'un soin spécial.

En même temps, Wiseman publiait ces lettres, aussi spirituelles qu'érudites, au docteur Poynder. Ce Poynder avait publié un ouvrage plus méchant que savant, sur le *papisme en alliance avec le paganisme*. En d'autres termes, il enseignait que les cérémonies religieuses de l'Eglise sont empruntées aux rites de l'idolâtrie gréco-latine. C'était peu curieux et peu digne d'une réfutation. L'adversaire le prit par le ridicule. Vous apportez, dit-il à Poynder, peu de choses neuves ; vous avez oublié que la verdure dans les églises est empruntée à Virgile, que le pluvial vient du lacticlave, que l'amict servait aux sacrifices païens, et que la confession était connue des Grecs. Pourquoi ne pas découvrir quelques ressemblances entre nous et les Guèbres? Pourquoi ne pas comparer notre rosaire à celui des derviches, nos reliquaires avec les fétiches d'Afrique et nos exorcismes avec les cérémonies du schamaïsme tartare? Comment n'avez-vous pas parlé du grand Lama et de son consistoire, des cloches sur les églises du Thibet, des vêtements de ses prêtres et des pompes des Talapouins, qui font aussi vœu de pauvreté. Je vous indique encore, pour une seconde édition, les découvertes d'Abel Rémusat et de Pitchourienski. Et maintenant que nos relations sont si étendues, comment avez-vous pu négliger les peuples de l'hémisphère australe et les aborigènes de l'Amérique?

Avant de finir sa mission en Angleterre, Wiseman avait fondé, avec O'Connell, la *Revue de Dublin*. Cette revue trimestrielle devait plaider, à la fois, la cause du catholicisme et la cause de l'Irlande. A d'implacables calomniateurs, elle opposait une exposition savante et raisonnée de la vraie foi. Malgré l'acrimonie des adversaires, elle ne leur parlait jamais qu'avec l'accent d'une inaltérable charité.

« Nous espérons, disaient les rédacteurs, qu'en nous adressant ainsi à ceux qui n'ont pas notre foi, nous les engagerons à étudier les points sur lesquels nous ne sommes pas d'accord ; et, s'ils ne retournent pas à la religion de leurs ancêtres, ils apprécieront au moins les motifs qu'ont huit millions d'Irlandais et d'Anglais, pour lui conserver leur foi. »

La partie doctrinale de la *Revue de Dublin* était réservée au docteur Wiseman, qui ne s'écarta jamais de son programme. C'est de Rome qu'il envoyait ses articles et surveillait les travaux de ses collaborateurs. Ses remarquables travaux, dont plusieurs ont été reproduits sous le titre de *Mélanges*, donnèrent à la Revue une telle importance, qu'elle se fit lire par les protestants désireux de s'éclairer, avec autant d'attention que par les catholiques. Avec une érudition qui lui permettait de toucher à tout, Wiseman étudiait tour à tour, dans ses articles, la discipline ecclésiastique, l'art chrétien et surtout les questions religieuses, soulevées par les fameux *traités pour le temps*. A cette époque les esprits les plus sincèrement religieux de l'Angleterre étaient tourmentés par des doutes profonds sur la légitimité de leur église nationale. Pouvait-on la considérer comme l'Eglise de Jésus-Christ ? N'était-elle séparée du catholicisme que par des questions de détail, sans importance, qu'on appelait le *Romanisme ?* Nous retrouverons ce mouvement en parlant tout à l'heure de Newman.

Malgré ses nombreux travaux à la *Revue de Dublin*, Wiseman n'interrompait ni ses leçons au séminaire anglais, ni ses prédications à Rome. En 1837, il donna, chez le cardinal Weld, ses quatre conférences sur les *cérémonies de la semaine sainte à Rome*. Là, il révéla ses facultés esthétiques, son profond sentiment du beau exprimé par la pensée et les arts, la sûreté de sa critique en matière de goût. Quand on l'entendait analyser les premières inspirations de la peinture chrétienne et les sublimes chefs-d'œuvre de Michel-Ange, faire ressortir la touchante tristesse des antiennes et des hymnes de la semaine sainte, caractériser le chant grégorien, les messes et les lamentations de Palestrina, le *Miserere* d'Allégri, on fut forcé d'avouer que ce philologue si savant, ce controversiste si habile, ce théologien si profond, parlait au besoin comme un artiste qui aurait fait, de l'étude du beau, l'occupation de toute sa vie.

Depuis le règne d'Élisabeth, les prêtres qui, malgré des lois sanguinaires, exerçaient, en Angleterre, le ministère pastoral étaient des victimes vouées au martyre. En 1623, ils avaient été placés sous la juridiction d'un vicaire apostolique qui échappait aux lois de sang, en prenant le titre d'un diocèse étranger. Après la chute de Jacques II, l'Angleterre et le pays de Galles furent partagés entre quatre vicaires apostoliques, dont les attributions furent déterminées par une constitution de Benoît XIV. En 1840, Grégoire XVI jugea bon de doubler le nombre des vicaires apostoliques et nomma le docteur Wiseman comme coadjuteur de Mgr Walsh, pour le district du centre. Ce ne fut pas sans regret que le nouvel évêque quitta Rome, où il avait été si heureux. Tout entier à ses nouveaux devoirs, il se rendit en Angleterre, pour se consacrer à l'administration des affaires ecclésiastiques. Président du collège de Sainte-Marie d'Oscott, il travailla de toutes ses forces au progrès du catholicisme. De concert avec le comte de Shrewsbury, il multiplia les églises et les missions, sans se relâcher un instant de la prédication et des travaux d'esprit. Wiseman possédait éminemment cette puissance d'application, qui est le trait des hommes supérieurs.

En 1845, la conversion de Newman vint montrer avec éclat où pouvait conduire le mouvement tractarien d'Oxford. En sens inverse, l'affaire Gorham découvrit les ulcères de l'anglicanisme. Ce Gorham, nommé curé, avait déclaré qu'il ne croyait pas à l'efficacité surnaturelle du baptême. L'évêque d'Exeter refusa d'installer cet incrédule ; Gorham en appela aux tribunaux et finalement la Cour suprême déclara qu'il avait raison. L'évêque d'Exeter dut s'exécuter, tout en rechignant. On ne saurait ici trop admirer la cafarderie des Anglais. Qu'est-ce qu'une religion dont le maître ne croit ni au baptême, ni au péché originel ? et qu'est-ce qu'un peuple qui déclare, par sentence des tribunaux, qu'il est légal d'exercer ce ministère d'hypocrisie ?

Cette dissolution d'une part, cette renaissance de l'autre fit hâter le rétablissement de la hiérarchie catholique en Angleterre. Le 29 septembre 1850, Pie IX créait, par lettres apostoliques, douze sièges épiscopaux et élevait Westminster à la dignité de métropole. En même temps il nommait Wiseman archevêque et l'élevait au cardinalat. Le 7 octobre, le nouveau cardinal recevait, du Pape, le *pallium* et adressait à ses diocésains, avec le bref du Pape, une lettre pastorale. L'île des Saints rentrait dans les grandes lignes de son histoire.

Comment décrire l'agitation des sectes protestantes ? Libéraux et conservateurs, anglicans et dissidents, unirent leurs efforts pour repousser ce qu'ils appelaient l'*agression papale*. Des *meetings* furent tenus dans toutes les villes, des pétitions furent adressées au parlement, d'ignobles mascarades eurent lieu dans les rues de Londres. Le sarcasme, le ridicule, la satire, les dissertations de théologie, les thèses juridiques, les déclamations hardies, les raisonnements artificieux, rien ne fut épargné pour exciter l'indignation et satisfaire la vengeance. Au milieu de cette tempête, le cardinal Wiseman vint tranquillement prendre possession de son siège et adressa, au bon sens du peuple anglais, un appel, que reproduisit intégralement le *Times*. Cet appel eut, sur les têtes échauffées, l'effet d'une douche d'eau froide. Du moment qu'on ne touche pas à sa hiérarchie schismatique et à sès grasses prébendes, qu'est-ce que cela peut faire à l'Angleterre, que les catholiques anglais soient gouvernés par douze vicaires apostoliques ou par douze évêques ? L'agitation populaire tomba et le rétablissement de la hiérarchie acquit l'autorité d'un fait irrévocable.

Pour achever sa victoire, le cardinal n'avait besoin que de se montrer ; il se prodigua dans des lectures et conférences qu'aiment tant les Anglais. Avec une constante justesse de vue, une inépuisable fécondité de développement, il traitait les sujets les plus divers et les plus étrangers à son service. Pour couronner son œuvre, il écrivit ses *Souvenirs sur les quatre derniers papes* et conçut, pour faire connaître au peuple l'histoire de l'Eglise, l'idée d'une série de romans dont il écrivit le premier, *Fabiola*, ou l'Eglise des catacombes. C'est un roman qui a été traduit dans toutes les langues et lu dans tout l'univers ; mais c'est plus qu'un roman, c'est un livre, où, sous les formes fantastiques d'un récit imaginaire, on donne plus de notions positives que n'en donnent de savants ouvrages. C'est un roman où l'on trouve tout le dictionnaire de Martigny sur les antiquités chrétiennes. Ceux qui aspirent à l'honneur d'écrire de bons romans, n'ont qu'à suivre la voie ouverte par un prince de l'Eglise. C'est une voie savante, peut-être pas très facile, mais sûre.

L'auteur des *Horæ syriacæ* ne dédaignait même pas de demander à la lyre les délassements d'une vie si laborieuse. Un hymne à saint Edmond, la traduction de l'hymne de saint Casimir, les bergers de Bethléem, les fleurs de la campagne romaine, sainte Ursule, la perle cachée : tels sont les sujets de ses compositions poétiques. Cet ensemble de travaux dissipait de plus en plus les présages protestants et donnait, à la conversion de l'Angleterre, une impulsion vigoureuse. En 1863, au congrès de Malines, le cardinal, sans déroger à la modestie, pouvait en marquer les étapes. Pour convaincre son auditoire, il eut pu se borner à la statistique de ses églises, de ses prêtres, de ses congrégations religieuses et de ses fidèles.

Tant de travaux avaient épuisé prématurément les forces du cardinal : il mourut, à soixante-trois ans, le 15 février 1865. L'Angleterre lui fit des funérailles aussi solennelles que celles du duc de Wellington. L'éloge du défunt fut prononcé par Henri Manning, en présence de tous les évêques catholiques de l'Angleterre. Les journaux protestants, oublieux des injustes attaques de 1850, donnèrent, à cet éloge, la plus éclatante confirmation. « Le cardinal Wiseman, dit le *Star*, était essentiellement anglais de cœur ; c'était tout à la fois un homme du monde, aux manières distinguées, un écrivain habile, un orateur brillant, un savant de premier ordre. Prêtre, il aimait la société, il savait se faire des amis dans tous les partis et dans toutes les opinions religieuses ; il était passionné pour les beaux arts et pour toutes les branches de la littérature. Par suite, il représentait l'Eglise romaine, par son côté le plus brillant et le plus sociable, en tant qu'elle donne la main à la société ; qu'elle se mêle aux affaires publiques d'une manière active, bien que mesurée ; qu'elle patronne les beaux arts ; qu'elle se prête aux pompes solennelles et développe les grandeurs de son système hiérarchique. — « Son nom, dit le *Times*, inspirera plus d'intérêt et d'admiration que ne pourrait le faire soupçonner la part considérable qu'il a prise à l'un des événements contemporains qui ont le plus excité les passions religieuses. Sous le rapport de l'érudition, de la bonté, de la piété, bien des années s'écouleront sans doute, avant que l'Eglise catholique d'Angleterre ait retrouvé un nouveau cardinal Wiseman. » — « Le plus illustre des grands hommes de l'Angleterre contemporaine a cessé d'exister, dit le *Hull-Advertiser*. Après ses longs et glorieux travaux, le cardinal Wiseman vient de s'endormir d'une mort douce et vraiment épiscopale. Remarquable comme linguiste et comme philologue par l'élévation et la sûreté des doctrines ; comme théologien par une rare connaissance du droit canonique et des Saintes Ecritures étudiées à leurs sources mêmes ; comme littérateur et comme artiste par sa connaissance approfondie des sciences et des arts ; doué d'une souplesse d'intelligence qui lui permettait de se mettre en rapports sympathiques avec les auditoires les plus différents, par la nationalité, la position sociale et les opinions politiques ou religieuses, le cardinal Wiseman, nous n'hésitons pas à le dire, tenait le premier rang parmi les intelligences de notre époque. »

« Le cardinal Wiseman, avait dit Pie IX, a été l'homme de la Providence pour l'Angleterre. »

Après le cardinal Wiseman, le second personnage anglais dont s'occupera la postérité, est le cardinal Newman. John-Henri Newman, né en 1801, avait, grâce à ses talents, terminé de bonne heure ses études. Successivement *scholar* du collège de la Trinité, et *fellow* du collège d'Oriel, c'est-à-dire pensionnaire, il fut nommé bientôt vice-président du collège d'Alban-Hall et doyen du collège dont il avait été *fellow*. A ce collège, il avait pour collègues le futur historien Froude et l'archidiacre Wilberforce. Quelques réformes proposées par les trois confrères et rejetées amenèrent leur démission. En 1828, Newman, prédicateur de l'Université d'Oxford, fut nommé curé de Sainte-Marie, église universitaire paroissiale, d'où il pouvait étendre son influence sur le public. A cette époque, Newman et quelques amis avaient conçu le projet de ramener l'Eglise anglicane aux doctrines et aux pratiques de l'Eglise primitive. Aux discours de controverse qu'il prêchait, Newman ajouta bientôt, comme forme plus précise de sa pensée, des ouvrages écrits sur les Ariens du IVᵉ siècle et l'Eglise des Pères. La primitive église est catholique ; en l'étudiant de près il n'était pas possible de rester dans l'hérésie. Dans ces écrits, Newman se montre très éloigné du luthérianisme et de l'érastianisme. Déjà l'auteur avait trouvé, dans l'antiquité chrétienne, une grande partie des vérités catholiques et l'institution divine de l'épiscopat.

En 1836, Newman prenait part à l'agitation contre la nomination du socinien Hampden à une chaire de théologie. Voilà les Anglais : ils nomment curé un Gorham qui ne croit pas au péché originel et professeur de théologie, un Hampden, incrédule comme Voltaire. Voltaire ne se refusait rien ; il est probable qu'il ne lui eut pas plû et qu'il n'aurait plu à personne, qu'on le nommât professeur royal de théologie orthodoxe. L'année suivante, le *Christian observer* demandait comment Pusey, homme consciencieux, pouvait rester dans une église dont il ne professait pas les doctrines. L'*alter ego* de Pusey, Newman, répondit par une série de lettres, où il donnait une nouvelle interprétation de trente-neuf articles du Credo anglican. La même année, paraissaient trois *traités pour le Temps*; deux étaient de Newman. Newman, Keble et Pusey commençaient la *Bibliothèque des Pères*, comme antidote aux passions des ultras. Excellente entreprise : la lecture des Pères des premiers siècles contient une grâce de lumière, de foi et de vertu qui doit, sur la conscience cautérisée des protestants, produire, à brève échéance, les meilleurs effets.

En 1839, le laborieux auteur publiait un traité de la justification et des serments de paroisse ; de plus, il collaborait très activement à la revue puséiste, le *British-Critic*. L'objet de cette revue était de prouver que l'église anglicane était une représentation fidèle de l'Eglise primitive et qu'il fallait en développer le christianisme latent. Entre autres, Newman donna deux articles qui causèrent une grande émotion : l'un sur le jugement privé, établissant que ce jugement ne doit s'exercer que pour trouver le Maître de la doctrine ; l'autre, quoique plein d'erreurs, prouvait cependant que le pape de Rome n'est pas l'antechrist.

L'école d'Oxford arrivait, en 1841, à une telle autorité, que le *Times* crut habile de prendre la défense du puséisme : il demanda la collaboration de Newman. Sous le pseudonyme de *Cattolicus*, Newman donna des articles où il criblait avec autant d'esprit que de verve les doctrines latitudinaires de Robert Peel. Mais alors paraissait l'immortel traité 90, qui souleva tant de récriminations et de colères. L'objet de cette discussion était d'établir que les trente-neuf articles ont eu pour but de condamner des abus relatifs à certaines doctrines, et non pas les doctrines elles-mêmes. D'après cette exégèse, on peut les mettre en harmonie avec les décrets du Concile de Trente. Une telle affirmation inclina l'évêque d'Exeter à interdire la continuation des traités ; ce prélat, partisan du libre examen, s'adjoignait, par une rare inconscience, le rôle d'inquisiteur préventif. Quatre professeurs sommèrent l'auteur de se découvrir. Newman se déclara auteur et prit solennellement la responsabilité de ses doctrines. En même temps, il rétractait tout ce qu'il avait écrit contre l'Eglise romaine, se démettait de sa cure protestante et se retirait dans la retraite de Littelmore.

Le 29 septembre 1845, un disciple de Newman, Dobrée Dalgains, rentrait dans le giron de l'Eglise, avec son jeune ami, Saint-John. Sur leur invitation le Père Dominique de la mère de Dieu, provincial des Passionistes, se rendait à Littelmore. Ce fut l'heure de la grâce : Newman se confessa et reçut le baptême sous condition, communia et se transforma comme un autre Paul.

La conversion du célèbre docteur, bien que prévue, n'eut pas moins un immense retentissement. Jusque-là les champions de l'anglicanisme avaient cru pouvoir expliquer les conversions par des écarts d'imagination, par l'ignorance ou le défaut de jugement. Ces pauvres raisons étaient réduites à néant. L'homme qui avait le mieux compris l'anglicanisme, qu'on saluait comme le restaurateur de l'établissement, se rendait à l'Eglise romaine. C'était le coup le plus terrible que put recevoir l'Eglise de Henri VIII et d'Elisabeth.

Après sa conversion, Newman resta encore un an à Littelmore, étudiant la théologie sous la direction du vicaire apostolique, Wiseman. En 1846, il se rendit à Rome, continua ses études, se fit ordonner prêtre et entra dans la congrégation de l'Oratoire. A son retour, il s'occupa de l'accession des Wilfridiens, religieux protestants, qui, aux trois vœux, en ajoutaient un quatrième de dévotion à la Très Sainte-Vierge. Cette accession obtenue, le 2 février 1848, fut établie la première congrégation anglaise des Oratoriens, d'abord à Meryvale, puis à Birmingham, enfin à Londres.

Ces retours ne s'accomplirent pas sans contradiction. L'évêque de Norwich s'éleva contre Newman ; pour toute réponse, Newman envoyait, au prélat anglican, la collection de ses ouvrages. Un membre du parlement demanda si l'Oratoire n'était pas un repaire de brigands. Newman répondit que, dans sa maison, il y avait des caves comme chez tout le monde ; et que ces caves servaient pour loger le charbon, la bière et la boulangerie. Un apostat italien nommé Achilli, qui avait quitté l'Eglise après avoir souillé dix femmes et nanti d'une concubine s'était fait pasteur protestant à Londres, déclamait très fort contre l'Eglise romaine. Newman lui répondit avec une grande force, du haut de la chaire. Achilli sentit le coup et porta plainte, contre Newman, du chef de diffamation. En ce cas, le tribunal anglais admet la preuve. Newman, pour se justifier, dut donc faire venir des témoins de Corfou, de Malte et d'Italie. Tous accablèrent Achilli; mais les juges protestants, heureux de tenir le transfuge de leur hérésie, n'admirent qu'une faible partie de ces témoignages et condamnèrent Newman. Cette condamnation entraînait à 150 000 francs de frais. Matériellement, c'était la ruine de l'Oratoire. Une souscription ouverte pour couvrir ces frais produisit 230 000 francs. De sorte que le coup qui devait tuer Newman lui permit de payer les frais d'un procès analogue au sien et de verser encore 60 000 francs dans la caisse de l'Université de Dublin. Quant à Achilli, il dut quitter l'Angleterre et se réfugia aux Etats-Unis, où il embrassa la doctrine de Swedenborg. — Ce sera, pour l'Angleterre, une honte éternelle d'avoir préféré l'étranger à l'indigène, l'homme taré à l'homme juste, et d'avoir condamné l'innocent pour complaire aux haineuses passions du protestantisme.

Newman commit alors une faute, qu'il renouvela plus tard, avec éclat. L'*Univers*, de Paris, était le journal qui, par sa souscription, avait le plus contribué aux frais du procès de Londres. Cette feuille, à partir de 1850, se trouvait en butte à toutes les malversations des catholiques libéraux. Newman, qui eut pu facilement garder le silence, trouva bon de passer la Manche pour se joindre aux frivoles accusateurs de l'*Univers*. Plus tard, il devait accuser avec encore plus de violence; mais alors il fit au journal l'honneur de l'englober avec les Pères du Concile du Vatican. Nous ne pensons pas que cette incartade ait pu contribuer à sa promotion au cardinalat.

Après ce procès, Newman fut nommé président du collège catholique de Dublin. La direction de cet établissement, la congrégation de l'Oratoire, l'apostolat de saint Philippe absorberont désormais tous ses instants.

On doit au Père Newman de nombreux ouvrages; nous citerons ici la *Théorie de la croyance catholique*, discours sur les rapports entre la raison et la foi; l'*Essai sur le développement de la doctrine chrétienne*, où il détermine les conditions du développement d'une idée et montre combien la fidélité de l'Eglise à ses principes se concilie avec la fécondité de leur développement; deux volumes de conférences : Le *Christianisme travesti par ses ennemis*, traité de prescriptions contre les calomnies des hérétiques; enfin un plaidoyer *pro domo sua* dans l'*Histoire de ses opinions religieuses et de leurs développements*.

Les conférences du Père Newman ont été traduites dans notre langue, avec peu de succès. Nous ignorons si c'est par la faute du traducteur ou par le défaut de concordance entre les idées reçues et le tempérament intellectuel de l'Angleterre, comparé à l'esprit de la France. Nous croyons, de plus, que des convertis, même distingués par le talent, comme Newman et Manning, ont gardé, du protestantisme, certaines impressions fâcheuses et ne sont entrés dans le christianisme qu'avec certaines limites. Le grand mérite de Newman, c'est que, né dans le protestantisme et imprégné de ses enseignements, il a su briser les entraves qui le retenaient dans la maison de ténèbres, frapper les esprits par l'éclat de sa conversion et contribuer puissamment, avec Wiseman, à la conversion de l'Angleterre.

Le troisième grand personnage de l'Angleterre, et, à certains égards le premier, c'est le Père Faber. — Frédéric-William Faber, en français Fèvre, naquit en 1814, au comté d'York, d'une famille française réfugiée en Angleterre après la révocation de l'Edit de Nantes. Dès ses premières années, il annonçait d'excellentes dispositions, qui furent cultivées par ses parents avec autant de zèle que d'intelligence. Vif, impétueux, il était, en même temps, un contemplateur de la belle nature, une âme ouverte aux inspirations poétiques. Après quelques études sous un maître particulier, le chaste et poétique adolescent vint à l'Université. En dehors des études classiques, son premier attrait fut pour les vies des saints. En 1833, devenu l'acolyte de Newman, curé de Sainte-Marie, il se jeta avec ardeur dans le mouvement pour la restauration des principes ecclésiastiques qui se fit jour dans les *Traités pour le temps présent*. Faber s'était toujours destiné au service de Dieu, comme ministre de l'Eglise anglicane. En 1837, après une sérieuse préparation, il fut ordonné prêtre et, en 1842, il acceptait la cure d'Elton, au comté d'Huntingdon, tout entier à son devoir de pasteur des âmes, à l'étude et à la piété qui seules fécondent ce doux et précieux ministère. Comme il avait beaucoup voyagé, beaucoup vu, il se livrait aux travaux littéraires et aux compositions poétiques. La poésie n'était pas, pour lui, une simple fiction, un amusement, des mots arrangés. C'était l'élan des facultés intuitives, cherchant à percer les voiles et les ombres de la nature. C'était le rayonnement d'une âme élevée jusqu'à l'enthousiasme, traduit par un langage digne du sujet. En lui, l'homme de méditation et de prière ne faisait qu'un, et le poète était catholique par instinct, mais entravé par les faiblesses de la raison et les liens complexes de l'hérésie nationale.

Dès 1843, Faber songeait à se convertir. En 1845, lorsque Ward, Dalgairns, Saint-John, Newman, Bowles, Stanton, Walker, Oakley, Collins, Christie, etc., eurent abandonné la confession anglicane, Faber quitta Elton avec Knox, deux domestiques et sept paroissiens et, le 17 novembre, ils abjuraient à Northampton. Bientôt Faber se rendait à Rome, fut promu aux ordres sacrés et entra dans la congrégation de l'Oratoire. Successivement novice, profès et supérieur de la petite compagnie, il mourut à quarante-neuf ans, terme trop précoce d'une existence consacrée exclusivement au culte de la vérité et de la justice.

« Le Père Faber, dit Léon Gautier, réunit en lui certaines facultés de premier ordre qui feraient aisément la gloire de plusieurs grands esprits. Une originalité puissante et voisine de la hardiesse sans jamais aller jusqu'à la témérité : une poésie riche, abondante, orientale ; un sentiment de la nature exquis ; une théologie profonde et empruntée aux meilleures sources ; une érudition presque universelle et qui ne prend jamais le soin de s'étaler ; un amour obstiné de la beauté qui éclate très naturellement dans chacune de ses pages ; une éloquence familière, calme, sans grands mouvements, sans grandes phrases, qui pénètre à la façon de la lumière et de la chaleur, et qui, à force de douceur, finit par vous passionner étrangement, tellement que j'ai quelque peine à me figurer le degré d'enthousiasme où ont dû se monter les auditeurs de ses Conférences spirituelles ; une science aimable de la causerie qui atteint sans s'en douter les plus hauts sommets de l'éloquence ; une observation admirable du cœur humain, qui, chose merveilleuse, ne l'empêche pas d'estimer l'homme ni surtout de l'aimer ; de la finesse, de la subtilité, de la profondeur, et surtout de l'élévation ; et, par dessus toutes choses, un sens incomparable du surnaturel, l'habitude de pénétrer tout de Jésus-Christ, de tout tremper dans Jésus-Christ, de tout christianiser ici-bas ; une sévérité très douce, une miséricorde très austère, de beaux regards perpétuellement jetés vers le ciel et des bras opiniâtrement tendus vers le Père qui est là-haut : tel est le Père Faber. »

En Théodicée, le Père Faber ne sépare pas l'Etre divin de ses attributs ; il n'est pas ontologiste dans le sens condamnable de ce mot, et parmi toutes les perfections de Dieu, c'est à la bonté qu'il attribue le premier rôle. — Sur l'Incarnation, il partage les idées générales de Duns Scot et pose en principe que, sans la prévarication de nos premiers parents, le Verbe se serait incarné. — C'est par l'amour qu'il explique les rigueurs de l'ancien Testament, et si la loi d'amour a succédé à la loi de crainte, c'est que la Vierge Marie est intervenue, et que, par son *fiat*, elle a participé au salut du monde. — La Rédemption est la substitution de Dieu à l'homme. Dieu aurait pu nous racheter autrement, il ne pouvait pas nous sauver d'une manière plus sublime. Ce sang répandu, nous a rendu d'abord le salut possible ; ensuite il a dû tout régénérer. Il n'appartient pas aux seuls théologiens de parler de ses conquêtes ; l'artiste, le lettré, le savant, le politique, doivent faire, de la rédemption, le centre, le but, l'idéal de leur art, de leur science, de leurs idées, pour le gouvernement des hommes. Tel est l'ensemble des idées du Père Faber.

Mais on ne peut juger cet homme d'après un aussi sec sommaire. Son premier soin en entrant dans le catholicisme avait été de se mettre en harmonie avec l'esprit de l'Eglise catholique, tel qu'il vit aux sources, surtout dans la cité de Rome et à l'ombre de la Chaire de saint Pierre. Son but est d'être l'initiateur des catholiques anglais, non pas aux vérités de la foi, mais aux splendeurs de la piété. Les moyens d'atteindre ce but sont divers. Le premier, ce sont les offices de l'Oratoire, la prédication populaire et la confrérie du précieux sang ; le second, ce sont les vies populaires des saints anglais ; le troisième la prédication ; le quatrième, les ouvrages d'esprits, des poésies détachées, des cantiques, des poèmes et surtout des ouvrages de spiritualités.

Comme prédicateur, il était abondant et rempli d'onction. Pour parler, il avait une aisance, une flexibilité d'esprit et de voix, une vivacité à imaginer et à saisir, une grande beauté de conception et d'expression ; il avait encore un autre genre de beauté saisissable à l'œil et à l'oreille : c'était le rayonnement de la confiance d'un homme qui vit dans la lumière et la paix de Dieu et qui désire faire partager aux autres son bonheur. Supérieur à tout calcul et à toute faiblesse, jamais sa parole ni sa plume ne furent embarrassées par des considérations humaines ; les formes absolues du dogme, les sévérités de la morale, les maximes pures de la vie spirituelle, c'était là sa force et ce doit être la force de tout prêtre. Jamais le désir d'attirer l'applaudissement d'une assistance mêlée, n'obtint de lui la moindre complaisance. Il était trop saintement fier de posséder la vérité par l'Eglise, pour l'accommoder aux hommes qui ne peuvent être que ses disciples.

Pour renforcer sa prédication, le Père Faber avait fait traduire en anglais plusieurs livres spirituels d'auteurs étrangers, tels que Boudon, Surin, Rigoleuc, les deux Lallemant, Courbon, Lombez, Nouet et l'*Esprit de saint Philippe* de Néri. Entre 1853 et 60, il écrivit lui-même et publia huit forts volumes, savoir : *Tout pour Jésus*, *Le créateur et la créature*, *Bethléem*, *Le pied de la croix*, *Le précieux sang*, *Le Saint-Sacrement*, *Progrès de l'âme dans la vie spirituelle*, *Conférences*, plus deux opuscules sur les dévotions à l'Eglise et la dévotion au Pape. Ces ouvrages ont été traduits en cinq ou six langues et lus dans tout l'univers. L'édition la plus complète est l'édition allemande ; elle contient, les œuvres ascétiques ; *Sir Lancelot*, les poèmes et les contes angéliques.

« Nous ne connaissons personne, dit la *Revue de Dublin*, qui ait plus fait pour engager ses contemporains à aimer Dieu et à suivre une voie plus élevée dans la vie intérieure. Nous n'en connaissons pas qui nous représente autant l'esprit de saint Bernard et de saint Bernardin de Sienne, par l'auréole de tendresse et de beauté, dont il a entouré les noms de Jésus et de Marie ».

« L'éloge des ouvrages spirituels du Père Faber, dit la *Civiltà catholica*, peut se résumer à dire que ce beau langage, conception d'une belle intelligence, n'a pu arriver sous la plume qu'après avoir passé par les feux d'un cœur plus admirable encore. S'il fut remarquable par les dons variés de la parole, de l'esprit et du cœur, il le fut encore davantage par la fusion harmonieuse de ces talents... Parmi les écrivains ascétiques, combien n'y en a-t-il pas d'incomplets? Les uns perdent en chaleur et en onction ce qu'ils gagnent en hauteur de pensée ; les autres, qui trouveraient aisément le chemin du cœur, sans une déplorable vulgarité, rebutante pour les âmes élevées ; d'autres enfin qui ont chaleur et solidité, mais sans agrément, sans grâce, sans élégance, sans charme de diction. De chacun des volumes du Père Faber, on peut dire que c'est à la fois une œuvre littéraire et ascétique; une œuvre de grande intelligence, de grand cœur et de grand talent ; une œuvre d'art accompli, où la grâce a perfectionné et vivifié une excellente nature.

Dom Guéranger confirme d'un mot tous ces jugements : « Le Père Faber est le plus grand mystique du XIXe siècle ».

Henri Edouard Manning naquit à Cotteridge-House (comté d'Hertfort) le 15 juillet 1808 d'une famille protestante, le jour dédié à son patron saint Henry. Le nouveau-né descendait d'une ancienne famille de chevaliers dont le blason porte une croix fleurdelisée, avec la devise : *Malo mori quam fœdari*, redisant les hauts faits d'armes qu'ils accomplirent pour la défense de leur foi et de leur patrie à l'époque des croisades. Henri était le plus jeune des quatre fils de William Manning, riche négociant de Londres, ancien membre du Parlement, qui fut gouverneur de la banque d'Angleterre. Le jeune Manning reçut son éducation première à Harrow, cette école aristocratique où fut élevé lord Byron, puis fut envoyé à Oxford où il entra comme *untergraduate* (sous-gradué) au collège de Balliol. C'est là qu'il se lia d'amitié avec le premier président Gladstone. Il fut noté comme second à Oriel, collège où le docteur Wateley et le docteur Newman brillèrent plus tard au premier rang d'hommes de talents supérieurs. Entré à Oxford avec la réputation d'une grande capacité, il s'y livra aux études les plus assidues et se fit bientôt remarquer par sa facilité à concentrer son esprit sur toutes sortes de sujets. Trois ans plus tard, en 1838, Manning remportait les premiers honneurs académiques et devenait agrégé ou fellow de Merton-Collège.

La pente de son esprit l'entraînait à cette époque vers la vie politique ; il serait entré à la Chambre si des pertes assez considérables, essuyées par son père dans le négoce, n'eussent ajourné ce projet. Il demanda donc et obtint, en vue d'une carrière, soit diplomatique soit parlementaire, une place dans le Colonial-Office.

Cependant ses pensées se dirigeaient surtout vers les hautes questions métaphysiques et théologiques et se concentraient sur les grandes vérités : Dieu, le monde invisible, la vie éternelle. Un sermon extrait de ses premiers ouvrages découvre, pour ainsi dire, le levier moral de toute son existence. Le texte en était : *Charitas Christi urget nos*. Ayant reçu les ordres anglicans, il fut pourvu, vers 1833, du bénéfice de Lavington au fond d'un vallon solitaire du comté de Sussex. C'est ici qu'il commença une série d'études, d'abord sur la vieille Eglise anglicane, puis sur les Pères de l'Eglise, qui devaient plus tard, par la grâce de Dieu, le conduire à la foi catholique. A cette époque il publia une série de sermons que ses coreligionnaires d'alors tiennent encore en grand honneur.

En 1840, il fut nommé archidiacre de Chichester, dans le diocèse duquel était sa paroisse. Ce fut vers cette époque qu'il prononça pour la visite de l'évêque un remarquable sermon dans la cathédrale de Chichester. Dans ce discours il insista, au grand étonnement de ses confrères, non moins qu'à celui de l'évêque, sur la doctrine de la succession apostolique et sacerdotale telle qu'elle était enseignée dans les premiers temps de la communion anglicane. Un peu plus tard, il établit, dans son œuvre mémorable sur « l'Unité de l'Eglise », les principes qui devaient logiquement le conduire au catholicisme et lui faire quitter la robe de docteur, pour s'asseoir en catéchumène aux pieds de l'Eglise catholique. Les convictions qui amenèrent enfin cet acte de soumission furent définitivement établies chez lui par l'issue du procès bien connu sous le nom de Gorham-Case. Il s'agissait non seulement de la question de la régénération baptismale, mais encore de la discussion des droits de l'Eglise d'Angleterre, où il était impliqué qu'elle n'avait pas renoncé, en abandonnant la suprématie de la tiare pour celle de la couronne, au privilège d'enseignement autoritaire et à celui d'être considérée comme faisant partie de l'Eglise établie par Jésus-Christ.

L'archidiacre protesta formellement contre la décision du conseil privé et le principe qu'il représentait. Il fut appelé à une nombreuse assemblée des principaux membres laïques et religieux de l'Eglise haute, et y travailla à une série de décisions qui furent signées par la plupart des personnes présentes. Leur but était d'établir que si l'Eglise anglicane ne rejetait pas l'autorité du gouvernement représenté par le conseil privé dans les doctrines enseignées par cette communion, elle devait être considérée comme ne faisant pas partie du corps mystique de Jésus-Christ. Cependant l'Eglise anglicane ne repoussa pas la suprématie de la couronne en matière de doctrine, et Manning, ayant attendu encore quelques mois dans l'espoir que le clergé se prononcerait en masse, il abandonna son archidiaconat et bientôt après la place de recteur. Il fut reçu au printemps de 1851 dans l'Eglise catholique.

La hiérarchie catholique venait d'être rétablie en Angleterre par le Pape Pie IX. Manning fut, pour ainsi dire, une des prémices de ce mouvement puséiste d'Oxford, qui a fourni tant de défenseurs au catholicisme anglais. Le récent archidiacre de Chichester se prépara, suivant le désir de Mgr Wiseman, à la réception des ordres sacrés. Prêtre, il ne resta pas en Angleterre. Sur la demande du Saint-Père, il se rendit à Rome pour se perfectionner dans les sciences théologiques qu'il avait étudiées avec la plus grande ardeur même avant sa conversion. Il y resta jusqu'en 1854. De retour en Angleterre, il se livra avec un grand zèle à la conversion des protestants. Le Saint-Père le nomma, en 1859, prévôt de Westminster, en remplacement du docteur Whitty, démissionnaire. La même année, conformément au désir du cardinal Wiseman, le docteur Manning entreprit d'établir dans le diocèse de Westminster la congrégation des Oblats de Saint-Charles, dont il fut le premier supérieur. En 1860, Pie IX reconnut et récompensa les services qu'il rendait à la religion en le nommant prélat domestique et protonotaire apostolique. Il s'établit à Bayswater, à l'ouest de Londres, où il bâtit une église, Sainte-Marie des Anges, et une maison religieuse.

Le 7 mai 1865, Pie IX préconisa Mgr Manning archevêque de Westminster pour succéder au regretté cardinal Wiseman, mort le 15 février précédent. Le nouveau prélat fut sacré dans la cathédrale provisoire de Sainte-Marie de Moorfields par Mgr Ullathorne, évêque de Birmingham, assisté de Mgr Turner, évêque de Salford, le jeudi 8 juin suivant. Cette cérémonie s'accomplit en présence de la hiérarchie anglaise tout entière, à l'exception de Mgr Cornthwaite, évêque de Beverley, et de Mgr James Brown empêchés par l'état de leur santé, et de Mgr Goss, évêque de Liverpool, absent du pays. Outre un nombre considérable de fidèles, la plupart des catholiques étaient présents, ainsi que beaucoup de membres du corps diplomatique, notamment les ambassadeurs de France et d'Autriche. Les ordres religieux y étaient aussi représentés par les Oratoriens, les Dominicains, les Capucins, les Augustins, les Carmes, les Passionnistes, les Jésuites, les Bénédictins. Mgr Amherst, évêque de Northampton, porta la parole en cette circonstance et prêcha sur l'efficacité du Saint-Esprit.

Mgr Manning fut solennellement intronisé le lundi 6 novembre comme archevêque de Westminster. Aux félicitations du clergé, il répondit par un discours qui fit sensation en Angleterre et dont nous avons extrait le passage suivant : « ...L'Angleterre n'est pas plus éloignée aujourd'hui de la foi et de l'unité de l'Eglise qu'à l'époque où saint Grégoire envoya le pallium à saint Augustin. Celui-ci ne pouvait non plus prévoir les gloires de l'Eglise saxonne, ni la grandeur à la fois majestueuse et semée de périls de l'Eglise normande. Que nous réserve l'avenir? Dieu seul le sait : mais notre foi exige que nous espérions de grandes choses et notre fidélité exige que nous les tentions. Deux choses sont parfaitement certaines : d'un côté, le protestantisme, après avoir, comme tant d'autres hérésies, fourni une carrière de trois cents ans, tombe en dissolution et disparaît ; de l'autre, la foi catholique se développe partout d'une manière irrésistible. Ces deux opérations se poursuivent sans relâche. Tout ce qui ressemble à un système de théologie ou à une Eglise en dehors de l'unité du seul bercail s'altère d'une manière sensible et disparaît peu à peu. Encore une génération ou deux, et la religion anglicane sera ce que sont aujourd'hui l'arianisme et le donatisme, une page dans l'histoire. Mais l'Eglise, immuable et impérissable au milieu des catastrophes qui se multiplient sur toute la surface du monde, apparaîtra plus éclatante que jamais à toutes les nations comme l'arche du salut, surnageant sur la surface des eaux... » L'heure n'est pas encore venue d'écrire l'histoire de l'épiscopat du savant archevêque dont le zèle et le talent n'auront pas peu contribué au retour de l'Angleterre à la vraie foi.

Après sa conversion, Mgr Manning publia un grand nombre d'ouvrages : les plus connus sont peut-être ses *Discours sur des sujets ecclésiastiques* et son *Traité du pouvoir temporel des vicaires de Jésus-Christ*. Ce dernier, le plus important sur la matière, a été publié en langue anglaise ; on a également publié de ce prélat, l'*Histoire du Concile du Vatican*, avec introduction, notes et appendice par Chantrel. Parmi les opuscules de Mgr Manning, les *Fondements de la Foi* et l'*Office ou Prose du Saint-Esprit* ont puissamment contribué à ouvrir les yeux de plusieurs à la lumière de la vérité catholique. Nous ne parlons pas de ses discours sur l'*Education chrétienne*, ni de ses autres travaux sur le Concile œcuménique, qui le nomma membre des deux *commissions du dogme et de la foi* et *des Postulata*. Depuis le 17 juin 1867, Mgr Manning était assistant au trône pontifical.

D'après la statistique de 1872, le diocèse de Westminster a une population de 2 784 226 habitants, 264 prêtres, 98 églises, chapelles ou stations, 19 couvents d'hommes, 37 couvents, de femmes et 3 collèges. Depuis, ces chiffres n'ont pu que croître et embellir. Le ritualisme, par ses querelles, a tenu la question religieuse à l'ordre du jour ; la controverse n'a pas manqué de toucher les esprits sages ; et puis on prie beaucoup pour la conversion de l'Angleterre.

Nous disons un mot de quelques écrivains de Savoie, de Suisse et de Belgique.

Au terme d'un voyage littéraire en Italie, en Espagne et en Angleterre, il faut, avant de passer en Allemagne et en France, jeter un coup d'œil sur la Savoie, la Suisse et la Belgique.

La Savoie est, dans l'Eglise, un pays de foi et de valeur intrépide. Calvin avait établi, à ses frontières, la Rome protestante ; il attachait, à son opposition irréductible, de grandes espérances. Dieu déjoua ce calcul, en suscitant, de nos jours, parmi les Savoyards, les deux frères de Maistre, les évêques Rey et Rendu, le missionnaire Fabre, le théologien Martinet et, par-dessus tout, l'incomparable Gaspard Mermillod, le Chrysostome du XIXe siècle.

La Suisse, autre arène de combats, nous offre : le traducteur d'une foule d'auteurs allemands, notamment de la *Bibliothèque théologique du XIXe siècle*, Pierre Bélet ; le controversiste, Edouard von Horstein, l'homme aux fortes doctrines, qui s'est opposé surtout, avec savoir et courage, au divorce, à la crémation, à la laïcisation des cimetières et aux divers attentats du radicalisme ; Louis Vautrey, le docte et sympathique historien de la Suisse ; François Decurtins, l'économiste hardi, qui veut résoudre le problème social par le socialisme chrétien, deux mots qui hurlent de se trouver réunis ; mais il est entendu que l'adjectif doit rogner les griffes et casser les dents du substantif. Alors tout est bien qui finit bien.

La Belgique, autre champ de bataille, a vu s'élever des universités libres et une université catholique. Dans son sein, le libéralisme a poussé les idées aux extrêmes ; le catholicisme ne paraît pas avoir opposé, à ces attentats, le radicalisme intransigeant de la vérité. Les historiens, les philosophes, les publicistes rationalistes, se recommandent volontiers des *gueux* et se montrent soucieux de continuer leur tradition ; les politiques chrétiens essaient de les combattre et parfois y réussissent par les ressources de la stratégie et les bonnes fortunes de l'appel au peuple. A Louvain, Ubaghs inclinait vers l'ontologisme ; Laforêt, esprit plus distingué, rendait d'importants services ; son prédécesseur comme recteur magnifique s'était illustré dans l'hagiographie locale, cela vaut mieux que les gueusards de terre et de mer. La Belgique s'était surtout particularisée sous Pie IX, par les congrès de Malines, dont le catholicisme libéral, sans le holà du Pape, eût fait des Etats généraux. Dans ces congrès, Guillaume Verspeyen et Cartuyvels se firent, à force de bon sens et d'esprit, une illustration de bon aloi. L'homme qui domine tout, c'est Victor-Auguste Dechamps, simple rédemptoriste, qui devint évêque de Namur, archevêque de Malines, cardinal de la Sainte Eglise Romaine. Dechamps était surtout un orateur ; mais il ne dédaignait pas d'écrire. On lui doit quelques brochures populaires, un volume intitulé : *Le Christ et les antechrists*, un autre ouvrage : *Entretiens sur un essai de démonstration de la vérité catholique*, en réponse ou plutôt en réfutation des écrits libéraux du prince Albert de Broglie. Où Victor Dechamps prévalut avec plus d'avantages, c'est quand il aborda la thèse de l'infaillibilité et se vit dans la nécessité de se défendre contre Dupanloup et Gratry. Dechamps n'a pas la science victorieuse de dom Guéranger ; mais il triomphe, de ses bruyants adversaires, par le calme de l'esprit, la décision des arguments et la grâce du discours. Les œuvres complètes du cardinal Dechamps atteignent le chiffre de vingt volumes.

Faute d'espace, nous donnons ici, pour la Savoie, Louis Rendu et l'abbé Fabre, pour la Suisse, Schübiger et, pour la Belgique, Van Doren.

Parmi les écrivains que la Savoie a donnés, en ce siècle, à la langue française, il faut citer l'évêque d'Annecy. Louis Rendu était né en 1789 à Meyrin, pays de Gex ; il atteignait sa quinzième année, lorsque le curé de Meyrin, Bétemps, commença à lui donner des leçons de latin. En 1807, le supérieur du séminaire de Chambéry, Guillet, lui fit, par charité, une place. La place devait être gratuite ; Louis Rendu en compenserait la charge par ses services. On pensait peut-être en faire un domestique, il se montra capable d'être professeur ; il enseignait les autres pendant le jour et étudiait pour lui-même pendant la nuit. Précepteur ensuite dans les familles de Saint-Bon et Costa de Beauregard, il fut promu au sacerdoce en 1814 et nommé professeur au collège royal de Chambéry. Jusqu'à 1829, il occupa successivement les chaires de littérature et de mathématiques ; en 1829, quand le collège fut confié aux Jésuites, Rendu fut nommé chanoine de la métropole et commença de se livrer aux travaux littéraires. En même temps, il s'adonnait à la prédication, prêchait le carême à Montpellier, prononçait les oraisons funèbres de Mgr Martinet et de Charles-Félix, roi de Savoie. Bientôt il était nommé, par Charles-Albert, réformateur des études, visiteur des écoles primaires et secondaires de la Savoie. Homme de science, spécialement distingué en physique et en géologie, il ne recherchait cependant les connaissances élevées, ni pour lui, ni pour elles, mais pour servir l'Eglise. En 1842, à la mort de Mgr Rey, Rendu fut nommé à l'évêché d'Annecy ; il eût voulu éloigner de lui ce fardeau, qu'il se croyait impropre à porter ; mais, sur les instances des évêques de la Savoie, il dut courber la tête. Sacré évêque, Mgr Rendu fut un évêque selon le cœur de Dieu. Partout il encouragea la création des écoles, la construction des églises, la réparation des presbytères. Pour l'aider dans ce grand travail de restauration, il put singulièrement puiser dans l'inépuisable bourse du comte Pillet-Will. Malheureusement, le souffle de la révolution s'élevait sur la Savoie. La constitution et la loi Siccardi inaugurèrent la persécution. L'archevêque de Turin fut exilé ; l'évêque de Pignerol, pour ne pas subir la censure civile de ses mandements, donna sa démission. Mgr Rendu, pour se soustraire à cette injuste vexation, donna son mandement manuscrit. Dans les attaques contre le mariage, contre les Jésuites et contre les ordres religieux, il maintint avec fermeté les exigences de l'orthodoxie, sans déroger aux injonctions de la prudence. Le gouvernement, qui volait et vendait les biens des religieux, eût voulu, pour se couvrir, décorer Mgr Rendu ; le prélat refusa le grand cordon des saints Maurice et Lazare. Le vaillant évêque ne se borna pas à la résistance. Cavour avait ouvert la Savoie aux momiers de Genève. Pour défendre, contre les assauts de l'hérésie, le diocèse de saint François de Sales, son successeur publia un ouvrage sur le commerce des consciences : opuscule qui fut traduit en italien, en espagnol et en allemand, et devint, par des additions successives, les *Efforts du protestantisme en Europe*. L'évêque d'Annecy publia encore une *Lettre au roi de Prusse* sur la nécessité de l'union des confessions chrétiennes ; par cet ouvrage il entendait assurer le retour des protestants à l'unité, non par la discussion, mais par la soumission au pontife romain. De même qu'il y a des Grecs-unis, des Ruthènes-unis, il y aurait des protestants-unis, soumis au Pape, parce qu'ils reconnaissent la nécessité d'un gouvernement spirituel et puisent dans cette soumission la créance implicite à tous les articles du symbole. Cette publication mit le prélat en rapport avec un ministre protestant et avec le géologue André de Luc ; mais une telle affaire ne pouvait aboutir que par l'accession du Saint-Siège Apostolique. A la définition de l'Immaculée-Conception, l'évêque d'Annecy représenta à Rome le clergé savoyard et rompit ainsi la tradition qui tenait, depuis longtemps, les évêques de la Savoie éloignés de Rome et nullement soucieux du voyage *ad limina*. L'évêque cependant vieillissait ; il eut, dans ses dernières années, à s'occuper des dissidences entre Montalembert et l'*Univers* et le fit en soutenant ce journal ; il intervint aussi dans l'affaire des possédés de Morzine et mourut, en 1859, jeune encore, mais mûr pour le ciel.

On doit à Mgr Rendu un traité de physique publié en 1823, un *Mémoire* sur la marche des vents dans la partie inférieure de l'atmosphère, un *Mémoire* sur la cristallisation des corps comme effet de l'électricité, une *Théorie des glaciers* et moyen de transport des blocs erratiques, deux notices historiques sur M. Raymond et sur le comte Paul-François de Sales, dernier rejeton de cette famille, les *Efforts du protestantisme en Europe*, l'*Influence des lois sur les mœurs et des mœurs sur les lois*, les deux oraisons funèbres de Charles-Félix et de Mgr Martinet, *De la liberté et l'avenir de la république française*, un volume de mandements, trois lettres aux abbés Martinet et Mermillod, ainsi qu'à Montalembert, sur l'origine du droit et du devoir, sur la révolution et sur les intérêts catholiques. Par ses écrits, Louis Rendu était quelqu'un ; en Europe, on estimait son suffrage ; plus d'une fois, il fit reculer l'injustice.

Jésus-Christ, après la vocation des apôtres, enseigne du haut de la montagne. Le sermon sur la montagne est toujours prêché dans l'Eglise. A chaque siècle, une foule attentive et pieuse, réunie autour des héritiers du sacerdoce catholique, écoute en silence la parole du salut. Après la révolution, il fallait pourvoir, à ce besoin de foules, avec d'autant plus de dévouement que la révolution avait plus longtemps supprimé le ministère pastoral et laissé les masses dans les abjections misérables d'une vie purement matérielle. Il fallait reconquérir, presque partout, par des missions, le peuple à Jésus-Christ ; même en Savoie, où les froides et stériles montagnes préservent mieux des affadissements de la vie charnelle et des crimes qui en sont l'aboutissement, il fallait des missions. Leur fondateur fut l'abbé Fabre. Joseph Fabre était né aux Bollus, près Verclaud, commune de Samoëns, en 1791, de parents pieux, pauvres, mais d'une grande force d'âme. Dès sa plus tendre enfance, il avait montré, pour l'état ecclésiastique, un goût prononcé ; il fit ses études avec succès au petit séminaire de Milan. Tout jeune, il aimait l'étude, travaillait avec une méthode à lui et ne laissait échapper aucune occasion de discuter ; en même temps, il se montrait homme intérieur, appliqué aux vertus. Au grand séminaire de Chambéry, sous l'abbé Guillet, auteur des *Projets d'instructions familières*, il travailla de plus en plus selon ses idées : il analysait les auteurs, synthétisait leurs pensées et les ramenait toutes à un corollaire lucide et profond. Cette manière de travailler sur les auteurs, indique un esprit avide de connaissances et forme, par ce travail même, cet esprit, à la force de compréhension, à la personnalité des idées, à la composition littéraire. Pendant le cours de théologie, le professeur de philosophie venant à manquer, l'abbé Fabre le suppléa et le suppléa si bien, que, pour la fin de l'année, les élèves ne voulurent plus d'autre professeur. Prêtre en 1817, vicaire de Sallenches, il ne fit, suivant son expression, que des *bêtises*, parce qu'il s'inspirait du rigorisme enseigné alors, d'après Bailly, au séminaire. Cependant il se montra bon catéchiste et déjà orateur, travaillant beaucoup ses discours ; par son originalité forte, il attirait les âmes, parfois le fascinait. Après un an de vicariat, il fut, à la fin de 1819, nommé professeur de rhétorique au petit séminaire de Saint-Louis-du-Mont. Professeur original et ardent, déjà homme spirituel, il fit sur ses élèves une profonde impression ; mais il songeait à agrandir son auditoire, à augmenter son action et à se faire missionnaire. Après trois ans de professorat, il se prépara donc, par une retraite de quarante jours, au ministère apostolique. Ce n'est plus l'élève qui mérite l'éloge public d'être capable d'enseigner la théologie à deux cents condisciples ; ce n'est plus le vicaire infatigable qui force l'estime des anciens prophètes d'Israël ; c'est un apôtre qui a mûri dans la pratique de la pénitence, de l'humilité et de la charité ; dont les vastes connaissances, dépassant les limites de la théologie classique, sont toutes puisées dans l'Ecriture, les Pères et les Docteurs. Son vêtement est grossier, il porte un cilice, il marche sans bâton ni ceinture. Dieu a touché ses lèvres d'un charbon ardent. De 1821 à 1828, de 1828 à 1833, et de 1833 à 1838, date de sa mort, par trois périodes distinctes, il n'a guère d'autre ministère que celui des missions paroissiales. Pour lui et ses compagnons, pendant les missions, il avait un règlement particulier, très dur pour lui-même, très bon pour les autres. Les principes fondamentaux de la spiritualité moderne dérivent des Exercices de saint Ignace ; ils ont été appliqués avec gloire par saint François-Xavier, saint François Régis, saint Vincent de Paul, saint Alphonse de Liguori, Seigneri et Bridaine. Fabre s'était fait une méthode à sa mesure ; il subjuguait les peuples par la clarté décisive de sa parole, par la résolution de son caractère et par l'oraison. A ses auditeurs, il recommandait avec les plus vives instances le recueillement, la prière, la méditation, le besoin de la direction, l'examen, le pardon des injures, les réconciliations, les restitutions et les transactions dans les procès. Fabre donnait beaucoup d'importance aux cérémonies et aux fêtes des missions : le résultat en était toujours admirable. On doit, en Savoie, à ce saint missionnaire, l'habitude de la prière faite en famille, la pratique quotidienne de l'oraison mentale, l'érection du chemin de la croix dans presque toutes les églises, la propagation extraordinaire de la dévotion à la sainte Vierge et à saint Joseph, une charité exceptionnelle pour la délivrance des âmes du purgatoire, la création des retraites privées, la communion fréquente, l'établissement des congrégations destinées à assurer le fruit des missions, les examens de conscience approfondis, les visites au Saint-Sacrement, les bibliothèques paroissiales, l'initiative de l'établissement des Carmélites et du Bon Pasteur à Chambéry, une augmentation extraordinaire du zèle pastoral. Quant à compter les conversions éclatantes, les vocations ecclésiastiques et religieuses, il y faut renoncer.

L'abbé Fabre fut surtout un soldat d'avant-garde contre le rigorisme et l'un des libérateurs de la Savoie. Avant lui, les pénitents étaient mis à la torture et le tabernacle bien gardé. Avec Collet, on disait : Nous ne savons pas si un tel est bien disposé, supposons qu'il ne l'est pas et faisons-lui faire une stricte pénitence ; ou bien : Nous ne savons pas qu'un tel est un suppôt du diable, mais supposons qu'il l'est et traitons-le en conséquence. On suivait ponctuellement ce que Fabre appelait *les vrais principes du diable.* Fabre, durant son vicariat, avait suivi cet art de terroriser les consciences ; missionnaire, il étudia saint Liguori et vint au probabilisme que vengeait alors, par la doctrine, le futur cardinal Gousset. Dans ses missions, il était accueillant pour les pauvres pécheurs ; dans ses livres, il sut justifier sa pratique. On lui doit, entre autres ouvrages : Le *Ciel ouvert par la pratique de la confession sincère et la communion fréquente,* le *Manuel du pénitent* et la *Théorie et pratique de la communion fréquente.* Fabre avait composé ainsi beaucoup de discours et d'instructions familières, où il combattait, comme dans ses ouvrages, tous les restes funestes du vieux levain gallican. Fabre disait qu'un missionnaire ne doit pas durer plus de dix ans ; il réalisa à peu près son dire et mourut en 1838 ; il n'avait pas la cinquantaine ; pour les mérites, c'était un puissant convertisseur d'âmes et un vaillant soldat de Jésus-Christ. Par sa guerre incessante au gallicanisme, guerre où il mit tout ce qu'il fallait mettre, c'est un homme que doit honorer l'histoire.

Anselme Schubiger, né à Uznach, petite ville du canton de Saint-Gall, en 1815, entrait, en 1829, au pensionnat de l'abbaye d'Einsiedeln. Le 8 septembre 1834, il prit l'habit de l'Ordre en qualité de novice, prononça ses vœux en 1838 et fut ordonné prêtre en 1839. Dès le commencement de ses études, il avait montré de grandes dispositions pour l'art musical et s'était livré avec ardeur aux travaux qui devaient le rendre l'émule distingué des moines illustres d'Einsiedeln et de Saint-Gall. Théoricien éminent, savant émérite, organiste d'une virtuosité accomplie, il fut nommé, par le prieur Müller, maître de chapelle du couvent et conserva, pendant de longues années, ses importantes fonctions. Par une direction habile et dévouée, il sut donner un nouvel essor à la musique, objet, depuis tant de siècles, du culte particulier de l'antique abbaye. Outre ses nombreuses compositions musicales, connues du monde entier, dom Schubiger s'était livré à des recherches savantes qui le placent au premier rang parmi les écrivains du genre. Son histoire de l'école de chant de Saint-Gall est un livre absolument remarquable. On connaît encore, de lui, les publications suivantes : *Etat de la musique religieuse en Suisse ; — Henri de Brandi, évêque de Constance ; — Monographie du couvent de Saint-Antoine à Uznach ; — Notice sur le « Salve Regina » ; — Recherches sur la musique et les orgues au moyen âge.* On trouve, parmi ses manuscrits, des études sur la musique et les œuvres musicales de l'Eglise en Occident au Moyen Age, œuvre magistrale, dont la publication fournirait à l'histoire de la musique religieuse de précieux documents. Dom Schubiger mourut en 1888 ; son œuvre s'ajoutera aux œuvres de tant de bénédictins illustres, qui, depuis plus de quinze siècles, sont les dignes représentants du génie chrétien.

Clément-Théodore-Joseph-Ghislain Van Doren, né à Bruxelles le 19 mars 1828, de parents chrétiens appartenant à la bonne bourgeoisie, fit ses premières classes au collège de la Sainte-Vierge à Termonde, ses humanités au collège Saint-Michel à Bruxelles, et ses cours universitaires à Louvain. Docteur en médecine, chirurgie et accouchements, il aborda, en 1853, la carrière médicale. Marié en 1855, père d'une jeune fille dont la mère était morte peu après l'avoir mise au monde, le docteur Van Doren trouva, dans son veuvage et dans l'état de sa santé, un motif pour restreindre, puis pour abandonner la pratique de son art. L'éducation de sa fille attira ses soins; en 1880, cette enfant mourut au moment où elle achevait son noviciat chez les Dames du Sacré-Cœur. Dans les loisirs que lui laissait l'éducation de sa fille, plus tard dans la solitude embellie par toutes les pratiques de la piété chrétienne, le docteur se décida, par piété même, à écrire. La Belgique, livrée au constitutionnalisme libéral, lui apparaissait, par la forme de son gouvernement et encore plus par le mauvais esprit qui fait le fond du libéralisme, un pays voué aux ravages qu'entraîne forcément la promiscuité des doctrines. Ce qui caractérise, en effet, le libéralisme, c'est qu'il supprime l'autorité ordonnée de Dieu qui porte le glaive contre l'iniquité des fausses doctrines. Par le jeu aveugle des élections, le nombre décide de tout; le pouvoir, législatif et exécutif, n'est qu'un mandat révocable; il dispense de conscience et décharge de responsabilité. C'est la presse qui souffle le chaud et le froid; son haleine enfle les voiles du vaisseau qui enserre, dans ses flancs, la fortune publique; ses colères en déchirent souvent les voiles, en cassent parfois la mâture et laissent rarement cette fortune sans péril. Étant donné l'état général de l'Europe avec ses trois siècles d'aberrations protestantes et son siècle de révolutions libérales, la Belgique, séparée de la Hollande en 1830 pour garder sa foi, doit la perdre à bref délai par l'effet de ce libéralisme gangreneux dont elle s'est fait une constitution. Le peuple belge est catholique; son gouvernement libéral est athée. Ceci tuera cela.

Telle est, en substance, l'idée génératrice des écrits du docteur van Doren. A la place d'un gouvernement athée, il veut un gouvernement chrétien, catholique, apostolique, romain; un gouvernement qui prenne, pour charte, l'Evangile; pour lois, le *Credo*, le Décalogue et les sacrements; un gouvernement qui suive ponctuellement les dispositions du droit canonique et s'inspire des consignes du Saint-Siège. En vue de préconiser cette doctrine et de la faire pénétrer dans les masses, le docteur van Doren composa un grand nombre d'ouvrages; en voici la nomenclature : 1° Esther ou notre espérance ; — 2° La constitution belge est-elle condamnée? — 3° Histoire du peuple de Dieu; — 4° Etudes sur le catholicisme libéral; — 5° Qu'est-ce que la liberté ? — 6° Les hiérarchies terrestres; — 7° Les apparitions du diable; — 8° Les deux Tobie. — 9° Ne touchez pas à la constitution; — 10° Les ministères des Anges dans l'ancien Testament; — 11° Religion et diplomatie; — 12° Les ministères des anges dans le nouveau Testament. 13° Aperçu de l'Apocalypse; — 14° Les anges considérés dans leur nature; — 15° Exposé historique de la question du serment constitutionnel; — 16° La Belgique indépendante et catholique libérale; — 17° Coup d'œil sur l'histoire de la Belgique pendant les trois derniers siècles; — 18° Le lendemain des élections; — 19° A propos d'un *Imprimatur*; — 20° Entretien sur le catholicisme libéral; — 21° Entretien à propos de l'encyclique; — 22° Les abbés du congrès de 1830; — 23° Opportunité et nécessité de dire la vérité; — 24° A propos du prétendu silence; — 25° Le libéralisme constitutionnel; — 26° Un peu plus de lumière; — 27° Les principes du congrès national; — 28° Le lendemain des élections de 1884; — 29° La réforme scolaire jugée par la presse catholique; — 30° Les deux manifestes catholiques du 5 juin et du 15 octobre 1884.

Ces brochures se rapportent toutes à la situation et aux événements politiques de la Belgique; elles s'inspirent toutes des vrais principes chrétiens; elles en revendiquent toutes la plus sérieuse et la plus salutaire application. Si l'auteur s'enveloppe quelquefois de voiles et ne pousse pas plus vigoureusement ses thèses, c'est pour ne pas s'exposer à ces malversations dont les catholiques libéraux sont très prodigues. Parmi ces publications toutes louables, il faut distinguer particulièrement le traité des anges, et l'histoire de la Belgique dans les trois derniers siècles; ce sont des volumes où l'auteur, fidèle à lui-même, cherche dans la théologie et dans l'histoire la justification de ses doctrines.

En 1884, le docteur Van Doren voulut joindre, aux engagements partiels de la brochure, une campagne continue de journalisme; il fonda la *Correspondance catholique* de Bruxelles. D'après son titre, cette revue mensuelle reproduit des lettres venues un peu de partout, mais toutes dirigées contre la grande erreur du XIX° siècle, le libéralisme. Le point capital était de bien choisir les correspondants et la chose n'est pas si facile qu'on l'imagine. Il ne manque pas aujourd'hui de chrétiens, catholiques dans leur vie privée, mais tout autre chose dans la vie publique. Il se trouve même parmi les prêtres et des évêques, des hommes certainement croyants et fidèles, mais qui, par le libéralisme, admettent, dans la société, comme licites et salutaires, des choses qu'ils devraient réprouver dans leur conscience, comme monstrueuses. Le monde va par là à une gigantesque hérésie qui livrera définitivement la Société au démon et ne laissera plus, à Jésus-Christ, que le for intérieur. Si le docteur belge eût choisi ses correspondants parmi des hommes de cette espèce, il eût jeté de l'huile sur le feu, mais il eut meilleur flair. Parmi les adorateurs zélés, il choisit le petit nombre de ceux qui n'ont pas fléchi le genou devant le Baal de 1789. Par le fait, cette correspondance est devenue une Somme contre le catholicisme libéral; et quand la Belgique, aujourd'hui bien malade politiquement, voudra revivre, elle s'appliquera les doctrines de la *Correspondance*.

A la pureté des doctrines, la *Correspondance* ajoute un autre mérite, le dévouement. Au Moyen Age, pour entrer dans le mouvemen rénovateur du monde, il fallait fonder des églises et des monastères ; dans les temps modernes, pour réagir contre la perversité des doctrines qui ont tout compromis et qui peuvent tout perdre, il faut recourir à la plume, écrire des livres ou publier des journaux. Essayer d'arrêter l'Europe sur la pente de l'abîme où tout se précipite, c'est, humainement d'ailleurs, une entreprise insensée, parce que, en présence de l'infatuation presque universelle, c'est tenter à peu près l'impossible. Cependant il le faut ; après la mort dont sont menacées les nations qui composaient autrefois la chrétienté, si la Providence a décrété leur résurrection, cette renaissance ne s'opérera que par la vérité. Ceux donc qui croient et qui voient doivent en propager la semence, autant qu'il est en leur pouvoir, puisque ce sera cette semence qui aidera seule à nourrir les hommes sortis des ruines. Telle a été la résolution du docteur Van Doren qu'il a voulu prendre à sa charge tous les frais de rédaction et de publicité, sans demander, à ses lecteurs, aucun prix d'abonnement, mais seulement les frais de poste. La gratuité du ministère apostolique est devenue la loi de sa *Correspondance*. Pour la soutenir plus longtemps, il n'a point hésité à sacrifier sa fortune, à s'imposer des privations, choses méritoires sans doute, mais de peu à ses yeux, en comparaison de cette semaille de doctrines saintes dont la *Correspondance* est l'aumônière. Il y en a, dit saint Bernard, qui étudient pour savoir, et c'est une curieuse ambition ; il y en a qui étudient pour s'illustrer, et c'est une frivole convoitise ; il y en a qui étudient pour acquérir de l'argent ou monter aux honneurs, et c'est une cupidité honteuse. Mais il y en a qui étudient pour édifier et pour s'édifier, et c'est devant Dieu et devant les hommes, une très honorable entreprise.

Tel est le mérite du docteur Van Doren. Si l'on ajoute qu'au sacrifice de sa fortune, il a joint constamment les souffrances de la maladie et n'a poursuivi son œuvre qu'en se crucifiant, on dira qu'il a été à la fois, pour les bonnes doctrines, un confesseur et un martyr. Le génie peut conquérir la gloire ; la sainteté seule sait multiplier ainsi les vertus.

Nous venons à l'Allemagne.

L'Allemagne, devenue aujourd'hui grand empire protestant, le contraire de ce que l'avait fait l'Église, se dispose à partager le monde avec la Russie, l'Angleterre et l'Amérique. Depuis un siècle, elle avait préparé cet empire par les aspirations de son génie et par les œuvres de ses savants. Berlin serait la Rome des âges futurs, la cité de la force par ses soldats ; mais la cité de la faiblesse, parce qu'elle n'a pas le vrai Dieu, le vrai Jésus-Christ et la véritable Église. J'ignore ce que Dieu réserve à cette Prusse, qui est le péché de l'Europe ; mais je vois la petite pierre se détacher des montagnes romaines et abattre le colosse aux pieds d'argile.

L'Allemagne catholique du Moyen Age n'existe plus depuis Luther. Par Luther, elle a posé le principe de la révolution et coupé l'Europe en deux ; par Kant, elle a poussé à son terme la dissolution inaugurée par le libre examen. Le monde est mûr pour la schlague. Des hommes comme Lessing, Gœthe, Schiller, Wieland, ont doté l'Allemagne d'une littérature et d'une langue à peine dégrossie depuis le XVIe siècle. C'est le décor de la chiourme.

L'histoire de l'Église doit s'occuper surtout des idées religieuses. La théologie est d'ailleurs, pour l'Allemagne, une science de prédilection. Inconsidérée dans ses négations avec les premiers réformateurs, tristement sophistique avec les premiers théologiens protestants, elle se traîne, depuis le XVIIIe siècle, à la remorque des systèmes de philosophie. Spinosa et Kant sont ses deux principaux Pères. De leurs théories, les professeurs ont tiré trois systèmes pour expliquer le christianisme ; le *naturalisme*, qui répudie l'ordre surnaturel de grâce et renferme l'Évangile dans la sphère de la nature ; *l'école spéculative*, qui part du même principe et interprète la nature par les concepts de la raison pure ; *l'école mythique*, qui ne voit plus dans les faits de l'Évangile que des fables appuyées sur des faits d'histoire ou sur des idées philosophiques. Ces trois écoles ont une conclusion commune, la répudiation de l'Église catholique, l'asservissement au Dieu-État ; et la conclusion n'est commune que comme application d'un principe faux, qui assujettit la religion aux exigences de la nature déchue.

Les principaux représentants de l'école naturaliste sont Paulus d'Heidelberg, Rohr de Weimar, Krug et Ammon ; les représentants de l'école spéculative sont Schleiermacher, De Wette, Semler ; les représentants de l'école mystique, beaucoup plus nombreux, sont Wagner, Heyne, Eichorn, Bauer, Kant, Néander, Herder, Strauss. Ce dernier nie l'existence historique du Christ. Au delà, c'est le néant, représenté par Ewerbeck, Feuerbach et plusieurs autres. Ces derniers seuls poussent jusqu'au bout la logique de la négation ; les autres se parquent dans un champ qu'il leur plaît de limiter et y évoluent selon leurs convenances. La foule ignorante suit ses lueurs incertaines. La politique, exhumée du cimetière des Hohenstauffen, entend garder, par la force, un monde qui a perdu la foi, les mœurs et retourne au Césaro-papisme. Le Pape est le gardien de la liberté du monde et de l'honneur de l'humanité.

Cependant il se trouva, dans l'Église, des esprits assez faibles pour subir le contre-coup de ces négations. En présence du protestantisme devenu impiété et du philosophisme tourné au néant, Hermès, Baader, Gunther et Froschammer furent assez peu fiers pour s'inspirer de si misérables doctrines.

Georges Hermès, né en Westphalie, prêtre en 1799, successivement professeur à Munster et à Bonn en 1831, chanoine de Cologne, avait débuté en 1807 par une *Vue intérieure du christianisme*. Plus tard, il publia une *Introduction philosophique*, une *Introduction positive* et une *Dogmatique*. Le principe générateur du système d'Hermès, c'est le doute méthodique de Descartes. Comme Descartes, Hermès fait table rase et reconstruit par la raison l'édifice renversé du christianisme. L'idée de tout mettre en doute, de tout démontrer, l'antithèse entre la raison théorique et la raison pratique, sont-elles possibles en fait, réalisables avec parfaite certitude, praticables dans le ministère des âmes et ne sont-elles pas d'abord l'exclusion du surnaturel ? Ce sont là autant de questions où vient échouer le système d'Hermès. Dénoncé à Rome par Windischmann, longuement examiné par le Père Perrone, il fut condamné par Grégoire XVI, comme contraire aux principes du Christianisme. Braun, Elvenich, Ritter, Batzler, disciples d'Hermès, réclamèrent contre cette condamnation ; elle fut confirmée par Pie IX.

François de Baader, né à Munich en 1761, longtemps professeur dans sa ville natale, mort en 1841, se rattache à l'école indépendante. Dans ses conceptions, il admet les dogmes chrétiens ; il les appelle même les prototypes et les principes organiques de la connaissance humaine. En même temps, il distingue, dans les dogmes, un élément permanent et un élément progressif. Or, en déterminant ce progrès du dogme, il dénature certains points de foi, comme la création, le péché originel, l'incarnation du Fils de Dieu, les peines de l'enfer. Sans doute, il admet Dieu comme un être transcendant ; mais il ne voit, dans la création, qu'une manifestation temporelle de Dieu ; et prétend expliquer par là son immanence dans l'univers. Sans doute, il admet l'immortalité de l'âme ; mais il lui prête deux corps et l'assujettit, dans ses migrations, aux théories d'Origène. La chute des anges et de l'homme a eu lieu dans un monde antérieur. Notre science actuelle dépend de la science divine, au point de n'en être qu'une participation.

La pensée de Baader, disséminée dans une foule d'ouvrages, exprimée par aphorismes, est fort incertaine, sinon obscure. Mais s'il vaut peu comme théologien, en revanche, il a rendu de grands services comme apologiste. Contradicteur absolu de Kant, de Fichte et de Hégel, il a réduit ces philosophes à leur juste valeur, je veux dire à fort peu de chose. Sous ce rapport, Baader a rendu de grands services. C'était d'ailleurs un esprit élevé, profond, pénétrant et dont l'Allemagne doit s'honorer. Un de ses disciples a publié les œuvres du maître en 16 volumes.

Antoine Gunther, né à Lindenau, en Bohême, en 1785, passa une grande partie de son existence à Vienne, et mourut en 1861. Gunther avait publié, en 1828, une *Introduction à la théologie spéculative*, en 1830, la *Cène du pèlerin*, en 1838, le *Juste milieu dans la philosophie allemande* ; plus tard, les critiques et méditations métalogiques et un traité sur les rapports de la philosophie et de la théologie. Gunther est un philosophe distingué, mais il pèche en s'attachant au principe fondamental de Hégel, sur l'identité réelle et substantielle entre la pensée et l'être. De là il conclut justement, mais en se trompant, qu'il n'y a ni séparation, ni distinction entre les vérités de raison et les mystères de la foi. La philosophie et la théologie ont le même objet et la même méthode. La chute de l'homme et l'obscurcissement de son esprit rendent seules nécessaire la révélation par Jésus-Christ. La doctrine de Jésus-Christ n'est incompréhensible que par suite du péché. Autrement la raison humaine serait capable de connaître et de démontrer les mystères, non quant au *comment*, mais quant au *pourquoi*.

Sur ce faux point de départ, Gunther avait commis plus d'une erreur sur la notion de l'homme, sur le mystère de la Trinité, sur la nécessité de la création. Condamné par le Saint-Siège en 1837, Gunther se soumit humblement, laissant, à ses disciples, un exemple, que tous ne surent pas imiter.

La conception philosophique de Frohschammer contient des idées et des tendances contraires à l'orthodoxie. La pensée qui le domine, c'est d'expliquer l'évolution du monde ; il croit l'expliquer par la puissance qu'il attribue à l'imagination. L'imagination lui apparaît comme une force, née de la matière, immanente dans le monde, cause créatrice des autres forces cosmiques et principe universel des développements progressifs des êtres. Si, par *imagination*, Frohschammer entend l'exemplaire divin des choses créées, les idées en Dieu préexistantes à leur réalisation *ad extra*, cela s'entend ; s'il attache une telle imagination à la matière, cela ne peut plus ni s'entendre, encore moins se comprendre. Dans l'homme, d'après Frohschammer, l'imagination est une force créatrice d'images, qui apparaissent, à la conscience, comme ses premières manifestations. Antérieure et supérieure aux autres facultés, elle leur est force impulsive. L'imagination est ainsi pour Frohschammer, ce que l'idée est pour Hégel, et, pour Schopenhauer, la volonté. Frohschammer, du reste, admettait l'existence de Dieu, et attribuait au monde une cause finale. Ce philosophe était tombé dans plusieurs erreurs ; il fut condamné par l'Eglise et ne se soumit point à la condamnation. Sur le terrain de la physiologie et des sciences modernes, il a d'ailleurs rendu des services en réfutant le matérialisme.

Sur le terrain théologique, nous avons à recueillir les plus abondantes moissons. En Allemagne, le point important, pour les catholiques, c'est la défense de la Bible contre les malversations protestantes. Le premier en date qui se distingua dans cette lice fut Jean-

Léonard Hug, né à Constance en 1765. Elève, puis professeur à l'université de Fribourg, il parcourut, pour s'instruire dans l'herméneutique, l'Allemagne, l'Italie et la France. Chanoine de Fribourg en 1827, il enseigna pendant cinquante-trois ans; il mourut en 1846. On lui doit, outre plusieurs ouvrages théologiques, une *Introduction à l'étude du Nouveau Testament*, un commentaire sur la version alexandrine du Pentateuque, un autre sur l'antiquité du Codex de la Vaticane, et des recherches sur les mythes des peuples les plus célèbres de l'antiquité. « Comme exégète, dit le continuateur de Darras, Hug s'est fait une place dans l'histoire par son opposition savante à l'interprétation *naturaliste* de la Bible. De prétendus critiques négligent complètement l'histoire et font dépendre la solution qu'ils donnent aux difficultés des Saintes Ecritures, de considérations philosophiques ou d'opinions subjectives. Hug part d'un principe auquel il se tient rigoureusement dans toutes ses études critiques, savoir : Que la véritable connaissance de la Bible, de ses origines, de sa teneur, de ses textes dans leur ensemble ou dans le détail, doit s'acquérir surtout par l'examen historique, et que les opinions philosophiques ou les théories subjectives ne peuvent avoir, pour base solide, que l'histoire. D'après ce principe, Hug s'appuie toujours, dans ses interprétations, sur des circonstances dûment établies, sur des faits certains, sur l'autorité d'auteurs qui jugeaient en connaissance de cause. Ses recherches, appuyées sur cette base, en ont fait un puissant apologiste des textes sacrés. Son talent naturel, la richesse et l'étendue de ses connaissances ont relevé encore la vérité de son principe par l'abondance des développements qu'il a su en tirer (1). »

Un homme qui fut, de son temps, une grande puissance de la vérité, Jean-Joseph Goerrès, était né à Coblentz en 1776. Doué d'un génie précoce véritablement extraordinaire, il entrait, dès l'âge de vingt ans, dans la célébrité. Professeur d'histoire à Coblentz, puis à Munich, il embrassa en quelque sorte tout l'ordre des connaissances humaines. La spéculation n'absorbait pas ses forces. En 1806, avec Achim d'Arnim et Clément Brentano, il réveillait le patriotisme de l'Allemagne. En 1814, par le *Mercure du Rhin*, il concourut à la débâcle de Napoléon. Plus tard, il osa dire qu'une restauration sans Dieu et sans Eglise, n'était que la préface d'une nouvelle révolution. En 1837, il fulminait contre le gouvernement prussien, pour la défense de l'archevêque de Cologne, interné dans une forteresse, parce qu'il avait défendu, sur le mariage, la doctrine de l'Eglise. Sur la fin de ses jours, voyant la mauvaise tournure des affaires, il écrivait : « L'Etat triomphe, l'Eglise proteste ; priez pour les peuples qui ne sont plus rien. » En 1848, il mourut, prédisant la révolution, qui éclata quelques jours après ses funérailles.

On doit à Goerrès de savants mémoires sur quelques faits d'histoire et la publication de monuments des langues primitives. Parmi ses innombrables ouvrages, nous ne citerons que la *Mystique divine naturelle et diabolique*, livre où il a entassé une multitude de faits curieux, propres à nous mettre en garde contre le satanisme. Le Père Ventura en a contesté les doctrines. Goerrès avait fondé les *Feuilles politiques et historiques* de Munich, qui vivent encore ; une société savante de l'Allemagne porte son nom : *Defunctus adhuc loquitur*.

En rentrant sur le terrain théologique, nous rencontrons Jean-Baptiste de Hirscher, né en Suisse en 1788, professeur à l'Université et doyen du chapitre de Fribourg en Brisgau. Les ouvrages de Hirscher roulent principalement sur la morale. Nous citons, entre autres, *Considérations sur les Evangiles*, la *Catéchitique*, la *Doctrine des indulgences*, le *Socialisme et l'Eglise*, trois volumes de considérations sur les principales questions religieuses du temps présent, et *La morale catholique présentée comme réalisation du royaume de Dieu sur la terre*, aussi en trois volumes. Ce dernier écrit est le chef-d'œuvre de Hirscher. La morale n'y est pas présentée en morceaux séparés et morts, comme cela se fait en France ; mais comme un organisme divin, préparé, fondé, appliqué à tout à l'univers. Cette conception grandiose est exposée, non pas en discours plus ou moins éloquents, mais dans des formes de l'enseignement théologique. On ne peut lire cet ouvrage sans admirer sa grandeur et sans éprouver, pour l'ordre moral, un véritable enthousiasme. On reproche pourtant à Hirscher un certain esprit de tolérance, qui dépasserait les limites de la charité.

Un contemporain de Hirscher, Léopold Liebermann, était né, en 1759, près Strasbourg. Successivement prédicateur, curé, supérieur de grand séminaire, il fut, avec André Rass, l'un des instruments de la Providence pour rétablir la discipline dans le clergé des provinces rhénanes. On lui doit, entre autres, des *Institutions de théologie dogmatique*, qui obtinrent, dit l'abbé Guerber, le succès qu'elles méritaient. Sa dogmatique offre trois avantages rarement réunis : elle est complète, elle est positive, elle est d'une extrême clarté. L'auteur est l'un des derniers représentants de la bonne latinité ; sa langue est excellente et appartient à la bonne école. Ses institutions ont été classiques dans beaucoup de séminaires de France, de Belgique, d'Allemagne et d'Amérique. On doit encore, à Liebermann, des sermons et des *Institutions du droit canon* qui n'existent qu'en manuscrit. Son meilleur titre à la mémoire, c'est d'avoir formé de bons prêtres.

Avec Staudenmaier nous entrons dans la haute science. Fils d'un ouvrier, François-Antoine Staudenmaier était né en 1800, près du

---

(1) *Hist. de l'Eglise*, t. 40, p. 526 ; et *Kirschenlexicon*, V. Hug.

château de Hohenstaufen. Prêtre en 1827, bientôt professeur, Staudenmaier consacra toute sa vie à la science. On lui doit une *Histoire des élections épiscopales*, une *Encyclopédie des sciences théologiques*, une *Théorie de la religion et de la révélation*, une *Dogmatique chrétienne*, une *Histoire des dogmes*, une *Histoire de la dogmatique et de la symbolique*, *Le génie du christianisme* manifesté par les cérémonies, les temps sacrés et l'art religieux, la *Philosophie du christianisme* ou métaphysique de l'Ecriture Sainte. Cette philosophie comprend quatre parties : 1° la partie *ontologique*, qui traite de l'idée en général, de son origine, de sa nature, de ses rapports avec Dieu et avec le Verbe divin ; 2° la partie *physico-philosophique*, qui a pour objet l'être en tant qu'il se manifeste dans la nature ; 3° la partie *pneumatique*, qui expose la doctrine de l'idée en tant qu'elle se manifeste dans l'esprit, et 4° la partie *historique*, qui recherche les lois et les formes de l'idée dans l'histoire, sous l'action de la Providence.

On doit encore à Staudenmaier un volume sur Scot-Erigène, une critique du système de Hégel, un livre sur la nature de l'Eglise catholique, des opuscules sur la paix religieuse et le devoir au temps présent. Staudenmaier mourut d'apoplexie en 1856 : c'était un homme de science, un puissant esprit : son œuvre a fait époque.

Le plus grand théologien de cette époque fut Mœhler. Joseph-Adam Mœhler était né à Igersheim, dans le Wurtemberg, en 1796. D'abord apprenti boulanger, bientôt libre de suivre son penchant pour l'étude, il étudia d'abord à Elwangen, puis à Tubingue, enfin dans la plupart des Universités allemandes. En 1824, il inaugurait sa carrière de professeur ; il mourut en 1836.

Mœhler était plus qu'un homme de talent et de savoir, c'est un docteur qu'animait une grande âme. On lui doit un opuscule sur l'unité de l'Eglise, des études historiques sur saint Athanase et saint Anselme, une *Patrologie* éditée par Reithmayer, une *Histoire de l'Eglise*, publiée par le Père Gams, et des *Mélanges* recueillis par Dœllinger. Le plus important de ses ouvrages c'est la *Symbolique*, ou exposé des contrariétés dogmatiques entre les catholiques et les protestants : c'est le chef-d'œuvre de Mœhler.

Ce livre ne traite pas du protestantisme, comme Bossuet, qui relate seulement les variations d'après les textes des formulaires ; ou comme Balmès, qui ne s'enquiert que des conséquences du christianisme dans ses rapports avec la civilisation des peuples européens. Mœhler attaque le protestantisme dans sa substance, moins que dans sa méthode ; il traite de l'état primitif de l'homme, du péché originel, de la justification, de la grâce, des sacrements et de l'Eglise. Sur chacun de ces points, il montre que l'enseignement du protestantisme n'est qu'une suite de négations irréfléchies, de contradictions ridicules et finalement de doctrines abominables. Philosophiquement, scientifiquement, le protestantisme n'est qu'un ramas de ténèbres, un corps d'erreurs propices à tous les renversements. C'est plus que la préface de la révolution, l'amorce du nihilisme, c'est la révolution dans les sphères sacrées, d'où elle descendra sur les peuples pour les désoler et les pervertir.

D'autres, avant Mœhler, avaient abordé ce sujet ; aucun ne l'avait fait avec une telle compréhension. Dès le début, entre Luther et ses antagonistes, la question avait été posée sur ce terrain. Depuis trois siècles, elle s'éternisait en d'interminables litiges. Avec Mœhler, la question est épuisée. On sait ce qu'est le protestantisme ; c'est la théorie de la corruption irrémédiable, d'une rédemption purement extérieure, d'une humanité vouée, par le libre examen, aux disputes ; par le défaut de foi, à la fange ; par l'absence d'Eglise, au despotisme de l'Etat. C'est Babylone qui renaît ; c'est Nabuchodonosor qui va tenter la conquête du monde, pour le couvrir de ses propres souillures.

A peine cet ouvrage avait-il vu le jour, que les défenseurs du protestantisme se ruèrent contre. Au jugement de leurs coreligionnaires, ils ne réussirent point à l'ébranler. Le roi de Prusse se disait prêt à en payer fort cher une réfutation péremptoire ; le roi de Prusse ignorait que l'argent ne peut rien contre la vérité. L'histoire, plus intelligente, place la *Symbolique* de Mœhler au niveau des *Variations* de Bossuet, de la *Civilisation* de Balmès, du *Protestantisme* de Perrone, du *Pape* de J. de Maistre, de l'*Essai sur l'indifférence* de Lamennais : c'est un de ces ouvrages fondamentaux, pierres angulaires de toute bibliothèque savante.

Henri Klée, né près Coblentz en 1800, d'une humble famille, successivement professeur à Rome et à Munich, mourut en 1840. Klée était plus qu'un savant, c'était l'homme complet dans sa perfection. L'Allemagne lui doit un livre sur la doctrine des Millénaires, des commentaires de trois épîtres de saint Paul, un *Système de dogmatique catholique*, une *Encyclopédie de la théologie*, une *Dogmatique* en trois volumes, une *Esquisse de la morale catholique*. Klée appartient à l'histoire surtout par son *Histoire des dogmes chrétiens*, deux volumes précieux pour tout homme d'études.

Ignace-Amand Dœllinger, né à Bamberg en 1799, prêtre en 1822, fut appelé à Munich pour y enseigner l'histoire. En 1845, il représentait l'Université aux Etats de Bavière ; en 1850, il était, au parlement de Francfort, partisan de la séparation de l'Eglise et de l'Etat ; en 1861, il prenait parti contre le pouvoir temporel ; et en 1868, il faisait campagne contre le Concile. Défectionnaire en 1871, il essaya vainement, avec l'appui de Bismarck, de fonder la secte des Vieux Catholiques. On lui doit plusieurs ouvrages, dont l'érudition est immense et mal digérée. Au fond, c'était un esprit faible et pervers : il est mort dans l'impénitence.

Georges Philips, né à Kœnigsberg en 1804, de parents anglais, fit ses études à Munich et prit ses grades à Berlin. Après avoir voyagé et étudié, il embrassa, sur les conseils de Jarcke, le catholicisme en 1828. On lui doit une histoire du droit anglo-saxon, les *principes du droit privé allemand*, une excellente histoire d'Allemagne, un traité de synodes diocésains et un cours de droit canon en quatre volumes. Philips est un canoniste très orthodoxe, très dévoué à Rome ; c'est un maître dont il faut propager les doctrines.

Daniel-Boniface Haneberg, né en 1816 à Kempten en Bavière, devint abbé de Saint-Boniface et, en 1872, évêque de Spire. On lui doit, une réfutation savante de Renan et, en deux volumes, une *Histoire de la révélation biblique*, introduction excellente à l'*Histoire de l'Eglise* d'Alzog. Haneberg est considéré comme la plus haute autorité allemande en matière d'Ecriture Sainte.

Dans un autre ordre d'idées et d'actions, nous trouvons un grand serviteur de la vérité et de la justice, le baron de Ketteler.

Le réveil du peuple allemand avait été préparé, à l'origine, par les écrits de Stolberg et de Schlegel. Un des hommes qui, dans la suite, contribua plus puissamment à l'organisation des forces catholiques fut l'évêque de Mayence, Ketteler. Emmanuel de Ketteler était né à Munster en 1831, au sein d'une famille très chrétienne. Au terme de ses études, il entra dans l'administration civile. En 1837, lorsque le gouvernement prussien mit en prison l'archevêque de Cologne, Ketteler rompit avec la bureaucratie et se prépara au sacerdoce. Prêtre en 1844, il devint curé d'Hopstein, donna son bien aux pauvres, ses soins aux malades, avec un tel dévouement, que les suffrages protestants l'envoyaient, en 1848, au parlement de Francfort. Au parlement, à l'assemblée générale des catholiques, et en Chaire, comme prédicateur, Ketteler se révéla comme un esprit préoccupé des questions sociales et résolu à les trancher par la doctrine catholique. Avant lui, les apologistes de l'Eglise acceptaient généralement la solidarité de l'Eglise avec l'ancien régime ; Ketteler déserta ce préjugé et agit en précurseur des réformes appelées pour le bien des pauvres. Curé de Sainte-Hedwige à Berlin, puis évêque de Mayence, Ketteler put enfin évoluer sur un champ propice à son génie. Successeur de saint Boniface, dans une ville ravagée par la révolution, Ketteler commença par réformer son séminaire et releva de beaucoup le niveau de l'enseignement théologique : son premier bienfait fut de créer des docteurs, hommes puissants en œuvres et en paroles. Le rongianisme désolait alors l'Eglise d'Allemagne ; un mauvais prêtre, perdu de mœurs, avait entraîné ses pareils dans la sédition : Ketteler tint tête à l'orage et ne contribua pas médiocrement à le vaincre. En esprit clairvoyant, il voyait venir les dangers du libéralisme et connaissait, par expérience, le péril des sociétés secrètes : ce fut, pour Ketteler, l'occasion d'écrire ses deux premiers ouvrages. Un plus grand danger menaçait l'ordre social, le socialisme ; Karl Marx avait déclaré la guerre au capital ; le juif Lassalle embrigadait les ouvriers pour les mener à l'assaut du vieux monde. L'abbé Kolping avait opposé, à ce travail destructeur, l'organisation de ses confréries. L'évêque de Mayence, en 1864, se posa en maître par son livre : *La question ouvrière et le christianisme*. Des hauteurs de la spéculation, le prélat descendit sur le terrain pratique par son discours sur les rapports du mouvement ouvrier avec la religion et la morale. Sur ce terrain, Ketteler réclamait l'augmentation des salaires, la diminution des heures de travail, le repos dominical, l'interdiction du travail aux enfants qui doivent suivre l'école, enfin l'opposition au travail des femmes, surtout des mères de famille. En 1870, au concile, Ketteler rompit avec son ancien maître, Dœllinger, devenu, sous la figure de Janus, l'insulteur de la papauté. En vieillissant, l'évêque de Mayence devenait de plus en plus l'évêque des ouvriers : il demandait à l'Etat de protéger leur santé, leur vie et leur famille. Ce brave évêque mourut en 1877.

Inébranlable dans ses vues ; sachant les frontières des choses et le bornage des intérêts ; faisant d'une main ferme le départ de ce qu'il faut maintenir, conquérir ou répudier dans le torrent contemporain, Mgr de Ketteler a repétri son pays, comme il a relevé son séminaire et son diocèse. Si M. de Bismarck a créé un nouveau caractère allemand, Mgr de Ketteler a formé une nouvelle âme religieuse.

Orateur, député, journaliste, brochurier, écrivain, théologien, prédicateur populaire, amant des pauvres et fondateur d'œuvres immortelles, il a agi en tout d'instinct, de spontanéité, sous l'inspiration d'un seul principe : c'est que l'évêque, homme universel, homme de gouvernement infatigable, désintéressé et fort, doit mettre toutes choses aux pieds de la Croix.

Voilà la source incomparable de son activité sociale.

Les idées de Ketteler sur la question sociale procèdent d'une grande sympathie pour l'ouvrier. Ce qui fait la faiblesse et le malheur de l'ouvrier, c'est son isolement. Abandonné à ses seules forces, il est le jouet de toutes les fluctuations économiques, la victime des caprices de patrons sans foi et sans cœur. Seule l'association peut modifier les conditions de son existence ; il appartient à l'Etat de rendre possibles les associations ouvrières. En deux mots, protéger les familles contre l'exploitation sans conscience et réorganiser les associations corporatives ; tel est le devoir de l'Etat.

L'œuvre de Mgr de Ketteler est continuée par les assemblées catholiques, par l'action publique du centre, par le *Wolksverein*, par l'Université populaire de München-Gladbach, par les entreprises de l'abbé Hitze, député au Reichstag.

Parmi les auteurs ecclésiastiques d'Allemagne, nous devons citer l'historien Alzog. Jean Alzog était né en 1808, à Ohlau en Silésie. Professeur à Posen en 1835, à Hildesheim en 1845, il fut nommé professeur d'histoire ecclésiastique à Fribourg en 1853 et devint conseiller ecclésiastique de l'archevêque. En 1870, il fut appelé, par le Pape, au Concile du Vatican, comme consulteur, mais ne fit partie que de la seconde fournée, celle qui fut demandée par les libéraux, dont Alzog était censé l'homme. A son départ de Fribourg, il avait sans doute quelques illusions; à Rome, en présence du haut savoir de ses collègues, il dut les abdiquer. Alzog mourut en 1876, à Fribourg en Brisgau. On doit, à Alzog, une histoire de l'Eglise publiée à Mayence, en 1841, et une *Patrologie*, publiée à Fribourg, en 1867.

De nos jours, de gré ou de force, chaque homme de science et de conscience est ramené aux études historiques et partout il rencontre l'Eglise. Qu'on les aborde comme philosophe, pour observer les phénomènes de l'esprit humain dans son développement; comme jurisconsulte, pour approfondir les bases et les transformations de notre droit moderne; comme artiste, pour étudier les œuvres du génie; ou enfin, comme homme politique, pour suivre l'épanouissement graduel, et souvent contrarié, de la civilisation, il est impossible de ne pas rencontrer sur sa route la grande figure de l'Eglise catholique. Jean Alzog composa son histoire de l'Eglise pour servir de base à son enseignement universitaire, et l'offrit comme manuel à ceux que le défaut d'études obligeait d'y suppléer par des lectures. Dans le cadre trop étroit de trois volumes, elle embrasse l'histoire de l'Eglise depuis Jésus-Christ jusqu'à nos jours. Pour ne pas se borner à une longue, sèche et fatigante nomenclature de noms et de faits, l'auteur s'applique à faire ressortir certaines circonstances particulières; à dessiner avec vigueur les imposantes figures de l'Eglise; à grouper avec netteté les diverses manifestations de la vie chrétienne; à indiquer enfin le vrai caractère des temps et l'esprit de chaque époque. La division de l'histoire par époque et l'étude de chaque époque par division des matières sont faites dans de bonnes conditions. Quant à la partie matérielle de l'œuvre, Alzog s'inspire de Mœhler; il met à profit les publications antérieures de Dœllinger, Rutensock, Katercamp; il consulte aussi parfois les publications protestantes de Gieseler, Engelhardt, Néander, Guericke, et Carl Hase. Les informations bibliographiques sont très étendues; les citations bien choisies et faites à propos. Les jugements, selon nous, ne sont pas toujours sûrs; les historiens d'Allemagne se laissent trop souvent entraîner par la passion contre Rome ou par une affectation d'impartialité qui touche à l'injustice. Toutefois, le principal tort de l'histoire d'Alzog, c'est de n'avoir pas été composée en huit ou dix volumes. Un manuel de l'histoire de l'Eglise demande aujourd'hui ce développement.

« Quiconque, dit Bossuet, veut devenir un habile théologien et un solide interprète, qu'il lise et relise les Pères. S'il trouve dans les modernes quelquefois plus de minuties, il trouvera très souvent dans un seul livre des Pères plus de principes, plus de cette sève primitive du christianisme que dans beaucoup de volumes des nouveaux interprètes; et la substance qu'il y sucera des anciennes traditions le récompensera très abondamment de tout le temps qu'il aura donné à cette lecture. Que s'il s'ennuie de choses qui, pour être moins accommodées à nos coutumes et aux erreurs que nous connaissons, peuvent paraître inutiles, qu'il se souvienne que, du temps des Pères, elles ont eu leur effet et qu'elles produisent encore un prix infini dans ceux qui les étudient, parce qu'après tout ces grands hommes sont nourris de ce froment des élus, de cette pure substance de la religion, et que, pleins de cet aspect primitif qu'ils ont reçu de plus près et avec plus d'abondance de la source même, souvent ce qui leur échappe et qui sort naturellement de leur plénitude, est plus nourrissant que ce qui a été médité depuis. C'est ce que nos critiques ne sentent pas, et c'est pourquoi leurs écrits, formés ordinairement dans les libertés des novateurs et nourris de leurs pensées, ne tendent qu'à affaiblir la religion, à flatter les erreurs et à produire des disputes (1) ».

C'est dans ce dessein et pour compléter son cours d'histoire, que le professeur de Fribourg composa son *Manuel de Patrologie*. L'auteur fut contrarié, dans sa composition, par un mal de tête et se fit aider par le docteur Kellner, de Trèves. Tel quel, l'ouvrage n'est pas complet; il s'arrête, pour les latins, à saint Grégoire-le-Grand et, pour les Grecs, à saint Jean Damascène. Après l'avoir publié, l'auteur pensait qu'il eût fallu, pour amener les étudiants à lire les Pères, pénétrer plus au fond des choses. Ce défaut tenait à l'exiguité de son ouvrage et aussi à sa méthode. La notice d'un auteur, la nomenclature de ses ouvrages, quelques aperçus critiques, quelques analyses d'ouvrages importants, cela ne suffit pas pour faire aimer passionnément l'étude des Pères. Selon nous, il faudrait classer les Pères par catégories, procéder par genres et par espèces, exposer dans son ensemble, dans ses détails et dans son complet développement toutes les parties de la tradition. De manière que le lecteur d'un tel ouvrage possède, par ses sommets lumineux, tout l'ensemble de la doctrine catholique et n'ait plus qu'à chercher, dans les ouvrages, l'approfondissement de ce dont il a la notion et les détache du principe dont

---

(1) *Défense de la tradition*, P. I, liv. IV, ch. 18.

il possède la synthèse. L'ouvrage d'Alzog est plus utile pour étudier l'histoire de l'Eglise que pour étudier les Pères.

A côté d'Alzog, nous citons le docteur Henri Denzinger, professeur à Wurzbourg, mort en 1881. Nous lui devons deux ouvrages : *Ritus orientalisum in administratione, sacramentorum*, Wurzbourg, 1864, et *Euchiridion definitionum de rebus fidei*, 1853. Le premier ouvrage se rapporte aux grandes publications liturgiques de Mabillon, Tommasi, Gerbert ; le second nous paraît digne d'une très sérieuse considération. Parmi beaucoup de maux que le malheur des temps a infligés aux écoles catholiques, ce qui nuit le plus aux études, c'est que les documents positifs de la foi et de la discipline, sanctionnés par l'autorité publique de l'Eglise, sont ignorés ou négligés, et chacun se laisse aller à son propre esprit. Par là il arrive que les plus saintes et les plus sûres doctrines ecclésiastiques sont remplacées par les ridicules et absurdes conceptions d'hommes qui étudient toujours, qui ne parviennent jamais à la science de la vérité, mais qui vantent beaucoup leurs idées propres. Pour nous, nous tenons pour certain que les définitions et prescriptions de l'Eglise sont le très solide fondement sur lequel doit reposer toute spéculation des choses divines ; par là s'ouvre devant nous une voie royale qu'il faut suivre, sans s'écarter ni à droite, ni à gauche ; autrement nous nous écarterons de la foi et nous tomberons dans cette licence païenne de penser, qui écarte toute autorité et ne laisse bientôt subsister que les oracles ou les fantaisies de la raison. Pour remédier à un si grand mal, Denzinger imagina de réunir, en un seul volume, toutes les définitions dogmatiques de l'Eglise et tous ses anathèmes contre l'erreur.

Ce recueil fut limité à la contenance d'un seul volume ; il commence au symbole des Apôtres, dont il donne les divers textes, et se termine à l'allocution de Pie IX sur le mariage civil ; en tout cent documents. L'auteur termine son livre par un index systématique des matières, c'est-à-dire par un programme de théologie, dont toutes les propositions sont établies par un renvoi aux décisions authentiques de l'Eglise. La conception première d'un tel travail est au-dessus de tout éloge ; son exécution, bornée à la production des textes définitoires, peut suffire dans un cours élémentaire de théologie ; mais, selon nous, une telle œuvre, pour produire tout son fruit, devrait être plus étendue et donner les textes avec plus d'ampleur. Les petits livres sont faits pour les enfants, mais ils ne font que des enfants, contents d'eux-mêmes, persuadés de leur omniscience d'autant plus que leur savoir a de plus étroites frontières. Les gros livres sont pour les hommes et en font. Même dans l'école, un livre plus dispendieux éclaircirait mieux les choses ; dans les presbytères, un tel livre est indispensable. C'est le livre des sources, la fontaine aux eaux vives ; plus les eaux sont abondantes, plus on peut boire et se faire une âme à la mesure de son breuvage.

A côté de Denzinger, nous plaçons Kobler et Kraus. André Kobler, né en 1816 à Mühldorf en Bavière, entra, en 1844, dans la Compagnie de Jésus. En 1857, il devint professeur d'histoire à Innsbruch, puis à Klagenfurt. On lui doit : 1° *Documents pour l'histoire de la Compagnie de Jésus*, Ratisbonne, 1841-44 et 2° *Etudes sur les couvents du Moyen Age*, Innsbruch, 1867, François-Xavier Kraus, né à Trèves en 1840, professeur d'histoire ecclésiastique à Fribourg-en-Brisgau, a donné jusqu'ici : 1° *Roma sotterranea*, Fribourg, 1878 ; — 2° *Les Antiquités chrétiennes*, 2 vol. Fribourg, 1887 ; — 3° *Histoire de l'Eglise*, Trèves, 1887.

Un membre de l'Ordre de Saint-Dominique, Denifle, archiviste à Rome, a pris place parmi les écrivains allemands par une étude sur Tauler, Gratz, 1876 ; et par une *Histoire des Universités du Moyen Age*, dont le premier volume a paru à Berlin en 1885. — Simon Aicher, chanoine et professeur à Brisgau, depuis 1875 prince-évêque, est auteur d'un *Compendium juris ecclesiastici*, Brixen, 1862.

Un écrivain de plus haute marque est Jean-Baptiste Heinrich, né à Mayence en 1818. Successivement professeur au séminaire de cette même ville et chanoine, il fut à la fois homme de cabinet et homme d'action. De concert avec son collègue Moufang, il prit part à tous les événements de la renaissance allemande, collabora au *Catholique* de Mayence et composa des ouvrages de longue haleine. Nous citons : 1° *Sur la vérité et la nécessité du christianisme*, Mayence, 1864 ; — 2° *Jésus-Christ*, c'est une critique de l'ouvrage de Renan ; — 3° *La réaction du soi-disant progrès contre l'Eglise et la vie religieuse* ; — *La dogmatique*, en six volumes, publiée à Mayence en 1875 : c'est un ouvrage de premier ordre.

Christophe Moufang, né à Mayence en 1817, après avoir fait ses études dans sa ville natale, étudiait la médecine à Bonn en 1834, lorsqu'il se décida à entrer au séminaire de Mayence. Prêtre en 1839, professeur au collège, il collabora avec beaucoup de talent au *Catholique*, la première feuille catholique, publiée en Allemagne. En 1851, lorsque Mgr de Ketteler monta sur le siège de saint Boniface, il confia, à Moufang, la direction du grand séminaire. Chanoine en 1854, député au Landtag de Hesse à partir de 1863, il fut en 1868 appelé à Rome pour les travaux préparatoires du Concile. En 1875, il entrait au Reichstag allemand et en fit partie jusqu'au jour où il sentit les atteintes du mal qui devait l'emporter : il mourut en 1890. — Moufang était surtout un orateur plein de doctrine, de bonne humeur et de mouvement. En dehors de sa collaboration au *Catholique*, on lui doit un recueil fort intéressant sur le rôle de la Compagnie de Jésus en Allemagne. Ses travaux historiques sur les catéchismes lui ont fait une juste réputation d'érudit. Mais Moufang était surtout un homme de combat : il faisait autorité dans les questions politico-économiques et l'un des premiers s'occupa, en Allemagne, de la question sociale. C'était un lutteur qui ne ménagea point ses forces au service de l'Église et de la société.

Joseph Hergenrœther, né à Wurzbourg en 1824, se rendit, après ses premières études, à Rome, pour faire sa théologie au collège germanique. Prêtre, il fut quelque temps vicaire à Zellingen, puis entra, comme professeur de droit canon et d'histoire, à l'université de sa ville natale. A peine installé dans sa chaire, il fonda sa réputation scientifique et littéraire par un grand ouvrage en trois volumes sur Photius : c'est un chef-d'œuvre, dont il faut souhaiter la traduction. Pie IX l'appela à Rome pour préparer les *Schemata* du Concile. Dans les controverses soulevées alors par Dœllinger et Friedrich, Hergenrœther se signala par la publication de l'anti-Janus. Entre temps, il s'appliquait à étudier la civilisation du XVIIe siècle, publiait un important ouvrage sur les rapports de l'Église et de l'État, et donnait enfin au public son *Manuel d'histoire ecclésiastique*, dont nous avons une traduction par Bélet en huit volumes. En 1877, Pie IX appelait Hergenrœther à Rome et le nommait préfet des archives du Vatican. A ce titre, il s'attela au *Regestum* de Léon X et en commença la publication. En 1879, Léon XIII l'éleva à la dignité de cardinal, en même temps que Joseph Pecci et Newmann. Tous trois moururent presque en même temps, Hergenrœther au couvent cistercien de Mehrerau, près du lac de Constance. Hergenrœther était un esprit droit et élevé ; ses ouvrages honorent tous sa mémoire.

Franz-Séraphin Hettinger, né à Aschaffenbourg en 1819, après avoir passé par le gymnase et le séminaire de sa ville natale, s'en fut à Rome où il étudia quatre ans la théologie. Élève du collège germanique, il eut pour maître Perrone, Patrizzi, Ballerini, Marchi, Kleutgen et Passaglia. Ce qu'il apprit surtout à Rome, ce fut l'amour de l'Église ; la note caractéristique de sa parole et de ses écrits, c'est un sentiment ascétique. Prêtre en 1843, il fut appelé à prononcer un petit discours à la Sixtine, un jour que le Pape chantait la grand'messe. De retour en Allemagne, il pratiqua, pendant quelques années, le ministère pastoral en Franconie. En 1847, il entrait à l'Université de Wurzbourg. En 1852, il fit un voyage à Paris ; plus d'une fois dans la suite, sous Pie IX et sous Léon XIII, il fut appelé à Rome. Mais ce ne sont là, dans sa vie, que des incidents sans importance. Hettinger était, par excellence, le professeur, l'homme qui passe sa vie avec les livres, qui parle aux élèves et compose des ouvrages. Nous ne dirons rien des honneurs académiques et civils déférés à sa personne ; les titres les plus glorieux d'un savant, ce sont ses œuvres. Les ouvrages qui ont signalé, au monde savant, le nom d'Hettinger sont : Le *Sacerdoce catholique*, 1832 ; *La Situation religieuse et sociale de Paris*, 1852 ; l'*Idée des exercices spirituels de saint Ignace*, 1853 ; *La Liturgie de l'Église et la langue latine*, 1856 ; *Le droit et la liberté de l'Église*, 1860 ; *Le Rôle de la théologie dans l'organisme des sciences universitaires*, 1862 ; *L'Art dans le christianisme*, 1867 ; *Le combat de l'église au temps présent*, 1869 ; *Pie IX et l'idée de la Papauté*, 1877 ; quelques ouvrages sur la *Divine Comédie* de Dante. Professeur d'apologétique, Hettinger s'est illustré surtout par l'*Apologie du christianisme* en cinq volumes, 1863-67 ; le *Plein pouvoir du Siège apostolique*, 1873, et la *Théologie fondamentale ou apostolique* en deux volumes. L'apologétique et l'apologie ont été traduites en français, la première par Belet, le second par Jeannin : ce sont deux ouvrages de premier ordre.

Il faut rapprocher d'Hergenrœther, Héfelé, Hœfler, Jansen et Pastor, noms diversement célèbres en histoire.

Charles-Joseph Héfelé, professeur à Tubingue, puis évêque de Rottembourg, écrivit une *Histoire des Conciles* en 11 volumes ; elle a été traduite en français par l'abbé Delarc. Le traducteur la dit composée d'après les originaux ; c'est une erreur : elle a été composée d'après les éditions anciennes des Conciles ; elle en rapporte fidèlement la science faite ; cela suffit à son mérite. Héfelé a, sans doute, ajouté de son fond, ce qu'il a pu prendre dans les livres contemporains ; il le donne suivant la méthode de Noël-Alexandre, par des propositions séparées, qu'il prouve de son mieux, suffisamment pour justifier son opinion. Le seul reproche à faire, non pas au livre, mais à l'auteur, c'est qu'au Concile, il se mit en contradiction avec lui-même. Dans son histoire, il avait bien parlé du pape Honorius ; dans une brochure séparée il s'efforça de prouver le contraire. Sur le même fait, il se trouve avoir dit oui et non : c'est une contradiction manifeste ; pour le caractère épiscopal, une tache. — L'*Histoire des Conciles* a été continuée depuis par Aloïs Knœpfel. En France, Paul Guérin en a donné, à moindres frais, l'équivalent, dans ses *Conciles généraux et particuliers*, ouvrage emprunté pour une grande part au dominicain Richard. En Italie, Vincent Tizzani, archevêque de Nisibe, a donné aussi une histoire des Conciles en quatre volumes : c'est une œuvre très recommandable.

Constantin Hœfler, né à Memmigen en Bavière, était, en 1836, professeur à Munich, et en 1852, professeur d'histoire naturelle à Prague. On doit à Hœfler, outre un grand nombre de dissertations sur des points obscurs ou controversés d'histoire : 1º Une *Histoire des papes allemands*, ouvrage important ; 2º Une étude très vive contre l'*Empereur Frédéric II* ; 3º Une *Histoire universelle* en 3 volumes ; 4º *Scriptores rerum historicarum*, recueil de documents inédits ; 5º *Jean Huss* et l'émigration des étudiants de Prague ; 6º *Le Pape Adrien VI*, travail définitif sur ce Pape.

Mais le grand historien catholique de l'Allemagne, c'est Janssen. Jean Janssen était né à

Francfort en 1829, de parents pauvres. Son père l'avait mis en apprentissage chez un chaudronnier; l'enfant avait toujours, sous son tablier, un livre et faisait le désespoir du patron, qui ne voyait, dans l'apprenti, que l'étoffe d'un savant. En désespoir de chaudronnerie, on se décida à envoyer l'enfant à l'école. Jean passa donc de l'atelier de fer blanc au collège de Xanten, puis au gymnase d'une autre ville, enfin aux universités de Munster et de Louvain. A cause de sa faible santé, il ne fut appelé au sacerdoce qu'à trente-et-un ans. Depuis longtemps il était parti pour la gloire.

Sa vocation d'historien se manifesta, dès l'âge de huit ans, par la lecture de l'histoire sainte d'Overberg, dont il faisait l'objet de petites conférences à ses camarades. Un volume dépareillé de l'histoire universelle d'Annegarn produisit sur lui l'effet du bardit des Francs sur Augustin Thierry. A seize ans, il entamait des négociations avec un imprimeur pour la publication d'un ouvrage d'histoire ; ce jeune homme eût pu dire, comme Ovide et en le modifiant : *Quidquid tentabans scribere, liber erat.*

A vingt-cinq ans, Janssen fut nommé professeur à Francfort et passa dans cette humble condition toute sa vie. Malgré l'étendue de ses services et l'éclat de sa gloire, personne ne songea à l'élever plus haut ; quant à lui, il se trouvait plus grand que la fortune. Léon XIII, digne appréciateur du mérite, éleva Janssen à la prélature, collation qui honore autant le pontife que l'historien. Dans son obscurité, Janssen eut, pour réconfort, l'amitié du protestant Bœhmer, érudit impartial qui sut orienter le talent du prêtre catholique. Janssen mourut vers 1890.

Voici la liste chronologique des ouvrages de Janssen : 1° *Willibald de Stewels et Corvey*, 1855 : c'est l'histoire d'un abbé ; 2° *Histoire de saint Louis*, roi de France, 1855 ; 3° *Sources de l'histoire de l'évêché de Munster*, 1856 ; 4° *Convoitises françaises et politique hostile aux provinces rhénanes*, 1861 : c'est un pamphlet contre la France ; 5° *Schiller comme historien*, 1863 : c'est la mise à néant du poète-romancier qui a écrit l'histoire de la guerre de Trente ans et de la révolte des Pays-Bas ; 6° *L'Église et la liberté des peuples*, 1863 ; 7° *Correspondance royale de Francfort de 1372 à 1519*, 3 volumes, 1863-66-73 ; 8° *Russie et Pologne* depuis deux cents ans, 1864 ; 9° *Origine du premier partage de la Pologne*, 1865 ; 10° *Gustave-Adolphe en Allemagne*, 1865 ; 11° *Charlemagne*, 1867 ; 12° *François Borgia*, 1868 ; 13° *Vie, lettres et opuscules de Bœhmer*, 3 vol., 1868 ; 14° *Temps et portraits*, 1875 ; 15° *Léopold-Frédéric, comte de Stolberg*, 2 vol., 1876-74 ; 16° *Histoire du peuple allemand depuis la fin du Moyen Age*, 6 vol., 1876-88 ; 17° *Paroles à mes critiques* : c'est la réponse de Janssen aux aboyeurs en révolte contre son histoire.

L'histoire du peuple allemand est le plus fort ouvrage qui ait été écrit contre Luther ; c'est le renversement de toutes ces apologies. Luther n'apparaît plus que comme un misérable ; son œuvre est sans doute le renversement de la civilisation chrétienne ; mais c'est un amas d'immondices, un cloaque où le monde protestant se fût pourri, s'il n'avait été défendu par la force. Luther a produit le Kaiser, comme Photius a produit le Czar ; l'Eglise a donné au monde saint Louis et Charlemagne.

Un élève de Janssen, Louis Pastor, né à Aix-la-Chapelle, avait d'abord visité les bibliothèques de France et d'Italie ; il est maintenant professeur d'histoire à l'Université d'Innsbruck. On lui doit : 1° *Les tentatives de réunion entre les catholiques et les protestants pendant le règne de Charles-Quint*, 1879 ; 2° *La correspondance du cardinal Contarini* pendant sa légation en Allemagne ; 3° *Histoire des Papes* depuis la fin du Moyen Age : cet ouvrage doit avoir sept volumes, il est parvenu au sixième. — Pastor doit, en outre, publier le tome VII et composer, avec les notes de Jansen, le tome VIII et dernier de l'histoire du peuple allemand. Ces ouvrages sont tous pris aux sources : c'est ce qui fait la force de l'auteur et assure le mérite de ses publications. L'*Histoire des Papes* est, en particulier, un service rendu à la science, aux bonnes lettres, à la société civile et à l'Eglise.

Un émule de Pastor, Paul Majunke, né en 1842 à Gross-Schmogran, fit ses études à Breslau et les termina à Rome. Curé plus tard en Silésie, il devint rédacteur en chef du grand journal catholique la *Germania* et député au Reichstag. A ce double titre, il prit part à tous les combats du centre ; il y gagna, pour sa part, des amendes et la prison. A la paix, il redevint curé et publia plusieurs ouvrages se rapportant tous au mouvement religieux, politique et social qui suivait la guerre de 1870. Son *Histoire du Kulturkampf* lui assure, à elle seule, une place parmi les historiens que lira la postérité.

Mathias-Joseph Scheeben naquit à Mekenheim, près Bonn, le 1er mars 1835. A l'âge de 17 ans, il terminait ses études au gymnase et partit pour Rome, où il resta sept ans, tout entier à l'étude de la philosophie et de la théologie. Prêtre en 1858, il rentrait, l'année suivante, dans sa patrie et fut employé d'abord comme aumônier dans un couvent de sœurs. En 1860, il était appelé, comme professeur de dogmatique, au grand séminaire de Cologne : c'est là que devait s'écouler son existence, hélas ! trop courte. Scheeben était très avantageusement doué, d'un grand zèle pour les sciences et d'une étonnante puissance créatrice. Dès 1860, il prenait place parmi les écrivains allemands, par la publication des *Fleurs-de-Marie*, recueil de vieilles poésies en l'honneur de la mère de Dieu. En même temps, il menait de front trois ouvrages importants : *Nature et grâce*, 1861, exposition des deux ordres de vie dans l'homme ; *Quid est homo*, 1862, du Père Antoine Cassini, consacré, comme le premier, à la raison et à l'économie de la vie surnaturelle ; *Les magnificences de la grâce divine*, 1863, d'après le Père Nieremberg. Entre temps, Scheeben donnait ses soins à une réédition du Manuel-Goffiné, et collaborait en même temps à l'*Ami de la maison* et à la *Feuille pastorale*. Par la presse périodique, il répondait encore au Janus de Dœllinger, aux critiques de Schulte, défendait le Concile et, soutenait l'infaillibilité du Pape. Parmi ses ouvrages de plus longue haleine, il faut citer les *Principaux mystères du christianisme* et par-dessus tout, la *Dogmatique*, en 4 volumes, traduits en français par l'abbé Belet et publiés dans la *Bibliothèque théologique du xixe siècle*. Ce dernier ouvrage n'est pas seulement un titre glorieux pour l'auteur ; c'est un monument de la science catholique, très complet, très précis, de première importance.

Aux œuvres personnelles, il faut joindre les œuvres collectives, et, en premier lieu, le *Kirschen-lexion*. C'est un dictionnaire en trente volumes, où l'on trouve la science de la lettre, la science des principes, la science des faits et la science des symboles. Chaque article est écrit par un spécialiste ; l'ensemble du dictionnaire est l'œuvre des plus savants docteurs de l'Allemagne. On en prépare une seconde édition, revue, corrigée, complétée. Tel qu'il est, c'est déjà un livre précieux où l'on admire justement, malgré la diversité des auteurs, ce bel accord où la foi est le principe, le garant et la sanction de la science. — En France, nous aurons bientôt deux ouvrages analogues : le *Dictionnaire de la Bible* de Vigouroux et le *Dictionnaire de Théologie* de Vacant.

A l'œuvre collective des docteurs d'Universités allemandes, il faut superposer l'œuvre, également collective, des Jésuites de Maria-Laach. Ces jésuites, rétablis par Pie VII, proscrits par les radicaux, ruinés par les unitaires italiens et allemands, avaient eu, en 1848, une lueur de liberté et en avaient profité, à partir de 1850, pour évangéliser l'Allemagne. En 1863, ils achetèrent l'abbaye bénédictine de Maria-Laach, près d'Andernach, y réunirent leur jeunesse studieuse et leurs plus savants professeurs. La province de l'Allemagne supérieure nous offre, comme illustrations, le Père Kleutgen, le restaurateur de la philosophie scolastique, le Père Wilmers, l'auteur du *Manuel de Religion*, le Père Deharbe, célèbre dans la catéchitique, et le Père Damberger, historien. Parmi les professeurs de Maria-Laach, il faut citer spécialement Lehm Kuhl, Théodore Mayer, Tilman Pesch, Schnéeman, Riess, Wiedmann, Cornely, Kobberg ; parmi leurs élèves, Baumgartner, Diel, Gietmans, Knabenbauer, Hummelauer, Cathrein, Dressel et Langhorst. On doit à ces savants, trois choses de haute importance : 1° des commentaires du *Syllabus* de 1864 ; 2° des œuvres pour la préparation du concile et son illustration ; 3° en particulier, la collection des Conciles célèbres depuis le Concile de Trente, collection très précieuse que couronnent les actes du Concile du Vatican.

En 1899, la faiblesse d'esprit qui avait égaré Hermès, Baader, Gunther, Batzler, Frohschammer, se retrouve dans le professeur Schell dont l'Index réprouve quatre ouvrages. Ce professeur donne de la tête dans les idées du biographe et du traducteur d'Hecker. Le point à noter pour l'histoire, c'est que la grande hérésie du xixe siècle, c'est le libéralisme et que ce libéralisme, deux écoles s'appliquent à le faire accepter de l'Eglise. L'école de Dupanloup, Montalembert, Broglie, Cochin, était surtout *politique* ; elle s'était cantonnée dans les idées de 89, la séparation de l'Eglise et de l'Etat et avait pris pour formule : *l'Eglise libre dans l'Etat libre*, formule que la logique doit traduire par : L'Eglise esclave sous l'hégémonie de l'Etat. L'école d'Hecker, de ses biographes, traducteurs et admirateurs, est plutôt *morale* et s'applique à la conduite privée où elle ramène le libre examen préludant à la réhabilitation de la chair. C'est Luther mis en eau sucrée, une drogue assortie à la libre pratique de toutes les passions. Ces innovations ne sont propres qu'à corrompre le peu de bons catholiques qui nous restent et à activer le retour du monde aux turpitudes du paganisme.

La France maintenant nous réclame et exige de plus longs détails.

« La Gaule est un pays de sapience », disait-on en Europe, dès le ive siècle : De saint Hilaire à saint Grégoire de Tours, d'Alcuin à saint Bernard, de Gerson à Bossuet, de Fénelon à Lamennais, il s'est toujours trouvé une plume et une bouche françaises pour rendre hommage à l'Eglise et servir courageusement la vérité. Nos temps ne font pas exception à cette loi ; mais de nos jours nous n'avons plus la même unité de doctrines et d'action. La France nouvelle est comme la femme du patriarche : elle porte deux enfants dans ses entrailles et ces enfants se battent dans le sein de leur mère. La Fille aînée de l'Eglise n'a plus seulement au service de l'Evangile, des docteurs et des soldats ; elle a aussi, contre les doctrines, des apologistes des ténèbres et des docteurs de pestilence. Le xviiie siècle avait engendré deux erreurs graves : le jansénisme et le gallicanisme : l'un, bouleversant l'économie de la vie surnaturelle, asservissait les âmes au fatalisme de la grâce et au rigorisme de la pénitence ; l'autre, altérant l'ordre traditionnel de la nature et de la grâce dans les rapports de l'Eglise et de l'Etat, abaissait le pape dans l'Eglise et relevait dans l'Etat le type augustal des Césars. Par une transformation assez rapide, par des développements contradictoires et parfois des alliances contre nature, le gallicanisme se convertit en libéralisme ; au roi absolu, il substitua un roi qui règne et ne gouverne pas, et bientôt il se rua à la république, poussant les libertés jusqu'à la négation des institutions sociales. Le jansénisme, passant, du fatalisme au bestialisme, prit l'homme dans sa liberté extravagante d'onagre du désert et le posa comme l'atome générateur du nouvel ordre. Le libéralisme politique engendre le socialisme économique. Libéralisme et socialisme voilà, au XIXe siècle, les deux pôles de la pensée, les deux moteurs de l'action publique.

Nous ne pouvons pas ici, faute de place, suivre l'évolution de ces deux écoles, de Mirabeau à Proudhon et à Jules Guesde ; dresser la biographie de leurs divers représentants, analyser leurs systèmes ou rendre compte de leurs livres. Nous ne le devons même pas, parce que l'histoire embrasse, il est vrai, dans leurs principes, l'histoire de toutes les sciences ; mais elle ne doit pas descendre aux infinis détails de l'application et se borner plutôt au rapport des conclusions générales et des résultats généraux avec les bonnes mœurs des nations, les croyances des peuples et le droit divin de l'Eglise.

C'est à ce titre que nous mentionnons brièvement quelques représentants du libéralisme et de l'économie politique ; nous citerons aussi en passant quelques essayeurs d'hérésies. Lorsque nous aurons suffisamment constaté l'état sommaire de la pensée publique, nous viendrons aux représentants de la pensée chrétienne et nous tâcherons de mieux suivre la genèse réparatrice de leurs conceptions, habituellement consacrées à la réformation de la France, au triomphe de l'Eglise et à la glorification de la Papauté.

Nous parlons d'abord de ce qui peut ressembler à des hérésies.

La véritable histoire d'un siècle est surtout l'histoire de ses idées. Les intrigues des cours, les menées de la diplomatie, les bruyants débats des assemblées, les luttes de la presse, les agitations de la place publique, tout cela n'est que le mouvement extérieur de la société. La source de la vie est ailleurs : elle est dans le développement mystérieux des tendances générales, dans la lente élaboration des doctrines qui poussent ou entravent le mouvement, dans la réaction des idées et des mœurs. Car il y a toujours une cause profonde à tant d'événements, qui, lorsqu'ils éclatent, paraissent, à première vue, nés de l'occasion ou du hasard.

Quel était donc, à partir de 1836, l'état intellectuel et moral de la société française ? — Voici la réponse que fait à cette question l'auteur de l'*Histoire de dix ans*. Sectaire plus qu'homme politique et adversaire plutôt qu'historien, Louis Blanc, à travers beaucoup d'exagérations, indique assez fidèlement le caractère général du temps.

« Jamais société n'avait été plus remplie de désordres. Lutte des producteurs entre eux pour la conquête du marché, des travailleurs entre eux pour la conquête de l'emploi, du fabricant contre l'ouvrier pour la fixation du salaire ; lutte du pauvre contre la machine destinée à le faire mourir de faim en le remplaçant ; tel était, sous le nom de concurrence, le fait caractéristique de la situation envisagée au point de vue industriel. Aussi que de désastres ! Les gros capitaux donnant la victoire dans les guerres industrielles, comme les gros bataillons dans les autres guerres, et le laissez-faire aboutissant de la sorte aux plus odieux monopoles ; les grandes exploitations ruinant les petites, le commerce en grand ruinant le commerce en petit ; l'usure s'emparant peu à peu du sol, féodalité moderne pire que l'ancienne, et la propriété foncière grevée de plus d'un milliard ; les artisans, qui s'appartiennent faisant place aux ouvriers qui ne s'appartiennent pas ; les capitaux s'engouffrant, sous l'impulsion d'une avidité honteuse, dans les placements aventureux ; tous les intérêts armés les uns contre les autres : les propriétaires de vignes contre les propriétaires de bois, les fabricants de sucre de betteraves contre les colonies, les ports de mer contre les fabriques de l'intérieur ; les provinces du Midi contre celles du Nord, Bordeaux contre Paris ; ici des marchés qui s'engorgent, désespoir du capitaliste ; là, des ateliers qui se ferment, désespoir de l'homme de main-d'œuvre ; le commerce devenu un trafic de ruses permises et de mensonges convenus ; la nation marchant à la reconstitution de la propriété féodale par l'usure et à l'établissement d'une oligarchie financière par le crédit ; toutes les découvertes de la science transformées en moyens d'oppression, toutes les conquêtes du génie de l'homme sur la nature transformées en armes de combat, et la tyrannie multipliée par le progrès même ; le prolétaire, valet d'une manivelle, ou, en cas de crise, cherchant son pain entre la révolte et l'aumône ; le père du pauvre allant, à soixante ans, mourir à l'hôpital, et la fille du pauvre, forcée, à seize ans, de se prostituer pour vivre, et le fils du pauvre réduit à respirer, à sept ans, l'air empesté des filatures pour ajouter au salaire de la famille ; la couche du journalier, imprévoyant par misère, devenue horriblement féconde, et le prolétariat menaçant le royaume d'une inondation de mendiants. Voilà quel tableau présentait alors la société.

« D'un autre côté, plus de croyances communes, nul attachement aux traditions, l'esprit d'examen niant toute chose sans rien affirmer, et pour religion l'amour du gain. La nation étant ainsi tournée au mercantilisme, il était naturel qu'on y fît du mariage une spéculation, un objet de négoce, une manière d'entreprise industrielle, un moyen d'achalandage pour quelque boutique. Et comme le mariage, quoique contracté de cette façon hideuse, avait été déclaré indissoluble par la loi, la faculté du divorce était, à Paris et dans les grandes villes, suppléée par l'adultère. Aux désordres nés dans la famille, de la fragilité du lien conjugal, se joignaient les scandaleux débats qu'enfante la cupidité entretenue par le désir d'hériter ; et chaque jour les feuilles judiciaires étalaient aux yeux du public le triste spectacle de frères se disputant par lambeaux l'héritage paternel, ou même des fils s'armant contre leur mère, devant des juges, des juges à qui l'habitude de ces odieuses luttes avait fini par en masquer l'horreur. Au sein des classes laborieuses, la dissolution de la famille avait une origine différente mais un caractère encore plus déplorable. Dans le registre de la prostitution, la misère figurait comme l'aliment principal de la débauche. Le mariage étant, pour le prolétaire, un accroissement de charges et le libertinage un étourdissement de la douleur, la pauvreté ne faisait que s'accoupler avec la pauvreté ; de telle sorte qu'on était dans une voie où la misère engendrait le concubinage et le concubinage l'infanticide. Autre calamité : s'il arrivait au pauvre de se marier, il était bientôt forcé de ne chercher dans la paternité qu'un supplément de salaire, et d'envoyer dans des manufactures, où la santé du corps se perd par l'excès du travail, et la santé de l'âme par le contact des sexes, ses enfants à peine arrivés à l'âge où l'on a le plus besoin d'air, de mouvement et de liberté. Aussi voyait-on se presser chaque jour, dès cinq heures du matin, à l'entrée de toute filature, une foule de malheureux enfants, pâles, chétifs, rabougris, à l'œil terne, aux joues livides, et marchant le dos voûté comme des vieillards. Car le régime social, fondé sur la concurrence, se montrait à ce point cruel et insensé qu'il avait pour effet, non seulement d'étouffer l'intelligence des fils du pauvre et de dépraver leur cœur, mais encore de tarir ou d'empoisonner en eux les sources de la vie. Et le moment approchait où Charles Dupin viendrait faire à la tribune de la Chambre des pairs cette déclaration solennelle : « Sur 10 000 jeunes gens appelés au service de la guerre, les dix départements les plus manufacturiers de France en présentent 8 980 infirmes ou difformes, tandis que les départements agricoles n'en présentent que 4 029. » Il est d'inutile d'ajouter que, dans une société où une expression semblable était possible, la charité n'était qu'un mot et la religion qu'un sourire.

« Et le mal était dans le Pouvoir aussi bien que dans la société. La royauté, autorité héréditaire que menaçait sans cesse une autorité élective, s'absorbait tout entière dans le soin de sa défense. La Chambre des pairs, soumise à la nomination royale, ne comptait plus dans le mécanisme constitutionnel que comme superfétation ou comme embarras. La Chambre des députés était condamnée à vivre sans initiative : d'abord, parce que, représentant une seule classe, la classe dominante, elle ne pouvait avoir le désir de réformer les abus dont elle-même profitait ; ensuite, parce que, composée en parties de fonctionnaires, elle se traînait sous la dépendance des ministres, auxquels une distribution corruptrice des emplois asservissait la majorité.

« Ainsi, et pour résumer la situation sous ses trois aspects principaux : dans l'ordre social, la concurrence ; dans l'ordre moral, le scepticisme ; dans l'ordre politique, l'anarchie : tels étaient les traits caractéristiques du règne de la bourgeoisie en France (1). »

Toute société a ses misères ; la meilleure est encore obligée de faire supporter, à ses membres, une partie de ses infirmités. L'esprit humain, qui ne se résigne pas volontiers à la peine, a cherché de tout temps à se dérober au monde réel en s'élançant vers le monde idéal ; non content d'espérer, pour l'autre vie, l'absence de deuil et de douleur, il a voulu imaginer, pour ici-bas, une société parfaite, des hommes parfaits, un régime enfin où, selon la formule vulgaire, tout serait pour le mieux dans le meilleur des mondes. De là, ces conceptions utopiques dont l'indestructible lignée se développe à travers l'histoire. Dans une société démoralisée qui n'a ni la foi aux principes, ni le courage des mœurs, nous allons voir pulluler ces conceptions. Les uns, qui attendent de l'Église le remède à tous les maux, mais ne veulent pas espérer ce remède du réveil de la foi et du progrès du mouvement catholique, s'ingénient à faire, dans l'Église ou dans la religion, des additions indiscrètes ou des retranchements interdits : ce sont les hérétiques ; — les autres, que le malheur des temps a rendus étrangers à la foi, au lieu de rien espérer d'un culte qu'ils croient mort, demandent aux inventions de l'esprit humain ou aux réformes de la société, les moyens magiques de transformer, d'un coup de baguette, la terre en Eldorado : ce sont les fabricateurs de systèmes plus ou moins hétérodoxes en philosophie, plus ou moins contestables en politique. Nous devons nous occuper maintenant de ces systèmes et de ces hérésies. De la vie intérieure de l'Église passant à l'étude des agressions de l'impiété, nous devons juger les nouveaux hérétiques, les faux philosophes, les politiques douteux, d'après l'infaillible critère du symbole catholique.

Le mauvais génie de l'erreur a toujours suivi, dans ses attaques contre la vérité, une logique remarquable. L'hérésie, qui n'est que l'erreur obstinée de l'esprit humain en matière de religion, a eu aussi sa logique. D'abord, elle s'est prise au corps des doctrines et a nié successivement, tantôt pour un motif, tantôt pour un autre, tous les articles du symbole. Ensuite, elle s'est attaquée au corps de l'Église, refusant, au nom du libre examen, de reconnaître son divin mandat, ou altérant ses institutions pour exagérer les pouvoirs des prêtres ou des évêques. Aujourd'hui, un prêtre veut faire épouser à l'Église la cause éventuelle de la démocratie ; il met,

---

(1) *Hist. de dix ans*, t. III, p. 84.

au contrat, des conditions impossibles qu'il veut imposer ; et parce que ses impérieuses exigences ne sont point admises, il s'emporte jusqu'aux dernières extrémités : c'est l'abbé de Lamennais. Un autre prêtre, au lieu de pousser l'Eglise en avant, veut la faire rétrograder : il veut supprimer, comme de vaines formules, les dogmes révélés, écarter, comme d'inutiles superfétations, les pratiques religieuses, et, de retranchements en retranchements, fusionner toutes les communions, dans les banalités du déisme : c'est l'abbé Chatel. Un troisième, voyant languir l'Eglise au milieu de tant de défections des peuples et des rois, se tourne vers le ciel et attend une quatrième révélation par le Saint-Esprit : c'est l'abbé Vintras. Mais le siècle n'est point aux hérésies : nous ne sommes plus aux temps où les sujets et les princes embrassaient la cause d'un Jean Huss ou d'un Luther et mettaient l'Europe en feu. Pour se dévouer, même à l'erreur, il faut ce qui nous manque le plus, la résolution du cœur et l'énergie des convictions. Nous allons donc voir ces hérétiques formuler leurs erreurs, agiter le public pour les faires adopter et aboutir aux plus heureux avortements.

Dans la biographie de Rohrbacher, au tome premier de cette histoire, nous avons, pour dégager la responsabilité de l'historien, parlé en détail du journal l'*Avenir*, du voyage de Rome et des *Paroles d'un croyant*. Pour ne pas tomber dans d'inutiles redites, nous prenons, à ce point, la vie, doctrinale et philosophique, de Lamennais.

Dans son livre intitulé : *Affaires de Rome*, p. 178, l'auteur de l'*Essai sur l'indifférence* avait consigné, en ces termes, son acte d'apostasie : « On sent qu'après avoir conçu tout un ensemble de choses *sous certaines notions fondamentales*, que, de bonne foi, l'on croyait universellement admises, on est averti qu'on se trompait, que les bases sur lesquelles l'esprit s'appuyait n'étaient que de fausses imaginations, qu'en un mot, on a vécu, durant de longues années, dans une involontaire et complète erreur sur des points d'une importance première ; on sent, dis-je, que cela fait profondément réfléchir. Les questions prennent *une face nouvelle*, et force est bien *de chercher ailleurs la vérité qui nous échappe*. Les controverses, si elles continuaient, ne pourraient, dès lors, être renfermées dans leurs anciennes limites : plus générales, elles s'établiraient sur des sujets différents. Je regarde donc et *je désire qu'on regarde* ce court récit comme *destiné à clore la série* de ceux que j'ai publiés depuis vingt-cinq ans. J'ai *désormais des devoirs et plus simples et plus clairs*. Le reste de ma vie sera, je l'espère, consacré à les remplir selon la mesure de mes forces ».

Avant d'écrire ces tristes lignes, Lamennais était tombé dans la grande hérésie du séparatisme ; après sa séparation de l'Eglise, il tomba, comme philosophe, dans l'impure erreur du panthéisme, et, comme publiciste, il est difficile de dire à quelle erreur politique il ne paya pas le tribut déshonoré de ses sympathies.

Sous la Restauration, la religion avait été opprimée par le gouvernement et haïe par une grande partie de la nation.

D'une part le gouvernement royal avait maintenu toutes les lois de l'Empire relatives à l'Eglise, y compris les articles organiques, décrétés en fraude du concordat de 1801, et, par conséquent, la servitude de l'Eglise était légalement la même que sous un homme qui avait excellé dans l'art d'opprimer tout ce qu'il prenait sous sa direction. Les rapports des évêques entre eux et avec le Saint-Siège étaient entravés, et tout prêtre catholique était passible d'une peine qui pouvait aller jusqu'au bannissement, s'il eût osé correspondre avec Rome. Plus de conciles provinciaux, plus de synodes diocésains, plus de tribunaux ecclésiastiques, conservateurs de la discipline ; mais le Conseil d'Etat pour unique juge de toutes les affaires contentieuses, relatives à la religion et à la conscience. L'éducation était confiée à un corps laïque, à l'exclusion du clergé ; la direction spirituelle des séminaires gênée et l'enseignement même soumis, dans ce qu'il y a de plus essentiel, aux prescriptions de l'autorité civile ; la pratique des conseils évangéliques sous une règle commune interdite par la loi, à moins d'autorisation toujours révocable et accordée presque exclusivement à quelques congrégations de femmes ; enfin tout ce qui fait la vie même de la religion, énervé ou détruit par le maintien de la législation impériale. Personne n'ignore les deux ordonnances célèbres du 16 juin 1828, qui attestent d'autant mieux la servitude de la religion que le prince qui les signa le fit à regret et poussé par la force des choses établies.

Ces ordonnances supprimaient les seuls collèges qu'une tolérance sourde avait laissés quelque temps dans les mains du clergé, et soumettaient de fait à l'autorité civile toutes les écoles ecclésiastiques ; elles limitaient le nombre des jeunes gens auxquels il serait permis de se préparer, par l'étude et la prière, au service de Dieu ; elles leur enjoignaient de porter un costume particulier dès qu'ils auraient atteint un certain âge ; elles voulaient que leurs maîtres, préalablement approuvés par le gouvernement, prêtassent serment de n'appartenir à aucune congrégation religieuse non reconnue par l'Etat.

D'une autre part, l'Eglise était haïe par une grande partie du peuple, qui, fortement attachée aux libertés promises par le roi Louis XVIII, soupçonnait le clergé d'avoir fait alliance avec un parti pour détruire cet ordre de choses. Le clergé avait vu avec une grande joie le retour de l'ancienne famille royale en 1814, et conçu de son rétablissement sur le trône des espérances pour la religion, car ses malheurs avaient commencé en France, avec ceux de la royauté, l'Eglise avait tout perdu au pied de l'échafaud de Louis XVI, et Napoléon ne lui avait donné qu'une chose qui ne lui manquera jamais, du pain, au lieu de la seule chose qui lui fût nécessaire, la liberté. Il était donc naturel que le clergé de France, voyant revenir de l'exil les princes de l'ancienne maison royale, espérât d'eux l'affranchissement de la religion. Il ne s'agissait pas de rétablir les privilèges de l'Eglise, de lui rendre les biens immenses dont la révolution l'avait dépouillée, et dont le souverain pontife, suprême dispensateur des biens de l'Eglise, avait fait le sacrifice dans le concordat de 1801. Quelques esprits purent rêver ces choses impossibles, mais le grand nombre n'y songeait pas. On sentait seulement que l'Eglise, asservie par les lois de l'Empire et par celles des lois de la République que l'Empire n'avait pas abrogées, n'était pas dans son état naturel, et l'on attendait de la Restauration la fin de cet état violent, créé par un homme qui ne voyait dans la religion qu'un moyen d'agir sur la conscience des peuples pour les plier plus facilement à son despotisme. Ces idées se montrèrent dans la Chambre de 1815, et il est remarquable que l'on considéra dès lors le budget du clergé comme un obstacle à l'affranchissement de la religion ; un député proposa de donner à cette allocation annuelle, au lieu de la forme d'un salaire, la forme durable qui convient à une indemnité stipulée dans un traité.

Mais il était déjà trop tard pour réaliser ces vues sages. A tort ou à raison, l'attachement du clergé pour la Maison de Bourbon ayant pris une apparence trop exclusivement politique aux yeux d'une partie du peuple, qui crut y voir une sorte d'alliance ou de conjuration de l'Eglise et de la royauté contre les libertés publiques, le clergé fut dès lors traité en ennemi. Il devint solidaire de tous les actes du gouvernement, et, pendant seize années, les actes du gouvernement furent l'objet d'une opposition violente, d'une haine qui alla croissant jusqu'au bout, et qui retombait sur le clergé mais plus forte encore contre lui que contre le gouvernement, parce que toutes les fois que le clergé est haï, il l'est plus qu'une institution humaine, et il y avait cela de malheureux, que cette haine même, causée par l'alliance de l'Eglise avec le pouvoir, resserrait leurs liens réciproques ; le trône et l'autel, menacés ensemble, se pressaient l'un contre l'autre, et, quoique l'autel eût de plus que le trône des promesses divines de stabilité, leurs défenseurs communs semblaient croire que leurs destinées étaient inséparables.

La foi et la piété allèrent en diminuant, la pratique des devoirs religieux devint chaque jour plus rare, parce que, dans l'état des esprits, il impliquait une sorte d'abandon de la cause nationale. A cet égard, un immense changement s'opéra, surtout dans la jeunesse, que la crainte d'un despotisme qui semblait vouloir s'appuyer sur la religion repoussa vers la philosophie du xviiie siècle. Les nombreuses réimpressions de Voltaire, Rousseau et autres, n'eurent pas d'autres causes, et en effet, depuis deux ans, ces réimpressions ont cessé. Enfin pour juger combien l'état de choses que nous venons de peindre fut funeste à la religion, il suffit de dire que le nombre de communions pascales, qui s'élevait à Paris, sous l'Empire, à quatre-vingt mille, était réduit au quart vers la fin de la Restauration. Le même fait se produisait dans toute la France, de sorte que l'on peut dire que la révolution de 1830, qui a arrêté cette décadence progressive, a été, sous ce rapport, un événement heureux.

Il n'était plus question de l'affranchissement de l'Eglise, la haine qu'une partie de la nation portait au clergé rendait impossible toute grande mesure législative à cet égard. Si, en 1814, le clergé avait pu séparer sa cause de celle des partis ; si, moins touché par des souvenirs qui, au reste, avaient ému toute la France, il n'eût pas permis de confondre ses intérêts avec ceux d'une famille, si illustre qu'elle fût, et que, se bornant à revendiquer son indépendance légitime, la nation n'eût jamais vu en lui que le représentant de Dieu et le protecteur naturel des droits de la conscience, le clergé eût acquis le respect de tous, il eût obtenu ce que la faveur d'un parti ne peut donner, la confiance universelle, et ce que la victoire d'un parti ne donne que précairement, une position forte et libre. Qu'arriva-t-il, au contraire, et que faisait le gouvernement pour la religion, en récompense de la situation terrible où on l'avait mise par amour de la Maison de Bourbon, par confiance dans sa piété, par espérance dans sa force ? Il augmenta le nombre des évêques, leur accorda souvent des faveurs particulières, les introduisit dans la Chambre des pairs ; il grossit leurs traitements et ceux des curés ; il créa des bourses pour les grands et les petits séminaires, auxquels il permit de se multiplier ; il entretint et encouragea les pompes du culte ; il favorisa les missions en leur imposant toutefois un caractère politique et dès lors dangereux pour la religion ; il toléra l'établissement de plusieurs communautés d'hommes ; en un mot, il faisait tout ce qu'un gouvernement peut faire par des actes de faveur, mais rien qui fût durable, rien qui ne fût exposé à des variations fréquentes et n'accrût encore la haine des partis, rien qui pût être détruit par un seul changement de ministère, comme l'ont prouvé les ordonnances du 16 juin 1828. Ce jour-là on vit périr l'ouvrage de quatorze ans et le clergé de France put comprendre qu'il n'avait acquis depuis Napoléon aucune liberté et qu'il n'avait de plus qu'une seule chose, la haine d'une partie de la France.

D'un autre côté, l'on voyait se préparer et

se développer peu à peu les éléments d'un schisme. Dès le commencement de la Restauration, l'autorité civile, renouvelant les décrets de Bonaparte, ordonna d'enseigner dans les séminaires les quatre articles de 1682. MM. Lainé et de Corbière, successivement ministres de l'intérieur, exigèrent des directeurs de ces établissements et des professeurs de théologie de signer la promesse d'enseigner la doctrine contenue dans la déclaration improuvée du Saint-Siège. Les partis ennemis de la religion y virent un moyen d'amener une rupture avec Rome. Dès lors tous les journaux de ces partis, le *Constitutionnel*, le *Courrier*, les *Débats*, furent chaque jour remplis d'articles où l'on pressait le gouvernement de surmonter la résistance qu'il trouvait sur ce point dans une partie du clergé, lequel, à cette époque, répugnait beaucoup moins au gallicanisme en lui-même qu'à la prétention du pouvoir de le lui imposer d'autorité. Plus tard, au commencement de 1826, un arrêt solennel de la cour royale de Paris déclara que les articles de 1682 faisaient partie des lois fondamentales du royaume. Cette doctrine faisait de tels progrès, qu'au lieu de la combattre directement, les hommes de l'Eglise, liés au pouvoir par leur position personnelle, la soutinrent sans détour et cherchèrent seulement à en retarder les conséquences. Ce fut alors que M. Frayssinous publia la seconde édition de son ouvrage : *Les vrais principes de l'Eglise de France*, dans la préface duquel, en avouant qu'on voulait se servir de ces quatre articles pour opérer un schisme, il disait qu'il n'en fallait pas moins les conserver, mais en les séparant de l'abus qu'on en voulait faire. Dans le même temps, il annonçait, comme ministre, la fondation d'une école de *hautes études ecclésiastiques* pour en perpétuer l'enseignement ; l'école destinée, disait-il, à remplacer l'ancienne Sorbonne, *ce Concile permanent des Gaules*. M. l'évêque de Chartres publia aussi une lettre circulaire pour les défendre, et ce mouvement se communiquait à tous les diocèses. En ces circonstances, on crut devoir opposer, à une impulsion qui poussait l'Eglise de France vers une ruine certaine, une résistance d'autant plus nécessaire que ses ennemis et ses amis même, chose étrange ! s'étaient unis dans une action commune. M. l'abbé de Lamennais entreprit donc de défendre les doctrines romaines ; en cela il voyait le double avantage de combattre les principes du schisme qu'on préparait, et de poser le fondement de la liberté de l'Eglise, qui a toujours eu pour appui la chaire de saint Pierre.

Quoique ces questions ne fussent traitées que sous le rapport dogmatique, le gouvernement s'effraya, et tandis que la France était inondée de livres dont l'impunité attestait la licence des opinions, on vit sur les bancs de la police correctionnelle un prêtre accusé d'avoir soutenu quelques doctrines théologiques qui avaient autrefois déplu à Louis XIV. C'es qu'entre toutes les doctrines, entre toutes les croyances, celles de l'Eglise catholique étaient les seules qu'on pût attaquer impunément, parce que chaque jour elles trouvaient moins de sympathie dans la nation ; et le gouvernement qui le savait ne se faisait pas faute d'être ingrat, quand la peur le forçait de donner des gages à ses ennemis. Même avant les ordonnances du 16 juin 1828, la peur l'y contraignit souvent, et l'on ferait une longue histoire de tous les actes de persécution qui accablèrent successivement le clergé ; à les suivre, on peut se convaincre que la religion se perdrait, si Dieu ne venait à son secours (1).

La Révolution de 1830, prévue et annoncée par ceux qui ne pouvaient croire à la stabilité d'un ordre de choses où tout était libre, excepté la religion, vint tout à coup ôter à l'Eglise de France le seul appui sur lequel on paraissait avoir compté depuis seize ans. La religion se trouva sans protecteur visible, en présence de ses ennemis victorieux et maîtres des affaires, tout nouvellement irrités par des prédicateurs politiques et par les mandements de plusieurs évêques. Dieu permit qu'elle fût épargnée dans le premier moment de la fureur populaire, mais il n'en fallait pas moins songer à ce qu'elle allait devenir et prévoir toutes les chances de sa perte pour essayer de les surmonter.

Un schisme avec Rome était impossible. Les controverses des années précédentes avaient détruit le gallicanisme dans l'esprit de la très grande majorité du clergé, et l'avaient affaibli dans l'esprit même de ceux qui conservaient encore de vieilles préventions. Toute l'Eglise de France eût repoussé avec mépris la tentative d'une Eglise nationale.

Il ne restait donc à la Révolution, pour accomplir ses vues, qu'une persécution violente ou un asservissement sourd et progressif, fondé d'une part sur la protection apparente des personnes et des choses de l'Eglise, et, d'autre part, sur l'exécution des lois hostiles de l'Empire, affermies par la restauration. Le gouvernement pouvait, dans ce système, s'emparer légalement de la hiérarchie, de l'enseignement, du culte, et réduire le clergé, trompé par la conservation des formes antérieures, à n'être plus qu'une branche de l'administration civile, jusqu'à ce que, perdant avec les années les évêques et leurs doctrines présentes, on pût tenter sur lui ce qui consomme la servitude des Eglises, le schisme formel. Bonaparte avait créé sa législation dans cette vue profonde ; mais un sentiment de l'ordre, très remarquable, ne lui permettait pas de donner sciemment à la religion des chefs indignes, et il n'eût essayé de réaliser le schisme qu'à la dernière extrémité. La maison de Bourbon avait conservé cette législation moitié par impuissance, moitié par préjugés issus de

---

(1) *Affaires de Rome*, p. 38. Mémoire de M. Lacordaire.

Louis XIV, et elle se fiait à sa piété pour en amortir les abus; mais ni la pensée de Bonaparte ni la foi des Bourbons n'animait ceux que la Révolution de 1830 venait de placer à la tête des affaires, et l'Eglise de France ne pouvait plus être préservée d'effroyables maux, qu'on employât contre elle soit la persécution, soit la légalité impériale, que par sa propre énergie soutenue de l'assistance divine.

Dans ces conjonctures, il n'y avait que deux partis à prendre : s'en tenir à l'alliance du trône et de l'autel et les impliquer dans une solidarité politique, ou les séparer, mais sans pousser la séparation au delà des limites marquées par le Concordat. L'abbé de Lamennais poussa beaucoup plus loin : il proposa la révocation du Concordat, la suppression du budget des cultes, qui n'est qu'une indemnité stipulée par les deux puissances, et préconisa même la séparation de l'Eglise et de l'Etat. Lui qui, dans l'*Essai sur l'indifférence*, avait présenté l'indifférentisme comme un système absurde dans ses principes et funestes dans ses conséquences, par une contradiction que rien n'explique, offrait, pour le salut de la société, ce qu'il avait répudié comme la ruine de l'individu. Ce qu'il avait combattu comme apologiste, comme apologiste, il le ramenait par une autre voie. Et, par ces habiletés, il s'abusait grandement. La séparation de l'Eglise et de l'Etat est incompréhensible et impossible ; si elle avait un sens admissible et une réalisation présumable, ce ne serait que le retour de la société au paganisme et l'asservissement, sinon la persécution de l'Eglise. L'erreur de Lamennais séparait les peuples du christianisme, sécularisait comme on dit, l'ordre social et politique. Par le fait, il rejetait la divinité du christianisme et comme l'essence de la religion : c'est ici que se révèle le vice de la conception théologique de Lamennais. « Dire que Jésus-Christ est le Dieu des individus et des familles, et n'est pas le Dieu des peuples et des sociétés, c'est dire qu'il n'est pas Dieu. Dire que le christianisme est la loi de l'homme individuel, et n'est pas la loi de l'homme collectif, c'est dire que le christianisme n'est pas divin. Dire que l'Eglise est le juge de la morale privée et domestique, et qu'elle n'a rien à voir à la morale publique et politique, c'est dire que l'Eglise n'est pas divine. Dire qu'il y a deux ordres de doctrine, deux ordres de morale, l'un qui relève de la religion, l'autre qui relève seulement de l'Etat, c'est enseigner le dualisme manichéen. Somme toute, le naturalisme politique n'est rien moins que l'apostasie, s'il n'est même l'athéisme (1) ».

Nous aurions à parler ici de l'*Esquisse d'une philosophie ;* nous l'avons fait longuement dans l'*Histoire générale de l'Eglise.* Nous n'y reviendrons que pour en louer le style et en réprouver les doctrines. Lamennais était certes un grand esprit, très élevé, mais trop absolu dans ses déductions et sans souci de regarder à droite ou à gauche, pour voir si sa logique ne faisait pas fausse route et n'allait pas jusqu'à l'absurde. Dans sa philosophie, où l'on admire certaines belles choses, par exemple sur le beau, sur la société première et ses lois, il chope, comme Spinoza, sur la notion élémentaire de substance et se voit condamné, par sa définition, au panthéisme. Le langage est encore chrétien, la doctrine n'est même pas philosophique. Le livre, manié et remanié depuis quinze ans, n'eut d'ailleurs aucun succès. Ce n'est pour les gens du métier qu'un livre à parcourir, plus par curiosité que dans l'intérêt des enseignements pour l'édification de l'esprit.

Le livre des *Amschaspands et Darwands* est un opuscule nébuleux sur les doctrines religieuses de la Perse. Dans ce cadre de pure fantaisie, Lamennais s'était promis de tirer, par allusions, sur l'ordre de choses incarné dans Louis-Philippe. On fit semblant de ne pas comprendre et ce fut tout. Irrité alors de ses insuccès persévérants, Lamennais sortit des nuages et, dans une courte brochure, prit le gouvernement à partie. Suivant sa vieille coutume, il se laissa aller à tous les entraînements de l'imagination et sabra, avec une acrimonie venimeuse, tout le personnel gouvernemental. Cette fois, on l'avait compris, mais au lieu de lui verser de l'eau sur la tête, on l'envoya passer un an à Sainte-Pélagie. De là, il jeta à la foule le *Livre du Peuple* et une *Voix de prison*, sorte de post-scriptum aux *Paroles d'un croyant.* Dans ces compositions de style apocalyptique, il y a encore de belles et bonnes choses, dites d'un ton suave et avec une langue merveilleuse ; mais, tout à côté, on retrouve ces fureurs exécrables qui rappellent la vision des sept cadavres buvant, dans des crânes, le sang des peuples, les pieds sur la croix. Les ouvriers de Paris firent fête à ces élucubrations ; en 1848, ils nommèrent Lamennais leur représentant à la Chambre. Lamennais n'avait jamais été un Adonis ; il n'était plus qu'un vieillard épuisé, l'ombre mélancolique d'un grand nom. Dans ce corps mourant, il y avait toujours des sentiments de haine ; Lamennais les écoula dans son journal le *Peuple constituant* et les distribua en brochures. L'une d'elles était intitulée : *Plus de Pape !* L'auteur de l'*Essai de l'indifférence* n'était plus qu'un Catilina maladif, prêchant dans les carrefours. A sa mort, il fut entouré par les partisans de la métempsycose et refusa toute réconciliation. Son cadavre fut porté au cimetière sans passer par l'Eglise et sur sa tombe il n'eut rien, pas même une croix. De Lamennais il ne reste rien qu'un grand souvenir et un peu de poussière.

Avant de mourir, Lamennais aimait à se vanter de la paix parfaite qu'il avait trouvée, soi-disant, dans l'apostasie. Un de ses neveux,

---

(1) *Œuvres du card. Pie.* t. VI, p. 434.

désirant écrire sa biographie, avait prié le Père Ventura de rendre hommage à la quiétude parfaite dans laquelle aurait vécu son oncle, séparé de l'Eglise : le Père Ventura était resté l'ami de Lamennais; il avait, en 1847, essayé de le ramener à Pie IX, sur la suggestion même du Pape ; venu en France après 1848, il avait gardé, avec Lamennais, d'amicales entrevues. Sur la réquisition du neveu, il répondit par une lettre que nous citons en grande partie :

« Je répondrais mal à la lettre si pleine de convenance que vous m'avez fait l'honneur de m'écrire à cette occasion, si je ne vous parlais avec cette franchise qui m'a valu la constante amitié de votre oncle, et si je ne vous faisais part de mes doutes, aussi sincères que sérieux, au sujet de la *paix intérieure et de la sécurité d'âme, dont*, selon vous, *jouissait M. de Lamennais*. Cette expansive communication de ma part pourra d'ailleurs vous amener à modifier vos vues *dans le travail que vous vous proposez de publier sur son compte.*

« En réponse à sa lettre du 8 novembre 1847, il me souvient de lui avoir écrit à peu près ceci :

« Je crains, très cher ami, que vous ne vous
« fassiez illusion sur l'état de votre âme. Dans
« la position que vous avez prise, il me paraît
« impossible que vous n'éprouviez pas des
« troubles intérieurs capables de vous rendre
« le plus malheureux des hommes ; et, si vous
« ne les éprouviez pas, vous seriez, à mon
« avis, le plus malheureux de tous les pé-
« cheurs. »

« A cette manifestation de ma douleur fraternelle, je ne reçus aucune réponse, ce qui, pour moi, fut une preuve que mon langage avait été compris.

« Dans une entrevue que j'eus avec lui en 1851 chez M. le baron de Vitrolles, et en présence de ce dernier, il s'exprima dans les termes du plus profond mépris contre les malheureux à qui il avait fait partager ses nouvelles *opinions touchant la foi*.

« Or, tout cela contribue peu, vous en conviendrez, à prouver *la sincérité de ses convictions, la paix intérieure et la sécurité d'âme* dont vous le supposez *avoir joui*.

« Souvenez-vous, d'ailleurs, qu'un complice de ses égarements, M. de Lamartine, l'a défini *un homme toujours en colère*. Or, un homme toujours en colère ne saurait être un homme jouissant de la paix de convictions sincères.

« Mais voici encore quelque chose de plus saillant.

« Dans une seconde rencontre ménagée entre votre oncle et moi, par M. Martin de Noirlieu, présentement curé de Saint-Louis-d'Antin, à Paris, notre ami commun, je crus devoir, par un sentiment de réserve que vous saurez aisément apprécier, m'abstenir d'aborder aucune question religieuse.

« Il se chargea de le faire lui-même, et, pendant trois quarts d'heure, je l'écoutai sans l'interrompre.

« Vous dire les extravagances, les absurdités, les niaiseries, qui sortirent de cette bouche autrefois si éloquente, c'est chose impossible. Tantôt c'était le monde arrivé à sa dernière heure ; tantôt c'était l'humanité grosse d'une religion nouvelle, dont, du reste, il avouait ne pouvoir se rendre compte. Profondément attristé de voir un esprit, naguère si grand, tomber si bas, je lui fis remarquer, du ton le plus doux et le plus compatissant, que cette prétendue grossesse de l'humanité n'est autre chose que l'hydropisie de l'orgueil, conséquence des mauvaises doctrines dont l'ont saturée les philosophes impies, et qu'une dose d'humilité évangélique ferait facilement disparaître.

« Cette remarque fut faite avec d'autant plus d'à-propos, que c'est lui-même qui, plus tard, a écrit les lignes suivantes : « Que de
« gens tourmentés, toujours en travail, tou-
« jours sur le point d'accoucher de quelque
« chose ; *ils ont la colique*, et croient être en
« peine d'enfants. »

« Il entra, toutefois, dans une sorte de fureur et éclata en de tels blasphèmes contre Dieu que j'en frissonnai de terreur.

« Nouvelle preuve pour moi qu'il n'existait en lui aucune conviction arrêtée, et que la paix, qui en est le fruit, n'y existait pas davantage. Les sentiments lamentables qu'il a manifestés à l'heure de la mort n'ont été que l'écho de ceux qui avaient déparé son génie, éclipsé sa grandeur dans les dernières années de sa vie.

« Sur l'avertissement qui me fut donné par M. de Vitrolles de la fin prochaine de M. de Lamennais, je m'empressai d'accourir auprès de lui. La porte de sa chambre me fut refusée, ainsi qu'elle l'avait été quelques jours auparavant à M. Martin de Noirlieu. On prétexta que l'intéressant malade était dans un état d'assoupissement qui ne lui permettait pas de recevoir personne, et qu'il convenait d'attendre la fin de cette situation. J'attendis en effet ce réveil pendant six bonnes heures, et dans ma conversation avec les hommes qui entouraient son lit de douleur, j'acquis la pénible conviction qu'ils n'étaient pas plus que lui, fixés sur la religion.

« M. de Lamennais ne revint jamais pour moi à un état lucide. Je fus donc contraint de me retirer, navré de n'avoir pas vu, pour une dernière fois, mon ancien ami.

« Or, de deux choses l'une : les malheureux qui ont recueilli ses derniers soupirs en ont agi ainsi avec moi, ou de leur propre mouvement, ou en vertu d'une consigne de leur infortuné maître.

« Dans le premier cas, ils auraient renouvelé l'infernale comédie qu'ont jouée les disciples de Voltaire à l'égard de ce coryphée de l'impiété, en éloignant de lui tout prêtre, de peur, selon leur propre expression, qu'il ne fît le plongeon.

« Mais, s'il en fut ainsi, il est évident que ses tristes amis ne comptaient pas beaucoup sur l'*inébranlabilité*, si je puis m'exprimer ainsi, des convictions qu'il leur avait fait partager.

« Dans le second cas, M. de Lamennais aurait prouvé qu'il haïssait le ministre sacré au point de méconnaître un ami sous sa robe.

« Si ce qu'on a dit de ses derniers moments est exact, il aurait fait éconduire de sa chambre, dans les termes les plus amers, madame votre sœur, cet ange de bonté et de dévouement que Dieu lui avait envoyé pour le ramener à lui, mais qui eut la douleur de voir ses efforts chrétiens se briser devant les efforts infernaux de gens qui, au point de vue des qualités du cœur et de l'esprit, ne valaient ni la nièce, ni même l'oncle.

« C'est, a-t-on dit, parce qu'il voulait mourir tranquille ; mais, encore une fois, sa tranquillité n'était donc pas bien imperturbable, puisqu'ils craignaient de la voir compromise par la présence d'une grande chrétienne ou d'un prêtre.

« Je le dis avec un profond chagrin : pour tout homme tant soit peu initié aux tristes mystères du cœur, une mort où l'homme s'oublie complètement lui-même, n'est, d'après saint Augustin, que la conséquence nécessaire du complet oubli ou de son apostasie de Dieu ; *ut qui vivens oblitus est Dei, moriens obliviscatur sui ;* et le calme qui, souvent, vient clore l'existence des plus grands impies, n'est qu'un calme apparent, cachant des troubles réels, qui agitent le fond de l'âme ; ce n'est que du désespoir froid et la réalisation de ce redoutable oracle des livres saints, que M. de Lamennais a mis en tête de son immortel *Essai : Impius cum in profundum venerit contemnit.*

« Son testament, où il ne s'est montré préoccupé que de l'intérêt de ses ouvrages les moins dignes d'intérêt, et où il n'est le moins du monde question ni de Dieu, ni de l'âme, ni d'une religion, n'est-il pas encore une preuve qu'il n'avait rien d'arrêté sur ces graves sujets et qu'il était tombé, à leur égard, dans l'abîme de cette indifférence qu'il avait jadis si glorieusement combattue ?

« Son testament philosophique sert à confirmer cette pénible conviction que son testament légal avait fait naître. Son livre posthume s'ouvre par cette déclaration : « Qui ne « se sent aujourd'hui troublé en soi-même ? Un « voile livide enveloppe *toutes les vérités ;* elles « nous apparaissent pendant la tempête, à « travers des vapeurs blafardes. LE CŒUR IN-« QUIET CHERCHE SA FOI, ET IL TROUVE JE NE « SAIS QUOI D'OBSCUR ET DE VACILLANT QUI « AUGMENTE SES ANXIÉTÉS, une sorte de nuage « aux contours vagues, aux formes indécises, « *qui fuit dans le vide de l'âme.* Les désirs « errent au hasard, comme l'amour ; tout est « terne, aride, sans parfum, sans vie.

« Posez la main sur la poitrine de ces « ombres qui passent, rien n'y bat. *La volonté* « *languit tristement,* faute d'un but qui l'attire. « On ne sait à quoi se prendre dans ce monde « de fantômes !

...« *Le philosophe,* en ce moment, *rêve qu'il* « *sait,* et le moment d'après *ne sait pas même* « *s'il rêve.* Dérision que tout cela, raillerie « amère. Et puis comptez les larmes, *les dou-* « *leurs, les désespoirs,* les crimes ! Voulez-vous « que je vous dise ce que c'est que le monde ? « Une ombre de ce qui n'est pas ; un son qui « ne vient de nulle part et qui n'a point « d'écho ; *un ricanement de Satan dans le vide.* « O Dieu ! il y a des temps où la pensée TUE « L'HOMME, l'un de ces temps est VENU POUR « NOUS. C'est vraiment ici l'ÈRE DE LA GRANDE « TENTATION (1). »

« Plus loin, il laisse tomber de sa plume ces désolantes paroles :

« Lorsqu'on a vu la vie, ce qui la remplit, « — *s'il y a quelque chose dans ce vide,* — avec « quel travail, avec quelles douleurs, il faut « traîner, sans relâche, à travers les rochers, « les sables arides, les marais, ce char de fer « auquel vous attèle une destinée inexorable, « ce n'est pas finir qui paraît terrible, c'est « commencer (2). »

« Cette page, dont il est impossible de contester l'authenticité, n'est évidemment que le testament du scepticisme et du désespoir, et évidemment aussi l'auteur s'y est peint exactement lui-même.

« J'ai donc toute raison de craindre que vous ne soyez bien embarrassé lorsque vous voudrez *constater* dans le travail que vous projetez la *sincérité des convictions de M. de Lamennais.*

« Il est bien difficile de prouver la sincérité des convictions d'un homme qui s'est chargé lui-même de prouver qu'il n'en avait aucune, et pour moi, je défie les personnes qui l'ont le plus intimement connu de tracer son symbole religieux et de dire, au juste, ce qu'il croyait et ce qu'il ne croyait pas. D'ailleurs, vous aurez bien de la peine à persuader aux hommes de sens qu'un prêtre qui a abjuré la foi catholique, qu'il avait si longtemps défendue avec conviction, énergie et dévouement, eût pu demeurer et mourir tranquille dans son apostasie.

« Ainsi, permettez à l'intérêt affectueux non moins que respectueux que vous m'inspirez, vous et votre si honorable famille, de vous le dire franchement : l'unique résultat de votre travail serait, selon moi, d'une part, de réjouir les incrédules et de les confirmer dans leur incrédulité ; d'autre part, de blesser au cœur les vrais chrétiens, et surtout les âmes faibles, que rien n'ébranle davantage, comme

---

(1) *Œuvres posthumes*, publiées par M. Forgues. Paris, 1856, p. 11. — Cet extrait, composé déjà en 1838, avait été publié en 1841, dit l'éditeur.
(2) *Ibid.*, p. 233.

il a été écrit, que de savoir les pécheurs calmes et heureux dans leur péché : *Mei commoti sunt pedes pacem peccatorum videns.*

« Vous ne feriez donc que prolonger ou renouveler, après la mort de M. de Lamennais, contre vos intentions, sans nul doute, le scandale qu'il a donné dans la dernière période de sa vie à sa famille, à sa patrie et à l'Eglise.

« Qu'il me soit enfin permis d'ajouter que l'honneur de la mémoire de votre oncle n'a pas besoin d'une pareille oraison funèbre. Oh! si vous pouviez prouver qu'une vie plus longue l'eût rendu à Dieu et à lui-même, en confirmant l'assertion du journal le *Siècle* au sujet de ses derniers instants : savoir, qu'en entendant prononcer le nom de Dieu, *il a pleuré!* ce serait le vrai et unique moyen de reconquérir pour sa mémoire et pour ses ouvrages orthodoxes l'estime et l'indulgence du monde chrétien. Si cela ne vous est pas possible, je crois que la meilleure manière d'honorer la mémoire de votre oncle, c'est de ne pas faire revivre de fâcheux souvenirs et de ne pas troubler le repos dont elle jouit au sein d'un heureux oubli. »

Nous ne nous séparons qu'à regret de Lamennais. Aussi bien c'est à son impulsion qu'est due cette histoire de Rohrbacher; d'ailleurs, personne n'a su depuis se faire une si grande place dans l'Eglise. Mais enfin Lamennais allait mourir. Et les catholiques, qui voulaient se souvenir quand même, priaient pour lui le Dieu de bonté. Pour lui, les prêtres au saint autel, les religieuses dans leur couvent, les enfants des écoles et jusqu'aux femmes du peuple demandaient au ciel un miracle. Une chrétienne généreuse allait se loger près de l'Eglise pour pouvoir y passer des jours entiers et obtenir la grâce du repentir au moribond. A Notre-Dame des Victoires, toutes les intentions de messes étaient engagées « pour la conversion d'un prêtre ». Dans une ville du midi, détail touchant, une confrérie d'artisans, depuis l'annonce de la maladie, faisait célébrer chaque jour une messe, aux mêmes intentions. De tous les pays catholiques de l'Europe, s'élevaient, chaque jour, mêmes vœux et mêmes prières. A Bruxelles on ne cessait de dire des messes, de faire des communions... Nous savons, nous catholiques, respecter les mourants.

Lamennais allait mourir.

Et autour de sa couche funèbre, on veillait. « Il serait affreux, disaient ses nouveaux amis que n'effrayait aucun cynisme, il serait affreux que M. de Lamennais se démentît à la mort. » Et ils se relevaient pour le mieux garder. La consigne était sévère : « Défense d'entrer dans l'appartement, par ordre exprès du médecin. » Ou bien, si on laissait pénétrer auprès du moribond, c'était à cette condition qu'on ne lui dît pas une parole. Elle lui parla cependant, cette noble chrétienne qui, agenouillée au pied du lit de Lamennais, lui demanda s'il voulait qu'on priât pour lui ? « Oui », répondit-il. Au nom de la liberté de conscience, on veillait autour de sa couche funèbre, car Lamennais allait mourir.

Et dans un de ces rêves, comme les mourants doivent en faire, il repassa sa vie entière. Comme il dut s'arrêter avec prédilection sur certaines phases de sa vie! Le succès de l'*Essai sur l'indifférence*, l'action féconde par lui exercée à la Chesnaie, les luttes si vives de l'*Avenir* et le reste! Au moment de l'apparition de son chef-d'œuvre, qui fut traduit dans toutes les langues de l'Europe, des rois se faisaient inscrire chez lui et plus d'un prince entreprit le voyage de France pour le connaître. Du haut de la chaire de Saint-Sulpice, il était proclamé le plus grand penseur qui eût paru depuis Malebranche, et lui, alors, de s'écrier : « Je me trouverais bien mieux loué par une seule conversion ! » Pour tout ornement, Léon XII n'avait, dans son appartement privé, qu'un crucifix, une image de la très sainte Vierge et le portrait de Lamennais, qu'il avait l'intention de revêtir de la pourpre.

Puis les huit années de la Chesnaie « sorte d'oasis au milieu des steppes de la Bretagne », dont il avait parlé jadis en termes si touchants. Oh! la Chesnaie et les disciples enthousiastes et si longtemps fidèles qu'il y avait attirés! Montalembert, Lacordaire, Gerbet et combien d'autres! Sortant à ce souvenir son visage amaigri ordinairement à demi recouvert de sa couverture, Lamennais dit ces mots : « Où est Lacordaire ? »

Quelle réponse on aurait pu lui faire, éloquent commentaire de ce texte biblique : « *Vir obediens loquetur victorias.* L'homme d'obéissance racontera les victoires par lui remportées. » A cette heure, en 1854, Lacordaire était à Sorèze, occupé d'éducation chrétienne ; il nous avait rendu l'Ordre de Saint-Dominique ; il avait, pendant quinze ans, remué les âmes par une apologétique adaptée aux besoins de l'époque, mais ancienne et traditionnelle dans son ensemble et dans son fonds. Guéranger était à Solesmes, restaurateur de l'ordre bénédictin, apôtre de l'unité liturgique, à l'encontre des fantaisies gallicanes et jansénistes du dernier siècle.

Rohrbacher était, à Nancy, auteur d'une histoire générale de l'Eglise qui avait au moins détrôné le gallican Fleury. Gerbet était, à Amiens, grand vicaire de Salinis ; lui-même allait devenir évêque de Perpignan et mourir bientôt sur la brèche en combattant pour l'indépendance du Saint-Siège. Combalot prêchait et missionnait par toute la France. Montalembert n'appartenait plus qu'à demi à la vie publique ; mais avant de se réfugier avec amour dans la société de ses chers moines d'autrefois, il avait rallié, discipliné, conduit la France catholique ; à sa tête, il avait brisé le joug du monopole universitaire. Ainsi tous étaient à leur poste providentiel, tous utiles et glorieux serviteurs de ce que Lamennais leur avait appris lui-même à servir. Entre eux et lui, quel abîme ! Et pourtant rien qu'une différence : ils avaient écouté l'Eglise, tandis qu'il se révoltait contre elle. Chose admirable! cet homme qui les avait fascinés jusqu'à l'idolâtrie, n'en avait entraîné aucun dans sa rébellion. Et voilà qui avait rendu leur vie féconde.

Mais, de plus, tout ce qu'il y avait de juste et de sain dans le programme de la Chesnaie, de l'*Avenir*, ces hommes l'avaient réalisé. Le gallicanisme était blessé à mort; le catholicisme s'était acclimaté sur le terrain de la liberté commune ; il y avait conquis des libertés précieuses : enseignement chrétien, conciles provinciaux, vie monastique. Grâce à leur soumission, l'œuvre de Dieu s'était faite, à peine attardée par la défection du maître ouvrier.

Et après cette réponse si réconfortante pour nous, mais qui eût apporté à son cœur un immense remords, il eût pu se rappeler certain soir de la fête de tous les saints. La pluie tombait à torrents, et le vent d'automne emportait dans ses tourbillons les feuilles jaunies des vieux chênes... Des voies aimées, se mêlant aux bruits de l'orage, criaient de la tombe : « Souvenez-vous ! » Lamennais descendit au salon de la Chesnaie où ses disciples se trouvaient réunis, et, d'une voix rythmée, il lut cet hymne adieu :

« Ils ont aussi passé sur cette terre, ils ont descendu le fleuve du temps; on entendait leurs voix sur ses bords, et puis on n'entend plus rien. Où sont-ils ? Qui nous le dira ? Heureux les morts qui meurent dans le Seigneur... » Et les strophes se suivaient, ailées, vibrantes de foi ou teintées de mélancolie, avec cette finale toujours la même, qui résonnait comme un glas des trépassés ou comme les cloches d'une œuvre de résurrection ! *Beati qui in Domino moriuntur.* Le poème se terminait par ces mots : « Et nous aussi nous irons là d'où partent ces plaintes ou ces chants de triomphe. Où serons-nous ? Qui nous le dira ? Heureux les morts qui meurent dans le Seigneur. »

Oui, trois fois heureux, ceux qui meurent dans le Seigneur !

Et Lamennais expira.

Ce qui s'était passé, au dernier moment, entre son âme et Dieu, nul ne le sait. Où est-il ? Qui nous le dira ? Mais en apprenant sa mort, les âmes chrétiennes, qui ne doivent maudire personne, répètent le cri de l'abbé Gerbet : « Seigneur, grâce et miséricorde ! » Elles peuvent redire avec Louis Veuillot : « Nous ne pouvons oublier que M. de Lamennais a rendu à la religion d'immenses services : il a eu, le premier, toutes les idées que nous défendons ; il a fait la brèche par où nous essayons de passer, et, tout en détestant ses fautes, il nous appartient bien plus de le plaindre et de prier pour lui que de l'invectiver. »

Ces lignes avaient été écrites huit ans avant la mort de Lamennais, près de dix après sa chute. Plaignons et prions encore.

Après Lamennais, il faut descendre beaucoup de degrés pour arriver à l'abbé Châtel et l'Eglise catholique française.

Il y a peu d'hommes vraiment forts. Ce qu'on appelle très justement la *masse* des hommes n'est guère qu'un amas incohérent de créatures incertaines dans leurs pensées, faibles dans leurs résolutions, misérablement égoïstes, parfois indignement lâches. En temps ordinaire, elles font assez bonne contenance ; dès que l'horizon se rembrunit, elles se rembrunissent comme l'horizon et perdent la tramontane. Mais si, de l'horizon assombri sort un orage, vous voyez aussitôt quelque étoile tomber du ciel, et, même dans le clergé, se produire des défections. Ce qu'elles valent, tout le monde le sait ; ce qu'elles peuvent produire, tout le monde le voit. C'est l'océan agité qui jette son écume sous l'impulsion de la tempête ; l'arbre qui semblait avoir provoqué les fureurs de l'atmosphère, est arraché lui-même et se noie dans cette écume dont il espérait se faire une parure. Sectaires et sectes : voilà, en deux mots, leur histoire.

La Révolution de 1830, sous le couvert du libéralisme, cachait l'impiété et par sa haine de l'Eglise mentait à toutes ses promesses. Cette haine si fâcheuse pour la France et si funeste à son gouvernement, avait, pour l'Eglise, qu'elle affligeait, son bon côté; d'une part, on prétendait sonner le glas de la vieille foi et mener bientôt les funérailles d'un grand culte ; d'autre part, en se remparant d'une impiété fanfaronne, on s'engageait tacitement à ne pas faire de nouveaux accrocs dans le symbole. Des gens qui se disaient incrédules ne pouvaient pas décemment se permettre une hérésie. Que si, parmi eux, quelque bâtard de Voltaire ou de Luther, essayait de lever l'étendard de la révolte, sa tentative ne pouvait commencer qu'en comédie et se terminer en mascarade. Ce serait un réformateur de foire, un docteur de tréteaux, l'artisan d'une religion dégénérée en farce.

Ce mauvais farceur se trouva, mais il fut seul de son espèce et bientôt seul pour former son Eglise. C'est un point curieux.

Ferdinand-François Châtel naquit à Gannat, dans l'Allier, le 9 janvier 1795, de parents peu fortunés, mais dignes d'estime. Leur fils fut destiné de bonne heure à l'état ecclésiastique ; il fit en conséquence ses humanités au petit séminaire et au lycée impérial de Clermont-Ferrand ; il se distinguait, dit-on, par des talents précoces et une certaine aptitude pour les questions philosophiques. Après avoir fait sa théologie au grand séminaire de Clermont, l'abbé Châtel fut successivement vicaire à la cathédrale de Moulins, curé à Monétay-sur-Loire, aumônier du 20ᵉ régiment de ligne, puis, en 1823, aumônier du 2ᵉ régiment des grenadiers à cheval de la garde. Aumônier de la garde, Châtel se distinguait par certaines allures équivoques de libre pensée et collaborait même au *Réformateur, journal de la religion et du siècle*, dont le titre seul indique les idées confuses. Rien cependant n'indiquait encore que Châtel pût se croire patriarche de quelque chose ni songeât à s'improviser réformateur effectif de la religion catholique. Sauf quelques critiques de détail, jusqu'à trente-cinq ans, il s'accommoda, tant bien que mal, à la religion de ses pères et de sa patrie.

En 1830, l'aumônerie de l'armée fut supprimée. Châtel, désormais sans fonction, enivré et aveuglé par le mouvement des idées et l'exaltation des esprits, crut le moment venu de fonder un culte approprié aux théories libérales et à la monarchie parlementaire. Louis-Philippe, prince de la branche cadette, s'était bien mis à la place des Bourbons de la branche aînée; pourquoi Châtel, né à Gannat, dans l'Allier, ne se serait-il pas mis à la place de saint Pierre, qui, après tout, n'était qu'un petit pêcheur de Bethsaïde. Pierre, il est vrai, avait reçu de Jésus-Christ une mission d'apôtre et une prérogative de monarque; à défaut de prérogative et de mission, Ferdinand-François pouvait toujours essayer de s'en donner une, et quant à s'adjuger des titres, il était vraiment trop facile de n'y pas manquer.

Voltaire, dans son *Dictionnaire philosophique*, a dit : « Après notre sainte religion, qui, sans doute, est la bonne, quelle serait la moins mauvaise? Ne serait-ce pas la plus simple? ne serait-ce pas celle qui enseignerait beaucoup de morale et très peu de dogmes? celle qui tendrait à rendre les hommes justes sans les rendre absurdes? celle qui n'ordonnerait pas de croire des choses impossibles, contradictoires, injurieuses à la divinité et pernicieuses au genre humain, et qui n'oserait point menacer des peines éternelles quiconque aurait le sens commun? Ne serait-ce point celle qui ne soutiendrait pas sa créance par les bourreaux et qui n'inonderait pas la terre de sang pour des sophismes inintelligibles? Celle dans laquelle une équivoque, un jeu de mots et deux ou trois chartes supposées ne feraient pas un souverain et un dieu d'un prêtre souvent incestueux, homicide et empoisonne celle qui ne soumettrait pas les rois à ce prêtre? Celle enfin qui n'enseignerait que l'adoration d'un Dieu, la justice, la tolérance et l'humanité? »

Au milieu de l'agitation des partis, un instinct de *religiosité* dominait le sentiment hostile que le peuple de Paris portait au clergé. Châtel crut l'occasion favorable pour annoncer des projets de réforme, et, pour assurer le succès de la parole nouvelle, il ne crut rien de meilleur, lui, prêtre, que de réaliser le programme de Voltaire. Voltaire fondant une religion, c'est assez original; mais un prêtre s'inspirant de Voltaire pour cette entreprise, c'est plus original encore, mais d'une originalité qui n'accuse pas un haut degré d'intelligence. Enfin Châtel crut la chose possible : il avait assez bien pris sa mesure et donné la mesure de son temps.

L'œuvre commença modestement. Châtel appela les hommes qu'éloignait du temple chrétien le rigorisme catholique; il en réunit quelques-uns dans ses appartements, rue des Sept-Voies, n° 18, et leur prêcha l'Évangile débarrassé de jeûnes, d'abstinences et de mortifications. Au mois de janvier 1831, le nombre des prosélytes du gras en carême et du gigot le vendredi s'étant accru, le siège de l'Église naissante fut transféré rue de la Sourdière, lieu bien choisi pour une révélation si commode. Au mois de juin suivant, la côtelette et le gigot poursuivant leurs exploits et produisant des conversions de salle à manger, Châtel vint s'établir rue de Cléri, salle Lebrun, qu'il quittait au mois de novembre suivant, pour un local plus spacieux, rue du Faubourg Saint-Martin, n° 59. Décidément il fallait officier sur une table à rallonges. C'est sur ce Calvaire de la gargotte que Châtel établit le siège primatial de l'Église catholique française.

Bientôt Châtel vit venir à lui quelques mauvais prêtres. L'Apocalypse parle d'un ange qui, dans sa chute, entraîna, avec sa queue, un certain nombre d'étoiles : c'est le symbole des conquêtes qu'opèrent dans le clergé les chefs de secte. Les hommes à esprit faible, à cœur plus faible encore, faibles contre eux-mêmes sont volontiers forts contre l'autorité des évêques légitimes; ils se révoltent aussi facilement contre le pouvoir ecclésiastique qu'ils se soumettent facilement à leurs propres passions. Dans les temps calmes, ces mauvais prêtres rongent en rugissant le frein de ce qu'ils appellent l'esclavage; dans les temps troublés, dès que paraît un étendard séditieux, ils le suivent. Le plus curieux de l'emblème de l'Apocalypse, c'est qu'une queue les entraîne, sans doute parce qu'ils s'y attachent par la bouche. Ces deux emblèmes parlent sans commentaire.

Lorsque Châtel eut donc recruté quelques prêtres, il fut élu par eux, suivant les bons usages, *évêque primat*. Pour son fourniment, il avait simplement adopté le costume des évêques catholiques; il n'y avait ajouté que les favoris descendant au bas de l'oreille et les bottes : moyen particulier de marcher avec son siècle et de relever le prestige de la mitre avec un peu de poil.

Outre le primat, la hiérarchie de l'Église française, — car l'usage supprima bientôt le mot catholique, — se devait composer : 1° d'évêques coadjuteurs du primat; 2° de vicaires primatiaux; 3° de vicaires généraux; 4° de chefs d'églises ou curés; 5° de prêtres; 6° de diacres; 7° de sous-diacres; 8° de minorés; 9° de tonsurés. Le primat, les évêques et les curés devaient être élus par le clergé et les fidèles; pour la première fois, ils s'élurent eux-mêmes et firent simplement ratifier leur promotion. Le primat et les évêques recevaient la consécration des prêtres de l'Église primatiale ou épiscopale qui leur imposaient les mains, en attendant qu'ils leur imposassent le pied quelque part.

La réforme prit de faibles développements; cependant quelques succursales furent fondées, au fur et à mesure que quelque mauvais prêtre se révoltait contre son évêque. A l'Église primatiale du faubourg Saint-Martin, Châtel avait, pour vicaire, Normant, pour prêtre, Robert, pour lévite, Bonnet. Outre le service de son église primatiale, Châtel se bifurquait ; il avait une autre église à Boulogne-sur-Seine et commençait à en bâtir une troisième dans le quartier Saint-Jacques : *In omnem terram exivit sonus eorum.*

A Nantes (Loire-Inférieure), Lerousseau, vicaire général ; Sandron, prêtre.

A Lannecorbin (Hautes-Pyrénées), Trescases, vicaire général ; Rousselin, prêtre.

A Roches-sur-Rognon et Bettaincourt (Haute-Marne), Marche, vicaire général : celui-ci était, de plus, médecin par la méthode Raspail et assez fort en herboristerie : il chantait les psaumes en français donnait ses consultations en latin ; il donnait des eulogies et des purges ; il allait jusqu'aux clystères. Le plus clair de son ministère, c'étaient les bousculades qu'on se donnait à son prêche et les assaisonnements de coups de poings qui marquaient la fraternité. Devenu vieux, il vint à résipiscence. Un cierge à la main, vêtu du surplis et de la soutane, il s'agenouilla aux pieds de son évêque, dans l'église qu'il avait désertée autrefois, demandant pardon à Dieu et aux hommes des imbéciles scandales de sa défection.

A Pouillé (Vendée), Guicheteau, vicaire général.

A Villefavard et Lastoure (Haute-Vienne), Papon, vicaire général.

Les églises de Saint-Prix et Ermont, près de Montmorency, Clichy-la-Garenne, près Paris, Châtenay, près Sceaux, Senneville, près Mantes, Agy, près Bayeux et la Chapelle Saint-Sépulcre dans le Loiret, églises fondées par Châtel, abandonnées de leurs directeurs, manquèrent à la soi-disant réforme.

La primatie catholique française, dans ses beaux jours de ferveur, compta jusqu'à douze villages. C'était beaucoup pour la France, mais peu pour une catholicité.

Le symbole de la réforme prêchée par Châtel se résume en ces mots :

1° Je crois en un seul Dieu tout-puissant, esprit éternel, indépendant, immuable et infini, qui a fait toutes choses et qui les gouverne toutes.

2° Je crois que Dieu est infiniment bon et infiniment juste, que par conséquent il récompense la vertu et punit le crime.

3° Je crois qu'il récompense éternellement, mais je ne crois pas qu'il punisse de même, attendu que Dieu me rende éternellement heureux, puisqu'il est souverainement bon, tandis qu'il se refuse à croire qu'il doive me punir éternellement, puisqu'il n'est pas souverainement méchant, ce que supposeraient des supplices sans fin.

4° Je crois que l'homme est fait à l'image de Dieu et qu'il est doué d'une émanation de l'essence divine : cette émanation est son âme immortelle qui rentrera dans le sein de l'Eternel, selon la volonté de ce Dieu tout puissant, et lorsqu'elle en sera digne.

5° Je crois que Dieu nous a donné la force de faire le bien ; que quand nous faisons le mal, cela ne vient ni du fait ni de la permission de Dieu, mais bien de notre propre volonté et de l'abus que nous faisons de notre libre arbitre.

6° Je crois qu'il n'y a de religion vraie, bonne, utile, digne de Dieu et inspirée par lui, que celle qui est gravée dans le cœur de tous les hommes, c'est-à-dire la religion naturelle dont Jésus-Christ a si admirablement développé les principes, les dogmes et la morale dans l'Evangile.

7° Je crois que la morale de Jésus-Christ est si sage, que sa vie a été si pure et son zèle si ardent pour le bonheur des hommes que ce grand personnage doit être regardé comme un modèle de vertu et honoré comme un homme prodigieux.

8° Je crois qu'on peut faire son salut dans toutes les religions et y plaire à Dieu, pourvu qu'on soit de bonne foi dans sa croyance.

9° Je crois que tout le fond de la morale et de la religion consiste dans ces deux préceptes du Christ : *Faites aux autres ce que vous voudriez qu'ils vous fissent à vous-mêmes. Rendez à César ce qui est à César, et à Dieu ce qui est à Dieu.*

10° Je crois que les fautes ne peuvent être expiées que par de bonnes œuvres, qu'on ne peut les racheter ni par les macérations du corps qui sont des folies, ni par les abstinences de certains mets qui sont contraires à l'esprit comme à la lettre de l'Evangile, et que le mal qu'on a fait ne peut être effacé que par une réparation convenable.

11° Je crois que la confession auriculaire n'est pas de précepte divin ; que, par conséquent, elle n'est pas obligatoire, et qu'elle ne peut être agréable à Dieu que lorsqu'elle est faite librement et de confiance à un prêtre qu'on consulte comme un ami et comme un médecin spirituel.

12° Je crois enfin que la prière peut nous donner des inspirations divines, ouvrir notre intelligence, fortifier notre courage, et que nous devons offrir nos vœux et nos adorations au grand Dieu vivant, éternel, immuable surtout dans la réunion de ses enfants, dirigés par les commandements et les règlements de l'Eglise, lesquels sont établis pour la régularité et la pureté des mœurs.

Voici comment la biographie républicaine de Saint-Edme et Sarrut, d'ailleurs favorable à Châtel, fait ressortir l'antagonisme de son *Credo*, avec le *Credo* de l'Eglise Romaine :

La loi naturelle, toute la loi naturelle, rien que la loi naturelle, tel est le résumé des doctrines catholiques françaises.

La révélation, toute la révélation, rien que la

révélation, tels sont la loi et les prophètes de l'Eglise latine.

La réforme catholique française croit à l'unité de Dieu dans toute la force et l'acception du mot.

L'Eglise latine croit à un Dieu en trois personnes.

L'Eglise française cependant ne rejette point la Trinité platonicienne, c'est-à-dire la trinité d'attributs.

L'Eglise romaine repousse une telle Trinité, pour admettre un Dieu triple en personnes.

L'Eglise française honore Jésus-Christ, comme un *homme prodigieux*, comme verbe de Dieu, comme fils de Dieu d'une manière plus excellente que nous, à raison de sa sublimité, de sa doctrine et de sa morale ; elle ne le reconnaît point comme Dieu.

L'Eglise romaine fait Jésus-Christ une seconde personne divine.

L'Eglise française croit à une détérioration de l'espèce humaine, et, selon elle, c'est là le véritable péché originel ; péché dont les résultats funestes ont été l'ignorance, la superstition et les épaisses ténèbres dans lesquelles a été enseveli trop longtemps le genre humain. Jésus-Christ a été notre rédempteur, parce qu'il a soulevé le voile qui nous cachait la vérité, et non sous ce rapport qu'il nous a rachetés des peines d'un enfer éternel.

L'Eglise romaine veut que la rédemption *de Christ* soit un mystère inextricable qui nous a rachetés de peines éternelles.

Les sacrements pour l'Eglise française sont des signes ou symboles.

L'Eglise romaine en fait autant de mystères, dont il n'est permis à personne de pénétrer le sens.

La pénitence pour l'Eglise française consiste dans la multiplicité des bonnes œuvres et dans la répression des passions.

L'Eglise romaine la place avant tout dans les jeûnes, les abstinences et les macérations du corps.

L'Eglise française ne croyant pas à la présence réelle, l'Eucharistie pour elle est simplement la commémoration de la Cène que fit Jésus-Christ avec ses apôtres.

Pour l'Eglise romaine, c'est le corps, le sang, l'âme et la divinité de Jésus-Christ sous les espèces du pain et du vin.

L'Eglise française nie l'infaillibilité du Pape ; elle ne reconnaît d'infaillible que Dieu.

L'Eglise romaine regarde les décisions du Pape comme venant immédiatement de Dieu, et par conséquent comme irréfragables.

Le droit divin pour l'Eglise romaine, c'est le droit des rois et des prêtres.

Pour l'Eglise française c'est le droit des peuples, selon cette maxime : *La voix du peuple c'est la voix de Dieu.*

Là ne se borne pas la dissidence de l'Eglise française avec l'Eglise romaine ; elle porte encore sur divers point de discipline.

L'Eglise romaine parle aux peuples un langage que tous ne comprennent pas.

L'Eglise française célèbre en langue *vulgaire*, conformément aux règlements de saint Paul.

L'Eglise romaine prescrit comme pénitence le maigre et l'abstinence.

L'Eglise française les supprime d'après ces paroles de saint Paul : *Ne faites point de différence entre nourriture et nourriture... Mangez de tout ce qui se vend à la boucherie ; ce n'est point ce qui entre dans le corps qui souille l'âme, etc.*

Les dispenses de temps et de parenté pour les mariages sont abolies. Pour se marier à l'Eglise française, il suffit de présenter le certificat constatant le mariage civil.

L'Eglise française, ne se reconnaissant pas le droit d'excommunier, donne la sépulture ecclésiastique à tous ceux dont les dépouilles mortelles lui sont présentées.

L'Eglise romaine défend le mariage à ses prêtres.

L'Eglise française leur permet de se marier comme aux siècles de la primitive église.

L'abbé de Lamennais examina, dans l'*Avenir*, la *profession de foi* du pauvre Châtel et n'y découvrit guère que le pur anglicanisme. Châtel allait plus loin, car il déclarait :

1° Que la raison de chacun doit être la raison fondamentale de ses croyances ;

2° Qu'on doit suivre sa propre conviction, lors même qu'elle se trouve en opposition avec les croyances générales ; si l'on se trompe en agissant de la sorte, la faute n'est que matérielle.

Ces déclarations posées, Châtel s'élevait contre l'Eglise romaine : « Les opinions des hommes étant toujours variables et incertaines, dit-il, nous croyons qu'aucune société sur la terre n'a le droit d'imposer ses doctrines comme infaillibles et que c'est insulter Dieu que de prétendre à l'infaillibilité. Nous estimons donc que le même orgueil qui porta les mauvais anges à s'assimiler au Très-Haut, a pu seul inspirer dans l'Eglise romaine la croyance impie de l'infaillibilité du Pape, ou même des évêques assemblés en concile général. » « D'où il suit, concluait Lamennais, qu'à moins d'être impie, on doit tenir que le christianisme tout entier est une doctrine *variable* et *incertaine*, car, si elle n'était pas incertaine, il faudrait bien que sa vérité fût infailliblement connue. Toute foi quelconque est donc impossible dans l'Eglise catholique française. » Mais parce que, sans la foi, il est impossible de plaire à Dieu, impossible d'avoir une religion et de professer un culte, Châtel posait une règle de foi :

« Nous admettons, disait-il, comme inspirés de Dieu, les livres canoniques de l'ancien et du nouveau Testament adoptés par l'Eglise primitive.

« L'Evangile étant la vertu de Dieu pour sauver ceux qui croient, nous le prenons pour notre *unique* règle de foi ; et afin que l'indication du code sacré n'exprime pas, d'une manière trop vague, notre croyance, nous déclarons reconnaître les symboles des apôtres, de Nicée et de saint Athanase, comme l'expression de la doctrine évangélique. »

On eut pu lui demander : 1° Quels sont ces livres canoniques que vous admettez, car, sur ce point, nul accord parmi les protestants ; 2° pourquoi, reconnaissant dans les livres de l'ancien Testament la parole inspirée de Dieu, vous prenez néanmoins l'Evangile *seul* pour règle de foi ; 3° comment, s'il n'existe point d'autorité infaillible, êtes-vous certain que les livres de l'ancien et du nouveau Testament ont été inspirés de Dieu.

Tout cela peut se traduire en ces termes : Nous sommes d'*opinion* que tous les livres canoniques ayant été, suivant l'*opinion* de la primitive église, inspirés de Dieu, une *partie* des livres canoniques est une bonne règle d'opinion.

Châtel admettait de nous les sacrements, mais il avait d'admirables tempéraments. Ainsi il affranchissait les adultes de l'*insupportable fardeau* de la confession auriculaire et ne la conseillait qu'aux enfants. Ainsi, comme sa commisération était inépuisable, il supprimait l'abstinence et s'en rapportait, pour le jeûne, à la piété des fidèles. Ainsi, pour soulager ses prêtres, il leur permettait, comme fils d'Adam, d'avoir une Eve et croître, multiplier. Sur ce point, comme sur tous les autres, Châtel est précieux à entendre :

« Le célibat des prêtres, dit-il, est opposé à l'esprit comme à la lettre de l'Evangile... C'est un état contre-nature et anti-social, que repoussent également et la religion et la civilisation. Tant que les prêtres ne seront pas mariés, la religion prêchée par eux sera un ferment de discorde, un sujet de perturbation sociale.

« Bien que le célibat soit anti-religieux, comme il ne nous appartient pas de mettre les hommes d'accord avec eux-mêmes, et que la plupart de ceux qui déclament contre le célibat seraient les premiers à se scandaliser en voyant des prêtres mariés remplir les fonctions du ministère, un ecclésiastique engagé dans les liens du mariage n'exercerait, au nom de la société, que d'après la demande de la commune. »

Ceci est curieux à plus d'un égard. Châtel ignorait, cela ne nous étonne point, que dans l'état actuel de la société en Europe, sur cent individus parvenus à l'âge de vingt ans et au-dessus, il y a forcément trente ou quarante célibataires. Si, avant de fabriquer un symbole d'aventure et créer une secte d'occasion, il fallait s'enquérir des lois naturelles qui régissent l'humanité, où en seraient les réformateurs ? Ce serait à décourager l'esprit d'initiative. Mais, et ce trait est très remarquable, c'est qu'on est obligé de conclure, des paroles mêmes de Châtel, que son église aura des prêtres célibataires, c'est-à-dire des prêtres qui, selon sa profession de foi, vivront dans *un état contre-nature et anti-social que repoussent également la religion et la civilisation*, et même, car elle tient article pour tous les goûts, elle s'engage à en fournir aux communes qui en désireraient ; bien que la religion prêchée par eux ne puisse être qu'*un ferment de discorde, un germe de perturbation sociale*. Au moins, les communes étaient averties ; et si les prêtres célibataires ou anti-religieux portaient chez elles la discorde et la perturbation, elles l'eussent bien voulu ; l'Eglise catholique française ne leur promettait que de mauvais sujets ; en tenant parole, et on pouvait y compter, il n'y avait pas le moindre reproche à lui adresser.

Châtel s'était établi pontife de son Eglise et avait multiplié les titres de sa hiérarchie cléricale. On se demande pour quoi faire. D'abord ces messieurs devaient croire et penser tout ce qui leur plairait, ce qui est toujours agréable. Ensuite, les plus éclairés devaient diriger les autres, supposé que ceux-ci reconnussent les lumières supérieures des évêques, qui, quoique faillibles, n'étaient pas moins chefs de l'Eglise, et voulussent se laisser diriger par eux ; car, s'ils venaient, de fait, à faillir, ce dont chacun était juge, où était la raison de leur obéir ?

Toutefois, disait encore Châtel, « chaque évêque a le droit de faire, pour son diocèse, des règles de discipline. Mais l'obéissance aux lois étant le premier et le plus sacré des devoirs, un prêtre ne doit jamais obéir aux règles de la discipline ecclésiastique qui sont en opposition avec les lois de son pays ». Par conséquent, toute la discipline devait dépendre de la puissance séculière, c'est-à-dire qu'en dernière analyse, elle serait le chef suprême de l'Eglise française. L'esclavage civil est le terme fatal où viennent aboutir tous les schismes.

La profession de foi de Châtel était précédée de quelques réflexions écrites en style de cabaret, sur l'esprit de l'Eglise romaine et l'éducation anti-nationale des séminaires. Si l'on eut dû juger de l'éducation des séminaires par celle que Châtel y avait prise, il y avait, en effet, grande raison de s'en plaindre. Châtel avait pourtant bien vu certaines choses, par exemple, la ruine du gallicanisme : « Si vous êtes prêtre, dit-il, gardez-vous bien d'être gallican ; car, aux yeux de la plupart des évêques jésuites de nos jours, le gallicanisme est le symbole de l'impiété. Au séminaire, si vous êtes de l'opinion de Bossuet, vous serez suspect à vos supérieurs et fort mal noté par eux ». Mais bientôt Châtel se laisse emporter aux injures de club et aux accusations atroces : « Voyez, s'écrie-t-il, cette admirable population de Paris ; elle rend justice aux ennemis de nos libertés ; aussi la craignent-ils à juste titre, et ne se montrent-ils au grand jour que sous des habits empruntés. Mais l'expérience ne sert de rien aux hommes abrutis par le fanatisme d'une crasse ignorance ; le gouvernement français s'abuse donc s'il croit que les chefs actuels du clergé s'attacheront jamais franchement aux nouvelles institutions. Nous ne venons pas ici conseiller la persécution ; à Dieu ne plaise ! mais ce n'est pas conseiller la persécution que d'indiquer aux hommes d'État des mesures fortes, énergiques et légales tout à la fois, pour étouffer une vaste conspiration dont les auteurs ne rêvent rien moins que le renversement de nos lois nouvelles pour y substituer les vieilleries du Moyen Age... Ainsi, si le gouvernement ne licencie pas tous les petits séminaires ; s'il n'oblige pas les familles, dont quelques enfants se destineraient au sacerdoce, à faire élever ces enfants contre le reste des citoyens, qu'il s'attende à voir dans le clergé un éternel perturbateur du repos public. — Quant aux grands séminaires, nous ne pensons pas non plus qu'on doive les conserver tels qu'ils sont ; ceux qui les dirigent étant ennemis de nos mœurs et de nos institutions, doivent y être remplacés par des prêtres aussi de leur pays, tolérants, en un mot imbus de vrais principes évangéliques et non point fanatisés... Tremblez, ministres du roi citoyen, Rome va lancer ses foudres, ou plutôt réveillez-vous, sortez de votre sommeil léthargique, sauvez la patrie, la religion et les prêtres eux-mêmes, en les forçant, par des mesures fortes, mais légales, à devenir raisonnables, et à rendre ainsi la religion aimable aux peuples qu'ils sont chargés de diriger dans la voie du salut. »

Tel était le libéralisme de Châtel. Hier, prêtre catholique ; aujourd'hui, défectionnaire et accusateur de ses frères. En présence des prodiges opérés par tous les clergés du monde, il vilipendait en France le clergé de France. Non seulement il le vilipendait bassement, il demandait qu'on le mît au ban de la société ; il n'y avait pas, pour les prêtres, assez de mesures oppressives, il en demandait de plus rigoureuses. Ce crieur de liberté voulait des chaînes. Pensées criminelles et surtout lâches. Nous ne ferons cependant pas à Châtel l'honneur de le comparer à Luther. Qu'est-ce que ce pygmée du schisme près du gigantesque sectaire qui ébranla si profondément l'Europe au XVIe siècle ? « Quand le lion, sur le soir, sort de son antre, disait encore Lamennais, quand il rugit et déchire sa proie, il y a des animaux lâches qui le suivent de loin pour lécher à terre les gouttes de sang tombées çà et là sur ses traces (1). »

Dans cette débauche de prospectus, il y avait deux points pour attirer les innocents : Les offices étaient dits en français et les fidèles n'avaient point de casuel à payer. Les chaises étaient gratuites. Châtel baptisait pour rien, mariait pour rien, enterrait pour rien. L'idée d'entendre le *Dixit* chanté en français attira quelques flâneurs dans la souricière de la rue de la Sourdière et dans le petit logement des Sept-Voies douloureuses ; à peu près comme on va voir le phoque parlant et le veau à trois pattes ou à deux têtes. Mais après avoir psalmodié : « Le Seigneur a dit à mon Seigneur », au lieu d'ajouter : « Asseyez-vous à ma droite », on passait tout simplement le plat, ou on appelait à la sacristie pour prendre des actions, et, à la sortie, vous trouviez, sur une chaise, la tirelire. « Un petit sou, s'il vous plaît ! » paraissait crier ce petit récipient de sapin noirci. Au fait, il faut vivre ; et fût-on Châtel, réformateur, primat, archi-primat, du moment que vous avez compte ouvert chez le boulanger, chez le boucher, chez l'épicier, le fruitier, le cordonnier, le tailleur, il faut payer vos dettes en espèces sonnantes ou faire un trou dans la lune, à moins que vous n'échangiez la messe contre un pain de trois livres, les vêpres contre un jambon, et un mariage contre une paire de souliers. Ces églises économiques sont de purs mensonges, surtout sous le rapport de l'économie. Ça coûte encore plus cher que l'ancienne et ça ne vaut pas le diable.

Ces pratiques sordides et cette doctrine de bric-à-brac voltairien se compliquèrent d'un incident qui fit rire, comme on sait rire en France. Châtel, au début de sa réforme, était tout simplement un aumônier militaire, et encore un aumônier hors de service, mis à pied, *dégommé*. Pour lustrer en primat un si pauvre personnage, il y avait pas mal de vernis à mettre et de trompe-l'œil à ajuster. Châtel n'ignorait pas lui-même que, pour devenir un simple évêque, il y a certaines conditions de choix, d'ordination, de juridiction qu'on ne peut sérieusement escamoter. Luther, en son bon temps, s'était vanté d'avoir fait un évêque, sans ciseaux ni graisse. On sait ce que sont devenus ces fameux évêques de fabrique luthérienne ; un peu d'huile n'y aurait rien gâté et aurait pu, tant soit peu, conserver la marchandise épiscopale du luthéranisme. Châtel, en homme qui sait vivre, voulut bien faire les choses. Un matin, il va frapper à la porte de l'abbé Grégoire, ancien évêque constitutionnel de Loir-et-Cher, un des tam-tam de la Convention. Grégoire devina à quelle espèce d'homme il avait affaire ; quoique retiré du monde, il le flaira tel qu'il en pousse sur le fumier révolutionnaire ; il fut poli, mais regretta de ne pouvoir remplir les désirs de M. Châtel, élu primat des Gaules.

L'abbé Châtel voulait se faire sacrer évêque par l'abbé Grégoire. Éconduit, il se consola en pensant que les évêques schismatiques de la Convention n'étaient pas en odeur de sainteté et que l'épiscopat décerné par de telles mains pourrait être plus compromis que recommandé. En conséquence, il se rattrapa sur l'abbé de Pradt, ex-archevêque de Malines. L'abbé de Pradt, créature de Napoléon, dont il avait été l'admirateur forcené et l'ardent détracteur, était un publiciste au courant des affaires ; il était finot, même quelque peu far-

---

(1) LAMENNAIS, *Œuvres complètes*, t. VII, p. 296.

ceur. Au seul nom de Châtel, il se fâcha, et lorsqu'on lui demanda l'épiscopat, il se contenta de faire reconduire M. Châtel par son domestique.

Ces deux essais malheureux auraient pu décourager une âme faible, Châtel ne se tint pas pour battu ; il alla trouver un abbé Poulard, ancien évêque constitutionnel de Saône-et-Loire. Heureusement Poulard n'avait pas fait un pas depuis 93 ; il était resté sous le Directoire, sous l'Empire, sous les deux Restaurations, évêque schismatique. La comédie fut cependant longue à jouer avec ce vieillard. Ordonner des prêtres, Poulard y consentait, mais un évêque, il s'en défendait. Après de longs colloques, il fut convenu que Châtel serait ordonné évêque, que deux autres seraient ordonnés prêtres, que la réforme prendrait une grande extension ; et surtout, comme dernière condition, que la réforme, avant le sacre, assurerait une pension à l'abbé Poulard. Car le vieillard ne se dissimulait pas que le ministère des cultes, qui lui faisait une pension, pouvait bien voir, d'un mauvais œil, sa participation à la résurrection de l'ancien schisme.

Les deux prêtres furent ordonnés. Châtel se présenta une dizaine de fois pour être sacré, mais toujours il arrivait sans façon, les mains vides. Et le titre de rente ! disait Poulard, car la rente a été convenue ; l'ancien constitutionnel ne voulait pas perdre celle que lui faisait le gouvernement ; toujours il renvoyait Châtel, avec cette raison qu'il pouvait continuer ses offices comme auparavant, rue de la Sourdière.

Il y eut une scène violente. Châtel n'ayant pas d'argent en vue, cassa les vitres, j'entends les vitres de la raison. Lui et Auzou, son compère, allèrent un soir chez le vieillard et lui firent une scène de religion, telle qu'on n'en a jamais vu de pareille aux halles. Ils traitèrent le vieil évêque d'avaricieux, de grippe-sou, lui reprochèrent de tenir plus à un mauvais titre de rente qu'à la réforme. Après cette scène, qui effraya l'abbé Poulard, Châtel, croyant avoir triomphé par des éclats de voix, eut recours aux moyens violents. « Vous allez procéder au sacre », dit-il d'un ton de commandement. Mais Poulard, qui avait passé par les scènes de la Convention, se voyant traité de la sorte, retrouva un éclair de jeunesse : « Sortez, dit-il aux deux associés, sortez, vous m'avez trompé ; je vois clairement à quels hommes indignes j'avais affaire. Vous, dit-il à Auzou, vous êtes indigne de l'ordination que je vous ai donnée trop facilement ; mais c'est une leçon pour moi... ne revenez plus. »

Châtel commençait à douter de son épiscopat. Il lui fallut même subir d'autres humiliations dans de certaines quêtes qu'il faisait pour le triomphe de la réforme religieuse. Sans doute, des curieux iront rue de la Sourdière, pour voir une église pot-au-feu, mais de là à l'entretenir, à faire bouillir le pot, il y a loin.

Depuis son arrivée à Paris, Châtel s'était fait recevoir franc-maçon ; il se raccrocha à cette société, où au moins la perspective d'obtenir enfin sa primatie lui vint par la filière de cette association gastrosophique.

Au n° 45 de la rue de Grenelle-Saint-Honoré, il y a une maison sans apparence, reconnaissable à un long corridor, c'est la *Redoute*. Les dimanches, lundis et jeudis soir, on y dansait ; les autres jours, la salle était louée à des concerts d'amateurs, plus particulièrement à des réunions de franc-maçonnerie. La salle était occupée également par la société des Templiers, compagnie mystérieuse, plus délaissée, s'il est possible, que la Franc-Maçonnerie ; malgré tout, pleine d'orgueil, comme les reines sans couronne, et qui vivait en hostilité avec le Grand-Orient.

Châtel laissant de côté les querelles des Francs-Maçons et des Templiers, se souciant aussi peu du Grand-Orient que de la Loge Saint-Jean, fit des ouvertures au grand-maître du Temple. Ces deux hommes se rencontrèrent.

Le grand-maître, F. de Spelette, cherchait depuis longtemps un homme à qui conférer l'épiscopat ; personne ne voulait le recevoir. Châtel cherchait à recevoir l'épiscopat, personne ne voulait le lui donner. Le chercheur d'épiscopat et le donneur d'épiscopat s'accordèrent du premier coup. Le grand-maître surtout était en liesse énorme ; et son raisonnement, il faut en convenir, n'était pas trop mal imaginé. « Du jour, se disait-il, où j'aurai sacré un évêque, cela prouvera ma puissance, je serai pape. » Depuis longtemps il avait offert l'épiscopat à quelques-uns de ses chevaliers, mais ceux-ci, rien qu'à regarder l'affreuse salle de *la Redoute*, rien qu'à penser à leur travail du lendemain, rien qu'à se donner la main sans gants, rien qu'à retrouver le soir leur femme endormie, se disaient avec un fond de bon sens : « Je ne suis pas fait pour être évêque ; je veux bien de temps en temps parler au Temple, aller faire un *extra* avec les chevaliers ; mais mon porteur d'eau, le voisin et ma portière riraient trop s'ils me savaient évêque. »

Donc, Châtel était le Messie si longtemps attendu qui allait servir l'ambition du grand-maître, M. F... Ce dernier était d'une rare générosité ; on lui demandait un sou, il vous donnait un louis. M. Châtel voulait un épiscopat, il fut nommé *primat des Gaules*.

— Vous signerez de votre sang, dit le grand-maître, que vous croirez et professerez toute votre vie la doctrine templière et que vous vous soumettrez aveuglément à tous les statuts lévitiques et militaires de notre Église et de notre Ordre.

— Je le signerai, répondit l'aspirant évêque.

— Vous adopterez dans votre culte le costume et les cérémonies de l'Église Joannite ?

— Je les adopterai.

— Toutes vos églises seront gouvernées par notre administration et il vous est interdit de toucher l'argent.

L'abbé Châtel adopta tout sans marchander, même la question d'argent ne lui fit pas faire de grimaces.

— Cependant, dit-il au grand-maître, j'aurais besoin d'acheter un costume d'évêque et je ne suis pas très riche en ce moment...

Le Templier réfléchit.

— N'importe, dit-il ; vous donnerez un reçu de cette avance pour que notre caisse la prélève sur les premières recettes.

— Il est assez important, dit l'abbé Châtel, de conserver encore quelque temps l'extérieur du culte romain, pour ne pas trop effrayer les fidèles par l'apparition d'un costume ou d'un rit qu'ils pourraient prendre pour un costume et un rit de franc-maçonnerie, ce qui ne serait pas propre à les attirer à nous.

— A la condition, reprit le grand-maître, que nous serons les juges du moment où vous devrez opérer le changement.

— J'ai un officiant, dit M. Châtel, qu'il est nécessaire de nommer vicaire primatial.

— Oui, mais il faudra qu'il signe de son sang notre profession de foi ou nos statuts.

L'abbé Châtel s'engagea pour Auzou, et alla immédiatement lui apporter la bonne nouvelle. Quel enthousiasme s'empara des frères en religion ! On ne dort pas ces nuits-là. *Tout Paris* nous écoute, nous applaudit, nous baise la robe... Et puis viennent les profits sans nombre. Il est nécessaire d'ouvrir une église vaste, bien ornée, où sera le siège de l'évêché ?

Châtel rêvait à sa mitre, à sa crosse ; la fière mine qu'il aura ! Auzou pensait à la gloire qui rejaillirait sur lui ; il est au second rang, qu'importe ! en *travaillant* il pourra arriver au premier.

Pendant que l'Eglise catholique française dormait sur son oreiller bourré de rêves si doux et si roses, le grand-maître du Temple faisait mander son sénéchal et convoquait pour le lendemain un *convent général extraordinaire*.

L'assemblée du Temple approuva tout ce qu'avait promis le grand-maître, et décida que le lendemain, sans retard, l'abbé Châtel et son officiant seraient sacrés. Le Temple était radieux, car les plus âgés ne se souvenaient pas de pareille cérémonie.

Je ne veux pas entrer dans toutes les comédies et simagrées auxquelles donna lieu ce sacre : cela ressemble aux épreuves francmaçonniques, bonnes tout au plus à donner le cauchemar à des enfants au berceau. Mais cependant la clause principale du contrat fut exécutée : la signature au sang !

Le sang coule sérieusement, le parchemin est déroulé, la plume est prête, Châtel signe. Mais, au fond, cette cérémonie est d'une vulgarité bien bourgeoise. Le grand-maître serre avec des ficelles les trois doigts des néophytes ; il les pique avec une aiguille et les disciples et les chefs de l'église catholique française sont reçus Templiers.

C'est alors que Châtel s'établit rue de Cléry, et, primat des Gaules, battit de la grosse caisse à tour de bras. Les Templiers chauffaient l'affaire de leur côté ; mais les chevaliers avaient avancé des fonds et exigeaient le remboursement. De plus, ils avaient la promesse que la réforme de Châtel ne serait qu'une succursale du Temple ; ils réclamaient, en outre, l'exécution de cette promesse. Mais Châtel n'avait ni fonds, ni intention aucune de tenir sa parole ; il voulait bien ne pas payer ses dettes, mais il entendait rester primat pour son compte. Alors les Templiers firent esclandre jusque dans la Chapelle de Châtel, puis le déposèrent : voici la sentence :

« Ferdinand-François Châtel, créé chevalier, sacré évêque, et nommé primat-coadjuteur des Gaules, par décision de la cour apostolique patriarcale et décret du grand-maître de la milice du Temple, et souverain pontife de la sainte Eglise du Christ, a violé ses serments de chevalier, d'évêque et de primat ; il méconnaît aujourd'hui l'autorité de notre Eglise à laquelle il avait juré de se soumettre. Mais avant de vous signaler toute l'indignité de sa conduite et prendre les conclusions contre lui, il serait nécessaire que la cour apostolique autorisât son rapporteur à faire connaître à l'assemblée les considérants qui avaient motivé son admission dans l'Ordre des chevaliers du Temple, son élévation à l'épiscopat et au siège de la primatie des Gaules, et motivé l'ouverture d'un cours public ; car, Messeigneurs, si la cour apostolique peut, dans ses prérogatives, à l'insu des membres de l'Ordre, recevoir des chevaliers, sacrer des évêques, il est de son devoir de faire connaître, lors des assemblées générales, les titres des récipiendaires ; il est de son devoir, surtout, de motiver à vos yeux la décision par laquelle elle a autorisé d'ouvrir les portes du Temple au public. »

Sur ce préambule, les très hauts, très grands, très puissants seigneurs, pères, chevaliers et pontifes du Temple, fulminèrent contre Châtel cet anathème :

1° Le sieur Châtel a violé ses serments ; il a rougi d'avoir reçu l'épiscopat des mains du vénérable bailli, Jean de Rutlaud ;

2° Il a menti au public en disant en chaire qu'il avait été sacré par un évêque romain ;

3° Il a ordonné, suivant le même rite, les sieurs Plumet et Laverdet ;

4° Il a constamment refusé de rendre compte des fonds qu'il a touchés, lui qui s'était engagé à laisser à l'administration du Temple le gouvernement temporel de son église ;

5° Enfin, il n'a pas eu honte, après avoir dérangé la Cour apostolique, de la faire insulter en son nom par son vicaire, lorsqu'elle lui faisait l'honneur de se rendre à sa chapelle pour conférer avec lui, et de se déclarer par là tout à fait indépendant du Temple. D'après ces faits bien constatés, nous requérons, que le dit sieur Châtel soit dégradé comme chevalier et comme évêque et déclaré déchu de son titre au pouvoir de primat-coadjuteur des Gaules. Que le jugement, précédé des considérants, soit imprimé à vingt-cinq mille exemplaires ; et qu'en conséquence, sommation lui soit donnée de comparaître à la barre de l'assemblée, pour que le jugement soit exécuté.

En attendant mieux, Châtel fut brûlé en effigie. Après quoi, un frère alla lui signifier le jugement du Temple. Justement, ce jour-là, il y avait fête rue de Cléry : Châtel faisait des premières communions, et les enfants jouaient au bouchon, en attendant l'office. Châtel s'excusa sur sa pauvreté, puis, mis au pied du mur, fit appel à la police pour expulser le requérant. L'huissier vint bientôt le saisir. C'est alors qu'il alla s'établir rue du Faubourg Saint-Martin, dans un ancien établissement des pompes funèbres ; pompes funèbres, en effet. Châtel continua d'y déclamer contre l'Eglise romaine, mais il ne parla plus de la suppression du casuel. Châtel officiait sur un autel décoré d'un buste de Louis-Philippe et ombragé de drapeaux tricolores ; il avait décoré son hangar des noms de plusieurs bienfaiteurs de l'humanité, notamment Confucius, philosophe chinois, Parmentier, l'introducteur de la pomme de terre, et le financier Laffitte. Chaque dimanche il annonçait et faisait publier dans les journaux, des baptêmes, mariages et sépultures, avec des noms et des adresses impossibles. Du reste, pour vivre, il liardait avec le plus grossier sans-façon. Dans la chapelle deux registres étaient ouverts : l'un pour reconnaître la primatie de Châtel ; l'autre, pour demande d'actions, non pas d'actions de grâces mais de coupons de rente à payer. C'était bien la peine d'avoir tant prêché contre la religion d'argent et la boutique des sacristies catholiques.

Quand les chardons manquent au râtelier, les ânes se battent, dit le proverbe : les ânes du catholicisme français ne manquèrent pas de justifier le vieil adage. Auzou fit schisme et s'improvisa, par la grâce du peuple, curé indépendant de Clichy-la-Garenne. A Nancy, Lot voulut se faire nommer évêque. A Villa-Favart, Reb vint à résipiscence. A Nevers, un autre voulait se préconiser évêque, mais il fit amende honorable. Bref, l'Eglise croulait avant d'avoir été bâtie. Il n'y avait plus que schismes et schismatiques, sauf quelques pauvres niais qui couraient la province pour chanter, sur le thyrse des cabarets, Châtel et ses gloires. A la fin, la farce dégénéra en visions d'illuminés ; les sectaires se croyaient dieux, ce qui ne les empêchait pas de jurer comme des casseurs d'assiettes et ne les dispensait pas de travailler pour gagner leur vie. Plusieurs se firent agrafer pour délits et achevèrent leurs contemplations sous les verrous.

De tous ces Luthers de ruisseau, il ne restait, en 1848, que Châtel ; il habitait le passage Dauphine, tout en haut de l'escalier : Ne pas confondre avec la pièce en face.

A la fête de mai, pour faire savoir à l'univers qu'il n'était point mort, Châtel annonça un grand banquet de cent couverts à 1 fr. 50 par tête. Cette solennité étant la fête de la fraternité universelle, les dames et les demoiselles y étaient admises, ainsi que tous ceux qui voulaient communier en l'humanité et en Jésus-Christ, apôtre du socialisme. Châtel y vint, étalant ses ornements de pontife qui ne rendirent pas meilleur le menu du repas et plus entraînante l'éloquence du primat. Proudhon, qui avait assisté en curieux à cette mascarade, fit observer dans son journal, qu'il n'y avait là ni foi, ni enthousiasme, ni ordre, ni décence, ni rien qui pût expliquer ces folies. Voici comment il achevait l'éloge funèbre de l'Eglise française :

« Voilà ce que dit l'esprit d'ordre, le génie aux ailes de flamme qui veille aux destinées de la France :

« Il écrit à l'abbé Châtel, anti-pape :

« Je t'ai fait prêtre de la canaille, afin que tu serves d'exemple aux ambitieux et aux charlatans. Tu as été la première dupe, la dupe de ton ignorance et de ton orgueil. Tu croyais qu'au nom de liberté, le peuple en foule courrait à ton autel et que tu serais pontife de la France raisonneuse. Tu t'es trompé, téméraire ! Tes mascarades font pitié, tes scandales soulèvent le dégoût. Tu le sais, et tu t'obstines ; mais plus tu étales d'impudence, plus ton cœur est abîmé, et plus je sens redoubler ma joie. »

Ce coup de trique de Proudhon est à peu près le jugement de l'histoire. Nous croyons toutefois qu'il faut admettre, en faveur de Châtel, des circonstances atténuantes : véritablement il y en avait. Ce pauvre aumônier de régiment n'avait jamais eu beaucoup de tête ; à la fin, il était tellement grotesque qu'il faut voir, dans son cas, un peu de folie. Il n'avait plus grand'chose à faire pour obtenir une stalle au chapitre de Bicêtre.

Après Châtel, un mot sur Michel Vintras.

La révolution de 1830 avait produit Châtel ; la révolution de 1848 produisit Vintras. Michel Vintras était un prêtre de Normandie, qui, sous le coup de soleil de février, crut, pour le salut du genre humain, à la nécessité d'une seconde effusion des grâces de l'Esprit-Saint. A la première Pentecôte, l'Esprit était descendu pour remédier aux confusions de la tour de Babel et remplir, de ses dons, l'humanité rachetée par la croix. Suivant Vintras, il fallait une seconde descente pour remédier sans doute à l'insuffisance de la première et ramener, au culte du vrai Dieu, les multitudes égarées. Cette allégation purement gratuite supposait d'abord que le Saint-Esprit avait quitté l'Eglise et, par son retour au ciel, l'avait réduite à l'impuissance. Or, il est écrit que Jésus-Christ est avec son Eglise *tous les* jours jusqu'à la consommation des siècles ; et, c'est un dogme de foi que le Saint-Esprit, une fois descendu, reste également avec l'Eglise pour l'assister dans ses membres et dans son chef, pour la sanctifier, l'instruire, la fortifier et la consoler. Cette doctrine a été très savamment exposée par Mœhler dans son opuscule sur l'unité de l'Eglise ; l'impossibilité du contraire n'a pas été moins savamment établie par le cardinal Franzelin. Le nouveau Testament complète l'ancien ; il ne doit point être complété dans la suite des siècles, et ne doit, restant ce qu'il est, se couronner que par la gloire du ciel : saint Paul nous l'apprend dans ses épîtres. Du reste, il est superflu d'opposer des doctrines savantes à de pauvres hères qui n'avaient, avec la science, rien de commun, et qui ne relevaient que de leurs petites passions. Les prédications de Vintras ébranlèrent deux ou trois prêtres et quelques pauvres femmes. On se réunit en société secrète pour échapper à la police et se livrer à des pratiques fort étrangères aux inspirations du Saint-Esprit. La police s'en mêla et renvoya devant les tribunaux les sectateurs de Vintras. La prison fut le tombeau de la petite secte.

On voit, de temps en temps, surgir, à la lumière, de ces petites sociétés de débauche, qui paraissent se rattacher aux pratiques du manichéisme. Ni l'autorité de l'Eglise, ni la science des docteurs n'ont besoin de les atteindre ; elles tombent par leur propre poids au fond de l'abîme ou sont dispersées par le bras vengeur de l'honnêteté publique.

Après Vintras devrait venir Loyson ; mais Loyson n'est qu'un prêtre qui s'est marié et qui mit son esprit à faire part de la naissance de ses enfants et à les décorer de grands noms. Un tel homme ne relève que de Juvénal.

Après les fantômes de l'hérésie, il faut parler des erreurs philosophiques.

La philosophie est la science des causes premières et des fins dernières ; ou, d'une manière plus explicite, la science des êtres en général et des esprits en particulier, d'après la double lumière de la raison et de la foi ; ou enfin, d'une manière tout à fait pratique, c'est le christianisme sous la forme de la réflexion.

D'après ces définitions, il y a deux sortes de philosophie : une philosophie *naturelle*, qui étudie les êtres dans leur essence métaphysique ; Dieu, l'homme et le monde dans leur existence réelle et leurs rapports généraux, d'après la lumière de la raison formée par l'éducation ; — une philosophie *surnaturelle*, qui étudie les mêmes objets à la lumière des vérités révélées dont le dépôt est confié à l'Eglise catholique.

La philosophie naturelle peut se comprendre comme étude spéciale de l'ordre naturel, sans le séparer effectivement de l'ordre surnaturel ; mais elle ne peut s'admettre comme étude complète de l'ordre naturel laissé dans son isolement et revendiqué comme condition unique d'existence.

On peut donc, en philosophie, se tromper de deux manières : d'abord en séparant l'ordre de la création de l'ordre de la foi et en posant ces grandes hérésies du séparatisme et du naturalisme, qui sont les deux grandes erreurs du temps présent ; ensuite en blessant l'ordre naturel dans les éléments de son concept et dans la réalité de sa nature.

Nous allons, d'après ces prémisses, étudier les erreurs contemporaines en matière de philosophie. Nous verrons l'abbé Bautain *absorber* l'ordre de la nature dans l'ordre de la grâce et tomber dans le *supernaturalisme* ; nous verrons Cousin, ses émules et ses disciples, *exclure*, des investigations philosophiques, l'ordre de la grâce, et *atteindre même dans ses éléments constitutionnels* l'ordre de la nature, pour aboutir à *l'éclectisme* ; nous nous contentons de mentionner ici Saint-Simon, Bazard et Enfantin ; par une entreprise hardie, ils troublent les deux ordres de la spéculation et de l'action et formulent un de ces systèmes de révocation sociale qui constitueront, plus tard, le socialisme.

Louis-Eugène-Marie Bautain, né à Paris en 1796, se destinait à l'enseignement et entra, en 1813, à l'Ecole normale où il eut, pour maître, Victor Cousin, et pour condisciple, Théodore Jouffroy. En 1816, il fut envoyé, à Strasbourg comme professeur de philosophie et passa bientôt du collège à la Faculté. A cette époque, il exerçait sur la jeunesse une telle influence que ses élèves s'empressaient de se modeler sur ses allures et son costume. L'éclectisme n'offrant, à son esprit, qu'une médiocre satisfaction, il se jeta dans les bras de la religion et entra dans les ordres. Le professeur de philosophie fut ordonné prêtre en 1828, puis nommé chanoine de la cathédrale et directeur du petit séminaire de Strasbourg. Après 1830, à propos de son enseignement à la Faculté, l'abbé Bautain eut des démêlés avec l'Eglise : nous en parlons ci-après. L'abbé Bautain, qui appuyait son autorité scientifique sur le quintuple diplôme de docteur ès-lettres, ès-sciences, en droit, en médecine et en théologie, devint, en 1838, doyen de la Faculté de Strasbourg, et garda ces fonctions ou plutôt ce titre jusqu'en 1849 ; car, dans les dernières années, remplacé par des suppléants, il consacrait son activité à la haute direction du collège de Juilly. Promoteur de Paris en 49, professeur de morale en Sorbonne en 53, il se distingua comme professeur, après s'être, les années précédentes, distingué comme prédicateur, notamment par ses conférences de 48 sur l'accord de la religion et de la liberté. L'abbé Bautain est mort il y a quelques années.

Outre des traductions de l'*Imitation* et des *Paraboles* de Krummacher, l'abbé Bautain a composé une trentaine d'ouvrages de philosophie spéculative et de morale pratique. Dans la première catégorie, nous distinguons :

Philosophie du christianisme, 1835, 2 vol.; *Philosophie-psychologie expérimentale*, 1839, 2 vol. in-8°; *Philosophie morale*, 1842, 2 vol. in-8°; *La morale de l'Evangile comparée à la morale des philosophes*, 1827, in-8°; *La morale de l'Evangile comparée aux divers systèmes de morale*, 1855, in-8°; *La conscience ou la règle des actions humaines*, 1860, in-8°; *Philosophie des lois*, 1 vol.; *Les choses de l'autre monde*, œuvre posthume. Dans la seconde classe nous devons citer: *La belle saison à la campagne, conseils spirituels*, 1 vol.; *Le Chrétien de nos jours*, 2 vol.; *La chrétienne de nos jours*, 2 vol.; *La Religion et la liberté considérées dans leurs rapports*, 1 vol.; *Réponse d'un chrétien aux paroles d'un croyant* et une *Etude sur l'art de parler en public*.

Dans ses écrits, l'abbé Bautain accuse un esprit grave, un observateur profond, écrivant comme il parle, c'est-à-dire laissant, dans ses livres, un peu trop de style technique et de pédantisme oratoire, au demeurant, écrivain sérieux, digne, créateur dans le bon sens du mot, orateur aussi, surtout éminent professeur. — Mais venons à l'affaire du supernaturalisme.

Bautain, professeur, avait abondé d'abord dans le sens du rationalisme; fatigué bientôt des incertitudes et des sécheresses de la raison pure, il était passé à l'extrémité opposée et s'était jeté dans les bras de la foi. Son enseignement était moins un cours de philosophie naturelle que l'ensemble des dogmes du christianisme, exposé et synthétisé sous la forme d'une profonde réflexion. Dans son enseignement, il mettait en doute que la raison pût, sans le secours de la foi, établir la certitude. Ce point de doctrine fit, en 1822, supprimer son cours au collège et suspendre son enseignement à la Faculté. Ce même enseignement lui amenait des élèves qui se firent, comme leur maître, chrétiens, et entrèrent un peu plus tard dans le sacerdoce : je cite Théodore Ratisbonne, Adolphe Karl, Isidore Goschler, Jules Level. Un peu plus tard encore se joignirent à eux Alphonse Gratry, Nestor Level, Jacques Mertian, Henri de Bonnechose et Eugène de Régny. Bautain était la tête de cette petite société; le cœur, c'était une demoiselle Louise Humann, femme d'une solide piété et d'une haute vertu. L'évêque de Strasbourg, le Pape de Trévern, avait confié, à cette petite société, en 1828, le petit séminaire de Saint-Louis. Pendant six ans, ce séminaire fleurit sous la direction de la petite société. Or, ces prêtres, tous distingués, étaient étrangers au diocèse; l'évêque était gallican, le diocèse ne l'était pas. On supposa que le prélat gallican avait fait venir ces prêtres ou s'en était emparé, pour fonder, à Molsheim, une petite Sorbonne. Des jalousies, trop naturelles, firent de ce prétexte un motif d'opposition. De là bientôt une guerre acharnée, en apparence pour des riens que la passion grossit, mais où les esprits s'échauffent d'autant plus que l'aliment se prête moins à l'incendie.

En 1833, Bautain avait publié un opuscule intitulé: *De l'enseignement de la philosophie en France au* XIXe *siècle*. Dans cet écrit, l'éloquent auteur fait d'abord un tableau poignant du chaos intellectuel et moral où se trouve réduite, en notre siècle, la société, « société chrétienne d'origine et de nom, et qui ne l'est plus par le fait, puisqu'elle n'a ni la foi, ni la science, ni la vertu du christianisme. Au milieu de ce bouleversement, l'âme humaine, faite pour le bien, le réclame sans cesse; et son intelligence, toute obscurcie qu'elle est par le ravage de tant d'erreurs, cherche encore la vérité.. Le plus grand mal de notre siècle, c'est que la foi religieuse lui manque; et elle lui manque parce qu'on a séparé la foi de la science, parce qu'on les a déclarées incompatibles, sinon contraires. C'est la science qu'il veut, c'est donc par la science qu'il faut lui parler. L'enseignement scientifique doit devenir le canal par où un peu d'eau vive sera versée dans les cœurs brûlants ou desséchés. La philosophie, voilà notre dernière ressource pour revenir à la vérité quand la foi est morte ».

Mais de quelle philosophie voulait-il parler? L'auteur examine les trois écoles qui s'étaient partagé l'enseignement universitaire: l'école de Condillac, l'école de Reid et l'école éclectique de Cousin; il les analyse à grands traits et montre leur impuissance à satisfaire le profond besoin qu'éprouvent les esprits d'une doctrine nette et assurée. Ensuite il montre l'insuffisance de la scolastique moderne, fille dégénérée de la scolastique vivante d'un âge où la raison n'avait point fait divorce avec la foi. Enfin il passe à l'examen de la doctrine du *sens commun*, imaginée par Lamennais, et montre que cette doctrine n'est ni philosophique, ni orthodoxe. Cependant le professeur avait dit: « Cet écrit expose nettement notre manière de voir, nos convictions en philosophie, les principes d'où nous partons, la méthode que nous suivons. Nous avons ainsi à faire au public *cette déclaration de principes*, afin qu'on nous reconnaisse pour ce que nous sommes et qu'on nous juge sur nos paroles ».

Par là, Bautain se livrait. A un homme qui écrit, même qui écrit bien, surtout s'il écrit bien, on peut toujours trouver des crimes. On lui reprochait, à lui et à ses disciples, de ne pas enseigner la philosophie cartésienne de Vala, de ne pas enseigner en latin, de ne pas exercer les élèves à l'argumentation syllogistique: griefs puérils, auxquels on ne pouvait aisément répondre. Des discussions s'établirent entre le vieil évêque et son jeune professeur. L'évêque se croyait très supérieur à Bautain; Bautain n'était guère d'humeur à croire à son infériorité. Ne pouvant vaincre par ses discours ce qu'il appelait l'obstination, le prélat se décida à formuler six propositions sur la portée de la raison vis-à-vis de la foi, et demanda que l'abbé Bautain et ses amis eussent à signer ces propositions, s'engageant à ne jamais les contredire. Bautain avait répondu à ces six propositions, lorsque, soudain et sans crier gare, parut, en 1834, un *Avertissement* épiscopal condamnant la philosophie du professeur de l'Académie. Quelques jours après, Bautain et ses amis étaient exclus du séminaire, privés du droit de prêcher et de confesser.

D'un côté, la science laïque ne parlait que de raison autonome, sans aucune dépendance de Dieu, prétention que Bautain repoussait à juste titre ; de l'autre, l'évêque, préoccupé des incrédules, insistait sur la force de la raison *seule*, écartait toute question de nature et d'origine de la raison. A ce désaccord sur une question de psychologie, s'en joignait un autre sur la logique. Bautain n'accordait pas, à la certitude morale, la même force qu'à la certitude métaphysique. De plus, on reprochait à Bautain, de préférer, dans l'enseignement, la langue française à la langue latine et d'introduire dans le langage philosophique des mots barbares, qui défiguraient la belle langue de Louis XIV. Enfin on lui imputait le crime d'avoir demandé si « les miracles n'étaient peut-être pas les manifestations les plus éclatantes, les développements les plus énergiques des lois divines? » D'une part, Bautain manquait de justesse sur la distinction entre la nature et la grâce, distinction que l'Eglise maintient avec tant de sûreté et un sens si profond ; d'autre part, l'évêque était bien étranger au mouvement et aux erreurs des esprits du XIX° siècle ainsi qu'à leurs besoins. Il y avait là un malentendu plutôt qu'une matière à scission, et, de part et d'autre, en s'éclairant on pouvait se rendre de mutuels services.

L'évêque n'entra pas dans cette intelligente condescendance ; il porta un coup terrible. L'*Avertissement* qui condamnait les doctrines de Bautain fut envoyé à Rome et communiqué à tout l'épiscopat français. Le philosophe était mis au ban de l'Eglise ou signalé au moins comme un novateur dangereux: Dix jeunes prêtres, honorés jusque-là des faveurs de leur évêque, étaient tout à coup privés du pouvoir d'instruire et de diriger les nombreux fidèles qui s'adressaient à eux. A cette heure, ils étaient condamnés, comme ignorants et insubordonnés, presque comme schismatiques. En l'absence des garanties tutélaires du droit canon, des évêques sont exposés à ces coups de force. Autour d'eux bourdonnent des esprits méchants, incapables parfois de s'élever autrement qu'en rabaissant les autres. Si peu que ces pauvres prélats faiblissent ou vieillissent, d'habiles coteries les enlacent et les poussent à des excès qui accuseront leur mémoire. Combien plus sage et plus honorable serait une administration qui, ne s'estimant pas plus entendue que la sainte Eglise, ne se départirait jamais des procédures du droit pontifical.

Sur ces entrefaites, l'abbé Bautain publiait sa *Philosophie du Christianisme*. Ce titre caractérisait bien ses idées ; Bautain faisait plutôt de la philosophie sur le christianisme, que de la philosophie proprement. Savant, éloquent, soumis d'ailleurs, il montrait, par cette publication, qu'il n'avait pas peur des idées ni des critiques ; pour leur répondre, il s'élevait au-dessus d'eux, ce qui est bien la meilleure manière de répondre, mais le plus sûr moyen pour exaspérer ses adversaires. Le diocèse était en feu. D'une part, suivant un *crescendo* ordinaire, on accusait Bautain de vouloir exclure totalement la raison des choses religieuses, de pousser au fanatisme, de nier les miracles comme signes de l'intervention divine et de détruire ainsi l'une des preuves les plus éclatantes de la divinité de Jésus-Christ. D'autre part, la force convaincante que l'évêque attribuait au raisonnement, semblait poussée jusqu'au point de vouloir produire la foi dans les âmes, indépendamment de la grâce. Alors la question changeait de face et Bautain pouvait craindre de trouver l'erreur semi-pélagienne, dans le rationalisme de l'*Avertissement*. En pareil cas on s'occupe moins de reconnaître ses erreurs que d'en imputer à son antagoniste et la lutte des passions ne fait qu'augmenter les ténèbres.

Le 20 décembre 1834, Grégoire XVI répondit, d'une manière conciliante, à l'*Avertissement* de l'évêque de Strasbourg, mais sans trancher. L'évêque somma Bautain de se soumettre aux décisions du Saint-Siège ; Bautain répondit que le Saint-Siège n'en avait rendu aucune et qu'il allait, lui, sans délai et sans intermédiaire, s'adresser à la Chaire Apostolique. Cependant le coadjuteur de Nancy, Donnet, intervenait entre les parties pour amener la paix moyennant certaines modifications aux six propositions de l'évêque. Ces propositions furent signées le 28 novembre 1835. Divers incidents ne permirent pas à la paix de s'établir d'une manière durable ; l'évêque, ou plutôt les petits persécuteurs qui s'acharnaient contre Bautain tenaient absolument à l'humilier pour le discréditer. Sur l'insinuation de l'abbé Lacordaire, Bautain partit pour Rome : c'était un coup de maître. Rome est très susceptible sur toutes les questions de doctrine ; mais Rome, dès qu'elle voit une humble soumission, sait admirablement ménager ces petites délicatesses, que la France gallicane n'avait jamais su comprendre : Rome est une mère. A Rome, Bautain, sans faire étalage, ni de ses sentiments, ni de ses talents, se montra en toute sincérité de manière à bien laisser voir sa vertu et sans réussir à voiler ses talents. Bautain ne soumit pas, à l'examen de Rome, seulement sa *Philosophie du Christianisme* mais le manuscrit complet de sa philosophie. « Tu es venu ici pour consulter l'oracle, se disait-il ; écoute-le et fais simplement ce qui te sera dit. Il ne s'agit pas de discuter ni de raisonner avec Rome ; il faut écouter et obéir, et, dans cette obéissance, tu trouveras la vérité, la tranquillité et la dignité. » La

Philosophie du Christianisme fut confiée à l'examen du cardinal Mezzofain, qui, suivant la coutume romaine, prit son temps ; cette tâche fut ensuite transmise au père Perrone. L'évêque de Strasbourg était connu à Rome pour son gallicanisme ; sa *Discussion amicale* contre l'anglicanisme, pour solide qu'elle fût, contenait cependant des choses qui avaient éveillé les justes susceptibilités de l'index : le différend avec ce prélat n'éprouverait donc pas de difficulté à Rome. La *Philosophie du Christianisme* ne devait pas être mise à l'index. D'autant que Bautain et Bonnechose avaient remis au Pape un écrit où ils ont l'honneur d'exposer :

« 1° Qu'ils sont venus à Rome pour témoigner de leur obéissance et de leur devouement au Saint-Siège, prêts à faire tout ce qui leur sera dit, dans la discussion qu'ils ont eue avec Mgr de Strasbourg, et qu'ils n'ont soutenue jusqu'ici que par crainte de l'Hermésianisme. Ils supplient Votre Sainteté de donner des ordres pour la terminaison de cette affaire.

« 2° Qu'ils soumettent avec toute confiance, à l'examen du Saint-Siège, l'ouvrage publié par eux, sous le titre de *Philosophie du Christianisme*, et qu'ils sont disposés à retrancher, à modifier ou à changer toutes les propositions qui pourraient paraître inexactes ou susceptibles d'une mauvaise interprétation, s'en rapportant au jugement du savant et digne Cardinal que Sa Sainteté a bien voulu leur désigner pour examinateur.

« 3° Que, comme nouvelle garantie de leur bonne volonté, ils apportent un autre ouvrage manuscrit, fruit de vingt ans de travail, qu'ils désirent soumettre à la même épreuve, ne voulant rien dire ni écrire qu'en conformité parfaite avec le Saint-Siège.

« Les soussignés espérant que ces épreuves convaincront Votre Sainteté de leur entière soumission à l'Eglise, et qu'ainsi Elle verra en eux des enfants affectionnés et dévoués, osent lui exprimer un vœu, dont la réalisation les rendrait plus capables de travailler efficacement à la propagation de notre sainte religion. Savoir, que le Saint-Siège daigne ratifier et instituer en corporation la réunion de jeunes gens qui s'est faite autour de l'abbé Bautain et par l'influence de son enseignement ; jeunes gens tous sortis du monde pour se vouer au saint ministère, et qui vivent maintenant, au nombre de douze, sous une même discipline, en communauté de biens et de sentiments. Le but spécial de cette congrégation serait la conversion des protestants et des juifs, au milieu desquels elle est placée sur les bords du Rhin. Elle serait, en outre, particulièrement dévouée au service du Saint-Siège, en France, en tout ce qui se rapporte à cette fin. » Grégoire XVI eut pour très agréable cette supplique.

L'évêque ne restait pas oisif. Par ses soins fut publié, en double édition, le *Rapport à l'évêque de Strasbourg sur les écrits de M. l'abbé Bautain*. Bautain, de retour en France, se plaignait à Rome de ces procédés irritants et maladroits. Les réponses de Rome furent unanimes à les blâmer. Cependant Trévern prenait sa retraite ; il était remplacé d'abord par Auguste Affre, puis par André Rœss. Le 8 septembre 1840, Bautain et ses amis signèrent entre les mains du coadjuteur les propositions ci-après ; le lendemain Rœss, levait la suspense. Voici le texte officiel de cet acte, mal reproduit dans l'*Enchiridion definitionum* de Denzinger :

« Désirant nous soumettre à la doctrine qui nous a été proposée par Mgr l'évêque, nous, soussignés, déclarons adhérer sans restriction aucune aux propositions suivantes :

« 1° Le raisonnement peut prouver, avec certitude, l'existence de Dieu et l'infinité de ses perfections. La foi, don du ciel, suppose la révélation ; elle ne peut donc pas être alléguée convenablement vis-à-vis d'un athée en preuve de l'existence de Dieu.

« 2° La divinité de la révélation mosaïque se prouve avec certitude par la tradition orale et écrite de la Synagogue et du Christianisme.

« 3° La preuve tirée des miracles de Jésus-Christ, sensible et frappante pour les témoins oculaires, n'a point perdu sa force avec son éclat vis-à-vis des générations subséquentes. Nous trouvons cette preuve en toute certitude dans l'authenticité du Nouveau Testament, dans la tradition orale et écrite des chrétiens ; et c'est par cette double tradition que nous devons la démontrer à l'incrédule qui la rejette, ou à ceux qui, sans l'admettre encore, la désirent.

« 4° On n'a pas le droit d'attendre d'un incrédule qu'il admette la résurrection de notre divin Sauveur, avant de lui en avoir administré des preuves certaines, et ces preuves sont déduites par le raisonnement.

« 5° Sur ces questions diverses, la raison précède la foi et doit nous y conduire.

« 6° Quelque faible et obscure que soit devenue la raison par le péché originel, il lui reste assez de clarté et de force pour nous guider avec certitude à l'existence de Dieu, à la révélation faite aux Juifs par Moïse et aux chrétiens par notre adorable Homme-Dieu.

« Nous déclarons, en outre, condamner tout ce qui, dans nos ouvrages publiés jusqu'à ce jour, aurait pu être ou pourrait être jugé non conforme à la doctrine de l'Eglise. »

Ainsi finit cette affaire du supernaturalisme. Pratiquement, la raison doit être soumise à la foi et la nature à la grâce ; mais, dans l'ordre de la démonstration, la raison précède la foi, et, par la grâce, doit nous y conduire, et ne point s'arroger une hégémonie sans titre aucun et toujours funeste par ses résultats.

Dans cette affaire, il y eut des torts de part et d'autre. Les résistances de Bautain s'expliquent, et, dans une certaine mesure, s'excusent, par les torts et les aberrations de ses adversaires. S'il s'abusa, ce fut pour de bons motifs, par une sorte de reconnaissance et de piété ; s'il se soumit, c'est la marque et l'honneur de sa vertu. Les torts respectifs s'excusent eux-mêmes par l'ignorance où l'on était tombé sur la difficile question des rapports de la nature et de la grâce ; aujourd'hui on ne commettrait plus de telles fautes. « Oh ! s'écrie le biographe de Bautain, si l'on avait montré à ce philosophe du XIXe siècle, ce que la philosophie catholique du Moyen-Age enseignait touchant la raison naturelle de l'homme ! Si on lui avait dit que la lumière de la raison est une participation de la lumière divine, qu'elle est le *lumen divinitus inditum*, accordé à la créature humaine pour qu'elle puisse l'élever du monde visible au monde invisible, puisque, par sa nature, elle participe des deux et leur sert de trait d'union ; si on lui avait dit que, au moment même de la perception sensible, l'intellect actif saisit, comme son objet propre, l'universel dans le particulier, l'être dans les êtres, l'empreinte du Créateur dans ses créatures ; et que les premiers principes apparaissent alors dans l'intelligence, y brillent comme des reflets des idées éternelles, et vont servir de base à tout raisonnement : oh ! sans aucun doute, cette haute et religieuse philosophie eût compté l'abbé Bautain parmi ses plus fervents adeptes. Et si l'on eût ajouté que, aujourd'hui, après le péché, il a été nécessaire que l'homme fût instruit par la révélation divine, parce que la vérité, touchant Dieu, recherchée par la raison, ne serait saisie que par peu d'hommes après un long travail et avec un mélange de beaucoup d'erreur, oh ! alors, l'abbé Bautain, parfaitement rassuré, eût tout accordé, et, la part faite à la raison, il eût continué avec joie à donner la foi pour base à son enseignement de la science (1). »

Après le supernaturalisme de Bautain, l'attention de l'histoire doit se concentrer sur la grande erreur du naturalisme, dont le libéralisme politique est la forme la plus funeste au salut des âmes et à la prospérité des nations.

Le socialisme et le libéralisme sont les deux grandes hérésies du XIXe siècle. Le libéralisme détruit la constitution chrétienne du pouvoir ; le socialisme répudie la constitution chrétienne de la société ; l'un par les passions qu'il appelle au gouvernement de l'État ; l'autre, par les appétits qu'il déchaîne dans l'économie de la société, aboutissent aux mêmes résultats, aux agitations stériles, à l'anarchie, à une forme de barbarie dans la décrépitude des nations. Nous avons parlé des théories de ces deux erreurs ; nous avons parlé des représentants du socialisme et du catholicisme libéral ; nous devons ajouter quelques mots sur les représentants du libéralisme absolu, espèce de religion politique des hommes de ce siècle.

Pour comprendre quelque chose à ces arcanes, il faut nous reporter à la chrétienté du Moyen Age. A partir du XVIe siècle, la royauté française, déviant des principes chrétiens, avait cru se fortifier en s'arrogeant l'absolutisme. Les excès de l'absolutisme appelaient une réforme ; sous l'impulsion des encyclopédistes français, la réaction contre l'absolutisme royal dégénéra en révolution. Pendant dix ans, sous couleur de liberté, la licence, l'anarchie, toutes les passions conjurées, renversèrent la vieille monarchie et mirent la société au pillage. A l'aurore de ce siècle, Napoléon mit la main sur cette société aux abois, sur ce gouvernement devenu banqueroute de tous les pouvoirs. Sous prétexte de la guérir, il la reconstitua selon ses idées et établit, à son profit, l'omnipotence des Césars. A sa chute, les princes de Bourbon nous rapportèrent la monarchie constitutionnelle des Anglais. Benjamin Constant et Royer-Collard en offrirent, à la France, la justification philosophique. L'idée génératrice de leurs théories, c'est que la religion, pure affaire de sentiment, l'Église, simple association de croyants, ne sont de rien dans le gouvernement des États. La société repose sur la souveraineté du peuple ; le peuple, impuissant à se gouverner par lui-même, délègue ses pouvoirs à des mandataires, suivant des formes déterminées par la constitution. Les mandataires du peuple s'organisent en trois sphères : le législatif, pour la confection des lois ; l'exécutif, pour leur application effective ; la magistrature, pour la punition des délits et des crimes attentatoires aux lois du pays. Sous les trois pouvoirs constitutionnels se trouvent constitués d'autres services : les cultes, l'armée, la marine, l'administration provinciale, les travaux publics, l'agriculture, l'industrie et le commerce, l'instruction publique, les colonies, les postes et les télégraphes, les arts, les lettres sont sous l'autorité des trois pouvoirs, les organes vitaux de la nation. La prospérité résulte de leur évolution progressive ; l'ordre public est l'affaire du gouvernement.

Parmi les hommes qui ont préconisé le plus savamment ces théories, doit figurer Guizot. Pierre-François-Guillaume Guizot était né à Nîmes en 1787. En 1794, son père mourait sur l'échafaud ; le fils fut transporté à Genève. Pendant ses jeunes années, le protestantisme ployait son ferme esprit aux souplesses sans dignité du libre examen et l'intolérance dogmatique lui enseignait à formuler en axiomes tranchants des idées fausses ou faussées par l'esprit dominateur de Calvin. Né à la science historique et philosophique dans la Rome protestante, homme de réflexion et d'action, Guizot gardera, comme un pli originel, l'empreinte des langes et des croyances de son berceau. Genève sera sa patrie religieuse et intellectuelle.

En 1809, Guizot débutait dans les lettres, sous les auspices de Suard, un des survivants modérés de la critique du XVIIIe siècle ; ses travaux littéraires lui valurent la chaire d'histoire moderne en Sorbonne. Dès 1814 il de-

---

(1) E. de Régny, *L'abbé Bautain, sa vie et ses œuvres*, p. 222.

venait secrétaire général au ministère de l'intérieur, suivait Louis XVIII à Gand et quittait la politique en 1821 avec le duc Decazes. Ici commence la période la plus éclatante de sa carrière. Professeur, il forma, avec Cousin et Villemain, un triumvirat dont l'enseignement ouvre les grands jours du XIXᵉ siècle pour la science régénérée. Guizot publie, pour sa part, des *Essais sur l'histoire de France*, une *Histoire de la civilisation* en France et en Europe et aborde la Révolution d'Angleterre. Privé de sa chaire en 1825, il devient l'adversaire de la Restauration ; il ne reprendra son enseignement qu'en 1828, sous Martignac. En 1830, il devint ministre. Résumer le rôle de Guizot, de 1830 à 1848, ce serait écrire l'histoire de Louis-Philippe : tour à tour ministre et chef d'opposition, ambassadeur à Londres et président du conseil, il ne gouverne pas seulement la France ; il est, avec Aberdeen, Palmerston et Metternich, l'un des chefs politiques de l'Europe. Tombé du pouvoir en 1848, pas sans dignité, il n'avait même pas acquis la modeste aisance du sage d'Horace ; il avait fait des millionnaires et était resté pauvre. Le travail n'avait rien qui répugnât à sa modeste vieillesse ; Guizot se remit au travail ; il publia notamment huit volumes de *Mémoires*, cinq volumes de discours, une *Histoire de France*, une *Histoire d'Angleterre* racontée à ses enfants, et cinq volumes de méditations religieuses. Entre temps, Guizot intriguait à l'Académie, et quand Thiers y appelait un aveugle, Guizot y faisait entrer un sourd. Après avoir gouverné, Guizot était devenu un maître de l'opinion, un des oracles de la science : il mourut en 1874 et ne cessa d'écrire qu'à sa mort.

Guizot a laissé cent cinquante volumes, tous dignes de considération. La main de l'auteur est ferme et grande, en proportion. Disciple d'une école puritaine, il ne sait pas ou ne veut pas sacrifier aux grâces. Moins favorisé que Jean-Jacques, il n'a pas la couleur du style. Le sien est net, découpé à l'emporte-pièce ; il a cette sonorité particulière de la sape qui creuse et déblaie le sol autour des erreurs discréditées que l'historien veut abattre. Ce style, si bien forgé, a plus de virilité que de correction ; il frappe l'esprit et s'empare de l'intelligence, il ne remue jamais l'imagination.

Le principe générateur de toutes les idées de Guizot, c'est l'accord de l'autorité et de la liberté, non d'après le principe religieux de l'Évangile, mais d'après la conception politique du libéralisme. En droit, il voudrait une alliance ; en fait, tantôt il abandonne la liberté à l'autorité, tantôt il fait de l'autorité une dépendance de la liberté. On peut établir cette subordination ou cette alliance, soit avec l'intransigeance radicale, soit avec le conciliatorisme opportuniste. Guizot, honnête et sage, reste plutôt dans la situation illogique de l'opportunisme ; il se rapproche de la vérité absolue, par la ligne des asymptotes, sans l'embrasser jamais. C'est pourquoi il a succombé à l'ingratitude de sa situation et au vice de ses théories. S'il n'a pas vu tout ce qu'il a fait, il a préparé tout ce que nous voyons.

Gainet, Balmès, Donoso Cortès ont réfuté Guizot par de savants ouvrages ; Cortès et Gainet ont relevé ses torts envers l'Église catholique et le pontife romain. Balmès a opposé à l'histoire de la civilisation, un chef-d'œuvre, en comparant le protestantisme et le catholicisme dans leur influence respective sur la civilisation européenne. Les ouvrages de Guizot pourront être lus encore par les érudits et les curieux ; ils sont dépassés par la science et sans vertu à cause de leur principe d'erreur fondamentale. La société ne prospère que par la vérité ; si la vérité révélée manque à la société, la société ne peut se conserver que par une discipline de fer où elle entre en dissolution. Dans la France de Guizot, l'impiété exclut la religion, le libéralisme désarme l'autorité ; il n'y a plus ni frein intérieur, ni frein extérieur : la société est livrée à la révolte des passions et à tous les soubresauts de leurs emportements.

Le grand adversaire de Guizot fut Thiers. Adolphe Thiers était né à Marseille en 1797. Après avoir fait son droit à Aix, il vint à Paris et entra au *National* d'Armand Carrel. Journaliste, il fit, aux Bourbons, une guerre acharnée et se signala par son radicalisme libéral. En même temps, il écrivait une histoire de la Révolution française. Jusque-là cette révolution avait été en butte aux déclamations et aux anathèmes ; Thiers prit le contre-pied ; il ne se contenta pas de saluer la ruine du régime féodal, il se pâma d'admiration pour les actes des agents de la révolution. Conseiller d'État en 1830, plusieurs fois ministre, très redoutable comme critique, s'il était orateur habile, il n'était, au gouvernement, qu'un esprit timide ou excessif et ne tardait guère à se renverser lui-même. Les longs loisirs que lui valut sa maladresse, il sut les consacrer à l'histoire du Consulat et de l'Empire. Dans cet ouvrage, en vingt volumes, Thiers admire beaucoup Napoléon, et ne met guère au-dessus que Thiers lui-même : il fit revenir, en 1840, de Sainte-Hélène, les cendres de l'Empereur. Très révolutionnaire, dans les dernières années de Louis-Philippe, il fut, sous la seconde république, l'un des chefs du grand parti de l'ordre et adora ce qu'il avait brûlé auparavant. Proscrit au coup d'État en 1852, il ne rentra au parlement qu'à la fin du second Empire ; il fut, pour les fautes de Napoléon III, un censeur implacable, mais juste. En 1870, il se trouva l'un des chefs de la république ; il en fut, en quelque sorte, le fondateur et en devint le président. Par son esprit dominateur, partial et maladroit, il ne tarda guère à s'aliéner son parti et tomba deux fois du pouvoir. A sa seconde chute, il mourut subitement dans un hôtel de Saint-Germain-en-Laye, au moment où il travaillait à renverser Mac-Mahon.

Thiers avait toujours cru, de lui-même, qu'il était le seul homme capable de bien gouverner la France. Quand il gouvernait, il ne savait que tout perdre et obliger les autres à le chasser. Critique à outrance, mais bon critique, quand le gouvernement se trompait, esprit en quelque sorte universel, expert dans l'art de capter une assemblée, il n'était, au fond, qu'un très petit esprit, cloîtré dans l'étroitesse des idées révolutionnaires, conservateur par décence, jacobin par goût, grand vulgarisateur de la légende impériale, homme en deux tomes, l'un positif, l'autre négatif, au total zéro boursouflé d'amour-propre, bouche habile à chaud et à froid, apte surtout à provoquer les tempêtes.

Thiers et Guizot furent longtemps les deux grands chefs du parti libéral; l'un plus radical, l'autre plus opportuniste, tous deux asservis aux doctrines de 1789. Cormenin-Timon les a mis en parallèle : ils avaient beaucoup de mérite, mais furent, par leurs fausses théories, voués à une égale impuissance.

Autour de ces deux chefs d'école et de parti se groupaient des partisans. Autour de Thiers, Mignet, qui fut son clair de lune, Rémusat, qui écrivit sur saint Anselme, Duvergier de Hauranne, qui composa une longue histoire de la monarchie constitutionnelle. Autour de Guizot, Cousin, Villemain, Sauzet, Salvandy, Jaubert, Duchâtel et une foule d'autres qui opinaient, suivant la formule, comme Monsieur Guizot.

En dehors de ces groupes, mais leur appartenant, les deux frères, Augustin et Amédée Thierry, se frayèrent une voie dans l'érudition. Amédée se cantonna dans la chute de l'empire romain et l'étude des temps barbares; il écrivit sur les Gaulois, sur Alaric, Attila, Stilicon et sur quelques Pères de l'Eglise, des ouvrages savants, dépassés aujourd'hui, déparés par un esprit d'hostilité bourgeoise contre l'Eglise. Augustin, supérieur à son frère, par le savoir, par le talent et par le goût, écrivit sur l'histoire de France et sur la conquête de l'Angleterre par les Normands. Guizot étudiait, dans l'histoire, le jeu des formes et des forces politiques; Augustin Thierry s'en réfère à la théorie des races et explique les faits par leur antagonisme. Dans l'étude des faits, il est instruit; dans les récits qu'il en donne, il dramatise et parfois *romantise* l'histoire. D'abord hostile, comme son frère, à l'influence religieuse, il finit par en reconnaître la sagesse et en glorifier la bienfaisance. Avant de mourir, il s'était converti et corrigeait ses livres; ses éditeurs furent assez peu honnêtes pour ne tenir, plus tard, aucun compte de ses corrections. En sorte que, par ses ouvrages, Augustin Thierry est censé soutenir des thèses qu'il avait frappées de sa réprobation.

Au-dessous des Thierry, deux hommes se frayèrent une autre voie, Jules Michelet et Edgar Quinet. Jules Michelet, né à Paris en 1798, se consacra d'abord à l'histoire et l'écrivit avec une émotion communicative; plus tard, cédant à une impiété folle, il poursuivit, en déclamateur frivole, son *Histoire de France* et écrivit son *Histoire de la Révolution*. En dehors de ces deux histoires, il fit un résumé de l'histoire universelle, une histoire de la république romaine, des mémoires de Luther. Sur le tard, changeant d'objet, il écrivit sur l'amour, la femme, l'oiseau, l'insecte, la montagne, la mer, des ouvrages intéressants à lire, mais dépourvus de science, quoiqu'il affecte toujours de rendre des oracles. Sous Louis-Philippe, il avait entrepris, avec Quinet, de ressusciter le voltairianisme au Collège de France; les deux frères siamois déclamaient furieusement contre l'ultramontanisme, les jésuites, le parti-prêtre : déclamations vaines d'esprits dévoyés que le gouvernement fit taire. Michelet s'obstina de plus en plus dans cette furie; il écrivit la *Bible de l'humanité* et la *Sorcière* : cette sorcière malfaisante, c'est l'Eglise, et mourut atteint d'une hystérie au cerveau. Homme de talent, aspirant à faire de l'histoire, non pas une analyse comme Guizot ou une synthèse comme Châteaubriand, mais une résurrection. L'impiété et la lasciveté le menèrent finalement à l'aliénation mentale.

Edgar Quinet, un peu plus jeune que Michelet, était né dans le Jura. Moins savant, plus contenu que Michelet, il écrivit sur Napoléon et sur le Juif errant des ouvrages d'imagination; s'il resta ennemi de l'Eglise, il le montra moins, et fut assez honnête, vers la fin de sa carrière, pour écrire sur la révolution un ouvrage où il ose relever les aberrations et flétrir les crimes. Tout n'est pas mauvais ni dans Quinet, ni dans Michelet; mais les vérités qu'ils connaissent, ils les tournent à mal, et sont, à la lettre, des empoisonneurs publics, des malfaiteurs intellectuels.

Parmi les docteurs du libéralisme, il convient de faire place à Cousin. Né à Paris en 1792, répétiteur à l'Ecole normale en 1812, professeur de Sorbonne en 1815, Victor Cousin, disciple de Laromiguière, suppléant de Royer-Collard, réagit d'abord contre le matérialisme de son maître et s'occupa de le combattre en s'appuyant sur Thomas Reid et Dugald-Stewart, les deux chefs de l'Ecole écossaise. Du sensisme, il s'éleva bientôt aux principes métaphysiques de la philosophie; il fit d'éloquents discours sur le vrai, le beau et le bien. Grâce à l'entraînement de ses leçons, il devint une des sirènes libérales de la jeunesse et passa à l'opposition contre le gouvernement. Destitué par le ministère et devenu plus sympathique par son petit air de victime, il fit de son temps deux parts : l'une pour visiter l'Allemagne et s'enthousiasmer des doctrines de Kant; l'autre pour éditer les œuvres de Platon, les commentaires de Proclus sur le Timée, les œuvres de Descartes et le *Sic et Non* d'Abailard. Rendu à l'enseignement par Martignac, Cousin étudia, dans son enseignement public, les diverses écoles de la philosophie dans les temps anciens, au Moyen Age et dans les temps modernes. Pair de France sous Louis-Philippe, un instant ministre, membre de l'Académie, il cumula les plus hautes fonctions et devint comme l'arbitre de l'enseignement officiel. Dans son enseignement, l'esprit impressionnable et enthousiaste du professeur s'éprenait tour à tour de tous les systèmes et paraissait plutôt un disciple qu'un maître, et encore un disciple très versatile ; dans ses livres, il préconise un système à lui personnel qu'il appelait l'éclectisme. C'était un système enfantin, qui consistait à choisir, dans tous les systèmes, ce qui lui semblait meilleur, et de ses morceaux de choix former son système. Comme si un système, dans sa rigueur logique, n'impliquait pas l'exclusion de tous les autres et ne se refusait pas à être démoli pour entrer, par ses matériaux, dans la construction d'un autre édifice. En fait, on ne peut prendre, dans les écrits des philosophes, que des vérités expérimentales ; et, par le rassemblement de ces extraits, on ne fait pas un système, mais un recueil de littérature philosophique. Toutefois, il est juste de reconnaître que, sous le nom d'éclectisme, Cousin représentait, en philosophie, le spiritualisme et aboutissait, en politique, à la monarchie constitutionnelle, qui lui fit de si belles rentes. Etrange faiblesse de l'esprit humain ! Guizot partant de l'évolution des formes sociales, Augustin Thierry de l'antagonisme des races, Cousin des systèmes de philosophie, tous aboutissaient à la glorification de Louis-Philippe.

Le grand vice du système de Cousin, c'est qu'il veut faire de la philosophie une religion ; c'est qu'il veut un Christianisme sans Christ et sans Eglise ; c'est qu'il s'enferme orgueilleusement dans le rationalisme. La raison déifiée exalte toutes les passions et les amnistie ; elle livre la philosophie à tous les entraînements, la société à l'anarchie. De son vivant, Cousin put assister à la ruine de son école et voir se répandre les pires doctrines. Lui-même se désintéressa de l'enseignement, dès qu'il ne fut plus en crédit ; retiré dans un fromage de Hollande, il s'éprit de Jacqueline Pascal, des dames de Longueville et de la Maisonfort, du Cyrus de Scudéry. L'homme qui, pendant trente ans, avait enthousiasmé la jeunesse des écoles, n'était plus à la fin qu'un tricoteur de dentelles et le patriarche de l'éclectisme était devenu le continuateur, à peine amendé, de Brantôme. Pour tout esprit élevé, ce serait un juste abaissement ; pour un oracle de la philosophie, c'est une déchéance et une honte.

Cousin eut beaucoup de disciples. Les disciples de la première heure furent Jouffroy, Leroux et Bautain. Bautain quitta l'enseignement pour entrer dans le sacerdoce ; Pierre Leroux fut un des maîtres du socialisme ; Théodore Jouffroy, qui s'était confiné dans l'étude du droit naturel, devait mourir jeune. La philosophie, qui l'avait rendu riche et puissant, n'avait pu satisfaire les besoins de son âme ; il avait entendu dire qu'elle était l'autorité des autorités, la lumière des lumières, et il la voyait enfouie dans un trou plein de ténèbres : il mourut de désespoir. Après sa mort, Cousin, pour ne pas trahir les secrets de son impuissance, mutila un écrit posthume de Jouffroy et fit scandale par l'improbité de sa conduite.

Les disciples de la seconde heure furent Damiron, Vacherot, Bouchitté, Barthélemy Saint-Hilaire, Lévesque, Bouiller, Gatien Arnoult, Geruzez, Tissot. Tissot s'occupa du droit pénal ; Geruzez et Damiron écrivirent l'histoire de la philosophie ; Bouillet édita les œuvres de Bacon ; Bouchitté composa l'histoire du cartésianisme ; Lévesque se confina dans l'esthétique ; B. Saint-Hilaire traduisit à peu près en entier les œuvres d'Aristote. Vacherot, égaré dans les théories de Hégel, racheta, par sa sagesse politique, les écarts de ses doctrines.

Les disciples de la troisième heure furent Émile Saisset, Amédée Jacques et Jules Simon. Saisset mourut jeune ; Jacques s'écroula dans le socialisme ; Jules Simon, après avoir collaboré à un manuel de philosophie et publié l'histoire de l'école d'Alexandrie, étudia, dans une longue série de volumes, les questions politiques de la religion naturelle, de la liberté de conscience, de la liberté civile et politique, et plus spécialement de l'école, de l'ouvrier et de l'ouvrière. Passionné un instant pour la politique radicale, quand il vit où elle menait la France, il fit volte-face, et se prit à défendre, comme homme politique et académicien, cette vieille cause du droit public dont l'Eglise est la triomphante incarnation. Quand l'Eglise est spoliée, la société devient la proie du socialisme. — Nous avons eu, avec les Simon et les Vacherot, de bienveillants rapports ; nous nous faisons un devoir de rendre hommage à leur loyauté.

Un homme qui fit bande à part, fut Auguste Comte. C'était un ancien élève de l'Ecole polytechnique, certainement très fondé en mathématiques et en science naturelle : par ses connaissances, il rendit, comme professeur, de réels services. Dans un sentiment d'hostilité aux systèmes de philosophie en crédit, il nia la philosophie ou plutôt il affirma que la philosophie devait se borner aux sciences naturelles et aux mathématiques. A ses yeux il n'existait que la matière ; de savoir s'il y a un Dieu créateur du monde et l'homme a une âme ; si, sur cette notion d'âme et de Dieu, on peut bâtir une philosophie, ce sont des questions qu'il reléguait dans le royaume de l'*incognoscible*. La philosophie consistait à ne rien savoir que les mathématiques et la physique ; Comte appelait cela le positivisme. Mais comme le matérialisme ne supprime pas les problèmes qu'il nie, Comte avait dû coudre, à son programme, des sciences nouvelles, qu'il appelait la biologie et la sociologie, en d'autres termes, la science de l'homme et de la société, choses qui ne sont pas précisément nouvelles ! Sa méthode à lui consistait à partir de l'atome, et par la dynamique de la matière, d'expliquer l'homme et le monde, sans s'occuper ni de l'âme, ni de Dieu.

Ce rejet de Dieu et de l'âme, sous prétexte d'impuissance à connaître, constitue, envers les écoles, une grande injustice, et, en soi, une absurde prétention. Résoudre par la matière des problèmes qu'on nie, c'est avant tout une contradiction ; on ne résout rien par le silence, et encore moins par la négation. En tout cas, il est certain que la matière, s'il n'existe rien autre, ne peut pas être un fondement de religion quelconque. Le monde matériel est à l'usage de l'homme ; l'homme s'en sert, il n'a pas à lui demander un culte et à se forger des idoles, ou à se réfugier dans la sorcellerie. Par une contradiction étrange, ce Comte, qui comptait Dieu et l'âme pour rien d'appréhensible, avait adjoint, au positivisme, une classification de l'histoire qui aboutissait à sa glorification. Comte devenait le pontife de l'humanité ; il avait dressé un calendrier à l'usage de son culte et demandait à ses adhérents de lui servir un budget. Des incidents grotesques signalèrent ces incartades. Comte, le rénovateur de l'humanité, était devenu fou.

Auguste Comte eut un disciple supérieur à son maître. Émile Littré, ancien collaborateur de Carrel au *National*, s'était mis à étudier la médecine et avait donné une édition très savante des Œuvres d'Hippocrate. De la médecine passant à la philosophie, il avait étudié les langues romanes, collaboré à l'histoire littéraire de France et consacré sa vie à la composition d'un grand dictionnaire de la langue française. Entre temps il était venu aux questions religieuses et avait traduit de l'allemand la *Vie de Jésus*, par Strauss, répétiteur de Tubingue, qui avait trouvé bon de nier l'existence historique du Christ. Littré était donc un savant de premier ordre, lorsque, venant à examiner les excentricités d'Auguste Comte, il les codifia et écrivit un livre intitulé : *Religion, conservation, positivisme*. De religion, il n'y en a point ; la conservation, c'est le monde jeté sur le plan fuyant des idées révolutionnaires ; quant au positivisme, c'est la seule chose qu'il voulait expliquer, mais sans pouvoir y réussir.

Littré était venu au monde pendant la Terreur ; il n'avait pas été baptisé. Au cours de sa vie, il avait épousé une femme très chrétienne ; il était devenu père d'une enfant qui fut bientôt une jeune fille accomplie ; le spectacle de ces vertus domestiques s'imposa à son respect et à ses réflexions. Malgré les exemples du contraire, il ne voulut jamais gêner, dans la pratique de leur foi, ni sa femme ni sa fille. D'ailleurs il voyait, par expérience, combien cette foi offre, dans les épreuves de la vie, d'efficaces consolations. On a tant besoin d'appui dans son existence, qu'en briser un seul est un crime. Littré recevait un des vicaires de la paroisse, l'abbé Huvelin ; sur le lit de mort, il se fit baptiser. Ce baptême *in extremis*, c'était l'abjuration de toutes les erreurs et la confession de la foi orthodoxe.

L'histoire, toutefois, ne peut pas oublier que ces doctrines positivistes de Comte et de Littré firent, sur les contemporains, une impression désastreuse. Cette réduction du passé a trois périodes : théologique, philosophique et scientifique ; cette classification des sciences aboutissant à la biologie et partant de la chimie, ces deux données parurent simples, décisives, et, malgré leur obscurantisme, furent acceptées. La chimie fut la théologie de la religion nouvelle, ou plutôt la marque de son absence. On ne parla plus que de cornues, que de cellules, de microbes. Les chimistes furent considérés comme les arbitres de la destinée du genre humain.

Parmi les chimistes de ce temps, on peut citer Naquet, Dumas, Flourens, Paul Bert, Berthelot, Claude Bernard, et le plus grand de tous, Pasteur. Naquet était un juif bossu, très malfaisant, qui ne dépassa jamais les éléments du savoir. Paul Bert, esprit aventureux, se signala par de monstrueuses expériences sur les animaux, par des découvertes funestes à ceux qui y crurent et par une haine violente du christianisme, qu'il comparait au phylloxéra et voulait traiter par les insecticides, tels que le sulfure de carbone. Comme beaucoup d'impies, il était dévoré par une avarice féroce ; il s'en fut gouverner le Tonkin et y mourut. Berthelot, camarade de Renan, avait, comme son copain, l'idée de détruire le christianisme, l'un avec des textes hébreux, l'autre avec des expériences. La seule expérience que réussit Berthelot, ce fut d'accaparer des places et de cumuler des traitements. On a proposé d'inscrire sur sa tombe : Ci-gît Berthelot ; c'est la seule place qu'il n'ait pas ambitionnée.

Avec Claude Bernard, nous entrons dans une science plus sérieuse. Bernard forme avec Flourens, Dumas et plusieurs autres, une école de vrais savants. Dumas est un bon chimiste, selon Berzélius et Lavoisier ; Flourens est un physiologiste et un auteur fécond, aussi apte à introduire dans les travaux de Cuvier et de Buffon, qu'habile à se frayer une voie vers les découvertes. Claude Bernard, servant de messe à Villefranche en Beaujolais avec Benoît Langénieux, depuis cardinal, est, à proprement parler, le créateur de la physiologie.

C'est la loi de l'évolution intellectuelle des peuples, qu'ils produisent des poètes et des philosophes, avant de former des savants. Dans ce développement progressif de l'humanité, la poésie, la philosophie et les sciences expriment les trois phases de notre intelligence passant successivement par le sentiment, la raison et l'expérience ; mais, pour que notre connaissance soit complète, il faut encore qu'une élaboration s'accomplisse en sens inverse et que l'expérience, en remontant des faits aux causes, vienne à son tour éclairer notre esprit, fortifier notre sentiment, confirmer notre raison. Au lieu de prêcher, comme les impies, l'antagonisme des sciences et leur révolte contre la foi, il faut donc, non pas les confondre, mais les unir et les subordonner. Au lieu de cloîtrer les sciences, les unes dans l'esprit humain, les autres dans la matière, il faut se dire qu'il n'y a, en ce monde, qu'une seule et même vérité. Cette vérité entière et absolue, que l'homme poursuit avec tant d'ardeur, ne sera que le résultat d'une pénétration réciproque et d'un accord définitif de toutes les sciences, soit qu'elles aient leur appui dans l'étude des problèmes de l'esprit humain, soit qu'elles aient pour objet l'interprétation des phénomènes de la nature.

La physiologie, qui explique les phénomènes de la vie, constitue une science intermédiaire, qui pousse ses racines dans la science physique de la nature et élève ses rameaux dans les sciences philosophiques de l'esprit. C'est comme le trait d'union entre les deux ordres de sciences, ayant son point d'appui dans les premières et donnant, aux dernières, le support indispensable. C'est à ce point de vue que Claude Bernard approfondit les mystères de la physiologie ; il étudie le système nerveux, le système musculaire, le système osseux, le cerveau et la moelle épinière ; il expose, si j'ose ainsi dire, la fonction de chaque fibre. Mais il n'exclut pas l'esprit et ne nie pas la religion. Au contraire, il comprend les fonctions des organes comme agent coopérateur des fonctions de l'esprit ; il établit une corrélation rigoureuse entre les phénomènes physiques et chimiques et l'activité des phénomènes de la vie ; il veut expliquer les phénomènes intellectuels en même temps que tous les autres, mais si les propriétés matérielles constituent des moyens nécessaires à l'expression des phénomènes vitaux, nulle part elles ne peuvent donner la raison première de l'arrangement fonctionnel des appareils. En un mot, il y a, dans toutes les fonctions du corps vivant, un côté idéal et un côté matériel. Le côté matériel répond, par son mécanisme, aux propriétés de la matière vivante ; le côté idéal de la fonction se rattache, par sa forme, à l'unité du plan de création et de construction de l'organisme. Comme conclusion, il n'y a pas de séparation à établir entre la physiologie et la psychologie, pas plus qu'il n'y en a entre la psychologie et la religion.

Un jour, Claude Bernard causait à la porte de la Sorbonne. Vint à passer un jeune prêtre qui allait visiter un pauvre malade. L'interlocuteur fit, sur le jeune apôtre, une plaisanterie déplacée. « Pour moi, repartit Bernard, j'aimerais mieux être jeté à la Seine avec une meule de moulin au cou, que de contrister un prêtre. Le prêtre est le consolateur des malheureux ; qui donc les consolerait s'il n'y avait que des savants comme nous ? »

Claude Bernard conduisait donc la science jusqu'à la porte de l'Église ; mais que penser de ceux qui lui défendent d'entrer, sous ce frivole prétexte qu'ils expliquent tout par la matière ? Pasteur va nous l'apprendre.

Louis Pasteur, né à Dôle en 1822, devint, au sortir de l'École normale, tour à tour professeur à Dijon, à Strasbourg, à Lille et enfin à Paris. Le professeur était doublé d'un savant ; bientôt le savant éclipsa le professeur. Le fait qui le mit en évidence fut un mémoire sur les fermentations, dirigé contre les partisans de l'hétérogénie. Un professeur de Rouen, Georges Pouchet, avait prétendu que la matière produit la vie et que, pour expliquer le monde, on peut se passer de Dieu. Pasteur contesta l'exactitude des expériences de Pouchet, en découvrit le vice, et prouva, par une expérience, cette vérité ancienne : *Ex nihilo nihil fit*. Il n'est pas vrai, ni surtout pas démontré qu'il y ait, dans la nature, une puissance créatrice et que, par une évolution croissante, du moins au plus, de l'atome et de la cellule soient sortis l'homme et le monde. S'il y a des germes dans la nature, ils ont été semés par la main de Dieu, dont il est dit expressément qu'il a semé des germes ; et si les êtres créés, par génération et croisement, produisent des espèces et des variétés, c'est en vertu des lois du créateur. Cette controverse avait attiré l'attention du monde entier ; elle fit entrer Louis Pasteur dans la gloire.

L'étude sur les ferments conduisit Pasteur à constater que ces phénomènes n'étaient pas des faits de corruption, comme on l'avait cru, mais une évolution de la vie des microbes. L'esprit généralisateur et pénétrant de Pasteur ne se borna pas à tirer de sa découverte quelques améliorations des liquides, il en fit la base d'une thérapeutique. D'après Pasteur, le corps humain apparaît comme un organisme, physiquement admirable ; mais ses organes sont envahis par de petits êtres, dont l'action mystérieuse produit les maladies. En sorte que si vous parvenez à découvrir un sérum quelconque, qui tue le microbe, vous avez découvert le remède à la maladie dont il est la cause. Pasteur fut aussi amené à chercher des bouillons de culture, soit pour produire les bacilles, soit pour les exterminer. Les applications de ses découvertes se font aujourd'hui dans des établissements où l'on guérit de la rage, ou par des procédés qui guérissent du croup, en attendant qu'on découvre le sérum d'autres maladies. Par ces découvertes, Pasteur n'est pas seulement un savant de premier ordre, c'est un bienfaiteur de l'humanité.

En son privé, Pasteur était bon chrétien, comme Leverrier, comme Récamier, comme Cauchy, comme Blainville, comme Galilée, Copernic et Newton. Lorsqu'il venait en vacances, il se plaisait à retrouver sa place à l'église et à présider la distribution des prix aux enfants des écoles. Lorsqu'il fut reçu à l'Académie française, au fauteuil de Littré, il n'hésita pas à faire profession de ses sentiments. Le positivisme de Littré était aux antipodes des principes de Pasteur. Pasteur, louant, dans Littré, ce qui est louable, sa science, ses mœurs, ses études de philosophie et son *Dictionnaire*, ne se contenta pas de réprouver sommairement l'éditeur athée du *Dictionnaire* de Nysten et l'arrangeur, assez réussi, des folles idées d'Auguste Comte ; il voulut motiver sa réprobation.

Pasteur, qui est un savant comme Claude Bernard et est un grand savant parce qu'il est chrétien, pose, comme point de départ, *l'inconnu dans le possible* et non dans ce qui a été. Pour découvrir cet inconnu, il faut recourir à la *méthode expérimentale*; mais cette méthode ne doit pas se confondre avec l'observation *empyrique*, bornée aux faits visibles; elle recourt à l'hypothèse et suppose, comme premier élément, l'infini. Dieu a mis, dans les créatures, les mystères de sa science; la science humaine aspire à les résoudre. Si vous niez l'infini, vous niez par là même l'ordre des idées et des réalités; il n'y a plus ni logique, ni métaphysique, ni science; le monde est un monceau de poussière. Le savant qui se borne à l'observation empirique, commet une erreur de méthode, parce qu'il ne recourt pas vraiment à l'expérimentation, et une erreur de calcul, parce qu'il oublie le premier facteur. Que si, dans ces conditions, il fait la guerre à la foi, c'est au nom d'une erreur et avec une cruauté diabolique. « Quant à moi, dit Pasteur, qui juge que les mots progrès et invention sont synonymes, je me demande au nom de quelle découverte, philosophique ou scientifique, on peut arracher de l'âme humaine ces grandes préoccupations : elles me paraissent éternelles, parce que le mystère qui enveloppe l'univers, est lui-même éternel de sa nature. » Faraday avait dit précédemment : « La notion et le respect de Dieu arrivent à mon esprit par des voies aussi sûres que celles qui nous conduisent à des vérités de l'ordre physique ».

Comte et Littré croyaient et avaient fait croire, à des esprits superficiels, que leurs systèmes reposaient sur les mêmes principes que la méthode scientifique, dont Archimède, Galilée, Pascal, Newton, Lavoisier sont les vrais fondateurs. C'est une erreur profonde. Leur positivisme ne pèche pas seulement par une erreur de méthode. Dans la trame, en apparence très serrée, de leurs propres raisonnements, se révèle une grande et visible lacune. Cette lacune consiste, dans la conception générale du monde, de ne tenir aucun compte de la plus importante des notions positives, de la notion de l'infini. Au delà de la voûte étoilée, l'esprit humain ne cessera jamais de demander : Qu'y a-t-il? Au delà du temps et de l'espace, il n'y a plus ni espace ni temps sans limites. Nul ne comprend ces paroles. Celui qui proclame l'existence de l'infini et personne ne peut y échapper, accumule, dit Pasteur, dans cette affirmation, *plus de surnaturel* qu'il n'y en a dans tous les miracles de toutes les religions : car la notion de l'infini a ce double caractère de *s'imposer* et *d'être incompréhensible*. « La notion de l'infini dans le monde, s'écrie Pasteur après Faraday, j'en vois partout l'inévitable expression. Par elle, le surnaturel est au fond de tous les cœurs. L'idée de Dieu en est une forme de l'idée de l'infini. Tant que le mystère de l'infini pèsera sur la pensée humaine, des temples seront élevés au culte de l'infini. Et sur la dalle de ces temples, vous verrez des hommes agenouillés, prosternés, abîmés dans la pensée de l'infini. La métaphysique ne fait que traduire au dedans de nous la notion dominatrice de l'infini. La conception de l'idéal n'est-elle pas encore la faculté, reflet de l'infini, qui, en présence de la beauté, nous porte à imaginer une beauté supérieure. La science et le besoin de comprendre sont-elles autre chose que l'aiguillon du savoir, qui met en notre âme le mystère de l'univers. Où sont les vraies sources de la dignité humaine, de la liberté et de la démocratie moderne, sinon dans la notion de l'infini, devant laquelle tous les hommes sont égaux? »

« Il faut un lien spirituel à l'humanité », disait Littré. Ce lien spirituel, répond Pasteur, ne saurait être ailleurs que dans la notion supérieure de l'infini, parce que ce lien spirituel doit être associé au mystère du monde. La notion de l'humanité, séparée de Dieu, est une notion superficielle et suspecte. Il y a, dans le dessous des choses, une puissance mystérieuse ; les Grecs les exprimaient par le mot enthousiasme, un Dieu intérieur. La grandeur des actions humaines se mesure à l'inspiration qui les fait naître. Heureux qui porte en soi un Dieu, un idéal de beauté et qui lui obéit : idéal de l'art, idéal de la science, idéal de la patrie, idéal des vertus de l'Évangile. Ce sont là les sources des grandes pensées et des grandes actions. Toutes s'éclairent de reflets de l'infini.

Malgré ces grandes réfutations de la chimie athée, aspirant à créer le monde avec des animalcules nés dans des eaux corrompues, il resta encore des esprits forts et faibles pour tenir à l'athéisme. Parmi eux, il faut citer Hippolyte Taine. Taine, né à Vouziers en 1828, sorti docteur de l'École normale, quitta l'enseignement universitaire pour se livrer aux études personnelles. A l'école, on l'avait surnommé le bûcheron ; il fut un travailleur infatigable. Bien qu'il soit mort à soixante-cinq ans, ses ouvrages atteignent un total considérable. Nous citons des études sur La Fontaine et sur Tite-Live, un volume sur les philosophes français au XIXᵉ siècle, deux volumes de mélanges, des voyages aux Pyrénées et en Italie, plusieurs volumes sur les arts, une histoire de la littérature anglaise en cinq volumes, et, en six volumes, les *Origines de la France contemporaine*.

Taine n'avait pas été appelé, par une vocation particulière, à la culture des sciences. Voyant l'étude de la nature s'élever vers des formules chaque jour plus générales, il pensa qu'elle possédait un instrument universel applicable à la recherche de toute la vérité. C'est ainsi que la méthode scientifique, marquant de son empreinte la plupart de ses conceptions, en a déterminé les lignes magistrales. Sur La Fontaine, par exemple, sujet rebattu, il applique pour la première fois la doctrine, la méthode, le plan auxquels il subordonnera presque tous ses écrits. La Fontaine lui apparaît, non pas comme une irradiation d'âme, mais comme le produit naturel et condensé de sa race, de sa province et de son époque. C'était déjà la théorie de Montesquieu ; elle est suivie ici avec plus de rigueur. Pour justifier ces théories, par un exemple, La Fontaine est considéré comme un type de race gauloise. L'auteur décrit, avec un grand charme, cette Champagne, sa patrie, où les montagnes sont collines, les bois bosquets, les fleuves de minces rivières qui serpentent au milieu des aunes : contrée tempérée et calme, où le soleil n'est pas terrible comme au midi et la neige persistante comme au nord; où l'on se laisse vivre, mangeant son fond et s'en allant comme on est venu, sans cérémonie. Le Champenois n'est ni alourdi, ni exalté, mais d'un esprit leste, juste, avisé, prompt à l'ironie. Pour produire un La Fontaine, ajoutez la finesse, la sobriété, la malice, l'art et l'élégance du siècle de Louis XIV. Voilà le système : le pays, la race, le moment et la condensation de l'ensemble de leurs caractères, pour réaliser un type.

Ce système est matérialiste et impie. D'après ce système, l'homme de talent ou de génie se produit comme les légumes dans un jardin. L'homme pousse comme la plante, par une gestation inconsciente; il n'a point de liberté, mais obéit au fatalisme. Conclusion absurde que Taine formula par cette fameuse phrase : « La vertu et le vice sont des produits comme le sucre et le vitriol ». Avec cette théorie, Taine ravageait l'ordre intellectuel et moral, comme Renan ravageait l'ordre religieux avec des emprunts aux exégètes d'outre-Rhin. Entre eux, toutefois, il y avait une différence : l'un était un être intellectuellement bas, un sophiste, un menteur ; l'autre était un homme droit, probe, sincèrement épris de la vérité et croyait la servir quand il lui tournait le dos.

Les *Origines de la France contemporaine*, ouvrage capital de Taine, celui par lequel il a rendu les meilleurs services, ne déroge pas à la théorie des milieux ; il s'inspire encore d'un historien anglais, Carlisle. Dans cette œuvre, composée, comme une mosaïque, de cent mille détails pris sur le vif, la Révolution de 89 se révèle comme une immense expropriation, de la noblesse, et du clergé, au profit de la bourgeoisie. Pendant quatre ans, il y eut ce que Taine appelle *l'anarchie spontanée*, un chaos comparable à celui que rêvent les anarchistes. La bourgeoisie française avait encore du tempérament; elle joua de ses grosses mains pour se nantir. Les procureurs, les avoués et avocats de province, robins de tout poil, fermiers cossus, intendants, domestiques de bonnes maisons savaient où étaient les bons endroits ; ils prirent la direction des comités, firent guillotiner les maîtres sous prétexte d'incivisme et achetèrent leurs domaines avec une poignée d'assignats. La propriété aujourd'hui est en état de péché mortel.

Au bout de sept ou huit ans, l'opération était terminée ; les nouveaux propriétaires s'occupèrent de réorganiser l'ordre social pour garantir leur propriété. Au bout d'un siècle, le règne fondé par la bourgeoisie victorieuse tombe en lambeaux. Le monde féodal, guidé par son instinct de race et soutenu par des principes religieux, vivifié par la vertu chrétienne, avait duré des siècles, et dans beaucoup de pays, dure encore. Le monde bourgeois, obligé à cela par les théories humanitaires dont il s'était servi pour arriver au pouvoir, dut accepter le Juif et il en meurt. Le Juif en France a confisqué la Révolution à son profit, et nous voilà acculés à ce dilemme: Il faut que la France périsse ou que le Juif soit remis à sa place.

Il y a, sur l'ouvrage de Taine, une réserve à énoncer. Son livre est exact et impartial à l'égard de la Révolution : il est injuste envers l'espèce humaine, envers l'Eglise et envers Dieu ; c'est-à-dire plein de lacunes, inexact et impie, malgré son savoir, son talent et sa bonne volonté. Si la Révolution est satanique, comme le prouve Taine et comme l'avait dit M. de Maistre, Satan, qui l'a accomplie par le crime et l'injustice, a dû, bien malgré lui, servir Dieu. Son œuvre n'est pas la fin du monde, c'est une transformation, qui peut, avec le concours de l'Eglise, produire d'heureux fruits. Nous honorons la droiture qui cherche le bon chemin en dépit des aveuglements de la science et de l'esprit du temps ; mais il ne faut pas prendre ce livre pour un jugement définitif, comme s'il s'agissait du discours de Bossuet sur l'histoire universelle.

Après les lettres et les savants, il faut parler des poètes. Notre siècle en compte beaucoup ; vous ne croiriez pas que, dans un siècle si prosaïque, tant d'âmes se plaisent à chanter. Dans la quantité, il y en a de bons, il y en a de mauvais, beaucoup de médiocres, peu de grands. La palme de la grandeur se décerne communément à Victor Hugo et à Lamartine.

La poésie, à la fin du XVIIIe siècle, était en pleine décadence. Les plus pauvres banalités, pourvu qu'elles fussent libertines, suffisaient à l'amusement des salons. Imitations stériles de l'antiquité, descriptions mornes d'une nature fictive, pastiches décolorés des modèles littéraires, toutes les compositions nouvelles n'offraient plus que des vers sans idée, sans chaleur, sans mouvement et sans vie. Le matérialisme et la mythologie avaient affadi les croyances, desséché les cœurs, corrompu la langue même. Des esprits délicats avaient pressenti la nécessité d'une renaissance littéraire. Après l'écroulement de la société, le langage appelait une transformation ; la littérature, un renouveau. Sous l'empire, la pensée est aux mathématiques, la main à l'épée. Au retour des anciens rois, les sentiments, longtemps refoulés, font explosion. Châteaubriand avait été poète en prose; deux émules de Châteaubriand vont continuer l'œuvre commencée par le *Génie du Christianisme*.

Au début, s'engage la grande bataille des classiques et des romantiques. Les classiques meurent d'anémie; les romantiques entreprennent la transfusion d'un sang nouveau. Le porte-étendard du romantisme déclare que les auteurs ont le droit de tout oser, de créer leur style, de traîner en laisse grammaire et dictionnaire. Plus de procédés d'écoles, plus de lois conventionnelles ! Au poète, comme à la nature le droit, non seulement de mêler l'ombre à la lumière, mais d'unir le laid au beau, le difforme au gracieux, le grotesque au sublime. L'autorité des règles doit le céder à l'indépendance des natures. L'artiste réclame, pour ses initiatives, une liberté sans limite. Quant au fond de la langue poétique, à l'insuffisance des mots, à l'étroitesse des règles, il repousse les traditions classiques, le caractère de solennité, la pompe ambitieuse du style. Les novateurs ouvrent la barrière à tous les mots, bons ou sublimes, nobles ou familiers; ils remplacent les inversions forcées, les phrases laborieuses, par l'expression propre et, brisant les dernières entraves du vers, rompent la césure au nom du rythme.

Le premier qui entre en scène est Lamartine. Alphonse de Lamartine naquit à Mâcon en 1790. Au foyer paternel, il subit deux influences : il lut la Bible avec sa mère et connut, par les livres, la philosophie de Rousseau. Ces deux influences sur une âme, assez molle pour les recevoir et assez faible pour les garder, expliquent ses contradictions. En lui, il y a deux hommes, l'un à peu près chrétien, élevé par les Jésuites ; l'autre à peu près philosophe, emporté à tous les rivages de la pensée. Jusqu'en 1830, Lamartine appartient à la diplomatie ; après, il devient député d'abord conservateur, puis opposant, à la fin révolutionnaire ; en 1848, chef du gouvernement provisoire, ministre des affaires étrangères ; sous l'empire, homme de lettres, gagnant son pain, c'est son mot, comme le casseur de pierres sur la route : tel est, en abrégé, la vie publique de Lamartine.

Les œuvres poétiques de Lamartine comprennent deux volumes de méditations, des harmonies, des recueillements, Jocelyn et la chute d'un ange. On lui doit aussi des nouvelles, quelques histoires, des discours et des mémoires, plus un assez volumineux bagage de journalisme. Les histoires ont peu de valeur ; les discours ont leur place dans l'histoire parlementaire ; les œuvres poétiques ont été, pour Lamartine, le grand instrument d'action sur son pays et sur son siècle.

Rarement un homme se rencontra doué d'inclinations plus heureuses que Lamartine. Amant de la vraie gloire, son esprit cherche avidement la vérité, son cœur la justice. Les plus hautes conceptions, quand elles lui sont présentées, il les embrasse sans effort. Personne ne désire plus que lui servir et illustrer sa patrie. S'il a la religion du devoir, du courage dans le danger, il possède, mérite plus rare encore, la fidélité à ses convictions.

Ajoutez une chasteté de sentiments qui rappelle Bossuet et une puissance de verbe qui tient du prodige. En poésie, il a tous les sentiments qui élèvent aux plus hautes régions de l'esprit. Les hautes idées, les nobles émotions s'expriment, dans ses vers, avec une telle harmonie, que jamais la langue française n'a chanté plus mélodieusement que sur ses lèvres. Son style est fait de musique, comme sa pensée est faite de poésie. La réalité n'est, pour lui, qu'un marchepied vers l'idéal ; ses œuvres sont un essor perpétuel vers un monde supérieur. Le sentiment de la nature, la contemplation de l'univers prennent chez lui la même voie que les mouvements du cœur ; ils l'aident à s'envoler au-dessus du monde visible, à monter jusqu'au principe de tous les mondes, jusqu'à la source de tous les êtres. C'est là le beau côté de Lamartine, et par quoi il a séduit et élevé son siècle.

Mais il a manqué, à Lamartine, une foi fixe. Catholique à ses débuts, il cédera plus tard aux inspirations du panthéisme. Lui-même a voulu nous apprendre que ses poésies religieuses n'étaient que des jeux d'esprit et qu'il en avait composé beaucoup d'autres qui disent le contraire. Pourtant, il déclare n'avoir livré, au monde, que des fragments, et avoir rêvé la grande épopée du siècle : *Pendent opera interrupta*. En examinant bien, dans ses meilleures poésies, vous verrez que Lamartine n'est pas le poète catholique de bon aloi. « Pour lui, dit Donoso Cortès, le catholicisme n'a jamais été une religion, mais une poésie ; il ne l'a pas chanté, parce qu'il était profondément touché de sa beauté morale, mais parce que ses magnifiques splendeurs l'éblouirent, lorsqu'il ouvrit ses yeux à la lumière. »

Dieu l'avait comblé de ses dons. Lamartine, malgré ses défaillances, est le plus grand poète du siècle ; mais que ses défaillances sont terribles ! La misérable influence du doute et de la vanité ont dispersé les dons de Dieu en œuvres souvent vaines et trop souvent blâmables. Cet homme si bien doué, si bien installé dans la vie, qui a connu les revers et même la pauvreté, a douté de tout excepté de lui-même, et, par ce double malheur, sa vie apparaît comme un immense gaspillage. Il n'y a de beau dans ses œuvres que des fragments. Ils sont nombreux, quelques-uns sont grandioses, aucun n'est parfaitement pur. Tout y porte la marque du génie et le signe de la défaillance.

Soit en politique, soit en art, on se demande si Lamartine a bien su ce qu'il pensait, ce qu'il voulait, ce qu'il faisait, et si même il possédait la faculté d'y réfléchir et de se corriger. Les inspirations, les visions le hantaient ; il suivait tout avec empressement ; il exprimait tout avec éclat. On a dit de lui qu'il tournait toujours, mais en l'absence du vent. Aucune idée fixe, rien de stable. Cependant l'idée stable ne lui était pas inconnue et il ne manquait pas de fermeté dans la tempête. Seulement sa fermeté était une fermeté d'orgueil, et il connaissait la vérité, comme les païens connaissaient Dieu, sans le révérer comme Dieu. La vérité n'était, pour lui, qu'une vérité.

Mais enfin, grâce à Dieu, il est revenu à ses commencements. Vieux, humilié, infirme, le pied dans l'antichambre de la mort, loin de toute gloire humaine, il s'est souvenu, il s'est reconnu, et par une grâce longtemps refusée peut-être, il a tiré son âme du naufrage de toutes ses splendeurs.

Victor Hugo naquit à Besançon en 1802, d'un père soldat et d'une mère vendéenne. Les vicissitudes de la guerre conduisirent le nouveau-né en Espagne, en Allemagne, en Italie, et le ramenèrent en France : cette vie déracinée colora fortement son imagination et déteignit sur son intelligence. A quatorze ans, il avait composé une tragédie ; à quinze ans, il concourait aux académies et commençait sa moisson de lauriers ; Châteaubriand l'appelait un *enfant sublime* : c'est la qualité et le défaut qu'il devait garder toute sa vie, souvent sublime, toujours enfant. Sous la Restauration, il chantait nos anciens rois ; sous la branche cadette, il chantait Louis-Philippe et devint pair de France, membre de l'Académie française ; sous la seconde République, il fut député d'abord conservateur, puis révolutionnaire ; sous le second empire, opposant furieux, mais la furie ne nuisait pas à la vente de ses livres ; sous la troisième république, sénateur, en train de devenir dieu républicain. A sa mort, on chassa Jésus-Christ du Panthéon pour y placer le cadavre du poète : sacrilège qui caractérise également bien l'homme et ses adorateurs.

Les ouvrages de Victor Hugo sont innombrables : vingt volumes de poésie, vingt volumes de roman, vingt volumes de drames, vingt volumes de discours, vingt volumes de littérature et philosophie mêlées, vingt volumes d'articles de journaux, vingt volumes d'œuvres publiées après sa mort. Victor Hugo était un travailleur méthodique, aussi réglé que le plus sage majordome, aussi fou que le plus fou des poètes. Homme immense, toujours en parade, un paon éternel, avec une queue de paille, et, pour l'anéantir, il ne faut qu'une allumette.

Victor Hugo avait reçu de Dieu, la plupart des dons qui font les poètes : l'imagination, la couleur, l'abondance, la facilité, le sentiment du rythme. Hugo pensait en vers ; les idées lui venaient sous forme de strophes, avec de grandes ailes et une opulente sonnerie. Le moindre vent qui effleurait son front en faisait tomber une ode, où il y a toujours quelques belles strophes, au moins quelques beaux vers, au moins l'écorce et la couleur de la poésie. Une seule qualité lui a manqué, le goût, et lorsqu'il aura rompu avec le christianisme, il tombera dans les plus monstrueux excès.

Mais enfin, avant de descendre à cette folie, hélas ! incurable, Hugo avait été plein de feu, de sang, de larmes et de tempêtes. C'est un homme : il se sent vivre, il se voit attaqué, il combat, il va mourir. S'il succombe, c'est qu'il a préféré la défaite ; s'il a été plus vaincu, c'est qu'il pouvait remporter une plus éclatante victoire.

Dans Lamartine, nous constatons des défaillances ; chez Hugo vous trouvez toutes les trahisons. Hugo a trahi toutes les causes qu'il avait servies avec éclat ; il a renié tous les partis qu'il avait embrassés par choix ; il a apostasié même la foi qui avait glorifié sa jeunesse. Hugo, que toute critique exaspérait, était particulièrement sensible à cette accusation d'apostasie. Alors il s'échappait en rugissements de divinité blessée ; il injuriait les critiques avec toutes les licences que la langue peut permettre. En même temps, il tirait vanité de ces transformations, fastiques à ses yeux. A l'entendre, c'est la raison qui avait fait d'un royaliste un jacobin, d'un chrétien un rationaliste. A ces hauts faits de la raison s'ajoutent les faits de l'expérience. Hugo a vu les crimes des rois, les misères des peuples, les évolutions de l'idée humanitaire. Alors l'âme droite et sainte du citoyen Hugo s'est éprise d'admiration pour les vertus de Saint-Just, les douceurs de Carrier et les tendresses de Robespierre. Mais en disant cela, il écume. Pourquoi cette fureur si la chose est si honorable et de si facile explication.

Mais quelles réflexions, quelles longues études, quelles découvertes, quels attraits du cœur et de la conscience, ont arraché Hugo du christianisme, pour le jeter dans un panthéisme bête, dans un matérialisme grossier, dans un illuminisme impénétrable où il se roulera jusqu'à la fin. La réponse était faible en politique ; ici, il n'y a pas de réponse. L'amour de la liberté, l'amour du peuple, la miséricorde envers tous les êtres ne sont pas des motifs qui puissent faire passer de la religion de Bossuet aux tables tournantes et de l'Évangile du Christ au fluide des escargots. Pourquoi donc Hugo a-t-il cessé d'être chrétien ? J'interroge ses ouvrages ; j'y trouve la longue énumération de ses vertus et de ses services... en prélevant des millions sur la vente de ses ouvrages et en mettant ses éditeurs en faillite. Ce sont là propos de philanthrope habile à remplir son pot et à renverser la marmite des éditeurs ? Mais enfin pourquoi ce philanthrope cossu et tendre a-t-il abjuré la foi de Jésus-Christ ? Car enfin Jésus-Christ n'a rien dédaigné d'infime et de bas ; il n'a été dur ni pour le publicain, ni pour le pécheur. Rome ouvrait des écoles aux pauvres, avant que Paris fût illuminé au gaz, d'où suinte si aisément le pétrole. Hugo n'est pas l'inventeur de la lumière ; le christianisme a pratiqué l'enseignement d'une façon plus logique, plus large, plus généreuse que les poètes ne l'ont jamais fait. Pour relever le laquais, Hugo abaisse les rois ; pour réhabiliter la prostituée, il diffame les reines ; l'immense tendresse qu'il porte aux histrions se change en fureur contre les autorités naturelles ; partout où il glorifie une bâtardise, il salit une légitimité. Cette façon de miséricorde est à contre-sens et pleine de misérables aventures. Le Christ et son Vicaire ont le cœur assez ample pour aimer aussi les honnêtes gens ; ils ne damnent pas un homme, parce que cet homme est roi, ministre, grand seigneur, ou, tout simplement, possesseur d'un état civil régulier. L'Evangile est le point de départ de la démocratie chrétienne ; le Christianisme en est l'école ; et l'Eglise, l'agent. C'est cela et cela seul qui a sauvé le monde. La réhabilitation de la prostituée ne peut que corrompre les mœurs, emplir les prisons, désoler les familles et jeter la société en pleine dissolution.

Pourquoi donc Hugo a-t-il apostasié l'Evangile ? pourquoi a-t-il été, dans sa longue vie, l'homme de toutes les contradictions ? C'est parce qu'il a été le jouet de toutes les passions, l'esclave de tous les vices. Dans sa suprême ignominie, il est littérairement assez beau pour séduire encore ; mais il est trop contradictoire et trop vil pour ne pas succomber sous l'anathème. Qu'il soit jeté aux gémonies où pourrissent les cadavres de tous les grands corrupteurs de l'humanité.

Aux prosateurs et aux poètes, il faut joindre ici quelques princes de la parole. Dans ce siècle de parlage, ils n'ont pas manqué. Les deux Dupin, Paillet, Chaix d'Est-Ange, Bethmont, Crémieux, Duval, Marie ne sont pas des noms voués à l'oubli de l'histoire ; deux autres noms les rappellent et les résument avec honneur : Jules Favre et Berryer.

Jules Favre était né à Lyon en 1809. En 1825, il achevait ses études classiques. « C'était, dit Rousse, le temps où notre jeunesse, à peine convalescente des langueurs d'Obermann et de la maladie de René, s'enivrait à cette large coupe qui, des lèvres de Gœthe et de Biron, passait dans les mains de Victor Hugo, de Lamartine et de Musset. Dévoré du besoin de savoir, brûlant des sombres ardeurs des écoles d'Allemagne, déclamant sur sa route le monologue de Faust et les stances désespérées de Manfred, Jules Favre quitta sa famille et vint à Paris. Pour le connaître et pour le juger dans tout l'ensemble de sa vie, il faut lire le récit qu'il nous a laissé de ses premières années ; de ces journées commencées à cinq heures, à la lueur de la lampe matinale, dans sa petite chambre du pays latin ; partagées par un règlement inflexible entre le travail, les bibliothèques et les cours ; tourmentées par mille tentations toujours vaincues ; sevrées même des plus honnêtes plaisirs ; et traversées seulement par ces grands coups de lumière, qui, à la voix des Guizot, des Villemain, des Cousin, des Ampère, des Gay-Lussac, allaient éclairer, au fond de cette âme solitaire, les horizons lointains de l'histoire, les cimes les plus ardues de la philosophie et les secrets les plus cachés de la science (1) ».

Ce Jules Favre des premiers jours est une espèce de janséniste ou de chartreux ; il s'obstine dans la réclusion monacale, dans une ascétique retraite. Bientôt de cette puberté, chaste et taciturne, sortira cette éloquence correcte et fougueuse, châtiée jusqu'à l'asservissement, hardie jusqu'à la licence, qui se recommande par une invariable correction et attire par une harmonieuse âpreté.

Favre s'étant destiné au barreau et réservé pour la tribune, s'était, après son stage, établi avocat dans sa ville natale. Le procès monstre des accusés de Lyon, qui s'étaient insurgés au cri de : Vivre en travaillant ou mourir en combattant, mit sans retard le jeune avocat en évidence. L'opinion des autres défenseurs fut qu'il ne fallait pas plaider ; Favre plaida. Ce coup d'audace fut le commencement de sa fortune. Ce fut aussi son premier engagement public envers le parti auquel, pendant toute sa vie, il est demeuré fidèle.

« Depuis ce jour, dit encore Rousse, il n'y eut guère de procès politique où ne figurât cet athlète infatigable. Les journalistes au lendemain d'un article imprudent ; les insurgés au lendemain d'une défaite ; les candidats malheureux au lendemain d'une élection orageuse ; les diffamés et quelquefois les diffamateurs ; toutes les ambitions, toutes les passions qui font naître le choc des partis dans un pays libre ou qui veut le devenir : telle fut, pendant plus de trente ans, la clientèle sans pitié de cette éloquence sans repos. Il semblait que cette grande parole appartînt à tous, et qu'en se prodiguant à tous, avec sa fortune, son talent, ses forces et sa vie, l'orateur ne fît que répandre une richesse publique, dont il était seulement le dispensateur. »

En 1848, Favre fut secrétaire de Ledru-Rollin au ministère de l'Intérieur, puis député radical, non socialiste. Après le coup d'Etat, il fut, au Corps législatif, l'un des Cinq. En 1870, membre du gouvernement de la défense nationale, il avait, comme ministre, déclaré que la France ne céderait ni un pouce de son territoire, ni une pierre de ses forteresses. Après la capitulation, il fut obligé de signer l'armistice et oublia d'y faire comprendre l'armée de Bourbaki que Bismark fit lâchement écraser ; plus tard il dut apposer sa signature au traité de Francfort. Ce deuil national déteignit sur son âme, mais n'affaiblit pas sa vieille passion contre le christianisme. Lui qui avait été longtemps un fidèle chrétien, un membre des conférences d'Ozanam, il était devenu un ardent ennemi de l'Eglise et du Saint-Siège. Bâtonnier de l'ordre des avocats, il s'était montré souvent puritain quinteux à l'endroit des stagiaires un peu légers dans leurs mœurs. Or, on finit par découvrir que ce puritain janséniste avait

(1) *Discours de réception à l'Académie française.*

pris la femme d'un autre ou déclarait, comme siens, des enfants dont la paternité légale appartenait à cet autre : crime ou délit justement punissable. Ce fut, en attendant la mort, un arrêt de mort civile.

Ainsi finit cet avocat. Si vous considérez l'harmonie de sa parole, la cadence de ses discours, le vague enchantement de cette musique sonore qui soutient sa pensée et parfois la remplace, Favre est le Lamartine du barreau. Mais si vous considérez le libéral, devenu tel par abandon de la vérité et de la vertu chrétiennes, il ne reste plus qu'un républicain déiste. Le signataire du traité de Francfort, l'auteur inconscient de la perte d'une armée, convaincu d'adultère et d'altération d'actes de l'état civil, eût pu finir dans une maison centrale. N'eut-il pas mieux fait de n'être point libéral et de rester fidèle à l'Evangile de Jésus-Christ ?

Pierre-Antoine Berryer naquit à Paris en 1790. Après avoir fait, à Juilly, sous les Oratoriens, assez mal ses études, il entrait, sous la Restauration, au barreau de la capitale. Légitimiste par tradition de famille, libéral suivant l'esprit de son temps, il plaida souvent pour les partis vaincus. Député en 1830, il fit, pendant dix-huit ans, à la branche cadette, une opposition qui le fit marcher de conserve avec les Républicains, et versa parfois dans l'ornière de la Révolution. En 1848, il appartenait au grand parti de l'ordre ; sous l'Empire, il revint à l'opposition contre le gouvernement et fut élu, comme tel, à l'Académie française. Berryer mourut en 1868 comme un chrétien doit mourir.

Berryer n'a jamais été au pouvoir. Rien ne prouve qu'il eût été aussi habile dans l'action qu'éloquent par la parole ; rien ne prouve, non plus, le contraire. On peut seulement induire, des infirmités du libéralisme et de l'étroitesse de la légitimité, qu'il eût apporté, au gouvernement, la timidité naturelle aux artistes de la parole et les incertitudes inhérentes à ses convictions. D'autant mieux que, tous les libéraux, s'ils sont sincères, reconnaissant aux sujets les bénéfices de la Déclaration des droits de l'homme, se croient souvent désarmés contre les passions et se trouvent incapables de les réduire. Notre siècle n'a pas manqué d'orateurs ; c'est peut-être pour ce motif que les foules se sont trouvées sans chefs, livrées à l'anarchie de leurs initiatives et à l'incohérence de leurs emportements, grisées même par la parole qui ne servait plus qu'à outrer leurs excès.

Ces réserves faites, et la probité les impose à l'histoire, il a été reconnu, par ses contemporains, que Berryer fut le prince des orateurs de son temps et comme une incarnation de l'éloquence. Avocat, il plaidait à ravir ; orateur politique, il était, à la tribune, suivant l'expression de Royer-Collard, une puissance. La cause qu'il avait à défendre, il la pénétrait avec une sagacité profonde, il l'exposait avec une lucidité rare, il excellait à en faire ressortir la force et la grandeur, et ajoutait, à tous ces avantages, le charme d'une parole qui possédait toutes les séductions. Entendre Berryer était une allégresse ; se souvenir de l'avoir entendu éveillait encore, dans l'âme, la première émotion de ses discours.

La *Chaîne d'union* affirme que Berryer, en 1848, avait été affilié à la Franc-Maçonnerie. Si le fait est vrai, il explique l'espèce de neutralité que le grand orateur garda au milieu des périls de l'Eglise. Pendant la longue croisade pour la liberté d'enseignement, il s'abstint ; dans la guerre ignare et fanatique, faite au *Syllabus*, il resta muet. Cependant, pour être juste, il faut reconnaître qu'il défendit le pouvoir temporel des pontifes Romains, les associations religieuses, les gens d'Eglise ; qu'il poussa même jusqu'à combattre l'amovibilité des prêtres et à répudier l'idée de leur mariage. En quoi il agissait, du reste, plus en avocat qu'en croyant et en homme politique, comme eussent pu le faire Crémieux et Jules Favre.

Berryer était, sans doute, un ami de la liberté ; il savait que la liberté est fille de l'ordre ; il cherchait, dans la tradition monarchique, la forte assise sur laquelle pourrait s'élever l'édifice des institutions libérales. Dans ce dessein, il rêvait un gouvernement pondéré, où se combineraient, dans un savant équilibre, l'autorité ancienne, la liberté nouvelle ; jamais il n'avait été partisan de la monarchie absolue.

Ce qui a manqué peut-être à Berryer, c'est l'instinct des idées démocratiques. Berryer était surtout un parlementaire : un roi et les deux Chambres, c'était, pour lui, une espèce d'Islam. Avec cette créance arrêtée, il ne pouvait pas comprendre les inévitables conséquences que l'avènement du peuple à la vie publique entraînait dans l'organisation du pouvoir suprême, dans le système des institutions sociales et jusque dans les relations du travail avec le capital. Constitutionnel de 1791, il voulait le roi légitime au sommet du monument dont la souveraineté du peuple changeait la base, et dont le suffrage universel devait accélérer la ruine. Du moins, s'il n'entra pas dans le mouvement démocratique, il ne fit rien pour le combattre ; il appuya même plus d'une fois ses représentants et accepta la défense, au barreau, de ses revendications.

Un rédacteur du *Temps*, Jules Ferry, va nous dire ce qu'il pense de Berryer. « Berryer était royaliste dès 1814, mais pour disputer aux fureurs royalistes les vaincus de Waterloo. Il resta royaliste après 1830, mais pour abriter, sous la bannière du droit divin, tout le tempérament de la Révolution française. De la grande époque qui l'avait vu naître (1790), il avait conservé le trait dominant : la politique subordonnée à la morale, l'humanité soumise au droit, à la justice, à la tolérance. Il incarnait en lui tous les grands instincts de 1789. Son éloquence même avait gardé l'accent de ces grands jours. Nul n'a parlé plus haut et plus ferme que lui, le paladin des royautés déchues, cette langue des révoltés, dont Mirabeau fut parmi nous le souverain maître et l'inimitable modèle.

« Par la vigueur, la résolution, la hauteur, et, l'on peut ajouter, l'entrain révolutionnaire de sa lutte de dix-huit années contre la monarchie de Juillet, Berryer en remontrait à la gauche elle-même. C'est par ce côté que jusqu'au dernier jour, tout vieux qu'il fût, et dans un vieux parti, il a eu prise sur les générations contemporaines. Lorsqu'arriva, il y a dix-sept ans, le grand écroulement de la liberté française, le service que rendit Berryer fut considérable : il n'émigra pas à l'intérieur ; il resta dans la bataille. La tribune était renversée : il transporta à la barre des tribunaux les combats de la liberté.

« Pendant seize ans, on le trouva sur toutes les brèches et derrière tous les droits : la liberté de la presse, la liberté d'association, la liberté de coalition, la liberté des élections, la liberté des correspondances l'eurent tour à tour pour défenseur. Les années avaient passé sur ce grand cœur sans l'attiédir ; sa carrière s'achève, comme elle avait commencé, au service des persécutés, et il semble rajeunir à plaider pour les vaincus. Usé, à la fin, et frappé à mort, il laisse pour tout testament politique cette fière parole écrite du bord même de la tombe, et que l'histoire conservera ; on peut dire de lui qu'il est mort debout.

« Tel est, dans la plus haute unité de sa vie, le grand orateur qui vient de quitter la scène du monde. Sa place y restera longtemps vide. Personne surtout ne pourra reprendre, après lui, le rôle spécial qui a fait la noblesse et l'originalité de sa carrière. Il était la grande influence libérale du parti auquel il avait voué sa vie. On ne saurait dire qu'il en fût le chef ; il en était l'honneur, non la tête. Mais s'il ne le menait pas, il le fascinait. Le parti légitimiste est, essentiellement, la masse la plus rétrograde et la plus aveugle du parti conservateur. A ce point de vue, la campagne révolutionnaire conduite par Berryer contre la royauté de 1830 pouvait passer pour une aventure. Il y entraîna pourtant à peu près tous les siens ; et il dut, en vérité, leur en rester quelque chose. »

Pour honorer les hommes dignes d'honneur, il faut les prendre comme ils sont, dans la dignité de leur principe et la constance de leur conduite. Si l'on veut réellement respecter la mémoire de Berryer, il ne faut point dénaturer ce qui a été le foyer de son génie et de son éloquence, ce qui a éclairé son jugement et animé sa vie. Royaliste et libéral ne faisaient qu'un dans Berryer. C'est dans ces deux titres qu'il puisait ses inspirations, ses élans, les grandes règles de sa vie publique.

Les orateurs ont leur destinée. Par un seul discours, ils peuvent devenir célèbres ; par une vie consacrée à la parole et à l'éloquence, ils acquièrent un grand nom. Mais ce grand nom s'éteint promptement, entraîné par le poids même de cette parole, à laquelle il a dû son resplendissement. Pour plaire, il a dû se plier aux exigences de l'opinion. Qui peut parler toujours et toujours sur la place publique et durant un demi-siècle, sans contracter beaucoup de ces abaissements qu'exige la popularité ?

Le P. Lacordaire disait que l'orateur et l'auditeur sont deux frères qui meurent le même jour. Trop souvent, ils se survivent ; ils se retrouvent en présence et ne se reconnaissent plus. La parole publique est mobile comme l'opinion qu'elle secoue et qui l'inspire. Elles se choquent, elles s'embrassent, elles se séparent ; du commerce qu'elles ont eu entre elles, elles emportent l'une et l'autre peu d'estime l'une pour l'autre et toutes deux ont raison. L'opinion publique s'est égarée dans ses exigences ; la parole s'est trop peu honorée par ses complaisances.

Il a manqué, à Berryer, et à d'autres contemporains, une force intérieure, au côté au moins de la force morale qui lui fît mépriser la popularité. Mais à la façon dont il était engagé dans la vie, à la tribune et au barreau, la popularité lui était nécessaire. A la tribune, avocat d'un parti qu'il suivit, au lieu de le dominer ; au barreau, se chargeant de trop de causes : partout plus avocat que docteur. Irréparable malheur d'une époque sceptique et frivole, qui exige avant tout qu'on l'amuse et qui abaisse à l'amusement ceux qui étaient nés pour l'instruire.

Berryer était éloquent de voix, de geste, de figure, de passion. La doctrine, la conviction, l'amour manquaient. Sans ce corps et sans ces ailes, qu'est-ce que l'éloquence ? Le charme d'un instant ; un fantôme et un son qui traversent l'air. A la tribune et au barreau, il ne restera rien de Berryer, ou, plutôt, c'est déjà fini.

A Dieu ne plaise que le lecteur entende ici quoi que ce soit contre l'honneur de Berryer. Berryer, dans le sens strict et honorable du mot, a été fidèle à son parti et à ses clients. Ce n'était pas la doctrine qu'il se proposait de faire régner, ce n'était pas le droit qu'il avait souci de défendre ; c'est son client qu'il voulait tirer d'embarras ou de péril : il y réussissait.

Nous ne l'accusons pas ; nous accusons le temps et tout le reproche qui peut l'atteindre, c'est d'avoir plié au temps. Mais qui se flattera d'échapper à ce péril, surtout si, perdant le bonheur d'une condition obscure, il est emporté sur les hauteurs par quelque don éclatant de la nature ou quelque jeu de la fortune. Il faut que les petits aient pitié des grands et leur tiennent compte des séductions qui ne les viennent pas chercher eux-mêmes. C'est par le malheur du temps et de la situation que Berryer n'a point discerné, n'a point osé connaître assez tôt la plus grande cause qu'il pût défendre. Parmi ces clients, il n'osa pas compter l'Église de Jésus-Christ. Que de fois, il l'a vue traînée à la barre, insultée misérablement. Berryer était là et sa voix est restée muette. Berryer a failli à ce devoir, il a manqué à cet honneur. L'homme politique craignait ; l'avocat de la monarchie eut peur de compromettre l'intérêt du prince dans la cause de la liberté du Christ. Paix et miséricorde au mort ; rien ne peut nous empêcher de dire que cette couronne, uniquement glorieuse, ne doit pas être déposée sur son cercueil.

La gloire de l'homme se mesure à son dévouement pour le Christ. Lamoricière, foulant aux pieds la gloire mondaine qu'il avait amassée sur les champs de bataille, pour embrasser l'ignominie de la Croix et se faire, malgré les sarcasmes, le premier soldat du Saint-Siège, s'est élevé au sommet de la gloire chrétienne. Si Berryer eût imité Lamoricière, s'il eût embrassé, comme lui, les ignominies de la Croix, s'il eût mis son intelligence, son cœur, sa parole, sa vie au service du Pape ; si, à la place de ses intermittences chrétiennes, il fût devenu le champion du Christ et de la Papauté, les honneurs de son éloquence eussent ébranlé le monde, arraché aux torpeurs de l'égoïsme, aux iranités de la vaine gloire, des générations entières d'hommes qu'elle eût transformés en apôtres. — Des apôtres, c'est ce qui, en ce siècle et en Europe, aura le plus manqué à l'Eglise et à son histoire.

Nous venons maintenant à quelques représentants de l'économie politique. Un coup d'œil général sur cette école suffit pour en dénoncer les périlleuses doctrines et les terribles résultats.

L'école des économistes s'était associée, au XVIIIe siècle, aux innovations de l'école philosophique et elle coopéra sans vergogne à son œuvre de destruction.

Melon, ce sage disciple de Sully et de Colbert, qui ne se laissa leurrer qu'un moment par les théories de Law, Dupin, l'abbé Coyer, Forbonnais surtout, cet esprit mesuré qui avait adopté, dans ses *Principes et observations économiques*, la devise : *Est modus in rebus*, tous ces réformateurs qu'on appelle les *premiers économistes*, avaient su se préserver de l'attrait des utopies. Quesnay et Gournay, au contraire, rêvaient, au-dessus de la société réelle, traditionnellement basée sur l'inégalité des classes et sur des lois trop confuses pour n'être pas souvent contradictoires, une société imaginaire dans laquelle tout serait simple, ordonné, uniforme, équitable, conforme à la raison, et ils cherchaient, dans la toute-puissance du gouvernement, le moyen de transformer leurs abstractions en réalités.

Le chef de la secte *physiocratique*, le docteur Quesnay, l'un des familiers de la marquise de Pompadour, écrivit à Versailles son *Tableau économique*, et c'est le roi qui, de ses mains, tira les premières épreuves.

La *physiocratie*, c'est-à-dire le gouvernement de la nature, repose sur cette donnée que la terre est la véritable source des richesses ; qu'elle doit nourrir l'agriculteur sans aucun prélèvement possible sur le salaire qui est nécessaire à son existence, et que le seul impôt légitime, *non destructeur*, c'est l'impôt sur le revenu net du propriétaire, c'est-à-dire sur le produit brut de la terre diminué des avances permanentes ou annuelles faites pour obtenir la récolte. L'excédent matériel de la quantité des produits est, dans ce système, le seul instrument de la richesse publique. Quesnay, fils d'un agriculteur habile, et passionné lui-même pour l'agriculture, formule sa pensée dans ses maximes XVIII et XIX en ces termes : « Qu'on ne fasse point baisser le prix des denrées ; qu'on ne croie pas que le bon marché est profitable, même au peuple ». A ses yeux, le moyen de développer la production, c'est la libre concurrence des producteurs et le libre échange des produits. « La propriété, dit l'un de ses disciples, est la base de toute société, et l'échange, le lien de toute société. » La monnaie est l'instrument de l'échange, sa valeur est à la fois le type, l'équivalent et la mesure la plus commode des autres valeurs ; elle sert de dénominateur commun à toutes choses, active la circulation, qui doit être affranchie des entraves dont la législation entoure tous les produits du sol.

Les préoccupations exclusives des physiocrates en faveur de l'industrie agricole les amènent à ne reconnaître d'autre classe *productive* que celle des cultivateurs, et à considérer comme *stériles* toutes les autres professions industrielles et libérales, ce qui porte atteinte à l'égalité des travailleurs devant la loi. De cette erreur fondamentale découle une double conséquence : c'est que, par l'exagération de l'impôt unique sur le produit net, le propriétaire peut être réduit à déserter l'agriculture, et que le cultivateur peut se trouver privé, faute de travail, de tout moyen d'existence.

De Gournay, fils de négociant et intendant du commerce, se place à un point de vue tout différent. C'est moins dans les produits de la terre qu'il voit les sources de la richesse publique, que dans la transformation des matières premières par l'industrie et par les échanges commerciaux. Mais d'accord avec Quesnay sur le principe économique, il pense « que les fabriques et le commerce ne peuvent fleurir que par la liberté et la concurrence, qui dégoûtent des entreprises inconsidérées et mènent aux spéculations raisonnables, qui préviennent les monopoles, qui restreignent à l'avantage du commerce les gains particuliers des commerçants, qui aiguisent l'industrie, qui simplifient les machines, qui diminuent les frais onéreux de transport et de magasinage, qui font baisser le taux de l'intérêt ; d'où il arrive que les productions de la terre sont à la première main achetées le plus cher qu'il soit possible au profit des consommateurs, pour leurs besoins et leurs jouissances. » Il en conclut qu'il ne faut jamais rançonner ni réglementer le commerce. Il en tire cet axiome : *laisser faire, laisser passer*.

Ainsi les deux sectes d'économistes, qui avaient pris pour objectif, l'une l'agriculture, l'autre le commerce, se réunissaient sur un terrain commun, la concurrence sans frein ni limite.

La théorie économique de Law, dont l'influence n'a pas été moindre que celle des précurseurs du libre échange, repose, au contraire, sur le principe de l'intervention de l'État dans les relations industrielles et commerciales des citoyens entre eux.

Ennemi déclaré de ce qu'on a appelé depuis la tyrannie du capital, Law a préparé, à son insu, la dangereuse théorie du droit au travail. Ses conceptions portent en germe l'absorption par l'État de toutes les fortunes privées, immeubles et capitaux, de la production et du commerce. Law a été le précurseur du socialisme et du despotisme, qui en est la conséquence forcée.

Quelques-uns des disciples de l'école de Quesnay, notamment Lemercier de la Rivière et l'abbé Baudeau, se laissèrent séduire par les théories de Law.

Lemercier de la Rivière s'attira, par son livre sur l'*Ordre naturel et essentiel des sociétés politiques*, la confiance de l'impératrice Catherine II et celle de l'empereur d'Allemagne Joseph II. Un franc despotisme était, aux yeux de Lemercier de la Rivière, le moyen le plus efficace d'assurer le bonheur du peuple.

De son côté, Baudeau, dans son *Introduction à la philosophie économique* ou *Analyse des États policés*, s'exprimait ainsi : « Il est plus aisé de persuader un prince qu'une nation, et le triomphe des vrais principes est plutôt assuré pour la puissance souveraine d'un seul que par la conviction difficile à obtenir de tout un peuple ».

Un autre économiste de l'école de Quesnay, le marquis de Mirabeau, gentilhomme provençal, plein des souvenirs des pays d'État, hasarda cependant quelques réclamations en faveur des libertés locales : « Nous sommes Français, s'écrie-t-il, mais nous sommes et nous voulons rester Bretons, Normands, Provençaux, Languedociens. Les états provinciaux seraient avantageux pour le peuple, sous le double rapport des intérêts matériels, évidemment mieux régis par les notables de la province que par des commis de la capitale, et de la liberté civile et politique puissamment favorisée, par l'intervention des citoyens dans la gestion de leurs propres affaires. Ils seraient avantageux pour l'autorité, car le gouvernement, semblable à la clef d'une voûte, tire sa force de l'harmonie et de l'effet de toutes les parties combinées, et l'ordre municipal est vraiment l'ordre citoyen. Ces états protégeaient les arts et les manufactures, l'agriculture surtout, si délaissée, si stationnaire au milieu des prétendus progrès de la civilisation. Par eux, le crédit public recevrait un nouvel élan, car la confiance a deux points : la garantie des richesses et celle de la probité. Le crédit des corps est le plus solide, et, entre les corps, les plus puissants et les plus immuables sont les états. »

Répondant aux partisans de la centralisation : « On ne nie pas, — ajoute-t-il — qu'il ne faille réunir toutes les lignes au centre ; mais, le premier rang pour cela, c'est de faire des lignes ; or, je prétends que ces lignes n'existent pas là où il n'y a point d'autorité médiate et organisée de façon que le gouvernement ne soit que l'inspecteur et non le précepteur éternel de ses proposés.

Au prince donc le gouvernement, à l'ordre municipal l'administration du pays ; car les pouvoirs intermédiaires subordonnés et dépendants constituent, comme l'a dit le philosophe de la politique, la nature des gouvernements monarchiques.

La voix de l'*ami des hommes* fut étouffée au milieu du concert des philosophes et des économistes en l'honneur du pouvoir absolu. Baudeau résumait la théorie dans ces mots, répétés depuis par Danton et Robespierre : « L'État fait des hommes ce qu'il veut ».

Le grand réformateur dont Louis XVI fit son ministre en montant sur le trône, Turgot, le disciple de Quesnay, partageait le dédain des économistes pour la tradition. Tout entier à la doctrine du laisser faire, il y chercha trop exclusivement le salut et le progrès que la France aurait trouvés dans un retour à ses vieilles libertés et dans la convocation immédiate des états généraux. Au lieu de s'appuyer sur l'histoire, il se confina dans ses théories et rêvant, comme ses devanciers et ses maîtres en économie politique, la régénération radicale de la société, il voulut y arriver en chargeant le pouvoir absolu d'appliquer, c'est-à-dire d'*imposer* son système. Détruire le passé, reconstruire, d'après un plan uniforme, l'édifice social, miné dans ses fondements, telle était, selon lui, la tâche de l'autorité.

« Votre nation, disait-il au roi, dont il créait et confisquait du même coup, à son profit, la toute-puissance, votre nation n'a pas de constitution, et je vais lui en donner une. Je vais aussi refaire la société ; car l'instruction *civique* que nous donnerons aux enfants sèmera dans leur cœur des principes de justice, d'humanité, de bienfaisance et d'amour pour l'État, qui porteront le patriotisme à ce haut degré d'enthousiasme dont les nations anciennes ont seules donné quelques exemples... Au lieu de la corruption, de la lâcheté, de l'intrigue et de l'avidité qu'elle a trouvées partout, Votre Majesté trouvera partout le désintéressement, l'honneur et le zèle. »

Pour opérer ces prodiges, Turgot réclamait le pouvoir absolu pour le roi dont il était le ministre. « Vos cours les plus accoutumées à la résistance, lui disait-il, n'oseraient contester à Votre Majesté, pour réformer les abus, un pouvoir législatif aussi étendu que celui des princes qui ont donné lieu aux abus que l'on déplore. » Le libéral Turgot, comme tous les gens de son espèce, s'accommodait très bien, pour le triomphe de ses idées, de la dictature.

La dictature de Turgot aboutit à sa disgrâce, après toutefois qu'il eut désorganisé la France et précipité la nation vers les abimes. Droz a écrit l'histoire de la révolution, à l'époque où elle pouvait être prévenue ou dirigée. Le fait brutal, sanglant même, c'est que rien ne fut dirigé, rien ne fut prévenu. On marcha la tête dans les nuages et du commencement de la révolution à la fin, ce fut l'anarchie spontanée, servant de voile à la ruine des institutions, au vol des biens et à l'ablation des têtes : *Immensum latrocinium, occisio ingens*.

Pour le sujet qui nous occupe, la Révolution française a produit trois choses : la constitution civile et schismatique du clergé ; la création banale de la religion théophilanthropique, réduite au culte de l'être suprême et à des représentations de bergeries sentimentales ; enfin la conspiration de Babeuf et de Buonarotti. Ces conjurés ne s'étaient même pas mis en frais de théories ; ils avaient tout simplement dressé un plan de spoliation. La république avait mis la main sur les biens de la noblesse et du clergé ; les conspirateurs voulaient mettre la main sur les biens de tout le monde et réorganiser ensuite la production, la distribution et la consommation des richesses, suivant certains prorata dont la force eût excusé les violences ou fait subir l'injustice. La Révolution se borna à couper la tête aux chefs de la conjuration : c'était sa procédure ordinaire.

Au sortir de la Révolution, les économistes libéraux reprirent les traditions de la science, sans y ajouter grand'chose. Adam Smith avait préconisé beaucoup la division du travail ; Ricardo avait exposé les théories de la rente ; Macculloch, les lois de la concurrence ; Malthus, les phénomènes de la natalité, les règles de la population, la nécessité de la contrainte morale ; Jean-Baptiste Say, Sismondi, Rossi, Michel Chevalier, pour ne parler que des plus illustres, avaient synthétisé les oracles de la science économique. Le monde s'était prêté à ces oracles. Au lieu d'un régime d'égalité et de justice, on n'eut alors qu'un régime factice et superficiel aboutissant, sous nos yeux, à l'anarchie et au socialisme.

La division du travail, le partage de la main-d'œuvre, imposant à chaque ouvrier la même opération, amène naturellement l'habileté de l'ouvrier, l'abondance des produits et leur perfection, le progrès du travail et du bien-être. « L'art fait des progrès, dit Tocqueville, l'ouvrier rétrograde. » Plus l'industrie est productive, plus elle crée de richesses à l'entrepreneur et au capitaliste ; plus, en même temps, elle diminue la demande de travail et le salaire de l'ouvrier. La misère augmente ; des centaines de mille ouvriers sont les victimes de cette perturbation.

La concurrence est la loi du marché, le condiment de l'échange, le sel du travail. On vient au travail aux pièces ; on reconnaît l'idée absurde de l'égalité des salaires et les avantages de l'association. Supprimer la concurrence serait supprimer la liberté même et replacer le travail sous le régime du favoritisme. Mais dépourvue de formes légales et de raison régulatrice, la concurrence, au lieu de démocratiser l'industrie, de garantir la sincérité du commerce, de soutenir le travailleur, n'a servi qu'à former une aristocratie mercantile et territoriale, mille fois plus rapace que l'aristocratie nobiliaire. Les profits de la production passent du côté des capitaux. Le consommateur, sans défense contre les fraudes commerciales, est rançonné par le spéculateur, empoisonné par le fabricant, volé par le petit marchand « La classe ouvrière, dit Buret, est livrée, corps et âme, au bon plaisir de l'industrie. »

De toutes les forces économiques, la plus vitale, dans une société labourée par la révolution, c'est le crédit. Dans une nation vouée au travail, le crédit est comme la circulation du sang dans l'animal, c'est la source de la nutrition, la vie même ; il ne peut s'interrompre que la société ne soit en péril. Depuis deux siècles, tous les efforts de la bourgeoisie n'ont tendu qu'au crédit et à la paix. Après l'abrogation des droits féodaux et le nivellement des classes, s'il est une institution qui répondit aux vœux unanimes et se recommandât aux législateurs, c'est le crédit. Et pourtant aucune de nos déclarations de droit, si pompeuses ; aucune de nos constitutions, si prolixes, n'en dit mot. Le crédit, comme la division du travail, comme la concurrence, comme l'emploi des machines, est abandonné à lui-même ; que le pouvoir financier, bien autrement considérable que l'exécutif, le législatif, le judiciaire, n'a pas même eu l'honneur d'une mention dans nos chartes. Depuis la Révolution, le crédit s'est comporté comme il a plu aux détenteurs du numéraire.

Qu'est-il résulté de cette incroyable négligence ? — D'abord que l'accaparement et l'agiotage s'exerçant de préférence sur le numéraire, sur l'instrument des transactions et la marchandise la plus recherchée, le commerce de l'argent s'est rapidement concentré aux mains des monopoleurs, dont la banque est l'arsenal ; — ensuite que les Juifs, par divers moyens, imprévus à la loi et insaisissables à la justice, ont mis, par les capitaux, la main sur toutes les affaires et subjugué les peuples chrétiens ; — que, dès lors, le Pape et le gouvernement ont été inféodés au capitalisme et à la juiverie ; — que, grâce à l'impôt perçu par cette bancocratie, sur toutes les affaires, la propriété s'est progressivement hypothéquée de 15 milliards, et l'État de 35 ; — que les intérêts, payés par la nation pour cette double dette, frais d'actes, renouvellements, commissions, retenues d'emprunt, s'élèvent à 2 milliards au moins par an ; — que cette somme énorme n'exprime pas encore tout ce que les producteurs ont à payer, et qu'il convient d'ajouter un troisième milliard pour escomptes, avances de fonds, retards de paiements, actions de commandite, dividendes, obligations, sous-seings privés, frais de justice, etc. D'où suit que le pauvre, en travaillant davantage, est toujours plus pauvre, et que le riche, sans travailler, devient toujours plus riche. Les ouvriers, finalement, doivent devenir une race d'ilotes, inférieurs à la caste des hommes libres. Le dernier résultat de l'économie politique libérale, c'est l'asservissement de la classe laborieuse, la nécessité inéluctable de la misère, presque la fatalité du vice.

D'autre part, cette économie libérale est hostile aux croyances chrétiennes. La société se réduit au doit et avoir. La religion est bannie ; l'Eglise vouée à l'extermination. L'Etat jouit de l'omnipotence ; le citoyen n'a plus besoin de vertu ; il peut, sans troubler l'ordre, s'abandonner au vice.

Cette impiété n'est pas restée dans les régions abstraites de la théorie. Des milliers d'hommes, empoisonnés par de perfides rhéteurs, ne veulent plus que le Christ règne et expulsent Dieu. Voyez maintenant les résultats. Vous avez arraché la pierre d'angle ; la maison croule. Tous les problèmes moraux et sociaux attendent une solution, qui se dérobe. Vous l'avez promise, vous ne pouvez tenir votre promesse ; vous ne pouvez même plus garantir ni autorité, ni liberté. Jamais la personnalité humaine n'a été plus asservie et plus écrasée. Vous avez beau flatter le prolétaire : votre industrie sans entrailles a transformé le monde en chaudières et les âmes immortelles en rouages souffrants et irrités. Qu'arrivera-t-il demain ? Demain ne nous promet que des guerres civiles et des guerres sociales. *Bella, horrida bella*.

Quand le libéralisme économique a produit ses fruits de misères et de dissolution, les socialistes se présentent, pour remédier à tous les maux, par le rappel à l'égalité. Saint-Simon, en 1825, propose une telle application de l'Evangile à la société que nous n'ayons plus qu'un *christianisme industriel*, avec le travail en commun, la femme libre et les idylles ridicules de Ménilmontant. Charles Fourier, son contemporain, pour parer à la désertion du travail ou simplement à sa diminution, conçoit une organisation économique fondée sur l'attraction passionnelle, le travail attrayant, la vie en commun au phalanstère.

L'homme naît bon, il n'y a, pour innocenter toutes ses passions, qu'à leur lâcher la bride. A ce principe absurdement faux, Fourier cousait les plus hautes extravagances de l'imagination : il accordait, à chaque femme, quatre ou cinq maris ; il annonçait, pour l'homme, la pousse d'une queue avec un œil au bout ; pour rafraîchir l'homme et la femme, il y aurait une mer de limonade ; et, pour assurer la sécurité sur la terre, la terre pousserait des anti-lions, espèce de gardes-champêtres velus, qui ramèneraient à l'ordre les lions, les tigres, les panthères, les léopards, l'hyène et le chacal. On n'est pas mieux pourvu de ressources.

Une fois lancé dans ces rêveries, le socialisme n'est plus qu'une descente de courtille, une procession de carnaval. Cabet propose l'établissement du communisme et part, en 1848, à Nauvoo, dans l'Illinois, pour l'instituer ; Louis Blanc fait appel à la puissante initiative de l'Etat pour organiser le travail, ouvrir des ateliers nationaux, donner à chaque ouvrier quatre francs par jour en le laissant libre de jouer au bouchon ; Considérant reprend la suite des opérations de Fourier et tente itérativement d'établir des phalanstères ; Pierre Leroux résout le problème de l'humanité au Circulus, c'est-à-dire, en bon français, à l'art de manger comme Gargantua pour produire beaucoup de fumier, et, par l'accroissement du fumier, accroître la quantité des produits et les facilités de la manducation omnivore ; Proudhon, qui ne voit dans tous ces concepts que le rêve de la crapule en délire, ramène les esprits, par sa critique, à des idées moins folles et plus personnelles : au culte de la personnalité humaine, à l'éducation polytechnique, à l'anarchie, à la banque d'échange avec gratuité du capital, la rente étant réduite aux frais de banque, un pour cent. Ces rêves nous jettent à l'agitation révolutionnaire, à la confusion des idées, à la tour de Babel.

Les journaux, par l'exploitation fébrile de ces idées contradictoires et toutes impossibles, exaspèrent les ouvriers et les poussent aux manifestations. En 1848, la vie publique, le gouvernement, la Chambre, sont périodiquement à la merci de ces manifestations soi-disant populaires. Soixante ou quatre-vingt mille ouvriers, fanatisés par les prédications de Louis Blanc au Luxembourg et de tous les chefs de partis dans leurs torchons incendiaires, quittent les ateliers nationaux, se promènent bras dessus bras dessous dans les rues en vociférant *les lampions* ; puis vont porter leur mot d'ordre à quelque membre du gouvernement, qui, pris au dépourvu, lâche, par des promesses en l'air, de se tirer d'embarras. Manifestation du 17 mars, manifestation du 16 avril, manifestation du 15 mai aboutissent à une émeute qui prononce la dissolution de la Chambre des représentants du peuple. Le couronnement fut la manifestation du 23 juin, amenant une prise d'armes, une émeute sanglante, une bataille de cinq jours dans les rues de Paris, à d'effroyables tueries et aux pires répressions. Aux journées de juin 1848 répond la Commune de 1870, la France livrée au socialisme, Paris à l'incendie. C'est le dernier mot du socialisme ; il promet, pour conclure, une révolution en comparaison de laquelle, suivant l'expression de Heine, les autres ne sont qu'une idylle.

En résumé, l'économie politique libérale, l'économie politique socialiste, l'une produisant l'autre, n'ont pu, jusqu'à présent, que désorganiser le monde et amener la banqueroute de la société.

Après ces chevauchées à travers les idées et les mœurs de la France contemporaine, nous venons aux écrivains catholiques proprement dits ; nous devons, pour orienter le lecteur, dresser le plan, la table sommaire du sujet. Nous n'oublions pas que la Révolution avait fait de nos livres deux parts : l'une qui fut brûlée sur les places publiques, dans les farandoles de la canaille la plus obtuse ; l'autre qui réussit à fabriquer des gargousses et à faire voler les boulets, les obus et les bombes, sur l'Europe infidèle à Jésus-Christ. Nous devons donc un souvenir aux grands éditeurs qui ont renouvelé le matériel de la science, et rendu, aux rayons de nos bibliothèques, les livres détruits.

Après les éditeurs, mais au-dessus, il faut placer les érudits, Lehir, Glaire, Pitra, qui ont agrandi, par des rectifications et par la publication des pièces inédites, le cercle de nos connaissances.

Au-dessus des érudits, se placeront, par l'importance de leurs œuvres, les hommes dont le génie a su tirer de l'abime la France révolutionnaire, provoquer un réveil chrétien et effectuer une renaissance catholique. Le plus grand de tous, c'est Lamennais, l'homme qui, par la pureté de ses doctrines et sa puissance d'entraînement, sut réagir avec vigueur contre le jansénisme et le gallicanisme. C'est Lamennais qui ramena la France à Rome. Lamennais tombé, ses élèves et leurs disciples continuent son œuvre de restauration catholique et romaine. En théologie, le cardinal Gousset, le P. Gury, le P. Hilaire ; en histoire ecclésiastique, Rohrbacher et Darras ; en liturgie, dom Guéranger ; en droit canon, Bouix, Craisson, Pelletier, Duballet ; en éloquence religieuse, Lacordaire, Ravignan, Félix, Monsabré ; en éloquence politique, Montalembert, Lucien Brun, Chesnelong, Albert de Mun ; dans la presse, Veuillot, Bonnetty ; dans la controverse, Gaume, Peltier, Martinet ; en économie politique, Alban de Villeneuve, Caron et Périn ; en économie charitable, Armand de Melun, Tessier ; par la polémique et la hardiesse des initiatives, Cormenin-Timon et Leplay : ce sont là autant de noms qui rappellent des œuvres de résurrection et de progrès.

Après les savants de haute lice, mais au même niveau, il faut placer les évêques qui eurent, dans l'œuvre collective de réparation, leur part d'action et d'influence : Parisis, évêque de Langres, par ses brochures pour la liberté d'enseignement et pour le droit divin de la sainte Eglise ; Sibour, évêque de Digne, par ses *Institutions diocésaines* ; les cardinaux Donnet, Giraud, Bonnechose, par leurs œuvres pastorales ; Clausel de Montals et Monnyer de Prilly, par des lettres courageuses ; le cardinal Pie, par sa guerre sans trêve ni merci contre le libéralisme ; Plantier, évêque de Nîmes, par sa vigoureuse dénonciation des erreurs de son temps ; Salinis, archevêque d'Auch, par sa démonstration de la divinité de l'Eglise ; Gerbert, évêque de Perpignan, l'abeille attique, par ses livres de haute philosophie ; Doney, évêque de Montauban, le marteau-pilon du gallicanisme ; Berthaud, évêque de Tulle, le poète lyrique de l'éloquence ; Louis de Ségur, le causeur aimable qui publia tant d'opuscules pour la défense de l'Eglise ; Pavy, l'apôtre de l'Afrique avant Lavigerie ; Charles de La Tour d'Auvergne, archevêque de Bourges, par son esprit tout romain ; Dupanloup, que ses idées confuses, sinon fausses, n'empêchèrent pas de défendre courageusement le pouvoir temporel des Papes ; Freppel, le dernier en date de cette vaillante génération d'évêques, en un temps où tous les évêques étaient les champions de l'Eglise et du Saint-Siège, les défenseurs de la vérité, du droit et de la justice.

Au-dessous des évêques, dans cette croisade qui couvrit de gloire le pontificat de Pie IX, il faut citer, parmi les prêtres et les laïques : Oudoul, curé de Bezançais, acquis à toutes les idées d'heureuse réforme ; Meslé, curé de Rennes, qui donnait, dans toutes les controverses, la note juste et le mot décisif ; Gainet, curé de Traves, grand érudit à qui nous devons la *Bible sans la Bible* ; Méthivier, curé d'Olivet, dont la verve heureuse savait couvrir l'erreur d'une tunique dévorante ; Gorini, un savant curé de village, qui redressa souverainement tous les maîtres de la science historique ; Martin, autre curé du même diocèse, qui écrivit deux beaux livres sur les moines et sut pronostiquer l'avenir du protestantisme ; Maynard, chanoine de Poitiers, qui réfuta Pascal, biographia Voltaire, écrivit l'histoire de saint Vincent de Paul et fournit le texte à la Vierge illustrée de Didot ; le père Perny, provicaire de Kouey-Tchéou, qui composa quatre gros volumes de classiques chinois et publia, en trente volumes, les *Annales de philosophie catholique* ; le Père At, l'intrépide adversaire du catholicisme libéral ; Jules Morel, qui ouvrit avec tant de perspicacité dans l'*Univers* le feu contre ce libéralisme soi-disant orthodoxe ; Réaume, chanoine de Meaux, historien de Bossuet, qui se signala contre les sectaires du gallicanisme ; Bénard, commentateur des Epîtres et des Evangiles, que Bismarck fit détenir dans une forteresse, avant de le rendre à la France ; Gridel, le premier défenseur, authentique et positif, du surnaturel, dont la doctrine vivifia ses vingt volumes de discours ; Davin, chanoine de Versailles, célèbre par ses infortunes ecclésiastiques, toutes causées par sa sincérité en histoire ; Timon-David, apôtre de la jeunesse, aussi sincère que Davin, moins poursuivi par l'injustice ; Jaugey, le plus illustre des trois frères, qui nous donna un *Dictionnaire apologétique* de l'Eglise ; le sulpicien Vigouroux, défenseur des Saintes Ecritures contre le rationalisme, auteur entre autres d'un grand *Dictionnaire de la Bible* ; Vacant, émule de Vigouroux, qui commence un *Dictionnaire de la théologie* ; Christophe, chanoine de Lyon, qui écrivit l'histoire des Papes du XIV° et du XV° siècles ; Jager, professeur de Sorbonne, qui traduisit Voigt, biographia Photius, et revisa l'histoire de l'Église gallicane des Pères jésuites ; Baunard, recteur de l'Université de Lille, avantageusement connu par l'histoire de plusieurs contemporains ; Jules Didiot, doyen de la Faculté de théologie, qui entreprend de traiter la théologie d'après la méthode géométrique ; Anselme Tilloy, qui travaille à renouveler parmi nous le règne du droit canon ; Grandclaude, supérieur du séminaire de Saint-Dié, qui a donné un dictionnaire de scolastique et un commentaire romain du *Corpus juris*; Olive, prêtre de Montpellier, voltigeur d'avant-garde, qui a brûlé des cartouches pour ce même droit et combattu très justement cette simonie, lèpre qui est en train de dévorer la France ; Michel Maupied, le fournisseur de la formule de définition de l'infaillibilité pontificale et le commentateur intransigeant du *Syllabus*, aussi fort canoniste que grand théologien ; Pierre-Paul Guérin, à qui nous devons une réédition de Baronius et un grand abrégé des Bollandistes ; le Père Berthier, de la Salette, un maître qui excelle à vulgariser les bonnes doctrines et la haute science ; Hébrard, vicaire général d'Agen, expert en histoire et en droit civil ecclésiastique ; Duverger, prêtre du même diocèse, qui a combattu intelligemment le pseudo-libéralisme et procédé avec succès au triage des idées ; Neyraguet, l'abbréviateur de saint Liguori ; Pillon, de Thury, qui contribua, par le *Rosier de Marie*, à accroître la dévotion envers la sainte Vierge ; Bernard, chanoine d'Avignon, qui égala et parfois surpassa Ségur dans la controverse populaire ; Léon Godard, mon maître en histoire, qui dévia de son enseignement tout romain, au point de se faire mettre à l'Index ; Perriot, le directeur de l'*Ami du clergé*, la première revue paroissiale du monde catholique, auteur, avec Victor Jaugey, d'un cours complet de théologie élémentaire ; Moigno, diacre d'office de Saint-Germain-des-Prés, qui logeait dans le clocher de cette église et là étudiait toutes les sciences dans leur rapport avec la théologie ; François Raillard, son successeur, qui fut le Champollion des neumes en plain-chant ; Dessailly, le secrétaire de Moigno, qui s'est fait une spécialité de la défense des Ecritures, contre le rationalisme clérical ; Jean-Baptiste et Auguste Aubry, deux frères aussi méritants l'un que l'autre ; l'aîné, le rénovateur de la science catholique, le réformateur à la romaine des séminaires de France ; le plus jeune, humble et intrépide curé de Dreslincourt, dans l'Oise, éditeur et souvent co-auteur de son frère dans la publication de ses manuscrits.

Parmi les ecclésiastiques teintés plus ou moins de libéralisme, il faut citer, après Dupanloup, le coryphée du parti : le philosophe Gratry ; Perreyre, mort trop jeune ; Louis Besson, évêque de Nîmes, littérateur abondant, qui revêtait d'une couleur d'archaïsme les idées gallicanes et prononça d'innombrables discours ; Bougaud, l'auteur du christianisme raffiné à l'usage du temps présent, bon biographe, élégant orateur ; Lagrange, l'historien de saint Paul, de saint Paulin et de Dupanloup ; Landriot, sertisseur expert des pensées d'autrui, un interminable polygraphe et qui écrivit beaucoup pour les femmes ; Icard, auteur d'un cours de droit où le gallicanisme maintient ses dernières positions ; Carrière, plus jurisconsulte que théologien, pas toujours sûr, éclipsé d'ailleurs par Gury, Gaspari et Perrone ; et plusieurs autres, plus ou moins capricornes, que je ne cite point, parce qu'il faudrait dresser un pilori.

Parmi les laïques qui descendirent dans l'arène, à la suite de Montalembert, je dois rappeler, en première ligne, Auguste Nicolas qui écrivit, à lui seul, une démonstration complète du christianisme ; Rio, qui nous ramenait à l'intelligence de l'art chrétien ; Audin, qui révéla tous les mystères historiques de la réforme protestante ; Champagny, qui écrivit l'histoire des empereurs, depuis César jusqu'à Constantin ; Albert de Broglie, qui poursuivit cette même histoire jusqu'à la chute de l'Empire ; Paul Allard, qui la reprend en sous-œuvre pour écrire, après Belouino, l'histoire des persécutions de Néron à Julien l'apostat ; Ozanam, qui défricha les premiers et les derniers temps du Moyen Age, des invasions à Dante ; Falloux, l'historien de Saint Pie V, de Louis XVI et embaumeur de Sophie Swetchine ; Cochin, le philanthrope chrétien, grand adversaire de l'esclavage ; Foisset, le biographe de Lacordaire et de Montalembert, dépassé, pour ce dernier, par le Père Lecanuet ; Édouard Ourliac, dont Veuillot a daigné écrire la notice ; Eugène de Margerie, nouvelliste adonné aux œuvres pieuses ; Amédée de Margerie, historien de J. de Maistre, défenseur de la philosophie chrétienne, de la famille chrétienne et de la civilisation chrétienne ; Blanc Saint-Bonnet, philosophe profond, qui examina les problèmes de la souveraineté, de la légitimité, de la douleur et de la restauration de la France ; Pierre Pradié, philosophe jurisconsulte, qui s'occupa de l'ordre général du Cosmos, de l'ordre particulier de la France et aussi de sa restauration par l'Église ; Victor Gehant, qui s'essaya à l'étude des mêmes questions philosophiques, surtout à la question du mal ; Ernest Hello, esprit original et profond, qui donna des leçons sur le style, des notes sur les caractéristiques des saints et un traité de l'homme ; Georges Seigneur, le lieutenant d'Hello ; Henri Lasserre, le fourrier de Notre-Dame de Lourdes, maladroit traducteur des saints Évangiles ; Granier de Cassagnac, catholique qui abonda en politique et donna, à son fils Paul, une intrépidité qui ne sait pas fléchir ; Émile Ollivier, de l'Académie française, dont les nombreux ouvrages prennent toujours, quand ils en ont occasion, la défense de l'Église ; Édouard Drumont et son groupe littéraire qui a su poser, en France, la question juive et en préparer la prochaine solution.

Après avoir dressé la nomenclature des bons ouvriers qui, depuis soixante ans, travaillent dans la vigne du Seigneur, nous devons honorer d'abord ceux qui, dans la modeste fonction d'éditeur, ont eu l'intelligence des temps et compris la nécessité de rebâtir la bibliothèque chrétienne. A la vérité, leur entreprise n'est qu'une affaire d'argent, une opération de commerce, avec arrière-pensée de lucre ; l'idée de servir la vérité comme des apôtres, parfois comme des martyrs, n'entre pas toujours en compte, mais c'est celle qui se réalise le plus. Dans cette carrière, nous trouvons, au service de l'Eglise, entre autres : la maison Gaume, très orthodoxe, très réfléchie, très sage, très dévouée, qui a publié magnifiquement quelques Pères et l'histoire de Rohrbacher ; la maison Debecourt, Sagnier, Bray et Retaux, aussi orthodoxe, plus entreprenante, presque toujours à l'avant-garde ; la maison Didot, plus versée aux œuvres de l'Institut ; la maison Didier et Perrin, qui admet encore les œuvres catholiques, mais incline vers le rationalisme ; la maison Hachette, qui n'exclut pas non plus les ouvrages catholiques, mais donne ses préférences aux écrivains de l'Université ; la maison Lecoffre, dont le chef, Jacques, était autant un soldat qu'un éditeur ; la maison Poussielgue, confite en catholicisme libéral, qui n'est qu'une forme atténuée et trompeuse du libre-penser ; les maisons plus jeunes de Bloud et Barral, de Delhomme et Briguet, de Lethielleux, de Tolra, de Haton inexorablement fermées aux témérités de l'orthodoxie ; les maisons, jeunes aussi, de Letouzey et Ané, de Douniol et Tequi, plus inclinées vers Saint-Sulpice et les idées d'un libéralisme mitigé ou inconscient ; la maison Mame, la plus grande, la plus riche maison éditoriale de province ; mais avant tout et par-dessus tout, les maisons de Migne, de Louis Vivès et de Victor Palmé.

L'Eglise a toujours encouragé les éditeurs et honoré leur personne. « On devra toujours, dit saint Charles Borromée, recommander l'industrie de ceux qui s'appliquent à donner une vie nouvelle aux anciens écrits, et empêchent ainsi que le temps ne les détruise (1). » A ce titre, l'histoire de l'Eglise doit particulièrement honorer ceux qui, par le livre, servent toutes les sciences. Parmi nos éditeurs les plus dignes d'éloges, il faut certainement décerner la palme au créateur des ateliers catholiques du Petit-Montrouge, l'abbé Migne.

Jacques-Paul Migne, né à Saint-Flour en 1800, après avoir étudié en théologie à Orléans, fut professeur de grammaire à Châteaudun, puis doyen de Puiseaux. Les préoccupations du ministère n'empêchèrent pas le jeune doyen de songer aux affaires générales de l'Eglise. Sa première pensée fut de créer, à l'usage des gens du monde, un journal catholique. Il y avait alors quelques revues consacrées aux sciences ecclésiastiques et quelques feuilles religieuses, légitimistes pour la plupart, qui subordonnaient la religion à la politique et la confondaient avec les idées gallicanes. Migne, pour expurger la pensée française de toute idée de particularisme religieux et de tout préjugé national, conçut l'excellent projet aussi hardi que fécond de fonder un journal exclusivement catholique, voué, de cœur et de foi, aux doctrines romaines. Dans cette vaste et incessante discussion qui s'établit d'un pôle à l'autre par le moyen de la presse périodique, il fallait que le catholicisme fût représenté ; il fallait qu'au milieu du va-et-vient des passions et des contradictions humaines, des clameurs et des injustices des partis, des calomnies de la Révolution et de l'impiété, on entendît une voix forte rappeler sans relâche les affirmations et les solutions catholiques et démontrer, par l'affirmation de la vérité révélée, que l'Eglise est toujours debout, toujours active, toujours féconde. Mais, pour donner à cette œuvre ce crédit et cette puissance, il fallait la détacher des coteries et des partis, la désintéresser même des légitimes intérêts que peuvent poursuivre de zélés catholiques. Avec un rare courage, avec une véritable intrépidité, le bon curé courut au devant de cette difficile entreprise. Du consentement de son évêque, Brumault de Beauregard, muni de lettres testimoniales et de recommandations personnelles, il vint à Paris et fonda l'*Univers religieux*. On était en 1833, date peu favorable à cette fondation. Mais, dans l'Eglise, les grandes œuvres se fondent dans l'humilité, commencent sans bruit et prospèrent au milieu des contradictions. Le journal parut ; il fut peu remarqué, surtout des gens du monde, toujours aveugles quand il s'agit des travaux ecclésiastiques. Enfin l'*Univers* eut des lecteurs que toucha la douceur de sa parole, qu'éclaira la pureté de sa doctrine. Ces lecteurs lui en amenèrent d'autres. Bref, en 1836, l'abbé Migne, qui pouvait confier à d'autres mains une feuille désormais établie et porter ailleurs le zèle de son esprit, vint s'établir au Petit-Montrouge et entreprit la publication d'une *Bibliothèque universelle du Clergé*.

Toutefois, en se vouant à la typographie, l'abbé Migne ne devait pas abandonner la presse militante. Un peu plus tard, quand ses ateliers fonctionneront en grand, il créera, successivement, la *Voix de la Vérité*, journal moins accentué que l'*Univers* et abondant davantage dans le sens des études ecclésiastiques ; le *Moniteur catholique*, journal de conciliation, inspiré par l'archevêque Sibour, rédigé par les abbés Bautain et Darboy ; le *Journal des faits*, se bornant à la reproduction des autres journaux et faisant, dans un sentiment catholique, ce que faisait, dans un sen-

---

(1) *De amore virtutis*, lib. IX, cap. XX.

timent républicain, *L'Estafette* ; *La Vérité*, pour faire suite à la *Voix de la Vérité* quand ce dernier journal, vendu en 1836 au banquier Prost, fut devenu le *Courrier de Paris* ; enfin *La Vérité* ayant été vendue à Taconet, en 1853, pour la création du journal *Le Monde*, l'abbé Migne fonda sous le même titre : *La Vérité canonique, liturgique*, etc., une revue hebdomadaire qui ne tombera qu'en 1868.

Il n'y a, dit le proverbe, que les commencements qui coûtent. Une œuvre fondée marche d'elle-même, le fondateur sent grandir son zèle avec son expérience et, après avoir consacré ses efforts aux œuvres du moment, il se sent pressé de vouer sa vie aux œuvres d'avenir. Telle fut la voie de notre vaillant prêtre. Au journal, qui a son incontestable utilité, mais qui passe comme la feuille d'automne, il voulut joindre le livre dont l'utilité est plus haute et la durée plus stable. A côté de la balle, le boulet ; à côté du mousquet, le canon.

Le premier ouvrage dont il conçut le dessein fut un *Cours complet d'Ecriture sainte et de théologie* en cinquante-six volumes in-quarto. Pour dresser le plan de cette gigantesque publication, l'éditeur se dit à lui-même que, vu l'immensité des matières et l'insuffisance de l'esprit humain, *un même* auteur n'a pu commenter *tous* les livres de l'Ecriture sainte, ou composer une théologie *tout entière*, avec une perfection *toujours égale* et ne laissant rien à désirer. Si l'on veut former un cours complet très étendu et parfait autant que peut l'être œuvre humaine, il ne faut donc pas se borner à la reproduction d'un seul et unique auteur, si grand soit-il ; mais choisir parmi les commentaires et les traités généralement reconnus des chefs-d'œuvre. L'abbé Migne dressa donc une table des livres de l'Ecriture, des traités de théologie et des auteurs qui en ont écrit ; puis il adressa, en cinq mille exemplaires, une lettre de consultation à tous les évêques, vicaires généraux, chanoines théologaux, chefs d'Ordres et de congrégations, supérieurs et professeurs de séminaires ou d'Université. La consultation portait, en substance, que, résolu de n'éditer que les travaux qui réuniraient la majorité des suffrages, l'éditeur demandait, sur chaque livre de l'Ecriture et sur chaque *Traité théologique*, le nom du commentateur et du théologien dont le travail semblait préférable. Des réponses concordantes arrivèrent de tous les points de l'Europe, prouvant que les bons auteurs sont appréciés partout. On indiquait, pour le Pentateuque, Cornélius ; pour Josué, Masius ; pour les psaumes, Génébrard ; pour les lieux théologiques, Melchior Cano ; pour l'Incarnation, Legrand ; pour les lois, Suarez. Migne reproduisit donc intégralement les ouvrages désignés, mit en tête la biographie de l'auteur, ajouta des notes au bas des pages et des appendices ou des extraits d'autres auteurs à la fin des thèses. Chaque cours se terminait par une table analytique et par un grand nombre d'autres tables. Enfin l'ouvrage, promptement achevé, offrit au Clergé, sur chaque point de la science sacerdotale, tous les chefs-d'œuvre connus. Publication émérite que le clergé accueillit, en effet, avec d'unanimes applaudissements et dont les précieux exemplaires ornent aujourd'hui un grand nombre de cures.

Cette publication ferait, à un éditeur vulgaire, une gloire peu commune ; elle ne fut, pour l'abbé Migne, qu'un début. L'abbé de Genoude avait publié en quatre volumes, sous le titre de *Raison du Christianisme*, les plus beaux témoignages rendus, par des hommes illustres, à la religion catholique. Ce livre, formé d'extraits, avait rendu de grands services ; l'abbé Migne voulut en doubler la puissance en agrandissant les cadres de l'ouvrage. Ce fut l'objet des *Démonstrations évangéliques*. Cet ouvrage contient sur la vérité du christianisme en général et du catholicisme en particulier, les démonstrations et apologies de Tertullien, Origène, Eusèbe, saint Augustin, Montaigne, Bacon, Grotius, Descartes, Richelieu, Arnauld, de Choiseul du Plessis-Praslin, Pascal, Pélisson, Nicole, Boyle, Bossuet, Bourdaloue, Locke, Lami, Burnet, Malebranche, Lesley, Leibnitz, La Bruyère, Fénelon, Huet, Clarke, Duguet, Stanhope, Bayle, Leclerc, du Pin, Jacquelot, Tillotson, de Haller, Sherlock, Le Moine, Pope, Leland, Racine, Massillon, Ditton, Derham, d'Agnesseau, de Polignac, Saurin, Buffier, Warburton, Tournemine, Bentley, Littleton, Fabricius, Addison, de Bernis, Jean-Jacques Rousseau, Para du Phanjas, Stanislas Ier, Turgot, Statler, West, Beauzée, Bergier, Gerdil, Thomas, Bonnet, de Crillon, Euler, Delamarre, Caraccioli, Jennings, Duhamel, saint Liguori, Butler, Bullet, Vauvenargues, Guénard, Blair, de Pompignan, Deluc, Porteus, Gérard, Diessbach, Jacques, Lamourette, Laharpe, Le Coz, Duvoisin, de la Luzerne, Schmitt, Poynter, Moore, Silvio Pellico, Lingard, Brunati, Manzoni, Perrone, Paley, Dorléans, Campien, Fr. Pérennès, Wiseman, Buckland, Marcel de Serres, Keith, Chalmers, Dupin aîné, Grégoire XVI, Cattet, Milner, Sabatier, Morris, Bolgeni, Chassay, Lombroso et Consoni ; il contient les apologies de 117 auteurs, répandues dans 180 volumes, traduites pour la plupart des diverses langues dans lesquelles elles avaient été écrites, reproduites INTÉGRALEMENT, non par extraits.

Qu'on veuille bien passer ces noms en revue, et l'on verra si presque tous ne sont pas de ceux qui ont le plus honoré leur siècle et leur pays par la grandeur de leur intelligence. La moitié d'entre eux démontrent invinciblement le Christianisme contre les incrédules et les infidèles de toutes sortes ; les autres poussent jusqu'au Catholicisme les hérétiques et les schismatiques anciens et modernes. S'il y a dans le monde des esprits et des caractères de toute espèce, il se trouve ici des preuves pour les contenter tous; car il n'est pas un aspect sous lequel la Religion puisse être considérée, qui n'y soit traité par plusieurs apologistes de manière à ne rien laisser à désirer. Toutes les objections y trouvent leur tombeau. Celles de la philosophie païenne y sont pulvérisées par Origène, Eusèbe, saint Augustin, etc.; celles du Moyen Age, du xv° et du xvi° siècles, le sont par Bacon, Montaigne, Descartes, etc.; celles du xvii° siècle par Bossuet, Pascal, Nicole, etc.; celles du xviii° par Gerdil, Laharpe, Moore, etc.; celles du xix° par Poynter, Perrone, Wiseman, etc., etc., et les arguments ont d'autant plus de force qu'ils ne sont pas présentés au moyen de simples fragments : cette publication ne renferme que des ouvrages ENTIERS.

Cependant si complet que soit l'ouvrage, on peut y découvrir quelques lacunes. Les Pères n'y figurent pas en assez grand nombre: on aimerait à y trouver d'autres apologistes, à y lire d'autres traités, comme, par exemple, le *Commonitorium* de Lérins. Les scolastiques n'y brillent que par leur absence et c'est là une injustice et une faute : une faute, parce que c'est confirmer indirectement le dire des protestants qui déclarent l'Eglise stérile depuis l'âge d'or des Pères ; une injustice, car le Moyen Age a produit de très remarquables démonstrations évangéliques, par exemple, celle de Pierre le Vénérable contre les Maures, celle de Raymond Lulle, la *Somme contre les gentils*. Enfin quelques modernes y manquent, notamment Napoléon, dont le chevalier de Beauterne a recueilli les pensées sur le christianisme.

Aux démonstrations évangéliques et aux cours complets d'Ecriture Sainte et de théologie, l'abbé Migne voulut joindre une Encyclopédie. C'est l'ambition de l'esprit humain de vouloir embrasser toutes les connaissances. La plupart des hommes ne sauraient y atteindre, mais il se rencontre des hommes de génie pour leur faciliter la tâche et répondre à leur désir. Varron, chez les Romains, avait essayé cette systématisation des connaissances de l'antiquité; saint Isidore de Séville, Boèce et Cassiodore, Vincent de Beauvais, saint Thomas, Albert le Grand avaient, de leur temps, dressé l'encyclopédie des sciences du Moyen Age. Chez les modernes, cette entreprise, devenue plus difficile par les progrès du temps, ne fut tentée, avec éclat, qu'en France au xviii° siècle; encore le fut-elle avec le concours de la secte philosophique, avec l'appui des classes élevées et malgré cet appui et ce concours, elle ruina trois ou quatre éditeurs. Or, cette tâche, reprise au xix° siècle dans quelques encyclopédies fort abrégées, l'abbé Migne voulut la tenter à lui seul et sur les plus vastes proportions. Ce fut l'objet de son *Encyclopédie théologique* en cent cinquante volumes. Malgré son titre, l'ouvrage ne s'occupe pas seulement de théologie, mais *de omni re scibili et de quibusdam aliis*. La théologie, il est vrai, y a la principale part. L'exégèse, le dogme, la morale, la discipline, la liturgie, l'histoire, l'éloquence sacrée, la patristique sont l'objet d'autant de dictionnaires; et même lorsque leur objet comporte des divisions naturelles ou admet des nuances importantes, elles sont traitées dans autant de dictionnaires séparés. Ainsi vous avez un Dictionnaire de la Bible, un Dictionnaire de Philologie, un d'Apocryphes, un de Géographie sacrée et un Atlas de l'Ecriture Sainte. Ainsi vous avez un Dictionnaire de droit canon, un de Législation religieuse, un de Discipline, un de Législation canonico-civile, un de Decrets. Ainsi vous avez un Dictionnaire d'histoire ecclésiastique, un des Antiquités Bibliques, un des Origines du Christianisme, un des Papes, un des Cardinaux, un des Ordres religieux, un des Abbayes, un des Hérésies, un des Superstitions, un des Légendes, un de Bibliographie, un des Croisades, un des Missions, un des Controverses historiques. Chaque partie de la science sacrée est ainsi traitée avec le détail, parfois avec les utiles répétitions que comporte l'ordre alphabétique. De plus, la philosophie, les sciences, les arts, les lettres, l'histoire, les métiers, les musées, la politique, l'économie sociale, l'éducation ont également leurs dictionnaires. Enfin, dans l'entre-deux de l'ordre naturel et de l'ordre surnaturel, pour les questions d'influence de la religion sur la société, vous retrouvez de nouveaux dictionnaires. Tous ces dictionnaires, sans doute, ne sont pas des chefs-d'œuvre ; il y en a même qui ne sont pas des œuvres, mais des rapsodies taillées à la serpe et cousues avec un fil grossier. A côté de ces mauvais travaux, il y a, toutefois, dans l'Encyclopédie, trois parties excellentes : d'abord, les anciens dictionnaires de Calmet, de Pluquet, Helyot et plusieurs autres d'un mérite supérieur ; ensuite les dictionnaires empruntés aux Encyclopédies antérieures et qui offrent, sur leur objet propre, une science parfaite ; enfin des dictionnaires de création récente confiés à des hommes vraiment habiles, tels que Quantin pour la Diplomatique, d'Ortigue pour la Musique, Peltier pour la Dogmatique, Crosnier pour l'Iconographie, Melun pour l'Economie chrétienne, Martin pour l'Economie charitable, Lenoir pour la philosophie, et plusieurs autres que tout le monde connaît et que personne n'oublie.

Mais avec Migne, il faut se hâter. Voici maintenant une *Collection intégrale et universelle des orateurs sacrés* en cent cinquante volumes. Ce n'est pas seulement l'histoire de l'éloquence sacrée en France, ce sont les monuments authentiques et complets de cette éloquence. Vous assistez à ses commencements, vous suivez ses progrès, son apogée, sa décadence, sa restauration. L'ouvrage, partagé en trois séries, n'admet des extraits que pour la dernière, c'est-à-dire pour les prédicateurs du dernier rang ; en revanche, il s'augmente des plus remarquables mandements des évêques de France et de Belgique ; des sermons de nos prédicateurs contemporains, des prônistes anciens et modernes, et d'une série d'ouvrages sur les règles de la bonne prédication.

A côté de la Collection universelle des orateurs sacrés se place le *Cours complet d'Histoire ecclésiastique* en vingt-cinq volumes par le baron Henrion et l'abbé Vervorst. Nous n'avons pas ici un ouvrage original ; c'est une compilation, sans doute, très intelligente, assemblage heureux d'immenses matériaux, mais enfin qui ne marque pas un progrès dans la science de l'histoire. Le Messie promis et attendu, Jésus-Christ venu et fondant son royaume qui doit durer jusqu'à la fin des temps : voilà toute l'histoire de l'Eglise. C'était, au IV° siècle, la pensée de saint Epiphane, au XVII° celle de Bossuet, au XIX° celle de Rohrbacher. Henrion, qui adopte cette idée, accepte, pour le partage du temps, la distinction traditionnelle des six âges. Dans les considérations générales de l'histoire, il fait de larges emprunts aux abbés Blanc et Vidal, aux Pères Ventura et Newmann, à Roux-Lavergne. Pour la période avant Jésus-Christ, il prend l'*Histoire du peuple de Dieu* de Berruyer, renforcée des dissertations empruntées à la Bible de Vence, au Dictionnaire de Calmet et aux conférences de l'abbé Duguet. Pour la période postérieure, il continue en suivant le même système d'emprunts et de dissertations. Que si l'ouvrage laisse parfois à désirer en ce qu'il est rarement à la hauteur du progrès des sciences et laisse parfois à désirer sous le rapport des doctrines, ce n'en est pas moins un cours complet d'histoire en vingt-cinq volumes in-quarto. C'est bien quelque chose.

A l'histoire de l'Eglise se rattache :

1° *L'Histoire du concile de Trente*, par Pallavicini, précédée ou suivie du *Catéchisme* et du texte du même Concile, de dissertations sur son autorité dans le monde catholique, sur sa réception en France et sur les objections protestantes, jansénistes, parlementaires et philosophiques, auxquelles il a été en butte ; enfin d'une notice sur ceux qui y prirent part.

2° *Perpétuité de la foi de l'Eglise catholique*, par Nicole, Arnauld, Renaudot, etc., suivie de la *Perpétuité de la foi sur la Confession auriculaire*, par Denis de Sainte-Marthe, et des treize *Lettres* de Scheffmacher sur les matières controversées avec les Protestants.

3° Les *Monuments inédits* sur l'apostolat de sainte Marie-Madeleine dans la province romaine des Gaules et sur les autres apôtres de cette contrée, par l'abbé Faillon, professeur à Saint-Sulpice. En tout, neuf volumes.

Voici maintenant trois ouvrages dont je transcris simplement les titres :

Les deux *Sommes* de saint Thomas, augmentées du Maître des sentences et d'un volume contenant onze tables pour la *Somme théologique* ; la *Bibliothèque* de Lucius Ferraris pour le droit canon, en huit volumes ; et la *Somme d'or* de la Sainte Vierge en vingt-trois volumes.

J'enregistre encore en courant :

Les catéchismes philosophiques, polémiques, historiques, dogmatiques, moraux, disciplinaires, canoniques, pratiques, ascétiques et mystiques de Feller, Aimé, Scheffmacher, Rohrbacher, Pey, Lefrançois, Alletz, Almeyda, Fleury, Pomey, Bellarmin, Meusy, Challoner, Gother, Surin et Olier.

Les Œuvres très complètes de sainte Thérèse, augmentées des œuvres des saints Pierre d'Alcantara, Jean de la Croix et Jean d'Avila ;

Les Œuvres complètes de saint François de Sales, suivies des œuvres complètes de sainte Jeanne de Chantal ;

Les Œuvres complètes de Bérulle, d'Olier, de Trouson, de Boudon, de Lantages, de la Chétardie, de Badoire, de Bourdaloue, de Bossuet, de Fénelon, de Massillon, de Fléchier, du Père Noël, abbréviateur de Suarez, de la Tour, de Le François, de Baudrand, de Pressy, de Bergier, des deux Pompignan, de Régnier, Thiébault, Emery, Duvoisin, Gérard, Laluzerne, J. de Maistre, d'Arvisenet, Riambourg, Bonald, Frayssinous, Gerdil et plusieurs autres. En tout, cent volumes.

J'omets la *Théologie* de Perrone, les *Institutiones catholicæ* de Pouget, la triple grammaire hébraïque, le *Compendium juris canonici* de Maupied, le *Lexicon mediæ et infimæ latinitatis*, les *Actes de l'Eglise de Paris*, le *Manuel ecclésiastique* et autres mensuelles.

Cela nous donne jusqu'à présent cinq cent cinquante volumes, tous in-quarto, de quinze cents colonnes l'un dans l'autre, fidèlement reproduits des anciennes éditions, actualisés quand il le fallait, corrigés avec soin, enfin, pour un éditeur, une œuvre de géant.

Le Titan de la typographie ne voulait pas borner là ses efforts. Il y avait une collection grandiose, dont aucun éditeur n'avait osé jusque-là concevoir seulement l'idée et dont l'abbé Migne entreprit la réalisation. Nous voulons parler de la collection des Pères de l'Eglise. Depuis l'invention de l'imprimerie, Cassandre, Ciacconius, Jean de Billy, Hervet avaient entrepris de traduire quelques Pères et d'en reviser les éditions. Au XVII° et au XVIII° siècle, les Bénédictins, marchant sur les traces de ces devanciers, avaient pensé éditer une patrologie complète et ils avaient, en effet, publié, avant la Révolution, les principaux Pères des premiers âges. Un grand nombre d'exemplaires de leurs publications avaient péri, par le malheur des temps. Pour en réunir la collection, il fallait de longues années et des centaines de mille francs. L'abbé Migne osa les rééditer, éditer ce que n'avaient pas publié les Bénédictins ; et, cette œuvre colossale, inouïe, impossible, il a pu, Dieu aidant, la mener à bon terme.

La *Patrologie* gréco-latine de Migne compte trois cent cinquante volumes et contient plus de trois mille auteurs. L'éditeur, pour en rendre compte, la qualifiait d'*universelle*, complète, conforme, commode et économique ; universelle, parce qu'elle embrassait tous les Pères d'Orient et d'Occident, depuis saint Barnabé jusqu'à Innocent III ; complète, parce qu'elle contenait toutes les œuvres de tous les Pères ; uniforme et commode, parce que tous ses volumes portaient le même format, format in-quarto, d'un usage, en effet, beaucoup plus facile que le coûteux in-octavo et l'impossible in-folio ; enfin économique, puisque son prix ne dépassait guère deux mille francs.

La grandeur de l'entreprise n'en avait pas fait négliger l'exécution. Pour la *Patrologie grecque*, partie la plus difficile de l'œuvre, Migne avait fait d'abord graver des types tout exprès, en deux modèles, l'un droit, pour le texte ordinaire, l'autre plus penché, pour les mots à distinguer dans le texte; ensuite, il avait fait venir des compositeurs d'Angleterre, d'Allemagne, de Belgique, de Bavière, de Bohême, et même de Russie ; puis il avait choisi, pour ses correcteurs, les premiers savants de l'Europe, notamment des savants grecs. Quand une feuille était composée, elle était lue sur la copie primitive, puis les corrections étaient revues successivement sur six épreuves. L'attention la plus minutieuse était donnée non seulement à la pureté du texte, mais encore à l'apposition des accents, partie fort négligée des Bénédictins.

« La tradition chrétienne, disait l'abbé Migne, se trouve donc reproduite universellement quant aux auteurs; intégralement quant aux ouvrages, chronologiquement quant à la marche, uniformément quant au format, économiquement quant aux prix : ainsi est achevée la plus morale, la plus précieuse et, la plus considérable des publications qui soient jamais sorties des presses du monde entier ; ainsi, par conséquent, tombent à terre toutes les sinistres prophéties sur l'impossible réalisation par un seul homme d'un travail aussi gigantesque. Nous ne craignons pas d'avouer que le jour de son achèvement a été le plus heureux de notre vie : et ici nous ne parlons point comme un éditeur ordinaire qui ne le pourrait et même ne le devrait pas, puisqu'une bonne partie de notre grande fortune est engloutie dans l'Œuvre : nous parlons comme un prêtre qui doit s'estimer heureux d'avoir été trouvé digne de telles avances, peut-être d'un tel sacrifice.

« Cela dit, que la fortune nous rentre ou nous échappe, que nous soyons couvert d'honneur ou d'ignominie, que nous vivions même ou que nous mourions, le *nom du Seigneur sera toujours béni pour nous*, et nous chanterons gaiement notre *Nunc dimittis*, parce que sans grande science, ni grande vertu, il nous aura été donné d'être plus utile à l'Eglise que bien des savants et bien des saints, et qu'en posant ce livre fondamental de toute bibliothèque sérieuse, à l'édition duquel nous n'avons pu déterminer ni libraires, ni communautés, ni gouvernements, nous pourrons en quelque sorte dire comme saint Paul : *Cursum meum consummavi* ; puis nous présenter avec confiance devant Dieu, notre *Cours de Patrologie à la main.* »

Il faut ajouter que notre éditeur, pour assurer la perpétuité de son œuvre, en avait fait *clicher* les planches d'impression. Autrefois, après le tirage d'une édition, la planche était brisée et les caractères servaient à en former d'autres jusqu'à entière usure. Par un procédé de notre moderne industrie, lorsque la planche est bonne pour l'impression, on applique dessus un papier mouillé, rendu épais par le collage de plusieurs feuilles, battu de manière à reproduire, en creux, toutes les saillies des caractères. On coule ensuite sur cette feuille de papier un métal composé avec les mêmes éléments que les caractères d'imprimerie et le résultat est une plaque d'étain qui reproduit la page composée par le typographe. On peut ainsi, par le clichage, réimprimer éternellement un ouvrage dont on a composé une seule fois la planche.

Or, l'abbé Migne avait cliché ses ouvrages, pour une valeur de six à huit millions de notre monnaie.

L'abbé Migne, éditeur, avait établi une imprimerie dans sa maison. Sa force de production était telle qu'il pouvait enfanter, tous les jours, deux mille volumes in-4°. La main d'un moine autrefois n'aurait pu copier, en trois ans, ce qui se faisait en une seule minute à l'imprimerie Migne.

De plus, Migne fondait lui-même ses caractères, fabriquait lui-même ses clichés, glaçait et satinait le papier, brochait et reliait ses ouvrages. On voyait, chez lui, se commencer, se poursuivre, se vernisser, sans payer tribut à aucune industrie étrangère, les plus vastes publications qu'avaient entrepris, depuis l'invention de l'imprimerie, non seulement les particuliers, mais les Congrégations et les Gouvernements.

Enfin pour obliger ses confrères pauvres, en se tenant dans les limites du bon marché sans trop négliger la question d'art, Migne avait établi des ateliers de peinture chrétienne pour les chemins de croix et la réparation des vieux tableaux, des ateliers de sculpture pour les statues d'ornementation et des ateliers de facture d'orgues à tuyaux de bois, à tuyaux d'étain et à anches.

Enfin, menant de front de si grosses affaires, choses inouïes dans les fastes d'une grande entreprise, jamais, durant vingt-huit ans, soit par oubli de mémoire, soit par négligence de ses employés, soit par vengeance d'un tiers porteur, il n'avait éprouvé la confusion d'un billet protesté ; et sa signature est restée vierge, même dans les mois qui ont suivi l'explosion républicaine, les crises financières et la calomnie qui lui a fait tant de mal, mais que la justice a si énergiquement flétrie.

Aussi quand un évêque, blessé par des articles que l'abbé Migne n'avait pas même lus, avait lancé contre le dit abbé une sentence d'interdit, il avait été pressé, par tous ses confrères dans l'épiscopat, de lever cette sentence; et quand un aventurier, en procès avec Migne, avait présenté, pour sa décharge, une approbation très explicite de son ordinaire, Migne, pour sa justification, produisait un mémoire où l'on ne lit pas moins de mille soixante-cinq approbations. L'abbé Migne, analysant ce mémoire, disait : Sur les 1 065 pièces ici consignées, deux font connaître la mission que nous avons reçue de l'Ordinaire ; deux mentionnent le plaisir qu'ont éprouvé de nos travaux deux grands Papes : Grégoire XVI et Pie IX ; une est d'un Concile de France fort de 50 membres ; 33 émanent de cardinaux français et 14 de cardinaux étrangers ; 6 des patriarches d'Orient ; 56 d'archevêques français et 29 d'archevêques étrangers ; 341 d'évêques français et 127 d'évêques étrangers ; 1 d'un vicaire apostolique français ; 14 d'abbés mitrés français ; 1 d'un préfet apostolique français et 7 de préfets apostoliques étrangers ; 12 de prélats romains français et 10 de prélats romains étrangers ; 49 d'écrivains du clergé régulier français et 12 du clergé régulier étranger ; 158 d'écrivains du clergé séculier français et 20 d'écrivains du clergé séculier étranger ; 25 d'auteurs laïques français et 9 d'auteurs laïques étrangers ; enfin 45 de journaux français et 14 de journaux étrangers.

Mais, sans parler des 1 065 approbations écrites, il en est de non écrites qui valent bien les premières. Ce sont les 212 visites épiscopales dont les *Ateliers catholiques* ont été honorés et dont la nomenclature se trouve ici à la suite des lettres. Encore, en fixant ce chiffre, sommes-nous de beaucoup au-dessous de la vérité, parce que, pendant plus de 10 ans, nous n'avons eu soin de prendre note d'aucune visite !

Il est une troisième sorte de témoignages qui a peut-être une valeur plus significative ; ce sont les *Recommandations* imprimées ou verbales qui ont eu lieu en sus des *Lettres* et des *Visites*. Il s'est, en effet, tenu en France et hors de France, peu de synodes et peu de retraites ecclésiastiques ; il a été adressé peu de programmes de conférences diocésaines ; il a été imprimé peu d'*Ordo* ou de Brefs ; il a été lancé peu de circulaires et de lettres pastorales, sans que les publications des *Ateliers Catholiques* n'y aient été citées ou louées.

En lisant, en effet, ce mémoire, on voit les plus hauts personnages épuiser, envers Migne, toutes les formules de l'admiration. Mais en visitant les *Ateliers Catholiques*, on était obligé de confesser que tous ces éloges étaient encore au-dessous de la réalité.

Nous avons visité, pour notre part, ces glorieux Ateliers. Nous nous sommes promené dans ces vastes pièces où se dressent, en colonnes triomphales, des milliers, des millions de livres. Frappés d'admiration devant ces nouvelles Pyramides, les anciens auraient surnommé l'éditeur l'Atlas du monde intellectuel et moral. Ces pyramides, en effet, sont des colonnes de Lumière d'où s'échappent les rayons qui vont porter le Feu sacré jusqu'aux extrémités de la terre ; chaque volume qui en sort est une *langue de feu* qui s'en va par tous les chemins de fer de l'ancien et du nouveau monde, par toutes les voies de terre et de mer, annoncer la Bonne Nouvelle, la Vérité, la Science, la Civilisation aux quatre vents du ciel. Quelle mission ! Quel apostolat ! Ce foyer central, d'où rayonnent tous les trésors qui font la gloire du Christianisme et l'honneur de l'esprit humain, tous les monuments qui forment l'héritage des générations et constituent les titres de l'Humanité à d'immortelles espérances ; eh bien ! cette magnifique création, la devons-nous aux ressources d'un Gouvernement tout-puissant que l'on croirait seul capable de ces grandes choses ? Non, C'EST L'ŒUVRE D'UN SEUL HOMME ! mais d'un homme inspiré par le génie de cette foi qui *transporte les montagnes et renouvelle la face de la terre*.

A soixante-huit ans, mais toujours fort et toujours résolu, le Napoléon de la typographie songeait à achever sa Bibliothèque universelle. Une collection des Conciles en quatre-vingt volumes ; les œuvres complètes de saint Bonaventure, de saint Thomas, de Gerdil et du Père Berthier ; deux nouvelles encyclopédies, l'une pour la philosophie, l'autre pour les sciences et les arts ; la réfutation de toutes les erreurs et de tous les systèmes philosophiques ; un livre de l'unité, un traité des points fondamentaux, un rituel des rituels, un catéchisme des catéchismes, les actes synodaux de tous les diocèses et vingt autres publications figuraient déjà sur des prospectus. A son dernier jour, il se réservait de confier, à une Congrégation religieuse, comme institution fondée, son établissement. De plus, le bénéfice de ses publications devait passer entre les mains de la Propagation de la foi. Enfin, en chantant d'un cœur joyeux son *Nunc dimittis*, Migne voulait consacrer, de tous ses travaux, à l'Église le profit, à Dieu la gloire.

Triste retour des choses humaines ! cette biographie que nous avons écrite dans la joie, il faut l'achever dans la tristesse. A la fin de l'hiver 1868, sur les deux heures du matin, un incendie éclate dans le grand atelier de Migne. Le feu, allumé on ne sait comment, se propage avec la rapidité de la foudre sur ces masses de feuilles imprimées. De l'atelier, il gagne les étages supérieurs où reposent tant de livres, il se répand contre les parois où sont entassés tous les clichés. Les livres s'enflamment, les clichés se fondent, des fleuves de métal se mêlent aux lueurs de l'incendie. En quelques heures, il ne reste plus rien de tout ce que renfermaient l'atelier du rez-de-chaussée et toutes les pièces d'au-dessus. Le plomb fondu, les salons de livres, les machines renversées, voilà ce que découvre l'œil du visiteur. Nous avions visité l'atelier dans sa splendeur, nous l'avons revu dans son affliction. Nous avons vu ces lingots de métal attendant la vente au poids ; ces clichés brisés dont on espérait faire un triage; ces machines, si longtemps activées, maintenant rougies par la rouille; ces poutres noircies attestant que la destruction avait menacé d'être absolue; ce bureau, où fourmillaient les savants, silencieux comme le désert; cet atelier enfin, d'où avait jailli tant de lumière, traversé par quelques portefaix, inondé par les pluies du ciel. Nous avons revu surtout cet éditeur si doux et si fort, toujours fort et toujours doux, mais frappé au cœur par la main de la Providence, qui, à tant de mérite, a voulu en ajouter un plus difficile et plus méritoire, celui de la résignation. Nous nous éloignâmes de ce douloureux spectacle, pleurant et murmurant : *O altitudo!*

En 1816 naissait, dans un petit village de la Haute-Garonne, un enfant qui reçut au baptême le nom de Louis. La famille était pauvre, elle avait de nombreux enfants, et ne pouvait leur donner la fortune, elle leur assura du moins l'éducation chrétienne et la force de résolution qu'inspire la foi. Quand Louis eut atteint sa dixième année, il se prit à jouer au bouchon; comme il avait le coup d'œil juste et la main sûre, il gagnait, chaque dimanche, après vêpres, quelques sous. Ces sous, il les cachait dans une tirelire assez singulière, dans les interstices des pierres d'un vieux mur. Quand il jugea que sa fortune devait atteindre un certain chiffre, il éventra la vieille muraille et se trouva possesseur de 80 francs. Avec ces 80 francs, il acheta des vieux livres et s'établit porte-balle. Un beau matin, le voilà parti la balle sur le dos, pliant sous le faix des vieilles reliures. D'aventure, s'il rencontrait un luxueux presbytère, il se disait d'avance que la vente serait difficile; mais s'il rencontrait, dans un presbytère pauvre, un curé assez mal vêtu, il se disait : Ici je vais faire moisson. De presbytère en presbytère, Louis avait vendu tous ses volumes, mais il en avait, par échange ou par achat, acquis le quintuple. Nanti d'une bibliothèque de vieux bouquins, il établit des dépôts dans plusieurs villes, notamment à Chalon-sur-Saône et à Langres. Bientôt, à la suite d'entente avec les grands éditeurs de Paris, il joignait, à la vente des vieux livres, les plus nouvelles publications. Or, un jour, voulant obtenir, des frères Gaume, des volumes à très bon marché, les Gaume lui répondirent: Si vous croyez qu'on peut céder à ce prix-là, mettez-vous éditeur. — Pourquoi pas, repartit Vivès. Le fait est que l'année suivante, Louis Vivès avait fait une nouvelle édition du Dictionnaire de Bergier et la vendait comme du pain bénit. Ce fut le commencement de sa fortune.

De Chalon, Vivès transféra sa maison à Paris, et en fit le siège de ses opérations, gardant ailleurs ses dépôts qu'il confia à ses frères et aux frères Bordes.

A cette fin, il y avait, dans le clergé, un immense désir de science et un vœu ardent pour la reprise des études; à ce désir s'opposait un obstacle, la désuétude de la lecture en latin. Vivès tourna la difficulté; il fit faire des traductions qu'il publia, en y adjoignant le texte. En ce genre, il édita notamment les *Œuvres* de quelques Pères de l'Eglise, le *Rational* de Durand, les *Œuvres spirituelles* de saint Bonaventure, la *Chaîne d'Or*, les *Commentaires* de saint Paul, les opuscules et les deux *Sommes* de saint Thomas, les discours du cardinal Bellarmin, des opuscules du cardinal Bona, la *Sainte famille* de Moralès, l'*Abrégé de Suarez*, le *Catéchisme* de Canisius. Ces traductions étaient louables comme œuvres d'enseignement mutuel, comme préparation à la lecture des textes originaux, que doit se commander tout esprit un peu fier. Vivès le comprit, et au lieu de s'éterniser, de s'immobiliser dans la traduction, il aborda les œuvres dans leur langue native, sans plus. Migne avait publié les Pères, Vivès voulut publier, non pas des cours complets de théologie, mais les œuvres originales des scolastiques et des grands théologiens. C'est ici l'œuvre personnelle, intelligente et vraiment grandiose de Vivès.

On lui doit les *Œuvres complètes* d'Albert le Grand, de saint Thomas d'Aquin, de saint Bonaventure, de Duns Scot, de Bellarmin, de Suarez, de Delugo, les *Dogmes théologiques* de Petau et de Thomassin, le *Clypeus thomisticus* de Gonet, *La Théologie de l'esprit et du cœur* de Contenson, les *Traités philosophiques et théologiques* de Jean de saint Thomas, les *Œuvres mystiques* d'Alvarès de Paz et de Jacques Marchant, l'*Auridorina universalis* du Père Robert, l'*Opus concionum* de Mathias Fèvre, la *Somme* de Billuart, le *Jus canonicum* de Reiffenstuel, les deux *Œrarium* de Joseph Mansi, le *Sanarium* et le *Wiridarium* de Jean Busée, les *Commentaires* de Cornélius a Lapide, les *Commentaires* d'Estius, les théologies de Thomas de Charmes, de Claude Lacroix et de Perrone, la *Vie des saints* de Surius, la *Bibliotheca manualis* de Löhner et les *Œuvres* de Bernard de Picquigny.

La *Patrologie* de Migne n'étant pas accessible au commun des prêtres, Vivès voulut encore mettre à leur portée les œuvres des principaux Pères de l'Eglise et des grands écrivains qui doivent orner la bibliothèque du presbytère. Pour orienter le lecteur studieux, il publia l'histoire générale des auteurs sacrés et ecclésiastiques de dom Cellier. L'Eglise doit à Vivès des éditions complètes de Tertullien, de saint Augustin, de saint Jérôme, de saint Jean Chrysostôme, de saint Bernard, de saint François de Sales, de Bossuet, de Fénelon, de Bourdaloue, de Drexelius et de saint Alphonse de Liguori. — Je ne cite que pour mémoire les *Œuvres* de Châteaubriand, de Joseph de Maistre, les *Mélanges* de Veuillot, les *Œuvres* françaises du père Ventura.

Si, d'un coup d'œil synthétique, vous embrassez cette collection d'auteurs traduits, d'œuvres complètes et de théologiens, sans parler d'une multitude d'autres publications, vous devez conclure que Louis Vivès a plus contribué au succès des études ecclésiastiques et à la défense de l'Eglise que vingt générations de moines écrivant dans leur monastère. Vivès est, comme Migne, un Titan de la librairie chrétienne.

Victor Palmé, né vers 1830 dans la Sarthe, puisa, dans le voisinage de Solesmes, l'orientation de sa vie. D'une famille aisée, au terme de ses études littéraires, il ne songea point à une de ces carrières in-ignifiantes où tant de braves gens, contents d'un honnête entretien, dépensent à peu près inutilement leurs forces. Après l'apprentissage nécessaire, il s'établit éditeur à Paris. Les débuts furent humbles ; mais le petit éditeur de la rue Saint-Sulpice avait une grande âme.

Or, il advint qu'il rencontra un jour des hommes de puissante initiative, Jean Carnandet, Paul Guérin, Léon Godard. Ces hommes lui dirent que si Migne et Vivès avaient doté la librairie ecclésiastique d'innombrables monuments, il restait encore une œuvre connexe à accomplir : c'était la publication des grands monuments de l'histoire. Palmé avait déjà publié pour un million de ces petits livres, que les journaux louent, que les critiques admirent, dont ils exaltent les auteurs à tour de bras. Ces livres, tous encensés, font péniblement leur chemin, trop souvent ne se vendent pas, surtout parce que les prêtres français, et les laïques encore plus, ont à peu près perdu le feu sacré, ce bel amour de la vérité, condition indispensable de ses succès. Le difficile n'était pas de comprendre que les grandes publications remorqueraient les petites et sauveraient la France en poussant le clergé à la haute culture. Le difficile était de trouver le moyen d'entreprendre et de mener à bonne fin un si grand travail. Comment faire?

Victor Palmé imagina de transformer sa maison en agence générale de librairie catholique, ouvrit des souscriptions et entra, d'un cœur résolu, dans une entreprise dont les bienfaits certains n'empêchaient pas les énormes difficultés. Palmé entreprit de publier les *Œuvres* des Bénédictins et des Bollandistes. *Hic opus, hic labor est.*

A l'actif glorieux de Victor Palmé, nous devons inscrire : 1° La reproduction textuelle des cinquante-quatre volumes in-folio des *Acta sanctorum* des Bollandistes ; 2° Le *Gallia Christiana* des Bénédictins ; 3° le *Recueil des historiens des Gaules et de la France*, de dom Bouquet en vingt-trois volumes, l'*Histoire littéraire de la France* des mêmes Bénédictins, en seize volumes ; la *Théologie morale des docteurs de Salamanque* en vingt volumes.

En même temps, Palmé dans le dessein d'entraîner le prêtre à l'étude, créait des revues : la *Revue du monde catholique* pour faire échec à la *Revue* rationaliste *des Deux-Mondes* ; l'*Echo de Rome*, pour rattacher les âmes à la ville éternelle ; l'*Ami des livres*, pour tenir au courant de la bibliographie ; l'*Ami du clergé*, pour résoudre chaque jour les cas de conscience du ministère ; les *Analecta*, pour faire suite à la *Correspondance de Rome* et faire connaître au clergé catholique les décisions de la Curie romaine.

Migne, Vivès, Palmé, en se vouant à de si grandes entreprises, avançaient sur l'esprit de leur temps ; ils préparaient une œuvre, dont Dieu seul connaît les temps et les moments, dont leurs yeux réjouis ne devaient saluer que l'aurore. La cité divine de la vérité est bâtie avec des livres ; mais les livres, à eux seuls, ne peuvent pas accomplir le travail dont ils sont les instruments. En vain, vous écrirez sur le frontispice de cette bibliothèque : *Præsidium reipublicæ christianæ* ; s'il n'y a personne dans la bibliothèque, la poussière la couvrira d'un linceul et les rats et les larves pourront y exercer impunément leur œuvre de destruction.

Or, il faut le confesser sans honte, l'esprit du clergé français n'était pas à la hauteur de si grands desseins ni capable à lui seul d'y faire honneur. Nos grands éditeurs réussirent pourtant à lui insuffler un certain effort de zèle et s'ils purent mener de front leurs grands et nombreux ouvrages, c'est avec le concours des prêtres. Vers 1850 ou 60, le clergé français, à lui seul, achetait plus de livres que tous les clergés réunis de l'univers ; aujourd'hui le clergé français est, de tous les clergés de l'univers, celui qui achète le moins de livres. Ces deux faits caractérisent des situations contradictoires. Tant que le clergé soutint les éditeurs, ils purent prospérer ; dès qu'il les abandonna, ils ne purent longtemps se soutenir et succombèrent à l'ingratitude des circonstances.

On a fait là-dessus beaucoup de jérémiades inutiles et inintelligentes. « Les pièces d'argent sont rondes, disent les paysans, c'est pour qu'on les fasse rouler. » Je suis beaucoup plus radical : la monnaie est faite pour qu'on la dépense utilement et je ne lui vois pas d'emploi plus noble que sa consécration aux œuvres de la presse. La presse est la première puissance du monde ; l'empire appartient à l'Eglise ; la presse est aujourd'hui l'indispensable auxiliaire de l'apostolat et la sauvegarde de l'empire ecclésiastique. Quand même la presse ne mènerait pas ses campagnes avec un profit commercial suffisamment rémunérateur, elle accomplirait encore son œuvre. Mais si elle vient à subir les pires destinées du concordat amiable ou d'une banqueroute selon la justice, il ne faut pas trop pleurer ses malheurs.

L'argent est fait pour être dépensé. Perdu pour perdu, vaut-il mieux qu'il se perde dans le Panama, dans les chemins de fer du Sud, dans l'emprunt du Honduras, dans l'emprunt de ces mille escroqueries que les juifs excellent à machiner ? Ne vaut-il pas mieux, même financièrement, qu'il se compromette, par une espèce d'héroïsme, dans le renouvellement de tous les titres doctrinaux, scientifiques et littéraires de la Sainte Eglise ? Avec le Panama, tout est perdu sans retour ; avec les livres, si les profits sont moindres, les pertes sensibles, au moins tout n'est pas perdu, puisque les livres restent, et même rien n'est perdu, puisque l'argent perdu, en diminuant le prix des livres, aide singulièrement à leur propagande et remplace les titres du prêteur déçu par un titre d'apôtre, qui n'est pas, devant Dieu, susceptible de déception.

L'histoire s'apitoie certainement sur les infortunes des bailleurs de fonds et sur les malheurs plus graves des éditeurs catholiques; mais elle baise leurs glorieuses blessures. En ce siècle, quel est donc l'éditeur français qui n'a pas connu les misères du métier? Même parmi les catholiques, exception faite pour les éditeurs de classiques toujours vendus jusqu'à l'épuisement, et sans qu'on puisse imputer à leurs désordres leurs échecs, tous les éditeurs catholiques ont essuyé des revers. L'éditeur versaillais de l'admirable édition de Bossuet, Lebel, en fut réduit à se brûler la cervelle; à Lyon, Guyot et Briday ne firent pas fortune; à Paris, Douniol, l'éditeur de Dupanloup, dont les brochures, d'après Dupanloup, se vendaient par centaines de mille, c'est-à-dire ne se vendaient pas du tout, finit par boire un bouillon. Je ne dis rien, par discrétion, ni de Périsse, ni de Mellier, ni de personne. Mais l'histoire des éditeurs est un martyrologe et ce martyrologe n'est ni sans utilité, ni sans gloire. Je souhaite modestement qu'il se continue et que les livres, vendus à plus bas prix, inondent les presbytères, désormais inexcusables, s'ils ne se livrent pas à la poursuite de la haute science.

Après les éditeurs, parlons des érudits.

Au Moyen Age, les études, spéculatives et pratiques, suivaient fidèlement l'ordre des traditions chrétiennes. A l'apparition du protestantisme, l'hérésie mettant en cause tout le corps des doctrines révélées ainsi que l'autorité, divinement instituée, pour les propager et les défendre, il fallut prouver les traditions elles-mêmes et invoquer, pour cela, les monuments. Les grands événements qu'entraîna la réforme protestante ébranlèrent, de plus en plus, les croyances; il fallut, de plus en plus, les soutenir et les corroborer. Les docteurs, au lieu de se livrer aux grandes méditations de la science pure, durent donc élever, autour des dogmes attaqués, de gigantesques remparts. Les trois derniers siècles ne furent pas, sans doute, perdus pour la science spéculative, mais ils furent surtout des siècles d'érudition. Entre l'ouragan séculaire de la révolte luthérienne, et l'ouragan, également séculaire, de la Révolution française, aux derniers jours de paix, Dieu suscita d'infatigables travailleurs pour inventorier les trésors des anciens âges et les fixer sur l'indélébile airain de la typographie. Telle fut surtout la mission des ordres religieux, vraies pépinières d'érudits que domine le grand triumvirat des Baronius, des Bolland et des Mabillon. Par une admirable disposition de sa Providence, Dieu avait voulu opposer d'avance, aux coups les plus malveillants de l'ennemi, d'invincibles boulevards.

Après la Révolution, les ordres religieux détruits, le clergé décimé, le sacerdoce militant réduit à quelques rares pasteurs, on ne put renouer immédiatement la chaîne des traditions érudites. Il fallait courir au plus pressé, voler d'abord au salut des âmes. A mesure que le clergé put remplir ses cadres, il voulut reprendre ce sceptre de la science qu'il s'était fait l'honneur de porter toujours avec le sceptre de la foi. C'est ainsi que nous allons voir surgir des érudits nouveaux. Au milieu des agitations du siècle, quand la multitude se presse, comme les enfants égarés d'Israël, autour du veau d'or, il se trouve, dans l'Eglise, des solitaires d'intention qui se dévouent, corps et âme, à la recherche de la vérité. Celui-ci va à la découverte des textes perdus, celui-là vérifie les textes falsifiés, cet autre explique les textes longtemps mal compris, cet autre redresse les méfaits de la critique, tous travaillent à la glorification du Dieu des sciences. A Dieu soit la gloire de leurs travaux, à l'Eglise le profit et aux savants le mérite.

Les principaux érudits de cette époque sont le cardinal Pitra, l'hébraïsant Lehir, l'exégète Glaire, l'abbé Gorini et plusieurs autres. L'histoire leur doit une justice d'autant plus empressée que leur dévouement exigeait un plus grand courage.

Jean-Baptiste Pitra naquit à Champforgueil, près Châlon-sur-Saône, en 1812. Son père exerçait les modestes fonctions d'huissier; sa mère était une femme d'un esprit fin, d'un jugement peu ordinaire, qui dut exercer, sur son fils, une singulière influence. Jean-Baptiste montra, dès ses premières années, une intelligence et une piété supérieure à son âge. En 1823, il faisait sa première communion à Ouroux-en-Bresse. Sept mois après, nous le retrouvons, à Cuisery, au pensionnat Grognot, sous la direction d'un ancien bénédictin, l'abbé Tessier. De cette époque date la première idée de sa vocation bénédictine. En 1825, le petit Pitra reçoit la confirmation des mains de l'évêque d'Autun, qui, par reconnaissance de quelques services rendus par un oncle médecin, reçoit l'élève de Cuisery en son petit séminaire. Jean-Baptiste débute en cinquième et se maintient, jusqu'en rhétorique, à la première place. Aux succès scolaires, le jeune élève joignait des succès meilleurs. Nature énergique, doué d'une admirable puissance de raison et de sentiment, le jeune Pitra se livrait à la piété encore plus qu'à la science et, dans ses pratiques religieuses, il laissait voir les deux faces les plus attrayantes de la dévotion, l'amabilité et la franchise. En 1830, il entrait au grand séminaire, pour en sortir prêtre en 1836. A vingt-trois ans il fut appelé à professer l'histoire au petit séminaire d'Autun; à vingt-quatre, il fut désigné pour la chaire de rhétorique qu'il occupa jusqu'en 1841. Dans ses humanités, Jean-Baptiste était sorti souvent du cadre des études classiques : il aimait à savourer les beautés des Pères et la poésie de la Bible ; dans ses cours de théologie, il avait obtenu la permission de recourir aux grands auteurs, notamment à saint Thomas d'Aquin et à Suarez ; professeur, suivant la marche ascendante de son talent et de ses études, il fut pris d'une véritable fièvre de travail qui devint, pour le reste de sa vie, une condition indispensable de bonne santé. Sa chambre était encombrée de livres : les chaises, les tables, le parquet, tout était envahi par les livres ouverts ou les manuscrits commencés. Le jeune professeur buvait à longs traits dans l'océan de la science catholique et épanchait, en ébauches d'ouvrages, la plénitude précoce de son abondance. Aussi quand l'abbé Pitra montait en chaire dans la chapelle du séminaire, était-ce double fête pour l'auditoire. Les discours de l'orateur, semés de traits empruntés à l'histoire, surtout à l'histoire de l'Eglise d'Autun, relevés naturellement des charmes de l'éloquence, laissaient une profonde impression dans le cœur des élèves et des maîtres, fiers, les uns d'un tel professeur, les autres d'un tel confrère.

Un événement providentiel vint mettre en évidence les mérites éminents de l'abbé Pitra. En 1829, en la fête de saint Révérien, patron de l'église d'Autun, l'évêque du Trousset-d'Héricourt se rendait, en compagnie d'un savant archéologue, l'abbé Devoucoux, depuis évêque d'Evreux, au cimetière de Saint-Pierre-l'Etriez. Les promeneurs heurtèrent du pied quelques débris de marbre portant inscription grecque. L'évêque les fit transporter au petit séminaire. L'abbé Pitra n'eut pas plutôt considéré cette inscription mutilée, qu'il courut au cimetière et fit fouiller, jusqu'à quatre pieds de profondeur, suivant avec anxiété tous les coups de la pioche et ne quittant la place qu'après avoir déterré au septième fragment. Malheureusement, les autres fragments restèrent introuvables : l'inconnu à suppléer fut dévolu aux ingénieuses suppositions de la science épigraphique.

L'abbé Pitra se mit courageusement à l'interprétation de ce texte, secondé par les lumières de la *Société Éduenne*. Dans une première lettre aux *Annales de philosophie chrétienne*, il annonçait l'importante découverte et hasardait une traduction. L'éveil donné, de toutes parts on se mit à l'œuvre. La France, l'Allemagne, la Hollande, l'Italie, l'Angleterre, se livrèrent, avec un courage digne des plus grands éloges, à la découverte du sens et de la portée de l'inscription grecque d'Autun. Raoul-Rochette, le Père Secchi, Ch. Wordsworth, Dübner, Windischmann, Franz, Borret de Warmond, Leemans et d'autres furent les lutteurs de ce noble pugilat. Pendant que les parties s'acharnaient les unes contre les autres, un anonyme, modestement caché sous les initiales L. J. C., adressait aux *Annales de philosophie* une série d'articles où il envisageait la question au point de vue historique, dogmatique, paléographique, liturgique et critique. Cet anonyme, qui était le vrai juge du camp, tout le monde le devinait, c'était le professeur de rhétorique du petit séminaire d'Autun, l'abbé Pitra.

Voici une traduction en vers de cette célèbre inscription, monument chrétien du IIe au IIIe siècle, où le Père Secchi a découvert tout *un symbole de seize cents ans !*

Fils de Dieu, le cœur plein de tendresse infinie,
ICHTHUS, chez les mortels, prit l'immortelle vie
    Et révéla ses lois ;
« Viens rajeunir ton âme, ami, dans l'eau sacrée,
« L'eau divine où descend la sagesse incréée
    « Plus riche que les rois.
« Prends l'aliment plus doux que le suc de l'abeille,
« ICHTHUS est dans tes mains ! que ta foi se réveille,
    « O Saint ! prends, mange et bois ! »
Donc, ô Maître Sauveur, Ichthus réponds ta grâce ;
Fais luire sur ta mère un rayon de ta face,
Exauce nos deux voix ; des morts sois la splendeur !
Heureux Ascaudius ! ô mon bien-aimé père,
Vous, frère, que je pleure ! et toi, ma bonne mère !
De moi qu'il vous souvienne en la paix du Seigneur !
ICHTHUS est venu,
    A souffert, a vaincu (1).

Le vendredi saint de l'année 1840, le jeune professeur sollicitait son admission au monastère bénédictin de Solesmes. Sur la réponse affirmative de l'abbé, il y vint pendant les vacances de la même année ; mais l'évêque d'Autun, qui ne trouvait pas facilement à le remplacer, voulut éprouver sa vocation, en le retenant pour une année encore. En 1841, l'abbé Pitra prit donc définitivement la robe monacale et, en 1843, le 10 février, fête de sainte Scolastique, sœur de saint Benoît, il émit sa profession solennelle entre les mains de Dom Guéranger. Une personne, présente à la cérémonie, sans le connaître, disait à un ami de Dom Pitra : « J'ai assisté à la profession d'un jeune Père qui avait l'air d'un ange. »

Le nouveau moine se donne, de cœur, à ses devoirs d'état. « Fidèle à remplir toutes les observances de l'Ordre, dit un de ses biographes (2), aussi zélé dans les petites choses

---

(1) *Annales de philosophie chrétienne*. Voir les années 1839-40-41-42-43. Cette traduction se trouve au t. III, p. 98, an. 1841. Pour de plus amples détails sur l'inscription grecque, consulter *Spicilegium solesmense*, t. I, p. 554. Nous ajouterons cependant que cette inscription du IIe siècle est gravée sur une tablette de marbre de Paros ou d'Etrurie, divisée en huit fragments inégaux, dont deux sont perdus et deux autres portent l'empreinte des crampons qui attachaient la tablette au monument funèbre. Les fragments sont conservés au Musée d'Autun.

(2) Dutron, auteur de la Légende de Sainte-Ursule, dans la *Revue du monde catholique*, tome V, p. 608.

que dans les grandes, plein d'affection et de déférence pour son abbé, d'un commerce aimable avec ses frères, il ne goûta jamais plus de bonheur que dans toutes les pratiques d'humilité dont la vie monastique est pour ainsi dire tissue. Cette volonté si énergique, dont le travail possédait le don de plier son caractère à l'obéissance. Lutteur sans égal sur la brèche, c'était un enfant sans volonté et docile à la voix de Dieu qui lui parlait par la sévérité de la règle de Saint-Benoît. Jamais il n'usa de dispense, même momentanée, dans les austérités de l'Ordre. On ne se rappelle pas de l'avoir vu manquer une seule fois aux offices du chœur qui appellent à l'église les Bénédictins cinq fois par jour. Attentif à ne pas perdre un moment, il avait la science de trouver du temps en abondance, les fortes études auxquelles le jeune Bénédictin se livrait nécessitant parfois un supplément de travail, sa forte santé permettait à son abbé de l'autoriser à des veilles qui tantôt se prolongeaient fort avant dans la nuit, tantôt anticipaient largement sur l'heure matinale du lever de la communauté. »

L'antiquité ecclésiastique avait toujours possédé les sympathies de Dom Pitra ; une fois Bénédictin, il voulut suivre les traditions de son Ordre et marcher sur les glorieuses traces des Luc d'Achéry, des Martène, des Montfaucon, des Durand, des Coustant, des Ruinart et des Mabillon. A l'exemple des deux derniers, il songea à rechercher, dans les bibliothèques, les manuscrits qui devaient le mettre à même de reculer les bornes de la science patristique. Le missionnaire de l'érudition débuta par la visite des bibliothèques de France. Ses premières armes se firent dans la ville de Troyes. Après un premier voyage, il se dirigeait, en 1847, vers le nord de la France ; visitait, en passant, Lille et Cambrai ; allait, de là, à Bruxelles où il trouvait les nouveaux Bollandistes ; et pénétrait jusqu'en Hollande, jusqu'aux curieuses archives de l'Eglise janséniste d'Utrecht. Au retour, la renommée grandissante de Dom Pitra et les relations amicales avec plusieurs membres de l'Institut lui ouvraient les bibliothèques de la capitale. En 1849, le gouvernement de la république proposait même aux Bénédictins de Solesmes d'achever la *Gallia christiana* ; malheureusement, pour des motifs sans doute très justes, mais que nous regrettons, l'Institut renaissant ne put accepter cette offre. L'année suivante, Dom Pitra se rendait en Angleterre, visitait successivement les bibliothèques de Londres, d'Oxford et de Cambridge, la tour de Londres, les archives de Westminster, du Record's Office, de l'Athénéum Club, de Lambert Palace et les musées opulents des membres de la noblesse anglaise. En 1856, le docte Bénédictin prenait part, comme membre de Saint-Benoît, au concile de Périgueux. Enfin, en 1860, muni d'un passe-port diplomatique du gouvernement français, il partait pour la Russie, compulsait les bibliothèques de Saint-Pétersbourg et de Moscou, et reprenait le chemin de Solesmes en passant par Vienne et Berlin. Le Bénédictin du XIX° siècle, profitant des facilités de la civilisation moderne, avait franchi les limites respectées par les Papebrock et les Mabillon.

Dans l'intervalle de ses voyages, Dom Pitra avait été appelé une première fois à Rome, et, à cette occasion, il avait entamé l'examen des grandes collections romaines. En 1861, une nouvelle demande de Pie IX l'invitait à dire, à sa chère Solesmes, de longs adieux et à venir prendre place dans la section de la Congrégation de la Propagande, consacrée aux églises d'Orient. Le 16 mars 1863, il était revêtu de la pourpre, à la suite des Sfondrate, des d'Aguirre, des Quirini, des Lúchi, des Grégoire XVI et de tant d'autres fils du cloître bénédictin. La France catholique perdait une de ses gloires, elle s'en réjouissait en pensant aux services que le nouveau cardinal rendait dans le conseil suprême de la chrétienté.

Le cardinal Pitra, après sa promotion, ne cessa pas un instant ses chères études qui ont fait, de tout temps, une des gloires du Sacré-Collège.

On doit, au cardinal Pitra, les ouvrages suivants : *La Hollande catholique*, la *Vie du Père Liebermann*, l'*Histoire de saint Léger et de l'Eglise des Francs au* VII° *siècle*, les *Etudes sur la collection des Bollandistes*, le *Spicilège de Solesmes*, une étude sur les canons et les collections canoniques des Grecs, enfin le *Droit canon des Grecs* et deux séries d'*Analecta*.

La *Hollande catholique* n'est guère qu'une distraction d'érudit. C'est une série de lettres sur la Hollande religieuse, avant et depuis la Réforme protestante. Ces lettres furent écrites de Hollande, pendant le voyage de l'auteur, et adressées à différents personnages. Au retour, la collection parut à moitié dans les colonnes de l'*Ami de la religion* ; enfin le tout fut réuni dans un volume de la *Bibliothèque nouvelle*, commencée sous la direction de maître Veuillot. Le but de cette publication, c'est d'étudier comment se forme, décline et se relève un peuple catholique. « Etudier la Hollande, dit-il, c'est assister à la formation, à la décadence et à la résurrection d'un peuple catholique, lequel, sans commotion, sans révolte, par la seule énergie de sa persévérance et de son droit, arrive au triomphe de la foi. Ce spectacle, de nos jours, est digne d'attention. — De plus, ajoute-t-il, ce n'est point perdre de vue la France. En vérité, qui montre mieux jusqu'où va la propagation des idées françaises et ce que pourra la France quand elle comprendra sa mission de première fille de l'Eglise, de sœur aînée des nations chrétiennes, qui le montre mieux que ce peuple barbare, profondément séparé de nous par la langue, par les mœurs, par la religion, par le sol et le ciel, et qui pourtant n'a jamais manqué de se mouvoir à tous nos mouvements, de battre à chaque pulsation de la France? (1). » Sous cette inspiration patriotique et religieuse, Dom Pitra étudie, dans une première partie, les origines chrétiennes de la Frise, les premiers établissements de la Hollande, saint Willibrord, la bienheureuse Lidwina de Schiedam et les autres saints du pays, les légendes de la Gueldre et de l'Ower-Yssel, la Vehme et les statuts de réformation pour l'abbaye de Rynsbourg; dans la seconde, il s'occupe de la création tardive et destructive de la métropole d'Utrecht, du rôle funeste de la politique dans les affaires religieuses des Pays-Bas, des éphémérides protestantes, du jansénisme hollandais, des rois Louis Napoléon et Guillaume, des effets du protestantisme et de la réaction des œuvres catholiques. Bien que cet ouvrage ne soit, avons-nous dit, qu'une distraction de savant, c'est pourtant l'œuvre d'un savant, mais écrit peut-être d'un style trop recherché pour des lettres, trop fardé des couleurs de la rhétorique.

La *Vie du père Libermann* est un acte de gratitude. Dans ses voyages à Paris, Dom Pitra descendait au séminaire du Saint-Esprit. En vivant avec ses hôtes, il apprit à connaître cet illustre converti qui a laissé après lui le souvenir d'un grand saint. Il voulut donc lui rendre hommage. « Avec l'autorité d'un théologien, la patience d'un savant, la grâce d'un écrivain habile et heureux, disait l'*Univers* du 20 août 1855, Dom Pitra a raconté les divers états de l'âme du père Libermann et les rudes préparations que lui avait ménagées la Providence. »

L'*Histoire de saint Léger* est une monographie d'un mérite élevé, qui a eu son influence dans la rénovation contemporaine de l'histoire. L'auteur l'ouvre par une étude générale sur le VII° siècle, sur le rôle spécial de la papauté, des évêques, des moines et des saints : c'est un bel hommage rendu à ce siècle d'or, un monument achevé de savoir et d'éloquence. Vient ensuite la vie de saint Léger, extraite de toutes les légendes authentiques, éclairée de toutes les lumières de l'érudition. Le lecteur suit son héros à la cour de Clotaire II, à l'école du Palais (dont nous apprenons ici, pour la première fois, l'existence), à Poitiers, au monastère de Saint-Maixent, à la chapelle mérovingienne, dans le conseil de régence à Autun, où il est évêque et défenseur dans les affaires générales de la politique. La lutte d'Ebroïn et de saint Léger n'apparaît pas seulement comme une rivalité de ministres et une compétition dynastique ; c'est une question de nationalité entre l'Austrasie et la Neustrie, de prépondérance entre l'aristocratie mérovingienne et la royauté et de civilisation par le respect des droits de l'Eglise. Quand saint Léger tombe sous les coups d'Ebroïn, on suit la trace de ses reliques et le biographe chante sa gloire posthume. La publication se termine par des Analecta liturgiques et historiques, puisées à différentes sources, spécialement à l'abbaye de Murbach. Ce livre, composé à la manière bollandienne, est de ceux qui ne laissent rien à désirer, et il y en a bien peu qui méritent un si court éloge.

Les études sur la collection des Bollandistes se relient logiquement à l'ouvrage précédent, par l'identité de l'objet, et à la *Hollande catholique*, par la simultanéité des souvenirs. C'est en visitant les nouveaux Bollandistes au collège de Saint-Michel, à Bruxelles, que Dom Pitra conçut le projet d'un *Vade mecum* pour orienter le lecteur dans la collection des *Acta*. L'ouvrage s'ouvre par une dissertation préliminaire sur les anciennes collections hagiographiques. Dans cette dissertation, l'auteur expose les origines romaines de l'hagiographie, sous les papes Clément, Antère et Fabien ; son développement scientifique dans l'*Assemblée des martyrs* d'Eusèbe et les tables de saint Jérôme, premier essai de martyrologe. De là, il passe aux collections des Orientaux, des Arméniens, des Syriens, des Coptes, des Ethiopiens et dès Arabes. Des Orientaux, nous venons aux Grecs qui ont écrit les vies des saints par la plume des notaires, par les discours des panégyristes et les gloses des métaphrastes. Chez les Latins, l'hagiographie s'ouvre par le décret du pape Damase et les Vies des Perses, elle se continue dans les légendes du Moyen Age, se condense dans les ouvrages de Lipomani et de Surius ; s'abrège dans les livres de Ribadeneira et de Giry ; s'étale, avec toute sa splendeur, dans les *Actes des Saints*. Ces Actes, le Père Rosweyde en eut l'idée ; Bolland et Henschenius les commencèrent ; ils furent continués, avec des fortunes très diverses, par Papebrock, Janning, Baerts, du Sollier, Cuypers, Stilting, Ghesquière ; ils ressuscitent, ou plutôt se reprennent par les Pères Van Hecke, de Buch, Tinnebrœch et Martinof. Dom Pitra n'en écrit pas seulement l'histoire détaillée ; il en indique l'esprit, souvent différent de lui-même ; il en explique l'économie. Désormais, le lecteur pourra s'aventurer, sans souci, dans cet immense ouvrage de soixante volumes in-folio : il peut les lire et il doit, en tout cas, les aimer.

« C'est bien là, dit-il quelque part, l'œuvre de Dieu, comme les héros même dont ces actes publient la gloire. Ici et là se trouve empreint ce triple caractère qui reluit en tous ses ouvrages, la puissance, la sagesse, l'amour de la miséricorde. De même qu'un saint est l'homme innocent rendu plus abondamment à sa vie première et retraçant plus purement l'image du créateur, ainsi ce sanctuaire que l'on nomme *Acta sanctorum* reproduit à son tour, par sa plénitude, sa belle ordonnance et les délices qui s'y trouvent, comme une

---

(1) *La Hollande catholique*, p. 8. La Hollande a été étudiée à un autre point de vue et avec un esprit tout opposé par Alphonse Esquiros, Alfred Michiels et Arsène Houssaye.

ressemblance des saints. Qu'on veuille, avec un cœur droit, en toucher seulement le seuil, il en sortira une vertu ; ce sont, de page en page, les saints qui passent, pour guérir nos langueurs, nous raffermir et nous consoler... C'est comme un *Te Deum* qui envoie à chaque pas du temps, dans la louange sans fin des cieux, les concerts des anges et des puissances, le chœur glorieux des apôtres, le nombre harmonieux des prophètes, les acclamations de l'armée des martyrs, l'universelle confession de l'Eglise... Les *Acta sanctorum* resteront un monument impérissable et il suffira pour attester quel souffle puissant et fécond passa alors sur le monde. Nous avons vu, après Alexandre VII et Benoît XIV, après Bellarmin, Bona, Fontanini, Mabillon, Ducange et Muratori, se rencontrer, mêlés dans la même ovation, d'illustres protestants, Leibnitz, Meibom, Bayle, Ludwig, Fabricius. Napoléon s'incline avec le respect de Turenne. Il n'y a pas longtemps que M. de Hammer et Gœrres en Allemagne, qu'en France Monge au nom de la science, Guizot au nom de l'histoire, Saint-Marc Girardin au nom des lettres, souscrivaient implicitement à ces paroles d'un savant compatriote de Bolland : « Quelle que « soit, a dit M. de Reiffemberg, l'opinion que « l'on professe, l'Eglise que l'on ait choisie, la « philosophie dont on suit les principes, croyants « ou sceptiques, zélés ou indifférents, catho- « liques ou disciples de Luther ou de Calvin, « pourvu qu'ils aiment les lettres et qu'ils ne « renient pas le passé, tous vénéreront les *Acta* « *sanctorum* comme un des monuments les plus « étonnants de la science. »

Le *Spicilegium Solesmense* est une collection d'ouvrages inédits des Pères et des docteurs des douze premiers siècles. Cette collection fait suite au *Spicilège* de d'Achéry, aux *Analectes* de Mabillon, au *Thesaurus Anecdotorum* et à l'*Amplissima collectio* de Martène et Durand. Il en a été publié quatre volumes. Parmi les fragments d'ouvrages, et les pièces inédites qu'on est heureux d'y rencontrer, on y admire surtout *la Clef* de saint Mélithon de Sardes, livre très précieux pour le symbolisme. On y trouve aussi des dissertations sur des points obscurs ou controversés d'histoire.

Dans le quatrième volume du *Spicilège*, Dom Pitra avait produit, entre autres documents nouveaux, des écrits de saint Nicéphore, patriarche de Constantinople. Les études qui l'avaient amené à ces découvertes, le conduisirent, à l'époque où paraît Photius, à la période où l'abaissement progressif et la stérilité continue deviennent les caractères de cette malheureuse église d'Orient. Dans ses études, dom Pitra put se convaincre que toute la jurisprudence canonique du schisme grec reposait sur des textes falsifiés. Cette découverte a donné lieu aux études sur les collections canoniques de l'Eglise bysantine, et a produit ensuite le grand ouvrage sur le droit canon des Grecs. Ce livre n'est pas un traité didactique, c'est un ouvrage historique, un composé de pièces diplomatiques, une série de documents où les Césars et les archevêques de Constantinople confessent la principauté de la Chaire Apostolique. C'est le schisme se réfutant lui-même, se confondant par ses Pères, sapant, par leurs véridiques aveux, la base fragile sur laquelle repose l'œuvre d'une révolte ignare et d'une aveugle ambition. Cet ouvrage, en deux volumes, a été imprimé par la Propagande : il lui revenait à tous les titres et il était digne de cet honneur. Des esprits délicats, il y en a à Rome comme partout, ont fait observer que toutes les pièces produites n'étaient pas neuves, que plusieurs, notamment, avaient été empruntées à une publication faite, à Athènes, vers 1825. Mais un travail de ce genre, fait pour confondre les apocryphes, ne pouvait se composer que d'anciennes pièces ; s'il en trouvait dans des publications modernes, l'auteur devait s'en emparer.

Après le droit canon des Grecs, le cardinal Pitra publia encore huit volumes d'*Analecta* et deux volumes d'*Analecta novissima*. Les *Analecta* sont consacrées à des pièces inédites ; les *Analecta novissima* se réfèrent surtout à des lettres inédites des Pontifes romains. Dans les derniers temps, il s'occupait de la métrique des Grecs et en révélait à la fois les versets et les chefs-d'œuvre.

Dans tous ses ouvrages, le savant Bénédictin n'a eu qu'une ambition, celle de prouver son attachement à l'Eglise ; qu'une passion, celle de découvrir et de publier les plus beaux titres de gloire de la science patristique. Tel a vécu le moine, tel est mort le cardinal.

Au XIXe siècle, le débat entre les catholiques et leurs adversaires porte principalement sur les bases et sur les origines du christianisme. Ce n'est plus, comme aux premiers jours du protestantisme, tel ou tel dogme en particulier qui est mis en doute : on remonte plus haut et on discute les profondeurs même de la religion. Les descendants de Luther et de Calvin, entraînés par la logique jusqu'aux dernières conséquences du principe du libre examen, en sont venus à nier l'autorité divine de l'Ecriture sainte et de la Tradition des premiers siècles.

Ce n'est donc plus seulement le catholicisme mais le christianisme même qui est mis en question. C'est de l'Allemagne surtout que partirent les attaques : les rationalistes de toutes les écoles se donnèrent la main : Baur et l'école de Tubingue, Strauss, Ewald, etc., inondèrent l'Allemagne d'un déluge d'érudition. La philologie, la linguistique, l'anthropologie, l'ethnographie, l'archéologie, tout semblait s'être réuni dans une vaste conspiration contre la vérité chrétienne. Cette conspiration était plus sérieuse à beaucoup près que celle du XVIIIe siècle : ce n'était plus avec le ridicule, c'était avec l'érudition, au nom de la critique, qu'on attaquait le christianisme. Nicolas, Renan, A. Réville, furent, en France, les échos des critiques rationalistes d'outre-Rhin. Mais l'Eglise n'est pas restée sans défense exposée aux attaques de l'erreur. Ses enfants ont suivi leurs adversaires sur ce nouveau terrain et ont prouvé que la vérité catholique ne redoute pas l'épreuve de la critique.

Au nombre des patients érudits qui consumaient leurs nuits en veilles, discutant les textes, vérifiant les leçons, prêts à répondre à toutes les attaques, on remarquait Le Hir, successivement professeur de dogme, de morale, d'histoire et de langues orientales au séminaire de Saint-Sulpice.

Mort en 1868, à l'âge de cinquante-sept ans, Le Hir n'avait pas encore publié d'ouvrage de longue haleine : il n'était connu que par des articles dans la *Revue critique de littérature et d'histoire*, et dans les *Etudes religieuses*, etc. des P. Jésuites.

Ces articles forment presque entièrement la matière de deux volumes publiés après sa mort (1). Le Hir y réfute la notion de la *prophétie*, donnée par Réville, y traite du 4° livre d'Esdras et d'Apocalypses apocryphes, y prouve la haute antiquité de la version *Pechito*, y démontre l'authenticité du verset de saint Jean : *Tres sunt qui testimonium dant in cœlo, Pater, Verbum, et Spiritus Sanctus et hi tres unum sunt.*

Le savant Sulpicien combat aussi le sentiment de Bunsen, qui prétendait faire sortir le christianisme de l'Avesta de Zoroastre ; il réfute les *Apôtres* de Renan ; il réduit à néant l'hypothèse d'après laquelle Michel Nicolas veut qu'il n'y ait aucune division entre les *Pauliniens* et les *Pétriniens*.

Il venge le pape saint Callixte des attaques dont il était devenu l'objet depuis l'apparition des *Philosophumena*, et attaque, à propos d'*Epigraphie phénicienne*, Renan, autrefois son élève à Saint-Sulpice.

On trouve, dans ces écrits, beaucoup d'érudition, des idées neuves jointes à un style qu'on rencontre trop rarement dans les œuvres d'exégèse. D'ailleurs, doué d'un esprit supérieur et d'une mémoire prodigieuse, travaillant sans relâche, ayant étudié pour les enseigner toutes les branches de la science ecclésiastique, possédant près de vingt langues, Le Hir était on ne peut mieux préparé à la tâche qu'il avait à remplir.

Un trait pour peindre ce Bénédictin de notre âge : en 1867, faisant un cours d'arabe, il passa dix classes à expliquer quatre lettres de l'alphabet.

L'abbé Glaire était un fils de la savante Auvergne ; il s'était poussé ou était arrivé, par ses talents et ses œuvres, jusqu'au décanat de la Faculté civile de théologie en Sorbonne. C'était certainement un bon prêtre, mais il essayait, comme cela se fait en cet endroit, de concilier Dieu avec le diable, ou, pour parler plus exactement, l'Université, sa mère nourricière, avec l'Eglise qui réclamait alors, contre le monopole, la liberté d'enseignement. Trait assez rare, ce fut le diable, sous la figure de l'abbé Maret, qui se chargea de dissiper ses illusions de frivole conciliatorisme. Maret était alors, non pas ce grand seigneur que nous avons vu affronter les feux de la rampe, mais un pauvre diable, prêtre hors cadre, qui cherchait à se créer une situation. Maret voulait se faire recevoir docteur ; il avait dressé, dans ce but, une thèse savante, que Glaire refusait d'approuver. Maret, ou l'un de ses complaisants, signa pour Glaire et fut reçu d'emblée docteur en théologie, par des examinateurs qui n'en savaient pas le premier mot. Glaire, en présence de sa signature, donnée par un faussaire, se démena avec raison et dénonça l'imposteur. Le résultat fut que les examinateurs de Maret cassèrent aux gages le pauvre abbé Glaire et mirent à sa place, comme doyen, le docteur Maret, l'homme qui, pour avoir profité du faux en écriture, devenait ainsi son successeur.

Glaire, disgracié et proscrit, se tira d'affaire en digne savant. On lui doit une traduction en français de la Bible, traduction qu'on tient pour préférable à celles de Genoude et de plusieurs autres. Glaire a publié encore un *Dictionnaire des sciences ecclésiastiques* en deux volumes in-4°, livre trop court pour son objet, mais parfaitement exact ; une *Introduction à l'étude de l'Ecriture sainte* en 5 volumes et *Les livres saints vengés* en deux volumes. Ces ouvrages étaient classiques avant la publication des ouvrages de Bacuez et Vigouroux.

Gorini, né en 1803, au diocèse de Belley, fut, après sa promotion au sacerdoce, placé dans une petite paroisse près de Bourg. Le petit curé n'avait pas beaucoup de santé, mais rien à faire. Idée lui vint de composer un recueil de morceaux choisis des Pères de l'Eglise, à l'usage des classes. Dans ce dessein, il vint à Bourg chercher les volumes de la *Patrologie* et se prit à les lire. Sans penser à mal, pour s'orienter dans ses lectures, il se procurait les ouvrages de Villemain, Guizot et autres, alors les grands maîtres de l'opinion. Quelle ne fut pas la surprise du petit curé lorsque, ayant sous les yeux les volumes des Pères et les volumes de leurs critiques, il put constater que les critiques reprochaient aux Pères ce qu'ils n'avaient point dit et parfois leur imputaient des torts manifestement à l'encontre de leurs discours. D'abord le petit curé s'en étonna, puis il haussa les épaules, enfin il prit feu et parla de redresser les erreurs historiques de Guizot, Thiers, les deux Thierry, Cousin, Michelet, Quinet, Henri Martin et autres maîtres plus ou moins illustres. Ses confrères en rirent à se démonter les mâchoires. Pensez donc ; le curé de la Tanclière, le petit Gorini, de son prénom Sauveur, qui entreprenait de sauver l'Eglise des attaques des plus savants professeurs de Sorbonne et du

---

(1) *Etudes bibliques*, par l'Abbé Le Hir, avec introduction et sommaires par l'abbé Grandvaux. Paris, Albanel, 1869. Grandvaux a publié depuis d'autres opuscules de Le Hir.

Collège de France. Les presbytères s'en épanouirent depuis les larmiers de la cave jusqu'aux tuiles des toits. Enfin le petit curé travaillait toujours, peu soucieux du *qu'en dira-t-on* et résolu à descendre, comme un petit pasteur, dans l'arène où il rencontrait une légion de Goliath, tous philistins en présence du catéchisme.

La méthode du petit curé était très simple et tout à fait décisive. Sur une question donnée, par exemple, l'évangélisation de la Grande-Bretagne par les Bénédictins de Rome, il classe, par numéros d'ordre, les diverses imputations anti-ecclésiastiques d'Augustin Thierry, de Guizot et de Michelet. A chaque numéro, il produit le texte du censeur et met, tout après, le texte du vieux chroniqueur qui contredit la censure. Vous n'avez pas sous les yeux, comme devant les tribunaux, deux avocats qui s'époumonnent sur un thème donné et qui cherchent tous les deux, par ruses et habiletés de discours, à tirer à eux toute la couverture. Vous avez simplement un auteur de nos jours qui articule un fait et un auteur, ou deux, ou trois, ou dix du Moyen Age qui disent le contraire. La conséquence est que l'auteur de notre temps, en accusant l'Eglise, s'est trompé grossièrement et peut-être même a menti.

Le travail de Gorini n'embrassait que l'ère patristique. Chronologiquement il va du III° au IX° siècle ; géographiquement, il touche à tous les Etats de l'Occident, convertis, par l'Eglise, après les invasions des barbares. Les auteurs qu'il réfute sont tous des hommes de marque, protestants, rationalistes, librespenseurs, révolutionnaires. Et c'est la petite plume du petit curé qui a crevé tous les ballons qui se balançaient majestueusement au grand soleil et obtenaient, sans discussion, les applaudissements de la foule.

Quand le petit curé voulut publier son ouvrage, il ne trouva, cela va sans dire, que des portes fermées et des visages de bois. En habile homme, il fit d'abord passer une petite rectification dans une revue lyonnaise ; puis vint à Paris, dans les bureaux de l'*Univers*. Louis Veuillot, l'intrépide athlète, dirigeait alors le feu de toutes ses batteries contre ces mêmes malfaiteurs intellectuels, que combattait Gorini. Veuillot avait bien une maîtresse plume : mais il ne savait pas l'histoire de l'Eglise comme le petit curé et n'avait guère moyen d'en compulser les bibliothèques. D'un coup d'œil, Veuillot vit quel service Gorini allait rendre à l'Eglise et, par son intervention, trouva un éditeur à la *Défense de l'Eglise contre les erreurs de l'histoire*.

L'ouvrage parut d'abord en deux, puis en trois volumes. Les journaux religieux le recommandèrent ; sur leur présentation, le public voulut en prendre connaissance. Par courtoisie, l'auteur de la *Défense* avait offert un exemplaire à chaque historien critiqué dans son livre. Le public trouva la réfutation décisive ; plusieurs des réfutés ne le prirent pas aussi joyeusement, mais la plupart rendirent hommage à Gorini. On s'enquit alors de la situation de l'auteur. Lorsqu'on sut que le petit curé d'une petite paroisse, perdue dans les marais et dans les bois, avait fait seul, sans bibliothèque, ce gigantesque travail d'information, de confrontation et de réfutation, ce fut un concert unanime d'éloges. On rougit de l'iniquité absurde ou aveugle qui n'avait su ni aider, ni même soupçonner un tel mérite. Autant on avait été ingrat envers le travailleur obscur, autant on voulut se montrer généreux envers l'auteur illustre. Plusieurs évêques le nommèrent chanoine ; l'Institut parla de lui décerner un grand prix ; Augustin Thierry et Guizot voulaient même le faire venir à Paris. Gorini, qui joignait, à un grand esprit, une délicatesse rare, sut se dérober à ces empressements : il prétexta son âge, sa mauvaise santé, ses habitudes prises. La vérité est qu'il préférait, à un palais, sa petite chambre, illuminée d'histoire, et, qu'après le travail, rien, pour le repos, ne lui paraissait préférable à l'ombre de ses vieux pommiers.

L'ouvrage de Gorini est à recommencer. Depuis trente ans, les savants officiels de la présente génération, en se glorifiant beaucoup, ont réitéré contre l'Eglise les mêmes affirmations fausses et mensongères. Plusieurs ont mis, dans le mensonge, plus d'âpreté encore ; ils veulent déchristianiser la France et ensevelir l'Eglise dans la boue. Quoique la bonne foi ne soit guère leur fait, au moins pour faire tomber les écailles des yeux de leurs victimes, il importe de remettre en mouvement la machine de Gorini. J'aime à penser que ce petit presbytère de campagne, qui s'est tant illustré au XIX° siècle, viendra, au siècle suivant, ériger, à l'apologétique, de nouveaux trophées. L'iniquité n'a qu'un jour ; la vérité doit la confondre. L'assurance de sa confusion est d'autant plus certaine, que la méthode de Gorini est plus convaincante et que son système de duel privé, de corps à corps entre deux adversaires, excite plus volontiers les meilleures sympathies des cœurs vaillants.

Après les érudits, les réformateurs.

Le réveil chrétien avait été sonné par Châteaubriand ; le réveil catholique, par Lamennais. Après 1830, ce réveil catholique romain, posé précédemment comme principe général, vint aux applications nécessaires, aux réformes qui devaient effacer toutes les aberrations du particularisme français. Nous avons déjà nommé les ouvriers qui, sur l'appel de la Providence, se consacrèrent à cette grande entreprise ; nous devons maintenant esquisser leur physionomie et marquer exactement la portée de leur action publique. C'est un des plus beaux spectacles que puisse offrir l'histoire, après le renouveau qui s'était opéré en France au commencement du XVII° siècle. Le premier en date et en mérite fut le cardinal Gousset.

Thomas Gousset était né en 1792, à Montigny-les-Cherlieu, dans la Haute-Saône, d'une humble famille de laboureurs, neuvième enfant sur douze. Jusqu'à dix-sept ans, Thomas avait gardé les vaches et accompagné son père à la charrue. En conduisant l'attelage sur les sillons, l'enfant se faisait une complexion vigoureuse. Le fouet à la main, il avait toujours dans sa poche un morceau de pain qu'il pinçait de temps en temps, et un livre qu'il lisait de son mieux. Thomas demandait à étudier ; le père, avant de céder à ses désirs, en déféra à son frère, curé de Soyères, au diocèse de Langres ; examen fait du neveu, l'oncle le déclara propre seulement à garder les vaches. Le jeune homme se plaignit à sa mère, qui, plus clairvoyante ou plus sensible, mit son fils dans une école voisine à Amance, où la pension se payait en nature. Trois ans plus tard, Thomas était bachelier, et devenait élève du grand séminaire, ainsi que de la Faculté de Besançon, sous l'abbé Astier. Prêtre vers 1817, Thomas fut un an vicaire à Lure, puis rappelé à Besançon comme professeur de morale. Là, il était dans son élément. D'une musculature vigoureuse, d'une taille élevée, d'un bon sens porté jusqu'au génie, il étudiait nuit et jour les maîtres de la morale, et enseignait, en classe, de trois à quatre cents élèves, venus de partout pour l'entendre. Qu'enseignait donc cet Orphée de la théologie morale ?

D'abord il enseignait comme l'avaient fait, en Sorbonne, Tournély et Collet. Thomas savait choisir ses ouvrages ; il allait aux sources et ne consultait que les maîtres. A part soi, enseignant, comme cela s'était fait jusqu'à lui, les thèses gallicanes et rigoristes, il trouvait son enseignement faible et ne manquait pas d'en signaler les faiblesses à ses élèves. Mais comment rompre cette tradition vénérable au moins par les années ? Un jour, Gousset, qui était un grand dévoreur de livres, apprend qu'il y a vente chez un libraire en faillite. Le voilà parti chez ce libraire, examinant les livres à vendre, et que trouve-t-il ? Une théologie de saint Liguori. Thomas en parcourt rapidement quelques pages et l'emporte : c'est le grain de sable qui allait amener une révolution dans le gouvernement des âmes.

Gousset, grand travailleur, homme d'une prompte et juste décision, annotait et publiait, à Besançon, le *Dictionnaire de théologie* de Bergier, les *Conférences* d'Angers, le *Rituel* de Toulouse, l'*Histoire* de Berruyer et composait un opuscule sur le prêt à intérêt. En 1832, il livrait au public la justification de la doctrine de saint Liguori sur le probabilisme et, en 1834, il publiait des lettres à un curé, pour soutenir cette justification. Déjà, il était devenu, par choix du cardinal de Rohan, grand vicaire, et, par nécessité de circonstance, administrateur du diocèse, à la place du cardinal proscrit. En 1835 ou 36, il était nommé évêque de Périgueux, en 1840, archevêque de Reims, en 1850, cardinal, digne successeur de saint Remi, d'Hincmar et de Gerbert.

En devenant évêque, Thomas n'avait pas cessé de s'adonner au travail. D'abord il publia, en deux volumes, la *Théologie morale* à l'usage des confesseurs, rédigée en français ; puis sa *Théologie dogmatique*, en deux volumes aussi et en français ; puis une *Exposition des principes du droit canon*, puis un traité du droit de l'Eglise à la propriété ecclésiastique et au pouvoir temporel, puis un gros volume sur l'Immaculée-Conception de la très sainte Vierge ; puis un catalogue de la bibliothèque privée, forte de 40,000 volumes. Entre temps, il avait édité, en quatre volumes in-4°, les *Actes de l'Eglise de Reims*. A sa mort, en 1866, il travaillait à un cours de droit canon, qu'il voulait établir en quatre volumes, et dont le manuscrit fut en partie détruit après sa mort, par une maladresse à jamais digne d'exécration.

En même temps qu'il publiait ces ouvrages et administrait son diocèse, Thomas tenait presque chaque année un synode diocésain, dont il réunit les décisions en un volume ; célébrait trois conciles provinciaux, dont les actes et les décrets, approuvés à Rome, forment autant de volumes ; et prenait personnellement part à tous les grands actes du pontificat de Pie IX.

Ces ouvrages et ces actes sont autant de titres pour l'histoire et, pour l'historien, la preuve de l'action réformatrice du grand évêque. En théologie dogmatique, il a vaincu le gallicanisme épiscopal et parlementaire ; en théologie morale, il a vaincu, non-seulement Jansénius, mais tous les théologiens qui suivaient ses inspirations en mitigeant ses rigueurs ; en droit canon, il a protesté contre l'absolutisme des Articles Organiques et donné, durant sa vie, mainte marque de sa mansuétude épiscopale ; en liturgie, il a préconisé fortement le culte de la très sainte Vierge ; et par l'ensemble de sa vie, par ses exemples surtout, il a montré qu'un prêtre doit être un homme de haute science, moyennant quoi il est, dans un siècle sceptique et impie, le représentant toujours digne et toujours respecté de Jésus-Christ.

Le cardinal Gousset n'était pas seulement le modèle des évêques, il était l'homme de confiance de Pie IX et comme son légat pour la France. Certainement, il l'emportait sur ses contemporains par la science, mais si quelqu'un pouvait croire que la science suffit au triomphe de la vérité, il serait dans une grande erreur. Les préjugés gallicans avaient pris racines dans les têtes et se défendaient, dans les cœurs, par les passions qu'ils savaient flatter. Autour de l'archevêque de Reims se groupaient les évêques gallo-romains, non seulement les suffragants de Reims, mais encore les Parisis de Langres, les Doney de Montauban, les Cartet les Plantier de Nîmes, les Salinis d'Auch, les Gerbet de Perpignan, les Lequette d'Arras, les Desprez de Limoges, les Pierre de Dreux-Brézé de Moulins, les Debellay d'Avignon, les Regnier de Cambrai, les Saint-Marc de Rennes, les Fillion du Mans, les Labouillerie de Carcassonne, les Villecourt de la Rochelle, les Depéry de Gap, les Pallu Duparc de Blois, les Devie et les Langalerie de Belley, les Pie de Poitiers, les Berthaud de Tulle, les Caverot de Saint-Dié, les Nogret de Saint-Cloud, les Mabille de Versailles, Allon de Meaux, Delalle de Rodez, Rœss de Strasbourg, Graveran et Sergent de Quimper. Les écrivains ecclésiastiques, acquis aux doctrines romaines, reconnaissaient également l'archevêque de Reims pour leur porte-drapeau. La gloire de Thomas est le salut de nos églises.

Contre Thomas, il y avait le clan, je dirai même le camp des gallicans racornis, dont les chefs étaient Césaire Mathieu de Besançon et Félix Dupanloup d'Orléans. Pie IX, qui aimait à rire, les appelait les deux Papes du gallicanisme : *il motore et il mobile*: le conspirateur qui ourdissait les complots et l'homme de plume qui menait, à grands cris, les campagnes semi-voilées du gallicanisme. Césaire Mathieu convenait lui-même que si, au début de son épiscopat, en 1833, il aurait pu compter 75 évêques partisans déclarés des doctrines gallicanes, au milieu de sa carrière, l'ordre numérique était interverti et les doctrines romaines comptaient, comme partisans, presque l'unanimité de l'épiscopat. A partir de 1859, date de la guerre au pouvoir temporel, la coterie gallicane obtint, de l'Empire, des nominations d'évêques qui vinrent réformer ses rangs dégarnis, mais la laissèrent toujours en minorité. Du moins, ils rachetèrent leur infériorité numérique par une série d'attentats, qui devaient leur ramener la victoire et qui ne purent qu'accélérer leur confusion.

Dès 1848, ils s'essayaient, dans l'*Ere nouvelle*, à donner, à des vieilleries, les couleurs de la nouveauté ; en 1850, par la loi sur la liberté d'enseignement, ils s'efforçaient, de compte à demi avec les vieux parlementaires, de canoniser les doctrines du libéralisme. Dès lors, avec l'appui très décidé de l'archevêque Sibour, ils ne cessèrent d'agiter l'opinion. La question des classiques païens, posée par l'abbé Gaume, leur suggéra l'idée d'une déclaration d'évêques qu'abattit le cardinal Gousset. Le retour à l'unité liturgique leur fournit également matière à diversions réitérées ; l'intervention du cardinal Gousset y mit fin en posant la question de droit et de devoir. Le Mémoire sur le droit coutumier leur parut un biais heureux pour maintenir le gallicanisme en pratique et en appeler à un Concile national : un mémoire du cardinal Gousset, contre ce mémoire, brisa la nouvelle machine. L'*Univers*, journal ultramontain, opinaît ferme dans toutes ces rencontres ; Dupanloup lui intenta cinq ou six procès : une lettre du cardinal Gousset mit à nu l'incohérence et prouva l'inutilité de ces assauts. Des accusations de Gaduel, d'Orléans, contre Donoso Cortès, et de Chastel contre le cardinal Gousset et plusieurs autres, n'aboutirent qu'à couvrir les accusateurs de ridicule. Une campagne, fort inutile, contre Bonnetty, ne réussit qu'à faire éclater sa vertu. Les manœuvres pour soustraire Cousin à l'Index découvrirent, au contraire, les témérités du clan libéral. La suppression de la *Correspondance* de Rome, qu'ils obtinrent de Napoléon III, ne les seconda en rien, puis la *Correspondance* fut remplacée avec avantages par les *Analecta juris pontificii*. L'inscription de la Roche en Brenil vint, au contraire, découvrir leur pacte pour l'*Eglise libre dans l'Etat libre* ; et les congrès de Malines manifestèrent définitivement leur obstination dans les fausses doctrines. La mise à l'Index de l'abbé Godard, défenseur des principes de 89, et la correction publique infligée à la théologie de Toulouse par Mgr Jacquenet, montraient de plus en plus, d'autre part, où étaient les vraies doctrines de l'Eglise.

A l'approche du Concile de 1870, les catholiques de France attendaient la codification du *Syllabus* et le retour au droit canon. Evêques, prêtres et laïques instruits avaient opiné en ce sens. Les catholiques libéraux, toujours aveugles sur le bien de l'Eglise, toujours armés pour en ajourner la grâce, menèrent, autour du Concile, un sabbat infernal. Le Père Hyacinthe, pour rester un vrai libéral, apostasia et se maria. Louis Maret, évêque *in partibus sorbonnicorum*, lança deux gros tomes où il s'empêtrait dans les contradictions et découvrait surtout l'inconcevable légèreté de sa science. L'évêque Dupanloup fit rage contre l'opportunité d'une définition dogmatique de l'infaillibilité pontificale. Le Père Gratry composa, d'une plume fiévreuse, sur le même sujet, quatre brochures qui furent quatre scandales. Les chefs du catholicisme libéral, Falloux, Broglie, Foisset, Cochin (en italien on prononce Coquin) publièrent, dans le *Correspondant*, un mémorandum où ils dressaient le programme de l'opposition à l'intérieur du Concile. Les gouvernements étrangers, surtout la Bavière et la Prusse, en ce point d'accord avec l'empire français, les appuyaient vigoureusement. A un moment donné, gouvernements libéraux, absolus et hérétiques, écrivains libéraux, évêques gallicans ne formaient plus, contre l'Eglise, qu'un grand parti, étonné peut-être de son unité, mais très ardent contre Pie IX et contre Rome.

Toutes ces machinations ne pouvaient aboutir qu'à rendre plus éclatant le triomphe de l'infaillibilité au Concile ; elles firent voir aussi combien ce libéralisme, soi-disant orthodoxe, s'approche volontiers des ennemis de l'Eglise et, probablement sans le vouloir, se prête à les servir. On en eut bientôt la preuve en Allemagne où Dœllinger essaya de fonder la secte des vieux catholiques, et, en Arménie, où les anti-opportunistes déçus se jetèrent dans le schisme. Désormais le libéralisme sans épithète n'affiche plus aucune prétention à l'orthodoxie ; il se prétend, au contraire, du moins en France, incompatible avec l'Eglise, et se fait, de cette incompatibilité prétendue, un titre à la persécution. Depuis trente ans, les libéraux français, sous couleur d'opportunisme et de radicalisme, ont déclaré à l'Eglise une guerre à mort. Dans l'aveuglement et l'entraînement de leurs passions, ils veulent anéantir l'Eglise, dût la France y périr, et telle est leur fureur, qu'ils sont unis avec les juifs, les protestants, les francs-maçons, les libres-penseurs, pour pousser à fond cette sacrilège entreprise.

Le cardinal Gousset ne vit pas toutes ces esclandres ; il était mort en 1866. Après saint Thomas apôtre, saint Thomas de Cantorbéry et saint Thomas d'Aquin, Thomas de Reims est un des hommes que doit le plus glorifier l'histoire.

Après le cardinal Gousset, l'homme qui, sous Louis-Philippe, remua le plus puissamment et le plus utilement la France, ce fut l'évêque de Langres, Mgr Parisis. « Mgr Parisis, nous disait le cardinal Gousset, est un grand évêque. » La grandeur, depuis, a été mise en menue monnaie ; on ne sait plus où la trouver. D'après Lagrange, le plus grand évêque du XIXe siècle, c'est Dupanloup ; d'après Ricard, nous avons quatre volumes de grands évêques : à cinq biographies par volume, le total est vingt ; si l'éditeur avait continué la publication, nous aurions, en plus, autant de fois cinq grands évêques, que la publication aurait compté de volumes en plus. On se demande où l'on puiserait l'esprit des écrivains qui parlent de la sorte et si, à force d'en tant avoir, ils en ont réellement. Qu'est-ce donc qu'un grand évêque ?

En France, l'étiquette veut qu'un évêque ne soit pas seulement grand, mais qu'il soit la grandeur incarnée. On dit à un évêque, couramment, monseigneur et votre grandeur ; la politesse le veut ; mais ce formalisme d'étiquette ne se prend pas au pied de la lettre. Un évêque n'est vraiment grand que s'il a compris son temps, s'il en a combattu vaillamment les erreurs, et s'il a lutté, en héros, pour tout soumettre, rois et peuples, pasteurs et troupeaux, à la chaire du prince des Apôtres. De tels évêques, il n'y en a jamais eu foison. Dans les trente premières années du siècle, le grand évêque de France, c'est un prêtre ; c'est ce Lamennais qui, dès 1808, dressait le programme complet de la renaissance catholique romaine ; qui, en 1816, proclamait la nécessaire adhérence des évêques au Saint-Siège ; qui, en 1817, soulevait le monde en tonnant contre l'indifférence ; qui, de 1818 à 1830, combattit, *usque ad vincula*, les trahisons du gallicanisme. Lamennais tombé, le plus grand évêque de France, c'est Thomas Gousset, le marteau du rigorisme et du gallicanisme ; c'est Pierre-Louis Parisis, le Pierre l'Ermite de la croisade contre le monopole universitaire ; c'est Philippe Gerbet, le préparateur et l'inspirateur du *Syllabus* ; c'est Louis-Édouard Pie, le clairvoyant et irréductible adversaire du libéralisme ; c'est, après, avec une moindre grandeur, Henri Plantier et Emile Freppel, soldats plutôt que généraux, mais intrépides adversaires dont les autres avaient été les pourfendeurs de première initiative. En descendant, on trouve encore de bons évêques, mais plus à cette taille, et c'est déjà un très grand mérite que d'être un bon évêque.

Dans le camp opposé, — car la France ecclésiastique est divisée en deux camps, — dans le camp rigoriste, gallican, libéral, opportuniste, conciliatoriste, — cinq mots pour dire à peu près la même chose, à moins que ça ne signifie simplement le laxisme, — on trouve encore des évêques qui font du bruit, qui se haussent, qui se gonflent, mais qui rappellent involontairement certaine grenouille, toujours en bons rapports avec les crapauds politiques. De ce côté-là, il n'y a pas de grandeur, parce qu'il n'y a pas intelligence des temps, lutte radicale contre les aberrations du siècle et dévotion à la chaire apostolique. On crie bien, parfois, très fort : Sainte Eglise Romaine, que ma main se dessèche, que ma langue s'attache à mon palais, etc., mais on ne suit pas en tout, en pratique comme en principe, l'Eglise Romaine, mère et maîtresse de toutes les Eglises. Bien plus, avec l'*Ex informata conscientia*, considéré comme la formule exclusive du droit canon, ce serait à croire que Rome a disparu ou qu'elle n'existe que pour signer sa propre abdication.

Les évêques Gousset et Parisis, nos deux pères et nos deux maîtres en Dieu, n'entendaient pas ainsi la piété envers l'Eglise ; ils l'entendaient comme le principe unique, certain et souverain de leur action et de leur influence : c'est pourquoi nous les proclamons grands évêques, refusant absolument cette gloire au Barsumas du dernier Concile, au paon français qui se montra loup et renard sur les bords du Tibre... bien qu'il se fût accoutré, pour l'ordinaire, d'une peau de lion.

Pierre-Louis Parisis était né à Orléans en 1796. Son père était jardinier ; sa mère était une pieuse femme qui n'eut rien de plus pressé que de pousser son fils, comme petit porte burettes, au service des autels. De lui-même, l'enfant était mutin ; il mettait ses livres en poussière, mais il n'avait pas son pareil pour balancer l'encensoir. Bientôt il devint cérémoniaire, objet bienvenu d'une cordiale sympathie. A cette date, les études se faisaient ric rac. En entrant au grand séminaire, Pierre-Louis devint professeur de troisième au petit séminaire et, de plus en plus, ordonnateur de belles processions. La théologie expédiée, il fut précepteur dans une famille riche, en attendant la prêtrise ; prêtre, il fut vicaire à Saint-Paul d'Orléans, bientôt curé de Gien, ville importante du Loiret.

Dans ce jeune doyen, l'évêque avait deviné un homme qui ne tarda pas à se manifester.

Aujourd'hui, avec une accusation d'orgueil qui ne coûte rien à personne, et qui est surtout le fait de petits intrigants dont elle fait la fortune, impossible par leur défaut de mérite, on immobilise par en bas des hommes de première force ; il y a ainsi, dans nos églises, des quantités de forces perdues. Alors on n'avait pas cette faiblesse et dès que, parmi les plus jeunes, se révélait un talent, il était placé sur le chandelier à sept branches. Le jeune curé de Gien fut, dès le premier moment, un doyen modèle. Bon, mais exigeant pour ses vicaires, plein de dévouement pour la jeunesse, très sympathique aux âmes pieuses, grand ordonnateur de cérémonies ecclésiastiques, partisan des retraites pour les fidèles, de bronze réfractaire contre l'impiété, il fit de Gien une bonne ville, mais eut pour ennemis les ennemis de l'Eglise. A telle enseigne qu'ils complotèrent de le jeter dans la Loire ; Parisis alla se promener sur les rives du fleuve, mais ne rencontra pas les Pharaons bourgeois qui devaient le noyer.

En 1835, le curé de Gien était nommé évêque de Langres. En aucun prêtre de son temps ne s'était peut-être mieux vérifiée l'étymologie grecque du sacerdoce. C'était un jeune évêque, mais dans l'ardeur de sa ferveur, il possédait la prudence d'un vieillard ; il ne fallait pas moins pour rendre, à Langres, la vigueur de l'aigle. L'antique siège des Aproncule et des Grégoire avait été supprimé par le Concordat, rattaché à Dijon et gouverné de loin par de vieux évêques, qui avaient, pour grands vicaires, de vieux prêtres. Après son rétablissement en 1822, le premier titulaire était un curé d'Auvergne, bon homme, mais peu fait pour l'épiscopat. A sa mort, en 1833, il eut, pour successeur, Césaire Mathieu, gallican à la vieille mode, esprit fermé et même hostile à toute idée de restauration canonique. En arrivant à Langres, Parisis était tout le contraire de Mathieu. Personnellement de grande foi, d'une régularité presque monastique, d'une infatigable ardeur, il avait l'esprit ouvert aux deux horizons de la France et de l'Eglise. En France, il fallait réparer toutes les ruines de la révolution ; et pour les réparer plus vite, avec plus de succès, il fallait rendre à l'Eglise toutes les prérogatives de son droit, toutes les appartenances traditionnelles de son histoire. C'est par la maison de Dieu qu'il commença. De ce diocèse, jusque-là un peu trop éloigné de l'action épiscopale, il fit un foyer de résurrection. Impulsion puissante donnée aux deux séminaires, prêtres plus nombreux à la tête des paroisses, contrôle des écoles, publication d'un catéchisme, d'un Cérémonial et d'un Rituel, création de maisons religieuses, d'un orphelinat, d'une école d'agriculture, d'un collège d'instruction secondaire, synode diocésain, conférences ecclésiastiques, visites pastorales à tous les objets du ministère : vous chercherez vainement une œuvre de renaissance dont cet évêque n'ait pas pris l'initiative, et, par son action, assuré le succès. En 1852, lorsqu'il quitta Langres pour porter à Arras son génie restaurateur, Mgr Parisis pouvait croire que si son diocèse n'était pas le premier, il était certainement l'un des premiers de France.

En 1839, Mgr Parisis, qui était tout romain, avait rétabli, dans son diocèse, la liturgie romaine ; il fut le premier qui eut cet honneur et s'en montra digne en ne suivant que sa propre inspiration. En 1841, douze ans après la publication de la Charte, ne voyant pas s'accomplir ses promesses, il descendait dans l'arène des combats, pour revendiquer la liberté d'enseignement. Dès son vicariat de Saint-Paul, il s'était, seul peut-être de son diocèse, préoccupé des rapports de l'Eglise et de l'Etat, basés sur le Concordat seul, mais ouvert à tous les retours possibles du zèle catholique. Un de ses co-vicaires nous disait plaisamment : « Dès 1824, il lisait le *Constitutionnel* et il le comprenait » : il comprenait que la politique libérale, c'est l'athéisme en principe, l'arbitraire en fait, le gâchis et la stérilité dans les résultats. Pour nous, qui avons appris à lire dans les brochures de l'évêque de Langres et qui les avons comprises dès notre dix-huitième année, nous admirons sincèrement ce controversiste qui, dès 1840, vit dans la liberté d'enseignement pour la France et pour l'Eglise le meilleur instrument de restauration.

Le clairvoyant et intrépide évêque commence par examiner l'enseignement au point de vue constitutionnel, et prouve que l'octroi de sa liberté est, pour le gouvernement, un devoir strict. Dans son argumentation, il ne se borne pas aux arguments de légalité pure. Du terrain constitutionnel, il passe sur le terrain social, en parcourt l'étendue, en sonde les mystères, en dénonce les périls : périls pour la foi, périls pour les mœurs, périls pour la France menacée de déchoir de son rang, de perdre même sa prééminence. Le gouvernement répond, à ses quatre brochures, que l'évêque empiète sur le domaine de l'Etat ; l'évêque répond que non-seulement il n'empiète pas sur l'Etat, mais que l'Etat, au contraire, surtout par l'Université et par son monopole, empiète affreusement sur l'Eglise. Le gouvernement riposte que si, présentement, l'Eglise n'empiète pas sur l'Etat, elle a, au moins, pour tendance, de le dominer et de vouloir établir la *Théocratie* ; l'évêque répond que l'Eglise ne demande rien que la reconnaissance de son droit comme Eglise, et la reconnaissance du droit des pères de famille, en tant qu'ils sont chrétiens. Le gouvernement réplique, que si l'évêque a raison, il ferait mieux de se taire ; l'évêque répond par une brochure sur le silence dont il découvre les torts et sur la publicité dont il préconise les avantages. — Ces sept brochures sont des écrits brefs, composés avec calme, un peu martelés pour le style, mais d'autant plus solides qu'ils n'accordent rien à la phrase, et se bornent à l'expression mathématique de la pensée.

A ce point du débat, les avocats du gouvernement contestent la sincérité de l'évêque. En parlant, comme vous faites, vous êtes censé accepter le principe du gouvernement. Or, nous savons très bien que vous êtes l'ennemi né de l'ère moderne et qu'en arguant contre nous, vous revendiquez des conséquences dont vous rejetez le principe. Vous jouez le rôle d'un sophiste. — Le coup est bien porté ; l'évêque le relève avec une véritable magnificence de doctrine. Dans deux écrits qu'il intitule *Cas de conscience*, pour montrer la portée de ses enseignements épiscopaux, il examine : 1° Si le régime de 89 et des libertés modernes est acceptable pour un évêque et si, en l'acceptant, on n'évite pas des inconvénients beaucoup plus graves qu'implique toute idée de retour à l'ancien régime. 2° Si la forme républicaine, avec la devise : liberté, égalité, fraternité, n'est pas, pour un évêque, plus acceptable que toute idée de retour à la monarchie que la France a répudiée. — A ces deux questions, l'évêque répond affirmativement ; il répond avec une précision d'idées et un éclat de style qui laissent loin derrière ses premières brochures. Non pas que l'auteur, enthousiaste du monde moderne, prétende, comme Montalembert et Dupanloup, que la Déclaration des droits de l'homme est l'idéal d'une société chrétienne ; il se campe plutôt sur le terrain de l'hypothèse, comme Lamennais ; il accepte le libéralisme comme régime légal, et se borne à dire que, s'il ne procure pas de grands biens, il permet au moins d'éviter de grands maux. En tout cas, il admet, pour l'Eglise, cette situation militante et se dresse, contre l'ennemi, pour soutenir d'incessant combats.

La république de 1848 trouva l'évêque de Langres dans l'arène ; elle l'envoya, comme député, à la Chambre. Député, Mgr Parisis acquit, au milieu de ses collègues, un ascendant considérable. Non pas qu'il fût homme à beaucoup s'entremettre, encore moins à intriguer ; mais, ramassé sur lui-même, avec grand air, il était toujours sous les armes, sans vouloir autrement frapper. Deux fois il se montra avec une puissance plus affirmative ; c'est quand, au 16 novembre, Pie IX dut quitter Rome et parut devoir venir en France ; puis quand vint à l'ordre du jour, en 1850, cette grande question de la liberté d'enseignement dont il avait fait, en quelque manière, son patrimoine d'apologiste.

Sous l'Empire, devenu évêque d'Arras et membre du Conseil supérieur de l'instruction publique, il se consacra à ses devoirs épiscopaux et renouvela, dans le Pas-de-Calais, les transformations merveilleuses effectuées dans la Haute-Marne. La loi sur la liberté d'enseignement lui fournit encore matière à quelques brochures. Dix ans plus tard, les affaires d'Italie lui remirent plus d'une fois la plume à la main. Mais, suivant une expression juste ici, la lame avait usé le fourreau. Le vieil évêque avait encore, dans le sang, des ardeurs guerrières ; il n'avait plus la force d'en suivre les vaillantes impressions. Dans ses derniers jours, l'homme de foi qu'il avait toujours été, se retrouvait dans son souci de transformer l'évêché d'Arras en maison de vie commune, où les prêtres, sous la direction de leur coryphée, vivaient saintement, comme dans la primitive Eglise.

Pierre-Louis Parisis mourut d'apoplexie en 1866 ; son éloge funèbre fut prononcé par un de ses fils spirituels, Charles-Amable de la Tour d'Auvergne, archevêque de Bourges, éloge digne d'un homme qui avait toujours eu les armes à la main et qui couronnait, en mourant, l'œuvre de ses combats. En un siècle, où la bravoure est si rare, cet évêque de Langres fut un Athanase : ce mot le caractérise et suffit à sa louange.

Après Thomas Gousset et Pierre-Louis Parisis, l'homme qui a exercé sur son pays une plus profonde influence, c'est Edouard Pie. Louis-François-Désiré-Edouard Pie était né en 1817, d'un cordonnier de Pantgonin et d'une pauvre femme qui allait à Chartres, pour préparer des repas ou pour les servir. Humainement parlant, l'enfant ne pouvait se promettre que l'exercice de l'alène et du tire-pied ; Dieu en disposa autrement. Ce pauvre enfant était d'ailleurs de mauvaise complexion : plus il grandissait, plus il devenait faible ; mais Dieu lui avait donné une tête. Docile aux inspirations de sa mère, il fut d'abord un enfant pieux, puis un servant de messe de première force ; il connaissait l'*Oremus* du jour. Elève gratuit de Notre-Dame de sous terre, puis du grand séminaire, il fut souvent empêché, par la maladie, de suivre ses études ; mais l'application qu'il ne pouvait pas mettre aux livres, il l'appliquait intérieurement à sa pensée. Lui qui devait devenir plus tard un érudit, il fut un homme qui se forme lui-même, et qui, par cette auto-pédagogie, devient tout de suite un maître. Prêtre vers 1840, il fut d'abord vicaire de la cathédrale, puis vicaire général de Chartres ; en 1849, il était évêque de Poitiers. Désormais, pendant ses trente ans d'épiscopat, il sera l'un des patriciens de la pensée ecclésiastique et l'un des directeurs de l'esprit français.

Avant sa promotion à l'épiscopat, il avait parlé bien des fois comme vicaire. Ses œuvres sacerdotales, publiées en deux volumes, sont la meilleure preuve de sa précoce maturité et d'une supériorité indiscutable. De Chartres, il était allé prêcher saint Louis à Versailles et Jeanne d'Arc à Orléans : il l'avait fait en véritable orateur. Nous entrions en théologie, lorsque l'*Univers* publia son mandement de prise de possession. Nous nous rappelons avec quelle maîtrise il disait : Je suis évêque ; et avec quelle profondeur de regard, il dénonçait les aboutissements du libéralisme, se déclarant prêt à les combattre jusqu'à son dernier soupir. C'est, en effet, à cette œuvre de salut que l'appelait la Providence.

Le premier trait qui caractérise l'évêque de Poitiers, c'est qu'il est exclusivement homme d'Eglise. Thomas Gousset avait composé des cours de théologie ; Louis Parisis, des brochures politiques ; Salinis et Gerbet publieront des livres ; Dupanloup ne quittera guère l'arène du journalisme. Édouard Pie, lui, ne sort pas de son diocèse ; il ne quitte pas sa chaire d'évêque ; et soit qu'il évoque les affaires à son tribunal, soit qu'il en parle dans ses discours, il ne remplit jamais que la fonction de pasteur et de docteur de son diocèse de Poitiers.

En second lieu, Pie, en homme qui s'est fait lui-même, s'assigne, pour tâche propre et personnelle, de combattre le libéralisme, non pas, comme un théologien, avec des thèses, mais en esprit qui a suivi l'erreur dans toutes ses manifestations et qui sait en neutraliser le venin.

Or, le libéralisme lui apparaît principalement sous trois aspects : 1° Dans son énoncé philosophique ; 2° dans ses rapports avec la théologie ; 3° dans ses applications à la politique. Pour spécifier davantage, il ramène le libéralisme philosophique à l'enseignement de Cousin ; il pousse le catholicisme libéral à ses conséquences ; et attaque, dans les destructions révolutionnaires, l'aboutissement forcé de ces deux pauvres théories.

Les assauts de Mgr Pie contre l'école éclectique trouveront place dans ses allocutions synodales ou dans ses entretiens avec les prêtres réunis en retraite. L'évêque est d'abord le docteur de ses prêtres et où peut-il mieux les enseigner qu'en famille et lorsqu'ils sont recueillis devant Dieu ? Alors tout se pèse au poids du sanctuaire. A cette heure où tout est grave et où tout est grâce, Edouard Pie, avec un discernement parfait, choisit la question qui préoccupe les esprits ou le livre qui attire l'attention publique ; il l'a lu, je ne dis pas le plume à la main, mais avec un scalpel ; il en fait l'anatomie, il en marque l'architecture générale, les lignes de raccord, les ornements. Alors, comme un chimiste qui a mis de côté tous les résultats de ses opérations, il analyse avec tant de sûreté les doctrines fausses, qu'il faut, bon gré, mal gré, que le philosophe, l'historien ou le sophiste, se reconnaisse coupable et s'avoue vaincu.

En combattant les adversaires de l'Eglise, l'évêque ne poursuit pas la satisfaction puérile de mettre à mal un ennemi. Parfois, il est vrai, sa réfutation est si décisive et si gaie, qu'elle rappelle Apollon écorchant Marsyas ; mais ce n'est qu'un accident du discours, un passage pour reposer l'auditoire. La substance des choses et des doctrines, est le principal souci de l'orateur. S'il combat le rationalisme, c'est pour inculquer la vraie doctrine de la raison ; s'il combat le naturalisme, c'est pour prêcher la grande doctrine du surnaturel ; et si, parfois, il y a un mot de circonstance, cela sert à marquer la date du discours. Dans l'ensemble, l'enseignement de l'Eglise, opposé à toutes les erreurs du temps présent, ressort si bien des instructions synodales de Mgr Pie, qu'un Jésuite a pu les publier à part, et sans grands frais, en faire un fort bon, fort beau et très utile ouvrage.

- La lutte contre le catholicisme libéral, pour avoir été moins personnelle, ne fut ni moins constante, ni moins ardente. Personnelle, elle ne pouvait pas l'être, car le grand amalgameur de ce catholicisme moderne, c'était Dupanloup, évêque d'Orléans, avec lui, un groupe de laïques, et, dans la presse, le *Correspondant*. L'objectif de ces nouveaux docteurs, c'était, ils l'ont dit cent fois, de réconcilier l'Eglise avec la société moderne, de plier l'éternel Evangile aux exigences de la révolution. A première vue, ce charitable but ne paraît pas un secret plein d'horreurs, et je crois bien que, de tout temps, l'Eglise a su faire marcher de pair la foi, la charité et la justice. Mais, après les avoir entendus, si vous demandez d'abord avec surprise si l'Eglise et la société moderne sont brouillées, il n'y paraît point, ou si la brouille est réelle, ce ne peut être l'objet d'un marchandage. Depuis dix-huit siècles, l'Eglise est en possession de son dogme et de ses lois ; elle les applique à tous les temps et à toutes les nations. Pour se les appliquer, il n'y a qu'à prendre. L'Eglise est une mère ; elle offre à tous ses enfants le même aliment de vérité, de vertu et de grâce : que si maintenant vous venez nous dire que la brouille provient de la mère Eglise, que les enfants brouillés avec elle veulent l'amener à capitulation, qu'ils l'exigent, et qu'à ce prix seulement ils peuvent désarmer, ici, notre étonnement n'est pas médiocre.

A parler sincèrement, nous ignorons de quel droit ces enfants perdus viennent poser, à leur mère, un ultimatum ; nous ignorons sur quel point ils veulent éclairer cette pauvre vieille, devenue sans doute aveugle à force d'âge ; nous ignorons dans quel espoir ils peuvent croire permise une si étrange négociation. Sur ces difficultés, ils ne s'expliquent point ; ils se bornent à protester de la pureté de leur cœur, de la sincérité de leurs sentiments. Nous ne contestons ni leurs talents, ni leurs vertus. Mais encore faut-il qu'on sache les conditions d'un accord, jusqu'ici manqué, mais dont l'obtention est indispensable à la paix et au bonheur des nations. Or, en dehors de banalités retentissantes et de hors-d'œuvre dans la discussion, on finit par nous confesser que l'accord de l'Eglise et de la société moderne n'est possible qu'à une condition, c'est que la mère Eglise accepte la Déclaration des droits de l'homme ; qu'elle ajoute, aux douze articles de son symbole, les dix-sept articles de la Déclaration ; qu'elle change du tout au tout son rapport moral avec l'homme social ; c'est-à-dire pour dépouiller de ses oripeaux téméraires cette phraséologie répugnante, — qu'il faut que l'Eglise admette comme loi politique ce qui est un péché aux yeux de son magistère.

On ne comprend plus de si ridicules exigences. Que l'Eglise, dans sa marche à travers les âges, se plie aux nécessités des temps ; qu'elle subisse des circonstances inéluctables ; qu'elle accepte ou tolère des hypothèses plus ou moins impérieuses, soit. Mais que l'Eglise ait à changer, je ne dis pas d'attitude bienveillante, mais les doctrines qui tiennent à la substance de son *Credo*, aux entrailles de son Evangile, cela l'Eglise ne l'a pas fait et ne le fera jamais. L'Eglise est l'œuvre de Dieu ; elle se prête à tout ; mais, dans sa structure et dans son fond doctrinal, elle ne connaît pas, elle ne subit pas les changements.

Qu'un prêtre, de son propre mouvement et sans autorité, ait imaginé cela et se soit extasié devant son ouvrage, on le lui pardonne. Mais que, devenu évêque, il ait poursuivi, pendant les trente années de son épiscopat, ce mariage du Pape avec la Révolution, cela est tellement étrange que, même après coup, on refuse d'y croire. Et pourtant, la chose est là sous les yeux de l'histoire. Non pas que le patriarche du libéralisme soi-disant orthodoxe ait dogmatisé comme un hérétique ; il était trop fin pour se laisser prendre ; mais il savait s'envelopper d'arguties et jeter, comme on dit, de la poudre aux yeux. Sa principale tactique était moins d'énoncer l'erreur positive que d'empêcher l'expression formelle de la vérité. Au *Syllabus*, par exemple, sous couleur de le défendre, il réussit à le coudre dans un sac. Telle était son infatuation qu'au Concile, il poussa l'audace jusqu'à vouloir domestiquer le Saint-Esprit et mettre sa main sur la bouche de l'Eglise.

L'évêque de Poitiers, nommé en même temps que l'évêque d'Orléans, fut, dans les desseins de la Providence, l'antagoniste choisi pour combattre ses discours. Non pas qu'il ait été en tout son adversaire ; en dehors de son libéralisme, Dupanloup eût été évêque comme tout le monde, s'il eût été, mais il l'était le moins possible, et quand il l'était, au diable le libéralisme soi-disant orthodoxe. En son privé, c'était le moins traitable des hommes, bon jusqu'à la faiblesse pour les laïques, sévère jusqu'à la dureté pour les prêtres. Mais quand l'évêque *européen*, — c'est ainsi que l'appelaient ses partisans, — avait parlé, l'évêque de Poitiers venait à rescousse. Comme il était plein d'esprit, et du meilleur, à la première occasion, il faisait tomber un rayon de soleil sur les brouillards d'Orléans. Les dix volumes des œuvres pastorales de Mgr Pie, lues à ce point de vue, non seulement confirment la vérité de ce jugement, mais offrent la lecture la plus propre pour mettre les esprits en garde contre la séduction de ce qui s'appelle la grande hérésie du XIXᵉ siècle. Le cardinal Pie a été, contre le libéralisme, ce qu'a été, contre l'arianisme, le grand Athanase.

La Révolution, dans ses excès les plus monstrueux, Edouard Pie n'eut pas à la combattre, comme Clausel de Montals ; il n'eut pas à écrire un livre pour démontrer la divinité de l'Eglise par les attentats révolutionnaires. Devant lui, il avait un gouvernement qui se recommandait de Napoléon Iᵉʳ, mais qui, au lieu de mettre le pape en prison, se proposait de l'étrangler avec une corde de velours et par un long complot. L'étrangleur intentionnel avait commencé par être protecteur ; il avait conspiré autrefois contre Grégoire XVI, mais il avait ramené Pie IX sur son trône. Après avoir restauré le trône pontifical, le sire commença par poser ses conditions : code civil, laïcisation, gouvernement libéral. Ces conditions posées, mais inacceptables, lui servirent pour s'acheminer en tapinois au renversement du trône qu'il avait rétabli. Nous n'avons plus à raconter cette histoire.

Ce serait une injustice d'imputer à Dupanloup une trahison. Par une heureuse inconséquence, lui qui voulait abaisser le pape spirituel, il voulait garantir le pape temporel ; il le fit et fit bien. D'autres avec lui, un Plantier, un Gerbet, un Salinis, un Parisis, soutinrent aussi ce grand combat. Mais l'évêque qui amena à lui seul la tâche difficile de le soutenir, dans l'ensemble et dans les détails, avec la plus clairvoyante intrépidité, ce fut Mgr Pie. Dès 1849, il avait posé les bases de sa discussion ; plus tard, quand il vit les symptômes s'accuser, il parla de Rome comme siège du vicaire de Jésus-Christ. Quand le mystère d'iniquité s'opéra, Pie ne fut pas seulement le plus clairvoyant des hommes, il fut le plus éloquent, le plus héroïque ; et n'eût-il interpellé que Pilate, il eut immortalisé le lavage de ses mains, lavage nécessaire, mais impossible. Si l'on réunissait en un corps d'ouvrage toutes les pastorales de Pie sur le pouvoir temporel, je me persuade qu'on aurait produit le meilleur traité pour sa défense.

Ces actes courageux de Louis-Edouard lui valurent de fréquentes collisions avec l'Empire. On venait l'espionner en chaire, on l'insultait à la tribune, on le diffamait dans les correspondances, et quand, impuissant à lui répondre, on voulait l'abattre, il était envoyé au Conseil d'Etat. Peut-être est-il, depuis 1801, l'évêque qui fut appelé le plus souvent devant ce sanhédrin ridicule et impuissant. Le gouvernement, sans doute, n'avait pas, parmi ses ministres, des gens d'esprit. Provoquer Pie à une justification, c'était la plus maladroite imputation qu'on put avoir ; je me persuade que lui-même en fut heureux. En lisant aujourd'hui ces documents, on voit combien les Myrmidons étaient petits contre cet Achille. D'un regard pacifique, d'une plume câline, il rappelle ses prétendus crimes, les discute et les écarte ; sans recourir à l'ironie qu'il maniait si bien, il prouve que lui, évêque, est innocent comme l'agneau, tandis que son poursuivant n'est guère qu'un maladroit pris dans son propre piège.

Par l'ensemble de ses actes et par son éloquence, Pie était donc devenu un aigle ; sur la plus mince question, il avait toujours un coup d'aile et ne savait pas descendre. Les hauts sommets étaient le séjour habituel de sa pensée ; il avait caressé un instant, comme il nous l'écrivait, l'idée de rendre Napoléon chrétien et d'en faire un empereur à l'instar de Charlemagne. Lorsqu'il se vit déçu dans cette espérance et l'empire tombé, comme on dit vulgairement, dans la mélasse, il voulut rester et il resta un puissant éleveur d'âmes. Non point par des coups de voix ou par des ruses de stratégie, mais par la seule force du mouvement ascensionnel de ses pensées. Avec le temps, il était devenu un des maîtres de l'opinion ; pour tous ceux que n'aveuglait pas l'esprit de coterie, Pie était l'oracle de l'épiscopat. En France, tant qu'il n'avait pas parlé, on attendait ; dès qu'il avait ouvert la bouche, l'affaire était entendue, le jugement rendu sans appel.

On vit, au Concile, la place que Pie occupait dans l'estime de l'Église. Le monde entier l'appréciait comme la France et l'épiscopat le fit arriver le premier à la commission de la foi, avec un évêque espagnol, Garcia Gil. Tant que dura cette sainte assemblée, il n'eut point à s'embusquer dans quelque villa romaine, à tenir des conciliabules, à lancer des brochures, à agiter l'opinion, à soulever des gouvernements. Oh ! il eût regardé ces manœuvres comme des impiétés et se tint modestement à sa place, bien qu'elle fût la première. De ce requis, il fit souvent, au Concile, le rapport des délibérations de la commission spéciale et de l'assemblée conciliaire. Dans ces rapports, il n'y a pas de phrase, rien qui annonce le grand esprit, mais la probité exemplaire d'une pensée qui s'efface, pour laisser parler les Pères et établir entre eux l'unité du sentiment. On ne pourrait pas dire que les décrets du Concile sont son ouvrage ; mais tels qu'ils sont, on peut dire qu'il en a dirigé la rédaction et fait admettre son thème en dernier ressort. C'est, pour un évêque, le plus grand honneur, c'est par là que le cardinal Pie se trouve l'égal des inspirateurs de nos grands Conciles, les Cyrille et les Athanase.

Ce grand évêque était, en même temps, bon évêque. De lui, comme de Bossuet, on peut dire qu'il n'y avait rien au-dessus de lui, ni rien au-delà. Chargé d'un des grands diocèses de France, il en administre les églises, sans heurts ni rigueurs contre personne. Certes, il avait l'esprit trop grand pour croire, comme nous l'avons vu depuis, que frapper est une attribution de la grandeur ; il savait que la force n'est que le biais de la justice, et que, sans la justice, elle n'est, même dans l'épiscopat, qu'un brigandage. Dans son long épiscopat, il n'est jamais ce qu'on appelle des affaires, entendant par là de mauvaises affaires. Et comme ce n'est pas un grand compliment, on peut pourtant dire qu'il n'a jamais écrasé un prêtre. Ses mains sont vierges du sang des prêtres ; l'onction qui les avait consacrés leur avait donné la douceur du miel et, par la douceur, la force du lion.

L'évêque de Poitiers avait vécu dans la perpétuelle jeunesse de l'aigle. Les années passaient sur sa tête ; elles y laissaient le printemps à demeure. Non qu'il fût un type de vigueur ; maladif dès le commencement, il l'avait été toute sa vie et quand l'éloquence fleurissait sur ses livres, il avait souvent, à l'endroit sensible, le coup de la douleur ou le couteau de la maladie. Le cœur sauvait tout ; Pie aimait, et, en somme, vivait heureux, sans avoir ombre d'illusions. Deux coups plus douloureux vinrent le frapper : il perdit sa mère, puis son père, Pie IX. Louis-Édouard avait toujours beaucoup aimé sa mère ; enfant, il avait vécu d'elle ; depuis, il vivait par elle et jouissait de sa présence, se sentant jeune. Dès qu'elle fut morte, on vit qu'il était devenu vieux et qu'il allait bientôt mourir. Pie IX mourut à son tour ; Pie de Poitiers avait toujours beaucoup aimé Pie de Rome et Pie de Rome avait aimé beaucoup Pie de Poitiers. Pie IX aimait comme un père, il fut regretté comme tel. Ces deux morts furent pour Louis-Édouard le coup de la cloche d'appel. Léon XIII le revêtit de la pourpre romaine ; un an après, cette pourpre était son linceul. L'évêque de Poitiers s'était rendu à Angoulême pour y officier pontificalement ; il mourut dans la nuit presque subitement, mais réconforté, dans son agonie, par la grâce de Dieu.

Bien que Louis-Édouard Pie soit un contemporain, c'est déjà un père de l'Église. De lui comme de saint Hilaire, on peut parcourir ses œuvres, sans que le pied heurte contre la pierre, qui offense. L'astre est descendu à l'horizon, ses rayons doivent éclairer le monde jusqu'à la fin des siècles.

Un évêque presque aussi remarquable que le cardinal Pie fut Mgr Plantier. C'était le fils d'un pauvre jardinier ; sa mère était morte dans son enfance ; il grandit parmi les fleurs, mais ne rechercha que les fleurs de l'esprit. Le curé de sa paroisse, frappé des talents précoces de cet enfant, voulut lui donner des leçons. Une fois à l'étude, Claude-Henri-Augustin joignit, aux talents, une particulière gravité d'esprit et d'ardeur au travail. Prêtre, il entra chez les Chartreux de Lyon, devint professeur, puis prédicateur. Professeur, il publia des *Études littéraires sur les poètes bibliques* ; prédicateur, il donna des retraites dans les maisons religieuses et dans les séminaires, avec un tel éclat, qu'en 1848-49, il remplaça deux ans le père Lacordaire à Notre-Dame. Vicaire général de Lyon, il fut appelé à recueillir, à Nîmes, la succession épiscopale de Mgr Cart. Déjà il avait publié, outre ses *Études littéraires*, le *Directoire du prêtre*, recueil de ses conférences aux retraites ecclésiastiques et, en deux volumes, ses conférences de Paris. Le ministre qui le nomma, Louis Fortoul, disait dans sa lettre que Plantier serait, à Nîmes, le successeur de Fléchier : ce n'était pas trop dire. Évêque, Mgr Plantier se livra avec feu à sa fonction de docteur. Dans son administration, il n'y avait rien au-dessus de lui, ni au-dessous. Parmi les nombreux objets de sa sollicitude, églises, presbytères, maisons religieuses, collèges, il n'en est aucun qu'il n'ait éclairé de sa lumière et soutenu de ses conseils. Les protestants, nombreux dans le Gard, ne restèrent pas étrangers au zèle du bon pasteur. Mais ce par quoi il se distingua surtout, ce fut par ce lien qui rattache l'épiscopat au gouvernement général de l'Eglise. Les œuvres relatives à son diocèse étaient déjà de première distinction, supérieures à ce qu'ont laissé en ce genre les Guiraud, les Donnet, les Bonnechose, les Guibert, d'ailleurs très estimables; les œuvres relatives à la défense du pouvoir pontifical, point particulièrement battu en brèche depuis Luther, sont particulièrement acquises à l'immortalité. Dès le début, il fait éclater, dans la magnificence de son institution divine, la puissance spirituelle des Pontifes Romains. A partir de 1859, il n'y a plus, dans l'ordre des idées, un préjugé ou une erreur ; il n'y a plus, dans l'ordre des faits, une irrégularité ou un attentat qu'il ne relève, qu'il ne réfute et qu'il ne flétrisse. Il y a en lui quelque chose de l'accent des prophètes et des splendeurs foudroyantes de l'Horeb. Toujours savant, toujours éloquent, également fondé dans toutes les parties du savoir, Plantier est avec Pie, un des Chrysostome de notre temps, une bouche d'or et une plume de fer. A ce titre, il eut plus d'une fois maille à partir avec les réquisitoires du Conseil d'Etat et avec le glaive de ses exécuteurs de hautes œuvres : ce glaive un comme celui de Pétus, il ne fait pas souffrir et surtout n'entraine pas la mort. En 1869, Mgr Plantier publiait encore un volume sur les conciles et en 1871 un volume de réflexions sur nos catastrophes publiques. Mais pendant le concile, il avait été longtemps malade et après ne tarda pas à succomber. Homme apostolique dans tous les sens du mot, aussi régulier, pieux et doux, qu'il était fort pour la proclamation de la vérité et la revendication du droit. Ses œuvres ont été publiées en 16 volumes in-8° ; sa vie a été écrite en deux volumes par son grand vicaire, Clastron.

Antoine de Salinis et Philippe-Olympe Gerbet naquirent, le premier à Morlaas, dans les Pyrénées, le second à Poligny, dans le Jura, dans les dernières années du xviii° siècle. La Providence avait éloigné leurs berceaux; elle devait unir leurs personnes dans une solidarité intime et constante. Après 1820, nous les trouvons dans la compagnie de Lamennais : Gerbet comme l'Elisée du nouvel Elie; Salinis, comme son intendant. A eux trois, ils fondèrent le *Mémorial catholique*, petite revue de philosophie tendre, où ces deux anges évoluaient sous l'œil du maître. Salinis était aumônier d'un collège de Paris et s'acquittait, près de la jeunesse, de sa fonction, en digne apôtre. Ce qui convenait le mieux à Gerbet, c'était de n'être point occupé des choses extérieures, pour être tout à sa pensée. Gerbet suivit Lamennais à la Chesnaie et devint l'âme de sa maison; Salinis restait à Paris pour les affaires de presse et autres. Pendant l'orage de l'*Avenir*, il se tenait au second plan, en silence respectueux. Bientôt nous les retrouvons à Juilly, où Salinis est de plus en plus majordome et Gerbet de plus en plus philosophe. Gerbet publie alors ses idées sur la philosophie de l'histoire, opuscule un peu confus; et son *Coup d'œil sur la controverse chrétienne* dans ses rapports avec la certitude, ouvrage où il y aurait à reprendre. Un peu plus tard, Gerbet compose et Salinis publie cette *Histoire de la philosophie*, la première en date depuis le concordat et encore aujourd'hui la première par la limpidité de ses enseignements. En 1838, Gerbet s'en va à Rome et n'en revient que dix ans après, avec son *Esquisse de Rome chrétienne*. Salinis, resté à Paris, devient professeur de Faculté à Bordeaux et se porte candidat à la députation. A son retour, Gerbet devient professeur de Sorbonne et vicaire général de Paris. Sur ces entrefaites, Salinis est nommé évêque d'Amiens; Gerbet l'y suit. Salinis, dans une longue instruction sur le pouvoir, exprime des espérances que partage Pie de Poitiers : Lacordaire lui écrit, à ce propos, la lettre la plus injurieuse qui se puisse concevoir. Gerbet, lui, avec sa lyre, illustre les fêtes de sainte Théodosie, martyre d'Amiens, ramenée avec sa palme cueillie à Rome; il raconte la cabale des oiseaux à propos de la calotte rouge du cardinal Gousset. En 1854, Gerbet est nommé évêque de Perpignan; bientôt Salinis devient archevêque d'Auch, en Novempopulanie. Encore quelques années et la mort fauchera ces deux fleurs : *Flores fructusque perennes*.

Ces deux hommes étaient deux grandes intelligences, mais pas de la même façon. Gerbet est plus spéculatif; Salinis, plus pratique et de moindre envergure. A Salinis, nous devons la *Divinité de l'Eglise*, ouvrage en quatre volumes où l'auteur résume l'enseignement complet de la religion et son enseignement, à lui, comme aumônier et professeur. C'est un ouvrage utile et distingué, dont quelques idées peut-être sont poussées aux extrêmes, mais solide, éloquent et digne de continuer, par le livre, l'apostolat du prêtre et de l'évêque. On a réuni en un volume les pastorales de Salinis à Amiens; d'Auch, il n'est plus venu qu'un écrit pour la défense du pouvoir temporel des pontifes romains, sujet douloureux qui abrégea les jours de Salinis. Salinis avait espéré dans l'Empire, il l'avait aimé. Quand il le vit quitter, renier sa mission de salut social, pour se jeter tête baissée et nous entrainer avec lui dans l'abîme, il s'enveloppa, comme les philosophes, la tête dans son manteau et disparut sans se permettre un appel suprême, ni pousser un cri de désespoir. *Eheu! Quintilium perpetuus sapor urget!*

Gerbet, qui avait été toute sa vie valétudinaire, trouva dans sa pensée une force de résistance et dans sa grandeur d'âme l'inspiration des plus beaux services rendus aux âmes et à l'Eglise. Avec Gerbet, l'histoire est à l'aise ; sauf le *coup d'œil sur la certitude*, qui est d'ailleurs très remarquable, seulement un peu excessif, Gerbet n'a produit que des œuvres parfaites, de vrais chefs-d'œuvre.

Les *Considérations sur le dogme générateur de la piété catholique*, ne sont ni un traité dogmatique ni un livre de dévotion, mais quelque chose d'intermédiaire. La religion nourrit l'intelligence de vérité, comme elle nourrit le cœur de sentiment : de là deux manières de la considérer, l'une rationnelle, l'autre édifiante. Ces deux aspects, combinés entre eux, produisent un troisième point de vue, dans lequel on considère la liaison des vérités, en tant qu'elle correspond, dans l'âme humaine, aux développements de l'amour. C'est à ce point de vue que Gerbet se place pour contempler le mystère qui est le fondement du culte catholique, le cœur du christianisme, l'Eucharistie. — Un peu plus tard, Gerbet publiait des vues analogues sur le dogme catholique de la pénitence. Ces deux ouvrages n'étaient, dans sa pensée, que les premiers fragments d'un projet plus étendu. L'auteur se proposait de faire successivement un travail semblable sur les principales parties du christianisme ; il avait préparé en silence un assez grand nombre de matériaux, sans se sentir pressé d'écrire. Carné reproche à Gerbet la paresse. Ce reproche est absurde ; la pensée de Gerbet n'a jamais eu un temps d'arrêt. Mais il lui fallait un long temps pour mûrir ses idées et parvenir à faire quelque chose qui fut un peu solide, sans être trop vulgaire. Le temps manqua : *Ars longa, vita brevis*.

Ces deux fragments sur l'Eucharistie et la Pénitence sont d'ailleurs complets par eux-mêmes. Ce sont des vues profondes comme dans les *Soirées de Saint-Pétersbourg*, sur des objets différents, sur les deux points principaux de la vie chrétienne, l'expiation du péché et la sainte communion à Dieu. Joseph de Maistre n'avait qu'entrouvert ces deux mystères, Gerbet s'y plonge en Platon chrétien et y parle comme s'il avait écrit avec une plume de l'aigle de Pathmos. Ces deux fragments soulevèrent l'admiration du siècle ; ils furent traduits dans toutes les langues de l'Europe. L'auteur eut la joie d'apprendre qu'il avait affermi beaucoup d'âmes dans la piété ; qu'il en avait ramené d'autres à la foi en dissipant les préjugés de l'irréligion. — Ces opuscules, faits avec de la moelle, conviennent surtout aux grands esprits.

L'*Esquisse de Rome chrétienne*, en trois volumes, est encore un ouvrage inachevé. Gerbet voyait tant de choses et les contemplait si avidement, qu'il ne pouvait rien finir : il restait absorbé par l'objet de sa contemplation, et jouissait pour lui-même, n'osant l'exprimer, dans la crainte d'en détruire la jouissance. Une chose exprimée est sortie de l'âme et devient comme morte pour elle. De là, cette espèce d'insatiabilité mélancolique, impression commune des lecteurs de Gerbet. Mais s'il n'a pas tout dit, il en a dit beaucoup plus que d'autres. Rome lui apparaît, pour en esquisser les traits, comme une œuvre matérielle, dont la matérialité exprime, par des monuments, l'invisible constitution de la religion et de l'Eglise. Pour se faire comprendre, il applique à Rome ce que le grand Paul a dit de la création par rapport à Dieu. De même que les créatures, par leur nombre, leur poids, leur mesure, leurs relations et leurs harmonies rendent visibles, par leur ensemble, les attributs de Dieu ; de même les architectes de Rome chrétienne, en bâtissant la cité sainte, la ville des papes, ont exprimé avec des pierres, des lignes et des couleurs, les caractères de la révélation et l'institution divine de la papauté.

Dans son premier volume, Gerbet étudie, sous certains rapports généraux, Rome considérée comme centre du christianisme ; il fait de longs voyages dans les catacombes ; il dresse ensuite le bilan des basiliques constantiniennes ; enfin il insiste sur les principaux monuments relatifs à la défense et à la propagation de l'Evangile. De ces études, il fait ressortir les caractères d'unité, de perpétuité, d'universalité, qui constituent la forme essentielle de l'Eglise catholique, qui marquent les contours de la cité de Dieu et la distinguent déjà de tout ce qui n'est pas elle. Mais, pour embrasser son plan, il ne suffit pas de remarquer les lignes extérieures de sa divine architecture, il faut aussi examiner son organisation intérieure. Celle-ci comprend d'abord une puissance ou paternité suprême, saint Pierre ; secondement, une tradition d'enseignement qui perpétue les clartés primitives de la révélation, saint Paul ; troisièmement, une effusion d'amour qui descend de la croix, saint Jean : c'est l'objet du second et du troisième volume.

Ici, pénétrant au cœur de son sujet, Gerbet étudie d'abord la papauté considérée dans ses attributions et ses emblèmes : il en détermine l'idée générale, il explique son nom, il parle de sa ville et de son palais, de ses symboles, de ses attributs et de son cérémonial. Alors de l'autorité papale passant à la tradition de vérité, qui constitue son office, il étudie les monuments primitifs de la foi sur l'unité de Dieu, la création, l'état primitif de l'homme, sa chute, le caractère figuratif de l'ancienne loi, la révélation angélique et l'incarnation. De là, poussant plus à fond, il insiste sur le baptême, l'eucharistie, la pénitence, les usages de l'Eglise, la vie religieuse, la vénération des images, le purgatoire, la prière pour les morts, l'invocation des saints, la vie future, la résurrection des morts. Pour compléter son sujet, il parle, dans des chapitres séparés, des monuments relatifs à la vie pieuse et des institutions de charité. De la sorte, l'esquisse de Rome devient un cours de théologie composé, non avec des thèses, mais avec des pierres. Et comme plusieurs sont allés en Palestine pour retrouver l'Evangile dans les monuments de la Judée, de même Gerbet est allé à Rome pour y retrouver l'Eglise dans les monuments.

Pour compléter son travail, Gerbet, dans un troisième point, montre comment Rome païenne est devenue Rome chrétienne. Le Panthéon est devenu l'église des martyrs ; l'*Aracœli* a pris la place du temple de Jupiter Capitolin ; le palais des Césars et le Colysée restent comme les témoignages perpétuels d'une puissance morte. Le temple de Vesta est l'église de Sainte-Marie-du-Soleil ; le temple de Diane est l'église de Saint-Jean devant la porte Latine ; le siège d'un juge est devenu Saint-Georges au Vélabre ; Saint-Pierre-ès-Lieu, Sainte-Marie-Majeure, Saint-Jean-de-Latran, Saint-Paul-Hors-des-Murs, le Vatican, c'est le complément et le couronnement de l'œuvre sainte.

Même inachevée, cette esquisse de Rome est un des plus beaux livres du XIXᵉ siècle. Veuillot le mettait au-dessus de tous. Au-dessus n'est pas assez dire, il faut entendre qu'il signifie visite aux plus hauts sommets où puissent s'élever les grandes âmes.

Gerbet n'avait pas d'ardeur livresque. On dirait qu'il n'ait écrit qu'à son corps défendant ; mais, dans tout ce qu'il a fait, vous reconnaissez la griffe du lion, ou plutôt de l'aigle. En 1834, invité à concourir pour un Keepsake religieux, il écrivit, sur la Sainte-Vierge Marie, les plus belles pages qui se puevent imaginer. Vers le même temps, il écrit l'introduction de l'*Université catholique* ; il en fait un tableau des sciences, où, avec des aperçus profonds, une synthèse gigantesque et un style inimitable, il laisse bien loin derrière lui la fameuse introduction de Dalembert pour l'Encyclopédie de Diderot. Dans le même recueil, il publie les conférences d'Albéric d'Assise et les considérations sur le monopole universitaire en tant qu'il conduit au communisme ou au socialisme. Ces études s'élèvent fort au-dessus de la banalité d'un article.

Les conférences d'Albéric d'Assise roulent sur le problème économique, sur la conciliation nécessaire du droit de propriété avec les exigences de la civilisation chrétienne. La société ne peut exister sans l'inégalité des fortunes, et l'inégalité des fortunes sans la religion. Quand un homme meurt de faim à côté d'un autre qui regorge, il lui est impossible d'accéder à cette différence, s'il ne croit pas en Dieu. Dieu veut qu'il y ait des riches et des pauvres ; il prescrit aux pauvres et aux riches, des devoirs stricts, aux uns, la résignation dans l'espérance, aux autres, l'espérance par la charité. Si, sans religion, vous osez promettre, aux hommes, un paradis terrestre, vous êtes fatalement condamné à les réduire ici-bas aux horreurs de l'enfer. Gerbet enseigne cette consolante et fortifiante doctrine, avec l'inimitable charme d'un Platon chrétien.

Le monopole universitaire considéré comme principe logique du socialisme, est une autre œuvre d'économie sociale. On revendiquait alors la liberté d'enseignement ; le gouvernement bourgeois de Louis-Philippe se cloîtrait dans son monopole. Or, ce gouvernement censitaire, fondé sur la propriété, s'efforçait, d'autre part, avec son économie du laisser faire, de contraindre la propriété à décupler ses produits. D'où cet argument *ad hominem* que si le régime libéral est si favorable à la fortune privée et publique quand il s'agit des biens matériels, il doit, quand il s'agit des biens intellectuels et moraux, prodiguer également ses faveurs. Gerbet ne se contente pas de relever cette contradiction ; il examine le monopole, dans l'idée qu'il se fait de la destinée humaine, de la religion, de la famille, de l'ordre public, et conclut partout que ce monopole implique le renversement du régime libéral et l'inauguration du socialisme. Thèse originale, mais très bien conçue, très bien déduite et qui sonnait d'autant plus à propos que Proudhon venait de dénoncer la propriété comme un brigandage et que les bandes socialistes allaient bientôt réclamer la liquidation du vieux monde.

Une fois évêque, Gerbet dut quitter la presse et se confiner dans les devoirs de sa charge. Ses différentes pastorales, émanation d'un tel esprit, honorent également la noblesse de ses idées et la délicatesse de ses sentiments. Un mémorandum des catholiques de France et une conférence sur Rome sortent de ce cadre pour appuyer la résistance de l'Eglise aux aventureux projets de Napoléon III. Une autre initiative, qui devint plus tard le *Syllabus*, montre quelle était, par ses idées, la puissance de Gerbet. Dès 1843, Dupanloup, avec son esprit faux et emporté, avait mis la confusion dans la presse catholique. En 1854, essayant de ressusciter le *Correspondant*, qui mourait toujours, il avait fondé une société libérale dont le *Correspondant* serait le moniteur. Dans les livres de ces hommes-là, que Gerbet connaissait bien, il y avait une foule de choses téméraires, peu d'accord avec les traditions de l'orthodoxie. Pour ne pas s'engager dans une guerre de broussailles, qui répugnait à ses sentiments, Gerbet résolut d'extraire de tous ces livres des propositions qu'il condamnerait comme l'ont fait plus d'une fois les pontifes romains. Pie IX fut frappé de cette procédure, empruntée d'ailleurs à la bulle *Unigenitus* et à la bulle *Auctorem fidei*. Aussitôt le pontife commanda, à ses théologiens, un tableau analogue des erreurs contemporaines et une bulle promulgatoire de ces propositions condamnées. Ces théologiens remirent sur le métier l'œuvre de l'évêque de Perpignan. De là est né le *Syllabus*, dirigé spécialement contre le catholicisme libéral, qu'exécrait Pie IX et justement, parce qu'il voyait dans ce libéralisme, faussement orthodoxe, la pierre de scandale des catholiques et la grande hérésie du XIXᵉ siècle.

Gerbet descendit, pour la dernière fois, dans l'arène, contre Renan, l'audacieux contrefacteur de Jésus-Christ. Sous ce titre : la *Stratégie de M. Renan*, il ne réfuta pas directement la *Vie de Jésus*, écrite par un apostat ; mais en homme qui possédait à fond la science des controverses catholiques, il expliqua, d'après quels procédés logiques, avec quels matériaux, par quelles théories sophistiques, empruntées la plupart aux Allemands, cet apostat était tout simplement un charlatan sur ses tréteaux de la foire. Gerbet ne le prend pas, d'ailleurs, sur le ton de la plaisanterie, comme Henri Lasserre dans son 13e apôtre : le sujet ne le permettait pas : il pousse sérieusement et savamment sa catapulte contre la machine artificielle du nouvel Arius ; il la démolit d'une main habituée aux démolitions et laisse l'arène jonchée de ses débris. Le Père Gratry fit quelque chose d'analogue dans les *Sophistes et la critique* : il ne réfute pas en détail ces sophistes, il montre simplement qu'ils ont déserté toute logique, toute critique et que leur soit-disant science n'est qu'une suite de suppositions sans base, d'hypothèses sans justification, quelque chose comme une ville bâtie sur des brouillards.

Un soir, Gerbet était à son bureau ; il venait d'écrire cette phrase : Jésus-Christ est Dieu : sa tête s'inclina sur son papier : il était mort. Dieu vint chercher cette grande âme après la confession de Jésus-Christ : *Mitis atque festivus Christi Jesu tibi aspectus appareat, qui te inter assistentes sibi jugiter interesse decernat*. Gerbet avait été un Platon chrétien, une abeille attique : il avait écrit ayant du miel sur les lèvres ; il avait parlé avec la profondeur d'un divin philosophe. C'est notre éternel regret qu'on n'ait pas publié ses œuvres complètes, ou au moins ses trois volumes de mélanges. Par testament, il en avait chargé un certain Bornet, esprit méticuleux et sans ouverture, qui classa, reclassa et régla si bien sa publication, qu'il en usa les textes sans rien produire. Pour nous, empêcher un grand esprit d'écrire, ou, quand il a écrit, ensevelir ses œuvres dans l'oubli, c'est un double crime : un crime contre les hommes qui n'entendront pas des paroles frappées de proscription sur les lèvres d'un apôtre ; un crime contre Dieu qui ne recueillera pas dans les âmes les moissons dont ces paroles étaient la semence bénie. L'histoire couvre ces crimes de ses anathèmes.

Un compatriote de Gerbet, Jean-Joseph Gaume, était né à Fuans, dans le Jura, en 1802, le cadet d'un frère qui devint, comme lui, prêtre. Gaume avait eu pour professeur le cardinal Gousset ; et, dès le séminaire de Besançon, il montrait, par ses rédactions d'élève, qu'un jour il serait écrivain. Dieu, pour mûrir sa vocation, le mit à l'épreuve. Le frère aîné était professeur au grand séminaire, quand, en 1833, Mathieu, évêque de Langres, fut nommé archevêque de Besançon. Avant même d'avoir pris possession, Mathieu fit de Gaume aîné, un professeur de théologie, acte qui était une usurpation, le séminaire étant en possession de s'administrer lui-même. Gaume représenta, à l'évêque, qu'il n'avait aucune science de la théologie, ni aucune capacité pour en acquérir. C'était un acte de consciencieuse modestie. Pour ce crime, Gaume fut mis à la porte du diocèse, et, du même coup, le frère plus jeune dut prendre le chemin de l'exil. — J'ai vu dans ma vie, souvent, de ces pauvres prêtres, arbres arrachés du sol qui les avait vu naître, pas toujours stériles, mais toujours voilés de deuil. S'ils sont frappés pour des crimes, la peine qui les atteint est un acte de mansuétude, puisqu'elle leur permet de servir encore Jésus-Christ dans les âmes ; s'ils sont frappés, malgré leur innocence, sans raison et sans mesure, il y a encore crime, mais ils n'en sont plus que les victimes. Je dirais volontiers avec le poète : *Oh ! n'exilons personne ! oh ! l'exil est impie*. L'exil est plus qu'impie, il est sot, car il n'atteint guère que des hommes de mérite. En ce siècle, un grand nombre de prêtres illustres ont été des proscrits ; Léon XIII, en canonisant Didace de Baëza, J. B. de Lassalle et Grignon de Montfort, a prouvé que des prêtres interdits peuvent être aussi des saints.

Besançon était donc privé de ses deux Gaume, comme droit de joyeux avènement. Gousset, grand vicaire, remit à l'aîné une lettre où il disait qu'un prêtre pouvait avoir autant de mérites que Gaume, mais qu'il ne croyait pas qu'on pût en avoir davantage. Gaume aîné fut incorporé à Paris, où ses frères ouvraient une très honorable maison de librairie ; il devint aumônier de communautés religieuses, chanoine titulaire de Notre-Dame, grand vicaire de Paris. Plus tard, n'ignorant pas les maux du sacerdoce, il put tendre la perche à d'autres proscrits, et, entre autres, à des proscrits de Besançon. Le plus jeune des Gaume, avec une lettre de Gousset, fut incorporé à Nevers où il devint supérieur du petit séminaire, vicaire général, mais d'où il sera expulsé un jour pour cause de mérite.

Gaume aîné a donné au public, une traduction des Evangiles et un livre de prières, un paroissien. Gaume *junior* est en ce siècle un des polygraphes de la sainte Eglise. Homme d'étude, fondé en science, il écrivait avec une facilité qui tient du prodige. Les volumes lui tombaient de la tête, comme les fleurs naissent sur les arbres, pour s'y mettre à fruits. Dès 1835, il opinait en public sur cette question de classiques dont il fera plus tard une question européenne.

L'Eglise doit à Gaume : Un *Catéchisme de persévérance* en huit volumes ; les *Trois Rome*, en quatre volumes ; le *Manuel des confesseurs* ; une *Histoire de la société domestique*, en deux volumes ; un *Traité du Saint-Esprit*, en deux volumes ; le *Ver rongeur des sociétés modernes* et des lettres sur les classiques païens ; la *Révolution*, en douze volumes ; des traités sur le signe de la Croix, sur l'angelus, l'eau bénite et autres pratiques chrétiennes ; deux opuscules sur la première communion ; des opuscules de piété, dont plusieurs traduits de saint Liguori, et des biographies évangéliques en plusieurs volumes. Nous omettons de citer quelques écrits de moindre importance.

Un catéchisme est une explication très élémentaire de la doctrine chrétienne. L'Eglise a condensé son enseignement dans quelques courtes formules; les catéchistes les expliquent le plus clairement et dans le moins de mots possible. C'est l'inverse des paraphrastes qui en font des thèmes à hautes considérations, comme par exemple Gratry, dans la philosophie du *Credo*. L'un des catéchistes les plus célèbres, c'est Bellarmin, dont les deux catéchismes sont d'une extraordinaire brièveté. Cependant, avant Gaume, il s'était trouvé des catéchistes plus développés que Bellarmin; Canisius au XVIe siècle, le Père Bougeant au XVIIe avaient donné des catéchismes très étendus. Le catéchisme du Concile de Trente est lui-même fort développé, mais il est *ad parochos*. Dans ses huit volumes, Gaume dépasse tous ses devanciers. Le dogme, la morale, le culte, la discipline, surtout l'histoire de l'Eglise sont tour à tour l'objet de ses élucubrations savantes. Au lieu d'expliquer d'une façon technique, il développe oratoirement; c'est même par là qu'il excelle. Gaume était né éloquent. L'usage s'était introduit alors de faire, pour les jeunes gens et les jeunes filles, des catéchismes de persévérance, qui n'étaient, à bien prendre, que des cours de théologie à l'usage du peuple. On n'avait pas encore de livre pour ce service. Gaume vint le premier et découragea de toute concurrence. Son livre contient tout ce qui se peut dire et imaginer, dans un catéchisme de cette nature. Il s'en est fait huit ou dix éditions, et en plus des traductions à l'étranger. Enfin, pour augmenter encore le succès de son œuvre, Gaume en a fait un abrégé très réussi, préférable à l'original pour ceux qui ne cherchent que la substance de l'idée et veulent composer eux-mêmes des catéchismes de persévérance. C'est la juste ambition d'un grand nombre de curés; ils s'approprient Gaume et l'appliquent eux-mêmes à leur paroisse. Les jeunes gens et les jeunes filles sont astreints à des rédactions, qu'ils couchent, après correction, sur des registres et forment, pour eux-mêmes, des ouvrages du plus haut prix, dont ils sont à demi les auteurs. Mémorable preuve du zèle que met l'Eglise à l'instruction du peuple.

Les *Trois Rome* sont le récit authentique d'un voyage de l'auteur en Italie. A l'exemple de Montaigne au XVIe siècle, du président de Brosse au XVIIIe, et de beaucoup d'autres depuis, Gaume se fait l'historien érudit et intéressant d'un voyage qui éveille toujours les sympathies de l'âme chrétienne. Gerbet avait contemplé l'*idée* de Rome et exposé la théologie qui ressort de sa matérialité; Veuillot devait un jour en recueillir les *parfums*; Gaume s'arrête au fait et l'expose tel qu'il est. Son livre n'est pas seulement un journal de voyage; c'est, dans le cadre d'un journal, une étude érudite, savante de la Rome *païenne*, de la Rome *chrétienne* et de la Rome des *catacombes*. Ce dernier point surtout a été traité supérieurement. On lira longtemps ce livre jeune, plein d'attraits et qui répond bien aux vœux secrets du plus grand nombre des lecteurs.

Le *Manuel des confesseurs* n'est pas un livre de Gaume, c'est un recueil formé par Gaume d'ouvrages relatifs à la confession. Ces opuscules sont dus tous à des maîtres. Gaume en a formé le recueil pour aider au mouvement réparateur dont saint Liguori avait été l'agent en Italie et dont le promoteur en France était le cardinal Gousset.

L'*Histoire de la société domestique* est une histoire de la famille dans son évolution à travers les âges. La famille est la molécule génératrice de la société. On a écrit l'histoire de toutes les sociétés, on n'avait pas écrit, en notre siècle, l'histoire de la famille, base et explication initiale de l'histoire des peuples. Gaume se lance dans cette carrière et y expose ces hautes considérations où se complaisait son esprit. Le livre n'a pas la précision juridique d'un livre de droit pur; c'est une histoire qui résume plutôt les conclusions de la science et s'applique à en définir la portée.

Le *Traité du Saint-Esprit* est comme l'*Esprit des Lois*, *prolem sine matre creatam*; c'est un ouvrage dont il n'existait pas de type. Gaume le dédie au Dieu inconnu : *Ignoto Deo* : Inconnu n'est pas le mot propre. Depuis l'ascension de Jésus-Christ, l'Esprit Saint est l'inspirateur de l'Eglise dans son chef et dans ses membres. Nous vivons tous dans sa divine compagnie; nous célébrons tous chaque année sa fête; et nous n'ignorons ni ce qu'il est, ni ce qu'il fait, ni ce qu'on lui doit. Mais peut-être n'y pensait-on pas assez. Gaume veut nous le rendre plus présent : il expose son sujet en théologien et encore plus en historien. Le rôle du Saint-Esprit dans le monde est exposé là de main de maître. On peut d'ailleurs aisément le convertir en discours et c'est là, pour un livre, le meilleur moyen d'obtenir les résultats que souhaite le zèle apostolique.

Dans le *Ver rongeur* et les lettres sur les classiques païens, Gaume revient sur cette question qu'il avait posée dès 1835. Le ver rongeur des sociétés modernes, c'est le paganisme de l'enseignement classique. Cette thèse est vraie dans sa généralité; Gaume le prouve avec une grande solidité d'esprit et une grande force d'arguments; mais, dans ses conclusions, il se borne à trois choses : à l'exclusion des païens pour les classes de grammaires, à l'explication simultanée, mais chrétienne, des auteurs païens et des auteurs chrétiens dans les classes d'humanité. En confirmant cet enseignement des lettres, par un cours d'histoire et par un cours de philosophie, on peut se flatter de donner à la jeunesse l'enseignement et l'éducation nécessaires. L'ouvrage était approuvé par le cardinal Gousset, et, par respect au moins pour cette très explicite approbation, il paraissait difficile d'y mordre. Dupanloup, qui aspirait à renverser la haute direction du cardinal de Reims et sa puissante influence sur le clergé français, ne le prit pas ainsi. Dans l'espoir de prendre lui-même cette haute direction et de se créer en France une sorte d'autocratie intellectuelle, il fit marcher son escadron volant de journalistes libéraux. Lui-même intervint pour calmer les émotions que ses soldats venaient d'exciter et trancha la question en défendant de toucher en rien au système classique suivi depuis la renaissance. Telle était sa solution : *Sic volo, sic jubeo ; sit pro ratione voluntas.*

L'opinion, l'ordre de Dupanloup, Dupanloup évêque pouvait l'imposer à son diocèse ; mais Dupanloup publiciste ne pouvait en faire une loi pour les autres églises. La question des classiques se rattachait d'ailleurs, par certains côtés, aux questions de gallicanisme, de libéralisme, de liturgie, de droit canon, d'histoire, d'art, problèmes qu'agitaient depuis quarante ans, avec l'espoir d'en tirer une réforme, les esprits les plus élevés du temps. Dupanloup, esprit fermé, ignare et violent, voulant s'en tenir aux thèses gallicanes, à ses conceptions libérales, à la liturgie de Paris, à l'histoire de Fleury, et pour tout, à son despotisme, engagea, sur les études classiques, son projet d'universelle résistance. Parce que l'*Univers* prenait part, comme c'était son droit, à cette controverse, il interdit l'*Univers*, et le fit interdire à Paris par Sibour. Puis, pour supprimer la question controversée, il libella une déclaration épiscopale qu'il fit signer d'abord par ses amis du premier degré, puis par ceux du second degré, puis, espérait-il, par tous les autres. Cette manière de procéder n'est pas reçue dans l'Eglise : les affaires d'Eglise se traitent dans les conciles et non pas dans des conventicules rusés et par d'indignes surprises. La majorité des évêques refusa, à Dupanloup, sa signature. L'évêque de Montauban, Doney, et l'archevêque de Reims, le cardinal Gousset, lui assénèrent de vigoureux coups de crosse. Tant et si bien que Pie IX intervint par une Encyclique où il posait à fond la question de réforme des études ecclésiastiques et confirmait la thèse de Gaume sur les classiques païens et chrétiens, enseignés simultanément et chrétiennement expurgés.

Dans ses lettres à l'évêque d'Orléans, Gaume avait révélé les turpitudes des classiques païens et l'empoisonnement qui résulte de leur usage dans les basses classes de l'enseignement secondaire. Pour toute réponse, Dupanloup obtint, de l'évêque de Nevers, que Gaume fût expulsé de son diocèse, bien qu'il en fût grand vicaire. Vous discutez honnêtement et solidement une question controversée ou controversable ; les pharisiens du libéralisme, qui préconisent la liberté en théorie, l'observent en pratique, par la proscription de leurs adversaires. Proscrire n'est pas répondre, disait Robespierre ; c'est confesser en même temps son impuissance et son indignité. Cent fois, en ce siècle, on a déraisonné ainsi passionnément contre les défenseurs des bonnes doctrines. Arvisenet expulsé de Langres pour avoir écrit le *Memoriale vitæ sacerdotalis* ; Lamennais, envoyé en police correctionnelle pour avoir combattu victorieusement la Déclaration de 1682 ; les frères Allignol, frappés de peines outrageantes, pour avoir écrit sur l'irrégularité canonique des églises de France ; Rohrbacher, expulsé de Nancy pour avoir écrit l'*Histoire universelle de l'Eglise catholique* ; Gridel, disgracié deux fois pour avoir écrit ses *Instructions sur les sacrements*, que Pie IX nous dit avoir lues et trouvées irréprochables ; Bergier et Maire, proscrits pour avoir défendu la liturgie romaine ; Jacquenet, proscrit pour avoir préconisé les hautes études et les grades théologiques ; Darras, expulsé du séminaire comme l'avait été Rohrbacher ; André, proscrit à son tour pour avoir réclamé le respect des constitutions pontificales ; Darboy et Drioux, expulsés de Langres, mais pour leur libéralisme ; Bouix et Davin, expulsés de Paris, l'un pour avoir défendu une constitution de Sixte-Quint, l'autre pour avoir écrit l'histoire d'après les principes de l'Eglise. Depuis vingt ans, c'est comme un massacre de prêtres et, dans tel diocèse, on peut trouver vingt victimes : nous espérons que quelqu'un écrira ce martyrologe. Nous devons faire observer que ces rigueurs et ces violences ne s'exercent que contre les partisans des bonnes doctrines, et constituent, contre les proscripteurs, une nouvelle preuve d'erreur. De l'autre côté, pendant le concile, par exemple, il s'est écrit des monstruosités ; pas un cheveu n'est tombé de la tête des insulteurs de la papauté. Nous regrettons que trop souvent, les défenseurs des bonnes doctrines, victimes de leurs justes convictions, n'aient pas reçu les réparations nécessaires. Nous nous étonnons de trouver, d'un côté, tant d'audace, de l'autre, une si triste absence de répression. Du moins, cette fois, justice fut faite et il faut la célébrer de Dan jusqu'à Bethsabée. Gaume, exclu de Nevers, proscrit pour cause de savoir et d'intrépidité, fut nommé vicaire général d'Aquila par Mgr Philippi, vicaire général de Calvi par Mgr d'Avanzo, vicaire général de Reims par le cardinal Gousset, et protonotaire apostolique par Pie IX.

Gaume justifia ces honneurs et les honora pour le moins autant qu'ils l'honoraient. Dans un ouvrage en douze volumes intitulé *La Révolution*, il porta, sur le terrain de l'histoire, cette controverse des classiques, et l'énucléa avec une abondance d'érudition et une force d'argument qui est un nouveau titre à la reconnaissance de l'Eglise. D'abord l'auteur, dans le même esprit que Taine et Charles d'Héricault, expose longuement l'histoire des folies et des crimes révolutionnaires ; puis, la révolution constatée comme fait énorme, il en recherche les causes, dans le philosophisme encyclopédique, dans le césarisme de Louis XIV, dans le rationalisme des Descartes et dans le paganisme de la soi-disant Renaissance. Livre terrible, que confirme au surplus l'état du monde et les périls qu'il fait courir aux peuples chrétiens ; livre qui fut honoré des sympathies de Rohrbacher, de Ventura, de Combalot, de Veuillot et que nous nous faisons un devoir de recommander ici, après Ricard, à la jeunesse catholique.

Les opuscules de Gaume sur le signe de la croix, l'angelus, l'eau bénite, le bénédicité et autres pratiques chrétiennes ont pour but de ramener aux bons usages les âmes dévoyées par le rationalisme. C'est encore un savant qui les écrit ; mais c'est un savant pieux. La piété seule a inspiré d'autres écrits. Nous n'en parlons pas ici ; mais nous les honorons, à raison des excellences de la piété et des bonnes doctrines qui lui servent d'aliments.

Les biographies évangéliques sont un travail analogue au grand et excellent ouvrage de l'abbé Maistre, curé doyen de Dampierre, sur les témoins du Christ. Ce sont des biographies séparées où l'on essaie de faire revivre les traditions de l'Eglise primitive, les enseignements des Pères et les souvenirs locaux de chaque église apostolique. Par le fait, ces écrits sont opposés à l'école hypercritique de Launoy, le dénicheur de saints, qui s'efforce de revivre dans les témérités de l'abbé Duchesne. Sous prétexte de critique surfine, Duchesne et ses partisans s'inscrivent en faux contre toute tradition qui n'a pas en sa faveur des monuments écrits, actuellement présentables. La tradition orale n'existe pas pour ces inexorables censeurs, pas plus la tradition de l'Eglise Romaine que les autres. Leur hypercritique est une critique excessive, qui ne procède ni de la piété, ni de la foi, ni même de la raison ; elle doit conduire, si elle n'est contenue par l'autorité et réfutée par la vraie science, aux plus déplorables excès. En soi, ce n'est pas autre chose que le libre examen de Luther appliqué, non plus aux Ecritures, mais aux traditions. A entendre ces novateurs, nul n'a de l'esprit, hors eux ; et jusqu'à eux l'Eglise n'a pas eu le sens critique. En lui appliquant leur savoir, ils vont la tirer d'une trop longue enfance et l'élever jusqu'à la virilité du savoir parfait. Bellarmin, Baronius, les reviseurs du *Bréviaire* et du *Martyrologe*, étaient de petits esprits ; les grands esprits, ce sont les hommes de notre temps, les prêtres qui ont obtenu le visa de l'Université.

Jusqu'à la fin, Gaume tint bon pour sa critique des classiques païens, qu'il considère avec raison comme de pauvres historiens, de piètres philosophes, de petits esprits et de véritables empoisonneurs. Ses adversaires avaient beaucoup usé contre lui du procédé enfantin qui consiste à prêter des choses absurdes à l'adversaire à à réfuter avec force les absurdités qu'on lui prête gratuitement. Gaume repousse ces accusations ; il n'a jamais nié que l'Eglise ait sauvé les classiques grecs et latins ; il n'a jamais nié qu'elle s'en soit servi ; il dit seulement qu'il ne faut pas s'en servir sans prudence et à l'exclusion des classiques chrétiens ; et sa motion se ramène à une proposition générale ; c'est qu'il faut christianiser l'enseignement des jeunes chrétiens, et ne pas les instruire comme s'ils étaient des païens d'Athènes ou de Rome. On ne voit pas que l'auteur de cette motion puisse être honni comme un philosophe en sabot ; bien moins encore traité comme un impie.

Mgr Gaume était le répondant d'une très honnête librairie qui s'est mise en frais pour quatre Pères de l'Eglise et, entre autres, a édité *Rohrbacher*. Mgr Gaume était l'ami personnel des Veuillot, des Bonnetty, des Ventura, des Ségur ; il était de ceux dont l'amitié honore ceux qui en sont l'objet. Mgr Gaume, auteur du *Catéchisme de persévérance*, des *Trois Rome*, du *Manuel des confesseurs*, de l'*Histoire de la société domestique*, du *Traité du Saint-Esprit*, du *Ver Rongeur*, de la *Révolution*, des *Biographies évangéliques* et de cinquante opuscules où la piété s'appuie sur le savoir, est un de ces hommes que l'histoire contemporaine glorifie, heureuse de rendre hommage à la justesse de leurs idées, à l'étendue de leur science et à l'intensité de leur dévouement. Pie IX, en l'élevant *Motu proprio* à la prélature, avait donné, à son dévouement, à ses vertus, et à son savoir, la plus haute consécration. En revanche, lorsqu'on lui parlait de décorer je ne sais quel vicaire général d'Orléans : Non, non ; répétait-il, j'en est bien assez d'un bâtard.

Nous visitions Mgr Gaume la veille de sa mort. Le lendemain, un soubresaut vigoureux, il s'assit sur son lit et se mit à sourire : « La Vierge ! la sainte Vierge qui vient m'appeler. » A cette apparition, il retomba sur sa couche ; il était mort. Le ciel venait de s'ouvrir à la continuité de ses généreux combats.

A propos de la résurrection des ordres religieux, nous avons suffisamment parlé de dom Guéranger et du Père Lacordaire. A l'occasion, il faut, sur ce dernier, ajouter un mot, c'est que Lacordaire était sans doute un très bon religieux ; malgré ses incontestables vertus, dès que la mauvaise nature prenait le dessus en lui, ce n'était plus qu'un homme d'un monstrueux égoïsme et d'un insupportable orgueil. En preuve, on peut citer sa protestation à saint Roch contre le coup d'Etat de 1851 et la résolution qu'il prit à la suite, de descendre de chaire, sous ce prétexte que sa parole n'était plus libre. Même dans les chaînes, le verbe de Dieu n'est pas lié, disait saint Paul ; un véritable apôtre peut toujours parler, et si ce n'est à temps, ce sera à contre-temps. C'est exagérer jusqu'au ridicule de comparer Napoléon III à ces fous d'empereurs qui faisaient couper les langues ou pilaient leurs détracteurs dans un mortier. Ce qui était vrai pour le Père Lacordaire devait nécessairement l'être pour tout le monde. Si, prétextant le défaut de liberté, les curés de Paris, que dis-je ? les curés de France avaient tous refusé de monter en chaire, je suppose que les évêques auraient eu, pour cette grève des prédicateurs, de médiocres ménagements. Evidemment une telle conduite n'est ni louable, ni permise. Lacordaire lui-même le sentit si bien que, descendu de chaire avec fracas, dans Paris, il remontait bientôt en chaire à Toulouse. A Toulouse, s'il ne prêcha qu'en carême, ce n'est pas que la liberté lui manquât, c'est que sa force musculaire ne répondait plus à sa puissance d'esprit : il aima mieux descendre de chaire que de descendre dans l'estime.

Ce défaut de Lacordaire va se retrouver dans son illustre ami, Montalembert.

Charles Forbes de Montalembert était né à Londres en 1810, d'une mère anglaise ; ce n'était qu'un métis de France. Dans son enfance, il étudia en Angleterre et selon les méthodes anglaises. Son père était ambassadeur : les événements le conduisirent, dans sa jeunesse, à Stockholm et le ramenèrent bientôt à Paris. Les lettres qu'on a publiées de lui à l'ami Cornudet, font singulièrement honneur à Montalembert : elles montrent avec quelle ardeur il se livrait au travail et avec quel discernement il menait ses études. Tout jeune, c'était déjà un maître. Le sang anglais, l'esprit anglais se retrouvent d'ailleurs dans ses inclinations. Jeune homme, il voyage en Irlande et visite O'Connell. Au retour, il va en Allemagne, bientôt en Italie : partout il étudie avec l'aplomb d'un savant, le goût d'un artiste et les élans d'un chevalier qui unit, dans ces amours, l'Eglise et la liberté des peuples. Plus tard, il se marie à une demoiselle de Mérode et le voilà Belge. Ces notes suffisent pour la vie privée de Montalembert.

A dix-neuf ans, Montalembert se trouve, avec Lacordaire, chez Lamennais, je veux dire à son école et sous sa direction. Ce fut le propre de ce grand homme d'attirer à lui tous les hommes d'avenir et de leur donner, sinon la forme définitive, du moins l'impulsion qui entraîne. Tous deux étaient ses collaborateurs à l'*Avenir* et quand les pèlerins de Dieu et de la liberté allèrent en Silo consulter l'oracle tous les trois partirent ensemble. A Rome, Lacordaire comprit le premier, non pas ce que parler veut dire, mais ce que signifie le silence et s'en alla ; Montalembert quitta le maître plus tard, mais pour suivre son humeur anglaise de voyageur perpétuel. La Providence les réunit tous les trois à Munich, où vint les trouver l'Encyclique *Mirari vos*. En parlant comme il le faisait, Grégoire XIII honorait singulièrement les trois pèlerins ; il répondait à leur consultation et tranchait la question du libéralisme accepté comme une simple hypothèse favorable à la défense de l'Eglise. Dans leur inexpérience, que favorisa l'enthousiasme des adversaires, les trois pèlerins firent de l'Encyclique un coup de foudre ; Lacordaire se soumit sans avoir besoin de résignation, Montalembert eut besoin, pour s'incliner, des longues sollicitations de son ami. Le plus curieux, c'est que ces deux soumis, pour tout de bon et de la meilleure foi du monde, oublièrent cette soumission, pour revenir, par un mouvement d'approximation infinitésimale, au libéralisme. L'un se flattera de mourir en catholique pénitent et en *libéral impénitent* ; l'autre, avant de mourir, écrira des livres et fera des discours sur la liberté, mais contre *l'idole du Vatican*. Et leur libéralisme ne sera plus seulement une hypothèse, mais une thèse qu'ils offriront comme l'idéal nécessaire du gouvernement moderne.

Lacordaire et Montalembert se retrouvent bientôt à Paris. Par une inspiration héroïque et enfantine, ils se décident, pour forcer la main à Louis-Philippe, à la fondation de l'Ecole libre. La charte avait promis la liberté d'enseignement, le roi n'entendait ne tenir aucun compte d'une promesse qu'il avait souscrite à l'hôtel de ville et se conduisait en malhonnête homme. En ouvrant de leur propre mouvement une école, en s'instituant de leur chef maîtres d'une école primaire, les deux amis ne fondaient pas la liberté d'enseignement, ils la prenaient. Le gouvernement ferma l'école et envoya les deux maîtres en police correctionnelle. Sur ces entrefaites, le père de Montalembert mourut ; par son décès, Montalembert devenait pair de France ; son délit passait donc du tribunal correctionnel à la Chambre des pairs constituée en Cour de justice. Dieu traitait les deux magisters en enfants gâtés de la Providence. Les deux instituteurs parurent à la barre des pairs conscrits. Montalembert parla admirablement et révéla, ce jour-là, une grandeur qu'il devait justifier ; Lacordaire parla mieux encore, il recula les bornes de l'admiration et se montra grand dans tous les sens du mot. Par ces deux discours, la liberté d'enseignement était acquise au droit et à l'histoire et Louis-Philippe parjure n'était qu'un fétu. En vain des saltimbanques et des satrapes, pendant douze ans, conspireront contre la liberté, ils ne prépareront qu'avec plus d'éclat le balayage du trône et la conquête de la liberté d'enseignement.

Dans quelques années, Montalembert à la Chambre, Lacordaire à Notre-Dame, Veuillot à l'*Univers* forment, en dehors des cadres ecclésiastiques, un triumvirat qui sert l'opinion, l'entraîne et la domine. L'un est le tribun qui jette à la France des paroles enflammées ; l'autre est le poète lyrique de l'éloquence chrétienne ; le troisième est l'esprit souple et fertile, qui soutient les deux autres et accroît leur puissance. Veuillot n'aurait pu prononcer ni les conférences de l'un, ni les discours de l'autre, mais après l'instant de leur fugitif éclat, il reste l'écho qui les répète et augmente leur crédit. Noble fraternité, qui eut dû fondre en une ces trois intelligences et montrer, à la terre, le plus bel échantillon de l'apostolat. Malheureusement, les deux autres firent bande à part, dans une petite coterie politique ; Veuillot resta avec son amour méconnu, décrié et trahi.

En attendant la cruelle et funeste séparation, tous trois prennent, sous la haute direction de Mgr Parisis et de dom Guéranger, une part très active à la croisade pour la liberté des écoles. Montalembert, comme chef ostensible, dresse le programme de la lutte et trace le plan de la campagne. Ses discours sont des événements. Veuillot est là chaque matin sur la brèche entr'ouverte et travaille tout le jour à l'agrandir. Lacordaire, plus éloigné de l'arène, soutient le courage des combattants. L'épiscopat est unanime ; la France ecclésiastique n'a qu'un cœur et qu'une âme pour la revendication du droit divin de la sainte Eglise et du droit sacré des familles. Il y a peu d'aussi belles années dans les annales ecclésiastiques des Francs.

La chute de Louis-Philippe ne change rien à la stratégie du combat, elle en augmente seulement les soucis. L'incertitude du gouvernement, l'éclat du socialisme, les complots de l'anarchie eussent dû rapprocher les esprits et délivrer du péril en augmentant les gloires du triomphe. Depuis trois ans, le bâtard de la Savoie a publié à Paris son plan de bâtardise doctrinale. Au 10 décembre, l'arrivée de Falloux au ministère fait monter au pouvoir les idées soi-disant libérales de Dupanloup. La loi sur l'instruction publique, objet jusque-là de vœux unanimes et d'unanimes efforts, coupe en deux l'armée catholique, rejette les braves dans l'opposition et n'appelle à l'action que les impuissants. Ce réveil chrétien, cette renaissance catholique, nés au Concordat, sous l'aile du *Génie du christianisme*, fidèles jusque-là, à travers les vicissitudes, au mot d'ordre de la Providence, se trouvent ajournés, puis compromis, enfin détruits au profit de la révolution, toujours prête à profiter de nos fautes. C'est de là que sont sortis tous nos malheurs ; et quand j'entends célébrer Dupanloup, je me demande où ont l'esprit les panégyristes de cet homme néfaste, esprit fermé, sectaire violent, rompu à toutes les ruses de la diplomatie, mais condamné au pire des châtiments de l'orgueil, à l'impuissance. Je n'ai plus à raconter cette histoire (1).

Le nom de Montalembert nous ramène à ses écrits. Par un don heureux, Montalembert était également propre à monter à la tribune et à prononcer d'éloquents discours, nés tout vivants des belles flammes de son âme ; et à s'enfermer des mois et des années dans sa bibliothèque pour étudier l'art ou l'histoire et en écrire des volumes. La collection des œuvres complètes qu'il fit à notre demande expresse, lorsque le gouvernement impérial l'eut remplacé, comme député, par un chambellan, compte neuf volumes, qu'il augmenta plus tard des sept volumes de l'*Histoire des moines d'Occident*. C'est là le monument littéraire de Montalembert, l'œuvre d'un homme qui est plutôt une âme qu'un esprit.

Les discours de Montalembert forment trois volumes : ils vont du procès de l'école libre aux congrès de Malines, de la pleine affirmation du droit à une sorte de désespérance. Dans la carrière oratoire, Montalembert, sous Louis-Philippe, sous la République et sous l'Empire, représente la même cause : la liberté. *Qualis ab in cœpto :* tel il était au commencement, tel il est à la fin. Dans son esprit, il n'y a pas d'incertitude : dans son cœur, pas d'hésitation ; sur ses lèvres, avec les réserves nécessaires, la liberté. Montalembert ne nie pas l'autorité ; mais il ne veut pas que l'autorité simplifie sa tâche en supprimant la liberté, et comme l'autorité abuse souvent de ses prérogatives, qu'au lieu de gouverner elle commet des excès ou des crimes, Montalembert se lève avec l'autorité de sa foi et flétrit les abus de pouvoir avec une suprême énergie de conscience. En Orient, en Italie, en Galicie, en Suisse, en France, il trouve successivement l'occasion de ses triomphes oratoires. Ici, par orateur, il ne faut pas entendre seulement un homme qui parle avec facilité et éloquence ; il faut entendre l'homme qui représente la foi et la conscience violées, qui les venge avec une ardeur victorieuse, qui flétrit les coupables avec un fer rouge et s'élève, dans l'estime du genre humain, au plus haut sommet de la considération. — Plus d'une fois, Montalembert s'est élevé jusque-là ; il y a en lui de l'apôtre et du prophète ; nous avons ici des grandeurs que ne soupçonnèrent même pas Cicéron et Démosthènes.

En même temps, Montalembert poursuivait une campagne contre le *Vandalisme* dans l'art. Par vandalisme, il faut entendre la destruction imbécile des chefs-d'œuvre de notre art national. Sous Napoléon et sous les Bourbons on avait à peu près respecté les ruines amoncelées par la Révolution ; sous Louis-Philippe, une bande noire s'était formée, une sorte de Sainte-Vehme de la destruction. Peut-être n'était-ce pas toujours l'impiété qui l'animait ; parfois peut-être ne voulait-on qu'aligner une rue ou agrandir une place. Le résultat était le même ; on vendait à démolir et que vendait-on ? Des châteaux, des églises monumentales, des abbayes célèbres. Avec les abbayes on faisait des haras ou des prisons ; avec les églises, des arsenaux ; avec les châteaux, des maisons bourgeoises. Difficilement on eût pu être plus stupide. Victor Hugo, dans une ode et dans la *Revue des Deux-Mondes*, voua ces destructions à l'horreur de la postérité. Montalembert fit chorus à ces plaintes et, avec le concours d'hommes comme Didron et Caumont, fonda une *Revue archéologique* et des congrès qui se mirent à inventorier les richesses monumentales de la France. De grands monuments il ne reste rien, pas même des ruines ; mais, grâce à Montalembert, le mouvement de restauration s'est accentué de plus en plus.

---

(1) Cf. *Histoire du catholicisme libéral*, un vol. in-8º de 555 pages, chez Delhomme et Briguet, Paris.

Aux destructions des Vandales ont succédé partout les restaurations des *archéologues*. La France peut admirer encore les chefs-d'œuvre de son passé.

Aux triomphes artistiques et aux triomphes oratoires, Montalembert joignit les triomphes plus durables de la science. En 1839, à Strasbourg, jour de la fête de sainte Elisabeth, sa parente par les Mérode, il vit des enfants jouer sur la tombe de la sainte, dont ils ignoraient la gloire. Montalembert ne l'ignorait guère moins que les enfants : il s'enquit de cette légende, l'étudia avec amour et bientôt en écrivit l'histoire. C'est le propre de Montalembert qu'entre concevoir et exécuter une œuvre, il n'y a jamais longtemps ; et c'est son honneur qu'à chaque œuvre qu'il produit, il dompte l'opinion et lui fait partager son sentiment. La chère sainte Elisabeth, duchesse de Thuringe, veuve dès sa jeunesse, épouse, mère, amie des pauvres, devint le modèle auquel toutes les femmes voulurent se rapporter. On ne jura plus que par sainte Elisabeth, et des écrivains, comme Chavin de Malan, l'historien de saint François d'Assise et de sainte Catherine de Sienne, voulurent courir sur les brisées de Montalembert. Ce fut une mode d'écrire les vies des saints, dans des formes archaïques, légendaires, parfois romanesques, intéressantes dans leur nouveauté, mais banales à en être ridicules, si elles veulent constituer un genre. — La sainte Elisabeth de Montalembert est un chef-d'œuvre ; elle dilate l'âme et en prend possession. Il fait bon de la vivre, mais il ne faut pas en faire son type ni en multiplier les exemplaires.

Montalembert le comprit ; s'il fut original, ils s'abstint de s'imiter. Lorsqu'il vint, nouveau Mabillon, à l'Histoire des moines d'Occident, il l'écrivit dans les formes sévères de l'histoire, avec une grande sûreté d'information, une grande abondance d'érudition, le charme du récit et la noblesse du style. L'écueil d'un tel livre, c'est que la plupart des moines se ressemblent. Beaucoup d'entre eux sont originaux, mais la variété des types et les écarts même de l'originalité ne s'éloignent pas beaucoup de l'unité des formes. La seul chose qui change, dans le livre, ce n'est pas le héros, c'est le cadre. Le monachisme a été, en effet, en Europe pendant mille ans et plus, la forme préférée de l'activité ecclésiastique. Depuis les invasions des barbares, les moines sont partout ; ils aménagent les bois, les eaux et les champs ; ils apprivoisent les hommes, les civilisent, les initient à toutes les pratiques du travail, de l'industrie et de la vie sociale ; ils bâtissent les monastères qui deviennent des villes ; ils créent des prieurés et des granges qui deviennent des villages. Les institutions monastiques, c'est le moule de la civilisation chrétienne, dont les moines sont les thaumaturges.

Montalembert, l'un des premiers, avait eu la gloire de le comprendre ; il eut le mérite considérable de le faire entendre à son siècle ; il se consuma à la tâche et mourut avant d'atteindre le terme de son chef-d'œuvre. Tant et si bien que saint Bernard, objet premier de sa vocation historique, dont il esquissa la grande figure, n'a pas sa place dans l'ouvrage de Montalembert.

Je ne m'attarde pas à louer Montalembert ; je l'ai connu, je l'ai aimé, comme j'ai aimé Veuillot, Gousset, Parisis, Pie, Plantier, tous les maîtres d'une génération où je figurais de bonne heure comme disciple résolu. Mon âme s'est formée au soleil de ces intelligences. Montalembert et Veuillot m'ont tenu sur les fonts de la publicité ; ils ont honoré mon baptême de généreux pronostics ; je les en remercie. Les encouragements décuplent la force d'une âme ; si elle ne justifie pas toutes les espérances de ses amis, elle ne se plaindra jamais de leur générosité, mais que ces temps sont loin ! nous assistons présentement au triomphe des intrigants et des aventuriers. La proscription nous épargne les opprobres de la fortune, elle nous met en demeure de justifier les espérances de nos parrains.

La correspondance de Montalembert n'a pas encore paru, sauf pour ses lettres de jeunesse. Les correspondances de Lamennais, de Lacordaire, d'Ozanam, de Veuillot ont vu en partie le jour ; Montalembert reste enseveli dans les ténèbres. Ses articles dans la correspondance de Lausanne ont même été supprimés par arrêt de justice. Ce silence a-t-il pour objet de ménager les amours-propres ou de ne pas compromettre le glorieux souvenir de Montalembert ? Nous l'ignorons ; nous savons seulement que Montalembert, très franc, très loyal, ne dissimulait pas grand chose au public et ne ménageait rien ni personne dans ses lettres. Nous ne croyons pas autrement que des torts, même réels, même graves, puissent diminuer, pour cette belle âme, l'estime de l'histoire.

Montalembert était sans doute grand par lui-même ; mais il y avait en lui un certain faible qui lui faisait chercher les conseils et aimer quelque dépendance. D'abord, il suivit Lamennais ; puis Parisis, Gousset et Guéranger ; à la fin Lacordaire et Dupanloup. En passant sous ces trois directions, il en prit la teinte. Sous la direction de Lamennais, c'est le lutteur intrépide ; sous la direction de Parisis et de Guéranger, c'est le grand orateur ; sous l'entraînement de Dupanloup, c'est toujours une belle âme, mais il se cloître dans le particularisme libéral ; il devient amer, rancuneux, presque violent, parce qu'il est devenu étroit et obscur. Cet homme n'était pas fait pour une cotte de tôle libérale.

Montalembert, qui avait un château près de Villersexel, aimait beaucoup le doyen du canton Pierre Mabille, et, à force d'instance, avait réussi à l'entraîner jusqu'à Paris. Mabille était l'hôte de Montalembert, un jour de réception, chose bien nouvelle pour ce provincial. Assis sur le canapé à côté de la maîtresse de la maison, il s'enquérait de chaque visiteur avec son franc parler et une naïveté pleine d'esprit. Vinrent successivement Foisset, Falloux, Broglie, Cochin et autres gros personnages, que Mabille esquissait d'un trait piquant. A la fin, sans sonner et sans se soucier d'aucune forme de politesse, entre un prêtre qui ne salue pas et qui s'avance comme un dominateur. « Et celui-ci qui entre sans cérémonie ? demande Mabille. — Celui-ci, répond la dame, c'est le mauvais génie de mon mari, c'est M. l'abbé Dupanloup. »

Si funeste qu'ait été l'influence de cet homme, il faut mettre les œuvres de Montalembert très au-dessus de l'*Opus tumultuarium* de l'évêque d'Orléans. Dupanloup a écrit toute sa vie sans jamais rien étudier ; il faisait même écrire d'autres à sa place et Lagrange se vantait d'avoir fait du bruit sous un autre nom. Lagrange avait, en effet, le style convulsionnaire, propre à cette collaboration. Montalembert, lui, est un vrai savant, un érudit même, un homme de goût, un esprit dévoué, une âme éloquente. Ses œuvres d'art, ses œuvres d'histoire, ses œuvres de littérature, ses discours surtout le classent parmi les grands maîtres. C'était le propre de cet homme d'atteindre d'emblée à la perfection et de consacrer tous ses efforts au triomphe de la vérité.

« C'était un grand champion, a dit Pie IX ; mais il avait un ennemi, la superbe » ; et Dupanloup qui sut l'exploiter.

A côté de Montalembert, un peu au-dessous, un homme qui marqua bien dans son siècle, fut Ozanam. Des enthousiastes ont même voulu appeler le XIXᵉ siècle, le siècle d'Ozanam : c'est là une de ces exagérations de l'amitié, qui ne peut être que le mensonge des bonnes gens. Le lecteur en jugera.

Antoine-Frédéric Ozanam était né en 1813, à Milan, où les guerres de l'Empire avaient conduit sa famille. Ce fut un enfant précoce, parfois souffreteux ; à 16 ans, il était bachelier. Après deux ans passés dans une étude d'avoué à Lyon, il vint à Paris étudier en droit. Pendant ses études, il partagea, avec des amis, deux inspirations qui, de bonne heure, appelèrent sur sa personne un reflet de gloire : nous voulons parler de la société de Saint-Vincent de Paul et des conférences de Notre-Dame.

Avant 1830, il ne manquait pas, à Paris, de sociétés charitables ; 1830 les avait détruites et avait pour devise : Enrichissez-vous. S'enrichir, c'est un beau sort ; mais si les uns s'enrichissent, par une sorte de fatalité, d'autres s'appauvrissent dans la même proportion. Alors la société ne compte pas seulement des pauvres, comme elle en aura toujours, mais elle tombe en proie au paupérisme, mal plus profond, terrible surtout dans les capitales, où les pauvres demandent à vivre en travaillant où à mourir en combattant. En 1833, des jeunes gens qui prenaient leurs repas à la pension Bailly et se rencontraient à la *société des bonnes études*, se dirent entre eux qu'il ne suffisait pas d'avoir des conférences d'histoire, qu'il fallait fonder une *conférence de charité*. Ce mot fut une révélation. Huit de ces jeunes gens se réunirent à la pension Bailly et se promirent de tenir séance régulière. La séance s'ouvrait par une lecture dans l'*Imitation* et un chapitre de la vie de saint Vincent de Paul ; puis chacun parlait des pauvres rencontrés dans la semaine et du secours dont ils pouvaient avoir besoin ; ensuite les membres se partageaient des bons et terminaient la séance par une petite quête. La quête entre étudiants ne pouvait produire grand chose. Mais Bailly, le maître de pension, n'était pas seulement l'hôtelier de la société des bonnes études, il publiait encore la *Tribune sacrée* et bientôt l'*Univers*. Ce papa Bailly était un omnibus en chair et en os : tout à tous, pour les rattacher tous à Jésus-Christ, Bailly fit travailler ses jeunes gens pour la *Tribune* ; il ne payait pas leurs articles, mais à la quête, il laissait tomber ostensiblement cinq ou six pièces de cinq francs dans la bourse, les donnant comme fruit de la collaboration de quelques membres de la conférence au journal. Ces dons du Père Bailly furent la source d'un nouveau Pactole, qui allait devenir un grand fleuve et arroser la terre des pauvres gens.

Le dessein qu'avait fait naître cette conférence, c'était la réconciliation, par les œuvres de charité, de ceux qui n'ont pas avec ceux qui ont trop. Cette conférence en engendra une seconde, puis dix, puis cent, puis mille, puis cent mille. Aujourd'hui les conférences de Saint-Vincent de Paul existent dans les cinq parties du monde, jusque dans les îles de l'Océanie : en 1877, leur budget dépassait sept millions par an et depuis la fondation, en 1833, atteint 106 millions et plus. Sept millions par an donnés aux pauvres par les étudiants, ce n'est pas seulement, comme disait Lacordaire, la plus belle des vertus mise sous la meilleure des gardes ; c'est un grand appoint pour la solution du problème social, comme on dit très bien, depuis que la société est devenue un problème.

L'autre inspiration d'Ozanam qui est devenue une institution, ce sont les conférences de Notre-Dame. En 1832, Gerbet avait institué des conférences en faveur de la jeunesse chrétienne, pour servir de contre-poison aux doctrines rationalistes de l'Université. Gerbet, esprit profond, faisait cela à ravir, mais dans un petit cercle. Lacordaire, qui avait une grande voix et une âme de feu, était alors aumônier à Stanislas ; il fit aussi des conférences qui enivrèrent les étudiants et attirèrent l'attention de Paris. Lacordaire, dans la chapelle de Stanislas, c'était un lion en cage. Les étudiants, Ozanam, Lallier, Lamache, se dirent entre eux qu'il fallait porter l'aumônier à Notre-Dame. Une supplique fut adressée à l'archevêque, Louis de Quélen. Le prélat reçut les étudiants, causa avec eux et fut comme frappé d'un pressentiment, que quelque chose de grand allait naître. Comme marque de bonne volonté, il décida qu'il y aurait, chaque dimanche, dans la soirée, une conférence à Notre-Dame ; et chargea de ces sept conférences, les sept orateurs les plus en vue de la capitale. On se traînait alors dans la vieille ornière de Bourdaloue : exorde, division, trois points, péroraison. Bourdaloue était devenu Maury, puis Frayssinous ; le plus retentissant de ses successeurs, c'était Dupanloup, parole ardente, mais esprit fermé et plutôt rétrograde. Les sept oracles de l'éloquence parlèrent à Notre-Dame comme s'ils eussent parlé dans un chaudron sans écho. L'année suivante, les étudiants revinrent à la charge. Les sept avaient fait four ; ils réclamèrent Lacordaire. Lacordaire avait contre lui tous les oracles imbéciles, et, par ses témérités, autorisait leur opposition. L'archevêque l'eut agréé, mais il craignait. Enfin il se décida et, en 1835, Lacordaire montait dans la chaire de Notre-Dame.

Lacordaire était l'homme de Dieu, le Pindare surnaturel qui allait enchaîner la jeunesse par les chaînes d'or de l'éloquence et transformer la parole de l'Évangile, ou plutôt lui attribuer une nouvelle force. La suite est connue. Lacordaire et Ravignan alternèrent d'abord, sur un mode différent, se complétant l'un par l'autre. Aux conférences qui ne s'adressaient guère qu'à l'esprit, fut ajoutée la retraite de la semaine sainte et les Pâques à Notre-Dame. Ce sont des événements héroïques, et dont je ne parle pas sans émotion. L'esprit éclairé avait entraîné les cœurs. Les confessionnaux avaient revu des foules de pénitents. Quatre mille communiants s'étaient assis à la table sainte de Jésus-Christ. Le bourdon de Notre-Dame en avait averti la France et la France s'était retrouvée chrétienne aux ébranlements de la vieille cloche.

Depuis, cette même chaire a vu se succéder Plantier, Félix, Matignon, Roux, Monsabré, d'Hulst ; aujourd'hui c'est un Père Etourneau qui l'occupe ; je pense qu'il lui a poussé des ailes d'aigle. Mais aujourd'hui on est trop malin pour retrouver l'éloquence. Nous avons perdu la simplicité des belles âmes qui rendent un son naturel, profond, pénétrant jusqu'au sublime. Ou plutôt tout le monde est sublime et du sublime au ridicule, il n'y a qu'un pas, il n'y en a pas deux : *mediocribus esse poetis non licet,* disait Horace. On peut encore être médiocre sans permission ; mais prétentieux, c'est défendu et toujours puni.

Pour revenir à Ozanam, en 1836, il était reçu docteur en droit et, en 1838, docteur ès-lettres ; en 1840, il était reçu premier au premier concours d'aggrégation, ayant pour concurrents Egger et Berger. Docteur en droit, il s'était fait inscrire au barreau de Lyon et était devenu professeur de droit commercial. L'enseignement aurait pu lui convenir, mais la pratique du barreau lui révéla que si la justice est le dernier rempart des sociétés, son temple est entouré d'immondices ; ces immondices pénètrent dans les sacrés parvis, parfois même montent sur l'autel, et presque toujours empoisonnent les prêtres de la déesse Thémis. Docteur ès-lettres, Ozanam fut professeur de rhétorique à Stanislas ; agrégé, il fut appelé à la suppléance de Fauriel, puis titulaire de la chaire de littérature étrangère à la Sorbonne. Entre temps, il publiait ses études sur la doctrine de saint Simon, il donnait au public ses *deux chanceliers* d'Angleterre et collaborait à différentes revues. Manifestement c'était une vie de surmenage, une vie généreuse, noble, mais trop dépensière. La lame use le fourreau, dit un proverbe.

En 1848, Ozanam parut à l'*Ere nouvelle.* C'était une feuille religieuse qui venait se greffer sur la république et prêcher la concorde entre le christianisme et la démocratie. L'idée n'était pas fausse ; mais il y avait manière de s'y prendre : c'était de mûrir l'idée et de l'amener à l'application. Pour cela, il fallait des esprits sages. Or, au lieu d'un chef, à l'*Ere nouvelle,* il y en avait trois ; au lieu d'un programme, s'il n'y en avait qu'un, il y avait trois interprétations, et, pour comble, chacune de ces interprétations avait pour représentant, un irréductible. Les trois têtes de l'*Ere nouvelle,* c'étaient Lacordaire, Ozanam et Maret, un orateur, un professeur et un zéro boursouflé. L'orateur seul avait déjà goûté à l'encre du journalisme et s'en était grisé ; il ne pouvait plus essayer de ce capiteux breuvage ; il se retira bientôt par la crainte de se faire pincer dans les pièges à rats de la presse quotidienne. Ozanam, dont la plume militante n'avait pas encore essayé de la guerre de broussailles, s'élança avec plus de candeur, mais visa trop haut et ne tarda pas à s'aigrir. Maret, démocrate alors fervent, bientôt impérialiste à tous crins, ne se doutant de rien, essaya de faire contenance. Gallican pétrifié et fanatique, il pouvait se faire croire quelque chose tant qu'il gardait le silence, et se faire passer pour philosophe parce qu'il publiait des livres sous des titres philosophiques. Lorsqu'il fut mis en demeure de parler tous les jours, il fut clair qu'il n'avait rien à dire. L'*Ere nouvelle* n'eut rien de nouveau et ne fournit pas de date : c'est ce qu'on appelle, dans le conceptualisme d'Abailard, le *souffle d'un mot* ou un mot soufflé, synonyme littéraire d'une vessie qu'on aurait voulu faire prendre pour une lanterne.

Aux journées de juin, Ozanam, qui avait le don des grandes initiatives, devenu garde national, ne fut pas étranger à la résolution de Mgr Affre d'aller mourir sur les barricades.

Depuis lors, Ozanam, atteint de consomption aux reins, ne fut plus qu'un homme qui meurt chaque jour. Tantôt malade à garder le lit, tantôt en voyage, allant un peu partout, il mourut en 1853, à Marseille.

Les œuvres complètes d'Ozanam forment onze volumes. Dès 1829, âgé à peine de seize ans, Ozanam avait conçu la pensée d'un ouvrage qui devait avoir pour titre : « Démonstration de la vérité de la religion catholique par l'antiquité des croyances historiques, religieuses et morales. » Cette œuvre fut l'occupation et le but de sa vie. A dix-huit ans, il commençait à le poursuivre, ce but, vers lequel le professorat applaudi devait, vingt ans plus tard, faire le dernier pas. Déjà il méditait et commençait les études qui devaient aboutir à l'histoire de la civilisation aux temps barbares. La forme de son dessein a changé ; le dessein a toujours été le même : c'était de montrer la religion glorifiée par l'histoire.

Ozanam, mort à quarante ans, distrait d'ailleurs de ses travaux personnels par le professorat, n'a pu accomplir l'œuvre rêvée : il n'en a produit que des fragments. La partie antique, celle qui devait recueillir les traditions de tous les peuples pour rendre hommage à la divinité de la révélation, manque totalement, mais elle a été faite par d'autres, par Gainet en France, par Lucken en Allemagne et surtout par les 96 volumes des *Annales* de Bonnetty. De la partie moderne, du monument conçu par Ozanam, nous ne possédons que les commencements et la fin, les leçons sur la civilisation au vᵉ siècle, les études germaniques, les recherches sur les écoles franciscaines de l'Italie et les études sur la *Divine comédie* du Dante. Le surplus de ses œuvres, lettres, discours, fragments, ce ne sont que des hors-d'œuvre ou des ébauches, esquisses où l'on reconnaît le ferme esprit de l'architecte, mais où l'on ne peut plus admirer son ouvrage.

Au vᵉ siècle, il semble que tout va finir. L'historien trouve deux civilisations en présence : l'une païenne, l'autre chrétienne, chacune avec ses destinées, ses lois, sa littérature. D'un côté le paganisme survit dans les esprits, les mœurs et les institutions. Personne ne croit plus aux dieux, mais on aime trop leurs exemples pour renoncer à leur culte. Les luttes de l'amphithéâtre, les jeux, les fêtes sont au service de toutes les concupiscences. La littérature, la poésie, l'éloquence flattent les goûts des idoles vieillies. Que va faire le christianisme de ce vieux monde ? Le professeur nous l'apprend. Dans une suite de tableaux, il nous montre le *droit chrétien* qui transforme la société romaine, au lieu de la détruire ; la *théologie* qui redresse, par ses dogmes, les mille erreurs du paganisme ; la *philosophie*, qui revient à Platon par saint Augustin ; la *papauté*, qui, d'un mot, arrête les invasions ; le *monachisme*, qui prépare, aux races nouvelles, les éléments de toute civilisation ; les *mœurs chrétiennes*, qui relèvent l'esclave, l'indigent, l'ouvrier et la femme ; l'*éloquence*, l'*histoire*, la *poésie*, l'*art*, qui jettent des fleurs sur ce monde nouveau. La civilisation matérielle se transforme ; la civilisation intellectuelle, morale et sociale s'illumine des lumières de l'Evangile, se pénètre de la grâce de Jésus-Christ et pose pour mille ans et plus, les bases de la chrétienté.

A la suite de ces leçons, il y a un essai sur les écoles en Italie aux temps barbares. Il y a notamment, dans cet essai, un exposé curieux de la franc-maçonnerie littéraire de ces grammairiens qui, pendant les siècles barbares, inventèrent, comme un langage cabalistique pour leur usage secret, onze sortes de latin, outre le véritable.

Les *Études germaniques* sont une exploration savante à travers les ombres d'une histoire perdue, un merveilleux effort d'érudition pour retrouver les lois, les croyances, les mœurs, le génie des Germains, à travers les débris qui nous restent de leur langue et de leur littérature, presque toujours à la lueur de quelques textes de la *Germanie* de Tacite. Après avoir dépeint la barbarie de ces races, dans sa sauvage grandeur, arrive l'époque où les armées romaines franchissent le sanctuaire inviolable des forêts germaines. Rome met la main de ses légions sur les terres conquises, la main de ses proconsuls sur les populations. Par ses lois, elle discipline les vaincus ; par ses ingénieurs, elle traverse de routes militaires ce sol rebelle ; le hérisse çà et là de camps retranchés qui deviendront des villes. Trois cents ans de guerre labourent la Germanie, mais Rome n'a rien à y semer.

Au christianisme de jeter le bon grain et de préparer des moissons. Les générations d'apôtres se succèdent, défrichant les terres ingrates, trop souvent bouleversées. Après les Francs de Clovis accourent les colonies irlandaises, conduites par saint Colomban ; puis saint Boniface amène ses Anglo-Saxons et évangélise le centre de l'Allemagne. Charlemagne enfin oppose, aux dernières invasions, sa forte épée. Plus ambitieux que l'empire romain, le christianisme finit par s'assujettir, non seulement les territoires, mais les intelligences et les volontés. A mesure qu'il s'avance, il jette, au milieu de ces solitudes, comme autant de places fortes pour protéger ses conquêtes, des monastères et des écoles, où les sauvages enfants des forêts viendront s'instruire et se civiliser.

Après avoir montré comment les écoles perpétuent l'œuvre des missions, l'auteur répond à ces Teutons du XIXᵉ siècle, qui se lamentent sur le sort causé, par la mansuétude catholique, à leurs farouches ancêtres. Qu'ils se rassurent ! Leur barbarie n'est pas si effacée qu'ils le supposent. Leur empereur n'est pas si fou qu'on le dit, ni si méchant qu'on le croit ; il se tient seulement dans la logique des situations que Luther a faites et les pousse à leurs dernières conséquences. Leurs conséquences, ce ne sont pas seulement les hordes germaines, envahissant les Gaules, sans avoir à leur offrir, ni une idée, ni une vertu ; couronnant leurs exploits militaires par des assassinats de francs-tireurs et des vols de pendules. Leurs conséquences, c'est le monde armé jusqu'aux dents, consacrant les fruits de son travail à l'extermination du genre humain ; c'est l'empereur teuton voulant s'asservir le monde, non pas pour restaurer Ninive ou Babylone à Berlin, mais pour ressusciter les autels sanglants de Thor et d'Odin. Et si vous vous récriez, blonds enfants de la Germanie, je vous prie de prendre la statistique de vos armées, matériel et personnel, et de me dire si jamais vos dieux scélérats ont bu seulement le quart du sang que veut répandre votre artillerie perfectionnée pour faucher les générations. Au xixᵉ siècle, l'abomination et la désolation germaines sont pires qu'au temps de Varus et aux amoncellements de têtes au Teutberg.

Le *Dante et la philosophie catholique du XIIIᵉ siècle* a pour objet de justifier cette sentence poétique : *Theologus Dantes nullius dogmatis expere*. Dante avait voulu populariser, sous une forme symbolique, les deux Sommes de saint Thomas d'Aquin. C'est cette philosophie qu'il s'agissait de démêler, à travers les épisodes de ce poème, immense comme les trois mondes qu'il embrasse. Ozanam le fit avec une rare sagacité. Dans l'enfer, il vit une théorie complète du mal à tous ses degrés, considéré tour à tour comme cause et comme effet, comme crime et comme châtiment. Dans le Purgatoire, il vit la lutte du bien et du mal et le retour graduel de l'homme déchu vers les rayons de la lumière et de l'amour. Dans le Paradis enfin, le bien règne sans mélange et l'homme se rapproche de la divinité, sans pouvoir jamais avec elle se confondre.

Restait à faire voir les rapports du poète avec les philosophes, ses maîtres, ses rivaux et ses disciples. Dante continuait à la fois Platon, dans ses nobles élans vers l'infini, et Aristote dont il adopte la méthode et les classifications ; il réunit dans sa personne le dogmatisme de saint Thomas, le mysticisme de saint Bonaventure, la science naturelle d'Albert le Grand ; enfin, par l'indépendance et la sagesse de ses vues, il devance et prépare à la fois Bacon et Descartes dans ce qu'ils ont de pratique et Leibnitz dans ses conceptions de l'universalité.

Les recherches sur les poètes franciscains n'avaient paru d'abord qu'un tour de force d'érudition et n'avaient pas trouvé place dans les œuvres complètes d'Ozanam. On y revient aujourd'hui pour en admirer la science et en continuer les recherches.

C'est là tout ce qu'Ozanam a laissé d'accompli. On a trouvé, dans ses papiers, d'innombrables notes sur l'Italie, l'Espagne, l'Angleterre. Ozanam en avait pour dix ans de professorat. Chants dans les nuages et rossignol au tombeau.

Ozanam, mort en 1853, resta étranger au complot catholique libéral, qui ne sourdit que l'année suivante. Par ses amitiés et ses antécédents il eût pu en faire partie ; par ses tendances légèrement naturalistes, par ses illusions de laïque et par sa susceptibilité de publiciste un peu rageur, il eût pu y entrer. Sa foi et ses vertus ne permettent pas de croire qu'il eût pu y courir un péril. A l'écart des luttes contemporaines, comme professeur de l'Université, s'il n'entra pas dans la croisade pour la liberté d'enseignement, il est plus que probable qu'il se fût refusé à une conspiration qui nous préparait une hérésie en France et qui ne vit, dans le pontificat de Pie IX, qu'une *crise* de la mère Eglise.

En décernant à Ozanam une juste louange, nous ne voulons pas oublier qu'il avait grandi en quelque sorte sous l'aile du grand Ampère et qu'il avait été formé par l'abbé Noirot, le premier professeur de philosophie de France, disait Cousin. Mathias Noirot était un prêtre du diocèse de Langres ; il était entré dans l'Université dès le temps de Frayssinous et était devenu professeur au collège de Lyon. C'était un Socrate chrétien ; il excellait à discerner les talents et à les développer. C'était surtout un ami de la jeunesse qu'il voulut diriger et encourager jusqu'à son dernier soupir. Devenu inspecteur général de l'Université, il faisait encore d'actives démarches pour amener un prêtre de son diocèse à la chaire d'histoire ecclésiastique en Sorbonne. Nous voulons le remercier des espérances qu'il avait conçues et du zèle qu'il mit à leur service ; nous n'avons pas à excuser la trop facile modestie qui s'exempta de leur justification, trouvant plus juste de servir Dieu par la science, mais dans l'humilité.

L'homme peut-être le plus merveilleux de l'histoire ecclésiastique dans tous les siècles, c'est Louis Veuillot, non pas que d'autres ne l'aient point éclipsé par l'autorité, par le génie et par l'éclat des œuvres ; mais ces autres avaient été formés, par l'éducation, à l'œuvre qu'ils devaient accomplir. Lui, au contraire, n'est qu'un gamin de Paris, converti à vingt-cinq ans, qui, par rectitude et ardeur de foi, a su tout tirer de lui-même et ne produire que de son propre fonds. — C'est notre joie, en écrivant ces volumes, de parler souvent d'hommes que nous avons connus ; qui nous ont honoré de leur estime et de leur amitié : nous en parlons avec l'accent du cœur. Après Parisis et Gousset, Veuillot est l'homme à qui nous devons le plus ; et lui, le grand enfant, il daignait nous consulter et nous appelait un maître. C'est le seul dissentiment que nous eussions pu avoir avec cet excellent homme, aussi grand par le cœur que par l'esprit.

Un tonnelier bourguignon, faisant son tour de France, rencontrait, à Boynes, Loiret, dans une fenêtre encadrée de chèvrefeuille, un visage qui lui fit tourner la tête. On se maria et Louis Veuillot naquit en 1813. En 1817, il fut amené à Bercy ; la famille s'augmenta d'un fils et de deux filles. L'aîné put mener à son aise les campagnes de gamin de Paris. Dès qu'on put s'en débarrasser, il fut envoyé à la mutuelle où il apprit, sans trop d'efforts, ce qu'on lui enseignait et d'autres choses qu'on n'eût pas dû lui enseigner. Au sortir de l'école, pour qu'il pût gagner quelques sous, le voilà clerc dans une étude d'avoué, dont les saute-ruisseaux se piquaient de littérature. Par aventure, le gamin avait du talent, du goût, une grande gaîté d'esprit et un profond désir de s'instruire. En grossoyant, il se prit à écrire. Tant et si bien qu'à dix-sept ans, on le jugea assez frotté de littérature française pour l'envoyer comme journaliste en province et bientôt le rappeler à Paris. En suivant cette voie, il pouvait devenir sous-préfet, préfet, conseiller d'Etat, député, sénateur, ministre, tout ce que peut être un homme parti de rien, qui se contente d'arriver à pas grand chose. Dieu, par là, se contentait de le présenter dans les antichambres d'un monde dont le gamin saurait bientôt s'interdire les avenues.

En 1838, Louis Veuillot, conduit à Rome par des amis, se convertit ; visite la Suisse dont il décrit les pèlerinages ; en 1841, va en Algérie, comme secrétaire de Bugeaud ; et en 1843, devient rédacteur principal, sinon en chef, de l'*Univers*. Dès lors, Veuillot est le publiciste qui sert l'Eglise ; qui ne sert que l'Eglise et le Pape ; qui juge, au nom de l'orthodoxie, les hommes et les choses ; et qui, par son journal, puis par ses livres, devient une des puissances de la vérité catholique.

Ce n'est pas, comme on a tant affecté de l'écrire, que Veuillot prétende se mettre à la place de personne, surtout à la place du pape et des évêques. Au début, c'est encore un jeune homme, qui vit en famille, qui va de grand matin à la messe. Après avoir cassé une croûte et tordu le cou à un verre de vin, il se met au travail. Sa vie est réglée comme un papier de musique. A telle heure, il est à son bureau ; à telle heure, il est au journal ; dans les moments libres, il se donne aux livres et aux amis. L'*Univers*, pour lui, c'est le journal au service de l'Eglise, sans attache à aucun parti, sans sujétion à aucun système, sans souci d'intérêt personnel ; c'est le journal aux écoutes du Saint-Siège, qui ne vise qu'à faire prévaloir, dans le monde, l'Evangile de Jesus-Christ.

C'est l'article qui a fait Veuillot ; auparavant, Veuillot avait fait l'article. Je serais fou si je prétendais qu'un article est une mise en demeure de l'esprit, et, si bref soit-il, un carton assez vaste pour les aspirations à la gloire. Ecrire un article est tout ce qu'il y a de plus vulgaire ; c'est si peu que rien ; en composer dix mille sur le même sujet, ou plutôt dans le même plan, ce n'est pas la même chose. Beaucoup s'y sont essayé qui n'ont pas réussi. Veuillot n'a fait que cela toute sa vie ; et ses livres ne sont, comme ses articles, que des appartenances de son journal. Mais dans cet article, grand comme le creux de la main, parfois réduit aux proportions d'une carte de visite, il a su mettre tant d'esprit qu'il en a fait une force, j'allais dire une catapulte.

Chaque matin, il arrive à son bureau. Sur son bureau s'entassent les feuilles du jour ; parfois on lui a marqué, d'un coup de crayon, les articles qu'il doit réfuter. De son côté, il a médité dans la prière, peut-être porté dans son cœur, à la table sainte, un sujet d'article. Parfois le sujet le prend, comme qui dirait au collet. Sur son buvard, il a du papier ; à côté, plumes et encre, les bonnes grosses plumes d'oie, qu'il aimait tant. D'un coup d'œil, il a mesuré son sujet ; les idées affluent, mais son regard calme les soumet au contrôle. Le voilà tête penchée, plume au vent de l'inspiration. L'article se tire sans que la plume crache, ni se permette une rature, et ainsi jusqu'au bout. Le journaliste n'a eu qu'un instant ; il a eu à peine le temps de réfléchir. C'est fait ; un garçon de bureau porte l'article au journal ; l'auteur le relira en corrigeant les épreuves d'imprimerie.

Pour corriger les épreuves, on va aux bureaux du journal. Là se rencontrent les collaborateurs et les visiteurs venus un peu de partout, pour apporter ou emporter des nouvelles. On cause, on vérifie les informations. A l'inverse du conseil de Boileau, Veuillot effaçait peu, mais ajoutait souvent, parfois sans avoir le temps d'opérer des ratures. L'article n'a, du reste, pour réussir, aucun besoin d'élégance. L'essentiel est que l'article dise ce qu'il veut dire, sans le moindre souci de littérature, sans autre préoccupation que de toucher au but et d'enlever le morceau. Jeune prêtre, nous demandions à Veuillot quelques conseils sur ce pugilat de la presse, sur ce service du journal qu'il comparait à une machine de guerre. Sans rien dire, il cracha dans ses deux mains, ferma ses deux poings et fit semblant de foncer sur la chiennaille. C'est cela, nous dit-il en souriant, et rien de plus et rien autre.

L'article paraît immédiatement dans le journal. Qu'y trouvez-vous ? Deux choses presque contradictoires, mais, par leur union, d'un suprême attrait. D'abord l'article est correct, clair, court ; il n'y manque rien, mais il n'y a pas un mot de trop ; la pensée qui l'inspire, l'enfante par son propre rayonnement. Et en même temps qu'il a cette perfection classique, l'article a son relief de style, son humour, sa fantaisie, sa gaieté, sa profondeur ; il est philosophique, historique, moral, sérieux toujours et en même temps comique. D'un mot vous avez tout compris ; et d'un sourire vous avez tout accepté. L'article a pris possession de votre âme.

Mais enfin que dit-il donc, ce fameux article ? Tout ce qui se peut dire sur le fait du jour, sur l'acte législatif ou gouvernemental du jour, sur l'homme du jour, député ou ministre. L'actualité variable de chaque jour est son objet nécessaire ; l'article fournit le cadre ; le journaliste le remplit et le remplit de telle sorte, que vous, lecteur, vous recevez, au jour le jour, le jugement à peu près définitif de l'histoire.

Mais encore, quel peut bien être l'objet variable, mais concordant, de cet article? Vous me demandez la nomenclature des actualités pendant quarante ans de journalisme : cette question ne comporte pas de réponse directe ; mais seulement une indication synthétique et compréhensive de l'ensemble. Veuillot est le journaliste de la sainte Eglise ; il professe la religion catholique, apostolique, romaine ; il la professe dans son intégrité absolue, sans addition, sans diminution, sans adultération, sans mélange, préjugé, parti, système d'aucune sorte. Au nom de cette orthodoxie, il doit caractériser les événements, comme juge en première instance, non pas à l'exemple du curé pour en prêcher le dimanche, mais en journaliste obligé de parler tous les jours, à l'improviste. Un esprit pondéré et calme perdrait son temps pour peser le pour et le contre, poser les distinctions nécessaires et tirer à loisir ses conclusions. Le journaliste n'a pas ce loisir ; il n'a qu'une minute pour voir, dire et juger, et bien juger ; autrement il a manqué son coup.

Or, Louis Veuillot, très fort de musculature, est très susceptible d'esprit et d'épiderme. Au fond il est en paix avec lui-même ; en fait, intransigeant comme il est, il ne peut rien souffrir de ce qui déroge à l'orthodoxie. Le fait singulier qui le frappe, l'excite, l'irrite ou l'indigne. Bride abattue, il court à l'adversaire, l'empoigne, le tarabuste, le gifle, l'assomme comme un enfant qui défend sa mère outragée. Ne lui demandez pas de calme, de modération, de belles manières. De sang-froid, c'est le plus doux, le plus aimant des hommes ; sur le champ de bataille, et il y resta quarante ans, il ne veut rien entendre ; il frappe comme un sourd. Malheur à qui tombe dans ses mains !

Ces actes de défense sont là ces *fameuses violences* de *l'Univers*. A entendre les adversaires, la France, le monde se fussent convertis si Veuillot, bâtonniste devant l'arche, n'avait pas empêché les Philistins et les Amalécites d'en approcher. La vérité est que ces violences sont des actes de défense contre des adversaires sans foi, ni bonne foi ; que ce sont des articles, relativement calmes, et qui n'ont d'autres défauts que d'être trop réussis. Ont-ils converti beaucoup de gens ? Ce n'était pas leur but ; ils avaient plutôt pour but de défendre la foi, l'ordre moral et l'ordre social : personne ne peut leur contester ce succès. Je me persuade que, plus d'une fois, l'adversaire de bonne foi, sous les coups de cette vaillante épée, a dû se prescrire d'utiles réflexions. C'est le secret de Dieu. Mais combien Dupanloup, lui, avec ses belles manières et sa salésienne douceur, a-t-il converti de ces grands adversaires de l'Eglise, dont il était l'ami, qu'il accablait de compliments, qu'il comblait de grâces ? Aucun. Tous sont restés ce qu'ils voulaient être, des hypocrites ennemis, des tueurs d'âmes vêtus de peaux de mouton. S'il n'a pas converti ceux du dehors, Dupanloup a perverti ceux du dedans. A eux deux Falloux, aussi pervers l'un que l'autre, ils ont poussé aux extrémités le faible esprit de Montalembert ; à l'apostasie, le Père Hyacinthe ; aux scandales, Maret et Gratry. Et si tout ce monde a voulu exterminer Veuillot, briser sa plume, supprimer son journal, c'est parce que le journal défendait Rome et Pie IX ; c'est parce que la plume était intransigeante ; c'est parce que Veuillot était le confesseur de la vraie foi. La plaisanterie sur les coucous et sur les queues de singe, ce n'est vraiment pas là, pour des hommes sérieux, un motif d'exaspération pendant quarante ans.

Dans sa longue lutte, Veuillot, entré dans la lice vers 1840, avait, comme champ d'observation, les trois derniers siècles de notre histoire ; il a eu, comme objet d'action, le règne de Louis-Philippe, tombé en corruption ; la seconde république avec les orgues de Lamartine et les blasphèmes de Proudhon ; le second empire, avec sa longue conspiration contre Rome et contre la France ; la troisième république, avec cette commune qui en est, à la fois, le symbole, le principe et le dernier résultat de ses desseins. Sous ces quatre gouvernements, Veuillot, sans être l'ennemi d'aucun gouvernement, était l'adversaire de chaque gouvernement dans ses refus de justice et dans ses attentats contre l'Eglise ; sans être l'ennemi d'aucun ministre, était l'adversaire de tout ministre infidèle au concert légal entre l'Eglise et l'Etat ; sans être l'ennemi de la science, ni de l'Académie, ni de l'Université, était l'adversaire de tout savant d'Université ou d'Académie, qui entrait, pour la ravager, dans la vigne du Seigneur ; sans être à aucun prix l'adversaire de la démocratie, lui qui donnait aux pauvres jusqu'à sa chemise, l'ennemi de tous ces farceurs, anarchistes ou socialistes, qui se faisaient des rentes, en leurrant Jacques Bonhomme. Sans être, ni prince, ni noble, ni bourgeois, mais le simple fils d'un très petit tonnelier, Veuillot fut le défenseur de l'Eglise contre tous ses ennemis, et le défenseur de toutes les puissances sociales, parce qu'il défendait l'Eglise.

Dans ce vaste champ d'opération, Veuillot n'a pu mener aucune étude suivie. Le décousu est la fatalité du journalisme ; il crée des habitudes d'esprit, des nécessités de travail. D'ailleurs Veuillot n'avait pas d'études ; il a jamais eu les loisirs nécessaires pour combiner un plan et composer un livre. Quand il fut marié et que les enfants vinrent, il fallut écrire des livres pour ajouter à son médiocre traitement de journaliste et sustenter les petits poussins. A l'origine, pour dépenser ses premières flammes, il avait écrit *Agnès de Lauvens*, les *Pèlerinages de Suisse*, *Pierre Saintive*, les *Français en Algérie* ; plus tard, il écrivit *Les libres-penseurs*, *Le lendemain de la Victoire*, *Le droit du Seigneur*, *La guerre et l'homme de guerre*, *Les odeurs de Paris*, *Le Parfum de Rome*, *Rome pendant le Concile*, *Paris pendant les deux sièges*, *La Vie de Jésus-Christ*, *Etudes* sur *saint Vincent de Paul, Ça et là*. Mais tout ce bagage d'écrivain, si volumineux soit-il, ce sont encore des articles, non des livres. C'est superbement écrit, très français, très original, alternativement profond et gai ; ce n'est pas l'ouvrage comme nous le concevons avec son but impérieux à atteindre par des péripéties prévues, et, sauf les écarts, toujours permis dans une discussion, sur un plan dont il faut subir les exigences.

Quand je dis que Veuillot n'avait pas d'études, il faut entendre pas d'études élémentaires, pas de cette discipline scolaire qui règle nos facultés et leur impose la cotte de maille des règlements classiques. Veuillot resta toute sa vie ce que Dieu l'avait fait et ce qu'il ajoutait lui-même à l'œuvre de Dieu. Son écolage primaire n'allait pas loin ; s'il se trouve dans la presse dès la dix-septième année, c'est que Dieu l'avait créé et mis au monde pour ce travail. Quand, plus tard, on lui dit qu'il fallait, à l'étude du français joindre l'étude du latin, du grec, de l'histoire, de la philosophie, de la théologie, du droit, des arts et des sciences, il en comprit la nécessité ; il voulut bien se permettre les essais et les efforts ; il fut aidé puissamment par de bons et intelligents amis. Mais, je vous le demande, est-ce à vingt-cinq ans qu'on entreprend des études, quelles qu'elles puissent être, à moins qu'elles ne soient la continuation d'études précédentes ?

Autrement, quand Veuillot voulait publier un volume, il n'avait pas la témérité de s'engager légèrement. Non seulement il consultait et étudiait la bibliographie de son sujet ; il approfondissait le sujet lui-même, selon les inspirations de son bon sens ; puis il écrivait et très vite. Ce qu'il empruntait aux autres était peu de chose ; la trame de son discours était faite de lui-même. C'est par là que ses livres possèdent tous le don des dons, la vie. Quand vous êtes en peine de lecture, pour vous distraire, en présence des rayons de bibliothèque, l'ouvrage que vos mains recherchent de préférence est de Veuillot. Veuillot repose et distrait toujours ; il ne se contente pas d'amuser, il instruit et vous met toujours en passe de bonne résolution. C'est bien quelque chose.

Quand je dis que Veuillot n'a pas fait de livre, il faut excepter sa *Vie de Notre-Seigneur Jésus-Christ*. Ce n'est pas un traité savant, comme en ont fait tant de théologiens, d'historiens et d'amateurs ou de savants. C'est un livre pour lequel Veuillot possédait deux facteurs de première excellence : le texte des Evangiles et sa propre inspiration qui était très élevée. Veuillot a composé, sans le savoir, un ouvrage unique en son genre, pas du tout tiré au cordeau comme les livres de savants en *us*, mais formant comme un cinquième Evangile approprié à notre temps. Veuillot ne dit pas un mot des saligauds à qui il répond ; mais il oppose à toutes les divagations des érudits, à toutes les conceptions des philosophes, à toutes les imaginations des poètes, le Christ, fils du Dieu vivant, celui qui a les paroles de la vie éternelle, celui que Veuillot connaît par la sainte communion. Ce Jésus-Christ n'est pas comme ces Christ sculptés ou peints par des artistes du métier ; c'est le grand Christ de l'Evangile, de la tradition et de l'Eglise, peint et sculpté par un homme de génie ; sa plume, pour produire ce chef-d'œuvre, n'a eu qu'à servir d'écho à son cœur et à son esprit.

Le livre de Veuillot, c'est l'*Univers* ; c'est le journal dont il a été chef pendant quarante ans ; c'est la feuille où Léon Aubineau a écrit dix volumes de saints personnages contemporains ; c'est la feuille où Gondon a déposé les prémices de ses études sur l'Angleterre catholique ; c'est la feuille où Coquille a distribué ses profondes études en faveur de la coutume et contre le césarisme ; c'est la feuille où Louis Rupert esquissait ses travaux sur la propriété et le pouvoir des hautes classes ; c'est la feuille où débutèrent Auguste Roussel, Arthur Loth et la brave compagnie qui publie aujourd'hui la *Vérité* ; c'est la feuille qui donnait les conférences de Lacordaire et les discours de Montalembert ; c'est la feuille où écrivirent tous les catholiques de marque, Gaume, Gerbet, Maynard, Rohrbacher, Combalot, Martinet, Jules Morel et cent autres catholiques de haute lice, qui avaient tous bec et ongles contre l'ennemi de la sainte Eglise.

Tous les numéros de l'*Univers* portent plus ou moins la marque de Veuillot ; ce qui l'y représente le mieux ce sont les vingt-quatre volumes de mélanges dont on a publié les trois quarts et les sept volumes de correspondance publiés, avec autant de volumes inédits. C'est là le vrai Veuillot, le Veuillot du combat ; le Veuillot qui ne fait grâce à personne ; le Veuillot qui se prend à tous les ennemis de la vérité, à tous les adversaires de l'Eglise ; le terrible Veuillot dont la plume valut à l'Eglise, mieux qu'une armée, une série de croisades pour la délivrance de la cité sainte.

Un homme d'esprit, pour louer Veuillot, a dit qu'il avait toujours été d'accord avec l'orthodoxie et avec la grammaire. Sans doute, il était d'accord avec l'orthodoxie ; c'était un croyant d'une simplicité d'enfant, un chrétien de l'ancienne roche. Il faut ajouter que son accord avec l'orthodoxie le mit en désaccord complet avec ceux qui ne croyaient pas, qui croyaient peu ou qui croyaient mal. Dans le passé, il a balafré la figure de tous les impies célèbres ; dans le présent, il a tapé ferme sur toutes les écoles d'hétérodoxie. Guizot, Cousin, Villemain, Béranger, Michelet, Quinet, Lamartine, Hugo, Favre et tant d'autres sont passés par ses mains et n'en sont pas sortis culottes nettes. Sur Berryer, Lacordaire, Montalembert, Dupanloup, Falloux, il s'est permis de fortes réserves et, en somme, il avait raison contre eux. Mais combien d'humbles serviteurs de la vérité ont connu son maître esprit et ont reçu, de son cœur, un appui vigoureux. Dans l'Eglise on a fini par le reconnaître et le consacrer comme un apologiste de la sainte Eglise.

Sur la grammaire, Veuillot passe pour irréprochable. Pour être parfait, il lui manque quelque chose qui ne se distingue pas très bien, mais peu de chose, et s'il n'est pas un classique du XVIIe siècle il est certainement un classique du nôtre. Peu d'hommes ont autant écrit et aussi bien ; aucun n'a écrit mieux. Ce qui manque à ses œuvres avait manqué à son éducation première. C'est merveille qu'un gamin de Paris, converti à vingt-cinq ans, ait pu s'élever de lui-même, par ses propres forces et ses propres mérites, à une telle hauteur.

Les événements de sa vie sont sans importance. Marié, puis veuf, père de cinq enfants dont trois moururent jeunes, décoré d'un mois de prison sous Louis-Philippe, proscrit par Napoléon III, suspendu par le duc de Broglie, poursuivi pendant toute sa vie des animadversions de Dupanloup, Falloux et Cie, mais toujours protégé, voire assisté par Pie IX, toujours environné des sympathies du clergé et des fidèles qui pouvaient le connaître, ramolli sur la fin de sa vie, mort au commencement du pontificat de Léon XIII, Veuillot a son image dans la basilique du Sacré-Cœur de Montmartre et dans le cœur de tous les fidèles enfants de la sainte Eglise.

S'il s'agissait d'apprécier ses mérites, on devrait le comparer à Tertullien, à Labruyère et à beaucoup d'autres ; il s'élève au-dessus de toute comparaison. Louis Veuillot est un des princes de la littérature française au XIXe siècle ; et son image est à genoux devant l'autel de Benoît Labre : *Semper vivens ad interpellandum pro nobis*. Lui-même avait écrit son épitaphe : *J'ai cru, je vois*.

Un *Alter ego* de Gerbet, de Salinis et de Veuillot, fut Augustin Bonnetty, né à Entrevaux, dans les Basses-Alpes, en 1798. Bonnetty était destiné au sacerdoce ; empêché de suivre sa vocation et résolu au célibat, il vint à Paris, où il se prit à suivre les cours de hautes sciences, surtout les cours de philologie et d'antiquités religieuses. C'était l'heure où le système de Lamennais sur le sens commun des peuples, avait rendu nécessaire l'étude de leur tradition. Les circonstances, du reste, favorisaient singulièrement cette étude. Champollion découvrait le secret des hyéroglyphes égyptiens ; d'autres, par des fouilles étendues, pénétraient les secrets de Ninive et de Babylone ; d'autres étudiaient les livres sacrés de la Perse, de l'Inde et de la Chine. Bonnetty se jeta, à corps perdu, dans toutes ces études. Bientôt, par le fait, il devenait non-seulement l'élève, mais l'ami de tous les grands maîtres de la science et un maître lui-même. C'est à ce double titre que Dieu voulut s'en servir.

Dieu avait donné, à Bonnetty, une grâce très particulière ; il lui avait inspiré l'art de faire une revue et l'art, plus rare encore, de la faire réussir. Un mois avant la révolution de 1830, Bonnetty lançait le prospectus d'un recueil intitulé : *Annales de philosophie*, où il voulait faire connaître tout ce que les sciences humaines renfermaient de preuves et de découvertes en faveur du Christianisme. La révolution de 1830, comme c'est coutume, mit toutes les têtes à l'envers ; Bonnetty eut dû craindre un échec. Des abonnés lui vinrent en nombre suffisant pour paraître et il pourra seul, sans le secours de personne, poursuivre cette publication jusqu'au 96e volume. « Sa longue durée, dit-il lui-même, est une preuve de l'utilité des travaux qu'elle renferme. Il faut observer, en effet, que ce ne sont pas seulement des *jugements* portés, comme dans la plupart des revues, sur les auteurs à consulter ; ce sont les *textes mêmes* des auteurs chrétiens ou païens, constituant la tradition générale de l'Eglise et de l'humanité, publiés d'après les meilleures éditions et avec une exactitude complète. Il n'a rien paru sur les découvertes faites en Egypte, en Assyrie, dans l'Inde, dans la Chine, qui touche aux croyances bibliques, qui ne s'y trouve par la plume même des inventeurs et investigateurs, les Rougé, les Saulcy, les Oppert, les Lenormand, etc. Toutes les questions philosophiques et religieuses, les nombreuses polémiques de l'époque y sont exposées d'après le sens orthodoxe ; et les pontifes romains, en décorant l'auteur de leurs ordres, ont voulu récompenser son zèle et son orthodoxie. C'est un recueil où viennent puiser, on peut le dire, tous les apologistes catholiques. Il tient lieu d'une bibliothèque scientifique entière. »

Quelques années après avoir lancé les *Annales de philosophie chrétienne*, Bonnetty fondait, avec le concours de Salinis, Gerbet et Montalembert, l'*Université catholique*, recueil religieux, philosophique, scientifique et littéraire. Le titre de cette seconde revue en indique la pensée génératrice. En France, l'enseignement public n'est pas libre ; les anciennes *Universités*, institutions de l'Eglise et création des Papes, ont toutes été détruites depuis longtemps. Il n'en reste plus, en France, que l'Université d'Etat, création de Napoléon Ier, espèce d'église et de clergé laïques, organe d'une religion sans Christ et sans prêtres. Sous l'Empire, elle servait le despotisme ; sous la Restauration, elle servait le libéralisme ; sous Louis-Philippe, elle se traîne à la remorque de Cousin et de son école éclectique. Sous tous les régimes, l'Université est le foyer du naturalisme social et du rationalisme philosophique ; par son monopole, comme l'enseigne Gerbet, elle est l'école du socialisme et pratique l'empoisonnement de l'ordre social, en d'autres termes, la ruine de la France, en tant que Fille aînée de l'Eglise, et même sa ruine en tout état de cause ; car si la France n'est pas catholique, elle n'a pas de raison d'être en histoire. En attendant la conquête de la liberté d'enseignement, Bonnetty avait, par une inspiration très haute, fondé une Université à lui seul ; il recrute, dans l'élite des intelligences, des professeurs ; il donne des cours suivis sur toutes les branches des connaissances humaines, tant et si bien qu'au terme de son œuvre forte de 40 volumes in-8°, il a constitué le haut enseignement catholique. « La création récente des *Universités catholiques*, dit-il, donne une importance très grande et très actuelle à cette collection, où sont traitées, en forme de leçons, toutes les questions qui doivent être exposées dans une Université catholique. Les nouveaux professeurs et les nouveaux élèves y trouveront les éléments de ce que les uns doivent enseigner et les autres apprendre. »

L'idée est juste et grande, avons-nous dit. Bonnetty veut prendre la liberté du haut enseignement, avant d'en effectuer la revendication. La liberté qu'il prend, c'est le haut enseignement, déjà établi en principe, fondé par le fait d'une revue ; il a ses professeurs, ses cours, sur le papier. Les établissements matériels ne sont pas encore sortis de terre ; les plans ne sont même pas dressés ; mais l'œuvre intellectuelle se dessine, se prépare, commence à produire les premiers efforts d'une grande voix. Peut-être toutes les voix qui se font entendre ne sont pas également fortes ; il y a même qui balbutient, qui tâtonnent. Je n'ai garde de l'oublier ; j'honore tout de même l'initiative ; et j'ai appris de Thiers que, pour apprendre à bien faire, il n'est tel que de courir à ses risques et périls. Nos docteurs ne sont pas encore de première force ; patience, ils sauront, sous la loi du travail et par l'exception du talent, s'élever plus haut et atteindre bientôt les sommets de la science.

Ce que j'honore surtout là dedans, c'est cette entreprise de haute science, pour les catholiques en général, et, en particulier, pour les prêtres. Les impies se croient volontiers savants ; ils croient même l'être seuls ; et, en se rengorgeant, traitent leurs adversaires de sots. La science n'est le monopole de personne. Personne ne naît savant ; pour l'être, il faut le devenir et l'on ne le devient que par des principes sûrs, des pratiques sages et le *labor improbus* qui triomphe de tous les obstacles. Les catholiques ont tout cela à leur service, et, de plus, une certaine habitude de réprimer les bas instincts qui entravent, dans l'âme, l'évolution de l'esprit. Les prêtres ont, de plus, comme stimulants, leurs titres de ministres de Dieu et de serviteurs des âmes. En un temps où la foi a beaucoup décru, on ne révèrera peut-être pas partout le caractère surnaturel de leurs fonctions sacrées ; mais on révèrera toujours leur science, comme le titre d'une inamissible grandeur. Pour plusieurs, le prêtre n'est qu'un diseur de messes ; s'ils le savent fondé en science, ils mettent le chapeau bas devant le savant prêtre.

Depuis cinquante ans que nous disons ces choses, nous nous étonnons toujours de rencontrer, parmi les catholiques, des partisans de la science moindre. Que Dieu puisse, par sa grâce et par ses vertus, suppléer en quelque mesure au défaut de grande science, nous le savons. Mais si Dieu n'a pas toujours besoin de grande science, je voudrais savoir à quoi peut lui servir notre ignorance. Je hais ceux qui disent : Nous en saurons toujours assez ; c'est la preuve qu'ils ne savent rien et entendent se vouer au crétinisme. C'est assez pour des mercenaires ; ce n'est pas assez pour le prêtre de Jésus-Christ.

A cet égard, la conviction de Bonnetty était telle, qu'il ne cessa, par lui-même ou par d'autres, jusqu'au dernier soupir, de promouvoir la haute science. En collaboration avec le cardinal Maï, avec les membres de l'Institut Alexandre et Paravey, Bonnetty publia : 1° une dissertation sur le nom antique et hiéroglyphique de la Judée ou traditions conservées en Chine sur l'ancien pays de Tsin ou de Syrie, qui fut celui des céréales et de la croix ; 2° des documents hiéroglyphiques, emportés d'Assyrie, conservés en Chine et en Amérique sur le déluge de Noé, les dix générations des patriarches antédiluviens, le premier homme et le péché originel. Ces documents sont suivis d'une dissertation sur l'identité d'Adam et de Hoang-ti premier empereur chinois et sur la concordance des dix patriarches avec les dix premiers empereurs ; 3° un essai sur l'origine unique et hiéroglyphique des chiffres et des lettres de tous les peuples : cet ouvrage est précédé d'un coup d'œil sur l'histoire du monde depuis la création jusqu'à Nabonassar et de quelques idées sur la formation des écritures avant le déluge ; il est accompagné de planches qui donnent les chiffres et les lettres de tous les anciens peuples ; 4° le chant de la Sybille hébraïque, donnant le plus ancien, le plus important et le moins contesté des livres sybillins ; 5° une table alphabétique, analytique et raisonnée des trente-trois volumes d'auteurs sacrés et profanes édités par le cardinal Maï.

En son propre et privé nom, Bonnetty est l'auteur d'un *Dictionnaire raisonné de diplomatique* en deux volumes, contenant les règles principales et essentielles, pour servir à déchiffrer les anciens titres, ainsi qu'à justifier de leur date et de leur authenticité. On y a joint des planches, avec des explications pour aider à connaître les caractères et les écritures des différents âges et des différentes nations. La matière première de cette publication avait été fournie par le bénédictin dom de Vaines ; elle fut amplifiée, développée, surtout précisée par Bonnetty, dont le caractère personnel était le souci de la plus scrupuleuse exactitude.

On doit encore à Bonnetty des *Documents historiques* en quatre forts volumes, sur la religion des Romains et sur la connaissance qu'ils ont eue des traditions bibliques. Cet ouvrage est rédigé en forme d'annales. Sur chaque année, sur chaque mois, et pour ainsi dire à chaque jour, l'auteur donne : 1° les événements politiques de l'histoire ; 2° les actes superstitieux qui dirigeaient les affaires romaines ; 3° les rapports des Romains avec les Juifs ; 4° les ouvrages publiés, avec leur analyse au point de vue philosophique et religieux. Cet ouvrage est le supplément de toutes les Vies de Jésus-Christ et de toutes les histoires romaines. Bonnetty y a joint une table des auteurs et des matières, où l'on trouve en abrégé toute la science philosophique et religieuse des anciens. C'est par là surtout qu'il excellait : Bonnetty était une encyclopédie vivante : nous ne l'avons connu que dans ses dernières années, lorsque déjà la vieillesse lui faisait sentir ses atteintes. On ne pouvait qu'admirer en lui, avec l'admirable foi d'un chrétien et les vertus d'un savant, les hauts reliefs d'une science qui tenait encore du prodige. Ses écrits, ses revues, ses cent ou deux cents volumes, il avait tout cela dans sa tête et ne s'en démenait pas plus fort : il parlait avec la précision d'un livre et gagnait par sa grande bonté.

Dans cette vie, nous rencontrons encore le fantôme de Dupanloup. Ce coucou était atteint de la manie de vouloir pondre dans le nid des autres. Dès qu'il voyait une œuvre prospère, il voulait mettre la main dessus, quitte à la faire sombrer. Lui qui ne savait pas écrire et qui était obligé de faire mettre au jour ses brouillons par des stylistes, il voulut toute sa vie éconduire Veuillot, le grand maître de la langue française ; lui qui ne savait rien de rien, il tenait naturellement Bonnetty pour un imbécile et voulait l'obliger à lui céder la place. Bonnetty l'envoya paitre et s'en vit récompensé par de constants succès. S'il avait eu la faiblesse de céder, Dupanloup eût été le croque-mort de ses deux revues, comme il a été l'ensevelisseur de tous les journaux foudroyés par sa collaboration ou sa direction. Dupanloup était surtout un moulin à paroles et, le cas échéant, un orateur à écouter. Aucun homme sérieux ne lui reconnaîtra, ni en théologie, ni en philosophie, ni en histoire, encore moins en science positive, la moindre compétence. Ce moulin à paroles était surtout un moulin à vent, grand useur d'hommes, ignorant l'usage des idées.

Le prédicateur de la charité et de la paix était, en plus, le plus rancuneux et le plus implacable des hommes. Les valets du parti voulurent faire expier à Bonnetty son indépendance. On machina, contre lui, dans les sous-sols du libéralisme, une accusation de traditionnalisme. Les Quasimodo de l'affaire sonnèrent le glas dans les clochers de Paris et poussèrent leurs doléances jusqu'à Rome. L'Eglise allait périr si l'on ne bridait Bonnetty. Le Pape, qui connaissait Bonnetty, savait à quoi s'en tenir sur ces fantasmagories. En esprit de paix, il fit présenter, à la signature de Bonnetty, les propositions autrefois signées par Bautain, à la condition que l'affaire resterait secrète. Bonnetty signa et lorsque l'archevêque Sibour sut qu'il avait signé, publia le fait, malgré la défense du Pape. Pour nous servir d'une phrase de Dupanloup : on ne fait pas cela, ou, si on le fait, on se déshonore et on déshonore son parti. Le souci de la vérité de Dieu ne se concilie jamais avec le manque de charité envers les personnes.

Dans sa vieillesse, Bonnetty s'était adjoint, comme co-directeur, le Père Perny. Paul Perny était né à Pontarlier en 1817. Au terme de ses études, il commençait les cours de médecine, lorsqu'il fut atteint d'un mal qui mit ses jours en danger. Guéri par l'intercession miraculeuse de Notre-Dame de Fourvières, il changea son fusil d'épaule et se fit prêtre. Prêtre, il voulut être missionnaire et passa trente ans à évangéliser le Kouey-Tcheou. Pendant quatre ans, il fut même provicaire apostolique, l'équivalent d'évêque. On lui préféra un plus jeune missionnaire, et, pour diverses raisons, le Père Perny rentra en France. Les incohérences des hommes servent souvent les desseins de Dieu.

Missionnaire, le Père Perny, tout en visitant ses ouailles, ouvrait les yeux à la science. Esprit calme, pondéré, juste, pénétrant, il étudiait à fond la géographie, l'histoire, la langue, les mœurs et les institutions de la Chine. A peine rentré en France, Dieu, pour montrer le prix qu'il faisait de son serviteur, permit que les communards le missent deux mois en prison ; ils fusillèrent même son compagnon, le Père Houillon. Le Père Perny écrivit la vie du Père Houillon, martyr de la Commune, et ses deux mois de captivité ; il le fit avec une distinction d'esprit qui marqua tout de suite sa place dans les lettres. Après ses lettres de naturalisation, le Père Perny publia successivement deux dictionnaires de la langue chinoise et deux grammaires : l'une pour la langue écrite, l'autre pour la langue parlée ; il donna encore des proverbes chinois et des conférences. A la mort de Bonnetty, il fonda les *Nouvelles Annales de philosophie catholique*, qu'il poussa jusqu'au 30° volume. Là, avec le concours du chanoine Davin, du Père At et de nous-même, si nous pouvons venir après tous les autres, il continua ses études de hautes sciences. Le recueil qui les contient, continue et égale, s'il ne les surpasse, les *Annales* de Bonnetty, surtout par les études du Père Perny. Avec une science plus jeune, plus profonde peut-être, le Père Perny projette, sur les problèmes qu'il pose, toutes les lumières d'une raison saine et d'une impeccable érudition.

On doit encore, au Père Perny, un volume sur l'accord des traditions chinoises avec les enseignements de l'Eglise. Ce volume avait été composé par le Père Prémare, jésuite ; le Père Perny le traduisit, le rectifia, le compléta par d'importantes additions ; Bonnetty y mit également son grain de sel et l'ouvrage parut sous une triple signature. Nous avons lu et même relu ce volume ; notre ignorance du chinois ne nous permet pas de juger certains arguments basés sur les signes des caractères chinois ; mais pour les arguments empruntés à l'histoire, ils portent la conviction dans 'esprit du lecteur. Louis Veuillot fait grand éloge de cet ouvrage, à son gré, décisif ; et Léon XIII, après avoir pris l'avis des sinologues romains, a confirmé l'éloge de Louis Veuillot.

Pour revenir à Bonnetty, ses *Annales de philosophie chrétienne* viennent de célébrer leur 70ᵉ anniversaire ; elles ont toujours pour objet l'étude et la vulgarisation de la philosophie des Pères de l'Église, particulièrement de saint Thomas ; l'étude et l'examen critique des diverses théories philosophiques ; l'étude des sciences philologiques, historiques, naturelles et expérimentales, pour les faire servir à l'apologie de la religion. Un instant semi-traditionnalistes avec Bonnetty, plus tard trop exclusivement spéculatives, elles constituent aujourd'hui, pour la science sacerdotale, un appoint nécessaire. Tout d'abord, c'est l'organe d'informations, pour tous ceux qui se livrent à l'étude de la philosophie par goût et par devoir. Catholique avant tout, le directeur actuel continue un mouvement apologétique, qui tient compte de deux conditions de succès : 1° garder la vérité du dogme immuable, intangible, dogme dont l'Église romaine est le dépositaire de droit divin et de droit historique ; 2° ménager l'extrême activité de l'esprit humain, toujours en quête, même quand il croit fermement, d'édifier de nouvelles démonstrations. C'est travailler, par esprit de prosélytisme religieux, à deux choses qui semblaient à Lamennais, à Bautain, à Bonnetty, inconciliables : accorder la spontanéité de la raison et ses manifestations diverses, avec les données de la foi.

Personnellement, le directeur des *Annales* professe que le christianisme — objet de science historique, de coordination rationnelle et d'action morale — constitue l'objection la plus raisonnée aux systèmes sceptiques, positivistes, sensualistes et matérialistes. S'il est vrai que notre foi ne tient aucune philosophie pour suspecte, il n'est pas moins vrai qu'elle s'oppose formellement à toute doctrine qui nie la puissance de la raison à démontrer le surnaturel. Le temps et l'expérience feront voir qu'il n'a pas tort dans la question d'opportunisme et de succès. Le christianisme est une philosophie autant qu'il est une démonstration et une puissance d'action intellectuelle, morale et sociale ; il est en outre, plus qu'une philosophie, puisqu'il est une institution divine, dont l'objet propre et la fin suprême est de sanctifier les âmes et de glorifier Dieu.

Un malentendu préoccupe le clergé studieux. Plusieurs théologiens voudraient voir à l'index les doctrines criticistes, idéalistes, subjectivistes, comme contraires à la démonstration chrétienne exigée par le concile du Vatican. La constitution *Dei Filius* ne revendique que la puissance de la raison pour préparer l'acte de foi et établir la démonstration du christianisme. Or, les systèmes idéalistes sont avant tout rationnels et impliquent la puissance démonstrative de la raison. Par exemple, même pour le subjectiviste le plus absolu, le moi subsiste nécessairement comme *Substratum* des modalités rationnelles. Dans ces conditions, peut-on, au nom de la foi, anathématiser des opinions qui ne contredisent la foi que par la manière inexacte de les représenter ? Ces opinions sont à préciser, à rectifier, non à condamner ; si elles abusent, elles sauront bien elles-mêmes se détruire.

Nous en appelons du clergé au clergé lui-même. C'est bien à lui qu'il appartient d'étudier à fond les *Annales de philosophie* et de dire, au siècle, le mot philosophique qui peut contribuer à sa délivrance.

Après avoir glorifié, en histoire, les grands esprits qui, après Lamennais, provoquèrent en France le réveil chrétien et la rénovation catholique, l'équité nous réclame une place pour leurs adversaires. Le plus important, ou, du moins, le plus bruyant, c'est Félix Dupanloup. On lui doit : un *Manuel des catéchismes*, en 3 volumes ; le *Christianisme présenté aux hommes du monde*, par Fénelon ; un *Manuel des séminaires* ; *De l'éducation*, en 3 volumes ; *De la haute éducation intellectuelle*, en 3 volumes ; *Sur la prédication et le catéchisme*, considérés comme œuvres par excellence, 2 volumes ; *Défense de la liberté de l'Église*, 2 volumes ; *De la pacification religieuse*, 1 volume ; *De la charité*, 1 volume ; *Œuvres choisies* de l'évêque d'Orléans, 13 volumes ; et un grand nombre de brochures sur divers sujets, ce prélat ayant habitude d'exprimer son jugement, non seulement dans des journaux, qu'il eut toujours à discrétion, mais dans de petits écrits qu'il composait à la perfection. Dupanloup est le thaumaturge de la brochure ; pour le surplus, il a peu d'idées et écrit mal, en rhétoricien échauffé, trop abondant pour être clair et précis. C'est l'Érasme et le Mélanchton du catholicisme libéral.

Le grand diplomate de ce parti est Alfred de Falloux. On lui doit une histoire de saint Pie V, un volume sur Louis XVI, l'*Itinéraire de Turin à Rome*, l'histoire du parti catholique, un opuscule d'agriculture, deux volumes sur Dupanloup et Cochin ; la vie, les écrits et les lettres de Sophie Swetchine en 6 volumes ; des *Mélanges* en deux volumes et les *Mémoires d'un royaliste* en deux volumes. Falloux était un roué en diplomatie ; il ne voyait que le but et s'inquiétait peu, pour aboutir, du choix des moyens. Les deux Veuillot ont dû réclamer contre ses aberrations et lui administrer de fortes étrivières. D'autres pourraient venir à rescousse, mais à quoi bon ? Falloux est bien mort et ses coups de plume ne peuvent blesser personne.

Un autre diplomate du parti, c'est Augustin Cochin ; Louis Veuillot le considérait comme le plus dangereux et ce brave homme s'occupa surtout de charité. Ses écrits sont répandus dans le *Français*, les *Annales de la charité* et le *Correspondant*. On lui doit, en particulier, une *Notice sur Mettray*, un *Ma-*

nuel des salles d'asile, un *Essai* sur Pestalozzi, *Rome et les martyrs du Japon, Quelques mots sur la vie de Jésus par Renan*, des conférences sur divers sujets et un grand ouvrage en deux volumes sur l'abolition de l'esclavage. L'ensemble de ses articles dans les revues formerait aisément un *cours complet d'éducation* à l'usage des ouvriers. A sa mort on annonçait un ouvrage posthume sur la philosophie morale. On avait parlé de Cochin pour en faire un ambassadeur au Concile ; il mourut préfet de Versailles. L'histoire doit louer sans réserve le dévouement de Cochin à l'amélioration du sort des classes laborieuses : ce dévouement est de tradition dans sa famille.

Théophile Foisset, magistrat et homme de lettres, était un des modérés du parti et un grand homme de bien. On lui doit un *Éloge historique* de Louis de Bourbon, les *Œuvres de Bugniot*, la correspondance *inédite* de Frédéric avec Voltaire, des lettres *inédites* de Leibnitz à l'abbé Nicaise, les *Œuvres philosophiques* du président Riambourg, le *Président de Brosses*, *De l'Eglise et de l'État*, *Catholicisme et protestantisme*, une *Histoire de Jésus-Christ*, une *Vie* de Montalembert et une excellente *Histoire du Père Lacordaire*. Si donc Théophile Foisset a excédé en quelque chose, nous voulons croire que Dieu, eu égard à ses intentions et à ses services, a oublié ses erreurs et couronné son dévouement.

Le duc Albert de Broglie est l'homme important du parti, faible comme politique, très fort comme orateur et écrivain. Outre ses articles à la *Revue des Deux-Mondes* et au *Correspondant*, il a traduit du latin le *Système théologique* de Leibnitz, publié quelques brochures à sensation, donné deux volumes d'études morales, un volume sur le *Moyen Age*, et six volumes sur l'*Eglise et l'Empire romain* de Constantin à Théodose. Depuis qu'il a été rendu par les électeurs à la vie privée, comme président de la commission des bâtons dans les roues, le duc de Broglie est devenu un rat de la bibliothèque nationale, cantonné dans l'histoire politique du xviii° siècle, dont il a publié quelques volumes de haute valeur. Le Père Lacordaire, qui n'était pas un juge en histoire, avait comblé de louanges les études de Broglie sur l'Eglise et l'Empire Romain ; dom Guéranger, qui était un maitre, en a fait, au contraire, une réfutation détaillée dans l'*Univers* réunie depuis en volume. Dans ce volume, sans contester les mérites de l'œuvre, le Bénédictin prouve que l'historien abonde dans le sens du naturalisme et qu'à ce titre, il doit tomber sous les censures de la stricte orthodoxie.

Outre ces cinq personnages, le parti catholique libéral comptait quelques autres membres, les uns, assez grands pour que nous nous en occupions à part ; les autres, trop petits pour entrer dans l'histoire de l'Eglise. Un parti attire toujours les esprits faibles ; s'il vient au pouvoir, il voit bien vite accourir les esprits avides d'argent et d'honneurs. Ce nombre ne fait pas la force ; il constitue plutôt pour le parti une faiblesse, et, pour les ambitieux, un déshonneur.

L'histoire est obligée de marquer les faux pas d'un Broglie, d'un Foisset, d'un Cochin, d'un Falloux et même de Dupanloup, parce que une admiration, d'ailleurs justifiée par d'autres mérites, assure à leurs noms un prestige, presque une autorité. Les idées libérales ont désagrégé le parti catholique, mis la division parmi les défenseurs de l'Eglise et arrêté le mouvement régénérateur dont il faut faire remonter l'impulsion à Lamennais. Du caillou de David, les idées libérales ont fait une poussière. Avec un boisseau et même avec un tombereau de poussière, on ne chargera jamais une fronde. Si nous voulons reconstituer cette force précieuse du catholicisme militant, il faut écarter et abjurer le dissolvant qui a ruiné cette force et noter le dommage qu'en ont souffert et l'œuvre générale de l'Eglise et les grands et nobles esprits qui s'en sont laissé surprendre et entamer. C'est de là qu'est parti, pour s'en prévaloir, le mouvement révolutionnaire qui nous écrase aujourd'hui.

Un homme à part fut le Père Gratry. Joseph-Auguste-Alphonse Gratry était né à Lille en 1805. Prix d'honneur du concours général, sorti premier de l'école polytechnique, il échangea son frac contre la soutane et fit sa théologie à Strasbourg, où l'avait appelé la grande réputation de l'abbé Bautain. En 1840, reçu docteur ès-lettres, il était chargé de la direction du collège Stanislas, dont il fit la perle de l'Université. En 1846, démissionnaire de Stanislas, il était reçu, à Aix, docteur en théologie et devenait aumônier de l'Ecole normale. Là, comme à Stanislas, il était très bien à sa place ; une controverse avec Vacherot, le directeur de l'école, lui fit donner sa démission. En 1852, il entrait à l'Oratoire qu'il quitta, faute de santé, pour vivre comme grand homme, en chambre : il devait mourir à Montreux après avoir réparé le scandale de ses brochures contre la chaire du Prince des Apôtres.

On doit à Gratry : 1° *Les Sources* ; 2° *Petit manuel de critique* ; 3° *Les sophistes et la critique* ; 4° *Étude sur la sophistique* ; 3° *Mois de Marie de l'Immaculée-Conception* ; 6° *Henri Ferreyve* ; 7° *Souvenirs de jeunesse* ; 8° *Méditations inédites*, œuvre posthume ; 9° *La Philosophie du Credo* ; 10° *La crise de la foi*, conférences à Saint-Etienne du Mont ; 11° *Lettres sur la religion* ; 12° *De la connaissance de Dieu* ; 13° *De la connaissance de l'âme* ; 14° *Logique* ; 15° *La morale et la loi de l'histoire* ; 16° *Commentaires sur l'Evangile selon saint Mathieu*.

On peut envisager la doctrine de ces vingt volumes sous trois aspects : 1° Comme œuvre d'invitation de la jeunesse au travail intellectuel, c'est encourageant et excellent dans sa généralité ; 2° comme réfutation de la libre-pensée, et, comme il dit, de la sophistique, le procédé de Gratry consiste surtout à en montrer l'inanité et la contradiction ; 3° comme doctrine positive, il y a, sans doute, des envolées magnifiques, mais il faut reconnaître qu'en somme, les catholiques purs les réprouvaient et que les adversaires ne les prenaient guère plus au sérieux que les catholiques. D'où suit que Gratry n'a pas été un maître de son siècle, mais seulement le maître d'une petite école. Dans cette école, il a eu des disciples et même des disciples enthousiastes ; malheureusement, cet enthousiasme ne suppose que de la bonté de cœur et une certaine étroitesse d'esprit. Son biographe français et son traducteur allemand se pâment naturellement d'admiration devant les écrits du philosophe. Margerie le dit *grand écrivain*, de la famille de Platon et de Malebranche. Le Père Ramière constate, dans ses écrits, une *somme de vérités nouvelles*, que l'acteur offre à la société et un chaleureux appel pour réveiller *l'instinct du vrai* au fond des âmes. Le *Dictionnaire de la théologie catholique* renchérissant sur le Père Ramière, voit dans les œuvres du Père Gratry un *riche trésor* qui deviendra, dans un avenir prochain, la *propriété commune du monde entier*. D'autres, changeant la clef de la gamme, disent que le Père Gratry avait la tête d'un philosophe, le cœur d'une femme et le caractère d'un enfant. C'était, en effet, un homme aimable, naïf et pur : il avait des élans, des épanchements, des ravissements, des extases et aussi des enfances d'idéologie. Sans faire aucun mépris de son génie et de son caractère, les théologiens et les philosophes l'estimaient peu. Gratry avait plus d'influence que d'autorité ; cette influence il l'exerçait surtout sur les âmes sensibles à la poésie. « A vrai dire, selon Veuillot, il était plus philosophe que prêtre. Dans son ardeur d'embrasser tout le monde, il écartait, autant qu'il le pouvait, l'appareil sacerdotal ; il semble qu'il craignait un peu d'être traité de sacristain… Dans ses entreprises contre l'incrédulité moderne, Dieu ne l'embarrassait pas, ni aucun mystère de Dieu ; mais l'Eglise, l'obéissance à l'Eglise l'embarrassaient ; car c'est l'Eglise qui est la grande objection et le grand refus de l'orgueil mondain. Là était le péril de son esprit et la cause de son infécondité sacerdotale… C'est par le Fils que nous allons au Père ; mais c'est par l'Eglise que nous allons au Fils et à tous et que nous sommes en sécurité partout.

Pour nous, historien, adversaire constant et aujourd'hui victime de ce parti libéral, nous opposons, à ses prétentions ambitieuses, une dénégation absolue. Ce que veulent, au fond, les Gratry, les Broglie, les Dupanloup, c'est expurger la révolution, en exclure le crime, moyennant quoi ils en admettent les institutions et les idées. D'après eux, la Déclaration des droits de l'homme et du citoyen est dans saint Thomas d'Aquin ; Bellarmin, et Suarez sont ses précurseurs ; et Suger et Charlemagne auraient pu en libeller le Code. Or, ni dans ses promoteurs lointains, ni dans ses préparateurs directs, ni dans ses agents, non seulement la révolution n'est chrétienne, mais elle est anti-chrétienne, anti-religieuse, et, pour dire le mot du comte de Maistre, elle est *satanique*. Luther, Calvin, Descartes, Louis XIV, promoteurs de la révolution, comme protestants, comme philosophes, comme politiques, sont, pour l'Eglise, des ennemis et des adversaires. Voltaire, Rousseau, Buffon, Montesquieu, Diderot, Dalembert, préparateurs de la révolution, sont peu chrétiens et souvent ennemis enragés du Christ. Mirabeau, Danton, Robespierre, Marat, les agents de la révolution, ne reconnaissent l'être suprême qu'à la condition de le murer dans le ciel. Napoléon lui-même, bien qu'il eût quelque génie, ne voulait qu'une Eglise esclave et instrument de règne. Dans les rangs du christianisme, tout ce qui a le sens commun et le sens catholique, abhorre la révolution ; et ni dans J. de Maistre, ni dans L. de Bonald, ni dans Lamennais, ni dans Gousset, ni dans Pie, ni dans Freppel, — je prends seulement les sommités — vous ne trouverez personne pour accorder, à la Révolution, un bill d'amnistie. La Révolution, c'est le naturalisme en principe, le rationalisme comme moyen, le libéralisme comme fin et le socialisme comme résultat. Que Dupanloup, Gratry, Broglie aient eu des talents, je le crois ; qu'ils aient pratiqué les vertus, je le concède sans y regarder ; mais, au fond, ce sont des malfaiteurs intellectuels. Leur catholicisme libéral n'est pas seulement, comme disait Veuillot, une agence de bureaux de tabac ; c'est une connivence ignare, mais réelle, avec l'ennemi de Dieu ; c'est le secret de perdre les âmes et de nuire encore plus à la France qu'à l'Eglise. Et, quand le Pape est prisonnier à Rome et quand nous sommes, en France, menacés d'éviction, il faut vraiment une cécité rare pour oser dire que 89 est l'incarnation de l'Evangile. La Révolution ne peut revêtir ce caractère qu'en brûlant ce qu'elle a adoré et en adorant ce qu'elle a livré aux flammes. La Révolution qui a commencé par la Déclaration des droits de l'homme, ne se clora que par la Déclaration politique des droits de Dieu.

Un autre homme à part, fut l'abbé Combalot. Théodore Combalot était né à Chatenay (Isère), en 1792, fils d'un homme qui s'était livré au tribunal révolutionnaire pour être guillotiné à la place de son père. Prêtre en 1815, Théodore était déjà, depuis deux ans, professeur de philosophie, dévoré d'ardeur pour l'étude des écrits des Pères et de la *Somme* de saint Thomas. Préfet des études au grand séminaire de Grenoble, il le quittait en 1825, pour entrer chez les Jésuites. Sa santé ou son humeur lui firent quitter le noviciat et il s'établit simple missionnaire. Par l'éclat de sa parole, il était, avant 1830, déjà une célébrité ; il avait prêché devant le roi. En 1830, il était, avec Lamennais, à l'*Avenir* ; à la chute de Lamennais, il rompit, pas sans douleur, mais avec éclat, et reprit le cours de ses prédications. Au cours de la lutte pour la liberté d'enseignement, il avait publié, contre le monopole, un *Mémoire aux évêques et aux pères de famille ;* il y disait entre autres que le sanglier universitaire ravageait la vigne du Seigneur. Ce coup de feu dans la mêlée lui valut l'amende et un mois de prison, mais sans espoir d'amendement. Au terme de sa peine, il fut invité au château. Dans une conversation assez longue avec Louis-Philippe, il prouva au prince, comme il savait prouver, avec feu, que l'Université tuerait la France et renverserait le trône. Le roi fut de son avis et ajouta même que nous allions à l'anthropophagie : il n'était pas nécessaire d'aller jusque-là pour abattre le trône de la branche cadette. A la discussion de la loi Falloux, Combalot fit, avec Rohrbacher, acte public d'opposition. En 1870, il fut admis à servir une messe au Concile ; ce fut la récompense de ses longs travaux ; à quelque temps de là, le vénérable vieillard s'éteignait dans l'auréole de sa gloire.

Petit de taille, très fort, une voix tonnante, un esprit très vif, Combalot n'écrivait pas ses discours ; il méditait, il priait et se livrait aux ardeurs de l'improvisation. Dédaigneux de toute rhétorique, laissant de côté les règles et les ressources de l'art, il parlait sous l'empire d'une foi vive et d'une émotion qui agitait toutes ses facultés ; il y avait en lui comme la flamme des prophètes ; vous eussiez dit que sa voix n'était qu'un instrument, qu'un souffle surnaturel anime et fait résonner. L'impression que produisait ce prédicateur, ressemblait à des commotions subites. Sans jamais s'écarter de ce qu'exigent les convenances du langage, retenu dans les justes bornes par la sûreté de son jugement et la modération de ses idées, il s'élançait, sans hésiter, vers les plus hautes régions et de ce point dominait l'auditoire. La charité surtout était pour lui une source de transports éloquents. Pour dire tout d'un mot, Combalot était un second Bridaine... s'il y en a eu un premier.

On doit, à l'abbé Combalot, un livre sur la *connaissance de Jésus-Christ* ou le mystère de l'Incarnation considéré comme la dernière raison de ce qui est ; deux volumes d'*Éléments de philosophie catholique*, où il s'efforce de créer un manuel de philosophie conforme à la théorie fautive de Lamennais ; et trois volumes de sermons sur les mystères de la Sainte Vierge, dont un offre, du *Magnificat*, un éloquent et solide commentaire. L'abbé Ricard, son biographe, a publié, depuis la mort de l'orateur, d'autres volumes de prédication ; les revues bibliographiques en ont fait grand éloge ; pour le peu que nous en avons lu, nous croyons pouvoir y souscrire.

Parmi les restaurateurs de la théologie en France, il faut citer, après le cardinal Gousset, archevêque de Reims, le Père Gury. Jean-Pierre Gury était né à Mailleroncourt, Franche-Comté, en 1801, d'une famille très chrétienne. Au terme de ses études, il entra dans la Compagnie de Jésus, d'abord comme auxiliaire. Novice en 1824, à Montrouge, il faisait, deux ans plus tard, ses premiers vœux. Gury était surveillant au collège de Dôle, quand les ordonnances de 1828 vinrent l'obliger à l'exil ; il partit avec cinq autres frères pour suivre les cours de théologie du Collège Romain. Pendant trois années, il habita la maison dans laquelle s'étaient sanctifiés les Louis de Gonzague et les Jean Berchmans ; il fréquenta ces classes où s'étaient succédé les Camille de Lellis, les Léonard de Port-Maurice, les Rossi ; où avaient enseigné Bellarmin, Suarez, Vasquez, Tolet, Lessius, Giustiniani, de Lugo. Gury fut ordonné prêtre, en 1831, par le cardinal de Rohan-Chabot, et employé d'abord dans les missions, sous le contrôle du Père Daniel Valentin. Deux ans après, son provincial, le Père Renauld, le chargea d'enseigner la théologie morale au Scolasticat de Vals. A cette époque, Thomas Gousset attaquait avec vigueur le rigorisme gallican ; Gury, qui venait d'étudier à Rome, n'eut pas besoin des redressements du futur cardinal, pour se trouver à l'unisson de ses enseignements : pendant quatorze années, il inculqua, à ses élèves, les pures doctrines de saint Liguori, canonisé sur ces entrefaites. L'enseignement du professeur n'était pas seulement exempt de rigorisme et de laxisme ; il était surtout simple, clair, plein de bonhomie et de gaîté. Le Père Gury, à chaque classe, donnait un cas de conscience ; il l'exposait avec tant d'amabilité qu'on l'attendait comme une grâce. En 1847, le Père Roothaan, général de l'Ordre, appelait Gury à la chaire de morale du Collège Romain. Cette fois Gury fut atterré : enseigner la théorie avec intérêt dans la petite solitude de Vals, cela n'était pas trop difficile ; mais, à Rome, devenir le collègue des Perrone, des Patrizzi, des Passaglia ; enseigner des élèves d'élite, venus de tous les coins du monde ; vivre dans cette atmosphère à part de la capitale du monde chrétien, ce fut, pour ce brave homme, une terrible perspective. L'obéissance le fit céder, la modestie fit son succès. Au lieu de s'embarquer dans les grandes phrases et la belle latinité, si aimée des Romains, le Père Gury resta lui-même, l'homme simple dans ses allures, et l'alléchant professeur du cas quotidien de conscience. La Révolution ne lui laissa pas le temps de prendre racine à Rome ; il s'en revint à Vals, reprendre son enseignement théologique et préparer la publication du *Compendium*. Cet ouvrage parut en 1850 ; il s'en est fait, depuis, un nombre incalculable d'éditions, dans tous les pays de la chrétienté. Les *Cusus Conscienciæ* suivirent le *Compendium*. Après avoir exposé théoriquement les doctrines morales, il fallait en montrer l'application aux cas pratiques. Dans le *Compendium*, Gury, plus complet et plus méthodique que Neyraguet, avait donné sa théologie à lui ; nette, exacte, simple, d'une grande facilité pour l'étude. Dans les cas de conscience, il présente les applications avec une lucidité et une originalité piquante. Le lecteur dévore ces volumes avec l'avidité d'un récit attrayant. Le *Casus* comme le *Compendium* devinrent classiques dans un grand nombre d'établissements, à Rome même. On a contesté quelques solutions de Gury ; on lui a reproché quelques citations inexactes ; on lui a fait tort d'avoir admis la coutume gallicane comme titre d'exemption et il a eu lui-même le chagrin de voir des auteurs à l'Index se réfugier à l'abri de sa doctrine pour ne pas se soumettre. Le Père Gury a payé, comme tout le monde, son tribut à l'infirmité humaine ; mais il s'est loyalement corrigé et si quelque rebelle a pu se couvrir de son patronage, il ne l'a pu qu'en invoquant des décisions répudiées ou corrigées par le pieux auteur. Selon nous, le tort de Gury est d'avoir composé un ouvrage qui dispense de tout travail. Avec son Gury, un esprit médiocre connaît la loi et les prophètes et se croit dispensé de pousser plus à fond les choses. C'est une grande erreur dont Gury n'est, au surplus, que l'occasion. La morale n'est pas seulement une règle pratique, elle est surtout la loi d'amour ; pour l'aimer, il faut la connaître dans ses profondeurs ; et pour atteindre à ces profondeurs de l'amour, il faut de solides études. Le *Compendium* de Gury suppose une morale spéculative, une théologie du devoir. Gury n'est pas coupable de n'avoir point fait ce qu'il ne voulait pas faire ; il faut toutefois superposer, à sa morale pratique, une connaissance des premiers principes qui agissent fortement sur l'esprit et sur le sentiment et à la rectitude de la décision ajoutent l'enthousiasme du bien. La vie est à ce prix. Aussi bien, il ne s'agit pas tant ici-bas d'éviter le péché ou de le réparer, que de se plonger dans l'océan divin, d'y puiser la force surnaturelle, les élans merveilleux et la belle bravoure qui triomphent dans les combats de la vertu.

Le Père Gury n'était pas seulement un théologien, c'était encore un apôtre, l'apôtre des populations rurales, des maisons religieuses et du clergé. Excellent dans la chaire professorale, il était excellent aussi dans un catéchisme. Directeur expert, bon religieux, patient dans les infirmités, courageux devant la mort, tel mourut, en 1866, le Père Gury. Sa théologie, corrigée par lui de son vivant, sur les indications de Rome, a été corrigée depuis par un Français, le Père Dumas, et par un Italien, le Père Ballerini. Un jésuite espagnol, le Père Mir, et un Allemand, le Père Lehmkuhl, continuent son œuvre pour le salut des âmes et l'honneur de l'Eglise. La meilleure preuve des services que rendent ces savants jésuites, c'est que tous les ennemis de l'Eglise les abhorrent ; le Père Gury a été particulièrement l'objet des imbéciles morsures de Paul Bert : c'est un honneur.

Parmi les théologiens de notre temps, après Gury une place de choix doit être réservée au Père Hilaire. François-Eugène Mougin était né à Paris en 1831. Jean-Pierre Mougin et Reine Desalle, ses père et mère, étaient tous les deux d'Arbot, dans la Haute-Marne ; l'enfant y fut envoyé quinze jours après sa naissance et confié aux soins d'une tante. A cette époque où les premières impressions sont si vives, l'enfant allait d'Arbot à Paris, de Paris à Arbot, tour à tour campagnard et citadin, livré à toutes les distractions de la grande ville, concentré dans le recueillement de la campagne. A quatre ans il perdit sa mère et vint habiter Paris. Lorsqu'il atteignit sa seizième année, l'oncle Desalle le plaça au petit séminaire de Langres. Dans ses cours, il n'était pas des premiers, mais il y avait en lui quelque chose qui le distinguait de ses condisciples et annonçait qu'un jour il prendrait les premiers rangs. Au grand séminaire, il faisait l'édification de ses condisciples par sa piété et excitait leur admiration par la manière dont il rendait compte de la méditation quotidienne ; en philosophie et en théologie, il était, pour la pénétration de l'intelligence, un élève hors ligne. Non seulement il saisissait vite et bien l'enseignement du professeur, mais il le raisonnait avec force et soulevait parfois des objections fort embarrassantes. En récréation, c'était un batailleur, non qu'il fût d'humeur quinteuse, mais parce qu'il avait des idées très nettes, il accusait, dans les conversations, très énergiquement, avec un entrain électrique, sa personnalité. Au terme des études théologiques, il fut envoyé à Rome pour conquérir ses grades. En mer, la tempête mit le jeune clerc de Langres en demeure d'énergie ; il n'en manqua point. Dans la ville sainte, il se familiarisa d'abord avec la prononciation italienne de la langue latine et apprit l'italien comme en se jouant. Pendant trois années, il suivit les cours supérieurs, étudia l'hébreu et conquit successivement tous ses grades en théologie et en droit canon. Quand il eut deux fois coiffé le bonnet de docteur, il fallut choisir une carrière ; le jeune docteur entra chez les Capucins et fit son noviciat à Crest, dans la Drôme. Profès sous le nom de Père Hilaire de Paris, il fut envoyé quelquefois dans les missions, mais appliqué, de préférence, aux travaux du professorat. De Crest il fut envoyé à Lyon, où on l'invita quelquefois aux examens du grand séminaire ; comme on le trouvait trop exigeant pour les élèves et compromettant pour les maîtres, ces invitations ne durèrent pas longtemps. Au 4 septembre 1870, la maison des Brotteaux fut pillée par les amis du peuple ; le Père Hilaire dut se réfugier en Suisse et échangea, avec les radicaux, quelques cartouches. Expulsé de Suisse, il revint à Lyon et fit le pèlerinage de Lourdes. Après les décrets de proscription il dut quitter la maison de Fourvières et se réfugia à Rome. De Rome, il revint par la Suisse en France, habita Besançon et enfin Meylan, dans l'Isère, prêchant parfois dans de grandes circonstances, plus ordinairement occupé à écrire, pour l'édification des fidèles et la défense de l'Eglise. Telle est, en abrégé, la vie d'un homme retiré du monde, tout au service des âmes et à sa propre sanctification, et qui a souvent souffert persécution pour la justice.

Le Père Hilaire a beaucoup écrit en latin et en français. Ses œuvres latines sont : 1° Le *Cur Deus homo*, traité de l'Incarnation sous un titre fourni par saint Anselme, in-8°, 1867 ; 2° *Theologia universalis*, 3 vol. in-8°, 1868-1871 ; 3° *De dogmaticis definitionibus*, ouvrage écrit à l'occasion du Concile, où le Père Hilaire fut le théologien de Mgr Mermillod ; 4° *Regula Fratrum Minorum*, in-4°, 1870 ; — 5° *Liber Tertii Ordinis*, 2 vol. in-4°, 1881-82, publié à Rome et dont il s'est fait, en France, une seconde édition ; — 6° *Liber de Cordigeris*, in-4°, Rome, 1883 ; 7° *Manuale Tertii Ordinis*, dont il s'est fait deux éditions, l'une in-4°, l'autre in-8°, en abrégé. — Parmi les ouvrages français du Père Hilaire, nous devons citer : 1° *Notre-Dame de Lourdes et l'Immaculée Conception*, vol. in-8°, Lyon, 1880 ; — 2° *Exposition de la Règle de saint François d'Assise*, petit in-4°, Fribourg, 1872 ; 3° *Bibliothèque du Tiers Ordre*, comprenant le manuel du Tiers-Ordre, le Manuel de Cordigères, un avis aux Tertiaires, le vade-mecum des Tertiaires et trois cent cinquante billets ; 4° des opuscules théologiques et philosophiques sur l'union de la théologie avec les sciences, sur la composition des corps, sur la notion des arts, sur l'éducation et sur la parole ; 5° des opuscules politiques sur le souverain pouvoir, la politique universelle et le Pape ; sur *Barrabas*, ou le règne du Christ ou celui d'un voleur ; sur le libéralisme en lui-même et dans ses rapports avec l'idée catholique, sur le futur drapeau de la France, les *Etrennes à la Suisse* et l'association du Pius-Verein ; 6° des opuscules et discours religieux, tels que la *Croix de sainte Colette*, opuscule sur l'archéologie et le symbolisme de la croix, le panégyrique de saint Sigismond, roi de Bourgogne, le B. Nicolas de Flue et la tempérance ; la *Madone de saint Luc*, notice historique et explication symbolique ; la légende primitive de saint Antoine de Padoue, document inédit, vainement cherché par les Bollandistes ; *Où est le ciel?* discussion théologique sur le séjour des bienheureux : une dissertation philosophique et astronomique sur les systèmes du monde avec un appendice sur le scotisme.

Plusieurs écrits du Père Hilaire, épuisés depuis longtemps, appellent une réédition et des compléments. Nous citerons, entre autres, la dissertation sur la matière et la forme, la notion théologique des arts et surtout l'étude sur les rapports de la théologie avec la médecine. Ce dernier écrit s'adresse aux ecclésiastiques pour les détourner du régime bourgeois qui les mène trop vite au tombeau. Généralement, les prêtres font un usage perpétuel de viande, de café, liqueurs. C'est l'avis du Père Hilaire qu'il faut les ramener au régime évangélique, au jeûne et à l'abstinence de l'Eglise, non seulement au nom de l'Evangile, mais au nom d'Hippocrate, de Galien et de tous les sages de la médecine. La nécessité de garder sa vie contre les excès d'un régime trop réconfortant, devrait faire rétablir, dans les grands séminaires, au lieu de la conférence spirituelle, à la manière de Saint-Sulpice, le cours antique et moyen âge des *Parva naturalia* (*De brevitate et longitudine vitæ*, etc.), cours qui ramènerait la science anthropologique, à l'austérité mâle, à l'ascèse chrétienne, au lieu de l'hypocrisie grimacière des gens qui mettent tout dans les cérémonies extérieures. Les cuisiniers, ces dangereux flatteurs dont parle Platon, ne sont devenus, dans l'Eglise, gens de service ordinaire, que depuis l'abandon de l'enseignement du Moyen Age ; et si l'école française n'a pas ce tort à son dossier, elle n'a certainement rien fait pour ramener sur ce point la vieille tradition.

Si la pénitence monastique assure au Père Hilaire de longues années, on espère de sa science un commentaire de la Règle de sainte Claire, travail analogue à l'étude sur la règle de saint François, et un manuel de Clarisse. Nous savons d'ailleurs que le Père Hilaire possède en manuscrit plusieurs volumes de sermons, discours de circonstance, panégyriques, mission, retraite, fêtes ; un cours classique de rhétorique et un livre consacré à l'expurgation de la pensée française, livre délicat, redoutable et redouté, où le vaillant disciple du pauvre d'Assise réfute historiquement et dogmatiquement le panthéisme, le pélagianisme, le manichéisme, le pharisaïsme, enfin toutes les erreurs et opinions particulières qui dérogent à la science et à la piété de l'Eglise. Toutefois, l'œuvre principale du Père Hilaire, c'est son double cours de philosophie chrétienne et de théologie fondamentale. La *Philosophie chrétienne* en huit volumes, rédigés en français, avec les citations en textes originaux, reprend, dans son ensemble et dans ses détails, la tradition philosophique du Moyen Age, mais sans s'inféoder à aucun auteur. Les Prolégomènes, la Métaphysique, la Pneumatologie, la Logique y sont étudiées avec fidélité et originalité. Par exemple sur la question des catégories, le Père Hilaire tranche ce problème redoutable avec une supériorité qui met à mal Aristote lui-même. La *Théologie fondamentale*, dont trois volumes ont été publiés et dont les éléments ont été synthétisés par le supérieur du séminaire de Besançon, aujourd'hui évêque de Vannes, doit comprendre vingt volumes. Ces deux cours sont combinés de manière à constituer, pour les grands séminaires, cet enseignement supérieur qui doit prendre la place de l'encyclopédie catéchétique suivie, en France, depuis trois siècles. L'un et l'autre sont en partie composés ; pour la théologie, en particulier, le traité capital *De Eucharistia* touche à son terme ; la question scabreuse de la prédestination a été résolue dans ce cours à la fois contre les Thomistes et les Molinistes et exposée à un point de vue que le Père Hilaire tient pour irréfragable.

D'après ces faits et ces informations, il est facile d'apprécier la valeur théologique du Père Hilaire. Le docteur Schéeben, de Cologne, dans son *histoire de la théologie*, cite le Père Hilaire comme le seul théologien français de notre siècle ; le docteur Schéeben a raison, mais ne dit pas assez. Par l'étendue de ses connaissances, par la profondeur de ses conceptions, par la synthèse de ses idées, par l'immense érudition qui les confirme et les justifie, le Père Hilaire est un émule des Bellarmin et des Suarez, des saint Bonaventure et des saint Thomas. C'est un géant qui s'est élevé seul parmi des pygmées. On ne l'a point vu, comme tant d'autres, s'angarier dans la politique ; son espérance pour le relèvement de la patrie et le triomphe de l'Eglise, ne repose ni sur Bourbon, ni sur Orléans, ni sur Bonaparte, ni sur Naundorf, mais sur Jésus-Christ. On ne l'a pas vu, non plus, épouser, dans l'Eglise, des opinions de parti et d'école, des sentiments d'homme ou de corps particulier. Je ne sais pas même, si, parmi les capucins, il n'a pas eu des frères ombrageux et des supérieurs timides, sacrifiant la doctrine à des vœux de paix, comme s'il pouvait s'établir une paix en dehors de la pleine vérité. La passion irrésistible de la vérité a été l'inspiration de toute sa vie. Par le fond de sa pensée et par la forme de son expression, le Père Hilaire est également personnel, mais pas dans le mauvais sens du mot. Le *Quod ubique, quod semper, quod ab omnibus* de saint Vincent de Lérins, a fait de lui un lutteur, comme Ismaël : *Manus contra omnes et omnes contra eum.* Le Père Hilaire ne fait pas un pas sans l'escorte d'une formidable artillerie, tirée des arsenaux de l'Eglise ; il peut défier ses adversaires de le mettre en opposition avec la tradition vraiment catholique. C'est pourquoi ce vaillant lutteur a le droit d'être audacieux et de s'affirmer lui-même ; son *moi* n'est pas le *moi haïssable*, c'est le *nom* de tous les siècles.

Le Père Hilaire n'est pas homme à s'arrêter sur une question inutile. Tout point qui attire son attention est un point important, et il veut l'élucider d'une façon victorieuse. J'émets toutefois le vœu de voir le Père Hilaire s'arrêter moins aux questions particulières et concentrer toutes ses forces sur ses deux grands cours de philosophie et de théologie. Ces deux ouvrages sont la base de son action sur le monde et son meilleur papier pour l'empire. Je forme le vœu de voir les Capucins, fiers du Père Hilaire, lui prêter le concours de toutes les bonnes volontés et l'appui de toutes les ressources. Je formerais, si je l'osais, le vœu de voir le successeur de Sixte-Quint revêtir de la pourpre romaine l'émule des Bellarmin, des Thomas et des Bonaventure. Le Père Hilaire est, par sa pensée, un prédestiné de toutes les grandeurs ; son humilité les a fait jusqu'à présent reluire en sa personne, sa persécution en a rehaussé le mérite : il paraît juste et digne que ces vertus, unies à une si haute science consacrent simultanément ses œuvres et honorent sa mémoire.

De ces théologiens, il faut rapprocher Dominique Bouix, né en 1808, à Bagnères-de-Bigorre, venu à Paris pour y rendre à l'Eglise le service que lui demanderait la Providence. En 1830, il était un de ces petits aumôniers, qui, au lieu de se complaire dans les bonbons ou dans le fromage de Hollande, portent dans leur âme, avec le culte de la sainte pauvreté, toutes les sollicitudes de la sainte Eglise. A cette date, il avait fondé l'œuvre de Saint-Maurice pour les soldats et l'œuvre de Saint-François-Xavier pour les travailleurs. On commençait à célébrer des conciles provinciaux et l'on agitait, entre évêques, la question de savoir si ces conciles, avant d'être mis à exécution, devaient être soumis au visa du Saint-Siège. Une constitution de Sixte-Quint l'ordonne, mais, pour les gallicans, que vaut une constitution pontificale ? Icard laissait en doute le devoir de la revision romaine ; un autre, voilé par l'anonyme, soutenait *mordicus* que le Pape n'avait rien à voir dans ces assemblées, par la raison que l'évêque est pape dans son diocèse. L'archevêque Sibour abondait dans ce dernier sens. La conséquence qui en résulte est claire ; si l'évêque peut dans son diocèse ce que le Pape peut dans l'Eglise, il ne faut pas de Pape à Rome, ou, s'il en reste un, c'est seulement pour des cas rares et tout à fait extraordinaires, comme le dira bientôt l'archevêque Darboy. Bouix, horripilé de ces prétentions, s'en fut trouver le Nonce, lui dénonça le péril de l'Eglise et lui fit toucher du doigt la nécessité d'une action prompte et vive, pour mettre à néant ce complot de casuistes ténébreux opérant pour le compte du gallicanisme.

Le nonce, c'était Fornari, n'était pas une poule mouillée, un de ces esprits incertains qui voient très clair et ne peuvent se résoudre à l'action. A la clairvoyance, il unissait une résolution vigoureuse. Le nonce prit la main de Bouix et lui dit : Monsieur l'abbé, il faut écrire un article, non pas demain, mais dès ce soir. L'article parut le lendemain et mit en grande colère les pères Duchesne du gallicanisme. Sibour en fut si vexé qu'il révoqua immédiatement de ses fonctions d'aumônier l'abbé Bouix.

Bouix n'était pas homme à craindre la disgrâce ; il se croyait plus grand que la fortune et appelé à autre chose qu'à jouir de ses faveurs. Proscrit à Paris, il s'en fut à Rome ; il étudia le droit canon dans les écoles romaines, et quant il eut parcouru savamment le cycle, il revint en France pour en écrire. Bouix n'avait pas de livres ; il profita de l'admirable collection du Père Mathurin Gaultier, prêtre du Saint-Esprit, et aussi de ses conseils. Pour ses débuts, il publia le traité du Concile provincial, alors de toute utilité et cause involontaire de sa disgrâce. Puis, et successivement, il publia les traités des principes du droit, des jugements ecclésiastiques, du droit des réguliers, des chapitres, du curé, des évêques, de la Cour romaine et du Pape, en tout une quinzaine de volumes. Ce dernier traité paraissait à l'époque du Concile du Vatican. L'ensemble de ces volumes forme une Encyclopédie du droit, à l'usage des curés et des évêques, du moins à l'usage de ceux qui ne réduisent pas le droit canon à l'*Ex informata conscientia*, entendu et pratiqué comme nous venons de le voir dans Sibour. — Pie IX songeait à revêtir Bouix de la pourpre romaine.

La nécessité du retour au droit, pour nos églises, est si sensible pour tout le monde, que tout le monde s'occupe d'en écrire. Après Bouix, il faut citer : Craisson, Stremler, Roquette de Malvès, Huguenin, Grandclaude, Duballet, Camilli, Cavagnis, Tarquini, Satolli, Philips, Vering, et plusieurs autres. Cet empressement des auteurs repose sur les plus grands principes de l'ordre divin. L'Eglise est une société ; elle n'existe que par la promulgation et l'observation de ses lois. Ces lois ont pour objet de combattre les passions des hommes, de les former à la vertu, de les conduire à la gloire. Ce triple but, elles l'atteignent par les lumières de la foi, par les prescriptions de la loi morale, par la grâce des sacrements et l'autorité de la discipline ; elles l'atteignent surtout en s'opposant aux assauts de l'ennemi éternel de l'Eglise. Si l'on ôte à l'Eglise ses lois ou si l'on néglige de les observer, on abat ses remparts et l'on ouvre ses portes à l'envahisseur. Honneur à ces savants qui revendiquent hautement l'observation totale des lois canoniques de l'Eglise ; c'est par eux et par eux seuls que l'Eglise peut compter sûr des triomphes et les sociétés civiles espérer le salut. Le rejet du droit canon, principe premier du gallicanisme, c'est, pour la France, un arrêt de mort.

En dehors de son cours de droit canon, Bouix avait publié la *Solitaire des Rochers*, correspondance de Jeanne de Montmorency avec son directeur ; l'*Histoire des 26 martyrs du Japon* et quatre volumes de méditations tirées des meilleurs auteurs ascétiques.

En 1864, pour avoir relevé une erreur historique de Mgr Darboy au Sénat, Bouix était menacé d'interdit ; l'évêque de Versailles para le coup en le nommant grand-vicaire. En 1869, il était, au Concile, le théologien de Mgr Doney, évêque de Montauban. Dès 1860, pour exciter les prêtres au travail, Bouix avait fondé, sous les auspices de Mgr Parisis, la *Revue des sciences ecclésiastiques*, revue inspirée par les doctrines romaines et sans autre souci que de les faire prévaloir. Cette revue, qui se publie toujours, a rendu de grands services à nos pauvres églises de France.

Prêtre pieux, grand amant de la pauvreté, fixé par choix au dernier rang, Bouix restera dans les souvenirs de la postérité, avec l'abbé Rohrbacher, dom Guéranger, avec les Gousset, les Parisis, les Veuillot et plusieurs autres, comme l'un des intelligents et intrépides restaurateurs de nos églises, trop longtemps désolées par le gallicanisme et la Révolution.

Un prêtre qui fut théologien et publiciste, Antoine Martinet, était né en 1802, au diocèse de Tarentaise. D'abord berger, puis étudiant, enfin prêtre, il fut professeur de théologie et théologal diocésain, dans un pays où ce n'est pas une sinécure. Au fond sa vocation était d'être missionnaire et apôtre, de prêcher et d'écrire. Compatriote de saint François de Sales, de Vaugelas et de J. de Maistre, contemporain des Rendu, des Rey, des Charvaz, il débuta par un essai en latin sur l'accord de la raison et de la foi et par un opuscule hâtif sur la perfectibilité. En 1837, pendant que la France était aux écoutes de Châtel et d'Enfantin, il écrivait *Platon-Polichinelle* et la *Solution de grands problèmes*. Dans ces sept volumes, l'auteur posa trois questions : Peut-on être homme sans être chrétien ? Peut-on être chrétien sans être catholique ? Peut-on être catholique sans s'attacher à l'Eglise romaine ? Ces questions, l'auteur les discute dans *Platon-Polichinelle* et les résout avec un mélange de solidité et de plaisanterie ; dans la solution de grands problèmes, Polichinelle est mis en fourrière et le savant Platon parle avec toutes les ressources de l'érudition, toutes les lumières de la théologie et les accents de la plus haute éloquence. *Emmanuel*, ou le remède à tous nos maux, est un commentaire profond de l'Eucharistie dans son rôle social et son influence politique. Ces ouvrages ne sont pas seulement exempts d'erreur ; mais, dans la variété des détails, ils joignent à l'exactitude, l'abondance des doctrines, la sûreté des informations, la profondeur des vues et l'accent d'un puissant intérêt. Par eux, Martinet entrait de plain pied dans l'illustration.

En 1848, pendant que la France était prise de la fièvre républicaine, l'infatigable Martinet publiait, presque en même temps : L'*Education de l'homme* et non pas de l'enfance ; la *Science de la vie* ou leçon de philosophie universelle ; la *Philosophie du catéchisme*, antilogie qui révèle son dessein ; et la *Science sociale* au point de vue des faits. Puis, sans se copier ni se répéter, mais toutefois sans vulgariser ses hauts enseignements et conjurer les catastrophes, Martinet écrivait : *Des affaires de Rome ; — Les idées d'un catholique*, sur ce qu'il y aurait à faire ; — *Que doit faire la Savoie ? — L'art d'apprendre en riant des choses fort sérieuses ; — Les réflexions de Polichinelle* sur un souverain comme il y en a peu et sur un discours du trône qui n'a pas son semblable ; — *Le réveil du peuple ; — L'Arche du peuple ; — La Statolatrie* ou le communisme légal. Ces quatorze volumes sont, les premiers, de grands in-8° avec une science du meilleur aloi et un grand style ; les autres sont des opuscules de combat écrits avec les libres allures de la polémique. « Ces livres, dit Louis Veuillot, inspirés par un zèle ardent pour la religion et pour l'ordre social, ne contiennent pas une page qui puisse servir de prétexte aux indignes accusations dont on aurait voulu l'atteindre. Prêtre avant tout, il n'a pas cherché la gloire de l'esprit : il a désiré servir Dieu et les hommes et ses travaux ont été, dans sa pensée, moins des œuvres littéraires que des œuvres de foi... Dans tous ses ouvrages, divers de forme et de ton, identiques quant à la pensée et au but, l'auteur s'est proposé de rendre évidente et probable la vérité sociale de l'Evangile. Le salut de l'homme et le salut de la société par l'Eglise catholique ; hors de cette Eglise point de salut pour l'homme ni pour la société : Tel est le thème unique qu'il développe avec des ressources inépuisables de logique et d'érudition. Connaissant à fond tous les sophismes et tous les systèmes de l'erreur religieuse et politique, il les combat d'une main exercée et sûre. Doué à un rare degré de la faculté de suivre la pensée de ses adversaires à travers tous les mensonges de l'expression, sobre parce qu'il est clair, original et animé parce qu'il dit juste, il donne à ces hautes polémiques tout le piquant d'une conversation familière et il rend l'accès de la vérité si facile que tous les esprits peuvent y arriver. »

En 1852, des personnes dont les conseils étaient pour lui des ordres, ramenaient le solitaire des Alpes à l'œuvre de toute sa vie, à la rédaction d'un cours d'enseignement théologique. A ses débuts, il avait publié son *Concordia rationis et fidei* ; pour saisir l'esprit public de son dessein, il publia un *Essai sur la méthode d'enseignement théologique* ; quand le terrain fut préparé, il descendit dans la tranchée et écrivit, en huit volumes, les *Institutions théologiques*. Ce qui les distingue dans la partie dogmatique, c'est que l'auteur suit l'ordre de l'histoire et appuie beaucoup sur les faits. Cette méthode, conforme au plan divin, lui paraît la plus claire et plus probante ; c'est le commentaire savant du *Credo* et du *Décalogue*, écrit en fort bon latin. Inutile d'en indiquer ici le plan. « Ces huit volumes de théologie, dit le cardinal Mermillod, forment un magnifique ensemble qui, par l'ampleur de conception, par l'enchaînement logique, par l'admirable unité, par l'orthodoxie parfaite, par l'étendue de la science, puisée aux sources authentiques, offre au clergé un vrai trésor de la science sacrée appropriée aux idées présentes. »

En 1869, Martinet publiait : *La société devant le Concile*. Lui qui, depuis trente ans, avait approfondi tant de problèmes et sondé les plaies sociales avec tant de vigueur d'esprit, indiquait maintenant les remèdes. Après sa mort, en 1871, un écrit posthume indiquait encore le moyen de les appliquer plus sûrement par l'enseignement du catéchisme.

Martinet, dans ses écrits populaires, avec une science plus précise, est l'émule, souvent heureux, de Cormenin ; dans ses œuvres d'apologétique, c'est un mélange de Tertullien, de Labruyère et de. Veuillot ; dans la théologie, c'est le restaurateur de l'enseignement des séminaires. Après lui, il n'y a plus qu'à améliorer, et son disciple sera un bon maître. Des auteurs anciens, après cinquante ans, il est encore le plus actuel ; lui souhaiter un renouveau, c'est présenter à l'esprit public une lumière, indiquer au gouvernement une direction chrétienne et assurer, à la France, une grâce.

Un digne émule d'Antoine Martinet fut Charles-Adolphe Peltier, né en 1800, à Douéla-Fontaine, au diocèse d'Angers. A vingt-et-un ans, il était professeur de philosophie, pensait par lui-même et voyait très bien où le cartésianisme conduisait la France. A ce titre, il eut, pendant ses cinq ans de professorat, des luttes à soutenir, contre Bernier, qui se fit mettre à l'index, et contre Regnier, qui devint cardinal ; pour ce fait honorable, il subit un retard dans sa promotion à la prêtrise. Curé de Vauchrétien, puis vicaire à la Villette, il y eut maille à partir avec son évêque, qui prétendait avoir le droit de dispenser au deuxième degré pour le mariage ; et avec son archevêque qui, autorisé par un indult, soutenait l'inutilité de la mention de l'indult pour dispenser. Rome consultée donna raison à l'abbé Peltier, et pour ce tort d'avoir eu raison, Peltier fut expulsé d'Angers, puis de Paris. Le cardinal Gousset accueillit le proscrit, lui donna la cure de Bezannes et le nomma chanoine honoraire de Reims. Bezannes est un petit village où un curé a peu de besogne. Libre de ce côté, Peltier se mit au travail avec des entrailles d'airain. Debout chaque matin dès les quatre heures, il travaillait tout le jour et travailla ainsi jusqu'à 80 ans. Homme vigoureux et souple, moitié bronze moitié acier, et, comme ces deux métaux, moins soucieux de briller que de servir.

Les ouvrages de Peltier se divisent en trois classes : les écrits dont il est l'auteur, les traductions et les éditions d'ouvrages anciens.

Les écrits de l'abbé Peltier sont : 1° *Lamennais réfuté par lui-même* ; — 2° *Réfutation du système philosophique de l'abbé Caron* ; — 3° *Défense de l'ordre surnaturel* contre trois ouvrages de Lamennais ; — 4° *Dictionnaire universel des Conciles* en deux volumes in-4° ; — 5° *Défense de l'Eglise et de son autorité* contre l'écrit de l'abbé Bernier sur l'Etat et les cultes ; — 6° *La Théodicée chrétienne de l'abbé Maret comparée à la théodicée catholique*, suivie d'observations contre Kant et le Père Chastel ; — 7° *Théorie de la foi dans ses rapports avec la raison*, ouvrage qui a eu quatre éditions ; — 8° *L'Anti-Lupus*, ou défense des quatre propositions souscrites par Bonnetty, contre leurs défenseurs, Maupied, Cognat et Lupus ; — 9° *Lettre au Père Dechamps* sur le traditionnalisme, avec approbation du cardinal Gousset ; — 10° *Affaire de Louvain* sur le traditionnalisme et l'ontologisme ; — 11° *La Doctrine de l'Encyclique du 8 décembre 1864*, 3 vol. in-8°. Ces écrits, sauf *La doctrine de l'Encyclique*, *La théorie de la foi* et le *Dictionnaire des Conciles*, sont de simples brochures de controverses, où l'abbé Peltier montre d'ailleurs un esprit très délié, très fort sur les principes et d'une inexorable logique. On se bat quelquefois, en apparence, pour peu de chose ; mais ce peu est gros de conséquences qui conjurent pour la détermination très précise de la vérité en cause.

Les ouvrages traduits par l'abbé Peltier sont : 1° *Le Protestantisme et la règle de foi* du Père Persone, 3 vol. in-8° ; — *Le grand Catéchisme de Canisius*, 5 vol. in-8° ; — 3° *Le traité de la puissance ecclésiastique* de Bianchi, en 2 vol. extraits d'un plus grand ouvrage ; — 4° *L'Anti-Febronius*, ou la primauté du Pape justifiée par le raisonnement et par l'histoire, 4 vol. in-8°.

Les ouvrages simplement édités par l'abbé Peltier sont : 1° *Les Œuvres complètes de saint François de Sales*, en 12 vol. in-8° ; — 2° *Les six tables générales de la Somme de saint Thomas* ; — 3° *Les Œuvres complètes de Louis de Grenade*, en 22 vol. ; — *Les Œuvres complètes de saint Bonaventure*, en 15 vol. in-4° ; — 5° *Les sermons du Père Lejeune*, 10 vol. in-8° ; — 6° *Les Œuvres complètes de saint Alphonse de Liguori*, 20 vol. in-8°.

Au total, quatre-vingt-seize volumes, importants par leur objet, irréprochables sous le rapport de l'orthodoxie, reconnaissables par la science, parfaitement collationnés, surtout corrigés avec la plus scrupuleuse exactitude. Quel immense labeur ! — Exemple mémorable, pour les prêtres, surtout en France, où ils doivent tous porter les armes de la foi et de la science, unir la presse aux autres agents de prosélytisme et sauver les âmes avec toutes les ressources de vrais apôtres. Autrement *Venit finis*, comme dit le prophète.

A côté du curé de Bezannes, il faut placer le curé de Cormontreuil. Jean-Claude Gainet était né en 1805 à Beaumolte, près Vesoul. A quinze ans, il était instituteur primaire, le premier gamin de son école. Un curé lui trouva de l'esprit et le mit au latin. Prêtre, vicaire à Gray, curé de Vernes, l'ancien élève des Blanc et des Gousset imagina, pour compléter ses études théologiques, de constituer en Institut le canton de Dampierre-sur-Salon. Les cinq sections de cette Académie s'étaient partagé tout le domaine de la théologie : les uns avaient le dogme, les autres la morale, le droit canon, la liturgie, la philosophie et l'histoire. Quand l'archevêque, qui était un étouffoir, fut informé de cette création, il en dispersa les membres, et le fondateur de l'Institut, Gainet, frappé d'une irrévocable disgrâce, n'eut plus qu'à déguerpir. L'archevêque de Reims, le bon et paternel Gousset, qui aimait les sciences, accueillit Gainet et lui donna la cure de Cormontreuil, faubourg de Reims. Là, Gainet se trouvait dans son élément, près d'une ville savante, assez riche pour se former une bibliothèque de vieux livres, et où il réunit jusqu'à vingt-cinq mille volumes. Alors il se mit à travailler comme un Bénédictin ; il écrivit et publia des ouvrages dont voici la nomenclature : — 1° *De la morale chrétienne dans ses rapports avec l'ordre politique*, 1 vol. in-8°, 1844 ; — 2° *Essai critique sur les ouvrages historiques de M. Guizot*, 1 vol. in-12, 1851 ; — 3° *Dictionnaires d'ascétisme et de patristique*, 2 vol. in-4° 1854-55, en collaboration avec l'abbé Poussin ; — 4° *La Bible sans la Bible*, 5 vol. in-8°, 1867 ; — 5° *L'enseignement public en France comme principale cause de la crise actuelle* ; — 6° *Questions préliminaires de la loi sur l'enseignement public*, in-8°, 1873 ; — 7° *Accord de la Bible avec la géologie*, 1 vol. in-8°, 1876 ; — 8° *La Chine*, 1 vol. in-8°. A sa mort, il préparait un livre sur les raisons philosophiques de l'humilité ; au lieu d'en donner la leçon, il en offrit l'exemple : *Dum adhuc ordirer, succidit me*.

Les ouvrages de l'abbé Gainet sur les questions de morale et d'enseignement sont le fruit de la méditation et de l'expérience : l'auteur s'y complaisait et y excellait. L'étude sur Guizot a la plus forte opposition qu'ait rencontrée l'historien calviniste, après toutefois le grand ouvrage de Balmès. Balmès et Cortès l'avaient entrepris, l'un sur les généralités de la doctrine, l'autre sur les détails de quelques faits ; Gainet l'entreprend dans l'ensemble de ses enseignements et de ses doctrines : il expose loyalement ses idées et les réfute avec une très haute compétence. Bossuet, Montesquieu, Voltaire et Châteaubriand avaient exposé, avant Guizot, cette histoire de la civilisation ; Guizot se fraie une voie moyenne entre Bossuet et Voltaire, dans le but de tout ramener à son idéal protestant et constitutionnel. — Les deux dictionnaires sont affaires d'érudition. — *La Bible sans la Bible* est le chef-d'œuvre de Gainet. C'est un livre où il veut prouver que, la Bible fût-elle détruite, on retrouverait l'ensemble de la Bible, au moins les faits principaux et les plus grands, dans les traditions de l'humanité. Eusèbe le premier avait conçu ce dessein et l'avait réalisé dans ses deux grands ouvrages sur l'Evangile ; de nos jours, un grand nombre d'auteurs avaient repris en sous-œuvre le travail d'Eusèbe. Les plus célèbres sont Huet, Guérin du Rocher et Banier. D'autres comme Vossius, Saumaise, Price, Leclerc, Girardet, Brunet, Pluche, Dongteins, Bogan, Bompart, Turner, Roger, Perrin, Wilford, Boré, Roselly de Lorgues, Léon de Laborde, Daniélo, Saulcy, Vogué avaient étudié quelque point à part. Gainet reprend en sous-œuvre tout ce travail, va aux sources, et, avec son maître esprit, compose un ouvrage que je tiens personnellement pour le chef-d'œuvre du siècle sur cet accord de toutes les traditions avec la Bible. — Sur l'accord de la Bible avec la géologie.

Gaisset prend les conclusions de la science. Wiseman et Pianciani en Italie ; Buckland et Gérald-Molloy en Angleterre ; Homalius d'Halloy en Belgique ; Reusch en Allemagne ; Cuvier, Desdonit, Marcel de Serres, Lambert, Sorignet, Debreyne, Chaubard, Meignan parmi nous, avaient tenté la résolution de ce problème. Guinet, après de longues études, spécialement sur le *diluvium*, conclut à son tour contre les Draper et les Zimmermann. En suivant l'ordre des couches concentriques, depuis le noyau central jusqu'à la surface du globe, il est prouvé par la succession des terrains et des fossiles, qu'entre la Bible et la géologie, il n'y a pas opposition, mais concordance manifeste. — La *Chine* est un recueil de notes prises sur les conversations du Père Perny.

Le curé de Cormontreuil, supérieur à Gorini par l'étendue de ses connaissances et l'éclat de ses œuvres, restera, dans la mémoire de la postérité, comme l'une des gloires du presbytère de campagne et l'un des plus solides apologistes de l'Eglise.

Victor Pelletier, né en 1810 à Orléans, fut successivement aumônier des prisons, curé de Gien, chanoine et grand vicaire. Chanoine vermeil et brillant de santé, il ne resta pas en espalier dans la cathédrale ; il collabora à l'*Univers* et à la *Semaine du Clergé*. Ensuite, il écrivit un grand nombre d'ouvrages, les uns d'intérêt local, les autres pour le bien de l'Eglise. Parmi ces derniers nous citons : — 1° Une édition annotée du droit canon de Reiffenstuel ; — 2° *Numismatique papale* ; — 3° *La grande Bible des Noëls* ; — 4° *Des chapitres cathédraux en France*, 1 vol. in-8°, 1864 ; — 5° *Mémoire pour le chapitre cathédral de Nice* ; — 6° *Décrets et canons du Concile du Vatican* avec les documents qui s'y rattachent ; — 7° *Mgr Dupanloup*, épisode de l'histoire contemporaine ; — 8° *Défense* de cet opuscule ; — 9° *Essai théologique sur le catholicisme libéral* ; — 10° *Les Défenseurs du catholicisme libéral*.

Les notes sur le droit canon de Reiffenstuel ont pour objet de l'actualiser et pour but de nous obliger à son observation. La *Numismatique papale* n'intéresse que les érudits. *La grande Bible des Noëls*, très complète, se propose de nous ramener à ces chants naïfs qui saluaient le Dieu de la crèche et dilataient joyeusement l'âme des chrétiens. L'ouvrage et le mémoire sur les chapitres voudraient faire, de ces ossuaires, un organisme important du gouvernement ecclésiastique. Les quatre opuscules contre Dupanloup et le libéralisme prennent, comme on dit vulgairement, le taureau par les cornes.

Dupanloup, comme évêque, avait pour spécialité d'être sublime ou ridicule ; le chanoine admirait les sublimités ; pour les ridicules, il les redressait et faisait assez souvent rire la galerie. Dupanloup, homme politique, était le grand chantre du catholicisme libéral, le coryphée du groupe Falloux, Cochin et Cie. Dans ses écrits, avec beaucoup de ruses, de réserves habiles et de faux-fuyants, il avait distillé le poison de la nouvelle hérésie. Pelletier en fournit la preuve par le genre d'arguments qu'il affectionnait, les citations. Comme le coupable savait se défendre, Pelletier montre l'inanité de ses échappatoires. Puis du terrain des faits passant aux forteresses du droit, il met à néant toutes les théories d'une erreur que j'appellerai le Loupianisme. Dupanloup avait sans doute des vertus, mais il manquait de patience et savait s'irriter. Dans l'impuissance où il se trouvait de répondre sérieusement à son chanoine, l'affaire fut portée en cour de Rome. Rome soutient toujours l'autorité ; elle ne permet pas, à un subalterne, de blâmer publiquement un évêque ; et, si elle regretta les attaques du chanoine, elle ne blâma pas le fond de ses opuscules, certainement orthodoxes. Dupanloup, pour se payer des gants, publia le rescrit de Rome, mais après l'avoir mutilé en quatre passages : mutilations qui le faisaient tomber sous les censures et qui dérogeaient à la plus vulgaire probité. Le grand homme portait légèrement ces indignités et ces disgrâces.

Pelletier, pendant le Concile, avait composé un ouvrage terrible pour la mémoire de l'évêque d'Orléans ; il se proposait de le publier quand Lagrange aurait mis au jour le recueil de ses odes à Dupanloup ; à sa mort, ce mémoire fut remis au successeur de l'évêque : nous ignorons s'il a été détruit ou consigné aux archives.

Victor Pelletier n'était pas seulement un soldat, c'était un savant canoniste, un bon prêtre, un chanoine exemplaire, un orateur zélé, un zouave pontifical dont Pie IX voulut honorer le mérite, en le décorant de la prélature. L'histoire ratifie cette décoration.

Un autre savant soldat de la sainte Eglise fut Mgr Maupied. François-Louis-Michel Maupied était né en 1814 à la Patrie, près Lamballe (Côtes-du-Nord). Cadet de huit enfants, il fut élevé par un oncle, le prêtre Bourda. A douze ans, il était déjà maître d'école et catéchiste et commençant l'étude du latin. Prêtre en 1838, il prit ses grades, devint suppléant de Glaire en Sorbonne, collaborateur des *Annales de philosophie*. En 1848, la suppléance supprimée, Maupied vint fonder en Bretagne l'institution de plein exercice, Sainte-Marie de Gourin, qu'il cédait en 1854, à la Congrégation du Saint-Esprit. A cette date, il se rendait à Rome, chargé de plusieurs missions diplomatiques, la mitre était au bout, si le prêtre eût préféré, à l'intérêt de l'Eglise, les intérêts de son amour-propre. Ces négociations vidées, Maupied se fit recevoir docteur en théologie et en droit canon, puis revint en France pour recruter des zouaves pontificaux. Le cardinal Antonelli envoyait à Maupied le questionnaire Caterini ; Maupied y fit une très importante réponse. Consulteur au Concile de Mgr Charbonnel, c'est lui, Maupied, qui fournit aux évêques la formule définitoire de l'infaillibilité. En 1873, il fut nommé Camérier du Pape ; il était déjà chanoine honoraire de trois cathédrales, et devint bientôt professeur titulaire à l'Université d'Angers. Quand l'âge vint, il fut vicaire à Lamballe et mourut dans un état voisin de la misère. Ce n'était pas moins, dans toute la force du terme, un Maître ; le Moyen Age l'eut appelé *Doctor fundatissimus resolutissimus.*

Peu d'hommes ont autant écrit que le docteur Maupied ; voici l'importante nomenclature de ses ouvrages : — 1° *Thèse inaugurale pour le doctorat ès-sciences* : c'est un traité d'ensemble de la doctrine anatomique et physiologique ; — 2° *Prodrôme d'Ethnographie*, essai sur l'histoire des peuples anciens, notamment du Boudhisme et du Brahmanisme ; — 3° *Histoire des sciences, de l'organisation de leur progrès et comme base de la philosophie*, 3 vol. in-8°, 1845 ; — 4° *Dieu ou l'homme et le monde*, connus par les trois premiers chapitres de la Genèse, 3 vol. in-8°, 1851 ; — 5° *Dissertation historique, scientifique et critique sur le Déluge* ; — 6° *Précis d'analyse logique*, in-12 ; — 7° *Le livre du sacrifice éternel*, ou Dieu et l'homme réunis dans le sacrifice de la Messe ; — 8° *Heures* à l'usage des associés de l'Archiconfrérie du très saint Cœur de Marie ; — 9° La *Vie de saint Bonaventure*, dans les *Vies des saints illustrées* ; — 10° *Méditations* à l'usage des frères de Ploermel ; — 11° *Commentaire dogmatique et moral des cinq premiers chapitres* de saint Mathieu ou *Traité de l'Incarnation* ; — 12° *Choix de sermons* publiés au tome 86° des orateurs de Migne ; — 13° *La réconciliation de la raison et de la foi* ; — 14° *Juris canonici universi compendium*, 2 vol. in-4°, chez Migne, 1861 ; — 15° *L'Eglise et les lois éternelles des sociétés humaines*, 1 vol. in-8°, 1863 ; — 16° *Theologia positiva dogmatica et moralis*, 2 vol. in-4° chez Migne, 1866 ; — 17° *Le futur Concile*, traité théologique et canonique, Guingamp, 1869 ; 18° *Les devoirs des chrétiens devant l'infaillibilité doctrinale des pontifes Romains*, 2 vol. in-8°, 1870 ; — 19° *Réponse à la lettre de Mgr Dupanloup contre l'infaillibilité* ; elle a été traduite en italien par le marquis Dragonetti ; — 20° *Le triomphe de l'Eglise au Concile du Vatican*, 1 vol. in-12°, 1871 ; — 21° *De l'origine du pouvoir civil*, réédité depuis sous le titre : *Origine divine du pouvoir civil et constitution divine des nations dans l'Eglise* ; — 22° *Le Syllabus*, commentaire théologique, canonique, historique, philosophique et politique ; deux éditions, l'une in-8°, l'autre, en quatre petits volumes ; — 23° *Les origines de l'homme et des espèces animales, vivants et fossiles*, 1 vol. in-8°, 1877 ; — 24° *Pratique de la liturgie romaine*, de Herdt, traduite par Maupied ; — 25° Des articles dans l'*Encyclopédie catholique* du XIX° siècle, dans la *Revue médicale*, dans la *Revue anthropologique*, dans la *Correspondance* von Doren de Bruxelles et dans les *Nouvelles Annales* du Père Perny.

Pour apprécier exactement tous ces ouvrages, il faudrait de nombreuses pages. Ce travail a été fait dans le *Clergé contemporain*, tome II, p. 19 de la biographie de Mgr Maupied. La seule chose à nous possible, c'est de saluer, dans ce savant, une science profonde ; dans cet athlète, un courage à la hauteur d'une conviction ; et par l'ensemble de ses œuvres, une magnifique intelligence de l'Evangile et de l'Eglise. Pendant cinquante ans, il a servi cette cause avec un zèle infatigable, une érudition sûre, une pénétration extraordinaire, une irréprochable probité. Cinquante ou soixante volumes constituent le monument qui honorera, devant la postérité, son savoir et son zèle. Si l'auteur a été critiqué, persécuté, méconnu, ces misères n'ont été, pour sa vertu, qu'une grâce d'accroissement, pour sa science, qu'une plus éclatante manifestation ; elles n'ont pas laissé d'amertume dans son âme. Que s'il a été desservi injustement, il a été honoré de l'amitié d'évêques illustres comme Sergent de Quimper, Filippi d'Aquila et Barthélemy d'Avanzo ; des cardinaux comme Gousset, Bérardi, Antonelli, Fornari, Chigi, Meglia ; et de la haute estime d'un pape qui s'appelait Pie IX. Cela suffit à sa gloire.

A côté de Maupied, je place un auteur d'un caractère plus souple, Meignan. Guillaume-René Meignan était né en 1817, à Denazé, dans la Mayenne. Prêtre, un instant professeur au collège de Tessé, il profita de la translation de l'établissement, pour venir à Paris, où il reçut bon accueil. La vocation de ce jeune prêtre était d'approfondir les saintes Ecritures ; il eût dû se rendre à Rome, source de la science scripturaire. Son tempérament d'esprit le conduisit en Allemagne, à Munich, puis à Berlin. Par une autre initiative, qui découvre le fond mystérieux de cet être, il pratiqua Dœllinger, le grand ennemi de Rome et devint le familier des protestants Tholück, Ewald, Leshitzsch et Hengstenberg. Dans ce pays, Gambrinus, le patron de la bière, est une divinité ; la pipe n'y compte guère moins d'adorateurs. A son retour, Meignan fut vicaire dans différentes paroisses, puis professeur de Sorbonne, puis grand vicaire, évêque de Châlons et d'Arras, archevêque de Tours et cardinal. Comme évêque, c'était l'homme qui ne veut pas d'affaires, un évêque en caoutchouc, très bien vu de l'Empire et encore mieux de toutes les fractions du parti républicain. Correct, sans doute, mais latitudinaire, il disait et faisait beaucoup de choses qui étonnent et qui firent parfois douter de sa foi : il est mort, Dieu lui fasse paix !

On doit à Meignan : 1° *Les prophéties messianiques de l'ancien Testament* ou la divinité du Christianisme démontrée par la Bible, 1 vol. in-8°, 1856 ; — 2° *M. Renan et le cantique des cantiques* ; c'est une réfutation du sulpicien défroqué ; — 3° *La crise religieuse en Angleterre*, article favorable au mouvement d'Oxford, qui promit plus qu'il ne donna ; — 4° *Un prêtre déporté en* 1793, biographie de famille. qu'on ne peut lire sans émotion ; — 5° *M. Renan et la Vie de Jésus*, réfutés par les rationalistes allemands: très heureuse idée ; — 6° *Les Evangiles et la critique au* xix° *siècle*, 1 vol. in-8°, 1864 ; — 7° *La crise protestante en Angleterre et en France*, deux fascicules ; — 8° *Instructions et conseils d'une famille chrétienne*, livre de religion pratique ; — 9° *Le monde et l'homme primitif*, selon la Bible ; c'est le complément des prophéties messianiques pour l'étude de la Genèse sous un autre aspect ; — 10° *Les prophéties des deux premiers livres des Rois*, avec une introduction sur les types ou figures de la Bible ; — 11° *Léon XIII pacificateur*, pour rendre hommage au vœux du pape ; — 12° *David, roi, psalmiste, prophète*, avec une introduction sur la nouvelle critique, 1 vol. in-8°, 1889 ; — 13° *Salomon, son règne, ses écrits*, 1 vol. in-8°, 1890 ; — 14° *Les prophètes d'Israël*, quatre siècles de luttes contre l'idolâtrie, 1 vol. in-8°, 1893 ; — 15° *Les prophètes d'Israël et le Messie*, 1 vol. in-8°, 1893 ; — 16° *Les derniers prophètes d'Israël*, 1 vol. in-8°, 1894 ; — 17° *L'ancien Testament dans ses rapports avec le nouveau* et la critique moderne de l'Eden à Moïse, 1 vol. in-8°, 1896 ; — 18° *L'ancien Testament dans ses rapports avec l'Eden*: de Moïse à David ; — 19° *L'irréligion systématique*, où le cardinal ramone les impies avec un racloir tranchant ; il a beau racler, il n'en peut faire tomber que la suie, sans espoir de les blanchir jamais. — A sa mort, le cardinal préparait un volume intitulé : *Jésus-Christ prophète ;* un autre sur la *réalité* de la Bible, réfutation de ceux qui en font un poème, et un *Dictionnaire des antiquités bibliques*.

Un monument avec des épisodes : tel est l'idéal de l'homme qui pense. Les épisodes, le lecteur en a sous les yeux la nomenclature ; le monument, c'est la Bible étudiée depuis la Genèse jusqu'à l'Evangile. Dans cette étude, Meignan ne donne pas de la rhétorique comme Plantier, ni des analyses mortes comme Péronne, mais de la haute science. En la formulant, il subit peut-être parfois, sans le savoir, l'influence étrange des rationalistes allemands. Mais il s'inspire *toujours* des Pères qu'il suit *fidèlement* et s'astreint rigoureusement à l'observation des règles exégétiques de l'Eglise. A aucun titre ce n'est un novateur ni un esprit téméraire ; c'est une raison solide mise au service d'une solide foi, pour laquelle, dit-il, il eût donné vingt fois sa tête.

Le clergé de France n'a peut-être pas fait, aux œuvres du cardinal, l'honneur qu'elles méritent ; il lit trop peu les saintes Ecritures, pour mettre à profit ces savants ouvrages. Partisan de la grande science, même pour le plus humble presbytère, c'est dans les œuvres de Meignan que nos prêtres doivent puiser la science des prophéties messianiques. Le Concile du Vatican avait déterminé, en principe, la notion, l'objet et l'autorité de la prophétie ;

en fait, l'archevêque de Tours a donné, sur toutes les prophéties, le dernier mot de la science. A nos yeux, c'est un très grand mérite.

Un prélat plus pieux, plus dévoué à l'Eglise, plus accentué dans le grand combat entre les doctrines romaines et le libéralisme gallican fut le cardinal Villecourt. Clément Villecourt, né à Lyon en 1787, était devenu clerc d'avoué, puis collégien, enfin séminariste et prêtre. Successivement vicaire, curé, aumônier d'hôpital, il devint secrétaire d'évêque, vicaire général de Meaux et de Sens, évêque de la Rochelle, enfin cardinal de France à Rome. Villecourt fut, dans toute la force du terme, un bon pasteur ; s'il fut écrivain, c'est par conviction et par dévouement. Pour écrire, il avait inventé, à son usage, des procédés tachigrafiques. Comme directeur de communautés religieuses, il traduisit des lettres de saint Liguori et le traité de saint Cyprien sur la mortalité ; il composa un *Abrégé de la doctrine chrétienne* et une *Histoire des Carmélites de Compiègne*. On lui doit encore cinq volumes de discours où l'on distingue, entre autres, une série d'instructions sur l'histoire de l'Eglise ; la traduction des deux épîtres de saint Clément aux vierges, le *Recueil des écrits de Marie Eustelle*, un *Nouveau récit de l'apparition de la Salette*, une *Introduction aux sept sacrements de Henri VIII*, quatre volumes sur la vie et l'œuvre de saint Alphonse de Liguori, deux volumes intitulés : *Soirées religieuses* et une réponse aux protestants sous le titre *Juste balance*. L'ouvrage qui doit attirer davantage notre attention, c'est *La France et le Pape*, dédié aux évêques de France. C'est un trésor d'érudition et d'arguments invincibles, dont les journaux religieux ont fait le plus grand éloge. Pour le fond, l'ouvrage est emprunté à un ouvrage latin de Soardi sur l'autorité suprême du pontife Romain. L'objet de l'auteur est de vulgariser les arguments de l'auteur latin par des emprunts bien faits ; son but, c'est de prouver que dans tous les temps, et particulièrement au xviii° siècle, la France a été fidèle aux doctrines romaines, sinon en totalité, du moins en grande partie. Dans une récente controverse, un adversaire soutenait *mordicus* que tout le monde en France était gallican ; la preuve du contraire se trouve développée avec la plus grande force dans l'ouvrage de La Rochelle. Cette contribution du prélat à la défense du Saint-Siège, objet nécessaire en France de tous les efforts catholiques, valut à l'auteur la pourpre du cardinalat. Marque décisive du désir des Papes de trouver la France moins coupable et de leur volonté de l'arracher définitivement aux étreintes du particularisme français.

L'histoire doit également un souvenir à Bouvier. Jean-Baptiste Bouvier était né en 1783, à Saint-Charles-la-Forêt, dans la Mayenne, d'une famille extrêmement pauvre. Son curé, frappé de ses qualités d'esprit, lui donna les premières leçons ; Bouvier acheva ses études littéraires à Château-Gontier et fit sa théologie à Angers. Prêtre en 1810, il enseigna la philosophie, puis la théologie jusqu'en 1820. Supérieur du grand séminaire, vicaire général, évêque du Mans en 1833, il devait mourir à Rome en 1854, ayant été appelé par Pie IX pour la proclamation de la Conception Immaculée de Marie. Bouvier est le premier en France qui se hasarda, après la Révolution, à écrire sur la philosophie et la théologie. Jusque-là, on s'en tenait, en philosophie, aux institutions de l'oratorien janséniste Vala, et en théologie, aux élucubrations du gallican Louis Bailly. Bouvier publia des *Institutions de philosophie* à l'usage des séminaires et des collèges, en un volume, et en deux volumes, une *Histoire de la philosophie* ; puis *Institutiones theologia ad usum seminariorum*, 6 vol. in-12, *Dissertatio in sextum Decalogi præceptum*, 1 vol. in., un *Traité historique et pratique des indulgences* à l'usage des curés ; un catéchisme et différents petits ouvrages à l'usage des communautés religieuses. En un mot, Bouvier est, en France, le premier rénovateur de la pédagogie ecclésiastique : c'est un mérite d'avoir su l'entreprendre, et un autre mérite d'avoir mené à bon terme son entreprise.

Vala était cartésien, faible sur les principes, maigre dans les formes, un livre bon pour l'enseignement dans les cimetières. Bouvier, dans ses institutions philosophiques, a un plan très clair, des idées d'un bon sens scrupuleux, des arguments de bonne marque et un style simple. Dans sa pensée, la philosophie naturelle n'est qu'une introduction à la théologie. C'est pourquoi il y introduit un traité des anges et n'en répète pas le traité de Dieu et de l'âme dans sa théologie ; c'est pourquoi aussi il invoque, comme autorités, ces Pères de l'Eglise, témoins sans doute recevables en philosophie, mais seulement comme philosophes. Bouvier reste cartésien ; il ne connaît pas la philosophie scolastique ; il ne pressent pas, non plus, la théorie mennésienne du sens commun, que Doney et Combalot essayèrent vainement de formuler en philosophie classique. — Son histoire de la philosophie complète heureusement, mais trop longuement, ses institutions.

Bailly ne valait pas mieux que Vala. On l'appelait le bon, le limpide, le méthodique Bailly ; il était limpide comme les ruisseaux peu profonds, et méthodique comme les ruisseaux à sec. Gallican, janséniste et rigoriste, il faisait négligemment ses preuves, et là où les preuves le gênaient, il s'en tirait par coupures de textes. Très faible sur les thèses, il abondait en objections inutiles contre Arius, Nestorius, Eutychès, peu décidé contre Jansénius, à genoux devant Bossuet. L'abbé Dioux ne l'estimait bon qu'à chasser l'alouette au miroir ; ses arguments et ses objections devaient tuer à coup sûr cet innocent volatile.

Par des additions manuscrites, Bouvier avait d'abord complété son auteur ; ensuite il avait composé un traité de la justice et des contrats. Quand il fut évêque, des personnes recommandables par leur science et leur expérience réunirent et imprimèrent ses *Institutions théologiques* en 1834. L'ouvrage est dressé sur un plan de tradition dans les écoles et contre lequel il y a bien quelque chose à dire ; il est coupé en traités qui mettent la religion en morceaux, en expliquent l'anatomie et le jeu des organes, mais n'en manifestent pas la vie. La théologie considérée comme réalisation du royaume de Dieu sur la terre, nous paraît un point de vue plus élevé, une idée plus juste, et qui se prête, comme l'autre, aux exigences de la pédagogie dans les séminaires.

Le point capital, c'est de savoir le jugement de Bouvier sur le pouvoir des Papes et sur les soi-disant libertés de l'Eglise gallicane. Le gallicanisme n'était pas seulement une atteinte portée à la constitution de l'Eglise et qui avait amené dans nos Eglises les plus funestes écarts ; il était encore un trouble apporté dans l'ordre civil, politique et économique, relativement à la propriété, à la rente des capitaux et à l'exercice du pouvoir. Ce jugement n'entre pas dans la tête de Bouvier ; il n'a pas entendu les revendications justes de Lamennais ; il n'a pas le sens des grandes initiatives et des nécessaires retours. Même en 1839, dans sa troisième édition, il hésite encore sur la suprématie du Pape par rapport au Concile ; il croit aux libertés et coutumes gallicanes ; il craint la chimère d'un Pape ravageant l'Eglise dans les emportements de l'absolutisme. Certainement, il est modéré, très modéré sur toutes ces thèses ; il craint de marcher, vous le croiriez prêt à se rendre ; mais enfin il tient encore. Sur la réquisition de Pie IX, sa théologie a été corrigée depuis, par Alexandre Sebaud, évêque d'Angoulême ; mais nous croyons peu à ces corrections d'ouvrages, dont il faudrait remanier le plan de fond en comble, pour bien établir, dans l'Eglise, non pas la prééminence du corps des pasteurs, mais la monarchie des Papes. Bouvier, Vieuze et d'autres peuvent, par des corrections, éviter l'Index ; à moins d'une refonte complète, ils ne peuvent pas devenir de bons ouvrages.

Depuis, la théologie, si longtemps et si tristement négligée en France, a repris son essor. Après les Gury, les Hilaire, les Martinet, on peut citer les Carrière, les Lyonnet, les Fragnier, les Tiersonnier, les Neyraguet, les Vincent, les Jaugey, les Perriot, les Dubillard. Nous reverrons fonder en France de grandes écoles de théologie ; nous verrons reprendre la tradition des Tournely, des Petau et des Thomassin. Cette restauration des études théologiques est le prélude nécessaire au relèvement des esprits, des mœurs et des institutions : *Ministrate in fide vestra virtutem, in virtute autem scientiam* (II, Petr. 1, 5).

Les étoiles n'ont pas toutes la même clarté ;

mais, après avoir rendu hommage aux étoiles de première grandeur, aux grands hommes qui ont ramené la France à ses traditions orthodoxes et à sa piété envers la monarchie des Papes, nous aimons à saluer les astres dont les rayons plus faibles ont éclairé cette importante restauration. Nous en inscrirons ici plusieurs, tous hommes de mérite et dignes de figurer dans une histoire de l'Eglise. Ce sont d'ailleurs des héros du presbytère, et, en ce siècle, le presbytère a rayonné d'un vif éclat.

Joseph Meslé était né à Saint-Méen en 1788 ; prêtre en 1811, il fut sacristain, puis curé de la cathédrale de Rennes. Désireux de faire fructifier ses talents, il s'imposa un strict emploi du temps et une constante application. Quand il s'agit des mystères divins, la science n'est pas tout ; la science doit être mise sous la garde de l'humilité ; le zèle sous la garde de la discrétion ; la charité sous la garde de l'obéissance. Levé tous les jours à quatre heures du matin, il faisait une heure d'oraison : c'est là le secret de la force. L'homme qui prie pendant que les autres dorment et qui travaille pendant que les autres bâillent, devient nécessairement un maître homme. Mais comment trouver du temps? Meslé curé d'une cathédrale ; Gousset archevêque, chargé de l'administration d'un grand diocèse, trouvèrent du temps pour beaucoup étudier et beaucoup écrire. Meslé, comme Sieur de Chaumont, ne quittait jamais son Eglise : service public, œuvres personnelles, travail : il menait tout de front à l'Eglise ou à la sacristie. Grâce à cette découverte, qui mériterait un brevet avec garantie de l'épiscopat, Meslé trouvait le temps d'écrire, dans toutes les controverses du temps, de très fortes lettres à l'*Univers*. On lui doit en outre : 1° *Essai d'instructions pour les enfants de la première communion*, 2 vol. in-12, 1826 ; 2° *Essai de conférences* ; 3° *Manuel du rosaire vivant*, 1834 ; 4° *Trois lettres* sur le retour à l'unité liturgique ; 5° *Manuel de l'adoration perpétuelle du Saint-Sacrement*, 1855 ; 5° *Dévotion du mois de mai* ; 7° *Notice sur le Jubilé universel*, 1865 ; 8° *Mois de septembre en l'honneur de saint Michel* ; 9° *Dévotion du mois de mai en l'honneur de saint Joseph* ; 10° *Trois mois en l'honneur de l'Immaculée-Conception, de la Purification et de l'Annonciation*, 1866 ; 11° *Dévotion à la passion* ; 12° *Confrérie de N. D. du Suffrage*, 1868 ; 13° *Mois de mars pour le triomphe du Concile* ; 14° *Concile général et jubilé*, 1869 ; 15° *Neuvaine pour la fête de l'Assomption* ; 16° *Dévotion au Saint-Enfant Jésus*, 1872. Tous ces écrits honorent également le labeur et le zèle du bon pasteur ; ils font de lui une des gloires contemporaines du presbytère catholique.

Jean-François-Hilaire Ondoul, né à Saint-Flour en 1800, amené à Bourges par les sulpiciens, professeur au séminaire, vicaire de trois grandes paroisses, curé de Buzançais, était un de ces hommes que le talent prédestine à toutes les grandeurs, quand la vertu ne le confine pas au premier poste ; il mourut de chagrin en 1851, après avoir conduit à l'échafaud trois de ses paroissiens, condamnés à mort à la suite des troubles de Buzançais en 1847. Ondoul était un curé bon pour ses vicaires, sage dans ses relations avec le monde, zélé pour le bien des âmes et très laborieux. Ce curé, mort à cinquante ans, a laissé trente ouvrages ; nous citons entre autres, les *Diaconales* de Saint-Flour, une petite Somme des Conciles, un répertoire des sciences ecclésiastiques, une méthode pour la confession des enfants, un traité des indulgences, des vies de Jésus-Christ, de saint Ursin, de sainte Solange, de saint Honoré, des saintes Cécile, Catherine et Philomène, une histoire générale de l'Eglise et un mémoire respectueux sur l'organisation unitaire de la discipline en France.

Ce dernier écrit, qui eut trois éditions, valut à son auteur de chaudes félicitations et d'amères critiques. On ne peut guère regretter le manque de discipline en France, sans paraître censurer l'absolutisme épiscopal et s'attirer, pour cette irrévérence apparente, force gourmades. On ne peut non plus améliorer cette situation anti-canonique et très funeste, lui reprocher ses torts parfois monstrueux, sans invoquer la protection du droit, remède unique et obligatoire aux maux dont l'arbitraire est la cause. Pour mener cette campagne, il faudrait pouvoir s'abriter derrière une soutane d'évêque. Mais on ne peut nier le mal grave dont souffrent nos églises. « Ce qui manque à l'Eglise de France, disait un ministre de Louis-Philippe, c'est *l'organisation*. » Sibour, qui cite cette parole, ajoute : « Il avait raison, car l'Eglise ne forme plus, en France, un *corps organisé*. » N'est-il pas douloureux, qu'après tant de vicissitudes et de révolutions, on puisse reprocher encore leur désorganisation séculaire, à ces églises qui furent autrefois le type et l'instrument de l'harmonie sociale ? N'est-il pas temps d'imputer, à l'ingratitude du siècle, les ruines qu'il a faites et de reconstruire hardiment les murs de Jérusalem ? « Qu'on le sache bien, dit l'auteur des *Institutions diocésaines* (t. II, p. 14), nous ne regrettons pas que le clergé ne soit plus un ordre dans l'Etat ; mais ce qu'il faut pourtant, c'est qu'il reste un *ordre dans l'Eglise*, constitué selon les règles de la discipline. Ce qu'il faut, c'est que des institutions ecclésiastiques réunissent les membres épars aujourd'hui de la hiérarchie ecclésiastique. »

Louis Dubois, né en 1810, à Bassoncourt en Bassigny, était au séminaire de Langres, le condisciple de Georges Darboy. Darboy, savant professeur, traducteur de saint Denis l'Aréopagite, quitta le diocèse et devint archevêque de Paris ; par testament, il rendit, *à titre de restitution*, à Dubois, un prix qui avait été décerné à Darboy par injustice. Dubois fut exclu du séminaire, par le supérieur

Barrillot, parce qu'il étudiait les langues orientales et même le sanscrit, en vue d'écrire une histoire comparée des sacerdoces. Dubois vint à Dijon, fut professeur de philosophie où il s'inspira des leçons de Riambourg ; puis curé de Volnay et enfin de Messigny, où il mourut en 1873.

On doit à l'abbé Dubois une *Notice sur la paroisse, l'Eglise et l'association des vignerons de Volnay* ; l'*Histoire de Morimont*, 4º fille de Citeaux, qui eut trois éditions, et l'*Histoire de l'abbé de Rancé*, deux forts volumes in-8º ; ces deux ouvrages sont, pour le fond et pour la forme, des chefs-d'œuvre de science et d'éloquence. Si l'auteur eût été laïque, la société civile l'eût couvert d'honneurs ; l'Eglise n'a pas su l'honorer : il est mort inconnu. « Les hommes sont injustes, a dit Nodier, et la renommée est capricieuse. »

Alexandre Réaume, né en 1809, aux Ecrennes (Seine-et-Marne), prêtre en 1833, successivement curé dans deux paroisses puis chanoine de Meaux, doit être cité comme un des prêtres français qui accentuèrent le plus heureusement le caractère romain de leur physionomie religieuse. C'était un homme de beaucoup d'esprit. Dans sa paroisse, il s'était trouvé en relations avec Charles de Feletz, le jurisconsulte Rives, le cardinal Gousset et Abel Villemain. De ces relations il tira l'idée d'un livre : *Guide du jeune prêtre dans ses rapports avec le monde* : livre sage dans ses principes, exact dans ses conseils. Comme curé fidèle, il publia ensuite : *Le Carême* ou les quatre fins dernières de l'homme, lectures et méditations à l'usage du clergé et des fidèles ; — et des *Instructions sur le sacrement de pénitence*, également à l'usage des fidèles et du clergé. En même temps qu'il fortifiait son ministère par le travail et les publications, attentif au mouvement du siècle, aux faits qui se produisaient et aux idées qui se faisaient jour, il intervenait dans les controverses, par des lettres à l'*Univers*. Sur la *Fleur de la vie des saints* de Ribadéneira, sur l'unité du vicaire capitulaire, sur les souscriptions pour le Concile, ses lettres furent, dans le monde catholique, des événements. Il était impossible de voir plus clair et de mieux parler.

Comme chanoine de Meaux, Réaume s'occupa surtout de Bossuet. Le cardinal de Bausset avait écrit, avec un grand succès littéraire, mais sans théologie, ou plutôt avec une théologie très mauvaise, les histoires de Bossuet et de Fénelon. L'abbé Berton, prêtre très distingué d'Amiens, avait corrigé par des notes l'histoire de Fénelon ; dans l'impossibilité de redresser, par le même système de correction, l'histoire de Bossuet, Réaume entreprit de l'écrire. Sous la Restauration, le comte de Maistre, avec des précautions infinies, avait osé toucher à l'aigle de Meaux ; sous Louis-Philippe, Rohrbacher avait contesté le demi-Dieu, et, malgré les retours de l'esprit public, on avait fait crime à Rohrbacher de ses hardiesses. Bossuet avait eu le tort très grave de se mettre à la tête du mouvement qui voulait *affranchir* l'Eglise gallicane, c'est-à-dire amener son complet et honteux asservissement. Les richéristes, les jansénistes, les parlementaires avaient fait de Bossuet leur porte-drapeau. Pour eux, Bossuet était le plus savant des docteurs, le plus profond des théologiens, l'oracle de l'Eglise gallicane, le dernier des Pères. Ce concert de louanges avait pour but de substituer l'autorité d'un nom illustre à l'autorité du chef suprême et infaillible de l'Eglise. Or, Réaume connaissait les ouvrages qui avaient réfuté Bossuet, notamment Soardi, Marchetti, Muzzarelli, Cavalcanti, Bianchi et Zaccaria. De plus, habitant Meaux, il connaissait mieux les commencements de Bossuet, son épiscopat et les tripotages de 1682. Dans la sincérité de sa foi, sans contester ni l'éloquence de l'orateur, ni la puissance du controversiste, ni la supériorité de l'écrivain, il découvre les torts énormes de l'évêque de Meaux. Trois volumes durant, et sans se départir de la modération, il dit son fait à l'auteur de la funeste Déclaration, et déduit toujours des preuves à l'appui de son jugement. Que veut-on de plus ? Est-ce la faute de Réaume, si le barde sublime qui chantait avec tant d'harmonie et de majesté les gloires de la sainte Eglise, échange sa harpe d'or contre le fer d'un partisan qui, embarqué derrière une masure de fraîche date, attente violemment aux prérogatives sacrées du vicaire de Jésus-Christ.

L'ouvrage de Réaume parut à l'ouverture du Concile ; il fit hurler les gallicans qui avaient juré d'empêcher, *per fas et nefas*, la définition dogmatique de l'infaillibilité pontificale et réjouit les esprits cultivés qui pouvaient en apprécier l'importance. Un livre qui donne la colique aux gallicans et l'allégresse aux ultramontains est un livre confirmé de part et d'autre par l'opposition des suffrages.

Réaume mourut en 1872. L'*Univers* le salua comme un des prêtres les plus distingués. L'Eglise perdait en lui un de ses bons soldats et le ciel s'augmentait d'une gloire.

L'histoire littéraire d'un siècle ne serait pas complète si elle omettait les écrivains et orateurs jésuites. Le premier qui doit attirer notre attention, c'est le Père Loriquet. Jean-Nicolas Loriquet était né à Epernay, en 1767. Ordonné prêtre en 1791 à Malines, il revint en France où il fut mis en prison, mais s'évada ; plus tard, il exerçait secrètement le ministère à Reims et publiait, à Leipsick, contre les intrus un *Parallèle* entre la doctrine des novateurs et la doctrine de l'Eglise. En 1799, il ouvrait une école ; en 1801, avec les Pères Rasac et Jenesseaux, il rétablissait les Jésuites sous le nom de Pères de la Foi. A Amiens, à Lyon, à Meaux, à Aix, il ouvre des écoles nouvelles ; il professe à Montmorillon et un peu partout. En 1826, il tient tête à la dénonciation imbécile de Montlosier et fait porter, au fameux Dupin, un cordon du dais à la procession de la Fête-Dieu. Il est impossible de trouver un plus brave homme que le Père Loriquet, spirituel au possible et intrépide à toujours. On lui doit *douze* éditions et traductions d'auteurs classiques ; *six* ouvrages sur la grammaire, la rhétorique, la versification et les mathématiques élémentaires ; un cours classique d'histoire en *huit* volumes ; et *douze* ouvrages divers, spécialement des biographies ; il avait encore revu et corrigé l'histoire des voyages de La Harpe. Son bagage littéraire est de soixante-six volumes.

Une vie consacrée à l'éducation de la jeunesse n'eût donné, au bon Père, aucune illustration ; il est célèbre par la phrase que lui attribuèrent trois journalistes facétieux : « M. le marquis de Bonaparte, lieutenant général des armées du roi Louis XVIII ». Cette phrase n'existe ni dans l'édition-princeps qui ne dépasse pas 89, ni dans les éditions subséquentes, qui, toutes interrogées, ne contiennent aucune la fameuse phrase. Un prix a été offert à qui en prouverait l'existence, le prix est encore à gagner. Mais mentez, mes amis, a dit Voltaire, il en restera toujours quelque chose.

Après Loriquet, le jésuite le plus célèbre, c'est Ravignan. Gustave-Xavier Lacroix de Ravignan était né à Bayonne en 1795, d'une famille patricienne qui eut le bonheur d'échapper à la révolution. Sa famille l'avait fait entrer dans la magistrature debout ; il entra à Saint-Sulpice et, deux ans après, chez les Jésuites. En 1837, il succédait à Lacordaire dans la chaire de Notre-Dame ; sans égaler son prédécesseur, il le continua par son éloquence et le compléta par la retraite de la semaine sainte. Le travail de composition coûtait à Ravignan des fatigues et des peines inouïes ; au travail il ajoutait la prière et les conseils. Son signe de croix lui gagnait l'auditoire. Trois qualités le caractérisent comme orateur : une sorte d'impassibilité, provenant du mépris de soi-même et du dédain de la gloire ; un sentiment profond de sa mission, la conviction la plus intime de sa doctrine ; l'autorité portée, dans la parole, à sa plus haute puissance. Ce qui dominait chez lui, c'était l'empire du caractère. Joignez à cela une prononciation vibrante, une articulation accentuée, un style nerveux et incisif ; enfin un discours, tout d'une pièce, ébranlant par la logique, entraînant par la conviction, dominant par la majesté. C'est la vertu qui prêcha la vérité. Un homme est bien fort pour convaincre si vous sentez qu'il croit, et tout puissant pour persuader, si vous voyez qu'il pratique.

On a publié, en quatre volumes, les conférences du Père de Ravignan à Notre-Dame et en un volume une retraite qu'il prêcha chez les Carmélites. Pour juger les orateurs, il ne faut pas les lire, mais les entendre. On lui doit, en outre, un opuscule sur l'existence de l'institut des Jésuites et deux volumes sur Clément XIII et Clément XIV. Au jugement de Veuillot, cet ouvrage a mieux résolu cette question historique que les ouvrages contradictoires de Crétineau-Joly et du Père Augustin Theiner.

Après Lacordaire et Plantier, les Jésuites fournirent encore, à Notre-Dame, un autre orateur, le Père Félix. Clément-Joseph Félix, né à Neuville sur l'Escaut, en 1810, n'était entré que tard au collège de Cambrai, puis au séminaire. En 1832, il n'était pas encore dans les Ordres ; en 1837, il devenait jésuite ; en 1851, paraissait avec honneur dans les chaires de la capitale, en 1852, à Notre-Dame. Pour le sujet de ses conférences, il eut le bonheur de l'à-propos, il parla du progrès par le christianisme. Aux jours d'expansion orgueilleuse de la matière et de la force, il prêcha la nécessité du progrès par l'esprit et par la foi. En face des débordements de luxe et du bien-être, il tonne contre les trois concupiscences, éternels obstacles au progrès intellectuel et moral. Aux misères, aux hontes, aux énervements des progrès corrupteurs, il oppose d'autres puissances : la sainteté, l'humilité, l'austérité, la pauvreté, la charité. Ce n'est pas tout, on veut faire vivre en progrès la société et la famille : où est ce progrès ? Est-ce dans la devise de la franc-maçonnerie ? Non, le vrai progrès est celui de la liberté chrétienne, de l'égalité chrétienne, de la charité chrétienne, annoncées et garanties par l'autorité chrétienne. Le type de cette autorité est en Jésus-Christ, qui a reproduit, tout ensemble, en lui seul l'autorité de Dieu, l'autorité des pères, des chefs de peuples et des pontifes. L'autorité pontificale, en permanence ici-bas, dominant les crises et les tourmentes et sauvant tout par sa maternité : voilà, en substance, l'enseignement du Père Félix.

Après les conférences, les retraites. Le Père Félix les prêche en pêcheur d'hommes. Le Père Lacordaire ébranlait et foudroyait, le Père de Ravignan relevait et convainquait : le premier était le docteur du *Credo*, le second du *Confiteor* ; le Père Félix était le docteur de l'Eucharistie. L'éloquence du Père Félix était plutôt tirée des entrailles du sujet et des applications aux désordres des mœurs ; par lui-même, il était plutôt calme, clair comme un professeur, mais peu entraînant par l'éclat de sa personnalité. Certes, il parlait bien, il se faisait approuver ; mais il n'a pas buriné sa brûlante parole dans les souvenirs des siècles. — Le Père Félix mourut en 1891.

Le Père Félix eut pour successeur, à Notre-Dame, un Dominicain, le Père Monsabré. Né à Blois en 1827, prêtre en 1851, il entrait, en 1853, dans l'Ordre restauré par Lacordaire. Dès ses premiers pas, il avait pris rang parmi les prédicateurs de renom. Ses débuts dans les lettres furent marqués par un opuscule sur *l'or et l'alliage* dans la vie dévote et par des méditations sur le saint Rosaire ; son entrée en chaire par quatre volumes de discours qui forment l'*Introduction au dogme catholique*. Conférencier à Notre-Dame en 1869, il prit pour thème oratoire le *Credo* ; pour docteur, saint Thomas d'Aquin. Avant lui Lacordaire avait fait venir les hommes à l'église ; Ravignan les avait fait entrer au confessionnal ; Félix les avait confirmés en enseignant le progrès par le christianisme ; Monsabré entreprit de remédier au grand mal du siècle, l'ignorance. Monsabré fit le catéchisme ; mais, entendons-nous, un catéchisme illuminé de toutes les lumières de la philosophie, de toutes les splendeurs de la théologie, de toutes les irradiations de la haute science. Son catéchisme ne s'adresse pas aux enfants du village, mais aux grands enfants du siècle, qui se targuent de libre-pensée. Ses conférences, qui remplissent dix-huit volumes, vont de 1872 à 1898. Les années précédentes, cet intransigeant, opposant radicalisme à radicalisme, avait tenté d'ouvrir une brèche dans cette matière obstinée qu'on appelle couramment l'esprit public. Depuis on l'a entendu à Clermont, à Lyon, à Montmartre, à Reims, déjà sous le poids des années, mais trouvant dans son cœur des accents qui élèvent les âmes jusqu'à l'enthousiasme.

Plus éloquent que le Père Félix, moins que le Père Lacordaire, moins pieux que Ravignan, il est, par ses qualités qui lui sont propres, un des rois de l'éloquence chrétienne. On n'analyse pas l'éloquence. Monsabré écrit ses discours ; il les prononce comme Massillon ; mais par l'ordre de ses conférences, il se rapproche plutôt de Bourdaloue. A l'heure présente, il est difficile de lui assigner une place dans l'histoire, mais d'ores et déjà il en a une, justement illustrée par la pureté de l'orthodoxie, la profondeur du savoir, la plénitude doctrinale et scientifique de son enseignement. Ce qu'il a ajouté, par l'action oratoire, est déjà passé ; ce qui reste, ce sont ses immortels discours et le souvenir de son zèle apostolique.

Les Dominicains ont un autre orateur, le Père Ollivier ; mais il faut revenir aux Jésuites. Achille-Paul-Etienne Guidée, né en 1792, prêtre en 1817, fut, comme le Père Loriquet, employé dans les collèges de la Compagnie et condamné à subir sa part de toutes ses épreuves. Successivement recteur et provincial, ce qui le caractérise, c'est la promotion des Jésuites aux hautes études. Parmi ces créations, il faut compter une sorte d'école normale et une école de hautes études ecclésiastiques, où il appelait à professer les premiers savants de France. Le gouvernement, qui se vante de propager les lumières, en fournit la preuve en mettant l'éteignoir sur ces foyers d'enseignement et en poursuivant, contre les Jésuites, la persécution de 1845. La Providence leur ménagea un supplément d'amertume dans l'opposition de l'archevêque Affre, qui, mourant, reconnut ses torts. On doit au Père Guidée six manuels : *Des jeunes professeurs, Du soldat chrétien, Des mères chrétiennes, De l'ouvrier, Du marin*, et *Du laboureur* ; des notices sur les Pères Estève, Varin, Mallet, Sellier, Renault, Leleu, Heigny et Dubois-Fournier. On s'étonne qu'ayant été toujours si occupé, le Père Guidée ait pu tant écrire et si bien ; c'est qu'il connaissait l'emploi du temps et savait s'inspirer à la source du dévouement. Le Père Guidée est le type du *Fidelis servus et prudens* ; c'est, du moins, l'hommage que l'évêque d'Amiens lui rendit à ses funérailles.

Parmi les bons ouvriers de ce siècle, il faut faire place à Crétineau-Joly. Jacques Crétineau était né en 1803 à Fontenay-le-Comte, en Vendée. Le nom de Joly provient d'un parent, vrai type d'Apollon, que ses camarades avaient surnommé Joly, et qui transmit ce sobriquet aux siens, comme correctif ou contraste de Crétineau. Après ses études, Jacques entra à Saint-Sulpice, où il eut pour professeur Hamon et pour ange, Philippe de Villefort. Après deux ans d'études, il fut envoyé à Fontenay comme professeur de philosophie par Frayssinous. Simple clerc et secrétaire du duc de Montmorency-Laval, ambassadeur à Rome, il prêcha le panégyrique de Saint-Louis à Saint-Louis des Français. Faute de santé et peut-être de vocation, il quitte la soutane, se marie et embrasse la carrière des lettres. Pour se dégourdir la plume, il écrit les *Chants romains*, les *Inspirations poétiques*, un drame sur Charette et une comédie sur le duc d'Albe. En même temps, il fait le coup de feu dans les familles vendéennes et réunit ses articles en volume, pour les dédier, comme *Mélanges* à la duchesse de Berry. En 1840, il devint rédacteur en chef de l'*Europe monarchique*. Alors, il s'ouvre la carrière de l'histoire, par des *Scènes d'Italie et de Vendée*, par l'histoire des généraux et des chefs vendéens, par la *Vendée militaire*, et par l'*Histoire des traités de 1815*. Ce sont là ses noviciats littéraires.

Un jour, rencontrant, au Corso, son ange Villefort, devenu jésuite, celui-ci lui propose d'écrire l'histoire de la Compagnie de Jésus. Les archives du Gésu lui sont ouvertes ; Crétineau a trouvé sa voie. Après avoir percé à jour son sujet, le Vendéen écrivit cette histoire en six volumes. Cette publication fit fureur : c'est à la lettre. Avec les Jésuites, il n'y a pas de moyen terme : on est ami chaud ou ennemi forcené. Les malins, il y en a beaucoup, même dans l'Eglise, prétendirent que Crétineau n'avait pas tout dit. Pour sa justification, l'auteur déposa chez Mellier, son éditeur, les pièces justificatives de son travail et offrit je ne sais quelle somme à qui prouverait sur pièces, son manque d'exactitude ou de sincérité. Le prix reste affiché au tableau.

Dans l'histoire des Jésuites, il y a un point fâcheux, leur destruction par Clément XIV. Ce fut l'objet d'un travail exprès de Crétineau où il abîme un peu le destructeur des Jésuites. Le Père Theiner prit le contrepied et exalta Clément XIV au détriment de Clément XIII. Le Père de Ravignan se plaça en entredeux, justifia Clément XIII sans trop frapper Clément XIV. Cette joute historique offre encore aujourd'hui un grand intérêt ; je m'étonne que personne, depuis, n'en ait fait, dans nos Instituts catholiques, l'objet d'une thèse pour le doctorat.

La révolution de février avait mis les têtes à l'envers et les pouvoirs à bas. Comprendre ce mystère était difficile; peu de personnes y voyaient clair. Pie IX et Metternich commandèrent à Crétineau de résoudre ce logogriphe, et, à cette fin, lui ouvrirent leurs archives. Pour Crétineau, c'était pain béni; il en tira une *Histoire de l'Eglise Romaine en face de la Révolution*, ouvrage où il prouve que les événements qui se déroulent sur la scène de l'histoire, sont tout simplement des actes de la franc-maçonnerie. A cette date, c'était une révélation, munie d'ailleurs de preuves excellentes; aujourd'hui, la démonstration court les rues.

Après ces mémorables ouvrages, Crétineau publie encore une histoire du Sonderbund, deux volumes sur Louis-Philippe et ses rapports avec la Révolution, une histoire des trois derniers princes de la maison de Condé et les mémoires du cardinal Consalvi; il eut, à propos du Concordat, une nouvelle prise de bec avec le Père Theiner. Ce qui distingue tous les ouvrages de Crétineau, c'est le soin scrupuleux de recherches, le recours aux originaux et la production de titres authentiques. Amis et ennemis s'accordaient à lui reconnaître, dans ses récits et dans ses jugements, une admirable impartialité, unie à un parfait dévouement aux deux causes qu'il voulait servir. Il serait impossible de nier qu'il eut, dans les formes, un tour âpre, et, dans son encre, un peu d'acide. En résumé, ce fouilleur d'archives est un juge impartial et un soldat parfois emporté par son ardeur. Armand Marrast paraît ne l'avoir pas trop mal caractérisé en l'appelant le *sanglier* de l'histoire.

Une histoire de Rohrbacher ne peut pas oublier le premier biographe de Rohrbacher. Eloi Jourdain, de son pseudonyme littéraire, Charles Sainte-Foi, était né à Beaupréau en 1803. En 1828, Léon Boré l'appelait à la Chesnaie. Tandis que Léon étudiait l'histoire, Eugène Boré les langues orientales, Eloi s'appliquait à la philosophie. Après la chute de Lamennais, l'amour de l'étude et l'amour de l'Eglise ouvrirent à Jourdain une autre carrière. De passage à Paris, il se lia avec les rédacteurs du *Correspondant*, Louis de Carné et Edmond de Cazalès. A Munich, il fréquentait Baader et Gœrrès; à Berlin, le docteur Jarcke, Philips, Radowitz et Ranke; quoique pauvre, il assistait Papencordt. Metternich l'appela à Vienne, où il connut la princesse d'Anhalt-Kœthen et le Père Becks, futur général des Jésuites. La rencontre d'un jeune gentilhomme polonais, fort riche, qui s'annexa à Jourdain comme compagnon de voyage, lui fit visiter la Pologne, l'Italie, la France et l'Angleterre. En 1838, Jourdain cessait de voyager; en 1843, il s'unissait par mariage à une sainte femme; en 1861, il mourut subitement, ayant vécu dans l'humilité, la charité pratique et la culture de la science.

On doit à Jourdain des ouvrages originaux et des traductions de l'allemand. Ces traductions sont: La *Mystique*, de Gœrrès; la *Vie de Jésus*, du docteur Sepp; l'*Histoire de Ximenès*, par Hœfélé; la *Vie de Jeanne-Marie de la Croix* par Beda Wéber, la *Vie de saint Ignace*, par le Père Génelli; et les *Sermons* du bienheureux Léonard de Port-Maurice, traduits en fort bon style et avec une remarquable fidélité. Sainte-Foi sachant très bien les deux langues, rend les ouvrages plus clairs en traduction qu'en original.

Les ouvrages de spiritualité composés par Sainte-Foi sont: les *Heures sérieuses* du jeune âge, d'une jeune personne, d'une jeune femme et d'un jeune homme, en quatre volumes séparés: *Des devoirs envers les pauvres*, sorte de manuel de charité, *Conseils au peuple*, alors fort agité par le socialisme; le *Chrétien dans le monde*, suite aux *Heures sérieuses*; le *Livre des âmes*, c'est un recueil de prières; le *Mois de la reine des saints*, titre qui en indique l'objet et le plan; le *Livre des peuples et des rois*, livre où il enseigne que le Christ est la réponse à tous les problèmes et la solution de toutes les difficultés; et la *Théologie à l'usage des gens du monde*, catéchisme très clair, très sûr, que recommandait le cardinal Gousset. Livre très propre à guérir les classes élevées, d'une ignorance de la religion, qui finit par devenir un malheur public.

Eloi Jourdain a encore publié les *Vies* des premières Ursulines de France, des Jésuites Anchiéta, Almeida et Ricci, la première notice sur Rohrbacher et une foule d'articles dans l'*Avenir*, le *Correspondant* et l'*Univers*.

Très orthodoxe, très dévoué à l'Eglise, Charles Sainte-Foi était ce qu'on appelle un saint homme, à cela près que, pour des motifs d'ailleurs pieux, il voulait faire son purgatoire dans l'autre monde.

Joseph-Epiphane Darras, né vers 1830, était le neveu d'un prêtre du diocèse de Troyes. L'oncle donna des leçons à Joseph, puis l'envoya au petit séminaire où le neveu fit merveille. Au grand séminaire, le jeune clerc se trouvait poursuivi du désir d'étudier l'histoire de l'Eglise; mais n'en recevait que d'une manière, insuffisante à son gré, l'enseignement officiel. Bientôt professeur de seconde au petit séminaire, il se mit à étudier l'histoire ecclésiastique, et, comme Timoléon de Choisy, pour se l'apprendre, il voulut l'écrire. Dans sa pensée, l'histoire de l'Eglise devait s'écrire, à l'instar de l'histoire de France, en ramenant, à chaque pape, les faits qu'il a vus s'accomplir. Voilà donc Joseph-Epiphane, entouré des quelques livres de seconde main qui pouvaient l'éclairer, tablant sur le cours de l'abbé Blanc, sur l'histoire d'Alzog, et sur l'histoire des Pontifes Romains d'Artaud de Montor. Pendant qu'il s'échauffait à composer une histoire générale de l'Eglise, suivant l'ordre des pontificats, il eut à prononcer le discours à la distribution des prix: il choisit, comme sujet, l'éloge historique d'Antoine de

Boulogne, évêque de Troyes, qui avait tenu tête à la Révolution et sut résister à l'Empire, jusqu'à se faire enfermer au donjon de Vincennes. Darras, qui était romain, des pieds à la tête, loua Boulogne publiciste, Boulogne orateur et Boulogne évêque, selon l'équité de l'histoire et la justice de la foi. Malheureusement, ou plutôt heureusement, il y avait à Troyes, comme évêque, l'abbé Cœur; l'abbé Cœur était aussi orateur, de plus, partisan de la Révolution et de l'Empire, membre ardent de ce petit groupe qui, avec Maret, voulait revalider les maximes gallicanes, et, par ce coup de force, plaire au gouvernement de Napoléon III. Cœur, après la distribution, dit à Darras: Vous avez fait un beau discours, et, en récompense, le mit à la porte du petit séminaire. C'est abominable, mais c'est ainsi.

Par aventure, le prince de Bauffremont-Courtenay avait besoin d'un précepteur pour son fils et cherchait un ecclésiastique capable. En général les ecclésiastiques qui se vouent au préceptorat sont ou des malades qui ont besoin de se refaire la santé, ou des jeunes gens qui attendent le sacerdoce, parfois de pauvres diables qui brûlent du désir de se faire un boursicot. Il y a peu de bons précepteurs. Darras était en disgrâce et y fut assez longtemps pour voir combien peu le clergé s'intéresse aux victimes de l'arbitraire et combien facilement il change de front pour encenser la fortune. Le prince prit à son service le professeur en disgrâce et lui fit, dans sa maison, tant à Brienne qu'à Paris, une magnifique situation. Darras, fort peu assujetti par ses devoirs de précepteur, put achever et publier son *Histoire générale de l'Eglise* en quatre volumes. L'ouvrage parut chez Vivès et eut, dans le clergé un succès tel qu'il est parvenu à sa quinzième édition, et qu'il a valu, à son auteur, un procès en contrefaçon.

Le succès du livre s'explique par ses mérites. Le plan est nouveau. L'idée de rattacher, à chaque pontificat, les faits contemporains fournit un agréable synchronisme. On était alors dans la pleine ferveur de la réaction anti-gallicane, dont l'auteur célébrait les triomphes. Le style de Darras était plein de fraîcheur et de jeunesse: c'est un style d'écolier, dit-on; c'est possible, mais d'un écolier de premier ordre, et beaucoup de gens qui ne parviennent même pas là, s'accommodent fort bien de ce style. Le livre, tout romain, est d'ailleurs très français; il n'a rien de ces incohérences germaniques qui plaisent peu aux âmes françaises; il est franc, net, parfois un peu hardi, peut-être une ou deux fois excessif. Mais qu'est-ce que ces petites mouches sur un grand tableau?

Le livre eut donc assez de succès pour s'attirer un procès en contrefaçon. Le procès fut intenté par Jacques Lecoffre, éditeur propriétaire des trois ouvrages, de Blanc, d'Alzog et d'Artaud, dont s'était particulièrement servi Darras. A l'appui de sa requête, Lecoffre fit imprimer un mémoire in-4° d'une centaine de pages; mettant d'un côté, le texte de ses livres, de l'autre, le texte de Darras, il prétendit prouver que Darras n'est qu'un vil plagiaire. Mais d'abord cent pages, même textuellement reproduites, ne prouvent pas qu'un ouvrage de 1800 pages est une contrefaçon. Ensuite, pour donner à l'argument toute sa sincérité, il aurait fallu convenir que Darras ne s'était pas seulement servi des trois auteurs en cause, mais de cent autres. Darras s'était servi des auteurs de seconde main; il avait travaillé en maître mosaïste; mais plus il avait consulté d'auteurs, moins il était accusable de plagiat. Darras avait fait ce que font tous les historiens; il s'était enquis de ses devanciers et avait ajouté un anneau à la chaîne. Telle était dès lors notre conviction; elle fut ratifiée par la sentence du tribunal.

Avant d'écrire ce manuel d'histoire, Darras avait traduit, pour Migne, l'*Histoire du Concile de Trente* de Pallavicini, et publié la *Légende de Notre-Dame*, livre écrit dans la diatonique de sainte Elisabeth de Montalembert, en donnant à la vie de la Vierge le relief de la poésie et un caractère de genre artistique. Bégel, Hirscher, Maynard et beaucoup d'autres ont depuis illustré de différentes façons et justifié, parfois glorieusement, le mot de saint Bernard: *De Maria nunquam satis*. Le livre de Darras continue de se lire avec un grand charme.

Un peu plus tard, Darras soutiendra, contre l'école critique, la thèse de saint Denis l'*Aréopagite*, évêque de Paris. Ici il se rencontre avec Darboy, Faillon, Arbellot et les principaux tenants de l'école traditionnelle; il combat l'école des malins qui croient qu'eux seuls ont de l'esprit. C'est une manière commode d'arriver à l'excellence. Seulement c'est la libre-pensée opposant, au sens de la foi, l'esprit propre et faisait litière de la tradition. Personne, au reste, à moins d'être un sot, n'est dépourvu de critique; la critique ne manque qu'à ceux qui en font un tel état.

A Brienne, Darras avait à son service la bibliothèque du château, qui est importante; à Paris, ni les livres, ni le commerce avec les savants ne pouvaient lui manquer. En travaillant pour Migne et pour d'autres, il avait pu se procurer la *Patrologie* et beaucoup d'autres choses. En 1855, il conçut et arrêta le dessein d'une histoire de l'Eglise, qui devait, dans sa pensée, reproduire les textes et admettre les controverses, mais pourtant se borner à vingt volumes. Qu'il y ait lieu d'écrire un grand abrégé d'histoire, en vingt volumes, dans le plan de Noël-Alexandre, nous le croyons; qu'il fût possible d'écrire une plus grande histoire en quarante volumes, comme Orsi et Becchetti, nous le croyons encore. Mais qu'on pût, en vingt volumes, reproduire les textes et dirimer les controverses, cela nous parut plus que téméraire, impossible. Louze n'est pas loin de Brienne; curé de Louze, nous étions en relations amicales avec Darras. Darras aimait à discuter; nous discutions son plan et lui opposons, par argumentation démonstrative, ce que nous venons d'écrire. A notre avis, son plan comportait 70 à 80 volumes et dépassait les forces de l'homme. Vous mourrez à la tâche. — Eh bien, répliqua-t-il, vous terminerez mon ouvrage; il a tout à y gagner, mon ami.

Dès lors, il se mit au travail avec cette ardeur qui servait ses convictions. Lié d'amitié avec Veuillot et Bonnetty, il avait, avec tous les savants de la capitale, des relations faciles; il pouvait mettre à contribution, non-seulement leurs ouvrages, mais leur bon vouloir et leurs informations personnelles. Ce qu'a travaillé Darras ne peut pas se dire. Esprit exigeant et pénétrant, il ne voulait prendre la plume qu'après avoir perforé tous les mystères de l'histoire. Quand il avait acquis la pleine connaissance, il écrivait ses volumes. L'ardeur qu'il avait mise à l'étude, il l'augmentait encore dans sa composition. Il y avait en lui du *Vates historicus*. C'est admirable, mais à ce métier on se tue vite, ou plutôt on se dévore. Darras le savait; il ne tarda même pas à le sentir. Pour conjurer sa ruine, un jour par semaine, il se vêtait en homme du peuple et courait Paris pour se désopiler la rate aux théâtres forains. Une fois même il y conduisit la princesse déguisée en paysanne; elle rit comme lui, de bien bon cœur; mais à la quête, elle s'oublia et donna vingt francs. A ce prix-là, elle ne pouvait manquer de trahir l'*incognito*.

La publication des premiers volumes de l'histoire, tirés à douze mille, justifia les espérances du public. C'était savant, c'était bien ordonné, c'était écrit avec chaleur, en un style de Veuillot, un bon juge, déclare très supérieur au fatras de Sismondi. Dans les idées génératrices du travail, c'était la mise en application des grands principes de saint Epiphane, de Paul Orose, de saint Augustin et de Bossuet, principes d'après lesquels ont écrit tous les grands chroniqueurs du Moyen Age, tous plus catholiques que nos contemporains. En fait, c'était un travail neuf, pris aux sources, une résurrection des siècles passés, faite avec les accents de l'éloquence ou avec la facilité d'une élocution qui sait tout dire avec grâce. Gaston de Ségur, Léon Aubineau, Jules Morel ajoutaient, après lectures, leurs appréciations favorables au jugement décisif de Louis Veuillot. L'Eglise allait avoir une histoire de plus; et notre siècle, en France, plus heureux que beaucoup d'autres, suscitait deux émules à Baronius. Darras et Rohrbacher étaient, en France, les Baronius du XIXe siècle.

Où ces deux écrivains excellent, c'est dans la répudiation absolue du particularisme français. La thèse qui, depuis cinq siècles, traîne dans notre histoire sous différents noms, ils l'estiment fausse, contraire à l'institution divine de l'Eglise, à la monarchie des Papes et au bien des peuples. L'homme que Jésus-Christ a choisi pour son vicaire, est, après Jésus-Christ et par Jésus-Christ, l'agent suprême du sauveur des âmes et du roi des nations. Qu'il y ait, à cette monarchie suprême, unique et infaillible des pontifes romains, des inconvénients qui proviennent de l'infirmité humaine, c'est possible. Que tous les membres de la curie ne soient pas des anges et que tous les Romains ne soient pas des saints, c'est probable. Mais les faiblesses du milieu humain dans lequel évolue la plénitude de l'autorité pontificale ne portent pas atteinte au caractère sacré de l'institution; je dirais plutôt qu'elles en relèvent encore la splendeur. Plus les instruments sont infirmes, plus éclate la puissance.

Dans la quantité des questions qu'il a dû trancher, que Darras ait pu s'abuser sur la valeur de certain argument, sur la portée de certain texte, sur l'exactitude de certain fait, c'est croyable et même certain. Mais on ne peut pas admettre que Darras ait écrit de parti pris, qu'il se soit sciemment trompé, qu'il ait abusé ses lecteurs. S'il s'est trompé, lui-même l'a été le premier. Avec un homme aussi probe, agissant avec une si haute intégrité, la critique, sans doute, ne perd pas ses droits, mais elle ne doit oublier ni ses devoirs, ni sa condition.

Darras, en écrivant sa grande histoire, était devenu un personnage; trois évêques lui avaient donné des lettres de grand vicaire; le public attendait ses volumes avec une vive impatience; les sympathies qui le poussaient devaient le tuer. A la fin, il n'y était plus; dans son dernier volume, il n'a su enfermer que quatre années; il s'enlisait dans son dessein. La mort vint le prendre à la tranchée. Son histoire a eu le sort de l'*Histoire de l'Eglise* de Fleury, qui a eu plusieurs continuateurs, très inégaux; de l'histoire gallicane de Longueval, continuée par Brumoy et Berthier; elle a eu deux continuateurs, l'un, trop peu versé dans l'étude de l'histoire, l'autre que nous n'avons pas à juger. Mais enfin cette histoire, forte de quarante-deux volumes, a, en plus, deux volumes de tables: c'est, à notre connaissance, en langue française, la plus volumineuse histoire de l'Eglise qui ait été écrite. Ce développement progressif ne doit, au surplus, étonner personne. Chaque siècle ajoute, à l'histoire, de nouveaux événements et les siècles les plus récents exigent d'autant plus de détails qu'ils nous touchent de plus près. Un temps viendra où l'Eglise étant le plus constant, le plus grand phénomène de l'histoire, son histoire, pour être juste, devra être le plus grand phénomène de la librairie. La postérité enregistre avec reconnaissance les noms des hommes dont l'esprit a eu assez d'élévation pour dominer le mouvement des siècles, et la main assez de courage pour esquisser le grand œuvre que mesurait leur esprit.

A côté de Darras, il faut placer un autre intrépide soldat de la sainte Eglise, Pierre-Paul Guérin. Né en 1830, près Buzançais, (Indre), de braves et honnêtes parents, Paul Guérin avait fait ses études secondaires au petit séminaire de Saint-Gaultier et sa philosophie pendant deux ans, au grand séminaire de Bourges, lorsque l'abbé Cruice, depuis évêque de Marseille, alors directeur de l'école des Carmes, l'appela pour le faire entrer dans l'enseignement. D'une taille un peu au-dessous de la moyenne, mais d'une puissance d'esprit extraordinaire, Guérin, pour répondre au vœu de Patrice O'Cruice, vint à Saint-Dizier où Mgr Parisis était en train de constituer un collège libre. Successivement professeur de lettres et de philosophie, en même temps qu'il faisait sa théologie et était ordonné prêtre, Guérin se livrait encore à des études supplémentaires et à des projets d'œuvres. Pour se dégourdir la plume, il traduisait le *Paradis perdu* de Milton ; et en vue d'avenir, il écrivait une *Vie de saint Philippe de Néri*, dont il rêvait de ressusciter l'Oratoire, relevé depuis par Petétot. Paul Guérin avait un frère Louis, plus jeune, qui faisait ses études à Saint-Dizier, pendant que son aîné enseignait. Une fois Louis bachelier, Paul fondait, à Bar-le-Duc, une imprimerie, dont l'un devait être la cheville ouvrière, et l'autre, l'âme. Cette imprimerie ayant pris une grande importance, après douze ans de professorat à Saint-Dizier, Paul Guérin dut se fixer à Bar-le-Duc ; là, déchargé de sa classe, libre de vaquer à ses travaux, il pouvait en même temps soutenir, de ses efforts, cette grande maison d'imprimerie. Déjà Paul Guérin avait publié, en quatre volumes in-4°, la *Vie des saints* du Père Giry, qu'il avait complétée par un grand travail et avec beaucoup de succès. Une fois à la tête de l'imprimerie Guérin à Bar, il s'élança comme un géant pour fournir sa carrière. Ce qui nous reste à dire est à peine croyable ; pour nous y reconnaître, il faut distinguer.

Directeur ou plutôt créateur de l'imprimerie de Bar, Guérin entreprit des éditions in-4° à la manière de Migne ; il publia, en traductions, notamment, saint Augustin, saint Jean Chrysostome, saint Bernard, les *Dogmes théologiques* de Petau, la *Discipline* de Thomassin, *le Palmier séraphique* et une certaine quantité d'autres ouvrages. Une œuvre importante sollicitait sa pensée, la réédition des *Annales* de Baronius avec la critique du Pagi et les additions de Mansi. Guérin s'en fut à Rome, s'entendit avec le préfet des archives secrètes du Vatican, fit venir à Bar le Père Theiner et mit sur pied les quarante in-folios de Baronius : grand et inappréciable service rendu à la science et à la sainte Eglise, dont la solidarité s'établit par des liens si étroits qu'on ne peut les rompre.

Auteur, Paul Guérin s'appliqua d'abord aux éditions successives des vies des saints. Uni d'amitié à Victor Palmé, éditeur des Bollandistes, Guérin n'eut qu'à ouvrir ce grand recueil, pour en tirer ses petits Bollandistes en 17 volumes grand in-8° compacts, complétés depuis par trois volumes de dom Piolin. Lipomani, Surius, Ribadeneira, Giry gardent leur inamissible valeur ; la *Grande Vie des saints* de Collin de Plancy et Darras, qui les résume, conserve l'excellence d'une synthèse. Les petits Bollandistes, pour la lecture courante et savante, ne se recommandent pas moins par leurs bienfaits et par les nombreux suffrages dont les a honorés l'épiscopat. — De ces petits Bollandistes, Guérin a tiré des Vies des saints, les unes populaires, en quatre volumes, les autres illustrées, à l'usage des gens du monde.

Après les Bollandistes, Paul Guérin, qui attache, avec raison, une grande importance au rétablissement du droit canon, s'était occupé dès longtemps de cette tâche avec son ami, Anselme Tilloy. A l'approche du Concile, il emprunta le travail du Père Richard, le revisa, le compléta, le continua, sous ce titre : *Les Conciles généraux et particuliers*, en 4 vol. in-8°. André, Roisselet de Sauclières, Héfélé, Tizzani ont publié des travaux analogues, tous bien méritants de la science. Il n'est permis à aucun prêtre d'ignorer le droit ; si quelqu'un l'ignore aujourd'hui, c'est bien sa faute ; et si quelqu'un le viole, que l'Eglise le couvre de son anathème.

Entre temps, Paul Guérin, sous le pseudonyme d'un Homme d'Etat, publiait, en deux volumes, un *Catéchisme politique*. Ce n'est pas l'œuvre d'un homme de parti, c'est le chef-d'œuvre d'un savant. On peut lire, sur la politique, sur la constitution et le gouvernement de l'Etat, d'innombrables volumes. On n'en trouvera pas qui n'ait ici un écho fidèle et un fidèle résumé.

Comme complément à ses Vies des saints, Guérin a donné des Vies de saint Joseph et de Jeanne d'Arc, avec illustrations ; et pour joindre la pratique à l'exemple, il a publié nombre d'ouvrages de piété populaire.

Cette nomenclature d'œuvres paraît déjà considérable ; ce n'est qu'un péristyle. Cette grosse tête placée sur un petit corps, aborde, comme en se jouant, des travaux d'Hercule. Voici notre homme qui nous offre le *Dictionnaire des dictionnaires* en 7 vol. grand in-4° à trois colonnes. Je sais bien, et je l'en loue, que, pour composer ce dictionnaire, il a fait appel à tous les savants du meilleur aloi, à tous les hommes d'élite. Mais qu'un seul homme revoie et mette au point tous ces articles après en avoir dressé la nomenclature ; qu'il les fasse imprimer et qu'il s'occupe encore de la publication dans tout son détail : je répète que c'est un travail d'Hercule. Travail d'ailleurs très louable pour son exactitude, très recommandable pour son orthodoxie, et à cent piques au-dessus des encyclopédies rivales, la plupart impies ou rationalistes, ce qui est pire encore.

Voici maintenant une édition *populaire* de la Bible, une Bible illustrée, expliquée en peu de mots et telle qu'il la faut aux gens capables de la lire. Ces quatre volumes, qui réclamaient un si diligent et si scrupuleux travail, se publient dans les meilleures conditions. C'est une grande joie pour nous que la Bible appelle tant de sollicitude. Avec cette Bible populaire, nous avons des traductions comme celles de Glaire et de Genoude ; des éditions latines et des éditions polyglottes de Fillion et Vigouroux. Que les âmes chrétiennes recherchent ces travaux et que Dieu bénisse les savants éditeurs.

Ces travaux poursuivis par Paul Guérin, depuis cinquante ans, avec l'ardeur intrépide d'un mineur qui arrache la houille dans les entrailles de la terre, pour en départir au monde la lumière et la flamme, n'ont pas entamé l'auteur. Corps de bronze, esprit fait d'aménité et de grâce, cœur ouvert, âme élevée, Mgr Guérin, camérier de par Pie IX et protonotaire de par Léon XIII, laisse les années s'entasser sur sa tête, sans rien relâcher de son travail. Directeur de la *Revue du monde catholique*, il donne ses soins, chaque année, à vingt-quatre livraisons dont l'ensemble représente un fort contingent, non pas toujours de soucis, mais de préoccupation. Laborieux serviteur de l'Eglise et du clergé français, Mgr Guérin nous paraît au-dessus de la louange ; ce que nous lui souhaitons de plus précieux, ce sont des imitateurs. Lève-toi donc, clergé de France, et ne te laisse pas écraser ; et, ce qui est pire, ne te laisse pas duper et corrompre, sans protester contre les agents de corruption et de mensonge.

Louis-Gaston de Ségur naquit à Paris en 1820 d'une famille dont tous les membres ont la réputation de gens d'esprit. L'enfant était né artiste, il devint prêtre. Au sortir du séminaire, il s'associait avec des prêtres jeunes comme lui, dans l'espoir de se confirmer dans la pratique des vertus sacerdotales, en agrandissant tous les horizons de la pensée catholique romaine. Parmi eux, il faut citer Gay, évêque d'Anthédon, écrivain mystique si distingué, Gibert et Chesnel, plus tard vicaires généraux, Le Rebours, mort curé de la Madeleine, et plusieurs autres de moindre renom, d'égal mérite. L'abbé de Ségur fut d'abord aumônier d'ouvriers et de soldats : c'était sa véritable vocation. La politique vint bientôt le prendre pour en faire un auditeur de rote. Très sympathique à Napoléon III, qui méritait alors les sympathies des gens de bien, il fut initié au projet du sacre et eut à en traiter avec Rome. Frappé de cécité en 1856, il rentrait à Paris pour n'en plus sortir. C'est à Paris qu'il passa les vingt-cinq dernières années de sa vie, tout entier au salut des âmes et à la gloire de Dieu. C'est là qu'il fonda l'Œuvre de Saint-François de Sales, consacrée à la bonne presse, à l'évangélisation des paroisses pauvres, érigée depuis canoniquement dans la plupart des diocèses de France. C'est de là qu'il évangélisait la France, soit par ses petits livres qu'il dictait entre deux confessions, soit par ses prédications dans les collèges et dans les séminaires. C'est là enfin qu'il mourut, en 1881, l'*alleluia* sur les lèvres, sa porte grande ouverte, accueillant jusqu'à la fin toutes les visites, bénissant jusqu'à sa complète démolition, recevant après sa mort les louanges de Paris chrétien, qui pleurait en lui un bienfaiteur et un père.

Gaston de Ségur n'était pas seulement un saint prêtre ; c'était, par la plume, un apôtre. Dès le début, il s'était fait, dans les *Réponses aux objections populaires contre la religion*, un genre à part, également décisif, par la solidité du fond et par la piquante originalité de la forme. Ses objections populaires contre la religion sont elles-mêmes l'effet d'un long travail de concentration diabolique ; il y a tout le poison et tout le sel qu'on y peut mettre, plus un certain semblant de raison qui paraît donner tort à l'Eglise. Ségur cite cette objection, et, sans discours, sans phrase, la coule à bas. L'objection était courte ; la réponse est courte aussi et à l'emporte-pièce. Trait d'esprit, trait de gaieté, raison invincible, plaisanterie irréfutable, et, comme on dit vulgairement : Ça y est. Les *Réponses* ont eu 150 éditions ; elles ont été traduites dans les langues étrangères ; après l'Evangile, c'est le livre le plus répandu dans le monde et son apostolat n'a pas pris fin.

Après les *Réponses*, Ségur composa des opuscules du même genre, environ deux ou trois cents. Communément, ce ne sont pas des volumes, mais plutôt une petite plaquette, armée en guerre, comme les *Réponses*, et qui fait toujours dans la forêt des préjugés ou des passions les mêmes ravages. Très anti-gallican, très Romain, Ségur combat, dans le clergé, les préjugés français et découvre les séductions du libéralisme. Anti-janséniste, il prêche la fréquente communion et publie, sur ce sujet, un opuscule à trois cent mille exemplaires ; le cardinal Gousset trouvait qu'il allait un peu loin. Très pieux, il pratiquait l'union de l'âme à Jésus-Christ et prêchait l'union de Jésus-Christ à l'âme. Trompé, sur ce point, par certaines traditions de son berceau clérical, il excéda et fut mis à l'index, mais se soumit avec l'empressement d'un saint. Très dévoué à Pie IX, qui l'aimait comme un fils, il était mal vu de l'archevêque Darboy, qui, pour des propos, réels ou supposés, de la chambre pontificale, le frappa d'interdit et s'oublia même jusqu'à le frapper au visage. En quoi l'archevêque s'abusait également sur la courtoisie et sur son droit. Dans l'Eglise, la gifle ou le coup de poing ne sont pas reçus et ne prouvent que contre l'homme assez faible pour recourir à des arguments frappants. Quant à l'interdit pour une conversation avec Pie IX, il est clair que les entretiens du Pape ne relèvent pas de l'archevêque de Paris ; et s'il s'y dit quelque chose qui peut lui déplaire, il est irréprochable par le fait que le Pape a voulu l'entendre. Autrement, on pourrait croire que, ne pouvant pas atteindre le Pape en personne, l'archevêque voulut l'atteindre dans son interlocuteur : biais qui n'est ni permis ni décent.

Pie IX avait nommé Ségur prélat de sa maison et lui avait accordé personnellement l'usage des insignes pontificaux. En conséquence, le gouvernement l'avait nommé chanoine de Saint-Denis, de l'ordre des évêques. Son éloge funèbre fut prononcé par Mgr Mermillod, évêque de Lausanne et de Genève.

Pour que rien ne manque à l'honneur de ses convictions et de ses vertus, nous citons une lettre vraiment royale, du comte de Chambord : cette lettre s'adresse au marquis de Ségur, frère du défunt, auteur bien méritant de la *Vie du comte Rostopchine*, de la *Bonté dans la vie des saints*, de la *Vie de Mgr de Ségur* et de plusieurs volumes de poésies chrétiennes.

« Je n'oublierai jamais la vive et douce impression que je ressentis à Bruges, lorsqu'en revenant de Chambord, en 1871, j'y trouvai la lettre d'un pieux prélat, dont je connaissais les vertus, mais qui, s'adressant directement à moi à propos des paroles que je venais de faire entendre à mon pays, me révélait tout ce qu'il y avait d'élévation et de patriotisme dans ce noble cœur et dans cette grande âme. C'est vous dire quelle a été mon émotion en apprenant la mort de votre illustre frère.

« Je plaindrais ceux qui, après avoir vu à l'œuvre pendant trente ans Mgr de Ségur, au centre même de Paris, sans jamais faiblir un jour aux labeurs de son fécond apostolat, ne s'inclineraient pas avec respect devant la tombe de celui qui a fait tant de bien, qui a tant aimé la jeunesse des écoles, les ouvriers, les pauvres, tous les déshérités de ce monde ; qui fut le protecteur, le conseil, l'inspirateur, le soutien de tant d'œuvres admirables ; de celui dont la résignation dans l'épreuve, le charme dans les relations, l'austérité dans la vie et la sérénité dans les plus ardentes controverses, étaient la plus éloquente des prédications. Plus la Révolution redoublait d'audaces contre l'Eglise, plus il redoublait de vigilance et de perspicacité pour surprendre les moindres symptômes du péril social, et les dénoncer, avec un courage qui ne transigea jamais, dans ses publications populaires, dont Pie IX admirait la merveilleuse clarté. En face des ennemis de la foi ou des adversaires des saines doctrines, il n'a rien craint et a tout osé. Partout où il a rencontré l'erreur ou la haine, l'illusion ou la faiblesse, il a revendiqué avec énergie les droits de la vérité méconnue et de la conscience opprimée. Il savait trop ce que les grandes institutions catholiques doivent attendre des gouvernements athées ; il savait trop que les nations ont chacune leur mission spéciale, assignée dans les desseins providentiels, et que, pour notre bien-aimée France en particulier, si l'Etat sans Dieu est un contre-sens et une apostasie, l'Etat chrétien est une question de vie ou de mort. »

Ces justes hommages ne nous feront pas oublier combien Mgr de Ségur était spirituel. La finesse de l'esprit était, après la piété d'un ange, sa marque caractéristique. La dernière fois qu'il nous écrivit, il nous priait de préparer un registre pour inscrire, à leur numéro d'ordre, les miracles opérés par Mgr Darboy à son tombeau. Notre acquiescement immédiat ne nous a pas mis en grande dépense de papier.

Jean-Antoine At, né à Villefranche-en-Lauraguais, diocèse de Toulouse, vers 1828, fit ses études au séminaire de son diocèse et entra, le jour de sa promotion au sacerdoce, dans la petite Congrégation des prêtres du Sacré-Cœur, dite du Calvaire. Cette Congrégation, fondée par le cardinal d'Astros, vers 1840, avait alors ses jours de prospérité et d'éclat ; le Père Caussette, par ses talents et ses succès, contribuait à son développement. On doit au Père Caussette divers ouvrages de bonne marque : Le *Bon sens de la foi*, le *Manrèze du prêtre*, *Ananie*, ou le retour à la foi, *Marthe*, ou la bonne chrétienne, et deux volumes de mélanges oratoires. Ce même homme, qui remplissait la France du bruit de ses discours, ne gouvernait pas comme il convenait la petite Compagnie ; de là, un procès qui dura dix ans et aboutit, grâce à l'intervention personnelle de Pie IX, à une séparation. Le Père At suivit, à Notre-Dame d'Alet, ses confrères autorisés à constituer une Compagnie indépendante, vouée, comme l'autre, aux œuvres d'apostolat. Au cours de ce procès et par l'effet naturel de ses prédications, le Père At avait pu étudier de près certaines misères qui endolorirent son cœur, mais aiguillonnèrent son esprit. Sous l'impression d'une conviction forte et d'une douleur vive, il voulut ne plus se borner à la parole, et se mit à écrire. On doit à son zèle : 1° *Le vrai et le faux en matière d'autorité*, 2 vol. ; — 2° les *Principes générateurs du libéralisme*, 1 vol. ; — 3° l'*Histoire de saint Antoine de Padoue*, 1 vol. ; — 4° *Saint Joseph et la question ouvrière*, 1 vol. ; — 5° *Lettres à l'abbé Bougaud* contre son ouvrage sur le *Christianisme des temps présents* ; — 6° l'*Histoire de sainte Angèle Mérici* ; — 7° *Histoire des apologistes contemporains de la sainte Eglise*. Actuellement, le Père At, d'une plume toujours jeune, poursuit, dans ses discours et par les articles de revue, la restauration en France du droit canonique, pour nous délivrer du laïcisme dans le sanctuaire et rendre à l'Eglise le libre usage de son droit propre. Intelligent et zélé apologiste, orateur et écrivain, le P. At est un de ces bons et fidèles serviteurs que Dieu se plaît à couronner.

Parmi les bons et zélés serviteurs de l'Eglise, une place est due à l'abbé Mérit, curé de Saint-Pierre à Saumur. Né en 1831, en pleine Vendée, il était enfant du petit peuple ; son père était charron comme saint Joseph ; sa mère, petite marchande et grande fileuse devant le Seigneur, tous deux les plus braves gens du monde, chrétiens surtout jusqu'aux moelles. Parmi ses titres de noblesse, il faut rappeler la bravoure de ses ancêtres : tous avaient combattu pour Dieu et pour le roy. Dans son *Histoire d'une paroisse vendéenne*, le comte de Quatrebarbes parle d'une communion faite sous un chêne, pendant que les

Vendéens, postés sur les hauteurs, la carabine à la main, gardaient les petits communiants; le père de l'abbé Mérit avait fait ainsi sa première communion. Un enfant bercé avec de pareils souvenirs et placé au foyer de la piété chrétienne devait y puiser naturellement la vocation au sacerdoce. Elève de Montgazon et déjà grand liseur, puis étudiant en théologie à Angers sous les Sulpiciens, Mérit s'initia aux pratiques de la piété. Il y eut bien quelque velléité de lui barbouiller l'esprit d'ontologisme et gallicanisme. Fort heureusement, le professeur ne comprenait rien à l'ontologisme, l'élève encore moins, et quand on en vint au traité de l'Eglise, le professeur refusa de se servir de la *Théologie de Toulouse*, alors classique dans les séminaires sulpiciens, et dicta *de Papatu* quelques propositions qui remplaçaient fort avantageusement les idées malsaines de Vieuze. Dès lors l'abbé Mérit fut comme rivé aux chères doctrines romaines, un ultramontain fougueux, car, d'après nos adversaires ou plutôt nos ennemis, — nous n'avons pas d'adversaires — on ne peut guère n'être pas fougueux lorsqu'on est ultramontain. Successivement vicaire à Martigni, professeur de rhétorique à Montgazon et à Angers, curé de Saint-Lambert, et depuis 1876, de Saint-Pierre à Saumur, l'abbé Mérit fit, comme le doit tout bon prêtre, marcher l'étude avec la piété et le ministère. De cette heureuse alliance sont nés divers ouvrages, savoir : une *Etude sur le beau dans les arts*, une *Histoire de l'Eglise pendant l'ère apostolique*, un traité *De la foi* et surtout une collection de petits opuscules pour présenter au peuple les vérités élémentaires de la religion et répondre aux objections des impies. Œuvre très méritoire qui suffit à elle seule pour honorer la mémoire d'un curé et immortaliser son talent.

Gaston de Ségur et l'abbé Bernard, sans parler de plusieurs autres, avaient déjà tenté cette entreprise; l'un et l'autre avec succès. Le succès d'autrui ne doit décourager personne. Saint Augustin, qui a traité cette question, exhorte tout le monde à écrire pour le peuple. Ce grand génie en donne deux raisons qui gardent toute leur force : la première, c'est qu'il en résulte une plus grande variété d'aperçus; la seconde, c'est qu'un livre, même composé avec un humble esprit, produit un meilleur fruit près des humbles. Mais, en matière de religion, tout le monde est peuple. Un éditeur de Paris, tout en contrevenant aux raisons de saint Augustin, a sagement pensé que des opuscules élémentaires, composés par des hommes de haute science, produisent, près des savants, encore de meilleurs fruits.

Jean Berthier, né en 1840 à Chantonnay (Isère), après ses études à la Côte-Saint-André, à Roudeau et au grand séminaire de Grenoble, entra, comme diacre, chez les missionnaires de la Salette. Prêtre, il eut à remplir les différentes fonctions de supérieur de diverses résidences, de directeur du scolasticat, d'assistant général, de directeur d'une œuvre de vocations apostoliques. Dignitaire de sa Congrégation, il ne cessait de donner des missions et des retraites; de plus, il consacrait ses loisirs à la composition d'ouvrages d'une doctrine exacte, tous consacrés au règlement pratique de la vie. On doit, à son zèle éclairé : 1° un livre pour les enfants au-dessous de 10 ans; 2° un livre pour les jeunes filles ; 3° un livre pour les jeunes gens; 4° un livre pour les mères; 5° un livre pour les pères de famille ; 6° un livre sur l'état religieux; 7° un livre sur le sacerdoce; 8° un gros volume où il abrège heureusement la théologie dogmatique; 9° un autre gros volume sur la prédication; 10° un livre sur la vocation ; 11° un livre sur la Sainte-Vierge; 12° un livre sur Notre-Seigneur Jésus-Christ ; 13° un ouvrage sur la Salette ; 14° le livre de tous qui a été traduit en plusieurs langues. Par le fait, le Père Berthier a composé une Encyclopédie populaire de la vie pratique; il donne, dans ses ouvrages, la pure substance du Christianisme ; il s'applique à préciser toujours les choses avec la dernière évidence et sans déroger jamais à la scrupuleuse exactitude de son enseignement. C'est un digne serviteur de l'Eglise, un prêtre comme nous voudrions en avoir beaucoup à inscrire dans les fastes de l'histoire.

L'économie politique, par ses doctrines charnelles et par ses principes faux d'où est sorti le socialisme, a contribué, pour une grande part, à la démoralisation des peuples. Il ne faut pas croire toutefois que ce double vice soit inhérent à l'économie des nations. L'économie politique peut s'entendre d'une manière chrétienne; elle peut multiplier, par le travail, les produits; elle peut en assurer mieux la distribution par la charité ; elle peut en régler la consommation, par l'humilité et la tempérance. Si donc il y a une économie politique qui a pu contribuer à la ruine des peuples et constituer la philosophie de la misère, il y en a une autre qui peut les relever de leurs maux profonds et y porter suffisamment remède pour contribuer au soulagement des plus malheureux. Quelques esprits surent le comprendre; plusieurs s'essayèrent à déduire de l'Evangile une doctrine économique qui fit aux peuples, dans l'ordre matériel, l'application de ses bienfaits. Nous devons leur rendre ici un juste hommage.

Le premier en date, c'est le vicomte Alban de Villeneuve. Alban de Villeneuve-Bargemont était né en Provence, d'une ancienne et chrétienne famille. Sous l'Empire, en 1811, comme auditeur au Conseil d'Etat, il avait été employé à l'administration des pays conquis, d'abord dans les Pays-Bas puis en Espagne; dans les deux pays, il s'était trouvé en face de toutes ces misères effroyables qu'entraîne la guerre. Sous la Restauration, de 1814 à 1830, il fut successivement préfet de Tarn-et-Garonne, de la Charente, de la Meurthe, de la Loire-Inférieure et du Nord. Dans sa position de premier magistrat d'un département, il avait à s'occuper des établissements de bienfaisance, et, parce qu'il était bon chrétien, il ne se contenta pas de les gérer avec prudence et justice, il voulut encore, pour améliorer le sort des pauvres, sonder le terrible problème du paupérisme. Les divers pays que lui fit visiter sa fortune administrative le mirent en face de tous les systèmes de culture, d'industrie et d'assistance ; il put s'éclairer personnellement beaucoup par expérience. Le prosélytisme qu'inspirent la foi et le désir du bien l'engagèrent de plus à communiquer ses vues au gouvernement et à provoquer, près des autres préfets, des enquêtes. Quand la révolution de 1830 fit rentrer Alban de Villeneuve dans la vie privée, la cause des pauvres, qu'il avait généreusement servie, devint l'unique préoccupation de sa pensée. En 1834, il put livrer au public, en trois volumes, un ouvrage intitulé : *Economie politique chrétienne*, ou recherche sur la nature et les causes du paupérisme en France et en Europe, ainsi que le moyen de les soulager et de les prévenir. Le livre a, pour épigraphe, cette belle parole de Burke : « Il faut recommander la patience, la frugalité, le travail, la sobriété, la religion. Le reste que fraude et mensonge. » L'idée génératrice de l'auteur, c'est une opposition entre l'Angleterre et la France :

« Le système anglais, dit-il, repose sur la concentration des capitaux, du commerce, des terres, de l'industrie, sur la production indéfinie ; sur la concurrence universelle ; sur le remplacement du travail humain par les machines ; sur la réduction des salaires ; sur l'excitation perpétuelle des besoins physiques ; sur la dégradation morale de l'homme. — Fondons, au contraire, le système français sur une juste et sage distribution des produits de l'industrie, sur l'équitable rémunération du travail, sur le développement de l'agriculture, sur une industrie appliquée aux produits du sol, sur la régénération religieuse de l'homme et enfin sur le grand principe de la charité. — Dans ce système, loin de faire rétrograder l'industrie, nous ne verrons, dans les machines et les grands capitaux, que des agents de bien-être et de civilisation : la nation tout entière sera enrichie et non quelques individus. La misère, redevenue un accident individuel, inséparable de la condition humaine, sera soulagée aussitôt qu'aperçue. Le paupérisme n'alarmera plus les gouvernements. Qu'on y songe bien, ce n'est plus de l'ordre politique qu'il s'agit aujourd'hui, mais de l'existence peut-être de la société tout entière. Les signes précurseurs d'une révolution sociale éclatent de toutes parts. On voit se former des religions nouvelles ; les voix formidables des prophètes nouveaux se font entendre du fond de la solitude, et même de la tombe. L'Orient est plein de mystères politiques prompts à se dévoiler ; l'Europe semble frappée de terreur et de vertige ; les intelligences et les passions humaines s'agitent, se croisent, se choquent en tous sens, comme pour chercher une issue qu'elles ne trouvent pas. Les classes riches escomptent rapidement la vie, et, sans souci de l'avenir, n'aspirent chaque jour qu'à de nouvelles jouissances matérielles. Les masses prolétaires, privées d'aliment moral et de bien-être physique, demandent à entrer, à leur tour, de gré ou de force, dans le partage des biens de ce monde. Tel est l'état de la société dans plusieurs parties du globe. Que sortira-t-il de ce chaos ? Quel est l'avenir de la civilisation européenne ? Chacun le demande et personne ne peut le dire (1). »

L'ouvrage d'Alban de Villeneuve n'est pas, à proprement parler, un cours d'économie politique, ou, si c'en est un, il n'est fait qu'au point de vue du paupérisme. Dans le premier livre, l'auteur énumère les causes physiques, morales et sociales de l'indigence ; dans le second, il esquisse la situation et indique le nombre des pauvres en France et dans les divers Etats de l'Europe ; au troisième livre, il s'enquiert de la charité privée et publique ; au quatrième, de la législation relative aux indigents ; au cinquième, il traite de l'amélioration des institutions de charité et de bienfaisance ; au sixième, de la revision des lois sur les indigents ; au septième, de l'agriculture considérée comme moyen de soulager l'indigence et de la prévenir. Tout s'explique, pour l'auteur, par l'enchaînement et la force des principes qui soumettent l'ordre social et matériel aux lois éternelles de l'ordre moral et religieux. Le travail et la charité lui apparaissent comme les deux grandes bases des sociétés humaines, comme les seuls éléments du bonheur général, éléments unis par la Providence, éléments qu'on ne peut séparer sans détruire l'harmonie du monde. C'est en vain que la science économique démontre clairement la puissance du travail et de l'industrie. En négligeant les vertus morales pour ne s'occuper que des valeurs matérielles, l'économie politique a bien révélé, à quelques hommes, l'art de s'enrichir, mais il ne lui est pas donné de résoudre le problème d'une équitable distribution des richesses. De là, le terrible fléau du paupérisme. Si l'on veut faire disparaître cette maladie anti-sociale, il faut revenir aux lois de la Providence. La nature a répandu sur la terre la source des richesses. C'est au travail à les en faire sortir, à la charité à les répartir équitablement entre les membres de la société humaine. L'égoïsme, centralisant l'industrie à son profit exclusif, amène forcément à sa suite l'ignorance, l'immoralité, les maladies, l'imprévoyance, la misère et enfin la révolte des ouvriers. La charité, au contraire, donne pour compagne à l'industrie, la santé, la lumière, les vertus, la sobriété,

(1) *Economie politique chrétienne*, t. I, p. 24.

l'aisance et la soumission aux lois civiles et morales. Telles sont, dans leur ensemble, les vues d'Alban de Villeneuve.

D'autres avant lui, d'autres après lui se préoccupèrent également du paupérisme. De Gérando, Fix, Frégier, Moreau-Christophe, Blanqui étudièrent la condition des classes pauvres, mais sans réussir beaucoup à les soulager. Après Villeneuve, l'homme qui appela, le plus efficacement par les doctrines, l'attention des classes élevées sur les classes malheureuses ou dangereuses, fut Charles de Coux. C'était un disciple de Lamennais ; après la chute du maître, il fut professeur d'économie politique à Louvain et rédacteur en chef de l'*Univers*. Dans son enseignement, il aspirait à créer, lui aussi, une économie politique chrétienne ; il en a esquissé les linéaments dans l'*Université catholique* ; il laissa cette tâche à un de ses disciples qui devait, lui, l'embrasser dans son ensemble, et, par la puissance de l'esprit catholique, la constituer sur ses véritables bases.

Henri-Xavier-Charles Périn, né à Mons le 25 août 1815, d'une famille d'administrateurs et de magistrats, étudia le droit et l'économie politique à l'Université de Louvain, exerça quelques années au barreau de Bruxelles, puis fut nommé, en 1844, par l'épiscopat belge, à l'Université de Louvain. Chargé d'abord du cours de droit public, il fut, l'année suivante, sans quitter cette chaire, appelé à la chaire d'économie politique : il enseigna pendant une quarantaine d'années. Au cours de cet enseignement supérieur, le professeur donna, au public, de nombreux ouvrages : 1° *Les Economistes, les socialistes et le christianisme*, in-8°, 1849 ; — 2° *Du progrès matériel et du renoncement chrétien*, in-8°, 1850 ; — 3° *De la richesse dans les sociétés chrétiennes*, 2 vol. in-8°, 1861 ; — 4° *Les lois de la société chrétienne*, 2 vol. in-8°, 1875 ; — 5° *Les doctrines économiques depuis un siècle*, in-12 ; — 6° *Mélanges de politique et d'économie*, in-12, 1883 ; — 7° *Le patron, sa fonction, ses devoirs, ses responsabilités*, in-12, 1886 ; — 8° *L'Ordre international*, un vol. in-8°, 1888 ; — 9° diverses brochures sur l'usure et la loi de 1807, sur le socialisme chrétien, la corporation chrétienne, etc.

Les *Economistes* et le *Progrès matériel* ne sont que les ébauches de l'ouvrage suivant : *De la richesse dans les sociétés chrétiennes*. C'est un livre analogue à l'*Economie charitable* du vicomte de Villeneuve, mais d'après un procédé différent ; le premier est plutôt d'un praticien, le second est d'un savant qui procède avec rigueur et qui déduit, de l'Evangile, toutes les bonnes règles de l'économie politique. « La question traitée dans cet écrit, dit-il, se résume en la conciliation de deux choses que nos contemporains regardent comme inconciliables : le progrès matériel et le renoncement chrétien. Je prétends établir que, pour l'ordre matériel comme pour l'ordre moral, rien de grand et de vraiment utile ne se peut faire, et ne s'est jamais fait, que par le renoncement. Si je n'avais consulté que mes forces, je n'aurais pas entrepris cet ouvrage. Deux raisons m'y ont déterminé : d'abord l'importance de la question dans l'état présent des doctrines et des mœurs ; puis l'irrésistible évidence avec laquelle la solution chrétienne de ce grave problème de notre temps s'offrait à mon esprit. Il m'a semblé que d'eux-mêmes les faits parlent si haut, qu'il suffit de la sincérité d'une exposition simple et claire, pour les mettre en pleine lumière. C'est par cette conviction de l'invincible puissance que la vérité porte en soi et par le sentiment d'un devoir à accomplir, que je me suis décidé à écrire. » Sur quoi l'auteur traite de la richesse en général et du progrès matériel, de la production et de l'échange des richesses matérielles, des bornes dans lesquelles Dieu a renfermé la puissance économique, de la répartition des produits, de l'aisance et de la misère qui en résultent, enfin de la charité. Sous ces divers titres, l'auteur expose, en chrétien convaincu, les diverses questions de l'économie politique. « En traçant, conclut-il, cette rapide esquisse des harmonies de la société chrétienne, nous avons commencé par la charité et c'est par la charité que nous terminons. Elle est véritablement le premier et le dernier mot de tout l'ordre social sorti du christianisme. C'est par les renoncements de la charité, unis aux renoncements du travail, que l'ordre matériel se constitue, s'affermit et se développe. C'est grâce à ces renoncements, que le nécessaire est assuré aux masses, et que la société est mise en possession d'une richesse saine, vraiment utile et féconde, parce qu'elle est toujours contenue et modérée. Sans exposer les peuples à aucun des périls qui accompagnent les prospérités exagérées et coupables, cette richesse, engendrée par le renoncement, leur donne la puissance matérielle nécessaire pour réaliser les grandeurs auxquelles Dieu les convie. La richesse, ainsi conçue, aide à tous les progrès de l'ordre moral, parce qu'elle n'est autre chose que le fruit des efforts et des succès de l'homme dans sa vie morale. En se renonçant à tous les instants, par le travail dans la vie individuelle, par la charité dans leur existence sociale, les hommes accomplissent leurs destinées terrestres suivant la loi qui régit toutes les créatures douées de liberté, suivant la loi du sacrifice. Ce respect de la loi naturelle de l'humanité fait régner en toutes choses la force, la mesure et l'harmonie ; il assure à la fois la perfection de l'ordre moral et la perfection de l'ordre matériel, dont la vie humaine révèle partout la féconde et indestructible unité. »

Un peu plus loin, l'auteur ajoute ces très importantes paroles : « Nous sommes menacés d'une ruine. Ce ne sera qu'en extirpant le mal à sa racine, en reconstituant l'ordre moral sur les éternels principes de toute vertu et de toute justice, que nous sauverons l'ordre matériel des mortelles atteintes du socialisme. *L'Eglise seule est à la hauteur de cette tâche*, parce que seule elle possède, dans sa pleine puissance, l'esprit qui anime, soutient et relève les sociétés, l'esprit de renoncement. Ce n'est pas d'aujourd'hui que l'Eglise est engagée dans de semblables combats. Les grandes luttes qui agitent la société, depuis la fin du dernier siècle, ne sont que la continuation et le développement de cette guerre sociale au déclarée, qu'à toutes les époques les passions du paganisme soulevèrent contre les dogmes et la morale du christianisme... La théorie du progrès, suivant laquelle l'homme doit s'élever, par ses seules forces et par le libre développement de tous ses instincts, à toutes les grandeurs et à toutes les félicités, résume les efforts de ce siècle impie, pour fonder la doctrine de l'orgueil et de la jouissance, en contradiction avec la doctrine du renoncement. De là au dogme de la réhabilitation de la chair et à la glorification de toutes les passions, il n'y a qu'un pas. Ce pas, le socialisme l'a franchi, en réclamant la réorganisation radicale de la société sur le principe de la souveraineté absolue de l'homme et de son droit à la jouissance (1) ».

Tel est ce livre ; c'est, dans l'ensemble, la théorie sociale de l'économie chrétienne des sociétés civiles ; c'est l'Evangile appliqué au bien des peuples ; c'est le progrès matériel par l'ordre moral ; c'est une charte d'honneur pour le monde du travail organique. C'est un ouvrage de très haute valeur.

Les lois de la société chrétienne ont pour objet le rapport de l'ordre économique avec l'ordre social, par la constitution de l'ordre politique. Dans le premier ouvrage, l'auteur s'occupait surtout de l'économie matérielle ; ici, il s'occupe de codifier les lois de l'ordre social. Ce sont les *lois* qu'il cherche, et non pas, comme Montesquieu, des vocalises sur l'esprit des lois. « Ce n'est pas assez, dit-il, en matière de questions sociales, d'avoir reconnu et caractérisé les grandes lois de l'ordre moral. Il faut encore rechercher, dans la vie publique et dans la vie privée, les *institutions* qui répondent le mieux à ces lois. Il faut voir comment, sous l'empire absolu des principes, l'homme dispose, suivant la diversité des mœurs et le degré d'avancement des sociétés, de toutes les choses que Dieu laisse à sa liberté. Ce n'est pas particulièrement ce qu'on nomme la politique. J'en ai abordé les principaux problèmes, en évitant soigneusement de confondre le relatif avec l'absolu. Je me suis attaché à distinguer, dans la vie sociale, ce qui se retrouve et doit se retrouver partout, de ce qui varie avec les temps et les lieux. J'ai toujours placé les faits à côté des principes. Je ne sais rien de plus instructif que ce rapprochement. » (Avant-propos).

Dans ce livre, l'auteur traite de l'origine et de la fin de la société, des conditions essentielles de la vie sociale, des formes diverses de cette vie collective, des institutions politiques et de la société que les nations forment entre elles. L'auteur traite toutes ces questions d'après les plus pures doctrines du christianisme ; il ne se tient pas dans l'abstraction pure, mais éclaire la philosophie par l'histoire ; il prépare, en somme, la législation que devrait édicter un second Charlemagne. Le but qu'il vise, c'est le règne social de Jésus-Christ. « Il faut, dit-il, que le règne social de l'Homme-Dieu soit restauré, sinon le monde périra. Jésus-Christ n'est pas seulement le maître, le chef et le roi de chacun de nous ; il est aussi le maître, le chef et le roi de toute nation ; et non seulement de toute nation, mais de toutes les nations et de cette grande société qui couvre la terre et dont les peuples sont les membres. — Tous les âges ont eu le pressentiment d'une grande unité qui embrasserait toute la race humaine. Le monde païen la demandait à la force ; le monde chrétien la demande aux principes qui établissent la communauté entre les esprits. Notre siècle, plus qu'un autre, en a l'idée et le désir ; et jamais pourtant les hommes n'ont plus travaillé, par leur orgueil et leur incrédulité, à la rendre impossible. Ils ne pourront y être conduits que par la justice et la charité du Christ, dont l'Eglise catholique leur garde et leur ouvre les trésors » (2).

Les *Doctrines économiques depuis un siècle* ont été résumées par nous dans le chapitre consacré à l'économisme et au socialisme, deux doctrines procédant du même principe, l'un enfantant l'autre, comme le vipereau, disait Donoso Cortès, est fils de la vipère. Dans les *Mélanges d'économie politique*, l'auteur a réuni divers opuscules sur les libertés populaires, le modernisme dans l'Eglise, la question sociale, la réaction, l'idée moderne dans le droit des gens, la réforme sociale de Le Play, des discours prononcés à Malines, à Chartres et à Lille. Ces opuscules ont tous leur valeur propre ; c'est de la moelle de lion.

La fondation d'une école industrielle annexée à l'Université catholique de Lille donna naissance à l'écrit sur le *Patron*. L'auteur avait été appelé au conseil de perfectionnement de cette école ; l'arbitraire l'empêcha d'y prendre place ; du moins il voulut donner marque de bonne volonté. Dans quelques pages, il résume les devoirs en général et les obligations spéciales qui résultent de la situation spéciale du monde économique. Ce n'est point un traité, c'est un simple exposé, qui peut faire naître, dans le cœur des hommes appelés au commandement des ouvriers, le désir de restaurer, dans l'atelier moderne, les lois du travail chrétien. En appendice, on

---

(1) *De la richesse dans les sociétés chrétiennes*, t. II, p. 557. — (2) *Les lois de la société chrétienne*, t. II, p. 531.

trouve un rapport sur les divers essais de patronat. Ce livre est à placer à côté du livre de Léon Harmel, *Manuel de la corporation chrétienne*. L'idée qui domine, c'est la solidarité entre les diverses fonctions de la vie industrielle, et, pour les chefs, la charge d'âme.

Pour compléter son œuvre, l'illustre professeur devait, après avoir traité de l'ordre économique et de l'ordre politique, aborder l'ordre international : c'est l'objet de son dernier ouvrage. En parlant de la société générale que doivent former les nations entre elles, il ramène son ouvrage à deux pensées : le *fait* de la société internationale et la *loi* qui doit la régir. Nous n'avons pas ici un cours de droit public ; mais un exposé des principes qui doivent en régler la science, en dicter les lois, en déterminer et sanctionner toutes les décisions. Un ouvrage de cette nature résiste à l'analyse ; nous ne pouvons qu'en exposer sommairement les idées mères. Sur la société internationale, l'auteur esquisse donc d'abord brièvement son histoire ; il en indique les raisons d'être, les conditions constitutives et les traits généraux ; il expose ensuite comment la doctrine catholique y établit l'ordre et le progrès par la situation qu'elle fait au pouvoir et aux institutions publiques ; puis comment la Révolution, se référant au déisme, au positivisme, à la morale utilitaire, détruit les gages de prospérité assurés aux peuples par le christianisme.

Sur la loi internationale, le vénérable auteur réfute, en autant de paragraphes, les écoles qui cherchent cette loi en dehors des principes chrétiens ; il combat nommément l'école du droit de la nature représentée par Grotius, Puffendorff et Burlamaqui ; l'école humanitaire et du droit nouveau, dont les Italiens et les Allemands ont fait voir de si belles applications ; l'évolution idéaliste de Hégel ; l'évolution positiviste de Comte, le transformisme de Littré et de Darwin, l'atavisme de Spencer et l'évolutionnisme de Summer-Maine. La conséquence de ces réfutations, c'est qu'on ne peut que dans les dogmes chrétiens, sous l'autorité de l'Eglise, trouver les éléments d'une vraie loi, ses sources authentiques, sa stricte justice, son efficace sanction.

« Dans les théories du droit nouveau, dit l'auteur, tout est faussé ; le caractère de la société internationale, la notion de sa destinée suivant l'ordre providentiel, la nature même des lois qui déterminent son mode d'existence et qui président aux rapports des nations. Sous prétexte de grandir l'humanité en lui attribuant le droit de faire, d'elle-même souverainement, loi sur toutes choses, on a mis partout la confusion, l'instabilité, l'impuissance, la loi qui doit établir l'ordre dans la société humaine, n'ayant plus ni certitude, ni autorité. Par le désir aveugle de soustraire l'homme à toute souveraineté qui n'aurait point sa source dans la raison, on l'a fait esclave, tantôt d'une idée absolue, d'une force immanente à l'espèce, animant, poussant, gouvernant tout ; d'autres fois d'un instinct qui obéit à l'influence des circonstances et des milieux ; si bien que, sous l'action d'un fatalisme libérateur parce que l'on met son principe dans la seule nature humaine, l'ordre de la liberté a fait place à l'ordre absolu de l'évolutionnisme hégélien, ou du déterminisme positiviste, et que, dans ce renversement de toutes les données fondamentales de la vie humaine, le droit a péri en même temps que la liberté. — Quel sort attend les peuples en cette effroyable ruine de tout le monde moral ? Comment échapperont-ils à la domination de la force, qui s'impose irrésistiblement dès que le droit a perdu son empire, et qui ne peut pas rencontrer grande résistance lorsqu'elle est si pleinement justifiée par la logique du fatalisme panthéistique ? » (Pag. 495.)

Un trait à noter en faveur de ce livre, c'est que, outre son orthodoxie parfaite et son application à tout faire tomber sous la loi de Jésus-Christ, l'auteur ne s'applique pas seulement à flétrir les plus grands excès des sophistes contemporains ; mais, tout le long de son ouvrage, il sépare les principes chrétiens des idées libérales, qui, sous couleur d'édulcorer le christianisme, ne font, en définitive, que le trahir. C'est *de l'Eglise et de l'Eglise seule* que M. Périn attend le salut des nations ; et, pour l'obtenir, il ne se croit pas en droit de rien diminuer. « Les principes chrétiens, a dit Léon XIII, possèdent une merveilleuse efficacité pour guérir les maux du temps présent, ces maux dont on ne peut se dissimuler ni le nombre, ni la gravité, et qui sont nés, en grande partie, *de ces libertés tant vantées*, et où l'on avait cru voir renfermés les germes de salut et de gloire. Si l'on cherche le remède, qu'on le cherche dans le rappel des saines doctrines, desquelles seules on peut attendre avec confiance la conservation de l'ordre et, par là même, la garantie de la vraie liberté. »

Nous félicitons chaudement M. Périn de sa sollicitude constante et de son dévouement absolu pour les doctrines de la plus stricte orthodoxie. On nous dit qu'il a été, pour ce crime glorieux, éconduit de l'Université de Louvain. En ce cas, il ne serait pas seulement le confesseur de la foi, il en serait le martyr. Mais qu'il se console de l'aveuglement et de l'ingratitude des hommes. Un jour vient où il ne nous restera plus que Jésus-Christ ; ce jour-là il nous sera doux de n'avoir servi, avant tout et après tout, en ce monde, que la cause de Dieu. En attendant, c'est une consolation de souffrir pour une belle cause, après l'avoir si longtemps et si noblement défendue ; c'est plus qu'une consolation, c'est une grandeur.

De nos jours, on parle beaucoup de *laïcisme*, comme si le titre de laïque était synonyme d'apostat. L'Eglise appelle tous les laïques à être les fidèles serviteurs de Dieu, et, si tous ne répondent pas à cette vocation, dans tous lés temps, il s'en est rencontré plusieurs, pour ajouter à leur propre sanctification, le savoir dans la défense de la foi et le zèle dans la pratique de la charité. Le nom d'Armand de Melun est le nom d'un homme dont la vie fut consacrée au service de ses frères et qui mit, jusqu'au dernier jour, à leur disposition, son temps, ses forces et sa fortune. J'ai nommé le vicomte de Melun.

Armand de Melun était né à Brumetz (Aisne), le 24 septembre 1807. Sa famille, d'ancienne noblesse, avait donné, à l'Eglise, des prêtres, à la France des fidèles serviteurs, à l'armée, de braves soldats. Armand, élevé dans le culte de ces traditions, reçut, de ses parents, une éducation forte et pieuse. De bonne heure, il fut placé au collège Sainte-Barbe, où il connut Montalembert : il y entra avec un frère jumeau : l'intimité des deux frères fut la meilleure garde de leur vertu. Au sortir du collège, Armand de Melun fit son droit pendant que son frère se préparait à l'Ecole polytechnique. « Nous avions, dit-il, pour mentor une vieille bonne qui avait soigné l'enfance de ma mère et celle de toute la famille. Echappés du collège sans avoir été présentés à personne, nous n'avions, pour nous protéger contre la mauvaise influence de Paris, que nos cours de droit, de littérature, de physique et de mathématiques, faible rempart contre les entraînements de la jeunesse et les nombreux pièges semés sous nos pas. Mais nous étions possédés d'un grand amour du travail, qui détourne des folles idées et des distractions malsaines. En dépit de l'éducation antireligieuse du collège, nous allions à la messe ensemble, nous ne nous quittions jamais en dehors de nos cours de natures différentes, et nous n'avions d'intimité qu'avec très peu de jeunes gens de notre âge ; notre profonde affection de jumeaux nous suffisait. Sans trop en avoir la conscience, nous nous servions mutuellement d'ange gardien. Il y avait, dans ce lien plus que fraternel, quelque chose de pur et en quelque sorte sacré. L'un de nous deux n'aurait jamais osé proposer à l'autre une mauvaise action, et l'irrégularité de la vie n'aurait pas été possible sous le toit qui nous abritait tous les deux comme le sanctuaire de la famille. »

Son droit terminé, Armand de Melun se disposait à entrer dans la magistrature, lorsqu'il en fut détourné par la Révolution de 1830. Dieu lui donna une plus noble fonction. Un jour, il fut présenté à Sophie Swetchine, qui s'éprit d'une tendre affection pour ce jeune homme dévoré de la sainte ambition du bien. Sophie Swetchine mit Armand en relations avec la sœur Rosalie ; cette rencontre décida pour toujours de sa vocation. Luimême va nous raconter son point de départ :

« Un jour, dit-il, que nous nous étions longtemps entretenus des créations merveilleuses qui sont nées de la foi et de la charité, elle vint à me parler de la sœur Rosalie, qui, dans le quartier Saint-Médard, le plus pauvre et le plus abandonné de Paris, était devenue la providence de tous les malheureux et y exerçait, avec une puissance incomparable et un incroyable succès, l'empire de la charité. Chose singulière ! je puis dire que jusque-là je n'avais jamais visité un pauvre, je ne connaissais que ceux qui m'avaient tendu la main dans la rue ; les autres, à la campagne, étaient secourus par ma famille et venaient chercher le pain et les médicaments à la maison. Quand ils étaient malades, ma mère et mes sœurs allaient les voir ; je n'avais pas à m'occuper d'eux. Quant à ceux de Paris, je m'en étais remis, jusque-là, à l'Assistance publique et aux Bureaux de bienfaisance, du soin de les connaître et de les soulager ; je donnais quelques pièces à la quête de ma paroisse, quelques sols, pas beaucoup, aux mendiants que j'avais en grande suspicion, et ma plus grande aumône avait été, s'il m'en souvient bien, les vingt francs que m'avait coûté un billet pour le bal de l'Opéra, que le roi Charles X avait fait donner pour rendre un peu moins dur, aux malheureux, le terrible hiver 1829. Dans la disposition d'esprit où j'étais, cette vie de la sœur Rosalie au milieu de ces pauvres me frappa comme la révélation d'un monde inconnu qui m'attirait et je demandais à Mme Swetchine le moyen d'arriver jusqu'à elle. Rien n'est plus simple et il n'est pas besoin de lettre d'audience pour être reçu par une sœur de charité. Cependant, comme celle-ci était, plus qu'une autre, assaillie de visites et accablée de toutes espèces d'importuns et de solliciteurs, il fut convenu que le jour suivant Mme Swetchine me donnerait une lettre d'introduction auprès de la supérieure de la rue de l'Epée-de-Bois, lui annonçant ma bonne volonté et mon grand désir de devenir un de ses auxiliaires et de ses serviteurs. Le lendemain, muni de ma lettre, je m'acheminai vers le triste quartier de Saint-Médard, non sans un certain battement de cœur, excité par la curiosité et aussi par la nouveauté du monde que j'allais voir et la tristesse des spectacles qui m'attendaient. Il me semblait que j'allais entrer comme dans une grande salle d'hôpital, assister à toutes espèces d'opérations et rester stupéfait et tremblant devant l'exposition de si grands maux et de telles misères. A dater du Panthéon, la route qui y conduit n'était pas brillant et j'eus quelque peine à découvrir, dans un angle de la rue Mouffetard, la toute petite rue de l'Epée-de-Bois. Je dus, en y entrant, traverser le marché des Patriarches, où je ne vis pour marchands que des chiffonniers, et pour marchandises que des guenilles ; j'arrivais en société de deux ou trois pauvres, à la maison de secours que, depuis plus de vingt ans, desservait et habitait, comme supérieure, la sœur Rosalie. Tout était nouveau pour moi, le quartier, le bureau de bienfaisance et aussi la vie et les fonctions des sœurs de charité. On n'apprenait pas tout cela au collège ; je ne m'en occupais guère en faisant mon droit, et, depuis que je connais sais Mme Swetchine, je m'étais surtout attaché à la grandeur théorique de la religion, j'avais plus parlé qu'agi. Au nom de Mme Swetchine, la sœur Rosalie me reçut aussi bien que si j'avais été un pauvre ; mais elle était habituée à voir toutes ces vocations d'apôtres et de diacres, que la curiosité inspirait plutôt que la foi et qui se retiraient à la vue peu attrayante de la misère. Elle eut la mauvaise pensée, comme elle me l'avoua en riant plus tard, que je pourrais bien être de ces amateurs. Elle résolut donc de me soumettre, dès le premier jour, à une sérieuse épreuve, et me mettant quelques bons de bouillon, de viande et de cotrets dans la main, elle me donna une sœur pour me conduire, m'indiqua trois ou quatre ménages des environs, me chargea de les voir, de les servir et surtout de les consoler. Je devais, au retour, lui rendre compte de mes observations et de mes courses. »

La première visite fut heureuse. Armand assista un pauvre ouvrier que la maladie paraissait vouer à une mort certaine et que le visiteur eut le bonheur de sauver. Du reste, son apprentissage ne fut pas long ; il apportait, au service du pauvre, une si parfaite intelligence et un cœur si dévoué qu'il ne tarda pas à passer maître. Dès le début de sa carrière charitable, nous le voyons entrer dans la société des *Amis de l'Enfance*. L'œuvre avait pour but de jeunes orphelins en les plaçant à ses frais dans divers établissements. Fondée par un pauvre petit libraire du quai des Augustins et par sa pieuse mère, elle se fortifia par l'accession de M. de Melun qui lui amena plusieurs recrues. Toutefois, en y consacrant ses efforts, il voulut en agrandir le cadre ; ce fut, pour lui, l'occasion de créer l'*Œuvre des apprentis et des jeunes ouvrières*, pour laquelle il eut dans les filles de la Charité et dans les frères de la Doctrine chrétienne d'admirables auxiliaires. Mais d'abord il ne s'occupa que des jeunes ouvriers ; plus tard seulement des jeunes filles, sorties des écoles des sœurs, placées, après la première communion, en apprentissage, et qui n'avaient pas moins besoin de protection que les jeunes gens. Dans le rapport de 1875, il est dit que l'Œuvre des jeunes apprentis compte 2 527 jeunes gens formant vingt associations ; la même année, l'Œuvre des jeunes ouvrières compte quatre-vingt-dix patronages, protège 10 000 jeunes filles et reçoit le concours de 12 000 dames patronesses.

L'éducation chrétienne de la jeunesse n'absorbait pas toutes les préoccupations d'Armand de Melun. En 1840, nous le voyons au conseil central de l'Œuvre de Saint-Vincent de Paul et dans l'*Œuvre de la Miséricorde*, fondée par Mlle de Martray, pour venir en aide aux familles que les révolutions ou les revers avaient fait déchoir d'une position fortunée et dont la misère était d'autant plus lourde que leur naissance et leurs habitudes ne les y avaient pas accoutumées. M. de Melun, qui y fut longtemps secrétaire, avouait humblement qu'il paya assez cher plus d'une leçon ; mais ses rapports prouvent avec quel tact et quel dévouement il s'acquittait de ses charitables fonctions.

La vie active ne suffisait pas à Armand de Melun. La réconciliation de l'Eglise et du peuple, but sublime qu'il avait entrevu dès sa jeunesse, réclama les méditations de son âge mûr. Lui-même va nous expliquer comment il entendait, relativement aux questions ouvrières, le devoir des catholiques.

« Après la révolution de juillet, dit-il, commencèrent à s'agiter, dans certains esprits audacieux ou chimériques, des systèmes sur l'amélioration du sort du peuple, basés, non sur le *Christianisme*, mais sur certaine doctrine de perfectibilité sociale, de renversement de l'ordre tout aussi bien dans la propriété que dans le gouvernement, et qui tendaient à produire des révolutions au nom de progrès impossibles. Le développement de l'industrie par l'introduction des machines et aussi par les révolutions politiques, avait introduit de grands changements dans les conditions du travail, la fixation et la quotité des salaires, les rapports entre le maître et l'ouvrier ; s'emparant des difficultés qui naissaient de ces modifications profondes, improvisées par les événements, des publicistes en avaient fait des armes de combat contre la société actuelle ; des théories nouvelles, sous le nom de *socialisme*, prétendaient, par l'action de l'Etat, écarter les injustices, effacer les inégalités et faire disparaître toute souffrance en même temps que tout privilège ; leurs plus solides arguments, leurs plus forts auxiliaires, étaient la misère de leurs clients et l'impuissance de la société actuelle à rendre leur vie plus active et meilleure. Il appartenait au Catholicisme, aux hommes de bonne volonté qu'il inspire, d'appliquer leur intelligence à l'étude de ces questions, à la solution de ces problèmes, à la recherche de tous les moyens propres à diminuer la souffrance, à faciliter le travail, à effacer les défiances et les malentendus qui séparent les hommes et les arment les uns contre les autres. »

Ce fut sous cette inspiration que M. de Melun fonda, en 1845, la *Société d'économie charitable*. Et depuis quarante ans, cette société, composée de bons chrétiens, tous voués aux œuvres de la charité, a étudié, discuté et élucidé toutes les questions qui intéressent les ouvriers, les pauvres et les petits de ce monde. De ces discussions sont sorties parfois des lois ; ceux qui les avaient préparées sont devenus, plusieurs du moins, des orateurs capables de défendre l'Eglise sur un plus grand théâtre. M. de Melun dirigeait ces petites assemblées avec une aménité, une mesure, un tact que n'oublieront jamais ceux qui ont eu la bonne fortune d'assister à ces pacifiques réunions.

Quand, en 1867, s'agrandit le mouvement qui réclamait la liberté de l'enseignement supérieur, quelques catholiques fondèrent la *Société générale d'éducation et d'enseignement* qui devait, à la fois, soutenir le droit et défendre les doctrines. Le vicomte de Melun fut un des premiers membres du Conseil de cette société.

Enfin il était membre, et même vice-président de la *Société de secours* aux blessés. On devine, sans que j'insiste, quel surcroît de fatigues lui apporta ce titre en 1870.

En 1848, le vicomte de Melun avait été élu député par le département de l'Ille-et-Vilaine. Le socialisme agitait alors violemment ses thèses de démolition sociale et ses utopies de restauration spontanée. Le nouveau député n'était pas au dépourvu; il était un des rares hommes de France qui connaissaient pratiquement les questions de réformes; il les mit à l'ordre du jour. « Voilà donc, écrivait-il, un des grands rêves de ma vie qui se réalise; j'aurai forcé toutes ces hautes et politiques intelligences à s'occuper de ces questions qu'elles dédaignaient, et les pauvres ont maintenant leur immense place dans les travaux de l'Assemblée. Le ciel en soit béni ! Je ne sais ce qui sortira de cette initiative et si la société se sauvera; mais, au moins, elle aura fait tout ce qu'elle pouvait, et, par conséquent, tout ce qu'elle devait faire. »

Après le coup d'État du 2 décembre 1851, Armand de Melun rentra dans la vie privée et ne voulut plus prêter son concours au gouvernement impérial, que pour la réorganisation des sociétés de secours mutuels : il était là sur son terrain et dans ses éléments. En 1857, il épousa Mlle de Rochemore, qui lui donna deux enfants ; mais il semble que Dieu ne les lui avait envoyés que pour purifier son âme par le plus dur des sacrifices et l'obliger à n'avoir d'autres enfants que les pauvres. La mort de ses enfants ne paralysa pas son zèle. Maire de Bouvelinghem, dans le Pas-de-Calais, il vit l'incendie dévorer sa commune entière ; il entreprit de la reconstruire. Après avoir, à force de promesses et de secours, relevé un peu le moral, il obtint, du général Clinchamps, des soldats pour déblayer le terrain. Après quoi, il se fit constructeur, maçon, charpentier et surtout bienfaiteur. Une telle entreprise épuisa ses efforts. Armand de Melun mourait le 24 juin 1877. Ses obsèques à Paris, suivies par une foule innombrable où se mêlaient toutes les classes de la société, furent un hommage solennel rendu à un homme de bien, dont toute la vie s'était dépensée au service de ses frères. Et quand sa dépouille mortelle fut transférée à Bouvelinghem, dans ce village qui lui devait sa résurrection, on eût dit une grande famille pleurant la mort d'un père.

Armand de Melun n'avait pas été, seulement, pour l'habit laïque, un frère de charité ; il avait été encore auteur et presque écrivain. Outre ses rapports dans les œuvres de charité et ses motions dans les sociétés d'enseignement et d'économie charitable, on lui doit un *Manuel des Œuvres* ; — une *Maison du faubourg Saint-Marceau*, où se trouve l'histoire d'une jeune aveugle qui fit assez de sensation pour que Buloz demandât où il pourrait trouver l'auteur « pour avoir des histoires d'aveugles dans la *Revue des Deux-Mondes* » ; — les vies de Mlle de Melun, fondatrice, au XVIe siècle, de l'hôpital de Baugé, dans Maine-et-Loire, de la *Sœur Rosalie*, de la *Marquise de Barolo*, protectrice de Silvio Pellico, dont la biographie se trouve à la fin du volume ; — et une brochure intitulée : *La question romaine devant le Congrès*. Dans ce bref opuscule, « il résume, dit Veuillot, et réfute avec autant de clarté que de brièveté, l'amas de calomnies et de sophismes que le concours de la presse révolutionnaire a élevé depuis six mois contre le gouvernement pontifical. S'il s'agissait d'être juste, il n'y aurait rien à lui répondre ; mais, quand l'iniquité se connaît assez de complices, elle se passe de convaincre, elle se pique moins de raisonner que d'insulter au bon sens et à la conscience publique par l'imprudente faiblesse de ses arguments. »

En donnant ce compte rendu, le rédacteur en chef de l'*Univers* appelait M. de Melun « un homme à qui ses longs travaux et toute sa vie donnent le droit de parler pour les catholiques (1) » Montalembert disait qu' « il avait le secret de rendre la religion plus aimable, la vertu plus populaire, la charité plus contagieuse ». Le comte de Mun ajoute qu' « il fut, chez nous, le grand initiateur des œuvres de patronage, et, dans le milieu où l'avait placé sa naissance, le doux mais pressant apôtre de la grande idée sociale dont elles sont la forme extérieure. »

Le comte de Mun, qui rend ce témoignage, fut lui-même le continuateur d'une œuvre pieuse et patriotique dont il va nous raconter la genèse et établir la nécessité :

« La charité, dans les siècles passés, inspirait de sublimes renoncements, d'abondantes générosités. Les monastères et les hospices ouvraient des asiles à toutes les souffrances. Le christianisme avait fait, de l'aumône, le devoir sacré et l'universelle coutume des sociétés façonnées par ses lois. L'Église en imposait et en réglait l'exercice.

« La fonction sociale, dans ces sociétés hiérarchisées par le lien féodal ou corporatif, établissait entre les grands et les petits, entre les riches et les pauvres, des relations mutuelles de protection et de dépendance, auxquelles les vertus individuelles ajoutaient souvent un confiant échange de bonté et de reconnaissance.

« Cet ordre ancien, longtemps fécond et vénérable, peu à peu corrompu par l'oubli du principe chrétien, et devenu stérile, en s'en éloignant, s'achemina lentement vers l'irrémédiable décadence. La Révolution française, violente explosion de ce long travail, l'anéantit d'un seul coup, et, sur ses ruines, elle-même

---

(1) Veuillot, *Mélanges*, 2e série, t. VI, p. 207.

préparée par un enfantement séculaire, apparut la démocratie.

« Les liens sociaux étaient rompus; les cadres organiques étaient brisés, et les hommes, égaux en droits par une loi désormais intangible, inégaux en condition par l'éternelle loi de la nature, libres de tous devoirs, hors ceux que dicterait sa propre conscience, demeurèrent en présence, appelés tous à monter au sommet, la plupart cependant incapables d'y réussir par leurs propres forces.

« Ainsi naquit la société nouvelle, d'abord livrée aux convulsions de son berceau tragique, puis emprisonnée dans la main puissante qui lui donna ses institutions et ses codes, et bientôt jetée, par la fièvre ardente de l'industrie transformée, dans le conflit soudain, impétueux dès qu'il s'alluma, parce qu'il mettait aux prises l'intérêt et la vie du capital affranchi et du travail captif.

« Telle fut notre histoire jusqu'au jour où, tout à coup, sans qu'une formation suffisante eût préparé, pour cette définitive révolution, sa volonté et sa raison, sans que l'organisation économique eût précédé, en lui donnant une constitution sociale, la royauté politique, le peuple fut, par le suffrage universel, investi de la souveraineté.

« La démocratie se trouva, d'un seul coup, au milieu de sa lente et pénible ascension, portée sur le pavois. Son règne fut décrété, et l'heure parut terrible à tous ceux qui mesurèrent les responsabilités de l'avenir. »

Le fait est que cette démocratie triomphante, sans qu'aucune réorganisation sociale eût préparé son règne, nous donna, à vingt ans de distance, les journées de juin avec leurs tueries et les orgies, sanglantes et incendiaires, de la Commune. En 1871, le lieutenant de Mun et le capitaine de la Tour-du-Pin se rencontraient, au cercle du boulevard Montparnasse, avec Paul Vrignault et Maurice Meignen. Ces deux hommes appartenaient, l'un par l'exercice de la charité, l'autre par ses vœux de religion, à la tradition des sociétés de Saint-Vincent de Paul : ils initièrent les deux officiers à leurs œuvres, à leurs pensées et à leurs espérances. Les deux officiers, que leurs réflexions et leurs résolutions préparaient à cet apostolat, s'y consacrèrent dès lors.

L'œuvre des cercles catholiques ouvriers fut fondée; le comte de Mun va nous en expliquer la pensée-mère.

« Proclamer et défendre envers et contre tous le droit de Dieu sur les sociétés humaines ; en chercher les conséquences dans l'enseignement de l'Église, par un labeur docile et persévérant, afin de préparer son règne dans les mœurs et dans les lois ; lui rendre, avant tout, un premier hommage, en pressant, par l'exemple du dévouement, ceux que Dieu a favorisés de ses dons de pratiquer leur devoir social envers ceux qu'il en a privés ; organiser, enfin, par l'association, une force capable d'en assurer le libre exercice ; telle est la pensée, que j'ose dire immortelle, parce que, fondée sur la loi divine, elle est supérieure à ceux qui la formulent et qui, depuis trente ans, a suscité tous nos travaux, animé toutes nos entreprises.

« De cette idée fondamentale, après la forme première, d'autres formes ont paru, suivant les circonstances, les milieux et le tempérament des hommes, qui ont, chacune, entraîné des cœurs et captivé des intelligences.

« Mais, sous ces formes diverses, l'idée demeure, magnifique et précise, invincible en son principe, inépuisable en ses effets, seule assez forte, étant appuyée sur l'éternelle vérité, pour soutenir et réunir les âmes à travers les événements qui passent, les institutions qui changent et les passions qui divisent.

« J'ai voulu, par ces quelques mots, les préciser une fois de plus, et affirmer des convictions que, malgré les obstacles, les épreuves et les défaites passagères, fortifient chaque jour l'observation des faits et la méditation des idées et qui, après avoir décidé de ma vie publique, demeureront, jusqu'à son terme, l'aliment de mon courage et le fondement de mon espérance.

« J'ai dit mon espérance et j'y veux insister, car ce doit être la suprême pensée des réunions catholiques.

« Quelles que soient les obscurités du présent et les menaces mêmes du lendemain le plus proche, j'admire chaque jour, quant à moi, en dépit de toutes les apparences, le progrès constant des idées que nous avons servies, et qui voient aujourd'hui se lever chaque année dans les rangs de la jeunesse des apôtres nouveaux.

« J'admire comment, parmi les luttes des partis et malgré les retours offensifs de l'esprit sectaire, la préoccupation sociale tend de plus en plus à prendre possession des esprits, à s'imposer à la politique, à la dominer et à préparer le terrain de rencontre où pourront fusionner enfin les intelligences et les cœurs.

« J'admire comment, en particulier, chez les catholiques, se fait de plus en plus l'union sur les principes fondamentaux, si longtemps controversés, du droit social et de l'ordre économique. Comment aussi, apparaît à tous la nécessité de l'action sociale, exercée par les œuvres pratiques, par la recherche patiente des résultats, par l'appel confiant à l'initiative des ouvriers, prenant le pas sur l'action purement politique, et ouvrant à tous des perspectives sans cesse élargies, au terme desquelles s'épanouit un horizon apaisé, où les défiances disparaîtront avec les barrières qu'elles élèvent et les haines qu'elles engendrent.

« J'admire surtout comment cette prétendue chimère corporative, ce rêve du rapprochement pacifique du capital et du travail, dans l'association professionnelle, comment cette idée dont nous nous glorifions d'avoir été les pionniers, parmi les catholiques, est désormais devenue la charte universelle, réclamée par tous ceux qui vivent de la vie des travailleurs, le palladium de tous ceux qui ont des intérêts à défendre, des droits à concilier, le seul moyen qui s'offre à l'industrie, justement alarmée par le socialisme révolutionnaire, pour opposer à ses progrès une force durable, vraiment et pacifiquement conservatrice.

« Enfin, laissez-moi le dire, j'admire encore, et par-dessus tout le reste, qu'à l'aurore de ce siècle, au milieu des déchaînements impies, la nécessité de la foi, le droit supérieur de Dieu dans l'ordre intellectuel, moral et social, soient, après tant d'orgueilleuses et vaines tentatives, confessés autour de nous par tant de voix nouvelles et si imprévues dont les sincères et fortes déclarations sont à la fois pour nous la plus belle des récompenses et le secours le plus efficace.

« Tout cela, c'est bien l'épanouissement sous des formes inattendues de l'idée qui nous rassemblait il y a trente ans. C'est pourquoi, bien loin d'être des découragés, nous sommes des confiants, et nous nous sentons le droit de tendre la main aux jeunes pour qui l'espérance est la condition même de la vie. »

Le succès des cercles catholiques d'ouvriers conduisit le comte de Mun au parlement. Député du Morbihan, puis du Finistère, il promettait à l'Eglise un défenseur héroïque : soit que ses forces aient trahi son courage, soit qu'un mot d'ordre étranger ait paralysé ses résolutions, il n'a pas donné tout ce qu'on attendait de son éloquence. Sans contredit, c'est un maître de la parole, mais plutôt un académicien qu'un parlementaire. Veuillot lui reprochait déjà de ne pas assez mordre et de trop bénir ; Drumont lui reproche également, au lieu de recourir à cette *Canina facundia* que possédait Montalembert à un si haut degré, de se tenir dans la placidité du prône d'un diseur de messe. Nous savons bien, par l'exemple même de Freppel, qu'il ne suffit pas des discours d'un parlementaire parfait, pour enlever les votes d'une assemblée de sous-vétérinaires ; mais, suivant l'observation judicieuse de Freppel, l'homme qui ne décide pas la chambre, parle par les fenêtres et peut entraîner la France. Ce fut la gloire de Freppel et de Montalembert. Ce fut, dans un autre sens, le genre de succès qu'emportèrent la hure de Mirabeau, la spirituelle intempérance de Maury, l'audace de Danton et de beaucoup d'autres. Si, avec d'humbles plumes, des journalistes intrépides ont pu soulever la France au nom du patriotisme, pourquoi des orateurs intrépides au parlement n'auraient-ils pas exercé sur l'opinion publique cette influence entraînante qu'aucun catholique n'a pu exercer ?

Certes, il ne s'agit pas d'être un O'Connell : n'est pas d'ailleurs O'Connell qui veut ; mais le petit procédurier du Hanovre, Windhorst, a su mettre Bismarck les quatre fers en l'air. Les sous-vétérinaires ne sont qu'une poussière en comparaison ; ils sont le nombre, mais le nombre infime ; et rien ne paraît plus facile que de les réduire à néant. Encore une fois, il ne s'agit pas même de dompter un parlement, mais de soulever la France contre l'injustice, la déraison et la trahison.

Depuis la révolution, les œuvres de zèle sont en grand crédit dans l'Eglise. A dire vrai, c'est la nécessité qui les impose. Le ministère pastoral avec ses instructions, ses catéchismes, son gouvernement des âmes, a bien aussi ses œuvres de zèle ; mais les œuvres de zèle que doit spécialement louer l'histoire, ce sont ces œuvres qui s'ajoutent à la direction ordinaire des curés, pour préserver ou cultiver, d'une façon particulière, un coin du champ confié à leur sollicitude. A l'aurore de ce siècle, Jean-Joseph Allemand fondait, à Marseille, une œuvre de jeunesse qui prospéra plus de trente années ; à Bordeaux, l'abbé Dasvin créait une œuvre semblable dont le cardinal Donnet aimait à célébrer les résultats. Ce qui avait été tenté par ces vétérans du sanctuaire, s'est multiplié, sous le nom d'*Œuvres ouvrières*, depuis vingt-cinq ans. Nous ne saurions parler de tous ces bons ouvriers du Seigneur ; nous voulons en citer au moins un, comme prototype. Joseph Timon-David, né à Marseille en 1823, se mit, au mois de mars 1846, avec l'autorisation de son évêque, à réunir plus de deux cents jeunes ouvriers, pour les élever dans les vrais principes de la foi, les former aux bonnes mœurs et les mettre sous la garde de la piété. Pendant dix-neuf mois, l'Œuvre traversa bien des péripéties et bien des contradictions. Le 1ᵉʳ novembre 1847, elle s'établit sous sa forme actuelle, dans le local qu'elle occupe encore aujourd'hui, au boulevard de la Madeleine. En 1852, elle fut érigée canoniquement par Eugène de Mazenod, évêque de Marseille ; en 1857, le même prélat lui consacra une église sous l'invocation du Sacré-Cœur ; et en 1859, Pie IX l'élevait à la dignité d'archi-confrérie, avec le privilège de s'agréger des Œuvres semblables, faculté dont ont voulu jouir vingt-deux œuvres diverses, toutes consacrées à la jeunesse.

La vie de cette Œuvre se résume en deux mots : *Prier* et *Jouer*. On ne peut pas garder des jeunes gens sans leur offrir des distractions : « Il faut, dit le comte de Maistre, amuser les jeunes gens, pour qu'ils ne s'amusent pas ». Notre siècle a acquis, sous ce rapport, une habileté remarquable. Malgré tous ses malheurs, il reste gai, ou du moins il sait s'égayer de toutes les façons, même, hélas ! en ne prenant pas assez sérieusement les choses sérieuses. Pour défendre les jeunes gens contre la frivolité naturelle à leur âge, l'Œuvre assure le condiment de la prière et la grâce des sacrements. « Nos jeunes gens, écrit le Directeur, se réunissent tous les soirs après les heures de travail, pour vaquer aux devoirs de la piété, réciter le chapelet, entendre une instruction, recevoir la bénédiction du Saint-Sacrement... Le dimanche et les fêtes d'obligations, qui sont les jours les plus dangereux dans une ville de près de 400 000 âmes, nous les gardons du matin au soir. Ils récitent les *Matines* et les *Laudes* du Petit Office, assistent à la messe solennelle, récitent le chapelet avant le dîner, reviennent pour les vêpres, le sermon, la bénédiction du Saint-Sacrement; le reste de la journée est occupé par des jeux sans danger pour leur âme. Les plus pieux ont deux réunions distinctes, l'une pour ceux qui ont moins de seize ans, l'autre pour les plus grands et les plus dévoués, qui donnent la vie à toute l'OEuvre. Tous les ans, ils font les exercices spirituels pendant cinq jours: les offices se célèbrent avec la plus grande solennité pour le chant, le grand nombre et la piété de ceux qui viennent à l'autel, la richesse des ornements sacrés, l'esprit liturgique étant la tradition de toutes nos maisons et *leur seul luxe*. »

Nous ne parlons pas des dépenses d'acquisition et d'entretien, des constructions et transformations d'édifices, des difficultés et petites persécutions qui s'attachent toujours à ces sortes d'entreprises. Nous notons seulement que l'OEuvre, dans un laps de trente-six ans, a donné ses soins à plus de dix mille adolescents. — Pour étendre les fruits de cette création, le fondateur, après dix-sept années d'existence, créa l'école du Sacré-Cœur; c'est une école primaire et une école pour les classes de grammaire. On y suit les programmes de l'Université; mais, pour tout le reste, c'est une école diocésaine, consacrant, par son existence, le principe du droit de l'Eglise et du droit des pères de famille en matière d'enseignement. — En 1864, poursuivant ses progrès, le Directeur établissait à la Viste, dans une terre patrimoniale, l'*OEuvre de la Jeunesse*. — Pour satisfaire à des œuvres si diverses, dans un pays où les vocations deviennent tous les jours plus rares, il fallut établir encore un Juvénat, sorte de petit collège, pour compléter les études secondaires jusqu'à la philosophie. Une école de théologie devait couronner toutes ces institutions. On avait d'abord fait étudier les clercs de la société, au grand séminaire et au Collège Romain. L'OEuvre de la jeunesse étant établie à Aix et ayant accepté la direction d'un orphelinat agricole, un scolasticat fut établi pour la société et ses élèves suivirent les cours du grand séminaire d'Aix. Enfin, l'OEuvre de la jeunesse ouvrière ne passa point à une communauté religieuse; mais la société du Sacré-Cœur de Jésus-Enfant fut constituée partout, exprès pour assurer, sous la direction à vie du fondateur, Joseph Timon-David, le fonctionnement régulier de l'OEuvre collective.

L'écueil de ces créations charitables, c'est qu'on n'ose pas y faire assez de religion. Les amusements, on les prodigue; mais, se confesser, communier, méditer, dire le chapelet, faire la visite au Saint-Sacrement et la lecture spirituelle, on n'ose pas y venir, ou on n'ose pas y tenir. Pour les enfants, passe encore; mais pour les jeunes gens, c'est-à-dire pour ceux qui ont, de la grâce divine, un plus pressant besoin, on n'ose pas les abreuver fréquemment à ces sources de vie. L'esprit naturaliste de notre siècle a pénétré par là. Les directeurs, paraissant ignorer la puissance des moyens surnaturels dans la conduite des âmes, demandent leurs succès aux moyens humains. « J'ai donc, écrit le fondateur, employé une grande partie de ma vie à combattre cet esprit *naturaliste* ou *libéral*, soit en prêchant plus de cent cinq retraites hors de nos maisons, soit par des ouvrages. Beaucoup d'évêques les ont déjà honorés de leurs approbations. La pensée fondamentale qui inspire tous ces livres est que l'éducation de nos jours est trop humanitaire, qu'il faut absolument revenir à la foi pure, à la prière, aux sacrements, pour réformer la société civile et religieuse.

« La *Méthode de Direction* des œuvres de jeunesse, petits séminaires, collèges, cercles, patronages, donnent les principes pour conduire une maison d'éducation chrétienne. Elle a eu deux éditions.

« Le *Traité de la Confession des enfants et des jeunes gens* traite de la direction des Consciences au saint tribunal. Il a déjà eu quatre éditions.

« Et comme plusieurs trouvaient ces méthodes d'une application peu usuelle et même impossible, j'ai publié sous le titre de *Souvenir de l'OEuvre de la jeunesse de Marseille* la vie de quatorze congréganistes de tout âge, appartenant à toutes les conditions sociales, depuis le prêtre jusqu'au soldat. C'était répondre à toutes les objections par un argument *ab actu ad posse*, puisque ces quatorze jeunes gens se sont sanctifiés par cette méthode.

« Enfin, pour encourager mes confrères du dedans et du dehors par un illustre exemple, je viens de publier la vie d'un saint absolument inconnu en France, saint Joseph Calasanz, fondateur des écoles pies. »

Ces divers ouvrages, dus au ferme esprit du fondateur de l'OEuvre de la jeunesse, sont tous marqués au bon coin. Précis dans le style, nets dans la pensée, zélés par l'esprit, ils forment comme les classiques de l'œuvre: ce sont les écrits d'un vrai maître, et d'un vrai père de la jeunesse. Quant à l'œuvre elle-même, l'évêque de Marseille dit que « le fondateur et ses prêtres édifient le diocèse par leurs vertus sacerdotales et qu'ils travaillent, avec un zèle admirable et un grand succès, à l'amélioration chrétienne des jeunes ouvriers ». L'archevêque d'Aix, Augustin Forcade, ajoute: « Aucune œuvre ne répond plus efficacement à l'une des premières nécessités de notre triste époque et ne mérite mieux assurément les encouragements et les bénédictions du Saint-Siège ». Les papes Pie IX et Léon XIII l'ont également encouragée et bénie; le premier en

---

(1) *Rapport quinquennal* au Pape Léon XIII en 1884.

l'élevant à la dignité d'archiconfrérie ; le second en écrivant au directeur : « Nous vous exhortons à persévérer ardemment dans votre vocation, afin de pouvoir, en ces temps difficiles, gagner le plus grand nombre possible d'âmes à Dieu et conserver autant de fils à l'Eglise ».

Sous Louis-Philippe, on vit paraître, un beau matin, des brochures de très petit format, d'un petit nombre de pages, couverture jaune, intitulées : *Lettres sur la liste civile, Questions scandaleuses d'un jacobin, Oui et non, Feu ! Feu !* signées : Timon. Timon d'Athènes était ressuscité à Paris sous la branche cadette et s'intitulait lui-même le pamphlétaire du régime. On voulut savoir qui était ce Timon et bientôt l'on apprit qu'il n'était autre que Louis Delahaye de Cormenin, ancien député du Loiret, devenu conseiller d'Etat. Cormenin avait vécu sous l'Empire, il avait assisté, jeune, à ces fameuses séances où s'agitaient, sous la présidence de l'Empereur, les plus graves questions du droit français ; et comme il était fort intelligent, il avait en quelque sorte créé le droit administratif. Sur le tard, se rappelant tous les événements de sa jeunesse, il avait composé, sous le nom de Timon, un *Livre des orateurs*. Ce livre était divisé en deux parties : la première contenait les préceptes de la rhétorique et de l'éloquence ; elle étudiait l'éloquence ecclésiastique, politique et judiciaire, non pas à la manière didactique des livres de classes, mais avec bon sens, avec esprit, avec humour, parfois avec fantaisie ; la seconde offrait l'application de ces principes, dans une série de portraits des orateurs parlementaires, depuis Mirabeau jusqu'à O'Connell. Cette seconde partie, de beaucoup la plus importante, dessinait, d'un burin ferme, les physionomies des orateurs de la Révolution, des orateurs de l'Empire, des orateurs de la Restauration et les orateurs des deux Chambres sous Louis-Philippe. Dans les dernières éditions, elle s'était augmentée des silhouettes des orateurs de la seconde République, Ledru-Rollin, Tocqueville et quelques autres de moindre envergure.

Ce livre des orateurs, écrit avec raison et avec feu, avait valu, à Cormenin, un prodigieux succès. Cormenin était devenu l'ami de la jeunesse ; on le lisait dans les séminaires, on le commentait, on l'apprenait par cœur. Que les livres classiques de Lefranc étaient pâles en comparaison ! C'étaient, sans doute, des ouvrages sérieux, étudiés avec soin, poussés jusqu'à l'érudition, écrits avec une suffisante clarté ; mais c'étaient des livres obligatoires, que discréditait la contrainte, que ne recommandait point le défaut de charmes. Le livre de Timon, à la bonne heure. D'une invariable bonhomie, d'un républicanisme honnête, — on n'en concevait pas d'autre alors, — ceux qui ne trouvaient pas, dans la république, l'idéal des gouvernements trouvaient, dans le livre des orateurs, le type idéal des manuels d'éloquence. A Langres, les quelques exemplaires à l'usage des élèves étaient littéralement usés, comme si l'œil des lecteurs en eût dévoré la substance.

L'évêque de cette ville, dès 1843, était descendu dans l'arène de la controverse et avait réclamé, au mauvais vouloir de Louis-Philippe, la liberté d'enseignement, dont le refus obstiné et malhonnête devait entraîner sa ruine. Les brochures de Mgr Parisis étaient lues par tous les élèves un peu huppés et les inclinaient, médiocrement, à la révérence due au pouvoir. Quand vinrent les brochures de Timon, ce fut une joie comme on n'en éprouve que dans la jeunesse. On prenait là Louis-Philippe en flagrant délit d'argirancie et d'impiété. Ce prince se déclarait le dernier voltairien de son royaume, et, ce disant, caressait son ventre, siège ordinaire des idées voltairiennes. Timon le prend au collet, comme un vulgaire voleur ; il l'amène *coram populo* et, par certains avis aux contribuables, montre l'état flagrant de spoliation établi pour le budget. Une fois entre autres, il fit reculer le gouvernement sur le chapitre de dotation d'un prince. Où Timon est encore plus louable, c'est quand il défend l'Eglise contre les indignités de la politique ministérielle. L'Eglise est sa cliente : il célèbre sa foi et ses bienfaits ; il réclame surtout ses droits. A la raison juridique, force ordinaire de ses argumentations, il ajoute cet accent de persuasion, qui est l'emporte-pièce de tous les discours. Et en même temps qu'il émeut, il fait rire. La puissance décisive de ses motions est saupoudrée à ce sel attique, goûté en France comme à Athènes. L'histoire doit à Cormenin-Timon plus qu'une mention nominale ; elle doit honorer son esprit, sa foi, sa vaillance et le remercier de ses succès, dont elle a recueilli le bénéfice.

Pierre-Guillaume-Frédéric Le Play, né à Honfleur en 1806, fut, de 1825 à 1827, élève de l'Ecole polytechnique, entra dans le corps des mines et parcourut les différents grades jusqu'à celui d'ingénieur en chef de première classe. Dès 1830, il se fit connaître par des mémoires dans divers journaux scientifiques et fut nommé professeur de docimasie à l'Ecole des mines, en outre, sous-directeur, chargé de l'inspection des études. En 1853, lors des préparatifs de l'Exposition universelle de l'industrie pour 1855, il fut attaché, en qualité de commissaire général, à la sous-commission impériale, dont il devint président, à la retraite du général Morin, et dirigea cet important service avec une activité qui fut récompensée par le titre de conseiller d'Etat en décembre 1855. Il fut également nommé commissaire de l'Empire français pour l'Exposition universelle de Londres en 1862 et commissaire de la grande Exposition de 1867. Pour ces services, il fut promu commandeur de la Légion d'honneur le 15 décembre 1855, puis élevé à la dignité de sénateur.

On a de Le Play, qui a fait, dans divers

pays, plusieurs excursions scientifiques : *Observations sur l'histoire naturelle et la richesse minérale de l'Espagne* (1834, in-8); *Aperçu d'une statistique générale de la France*, extrait de l'*Encyclopédie nouvelle* (1840) ; *Description des procédés métallurgiques dans le pays de Galles* (1848, in-8, pl.); avec le baron Brisse, l'*Album de l'Exposition universelle* (1856); un grand nombre d'articles, *Observations*, *Descriptions*, *Notices*, sur des questions scientifiques ou pratiques, etc. Il faut citer à part, dans un nouvel ordre d'idées : *Les ouvriers européens* (1855, in-8), et *Les ouvriers des deux mondes*, ouvrages qui ont fait une grande sensation et dans lequel l'auteur, abordant le problème du prolétariat, propose comme solution une sorte de retour à l'organisation féodale de la société industrielle.

Si Le Play n'avait pas publié autre chose, il n'aurait point placé dans l'histoire de l'Église; mais nous devons à sa plume savante trois ouvrages qui réclameront l'attention de la postérité, savoir : *La Réforme sociale en France*, déduite de l'observation comparée des peuples européens, 1864 ; l'*organisation du travail*, selon la coutume des ateliers et la loi du Décalogue, 1870 ; et tout récemment, l'*Organisation de la famille*, effectuée sur les mêmes bases.

En tête de l'avertissement du premier de ces ouvrages, l'auteur n'hésite pas à dire : « Je crois le moment venu, pour la France, de substituer aux théories opposées qui l'agitent depuis 1789, des opinions communes fondées sur l'observation méthodique des faits sociaux. C'est sous l'influence de cette pensée qu'a été conçu le livre que je présente au public. »

Ce que l'auteur propose c'est l'abdication de 89. A ses yeux, le régime inauguré par cette fatale époque n'a produit que deux faits qui démontrent l'urgence de la réforme : l'antagonisme des personnes et l'instabilité des institutions. Le mal actuel gît surtout dans les désordres moraux qui sévissent malgré le progrès matériel. La réforme des mœurs n'est point subordonnée à l'invention de nouvelles doctrines : sous ce rapport, l'esprit d'innovation est aussi stérile dans l'ordre moral qu'il est fécond dans l'ordre physique. Nous ne sommes voués fatalement ni au progrès ni à la décadence; nos vices peuvent être réformés par les institutions et les mœurs. La méthode qui conduit le plus sûrement à cette double réforme, c'est l'observation des faits sociaux, et l'observation des faits nous presse de revenir purement et simplement à la religion, à la propriété, à la famille, au travail, à l'ordre public.

Dans l'état où se trouve notre pauvre pays, cette œuvre gigantesque, mais impersonnelle, ne flattant aucune passion politique, ne rentrant dans le cadre d'aucun système, ne peut avoir de prise sérieuse sur l'opinion.

Que veut donc cet homme, dit-on aujourd'hui? Comment! il accuse, à la fois, Louis XIV, la Convention et les Bonaparte ? il frappe sur le clergé en exaltant la religion ? il disculpe nos gouvernants pour faire retomber les fautes sur les gouvernés?... c'est-à-dire sur le peuple !... mais alors que veut-il donc?...

Cela est vrai. S'il disait que le mal vient des abus de l'ancien régime ou de la corruption de l'empire, il aurait pour lui la démocratie tout entière. Si, au contraire, il n'accusait que la révolution, il aurait tous les réactionnaires. Mais, il ne satisfait aucune de nos passions, il ne sert aucun drapeau, c'est donc un idéologue, qui doit laisser là toute espérance !...

Vous demandez ce qu'il veut? Eh bien ! je vais vous le dire : trente ans avant nos désastres, il s'est dit, la France se meurt; tout se désagrège; elle a perdu ce qui fait vivre les peuples, elle n'a plus ni Dieu, ni coutumes, ni classes dirigeantes... Et il est parti à travers l'Europe, allant jusqu'à ces régions de l'Asie, qui sont comme le grand réservoir du genre humain...

... Et après vingt-quatre années d'études dans le passé et de voyages dans le présent, il est revenu disant : voici sur quelles bases reposent toutes les sociétés humaines ; celles de l'Orient comme celles de l'Occident; celles de l'antiquité comme celles du Moyen Age...

Et, passant toutes ces nations en revue, il nous a montré : près de nous, l'Angleterre, protégée par une aristocratie puissante, s'appliquant à réformer toujours, sans toucher aux traditions du passé, et n'ayant point à redouter « qu'on vienne détruire sa constitution puisqu'on ne saurait où la prendre... »

Il nous a montré, en Hongrie, l'organisation féodale conservant un excellent régime de propriété, et une race de paysans possédant une partie de la terre, avec l'antique patronage assuré aux établissements de main-d'œuvre...

En Russie, les engagements forcés entre patrons et ouvriers, avec le partage périodique de la terre, et la triple protection accordée aux individus par le chef de famille, la commune et le seigneur...

En Turquie, les engagements demi forcés, admirablement tempérés en présence de deux religions rivales, par des habitudes de patronage, de tolérance et d'égalité...

Chez les Scandinaves, l'alliance de l'industrie et de l'agriculture, sous la protection des seigneurs qui sont gardiens de la liberté individuelle...

Chez les nomades de l'Asie, la vie pastorale liée à la possession indivise des steppes et des forêts, avec l'autorité du chef de famille et le respect de la croyance.

Partout, enfin, chez ces peuplades que nous appelons sauvages comme chez ces peuples que nous appelons barbares, il nous a montré une organisation basée sur la nature des choses, sur les mœurs, sur le climat, avec le respect de la religion, de la coutume et des autorités sociales...

Et après avoir passé toutes les nations en revue, il nous a dit que, nous, peuple de la grande Révolution, nous étions les seuls sur le globe, dans le passé aussi bien que dans le présent, qui ayons l'espérance de vivre, après avoir tout détruit : Dieu, la famille et la tradition.

Il nous reste, dit-il, les apparences trompeuses d'une brillante civilisation ; mais, au fond, la vie de la nation est atteinte dans ses sources mêmes, et ces peuplades qui vivent de pêche et de chasse, et que nous traitons avec dédain, ont devant elles l'avenir, tandis que nous sommes frappés à mort.

Cette guerre sociale, que nous cherchons à combattre, ne fera que grandir, parce qu'elle est fatale. Elle est, non pas dans les hommes, mais dans les choses. Nous pourrons réunir des armées, nous pourrons faire de terribles exécutions, déporter, emprisonner, fusiller... le mal renaîtra toujours, car le mal est en nous !

Nous avons déjà renversé onze gouvernements et créé une vingtaine de constitutions ; nous pourrons renverser et créer sans terme et sans repos ; tant que nous aurons le même peuple, nous aurons les mêmes maux.

C'est donc dans ce peuple, et non dans ses gouvernements, qu'il faut chercher la vraie cause du mal ; car, sans nier leurs fautes, on peut dire que ces gouvernements ont moins failli en abusant de leur principe, qu'en s'inspirant des erreurs même de la nation.

Avant toutes choses, il faut donc débarrasser l'esprit de ce peuple des préjugés dans lesquels ses flatteurs l'entretiennent. Il faut recommencer notre histoire, et au lieu de voir de parti pris le mal dans le passé et le progrès dans le présent, il faut rechercher ce qu'il y avait d'utile et de bon dans les institutions du Moyen Age ; il faut étudier la féodalité française, l'aristocratie de l'Angleterre, l'organisation allemande.

Il faut dire à ce peuple que l'importance attachée, de notre temps, aux découvertes scientifiques lui ont fait perdre de vue les seules vérités sur lesquelles repose la vie d'une nation, attendu que ces découvertes n'entraînent nullement des découvertes correspondantes dans l'ordre moral, où l'esprit d'innovation est aussi stérile qu'il est fécond dans l'ordre physique.

Les savants ne pouvant exceller aujourd'hui qu'en se renfermant dans des spécialités restreintes, presque toujours, l'homme se rapetisse, tandis que le savant grandit.

Par-dessus tout, il faut apprendre à ce peuple que, dans l'ordre moral, il n'y a rien à chercher, parce qu'il n'y a rien à découvrir, et que, depuis le Décalogue de Moïse, divinement interprété par le Christ, aucune vérité supérieure n'est apparue dans le monde, et que les nations ont été malheureuses ou prospères, selon qu'elles en ont respecté la loi.

Il faut lui apprendre que ce Moyen Age, tant méprisé, avait une organisation plus vraie, plus vivace, plus solide, que tout ce que la démocratie nous a donné. A travers certains abus qu'on a exagérés à plaisir, il faut lui montrer les paysans des communes, organisant eux-mêmes leurs jurys, leurs taxes, leurs impôts, et ayant en face de leurs seigneurs des allures indépendantes qu'aucun de nous n'oserait prendre, aujourd'hui, vis-à-vis de la bureaucratie européenne...

Il faut lui dire que cet antagonisme des classes, dont on a accusé l'ancien régime, ne s'est vraiment manifesté que depuis la grande Révolution. Jadis, chaque patron allait au combat suivi de ses clients, de ses ouvriers, de ses domestiques, tandis qu'aujourd'hui, il les rencontre tous armés contre lui.

Le mal que la Révolution a prétendu guérir n'a donc vraiment commencé qu'avec la Révolution. La liberté et la fraternité qu'elle a voulu nous imposer par la force et dans le sang, sont mortes, tuées par elle ; et comme pour ces empereurs de la décadence, elle en a fait des divinités après les avoir assassinées, nous laissant, à la place, l'égalité seule !... Une égalité impossible, contraire aux vues de Dieu, à la nature des choses ; une égalité à laquelle un peuple n'arrive que par voie d'abaissement.

C'est ainsi que la Révolution, après avoir tout anéanti, nous a descendus au point où nous sommes : droit d'héritage, qui attente au droit du père de famille ; suffrage universel, qui est le règne du nombre imbécile ; plébiscite, que les populations accueillent avec fatigue, quand elles n'y voient pas un moyen de révolte ; peuple sans principes, sans traditions, sans Dieu, qui, incapable d'intelligentes réformes, et passant fatalement du despotisme à l'émeute, ne connaît plus de milieu entre la révolte et une soumission passive...

Gouvernements imprudents, qui, au lieu de voir la véritable prospérité dans de riches campagnes habitées par des classes dirigeantes, ont concentré toutes les forces vives dans de nouvelles Babylones, avec applaudissements des révolutionnaires qui y trouvent une armée toujours prête pour la prochaine émeute...

Autorités factices, étrangères par leurs habitudes et leur langage, imposées violemment en un jour de révolution à la place de ces autorités naturelles fondées sur l'affection et le respect des populations.

Antagonisme social, ce redoutable symptôme qui, jadis, n'apparaissait qu'au sommet d'une société malade, envahissant maintenant le peuple tout entier... La classe élevée, de plus en plus divisée, tandis qu'un accord sans précédents s'établit entre tous ceux qui visent au renversement de l'ordre social...

Alors, la division des partis, broyant la nation en face de l'étranger, ce qui fait que ce peuple sans Dieu, sans traditions, sans principes, n'a plus, à la place des classes dirigeantes indispensables à tous les peuples, que des hommes qui ne se servent de leur fortune, de leur intelligence, de leurs talents, que pour faire exclusivement triompher leur parti.

Ce qui fait que cette guerre qui existe déjà entre l'enfant et le père de famille, entre l'ouvrier et le patron, entre le paysan et le propriétaire... enfin, entre l'homme et Dieu... est entretenue par ceux-là même qui devraient la faire cesser..., c'est-à-dire, par vous, par moi, par nous tous, qui devrions être les classes dirigeantes, et qui, au lieu de diriger, comme jadis, pour le bien du pays, le respect de la religion et de l'autorité, ne dirigeons plus que dans l'intérêt de notre drapeau, et qui, par cela même, avons augmenté le désordre, entretenu la lutte et déraciné le peu qui restait debout !

Le journal, d'ailleurs peu sérieux, auquel nous empruntons cette sérieuse analyse, conclut en ces termes :

« Mais, je m'arrête. Je vois d'ici tous ceux qui lèveront les épaules en entendant parler du Moyen Age, de la Coutume, des Classes dirigeantes... car, de même qu'en fait de force, il ne reste plus en France que celle qui détruit, de même, en fait de principes, nous n'en avons plus qu'un seul : celui du préjugé.

« Levez les épaules, mes chers amis ! cela me trouble peu ; car il y a une chose que je vous dis respectueusement : vous êtes profondément ignorants. Je ne le suis pas moins que vous, puisqu'il y a trois mois je ne connaissais même pas le titre de ces livres dont je fais tant de bruit aujourd'hui. La seule différence entre vous et moi, c'est que je sais mon ignorance, tandis que vous avez l'inappréciable bonheur de parler chaque jour des questions sociales sans les avoir le moins du monde étudiées.

« Hélas ! si nous pouvons en rire entre nous, cela est triste devant les étrangers. « Vraiment, « dit la *Revue allemande*, il est impossible que « Le Play soit Français !... Comment, à la « place de théories enfantines, prétendant im-« proviser le bonheur de l'humanité et les « transformations de la société ; comment, au « lieu d'un plan de réformes bâclé en une heure, « à l'aide de phrases creuses et brillantes, « nous avons là le résultat mûri de trente an-« nées d'études fondées sur l'expérience et les « faits, aussi opposé à l'esprit de réaction « qu'à l'esprit de révolution !... Non ! il est « impossible que cet homme soit Fran-« çais ! »

« Si, l'auteur est bien Français ; mais, comme il n'y a que les Allemands et les Anglais qui le comprennent, c'est encore plus triste pour notre pauvre pays.

« Et dire que ce peuple, qui, depuis cinquante ans, court entendre les folies de Fourrier et de Saint-Simon ; ce peuple qui, hier encore, se levait tout entier pour applaudir aux plaisanteries sociales de Rochefort et aux démences socialistes de Victor Hugo, ce peuple ne lira pas ce livre, qui véritablement est une œuvre colossale...

« Et dire que moi, qui vous parle, il y a quelques jours je ne la connaissais pas...

« Aussi, je ne vous laisserai ni paix ni trève jusqu'à ce que vous l'ayez lu. »

Les lecteurs de cette histoire n'en sont pas à ce degré d'ignorance ; ils liront, s'ils ne les ont pas lus, les ouvrages de Le Play. Nous croyons superflu de les prémunir contre certains préjugés par lesquels l'auteur paie son tribut aux infirmités de son siècle. L'idée de réforme est radicale, l'intention générale est excellente ; mais il y a parfois ignorance en matière théologique et erreur en matière historique ; parfois même l'auteur passe les frontières de l'orthodoxie. Et par là, sans qu'il s'en doute, il court risque de mettre à néant tous ses projets de réforme. Pour la société, comme pour la famille et l'individu, il faut toujours revenir à la formule révélée du progrès chrétien : *Crescamus in illo, per omnia, qui est caput, Christus* (1).

Le point de départ du XIXe siècle, c'est le lendemain de la Révolution. La Révolution, égout collecteur de trois siècles d'aberrations, avait traduit des erreurs de doctrines par des ruines : elle avait passé comme un cyclone et tout détruit sur son passage. Faut-il le dire ? la cause première de ses fureurs ce sont les aveuglements qui, dès le XVIIe siècle, avaient fait perdre le sens de l'art chrétien ; et pour relever nos monuments de leurs ruines, il fallait d'abord en retrouver l'intelligence. C'est par la poésie du *Christianisme* que Châteaubriand inaugura le réveil chrétien ; c'est par la poésie de l'art que Montalembert et Victor Hugo commencèrent les réactions contre le stupide aveuglement des démolisseurs. La Révolution n'avait pas trop eu le temps de détruire ; on détruisit beaucoup plus après méthodiquement, implacablement jusqu'à l'ode contre la *bande noire* et à la lettre sur le vandalisme dans l'art. Ce que l'indignation avait commencé, la science devait l'accomplir. Didron, Gaillabault, et le premier de tous, Arcisse de Caumont furent les ouvriers de Dieu pour la restauration en France de l'art chrétien.

Arcisse de Caumont, né en 1803, avait fondé en 1824 la Société des Antiquaires de Normandie. En 1833, nommé membre de l'Académie des Inscriptions, il étendit à toute la France sa société archéologique pour la conservation et la description des monuments de notre art national. Le moyen dont il se servit pour procéder à l'inventaire exact et complet de nos richesses artistiques, ce furent les congrès. Ces congrès se réunissaient successivement dans toutes les grandes villes, se composaient de tous les archéologues du cru, inventoriaient savamment les monuments de chaque pays et réunissaient, dans un grand

(1) Eph. IV, 15.

compte rendu, leurs travaux; si bien que la collection de ces comptes rendus forme comme un état archéologique de la France.

Le promoteur de ces congrès en agrandissait, par ses publications, l'importance. Dès 1824, il avait publié, dans les mémoires des Antiquaires de Normandie, un essai sur l'architecture religieuse. En 1830, il professait un cours d'antiquités monumentales, qu'il publia en six volumes, résuma dans un abécédaire d'archéologie et vulgarisa par l'histoire de l'architecture religieuse, civile et militaire. Ces cinq publications sont accompagnées de planches qui mettent sous les yeux et qui expliquent le texte des volumes. Ces ouvrages firent une révolution dans les idées et dans le goût. Avant leur publication, les églises étaient peu connues; on n'avait même pas songé à étudier les constructions civiles du Moyen Age. Caumont étudie tout cela d'après les principes chrétiens; il l'étudie depuis l'ère gallo-romaine, jusqu'à la renaissance; il n'inspire pas seulement l'admiration pour les églises et les cathédrales: il parle des maisons claustrales et abbayes, des hôpitaux, des palais, des halles, des ponts, des hôtels de ville. Bientôt des cours d'archéologie furent fondés dans les grands séminaires; les sociétés locales continuèrent l'œuvre des congrès et créèrent partout des musées; les gens du monde vinrent à étudier et à admirer les âges de foi qui nous avaient doté de si splendides monuments. La cause de l'art était gagnée.

Caumont, mort en 1873, à son château de Magny, en Normandie, vécut assez pour assister à son propre triomphe. La France, la Belgique, l'Italie, la Prusse, le décorèrent de leurs ordres; en 1865, une médaille fut frappée en son honneur à Salzbourg; et Montalembert, le haranguant peu avant sa mort, lui appliquait le vieux mot: *Te saxa loquuntur*. Les pierres de tous nos monuments nationaux doivent, à Arcisse de Caumont, un tribut de reconnaissance.

Pendant que Caumont nous rendait l'architecture chrétienne, Rio nous ramenait à l'intelligence chrétienne de la peinture. Alexis-François Rio était né en 1799, à l'île d'Arz (Morbihan). Au terme de ses études, il fut nommé professeur à Tours, puis à Louis-le-Grand. Un riche mariage avec une catholique anglaise lui permit de renoncer à l'enseignement de se livrer aux voyages et aux études d'art: il mourut en 1874.

Nous devons à Alexis Rio divers articles dans l'*Université catholique*, le *Correspondant* et l'*Univers*; puis *Essai sur l'histoire de l'esprit humain dans l'antiquité*, 1830, 2 vol.; — la *Petite Chouannerie* dans un collège breton sous le premier empire; — les *Quatre martyrs*, histoire touchante de quatre hommes modernes, morts pour la foi de Jésus-Christ; — *Shakespeare catholique*, dont le titre dit l'objet; enfin, *De l'art chrétien*, 4 vol. in-8°, 1841-1867.

Cet ouvrage est une histoire de la peinture chrétienne et spécialement de la peinture italienne depuis Giotto jusqu'à Raphaël. Rio divise l'histoire de la peinture en huit écoles: écoles romano-byzantine, byzantine, siennoise, florentine, ombrienne, lombarde, vénitienne et romaine. Dans la première, les idées chrétiennes se présentent sous une forme païenne; cet emprunt, sans exclure l'originalité qu'impose le changement d'idéal et que commande la foi, ne se manifeste pas moins dans les catacombes. L'école byzantine se fait remarquer par la laideur des types, maigres, longs, pâles, efflanqués, sans variations possibles; détruite par les iconoclastes, cette école se perpétue en Russie. L'école de Sienne, c'est l'enfance de l'art avec Guido, Duccio, Memmi et les deux Lorenzo. A Florence, Cimabué continue la tradition byzantine; Giotto inaugure la tradition chrétienne. Orcagna, J. de Melano, Giottino, marchent sur les traces de Giotto; sous la fatale influence des Médicis, l'art chrétien perd son unité. Le naturalisme paraît dans Uccello, Mazaccio et dans les sculptures de Giberti; le paganisme triomphe dans Lippi, André de Castagno, Botticelli et Ghirlandajo.

La peinture atteint son apogée en Ombrie. Autour du tombeau de saint François d'Assise se forme une école mystique qu'illustrent Fra Angelico de Fiesole, si digne de son nom, Benedetto Gozzoli, Gentile da Fabriano, le Perugin, Louis d'Assise, Pinturicchio et Raphaël. L'énergique réaction de Savonarole fait naître, à côté de l'école mystique, une école simplement mais sincèrement chrétienne; cette école se recommande par Fra Bartolomo, Lorenzo di Credi, Luca da Robbia, Michele di Ridolfo, Rodolfe Ghirlandajo. La décadence commence à Albertinelli et Pietro di Cosimo. L'influence des Médicis se fait sentir, dans Vasari et Salviati. On finit par revenir au paganisme.

L'école lombarde commence avec Averulino, Michelozzo, Bramante; elle comprend les écoles de Milan, Bergame, Lodi, Crémone et Ferrare; elle a pour grand maître, Léonard de Vinci, peintre, sculpteur, architecte, ingénieur, génie universel et sublime; après Léonard, elle s'honore, à Milan, des deux architectes Busti, des peintres Ambroise le Bourguignon, Solario, Melzi, Salaïno, Bettraffio, Sesto, Razzi, Ferrari et Luini; à Bergame et Brescia, les deux Coleone, Lotto et Moretto; à Lodi, Battagio, les deux della Chiesa et les deux frères Piazza; à Crémone, Boccasio, Boccacini, Altobello, Galeazzo et Campi; à Ferrare, sous la mauvaise influence des Este, Costa, Grandi et Garofaro.

L'école vénitienne affecte d'abord la forme légendaire; elle subit ensuite dans Guariento, Alichieri, Squarcione, Mantegna, l'influence des écoles païennes fondées à Trévise et à Padoue. Un retour sensible aux idées chrétiennes se remarque dans les Bellini, Cima de Conegliano et Catena. L'école atteint sa pleine floraison dans Giorgione, Pordenone, Palma, Titien, Bonifazio, Bordone, le Tintoret et Paul

Véronèse. L'enthousiasme religieux et patriotique fait le fond du caractère de cette école.

L'école romaine n'a, dans Rio, que deux noms, Raphaël et Michel-Ange, les deux auteurs de Moïse et de la Farnesine, des galeries et des chambres du Vatican.

Pour Rio, l'art est plus qu'une imitation ; c'est la réalisation du beau, ou, du moins, un effort pour l'atteindre. C'est pourquoi son livre offre un caractère si parfaitement distinct de tous les livres consacrés à l'étude des produits de l'art et du génie. Telle est aussi la cause de ce long et laborieux effort de l'écrivain et de sa patience à rendre son travail digne du noble objet de sa pensée. Ce travail n'a pas demandé, à l'auteur, moins de vingt-six ans d'études. Lui-même en a rendu compte dans une sorte d'autobiographie en deux volumes, l'*Épilogue de l'art chrétien*.

Après avoir rendu, à l'Église, l'architecture et la peinture chrétienne, il fallait rendre aux églises construites selon les règles de l'art, le chant et la musique qui doivent illustrer leurs offices. Ce travail imposait une double tâche : la recherche des monuments et leur interprétation. De ces traditions perdues, il fallait restituer les textes authentiques et les règles d'exécution.

Coussemaker est l'homme qui a le plus contribué à la restauration des textes. Charles-Edmond-Henri de Coussemaker, né à Bailleul (Nord) en 1805, avait suivi en même temps les cours de droit et du Conservatoire de musique. D'abord juge de paix, puis juge en première instance, il devint, par ses travaux, jurisconsulte, historien et archéologue. Sur l'art musical, voici ses principales publications : 1° *Mémoires sur Hucbald de Saint-Amand et ses tracés de musique*, 1841 ; — 2° *Notices sur les collections musicales de la bibliothèque de Cambrai*, 1843 ; — 3° *Histoire de l'harmonie au Moyen Âge*, 1852 ; — 4° *Chants populaires des Flamands en France*, 1856 ; — 5° *Drame liturgique du Moyen Âge*, 1860 ; — 6° *L'Art harmonique* aux XII° et XIII° siècles, 1865 ; — 7° enfin le grand ouvrage intitulé *Scriptorum de musica medii ævi nova series a Gerbertina, editio altera*, 3 vol. in-4°, 1866-68.

Nous avons rendu compte de tous ces ouvrages au tome XIV de la *Semaine du clergé*; la reproduction de ce travail ne serait pas à sa place ici ; nous devons seulement noter parmi les émules de Coussemaker, Danjou, Théodore Nisard, Fétis et Lambillotte.

Louis Lambillotte, né au pays de Hainaut en 1796, eut pour premiers maîtres de musique les Cloches de Charleroi et deux chanoines de Nivelles. Organiste jusqu'à vingt-cinq ans et déjà compositeur, il se décidait à étudier, devint prêtre, puis jésuite. Les jésuites ne le détournèrent point de sa vocation ; d'autant moins que la musique d'Église laissait plus à désirer. On n'y manquait pas seulement de piété, mais de goût et de sens moral. On cite une messe où les *Kyrie* et le *Gloria* sont la marche d'*Othello* et son ouverture ; le *Credo* s'ouvre par une sérénade du *Barbier de Séville*, se continue par *Othello*, *Tancrède* et *Sémiramis*. L'*Agnus* est pris de *Tancrède*, la *Cerenentola* a fourni la fin du *Gloria*. Il serait plus simple d'aller dire la messe à l'Opéra : on aurait les pièces entières et l'orchestre n'aurait pas à se déranger.

Ces monstruosités provoquèrent une réaction. John Lemoine, Joseph d'Ortigue, Berlioz, Scudo, Fiorentino dans la presse, en appelèrent à la tradition, aux monuments, aux décrets des Conciles et des pontifes romains et aux coups de fouet. Lorsque Guéranger eut posé le principe de l'unité liturgique, il ne fut pas difficile de conclure que, dans nos églises restaurées, on ne pouvait pas se tenir aux turpitudes de la musique moderne et aux plates cantilènes de Lebœuf. Le Père Lambillotte, en particulier, voulut nous ramener au chant grégorien et à la musique de Palestrina, Mozart, Bach et Haydn. On lui doit : 1° *Choix des plus beaux airs de cantiques*; 2° *Musée des organistes*, 2 vol. in-4° ; — 3° *Première collection de douze saluts pour les grandes fêtes de l'année*, 12 livraisons ; — 4° *Choix de cantiques sur des airs nouveaux pour toutes les fêtes de l'année ;* — 5° *Chants à Marie*, trois volumes ; — 6° *Motets sacrés et oratorios sacrés ;* — 7° *Trois messes solennelles* avec orgue et orchestre ; — 8° *Petits saluts* pour les fêtes de seconde classe, 5 livraisons ; — 9° *Seconde collection de douze saluts* et quelques saluts en dehors des deux collections ; — 10° *Messe solennelle de cinquième mode en style grégorien* ; — 11° Le 8 décembre 1854, cantate à l'Immaculée-Conception ; — 12° Deux *Tota pulchra es ;* — 13° D'autres grands et petits saluts et de plus vingt cantiques.

Les maîtres reconnaissent, dans Lambillotte, la facilité, l'abondance, le tour heureux, naturel, parfois séduisant ; ils lui reprochent l'absence fréquente de modulation, l'enchaînement trop souvent défectueux des motifs, des phrases boiteuses, des ornements d'un goût douteux, des accompagnements peu soignés, des voix écrites d'une manière incertaine, enfin des négligences d'harmonie. A l'époque de nos études, à Langres, on chantait Lambillotte, mais on ne dédaignait pas Schubiger. Depuis, les frères Couturier ont fait triompher, à la maîtrise et à la cathédrale, la musique *Alla Palestrina* : nous nous plaisons à saluer ici leur mérite, trop voilé par la modestie.

Ce bagage musical n'est, pour Lambillotte, qu'une œuvre secondaire ; l'œuvre principale, c'est la restauration du chant grégorien. Dans le dessein et l'espoir d'y réussir, il se procura d'abord, dans les maisons de son Ordre, les graduels et antiphonaires transcrits, depuis Guy d'Arezzo par les moines de Cluny, de Cîteaux et de Clairvaux. Ensuite il se mit à la recherche des manuscrits, dans les principales bibliothèques de l'Europe. La France, la Belgique, l'Angleterre, l'Allemagne, la Suisse, l'Italie reçurent pendant plusieurs années sa visite. A Metz, un savant lui parla avec admiration du trésor de Saint-Gall et entre autres d'un antiphonaire, qu'il disait être l'exemplaire adressé par Léon III à Charlemagne. Les Bénédictins d'Einsiedeln excellaient dans la traduction des neumes; ils avaient même fourni une école de chant, dont sortirent Rupert, Notker, Labéon et Tutilo. D'un saut, malgré les espaces, les montagnes et l'hiver, Lambillotte était au couvent; il s'y fit délivrer copie authentique de l'antiphonaire, et, après collation, le publiait à Bruxelles. Un concert de louanges salua cette publication; cependant Fétis et Danjou contestèrent que Lambillotte eût réellement trouvé l'antiphonaire de Charlemagne. Quoi qu'il en soit, lorsqu'il voulut publier, à l'usage des lutrins, le Graduel et l'Antiphonaire, Lambillotte lui-même ne tint pas, de sa découverte, un compte suffisant; oubliant que les neumes avaient été ramenés à leur juste formule, il les faucha de nouveau et mutila ainsi la vraie formule du plain-chant. Lambillotte mourut en 1855; il laissait en manuscrits une histoire de plain-chant ecclésiastique, une méthode d'accompagnement pour le chant grégorien et, sous le titre de *Esthétique*, une théorie et pratique du chant grégorien qu'a publiée le père Dufour.

Quant à cette réforme du chant grégorien, elle eut pour point de départ la découverte, par François Danjou, dans la bibliothèque de la Faculté de médecine de Montpellier, d'un manuscrit de l'antiphonaire. Ce manuscrit bilingue renfermait une double notation, en neumes et en lettres, les unes étant la traduction des autres et en donnant l'explication fidèle. Chacun savait à quelle note de l'échelle diatonique correspondaient les lettres de l'alphabet, mais on avait perdu l'intelligence des signes neumatiques qui servaient de notation aux plus anciens manuscrits. Avec le manuscrit de Montpellier, on allait recouvrer cette intelligence et déchiffrer ces précieux hiéroglyphes. On pourrait dès lors étudier le chant de saint Grégoire dans les manuscrits les plus anciens; car il y a lieu de croire, d'après l'abbé Bonhomme, que saint Grégoire se servit de la notation neumatique, de préférence à la notation boétienne ou alphabétique.

Cette découverte mit en campagne une foule de savants et fit naître une foule de publications. Nous n'avons pas à raconter en grand cette histoire; nous voulons citer, avec honneur, les travaux de Fétis, Danjou, Stephen Morelot, Joseph d'Ortigues, Vincent, Coussemaker, le Père Lambillotte, les abbés Tesson, Cloët, Duval, Dufour, Raillard et Bonhomme, ces deux derniers prêtres du diocèse de Langres. Raillard, en particulier, fut le Champollion des neumes; il en découvrit le mystère. — Tous ces auteurs en appelaient à la tradition et à l'autorité. Or, le chant traditionnel, c'est le chant de saint Grégoire, et pourtant rien n'est plus opposé que les moyens qu'ils prennent pour reproduire ce chant précieux. Les uns prétendent le trouver dans les éditions faites depuis deux siècles; d'autres disent qu'il faut l'extraire des manuscrits; ceux-ci veulent la correction des manuscrits; ceux-là une réforme des livres imprimés. Sans entrer dans aucune discussion technique, nous disons : 1° que le chant traditionnel est grégorien; 2° que ce chant est écrit dans la gamme diatonique, avec des neumes, un rythme, des notes d'inégale valeur et une phrase mélodique; 3° que ce chant ne se trouve plus dans les livres imprimés; 4° qu'il faut le chercher dans les manuscrits en prenant pour base le manuscrit découvert par Danjou.

En présence des discussions des savants, deux cardinaux, Thomas Gousset de Reims et Pierre Giraud de Cambrai, ordonnèrent une commission, avec charge d'aboutir à une réforme pratique. Cette commission donna le chant de Reims et de Cambrai. Depuis, les Bénédictins de Solesmes, dont l'office liturgique est une des principales fonctions, éditent, à nouveau, un graduel et un antiphonaire, dont l'usage a été enseigné avec succès par dom Legeay, l'Orphée du plain-chant (1).

L'Eglise ne commande pas seulement, au prêtre, l'amour de la vérité et le service des autels; par leur entremise, la religion, qui doit assurer la béatitude de l'autre vie, doit assurer aussi le bonheur de la vie présente et y ajouter une certaine quantité de bien-être.

On écrirait des chapitres et des volumes sur les efforts et les inventions des prêtres pour soustraire les populations aux étreintes de la misère! L'eau, par exemple, qui joue un si grand rôle dans la nature, n'en a pas un moindre dans l'économie de la vie humaine. Or, notre siècle, qui a produit tant d'hommes distingués dans toutes les branches du savoir, a produit aussi un hydroscope, dont nous devons dire un mot.

L'abbé Paramelle était né, en 1790, à Saint-Céré (Lot). Curé de Saint-Jean Lespinasse, dans des régions calcaires où l'eau manque, il se résolut à étudier l'art de découvrir les sources. Comme il n'avait pas la baguette de Moïse, pour faire jaillir l'eau du rocher, il recourut à la science. La science des anciens ne pouvait rien lui apprendre que des imaginations absurdes ou de ridicules sorcelleries. Vitruve, Pline et Cassiodore sont les seuls qui aient dit quelque chose d'à peu près raisonnable, mais pratiquement ils se bornent à des formules fort sujettes à contestation. Paramelle commença par étudier à fond la géologie, puis il opéra sur le terrain, et d'abord, mais sans succès, sur les plateaux. Alors, il descendit dans les vallées, et raisonnant sur le fait des eaux qui tombent du ciel et dont une partie, amassée dans des réservoirs souterrains, aboutit dans son cours à des orifices d'où elle s'épanche, il conclut qu'en interrogeant les inclinaisons du sol, la nature des

---

(1) Cf. Fèvre, *Hist. du cardinal Gousset*, p. 231.

terrains et les indications que peut donner la nature, il arriverait à découvrir des sources. Sa science était purement expérimentale, l'expérience seule pouvait la confirmer.

Nul n'est prophète dans son pays. Malgré ses ouvertures au préfet et au conseil général, cinq communes du Lot, — je dis cinq, — consentirent à l'appeler ; dans chacune, il trouva des sources, entre autres celle de Roc-Amadour, qui pourrait fournir de l'eau à tout le département. Du Lot, il passa dans la Creuse et l'Aveyron, où il trouva de nouvelles sources. Bientôt il fut appelé dans quarante départements qu'il devait visiter, jusqu'à épuisement de ses forces. L'évêque de Cahors le déchargea du ministère ; lui permit même de se vêtir d'habits noirs, qui permettaient pourtant de voir en lui un prêtre. Monté sur un cheval qui ne courait jamais, Paramelle allait d'une commune à l'autre ; et, dès qu'il avait fourni les indications nécessaires, continuait sa route. Les populations lui faisaient bon accueil ; plusieurs le portaient en triomphe. Toujours modeste, il déclarait, sans emphase, qu'il n'était ni l'envoyé de Dieu, ni une manière de baguette divinatoire ; mais simplement un homme d'étude qui a confirmé son savoir par l'expérience. Les administrations municipales, moins enthousiastes, se montrèrent généralement justes ; plusieurs fois cependant des malins essayèrent de le tromper, soit par des objections, soit par des manœuvres ; personne ne réussit jamais ni à le démonter ni à l'abuser ; il se tirait d'affaire par quelques mots à l'emporte-pièce ou par quelque benoîte malice. Un Conseil lui refusait ses honoraires, sous ce prétexte qu'il n'avait pas découvert de source ; Paramelle engagea le maire à construire un bassin pour la recevoir : « Ceux, dit-il, qui croient à ma source, iront puiser de l'eau à la fontaine ; les autres iront à l'abreuvoir ».

L'abbé Paramelle a publié deux écrits : 1° *Vraie théorie des cours d'eau souterrains et de leur éruption* ; et l'*Art de découvrir les sources*, 1 vol. in-8°. L'abbé Paramelle n'était pas infaillible et ne songeait point à se donner comme tel ; le nombre des sources découvertes par lui n'en est pas moins considérable. Ni l'Etat ni l'Eglise ne lui ont fait honneur ; il n'a pas moins servi la science et n'en est pas moins un bienfaiteur de l'humanité. Paramelle mourut à Saint-Céré en 1875, à l'âge de 85 ans, comme tout bon prêtre, mettant en Dieu sa suprême espérance.

En parlant des écrivains catholiques, nous avons voulu rendre hommage à leurs talents, à leurs travaux et à leurs services ; nous avons voulu surtout faire comprendre le réveil chrétien et le mouvement catholique particulièrement en France. En payant au mérite notre tribut, notre vœu était d'exciter l'émulation et de pousser le prêtre à la haute science, couronnement naturel de son instruction scolaire et complément nécessaire de ses vertus, question de vie et de mort où se trouvent impliqués, dans une solidarité étroite, le sort de l'Eglise et l'avenir de la patrie. Une particularité qui ajoute au mérite des auteurs, c'est que la plupart se sont formés eux-mêmes, qu'ils ne sont parvenus que par un héroïque travail et une non moins héroïque générosité. Au sortir de la Révolution, nous n'avions plus d'écoles. On a relevé d'abord les écoles les plus indispensables ; puis, à ces écoles ressuscitées, Dieu a donné des hommes, j'allais dire des enfants ; mais ces enfants ont travaillé avec âme et sont devenus les docteurs de leur siècle. Qu'il y ait des lacunes dans leurs œuvres, cela est hors de doute ; ce serait merveille qu'il n'y en eût pas. Mais il faut proclamer à leur louange qu'ils ont su prendre conseil de nos ruines, qu'ils ont discerné les périls de leur temps, qu'ils ont combattu bravement l'esprit révolutionnaire, et, trait qui honore le plus leur intelligence, qu'ils ont orienté les esprits vers Rome, le grand Orient des âmes chrétiennes.

Le plus important succès de leurs efforts, c'est la conquête de la liberté de l'enseignement supérieur et la création en France de cinq Universités. Des esprits étroits et méticuleux n'en auraient voulu qu'une : nous aurions, disaient-ils, assez de peine, seulement pour ne pas la laisser tomber. L'esprit de Dieu ne s'est pas tenu à ces timidités ; il a poussé à faire grand, car ce qui n'est pas grand n'est rien. On a trouvé des millions pour bâtir des Universités ; on a trouvé des élèves, matière rare en notre siècle utilitaire ; mais lorsqu'on n'en trouve pas, il faut en faire. Enfin on a recruté des professeurs dans l'élite des intelligences. Nous voici, en 1900, au terme de la première période des Universités catholiques, la période de création.

La création est un mystère. Dans les œuvres humaines, c'est un mystère d'humilité et d'immolations, prélude obscur d'œuvres réservées à d'ultérieurs éclats. Nous croyons ne faire tort à personne en disant que les Universités n'ont pas encore produit le grand homme qui doit résoudre les grandes questions et faire la loi au siècle prochain. Du moins, parmi ces professeurs pris un peu de tous côtés, tous ont travaillé à l'œuvre commune avec un égal dévouement. Plusieurs ont émergé un peu au-dessus du commun et posé la première pierre d'attente de l'espérance. A Toulouse, Douais s'était distingué par sa haute érudition ; Pierre Battifol se consacre à l'étude des liturgies et des littératures étrangères. A Lyon, Elie Blanc donne l'idée d'un grand scolastique. A Paris, Maurice d'Hulst n'avait du génie que les prétentions et n'en a guère connu que les avortements. A Lille, Groussau pour la défense des fabriques, Jules Didiot pour la haute théologie ont commencé des œuvres qui attendent, avec impatience, leur achèvement. Dans ces jeunes Universités, l'homme qui paraît comme l'incarnation, déjà en partie réalisée, de leurs promesses, c'est le recteur Baunard. Une réputation d'esprit difficile ne nous empêche pas de célébrer ce digne soldat de la sainte Eglise, bien qu'il n'ait peut-être pas frappé toujours avec assez de résolution.

Louis-Pierre-André Baunard naquit à Bellegarde, en 1828, d'humbles et honnêtes ouvriers. Au sortir de l'enfance, Dieu lui fit la grâce de le confier à un très digne prêtre, l'abbé Méthivier. Méthivier était l'ami de Louis Veuillot, titre peu apprécié à Orléans du temps de l'abbé Gaduel, titre tout de même, rehaussé d'ailleurs par la publication populaire des *Etudes rurales*, du *Septième jour* et des *Mémoires d'un peuplier mort au service de la république*. Méthivier était, dans toute la force du terme, un bon curé, un type de perfection dans le ministère pastoral. Lui-même nous a raconté de quels soins il entoura la première jeunesse d'André Baunard et avec quelle joie il cultiva les dons naissants du Benjamin de sa surnaturelle affection. Baunard avait reçu, des dons de Dieu, la mesure à peu près comble ; ce trésor, confié aux mains éclairées et affectueuses de l'abbé Méthivier, devait produire cent pour un. Prêtre en 1852, bientôt docteur ès-lettres, Baunard fut, pendant huit ans, professeur de seconde et de rhétorique au séminaire de La Chapelle ; pendant huit ans, vicaire à la cathédrale, pendant sept ans aumônier de l'école normale d'Orléans. Depuis deux ans il était aumônier du lycée, lorsque l'Université de Lille en fit, en 1877, un professeur d'éloquence sacrée, chaire qu'il occupa *cum maxima laude* jusqu'en 1888. Depuis 1880, il était directeur légal du collège de Saint-Joseph. Ses preuves faites, il fut nommé recteur et Rome, à qui le gouvernement avait enlevé, par les décrets, un supérieur jésuite, le décora de la prélature. C'est son bâton de maréchal : Dieu le lui conserve longtemps et le pousse à le casser sur quelques têtes d'impies : les débris sont encore plus glorieux que le sceptre dans son intégrité.

Louis Baunard est un des prêtres les plus remarquables du clergé contemporain. Un de ses condisciples analyse ainsi ses mérites : « De l'esprit jusqu'au bout des ongles, instruit comme pas un, facilité merveilleuse avec un don tout particulier d'assimilation. En son privé, caractère très gai, très spirituel : il est resté bon enfant, toujours prêt à rire avec les camarades. Homme public, il parle admirablement et écrit encore mieux qu'il ne parle. En résumé, excellent homme, pas fier du tout, n'oubliant pas sa petite ville de Bellegarde, où il entretient une école de sœurs, où son beau-frère est marguillier et d'où son neveu est sorti pour devenir, à 40 ans, curé-doyen de Meung-sur-Loire. Quand il revient au pays, Orléans le reçoit avec autant de fierté que de plaisir. Belle vie de travail consacrée tout entière à la jeunesse, aux catéchismes, aux petites et grandes écoles. Est-il étonnant qu'au milieu d'une brillante jeunesse, il n'ait pas trouvé le temps de vieillir, mais soit resté, comme il restera jusqu'au bout, jeune d'esprit et jeune de cœur. De tels hommes sont l'honneur du pays, la gloire du clergé et une pierre précieuse au diadème de l'Eglise ». Je transcris fidèlement cet éloge, heureux que Baunard, avec tous ses mérites, soit resté prophète à Orléans : cette sympathie honore encore plus Orléans que Louis Baunard et prouve qu'Orléans a au moins ce trait de ressemblance avec Athènes.

Louis Baunard a beaucoup écrit ; nous devons dresser l'inventaire fidèle de ses publications. A ses débuts, comme œuvres d'une jeunesse prématurément mûre, trois volumes sur le doute et ses victimes, la foi et ses victoires. Ce sont des biographies d'hommes illustres par leur foi ou par leur impiété : les uns ont honoré leur foi par leurs œuvres ; les autres, en la reniant, lui ont encore rendu hommage, par les angoisses de leur esprit et le martyre de leur conscience. L'aumônier a donné, sur *le collège chrétien*, deux ou trois volumes, où il reproduit son enseignement. Le publiciste a réuni, en autres volumes, *autour de l'histoire*, des articles de circonstances et fait des gerbes avec ces épis. Mais saint Jean, mais saint Ambroise, mais Mme Duchesne et Mme Barat, mais le cardinal de Poitiers, le général de Sonis, quels beaux livres ! et comme l'auteur a su illustrer noblement ces grandes vies !

Saint Jean, avec les documents que fournissent les Ecritures et la tradition, est le sujet d'un livre qui confine à beaucoup de mystères : Baunard l'a mis en excellent relief. Saint Ambroise est le premier évêque complet, l'homme de l'Eglise et l'homme de son siècle, qui fait face à toutes les exigences de la situation et se place en quelque sorte au-dessus de l'Empereur : Baunard en a fait un chef-d'œuvre où la science de l'histoire n'offre plus ni lacunes, ni ombres. Les mères Barat et Duchesne, biographies en trois volumes, sont, à proprement parler, des créations. Ecrire sur des notes et des manuscrits, sans avoir même connu ses personnages, réussit merveilleusement à l'auteur. Autour du personnage principal, il en groupe une foule d'autres, les fait parler, non par l'artifice des historiens de l'antiquité, mais par des extraits de lettres ou par des citations ; c'est la manière de ces compositions. Un style bien approprié, pas de longueurs ; une narration dont l'intérêt ne faiblit pas, dont la lecture souvent vous émeut et vous met des larmes aux paupières. J'aime beaucoup ces livres, mais j'en voudrais un abrégé pour la jeunesse, afin de la nourrir de la moelle des lions. Sur Pie, Lavigerie et Sonis, Baunard a éprouvé peut-être quelquefois cette faiblesse qui naît de la sympathie et s'exalte par l'admiration. D'ailleurs, si j'en crois Bossuet, l'esprit humain est toujours faible par quelque endroit ; faiblesse pour faiblesse, il faut pardonner généreusement celle dont l'unique faute est de trop admirer la grandeur.

Ici se pose une question : pourquoi Baunard

n'est-il pas évêque ? Le condisciple, cité plus haut, ajoute : Quel évêque il eût fait, mais il n'était pas fait pour être évêque : c'est un savant, c'est un philosophe, c'est un historien, c'est un poète, c'est un artiste : rien de l'administrateur. Un autre nous dit : Pour atteindre aux postes les plus élevés, il ne lui a manqué que des défauts et des vices ; mais être, si peu que ce soit, méchant, cela n'est pas dans sa nature. Si nous posons cette question, ce n'est pas qu'elle offre, pour l'intéressé, ombre d'intérêt. L'homme qui a reçu de Dieu une plume et qui peut la tremper dans l'encre, ne peut s'ouvrir à aucune pensée de lucre ou d'ambition. L'encre, il est vrai, est un breuvage amer ; mais c'est la boisson des forts, la source des belles ivresses qui se renouvellent indéfiniment sans péril, que dis-je ? qui peuvent se renouveler chaque jour, avec un accroissement de lumière et de joie. La plume, il est encore vrai, n'est qu'un roseau fragile, mais ce roseau est l'organe de la pensée, l'instrument de son expression, et si l'humanité est grande par le nombre, bien qu'elle ne pense guère, la plume est plus grande, parce qu'elle assure, à la pensée, toute sa force ! La plume constitue une hiérarchie soumise aux lois, mais une puissance de premier ordre et de première grandeur. L'intérêt de la question ne touche que la religion catholique et l'Eglise romaine, dont les évêques sont, sous l'autorité du Pape, les premiers pasteurs, comme des juges en première instance, dit saint Thomas.

La première raison du non appel de Baunard à l'épiscopat, c'est qu'il n'appartient pas, selon le jargon de la franc-maçonnerie, au clergé *concordataire*. A l'époque du Concordat, il n'y avait pas d'Universités ; le Concordat n'a rien prévu pour ses dignitaires ; et s'il exige quelques titres, pour ses préférés, il n'a pas pensé qu'il faudrait quelqu'un pour authentiquer les diplômes. Les prêtres, appelés au service des Universités libres, sont donc des prêtres *hors cadre* ; et parce qu'ils appellent les prêtres à la haute science, pour l'Etat persécuteur, ils sont l'ennemi, le pire ennemi, celui qui constitue, par la grandeur du savoir, le plus redoutable gage de l'indépendance. Le franc-maçon, qui tient la feuille des bénéfices, ne veut pas de ces poursuivants de la haute science. « Ni hommes de talent, ni polissons », disait Louis-Philippe, qui trouva, le premier, cette formule de l'abâtardissement ecclésiastique : « mais de bonnes médiocrités ». Le diable en personne n'aurait pu trouver une formule plus favorable à ses entreprises.

Si vous jetez les yeux sur l'histoire de l'épiscopat depuis cent ans, la première génération, jusqu'à 1830, se compose, en général, de prélats muets devant Bonaparte ou complaisants pour les Bourbons : braves évêques, épurés par la persécution ou contaminés par la constitution civile, corrects, mais trop vieux ou trop compromis pour s'engager dans les combats. La seconde et la troisième génération, sous Louis-Philippe, sous Napoléon III et au début de la troisième République, sont des générations d'évêques militants, toujours armés pour renfermer l'Etat dans les justes limites du devoir social, pour défendre les droits de la famille et faire respecter les saintes prérogatives de l'Eglise. Les questions intérieures d'instruction, d'éducation, d'économie charitable, de fondations d'écoles, du progrès des études, de remèdes aux maux de la société ; la question extérieure du pouvoir temporel des Papes, des missions apostoliques, du protectorat de la France les trouvent toujours debout dans l'arène des controverses ou sur les remparts de la cité sainte. La politique qu'ils ont faite en défendant la religion et l'Eglise est la seule politique dont nous avons tiré honneur et profit. Tout ce qu'ils ont combattu a été déshonoré par ses insuccès ou est tombé par son propre vice, parce qu'il était en même temps nuisible à l'Eglise et à la France. Je ne parle pas du mérite littéraire de l'Académie française que formaient entre eux, par leurs écrits, nos évêques : ce sont là de bien petites questions au temps présent ; mais je n'hésite pas, après Mgr Plantier, dans son mandement d'installation à Nîmes, je n'hésite pas à dire que les évêques français, au milieu de ce siècle, ont renouvelé, en France, les miracles des plus grands âges de notre catholique histoire.

La dernière génération épiscopale ne répond pas aux deux milieux, mais plus au commencement du siècle. Est-ce l'effet voulu des choix du gouvernement ? est-ce en vertu d'un mot d'ordre supérieur ? est-ce par l'effet du conciliatorisme obtus, dernière forme du catholicisme libéral ? Il est difficile de répondre, et, quand il s'agit des personnes, impossible de préciser. Le ministère des cultes a fait savoir plus d'une fois qu'il ne voulait plus d'évêques soldats ; il marchande avec ses candidats, sinon pour obtenir toujours leur concours effectif, du moins pour leur faire agréer l'intangibilité des lois de persécution ; et Ferry a daigné nous apprendre que, s'il avait réussi à faire passer ses lois, c'est qu'il avait su choisir ses évêques. On a beaucoup dit, en France, que le Pape ne voulait plus de controverse ; mais, en distinguant entre la forme du gouvernement et la législation hostile à l'Eglise, il a dit ce qu'il fallait respecter, ce qu'il fallait combattre. Je ne croirai jamais que si, parmi nous, s'était élevé un Basile, un Athanase ou un Chrysostome, le Pape l'eût trouvé mauvais ; et soutenir qu'il exige l'acceptation silencieuse des pires attentats, je ne vois pas que ce soit lui exprimer une suffisante révérence. D'ailleurs, aux premiers actes de persécution, les vieux évêques surent encore protester avec vigueur : le Pape les approuvait. Si, depuis, il ne s'est produit aucune réclamation, c'est que la dernière génération épiscopale du siècle laisse en oubli les grands souvenirs de ces évêques qui attaquèrent, avec une vigueur apostolique, les projets hostiles à la liberté de l'Eglise et les écrasèrent avant qu'ils fussent devenus des lois ; c'est, il faut bien en croire Ferry, parce que les francs-maçons savent choisir de bons évêques.

Dans ce temps de médiocrité et d'effacement, je m'étonne que, pour colorer l'écart d'un candidat hors de pair, on parle d'administration épiscopale. L'administration épiscopale est affaire d'antichambre, ce n'est pas rien, mais c'est peu de chose ; les grands seigneurs mitrés ne s'en occupaient pas ; le premier venu, pourvu qu'il soit honnête, peut y réussir et y suffit. Que peut-être la valeur d'un cas d'exception qui exclurait de l'épiscopat, s'ils pouvaient ressusciter, les Cyprien, les Augustin et les Grégoire ; et peut-on l'appliquer à un homme qui, recteur d'Université, prouve sa capacité à régir un diocèse ?

Ce qu'il faut aujourd'hui à nos diocèses parfois désorientés, ce sont des évêques pourvus de deux qualités : il faut des hommes qui idéalisent, dans leur personne, les splendeurs de l'Evangile et relèvent plus haut, par leurs discours, les esprits abattus ou découragés ; il faut des hommes intrépides, qui combattent jusqu'à l'effusion du sang, pour le triomphe de la divine lumière et rejettent dans l'ombre, *ense et sanguine*, tous les crimes des persécuteurs. Nous n'accusons personne ; nous constatons seulement que les catholiques en France sont des vaincus, des parias, des ilotes ; que le pape à Rome est prisonnier, comme nous, de la franc-maçonnerie et que Dieu nous commande aujourd'hui de délivrer son Eglise. Ce que nous disons ici n'est que l'écho des paroles immortelles de grands évêques et de grands papes ; c'est l'application de la parole divine : *Veritas liberabit vos*. Ce n'est pas la sagesse de l'homme qui a vaincu le monde ; c'est l'intrépidité de la foi, jusqu'à l'effusion du sang.

L'histoire du mouvement intellectuel en France doit faire une place d'honneur à Jean-Baptiste Aubry, le réformateur radical des études ecclésiastiques. Les grands esprits de ce siècle ont tous été tels par leur opposition au gallicanisme, au jansénisme, au libéralisme et à la révolution. Lamennais, J. de Maistre, Louis de Bonald, Rohrbacher, le cardinal Gousset, Dominique Bouix, Joseph Gaume, Donoso Cortès, Louis Veuillot, ont tous été grands pour la lutte, clairvoyante et ardente, contre les aberrations du particularisme français. Cette lutte, ils l'ont soutenue par une longue campagne, qui a compté de grandes batailles, qui a produit de nombreux travaux, et forme, par son ensemble, le grand œuvre du siècle. Aubry appartient à cette généalogie d'intelligences. Un jour, quand ses écrits seront connus, médités, appréciés du clergé, Aubry paraîtra comme l'un des grands bienfaiteurs de l'Eglise et de la France.

Jean-Baptiste Aubry naquit en 1844 à Orrouy, dans l'Oise. J'ai ouï dire que son père était devenu, à Meudon, concierge du séminaire des Missions étrangères. Dans ses premières années, l'enfant se trouva donc placé au foyer de la science et de l'esprit apostolique. Après ses études règlementaires en France, il fut envoyé au collège français de Rome, et suivit le haut enseignement du Père Franzélin. Quand le Père Freyd parlait de ses élèves, il louait leurs mérites respectifs ; en venant à Aubry, il disait : c'est le colosse de Rhodes ; les autres peuvent passer, voiles déployées, entre ses jambes. Au terme des études romaines, Aubry fut sept ans professeur au grand séminaire de Beauvais et sept ans missionnaire en Chine. Quelque temps curé de campagne, aumônier de couvent et de prison, mort en 1882, confesseur de la foi, presque martyr : Aubry réalise, dans sa trop courte vie, par ses divers ministères, la synthèse des divers apostolats. Sa vie est une préparation providentielle à formuler *ex professo* les règles de la formation sacerdotale et les devoirs du clergé, en des temps obscurs, qui réclament encore plus de décision que de courage.

A sa mort, Aubry n'avait rien publié ; il laissait une trentaine de volumes en manuscrits, plus ou moins achevés. Fort heureusement, il avait un plus jeune frère, très alerte d'esprit, fort au courant de ses idées et que la mort rendit dépositaire des manuscrits fraternels. Ce frère, curé à Dreslincourt, sans se laisser décourager par l'étendue de la tâche, par la déchéance des études ecclésiastiques et par le marasme de la librairie, entreprit la publication des manuscrits de son frère. Au moment où nous écrivons ces lignes (24 juillet 1900) dix volumes ont paru des œuvres complètes du Père Aubry. Nous voudrions en consigner ici une appréciation, que nous pouvons rendre claire et décisive, mais que nous ne saurions rendre agréable aux gens qui ne peuvent lire nos livres sans éprouver des coliques.

Le premier volume publié a pour titre : *La méthode des études ecclésiastiques dans nos séminaires* depuis le Concile de Trente. Dans ce livre, l'auteur signale les vices de la méthode cartésienne, indique les réformes à opérer et présente ces réformes comme la base nécessaire des restaurations futures. C'est sa très ferme conviction que la cause de tous nos maux est dans les intelligences et qu'elle y est parce qu'on l'y a mise par un enseignement dépourvu de principes et d'ordre. Le doute méthodique de Descartes et le gallicanisme de Bossuet sont la première source de nos déviations. Jusqu'à Trente, nous n'étions pas sorti des voies traditionnelles de l'enseignement. Depuis, les fondateurs des séminaires français, obéissant à la philosophie de Descartes et à la théologie de Bossuet, ont donné à nos séminaires une mauvaise forme et une funeste méthode. Par le fait de leur égarement, il y a, dans l'Eglise, deux formes de séminaires : le séminaire romain et le séminaire gallican ou libéral. Ces deux formes diffèrent essentiellement et en principe s'excluent. Mais, en fait, nos séminaires gallicans, depuis un siècle, surtout depuis cinquante ans, ont opéré en eux un lent travail de réforme, ont effectué un mouvement d'approximation vers la méthode romaine d'enseignement théologique. Le Père Aubry écrit pour hâter l'achèvement de cette réforme.

Dans l'*Essai sur la méthode*, le Père Aubry avait fait le procès des théologiens jansénistes, gallicans et libéraux. Partisan des méthodes romaines, il avait marqué dans leurs grandes lignes les déviations de l'enseignement théologique depuis deux siècles; il avait montré, dans ces déviations, la cause originelle de la séparation des sciences et de la théologie, de la morale et de la dogmatique; il avait attribué à ces schismes partiels, la décadence religieuse, les divisions politiques, l'absence de principes et de conviction, la progression de l'immoralité, l'affaiblissement du ministère ecclésiastique. Dans son livre sur les *Grands séminaires*, après avoir dressé l'inventaire de nos ruines, il formule un programme de restauration. Les grands séminaires sont, pour lui, le seul rempart qu'on puisse opposer victorieusement à la sécularisation de l'intelligence publique et aux désastreuses conséquences qu'elle entraîne. Après tant d'essais bâtards et d'efforts impuissants, il faut revenir simplement aux idées et aux pratiques romaines. Le séminaire français, organisé officiellement à Rome par Pie IX, n'a pas d'autre but que la réforme des séminaires en France. L'Université grégorienne est l'archétype, la pépinière du corps enseignant et, par voie de conséquence, le point de centralisation des forces intellectuelles de l'Eglise.

Destruam et ædificabo : telle est la devise du Père Aubry. Après avoir démoli les vieilles halles, il bâtit l'édifice complet du séminaire.
— Le petit séminaire a la première place dans sa sollicitude. Ceux qui élèvent l'enfance sont aux sources. Telle ils le feront la source, tel sera le ruisseau et tel le fleuve. Où monte, où s'étend, où finit ce que commencent les maîtres du petit séminaire ? Il faut la science de Dieu pour le savoir. La formation, dans l'adolescent, de l'homme intellectuel exige un choix sévère des professeurs, une sélection précoce des vocations ecclésiastiques, l'éloignement du fusionnisme du laïque avec le prêtre futur, une grande discrétion dans l'emploi des auteurs païens, une sollicitude générale à faire, du séminaire, la pépinière de l'Eglise, la source pure du recrutement sacerdotal.

A l'entrée du grand séminaire, le Père Aubry, avec Pie IX et Léon XIII, veut deux ans de philosophie. De ces deux ans, il exclut l'étude des sciences physiques et mathématiques, le bachotage, les arts d'agréments, les petites études de genre. De ce cours, il exclut encore le séparatisme rationaliste de Descartes entre la philosophie et l'ordre surnaturel et le mépris où il fait tomber la scolastique. Le Père Aubry écarte encore avec dédain le petit *compendium* et le *repasse*, la philosophie réduite à une espèce de catéchisme. Le but de la philosophie, c'est de former la rectitude des idées et du jugement ; c'est de fonder la force de la raison sur l'intelligence philosophique de la foi ; c'est d'écarter tout le fatras depuis Bacon, de se replacer en plein dans la scolastique et d'étudier la scolastique comme les scolastiques l'enseignaient avec leurs grands livres, leurs grandes leçons et leurs grands exercices de tournois philosophiques.

Le Père Aubry nous introduit dans le domaine de la théologie générale par l'étude de la *Somme théologique* de saint Thomas. De main de maître, il trace le tableau de l'évolution théologique d'après saint Paul, saint Augustin et saint Thomas ; il déclare que si l'esprit de néologisme et les procédés artificiels des modernes sont mortels aux sciences sacrées, le retour à la théologie de saint Thomas ne doit pas être exclusif des progrès acquis depuis le XIIIe siècle. La théologie à venir sera l'heureuse union, l'entente absolue de la vieille scolastique avec la théologie positive. Cette théologie, avec des caractères de précision, de clarté et de force, embrassera dans une seule méthode les procédés employés tour à tour dans le passé. Les livres ne seront pas plus gros, les cours pas plus longs, ni plus difficiles. La science simplifiée est une ascension vers le centre unique, le principe éternel des choses de l'intelligence.

Les bases générales de l'enseignement théologique posées, le Père Aubry vient au détail des cours. Pour la théologie dogmatique, il s'élève contre l'abus de l'érudition, du *compendium*, des méthodes de polémique, des études d'actualité, des concessions faites aux petites industries ; il donne les idées fondamentales qui doivent présider à la formation de chaque traité et diriger sa marche. Le traité de la Religion a subi l'influence du rationalisme ; il en rétablit l'idée inspiratrice. Les lieux théologiques sont fort négligés ; il montre, avec Mgr Capri, l'urgence d'étudier plus profondément les sources de la foi. Le traité de l'Eglise s'est desséché sous la main gallicane ; faute de voir dans l'Eglise la grande règle de foi, on est tombé dans le rationalisme semi-pélagien ; il faut revenir à l'idée surnaturelle de l'Eglise.

Mais la base fondamentale de toute science sacrée, c'est le surnaturel. Puisque la grâce est le sang qui coule dans les veines du corps mystique de Jésus-Christ, il faut nous y attacher pour écarter ce naturalisme politique et social qui nous empoisonne. Le traité de la grâce doit donc être le nœud, la grande lumière de la théologie de l'avenir ; quiconque ne le comprendra pas à fond ne sera pas théologien, demeurera incapable d'une action vraiment sacerdotale sur la société.

La formation du sens théologique, l'approfondissement des dogmes par la contemplation, l'harmonie des dogmes dans l'intelligence sacerdotale, voilà les procédés et les fruits d'une excellente dogmatique. Le Père Aubry nous fait assister à la réformation du *sens intellectuel* et du jugement par la théologie ; il nous conduit jusqu'au saint des saints de la révélation. La théologie nous apparaît comme « une vision discursive sans doute, mais réelle des beautés éternelles » ; car, selon l'expression du cardinal Pie « ceux-là boivent à plus longs traits, ici-bas, à la coupe anticipée de l'éternelle vie, qui puisent plus abondamment la connaissance de Dieu aux sources sacrées ».

Dans l'économie de l'enseignement qui procède tout entier de la tradition, l'étude des Pères et de l'antiquité chrétienne doit tenir une grande place. Le Père Aubry insiste sur la nécessité du retour au sens de la tradition par le commerce assidu des Pères et des docteurs. La fréquentation trop exclusive des modernes a conduit les contemporains à l'examen privé ; il faut revenir aux *témoins* de la foi, au *sens* de la tradition. Que le maître de la théologie dogmatique s'efforce donc, par la tournure profondément scolastique de sa méthode, d'inspirer aux étudiants l'estime et l'amour des ouvrages anciens ; qu'il ne craigne pas de mettre les jeunes âmes en contact direct avec les docteurs qui peuvent plus efficacement fortifier leur formation doctrinale.

Après la dogmatique, la morale. Les sources de la morale ont été empoisonnées par le jansénisme, le quiétisme et le libéralisme. Le Père Aubry combat la théorie séparatiste de l'école utilitaire qui, dans beaucoup de séminaires, oppose la pratique à la théorie, l'action aux principes, et, par voie de conséquence, tombe dans l'abus de la casuistique, dans le scepticisme pratique ou dans le relâchement. Disciple du Père Ballerini, Aubry expose sa méthode fondée en principe, large dans ses applications, sûre dans ses conclusions pratiques, féconde jusque sur le terrain de la vie mystique où doit se confiner le vrai prêtre.

En Écriture Sainte, le Père Aubry veut avant tout la recherche du sens dogmatique et du sens théologique. On a trop abusé de l'apologétique et de la controverse : l'emploi de l'Écriture dans la théologie et la prédication a été faussé ; l'argument de l'Écriture contre les protestants était nécessaire, mais, depuis, il a dégénéré et présente quelque inconvénient. La contemplation de la pensée divine, étudiée avec l'esprit du cœur, est le premier de nos devoirs. Les recherches de l'érudition, les préoccupations de la science, la réfutation des systèmes allemands, ne sont que des points accessoires : il s'agit premièrement d'approfondir la parole de Dieu, d'en nourrir les études dogmatiques, d'en fortifier l'âme sacerdotale.

De l'histoire ecclésiastique, le Père Aubry ne fait pas seulement un exposé de faits, une synthèse de documents. Les faits surnaturels sont des *porte-dogmes*, dit-il ; et il fait l'histoire du dogme, ou, si l'on veut, la philosophie et la théologie de l'histoire. Pour lui, cette étude, c'est l'étude de la tradition catholique, l'étude des manifestations multiformes du surnaturel, enfin l'étude de l'apostolat sous tous ses aspects et dans toutes ses luttes. Quiconque embrasserait l'histoire à la lumière de ces principes, tirerait de cette étude, au milieu du chaos des idées modernes, une boussole sûre, une orientation fixe.

Une autre branche d'études, fort estimée à Rome, abandonnée chez nous, méprisée même de l'école libérale, c'est le droit canon. Le Père Aubry insiste sur la nécessité du retour à l'étude et à l'observation du droit canonique ; il montre que cette législation sacrée est empreinte d'un grand esprit théologique ; que d'ailleurs les lois ecclésiastiques ne sont point si inapplicables qu'on veut bien l'objecter ; que leur observance, au contraire, est une source de lumière et un gage de force. Mais c'est là que le gallicanisme, vaincu dans toutes les sphères de la révélation, s'est concentré, avec espoir, en gardant ce point, de reconquérir tous les autres. Aubry, qui veut écraser la tête du serpent, s'attaque à ce gallicanisme administratif ; il demande des tribunaux diocésains et des règles dans la collation des bénéfices ; il découvre l'état de scepticisme, le manque de cohésion, l'absence de vie sociale et politique où nous met l'absence de droit.

L'amoindrissement des sciences sacrées a déteint sur la prédication et sur les catéchistes. Le romantisme oratoire, l'abus de la controverse, les sermons d'apparat, le pullulement des répertoires et des sermonaires, sont autant de préjudices à l'apostolat. Pour y porter remède, il ne faut pas introduire, dans les séminaires, les exercices de prédication et de catéchisme, les conférences d'œuvres, les questions d'actualité. La préparation sacerdotale doit être toute théologique et spéculative. Des essais prématurés dans une âme qui n'est pas mûre pour le ministère, nuiraient à l'étude théologique et pourraient prêter aux abus qu'on veut combattre.

La question des cours vidée, le Père Aubry traite de la direction intellectuelle et spirituelle des clercs. Son but final est d'en faire des docteurs et des saints. « En France, il n'y a rien à faire, disait Manning ; ils n'ont pas de saints. » Nous avons cent évêques, cent mille prêtres et nous sommes battus. Si nous avions seulement un François de Sales, un Vincent de Paul, un Charles Borromée, la victoire nous reviendrait. On se moque de nous ; on ne se moque pas des saints qui travaillent, prient et se dévouent pour les peuples.

Après la publication de la *Méthode* et des *Grands séminaires*, Auguste Aubry entreprit la publication des œuvres complètes de Jean-

Baptiste Aubry. L'histoire et la fable ont immortalisé des hommes unis d'une étroite amitié ; ici, l'unité de l'enseignement produit la fusion de deux personnes dans une seule individualité savante. Si Auguste avait publié tant d'écrits seulement par amitié, ce serait déjà grand ; l'avoir fait dans une parfaite communion d'idées, c'est, pour les deux, une commune grandeur.

Après avoir exposé la genèse des idées et le programme d'action du Père Aubry, nous devons donc dresser une table sommaire des ouvrages publiés par son frère, avec ses notes et ses écrits inédits. En moins de dix ans, Auguste Aubry a publié successivement :

1° *Quelques idées sur la synthèse des sciences dans la théologie*, ou théorie catholique des sciences. C'est une œuvre de haute envolée, qui ne le cède en rien aux idées du comte de Maistre ; elle indique la vraie manière de grouper les sciences humaines autour de la théologie (in-8° de 385 pages).

2° *Mélanges de philosophie catholique* (in-8° de 300 pag.) C'est un puissant rappel à la philosophie scolastique ; c'est la condamnation sans appel des philosophies de Descartes et de Kant.

3° *Études sur le christianisme, la foi, le surnaturel et les missions* (in-8° de 415 p.) C'est un volume de réaction très décidée contre les tendances rationalistes des modernes et même du clergé. On y trouve le procédé divin de l'apostolat, le travail du surnaturel, la méthode d'installation de la foi dans les âmes.

4° *Études sur l'Église, le Pape, les sacrements* (in-8° de 425 p.) C'est un livre qui explique la vraie notion de l'Église et de l'autorité pontificale, si mal comprise et si dépréciée parmi nous. Le Père Aubry n'est pas seulement romain des pieds à la tête ; il l'est avec des pages saisissantes et des accents d'une mâle énergie.

5° *Études sur l'Écriture Sainte* (in-8° de 765 p.) faites pour la masse du clergé au point de vue dogmatique et moral. Les Épîtres de saint Paul y sont l'objet d'une étude d'après saint Thomas d'Aquin et Cornélius à Lapide. Pour la richesse dogmatique, le caractère surnaturel du commentaire, ce travail dépasse tous les modernes interprètes.

6° et 7° *Cours d'histoire ecclésiastique* (2 vol. in-8° de 562 et 461 p.) C'est une théologie de l'histoire, un livre dont il n'y a pas d'équivalent dans la librairie : il est tout rempli des doctrines de saint Augustin.

8° *Méditations sacerdotales et opuscules spirituels* (1 vol. in-8° de 440 p.). Vigoureux appel à la vie de la grâce ; œuvre sinon léchée et alignée comme tant d'autres, mais débordante de sève, de flamme sainte, d'amour de Dieu et des âmes.

Au total, avec la *méthode* et les *séminaires*, dix volumes. Auguste Aubry promet encore de publier trois volumes de correspondance, un volume de sermons et une Étude sur l'œuvre du Père Aubry et la critique pour et contre, avec des notes et éclaircissements. Une partie des lettres a été déjà livrée au public ; plus, une étude sur les *Chinois chez eux* et une biographie de Jean-Baptiste Aubry par son frère. Ces différentes publications ne pourront qu'accentuer le rôle des deux frères et justifier la haute importance que l'histoire doit attacher à leurs ouvrages.

Le point de départ d'une équitable appréciation, c'est le fait d'un missionnaire mort en Chine à trente-huit ans. À sa mort, ce missionnaire, très goûté de ses supérieurs, très apprécié de ses amis, laisse trente volumes de manuscrits. L'œil bienveillant d'un frère discerne, dans ces trente volumes, deux ouvrages à peu près achevés, sur l'organisation et l'enseignement des séminaires. Le petit frère publie, pas sans trembler, ces deux ouvrages. Non point qu'il faille, pour publier deux volumes, un courage surhumain ; mais ces deux volumes parlent du clergé au clergé lui-même. Or, en France, depuis cent ans et plus, c'est une idée reçue que le prêtre français est un être supérieur, en état de perfection absolue. Voici pourtant un jeune missionnaire, qui vient de mourir, penseur profond, docteur de l'école romaine, qui s'inscrit en faux contre cette bienveillante opinion. Ce missionnaire est, par hasard, un écrivain, mais inconnu ; s'il possède un sens doctrinal exquis, une science théologique consommée, un dévouement absolu à la grande cause de la formation cléricale, c'est un mérite, sans doute, mais d'abord, il en faut faire la preuve. Enfin le voilà qui affirme notre décadence nationale depuis trois siècles, par la faute de nos écoles ; et, d'une main assurée, il dresse le programme de la régénération française par la restauration surnaturelle du sacerdoce.

La thèse d'Aubry est la thèse de tous les restaurateurs de la patrie française. Lamennais veut effectuer cette restauration en relevant les mœurs et en déchirant la Déclaration de l'Église gallicane. J. de Maistre, Haller, Bonald, Donoso Cortès, Aparici y Guizarto, poursuivent le même but en combattant la Révolution. À l'encontre, Dupanloup, Gratry, Broglie, Falloux, véritables malfaiteurs intellectuels, entendent conjurer le péril, en expurgeant la Révolution et en l'acceptant. Thomas Gousset, en théologie, par le renversement des thèses rigoristes et gallicanes ; René Rohrbacher, en histoire, par la ruine des sottes admirations de Fleury ; Dominique Bouix, en droit canon, par la proclamation du droit canonique et l'exaltation de la monarchie des pontifes Romains ; Prosper Guéranger, par le rétablissement de l'unité liturgique ; Montalembert à la tribune, Lacordaire à Notre-Dame, Louis Veuillot à l'*Univers*, Bonnetty dans les revues savantes : tous ont voulu relever la France du grand anathème et la rétablir dans les lignes de sa vocation providentielle. La papauté, de Pie VI à Léon XIII, a souri à ces entreprises et en a béni les efforts. Nombre de petits soldats, de grenadiers du Saint-Siège, de voltigeurs d'avant-garde, ont, pour la même cause, brûlé des cartouches, tiré l'épée et déployé le drapeau du Christ. Nous avons été témoins de ces combats : c'est notre joie d'en avoir suivi les péripéties ; notre devoir de rendre hommage à la vaillance éclairée de tous les soldats et à la sagesse de tous les généraux.

Jean-Baptiste et Auguste Aubry appartiennent à cette phalange de héros. Un missionnaire mort à trente ans et à trois mille lieues ; un petit curé enseveli dans un presbytère de campagne, sont venus, après tous les autres, dénoncer le grand mal, et, comme Gaume, le découvrir dans les écoles. Mais la question, pour eux, ne se réduit pas à l'emploi des classiques païens dans l'enseignement secondaire ; elle doit s'établir encore contre la philosophisme naturaliste de Bacon, de Descartes et de Kant, contre l'absolutisme césarien de Louis XIV et le constitutionnalisme de Mirabeau ; contre le gallicanisme de Richet, de Marc-Antoine et de Bossuet ; contre l'athéisme politique et économique de Rousseau et de Proudhon ; même contre le catholicisme libéral de Dupanloup et de Broglie. Et pour vaincre tous ces ennemis, il faut restaurer le prêtre ; et pour restaurer le prêtre, le vrai ministre de Jésus-Christ, il faut réformer, dans les séminaires de France, la préparation sacerdotale, plus ou moins faussée depuis 1682. C'est là ce que disent, en quinze volumes, les frères Aubry.

Les frères Aubry ont raison ; et tellement raison qu'il leur suffit d'œuvres posthumes pour sonner le branle-bas. La vérité est là, à peine formulée, mais toute-puissante. Il faut chasser des séminaires Descartes et Kant, Louis XIV et Mirabeau, Fébronius et Dupanloup : je ne pense pas que les athées aient pu s'y introduire. Le mal, dont meurt la France, lui a été inoculé par trois siècles d'aberrations ; et ce mal n'a pu agir qu'en corrompant ou en faisant dévier les séminaires. C'est aux séminaires qu'il faut mettre, je ne dis pas la torche ou la hache, mais le grand air de Rome, la formation romaine, la somme de saint Thomas, le radicalisme et l'intransigeance de la plus stricte orthodoxie. Nous autres, Français, au milieu de nos ruines séculaires, nous serions cent fois fous de nous croire parfaits. Non, non et dix mille fois non ; nous avons ingéré des poisons qu'il faut vomir ; la vérité seule et la vérité totale, vérité catholique, apostolique, romaine, effectuera notre délivrance : *Veritas liberabit vos*.

Nous terminons ce livre par l'exhibition de deux originalités significatives et instructives ; elles nous paraissent dignes de ne pas tomber dans l'oubli. Joseph Olive, né à Cette, en 1836, suivit, dans son diocèse natal, les cours d'études qui mène au sacerdoce. Au terme de sa théologie, Olive, voulant sans doute devenir un olivier brillant, demanda à se rendre à Rome, pour y suivre les cours supérieurs du Collège Romain ; le supérieur, qui le tenait pour un noyau, en lui délivrant un *celebret*, lui eût offert aussi volontiers un *exeat*, pour se faire incorporer à peu importe quel diocèse. Par le fait, Olive, traité *tanquam purgamenta hujus mundi*, se dirigeait, en 1863, vers la ville éternelle et y piochait, pendant un triennat, le droit canon. Au retour, cet incapable était docteur en théologie ; il fut bombardé vicaire de Sainte-Madeleine à Béziers, puis curé du Mas-Blan, au doyenné de Bédarrieux, poste qu'il occupa pendant plusieurs années ; après quoi, il se retira à Cette, près de sa vénérable mère, pour entrer, avec une pleine indépendance, dans la carrière de l'apologétique. En 1885, il se sentit pressé de se rendre près de la voyante du Boulleret (Cher) et fonda la Confrérie de Notre-Dame des Sept Douleurs, qui compte aujourd'hui (1889) quarante-six mille associés. Directeur de cette confrérie, qu'il avait rattachée très correctement à la Confrérie primaire de Rome, il appela l'attention du Pape Léon XIII sur les apparitions qu'il disait avoir eu lieu à Sainte-Claire de Lavaur, au Boulleret et à Saint-Bauzille. C'était prendre le bon chemin : c'est à Rome, en effet, et par la voie canonique, qu'il convient d'en référer sur ces choses, afin de provoquer des jugements et d'obtenir une prudente direction. En principe, le bras de Dieu n'est point raccourci ; il fait, dans tous les temps, éclater sa puissance et sentir sa miséricorde. Il ne serait pas surprenant que, dans un siècle de scepticisme, pour vaincre l'orgueil d'une raison aussi faible que rebelle, il multiplie les manifestations du surnaturel. Mais il y a, ici, un péril : c'est, par réaction contre le scepticisme, de tomber dans l'illuminisme. C'est, à l'heure présente, un grand péril. Les hommes ont tellement méconnu et trahi la cause de Dieu qu'il paraît nécessaire que Dieu prenne en main sa cause. En tout cas, dès qu'il est question de quelque phénomène surnaturel, on est, parmi nous, très disposé à y croire. *Oportet sapere, sed sapere ad sobrietatem* et ne rien faire qu'après avoir obtenu les consignes de Rome.

Joseph Olive se fit, comme canoniste, le disciple de l'abbé André, curé de Vaucluse ; il entreprit de rétablir, en France, la pratique pure et simple du droit canon, notamment pour le concours, l'inamovibilité et les jugements par officialités régulières. Dans deux ouvrages de plus forte contenance, il traita les questions relatives à la restauration de la discipline de Trente, à un régime de droit contre lequel on ne peut prescrire. L'ouvrage, intitulé : *Du mérite en fait de nominations ecclésiastiques*, est, en quelque sorte, l'entrée en campagne. L'auteur n'y fait pas mystère de ses convictions. « Oui, dit-il, avec une amertume cruelle, la nomination à des paroisses importantes de prêtres sans talent ni vertu, ou d'un talent et d'une vertu médiocres, et l'exil des prêtres d'un mérite incontesté dans les paroisses de montagne, dans les hameaux, où leurs talents, leur science et leurs vertus ne peuvent porter leurs fruits : oui, c'est là la plaie lamentable de l'Eglise de France durant ce XIXᵉ siècle. — Il y a des diocèses où le talent n'est compté pour rien ; d'autres où avoir du talent, de la science, de la vertu, du mérite, enfin, c'est une marque négative. Il y en a où, pour parvenir aux places importantes, il fallait se garder, il y a quelques années, de signer une adresse à Pie IX : on était récompensé si l'on refusait de signer ; l'on était puni si l'on avait le courage d'exprimer, à Pie IX malheureux, l'amour et le dévouement que l'on avait pour lui. N'a-t-on pas vu des diocèses où l'on a mis dans une rigoureuse disgrâce les prêtres qui, à l'époque du Concile, ont signé des adresses demandant l'infaillibilité ? D'autres, où les défenseurs du *Syllabus* sont représentés comme les ennemis personnels de l'évêque. Il y a des diocèses en France où l'on parvient aux places importantes en mendiant la protection de prêtres, de laïques, de dames, amis de l'administration. Il y en a beaucoup où pour réussir il faut employer la flatterie : dans ces diocèses, on appelle ceux qui emploient ces moyens indignes, les *chevaliers de l'encensoir*. Dans d'autres diocèses, on ne peut réussir (je me sers de cette expression à dessein, parce qu'elle est employée par ceux qui méconnaissent les lois canoniques), si l'on n'a pas, dans le Conseil, un parent, un ami, un compatriote, un condisciple, un camarade : dans ces diocèses on entend dire : « *Non habeo hominem*, je n'ai point d'homme » ; c'est-à-dire « je ne connais personne particulièrement, dans le Conseil, qui veuille bien penser à moi ».

Après avoir dénoncé le mal, Olive y cherche un remède et le trouve naturellement dans la pratique du droit pontifical. Pour faire entrer dans l'intelligence de ce droit, il en expose la théorie et l'application traditionnelle ; il sert, en larges tranches, d'après la *discipline* de Thomassin, les faits d'histoire qui militent en faveur du droit. A la médiocratie des intrigants, il peut substituer l'aristocratie des hommes de mérite. Peut-être, dans sa revendication, d'ailleurs très légitime, excède-t-il un peu au bénéfice du talent. Sans doute, il faut faire leur part aux dons de l'intelligence ; mais il faut faire leur part aussi à l'âge, aux vertus, à la prudence et aux autres qualités propres d'un bon gouvernement. Quant au talent, tout le monde croit en avoir. De plus, ceux que Dieu appelle aux éminents travaux de l'intelligence ne pourraient pas, dans une grande paroisse, entreprendre ces travaux nécessaires à l'édification de l'Eglise. Gorini aurait-il porté de si rudes coups aux erreurs historiques des célébrités en renom, s'il n'eût été curé d'un petit village ? Le docteur Lingard aurait-il composé son immortelle *Histoire d'Angleterre*, s'il n'eût été curé d'une petite paroisse d'Irlande ? J'ai observé que la plupart des prêtres illustres de France étaient non seulement des disgraciés, mais des proscrits. On dirait qu'il existe, chez les évêques, une certaine jalousie contre les écrivains ecclésiastiques, dont l'influence est, en effet, souvent, beaucoup plus fréquente et beaucoup plus étendue que celle d'un évêque ordinaire. Je dis *ordinaire*, car beaucoup d'évêques sont d'éminents écrivains et alors leur savoir puise, dans l'autorité épiscopale, un plus haut prestige et une plus grande force. Mais les évêques qui ne sont que d'humbles administrateurs et de médiocres écrivains, s'ils voient s'élever à côté d'eux et briller au dessus d'eux un flambeau d'Israël, cèdent volontiers à la tentation de jouer, à cette lumière, tous les mauvais tours de l'éteignoir. Ces misères ne nuisent pas à l'extension de talent ; je dirai plutôt qu'elles la provoquent et la mettent en mesure d'accroître son empire. — Ces réserves faites, il n'est pas moins certain que les nominations ecclésiastiques sont dues au mérite et que procéder autrement, c'est un crime contre Dieu, contre l'Eglise et contre les âmes.

Après avoir posé ce principe du mérite, Olive, dans une seconde publication, attaqua la simonie de l'argent et des présents, la simonie de la flatterie et de l'obséquiosité. Du moment que les nominations ne s'effectuent pas selon le droit, mais dépendent de l'arbitraire épiscopal et ministériel, il est tout naturel que les ambitieux cherchent à se faire valoir près de l'évêque et du ministre. Il est beaucoup moins facile d'acquérir du mérite que de flatter. On peut même dire, en thèse générale, que le mérite n'est pas flatteur : il a le sentiment de son prix, le respect de lui-même et je ne sais quelle impuissance à se faire valoir autrement que par son réel crédit. Au contraire, l'absence du mérite se prête merveilleusement à toutes les affectations qui doivent dissimuler cette absence. Le plus vulgaire artifice pour masquer le défaut du talent, c'est la flatterie. Prêter aux supérieurs des avantages qu'ils n'ont point, c'est faire croire, sans frais, à sa haute perspicacité. Or, ici, la marge est grande et le champ sans limite. Si un évêque est muet, on le compare à Richelieu ; s'il parle volontiers, on l'égale à saint Chrysostôme ; s'il aime les affaires, c'est un Ximenès ou un Duperron ; s'il met dans un mandement trois phrases de philosophie, c'est un saint Anselme ; s'il est mou, c'est un saint François de Sales. Fénelon et Bossuet prêtent aussi à d'aimables comparaisons. Les plus absurdes sont les meilleures ; il suffit de les faire avec audace et de s'y jeter à corps perdu. Je ne croirai jamais qu'un évêque soit, de gaîté de cœur, la dupe des intrigants ; je me persuade même volontiers que, se sachant faillible et peccable, il implore les lumières de Dieu et les conseils des hommes ; j'aime à croire qu'il veut le salut des âmes et l'honneur de l'Eglise. Mais, étant donné ce régime d'arbitraire qui ressort des articles organiques,

-étant admis que le prêtre n'est pas *persona juris* et que l'évêque est une toute-puissance, il est inévitable que les faibles — souvent plus ambitieux que les autres, — recourent à l'intrigue. L'antichambre devient une institution ecclésiastique. Les vicaires généraux ont naturellement chacun sa clientèle. Autour du pauvre évêque se forment des complots, se nouent des intrigues, et il est à peu près inévitable que trois fois sur quatre, un pauvre évêque ne tombe dans les pièges tendus sous ses pas. La considération de l'évêque y perd beaucoup ; mais ce qui perd le plus, ce sont les âmes.

Cette question de la simonie offre un aspect plus triste encore, c'est la simonie par argent des candidats à l'épiscopat. On ne peut pas dire, avec Rosmini, que la présentation des évêques par le pouvoir civil est une des cinq plaies de l'Eglise ; mais on peut dire que telle présentation faite par tel pouvoir est réellement une plaie. La situation riche et puissante faite en France aux évêques par les articles organiques, ne peut pas manquer de faire, de l'épiscopat, un objet d'ardentes convoitises. Nous ne sommes plus au temps où il fallait faire violence au mérite et à la sainteté, pour les pousser à l'épiscopat. La mitre a des prétendants ; et malgré l'adage *Qui petit indignus est*, nombreux sont ceux qui briguent d'y atteindre. On en a vu 900 à la fois au ministère des cultes. On les appelle des *briguants*, et, c'est le mot propre, seulement il faudrait en rectifier l'orthographe. Leurs dossiers sont là, au complet, sur papier timbré, pleins d'attestations relatant leurs vertus, leurs talents, leurs aptitudes extraordinaires ; et ce sont eux, modestie à part, qui ont fourni ces dossiers. Une fois le dossier introduit, il faut le faire valoir. On s'adresse aux amis dans l'épiscopat, si on en a ; on s'adresse aux sénateurs, aux députés, aux conseillers d'Etat, aux préfets, aux juges, même aux belles dames. Les dames s'entremettent avec une espèce de passion pour arriver à faire des évêques. Or, pour mettre en mouvement tout ce personnel, il ne faut pas seulement des lettres, il faut des présents. On offre des livres, si l'on est auteur ; on offre autre chose, si on ne l'est pas. On offre même de l'argent. On cite les sommes dépensées par tel et tel évêque pour arriver à l'épiscopat ; il paraît que ça coûte assez cher. On cite tel prêtre qui avait offert 20 000 francs pour être nommé évêque, et, comme il le fut dans les colonies, poste aussi peu lucratif qu'enviable, notre homme refusa cette nomination et réclama ses 20 000 francs, alléguant que pour cette somme, il devait bel et bien avoir un évêché en France. De là procès. Vous jugez de l'édification.

Ce sont là des horreurs, mais il y a pire. Il y a les brigues fondées sur les ambitions de partis et sur les intérêts de fausses doctrines. Chaque pouvoir arrivant tour à tour, veut se recruter, dans le clergé, des appuis ; l'épiscopat lui offre le moyen de se créer des fidèles. A partir de 1859, date de sa guerre au Pape, l'Empire ne voulut plus trouver, dans les évêques, que des complices et il s'en vanta. Après 1870, la république libérale proscrivit les évêques qui avaient voté l'infaillibilité et chercha des Benjamins favorables à son libéralisme. Depuis que la république est devenue radicale, elle est en quête de nihilistes et elle en trouve. A des républicains qui lui reprochaient de n'avoir pas réalisé toutes ses promesses, Ferry répondit itérativement et publiquement : Comptez-vous pour rien nos choix d'évêques et croyez-vous que nous aurions pu faire passer tant de lois hostiles à l'Eglise, si nous n'avions pas choisi des évêques acquis à nos desseins ou incapables d'y mettre obstacle. Ces propos d'un Ferry et d'un Baroche sont acquis à l'histoire ; on pourrait en citer d'autres. Ce qui manquerait le moins pour en motiver la réprobation, ce sont les faits. Mais il faut les taire ; un peu plus tard, l'équitable histoire flétrira ces bassesses de l'Empire et ces indignités d'une république plus vile encore.

« Personne, dit Olive, ne niera le mal que nous signalons ; pourquoi ceux qui sont à la tête des diocèses n'en cherchent-ils pas la cause et n'y remédient-ils pas ? La foi peut transporter les montagnes. L'éloquence de Démosthènes transportait le peuple d'Athènes ; la sainteté du curé d'Ars faisait accourir à lui la France entière ; qu'on donne donc au prêtre la foi, la science, la sainteté et l'Eglise de France sortira de son tombeau. Nous l'avons dit, nous le répétons : Ne point favoriser l'étude, mépriser les prêtres qui étudient, ne tenir aucun compte de la piété et de la vertu, c'est amonceler de plus en plus les ténèbres sur notre malheureuse Eglise de France. Oui, les simoniaques sont les pionniers de la barbarie (1). »

Après avoir, dans ces deux ouvrages, cité le *Corpus juris*, saint Thomas, saint Alphonse de Lignori, notre pieux et savant Thomassin, Olive entreprit une œuvre de propagande par brochures. A propos du Concile d'Aix, il écrivit à Mgr l'Archevêque pour lui remontrer que l'absence de concours produit la paresse et l'ignorance ; le clergé est sans science, sans piété, sans énergie pour combattre l'erreur ; par l'ambition, il devient simoniaque. A propos du synode de Montpellier, il écrit un opuscule sur les règles canoniques des synodes. A propos d'une circulaire de l'évêque de Nevers, il adresse, à Mgr Casimir de Ladoue, une éloquente lettre pour réclamer toute la discipline de Trente, strictement obligatoire et contre laquelle on ne peut prescrire. A l'avènement de Léon XIII, ramassant toutes ses forces de discussion, le courageux controversiste ose lui écrire deux lettres pour récla-

---

(1) *De la Simonie*, p. 208.

mer encore, pour le prêtre, la personnalité juridique, *forum et jus*. « Qui le croirait, s'écrie-t-il, il n'y a point, dans l'Eglise de France, d'officialités, ou bien elles n'existent que de nom, ou bien elles ne sont pas indépendantes. Dans la plupart des diocèses, un prêtre est-il accusé? il est condamné sans qu'on lui permette de se défendre, sans qu'on veuille l'écouter, souvent sans qu'on lui donne le motif de sa condamnation, de son transfert ignominieux dans une paroisse inférieure, pénible à desservir. On écoute l'accusateur, un homme du peuple, une femme, et le prêtre innocent n'est pas écouté, n'est pas interrogé! Les tribunaux d'appel des métropolitains n'existent pas non plus. Un prêtre innocent ou condamné pour des raisons futiles, suspendu, dépossédé de son bénéfice, est jeté sur le pavé, suivant une expression vulgaire, mais marquée au coin de la vérité, et est obligé de se soumettre, d'accepter une humiliation amère, une flétrissure sanglante, ou de recourir à Rome : il n'y a point de justice pour lui en France. On lui crie de se soumettre, d'obéir, et si la sainteté ou l'héroïsme lui manquent pour accepter son ignominie et celle de sa famille, de sa vénérable mère, on l'appelle désobéissant, révolté, presbytérien. Ce prêtre est donc obligé de recourir à Rome, recours lointain qui lui cause de grandes dépenses et mille ennuis; aussi peu de prêtres relativement ont recours à Rome; le plus grand nombre passent leur vie dans l'injustice et la souffrance (1). »

Ainsi parle ce prêtre, avec une ardeur toute méridionale, mais avec cette très ferme et, disons-le, bien juste conviction, que notre salut est dans le retour au droit. En dehors du droit, il n'y a que l'arbitraire ; et, dans l'arbitraire, il y a place pour toutes les injustices, parfois pour les indignités. Mettre de côté cette économie *quasi-divine*, comme disait un orateur du Concile de Trente, des lois de la sainte Eglise, c'est poser, comme base du droit, l'individualisme rationaliste; c'est nier implicitement la notion d'Eglise; c'est condamner les diocèses à de perpétuels recommencements ; c'est réduire le sacerdoce, si grand devant Dieu, à une condition misérable devant les hommes ; c'est préférer la flatterie à la dignité, l'ignorance au talent, l'habileté à la vertu, l'intrigue au mérite; c'est vouer les églises à la décadence et les peuples à la ruine. La fortune des nations est proportionnelle à leur respect du droit; si elles le violent, elles se précipitent dans les abîmes.

Au demeurant, ce prêtre savant et disgracié ne se borne pas à revendiquer l'observance du droit; il plaide, devant les pouvoirs et devant les masses, la cause de la religion et de l'Eglise; il multiplie les allocutions et les lettres pour porter partout la lumière ; si une attaque se produit, il la relève avec une vigueur apostolique ; quand le Père Curci s'ingénie à ces projets de conciliation qu'il croyait devoir obtenir meilleur accès, il accable le Père Curci sous le poids de la science historique : et, quand le clairon ne l'appelle pas au combat, il compose, d'une plume pieuse, la vie d'un saint prêtre ou s'applique avec zèle aux œuvres de propagande. Humble et solide ouvrier de Dieu, à qui nous souhaitons de longues années pour qu'il soutienne de plus longs combats.

Pour qu'un curé prenne place parmi les auteurs, il n'est pas nécessaire qu'il ait écrit des livres ; s'il a posé en justice, pour la revendication du droit canonique, des actes décisifs, cette initiative suffit pour fournir un titre d'auteur. La situation anti-canonique du clergé de France n'a d'ailleurs pas manqué de défenseurs ; je cite au courant de la plume, les frères Allignol, le chanoine André, Dominique Bouix, Craisson, Duballet, Stremler. Un prêtre qui ne produisit que des mémoires aux tribunaux et aux congrégations romaines, fit plus à lui seul que tous les auteurs : il mit les intérêts des prêtres aux mains des tribunaux apostoliques. Nous parlons de lui : *Unus est instar omnium*: c'est le type des prêtres sacrifiés à l'injustice. Pierre Roy, ordonné prêtre en 1828, exerçait depuis trente-quatre ans le saint ministère dans le diocèse de Paris, sans avoir encouru un reproche de ses supérieurs. Depuis son ordination jusqu'en 1855, il avait été employé sans interruption, non dans des villages, loin des regards de l'autorité, mais dans les paroisses de la ville métropolitaine et chacun de ses déplacements, très rares d'ailleurs, avait été une récompense. De Saint-Louis-d'Antin, où il avait rempli neuf ans les fonctions vicariales, il avait été envoyé à Saint-Paul, puis à Saint-Germain-des-Prés, nommé en dernier lieu premier vicaire à Saint-Philippe-du-Roule. En 1855, il fut nommé curé de Neuilly et s'appliquait depuis quatre ans, avec autant de zèle que de succès, aux devoirs de sa charge, lorsqu'il commença à être en butte à la persécution. C'est un point qu'il faut bien préciser.

A Paris, les cures offrent, sous tous les rapports, une grande importance, et, à cause de leur petit nombre, sont l'objet des plus ardentes convoitises. Pour la cure de Neuilly, l'abbé Roy avait eu un concurrent, qui, par dépit et en espoir de vengeance, avait dénoncé, le 2 avril 1856, l'abbé Roy au préfet de police. Dans sa délation, ce concurrent avait reproché à son compétiteur plus heureux : 1° de n'avoir pas fait sonner les cloches à la naissance du prince impérial; 2° de n'avoir pas fait chanter le *Domine salvum* après le *Te Deum* ; 3° d'avoir attaqué avec violence l'alliance anglaise ; 4° d'avoir préféré la famille de saint Louis à la dynastie de l'Empereur et 5° annonçait comme possible qu'il eût des relations avec sa belle-sœur qui logeait avec lui et qui serait

(1) *Lettre à Sa Sainteté Léon XIII*, p. 18.

dans une position intéressante. Régulièrement, le dénonciateur eût dû s'adresser à l'archevêque de Paris ; en s'adressant au préfet de police, il ne découvrait que mieux sa passion et sa bassesse. Le préfet de police en référa à l'archevêque, et lorsqu'on voulut contrôler ces accusations, le vicaire général de Paris, Buquet, fut d'avis que le curé de Neuilly ne devait faire *aucune concession aux calomnies* qui cherchaient à l'atteindre. On eût pu faire fuir le coupable, on préféra le mépriser.

L'abbé Roy eut un autre accusateur, ce fut son frère. Hippolyte Roy aurait voulu, dans sa jeunesse, embrasser l'état ecclésiastique ; il en fut détourné parce qu'à Ivry, le directeur lui avait trouvé l'esprit faible et dépourvu de jugement. Employé dans la librairie, il s'était trouvé impliqué dans une affaire de femme et détenu à la préfecture de police ; pour s'épargner de semblables aventures, Pierre Roy tira son frère des mains de la police et le garda dans son domicile. En 1840, il l'avait marié à une demoiselle Tallard ; le jeune ménage avait vécu sous le toit du vicaire pendant quinze ans ; deux enfants avaient été le fruit de cette union. Une conduite si généreuse de frère à frère n'a rien qui étonne, quand l'aîné est prêtre ; la cohabitation qui en résulte n'est point défendue par les lois de l'Eglise et, devant la nature, elle est au-dessus du soupçon. Le frère obligé n'était pas, du reste, plus reconnaissant ; au contraire, il reprochait à son bienfaiteur d'avoir empêché leur cousin, curé de Saint-Paul, de le coucher sur son testament, de lui avoir fait tort dans l'héritage paternel, de l'avoir arrêté dans ses revendications injustes sur une parcelle de pré. Sombre, inquiet, mécontent d'une dépendance salutaire, Hippolyte Roy avait joui sans reconnaissance des bienfaits de Pierre Roy : il voulait se séparer. Quand Pierre Roy vint à Neuilly, Hippolyte refusa de l'y suivre : il lui demandait de lui constituer une rente et d'obliger, par la famine, son épouse à venir habiter avec son atrabilaire mari. Pierre Roy ne pouvait pas constituer une rente à son frère, il n'avait pas les ressources suffisantes ; il consulta l'archevêché qui, pour ne pas laisser la femme et les enfants sur le pavé, lui conseilla de les abriter dans son presbytère, avec l'espoir que le frère rebelle ne tarderait pas à les suivre.

En 1859, Pierre Roy fut accusé de nouveau par deux vicaires, dont l'un était notoirement indigne, et l'autre un peu difficile à vivre. Une enquête fut donc commencée, qui dura plus de quatre mois, sans que le curé de Neuilly en eût connaissance autrement que par le bruit public. Cette enquête fut faite par le promoteur Véron, prêtre du diocèse du Mans, qui depuis... mais alors il se montrait vertueux. « Pour une information rapide et purement sommaire, dit l'abbé Roy, on comprend le silence à l'égard d'un prévenu. Quelquefois la prudence le conseille, quelquefois aussi le respect. S'il ne se fût agi, par exemple, que de constater l'opinion bonne ou mauvaise que mes paroissiens avaient de moi, c'était chose facile en moins d'une semaine ; il y a, dans chaque commune, surtout pour un curé, une espèce de jury naturel dont le verdict, sagement consulté, est presque toujours infaillible. Il y a d'abord le clergé, les marguilliers, le conseil municipal, le juge de paix ; il y a aussi les membres des corporations et des confréries religieuses ; puis les instituteurs et institutrices laïques qui, en rapport continuel avec l'Eglise et avec les familles, ont tant d'intérêt à voir un pasteur exemplaire ; il y a enfin les notables. Les visiter tous est inutile ; mais, pour ce qui me concerne, les eût-on visités tous sans m'en instruire, je n'aurais eu, on le verra plus tard, qu'à me louer de cette épreuve. On n'a rien fait de pareil. Quel était donc le but de cette enquête ? Au milieu des ténèbres dont elle s'est enveloppée, il est facile de le saisir.

« Au lieu de s'informer discrètement de ma réputation, on a, dès le début, donné à l'enquête l'apparence d'une poursuite. En d'autres termes, on a questionné les gens sur les secrets de mon foyer, sur la pureté de ma vie intérieure, et M. le promoteur, en questionnant, a feint de me croire coupable ; je dis qu'il l'a feint, car s'il avait eu, dès l'origine, un seul fait à ma charge, et, pour l'établir, un seul témoin digne de foi, toute la peine qu'il a prise était superflue ; il avait de quoi me faire condamner ; moi seul, en pareil cas, j'aurais pu avoir intérêt à réclamer l'enquête, soit pour prouver la fausseté de ce fait, soit pour faire apprécier la moralité de ce témoin. J'ai donc le droit de dire que ce premier témoin manquait, et cependant il est certain que M. le promoteur agissait et parlait comme si ce témoin eût existé. Or, quand une enquête prend une pareille tournure, il est étrange que le prêtre qui en est l'objet n'en ait pas été averti, et qu'on ne l'ait pas mis en demeure d'avouer sa faute ou de confondre ses dénonciateurs. Non-seulement je n'ai pas été averti de la poursuite, mais je n'ai reçu aucun reproche, aucun avis, même officieux, touchant la régularité de ma conduite. La justice l'eût exigé, et par-dessus tout la charité. Une enquête qui n'est pas, dans le commencement, mieux motivée, et qui prend néanmoins un tel caractère, est une véritable injure que tout prêtre et tout homme de bien ressentiront. Plus elle dure, plus elle devient inique, puisqu'elle donne à supposer, à ceux qu'on interroge, que vous êtes au moins gravement suspect, qu'elle mine votre crédit et tend à déshonorer votre ministère » (1).

L'enquête ne fut pas menée avec une entière partialité. Le promoteur s'adressa, entre autres, à la sœur Gosselet qui répondit par un *non* trois fois répété, à des interro-

---

(1) *Mémoire détaillé de M. Roy, curé de Neuilly*, p. 29.

gations qui la faisaient rougir. « Vous allez faire du scandale, monsieur le promoteur », dit-elle. Le promoteur l'accusa aveuglément et lui tourna le dos. L'abbé Véron s'adressa également à Eugène de Margerie, président de la société de Saint-Vincent-de-Paul, avantageusement connu par ses vertus et par ses travaux littéraires. Margerie rendit au curé de Neuilly le plus explicite hommage et ajouta que quiconque étudierait de près cet ecclésiastique, devrait reconnaître en lui « un digne prêtre, travaillant uniquement pour la gloire de Dieu et le salut des âmes de ses paroissiens, un prêtre qui, du matin au soir, ne s'occupe que d'une chose, le bien de son église, comme moyen d'arriver au bien spirituel de son troupeau ». Véron traita Margerie d'homme prévenu et refusa d'entendre la suite de sa déposition. En vain, il demanda à être confronté avec les détracteurs de son curé; en vain, il demanda à être entendu en confession, pour faire voir que sa déposition était faite en conscience : le promoteur ne voulut ni l'entendre, ni le confronter avec personne. « Une enquête ainsi faite est-elle une enquête ? demande Margerie. Quant à l'impression qu'elle m'a laissée, elle n'a pas besoin d'être qualifiée, elle se qualifie elle-même ».

L'abbé Véron se rabattit sur Hippolyte Roy. On lui avait dit que c'était un homme aigri par l'isolement, aisé à émouvoir et d'un jugement peu sûr. En entrant, il s'apitoya sur la modestie de son mobilier, comparé au luxe des toilettes de son épouse; puis, il osa lui demander s'il était sûr de la légitimité de ses enfants. Cette question n'est fâcheuse que pour le promoteur. La loi civile punit l'adultère, mais elle ne le poursuit que sur la plainte de la partie outragée. Ce crime domestique aurait beau être en quelque sorte public, le juge séculier l'ignore, si la partie lésée l'ignore elle-même ou feint de l'ignorer. On ne va pas, d'une main brutale, déchirer le bandeau qui couvre les yeux d'un père, même quand sa femme est déchue. Il y a d'ailleurs, sur cette question, un mystère naturel dont le législateur défend de sonder les profondeurs. Le promoteur, qui ne sait rien, va suggérer à un père des doutes sur la légitimité de ses enfants. Il en fut quitte pour sa honte. Le frère lui répondit que jamais pareil soupçon n'avait approché de son cœur. Ce qui l'avait armé contre son frère, c'était un bout de pré qu'il voulait tondre de la largeur de sa langue et dont son imbécile faiblesse devait faire payer le prix à un taux de singulière rigueur.

Le promoteur dit avoir encore interrogé un éminent ecclésiastique, favorable à l'allégation, et cette allégation fut démentie. On lui indiqua un témoin à interroger, comme témoin de haute importance, et il négligea de le faire. On voit, dans cette enquête, l'oubli des égards dus au ministère pastoral et à l'âge, sinon à la personne du pasteur; des témoignages négligés, des témoignages suggérés, des témoignages supposés; le mépris des règles les plus élémentaires de la justice et du droit naturel. On fait durer plus de quatre mois cette décision judiciaire, sans en souffler mot au curé de Neuilly, et, pendant ce temps, comme si ce n'était pas assez des diffamations et des scandales du dehors, on tolère le scandale et la diffamation jusque dans le sanctuaire.

Dans le courant du mois de mars intervint une décision épiscopale, mandant au curé de Neuilly d'avoir à se séparer de sa belle-sœur. Depuis tantôt vingt ans, elle habitait sous son toit; il devait la renvoyer. Cet avis émut profondément l'abbé Roy et lui parut outrageant à cause de l'enquête; il se demanda s'il devait dévorer ce nouvel affront. La vie en famille n'est pas interdite aux clercs séculiers; les conciles n'en chassent que les étrangères. Or, une belle-sœur n'est pas une étrangère; elle peut résider avec son époux dans la maison curiale, et, seule ou délaissée, surtout dans la capitale de la France, elle a droit d'y chercher un asile. Le prêtre doit protection à ses neveux : faudrait-il, pour les recueillir, qu'il les séparât de leur mère ? On dira que c'est à l'évêque d'autoriser la réunion d'un prêtre avec ses parents. Je le veux; mais la conduite de l'abbé Roy avait reçu, depuis vingt ans, l'approbation de deux évêques, et la mesure tardive dont il était l'objet atteignait leur administration autant que sa personne. Quand une de ces sociétés domestiques est régulièrement formée, l'évêque a moins de pouvoir pour la rompre qu'il n'en avait auparavant pour l'empêcher. Plus elle a duré, plus elle est digne de respect. Pour entreprendre de la dissoudre, il faut prouver qu'elle a perdu son caractère charitable et moral. Quand on ne peut faire cette preuve, et c'est le cas, on n'a aucun motif légitime de prendre, à l'égard d'un prêtre vivant en famille, aucune mesure ayant l'apparence d'un blâme. La raison la plus élémentaire en fait un devoir. Que deviendrait le prêtre, s'il était obligé de céder toujours devant les morsures de la calomnie ? Aucun, pas même le plus saint, ne pourrait plus maintenir intact l'honneur de son foyer.

Par respect pour son ministère et par respect pour lui-même, l'abbé Roy se sépara de sa famille. Une maison fut louée et la belle-sœur s'y installa avec ses enfants le 1ᵉʳ juillet 1859. Dès lors, suivant l'expression du vicaire-général Buquet, *il n'y avait plus rien à dire*. Le 8 août, le curé de Neuilly recevait un monitoire, signé du vicaire-général Véron, qui depuis... mourut curé de Saint-Vincent-de-Paul; le voici : « Considérant que, malgré des *avertissements réitérés*, M. Roy, curé de Neuilly, continue d'avoir des relations fréquentes avec sa belle-sœur; considérant qu'il en résulte un grave scandale pour la paroisse de Neuilly et pour le diocèse. Avons défendu et défendons à M. Roy, sous peine de *suspense*, encourue par *le seul fait* de recevoir chez lui Mme Roy, sa belle-sœur, de la visiter chez elle et d'*avoir aucune relation avec elle* DANS TOUT AUTRE LIEU! » Après une cohabitation de vingt ans, une rupture absolue devait d'autant moins intervenir qu'elle n'avait pas été demandée. Le curé de Neuilly et sa belle-sœur étaient d'ailleurs obligés de se voir de temps en temps, dans l'intérêt de la famille. La défense qui était faite outrepassait toutes les bornes du bon sens ; par la généralité des expressions, elle dépasse toutes les limites du droit et se changeait en traquenard où l'on ne pouvait manquer de prendre le soi-disant coupable. Le curé en appela à l'archevêque ; l'archevêque, — c'était le cardinal Morlot, — lui répondit : « Si je vous voyais, ce ne serait que pour vous engager à donner *votre démission* de votre titre de curé de Neuilly ; mais vous êtes loin d'y être disposé. En conséquence, une entrevue ne mènerait à rien ; il est préférable que les choses étant commencées suivent leur cours. M. le Vicaire général promoteur dans ses attributions et agit conformément au droit. » Éconduit de ce côté, l'abbé Roy demanda une contre-enquête. Le promoteur lui répondit que l'autorité diocésaine était suffisamment informée et qu'il devait s'en tenir à la défense. Ainsi, l'inculpé attaquait, devenait le juge, la validité de l'enquête, offrant d'établir qu'elle était l'œuvre de la malveillance et de la légèreté et c'est le promoteur qui répond que l'autorité, informée par lui, est suffisamment informée. Cette allégation puérile ne parut pas, à l'abbé Roy, assez bien prouvée pour qu'on la respectât. Dans l'espace de trois ou quatre jours, il se fit délivrer, par les notables de la paroisse, des lettres testimoniales constatant sa bonne renommée et infirmant les allégations du monitoire. Ces déclarations étaient signées par des magistrats, par des fonctionnaires publics, par des conseillers municipaux, par de gros propriétaires, tous pères de famille résidant à Neuilly, tous témoins dignes de foi, car ils se montraient. Ce n'était là qu'un premier rayon de lumière jeté sur les ténèbres de l'enquête secrète, mais assez vif pour rendre indispensable la contre-enquête. Le cardinal Morlot accepta les racontars venimeux de l'enquête et n'ajouta aucune foi à la déposition authentique de témoins au-dessus de toute exception.

Dès lors, l'abbé Roy se trouvait en présence du *monitoire*, menacé de suspense par la généralité des termes, non seulement pour un acte libre, mais même pour une rencontre fortuite et involontaire. A moins de s'enfermer entre quatre murs et renoncer aux devoirs de la vie active, il était impossible à l'innocence la plus pure, au cœur le plus soumis, à l'obéissance la plus vigilante, d'échapper aux menaces du monitoire. S'il brisait toute relation avec sa parente, il se donnait, quoique innocent, l'air d'un coupable, et si, ayant brisé ces honnêtes relations, il la rencontrait dans un lieu quelconque par hasard et qu'on le sût, l'effet en serait pire ; car cela passerait pour une rencontre cherchée et clandestine, et, cherchée ou non, la suspense était au bout. Les évêques, dit Portalis, sont obligés d'exiger des choses raisonnables. Mais contrevenir à un ordre excessif et inexécutable n'est pas un acte de révolte. L'abbé Roy vit donc sa famille moins souvent, mais loyalement, au grand jour, sans qu'on pût prêter, à ses actes, l'apparence honteuse de la clandestinité. Cette manière d'agir parut plus convenable ; en tout cas, il était impossible d'en falsifier le franc caractère.

Le 24 janvier 1862, le curé de Neuilly reçut assignation à comparoir et comparut le 30 devant l'officialité. L'officialité était mise en mouvement pour l'inexécution du monitoire ; elle s'était abstenue sur le corps du délit. Pour le fond de l'affaire, qui seul est grave, point de juges ; tout se passe sous le manteau, sans contrôle, sans débat ; l'accusation seule est écoutée ; on ferme la bouche à la défense ; on lui cache même la procédure. Pour une contravention sans gravité réelle et rendue nécessaire par l'excès de l'ordre, on appelle des juges. Pour une faute, qui serait un crime, condamnation sommaire ; pour une faute avouée et que l'évêque seul pouvait réprimer, on s'entoure de formalités sonores, pour donner à une condamnation cette apparence de légalité dont elle était, au fond, dépourvue.

Le 4 février, fut rendue une sentence, signée Buquet, où, considérant la conduite du curé de Neuilly, on le déclarait suspens et irrégulier ; on lui enjoignait de se soumettre purement et simplement et de s'abstenir de tout acte de l'ordre sacré jusqu'à ce qu'il eût été relevé des censures et de l'irrégularité. Le jugement n'alléguait, comme délit, qu'un acte de désobéissance et quelques paroles irrévérencieuses. On peut se demander si la désobéissance à un monitoire excessif constituait une faute punissable de la suspense ; quant à l'irrégularité, qui ne peut s'établir que dans les cas déterminés par le droit, on peut se demander encore si elle n'était pas au moins douteuse. L'abbé Roy cependant se soumit et se fit relever de l'irrégularité par le Pape. Le Pape le fit sans délai ; la curie épiscopale retint l'acte du Pape et n'en fit pas immédiatement bénéficier le curé de Neuilly.

En serrant de près les faits, on voit bien qu'ils ne sont pas inspirés par l'intérêt du ciel. On demande d'abord que la famille sorte du presbytère, et il n'y aura *plus rien à dire*. La famille sort, on fait un crime au curé de Neuilly de visiter sa famille et on lui défend d'avoir avec elle aucune relation en aucun lieu du monde. Le prêtre cesse de voir les siens, on exige que la famille sorte de Neuilly. Cette exigence dépassait assurément toutes les autres ; elle fera dresser les cheveux sur la tête de tous les canonistes et de tous les jurisconsultes. Aucune loi civile, aucune loi ecclésiastique n'autorise une administration diocésaine de bannir, d'un lieu quelconque du diocèse, un citoyen quelconque; elle ne pouvait donc transmettre, à l'abbé Roy, un pouvoir qui ne lui appartient à aucun titre, et bien moins encore le punir, s'il échouait dans l'exécution d'un dessein si arbitraire. Cependant par des tiers, à force de persuasion, l'abbé Roy obtint ce qu'on lui demandait; malade et souffrante, la belle-sœur quitta Neuilly. Pour cette fois, c'était bien fini; le plus malveillant serait désarmé sans retour. On voudrait le croire; c'est juste le moment où va éclater l'orage.

Depuis sa condamnation, l'abbé Roy avait été autorisé à porter l'étole et à remplir quelques modestes fonctions. « Quoique l'évêque ne puisse réhabiliter un prêtre qui est tombé dans une irrégularité réservée au Pape, dit le cardinal Gousset, il peut néanmoins lui *permettre* d'exercer ses fonctions en attendant qu'il reçoive de Rome l'expédition de sa dispense, lorsque le besoin de l'Eglise réclame cette permission ou lorsque le prêtre ne pourrait suspendre l'exercice de son ordre *sans danger de se diffamer* ou de scandaliser les fidèles (1). » De plus, le 2 mars était venu de Rome l'acte qui relevait l'abbé Roy de l'irrégularité et, par conséquent, il était, en droit, rétabli dans ses prérogatives sacerdotales; et si le bénéfice de cet acte ne lui avait pas encore été appliqué, c'est parce que le cardinal Morlot, sans aucun, restreignait l'effet de la souveraineté pontificale. A la demande de ses vicaires, l'abbé Roy donna, le 2 mars, la bénédiction du Saint-Sacrement. Aussitôt le successeur du promoteur Véron, l'abbé Langénieux, lui écrivit pour l'avertir qu'il était tombé dans une nouvelle irrégularité. En vain le curé de Neuilly allégua pour sa défense : 1° la permission du vicaire général Buquet et l'impossibilité de voir dans sa conduite un délit; 2° en supposant qu'il y eût délit matériel, y avait-il, dans le fait, la moindre apparence d'intention délictueuse? 3° l'irrégularité dont on ne l'avait pas relevé était-elle renouvelée par un délit nouveau de moindre espèce que ceux qui l'ont fait encourir? Se multiplie-t-elle avec les délits? N'est-elle pas, au contraire, un état permanent qui ne peut ni diminuer, ni aggraver le nombre des fautes subséquentes, surtout quand la bonne foi est visible? D'autre part, le pardon arrivé de Rome couvrait tout, et Roy pardonné, la bénédiction du 2 mars n'offrait plus même l'apparence d'un délit. Si le pardon n'avait pas sorti son effet, la faute n'en était qu'au cardinal Morlot et son administration ne pouvait pas profiter d'un pareil tort.

L'abbé Roy fut relevé par le Pape de cette seconde prétendue irrégularité. La fête de Pâques approchait; le curé de Neuilly attendait, avec d'inexprimables angoisses, la fin de ces cruelles alternatives, lorsque le 16 avril, le secrétaire de l'archevêché vint lire, le jeudi saint, une ordonnance épiscopale, qui nommait, pour la paroisse de Neuilly, un administrateur. Cette ordonnance supposait l'abbé Roy déchu de son titre de curé. L'émotion fut grande; à part quelques âmes pieuses, mais faibles, pour la grande majorité des paroissiens, ce fut un deuil. Après quelques jours de stupéfaction, plusieurs des plus honorables et des plus notables habitants adressèrent, à l'archevêque, une protestation contre les calomnies qui auraient dû épargner la vieillesse de leur curé, et une prière à l'effet de mettre fin au scandale de la condamnation dans l'intérêt même de la religion, du clergé et des bonnes mœurs. Cette pétition fut revêtue de 200 signatures qui se décomposaient ainsi : seize conseillers municipaux sur dix-huit, huit médecins, vingt instituteurs et institutrices laïques, cent trente-quatre propriétaires. L'autorité diocésaine n'est point infaillible; quand elle a pris, sur de faux renseignements, une décision injuste, il est plus fâcheux pour elle d'y persister que de revenir sur ses pas. Mais le cardinal Morlot avait pour principe que l'administration diocésaine n'a jamais tort. En conséquence, le 15 mai 1862, il rendit une ordonnance, par laquelle la cure de Neuilly était déclarée vacante, ordonnance qui fut renvoyée au ministre des cultes afin qu'un décret impérial lui fît sortir son plein effet. L'archevêque s'était peut-être laissé persuader que ce serait la fin d'une ennuyeuse affaire; ce n'en était que le commencement.

L'ordonnance de destitution avait été précédée de considérants conçus en termes vagues, parce qu'on n'avait, contre l'inculpé, qu'une vague calomnie et qu'on voulait pouvoir, au besoin, en désavouer le sens homicide; cependant ils étaient assez caractérisés, pour tout dire par sous-entendu et tuer moralement un juste. On l'avait lue en chaire pendant la semaine sainte, le jeudi saint, fête patronale des prêtres. Ce jour-là, Jésus, le modèle des pasteurs, avait lavé les pieds de ses disciples. Dans les siècles de foi, le jeudi saint, les princes déposaient les armes et les magistrats, pensant à Pilate et à Caïphe, fermaient le code pour méditer la Passion et se frapper la poitrine. C'est ce jour-là que l'ordonnance administrative de déposition avait été lue devant les fidèles consternés.

Ainsi sans citation, sans audition de témoins, sans aucun débat contradictoire, en son absence, sans crime, sans motif canonique, car on n'en allègue aucun, sans jugement même *ex informata conscientia*, car il doit avoir lieu *sine strepitu et figura judicis*, voilà comment l'abbé Roy avait été dépouillé de son titre de curé de première classe et dans quelles circonstances ! *Credat posteritas !*

Le crédit du cardinal Morlot était immense près du gouvernement de l'Empereur. Membre du Conseil privé, il obtint, du ministre des cultes, un arrêté en date du 7 juin, à l'effet

(1) *Théologie morale*, t. II, p. 638.

d'enlever, à l'abbé Roy, les deux tiers de son traitement, de le dépouiller entièrement de son casuel et de l'évincer immédiatement du presbytère. Cet arrêté était expressément basé sur le fait allégué de *mauvaise conduite*. Une triste, mais impérieuse nécessité obligeait donc l'abbé Roy de recourir au Conseil d'État, seul juge des décisions ministérielles, pour suspendre l'exécution et prévenir les conséquences de cet arrêté. Son honneur, l'honneur de sa famille, ses droits violés, les prérogatives elles-mêmes du Saint-Siège lui en faisaient un devoir. En fait, il ne constituait point la puissance civile juge des questions de discipline ecclésiastique ; il expliquait même au Conseil d'État qu'il ne réclamait, ni n'acceptait sa juridiction en ces matières ; il demandait seulement à l'autorité judiciaire du Conseil d'État de protéger sa considération et de sauver ses droits temporels ; et il était contraint d'agir ainsi par la procédure même du cardinal Morlot, grand aumônier du sage et vertueux Napoléon III.

Fût-on grand aumônier, membre du Conseil privé, cardinal-archevêque, devant le Conseil d'État, il faut le montrer. L'administration diocésaine déposa, au Conseil d'État, le 1er octobre 1862, un mémoire intitulé : *Observations sur le mémoire de M. l'abbé Roy, curé de Neuilly, et exposé des faits qui ont précédé et motivé les ordonnances du 16 avril et du 15 mai 1862*. Or, ce mémoire ne révèle aucun fait coupable à la charge de l'abbé Roy ; il va même, circonstance capitale et décisive, jusqu'à mettre sa moralité hors de cause. En effet, page 23, il déclare en termes formels : « Que la sentence de l'officialité ne porte que sur l'infraction faite à la défense du 8 août 1861 et *qu'aucun fait antérieur* n'a été soumis à l'appréciation du tribunal ». Paroles, du reste, littéralement conformes à la citation et au jugement. D'où il suit, comme aura lieu de s'en convaincre tout observateur judicieux, que le nom de la famille n'a été réellement mis en cause que pour couvrir le jeu de passions inavouables. On remarque d'ailleurs que, dans cet étrange procès, plus la culpabilité diminue, à supposer qu'elle soit réelle, plus la pénalité augmente. Quand l'abbé Roy est supposé coupable, on agit mollement ; après séparation totale de sa famille et pour une bénédiction du Saint-Sacrement, on l'écrase. Une telle affaire n'a pas d'explication rationnelle ; la passion seule en découvre le mystère.

Après cet inappréciable aveu de la moralité mise hors de cause, l'administration diocésaine confesse, page 9, « qu'il ne s'agissait pas d'une procédure et de débats judiciaires, mais d'une mesure *administrative* ». Et, comme si l'on pouvait en douter, elle-même se charge de fournir la preuve suivante : « On résolut donc de tirer la conséquence inévitable de cette triste affaire en déposant M. Roy de son titre de curé ». En d'autres termes, *indicta causa*, on tue un homme comme on tue un chien, en disant qu'il a la gale. Les lois divines et humaines interdisent de condamner quelqu'un qui n'a été ni entendu, ni défendu, et lorsqu'un homme a été ainsi frappé, l'acte de condamnation est d'une nullité incurable : *Insanabilis*, dit Dévoti.

L'administration diocésaine se rendait bien un peu compte de cette irrégularité flagrante de la procédure, mais elle se retranchait devant l'impossibilité de la réintégration du curé de Neuilly. C'était sortir de la question. Il ne s'agissait pas de savoir si l'abbé Roy pouvait être rétabli dans sa cure ; il s'agissait de savoir si sa déposition était canonique et si l'on pouvait le déposséder ainsi par voie administrative. Toute autre discussion était étrangère et superflue. Mais, en fait, il n'est point vrai que l'abbé Roy fût tombé en discrédit ; il fut au contraire, de la part de ses paroissiens, l'objet des plus chaleureuses démonstrations ; on n'en détacha plusieurs que par pression ; et depuis on a mieux vu encore que l'abbé Roy, aujourd'hui encore habitant de Neuilly (1887), n'a perdu l'estime de personne. En admettant cette impossibilité, l'abbé Roy n'en serait point l'auteur, mais seulement la victime ; l'enquête de l'abbé Véron était seule cause de tout le scandale ; ce n'est pas à la victime à en subir les conséquences fâcheuses. Si l'on pouvait se couvrir d'un pareil prétexte, aucun pouvoir ne serait possible au monde. Corps et biens, dignités et distinctions, il n'y aurait plus rien de sacré sous le ciel.

Cette prétendue impossibilité n'était qu'un subterfuge. Au fond, la vraie, l'unique raison de cet incroyable acharnement, c'est qu'on ne voulait pas se déjuger. Si l'administration n'a jamais tort, il n'y a plus qu'à supprimer les tribunaux et à fermer les portes des Congrégations romaines. Dès qu'un homme en place a fait une sottise, il n'y a plus qu'à mettre le genou à terre et à crier : *Sanctus*. Comme si, quand on a pris sur de faux renseignements une décision injuste, il n'était pas plus fâcheux d'y persévérer que de revenir sur ses pas. La loi divine est formelle ; elle défend de faire tort et ordonne de réparer les injustices : *Non remittitur peccatum nisi restituatur ablatum*. L'évêque, comme le plus humble prêtre, est soumis à ce droit, et s'il revendique le droit de se tenir à l'injustice, il m'oblige à douter de sa raison ou de sa vertu.

On insista beaucoup sur cette prétendue impossibilité. Mais, disaient les uns, notamment le canoniste Icard (*Inst.*, t. III, p. 68), avec un pareil raisonnement, l'administration épiscopale ne serait plus possible en France, surtout au temps où nous vivons. Vous dites que l'administration ne serait plus possible si elle était obligée au respect du droit ; alors vous confessez qu'elle ne le respecte pas et vous prétendez même qu'elle ne peut pas le respecter : c'est une confession peu honorable et une prétention peu honnête.

D'autres, plus sincères ou moins diplomates, n'hésitaient pas à proclamer que ce n'était là qu'une question de pure discipline, où Rome n'a rien à voir, qui ne regarde que l'évêque seul compétent. De là, le refus formel de communiquer le prétendu dossier de l'affaire, et, sur l'instance d'un avocat, il fût répondu par le vicaire Surat, que son client étant, dans l'espèce, un adversaire, on ne pouvait pas lui fournir des armes. Donc en France, plus de droit canon, plus de recours en cassation, mais l'arbitraire le plus absolu. Y a-t-il une doctrine plus redoutable, plus dangereuse, plus ennemie des prérogatives souveraines de la Papauté?

Enfin l'affaire de destitution avait été, pour cause d'abus, déférée simultanément au Conseil d'Etat et au tribunal du Souverain Pontife. Le Conseil d'Etat, par respect pour l'appel au Pape, avait traîné les choses en longueur et promis officieusement de se soumettre à la décision du Saint-Siège. Le Pape fit demander, jusqu'à sept fois, à la curie épiscopale, les pièces du dossier. Pour divers prétextes, le successeur du cardinal Morlot, Mgr Darboy, se refusa à les envoyer et finit, poussé dans ses derniers retranchements, par déclarer qu'elles n'existaient pas. Sur quoi le Pape, après une longue instruction de la Congrégation du Concile, cassa, le 29 août 1864, l'ordonnance parisienne de destitution et prescrivit, dans le délai de deux mois, la réintégration du curé de Neuilly : *Decretum privationis parœciæ non sustineri... Relevetur parochus.*

Georges Darboy avait laissé l'affaire suivre son cours devant le Saint-Siège; il avait même réclamé la décision du souverain juge ecclésiastique et censuré vivement la démarche nécessaire par laquelle le curé déposé en avait appelé, contre le cardinal Morlot, au Conseil d'Etat. La décision du Pape devait donc être la fin du litige; elle donna bientôt naissance aux complications les plus imprévues. Tandis que l'abbé Roy déclare abandonner, comme n'ayant plus d'objet, l'ordonnance annulée par le Pape, l'archevêque se met à contester le droit d'appel au Pape, qu'il avait précédemment reconnu, et sous prétexte que l'affaire est entre les mains de l'autorité civile, refuse d'exécuter la sentence. Par là, Darboy renouvelait les excès de Febronius et inclinait au schisme. Son étrange prétention fut repoussée par plusieurs lettres du Souverain Pontife, notamment par la lettre du 26 octobre 1865. Quant à l'autorité civile, le Pape déclara, ce qui est aussi conforme au bon sens qu'au droit canonique, que n'ayant aucun intérêt dans une question de pure discipline ecclésiastique, elle n'avait pas autre chose à faire que de réintégrer purement et simplement l'abbé Roy dans son office. En même temps les notables de Neuilly faisaient itérativement de nouvelles démarches, près de l'archevêché et du ministère, pour redemander leur pasteur légitime.

Mais tandis que Rome et Neuilly faisaient valoir les droits de la justice élémentaire, l'œuvre de spoliation suivait son cours. Le curé de Neuilly, réintégré par le Pape, recevait, le 9 mars 1865, notification d'un décret rendu le 17 décembre 1864, qui, sans mentionner la décision du Saint-Siège, prononçait la révocation de sa nomination, en vertu de l'ordonnance de déposition rendue par le cardinal Morlot.

L'abbé Roy s'était pourvu devant le Conseil d'Etat au contentieux en se fondant sur ce que, d'après le Concordat, le pouvoir civil ne peut revenir sur la nomination des curés inamovibles qu'en exécution d'une sentence régulière de l'autorité ecclésiastique, sentence qui n'existait plus dans l'espèce. Le ministère des cultes combattit le recours, en opposant, comme fin de non recevoir, les articles organiques, qui ne reçoivent pas en France les provisions de Rome, si elles n'ont pas été préalablement enregistrées par le Conseil d'Etat. Tout en protestant contre cette application des articles organiques, pour couper court à tout débat, l'abbé Roy, curé de Neuilly, déposa entre les mains du ministère des cultes, le 9 octobre 1866, une requête en enregistrement de la sentence pontificale.

La question ainsi posée, suivant la voie tracée par le ministre lui-même, il semblait que l'on allait arriver à une solution bonne ou mauvaise, à l'acceptation ou au refus de l'enregistrement. Le 13 novembre 1866, le ministère adresse la demande d'enregistrement au Conseil d'Etat, avec une dépêche signalant les motifs à l'appui du refus. Le rapporteur est nommé; mais tout à coup l'avocat du curé de Neuilly est informé que l'affaire vient d'être rayée du rôle, la dépêche du 13 novembre étant prise pour refus de donner suite à la demande d'enregistrement.

Nouveau pourvoi au Conseil d'Etat contre ce refus, pour excès de pouvoir, le ministre des cultes ne pouvant substituer son appréciation à celle du Conseil. Aussitôt le ministre déclare, par un avis du 5 décembre, qu'on s'est mépris sur le sens de sa dépêche, et que le Conseil d'Etat demeure saisi, l'avis du ministre étant purement consultatif.

Après avoir vidé, non sans peine, cet incident, qui donne une triste idée de la justice administrative, le curé de Neuilly poursuit sa demande en annulation du décret de déposition, et, au bout de six mois, le 20 juin 1867, la section du contentieux déclare qu'il y a lieu de se pourvoir en enregistrement de la sentence pontificale, sauf à faire annuler le décret civil du 17 décembre 1864, une fois la sentence pontificale enregistrée.

Le curé de Neuilly croit toucher à la solution. Le 29 août 1867, il dépose, au secrétariat de l'intérieur et des cultes, des observations tendant à obtenir l'enregistrement, condition *sine qua non* de sa réintégration. Alors le ministre change brusquement de langage; le président de la section de l'intérieur écrit à l'avocat du curé de Neuilly, que, dans l'état des choses, une nouvelle production ne peut être admise. On lui renvoie son mémoire, et, depuis cette époque, refus persévérant de répondre à toute lettre, à toute demande d'audience. Le déni de justice ne saurait être mieux caractérisé.

Enfin le maire de Neuilly obtenait du tribunal de la Seine, en référé et sur l'appel de la cour impériale de Paris, l'expulsion du curé de Neuilly de son presbytère, où cependant il était impossible, sans tomber dans le schisme, d'installer un autre curé. Cela se passait sous Napoléon III, prince qui allait bientôt provoquer sa propre expulsion, et sous Georges Darboy, archevêque, qu'allaient frapper presque simultanément les balles de la Roquette.

Lorsque Pie IX eût réuni le Concile du Vatican, le curé de Neuilly posa, par voie de supplique, au Souverain Pontife et aux Pères du Concile œcuménique, les doutes suivants :

1° Un évêque peut-il, sans cause canonique et en dehors des formes canoniques, destituer et dépouiller un curé inamovible ?

2° L'appel des décisions épiscopales est-il dévolu au Saint-Siège, de droit commun, seulement dans des circonstances exceptionnelles ?

3° Est-il permis à un évêque français de se refuser à la réintégration d'un curé cantonal ordonnée par décision souveraine du Saint-Siège, en déclarant que l'affaire concerne le pouvoir civil ?

4° Un évêque, en France, peut-il s'opposer à l'exécution d'un rescrit pontifical, délivré pour un temps indéfini, à l'effet de célébrer les saints mystères, lorsque, d'après l'ordre de sa Sainteté, le détenteur l'a mis sous les yeux de la Curie dans le diocèse de laquelle il désire célébrer ?

La plupart de ces questions avaient déjà été résolues par la lettre du Pape à Mgr Darboy, en 1865. Mgr Darboy était un grand esprit, une très ferme volonté, une plume et une parole d'argent, mais le caractère n'était pas à la hauteur du talent. A Langres, il avait, professeur de théologie, enseigné toutes les doctrines romaines ; à Paris, tombé dans le milieu illusionné et passionné du gallicanisme, il en avait, pour parvenir, épousé toutes les passions et toutes les illusions. Des rapports d'amitié l'unissaient au fameux Rouland, gallican parlementaire qui avait, sur la fin de l'Empire, posé toutes les bases de la persécution ; c'est à Rouland que Darboy devait sa fortune. Archevêque, il soutenait tous les faux principes du gallicanisme radical ; il ressuscitait Fébronius. Le Pape Pie IX avait réfuté et confondu toutes les illusions et passions de Georges Darboy. Darboy, au moins en ce qui concerne le curé de Neuilly, ne s'était pas soumis ; et, pendant le concile, il présidait cette réunion du Palais Salviati, dont l'évêque d'Aire, Epivent, disait que c'était un *mauvais lieu*, une réunion de conspirateurs dont le Saint-Esprit était un *coucou*. Le Concile devait répondre aux doutes de l'abbé Roy en définissant que le pouvoir du Pape sur chaque diocèse est ordinaire et immédiat, comme l'avait au surplus, dès le XIII° siècle, enseigné le Concile de Latran.

En 1871, le curé de Neuilly adressait encore une demande en réintégration et subsidiairement l'annulation du décret du 17 décembre 1864. Mais alors les catholiques libéraux, spécialement représentés par le prince de Broglie, étaient tout puissants, et eux qui ne voulaient pas faire avancer d'évêque ayant voté l'infaillibilité, ni pousser à l'épiscopat de prêtre faisant profession explicite des doctrines romaines, ne pouvaient et ne voulaient pas accepter la requête d'un prêtre bénéficiaire, en appel à Rome, d'un décret qui le relevait des excès de pouvoir de deux archevêques.

En 1874, *fractus senectute, sed animo erectus*, le curé de Neuilly s'adressait encore à Rome pour obtenir sa réintégration. Le crime réel qu'on lui imputait toujours, c'était son recours à Rome et le motif dissimulé de la longue persécution dont il était la victime, malgré une sentence pontificale, n'était en définitive que pour sauvegarder misérablement une autorité privée, au détriment de la juridiction du chef légitime, hiérarchique et suprême de l'Eglise universelle. Véron était mort confessant que l'affaire du curé de Neuilly pesait d'un poids immense sur son âme. L'évêque d'Adras, ex-aumônier de Napoléon, disait que l'archevêché avait été affreusement et entièrement trompé dans toute cette affaire. Ouin Lacroix, secrétaire de l'ex-grande aumônerie, ajoutait que le curé de Neuilly avait été victime d'iniques manœuvres. Hippolyte Guibert, lui, devenu archevêque de Paris : il avait été gallican à Viviers, ontologiste à Tours, tiers-parti au concile, républicain rose dans la capitale : il ne pouvait pas résister à Pie IX. Enfin pour autant qu'il fût sympathique au curé de Neuilly, il ne l'avait pas rétabli et continuait ainsi les iniquités de ses prédécesseurs. Sur un rapport de Sauveur Martini, Pie IX rendit, le 15 juillet 1875, un second décret qui intimait à l'archevêché de Paris l'ordre formel de nommer le titulaire de Neuilly chanoine de Notre-Dame et de lui servir une pension viagère de 5 000 francs. Après quinze ans de combat, l'intrépide curé obtenait enfin gain de cause.

Nous terminerons par quelques réflexions du chanoine Pecci dans sa correspondance à *l'Echo de Rome*, n° du 24 juillet 1870 : « On peut s'attendre à de nouvelles luttes, et au point de vue *pratique*, celles-ci intéresseront *encore davantage* la masse du clergé ! Les révolutions successives qui ont bouleversé l'Europe n'ont pas épargné la législation ecclésiastique devenue impossible sur beaucoup de points. D'un autre côté, le clergé ne peut pas rester sans lois protectrices. Ses devoirs n'ayant pas diminué, il est juste qu'il désire une garantie pour ses droits, et cela ne peut avoir lieu que par un remaniement du *Corpus juri*. Pour le même motif, les rapports de l'Eglise avec les Etats ont été modifiés également. A cette occasion, on ne se trouvera pas en face du gallicanisme, qui est bien mort, mais de sa funeste influence qui se fera sentir longtemps encore. Le proverbe : *morte la bête, mort le venin*, ne saurait lui être appliqué. Il faudra des années et des années, pour qu'on en désinfecte les lois, les usages, les traditions. — Plus que jamais, le clergé doit puiser sa force dans l'union. Une voie lui a été ouverte, celle des adresses au Saint-Père. Cette voie est parfaitement légale et elle a reçu la plus auguste approbation. Que le clergé ne l'abandonne pas. S'il désire rentrer dans le droit commun, bénéficier des règlements canoniques que l'Eglise a portés à travers les siècles en sa faveur, qu'il le demande avec persistance et unanimité : ce vœu, je n'en doute pas, se forme dans le cœur de tous les évêques ; mais si les évêques sentent derrière eux l'appui du clergé universel, il n'y a pas d'obstacle matériel ou moral qui puisse paralyser leurs efforts. »

LA PIÉTÉ ENVERS L'ÉGLISE

LA CONCLUSION QUI DOIT RESSORTIR DE CETTE HISTOIRE, C'EST QUE NOUS DEVONS ÊTRE PIEUX ENVERS L'ÉGLISE ET PLEINS DE DÉVOTION A LA CHAIRE APOSTOLIQUE

Depuis que l'oratoire du Vatican est transformé en grotte de Gethsémani, toutes les églises du monde y répandent des larmes avec des prières. Quand la tête est frappée, les membres compatissent à sa douleur. D'un bout de la terre à l'autre, évêques, prêtres et fidèles ont donc présenté à Dieu leur offrande de participation aux angoisses du Père commun. Pour activer encore le mouvement des cœurs catholiques, plusieurs écrivains ont donné au public des opuscules pieux sur la dévotion au Pape et sur nos devoirs dans les circonstances présentes. Dans plusieurs écrits, autant que nous le permettaient les ressources de la publicité, nous avons pris part à cette pieuse croisade ; mais les sentiments qui doivent diriger notre conduite envers l'Eglise ne sont pas un simple sujet de circonstance : *c'est un intérêt de tous les temps*. Aussi voulons-nous, comme conclusion de cette histoire, déduire les *motifs* de notre piété envers la sainte Mère de nos âmes, indiquer les *hommages* que nous devons lui rendre et assurer enfin, à la dévotion envers l'Eglise, ce caractère surnaturel d'intelligence et de dévouement qui seul peut multiplier les mérites.

Le plan que nous nous proposons de suivre, dans ces études, est celui de l'histoire. Une discussion théologique a toujours son prix, mais elle prêterait ici plus à la polémique qu'à l'édification : elle pourrait même nous jeter facilement dans des matières trop abstraites pour un opuscule. La notion seule de l'Eglise est assez complexe et demande, pour être comprise, un certain degré de science.

D'ailleurs, la métaphysique n'atteindrait pas notre but. On ne décrète pas la reconnaissance, on n'inspire pas la piété avec la fine pointe d'un argument. Législater ces vertus, c'est les méconnaître. Ce qu'il faut aux chrétiens, c'est l'impulsion spontanée d'une volonté prompte et joyeuse, c'est la disposition généreuse et ferme de pratiquer toujours ce qui plaît à l'Eglise ; et pour connaître à ce point ses obligations, il est bon de suivre plus les affections du cœur que les lumières de l'esprit.

Peu importe, au reste, que nous n'ayons pas d'argumentation en forme ni de commandement exprès, si toute la loi évangélique, examinée dans son esprit, ne nous permet pas de méconnaître l'intention de la divine charité. Ainsi, le premier et le plus grand précepte du Seigneur est d'aimer notre prochain comme nous-mêmes pour l'amour de Dieu. Notre prochain..., ce mot nous est familier : mais que signifie-t-il ? La simple étymologie du mot nous dit que celui-là est notre prochain que notre main peut atteindre ou que notre regard peut découvrir. La foi nous fait connaître des proximités d'un ordre plus sublime que la rencontre des corps, celle d'une origine commune et d'une charité universelle qui rapprochent tous les hommes comme enfants de Dieu, tous les chrétiens comme membres mystiques de Jésus-Christ. La terre est la demeure d'une seule famille, le séjour d'une grande société de frères.

Le quatrième commandement nous dit qu'un surcroît d'amour est dû à la paternité. Nous devons distinguer, par un honneur spécial, ceux dont nous avons le plus reçu. A ceux qui nous ont transmis la vie et ses biens, nous devons faire sentir le reflux des trésors qu'ils nous ont versés. Mais comme il y a vie de nature et vie de grâce, à ceux d'où nous vient la vie la plus abondante et la plus divine, à ceux-là nous devons l'honneur le plus profond et la plus profonde charité. D'autant que la paternité surnaturelle n'accomplit pas son ministère en un seul jour; tous les jours nous devons mourir à la nature, tous les jours nous devons revivre à la grâce, et cette renaissance quotidienne, tâche toujours poursuivie et toujours inachevée, nous impose l'obligation d'une gratitude persévérante envers les pasteurs de nos âmes.

Ainsi, dit justement le Père Philpin, Dieu a fait de nos relations avec l'Eglise moins une affaire de précepte qu'une affaire de famille. L'Eglise nous adopte et nous donne au Père céleste : la loi est notre institutrice pour nous amener à Jésus-Christ : Jésus-Christ se rend notre précepteur, et l'histoire du monde n'est autre que le journal de cette merveilleuse éducation. On y voit les soins de la maison paternelle, puis les égarements de l'enfant prodigue, puis une série de misères, de luttes, de préparations et de développements historiques dont le terme est de rendre à la famille attristée, sa paix, sa joie et son unité (1).

Ce grand mystère commence à se dévoiler par la création de la femme. Dans la création des animaux, les couples sont abandonnés à la loi de leur nature, dès l'instant de leur formation. Pour l'homme, il vit d'abord en société avec Dieu et les anges, puis il est fécondé dans l'extase d'un sommeil virginal et l'épouse est tirée d'auprès de son cœur. Ce sacrement du premier mariage est grand, mais c'est surtout en Jésus-Christ et dans son Eglise. L'Eglise est née du cœur de Jésus-Christ. Cette double naissance est le type de la soumission aimante et de l'attachement pieux qui doivent grandir en famille sainte, puis en société spirituelle, étendant partout le réseau d'une vie toute pleine de Dieu.

Ce plan de grâce est troublé par la chute d'Adam; mais au moment où nous le méritons le moins, nous sommes l'objet des plus insignes promesses, et nous aurons à chanter un jour l'heureuse faute qui nous a valu un tel Rédempteur. Comment désespérer de l'Eglise et comment abjurer son amour? Adam lui-même, réconforté par l'espérance, rachète son péché par le repentir; l'homme cultive la terre, la femme se soumet aux douleurs des enfantements, et tous deux transmettent à leur postérité malheureuse, mais confiante, l'espoir de voir un jour le serpent écrasé et la terre remplie de vrais adorateurs.

Les patriarches reçoivent l'idée religieuse de la famille et l'instinct de tendresse prophétique envers l'Eglise. Figures vivantes de Jésus-Christ, ils doivent trouver, dans la femme de leur choix, une vivante figure de l'Eglise. Aussi, voyez comme l'Ecriture s'étend, avec complaisance, sur leur mariage; et comme ils sont attentifs à ne rien consulter d'humain dans le choix d'une fiancée. Une fiancée, pour eux, c'est avant tout la base de l'Eglise à venir, un anneau d'or dans la chaîne des traditions divines. Investis au milieu des leurs d'une royauté sacerdotale, isolés sur la terre en des jours mauvais, ils sentent que Dieu va sauver, adopter, diviniser les éléments de la grande société des âmes. Leur pensée se concentre sur la promesse, elle les anime au milieu des épreuves, et, au lit de mort, recueillant un dernier souffle, ils prononcent sur leurs enfants, au nom de Dieu, la bénédiction du monde.

Avec Moïse, l'horizon grandit. Ce n'est plus seulement la famille, c'est la nationalité qui se fond dans l'Eglise. La gloire d'Israël, c'est la gloire du Seigneur; ses ennemis sont les adorateurs des idoles; ses revers, un échec pour la cause de Dieu. En même temps, la conduite de Dieu devient plus sensible; le culte se formule; la tribu sacerdotale se distingue; les traditions se fixent dans les livres du Pentateuque. Enfin Moïse laisse après lui comme centre de ralliement, l'Arche d'alliance et le Tabernacle.

Le Tabernacle deviendra le Temple; mais quel que soit le développement de ses proportions, il est la demeure de Dieu habitant parmi les hommes. C'est le foyer d'attraction, l'image de l'unité, le symbole de la grandeur, le cœur de la nation sainte. Les cœurs aiment à se tourner vers les mystères du Tabernacle; ses fêtes sont des fêtes nationales, et la joie qu'elles procurent, n'est que la joie calme et solennelle de se rassembler, sous l'invisible regard de Dieu, et de partager même festin, mêmes parfums, mêmes cantiques, mêmes sacrifices. Le saint d'Israël est l'homme du Temple; il aime la beauté de la maison de Dieu et jusqu'aux pierres de ses murailles; il préfère habiter inconnu dans cette sainte maison, plutôt que de briller dans les palais des pécheurs.

Avec les joies du Tabernacle et les splendeurs du Temple, Israël voit à sa tête le merveilleux assemblage de toutes les vraies grandeurs : le zèle des juges, le désintéressement de Samuel, la valeur de David, la sagesse de Salomon, le dévouement de Judith et d'Esther, la piété de Josias et d'Ezéchias, les visions d'Ezéchiel et de Daniel, les chants de triomphe d'Isaïe, les lamentations de Jérémie, ce doux ami de ses frères qui, depuis le séjour des Limbes, sut faire entendre sa prière pour le peuple choisi. Ecrivains et hommes d'action semblent s'être entendus pour que rien ne manque au grand poème.

A la fin, vous voyez paraître des symptômes de décadence. Les tendances idolâ-

---

(1) *La piété envers l'Eglise*, par le R. P. Philpin de Rivière, de l'Oratoire de Londres.

triques et sensuelles prennent le dessus; et ceux-là sont peu nombreux qui développent dans le combat les glorieuses prémices de l'esprit chrétien, l'espérance contre l'espérance, la tendresse endolorie, la vie de prière, de gémissements et d'expiation. Les vieillards pleurent sur l'humilité du Temple de Zorobabel, le sceptre brisé de Juda passe aux mains infâmes d'Hérode. Malgré tout, nous préférons la fin au commencement; et c'est une grande leçon pour apprécier les apparences douloureuses de l'Eglise en ses jours de deuil. L'Eglise n'est jamais assez stérile pour n'avoir pas ses Machabées; jamais assez abandonnée pour n'avoir pas Jésus à sa porte, et Jésus suffit pour que *la gloire de la dernière habitation surpasse celle de la première*. Les noms de Siméon, de Zacharie, d'Anne, de Marie et de Joseph, ferment l'ancienne loi; mais qui oserait préférer le premier Joseph à l'époux de la Vierge? Qui oserait comparer la sœur de Moïse à la Mère de Jésus?

Être pieux envers l'Eglise, c'est donc embrasser tous les hommes dans l'effusion d'une universelle tendresse, c'est rendre un particulier hommage de gratitude à ceux qui remplissent les fonctions de la paternité spirituelle, c'est se tenir en communion d'amour avec tous les grands hommes et toutes les grandes choses depuis Adam jusqu'à Jean-Baptiste, depuis la création jusqu'à la rédemption.

Nous venons de relever les témoignages de l'Ecriture et les événements figuratifs de l'histoire qui pouvaient nous aider à déterminer les caractères de la piété envers l'Eglise; nous avons maintenant à poursuivre le même but en esquissant l'idéal de l'Eglise, sa constitution sacramentelle et les traits mystérieux de sa grande figure.

L'Eglise de Jésus-Christ n'est pas un être de raison sans réalité; ce n'est pas une fiction légale, un mémorial du passé, une figure historique de l'avenir, ou une invention de l'homme. L'Eglise, c'est la société des hommes avec Dieu. Ce n'est pas seulement l'assemblée des saints du ciel ou de quelques privilégiés de la terre : « C'est, dit admirablement le Père Philpin, le royaume divin dans le ciel et sur la terre, dans la vie et dans la mort, dans le temps et dans l'éternité. C'est l'élite de l'humanité qui marche à travers les siècles dans l'unanimité de foi et d'aspiration; c'est l'infirmité humaine échappant au temps par la puissance du saint amour (1). »

N'est-elle pas, d'abord, l'œuvre de prédilection du Père céleste? De toute éternité, le regard de son amour se repose sur les moindres détails de sa constitution dans la création, il fait de la nature le portique de ce grand ouvrage, et considère l'Eglise comme la partie principale de son œuvre. Dans l'ordre de grâce, il lui donne les anges comme coopérateurs, il lui sacrifie son Fils unique, il verse sur elle l'Esprit-Saint et lui prépare au ciel l'éternité des communications de sa gloire.

Pour le Verbe éternel, l'Eglise est l'objet d'incompréhensible attraction qui l'a fait tomber comme une pluie sur la terre. C'est le fruit et le complément de son Incarnation; c'est l'objet de ses pensées, de ses travaux et de ses prières. C'est pour elle qu'il a revêtu l'humanité; pour elle qu'il a connu l'humilité du berceau, les privations de l'exil, le travail obscur et un pénible apostolat; pour elle qu'il a parcouru toutes les stations du Calvaire comme pour l'agrandir par l'agrandissement de ses douleurs; pour elle qu'il a versé son sang jusqu'à la dernière goutte, pour elle, enfin, qu'il a institué le sacrement eucharistique et qu'il se multiplie chaque jour comme s'il était un grand peuple, pour ne former de nous tous qu'une seule famille de frères, un temple unique, une vision de paix.

Pour l'Esprit-Saint, l'Eglise est sa création spéciale, le domaine de sa puissance, l'œuvre de sa grâce et la preuve de sa fécondité. Dès le commencement, il a présidé à toutes ses préparations, parlant par les prophètes; dans la plénitude des temps, il a opéré le grand mystère dans le sein de Marie, et il est descendu comme une colombe sur le front de Jésus, pour annoncer à l'Epouse l'approche du Fiancé; dans tous les siècles, il est le guide et le consolateur de l'Eglise. C'est lui qui appelle les âmes pour d'inénarrables gémissements, lui qui les régénère et les purifie, lui qui les éclaire et les confirme, lui qui les féconde et les consacre, lui qui les unit et les fond ensemble dans la sainte charité, lui qui les adapte à toutes les vocations, les accommode à toutes les variétés du temps, à toutes les formes du gouvernement, pour les faire toutes concourir à ses plans d'amour.

Les anges nous apprennent également à aimer l'Eglise. Ministres du Très-Haut pour le service des prédestinés, ils environnèrent de leur sollicitude les patriarches et les prophètes, et remplirent de divins messages près d'Anne, de Joachim, d'Elisabeth, de Zacharie, de Marie et de Joseph. Après la naissance du Sauveur, ils rassemblent les bergers et les mages autour de la crèche; à sa mort, ils enveloppent la croix de leurs légions attristées. Maintenant, ils nous gardent dans toutes nos voies, soutiennent nos pas défaillants, versent le baume sur nos fronts embrasés, visitent la jeune fille dans la retraite, consolent le prisonnier dans son cachot, animent le malade sur son grabat, défendent les âmes au lit de mort, les présentent au tribunal de Jésus-Christ et leur ouvrent les portes du ciel.

Ainsi, l'Eglise est le *grand sacrement* et, par l'union des hommes tant avec les anges qu'avec les trois personnes de la Sainte-Trinité, elle est le grand signe de la miséricorde; mais

---

(1) *La piété envers l'Eglise*, par le R. P. Philpin de Rivière.

nous avions besoin d'avoir entre nous des points de ralliement comme marques visibles de notre union avec Dieu : Jésus-Christ nous a donné les sacrements. Aussi ne faut-il pas s'étonner de ce que le système sacramentel fasse partie du plan idéal de l'Église et serve à rendre le principal témoignage de notre union à Dieu par nos frères.

Le baptême, c'est l'Église nous introduisant dans la société des fidèles et nous donnant nos armoiries de famille : même foi, même espérance, même charité. Si nous étions laissés aux entraînements de la nature, la diversité des caractères amènerait l'isolement, et la fougue des passions provoquerait de perpétuels conflits. Mais dès que nos esprits sont attirés vers les mêmes lumières, nos cœurs peuvent se fondre dans un amour unique. L'unité de foi mène à l'unanimité des sentiments : le baptême de Jésus-Christ nous plonge tous dans l'océan des miséricordes.

La confirmation nous attache à un même drapeau et fait de tous les hommes autant de frères d'armes. Jetés dans le cirque de la vie, non comme spectateurs, mais comme combattants, nous devons conserver la force et l'onction de la discipline. Avec les dons de l'Esprit-Saint, nous ne pouvons plus nous croire perdus dans la mêlée, unis désormais par groupes savamment disposés autour des Évêques.

La pénitence, toute individuelle qu'elle paraisse, ne doit pas avoir moins de vertu pour nous unir. Nous voyons les misères du prochain et nous en sommes souvent blessés. De notre côté nous avons des accès d'égoïsme qui peuvent éloigner nos frères. Mais voilà la sainte piscine; nous nous y plongeons, d'autres s'y plongent sans nous le dire. La vie renaît dans les âmes; les chaînes des péchés se changent en liens d'amour.

La Communion... c'est toute l'Église. O vous qui ne connaissez pas l'Église, sachez que, du couchant à l'aurore, elle offre chaque jour une oblation pure. Partout où le prêtre peut trouver une voix qui sache répondre *Amen* et une cabane pour abriter les saints mystères, il répète, en mémoire de Jésus-Christ, le sacrifice que ce divin Sauveur a fait de lui-même. La chair surnaturelle de la victime nourrit le prêtre et les fidèles qui deviennent comme de vivants tabernacles de la divinité. Ignorant le moment précis où la présence corporelle de Jésus cesse chez le communiant, nous avons à la fois le bénéfice de la liberté et le bénéfice du doute; nous restons les uns envers les autres comme si sa présence ne cessait point, sans cependant plus nous gêner que si elle ne durait que pendant un court séjour à l'Église. Envers nous-mêmes, n'oublions pas ce que c'est qu'une communion, nous étendons à toute la vie notre respect pour des membres une fois sanctifiés par la présence de Jésus. Ce respect, du reste, ne nuit point à l'amour. Le sang de Jésus-Christ établit entre les chrétiens une *consanguinité* surnaturelle et quasi divine. « Le calice de bénédiction n'est-il pas le sang du Christ, demande le grand Apôtre, et le pain que nous rompons n'est-il pas la communion du corps de ce divin maître ? Si donc ce pain est unique, étant plusieurs, nous ne sommes cependant qu'un seul corps, par la participation de tous à ce même pain. »

« Le mariage, dit encore le grand Paul, est un grand sacrement, mais en Jésus-Christ et dans l'Église. » Jésus-Christ est l'époux de l'humanité. Nous ne sommes tous qu'une seule famille qui doit se croiser comme un filet d'affections saintes dans la mer de ce monde, jusqu'à ce qu'il plaise au Pasteur suprême de le tirer tout entier sur le rivage éternel. Dans cette famille de frères, Jésus-Christ a voulu une union plus intime encore que celle de la fraternité, et il a institué l'union de l'homme et de la femme. A cette union, il a fait concourir tous les éléments de bien qu'il avait placés dans l'un et dans l'autre. « Tous les éléments de beauté, de puissance et d'amour qui attirent les deux sexes l'un vers l'autre, dit le Père Philpin, tout cet ensemble de respects, de devoirs et de soins mutuels qui font prospérer leur union, tout le code de fidélité, de patience, de travail, qui en assure les fruits au monde, tout cela est entré tout naturellement dans le système de l'Église, tellement qu'on ne peut l'en séparer. Le mariage, pour elle, n'est point un hors-d'œuvre : c'est un rouage de la grande communion des saints. »

Encore plus que le mariage, l'Ordre concourt à l'union des âmes. S'il établit entre le clergé et les fidèles une diversité de ministères, il n'en fait pas moins régner entre les fidèles et le clergé une parfaite harmonie. Il y a diversité de dons, il n'y a qu'un esprit ; il y a diversité d'opérations, c'est un même Dieu qui opère tout en tous. Égaux par la jouissance de la grâce, nous devons arriver, par diverses fonctions, à la jouissance de la même gloire.

Ce qui fait de l'Ordre un merveilleux instrument d'harmonie, c'est d'abord l'admirable création du prêtre. Rien ne m'attire comme sa belle figure, et quoique je n'aie pu réussir encore à en peindre la physionomie, j'ai toujours joie à en dessiner quelques traits. Sans le prêtre, que serait le monde ? Le prêtre est avec Jésus et par lui le médiateur entre Dieu et les hommes, il est le propitiateur, il se tient entre le vestibule et l'autel pour crier miséricorde. « Magnifiquement isolé au milieu de son troupeau, dit le Père Philpin avec sa gracieuse justesse, il exerce une autorité incomparablement plus noble et plus sublime que celle des rois. Incomparable dans sa paternité, il fait naître les âmes à la vie divine, les purifie et les nourrit du pain de la divine parole : il les fond à la flamme du Saint-Esprit, les allie à d'autres âmes, les transforme en Jésus et les prépare à l'éternité. » Le prêtre, c'est le héraut de la foi, c'est l'ange de la morale, c'est l'Eglise en personne. Toute idée de religion ramène le fidèle à cet homme du sanctuaire qui l'a baptisé, qui l'a instruit, qui a béni son âme, qui a connu ses faiblesses et dirigé ses affections. Chaque matin, la cloche annonce que l'homme de Dieu va prier pour ses enfants. Une fois par semaine, le troupeau vient se grouper autour du pasteur pour se retremper dans l'union fraternelle de l'amour divin. Le prêtre représente la charité de l'Eglise pour les fidèles et il concentre en sa personne l'amour des fidèles pour l'Eglise. Il aime divinement les hommes, il en est divinement aimé ; il est le nœud de la religion, le cœur de la paroisse, le foyer d'une ineffable circulation d'amour, de respect et de crainte filiale. Sa présence est une bénédiction.

L'évêque est un centre semblable, mais plus élevé, pour entraîner dans son mouvement une famille sacerdotale. Il est moins à portée de l'individu, il est environné d'une dignité plus grande. L'amour gagne en vénération ce qu'il perd en intimité. L'épiscopat est la plénitude du sacerdoce : et la divine bonté nous le représente comme ruisselant de l'onction du Saint-Esprit, organe d'une lumière plus sûre et d'une paternité supérieure.

Aux évêques, il fallait un signe permanent d'unité, une autorité suprême ; Jésus leur a donné Pierre. Nous avions dans la personne adorable du Sauveur, le Pontife saint, sans tache, plus sublime que les cieux ; nous avons, dans Pierre, le pontife d'autant plus capable de compatir à nos faiblesses qu'il est lui-même obsédé par la tentation, et obligé d'offrir le sacrifice aussi bien pour lui-même que pour les autres. Qu'il est admirable dans son infirmité cet éternel vieillard du Vatican ! assez homme pour être pécheur, assez divinisé pour porter les clefs du royaume des cieux, assez faible pour être toujours victime, assez fort pour vaincre toujours l'univers conjuré. Son trône est sur une tombe, et c'est en effet de la porte du tombeau de Pierre qu'il s'avance pour nous bénir au nom de Celui qui a vaincu la mort. Toute œuvre qu'il a bénie prospère davantage. Toute conquête qu'il adopte devient plus assurée. Il n'y a de liberté que pour les enfants de Dieu qui lui sont fidèles ; il n'y a de bénis que ceux qui le bénissent ; il n'y a de sauvés que ceux qui sont, jusqu'au dernier soupir, de simples agneaux sous la houlette.

Par l'Extrême-Onction, l'Eglise nous consomme dans l'unité. Lorsque la maladie nous a cloués au lit de mort, tout est défaillance dans le corps, et dans l'âme s'obscurcit tout ce qui sert ordinairement de récipient à la grâce : la corruption qui va faire sa proie de nos membres, voudrait faire sa proie aussi de notre esprit et de notre cœur. C'est l'heure du démon ; c'est également l'heure de Dieu. Le prêtre accourt. A sa prière puissante, les infirmités du corps et les vices de l'âme, tout disparaît, tout fuit, tout se change en cérémonie du dernier sacrifice. L'Eglise qui combattait, languissait, mourait dans la vie, revit glorieuse dans la mort de ses enfants. Sa mort n'est plus la mort, c'est le passage du combat au triomphe.

Tels sont, dans l'Eglise, l'idéal divin et sa constitution sacramentelle. L'Eglise, dit le Prophète, c'est la montagne de la maison de Dieu, c'est la cité attirant, par sa splendeur, les nations lointaines ; — c'est aussi l'humble cep de vigne, le grain de sénevé, le trésor enfoui, la perle à trouver, le champ ensemencé, le levain caché dans la pâte, la barque au milieu des flots, le filet tendu sous les eaux. Par où nous voyons que l'Eglise a deux sortes de visibilités. La première suffit pour que tout homme de bonne volonté puisse la reconnaître parmi la poussière et les tromperies du monde. La seconde, accordée par la grâce à la bonne volonté, révèle les merveilles voilées de l'Eglise et les beautés de son sanctuaire intérieur. Hommes de peu de foi, ne nous arrêtons donc pas à l'écorce ; enfants de l'Eglise, buvons aux mamelles sacrées de notre mère et reposons-nous sur son sein. Que tout aboutisse pour nous à la communion, à la communion à Jésus-Christ et à la communion des Saints. Et nous comprendrons que l'indifférence envers l'Eglise ne peut être qu'un manque de foi, de respect et de reconnaissance envers Dieu, une cruauté qui nous excommunie des grâces et des bénédictions que le Seigneur avait en vue, en jetant les bases de cette organisation sainte.

Jusqu'ici, nous avons établi deux choses : la première, que le dévouement pour la sainte Epouse de Jésus-Christ était inspiré par les témoignages de l'Ecriture et par les événements figuratifs de l'histoire, la seconde, que le même sentiment d'amour et de zèle actif nous était commandé par les rapports que l'Eglise entretient d'un côté avec Dieu, de l'autre avec les âmes. Nous posons une troisième question : l'Eglise, qui donne leur réalité aux figures et leur accomplissement aux prophéties ; l'Eglise qui, par ses rapports avec le ciel et la terre, fait rayonner ici-bas, dans la plénitude des temps, un idéal divin, l'Eglise a-t-elle exercé, sur un avenir, maintenant passé, une influence de sanctification et d'anoblissement ?

A cette question qui met en cause toute l'histoire de l'Eglise depuis l'ère de grâce, nous répondons par un oui très affirmatif et nous disons : l'Eglise, par la transmission de la foi catholique et de la vie religieuse, par ses victoires sur le mal, par le développement de la sainteté, par la création des instituts monastiques, par son rôle multiple dans les progrès de la civilisation européenne, l'Eglise a montré qu'elle n'était pas une fontaine scellée, puisque ses eaux, répandues partout, ont produit partout la fécondité. Tout ce qu'il y a de beau, de bon, de juste et de grand, est l'œuvre de ses mains, le fruit de ses conseils ou l'émanation de ses principes : elle a été la lumière du monde et le sel de la terre. Sans elle, la terre serait dans la confusion, le monde en désarroi.

Démontrer cette proposition par le détail ne peut être l'objet de ce chapitre. Mon but est simplement de toucher les sommités des choses, assez toutefois pour que l'esprit des cœurs chrétiens puisse achever la démonstration.

La transmission de la vérité imposait à l'Eglise double devoir : conserver les monuments de la révélation et doter d'organes convenables la vérité révélée. L'Eglise, en accomplissant ce double devoir, a fait une foule de choses merveilleuses. D'abord elle a dressé le canon des Ecritures, en dépit des Juifs qui ne voulaient point voir la grande image du Christ couronner les figures et les prophéties, en dépit des sectaires qui voulaient introduire, dans le corps des livres saints, les rêves de leur imagination. A ces livres elle a donné une double défense : d'un côté, elle a maintenu l'authenticité, l'intégrité et la véracité des textes ; de l'autre, elle a fixé les règles de leur interprétation, et elle-même en a fourni l'admirable commentaire par les actes des chrétiens, par les écrits des docteurs et les méditations des saints. De ces textes purement conservés et sagement interprétés, elle a extrait des formulaires de foi, enseignant avec une sublime simplicité des enfants qui, sur sa parole, croient avec une simplicité également sublime. Mais, parmi ses enfants, il y a des faibles, et parmi ceux qui n'appartiennent pas à son troupeau, il n'y a guère que des ennemis. L'erreur lève la tête ; elle a pour elle la plume des sophistes et le glaive des tyrans. L'Eglise porte, d'une main ferme, le flambeau de ses doctrines, au milieu des rafales de l'hérésie, des bourrasques du philosophisme, sous le tonnerre des révolutions. Elle fait plus, elle donne aux dogmes attaqués une expression plus précise, en les défendant à l'aide d'une formule consacrée et en éclairant par la spéculation scientifique le côté lumineux des mystères. En sorte qu'après dix-huit siècles de négations qui s'enchaînent, les vérités définies, défendues, interprétées, démontrées, versent des torrents de lumière sur leurs obscurs blasphémateurs. Enfin il y a, parmi les chrétiens, de grands esprits et de grands cœurs ; à ces cœurs l'Eglise ouvre les immenses régions du mysticisme ; à ces esprits elle offre l'ensemble prodigieux des témoignages de sa tradition.

Ce sont là les choses merveilleuses que l'Eglise a faites pour la transmission de la vérité. Sa main nous présente la Bible, le *Credo*, le *Catéchisme* et la *Somme* de saint Thomas ; son cœur nous présente le prêtre pour nous apprendre le *Credo*, nous expliquer le catéchisme et nous donner la chaîne d'or des Ecritures.

La possession de la vérité est le commencement de la vie, mais ce n'en est pas la plénitude. Il faut que la vérité descende de l'esprit au cœur, que du cœur elle reflue jusqu'aux sens, qu'elle triomphe des passions et produise les vertus. Pauvres créatures que nous sommes, combien nous avons besoin que cette diffusion de la vérité en nous produise la vie ! Nous ne savons jamais nous borner : nous ne voyons la liberté que comme une fille perdue, le plaisir que comme une débauche ; nous ne trouvons pas le milieu entre l'orgueil d'un démon et les orgies d'une brute. Toutes les folies du travail et de l'oisiveté, de la civilisation et de l'état sauvage savent, tour à tour, nous envahir. Heureusement l'Eglise est là avec sa science morale de modération et ses trésors de grâce. Nous penchons tantôt d'un côté, tantôt de l'autre : elle nous soutient de chaque côté ; à chacune de nos chutes, nous tombons toujours dans la corruption : elle verse sur nos plaies l'huile et le vin ; dans toutes nos convalescences, nous voulons retourner à nos vomissements : elle nous distribue le pain des forts ; au milieu de toutes nos incertitudes, nous trouvons des complices dans les bassesses des méchants : elle relève en nous la conscience, et hors de l'opinion publique ; si nous venons à succomber de nouveau, elle sait, indulgente et forte, nous appliquer le remède de l'indulgence et frapper nos idoles avec le gantelet de fer de l'antique bravoure. Ah ! que l'Eglise est mère ! et comme elle sait bien donner la vie !

La plénitude de la vie, pour l'Eglise, la grande manifestation de ses triomphes, c'est la sainteté. La sainteté est donc le but qu'elle propose à tous et qu'elle poursuit en tout. Pour l'atteindre sûrement, elle donne, suivant le conseil de la sagesse, le précepte et l'exemple. Le précepte, c'est la science de la vie spirituelle, ce sont ces immenses travaux qu'elle a inspirés pour systématiser la sainteté, réduire en doctrine les leçons de l'expérience, comparer les méthodes, harmoniser les conseils avec les besoins des temps, en un mot, faire une science capable de guider le vol le plus sublime sans cesser d'être accessible à tous dans sa partie élémentaire. L'exemple, c'est la vie des saints. Les saints sont de tous les temps, de tous les lieux, de toutes les conditions ; et l'Eglise, qui les place sur ses autels, n'entend ni marquer leur degré de gloire, ni méconnaître les vertus qu'elle ne canonise pas. Sans vouloir introduire parmi les saints une distinction hiérarchique, nous devons pourtant, suivant le caractère de leurs œuvres et la nature de leur mission, distinguer les apôtres, les martyrs, les confesseurs et les vierges : les vierges qui n'ont point été souillées parmi les hommes, les confesseurs qui ont joint à l'innocence de vie la publicité de la lutte, les martyrs qui ont porté l'amour jusqu'à l'effusion du sang, les apôtres qui ont su conserver ou conquérir, par l'apostolat de la parole, la palme des martyrs, l'auréole des confesseurs et le lys des vierges. Ce sont là nos porte-étendards. Ce qu'ils ont fait, ils l'ont fait dans l'infirmité de la chair, malgré les séductions du monde et les embûches de

Satan ; ils n'avaient pas plus que nous et nous n'avons pas moins qu'eux, la prière, les sacrements, le saint sacrifice ; et ils ont atteint le sommet de la perfection. A nous, héritiers de leur foi, de partager leur courage ; à nous, enfants des saints, d'être les imitateurs de leurs vertus, les bénéficiaires de leurs suffrages et les copartageants de leur triomphe.

La fleur de la sainteté peut s'épanouir parmi les épines du monde. Cependant Dieu a fait ses promesses à la solitude, et la solitude, l'expérience le prouve, est comme le sol natal de la sainteté. L'Eglise, pour embellir la solitude de toutes les fleurs du Christ et rendre la sainteté habituelle aux hommes, a créé le monastère. Le monastère, c'est la concentration vivante et sublime de l'esprit catholique. C'est là que nous pouvons mettre la main et sentir battre le cœur. C'est là que les âmes, dégagées de tout intérêt, de tout sujet de division, de toute distraction inutile, forment visiblement l'unité sainte dans le Christ, autant qu'il est possible dans une chair mortelle. Leur congrégation, par ses trois vœux de pauvreté, de chasteté et d'obéissance, est en opposition flagrante avec les concupiscences du siècle. Les trois vertus fondamentales sont l'école de toutes les autres. Prudence, amour de l'étude, stabilité, patience, prière, zèle pour les malades, charité envers les pauvres, tout cela se trouve à un degré supérieur, dans les cellules du monastère. Grâce à ce concours de vertu, le monastère est un paradis terrestre où Dieu dépose les germes rares et précieux qu'il veut acclimater ici-bas ; les moines sont ses ouvriers de prédilection lorsqu'il tente quelques nouveaux et difficiles essais de grâce. Si quelquefois il est question de réforme, c'est rarement une réforme de mal au bien, c'est plutôt le passage d'une vie bonne à une vie meilleure. Des abus, puisqu'il y en a partout, il peut s'en trouver aussi au monastère ; mais les chutes prouvent la réalité du combat et, mieux encore, l'immensité du triomphe. Là, du reste, et plus promptement qu'ailleurs, la multitude des chutes amène la ruine. Si, après mille ans de ferveur, les ordres religieux ont eu des défectionnaires, il faut bien reconnaître que, dans la mêlée, ils ont eu des martyrs ; et, au retour du calme, de plus fervents prosélytes. Aujourd'hui, ils brillent comme des phares pour indiquer la voie du salut, et nombreuses recrues, comme Moïse sur l'Horeb, lèvent au ciel des mains suppliantes pour conjurer la foudre.

Voilà, dit-on, qui est bel et bien. Et les scandales, et les défaites de l'Eglise, et la civilisation qu'en direz-vous ? — Nous dirons à ceux qui se prévalent de nos malheurs, que leur triomphe serait cruel s'ils pouvaient en triompher ; nous leur dirons de plus que les désordres ne prêtent aucunement matière à leur triomphe.

La gloire de l'Eglise n'est point de rendre le crime impossible, mais d'amener à la vertu, ou du moins à la pénitence. Il y aura toujours des faiblesses parmi les hommes. En présence de ces misères, l'Eglise convertit le pécheur, montre au juste, dans la résistance au mal, le meilleur exercice de son courage, et réagit, par ses succès plus encore que par ses soins, jusque sur les méchants qu'elle ne peut corriger. Le diable lui-même est ennobli par les victoires de l'Eglise. Autrefois il se faisait adorer sous les figures les plus grossières ; depuis, il s'est fait monothéiste, il s'est résigné à adorer Jésus-Christ ; aujourd'hui, il est poli, élégant, religieux, mystique, philanthrope, conciliateur universel.

La gloire de l'Eglise n'est pas de ne point éprouver la persécution. Satan demande sans cesse à la cribler et il en obtient souvent la latitude. Ce sont là les triomphes de l'enfer, mais ils préparent les triomphes du ciel. La volonté du souverain Maître, sa loi constante est que l'esprit malin soit toujours vaincu ; son vœu est que l'Eglise n'achète les joies qu'au prix des enfantements laborieux. Au milieu de ses épreuves, l'Eglise voit donc ses amertumes tempérées par des consolations et adoucies, en tout cas, par l'espérance. Sa destinée est de grandir toujours, même sous la hache, et de s'étendre partout, malgré l'apostasie.

Quant à la civilisation, elle est bien l'œuvre de l'Eglise. Par son esprit, par ses préceptes, par ses vertus, par ses œuvres, par ses moines et par ses évêques, par les lois qu'elle a dictées et par les princes qu'elle a formés, l'Eglise a bâti l'Europe comme les abeilles font leur ruche. La bêche et le marteau des cénobites, l'épée des croisés, l'oriflamme de Saint-Denis : voilà ses instruments. Son œuvre, ce n'est pas une loge ténébreuse pompeusement entourée de péristyles et de colonnades, c'est cette magnifique cathédrale où tout est gloire de la terre et espérance du ciel. Son œuvre, c'est surtout ce monde de souvenirs et de traditions qui embellissent l'existence. Partout des droits acquis, partout de grands travaux, des monuments impérissables qui lient les idées au sol, les arts aux croyances du cœur, la religion aux hommes, les hommes à leurs devoirs.

Que vos œuvres sont belles, Eglise de Dieu ! que d'amour nous devons à vos tabernacles, Eglise de Jésus-Christ !

Nous avons dit *pourquoi* le chrétien doit être pieux envers l'Eglise ; nous devons dire maintenant *comment* il doit rendre à l'Eglise l'hommage de sa piété. Le pourquoi et le comment sont, dit-on, la dernière raison de toute chose.

Le chrétien doit présenter à l'Eglise la triple offrande de son esprit, de son cœur et de ses œuvres.

L'offrande de notre esprit à l'Eglise exige trois choses : la soumission de la foi, le règlement de nos facultés et la direction de nos connaissances d'après les principes de la foi.

D'abord nous devons, par la foi, rendre hommage à la révélation de Dieu et à l'infaillibilité de l'Eglise. Cette foi, nous devons la professer, non avec la crainte d'un esclave, mais avec l'attachement amoureux d'un enfant. « Nous devons l'aimer intellectuellement, dit le Père Philpin, goûter cette nourriture merveilleuse que l'Eglise nous donne, la méditant les jours et les nuits, et l'appréciant comme le miel le plus doux, le pain des Anges et la manne céleste. Nous devons aussi l'aimer pratiquement, cherchant à la défendre et à la protéger. Nous devons l'aimer par sentiment et par reconnaissance, nous attachant aux canaux d'où elle nous vient, et surtout à son principal organe, la chaire de Pierre. Nous devons l'aimer au-dessus de toute sagesse, de toute persuasion, et de toute science humaine qui viendrait à l'encontre; car la vérité que nous donne l'Eglise, c'est la vérité suprême, celle devant laquelle les anges s'inclinent, hors de laquelle il n'y a que lueurs insuffisantes et perdition. Nous devons enfin la reconnaître et l'aimer telle qu'elle est, sans contrôle et sans limites, dans toute la rondeur de sa couronne souveraine (1). »

Notre foi ne doit pas se borner à un acte général de croyance, mais s'incliner en particulier devant tous les mystères de Dieu et s'attacher plus particulièrement encore au dogme qui résume tous les autres, au dogme de l'Eglise. La foi dans l'Eglise repose sur Jésus-Christ lui-même, qui est son divin fondement. Il est beau de se sentir membre du Christ. Il est bon de comprendre cette douce Providence qui nous a donné Pierre afin que nous ne soyons pas comme des brebis errantes. Tant que nous sommes avec le Maître du Collège apostolique, peu nous importe qu'on nous condamne : nous pouvons en appeler à l'éternité. Mais si nous avions le malheur de rougir de l'Eglise, ce serait rougir de l'humanité élevée en Jésus-Christ, à sa puissance divine ; de nous scandaliser de ses épreuves, ce serait trébucher contre la croix. Nous devons donc professer hautement notre foi dans l'Eglise, non-seulement parce que cette foi est la mine inépuisable des divines richesses, mais parce qu'il est glorieux d'avoir une croyance confirmée par toutes les gloires les plus pures du monde.

L'Eglise, étant la mère de notre foi, doit être la souveraine de notre intelligence. Aujourd'hui, comme au XVIe siècle, il ne manque pas de rêveurs pour proclamer la séparation et même l'opposition des vérités. A les entendre, autre serait la vérité religieuse, autre la vérité entrevue par la spéculation philosophique. Il y aurait divorce entre les facultés de l'esprit ; dans une même âme, vous auriez la soumission de la foi et les révoltes de la raison. Ces puérilités ne sauraient tenir devant la controverse, elles doivent tomber devant les devoirs de la foi sincère. Tout, en nous, doit être soumis et coordonné à l'enseignement de l'Eglise. Notre sagesse doit être entièrement greffée sur cet enseignement divin. Jésus-Christ est le soleil du monde ; il ne doit pas seulement éclairer les hauteurs des intelligences, il faut que sa lumière descende jusqu'aux facultés secondaires. Que toutes nos puissances gravitent donc autour de lui dans le monde des pensées ; que tout s'échauffe et s'enivre de joie sous ses rayons.

Le divorce des facultés intellectuelles, introduit dans les âmes en vertu de principes faux, s'est traduit au dehors par l'anarchie des sciences. Nous ne saurions contester le progrès des sciences matérielles et le côté vraiment prodigieux de certaines applications, mais comment ne pas voir que la plupart de ces sciences, dépourvues de base et détournées de leur but, s'empêtrent dans les raffinements du sophisme ou sont tombées dans les abjections du matérialisme. Or, la science ne peut trouver que dans le Souverain Être ses principes, son centre, ses développements et ses harmonies : ce n'est qu'en lui qu'elle peut prendre un vol immense, indéfini, que rien ne peut arrêter. Bacon a dit à ce sujet un mot célèbre : « La religion est l'arôme qui empêche la science de se corrompre. » La religion a pour organe l'Eglise. C'est donc à l'Eglise à sauver les sciences ; et, en attendant ce grand œuvre de salut, c'est au chrétien fidèle à cultiver les sciences de manière à préparer leur restauration.

L'offrande de nos cœurs à l'Eglise exige deux choses : la confiance et l'amour, l'espérance et la charité, complément nécessaire de la trinité des vertus commencée par la foi.

Certes, il y a, en ce monde, bien des choses fragiles, et nombre d'événements capables d'inspirer le désespoir. Raisonnablement, nous ne saurions guère asseoir notre espérance ni sur les choses de ce monde, ni sur les événements de l'histoire, bien moins sur l'appui de nos ressources et l'efficacité de nos combinaisons. Cependant il faut espérer, mais il ne faut espérer qu'en Dieu. Or, la confiance dans l'Eglise a ce double avantage de s'appuyer sur Dieu, sans méconnaître pourtant le côté solide des choses humaines. Espérer dans l'Eglise, ce n'est pas espérer dans les hommes seuls, mais dans les hommes unis à Dieu, dans les hommes quand ils sont le moins eux-mêmes ; quand, appelés par Dieu, ils s'efforcent avec le secours de la grâce de faire vivre le Christ en eux et de n'agir qu'en son nom, sous le souffle de l'Esprit-Saint. Espérer ainsi dans les hommes, c'est compter sur la miséricorde de Dieu et sur la charité de Jésus-Christ qui font des vertus de l'homme les instruments de leurs desseins. Que vous soyez pauvre, orphelin, malade, vieilli, décrépit, à demi-mort, ne désespérez donc point. Il y a toujours une pensée qui vous cherche, un cœur qui vous garde sa tendresse, une

---

(1) *Piété envers l'Eglise*, passim.

main qui ne demande qu'à s'ouvrir pour vous porter l'aumône et vous prodiguer les consolations.

Au reste, le meilleur de notre confiance ne repose pas sur les hommes en vue des biens de la terre, mais sur Dieu, en vue des biens du ciel. Si le ciel reste ouvert, qu'importe que le monde soit pour nous un séjour d'amertume et d'horreur? Or, l'Eglise, c'est Jésus-Christ se multipliant pour être la pierre ferme sous nos pieds, le pain de notre esprit et de notre cœur, notre voie, notre vérité, notre vie ; c'est Jésus-Christ devenu comme un immense filet composé de toutes les cordes qui meuvent l'homme régénéré ; c'est Jésus nous attirant par nos amis, nous enseignant par les prêtres, nous recommandant, par la prière des âmes saintes, à la bonté de Dieu. L'Eglise, pour les biens de la terre comme pour les biens du ciel, a donc également droit à notre confiance.

L'espérance est l'appui de notre pauvreté, la charité est la mise en œuvre de nos richesses. Quand la confiance a été exaucée, c'est donc à l'amour à appeler nos frères en partage de nos biens. Ah! c'est surtout quand l'Eglise est jetée dans la fournaise des tribulations, que nous devons lui faire sentir notre tendresse. Compassion! compassion! Dieu nous demande moins les grandes œuvres que la délicatesse du cœur. Mais quand est-ce que l'Eglise n'est pas assujettie à quelque épreuve? Babylone a toujours été l'ennemie de Jérusalem, le monde reconnaîtra toujours toutes sortes de pouvoirs, excepté celui du Sauveur ; il fraternisera toujours avec nos ennemis, lapidera nos prophètes et ne s'inclinera devant la piété que pour la trahir. Y a-t-il quelque souffrance parmi nos pères ou parmi nos frères, que tous les cœurs s'ouvrent, que toutes les langues se délient, que nous paraissions tous autour du gibet de la victime. Où donc serait notre place, à nous qui avons un cœur, sinon dans la société de Jean le bien-aimant, avec Marie désolée et Madeleine pénitente? Si nous faisions cause commune avec le monde, au moins par notre silence, ne serait-ce pas prendre part aux injures intéressées des Scribes et aux habiles trahisons des Pharisiens?

Même en dehors des grandes crises où les fidèles dans l'angoisse voient persécuter leurs prêtres, si l'oreille de notre cœur est attentive, combien ne trouverons-nous pas de Calvaires obscurs arrosés de larmes catholiques ou inondés du sang des cœurs. Il y a de tous côtés des veuves, des infirmes, des moribonds qui nous appellent ; il y a des millions de criminels, de mondains, d'idolâtres qui souffrent avec rage et meurent dans l'impénitence ; des millions d'enfants que les hérétiques et les infidèles nous ravissent ; des milliers de jeunes filles que la faiblesse et la misère jettent dans le vice ; des milliers de jeunes gens qui, faute d'instruction, préparent un avenir de corruption et de désastres ; des milliers de blessés, de prisonniers, de victimes des guerres et des révolutions ; des milliers de saints que le monde ne connaît que pour leur infliger adroitement le martyre. Quelle fièvre d'amour doit s'allumer dans nos âmes pour secourir toutes ces infortunes par nos aumônes, nos prières et nos sympathies! Et quels chrétiens serions-nous si nous ne savions pas leur venir en aide?

L'offrande de nos œuvres à l'Eglise ne doit pas s'entendre seulement de certains actes, mais de tous les actes de notre vie, comme éléments de la communion des Saints.

L'acte qui témoigne le plus naturellement de notre dévotion à l'Eglise, c'est le soin que nous mettons à embellir nos temples. C'est montrer notre intelligence à l'Eglise, de vouloir que les symboles répondent aux magnificences du type ; et que les peuples, voyant la beauté de la maison extérieure, commencent à aimer la maison spirituelle, vision de paix, construite de pierres vivantes, ayant sa base sur la terre et son couronnement parmi les Anges.

Si nous avons soin des temples de pierre, nous devons avoir un soin plus attentif des pauvres, ces temples vivants de Jésus-Christ. L'Eglise est plus en peine de ses enfants que de ses ministres. Nous ne pouvons rien faire qui lui soit plus agréable que de nous occuper de cette foule qui lui demande tout, même le pain de chaque jour, comme si elle avait à son service tous les trésors du monde. Trop souvent, hélas! l'Eglise ne sait comment répondre à toutes les demandes! C'est donc réjouir son cœur que de donner en son nom.

Si nous sommes charitables envers les corps, combien plus devons-nous l'être envers les âmes! Instruire, avertir, visiter, consoler, corriger, s'occuper des enfants, des convertis, des néophytes, des païens même, voilà des charités faciles et du plus haut prix. Hélas! que nous sommes froids, que nous sommes mornes pour le salut des âmes. Il semblerait qu'il y a des classes d'hommes pour lesquels on n'a nul espoir. Tel n'est pas l'esprit de l'Eglise ; elle ne rejette personne : elle ouvre à tous les grands bras de son amour, et rien n'intéresse plus son cœur que le souci des conversions. Sachons donc secourir, par prières ou autrement, les vivants les plus délaissés, non moins que ceux qui inspirent les plus vives espérances.

Si nous avons à cœur le salut des âmes, nous devons premièrement nous occuper de la nôtre, pierre vivante, diamant précieux, ornement futur de la céleste Jérusalem. Pour faire prospérer l'œuvre de sa propre sanctification, le vrai chrétien ne considérera donc point son travail comme un jeu ou comme une distraction ; il le traitera avec respect et s'efforcera, par l'attention de son esprit et la droiture de ses intentions, de trouver, en toute chose, l'exercice d'une vertu et l'occasion d'un mérite. Humble, laborieux, persévérant, il mesurera discrètement ses forces, vaquera à ses fonctions avec un esprit *ecclésiastique*, ne cachera point ce dont la bienséance et l'édification demandent la publicité, laissant ailleurs au malheur d'autrui le voile de la discrétion, et à sa propre charité toute la fleur de ses prodigues mystères.

Mais la charité active du chrétien se manifestera surtout à l'égard des hommes qui sont pour lui l'*Eglise*. L'Eglise charge le prêtre, l'évêque, le Souverain-Pontife de la représenter dans le monde; et son choix, guidé par l'Esprit-Saint, est le meilleur qui se puisse faire. Le Souverain-Pontife surtout est l'objet de ses complaisances. Nul doute qu'il ne le prenne et ne le rende tel qu'il faut pour être, par une charité sans bornes et pleine de lumières, le digne vicaire de Jésus-Christ. Le vicaire élu de mon Dieu doit donc m'inspirer l'amour le plus profond. « Vieillard éprouvé dans l'exercice du ministère pastoral, dit admirablement le Père Philpin, enchaîné à la suite de ses saints prédécesseurs à des croix et à des sollicitudes sans nombre, il aura plus d'ennemis-nés qu'aucun souverain et n'aura guère que des brebis pour défendre les agneaux confiés à ses soins ; mais la charité le presse ; il courbe sa tête blanchie. Il se confie dans la prière que Jésus-Christ a faite pour lui, et le voilà qui joue le rôle du Dieu incarné sur la terre; au risque d'être couronné d'épines, d'avoir pour sceptre un roseau, et de mourir insulté, cloué sur un trône d'angoisses. Dans le lointain de la ville sacrée, il nous semble encore un Jésus caché dans son sanctuaire eucharistique et n'en sortir que pour nous bénir et nous communier à l'unique Vérité. C'est comme si Jésus avait trouvé moyen de vieillir sur la terre, épuisé pour le salut des hommes ».

Le Souverain-Pontificat est l'expression suprême, non unique, du sacerdoce de Notre-Seigneur : nous devons donc payer notre tribut d'honneur, de vénération, de dévouement à tous les degrés de la hiérarchie. Témoigner de tous ces sentiments au prêtre, ce n'est pas amollir son âme par la flatterie, l'enlacer dans de fades adulations et lui faire perdre son auréole de vie surnaturelle. C'est, sans doute, lui exprimer une confiance profonde et des affections toutes divines, mais c'est surtout rendre hommage à la grandeur et à la sainteté du sacerdoce. Au prêtre, les délicatesses de l'humilité ; au fidèle, toutes les attentions d'un respectueux dévouement.

Ces devoirs de charité envers l'Eglise se diversifient nécessairement suivant les personnes. A qui a beaucoup reçu, il est beaucoup demandé. Que ceux qui ont reçu le talent, le génie, la bonne volonté, le zèle, le sens pratique, l'humble docilité, la charité ingénieuse, que ceux-là rapportent à l'Eglise la rente des dons de Dieu. Etre charitable, c'est surtout savoir se donner.

En pratiquant ainsi l'amour de l'Eglise, par l'affinité de nos habitudes avec tout ce qu'il y a de pur, de grand, de saint dans nos frères, nous faisons ressortir ce qu'il y a de bon en eux, nous nous améliorons nous-mêmes, et nous fécondons le bien par l'union des forces. Unis d'esprit, de cœur et d'œuvres, nous ne pouvons être troublés par les illusions où compromis par le danger, et nous nous préparons des millions d'amis secrets pour nous introduire dans les tabernacles éternels !

Il y a, sur la terre, un homme à qui il a été dit : « Tu es Pierre et sur cette pierre je bâtirai mon Eglise et les portes de l'enfer ne prévaudront pas contre elle. » « Pais mes agneaux, pais mes brebis. » « Confirme tes frères. » Et l'homme qui a entendu ces paroles a été constitué, par Jésus-Christ, chef spirituel de l'humanité. On parle beaucoup, dans le monde, de pouvoir constituant. Le pouvoir constituant, le voilà, c'est l'Homme-Dieu ; et après la rédemption, acte principal de ce pouvoir divin, le voici, c'est la souveraineté spirituelle des Papes.

Ce sujet, d'un éternel à-propos, emprunte aux circonstances un à-propos particulier. Une pensée schismatique s'agite au fond de beaucoup d'intelligences dévoyées, qui, ayant à moitié perdu la foi par suite de l'indifférence pratique et de la perversité des doctrines révolutionnaires, ne comprennent plus l'Eglise catholique. Dans des esprits égarés s'est formée une espèce de protestantisme vague qui enlève le sens catholique et fait perdre à des hommes, honnêtes d'ailleurs, les notions les plus simples et les plus fondamentales de la religion. Entraînés par un aveuglement d'autant plus funeste qu'ils croient nager en pleine lumière, ils ne comprennent plus la nécessité de l'unité pour la vérité, la nécessité d'une autorité infaillible et visible pour cette unité, la nécessité d'un centre unique pour l'exercice permanent de cette autorité ; en un mot, ils ne comprennent plus ni la foi, ni l'Eglise, ni le Pape.

C'est donc rendre service aux catholiques sincères, mais non indépendants, que de leur faire toucher du doigt la fausseté et les dangers de tout système religieux qui n'est pas l'unité catholique, apostolique et romaine, l'obéissance pure et simple au Souverain-Pontife, vicaire de Jésus-Christ, seul pasteur et seul juge suprême des chrétiens sur la terre. *Là où est Pierre, là est l'Eglise*, disait saint Ambroise ; on peut, pour achever cette grande parole, dire que là où est l'Eglise, là est le Christ ; là où est le Christ, là est Dieu. Le schisme qui menace sourdement l'*Europe* est donc, quelle que soit sa forme, *une scission sacrilège avec Dieu même*, et en dénonçant les ruses sataniques qui pourraient colorer cette apostasie aux yeux d'un grand nombre de chrétiens, nous ne voulons pas seulement répondre à des brochures impies, ou résumer les excellents travaux de nos modernes controversistes ; nous visons plus haut, nous voulons démasquer le Protée de l'hérésie contemporaine, frapper au cœur l'hydre sans cesse renaissante du schisme et faire moins une œuvre de charité que remplir un devoir de foi.

Jésus-Christ, fils de Dieu, descendant en terre pour racheter l'humanité, forma une société spirituelle destinée à recueillir ceux qui croiraient en lui et institua pour la gouverner un sacerdoce nouveau, un corps de pasteurs chargés de perpétuer l'apostolat de la vérité dans le monde et de dispenser les trésors de la grâce. Pour ne pas abandonner cette société aux caprices des hommes et aux hasards des événements, il donna au corps des pasteurs un chef suprême. Ce chef, investi de la suprématie royale et pontificale, fut Simon, fils de Jonas, du bourg de Bethsaïde. Nous avons à suivre, dans l'Evangile, le dessein de Jésus-Christ dans le choix et l'institution du lieutenant qu'il appelait à régir l'Eglise jusqu'à la fin des temps et à la défendre partout contre les puissances de l'enfer.

Lorsque Simon parut pour la première fois devant le Sauveur, Jésus-Christ, le regardant avec intérêt, lui dit : « Tu es Simon, fils de « Jonas ; tu seras appelé Céphas, c'est-à-dire Pierre. » En choisissant les autres apôtres, Jésus-Christ ne leur donnait pas un nom nouveau, mais se bornait à leur notifier son élection ; ici, le Sauveur annonce avec solennité cette substitution et nécessairement avec une intention profonde. Dans une intention semblable, le Seigneur avait changé le nom d'Abram en celui d'Abraham, avait nommé Jacob Israël, et fait ajouter au nom d'Osée celui de Josué. Aujourd'hui, le Sauveur, en annonçant à l'apôtre le changement futur de son nom, lui prédit en même temps sa vocation à devenir, en sa place, la pierre fondamentale de l'Eglise.

En effet, Jésus étant allé du côté de Césarée, interrogea ses disciples, disant : Que dit-on du Fils de l'homme ? — Ils répondirent : Les uns disent que c'est Jean-Baptiste ; d'autres, que c'est Élie, d'autres encore, que c'est Jérémie ou un autre prophète. — Et vous, reprend Jésus-Christ, qui dites-vous que je suis ? — Simon-Pierre prenant la parole, lui dit : Vous êtes le Christ, Fils du Dieu vivant. — Et Jésus lui répondit : Tu es heureux, Simon Bar-Jona, parce que ce n'est ni la chair ni le sang qui t'ont révélé cela, mais mon Père qui est dans le ciel. Et moi je te dis : « Tu es Pierre et sur cette pierre je bâtirai mon Eglise, et les portes de l'enfer ne prévaudront pas contre elle, et je te donnerai les clefs du royaume des cieux, et tout ce que tu délieras sur la terre sera délié dans le ciel et tout ce que tu lieras sur la terre sera lié dans le ciel ». (Math. XVIII, 18.)

D'abord par ces paroles : *Tu es Pierre*, Jésus a fait de Simon la pierre angulaire de son édifice. Les fidèles, il est vrai, sont édifiés sur le fondement des apôtres et des prophètes, mais Jésus-Christ est le roc sur lequel s'appuie la divine constitution. Or, ce roc, cette pierre principale, cette pierre angulaire s'identifie et se perpétue d'une manière visible dans le bienheureux Pierre. On remarque ensuite, dans le texte que nous venons de rapporter, ces paroles : *Et je te donnerai les clefs du royaume des cieux*. Chez tous les peuples, les clefs sont le symbole du pouvoir, de l'autorité, du commandement. Saint Pierre est donc investi, comme l'indiquent d'ailleurs les paroles de Jésus-Christ, du droit de commander, du pouvoir de gouverner l'Eglise. *Tout est soumis à ces clefs*, s'écrie Bossuet, *tout, rois et peuples, pasteurs et troupeaux*.

Avant la Passion, Jésus, parlant de tous les apôtres, dit à Pierre : « Simon, Simon, voilà que Satan a demandé à vous cribler comme le froment » ; puis il ajoute, en parlant à Pierre et en ne parlant que de Pierre : « J'ai prié pour toi, afin que ta foi ne défaille point ; et quand tu seras converti, *affermis tes frères* ». Cette dernière parole n'est pas un commandement que Jésus-Christ fait à Pierre en particulier : « C'est, dit Bossuet, *un office* qu'il érige et qu'il institue dans son Eglise à perpétuité... Il devait toujours y avoir un Pierre dans l'Eglise pour confirmer ses frères dans la foi ; c'était le moyen le plus propre pour établir l'unité de sentiments que le Sauveur désirait plus que toutes choses ; et cette autorité était d'autant plus nécessaire aux successeurs des apôtres, que leur foi était moins affermie que celle de leurs auteurs. »

Après sa résurrection, Notre-Seigneur, se montrant à ses disciples, dit à Pierre : Simon, fils de Jean, m'aimes-tu plus que ceux-ci ? — Oui, Seigneur, lui répondit-il, vous savez que je vous aime. — Jésus lui dit : Pais mes agneaux. — Il lui demanda de nouveau : Simon, fils de Jean, m'aimes-tu ? — Pierre lui répondit : Oui, Seigneur, vous savez que je vous aime. — Jésus lui dit : Pais mes agneaux. — Il lui demanda pour la troisième fois : Simon, fils de Jean, m'aimes-tu ? — Pierre fut affligé de cette troisième demande et il lui dit : Seigneur, vous connaissez toutes choses, vous savez que je vous aime. — Jésus lui dit : Pais mes brebis (Jean. XXI, 15.)

Remarquez que saint Pierre est chargé par Jésus-Christ de paître non-seulement les agneaux, mais encore les brebis. « Il n'y aura, dit le Seigneur, qu'un bercail et qu'un pasteur. » Il n'y aura qu'un troupeau, qu'un pasteur en chef. Quel est ce pasteur ? Jésus-Christ, sans doute ; mais Jésus-Christ a voulu être représenté sur la terre dans la personne de Pierre et de ses successeurs ; c'est pourquoi il a confié à Pierre, ses agneaux, ses brebis, son troupeau tout entier. « C'est à Pierre, dit encore Bossuet, qu'il a ordonné premièrement, *d'aimer plus que tous les autres apôtres*, et ensuite de gouverner tout, *et les agneaux et les brebis*, et les petits et les mères, et les pasteurs même. Pasteurs à l'égard des peuples, et brebis à l'égard de Pierre, ils honorent en lui Jésus-Christ. »

Après ces citations de l'Evangile et ces commentaires empruntés la plupart à Bossuet, le premier des écrivains français par le génie et un de ceux qui ne passent pas pour très favorables à la papauté, nous prenons les deux conclusions suivantes :

On voit, d'après l'Evangile, premièrement, que Simon, fils de Jean, est appelé Céphas, Pierre, la pierre principale sur laquelle Jésus-Christ doit édifier l'Eglise ; qu'il est le fondement qui porte tout l'édifice divin, le roc contre lequel se briseront toujours les puissances de l'enfer, le dépositaire des clefs dont les sentences doivent être ratifiées au ciel ; qu'il est le vicaire infaillible, chargé de confirmer à perpétuité tous ses frères ; qu'il est le pasteur qui doit paître les agneaux et les brebis, les petits et les mères, et les pasteurs même.

Secondement, ces paroles de Notre-Seigneur ne s'adressent qu'à Pierre, qu'à celui qui est le fondement de l'Eglise catholique. Prince et chef des apôtres, colonne de la foi et fondement de la vérité, le bienheureux Pierre a seul reçu les clefs du royaume des cieux avec pouvoir de lier et de délier les consciences.

Aussi, dans tous les temps, Pierre est-il le premier partout et toujours le supérieur. Après l'Ascension, il préside constamment le collège apostolique. A la Pentecôte, c'est lui qui prêche le premier les Juifs et convertit trois mille hommes, lui qui fait le premier miracle, lui qui dirige la première communauté chrétienne, lui qui établit saint Jacques évêque de Jérusalem, lui enfin qui adresse au grand prêtre cette parole qui a fait rugir tous les tyrans : « Il vaut mieux obéir à Dieu qu'aux hommes ».

Quand la persécution a disséminé les apôtres, Pierre a une vision sur la vocation des Gentils et baptise bientôt le centurion Corneille. Nous le voyons ensuite établir provisoirement son siège à Antioche, où les disciples du Sauveur reçoivent le nom de chrétiens, et entrer enfin dans la Babylone romaine, où il fixe à tout jamais la Chaire apostolique. C'est là cette chaire romaine, tant célébrée par les Pères et acclamée par les Conciles, cette chaire où ils ont exalté comme à l'envi, dit Bossuet : « la principauté de la Chaire apostolique, la principauté principale, la source de l'unité, et dans la place de Pierre, l'éminent degré de la chaire sacerdotale ; l'Eglise mère qui tient en sa main la conduite de toutes les autres Eglises ; le chef de l'épiscopat d'où part le rayon du gouvernement ; la chaire principale, la chaire unique en laquelle seule tous gardent l'unité. Vous entendez dans ces mots saint Optat, saint Augustin, saint Irénée, saint Prosper, saint Avit, saint Théodoret ; vous entendez les Léon, les Grégoire, les Innocent et les Boniface ; vous entendez les Conciles œcuméniques d'Ephèse, de Chalcédoine, de Nicée, de Constantinople, de Latran, de Lyon, de Florence, de Trente ; les conciles provinciaux de Reims, de Paris, de Tours, d'Alby, d'Aix, de Bordeaux, de Sens, de Rouen, de Bourges, de Lyon, de Toulouse, d'Auch ; tous les Pères des Gaules, l'Afrique, l'Orient et l'Occident unis ensemble. »

Durant les persécutions et depuis la paix de l'Eglise, la souveraineté spirituelle de l'Evêque de Rome est si peu contestée, qu'il exerce sa juridiction sur toute la terre. Le pape Clément intervient à Corinthe, le pape Victor à Ephèse, le pape Etienne en Afrique, le pape saint Denis à Alexandrie ; saint Athanase en appelle au pape Jules, saint Chrysostôme au pape Innocent. On retrouve le pontife romain partout, dans les décisions du dogme, dans les décrétales de la discipline, dans la convocation et la présidence des Conciles, dans les appels, dans les missions chez les barbares, dans les luttes avec les princes, au sommet enfin de la hiérarchie ecclésiastique et des monarchies européennes. Même depuis la révolte protestante, on remarque je ne sais quelle *présence réelle* du Souverain-Pontife sur tous les points du monde chrétien. Il est partout, il se mêle de tout, il regarde tout, comme de tous côtés on le regarde. — C'est bien là le Vicaire de Jésus-Christ.

L'histoire de l'Europe est l'histoire de la civilisation ; l'histoire de la civilisation est l'histoire du christianisme ; l'histoire du christianisme est l'histoire de l'Eglise catholique ; l'histoire de l'Eglise catholique est l'histoire du Pontificat suprême, avec toutes ses splendeurs et toutes ses merveilles. C'est l'histoire des hommes envoyés de Dieu pour résoudre, au jour et à l'heure marqués, les grands problèmes religieux et sociaux, au profit de l'humanité et dans le sens des desseins de la Providence.

La mission des Papes, c'est d'émanciper à la fois et pacifiquement la société civile et la société religieuse, c'est de réaliser, dans le monde, la nécessaire alliance de l'ordre et de la vraie liberté.

L'harmonie de ces deux puissances n'est pas l'ouvrage des hommes, c'est l'œuvre de Jésus-Christ. Les Papes sont les hommes prédestinés pour appliquer aux nations, au nom de Jésus-Christ, les lumineuses et très bienfaisantes solutions de l'Evangile ; cette mission magnifique fait leur grandeur et fonde leur gloire.

Pour apprécier le travail historique et civilisateur des Papes, il suffit de comparer les peuples païens et les peuples chrétiens ; de mettre en relief l'antagonisme de leurs principes ; d'expliquer enfin par la genèse logique des doctrines reçues de part et d'autre, les événements de l'histoire.

Si l'on nous demandait quel est le caractère distinctif des sociétés qui sont de l'autre côté de la croix, et celui des sociétés modernes, nous n'hésiterions pas à affirmer que leur distinction consiste en ce que les dernières sont fondées sur trois vérités, et les premières sur trois négations. Les négations qui servaient de fondement aux sociétés anciennes sont :

1° La négation de l'unité du genre humain ;

2° La négation du libre arbitre ;

3° La négation de toute espèce de distinction entre le pouvoir civil et le pouvoir religieux.

Par contre, les trois vérités qui servent de fondement aux sociétés chrétiennes sont les suivantes :

1° L'unité du genre humain ;
2° Le libre arbitre de l'homme ;
3° La distinction et l'indépendance réciproque du pouvoir civil et du pouvoir religieux.

La somme des conséquences qui découlent de ces vérités et de ces négations forme tous les traits distinctifs des sociétés modernes et des sociétés antiques.

1° De la négation de l'unité du genre humain procéda, chez les anciens, celle de la fraternité des hommes ; de celle-ci, la négation de leur égalité devant Dieu et devant les législateurs ; et, de toutes ces négations, la division de la société en castes, division qui fut la base des constitutions politiques de l'Orient, et la distinction des hommes en libres et en esclaves, distinction que nous voyons établie de toutes parts, car elle découlait de principes qui étaient alors communs à tous les peuples.

2° De la négation du libre arbitre en Dieu et dans l'homme sortit la négation de la liberté divine et humaine, et des deux la conception terrifiante et fataliste d'un Dieu-*destin*, antérieur et supérieur à tous les hommes et à toutes les divinités, et auquel obéissaient, pleins d'épouvante, les rois et les peuples, les dieux et les hommes, les cieux et la terre ; dieu immobile, silencieux, redoutable, qui envoyait les Furies vengeresses et impitoyables dans les palais des princes pour les précipiter dans l'abîme, du haut de leur fortune ; qui condamnait ceux-ci à être adultères, ceux-là à être incestueux ; d'autres à être fratricides ; qui inspirait aux rois des passions infernales, aux familles des rois des haines inextinguibles, et aux femmes des rois des amours infâmes ou sans nom ; dieu qui ne pensait qu'aux races régnantes, oubliait ou dédaignait les races esclaves, c'est-à-dire la grande masse du genre humain, comme indigne de s'élever jusqu'à la grandeur du crime, ainsi que de la vertu.

3° De la négation de toute espèce de distinction entre le pouvoir civil et le pouvoir religieux naquit, chez les anciens, la confusion absolue des deux pouvoirs, et il est un fait clairement établi dans l'histoire : c'est le caractère théocratique de toutes les sociétés antiques. Le gouvernement des Hébreux, très évidemment et de plein droit, divin ; puis ceux des Chinois et des Japonais furent, par tradition et imitation, théocratiques : celui des Indiens, des Perses et des Egyptiens, théocratique, toujours théocratique ; celui des Etrusques, des Gaulois et des Germains, théocratique ; celui enfin des Bretons, des Grecs et des Romains, théocratique.

La théocratie n'était un fait dans la société que parce qu'elle était une théorie acceptée par tous les législateurs et proclamée par tous les philosophes. Lycurgue, Dracon, Solon, Romulus, Numa, Zaleucus et Charondas, dont la renommée a traversé les siècles, se servirent de la religion pour élever sur elle l'édifice de leurs institutions. Platon et Aristote ne concevaient la société que sous l'empire d'un pouvoir tout-puissant émanant de l'autorité divine et de la société religieuse.

Or, lorsque le Souverain est en même temps Roi et Pontife, lorsque le dépositaire du pouvoir a tous les pouvoirs, ceux de Dieu et ceux des hommes, ce chargé de pouvoir, qu'il s'appelle Roi, Dictateur, Consul ou Président, absorbe en lui et confisque à son profit toutes les libertés ; c'est le *tyran* de Hobbes, c'est-à-dire un homme absolument libre, mis à la tête d'un peuple absolument esclave ; car, si l'on y regarde bien, qu'est-ce que le pouvoir absolu sinon la liberté absolue d'un seul ?

De là, dans les sociétés anciennes, l'anéantissement de l'individu et la déification de l'Etat. L'individu, comme tel, n'y était capable d'aucun droit, l'Etat n'y pouvait être lié par aucun devoir. Quelle plus grande absurdité, en effet, que de supposer, dans ce qui est divin, des devoirs à l'égard de ce qui est humain, et dans ce qui est humain des droits à l'égard de ce qui est divin ?

La déification de la loi et de l'Etat engendra ce patriotisme absurde, opiniâtre, féroce, qui nous étonne dans les républiques anciennes. Etre patriote dans l'antiquité, c'était servir une ville et se mettre en guerre avec le genre humain ; c'était considérer tous les étrangers comme des barbares et des ennemis, les ennemis comme des hommes condamnés à l'esclavage par les dieux de la patrie ; c'était consacrer le principe de la guerre universelle et sans motifs raisonnables, comme sans nul respect ; c'était diviser en partis hostiles les mortels habitants de la terre, et avec eux les divinités dont on peuplait le ciel : c'est ce qu'on voit dans les épopées d'Homère, de Virgile et de leurs imitateurs.

Esquissons maintenant le tableau des idées fondamentales et constitutives des sociétés modernes, c'est-à-dire de nos sociétés chrétiennes.

1° De l'unité du genre humain, enseignée par la révélation, naît comme de soi l'idée de la fraternité ; de celle-ci, l'idée de l'égalité ; des deux, celle de la démocratie. A la voix de Jésus-Christ enseignant aux nations l'unité de l'espèce humaine, les murs des antiques cités tombent, et d'autres murs s'élèvent, les murs de la Cité de Dieu dont l'enceinte renferme la terre entière, afin d'embrasser toutes les nations dans un même amour. C'est le beau spectacle que doit toujours donner au monde la Rome des Papes, image du Ciel.

A la voix de Jésus-Christ enseignant la fraternité et l'égalité, l'esclavage disparaît et tous les habitants de cette cité immense, de la Cité sainte, se proclament frères, et saintement libres. Cette démocratie est si gigantesque, si générale, qu'elle s'étend jusqu'aux extrémités du monde. Les pauvres et les riches, les nobles et les plébéiens, les heureux et les malheureux, tous sont citoyens. Qu'on suppose un moment les hommes réduits à cette seule révélation, et l'immense et sainte démocratie qui en résulte, sagement et divinement constituée. Dans cette supposition, toute espèce de gouvernement oppressif est absolument impossible : car ces sortes de gouvernements ont pour base la notion du commandement, d'une part, et, d'autre part, la notion de servitude, et puis, ces deux notions sont incompatibles avec celles d'égalité et de fraternité chrétiennes. Maintenant, pour triompher de cette difficulté, aura-t-on recours aux prétendus contrats sociaux ? Mais les contrats sociaux sont des absurdités ; car stipuler que des hommes commanderont et que d'autres leur obéiront, c'est stipuler qu'ils cesseront d'être ce qu'ils sont, qu'ils changeront de nature ; qu'ils remplaceront, par une création humaine, une création divine ; qu'ils cesseront d'être hommes pour être autre chose ; et il est clair qu'un contrat de cette nature n'est pas un contrat, mais le suicide de l'espèce. L'hypothèse est donc fausse : la révélation dont nous parlons n'est pas venue seule et isolée ; avant de révéler à l'homme l'unité du genre humain, Dieu lui révéla sa propre unité, c'est-à-dire sa divine monarchie. Ces deux révélations réunies sont les éléments constitutifs d'où résultent les notions d'obéissance et de commandement, de liberté et d'ordre, de force et de limite, de mouvement et de règle. Si le droit de commander et l'obligation d'obéir ne se peuvent comprendre lorsqu'on part de cette seule donnée que tous les hommes sont égaux et frères, ce droit peut se concevoir dans le Créateur, et ce devoir dans la créature ; puisque entre la créature et son Créateur, il n'y a ni égalité, ni fraternité.

Dans les sociétés catholiques, l'homme obéit toujours à Dieu et n'obéit jamais à l'homme seul. Dans les sociétés catholiques, le fils obéit à son père, parce que Dieu a voulu que le père le représentât dans la famille ; et parce qu'il a fait de la paternité une chose vénérable et sacrée. De même le peuple chrétien obéit à l'autorité suprême, parce qu'il sait qu'en lui obéissant il obéit à Dieu, qui a voulu que cette autorité le représentât dans l'État, et qu'elle fût une chose sainte : *Omnis potestas a Deo est : Toute puissance vient de Dieu*, dit saint Paul.

Or, partout où l'homme n'obéit qu'à Dieu seul, il y a liberté ; et partout où il obéit à l'homme, il y a servitude ; aussi n'est-il aucune société catholique, quelle que puisse être la forme de son gouvernement, où l'homme ne soit libre ; tandis qu'on ne peut citer aucune société de l'antiquité, même républicaine, où l'homme ne fût esclave, sous la république de nom comme sous la tyrannie. L'âge moderne en a fait autant.

2° De l'affirmation du libre arbitre jaillit spontanément l'idée de la liberté de l'homme, et quand nous disons la liberté de l'homme, nous ne parlons pas seulement de cette liberté particulière et contingente qu'accordent d'ordinaire les constitutions politiques : nous parlons surtout de cette autre liberté élevée, *inconditionnelle*, universelle, complète et absolue, qui repose dans le sanctuaire de la conscience humaine, qui est là, parce que Dieu l'a mise de sa propre main, hors de l'atteinte de la tyrannie, et, qui plus est, hors de sa propre atteinte. La doctrine catholique, sur ce point, est d'une sublimité qui atterre, qui écrase l'imagination et humilie l'entendement. Dieu, à qui toutes les créatures rendent culte et hommage, respecte à son tour la *liberté humaine*. L'Écriture sainte ne nous permet pas d'en douter : on y lit que Dieu regarde la liberté de l'homme avec respect, *cum magna reverentia*. Il y a plus : Dieu qui met une borne à toutes les forces et à toutes les puissances, a voulu, si on peut s'exprimer de la sorte, marquer aussi une limite à sa propre puissance et à sa propre force : cette limite est la *liberté de l'âme humaine*. Dieu qui ne trouve point d'obstacle à sa volonté, ne veut pas forcer notre libre arbitre ; il a, pour ainsi dire, partagé l'empire du monde avec notre liberté : en lui donnant l'existence, le Roi des rois l'a faite *reine*. Telle est la grandeur de l'homme et l'inviolable puissance de sa liberté aux yeux du catholicisme.

Lorsque fut venu le jour, grand entre tous les jours, annoncé par la voix des prophètes, où le Sauveur des hommes se fit homme, le monde assiste au plus sublime de tous les drames, au plus grand de tous les spectacles, le spectacle de la Croix où figurent deux personnages : le Fils de Dieu, d'une part, qui veut être reconnu ; la liberté humaine, de l'autre, qui refuse de le reconnaître et qui le traîne au Calvaire ; au Calvaire, théâtre mystérieux de deux victoires opposées, de Dieu dans l'avenir et de la liberté humaine dans le présent, de Dieu dans l'éternité et de la liberté dans le temps ; le Fils de Dieu voulut mourir, plutôt que de faire violence à la liberté des hommes, même coupables ; car l'amour divin voulait en triompher.

Venez à moi, vous tous qui êtes chargés des chaînes de vos péchés, et je vous rendrai libres. Cette parole de Celui qui ne promet jamais en vain a été accomplie avec l'Évangile : la femme esclave portait les chaînes de tous les caprices de son mari, Jésus-Christ l'en a délivrée ; le fils portait les chaînes du père, il les détacha ; l'homme était l'esclave de l'homme, il lui donna la liberté des enfants de Dieu ; le citoyen portait les chaînes de l'État, il le tira de sa prison. Le catholicisme a brisé toutes les servitudes dans le monde et a donné au monde toutes les libertés : la liberté domestique, la liberté religieuse, la liberté politique, la vraie liberté humaine qui qui est toujours faite pour la vertu, et jamais pour le vice et le désordre.

3° De la distinction et de l'indépendance réciproque du pouvoir civil et du pouvoir religieux proclamées par le catholicisme est sortie la victoire définitive sur l'omnipotence tyrannique de l'État se proclamant Dieu. Cette distinction rendant inévitable la lutte entre les forces morales et les forces matérielles de l'humanité écarte jusqu'à la possibilité de cette servitude, qui résultait, chez les païens, de la réunion des deux forces dans une seule main. Le prince dépositaire de toutes les forces matérielles de la société peut opprimer les corps, mais son joug n'atteint pas les âmes. Le pouvoir religieux, dépositaire des forces morales de l'humanité, et surtout des vérités divines, n'exerce aucune domination sur les corps, il ne fonde son empire que sur les consciences.

L'homme étant à la fois corporel et incorporel, ne peut être complètement esclave que d'un pouvoir qui réunisse ces deux natures, qui soit matière et esprit, corporel et incorporel, humain et divin. C'est précisément ce qui avait lieu dans les républiques anciennes ; c'est ce qui a lieu, aujourd'hui même, dans les pays où sont établies des religions nationales, et où, en conséquence de cet établissement, le souverain est en même temps roi et pontife suprême. Voilà comment le protestantisme qui a rétabli cette confusion, a rétabli le despotisme, renversé par la doctrine catholique et fait revivre avec le despotisme toutes les traditions païennes.

La proclamation de l'indépendance respective des deux grands pouvoirs qui dirigent et gouvernent le monde est un fait historique à l'abri de toute espèce de controverse.

Pour éviter ici deux erreurs très graves, il faut noter : 1° que le pouvoir religieux, pouvoir spirituel par nature, n'est pas spirituel en ce sens qu'il n'ait aucun droit sur les biens temporels ; 2° que les deux pouvoirs, indépendants tant qu'ils s'exercent dans leur sphère propre, ne jouissent pas d'une indépendance absolue, mais sont, par institution divine, soumis à la loi de subordination.

Sans doute l'Église est avant tout une société spirituelle, et, comme telle, elle tient de Jésus-Christ la puissance de régler directement les choses spirituelles, les choses qui concernent le salut. Mais elle ne saurait accomplir son ministère spirituel et surnaturel qu'en employant des moyens sensibles extérieurs, matériels et sans étendre son autorité sur les personnes et les choses de ce monde.

Ainsi, quoi de plus éminemment spirituel que les différents actes du ministère pastoral ? Et pourtant il faut au prêtre, une chaire, un autel, le pain et le vin du sacrifice, l'eau, l'huile et les autres éléments matériels des sacrements et du culte divin ; il lui faut un asile convenable et une église pour réunir ses ouailles. Il faut à l'Évêque une cathédrale pour siège de son gouvernement, des séminaires pour recevoir et former son clergé, des moyens matériels d'existence honorable. Enfin, il faut au Chef suprême de l'Église, au Vicaire du Christ, une ville pour y ériger la Chaire Apostolique, et la propriété d'un État pour garantir son indépendance et rehausser sa suprême dignité.

De même, quoi de plus évidemment temporel que les personnes et les choses de ce monde ? Et cependant, à cause de l'union et de la subordination du temporel et du spirituel, il est certain que l'usage de ces choses et la conduite de ces personnes quelles qu'elles soient, intéressent directement l'ordre moral et dès lors sont du domaine spirituel de l'Église. Le simple particulier, pour les actes divers qui remplissent sa vie, le prince lui-même, pour l'exercice de la puissance civile, qui n'est, au fond, qu'une série d'actions morales, sont l'un et l'autre soumis au pouvoir des Clefs de saint Pierre. Le temporel dépend du spirituel, parce qu'il a essentiellement un côté spirituel.

Et qu'on ne croie pas qu'en assujettissant ainsi tout à l'Église, « tout, rois et peuples, pasteurs et troupeaux », comme dit Bossuet, on porte atteinte à l'indépendance du citoyen ou à l'indépendance politique du prince. Nous écartons cette objection en disant que si le prince chrétien, le magistrat, le citoyen, le père de famille, sont dépendants de l'autorité religieuse, c'est uniquement par le côté qui intéresse la conscience et le salut. Certes, personne ne le niera, ce côté-là appartient essentiellement à l'ordre spirituel et surnaturel. Et comme il est supérieur à l'autre, au côté purement humain, naturel et terrestre, il est tout simple qu'il le règle et qu'il le domine.

L'Église est donc une société spirituelle, mais qui emploie nécessairement les moyens matériels et étend sa juridiction sur tout l'ordre temporel.

Enlever à l'Église ce double caractère, c'est anéantir de fait sa constitution, c'est la priver de l'exercice régulier de sa puissance, et la reléguer, comme disait ironiquement le comte Mirabeau, « dans les espèces intelligibles du néant métaphysique ».

De cette fausse notion de l'Église découle, en effet, et très logiquement, la ruine de la puissance temporelle du Saint-Siège, la négation de la propriété ecclésiastique et de l'immunité cléricale, le renversement des lois religieuses sur le mariage, la famille et l'éducation, l'abolition des conséquences extérieures des vœux religieux, et, en général, de toute discipline ecclésiastique.

Dès lors, le ciel est d'un côté et la terre de l'autre ; et il y a, non plus distinction, mais séparation radicale entre l'Église et le monde. Cette impiété ouvre libre carrière aux ennemis de Dieu et des âmes, aux ennemis de l'Église et de la société civile. Alors les nuages s'amoncellent à l'horizon, alors éclatent les grandes tempêtes, et les sociétés qui ont admis, dans leur constitution, les idées révolutionnaires du séparatisme, sont emportées comme des feuilles mortes par l'ouragan ou brisées sur place par la barbarie des passions.

Phénomène singulier et triste! Cette Papauté, qui ne passe, dans le monde, que les mains pleines de grâces et de bénédictions, voit sans cesse s'élever, contre elle, le bras de l'ennemi. Sans doute, il est écrit que l'ennemi ne prévaudra jamais, mais il est certain qu'il cherche toujours à prévaloir. C'est un fait constant, dans les annales des peuples, que cette attaque forcenée contre la Chaire Apostolique. Rien n'est plus curieux que d'en étudier le détail; rien n'est plus important que d'en comprendre le décisif témoignage.

Les ennemis de l'Eglise ont suivi, contre la Papauté, quatre plans distincts; ils ont voulu : 1° la renverser par la violence; 2° l'avilir par les humiliations; 3° la priver de tout appui extérieur pour la laisser seule en face de la révolte; et 4° l'éloigner de Rome pour la confiner à Avignon ou à Jérusalem.

Le projet de destruction par la violence date de Néron, qui fit crucifier le premier Pape. Les chrétiens, voués dès lors à l'extermination, ne purent trouver un abri même dans les catacombes. Les successeurs de saint Pierre, pourchassés jusque dans ces souterrains, se virent arrachés de l'autel où ils consacraient le pain de vie, et de la chaire d'où ils versaient des paroles d'immortelle espérance. L'anéantissement de leur œuvre fut recherché avec le même acharnement par les Trajan et Domitien, les Caracalla et les Marc-Aurèle. La haine du nom chrétien n'inspirait pas moins les hommes d'Etat du Palatin et les jurisconsultes du Forum que la vile multitude des amphithéâtres et les bourreaux du cirque. Il était même passé en axiôme qu'il valait mieux tolérer un rival sous la pourpre qu'un Pape à Rome. Dioclétien alla même jusqu'à négliger la défense de l'empire pour exterminer plus sûrement les chrétiens. Malgré l'énergie de l'attaque, l'étendue de ses ressources et les emportements progressifs de sa fureur, que firent les Césars après deux siècles et demi d'une guerre à outrance? Une amende honorable, un acte éclatant d'hommage et de soumission à la Papauté, dans la personne de Constantin. Le temple du Vatican et la ville du Bosphore sont encore là comme deux trophées sans égaux, témoins de cette victoire.

Le projet d'avilissement par les humiliations succède au projet de destruction par la violence : c'est le système des successeurs dégénérés de Constantin, des rois barbares et des tristes Césars de Byzance. Durant toute cette époque, le caprice des empereurs prolonge les vacances du siège apostolique. La Papauté est tellement esclave, que les pontifes élus ne peuvent prendre possession sans un *placet* des gouvernements. Dans l'exercice de leurs fonctions, ils ne rencontrent partout qu'entraves. On connaît les exploits de Constance et de Valens. Odoacre, après la mort de Simplice, déclare nulle toute élection faite sans son avis. Théodoric fait mourir Jean Ier, repousse une élection légitime et choisit de son propre mouvement Félix. Son petit-fils, Athalaric, est cause du schisme entre Boniface et Dioscore. Théodat fait accepter sous peine de mort son élu, le pape Silvère; Bélisaire et Théodora nommaient, en même temps, Vigile à Constantinople. Personne n'ignore aujourd'hui les attentats de Luitprand, de Rachis, d'Astolfe, de Didier, de Léon l'Isaurien et de Constantin Copronyme. On épuisa donc, pendant trois siècles, toutes les ressources de la brutalité et de la perfidie; pendant trois siècles, on tracasse les Papes, on les dépouille, on les outrage, on les assassine. Certes, si ce projet n'a pas réussi, ce n'est ni manque de zèle, ni défaut de persévérance. Et le résultat! — Charlemagne mettant la dernière main à la puissance temporelle des Papes.

Si le projet d'humilier la Papauté ne réussit pas mieux que le projet de l'anéantir, il faut l'isoler, la séculariser et laisser agir contre elle la révolution : c'est le système en vigueur à la chute de l'empire carlovingien. L'histoire de la Papauté n'a pas d'époque plus désastreuse. L'Italie est attaquée de toutes parts, par les Madgiares, les Normands et les Sarrasins. La ville éternelle n'est plus qu'une agglomération de places fortes garnies de tours. Les Stéfaneschi dominent le Janicule, les Frangipane le Palatin; ici les Conti, là les Massimi; partout des retraites redoutables munies de bastions. Le môle d'Adrien, dominant le seul pont qui réunisse les deux rives du Tibre, est la forteresse des Cenci, pillards qui rançonnent sans pitié tous les passants. Autour de Rome, on ne voit que châteaux habités par des brigands et campagnes ravagées par des légions de bandits. Que devient la Papauté? En 965, Rodfred enlève le Pape et le jette dans un fort de la Campanie. Huit ans après, Benoît VI est étranglé. Un antipape pille le tombeau des Apôtres. Donus II est assassiné. Jean XIV meurt de faim dans un obscur donjon. Jean XV est enfermé au Vatican. Un peu plus tard, les élections pontificales passent aux mains des empereurs allemands. Certes, jamais la barque de Pierre n'avait été assaillie d'une plus violente tempête; jamais elle ne s'était vue si près d'être engloutie dans ce sombre océan, couvert des débris des institutions humaines. « Age néfaste, s'écrie Baronius, où l'épouse du Christ, défigurée par une affreuse lèpre, devint la risée de ses ennemis! » Age doublement néfaste, pouvons-nous ajouter, parce que la société voyait également tomber ses principes et s'évanouir ses espérances. Et le résultat? La Papauté, relevée par Hildebrand, exerçant sur les nations chrétiennes, et dans toutes les sphères de l'activité sociale, un pouvoir incontesté, depuis Grégoire VII jusqu'à Boniface VIII.

Enfin, il reste un dernier projet, plus modéré que les autres, qui ne veut ni détruire, ni humilier, ni séculariser la Papauté, mais la porter hors de l'Italie : c'est le système choisi pendant le séjour des papes à Avignon. Ce séjour, nommé par les Italiens eux-mêmes *captivité de Babylone*, n'a rien ajouté au prestige de la Papauté, et a été un élément de durée pour le grand schisme d'Occident; Rome et l'Italie y ont-elles trouvé du moins la prospérité? Ughelli répond que « les malheurs des Italiens, pendant l'absence des Papes, surpassèrent de bien loin ceux qu'ils avaient endurés des hordes barbares. » En feuilletant Muratori, on voit en effet se renouveler et s'aggraver les malheurs des époques passées. De puissantes familles dominent ou se disputent dans les principales villes ; des bandes de maraudeurs dévastent les campagnes : c'est le x° siècle avec des éléments additionnels d'impiété et de libertinage. Rome cependant est partagée entre les Orsini et les Colonna. La population diminue. La partie habitée de la cité présente un spectacle révoltant de négligence et de désolation ; les rues sont encombrées de débris ; les basiliques sont sans ornements, les autels dépouillés, les offices sans majesté ; plus de voyageurs, plus de pèlerins ; partout des scélérats qui commettent des vols, des rapts, des meurtres et toutes sortes de crimes. « Rome, dit Pétrarque, étend vers le Pape ses bras amaigris, et le sein de l'Italie, implorant son retour, est gonflé par les sanglots de la douleur. » Etes-vous contents, Romains? Des ronces là où vos pères couronnaient les héros; des vignes sur le champ de la victoire ; un jardin potager au Forum et les bancs des sénateurs cachés par du fumier : tels sont les monuments qui rappellent les triomphes des Colonna, des Arnaud de Bresce, des Brancaleone et des Rienzo.

Admirable attention de la Providence et loi mystérieuse de l'histoire! A chaque épreuve de la Papauté, Dieu tire de ses trésors un grand homme, et le grand homme n'est tel que par son dévouement à la Chaire apostolique. Après les persécutions, Constantin ; après les humiliations, Charlemagne ; après les déchirements, Grégoire VII, Innocent III, Grégoire IX et Boniface VIII ; après la translation, Nicolas V, Pie II, Jules II, Léon X, S. Pie V et Sixte-Quint. Au contraire, ceux qui se heurtent contre la pierre fondamentale de l'Eglise se brisent dans leur puissance, et s'avilissent infailliblement aux yeux de la postérité.

Vogue sans crainte, barque de Pierre, tu es sans mâts, sans voiles, sans rameurs ; tu n'as de pilote qu'un vieillard, mais tu n'en peux braver qu'avec plus d'assurance le choc des vents et la fureur des flots.

L'histoire de la Papauté s'offre à nous sous deux aspects différents, l'un terrestre, l'autre céleste ; d'un côté les épreuves, de l'autre les triomphes. Le Pape est toujours persécuté, il est toujours vainqueur de la persécution. Deux forces, les seules dont les succès soient durables, l'aident à remporter cette perpétuelle victoire : la force de Dieu et la force de l'homme, l'assistance d'En-Haut et la fidèle correspondance aux grâces qui fortifient la nature. Entre les qualités éminentes qui ont été pour le Saint-Siège le résultat de sa fidélité aux secours du ciel, il en est deux principales qui expliquent presque toute son histoire : une prudence consommée et un courage passif à toute épreuve.

Le monde va lentement et dans le développement de sa destinée il est soumis à une double loi : d'une part, la matière doit servir à la sanctification de l'esprit ; d'autre part, les événements de la terre doivent cultiver les germes de la création et de la grâce de manière à glorifier Dieu. L'erreur et la faute des hommes qui sont à la tête des choses humaines est de méconnaître cette double loi et de vouloir précipiter le mouvement des siècles. Dans l'impatience de leur génie ou dans l'infirmité de leurs passions, ils veulent plier les faits au gré de leurs vues personnelles, concentrer sur le bien-être l'activité des peuples et créer, les uns la société, les autres la religion, ceux-là un parti, ceux-ci l'avenir. Travaillant au rebours de Dieu, tous ces hommes usent leur vie dans ce pénible labeur, et presque toujours, avant de mourir, voient les choses mêmes qu'ils ont arbitrairement régentées, se rire de leurs desseins. Lisez l'histoire : vous y verrez clairement cette perpétuelle contradiction entre la volonté de l'homme et le succès de ses efforts. Alexandre, César, Napoléon, les grands hommes et les grands peuples subissent tous les mêmes vicissitudes. La force peut leur assurer des succès d'un jour, mais la force n'est qu'une grande faiblesse quand elle n'est pas le bras de la vérité. Le conquérant disparaît, avec lui son œuvre.

Celui-là seul sait ce qu'il fait qui sert Dieu dans son Eglise et qui, tournant les choses passagères au triomphe des choses permanentes, prend conseil, non des intérêts, qui passent, mais des lois qui demeurent. Ç'a été là une vertu des souverains pontifes et le principe de leur prudence. Durant les trois premiers siècles de l'Eglise, contents de leur pain et de leurs devoirs de chaque jour, ils vivent pauvres et meurent martyrs. Tirés des catacombes par Constantin, enrichis par la piété des fidèles et des empereurs, ils restent simples dans leurs désirs, l'âme humble et forte, les mains ouvertes. A la chute de l'empire, souvent menacés, emprisonnés, exilés, meurtris, ils soutiennent de leur majesté la confusion du Bas-Empire et amortissent le choc des invasions. Au ix° siècle, l'affaiblissement de l'empire d'Orient, la protection des rois francs contre les attaques des rois lombards, et l'amour des Romains, élèvent le trône temporel des papes. Enfin, toujours tranquilles sur les desseins de Dieu, toujours occupés à répandre la vie, la lumière et l'amour dont ils ont le dépôt, les souverains pontifes ne font pas violence aux événements ; ils les reçoivent de la main de Dieu qui les produit ou les permet, se bornant, lorsqu'ils sont accomplis, à se conduire envers eux selon les règles de la sagesse chrétienne. Ce n'est pas là le rôle qui plaise à l'orgueil, l'action qui frappe les regards distraits ; mais comme cette action et ce rôle sont conformes aux desseins de la Providence et à la nature des choses, ils assurent à la Chaire apostolique la situation qui est la sienne, incomparable en durée, en légitimité et en succès, avec aucune autre situation.

Cette patience si méritoire envers le temps, cette sagesse si perspicace en présence des principes, sagesse et patience qui élèvent si haut la prudence pontificale, deviennent plus dignes d'attention, si l'on considère qu'elles n'exigent pas seulement une foi imperturbable dans l'avenir, mais réclament encore un courage héroïque pour tenir tête à la rapidité et à la violence des événements. Le courage qu'ont à déployer les pontifes romains n'est pas celui du soldat qui brave la mort en la donnant, courage estimable quand il est juste, commun du reste parmi les hommes. C'est un courage plus difficile et plus rare, qui supporte froidement les ressentiments ou les caresses des princes et des peuples ; qui, étranger à toute exaltation, sans espérance humaine, sacrifie le repos à la conscience et affronte ces tristes morts de la prison, du besoin et de l'oubli. Surgit-il une difficulté ? Les Papes négocient et, dans leurs négociations, ils poussent la condescendance jusqu'à ses dernières limites. Après avoir attendu, profité des conjonctures, joint la prière à la revendication du droit, si le persécuteur s'obstine, les Papes présentent leurs mains aux chaînes et leur tête au bourreau, offrant dans toute sa pureté le spectacle de la justice humble et dénuée aux prises avec l'orgueil de la force. De Néron à Dioclétien, ils tiennent dans la capitale de l'empire, avertis du genre de leur mort par celle de leurs prédécesseurs, et sauf un seul qui fut soustrait par la vieillesse à l'épée, tous eurent la gloire d'être frappés sur leur siège. De Dioclétien à Michel Cérulaire en passant par Constance, Valens, Constantin Copronyme, Léon l'Isaurien et toute cette cohue de princes lâches, de femmes viles et d'eunuques ambitieux dont les ineptes bassesses ont donné leur nom à l'histoire de Constantinople, nous voyons les Papes repousser sans relâche les subtilités grecques, subir les avanies d'un préfet impérial, prendre le chemin de l'exil plutôt que de céder, et résister, s'il le faut, jusqu'à l'effusion de leur sang. Au Moyen Age, les guerres des seigneurs, les liens de la féodalité qui tendent à embarrasser l'Église des charges du vasselage, l'ambition des Césars allemands, nous montrent dans Grégoire VII, Innocent III, Grégoire IX, Innocent IV, Boniface VIII, et bien d'autres, le courage des Papes toujours égal à lui-même. Enfin, de nos jours, les attentats de la révolution fournissent à Pie VI, à Pie VII, à Pie IX, l'occasion de s'élever à la hauteur des Léon, des Grégoire et des Innocent.

En résumé, depuis l'ère de grâce, la vérité n'a eu de perpétuel défenseur que l'Evêque de Rome. Les évêques grecs ont livré l'Eglise d'Orient aux théologastres couronnés de Byzance ; les évêques anglais ont vendu à Henri VIII les églises de la Grande-Bretagne ; une partie des évêques du Nord a remis à Gustave Wasa et à Christian les églises des royaumes scandinaves ; les évêques slaves ont abandonné les églises de Russie au czar Pierre : jamais un pontife romain n'a rien cédé de semblable. Dans cette longue généalogie de la papauté, il ne s'est trouvé personne d'assez lâche pour laisser la puissance séculière empiéter sur l'intégrité du dogme, la pureté de la morale et l'indépendance du ministère apostolique. Il y a, dans le courage à subir le sort que l'on s'est attiré par son inexpérience, une noblesse qui touche les cœurs et les dispose au pardon ; mais quand une prudence consommée a précédé un courage d'airain, et que ces deux vertus viennent se réunir sur le même front avec la grâce de l'innocence, la gravité des années et la majesté du malheur, cela produit quelque chose qui émeut de soi les entrailles et dont nulle gloire ne peut contrebalancer sur les hommes l'infaillible effet.

« Non, s'écrie le Père Lacordaire, quand jamais un rayon de la grâce divine n'eût illuminé mon entendement, je baiserais encore avec respect les pieds de cet homme qui, dans une chair fragile et dans une âme accessible à toutes les tentations, a maintenu si sacrée la dignité de mon espèce et fait prévaloir, pendant dix-huit cents ans, l'esprit sur la force. J'élèverais un temple au gardien incorruptible d'une persuasion de mes semblables et quand je voudrais me donner de la vérité une idée digne d'elle, je viendrais m'asseoir au parvis de ce temple, où voyant dans l'erreur une si haute majesté, de si grands bienfaits, un courage si sublime, je me demanderais ce que sera donc la vérité quand son jour sera venu et ce que fera Dieu sur la terre si l'homme y fait de telles œuvres. Mais Dieu seul a fait celle-là, seul il en était capable, et nous, catholiques, qui le croyons, avec quel amour ne devons-nous pas regarder la chaire où s'est visiblement accomplie cette parole d'une familiarité créatrice : *Tu es Pierre et sur cette pierre je bâtirai mon église* (1).

Nous devons être pieux envers le Saint-Siège et pratiquer, envers le Pape, une profonde dévotion : nous le devons en tout temps, nous le devons surtout dans les malheurs de l'Eglise. Pourquoi sommes-nous astreints à cette piété ? Comment devons-nous en remplir les obligations ?

La dévotion au Pape repose sur tous les titres qui peuvent motiver la dévotion. Le

---

(1) Lettre sur le Saint-Siège.

Pape est père, le Pape est roi, le Pape est prêtre, le Pape est évêque, le Pape est Souverain Pontife, et, pour tous ces titres, il a droit strict à notre piété.

Le Pape est père. — L'humanité est une grande famille, tous les hommes sont frères, mais du Pape seul ils sont les enfants, parce que le Pape seul est le chef spirituel du genre humain. Il y a, ici-bas, d'autres paternités; il y a la paternité du pouvoir, et, pour bien dire, toute suprématie humaine doit se résoudre en paternité. Mais ceux qui sont réellement pères et ceux qui en méritent, par leur dévouement, le doux et glorieux nom, n'établissent, parmi les hommes, qu'une très restreinte ou très imparfaite fraternité. Dans la famille, un père ne compte que plusieurs enfants; dans la société civile, un magistrat en compte un plus grand nombre, mais sa paternité n'est qu'une disposition générale à la bienveillance, une habituelle bonté manifestée par une équité scrupuleuse et récompensée par l'estime. Du reste, dans la famille, cette paternité, d'ailleurs si tendre et si aimante, ne sait pas s'élever toujours à la perfection de son état; souvent, par défaut de lumière, quelquefois par défaut de zèle ou de vertu, elle n'est guère, pour des enfants d'une même chair, qu'un obstacle à la division et elle empêche plus le mal qu'elle ne réalise le bien. Dans la société civile, les paternités subordonnées, qui l'administrent ou la gouvernent, n'empêchent ni l'égoïsme, ni la haine, ni les concurrences malfaisantes, ni les guerres sourdes que se livrent entre elles les passions. Dans la grande société des âmes, au contraire, se trouve la paternité parfaite et la parfaite fraternité. L'homme, qui en est devenu le membre volontaire, a bien ses infirmités et sa malice; mais c'est sa volonté suprême et sa résolution très arrêtée de soumettre son esprit aux enseignements de la foi, sa volonté à la loi de Dieu, son âme entière au joug de Jésus-Christ. Dès lors, l'homme qui est ici-bas le Vicaire de l'Homme-Dieu est, pour lui, l'homme de Dieu, le vrai père, Celui qui a nécessairement le cœur plein de miséricorde et les mains pleines de grâces, Celui enfin qu'il ne voit, à travers le lointain du monde, qu'enveloppé d'une douce auréole, souriant et bénissant. Le Pape est le père de son âme, celui que l'esprit révère et que le cœur aime. Assurément, ce Père peut avoir aussi ses imperfections; s'il est infaillible, il n'est pas impeccable; mais il n'entre pas dans l'esprit qu'il puisse n'être pas bon, de cette bonté pénétrante qui fait la force de la tendresse et la douceur de l'amour. Aussi quand je le salue de loin, quand je lui dis : « Mon père! » il y a quelque chose en moi qui tressaille; je sens, dans mon âme, comme un écoulement de grâce; et je trouve, immédiatement, dans ma piété filiale, la révélation de cette admirable et unique paternité.

Depuis l'ère de grâce, il n'a pas manqué d'hommes pour disputer, au Pape, sa souveraineté spirituelle. Mahomet, Photius, Luther ont voulu établir des souverainetés rivales, et manquant à leur entreprise, devenus serfs du pouvoir civil, ils ont, par le fait, fondé autant de suprématies religieuses qu'il y a de principats politiques. L'empereur de Russie, le roi de Prusse, la reine d'Angleterre, sont souverains et papes; ils commandent au spirituel et au temporel; mais, chose remarquable, s'ils ont usurpé la souveraineté des âmes, ils n'ont pas même songé à en prendre la paternité. Jamais aucun d'eux n'a pensé à s'appeler père; jamais aucun de leurs esclaves n'a songé à se dire leur enfant. On les craint, on ne les aime pas. Et parmi ceux qu'ils font trembler tout en partageant leur foi, il en est plusieurs qui donnent volontiers au Pape, le nom de Père, non point par étiquette, mais par une sorte d'instinct élevé, supérieur à leurs préjugés ou à leur créance, qui leur découvre, dans le Pape, le Père du genre humain.

Le Pape est roi. — Parmi les hommes il y en a qui ceignent le diadème, mais le Pape n'est point roi comme sont ces rois. Il est roi, sans doute, parce que rien ne sied mieux à son front qu'une couronne royale; mais il est roi surtout pour que les autres le soient dignement. Sa royauté représente la royauté de Jésus-Christ. Si vous renversez son trône, assurément vous n'ébranlerez pas le trône du Roi immortel des siècles, mais vous ébranlerez immédiatement tous les trônes élevés parmi les nations. Les rois ne seront plus que des spectres tremblants, réduits, par une sorte de fatalité, à l'alternative également funeste, du despotisme et de la déchéance. S'ils exagèrent le pouvoir jusqu'à cette insolence impie qui leur asservit les âmes et les corps, ils sont les oppresseurs iniques et les lâches corrupteurs des peuples. S'ils cherchent, dans des combinaisons humaines, un certain équilibre des forces sociales, les passions, qu'ils cessent de dompter sans pouvoir les guérir, se ruent à l'assaut du pouvoir et poussent la société vers l'abîme de l'anarchie. Mais si vous voyez, dans la société des rois, un roi dont l'origine historique remonte jusqu'à la royauté patriarcale et dont le caractère dogmatique représente, avec le principe divin du pouvoir, la coexistence des autres principes divins, l'existence de ce prince mystérieux offre tout de suite la solution des choses humaines et le remède à leur profonde infirmité. L'ordre s'établit dans le monde par la royauté des Papes; avec l'ordre, vous voyez fleurir la vertu. Les rois, ou les détenteurs du pouvoir civil, sous quelque nom qu'ils l'exercent, s'élèvent aussitôt dans l'estime des hommes : mais ils sont astreints à des lois d'une juste rigueur et obligés au plus pur dévouement. La pratique du dévouement les sacre aux yeux des peuples; les lois qui les obligent les défendent contre leur propre faiblesse; et le roi du Vatican, rappelant également, aux princes et aux peuples, leurs réciproques obligations, est vraiment ici-bas le roi des rois. C'est un grand service rendu à la pauvre humanité, un motif puissant de dévotion au Pape.

Le Pape est prêtre, évêque, Souverain-Pontife. Prêtre, il est l'homme de Dieu, pour conférer, aux âmes, la grâce de Jésus-Christ ; évêque, il possède la plénitude du sacerdoce ; Souverain-Pontife, il est l'évêque des évêques, le prince des prêtres, le pasteur surnaturel de l'humanité régénérée. Père, il se présentait à nos cœurs avec tous les attraits, et répondait à tous les vœux de la tendresse ; roi, il savait, par sa présence, tous les intérêts humains et toutes les institutions de la société ; souverain-prêtre, il rattache les choses du temps aux choses de l'éternité. Le Pape est l'homme du ciel. De sa main, il tire, des trésors de Dieu, de quoi éclairer, guérir et sauver. Par lui, tous les hommes et toutes les institutions des hommes se relient à Dieu. Si l'homme vivant peut être, pour nous, un sujet de vraie dévotion ; si notre frère, l'enfant, l'adulte, le pauvre et surtout le prêtre, doivent être considérés comme l'image vivante et le tabernacle pensant du créateur, que dirons-nous du Pontife suprême ? Jésus-Christ l'a associé à ses fonctions saintes de docteur et à sa divine charité de pasteur ; il a fait de Pierre et de ses successeurs le centre religieux de l'humanité ; par suite, il leur a donné part spéciale à son rôle de Sacrificateur à l'autel et de Victime sanglante à la croix. De plus, ayant édifié son église en la forme d'un corps mystique, les fidèles ne font vraiment qu'un avec le Souverain-Pontife, comme lui-même n'est qu'un avec le Christ et le Christ avec son père. De cette dignité suréminente et de cette union intime découle notre dévotion. Notre dévotion envers le Saint-Siège est fondée sur des mystères de présence divine, sur des privilèges d'assistance d'en haut, sur une représentation effective de Jésus-Christ dans l'Eglise. Dans la personne auguste du Pape, le fidèle a le bonheur d'apercevoir Jésus-Christ, le Prince unique des pasteurs ; il vénère dans un pontife, dans un roi et dans un père, l'assemblage ineffable de toutes les grandeurs ; et dans ces grandeurs il admire la source de toutes les douceurs, de toutes les vertus, de tous les intérêts, de toutes les espérances qui relèvent ses immortelles destinées. O Pontife ! ô Roi, ô Père ! de quelles louanges vous exalter ? de quel cœur vous bénir ? et mon âme peut-elle bien se trouver assez grande pour vous offrir tout ce qu'elle vous doit d'hommages ?

Comment exprimer notre dévotion au Pape ?

Nous devons exprimer notre dévotion d'abord par le *confession plénière* des prérogatives de la Chaire Apostolique. Les schismatiques et les hérétiques ne reconnaissent pas son autorité doctrinale ; les libéraux et les révolutionnaires ne reconnaissent pas son autorité sociale ; tous se sont donné la main pour renverser sa puissance temporelle. Nous, enfants de l'Eglise et sujets spirituels du Pape, nous devons confesser, dans le Pape, ce triple pouvoir que symbolise sa triple couronne. Nous ne saurions nous contenter d'un demi-Pape ou d'un quart de Pape ; il nous faut le Pape tout entier, tel que l'a créé Jésus-Christ. Evêques, prêtres, fidèles ne prenant conseil que de Dieu et ne suivant que les inspirations spontanées de la foi, nous faisons profession de reconnaître et de vénérer la pleine et infaillible puissance de la Chaire Apostolique.

Nous devons, en second lieu, exprimer notre dévotion *par la piété*. Quand Pierre est dans les chaînes, la prière de l'Eglise doit se faire *sans intermission* : c'est la règle qui nous a été tracée dès les premiers jours. Les évêques prescrivent partout des prières, que partout les fidèles y répondent. Que des millions d'âmes vraiment religieuses, répandues sur toute la surface de la terre, offrent à Dieu des supplications ardentes, répandent ces larmes qui achèvent les prières, et reçoivent dans leur cœur le pain des anges comme pour parler de plus près à Jésus-Christ. La prière est le secret des forts : elle fait entrer Dieu plus intimement dans nos intérêts et, en nous assurant sa coopération, assure notre triomphe. Ah ! qu'il fera beau, dans nos églises, après l'office du soir, quand d'une voix attristée, mais pleine de confiance, nous chanterons : « Pardonnez, Seigneur, pardonnez à votre peuple. Donnez la paix en ce jour, Seigneur, parce qu'il n'est plus personne que vous pour nous défendre ».

Nous devons, en troisième lieu, exprimer notre dévotion par *la dîme volontaire* de nos biens. L'usurpation des Etats-Pontificaux enlève au Saint-Siège toutes les ressources nécessaires à l'administration de l'Eglise. Il faut que chaque fidèle, par le denier de Saint-Pierre, contribue, pour sa quote-part, à l'entretien de cette administration ; et il faut que toutes nos offrandes réunies forment une somme suffisante pour la sustentation du Pape et des Cardinaux, pour le service des Congrégations Romaines, l'envoi des légats, missionnaires et autres délégués du Pape dans toutes les contrées du monde. De souverains, sensibles à cette détresse, ont ouvert leur caisse au père commun des chrétiens : le Pape n'a pu accepter ces offres sans mettre en péril sa dignité et compromettre son indépendance : il se tourne vers ses enfants. En ce siècle de pénurie, après la spoliation de tous les clergés du monde, l'offrande des prêtres ne pourra être que modeste ; il faut que celle des fidèles en compense la nécessaire et amère modestie. Et si l'on veut que le trône spirituel du Pape reste debout, dans la majesté de sa séculaire grandeur, il est indispensable qu'il voie arriver, à ses pieds, des pièces de monnaie à l'effigie de toutes les nations.

Nous devrons aussi, pour remplir jusqu'au bout le devoir de la dévotion, offrir notre sang. Victor-Emmanuel a pris Rome au Pape, à l'Eglise, au monde chrétien ; il faudra, pour le salut du monde et l'indépendance de l'Eglise, chasser de Rome Victor-Emmanuel. Nous le chassons déjà par nos prières et par tous les actes de notre piété : cette guerre spirituelle, toutefois, ne saurait suffire. Il sera nécessaire que la capote des zouaves pontificaux recouvre les vaillants cœurs et devienne l'uniforme de l'armée de la foi. Malgré tous les obstacles de la législation politique, malgré la défaveur jetée par la Révolution sur cette noble cause, malgré les chances d'insuccès et les perspectives de mort, il faudra, à la Chaire Apostolique, des soldats de son indépendance, et des martyrs.

Et il le faudrait, ai-je dit, dans l'intérêt du monde. Le triomphe de Victor-Emmanuel serait le triomphe de la démagogie qui parcourt l'Europe, comme les furies antiques, couronnée de serpents ; qui disperse, dans des mares de sang, les trésors de la civilisation ; qui trouvant, pour son ambition, tous les théâtres trop étroits, veut élever son trône et établir son joug dans Rome la sainte, la pontificale et éternelle cité choisie par la Providence.

Là où le Vicaire de Jésus-Christ bénissait la *Ville et le Monde*, se dresse aujourd'hui, arrogante, impie, haineuse, comme prise de vertige et du vin de la colère céleste, cette démagogie sans Dieu et sans loi, qui veut opprimer la cité et troubler l'Univers.

Les collines de Rome ont vu passer la foule des barbares qui, ministres de la vengeance de Dieu, venaient, avant d'assujettir la terre, saluer la reine des nations. L'implacable Attila, le superbe Alaric sentirent leurs forces défaillir, leur orgueil s'humilier en présence de la Ville éternelle et de ses saints Pontifes. Dans tous les temps et chez tous les peuples, vous ne trouverez pas un seul membre de la race humaine qui n'honore pas la vertu, et ne respecte pas la vraie gloire. La démagogie seule ne respecte ni la vertu, cette gloire du Ciel, ni la gloire, cette vertu des nations : attaquant tous les dogmes religieux, elle s'est mise hors de toute religion ; attaquant toutes les lois divines et humaines, elle s'est mise hors de toute loi ; attaquant simultanément toutes les nations, elle n'a pas de patrie ; attaquant tous les intérêts moraux des hommes, elle s'est mise hors du genre humain. La démagogie est une négation absolue : négation du gouvernement dans l'ordre politique, négation de la famille dans l'ordre domestique, négation de la propriété dans l'ordre économique ; et, pour tout dire d'un mot, négation de Dieu. La démagogie n'est pas un seul mal, c'est le mal par excellence ; elle n'est pas une erreur, c'est l'erreur absolue ; elle n'est pas un crime, c'est le crime dans son acception la plus terrible et la plus étendue. Ennemie irréconciliable du genre humain, avec lequel elle engage la plus grande lutte qu'aient vue les siècles, elle trouvera sa fin dans la fin de cette lutte gigantesque, et ce sera la fin des temps.

Toutes les choses humaines marchent aujourd'hui, avec une rapidité merveilleuse, vers un dénouement. Depuis 89-93, les démagogues renouvellent la guerre des Titans : ils luttent pour renverser le trône des Papes et les autels de Jésus-Christ, comme les Titans luttèrent pour escalader le Ciel. Vains efforts, misérable orgueil, insigne folie. Dans ce duel du démagogue contre Dieu, qui donc craindra pour Dieu..., si ce n'est peut-être, dans sa démence, le démagogue.

Au train où vont les choses, l'heure de l'expiation de tant de crimes va enfin sonner. Ni le monde dans sa patience, ni Dieu dans sa miséricorde ne peuvent supporter plus longtemps ces abominables attentats. Dieu n'a pas mis son Vicaire sur un trône pour qu'il devienne aujourd'hui un prébendier piémontais, et demain la victime des sicaires. Le monde catholique ne peut souffrir que le gardien du dogme, le promulgateur de la foi, le Pontife saint, auguste, infaillible, soit le prisonnier de tourbes aveugles et violentes. Le jour où le monde catholique souffrirait un pareil forfait, le catholicisme aurait disparu du monde ; et le catholicisme ne peut passer. Dieu a promis le port à la barque du pêcheur : Dieu ne permettra pas que la démagogie arrête le pilote en route. Sans l'Eglise catholique, il n'y a de possible que le chaos ; sans le Pontife, il n'y a pas d'Eglise ; sans indépendance, il n'y a pas de Pontife. Telle que l'ont posée les démagogues de Rome, la question n'est pas une question politique, c'est une question religieuse et divine ; ce n'est pas une question locale, c'est une question européenne ; c'est plus encore, c'est la question de l'humanité entière. Le monde ne peut tolérer, il ne tolérera pas que la voix du Dieu vivant puisse paraître l'écho des démagogues du Tibre ; que ses sentences soient les sentences d'assemblées tumultueuses, s'arrogeant la souveraineté ; que la démagogie confisque à son profit l'infaillibilité du Pontife de Rome ; que les oracles démagogiques remplacent les oracles du Vicaire de Jésus-Christ. Non, cela ne peut être, cela ne sera pas ; à moins que nous ne soyons arrivés à ces terribles jours de l'Apocalypse, où un grand empire anti-chrétien s'étendra du centre aux pôles de la terre, où l'Eglise du Christ subira d'épouvantables affaiblissements et où, après des catastrophes inouïes, l'intervention directe de Dieu sera nécessaire pour sauver son Eglise, pour renverser l'orgueilleux et terrasser l'impie ; et alors l'Enfer comme le Ciel proclamera éternellement qu'à Dieu seul appartient la gloire.

Mais écartons ces sinistres présages. Nous voyons l'attentat d'aujourd'hui ; il faut croire, d'une foi ferme, à la résurrection de demain. Quand on se souvient de Salerne, de Valence, de Savone, de Fontainebleau, on ne peut pas admettre que l'injustice de la conquête établisse un siège durable sur le tombeau de saint Pierre. Il en sortirait, au besoin, des flammes pour dévorer ce trône sacrilège.

Ainsi, quand nous voyons le dernier des attentats s'accomplir, nous devons gémir et prier; mais, en même temps, attendre, avec une assurance profonde, les représailles de la Providence!

POST-SCRIPTUM

J'ai fini. — Au terme de ce long travail, je rends grâces à Dieu qui a voulu permettre à ma vieillesse de mener à terme cette difficile entreprise. Je demande pardon à Dieu et aux hommes des fautes où j'ai pu involontairement tomber. Bien que ma plume n'ait point couru à l'aventure, j'ignore si, dans la multitude des faits dont j'offre le récit, il a pu se glisser quelques erreurs. Je le présume volontiers de la difficulté d'avoir, sur des faits contemporains, des informations complètes ; je le présume encore plus volontiers de ma faiblesse. Je suis d'ailleurs prêt à épurer, modifier, corriger ce qui pourrait être, à mon insu, inexact, douteux, contestable ou simplement inopportun. Non pas sur la réquisition du premier venu, qui peut aussi s'abuser, surtout s'il s'agit de sa propre cause ; mais sur le jugement où l'avis maternel de la sainte Église catholique, apostolique, romaine, mère et maîtresse de toutes les Églises.

Je n'ai parlé, au surplus, que selon ma foi et ma conscience, également intransigeantes, lorsqu'il s'agit de la monarchie des Papes et de la plénitude de ses prérogatives. Je ne crois pas avoir écrit un seul mot par rancune contre les personnes, par intérêt de parti, préjugé d'école ou passion de système. Mon nom est, catholique ; mon surnom, romain.

Cette intégrité de conviction et de sentiment, cette résolution de la parole et de la plume n'empêchent pas les inimitiés ; je dirai plutôt qu'elles les provoquent. Je pardonne donc, de tout mon cœur, à tous mes ennemis, à tous mes calomniateurs, à tous mes détracteurs, à tous ceux qui m'ont nui ou qui m'ont voulu du mal. Leurs emportements constituent, contre eux, une preuve d'erreur. Plus ils frappent, plus je me rassure ; je suis trop peu de chose pour dire, avec le grand Paul : « Je me glorifie dans mes tribulations. »

Un très grand nombre de saints ont été victimes de la calomnie et de la détraction, non pas seulement de la part des méchants, mais encore de la part des bons, qui se sont laissés surprendre et se sont faits les persécuteurs des justes. Saint Ignace de Loyola fut enfermé dans les cachots de l'Inquisition ; saint Philippe de Néri fut longtemps en proie à diverses accusations de la part des meilleurs habitants de Rome ; saint Bernardin de Sienne fut regardé par le Pape comme suspect de superstition et forcé de comparaître devant le pontife ; sainte Thérèse et ses compagnes, sous le poids d'accusations calomnieuses, furent déférées au Saint-Office ; saint Joseph Calazanz fut mis en prison. Les bienheureux Grignon de Montfort, Didace de Baëza, de la Salle, furent frappés d'interdit par leur évêque. Gaston de Ségur fut frappé d'interdit par Georges Darboy, qui, lui, put impunément provoquer César à l'abandon de Rome, livrer ainsi à la révolution le Concile et l'Église.

« Quelquefois, dit un auteur ascétique, Schram, ce sont des confrères jaloux, d'un esprit étroit, qui cherchent à rabaisser des hommes vraiment apostoliques, prédicateurs, confesseurs, écrivains, zélés pour le salut des âmes. » Le même auteur ajoute : « C'est là une croix bien pesante, surtout si l'on met en question la pureté de leur doctrine ou de leurs mœurs. Je ne connais pas de mortification plus grande que de supporter en silence une contradiction imméritée... Cette croix est plus insupportable encore, lorsque la sainteté du persécuteur donne du poids à sa parole ; car l'innocence du persécuté se trouve alors absolument sans défense ».

Le cardinal Baronius rapporte dans ses *Annales*, à l'an 1049, que le pape saint Léon IX, trompé par des manœuvres de calomniateurs, se laissa prévenir contre saint Pierre Damien et lui devint hostile. « Je le dis, ajoute le savant cardinal, pour la consolation de ceux qui sont les victimes des mauvaises langues ; et aussi pour rendre plus précautionnées les personnes trop crédules, et leur apprendre à ne pas facilement prêter l'oreille à la calomnie contre les hommes que recommande une vie longue et honorable. » D'après Baronius, les supérieurs doivent donc se tenir en garde : rien n'est plus pénible pour leurs inférieurs innocents, que de se voir réprimandés, rebutés, méprisés, punis « C'est, dit encore Schram, une croix qui empoisonne leur vie, la remplit d'amertume et de douleur. » L'abandon sans réserve à la sainte volonté de Dieu peut seul les soutenir. Celui-là le comprend qui subit cette épreuve.

Cependant il ne faut pas être trop surpris que même de saints personnages se laissent quelquefois prévenir contre des innocents. Au livre premier de ses dialogues, saint Grégoire pape rapporte que saint Equitius fut accusé injustement près du Saint-Siège et que le Pontife de Rome ajouta foi à la calomnie. Comme Pierre, son interlocuteur, s'en étonne, saint Grégoire le grand lui répond : « De quoi vous étonnez-vous, Pierre ? De ce que nous nous trompons ? De ce que nous sommes hommes ! Avez-vous donc oublié que David, qui avait ordinairement l'esprit de prophétie, condamna le fils innocent de Jonathas, sur le rapport d'un esclave calomniateur. Qu'y a-t-il d'étonnant que nous, qui ne sommes pas prophètes, nous soyons quelquefois induits en erreur par des mensonges ? »

Cela ne doit pas, en effet, étonner de la faiblesse humaine. Mais il ne faut pas oublier la leçon de Baronius : il faut se tenir en garde et n'accepter qu'avec une grande réserve les rapports contre le prochain. Le droit divin est d'ailleurs exprès à cet égard : « Gardez-vous de recevoir une accusation contre un prêtre, si ce n'est sur deux ou trois témoignages : *Noli accipere accusationem adversus presbyterum nisi sub duobus et tribus testibus*. La vénérable fondatrice des Ursulines de Chavagnes, digne servante de Dieu, disait : « Lorsque j'entends des rapports, j'en retranche les trois quarts et encore je suis trompée sur l'autre quart ». Un gouvernement spirituel qui néglige les principes et les formes de la justice est, pour ce seul fait, coupable ; s'il prête l'oreille à la délation et s'en inspire dans ses actes, ce n'est plus qu'un gouvernement sans raison, sans probité et sans honneur.

Dieu permet la persécution contre ses serviteurs, pour leur parfaite purification. Par là, il veut les élever à une haute perfection et en faire les copies de son divin Fils, persécuté, traité de menteur, de blasphémateur, d'imposteur, de séducteur, de perturbateur du repos public, d'homme de bonne chère et d'ivrogne. Quel plus énergique moyen que la persécution de la part de supérieurs abusés?

C'est un creuset plus puissant pour épurer l'or de l'amour divin. Que les victimes de cette persécution s'abandonnent à Dieu pour entrer dans ses desseins ; le moment viendra où Dieu doit mettre chaque chose à sa place : *In te speravi, non confundar*.

Cette question offre un autre aspect. La persécution dans l'Eglise ne vient pas seulement de ce que les supérieurs sont des hommes et peuvent agir comme cendre et poussière ; elle vient encore du caractère militant de l'Eglise, de l'opposition des hérésies, des schismes et des persécutions de l'erreur armée par la complicité ordinaire du pouvoir politique. Le berceau de l'Eglise est déjà attaqué par la violence ; tous les apôtres ont été martyrs. Les Gnostiques et les Donatistes ne se bornaient pas à dogmatiser ; avec l'épée des Circoncellions, ils mettaient tout à feu et à sang. Dans l'histoire de toutes les grandes hérésies, depuis Arius jusqu'à Luther, vous verrez leurs partisans persécuter les fidèles enfants de la sainte Eglise et tuer, s'ils le peuvent, les confesseurs de l'orthodoxie. Au XVIIe siècle, le gallicanisme de Louis XIV et de ses courtisans mitrés persécutait les intrépides défenseurs de la monarchie des Papes ; au XVIIIe, le jansénisme des parlements persécutait les défenseurs du surnaturel et de la grâce départis par l'Eglise. Depuis un siècle, le gallicanisme s'est transformé en libéralisme ; le jansénisme en naturalisme et du naturalisme, comme du puits de l'abîme, nous avons vu sortir tous ces systèmes séditieux qui promènent, dans nos rues, le drapeau, rebelle d'abord et bientôt ensanglanté, de leurs revendications. Les gouvernements successifs, hostiles à l'Eglise, par infatuation révolutionnaire, ont, depuis un siècle, plus ou moins persécuté les bons prêtres. Les évêques, inféodés, par faiblesse ou par intérêt, à ces gouvernements persécuteurs, lui ont prêté main forte. C'est une situation qu'il faut déplorer, mais il faut en dénoncer les excès.

En 1826, Lamennais, l'homme des temps nouveaux, pour avoir attaqué vigoureusement et justement la Déclaration de 1682, fut, sur l'avis de vingt-six évêques, envoyé en police correctionnelle et condamné à l'amende. En 1836, les frères Allignol, plus tard l'abbé André, pour avoir préconisé savamment et prudemment le retour au droit canonique, furent traités avec la plus extrême rigueur, ce dernier réduit même à chercher abri dans une écurie. En 1840, Charles Peltier et dom Guéranger, pour avoir réclamé le retour au droit canon et à l'unité liturgique, sont en butte à l'anathème et voient prématurément leurs cheveux blanchir dans l'épreuve. On citerait difficilement un diocèse où quelques victimes et parfois le clergé en masse n'ait pas eu à souffrir des impatiences gallicanes. A Besançon, les deux Gaume, Jeanjacquot, Bergier, Jacquenet, Maire, Decez, Thiébaud furent envoyés en exil ou à la guillotine sèche. A Nancy, Rohrbacher, Regnier, Gridel, Hémonet et d'autres moins illustres subirent la même peine. A Langres, Darboy et Drioux durent émigrer ; Denis, Perriot, Sieur et dix autres furent frappés sans rime ni raison. D'autres encore que je ne cite point, parce que personne ne les oublie, comme Maupied, Bouix, Davin, Royer, etc., eurent à subir presque des outrages, en tout cas des violences arbitraires encore plus qu'injustes. — Dans le camp adverse, dans le camp gallican et libéral, il n'y a pas de victimes. L'Eglise a horreur du sang, surtout du sang des prêtres qui pleurent entre le vestibule et l'autel.

Depuis vingt ans, la clairvoyance du Pape, en présence des attentats réitérés de la législation révolutionnaire, a dénoncé, à la ville et au monde, la *déchristianisation* éventuelle de la France. Cette déchristianisation ne peut s'obtenir que par la complicité des prêtres français ; car si les prêtres résistaient jusqu'à l'effusion du sang, non-seulement la déchristianisation serait impossible, même et surtout par la violence ; mais le christianisme sortirait triomphant de l'épreuve et ne se vengerait qu'en pardonnant. Pour démolir les églises, il faut le concours des mauvais prêtres. Le gouvernement des juifs, des protestants, des francs-maçons, des libres-penseurs et des libres-faiseurs ne l'ignore pas ; il traite les catholiques en ilotes, en parias ; il ne traite pas autrement les prêtres fidèles. Mais, pour se créer des complices, il a toutes les latitudes des Articles organiques, toutes les ressources du budget, et, chose triste à dire, il n'a jamais manqué, il manque encore moins aujourd'hui de prêtres sensibles à la séduction de l'argent, des plaisirs et des honneurs.

Le prêtre, autrefois tiré des classes élevées, n'était pas toujours insensible à ces vulgaires amorces; plus il s'est démocratisé, plus, sous l'impression du besoin, il est devenu ou timide ou avide. Du moins, c'est l'idée que s'en font les gens du monde. Le gouvernement, qui est comme l'égout collecteur des passions politiques, s'appuie sur ce préjugé pour corrompre les prêtres, ou du moins pour les tenter. Le grand moyen dont il se sert, c'est le trésor public; il supprime arbitrairement, sans aucune forme de procès, les indemnités d'un prêtre accusé sans preuve par la délation; il accorde, avec le même arbitraire, les cumuls, les sinécures et les émoluments aux prêtres qui consentent au rôle de valets du despotisme. Cela se fait sans bruit, comme toutes les œuvres corruptrices, et par une lente et silencieuse décomposition.

Par cette action en sens contraire de l'argent octroyé ou retiré, le gouvernement a répandu, d'un côté, la terreur, de l'autre, le servilisme. Par suite, le clergé, sans qu'il y paraisse beaucoup, a décru en vertu morale et a perdu dans l'estime. Le prêtre aujourd'hui, pour beaucoup de gens, ne pèse guère plus qu'un très humble serviteur. Mais le moyen le plus terrible dont ce gouvernement d'impies se soit servi pour avilir le clergé, ce sont les choix d'évêques. D'après les prévisions du Concordat, ce gouvernement qui n'est plus catholique ni en droit ni en fait, qui est même persécuteur, devrait être déchu du droit de présenter les pasteurs de premier ordre; par la condescendance de Léon XIII, il garde le bénéfice de nomination épiscopale. Or, nous savons, par des aveux et par des discours officiels, que, pour être évêque, non-seulement on ne requiert plus les talents, les vertus, le savoir, le caractère; on se contente d'exiger des candidats, qu'on choisit de préférence parmi les faibles, qu'ils soient, sinon favorables, du moins conciliants et non résistants à la législation persécutrice. Je ne voudrais pas dire qu'on choisit des loups, mais on cherche des mercenaires, et dans un si grand nombre de prêtres, il est facile d'en trouver. Je consens à croire qu'on n'y a jamais réussi. En tout état de cause, je ne pose aucune question de personnes. Je sais même que la confusion des idées et l'habitude de se tromper assurent, aux plus coupables, le bénéfice de toutes les excuses, et aux autres l'amnistie de l'ignorance.

Par la corruption gouvernementale des prêtres et des évêques, la religion catholique est donc, parmi nous, en péril grave.

La secte, qui s'est emparée du pouvoir, prétend faire disparaître la foi en Jésus-Christ, dans notre patrie, comme les Musulmans l'ont fait disparaître des contrées de l'Orient.

Pour y parvenir lentement, mais sûrement, le gouvernement supprime ou asservit le temporel de l'Eglise et ne néglige rien pour empoisonner les âmes.

Léon XIII nous signale le péril quand il dit aux prêtres : « Montrez, comme nous vous en avons averti très souvent, que les biens les *plus précieux* et les plus désirables sont *en péril*. Il ne faut *reculer* devant aucun effort pour en conjurer la perte : *Pro quorum conservatione omnes esse patibiles labores*. Dans l'Encyclique *Sapientiæ*, Léon XIII prononce beaucoup d'autres paroles dans le même sens et ne néglige pas de dire que, *ne point résister*, ne point combattre, c'est se rendre coupable de *trahison*.

Emile Ollivier, qu'il faut considérer comme un des patriciens de l'intelligence et de l'honneur, disait à un journaliste, dans Rome même : « Jamais l'Eglise de France ne fut dans une plus misérable condition. L'évêque est nommé par un délégué de la franc-maçonnerie. Le curé de canton (le chanoine, le supérieur du grand séminaire, le vicaire général) n'est agréé que si le politicien radical du lieu n'y fait pas opposition. Après l'école, l'Eglise vient d'être laïcisée par l'ordonnance sur les Fabriques. Que voulez-vous que fasse une Eglise. ainsi conspuée, ainsi garrottée, ainsi annihilée. Pour moi, cela ne fait aucun doute, le résultat sera l'*anéantissement moral* de l'Eglise en France. »

Ces attentats du gouvernement persécuteur se perpétuent aux applaudissements de la plus vile presse. « Jamais, dit le cardinal Mermillod, jamais peut-être il n'y eut une semblable conspiration. L'Evangile est déchiré; l'Eglise est menacée ou insultée; tout est discuté par la presse quotidienne; les droits les plus saints, les plus évidents; les libertés les plus élémentaires du catholicisme sont niées ou bafouées tous les jours. Depuis les revues habilement écrites jusqu'aux feuilles brutalement rédigées qui s'adressent au peuple, tous ces organes de la publicité travaillent à un but commun qui éclate aux yeux de tous : *avilir l'Eglise de Dieu et l'enchaîner* sous le double despotisme du césarisme et de la démagogie. »

Dans ces extrémités, en présence d'une presse cyniquement impie, d'un gouvernement à la fois corrupteur et persécuteur; avec un clergé ébranlé, terrorisé ou défaillant, le plus grand péril de l'Eglise, ce n'est pas le schisme ou l'hérésie. Un évêque hérétique succomberait sous les clameurs de la foi; un évêque schismatique serait vomi par la conscience catholique, comme un ver est vomi par l'estomac d'un malade. Le plus grand danger de l'Eglise, c'est un évêque nul, sans talent, sans savoir, sans vertu, sans caractère. Vous allez me dire qu'un prêtre aussi dépourvu ne sera jamais élevé à l'épiscopat. Je vous en demande bien pardon : un prêtre de rien, que son évêque tient, comme curé, pour un imbécile, peut devenir évêque, s'il a dans sa parenté des excommuniés ou des francs-maçons en haut crédit dans le monde politique. En vain son évêque et tout le clergé du diocèse s'élèvent, indignés, contre ce choix ; en vain ce prêtre sans conscience décourage tous les bons vouloirs par la visibilité de son néant ; en vain sont avertis du crime de son élévation ceux qui pourraient l'empêcher ; du moment que les francs-maçons et les excommuniés s'obstinent, il est élu évêque, et alors malheur à lui, malheur à l'Eglise, si le Nonce l'accepte et si le Pape le préconise.

Un évêque nul n'est pas nécessairement un mauvais évêque. Son orientation dépend de ses entours, et, suivant qu'il est bien ou mal dirigé, il va à droite ou à gauche. Le gouvernement, pour s'assurer contre ses bons vouloirs, lui impose un secrétaire en sus, quelquefois deux grands vicaires, pris parmi les prêtres hors cadre du clergé de Paris, et ils sont nombreux ceux qui grattent à la porte du ministère des cultes pour en recevoir la pitance. On les bombarde grands personnages ; hier inconnus du diocèse, demain ils en seront les maîtres. Ces misérables, — car il n'y a point d'autre mot pour les flétrir, — une fois dans les honneurs, font tout le mal qu'ils peuvent pour obtenir, en récompense, un accroissement de fortune. S'ils rencontrent des obstacles, ils les brisent ; si le clergé local les laisse faire, ils poussent *per fas et nefas*, au but de leur ambition, en exécutant les consignes de l'Etat persécuteur.

Le gouvernement ne choisit pas que des évêques nuls, il en choisit d'autres d'un certain relief, et même de bons, quand il se trompe ; mais il les veut complaisants ou complices, complaisants s'ils s'engagent au moins verbalement à respecter les lois intangibles ; complices, s'ils s'engagent par leur signature à se mettre et à rester aux ordres du pouvoir.

Le gouvernement réussit-il dans ses desseins d'asservissement de l'Eglise ? — Par ses lois, il y réussit : par ses actes, il y travaille sans cesse ; s'il rencontre des obstacles dans l'Eglise, nous voulons le croire, soit parce que la conscience des évêques se refuse à la trahison ; soit parce qu'ils déjouent, par leur ministère saintement épiscopal, le grand complot ourdi et poursuivi contre nos églises. Mais on peut croire, sans présomption, que ce complot a, d'ores et déjà, des agents cachés même dans l'Eglise.

Ces faiblesses toutefois ne constituent que des défaillances personnelles et un énervement sans honneur, tant que le Pape ne s'est pas, comme Pascal II, laissé surprendre par quelque concession malheureuse. Or, Léon XIII, sur qui repose en définitive l'Eglise, a donné aux Français, par une Encyclique expresse, une double consigne, la consigne de ralliement à la république, la consigne de combat contre la législation anti-chrétienne du persécuteur.

Cette consigne est sage, elle est claire, elle eût pu suffire à notre salut ; mais soit par la maladresse des commentaires, soit par l'inertie qui s'est mise insolemment à la place de l'action commandée, elle n'a été suivie d'aucun effet. Pour expliquer le ralliement dicté par la simple prudence et limité par ses conseils, un orateur de haute envergure a voulu le mettre sur le compte de la *flexibilité divine*. Flexibilité divine est un grand mot qui fait bien dans un discours ; mais si vous l'analysez à l'appareil de Marsh, le résidu qui paraît à la lentille fait une triste figure.

« *Flexibilité divine* dit un journal, signifie, en d'autres termes, d'une parfaite équivalence, que Dieu est flexible. Jusqu'à présent, cet attribut ne brillait, dans les traités *De Deo*, que par son absence ; en retour, on y trouvait surabondamment tous les contraires. Dieu est celui qui est ; Dieu est l'absolu dans l'ordre des concepts et dans l'ordre des réalités ; Dieu est l'être nécessaire, rigoureux dans sa vérité, juste dans sa bonté, tout-puissant créateur du ciel et de la terre.

« Dans la logomachie oratoire, tous ces attributs disparaissent pour faire place à la flexibilité divine. Un Dieu en caoutchouc, qui s'étire dans tous les sens, se prête à toutes les formes, admet toutes les variations, voilà qui serait imbécile à penser et odieux à dire... et pourtant la flexibilité divine ne se prête pas à une autre interprétation. Ce Dieu flexible, c'est le magot que chantait Béranger, pour l'usage exclusif des bonnes gens ; c'est le Dieu *in fieri* dont parle le philosophe allemand, pour l'approprier à toutes les folies de son imagination.

« On va dire que cette flexibilité n'est pas attribuée à Dieu en lui-même, mais à Dieu vivant dans son Eglise. Voici, là-dessus, tout ce qui peut se dire sagement : 1° Que l'Eglise se prête à toutes les constitutions, à tous les systèmes politiques, à toutes les formes de gouvernement ; 2° qu'elle ne s'inféode à aucun gouvernement, quelle qu'en soit la forme, mais doit et veut jouir de toutes les prérogatives de sa divine institution.

« En parlant d'une manière abstraite, rien de plus vrai : mais en parlant d'une manière pratique, selon les sages de tous les temps, selon la grande expérience de l'histoire, j'ose dire que toutes les préférences de l'Eglise sont pour la monarchie. Les philosophes, même païens, un Platon, un Aristote, un Sénèque, ne pensent pas, sur ce point, autrement que Bellarmin, Suarez et tous les grands docteurs de l'école. Ces grands esprits reconnaissent sans doute la souveraineté du peuple, comme dérivée de la souveraineté de Dieu ; mais ils n'admettent, dans l'exercice de cette souveraineté populaire, aucune exception qui porte préjudice à la souveraineté de Dieu.

« Par conséquent, si nous attribuons à l'Eglise un esprit de charitable condescendance envers les personnes ; si nous reconnaissons, dans l'Eglise, un grand esprit de conciliation lorsqu'il s'agit d'intérêts purement temporels, nous devons proclamer très haut que, quand il s'agit de choses contraires à la foi, aux bonnes mœurs, à la discipline sacrée, l'Eglise ne peut ni les approuver, ni même les tolérer, ni même se taire devant les auteurs de ces attentats.

« Les saints ne se sont jamais tus. Nous avons onze millions de martyrs qui se sont fait hacher plutôt que de consentir au mensonge et à l'injustice. Ce chiffre me paraît suffisant pour prouver, à la face du genre humain et malgré toutes ses défaillances, la souveraine intransigeance de l'Eglise.

« Vous avez donc cent mille fois raison lorsque vous dites : « Faire la cour à Dumay pour se faire nommer évêque ; aduler les ministres francs-maçons et persécuteurs, ce n'est pas de la flexibilité, c'est de la bassesse, de la lâcheté... » et vous pourriez ajouter : de la trahison.

« Vous avez cent mille fois raison quand vous ajoutez : « Et il n'est pas d'obstacles, de barricades, de pavés, de portes de prison, de verrous et de chaînes, que la république actuelle ait épargnés en vue de barrer la route à l'Eglise. »

« Le pape Léon XIII est allé plus loin lorsqu'il a signalé, en France, un ensemble de législation hostile à l'Eglise et un parti de francs-maçons, de juifs, de libre-penseurs, qui veut, qui poursuit, avec acharnement et fureur, la *déchristianisation* de la France. Je souligne le mot déchristianisation, qui est le mot propre du Pape.

« La réalité, c'est qu'on nous prend à la gorge pour nous étrangler.

« Parler après cela de *flexibilité divine*, de *laisser passer*, c'est se soustraire à la réalité des choses et au devoir de résistance que cette réalité impose à l'homme de foi.

« Non, non, pas de flexibilité, pas de sollicitations énervées par nos attitudes ; mais debout sur l'arène, l'épée au poing et toujours en avant !

« Marchez, marchez. Les braves ont toujours gouverné le monde ; et, s'ils ne le gouvernent pas, ils doivent l'arracher à la séduction. Dieu est chez lui en France ; le dernier mot doit rester à ses soldats.

« C'est un vieux Mathathias qui écrit ces choses, d'une main alourdie par l'âge, mais d'un cœur que fait toujours vibrer l'amour de la sainte Eglise. »

En présence des exagérations et de ces défaillances qui se produisent partout, l'archevêque de Bourges interroge Rome. Rome lui répond qu'il n'y a rien de changé dans la consigne de Léon XIII au regard de la France. Un correspondant de journal discute ainsi cette réponse :

« *Rien de changé*, c'est à merveille, et, en preuve, la lettre du Pape en réfère à l'Encyclique aux Français, relative au ralliement ou à l'Encyclique *Rerum novarum* sur la condition des ouvriers.

« J'admets sans discussion que le Pape, dans son for intérieur et dans l'expression de ses conseils, n'a pas changé ; j'en suis même persuadé et convaincu. Mais la parole du Pape, tombée dans le milieu français, a produit une telle divergence, une telle opposition de commentaires qu'on n'a jamais bien su à quoi se prendre dans ce monde de contradiction.

« Pour m'en tenir à l'Encyclique aux Français, le Pape recommandait l'acceptation du gouvernement de fait, devoir que le gouvernement pontifical a toujours inculqué depuis un siècle. En même temps, le Pape exhortait les catholiques à combattre cette législation antichrétienne qui vise à introduire l'athéisme social dans les institutions de la France. Pendant qu'il préconisait la soumission, le Pape prêchait une croisade à l'intérieur, une œuvre collective de défense vigoureuse contre l'Islam révolutionnaire.

« Or, cette parole, si réservée d'une part, si vaillante de l'autre, n'a point été prise à la lettre. On a *exagéré* l'obligation du ralliement, on a *mis de côté* la prédication de combat. On a fait table rase des crimes de la République, et l'on s'est attaché à cette forme de gouvernement comme à un idéal de perfection politique.

« De là ces deux conséquences :

« 1° Les évêques les moins énergiques, les plus inertes ont été tenus pour des prototypes de sagesse, carillonnés dans les feuilles républicaines, décorés de la Légion d'honneur ;

« 2° Les évêques les plus braves, les plus forts en doctrines, les plus intrépides à l'action : les Gouthe-Soulard, les Trégaro, les Isoard, les Fava, les Cotton, les Cabrières, ont été réputés imprudents, excessifs, plus propres à nous attirer des malheurs qu'à les conjurer.

« Je ne puis pas sérieusement croire que le Pape ait pu approuver un instant les soldats aux bras croisés, les partisans du *farniente* épiscopal, si aimés du gouvernement ; mais rien ne prouve non plus que le Pape les ait condamnés.

« Je ne puis pas davantage croire que le Pape ait pu désapprouver les vaillants défenseurs de l'Eglise : que le Pape ait pu réprouver ceux qui, parmi nous, marchent sur les traces glorieuses des Jérôme, des Basile et des Athanase. Mais rien ne prouve non plus que le Pape les ait approuvés, recommandés à l'imitation, exhortés à la persévérance.

« On a même dit que le Pape avait regretté les initiatives les plus courageuses, et l'on sait que tel prêtre, proscrit pour avoir défendu courageusement l'Eglise, n'a jamais reçu du Pape le mot qui pouvait le relever de la plus vile et de la plus injuste des disgrâces.

« Alors quoi ? Il n'y a rien de changé dans la consigne du Pape, mais on ne sait pas quelle est cette consigne.

« La consigne est-elle de se croiser les bras et de ronfler en toute espérance ? La consigne est-elle de descendre dans l'arène et de combattre *pro Deo et pro patria?* Nous n'en savons rien.

« Si la consigne est de ne rien faire, il faut le dire ; si la consigne est de lutter vaillamment, il faut le dire encore, et ne plus nous laisser dans cette incertitude, dans cette opposition d'idées et de conduites, qui prête à toutes les lâchetés, à toutes les trahisons, et qui donne parmi nous, au Saint-Siège, une fausse couleur si mal assortie aux splendeurs de son histoire.

« J'ai toujours pensé que Léon XIII, esprit si rigoureux dans ses formules, avait quelque chose des ardeurs d'un Grégoire VII ; mais je suis obligé de reconnaître que ces leçons mal comprises lui donnent une autre apparence, une apparence qui n'ajoute pas, à l'éclat des doctrines, l'énergie des grands combats. »

La réponse de Rome à l'archevêque de Bourges n'a pas fait la lumière dans les têtes rebelles à toute illumination ; le cardinal-archevêque de Paris interroge à son tour. Le Pape répond une seconde fois sur l'éternelle, toujours *pressante* et toujours *obscure* question de la défense de l'Eglise en France. Voici, sur cette réponse, quelques notes empruntées à un journal.

« En *principe*, il est plus que *certain* que l'Eglise *doit être défendue* ; elle ne peut ni ne doit se laisser condamner sans se faire entendre ; elle ne peut ni ne doit souffrir qu'on la frappe, sans protester contre la violence.

« En *droit*, il est également *certain* que la défense de l'Eglise en France peut et doit se développer dans trois sphères connexes et distinctes : 1° dans la sphère du droit *divin* de la sainte Eglise ; 2° dans la sphère du droit *international* déterminé pour nous par le Concordat ; 3° dans la sphère du droit *constitutionnel et social*, tel qu'il résulte de nos institutions et des principes de 89.

« Or, dans sa nouvelle lettre, Léon XIII, écartant, au moins par prétermission, nos deux premiers moyens de défense, écrit à l'archevêque de Paris : « Que les catholiques se placent donc résolument sur le terrain des *institutions existantes* que la France s'est données, pour y travailler à l'intérêt commun de la religion et de la patrie, avec cet esprit d'unanimité et de concorde dont tout bon catholique doit être animé. »

« D'autre part, M. Et. Lamy, président de la Fédération catholique, qui avait toujours organisé et dirigé la défense politique de l'Eglise dans le sens du Pape, sur le terrain constitutionnel et social, *seul admissible*, logiquement, pour une défense *politique*, est obligé, pour cause de dissentiment avec les catholiques, de donner sa démission.

« De plus, le *Moniteur universel* nous informe que la désunion règne de plus en plus parmi les catholiques. Dans leurs congrès, on ne discute plus, on se dispute, sur le *crescendo* d'un diapason analogue à la dominante des pires réunions publiques.

« En d'autres termes, ce qui prévaut, parmi les catholiques, sur le terrain de la défense nécessaire et obligatoire, c'est la confusion des idées, c'est l'antagonisme des résolutions, c'est la neutralisation des actes.

« Résultat : zéro.

« Alors on demande de nouvelles explications et, plus il nous en vient de Rome, plus les ténèbres s'épaississent, plus les hostilités s'accusent, plus le néant triomphe.

« La chose est pourtant bien simple : veut-on ou ne veut-on pas que l'Eglise soit défendue contre la persécution ?

« Si c'est *non*, croisons-nous les bras, couchons-nous par terre et donnons carte blanche à l'ennemi. Si c'est *oui*, en avant et guerre sur toute la ligne !

« C'est l'un ou l'autre ; il n'y a pas de moyen terme, et ni la foi ni la conscience n'admettent de déclinatoire.

« Un homme de sens, qui tiendrait la plume pour préciser la consigne du Pape, voudrait poser ou trois points, et les poser avec une telle évidence, une telle décision, qu'il n'y ait plus place ni pour l'ignorance, ni pour la confusion, ni pour l'inertie, ni pour la perfidie, ni surtout pour cette sophistique absurde qui nous énerve et nous déshonore, en attendant qu'elle nous tue.

« Je n'écris point cette lettre en esprit d'opposition. Je demande seulement un mot d'ordre clair, une proclamation du généralissime de l'armée catholique.

« Je suis de ceux qui pensent que, pour l'Eglise : exister, c'est combattre ; ne pas combattre, c'est abdiquer. »

Dans ces ténèbres, et ces incertitudes, il faut, pour nous orienter, prendre à la main le flambeau de l'histoire. A l'aurore de ce siècle, la révolution avait fait table rase du Christianisme ; elle avait fermé les Eglises, détruit les écoles et les maisons de charité, confisqué les vingt milliards de biens qui alimentaient ces institutions. Ces ruines, effectuées par le cyclone révolutionnaire, avaient été préparées par le gallicanisme de Bossuet, le rigorisme de Jansénius et le philosophisme de Voltaire. En 1801, lorsque le Concordat rouvrit les églises, il les rendit nues au culte et laissa aux catholiques le soin de les orner, de reconstruire des écoles et de rendre aux édifices religieux tous les compléments assortis aux splendeurs d'autrefois. Par une contradiction étrange, au moment où il voulait rétablir l'exercice légal du Christianisme, il entendait le river à toutes les fausses doctrines qui avaient entraîné sa ruine. L'histoire de l'Eglise en France au XIXe siècle, c'est l'histoire d'un clergé qui veut se défendre des aberrations du particularisme français et sceller du sceau de la durée ses œuvres restauratrices en les établissant sur le roc de Saint-Pierre, sur la pierre fondamentale de l'Eglise, mère et maîtresse de toutes les églises.

Lamennais le premier conçut ce dessein et

pendant plus de vingt années en poursuivit l'exécution. La prédication de Lamennais lui suscita, dans toutes les sphères de la science ecclésiastique, des disciples zélés et forts, qui amenèrent, en France, la création d'une école romaine ; mais, en même temps, l'école gallicane, avec l'appui du gouvernement, et le concours ordinaire de toutes les passions, entendait ne restaurer nos églises que d'après le gallicanisme de Bossuet. Le duel fut, dès lors, entre Bossuet et Lamennais, ou plutôt entre Gousset, Guéranger, Gerbet, Parisis, Veuillot et Frayssinous, Dupanloup, Mathieu, plus quelques sectaires aveugles, étroits, obstinés, mais trop petits pour que leurs noms appartiennent à l'histoire. Au fond, ce combat séculaire entre gallicans et ultramontains, visa toujours le maintien ou le rejet de la déclaration gallicane de 1682. Dans la forme, il changea d'aspect suivant les événements qui se produisaient ; le gallicanisme se métamorphosa même en libéralisme et, principalement par Dupanloup, voulut se donner les couleurs de l'orthodoxie et les gloires du triomphe. Mais s'il put compter, dans son sein, des hommes de talent, ce parti, par le défaut ou l'erreur de ses doctrines, fut condamné à de continuelles défaites. C'est un parti qui n'a pu se survivre qu'en se disant romain sans l'être en se donnant une apparence vaine, qui ne peut plus excuser que l'ignorance.

En même temps que se poursuivait, pendant un siècle, ce duel entre gallicans et ultramontains, les doctrines du philosophisme impie se prêtaient à d'autres transformations et, pour le dire, à une dégradation continue. Le matérialisme, il est vrai, faisait place au spiritualisme ; mais ce spiritualisme excluait l'Evangile et l'Eglise ; il se disait rationaliste et se précipitait vers l'abîme de la libre-pensée. Tour à tour éclectique, positiviste, mais pas chrétien, il se dit maintenant anarchiste et socialiste. Par l'anarchie il pose la divinité de l'homme ; par le socialisme, il le supprime, pour l'asservir à l'omnipotence de l'Etat. C'est la résurrection simultanée de César et de Brutus, tous deux misérables tyrans.

Ce qui se dit dans les écoles a peu d'importance ; ce qui se clame dans les journaux, s'établit par les lois, se poursuit par les manœuvres des partis, s'accomplit par les attentats du gouvernement, c'est cela qui doit attirer l'attention et provoquer l'effroi.

Le trait caractéristique de la situation présente, ce qui rend nos incertitudes plus funestes, nos divisions plus fâcheuses, nos inerties plus lamentables, c'est que, tandis que l'ennemi pousse à fond le programme de destructions sociales, l'Eglise qui seule peut sauver la France, mais qui ne peut la sauver que par Jésus-Christ, par l'Evangile et par la Croix, entend tout sauver par la politique, par l'habileté humaine, par une prudence qui ne sauve rien, pas même les apparences.

Ce qui me confond, ce qui me navre, c'est que, même la menace de déchristianisation ne secoue pas les torpeurs, ne réveille pas les convictions, n'exaspère pas les sentiments et n'arme pas les bras. Où donc sont en France, les derniers tenants de l'Ecole Romaine ?

D'ailleurs, si j'en crois un journal, il y a pire :

« Vous dites que le gouvernement républicain, dans toutes les fractions de son parti, vise à la déchristianisation de la France. C'est incontestable ; mais, à mon avis, il va beaucoup plus loin ; il va jusqu'à l'anéantissement de toutes les confessions religieuses, et le dernier but de ses efforts, c'est le triomphe de l'athéisme social.

« Cet athéisme, que l'antiquité n'a pas connu, que l'ère moderne avait réprouvé au nom de la philosophie, les républicains de parti ne le préconisent pas seulement comme principe nécessaire de la pensée, mais comme règle de législation.

« La franc-maçonnerie a conçu ce projet dans ses loges ; un ramas de fanatiques, plus ou moins furieux, pousse à sa réalisation. Pour faire aboutir ce complot, les meneurs n'ont pas affiché crânement la résolution d'athéisme ; cette cynique maladresse eût provoqué les bravos compromettants de l'anarchie et du socialisme. Dans leur hypocrisie, ils n'ont même pas abordé, en bloc, l'entreprise d'une constitution civile du clergé, dogmatisme législatif trop déshonoré par la trahison et décrié pour ses crimes. Leur prudente habileté les pose tout simplement comme patriotes fidèles à 89, revendicateurs forcés des prérogatives de l'Etat. Sous ce couvert, ils ont multiplié les attentats contre l'Eglise et détruit à peu près le Concordat. Mais ce n'est là qu'un article de leur programme, une épisode de la lutte, un acheminement voilé vers le dogme destructeur de l'athéisme et la morale à rebours du bestialisme. Tenez, que tel est bien l'objectif du parti, son *credo* et sa loi.

« On ne peut en arriver là, comme Néron, Dioclétien et Robespierre, par la force ; on ne veut même pas y arriver par une ruse maladroite comme Julien l'Apostat. La consigne républicaine est de procéder en douceur, en corrompant le clergé et en préparant sa trahison. Vous avez très bien vu qu'on espère atteindre ce double but en mettant, à la mort de chaque évêque, les biens de son diocèse à l'encan, et en nommant pour évêques des ecclésiastiques incapables de résistance. Mais la puissance d'un évêque est si grande, si terrible, que, dans toutes les crises de l'Eglise, même quand la majorité des évêques se taisait, il a suffi d'un seul champion intrépide pour tout sauver. Or, et c'est ici le point sur lequel je veux attirer votre attention, — pour s'épargner les protestations épiscopales, qui seraient victorieuses si elles étaient courageuses, — le directeur des cultes ne se contente plus de demander aux épiscopables le respect des lois qu'il appelle intangibles ; il s'applique encore, pour les prémunir contre les tentations de bravoure, à leur imposer civilement des vicaires généraux et des secrétaires acquis d'avance à son programme.

« Autrefois l'évêque choisissait librement ses grands-vicaires ; l'Etat les agréait, pure formalité que n'entravait jamais un refus. Aujourd'hui l'agrément de l'Etat est un veto. Depuis vingt ans, le ministère des cultes impose civilement, au nouvel évêque, deux ou trois crampons, garants de son esclavage.

« Aux yeux de la conspiration judéo-maçonnique, l'évêque doit être un serviteur timide, un laquais mitré ; ses coopérateurs, acquis à la conspiration par la promesse d'une récompense simoniaque, sont des serfs de la francmaçonnerie, serfs aussi légers de mœurs que de doctrines, mais des princes irresponsables, des despotes tout-puissants, des persécuteurs très résolus.

« Ainsi, l'Eglise, en France, est en butte à une double persécution : la persécution législative et gouvernementale, dont vous combattez chaque jour les attentats ; et la persécution *grand-vicariale*, qui poursuit de ses rigueurs tous les prêtres dont le zèle contrecarre les projets du gouvernement, et dont les œuvres menacent de renversement ses sacrilèges entreprises. Au dedans et au dehors, l'Eglise est battue en brèche : ici, par la fureur de ses ennemis ; là, par l'aveuglement de ses infidèles serviteurs et la félonie des traîtres.

« J'ai cru important d'attirer l'attention sur cette persécution par des gens d'Eglise. C'est là un élément très actif de dissolution et la préparation évidente à de plus graves catastrophes. Nous arrivons aux Loménie, moins la naissance, aux Talleyrand, moins l'esprit, aux Gobel. Pour moi, j'en connais plusieurs ; il n'est que temps de crier haro. »

Le prêtre qui écrit l'histoire dans des temps si confus, est obligé, par devoir, à porter, sur les événements et sur les hommes, le jugement de l'orthodoxie et l'appréciation de la loyauté. Ce jugement, toujours délicat, est plus difficile encore, lorsqu'il s'agit des incidents de la veille. L'obscurité des choses, les passions des hommes, les mensonges de la presse, la faiblesse même de notre esprit rendent plus difficile de s'orienter et conseillent de ne trancher jamais. Pour nous, sans nous targuer d'aucun privilège, l'œil fixé sur la boussole de la sainte Eglise romaine et sur les enseignements de ses pontifes, sans que notre cœur tremble ni que notre plume hésite, nous avons prononcé, en première instance, les jugements de Dieu. — Les Allemands ont émis, sur la mission divine de l'historien et du philosophe, certaines idées d'indépendance absolue ; nous ne donnons pas de la tête dans ces imaginations et ne revendiquons aucune autocratie. Nous parlons humblement sous les inspirations de la foi et de la conscience chrétienne ; quand nous écrivons sous cette impulsion surnaturelle, nous croyons la franchise permise, même nécessaire, dût-on la considérer comme une hardiesse.

Nous ne nous dissimulons point la gravité de la situation. Il ne faut pas croire qu'il a suffi d'écrire sur un bout de papier, que le Pape est le chef souverain, infaillible et unique de l'Eglise ; qu'il possède, sur chaque diocèse, un pouvoir personnel, direct, immédiat ; qu'il est, comme Pape, l'évêque de l'Eglise universelle ; — pour effacer, d'un trait de plume, la fausse créance, les préjugés, les illusions, les passions et les ignorances du particularisme français. Pendant cinq siècles, de grandes erreurs avaient altéré la franchise de notre tempérament national et inoculé à nos âmes le bas esprit de la sophistique ; les erreurs janséniste, gallicane, libérale, ne sont plus que des hérésies frappées par la Chaire Apostolique, mais il serait puéril de croire que le coup de foudre qui les atteint a pu complètement les anéantir. Pour les enfants de lumière, sans doute, le jugement de l'Eglise procure cette grâce ; mais combien sont-ils ? Dans tous les temps, chez tous les peuples et surtout dans les temps modernes, la grande masse des enfants de ténèbres ne voient, dans les anathèmes de l'Eglise, les uns, qu'un prétexte à une plus audacieuse révolte ; les autres, qu'une mise en demeure de modifier les couleurs de leur drapeau.

Alors l'hérésie, frappée par l'Eglise, ne se présente plus sous la forme foudroyée ; elle se modifie dans ses expressions, se transforme dans ses agissements, et parfois, sans affecter aucune allure dogmatique, exerce, dans les âmes et au sein des nations, plus de ravages que l'hérésie audacieuse. Après les conciles de Nicée, d'Ephèse et de Chalcédoine, n'est-il pas vrai que, malgré l'évidence des définitions et la solennité des anathèmes, malgré même la vivacité de la foi populaire, les hérésies d'Arius, de Nestorius et d'Eutychès surent se maintenir et se perpétuer? Vous me citerez, comme exception, Béranger qui se rétracta et disparut sans laisser de trace. La foi du Moyen Age opéra cette merveille. Il n'en est plus de même aujourd'hui ; d'autant plus que, d'hérésies formelles, il n'y en a pas ; il y a plutôt de grossières aberrations philosophiques, politiques et économiques. Mais il y a toutes les prétentions du schisme, toutes les pratiques du schisme, toutes les illusions et les folies qui peuvent assurer, au schisme, son triomphe, et si quelqu'un se récriait, je lui répliquerais brutalement : Le schisme est fait.

Photius était certainement un esprit extraordinaire. Neuf Papes, cinq Conciles épuisèrent les ressources de leur autorité, sans dompter son orgueil. Cependant Photius n'est pas le premier auteur du schisme grec ; il n'est que le continuateur des précédents patriarches de Constantinople. Malgré son génie, ses ruses et son audace, il n'aurait pas obtenu de tels succès, s'il n'avait rencontré des dispositions favorables à ses vues et des esprits préparés pour ses desseins. Il faut remonter plus haut pour comprendre cette scission funeste de deux grandes Eglises, ce schisme qui a été, pour le genre humain, la source des plus terribles calamités.

L'Occident suit les voies de l'Orient. Qu'entend-on par schisme? La rupture de l'unité de l'Eglise. L'unité de l'Eglise se compose de trois éléments: de l'unité dogmatique, de l'unité morale et de l'unité sociale, qui doit régner entre la hiérarchie de l'Eglise et ses enfants, pris dans leur double condition de personne privée et de membre d'une société nationale. Cette triple unité de l'Eglise catholique existe-t-elle en France? Oui, répondent les pieux croyants. La France est la fille aînée de l'Eglise, la race très chrétienne, la milice sacrée, le pays des croisades, de Jeanne d'Arc, des apparitions de la Sainte Vierge et des triomphes du Sacré-Cœur. Je n'ai garde d'oublier ces grands souvenirs; mais le présent est-il à cette hauteur? Sans doute, la vocation divine de la France n'est pas révoquée; sans doute la foi vive et active pousse encore, dans notre sol, des racines profondes; mais souterraines et qui ne produisent que timidement leurs faibles rejetons; sans doute, la voix des prêtres, le cœur des vierges et le bras des chevaliers peuvent encore opérer des prodiges, mais plutôt dans l'univers qu'en France. En France, l'unité dogmatique subsiste encore en partie pour les individus; mais, à côté des quatre-vingt-six diocèses, il y a le grand diocèse de la libre-pensée qui détient formellement un grand nombre de prosélytes et répond aux tendances d'un plus grand nombre. L'unité morale est la plus ravagée; il n'y a pas, en France, dix millions de bons chrétiens, vraiment croyants et pratiquants; trente millions n'ont plus souci ni même idée de vertu surnaturelle. L'unité sociale est rompue depuis un siècle, ou plutôt s'est refaite *à contre sens.* La société française n'est plus catholique; elle est antichrétienne et même athée. Dans son aveuglement et sa fureur, elle s'expurge de toutes les appartenances d'Eglise, rejetées comme des poisons ou des servitudes; elle entend non-seulement exclure l'Eglise de sa constitution, mais la supprimer par la ruse ou par la force. Au lieu du Christ qui aime les Francs, nous aurions un Confucius ou un Bouddah quelconque: *Quorum Deus venter est.*

En France, le schisme est fait: il existe avec son dogme latitudinaire, sa morale charnelle et son culte de fantaisie, facultatif pour tout le monde. Au moment où j'écris, la seule question qui s'agite, c'est de trouver le biais pour supprimer le *Christianisme*, avec le concours des défectionnaires, s'il s'en trouve, et pour le régir par le patriarcat d'une larve de Photius.

Ce travail sacrilège se poursuit: 1° par la proscription des religieux et la confiscation de leurs biens; 2° par l'empoisonnement des écoles et le retrait de la liberté d'enseignement; 3° par la laïcisation de tous les services publics; 4° par l'envahissement de tout le temporel du culte; 5° par l'enseignement libre-penseur de l'Université; 6° par l'asservissement, la séduction ou la proscription du clergé catholique. C'est une nouvelle constitution civile.

Le train ordinaire de la vie politique exprime d'ailleurs très exactement cet état de choses. Les élections manipulées par la fraude, donnent, dans les Chambres, la majorité à un ramas de Juifs, de protestants, de francs-maçons, de libres-penseurs, de voleurs, d'idiots et de vile canaille. Habituellement, à l'exécutif, figurent toutes les impuretés sociales, toutes les variantes de la trahison. A la tête, vous voyez un président accusé de vol et de protection des voleurs, qui n'ose même pas confondre l'accusation. La magistrature n'inspire plus aucune confiance à personne. L'administration est livrée aux juifs et aux aventuriers. L'armée est vilipendée affreusement dans ses chefs et démoralisée dans ses soldats. Dans les bas-fonds, l'anarchie, le socialisme, le collectivisme, avivent leurs limes et aiguisent leurs poignards. Ce qu'ils rêvent ne se réalisera jamais; mais l'assassinat de l'Eglise et de la patrie, ils y travaillent par les complots, par les grèves, par la violence.

L'Eglise ne peut plus faire entendre sa voix au Parlement, ni réclamer, du pouvoir, le respect. Les trembleurs, qui gardent la foi, essayent à peine de parler et ne réussissent pas à être entendus. En aucun cas, ils ne peuvent plus espérer le triomphe d'une seule loi chrétienne. Nous descendons rapidement la pente d'une dégradation continue. Il suffit de hurler le mot de cléricalisme pour voir écumer les fauves. L'unique souci actuellement, c'est, en attendant qu'ils les suppriment, de dépouiller l'Eglise et de trahir la religion.

Dans des conjonctures si tristes, le clergé français pouvait exercer un grand rôle; il pouvait écrire, il pouvait parler, il pouvait se défendre, il pouvait mourir. Ce serait une exagération de prétendre qu'il n'a rien fait pour la cause sacrée de Dieu et des âmes; ce serait une autre exagération de se flatter d'avoir fait ce que réclamait le grand péril de l'Evangile. Je ne prononce pas les grands noms des Thomas, des Chrysostome, des Basile et des Athanase; depuis trop longtemps, hélas! ces grands noms ne s'appliquent plus à personne; mais je veux avoir l'honneur de regretter publiquement la faiblesse de conviction et les défaillances de vertu qui n'ont su ni comprendre grandement ni remplir noblement tout le devoir.

Et pour quelques-uns qui ont affronté les fureurs de la populace et les sévices du gouvernement, combien se sont tus par une fausse prudence ou pour quelqu'autre motif inconnu. Au temps de saint Cyprien, au milieu de la persécution, il y avait des chrétiens, qui, pour ne pas confesser leur foi en péril, livraient les livres sacrés et demandaient aux persécuteurs un faux certificat de paganisme. On les appelait *traditeurs* et *libellatiques*. Des *libellatiques* qui offrent, au ministère des cultes, l'assurance de leur respect pour les lois anti-chrétiennes ; des *traditeurs* qui, en négligeant la défense de l'Eglise, trahissent positivement ses intérêts, je dis qu'il y en a. C'est avec la charité de saint Cyprien que je veux les appeler à résipiscence ; je les conjure, par les entrailles de Jésus-Christ, de racheter par la piété de leurs résolutions et l'éclat de leurs œuvres, l'insuffisance de leurs personnes et les irrégularités de leur vocation.

Je sais bien qu'ils disent s'être tus pour éviter un plus grand mal, ou pour attendre, de la continuité des excès et de la violence des attentats, un plus grand bien. Mais qui ne voit combien cette sagesse politique est indigne de vrais croyants et contraire à l'héroïsme de nos traditions ? Qui ne voit que cette fausse sagesse ne sert qu'à énerver nos trop faibles vertus et à encourager l'audace des persécuteurs ? Qui ne voit que vingt ans de déceptions amères et de défaites successives, n'ont servi qu'à nous opprimer avec plus d'audace, sans réussir même à éveiller en nous l'instinct de conservation ?

C'est un principe certain que l'Eglise, fondée par la parole et le sang du Christ, ne se maintient, ne se défend, ne triomphe que par la parole et le sang de ses fidèles et de ses prêtres ? C'est un fait certain, grand comme le monde, démonstratif comme l'histoire, que toutes les périodes glorieuses de l'Eglise sont dues à l'héroïsme de ses confesseurs et au sang de ses martyrs. C'est un fait certain que toutes les périodes basses et honteuses n'ont été entachées de bassesse et souillées de trahisons, que par la substitution de la prudence et de la faiblesse humaine à la sagesse du Calvaire et à la vertu de Dieu.

Ma barque est bien peu de chose ; elle est amarrée dans une anse bien inconnue ; les coups de vents qui l'ont jetée aux vagues, soulevées de la haute mer, ont déchiré ses voiles et brisé sa mâture. Pour m'encourager cependant, je n'éprouve pas le besoin de me dire : *Quid times, Christum vehis* ? Je sais qu'il faut combattre pour vaincre, et que ne pas combattre, c'est se prêter au triomphe de l'ennemi. Je n'hésite pas de crier à la France : « Fille aînée de l'Eglise, si tu ne veux pas lentement, ignominieusement mourir, il faut revenir au Christ de Dieu et à l'inviolable Eglise. »

Maintenant, pour finir, un mot de nos petites infortunes.

Rohrbacher, qui écrivait au déclin des guerres gallicanes et à l'aurore des guerres libérales, fut proscrit sans qu'on pût lui imputer d'autres crimes que cette histoire en trente volumes, qui a abattu Fleury, qui nous a rendu le Pape et qui en est à sa seizième édition : c'est-à-dire qui s'est répandue dans la sainte Eglise au chiffre d'un million de volumes. La proscription ajoute un rayon de plus à son auréole.

Le reviseur et le continuateur de Rohrbacher, écrivant, depuis quarante années, au moment où les illusions libérales nous ramènent les attentats révolutionnaires ; écrivant avec la clairvoyance d'esprit et la résolution du cœur qui ne recule jamais ni devant la revendication du droit, ni devant les sacrifices nécessaires à son triomphe, n'a pas été traité avec un moindre aveuglement et une moindre fureur.

Le parti révolutionnaire, pour écraser les chrétiens, sans se donner l'odieux du crime, se proposait, comme couronnement de ses entreprises impies, la séparation de l'Eglise et de l'Etat. Je publiais, contre la séparation de l'Eglise et de l'Etat, un livre qui a obtenu les suffrages des maîtres de la science.

Le parti révolutionnaire, pour nous interdire la défense, appuyait sur les Articles organiques, desorganisation audacieuse du Concordat. J'écrivis un volume sur la restauration du droit canonique, seul moyen d'écarter le *Nomo-Canon* qui anémie la France, en attendant qu'il la supprime ou la courbe sous le joug de Photius.

Le parti révolutionnaire, pour arracher l'Eglise du sol, avait mis à néant la propriété ecclésiastique. J'écrivis, sur ce droit de propriété, un volume qui a eu l'honneur d'une seconde édition.

Le parti révolutionnaire, pour pousser à bout son projet d'anéantissement, mit la main sur les oblations des fidèles. J'écrivis un opuscule pour prouver que cet attentat exigeait, des consciences chrétiennes, la *résistance* à la persécution.

Le parti révolutionnaire, en présence de la dispersion des religieux, de la confiscation de leurs biens et des laïcisations multiples qui rendaient toute Eglise inutile, prétendait que le Pape commandait la résignation et le silence. J'écrivis un opuscule pour montrer que l'Eglise est militante et que la consigne d'un Pape, c'est de combattre.

Le parti révolutionnaire, pour tromper les fidèles, prétendait que l'Etat, loin de songer à persécuter, se bornait à la défense de ses intangibles prérogatives. J'écrivis trois volumes pour dresser l'effroyable nomenclature des attentats et définir, comme saint Cyprien, contre les *traditrurs* et les *libellatiques*, le devoir des chrétiens dans la persécution.

Parce que j'avais écrit, en quatre ans, douze ouvrages pour la défense de l'Eglise, le gouvernement demandait qu'on m'appliquât, dans l'Eglise, l'arrêt de proscription qu'il a rendu, dans l'Etat, contre tant de généraux, de magistrats et d'intrépides soldats de la presse militante. J'eusse été proscrit dès 1894, sans l'opposition inattendue d'un sénateur, qui refusa de consentir à cet acte, non par horreur du crime, mais parce qu'il redoutait justement, pour son parti, l'ineffaçable opprobre de la proscription.

Je n'ignorais pas que l'épée de Damoclès était suspendue sur ma tête par un fil. Lorsque, par deux Encycliques, Léon XIII eut signalé, à l'animadversion des fidèles, la législation anti-chrétienne et dénoncé le péril de déchristianisation, à la prière de membres diocésains du comité catholique, je descendis, contre un candidat essentiellement anti-clérical, dans l'arène ouverte par les élections. Pour ce fait, très légitime, nouvelle demande et instances répétées pour obtenir ma proscription.

En présence de ce fait épouvantable qu'il y a, au ministère des cultes, plus de cinq cents candidats inscrits pour obtenir une mitre, sachant de science certaine que ces candidats sont, la plupart, simoniaques, concubinaires, traîtres à l'Eglise, vendus à la franc-maçonnerie, j'écrivis, en toute discrétion, pour dénoncer ce péril, aux légitimes représentants de l'Eglise et de l'Etat. Cette initiative, dont je m'honore, fut la goutte d'eau qui fit déborder le vase et amena mon arrêt de mort.

En quel temps et dans quel pays vivons-nous? Depuis vingt ans, la persécution s'est déclarée en France, les catholiques s'abstiennent de résistance et livrent même leurs soldats. Un prêtre a gouverné quarante-deux ans la même paroisse; il est irréprochable dans sa conduite, louable dans son ministère; il a édité Bellarmin, continué Darras, revisé Rohrbacher, publié les *Actes des saints* et l'*Histoire apologétique de la papauté*; il a été vicaire général de Gap et d'Amiens; nommé protonotaire par *motu proprio* de Pie IX; c'est un vieillard que recommandent ses longs services et que sacrent, pour ainsi dire, les cheveux blancs. Un beau matin, sans principe ni forme de justice, sans avis préalable, sans enquête, sans discussion, on le jette dans le fossé de la route. On, pour parler sans figure, on l'expulse de sa paroisse, on ne l'appelle à aucune autre, on lui interdit la collation des sacrements et le ministère de la parole; on le menace de l'interdit *a divinis*, du retrait de la soutane et de la prélature... Et, trait épouvantable! il n'y aurait plus ni à Samarie, ni dans même Jérusalem, personne pour relever la victime et panser ses blessures.

Je m'abstiens de faire observer que le prêtre, n'ayant pas de droit canon dans nos églises et étant puni pour l'usage de son droit civil, se trouve, par le fait, sans droit, *ex lex*, non plus une personne, mais une chose; une machine qu'on use et qu'on jette à la vieille ferraille.

Je m'abstiens de toute réflexion sur le discrédit que des procédés pareils font retomber sur le ministère sacerdotal et remonter jusqu'à l'autorité ecclésiastique.

Je ne veux même pas m'apitoyer sur mon sort, estimant qu'être frappé pour avoir haï l'iniquité et aimé la justice, c'est une grâce de choix, un profit spirituel et, humainement parlant, un honneur.

Je ne me résigne point toutefois à cet abandon. J'ai été frappé, non pour des crimes, pas même pour des fautes; mais pour des services dont je m'honore et pour des résolutions qui supposent, à défaut d'autre mérite, quelque courage. Je ne sollicite ni grâce, ni indulgence; je refuserais un bill d'amnistie; je provoque un acte de justice, et, tant que justice n'aura pas été rendue, je demande à me faire entendre. J'ai appris de saint Ambroise qu'un homme sage n'est jamais ému par le désir d'exercer des représailles. Aucune ardeur de sang ne m'entraîne; aucune passion d'esprit ne m'inspire; je n'ai, dans l'âme, aucune idée d'impiété, aucun sentiment de révolte, tout au plus quelque velléité de critique. Eh! puisqu'il n'y a qu'un infaillible et qu'il n'y a pas d'impeccable, pourquoi la critique n'aurait-elle plus ce droit inamissible de dénoncer les défaillances, les erreurs et les iniquités du pouvoir? On a toujours le droit de parler lorsqu'on a raison.

Au demeurant, je ne poursuis personne; je ne demande qu'une réparation de droit strict, réparation qui ne peut m'être refusée qu'au prix impossible du déshonneur.

Les torts illusoires qu'on m'impute, les griefs imaginaires dont on a cru pouvoir s'armer, la peine énorme dont on s'est servi pour m'abattre: je sais que ces misères de l'Eglise doivent se traiter à huis-clos, devant le tribunal de l'Eglise. Je l'ai dit, suivant le conseil de l'Evangile, à l'Eglise; à l'Eglise, je n'ai pu faire entendre ma voix. Par un déni de justice, je suis contraint de dire mes griefs à l'histoire et d'émettre ici un appel à la postérité.

Une requête obstinée ne s'appuie, du reste, que sur la plus juste confiance. Impossible que l'Eglise admette, sciemment, persévéramment, maladroitement, la violation de ses lois. Il peut exister, dans l'Eglise, des malentendus, des oublis, des aveuglements subalternes; il ne peut pas exister de complicité permanente avec le crime; et, s'il y a crime, pour le dissiper, il suffit de crier cent fois plus fort.

Dans l'espoir de me réduire au silence, j'ai été menacé officieusement de l'interdit *a divinis*, du retrait de la soutane et de l'enlèvement de la prélature. Je le répète pour qu'on sache quel sentiment ont, des prérogatives sacrées du sacerdoce, de pauvres gens qui ont brigué la mission d'en faire valoir les grâces; j'ajoute que ces menaces me laissent parfaitement froid et me confirmeraient plutôt dans les présomptions d'indignité, à moins qu'une accumulation, si inutilement odieuse, ne soit l'effet d'un système et la marque caractéristique d'une école où l'on croit pouvoir dissimuler l'aveuglement par des coups de force. Mais fussé-je réduit, comme Jérôme, à habiter une caverne, à couvrir de haillons mes membres amaigris par les années, j'espérerais encore dans la justice de l'Eglise. Cette ardeur de foi tient ma plume, levée comme un glaive, contre toutes les iniquités du temps présent; quand la vieillesse fera tomber la plume de ma main, je veux qu'on sache que j'ai cru au *Tu es Petrus*; et que je meurs dans la foi que les inerties et les inepties, les bassesses et les trahisons ne prévaudront pas plus que les portes de l'enfer, contre la Chaire du Prince des Apôtres.

TABLE DES MATIÈRES

TOME QUINZIÈME

Livre quatre-vingt-quatorzième.
DE 1870 A 1900.

La Révolution, tenue en bride par Pie IX, se rue sur le monde. Le successeur de Pie IX, Léon XIII, la combat par l'affirmation solennelle des vrais doctrines et par les tempéraments de la diplomatie. Le monde se refuse aux tempéraments diplomatiques et aux affirmations dogmatiques ; par ses aveuglements et ses attentats, il prépare de grandes catastrophes et appelle une révolution.

Préface relative aux infortunes du tome XIV et à sa protection par le Saint-Siège	1
Préambule sur le caractère général du xixe siècle et sur le sens du pontificat de Pie IX.	2

§ I. — *La mort de Pie IX et l'élection de Léon XIII.*

Le deuil de Pie IX, son caractère	15
L'élection de Léon XIII	18
La vie de Joachim Pecci avant son élévation au trône pontifical	21
Les armes du nouveau Pape et ses actes de joyeux avènement	25
La première année du pontificat de Léon XIII.	31

§ II. — *La persécution en Prusse.*

La situation de l'Eglise en Prusse et l'avènement de Guillaume.	32
Les griefs imaginaires de Bismarck	33
La vraie raison de Bismarck	37
Les lois de mai.	39
La réaction contre Bismarck	47
L'ouverture de négociations par Léon XIII.	51

§ III. — *La persécution en Suisse.*

Situation légale des catholiques dans la libre Helvétie.	53
Comment le protestantisme les attaque	55
Le commencement des hostilités.	57
Résistance de Mgr Mermillod ; nouveaux attentats	59
Un nouveau clergé, mais schismatique.	64
Un régime de brigandage	68
La situation du Jura bernois	70
L'entrée en campagne des radicaux.	72
La protestation de l'Europe catholique	75
La destitution des curés et la proscription de Mgr Lachat.	76
Les vieux catholiques en Suisse.	81
Le règlement de Léon XIII.	83

§ IV. — *La persécution en France.*

Le discours de Romans prononcé par Gambetta.	85
Le traité de Berlin.	95
L'Exposition universelle de 1878	98
La fête républicaine du 14 juillet	104
Le centenaire de Voltaire et de Jeanne d'Arc	111
La réorganisation du protestantisme	123
L'amnistie en faveur des communards.	128
La franc-maçonnerie comme promotrice de la persécution	134
La franc-maçonnerie italienne contre le Saint-Siège	135
La franc-maçonnerie française	138
La juiverie complice des francs-maçons contre l'Eglise.	147
L'article Sept.	166
Les décrets de proscription du 29 mars	183
La proscription des Jésuites	203
L'expulsion des congrégations non autorisées	227
Les religieux expulsés et la justice républicaine	248
Les lois Ferry	262
Les écoles libres devant la juridiction de l'Université	277
Les lycées de filles.	290
Les attentats contre le temporel des cultes.	296
La résistance à la persécution.	303
Goutbe-Soulard, Isoard, Fava, Cotton, Cabrières, Turinaz, Freppel.	306

§ V. — *Le pontificat de Léon XIII.*

Les enseignements de Léon XIII.	315
Le rappel à la scolastique	316
La promotion des études historiques	321
La recommandation des œuvres françaises	322
La défense de la famille, du mariage et de la propriété	326
La défense du pouvoir civil	330
Les Encycliques *Immortale Dei* et *Libertas*	332
Les Encycliques *Sapientiæ* et *Aux Français*	332
L'Encyclique *Rerum novarum*	336
Seconde Encyclique aux Français	337
Les actes de Léon XIII	341
La protestation contre l'envahissement du pouvoir temporel.	342
La parole de paix à la France	343
L'action pontificale Outre-Manche	344
La médiation entre l'Espagne et la Pruse	345
L'action du Pape en Orient, en Amérique et dans les missions	346
La vie intime du Pape	347
La garde du protectorat français en Orient.	349
Les critiques de Vasili	354
Le maintien, en droit, du pouvoir temporel	355
Le Pape au congrès de la Haye	357

§ VI. — *L'Eglise en Amérique.*

Les divers pays de l'Amérique du Sud	360
L'Eglise aux Etats-Unis depuis le xviiie siècle.	365
L'Eglise au Canada	384

§ VII. — *Les missions pour la propagation de la foi.*

Ce qu'on entend par mission	411
La propagation de la foi	413
Le départ du missionnaire	415
La vie du missionnaire	417
Les bienfaits des missions	418
Coup d'œil général sur les missions	422
Le personnel des missions	424
Les sociétés consacrées aux missions	425
Missions d'Afrique	427
Missions d'Océanie	433
Missions d'Orient	437
Missions de l'Inde	439
Missions de l'Extrême-Orient	440
Stérilité des missions protestantes	454

Livre quatre-vingt-quinzième

1800-1900

L'Eglise, comme gardienne de la vérité, des bonnes mœurs et de la vraie civilisation, reste fidèle à ses dogmes, à ses lois, à ses institutions ; la Révolution veut l'amener à un régime de libre-pensée et délibéralisme ; grand duel entre la Révolution et l'Eglise.

Comment le présent découle des erreurs du passé	472
Les écrivains catholiques en Italie	474
Sanseverino, Perrone et Ventura	477
Margotti et Albertario	482
Les écrivains catholiques en Espagne, Balmès, Donoso Cortès	484
Don Sardá y Salvany	487
Les écrivains catholiques en Angleterre, Wiseman	488
Newmann, Faber et Manning	492
Quelques écrivains de Savoie, de Suisse et de Belgique	497
Les écrivains hétérodoxes de l'Allemagne	502
Gœrrès, Hirscher, Liebermann, Mœhler, Klée	504
Ketteler, Alzog, Heinrich, Moufang, Hergenrœther	506
Héfélé, Hœfler, Janssen, Pastor	509
Majunke, Scheeben, les Jésuites de Maria-Laach	510
La France, son état social et moral	512
La fin de Lamennais	514
Les scandales de Chatel et de Vintras	521
Bautain et l'affaire du supernaturalisme	530
Les coryphées du libéralisme, Guizot, Thiers Thierry, Cousin, etc	534
Comte, Littré, Claude Bernard, Pasteur, Taine	537
Lamartine et Victor Hugo	541
Jules Favre et Berryer	542
Les économistes libéraux et les socialistes	547
Nomenclature des savants chrétiens	551
Les grands éditeurs, Migne, Vivès et Palmé	553
Les érudits Pitra, Lehir, Glaire, Gorini	567
Le cardinal Gousset, archevêque de Reims	567
Mgr Parisis, évêque de Langres	570
Le cardinal Pie, évêque de Poitiers	572
Mgr Plantier, évêque de Nîmes	575
Salinis et Gerbet, évêques	576
Mgr Gaume, Protonotaire Apostolique	579
Montalembert	583
Ozanam	586
Louis Veuillot	589
Augustin Bonnetty et le Père Perny	593
Dupanloup, Falloux, Broglie, Foisset, Cochin, Gratry	596
Théodore Combalot, les Pères Gury et Hilaire	598
Dominique Bouix	602
Martinet, Peltier, Gainet, Pelletier	603
Maupied, Bouvier, Meignan, Villecourt	606
Meslé, Dubois, Réaume	610
Les Pères Loriquet, Ravignan, Félix, Monsabré, Guidée	611
Crétineau-Joly, Charles Sainte-Foi	613
Epiphane Darras et Paul Guérin	614
Gaston de Ségur, le Père At, Mérit, le Père Berthier	618
Alban de Villeneuve et Charles Périn	620
Armand de Melun, Albert de Mun et Timon David	625
Cormenin-Timon et Le Play	631
Caumont et Rio	634
Coussemaker et Lambillotte	636
L'abbé Paramelle	637
Baunard et les deux frères Aubry	638
L'abbé Olive et Roy, curé de Neuilly	647
La piété envers l'Eglise	656
Post-Scriptum	678

ERRATA

Pages	Colonne	Lignes	Au lieu de	Lire
33	1	10	Drepenbrock	Diepenbrock
»	»	19	avait été très longtemps hostile	avait été longtemps hostile
»	»	43	Lidockowski	Ledochowski
»	»	44	Melchore	Melchers
»	2	37	suffirait	suffisait
35	1	50	à de ridicules gluaux	à ces ridicules gluaux
»	»	52	formé un parlement	formé au parlement
»	»	53	fundamenta	fundamentum
36	1	39	idées prussiennes, de Statolatrie	idées prussiennes de statolatrie
»	»	41	Higel	Hégel
»	1	44 et note	Janisrewski	Janiszewski
»	2	15	dès lors, celui	dès lors, est celui
37	1	5	la France	la Prusse
»	»	avant-dernière	Les ennemis du lord	Les ennemis du Pape
»	2	35	dut les saisir pour les convertir	sut les saisir pour les opposer
»	»	avant-dernière	sa sœur naturelle, et,	sa sœur naturelle, est,
38	1	19	ont-il hésité	eut-il hésité
»	»	47	décastère	dicastère
»	2	9	Janisrewski	Janiszewski
39	1	41	fit noter	fit voter
»	2	59	il ne trouvera	il ne trouva
»	»	60	le gouvernement aura eu intérêt	le gouvernement avait intérêt
40	1	44	la haute Sibérie	la haute Silésie
41	1	16	diocèse de Varmie	diocèse de Warmie
»	»	53	assez laver	assez louer
»	2	37 et 38	le Riechstag	le Reichstag
42	1	24	1871	1874
43	1	24	La loi de Cortée	La loi de sortie
44	2	46	Posen-Quesen	Posen-Gnesen
45	1	27	la Haute-Sibérie	la Haute-Silésie
47	1	avant-dernière	Mollinskrodt	Mallinkrodt
»	2	24	Melchen	Melchers

www.ingramcontent.com/pod-product-compliance
Lightning Source LLC
Chambersburg PA
CBHW050054230426
43664CB00010B/1319